KB104864

고병권의 『자본』 강의

"이런 독서는

말할 수 있는 독서가

우리는 그동안

여러 차례 읽어왔지만

특히 권위 있는 자의

익숙하지요

노골적으로 자신의

참 고약한

내일 독서다"라고
필요합니다
『자본』을
누군가의 렌즈
렌즈를 빌려 쓰는 데
그런데 지금 우리는
입장을 요구하는
책 앞에 있습니다

이 책은 카를 마르크스의 『자본』I권을 더 쉽게, 더 깊이 이해하고자 하는 독자를 위해 쓴 것으로, 글쓴이 고병권은 독일어 판본 '마르크스·엥겔스전집'*MEW: Marx Engels Werke*과 김수행이 우리말로 옮긴 『자본론』(I, 비봉출판사, 2015), 강신준이 우리말로 옮긴 『자본』(I, 길, 2008)을 참고했습니다. 본문의 내주는 이 두 번역본의 쪽수를 표기하되 필요하면 번역을 수정하기도 했습니다.

    이 책에 쓰인 활자는 책과 활자를 디자인하는 심우진이 주식회사 산돌과 공동 개발한 「Sandoll 정체」가족의 730, 730i, 630입니다. 그는 손글씨의 뼈대를 현대적으로 되살려 '오래도록 편안한 읽기'를 위한 본문 활자를 제안하였습니다. 아울러 화자의 호흡을 고스란히 드러내는 문장부호까지 새롭게 디자인하여 글이 머금은 '숨결'까지 살려내기를 바랐습니다.

    잡지·신문 등의 정기간행물과 단행본 출간물은 겹낫표(『 』), 보고서나 짧은 글, 성경, 시나 에세이 등의 개별 작품은 홑낫표(「 」), 그림·영화·공연물 등은 홑화살괄호(〈 〉)로 나타냈습니다.

    외국의 인명, 지명, 작품명 등은 국립국어원의 외래어 표기법과 용례를 따르되, 이미 굳어진 일부 표현은 익숙한 방식을 적용하기도 했습니다.

「자본」의 공부길에 나선 당신과
함께 하겠다는 마음으로 썼습니다.
당신이 없는 사랑이라고 생각하지 않습니다.
지금 「자본」을 잡아든 당신은 아마도 다수일 겁니다.
한 사람이어도 좋습니다.
직접 이 길을 걷고 싶은 사랑이 당신이라면
나는 당신과 걷겠습니다.
이 길에서,
우리는 당보다 그러하고 무지나마 풍요롭습니다.

고 병 권

1 다시 자본을 읽자 　『자본』 I권의 제목과 서문 등　　　10

『자본』, 나를 긴장시키며 나를 매혹하는 책　14

『자본』, 우리 시대를 명명하고 우리 시대를 비판하다　17

『자본』이 비판한 정치경제학이란 무엇인가　21

정치경제학의 위선──가치를 생산하는 자가 왜 더 가난한가　25

과학에 대한 비판은 과학보다 멀리 간다　31

비판 ①──정치경제학의 역사성　36

비판 ②──정치경제학의 당파성　42

『자본』이 독자에게 요구하는 것　50

『자본』에 적용된 방법　54

추리소설 같은 『자본』, 탐정 마르크스　62

2 마르크스의 특별한 눈 　『자본』 I권 제1장　　　66

『자본』이 '상품'에서 시작하는 이유　68

상품에 깃든 유령　79

추상노동의 인간학　86

상품교환 안에 화폐가 있다──화폐형태의 발생 기원　98

상품 물신주의　121

3 화폐라는 짐승 　『자본』 I권 제2~3장　　　144

상품소유자──상품을 소유한다는 것　147

화폐, 코뮌을 해체하다　154

'화폐'를 기능별로 살핀다는 것　171

내 머릿속의 금화──가치척도로서 화폐　178

상품과 화폐의 순탄치 않은 사랑──유통수단으로서 화폐　191

특별히 사랑스러운 화폐──화폐로서 화폐　214

4 성부와 성자──자본은 어떻게 자본이 되는가 『자본』 I권 제4장 230
나비, 날아오르다──화폐, 자본으로 변신! 233
돈을 낳는 돈──그들의 돈은 돌아온다 249
밀실살인──범인은 어디에? 264
마르크스, 수수께끼를 풀다 274
두 사람──화폐소유자와 노동력소유자 296

5 생명을 짜 넣는 노동 『자본』 I권 제5~7장 302
인간과 꿀벌──합목적적 노동 306
죽은 것들을 살려내다──살아 있는 노동 313
자본가의 통제 아래서──소외된 노동 321
요술의 성공, 마침내 탄생한 괴물──가치를 늘리는 노동 331
죽어 있는 것과 살아 있는 것──불변자본과 가변자본 354
동일한 것의 다른 이름──'잉여가치율'과 '착취도' 364

6 공포의 집 『자본』 I권 제8~9장 388
권리 대 권리 393
자본주의는 과로사회 404
돈을 아끼고 생명은 낭비하다 414
공장의 탄생 438
시간을 둘러싼 전쟁 454
자본이 부딪힌 한계 469

7 거인으로 일하고 난쟁이로 지불받다 『자본』 I권 제10~12장 478
착취의 진보 482
'함께'의 착취 504
손이 된 인간──매뉴팩처의 노동자들 531
사회적 분업과 매뉴팩처 분업 그리고 자본주의 546

8   자본의 꿈 기계의 꿈   『자본』I권 제13장   570

기계괴물의 출현 572

기계가 도입되고 나서 벌어진 일들 586

기계노동자와 절망 공장 609

노동자와 기계의 전쟁 622

'보이지 않는 실'――기계제 시대의 착취 640

미래에서 온 공병――기계의 미래와 노동자의 미래 659

9   임금에 관한 온갖 헛소리   『자본』I권 제14~20장   674

자본주의에서, 유능한 노동자가 된다는 것 678

자본가의 지배와 자연의 침묵 691

커져가는 계급 격차――노동력의 가격과 잉여가치의 크기 712

임금에서 생기는 착시 현상 742

임금형태를 둘러싼 술책 754

10   자본의 재생산   『자본』I권 제21~22장   774

자본의 생애는 반복된다 780

사라지는 가상들, 드러나는 자본의 정체 787

드러나는 계급관계 800

자본가는 축적을 어떻게 정당화하는가 814

축적은 착취에 달려 있다 837

'노동자계급의 밥그릇'에 대한 엉터리 도그마 847

11   노동자의 운명   『자본』I권 제23장   858

노동자계급의 운명 863

빈민의 노동은 부자의 보물광산 870

자본구성의 변화와 노동자의 축출 883

자본주의 시대의 인구법칙과 잉여노동자 897

자본의 왕국 916

자본축적의 일반법칙이 지배하는 현실 932

자본의 죄와 자본가계급의 운명 950

12   포겔프라이 프롤레타리아   『자본』 1권 제24~25장   962

     수치스러운 기원   967
     노동자의 탄생 ①——공유지 약탈과 인간 청소   975
     노동자의 탄생 ②——피의 입법   996
     자본가의 탄생   1005
     자본의 운명   1028
     식민지에서 드러난 진실   1035

부록노트   1046

주   1172

찾아보기   1242

『자본』의 한 장면을 눈여겨봐주세요. 나는 여기서 자본주의의 지하세계로 이어지는 입구를 보았고 그 길잡이가 되어줄 『자본』이라는 붉은 실의 끝단을 찾았습니다. 특별한 장면은 아닙니다. 자본주의사회에서는 흔하디흔한 풍경이죠. 노동력이 거래되는 현장입니다. 돈을 가진 사람과 노동력을 가진 사람이 만납니다. 전자는 일손을 구하러 왔고 후자는 돈이 필요했습니다. 각자의 필요 때문에 온 것이지 누가 강요한 게 아닙니다. 서로가 원한 거래였죠. 가격도 제대로 지불했습니다. 자유롭고 평등하며 서로에게 이익이 되는 거래였습니다.

여기까지는 아무런 문제도 없어 보입니다. 그런데 거래가 끝난 뒤 표정이 이상합니다. 돈을 가져온 사람은 새로 구상한 사업을 생각하며 성큼성큼 앞장서는데, 노동력을 팔아치운 사람은 고개를 숙이고 주춤주춤 뒤따라갑니다. 가죽을 팔아버려 무두질만 기다리는 소처럼 말입니다. 나는 여기서 마르크스를 느낍니다. 계약서만 보는 사람은 계약의 의미와 관련해 중요한 무언가를 놓칩니다. 마르크스는 놓치지 않았습니다. 거래가 끝난 후 축 처진 어깨를 본 눈, 주춤주춤하는 걸음걸이를 본 눈, 마르크스의 그 눈을 존경합니다. 매끈한 표면에 드리운 작은 그늘을 놓치지 않고 거기서 토대를 파헤칠 입구를 찾아낸 이 정신을 존경합니다.

마르크스의 『자본』은 자본가가 저지른 불법에 대한 고발이 아닙니다. 이 책이 고발하는 것은 합법적 약탈입니다. 나는 이 책의 의의가 착취에 대한 과학적 해명이 아니라 착취에 입각한 과학에 대한 비판에 있다고 생각합니다. 말하자면 『자본』은 착취의 토대 위에 세워진 정치경제학이라는 과학을 비판하는 책입니다. 우리는 『자본』에서 과학의 말문이 막히는 지점을 만날 겁니다. 또 과학을 수다스럽게 몰아대던 충동, 그 앎의 의지가 드러나는 곳도 볼 겁니다. 우리는 법 내지 법칙 이전에 힘이 있고 입장이 있다는 것도 알게 될 겁니다. 마르크스에게 '비판'이란 거기까지 나아가는 일입니다. 그곳은 법을 넘어선 곳, 즉 주권의 영역이고 독재의 영역입니다.

계약은 법적으로 동등한 당사자들이 자유로이 맺는 것입니다. 하지만 우리는 이 계약이 거기 생존이 걸린 자와 그 생존을 움켜쥔 자 사이에 이루어진 것임을 알아야 합니다. 가죽을 팔아넘겼으니 이제 어떤 보호막도 없이 내던져진 신체, 무두질만 기다리는 소, 완전히 발가벗겨진 한 동물이 도살장으로 들어갑니다. 노동력을 판다는 것, 자본주의 생산양식 속으로 들어간다는 것은 이런 의미입니다. 눈 밑의 그늘, 축 처진 어깨, 주춤주춤 걸음걸이. 마르크스의 『자본』은 신체가 내지르는 이 소리 없는 비명들을 명확한 언어로 읽어낸 책입니다. 자유와 평등과 공리가 화려한 조명을 받을 때 마르크스는 그 음영을 따라 부자유, 불평등, 착취의 구조를 읽어냈습니다. 상품교환의 평면을 더듬어 자본독재 내지 자본주권의 입체 구조를 읽어냈다고 해도 좋겠습니다. 왜 노동자의 주사위는 불리한 눈만을 내놓는가. 우리는 주사위가 던져지는 공간을 읽어낸 뒤에야 그 이유를 알게 됩니다. 노동자의 불운이 개인적 불운이 아니라 그가 속한 사회의 기하학적 성격이라는 것, 아버지의 불운과 아들의 불운이 독립적 사건이 아니라는 것, 노동자가 되지 못한 자의 불운은 노동자가 된 자의 불운과 맞물려 있다는 것, 부자를 낳는 원리가 빈민을 낳는 원리이기도 하다는 것, 잉여가치를 낳는 사회가 잉여인간도 낳고 있다는 것 등도 알게 됩니다.

마르크스가 우리 시대를 가장 잘 그려냈다면 그것은 우리 시대를 가장 깊이 비판했기 때문일 겁니다. 거꾸로 말해도 좋겠습니다. 우리 시대에 대한 비판을 가장 멀리까지 끌고 갔기에 그는 우리 시대에 가장 가까이 다가설 수 있었다고 말입니다. 우리 시대를 잘 그려냈다는 것은 비단 사물의 묘사에만 해당하는 말이 아닙니다. 마르크스는 무엇보다 우리 시대의 조명을 드러냈습니다. 조명 없이 사물을 볼 수는 없습니다. 그러나 보편적 조명이라는 게 따로 있는 것도 아닙니다. 조명은 항상 '어떤' 조명이며, 그것은 무엇보다 '역사적' 조명입니다. 사물들이 나타나는 방식은 사물들을 바라보는 방식과 깊이 연관되어 있습니다. 사물의 질서는 인간의 질서와 무관할 수 없습니다. 마르크스는 사물들에 대한 과학을 부인한 사람이 아닙니다. 그는 과학이 입장과 무관하지 않다는 것을 보여주었을 따름입니다. 그리고 자신의 입장을 공공연하게 밝혔습니다. 비판 대상인 과학 즉 정치경제학의 당파성을 폭로했을 뿐 아니라 비판하는 자신의 당파성 또한 드러낸 겁니다.

젊은 시절 마르크스는 '사유하는 인간'의 해방과 '고통받는 인간'의 해방은 서로를 전제한다고 믿었습니다. 아예 둘을 하나로 묶기도 했습니다. '사유하며 고통받는 인간', '억압받으며 사유하는 인간'이라고 말입니다. 그는 이 인간이 새로운 세계를 열어갈 것이라 생각했습니다. 마르크스에 따르면 '사유하는 인간'(철학자)은 '고통받는 인간'(프롤레타리아트)의 머리이고, '고통받는 인간'은 '사유하는 인간'의 심장입니다. 말하자면 신체적 고통의 정신적 번역이 사유이고, 신체의 열정에 상응하는 정신의 냉정이 비판인 셈입니다. 그러하기에 『자본』은 자신의 자리, 입장, 의지를 가진 책입니다. 『자본』은 그것을 부인하지 않습니다. 오히려 자기의 '앎의 의지'를 분명히 드러냅니다. 우리 시대의 고통받는 사람들, 그 고통이 우리 시대의 원칙의 불법적 적용이 아니라 합법적 적용에서 생겨난 사람들, 그 억울함을 우리 시대 법정에서는 풀 수 없고 오직 우리 시대를 법정에 세움으로써만 풀 수 있는 사람들, 이 책은 그들의 체험에 대한 요약이자 그들의 체험에서 나온 비판입니다. 그러므로 이 책은 바로 당신, 프롤레타리아트에게 바치는 책입니다.

『자본』, 나를 긴장시키며 나를 매혹하는 책

카를 마르크스라는 이름과 『자본』이라는 책은 내게 언제나 미묘한 긴장을 불러 일으킵니다. 내가 『자본』을 처음 읽은 건 소련이 붕괴되던 해인 1991년입니다. 1980년대 후반 한국 사회의 운동 조직에는 학습 모임이 많았습니다. 특히 과학적 사회주의를 자처하는 마르크스주의 운동 진영에 그런 모임이 많았습니다. 현실에 대한 과학적 인식 없이는 올바른 변혁 운동을 할 수 없다고들 했죠. 당시 내게 『자본』을 읽혔던 선배들은 그런 흐름의 끄트머리에 있던 사람들 같습니다.

선배의 하숙방이나 카페의 커튼 친 방에서 책을 읽었던 기억이 납니다. 책 내용을 제대로 소화했던 것 같지는 않습니다. 선배들이 정리해주는 대로 따라가기 바빴지요. 그때 우리는 선배들을 'RP'라고 불렀는데요. '리프로듀서'(reproducer), 재생산자라는 뜻입니다. 당시 우리가 '책읽기'를 어떻게 이해했는지 알 수 있습니다. 한마디로 인식을 재생산하고 주체를 재생산하는 일이었던 겁니다. 나쁘게 말하면 인식의 복제였고 주체의 복제였다고도 할 수 있겠지요. 토론보다는 학습 성격이 강했습니다. 이해하지 못한 내용이 있으면 선배에게 물었고 선배가 제기한 문제를 함께 토론하기도 했습니다. 이렇게 『자본』을 처음 접했습니다만 I권도 마치질 못했습니다. 1991년 8월 이후 세상은 더 어수선해졌고 그해 겨울부터는 모임이 사실상 해체되었으니까요. 해체 선언도 없이 해체된 작은 모임이었습니다.

불온한 책에서 낡은 책으로

돌이켜 보면 그때 『자본』을 포함해 마르크스의 책들은 위상이 좀 묘했습니다. 한편으로 이 책들은 금서였습니다. 단순한 금서가 아니었죠. 국가보안법 위반자로 검거된 사람의 방에서 마르크스의 책이 나오면, 이적표현물을 소지했다는 죄목이 하나 늘었습니다. 시위가 있는 날은 불심검문도 많았는데 가방에 『자본』 같은 책을 넣어두면 위험했습니다. 『자본』을 읽는다는 것은 범죄 혐의자가 되는 것이었고, 공안기관이 마음먹기에 따라서는 그 자체로 범죄였습니다. 그런데 대학에서는 정규 과목으로 『자본』 강좌가 개설되었습니다. 공식 출판도 이루어졌고요. 물론 출간 과정이 순탄했던 것은 아닙니다. 『자본』의 첫 번역본은 1987년 이론과실천사에서 나왔는데요(해방 직후인 1947년에도 출간된 적이 있습니다만 분단 이후로는 이때가 처음이었지요), 출간 후 출판사 대표가 구속되었습니다. 그러나 흐름을 거스를순 없었죠. 1989년 비봉출판사에서 다른 번역본이 또 나왔습니다. 그리고 역자인 서울대 김수행 교수가 '마르크스주의 정치경제학 연구'와 '현대 정치경제학 연구'라는 제목의 강의를 개설했습니다. 다른 대학에서도 비슷한 강의가 열렸습니다. 선배들과 『자본』을 몰래 읽는 모임은 해체되었는데 아이러니하게도 학교 정규 수업을 통해 『자본』 I권을 다 읽을 수 있었습니다.

　이적표현물과 공식 출판물, 변혁적 공부 모임과 대학 수업, 『자본』은 그 사이에 있었습니다. 시간이 흐르면서 『자본』의 위상은 더 이상해졌습니다. 사회주의의 몰락과 자본주의의 승리가 분명한 것처럼 보였던 1990년대에 『자본』을 읽는다는 것은 몰락한 사회체제의 이념, 소위 '철 지난 이념'을 붙잡고 있는 것과 같았습니다. 국가보안법 위반자 중에는 마르크스의 저작을 갖고 있었다는 이유로 추가 처벌을 받는 사람이 아직 있었습니다만, 『자본』을 비롯한 마르크스 저작들의 이미지는 크게 변했습니다. 『자본』을 읽는다는 것은 여전히 바람직하지 않은 일로 여겨졌지만 그 이유는 달라졌습니다. 과거에는 '불온한 책'이라는 이유로 바람직하지 않았다면, 이후에는 '낡은 책'이라는 이유에서 바람직하지 않았습니다. 『자본』을 읽는 사람은 이제 불온 세력이 아니라 낡은 세력이 된 겁니다. 또한 대학들은 『자본』을 고전의 반열에 올려놓았습니다. 교양인이라면 한번 읽어볼 필요가 있는 인류의 정신유산이라는 겁니다. 그러니까 한편으로는 '낡은' 책인데, 다른 한편으로는 '고전'이 된 셈입니다. 비웃음의 대상이자 존경의 대상이 된 거죠. 한 가지는 분명했습니다. 더는 사회를 긴장시키는 '불온한' 책이 아니라는 겁니다. 존경을 보내든 비웃음을 보내든, 이 책 『자본』은 탈색해 회색빛 문서가 되었습니다. 우리 시대에 판매되기는 하지만 이제 우리 시대의 책은 아닌 것처럼 되었습니다.

─────── 두려운, 그러나 매혹적인 ───────

나 자신에게 『자본』은 여전히 긴장을 불러일으키는 책입니다. 공안기관을 의식해서가 아닙니다. 마르크스라는 사상가와 그의 책에 '다가간다'라는 사실 자체가 주는 긴장입니다. 바깥의 누군가를 의식해서가 아니라 내가 마주한 존재에게 다가가며 느끼는 긴장입니다. 대학 초년생 때도 이런 긴장감이 있었지요. 그때는 분명 공안기관에 대한 두려움도 있었겠지만, 지금 말하는 긴장은 그것과 다릅니다. 내가 긴장하는 것은 어떤 예감 때문입니다. 이 사상가를, 이 책을 읽는 과정에서 겪을 일에 대한 두려움이라고 할까요. 그런데도 멈출 수 없고 피할 수 없다는 생각이 듭니다. 어떤 매혹을 느끼는 겁니다. 대학 초년생 때도 이런 게 없지는 않았습니다. 마르크스와 『자본』에 대한 두려움과 매혹 말입니다. 아마도 이 사상가를, 이 책을 읽고 나면 나는 '물들지도' 모르겠구나 하는 생각. 변혁 운동에 나서는 것까지는 모르겠지만, 적어도 내가 살아갈 세상에서 편안함을 느끼지는 못할 거라는 생각이 들었습니다. 세상이 변해서가 아니라 내가 변할 것이기 때문이죠.

예전만큼은 아닙니다만 지금도 '마르크스에게 가는 길', '『자본』으로 가는 길'에 두려움과 매혹을 동시에 느낍니다. 이 책을 읽고 공부해나가면서 자꾸 스스로에게 물을 것 같습니다. 나에게 책을 읽는다는 것은 무엇인지, 공부란 어떤 것인지, 내 앎을 추동하는 의지는 무엇인지, 나는 계속해서 나에게 되묻게 될 겁니다. 그러면 나는 많이 부끄러울 것 같습니다. 니체(Friedrich W. Nietzsche)는 인식의 매력이 인식의 길에 놓인 부끄러움을 극복하는 데 있다고 했습니다만,[1] 사실은 부끄러움 자체가 자기극복의 조짐입니다. 예전에는 아무렇지 않았던 것에 부끄러움을 느낀다는 것은 예전의 자기 자신과 거리가 좀 생긴 겁니다. 그래서 부끄러움에는 고통과 기쁨이 함께합니다. 부끄러운 줄도 모르고 저질렀던 일이 창피합니다. 고통스럽죠. 하지만 그래도 이제는 뭔가 알게 되었다는 것, 조금은 성숙한 것 같다는 생각에서 오는 수줍은 기쁨도 있습니다.[2] 이 기쁨 덕분에 사람들은 주저하고 망설이면서도 인식의 길을 걷는 게 아닐까 싶습니다.

마르크스를 처음 만났을 때부터 나는 막연하게나마 이런 책읽기를 생각했던 것 같습니다. 정면으로 마주하기도 두렵고 도망치기도 두려운, 그러면서도 어떤 매혹 때문에 걸어 들어가는, 아니 걸어 들어가는 건지 끌려 들어가는 건지 알 수 없는, 그런 독서가 있습니다. 마르크스와 『자본』은 내게 그런 독서의 상징입니다. 지식의 습득에 대한 기대가 아니라 주체의 변형에 대한 예감 속에서 이루어지는 독서 말입니다. 심지어 1980년대의 교조적 독서에도 그런 것이 있었습니다. 당시의 교조적 스타일에는 공감할 수 없지만 그럼에도 나는 독서를 주체의 생산과 연관 지었던 당시의 모험에 뭔가 있다는 생각을 합니다. 도무지 주체를 유혹하거나 변형시킬 아무런 힘도 없는 지식들의 시대, 책에서 아무런 마력도 기대할 수 없는 권태로운 시대의 독서, 말하자면 우리 시대의 독서와 비교할 때 특히 그렇습니다. 주체 변형의 위험과 매력이 공존하는 독서가, 다시 가능할까요.

『자본』, 우리 시대를 명명하고 우리 시대를 비판하다

이제 우리가 읽을 책의 제목을 보겠습니다. '다스 카피탈(Das Kapital)' 곧 '자본'입니다. 마치 무언가의 이름을 부르는 것 같지만… 이것은 호명이기 이전에 명명입니다. 마르크스는 자신이 서술할 어떤 것에 처음으로 이름을 붙인 사람입니다. 물론 '자본' 즉 '카피탈'이라는 말 자체는 그 이전에도 있었습니다. 마르크스는 사람들이 쓰던 말들의 무리에서 이 한 단어를 뽑아냈을 뿐입니다. 그리고 이 단어를 어떤 특별한 것의 이름으로 썼습니다. 잠시 '카피탈'이라는 단어가 속해 있던 말들의 무리를 볼까요. 프랑스의 역사학자 페르낭 브로델(Fernand Braudel)에 따르면[3] '자본' 즉 '카피탈'이라는 단어는 12~13세기에도 사용되었습니다. 고리대나 환전 업무를 하는 사람들이 썼던 말 같습니다. 당시 사람들은 자금(fonds), 스톡(stock), 액수가 큰 돈(argent) 등을 지칭할 때 이 말을 썼습니다. 브로델에 따르면 '카피탈'은 '머리'를 뜻하는 '카푸트'(caput)에서 왔다고 합니다. 그런데 이탈리아의 여러 도시나 프랑스의 리옹에서는 큰돈을 지칭할 때 '코르포'(corpo) 내지 '코르'(corps)라는 말도 썼다고 합니다. 재미있게도 '코르포'는 '몸'이라는 뜻이죠. 길고 긴 논쟁 끝에 결국에는 '머리'라는 말이 '몸'이라는 말보다 우세해져 거기서 유래한 '카피탈'이라는 단어를 더 많이 쓰게 되었다고 합니다.

　17세기 유럽인들, 특히 프랑스인들은 '카피탈'로 바꿔도 되는 말들의 긴 목록을 가지고 있었습니다. 자산(sort), 부(richesses), 재력(facultés), 돈(argent), 가치(valeur), 자금(fonds), 재물(biens), 현금(pécunes), 원금(principal), 재산(avoir)… 정말 머리가 어지러울 정도죠? 이 많은 말이 '자본'이라는 말과 함께 쓰였습니다. 상업세계의 언어 용례에서 '카피탈'이라는 말이 우세해진 것은, 브로델에 따르면 "다른 단어들이 서서히 마멸되어갔기 때문"입니다. 그러나 말들은 동전처럼 마멸되기만 하는 것이 아닙니다. 액면가가 변하기도 하지요. 어떤 단어에 이전과는 다른 새로운 가치가 더해집니다. 다른 단어로 바꿀 수 없는 독특한 의미가 생겨나는 겁니다. 학문의 역사, 담론의 역사는 그런 것을 잘 보여줍니다. 기호의 생애와 그 의미의 생애가 같은 것은 아닙니다. 기호는 똑같지만 다른 나라에 건너가거나 시대가 바뀌면서 의미가 변하는 경우가 많지요. 새로운 대상이 출현했을 때 새로운 단어가 출현할 수도 있지만 기존의 단어에 새로운 의미가 부여될 수도 있습니다. 말은 똑같아도 새로운 개념으로 거듭날 수 있는 거죠. '말의 역사'와 '개념의 역사'는 다릅니다.

말의 역사와 개념의 역사

근대 서구 경제학의 역사를 보면 이 점이 잘 드러납니다.[4] 17~18세기의 중상주의자들은 이전 시대 사람들이 '화폐'(귀금속)와 '부'(richness, wealth)를 혼동했다며 조롱했습니다. 특히 에스파냐 사람들이 놀림의 대상이 되었습니다. 금이나 은 같은 귀금속을 많이 모으면 나라가 부유해진다고 생각했다는 거죠. 하지만 귀금속의 유입은 물가를 크게 올렸고, 유럽 내 다른 나라들과의 교역에도 불리하게 작용했습니다. 사실은 에스파냐 사람들이 이 점을 가장 일찍 깨달았습니다. 상황을 먼저 체험했으니까요. '에스파냐가 가난해진 것은 에스파냐에 돈이 너무 많기 때문'이라는 역설적 진리를 가장 먼저, 가장 아프게 외쳤던 것은 바로 에스파냐 사람들이 었습니다.

17~18세기 중상주의자들과 중농주의자들은 '화폐'와 '부'를 확실히 구분했습니다. 그들이 볼 때 '부'는 화폐(귀금속) 자체가 아니라 그것을 통해 구매하고자 하는 재화들이었습니다. 인간의 욕구와 필요를 만족시키는 실질적 재화들 말입니다. 어쩌면 더 좁혀서 말해야 할지도 모르겠습니다. 이 시기 경제학자들이 말한 진정한 '부'는 재화들이 제공하는 '효용'입니다. '화폐'는 그런 효용을 줄 재화를 매개하는 수단일 뿐이고요. 일종의 기호나 상징일 뿐 그 자체로 가치를 갖는 게 아닙니다. 이 시기 경제학자들은 '화폐 자체에 내재하는 가치'라는 믿음을 버렸습니다 (참고로 우리는 이 책의 3장 「화폐라는 짐승」에서 화폐와 가치가 맺는 다양한 관계를 살펴볼 겁니다. 그리고 거기서 화폐가 선보이는 현란한 춤의 정체를 이해하게 될 겁니다).

그런데 19세기에 오면 '부'와 '가치' 개념이 분화됩니다. 필요나 효용을 '가치'로 볼 수 있을까요. 만약 이런 걸로 가치를 정한다면 그것은 객관적이고 보편적일 수 없습니다. 목마른 사람에게는 물의 효용이 크지만 사치를 부리고 싶은 사람에게는 다이아몬드의 효용이 클 겁니다. 그러나 경제학이 관심을 갖는 '가치'는 이런 게 아닙니다. 애덤 스미스(Adam Smith)가 말했듯 물은 효용은 크지만 구매력은 적습니다. 교환가치가 별로 없지요. 반대로 다이아몬드는 보통 사람들에게는 별 효용이 없지만 교환가치는 엄청나게 큽니다.[5] 데이비드 리카도(David Ricardo)는 '부'와 '가치'를 더 분명히 나누었습니다. 단지 재화가 풍부한 것과 가치가 큰 것은 다른 문제라는 이야기입니다. 재화량과 가치량을 동일시하면 안 됩니다. 예컨대 하루 양말 1000켤레를 생산하던 공장에서 생산성 혁신으로 2000켤레를 생산할 수 있게 되면, 효용의 관점과 편익의 관점에서는 '부'가 두 배로 늘었다고 할 수 있을 겁니다. 하지만 양말을 생산하는 데 드는 수고의 관점에서 보면, 양말 한 켤레에 들어간 수고는 이전에 비해 반으로 준 것이죠. 가치의 총량은 그대로인데 양말 한 켤레에 들어간 가치량만 반으로 준 겁니다. 이런 관점에서 보면 이전 시기 경제학자들은 '부'와 '가치' 개념을 혼동한 사람들이 됩니다.[6]

정치경제학자들이 처음에는 '화폐'와 '부'를, 다음에는 '부'와 '가치' 개념을 혼동했다고 했습니다만, 사실 여기서 '혼동'이라는 말은 적절치 않습니다. '혼동'이란 서로 다른 것을 뒤섞는 것이니 애초 그것들을 서로 크게 다르지 않은 것으로 생각했던 곳에서는 '혼동'이라는 말이 성립하지 않습니다. 이를테면 '기술'과 '예술'을 구분하지 않았던 고대 그리스 사회에 대해 '기술'과 '예술'을 혼동했다고 하면 아주 이상한 말이 되고 맙니다. 마찬가지로 '화폐'와 '부'라는 말을 뒤섞어 사용한 사회가 있었다면 두 말을 그렇게 엄격히 나누어야 할 이유가 그 사회에서는 없었던 것이겠지요. 그런데 새로운 사태를 체험하면 새로운 말이 필요해집니다. 물론 예전의 어떤 말을 쓸 수도 있습니다만, 예전의 말을 쓰더라도 뜻은 새로워집니다. 그 말에 새로운 사태, 새로운 체험이 담기니까요. 17~18세기 경제학자들이 '화폐'와 '부'를 개념적으로 구분했다고 해서 그들이 이전 학자들보다 더 높은 지성을 지녔다고 할 수는 없습니다. 단지 그들은 이전과는 다른 '부'의 개념이 필요한 체험을 한 것뿐입니다. 이 체험이 새로운 욕구, 새로운 행동, 새로운 개념을 낳습니다. 한마디로 말해 다른 시대가 시작된 것이지요.

19세기에 대해서도 마찬가지 이야기를 할 수 있습니다. 이 시기 경제학자들은 앞 시대의 경제학자들이 '부'와 '가치' 개념을 혼동했다고 비판했지만, 엄밀히 말하자면 그들은 새로운 '가치' 개념을 제안한 거죠. '가치'라는 말, 즉 기호는 같지만 의미는 다른 '가치' 개념이 탄생한 겁니다. 더는 재화의 증대, 편익의 증대를 목표로 삼지 않는 시대가 온 겁니다. 새로운 시대에는 '가치의 축적'이 중요해졌습니다. 단순히 '재화를 늘리는 것'은 의미가 없습니다. 진정으로 늘려야 하는 것은 '재화'가 아니라 '가치'입니다. 새로운 시대의 사람들은 가치축적에 방해가 된다면 멀쩡한 물건도 내다 버릴 준비가 된 사람들입니다. 이런 새로운 사태의 출현은 경제학을 이전과는 매우 다른 학문으로 만듭니다. 거칠게 말해 고전주의 시기(17~18세기) 경제학이 '부의 과학'이었다면, 근대(19세기) 경제학은 '가치론'이었다고 할 수 있습니다.

자본의 시대

마르크스는 여기서 다시 하나의 말을 뽑아냅니다. 그는 사람들이 사용하고 있던 말, 상업세계에서 많이 사용되던 말 하나에 특별한 의미를 부여합니다. 그것도 단순한 개념이 아니라 인류가 경험하게 된 총체적인 어떤 사태를 지칭하기 위해 뽑아낸 말입니다. 바로 '카피탈' 즉 '자본'입니다. 마르크스는 '자본'을 '증식하는 가치'라고 규정했습니다. 생물처럼 자기증식 한다는 사실을 특히 강조했습니다. 가치의 규모 자체는 중요하지 않습니다. 그냥 쌓아놓은 돈은 자본이 아닙니다. 계속해서 증식하는 가치, 다시 말해 끊임없이 '잉여가치'를 낳는 가치만을 그는 '자본'이라고 부릅니다. 이렇게만 본다면 '자본' 개념은 '가치'의 한 종류 같습니다. '가치' 개념에서 나온 파생물로 보이죠. '가치' 중 '스스로 증식하는 가치'만을 '자본'이라고 했으니까요.

현실적으로는 그렇지 않습니다. 근대 자본주의사회(현재 우리 사회라고 불러도 좋겠습니다)에서 중요한 것은 가치의 끊임없는 생산과 증식입니다. 사람들은 일정액의 가치를 투자하고 그렇게 해서 불어난 가치를 다시 투자합니다. 이런 식으로 가치의 증식운동을 멈추지 않습니다. 이것이 근대사회를 과거 사회와 구분해줍니다. 근대 자본주의사회는 돈을 많이 쌓아두는 사회가 아니라 쌓아둔 돈을 계속 돌리는 사회, 그래서 돈을 계속 늘려가야만 하는 사회입니다. 가치의 증식과 축적을 목적으로 하는 사회인 것이죠. 상품을 생산하고 판매하고 소비하는 시스템이 계속 돌아가는 이유는 가치의 끊임없는 증식을 위해서입니다.

만약 가치증식이 이루어지지 않으면 어떻게 될까요? 다시 말해 '자본'이 불가능하다면 어떻게 될까요. 자본가들이 상품을 생산할 아무런 욕구도 느끼지 못할 겁니다. 그들은 인류의 복지를 위해 물건을 만들어내는 사람들이 아니니까요. 아인슈타인(Albert Einstein)은 물리적 시공간을 간명한 공식으로 표현해낸 것만큼이나 자본주의 경제의 성격 또한 간명하게 표현했습니다. "자본주의 경제에서 생산은 소비가 아니라 이윤을 위한 것이다." [7] 그의 말 그대로입니다. 자본주의사회에서 물건을 생산하는 가장 큰 이유는 돈을 벌기 위해서지 사람들에게 필요한 물건을 제공하기 위해서가 아닙니다. 즉 이윤이 생기지 않으면, 설령 사람들의 생존에 필요한 일이라 해도 투자를 하지 않습니다. 그러니 자본주의사회에서 상품의 생산과 유통이 이루어지는 현실적 이유는 '가치의 증식' 즉 '잉여가치'에 있다고 하겠습니다. 앞서 마르크스가 '증식하는 가치'를 '자본'이라고 불렀다고 했는데요. 그렇다면 자본주의사회에 '가치' 개념이 존재하는 이유, 곧 상품을 만들고 파는 현상이 존재하는 이유는 한마디로 '자본'을 위해서입니다. 개념적으로만 보면 '자본' 개념이 '가치' 개념에서 파생한 것 같지만, 현실적으로는 '자본' 덕분에 '상품'이 존재하고 '가치' 개념도 존재할 수 있는 겁니다.

요컨대 우리는 '자본의 시대'에 살고 있습니다. '자본'이 우리 시대를 규정하지요. 그러므로 마르크스가 이 책의 제목으로 내놓은 '자본'이라는 말은 우리 시대에 대한 명명이라고 할 수 있습니다. 나는 이 점을 특별히 강조해두고 싶습니다. 마르크스가 자본주의를 비판했다는 것은 모두들 아는 이야기입니다. 그러나 마르크스는 자신이 비판한 시대의 명명자이기도 합니다. 그는 자신이 고발하고 타도하고 극복해야 할 대상을 먼저 개념적으로 정립한 사람입니다. 그는 우리 시대에 사망진단서를 발급하고자 했던 사람이지만 그보다 먼저 사망진단서에 들어갈 정확한 이름을 우리 시대의 출생신고서에 적은 사람이라고도 할 수 있습니다. 이는 비판가의 좋은 예입니다. 비판한다는 것은 무엇보다 이해시키는 것입니다. 우리 시대에 대한 비판가 마르크스는 우리 시대를 이해시킨 사람이기도 합니다. 마르크스 덕분에 자본주의의 자기 이해가 가능해졌습니다. 그는 우리 시대에서 가장 멀리 나아간 사상가 중 한 사람입니다만, 우리 시대의 가장 안쪽으로, 가장 깊은 곳으로 들어간 사람이기도 합니다. 이렇게 말해도 좋겠습니다. 『자본』은 우리 시대 가장 깊은 곳으로 들어가 우리 시대로부터 가장 멀리 나아간 책이라고 말입니다.

『자본』이 비판한 정치경제학이란 무엇인가

『자본』의 제목에 관한 설명이 너무 길어졌습니다만 제목 못지않게 부제 또한 생각해볼 것이 많습니다. 『자본』의 부제를 보면 '정치경제학 비판'이라고 되어 있습니다. 왜 그랬는지는 모르겠는데 내가 『자본』을 처음 읽을 당시에는 마르크스 경제학을 공부하는 모임을 '정치경제학 세미나'라고 불렀습니다. '정치경제학'을 '마르크스 경제학'과 동의어로 생각한 거죠. 그런데 엄밀히 하자면 마르크스의 작업은 '정치경제학'이 아니라 '정치경제학 비판'이었습니다.

마르크스의 정치경제학 비판

마르크스는 일찍부터 '정치경제학 비판'이라는 말을 썼습니다. 정치경제학 공부를 시작했을 때부터 '정치경제학'에 '비판'이라는 말을 붙였습니다. 그가 정치경제학 공부에 뛰어든 것은 1844년 파리에 머물 때입니다. 나중의 회고에 따르면 헤겔(Georg Wilhelm Friedrich Hegel) 법철학에 대한 비판을 수행한 후 "부르주아사회의 해부학은 정치경제학에서 찾아야 한다는 결론"에 이르렀고, 곧바로 "파리에서 정치경제학 탐구를 시작"했다고 합니다.[8] 이때 그가 작성한 원고 뭉치를 사람들은 『경제학 철학 초고』, 『1844년 초고』, 『파리 초고』 등으로 부릅니다. 마르크스는 이 원고를 출판하려 했던 것 같습니다. 1845년 2월 한 출판업자와 『정치학과 국민경제학 비판』이라는 제목의 책으로 출판계약을 맺었으니까요.[9] 이때 마르크스는 책제목에 '국민경제학 비판'이라는 말을 넣었는데, 여기서 '국민경제학'은 '정치경제학'과 같은 말입니다. 영국에서 '정치경제학'(political economy)이라고 부르던 것을 독일에서는 '국민경제학'(Nationalökonomie)이라고 불렀습니다.

1840년대 후반, 특히 1848년 혁명의 격변을 거친 후 마르크스는 런던으로 이주합니다. '이주'라고는 했지만 실상은 대륙에서 '추방'된 것입니다. 런던에서 그는 정치경제학 공부를 재개합니다. 그곳은 정치경제학을 공부할 최적의 장소였습니다. 세계 자본주의가 어떻게 움직이는지를 보는 데 런던만큼 좋은 곳은 없었지요. 런던은 세계 자본주의의 수도였으니까요. 게다가 런던박물관에는 정치경제학 문헌들이 쌓여 있었습니다. 런던에서 첫해를 보낸 뒤 그는 무려 50여 명 학자에 관한 연구노트를 작성했습니다. 정말 열심히 자료를 읽었던 것 같습니다. 이로써 자신의 정치경제학 공부가 끝났다고 생각했을 정도니까요. 엥겔스에게 마르크스는 이렇게 썼습니다. "이제 5주만 지나면 이놈의 경제학 전부를 청산할 정도로 진척되었다네."[10]

1857~1858년 유럽에 공황이 닥쳤을 때도 마르크스는 혁명을 예감하며 정치경제학에 대한 방대한 원고를 작성합니다. 당시 유럽 자본주의는 심각한 공황 상태에 빠졌고, 이런 정세에서 그는 정치경제학 비판이 매우 시급하다고 생각했습니다. 당대의 정치경제학자들이 노동자들에게 끼치는 해악을 제거하는 일이 긴요하다고 본 겁니다. 마르크스는 엥겔스에게 정치경제학 비판의 대략적 내용, 곧 '요강'(Grundrisse)만이라도 펴내려 한다고 했습니다. 결국 출간되지는 못했습니다만 이때 쓴 원고의 제목이 '정치경제학 비판 요강'(Grundrisse der Kritik der politischen Ökonomie)입니다.

그러니까 그는 1844년에도, 1857~1858년에도 '정치경제학 비판'이라는 제목이 들어간 책을 출간하려고 했던 겁니다. 물론 방금 말했던 것처럼 실제로 출간되지는 못했습니다. '정치경제학 비판'이라는 제목을 단 책이 정식 출간된 것은 1859년입니다. 『정치경제학 비판을 위하여』*Zur Kritik der politischen Ökonomie*가 그것이죠. 그리고 1867년 출간된 『자본』의 부제에 '정치경제학 비판'이라는 말이 들어갔고요. 이처럼 '정치경제학 비판'은 마르크스가 정치경제학 공부를 시작한 이래로 계속 마음에 둔 말이었습니다. 『자본』의 부제는 『자본』에만 한정된 말이 아니라는 겁니다. 그것은 마르크스가 필생의 과제처럼 지속해온 일을 가리키는 이름입니다.

─────── '정치경제학'의 탄생 ───────

그렇다면 마르크스가 그토록 비판했던 '정치경제학'은 어떤 학문이고 어떤 과학이었을까요. 언뜻 정치경제학은 '무슨무슨 경제학'이라는 말들이 그렇듯 경제학의 분과 학문처럼 들립니다. 하지만 사실 정치경제학은 경제학의 분과 학문이 아니라 선행 학문입니다. 그리고 이 학문이 생겨났다는 것은 서구 역사에 큰 변동이 일어났다는 뜻입니다.

고대 서구에서는 '정치경제학'이라는 말 자체가 성립하기 힘듭니다. 불가능한 조어라는 거죠. '정치경제학'은 보다시피 '정치'와 '경제'를 붙여서 만든 말입니다. 그런데 왜 이 두 단어의 연결이 새로운 사태의 출현을 의미하느냐, 이걸 이해하려면 지금 우리가 떠올리는 '정치'나 '경제'라는 말은 내려놓는 게 좋습니다. '정치'(politics)와 '경제'(economy)라는 말 대신 그 뿌리가 된 그리스어 '폴리스'(polis)와 '오이코스'(oikos)의 용례에서 접근해야 합니다. 고대 그리스에서 '폴리스'는 공론의 영역이자 자유의 영역이었습니다. 반면 '오이코스'는 사적 영역으로, 생명 유지를 위해 필요한 생계의 영역이며 자연의 운명을 거스를 수 없는 필연의 영역입니다. 그리스에서 이 둘은 '빛'과 '어둠'처럼 철저히 나뉘어 있었습니다. 그런데 '정치경제학'이라는 말이 그 둘을 연결한 겁니다.

장-자크 루소(Jean-Jacques Rousseau)의 글을 보면 '정치경제학'이라는 말이 서구에서 새로운 조어였음을 알 수 있습니다. 1755년 그는 『백과사전』「정치경제학」*Discours sur l'économie politique* 항목을 집필했는데요. 첫 단락을 이렇게 썼습니다. "에코노미(économie)라는 말은 '오이코스'(oikos) 즉 집이라는 말과 '노모스'(nomos) 즉 법이라는 말에서 온 것으로, 본래는 가족 전체의 공동 이익을 위해 집을 현명하고 정당하게 통치하는 것을 의미한다. 그런데 이 말의 의미는 커다란 가족 즉 국가의 통치로까지 확장되었다. 그래서 두 가지 의미를 구분하기 위해 후자는 '일반경제'(économie générale) 내지 '정치경제'(économie politique)라고 부르고, 전자를 '특수경제'(économie particulière) 내지 '가내경제'(économie domestique)라고 부른다. 이 글에서는 전자에 대해서만 문제 삼는다." 11

　　루소가 '에코노미'(économie)라고 부른 것은 오늘날 우리가 '경제'라고 부르는 말과 조금 다릅니다. 오늘날 우리가 '경제' 내지 '경제학'이라고 부르는 것은 고전주의 시기에 탄생한 '정치경제학'에서 '정치'라는 말이 떨어져 나가며 생긴 겁니다(이는 경제를 정치의 간섭으로부터 자유롭게 만들려는 19세기 말의 시도와 관련이 있습니다). 루소는 '에코노미'라는 말이 '본래' 가정의 영역에 한정된 것이라고 했습니다. 이 언급에 주목할 필요가 있습니다. 고대 그리스의 언어 용례를 생각하면 루소가 왜 이렇게 말했는지 이해할 수 있습니다. 그런데 '본래' 그렇다는 이야기는 '이제' 뭔가 다른 일이 생겨났다는 뜻이죠. 루소의 말을 따라가보면, 본래는 가정의 영역에 쓰이던 '에코노미'라는 말이 이제 국가통치 영역까지 확대되어 '에코노미 폴리티크'라는 말도 가능해졌다고 합니다. 즉 '정치경제'라는 말은 가정을 꾸려가는 기술이 국가통치술로 확장되면서 생겨났다는 거죠. 다시 말해 폴리스와 오이코스의 구분이 깨졌음을 보여줍니다. 루소에 따르면 '정치경제' 내지 '정치경제학'이란 국가통치술로 확장된 가정관리술(oikonomikos)이라고 할 수 있습니다.

국가통치술이 된 가정관리술

프랑수아 케네(François Quesnay)의 『경제표』Tableau économique(1758)가 나온 것도 이즈음입니다. 12 마르크스는 『경제표』를 가리켜 "정치경제학의 유년기에 이루어진 시도"로서 "최고의 천재적인 사상"이라고 칭찬했는데요, 13 사실 이것은 마치 국가 전체 수준에서 작성된 약식 가계부처럼 보입니다. 수입과 지출이 균형을 이루려면, 그래서 국가 살림이 재생산되려면, 어디에 돈을 써야 하고 어디서 지출을 줄여야 하는지를 한눈에 알 수 있게 해주는 거죠. 고전주의 시기는 국가형태로 말하면 영토국가(territorial state) 시기인데, 이때의 학자들은 국가를 하나의 '거대 신체'로 상상하곤 했습니다. 잡다한 인구를 하나로 묶어 마치 한 인간인 듯 상상했다는 거죠. 영토적 통일성을 만들어가던 시기에 인구적 통일성을 떠올리는 건 자연스러운 일입니다. 많은 사상가를 예로 들 수 있겠지만 대표적으로 토머스 홉스(Thomas Hobbes)가 그랬습니다. 그는 세금과 공공지출을 정맥과 동맥에 비유했지요. 14 그는 국가를 거인처럼 생각했습니다. 신이 만든 인간과 구분해 국가를 '인조인간'(Artificial Man)이라고 불렀죠. 15 화폐는 이 거대한 인조인간의 혈액에 해당합니다. 피가 영양분을 공급하듯 화폐는 부(富)를 거인의 신체에서 돌게 합니다. 실제로 『리바이어던』*Leviathan, or The Matter, Forme and Power of a Common-Wealth Ecclesiastical and Civil* 표지를 보면 깨알처럼 많은 인간이 하나의 거대한 인간 형상을 하고 있습니다. 그리고 이 거인은 군주의 모습입니다. 군주란 잡다한 인구집단이 마치 한 인간처럼 될 때 그 통일성을 표상하는 존재였던 겁니다.

외과 의사였던 케네에게는 아마도 이런 상상이 더 쉬웠을 겁니다. 국가를, 먹여 살려야 하는 거대한 신체로 보는 것 말입니다. 『경제표』는 '에코노미', 즉 식구들을 어떻게 먹여 살릴 것인가 하는 물음을 국가 차원으로 확대했던 당시 사유의 한 전형입니다. 근대 경제학의 창설자로 불리는 스미스가 정치경제학을 이해하는 방식도 다르지 않았습니다. 『국부론』*An Inquiry into the Nature and Causes of the Wealth of Nations*(1776)에서 그는 정치경제학을 '정치가-입법자'의 학문이라 부르며 여기에 두 가지 목적이 있다고 말합니다.[16] 하나는 국민들에게 풍부한 소득이나 생활수단을 제공하는 것이고, 다른 하나는 국가에 넉넉한 세입을 제공해 공공서비스를 충분히 공급하도록 하는 겁니다. 스미스에게도 정치경제학은 정치가와 입법자의 학문 즉 '국가통치학'이었던 거죠. 전통사회에서는 가부장의 일이었던 '에코노미'(이코노미)가 여기서는 통치자의 일이 된 것을 알 수 있습니다. 국가통치학으로서 이코노미, 그것이 바로 '폴리티컬 이코노미' 즉 정치경제학입니다. 그리고 이것이 '정치경제학'이 '국민경제학'이라고 불렸던 이유이기도 합니다.

정치의 과제가 원래 국민을 먹여 살리고 국가를 부유하게 하는 것 아니냐고 되묻고 싶은 독자도 있을 겁니다. 그렇습니다. 오늘날의 시각에서는 당연한 이야기로 들립니다. 하지만 고대 서구사회에서 '폴리스'와 '오이코스'가 어떤 관계였는지 이해한다면 이 사태가 얼마나 새로운 것인지 알 수 있습니다. 고대 그리스의 '폴리스'나 로마의 '레스 푸블리카'(res publica), 즉 공적 영역에서는 생계 문제가 정치의 주제가 아니었고 그렇게 될 수도 없었습니다.

정치경제학의 위선——가치를 생산하는 자가 왜 더 가난한가

폴리스와 오이코스의 경계 변동의 관점에서 근대사회의 출현을 이해한 사람이 한나 아렌트(Hannah Arendt)입니다.[17] 아렌트에 따르면 고대 그리스에서 오이코스, 즉 가정은 생명의 영역, 생계의 영역입니다. 먹고사는 문제, 개체수를 늘리고 종족을 번성시키는 문제에 관심을 두는 곳이지요. 반면 폴리스는 자유의 영역입니다.

여기서는 자연이 가한 필연성, 즉 먹고사는 문제를 떠난 고민들이 이루어지는 곳이죠. 말과 행위를 통해 시민들 각자의 덕성이 드러나는 정치적 공론장입니다.

정치경제학과 사회의 탄생

아렌트에 따르면 폴리스와 오이코스에 대한 그리스적 구분은 로마에서도 지켜졌습니다. 로마인들도 공적인 것과 사적인 것을 엄격히 구분했고 공적인 것에 큰 가치를 부여했습니다. 중세에도 이런 구분이 존재했습니다. 다만 중세의 공적인 것은 고대의 폴리스와 달랐습니다. 중세의 공적 활동이라 하면 교회와 관련된 것일 텐데, 교회는 신성한 것으로서 그 반대 항은 세속적인 것이지 사적인 것이 아닙니다. 공적 영역은 교회로 대체되었지만 사적 영역은 그대로 가정에 남았다는 이야기입니다.

그런데 언제부턴가 가정의 영역, 어둠의 영역에 있던 사적인 것이 공적 영역으로 진출합니다. 다시 말해 생계 영역이 공적 의미를 획득하기 시작한 겁니다. 이와 더불어 나타난 것이 '사회'입니다. 먹고사는 문제를 공론 영역에서 제기하게 된 거죠. 고대 그리스에서는 상상할 수 없는 일이었습니다. 아렌트가 '사회'는 근대에 출현했다고 주장하는 이유가 이것입니다. 사적인 이해가 오이코스에 갇히지 않고 폴리스로 확대된 것, 그래서 오이코스와 폴리스 모두가 변화한 것, 이것이 근대 사회입니다. 아렌트의 주장은 17~18세기의 '사회' 개념에 적절한 것 같습니다. 이 고전주의 시기의 대표적 이론인 사회계약론은 '사회'가 사적 부르주아들의 이익 공동체에 다름 아님을 잘 보여줍니다. 결합의 주체로서 개인(individual), 결합의 형식으로서 계약(contract), 결합의 목적으로서 이익(interest). 이것이 사회계약론이 말하는 '사회'입니다.

우리가 '사회'라고 옮기는 라틴어 '소키에타스'(societas)는 실제로 대외교역에 나섰던 중세 시대 투자자들의 결사체를 지칭했습니다. 그런 소키에타스 중 규모가 큰 것을 사람들은 '콤파니아'(compagnia)라고 불렀는데요. 말 그대로 풀면 '빵을 함께 먹는 사람들'이라는 뜻입니다. 생계 내지 이익이 함께 걸려 있는 사람들이라는 것이죠. 요즘도 회사를 지칭할 때 프랑스어로는 '소시에테'(société)와 '콤파니아'(compania)라고 하고, 영어로도 '컴퍼니'(company)라고 하잖아요. '사회'란 그런 인간관계가 일반화된 것이라 할 수 있습니다. 아렌트는 이 변화에 상응하는 학문이 '국민경제학'(national economy, Volkswirtschaft)이라고 했습니다. 아렌트는 이를 '집단적 가정관리술'(collective housekeeping)이라고도 불렀는데,[18] 왜 그렇게 불렀는지는 앞서 충분히 말했다고 생각합니다.

정치경제학과 인구론 그리고 통계학

그러나 정치경제학을 가정관리술의 단순한 확장으로만 볼 수는 없습니다. 누구보다 루소가 이 점을 잘 지적했습니다. 소규모 가족을 이끄는 방식으로 전체 인구(population)를 관리하고 통치할 수 있을까요? 가부장과 국가통치자는 권리도 의무도 다를 수밖에 없습니다. 신체를 먹여 살리는 것은 똑같다 해도 그 방법까지 같을 수는 없지요. 무엇보다 신체의 성격이 다릅니다. 통치자는 국가라는 신체(le corps de l'État), 국민이라는 신체(corps de la nation)를 고려해야 합니다. 개인신체와는 다른 집단신체만의 기능과 법칙을 알아내야 합니다. 집단신체 즉 '인구'에 대한 고민이 필요한 겁니다. 국가의 통치자는 인구와 관련된 법칙을 이해하고 그 법칙[법]을 따라야 한다, 이것이 루소가 말한 정치경제학의 첫 번째 규칙입니다. 그는 시민의 도덕성과 부의 고른 분배도 정치경제에 중요하다고 덧붙였습니다만, 고유한 법칙을 가진 '인구' 문제를 무엇보다 먼저 언급했습니다.

가정경제와 정치경제가 구분되는 결정적 지점이 '인구'입니다. 이즈음 정치산술학(political arithmatic)이나 통계학(statistics)이 등장한 점을 눈여겨볼 필요가 있어요. '통계학'을 글자 그대로 풀면 '국가'(state) '학'(-ics)입니다. 통치과학인 것이죠. 국가라는 집단신체에는 낡은 가족 모델을 그대로 적용할 수가 없습니다. '개인'을 보살피는 것과 '인구'를 보살피는 것은 다르니까요. '인구'를 다루려면 가족 몇 명의 살림을 꾸리는 것과는 다른 기술, 다른 과학이 필요했습니다. 그래서 미셸 푸코(Michel Foucault)는 "인구라는 새로운 주체이자 객체가 (…) 경제적 실천에 들어왔을 때", 그러니까 "인구가 부의 분석에 도입되어 경제적 성찰과 실천의 영역을 뒤흔드는 효과를 냈을 때 (…) 비로소 정치경제학이라는 새로운 지식 영역이 열리게 되었다"라고 했습니다.[19] 정치경제학은 '인구'가 앎의 대상이 된 것과 깊이 관련된다는 것이지요.

실제로 정치경제학 문헌들을 보면 '인구'가 얼마나 중요한 주제인지 실감하게 됩니다. 『자본』도 마찬가지입니다. 나중에 우리는 마르크스의 '정치경제학 비판'이 '인구론 비판'이기도 하다는 것을 확인할 겁니다. 그리고 마르크스의 '잉여가치론'이 어떻게 '잉여인간론'과 맞물리는지도 볼 것입니다. 『자본』의 끝에서 한편에 잉여가치가 쌓여 있고 다른 한편에는 잉여인간이 쌓여 있는 풍경을 만나게 될 때 이 이야기를 다시 꺼내도록 하겠습니다.

그런데 정치경제학은 '인구'와 더불어 또 다른 문제에 직면합니다. 바로 '빈곤'입니다. 정치경제학은 전체 국민을 풍족하게 만드는 보편 과학인 것처럼 보였지만 현실은 전혀 그렇지 않았습니다. 스미스의 책제목처럼[20] '국민의 부'를 주장했던 정치경제학자들은 당혹스러운 현실과 대면하게 되는데요. 바로 '국민의 부'만큼이나 '국민의 가난'이 늘어나고 있었기 때문이죠. 영국의 정치가이자 소설가인 벤저민 디즈레일리(Benjamin Disraeli)의 소설 제목을 따서 말하자면 '두 개의 국민'(two nations)이 생겨났습니다.[21] 국민은 만들어지자마자 둘로 갈라졌습니다. 인구의 계급적 분화가 나타난 것이죠.

사람들은 전대미문의 부와 전대미문의 빈곤이 깊이 연관되어 있다는 걸 직감하기 시작했습니다. 그런데 스미스를 포함해 그 이전의 정치경제학에서는 부유한 사회의 원리가 빈곤한 사회의 원리이기도 하다는 것을 이해하기 어려웠습니다. '보이지 않는 손'이 상징하는 어떤 낙관주의가 있었거든요. 19세기 정치경제학자들은 나름대로 빈곤을 설명해보려 했고 그들이 내린 결론은 일종의 자연현상이라는 겁니다. 사회제도와 상관없이 나타난 것이고 나타날 수밖에 없다는 거죠. 여기서 다시 '인구' 문제가 활용되는데요. 토머스 맬서스(Thomas R. Malthus)가 대표적 예입니다. 그는 빈곤을 과잉인구 탓으로 돌렸습니다. 빈곤은 인구의 생물학적 급증에서 생겨났다는 것이죠. 사실 인구 과잉은 부자가 아니라 빈민의 문제였죠. 부자가 과잉일 리는 없으니까요. 맬서스의 인구론은 빈곤을 빈민 탓으로 보이게 합니다. 그들이 가난한 것은 그들이 너무 많이 태어났기 때문이라는 거죠. 꼭 빈민 탓이 아니라 해도, 어떻든 빈곤은 사회제도와는 무관한 자연의 문제가 되어버립니다.

마르크스가 무척이나 싫어했던 조지프 타운센드(Joseph Townsend)는 '빈곤'의 사회적 효용까지 말했습니다. 그는 구빈법을 다룬 논문에서 근거도 없는 이야기를 사실처럼 퍼뜨렸는데, 이런 이야기였습니다. 어느 무인도에 선원들이 염소를 풀어놓고 길렀습니다. 그런데 염소가 너무 번성하자 사나운 개를 풀어놓았지요. 염소는 전멸하지 않고 적절하게 개체수가 조절되었을 뿐 아니라 더 건강한 염소들이 살게 되었다고 합니다. 여기서 '사나운 개'를 빈곤으로, '염소'를 빈민으로 바꾸면 타운센드가 하고자 하는 말이 됩니다. 빈곤은 빈민의 개체수를 조절해줄 뿐 아니라 빈민을 더 근면하게 만든다는 거죠.

그렇지만 전염병처럼 확산되는 빈곤을 보며 위기의식을 갖는 사람들도 생겨났습니다. 이대로 가다가는 '사회 전체'가 망할 수도 있다고 본 거죠. 방금 '사회 전체'라는 말을 했는데요. 이 말에는 이전 시기 사람들이 떠올린 것과는 다른 '사회' 개념이 들어 있습니다. 19세기적 '사회' 개념이 생겨났다고 할까요. 이들은 '사회'를 더는 부르주아들의 이익결사체로 보지 않았습니다. 이들에게 '사회'는 일종의 '전체'이자,[22] 개인들로 환원될 수 없는 실체였습니다. 칼 폴라니(Karl Polanyi)는 『거대한 변환』*The Great Transformation*에서 19세기 빈민과 정치경제학의 교차지점에서 '사회'가 탄생했다고 했습니다.[23] 사실은 '사회학'도 이런 맥락에서 탄생했습니다. 언어나 화폐, 법처럼 한 개인이 어쩌할 수 없는 집합적 차원, 집합적 표상이 존재한다고 주장하는 사람들이 나타났지요. 사회학의 창시자로 언급되기도 하는 에밀 뒤르켐(Émile Durkheim)이 이런 사고를 대표했던 인물입니다.

사실은 사회학자들보다 사회주의자들이 먼저 그런 사회 개념을 가졌습니다. 19세기 초에 나타난 초기 사회주의자들, 생시몽과 푸리에, 오언 같은 사람들 말입니다. 폴라니는 특히 로버트 오언(Robert Owen)에 주목했는데, 오언은 인간의 동기나 성격은 사회 속에서 형성되는 것이라고 했습니다. 그는 문제를 개인이 아니라 사회에서 찾고자 했습니다. 그가 기독교를 그토록 비난한 것도 인간 성격의 책임을 개인 탓으로 돌리기 때문이었습니다. 오언 등의 사회주의는 분명 19세기 '사회' 개념의 탄생과 깊이 연관되어 보입니다. 하지만 나는 폴라니처럼 이때 '사회'가 탄생했다고 말하고 싶지는 않습니다. 그저 새로운 사회 '개념' 내지 사회에 대한 새로운 '견해'가 탄생했다고 말하는 게 낫겠습니다. 오언의 책 『사회에 대한 새로운 견해』*A New View of Society*(1813~1814)처럼 말입니다.[24] 참고로 이 책의 부제는 "인간 성격 형성의 원리와 원리의 실천적 응용에 대한 에세이"입니다.

국민경제학, 위선적 박애

마르크스의 '정치경제학 비판'은 이런 맥락에서 제기되었습니다. 그는 부의 증대와 빈곤의 증대가 나란히 나타난 현실을 지적하며 가장 부유한 사회상태를 추구하는 '국민경제학'이 '사회의 불행을 목적'으로 하는 것과 같다고 했습니다.[25] 아마도 정치경제학을 파렴치한 학문이라고 생각했던 것 같습니다. 초기 저작들에서 마르크스는 자본주의사회의 비인간적 현실을 폭로하며 정치경제학의 위선을 드러내려 했습니다. 자본을 위해 궁전을 지었지만 스스로는 토굴에서 살아가는 노동자의 비참한 현실, 이런 현실을 마르크스는 '모든 가치의 원천은 노동'이라는 정치경제학의 주장과 대비시킵니다. 가치를 생산하는 자가 왜 가난한가. 그것도 가치를 많이 생산할수록 왜 더 가난해지는가. 『경제학 철학 초고』에서 그는 노동의 소외된 현실을 격정적 언어로 고발합니다.

이 점은 마르크스 스스로 큰 도움을 받았다고 인정한 엥겔스의 『국민경제학 비판 개요』*Grundrisse der Kritik der politischen Okonomie "Einleitung"*에도 그대로 나타납니다. 엥겔스는 국민경제학을 '위선적 박애'라고 비꼬았습니다. 겉으로는 '국민들의 우애'를 표방하지만 실제로는 비인간적이고 잔악한 '현대판 노예제'를 촉진한다는 겁니다. 엥겔스는 말합니다. "국부라는 표현은 (…) 영국인들이 거대한 국부를 소유하고 있으면서도 가장 가난한 국민임을 볼 때 적절하지 못하다." [26] 그는 현실에 비추어 볼 때 국민경제학, 정치경제학, 공공경제학 등은 모두 틀린 표현이라고 했습니다. 그러면서 차라리 '사적 경제학'이라고 불러야 한다고 주장합니다. 모두가 실제로는 '사적 소유'를 위해 존재하기 때문이지요.

그런데 마르크스의 '정치경제학 비판'이 이론과 현실의 격차, 다시 말해 이론의 위선을 폭로하는 식으로만 이루어진 건 아닙니다. 프롤레타리아트가 처한 끔찍한 현실을 자주 언급하기는 하지만 그가 '현실'로 '이론'을 비판하려 했던 것은 아닙니다. 그의 비판은 현실 고발형 르포와는 다릅니다. 그는 이론을 현실과 대비하기보다는 이론의 더 안쪽으로, 핵심 원리 쪽으로 파고듭니다. 에티엔 발리바르 (Étienne Balibar)에 따르면 『자본』에서 마르크스의 문제 설정은 크게 달라졌습니다. [27] 마르크스는 이제 정치경제학자들이 추론해낸 결과가 아니라 원리들 자체를 겨냥합니다. 발리바르는 아주 중요한 점을 지적했는데, 그에 따르면 마르크스는 "착취를 경제적 메커니즘(이를테면 불평등한 분배)의 결과[귀결]로 정의하는 게 아니라 반대로 '경제적' 형태들을 임노동 착취의 전체적 과정의 계기들과 효과들로 정의한다"라고 했습니다. '착취'는 메커니즘의 결과가 아니라 메커니즘의 전제라는 것이죠.

만약 착취가 '결과', 즉 생산된 가치를 분배하는 문제였다면 우리는 재분배를 통해 이를 바로잡을 수 있습니다. 그러나 '전제'가 문제라면 상황이 달라집니다. 자본주의적 경제형태가 작동하기 위해 착취가 전제되어 있다면, 다시 말해 상품생산과 가치증식이 착취에 입각해서만 가능하다면 이야기가 아주 달라져요. 이렇게 되면 잣대를 대고 비뚤어진 것을 바로잡는 식으로 문제를 해결할 수 없습니다. '교정'의 문제가 아니라는 말입니다. 우리에게 필요한 것은 잣대 자체를 바꾸는 것입니다. 불법이 문제가 아니라 법 자체가 문제인 상황인 거죠. 마르크스의 비판이 요구하는 게 이것입니다. 체제의 원리에 입각한 교정이 아니라 체제 자체의 역사적 이행!

『자본』 안으로 들어가는 입구에서 너무 많은 시간을 보내는 게 아닌가 걱정입니다만, 아직도 『자본』의 부제에 대한 설명이 충분한 것 같지 않습니다. 그저 '정치경제학'이라는 학문의 탄생과 정치경제학 비판의 역사적 맥락만 조금 짚어보았을 뿐이니까요. 이제 본격적으로 마르크스에게 정치경제학을 '비판한다'라는 것이 어떤 것인지 살펴보려 합니다. 독자 여러분은 표지를 넘기셔도 좋습니다. 지금부터 하려는 이야기는 『자본』의 서문들을 참조하면서 진행되니까요.

　　마르크스의 정치경제학 비판은 이론·학문·과학으로서의 '정치경제학'에 대한 비판입니다. 마르크스는 '과학적 비판'이라고 쓰는데, 그에게 '과학'과 '비판'은 아주 흥미로운 관계를 맺고 있는 말입니다. 정치경제학을 비판할 때 마르크스는 이 학문, 이 과학의 탄생이 의미하는 바를 따지고 들어갑니다. 그리고 이 학문[과학]의 전제가 어떻게 생겨났는지 검토합니다. 또 이 학문을 통해 표현되는 계급적 욕망과 의지, 니체식 용어를 쓰자면, 이 학문을 통해 표현되는 '진리에의 의지'(Wille zur Wahrheit), '앎에의 의지'(Wille zum Wissen)[28]를 문제 삼습니다.

────── 과학이 불가능한 곳에서 비판이 가능하다 ──────
마르크스가 『자본』의 제2독일어판 후기(1873)에서 한 이야기에 주목할 필요가 있습니다. 영국과 프랑스에서는 자본주의의 성숙과 더불어 '과학적 부르주아 경제학' 즉 정치경제학이 완성되었습니다. 하지만 계급투쟁이 발발하면서 정치경제학은 더는 보편타당한 과학으로 보이지 않게 되었습니다. 부르주아지의 계급적 이익을 옹호하는 학문으로 나타났다는 뜻입니다. 말하자면 보편 과학으로서는 파산한 겁니다.

　　그런데 독일에서는 달랐습니다. 독일의 계급투쟁도 영국, 프랑스와 다르지 않았습니다. 동시대적이었지요. 하지만 독일에서 자본주의 발전은 동시대적이지 않았습니다. 충분히 성숙하지 않았다는 이야기입니다. 그래서 자본주의 성숙과 계급투쟁의 순서가 여타의 나라들과 달랐습니다. 다른 곳에서는 자본주의가 성숙한 후 계급투쟁이 일어났는데 여기서는 계급투쟁이 일어난 후 자본주의 성숙이 이루어진 겁니다. 이런 사정이 독일의 정치경제학을 이상하게 만들었습니다. 다른 나라들에서는 자본주의 성숙과 더불어 정치경제학이 완성되었다가 계급투쟁과 더불어 파산했는데, 독일에서는 정치경제학의 완성보다 파산이 먼저 온 겁니다. 마르크스는 독일 부르주아지는 정치경제학을 완성해보지도 못한 채, 다른 나라들에서 몰락해간 정치경제학의 수입업자가 되었다고 말합니다.

독일에 수입된 것은 완성된 과학으로서 정치경제학이 아니라 파산한 과학으로서 정치경제학이었습니다. 실용주의자나 절충주의자 들의 이론이 수입된 것이죠. 마르크스에 따르면 프레데리크 바스티아(Claude-Frédéric Bastiat)가 전자의 예입니다. 그는 문제를 변호사처럼 해결하려고 합니다. 이론적으로 또 과학적으로 따지기보다 실무적으로 처리하는 거죠. 후자의 예는 존 스튜어트 밀(John Stuart Mill)입니다. 밀은 학자로서 접근하기는 하지만, 문제를 절충주의적으로 해결합니다. 학문에 생겨난 균열을 어떻게든 땜질하는 겁니다. 독일 부르주아지는 이들의 이론을 수입했습니다. 실무형 변호사나 학문적 절충주의자가 정치경제학 담론을 주도했지요. 그런데 이 대목에서 마르크스가 흥미로운 말을 합니다. "독일 사회의 역사적 발전이 이처럼 특수했기 때문에 부르주아 경제학의 독창적인 발전은 전혀 불가능했다. 그렇다고 해서 부르주아 경제학에 대한 비판까지 불가능하게 된 것은 아니다."[김, 14; 강, 55] 이 문장이 흥미로운 것은 마르크스가 과학이 불가능하게 된 상황에서도 비판이 가능하다고 말하기 때문입니다. 마르크스는 '과학'과 '비판'을 긴밀히 연관시키면서도 서로 다른 차원에 두고 있습니다. 많은 사람이 『자본』을 마르크스의 '과학'이라고 부릅니다만, 나는 『자본』에는 '과학'과는 다른 차원으로서 '비판'이 존재하며 여기에 『자본』의 위대함이 있다고 봅니다.

물론 방금 인용한 마르크스의 문장은 독일의 특수한 상황을 언급하며 나온 것입니다. 하지만 독일의 상황은 일반적 상황에서 벗어난 것으로서가 아니라, 일반적 상황을 예외적으로 더 선명하게 보여준다는 점에서 특수하다고 말하고 싶습니다. 즉 독일에서야말로 '정치경제학'과 '정치경제학 비판', 즉 한 과학과 그 과학에 대한 비판의 일반적 관계가 더 선명하게 드러나는 것 같습니다. 마르크스를 통해 볼 때 비판은 과학의 하위 영역이 아닙니다. 한 과학, 한 학문에 대한 비판은 그 과학, 그 학문의 한계 내지 불가능성이 드러나는 지점까지 나아가는 것입니다. 앞서의 표현을 쓰자면 해당 과학의 파산 지점까지 가는 겁니다. 젊은 시절 마르크스는 '무자비한 비판'(rücksichtslose Kritik)이라는 말을 한 적이 있는데,[29] 이는 비판의 결과를 두려워하지 않으며 현존하는 권력과의 싸움도 마다하지 않는 비판입니다. 지금 논의의 맥락에서 보자면, 내적으로는 해당 학문의 근거를 허물고 외적으로는 그 학문을 둘러싼 권력투쟁을 마다하지 않는 것이라 할 수 있겠죠. 비판이 거기까지 나아가지 못하면 그것은 기껏해야 '교정'의 의미밖에 없습니다(부록③ 참조). 다시 강조해두고 싶은데요. 한 과학, 한 학문에 대한 '비판'이란 그것의 한계, 그것의 불가능, 그것의 파산 장소까지 나아가는 것입니다. 영국과 프랑스에서 계급투쟁이 정치경제학이라는 과학을 파산시켰다는 점에서, 우리는 이때의 계급투쟁을 일종의 비판이라고 부를 수 있습니다. 과학을 불가능하게 한 비판, 과학을 기능부전으로 만든 비판, 과학의 불가능성 속에서 자신을 드러내는 비판, 이는 비판이 과학보다 멀리 가는 것임을 말해줍니다. 과학이 이를 수 없는 곳, 과학이 멈추는 곳, 과학의 한계가 드러나는 곳까지 나아가는 것이 비판이라는 말입니다.

마르크스의 비판이 드러낸, 정치경제학의 '탄생'과 '죽음'

정치경제학 비판이 과학으로서의 정치경제학보다 멀리 간다는 것을 『자본』에서 우리는 두 가지 차원으로 확인할 수 있습니다. 하나는 시간적 차원입니다. 마르크스의 비판은 정치경제학의 역사적 한계를 드러냅니다. 정치경제학은 영원한 과학이 아닙니다. 그것은 역사적 과학입니다. 그것은 특정한 사회적 조건들과 더불어 출현했고 그 조건들의 해체와 더불어 사라질 겁니다. 이와 관련해 마르크스의 비판은 정치경제학보다 과거로도, 미래로도 더 멀리 갑니다.

먼저 과거와 관련해서 볼까요? 정치경제학의 탄생 지점 말입니다. 마르크스는 『자본』에서 정치경제학적 사실들이 자본주의와 더불어 역사적으로 출현했음을 지적합니다. 정치경제학이 전제한 사실들은 역사적 결과물들입니다. 이를테면 스미스는 '개인들의 교환 성향'을 전제하는데, 상품사회의 전제인 개인들의 자유로운 교환은 자본주의라는 역사적 사회형태를 벗어나면 의미를 잃어버립니다. 개별화된 인간이라는 것 자체가 역사적 산물이니까요. 개인·상품·가치·인구 등등 정치경제학이 전제하고 있는 사실들 모두가 역사적인 것입니다. 그리고 이것들의 역사적 출현은 정치경제학의 내적 논리로 해명할 수 없는 여러 사건에 빚지고 있습니다. 우리는 자본주의가 전개된 역사와 자본주의를 형성한 역사를 혼동하면 안 됩니다. 마르크스의 표현을 빌리자면, 우리는 '자본 현재의 역사'와 '자본 형성의 역사'를 구분해야 합니다.[30] 일단 자본주의가 확고하게 자리를 잡으면 고유 논리에 따라 발전해갑니다만, 처음에 이 논리가 자리 잡는 과정은 결코 논리적이지도 합리적이지도 않거든. 온갖 사기와 협잡, 강요, 폭행, 정복, 살인이 끼어듭니다. 마르크스는 이를 '피와 불의 문자로 기록된 연대기'라고 했는데, 이에 대해서는 이후 본문 12장에서 『자본』의 마지막 장들을 다루며 자세히 살펴볼 겁니다.

다음으로 미래 쪽으로 가볼까요. 마르크스의 비판은 정치경제학의 논리에 충실하면서도 그 논리가 실패하는 장소를 보여줍니다. 논리에 모순과 이율배반이 나타나고 결국 힘이 재판관 행세를 하는 지점들이 있지요. 노동시간이나 임금처럼 잉여가치량에 큰 영향을 미치는 요소들에 대한 결정이, 논리가 아닌 현실적 힘에 달려 있다는 이야기입니다. 마르크스는 자본주의 발전이 스스로의 해체 또한 가속화하는 경향이 있음을 보여줍니다. 발전의 요소가 해체의 요소가 되는 역설을 드러내는 것이죠. 비판이 드러내는 이런 모순과 이율배반, 역설 들은 정치경제학과 자본주의에 드리운 죽음의 그림자라고 할 수 있습니다. 이처럼 정치경제학에 대한 비판은 정치경제학보다 과거로도, 미래로도 더 나아갑니다. 반대로 말하면 정치경제학이 과거로도, 미래로도 더 나아갈 수 없는 지점을 드러내는 것이죠. 정치경제학의 역사성을 확인해주는 겁니다.

마르크스의 비판이 드러낸, 정치경제학의 '의지'와 '욕망'

'정치경제학 비판'이 정치경제학보다 멀리 간다는 말은 위상적(位相的) 차원에서도 확인됩니다. 위상적 차원이란 '서 있는 위치' 즉 입장(position)에 관한 것입니다. 퍼스펙티브(perspective)에 관한 것이라고 해도 좋겠습니다. 비판은 '과학' 이전에 '입장'이 있음을 보여줍니다. 우리는 사물을 묘사하기 전에 우리가 그 사물을 어떤 렌즈를 통해 보고 있다는 점도 알아야 합니다. 마르크스의 비판은 정치경제학이 특정한 렌즈라는 것을 보여줍니다. 정치경제학을 통해 자본주의를 이해한다는 것은 특정한 위치, 특정한 입장에서 자본주의를 보고 있다는 이야기입니다. 마르크스주의자들에게 익숙한 용어로 말하자면 '당파적'이라는 거죠. 그런데 우리는 렌즈를 통해서 볼 뿐 아니라 렌즈도 볼 수 있어야 합니다. 렌즈 없이 볼 수는 없습니다. 하지만 투명한 렌즈, 보편적 렌즈라는 게 따로 있지도 않습니다. 우리는 모두 '어떤' 렌즈를 통해서 봅니다. 그리고 '어떤' 렌즈를 통해서 본다는 것은 어떤 것은 볼 수 있지만 또 어떤 것은 볼 수 없다는 뜻이기도 합니다. 잠자리의 눈과 인간의 눈이 볼 수 있는 게 다르듯이 말입니다.

특정한 렌즈를 통해 본다는 것에는 '무엇이 보이는가' 이상의 문제가 들어 있습니다. 우리 눈에 '보이는 것'은 우리가 '보려고 하는 것'과 무관치 않습니다. 우리의 시각에는 의지, 욕망, 충동 같은 게 개입합니다. 플라톤의 이데아론을 예로 들어볼까요. 그의 이데아론은 사물들을 특정한 방식으로 보게 합니다. 어떤 완전한 형상을 전제하고 눈앞의 존재들을 보게 만듭니다. 이데아론의 렌즈를 통해 사람들을 보면 어린아이나 노인, 장애인 등은 불완전하고 결핍된 존재로 보입니다.

조각 작품을 볼 때도, 음악을 들을 때도 어떤 이상적 비율을 전제하고 평가하겠지요. 이 경우 이데아론을 '비판'한다는 것은 이런 시각에서 볼 수 없는 것을 지적하거나 이데아 개념의 논리적 궁지를 제기하는 것일 수 있습니다.

그런데 이데아론에 대한 비판이 이런 차원에서만 가능한 것은 아닙니다. 이를테면 니체는 플라톤(Platon)의 이데아론에서 드러나는 '의지'를 문제 삼았습니다. 무엇이 그토록 플라톤을 이데아 개념으로 내몰았는가. 왜 그에게는 그런 이론이 '필요'했는가. 이런 물음은 이데아론의 오류나 한계에 대한 것이 아닙니다. 이데아론에 깔려 있는 플라톤의 의지나 욕망을 읽어내려는 것이지요. 이런 물음으로 우리는 플라톤의 분노를 읽어낼 수 있습니다. 그는 당시 아테네의 무질서한 상황, 자격 없는 자들이 함부로 떠들어대는 아나키적 민주주의가 혐오스러웠던 것 같습니다. 누구나 아무 말이나 하는 상황을 받아들일 수 없었겠지요. 누가 말할 수 있는가. 누구의 말이 옳은가. 그것을 가려내려면 어떤 기준이나 본(paradeigma) 같은 것이 필요하겠죠. 이런 역할을 하는 것이 '이데아'입니다.

이데아는 플라톤이 우연히 떠올린 개념이 아닙니다. 그는 그것을 필사적으로 정립하려고 했습니다. 엄격한 논리를 동원하고 필요하다면 신화까지 활용했어요. 무엇이 그를 이토록 내몰았을까요. 이데아론은 자격 없는 자들을 검열하고 추방하고자 했던 플라톤의 철학적이고 정치적인 충동의 산물이라고 할 수 있습니다. 이데아론을 '비판'한다는 것은 플라톤의 이런 의지와 욕망을 '드러내는' 것일 수 있습니다. 과학의 내적 완결성에 대한 비판만큼이나 과학을 둘러싼 외적 요소들을 살펴야 합니다. 특히 그 과학을 통해 호소하고 설득하려는, 또 장악하려는 의지와 욕망을 비판적으로 살펴야 합니다. 설령 그것이 엄격한 논리로만 이루어진 경우라 하더라도 그 철저한 논리를 동원해 지배력을 획득하려는 의지와 욕망이 있습니다. 마르크스의 정치경제학 비판에는 이를 문제 삼는 지점이 있습니다.

현미경과 투구

다시 정리하자면, 마르크스의 정치경제학 비판은 정치경제학의 두 가지 한계를 드러냅니다. 정치경제학은 초역사적 과학도 아니고 입장과 무관한 과학도 아닙니다. 그것은 역사적으로 제약된 것이고 입장으로 인해 제약된 것입니다. 그것은 역사적 생산양식으로서 자본주의에 한정된 과학이며, 특정한 입장에 서 있는 과학입니다. 특히 자본주의와 같은 계급사회에서 입장의 차이는 적대적 성격을 띱니다. 전자가 정치경제학의 역사성과 관련된다면 후자는 당파성(특히 계급적 당파성)과 관련된다고 하겠습니다. 앞서 렌즈 비유를 들었는데요. 실제로 『자본』에서 '본다', '보인다'라는 말은 정말로 중요합니다. 『자본』의 초판 서문에서 마르크스는 두 가지 흥미로운 비유를 들고 있는데요, 하나는 세포를 관찰하는 '현미경'이고 다른 하나는 페르세우스가 썼던 '투구'입니다.

인간은 현미경의 역사적 발명과 함께 세포를 볼 수 있게 되었습니다. 이런 확장된 시야는 '역사적'으로 확보된 것입니다. 현미경과 달리 '투구'는 볼 수 없게 만드는 것입니다. 페르세우스는 메두사를 잡기 위해 도깨비감투처럼 자신을 볼 수 없게 하는 이 투구(원래 하데스의 투구kyneê였죠)를 썼습니다. 그런데 마르크스는 독일의 상황을 빗대어 이렇게 말합니다. "우리는 괴물의 존재 자체를 부인하기 위해 투구를 눈과 귀 밑까지 깊이 눌러쓰고 있다." 이것은 '볼 수 없는 것'이 아니라 '보지 않으려는 것'입니다. 그리고 '보지 않으려는 것'은 계급적 이해와 관련이 있습니다. 마르크스가 "사람의 감정 중에서 가장 맹렬하고 가장 저열하며 가장 추악한 감정"이라 부른 '사적 이익'에 대한 추구 때문이지요. 요컨대 정치경제학자들은 역사적으로 확보된 시야(혹은 역사적으로 제한된 시야)를 갖고 있으며, 계급적으로 제한된 시야(혹은 계급적으로 확보된 시야)를 갖고 있는 것입니다. 이것을 드러내는 게 마르크스의 '비판'입니다. 이 두 가지를 더 자세히 하나씩 살펴보겠습니다.

비판 ①──정치경제학의 역사성

먼저 현미경 이야기에서 시작해볼까요. 마르크스는 『자본』의 초판 서문에서 지난 2000년 이상 인간은 온갖 노력에도 불구하고 상품에 대해 해명할 수 없었다고 했습니다. 그러면서 현미경 비유를 든 것인데요. 현미경이 발명되기 전에 우리는 세포를 볼 수 없었습니다. 그 존재 자체를 아예 생각할 수 없었죠. 하지만 세포보다 훨씬 복잡한 신체에 대해서는 옛날부터 잘 분석했습니다. 더 발달한 신체에 대한 기술이 단순한 신체에 대한 기술보다 쉬웠던 것 같습니다. 그러나 현미경은 단순히 시야만 넓혀준 게 아닙니다. 즉 예전에 보지 못했던 부분까지 볼 수 있게 되었다고만 해선 안 됩니다. 세포를 들여다봄으로써 우리는 기존에 겉만 보고 형성했던 신체의 관념 자체를 바꿀 수 있었습니다. 세포는 유기체를, 톱니바퀴로 이루어진 기계장치 혹은 역학적 원리로만 이해하던 종래의 생각을 깨뜨렸습니다. 현미경은 더 보게 한 것만이 아니라 다르게 보게 한 겁니다. 현미경 덕분에 우리는 그동안 본 것이 제대로 본 것이 아니라는 생각을 할 수 있게 되었습니다.

마르크스는 '현미경' 비유를 통해 겉모습만 대강 보는 사람들을 비판합니다. 역사를 대강만 보는 사람들은 이렇게 말합니다. 언제나 사람들은 땀을 흘려야 먹을 것을 구할 수 있었다고. 노동이 가치의 원천이라는 것은 어느 시대나 진리라고. 그러나 그들은 똑같이 일한다고 해도 고대 노예의 노동과 근대 노동자의 노동이 완전히 다르다는 것을 이해하지 못합니다. 마르크스에 따르면 고대의 노예는 생산수단이지만 근대의 노동자는 생산자입니다. 대강 보는 사람은 각각의 사회형태가 얼마나 다른지, 각 사회형태에서 인간행위가 얼마나 다른 의미를 갖는지를 모릅니다. 마르크스는 젊었을 때도 '현미경' 비유를 쓴 적이 있습니다. 박사 논문『데모크리토스와 에피쿠로스 자연철학의 차이』(1841)에서도 그는 겉모습만 대강 보는 사람들을 비판했습니다. 잘 알려진 것처럼 데모크리토스(Democritos)와 에피쿠로스(Epicouros)는 모두 원자론을 주장했죠. 큰 틀에서 일반적 고찰만 한 사람들은 에피쿠로스의 독특함을 알아보지 못합니다. 에피쿠로스의 원자론은 데모크리토스한테서 가져온 것이고 그의 윤리학은 키레네학파에서 가져온 것이라고 말합니다. 아주 사소하고 자의적인 변형이 있을 뿐 그다지 새로운 것은 없다면서 말이죠.

　　대강만 보면 에피쿠로스는 데모크리토스가 말한 원자들의 두 가지 운동, 즉 낙하와 충돌에 운동 하나를 추가했을 뿐입니다. '클리나멘'(clinamen)이라고 하는, 원자가 직선에서 미세하게 편위(Deklination)하는 운동이지요. 그러나 마르크스가 볼 때 이것은 결코 사소한 변형이 아니었습니다. 클리나멘은 기존 원자론에 대한 단순한 추가 사항이 아니라 원자론의 기본원리를 교체한 일대 사건이었죠. 완전히 새로운 원자론의 탄생이었고 새로운 자연학, 새로운 윤리학, 새로운 역사학의 탄생이었습니다. 이것을 알아차리려면 미세한 균열을 읽어낼 수 있는 세심한 눈이 필요합니다. 마르크스는 대강 보기 때문에 두 원자론, 두 자연학의 차이를 알아보지 못하는 사람들을 겨냥해 이렇게 말했습니다. 둘의 차이는 "현미경을 통해서나 발견될 수 있을 정도로 깊이 숨겨져 있었기 때문에, 그 둘 사이의 관련에도 불구하고 데모크리토스와 에피쿠로스 자연학 사이의 하나의 본질적 차이, 가장 미세한 곳까지 관통하는 그 차이가 증명될 수 있다면 그것은 매우 값진 일이 될 것이다. 작은 것 안에서 증명될 수 있는 것은 더 큰 차원의 관계들이 포착되는 곳에서는 더욱 쉽게 보여질 수 있지만, 반대로 아주 일반적인 고찰로부터 [시작할 때는] 그 결과를 개개의 것들에서 확증할 수 있을지 불투명한 것"[31]이다.

　　털끝만큼의 차이, 즉 호리(毫釐)의 차이로도 천지를 가르는 사건이 생겨납니다. 아니, 반대로 말해야겠지요. 천지를 가르는 사건도 호리의 차이에서 시작합니다. 그러니 전체를 가를 작은 균열을 알아보는 것이 중요합니다. 겉보기에 비슷하다고 대충 보는 것, 아마도 마르크스는 정치경제학자들의 큰 문제 중 하나가 이 둔한 시선이라고 생각했던 것 같습니다. 근대의 시선으로 과거를 대강 보는 것, 과거를 자기 시대에 꿰맞추는 것 말입니다. 역사를 보려면 작은 차이에서 큰 차이를 알아볼 수 있는 역사적 눈이 필요합니다.

'천재'가 보지 못한 '역사'

마르크스는 '2000년 이상' 이어진 온갖 노력에도 불구하고 부르주아사회의 '세포'라고 할 상품을 해명할 수 없었다고 했습니다. 필요한 물건들이 교환되는 장면을 눈앞에서 지켜본 것은 아주 오래되었지만 가치가 상품의 형태로 나타난 것에 대한 인식에는 도달하지 못했다는 겁니다. 왜 그랬을까요? 지성이 모자라서요? 언뜻 그렇게 들립니다. 마르크스는 신체의 세포를 보는 데는 현미경이 필요하지만 경제형태를 보려면 '추상력'이 필요하다고 했으니까요. 그러나 이 '추상력'은 지능을 의미하는 게 아닙니다. 인간이 추상력을 발휘하려면 그런 추상이 가능한 조건이 역사적으로 갖추어져야 합니다. 마르크스가 '2000년 이상'이라는 표현을 쓴 것은, 『자본』 I권 제1장에 나오는 가치형태에 관한 설명을 참고하건대, 아마도 아리스토텔레스를 염두에 둔 것이 아닌가 싶습니다.

마르크스에 따르면, 근대 경제학의 관점에서 볼 때 아리스토텔레스(Aristoteles)는 '가치형태'라는 것을 거의 분석해냈습니다. 아리스토텔레스는 누군가 '5개의 침대＝한 채의 가옥'이라고 말한다면 그것은 '5개의 침대＝얼마의 화폐'라고 말하는 것과 같다는 것을 알았습니다. 두 상품의 단순한 교환에 이미 '일반적 가치형태'(이어지는 본문 2장 「마르크스의 특별한 눈」 참조)가 숨어 있음을 간파한 겁니다. 그런데 아리스토텔레스는 여기서 멈춥니다. 서로 다른 물건들을 동일한 단위로 측정하는 것이 실제로는 가당치 않다고 생각했기 때문입니다. 상인들이 임시변통으로 한 것, 즉 편의상 그렇게 한 것이지 '실제로는 불가능'하다고 생각했습니다. 형상이 다른 두 사물의 공통 척도라는 건 실제로는 존재할 수 없었으니까요.

교환되는 두 물건의 공통 척도를 생각했으면서 아리스토텔레스는 왜 그것을 믿을 수 없었을까요? 왜 두 물건에서 어떤 동질성을 떠올릴 수 없었을까요? 그는 한편으로는 눈앞에서 보았으면서 다른 한편으로는 눈앞에 있는 것을 보지 못했습니다. 그의 지성이 모자랐던 걸까요? 19세기에는 여느 정치경제학자들도 쉽게 보게 된 것을 그는 왜 볼 수 없었을까요? 이것은 천재성의 문제가 아니라 역사성의 문제입니다. '동질화된 가치공간'은 역사적 생산물이라는 거죠. 다시 말해 생산자들 사이에 동등성이 확보되어야 하고(신분해방), 상이한 노동들이 동질적으로 보일 정도로 단순노동이 통계적으로 일반화되어야 합니다. 따라서 아리스토텔레스가 '볼' 수 있으려면 더 많은 지성이 아니라 새로운 역사가 필요했습니다.

──────── 역사유물론은 영원한 역사법칙에 대한 발견이 아니다────────
마르크스주의자들 중에는 역사유물론을 '역사를 관통하는 철의 법칙을 찾는 것'으로 생각하는 사람이 있습니다. 이것은 마르크스의 생각과 너무도 거리가 멉니다. 역사유물론은 각각의 사회형태가 지닌 고유 법칙을 이해하는 것이지, 결코 역사적 사회형태들을 가로지르는 영원한 법칙을 찾는 것이 아닙니다. 그래서 엥겔스는 당대 젊은 사회주의자들을 질타했습니다. 그들은 역사유물론자를 자처하면서도 개개의 역사 연구는 소홀히 했거든요. "오늘날 유물론적 역사관(materialistische Geschichtsauffassung)에 있어서 그것을 역사를 연구하지 않으려는 구실로 삼는 사람들이 많습니다. 마르크스가 지난 1870년대의 프랑스 '마르크스주의자들'을 두고 '내가 아는 모든 것, 그것은 내가 마르크스주의자가 아니라는 것'(Tout ce que je sais, c'est que je ne suis pas Marxiste)이라고 말했던 것처럼 말이에요." [32]

내가 대학 다니던 시절에는 스탈린(Iosif V. Stalin)이 정립한 소위 '역사발전 5단계'라는 것을 마르크스가 말한 역사의 진리나 되는 듯 생각하는 사람이 상당히 많았습니다. 『정치경제학 비판을 위하여』 서문(1859)에서 마르크스가 아시아적 생산양식과 고대적 생산양식, 봉건적 생산양식, 근대 부르주아적 생산양식을 단계적으로 나열한 적이 있습니다만, 그 직전에 작성한 『정치경제학 비판 요강』(1857~1858)이나 1880년 무렵에 쓴 편지들을 보면, 각 단계로의 이행이 필연적이지 않으며, 이행 경로도 단선적이지 않음을 알 수 있습니다. 더 중요한 건 사회형태들이 저마다 완전히 다른 편제를 갖는다는 사실입니다. 자본주의나 공산주의로의 이행을 필연이나 목적으로 상정해서는 각각의 사회를 전혀 이해할 수 없습니다. 역사유물론자라면 각각의 사회형태를 추상적 도식에 꿰맞춰 바라보면 안 됩니다. 오히려 역사적으로 독특한 그 사회의 편제를 읽어내야 하죠. 역사유물론자일수록 더 섬세해야 하고, 더 많이 찾아보고 더 많이 공부해야 합니다. 역사유물론은 우리에게 역사를 공부할 필요가 없는 도식을 찾아낸 이론이 아니라, 왜 역사를 더 많이 공부해야 하는지 그 필요성을 일깨우는 이론입니다. 나는 다음 장에서, 그러니까 『자본』 제1장 끝부분을 다룰 때 이 점을 재차 강조할 겁니다. 마르크스가 얼마나 역사성을 중시하는지를, 거기서 다시 확인할 수 있을 겁니다.

마르크스의 정치경제학 비판과 관련해서 볼 때 '영원한 법칙'을 찾으려 한 것은 정치경제학자들이었습니다. 그들은 부르주아사회에 고유한 것을 영원한 것으로 간주했지요. 마르크스는 프루동(Pierre J. Proudhon)을 비판할 때도 이 점을 지적합니다. 그는 프루동의 심각한 문제 중 하나로 역사적 지식의 결핍을 들었습니다. 프루동에 대한 평가를 요구하는 안넨코프(Pavel V. Annenkov)에게 마르크스는 이렇게 썼습니다. "프루동은 경제적 범주들은 이 현실적 관계들의 추상일 뿐이라는 것, 이들 관계가 존속하는 한에서만 진실이라는 것을 보지 못했습니다. 그리하여 그는 이들 경제적 범주에서 일정한 역사적 발전, 즉 생산력들의 일정한 발전에서만 적용되는 역사법칙을 보지 않고 영원한 법칙을 보는 부르주아 경제학자의 오류에 빠졌습니다." [33] 정치경제학 범주들은 자본주의적 생산양식, 부르주아적 사회관계를 전제할 때에만 의미가 있습니다. 그런데 이 전제들은 역사적 산물입니다. 이 점을 놓치면 '형이상학'이 되고 맙니다. 『철학의 빈곤』에서 마르크스가 정치경제학에 대한 프루동의 설명을 '정치경제학의 형이상학'이라 한 것은 이를 지적하기 위해서였습니다. [34] 『자본』을 읽을 때도 이 점을 놓치지 말아야 합니다. 『자본』은 결코 초역사적 법칙을 말하는 책이 아닙니다. 마르크스는 서문에 이렇게 썼습니다. "현대사회의 경제적 운동법칙을 발견하는 것이 이 책의 최종 목적이다." 즉 『자본』은 역사적 사회형태로서, 역사적 생산양식으로서 자본주의를 분석하고 비판하는 책이지 결코 역사를 관통하는 영원한 법칙을 말하는 책이 아닙니다.

『자본』 제2독일어판 후기에서도 마르크스는 이 점을 누차 강조합니다. 참고로 이 후기를 쓸 무렵 『자본』의 첫 해외 번역본인 러시아어판이 출간되었는데요. 마르크스는 러시아 학자들이 이 책에 어떤 반향을 보일지 궁금했을 겁니다. 그런데 러시아 경제학자 카우프만(Illarion I. Kaufman)의 논평이 마르크스의 눈길을 끌었습니다. 그의 논평 중 어떤 부분이 마르크스 자신이 말하려는 바를 잘 드러냈다고 생각한 모양입니다. 마르크스는 카우프만에 대해 "이 논평자는 나 자신의 방법이라고 생각하는 것을 아주 정확하게 묘사"했다고 했습니다.[김, 18; 강, 60] 카우프만은 이렇게 말했습니다. "어떤 사람은, 경제생활의 일반법칙은 현재에 적용되든 과거에 적용되든 동일하다고 말할 것이다. 바로 이것을 마르크스는 부인한다. 그에 따르면 그런 추상적 법칙은 존재하지 않는다. (…) 반대로 각각의 역사적 시기는 자기 자신의 법칙을 가지고 있다. (…) 경제생활이 일정한 발전 시기를 경과

해 일정한 단계로부터 다른 단계로 이행하자마자, 경제생활은 다른 법칙에 의해 지배받기 시작한다."[김, 17; 강, 59]

흑인은 흑인이다, 그러나

마르크스는 19세기 생물학 혁명에 크게 영향을 받았습니다. 그는 사회형태를 곧잘 '유기체'에 비유했고 사회형태 분석을 '해부학'처럼 생각했습니다. 참고로『독일 이데올로기』*Die deutsche Ideologie*(1845~1846)에서 그는 사회형태를 '편제'(Gliederung)에 따라 구분했는데, 'Glied'라는 말은 '관절'을 뜻합니다. 해부학 용어죠. 마르크스는 기관들이 어떤 구조를 이루고 있느냐에 따라 동일한 현상도 전혀 다른 법칙의 지배를 받는다고 생각했습니다. 이를테면 '개인(*I*)-공동체(*G*)-생산수단(*P*)'의 도식을 가진 사회와 '개인(*I*)-생산수단(*P*)-공동체(*G*)'의 도식을 가진 사회는 완전히 다른 사회죠. 전자는 개인이 공동체의 시민이 되어야 생산수단을 가질 수 있는 사회이지만, 후자에서는 개인이 생산수단을 가져야 공동체에 참여할 수 있습니다. 동일한 요소를 가지고 편제만 조금 바꾸어도 완전히 다른 사회형태가 전개되는 겁니다. 만약 저기서 '공동체'(*G*, Gemeinde) 항을 '화폐'(*G*, Geld)로 바꾸면 또 다른 사회가 되겠지요. 화폐를 가진 개인만이 생산수단을 갖는 사회가 되는 겁니다. 이는 생산수단이 상품화된 사회라는 것을 말해줍니다.

마르크스는 사회적 편제에 따라 동일한 인간도 다른 존재가 된다는 것을『임금노동과 자본』에서 이렇게 표현하기도 했습니다. "흑인은 흑인이다. 그러나 어떤 조건에서 그는 노예가 된다."[35] 『정치경제학 비판 요강』에서는 이런 말도 했습니다. "배고픔은 배고픔이다. 그러나 포크와 칼로 삶은 고기를 먹어서 충족될 배고픔은 손, 손톱, 이빨로 날고기를 삼켜서 채우는 배고픔과는 상이한 배고픔이다."[36] 앞서 인용한『자본』의 논평자 카우프만은 이 점을 정확히 지적했던 겁니다. 마르크스가 인용한 그의 말을 마저 볼까요. "하나의 동일한 현상이라도 이 유기체들의 상이한 총체적 구조, 그것들의 개개 기관의 다양성, 기관이 기능하는 조건들의 차이 따위로 말미암아 전혀 다른 법칙의 지배를 받는다. 마르크스는 예컨대 인구법칙이 어느 시대, 어느 곳에서나 동일하다는 것을 부인한다. 그는 반대로 각각의 발전단계는 자기 자신의 인구법칙을 가지고 있다고 주장한다. (…) 이 같은 연구의 과학적 가치는 일정한 사회유기체의 발생, 존속, 발전, 사멸과 더 높은 다른 사회유기체에 의한 교체를 규제하는 특수한 법칙들을 해명하는 데 있다."[김, 18; 강, 59~60]

마르크스는 모든 시대에 적용될 인구법칙이 아닌, 각각의 시대는 자기 시대의 인구법칙을 갖는다는 점을 주장했습니다. 그가 『자본』에서 분석하고 드러내는 법칙이나 경향은 자본주의 생산양식, 부르주아적 사회관계가 지속하는 한에서만 적용됩니다. 이 사회유기체에서만 관철되는 거죠. 마르크스는 자본주의적 생산양식과 부르주아적 사회관계가 역사적으로 매우 특수한 형태라는 점을 계속 부각합니다. 그는 자본주의적 생산양식에서 관철되는 법칙이나 경향의 효력을 우리 시대 안에 가둡니다. 법칙은 유기체 안에 존재합니다. 이는 앞서 내가 비판이 과학보다 멀리 간다고 한 것과 통하는 말입니다. 자본주의라는 사회유기체에서 통용되는 법칙은 자본주의와는 다른 사회유기체에는 적용되지 않을 뿐 아니라 자본주의의 탄생에도 적용될 수 없습니다. '자본 현재의 역사'를 가지고 '자본 형성의 역사'를 도출할 수는 없는 겁니다('자본 형성의 역사'에 대해서는 이 책의 12장에서 별도로 이야기할 겁니다). 마르크스의 비판은 자본주의적 법칙이 더는 통용될 수 없는 지점을 드러냅니다. 그리고 자본주의 탄생의 필연성을 제거합니다. 비판은 과학[학문]보다 멀리 갑니다. 비평은 작품보다 멀리 갑니다. 아니 과학보다 멀리까지 가야, 그리고 작품보다 멀리까지 가야 제대로 된 비판이고 비평입니다.

비판은 과거만이 아니라 미래로도 가야 합니다. 현재가 통용되지 않는 과거로 갈 뿐 아니라 현재가 통용될 수 없는 미래로도 나아갑니다. 비판은 '자본 현재의 역사' 속에서 '미래의 역사'를 읽어냅니다. 기원의 필연성을 제거할 뿐 아니라 영속성 또한 제거하는 겁니다. 이와 관련해 카우프만의 언급이 중요합니다. 마르크스가 한 사회유기체의 발생과 발전을 다룰뿐더러 그 사멸, 다른 사회유기체로의 교체를 다룬다고 한 부분 말입니다. 이는 마르크스가 『자본』에 사용한 '비판적이고 혁명적인' 방법이라고 언급한 '변증법'과도 통하는 것인데요. 마르크스는 사회유기체의 작동 원리 속에서 그 해체 원리를 읽어냅니다. 『자본』에서 마르크스의 정치경제학 비판은 정치경제학, 더 나아가 자본주의적 생산양식을 철저히 '역사적으로 특수한 형태'로서 고찰하고 있으며, 자본주의의 역사적 필연성이나 미래로의 영속성을 제거하고 오직 역사적 '이행' 속에서만 그것을 바라보고 있습니다.

비판② ─── 정치경제학의 당파성

『자본』에서 마르크스의 정치경제학 비판이 갖는 또 하나의 중요한 특징은 '당파성'입니다. '보이는 것'과 관련해 마르크스가 『자본』의 초판 서문에서 두 가지 비유를 썼다고 했는데요. 다시 말해두자면 '현미경'과 '하데스의 투구'인데, 비판의 두 번째 특징은 '투구'와 관련됩니다.

마르크스는 페르세우스는 괴물을 잡기 위해 '투구'를 썼지만 부르주아 정치경제학자들은 괴물의 존재를 부인하기 위해 투구를 깊이 눌러썼다고 했습니다. 자신들의 눈과 귀를 가렸다는 이야기죠. '현미경'이 '보이지 않는 것'과 관련된다면 '투구'는 '보지 않는 것'과 관련됩니다. 부르주아 정치경제학자들이 '보이는 것'을 일부러 보지 않았는지, 아니면 정말로 보지 못했는지는 중요하지 않습니다. 여기서 마르크스가 문제 삼는 것은 '앎'을 둘러싼 의지입니다. '괴물의 존재를 부인하기 위해'라는 말 속에 들어 있는 의지 말입니다. 이 의지가 의식적인 것인지 무의식적인 것인지는 부차적입니다.

여기에 과학[학문]에 대한 비판의 중요한 두 번째 측면이 있습니다. 과학을 둘러싸고 있는 의지에 대한 비판 말입니다. 그는 앎만이 아니라 앎을 둘러싸고 있는 의지, 앎에 투여된 욕망을 드러냅니다. 마르크스의 정치경제학 비판은 정치경제학에 투여된 욕망에 대한 비판이기도 합니다. 마르크스에 따르면 정치경제학은 그것이 다루는 문제의 성격 때문에 독특한 욕망의 지배를 받을 수밖에 없습니다. 정치경제학은 물질적 이해관계를 다룹니다. 그러니 이와 관련된 욕망이 개입할 수밖에 없지요. 그것도 "사람의 감정 중에서 가장 맹렬하고 가장 저열하며 가장 추악한 감정, 즉 사리사욕(Privatinteresses)의 퓨리어들(Furien)이 투쟁의 장으로 들어오게" 됩니다.[김, 7; 강, 47] 마르크스가 말한 '퓨리어들'은 복수의 여신들입니다. 아마도 처절한 난투극이 벌어진다는 뜻일 겁니다. 마르크스는 정치경제학을 지배하는 욕망을 두고 이렇게 말했습니다. "신앙조항 39개 중 38개를 침해하는 것을 용서할지언정 자기 수입의 39분의 1을 침해하는 것은 결코 용서하지 않을 것이다."

'비판'은 '혁명'이다

그런데 이론적 비판은 정치적·사회적 혁명과도 깊이 관련됩니다. 비판이 과학을 떠받치는 '근거'의 '근거 없음'을 드러내는 것이라면 그것의 정치적 의미는 혁명이라고 할 수 있습니다. 『자본』의 제2독일어판 후기에서 마르크스는 실제로 정치경제학에 균열이 나타나고 학파들이 형성되어 투쟁하며, 정치경제학 이론이 위기에 처하고 끝내 붕괴되는 과정을 당대의 정세 변화 및 혁명과 관련짓고 있습니다.

정치경제학이 과학으로 정립된 것은 부르주아지가 권력을 잡으면서입니다. 신분제를 타도하면서 부르주아지는 '제3신분'이었던 자신을 '보편신분'으로 제시했습니다. 이와 함께 부르주아지의 이해관계도 보편적인 것으로 나타날 수 있었습니다. 그런데 '보편적' 이해관계와 욕망과 의지는 이해관계와 욕망과 의지로 나타나지 않습니다. 오히려 아무런 이해관계도 없는 것처럼, 어떤 이해관계와도 무관한 것처럼 나타납니다. 그저 과학이고 진리인 것이죠. 그런데 이것은 마르크스의 표현을 빌리면 "계급투쟁이 아직 발전하지 않았던 시기의 것"입니다. 정치경제학이라는 과학에 대한 비판이 가능해진 것은 '보편신분으로서 부르주아지'가 '특정계급으로서 부르주아지'가 된 것과 관련이 있습니다. 1820~1830년에 벌써 지배분파들 사이에 이익 갈등이 표면화됩니다. 곡물법을 둘러싸고 산업자본가와 지주의 갈등이 격렬했습니다. 이에 따라 정치경제학 내부에서도 다양한 분파가 논쟁을 벌이면서 학문이 활기를 띱니다. 그러다가 결정적 위기를 맞는데요, '1848년 혁명'이 일어나면서입니다.

'1789년 혁명'이 신분혁명이었다면 '1848년 혁명'은 계급혁명입니다. 전자는 애덤 스미스가 말한 '국민의 부'를 생각할 수 있게 했지만 후자는 그런 것이 더는 없다는 것, 그것은 단지 '계급의 부'였음을 보여주었습니다. 마르크스는 '1848년 혁명'과 더불어 부르주아 경제학도 파산했다고 말합니다. 계급투쟁이 실천에서만이 아니라 이론에서도 매우 위협적인 것이 되었다고 했습니다. 마르크스의 말을 직접 인용해보겠습니다. "이와 더불어 과학적인 부르주아 경제학의 조종(弔鐘)이 울렸다. 이제 더 이상 어떤 이론이 옳은지 여부는 문제가 아니었다. 그것이 자본에 이로운가 해로운가, 편리한가 불편한가, 규정을 지켰는가 그렇지 않았는가가 문제로 되었다."[김, 12~13; 강, 54]

정치경제학이라는 과학은 위기를 맞았습니다. 그런데 이 과학이 위기에 처한 것은 어떤 오류가 발견되었기 때문이 아닙니다. 그보다 더 근본적인 문제가 있습니다. 바로 앎의 의지입니다. 오류가 드러났기 때문이 아니라 이 과학을 추동한 의지가 드러난 거죠. 이는 이론이 옳은가 여부와는 별개의 차원입니다. 왜 이 이론이 필요했는지가 드러났으니까요. 법에 빗대어 말하자면, 이것은 합법과 불법의 문제가 아닙니다. 왜 이런 법이 필요했는가의 문제라고 할 수 있지요. 보편과 독단은 반대말이 아닌 경우가 많습니다. 오히려 최고의 독단은 특정한 의지를 보편적인 것으로 제시할 때 나타납니다. 마르크스는 1848년 혁명에서 '계급독재'가 선명하게 부각되는 것을 지켜보았습니다. 1848년 혁명에 대한 마르크스의 여러 글은 '부르주아 독재'(Bourgeoisdiktatur)를 폭로하고 있습니다. 특히 그는 1848년에서 1851년까지 프랑스에서 혁명이 퇴행하는 과정을 상세히 기록했는데요.[37] 처음에는 부르주아 공화파[순수공화파], 다음에는 질서파[금융귀족], 마침내는 황제로 국가권력이 차례로 넘어갑니다. 마르크스는 이 과정을 자유주의적 조치들과 법률들의 외투가 벗겨지고 적나라한 체제의 맨몸뚱이가 드러나는 과정으로 그립니다. 왜 그런 법률들이 필요했는지 핵심 이유가 드러나는 과정이죠. 어떤 제도나 법률이 거추장스럽게 되자마자 그것을 간단히 무시하는 권력이 출현합니다.

'독재'라는 말 때문에 오해가 있을 수 있겠는데요, 여기서 말하는 독재는 제멋대로 불법을 저지르는 권력을 지칭하는 게 아닙니다. 이 독재의 본질은 불법성이 아니라 합법성에 있습니다. 이 힘은 법을 넘어서는 것이기는 합니다만 일차적으로 법을 '통해' 작동하는 것입니다. 한마디로 주권권력이라 할 수 있습니다. 만약 이 독재가 단순한 억지이고 자의였다면 엄밀한 분석은 필요 없을 겁니다. 그런데 우리가 분석해야 하는 독재는 법을 통해, 법칙을 통해, 과학을 통해 작동하기 때문에 정말로 꼼꼼하게, 그리고 멀리까지 분석을 밀고 가야 합니다. 마치 사물들 사이의 관계를 분석해 그 사물들이 놓인 공간의 기하학적 성격을 파악하는 것처럼요. 앞으로 우리는『자본』을 읽으며 마르크스가 '상품의 교환'에서 시작해 '자본의 독재'를 드러내기까지 그 과정을 지켜볼 겁니다.『자본』에서는 '자본의 전제정'이라는 표현을 쓰는데, 다른 혁명 저작들에서 자주 언급했던 '부르주아 독재'의 정치경제학적 표현이라 할 수 있습니다. 이 점에서 나는『자본』을 1848년 혁명의 이론적 표현이라 생각합니다.『자본』의 비판은 '독재 타도'의 이론 버전인 겁니다.

파르티잔이면서 아르티잔이다

루이 알튀세르(Louis Althusser)는 "공산주의 철학자가 된다는 것은 '파르티잔'(partisan)이자 '아르티잔'(artisan)이 되는 것"이라고 했는데요.[38] 나는 이것이 또한 비판가의 임무라고 생각합니다. 아르티잔 즉 세공업자처럼 섬세하면서도, 파르티잔 즉 투사처럼 입장을 가져야 하죠. 사물들의 관계를 섬세하게 짚어가면서 그 구도의 특성을 읽어내는 것, 앎을 따라가면서 앎의 의지를 읽어내는 것, 거기서 자기가 대결하는 것의 정체를 드러내고 투쟁하는 것 말입니다.

마르크스는 무척 노골적으로 노동자계급과 프롤레타리아트 편을 들었습니다. 먼저 그는『자본』을 친구 빌헬름 볼프(Wilhelm Wolff)에게 헌정했는데요, 볼프는 1840년대에 마르크스와 함께 투쟁했던 동지입니다. 브뤼셀의 공산주의자 연락위원회에서 함께 일했고 1848년 혁명 때『신(新)라인신문』일도 함께했습니다. 1850년대에 볼프는 혁명 일선에서 물러나 외국어 교사로 일했습니다. 워낙 검소한 생활을 했다는데, 1864년에는 모든 재산을 마르크스에게 남기고 죽었습니다. 혁명 일선에서 물러난 후에도 마르크스를 진정으로 좋아했던 것 같습니다. 마르크스 역시 『자본』을 펴내며 다른 누구도 아닌 그의 이름을 떠올린 걸 보면 볼프를 진심으로 좋아했던 것 같고요. 주목할 것은 볼프 이름 앞에 붙인 수식 문구입니다. 마르크스는 헌사에 "나의 잊을 수 없는 벗, 프롤레타리아트의 용감하고 성실하며 고결한 선봉투사"라고 썼습니다. 볼프라는 이름 앞에는 한편으로 마르크스의 개인적 추억과 그리움이 담겨 있습니다. 하지만 마르크스는 그가 '프롤레타리아트의 선봉투사'였다는 점 또한 강조해두었습니다. '볼프'는 그리운 친구의 이름이지만 다른 한편으로는 프롤레타리아트 투사의 이름이기도 한 겁니다. 말하자면 마르크스는 『자본』을 그리운 친구에게 헌정한 동시에 프롤레타리아트계급에 헌정했다고 할 수 있습니다.

그리고 마르크스는 『자본』의 독자가 누군지도 분명하게 밝혔습니다. 그가 『자본』을 쉽게 쓰려고 부단히 애썼던 것도 그 독자 때문이었습니다. 프랑스어판 편집자의 분책 제안을 받아들인 이유도 마찬가지입니다. 『자본』 프랑스어판의 서문(1872)이 된, '모리스 라샤트르(Maurice de LaChâtre)에게 보낸 편지'에서 마르크스는 이렇게 말합니다. "이 같은 형태[분책]로 출판되면 이 책은 노동자계급에게 한층 더 접근하기 쉬워질 것입니다. 그리고 이 점이 나에게는 가장 중요한 관심사입니다."[김, 21; 강, 62] 프랑스어판 서문 이야기가 나왔으니 말인데 『자본』 연구자들의 가슴을 뭉클하게 하는 다음 문장의 수신인도 사실은 노동자입니다. "학문에는 지름길이 없습니다. 오직 피로를 두려워하지 않고 학문의 가파른 오솔길을 기어 올라가는 사람만이 학문의 빛나는 꼭대기에 도달할 수 있습니다." 마르크스는 『자본』을 분책할 경우 이 책의 첫 부분이 너무 어려워 노동자들이 독서를 아예 포기할지 모른다고 걱정했습니다. 그래서 저런 격려의 말까지 덧붙인 겁니다. 좀 어렵겠지만 그대로 꼭 읽어주길 바란다는 마음을 담아서요.

노동자들이 읽으라고 쓴 것이라면 꼭 이렇게 엄격한 논리를 구사해야 했을까, 이렇게까지 논리를 따지고 과학을 따져야 했을까 생각할 수 있습니다. 그런데요, 이상하게 들릴 수도 있지만 이 또한 마르크스가 『자본』의 독자로 노동자를 상정했기 때문입니다. 마르크스는 『자본』이 프롤레타리아트계급, 즉 당대의 노동자들이 사용할 무기가 되어야 한다고 생각했습니다. 그러니 그들에게 대강 만든 무기를 제공할 수는 없었습니다. 엥겔스가 콘라트 슈미트(Konrad Schmid)에게 쓴 편지의 한 대목을 보면 이 말을 더 잘 이해할 수 있을 겁니다. "마르크스가 자신의 가장 훌룡한 것들을 노동자들을 위해서는 아직도 충분히 좋지 않다고 생각했고 노동자들에게 가장 좋은 것보다 못한 것을 제공하는 것을 범죄로 간주했다는 사실을 사람들이 안다면 얼마나 좋을까요." [39] 노동자들에게 최선의 것을 내놓지 않는 것은 범죄다! 노동자계급 편을 드는 투사인 파르티잔은 최고의 물건을 만들어내는 장인인 아르티잔이기도 했던 겁니다.

누구보다 블라디미르 레닌(Vladimir Il'Ich Lenin)이 그 점을 잘 포착했습니다. 그는 『자본』을 소개하며 이렇게 썼습니다. "여기서 언뜻 기이하게 생각될 수도 있을 것이다. 우리에게 습관이 된 보통의 경제 서적과 달리 『자본』이야말로 노동자계급에서 자본가계급을 비판한 유일한 경제 서적이기 때문이다. 마르크스의 『자본』은 실로 부르주아계급에 대해 일종의 공포스러운 것이 될 것이며, 가장 탁월하고 위대한 철퇴가 될 것이다." [40] 나는 여기서 '기이하게'라는 말에 주목하고 싶습니다. 레닌은 그것이 '노동자계급에서', 즉 노동자계급의 입장에서 쓴 것이기 때문이라고 했습니다. 『자본』이 없고 보통의 경제 서적들만 있었다면 그것들이 '보편적 과학' 행세를 했을 겁니다. 하지만 『자본』은 노동자계급의 입장을 취했습니다. 그리고 그랬기 때문에 보통의 경제 서적들도 사실은 어떤 입장, 즉 자본가계급의 입장을 취한다는 것을 깨닫게 해줍니다. 『자본』이 기이한 책으로 느껴지는 것은 이런 독특한 체험 때문일 겁니다. 사실 마르크스의 '편들기', 다시 말해 '입장 취하기'는 너무나 노골적입니다. 그는 『자본』을 쓰던 중 카를 클링스(Carl Klings)에게 보낸 편지에서 이렇게 말했습니다. "몇 달 후면 마침내 그것[『자본』]을 끝내고 부르주아지에게 다시는 회복할 수 없을 정도의 일격을 가하기를 바랍니다." [41]

적에게 회복 불가능한 타격을 입힐 생각으로 쓴 책. 과연 어떤 학자가 자기 책을 이렇게 소개할 수 있을까요. 선동적 팸플릿에나 쓸 수 있는 말이지 '과학적 비판'을 자처하는 책에 쓰기는 어려울 겁니다. 저자 마음속에 둘 수는 있지만 공공연하게 표현할 수는 없을 겁니다. 학문의 세계, 과학의 세계에서는 어림도 없는 일이죠. 추문이 될 겁니다. 하지만 마르크스는 노골적 편들기를 선언하고 있습니다. 나는 이것을 과학에 미달하는 이데올로기적 선동이 아니라 과학보다 멀리 나아간 혁명적 비판이라고 생각합니다. 과학 이전에 입장의 차원, 당파성의 차원이 있음을 드러낸 것이라는 뜻에서 그렇습니다.

———— 견해에는 색조가 있다 ————

앞서 나는 『자본』에서 마르크스의 작업을 사물들의 관계를 분석해 사물들이 놓여 있는 공간의 기하학적 성격을 파악하는 것에 비유했습니다. '자본의 전제정'을 말하면서 마르크스는 '한쪽이 무겁게 만들어진 주사위'라는 표현을 썼는데요, 기울어진 운동장이라는 뜻입니다. 이것을 나는 다시 조명에 비유할 수도 있다고 봅니다. 우리는 어떤 조명 아래서 사물들을 바라봅니다. 조명 없이는 사물을 볼 수 없지만 그렇다고 보편적 조명이 있는 것도 아닙니다. 우리는 그저 어떤 조명 아래서 사물들을 봅니다. 그 때문에 사물들은 어떤 색채를 띤 채 우리에게 나타납니다.

사실 마르크스는 '조명'의 비유를 역사적 생산양식의 변화를 설명하면서 사용한 바 있습니다. 그는 특정한 생산관계가 다른 모든 관계를 변색시키는 일이 일어난다면서 그것을 조명에 비유하죠.[42] 전체를 비추는 조명, 일종의 일반조명(all-gemeine Beleuchtung) 역할을 하는 것이 있는데, 봉건제에서는 토지소유가, 부르주아사회에서는 자본이 그런 역할을 한다고 했습니다. 우리는 이 비유를 '당파성'에도 적용해볼 수 있습니다. 당파적이라는 것은 우리가 사물을 특정한 조명, 특정한 퍼스펙티브로 보고 있음을 인정하는 것입니다. 이 문제를 중요하게 부각한 사람은 앞서 언급한 레닌입니다. 레닌은 『무엇을 할 것인가』에서 정치투쟁과 경제투쟁만큼이나 이론투쟁의 중요성을 강조했는데요. 여기서 그는 '오텐카'(ottenka)라는 표현을 썼습니다. '오텐카'는 색조, 음영, 뉘앙스 등으로 옮길 수 있는 말입니다. 당파적 이견들의 '오텐카', 즉 '색조'를 구별하지 못하거나 그것을 불필요하다고 생각하는 사람들을 질타하며 레닌은 말합니다. "향후 오랜 기간에 걸친 러시아의 사회민주주의당의 미래는 어떠한 '색조'를 굳혀가느냐에 따라 달라질 수 있다."[43]

똑같은 사물도 어떤 조명을 쏘이느냐에 따라 완전히 다른 것이 됩니다. 색조와 음영을 읽어내야 합니다. 등가교환을 했음에도 누군가의 눈 밑에는 그늘이 있음을 알아채야 합니다. 이것은 논리, 법칙, 과학과는 다른 차원에 있는 것입니다. 우리는 『자본』을 읽어가면서 마르크스가 얼마나 좋은 눈을 가졌는지 확인하게 될 겁니다. 그는 똑같은 사실일지라도 자본가의 입장에서 본 것과 노동자의 입장에서 본 것이 얼마나 다른 색조를 갖는지 압니다. 나는 마르크스가 훌륭한 연출자라고 생각합니다. 『자본』의 몇몇 장면은 매우 연극적인 구성을 취하고 있습니다. 특히 논리, 법칙, 과학이 해결할 수 없는 영역에 봉착할 때 이런 구성이 나타납니다. 두 명의 배우가 무대 위에서 동일한 주제, 동일한 사태를 상반된 입장으로 진술합니다. 실제로 마르크스는 문장들을 대사처럼 처리하고 있지요.

어떤 때는 두 배우의 진실이 서로 대립하는 것인데도 모두 합당한 경우가 있습니다. 두 사람이 동원하는 기본법칙, 즉 저마다의 노모스가 모두 자본주의의 원리에 충실한 것이기 때문입니다. 노모스가 충돌하는 상황, 즉 이율배반(Antinomie)이 나타납니다. 둘 다 옳기 때문에 여기서는 정답을 찾는 게 문제가 아니라 자기의 '입장'을 밝혀야 하죠. 또 어떤 때는 동일한 내용을 말하고 있는데도 진술의 색채가 상반됩니다. 자본가 입장에서 묘사하는 사건의 색채와 노동자 입장에서 묘사하는 사건의 색채가 너무 다릅니다. 자본가가 묘사할 때는 그저 불운한 사건이 노동자가 묘사할 때는 불의의 사건이 되고, 대중의 공분을 산 사건의 당사자가 슬픈 사연의 주인공이 되기도 합니다. 어떤 입장에 있느냐에 따라 우리는 안타까워하기도 하고 분노하기도 하고 슬퍼하기도 할 겁니다. 마르크스는 이 문제를 너무나도 잘 압니다. 그는 동일한 사물의 관계도 입장에 따라 다른 색깔을 갖는다는 것을 압니다. 그리고 이것이 얼마나 중요한지를 압니다. 예를 들어 '잉여가치율'(Rate of Surplus Value)과 '착취도'(搾取度)는 동일한 관계를 가리키는 용어이지만 두 말이 주는 어감은 완전히 다릅니다.

당파성은 구호가 아니다

과학의 당파성을 지적하는 것은 과학을 무효화하는 것이 아닙니다. 당파성은 '무작정 편들기'와는 다릅니다. 알튀세르는 당파성은 "구호가 아니라 개념"이라고 했는데,[44] 아주 적절한 말입니다. 당파성은 선동이 아니라 엄격한 비판의 결과이니까요. 데리다(Jacque Derrida) 역시 철학의 당파성 문제에 대한 질문을 받고 비슷한 언급을 한 적이 있습니다. 그는 자신의 '해체'(déconstruction) 개념은 중립적인 것이 아니라고 했어요. 당파성을 띨 수밖에 없다는 이야기죠. 그러면서 덧붙였습니다. 여기서 당파적이라는 것은 "섬세하고 엄격하고 광범위하며 차별화된, 그리고 과학적인 분석 없이는" 있을 수 없는 그런 것이라고.[45] 매우 엄격한 과학적 분석에서 도출되었다는 말입니다. 그러므로 과학의 당파성을 말하는 것은 진정한 과학이 되려면 프롤레타리아트 입장에 서야 한다는 뜻이 아닙니다. 이것이 의미하는 바는 과학은 입장과 무관할 수 없다는 겁니다. 당파성에 대해 알튀세르는 "과학은 계급 입장 내지 계급 갈등에 '연루되어 있다'(en rapport)는 표현 정도가 적합하다"라고 했습니다.[46]

『자본』의 당파성에 대해서도 마찬가지로 말할 수 있을 겁니다. 프롤레타리아트 입장을 취했기 때문에 『자본』이 진정 과학적인 책이라고 말하는 것은 우스꽝스럽습니다. 우리는 반대로 말해야 합니다. 어떤 과학적인 책도 입장과 무관할 수 없다고 말입니다. 다만 마르크스는 다른 학자들이 속으로만 생각하거나, 아예 생각지도 못한 것을 공공연하게 밝히고 있을 따름입니다('프롤레타리아트 입장'이라는 것이 무엇인가, 그것이 자명한 자리인가에 대해서는 논란이 있을 수 있습니다만, 여기서는 일단 부르주아지 입장과는 다른 입장, 부르주아지의 자리와는 다른 자리의 존재로서만 인정해두겠습니다). 앞서 나는 과학의 역사성을 무시하는 것을 '형이상학'이라고 했습니다. 마르크스가 프루동식 정치경제학을 그렇게 비판했다고 말입니다. 그런데 과학의 당파성을 무시하는 것에 대해서도 똑같이 말할 수 있다고 봅니다. 자신이 서 있는 시간 즉 역사를 무시하는 것만큼이나, 자신이 서 있는 자리 즉 입장을 무시하는 과학도 형이상학입니다.

『자본』이 독자에게 요구하는 것

지금까지 마르크스의 정치경제학 비판을 역사성과 당파성이라는 두 차원에서 접근해보았습니다. 그런데 나는 비판의 이 두 차원을 『자본』을 읽을 때도 적용해야 한다고 생각합니다. 다시 말해 우리는 『자본』을 역사적 생산양식으로서 자본주의에 대한 분석과 비판으로 간주해야 하며, 어떤 '입장' 속에서 읽어나갈 수밖에 없다는 점을 받아들여야 합니다.

　앞서 렌즈와 조명의 비유를 썼는데요. 우리는 우리 자신의 렌즈, 우리 자신의 조명을 생각해야 합니다. 『자본』을 지금 내가 서 있는 자리에서 읽는 겁니다. 그 자리와 무관한 독서란 존재하지 않습니다. 렌즈 없이, 조명 없이 볼 수는 없습니다. 그렇다고 투명한 렌즈, 투명한 조명이라는 것이 존재하는 것도 아닙니다. 확대와 축소가 있고 채색이 이루어집니다. 그것은 어떤 것을 보여줄 것이고 어떤 것을 가릴 겁니다. 이것은 우리 인식의 한계인 것처럼 보이지만 꼭 그렇지는 않습니다. 보편적이고 자명한 진리를 전제했을 때나 그런 말이 성립하겠지요. 그것은 그저 우리 인식의 조건일 뿐입니다. 게다가 그것은 한계라기보다 가능성입니다. 기존 인식과는 다른 인식을 가질 수 있는 가능성 말입니다. 보편적 독해, 투명한 독해를 할 수는 없지만 다른 독해, 새로운 독해를 할 수는 있습니다.

다른 것을 보려면 다르게 보아야 한다

이러한 독해를 누구보다 잘 보여준 사람이 바로 마르크스입니다. 우리는 정치경제학에 대한 마르크스의 비판을 정치경제학에 대한 그의 독해라고 불러도 좋을 겁니다. 그는 정말 책을 잘 읽어낸 사람입니다. 엥겔스가 이 점을 정확히 지적했지요.

마르크스가 죽자 엥겔스는 자기 일을 전부 포기하고 마르크스의 원고를 모아『자본』II권과 III권을 출간하는 일에 매달립니다. 1885년 5월 5일, 그러니까 마르크스가 죽고 나서 두 해 뒤 그의 생일에 엥겔스는『자본』II권을 출간하고 서문을 붙였는데요. 여기서 엥겔스는 마르크스가『자본』의 핵심인 '잉여가치' 개념을 어떻게 만들어냈는지에 대해 흥미로운 비유를 들고 있습니다.[47] 엥겔스는 마르크스의 '잉여가치' 개념이 화학에서 '산소'의 발견과 유사하다고 말합니다. 그에 따르면 잉여가치에 대한 기본 발상은 기존 정치경제학 문헌들에 이미 잉태되어 있었습니다. 자본가가 취득하는 가치는 '노동자에게 지불하지 않은 잉여노동'이라는 것은 스미스나 리카도 등의 저서에서 충분히 추론해낼 수 있습니다. 게다가 1820년대의 몇몇 소책자는 마르크스의 잉여가치론에 매우 근접한 주장을 펼쳤습니다.

그런데도 왜 정치경제학자들은 잉여가치 개념을 생각해낼 수 없었는가. 이 질문은 아리스토텔레스에 대해 마르크스가 던진 질문을 떠올려줍니다. '가치형태론에 매우 근접했던 아리스토텔레스는 19세기의 웬만한 정치경제학자들도 금세이해한 것을 왜 이해하지 못했을까?' 이번에는 19세기 정치경제학자들에게 똑같은 질문이 던져진 겁니다. "왜 이들은 잉여가치의 내용을 자기 책에 담았으면서도 '볼' 수 없었을까." 엥겔스는 산소의 발견 때도 그랬다고 말합니다. 화학에서는 18세기 말까지 소위 '연소설'(phlogiston theory)이라는 것이 지배했는데요. '연소'란 플로지스톤(phlogiston)이라는 연소체가 빠져나가는 현상이라는 주장이었습니다. 플로지스톤은 연소를 설명하기 위해 전제한 가상의 물질로 그 존재가 실험으로 입증되지는 않았습니다. 다만 어떤 것을 태우면 그 재의 질량이 더 가볍기 때문에 무언가가 빠져나간다고 생각했던 겁니다. 이 학설을 이용해 당시 사람들은 연소 현상의 상당 부분을 설명할 수 있었습니다. 물론 문제도 있었습니다. 나무를 태웠을 때는 재의 질량이 감소했지만 금속재를 태웠을 때는 질량이 증가했거든요. 그래서 연소설을 고수하려고 학자들은 '마이너스 질량'이라는 개념까지 동원했죠.

그런데 1774년 조지프 프리스틀리(Joseph Priestley)가 플로지스톤이 들어 있지 않은 게 확실한 기체를 만드는 데 성공했습니다. 그는 이것을 '탈연소기체'라고 불렀습니다. 칼 셸레(Carl W. Scheele) 역시 동일한 기체를 추출하는 데 성공했습니다. 한 발 더 나아가 셸레는 물체를 태우면 이 기체가 공기 중에서 사라진다는 것까지 알아냈습니다. 사실 이 기체는 짐작하듯 오늘날 우리가 '산소'라고 부르는 기체입니다. 이들은 산소를 손에 쥔 겁니다. 그런데도 자신들이 손에 쥔 것의 정체를 몰랐습니다. 왜 자기 손에 쥔 것을 볼 수 없었을까요. 자신들이 물려받은 '플로지스톤' 가설에 매여 있었기 때문입니다. 이 문제를 해결한 것은 앙투안 라부아지에(Antoine L. Lavoisier)였습니다. 프리스틀리로부터 자료를 넘겨받은 그는, 그것을 잘 읽어냈습니다. 좋은 독자였죠. 그는 렌즈를 바꿔 끼웠습니다. 플로지스톤 가설을 버린 겁니다. 그는 연소란 플로지스톤이라는 신비한 물질이 달아나는 현상이 아니라, 프리스틀리가 추출해낸 어떤 원소와 물체가 결합하는 현상이라고 해석했습니다. 그렇게 해서 산소의 진정한 발견자가 될 수 있었습니다. 프리스틀리와 셸레는 산소를 추출해놓고도 그것을 볼 수 없었는데 말입니다.

엥겔스가 말하고자 한 것은 무엇일까요. 과학은 점차적으로 진보해왔다는 것? 그렇지 않습니다. 어떤 렌즈, 어떤 조명, 어떤 시각, 어떤 틀에서 보느냐에 따라 우리는 자신이 쥐고 있는 것조차 볼 수 없다는 겁니다. 정치경제학자들이 98퍼센트쯤 본 것을 마르크스가 2퍼센트 더 보았기 때문에 '잉여가치' 개념에 도달했다고 말해서는 안 됩니다. 정치경제학자들이 덜 본 것도 아니고 마르크스가 더 본 것도 아닙니다. 둘은 '다르게' 본 겁니다. 다른 눈으로 본 것이지요. 정치경제학자들은 그런 렌즈, 그런 조명, 그런 틀로 보았기 때문에 무언가를 보았지만 또 무언가는 볼 수 없었던 겁니다. 알튀세르의 표현을 빌리자면, "가시성의 장의 구조가 낳는 필연적 효과로서의 비가시성의 문제"인 것이죠.[48] 가시적인 것과 비가시적인 것은 하나의 구조, 하나의 기하학을 이룹니다. 앞에서 말한 당파성이란 이런 것이지요.

───────── 우리는 너무 투명하게 읽어왔다 ─────────

달리 보는 사람이 다른 것을 봅니다. 우리는 이제 『자본』을 읽어보려 합니다. 우리는 이 책에서 무엇을 읽어낼 수 있을까요? 그것은 우리가 『자본』을 어떻게 읽을 것인가와 깊은 관련이 있습니다. 방금 언급한 알튀세르의 문장은 그의 유명한 책, 『「자본」을 읽자』Lire le Capital에서 따온 것인데요, 1965년 알튀세르가 제자들과 진행한 『자본』 세미나 성과물을 모은 책입니다. 그는 책의 서문 격인 긴 논문 「『자본』에서 마르크스의 철학으로」Du Capital à la philosophie de Marx에서 이렇게 말합니다. "우리 모두는 확실히 『자본』을 읽어왔고 또 읽고 있다. 거의 1세기 동안 우리는 매일 그것을 투명하게 읽을 수 있었다. 우리 역사의 드라마와 꿈들에서, 논쟁과 투쟁 속에서, 그리고 우리의 유일한 희망이자 운명이었던 노동운동의 실패와 승리 속에서 말이다. 이 세상에 태어난 이래 우리는 『자본』을 끊임없이 읽었다. 좋든 싫든, 죽었든 살았든, 우리를 위해 그것을 읽어줬던 사람들, 엥겔스, 카우츠키,

플레하노프(Georgii V. Plekhanov), 레닌, 로자 룩셈부르크, 트로츠키(Leon Trotsky), 스탈린, 그람시, 노동조직의 지도자들, 그들의 지지자이거나 적이었던 사람들: 즉 철학자들, 경제학자들, 정치가들의 글과 말에서 말이다. 우리는 정세가 우리에게 골라준 『자본』의 파편들, '조각들'을 읽어왔다. 우리 모두는 다소간 차이는 있겠지만 '상품'에서 시작해서 '수탈자의 수탈'에 이르는 그 책의 I권을 읽었다." [49]

그런데 그다음에 이어지는 반전이 흥미롭습니다. "그럼에도 우리는 언젠가 『자본』을 문자 그대로 읽어야만 한다. 그 텍스트 전체 네 권[프랑스어판 기준]을, 한 줄 한줄 읽도록 하자. II권의 건조하고 밋밋한 고원에서 이윤과 이자, 지대의 약속된 땅으로 나아가기 전에 앞에 있는 장들이나 단순재생산과 확대재생산의 도식들을 열 번씩 다시 읽도록 하자: 더욱이 우리는 『자본』을 프랑스어 번역으로도 읽어야 하며[아마도 마르크스가 개정한 조세프 로아(Joseph Roy)의 번역본이겠지만], 적어도 근본적 이론을 다룬 장들이나 마르크스의 핵심 개념들이 나타나는 단락들은 독일어 텍스트로 읽어야 한다." [50] 내가 흥미로운 반전이라고 말한 것은 이겁니다. '우리'는 '거의 1세기 동안' 『자본』을 읽어온 사람인데도 '다시 읽어야' 한다고, 열 번씩 다시 읽어야 하고, 프랑스어판으로도, 독일어판으로도 읽어야 한다고 알튀세르는 말하고 있습니다. 『자본』을 이미 여러 번 읽은 사람들, 위대한 철학자, 경제학자, 정치가의 말과 글을 통해 『자본』을 이미 여러 번 접한 사람들도 말입니다. 왜 '우리'가 『자본』을 열 번씩이나 더 읽어야 할까요? 원본으로 읽지 않아서요? 의미를 투명하고 정확하게 파악하지 못했기 때문에요?

그렇지 않습니다. 정반대입니다. 문제는 인용한 단락의 첫 문장에 있습니다. 즉 우리는 『자본』을 그동안 너무 '투명하게'(en transparence) 읽었기 때문에 문제인 겁니다. 통상적인 조명 아래서, 전통적인 시각으로, 권위자의 지도에 따라 '올바른' 독해를 해온 겁니다. 하지만 그런 독해는 가능하지도 않고 바람직하지도 않습니다. 우리는 렌즈를 빌려 끼울 수는 있지만 투명한 렌즈를 끼울 수는 없습니다. 우리는 단지 어떤 독해를 올바른 독해, 보편적 독해, 정통의 독해, 순수한 독해로 간주해왔을 뿐입니다. 그래서 알튀세르는 말했습니다. "무구한 독해(lecture innocente)란 결코 존재하지 않기에 우리가 죄를 범한(coupables) 독해가 어떤 것인지를 말하자." 한마디로 우리의 당파성을 드러내자는 이야기죠. 우리의 독서가 텍스트에 새로운 조명을 쏘이는 일이어야 한다는 것이기도 합니다. 우리가 본 것이 우리가 누구인지를 말해줍니다. 우리가 얼마나 다르게 보는지, 우리가 얼마나 다르게 읽어내는지가 우리가 얼마나 다른 존재인지를 드러냅니다.

저자 마르크스는 『자본』을 쓰면서 자기 입장을 공공연하게 표명했습니다. 그리고 『자본』은 독자에게도 그것을 요구합니다. 자기 당파성을 드러내지 않고 『자본』을 읽는 건 불가능하기도 하지만 바람직하지도 않습니다. "나의 독서는 나의 독서다"라고 말할 수 있는 그런 독서가 필요합니다. 물론 쉽지 않은 일입니다. 우리는 『자본』을 여러 차례 읽어왔지만 누군가의 렌즈, 특히 권위 있는 자의 렌즈를 빌려 쓰는 것에 익숙하기 때문입니다. 그런데 지금 우리는, 노골적으로 우리의 입장을 요구하는 참 고약한 책 앞에 있습니다.

『자본』에 적용된 방법

『자본』의 서술방법에 대해 몇 가지 언급할 것이 있습니다. 이와 관련해 마르크스는 제2독일어판 후기에서 제법 길게 말하고 있습니다. 당시 논평자들이 『자본』의 방법을 제대로 이해하지 못한다면서 한 이야기죠. 누군가는 마르크스가 경제학을 형이상학으로 만들어놓았다고 비난하고 누군가는 실재론적이라 말하고 누군가는 연역적이라고 말하고 또 누군가는 분석적이라고 말했습니다. 상반된 주장을 펴는가 하면, 누군가가 비난하는 것을 누군가는 칭찬합니다.

그런데 마르크스가 자신이 쓴 방법과 관련해 주목한 사람은 앞서 언급한 바 있는 러시아 논평자 카우프만입니다. 카우프만은 마르크스가 정치경제학을 비판하는 대목에서는 매우 실재론적인데 서술 형식은 관념론적이라고, 그것도 나쁜 의미에서 독일 관념론의 냄새가 난다고 비판했습니다. 내용은 너무 좋지만 서술 형식으로 독일 변증법을 채용한 것은 별로라며 비판한 겁니다. 카우프만은 마르크스의 변증법 사용을 비판한 뒤 계속해서 『정치경제학 비판을 위하여』 서문을 인용하며 논평을 달았습니다(참고로 마르크스는 이 서문에 대해 "내 방법의 유물론적 바탕이 설명되어 있다"라고 했지요). 카우프만은 마르크스가 역사성을 얼마나 중시하는지를 잘 보여주었는데요. 그에 따르면 마르크스는 사회유기체들을 가로지르는 초역사적 법칙이 아니라, 각 사회유기체마다 고유한 법칙을 갖는다는 점을 지적했다고, 나는 앞서 말했습니다. 그리고 각 사회유기체는 발생, 발전, 사멸, 다시 말해 역사적 이행 속에서 이해되어야 한다고 했고요. 그런데 카우프만의 논평에 대한 마르크스의 답변이 재밌습니다. 카우프만이 높이 평가한 그 부분이 실은 '변증법적 방법'이라는 겁니다. 카우프만은 변증법을 비판했지만 그가 적극적으로 평가한 부분이 마르크스 자신의 '변증법적 방법'이라고요.

마르크스는 분명히 ‘변증법적 방법’을 ‘나 자신의 방법’이라고 불렀습니다. 레닌 역시 헤겔의 『논리학』에 대한 연구노트를 작성하면서 “헤겔의 『논리학』 전체를 철저히 연구하고 이해하지 않고서는 마르크스의 『자본』을, 특히 제1장을 이해하는 것은 완전히 불가능하다”라고 했습니다. “그래서 지난 반세기 동안 어떤 마르크스주의자도 마르크스를 이해할 수 없었던 것”이라고요.[51]

『자본』의 방법론인 변증법을 둘러싼 마르크스와 헤겔의 관계는 중요한 논쟁 주제입니다. 잘 알려진 것처럼 마르크스는 청년기에 헤겔의 변증법에 열광한 바 있습니다. 그러나 작가로서 책을 펴내면서는 그의 철학을 강하게 비판했습니다. 초기 저작인 『헤겔 법철학 비판』(1843)부터 그렇습니다. ‘파리수고’ 곧 『경제학 철학 초고』(1844)에도 ‘헤겔의 변증법과 헤겔 철학 일반에 대한 비판’을 주제로 한 글이 들어 있고, 박사학위 논문(1841)에서도 이미 그런 조짐이 보입니다. 철학사에, 특히 에피쿠로스의 철학에 헤겔과는 매우 다른 방식으로 접근하고 있으니까요. 조금 뒤로 잡는다 해도 「포이어바흐에 관하여」ad Feurbach(1845)와 『독일 이데올로기』에서는 소위 ‘청년헤겔파’와도 완전한 단절을 주장합니다.

그런데 그로부터 거의 30년이 지난 시점, 즉 『자본』의 제2독일어판 후기를 쓸 때는 마르크스가 헤겔을 크게 칭송하는 듯 보입니다. 마르크스가 『자본』을 저술하던 때 독일 지식인들은 헤겔을 ‘죽은 개’처럼 취급하는 게 유행이었다고 합니다. 마르크스는 이런 유행이 못마땅했던 모양입니다. 그래서 자신을 “이 위대한 사상가의 제자라고 공언하고 가치론에 관한 장에서는 군데군데 헤겔 특유의 표현방식을 흉내 내기까지 했다”라고 했습니다. 스스로를 ‘헤겔의 제자’라고까지 공언한 겁니다. 그러면서 비록 변증법을 신비화하기는 했지만 어떻든 “변증법의 일반적 운동형태를 포괄적으로, 그리고 알아볼 수 있게 서술한 최초의 사람은 헤겔”이라고 했습니다.

좀 전에 나는 레닌의 말을 인용했습니다만, 마르크스의 방법을 이해하기 위해 헤겔의 변증법을 이해해야 한다고 강조하는 사람은 레닌 말고도 많습니다. 그중 한 사람이 죄르지 루카치(György Lukács)인데요. 그는 ‘정통 마르크스주의’란 ‘방법에만 관련’되고 이때의 ‘방법’이란 ‘변증법’이라고 했습니다.[52] 루카치는 ‘변증법’을 마르크스의 문체에만 관련된 피상적인 것으로 치부하는 사람들을 강하게 비판했습니다. 마르크스가 사용하는 매우 중요한 범주 모두가 사실상 헤겔의 『논리학』에서 직접 유래하고 있다고 했어요. 물론 루카치가 헤겔의 변증법과 마르크스의 변증법이 똑같다고 한 것은 아닙니다. 하지만 내가 보기에 헤겔에 대한 루카치의 불만은 어떤 한계 내지 불철저함과 관련된 것 같습니다. 헤겔은 개인적·시대적 한계 때문에 사유와 존재, 이론과 실천, 주체와 객체의 이원성을 진정으로 극복하지 못했다는 것이지요. 그렇다면 마르크스는 '헤겔을 극복한 헤겔', '헤겔을 완성한 헤겔'이 되지 않을까요.

『마르크스의 자본론의 형성』*The Making of Marx's Capital*이라는 책을 쓴 로만 로스돌스키(Roman O. Rosdolsky)도 루카치의 문제의식에 전적으로 동의했습니다. "마르크스의 경제이론에 관한 문제 중에서 그의 일반적 방법, 특히 이것이 헤겔에 대해 갖는 관계에 관한 문제보다 더 소홀히 다뤄진 것은 분명히 없을 것이다." [53] 로스돌스키는 마르크스가 헤겔을 단지 서술상의 필요에 따라 채용했을 뿐이라고 본 사람들을 비판하며, 자기주장을 정당화하기 위해 『정치경제학 비판 요강』에 대한 분석을 제시합니다. 그가 보기에 『정치경제학 비판 요강』은 『자본』이 어떻게 형성되었는지를 보여주는 중요한 자료인데요. 그는 이 책에서 헤겔의 『논리학』이 마르크스에게 얼마나 중요한 참조 대상인지를 밝히고 있습니다. 그런데 나는 생각이 다릅니다. 『자본』의 서술이 변증법적이지 않다고 말하는 것도 아니고, 변증법이 큰 의미 없이 차용되었다고도 생각하지 않습니다. 하지만 마르크스가 변증법을 서술방식으로 택한 이유가 소위 '헤겔적 마르크스주의자들'의 주장을 정당화하는 것은 아니라고 봅니다. 조금 강하게 말하자면 『자본』은 결코 헤겔적인 책이 아닙니다. 나는 오히려 『자본』에서 헤겔에 대한 절묘한 비판을 느꼈습니다. 이와 관련해 내가 느낀 바를 네 가지 정도만 짧게 언급하겠습니다.

▶ 서술방법과 연구방법은 다르다──첫째, 마르크스는 제2독일어판 후기에서 '변증법적 방법'을 두고 『자본』에 사용한 '나 자신의 방법'이라고 했습니다. 그러나 그 말을 하고 곧바로 "'서술방법'(Darstellungsweise)과 '연구방법'(Forschungs-weise)은 다르지 않을 수 없다"라는 말을 덧붙입니다. 왜 그랬을까요. 변증법을 '나 자신의 방법'이라고 했을 때 어떤 오해가 생겨날 수 있음을 우려했던 게 아닐까요. 이것은 '변증법'이 '나 자신의 방법'이긴 하지만 일단은 '서술방법'이라는 뜻입니다. 연구방법은 아니란 것이지요. 현실에 대한 연구를 마친 뒤 현실의 운동을 서술할 텐데요. 이런 게 잘되면 관념들이 각각의 순서와 연관에 따라 생생하게 움직일 겁니다. 생명을 가진 유기체처럼 말입니다. 마르크스는 이때 우리에게 이것이 선험적 논리를 따르는 것처럼 '보일' 수도 있다고 했습니다. 미리 어떤 논리가 있어 스스로를 펼치는 것처럼 말입니다.

마르크스가 자신과 헤겔이 다르다고 곧이어 말한 것을 우리는 이해할 수 있습니다. 헤겔이 그런 착각을 하고 있었기 때문입니다. 마르크스에 따르면, 헤겔은 현실 과정이 '인간 두뇌에 번역된 것'을 거꾸로 세웠습니다. 현실 과정을 따라 자신의 두뇌 속에 관념들의 체계를 구축했으면서도, 나중에 구축된 것이 먼저 존재했고 마치 그것에 따라 현실 과정이 만들어진 것처럼 생각했죠. 효과를 원인으로 보았다고 할까요. 현실 과정을 논리적으로 서술하고 나니 그 논리에 따라 현실 과정이 생겨난 것처럼 '보인' 것이지요.

▶ '아주 우연히' 다시 훑어본 것이──둘째, 마르크스가 변증법을 채택하게 된 사연이 흥미롭습니다. 『자본』을 출간하기 10년 전쯤, 그러니까 『정치경제학 비판 요강』을 작성할 때 쓴 편지가 있습니다. 엥겔스에게 보낸 것인데요. 자기 연구를 어떻게 서술할지에 대한 고민이 담겨 있습니다. "마무리하는 방법에 있어서는 아주 우연히 헤겔의 『논리학』을 다시 훑어본 것이 나에게 큰 도움이 되었다네. (…) 언젠가 다시 그런 글들을 읽을 시간이 있게 된다면 나는 헤겔이 발견했지만 동시에 신비화시킨 그 방법에서 합리적인 것을 인쇄 전지 두 장 내지 석 장에 써서 일반 독자들에게 전해주고 싶다네." [54] 여기서 내가 주목하는 말은 '아주 우연히'라는 표현입니다. 그가 변증법적 서술방법을 떠올린 것은 '아주 우연히'입니다. 사정은 이렇습니다. 마르크스의 친구였던 프라일리그라트(Hermann Ferdinand Freiligrath)가 원래는 바쿠닌(Mikhail Bakunin)의 것인 헤겔의 저서 몇 권을 보내주었습니다. 그 책들이 마르크스와 사이가 좋지 않았던 바쿠닌의 것이었다는 점이 재밌습니다. 어떻든 프라일리그라트가 보내준 헤겔의 『논리학』을 훑어보다가 마르크스는 서술방법을 떠올린 겁니다. 아주 우연히!

그렇게 쓴 원고가 『정치경제학 비판 요강』입니다. 로스돌스키는 마르크스가 편지에 쓴 '아주 우연히'라는 말에 기대 헤겔 『논리학』의 중요성을 간과한 사람들을 강하게 비판했습니다. 그리고 『정치경제학 비판 요강』을 가지고 마르크스의 비판이 헤겔로부터 얼마나 큰 영향을 받았는지 보여주려 했습니다. 그런데 『정치경제학 비판 요강』은 마르크스가 헤겔의 『논리학』을 훑어보면서 실제로 그 체계대로 써본 글입니다. 당연히 헤겔의 영향이 강하게 느껴질 수밖에 없죠. 그런데 자크 비데(Jacques Bidet)가 지적하듯 마르크스의 글들은 『정치경제학 비판 요강』에서 『자본』에 이르는 동안 헤겔식 서술방법에서 계속 멀어집니다. 비데는 마르크스가 이론을 다듬어가는 과정은 헤겔 『논리학』에 의존했던 형식에서 멀어지는 과정이라고 했습니다. [55] 그리고 『자본』에 이르면 아예 이전의 구성과 단절하고 있다고도 했습니다. 로스돌스키는 마르크스의『자본』형성과정에서 헤겔의『논리학』이 얼마나 중요한 역할을 했는지를 보이겠다며『정치경제학 비판 요강』을 분석했지만, 비데는『정치경제학 비판 요강』에서『자본』을 향해 갈수록 그런 영향력이 사라지고 있다고 한 겁니다.

▶어떻게 가상이 실재처럼 나타나는지──셋째, 마르크스와 헤겔의 관계를 더 기묘하게 만드는 것은 헤겔식 방법이 강하게 채용된 부분입니다. 앞서 나는 변증법은 서술방법과 관련해 채택되었고, 서술방법과 관련된 헤겔의『논리학』에 대한 참조는 '우연히' 이루어졌으며,『자본』은 그 구성에서『논리학』과 많이 다르다는 견해를 받아들였습니다. 그런데 누가 봐도『자본』에는 헤겔의『논리학』에서 차용한 부분이 있습니다. 이 점은 마르크스 스스로 밝혔습니다. "가치론에 관한 장에서는 군데군데 헤겔의 특유한 표현방식을 흉내 내기"까지 했다고 말입니다. 『자본』I권 제1장의 가치형태의 전개과정을 다루는 부분인데, 마르크스는 여기서 『논리학』의 '일(一, Eins)과 다(多, Vieles)의 변증법' 부분을 차용하고 있습니다. 이때 우리는 변증법적 전개과정이 어디에 이르렀는가를 주목해야 합니다. 바로 화폐 물신주의이지요. 마르크스가 헤겔의 변증법을 직접 차용해 서술한 과정은 진리의 인식 과정이 아니라 허위의 형성과정입니다. 마르크스는 여기서 화폐라는 가상이 어떻게 실재인 것처럼 우리 앞에 나타났는가를 보여줍니다.

어찌 보면『자본』에 그려진 '자본'의 운동 전체가 그렇습니다. '자본'은 변증법적으로 운동합니다. 상품과 화폐로 자기 모습을 바꾸어가며 끊임없이 증식해 갑니다. '자본'은 헤겔의 '이념'(Idee)과 같은 운동을 보여줍니다. 나중에『자본』 III권의 '이자 낳는 자본'에 이르면 순수한 '이념'으로서 '자본'의 운동을 보는 것 같습니다. 그러나 마르크스가『자본』에서 보여주려는 바는 이것이 허위라는 겁니다. 자본의 운동은 실제로는 자기운동이 아닙니다. 그렇게 '보일' 뿐이지요. 자본의 증식은 노동의 착취입니다. '자본'이 스스로 운동하는 것처럼 나타난 것, '자본'이 능력을 가진 것처럼 나타난 것, 이 겉보기 운동을 어떻게 기술할까. 마르크스는 여기에 변증법을 사용하고 있습니다. 내가 기묘하다고 말한 것은 이것입니다. 헤겔의 방법을 채택하지 않은 부분이 아니라 헤겔의 방법을 채택한 부분, 그러니까 마르크스가 헤겔에 가장 크게 빚진 것처럼 보인 부분이 실상은 헤겔로부터 가장 멀어진 부분처럼 보인다는 겁니다. 허위와 가상과 사기의 운동. 우리 눈에 비친 가상을 서술할 때 마르크스는 헤겔을 찾습니다.

▶논리의 실패로서 모순과 이율배반──넷째, '모순'과 '역설'에 대한 것인데

요. 잘 알려진 것처럼 변증법적 운동에서 '모순'은 핵심 개념입니다. 그런데 『자본』의 어떤 모순 상황에서는 논리의 운동이 불가능합니다. 헤겔의 변증법에서는 모순적 상황이 논리적 고양으로 이어집니다만 마르크스에게는 논리의 무력화 내지 실패로 드러날 때가 종종 있습니다. 예컨대 '표준노동일'을 두고 자본가와 노동자가 다투는 장면이 그렇습니다. 자본가는 구매자의 권리를 내세우며 노동력의 자유로운 사용을 요구하고, 노동자는 판매자의 권리를 내세우며 판매하지 않은 것을 사용해선 안 된다고 주장합니다. 마르크스는 이 장면을 논변과 항변으로 구성했는데, '모순'(contradiction, 독일어로는 widerspruch)이라는 말의 본래 의미에 가장 충실한 대목입니다. '모순'이란 글자 그대로 '대항해서'(contra-/wider-) '말하는 것'(diction/spruch)이니까요.

마르크스는 이 장면에서 둘 다 옳다고 말합니다. '옳음 대 옳음', '권리 대 권리'의 충돌이라는 겁니다. 둘 다 '노모스'를 갖추었다는 것이죠. 그렇게 되면 '이율배반'(Antinomie)이 생겨납니다. 대립하는 주장인데 둘 다 옳으니까요. 이런 모순에서는 논리, 즉 로고스가 더는 기능할 수 없습니다. 논리가 해결할 수 있는 영역이 아니라는 말입니다. 마르크스는 여기에는 '힘'이 재판관으로 들어온다고 말하고 있습니다. '노동일의 길이'(하루 노동시간)를 어느 정도로 할지는 논리적 추론이 아니라 투쟁의 결과에, 즉 어느 쪽이 힘이 센가에 달렸다는 거죠. '노동일'만 그런 게 아니라 '임금'도 그렇습니다. 그런데 '힘'이 결정하는 이런 영역은 부차적인 부분이 아닙니다. '자본'의 운명과 관련해 매우 핵심적인 부분이죠. 잉여가치량이 거기 달렸으니까요. 핵심 영역들인데 '논리'가 할 수 있는 일이 없습니다. 유사한 것으로 하나 더 덧붙이자면 소위 '시초축적'도 마찬가지입니다. 자본의 '현재의 역사'에서는 논리가 통용되지만 '형성의 역사', 즉 논리적 조건이 형성되는 과정에서는 논리가 작동하지 않습니다.

모순보다 심오한 역설

내가 '모순'보다 더 중요하게 생각하는 것은 '역설'입니다. 앞서 이율배반, 즉 '대립하는 두 주장이 모두 옳은' 상황에 대해 말했습니다. 그런데 하나의 주장이 상반된 옳음을 동시에 의미할 때도 있습니다. 이것이 '역설'(paradox)입니다. 하나의 견해(doxa)에서 반대 방향 내지 다른 방향(para-)이 생겨나는 것이죠. 모순적 대립, 즉 논변과 항변의 대립 속에서는 한쪽 힘이 커지면 다른 쪽 힘은 작아집니다. 대립이라는 말이 그런 뜻이니까요. 그런데 역설의 상황에서는 한쪽이 커지면 다른 쪽도 커집니다. 나는 마르크스에게 모순의 변증법 이상으로 역설의 변증법이 중요하다고 생각합니다.

역사적 이행의 관점에서, 특히 위기라는 관점에서 자본주의를 바라볼 때 마르크스는 일찍부터 역설적 표현을 사용해왔습니다. 대표적 예가 『공산주의자 선언』(1848)입니다. 생산력의 발전, 특히 기계제 대공업의 발전은 자본주의의 산물이지만 또한 자본주의를 위험(crisis) 즉 공황(crisis)에 빠뜨리는 요소입니다. 생산력이 가장 발달했을 때는 자본주의가 가장 강할 때이지만 또한 자본주의가 가장 위험할 때입니다. 프롤레타리아트도 마찬가지입니다. 프롤레타리아트는 자본주의 발전과 더불어 성장합니다. 그런데 그것은 자본주의를 타도할 잠재적 혁명 세력이기도 합니다. 게다가 가족과 국가, 사유재산을 박탈당한 상황, 다시 말해 그것들에 대한 욕구가 가장 큰 상황에서 마르크스는 그것으로부터의 탈주 가능성, 다시 말해 '비소유'를 '탈소유'로 바꿀 가능성이 커지는 것을 봅니다.

그는 '자본'만이 아니라 사회유기체의 발전과 해체에도 이런 생각을 적용합니다. 『정치경제학 비판 요강』에 나오는 고대 로마에 대한 언급이 좋은 예입니다. 마르크스에 따르면 고대 로마는 그 성원들을 토지소유자로 재생산합니다. 그런데 성원들에게 충분한 토지를 제공하려면 정복전쟁을 벌여야 합니다. 정복전쟁은 노예를 낳고 공유지를 만들어주며 귀족을 증가시킵니다. 그런데 이것이 시민들의 동질성을 깨뜨립니다. 게다가 정복전쟁은 공동체 안으로 이질적 요소를 끊임없이 유입시킵니다. 로마는 원리상 팽창해야 하지만 팽창은 로마를 위험에 빠뜨립니다. 말하자면 로마가 강해질 때가 로마가 약해질 때입니다. '로마가 가장 강한 때다'와 '로마가 가장 약한 때다'가 함께 성립하는 거죠.

이런 역설의 상황을 우리는 『자본』 곳곳에서 확인할 수 있습니다. 이를테면 『자본』 III권에서 마르크스는 자본주의적 생산이 한계들을 계속해서 극복해가지만 이것은 더 새롭고 강력한 한계들을 만들어내는 수단들을 통해서만 가능하다고 말합니다. 말하자면 더 강력한 위기를 산출하는 방식으로만 위기를 극복한다는 것이지요. 그러니 자본 최대로 팽창한 때가 자본이 최대로 위험에 빠진 때입니다. 이것은 모순이 아닙니다. 비록 마르크스가 이런 상황을 '모순'이라는 말로 나타낼 때가 있고, 헤겔의 『논리학』을 참조했던 『정치경제학 비판 요강』에서는 '대립물(Gegenteil)로의 전화'라는 표현을 쓰기도 하지만, 앞서 말했던 것처럼 이것은 '모순'이라기보다 '역설'에 가깝습니다. 어떤 것이 부정을 거쳐 더 고차적인 것으로 진행해가는 식의 논리 전개가 아닙니다. 역설은 논리의 실패입니다. 역설에서는 긍정하는 것이 부정하는 것이 되고 부정하는 것이 또한 긍정하는 것이 됩니다. 둘은 구분되지 않기에 대립하지도 않습니다. 긍정도 부정도 할 수 없는 상황에서 현존 체제를 떠받치는 논리가 어떤 난처함에 처하는 것이지요.

현존 체제가 발전시켜왔고 발전시킬 수밖에 없는 힘을 긍정하는 것이 현존 체제를 타도하고 극복하는 일이 되는 겁니다. 진행을 가속하는 것이 파괴를 앞당기는 일이 된다고 할까요. 이것은 『자본』에서 읽어낼 수 있는 마르크스의 정신이기도 합니다. 그는 '자본주의의 성장과 더불어 강력해지는 것'을 무기로 삼습니다. 그의 부정은 긍정에 대한 제약이기는커녕 긍정과 함께 성장하는 것입니다. 그것은 현존 체제 안에 잠재해 있는, 지금과는 다른 방향, 지금과는 다른 용법의 문제입니다. 물론 이것은 논리적 전개로 결정되지 않습니다. 방향은 미리 정해져 있지 않습니다. 서로 다른 방향이 모두 가능하니까요.

그래서 마르크스의 '부정'이야말로 대단한 '긍정'일 수 있습니다. 그의 '부정'은 특정한 방향, 특정한 용법이 강제된 상황에서 그것이 가리거나 통제하는 방향들, 의미들, 용법들을 해방하는 것이니까요. 그래서 체제를 '부정'하는 혁명가는 긍정의 정신의 소유자일 수 있습니다. 이상한 표현일지 모르지만, 혁명가는 '다른 미래의 흔적'을 빨리 읽어내는 사람입니다. 지금의 논리, 지금의 방향이 역사의 필연적 경로라는 것을 받아들이지 않습니다. 그는 현재가 품고 있는 다른 길, 다른 방향을 봅니다. 마르크스의 공산주의란 자본주의와 나란히 성장하는 잠재 사회입니다. 자본주의에 밀착해 있는 자본주의의 죽음이라고 할 수도 있겠습니다. 단지 현재의 진행 방향만 조금 바꾼다면, 현재의 편제만 조금 바꾼다면 언제든 자본주의에 들이닥칠 그런 미래입니다.

패러디 혹은 희극적 결별

마르크스는 헤겔이라는 위대한 사상가의 '제자'인가. 마르크스의 방법이란 그저 헤겔의 변증법을 반대로 뒤집어놓은 것일 뿐인가. 다시 말해 마르크스의 『자본』은 뒤집어놓은 헤겔의 『논리학』인가. 바로 세우기만 하면 헤겔 변증법의 "신비한 껍질 속에 들어 있는 합리적 핵심(rationellen Kern)"을 뽑아낼 수 있는가. 알튀세르는 이에 대해 이런 말을 했습니다. 헤겔을 뒤집는 거라면 마르크스보다는 "포이어바흐에 잘 들어맞는다"[56] 라고. 그리고 "'추출'이라는 단순한 기적에 의해 헤겔 변증법이 헤겔적이기를 그치고 마르크스주의적이 된다는 것은 불가능"하다고. 알튀세르는 순수한 변증법이라는 것이 있어서 헤겔적 요소만 빼내면 된다는 식으로 접근해선 안 된다고 했습니다. 변증법의 구조 자체를 변형시키지 않는 한 헤겔 변증법에서 벗어날 수 없다고 했습니다.

그런데 나는 구조 변형과는 다른 차원에서 마르크스의 방법이 헤겔로부터 벗어난 것이 아닌가 생각합니다. 마르크스가 스스로를 헤겔의 제자로서 공언할 때 그는 일종의 오마주로서 "헤겔 특유의 표현방식을 흉내 내기까지 했다"라고 했는데요. 여기서 '흉내 냈다'라고 옮긴 독일어는 'kokettieren'입니다. 잘 보이려고 '아양 떠는' 것을 뜻하는 말이지요. 나는 이 단어가 걸립니다. 왜냐하면 그가 아양 떨며 헤겔식 표현을 흉내 낸 곳이 앞서 말한 것처럼 가상과 허위가 발생하는 곳이기 때문입니다. 가장 가까워진 곳에서 가장 멀어졌다고 말한 바로 그 대목이지요. 이것은 혹시 패러디가 아닐까요. 헤겔을 비판하면서 젊은 시절의 마르크스가 비장한 결별이나 전복을 주장했다면 『자본』을 쓸 때의 마르크스는 어떤 익살을 보여준 게 아닐까요. 가장 가까이 다가가서 가장 멀어지는 효과를 내는 것이 바로 패러디입니다. 위대한 사상가의 제자를 자처한 것은, 그러므로 패러디가 아닐까요. 최고의 칭송을 최고의 조롱으로 만드는 역설. 내가 냄새를 제대로 맡았다면 마르크스는 헤겔을 확실히 벗어난 사람입니다.

추리소설 같은 『자본』, 탐정 마르크스

나는 『자본』을 읽을 때면 꼭 추리소설 같다는 느낌을 받습니다. 마르크스가 완전범죄에 가까운 절도 내지 살인 사건을 파헤쳐가는 탐정 같습니다. 특히 그가 잉여가치의 발생을 해명하는 과정은 탐정이 밀실살인 사건을 해결하는 과정과 비슷합니다. 『자본』을 집필한 때가 1860년대이고, 이 시기는 추리소설 장르가 자리를 잡아가던 때이기도 하니 혹 어떤 연관이 있을지도 모르겠습니다. 마르크스가 추리소설을 접했을까요? 그건 모르겠습니다.

『자본』이 추적하는 완전범죄

그러나 『자본』은 일반적 추리소설과 아주 다른 점이 있습니다. 추리소설은 대개 개인적 범죄만을 다룹니다. 아니, 범죄를 개인화한다고 말할 수 있습니다. 범인이 왜 그런 범죄를 저지르게 되었는지 구조적인 문제를 파고들지는 않지요. 더 나아가 추리소설은 사회구조가 개인들에게 저지른 범죄는 아예 생각지도 않습니다. 브레히트(Bertolt Brecht)가 자신의 희곡 작품에서 한 유명한 말이 있지 않습니까. "은행을 설립하는 것에 비하면 은행을 터는 게 무슨 대단한 일입니까?" [57] 은행의 범죄성과 은행강도의 범죄성을 비교하는 대사인데요. 추리소설은 은행강도의 범죄성을 다루지만 은행의 범죄성을 다루지는 않습니다. 추리소설은 사회의 불안 요소를 오직 범죄자 개인에게서 찾습니다. 탐정은 위험 요소를 적발하고 제거함으로써 체제를 안정화합니다. 그의 추론은 질서의 확인입니다.

문학비평가 프랑코 모레티(Franco Moretti)가 잘 지적했습니다. 추리소설에서 범인은 항상 예외적 개인이며 그의 패배는 사회의 승리이자 정화라고요. 모레티에 따르면 추리소설은 단지 표면적 의미만 드러냅니다. 심층적 의미는 은폐하지요. 다음 지적은 아주 흥미롭습니다. "돈은 항상 추리소설에서 범죄의 동기이지만 이 장르는 생산에 대해서는 완전히 침묵한다. (…) 통속적 경제학과 마찬가지로 추리소설은 사람들로 하여금 유통영역에서 이윤의 비밀을 찾도록 부추긴다. 하지만 거기서 그것[이윤의 비밀]을 찾을 수는 없으며 그 대신 도둑질, 신용사기, 사기, 사취 등을 발견한다." [58]

마르크스의 『자본』은 완전히 다릅니다. 그가 추적하는 범죄는 제도의 범죄, 체제의 범죄입니다. 그는 합법적 약탈과 살인을 다룹니다. 그래서 『자본』의 범죄자는 개인의 얼굴을 하고 있을 때조차 체제의 담지자로 그려집니다. 그는 그저 배역을 연기하는 연기자일 뿐입니다. 범죄성은 개인적 캐릭터가 아니라 사회적 캐릭터입니다. 『자본』의 초판 서문에서 마르크스는 이 점을 분명히 했습니다. "있을지도 모를 오해를 피하기 위해 한마디 하겠다. 자본가와 지주를 나는 결코 장밋빛으로 아름답게 그리지는 않는다. 그러나 여기서 개인들이 문제 되는 것은 오직 그들이 경제적 범주의 인격화, 일정한 계급관계와 계급이익의 담당자인 한에서다. 경제적 사회구성체의 발전을 자연사적 과정으로 보는 내 관점에서는 (…) 개인이 이런 관계들에 책임이 있다고 생각하지 않는다."

마르크스는 말년에도 비슷한 언급을 했는데요. 그는 자신에 대한 아돌프 바그너(Adolf Wagner)의 오해를 지적하며, 자신은 '자본가'를 노동자에게 돌아갈 몫을 '공제'(Abzug)하거나 '강탈'(Raub)하기만 하는 사람으로 그리지 않았다고 했습니다. [59] 오히려 그가 그린 자본가는 자본주의적 생산에 필수적 기능의 수행자이며, 잉여가치를 공제하고 강탈하기 전에 그것을 창출하도록 돕는 자입니다. 더욱이 잉여가치에 대한 자본가의 권리는 노동력에 대해 가치를 제대로 지불한 사람이 갖는 권리라고 했습니다. 자본가가 단순한 절도범이나 강도는 아니라는 거죠. 그의 절도와 강탈은 합법적인 것입니다. 그러므로 마르크스가 추적하는 범죄는 합법적 절도와 강탈인 셈이죠. 이 점에서 『자본』은 아주 독특한 형태의 추리 작품이라고 하겠습니다.

『자본』의 첫 장면

이제 우리는 추리소설처럼 흥미진진한 『자본』을 본격적으로 읽어나갈 겁니다. 그 전에 우선 책의 줄거리를 소개하겠습니다. 스포일러가 될지도 모르겠지만 예고편 정도로 생각해주세요.

『자본』의 첫 장면은 산더미처럼 쌓인 '상품'을 비추는 데서 시작합니다. 그 상품을 클로즈업해서 보면 저마다 이마에 가격표를 붙이고 있어요. 고대의 왕이나 귀족도 물건을 쌓아두기는 했겠지만 마르크스는 시장의 상품더미에서 그런 물건들과는 다른 뭔가를 포착합니다. 맨눈으로는 잘 안 보이고, '추상력'이라는 특수 안경을 써야만 보이는 그것은 바로 '가치'라고 하는 것입니다. 상품더미라고 했지만 실상은 가치더미인 겁니다. 자본가들이 부자인 이유는 저것들을 쌓아두고 있기 때문이죠.

마르크스는 추적에 들어갑니다. 도대체 저 '가치들'이 어디서 왔을까. 자본가들은 가치들을 계속해서 쌓아가는데 저 잉여의 가치들이 어디서 생겨나는지 알 수가 없는 겁니다. 자본가를 뒷조사해봤지만 강도짓을 하는 건 못 봤습니다. 냉혈한이기는 했지만요. 마르크스는 완전범죄와 대면합니다. 일종의 밀실살인 사건입니다. 어떤 방에서 살인 사건이 일어났는데 범인은 그 방에서 살인을 저질렀으면서도 그 방에 들어오지 않은 것 같은 상황이에요. 잉여가치는 "유통 안에서 생겨날 수 없지만 유통 밖에서도 생겨날 수 없다. (…) 상품은 가치대로 교환되어야 하지만 어떻든 교환과정이 끝나면 잉여가치가 생겨야 한다."

마르크스는 가치를 담지한 상품의 거래 현장 곳곳을 다닙니다. 좀도둑도 있었고 사기꾼도 있었지만 그 누구도 가치의 증식 방법, 다시 말해 잉여가치의 비밀을 말해주지 않았습니다. 그러다 마르크스는 한 시장에서 아주 중요한 단서를 포착합니다. 바로 '노동력'이라는 상품이 거래되는 시장이었는데요, 거기서 마르크스는 냄새를 맡습니다. 상품의 '판매자'와 '구매자'의 표정이 다른 시장에서 보던 것과는 좀 달랐거든요. 다른 상품의 거래 현장에서는 서로 필요로 하는 것을 얻었으므로 판매자와 구매자 모두 기분 좋은 표정을 짓거나 최소한 줄 건 주고 받을 건 받았으므로 무덤덤했는데, 여기선 달랐습니다. 구매자는 뭔가 할 일이 있는 듯 기분 좋게 성큼성큼 앞장서 가는데, 판매자는 제값을 받고 팔았으면서도 고개를 처박고

쭈뼛쭈뼛 따라가는 겁니다. 마르크스는 이들을 좇습니다. 그들이 이른 곳은 공장이었습니다. '관계자 외 출입금지'라는 푯말이 붙어 있었지요. 마르크스는 거기 잠입합니다. 그리고 무슨 일이 일어나는지 유심히 살펴봅니다. 그러고는 마침내 자본가가 노동력에 대해 제값을 치르고도 잉여가치를 얻을 수 있는 비결을 깨닫습니다. 그것은 노동력의 '사용'과 관련된 것인데… 여기서 더 말하면 진짜로 스포일러가 될 테니 이 정도로 하겠습니다.

어떻든 마르크스는 왜 자본가가 노동력을 최대한 짜내려 하는지 알게 되었습니다. 자본가는 처음에는 일하는 시간을 최대로 늘렸습니다. 노동자들을 새벽부터 한밤까지 공장에 잡아두었죠. 공장은 사실상 강제수용소였습니다. 결국 노동자들이 견딜 수 없어 투쟁을 시작합니다. 그렇게 해서 노동일을 규제하는 법이 만들어집니다. 그런데 자본가는 시끄러운 노동자들을 밀어내고 슬슬 기계를 들여옵니다. 당연히 실업자가 늘었습니다. 공장 안에 있는 사람들은 해고가 무서워 더 열심히 일하게 되었고 공장 바깥으로 밀려난 사람들은 굶어 죽게 생겼습니다. 사회 전체로 보면 실업도 늘었고 과로도 늘었습니다. 부도 늘었고 빈곤도 늘었습니다. 마르크스는 공장 바깥으로 나옵니다. 그리고 도시 전체를 바라봅니다. 이 공장에서 일어난 일은 저 공장에서도 일어나겠지요. 그뿐이 아닙니다. 한 노동자가 한 자본가를 만나는 것은 우연이겠지만 노동자가 자본가를 만나는 것은 필연이라는 것도 알게 됩니다. 또한 자본주의사회에서 오늘 겪은 일은 어제도 겪은 일이고 아버지가 겪은 일은 아들이 겪게 될 일이라는 것도 알게 되었죠. 자본의 확대재생산이 빈곤의 확대재생산이라는 것도 알았습니다.

『자본』은 광범위한 수준에서, 끊임없이 재생산되는 자본주의의 범죄 보고서라고 할 수 있습니다. 『자본』 I권 끄트머리에는 '번외편'이 있습니다. 자본주의 탄생의 역사를 다루는 부분인데요. 우리는 거기서 자본주의의 현재적 범죄만이 아니라 태초의 범죄를 목격하게 될 겁니다. 희대의 절도범, 희대의 살인범으로서 자본주의가 어떻게 태어났는지를 말입니다. 여기까지 가면 우리의 여정은 끝이 납니다. 이제 『자본』의 문을 열고 들어가볼까요?

마르크스의 눈이 특별한 것은 그가 평범한 것에 놀랐다는 데 있습니다. 정치경제 학자들이 특별한 것을 보고 눈이 휘둥그레졌을 때 정작 마르크스는 평범한 것을 보고 신기해했습니다. 휘황찬란한 불빛에 끌리는 물고기가 정작 가장 흔한 물에 대해서는 맹목이듯 정치경제학자들은 자본주의에 대해 맹목입니다. 상품을 다루면서도 상품이 얼마나 신기한 것인지를 모릅니다. 그런데 물을 보고 놀란 물고기 같다고 할까요. 마르크스에게는 상품의 존재가 너무나 신기합니다. 서로 다른 두 개의 상품이 일정한 비율로 교환된다는 것이 놀랍습니다. 여기서 그는 자본주의사회에서 사람들이 교환하고 축적하고 약탈하는 '부'의 정체, '가치'의 비밀을 발견합니다.

　마르크스의 정치경제학 비판은 한마디로 '눈'에 대한 비판입니다. 엉뚱한 곳을 보는 눈, 눈앞에 있는 것을 보고도 알아보지 못하는 눈에 대한 비판입니다. 사물의 빛깔이 그 사물에 반사된 빛과 우리 시신경이 맺는 '관계'임을 모르는 눈, '인간들의 관계'를 '사물들의 관계'로 착각하는 눈, 한마디로 '춤추는 책상'에 넋을 잃은 눈에 대한 비판입니다. 무엇보다 자기 시대가 투명해 보이는 눈에 대한 비판입니다. 자기 시대를 통해서 볼 뿐 자기 시대를 보지는 못하는 눈 말입니다. 하지만 자본주의가 이상하게 보여야 자본주의가 제대로 보이는 겁니다. 자본주의를 이해한다는 건 그것이 역사적으로 얼마나 독특한 사회형태인지를 이해하는 것입니다. 그리고 이때에야 비로소 역사가 보입니다. 다른 시대의 독특함도 눈에 들어오는 것이지요. 이처럼 비판이란 우리 시대와 역사를 볼 수 있는 눈입니다. 이것이 마르크스의 특별한 눈입니다.

『자본』이 '상품'에서 시작하는 이유

이제 시작입니다. 우리가 함께 읽어나갈 『자본』 I권은 모두 일곱 편(영어판은 여덟 편)으로 이루어지고 그중 제1편의 제목은 '상품과 화폐'이며 제1장의 제목은 '상품'입니다. 이 책은 '상품'에서 시작한다는 이야기죠. 왜 '상품'에서 시작할까요? 왜 거기가 출발점인 걸까요? 본문의 첫 장을 넘기자마자 너무 딱딱한 물음을 던졌는지도 모르겠습니다. 그렇지 않아도 가뜩이나 첫 장이 어렵다는 소문이 있는데

말입니다. 하지만 책의 시작, 특히 『자본』의 시작은 중요합니다. 마르크스 스스로
가 서술의 출발점을 찾기 위해 무척 노력했거든요.

『자본』은 어디서 시작하는가

어디서 시작할 것인가. 이것은 마르크스가 과학에 대해, 특히 과학의 연구방법과
서술방법을 고민할 때 중요한 문제였습니다. 그는 『정치경제학 비판 요강』「서설」
Grundrisse der Kritik der politischen Ökonomie "Einleitung"(1857)의 한 절을 '정치
경제학 방법'에 할애했는데요.[1] 여기서 이야기합니다. 정치경제학은 현실에서 시
작할 수밖에 없다고요. 당연한 말이지요. 과학이 주어진 현실, 즉 현상에서 시작해
야 한다는 점에는 이견이 있을 수 없습니다. 그런데 그는 곧바로 또 이런 이야기를
합니다. 현상이란 그 자체로는 모호하고 혼돈스러운 표상일 뿐이라고요. 과학이
현상에서 시작하는 것은 옳지만 그렇다고 현상을 그대로 기술하는 것을 과학이라
할 수는 없습니다.

　물에 젓가락을 넣으면 구부러져 보입니다. 아무리 '보아도' 그것은 분명히 구
부러져 '보입니다'. 그런데 그걸 보고 젓가락은 물에서 구부러진다고 쓰면 관찰,
그러니까 과학의 출발점은 될 수 있겠습니다만 과학적 성과로서는 제시될 수 없습
니다. 현상에 대한 올바른 관찰이기는 하지만 현상을 이해했다고 말할 수는 없는
거죠. 마르크스의 생각을 따르자면, 물속에서 젓가락이 구부러져 '보이는' 일이 어
떻게 해서 일어난 일인지를 보여줄 수 있어야 과학입니다. 어떤 현상을 이해한다
는 것은 그런 현상이 어떻게 산출되었는지 해명할 수 있어야 합니다. 그저 현상만
을 보고 일상적 경험에 기초해 판단한다면, 마르크스가 다른 글에서 말한 것처럼
과학적 진리는 언제나 이해할 수 없는 역설이 되고 말 겁니다. 우리 눈에 뜨고 지
는 것은 태양이지만 실제로 돌고 있는 것은 지구이고 물로 불을 끄지만 물에는 불
타는 산소가 들어 있으니까요.[2]

　처음에는 누구나 현상을 분석하는 데서 시작합니다. 하지만 분석이 끝나면 이
제는 현상이 생겨나는 순서와 방식을 보여주어야 합니다. 이를테면 레고블록 성
채(城砦)가 있다고 해봅시다. '분석'이란 이것을 최대한 단순한 수준까지 해체해
보는 일입니다. "최후에는 가장 단순한 규정에 도달해야 한다." 마르크스는 연구
를 통해 여기에 도달해야 한다고 했습니다. 하지만 이것이 끝이 아닙니다. 분석을
끝냈으면 이제 종합을 해야 합니다. 각각의 블록을 조립해 다시 성채를 만들 수 있
어야 합니다. 이런 순서와 이런 방식으로 우리 눈앞에 있는 성채가 '산출'될 수 있

음을 보여야 하는 거죠. 그뿐만이 아닙니다. 결합방식을 바꾸면 다른 모양의 성채도 만들어낼 수 있다는 것까지 알려줄 수 있어야 합니다. 참고로 '분석'(analysis)과 '종합'(synthesis)은 모두 그리스어에서 유래한 말인데요, '분석'은 끝까지(ana-) 풀어놓는다(lysis)는 뜻을 갖고 있고요, '종합'은 합쳐서(syn-) 놓는다(tithenai)는 뜻을 갖고 있답니다.

　레고블록 같은 물건들만 그런 게 아니고, 개념도 그렇습니다. 현실의 구체적 개념들은 온갖 규정을 담고 있어 아주 복잡합니다. 마르크스는 '인구'라는 개념을 예로 들었지요. 정치경제학자는 '인구'에 대한 분석으로 연구를 시작할 수 있습니다. 그런데 현실에서 '인구'를 규정하는 요소들은 다양합니다. 다양한 인구현상, 이를테면 인구의 증감이나 이동 등을 규정하는 요소들이 있겠지요. '계급'도 그 중 하나입니다. 그런데 '인구'처럼 '계급'도 더 분석해 들어갈 수 있습니다. '임금', '노동', '자본' 같은 규정이 그렇습니다. 이런 식으로 분석은 계속 진행될 수 있습니다. 가능한 한 빨리, 가능한 한 단순한 규정에 이르러야 합니다. 그러고는 이 단순한 규정을 다시 조립해 현실의 인구현상들을 해명할 수 있어야 합니다.

　예컨대 토머스 맬서스는 인구의 자연증가가 모든 빈곤의 원인인 것처럼 말했지만, 끔찍한 재난 때문에 인구가 급감한 곳에서도 '과잉인구 문제'는 있습니다. 19세기의 아일랜드 같은 곳이죠. 1841년과 1861년 사이 아일랜드 인구는 3분의 1이나 감소했습니다. 기아로 많은 사람이 죽었고 또 많은 수가 이민을 갔기 때문입니다. 그런데도 인구는 여전히 너무 많아 보입니다. 도시에서는 실업자가 넘쳐나고 농촌에서는 경작민 수가 줄었는데도 땅에 비해 인구가 많습니다. 맬서스라면 인구가 너무 늘어나서 그렇다고 말해야겠지요. 그런데 인구의 절대적 감소에도 불구하고 과잉인구 현상이 나타났습니다. 더욱이 이 와중에 농업자본가(Kapitalpächter)의 이윤이나 지주의 지대수익은 크게 증가합니다. 어찌 된 일일까요. 도시의 산업은 기계화되고 농촌에서는 토지집중과 경작지의 목장화가 일어났거든요. 그래서 인구가 3분의 1이 줄었는데도 사람이 많았지요.

　마르크스는 자본주의 분석을 통해 도달한 단순한 개념들을 종합하면서 이런 인구현상이 생겨나는 이유를 밝힙니다. 자본축적과 인구축적이 긴밀히 연계되는, 자본주의에 고유한 인구법칙이 있는 거죠. 생물학적으로는 인구가 감소해도, 산업이 그 상쇄분을 넘어서는 잉여인구를 낳으면 '상대적 과잉인구' 현상이 나타납니다. 이렇게 해서 생겨난 인구들은 다른 시대에는 볼 수 없는 독특한 움직임을 보이지요. 우리는 이 내용을 『자본』 I권의 끝에 가서 볼 겁니다. 제1장 '상품'을 읽으면서 이것이 우리 시대의 인구현상과 관련될 거라고 생각하는 사람은 거의 없을 겁니다. 하지만 『자본』의 끝에 가면 우리는 우리 시대의 구체적 인구현상들이 어떻게 생겨났는지를 이해하게 됩니다. 마르크스에 따르면 이런 게 바로 과학입니다.

마르크스는 『자본』의 제2독일어판 후기에서 연구방식과 서술방식은 다르다고 했습니다. 연구조사를 할 때는 현상을 세세히 파악하고 상이한 전개형태들을 분석하고 그것들의 연관을 탐지합니다. 하지만 서술할 때는 마치 미리부터 그렇게 되어 있었던 것처럼 보여준다고 했습니다. 나는 연구순서와 서술순서에 대해서도 같은 이야기를 할 수 있다고 봅니다. 현상에서 가장 단순한 것에 이를 때까지 분석하고 그 연관을 알아내는 것이 '연구'라면, 분석된 가장 단순한 것에서 시작해 복잡한 현상들을 보여주는 것이 '서술'이라고요. 이 점에서 『자본』의 출발점은 중요합니다. 마르크스는 '상품'을 출발점으로 삼았습니다. 앞서 본문 1장에서 나는 '현미경' 이야기를 했는데요. 마르크스는 『자본』 서문에서 자본주의 생산양식의 가장 단순한 형태, 즉 경제적 세포로서 '상품'을 지목합니다. 정확히는 "노동생산물의 상품형태" 또는 "상품의 가치형태"라고 표현했습니다. '가치형태'라는 말은 조금 뒤에 자세히 살펴보기로 하고요. 일단은 마르크스가 '상품'을 세포로, 다시 말해 출발점으로 지목했다는 점을 강조해둡니다. 말하자면 상품은 '부르주아사회'와 '자본주의'라는 성채를 구축할 때 출발점이 되는 가장 작은 블록입니다.

좀 이상하게 들릴지 모르겠습니다만, 마르크스에게 상품은 출발점이지만 그전에 도달점이라고도 할 수 있습니다. 책의 출발점은 연구의 도달점입니다. 연구가 이른 곳이 책이 시작하는 곳입니다. 이 점에서 마르크스가 『자본』을 집필하기 전에 쓴 『정치경제학 비판 요강』(1857~1858)은 아주 흥미롭습니다. 『정치경제학 비판 요강』은 몇 권의 연구노트로 이루어졌는데, 연구노트의 마지막 권에 '1'이라는 번호가 붙은 짤막한 글이 있어요. 여기에 이런 말이 쓰여 있습니다. "부르주아적 부가 나타나는 첫 번째 범주는 상품이다."[3] 연구노트의 맨 마지막에 이르러, 책의 처음에 써야 할 것으로 '상품'을 지목한 겁니다. 그러고는 여기에 책의 제1장에 들어갈 내용을 간단히 적었습니다. 마치 이제야 출발점을 분명히 알겠다는 듯이 말입니다. 실제로 당시 출간된 저서인 『정치경제학 비판을 위하여』(1859)와 『자본』(1867)에서는 '상품'을 제1장에 놓습니다. 공부를 다 하고 나서야 '마침내' '출발점'을 찾은 거죠. '마침내'(끝)라는 말과 '출발점'(시작)이라는 말을 나란히 써두니 느낌이 기묘하죠?

그렇다면 상품에서 출발한다는 건 어떤 의미가 있을까요? 마르크스가 초판 서문에 붙여놓은 염려가 떠오르네요. "첫 부분이 어렵다는 것은 어느 과학에서나 마찬가지다. 그러므로 여기서도 제1장, 특히 상품 분석이 들어 있는 절을 이해하기가 가장 힘들 것이다."[김, 3; 강, 43~44] 출발점에 서자마자 우리는 여기가 제일 어렵다는 무시무시한 경고를 듣습니다. 마치 초입부터 직벽(直壁)이 느껴지는 등산로처럼요. 누군가에게는 도전 욕구를 불러일으키고 누군가에게는 위안이 되고 누군가에게는 근심이 생기겠죠. '그래, 한번 해볼까', '나만 어려운 건 아니구나', '괜히 나섰나' 등등 마르크스의 경고에 대한 반응은 다양할 겁니다.

영웅 아가멤논은 '부자'였을까?

이제 정말 첫발을 내딛습니다. 첫 단락 첫 문장에서 마르크스는 '상품'에서 시작하는 이유를 밝힙니다. 그대로 옮겨볼게요. "자본주의 생산양식이 지배하는 사회의 부는 '방대한 상품더미'로 나타나는데(erscheinen), 개개의 상품은 부의 기본형태(Elementarform)다. 그러므로 우리의 연구는 상품에 대한 분석에서 시작한다."[김, 43; 강, 87] 요컨대 '자본주의 생산양식이 지배하는 사회'에서는 '부'가 '상품더미'로 나타나고 '부의 기본형태'는 '상품'이기 때문에 이 책 『자본』을 '상품'에서 시작한다는 이야기입니다.

문장을 하나씩 뜯어볼까요. 먼저 '자본주의 생산양식이 지배하는 사회의 부'라는 표현이 있습니다. 이 말은 자본주의가 아닌, 다른 생산양식이 지배하는 사회의 '부'도 있다는 뜻이죠. 그리고 그건 부르주아사회 곧 자본주의 생산양식이 지배하는 사회의 '부'와는 다를 것이라는 의미가 들어 있습니다. 『자본』 I권 제1장을 읽다 보면 마르크스가 "우리가 고찰하는 사회형태에서는" 등의 한정적 표현을 자주 쓴다는 걸 알 수 있습니다. 물고기가 물을 보지 못하듯 우리는 우리가 사는 사회의 형태가 역사적으로 얼마나 특수한지, 다시 말해 우리가 얼마나 이상한 사회에 살고 있는지 알지 못합니다. 자본주의가 이상하게 보여야 자본주의가 제대로 보이는 겁니다. 정상적인 것의 기괴함을 보는 눈이 없으면 자기 시대를 비판할 수 없습니다.

자본주의 생산양식이 지배하는 사회, 다시 말해 우리 사회의 '부'가 정말로 특별한 것이냐고요? 옛날 여행기들에서 이런 묘사를 본 적이 있을 겁니다. 그 나라는 모든 것이 풍족하다, 땅이 기름지고 기후가 온화하여 온갖 작물이 잘 자라고 나무에는 과일이 주렁주렁 열려 있다, 사람들이 일하지 않아도 먹을 것이 넘쳐난다…. 여행기의 저자들은 방문지에 천혜의 땅이니 풍요의 나라니 하는 말을 붙임니다. 그런데 옛날 여행기에 나오는 이런 풍요로운 나라는 자본주의에서 말하는 부유한 나라가 아닙니다. 애덤 스미스가 '국민의 부'라고 말했을 때의 그 '부'가 아닙니다.

고대의 권력자나 영웅을 묘사하는 말들은 어떨까요? 그가 지배하는 땅은 한 달을 걸어가도 끝에 이를 수 없으며 노비가 수백 명이고 창고에 온갖 진귀한 보석과 장신구가 있으며, 그의 갑옷과 투구, 창은 신(神)조차 탐낼 만한 것이었다…. 어떤가요. 이 사람은 자본가일까요. 이 사람이 가진 물건들이 자본주의에서 말하는 '부'일까요. 그는 틀림없이 부자일 것 같습니다. 그 땅에서는 그를 '부자'라고 불렀을 수 있습니다. 그러나 엄밀하게 따지면 그는 우리 시대의 '부자'와는 다릅니다. 앞서도 말했듯 역사를 '대강' 보면 안 됩니다. 마르크스는 '물욕'(物慾)과 '치부욕'(致富慾)을 구분했습니다. 그는 '물욕'과 달리 '치부욕'은 자연적인 게 아니고 역사적 산물이라고 했습니다.[4] '부'에 대한 욕망은 '옷, 무기, 장신구, 여자, 포도주 등에 대한 욕망'과는 다르다고 했지요. 어떤 사물을 갖고 싶어하는 것과 부자가 되고 싶은 것은 전혀 다른 문제라는 겁니다.

우리 시대 '부자'는 자신의 물건들을 언제든 다른 물건과 바꿀 준비가 된 사람입니다. 어떤 물건을 소유한 이유가 그 물건에 대한 사랑 때문이 아닙니다. 넓은 땅이 주는 시각적 만족과 땅을 밟았을 때의 촉감 때문에 땅을 사들이는 사람이라면 모를까, 부동산에 투자하는 사람들이 땅을 사랑하는 이유는 대부분 사물로서 땅이 갖는 물리적 성질과는 아무런 관계가 없습니다. 이들은 언제든 금이나 주식으로 갈아탈 준비가 되어 있지요. 그런데 성질이 완전히 다른 사물들을 놓고 '부'를 비교할 수 있으려면, 그것들 모두를 관통하는 '일반적인 부' 개념이 형성되어 있어야 합니다. 그리고 그것을 잴 수 있는 단위와 수단, 이를테면 '화폐'제도가 발달해야 하죠. 즉 치부욕의 출현은 화폐경제의 발전을 '전제'합니다. 따라서 트로이 전쟁 때 그리스 연합군을 이끈 아가멤논은 보물은 많았을지 몰라도 부자는 아니었다고 할 수 있습니다.

그럼 '정신적 풍요'는 어떨까요? 부탄이라는 나라에 대해 들어보았을 겁니다. 국민행복지수(gross national happiness)로 보면 세계 최상위권 나라입니다. 정신적 풍요를 누리는 나라라는 뜻이지요. 하지만 '자본주의 생산양식이 지배하는 사회형태'의 '부' 개념에 입각해서 보면 어떨까요. 이 나라는 부자일까요? 국민소득(national income) 관점에서 보면 부탄은 세계 최하위권 나라입니다. 예전 우리 사회에서는 부자를 '천석꾼', '만석꾼' 등으로 불렀습니다. 볏가마 수로 이야기한 겁니다.

한 해에 천 가마, 만 가마를 수확할 수 있다면 엄청나게 넓은 땅을 가졌을 테고 그 것을 추수할 노동력, 즉 많은 사람을 부린다는 거니까, 정말 부자 맞습니다. 하지 만 어느 해 쌀이 이례적으로 풍작이었다면 그해의 천석꾼은 전해의 천석꾼보다는 부자가 아닙니다. 가마에 들어간 낟알은 늘어났지만 그의 부는 줄게 됩니다. 물적 으로는 늘었는데도 부는 감소할 수 있습니다.

'자본'을 이해하고 '자본주의 생산양식'을 이해하려면, 자본주의에서 사람들 이 생산하고 늘려가길 원하는 '부'가 무엇인지를 알아야 합니다. 우리 시대 많은 사람은 부자가 되려고 발버둥 칩니다. 그런데 그 '부'라는 것이 참 모호합니다. 그 것은 넓은 땅일 수도 있고 커다란 저택일 수도 있고 멋진 자동차일 수도 있고 쌓아 놓은 볏단일 수도 있습니다. 그러나 꼭 그것이라고 말할 수도 없습니다. 정치경제 학은 '부'에 관한 학문입니다. 일단 '부'가 무엇인지를 밝혀야 하지요. 거기서 시작 해야 합니다. 그래서 『자본』의 첫 문장 첫 어구의 의미가 내게는 이렇게 읽힙니다. '자본주의 생산양식이 지배하는 사회의 부는 좀 이상한 것이다. 우리의 이야기는 이것의 정체를 밝히는 데서 시작한다.'

자본주의사회의 '부'와 부의 '척도'

마르크스가 비판의 대상으로 삼은 19세기 정치경제학의 고민도 여기서 시작되었 습니다. 부의 진정한 척도 말입니다. 애덤 스미스를 근대 경제학의 아버지라고 말 하는 사람들이 있습니다. 학문의 아버지니 어머니니 하는 말이 좀 우습긴 합니다 만, 그래도 스미스에게 그 말이 합당하다면 그것은 그가 부의 진정한 척도에 관해 물음을 던졌기 때문입니다. 그의 용어로 말하자면 그는 '모든 상품들의 진정한 가 격'을 물었습니다. 스미스 시대에 화폐가 없었던 것은 아닙니다. 그러나 화폐는 '상대적' 척도의 역할만 했습니다. '진정한' 척도는 아니었다는 거죠. 금은으로 만 든 화폐는 금은의 생산량이 변하면, 그러니까 금광이나 은광이 발견되면, 그걸로 표시하는 상품들의 가격표를 바꿉니다. 상품들은 그대로인데 상응하는 귀금속의 양이 늘기 때문에 가격이 오릅니다. 스미스는 이것을 가리켜 "마치 두 팔, 한 주먹 처럼 척도 자신이 변하는 관계로 정확한 척도일 수 없다"라고 했습니다.[5] 아이의 팔과 어른의 팔이 다르고 이 사람의 주먹과 저 사람의 주먹이 다른데 그 다른 것을 척도로 쓸 수는 없다는 이야기입니다.

부는 욕구나 효용 같은 걸로 잴 수도 없습니다. 이 역시 사람마다 처지마다 다 를 테니까요. 목마른 사람에게는 물이, 치장하고 싶은 사람에게는 다이아몬드가 더 큰 효용을 갖겠죠. 따라서 이런 것들로는 부에 대해 말할 수가 없습니다. 스미스가 '진정한 가격', 다시 말해 부의 '실체'로 제시한 것은 '노동'입니다. 상품들의 가치는 그것에 들어 있는 인간의 '수고'만큼이라고 말입니다. 금이나 은도 그것을 생산할 때 수고가 들었을 것이고, 다른 상품들도 거기에 일정량의 수고로움이 들어 있을 테니 그만큼의 비율로 교환될 것이라는 이야기입니다. 사실 여기에는 경제적 의미만큼이나 도덕적 의미가 담겨 있습니다. 스미스는 『국부론』(1776)의 저자이기 이전에 『도덕감정론』The Theory of Moral Sentiments(1759)의 저자입니다. 경제학자이기 이전에 도덕철학자였죠. 나는 『국부론』 저자가 쓴 『도덕감정론』이라고 말하기보다, 『도덕감정론』 저자가 쓴 『국부론』이라 말하곤 합니다. 『국부론』의 '노동가치설'에는 근면 윤리가 강하게 배어 있습니다. '국가의 부'의 원천은 땅의 비옥함도 아니고 거대한 광산도 아니라는 겁니다. 진정한 부는 사람들의 근면한 노동이며 열심히 일하는 사람이 많은 나라가 부유한 나라라는 생각이 담겨 있습니다.

'진정한 부의 척도'에 대한 고민을 더 명확히 한 것은 데이비드 리카도입니다. 그가 쓴 『정치경제학 및 과세의 원리』On the Principles of Political Economy and Taxation(1817) 제20장의 제목이 '가치와 부, 그것들의 상이한 특성'인데요.[6] 엄밀히 하자면, 여기서 말한 '부'는 이전 시기 사람들이 생각했던 부이고, '가치'는 19세기 정치경제학이 다루는 부입니다. 그는 양말을 예로 들었는데요(지난 1장에서 이미 살펴본 바 있지요). 양말을 1000켤레 생산하던 공장에서 생산성 향상으로 수고로움의 첨가 없이 양말을 2000켤레 생산하게 되었다면, 재화의 관점에서는 부가 두 배로 늘었지만 실제로 가치가 두 배로 늘어난 것은 아니라고 했습니다. 한 켤레에 들어가는 수고가 반으로 줄어든 것뿐이니까요. 가치의 양은 재화의 양이나 욕구의 양과 비례하지 않습니다.

그러니까 『자본』 제1장 '상품'에서 마르크스가 쓴 첫 문장, "자본주의 생산양식이 지배하는 사회의 부"는 바로 이 19세기적 의미에서의 '부' 즉 '가치'에 관한 것입니다. 나는 『자본』이 '상품'에서 시작한다고 말했습니다. 하지만 이제 더 분명히 해야겠습니다. 엄밀히 말하자면 『자본』은 '상품'에서 시작한다기보다 '가치'에서 시작합니다. 자본주의사회의 '부' 개념을 먼저 제시한 겁니다. 자본주의에서 '부' 즉 '가치'가 어떻게 생산되고 축적되는지 논하기 전에 도대체 그것이 무엇인지를 밝히는 게 필요했던 겁니다.

『자본』은 '가치'에 관한 논의에서 시작한다고 말하는 것이 옳습니다. 다시 말해 『자본』 제1장 제1절은 '가치' 개념을 다룹니다. 앞서 『정치경제학 비판 요강』의 마지막 글에서 마르크스가 '상품'을 "부르주아적 부가 나타나는 첫 번째 범주"로 지목했다고 했는데요. 그는 그 글에도 '1'이라는 번호와 함께 '가치'라는 제목을 붙였습니다. '가치'는 자본의 출발점이기도 하지만 앞으로 논의가 이루어질 공간 내지 영토이기도 합니다. 어떤 물건은 이 가치공간에 거주할 수 있는 한 '가치 있는 물건' 즉 '상품'이 됩니다. 마르크스의 표현을 빌리자면 '가치'는 상품세계의 시민권 같은 겁니다("상품으로서 아마포는 상품세계의 한 시민이다"). 앞으로 자본과 관련해 언급되는 말들, 이를테면 교환되고 생산되고 증식되고 약탈되고 축적되고 확대되는 것은 바로 '가치'를 가리킵니다.

───────────────── 부의 기본형태로서 '상품' ─────────────────

이제 그다음 구절을 보겠습니다. 그러고 보니 첫 문장 하나를 붙들고 너무 많은 시간을 썼다는 생각이 드네요. 하지만 정말이지 몇 번이고 음미해야 할 문장입니다. "자본주의 생산양식이 지배하는 사회의 부"는 "'방대한 상품더미'로 나타나며, 개개의 상품은 부의 기본형태다"라고 했습니다. 상품에 대한 분석에서 논의를 시작하는 것은 '부'가 '상품의 형태'로 '나타나기' 때문이라는 겁니다. 여기서 먼저 주목할 것은 '부' 즉 '가치'가 직접 나타나지 못한다는 사실입니다. 부는 '직접' 나타나지 못하고 다른 형태로 나타납니다. 이것이 '상품의 형태'로 '나타난다'(erscheinen)라는 말의 뜻입니다('나타난다', '보인다', '현상한다' 등등의 말에 주목해주세요). '가치'는 직접 나타나지 않으므로 누구도 '가치'를 직접 보거나 만질 수 없습니다. 가치는 감각할 수 있는 게 아닙니다. 금덩어리를 어떤 물리적·화학적 처치로 분해한다 해도 거기서 '가치'를 떼어내 보여줄 수는 없습니다.

그렇지만 '가치'는 '없는' 게 아닙니다. 그것은 '나타납니다'. 어떤 점에서 우리는 그것을 '봅니다'. 직접 나타나지는 못해도 무언가의 몸을 빌려 나타나주니까요. 부는 '방대한 상품더미'로 나타난다고, '상품은 부의 기본형태'라고 했는데요. 말하자면 '상품'이라는 형태로 나타납니다. 상품은 가치가 나타나는 형태, 즉 '가치의 현상형태'인 셈입니다. 상품을 '가치형태'라고 말하는 건 이런 의미입니다. 우리에게 나타나는 것, 우리 눈에 보이는 '부'는 넓은 집, 멋진 자동차, 커다란 금덩어리입니다. 우리는 그런 것들로 부자를 알아봅니다. 집, 자동차, 금덩어리는 모두 사물들이지 그 자체로 '부'는 아닙니다. 그런데 '부' 즉 '가치'는 그런 것들로 표현될 수밖에 없습니다. '가치'는 사물이 아니지만 사물을 통해서 나타날 수밖에 없습니다. 그것도 마치 그 사물 안에 들어 있는 것처럼 말입니다. 그래서 우리는 빛나는 금덩어리를 보면서 그 안에 가치의 원자라도 있는 듯 착각합니다.

우리는 한편으로 '가치'를 볼 수 없고 다른 한편으로는 '가치'를 봅니다. 매일 아침 바게트 빵을 산더미처럼 쌓아두고 파는 빵집이 있다고 합시다. 우리는 그 빵집 주인이 매일 벌어들이는 '가치'를 직접 볼 수는 없습니다. 우리는 단지 '빵'만 봅니다. 우리는 '빵'만 만질 수 있습니다. 하지만 우리는 빵의 커다란 더미에서 '부'가 쌓여 있는 것을 봅니다. 물리적으로 볼 수 없고 만질 수 없는 것을 보고 있는 겁니다. 아무런 색깔도, 향기도, 촉감도 없지만 우리는 그것을 지각합니다. 누구보다 빵집 주인이 그것을 잘 압니다. 그는 빵을 팔아서 번 돈으로 땅을 샀는데 주식시장이 타오르자 땅을 주식으로 바꾸었습니다. 빵에서 땅으로, 다시 주식으로 옮겨 가는 동안 사물은 완전히 다른 것으로 모습을 바꾸었지만 그는 똑같은 것을 보고 있습니다. 빵으로도 나타나고, 주식으로도 나타나고, 땅으로도 나타나는 그것 말입니다. 상품이 쌓여 있다는 것은 한편으로 어떤 사물이 쌓여 있다는 것을 의미하지만(물리적 집적), 다른 한편으로는 얼마만큼의 가치가 쌓여 있다는 것을 의미합니다(경제적 집적). '가치'란 제 스스로는 나타나지 못하지만 이처럼 어떤 사물에 깃들어 나타납니다. 가치가 깃든 사물을 우리는 상품이라고 부릅니다. 자본주의 생산양식이 지배하는 사회에서 '부'는 이런 독특한 성격을 갖는다는 것이 『자본』의 첫 문장이 의미하는 바입니다. 누군가의 몸을 빌려 존재하는 것, 직접 보이지 않지만 존재하는 것… 어째 유령 같은 이야기 아닙니까.

-------- 상품에는 무언가가 있다 --------

'방대한 상품더미'로 표현된 부. 마르크스가 이런 이미지를 떠올릴 수 있었던 것은 그가 영국 런던에 살고 있었다는 사실과 무관치 않을 겁니다. 당시 런던은 전 세계에서 생산된 상품들이 모여드는 곳이었으니까요. 1851년 런던에서 만국박람회가 열렸습니다. 마르크스가 런던으로 이주해 한창 정치경제학 공부에 몰입하던 때였습니다. 박람회는 말 그대로 상품 전시회입니다. 상품을 제작하는 것도, 파는 것도, 소비하는 것도 아닙니다. 박람회장은 그냥 전시하는 자리입니다. 그런데 상품 전시에는 특별한 의미가 있습니다. 전시는 오랫동안 예술작품의 영역이었으니까요. 지금도 우리는 상점이나 백화점의 어느 공간에, 유리로 둘러싸인 채 특별한 조명을 받는 상품들을 볼 수 있습니다. 마치 미술관에 걸린 그림이나 조각처럼, 마치 대단한 작품인 듯 놓여 있는 상품들을 보는 겁니다.

작품에 아우라가 깃들듯 상품에도 뭔가 깃들어 보입니다. 상품에 특별한 조명을 비추는 것은 그럴 만하다는 뜻이겠죠. 단순한 사물이 아니라는 이야기예요. 미술관에서 조명을 받고 있는 그림이 물감과 캔버스의 물성으로 환원되지 않는 별개의 가치를 지니듯 백화점에서 조명을 받고 있는 상품도 물성으로 환원되지 않는 가치를 갖습니다. 사물에 무언가가 있습니다. 이 '무언가'에 작가도, 자본가도 관심을 갖습니다. 누구보다 작가들이 이 점을 빨리 알아차렸습니다. 그들은 상품이 예술작품에 도전하고 있다고 느꼈습니다. 대표적인 예가 귀스타브 쿠르베(Gustave Courbet)입니다. 그는 1855년 파리의 박람회장 바로 앞에서 전시회를 열었습니다. 맞대결을 펼친 것이지요. 나중에 마네(Édouard Manet)와 고갱(Paul Gauguin)도 박람회를 겨냥하는 전시회를 열었습니다. 보들레르(Charles P. Baudelaire) 역시 상품의 "두려울 정도로 '모호한 성격'"에 민감하게 반응했다고 합니다.[7] 상품에는 유용성을 넘어선 무언가가 깃들어 있다는 것이죠. 그는 르네상스 시대부터 예술가들이 수공업자들에 대해 가졌던 우월감의 장벽이 상품 속에서 무너지고 있다고 느꼈습니다. 그 역시 상품들의 침략에 맞선 일전(一戰)이 불가피하다고 생각했습니다.

마르크스가 자본주의 시대 '부'의 이미지로서 '상품더미'를 떠올린 데는 이런 분위기도 무관치 않았을 겁니다. 상품이라는 존재를 떠들썩하게 알린 만국박람회가 열리고 있었으니까요. 상품은 '사용거리'만이 아니라 '구경거리'였습니다. 1855년 파리박람회를 두고 이폴리트 텐(Hippolyte A. Taine)이 했다는 말이 아주 인상적입니다. "유럽 전체가 상품을 보러 나섰다."[8] 그러나 상품더미에 대한 마르크스의 경험은 박람회 같은 특별한 행사와 관련되기만 했던 것 같지는 않습니다. 런던 시내에 거주했던 그는 일상에서도 상품더미나 전시상품들을 어렵지 않게 볼 수 있었습니다. 마르크스는 런던박물관으로 정치경제학 공부를 하러 갔는데 그곳으로 가는 길은 당시 런던에서도 매우 상업화된 지역 중 하나였습니다.[9] 당시 자료를 살펴보면 마르크스가 걷던 길에는 다양한 업종의 상점이 늘어서 있었고 업종 변경도 잦은 편이었다고 합니다. 그는 새롭고 다양한 상품들이 경쟁하듯 뽐내던 길을 걸었습니다.

그렇다고 마르크스가 직접 쇼핑을 즐겼던 것 같지는 않습니다. 그가 자주 구매했던 상품이 있다면 담배 정도였을 겁니다. 그는 담배 이야기를 참 많이 했습니다. 누군가 문헌 조사를 했는데 그의 글에 담배에 관한 언급이 무려 69회나 나온다는군요.[10] 그의 시가(cigar) 사랑은 유명합니다. 시가를 손에 든 채 글을 쓸 때가 많았습니다. 『자본』을 쓸 때도 예외가 아니었지요. 사위에게 보낸 편지에서 그는 말했습니다. "『자본』을 써봤자 그것을 쓰느라 내가 피운 시가 값도 안 나올 걸세." 마르크스의 집 근처에 시가 수입상이 있었습니다. 마르크스가 우연히 재밌는 광고 문구를 보았는데요. "담배를 많이 피울수록 더 많이 절약할 수 있다." 오늘날에도 흔히 볼 수 있는 광고죠. '1+1' 행사처럼 '소비할수록 이익'이라는 식의 광고 있지 않습니까. 이 광고를 본 마르크스는 시가를 새로 구입하면서 자기가 한 상자당 1실링 6펜스를 절약했다고 친구들에게 말했답니다. 그러면서 시가를 많이 피우면 나중에는 거기서 생겨난 돈으로 살아갈 수도 있을 거라고 했죠. '상품 광고'에 대한 자조 섞인 조롱이었습니다.[11] 하나 덧붙이자면, 영국의 담배제조업노조(Cigar Maker's Union)는 영국에서 가장 전투적인 노동조합이었답니다. 마르크스는 이 노동조합에 상당한 애정이 있었습니다. 마르크스는 1864년 9월 런던에서 창립된 국제노동자협회(보통 '인터내셔널'이라고 부르죠)를 중심으로 활동했는데, 이때 의장단에 함께 있던 인물 중에 제임스 콘(James Cohn)이라는 사람이 있습니다. 그가 바로 이 노동조합의 위원장이었답니다.

상품에 깃든 유령

지금까지 『자본』의 첫 문장, "자본주의 생산양식이 지배하는 사회의 부는 '방대한 상품더미'로 나타난다"라는 말을 길게 설명했습니다. '부', 다시 말해 '가치'는 직접 나타나지 않고 상품형태로 나타난다고 했습니다. 그러므로 가치를 이해하려면 상품을 분석해야 하지요.

───── 상품이라는 것 ─────

상품이란 무엇일까요. 일단은 돌고 도는 것처럼 보이는 답변을 해야 할 것 같습니다. 상품은 한마디로 가치 있는 물건입니다. 가치를 알려면 상품을 분석해야 한다고 해놓고는, 상품이란 가치 있는 사물이라는 식으로 말했으니 너무 허망한 답변이 되고 말았습니다. 이렇게 해서는 인식이 한 걸음도 앞으로 나아갈 수 없을 것 같습니다. 아무래도 어떤 물건에 '가치'가 있다는 말, 그 말을 먼저 따져봐야 할 것 같습니다. 어떤 사물, 어떤 물건을 '상품'이라 부른다는 것은 어떤 의미일까요?

햇볕은 우리에게 소중합니다. 하지만 아무도 햇볕을 쐬고서는 가치를 지불하지 않습니다. 거저 얻을 수 있는 것은 아무리 소중한 것이라 해도 경제학적으로 가치가 없습니다. 이렇게 말하면 화낼 사람이 있을지 모르겠지만 햇볕은 '무가치'합니다. 신이 모든 인간에게 내린 축복일지라도, 아니 모든 인간에게 내린 축복이기에, 그것은 무가치합니다. 마르크스는 공기, 미개간지, 자연의 초원, 야생의 수목 같은 것이 그렇다고 했는데요.[김, 50; 강, 95] 글쎄요, 지금은 이것들도 거저 얻을 수 있을지 장담할 수 없게 되었으니 다른 예를 들어야 할지도 모르겠습니다. 어떻든 상품이 갖는 '가치'란 우리에게 '소중한 것'이라는 뜻은 아닙니다. '소중한 물건'과 '상품'은 다른 것입니다.

그러나 거저 얻은 게 아니라고 해서 다 상품인 것도 아닙니다. 대단한 수고를 들여 만들었다고 해서 '가치'가 생겨나는 건 아니라는 말입니다. 일단, 내가 쓰려고 만든 물건은 상품이 아닙니다.[김, 50; 강, 95] 내가 먹으려고 지은 밥, 내가 사용하려고 만든 테이블은 상품이 아닙니다. 내게는 소중하고, 나의 에너지와 시간을 꽤나 잡아먹었지만, 거기에는 '자본주의 생산양식이 지배하는 사회의 부'가 한 개도 들어 있지 않습니다. 우스개 삼아 말하자면, 내가 밥을 해 먹으면 아무런 가치도 창출되지 않지만(부가가치가 없습니다), 내가 친구에게 밥을 해주고 친구가 내 밥을 해준 뒤 서로 대가를 지불한다면 가치를 창출한 게 됩니다(한 달에 100만 원씩을 주고받았다면 우리는 모두 200만 원어치의 부가가치를 창출한 셈입니다). 나도 친구도 늘어난 재산은 없습니다만, 우리는 새로운 가치를 창출했습니다. 내가 직접 지은 밥은 상품이 아니지만 친구에게 제공한 밥은 상품이 될 수 있습니다.

그런데 타인을 위해 생산했다는 것만으로도 충분하지는 않습니다. 타인을 위해 만든 물건이지만 별 쓸모가 없다면 나의 의도와 내가 흘린 땀에도 불구하고 그것은 무가치한 사물이 됩니다.[김, 51; 강, 95] 상품이란 사회적으로 그 쓸모를 인정받는 물건입니다. 쓸모를 인정받지 못했다면 비록 물리적으로는 땀을 뻘뻘 흘렸지만 경제학적으로는 '뻘 짓'을 한 셈이죠. 물건의 쓸모가 인정받지 못하면 그걸 만든 내 노동도 뻘 짓이 되고 맙니다.

방금 말한 기준들은 마르크스가 『자본』 I권의 제1장 제1절에서 제시한 것인데요. 엥겔스는 여기에 한 가지를 더했습니다.[김, 51; 강, 95] 아니, 더했다기보다는 더 엄밀히 했다고 하는 편이 옳겠습니다. 노동생산물 중에는 수고를 들여 타인을 위해 만들었고 타인에게 쓸모가 있는 것이었음에도 불구하고 상품이 되지 못하는 것이 있으니까요. 이를테면 왕이나 영주에게 바치는 공물 같은 것 말입니다. 수고를 들였고 타인에게 쓸모도 있지만 '상품'은 아닙니다. 갖다 바치는 것은 상품이 될 수 없습니다. 상품은 시장에서 동등한 교환이 이뤄지는 것을 전제합니다. 타인에게 바친 것이나 선물한 것은 상품이 아닙니다.

인간은 태초부터 많은 것을 만들어왔습니다. 노동생산물의 역사는 인간의 역사만큼 오래되었습니다. 하지만 노동생산물이 곧바로 상품인 것은 아닙니다. 상품은 '가치'를 가진 노동생산물입니다. 그런데 이때의 '가치'란 앞서 살펴본 것처럼 상당히 독특한 것입니다. '햇볕은 무가치하다'라는 말까지 했으니까요.

우리 일상에서 '가치'란 '쓸모', '관심', '중요성', '의의' 등을 뜻하지만 이런 의미들로는 상품에 들어 있는 '가치'를 이해할 수 없습니다. 그래서 19세기 정치경제학자들은 '가치' 개념을 더 분명히 해야 한다고 생각했습니다. 대표적 예가 스미스입니다. 그는 '가치' 개념에 상이한 두 가지 의미가 담겨 있으니 주의해야 한다고 했습니다.[12] 어떤 때는 특정한 물건이 가진 유용성을 나타내지만 어떤 때는 다른 물건에 대한 구매력을 나타낸다고요. 스미스는 전자의 가치와 후자의 가치에 다른 이름을 부여했습니다. 전자를 '사용가치'(use value), 후자를 '교환가치'(exchange value)라고 불렀지요. 두 가치가 얼마나 다른지를 설명하면서 그는 '물'과 '다이아몬드' 예를 들었습니다. 물은 유용성 즉 사용가치는 대단히 높지만 구매력 즉 교환가치는 거의 없는 반면 다이아몬드는 사용가치는 크지 않지만 교환가치는 무지 높다는 겁니다.

더 멀리 거슬러 올라가면 아리스토텔레스가 비슷한 언급을 했습니다. "우리가 소유하고 있는 물건은 두 가지 용도로 사용될 수 있다. 두 가지 용도 모두 물건을 사용하는 것이지만 그 양상은 같지 않다. 한 가지 용도는 물건에 고유한 용도지만 다른 용도는 그렇지 않기 때문이다. 예컨대 샌들은 신는 데도 사용되고 교환하는 데도 사용된다. 샌들은 두 가지 용도로 쓰이는 것이다. 돈이나 음식을 받고 (…) 샌들을 주는 사람은 샌들을 샌들로 사용하는 것이기는 하지만 이것이 샌들의 고유한 용도는 아니다. 샌들은 [신으라고 만든 것이지] 교환하라고 만든 것이 아니기 때문이다."[13] 샌들을 만드는 두 가지 이유에 대한 아리스토텔레스의 구분은 스미스의 주장을 무려 2000년이나 앞지른 것처럼 보입니다. 하지만 아리스토텔레스는 스미스를 앞지를 수 없었습니다. 왜냐하면 그는 교환용 샌들을 정상적인 것으로 보지 않았으니까요. 샌들의 고유한 용도는 신는 것이지 교환하는 것이 아니라고 했지요.

지난 1장에서도 살펴보았듯, 그리스 사회에서 살림살이는 오이코스(oikos), 즉 가정에서 이루어지는 일이었습니다[참고로 오이코스는 '경제학'(economy)의 어원입니다]. 그런데 가정에서는 교환을 위해 물건을 만드는 일을 하지 않습니다. 교환을 할 필요가 없지요. 아리스토텔레스에 따르면 교환은 종족이 커지면서 생겨난 현상입니다. 하지만 이 경우에도 교환은 생계에 필수적인 품목에 한정되었습니다. 교환의 주체도 개인이 아니라 부족의 대표성을 지닌 인물, 오늘날로 치면 '관료'가 수행하는 일이었습니다. 아리스토텔레스는 '물건의 상업적 교환'과 '교환을 위한 생산'이 확대되면 오이코스 기술, 즉 살림살이 기술이 변질될 것이라고 우려했습니다. 삶에 유용한 것을 만들고 교환하는 것이 아니라 단지 돈을 벌기 위해 물건을 만드는 일이 일어난다는 겁니다. 그래서 그는 필요한 재화를 구비하는 오이코스의 기술과 단지 재산을 늘리기 위한 기술인 화폐증식술(chrēmastikē)을 대비했는데요. 자본주의를 살아가는 우리 눈에는 둘 다 경제학이죠. 즉 별 차이가 없어 보이는데, 아리스토텔레스는 이 두 가지를 완전히 상반된 것이라 말하고 있습니다.

아리스토텔레스에 따르면, 참된 부는 물건의 사용과 관련된 것입니다. 그리고 우리 생활에 필요한 물건들은 무한하지 않습니다. 그런데 재산증식, 화폐증식을 위해서라면 상황이 완전히 달라집니다. 사람의 욕심이 끝이 없다고 합니다만, 빵에 대한 욕심과 돈에 대한 욕심은 다릅니다. 빵을 아무리 좋아하는 사람도 빵을 천 개나 만 개쯤 먹고 나면 '빵' 소리만 들어도 구토감이 들 겁니다. 우리 신체는 유한하니까요. 하지만 돈은 다릅니다. 100억을 가진 사람은 1000억을 가진 사람을 부러워하고, 그 끝이 어딘지도 알 수 없습니다. 사실상 무한하죠. 만약 생활의 필요가 아니라 돈을 벌기 위해 물건을 만들고 교환한다면 거기에도 한계가 없겠죠. 그러므로 둘은 완전히 다른 것이라는 게 아리스토텔레스의 생각이었습니다. 그에 따르면 후자는 자연스럽지도 바람직하지도 않은, 일종의 병입니다(참고로 마르크스는 '자본의 일반 정식'을 다루는 『자본』 1권 제2편 제4장에서 아리스토텔레스의 이런 언급을 아주 길게 인용하고 있습니다[김, 198~199, 각주 6; 강, 232, 각주 6]).

스미스와 아리스토텔레스 모두 상품에 내재한 두 가지 가치를 구분했습니다. 물론 스미스가 '참된 부'라고 본 것을 아리스토텔레스는 반대로 보았지만 말입니다. 마르크스도 이런 구분을 받아들이면서 상품에 대한 이야기를 시작합니다. 상품으로서 물건은 일단 유용한 것입니다. 스미스가 표현한 대로 '사용가치'를 갖습니다. 사용가치가 없다면 누구도 그것을 원하지 않을 겁니다. 사용가치는 대체로 해당 물건이 갖는 물리적 성격과 관계가 있습니다. 이를테면 외투는 '체온을 보존'하는 유용성을 갖습니다. 그것은 외투라는 상품을 이루는 소재의 '물리적 성질'과 관련된 것입니다. 그렇다고 사용가치가 역사나 문화와 무관하다는 말은 아닙니다. 오히려 인간의 역사는 물건들의 다양한 용도를 발견해온 역사라고 할 수 있습니다.[김, 44; 강, 88] '신상품'이라는 것은 대체로 사물의 물리적 성질에서 새로운 용도를 찾아낸 것들입니다. 상품사회 이전에도 사람들은 물리적 성질의 새로운 용도를 찾아내 여러 물건들을 만들어왔습니다. 화약만 해도 중국인들은 축하나 축원의 용도로 썼지만 그것을 건네받은 서양인들은 파괴와 살상 용도로 썼으니까요. 폭죽과 포탄은 똑같은 물리적 성질에서 전혀 다른 용도를 발견한 결과물입니다.

하지만 물건의 새로운 용도가 설령 사람들의 삶을 풍요롭게 만들었다 해도 그것이 곧바로 자본주의사회의 '부'가 되지는 못합니다. 마르크스는 말합니다. "사용가치는 부의 사회형태에 상관없이 부의 소재적 내용을 이룬다."[김, 44; 강. 89] 여기서 '사회형태에 상관없이'라고 수식한 것은 이때의 부가 자본주의사회로 한정했을 때의 '부'는 아니라는 겁니다. 그래서 곧바로 이렇게 덧붙입니다. "우리가 고찰하는 사회형태에서 사용가치는 동시에 교환가치를 지니는 물건이다." 중요한 것은 '교환가치'라는 거죠.

탁월한 눈과 조잡한 눈

우리는 상품이 일정한 용도를 갖기도 하지만 일정한 비율로 다른 상품들과 교환된다는 것도 압니다. 외투는 우리 몸을 따뜻하게 해줍니다만(사용가치), 또한 다른 물건, 이를테면 수박 두 덩어리와 바꿀 수도 있습니다. 한 벌의 외투는 "x량의 구두약, y량의 명주, z량의 금 등 상이한 상품들과 다양한 비율로 교환"될 수 있습니다.[김, 45; 강. 89] 외투가 사용가치와는 다른 자신의 가치를, 일정량의 다른 상품들로 나타내고 있는 겁니다. 이것을 외투의 '교환가치'라고 부릅니다.

19세기 정치경제학에서 분석 대상으로 삼는 '가치'는 이 '교환가치'입니다. '가치'란 곧 사용가치가 아니라 '교환가치'인 것이죠. 하지만 엄밀히 말하자면 '가치'와 '교환가치'는 똑같은 말이 아닙니다. 외투의 '가치'는 그 자체로 나타날 수 없다고 했지요. 그러므로 우리가 보는 외투의 '교환가치', 이를테면 'x량의 구두약'은 외투의 '가치'가 우리에게 '나타나는' 형태인 것이지요. 그래서 마르크스는 "교환가치는 교환가치와는 구별되는 그 어떤 내용의 표현양식 또는 '현상형태'에 지나지 않는다"라고 했습니다.[김, 45; 강. 89] 여기서 말한 '어떤 내용'이라는 게 '가치'입니다. 다시 말하면 '교환가치'는 '가치'가 우리에게 나타나는 형태, 즉 가치의 현상형태입니다. 가치가 나타난 게 교환가치이므로 편의상 이 둘을 동일시합니다만, 엄밀히 하자면 둘은 다릅니다. 이 때문에 마르크스도 이렇게 주의를 환기해줍니다. "이 장의 첫 부분에서 우리는 보통 말하는 방식에 따라 상품은 사용가치임과 동시에 교환가치라고 했지만, 엄밀히 말하면 이는 옳지 않다. 상품은 사용가치임과 동시에 가치인 것이다."[김, 77; 강, 119]

그런데 이 '교환가치'라는 것이 따져볼수록 신기합니다. 외투 한 벌의 교환가치로 제시한 "x량의 구두약, y량의 명주, z량의 금"을 볼까요. 외투, 구두약, 명주, 금 등은 서로 다른 사물입니다. 그런데도 〈외투 1벌＝구두약 x량＝명주 y량＝금 z량〉이라는 등식이 성립한다는 것은 개별 사물로서는 완전히 다르지만 '동일한 무언가'(ein Gleiches)가 있다는 뜻입니다. 마르크스는 이 대목에서 놀랍니다. 상이한 물건들이 일정 비율로 교환될 수 있다는 것. 우리가 보기에는 별일도 아닌데, 마르크스는 이것을 너무도 신기해합니다. 인류가 물건을 교환한 것이 어제오늘 일도 아닌데 뭐가 그리 신기하다는 걸까요? 탁월한 눈과 그렇지 않은 눈의 차이는 휘둥그레지는 곳이 다르다는 점일 겁니다. 한쪽이 놀라는 곳에서 다른 쪽은 놀라지 않습니다.

가라타니 고진(柄谷行人)은『자본』의 위대함을 마르크스의 이런 눈에서 찾았습니다. 그는 말했습니다. "『자본』이 탁월한 이유는 (…) [마르크스가] 흔하디흔한 상품의 '아주 기괴한' 성질에 놀랐다는 데 있다. (…) 기성 경제학 체계는 평범한 상품을 기괴한 것으로 보는 눈에 의해 무너진다."[14] 마르크스는 기성의 경제학자들이 놀라는 곳에서 놀라지 않았고 그들이 아무렇지도 않게 생각한 곳에서 크게 놀랐습니다. 그는 상이한 두 물건의 교환에 놀랐습니다. 사물들의 물리적 속성과 상관없이 등가관계가 맺어지는 부분 말입니다. 이 '관계'에 '가치'의 비밀이 있다고, 상품의 수수께끼가 있다고 본 겁니다. 그런데 부르주아 경제학자들은 '관계'가 아니라 '사물'을 봅니다. 마르크스의 말을 다시 상기해보죠. "흑인은 흑인이다. 그런데 어떤 조건에서 흑인은 노예가 된다." 비유컨대 인종주의자들은 노예성이라는 것이 관계의 문제라는 것을 이해하지 못합니다. 흑인을 그냥 노예로 봅니다. 자기 사회에서 흑인이 노예로 현상(現像)하니까요. 그래서 그들은 노예성을 흑인의 본성에서 찾으려 했지요. 흑인의 본성에는 노예적 근성이 있다고 말입니다. 마찬가지로 부르주아 경제학자들은 '가치'의 문제를 사물의 본래적 속성으로 봅니다. 마치 체온을 지켜주는 외투의 속성처럼 외투의 가치도 외투에 내재하는 것처럼 보았습니다.

마르크스는 부르주아 경제학자들의 문제가 '조잡한 눈'(rohen Blick)에 있다고 했습니다.[김, 73~74; 강, 116] 한 벌의 외투를 일정량의 구두약과 교환할 때는 그 놀라움을 보지 못하다가, 일정량의 금이 모든 상품들의 가치를 나타내니 깜짝 놀란다는 겁니다. 그러고는 금이 무엇이길래, 화폐가 무엇이길래 상품들의 가치를 재고 또 거래를 매개할 수 있는지 파헤치려고 했습니다. 나중에 그들은 금 같은 귀금속 말고도 화폐 역할을 한 사물들이 있다는 것을 발견하고는 금은만 신비했던 것은 아니라며 안도합니다. 그러나 이런 식으로 신비함이 파악된 것은 아닙니다. 물속에서 젓가락만 구부러져 보이는 게 아니라는 걸 알았다고 해서 그 현상이 이해된 것은 아니니까요. 마르크스에 따르면 부르주아 경제학자들은 정말로 신비한 것을 보고도 보지 못합니다. "그[부르주아 경제학자]는 20미터의 아마포＝1개의 저고리라는 가장 단순한 가치표현이 벌써 우리가 풀어야 할 등가형태의 수수께끼라는 것을 깨닫지 못한다."[김, 74; 강, 116] 반복해서 말하지만, 놀라운 것은 두 상품의 교환 자체입니다. 마르크스는 이렇게 말하는 듯합니다. 내가 놀란 곳을 당신이 해명해준다면 당신이 놀란 곳은 내가 해명해주겠다. 즉 두 상품의 교환이 어떻게 가능한지 말해준다면, 어떤 상품이 화폐로 등장하는 이유는 어렵지 않게 해명해줄 수 있다는 거죠.

───────── 거기 있는 것은 유령이다! ─────────

서로 다른 두 상품이 교환된다는 것은 그 둘 사이에 '공통된 무언가'가 있다는 의미입니다. 마르크스는 이 '공통된 무언가'를 붙잡고 늘어집니다. 외견상의 모습과는 전혀 다른 무언가가 '상품'에 들어 있는 게 틀림없습니다. 사용가치가 다른 두 물건이 일정 비율로 교환된다면 이 교환이 물건의 유용성과 관계된 것은 아니라는 말입니다. 외투의 '체온을 지켜주는 속성'은 수박과 공통성을 가질 수 없습니다. 외투의 색깔, 질감, 냄새 등 우리가 감각할 수 있는 외투의 속성이 수박과의 교환을 가능케 하는 공통성이 될 수 없습니다.

상품은 한편으로 물리적 속성들을 지닌 물건입니다만 그것들을 제외하고도 '무언가'가 있음에 틀림없습니다. 일반 사물과 상품을 구분할 수 있다면 분명 그 '무언가' 때문일 텐데요. 감각할 수 있는 속성을 모두 제거하고도 무언가가 남아 있다니! 그런 게 도대체 무엇이란 말입니까. 마르크스는 단서를 포착한 듯 이 문제를 단단히 붙듭니다. 그러고는 언뜻 황당해 보이는 답을 합니다. 거기 있는 것은 유령이다! 마르크스의 말을 직접 옮기면 이렇습니다. 감각으로 포착할 수 있는 속성들을 모두 제거했을 때 "그것들[노동생산물]에 남겨진 것은 동일한 유령적 대상성(gespenstige Gegenständlichkeit)일 뿐이다."[김, 47; 강, 91] '유령적'이라니요. 그가 얼마나 상품교환을 신기한 눈으로 보았는지 짐작이 갑니까.

'단순한 노동생산물'과 '상품'을 구분하는 것은 이 '유령적인 것'에 달려 있습니다. 우리가 볼 수도 만질 수도 없는 것이 상품에 있습니다. 우리가 보고 만질 수 있는 상품의 신체는 노동생산물의 신체와 같습니다. 그런데 거기에 유령적인 것, 앞서 미리 말해둔 바에 따르면 유령 같은 '가치'가 깃들어 있는 겁니다. 우리가 교환하는 것은 일정량의 외투와 구두약, 명주, 금입니다만, 그것들에는 또한 '동일한 것'이 유령처럼 들어 있습니다. 외투의 가치가 구두약의 몸을 빌려 서 있는 겁니다. 이 말이 아주 이상하게 들릴지도 모르겠습니다. 하지만 우리는 마르크스의 '표현'을 이해해야 합니다. 그는 노동생산물이 상품이 되는 것은 "초자연적 속성"(übernaturliche Eigenschaft)을 갖는 것이고,[김, 73; 강, 115] "감각적이면서 초감각적인(sinnlich ubersinnlich) 사물"이 되는 것이라고 했습니다.[김, 93; 강, 134] 어떤 감각적인 몸에, '가치'라는 초감각적인 것이 들어 있는 것, 이것이 상품입니다.

추상노동의 인간학

마르크스가 놀란 대목에서 다시 시작해보죠. 서로 다른 두 상품이 일정한 비율로 교환되는 장면 말입니다. 한 상품의 가치를 다른 상품으로 '표현'한 것인데요. 이처럼 상품의 '가치'는 그 자체로 드러나지 않고 다른 상품과의 '관계'를 통해서만 표현됩니다. 여기에는 상품 존재에 대한 흥미로운 진실이 담겨 있습니다. 상품은 사회적 존재라는 겁니다. 상품은 혼자 존재하지 못합니다. 다른 상품과 교제되지 못한 채 고독하게 홀로 존재하는 사물은 상품이 될 수 없는 거죠.

　내가 누구인가 하는 것, 다시 말해 나의 정체성은 내가 타인과 맺는 관계입니다. 그처럼 상품의 가치 또한 그것이 다른 상품들과 맺는 관계가 말해줍니다. 내 고유성이 내가 타자와 맺는 관계라는 것, 그러니까 내가 다른 이들과 맺는 관계가 나만의 고유성, 다른 사람과 혼동되지 않는 나만의 고유성을 보여준다는 것은 언뜻 모순처럼 들립니다. 이 말은 한 존재의 고유성, 한 존재의 가치가 사회적으로 규정된다는 뜻이기도 하지요. 그래서 마르크스는 상품에 대해 이렇게 말했습니다. "상품 자체에 고유한 내재적 교환가치라는 것은 일종의 형용모순처럼 보인다."[김, 45; 강, 89] 그러나 '본래적으로 내재하는 가치'라는 관념을 버린다면, 다시 말해 상품을 사회적 존재로 바라본다면 이해 못할 말은 아닙니다.

서로 다른 두 상품의 교환이 말해주는 것은 상품들 사이에 동일한 무언가가 있다는 겁니다. 아리스토텔레스의 말처럼 "동등성이 없었다면 교환도 없었을 것이고, 같은 척도에 의한 측정 가능성이 없었더라면 동등성도 없었을 것"입니다.[15] 문제는 이 '동일한 무언가'가 무엇이냐 하는 겁니다. 일단 그것은 앞에서도 말한 것처럼 물리적·자연적 속성들일 수 없습니다. 상품들의 물리적 속성들(그리고 이와 연관된 유용성들)은 서로 너무 달라 비교할 수 없습니다. 물론 유용성이 없는 상품은 없습니다. 아무에게도, 어떤 필요도 없는 상품이 교환될 리 만무하지요. 하지만 우리가 추적하는 '상품들 사이의 공통성'이란 이런 게 아닙니다. 바꾸어 말하면, 사용가치가 없는 상품은 없지만 교환가치에는 사용가치가 한 방울도 들어 있지 않습니다. 그렇다면 상품의 자연적 속성들을 모두 제거했을 때 남는 것은 무엇인가. 19세기 정치경제학자들, 특히 스미스와 리카도의 답변은 상품들이 모두 '노동생산물'이라는 공통 속성을 갖는다는 것이었습니다.

스미스는 상품에 들어 있는 수고의 양이 그 상품의 '진정한 가격'이라고 생각했습니다. 상품에 가치가 새로 추가된다면 새로운 노동이 더해졌기 때문이라고 본 것이죠. 그런데 그는 불철저했습니다. 『국부론』의 어떤 곳에서는 생산물의 가치에 노동 말고 이윤이나 지대에 해당하는 몫, 그러니까 자본가의 몫과 지주의 몫이 더해지는 것처럼 주장했어요.[16] 그 각각이 다 합쳐져 상품의 가격을 이룬다는 식이었습니다. 스미스의 주장에서는 "가치의 원천이 하나로 통합되어" 있지 않았던 겁니다. 즉 그는 땅의 기여분과 자본의 기여분도 가치를 이룬다고 간주했죠. 리카도는 스미스의 불철저함을 날카롭게 지적했지요.[17] 스미스가 투여된 노동으로 상품의 가치를 정해놓으면서 또 다른 원천을 끌어들인다고 말입니다. 상품가치의 근거가 '노동'이라면(리카도는 이것이야말로 "정치경제학에서 가장 중요한 학설"이라고 했는데요), 가치는 '생산에 투여된 노동의 양'에 달렸다고만 해야 합니다. 가치의 척도를 노동으로 삼았다면 가치의 원천도 노동에서만 찾아야 한다는 말이죠. 스미스처럼 자본의 기여분으로서 이윤, 땅의 기여분으로서 지대 같은 것을 또 다른 가치 원천인 듯 끌어들이면 안 된다는 겁니다.

이처럼 '노동가치설'은 마르크스의 발명품이 아닙니다. 마르크스는 가치의 실체가 '노동'이라는 말을 처음 한 사람이 아닙니다. 그의 업적은 노동의 양을 가치의 척도로 삼아야 한다거나 노동이 모든 가치의 원천이라고 말한 것에 있지 않습니다. 마르크스의 천재성은 노동가치설을 주장한 데 있는 게 아니라 당대의 노동가치설을 변형시킨 것, 새롭게 해석한 것에 있습니다. 이제부터 그것을 하나씩 살펴보겠습니다.

<hr>

노동의 이중성─상품에 체현된 노동은 이중적이다

'모든 상품은 노동생산물'이라는 스미스나 리카도 등의 말이 옳다고 해도 상품들의 공통성 문제가 풀린 것은 아닙니다. 이것으로 상품들 사이의 차이가 극복된 것은 아니라는 말입니다. 상품들의 차이가 다만 '노동들의 차이'로 옮겨졌을 뿐이죠. 상품들은 기본적으로 노동생산물이지만, 현물로서 각 상품을 생산하는 구체적 노동은 서로 질적으로 다릅니다. 빵을 굽는 일, 천을 짜는 일, 벽돌을 쌓는 일, 책을 만드는 일. 각각의 일은 목적에 맞는 나름의 방식대로 진행됩니다. 마르크스가 쓴 표현을 인용하자면 저마다 '합목적적(zweckmaßig) 생산활동'인 겁니다.[김, 52; 강, 97] 앞에서는 상품의 유용성, 상품의 사용가치가 저마다 다르다고 했는데, 이번에는 구체적 유용노동이 저마다 다른 것이 되었지요. 그래서 '상품들은 모두 노동생산물'이라는 말로는 문제를 해결할 수 없습니다. 리카도 등은 노동을 모든 가치의 원천이라고 생각했지만 마르크스는 이것으로 충분하지 않다고 보았습니다. 마르크스는 '현물로서 상품'을 말할 때와 '가치로서 상품'을 말할 때 거기에 상응하는 노동을 구분했습니다. 상품에 체현된 노동을 '이중적'으로 봐야 한다는 겁니다. 상품의 이중성(사용가치와 교환가치)에 노동의 이중성을 대응시킨 겁니다. 마르크스는 이런 생각을 떠올린 게 무척 자랑스러웠던 모양입니다. 그래서 이렇게 적었습니다. "상품에 체현되어 있는 노동의 이중성은 내가 처음으로 지적하고 비판적으로 검토했다."[김, 51; 강, 96]

물건은 인간노동을 통해 생산됩니다. 현물을 생산한다는 점에서 이 노동은 재료가 되는 물질에 어떤 변형을 가하는 것에 다름 아닙니다. 새가 둥지를 틀고 벌이 꿀을 만드는 것과 다를 바 없습니다. 노동이란 자연의 재료에 '작용을 가하는 것'에 다름 아니니까요. "인간은 생산과정에서 오직 자연 자체가 하는 것처럼 일할 수 있을 뿐"입니다.[김, 53; 강, 97] 이런 노동의 역사는 인간의 역사만큼이나 오래되었습니다. 마르크스는 윌리엄 페티(William Petty)의 말을 인용하는데요. "노동은 물질적 부의 아버지이고 토지는 그 어머니이다."[김, 54; 강, 98] 풍부한 재화, 다시 말해 풍부한 사용가치로 나타나는 부는 인간노동만이 생산하는 게 아닙니다. 비옥한 땅, 즉 자연도 우리에게 무언가를 계속해서 제공합니다. 그러나 앞에서 말했던 것처럼 이것은 '자본주의 생산양식이 지배하는 사회의 부'가 아닙니다. 그저 삶의 재화가 늘어났을 뿐입니다. 사용가치가 늘어난 것이죠. 노동을 가치의 원천이라고 했을 때 이 노동을 페티가 말한 노동, 아담 이래로 인간이 먹고살기 위해 수행해야 했던 노동과 동일시해서는 안 됩니다. 상품을 생산했다는 것은 단지 현물을 생산했다는 뜻이 아닙니다. 이미 언급했듯 상품은 노동생산물이지만 그렇다고 노동생산물이 모두 상품인 것은 아니에요. 특히 역사적으로 보자면 그렇습니다. '상품사회'는 역사적으로 특수한 사회입니다. 따라서 인간존재와 사실상 동시적인 노동, 즉 어떤 소재에 에너지를 가해 변형시키는 일을 '가치생산노동'과 동일시할 수는 없습니다. 인간은 태초부터 노동을 했습니다만, 언제부턴가 인간은 노동을 통해 가치도 생산한 겁니다.

상품의 두 측면에 상응하는 노동의 두 측면이 있습니다. 하나는 구체적 유용성을 가진, 다시 말해 사용가치를 가진 현물을 생산하는 '구체적 유용노동'입니다. 아주 오래된 것이고 각각의 물건에 특화된, 매우 합목적적인 노동입니다. 그 종류가 그 유용성만큼이나 다양하고 다릅니다. 다른 하나는 상이한 상품들의 교환가치(더 엄밀히 하자면 '가치')를 생산하는 '추상노동'(abstrakt Arbeit)입니다. 여기서 '추상노동'은 '정신노동'을 지칭하는 말이 아니고, 정신노동이든 육체노동이든 상관없이 구체적 노동과 대비해서 부르는 말입니다(즉 여기서 '추상'은 '구체'와 대비된 말입니다). 어떤 상품이 현물로서 특정한 '유용성'을 갖는 것은 소재의 물리적 속성과 연관될 뿐 아니라 특정한 종류의 구체적 노동이 관여하기 때문입니다. 하지만 그 상품이 '가치'를 갖는 것은 소재의 물리적 속성이나 구체적 노동과는 다른 문제입니다. 상품이 '가치'를 갖는 건 그것을 생산한 노동이 "모두 인간노동"이라는 사실 때문입니다.[김, 55; 강, 99] 모두가 인간의 능력이 발휘된 것들이라는 말이지요. 어떻게 이것이 제각기 다른 구체적 노동들의 동등성을 보장하는지는 잠시 뒤에 보겠습니다. 일단은 이와 관련된 몇 가지 오해부터 걸러내야겠습니다.

──────── 추상노동의 공통성─모두 인간의 노동력을 사용한 것 ────────
상품들의 교환을 가능케 하는 공통성이 추상노동에 있다고 했을 때 우리는 이 공통성을 노동들 사이의 외적 유사성에서 찾으려는 유혹에 빠질 수 있습니다. 그런데 추상노동은 구체적 유용노동의 닮은 점을 추려낸 개념이 아닙니다. 이를테면 우리는 사람을 그릴 때 머리와 몸통과 손발을 그립니다. 대체로 우리가 만난 인간들의 모습을 일반화하는 것인데요. 보편적 이미지, 보편적 표상이란 이처럼 자주 반복되는 경험을 통해 만들어집니다. 플라톤은 『정치가』에서 인간을 '깃털 없는 두 발 달린 짐승'이라고 규정한 바 있는데요. 언뜻 보면 그럴싸한 분류입니다. 하지만 다리가 없는 지체장애인은 이 규정을 벗어납니다. 인간이든 사물이든 우리가 형성한 보편적 표상은 대체로 이런 것들입니다.

그런데 추상노동은 노동에 대한 보편적 표상이 아닙니다. 구체적 유용노동의 차이점들을 최대한 걸러내고 공통점만 모은 그런 게 아니라는 말입니다. 구체노동과 추상노동의 구분은 상품의 생산을 어느 측면에서 볼 것인가에 달렸습니다. 상품생산을 유용성, 즉 사용가치의 생산이라는 관점에서 본 것이 구체적 유용노동이라면, 교환가치[가치]의 생산이라는 관점에서 본 것이 추상노동입니다. 우리가 '가치'를 직접 목격할 수 없듯이 우리는 추상노동을 직접 목격할 수 없습니다. 우리가 목격하는 모든 노동은 구체적 유용노동입니다. 추상노동에서는 땀 냄새가 나지 않습니다.

사실 추상노동에 대한 마르크스의 일부 언급은 오해를 불러일으킬 수 있습니다. 그는 말합니다. "우리가 생산활동의 규정[질적 규정], 따라서 노동의 유용한 성격을 무시한다면, 그것은 인간노동력의 지출이라는 사실이 남을 뿐이다. 재봉과 직조는, 비록 질적으로는 다른 생산활동이지만, 둘 모두 인간의 두뇌, 근육, 신경, 손 등의 생산적 소비이고, 이런 의미에서 모두 인간노동이다."[김, 54~55; 강, 99] 마르크스의 이 말을 "어차피 모든 노동은 두뇌, 근육, 신경, 손을 사용하지 않느냐?"라고, 그런 공통성이 있지 않느냐 하는 식으로 이해하면 안 됩니다. 손을 쓰지 않는 노동도 있을 수 있으니까요. 마르크스의 언급은 '재봉'과 '직조' 노동의 유사성에 대한 게 아닙니다. 두 노동은 형태상으로 아주 다릅니다. 마르크스가 강조하는 것은 두 노동이 모두 인간의 능력을 사용했다는 사실입니다.

아마포든(직조의 결과물) 외투든(재봉의 결과물), 모두 인간이 힘을 쓰고 능력을 발휘해서 만들어낸 것입니다. 이때의 공통성은 결과의 공통성이 아니라 원인의 공통성입니다. 이 공통성은 아마포와 외투 사이의 외적 유사성에서 찾아낸 것도 아니고 직조 노동과 재봉 노동의 외적 유사성에서 찾아낸 것도 아닙니다. 이 공통성은 아마포와 외투가 모두 인간노동의 산물이라는 것, 즉 직조 노동과 재봉 노동이 모두 인간능력의 발휘라는 것입니다. 공통 원인으로서 인간능력[노동력]이 직조 노동으로 발휘되기도 하고 재봉 노동으로 발휘되기도 한 것이죠. 동일한 능력을 직조에도 쓸 수 있고 재봉에도 쓸 수 있는 겁니다. 마르크스가 든 기하학의 예도 이런 점에서 이해할 수 있습니다. 그는 교환가치가 나타내는 '공통적인 것'을 다각형과 삼각형의 관계로 설명했습니다.[김, 46; 강, 90] 다각형의 면적을 비교할 때 우리는 다각형을 삼각형으로 분해해서 계산할 수 있습니다. 모든 다각형은 삼각형으로 분해할 수 있으니까요. 그리고 삼각형은 다시 "외견상의 모습과는 전혀 다른" 밑변과 높이로 환원할 수 있습니다. 마르크스는 상품의 교환가치들도 이런 식으로 공통된 무엇으로 환원할 수 있다고 말합니다.

그런데 나는 마르크스의 언급을 반대 방향에서 접근하는 것이 낫다고 봅니다. 그는 분석의 관점에서 접근했지만, 종합의 관점에서 보는 것이 낫습니다. 즉 마르크스는 다각형을 삼각형으로 분해할 수 있다고 했는데, 추상노동의 관점에서 보자면 모든 다각형은 삼각형을 가지고 만들어낼 수 있다고, 즉 모든 다각형은 '삼각형의 산물'이라는 점에서 공통된다고 말입니다. 삼각형을 다각형들의 유사성에서 도출해낸 것으로 보지 말자는 겁니다. 이 공통성은 결과물들 사이의 유사성이 아니라 원인의 공통성입니다. "외견상의 모습과는 전혀 다른"이라는 표현을 마르크스가 힘주어 쓴 이유가 거기 있을 겁니다(그는 외견상의 유사성에서 접근한 것이 아니라는 점을 좀 더 분명히 하기 위해 다시 삼각형을 밑변과 높이로 분해했지만요).

추상노동이 전제하는 '인간학'—'동등한 인간'의 노동

모든 상품은 공통 원인으로서 인간노동의 산물이고, 마르크스는 이 노동을 구체적 유용노동과 구분해 '추상노동'이라고 했습니다. 그렇다면 각 상품의 가치는 그것의 생산에 지출된 추상노동의 양만큼이라고 생각할 수 있습니다. '외투 한 벌'과 거기 사용된 천, 이를테면 '아마포 20미터'가 교환된다면, 외투 한 벌에 들어 있다고 간주된 추상노동의 양과 아마포 20미터에 들어 있다고 간주된 추상노동의 양이 같다는 이야기입니다. 이것은 상품들의 교환으로부터 이론적으로 추론해낼 수 있습니다. 그런데 추상노동에 대한 이런 추론이 현실적 의미를 가질 수 있을까요? 외투와 아마포가 일정 비율로 교환된다는 사실에서 추상노동을 추론할 수는 있지만 현실적으로 외투를 만드는 노동[재봉]과 아마포라는 천을 짜는 노동[직조]은 너무나도 다른데 말입니다. 이 두 노동이 동등하다는 것을 어떻게 현실적으로 인정할 수 있을까요? 두 상이한 노동이 어떻게 동일한 능력의 사용이라고 말할 수 있을까요?

여기서 마르크스는 흥미로운 사고실험을 제안합니다. "동일한 인간이 번갈아 가면서 재봉도 하고 직조도 하는" 상태를 가정해보자는 거죠.[김, 54; 강, 98] 그러니까 동일한 사람이 아침에 직조를 하고 저녁에 재봉을 합니다. 시간을 더 길게 분할해도 괜찮겠죠. 오늘은 아마포를 만들고 내일은 외투를 만드는 식으로요. 그렇다면 우리는 직조와 재봉이 아주 다른 노동이기는 하지만 동일한 사람이 행하는 활동이라고 말할 수 있습니다. 활동의 동등성 문제를 주체의 동일성으로 해결하는 방식입니다. 이렇게 하면 꽤 많은 문제를 단순화할 수 있습니다. 천을 짜는 사람과 옷을 재단하는 사람을 따로 설정한 상황에서는 두 노동을 동등화할 때 무리가 따를 수 있지만, 한 사람이 두 가지 일을 한다고 생각하면 그 일들은 동일한 개인이 수행하는 생산활동의 스펙트럼에 들어갑니다. 그리고 동일한 개인이므로 생산활동에서 발휘되는 역량의 질도 동질화할 수 있습니다. 가치의 비교가 쉬워지는 겁니다. 우리 자신의 하루 일과로 생각해볼까요. 우리는 상이한 활동들을 비교할 수 있습니다. 비슷한 집중도를 요한다고 전제하면, 서로 다른 일이라 해도 우리는 시간을 더 필요로 하는 일에 더 많은 가치를 요구할 겁니다. 이 정도 일이면 이 정도의 가치는 인정받아야 한다는 생각을 할 겁니다(물론 이런 평가는 아직 개인적인 것이고 시장에 가면 수정이 되겠지요).

주체의 활동을 시간적으로 분할한 사고실험을 공간적으로 바꾸면 어떨까요. 동일한 주체를 시간축에 따라 분할한 것을 공간축을 따라 분할해보는 겁니다. 앞에서 동일한 주체를 어제와 오늘로 나누고 상이한 일을 하게 만들었다면, 이번에는 여기서 일하는 인간이 저기서도 일하게 하는 겁니다. 일종의 분신술입니다. 손오공이 분신술을 쓰듯 동일한 인간이 여러 명이 되어 동시에 서로 다른 일을 하는 것이죠. 이것이 "동일한 인간이 번갈아가면서 재봉도 하고 직조도 하는 상태"의 공간적·사회적 버전입니다. 좀 만화적인 상상입니다만, 자본주의 생산방식에는 잘 들어맞습니다. 예컨대 외투의 제작과정을 시간 차원에서 보면, 면화를 따고 실을 뽑고 천을 짜고 외투를 만드는 식으로 진행됩니다. 자본주의에서는 이런 일들이 동시에 여기저기서 진행됩니다. 어느 농장에서는 면화를 따고 있지만 어느 방적 공장에서는 실을 뽑고 천을 짜고 있으며 어느 재봉 공장에서는 외투를 제작하고 있으니까요.

문제는 이런 분신술의 사고실험이 현실적으로 정당화될 수 있느냐입니다. 즉 우리는 여러 곳에서 일하는 상품의 생산자들, 노동자들을 동일한 인간으로 가정할 수 있는가. 그리고 그들의 노동을 동일한 인간의 능력처럼 동등한 능력의 발휘로 볼 수 있는가. 이제까지 우리는 상품의 문제가 가치의 문제이며 가치란 교환가치로 현상하는 것이고, 가치의 실체란 추상노동이라고 말해왔습니다. 그런데 여기서 우리는 가치의 문제가 특정한 '인간학'을 전제함을 알게 되었습니다. 말하자면 추상노동은 근대의 인간학을 근거로 한 것입니다.

정말로 사람들은 '동일한 인간'이라고 불러도 좋을 정도로 비슷한가요? 마르크스가 정말로 모든 인간들을 클론(Clone)처럼 똑같다고 생각하지는 않았을 겁니다. 사람들은 저마다 생김새도 다르고 기질도 다릅니다. 엄격한 의미에서 보면 동일한 인간이란 있을 수 없습니다. 세상에는 두 개의 먼지도 같은 게 없는데 어떻게 그런 말을 하겠습니까. 그렇다면 추상노동을 말할 때 상정한 '동일한 인간'이란 어떤 존재일까요? 마르크스의 말을 좀 더 살펴볼 필요가 있습니다. 그는 추상노동을 "평범한 인간(gewöhnliche Mensch)이 자기 육체 안에 평균적으로(im Durchschnitt) 지니고 있는 단순한 노동력(einfacher Arbeitskraft)을 지출하는 것"이라고 했습니다. 그러고는 '단순한 평균적 노동'(einfache Durchschnittsarbeit)이라는 말로 앞의 문장을 이었습니다. '단순한 평균적 노동'이라는 표현에 강조 표시까지 해두었고요.[김, 55; 강, 99]

마르크스가 말한 '동일한 인간'은 평범한 인간이고 평균적 인간입니다. 그가 평범, 평균, 단순이라는 말을 쓰는 것에 주목할 필요가 있습니다. 이 말들은 개별적 편차를 부정하는 게 아닙니다. 오히려 평균은 편차를 전제합니다. 편차가 없다면 평균이란 말도 필요가 없을 테니까요. 문제는 편차들의 분포가 어떤가 하는 겁니다. 평균이라는 말이 의미가 있는 그런 분포인가. 평균이 의미를 가질 때는 전체를 나타내는 '대표' 내지 '전형'으로 그것을 볼 수 있을 때입니다. 예컨대 우리는 한국의 주당 노동시간을 다른 국가의 경우와 비교합니다. 노동자 개인의 편차에도 불구하고 이 평균값은 의미가 있습니다. 한국의 노동자들이 평균 52시간 일한다고 했을 때 그보다 많이 일하는 사람도 있고 적게 일하는 사람도 있겠습니다만, 한 주에 52시간 일하는 노동자를 대표로, 전형으로 간주할 수 있습니다.

그러나 이처럼 평균을 구하는 게 의미가 없는 사회도 있습니다. 단지 계산의 문제라면 평균은 어느 사회에서나 구할 수 있지만 그런 게 의미를 갖지 못하는 사회가 있습니다. 신분제사회가 그렇지요. 조선시대에 선비는 책을 쓰고 농부는 밭을 갈고 대장장이는 호미를 만들고 백정은 고기를 자릅니다. 이 사회에서 '동일한 인간'을 말할 수 있을까요. 전체 인구를 대표하는 '평범한 인간'은 누구일까요. 양반일까요? 상민일까요? 천민일까요? 엄격한 신분제사회라면 마르크스가 말한 '동일한 인간'을 상정할 수 없습니다. 책을 쓰는 일과 호미를 만드는 일을 비교하는 것도 당연히 불가능하고요. 신분에 따라 할 수 있는 일이 나뉘어 있으니까요. 이때는 저마다의 일을 동등한 것으로 상정하기가 그 자체로 어렵습니다. 우리가 모든 일을 평균적 인간의 동등한 능력의 발휘로 볼 수 있으려면, 모든 일이 누구에게나 개방되어 있고 일정한 훈련만 받으면 누구나 할 수 있다고 간주되어야 합니다. 신분제사회에서는 이것이 불가능합니다. 평범한 인간, 평균적 인간이 의미를 갖지 않는 것은 물론이고 단순한 노동력의 지출이라는 것이 성립하지 않기에 추상노동도 존재하지 않습니다. 노동생산물은 있지만 상품은 없고, 구체노동은 있지만 추상노동은 없습니다.

그렇다면 근대사회는 어떤가요? 평범, 평균, 단순이라는 말이 의미를 갖습니까? 인구집단에 대한 통계 처리가 의미가 있나요? 대답이 필요 없을 듯합니다. '통계학'(statistics, Staatslehre)이라는 학문 자체가 근대에 탄생했으니까요. 이것만으로도 어느 정도 대답은 되는 것이죠. 지난 1장에서 나는 '인구'가 정치경제학의 중심 주제였다고 했습니다. 정치경제학은 고대의 가정관리술이 근대 들어 국가통치술로 발전한 것인데, 단순한 확장이 아니라 중요한 변형이 일어났다고 했습니다. 그 변형을 초래한 핵심 요소가 '인구'라고도 했고요. 실제로 정치경제학이 탄생한 17~18세기의 학자들은 '인구' 문제를 많이 다루었습니다. 19세기 정치경제학자들에게도 '인구'는 중요한 문제였고요.

마르크스가 인용한 정치경제학자 윌리엄 페티는 17세기 정치경제학자입니다. 아직 정치경제학이 본격적으로 자리를 잡기 이전 시기의 학자죠. 그의 책 중에 사후 출간된 것으로 『정치산술학』Political Arithmetic(1690)이 있는데요. 페티는 이 책에서 런던의 인구 증가 실태와 원인, 출생률과 사망률 등을 다루었습니다. 그가 데이터를 활용해 구한 것은 통계라기보다는 그저 평균값 수준이었지만 그래도 정치산술학은 통계학의 선행 학문이라 할 수 있습니다. 정치경제학을 국가통치술이라고 했지만, 사실 '통계학'이야말로 이름에서 그것을 분명히 드러내죠. '통계학'이라는 말을 글자 그대로 풀면 '국가'(state, Staat)'학'(-ics, -lehre)이니까요. 정치경제학과 통계학은 근친 학문인 셈입니다.

그런데 정치산술학과 통계학에서 인구를 어떻게 처리하는지 그 방식을 볼 필요가 있습니다. 도시 인구가 10만 명에서 20만 명으로 증가했다고 할 때 그 숫자가 의미하는 바는 무엇일까요? 사람들의 증감을 숫자로 표시할 수 있다는 것, 각 개인이 숫자 '1'에 해당한다는 것에 대해 생각해봐야 합니다. 통계적으로 처리될 때 사람들은 모두 동등해집니다. 사람들은 '1'이라는 숫자로 단순화되어 더해지고 곱해지고 나뉩니다. 정치산술학과 통계학이 가능하려면 사람들이 우선 이렇게 '보여야' 합니다. 정치적 권리의 행사에서도 그렇죠. 온갖 차이에도 불구하고 유권자들을 한 표씩 계산하는 것은 정치적 존재로서 인간의 동등성을 전제한 겁니다. 역시 신분제사회에서는 불가능한 일이죠. 통계학의 기법이 얼마나 과학적인가를 논하기 이전에 이 학문이 생겨나려면 역사적 조건이 필요한 겁니다. 인간을 평범, 평균, 단순이라는 말로 묘사할 수 있는 시대가 되어야 합니다.

근대 혁명에서 평균, 평범의 승리를 본 사람이 마르크스만은 아니었습니다. 마르크스 이전에 알렉시스 토크빌(Alexis de Tocqueville)이 그랬지요. 그는 당대 사람들이 서로 '닮아간다'라는 사실에서 프랑스혁명의 징후를 보았습니다.[18] 그는 언뜻 보면 대립적인 두 가지 양상을 지적했는데요. 사람들은 닮아가면서 고립되고 있다고, 즉 동질화되면서 개별화되고 있다고 했습니다. 한편으로는 같은 생각, 같은 습성, 같은 취향을 지녔고, 같은 책을 읽고, 같은 언어를 쓰기 시작합니다. 과거에는 불가능했던 '대중적 유행'이라는 것이 만들어지죠. 하지만 다른 한편으로 사람들은 아주 작은 장벽들로 나뉘어 고립되어 있습니다. 공동체가 깨지고 저마다 개인으로서 사는 것이죠. 서로 유사한 인간들, 사실상 동질적인 인간들이 나뉘어 있을 때 그들 사이에는 무리에 대한 열망이 싹틉니다. 토크빌에 따르면 이 열망이 프랑스혁명을 추동했습니다.

마르크스 이후의 사상가 프리드리히 니체도 마찬가집니다. 그는 '근대의 이념'(modernen Ideen)을 '평범성의 이념'으로, 근대사회를 지배하는 도덕을 '무리동물의 도덕'으로 명명했습니다.[19] 그리고 이 이념의 탄생지로 윌리엄 페티의 나라 '영국'을 지목했습니다. 프랑스혁명이 화려하게 근대의 이념을 상연하기는 했지만 그 발상지는 영국이라는 겁니다. 여기서 평범성, 평균성, 동질성이 승리했다는 것이죠. 우리는 근대 들어 개성이 출현했다고 말합니다. 개인들이 출현했다고요. 어떤 점에서 그 말은 맞습니다. 공동체적 유대가 해체되고 개인이 권리의 주체로서 등장했으니까요. 하지만 개인들은 한결같이 닮았습니다. 마치 아파트 생활과 비슷합니다. 함께 모여 살지만 철저히 격리된 채로 모여 있지요. 저마다 사생활을 철저히 보호받고 싶어합니다. 하지만 각자의 생활 모습은 그렇게 다르지 않습니다. 모두가 고만고만한 삶을 살죠. 개별화와 동질화가 나란히 나타나는 겁니다. 근대적 개인과 사회의 출현은 결코 상충되는 이야기가 아닙니다.

추상노동의 역사성—태초에는 추상노동이 없었다

추상노동이 구체노동들의 유사성에서 도출된 것이 아니라는 점은 앞서 충분히 말했습니다. 그런데 추상노동은 구체노동에 대한 단순한 일반화도 아닙니다. 둘의 관계는 '유'(Gattung)와 '종'(Species)의 관계가 아니에요. 즉 추상노동과 구체노동의 관계는 '사과, 배, 포도' 등에 대해 '과일'이라는 말이 맺는 관계가 아닙니다. 추상노동이 구체노동들을 포괄하는 상위개념이었다면 그것은 태초의 인간노동에 대해서도 말할 수 있었을 겁니다. 에덴동산에서 추방된 아담이 밭을 갈고 양을 키웠다면 경작 노동과 목축 노동을 한 셈인데, 추상노동이 구체노동들의 상위개념이라면 경작과 목축을 포괄해 추상노동을 했다고도 말할 수 있겠지요. 하지만 『자본』에서 말하는 추상노동이란 역사적으로 출현한 특수한 형태의 사회, 즉 자본주의에서 노동이 갖는 독특한 성격입니다. 역사 속에서 생겨났고 또 역사 속으로 사라질 그런 것입니다.

그러므로 추상노동이 존재하려면 역사적 조건들이 마련되어 있어야 합니다. 마르크스는 추상노동을 가능케 하는 역사적 조건에 대해 이렇게 밝혔습니다. "가치표현의 비밀은 인간의 동등성 개념이 대중의 선입관으로 확립될 때만 해명될 수 있다."[김, 76; 강, 119] 또 철을 생산하든 아마포를 생산하든 "동일한 것의 상이한 사용"이라는 느낌이 들도록 "단순노동이 부르주아사회 노동자의 압도적 대중을 이룬다"라는 통계를 필요로 한다.[20] 즉 인간존재가 동등해야 하며, 노동의 형태가 동등한 능력의 발휘로 볼 수 있을 정도로 단순노동이 광범위해야 한다는 겁니다. 사람들이 크게 달라 보이지 않고 하는 일 역시 크게 달라 보이지 않아야 한다는 것이지요.

즉 인간의 정치적 해방[신분해방]과 단순노동의 지배가 필요한 겁니다. 이것이 아리스토텔레스가 부딪힌 역사적 장벽이었습니다.[김, 75~76; 강, 117~118] 그는 서로 다른 상품의 교환이 어떤 '공통성'을 전제한다는 것을 알았습니다. 우리가 곧이어 보겠지만 이 공통성이 '화폐의 존재'를 말해준다는 것도 그는 알고 있었습니다. 그의 이야기를 직접 들어볼까요. "[교환을 위해서는] 어떤 하나의 단위가 있어야만 하고, 이것은 약정(hypothesis)에 근거하는 것이어야 한다. 바로 그런 까닭에 '노미스마(nomisma)' 즉 돈이라 불리는 것이다. 이것이 모든 것들을 같은 척도로 잴 수 있게 만들기 때문이다. 모든 것은 돈에 의해 측정되니까. 예를 들어 집을 A, 10므나의 화폐를 B, 침대를 C라고 해보자. 집이 5므나의 가치가 있거나 그것과 동등하다면, A는 B의 절반이다. 그런데 침대 C는 B의 10분의 1이다. 그렇다면 몇 개의 침대가 집 한 채와 동등한지 분명하다. 다섯 개다."[21]

아리스토텔레스는 여기서 멈춥니다. 마르크스에 따르면 그는 "난관에 봉착해 가치형태를 더 이상 분석하는 것을 포기"합니다. 왜냐하면 "서로 다른 물건들을 동일한 단위로 측정한다는 것은 (…) 실제로는 불가능"하다고 보았기 때문입니다. 상인들이 현실적 필요를 위해 '임시변통'으로 고안한 것이지 교환되는 물건들이 실제로 동등하다고 말할 수는 없다는 거죠. 그는 교환가치[가치]의 실재를 믿지 않았습니다. 말하자면 그는 '추상노동'을 인정할 수 없었습니다. 그는 집과 침대의 공통된 실체는 "실제로는 존재할 수 없다"라고 했습니다. 그런데 마르크스는 장난기가 발동했는지, 아리스토텔레스의 "실제로는 존재할 수 없다"라는 말에 곧바로 "왜?"(Warum) 하고 묻습니다. "없기는 왜 없어?" 하며 따지는 거죠. 집과 침대의 공통된 실체로서 '인간노동'이 있지 않느냐고요. 추상노동 말입니다.

물론 마르크스는 아리스토텔레스가 그런 생각을 할 수 없었던 이유를 압니다. 그는 아리스토텔레스의 '천재성'을 의심하지 않습니다. 다만 "그가 살고 있던 사회의 역사적 한계"라고 말합니다. "그리스 사회는 노예노동에 의거하고 있었기에 인간들의 부등성과 인간노동력의 부등성을 자연적 토대로 갖고 있었기 때문"입니다.[김, 76~77; 강, 119] 사람들도 동등하지 않았고 사람들이 하는 일들도 동등하지 않았다는 거죠. 앞에서 말한 것처럼 신분제사회에서는 당연한 겁니다. 부등하게 '보이는 것'을 동등한 것으로 간주할 수는 없습니다. 가치론은 그에 부합하는 인간학을 필요로 합니다. 이제 왜 마르크스가 다음과 같은 말을 하는지 이해할 수 있을 겁니다. "가치표현의 비밀, 즉 모든 노동의 동등성과 등가성은…인간적 동등성 개념이 대중의 판단에서 확신으로 자리 잡을 때 비로소 해독될 수 있다."[김, 76; 강, 119]

상품에는 '사회적인 것'이 들어 있다

지금까지의 논의는 마르크스가 근대 노동가치설의 단순한 계승자가 아님을 보여줍니다. 그가 스미스와 리카도 등의 노동가치설에서 시작하는 것은 분명합니다. 상품의 가치는 그것의 산출에 투여된 노동의 양만큼입니다. 하지만 그는 여기에 아주 사소해 보이지만 사실은 중요한 두 가지 수정을 가했습니다. 하나는 가치의 실체로서 노동은 구체적 유용노동이 아니라 추상노동이라는 것입니다. 이에 대해서는 '노동의 이중성'과 관련해 앞에서 충분히 이야기했습니다. 또 하나의 수정은 상품의 가치를 규정하는 노동의 양이 '사회적'으로 결정된다고 한 겁니다. 앞에서 말한 것처럼 추상노동의 양은 '평범한' 인간이 '평균적으로' 지닌 능력의 지출입니다. 따라서 상품을 생산할 때 한 개인이 실제로 얼마만큼의 노동을 투여했는가와 상관없이, 사회에서 평균적으로 어느 정도의 노동을 필요로 하는가에 따라 해당 상품의 가치가 정해집니다.

마르크스는 상품의 가치는 그것을 산출하는 데 필요한 노동의 양이라는 말 앞에 '사회적으로'라는 말을 넣었습니다. 한 상품을 만드는 데 특정 개인에게 필요한 노동시간이 아니라 그 사회의 생산자들이 평균적으로 필요로 하는 노동시간이 가치를 규정한다는 것이죠. 그는 이렇게 부연하고 있습니다. "사회적으로 필요한 노동시간이란 주어진 사회의 정상적 생산조건과 그 사회에서 지배적인 노동숙련도와 노동강도에서 어떤 사용가치를 생산하는 데 드는 노동시간이다."[김, 48; 강, 92] 참고로 한 상품이 담지한 노동의 양을, 노동의 '지속 시간'으로 측정해야 하는가는 부차적인 문제입니다. 시간은 노동의 양을 재는 하나의 척도로서 제시되었을 뿐입니다. 중요한 것은 상품의 가치는 '추상노동의 양'이고 그 양은 생산자 개인이 아니라 '사회적으로' 결정된다는 점이지요. 상품의 가치가 사회적으로 결정된다는 말은, 상품에는 '사회적인 것'이 들어 있다는 말이기도 합니다. 노동생산물이 된다는 것은 사회적인 것으로서 가치가 들어 있다는 말입니다.

마르크스는 당대의 노동가치설에 '사회적으로'라는 작은 문구 하나를 넣었을 뿐인데, 이 문구가 당대 부르주아 정치경제학자들의 노동가치설과의 엄청난 차이를 만들어냅니다. 지금까지 말한 추상노동의 역사성과 관련된 모든 논의를 이 문구 하나에 압축하고 있으니까요. 앞으로 살피겠지만, 상품의 가치결정과 관련해 생산자 개인을 넘어선 '사회적' 차원의 존재는 자본주의에서 빈발하는 위기, 즉 공황의 주요한 원인이 됩니다. 더 나아가 마르크스는 자본주의 극복이 이 '사회적'이라는 말의 성격을 어떻게 바꾸느냐에 달렸다고 봅니다. 하지만 지금 이 논의를 이어갈 수는 없고요. 이 장의 마지막 부분과 이어 3장에서 조금 더 언급하겠습니다.

상품교환 안에 화폐가 있다──화폐형태의 발생 기원

이제 출발점으로서 '상품'에 대한 마르크스의 해명은 어느 정도 이루어졌습니다. '상품'이라고 했습니다만 실상은 '가치'에 대한 것이었지요. 상품이 단순한 노동생산물이 아니라 상품이 된 이유는 '가치'에 있으니까요. 그리고 '가치'는 '자본주의 생산양식이 지배하는 사회의 부'이기도 하고요. 그러니『자본』의 첫 문장, "자본주의 생산양식이 지배하는 사회의 부는 '방대한 상품더미'로 나타나고, 상품은 부의 기본형태"라는 말을 납득할 수 있을 겁니다.

『자본』 I권의 이후 구성은 이렇습니다. 그다음 장인 제2장에서 마르크스는

'상품유통'이 자연스럽게 나타날 수 있는 게 아님을 보여줍니다. 과거 많은 공동체들에서 자본주의가 발전하지 않았던 것은 그들이 미개해서가 아닙니다. 상품이 존재하려면 독특한 인간관계가 형성되어 있어야 합니다. 가족이나 친구들과 상품 매매를 하지 않는 이유는 '상품'이라는 존재가 이런 인간관계와 충돌하기 때문입니다. 제2장에서 마르크스는 상품의 존재가 단지 경제학만의 문제가 아니라는 것, 정치학·사회학·인류학 등의 문제라는 점을 보여줄 겁니다. 그리고 이어지는 제3장에서는 '화폐'의 다양한 기능들, 즉 상품의 가치를 측정하고 상품들 사이의 교환을 매개하고 또 부[가치]를 저장하는 기능을 설명합니다. 제1장에서 '가치'를 설명하고, 제2장에서 인간관계를, 제3장에서 화폐의 기능을 설명하는 건데요, 이 장들은 제4장부터 본격적으로 전개되는 '자본'에 관한 논의를 위한 예비작업 성격을 갖습니다.

휘황찬란한 화폐에 현혹된 사람들에게

'가치'에 대해 어느 정도 해명했으므로 곧바로 상품의 교환과정으로 나아가면 될 것 같은데, 마르크스는 여기서 발걸음을 늦춥니다. 그는 앞서의 '가치형태' 논의를 기반으로 제1장 제3절에서 '화폐'가 무엇인지, 왜 상품교환에는 '화폐'가 이미 존재한다고 할 수 있는지를 설명합니다. 이 때문에 제1장 내용이 길어집니다. 가볍게 다음 장으로 넘어가지 못한 거죠. 『자본』 I권 제1장 제3절은 같은 권의 제3장과 마찬가지로 화폐를 주제로 합니다만 제3장과는 다른 논의를 펼칩니다. 제1장 제3절에서 마르크스는 화폐를 가치의 '현상형태'로서, 즉 자신을 직접 드러낼 수 없는 '가치'가 어떤 '사물의 몸을 빌려' 우리에게 나타난 형태로서 다룹니다. 마르크스는 이 절이 "휘황찬란한 화폐형태"에 눈을 빼앗긴 사람들을 위한 것임을 암시합니다.[김, 60; 강, 104] 특정한 사물이 상품들 일반의 가치를 표현하는 것에 깜짝 놀라는 "부르주아적 조잡한 눈"을 겨냥한 것이죠.[김, 73~74; 강, 116]

정치경제학자들이 화폐를 보고 놀랐다는 것은 가치가 무엇인지 모른다는 뜻입니다. 마르크스가 보기에 놀라운 것은 두 상품의 교환, 즉 상품들의 가치관계이지 화폐가 아닙니다. 상품교환을 해명한다면 화폐의 존재는 그다지 해명할 것도 없는 문제이기 때문입니다. 그래서 제3절은 화폐를 주제로 한 것 같지만 사실은 '화폐' 문제를 통해 가치에 대해, 특히 가치가 우리에게 나타나는 형태에 대해 다룬다고 할 수 있습니다. 화폐란 가치형태에 불과하니까요. 그러니 제3절의 내용도 제1장 전체의 주제인 '가치' 문제에 해당합니다. '화폐'를 가지고 앞서 설명했던 내용을 부연하는 것이지요. 방금 제3절을 '가치'에 대한 일종의 부연설명이라고 했는데요. 왜 이런 설명이 필요했던 걸까요? 애초 마르크스가 이 부분을 상세히 쓰려고 했던 것 같지는 않습니다. 초판(1867)을 보면 이 부분이 부록에 있었거든요. 더 자세한 설명을 원하는 사람들을 위한 별첨 자료였던 것이죠. 초판 본문에 이 내용이 없었던 것은 아닙니다만, 이렇게 세부 항목을 나누고 글을 단계별로 구성한 것은 초판의 부록에 있던 형식입니다. 그런데 제2판(1873)을 내면서 마르크스는 본문을 지금 우리가 보는 것처럼 고쳤습니다.

『자본』해설서를 낸 데이비드 하비(David Harvey)는 이 제1장 제3절에 대해 "회계사 같은 꼼꼼한 방식으로 논의를 전개함으로써 극도로 지루해 보이는 형태"의 설명이 되었다며 불평을 터뜨리기도 했는데요.[22] 그가 왜 이렇게 말했는지 짐작되는 바는 있지만 나는 '지루'하다는 인상을 받지 않았습니다. 나는 여기서 숫자를 계산하는 회계사보다는 시공간을 연구하는 물리학자의 냄새를 맡았습니다. 특히 두 상품의 교환을 다루는 '단순한 가치형태'의 등식[$xA=yB$]은 물리적 시공간의 기하학적 성격을 해명하는 아인슈타인의 중력장 방정식처럼 보일 정도입니다. 저 단순한 등식을 통해 마르크스가 상품세계, 가치공간의 기하학적 성격을 해명하고 있으니까요. 제3절이 『자본』 전체의 진행을 좀 늦춘 것은 사실이지만 그만큼 상품과 가치에 대한 논의는 더 풍성해졌습니다.

사실 이런 미묘한 구성이 나타난 것은 엥겔스의 의견 때문입니다. 엥겔스는 『자본』의 출판 전 원고를 읽고는 가치형태에 대한 추상적 논의가 일반 대중들에게는 이해하기가 쉽지 않을 것이라고 견해를 밝혔지요. 마르크스도 이 점을 염려하고 있었습니다. 나중에 초판 서문에도 "가치형태론에 관한 절을 제외한다면 이 책을 어렵다고 비난할 수는 없다"라고 쓴 걸 보면 가치형태론이 어렵다는 걸 인정한거죠. 엥겔스의 의견을 듣고 나서 그는 가치형태론을 더 명료하게 이해할 수 있도록 책 말미에 부록을 붙이려 한 것 같습니다. 그래서 초판을 내기 전에 엥겔스에게 "부록에서 가치형태에 대한 서술의 어떤 점을 대중화해야 하느냐?"라고 묻습니다.[23] 이에 대해 엥겔스는 가치형태론에 관한 것이라면 부록에서도 언급할 필요가 없다고 답합니다.[24] 어차피 소시민들은 이런 식의 추상적 사유에 익숙하지 않고 이런 문제로 골머리를 앓고 싶어하지도 않을 테니까요. 그러면서 그는 이 내용을 역사적으로 증명하는 이야기를 부록에 넣을 것을 권유합니다. 논리적으로 전개한 내용을 역사적으로 검증한 글을 쓰라고 한 것이죠. 화폐형태에 대해 논리적으로 전개한 것을 역사의 경로를 통해 입증하면 소시민들에게 큰 설득력을 가질 수 있다는 뜻이었습니다. 그리고 『자본』의 본문을 지금보다 더 많이 세분하고 별도의 제목도 붙여 사유의 과정을 좀 더 일목요연하게 보이라는 권유도 했습니다. "약간 선생식으로 보이겠지만", 그렇게 하면 대중들이 읽는 데 도움이 될 것이라고요.

그런데 마르크스는 엥겔스의 권유를 그대로는 따르지 않았습니다. 가치형태의 전개에 대해 "자네의 조언에 따르기도 하고 따르지 않기도 했"다고 답했지요.[25] 문체를 간단히 하고 내용도 세분화하고 가능한 한 "선생식으로" 서술하라는 조언은 따랐습니다. 엥겔스는 본문에 대해 말한 것이지만 마르크스는 그것을 부록에 반영했죠. 하지만 엥겔스가 부록에 쓰라고 한 것, 즉 가치형태의 논리적 전개를 역사적 경로에서 확인시키라는 조언은 받아들이지 않았습니다. 마르크스가 이를 반영하지 않은 것은 아주 중요합니다. 나중에 조금 더 부연하겠습니다만, 화폐의 '논리적 전개'와 '역사적 전개'를 혼동하면 안 됩니다. 우리가 제1장에서 접하는 화폐의 발생(Genesis)은 '논리적 발생'이지 '역사적 발생'이 아닙니다. 이 전개과정을 역사의 단계에 대응하려 하면 전혀 엉뚱한 것이 되고 맙니다.

자, 이제 초판을 '개정한' 『자본』의 제1장 제3절을 볼까요. 마르크스는 제3절을 시작하며 앞의 내용을 환기합니다. 친절하게 내용을 요약해줍니다. 그 첫 문장에서 나는 마르크스의 마음을 느낍니다. "이제 우리는 다시 이 가치의 현상형태로 되돌아가야 하겠다."[김, 59; 강, 103] 몇 번이고 반복하면서 이 어려운 장을 노동자들에게 이해시키고 싶어하는 마음이 전해집니다. 우리도 마르크스를 따라 다시 정리해볼까요. 상품은 사용가치와 교환가치를 갖습니다. 전자가 상품을 '현물형태'로 접근한다면 후자는 상품의 '가치형태'와 관계됩니다. 상품은 '사용의 대상'이면서 동시에 '가치를 지닌' 물건입니다. 그런데 '가치'는 감각적인 것이 아닙니다. "상품가치의 실재에는 (…) 단 한 분자의 물질도 들어 있지 않"지요. 그래서 "상품을 아무리 돌려가며 만지면서 조사해보더라도 그것이 가치를 가진 물건이라는 것을 알 수 없"습니다.[김, 59; 강, 103]

화학자가 상품을 용해시키고 물리학자가 입자가속기에서 충돌시킨다 해도 '가치' 입자가 튀어나오는 일은 없습니다. '가치'를 낳은 것은 자연이 아닙니다. 가치는 '사회적인 것'입니다. 상품이 가치를 갖는 것은 "모든 상품들은 인간노동이라는 동일한 사회적 실체의 표현"이기 때문입니다. 마르크스는 상품의 가치가 '사회적인 것'임을 여러 번 강조했습니다. 가치란 '사회적 관계'에서 나타나는 것이지, 사물이 그 자체로 갖는 성질이 아니라고요. 그러니 좀 이상하게 들리겠지만 '상품 속에 숨은 가치'를 알려면 상품 바깥에서 맺어진 '관계', 즉 그 상품이 다른 상품과 맺는 '관계'를 알아야 합니다. 상품의 '가치'는 주관적 공상이 아닙니다. 상품의 가치를 제작자가 마음대로 정할 수는 없습니다. 그것은 분명 객관적으로 실재합니다. 하지만 직접 나타날 수는 없습니다. 한 상품의 가치는 그것과 일정한 관계를 맺는 다른 상품들의 모습으로만 나타납니다. 지금껏 우리가 계속해서 해온 이야기죠. 한 상품이 다른 상품을 통해 가치를 표현한다는 것, 바꾸어 말해 '한 상품은 다른 상품의 가치를 표현하는 역할을 한다'라는 점을 이해한다면 우리는 상품의 가치를 나타내는 화폐가 존재한다는 것도 예감할 수 있습니다. 조금 더 추상력이 뛰어난 사람이라면 여기서 이미 '화폐를 보았다'라고도 말할 수 있을 겁니다.

그런데 부르주아 정치경제학자들은 뒤늦게 어떤 상품, 이를테면 금화나 은화가 여러 상품들의 가치를 표현하는 것을 보고서 '깜짝' 놀랍니다. 이는 중요합니다. 왜냐하면 마르크스가 보기에 그건 놀랄 일이 아니기 때문입니다. 그들이 화폐를 보고 놀랐다는 것은 뒤늦게나마 가치형태에 대해 알게 되었다는 뜻이 아닙니다. 정작 놀라야 할 것에는 놀라지 않고 놀랄 것이 아닌 데서 놀라는 것은 가치에 대한 뒤늦은 이해가 아니라 몰이해입니다. 일종의 맹목이고, 보고도 보지 못한 것이죠. 제3절은 이런 사람들을 겨냥해 쓴 글입니다. "여기서 우리는 부르주아 경제학이 일찍이 시도조차 하지 못했던 것을 수행해야 한다. 즉 이 화폐형태의 발생(Genesis)을 밝혀야 한다. 다시 말해 상품들의 가치관계에 포함되어 있는 가치표현의 가장 단순하면서도 가장 눈에 띄지 않는 형태(einfachsten unscheinbarsten Gestalt)에서 휘황찬란한 화폐형태에 이르기까지 추적해야 한다. 이와 함께 화폐의 신비는 곧 사라질 것이다."[김, 60; 강, 104] 드러나 있지만 눈에 띄지 않는 형태, 즉 부르주아 경제학자들이 거들떠보지 않는 것에 휘황찬란한 형태, 곧 부르주아 경제학자들의 눈을 빼앗는 것의 비밀이 있습니다.

만지지 마라, 거기 어디에 내가 있느냐

상품의 가치는 객관적으로 실재하지만, 다시 말해 대상으로 존재하지만, 현물처럼 "감각적이고 거친" 대상은 아닙니다. 한마디로 그것은 만지거나 붙잡을 수 있는 것이 아닙니다. 마르크스는 '가치'는 "어디에 위치시켜야 할지" 알 수 없다는 점에서 퀴클리 부인(Mistress Quickly)과 다르다고 했습니다. 퀴클리 부인은 셰익스피어(William Shakespeare)의 희곡 『헨리 4세』에 등장하는 인물인데요. 이 인물을 인용한 게 재밌습니다. 이 희곡에서 퀴클리 부인은 이중의 성격을 가진 캐릭터입니다. 상품을 닮았죠. 정직하고 고상한 듯하지만 꽤나 외설적이고 비천하기도 합니다. 말을 할 때도 이중적 의미를 담아 던지곤 합니다.

마르크스가 인용한 대사는 『헨리 4세』의 1부 3막 3장에서 폴스타프(Falstaff)가 퀴클리 부인을 '수달'(otter)이라 모욕하며 한 말입니다. 물에 사는 동물인지 육지에 사는 동물인지 모르겠다면서 한 말이지요. 물론 퀴클리 부인은 붙잡을 수도 있고 소속도 분명합니다. 물이 아니라 육지에 살죠. 반면에 상품의 '가치'는 퀴클리 부인과 다릅니다. 상품은 퀴클리 부인처럼 이중성을 지녔지만 상품의 '가치'는 퀴클리 부인과 같이 붙잡을 수 있는 '현물'이 아닙니다. 가치는 결코 감각적인 몸, 거친 몸을 갖고 있지 않습니다. 몸을 빌려 나타날 때조차 가치는 만질 수 있는 것, 감각할 수 있는 것이 아닙니다. 가치로서의 상품에는 자연 소재로서 단 한 개의 분자도 들어 있지 않습니다.

발터 베냐민(Walter Benjamin)은 만질 수는 없지만 존재하는 가치, 다시 말해 사용가치와는 다른 교환가치를 가르치는 장소가 만국박람회라고 말했습니다. "만국박람회는 상품의 교환가치를 비춘다(verklaren). [그리고] 그것은 사용가치를 뒤로 물러서게 하는 틀을 만들어낸다. 그것은 사람들이 넋을 놓고 즐기기 위해(sich zerstreuen) 안으로 들어가는 그런 판타스마고리아[환등기상, Phantasmagorie]를 열어놓는다."[26] "만국박람회는 소비로부터 밀려난 대중이 교환가치를 배우는 고등학교이다."[27] 상품을 향유하고 노는 것 같지만, 마치 정치선전에 그렇듯 사람들이 산업선전에 놀아나는 것이죠. '노는' 것과 '놀아나는' 것에는 큰 차이가 있습니다. 전자가 주체, 힘, 능력을 의미한다면 후자는 대상, 무기력, 예속을 의미합니다. 만국박람회는 전자의 모습을 한 후자입니다. 상품 이미지를 만끽하며 노는 것 같지만 실상은 상품 이미지에 놀아나는 것이라는 말입니다. 만국박람회의 '판타스마고리아'는 마르크스가 상품 '물신주의'를 말할 때 떠올린 핵심 이미지이기도 합니다. 이건 뒤에서 따로 이야기하겠습니다.

그런데 내가 만국박람회에 대한 베냐민의 언급에서 흥미를 느낀 것은 그가 주목한 하나의 문구 때문입니다. 그는 만국박람회를 '교환가치를 배우는 고등학교'로 묘사한 뒤 전시상품 앞에 붙어 있는 다음 문구를 적어두었습니다. "보기만 하고 만지지는 말 것"(Alles ansehen, nichts anfassen).[28] 교환가치를 배우는 장소에 이 문구가 있다는 게 내게는 아주 의미심장하게 느껴집니다. 전시상품을 손으로 만지는 것, 직접 사용하는 것은 안 된다는 겁니다. 그저 보기만 하라는 거죠. 그러므로 박람회에서 대중들이 체험하는 것은 상품의 사용가치가 아닙니다. 상품의 가치는 우리가 만질 수 없도록, 어떤 거리를 두고 빛납니다. 엄밀히 말하자면 물리적으로 빛나는 것도 아닙니다. 상품은 예술작품처럼, 사용가치와는 다른 가치를 갖고서 거기 있습니다. 전시상품 앞에 붙은 '만지지 마라'(붙잡지 말라, anfassen)라는 표지(標識)에서 나는 부활한 예수가 막달레나 마리아에게 했던 말을 떠올렸습니다(「요한복음」 20:11~18). "나를 만지지 마라." 예수의 무덤에 갔던 마리아는 예수가 사라진 것을 보고 엉엉 웁니다. 그러다 뒤를 돌아보니 예수가 서 있었죠. 흥미로운 점은 마리아가 그를 몰라봤다는 겁니다. 마리아는 그를 정원지기라고 생각했습니다. 그러다 예수가 "마리아야"라고 이름을 부르자 비로소 '라뿌니'(Rabbouni) 즉 "스승님" 하며 알아봅니다. 그때 예수가 말하길, "내가 아직 아버지께 올라가지 않았으니 나를 만지지[붙잡지] 마라"라고 말합니다.

온갖 의미가 난무하는 성경구절의 해석에 개입하고 싶지는 않습니다. 다만 내가 흥미롭게 생각한 것은 예수를 '본 것'과 예수를 '알아본 것'의 차이입니다. 언젠가 예수는 "아버지를 우리에게 보여주옵소서"라고 말한 빌립에게 "나를 본 사람은 곧 아버지를 뵌 것이다. 그런데 너는 어찌하여 '저희가 아버지를 뵙게 해주십시오' 하느냐?"라고 답한 적이 있습니다(「요한복음」 14:9). 예수는 이중적입니다. 인간이면서 신이지요. 나중에 마르크스가 '자본'에 대해 사용할 비유를 써보자면, 아버지와 아들이 한 몸입니다. 빌립이 '아버지'를 보여달라고 한 것은 예수를 '아들'로서만 봤기 때문입니다. 인간의 몸으로만, 다시 말해 그가 보고 만지는 그런 몸으로만 본 것입니다. 좀 불경하게 말하자면 그는 '현물형태'의 인간으로서만 예수를 봤습니다. 그런데 예수는 '나'를 보여줌으로써 '아버지'를 보여주었다고 했습니다. 부활한 예수를 본 마리아 역시 마찬가지 구조를 가지고 있습니다. 부활한 예수를 알아보기 전의 마리아는 예수를 보고 '아버지'를 알아보지 못한 빌립과 다르지 않습니다. 만약 부활한 몸이 감각 가능한 그런 몸이었다면 마리아가 불과 얼마 전까지 보았을 예수를 알아보지 못한다는 것이 이상합니다. 그런데 마리아는 처음에는 보고도 보지 못했습니다. 그러다가 자신을 일깨우는 호명이 있자 비로소 예수를 예수로서 봅니다.

감각한 눈으로 보는 것이 아닙니다. 부활한 몸, 신성의 몸, 마르크스가 상품의 가치를 묘사할 때 쓰는 말로 하자면 '초자연적 속성'(ubernaturliche Eigenschaft)[김, 73; 강, 115]은 감각의 눈으로 보이지 않습니다. 장-뤽 낭시(Jean-Luc Nancy)는 이 장면을 고찰한 흥미로운 연구서를 냈는데요. 그는 부활한 예수에 대한 마리아의 알아봄을 가리켜 "현존하지 않는 것을 본다"라고 했습니다.[29] 보이지 않는 것을 보는 능력이 있는 특별한 시선을 갖게 된 거죠. 마르크스가 『자본』 초판 서문에 쓴 표현을 빌리자면 '추상력'으로 본 겁니다. 이게 없다면 보아도 보이지 않습니다. 보고도 알아보지 못합니다. 그러고는 엉뚱한 것에 눈을 빼앗깁니다. 이 점에서 부르주아 정치경제학자들은 우상숭배자들과 같습니다. 마르크스는 상품이 첫눈에는 "자명하고 평범한 물건"인데 막상 분석을 시작하면 "형이상학적 궤변과 신학적 변덕이 가득한" 것임이 판명된다고 했습니다.[김, 91; 강, 133] 가치에 대해 따지고 들수록 그렇다는 생각이 듭니다. 정말로 상품세계는 마르크스의 말마따나 '종교세계' 같다는 생각을 합니다. 상품과 가치, 화폐와 종교세계 이야기는 뒤에서 '물신주의'를 말할 때 더 이어가겠습니다. 일단 여기서는 '가치'에 대해 이 말을 해두고 싶어요. 몸을 만지지 마라, 거기 어디에 내가 있느냐.

─────────'가치형태'의 제1형태─단순한, 개별적·우연적 가치형태─

자, 이제 마르크스가 놀란 대목, 어찌 보면 너무나 단순한 장면에서 다시 시작하겠습니다. 상이한 두 상품의 교환 말입니다. x량의 '상품 A'와 y량의 '상품 B'의 교환. $xA=yB$. 앞에서 누차 말한 것처럼 "모든 가치형태의 비밀은 이 단순한 가치형태 속에 숨어 있"습니다.[김, 60; 강, 104] 엥겔스에게 보낸 편지에서 마르크스는 이 '단순한 상품형태'에 "노동생산물의 모든 부르주아적 형태의 비밀 전체가 포함"되어 있다고도 했습니다.[30]

단순한 가치형태의 두 항을 살펴볼까요. 상품 A는 자신의 가치를 상품 B를 통해 상대적으로 표현합니다. 다른 말로 하면 상품 A의 상대적 가치는 상품 B라는 등가물을 갖습니다. 그래서 마르크스는 단순한 가치형태를 이루는 두 항 중 상품 A를 '상대적 가치형태'라 부르고 상품 B를 상품 A의 '등가형태'라 부릅니다. 이제 등호에 대해 생각해볼까요. 마르크스는 두 상품의 가치관계에서 사람들이 두 상품의 양적 비율에 먼저 주목하는 것을 지적했는데요. 그에 따르면 우리는 오히려 양적인 문제는 일단 떼어놓고 보아야 합니다. 중요한 것은 양적 비율이 아닙니다. 이 등식에서 우리가 생각해야 할 것은 한 상품의 가치가 어떻게 다른 상품과의 관계로 표현될 수 있는가 하는 점입니다. 양적 비교는 그다음이죠. 상이한 상품이 일정한 양적 비율로 교환되려면 그 이전에 그것들이 동일한 단위로 나타날 수 있어야 합니다.

기억을 더듬어볼까요. 이 논의는 앞에서 이미 진행한 바 있으니까요. 물건들의 '물리적 속성'들로는 이 공통성에 이를 수 없다고 했습니다. 노동가치설을 따라 모든 물건이 다 노동의 산물이라고 말하는 것으로도 충분치 않다고 했고요. 구체적 노동들은 모두 다르니까요. 천으로 양복저고리를 만든다고 했을 때 두 가지 노동, 즉 직조와 재봉은 완전히 다른 노동입니다. 구체적 노동으로 접근하면 해결책이 없습니다. 마르크스는 당대 정치경제학자들의 주장을 따라 인간의 노동이 들어 갔다는 사실에서 문제를 검토했고, 이 '노동'은 구체적 노동일 수 없다는 걸 깨달았죠. '노동의 이중성'이라는 말, 기억하지요? 마르크스가 자신의 대단한 업적으로 밝혔던 그것 말이에요. 그는 구체적 노동인 '유용노동'과 '추상노동'을 구별했습니다. 구체적 사용가치를 갖는 현물을 생산하는 노동들은 상이하지만 그럼에도 그것들을 일정 비율로 교환할 수 있다는 사실은 공통된 무엇을 표현하는 것이라 할 수 있습니다. 구체적 노동들은 상이하더라도 모두가 동일한 인간노동력의 발휘라고 보는 겁니다. 이때 말하는 인간은 구체적인 개별 인간이 아니라 평균적 인간입니다. 이 인간이 수행하는 노동이 '추상노동'이고, 추상노동에는 평균적 인간, 말하자면 '추상적 인간' 개념이 전제되어 있습니다.

마르크스는 자본주의사회에서 상품의 이중성에 상응하는 노동의 이중성을 제시한 것입니다. 각각의 노동은 각각의 산물을 내놓습니다. 구체노동의 산물은 '현물로서 상품'이고 추상노동의 산물은 '가치로서 상품'입니다. 구체노동이 현물을 생산하는 노동이라면 추상노동은 '가치형성노동'(wertbildenden Arbeit)인 것입니다. 그렇다고 해서 우리가 노동을 두 번 하는 건 아닙니다. 자본주의사회에서 노동자는 단 한 번의 노동으로 '현물로서 상품'을 만들고 동시에 '가치 있는' 상품을 만드는 것이죠. 그러므로 구체노동과 추상노동은 자본주의에서 노동이 갖는 두 가지 면모입니다. 노동의 이러한 이중성을 잊지 말기 바랍니다. 마르크스는 나중에 상품의 생산과정을 분석하면서 이를 다시 이용합니다. 즉 그는 상품 제작과정을 두 번 분석합니다. 한 번은 '노동과정'으로, 다른 한 번은 '가치증식과정'으로 말입니다.

첨언해둘 것이 하나 있습니다. 방금 추상노동을 가치형성노동이라고 했습니다만, 우리는 인간행위로서 '노동'과 상품에 담긴 가치로서 '노동'을 구분해야 합니다. 전자는 노동력을 사용하는 활동을 말하고요(이 활동 자체는 가치가 아닙니다), 후자는 그 결과로 노동이 상품에 들어가 '응고된' 것입니다(상품에 담긴 일정량의 '노동'이 바로 가치입니다).[김, 64; 강, 107] 마르크스는 이것을 물질적 비유를 써서 설명합니다. 노동자가 노동을 하면 '유동상태'(flussigen Zustand)인 어떤 것이 흘러나와서 상품에 들어가 '젤'(Gallerte) 혹은 '크리스탈'(Kristalle)이 되는 것처럼요.[김, 47, 64; 강, 91, 107] 물질적 비유라서 오해의 소지가 있습니다만, 이 비유는 '노동과정'과 '가치증식과정'을 다룰 때, 그러니까 『자본』 I권 제3편 제5장의 '산 노동'과 '죽은 노동'에 대해 말할 때 참조할 수 있는 것이라 미리 귀띔해둡니다. 그때 또 이야기하겠습니다.

▶ 가치의 거울──다시 한번 단순한 가치형태의 등식을 볼까요? 이 등식은 다음 사실을 말해줍니다. 한 상품의 가치는 다른 상품을 통해 표현됩니다. 이때 표현되는 것은 두 상품에 공통된 것입니다. 상품 A는 상품 B와 공통된 어떤 것을 상품 B를 통해 '대상적으로' 표현해야 합니다. 마르크스의 표현을 직접 따오다 보니 말을 어렵게 했습니다만 실상은 어려운 말이 아닙니다. 상품 A는 자신의 가치를 자기 바깥에 서 있는 것으로서 '마주' 본다는 겁니다. 상품 B의 형태로 말이죠. 이게 마르크스가 말하는 '대상성'(Gegenstandlichkeit)입니다. 가치의 '대상성'은 참 재밌는 말입니다. 자기 안에 있는 가치를 자기 바깥에서 마주한다니. 꼭 거울 보는 것과 같죠. 자기와 마주 서 있는 것이 자기 자신이니까요. 실제로 마르크스도 '거울'이라고 말합니다. "상품 B의 신체는 상품 A의 가치를 드러내는 거울"이라고요.[김, 66; 강, 110] 그런데 외형이 닮은 건 아니에요. 굳이 말하자면, 니체가 '친구'에 대해 말했던 것처럼, 표면이 '울퉁불퉁한' 거울에 비친 자기 모습이죠. 안 닮았지만 거기 비친 것은 자기가 맞습니다. 이것은 물리적 거울이 아니라 '가치의 거울'(Wertspiegel)이니까요.[김, 74; 강, 117]

예컨대 상품 A를 아마포, 상품 B를 저고리라 하고 교환비율을 '아마포 20미터=저고리 1벌'이라 한다면, 이때 '아마포 20미터'의 가치는 '저고리 1벌'의 모습으로 아마포 바깥에 서 있습니다. 저고리는 아마포의 모습입니다. 현물형태가 아니라 가치형태로 말이지요. 실제로 그렇게 보여야 합니다. 마르크스가 썼던 재미난 비유를 들자면 "마치 개인 A가 개인 B에게 왕으로 섬김을 받으려면, B의 눈에 왕이 A의 몸으로 나타나야" 하는 것이죠. 게다가 "왕이 바뀔 때마다 용모와 머리카락, 기타 여러 가지가 함께 변해야" 합니다.[김, 65; 강, 109] 이번에는 저고리였지만 다음번에는 축구공의 몸을 하고 올 수도 있으니까요. 아마포는 저고리일 때도 축구공일 때도 거기서 자기의 가치를 봅니다. 어떤 때는 저고리에, 다른 때는 축구공에 깃든 자기 영혼을 보는 거죠. 마르크스는 상품의 가치에 대해 말할 때 '유령적 대상성'이라는 표현을 쓴 적도 있는데요.[김, 47; 강, 91] 여기서는 아예 '가치영혼'(Wertseele)이라는 말을 씁니다. 문학적 비유죠. "저고리가 단추를 채우고 나타났음에도, 아마포는 그 속에서 동족인 아름다운 가치영혼을 알아본다."[김, 65; 강, 109]

저고리라는 거울을 통해 아마포는 한편으로 자신의 가치를 봅니다만 다른 한편으로는 모든 상품들에 들어 있는 공통된 것을 보기도 합니다. 아마포는 저고리가 자기와 '동족'(stammverwandte)임을 압니다. 마르크스는 어떤 점에서는 '인간'도 '상품'과 마찬가지라면서 비유를 드는데요.[김, 66, 각주 19; 강, 110, 각주 18] "인간은 손에 거울을 들고 탄생하는 것"이 아니므로 "다른 사람을 통해 자신을 보게"됩니다. 다른 사람이 자신을 비추는 거울인 것이죠. 베드로는 바울을 보면서 "인간으로서 자기 자신을 마주"합니다. "그러나 그렇게 됨으로써 베드로에게 (…) 바울은 인류의 현상형태"가 됩니다. 즉 바울은 베드로를 비추는 거울이면서 동시에 보편존재로서 인류가 베드로에게 나타난 모습이기도 합니다.

마르크스는 이를 언어에 비유하기도 했습니다.[김, 66; 강, 109] "아마포는 자기만 아는 언어, 즉 상품어로 자기 생각을 표현한다." 아마포는 자기의 가치를 '저고리'로 표현합니다. 저고리는 아마포의 말, '상품어'(商品語)입니다. 상품의 교환을 언어활동에 비유한 거죠. 이에 대해서는 『자본』 제2장 '교환과정'을 다룰 때 언급하겠습니다. 다만 여기서는 마르크스가 상이한 상품의 등치를 통해 표현하는 가치의 언어로서 '라틴어'를 말한 부분만 말해둡니다. 마르크스는 상품의 가치를 나타낼 때는 독일어보다 라틴어가 낫다고 했습니다. 독일어 'Wertsein'보다는 라틴어 계통의 동사 'Valere', 'Valer', 'Valoir'가 더 낫다고요. 독일어가 풍토적인 것을 상징한다면 로마제국의 언어 라틴어는 보편적인 것을 상징합니다. 그래서 라틴 계통의 언어인 프랑스어가 낫다고 한 거죠. "파리는 확실히 미사를 받을 만하다!"[김, 66; 강, 110]

▶등가형태에 대한 착각——단순한 가치형태에서 상품 B가 상품 A의 '거울' 역할을 할 때, 상품 B는 현물형태로서가 아니라 가치형태로서 그렇게 하는 겁니다. 현물로는 둘이 확실히 다르니까요. 설탕 한 봉지의 무게를 잰다고 해볼까요. 우리는 그것의 무게를 볼 수도 만질 수도 없습니다. 우리는 이미 그 무게를 알고 있는 '추'를 가져옵니다. 설탕 한 봉지의 무게는 그런 추 몇 개로 표현되겠지요. 그런데 꼭 쇳덩어리로 된 추를 가져올 필요도 없습니다. 우리가 그 무게만 안다면 나무토막도 추의 역할을 할 수 있고 일정량의 물도 그런 역할을 할 수 있습니다. 규격용 쇳덩어리 추는 여기서 '쇠'라는 재질과는 아무 상관이 없습니다. 오직 무게를 나타내기 위해 온 것일 뿐이니까요. 물론 상품의 가치는 '무게'라는 자연적 속성과는 다릅니다. 여러 번 말했듯 그것은 물리적 관계가 아니라 사회적 관계를 나타냅니다. 그러나 이 점만 유의한다면 마르크스의 비유는 상당히 유용합니다. 저울

에 매단 추가 설탕 한 봉지의 무게를 나타낼 뿐이듯(그래서 무게를 지닌 모든 것이 그 추의 역할을 할 수 있듯), 저고리는 아마포의 가치를 나타내는 것으로서 그렇게 있는 것이니까요.

그런데 무게를 달기 위해 저울추를 쓰는 사람 중에는 무게라는 것이 '추'에만 있는 고유한 성격이라고 착각할 수 있습니다. 무게란 일정량의 설탕과 추의 '관계' 일 뿐인데, 추가 그 자체로 '무게'를 가진 듯 생각하는 거죠. 애초 무게라는 것이 관계의 표현임을 잊고 있는 겁니다. 그나마 양팔저울은 이런 환상이 적습니다. 그런데 추가 보이지 않는 저울을 보면 저울이 설탕봉지에 무게를 부여하는 것 같은 착각을 하게 됩니다. 마르크스가 볼 때는 이것이 부르주아 경제학자들이 화폐의 신비에 빠진 이유입니다.[김, 73~74; 강, 116] 화폐란 '일반화된 등가형태'에 불과해요. 저울추 같은 거란 이야기죠. 추가 무게를 부여하는 것이 아니듯 화폐가 가치를 부여하는 게 아닙니다. 또한 표준화된 저울추만이 무게를 달 수 있는 게 아니듯 화폐만이 가치를 나타내는 것도 아닙니다. 상대적 가치형태와 등가형태의 관계를 알고 나면, 화폐란 결코 특별한 것이 아닙니다. 무게가 무엇인지 아는 사람은 무게를 다는 추가 신비하게 보이지 않습니다.

──────── '가치형태'의 제2형태─총체적 또는 전개된 가치형태────────

이로써 마르크스가 "모든 가치형태의 비밀이 숨어 있"다고 했던 첫 번째 가치형태, 즉 '단순한 가치형태'에 대한 분석이 끝났습니다. 이제 두 번째 가치형태인 '총체적 또는 전개된 가치형태'(Totale oder entfaltete Wertform)로 넘어갑니다. 모든 가치형태의 비밀이 단순한 가치형태에 숨어 있다고 해놓고는 왜 두 번째, 세 번째, 네 번째 형태가 필요하냐고 물을지도 모르겠습니다. 자본주의 생산양식을 전제하는 한에서, 가장 단순한 가치형태에서 마르크스는 사실상 나머지 가치형태들의 존재를 읽어냈습니다. 단순한 가치형태에 대한 분석이 가장 긴 것은 그 이유이기도 하지요. 이 분석을 하면서 상품 분석에 관한 이전의 논의를 반복한 이유이기도 합니다. 두 번째 형태부터는 단순한 가치형태에 단지 암시적으로만 들어 있던 것들을 '가시화'합니다. 조잡한 눈을 가진 이들에게 나타난 것, 그래서 그들을 깜짝 놀라게 한 현상이 어떻게 산출되는지를 논리적으로, 단계적으로 보여주죠. 마치 삼각형에서 다각형을 산출해가듯, 단순한 것에서 시작해 복잡한 것, 휘황찬란하게 빛나는 것이 어떻게 산출되는지를 보여줍니다. 두 번째 가치형태인 '전개된 가치형태'는 다음과 같이 등식화됩니다.

$zA=uB$

또는 $=vC$

또는 $=wD$

또는 $=xE$

또는 =기타 등등

20미터 아마포=1개의 저고리

또는 =10그램의 차

또는 =40그램의 커피

또는 =1리터의 밀

또는 =기타 등등

등식이 단순한 형태에 비해 조금 복잡해졌습니다만 의미는 전혀 그렇지 않습니다. 상품 A가 상품 B와만 교환되는 게 아니라 상품 C, 상품 D, 상품 E와도 교환되는 것일 뿐이죠. 앞서 우리는 상품 B가 상품 A의 등가형태가 되는 것은 그 물리적 성질이나 외양 때문이 아니라고, 다시 말해 그 사용가치 때문이 아니라고 했습니다. 그렇다는 건 상품 A의 '가치의 거울'에 비친 모습이 꼭 상품 B일 필요는 없다는 의미입니다. 동일한 추상노동의 양만 담지한다면 어떤 상품도 그 자리에 설 수 있습니다. 설탕 한 봉지의 무게를 나타내는 추를 쇠로 만들든 나무로 만들든 물통으로 하든 상관이 없는 것처럼 말입니다. 두 상품의 교환에서 생겨날 수 있는 의심은 여기서 해소됩니다. 우연히 둘이 그렇게 교환되었다는 생각을 할 수 없을 만큼 상품의 교제가 광범위해졌으니까요. 이렇게 다양한 상품들과 등호관계가 성립한다는 것은 정말로 상품들 사이에는 뭔가 공통된 게 있음에 틀림없다는 느낌이 듭니다. 상품 A의 가치표현은 여러 가지가 되었습니다. 상품 A와의 등호가 상품 B가 갖는 물리적 성질과는 무관하다는 것도 분명해졌고요. 또한 각 상품을 생산하는 구체적 노동과는 다른 '무차별적' 노동을 전제해야 한다는 것도 명확해졌습니다. 저고리를 만들고 차를 덖고 커피를 볶고 밀을 기르는 노동들이 상품들의 교환 속에서 이루어지고 있으니까요.

우리는 이제야 상품 A가 '사회생활'을 한다는 걸 알게 됩니다. 상품 B하고만 교제할 때는 서로에게 콩깍지가 씐 둘만의 연애로 보일 수도 있습니다만, 상품 A가 상품 C도 만나고 상품 D도 만나는 것을 보면, 상품 A의 교제는 사교활동이고 사회활동인 것이 분명합니다. 인류에 대한 사랑은 연애가 아니죠. 모두를 사랑하는 연애는 없습니다. 당신의 연인이 "난 인류의 일원으로서 너를 사랑하는 거야"라고 말한다면 어떨지 생각해보세요. 그럼 이게 무슨 말인지 알 겁니다. 연애란 '인류'가 아니라 '누군가'를 사랑하고 '모든 것'이 아니라 '어떤 것'을 사랑하는 것이지요(사실 나는 '사랑' 일반이 그렇다고 생각합니다). 그런데 뒤에 '일반적 가치형태'와 '화폐형태'에서 다시 말하겠지만, 이게 기묘하게 뒤집힐 수 있습니다. 모든 것이 어떤 하나의 사물로 표상될 수 있을 때, 그러니까 모두에 대한 사랑이 어떤 것에 대한 사랑으로 충분할 때, 그래서 어떤 것을 사랑하면 모든 것에 대한 사랑이 될 수 있을 때, 그 모든 것에 대한 사랑은 '사적인 연애'에서도 그렇듯 배타적이고 독점적이며 폭력적인 사랑이 될 수 있습니다. 규모와 강도는 둘만의 연애와 비교할 수 없을 정도로 커지고요. 모든 것을 구매할 수 있는 화폐에 대한 사랑도, 만인에 대한 사랑을 가르친 예수에 대한 사랑도 그렇게 될 수 있습니다. 이야기가 앞질러 가버렸네요. 이제 막 다른 상대들을 만나기 시작한 상품 A로서는 감당하기 힘든 이야기를 하고 말았습니다. 우리의 상품 A는 겨우 제2형태에 이른 것이고 방금 사회생활을 시작했을 뿐입니다. 보편적 사랑에 대해 말하기는 너무 이릅니다. 마르크스의 말처럼 이제야 "상품세계 전체와 사회적 관계를 맺"기 시작했고, "상품세계의 한 시민"이 된 것이니까요.[김, 81; 강, 123]

그렇지만 제2형태에는 결함이 있습니다. 상품 A는 아직 자본주의 생산양식에서 상품이 갖는 면모를 충분히 보여주고 있지 못합니다. 우선 상대적 가치형태라는 점에서 볼 때 상품 A의 가치표현은 완성되지 않았습니다. 그 끝을 한정할 수 없으니까요. 상품 A의 교제, 즉 상품 A의 가치를 표현하는 상품들의 목록이 어디서 어떻게 끝나는지 알 수가 없습니다. 이런 사정은 상품 B도, 상품 C도 마찬가지입니다. 그러다 보니 상품들 각각의 가치표현이 통일성 없이 잡다하게 군집을 이룹니다. 마르크스의 표현을 빌리자면 "다채로운 모자이크" 같습니다. 등가형태 쪽에서 볼 때도 같은 문제가 나타납니다. 각 상품마다 가치표, 그것도 그 끝을 알 수 없는 등가물의 목록을 가지고 다니는 셈입니다. 상품마다 자기와 교환될 수 있는 가격표를 가지고 있다고 생각해보세요. '메뉴판'이라는 게 불가능해집니다. 에스프레소 커피의 가격표에 두 잔의 우유, 한 포대의 설탕, 2분의 1미터의 비단, 3분의 1벌의 바지 등등이 적혀 있다고 생각해보세요. 그 옆에는 '카페라테' 가격표에 그런 긴 목록이 또 붙어 있고요.

상이한 상품들이 교환된다는 것은 그 모든 상품들이 동일한 무언가를 갖고 있다는 뜻인데, 말하자면 그것들은 동일한 추상노동을 일정량씩 포함하고 있습니다. 그런데 '전개된 가치형태'에서는 이런 동일성에 대한 심증이 굳어지긴 하지만, 그런 동일성을 전제했을 때 보여야 할 통일성이 나타나지는 않는 것이죠. 따라서 아직 우리가 일상에서 보는 그런 '상품의 가치형태' 모습은 아닙니다. '전개된 가치형태'는 자본주의를 살아가는 우리가 보는 상품의 가치형태의 윤곽만을 대강 보여줄 따름입니다.

▶통일된 상품세계──세 번째 가치형태는 '일반적 가치형태'(Allgemeine Wert-form)입니다. '일반적 가치형태'의 등식은 '전개된 가치형태'의 등식을 단순히 뒤집어놓은 것처럼 보입니다. 외견상으로는 한 상품이 여러 상품과 교환되던 것을 여러 상품이 한 상품과 교환되는 것으로, '전개된 가치형태'의 좌우만 바꾼 것 같습니다.

$$
\left.\begin{array}{l}
1개의\ 저고리 \\
10그램의\ 차 \\
40그램의\ 커피 \\
1리터의\ 밀 \\
2온스의\ 금 \\
½톤의\ 철 \\
x량의\ 상품\ A \\
기타\ 등등의\ 상품
\end{array}\right\} = 20미터의\ 아마포
$$

그러나 두 형태는 완전히 다릅니다. 마르크스는 등식의 좌우를 바꿀 경우 "등식 전체의 성격이 변하게 된다"라고 지적합니다.[김, 87; 강, 129] 이 '일반화'된 가치형태에서 상품들의 가치는 비로소 단순하고 통일된 표현을 얻습니다. 가치의 표현이 단순하다는 것은 '하나의 상품'으로 가치를 표현할 수 있다는 뜻이고, 통일된 표현을 얻었다는 것은 가치를 표현하는 상품이 '동일한 상품'이라는 뜻입니다. 이로써 '전개된 가치형태'의 무한정성(無限定性)과 잡다함의 문제가 해소되었습니다. 상품마다 한정 없는 교환 품목들을 나열할 필요도 없어졌습니다. 가치형태의 '다채로운 모자이크'가 사라지고 균질적 평면이 생겨난 겁니다. 등가형태 측면에서도 큰 변화가 나타납니다. '일반적 등가물'이 등장하자 상품마다 각자의 가치표를 가질 필요가 없게 된 겁니다. 모든 상품들의 가치는, 이를테면 '아마포'라는 단 하나의 상품(이것은 쌀도 될 수 있고 비단이 될 수도 있으며 귀금속이 될 수도 있습니다)과의 교환비율로 표현될 수 있으니까요. 상품의 개수만큼 필요했던 가치표가 단 하나로 통일된 것이죠.

상품들의 교환은 '공통된 어떤 것'의 존재를 전제한다는 말이 여기서 확증됩니다. '단순한 가치형태'에서 짐작했고 '전개된 가치형태'에서 심증을 굳혔던 것이 '일반적 가치형태'에서 확증됩니다. 모든 상품들이 단 하나의 공통된 상품과 교

환되니까요.

우리가 '가치', '사회적인 것', '추상노동' 등으로 불렀던 것이 눈앞에 하나의 '현물'로, 이를테면 '아마포'의 모습으로 나타납니다. 이 장면을 마르크스는 매우 종교적인 모습으로 그리고 있습니다. "아마포의 자연형태(Naturalform)는 이 세계의 공통된 가치형태이며, 따라서 다른 모든 상품들과 직접 교환될 수 있다. 아마포의 현물형태(육신형태, Korperform)는 눈으로 볼 수 있는 화신(현현, Inkarnation), 즉 모든 인간노동의 일반적이고 사회적인 변태(Verpuppung)이다."[김, 86; 강, 127~128] 신이 인간의 몸으로 강탄(降誕)하듯 가치가 현물로, 다시 말해 특정한 상품의 몸으로 현현했다는 것입니다.

▶왕의 탄생――여기가 매우 주의해야 할 대목입니다. 어떤 신비에 빠져들면 안 됩니다. 일반적 가치형태도 가치형태의 하나에 불과하며, 일반적 등가물이라고는 해도 한 상품의 가치를 나타내는 등가형태일 뿐입니다. 단순한 두 상품이 교환될 때의 상품 B와 다를 바 없습니다. 가치가 특정한 상품의 몸을 빌려 나타났다고 했지만, 가치가 직접 나타날 수 없다는 사정도 전혀 변하지 않았습니다. 마르크스가 휘황찬란한 광휘를 발하는 '금'이 아니라 '아마포'를 일반적 등가물로 내놓은 것도 금의 광휘에 눈이 멀지 않도록 하기 위해선지도 모르겠습니다. 어떤 상품이 가치의 등가물이 되기 위해 물리적으로 빛날 필요는 없습니다. 상품인 한, 즉 가치를 가진 사물인 한 어떤 상품도 그 자리를 차지할 수 있습니다. 설령 금이 그 자리에 있다 해도 그 금이 '가치'인 것은 아닙니다. 가치가 금의 몸을 빌려 우리에게 나타난 것뿐이지요. 무게가 쇠토막으로 나타날 수도 있고 물병으로 나타날 수도 있는 것처럼요.

그러나 '조잡한 눈'을 가진 많은 사람들이 여기서 혼동을 겪습니다. 우리가 처음에 짐작했고 다음에 심증을 굳혔던 '동일한 어떤 것'이 마침내 하나의 사물로 등장하면서 착시가 일어납니다. 그들은 자신이 포함된 사회적 관계가 자기 바깥에 하나의 사물로 서 있다는 느낌을 받습니다. 이는 단순한 가치형태에서 가치의 '대상성'에 대해 말한 것보다 더 강한 충격을 줍니다. 나의 내적 가치가 나의 바깥에 하나의 대상으로 서 있다는 것도 꽤나 신기했습니다만 이젠 내 앞에 서 있는 것이 개별적 존재가 아니라 일반적 존재인 겁니다. 비유컨대 이는 만물에 편재하는 신이 한 사물, 한 인간의 형상으로 내 앞에 서 있는 것과 같습니다.

흥미롭게도 일반적 가치형태는 근대적 주권형태와 닮았습니다. 상품과 시민(국민), 가치와 주권, 가치의 표상으로서 일반적 등가물과 주권의 표상으로서 군주(정부)가 모두 동형적입니다. '상품-가치-일반적 등가물'의 삼각형과 '시민-주권-군주(정부)'의 삼각형이 동형적이라는 말입니다. 실제로 마르크스는 '전개된 가치형태'에서 상품을 시민(Burger)에 비유한 바 있습니다. 더욱 흥미로운 것은 우리가 앞으로 읽게 될『자본』제2장에서 마르크스가 인용하는 성경구절입니다. 그는 일반적 등가물의 출현에 대해 이렇게 말합니다. "그들은 모두 한마음이 되어 자기들의 힘과 권세를 그 짐승에게 주더라. 누구든지 이 표를 가진 자 외에는 매매를 못하게 하니 이 표는 곧 짐승의 이름이나 그 이름의 수라."[김, 113; 강, 152]「요한계시록」17장과 13장에서 한 문장씩 따온 것입니다.

그런데 이 구절은 토머스 홉스의 '리바이어던'을 연상시킵니다. 홉스는 주권자의 출현을 성경의「욥기」에 나오는 짐승 '리바이어던'(Leviathan)에 비유했는데요. 홉스에 따르면 자연상태의 인간들은 영구적 전쟁상태에서 벗어나기 위해 자신의 자연권을 모두 이 짐승에게 양도합니다. 그리고 이 짐승에 대한 복종의 맹세 속에서, 다시 말해 '칼의 맹약' 아래서 개인들은 동등한 계약을 맺습니다. '자연상태'에서 '국가상태'로 이행하는 것이죠. 이를 전쟁에서 평화로의 이행이라고 단순하게 생각하면 안 됩니다. 홉스가 '공포'를 통해서라도 도달하려 했던 것은 평화라기보다 질서이고 통일입니다. 그는 '다중'(Multitude)이 하나로 표상될 수 있을 때 국가가 설립된다고 했습니다.[31] 그는 '한 사람도 남김 없이'(every man)라는 말을 힘주어 강조합니다. 단순히 '안전'을 위해서라면 꼭 그럴 필요가 없지요. 한 사람도 남김 없이 모두를 하나로, 단 한 사람(one person)으로 묶어낼 수 있을 때, 그 신체를 국가(common-wealth)라고 부른다고 했습니다. 이것이 리바이어던의 탄생이라고요.

영토국가가 만들어지던 때의 정치철학자로서 홉스의 최대 관심은 영토 내 잡다한 인구집단들에 어떻게 하나의 통일성을 부여하느냐에 있었을 겁니다. 당시 절대군주는 이 통일성의 상징이었습니다. 언뜻 생각하면 사회로부터 떨어져 있는 예외적 존재인 절대군주가 통일성을 상징한다는 말이 이해되지 않을 수도 있습니다. 하지만 그렇게 떨어져 있었기 때문에 역설적이게도 개인들의 잡다한 군집인 시민사회에서 떠올릴 수 없는 통일성의 상징이 될 수 있었던 것입니다. 홉스의 책『리바이어던』의 표지에서 볼 수 있듯 군주의 신체 안에 얼마나 많은 잡다한 인간들이 들어 있는지 몰라요. 그 잡다한 인구들이 하나의 통일된 몸을 이루고 있는 겁니다. 주권이 군주의 몸으로 육화된 것이지요.

도대체 어떤 존재이기에 절대군주는 그런 역할을 할 수 있는 걸까요. 흥미롭게도 홉스는 플라톤과 달리 군주의 덕성이나 자질에는 별로 관심을 갖지 않습니다. '일반적 가치형태'의 등식에 비춰 말하자면 '아마포'여도 충분한 겁니다. 왕이 왕인 이유는 그가 왕의 품성을 타고났기 때문이 아닙니다. 우리는 어떻게 저고리의 가치를 아마포가 나타낼 수 있느냐는 물음에 대해 마르크스가 답한 것을 상기할 필요가 있습니다. "개인 A가 개인 B에게 왕의 성김을 받으려면", "B의 눈에 왕이 A의 몸으로 나타나"면 되는 겁니다. 개인 A가 왕의 품성을 타고날 필요는 없다는 말입니다. 그저 B가 그에게 복종하면, 그저 B의 눈에 A가 왕으로 보이면 그뿐입니다. B의 포기, B의 굴복, B의 충성, B의 착시면 충분하다는 겁니다.

그러므로 누구나 군주가 될 수 있습니다. 하지만 일단 누군가가 군주가 되고 나면 다른 이들은 결코 군주가 될 수 없습니다. 한 사람을 왕으로 추대하는 일은 나머지 모두를 왕으로부터 배제하는 일입니다. 한 상품이 일반적 등가물이 되는 것은 "상품세계의 [다른] 모든 상품이 등가형태로부터 배제되는" 것과 같습니다. [김, 88; 강, 129] 일반적 등가물이 되는 순간 아마포는 상대적 가치형태에서는 제외됩니다. 그렇지 않다면 "20미터의 아마포＝20미터의 아마포"라는 동어반복이 되고 말겠죠. 거듭 말하지만 아마포가 특별해서 일반적 등가물이 된 것이 아니라, 일반적 등가물이 되면 아마포가 특별하게 보이는 겁니다. 실제로는 특별한 본성을 갖지 않는 것인데도 말입니다. 왕관을 씌우면 일종의 시각적 성체 변환이 일어납니다. 아마포의 자리는 단순한 가치형태에서도 이미 두 상품 사이의 '등호' 속에, 즉 둘의 관계 속에 있는데, 일반적 가치형태에서는 그것이 독립해 있는 듯 보이는 것뿐입니다.

여기에 속은 사람이 프루동입니다. 마르크스는 『자본』 몇 군데에 프루동에 대한 비판적 주석을 달아두었습니다. 일반적 가치형태에 대해 설명할 때도 프루동을 비판하는 주석을 달았는데요.[김, 88, 각주 26; 강, 129~130, 각주 24] 마르크스에 따르면 프루동식 사회주의는 '화폐 없는 상품사회'라고 할 수 있습니다. 프루동은 화폐를 없애고 생산자들이 상품을 직접 교환할 수 있게 하려고 했습니다. 못된 군주인 화폐를 타도함으로써 착취를 없애려 한 것이지요. 마르크스는 프루동의 꿈을 교황과 가톨릭의 관계에 비유하며 조롱했습니다. 프루동은 교황만 없앤다면 가톨릭 신자들이 모두 교황이 될 수 있다고 생각하는 것 같다고요. 하지만 교황이 죽으면 가톨릭이 붕괴할까요. 가톨릭 신자 중 한 사람이 다시 교황으로 등극하겠죠. 교황으로 타고난 신자는 없지만 저마다 교황 행세를 할 수는 없습니다. 가톨릭이 있는 한 교황은 나오게 되어 있고, 교황이 나오면 다른 신도들은 그에게 복종해야 합니다.

상품이 있는 한 화폐는 있을 수밖에 없습니다. 아마포를 금으로 바꿀 수는 있어도 화폐를 없앨 수는 없어요. 설령 계정의 형태로 존재한다 하더라도 프루동이 기대한 대로 화폐의 폭력성이 사라지는 것은 아닙니다. 그가 없애고자 했던 화폐의 존재는 사실 상품들의 교환 속에 내재하기 때문입니다. 상품과 마주하는 화폐는 자석의 양극·음극과 같아 음극을 제거하고 양극만 가질 수는 없습니다. 상품은 원하면서 화폐는 원하지 않는다고 말하는 것은 가톨릭은 원하지만 교환은 원하지 않는다는 것과 같고, 군주제에 살면서 군주가 없기를 바라는 것과 같습니다.

▶상품 됨의 폭력——앞서 '일반적 가치형태'는 '전개된 가치형태'의 좌우를 바꾼 것처럼 보인다고 했습니다. 상대적 가치형태와 등가형태가 자리를 바꾼 것처럼 보인다고요. 그런데 서로 자리가 바뀌어 보이는 것만큼이나 가치형태에서 둘 사이의 주도권 변화가 나타납니다. '단순한 가치형태'에서 상품 A는 자신의 가치를 상품 B로 표현합니다. 상대적 가치형태인 상품 A가 '능동적 역할'을 수행하고 등가형태인 상품 B가 '수동적 역할'을 수행합니다.[김, 60; 강, 104] '전개된 가치형태'에서도 마찬가지입니다. 한 상품은 자기 가치를 다른 상품들로 표현합니다. 마치 사교계에서 자신만의 매력으로 사람들을 모으는 사람처럼 말입니다. 전자가 능동이고 후자가 수동이죠.

그런데 '일반적 가치형태'에서는 주도권이 바뀝니다. 일반적 등가물은 개별 상품의 단순한 등가형태가 아닙니다. 일반적 등가물은 그 자체로 상품들의 사회적 관계를 나타내니까요. 추상노동이 독립해서 상품 앞에 서 있는 것처럼 보입니다. 그러므로 일반적 등가물과 교환된다는 것은 해당 물건이 가치를 갖고 있다는 것, 다시 말해 '상품'임을 인정받는 겁니다. 해당 물건의 가치가 얼마인지를 나타내기 이전에 그것이 상품이라는 사실을 알려줍니다.

뉘앙스의 차이를 느껴보세요. 한 상품이 일반적 등가물을 통해 자신의 가치를 표현했다는 말과 일반적 등가물로 가치가 표현되는 걸 보니 상품이라는 말. 이진경은 여기서 '표현적'(expressive) 관계가 '재현적'(representative) 관계로 대체된다고 지적했는데요.[32] 일단 이 관계가 성립하면 상대적 가치형태의 자리에 있는 상품의 유일한 관심은 자신의 가치를 표현하는 것이 아니라 상대편에 있는 등가물의 양으로 가치를 재현할 수 있음을 인정받느냐 하는 문제가 됩니다. 반대로 척도 행세를 하는 일반적 등가물은 자신이 상품들의 가치를 정확히 재현한다는 믿음을 유포합니다.

다시 말하면 이렇습니다. 전개된 가치형태에서는 '교환가능성'이 '등가성'을 나타내지만, 일반적 가치형태에서는 '등가성'이 '교환가능성'을 나타낸다고 할 수 있을 것 같습니다. 전자에서는 한 상품이 다른 상품으로 교환된다는 사실이 두 상품이 등가적임을 말해주지만, 후자에서는 일반적 등가물로 표시될 수 있어야 해당 상품이 다른 상품과도 교환될 수 있는 상품임을 인정받는 것이죠. 도시에서 어울려 살다 보면 시민이 되는 줄 알았는데, 시민권이 있어야만 시민으로서 도시에서 어울려 살 수 있게 되는 것이라고 할까요. 이런 게 바로 표상권력, 대표권력입니다. 대표를 통해 내 의사를 표현한다고 생각했는데, 이제는 대표가 표현해주지 않으면, 다시 말해 대표를 통해 표현할 수 없으면, 내게는 의사(意思)가 있어도 없는 것과 같음을 알게 된 거죠. 상품들은 상품어로 말한다고 했는데요. 이를테면 저고리는 아마포로 자기 이야기를 합니다. 그런데 이제 이 언어구조가 그 자체로 권력구조라는 걸 깨닫게 된 거죠. 상품은 자기 가치를 말하기 전에 사회적인 것에 순응해야 합니다. 일반적 가치형태는 상품에게 '상품으로 인정받으려면 순응할 것'을 요구합니다.

한마디로 가치형태는 주권형태입니다. 그것은 복종과 순응을 요구하는 명령체계입니다. 나는 앞서 '가치를 가진 사물'을 상품이라고 불렀는데요. 이제는 약간 수정해야 할 것 같습니다. '가치를 인정받은 사물'이라고요. 가치를 주장하기 이전에 가치를 '인정받아야' 합니다. 상품이 된다는 것은 순응을 강요받는 것, 복종해야 하는 것, 즉 폭력을 경험하는 것입니다. 좀 딱딱하지만 마르크스의 말을 그대로 옮기면 이렇습니다. "상품들이 가치로서 객관적으로 존재하는 것[가치대상성, Wertgegenstandlichkeit]은 순전히 이 물건들의 '사회적 현존'(gesellschaftliche Dasein)에 의거하기에 (…) 결국 상품들의 가치형태는 사회적으로 타당한 형태여야 한다는 것이 명백해진다."[김, 85; 강, 127] 상품이 가치를 가진다는 것, 다시 말해 상품이 된다는 것은 그 가치형태가 사회적으로 타당한 형태여야 한다는 것이죠.

앞당겨 하는 말이 되겠지만(『자본』 제4장을 다룰 때 할 이야기거든요), 상품으로서 노동력의 경우도 마찬가지입니다. 노동자가 노동력에 대해 제값을 받았는지는 다음 문제입니다. 우리는 노동력의 사용에서 발생하는 착취 이전에 '노동력의 판매' 자체가 착취이고 폭력이라는 점을 알아야 합니다. 상품가치의 등가성을 논하기 이전에, 상품화에는 권력이 개입합니다. 상품이 된다는 것은 복종의 세계, 예속의 세계로 들어가는 것입니다. 노동자는 순응자, 예속자가 됨으로써만 노동력을 상품화할 수 있습니다. 리바이어던에 모든 권리를 양도하는 한에서만, 리바이어던에 순응하는 한에서만 자유로운 상업적 계약이 가능하다고 했던 홉스의 말처럼, 노동자는 자본의 주권을 승인함으로써만 상품의 자유로운 판매자가 되는 겁니다.

'가치형태'의 제4형태—화폐형태

이제 드디어 '화폐형태'(Geldform)를 말할 차례입니다. 마르크스가 가치형태론을 펼치면서 화폐형태가 어떻게 발생하는지를 보여주겠다고 했는데요. 네 번째 가치형태가 바로 '화폐형태'입니다. 그런데 사실 '화폐형태'에는 별 내용이 없어요. 가치형태를 표현하는 등식도 '일반적 가치형태'와 크게 다르지 않습니다. '아마포' 자리에 '금'이 들어가 있을 뿐이지요.

$$
\left.\begin{array}{l}
\text{20미터의 아마포} \\
\text{1개의 저고리} \\
\text{10그램의 차} \\
\text{40그램의 커피} \\
\text{1리터의 밀} \\
\text{½톤의 철} \\
x\text{량의 상품 } A \\
\text{기타 등등의 상품}
\end{array}\right\} = \text{2온스의 금}
$$

그런데 이상하게 들리겠지만, 별 내용이 없다는 사실이 중요합니다. 왜냐하면 화폐형태, 즉 금에 눈을 빼앗긴 사람들이 온갖 수다를 떨어대니까요. 어떻게 '금'이 모든 상품들의 일반적 등가물일 수 있을까, '금'에는 어떤 힘이 있는 걸까…. 중금주의자들의 소란과 화폐형태의 '별 내용 없음'이 절묘한 대조를 이룹니다.

네 번째 가치형태에서 '금'이 하는 일은 세 번째 가치형태에서 '아마포'가 하는 일과 똑같습니다. 즉 금은 일반적 등가물일 뿐입니다. '아마포' 자리에 '금'이 들어갔지만 그냥 '아마포'가 그대로 있어도 됩니다. 일반적 등가물로 기능하는 상품은 모두 화폐로 기능합니다. 전통적으로 우리는 '쌀'이나 '옷감'이 그런 등가물 역할을 일정 부분 수행했음을 알고 있습니다. 미국의 어느 곳에서는 '담배'가 그런 역할을 했고, 중남미의 어느 곳에서는 '카카오 열매'가 그런 역할을 했습니다.

물론 귀금속이 화폐 역할을 한 곳도 많습니다. 그러나 이 경우에도 꼭 '금'일 필요는 없습니다. 아시아 쪽에서는 오히려 금보다 은의 역할이 컸습니다. 우리가 화폐를 거래하는 곳을 '금행'이라 하지 않고 '은행'이라 부르는 이유도 그렇고, 인도 등 몇몇 나라에서 사용하는 화폐 '루피'도 산스크리트어로 '은'이라는 뜻이지요. 고대 그리스에서는 '구리'가 화폐로서 금이나 은보다 더 중요한 역할을 했던 적도 있습니다. 왜 일반적 등가물이 '금'이라는 현물형태를 취했는가에 대한 마르크스의 답변은 아주 간단합니다. "사회적 관습에 의해서"라는 겁니다.[김, 90; 강, 131] 이것은 논리가 아닙니다. 역사이고 관습인 것이죠. 화폐형태가 '금'이어야 할 이유는 없습니다. 하지만 일단 '금'이 일반적 등가물로서 자리를 굳히면 다른 상품들은 일반적 등가물의 지위를 가질 수 없습니다. 굳이 원칙을 말하라고 한다면 '자의성'이 그 원칙이라고 말할 수밖에 없습니다.

일반적 등가물의 자리에 어떤 상품이 앉는 것은 왕의 등장으로 묘사할 수도 있지만 희생양이 선택되는 과정으로 묘사할 수도 있습니다. 예컨대 희생양이 선택되는 메커니즘에 대한 르네 지라르(René Girard)의 묘사는 화폐형태에도 그대로 적용해볼 수 있습니다. "희생물을 제외한 모든 이들이 똑같은 역할을 수행하지만, 역으로 누구든지 희생물의 역할을 맡을 수도 있다. 사회의 다른 구성원들과 희생물을 구별 짓는 차이들 속에서 구원의 비밀을 찾아서는 안 된다. 여기서는 자의적인 것이 근본적인 것이기 때문이다. 지금까지 살펴본 종교적 해석의 잘못은, 희생물이나 이런 존재들이 절대적인 폭력을 구현하고 있는 것 같다는 점 때문에, 이들이 이로운 것으로 변모하는 것을 이들의 초인간적인 특성의 탓으로 돌리는 데 있다."[33] 희생양이 희생양으로 선택된 이유를 그 자체의 본래성에서 찾지 말라는 것이죠. 누구든 어떤 것이든 그 역할을 할 수 있습니다. '자의성'이 원칙이니까요. 아주 사소한 차이만으로도 누군가를 희생양으로 만들 수 있습니다. 무리 중의 어떤 존재가 가진 작은 차이를 크게 부각하는 겁니다. 너무 다르면 오히려 희생양으로 삼을 수가 없지요. 만약 너무 다른 존재라면 일단 친숙하게 만든 뒤에 희생양으로 삼습니다. 몇몇 인류학적 사례를 보면 '포로'를 희생물로 바치는 경우, 일단은 자기 부족의 여인과 결혼시키고 의형제처럼 지내는 과정을 의례적으로나마 밟습니다. 그러고는 갑자기 모욕하고 경멸하며 희생물로 처형하지요. 그래서 지라르는 희생물과 '경계'가 모종의 연관성이 있는 것 같다는 추론을 제기합니다. 너무 다르지도 않으면서 적절한 거리를 둘 수 있는 경계지역에서 희생물을 찾는다는 겁니다. "제의의 희생물들은 거의 언제나 명확하게 외부적인 것이 아니라 노예, 아이들, 가축처럼, 그 사회의 경계지역에서 선택"된다고 말합니다.[34] 지라르의 이 이야기를 기억해두세요. 우리는 이어지는 3장에서 이 이야기를 다룰 겁니다. 왜 상품의 교환과정이 공동체의 '경계'들에서 생겨나는지, 왜 공동체의 경계에서 교환을 매개하던 상품이 일반적 등가물로 등장하는지 볼 겁니다.

화폐형태에 이르면 가치형태는 우리에게 익숙한 말로 바뀝니다. 바로 '가격'이라는 말이지요. 가치형태는 가격형태(Preisform)에 이릅니다.[김, 91; 강, 132] 가격도 가치가 표현되는 하나의 '형태'인 것이죠. 하지만 가치와 가격을 혼동하면 안 됩니다. 여러 번 말했다시피 가치는 그 자체로 나타나지 않습니다. 다른 상품과의 일정한 비율로 자신의 가치를 상대적으로 표현할 뿐이지요. '상대적 가치형태'와 '등가형태'라는 말을 잊어선 안 됩니다. 사정은 상품의 가치를 '금'으로 나타낸다고 해도 변하지 않습니다. '금'의 생산성에 변동이 생겨 금을 생산하는 데 '사회적으로 필요한 노동시간'이 달라진다면, 상품들의 가치는 불변인데도 금과의 교환비율은 달라질 수 있습니다. 가치의 변동이 없는데도 가격이 변하는 것이죠. 반대로 어떤 상품의 가치가 금과 똑같이 변화한다면(생산에 사회적으로 필요한 노동시간이 금과 똑같은 비율로 변했다면), 실제 상품의 가치는 변했지만 그 변화가 화폐, 즉 금으로 표현되지 않을 수 있습니다. 가치가 변했는데도 가격은 변하지 않는 겁니다.[김, 70; 강, 112]

이는 한 상품의 가치는 다른 상품과의 교환비율로 나타낼 수밖에 없다는 사정(가치란 '관계'이니까요), 그러니까 첫 번째 가치형태인 '단순한 가치형태'에서 우리가 이미 확인한 사정 때문입니다. 가격이 가치를 표현하는 것임에도 가격변동은 가치변동을 그대로 보여주지 못하는 일이 일어나는 것인데요, 이런 괴리 현상은 상품의 가치형태에 내재된 성질입니다. 이것은 자본주의 생산양식의 작동방식과 관련해 매우 중요한 특징입니다. 이 또한 이어지는 본문 3장에서 화폐의 기능을 설명하며 다루겠습니다.

―――――― 화폐의 논리적 발생―상품교환에 이미 화폐가 있었다――――――
이로써 '화폐형태의 발생'에 대한 마르크스의 해명은 끝났습니다. 앞서 나는 가치형태의 전개과정을 논리적 전개로 파악해야지 역사적 전개로 보면 안 된다고 했습니다. 단순한 가치형태의 시대, 전개된 가치형태의 시대, 일반적 가치형태의 시대, 화폐형태의 시대가 따로 있는 것처럼 생각하면 안 된다고요. 여기서 마르크스가 말한 '화폐형태의 발생'은 역사적 발생이라기보다 논리적 발생입니다. 상품의 가치형태들 중 가장 간단한 것, 그러니까 '단순한 가치형태'에 이미 화폐형태가 들어 있음을 논리적 전개를 통해 보여준 것이죠.

가장 단순한 가치형태에서 시작해 그것들을 쌓고 뒤집으며 우리가 일상에서 보는 화폐형태가 어떻게 생겨나는지를 보여주는 겁니다. 복잡한 것을 분해한 뒤 다시 조립해서 보여주는 것과 비슷합니다. 마르크스는 『자본』 I권 제1장의 제3절 '가치형태 또는 교환가치'를 마무리하면서 이렇게 적었습니다. "화폐형태의 개념을 파악하기 어려운 이유는 일반적 등가형태, 따라서 일반적 가치형태(제3형태)를 분명하게 이해하지 못하기 때문이다. 제3형태는 거꾸로 하면 제2형태(전개된 가치형태)로 환원되고, 이 제2형태의 구성 요소는 제1형태(즉 20미터의 아마포＝1개의 저고리, 또는 x량의 상품 $A=y$량의 상품 B)다. 그러므로 단순한 상품형태(또는 단순한 '가치'형태)는 화폐형태의 싹(Keim)이다."[김, 91; 강, 132]

가치형태에 대한 분석의 순서를 말하는 겁니다. '제4형태는 제3형태의 항을 하나 바꾼 것이고, 제3형태는 제2형태를 뒤집은 것이며, 제2형태는 제1형태로 구성된 것이다.' 그렇다면 종합의 순서는 반대겠죠. '제1형태를 모아 제2형태를 만들고, 그것을 뒤집어 제3형태를 만들고, 거기서 항을 하나 교체해 제4형태를 만든다.' 꼭 블록 세트로 무언가를 조립하는 것처럼 보입니다. 중요한 것은 해체하고 조립한 이 세트 자체가 자본주의적 상품교환이라는 겁니다. 제1형태부터 이미 자본주의를 전제하고 있습니다. 앞서 나는 '일반적 등가형태'를 근대 영토국가의 주권 형성에 비유했는데요. 그렇다고 '전개된 가치형태'를 전근대적 가치형태, 이를테면 중세적 모델로 보는 것은 아닙니다.

마르크스도 이 점을 분명히 하고 있습니다. '단순한 가치형태'를 정리하면서 그는 한 상품의 가치가 다른 상품으로 표현되는 것은 "역사적으로 특수한 발전단계에 속하는 일"임을 다시금 강조했습니다.[김, 78~79; 강, 121] 즉 '단순한 가치형태'에 대한 분석 역시 자본주의 생산양식에 국한된다는 이야기입니다. '단순한 가치형태'는 인류 역사의 시작점이 아니라 우리 시대를 분석하는 시작점인 겁니다.

상품 물신주의

이제 『자본』 제1장에 대한 논의를 슬슬 마무리해야겠습니다. 마르크스는 『자본』의 첫 장을 '자본주의 생산양식이 지배하는 사회의 부'에 대한 이야기로 채웠습니다. 『자본』은 이 '부'에 대한 이야기를 펼쳐갈 텐데 먼저 그게 '어떤 것'인지를 첫 장에서 밝힌 거지요. 그는 '가치'라고 부르는, 이 '부'가 역사적으로 매우 독특한 것임을 보여주려 했습니다. 특히 그는 이러한 '부' 즉 '가치'가 우리에게 나타나는 형태에 주목했습니다. 그러고는 '부'의 가장 기본적 현상형태가 '상품'이라고 했지요. 상품은 단순한 노동생산물이 아닙니다. 노동생산물이 '가치'를 가질 때 비로소 상품이 됩니다. 상품이 존재한다는 것은 가치가 존재한다는 뜻입니다. 따라서 자본주의사회의 부, 즉 가치를 분석하려면 상품을 분석해야 합니다. 더 엄밀히 하자면 상품의 존재보다는 상품의 생성, 즉 노동생산물이 어떻게 상품이 되는지를 분석해야 합니다. 비밀은 '상품 되기'에 있습니다.

이제 우리는 『자본』 제1장의 마지막 절에 이르렀습니다. 제4절 '상품의 물신적 성격과 그 비밀'은 우리에게 상품의 존재, '상품 되기'의 독특함을 다시 한번 환기해줍니다. 문체도 제3절만큼이나 독특한데요. 보통의 경제학 서적들과는 완전히 다른 스타일입니다. 앞서 제3절에 대해 회계사처럼 지루하게 논의를 전개했다고 불평했던 하비는 제4절에 대해서는 이런 평을 내놓았습니다. "이 절은 완전히 다른(차라리 문학적 형태에 가까운, 즉 파격적이며 은유적이고 상상력이 풍부하고 유쾌하며 감성적인) 문체로 집필되어 있으며, 게다가 풍부한 변죽은 물론 마술과 미스터리, 심령술에 대한 언급들로 가득 차 있다. 그것은 앞 절의 그 회계사 냄새 나는 지루한 문체와 크게 대비된다."[35]

정치경제학에 대한 과학적 비판을 자처하는 책이 마술과 미스터리, 심령술로 가득 찼다니 재밌지 않습니까. 실제로 『자본』은 다양한 스타일을 품고 있는 책입니다. 어떤 곳은 논리학책 같고, 어떤 곳은 철학책 같고, 어떤 곳은 추리소설 같고, 어떤 곳은 희곡 같습니다. 또 어떤 곳은 역사책 같고요. 어느 대목에서는 미술 작가들의 콜라주 기법처럼 신문기사나 의회자료, 투쟁 전단지를 오려 붙이듯 쓰기도 했습니다. 『자본』을 읽을 때는 내용만이 아니라 스타일에도 주목할 필요가 있어요. 조금 장난스럽게 말해보자면, 이 책에는 스타일들의 코뮌(commune), 스타일들의 자유로운 연합이 구현되어 있습니다.

춤추는 책상

자, 이제 마술과 미스터리, 심령술의 세계로 들어가볼까요. 먼 데 가는 게 아니고, 우리가 사는 세계로 들어가는 겁니다. 겉보기에는 너무나도 자연스러운, 그러나 따져볼수록 이상하고 신기한 우리 세계 말입니다. 평범한 것이 기괴한 것임을 알아챈 마르크스의 특별한 눈 덕분에 우리 세계로의 환상적 여행이 시작되었습니다. 마르크스는 제1장 마지막 절(제4절)의 첫 문장을 이렇게 시작합니다. "상품은 첫눈에는 자명하고 평범한 물건으로 보인다. [그러나] 상품을 분석해보면 그것이 형이상학적 궤변과 신학적 변덕으로 가득 찬, 매우 기묘한 물건이라는 것이 드러난

다."[김, 91; 강, 133]

사용가치의 측면에서 보면 상품에는 신비한 게 없습니다. 상품도 하나의 사물이고, 그 물리적 속성들을 통해 인간의 욕구를 만족시킨다는 데는 아무런 신비도 없습니다. 예컨대 목재로 책상을 만들었다고 해봅시다. 책상에는 목재의 물리적 속성이 그대로 담겨 있습니다. 형태는 나무에서 책상으로 바뀌었지만요. 우리는 목재 책상을 보고, 만지고, 냄새 맡을 수 있습니다. 물리적 성격을 감각할 수가 있지요. 하지만 노동생산물인 책상이 '상품'이 되는 순간 기묘한 일이 벌어집니다. "상품으로서 발을 내딛자마자 그것은 감각적이면서 초감각적인 사물(sinnlich ubersinnliches Ding)"이 됩니다.[김, 92; 강, 133] 상품은 현물형태로서는 분명 감각적이지만 거기에 '초감각적인' 무언가가 달라붙습니다. 바로 '가치'인데요. 상품이 단순한 노동생산물과 다른 점이 여기 있습니다.

책상이 상품이 되는 순간을 마르크스는 이렇게 묘사합니다. "책상은 바닥에 자기 발로 설 뿐만 아니라, 다른 모든 상품들에 대해 머리로 서며[거꾸로 서며], 책상이 저절로 춤을 추기 시작했다고 말하는 것보다 훨씬 더 기괴한 망상들을 자신의 목재 두뇌로부터 펼쳐낸다."[김, 92; 강, 133] 책상이 자기 발로 섰다는 것은 '상대적 가치형태'로서 자기의 가치를 표현함을 가리킵니다. 다른 모든 상품들에 대해 '머리로' 섰다는 것은 다른 상품들의 '일반적 등가물'이 된다는 것이고요. 그런데 여기서 사람들을 홀리는 온갖 기괴한 일이 생겨난다는 거죠. 가치를 표현하는 사물이 되는 순간 책상은 스스로 춤을 춥니다. 가치형태로서의 책상(책상의 가치)은 현물형태로서의 책상을 밧줄로 꽁꽁 묶어두어도 오르락내리락하고 창고에 가두어두어도 들락날락합니다. 가치는 사회적 관계입니다. 내가 만든 책상의 가치는 책상 안에 들어 있는 것이 아닙니다. 옆 동네 가구공장에서 생산성 혁신이 일어나면 내 책상을 첨단 금고 안에 넣어두어도 가치가 줄어듭니다. 다시 말하지만 가치란 사회적 관계이지 사물에 내재한 물질 같은 게 아닙니다. 이것을 착각했던 게 중금주의자들이지요. 중금주의자들은 '금'에 대해 그렇게 생각했죠. 금은 그 자체로 '가치'를 지닌 것이어서 금을 쌓는 것이 곧 부를 쌓는 것이라고 믿었습니다. 다른 물건들은 금을 확보하는 한에서만 가치가 있어 보였고요. 물론 근대 경제학자들은 이런 중금주의자들의 미신적 태도를 비웃었습니다. 원시적 물신주의(Fetischismus)라는 거죠. 하지만 마르크스는 물신주의를 오히려 현대 유럽, 다시 말해 자본주의 생산양식이 가장 발전한 곳에서 봅니다. 그는 근대 경제학자들이 거만한 태도로 중금주의자들을 비웃고 있지만, 그 경제학자들 역시 '자본'을 다루자마자 물신적 태도를 보인다고 지적합니다.[김, 107; 강, 146] '자본'을 마치 '황금알을 낳는 암탉'처럼 생각한다고요.

사실 『자본』 전체에서 '자본'의 운동, 즉 스스로 가치를 증식해가는 운동은 일종의 환상입니다. 이 환상은 '이자 낳는 자본'(『자본』 III권 제5편)에서 극에 달하는데요. 자본을 투자한 사람은 자신이 아무 일을 하지 않아도, 그러니까 그가 잠을 자든 여행을 하든 그사이에 돈이 불어나 있어야 한다고 생각합니다. 자본가들은 한결같이 '돈이 돈을 낳는다'라는 믿음을 갖고 있죠. 돈이 살아서 춤을 추는 것을 넘어 아기까지 낳는 겁니다. 이만큼 물신적인 것이 어디 있습니까. '자본'은 우리가 이 책 끝에서 보겠지만 실상은 '자본관계'(Kapitalverhältnis)입니다. 그런데 '자본'을 그 자체로 신비한 마력을 지닌 사물처럼 생각하는 거죠. 황금알을 낳아주는 것으로요. 이에 비하면 '춤추는 책상'은 귀여운 수준의 환상입니다. 자본가만 자신이 '황금알을 낳는 암탉'을 갖고 있다고 생각하는 것은 아닙니다. 자본가가 이윤을 요구하듯 지주는 지대를 요구하는데요. 똑같은 환상을 갖고 있기 때문입니다. 자본이 이윤을 낳듯 땅이나 건물은 지대를 낳는다고요. 우리는 이런 관행에 익숙한 나머지 잉여가치에 대한 자본의 기여분, 땅의 기여분이라는 말을 너무 쉽게 받아들입니다. 그런데 돈과 땅이 살아 움직이며 풍풍 새끼를 낳는 모습을 떠올려보세요. 마르크스가 보기에 이것은 '춤추는 책상'보다 훨씬 더 기괴한 망상들입니다.

참, 마르크스는 자신이 '춤추는 책상'의 비유를 쓴 이유를 주석에 밝혔는데요. "나머지 세계가 완전히 정지상태에 있는 것처럼 보였던 바로 그때 다른 것들을 고무하기 위해 중국과 책상이 춤을 추기 시작했다"라고요.[김, 92, 각주 27; 강, 133, 각주 25] 1848년 혁명 후 세계가 더는 움직이지 않는 것처럼 보였을 때 중국에서 태평천국운동이라는 저항운동이 일어났습니다. 그런데 정작 유럽, 독일에서는 혼령의 힘으로 테이블을 돌린다는 '심령술'(table-tuning)이 유행했다고 합니다. 1848년 혁명 이후의 오랜 뒷걸음을 도움닫기 삼아 이제 막 도약을 시작하는 프롤레타리아트와 심령술에 빠진 자본주의. '중국과 책상의 춤'이라는 주석에는 프롤레타리아트의 투쟁에 대한 마르크스의 기대와 자본주의에 대한 마르크스의 조롱이 함께 담겨 있는 게 아닌가 싶습니다.

──────── 상품의 신비는 '형태'에서 생겨나는 것 ────────

너무 빨리 나가는 일은 삼가야겠습니다. 벌써부터 자본, 이윤, 지대 등을 말하는 것은 이릅니다. 마르크스도 항상 이 점을 염두에 두었는데요, 이야기를 꺼낼 순서가 있습니다. 아직은 이런 말들을 꺼낼 때가 아닙니다. 우리는 이제 겨우 『자본』 제1장을 마무리하는 시점에 있으니까요. 다시 '춤추는 책상'으로 돌아가야겠습니다. 노동생산물 책상이 상품 책상이 될 때 일어나는 일에 대해서요.

상품의 신비한 성격이 사용가치에서 나오지 않는다는 것은 여러 번 이야기했습니다. 그런데 그것은 '가치를 규정하는 내용' 즉 노동 자체에서도 생겨나지 않습니다. 상품이 노동생산물이라는 사실에는 아무런 신비도 없으니까요. 물건을 만들 때의 노동은 인간유기체의 기능이고 생체 에너지를 소모하는 과정이지요. 생리학자의 영역이지 심령술사의 영역이 아닙니다. 노동의 종류에 상관없이 일정량의 노동이 투여되었다는 것도 신비한 게 아닙니다. 자본주의 생산양식이 지배하지 않는 사회, 소위 전통사회에서도 노동을 많이 투여해야 하는 일과 그렇지 않은 일의 구분은 있었고 그것을 적절히 측정하기도 했을 테니까요. 어떤 일에 얼마만큼의 사람들을 어느 시간만큼 투여해야 하는지 경험을 통해 꽤 정확히 알았을 겁니다. 혼자가 아니라 여럿이 함께 노동을 한다고 해도 신비가 생겨나지는 않습니다. 집안일을 할 때도 일을 나눠 할 수 있으며 공동체 전체적으로도 노동의 분업은 이루어지니까요. 노동이 사회 분업적 형태를 취했다는 것 자체가 상품 즉 '춤추는 책상'을 낳는 것은 아닙니다.

그렇다면 상품의 신비한 성격, 이 수수께끼는 어디서 오는가. 마르크스는 그것이 "명백히 형태 자체에서 온다"라고 했습니다.[김, 93; 강, 134] '형태'(Form)에 주목하라는 겁니다. 우리는 그가 제1장 논의의 대부분을 '가치형태'에 할애했다는 점에 유념할 필요가 있습니다. 앞서 언급한 바 있지만 마르크스가 『자본』 제1장에서 힘주어 말한 것은 노동이 가치의 실체라는 사실이 아닙니다. 그것은 마르크스 이전에 이미 고전경제학자들, 이를테면 스미스와 리카도가 주장한 바입니다. 마르크스의 통찰이 빛나는 부분은 '실체'에 대한 것이 아니라 '형태'에 대한 것입니다. 마르크스는 고전경제학자들이 '형태' 문제를 너무 소홀히 다루었다고 비판합니다. "정치경제학은 어째서 이 내용이 저런 형태를 취하는가라는 물음을 (…) 한 번도 제기한 적이 없"습니다.[김, 103; 강, 144] 마르크스는 이 문제의 중요성을 환기하고자 긴 주석을 달았습니다.[김, 105, 각주 34; 강, 144, 각주 32] 그에 따르면 고전적 정치경제학의 '근본결함'(Grundmangel) 중 하나는 상품 분석, 특히 상품가치 분석에서 '가치형태' 문제를 끄집어내는 데 성공하지 못했다는 점에 있습니다. 스미스나 리카도 같은 최고 대표자들도 가치형태를 '아무래도 좋은 것'으로 생각해 전혀 신경 쓰지 않았다는 거죠. 이들은 오직 가치량 분석에만 신경 씁니다.

왜 정치경제학자들이 '형태' 문제를 소홀히 했을까요? 뒤에 다시 이야기하겠지만, 이는 자본주의적 가치'형태'가 역사적으로 얼마나 특이한 것인지를 몰랐기 때문입니다. 그들에게는 현재의 '형태'가 아주 자연스러웠던 것이지요. 자본주의적 가치형태를 역사적 형태가 아니라 '영원한 자연형태'(ewige Naturform)로 본 겁니다. 그래서 형태는 분석하지 않고 가치의 양에만 관심을 기울인 것이지요.

상품세계와 물신주의 사회

상품의 신비한 성격과 가치형태 사이에 구체적으로 어떤 관련이 있을까요? 책상을 다시 살펴보겠습니다. 우리 앞에 있는 현물로서 책상에는 별 문제가 없어 보입니다. 책상이 노동생산물이라는 것도 특별할 게 없고요. 우리가 여기에 노동력을 얼마만큼 썼는지 노동시간으로 재보자는 말도 받아들일 수 있죠. 반나절 일거리니 한나절 일거리니 하는 말을 상품사회가 아니어도 쓸 수 있습니다. 책상을 만드는 일이 한 가지 노동이 아니라 여러 노동을 결합해야 하는 것이라는 말도 납득할 수 있습니다. 나무를 자르고 모서리를 다듬고 못을 박고 칠을 하는 등 상이한 노동들을 결합하는 데는 그 무슨 신비한 마법이 필요한 게 아닙니다. 그렇다면 책상이 상품이 되는 순간 생겨난다는 '신비'는 어디서 오는가. 마르크스는 가치가 나타나는 '형태'에 비밀이 있다고 말하는 겁니다. 책상의 가치는 다른 상품의 모습을 하고 책상과 마주하지요. 이른바 '가치대상성'입니다.[김, 93; 강, 134] 감각할 수 없는 가치가 감각적 대상의 형태로 마주 서 있습니다. 가치가 어떤 사물의 모습으로 나타난 것이죠.

노동력의 지출량도 마찬가지입니다. 책상이 상품이 되면 거기 지출된 노동력의 크기를 우리는 다른 노동생산물로 표시할 수 있습니다. 20미터 아마포를 생산하면서 지출한 노동력의 크기를 저고리 한 벌을 생산하면서 지출한 노동력의 크기로 표시할 수 있는 거죠. 게다가 상품들의 교환에서 생산자들의 모습은 감춰집니다. 아마포와 저고리의 관계가 아마포 생산자와 저고리 생산자의 관계를 대신하는 것이죠. 인간들 사이의 관계가 사물들 사이의 관계로 나타나는 겁니다. 우리는 앞서 '가치'가 하나의 '관계', 그것도 '사회적 관계'라는 점을 살펴봤습니다. 그런데 이런 '관계'가 '사물'로 나타나고, '사람들 사이의 사회적 관계'가 '사물들 사이의 사회적 관계'로 나타납니다. 여기서 신비한 일, 망상 같은 게 시작됩니다. 말하자면 '춤추는 책상'이 나타납니다. 왜 이렇게 보이는가. 이것은 일종의 '광학'(光學) 문제입니다. 우리가 어떤 사물을 본다는 것은 그 사물에서 반사된 광선이 우리의 시신경을 흥분시킨 결과물입니다. 어떤 물건이 빨갛다면 그것은 해당 사물에서 나온 빛과 우리 시신경이 맺는 '관계의 표현'이죠. 그런데 우리는 그렇게 생각하지 않습니다. 빨간색을 그 사물 자체의 특성으로 간주해버립니다. 관계의 성격을 사물의 성격으로 착각하는 것이죠. 이것이 물신주의입니다.

이런 예는 많습니다. 예컨대 장애 문제가 그렇습니다. '장애'가 무엇인가는 사회적 '관계'에 달렸습니다. 정신적 혹은 신체적 능력에 대한 사회문화적 편견과 거기 입각해 만들어진 도시의 물리적·사회적 환경이 '어떤 인간'을 장애인으로 만듭니다. 하지만 장애차별적 사회에서는 '장애'를 어떤 인간의 본래적 성질처럼 바라봅니다. 장애를 '지녔기에' 장애인이라고 말입니다. 심지어 비장애인들은 장애인들이 '의존적'이라고 말하며, 장애인은 '의존적 인간'이라고 말하기도 하지요. 하지만 '의존'이라는 것은 관계의 표현입니다. 사람은 살기 위해 누구나 여러 존재에 의존하고 있습니다. 우리 삶은 상호의존적(inter-dependent)이죠. '의존적'이라는 것은 개체의 성격이 될 수 없습니다. 인종주의도 대표적 물신주의 중 하나죠. 유색인이 유색인이 되는 것은 '백인과의 관계 속에서'입니다. 마르크스가 말한 대로 '흑인은 흑인입니다'. 하지만 어떤 사람의 피부색이 문제되는 것, 그 사람의 피부색에 눈길이 가는 것은 사회적 관계의 문제입니다. "너는 유색인이 맞잖아"라고 물리적 사실을 환기하는 것은 아무런 의미도 없습니다. 누군가를 '유색인'으로 규정할 때 그 '유색성'은 해당 인간의 성격이라기보다 해당 사회의 성격입니다. 인종을 통해 작동하는 권력, 즉 인종주의가 피부색으로 '현상'하는 것이죠.

정리하자면 마르크스는 물신주의의 두 가지 면모를 지적했습니다. 관계를 사물로 착각하는 것, 그리고 인간들의 사회적 관계를 사물들의 관계로 착각하는 것 (다시 강조해두자면, 상품은 그 자체로 가치를 갖지 않으며 다른 상품과의 교환비율로 가치를 표현합니다. 하지만 상품들 사이의 관계, 즉 교환비율 역시 그 상품들 사이의 자연적·물리적 관계가 아니라, 해당 상품을 생산한 인간들의 사회적 필요노동과 관계됩니다. 자연은 은행가를 낳지 않고 마찬가지로 가치도 낳지 않습니다). 이 점에서 상품의 가치형태는 물신적입니다. 관계를 사물로 혼동하고 인간들 사이의 관계를 사물들 사이의 관계로 보이게 하니까요. 하지만 이는 자본주의사회가 전형적인 물신주의 사회임을 보여줍니다. 마르크스의 말을 직접 옮기면 이렇습니다. "상품세계의 이 같은 물신적 성격은 (…) 상품을 생산하는 노동에 고유한(eigentumlichen) 사회적 성격에서 나온다."[김, 94; 강, 135]

그런데 마르크스가 말하는 상품 물신주의는 물신주의에 대한 통념과 많이 다룹니다. 일반적으로 물신주의란 특정한 사물에 대한 과도한 집착과 숭배를 가리키니까요. 원시부족의 미개한 신앙이나 성적 정신질환을 가진 사람들의 일탈적 행동을 묘사할 때 이 말을 많이 씁니다. 서구에서 물신주의라는 말이 처음 출현했을 때부터 그랬습니다. '물신'이라는 말의 첫 용례는 샤를 드 브로스(Charles de Brosses)의 『물신숭배에 관하여』Du culte des dieux fetiches(1760)라고 합니다. 드 브로스는 이 책에서 어떤 사물들에 대한 원주민들의 이해할 수 없는 주술적 행동들을 가리키기 위해 그 말을 썼습니다. 아마도 이 책을 읽었을 헤겔은 '물신'(Fetisch)을 아프리카인의 미개와 무능을 보여주는 징표로 삼았습니다[마르크스는 이 책을 읽었는데, 당시 헤겔의 『역사철학 강의』 출간 작업을 하려 했던 에두아르트 간스(Eduard Gans)의 수업에서 소개받지 않았을까 싶습니다].[36] 인식의 출발이라 할 객관성의 정립이 아프리카인들에게는 불가능하다는 거죠. 마법사가 주관적으로, 자의적으로 선택한 사물을 주물로서 숭배하고, 효력이 신통치 않을 때는 그것을 결박하고 구타하고 내다버립니다.[37] 헤겔은 아프리카인들이 이런 주관성과 자의성에서 벗어나지 못하기 때문에 실재적인 것을 인식하지 못한다고 했습니다. 또 이렇게 자폐적 정신에 갇혀 있으니 "운동이나 발전이 없고", 결국 '역사'라는 것을 가질 수 없다고 봤습니다.[38]

그러나 마르크스는 다릅니다. 그는 물신주의가 특정한 상품에 대한 주관적이고 자의적인 집착이 아니라 상품 일반의 객관적 성격이라 말하고 있습니다. 게다가 미개한 원주민이나 성적 정신질환을 앓는 환자의 문제가 아니라 가장 발전된 서구 자본주의의 특징이라 말하고 있습니다. 만약 물신주의를 미개한 신앙이고 정신질환이라 한다면, 우리는 상품과 자본에 대해서도 그렇게 말해야 할 겁니다. 즉 상품과 자본은 우리의 미개한 신앙이고 정신질환이라고 말입니다.

판타스마고리아―그것은 가상이고, 사라지지 않는다

마르크스가 상품의 물신적 성격을 가리키며 사용한 표현 하나가 눈에 띕니다. 상품들의 교환에서 인간들 사이의 사회적 관계가 사람들 눈에는 "물건들 사이의 관계라는 환상적 형태로 나타난다"라고 했는데요. 여기서 '환상적'이라고 옮긴 독일어는 phantasmagorische로, '판타스마고리아적' 형태라는 것입니다. 원어의 뜻을 최대한 살리고 싶은 사람들은 이것을 '마술환등상'이라는 말로 옮깁니다. 이 단어의 앞부분이 환영을 뜻하는 말이고 뒷부분이 마술을 뜻하는 말이거든요.

좀 복잡하게 설명했지만, 사실 '판타스마고리아'는 19세기 런던의 극장들에서 사용했던 장치의 이름이기도 합니다. 1802년에 최초로 상영되었다고 하는데,

환등기로 만든 광학적 환영을 스크린에 투사했답니다. 사람들을 이미지들의 마법에 홀리게 하는 것이죠. 런던에 살던 마르크스는 분명 이 장치를 잘 알고 있었을 겁니다. 상품의 마술적 효과가 극장보다 더 직접적으로 드러난 곳도 있지요. 바로 만국박람회입니다. 어떤 점에서는 만국박람회도 극장이었습니다. 상품 상영 극장이지요. 관람 동선에 따라 나타나는 상품의 이미지들을 우리가 제자리에서 볼 수 있다면 그건 영화관에서 보는 광고 영상과 다를 게 없으니까요. 박람회에 전시된 상품들은 만질 수 없습니다. 앞서도 언급했듯, '보기만 하고 만지지는 말 것', 그렇게 쓰여 있었으니까요. 그렇다면 관객들은 상품의 무엇을 즐겼던 것일까요. 사용할 수 없었으니 사용가치는 아니고요. 다시 발터 베냐민의 말을 빌리자면 박람회는 상품의 교환가치를 비춥니다("교환가치를 배우는 고등학교").

그런데 가난한 노동자들은 상품을 구매할 능력이 있는 사람들이 아닙니다. 그렇다면 박람회에서 그들은 무엇을 즐겼던 것일까요. 상품들의 전시 자체가 어떤 가치, 이를테면 '전시가치'를 지녔는지도 모르겠습니다. 노동자들은 상품들을 순례하면서 그 순례를 즐겼습니다. 환등상 이미지들을 즐기듯 상품들의 이미지를 즐기는 것이죠. 꿈꾸듯 그곳을 거닐고, 그러고는 정말로 자본주의적 잠에 빠져드는지도 모르겠습니다. 마르크스는 이런 판타스마고리아적 형태를 가장 잘 볼 수 있는 곳이 종교라고 했습니다. "비슷한 예를 찾기 위해서는 종교세계의 몽롱한 지대(Nebelregion)로 들어가야 한다"라고 했지요.[김, 94; 강, 135] 언뜻 보면 근대의 경제와 종교는 완전히 다른 영역처럼 보입니다. 전자는 합리적 계산이 지배하는 것 같고 후자는 비합리적인 주술 내지 믿음이 지배하는 것 같으니까요. 하지만 상품 물신주의를 통해 보면 둘은 긴밀히 연관되어 있습니다.

실제로 마르크스는 상품 물신주의와 근대 부르주아지의 종교생활이 상응한다고 봅니다. "생산자 일반이 자기 생산물을 상품과 가치로 취급해, 자신의 개인적·사적 노동을 동질적 인간노동으로 환원함으로써 서로 사회적 관계를 맺는 상품사회에서는, 추상적 인간에게 예배하는 기독교, 특히 그것의 부르주아적 발전 형태인 프로테스탄트교(Protestantismus)와 이신론(Deismus) 등이 가장 적합한 형태의 종교다."[김, 102; 강, 143] 단 한 문장인데 무척 길죠? 노동생산물이 상품이 되는 사회, 사적 노동을 동질적 인간노동, 즉 추상노동으로 환원하는 사회에서는 종교가 프로테스탄트교나 이신론 형태를 취하게 된다는 것입니다. 프로테스탄트교는 구체적 개별 인간이 아니라 추상적 인간을 섬기고, 이신론은 신의 존재를 합리적으로 해명하고자 합니다. 추상적이고 보편적이며 합리성의 외양을 가진 종교 형태가 나타난다는 거죠. 하지만 어떻든 이것도 종교이고 신앙입니다.

마르크스는 소위 원시적 물신주의와 고대의 '자연종교'(Naturreligionen) 및 '민중종교'(Volksreligionen) 그리고 근대의 상품 물신주의와 프로테스탄트교 및 이신론 사이에 어떤 비례 관계를 설정합니다.[김, 103; 강, 143] 앞에서 나는 원시적 물신주의가 특정 대상들에 대한 집착과 숭배라는 점에서 마르크스가 말한 상품 물신주의와는 다르다고 했습니다. 상품 물신주의는 특정 상품이 아니라 상품 일반에 내재한다고요. 둘 중 어느 것이 진정한 물신주의인가를 따질 필요는 없을 겁니다. 물신주의의 다른 형태들을 우리가 보고 있는 것이라고 말하는 편이 낫겠습니다.

마르크스는 여기서 고대의 생산유기체들(Produktionsorganismen)과 부르주아 사회의 생산양식을 비교하는데요. 고대 생산유기체들은 단순하고 투명했지만 "개인이 자기와 동료들 사이의 탯줄(Nabelschnur)을 아직 끊지 못했다"라고 했습니다.[김, 103; 강, 143] 즉 서로에 대해 충분히 타인이 되지 못한 겁니다. 사람들의 관계는 가족이나 신분, 공동체가 그렇듯 직접적이고 제한적입니다. 매개를 필요로 하지 않지요. 일반적 등가물 같은 것이 별도로 필요 없습니다. 이런 곳에서는 사회적 관계, 즉 공동체가 해체되고 서로가 낯선 타인으로, 개인으로 존재하면서 형성되는 인간관계가 만들어질 수 없습니다.

마르크스는 고대적 인간관계를 지칭하기 위해 'Befangenheit'라는 표현을 썼는데요.[김, 103; 강, 143] 이것은 좁은 울타리 안에 갇혀 있다는 의미에서 인간관계의 '협소함'을 의미합니다만 어떤 것, 어떤 생각에 '갇혀 있음' 내지 '사로잡힘'이라는 뜻도 있습니다. 그는 이 '협소함', '사로잡힘'이 고대의 종교에도 반영되어 있다고 했습니다. 대체로 고대의 신들은 어떤 종족의 신이었습니다. 조상이 신으로 변형된 경우가 많았지요. 마르크스의 '탯줄' 비유를 공동체 성원들 사이만이 아니라 조상과 후손, 신과 인간 사이에도 쓸 수 있습니다. 고대의 신들을 보면 해당 종족과의 '탯줄을 아직 끊지 않고' 있지요. 구약에 나오는 야훼도 마찬가지입니다. 그는 이스라엘의 신입니다. 이스라엘인들만을 배타적으로 사랑하는 신이죠.

바울의 종교인 기독교는 다릅니다. 기독교의 신은 특정 종족, 특정 민족의 신이 아닙니다. 탯줄이 끊기는 거죠. 신은 인류의 신입니다. 게다가 기독교의 근대적 형태인 프로테스탄트교에 이르면, 신 앞에서 인간은 모두 똑같아집니다. 교황의 자리, 사제의 자리 같은 특별한 자리가 없습니다. 모두가 동일한 인간들입니다. 단순한, 평범한, 평균의 인간들이죠. 앞에서 우리가 사회적 인간이라 부른, 그런 통계적 인간이 프로테스탄트교에 상응합니다. 그렇다고 신앙이 사라진 것은 아닙니다. 보편화되고 합리성의 외양을 갖추게 되지만 여전히 신앙은 신앙입니다. 도시의 한복판에 있던 교회가 각 가정으로, 각 개인의 마음으로 들어간 것뿐이지요. 이런 점에서도 상품 물신주의를 지칭하고자 마르크스가 '판타스마고리아'라는 말을 선택한 것은 절묘합니다. '판타스마고리아'에 들어 있는 말, '판타스마'(phantasma)는 '환영' 내지 '환상'으로 옮길 수 있는 그리스어로 고대 그리스에서는 '유령'을 뜻하기도 했으니까요.[39]

상품과 관련해 종교는 단순한 비유 그 이상입니다. 마르크스가 종교를 참조한 것은 둘 사이의 겉보기 유사성 때문이 아닙니다. 오히려 겉보기에는 둘이 전혀 다릅니다. 마르크스에 따르면 상품은 '그냥 보면' 평범한 물건입니다. 그런데 '분석을 해보면' 그것의 신학적 면모가 드러납니다. 우리는 상품을 분석했을 때에야 거기에 신학적인 무언가가 있다는 것을 알게 됩니다("신학적 변덕으로 가득 찬, 매우 기묘한 물건"[김, 91; 강, 133]). 이 신학적 무언가는 상품 바깥에서 개입하는 것이 아니라 상품 안에 있는, 상품의 내적 규정입니다. 제1절에서도 그랬습니다. 마르크스는 상품의 '가치'를 설명하면서 말했지요. 상품으로부터 우리가 눈으로 볼 수 있는 것, 즉 감각 가능한 모든 성질들을 제거했을 때 '남는 것'이 있다고. 이 '남는 것'을 볼 수 있다면 우리는 '가치'를 보는 겁니다. 물론 감각하는 눈으로는 그것을 볼 수 없습니다. 분석을 통해, 사유를 통해 보는 겁니다. 상품 A의 가치가 표현된 상품 B에서 우리가 분석을 통해 보는 것은 물리적 속성이 아닙니다. 상품 B의 몸을 빌려 나타난 것은 상품 A의 '가치'이지요("유령적 대상성").

그런데 제1절에서 상품의 '가치'를 설명하는 데 사용한 '유령'(Gespenst)이라는 말이 제4절에서 상품 물신주의를 설명하며 사용한 '판타스마고리아'라는 말에 실려 재등장한 겁니다. 이는 물신주의의 환영이 상품소유자나 소비자의 주관적 착각에서 비롯된 것이 아님을 말해줍니다. '춤추는 책상'은 내가 잘못 본 것이 아닙니다. 이 점에서 상품 물신주의를 상품의 소유나 사용에서 나타난 애착 같은 것으로 봐선 안 됩니다. 상품소비사회에 대한 문화적 비평에서 흔히 보는 그런 문제가 아니라는 겁니다. 상품 물신주의는 소비자의 문제이기 이전에 상품 자체의 문제입니다. 상품의 규정 자체에서 나오는 것이니까요. 우리는 도심의 자투리 땅이 아파트 두 채로 보이는 것을 멈출 수가 없습니다. 그 아파트가 거주공간이 아니라 몇 억짜리 돈으로 보이는 것을 멈출 수가 없습니다. 이런 게 단순히 누군가의 속임수라거나 주관적 공상이라면 과학을 통해 바로잡을 수 있습니다. 하지만 마르크스가 분명히 말하듯 과학으로는 상품 물신주의를 없앨 수 없습니다. 그는 "노동의 사회적 성격이 대상적으로 나타나는 가상[대상적 가상, gegenstandlichen Schein]을 결코 몰아낼 수 없다"라고 했지요.[김, 96; 강, 137] 설령 상품의 가치가 실제로는 그것을 생산하는 데 지출한 인간노동의 물적 표현일 뿐이라는 점을 알아냈다 하더라도 그런 가상이 사라지지는 않는다는 이야기입니다.

물에 넣은 젓가락이 구부러져 '보이는' 이유를 알고 난 후에도 물속의 젓가락은 우리 눈에 여전히 구부러져 보입니다. 가을 하늘이 높아 보이는 이유를 알고 난 후에도 가을 하늘은 여전히 높아 보이지요. 물리적 환경에 변화가 없는 한 말입니다. 사회적 환영도 마찬가지입니다. 과학이 말해주는 것은 왜 현실이 그렇게 우리에게 나타날 수밖에 없는가입니다. 거듭 말하지만, "물신주의는 주관적 현상도, 현실에 대한 그릇된 지각도 아"닙니다. 이것을 없애려면 이것을 낳는 "사회적 관계를 제거"해야 합니다.[40] 한마디로 상품사회, 자본주의 생산양식이 지배하는 사회를 극복해야 합니다.

자본주의는 역사적으로 특정한 생산양식일 뿐

『자본』 제1장의 마지막 부분에서 마르크스는 상품의 신비한 성격, 즉 상품 물신주의가 자본주의 생산양식이 지배하는 사회에 '고유한' 것임을 다시 한번 힘주어 말합니다. 물신주의만이 아닙니다. 정치경제학의 여러 범주들이 "역사적으로 규정된 일정한 사회적 생산양식"으로서 자본주의를 전제하고 있습니다.[김, 99; 강, 139] "현실의 사회적 관계를 반영하는 한에서는" 정치경제학의 진술이 객관적 사유라고 말할 수 있을지도 모르지만, 그럼에도 이런 사회적 관계가 역사적으로 특정한 것임에 유의해야 합니다. 마르크스는 이 부분을 프랑스어판 서문(1872)에서 이렇게 적었습니다. "부르주아 경제학의 범주들은 현실의 사회적 관계를 반영하는 한에서 객관적 진리를 가진 사고형태이지만, 이들 사회적 관계는 (…) 특정한 역사시대에만 속한다."[김, 99, 역주] 그런데 곧이어 쓴 제2독일어판에서 '객관적 진리를 가진 사고형태'라는 표현을 '객관적 사고형태'라는 말로 바꾸었습니다. '진리'라는 말이 행여 초역사적 냄새를 풍길까 우려했던 것이지요. 그만큼 마르크스는 과학의 역사성을 강조했고, 그 이전에 그 과학이 다루는 현실의 역사성을 강조했습니다(앞 장에서 언급한 '과학의 역사성'을 환기해주세요).

『자본』 제1장을 열면서 나는 첫 문장을 꽤나 길게 분석했습니다. "자본주의 생산양식이 지배하는 사회"라는 첫 구절을 특히 강조했고요. 이 구절은 '자본주의 생산양식이 지배하는 사회'가 역사적으로 특정한 사회라는 함의를 갖습니다. 그래서 『자본』의 이후 논의는 역사적으로 특정한 생산양식을 전제하고 전개되며, 다른 생산양식이 지배하는 사회에서는 전혀 다를 것임을 암시합니다. 그런데 마르크스가 제1장을 마치면서 다시 자본주의 생산양식의 역사성을 강조하는 것이 인상적입니다. 그만큼 중요하다는 거겠죠. 자본주의의 역사성에 대한 강조는 최소한 두 가지 효과를 갖습니다. 하나는 자본주의가 자연적 체제, 인간본성에 부합하는 체제라거나 자본주의가 가장 발전된 형태로서 영원할 것이라는 주장을 기각하게 해줍니다. 그리고 또 하나는 우리에게 다른 사회형태와 다른 생산양식의 사회가 가능하다는 생각을 갖게 합니다. 즉 자본주의를 역사의 '이행' 속에서 바라보게 하죠. 과거적 기원에서도, 현재적 영원성에서도, 미래적 목적에서도 자본주의를 몰아내는 겁니다.

물신주의 논의를 정리하면서 마르크스는 이제까지 이야기한, 상품을 둘러싼 모든 신비들은 "우리가 다른 생산형태로 이행하자마자 곧 사라져버린다"라고 말합니다.[김, 99; 강, 139] 그러면서 비자본주의 생산양식에서는 이런 신비가 존재할 수 없는 이유를 설명합니다. 첫 번째로 든 예는 로빈슨 크루소입니다.[김, 99; 강, 139] 교환이 없는 자급자족적 생산의 예인데요. 사실 로빈슨 크루소 같은 이야기는 정치경제학자들이 아주 좋아합니다. 자급자족하는 인간을 좋아한다는 게 아니고요. 문명의 영향이 차단된 어떤 자연적 인간을 상상하기 좋아한다는 말입니다. 물리학에 빗대어 말하자면 일종의 사회적·문화적 진공상태를 가정하는 거죠. 그러면 자본주의적 삶이 역사와 상관없이 인간본성에서 나오는 것처럼 묘사할 수가 있으니까요.

대개 이런 식입니다. 우리는 삶에 필요한 모든 것을 조달할 수가 없다, 그래서 자신의 소질이나 환경에 따라 특정한 재화를 만들 수밖에 없고(일종의 자연분업이죠), 나머지 재화들은 교환을 통해 충당할 수밖에 없을 것이다, 그런데 교환을 하다 보면 이러저런 불편을 겪는데, 이를테면 '욕구의 우연적 이중일치' 문제 같은 게 생긴다, 나는 어부로서 물고기를 가지고 있고 사냥꾼으로부터 사슴가죽을 얻고 싶은데 문제는 그 사냥꾼이 물고기를 원할 것이냐, 둘의 욕구가 우연히 맞아떨어지기란 대단한 행운이 아니면 쉽지 않을 것이다, 그래서 누구에게나 필요한 보편적 재화(쌀 같은 것 말입니다)를 필요할 때마다 모아 교환의 일반적 등가물로 쓰려고 한다, 바로 이것이 화폐의 기원이다…. 경제학 교재에 흔히 나오는 화폐의 기원에 대한 설명입니다.

자본주의사회를 살아가는 우리 생각에는 아주 그럴듯한 전개이지만 역사적으로나 인류학적으로나 이런 전개를 확인하기는 쉽지 않습니다. 오히려 반례가 더 많지요. 이른바 원시사회나 고대사회에서는 개인들이 생존을 위해 자유롭게 돌아다니는 경우가 별로 없습니다. 마르크스도 『자본』 제1장 끝부분에서 슬쩍 언급하는데요, 이런 상업적 교환은 공동체 안에서는 거의 생겨나지 않고 공동체와 공동체 사이에서, 부족과 부족 사이에서, 그러니까 개인이 아니라 집단적으로 이루어집니다.[김, 103; 강, 143] 생존을 고민하는 단위가 개인이 아니라는 이야기죠.

이렇게 본다면 스미스나 리카도가 재화를 교환하는 자연적 인간을 가정할 때 그들은 사실 당대의 자본주의적 심성을 가진 인간을 원시적 환경에 던져놓은 것뿐입니다. 몸을 가리려고 나뭇잎을 의복처럼 둘렀을지언정 그 심성은 자본주의적인 사람들이라는 말입니다. 마르크스는 로빈슨 크루소식 이야기를 펼치는 리카도에게 이렇게 말하고 있습니다. "리카도는 원시적 어부와 원시적 사냥꾼을 상품소유자로 만들고, 물고기와 짐승을 그들의 교환가치에 대상화되어 있는 노동시간에 따라 교환되게 한다. 이때 그는 원시적 어부와 원시적 사냥꾼이 1817년 런던 증권거래소에서 통용되고 있는 연금계산표에 의거해 자기들의 노동도구의 가치를 계산한다는 시대착오에 빠지고 있다."[김, 99, 각주 31; 강, 139, 각주 29]

왜 로빈슨은 자본주의가 자연적·본성적·필연적 사회형태라는 점을 증명하지 않고 그 반대를 증명하는가. 왜 여기에는 상품의 신비한 성격이 존재하지 않는가. 로빈슨의 생산활동을 살펴볼까요. 아무리 검소하다 해도 그의 생활에는 꽤 많은 것이 필요합니다. 그는 수렵·어로·경작 등의 활동을 위해 도구를 만들어야 할 겁니다. 사냥꾼, 어부, 농사꾼만으로는 안 됩니다. 그는 목수도 되어야 합니다. 가구를 제작해야겠지요. 도구 제작만 하는 게 아닙니다. 실제로 가축을 잡아 길들이고 물고기를 잡아 요리해야 하며 작물을 심고 길러야 합니다. 온갖 종류의 유용노동이 필요하겠지요. 그는 질적으로 다른 다양한 노동들을 수행하지만 모두가 동일한 주체, 즉 자신이 행한 활동의 여러 형태라는 것을 압니다. 그래서 어떤 일에 어느 정도의 시간을 할애해야 하는지, 어느 정도의 수고가 드는지 계산하고 배분할 수 있습니다. 각 생산물을 얻는 데 필요한 평균적 노동시간을 계산할 수도 있고요. 한 인간이 모든 활동을 수행한다는 점만 빼면 자본주의에서 이뤄지는 노동과 언뜻 비슷해 보입니다. 그러나 여기에는 신비한 무언가가 생겨날 여지가 없습니다. 생산자가 생산물과 맺는 관계가 직접적이며 복잡할 게 없습니다. 낮에 잡은 물고기와 저녁에 요리한 감자볶음의 관계가 로빈슨이라는 생산자를 대신할 이유도 없지요.

두 번째 예는 중세 유럽의 농촌입니다.[김, 100; 강, 140] 여기는 어떨까요. 로

빈손은 혼자였으니까 물신주의가 끼어들 여지가 없었고, 애초에 교환이라는 것 자체가 없었습니다. 그렇다면 중세 유럽에서는 이게 가능할까요. 농노와 영주, 가신과 제후, 속인과 성직자 등의 인격적 예속관계가 존재하는 경우죠. 앞서 말한 바 있는 신분제사회라고 할 수 있습니다. 여기서는 노동생산물이 어떤 신비한 성격을 가질 수 있을까요? 중세 유럽에서 농노들은 영주를 위해 노동도 해야 하고 노동생산물도 바쳐야 합니다. 농노의 노동은 '부역'(Naturaldienste) 형태로 지불되고, 생산물은 '공납'(Naturalleistungen) 형태로 지불됩니다. 이때 노동은 추상노동이 아니고 생산물은 상품이 아닙니다. 여기서는 "노동의 특수하고 자연적인 형태가 직접적으로 사회적 형태"가 되는 거죠. 농노는 영주의 밭에 가서 직접 노동해야 합니다. 여기서도 지출된 노동량을 시간으로 잴 수 있습니다. 이를테면 하루 중 '한나절'은 영주의 밭에서 일해야 한다는 식으로요. 하지만 신비한 것은 아무것도 없습니다. 농노는 영주를 위해 자신이 얼마만큼을 지불하고 있는지, 달리 말하면 얼마만큼을 착취당하는지 정확히 아니까요. 내 밭이 아니라 영주 밭에서 일하는 시간만큼이죠. 물건들의 '관계'로 이런 게 위장되지 않습니다.

세 번째 예는 공동체나 부족, 고대국가들에서 볼 수 있는 집단노동의 경우입니다.[김, 101; 강, 141] 로빈슨은 혼자 해결했지만 이 경우는 부족 전체가 그렇게 생산하고 소비한다고 생각하면 됩니다. 결론적으로 이 경우에도 노동생산물에선 '신비한 성격'이 발생하지 않습니다. 구성원들이 서로 다른 노동들을 통해 다양한 생산물을 만들어냅니다만 이 생산물들은 상품들로 기능하지 않습니다. 노동시간의 배분이나 노동생산물의 배분은 구성원의 성과 연령 등을 고려하고, 계절 등 자연조건의 변동을 고려하면서 이루어집니다. 시장에서 상품교환이라는 형태로 이루어지는 게 아니라는 말입니다. 실제로 고대 페르시아 제국에는 시장이 없었다고 합니다. 그 대신 거대한 창고가 있었지요. 여기서 공동의 생산물을 나름의 규칙에 따라 배급했다고 하는데요. 이런 곳에서는 상품도, 추상노동도, 상품 물신주의도 존재하지 않습니다.

———————— 자유로운 개인들의 연합—"기분전환을 위해" ————————

네 번째 예는 조금 특별합니다. 비자본주의 생산양식 중 지금껏 역사적으로 존재하지 않은 형태에 대한 것인데요. 마르크스는 이 사회형태를 언급하며 "기분전환을 위해"(zur Abwechslung)라는 말을 덧붙였습니다. 자본주의 생산양식은 물론이고 비자본주의 생산양식의 예로 든 세 가지 사회형태도 썩 좋은 사회형태라고는 할 수 없었죠. 자본주의와는 다른 사회형태에 살고 싶다고 해서 신분제사회에 살고 싶다는 뜻은 아닐 테니까요. 그런데 이 네 번째 사례에는 마르크스의 소망이 담겼다고 할 수 있습니다. 그는 이 사회형태의 이름을 일단 '자유로운 개인들의 연합'(Verein freier Menschen)이라고 붙였습니다.[김, 102; 강, 142]

마르크스는 "여기서는 로빈슨 크루소적인 노동의 모든 특징들이 다시 나타"난다고 말합니다. 아침부터 저녁까지 로빈슨이 수행한 개별 노동들이 하루 총노동을 이루듯 개인들의 노동은 총노동의 부분을 이룹니다. 개인이 생산에 지출한 노동시간은 시장의 교환을 통해 사회적으로 인정받는 시간이 아닙니다. 그가 직접 노동한 시간이 그대로 총노동시간의 부분이 됩니다. 자본주의 생산양식 아래서는 어느 노동자가 어떤 물건을 생산하는 데 열 시간이 걸렸는데 다른 노동자들이 다섯 시간밖에 걸리지 않았다면 열 시간을 일했어도 열 시간을 다 인정받을 수 없습니다. 그러나 이 새로운 사회형태에서는 그렇지 않습니다. 로빈슨의 경우와 마찬가지로 개별 노동이 그대로 전체 노동의 부분이 됩니다. 여기서는 몇 시간 일했는지 증명하는 증명서를 발급받아요. 계산이 명확합니다. 신비한 게 없습니다. 로빈슨의 경우와 차이가 있다면 노동생산물을 혼자 생산한 게 아니라는 점이지요. 이 새로운 사회형태에서는 총생산물이 '개인적 생산물'이 아니라 '사회적 생산물'입니다. 이 점에서 보면 세 번째 경우, 즉 공동체나 부족 혹은 고대국가들의 경우와 닮은 점이 있습니다. 전체 생산물 중 다음 생산을 준비하기 위해 비축해야 하는 부분을 제외하고 모든 구성원이 함께 소비한다는 점도 같습니다. 하지만 여기에는 '자유로운 개인들'이 없지요. 전체적으로 가부장제적·신분제적 요소가 강하고(그러므로 분배가 서열과 신분에 따라 차등적이겠지요), 그렇지 않더라도 전체가 단일한 유기체처럼 되어 개인들이 자유로울 수가 없습니다. 노동은 사회적으로 조직되지만 '자유로운 개인들의 연합'이라 할 수가 없습니다.

그렇다면 자유로운 개인들의 연합에서는 생산물을 어떻게 분배할까요. 마르크스는 "분배방식은 사회적 생산조직의 특성에 따라, 그리고 생산자들의 역사적 발전 수준에 따라 변할 것"이라고 했습니다.[김, 102; 강, 142] 그러면서 일단은 각자 노동에 참여한 시간에 따라 분배하는 것을 가정합니다. 마르크스에 따르면 여기서 노동시간은 이중의 기능을 수행하는데요. 하나는 이 연합 내의 다양한 필요를 충족하기 위한 작업량 비율을 설정하고 계획하는 계산 단위가 되겠지요. 그리고 다른 하나는 각 개인에게 분배할 몫을 정할 기준이 됩니다. 총생산물 중 사회전체적으로 공제해야 할 부분을 제외하고는 직접 노동한 시간에 따라 생산물을 분배한다는 겁니다. 그러면 생산만이 아니라 분배도 아주 "단순하고 투명"해진다고 했습니다.[김, 102; 강, 142~143] 『자본』에서는 '자유로운 개인들의 연합'에 관한 이야기가 이렇게 '기분전환' 수준에서 끝납니다. 마르크스의 말처럼 여기서는 상품 물신주의가 생겨날 여지가 없어 보입니다. 각 사람의 노동시간을 알 수 있으니 전체 노동시간에 대한 비율만큼 생산물을 나누면 되겠지요. 이것은 자본주의사회 생산자들의 '무지 속 행동'과 대비됩니다. 자본주의사회에서 생산자들은 자신들이 알지도 못하고 통제할 수도 없는 메커니즘의 지배를 받지요. 예수가 자신을 십자가에 못 박은 무지한 백성들을 용서해달라며 신께 기도했던 말 그대로입니다. 마르크스는 똑같은 말을 자본주의사회 생산자들에게 합니다. "저들은 자신이 행한 것을 알지 못하나이다"(Sie wissen das nicht, aber sie tun es).[김, 96; 강, 137]

반면에 자유로운 개인들의 연합에서는 사회적인 것과 관계할 때 신비한 우회로를 필요로 하지 않습니다. 다른 상품, 더 나아가 화폐 같은 매개를 필요로 하지 않습니다. 총노동과 개별노동의 관계가 직접적입니다. 전체 노동시간은 개별 노동시간의 산술적 합이고, 개별 노동시간은 전체 노동시간의 산술적 부분입니다. 해당 노동량을 입증하는 증서를 가지고 소비수단의 저장소에 가서 그 노동량에 해당하는 노동생산물을 가져오면 됩니다. 매개적이고 무지하며 신비한 사회성은 직접적이고 의식적이며 계획적인 사회성으로 바뀝니다. 마르크스는 이렇게 되면 상품 물신주의가 사라질 것이라고 봤습니다. 아니, 물신주의 일반이 사라지리라 본 것 같기도 합니다. 물신주의를 염두에 두어선지 그는 '투명성'을 지나치다 싶을 만큼 강조합니다. 현실세계에 대한 종교적 반영은 "인간과 인간 사이, 인간과 자연 사이의 일상생활의 실질적 관계가 완전히 투명하고 이성적인 관계로 나타날 때" 사라질 것이고, "사회적 삶의 과정, 즉 물질적 생산과정의 형태는 자유로운 그리고 사회화된 인간(frei vergesellschafteter Menschen)들이 의식적이고 계획적인 통제 아래서 생산할 때 그 신비한 베일을 벗을 것"이라고 합니다.[김, 103; 강, 143]

─── 두 가지 의문 ───

'자유로운 개인들의 연합'은 상품 물신주의가 자본주의라는 역사적 사회형태에 고유한 것임을 지적하려고, 그리고 우리에게는 다른 생산양식, 다른 사회형태가 가능하다는 것을 말하려고 스치듯 가볍게 꺼낸 이야기였습니다. 전체 내용이 한 쪽 정도밖에 안 됩니다. 그럼에도 그냥 넘어가기에는 뭔가 찝찝함이 남습니다. 물론 『자본』의 목적이 '자유로운 개인들의 연합'에 대한 구상을 밝히는 데 있는 건 아닙니다. 그래도 일단 이야기를 꺼내놓은 이상 궁금증이 생깁니다. 이 논의와 관련해 나는 두 가지를 언급해두고자 합니다.

하나는 '자유로운 개인들의 연합'에서도 어떤 '척도'에 따라 노동량을 정하고 생산물을 분배한다는 점입니다. 가치 계산이 투명해졌는지는 몰라도(해당 척도로 노동량을 정확히 잴 수 있는지도 따져볼 대목은 있습니다만), 마르크스가 언급한 이 새로운 사회형태에서도 생산활동을 하나의 잣대로 재단하고 그에 따라 분배를 하는 것 같습니다. '자유로운 개인들'이라는 말에 밴 뉘앙스와 달리 사회적으로 할당된 노동을 획일적 기준에 따라 수행하는 건 아닐까 의심도 들고요. 마치 국가가 시민들을 모두 노동자로 고용하고는 일한 만큼 급료를 지불하는 것처럼 보이기도 해요. 그렇다면 '자유로운 개인들의 연합'이란 그저 양적 착취가 없는 노동사회인 것일까요?

우리는 1873년에 나온 『자본』의 제2독일어판에 실린 내용을 가지고 이야기하고 있습니다만, 1875년에 쓴 「고타강령 비판」*Kritik des Gothaer Programms*이라는 텍스트에는 조금 더 상세한 내용이 들어 있습니다. 이 글은 1875년 5월, 고타에서 열린 '사회민주주의노동자당'과 '독일사회주의노동자당'의 통합 전당대회를 위해 만들어진 강령의 초안에 대해 마르크스가 신랄하게 비판을 가한 것으로, 여기서 마르크스는 '자유로운 개인들의 연합'에서 이루어지는 생산과 분배 문제를 이야기합니다. 그리고 '자유로운 개인들의 연합'이라는 말 대신 '공산주의'라는 말을 쓰고 있습니다.[41] 그런데 마르크스는 방금 살펴본 것과 비슷한 내용을 언급한 뒤 "이 같은 진보에도 불구하고 그 평등한 권리에는 아직도 부르주아적 제한이 들러붙어 있다"라고 말합니다. 또한 그는 여기서 말하는 공산주의사회가 "자기 기초에서 발전한 그런 공산주의사회가 아니라 자본주의사회에서 생겨난 공산주의사회"이며 "그 모태인 낡은 사회의 태반이 모든 면에서, 즉 경제적·윤리적·정신적으로 아직도 들러붙어 있는" 그런 사회임을 고려해야 한다고도 했습니다.[42]

마르크스가 말한 '부르주아적 제한'이란 이런 겁니다. 생산자의 권리를 그가 제공한 노동량에 비례하게 한다는 것, 노동을 평등의 척도로 삼는다는 것. 확실히 자본주의사회에서도 종종 나오는 이야기죠. 일한 만큼 받아가라는 것 말입니다. 물론 정말로 일한 만큼 주지는 않지만요. 어떻든 공산주의사회라면서도 생산자의 권리가 노동량과 비례하는 것은 좀 찝찝합니다. 마르크스는 이것이 부르주아사회, 자본주의사회에서 생겨나는 공산주의가 갖는 과거의 잔재라고 말하는 것 같습니다. 하늘에서 떨어진 공산주의가 아니라 자본주의에서 이행한 공산주의라고요.

마르크스는 척도의 문제도 인정합니다. 노동시간만 가지고 노동량을 정확히 잴 수는 없습니다. 노동강도의 문제도 있을 것이고 개인마다 소질 등이 다를 테니까요. 평등이라는 이름으로 이런 것들을 획일적 척도로 재버리면 평등이 실상은 불평등이 되고 맙니다. 게다가 노동사회의 문제가 남습니다. 마르크스는 다양한 개인들을 하나의 관점, 무엇보다 노동이라는 관점에서만 보면 사람들을 한 사람의 '노동자로서만' 간주하게 된다고 했습니다. 다른 면모를 보지 않게 되지요. 개인을 노동자로서만 파악하고, 그가 결혼을 했는지 하지 않았는지, 자식은 얼마나 있는지, 어떤 스타일의 삶을 사는지에 대해서는 전혀 고려하지 않지요.

이런 언급을 보면 마르크스가 '기분전환을 위해' 『자본』에서 짧게 기술한 내용이 '자유로운 개인들의 연합'의 참모습이라고 볼 수는 없을 것 같습니다. 그는 말합니다. "이런 폐단은, 오랜 산고 끝에 자본주의사회로부터 방금 생겨난 공산주의사회의 첫 번째 단계에서는 불가피한 것"이라고요. 그러면서 공산주의가 더 높은 단계로 나아가면 달라야 한다고 말하지요. 개인들이 사회적으로 할당된 분업에 종속되는 그런 예속에서 벗어난 뒤, 그리고 정신노동과 육체노동의 대립이 사라진 뒤, 노동을 생활수단을 얻기 위해서만이 아니라 그 자체로 일차적 삶의 욕구가 된 뒤에[노동이 먹고사는 문제가 아니라 자기 발전을 위한 훈련이자 능력의 계발이 되는 활동이 된 뒤에], 개인들의 전면적 발전과 더불어 생산력이 성장하고[개인의 다면적 발전이 그 자체로 사회적 생산력이 될 때] 조합적 부가 풍요롭게 넘쳐날 때, 그때 비로소 부르주아적 권리의 편협한 한계에서 벗어날 것이라고 했습니다. 그러면서 다음과 같은 유명한 문구를 공산주의사회의 표어로 제시하지요. "각자는 능력에 따라, 각자에게는 필요에 따라!"[43] 저마다 능력껏 일하고 자기 삶에 필요한 만큼을 가져가는 사회가 '자유로운 개인들의 연합'이라는 것입니다.

'자유로운 개인들의 연합'에 대한 첫 번째 의문이 노동사회에 대한 것이었다면 두 번째 의문은 탈주술사회에 대한 것입니다. 첫 번째 의문에 대한 이야기가 너무 길어졌기에 두 번째 의문은 간단히 언급하겠습니다. 상품의 신비한 성격, 즉 물신주의에 대한 비판 때문인지 마르크스는 '자유로운 개인들의 연합'을 아주 '투명한'(durchsichtig) 사회로 그리고 있다고 앞서 나는 말했습니다. 사물들로부터 환영적 성격, 주술적 성격을 완전히 몰아내려 했지요. 그는 "인간과 인간 사이, 그리고 인간과 자연 사이의 일생생활의 실질적 관계가 완전히 투명하고 이해할 수 있는 형태"로 나타나는 사회를 그립니다. 그러면서 '자유로운 개인들의 연합'에서는 "신비의 베일이 벗겨"질 것이라고 했습니다.

그러나 투명한 사회가 좋은 사회일까요? 나는 투명사회에 대한 열망이 전체주의적 권력의 욕망이라는 생각을 할 때가 많습니다. 사람들을 옭아매는 온갖 신화가 넘쳐나고 베일 뒤의 협잡과 음모가 판치는 사회에서 살아왔던 우리는 꽤 오랫동안 투명사회를 민주주의의 지향처럼 생각해왔습니다. 하지만 요즘 나는 세상의 모든 사람과 모든 일을 완벽하게 파악하려는 열망은 완전한 지배라는 권력의 꿈과 연결되어 있지 않나 하는 생각을 합니다.

꼭 정치적 문제가 아니더라도, 사물들에 아무런 신비도 없는 사회가 좋은 사회인지는 모르겠습니다. 사물들로부터 베일을 걷어낸다고 할 때 우리에게 나타나는 것은 무엇일까요. 교환가치가 사라지고 사용가치만이 남게 될까요. 사물의 사용가치가 사물의 참모습일까요. 사물의 사용가치는 투명한 것일까요. 사실 마르크스가 노동생산물과 관련해 아무런 신비도 없다고 말했던, 비자본주의 생산양식이 지배하는 사회에서도, 사물들이 사람들에게 아무런 신비함도 없이, 그저 투명하게 나타나는 것은 아닙니다. 사물에 대한 태도가 미신과 과학, 주술과 이성으로 명쾌하게 나뉠 수 있는지, 또 그런 것이 바람직한지 생각해볼 필요가 있습니다. '자유로운 개인들의 연합'에서 상품 물신주의, 즉 상품에 깃든 유령으로서 '가치'는 사라지겠지만, 그것이 '탈주술적 이성사회'라는 이상을 구현하는 사회여야 하는지는 잘 모르겠습니다.

이런 생각을 해봅니다. 유령의 자본주의적 형태가 있다면 유령의 공산주의적 형태도 있을 수 있지 않을까. 혁명의 대상이 아니라 혁명의 동반자 유령도 있을 수 있지 않을까. 사물에 대한 죽은 이미지를 가진 유물론이 아니라 "사물을 살아 있게 만드는 방법"을 아는 유물론, 앤디 메리필드(Andy Merrifield)의 책 제목을 빌리자면 '마술적 마르크스주의' 같은 것도 있지 않을까,[44] 이런 생각 말입니다(나는 부록에 마르크스의 '외투' 이야기를 적어두었는데요, 그가 교환가치 즉 돈을 얻기 위해 뻔질나게 전당포에 맡겼던 외투의 사용가치가 체온 유지만은 아니었다는 것을 알 수 있을 겁니다. 외투는 체온 말고도 유령 같은 무언가를 지켜줍니다. 그리고 그것이 우리에게 무언가를 불러일으킵니다).

────── 자기 시대를 비판할 수 있을 때 비로소 역사가 보인다 ──────
'자유로운 개인들의 연합'이라는 말이 주는 영감 때문에 이야기가 옆길로 샜습니다. 사실 내게는 '자유로운 개인들의 연합'이라는 말보다 '기분전환을 위해'라는 말이 더 인상적이었답니다. 이 표현을 처음 보았을 때 난 웃음을 터뜨렸어요. 말 자체만으로도 기분이 좋아졌다고 할까요. 무슨 이런 책, 이런 글쓰기가 있을까 싶었습니다. 책 중간에 돌출한 '기분전환'!

사실 이건 완전히 당파적인 선물입니다. '기분전환을 위해'라는 말은 그 전에 이루어진 논의가 기분을 침울하게 만들었다는 뜻이기도 하잖아요. 자본주의사회의 부와 상품, 가치, 물신주의에 기분이 침울해진 사람들, 그래서 '자유로운 개인들의 연합'에 대한 이야기로 잠시나마 기분전환이 될 수 있는 사람들은 누구일까요. 부르주아지에게 기분전환이 되지는 않겠죠. 그러니까 이 단락은 자신의 독자이면서 동지인 사람들, 그러니까 노동자들, 프롤레타리아트에 대한 저자의 작은 배려이자 선물인 셈입니다. 원래 '자유로운 개인들의 연합'을 포함해 위의 네 가지 사례는 모두 자본주의 생산양식이 지배하지 않는 사회형태로 제시된 것입니다. 이는 자본주의가 역사적으로 매우 특수한 사회형태이며, 상품 물신주의, 아니 그 이전에 상품이라는 것 자체가 이런 역사적 형태에 고유한 것임을 보여줍니다. 자본주의를 다루려면 자본주의에 낯설어져야 합니다. 자본주의가 독특한 것으로 이해되었을 때 자본주의가 제대로 이해된 것입니다.

그런데 정치경제학자들은 정반대입니다. 자본주의 생산양식에 너무 익숙한 나머지 역사의 모든 사회형태, 모든 생산양식을 자본주의적인 눈으로 바라보지요. 그래서 그들은 자본주의조차 제대로 이해하지 못합니다. 왜 자본주의에서는 부가 상품의 형태로 나타나는지에 관심이 없습니다. 왜 가치가 이런 형태가 아니라 저런 형태로 나타나는지에 신경을 쓰지 않습니다. 형태 자체에 무관심하죠. 그 형태가 역사적으로 특수한 것임을 모르기 때문입니다. 마르크스는 상품에 관한 장을 마치면서 이 점을 지적하는 긴 주석들을 달았습니다. 한 주석에서 그는 정치경제학자들이 가치형태에 무관심한 이유는 "부르주아적 생산양식을 사회적 생산의 영원한 자연형태라고 잘못 보기" 때문이라고 했습니다.[김, 105, 각주 34; 강, 144, 각주 32] 자본주의 생산양식은 그들에게 자연적이고 영원한 것이므로 개개의 형태들에 굳이 관심을 두지 않은 것이죠.

마르크스는 정치경제학자들의 몰역사적 태도를 역사적 종교 형태에 무지한 기독교 신학자들에 비유했는데요.[김, 106, 각주 35; 강, 145, 각주 33] 경제학자들은 사회제도를 인위적인 것과 자연적인 것으로 나누고, 이를테면 봉건주의는 인위적 제도인 반면 자본주의는 자연적 제도라고 말합니다. 자본주의가 인간본성에 가장 부합한다는 뜻이겠지요. 그런데 마르크스가 보기에 이것은 "자신의 종교가 아닌 종교는 모두 인간이 발명해낸 것이고, 자기 자신의 종교는 신의 계시"라고 생각하는 신학자와 같습니다. 자본주의 생산양식을 인류 역사의 '목적'으로 간주하는 사고도 마찬가지입니다. 이 경우는 인위적인 것과 자연적인 것의 이분법은 없으나 자본주의를 이전의 상이한 생산양식들과 사회형태들의 목적으로 간주하는 것인데요. 이런 태도는 자본주의가 충분히 발전하지 못한 미개사회에서 충분히 발전한 성숙한 사회로 이행하는 것으로 역사 전체를 단순화합니다. 각각의 생산양식, 각각의 사회형태가 갖는 독특함을 무시합니다. 역사상 존재했던 다양한 사회들에 대한 이해를 사실상 포기하는 일이지요.

이와 관련해 마르크스는 『정치경제학 비판 요강』「서설」에서 아주 중요한 말을 했습니다.[45] 역사적 발전에 대해 최후의 형태는 과거의 형태들을 자신에 이르는 단계로 파악하고 아주 제한적으로만 자신을 비판할 수 있기에 항상 "과거 형태들을 일면적으로만 파악"한다고요. 그러므로 과거의 형태들을 제대로 이해하려면 자기 시대, 즉 부르주아사회의 사회형태에 대한 철저한 비판, 충분한 비판이 이루어져야 합니다. 마르크스는 기독교 신학을 예로 들어 말했습니다. 기독교에 대한 자기비판이 어느 정도 진행된 뒤에야 비로소 과거 신화들에 대한 객관적 이해가 가능했다고요. 기독교를 다른 시대의 신화와는 다른, 신의 참된 계시에 근거한다고 우기는 사람들로서는 다른 시대, 다른 문화의 신화나 종교를 결코 이해할 수 없습니다. 마르크스는 정치경제학도 마찬가지라고 했습니다. "부르주아적 경제학도 부르주아사회의 자기비판이 개시되었을 때, 비로소 봉건적·고대적 및 동양적 사회에 대한 이해에 도달"한다고요.

자기 시대를 비판적으로, 다시 말해 자연적이고 영원하고 필연적인 것으로 보지 않을 수 있을 때, 자기 시대가 아주 독특하고 심지어 이상하게 보일 때, 그때 우리에게 역사가 보이기 시작합니다. 다른 시대의 독특함도 이해가 되는 것이지요. 이 점에서 마르크스의 비판 작업은 자본주의 생산양식을 타도하고 극복하려는 시도이기 이전에 그것을 '이해하는' 일이라 할 수 있습니다. 또한 자본주의의 독특함을 드러내는 동시에 자본주의의 역사적 자리를 한정하고 자본주의의 자연성, 필연성, 영원성의 허구적 빛을 제거함으로써 다른 역사적 형태들도 고유의 빛을 낼 수 있게 도와주는 일이라고도 할 수 있을 겁니다. 정치경제학 비판이 역사유물론과 만나는 지점이 여기가 아닌가 생각합니다.

참고로 『자본』 제1장 마지막 구절은 마르크스가 셰익스피어의 희극 작품 『헛소동』 *Much Ado About Nothing*의 한 대목에서 따온 것인데요. 휘황찬란한 화폐형태, 귀금속 같은 상품에 눈이 휘둥그레진 정치경제학자들의 물신주의가 한바탕 헛소동이라는 느낌을 줍니다. 너무 우습다는 거죠. 마르크스는 '가치'에 대한 부르주아 학자의 연구서를 셰익스피어의 희극처럼 만듭니다. 우선 상품이 인간처럼 말을 합니다. "사용가치? 그건 인간들의 관심사지 우리랑 아무런 상관도 없다고. 우리끼리 만날 때는 가치가 중요해. 우리는 교환가치로서만 다른 상품들을 사귀지." 정치경제학자들은 이런 상품의 심정을 복화술사처럼, 배우처럼 말합니다[마르크스는 베일리(S. Bailey) 등의 글을 직접 인용하죠]. "가치(교환가치)는 물건의 속성이고 부(사용가치)는 인간의 속성이다." "부(사용가치)는 인간의 속성이고 가치는 상품의 속성이다. 인간이나 사회는 부유하고, 진주나 다이아몬드는 가치 있는 물건이다. (…) 진주나 다이아몬드는 진주나 다이아몬드만큼 가치를 가진다."

하지만 "진주나 다이아몬드에서 교환가치를 발견한 화학자는 아직 한 사람도 없"습니다.[김, 108; 강, 147] 진주의 물리적 광채는 가치의 사회적 광채와는 다른 거니까요. 그런데 '예리한 통찰력'을 자랑하는 정치경제학자들이 방금 희극적으로 소개한 상품의 말과 같은 말을 하고 있습니다. 사용가치는 물건의 속성과 상관이 없고, 가치는 물건으로서 그 일부를 이루고 있다고요. '춤추는 책상'처럼 '말하는 진주'를 떠올려볼까요. "이 몸속에 가치가 있다고. 나는 원래부터 가치 있는 물건이라고!" 인간의 탈을 쓰고 사물들이 떠들어대는 무대를 떠올려보세요. '가치는 물건의 속성'이라고 말하는 정치경제학자는 혹시 인간의 탈을 쓰고 잘난 척하며 떠들어대는 진주가 아닐까요.

마르크스에게는 부르주아 정치경제학자의 말이 셰익스피어의 희극『헛소동』Much Ado About Nothing에서 도그베리(Dogberry)가 경비병 시콜(Seacole)에게 한 말처럼 느껴졌던 모양입니다. 제1경비병이 도그베리에게 시콜을 경비병 리더로 추천합니다. 시콜이 '읽고 쓸 줄' 안다는 이유였지요. 그러자 도그베리가 시콜에게 말합니다. "좋은 외모는 운명의 선물이지만 읽고 쓰는 건 타고난다"(to be a well-favoured man is the gift of fortune; but to write and read comes by nature). 무슨 말이냐고요? 그저 횡설수설이죠. 웃기려고 하는 말입니다. 어쩌면 반대로 말하는 게 좀 나았을지도 모르겠습니다. "읽고 쓰는 것은 운명, 즉 좋은 환경에 달렸지만 외모는 타고난다." 마르크스가 볼 때 "사용가치는 사람에게 달렸지만 가치는 본래 내재한 것"이라는 정치경제학자의 말도 도그베리의 말과 별반 다를 게 없는 겁니다. 희극배우의 엉터리 대사죠. 어떻든 이렇게 상품과 가치에 대한 정치경제학의 헛소동, 횡설수설, 황당한 대사로『자본』제1편 제1장이 막을 내립니다.

지구는 한 덩어리의 땅입니다. 하지만 세계지도를 보면 여러 조각입니다. 지도에는 대지에 없는 선이 있습니다. 바로 국경입니다. 그러므로 지도가 보여주는 것은 대지가 아니라 국경을 두른 영토입니다. 주권에 따라 그려진 법률적 땅이지요. 그런데 마르크스를 읽고 나서 이런 생각이 들었습니다. 지도는 영토를 보여줄 뿐 국경을 보여주지는 않는다. 오히려 지도는 국경을 가리고 있다. 지도를 펼쳐놓으면 우리는 국경을 넘는 것에 대해서는 사고할 수 있지만 국경 자체를 사고할 수는 없습니다. 국경 안에 머무를 수 없습니다. 지도는 국경을 면이 아닌 선으로 표시하니까요.

국경선은 국경을 드러내는 선이 아니라 가리는 선으로 보입니다. 영토가 아닌 땅을 영토 안으로 밀어 넣고 꿰매버린 봉합선 같다고 할까요. 지도는 우리에게 면을 가진 것은 영토뿐이라고, 우리 삶이 필요로 하는 면적은 영토에서만 제공될 수 있다고 말하는 것 같습니다. 한 영토를 벗어나 다른 영토로 갈 수는 있지만 영토 바깥은 없다고, 영토 아닌 대지는 남아 있지 않다고요.

도대체 화폐는 어디서 온 것인가. 마르크스는 놀랍게도 우리가 좀처럼 생각하지 못하는 곳을 지목했습니다. 화폐는 모든 공동체들의 바깥에서 왔다. 그는 말했습니다. 다른 공동체에서 온 것이 아니라 '공동체들의 바깥'에서 왔다고 말입니다. 공동체가 끝나는 곳, 공동체의 규칙이 작동하지 못하는 곳. 거기가 어딘가요? 우리는 그곳을 지도에서는 찾을 수 없습니다. 그곳은 공동체와 공동체 사이, 바로 '경계'(Grenze)이기 때문이지요. '끝'이면서 '사이'인 공간입니다. 마르크스에 따르면 거기서 상품교역이 이루어졌고 거기서 화폐가 생겨났습니다. 그러고는 마치 반동처럼 공동체 안으로 파고들었습니다.

도대체 국가는 어디서 온 것인가? 마르크스는 『국가』가 아니라 『자본』을 썼기에 이렇게 묻지는 않았습니다. 하지만 나는 같은 대답을 할 수 있다고 봅니다. '화폐'라는 짐승도, '국가'라는 괴물도 모두 '바깥'에서 왔다고 말입니다. 모든 코뮨들의 바깥, 공동체와 공동체 사이, 종족과 종족이 마주치는 곳에서, 다시 말해 국경에서 태어났다고요. 거기서 생겨난 폭력이 반동적으로 내부로 파고들어 주권이 되었을 것이라고요. 물론 하나의 가설입니다. 그리고 지금 내가 하는 말이 이상하게 들릴 겁니다. 국경이란 국가의 경계인데 국경이 국가의 발생 장소라니요. 하지만 국경은 국가의 힘이 끝나는 장소이자 국가가 정의되는[정의(definition)란 끝(finis)을 그리는 일이죠] 장소이며, 무엇보다 국가가 매번 자신을 재생산하는 장소입니다. 국경만큼 국가를 잘 확인할 수 있는 곳은 없습니다. 국경의 삶만큼 국가와 주권에 대해 잘 말해주는 것은 없습니다.

국경은 어디에나 있습니다. 누군가 시민으로서 영토적 삶을 사는 곳이 누군가에게는 시민권이 없는 채로 국경의 삶을 사는 곳입니다. 말하자면 모든 영토는 국경일 수도 있습니다. 누구보다 마르크스 자신에게 그랬습니다. 1845년 프로이센 시민권을 포기한 이래 그는 죽을 때까지 국적 없는 삶을 살았습니다. 그는 국경에서 살았던 겁니다. 이곳을 사유해야 합니다. 국가와 비국가, 자본과 비자본의 이야기가 함께 존재하는 곳, 영토 바깥. 이 국경의 삶에 주목해야 합니다. 곳곳에 있는데도 좀처럼 눈에 띄지 않는 이곳, 국경을 사유해야 합니다.

상품소유자——상품을 소유한다는 것

이제 『자본』 제2장을 펴볼까요. 앞서 「마르크스의 특별한 눈」에서도 우리는 첫 문장을 꽤 오래 붙들었는데요. 이번에도 그래야 할 것 같습니다. 『자본』 제2장의 첫 문장은 이렇습니다. "상품은 스스로 시장에 갈 수 없고 스스로 자신을 교환할 수도 없다."[김, 110; 강, 149] 당연한 말이죠. 만화적 상상이라면 모를까, 상품이 제 발로 시장에 가서 자신을 다른 상품과 교환하는 일은 없겠죠. 너무 당연해서 더 생각할 것도 없는 말입니다.

상품이 소유자의 손에 끌려간다

당연한 말에 고개를 크게 끄덕여본 적 있습니까. "해가 동쪽에서 뜬다"라는 말에 문득 '아, 그렇구나!' 하고 고개를 끄덕이는 체험 같은 것 말입니다. 내게는 이 문장이 그랬습니다. 상품은 혼자서 시장에 가지 못합니다. 그런데 이 당연한 걸 깨닫는 순간 마치 영화의 한 장면처럼 풍경이 바뀝니다. 특정 사물을 비추던 카메라가 줌아웃되면서 새로운 풍경이 펼쳐지듯이. 이미 우리가 살펴본 『자본』 제1장과 장소는 똑같은데 제2장은 풍경이 아주 달라 보입니다.

상품들은 작아지고 대신 그 상품들을 들고 있는 사람들이 나타납니다. 바로 상품소유자들입니다. 앞서 『자본』 제1장에서 서로 다른 상품들의 만남으로 보였던 것이 제2장에서는 서로 다른 사람들의 만남으로 바뀝니다. 표정과 감각을 지닌 인간들이 서로를 마주봅니다. 제1장이 사물극이었다면 제2장은 사람극입니다. 제1장에서는 책상이 저절로 춤을 추는 줄 알았는데 제2장에서는 책상을 싣는 사람들의 손이 보입니다. 마르크스는 상품소유자들의 만남을 "가면을 쓴 채 등장한 배우들"(Charaktermasken)이라고 묘사했는데요. 『자본』의 등장인물들이 대체로 그렇듯이 모두가 '페르소나'입니다. 주어진 배역, 즉 특정한 '경제적 관계'를 연기하는 사람들이죠.

사물들을 보다가 사람들을 보는 것. 이는 시야의 단순한 확대가 아닙니다. 사물들의 교제만 보았을 때 우리는 '가치'에만 관심을 가졌습니다. 서로 다른 사물들이 상품으로서 교환되려면 등가여야 하니까요. 가치량이 같아야 하죠. 그런데 사람들의 만남은 조금 다릅니다. 일단 사람이 사람을 대등하게 만나는 것은 가치량의 문제가 아닙니다. 인격의 동등성은 상품가치의 동등성과는 다릅니다. 그것은 신분적(사회적)·법적 동등성입니다. 게다가 두 사람이 서로 물건을 교환하려면 가치의 등가성만이 아니라 욕구의 상호성이 있어야 합니다. 사람들이 물건을 교환할 때는 욕구와 의지가 개입합니다. 가치가 동일하다고 무조건 교환하는 게 아닙니다. 상품소유자들이 인격적으로 동등하다는 건 서로에게 교환을 강요할 수 없다는 뜻입니다. 내 상품을 누군가에게 기꺼이 넘겨주는 것은 내가 원하는 상품을 그가 가졌기 때문이지요. 내가 원하는 상품을 가진 사람이 내 상품을 원하지 않을 수는 있습니다. 하지만 내 상품을 원하는 사람에게 판 뒤 얻은 화폐를 가져가면 그도 상품을 내게 건네겠지요. 이런 믿음으로 우리는 시장에 갑니다. 내 물건을 원하는 사람이 있고 내가 필요로 하는 물건이 있다는 믿음이 없다면 애초 물건을 들고 나서질 않았을 겁니다.

물론 이 믿음이 구원까지 얻게 할지는 알 수 없지요. 내가 원하는 대로 일이 풀린다는 보장은 없습니다. 허탕을 치고 올 수도 있으니까요. 내가 땀을 뻘뻘 흘려가며 만든 물건이지만 남들은 관심이 없습니다. 내 땀의 양은 그의 관심사가 아닙니다. 내가 가진 물건이 자신의 욕구를 충족하느냐가 중요하지요. 그리고 이때에야 내 노동도 쓸모를 인정받습니다. 그렇지 않다면 나는 쓸데없는 짓을 한 셈이지요. 그러니 내 욕망을 충족하기 위해서라도 타인의 욕망을 충족하는 것이 중요합니다. 결국 나는 타인의 욕망을 욕망하게 되죠. 타인의 욕망을 획득해야 내 물건이 하나의 상품으로서 사회성을 인정받으니까요. 지금 우리는 시야를 '사물'에서 '사람'으로 옮길 때 생각해볼 수 있는 것들을 이야기하고 있는데요. 여기서 마지막으로 강조해두고 싶은 것은 '역사'입니다. 상품 자체는 왜 자신이 다른 상품들을 찾아나서야 하는지 말해주지 않습니다. 상품은 그저 자신과 마주하는 다른 상품을 거울처럼 바라보고 있지요. 거울을 본다는 것은 자기 자신을 보는 겁니다. 상품은 상대방을 자신의 가치를 보여주는 존재로만 간주합니다. 그러니 거울로서 상대방 상품은 서로의 교환이 동등하다는 것은 말해주지만 왜 둘이 교환되어야 하는지는 말해주지 않습니다.

그럼 상품은 왜 시장에 갔는가. 소유자에게 끌려갔을 뿐입니다. 그렇다면 소유자는 왜 상품을 시장에 끌고 갔을까요? 그에게는 욕구도 있지만, 실은 사정이 있습니다. 언제부턴가 삶에 필요한 것들은 모두 시장에 가야만 구할 수 있게 되었거든요. 또 시장에서 어떤 것을 구하려면 시장에 무언가를 내다팔아야만 했고요. 언제부턴가 시장에서 이뤄지는 상품교환이 삶을 꾸려가는 방식이 된 겁니다. 고대에도 소수의 사람들은 그렇게 살았습니다. 하지만 이제는 다수의 사람들이 그렇게 살 수밖에 없는 상황이 되었지요. 사람들에게 '역사적으로' 무슨 일인가 일어난 겁니다. 자본주의사회는 역사적으로 독특한 것이라고 했지요. 사물들만 보아서는 이 점이 잘 보이지 않습니다. 사물들이 상품이 된 것은 사물들 사이에서 일어난 일 때문이 아니라 사람들 사이에서 일어난 일 때문이니까요. 상품의 탄생은 인간관계의 역사적 탄생을 전제합니다. 그래서 『자본』 제2장 첫 문단에서 마르크스는 이렇게 적었습니다. "사물들이 상품으로 서로 관계를 맺기 위해서는 상품보호자(Waren-hüter)들이 자신들의 의지를 이 사물들에 담아 인격으로서 서로 관계를 맺어야 한다."[김, 110; 강, 149]

상품이 고분고분하지 않으면

이제 우리는 『자본』 제2장을 통해 상품과 화폐의 존재가 전제하는 인간관계가 어떤 것이고 어떻게 생겨났는지를 살펴볼 겁니다. 상품소유자들의 공동체가 어떻게 출현했는지를 다룹니다. 그런데 상품들의 관계에서 사람들의 관계로 넘어가기 전에 마르크스가 짧게 짚고 가는 것이 있습니다. 상품이 소유자의 손에 끌려가는 모습이죠. 이 장면을 묘사하면서 마르크스는 상품을 소유한다는 것이 무엇인지 말해줍니다. 상품과 소유자의 관계 말입니다.

제2장의 첫 문장을 다시 읽어보겠습니다. "상품은 스스로 시장에 갈 수 없고 스스로 자신을 교환할 수도 없다. 그러므로 우리는 상품의 보호자 즉 상품소유자를 찾지 않으면 안 된다. 상품은 사물이므로 인간에게 저항할 수 없다."[김, 110; 강, 149] "상품은 스스로 시장에 갈 수 없"다는 말처럼 "상품은 사물이므로 인간에

게 저항할 수 없"다는 말도 지극히 당연한 말로 보입니다. 배추가 시장에 안 가겠다고 농부에게 저항한다면 괴이한 일이겠죠. 마르크스가 이 당연한 말을 쓴 이유가 뭘까요? 이 문장은 마르크스가 '소유한다'라는 것의 핵심을 무엇이라 생각했는지 알려줍니다. 상품을 소유한다는 것은 전제적 지배권을 갖는다는 뜻입니다. 저항을 절대 용납하지 않죠. 그리고 거래를 통해 상품소유권을 누군가에게 넘긴다면 그가 해당 상품에 대해 전제적 지배권을 넘겨받는 것이죠.

이렇게 이야기하니 분위기가 좀 음산한가요. '사물인데 뭐 어때?'라고 생각할 수도 있겠습니다. 그런데 그다음 문장이 또 묘합니다. "만일 상품이 고분고분하지 않으면 인간은 폭력(Gewalt)을 사용할 수도 있다. 바꾸어 말하자면 그것을 움켜쥐는 것이다."[김, 110; 강, 149] 여기서 '움켜쥐다'로 내가 옮긴 말은 독일어 'nehmen'인데요. '손에 넣다', '취하다' 정도의 말로 옮길 수 있겠습니다만, 바로 앞에 '폭력'이라는 말이 사용되었기에, 지배의 의미를 담아 더 강한 말로 옮겼습니다. 여기서 마르크스는 상품이 '고분고분하지 않은' 경우를 가정하고 있습니다. 도대체 왜 이런 가정이 필요했을까요? 그랑빌(Jean I. I. Grandville)이 『인생사의 소소한 재난들』Petites misères de la vie humaine에서 그린 것처럼 인간을 은근히 성질 돋게 하는 사물들을 상상한 걸까요? 그런 것 같지는 않습니다. 왜 마르크스가 이런 말을 했는지 즉각적으로는 알기 어렵습니다. 물건으로서 상품이 인간에게 저항하는 경우는 생각할 수 없으니까요.

그러나 '살아 있는 상품', 이를테면 '노예'라면 어떨까요. 이 경우 "상품은 사물이므로"라는 말은 아주 다르게 들립니다. 노예가 시장에 끌려가지 않으려고 할 때 주인이 내뱉는 말과 같지요. "상품은 사물이다. 네가 상품인 한, 너는 인간인 나에게 반항할 수 없다. 만약 네가 고분고분하지 않으면 나는 '폭력'을 사용할 것이다. 나는 네 소유자이므로." 무언가를 소유한다는 것은 이처럼 전제적 지배권을 행사하는 것입니다. 그런데 그 전에 하나의 뜻이 더 담겨 있습니다. 마음대로 전제적 지배권을 행사할 수 있는 것은 그 대상이 사물이기 때문입니다. 그러므로 무언가를 소유한다는 것은 그것을 사물화한다는 뜻을 담고 있습니다. 누군가의 소유물이 된다는 것은 인격을 박탈당하는 일입니다. 마음대로 처분해도 좋은 존재가 되는 것이지요.

마르크스는 상품이 고분고분하지 않으면 상품소유자가 상품에 폭력을 가할 수 있다는 문장에 의미심장한 주석을 달았습니다. "신앙심(Frömmigkeit)으로 평판이 높았던 12세기에도 상품들 중에는 가끔 아주 민감한 것도 있었다. 당시 프랑스의 한 시인은 랑디(Landit) 시장에서 볼 수 있는 상품들로 천, 구두, 가죽, 농기구, 모피 등과 함께 '몸을 파는 여성'(femmes folles de leur corps)까지 들고 있다."[김, 110, 각주 1; 강, 149, 각주 37]

우리는 마르크스가 본문에 '고분고분하지 않다'라는 말을 쓴 이유를 여기서 알 수 있습니다. 그가 주석에 나열한 상품 중에 '고분고분하지 않'을 수 있는 상품이 들어 있으니까요. 바로 '몸을 파는 여성'입니다. 방금 말한 것처럼, 상품으로서 '몸을 파는 여성'은 천, 구두, 가죽, 농기구, 모피 등의 사물과 나란히 나열되어 있습니다. 사물 중의 하나가 된 겁니다. 예전에 한 장애인이 장애인수용시설을 회고하며 했던 말이 떠오르네요.[1] "말이 기도원이지 소가 20마리, 개가 30마리, 알코올중독자가 80퍼센트, 정신지체자가 20명 있던 곳이야." 그가 사람 숫자를 소와 개 숫자와 나란히 말한 것은 짐승 취급을 받던 기억 때문일 겁니다. 실제로 그는 수용자들이 소위 "행패를 부리면" 시설관리자가 그들을 개 목줄에 "묶어"두었다고 말했으니까요.

사실 매춘은 고대 그리스에서도 기록을 찾아볼 수 있을 만큼 오래되었습니다. 마르크스는 사람들의 신앙심이 높은 시기였다는 12세기에도 매춘이 있었다고 했는데요. 대규모 십자군 원정이 있던 때입니다. 당시 기독교 군대는 성지를 지키고 탈환하러 가는 성스러운 원정에 수천 명의 매춘 여성을 동반했다고 합니다.[2] 각 도시에서도 매춘업소가 성업을 이루었는데 성직자와 길드의 직인과 도제, 학생, 순례자, 상인이 주요 고객이었다고 합니다. 이제 "상품이 고분고분하지 않으면 인간은 폭력을 사용할 수 있다"라는 문장의 '상품' 자리에 '몸을 파는 여성'을 넣어볼까요. 실제로 여기에 주석을 달아둔 걸 보면 마르크스는 '몸을 파는 여성'을 떠올린 게 분명합니다. 상품으로 나온 '여성의 몸', 엄밀히 말하자면 성적 쾌락을 제공하는 '여성'의 능력을 떠올린 겁니다. 상품의 자리에 '몸을 파는 여성'을 놓는 순간 소유자도 다르게 읽힐 수 있습니다. 소유자는 여성의 몸을 산 사람이겠지요. 여성의 성적 능력을 구매하고 소유하게 된 사람 말입니다. 그렇다면 우리는 "상품은 인간에게 저항할 수 없다", "상품이 고분고분하지 않으면 인간은 폭력을 사용할 수 있다"라고 했을 때, '인간' 즉 'Mensch'를 '남성'으로 읽을 수도 있습니다. 그러면 '몸을 판' 여성은 남성에게 반항할 수 없으며, 고분고분하지 않을 경우 남성은 폭력을 사용할 수 있다는 뜻이 됩니다.

여기서 폭력은 이중적입니다. 상품과 소유자의 일반적 관계에 내재한 폭력이 하나 있습니다. 어떤 존재가 상품이 되어 누군가의 소유물이 된다는 것은, 마치 인간 앞의 사물처럼, 그 처분이 소유자에게 완전히 내맡겨지는 상황에 처한다는 뜻입니다. 상품소유자의 전제적 지배 아래 놓이는 것이지요. 그런데 성의 상품화, 즉 '몸을 파는 여성'에게는 또 하나의 폭력, 즉 남성의 폭력이 겹쳐 있습니다. 전자가 자본주의적 폭력이라면 후자는 남성주의적 폭력이라 할 수 있을 텐데, 전자에 후자가 겹쳐 있다고 할 수 있겠습니다. 『자본』제2장에서 상품소유자가 등장하고 상품의 교환에 대한 설명이 개시되자마자 우리는 자본주의와 가부장제가 교차하는 지점 혹은 가부장제의 자본주의적 형태를 목도하게 됩니다.

생체에 담긴 상품

마르크스가 여기서 '몸을 파는 여성'의 문제 자체를 다루려 했던 것은 아닐 겁니다. 『자본』에서는 사실상 이 문제가 다루어지지 않습니다. 그렇다면 왜 그는 '고분고분하지 않은 상품'을 가정하고 '몸을 파는 여성' 이야기를 주석으로 달았을까요. '몸을 파는 여성'은 앞으로 보게 될 '노동자'에 대한 비유로 보입니다[참고로 마르크스가 노동자의 처지를 언급하며 든 이런 비유에 대해, 그리고 '몸을 파는 여성'을 둘러싼 이중의 폭력(자본가와 남성)과 매춘이 노동시장에서 '배제된 형태로 수용된' 상품으로서 중세 도시에서 어떤 의미를 가졌었는지에 대해서는 부록노트⑫에서 언급했습니다].

좀 이른 이야기입니다만 우리는 이어지는 4장에서 특별한 '상품'으로서 노동력이 매매되는 장면을 볼 겁니다. 노동자가 자본가에게 노동력을 상품으로 판매하는 장면, 노동력에 대한 소유권을 자본가에게 넘기는 장면이죠. '몸을 파는 여성' 비유는 바로 그 '소유권 양도'가 무엇을 의미하는가를 미리 보여줍니다. 자본가는 '몸을 판 노동자'에 대해 전제적 지배권을 행사할 수 있습니다. 상품인 노동자가 고분고분하지 않으면 언제든 폭력을 쓸 수 있습니다. 상품의 소유권을 넘긴다는 것은 그런 겁니다. 아직은 우리가 일반적 상품들의 교환 장면을 보고 있기에 이런 폭력 이야기가 대수롭지 않게 느껴질 수 있습니다. 하지만 이후 4장에서, 아니 『자본』을 읽는 내내 우리는 이를 곱씹게 될 겁니다. 마르크스가 앞으로 전개될 이야기의 중요한 단서 하나를 여기에 슬쩍 흘려놓은 셈이지요.

마르크스는 상품은 사물이며 사물은 인간[남성]에게 저항하지 못한다고 말한 뒤 "그 상품이 고분고분하지 않으면"이라는 가정을 달았습니다. 그리고 나는 이것이 성이나 노동력 같은 상품을 염두에 둔 것으로 보인다고 했지요. 그렇다면 왜 이런 상품들은 소유물이 되고 나서도 소유자에게 고분고분하지 않은 걸까요? 그것은 이 상품들이 생체에 담겨 있기 때문입니다. '몸을 파는 여성'이라고 했지만 엄밀히 말해 여성이 파는 건 '몸'이 아닙니다. 만약 몸 자체를 팔았다면 노예가 되었겠지요. 그러므로 '몸에 대한 소유권'을 넘긴 게 아닙니다. 실제로는 성적 쾌락을 일으킬 수 있는 능력을 판 것이고 이 능력이 몸에 있는 한 '몸에 대한 사용권'을 팔았다고 할 수 있습니다.

노동력 판매도 마찬가지입니다. 엄밀한 의미에서 노동자는 노예처럼 자기 자신을 판 것이 아닙니다. 가치를 보존하고 창출하는 능력으로서 '노동력'을 판 것이지요. 물론 우리는 인간주체로부터 활동능력을 분리해서 판매하는 것이 가능하냐고 의문을 제기할 수 있습니다. 어쩌면 노동자는 실제로는 노예처럼 자기 자신을 판 것인지도 모릅니다. 하루 중 일정 시간만 노예 생활을 한다는 점에서 고대의 노예와는 다르겠지만요. 니체는 근대인들이 말하는 '노동의 존엄'을, 부끄러움을 감추기 위한 노예의 자기기만이라고 꼬집기도 했습니다.[3] 하지만 우리가 노동력의 판매와 노동자의 판매를 구분하지 않는다면, 인간존재 자체를 매매 대상으로 삼을 수 있다고 본다면 우리는 노예제사회로 퇴행하는 거겠죠. 이는 근대의 정치학·경제학·사회학의 바탕에 깔려 있는 인간의 개념을 포기하는 것이 됩니다. 이는 근대적 제도와 학문이 딛고 선 토대의 문제이지요. 게다가 인간의 인간 지배에 대한 최소한의 방어장치인 인간의 권리, 즉 인권 개념을 포기하는 것이라고도 할 수 있습니다.

다시 생체에 담긴 상품들에 대한 이야기를 이어가겠습니다. 개념적으로 노동력이나 성능력(섹슈얼리티)을, 그것을 소유한 인간 자체와 구분한다고 해도 문제는 남습니다. 노동력이나 성능력처럼 인간생체를 벗어나는 순간 파괴되는 상품이라면, 개념적으로는 분리가 될지라도 물리적으로는 분리되지 않은 채 붙어 다녀야 합니다. 상품을 넘겨주면 생체가 따라갈 수밖에 없어요. 판매자인 노동자는 노동력을 판 뒤에도 구매자인 자본가를 따라가야 합니다. 상품만 판매한 것이고 생체는 판매하지 않았지만, 상품이 생체 속에서만 기능하기 때문에 생체 사용권을 임대하듯 넘겨야 합니다. 생체 안에는 능력이 들어 있습니다. 자본가 내지 남성은 일정 기간 이 능력에 대한 처분권을 얻었으므로 최대의 가치와 쾌락을 생산하도록 노동자와 여성의 능력을 쥐어짤 겁니다. 그런데 능력을 쥐어짜는 일은 실제로는 생체를 쥐어짜는 일입니다. 해당 상품을 담고 있는 생체에게 고통과 손상을 가하는 겁니다. 주체와 능력, 주체와 활동을 개념적으로 아무리 정교하게 분리해내도 노동자와 여성은 노동행위와 성행위 속에서 괴롭힘을 당하고 손상을 입을 수밖에 없습니다. 일반적 상품 매매에서는 거래 후에 판매자와 구매자가 더는 마주할 일이 없습니다. 그러나 성과 노동은 그렇지 않습니다. 매매 현장 즉 시장을 떠난 후에도 판매자는 구매자와 상품의 소비 현장에서 다시 마주해야 합니다. 매매한 상품이 개념적으로는 판매자로부터 구매자에게 양도되지만 현실적으로는 판매자 없이 구매자가 상품을 사용하는 것이 불가능하기 때문입니다.

앞으로 우리는 『자본』 곳곳에서 고분고분하지 않은 노동자들을 만날 겁니다. 마르크스는 나중에 노동력의 가치를 '가변자본'이라고 부릅니다. 자본의 일종으로 본 것이죠. 자본주의 생산양식 안에서 노동은 자본에 꼭 필요한 기능이니까요. 자본은 원료나 기계와 같은 생산수단에도 투여되지만 노동력에도 투여됩니다. 원료·기계·노동자는 자본주의적 생산의 작은 부품들처럼 움직입니다. 모두가 자본의 일부분이죠. 그런데 부품들이 매끄럽게 움직이지 않을 때가 있습니다. 특히 노동력이라는 부품이 자본의 일부임에도 마치 그렇지 않은 것처럼 마찰을 일으킬 때가 있습니다. 이런 마찰의 대부분은 노동력을 담고 있는 생체가 일으킵니다. 이를테면 자본가가 하루 중의 노동시간 즉 '노동일'을 연장하려 들거나 노동강도를 높이려 할 때 저항이 나타납니다. 생체가 견디기 힘들어 반발하는 거죠. 그러면 자본가는 이 고분고분하지 않은 상품에 폭력을 휘두릅니다. 역사적으로 자본주의가 탄생하던 때, 즉 '시초축적' 때도 그랬습니다. 자본가는 고분고분하지 않은 생체를 유순하고 유능한 노동신체로 만들기 위해 끔찍한 폭력을 사용합니다. 일종의 생체훈육입니다. 이때도 강한 저항이 나타났습니다. 이에 대해서는 '노동일'(『자본』 제8장, 영어판은 제10장)과 '시초축적'(제24장, 영어판은 제26장)을 다룰 때 더 자세히 언급하겠습니다.

화폐, 코뮨을 해체하다

지금까지 우리는 '상품과 소유자의 관계'를 살펴보았습니다. 이제 상품을 교환하는 '소유자들의 관계'로 넘어가볼까요. 서로 다른 두 상품이 어떻게 교환될 수 있을까? 『자본』 제1장에서 마르크스는 이 물음으로부터 두 상품의 공통된 실체로서 추상노동 개념을 끌어낸 바 있습니다. 그런데 제2장에서는 동일한 그 물음이 다른 의미를 갖습니다. 제2장에서는 이것이 서로 다른 '두 사람'에 대한 물음이 되기 때문입니다.

'도대체 둘이 어떤 사이이기에 상품을 교환하는 걸까?' 이런 물음을 던지는 건 상품교환이 어떤 인간관계에서나 일어나는 일은 아니기 때문입니다. 이를테면 내가 아이에게 아침식사를 차려주면서 식대 지불을 요구하면 아이는 휘둥그레진 눈으로 물을 겁니다. "아빠, 왜 그래?"

그렇지만 이런 일도 있습니다. 뉴욕에 갔을 때 겪은 일인데요. 나는 공항에서 짐을 잔뜩 든 채 잠시 두리번거렸습니다. 그때 한 사람이 와서 공항 열차 타는 곳까지 짐을 들어주겠다는 거예요. 너무 고마웠습니다. 짐도 들어주고 길까지 안내해주었으니까요. "땡큐 소머치"라는 말을 얼마나 많이 했는지 모릅니다. 그런데 열차 타는 곳에 이르자 돈을 달라고 했습니다. 순간적으로 난 눈이 휘둥그레졌지요. 하지만 그의 요구는 당연한 것이었습니다. 공짜는 없으니까요. 아마 휘둥그레진 내 눈을 보고 그도 당황했을 겁니다. "이 사람, 왜 이래?"

어떤 관계에서는 상품이나 돈거래가 자연스럽지만 어떤 관계에서는 어색합니다. 우리가 앞서 보았던 '단순한 가치형태'를 환기해볼까요. $xA=yB$. 이것은 상품 A와 상품 B의 교환비율을 나타냅니다. x량의 상품 A에 대해서는 상품 B를 y량만큼 내놓아야 합니다. 더도 덜도 안 됩니다. 만약 그렇게 되면 "이 사람, 왜 이래?" 하는 소리를 듣겠지요. 앞서 제1장에서는 정의를 실현하는 말처럼 들렸던 '등가교환'이, 제2장에서 다시 보니 좀 서먹한 느낌을 줍니다. 두 사람은 상품의 등가 여부를 따지는 관계, 교환하는 물건을 저울에 달아보는 관계인 겁니다. 서로 '독립된 인격'이라 할 수도 있고 '믿을 수 없는 타인'이라고도 할 수 있는 그런 관계죠. 한마디로 서로 '남'입니다.

경제학자들은 이런 상황을 자연스러운 것으로 상정합니다. 이를테면 애덤 스미스는 『국부론』을 '분업'에 대한 이야기로 시작하는데, 그에 따르면 '분업'은 "모든 인간에게 공통적인" 교환 성향에서 필연적으로 생겨난 결과입니다.[4] 그는 인간의 교환 성향이 본능인지 아니면 이성이나 언어 같은 속성에서 나오는지 따지지 않지만 어떻든 인간에게 본래적인 것이라고 믿었습니다. 그래서 원시사회에 자본의 축적이나 토지의 사적 점유는 없었겠지만 교환은 있었으리라 추정합니다. 심지어 물건의 교환비율을 규정하는 법칙도 그때 이미 존재했을 것이라 말합니다. "초기 원시사회에서는 각종 물품을 획득하는 데 필요한 노동량의 비율이 교환에 어떤 법칙을 제공"했으리라는 거죠. 자본의 축적이나 토지의 사적 점유가 없다면 원시사회에서 이윤이나 지대를 고려할 필요는 없을 겁니다. 스미스는 이윤과 지대를 고려할 필요가 없으면 물품 가격은 오로지 노동량에 좌우된다고 봅니다. 해리(海狸) 한 마리와 사슴 두 마리를 교환하는 원시 수렵인들의 유명한 예가 여기서 나옵니다.[5] 노동가치설에 입각한 $xA=yB$의 정식을 초역사적으로 상정한 것이죠.

하지만 스미스가 상정한 원시인들의 교환은 그저 상상입니다. 즉 역사 자료나 인류학적 보고에 기초한 게 아닙니다. 경제인류학자 칼 폴라니는 '개인주의적 원시인'은 근거 없는 신화일 뿐이라고 지적했습니다. 원시공동체들을 보면 "공동체 전체가 궁핍에 빠지지 않는다면 개인은 굶주릴 위험에 처하는 법이 없다"라고요.[6] 공동체 전체가 굶어 죽을 수는 있어도 개인 혼자 굶어 죽지는 않습니다. 생계를 개인별로 책임지는 구조가 아니기 때문이죠. 그러니 생계를 이어가려고 홀로 돌아다니는 개인들이 원시공동체에는 존재하지 않습니다. 스미스가 전제한 자연적 상황은 실제로는 자연적 상황이 아닌 겁니다. 해리와 사슴을 교환하는 장면을 그는 야생처럼 설정했지만, 그는 이미 물건에 대한 사적 생산과 소유를 전제하고 있고 생산물의 자유로운 교환 또한 전제하고 있습니다. 이는 곧 그가 자기 시대의 어떤 모습을 야생적 환경에 투여한 것일 뿐이라는 이야기가 됩니다.

마르크스도 『자본』 제2장에서 이 문제를 지적하고 있습니다. 상품소유자들은 서로 독립된 인격으로 만나야 하지만, "서로가 서로에 대해 타인인 이러한 관계는 자연발생적(naturwüchen) 공동체의 구성원들(Glieder)에게는 존재하지 않"습니다.[김, 115; 강, 153] 여기서 마르크스가 쓴 'Glied'는 팔다리 또는 관절을 뜻하는 말입니다. 해부학 용어죠. 구성원이란 팔다리처럼 붙어 하나의 신체를 이루는 존재입니다. 애초에 한 몸을 이루고 있으니 서로를 '타인'으로 생각하지 않습니다. 이는 페르디난트 퇴니에스(Ferdinand J. Tönnies)가 전통적 공동체(Gemeinschaft)의 인간관계와 근대의 사회(Gesellschaft)에서 나타나는 인간관계를 구분하면서 쓴 말이기도 한데요. 퇴니에스에 따르면 '공동체'의 구성원들은 우리 몸에 붙어 있는 팔다리처럼 '내적 규정'에 의해 통합되어 있습니다. 반면 '사회'는 개별 구성원의 '선택의지'에 따라 그리고 계약 같은 '외적 규정'에 의해 통합되어 있습니다.[7]

퇴니에스는 사회적 인간관계를 '비동료 간 유대'라고 표현했습니다. '유대'이기는 하지만 독립 내지 분리가 전제된 유대라는 것이지요.[8] 계약을 맺는다는 건 이미 둘 사이가 남이라는 사실을 말해줍니다. 퇴니에스는 이 점을 놓치지 않았습니다. 그는 "계약이란 한 점에서 분리되는 두 개의 배치되는 개인 의지의 결과"라고 했습니다.[9] 각각의 독립, 더 나아가 서로의 이익충돌이 전제되어 있는 것이죠. 좀 뜬금없는 이야기가 될 수도 있겠습니다만, 나는 이 대목에서 신라시대 향가

「제망매가」가 떠오릅니다. 작가가 누이의 명복을 빌며 쓴 것이라는데, "한 가지에서 나고도 가는 곳을 모르겠구나"라는 구절이 있습니다. 공동체적 관계란 이런 것입니다. 만남의 연원은 물음의 대상이 아닙니다. 하나의 가지에서 났으니까요. 정작 알 수 없는 것은 떠나가는 곳이지요. 사회적 관계에서는 그 반대입니다. 여기서는 만남 즉 '함께 있음'이 물음의 대상이 됩니다. 욕구도 다르고 이해관계도 상충하는 사람들이 어떻게 함께 있을 수 있을까? 저마다 자기 욕구에 충실한데도 질서가 유지되는 이유는 무얼까? 보이는 손이든 보이지 않는 손이든, 우리를 묶어주는 그 원리가 궁금할 수밖에 없습니다. 서로 남이니까요.

이 점에서 17~18세기 사회계약론의 등장은 의미심장합니다. 사회계약론은 '비동료 간의 유대'로서 사회가 어떻게 출현했는지를 설명하는 이론입니다. 잘 알려진 것처럼 사회계약론자들은 사회상태 이전의 자연상태를 가정합니다. 자연상태는 일종의 야만상태입니다. 이를테면 토머스 홉스에게 자연상태란 인간이 서로에게 늑대인 상태입니다. 이 상태에서는 언제든 서로의 것을 빼앗을 준비가 되어 있지요. 어떻게 이 상태에서 벗어날 것인가. 사회상태는 어떻게 출현했는가?

내가 흥미를 느낀 것은 홉스의 답변이 아니라 '질문'입니다. 더 엄밀히 말하자면 질문에 전제된, 인간을 바라보는 그의 시선입니다. 그는 인간을 먼저 '늑대'로 봤습니다. 그러니 궁금했겠지요. 어떻게 늑대들이 모여 사람들이 되었는지 말입니다. 이런 궁금증은 '공동체' 안에서는 결코 제기되지 않을 겁니다. 다시 말해 홉스의 이 질문은 사회의 출현을 말해줍니다. 그의 궁금증이 공동체의 해체와 사회의 출현을 말해주고 있습니다. 사회 속에서는 서로가 서로를 독립된 타인으로 보기 때문에 그런 궁금증이 생길 수밖에 없는 것이죠. 당연한 말이지만 홉스는 자연상태에 살지 않았습니다. 태어날 때부터 그는 사회상태에 있었습니다. 그런데도 그가 자연상태의 인간, 다시 말해 늑대를 말했다면 사회상태에서도 그것을 어느 정도 볼 수 있었기 때문일 겁니다. 즉 그는 당시 인간들에게서 늑대의 일면을 본 겁니다. 언제든지 타인의 것을 가로챌 준비가 된 존재, 아니 그 이전에 서로에게 타인인 존재를 본 것이죠.

크로퍼드 맥퍼슨(Crawford B. Macpherson)이 지적한 것처럼, 홉스의 자연상태는 현재적 인간이 법의 강제에서 벗어났을 때 취하게 될 행위에 가깝습니다. 법질서만 없다고 가정했을 뿐 사회상태에서 형성되는 욕망과 행위인 겁니다.[10] 이는 과거 공동체의 인간에 대한 진술도 아닐뿐더러 야생에 사는 실제 늑대의 모습도 아니죠. 자연상태에 대한 홉스의 말에는 시장의 냄새가 너무 많이 배어 있습니다.

그러고 보니 홉스는 상품가치를 규정하는 방식으로 인간의 가치를 설명하기도 했어요. "모든 인간의 가치(value) 내지 값어치(worth)는 다른 사물과 마찬가지로 그것의 가격(price)"이라고요.[11] 스미스는 "모든 사람들이 어느 정도는 상인"[12]이라고 했습니다. 과연 상인은 인간의 본성일까요? 폴라니는 말했습니다. "이익이라는 동기는 상인에게 고유한 것이다. 이익이라는 동기를 보편적으로 만들겠다는 생각 따위는 우리 조상들의 머릿속에 결코 떠오른 적이 없다."[13] 전통적 공동체에서, 아니 조선시대만 해도 상인을 인간의 전형으로 사고하기란 쉽지 않았을 겁니다. 상업적 동기를 굳이 인간의 기본 동기라고 한다면 그 앞에 '역사적'이라는 말을 붙여야겠지요.

힘과 권세를 그 짐승에게 주더라

마르크스는 스미스가 상정한 '자유롭게 교환하는 개인'에 대해 이렇게 말했습니다. "애덤 스미스가 (…) 역사에 선행하도록 한 것은 오히려 역사의 산물이다."[14] 교환하는 개인들은 역사의 출발점이 아니라 결과물이라는 겁니다. '개인'은 사회의 구성원으로서, 사회의 출현과 함께 '출현'했다고 할 수 있습니다. 마르크스의 말처럼 인간은 "사회 속에서만 자신을 개별화할 수 있는 동물"입니다.[15] 우리는 개인과 사회를 곧잘 대비해서 이해합니다만 개인과 사회는 '함께' 탄생했습니다.

　상품들의 교환은 개인적인 것과 사회적인 것을 동시에 보여줍니다. 『자본』 제1장에서는 이 문제를 사용가치와 교환가치[가치]라는 측면에서 접근했는데요. 제2장에서는 인간관계에 방점을 찍습니다. 그래서 상품의 교환을 '개인적 과정'과 '사회적 과정'으로 나누어 설명합니다. 상품교환을 사용가치의 측면에서 접근했을 때 제1장에서는 물건의 개별적 유용성이 부각되었습니다. 그런데 제2장에서는 상품소유자의 개별적 욕구가 부각됩니다. "상품소유자는 누구나 자신의 욕구를 충족시켜주는 사용가치를 지닌 다른 상품과 교환하게 될 때만 자기 상품을 넘겨주려고 한다. 이 관점에서 보면 교환은 그에게는 개인적 과정이다."[김, 112; 강 151]

　상품교환을 교환가치[가치]의 측면에서 접근하면 어떨까요. 상품은 교환을 통하지 않고서는 가치를 실현할 수 없습니다. 한 상품의 가치는 그것과 교환되는 일정량의 다른 상품을 통해 표현되니까요. 그런데 상품소유자의 관점에서 이 문제를 보면, 일정한 가치를 지닌 다른 상품과 교환될 수 없다면 자신의 상품은 무가치한 상품이 됩니다. 다시 말해 상품일 수 없는 물건인 셈입니다. 그러므로 상품소유자는 "다른 상품소유자에게 사용가치를 가지든 그렇지 않든" 필사적으로 자신의 상품을 "동일한 가치의 다른 상품으로 실현하고자" 합니다. 상품에 대한 욕구의 문제가 아니라 상품의 가치에 대한 사회적 승인이 문제인 거죠. "이런 관점에서 보면 교환은 그에게는 일반적이고 사회적인 과정"입니다.[김, 112; 강, 151] 마르크스는 이렇게 덧붙입니다. "동일한 과정이 모든 상품소유자에게 오로지(nur) 개인적이기만 하거나 오로지 일반적이고 사회적이기만 할 수는 없다."[김, 112~113; 강, 151] 교환되는 상품이 사용가치와 교환가치를 갖듯 상품소유자에게 교환은 개인적인 일인 동시에 사회적인 일이라는 겁니다. 상품들만의 관계를 살펴본 제1장에서는 개별적인 것과 사회적인 것의 관계가 '개개의 상품'과 '평균적 표본'의 문제로 나타났는데,[김, 49; 강, 93] 상품소유자들을 중심에 둔 제2장에서는 이것이 '개인'과 '사회'의 문제로 나타났다고 하겠습니다.

　제1장에서 살펴본 가치형태의 전개과정을 잠시 떠올려볼까요. 단순한 가치형태-전개된 가치형태-일반적 가치형태-화폐형태로 이어지는 과정 말입니다. 제2장에서 마르크스는 이 과정을 상품소유자들의 관점에서 다시 씁니다. 반복이죠. 독자들은 이를 눈치 채지 못할 수도 있습니다. 제1장처럼 도식적으로 정리해주지도 않았으며, 무엇보다 풍경이 바뀌었으니까요. 이런 반복은 마르크스의 독특한 서술방법인데요. 동일한 내용을 반복하면서도 새로워 보이게 합니다. 제1장에서 화폐형태가 출현할 때는 그것이 상품교환에 내재된 논리의 산물처럼 보였는데, 제2장에서는 이것이 상품소유자들의 행위의 산물이며, 무엇보다 상품교역의 역사와 관련됨을 알 수 있습니다.

　앞서 상품교환이 개인적인 일이자 사회적인 일이라는 것을 확인했는데, 이는 상품교환의 단순한 형태에 해당합니다. 마르크스는 교환의 단순한 형태에서 개인적인 것과 사회적인 것의 존재를 함께 읽어낸 겁니다. 제1장에서는 사용가치가 다른 두 상품의 교환에 이미 화폐가 존재함을 읽어냈었죠. 마찬가지로 제2장에서 마르크스는 두 상품소유자들의 만남에서 개인적 욕구와 함께 사회적 욕구를 읽어내고 있습니다. 제1장에서 우리는 가치형태의 논리적 전개과정에서 교환의 일반적 등가물(화폐)이 출현하는 것을 보았지요. 마찬가지로 제2장에서 우리는 개별 상품에 대한 욕구와는 다른 차원에서 일반적이고 사회적인 상품인 화폐에 대한 욕구가 나타나는 것을 보게 될 겁니다.

　이제 교환의 일반적 등가물로서 화폐가 출현하는 과정을 상품소유자들의 관계를 통해 살펴봅시다. 다시 기억을 더듬어볼까요. 제1장에서는 두 상품이 교환되는 '단순한 가치형태'에서 여러 상품이 교환되는 '전개된 가치형태'로 이어졌습니다. 마찬가지로 제2장에서는 상품소유자들이 '두 사람'에서 '여럿'으로 확대됩니다. 전개된 가치형태에서 한 상품이 여러 상품으로 자신을 표현하는 것처럼, 상품소유자는 자신의 상품을 다른 여러 상품들의 가치로 재봅니다. 이런 사정은 모든 소유자들에게 해당하죠. 모두가 다른 상품들을 자기 상품에 대한 특수한 등가물로 바라보는 겁니다. 마치 자신의 상품이야말로 다른 모든 상품들에 대한 일반적 등가물인 것처럼 행동합니다.[김, 113; 강, 151] 이렇게 되면 그 어떤 상품도 일반적 등가물이 될 수 없습니다. 저마다의 욕구만 드러나지요.

이 난처한 상황에서 어떤 돌파구가 마련될 수 있을까요? 제1장에서 펼쳤던 논리적 전개에 따르면, '다자'(多者) 즉 '여럿'의 잡다함은 '일자'(一者) 즉 '하나'의 통일성으로 전환됩니다(전개된 가치형태가 일반적 가치형태로 바뀌는 걸 우리는 제1장에서 이미 봤지요). 하지만 이것은 논리적 전개일 뿐이고 상품소유자들 각각이 이런 걸 생각해낼 수는 없습니다. 다시 말해 일반적 등가물의 출현은 개인이 '생각해서' 찾아낼 수 있는 출구가 아닙니다. 그런데 마르크스가 여기서 재밌는 말을 합니다. "곤경 속에서 우리의 상품소유자들은 파우스트처럼 생각한다. '태초에 행동이 있었다.' 그래서 그들은 생각하기에 앞서 행동을 해버렸다."[김, 113; 강, 152] 이 말은 두 가지 사실을 함축합니다. 하나는 일반적 등가물의 출현이 생각의 산물은 아니라는 것이고, 다른 하나는 개인적 산물도 아니라는 것이죠. 요컨대 일반적 등가물은 개인들이 사유를 통해 고안해낼 수 있는 게 아니라는 이야기입니다. 개인이 언어를 만들 수 없듯 화폐(일반적 등가물)도 개인이 혹은 한두 사람이 '합의'한다고 해서 곧바로 널리 통용될 수 있는 게 아니죠(마르크스는 개인이 의식적으로 통제할 수 없는 것에 '사회적'이라는 말을 붙입니다). 이런 점에서 일반적 등가물의 출현은 '사회적 행동'의 결과물입니다. 마르크스는 이에 대해 '사회적 행동'(gesellschaftliche Aktion)이라는 말을 썼습니다.[김, 113; 강, 152]

이와 관련해 마르크스가 인용한 성경구절이 눈길을 끕니다. 제2장에서 '일반적 가치형태'를 설명할 때 언급했던 구절이죠. "그들은 모두 한마음이 되어 자기들의 힘과 권세를 그 짐승[테리온, therion]에게 주더라. 누구든지 이 표를 가진 자 외에는 매매를 못하게 하니 이 표는 곧 짐승의 이름이나 그 이름의 수라." 앞 문장은 「요한계시록」 17장에서 따온 것이고 뒤에 오는 문장은 13장에서 따온 것입니다. 특정한 상품이 일반적 등가물로 등장하는 것에 대한 묘사인데, 마치 개별 상품들이 등가물의 지위를 포기하고 그 권한을 특정 상품에 양도하는 것처럼 쓰고 있습니다. 그리고 이 구절은 홉스의 『리바이어던』을 연상시킵니다. 홉스가 자연상태에서 사회상태 내지 국가상태로의 이행을 설명하는 핵심 논리인 '권리 양도'가 들어 있지요. 홉스는 국가의 출현을 설명하려 「욥기」에서 '리바이어던'을 인용했고, 마르크스는 화폐의 출현을 설명하려 「요한계시록」에서 '테리온'을 인용했지만 두 짐승이 등장하는 원리는 같습니다. 경제적 가치의 통일성과 정치적 권력(주권)의 통일성이 사실상 동일한 논리로 설명되고 있는 겁니다(나는 마르크스가 분명 홉스를 떠올렸을 거라고 생각합니다).

군주가 상징하는 주권의 통일성 안에서 개인들이 저마다 시민권자로서 개별화되는 것처럼, 화폐가 상징하는 가치의 통일성 안에서 각각의 상품은 저마다 지닌 가치로 개별화될 수 있습니다. 마르크스는 사회 속에서만 인간은 개별화될 수 있다고 했는데요. 똑같은 말을 우리는 화폐와 상품 사이에서도 할 수 있는 겁니다.

──────────── 화폐는 철저한 평등주의자 ────────────

『자본』 제1장을 다룰 때 나는 군주의 탄생(근대적 주권의 탄생)과 화폐의 탄생을 연관지어 이야기한 바 있습니다. 하지만 제2장에서 이 이야기는 논리적 전개를 통해 나온 게 아닙니다. 마르크스는 이것을 논리의 전개가 아니라 교역의 역사적 확대와 관련시키고 있습니다.[김, 114; 강, 152] 논리적 전개와 역사적 전개는 같지 않습니다. 사실 『자본』 제1장에서 펼쳐지는 가치형태의 논리적 전개는 이미 자본주의사회를 전제한 상태에서 나온 이야기입니다. 노동생산물이 상품으로 전환되면 특정 상품이 화폐로 전환되는 것은 필연적이죠. 가치형태의 논리적 전개는 바로 이 점을 보여줄 따름입니다.

그러나 역사적 전개 또는 역사적 출현은 다릅니다. 화폐의 역사적 출현은 상품교역이 실제로 얼마나 확대되고 심화되느냐로 결정됩니다. 그런데 실제 역사를 보면 상품교역이라는 게 말처럼 그리 쉽게 이뤄진 것이 아닙니다. 전통적 공동체에서는 『자본』 제1장에서 펼쳐졌던 것과 같은 가치형태의 논리적 전개가 일어날 수 없습니다. 상품거래 자체가 허용되지 않기 때문입니다. 마르크스의 『자본』은 헤겔의 『논리학』과 다릅니다. 역사적 조건이 마련되어 있지 않으면 논리가 작동할 수 없습니다. 노동생산물이 상품으로서 유통되고 상품교역이 확대되면 일반적 등가물로서 화폐의 출현이 자연스럽습니다만, 노동생산물이 상품으로 전환되는 그 일은 역사적으로 볼 때 결코 자연스레 일어나지 않습니다. 그리고 이러한 통찰은 상품의 관계가 아니라 인간관계를 분석함으로써만 얻을 수 있습니다.

상품과 화폐의 유통은 특정한 인간관계를 전제합니다. 그런데 그것은 공동체적 인간관계와는 맞지 않습니다. 마르크스의 말처럼, "그 공동체가 가부장적 가족이거나, 고대의 인도 공동체이거나, 페루의 잉카국이거나 상관없"습니다.[김, 115; 강, 153] 등가교환 되는 상품이나 일반적 등가물로서 화폐는 공동체에 고유한 규칙들을 무시합니다. 귀족이 가져왔든 노예가 가져왔든 남성이 가져왔든 여성이 가져왔든 그저 x량의 상품 A는 y량의 상품 B와만 교환됩니다. 상품은 "타고난 평등주의자이자 냉소주의자"[김, 111; 강, 150]이며, "화폐는 철저한 평등주의자"입니다.[김, 171; 강, 205]

전통적 공동체들이 상품과 화폐의 유통에 경계심을 보인 것은 당연합니다. 상품교환이 확대되면 거기에 부합하는 인간관계가 퍼져나가겠지요. 고대의 국가나 공동체에서 교역항을 외곽의 특정 지역에 한정하고 귀금속 채굴량을 엄격히 규제한 것은 상품과 화폐의 흐름에 대한 그들의 경계심을 보여줍니다. 이와 관련해, 인류학자 메리 더글러스(Mary Douglas)가 보고한 사례는 아주 흥미롭습니다.[16] 그는 1949년부터 1953년까지 콩고의 렐레족(Lele)을 연구했습니다. 렐레족 사람들은 옷감을 만드는 데 쓰는 라피아(raffia)와 염료나무 캠우드(camwood)를 화폐로 사용했는데, 결혼지참금이나 상벌금, 종교적 헌금 등의 용도로 썼습니다. 그러나 라피아나 캠우드를 상업적 용도로는 쓰지 않았습니다. 생활에 필요한 물건들을 구입하는 데 쓰는 화폐는 아니었다는 말입니다(오늘날 우리는 똑같은 돈으로 벌금도 내고 물건도 사기 때문에 전통 공동체에서 둘을 철저히 구분했다는 말이 꽤 이상하게 들릴 수 있겠습니다. 하지만 모든 것에 무차별적으로 관여하는 '우리 시대의 화폐'가 어쩌면 더 이상한 것일 수 있지요). 그렇다면 이들은 생필품을 어떻게 구했을까요? 이런 물건은 마을에서 공동으로 생산했고 지위에 따라 분배되었습니다. 분배 몫의 크기는 그가 누구냐에 달렸지, 그에게 돈이 얼마나 있느냐와는 아무 상관이 없었습니다.

렐레족 사람들이 라피아를 재화교환에 사용한 경우가 있기는 있었습니다. 다른 종족과 교역할 때죠. 렐레족은 라피아를 주고 딩가족(Dinga)에게서 물고기와 그릇을 얻었습니다. 아주 드문 일이지만 더글러스는 공동체 내에서도 라피아로 물건을 구매하는 걸 보기는 했다고 합니다. 그런데 이는 특별한 기술을 가진 장인의 물건에 한정되었습니다. 그것도 둘 사이에 아무런 혈연관계(kinship)도 없는 경우였습니다. 서로 남일 때만, 특별한 물품에 한해서만 아주 드물게 허용된 겁니다. 렐레족을 사례로 들었습니다만 이는 특별한 예가 아닙니다. 이런 예는 얼마든지 찾아볼 수 있습니다. 이를테면 성경에서도 볼 수 있죠. 서구의 역사에서 '유대인'은 고리대업자 내지 금융업자로 이름이 높았는데요. 구약성경을 보면 유대인 종족

내에서는 고리대업이 엄격히 금지되었음을 확인할 수 있습니다. '고리대'라는 말 때문에 오해가 있을 수도 있겠는데 '높은 이자'만이 아니라 '이자' 자체가 금지되었어요.

　신이 유대인들에게 명령합니다. "너희는 동족에게 이자를 받고 꾸어주어서는 안 된다. 돈에 대한 이자든 곡식에 대한 이자든, 그 밖에 이자가 나올 수 있는 것은 모두 마찬가지다. 이방인에게는 이자를 받고 꾸어주어도 되지만, 너희 동족에게는 이자를 받고 꾸어주어서는 안 된다"(「신명기」 23:20~21). 「신명기」만이 아닙니다. 우리는 꽤 여러 곳에서 이런 명령이 내려지는 걸 볼 수 있습니다. 이 점에서 성경은 매우 일관됩니다. 그래서 중세 역사학자 자크 르 고프(Jacques Le Goff)는 "고리대금업에 관한 한 성경은 그것을 비난하는 데 있어 조금도 모순이나 틈을 보이지 않았던 듯싶다"라고 했습니다.[17] 일반적으로 돈거래를 탐탁하게 생각하지 않았을 뿐 아니라 동족끼리의 돈거래는 특히 금기시했던 것이지요.

　여담입니다만, 공동체가 화폐나 상품거래를 얼마나 경계하는지를 보여주는 교환도 있습니다. 폴라니에 따르면 원시공동체에서는 똑같은 물건을 맞바꾸기도 합니다.[18] 지금껏 우리는 '서로 다른 두 상품의 교환'을 가지고 이야기를 진행해 왔습니다. 동일한 상품을 교환하는 것은 매우 불합리한 행동이니까요. 사용가치 측면에서 볼 때 상품의 교환이란 각자에게 필요가 없는 물건을 내놓고 필요한 물건을 가져오는 일입니다. 동일한 물건을 교환했다면 '필요 없는 물건=필요한 물건'이라는 엉터리 등식이 성립하게 되죠. 물론 교환가치 측면에서 보면 등가교환을 했으니 손해를 입지는 않았습니다. 그러나 쓸데없는 짓을 한 것은 맞습니다. 상인의 시각에서 보자면 아무런 이익도 남지 않는 일을 하려고 시장에 나간 셈이니까요. 그런데 이게 정말 쓸데없는 짓일까요? 공동체적 인간관계에서 보자면 그렇지 않습니다. 실제로 나는 딸아이가 동일한 문구용품을 친구와 서로 교환하는 것을 본 적이 있습니다. 디자인이 조금 다르기는 하지만 거의 똑같은 지우개를 맞바꾸는 겁니다. 사용가치에도 교환가치에도 변화가 없습니다만, 이런 교환을 통해 둘의 우정은 커집니다. 경제학자의 눈에는 무익한 행동일지 몰라도 아이들은 그것이 매우 유익하다는 걸 압니다.

　폴라니가 원시공동체들에서 이뤄지는 '동일한 물건의 교환'에 대해 말한 것도 다르지 않습니다. 그에 따르면 "경제적 실익이 전혀 없는 이런 교환이 일어나는 이유는 유대를 강화시킴으로써 관계를 더 밀접히 하기 위해서"입니다. 이런 교환은 상품교환을 발전시키기는커녕 "공리주의적 사고가 침투해 들어오는 것을 막는 파수꾼" 역할까지 하죠.[19] 가치를 냉철히 따지고 물건을 저울대에 올려놓아야 만 마음이 놓이는 그런 관계가 되지 않게 하는 겁니다.

----------공동체가 끝나는 곳, 공동체들의 경계에서----------
상품교환이 일반화되고 화폐가 일반적 등가물로 기능하는 곳에서는 공동체가 해 체될 수밖에 없습니다. 마르크스는 『정치경제학 비판 요강』에서 이를 아주 간명하 게 표현했습니다. "화폐 자신이 코뮌(Kommune)이 아닌 곳에서 화폐는 코뮌을 해 체해야 한다."[20] 화폐는 공동체적 인간관계, 즉 코뮌을 해체하고 자신이 하나의 유 대, 하나의 관계, 말하자면 하나의 코뮌으로서 등장했습니다. 어쩌면 근대사회란 공동체를 해체하면서 생겨난 '화폐공동체'라고 해야 할지도 모르겠습니다.

그러므로 화폐는 공동체적 관계의 발전을 통해서는 생겨날 수 없습니다. 공동 체적 관계의 발전이 아니라 해체를 통해 만들어집니다. 화폐가 전제하는 인간관계 는 공동체 내부가 아니라 외부에서 온 것입니다. 공동체들의 바깥 말입니다. 고대 도시에서도 화폐와 관련된 일은 이방인이나 해방노예가 맡는 경우가 많았습니다. 심지어 근대 초기에도 대은행가는 이방인인 경우가 많았습니다. 게오르크 지멜 (Georg Simmel)이 "대금융회사에 대한 일반인들의 증오는 주로 그 소유자와 대리 인들이 으레 외국인이라는 사실 때문"이었다고 했을 정도입니다(지멜은 화폐가 공 동체에서 배제되거나 주변화된 사람들의 배타적 관심 대상이 되는 경향이 있다고 했지요).[21]

그런데 여기서 의문이 듭니다. '공동체들의 바깥'이라는 게 있을까요? 한 공 동체의 바깥은 다른 공동체 아닌가요? 도대체 공동체들의 바깥은 어디를 말하는 걸까요? 여기서 마르크스의 천재성이 빛을 발합니다. 그는 우리가 좀처럼 생각해 내지 못하는 장소를 제시합니다. 모든 공동체들의 바깥, 그곳은 바로 공동체와 공 동체 사이, 즉 공동체들의 국경, 공동체들의 경계입니다. "공동체가 끝나는 곳, 하 나의 공동체가 다른 공동체 또는 다른 공동체의 성원들과 접촉하게 되는 그 지점 에서 비로소 상품교환이 시작된다."[김, 115; 강, 153] 『정치경제학 비판을 위하여』 에서는 이렇게 썼습니다. "사실 상품들의 교환과정은 본래 자연발생적 공동체들 의 품에서가 아니라, 그것들이 멈추는 곳, 그것들의 경계들, 즉 그것들이 다른 공 동체들과 만나는 소수의 지점들에서 나타난다."[22]

우리는 국경이나 경계를 하나의 장소로 사고하기가 쉽지 않습니다. 지도적 상 상력 때문입니다. 지도를 보면 한 국가의 영토 바깥은 다른 국가의 영토입니다. 국 경은 면적이 없는 선분으로 표시되기 때문에 우리는 국경을 시간적 지속과 공간적 면적을 가진 곳으로 생각하지 못합니다. 국경에서 산다는 말이 불가능하지요. 그런데 영토란 물리적인 것이 아니라 법적인 것입니다. 주권의 문제죠. 국경은 주권의 효력, 법의 힘이 미치는 한계 지대입니다. 그래서 해당 국가의 주권이 미치지 못하는 곳은 물리적 경계 안에 있어도 영토 바깥에 있는 것과 같습니다. 소위 치외법권(extraterritorial) 지대가 존재하는 겁니다. 외국 대사관 같은 곳 말입니다. 그나마 외국 대사관은 본국의 법령을 따릅니다. 하지만 난민 혹은 미등록 외국인은 상황이 다릅니다. 이들은 법적 보호도 통제도 받지 않습니다. 사실상 법 바깥에 있습니다. 말하자면 영토 바깥에 있습니다.

예전에 어느 책에서 중국 등 제3국을 거쳐 남한으로 오는 북한 이탈 주민들이 그곳에서 평균 3~4년을 머문다는 이야기를 읽었습니다.[23] 이 기간 동안 그들은 물리적으로는 중국 안에 있지만 법적 보호나 관리를 받지 않는 존재들, 법 바깥의 존재들로 사는 겁니다. 이들에게는 중국이라는 나라 전체가 국경과 다름없습니다(사실 남한으로 넘어와서도 국경의 삶이 이어지는 경우가 많지요). 이처럼 모든 영토가 누군가에게는 국경이 될 수 있습니다. 누군가는 평생에 걸쳐 나라 곳곳을 돌아다니면서도 국경의 삶을 살 수 있는 겁니다. 국가, 영토, 국민의 진정한 타자는 다른 국가, 다른 영토, 다른 국민이 아니라 국경이고 난민입니다. 국가가 무엇인지 고민한다면 국경이 무엇인지도 고민할 필요가 있습니다.

이야기가 옆길로 빠져나가는 것 같으니 다시 앞서의 논의로 돌아가겠습니다. 우리가 읽고 있는 책은 『국가』가 아니라 『자본』이니까요. 다만 국가의 탄생, 자본(상품·화폐)의 탄생과 관련해 국경과 경계를 주목해야 한다는 점, 마르크스가 부각한 장소에 주목해야 한다는 점만은 강조해두겠습니다. 마르크스는 상품과 화폐 거래의 발생지로 공동체와 공동체의 경계를 지목했습니다. 공동체와 공동체의 경계는 각 공동체의 규칙이 적용될 수 없는 곳입니다. 규칙을 공유하지 않는 조건에서 어떤 관계를 형성하는 곳이지요. 처음에는 공동체들 사이의 어떤 장소로 나가 물건들을 바꾸었을 겁니다. 렐레족은 옷감을 들고 가고 딩가족은 물고기를 들고 갔겠지요. 그런데 교역으로 생계를 이어가는 종족, 아예 중간지대에 살면서 교역을 담당한 종족도 있었습니다. 마르크스에 따르면 "페니키아인, 카르타고인 등이 그러했"습니다. "이들은 (…) 고대 세계의 중간지대에서만 살 수 있었다. 오히려 이 세계 자체가 그런 상업민족들의 전제였다."[24]

이들이 중간지대에 살았다는 것은 고유한 영토를 갖지도 않았고 특정한 영토에 속하지도 않았다는 뜻입니다. 중세 유럽에서 대외교역에 종사했던 상인집단들도 그랬습니다. 한자 상인들(Hanseatic League)이 대표적입니다. 14~15세기 북유럽에서 활발히 활동했던 한자 상인들은 오늘날의 영토 기준으로 보면 발트해와 북해 등의 연안도시를 오갔지만 어느 나라에도 속하지 않았습니다. 이들은 독자적 생활양식이 있었고 별도의 언어를 썼습니다.[25] 공동체 속 이방인처럼 살아야 했던 유대인들도 마찬가지입니다. 마르크스는 중세 유대인들을 고대 상업민족에 견주었는데요.[26] 유대인들이 고리대업에 많이 종사했던 이유를 나라 안에서 비시민적 삶, 앞서 내가 쓴 표현을 다시 쓰자면, 국경의 삶을 사는 사람들이었기 때문입니다. 화폐는 이처럼 탈영토적 존재들과 관련이 있습니다. 마르크스가 유목민족을 주목한 것도 이 때문입니다. "유목민족은 화폐형태를 가장 먼저 발전시켰다. 왜냐하면 그들의 재산 전체가 이동할 수 있는, 따라서 직접 양도 가능한 형태로 존재했기 때문이며, 또 그들의 생활방식이 그들을 끊임없이 다른 공동체와 접촉하도록 함으로써 생산물의 교환을 자극했기 때문이다."[김, 116; 강, 155]

이런 이유로 토지를 기반으로 한 화폐는 역사적으로 매우 늦게 나타났습니다. 은행이 비축한 금에 기초해 화폐를 발행할 수 있는 것처럼 확보한 토지에 기초해 화폐를 발행하는 것도 원리상 가능합니다(화폐 지급보증의 담보물을 금으로 하느냐 땅으로 하느냐의 차이밖에 없죠). 마르크스에 따르면 이런 화폐가 나타난 것은 "상당히 발전된 부르주아사회"였고, 이것이 전국적 규모로 나타난 것은 "프랑스의 부르주아혁명이 이루어지고 나서"입니다.[김, 116; 강, 155] 프랑스혁명 때 지주와 교회로부터 몰수한 토지를 담보로 혁명정부가 발행한 화폐인 '아시냐'(Assignat)를 염두에 두고 한 말인데요. 토지를 기반으로 화폐가 발행된 건 상품과 화폐의 거래가 상당히 일반화된 뒤라는 것이지요[사실 토지를 담보로 한 화폐 발행이 가능하다는 발상 자체는 더 일찍 나왔습니다. 프랑스왕립은행 설립자 존 로(John Law, 이 인물과 그의 은행에 관해서는 뒤에서 다시 다룹니다)가 1705년 저서에서 이미 금속 대신 토지를 담보물로 삼아 지폐를 발행하는 안을 내놓은 바 있거든요].[27]

─────── 상품보다 먼저 날아온 대포알 ───────

상품들의 관계에서 상품소유자들의 관계로 전환하면서 우리는 스미스가 자연스럽게 떠올렸던 그 교환 성향이라는 것이 얼마나 자연스럽지 않은지를 확인할 수 있었습니다. 교환 성향이 전제하는 인간관계가 형성되기란 쉽지 않습니다. 마르크스의 말처럼 "자연 자체는 환율이나 은행가를 낳지 않듯이 화폐도 낳지 않"았습니다.[28]

마르크스는 『자본』 제1장에 이어 제2장에서도 프루동을 비난하는 주석들을 달았는데요. 그에 따르면 프루동은 상품교환에서 '영원한 정의'를 실현하려는 사람이자, '영원한 정의'라는 이상 속에서 현실의 상품생산을 개조하려는 사람입니다.[김, 111, 각주 2; 강, 150, 각주 38] 프루동에게는 역사가 없습니다. 상품과 화폐를 낳은 사회적 조건의 역사적 탄생에 대한 고려가 없어요. 그렇기 때문에 사회적 조건을 전혀 건드리지 않은 채로 '화폐'를 없앨 수 있다는 망상에 쉽게 빠져들었죠. "가톨릭교를 존속시키면서 교황은 폐지할 수 있다"라는 환상을 갖는 거죠.[김, 114, 각주 4; 강, 153, 각주 40] 하지만 여러 번 강조했듯 상품교환이 일반화되면 화폐의 출현은 필연적입니다. 상품교환을 유지한 채 화폐를 없앨 수는 없습니다. 문제는 상품에서 화폐가 출현한다는 그것이 아닙니다. 어떻게 공동체 바깥에 머물던 '상품교환'이 공동체 내에서 일반화될 수 있었느냐가 중요합니다.

마르크스는 일단 물건들이 공동체 외부에서 상품들로서 교환되기 시작하면 그 물건들은 내부에서도 상품이 되기 시작한다고 말합니다. "일단 어떤 물적 존재가 공동체 외부와의 접촉을 통해 상품이 되면, 그 즉시 그것들은 반작용을 일으키며(rückschlagend) 공동체 내부의 생활에서도 상품이 된다."[김, 115; 강, 153] 물론 단번에 그런 일이 일어날 수는 없습니다. "규칙적인 사회적 과정"이 될 때까지 "교환이 끊임없이 반복"되어야 합니다. 그래서 공동체의 노동생산물 일부가 "의도적으로 교환을 목적으로 생산되어야만" 합니다. 생산 자체가 교환을 목적으로 이루어지기 시작하면 생산물의 '직접적 필요'를 위한 유용성과 '교환'을 위한 유용성이 나뉘고, 사용가치와는 별개로 교환가치 문제가 대두합니다. 이때부터 노동생산물은 상품으로 전환됩니다.

그러나 이 과정마저 자연스럽지는 않았을 겁니다. 공동체가 내부에서 상품거래를 허용하는 게 쉽지 않았을 테니까요. 물품거래는 엄격히 규제되었을 겁니다. 거래는 공동체 바깥에서, 특정 시점에 특정 물품에 한해서만, 그리고 특정 구성원들에게만 허용되었을 겁니다. 공동체의 질서가 유지되는 한에서는, 외부에선 물품거래가 이루어지더라도 내부에서 쉽게 허용하진 않았을 겁니다. 앞서 언급한 렐레족의 경우에도 그랬습니다. 렐레족 사람들이 상품거래를 본격적으로 경험한 것은 벨기에가 이곳을 식민화한 이후입니다.[29] 식민지 당국은 화폐를 통한 상품거래를 촉진했지요. 콩고프랑화(Congo francs)를 공식 화폐로 지정하고 이것으로 세금과 벌금을 납부하게 했습니다. 라피아와 프랑의 공식 환율도 공포하고 라피아를 상업적 화폐로 쓰게 했습니다. 그러나 렐레족은 꽤 오랫동안 상품경제로 이행하지 않았습니다. 공동체 내부의 질서가 계속 작동했기 때문입니다. 물론 이 질서는 결국 무너집니다. 식민지 당국이 라피아를 매개로 한 공동체의 주요 관습들에 개입했기 때문입니다. 식민주의라는 조건 위에서 자본주의가 비로소 들어온 겁니다.

이처럼 공동체가 상품사회로 발전해나가기란 어렵습니다. 공동체의 몰락이 상품과 화폐의 유통을 가능케 했다고 하는 편이 옳을 겁니다. 공동체가 해체되고 재구성되어야 화폐가 생겨납니다. "화폐 자신이 코뮌이 아닌 곳에서 화폐는 코뮌을 해체한다"라는 말을 책에서 읽는 것과 현실에서 체험하는 것은 다릅니다. 전통적 공동체에서 볼 때 이것은 실로 무서운 말입니다. '공동체'가 '사회'로 전환되는 것은 공동체의 신체를 이루는 뼈와 근육이 분리되었다가 재조립되는 일입니다. 상품을 받아들인다는 것은 단순히 사물 하나가 들어오는 것이 아닙니다. 하나의 인간관계, 하나의 세계가 들어오는 것이지요. 그러므로 상품이 날아오는 것은 공동체의 존망을 가르는 대포알이 날아오는 것과 같습니다. 이는 마르크스가 『공산주의자 선언』에서 쓴 비유이기도 합니다. "부르주아지의 상품의 싼 가격은, 부르주아지가 모든 만리장성을 쏘아 무너뜨리고, 외국인에 대한 야만인들의 완고하기 그지없는 증오심을 굴복시키는 대포이다. 부르주아지는 모든 민족들에게 망하고 싶지 않거든 부르주아지의 생산양식을 채용하라고 강요한다; 그들은 소위 문명을 도입하라고, 즉 부르주아지가 되라고 강요한다. 한마디로 부르주아지는 자신의 모습대로 세계를 창조하고 있는 것이다."[30]

이 인용문에서 마르크스는 상품을 대포알에 비유합니다. 그러나 대포알 같은 상품이 날아오기 이전에 실제로 대포알이 날아왔다는 것도 잊으면 안 됩니다. 많은 공동체들이 상품을 받기 전에 함포사격부터 받았습니다. 그리고 이 함포사격은 우리 근대화의 역사가 보여주듯, 비유가 아니라 실제였습니다. 『자본』 제1장에서 상품들만 논리적으로 분석하고 전개했을 때는 이것이 드러나지 않았습니다. 거기에는 화약냄새도 없었고 비명소리도 없었습니다. 제2장에서도 그 점이 직접 드러나지는 않습니다. 마르크스가 화폐의 역사적 발생에 개입한 '폭력'을 직접 언급하지는 않으니까요. 하지만 우리는 여기서 최소한 그것을 예감할 수는 있습니다. 그의 말처럼 자연은 화폐를 낳지 않았으니까요. 그의 말처럼 화폐는 자신이 코뮌이 아닌 곳에서 그 코뮌을 가만둘 수 없으니까요.

───────── 화폐의 마법이 은폐하는 것들 ─────────
우리는 상품과 화폐의 유통이 너무나 자연스럽게 여겨지는 사회 속에 살고 있습니다. 우리로서는 본래 인간에게는 교환 성향이 있으며 인간은 어느 정도 상인이라는 말이 어색하게 들리지 않습니다. 인간관계가 변한 겁니다. '공동체적' 관계에서 '사회적' 관계로 이행했다고 할 수도 있겠지요. 그런데 상품과 화폐가 공동체와 공동체 사이에서 연원했다면 그것이 전제하는 인간관계도 마찬가지일 겁니다. '사회적' 관계란 공동체와 공동체 사이에 존재하던 관계라고 할 수 있지요. 공동체들 사이에서나 존재하던 인간관계가 공동체 안에서도 일반적 관계가 된 겁니다. 이는 구성원들 각자가 독립된 공동체처럼 존재한다는 뜻입니다. 그리고 서로가 서로를 마치 다른 부족 대하듯 하는 것이지요. 이것이 '사회적'이라는 말의 의미입니다.

마르크스에게 '사회적'이라는 말은 "한 무리의 공통 규칙들을 공유하지 않는 공동체들 사이의 교환이 지니는 고유한 특징"을 가리킵니다.[31] 시장에서 한 상품 소유자가 다른 상품소유자를 만난다는 것은 이런 겁니다. 각자는 저마다의 사정과 저마다의 규칙에 따라 물건을 만들어 왔을 거예요. 하지만 그것은 각자의 사정이지 상대방에게 이해를 구할 수 있는 게 아닙니다. 우리 집 암탉이 달걀을 많이 낳지 않아 우리 집에서는 귀한 달걀이라 해도 그것을 다른 상품소유자에게 인정하라고 요구할 수는 없습니다.

개인들은 서로의 사정을 알지 못한 채 행동할 수밖에 없습니다. '사회적'으로 결정된다는 것은 공통의 규칙, 미리 정해진 체계가 없는 상태에서 결정이 이루어진다는 뜻입니다. 『자본』 제1장에서 마르크스는 상품의 가치가 '사회적'으로 결정된다고 말했습니다. 생산자 개인은 생산물에 들인 자신의 땀방울은 잘 알고 있지만 생산물의 가치는 알 수 없습니다. 그것은 내가 어찌할 수 없는 존재, 나와 무관한 존재인 타인과 관련이 있습니다. 게다가 그 타인은 한 명이 아닙니다. 저마다의 사정이 어떤지, 그래서 평균이 어떻게 나올지는 아무도 모릅니다. 다시 말하지만 개인들은 알지 못한 채로 행할 뿐입니다. 이것이 '사회적 행동'입니다. 앞서 마르크스는 어떤 상품이 일반적 등가물로 등장하는 것은 '사회적 행동'에 따른 것이라고 했습니다. '사회적 행동'은 '개인적 생각'과 대비된 말이었습니다. 개인으로서는 알 수도 없고 제어할 수도 없다는 뜻입니다. 이런 사회적 행동을 통해 한 상품이 일반적 등가물, 다시 말해 화폐로 등장합니다.

우리가 앞 장에서 상세히 본 것처럼, 상품들의 교환이 전제되면 어떤 상품이 일반적 등가물로 출현하든 그건 대단한 일이 아닙니다. 금이 앉은 자리는 아마 포도 앉을 수 있는 자리였어요. '가치'란 상품들 사이의 관계로만 표현됩니다. $xA = yB$처럼요. 가치가 직접 나타날 수 없으며, 한 상품의 가치는 그것과 교환되는 다른 상품을 통해서만 표현된다는 것. 이것이 가치형태론의 핵심이었지요. 이는 일반적 등가물이 된 상품 곧 '화폐상품'(Geldware)에 대해서도 변함없는 사실입니다. 화폐는 '가치' 자체가 아니고 가치가 표현된 형태[가치의 현상형태], 즉 가치형태일 뿐입니다. 다른 상품들과의 '관계'가 그 상품에 비친 것에 불과합니다.[김, 117; 강, 156] 그런데 가치 자체와 가치형태를 혼동하면 금의 휘황찬란한 빛깔에 눈을 빼앗깁니다. 금도 하나의 가치를 가진 상품이며 그런 한에서 다른 상품들과 교환될 수 있고 또 다른 상품들의 가치를 표현할 수 있음을 잊는 것이지요.[김, 118; 강 156] 물론 이 교환비율이 상대적이라는 것도요. 각 상품을 생산하는 데 사회적으로 필요한 노동의 양이 변동하는 것처럼 금은도 상품인 한 그런 변동을 겪습니다. 게다가 한 상품의 가치를 금으로 표현한다는 것은 둘의 상대적 교환비율을 나타내는 것이니 그 금은 절대적 가치형태가 될 수도 없지요.

화폐형태로서 금은 다른 상품들과의 사회적 관계를 표현하는 것일 뿐임을 잊으면 안 됩니다. 그런데 금이 일단 일반적 등가물로 자리를 잡으면 금이 독립적으로 존재하는 것처럼 보입니다. '잘못된 외관'이 만들어지죠. "다른 모든 상품들이 자신들의 가치를 특정한 상품으로 표현하기 때문에 그 특정한 상품이 화폐가 되는 것이 아니라, 반대로 한 상품이 화폐이기 때문에 다른 상품들이 일반적으로 자기들의 가치를 그 상품으로 표현하는 것처럼" 나타나는 것이죠.[김, 121; 강, 159] 바로 이것이 우리가 앞서 본문 2장 「마르크스의 특별한 눈」 끄트머리에서 다룬 '물신주의'입니다. 마르크스는 물신주의에 대해, 관계가 사물의 성격으로 나타나고, 인간들 사이의 사회적 관계가 사물들 사이의 관계인 것처럼 나타나는 것이라고 했지요. 마치 한 인간이 왕이 되는 순간 그가 본래부터 특별한 자질을 가진 특별한 인간으로 보이는 것처럼, "금 또는 은은 대지로부터 나오자마자 모든 인간노동의 직접적 화신"이 됩니다. 마르크스는 "여기에 화폐의 마법(Magie)이 있다"라고 했습니다.[김, 121; 강, 159]

화폐가 등장하면 흔적이 지워집니다. 관계가 보이지 않습니다. 무엇보다 상품들 사이의 관계를 떠받치는 인간들 사이의 사회적 관계가 보이지 않게 됩니다. 화폐의 눈부심 때문에 다른 것이 보이지 않습니다. 『자본』 제1장에서 마르크스는 화폐 물신과 상품 물신이 '관계'를 은폐한다고, 무엇보다 인간들 사이의 '사회적 관계'를 은폐한다고 했는데요. 제2장을 살피면서 우리는 거기에 하나를 더 추가해야 할 것 같습니다. 화폐 물신과 상품 물신은 '역사'를 은폐합니다. 상품과 화폐의 유통이 전제하는 인간관계의 발생 과정에서 자행된 폭력을 은폐하지요. 피와 불의 문자로 기록된 연대기 말입니다.

'화폐'를 기능별로 살핀다는 것

지금까지 살펴본 화폐의 '발생'을 가볍게 한번 정리해보죠. 마르크스는 『자본』 제1장에서 상품교환에 이미 화폐가 들어 있음을 보여주었습니다. 상품의 가치는 우리가 직접 보거나 만질 수 있는 게 아니고 그것과 교환되는 다른 상품의 모습으로만 나타납니다. 상품의 가치를 나타내는 화폐도 마찬가지입니다. 화폐는 상품 A와 교환됨으로써 상품 A의 가치를 표현하는 상품 B와 같지요. 화폐가 특별하다면 다른 모든 상품들에 대해서도 바로 그런 역할을 한다는 것, 즉 교환의 일반적 등가물이라는 점뿐입니다. 따라서 상품들이 교환되는 한 하나의 상품은 다른 상품의 화폐 역할을 하는 것이고, 그 점에서 상품들의 교환에는 이미 화폐가 들어 있는 것입니다. 『자본』 제2장에서도 계속 마르크스는 화폐의 발생을 다루는데요. 다만 여기서는 화폐가 특수한 인간관계를 전제한다는 점에서 그런 인간관계의 발생을 해명했습니다. 화폐는 공동체적 인간관계가 작동하지 않는 곳, 즉 공동체와 공동체 사이에서 발생했다는 것이지요. 그리고 근대사회란 공동체 사이에서나 가능한 관계가 '원자화된 개인들 사이에서 일반화된 것'이라고 했습니다.

'가치'에서 '자본'으로 넘어가는 길목에서

지금부터 함께 읽을 『자본』 제3장에서 우리는 화폐와 상품의 자유로운 '유통'을 전제할 겁니다. 물론 그 유통이라는 것 역시 자연의 산물이 아니라 역사의 산물이라는 점을 유념하면서 말이지요. 이제 사람들은 자신에게 필요한 것들을 시장에 가서 구입해야 합니다. 이는 자신이 가진 것을 시장에 내다 판다는 뜻이기도 하죠. 제3장에서는 화폐의 여러 기능을 살펴봅니다. 그런데 마르크스는 왜 화폐의 '기능'을 살피는 걸까요? 마르크스는 서술의 방법, 특히 논의의 순서와 연결을 중시해요. 우리 눈에 나타난 복잡한 현상이 어떻게 생겨났는지를 단순한 것부터 차근차근 설명해야 한다고 봤으니까요. 그래서 그는 "아직은 설명할 때가 아니다"라는 말을 곧잘 했습니다. 이를테면 『자본』 I권 출간을 앞두고 엥겔스는 '잉여가치'와 관련해 속류경제학자들의 반론을 예상하며("틀림없이 제기될 것이네") 마르크스에게 관련 내용을 보강하라고 했습니다.[32] 이에 대해 마르크스는 반론들에 답할 장소는 여기가 아니라고 말합니다.[33] 적절한 해명은 『자본』 I권의 뒷부분과 II권에서 서술할 내용이 전제되었을 때 가능하다는 것이었지요. 그러면서 만약 속류경제학자들의 반론을 미리 차단하려 하면 이 책의 "변증법적 전개방법(Entwicklung-smethode) 전체를 망가뜨릴 것"이라고 했습니다. 그러니 당분간은 그들이 마음껏 떠들도록 내버려두자고 했어요. 오히려 "그 녀석들로 하여금 성급하게(때를 못 맞추고, unzeitigen) 자신들의 어리석음을 드러내도록 자극하는 덫을 놓는" 장점이 있다고요.

다시 강조하지만 마르크스는 자신이 '변증법적'이라고 말한 '서술방법'에 신경 썼습니다. 논리 전개의 순서가 있는 겁니다. 『자본』 제3장은 '가치'에 대한 설명에서 '자본'에 대한 설명으로 넘어가는 대목입니다. 『자본』 제1편의 제목이 '상품과 화폐'였는데요. 상품과 화폐는 '자본주의 생산양식이 지배하는 사회'에서 '부'(富) 즉 '가치'가 우리에게 '나타나는 형태'였습니다. 그래서 '가치의 현상형태'라고 불렀죠. '화폐'는 특히 그렇습니다. 화폐만 놓고 보면 가치 자체가 독립해서 우리 앞에 있는 것 같습니다. '가치의 현상형태'가 아니라 '가치 자체'라는 착각이 들 정도죠. 그래서 사람들은 금고에 쌓인 돈 자체를 부의 축적, 가치의 축적으로 봅니다. 가치는 '사물'이 아니라 '관계'라는 점을 잊는 겁니다. '화폐 물신'에 빠진 거죠. 그럼 『자본』 제2편의 제목은 뭔지 미리 슬쩍 볼까요. '화폐의 자본으로의 전화'(Die Verwandlung von Geld in Kapital), 곧 '화폐'가 '자본'으로 변한다는 것인데요. 『자본』 제1편에서 마르크스는 가치가 무엇이고 어떻게 우리에게 나타나는지를 다루었습니다(가치형태론). 그러고는 제2편에서 가치의 증식에 대해 다룹니다. 자본이란 무엇이지요? 바로 '증식하는 가치'입니다. 그렇다면 화폐는 어떤 위치에 있는가? 화폐는 한편으로는 가치의 현상형태이면서 다른 한편으로는 가치의 증식을 설명하는 출발점입니다.

이 말들이 낯설게 느껴질 수 있지만 너무 어렵게 생각할 것은 없습니다. 누구에게나 '자본'의 즉각적 이미지는 '돈'이지요. '자본가'란 한마디로 '돈 많은 사람'입니다. 이어지는 『자본』 제4장에서 마르크스는 이 출발점을 간단히 확인하는 데서 이야기를 시작합니다. "화폐가 자본의 최초의 현상형태라는 것을 발견하기 위해 자본의 기원을 회고해볼 필요는 없다. 우리는 매일 그것을 볼 수 있기 때문이다." 역사적으로도 그렇습니다. 상품유통이 활발해지면 그 산물로서 화폐가 생겨나는데 이것이 "자본의 최초 현상형태"라는 거죠.[김, 191; 강, 225] 하지만 '화폐' 자체가 '자본'은 아닙니다. 농부가 배추를 팔고 받은 돈으로 자전거를 샀다면 그 돈은 '자본'이 아닙니다. 그저 상품을 교환하는 수단일 뿐이죠. '화폐로 사용되는 화폐'와 '자본으로서 화폐'는 다릅니다. '화폐'가 '자본'이 될 수는 있지만 화폐와 자본은 같은 것이 아니라는 말입니다. 화폐는 자본이 될 수도 있지만 그렇지 않을 수도 있습니다. 화폐가 그냥 화폐로 기능하는 것과 자본으로 기능하는 것을 구분할 필요가 있습니다. 이를 이해하려면 화폐의 일반적 기능에 대해 알아둘 필요가 있습니다. 그래서 마르크스는 화폐가 수행하는 기능을 하나씩 살펴보자고 한 것이지요. 자본은 단순한 돈덩어리가 아니니까요.

───────────────────── 화폐의 기능적 현존 ─────────────────────

화폐의 기능적 현존(funktionelles Dasein). 이렇게 써놓고 보니 '가치의 현상형태'만큼이나 딱딱한 말이네요. 이 말은 마르크스가 『자본』 제3장에서 쓰는 표현으로, 화폐의 '물질적 현존'과 대비됩니다. 화폐의 '물질적 현존'은 화폐를 소재의 측면에서 보는 겁니다. 화폐가 금의 형태로 존재하느냐, 종이 형태로 존재하느냐 하는 것 말입니다. 반면 화폐가 어떤 '기능'으로 존재하는지, 이를테면 가치척도로 존재하느냐, 유통수단으로 존재하느냐를 구별하는 것이 '기능적 현존'이죠. 예컨대 국가가 발행하는 '지폐'와 도매상인들이 유통시키는 '어음'은 소재는 모두 종이 형태로 되어 있습니다만 그 기능도 그 역사도 아주 다릅니다. 전자는 유통수단이라는 기능에서 파생된 것으로서 화폐상품 '금'을 대신합니다. 하지만 후자는 지불수단 기능에서 파생된 것으로, 단순한 상품유통에서는 생각할 수 없는 신용제도의 발전을 전제합니다.[김, 164~165; 강, 198~199] 유통수단(교환수단)으로서 화폐는 서로 모르는 판매자와 구매자의 관계를 일시적으로 매개하지만, 어음과 같은 지불수단은 판매자와 구매자 사이에 믿을 만한 관계가 이미 수립되었음을 전제합니다. [김, 178; 강, 212] 두 화폐는 수행하는 기능도 다르고 전제하는 조건도 다르기에, 문제가 생겼을 때 나타나는 공황의 양상도 다릅니다.

유통수단, 지불수단, 신용, 공황… 이런 말들을 조금 일찍 꺼내고 말았습니다만, 나중에 다시 살펴볼 테니 지금 이런 용어들에 대해 부담을 가질 필요는 없습니다. 다만 지금 하려는 말은 이겁니다. 마르크스는 화폐가 어떤 기능을 수행하는가에 따라 매우 다른 것이 된다는 것을 보여주고 싶어했습니다. 이것이 그가 화폐의 '기능적 현존'이라는 말을 통해 전달하려는 바입니다. 이전에 나는 마르크스가 실체보다 형태에 관심이 많다고 말했습니다. 가치형태론이 대표적 예지요. 가치가 상품의 형태를 취한다는 것이 자본주의 생산양식의 독특한 성격이었습니다. 화폐도 그렇습니다. 어떤 기능을 수행하는가, 어떤 형태로 존재하는가에 따라 화폐는 아주 다른 것이 됩니다.

이는 마르크스의 화폐 개념을 둘러싸고 이루어진 논쟁에 시사해주는 바가 있습니다. 마르크스의 화폐 개념을 둘러싸고 소위 '상품화폐론'과 '신용화폐론'이 오랫동안 대립해왔는데요.[34] 상품화폐론을 지지하는 사람들은 가치형태론에서 화폐의 존재 방식에 주목합니다. 화폐는 기본적으로 한 상품의 가치를 표현하는 또 다른 상품이라는 겁니다. 상품들의 가치를 표현하려면 화폐도 상품이어야 한다는 주장이죠. 『자본』 제1장에서 본 것처럼, 한 상품의 가치는 등가인 다른 상품으로 표현됩니다. 화폐란 한 상품이 '교환의 일반적 등가물'로 등장한 것이니 기본적으로 상품으로 볼 수 있는 거죠. 그래서 마르크스가 '화폐상품'이라는 말을 쓴 겁니다. 금이 대표적 예죠. 마르크스에 따르면 주화나 지폐도 기본적으로는 화폐상품인 금을 나타내는 증표 내지 상징입니다. 실제로 유통되어야 할 금을 상징적으로 대표한다는 것이에요. 따라서 마르크스에게 화폐는 '상품'이라는 게 상품화폐론자들의 주장입니다.

반면 신용화폐론을 지지하는 사람들은 마르크스가 파편적이기는 하지만 신용화폐에 대해 여러 가지를 언급했고 그 중요성을 아주 높이 평가했다고 주장합니다. 특히 이들은 『자본』 III권의 '신용과 가상자본'에 대한 논의에 주목하는데요. 마르크스가 말한 '가상자본'에 주식이나 채권, 다양한 종류의 신용화폐들이 포함되거든요. 그런데 사실 III권까지 갈 것도 없어요. 우리가 읽고 있는 I권 제3장에도 신용화폐의 기본원리는 언급되어 있으니까요. 또한 마르크스는 거래소에서 이루어지는 막대한 규모의 채권거래를 제3장에서 소개하고 있습니다. 그뿐 아니라 신용의 지불 연쇄를 따라 생겨날 수 있는 화폐공황(Geldkrise)에 대해서도 언급하지요. 화폐공황이 닥치면, 호경기 때는 '상품이야말로 화폐'라고 외치던 사람들이 무척 당황할 것이라는 이야기도 합니다. 상품을 내버리다시피 하면서 지불수단으로서 화폐를 구하려 혈안이 된다는 겁니다.[김, 179; 강, 213]

마르크스의 화폐 개념을 둘러싼 논쟁에서 주류를 차지하는 것은 어떻든 상품화폐론입니다.[35] 그런데 아이러니하게도 상품화폐론의 승리는 마르크스의 화폐론 자체를 위기로 몰아넣은 면이 있습니다. 금본위제도 폐지되고 화폐와 금속의 연계가 사실상 끊긴 오늘날에는 화폐를 상품으로 본 마르크스의 견해가 실효성이 없다는 거죠. 하지만 우리가 지금까지 고찰해봤듯, 애초 물음 자체가 이상한 것이었습니다. 마르크스가 상품화폐와 신용화폐 중 어떤 것을 진정한 화폐로 보았느냐고 묻는 것 말입니다. 화폐의 기능적 현존이라는 측면에서 보면, 화폐는 가치척도로 존재할 때도 있고 유통수단으로 존재할 때도 있으며 지불수단으로 존재할 때도 있습니다. 그리고 지불수단 중에는 고도의 신용을 전제로 하는 화폐도 있는 것입니다.

다만 마르크스가 이 화폐들을 해명하는 데는 순서가 있습니다. 그는 가치척도나 유통수단 그리고 지불수단 중에서 단순한 것을 먼저 말합니다. 단순한 상품유통을 통해서도 해명할 수 있는 기능들 말입니다. 그런 다음 여기에 어떤 조건, 이를테면 은행, 공채, 주식제도의 발전 등이 더해지면 신용화폐의 기능도 해명할 수 있게 됩니다. 다시 말해 논리적으로 단순한 수준에서 해명할 수 있는 화폐가 있는 것이고, 또 복잡한 수준에서 해명할 수 있는 화폐가 있을 뿐입니다. 『자본』의 서술순서를 빗대 말하자면, I권 수준에서 충분히 해명할 수 있는 화폐가 있는가 하면 III권에 가서야 해명할 수 있는 화폐도 있는 것이지요. 그런데 이들 중 어느 것이 진짜 화폐냐고 묻는다면 그 물음 자체가 이상하지 않습니까. 마르크스가 『자본』 I권 제3장에서 신용화폐 논의를 더 진척시키지 않는 것은 서술순서상 아직 해명할 때가 아니기 때문입니다. 앞서 말했듯 그에게는 서술의 순서가 있습니다. 그리고 그는 독자들이 오해가 없도록 이 점을 주지시킵니다. 여기서 논하는 것은 "상품들의 교환에서 직접 생겨나는 화폐형태들의 문제이지, 예컨대 신용화폐처럼 생산과정의 보다 높은 단계들에서 나타날 화폐형태들의 문제는 아니라는 점이 견지되어야 한다"라고요.[36]

'화폐의 기능적 현존'이라는 말을 다시 한번 강조해둡니다. 기능별로 화폐형태들이 어떻게 달라지는지에 주목해주세요. '화폐'라는 한 단어로 뭉뚱그렸지만 화폐가 기능별로 얼마나 다른지, 전제된 조건에 따라 얼마나 다른 위기를 낳을 수 있는지 주목해서 봐야 합니다. 조금만 주의를 기울인다면, 마르크스가 화폐와 관련해 '…인 한에서'라는 표현을 자주 쓴다는 걸 알 수 있습니다. '가치척도인 한에서'라거나 '유통수단인 한에서는' 같은 표현들 말입니다. 똑같은 금덩어리도 '가치척도인 한에서는' '유통수단인 한에서'와 아주 다른 존재이며, 국제적 가치척도나 결제수단, 다시 말해 '세계화폐인 한에서는' 또 아주 다른 존재가 됩니다.

―――――――― 화폐는 기능별로 유래가 다르다――――――――
화폐를 기능별로 나누어 접근하는 것은 통상의 경제학자들이 화폐에 대해 내린 기능적 정의와 다릅니다. 화폐가 무엇이냐고 물으면 그저 기능들을 나열하는 사람들이 있지 않습니까. 화폐는 가치척도이고 교환수단이며 지불수단이고 가치저장수단이라는 식으로요. 화폐가 수행하는 일들을 모두 묶어 화폐의 정의를 대체하는 것이죠. 그런데 이것은 화폐 각각의 기능이 서로 얼마나 다른지를 제대로 모른 채 뭉뚱그린 것에 불과합니다.

마르크스가 말한 화폐의 '기능적 현존'의 의의를 살리려면 차라리 주어와 술어를 바꾸는 게 낫습니다. "화폐란 이런저런 기능을 수행하는 것이다"라고 말하는 대신 "이런저런 기능을 수행하는 화폐가 있다"라는 식으로요. 이를테면 "화폐는 가치척도이고 유통수단"이라고 말하지 않고, "가치척도로서 화폐는" 혹은 "가치척도로 기능하는 화폐는"이라고 말하는 것이지요. '유통수단'일 경우에도 그렇게 말할 수 있겠지요. 근대 자본주의사회에서는 문장의 앞뒤를 바꾸는 것이 별 의미가 없어 보입니다만 역사적으로 보면 그렇지 않습니다. 가치척도로는 쓰이는데 유통수단으로는 쓰이지 않는 화폐도 있었거든요. 이런 화폐도 있고 저런 화폐도 있는 것이지, "화폐란 …이다"라고 모든 기능을 포괄한 정의를 역사에 끌어들일 수는 없습니다. 역사적으로 그런 화폐는 거의 없었거든요.

화폐가 수행하는 기능들은 저마다 역사를 갖고 있습니다. 어찌 보면 당연합니다. 기능마다 필요한 조건이 다르니까요. 어떤 사물이 교환수단 내지 유통수단으로 사용된다는 것은 상품거래가 이루어지는 사회라는 뜻이죠. 그렇다면 우리가 『자본』 제2장에서 본 대로 인간관계를 비롯해 전제되어야 할 사항이 많을 겁니다. 또 라피아나 캠우드처럼 어떤 사물이 지불수단으로 사용된다면 종교나 축제 참여와 관련된 종교적·상징적 규칙들이 있겠지요. 채권·채무와 관계된 제도도 있어야 할 겁니다. 다른 기능들에 대해서도 비슷한 이야기를 할 수 있습니다.

실제로 화폐의 역사를 살펴보면 기능별로 유래가 상이함을 확인할 수 있습니다. 사회학자나 인류학자들이 이 점을 지적하는데요. 예컨대 고전사회학자 베버(Max Weber)가 그렇습니다.[37] 그는 근대적 화폐가 교환수단·지불수단·계산수단의 종합이지만 각각의 기능은 유래를 달리한다는 것을 알고 있었습니다. 특히 그는 지불수단으로서 화폐와 교환수단으로서 화폐의 기원을 엄격히 구분했습니다.[38] 그리고 교환되지 않는 화폐로서 지불수단의 역사가 더 오래되었다고 했습니다. "교환 없는 경제에서도 화폐는 (…) 교환에 기초를 두지 않고 지불될 수 있고 이때 지불수단이 필요할 수 있다. 가령 조공으로 바치거나 수장에게 보내는 증여물, 결혼 시의 납폐, 신부지참금, 살인벌금, 속죄금, 벌금 등은 전형적으로 지불수단으로 납입되는 것이다. (…) 카르타고 같은 도시뿐만 아니라 페르시아 제국에서도 화폐주조는 대체로 군사상의 지불수단을 조달하기 위해 행해졌을 뿐, 교환수단의 조달을 위해 나타난 것은 아니었다."[39]

그렇다면 일반적 교환수단으로서 화폐는 어떻게 출현했는가. 마르크스가 공동체의 바깥을 지목했듯 베버 역시 대외상업을 지목했습니다. 국가와 국가, 종족과 종족 사이에서 일반적 교환수단이 발생한다고 말입니다. 그리고 이런 대외교역이 공동체 내부의 경제로 침투한다고 했죠.[40] 마르크스가 말한 그대로입니다. 근대 이전의 화폐들을 보면 오늘날 우리가 나열하는 화폐의 기능들을 모두 수행하는 경우는 거의 없습니다. 그런 기능들 중 한두 가지를 수행하는 사물들이 있을 뿐이죠. 앞에서 본 렐레족의 라피아나 캠우드가 그랬습니다. 계산척도의 역할도 했고 지불수단이기도 했지만 교환수단으로는 사용되지 않았어요.

베버도 언급했지만, 폴라니에 따르면 원시사회에서 가장 일반적 화폐 용도는 지불수단이었습니다.[41] 특정한 사물을 결혼지참금이나 위자료나 벌금, 채무 지불에 쓴 것이죠. 이를테면 누군가에게 상해를 입혔을 때 당사자나 가족에게 건네야 하는 위자료, 공동체 질서를 어지럽혔을 때 내는 벌금, 신전에 들어갈 때 내는 입장료 등으로 특정한 '사물'을 일정한 양만큼 내야 했습니다(앞서도 말했듯이 사물로 물건을 구입할 수는 없습니다). 참고로 오늘날에는 '채무'를 경제적인 것으로 생각하지만 고대의 채무는 신이나 조상, 공동체 등과 관련된 사회적·종교적·상징적·법적 성격을 띠었습니다.

가치척도 내지 계산수단으로만 사용되는 화폐도 있었는데요. 언뜻 생각하기에 가치를 재는 것은 서로 다른 물건을 공정하게 바꾸기 위해서일 것 같은데, 그렇지 않은 경우도 있습니다. 가치척도는 관리를 위해서도 필요하니까요. "교환이 이루어지지 않더라도 거대한 궁전이나 사원의 창고관리에 가치척도로서 화폐가 이용"되었습니다.[42] 그뿐 아니라 거대제국들 중에는 큰 창고에 재화를 보관한 뒤 신민들에게 배급하는 경우도 많았습니다. 시장을 통한 교환이 아니라 중앙배급 시스템이었던 거죠. 이때도 창고 물품의 계산과 관리에 특정 단위를 사용했습니다.

자본주의 시장경제에 익숙한 우리로서는 교환의 일반적 등가물인 화폐가 그 자체로 가치척도도 되고 유통수단도 되며 가치저장의 수단도 되는 것이라고 생각합니다. 그리고 이런 통념을 역사에 함부로 투사합니다. 하지만 물건들이 유통되는 방식에는 여러 가지가 있습니다. 증여와 답례의 형식으로 이루어질 수도 있고, 중앙에서 배급하는 형식을 취할 수도 있으며, 시장에서 이루어지는 교환의 형식을 취할 수도 있습니다. 스미스가 인간의 '교환 성향'을 쉽게 전제했듯 우리는 물건들의 유통을 보는 순간 금세 시장에서의 상품거래로 넘어가려고 합니다. 그리고 화폐를 보면 교역과 시장이 당연히 있는 것이라고 쉽게 단정하고요. 우리 시대에 너무 익숙해져 생겨나는 연상작용이죠. 하지만 시장이 없는 곳에서도 얼마든지 물건들이 유통되고 화폐가 사용될 수 있습니다.[43]

참고로 이런 사정 때문에 폴라니는 화폐를 두 그룹으로 나누자고 했답니다. 근대의 화폐처럼 "모든 용법을 겸하는 전 목적적 화폐"(all purpose money)도 있고, 근대 이전의 다양한 화폐들처럼 "특정한 목적에만 쓰이는 화폐"(special purpose money)도 있다는 거죠.[44] 근대의 화폐들이 온갖 목적에 사용될 수 있게 된 건 시장에서의 교환이 다른 유통방식들을 다 대체해버렸고 우리의 생존과 욕구 충족에 필요한 재화와 용역 모두를 시장에서만 구할 수 있게 된 상황과 관련됩니다. 모든 것이 시장에 상품으로 나와 있는 조건에서 돈을 가졌다는 것은 그야말로 모든 것을 가질 수 있다는 뜻이 되지요. 모든 걸 돈으로 해결할 수 있는 세상이 된 겁니다.

내 머릿속의 금화——가치척도로서 화폐

이제 마르크스가 구별한 화폐의 기능적 현존을 하나씩 살펴보겠습니다. 마르크스는 크게 세 가지로 나누었습니다. 하나는 가치척도이고, 다른 하나는 유통수단이며, 마지막은 화폐입니다. 마지막 기능이 '화폐'라는 게 조금 이상하겠습니다만, 이에 관해서는 해당 부분을 다루면서 이야기하지요.

'가치를 가진 것'만이 가치를 잴 수 있다

'가치척도'는 화폐가 다른 상품들의 가치를 표현하는 사물이라는 점에서 곧바로 도출할 수 있는 기능입니다. 모든 상품들이 하나의 사물로 자신들의 가치를 표현한다면 상품들의 가치는 질적으로는 똑같고 양적으로만 달라질 겁니다. 이처럼 모든 상품들의 가치를 양적 차이로 표현할 수 있는 것, 이것이 가치척도로서 화폐가 의미하는 바입니다.

마르크스는 제3장 첫 문장에서 "이 책의 어디에서나 설명을 간단히 하기 위해 금을 화폐상품이라고 전제한다"라고 했습니다.[김, 122; 강, 160] 이런 전제가 필요한 것은 금이 아닌 사물, 이를테면 은이나 구리, 아마포도 화폐 기능을 수행할 수 있기 때문입니다. 꼭 금이어야 할 이유가 없으니까요. 앞서 신용화폐에 대해 말한 것처럼, 사실 화폐가 꼭 상품이어야 하는 것도 아닙니다. 기능에 따라서는요. 그러나 '가치척도인 한에서' 화폐는 일단 가치를 가진 사물, 즉 상품이어야 합니다. 한마디로 화폐상품이어야 합니다. 마르크스는 이 화폐상품을 일단 '금'으로 해 두는 겁니다.

왜 마르크스는 가치척도인 화폐는 일단 상품이어야 한다고 생각했을까요? 사실 모든 상품들의 가치를 동일한 단위로 측정할 수 있는 것은 모두가 "대상화된 인간노동"이기 때문입니다. 다시 말해 모든 상품들에는 인간의 추상노동이 들어 있습니다. 이 공통성 덕분에 상품들 중 하나가 가치척도 역할을 수행할 수 있는 거죠. 그 상품이 어떤 초월적 힘을 가졌기 때문이 아닙니다. 화폐 덕분에 상품들을 같은 단위로 측정할 수 있는 게 아니라, 모든 상품들을 공통된 단위로 측정할 수 있기 때문에 어떤 상품이 화폐 즉 가치척도 기능을 수행할 수 있는 겁니다.[김, 122; 강, 160] 따라서 원리상으로는 어떤 상품이든 그런 역할을 할 수 있습니다. 물론 한 상품이 화폐로 결정되면 다른 것들은 거기서 배제되지만요.

방금 가치척도인 화폐는, 화폐가 가치를 표현하는 사물이라는 점에서 곧바로 도출된다고 했는데요. 사실 '가치를 잰다'와 '가치를 표현한다'는 긴밀하게 연결되어 있습니다. 단순한 상품교환, 즉 $xA=yB$에서 상품 B는 상품 A의 가치를 표현하는데, 여기서 우리는 상품 B는 상품 A의 가치를 잰다고도 말할 수 있습니다. 저울을 떠올려보면 쉽게 이해할 수 있습니다. 한쪽에 감자자루를 달아두고 다른 쪽에 추를 달아둔다고 해볼까요. 이때 추는 한편으로 감자자루의 무게를 표현합니다. 하지만 다른 한편으로 감자자루의 무게를 잰다고도 할 수 있습니다. 추가 감자자루의 무게를 잴 수 있는 것은 그것 자체가 무게를 가지고 있기 때문이죠. 무게를 가진 것만이 다른 것의 무게를 잴 수 있습니다. 마찬가지로 가치를 가진 것만이 가치를 재는 데 이용될 수 있지요. 가치척도인 한에서 화폐가 상품인 이유가 이것입니다.

──────── 머릿속의 금화, 관념 속의 금고 ────────

상품들의 가치를 화폐로 표현할 때 우리는 그것을 '가격'이라고 부릅니다. 가격이란 화폐상품으로 표현된 해당 상품의 가치입니다. 그러나 다시 한번 주의해야 하는데요. 가격은 해당 상품의 가치가 표현된 것이지만 가치 자체는 아닙니다(가치는 그 자체로 나타날 수 없다는 말 기억하시죠?). 가격은 가치를 화폐상품으로 표현한 것, 그러니까 해당 상품과 화폐상품 사이의 교환비율이죠. 그런데 상품들 이마에 가격표를 붙여놓으면 그것이 관계라는 걸 잊어버리기 쉽습니다. 그냥 그 상품의 가치인 것처럼 보여요. 하지만 아마포 20미터에 1파운드라는 가격이 붙어 있으면 그것은 '아마포 20미터＝금 1파운드'라는, 아마포와 금의 교환관계를 표현한 것임을 잊지 말아야 합니다(화폐상품을 '금'이라고 전제했을 때 말입니다). 쇠, 아마포, 밀, 외투 등의 상품들은 가격표로 자신과 금의 교환 등식, 자신들과 금의 관계를 표현합니다.[김, 124; 강, 162]

상품소유자들은 교환에 나서면서 나름대로 상품의 가격을 떠올릴 겁니다. 가치를 금의 양으로 짐작해보는 것이죠. 감자자루를 들어보고 무게를 짐작하는 농부처럼 상품소유자는 상품의 가격을 짐작합니다. 그 짐작은 틀릴 수도 있습니다. 하지만 상관없습니다. 시장에 가면 금세 바로잡힐 테니까요. 여기서는 화폐를 통해 가치를 잰다는 점만 주목하겠습니다. 그런데 가치를 잴 때 실제 금이 필요하지는 않습니다. "머릿속에 있는 금", "상상적이고 관념적인 금"으로 충분합니다.[김, 124; 강, 162] 금 자체가 관념적 상품이라는 말은 아닙니다. 금이 영화 〈어벤져스〉에 나오는 '인피니티 스톤' 같은 상상의 금속이라면 애당초 가치척도가 될 수 없습니다. 금은 현실의 금속이어야 합니다. 다만 현실의 금이 화폐상품의 지위를 차지하고 나면 가치척도로 사용할 때 그것을 손에 쥐고 있을 필요는 없다는 뜻입니다. '가치척도로 사용하는 한에서는' 말입니다. 그래서 마르크스는 이런 주의문을 달아두었습니다. "상상적일 뿐인 화폐가 가치척도의 기능을 수행한다 할지라도 가격은 전적으로 실제 화폐재료에 달려 있다."[김, 125; 강, 162] 그래서 만약 금 대신 은을 가치척도로 사용하면 가치의 표현, 즉 가격은 또 달라지겠지요. 현실에서 은의 가치는 금과 다르니까요.

실제로 우리가 금을 갖고 있을 필요는 없기에 '가치척도인 한에서' 우리는 화폐를 머릿속에선 얼마든지 무한정 늘릴 수 있습니다. 비유컨대 우리는 지구의 둘레를 잴 수 있는 줄자를 실제로는 가지고 있지 않습니다. 하지만 우리 머릿속 줄자는 무한히 늘릴 수 있습니다. 마르크스가 "지구의 적도를 길이로 표현한다고 해도 실제로 그것을 잴 줄자가 필요한 것은 아니"라고 말한 것은 그런 이유입니다.[45] 가치척도인 한에서 우리는 화폐를 마음껏 쓸 수 있습니다. 지구의 가치도 잴 수 있지요. 물론 지구는 상품이 아니고 그것을 실제로 거래할 수도 없지만요. 별로 내키지 않을 수 있지만 『어린 왕자』에 나오는 탐욕스러운 사업가를 떠올려보죠. 별을 사 모으는 사람 있잖아요. 그에게 지구를 판다고 해봅시다. 지구에 가격표를 붙인다면 얼마를 써야 할까요. 행성 거래 시장에서 지구는 얼마를 받을 수 있을까요?

참고로 2011년 미국의 천문학자 그레그 로플린(Greg Laughlin)이 지구의 가격을 제시한 적이 있습니다.[46] 그는 행성의 크기, 질량, 온도, 수명 등을 고려해 행성들의 가격을 추산하는 공식을 만들었는데요. 그가 추산한 지구의 가격은 약 5000조 달러, 우리 돈으로 500경 원입니다. 말 그대로 천문학적인 액수죠. 물론 지구는 상품이 아니고 소유한 사람도 없습니다. 지구를 소유하고 거래하려면 지구를 처분할 수 있어야 하지만 지구상에 그럴 수 있는 존재도 없고요. 로플린이 추정한 지구 가격이 너무 싸다고 생각하는 사람도 많을 겁니다. 그래도 로플린이 추산한 행성 중에는 지구가 제일 비쌌습니다. 화성은 1만 4000달러에 그쳤어요. 금성은 1페니도 안 됐습니다. 인간의 생존에 적합한지를 중요하게 고려했기 때문이겠죠. 너무나 인간적인 가치평가 아니냐고요? 원래 '가치'라는 게 인간적인 겁니다. 게다가 경제적 가치는 더 말할 것도 없지요. 어쩌면 그것은 인간적인 것에 대한 고려로도 충분치 않습니다. 생태학적으로는 가치 있는 사물도 경제학적으로는 무가치할 수 있으니까요.

천문학자 로플린은 우주탐사선을 이용한 행성들의 탐사 가치를 생각한 겁니다. 탐사선을 보낸다면 어느 행성으로 먼저 보내는 게 좋을까 하는 것 말입니다. 그는 우주탐사선이 새로운 행성을 탐사할 때 그것이 얼마나 비싼지 알면 사람들이 더 흥미로워할 거라고 생각했습니다. 오늘날 사람들은 돈으로 가치를 매기는 데 익숙하니까요. 우리가 보고 있는 게 몇 억 원짜리 자동차라고 말하는 것처럼, 지금 탐사선이 다가가는 저 행성이 몇 천조 원짜리라고 말하면 흥미를 끌겠죠. 밤하늘을 상품 진열장으로 만들어놓고 바라보는 게 그렇게 매력적인 일인지는 모르겠습니다만.

─────────── 그의 이름이 야곱이라는 걸 안다 해도…

방금 나는 로플린이 추산한 행성의 가격을 '달러'로도 말하고 '원'으로도 말했는데, 이처럼 가격은 현실에서 여러 이름을 갖고 있습니다. 화폐의 명칭이 다른 거죠. 저마다 도량의 기준단위도 다르고 이름도 다릅니다. 이제 이 문제를 간단히 살펴보겠습니다.

우선 금이라는 화폐상품에서 시작해봅시다. 상품들의 가치를 금으로 표시할 때 우리는 금의 단위무게를 정하고 있습니다. 소위 도량단위(Maßeinheit)라는 것인데요. 마치 모든 자연수를 단위수 '1'의 개수로 표현하는 것과 같습니다. 예를 들어 영국은 금의 양을 나타내는 도량단위로 '파운드'를 씁니다. '킬로그램'으로 환산하면 '1파운드'는 '0.453592킬로그램'입니다. 그렇다면 파운드를 기준 삼아 다양한 물건들의 무게를 표현할 수 있습니다. 5파운드, 100파운드, 1000파운드

하는 식으로요. 그런데 금을 화폐상품으로 전제할 때 '금 1파운드'라는 말에는 두 가지 의미가 있습니다. 한편으로는 방금 말한 것처럼 물리량으로서 금의 '무게'를 뜻합니다. 1파운드 무게의 금이 있다는 뜻이지요. 하지만 금은 화폐상품이므로 그만큼의 '가치량'을 뜻하기도 합니다. '금 1파운드'에 대상화된 추상노동의 양을 나타내는 것이죠. 말로는 똑같은 1파운드이지만 금의 '무게'를 나타내기도 하고 '가치량'을 나타내기도 합니다. 전자는 '도량표준'(Maßstab)이고 후자는 '가치척도' (Maß der Werte)죠.

물론 도량표준을 설정한 덕분에 우리는 상품들의 가격을 일정한 비율로 표현할 수 있습니다. 10파운드 물건이 1파운드 물건보다 10배 무겁듯 10파운드짜리 물건은 1파운드짜리 물건에 비해 10배 비싸다고 말할 수 있습니다. 어떤 명칭을 도량표준으로 사용하는 데는 이처럼 단위가 고정되어 있기만 하면 됩니다. 금 10파운드는 언제 어떤 상황에서도 1파운드의 10배 무게입니다. 하지만 가치척도로서 금 1파운드의 가치는 금의 생산조건에 따라 변합니다(무게는 그대로인데 말입니다).[김, 127; 강, 165] 그리고 이렇게 변화한 가치는 상품들의 가격을 변화시킵니다. 금으로 나타나는 상품들의 가치표시가 모두 변하는 것이죠. 그러나 단위는 도량표준을 쓰기 때문에 1파운드와 10파운드의 비례관계는 그대로 유지됩니다.[김, 128; 강, 165] 가치변동이 도량표준의 비례관계에는 영향을 미치지 않으니까요. 파운드도 그렇지만 화폐명칭 중에는 무게에서 유래한 것들이 많습니다. '파운드'의 로마식 무게단위인 '리브라'는 로마의 화폐명칭이었고요(무게로서 파운드를 'lb'라고 쓰는 것도 이 때문이지요), 로마의 '리브라'에서 이탈리아와 터키의 화폐 '리라' (lira), 프랑스가 18세기 말까지 썼던 화폐 '리브르'(libre)가 유래했습니다. 독일의 '마르크'(mark)도 무게단위였습니다. 조선시대의 화폐단위였던 '냥'(兩)도 그렇습니다. 무게의 도량단위에서 화폐명칭이 온 겁니다.

그러나 화폐명칭은 점차 무게명칭에서 벗어납니다. 마르크스는 세 가지 원인을 들었는데요.[김, 129; 강, 166] 첫째, 발전된 나라의 화폐가 상품처럼 수입되는 경우가 있습니다. 로마의 인접국에 로마의 '리브라'가 들어온다면 '리브라'는 로마에서는 무게를 지칭하는 이름이었으나 언어가 다른 나라에서는 그 말을 쓸 때 '무게'까지 느끼지는 못합니다. 그냥 화폐명칭일 뿐이죠. 실제로 제국 인근의 나라들은 제국의 화폐를 이름 그대로 쓰는 경우가 많았습니다. 둘째, 가치척도 역할을 하는 금속이 바뀌는 경우가 있습니다. 영국의 파운드화(£)가 그 예인데요. 앞서 본 것처럼 파운드는 무게단위였는데, 가치척도로 은을 쓸 당시에 화폐명칭이 되었습니다. 즉 '1파운드'는 원래 '은 1파운드'를 가리켰습니다. 그런데 금이 척도의 자리를 차지하자 금과 은의 당시 가치비율에 따라 '금 ¹⁄₁₅파운드'에 '1파운드'라는 말을 썼습니다. 화폐 '1파운드'(£)는 여전히 '1파운드'로 불리는데 무게로는 '¹⁄₁₅파운드'(lb)인 겁니다. 즉 화폐명칭 '파운드'(£)와 관습적 무게명칭 '파운드'(lb)가 분리된 거죠. 셋째, 군주들이 워낙 화폐를 자주 변조시켰던 탓도 있습니다. 금을 조금씩 덜어내고 주조하게 되었다는 이야기죠. 액면에는 1파운드라고 되어 있지만 실제로는 더 적은 양의 금을 쓰는 겁니다. 군주만 그랬던 것은 아닙니다. 화폐주조 업무를 맡은 금세공업자들도 주화 테두리를 갈아 금가루를 빼돌렸죠. 그러다 보니 실제 금속 무게와 액면 무게가 달랐습니다. 이름만 1파운드이지 실제로는 1파운드가 아닌 겁니다.

화폐명칭이 무게명칭에서 분리되면서 아예 무게와는 상관없는 명칭들도 나타났습니다. 파운드 자체의 표기가 달라졌고, 그 아래 단위인 실링이나 페니도 무게와는 전혀 상관이 없었습니다. 지멜에 따르면 '실링'(Schilling)이란 단어는 '스킬란'(Skillan)과 연관되는데, '스킬란'에는 살인이나 상해 범죄를 저지른 자의 참회의 뜻이 담겨 있다고 합니다.[47] 형벌로서 벌금의 의미가 있는 거죠(앞서 언급했듯 벌금은 지불수단으로서 화폐의 중요한 기원 중 하나입니다). 미국의 화폐 '달러(dollar, $)'도 무게와 무관한 이름입니다. 신성로마제국의 요아힘스탈(Joachimsthal)이라는 광산에서 유래했지요. 이 광산에서 캐낸 은으로 만든 주화를 '요아힘스탈러'라고 불렀는데요. 약칭해서 '탈러'라고 불렀고 그것이 나중에 '달러'가 되었죠. 오늘날 유럽인들이 쓰는 '유로'라는 이름도 무게와는 전혀 관련이 없고요.

한국의 '원'화도 무게와 상관이 없습니다. 중국의 영향이 큰데요(사실 조선의 '냥'도 중국 진시황 때의 도량단위입니다). 16세기 무렵 유럽인들은 아메리카에서 가져온 은을 중국의 차, 향료, 비단 등과 교환했습니다. 중국과 인도가 '은'을 좋아했어요. 서양의 '뱅크'(bank)의 번역어가 '금행'이 아니라 '은행'인 것도 그렇고, 인도를 비롯해 남아시아 나라들의 화폐명칭이 '루피' 즉 '은'인 것만 봐도 알 수 있죠. 중국이 은을 많이 받아들였기에 유럽, 특히 에스파냐 등지에서 은화가 많이 흘러들었습니다. 그때 에스파냐의 은화가 둥글었기 때문에 중국인들은 그것을 '은원'(銀圓)이라고 불렀다는데요. 여기서 화폐단위로서 '둥글다'라는 뜻의 '원'이 생겨납니다. 사실 일본도 메이지 시대 이전에는 화폐단위로 '료'를 썼는데 이 역시 '냥'과 같은 한자를 일본식으로 발음한 것일 뿐입니다. 그러다 '엔'(円)을 썼는데, '원'(圓)이라는 한자의 속자(俗字)죠.[48]

이야기가 잠시 옆길로 샜는데요. 다시 이어가자면, 화폐명칭은 어느 시기엔가 무게와는 상관이 없어졌습니다. 애초 가치척도로 사용되었던 해당 사물의 물리적 특성과도 무관해졌지요. 이름에 가치관계의 흔적이 없습니다. 화폐명칭은 상품의 가치를 가리키는 이름이지만 이름은 그 대상과 상관없는 기호가 된 겁니다. 마르크스의 말을 인용하자면, "어떤 사람의 이름이 야곱이라는 것을 안다고 해도 우리가 그 사람에 대해 알 수 있는 것은 아무것도 없"다는 것이죠.[김, 131; 강, 168] 대체로 화폐명칭은 국가가 정합니다. '유로'처럼 국가를 넘어서기도 하지만요. 화폐주권이 어느 수준에서 형성되느냐에 따라 화폐명칭이 달라집니다. 그러나 어느 경우든 화폐명칭은 이제 마르크스의 표현처럼 '법정 세례명'이 되었습니다. [김, 130; 강, 167] 이제 우리는 상품의 가치를 잴 때 화폐명칭으로는 가치의 냄새를 맡기가 어려워졌습니다. '냥'이 주는 무게감을 '원'에서는 느낄 수가 없습니다.

―――――――――― 가치에서 가격으로 바뀔 때 ――――――――――

가격을 표시하는 방식은 화폐의 이름만큼이나 다양합니다. 그러나 어떻든 가격은 상품의 가치를 화폐로 표현한 것(원, 달러, 유로 등)입니다. 그런데 가격이 가치를 나타낸다고 해서 가격이 가치를 그대로 나타내는 것은 아닙니다. 마르크스는 알쏭달쏭한 말을 했는데요. "상품가치량의 지표로서 가격이 해당 상품과 화폐의 교환비율에 대한 지표일지라도, 이로부터 그 반대, 즉 화폐와의 교환비율에 대한 지표가 반드시 그 상품의 가치량에 대한 지표라는 사실이 따라 나오는 것은 아니다." [김, 132; 강, 169] 조금 어렵죠? 가격이 상품과 화폐의 교환비율을 나타내기는 하지만, 가격을 기준으로 했을 때의 교환비율과 가치를 기준으로 했을 때의 교환비율은 다를 수 있습니다. 가격이란 해당 상품과 화폐상품의 교환비율이고 교환은 가치에 따라 이루어졌을 텐데 어떻게 이런 일이 있을 수 있는가? 의문을 품는 게 당연합니다. 마르크스의 설명을 좀 더 들어봐야겠습니다.

그는 이런 예를 들었어요.[김, 132; 강, 169] 상품을 가치대로 교환했을 때 밀 1리터가 금 ½온스와 등가교환이 된다고 가정해보죠. '1리터 밀'과 '½온스 금'에 들어 있는 추상노동이 같습니다. 법정화폐도 이야기했으니 영국의 '파운드화'(£)로 나타내볼까요. 화폐상품인 금 ½온스를 영국 법정화폐로 나타내면 2파운드에 해당한다고 해보죠(법정화폐 1파운드화 배후에 화폐상품인 금 ¼온스가 있는 것입니다). 그런데 밀의 수요·공급에 문제가 생겼습니다. 어떤 사정으로 밀의 공급에 일시적 문제가 생겼어요. 그럼 시장에서 밀 가격이 폭등합니다. 이제 2£가 아니라 3£, 4£

로 거래가 되는 겁니다. 밀과 화폐의 교환비율이 변화한 것이지요. 밀과 금의 생산조건은 변한 게 없으니 각각의 가치는 달라지지 않았습니다. 각 상품을 생산하는 데 필요한 사회적 노동량은 그대로입니다. 그런데도 둘의 교환비율이 달라졌습니다. 시장가격이 변한 거죠. 가격의 변동과 가치의 변동은 이처럼 다를 수 있습니다. 가격과 가치량 사이에 괴리가 나타난 거죠. 여기에는 두 가지 사정이 작동했습니다. 첫째, 상품의 가치가 직접 나타나지 못하고 다른 상품, 즉 화폐상품으로 나타난다는 사정이 있습니다. 한 상품의 가치는 다른 상품의 몸을 빌려서만 나타나죠. 타인의 몸에 깃든 영혼이라고 할까요. 이것이 상품가치의 첫 번째 '변신'(Verwandlung)입니다. 경제학자들은 이 단어를 '전형'(轉形)이라고 옮깁니다. 형태를 바꾸었다는 뜻이지요.

둘째, 상품들은 시장에서 교환되는데요. 시장의 어떤 사정, 이를테면 수요·공급이 가격에 영향을 미칩니다(장기적으로는 어떤 균형점을 갖지만 일시적으로는 수요·공급의 사정에 따라 가격이 변화하죠). 독점이 발생할 수도 있고요. 이때의 가격은 가치를 기준으로 했을 때의 값과 달라집니다. 주류 경제학자들의 표현을 빌리자면 균형가격에서 벗어납니다. 마르크스주의 경제학자들은 이를 '단순가격'과 '시장가격'의 차이라고도 말합니다. 또 한 번의 변화가 생긴 것인데요. 첫 번째 변화가 가치에서 가격으로의 질적 변신(전형)이라면, 두 번째 변화는 단순가격에서 시장가격으로 양적 변화가 일어난 거죠. 그래서 전자를 '질적 전형', 후자를 '양적 전형'이라 부르기도 합니다.[49]

『자본』 I권에서 마르크스가 언급한 예는 이 정도입니다. 하지만 『자본』 III권에 가면 다른 경우들도 이야기합니다. 여러 번 말했지만 마르크스는 논의의 순서를 중시하는 사람입니다. 게다가 우리는 아직 '자본' 개념에도, '잉여가치' 개념에도 이르지 않았습니다. 이런 상황에서 『자본』 III권의 이야기를 끌어들이면 무리가 따를 것 같습니다. 그럼에도 이왕 이야기가 나왔으니 현재 납득할 수 있는 수준으로만 조금 이야기를 꺼내보겠습니다.

상품의 가격에는 비용과 이윤이 포함되어 있습니다. 가격 대신 가치라는 용어를 쓰자면 '투자가치'와 '잉여가치'가 들어 있는 셈이죠. 그런데 상품가격이 비용과 이윤의 합이라면, 자본가에게는 이윤의 폭만큼 가격을 조정할 여지가 생깁니다. 100원의 비용과 20원의 이윤을 더해 정가가 120원인 제품이 만들어졌다 해도 110원에 팔 수 있습니다. 특별 할인행사 광고를 해서요. 그래도 손해는 아니니까요. 판매가를 조정할 수가 있다는 이야기입니다. 아직은 우리가 '잉여가치 생산'

에 대해서는 살피지 않았기에 상세히 말할 수 없습니다만 자본가는 100원을 투자해 실제로 120원에 합당한 물건을 생산할 수 있습니다(속여서 부풀리는 것이 아니라요. 참고로 자본가들은 이런 문장, 그러니까 100원이 120원을 만들어냈다는 식의 문장을 좋아합니다. 자본의 신비한 힘을 보여주니까요. 일종의 자본 물신주의죠. 우리는 나중에 마르크스가 자본을 불변자본과 가변자본으로 나누는 걸 볼 텐데요. 그때 이 '신비'는 사라집니다). 120원이 가치를 그대로 반영한 가격이라고 본다면 110원은 가치 이하로는 팔았지만 이윤은 남는 그런 가격입니다.[50] 실제로 경쟁이 심할 때 자본가에게는 이런 '유인'이 존재합니다.

가치와 가격의 괴리 요인은 또 있습니다. 이건 정말로 지금 단계에서 언급할 내용은 아닌데요. 최소한 『자본』 I권의 제23장(영어판은 제25장)에서 접할 '자본의 유기적 구성' 개념을 이해한 뒤에야 할 수 있는 이야기입니다. 하지만 이미 말을 꺼냈으니, 증명 없이 제시하는 명제처럼, 그냥 적어만 두겠습니다. 똑같은 양의 자본을 투자해도 원료나 기계에 투자한 부분과 노동력에 투자한 부분의 비율이 전체 평균에서 얼마나 벗어나느냐에 따라 상품의 가격과 가치 사이에 괴리가 나타납니다.[51] 지금 더 자세히 설명할 수는 없고요. 나중에 자본의 유기적 구성 이야기를 꺼낼 때 다시 말할 기회가 있을 겁니다. 어떻든 지금 내가 말하려는 바는 상품가격이 가치량을 제대로 반영하지 않을 여지가 아주 많다는 겁니다. 경제학자들에게 이 괴리는 매우 골치 아픈 문제입니다. 상품의 가치는 모두 가격으로 표시되니까요. 이윤과 임금도 가격이라는 형태로 나타납니다. 마르크스는 가치에서 시작해 가격으로 나아갔습니다. 하지만 마르크스의 주장을 검증해보고 싶은 경제학자들은 가격에서 가치 쪽으로 가야 합니다. 시장가격에서 출발해 가치를 추정해야 하지요. 변신의 순서를 반대로 밟아가야 하는 겁니다. 그런데 가격이 가치를 충실히 반영하지 않으니 어쩌죠? 학자들로서는 괴로운 일입니다.

어차피 가격이 가치를 따르지 않는다면 가치론이 무슨 의미가 있느냐고 항변하는 사람도 있을 겁니다. 당대의 이탈리아 경제학자 아킬레 로리아(Achille Loria)도 그렇게 따졌습니다. 엥겔스는 로리아에 대해 마르크스의 유물론을 곡해해 자신의 발명품인 양 행세한 사기꾼이자 가치에 대한 마르크스의 주장을 전혀 이해하지 못한 궤변가라고 맹비난했는데요.[52] 로리아는 이렇게 말했습니다. "상품이 그것대로 판매되지 않을 뿐만 아니라 판매될 수도 없는 가치를 연구한다는 것은 조금이라도 분별 있는 경제학자라면 아무도 연구하지 않을 것이며 또 결코 연구할 수도 없을 것이다."[53] 가치와 가격이 괴리되면 가치는 정말로 아무런 의미도 없는 걸까요? 엥겔스는 로리아의 말에 이렇게 반박했습니다. 만약 "상품들의 교환비율이 전적으로 우연적으로 결정된다면 (…) 1톤의 밀이 1그램의 금과 교환될지 아니면 1킬로그램의 금과 교환될지가 밀이나 금에 내재하는 조건들에 조금도 의존하지 않고 이 두 개와는 전혀 무관한 사정에 의존하게 된다."[54] 엥겔스는 상품의 가격이 상품의 생산조건과 무관하게 멋대로 결정되는 게 아니라고 말한 겁니다. 일정한 가격변동이 허용됨에도 가격변동의 기준점 내지 평균값으로서 가치(가치가 그대로 전형된 가격)가 역할을 한다는 이야기죠.

그러나 더 중요한 것은 현상의 논리적 발생순서입니다. 경제학자 정운영이 이 점을 잘 지적했는데요. 앞서 말한 것처럼 우리에게 나타나는 구체적 분석 대상은 시장가격입니다. 따라서 분석은 시장가격에서 시작하고 가치를 향해 나아갑니다. 그러나 분석의 순서가 그렇다고 해서 가치에서 가격, 단순가격에서 시장가격으로 전개되는 '논리적 과정'을 무시해서는 안 됩니다. 가치론으로 설명할 수 있는 시장가격이 실제 가치의 95퍼센트를 반영하든 50퍼센트를 반영하든 상관없이 가치는 가격에 논리적으로 선행하기 때문입니다.[55] 이 이야기는 마르크스의 연구순서와 서술순서의 차이를 연상시키지요. 연구(분석)가 현상에서 시작해서 원인 쪽으로 나아간다면, 서술은 원인에서 결과 쪽으로, 다시 말해 현상이 발생하는 논리적 순서로 쓰입니다. 마르크스가 『자본』 I권에서 던지는 물음은 '가치와 가격의 괴리를 어떻게 해결할까?'가 아닙니다. 그가 우리에게 보여주고 싶어하는 것은 '왜 자본주의에서는 가치와 가격의 괴리가 생겨날 수밖에 없는가'입니다. 그런 현상이 어떻게 생겨나게 되는지를 가치형태론과 가격형태론으로 보여주는 것이죠.

당신의 양심은 얼마짜리인가

마르크스주의 경제학자들은 오랫동안 가치와 가격의 괴리에 대해 열띤 논쟁을 벌여왔습니다. 소위 '전형문제'(transformation problem)를 둘러싼 논쟁인데요. 하지만 방금 말한 것처럼 『자본』 I권에서 이 문제는 해결의 대상이 아니라 해명의 대상입니다. 왜 이런 문제가 생겨날 수밖에 없는지를 보여주고 있죠. 내 생각에 마르크스는 이 문제를 곤혹스러워하기보다는 당연시하고, 심지어 흥미로워합니다. 마르크스가 볼 때 가치량의 비율과 가격의 불일치는 이상한 일이 아닙니다. 앞서 내가 너무 산만하게 이야기를 전개한 건 아닌가 걱정인데, 원리상 괴리의 이유는 전혀 복잡하지 않습니다.

한편으로 상품의 가치량은, 우리가 이미 『자본』 제1장에서 확인한 것처럼, 그 상품을 생산하는 데 필요한 사회적 노동량(사회적 필요노동시간)으로 결정됩니다. 마르크스는 여기에 '필연적'(notwendiges)·'내재적'(immanentes)이라는 수식어를 붙였습니다.[김, 133; 강, 169] 그런데 다른 한편으로 상품의 가치량은 그 자체로 나타날 수 없습니다. 다른 상품과의 교환비율로 나타나야 합니다. 화폐상품과 교환비율로 나타날 때 그것을 가격이라 불렀지요. 그런데 마르크스는 여기에는 '외재적'(außer)이라는 수식어를 붙였습니다.[김, 133; 강, 169] 말하자면 상품의 가치는 그것을 생산하는 데 필요한 사회적 노동시간과 내재적 관계를 맺지만, 가격은 해당 상품과 교환되는 화폐상품과 외재적 관계를 맺습니다.

그런데 가치의 내재적 결정과 가격의 외재적 결정은 메커니즘이 아주 다릅니다. 물론 가치가 내재적으로 결정된다고 해서 그것이 개별 생산자에 달렸다는 뜻은 아닙니다. 가치는 '사회적'으로 결정되지요. '사회적'이라는 것은 익명의 생산자들이 여럿 존재한다는 뜻입니다. 똑같은 상품을 만드는 사람이 많다는 거죠. 이들의 경쟁을 통해 상품생산에 필요한 사회적 노동량이 정해집니다. 이를테면 평균값 같은 것이죠. 이것이 가치의 내재적 결정 과정입니다. 반면 가격은 똑같은 상품이 아니라 다른 상품과의 관계입니다. 화폐상품을 포함해 모든 상품들의 가치는 각각 내재적으로 결정되지만 상품들 사이의 관계는 그렇지가 않지요. 동일한 상품들과의 경쟁을 통한 가치의 결정은 내재적이지만 다른 상품들과의 교환인 가격은 그렇지 않습니다. 마르크스는 이 비율의 결정을 두고 외재적이라고 한 겁니다. 외재적이라는 것은 다양한 간섭현상이 일어날 수 있다는 뜻이죠. 한 상품의 가치는 내재적으로 결정되더라도 외재적으로, 즉 다른 상품으로 표현되어야 합니다. 그것이 가치형태론이 함의하는 바였습니다. 그런데 가치결정이 내재적이지 않고 외재적인 한에서 간섭현상은 피할 수 없습니다. 다양한 외부 사정을 반영하는 편차가 나타나는 것이지요.

마르크스는 이를 결함(Mangel)이기는커녕 오히려 자본주의 생산양식에 '적합한 형태'라고까지 말합니다. 자본주의는 규칙이 "불규칙성 사이의 맹목적 평균법칙으로 관철"되는 생산양식이기 때문입니다.[김, 133; 강, 170] 여기서 '맹목적 평균법칙'(blindwirkendes Durchschnittsgesetz)이라는 말을 눈여겨봐둘 필요가 있습니다. 자본주의사회에 대한 마르크스의 시각이 잘 드러나 있는 문구입니다. 개인적으로는 맹목적으로 행동하지만 전체적으로는 법칙의 성격을 갖는다는 뜻인데요. 여기서 말하는 법칙이란 '통계학적인 것'입니다. 평균과 편차를 가진 통계적 분포곡선을 떠올리면 되겠습니다. 그런데 마르크스는 가격과 가치량의 편차가 심해지면 가격이 가치량과 너무 무관해져 아예 가치가 없는 것에 대한 가격도 생겨날 수 있다고 말합니다.[김, 133; 강, 170] 여기서 가치가 없다고 말한 것은 일상적 의미에서 하는 말은 아니고요. 상품이 아니라는 의미입니다. 가치척도로서 화폐를, 가치 없는 것, 즉 상품도 아닌 것의 가치를 재는 데도 남용하는 일이 생긴다는 겁니다. 이를테면 양심이나 명예에도 가격이 붙습니다. 당신은 양심을 얼마에 팔 것인가? 마치 양심을 상품처럼 거래하려는 관행이 나타난다는 것이지요.

딸아이가 즐겨 듣던 인디 가수 중에 '달빛요정역전만루홈런'이 있었는데요. 그가 부른 노래 중에 〈입금하라〉가 있습니다. 정의를 부르짖는 양심조차 싸구려 상품이 되고 말았음을 비꼬는 곡입니다. "정의가 있네 없네 잘난 척하고 있지만/1억만 주면 닥칠 것이다/입금하라 정말로 닥치는지." 누군가는 1억 원만 통장에 입금해주면 양심을 팔아넘길 준비가 되어 있고, 누군가는 10억을 주면 되고… 또 모르죠, 누군가는 수백만 원으로도 충분할지. 양심이나 명예는 분명 상품이 아닌데 그 소유자가 판매용으로 내놓을 수 있습니다. 좀 이상한 말이지만, 상품처럼 파는 것이죠. '뇌물'이 전형적 예죠. '뇌물'은 지멜의 말처럼 인격을 상품처럼 파는 겁니다. 그는 뇌물에 대해 "인격이 '돈으로 매수될 수 있는가 없는가' 아니면 싸게 혹은 비싸게 매수되는가 하는 원칙에 따른 인간매매"라고 했습니다.[56] 예전에 어디서 들은 이야기인데 얼마나 신빙성이 있는지 모르겠지만, 뇌물에도 시장이 형성되어 있다더군요. 지위나 사안에 따라 대강의 액수가 책정되어 있다는 거죠. 그렇게 되면 마르크스의 말처럼 양심이나 명예나 인격이 "가치를 가지지 않으면서도 가격을 가질 수 있"습니다. 물론 이 가격은 상상적인 겁니다. 마르크스는 이를 수학의 '허수'에 비유했는데요.[김, 133; 강, 170] '허수'를 영어로 'imaginary number'라고 하죠. 말 그대로 가상의 수입니다.

양심이나 명예와는 조금 다른 경우도 있습니다. 이를테면 미개간지에 가격을 책정하는 것이지요.[김, 133; 강, 170] 미개간지라면 아직 인간노동이 투여되지 않았다는 뜻입니다. 그렇다면 가치가 없죠. 즉 상품이 아닙니다. 하지만 양심이나 명예와 달리 미개간지에 붙은 가격은 현실의 가치관계가 어느 정도 투영된 것입니다. 다만 그것이 잘 드러나지 않았을 뿐이지요. 오늘날에는 인간의 손길이 전혀 닿지 않은 미개간지가 거의 없습니다. 오히려 도시의 낙후된 지역들이 있지요. 상대적 미개발지들 말입니다. '저 동네 개발하면 얼만데' 하며 입맛을 다시는 개발업자들이 있을 겁니다. 마르크스가 '가치척도'에서 끌어내는 이야기들은 우리 마음을 참 씁쓸하게 합니다. 사람을 볼 때도, 땅을 볼 때도, 심지어 행성을 볼 때도 '저거

얼마짜리일까' 하는 생각을 떠올리는 것. 모든 사물에 가격표를 붙이려 들고, 가치
눈금이 새겨진 눈으로 사물과 세상을 보는 것. 여기가 자본주의죠. 여러분, 자본주
의에 오신 걸 환영합니다.

됐고, 네 주머니에 그게 있는가 없는가?

그런데 아무리 가난한 사람도 천문학적 돈을 가질 수 있는 관념의 세계는 여기까
지입니다. 이건 얼마짜리 저건 얼마짜리 하는 가격표야 얼마든지 붙일 일 수 있습니
다. 가치척도인 한에서 우리 정신의 금고에는 돈이 넘쳐납니다. 그런데 이 돈으로
는 연필 한 자루도 내 주머니 속으로 이동시킬 수 없습니다. 가게주인은 우리가 내
미는 '관념적 화폐'를 받아주지 않습니다. 문구점의 연필을 내 수중으로 옮기려면
나 역시 문구점 주인에게 무언가를 주어야 합니다.

　가격형태로 있을 때, 다시 말해 가치척도이고 계산수단인 한에서 화폐는 머릿
속에 있는 것으로 충분합니다. 하지만 물건과 교환하려면, 다시 말해 교환수단이
자 유통수단인 한에서는 '다른 화폐'를 써야 합니다. '기능적 현존'이라는 말을 다
시 떠올려볼까요. 가치척도인 화폐가 아니라 유통수단인 화폐를 꺼내야 하죠. 마
르크스의 말을 그대로 인용해볼게요. "상품에 가격을 부여하려면 상상적인 금을
상품에 등치시키면 되지만, 상품이 그 소유자에게 일반적 등가물로 기능하기 위해
서는 실제 금으로 대체되어야 한다."[김, 134; 강, 171] 가격을 책정할 때는 상상적
금으로도 되지만 해당 상품을 교환하고자 한다면 실제 금을 내놓아야 한다는 말입
니다.

　상품은 제 몸(Leib)을 관념과 바꾸지 않고 다른 몸과 바꾸길 원합니다. 상품
속 영혼은 자기 몸을 떠나 다른 상품으로 들어갈 수 있지만 몸이 없는 것에는 들어
가지 않습니다. 그러므로 실제 몸을 갖고 있지 않은 금에는 상품의 영혼이 옮겨 갈
수 없습니다. 말하자면 몸을 갖고 있지 않은 화폐는 교환수단이 될 수 없습니다.
그러니 상품들의 교환수단으로서 쓰일 때는 가치척도로서의 화폐와는 다른 화폐
가 필요한 것이죠. 방금 제가 영혼이니 신체니 하는 조금 위험해 보이는 비유를 썼
습니다만 마르크스의 생각에서 많이 벗어났다고 보지는 않습니다. 마르크스는 상
품이 현물형태 즉 자기 몸을 벗어버리고 현실의 금으로 전화되는 것을 가리키며
'변신하다'(verwandeln)라는 동사를 썼는데요. 이는 앞서 말한 것처럼 경제학자들
이 '전형'이라 옮기는 단어이기도 하고, 이후 우리가 다룰 『자본』 제2편 '화폐의
자본으로의 전화'에서 '전화'라고 옮기는 'Verwandlung'의 동사형이기도 합니다.

나는 이 단어의 의미를 경제학자들이 이해하는 것보다 훨씬 넓게 받아들여야 한다고 생각합니다. 이전에 '상품'을 다루면서 나는 상품의 유령적 성격을 부각하기도 했고 마르크스가 상품 물신주의를 '종교'에 비유했다는 말도 했습니다. 이번에도 마르크스는 상품이 화폐로 몸을 갈아타는 과정을 지칭하려 'verwandeln'이라는 동사를 쓰면서 이를 기독교에서 '성체변화'를 지칭할 때 쓰는 단어인 'Transsubstantiation'로 다시 바꿔 쓰고 있습니다.[김, 134; 강, 170] 그러고는 또 "헤겔의 '개념'에서 필연으로부터 자유로 이행하는 것 혹은 가재가 껍질을 벗어버리는 것 혹은 교부 히에로니무스[성 제롬]가 아담의 원죄에서 벗어나는 것"에 빗대고 있습니다.[김, 134; 강, 170] 말하자면 철학적 개념 변화, 생물학적 변태, 종교적 성체변화에 견준 것입니다.

그나저나 이제 관념의 화폐가 아닌, 신체를 가진 화폐를 내놓아야 할 때라고 했는데요. 마르크스는 여기서 단테(Alighieri Dante)의 『신곡』 한 구절을 인용합니다. 베드로가 한 말이지요. "이 돈의 품질과 무게는 이미 검사를 받았다. 그러나 말해보라, 그것이 네 주머니에 있는가 없는가."[김, 134; 강, 171] 이쯤 되면 은근슬쩍 넘어갈 수가 없습니다. 관념을 주고 사물을 가져갈 순 없다는 것이지요. 상품소유자는 우리에게 말합니다. "됐고, 그게 네 주머니에 있는지 없는지만 말하라." 가치척도로서의 화폐는 여기까지입니다. 내 머릿속에 황금송아지가 있어도 내 주머니에 땡전 한 푼 없다면 더는 나아갈 수 없습니다. 물론 우리는 압니다. 애초 금이 가치척도 역할을 할 수 있었던 것은 그것이 현실에서 상품으로 존재하고 있었기 때문이라는 걸요. 신체를 가진 화폐상품으로 존재하고 있었기에 금은 관념적 가치척도 역할도 할 수 있었다는 것 말입니다.[김, 135; 강, 171]

상품과 화폐의 순탄치 않은 사랑——유통수단으로서 화폐

화폐의 두 번째 기능적 현존은 '유통수단'입니다. 유통이란 상품의 흐름이죠. 홉스가 국가를 그렇게 상상했듯이 사회를 하나의 거대한 신체로 상상한다면 유통수단은 영양분을 나르는 혈액에 비유할 수 있을 겁니다. 사람들에게 필요한 물건을 공급하는 것이죠. 그래서 마르크스는 상품교환이 이루어지는 유통을 "사회적 물질대사"(Stoffwechsel)라고 불렀습니다.

이제 교환의 현장인 시장으로 가볼까요. "한 상품소유자, 이를테면 우리의 옛 친구 아마포 직조공과 함께 교환과정의 무대인 시장에 가보자."[김, 136; 강, 173] 나는 『자본』의 이런 생동감 있는 문제를 좋아합니다. 학술서적이 아니라 연극대본 같은 느낌이에요. 미장센을 볼 수가 있습니다. 실제로 마르크스는 시장을, 연출 무대를 의미하는 '신'(Szene)으로 부릅니다. 무대 위 등장인물 중 제일 반가운 사람은 아마포 직조공입니다. 이미 『자본』 제1장에서 아마포는 최다 출현 상품이었지요. 상품의 대명사였습니다. 이제야 우리는 아마포의 제작자이자 소유인 사람을 만났습니다. 지금부터 우리는 그의 뒤를 밟습니다. 그런데 무대에 또 한 인물이 오릅니다. 타락한 목사인지 신앙을 잃은 신도인지는 모르겠지만 성경책을 팔러 온 사람입니다.

마르크스는 이들을 이렇게 묘사합니다. 우리의 친구 아마포 소유자는 "성실하고 정직한 사람"이라고요.[김, 137; 강, 173] 그는 아마포를 팔아 성경책을 사러 왔습니다. 그런데 교환의 또 다른 당사자인 성경책 소유자는 "차가운 책보다는 뜨거운 위스키"를 갈구하는 사람입니다.[김, 146; 강, 182] 알코올중독자이거나 적어도 '생명의 샘물'보다는 술을 더 좋아하는 애주가죠. 원하는 것도, 기질도 다른 두 사람 사이에 거래가 이루어질 수 있을까요? 시장에 오자마자 아마포 소유자는 심각한 문제에 봉착합니다. 왜 하필 저런 인간이 성경책을 들고 있는 걸까요? 우리의 친구는 성실하고 정직하기는 한데 소심하거든요. 그는 "위스키, 위스키!"를 외치는 다혈질의 성경책 소유자에게 말이라도 걸어볼 수 있을까요? 마르크스는 정말 타고난 이야기꾼임에 틀림없습니다.

물물교환이 쉽게 이루어질 줄 알았는데 그렇지가 않네요. 우리는 지금 '욕구의 우연적 이중일치'라는 문제를 보고 있습니다. 교환이란 내가 원하는 물건을 가진 사람이 우연히도 내가 가진 물건을 원할 때 가능합니다. 그런데 이런 가능성이 얼마나 될까요? 성경책을 든 인물이 운 좋게도 아마포를 찾는 경우 말입니다. 이미 일은 글러먹은 것 같습니다. 소심한 우리의 친구가 그 작은 가능성을 타진도 해보기 전에 상대방은 아마포는 거들떠보지도 않고 "위스키, 위스키!"를 목청껏 외쳐대고 있으니까요.

어떻게 해야 할까요? 다행히 우리의 친구는 해결책을 알고 있습니다. 아마포를 들고 가서 그에게 말을 걸어봐야 핀잔을 듣거나 성질만 돋우겠죠. 해결책은 '화폐'입니다. 교환수단으로서 화폐가 필요한 순간인 거죠. 상품과 상품 즉 아마포와 성경을 바꾸려면 먼저 상품을 화폐로, 즉 아마포를 금으로 바꾸어야 합니다. 우리의 친구 아마포 소유자는 20미터의 아마포를 들고 가서 2파운드스털링(Pfd.St., 이하 '파운드')과 교환했습니다. 그리고 이 2파운드를 성경책 소유자에게 내밀었죠. 성경책 소유자는 아마포에는 아무런 관심도 없었지만 2파운드에 대해서는 그렇지 않았습니다. 이렇게 해서 아마포 소유자는 성경책을 꺼안고 집으로 올 수 있었습니다. 그날 밤 그는 신앙의 갈증을 충족했지요. 성경책 소유자도 2파운드로 위스키를 구해 콧노래를 부르며 집으로 왔습니다. 그러고는 생명의 샘물보다도 화끈한 위스키를 마시며 기분 좋은 밤을 보냈습니다.

───────────── 두 번의 탈바꿈──'상품 → 화폐 → 상품' ─────────────
우리의 친구는 드디어 아마포와 성경책을 바꾸었습니다. 아마포와 성경책이 교환되는 동안 두 번의 '탈바꿈'(Metamorphosen)이 있었습니다. 아마포가 화폐로 한 번 변신(Verwandlung)했고, 다시 화폐가 성경책으로 변신했지요.[김, 137; 강, 174]

상품―화폐―상품
$W-G-W$

이게 유통입니다. 유통에서는 상품과 화폐가 반복해서 교환됩니다. 한편으로 이것은 화폐를 매개로 해 상품들이 계속 바뀌는 과정으로 볼 수 있습니다. 상품소유자들은 자신에게 필요 없는 물건을 내놓고 화폐로 바꾼 뒤 자신에게 필요한 물건을 찾아갑니다. 그러면 해당 상품은 유통에서 빠져나가겠지요. 그런데 이것은 다른 한편, 영양분을 받고 내보내는 혈액처럼 화폐가 외부에서 들어온 상품들을 받아들이고 다시 외부로 내보내는 과정으로 보이기도 합니다. 전자가 상품을 중심에 두고 유통을 본 것이라면 후자는 화폐를 중심에 두고 유통을 본 것입니다.

마르크스는 이런 분석을 정말 잘합니다. 똑같은 과정을 반복해서 살펴봅니다. 하지만 다른 관점에서 분석하고 새로운 의미를 이끌어내지요. 『자본』제5장(영어판 제7장) '노동과정과 가치증식과정'(우리는 이후 본문 5장에서 다룹니다)에서도 그런데요. 마르크스는 상품이 제조되는 동일한 과정을 한 번은 노동과정으로 분석하고 또 한 번은 가치형성과정으로 분석합니다. 여기서도 마찬가지입니다. 그는 유통과정을 한 번은 상품유통의 측면에서, 또 한 번은 화폐유통의 측면에서 읽어냅니다. 자, 이제 그가 무엇을 읽어냈는지 자세히 볼까요.

▶상품의 목숨 건 도약──마르크스는 상품의 유통 장면을 둘로 쪼갭니다. 하

나는 '상품-화폐'(W-G), 다른 하나는 '화폐-상품'(G-W)입니다. 앞서 말한 두 번의 '탈바꿈'을 각각 따로 적은 겁니다. 전자는 상품을 주고 돈을 받았으니 '판매'라 하고, 후자는 돈을 주고 상품을 받았으니 '구매'라 할 수 있겠지요. 대단한 이야기는 아닙니다. 상품유통이란 '판매'와 '구매'로 이루어진다, 이 말이니까요. 이를 하나씩 음미해보겠습니다.

먼저 첫 번째 탈바꿈 '판매'에 대해 살펴볼까요. 우리는 앞서 '가치척도로서 화폐'를 이야기했던 그 끝 장면에서 이야기를 다시 시작할 수 있을 것 같습니다. 관념적 금, 상상적 금이 더 나아갈 수 없는 곳, '머릿속 화폐'가 아니라 '주머니 속 화폐'를 검사받아야 하는 장면 말입니다. 판매자 입장에서 말해보면 이렇습니다. 'x량의 상품 A'의 가치는 'y량의 금'이라고 말하는 것과 정말로 누군가에게 'y량의 금'을 받고 상품을 파는 것은 다른 문제입니다. 둘 사이에는 심연이 가로놓여 있습니다. 상인들은 상품의 이마에 붙여놓은 가격표가 곧바로 돈은 아니라는 걸 압니다. 수학자라면 소리 없이 등식을 입증하면 그만이겠지만 상인들은 고래고래 소리를 질러야 합니다. 상품은 침착할 수 있지만 상품소유자는 그럴 수 없지요. "상품의 가치가 상품의 신체에서 금의 신체로 건너뛰는 것은 (…) 상품의 목숨 건 도약(Salto mortale)이다. 만약 이 도약에 실패한다면 상품 자체로서는 고통스러울 것이 없으나 상품소유자는 분명 고통스러운 일이다."[김, 138; 강, 174]

▶잡히면 함께 죽는다──사정이 상품소유자에게 그리 녹록지 않습니다. 그가 그토록 갈망하는 주머니 속 돈은 어떻든 타인의 것이니까요. 나는 타인이 내 상품을 욕망하기를 간절히 욕망합니다. 과연 타인은 내 상품을 원할까요? 내 상품을 유용하다고 생각할까요? 문제는 그것이 내 통제권 바깥에 있다는 겁니다.

아마도 내 아마포는 외투를 만드는 사람들에게 필요할 겁니다. 농작물로서 아마를 재배하는 농부부터 외투의 제작자까지 아마포는 사회의 거대한 분업시스템 안에 있습니다. 하지만 나는 외투 제조업자가 세상에 얼마나 많은지도 모르고 그들이 얼마나 많은 아마포를 필요로 하는지도 모릅니다. 그뿐 아니라 세상이 어떻게 변해가는지도 모릅니다. 어쩌면 아마포 소재의 외투들이 사라져가고 있을지도 모르지요. 어딘가에서 다른 소재로 만든 외투가 불티나게 팔리기 시작했을 수도 있어요. 이런 전망은 미래학자들에게 맡겨두더라도, 문제는 또 있습니다. 아마포를 파는 사람이 나 혼자가 아니라는 거죠. 아마포를 필요로 하는 사람이 나타났다 해도 다른 아마포 제조공이 먼저 팔아버리면 그만입니다. 도대체 우리의 친구는 어떻게 해야 할까요. 별수 없습니다. 이런저런 생각을 할 때가 아닙니다. 지금 당장 소리부터 질러야죠. "여기 세상에서 제일 좋은 아마포가 있어요. 원가도 안 되는 가격에 팔아요!"

'원가도 안 되는 가격'이라고 한 건 너무했네요. 우리 친구는 성실하고 정직한 사람이니 정가대로 판다고 합시다. 다행히 그는 "사회적으로 필요한 평균노동시간만 지출"해서 아마포를 만들었습니다. 그래서 그 가격을 받으려 합니다. 아뿔싸, 불행의 목록이 아직 끝나지 않았네요. 우리 친구가 모르는 사이에 기술혁신이 일어나 다른 아마포 공장에서는 아마포를 더 짧은 시간에 더 많이 생산할 수 있게 되었다는군요. 어제까지는 우리 친구의 것이 '사회적 평균'이었는데 오늘부터는 사회적 필요노동시간이 더 줄어들었습니다. 오늘 그의 아마포를 보고 구매자들이 비싸다며 수군댄 것은 그런 사정이었던 거죠. 성실하고 정직한 우리의 친구는 억울했지만 구매자들의 말도 틀린 것은 아닙니다.

마르크스는 아마포 직조공에게 위로의 말을 건넵니다. "우리 친구에게 불행한 일은, 세상에는 동업자가 많다는 사실이다."[김, 139; 강, 176] 세상에 경쟁자가 너무 많습니다. 나만 배추를 뽑아 온 줄 알았는데 옆집 김씨도, 앞집 이씨도 배추를 뽑아 왔습니다. 이웃인데 전혀 반갑지가 않습니다. 도대체 왜 오늘 나온 거야! 서로를 원망하는 눈으로 보겠지요. 자본주의사회에서는 흔한 풍경입니다. 호떡집 하나가 잘되면 얼마 지나지 않아 그 골목에 호떡집이 즐비합니다. 글쎄요. 보통은 누군가가 나랑 같은 일을 한다고 하면 기뻐야 할 텐데 말입니다. 『자본』을 함께 공부하는 사람이 많으면 기쁜 일 아닌가요? 그런데 그게 '상품'이 되면 다릅니다. 나처럼 『자본』에 관한 책을 쓰는 사람이 많다면 『자본』에 관한 책을 쓰고 있는 내 기분은 어떨까요. 이것이 자본주의입니다.

재밌다고 할까요, 슬프다고 할까요. 내가 그토록 멀리 떨어져 있고 싶은 동업자들과 떨어져 지내기가 쉽지 않습니다. 설령 내가 공간적으로 멀리 떨어진 곳에서 아마포를 판다 해도 운명의 사슬은 우리를 완벽하게 엮습니다. 나는 내 일을 할 뿐인데도 운명은 그렇지가 않습니다. 만약 너무 많은 사람들이 아마포 생산에 뛰어들면 어떻게 될까요? 누가 먼저 뛰어들었고 누가 나중이냐는 중요하지 않습니다. 시장에서 흡수할 수 있는 아마포보다 많은 아마포가 생산될 경우, 그러니까 "사회적 총노동시간 중 너무 많은 부분이 아마포 직조 형식으로 지출되었다면" [김, 139~140; 강, 176] 그 책임은 모두가 함께 져야 합니다. 마치 한국의 편의점 수가 폭증하면서 일어난 사태와 같죠. 그 업종에서 먼저 종사하고 있던 사람이라고 해서 책임이 줄지 않습니다. 그로 인한 가혹한 운명은 모두의 것입니다.

내가 생산한 아마포는 사회 전체가 생산한 아마포의 한 조각인 것처럼 취급됩니다. 내가 아마포를 더 생산한 게 아니어도 사회 전체가 과잉생산했다면 나도 과잉생산한 것으로 간주됩니다. 전체 과잉생산의 책임을 나누어 지는 거죠. 사회 전체를 하나의 거대인간으로 보면 유통은 혈액과 같다고 했죠? 『자본』 제1장에서는 노동자들을 동일한 하나의 인간에 비유하기도 했고요. 그런데 여기서는 생산물을 "단 한 개의 거래품목"으로 여깁니다. 거대한 아마포 한 장을 모두가 생산한 것처럼 생각하는 거죠. 여러 사람이 여러 조건에서 아마포를 생산했지만 모든 아마포는 하나의 아마포로서 "사회적으로 규정된 동질의 인간노동량이 대상화된 것일 뿐"입니다.[김, 140; 강, 176]

서로 사이가 좋지 않은 동업자들이 동일한 운명을 나누어 갖는 겁니다. 독일에 이런 속담이 있다고 하네요. "함께 잡히면 함께 죽는다"(Mitgefangen, mitgehangen).[김, 140; 강, 176] 사실은 이런 표현이 더 정확할 겁니다. 누구든 잡히며, 모두가 죽는다. 상품의 생산과 유통에 관한 불행은 동종업자 모두에게 닥칩니다. 그 앞에서, 나는 과잉생산을 하지 않았다고, 나는 억울하다고 말해봐야 소용이 없습니다. 정직하고 성실하게 살아온 것은 자본주의에서 면책 사유가 되지 않으니까요.

'판매자의 삶'이라는 게 쉽지가 않습니다. 더 달라는 것도 아니고 딱 가치만큼만 받겠다는데도 이렇게 어렵습니다. 가치척도로서 화폐와 유통수단으로서 화폐의 차이가 바로 이거죠. 마르크스는 연극 대사를 읊듯 말합니다. "상품은 화폐를 사랑하고 있지만 '진정한 사랑의 길은 결코 순탄치 않다'"[김, 140; 강, 176] 여기서 우리는 상품사회, 부르주아사회의 중요한 단면을 볼 수 있습니다. 앞서도 언급했듯 이제 공동체는 없습니다. 생존은 철저히 개인에게 맡겨져 있습니다. 아무도 곁을 돌보지 않습니다. 누군가 굶어 죽는다면 그 자신의 책임입니다. 좋게 말하면 제 하기 나름이죠. 개인들은 상품의 사적 소유자이며 상품의 사적 생산자들입니다.

그런데 문제가 있어요. 이게 자족적 삶은 아니라는 겁니다. 상품은 개인이 생산하지만 그 가치는 사회적으로 결정됩니다. 아마포 생산업자는 아마 재배자·외투 제작자와 연결되어 있습니다. 물론 이 연결은 생산자 개인으로서는 알 수 없습니다. 그는 철저히 개인이니까요. 고립된 개인들을 상품과 화폐가 매개합니다. 상품과 화폐는 '매개적 관계', 이렇게 불러도 된다면 '매개된 사회성'입니다. 사람들은 상품과 화폐를 통해 관계를 맺습니다. 한편으로는 서로 독립해 있는데 다른 한편으로는 상품과 화폐를 매개로 묶여 있는 것이죠. 생존은 혼자서 해결해야 하는

데 운명은 그가 통제할 수 없는 사회적 관계에 달려 있습니다. 우리의 친구 아마포 직조공이 개인적 성실성만으로는 도저히 풀 수 없는 문제죠. 자본주의는 "상호 간의 독립성"과 "생산물을 통한 전면적 상호의존성"이 붙어 있는 사회입니다.[김, 140; 강, 177] 각자도생하라, 그러나 운명은 함께 맞는다! 이런 겁니다.

▶화폐는 냄새가 나지 않는다──판매는 끝이 났습니다. 우리의 친구 아마포 직조공은 천신만고 끝에 아마포 20미터를 넘기고 돈 2파운드를 받았습니다. "상상적으로 표현된 금을 현실적으로 끌어"왔죠. 판매는 이렇게 종료됐습니다. 그럼 이제 거래의 나머지 반쪽, 구매로 넘어가볼까요. 우리의 친구가 구매자로 나서는 제2막이 시작됩니다. 구매한다는 것은 상품에 대한 소유권을 넘겨받는 겁니다. 화폐라는 매개를 거쳐 소유권 전환이 일어납니다. 화폐가 상품으로 탈바꿈하지요. 가치는 같지만 겉모습이 크게 바뀝니다. 바뀐 것은 모양만이 아닙니다. 무엇보다 냄새가 달라졌습니다. 정확히 말해 돈과 상품의 냄새가 달라진다기보다는 상품이 화폐를 거치면 냄새가 바뀌는 겁니다. '돈세탁'이라는 말이 있는데요. 부정한 돈을 문제없는 돈으로 바꾸는 것이지요. 그런데 사실은 '돈' 자체가 세탁입니다. 상품에 배어 있는 냄새와 얼룩을 지우거든요.

마르크스의 말을 인용해볼게요. "상품은 화폐가 되면 그 자체는 사라져버리므로 화폐만을 보아서는 그것이 어떻게 소유자의 손에 들어왔는지, 무엇이 그것으로 전환되었는지 알 수가 없다. 화폐가 어디로부터 왔든 화폐는 냄새가 나지 않는다."[김, 143; 강, 179~180] 우리의 친구가 아마포를 팔고 얻은 2파운드에는 '이거 아마포랑 바꾼 거예요'라는 표시가 없습니다. 화폐는 일반적 등가물이니까 무엇과도 바꿀 수 있죠. 그 전에 무엇과도 바뀌었을 수 있고요. 그러니 과거를 지우는 데 돈만큼 확실한 것은 없습니다. 방금 인용한 마르크스의 문장에서 내가 재밌게 본 것은 "화폐는 냄새가 나지 않는다"라는 표현입니다. 구매란 화폐를 통한 소유권 이전인데요. 소유권과 냄새, 화폐의 관계가 눈에 띕니다. 예전에 연구공동체 '수유너머'에서는 "흔적을 남기지 말라"라는 말을 많이 했습니다. 여기서 '흔적'은 개인들의 물건을 뜻하기도 하지만 근본적으로는 사적 체취 같은 겁니다. 거기서는 연구실 책상을 모두가 공유했는데요. 누군가 어느 책상에 자기 물건을 놓고 가거나 얼룩을 남기거나 책상을 자신에게 편한 방식으로 틀어놓는다거나 하면 다른 사람이 그 책상을 이용하기가 부담스럽습니다.

이는 공동의 것을 사유화하는 방식입니다. 모두가 먹는 샐러드를 독차지하는 방법이 있지요.[57] 침을 뱉으면 됩니다. 배설물을 이용해 체취를 묻히는 거죠. 자기 배설물은 자기에게는 아무렇지 않지만 타인에게는 지독한 냄새를 풍깁니다. 공간이든 사물이든 이렇게 하면 독차지할 수 있습니다. 이것은 동물들이 오랫동안 사용해온 방법입니다. 동물들은 틈이 날 때마다 몸을 부비거나 오줌을 눕니다. 배설물로 영역을 표시하는 거죠. 대지를 영토화하는 겁니다. 미셸 세르(Michel Serres)는 이를 가리켜 '소유의 배변적 기원'이라고 했습니다. "자신의 똥은 좋은 냄새가 난다는 것, 이것이 소유의 근본 토대이다." 다른 짐승들은 역겨워 근처도 가고 싶지 않은 냄새가 자신에게는 아무렇지도 않다는 겁니다. 그런데 세르는 여기에 재밌는 말을 덧붙입니다. "귀신 곡할 일은 돈에는 냄새가 없다는 것이다. 그것은 나의 것이다. 그것은 약간의 똥을 모아놓은 것이지만 냄새가 없다. 그것은 모두의 것이다. 그것은 깨끗한 것에 속하고 교환할 수 있다. 따라서 나는 돈을 주고 모든 것을 얻을 수 있다."[58]

화폐에서는 특정한 것의 냄새가 나지 않습니다. 물론 우리 자신에게 친숙한 냄새를 풍기지 않는다는 점에서 이방인의 느낌을 주지만 그렇다고 특정한 어떤 존재의 냄새를 풍기지도 않습니다. 그래서 공동체들 사이에서 화폐는 일반적 등가물이 될 수 있었을 겁니다. 소유화가 영토화와 깊이 관련된다면 화폐는 탈영토화에 사용될 수 있습니다(화폐는 탈영토적입니다). 누군가의 소유물을 다른 사람에게 넘겨 재소유화하려면 먼저 냄새를 지우는 일이 필요합니다. 이때 화폐가 역할을 하는 것이죠. 화폐로 이전의 체취를 지우는 겁니다.

▶상품유통의 사회적 연결망──이렇게 해서 판매와 구매가 다 끝난 것처럼 보입니다. 우리의 친구 아마포 직조공은 성경책을 얻었습니다. 아마포를 팔아 돈을 구했고 그 돈으로 성경책을 샀으니까요. 돈은 한편으로는 아마포의 가치를 실현해주었고, 다른 한편으로는 아마포와 성경을 매개해주었습니다. 그런데 눈치 챘을지 모르지만, 무대에는 아마포 직조공과 성경책 소유자 둘만 있는 게 아닙니다. 그렇게 해서는 장면이 연출되지 않습니다. 아마포와 위스키의 거래가 성사되려면 최소한 세 사람이 나와야 하고요, 성경책 소유자가 뜨거운 위스키를 들이키는 것까지 보려면 네 사람은 있어야 합니다.

무슨 말이냐고요? 아마포를 성경책과 물물교환한 게 아니니까요.[김, 146; 강, 182] '욕구의 우연적 이중일치' 문제를 기억할 겁니다. 성경책 소유자가 운 좋게 아마포를 갈구하던 사람일 가능성은 낮다는 거죠. 그래서 교환수단으로서 화폐를 필요로 했습니다. 아마포 직조공에게는 2파운드가 필요합니다. 이를 위해서는 아마포를 누군가에게 먼저 팔았어야 합니다. 이를테면 밀을 들고 온 농부한테 말입니다. 농부는 누군가에게 밀을 팔고 받은 2파운드를 아마포를 사는 데 썼습니다. 옷을 직접 지어 입을 생각이었던 모양입니다. 무대에는 농부가 올라와야 합니다. 그래야 아마포 직조공의 2파운드가 해명됩니다. 이 2파운드로 애주가에게서 성경책을 구매합니다. 이렇게 되면 아마포 직조공의 일은 완수됩니다. 세 사람이 두 번의 매매 장면(농부-아마포 직조공, 아마포 직조공-성경책 소유자)을 연출하는 거죠.

여기서 아마포 직조공은 두 장면에 모두 출현했습니다. 역할은 반대였죠. 한 번은 판매자, 또 한 번은 구매자였으니까요. 이것을 묘사하는 마르크스의 말은 연출가의 지시처럼 들립니다. "제1막의 판매자는 제2막에서는 구매자가 되는데, 제2막에서 그에게 판매자로서 마주 대하는 사람은 제3의 상품소유자이다."[김, 145; 강, 181] 교환이 두 장면으로 나뉘어 연출되니, 판매와 구매가 두 번 들어가 항은 모두 네 개입니다. 한 사람이 겹치니 사람 수는 셋이고요. "한 상품의 탈바꿈 전체는 가장 단순한 형태에서도 네 개의 끝과 3인의 등장인물을 필요로 한다"라는 마르크스의 말은 그래서 나온 겁니다.[김, 145; 강, 181]

상품교환이라는 게 두 사람이 만나 물건을 맞바꾸면 끝날 줄 알았는데 그렇지가 않은 겁니다. 아마포와 성경책의 교환처럼 단순한 형태에서도 꽤나 복잡한 연결망이 작동한다는 걸 알 수 있습니다. 우리가 초점을 아마포 직조공에 두어 그렇지 사실 교환은 계속해서 이어질 수 있습니다. 아마포 직조공은 농부에게 2파운드를 받았습니다만, 그 전에 농부는 밀을 누군가에게 팔고 2파운드를 받았을 겁니다. 그럼 그 누군가는 또 다른 누군가에게 무언가를 팔고 그 돈으로 농부에게서 밀을 샀겠죠. 성경책을 가진 애주가 쪽도 그렇습니다. 그는 위스키를 샀습니다. 그에게 위스키를 판 주류 판매업자는 2파운드로 또 무언가를 사겠지요. 이를테면 아이에게 줄 자전거를 살 수 있지요. 이런 식으로 보면 연결망이 무한정하다는 걸 알 수 있습니다.

상품유통이 단순한 물물교환과 어떻게 다른지가 여기서 확연히 드러납니다. 마르크스는 이 점을 날카롭게 지적했습니다.[김, 146; 강, 182] 물물교환은 두 물건의 소유권을 이전하는 순간 바로 끝납니다. 그러나 상품유통은 다릅니다. 상품 하나가 유통에서 나간다 해도(이를테면 성경책이 아마포 직조공 집으로 들어간다고 해도) 그것이 관여했던 유통은 계속 이어집니다. 상품의 자리를 화폐가 차지하고 다시 그 화폐의 자리를 다른 상품이 차지합니다.[김, 147; 강, 183] 상품유통은 상품교환의 개인적이고 국지적인 한계를 타파하는 동시에 교환의 '사회적 연결망'(gesellschaftlicher Naturzusammenhänge)을 계속 발전시킵니다. 아니, 애초 상품유통은 사회적 연결망을 전제하고 있습니다. 아마포 직조공이 아마포를 팔려면 농부가 이미 밀을 팔았어야 하니까요. 이런 상품유통의 관계망이 만들어져 있어야 아마포 직조공이 성경책을 구할 수 있습니다.

▶공황의 그림자──상품생산자들의 사회적 연결망에 대해 말해주면 아마포 직조공은 안심할까요? 내일은 시장에 좀 편한 마음으로 나갈 수 있을까요? 시장에 나가본 게 처음이었다면 그럴지도 모르겠습니다. 하지만 우리의 친구는 예전에 하루를 공친 경험이 있습니다. 다른 직조공들은 아마포를 다 팔았는데 자신은 하나도 못 팔고 터벅터벅 집으로 돌아온 적이 있습니다. 만약 그가 상품유통에 대한 세(Jean-Baptiste Say)의 법칙에 대해 듣는다면 어떻게 말할까요. 마르크스가 그의 마음을 대변해주듯 말합니다. "모든 판매는 구매이고 모든 구매는 판매이기 때문에, 상품유통은 판매와 구매 사이의 필연적 균형을 낳는다는 이론처럼 황당무계한 이론도 없다."[김, 147; 강, 183] 우리도 학교 다닐 때 많이 듣고 배운 이야기입니다. 수요곡선과 공급곡선이 일치하는 곳에서 균형가격이 형성된다는 그 이야기 말입니다. 수요가 늘면 가격이 더 높은 곳에서 공급곡선과 만나게 되고, 수요가 줄면 가격이 더 낮은 곳에서 공급곡선과 만납니다. 공급에 대해서는 그 반대죠. 어떻든 수요·공급에 따라 새로운 균형점이 만들어집니다.

마르크스는 왜 이것을 황당무계한 소리라고 했을까요. 마르크스는 상품유통이 판매와 구매 사이의 필연적 균형을 낳는다는 말의 의미가 무엇이냐고 묻습니다. 만약 저 말의 의미가 "현실에서 행해진 판매의 수가 현실에서 행해진 구매의 수와 동일하다는 것이라면 아무 의미도 없는 동어반복"이라는 겁니다.[김, 147; 강, 183] 그렇죠. 100건의 매매가 있었다면 100건의 판매가 있었고 동시에 100건의 구매가 있었다고 해도 되니까요. 정말로 동어반복에 불과합니다. 그런데 저 말의 의미가 '판매'와 '구매'의 일치가 언제나 보장되어 있다는 것이라면 이야기가 다릅니다. 판매자가 언제나 구매자를 만난다고 생각한다면, 현실을 전혀 모르는 사람입니다. 만약 매매가 이루어졌다면 판매와 구매는 동일한 사안을 어느 쪽 입장에서 보았느냐 하는 차이밖에 없습니다. 한 사람의 판매는 다른 사람의 구매니까요. 오늘 버스에 승차한 사람과 하차한 사람의 수가 같다는 말처럼 의미가 없는 말입니다. 하지만 한 사람을 기준으로 보면 의미가 전혀 다릅니다. 아마포 직조공은 아마포를 판매하는 순간 자동으로 성경책을 구매하는 것이 아닙니다. 물물교환이 아닌 상품유통에서 그에게 판매와 구매는 두 개의 분리된 행위입니다. 마르크스가 아마포 직조공의 교환이 2막으로 이루어졌다고 말한 것은 이 때문입니다. 판매자로서 아마포 직조공은 필사적이었습니다. 만약 판매에 성공하지 못한다면 그의 아마포는 사실상 무용지물이 됩니다.[김, 147; 강, 183] 반면 구매자일 때 우리의 친구는 조금 더 여유를 가질 수 있습니다. 신앙심에서 나온 조급함만 갖고 있지 않다면 그는 곧바로 구매할 필요가 없죠. 일반적 등가물인 화폐를 가지고 있다면 말입니다.

판매와 구매가 일치한다는 말은 어떤 점에서는 무서운 말입니다. 매매되지 않은 물건은 아예 논외이니까요. 아마포 직조공이 아마포를 판매하지 못했다면, 판매 숫자와 구매 숫자가 동일하다고 말할 때 그의 아마포는 거기 끼지 못합니다. "누군가 팔았다는 이야기는 누군가 샀다는 이야기야"라고 말하는 것은 우리 친구에게 전혀 위로가 되지 않습니다. 여기서 교환수단(유통수단)으로서 화폐가 우리에게 말해주는 게 있습니다. 아마포 직조공이 아마포와 성경책을 바꿀 때 화폐가 매개한다는 것. 아마포 직조공에게는 그 화폐를 기준으로 '판매'와 '구매'가 분리된다는 것. 이것이 중요합니다. 판매와 구매, 판매자와 구매자가 분리되는 거죠. 그는 오늘 판매했지만 구매는 내일 할 수 있습니다. 동일한 인물이 아마포 판매자로서는 오늘 나타났지만 성경책 구매자로서는 모레 나타날 수 있습니다. 또 판매는 여기서 했지만 구매는 저기서 할 수도 있어요. 말하자면 판매자와 구매자가 시간적으로, 공간적으로 분리될 수 있습니다.

바로 이 점이 문제입니다. 상품유통은 자본주의사회의 기본적 물질대사이자 가치대사입니다. 물자가 공급되는 방식이고 부가 유통되는 방식이라는 말입니다. 상품유통은 거래 즉 매매를 통해 이루어지는데, 그것은 판매와 구매라는 두 계기로 분할됩니다. 그런데 문제는 이 두 계기가 상보적이면서도 자립해 있다는 사실입니다. 물물교환이었다면 아마포와 성경책이 맞바뀌었을 겁니다. 그런데 이것을 화폐가 매개하는 순간, 아마포 판매가 성경책 구매로 이어진다는 보장이 없습니다. 판매와 구매가 따로 놀 수 있는 거죠. 둘이 시간적으로 또 공간적으로 얼마든지 분리될 수 있습니다. 상황이 여의치 않으면 판매자는 구매에 나서지 않을 수도 있습니다. 자기 물건은 팔면서 구매에는 나서지 않는 상황이 일어나는 겁니다.

여기서 마르크스는 자본주의사회의 커다란 위기, 즉 공황(Krise)의 가능성을 발견했습니다. 판매와 구매라는 "두 과정의 외적 자립화가 일정한 점까지 진행되면 그 내적 통일은 공황이라는 형태를 통해 폭력적으로(gewaltsam) 관철된다."[김, 148; 강, 184] 우리의 친구 아마포 직조공은 아마도 이 '폭력적으로'라는 말의 의미를 잘 알 겁니다. 피땀 흘려 창고에 쌓아둔 아마포더미가 갑자기 쓰레기처럼 되는 걸 본 적이 있을 테니까요. 농부는 배추밭을 갈아엎고 의류 제조업자는 옷을 일반 짐짝처럼 톤 단위로 묶어 땡처리를 합니다. 판매하지 못한 것은 구매되지 않은 것이고, 그럼 무용지물이니까요. 사용가치는 있으나 가치가 없는 것이고 사적 노동을 수행했으나 사회적 노동으로 인정받지 못한 것이죠.

중요한 것은 이 위기 즉 공황이 자본주의로부터 일탈한 것이거나 예외가 아니라는 겁니다. 상품유통의 형식을 취하는 한에서 이런 상업공황의 가능성은 항존합니다. 상품유통 원리에 내재한 것이기에 자본주의가 지속하는 한 이 가능성을 없앨 수 없습니다. 자본주의가 제대로 작동하지 않아서 생기는 위기가 아니라 자본주의가 작동하는 한 생겨날 수밖에 없는 위기입니다. 이 점에서 마르크스는 밀(J. S. Mill)과 세를 강하게 비판합니다.[김, 148, 각주 24; 강, 184, 각주 73] 이들이 단순한 생산물 교환과 자본주의에서 이뤄지는 상품유통의 차이를 전혀 모르고 있다는 거죠. 설령 과거 다른 생산양식에서도 '상품'들이 존재했다 하더라도 그것과 자본주의에서 이뤄지는 상품유통의 차이를 모른다면 공황이 왜 생겨나는지 이해하지 못한 겁니다.

특히 세는 상품의 공급이 그에 맞는 수요를 창출한다고 생각했기에 과잉생산을 인정하지 않았습니다. 국소적 불균형은 있을 수 있으나 전반적으로 과잉생산이 존재할 수 없다고 봤죠. 판매되지 않아 폐기되는 상품들의 존재를 부정한 겁니다. 마르크스가 '판매자가 구매자를 시장에 데리고' 오는 이론이라고 조롱한 건 이 때문입니다. 세는 아마포를 쌓아두고 팔지 못하는 직조공이나 밭을 갈아엎는 농부의 사연이 자본주의사회에서 끊임없이 생겨나는 이유를 알지 못합니다. 이런 사연은 결코 예외적이거나 일시적인 게 아닙니다. 그리고 이 여파는 몇 가지 조건들이 결부된다면 언제든 상품유통의 연결망을 타고 사회 전체로 확대될 수 있습니다.

앞으로 『자본』을 읽어가면서 우리는 이러한 공황 가능성을 계속 확인하게 될 겁니다. 공황들은 저마다 자본주의 생산양식의 고유한 특징과 결부되기에, 각각의 공황 가능성을 이해하는 것은 곧 자본주의를 고유한 특성들에 따라 이해하는 것이기도 합니다. 이번에 우리는 그 하나를 만난 셈입니다.

───── 유통에 필요한 화폐의 양은 얼마인가 ─────

지금까지는 유통과정을 상품의 측면에서 살펴보았습니다. 마르크스는 이 동일한 과정을 화폐의 측면에서도 살펴봅니다. 즉 유통을 상품유통이 아니라 화폐유통이라는 관점에서 보는 거죠. 화폐는 상품이 이동하는 것과 반대 방향으로 흘러갑니다. 상품이 오른쪽으로 가면 화폐는 왼쪽으로 갑니다. 앞서 우리는 상품의 유통이 무한정함을 보았습니다. 하지만 이는 상품 전체를 놓고 볼 때 그런 것이고, 각각의 상품은 그렇지 않습니다. 판매자의 손에 들려 잠시 들어왔다가 구매자의 손에 들려 금세 나갑니다. 아마포 직조공의 손에 들려 나간 성경책처럼 말입니다. 그럼에도 유통과정에서 물처럼 계속 흐르는 것은 화폐입니다[유통수단으로서 화폐를 우리가 '커런시'(currency) 즉 '통화'라고 부르는 것은 이런 이유입니다].

유통수단으로서 화폐는 유통영역에 계속 머물러 있습니다. 이 화폐가 어떤 상품 자리에 들어가면 해당 상품은 유통 바깥으로 빠져나갑니다. 그래서 유통은 원래 상품들이 교환되는 영역인데, 화폐를 중심에 두고 보면 유통의 주인은 화폐이고 상품은 들락거리는 뜨내기처럼 보입니다. 상품유통이라는 게 화폐유통의 결과처럼 보이는 거죠.[김, 151; 강, 186] 그렇다면 유통에는 얼마나 많은 화폐가 머물고 있는 걸까요? 유통영역에는 얼마나 많은 유통수단이 필요할까요? 마르크스는 유통수단으로서 화폐량, 다시 말해 통화량을 계산하는 간단한 공식을 제시했습니다. 전혀 어렵지 않습니다. 통화량은 일단 그것이 매개하는 상품의 가격총액에 달려 있겠지요. 상품의 가격과 양이 얼마냐에 따라 거래에 필요한 화폐량이 달라질 겁니다. 그런데 변수가 하나 더 있습니다. 앞서 성경책 소유자가 위스키를 구입하는 데 사용한 화폐 2파운드가 아마포 직조공이 농부에게 받은 2파운드라면, 다시 말해 동일한 2파운드가 농부와 아마포 직조공, 아마포 직조공과 성경책 소유자, 성경책 소유자와 주류 판매업자의 거래 세 번을 매개했다면, 유통에 필요한 화폐량은 그만큼 줄어들 겁니다. 2파운드 돈으로 6파운드에 해당하는 상품거래를 성사시켰으니까요. 이처럼 유통에 필요한 화폐량은 동일한 화폐가 매개한 상품거래의 수에 반비례합니다. 그래서 다음과 같은 식이 성립합니다.[김, 156; 강 191]

$$\frac{\text{상품의 가격총액}(PT)}{\text{동일한 명칭의 화폐조각의 회전수}(V)} = \text{유통수단으로 기능하는 화폐량}(M)$$
$$(P\text{는 상품가격}, T\text{는 상품의 양})$$

상품가격의 총액을 화폐의 회전수(화폐의 '유통속도'라고도 합니다)로 나누면 일정 기간 유통수단으로 기능하는 화폐량, 즉 통화량을 구할 수 있습니다. 우리에게 익숙한 방식으로 공식을 다시 쓰면 $M = PT/V$ 혹은 $MV = PT$라고 할 수 있습니다. 그런데 이 공식은 20세기 초의 경제학자 어빙 피셔(Irving Fisher)가 주장한 물가 공식을 떠올리게 합니다. 피셔도 $MV = PT$라고 했습니다.

외견상 마르크스의 공식과 피셔의 공식은 같습니다. 하지만 공식을 통해 말하고자 하는 바는 아주 다릅니다. 이 공식을 통해 마르크스가 구하려 한 것은 통화량이지만 피셔가 구하려 한 것은 물가였습니다. 피셔는 소위 '화폐수량설'을 지지하는 경제학자였습니다. 물가가 통화량에 달렸다는 주장이죠. 이런 입장을 지지하는 학자들은 물가 관리를 위한 엄격한 통화량 관리를 주장합니다. 하지만 마르크스는 피셔와 반대로 보았습니다. 상품의 가격이란 가치의 표현형태지요. 가치는 사회적 필요노동의 양에 따라 결정되고, 두 상품의 교환비율은 가치량에 달렸습니다. 물론 앞서 살펴본 바 있는 여러 교란 요인들 때문에 가격은 가치량의 비율을 정확히 반영하지는 않습니다. 하지만 평균적으로는 그렇다고 봅니다.

유통수단으로서 화폐는 상품교환을 매개하는 데 필요합니다. 따라서 만약 시중에 화폐로 유통되는 금이 상품들을 매개하는 데 필요한 양을 넘어선다면 여분의 금은 유통수단으로서는 불필요할 겁니다. 남는 금은 장신구를 만드는 데 쓰이거나 가치저장의 용도로서 어딘가에 금덩어리로 보관되겠지요(가치저장 문제는 지금 논할 이야기가 아닙니다만). 금을 유통수단인 화폐로, 이를테면 주화로 만들 필요는 없는 겁니다. 원활한 상품유통을 위해서라면 현재의 화폐로도 충분할 테니까요.

───── 가격혁명에 대한 그릇된 해석─유통수단과 가치척도의 혼동
지금쯤 대체 무슨 소리냐며 반론이 목구멍까지 차올랐을지도 모르겠습니다. 화폐가 시중에 많이 풀리면 당연히 화폐와 상품의 교환비율이 바뀔 것이고 그게 가격변동이 아니면 무엇이냐고 되묻고 싶겠죠. 사실 통화량과 물가의 연관은 마르크스 이후 나온 주장이 아니라 마르크스 이전에 나온 주장입니다. 17~18세기의 정치경제학자들이 상품들의 가격은 유통수단의 양으로 결정된다는 주장을 폈습니다.

그 전형적 논리를 몽테스키외(Charles L. D. S. Montesquieu)의 주장에서 발견할 수 있습니다. 마르크스는 주석에서 몽테스키외의 『법의 정신』한 구절을 인용하는데요. "만약 우리가 세계에 현존하는 금과 은의 총량을 세계에 현존하는 전체 상품의 총량과 대비한다면, 하나하나의 생산물 또는 상품을 금과 은의 총량의 일정부분에 대비할 수 있다는 것은 분명하다. (…) 물건의 가격 결정은 근본적으로는 항상 물건의 총량과 화폐상징의 총량 사이의 비율에 의존할 것이다."[김, 161, 각주 31; 강, 196, 각주 80] 상품의 가격이란 화폐량과 상품량의 비례관계일 뿐이라는 겁니다. 그렇다면 상품의 진정한 가격이란 있을 수 없습니다. 매번 유통에 존재하는 화폐량과 상품량의 비례가 있을 뿐이죠. 사실 몽테스키외만 이렇게 생각한 것은

아닙니다. 17~18세기의 많은 정치경제학자가 이런 생각을 갖고 있었습니다. 마르크스는 제이콥 반더린트(Jacob Vanderlint), 데이비드 흄(David Hume), 니콜라스 바번(Nicholas Barbon) 등을 인용합니다.[김, 160, 각주 30; 강, 195, 각주 79] 그러면서 이들의 생각(마르크스는 '엉터리 가설'이라고 했죠)을 다음과 같이 요약했습니다. "상품은 가격을 가지지 않고 유통과정에 들어가며, 또 화폐도 가치를 가지지 않고 유통과정에 들어가 (…) 상품집단의 일정 부분이 귀금속더미의 일정 부분과 교환된다. [김, 161; 강, 195~196]

이들의 '엉터리 가설' 속에서, 상품의 가격 결정에 상품의 생산조건은 아무런 영향도 미치지 못합니다. 오로지 화폐 역할을 하는 귀금속의 양이 중요하죠. 물론 '귀금속의 양'도 그 자체로는 가치가 없습니다. 중요한 것은 상품과 화폐의 교환 비율, 비례식뿐입니다. 흄은 아예 금속의 절대적 양 자체도 중요하지 않다고 생각했습니다. 그는 "화폐는 단지 노동과 상품의 표상일 뿐"이므로 화폐가 많다면 "더 많은 주화가 똑같은 양의 재화를 표상"하는 것뿐이라고 했습니다. 그저 비례관계이므로 양이 많고 적고는 "좋은 것이든 나쁜 것이든 아무런 결과도 산출하지 못한다"라고 했지요.[59] 오히려 화폐가 많으면 장부에 기입할 숫자 단위만 커지기 때문에 불편하다고 했습니다.[60] 마치 달러는 없애고 그 대신 모두 센트로 표기하는 것과 같죠. 실질적 부는 늘지 않았는데 숫자만 커지는 겁니다. 그러므로 화폐량을 늘리는 것은 돈을 찍어내는 군주에게는 이익이 되겠지만 실제 상업에는 전혀 도움이 안 됩니다(군주가 돈을 찍어내는 순간에는 화폐가 예전 가치로 유통되기 때문에 군주에게는 아주 유리합니다. 돈이 모두 퍼지고 나면 가치가 낮아지겠지만, 군주는 낮아지기 이전의 가치로 돈을 쏠 테니까요).

당시 경제학자들이 화폐증대(통화량의 증대)가 물가인상을 초래했다고 본 데는 역사적 사정이 있습니다. 지리상의 발견 이후 아메리카와 아프리카로부터 대량의 귀금속이 유입되었습니다. 그들은 유럽에 대규모로 유입된 금과 은이 '가격혁명'이라 부를 정도의 물가인상을 초래했다고 주장했습니다. 금과 은이 먼저 당도했던 에스파냐가 제일 먼저 물가폭등을 겪었고, 순차적으로 서유럽에 이런 추세가 이어졌습니다. 물가의 가파른 상승은 16세기 내내 지속되었습니다. 물가상승의 원인을 둘러싸고 당대에 이미 큰 논쟁이 일었습니다. 16세기 중반 프랑스 국왕의 자문관이었던 장 드 말레스트루이(Jean de Malestroict)와 『국가론』의 저자 장 보댕(Jean Bodin)의 논쟁도 그중 하나입니다.[61] 말레스트루이는 물가상승을 함량미달의 화폐주조 탓으로 돌렸습니다. 주화에 귀금속 양을 적게 넣어 주조했기 때문에 명목상으로만 물가가 올랐다는 거죠. 주화에 들어 있는 금은의 실제량을 기준으로 하면 물가는 오르지 않았다는 이야기입니다. 반면 보댕은 물가의 상승폭, 이를테면 토지가격 상승폭이 주화의 은 함유량 하락폭보다 훨씬 크다는 것을 보이면서 물가상승이 실제적이라고 주장했습니다. 그러면서 물가가 오른 것은 주화의 은 함유량이 줄어서가 아니라 도처에 금은이 많아졌기 때문이라고 주장했습니다.

18세기에 오면 이 논쟁이 대체로 정리됩니다. 귀금속 유입 경로를 따라 물가가 상승했다는 것이 분명해 보였기 때문입니다. 16세기의 물가상승 곧 '가격혁명'은 당대의 부 개념을 흔들었습니다. 그 전에는 귀금속을 많이 보유하면 부유한 나라라고 생각했는데, 귀금속 유입과 더불어 물가가 올라갔고, 에스파냐의 높은 물가는 다른 나라들과의 교역에서 치명적 약점이 되었습니다. 게다가 "악화가 양화를 쫓아낸다"라는 그레샴 법칙(Gresham's law)에 따라 귀금속 함유량이 많은 에스파냐 주화는 다른 나라의 저질 주화와 바뀌어 빠져나갔습니다. "에스파냐에 금화나 은화가 없다면 그것은 에스파냐가 금화나 은화를 가지고 있기 때문이며, 에스파냐가 가난한 것은 에스파냐가 부자이기 때문이다"라는 역설적 언급이 나오기 시작했지요.[62] 사람들은 이제야 화폐(귀금속)는 그 자체로 부가 아니며, 단지 부를 표상하는 수단일 뿐이라는 생각에 이르렀습니다. 17~18세기 경제학자들에게서 나타난 화폐(귀금속)유통을 늘리는 것에 대한 두려움과 화폐를 단지 표상으로만 보는 사고는 이런 역사적 경험의 산물입니다.

그렇다면 역시 유통수단의 증대가 물가를 올린다는 생각은 논리적으로도, 역사적으로도 입증된 사실인 걸까요. 마르크스는 이를 가격혁명에 대한 그릇된 해석이라고 주장합니다.[김, 153~154; 강, 188~189] 그에 따르면 가치척도로 사용될 때 화폐의 가치는 이미 정해져 있습니다. 하지만 가치척도인 화폐상품의 생산조건이 바뀌면 그 가치가 바뀝니다. 새로운 거대 광산이 발견되거나 채굴 기술이 발전하면 상품으로서 금은을 얻는 데 필요한 사회적 노동량이 줄 테니까요. 물론 이런 변화는 모든 곳에서 동시에 나타나지 않습니다. 우선은 귀금속 생산지에서 변화가 나타납니다. 다른 곳에서는 종래의 귀금속 가치에 따라 교환이 계속 이루어질 것이고, 상품경제가 충분히 발전하지 않은 곳이라면 변화의 파급은 훨씬 늦을 겁니다. 하지만 차츰 많은 지역에서 더 많은 상품들이 귀금속 즉 금의 새로운 가치에 따라 교환비율이 다시 정해지겠죠. 그럼 상품들의 가격은 이제 더 큰 숫자(더 많은 금량. 금의 가치가 떨어졌으니, 즉 금이 싸졌으니 똑같은 가치를 표현하려면 더 많은 금이 필요하죠)로 표시될 겁니다. 이는 다시 유통에 필요한 화폐량 증대로 나타날 테고요

(실제로는 금이 싸진 건데 물가가 오른 것처럼 보이게 됩니다). 금은의 생산조건 변화로 인한 가치변동 그리고 금은으로 표시된 가격의 증대는 당연히 금은의 생산지에서 시작됩니다. 앞서 유럽에서는 에스파냐에서 물가폭등이 먼저 확인되었다고 했는데요. 더 엄밀히 하자면 에스파냐 안의 에스파냐인이 아니라 아메리카와 서인도제도의 에스파냐인이 그 일을 먼저 겪었습니다. 이들은 귀금속을 너무나 적은 비용으로 얻었기에(원주민들에 대한 혹독한 착취가 한몫했을 겁니다) "유럽 상품을 구하기 위해 많은 귀금속을 지불하는 것을 마다하지 않았"습니다. "서인도에서는 금이 쌌고 상품이 귀했"으니까요.[63]

　　마르크스는 "금은의 새로운 생산지 발견에 뒤이어 일어난 여러 사실을 일면적으로 관찰했기에 17세기와 특히 18세기 사람들은 상품가격이 오른 곳은 유통수단으로 기능하는 금과 은이 더 많아졌기 때문이라는 그릇된 결론에 도달했다"라고 썼습니다.[김, 154; 강, 189] 유통에 귀금속이 많아지고 물가가 높아진 것은 현상일 뿐입니다. 건초가 잘 마르는 일과 소방차가 출동하는 일이 많아졌다고 해서, 건초가 잘 말랐기에 소방차가 출동했다고 말할 수는 없지요. 둘 모두 건조한 날씨에서 파생한 현상들일 뿐입니다. 날씨가 건조하니 풀이 잘 마르고 화재도 자주 일어나 소방차가 출동하는 일도 많아집니다. 가격혁명, 다시 말해 상품과 교환되는 금량의 급격한 증대는 금의 가치 저하와 관련이 있습니다. 이것은 유통수단으로서 화폐의 문제가 아니라 가치척도로서 화폐와 관계된 문제입니다. 가치척도로 사용되는 금의 급격한 가치변동이 상품과 금의 교환비율을 변동시켰고, 당연히 유통에 필요한 통화의 양도 증대시킨 것이지요. 여기서 다시 한번 화폐의 기능적 현존을 구별하는 것이 얼마나 중요한지를 확인할 수 있습니다. 가치척도로서 화폐와 유통수단으로서 화폐를 구별하는 것 말입니다.

──────── 통화량 확대의 '시간 차'에서 생긴 이익은 누구에게 가는가? ────────
이건 여담인데요, 흄의 생각과 관련해 덧붙일 것이 있습니다. 아메리카와 아프리카에서 귀금속이 유입된 것이 부정적 효과만 내지는 않았습니다. 에스파냐는 혹독한 대가를 치렀지만 다른 나라들에서는 산업이 살아났으니까요. 흄의 표현을 빌리자면, 귀금속 유입과 더불어 "제조업자는 더 부지런해지고, 농부는 더 깊이 밭을 갈"았습니다.[64] 흄은 이것이 물가상승의 시차 덕분이라고 보았습니다. 처음에 화폐가 들어오면 먼저 소수의 사람들, 특히 상인과 제조업자에게 집중됩니다. 그들은 그 돈으로 고용을 늘립니다. 그런데 그들은 금속 유입에 따른 새로운 가격이 아니라 예전 가격으로 임금을 지급합니다. 노동자는 아직 모르니까요. 고용 노동자 수의 증대는 소비의 증대로 이어지겠죠. 그럼 상인과 제조업자는 더 큰 소득을 올릴 수가 있습니다. 물론 화폐가 모두 순환되면 이런 과정은 끝이 납니다.

유통하는 화폐량 증대의 부정적 효과를 피하면서도 이런 소소한 긍정적 효과를 누리려면 어떻게 해야 할까요. 흄은 이렇게 말합니다. "가장 좋은 정책은 화폐량을 유지하고 가능하다면 조금씩만 늘리는 것이다."[65] 화폐수량설을 지지하는 현대 통화주의자들이 가장 좋아하는 답변을 내놓은 거죠. 20세기 후반의 대표적 통화주의자 밀턴 프리드먼(Milton Friedman)이 흄을 화폐수량설의 창시자로 꼽은 이유가 이와 무관치 않을 겁니다.[66] 마르크스는 흄을 그리 높이 평가하지 않았습니다. 주석에서 슬쩍 흄을 언급했는데요.[김, 160, 각주 30; 강, 195, 각주 79] 유통수단의 양이 가격을 규정한다는 것은 흄의 독창적인 생각이 아니라고 했지요. 직접적으로는 반더린트의 『화폐만능론』*Money Answers All Things*(1734)을 따른 것이고, 크게 보면 당대의 여러 학자들이 이미 제시한 견해라는 거죠. 마르크스가 눈여겨본 것은 따로 있었습니다. 1870년대 사회주의자들과 노동자들에게 상당한 지지를 받고 있던 오이겐 뒤링(E. Dühring)이 흄을 찬미한 것을 두고 마르크스는 엥겔스에게 말했지요.[67] 흄은 화폐증가가 산업을 자극할 수 있다고 했는데 그 순서를 잘 보라고 말입니다.

화폐증가로 가격이 오를 때 '노동의 가격'(the price of labour)이 가장 늦게 오릅니다. 화폐를 먼저 얻은 상인과 기업가는 물가상승 이전의 임금을 주고 노동자를 고용합니다. 통화가 확대되는 시차를 이용해 이익을 취하는 거죠. 인플레이션 효과 때문에 노동자들은 명목상으로는 동일한 임금을 받지만 실제로는 절하된 임금을 받는다고 할 수 있습니다. 그런데도 뒤링이 노동자들 '면전에서' 흄을 칭찬하다니 마르크스로서는 믿을 수 없었습니다. 뒤링이 얼마나 피상적인 인간인지만 확인했을 따름이죠.

금으로 만든 돈과 종이로 만든 돈

그런데 상품거래를 매개하기 위해서라면 꼭 금속이 필요할까요? 어차피 거래 목적이 금이 아니라 아마포이고 성경책이고 위스키라면 말입니다. 게다가 금속주화는 몇 가지 문제를 안고 있었습니다. 금으로 일상에서 쓸 작은 단위의 화폐를 만드는 데는 상당한 기술이 필요합니다. 거래할 때마다 주화에 담긴 금의 함량을 정확히 확인하기도 어렵고요. 더구나 금속은 유통하는 동안 닳아 없어집니다. 싸구려

금속이라면 모를까 금이라면 유통 중 사라지는 양을 무시하기 어렵지요. 자연 마모 문제는 그래도 봐줄 만합니다. 심각한 것은 도덕적 마모죠. 사람들의 손을 거칠 때마다 양질의 금화는 사라지고 저질 주화가 나타납니다. 주화를 바꾸지 않았다면 최소한 테두리를 갈아 금가루를 털어내기라도 합니다. 실제로 주화를 만들던 금은 세공업자들이 이런 일을 많이 했습니다. 제후들도 그랬고 상인들도 그랬지요. 17세기 초에 이런 일들이 너무 많아 이때를 '키퍼 운트 비페차이트'(Kippe-und Wippezeit)라고 부릅니다.[68] '키퍼'나 '비페'는 모두 '끄트머리', '가장자리'를 뜻하는 말입니다. 한마디로 주화의 테두리를 깎아낸 '위조화폐의 시대'라는 거죠.

이런 문제를 생각하면 유통 쪽에서는 확실히 금속을 대체할 유통수단의 필요를 느낄 겁니다. 금속을 직접 유통시키기보다 증표(Marke)나 상징(Symbole)으로 대신하고 싶은 마음이 생기겠지요. 그런데 우리는 가치척도에서도 이에 상응하는 변화를 본 바 있습니다. 역사적으로 화폐의 명칭과 금속의 무게가 점차 분리되는 것을 앞에서 이미 살펴봤지요. 주화로서 금과 금의 금속적 가치가 멀어지는 것 말입니다. 여기서도 "상대적으로 가치 없는 물건, 예컨대 지폐가 금을 대신해 유통수단으로 기능할" 가능성이 생긴 거죠.[김, 164; 강, 199] 금을 대리한다는 점만 보장된다면 그 대리물을 굳이 금으로 만들 필요가 없는 건 당연합니다. 그래도 처음에는 아마 금에 비교적 가까운 재료를 사용했을 겁니다. 금화 대신 은화를 쓰고 은화 대신 동화를 썼겠지요. 하지만 일단 시작하기만 하면 지폐까지 나아가는 것은 순식간입니다. 마르크스의 말처럼 "어려운 것은 첫걸음일 뿐"이죠.[김, 164; 강, 199] 그래도 무척 조심했습니다. 종이를 유통수단으로 쓸 때도 금은 종이에서 멀지 않은 곳에 있었습니다. 증서를 내밀면 언제든 은행은 거기 적힌 만큼의 금을 내주었습니다. 17세기 초에 설립된 공공은행(public bank) 암스테르담은행은 이것으로 명성이 높았습니다. 이 은행의 지급준비율은 사실상 100퍼센트였습니다. 예금증서는 언제든 금속과 태환되었습니다. 심지어 루이 14세가 쳐들어왔을 때도, 그래서 예금자들이 공포에 휩싸여 은행을 찾았을 때도 모두 양화(良貨)로 지불했습니다.[69]

영국 상인들은 암스테르담은행을 가진 네덜란드 상인들을 부러워했는데요, 그들은 시간이 한참 더 지난 뒤에야 공공은행을 세울 수 있었죠. 잉글랜드은행은 세기말인 1694년에 만들어졌습니다. 물론 그 전에도 환전이나 예금업무를 맡은 곳이 있기는 했습니다. '골드스미스'(goldsmith), '실버스미스'(silversmith)라고 부르는 금은세공업자들인데요. 이들은 금속주화도 만들었고 예금도 받아주었습니다. '골드스미스 노트'(goldsmith's note)라고 불린 예금증서도 발행했고요. 하지만 이 세공업자들은 공공업무를 보는 사람들이 아니었습니다. 그저 사적 이해를 추구하던 집단이죠. 저질 주화를 유통시키기도 하고 주화 테두리를 깎아내는 일도 많았습니다. 상인들의 불만이 컸겠죠. 그런데 17세기 말 영국 왕실은 이런저런 전쟁에 뛰어들었습니다. 프랑스와도 전쟁을 벌였고 에스파냐와도 왕위 계승 전쟁을 벌였습니다. 전쟁에는 항상 돈이 들기 마련이죠. 이 기회를 영국의 상인들이 활용했습니다. 상인들은 왕에게 120만 파운드스털링이라는 큰돈을 대부해주고 이를 기반으로 잉글랜드은행을 세웠습니다. 예금업무 권한만이 아니라 은행권(bank note) 발행 권한도 얻었지요.

　잉글랜드은행의 은행권은 암스테르담은행의 예금증서와 많이 달랐습니다. 암스테르담은행 예금증서는 사실상 금속교환권이었지요. 하지만 잉글랜드은행의 운영자들은 지급준비율을 암스테르담은행처럼 100퍼센트로 유지할 필요가 없음을 알았습니다. 믿음만 줄 수 있다면 지급준비금 이상의 액수로 은행권을 발행해도 된다는 것을 이론적으로도 경험적으로도 알고 있었죠. 사실은 준비금 이상으로 은행권을 너무 남발하는 것을 걱정해야 하는 상황이었습니다. 잉글랜드은행이 은행권을 지나치게 많이 발급해 지급불능 위기에 처한 적도 많았거든요. 여왕과 귀족들이 은행에 돈을 빌려주어 위기를 넘긴 적도 있었습니다.[70]

　잉글랜드은행의 은행권은 준비금 이상의 액수로 발행되었기에 금속교환증서가 아니라 어음을 발행한 것과 같습니다. 말하자면 신용화폐인 셈이죠. 마르크스의 표현을 쓰자면, 이는 "은행업자가 발행하는 일람불(一覽拂) 어음"이라 할 수 있습니다.[71] 은행이 발행하는 은행권에는 채권·채무를 둘러싼 다양한 형태의 신용관계가 개입해 있습니다. 하지만 이 내용은 지금 단계에서 이야기할 수 있는 범위를 넘어선 것으로, 『자본』 III권에서 다룹니다. 마르크스는 신용화폐에서 기원하는 지폐들은 현 단계 논의에서는 제외하자고 말합니다. 아직 논의의 순서상 말하지 않은, "우리에게 전혀 알려져 있지 않은 관계들을 전제"로 하고 있기 때문이지요. [김, 165; 강, 199] 굳이 말하자면 이런 지폐들은 유통수단이라기보다는, 곧이어 언급할 지불수단으로서의 화폐에 근원을 두고 있습니다.[김, 165; 강, 199] 유통수단과 기능적 현존이 다르지요. 그래서 마르크스는 유통수단으로서의 지폐는 "국가가 발행해 강제통용력을 준 불환지폐"로 한정해 논의하자고 합니다.[김, 164; 강, 199] 그럼에도 내가 여기서 은행권 이야기를 꺼낸 것은 국가가 공식적 지위를 부여한 '불환지폐'의 역사적 기원이 이들 은행권과 따로 떨어져 있지 않기 때문입니다. 오늘날 통용되는 공식 지폐들은 17~18세기에 처음 만들어진 공공은행들이 19세기에 중앙은행 지위를 차지하면서, 그리고 이들의 은행권이 국민통화로 만들어지는 과정을 밟으면서 생겨났습니다. 마르크스도 당연히 이 점을 알고 있었습니다. 그래서 지폐에 대한 논의에서 신용화폐는 고려하지 하겠다는 이야기를 일부러 했을 겁니다. 지금은 유통수단으로서 화폐에 관해 논의하는 중이니, 유통과 관련해 정부가 통용시키는 화폐로서만 지폐 논의를 한정하자는 것이죠.

―――― 권력자는 돈을 쓰고, 백성은 돈을 갚고, 자본가는 돈을 번다 ――――

은행권 발행과 관련해 말해두고 싶은 것이 있습니다. 잉글랜드은행의 설립 기반이 왕에 대한 채권이라고 말했는데요. 이런 상황은 잉글랜드은행만이 아니라 조금 뒤 만들어진 프랑스왕립은행도 마찬가지였습니다. 어떤 점에서 프랑스왕립은행은 더 노골적이었는데요. 18세기 프랑스의 군주와 정부는 거의 파산 수준의 빚을 지고 있었습니다. 그때 스코틀랜드 출신 금융가 존 로가 은행 설립을 제안합니다. 자신에게 은행 설립을 허가해주고 대외교역 독점권을 주면 프랑스 정부의 채무를 모두 해소해주겠다고 했습니다. 존 로는 은행 자본금의 75퍼센트를 국가어음으로 충당했습니다. 국가에 대부해주고 그 채권을 은행의 자본금으로 삼은 겁니다. 더욱이 그는 자신이 세운 은행의 은행권으로 세금도 걸을 수 있게 되었고 독점적 지위를 보장받는 무역회사도 갖게 되었지요. 이매뉴얼 월러스틴(Immanuel Wallerstein)은 로의 '체제'를 이렇게 요약했습니다. "존 로의 '체제'는 세 개의 국가독점체들의 결집을 수반했다. 세 개의 국가독점체들이란 발권은행(왕립은행), 무역회사(인도회사), 그리고 중앙집중화된 간접세 징수 단위(총괄징세청부구)를 말한다."[72]

서구에서 은행 설립 및 은행권 발행이 본격화한 시기에 어떤 모델이 만들어졌는지 눈여겨보기 바랍니다. 자본주의 초창기인 이때 자본가는 군주의 채무를 이용해 정말이지 엄청난 수익모델을 만들었습니다. 잉글랜드은행과 프랑스왕립은행 설립 당시 돈을 빌려 쓴 것은 군주입니다. 즉 군주가 채무자입니다. 그런데 상인들은 군주에 대한 채권을 기반으로 은행을 설립하고 은행권을 발행합니다. 그리고 군주의 힘을 빌려 자신들이 '발행'한 돈으로 세금을 납부하게 하죠. 세금이 군주의 빚을 갚는 데 쓰이는 것도 문제입니다만, 세금을 은행이 발행한 화폐로 납부하게 하는 모델도 문제였습니다. 이 모델은 실물의 가치보다 화폐의 가치를 더 높게 만들어 사람들을 더 쉽게 더 많이 착취할 수 있게 했으니까요. 이게 18세기 서유럽에서 만들어진 메커니즘입니다. 군주가 돈을 쓰고 백성이 그 빚을 갚습니다. 이 과정에서 채권자인 상인이 은행을 통해 이익을 뽑아낼 수 있는 시스템이 구축된 겁니다. 마르크스는 이때 설립된 국립은행들을 '사적 투기업자들의 회사'라고 불렀습니다. 그러면서 "은행은 자기가 빌려준 최후의 한 푼에 이르기까지 국민에 대한 영원한 채권자로 남았다"라고 했지요.[김; 1034; 강, 1012~1013] 자본가가 자본가로 태어나던 시기, 다시 말해 그들이 돈을 긁어모으던 시기에 일어난 일입니다(하긴 요즘에도 이런 일은 일어납니다. 심지어 금융안정·고용안정을 명목으로 대규모 투자은행이나 대기업의 빚도 백성들이 대신 갚아줄 때가 많으니까요).

돈이 돈다는 것

오늘날에는 국가(혹은 중앙은행)가 금속에 구애받지 않고 유통수단을 공급합니다. 물론 유통에는 신용화폐도 사용될 수 있습니다. 누군가 채무를 갚고자 지불한 어음이나 수표를 상품교환의 매개수단으로 쓸 수도 있고, 은행권 자체가 어음의 성격을 갖는다고도 볼 수 있습니다. 하지만 단순한 상품교환에서 시작한 우리의 논의에서 거기까지 고려하는 것은 성급한 일입니다. 일단은 금속 즉 금상품에서 시작하고, 국가가 그것을 대체할 증표나 상징을 유통시킬 수 있다는 점, 실제로 통화는 국가의 관리 아래 '국민제복'을 입고 있으며,[김, 162; 강, 197] 국가적 강제를 통해 그 '객관적이고 사회적인 타당성'을 인정받고 있다는 점[김, 168; 강, 202]에서 논의를 이어가겠습니다.

　유통수단인 한에서, 종이로 만든 돈은 분명 금으로 만든 돈을 대체할 수 있습니다. 우리는 물건을 구입할 때 금조각을 들고 가는 대신 종잇조각을 들고 갑니다. 가치척도 화폐에서 실제로 무거운 금을 필요로 하지 않았던 것처럼(그래서 가격의 도량단위가 금의 중량단위와 무관해지기 시작했던 것처럼), 유통수단 화폐에서도 국가의 뒷받침을 받은 상징이 실제 금을 대체할 수 있습니다. 그것이 유통수단인 한 실제로 금을 들고 다닐 필요는 없는 겁니다. 마르크스의 말처럼 "화폐의 기능적 현존이 화폐의 물질적 현존을 흡수"한 것이죠.[김, 167; 강, 201]

　금을 캐고 세공하는 것과 달리 지폐를 찍어내는 데는 거의 비용이 들지 않기에(전자화폐는 더더욱 그렇지요), 지폐는 금과 달리 기술적으로는 무한히 공급될 수 있습니다. 그런데, 그렇지가 않습니다. 앞서 제기한 유통수단으로서 화폐량의 계산 문제를 여기서 다시 생각해보게 되는데요. 마르크스는 "지폐의 발행은 실제로 유통될 금량을 지폐가 상징적으로 대신하는 범위로 제한되어야 한다"라고 말합니다.[김, 165; 강, 200] 유통수단으로 기능하는 금을 종이가 모두 대체할 수는 있지만 그것을 '넘어서까지' 대체하는 것은 아니라는 이야기입니다. 다소간의 진폭은 있지만 유통에 필요한 저수량(貯水量)은 상품의 양과 가격에 따라 대체로 정해지니까요. 물론 국가의 강제력이 있으니 지폐는 현실적으로 필요한 양 이상으로 투입될 수도 있습니다. 그러나 "모든 유통의 수로들이 화폐를 흡수할 능력의 최대한도까지 지폐로 가득 차버린다면 그것들은 상품유통의 변동에 따라 내일 범람할지도 모"릅니다. 그렇게 되면 앞서 '가격혁명'을 다룰 때 보았듯 가치척도 문제나 "가격의 도량표준 문제"가 생기게 됩니다. "지폐의 신용이 일반적으로 손상될 위험"에 처하지요.[김, 166; 강, 200] 국가가 힘으로 강제유통을 시킬 수는 있겠으나 어느 선을 넘어서까지 그렇게 하면 지폐는 '가치척도'로서 신뢰를 잃게 됩니다.

사실 지폐를 아무리 많이 찍어낸다 해도 이론적으로 살피자면 그것은 단지 상품유통에 필요했던 금량에 대한 비례관계만 바꾸는 것일 뿐입니다. 이를테면 1파운드스털링(1£)의 지폐가 예전에는 금 ¼온스를 나타냈다면 이제는 ⅛온스를 나타내는 식이죠. 달러를 센트로 나타내는 식으로, 동일한 지폐가 해당 금량을 나타내는 데 100배 큰 숫자가 될 뿐입니다. 이는 천 배 만 배가 되어도 마찬가지입니다. 물론 이렇게 간단히 말할 일은 아닙니다. 화폐가 동시에 모두에게 늘어나는 것이 아니기에 짧은 시간 급격히 화폐량이 변동하면 대혼란이 불가피합니다. 1파운드스털링 지폐가 여기서는 아직 금 ¼온스인데 저기서는 금 ⅛온스라면, 그리고 어제는 금 ¼온스였는데 오늘은 금 ⅛온스라면 어떻게 될까요? 수학적으로는 간단한 비례식을 풀면 되지만 사회경제적으로는 난리가 날 겁니다.

여기서 마르크스가 말하려는 바는 '유통수단인 한에서' 지폐는 그것이 대신하는 금량을 대체하는 것일 뿐이라는 점입니다. 유통수단의 양은 상품들의 양과 가격, 유통수단의 회전속도에 달렸고 그것을 따르면 됩니다. 그런데 상품들의 양과 가격, 화폐의 회전속도는 유통 자체에 달려 있지 않습니다. 유통은 그저 현상일 뿐이죠. 그 현상의 원인까지 거기서 드러나지는 않습니다. 우리는 상품거래가 활발하지 않을 때, 시중에 돈이 말랐다거나 돈이 잘 돌지 않아 그렇다는 말을 많이 합니다. 그래서 정부에 돈을 더 풀라고 말합니다.

통화량을 구하는 공식에서 우리는 화폐의 유통속도가 빨라지면, 즉 동일한 화폐가 매개하는 상품거래의 수가 증대하면, 유통에 필요한 화폐량은 감소하는 것을 보았습니다. 화폐의 유통속도가 빨라진다는 것은 그만큼 상품거래가 활발하다는 뜻입니다. 상품거래가 활발하면 그만큼 적은 돈으로 많은 거래를 매개할 수 있습니다. 반대로 화폐의 유통속도가 느려졌다는 건 상품거래가 활발하지 않다는 뜻입니다. 그런데 화폐의 유통속도가 느려지면 우리는 돈의 부족을 느낍니다. 유통속도의 감소는 유통에 필요한 화폐량을 높이니까요. 상대적으로 화폐 부족을 느끼는 것이죠. 이때 우리는 현상과 원인을 거꾸로 보는 경향이 있습니다.[김, 157; 강, 192] 상품거래가 잘 이루어지지 않아 통화량 부족 현상이 나타나더라도 통화량이 부족해 상품거래가 이루어지지 않은 것처럼 느끼는 겁니다.

그런데 상품거래가 활발하지 않은 이유는 여러 가지가 있을 수 있습니다. 마르크스가 주석에서 더들리 노스(Dudley North)를 인용하면서 암시하듯, 그것은 과잉생산의 문제일 수도 있고 소득감소의 문제일 수도 있습니다.[김, 157, 각주 28; 강, 192, 각주 77] 산업부문별 균형, 특히 생산부문과 소비부문의 비례가 맞지 않아 생긴 문제일 수도 있고 정부의 어떤 정책이 영향을 끼친 것일 수도 있지요. 이유는 많습니다. 돈이 돌지 않는 이유가 여러 가지일 수 있는데도, 당장 우리 눈에는 돈이 돌지 않는 것만 보이기 때문에 원인이 아니라 현상을 수정하려고 합니다. 돈이 안 도는 것 같으니 우선 돈을 더 투입하는 식이죠. 이는 원인을 모르는 채 치료하는 대증요법과 같습니다. 열이 나면 열을 내리려 얼음찜질을 할 수 있습니다만(급할 때는 또 그렇게 해야 하고요), 이건 애초 왜 열이 났는지 알아내는 것과는 다른 차원의 문제입니다. 문제가 어디서 왜 생겼는가. 그런데 화폐의 유통, 다시 말해 유통수단으로서 화폐에 나타난 현상들은 그것까지 말해주지는 않습니다.

특별히 사랑스러운 화폐——화폐로서 화폐

이제 마르크스가 제시한 화폐의 세 번째 기능이자 마지막 기능인 '화폐'를 보겠습니다. 그런데 가치척도나 유통수단과 달리 세 번째 것을 '화폐'라고 하니 좀 이상합니다. 앞의 두 가지는 화폐의 기능이었는데 이것은 그 자체로 '화폐'라는 이름을 갖고 있으니까요. 그럴 만한 이유가 있습니다. 가치척도로서 화폐나 유통수단으로서 화폐에서는 화폐가 수단일 뿐 목적이 아니었습니다. 그런데 거래의 최종 목적이 상품이 아니라 화폐인 경우도 있습니다. 화폐를 화폐 자체로서 얻고자 하는 경우죠. 이를 '가치척도로서 화폐', '유통수단으로서 화폐'처럼 '화폐로서 화폐'라고 부를 수 있을 겁니다.

지금까지 우리는 상품들에만 눈을 맞추었습니다. 화폐를 저울로 들고 온 경우에도 아마포라는 상품의 가치를 재기 위해서였고, 아마포를 화폐로 바꾸었던 것도 또 다른 상품인 성경책을 구하기 위해서였습니다. 우리는 지금까지 금을 '화폐상품'으로 전제했는데요. 앞서 두 경우에 관심은 화폐인 금에 있지 않고 '상품'에 있었습니다. 그랬기 때문에 주화나 지폐가 금을 대신할 수도 있었던 겁니다. 그런데 세 번째의 기능적 현존은 다릅니다. 이 현존, 다시 말해 '화폐로서 화폐'는 화폐 자체에 눈이 가는 경우입니다. 화폐에서, 다른 상품들로는 도저히 대체할 수 없는 어떤 매력을 느끼는 겁니다. 상품이 아니라 돈을 갖고 싶은 것이지요. 이때 화폐는 상품들의 대체물이 아니라 상품들로는 대체할 수 없는 것이며, 금이 종이가 아니라 "금의 몸 그대로 나타나야만" 하지요. 이 경우 우리는 상품과 상관없이 틈나는 대로 돈을 모으려고 합니다. 이 돈이 화폐의 세 번째 기능적 현존인 '화폐로서 화폐'입니다.

『정치경제학 비판 요강』에서 마르크스는 지금 우리가 이야기하고 있는 『자본』 제3절 '화폐'에 해당하는 제목을 '부(富)의 물질적 대표(Repräsentant)로서 화폐'라고 적었습니다.[73] 가치척도와 유통수단을 다룬 뒤 이런 제목을 달았죠. 화폐를 '부의 물질적 대표'라고 말한 것은 화폐에 대한 욕구를 구체적 상품에 대한 욕구와 구별한 것입니다. "충동의 특수한 형태로서, 즉 특수한 부에 대한 욕망, 예를 들어 옷, 무기, 장신구, 여자, 포도주 등에 대한 욕망과 구별되는 치부 욕망 자체는 일반적 부가 한 특수한 사물[화폐]로 개별화되자마자 가능해진다. (…) 요컨대 화폐가 치부욕의 대상이자 원천인 것이다."[74] 이는 물건에 대한 욕심과 구분되는 부에 대한 욕심, 즉 물욕과 구분되는 치부욕 때문에 화폐가 욕구의 대상일 수 있음을 말해줍니다.

이 제3절에서 우리는 '부의 물질적 대표'로서 화폐가 요구되는 상황들을 볼 겁니다. 그런데 본격적으로 그 내용을 살피기 전에 마르크스가 제목을 바꾼 이유를 생각해볼 필요가 있을 것 같습니다. 왜 『자본』에서는 『정치경제학 비판 요강』에서와 달리 '부의 물질적 대표'라는 말을 빼고 그냥 '화폐'라고 제목을 달았을까요?[사실 마르크스는 『정치경제학 비판을 위하여』에서부터 이렇게 썼습니다]. 데이비드 하비는 『자본』을 해설하면서, 화폐에 관한 장의 제1절 제목이 '가치척도'이고, 제2절 제목이 '유통수단'인데, 제3절 제목이 '화폐'인 이유에 대해 이렇게 말했습니다. "마르크스는 가치척도로서 화폐(제1절)와 유통수단으로서 화폐(제2절)를 서로 대비시키고 있다. 그러나 최종적으로는 단 한 가지의 화폐만 존재한다(제3절)."[75]

하비는 제3절을 제1절과 제2절의 종합으로, 즉 가치척도와 유통수단의 종합으로 보았던 것 같습니다. 『정치경제학 비판을 위하여』에서 마르크스가 그런 식으로 말한 바도 있고("가치척도와 유통수단의 통일이 화폐인 것이다"),[76] 『자본』 제3절에서 지불수단에 대해 말하는 중 그런 뉘앙스를 풍기기도 해서 그렇습니다. 하지만 내게는 이것이 지나치게 변증법의 '정-반-합'을 의식한 해설로 보입니다 [『정치경제학 비판 요강』이나 『정치경제학 비판을 위하여』는 마르크스가 헤겔의 『논리학』을 의식하며 쓴 것이어서 그런 색채가 강합니다. 이 두 저작에서 마르크스는 곧이어 우리가 살펴볼 정식(G-W-G)을 당겨쓰기도 합니다. '가치척도'와 '유통수단'이 '화폐'로 종합된 뒤 '자본'으로 자연스레 넘어갈 수 있게 보이려고 말입니다]. 반면 『자본』에서 마르크스는 유통수단과 지불수단이 각각 전제하는 관계가 다르다는 것을 자주 환기하고 있으며, 실제 역사적으로도 화폐의 기능들, 특히 지불수단과 유통수단의 발생 및 발전 과정은 아주 다릅니다. 나는 개인적으로 『자본』 제3절 '화폐'를 제1절의 '가치척도'나 제2절의 '유통수단'과는 다른, 별도의 기능적 현존으로 간주해야 한다고 생각합니다.

다만 '화폐'라는 이름으로 묶인 기능들(축장화폐, 지불수단, 세계화폐)을 제1절과 제2절 뒤에, 다시 말해 제3절에 위치시킨 것은 나름의 의미가 있다고 봅니다. 우리는 이미 『자본』 제2편의 제목을 넘겨본 바 있는데 바로 '화폐의 자본으로의 전화'죠. '화폐'가 '자본'으로 변신하는 것을 다룹니다. 화폐의 세 번째 기능적 현존은 자본에 대한 규정과 유사한 요소가 많습니다. 화폐를 목적으로 추구한다는 말도 그렇고, 또 '축장화폐'에 함축된 '축적', '지불수단'에 함축된 '시간성', '세계화폐'에 담긴 '세계성'(공간)이 모두 '자본' 개념을 다룰 때 중요한 요소들입니다. 하지만 다음 편에서 우리는, 이런 외적 유사성에도 불구하고 '화폐'로 기능하는 화폐와 '자본'으로 기능하는 화폐가 완전히 다른 것임을 볼 겁니다.

왜 『자본』에서는 '부의 물질적 대표'라는 말이 사라졌는가. 내 생각은 이렇습니다. 『자본』 제2편으로 넘어가면서 '화폐'에서 '자본'으로 변신하는 것을 다룰 텐데, 가치의 형태인 '화폐'와 가치의 증식인 '자본' 사이에서 '부'라는 개념의 위치가 모호합니다. 『자본』 제1장 첫 단락에서 '자본주의 생산양식이 지배하는 사회의 부'라는 표현을 썼지요. 그리고 아직 '자본' 개념이 출현하기 전인 여기 제3장 제3절에서도 마르크스는 '부'라는 표현을 여러 번 사용합니다. 그런데 '부'는 19세기적 기준에서 볼 때 그렇게 엄밀한 개념이 아닙니다. 사용가치의 흔적이 많이 남은 개념이죠. 19세기 정치경제학자들이 생각한 부의 엄밀한 개념은 '가치'입니다. 마르크스 역시 마찬가지죠. 『자본』 제1편에서도 그는 자신이 분석하는 것을 첫 단락에서만 '부의 형태'라고 했고, '사용가치'와 '교환가치'(가치)를 구분한 뒤부터는 '가치의 형태'라고 했습니다. '자본' 개념도 '가치'와 관련해서 설명되지 '부' 개념으로는 설명하지 않습니다. 이런 이유로 그는 '화폐'에서 '자본'으로 넘어가는 과정에서 '부' 개념이 제목에 끼어드는 것을 피한 게 아닐까 생각합니다. 실제로 『자본』 어디에서도 장이나 절의 제목에 '부' 개념을 넣은 것을 찾을 수 없습니다.

화폐를 갖고 있으면 마음이 놓인다

'화폐로서 화폐', 화폐 자체가 목적이 되는 그런 화폐의 첫 번째 예는 축장(Schatzbildung)화폐입니다. 축장이란 화폐를 재물(Schatz)로서 모으는 거죠. 그러니까 화폐가 재물로서 의미를 갖는 경우라 하겠습니다. 앞서 살펴본 유통에서는 상품을 판매해 화폐를 얻지만 그 화폐를 다른 상품을 얻는 데 사용했습니다. 유통수단 화폐는 유통에 머물고 상품이 빠져나갔죠. 성경책은 아마포 직조공과 함께 그의 집으로 갔습니다. 그런데 축장을 원하는 사람은 상품이 아니라 화폐를 빼냅니다.

도대체 왜 그럴까요. 화폐는 다른 상품과 동일한 가치를 지녔을 때조차 다른 상품으로 할 수 없는 일을 할 수 있게 해주니까요. 우리의 친구 아마포 직조공을 다시 떠올려볼까요. 그는 아마포를 가능한 한 빨리 화폐와 바꾸었습니다. 성경책 소유자가 아마포를 원하지 않을 수는 있지만 화폐는 원할 것임을 알기 때문입니다. 동일한 가치라 해도 아마포를 들고 있을 때와 화폐를 들고 있을 때의 심리상태는 완전히 다를 겁니다. 아마포를 판매하기까지는 마음이 초조하겠지만 성경책을 구매할 때는 조금 느긋합니다. 판매했다고 곧바로 구매할 필요는 없다는 것, 이 여유는 그가 화폐라는 일반적 등가물을 가졌다는 데서 나옵니다.

아마포 직조공이 곧바로 구매자로 나서지 않는 것, 그가 상대적으로 여유를 가질 수 있는 것은 화폐의 힘 덕분입니다. 케인스(John Maynard Keynes)는 화폐만의 이런 매력을 '유동성 선호'(liquidity preference)라고 불렀는데요.[77] 그는 고전경제학 모델에서는 진지하게 고려하지 않았던, '시간'이라는 변수를 끌어들였습니다. 시간이란 '불확실성'과 관련이 있습니다. 미래에 대한 예측 내지 기대는 사람들의 현재 행위에 큰 영향을 미칩니다. 이때 화폐자산은 불확실성을 대처하는 효과적인 수단이죠. 개인적 응급상황이나 사업상의 돌발사태에 대비하기 위해 혹은 각종 거래에 필요한 지불수단으로서 혹은 투기적 동기(신속한 투자를 요구하는 수익성 높은 매물에 대해)에서, 사람들은 '유동성'이 큰 자산인 화폐를 가지려 합니다. 현금을 갖고 있으면 부동산을 갖고 있는 것보다 다양한 형태의 재화로 신속하게 전환할 수가 있으니까요.

경제의 불확실성이 커지면 사람들은 화폐를 축적해두려 합니다(축장의 욕구도 있을 테고, 지불준비금도 필요하니까요). 물론 화폐 보관비용이 커지면, 다시 말해 화폐를 쌓아두는 것이 오히려 손해인 상황이 오면 축적은 줄어들 겁니다. 돈으로 갖고 있기보다는 투자를 하겠죠. 하지만 불확실성이 지속되면 화폐의 매력은 한없이 커집니다. 어느 선을 넘으면 정부가 아무리 돈을 풀어도 투자가 일어나지 않고 화폐는 퇴장해버립니다. 모두가 돈을 쌓아두려고만 하지요. 유통에서도 돈이 계속 빠져나갑니다. 화폐의 기능적 현존이 변하는 겁니다. '유통수단으로서 화폐'가 '화폐로서 화폐'로, 즉 축장화폐나 지불준비금으로 바뀝니다. 이런 상황을 '유동성 함정'이라 부릅니다. 화폐를 퇴장시키려는 충동이 너무 커서 정부의 통화정책이 전혀 먹히지 않죠. 이에 대해서는 두 가지 해법이 있을 겁니다. 정부가 직접 투자자로 나서거나(재정정책을 쓰는 거죠), 중앙은행을 통해 통화량을 더 크게 늘려버리는 겁니다(양적완화정책이라고 하죠). 그러나 앞서 말한 것처럼 이런 정책은 대증요법에 가깝습니다. 급할 때 쓰기는 하지만 현상에 대한 교정이지 원인에 대한 치료는 아니니까요.

──────── 언제라도 사용할 수 있는 화폐—절대적인 '사회적 부'의 형태 ────────
이야기가 조금 옆길로 빠졌습니다. 논의를 다시 이어가자면, 가치척도나 유통수단과는 구분되는 화폐의 기능적 현존이 분명 존재합니다. 상품에만 관심을 둔 사람 눈에는 정신 나간 짓으로 보일지 모르지만 화폐의 축장에는 충분히 그럴 만한 이유가 있습니다. 마르크스는 가치를 상품형태가 아닌 화폐형태로 보유하려는 갈망에 합당한 이유가 있음을 보여줍니다. 우리는 화폐가 교환의 일반적 등가물임을 알고 있습니다. 이는 모든 상품들이 화폐로 전환될 수 있다는 이야기지만 동시에 화폐가 모든 상품들로 전환될 수 있다는 뜻이기도 합니다. 게다가 상품이 화폐로 교환되는 일은 '목숨 건 도약'에 비유될 만큼 간단치 않지만, 화폐가 상품으로 전환되는 일은 즉각적이고 쉽습니다.

마르크스는 이런 '화폐의 힘[권력]'(Macht des Geldes)을 "언제라도 사용할 수 있는 절대적인 사회적 부의 형태"라고 불렀습니다.[김, 170; 강, 204] 화폐를 '사물들의 힘줄'(nervus rerum)이라 부르기도 했지요.[김, 170; 강, 204] 상품유통이 확대되면 이 힘줄은 더 멀리까지 뻗습니다. 더 광범위한 영역에서 더 많은 물건에 영향을 미칩니다. 그야말로 모든 것을 살 수 있으니까요. 돈만 있으면 모든 일을 할 수 있다는 식의 사고가 가능해지죠. 앞서 화폐에서는 냄새가 나지 않는다고 했습니다. 기원을 감춘다는 거죠. 어디서 왔는지, 어떤 물건이 화폐로 변했는지 알 수가 없습니다. 그런데 이제는 반대로도 말할 수 있습니다. 돈은 어디로 갈지, 무엇이 될 수 있을지 알 수 없습니다. 어디에도 갈 수 있고 무엇도 될 수 있으니까요. 화폐를 퇴장시키려는 충동, 다시 말해 축장화폐에 대한 충동은 화폐가 가진 이런 힘에 대한 추구라고 할 수 있습니다.

정치경제학 공부에 막 뛰어들었을 무렵 마르크스는 화폐의 힘에 대해 이렇게 적었습니다. "네가 할 수 없는 것을 너의 화폐는 할 수 있다. 너의 화폐는 먹고 마실 수 있으며, 무도회에도 극장에도 갈 수 있다. 너의 화폐는 예술, 학식, 역사적 진품, 정치권력에 정통하다. 너의 화폐는 여행할 수 있다. 너의 화폐는 네가 모든 것을 갖도록 할 수 있다. 너의 화폐는 모든 것을 구매할 수 있다. 너의 화폐는 진정한 능력 그 자체다."[78] 이때 마르크스는 셰익스피어의 『아테네의 타이먼』을 인용했는데요. 『자본』에서도 이 작품을 다시 인용하고 있습니다. "금! 황색의 휘황찬란한, 귀중한 황금이여! / 이것만 있으면 검은 것도 희게, 추한 것도 아름답게 / 악한 것도 착하게, 천한 것도 귀하게, 늙은 것도 젊게 / 겁쟁이도 용감하게 만들 수 있구나."[김, 171, 각주 42; 강, 205, 각주 91]

이것이 "절대적인 사회적 부의 형태"로서 '화폐의 힘'입니다. 화폐를 쌓아두는 것은 이 힘을 쌓아두는 겁니다. 마르크스는 "화폐를 보유하는 건 (…) 현자의 돌을 발견하는 것"과 같다고도 했죠.[79] 그런데 마르크스는 축장화폐에서 우리 사회의 두 가지 흥미로운 면모를 발견했습니다.

첫째, 축장화폐는 '사회적 힘'(gesellschaftliche Macht)을 '사적인 힘'(Privatmacht)으로 만들 수 있음을 보여줍니다.[김, 172; 강, 206] 사회적인 것을 사적으로 소유하고 축적할 수 있는 거죠. 우리는 가치가 사회적인 것이며, 가치형태로서 화폐가 사회적이라는 것을 알고 있습니다. 하지만 마찬가지로 사회적인 것인 언어나 법과 달리 화폐는 사적으로 소유하고 축적할 수 있습니다. 언어나 법도 권력과 무관하지는 않습니다만 그렇다고 이것들을 사적으로 소유하고 축적할 수는 없습니다. 단어들을 누군가 사적으로 독점하고 있다고 생각해보세요. 그 순간 언어로서 갖는 성격을 잃을 겁니다. 하지만 '부의 형태'로서 화폐는 그것을 가능케 합니다. '부'라고 하는 사회적이고 추상적인 것이 '사물'의 형태로 존재하기 때문입니다.

개인은 화폐를 축적함으로써 사회적 관계에서 나오는 힘을 사유재산화합니다.

둘째, 축장화폐는 구체적 상품, 구체적인 물건에 대한 욕망과는 다른 욕망을 보여줍니다. 앞서 말한 것처럼 축장화폐에 대한 충동은 물건에 대한 욕망이 아니라 부에 대한 욕망, 다시 말해 치부욕을 나타냅니다. 그런데 물욕과 달리 치부욕에는 한계가 없습니다. 인간의 욕망이란 끝이 없다는 말을 많이 합니다만 물욕은 사실 그렇지가 않습니다. 물욕에는 한계가 있습니다. 신발에 대한 욕심이 많은 사람도 신어볼 수도 만져볼 수도 없을 만큼을 원하지는 않습니다. 우리 모두는 유한한 존재이기 때문에 사물들과 무한한 접촉을 유지할 수 없습니다. 하지만 치부욕은 그렇지 않습니다. 천억을 갖고 있는 사람도 이천억을 갖고 싶어하고, 천조를 갖고 있어도 이천조를 원합니다. 세계 제일의 부자도 결핍감을 느끼는 것이 치부욕입니다. 마르크스는 자본주의적 인간의 치부욕을 시시포스의 노동에 비유하는데요. "그는 정복을 통해 국토를 아무리 넓히더라도 여전히 새로운 국경과 마주치게 될 뿐인 세계정복자와 비슷"하다는 거죠.[김, 173; 강, 207]

그런데 세계정복자가 정복자가 되기 위해서는 먼저 철저히 노예가 되어야 합니다. 모든 것의 주인이 되기 위해서는 먼저 돈의 노예가 되어야 하죠. 그는 화폐축장의 욕망 때문에 다른 모든 것을 희생해야 합니다. "자기의 육체적 쾌락을 희생해" 황금이라는 물신을 섬깁니다. 그는 "금욕의 복음을 진심으로 믿"습니다. 더 많이 생산하고 더 많이 판매하되 더 적게 소비하고 더 적게 구매하는 것. 돈을 단지에 넣어두고는 절대로 꺼내 쓰지 않는 수전노 내지 구두쇠가 되는 겁니다. 그것이 화폐축장자의 정치경제학입니다.[김, 173; 강, 207] 참고로 마르크스는 화폐축장자가 시시포스적 노동에 내몰리는 이유를 화폐의 "양적 제한성과 질적 무제한성 사이의 모순"에서 찾았는데요.[김, 173; 강, 207] 현실적으로 축장할 수 있는 화폐량은 한정되어 있지만 '부의 일반적 대표'로서 화폐를 축장하려는 욕망은 질적으로 무한하다는 이야기입니다. 그런데 나는 치부욕의 특성과 관련해 양적 제한성과 질적 무제한성을 마르크스와는 다르게 표현하고 싶습니다. 물욕과 치부욕을 비교해보면 욕망의 양적 성격과 질적 성격의 무제한성이 뒤바뀌어 나타나는 것 같습니다.

물욕의 경우에는 방금 말한 것처럼 양적으로 제한되어 있습니다. 어느 양을 넘어서면 욕망에 의미가 없습니다. 질적으로는 정말 다양합니다. 사실상 무한하다고 해도 좋을 정도지요. 어떤 사람이 탐내는 물건을 다른 사람은 도저히 이해할 수 없는 경우가 많습니다. 자전거에 꽂힌 사람이 있는가 하면 시계에 꽂힌 사람도 있습니다. 아니죠. 욕망은 더 세분화됩니다. 자전거 안장에만 꽂힌 사람이 있는가 하면 시곗줄에만 꽂힌 사람도 있지요. 그것이 물욕이라면 양적으로는 제한되지만 질적으로는 사실상 무한합니다. 하지만 치부욕은 다릅니다. 치부욕은 방금 말한 것처럼 양적으로는 무한하죠. 천조 원의 돈도 충분하지 않으니까요. 하지만 질적으로는 단조롭습니다. 동질적이죠. 어떤 것을 원하든 돈으로 다 표현될 수 있잖아요. 욕망을 '돈'이라는 단일한 사물로 계산할 수 있습니다. 말 그대로 돈만 더 주면 되는 거죠.

화폐의 기능적 현존 중 하나인 축장화폐는 이처럼 우리 시대 사람들의 권력과 욕망의 특성을 잘 보여줍니다. 다만 유의할 것이 있습니다. 축장화폐를 자본과 동일시해서는 안 됩니다. 화폐축장의 어떤 면모들은 자본과 무척 닮아 있습니다. 하지만 이것은 화폐의 기능적 현존 중 하나이지 그 자체로 '자본'은 아닙니다. 돈을 단지에 쌓아두는 수전노의 욕망은 자본가가 지닌 욕망의 어떤 면모를 보여주지만, 그래도 수전노는 자본가가 아닙니다. 그 차이를 우리는 이어지는 본문 4장 「성부와 성자—자본은 어떻게 자본이 되는가」에서 볼 겁니다.

───────── 돈을 갚아라, 아니면 살덩이라도 내놓든지! ─────────

화폐 자체가 거래의 목적이 되는 경우는 또 있습니다. 앞에서도 조금 언급했는데, 지불수단(Zahlungsmittel)으로서 화폐가 그렇습니다. 유통수단에서의 구매와 지불수단에서의 지불을 혼동하는 경우가 있는데요. 엄밀히 하자면 구매는 화폐로 상품값을 치른 겁니다. 그런데 지불의 경우 상품은 양도받았지만 값은 나중에 치릅니다(신용화폐를 떠올려보세요). 양도와 지불 사이에 시간적 간격이 있지요. 상품을 양도받은 사람이 건네는 것은 현금이 아니라 약속증서, 이를테면 어음입니다.

생판 모르는 사람과 이런 거래를 할 수는 없습니다. '뭘 믿고' 물건을 건네겠습니까. 개인적 친분이 없다면 최소한 약속을 보증할 제도적 기반이라도 마련되어 있어야 합니다. 그러므로 지불수단은 유통수단과 아주 다른 기반을 가진 화폐의 기능적 현존입니다. 유통수단을 가진 아마포 직조공은 성경책 소유자와 아무런 친분 없이, 아무런 사전 관계 없이 성경책을 거래할 수 있었습니다. 마르크스의 말처럼 "유통수단의 유통은 단순히 판매자와 구매자 사이의 관련(Zusammenhang)을 표현할 뿐"이며 이 관계라는 것도 "화폐유통과 더불어 성립"하지요. 하지만 "지불수단의 운동은 이미 그 이전에 형성된 사회적 관련을 나타내는 것"입니다.[김, 178; 강, 212]

상품유통이 발전하면 상품을 건네는 것과 값을 치르는 것 사이의 시간적 괴리가 자주 나타납니다.[김, 175; 강, 209] 상품생산 기간이 긴 제품도 있고 상품이 원격지에서 생산되는 것도 있으며, 구매와 판매의 반복으로 친분이 많이 쌓인 경우에는 신용 곧 믿음을 가질 수도 있고, 또 이것을 뒷받침하는 사회적 제도도 발전할 테니까요. 그래서 판매자는 상품을 넘겼는데 구매자는 아직 값을 치르지 않은 경우도 있고, 반대로 구매자는 이미 구매했는데 상품을 나중에 건네받는 경우도 있습니다. 전자는 약속어음을 끊어주고 물건을 건네받는 경우일 것이고, 후자는 주택임대처럼 돈을 먼저 건넸지만 임대 기간을 다 채우고 나서야 상품(주택 사용)을 다 건네받게 되는 것이 해당합니다. 원격지교역도 그렇지요. 돈은 배 떠날 때 지급했지만(그래서 배가 실을 짐에 대한 소유권은 확보했습니다), 물건은 항해를 마친 뒤 건네받습니다. 아직 말할 단계는 아닙니다만, 이미 16세기 대외교역 상인들은 아메리카나 아프리카에서 선적하지도 않은 물건들에 대한 소유권을 유럽에서 사고팔았답니다. 특수한 몇몇 사례가 아닙니다. 대외교역에 나선 상인들에게는 아주 일반화된 거래 방식이었지요.

나중에 통합되기는 하지만, 화폐는 기능적 현존에 따라 각기 다른 역사를 가지고 있습니다. 주화가 발전해 지폐가 되고, 지폐가 발전해 신용화폐가 되었다는 것은 잘못된 통념입니다. 유럽 어딘가에서는 물물교환 수준의 거래가 있었는가 하면 어딘가에서는 주화를 쓰고 있었고 또 어딘가에서는 종이와 펜만 가지고 놀라운 신용거래를 하고 있었습니다. 심지어 18세기 말에도 유럽 도시의 어느 곳에서는 스미스의 증언처럼 "빵가게나 맥줏집에 돈 대신 [연장통을 뒤져] 못을 가지고 가는 것이 보기 드문 일이 아니"었지만,[80] 자산가들은 채권과 주식에 막대한 재산을 투자하고 대상(大商)들은 은행권과 어음으로 거래를 했습니다.

다시 지불수단 이야기로 돌아갈게요. 구매자가 상품의 대가를 지불하지 않았지만 그 상품을 샀다고 해봅시다. 그러니까 약속증서만 주고 소유권을 건네받았습니다. 그는 미래의 화폐로 현재의 물건을 산 셈인데요. 이 경우 구매자는 채무자가 되고 판매자는 채권자가 됩니다.[김, 176; 강, 211] 상품 매매가 채권채무 관계로 변한 겁니다. 판매자는 화폐를 받는 대신 채권을 쥐게 되죠. 말하자면 그가 갖게 된 것은 "민법상의 화폐청구권"입니다.[김, 177; 강, 211] 기한이 지났는데도 지불이 이루어지지 않는다면 그는 법적 강제력을 동원해 구매자의 다른 재산에 대한 처분권을 행사하겠지요. 기한이 닥치기 전에 구매자는 화폐를 마련해야 합니다. 앞서 유통수단일 때 판매자가 화폐를 마련하는 이유는 다른 상품을 구매하기 위해서였습니다. 그리고 좀 전에 화폐축장자가 화폐를 마련한 이유는 언제 어디서든 상품을 구매할 힘을 축적하려는 것이었지요. 그런데 지불수단으로 쓰일 경우 구매자가 화폐를 마련하는 이유는 빚을 갚기 위해서입니다. 빚을 갚지 못하면 재산이 강제 매각될 테니까요.[김, 177; 강, 211]

셰익스피어의 『베니스의 상인』에서 고리대금업자 샤일록은 칼자루를 손에 쥡니다. 자신에게 돈을 빌린 상인 안토니오가 만약 빚을 갚지 못하면 '살덩어리'라도 잘라 주겠다고 약속했으니까요. 이 작품에서는 채무자가 요행히 채권자의 칼날을 피했지만 현실에서는 대개 그렇지 않습니다. 빚을 갚지 못하면 길거리에 나앉게 됩니다. 필요한 상품을 신용에 기초해 거래할 수 있다는 신용사회의 아름다운 문장 밑에는, 피도 눈물도 없는 상인들의 '잔인한 정신'이 있다는 걸 잊으면 안 됩니다.[김, 176, 각주 48; 강, 210, 각주 97] 유통에서는 판매자와 구매자라고 불렸지만 지불에서는 채권자와 채무자가 된다는 것이며, 그게 어떤 의미인지 생각해볼 필요가 있습니다.

─────────── 종이와 연필만으로도 충분하다 ───────────

상품거래가 채권채무 형태로 바뀌면서, 가치척도와 유통수단의 의미도 미묘하게 달라집니다.[김, 176~177; 강, 210~211] '가치척도'는 상품의 가격을 나타내면서 구매자가 진 채무의 크기가 되고, '유통'이라는 과정에서는 상품과 화폐가 서로 시간을 달리해 나타납니다. 상품이 들어왔을 때는 지불수단으로서 화폐가 들어오지 않은 때이며, 화폐가 들어왔을 때는 해당 상품이 이미 유통에서 빠져나간 뒤입니다. 이렇게 되면 '채무들'이 상품들의 가격총액을 나타냅니다. 그러면 앞서 본 통화량 공식이 수정되어야겠지요. 상품유통에 필요한 유통수단의 양을 계산할 때 지불수단의 양과 유통속도도 고려해야 하니까요.[김, 180; 강, 214]

지불수단의 유통속도는 채권·채무 관계의 연쇄에 따라, 또 지불기한의 길이에 따라 달라집니다. 채권·채무 관계의 연쇄에 따라 생겨난 새로운 거래관행이나 제도도 고려해야 하는 거죠. 이런 경우를 볼까요. A가 B에게 10억 원을 지불해야 합니다. 그리고 B는 C에게 8억 원을 지불해야 합니다. 그런데 C가 A에게 8억 원을 빚진 게 있습니다. 그러면 A가 굳이 10억 원을 준비해야 할까요? 그냥 세 사람이 어느 날(지불기일) 함께 모여 A가 B에게 2억 원만 주고 서로의 채권·채무가 청산되었음을 확인하면 되지 않을까요? 그럼 필요한 지불수단의 양도 대폭 줄겠지요. 실제로 이런 관행과 제도가 아주 일찍부터 생겨났습니다. 처음에는 상인들이 교역을 위해 모이는 '페어'(fair) 즉 '정기시'에서 이런 일들을 했습니다('북페어' 같은 걸 떠올리면 됩니다). 이런 페어들 중에서도 중심 역할을 하는 시장이 있었죠. 글자 그대로 '중심정기시'(central fair)라고 하는 곳인데요. 마르크스가 본문에서 언급한 리옹(Lyon)이 그런 곳입니다. 리옹은 15세기 중반부터 16세기 후반까지 화폐거래에서 중심 역할을 한 도시였습니다. 리옹에는 각국 화폐에 대한 시세표가 있었고 새로운 환율이 결정되었습니다.

리옹에서 상인들은 지정된 장소에 어음이나 채권을 들고 나타납니다. 엄격한 공증을 거친 뒤 서로 지불기한을 확인하고요. 환율 시세도 조정합니다. 그리고 정기시가 끝날 무렵, 소위 '지불주간'이라 불리는 마지막 주에 모두 모여 채권·채무를 청산하고, 지불이 안 된 것에 대해서는 새로운 어음을 발행합니다.[81] 엄청난 규모의 채권·채무가 이런 식으로 '눈 녹듯' 사라졌습니다. '청산'(clearing)이라는 말 뜻 그대로였죠. 일반인들이 보기에는 마법과 같았을 겁니다. 거래액은 엄청난데 실제로 동원한 화폐는 얼마 되지 않았거든요. 실제 화폐는 차액 정도의 지불에나 쓰였으니까요. 이런 관행은 점차 제도화되어, 정기시처럼 시장이 열리는 특정 주간이 아니라 아예 상시적으로 채권·채무 거래가 가능하게 되었습니다. 17세기에, 오늘날에도 흔히 볼 수 있는 '거래소'(bourse)가 만들어졌죠.

지불기한에 대해서는 덧붙일 것이 있습니다. 지불기한은 거래상품의 특성에 따라 다양하게 정해졌는데요, 대체로 나라마다 전통적인 지불결제일이 있었습니다.[김, 183; 강, 216] 농업생산물이 대표적 예가 되겠습니다만, 생산물이 자연적 조건에 근거한다면 생산물이 산출되는 때와 지불기일이 맞물려 있는 경우가 많습니다. 나는 농촌에서 자랐는데요, 어릴 때 추곡수매가 이루어지던 때의 풍경이 눈에 선합니다. 거대한 창고 앞에는 등급 도장이 찍힌 나락들이 잔뜩 쌓여 있었지요. 이때가 1년 내 밀려 있던 채권·채무가 청산되는 시기였습니다. 술집주인들도 추곡수매장 근처를 돌아다녔고 아마 노름빚 받으러 온 사람들도 있었을 겁니다. 어머니가 제일 민감해지는 때이기도 했습니다. 어머니는 아버지가 내민 봉투를 몇 번이나 세고 또 셌습니다. 그리고 모자라는 돈을 따졌지요. 그때 우물쭈물하던 아버지 표정이 떠오르네요. 어머니에게 말하지 않은 소소한 채무들이 있었던 거죠.

상품생산이 발전하고 이런 제도와 관행들이 발전해가면 지불수단의 기능은 상품유통의 영역을 넘어섭니다.[김, 182; 강, 215] 온갖 계약에 지불수단이 활용되고 지대나 조세도 현물형태에서 화폐형태로 바뀝니다. 앞서 은행권에 대해 말할 때 잠시 언급했는데, 조세를 현물 대신 화폐로 내는 것이 지금 기준으로는 매우 편할 것 같습니다만(실제로 자본주의적 상품거래가 활성화되면 화폐가 편하겠지요), 역사적 사례를 보면 꼭 그렇지가 않습니다. 현물납부에서 화폐조세로 전환하는 과정에서 엄청난 착취가 일어났거든요. 화폐의 상대적 가치가 올라가고 현물의 가치가 상대적으로 떨어져 실제로는 이전보다 더 많은 현물을 내는 효과를 냈습니다. 마르크스도 이 점을 지적했는데요. "루이 14세 치하 프랑스 농민들의 극심한 빈곤은 고율의 세금 때문일 뿐 아니라 현물조세가 화폐조세로 전환되었기 때문"이라고요.[김, 182; 강, 215]

그뿐 아니라 화폐조세는 화폐의 유통을 전국화하는 데도 크게 기여했습니다. 이는『자본』제2장을 다루면서 말한 화폐의 파괴력을 전면화하는 효과를 냅니다. 현물납부 기반이었던 전통적 생산시스템을 파괴할 수 있지요. 근대적 시각에서 보면 낡은 생산양식을 혁파하는 효과를 냅니다만, 전통적 시각에서 보면 오랫동안 유지되어온 생산방식과 인간관계를 파탄 내는 효과가 있습니다.[김, 182~183; 강, 215] 사실 화폐조세는 마르크스의 말처럼 상품과 화폐유통의 발전과 확대에 기인한 면이 있습니다만 반대로 화폐조세 덕분에 화폐거래·화폐문화가 확산되기도 했습니다. 다양한 현물, 더 나아가 국가에 제공해야 할 용역까지, 국가가 세금을 화폐 형태로 걷으면서 현물들 사이 그리고 현물과 용역 사이의 등가성이 사람들에게 쉽게 인식되었을 테니까요. 노역이나 군역을 일정액의 돈으로 해결할 수 있다면 사람들은 그런 활동의 가치를 화폐로 계산할 수 있겠죠. 재화도 활동도 가격을 갖는 겁니다. 그럼 사람들의 머릿속에서는 '재화＝서비스＝화폐'라는 화폐경제의 등식이 더 쉽게 자리 잡겠지요.

참고로 헤겔은 화폐조세야말로 보편자로서 국가의 모습에 잘 부합한다고 보았습니다. 개개인들의 능력이 직업이나 생산물에 상관없이, 모든 특수한 재화와 서비스에 대해 '화폐'라는 하나의 보편적 형식을 부과함으로써 국가가 보편자로서 신민들에게 나타난다는 것이죠.[82] 하지만 거꾸로 말할 수도 있습니다. 보편자인 국가가 화폐조세를 통해 화폐를 부의 보편적 형태로 더 부각했다고요.

목마른 사슴이 물을 갈망하듯

종이와 연필로 이루어진 마법은 여기까지입니다. 마치 가치척도인 화폐로 지구의 가치를 쟀을 때처럼 신용만 있다면 우리는 종이에 큰 액수의 돈을 기입할 수 있습니다. "인천항에 배 들어오면 그때 틀림없이 지불할게." 그렇게 말할 수 있지요. 하지만 앞서 가치척도로서 화폐를 다룰 때『신곡』을 언급하며 말했듯 중요한 것은 그 돈이 '지금 네 주머니에 있는가'이지요. 지불수단에서도 그런 문제가 닥칩니다. 심판의 날은 분명히 닥칩니다. 약속에는 시효가 있습니다. 어음에는 만기가 있지요. 자, 때가 되었습니다!

왜 지불수단이 화폐를 목적으로 하는 화폐인지가 여기서 분명해집니다. 지불하겠다며 상품을 들고 오는 건 의미가 없습니다. 보통의 상품은 만기 때 힘을 발휘할 수 없어요. 돈을 들고 오거나, 안 되면 금덩어리라도 가져와야 합니다. 종이에 서명할 때는 숫자로 충분했지만 지불수단으로서 화폐는 몸뚱이를 가진 돈이어야 합니다. 상상의 금이 아니라 딱딱한 금 말입니다. '경화'(hartes Geld)라고 하죠. 경기가 좋을 때는 약속을 연장할 수 있을 겁니다. 어음 연장도 곧잘 됩니다. 하지만 경기가 좋지 않을 때는 상황이 완전히 달라집니다. 그때 채권자는 곧바로 칼을 든 샤일록이 되지요. "조금 전까지만 해도 부르주아는 호경기에 도취되어 자신만만하게 '상품이야말로 화폐'라고 하면서 화폐를 순전히 관념적 산물이라고 선언했다. 그런데 이제는 모든 시장에서 화폐만이 상품이라고 외치는 소리가 들려온다. 사슴이 신선한 물을 갈망하듯 부르주아 영혼은 유일한 부인 화폐를 갈망한다."[김, 179; 강, 213]

이때는 상품의 본래 가치가 얼마이든 상관이 없습니다. 현금을 구해야 하니까요. 상인들은 상품들을 떨이처럼 팔아 치웁니다. 상품들을 바닥에 내던지다시피 하며 돈을 구합니다. 급전을 구하고 제2금융권을 찾고 사채업자한테까지 손을 내밉니다. 그리고 종종 신문에 실리듯 샤일록에 쫓겨 자살을 하거나 장기를 빼앗기는 일까지 있습니다. 그런데 상품유통이 확대되면 그에 따라 지불도 연쇄되어 있기 마련입니다. 한 채권자는 다음 사람에게는 채무자인 경우가 많죠. 서점에서 지불을 받지 못한 출판사는 인쇄소로부터 지불 독촉을 받지요. 지불이 연쇄되어 있습니다. 한쪽에 문제가 생기면 사회 전체로 퍼져갑니다. '화폐공황'이 일어나는 거죠. 이런 지불수단 문제 때문에 화폐를 준비금으로 저장해둘 필요가 생깁니다. 꼭 자산을 저장하는 축장 기능만이 아니라 지불을 위한 준비금으로서도 화폐를 확보해두는 것이지요.[김, 184; 강, 217]

화폐공황은 산업공황이나 상업공황의 한 국면일 때도 있습니다. 산업공황이나 상업공황이 생기면 기업이 도산하고 지불 문제가 생길 테니까요. 자본주의의 거의 모든 위기는 화폐를 통해 나타나니 당연한 일입니다. 기업의 이윤에 문제가 생겼을 때도, 시장의 수요·공급에 문제가 생겼을 때도 화폐공황 현상이 나타날 수 있습니다. 하지만 마르크스는 산업공황이나 상업공황과는 별개 차원에서 화폐공황이 나타날 수 있다고 말합니다. 2008년 서브프라임모기지 사태에서 출발한 금융위기 때도 그랬습니다만, 상품의 생산이나 판매와는 별개로, 지불의 문제 자체에서 파생한 공황이 있습니다. 이때에는 "화폐자본이 그 운동의 중심이며, 따라서 은행·증권거래소·금융계가 직접적 영향을 받"습니다.[김, 179, 각주 50; 강, 212, 각주 99] 이런 메커니즘은 『자본』 III권에서 더 자세히 다룹니다. 다만 여기서는 화폐의 기능적 현존에 따라 전혀 다른 형태의 위기, 다시 말해 다른 형태의 공황이 생긴다는 사실을 이해해둘 필요가 있습니다. 화폐의 기능적 현존에 따라 발발할 수 있는 공황의 형태가 달라진다는 겁니다.

──────── 세계화폐─화폐가 국민적 복장을 벗어버리면 ────────

화폐를 화폐 자체로, 다시 말해 금을 금덩어리 모습 그대로 원하는 마지막 경우는 '세계화폐'(Weltgeld)입니다. 지불수단으로서 화폐가 거래의 시간적 확장의 문제였다면 세계화폐는 거래의 공간적 확장과 관련됩니다. 거래가 국경을 넘어서면 국내용 주화, 가치상징 같은 것은 통하지 않습니다. 여기서는 지금(地金) 즉 '금덩이'가 필요합니다. 화폐가 "국민적 복장을 벗어버리고 원래의 귀금속덩어리 형태로 되돌아"가는 거죠.[김, 184; 강, 217]

세계화폐는 '일반적' 지불수단이고, '일반적' 구매수단이며, 부 '일반의' 절대적·사회적 체현물입니다.[김, 186; 강, 218] 여기서 '일반적'이라는 말은 국민국가의 좁은 틀을 넘어선다는 말입니다. 세계화폐가 일반적 지불수단이라는 것은 우선 국제수지상의 차액을 결제하는 수단이 된다는 것이고, 일반적 구매수단이라는 것은 여러 이유로 국가 간의 생산물 흐름에 교란이 생겼을 때(정치·외교적 상황 때문일 수도 있고 전쟁 때문일 수도 있습니다) 외국 생산물을 구매할 수단이 된다는 뜻입니다. 끝으로 부 '일반'의 절대적·사회적 체현물이라는 것은 한 나라에서 다른 나라로 '부'를 이전해야 할 때 사용될 수 있다는 거죠. 해외원조금이나 전쟁배상금 같은 것입니다. 이를테면 프로이센·프랑스전쟁에서 참패한 프랑스는 막대한 금을 금속의 형태로 프로이센에 배상해야 했습니다. 한 나라에서 다른 나라로 '부' 자체를 이전하는 겁니다.

우리는 국내 유통수단이나 지불수단으로서 금과 세계화폐로서 금을 혼동하면 안 됩니다. 기능적 현존이 완전히 다릅니다. 동일한 금이지만 기능적 현존에 따라 움직이는 양상이 달라요. 이것을 혼동한 예가, 마르크스가 주석에서 살짝 언급한, 영국의 '1844년 은행법'입니다.[김, 184, 각주 59; 강, 217~218, 각주 108] 이 주석에서 마르크스는 영국이 국내 유통에서 가치척도 역할을 하는 금속(금)만을 세계화폐의 준비금으로 보유했기에 겪은 곤란만을 지적했습니다. 하지만 '1844년 은행법'의 핵심은 은행이 보유한 지금(금괴, bullion)의 양에 따라 은행권 발행을 엄격히 규제한 데 있습니다. 소위 '통화원리'(currency principle)라는 것이 관철되었는데요. 이 원칙에 강한 영향을 준 학자가 리카도(D. Ricardo)입니다. 노동가치론자인 그는 적극적 의미에서는 '화폐론'을 갖고 있지 않았습니다. 그에게 화폐란 그저 가치의 변동을 충실하게 반영하면 그만인 것입니다. 하지만 현실적으로 그런 화폐란 존재하지 않죠. 리카도는 그래도 화폐남발로 인해 불확실성이 더 커지는 상황은 막아야 한다고 봤습니다. 그래서 화폐발행을 엄격히 규제해야 한다고 주장했지요.[83] 사실상 흄의 화폐수량설과 다르지 않은 생각이었습니다.

문제는 이것이 국내 유통이 아니라 국제 유통과 연계될 때 생겨났습니다. 리카도는 애초 이 문제를 그다지 신경 쓰지 않았습니다. 외국의 물건이 많이 들어오면 세계화폐로서 금이 영국에서 나가겠죠. 그런데 금이 나가면 그만큼 국내 통화량이 줄 테니까 물가가 떨어집니다. 그리고 물가가 떨어지면 영국이 수출하는 물품들의 가격이 상대적으로 낮아지겠죠. 그럼 무역에서 유리합니다. 다시 말해 금이 영국으로 돌아온다는 이야기입니다. 금세 균형을 회복하겠죠. 그런데 유감스럽게도 현실은 그의 생각처럼 되지 않았습니다. 왜 그랬을까요? 리카도는 국내에서 지폐를 너무 많이 발행했기 때문이라고 했습니다.[84] 지폐가 남발된 탓에 물가가 인상되었고 그래서 수출가가 낮아지지 않았다는 거죠.

하지만 이런 생각을 강하게 비판한 사람들이 있었습니다. 은행학파(Banking School) 사람들이었는데요. 토머스 투크(Thomas Tooke)와 존 풀라턴(John Fullarton)이 '1844년 은행법'을 강하게 비판했습니다. 마르크스는 『자본』 III권에서 한 장(제28장)을 할애해 이들의 입장을 검토했고, 리카도에 대한 이들의 비판을 수긍했습니다('화폐의 기능별 차이'와 '화폐와 자본의 차이'를 혼동한 부분은 강하게 비판했지만요).[85] 이들은 유통수단 및 지불수단에 대한 국제 수요와 국내 수요는 완전히 다르다고 말했습니다. 세계화폐로서 귀금속이 사용되는 것과 국내에서 은행권이나 주화가 사용되는 것은 원리나 양상이 전혀 다르며, 국제 지불을 위한 준비금으로 화폐를 쌓아두는 것은 그 자체로 국내의 화폐운동과 관련을 맺지 않는다는 거죠. 지금 여기서 『자본』 III권의 이야기를 끌고 갈 수는 없습니다만, 화폐를 그 기능적 현존에 따라 잘 구분해야 한다는 점은 다시 한번 강조해둡니다.

여기까지입니다. 이렇게 해서 여러 형태의 화폐, 화폐의 기능적 현존에 대한 설명이 모두 끝났습니다. 『자본』 I권 제2장 '상품의 교환과정'에서도 그렇고 제3장 화폐에 대한 논의에서도 그렇지만, 마르크스의 섬세한 독해에는 항상 혀를 내두르게 됩니다. 두 상품소유자가 만난다는 단순한 사실로부터 그는 (과거 공동체와 다른) 근대사회 인간관계의 특징을 읽어냈습니다. 그리고 화폐가 가진 각각의 기능이 전제하거나 수반하는 관계가 어떤 것인지 읽어냈고 그 기능에 내재한 자본주의사회에 고유한 위기의 양상들을 읽어냈습니다. 매 장을 읽을 때마다 '잘 읽는다는 것은 이런 것이구나' 하는 생각을 하게 됩니다.

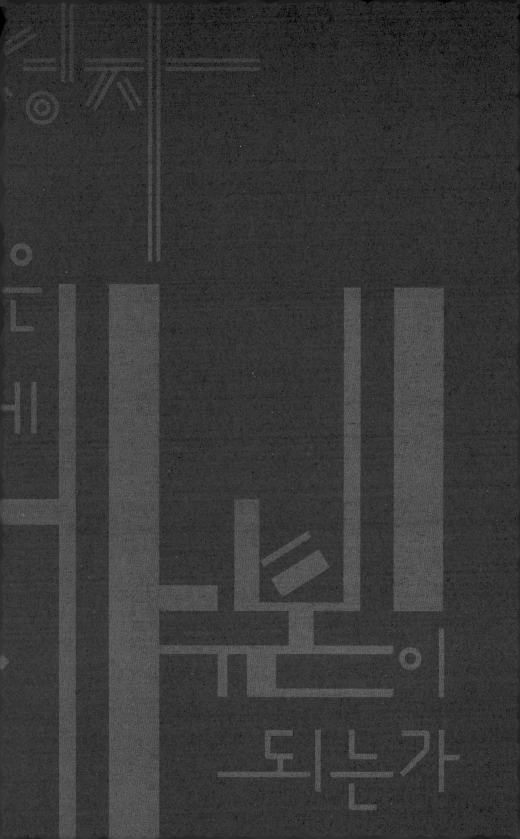

"그의 두뇌는 심장의 내장이다." 『차라투스트라는 이렇게 말했다』에서 니체가 자유정신의 소유자를 두고 한 말입니다. 마음이 지성보다 우선한다는 뜻인데요. 나는 자유정신의 소유자만이 아니라 모두가 그렇다고 생각합니다. 머리는 마음 가는 쪽으로 가는 법이죠. 공부에도, 연애에도, 전쟁에도, 심지어 사기에도 천재가 있습니다. 마음 쓰이는 곳에 머리도 쓰입니다. 반대로 마음이 내키지 않으면 머리도 돌아가지 않습니다. 마음이 없으면 보아도 보이지 않고 들어도 들리지 않지요.

마르크스는 어떻게 잉여가치 개념에 도달했는가. 그는 어떻게 잉여가치가 잉여노동이라는 것을 알아냈는가. 스미스와 리카도는 왜 그런 생각을 떠올릴 수 없었는가. 마르크스에 따르면 잉여가치가 잉여노동이라는 건 두 사람의 이론에서 쉽게 추론해낼 수 있습니다. 아니, 추론조차 필요 없지요. 이들이 지나치듯 그것을 언급할 때도 있었으니까요. 대체로 사람들이 뭔가를 보면서도 알아보지 못하고 포착했으면서도 파악하지 못하는 데는 두 가지 사정이 있습니다. 『자본』에서 마르크스가 든 예로는 아리스토텔레스의 경우와 스미스와 리카도의 경우가 있지요.

아리스토텔레스는 집과 침대의 교환에서 가치형태론에 대한 인식에 거의 도달했습니다. 두 상품이 일정 비율로 교환된다는 것은 각각의 상품을 일정액의 화폐로 나타낼 수 있다는 뜻이라고 했습니다. 가치형태론의 핵심을 포착한 겁니다. 그런데도 그것을 파악할 수 없었습니다. 역사적 한계 때문입니다. 그는 신분제사회에 살았기 때문에 상품들을 생산한 노동의 동질성, 다시 말해 추상노동 관념을 가질 수 없었습니다. 추상노동 관념은 인간 동등성을 전제하는데 신분제사회에서 이것은 불가능한 이야기죠.

스미스와 리카도의 눈을 가린 것은 역사가 아닙니다. 이들은 노동이 모든 가치의 원천이라고 주장했으면서도 잉여가치가 잉여노동이라는 사실을 파고들지 않았습니다. 자본가의 이윤도 지주의 지대도 노동자가 생산한 가치 중 일부를 공제한 것임을 그들 역시 감지했지만, 더는 파악하려 들지 않은 겁니다. 보면서도 알아보지 못했고 포착했으면서도 파악하지 못했습니다. 이들이 할 수 없었던 것은 하지 않았기 때문입니다. 그럴 마음이 없었던 거죠. 이들의 두뇌는 심장을 따라 움직였습니다. 지성의 결핍이 아니라 마음의 부재가 원인인 겁니다.

반면에 마음이 있으면 남들이 보지 못하는 것까지 잘 봅니다. 이 4장에는 내가 『자본』에서 가장 중요하다고 생각하는 페이지가 들어 있습니다. 화폐소유자인 자본가와 노동력의 소유자인 노동자가 거래하는 장면인데요. 자유와 평등이 넘치고 소유와 이익이 보장되는 상품유통 영역에서 이루어지는 거래죠. 그런데 마르크스는 등장인물들의 표정만으로 다음에 펼쳐질 장면을 읽어냅니다.

"벌써부터 우리 등장인물들의 안색이 약간 변한 것처럼 보인다."

자본가의 눈빛은 빛나는데 노동자의 눈에는 그늘이 생겼습니다. 자본가는 고개를 쳐드는데 노동자는 주눅 든 얼굴로 주춤주춤 따라갑니다. 노동자는 자신이 가는 곳이 어떤 곳인지 예감하고 있는 겁니다. 마르크스는 그것을 봅니다. 마르크스는 그것을 읽습니다. 어떻게 그럴 수 있었느냐고요? 머리는 마음이 머무는 곳을 향하니까요.

나비, 날아오르다——화폐, 자본으로 변신!

나비로 깨어나기 전 애벌레는 무슨 꿈을 꿀까요. 만약 꿈 때문에 잠에서 깨어난 것이라면 십중팔구 불안한 꿈이었을 겁니다. 프란츠 카프카(Franz Kafka)가 쓴 소설의 주인공 그레고르 잠자도 그랬습니다. 흉측한 벌레로 변신하던 때이니 그의 꿈은 더 불길했을지도 모르겠습니다.

이제 우리는 '화폐'가 '자본'으로 깨어나는 입구에 서 있습니다. 간밤의 불안한 꿈은 역사의 저편에 일단 묻어두겠습니다. 여기서는 화폐에서 자본으로의 기적 같은 변신만을 다루겠습니다. 참고로 우리가 읽는 『자본』 번역본들은 제2편의 제목을 '화폐가 자본으로 전환' 혹은 '화폐의 자본으로의 전화'라고 옮겼는데요. 여기서 '전환' 내지 '전화'라고 옮긴 독일어는 'Verwandlung'인데, '변신'으로 옮겨도 좋은 말입니다. 카프카의 소설 제목과 같지요. 카프카의 『변신』은 한 노동자가 벌레로 변하는 이야기입니다. 그런데 우리가 이번에 다룰 내용은, 마르크스에 따르면 애벌레 화폐자산가가 나비 자본가로 변하는 이야기입니다.[김, 218; 강, 250]

변신 이야기

물론 마르크스가 말하는 변신이 네 개의 팔다리가 여섯 개로 바뀌는 일은 아닙니다. 화폐에서 자본으로, 화폐자산가에서 자본가로 변하는 것은 물질적 변형 없이 일어납니다. 이것은 '흑인'이 '노예'가 되는 것과 같습니다. 앞서 1장 「다시 자본을 읽자」에서 인용했던 마르크스의 문장을 기억할 겁니다. "흑인은 흑인이다. [그런데] 일정한 관계들에서 그는 노예가 된다."[1] 노예는 흑인의 속성이 아닙니다. 어떤 관계, 어떤 배치에 놓이느냐에 따라 모든 인간은 노예가 될 수 있습니다. '이게 무슨 변신인가' 하고 생각하는 사람도 있을지 모르겠습니다. 하지만 이것은 정말로 변신입니다. 완전히 다른 존재가 되는 것이니까요. 변신이 일어나면 해당 존재는 전혀 다른 기능을 수행하고 전혀 다른 법칙의 지배를 받습니다. 말(馬)을 예로 들어볼까요.[2] 말은 말입니다. 하지만 인간과 어떤 관계를 맺느냐에 따라 말은 매우 다른 존재가 됩니다. 수렵 내지 목축 관계에서 말은 '음식', 다시 말해 '고기'입니다. 그런데 전쟁 관계에서는 '무기'가 됩니다.

전쟁수단 즉 '무기'로서 말은 '고기'로서 말과 역사가 다릅니다. 무기로서 말은 유목민족의 발명품입니다. 말은 기마병의 창칼이나 화살에 속도를 더해 운동량을 증진합니다. 상대방의 방패나 갑옷을 박살내도록 말이지요. 일종의 엔진이나 모터라고 할 수 있습니다. 하지만 이제 이런 말은 사라졌습니다. 더 강한 추진력과 파괴력을 가진 무기들이 발명되었으니까요. 그렇다면 고기로서 말은 어떨까요. 그것은 불행히도 여전히 존재합니다. 그뿐 아니라 행사 소품으로서 그리고 도박 수단으로서의 말도 우리 곁에 있습니다. 무기인 말과 고기인 말은 역사만 다른 게 아닙니다. 기능도 다르고 법칙도 다릅니다. 고기일 때는 단백질 양이 사육의 관건입니다. 하지만 무기일 때는 단백질을 늘리는 게 중요하지 않습니다. 오히려 단백질을 줄여야 할 수도 있습니다. 살찐 말이 아니라 빠른 말이 필요하니까요. 언제 얼마만큼 사육할지와 관련해서도 두 말은 다릅니다. 식량의 흐름과 전쟁의 흐름은 다르니까요. 저마다 다른 법칙의 규제를 받습니다.

다시 마르크스의 이야기로 돌아갈까요. 흑인은 흑인입니다. 그런데 노예가 되는 순간 다른 존재가 됩니다. 그가 수행하는 기능, 그를 지배하는 법이 모두 달라집니다. 생물분류학상의 명명에 상관없이 그는 인간이 아닌 존재가 됩니다. 사실상 가축이었죠. 이런 게 마르크스가 말하는 '변신'입니다. 노동생산물이 상품이 되는 것, 금이 화폐가 되는 것, 화폐가 자본이 되는 것 모두가 그렇습니다. 실제로 마르크스가 노예가 된 흑인 이야기를 꺼낸 건 자본으로의 변신에 대해 말하기 위해서였습니다. 그는 해당 문장 뒤에 이렇게 썼습니다. "면방적기는 면방적용 기계다. [그런데] 일정한 관계들에서 그것은 자본이 된다."[3] 기계는 기계입니다. 그런데 자본주의 생산양식 아래서 그것은 자본[고정자본]이 됩니다. 방적기는 생산양식에 상관없이 똑같은 실을 뽑아냅니다만 자본주의 생산양식하에서 실과 방적기는 상품이 되고 자본이 됩니다.

그렇다면 자본이 된다는 건 어떤 것일까요. 화폐는 화폐입니다. 그런데 아무런 물질적 변형 없이 화폐가 자본으로 변신한다는 건 어떤 의미일까요. '화폐로서 화폐'와 '자본으로서 화폐'는 어떻게 다를까요. 이 장에서 우리가 명확히 해야 할 것은 '자본' 개념입니다. 자본이란 무엇인가.

<hr>

'가치편'에서 '자본편'으로 이행

본격적 논의에 들어가기 전에 간단히 정리해둘 것이 있습니다. 지금부터는 우리가 읽고 있는 『자본』의 편(篇)이 바뀝니다. 『자본』 제1장부터 제3장까지가 제1편이고 제4장(영어판은 제4~6장)이 제2편입니다. 이쯤에서 전체 논의가 어디서 와서 어디로 가고 있는지 확인해두는 게 좋겠지요.

『자본』 제1편 제목은 '상품과 화폐'입니다. 본문 2장 「마르크스의 특별한 눈」에서 나는 『자본』이 '상품'에서 시작하는 이유를 말했습니다. 상품을 이해한다는 것은 상품이 단순 노동생산물과 어떻게 다른지 이해하는 것입니다. 어느 시대에나 노동생산물은 존재합니다. 하지만 자본주의 생산양식이 지배하는 곳에서 그것은 상품이 됩니다. 물질적 변형 없이 말입니다. 노동생산물과 상품을 구분하는 관건은 '가치'입니다. '가치'를 가진 노동생산물만 상품이 됩니다. 상품이란 가치를 가진 노동생산물인 거죠. 이 점에서 우리는 상품을 가치형태라고도 불렀습니다. 상품은 가치를 나타내는, 가치의 현상형태라고 말이지요. 그러므로 단순 노동생산물과는 다른 그것, '상품'에서 시작한다는 것은 '가치'에서 시작한다는 말과 같습니다. 방금 상품을 이야기했습니다만 이 점에서는 화폐도 다르지 않습니다. 화폐도 일종의 가치형태입니다. 다른 상품들과 화폐를 구분하자면 화폐는 일반적 가치형태라고 할 수 있죠. 즉 제1편에서 마르크스가 다룬 것은 '가치'입니다. '가치'란 자본주의사회에서 사물이나 서비스를 교환하는 기준이며 우리가 늘리고 싶어하는 부(富)의 정체입니다. 우리 시대의 부 개념이라고도 할 수 있습니다. 이것이 먼저 규정되어야 이것을 생산하고 축적하는 이야기를 전개할 수 있겠지요.

제2편은 제목 그대로 '화폐'가 '자본'으로 변신하는 이야기입니다. 우리는 외형 변화 없이 사물의 본성이 달라지는 것을 볼 겁니다. 그리고 사물의 본성 변화에 상응해 그 소유자의 본성도 변하는 것을 볼 겁니다. 화폐자산가와 자본가는 욕망과 행위양식이 매우 다른 인격체입니다. 그런데 제1편의 주제가 '가치'였다는 점에 착안하면, 우리는 제2편의 제목을 '가치에서 자본으로'라고도 읽을 수 있습니다. '화폐에서 자본으로'라고 하면 어떤 극적 변신으로 보이지만 '가치에서 자본으

로'라고 하면 논의가 '이제 본격화되는구나' 하는 인상을 줍니다. 논리 전개상 제1편은 제2편에서 이루어질 논의를 위한 선행 작업이라 할 수 있으니까요. '가치' 개념을 정립하지 않고서는 '자본' 개념을 설명할 수 없으니까요. 이제야 이 책의 핵심 개념인 '자본' 안으로 들어설 준비가 된 겁니다.

오해를 막기 위해 말해두자면, '가치'가 '자본'에 선행한다는 것은 이론적으로 그리고 논리적으로 그렇다는 것입니다. 바꾸어 말하면 현실적으로 또 역사적으로 그런 건 아니라는 이야기지요. 물론 '자본' 개념은 이론적으로 그리고 논리적으로는 '가치' 개념을 전제하지 않고선 설명할 수 없습니다. 하지만 현실적으로 그리고 역사적으로는 '자본'에 기초한 생산양식이 출현하지 않았다면 '가치' 개념 자체도 발전할 수 없었을 겁니다. 『정치경제학 비판 요강』에도 화폐에서 자본으로 이행하는 국면이 있는데요. 마르크스는 말합니다. 이론적으로는 가치 개념이 자본 개념에 선행하지만 가치 개념을 설명하려면 자본에 기초한 생산양식을 가정하게 된다고요. 그래서 경제학자들은 한편으로는 "자본을 가치의 창조자, 가치의 원천"이라고 말하면서 다른 한편으로는 "자본 형성을 위해 가치를 전제"하고 자본을 "일정한 기능을 하고 있는 가치의 합"으로 서술할 수밖에 없었다는 겁니다.

정리하자면 이론적 서술을 위해 제1편은 제2편에 선행해야 합니다. '가치'를 전제해야 '자본'을 설명할 수 있으니까요. 그러나 현실적으로는 제2편 '자본'이 없다면 제1편 '가치'는 존재할 수 없습니다. 조금 더 강하게 말한다면, 이론적으로는 '자본'이 '가치'의 파생물로 보이지만 현실적으로는 '가치'가 '자본'의 파생물입니다. 최소한으로 말해도 '가치'와 '자본'은 동시대 개념입니다. 앞에서도 이미 여러 번 강조했고 앞으로도 또 이야기할 것 같습니다만 이 점을 잊어서는 안 됩니다. 우리는 지금 자본주의 생산양식이 지배하는, 역사적으로 매우 특수한 사회형태를 전제하고 있습니다. 물론 생산양식의 이행 과정, 그러니까 자본주의가 형성되던 시기에는 '가치'와 '자본' 개념에 대한 좀 전의 이야기가 그렇게 깔끔하게 적용되지 않을 겁니다. 또 자본주의 생산양식이 지배하지 않는 사회형태에서도 교환가치 개념이 부차적으로나마 어떤 기능을 수행할 수 있습니다. 하지만 『자본』의 논의는 자본주의가 이미 역사적으로 정립되어 있음을 전제합니다.[4]

『정치경제학 비판 요강』에서도 마르크스는 자본에 관한 논의를 본격적으로 시작하기 전에 이 점을 강조했습니다. "여기서 우리는 자신의 기반 위에서 운동하는, 완성된 부르주아사회를 다루고 있다."[5] 이론적이고 논리적인 전개와 역사적 전개는 다른 것이며, 이런 이론이 가능한 사회, 이런 논리가 가능한 사회의 역사적 출현 과정에 대해서는 별도로 다루어야 합니다. 일단은 역사적으로 자본주의가 확고하게 성립되었다는 전제 위에서 논의를 이론적으로 전개하는 것이지요. 노파심이랄까, 마르크스는 걱정이 많은 사람인가 봅니다. 그의 애정 어린 충고가 잔소리처럼 느껴질 정도니까요. 달리 생각해보면 사회형태, 생산양식의 역사성이 그만큼 중요하다는 뜻이지요.

'자본'의 출생신고

나는 『자본』 제2편 제4장 제1절(영어판은 제2편 제4장)의 첫 단락을 읽고 미소 짓지 않을 수 없었습니다. 마르크스가 출발점의 역사성을 다시 환기하고 있으니까요. 마르크스는 제1장에서 그랬던 것처럼 '출발점' 이야기를 또 꺼냅니다. "상품유통은 자본의 출발점이다." 그러고는 비디오나 TV 프로그램을 시청할 때 맨 먼저 나오는 경고 문구 같은 걸 붙여놓습니다. 출발점은 출발점이기 이전에 역사의 결과물이라고요. "상품생산과 발달된 상품유통, 즉 상업은 자본이 생겨나기 위한 역사적 전제를 이룬다." 자본은 상업을 전제하지만 이 전제 또한 역사적 결과물입니다. 따라서 자본은 역사 바깥, 다시 말해 인간본성이나 자연에서 도출되는 게 아닙니다. 그것은 역사의 특정 시기에 나타난 것입니다. "16세기 세계무역과 세계시장이 형성되면서 자본의 근대적 생활사(Lebensgeschichte)가 시작된다."[김, 191; 강, 225]

　　이로써 '자본'의 출생신고가 이루어졌습니다. '자본'은 16세기에 태어났다고요. 새로 태어난 존재에게 차마 할 이야기는 아닙니다만, 태어난 것들은 언젠가 죽습니다. 역사적 탄생에는 역사적 소멸이 암시되어 있습니다. 미래 언젠가 '자본'도 역사의 묘지에 묻힐 겁니다. 그리고 묘비에 생몰 연도가 적히겠죠. 16세기는 그 묘비에 들어갈 출생 연도인 셈입니다. "자본의 근대적 생활사가 시작된다"라는 문구에서 '생활사'라고 옮긴 말은 독일어 'Lebensgeschichte'입니다. 사전적 의미를 따라 그렇게 옮기긴 했습니다만, '생애'라고 옮기는 편이 낫지 않을까 싶기도 합니다. 자본의 삶, 자본의 생명이 시작되었다는 이야기니까요. 그런데 여기에 쓰인 '생명'(Leben)이라는 말은 '자본'에 대해 마르크스가 갖고 있던 이미지를 말해줍니다. 그는 '자본'을 생물 내지 유기체로 보고 있습니다. 태어나고 성장하고 쇠퇴하고 죽음을 맞이하는 존재, 무엇보다도 매일매일 자신을 재생산하면서 동시에 자식을 낳아 번식하는 존재로 말입니다. 조금 뒤에 보겠지만, 이것은 '화폐로서 화폐'와 '자본으로서 화폐'를 가르는 매우 중요한 이미지입니다.

　　유기체는 사회형태나 생산양식에 대한 마르크스의 이미지이기도 합니다. 역사적 사회형태나 생산양식은, 마르크스가 제2독일어판 후기에서 인용한 논평자의 묘사에 따르면, 마치 "식물이나 동물과 같은" 유기체입니다. 실제로 『자본』 제1장에서 마르크스는 '사회적 생산유기체'라는 말도 했습니다. 사회형태들은 나름의 골격을 갖고 있습니다. 그 안에 여러 기관이 있지요. 기관은 전체 구조에 따라, 그리고 기능하는 조건에 따라 일정한 법칙의 지배를 받습니다. 그러나 유기체는 딱딱한 건축물 같은 게 아닙니다. 발생하고 성장하고 쇠퇴하고 소멸하는, 매우 역동적인 것이지요. 개별 요소와 전체 구조만 놓고 보면 1950~1960년대 프랑스 구조주의자들의 생각과 통하는 면이 있지만, 사회적 유기체에서는 구조 자체가 역사적으로 변형된다는 점에서 차이가 큽니다. 구조주의자들이 생각한 구조에서는 시간이 흐르지 않으니까요.

16세기에 무슨 일이 있었는가

제2편 첫 단락에서 마르크스는 자본의 근대적 생애가 16세기에 시작되었다고 했는데요. 제7편(영어판은 제8편)에선 시기를 더 특정합니다. 본격적인 '변혁의 서곡'은 "15세기 마지막 ⅓기에서 16세기 첫 수십 년 사이"에 연주되었다고요.[김, 984; 강, 967] 희미한 단서를 찾는다면 더 거슬러 올라갈 수도 있다고 했습니다. "14~15세기 지중해 연안의 일부 도시들"에서 "자본주의적 생산의 맹아가 산발적으로 나타났다"라고 말입니다.[김, 980; 강, 984] 아마도 베네치아와 제노바 등 이탈리아 도시를 염두에 둔 것 같습니다. 실제로 자본주의 세계체계 분석을 하는 학자들 중에 이들 도시를 자본주의의 영점 내지 원형으로 간주하는 사람이 있습니다.[6] 도대체 16세기에 무슨 일이 있었던 걸까요. 시초축적을 다룬 제24장의 절 제목들이 무슨 일이 있었는지 말해줍니다. 농민들로부터의 토지 수탈(제2절), 15세기 말 이후의 피수탈자에 대한 피의 입법(제3절), 자본주의적 차지농업가의 발생(제4절), 공업에 대한 농업혁명(Agrikulturrevolution)의 반작용, 산업자본을 위한 국내시장 조성(제5절), 산업자본가 발생(제6절)(이상 영어판은 제27~31장). 물론 이 모든 일이 16세기에 일어났다고 할 수는 없습니다. 어떤 일은 그보다 조금 일찍 일어났고 어떤 일은 그보다 조금 늦게 일어났습니다. 이렇게 말해야 할지도 모르겠습니다. 16세기가 조금 길었다고, 15세기 말에서 17세기까지 걸쳐 있었다고.

제7편의 다른 곳에서 마르크스는 생산양식 이행과 관련된 예비적 사건들의 또 다른 목록을 제시하기도 했습니다. "아메리카에서의 금은 산지의 발견, 원주민의 섬멸, 노예화, 광산에 생매장, 동인도의 정복과 약탈의 개시, 아프리

카 흑인 사냥의 상업화 등이 자본주의적 생산 시대의 서광을 알린다. 이 목가적 과정들이 시초축적의 주요한 계기들이다."[김, 1029; 강, 1007]

붉게 타오르는 새 시대의 이른 아침. 그 붉은색은 누군가에게는 장밋빛이었을 테고 누군가에게는 핏빛이었을 겁니다. 이 이야기는 나중에 하기로 하고요. 일단은 언급된 현상만 다시 나열해보겠습니다. 농민들로부터의 토지 수탈(생산수단을 박탈당한 대규모 노동인구의 발생), 피의 입법, 농지의 상업화, 차지농업가 발생, 아메리카 발견과 귀금속 유입, 동인도와 아프리카에서 인간과 자원 약탈 등등. 이 중에서 마르크스가 특히 중요시한 것은 생산수단을 잃은 대규모 노동인구입니다. 그는 말합니다. "모든 변혁들이 획기적이었지만 무엇보다 획기적인 것은 많은 인간이 갑자기 폭력적으로 자신의 생존수단으로부터 분리되어 의지할 곳 없는 무일푼의 프롤레타리아로 노동시장에 투입된 순간이었다."[김, 981; 강, 964~965). 16세기에 생산수단을 잃은 노동인구가 집단적으로 나타났다는 사실이 중요하다는 거죠. 그래서 그는 '시초축적'을 말할 때 가장 먼저 이 사태를 다루었습니다.

마르크스가 생산수단을 잃은 대규모 노동인구의 출현을 먼저 이야기한 건 그것이 시간적으로 가장 빨랐기 때문이 아닙니다. 매뉴팩처의 확장, 농업혁명과 차지농업가 발생, 아메리카 발견과 귀금속 유입 등은 모두 16세기를 전후해 일어난 일입니다. 이들의 시간적 전후 관계를 따지는 건 의미가 없습니다. 서로 맞물려 있기도 하고요. 중요한 것은 '원리'입니다. 조금 뒤에 보겠습니다만, 다른 모든 상품이 존재하더라도 노동력이라는 상품이 존재하지 않으면 자본주의는 원리상 불가능합니다. 그런데 노동력의 상품화를 위해서는 생산수단을 잃은 노동인구의 집단적 출현이 필요합니다. 참고로 노동자를 칭하는 독일어 '아르바이터'(Arbeiter)가 처음 등장한 것도 이즈음이었다고 합니다.[7] 광부들은 오랫동안 소규모 독립 장인 집단으로 존재했습니다. 동업조합 소속이었죠. 그런데 15~16세기에 상인의 통제 아래로 들어갑니다. 더 많은 금속을 캐려면 더 깊은 곳으로 들어가야 했는데요. 그러려면 돈이 필요합니다. 권양기도 설치해야 하고 지하수도 퍼내야 하니까요. 소규모 장인집단이 이런 비용을 감당할 수는 없었습니다. 큰 상인들이 나타났죠. 그렇게 해서 한쪽은 돈을 대고 다른 한쪽은 노동을 제공하는 형식이 만들어졌습니다. 동업조합원이었던 광부들은 점차 상인에게 종속된 임금노동자가 되었습니다. 이들을 지칭하는 말이 '아르바이터'였습니다. 페르낭 브로델의 말처럼 자본과 노동이 조금 때 이르게 조우한 것일 수는 있지만, 자본주의가 출현하던 때에 '노동자'라는 말이 바로 만들어진 것은 확실히 의미심장합니다.[8]

16세기에 정말이지 많은 일이 있었습니다. 그런데 과연 이런 일들이 사회 골격이 바뀐 것을 보여줄까요? 다시 말해 지배적 생산양식[마르크스는 '사회구성체'(Gesell-schaftsformation)라는 말도 씁니다]이 바뀌었다는 증거가 될 수 있을까요? 분명 서구인들이 집단적으로 아메리카까지 진출한 적은 없었고 이렇게 많은 귀금속을 가져온 적도 없었습니다. 서구 역사에서 땅을 빼앗긴 유랑민의 규모가 이렇게 크고 이렇게 지속적인 경우도 드물 겁니다. 하지만 비록 16세기만큼은 아니었어도 서구인들의 지리적 팽창은 과거에도 여러 차례 있었고 13세기에도 농촌을 떠나 도시로 몰려든 유랑민의 규모가 상당했다는 항변도 가능하지요. 즉, 충분하지 않습니다. 새로운 생산양식이 나타났다고 말하기에는 무언가 부족합니다. 자료의 양을 말하는 게 아닙니다. 16세기에 일어난 사건들을 여기서 더 나열할 필요는 없습니다. 앞서 '사회적 생산유기체'에 대해 말하면서, 동일한 현상이라도 전체 구조, 기관의 다양성, 기관이 기능하는 조건에 따라 완전히 다른 법칙의 지배를 받는다고 했는데, 바로 이것을 보여주어야 합니다.

　신체가 바뀌었다는 것은 이런 겁니다. 똑같은 앞다리라도 인간의 신체에서는 잡는 기능을 수행하지만 새의 신체에서는 나는 기능을 수행하고 고래의 신체에서는 헤엄치는 기능을 수행합니다. 똑같이 '나는' 기능을 수행한다 해도 곤충의 날개와 새의 날개는 다르며, 똑같이 '헤엄치는' 기능을 수행하지만 물고기의 지느러미와 고래의 지느러미는 다릅니다. 발생 기원이 다르고(전자는 피부의 변형이고 후자는 앞다리의 변형이죠), 다른 기관들과 맺는 관계도 다릅니다. 동일한 인간의 손이라도 시각장애인이 되었을 때는 또 다릅니다. 시각장애인에게 손은 '읽는' 기관이기도 하니까요. 손으로 점자를 읽을 때 그의 뇌에서는 실제로 시각 영역이 활성화됩니다. 동일한 사물, 동일한 기관이 전혀 다른 기능을 수행한다는 것. 동일한 현상이 전혀 다른 법칙의 지배를 받는다는 것. 이를 보여줄 수 있을 때 우리는 신체가 바뀌었음을 인정할 수 있습니다. 새로운 생산양식에 돌입했다는 것 말입니다. 우리가 앞서 3장에서 본 화폐가 그런 예일 수 있습니다. 마르크스는 화폐와 전통적 공동체의 긴장관계에 대해 말한 바 있습니다. 일반적 교환수단으로서 화폐는 공동체들 사이에서만 존재할 수 있었습니다. 화폐를 발달시킨 상업민족들은 공동체들 사이를 오가며 생활했습니다. 이들은 공동체들과 갈등을 겪을 때마다 몰락했습니다. 그런데 언제부터인가 이들이 아니라 공동체가 몰락했습니다. 이런 게 '사건'이죠. 화폐가 해체적으로 기능하는 생산양식이 있는가 하면 화폐가 생산적으로 기능하는 생산양식도 있는 겁니다. 마르크스에 따르면 임금노동과 함께 있을 때 화폐는 생산적이지만, 임금노동이 존재하지 않았던 고대 공동체에서는 해체적으로 기능했습니다.[9]

똑같은 사물이 해체적일 수도 있고 생산적일 수도 있습니다. 15~16세기 에스파냐를 망하게 했던 화폐는 16~17세기 다른 유럽 국가들을 부강하게 만들었습니다. 마르크스는 이렇게 말했습니다. "에스파냐처럼 화폐가 유통에서 유래하지 않고 그 자체로 발견되는 곳에서는 화폐가 민족을 가난하게 만드는 반면, 에스파냐인들로부터 화폐를 받기 위해 노동해야 하는 민족들은 부의 원천을 발전시키고 실제로 풍요로워진다."[10] 두 유형을 가른 것은 시간의 차이가 아니라 생산양식의 차이입니다. 앞서 마르크스는 자본주의적 생산 시대의 새벽에 일어난 사건들로 아메리카, 아프리카, 동인도의 정복을 언급했는데요. 사실 서구의 지리적 확장은 11~13세기에도 있었습니다. 유럽 안에서 정복전쟁이 있었고요, 유럽 밖으로 나간 십자군 원정도 있었지요. 하지만 이런 정복과 팽창은 자본주의 생산양식을 낳기는커녕 마을을 공동화하거나 황폐화했습니다. 소위 폐촌화가 나타났죠.[11] 지리적 진출이 공동체의 생산을 증대시킨 게 아니라 오히려 생산기반을 무너뜨린 겁니다.

귀금속 유입도 그렇습니다. 과거에도 귀금속을 모으려는 노력은 있었습니다. 우리는 지난 장에서 귀금속의 막대한 유입이 16세기 유럽에서 '가격혁명'을 불러온 것을 살펴본 바 있습니다. 하지만 중요한 것은 귀금속의 유입 자체가 아니라 용도입니다.[12] 과거에도 축장된 귀금속이 있었지만 자본이나 화폐로 본격 유통되지는 않았습니다. 중국과 인도의 황제들도 귀금속을 모았지만 그것을 상업이나 산업 용도로 쓰지는 않았습니다. 화폐상품이 아니었기에 귀금속 유입으로 인한 물가폭등도 나타나지 않았고요. 그러므로 새로운 것은 용도와 기능입니다. 귀금속이 신분과 지위를 과시하는 장식품이 아니라 하나의 상품으로, 그것도 화폐상품으로 기능하게 된 것 말이지요. 왜 금은의 기능이 이렇게 바뀌었을까요. 지배적 생산양식이 변했기 때문입니다.

『자본』 제2편의 첫 문장은 자본의 출발점으로서 상품유통을 전제하고 있습니다. 마르크스는 상업을 자본 성립을 위한 역사적 조건이라고 했지요. 두 가지 측면에서 이 말을 이해할 수 있습니다. 우선, 자본주의 생산양식은 재화를 상품으로서 생산하는 사회입니다. 그리고 상품을 생산한다는 것은 상업과 상인이 존재한다는 뜻이지요. 다음으로, 현실적으로 자본은 일정 규모의 화폐에서 시작할 수밖에 없습니다. 자본은 그저 축적된 화폐[가치합]와는 다릅니다. 하지만 누군가가 자본을 투입한다는 것은 그에게 일정 규모의 돈이 '쌓여' 있었다는 뜻이기도 합니다. 자본주의가 출현도 하기 전에 누가 이처럼 돈을 쌓아둘 수 있었을까요? 자본주의 이전에도 존재했던 대상인이나 고리대금업자일 수밖에 없을 겁니다. 그런데『자본』III권에서 마르크스는 이 두 가지 사실을 지적하면서도 상인자본의 발전이 그 자체로는 자본주의 생산양식으로의 이행을 말해주지 못한다고 했습니다. 오히려 자본주의 발전을 저해한 경우가 많았다고 했지요. 상인자본이 우세한 곳은 시대에 뒤처져 있고, "영국의 근대사에서 진정한 상인 신분과 상업도시는 정치적으로 반동적이었으며 토지귀족이나 금융귀족과 동맹하여 산업자본에 대항하는 것으로 나타났다"라고 했습니다.[13]

상인자본이 산업생산과 무관하게 발전했던 시절, 상인자본은 산업자본주의 출현을 저해했다는 것인데요. 영국에서만 있었던 일이 아닙니다. 마르크스에 따르면 "베네치아인, 제노바인, 네덜란드인 등이 수행한 중개무역의 역사"에서도 이를 볼 수 있습니다. 이 상인들의 부는 자국 생산물을 수출해 얻은 게 아닙니다. "상업적으로 미달한 공동체들 사이의 교환을 매개함으로써, 그리고 쌍방의 생산국들을 수탈함으로써 얻어진 것"이죠.[14] 상인들은 자신들이 매개하는 공동체 양쪽 모두에 바가지를 씌워 이익을 얻었습니다. 사실 이건 너무 완곡하게 말한 것이고 실제로는 도둑질과 약탈, 노예사냥으로 이익을 봤죠. 상업이 발전한다고 산업이 발전하고 노동자가 증대하는 것은 아닙니다. 고대 로마에서도 그랬습니다. 마르크스에 따르면 로마 공화정 후기에 상인자본이 높은 수준으로 발전했지만 산업은 조금도 발전하지 못했습니다.[15] 고리대자본에 대해서도 비슷한 이야기를 할 수 있습니다. 고리대자본의 발전은 산업발전에 기여하기보다 그것을 저해하는 때가 많았습니다. 고리대로 인해 평민들은 노예로 전락하기 일쑤였습니다. 마르크스는 로마 귀족들이 전쟁으로 얻은 구리를 평민에게 대부하고 이자를 받았을 때 평민들이 어떻게 채무노예로 전락하게 되었는지를 언급한 적이 있는데요.[16] 산업자본주의가 정착된 이래 금융은 산업발전을 위한 필수 조건이 되었습니다만, 금융이 발전했다고 자본주의로 역사적 이행이 나타났다는 말은 할 수 없습니다.

우리가 마지막에 다룰, 산업자본가의 발생에 관한 장(제24장 제6절, 영어판은 제31장)에서 마르크스는 이런 이야기를 합니다.[김, 1027; 강, 1005~1006] 근대는 중세로부터 자본의 두 가지 독특한 형태를 물려받았다. 그것은 상인자본과 고리대자본이다. 하지만 중세의 사회구성체에서 그것은 산업자본으로 전환할 수 없었다. 왜일까요. 사회 골격이 그런 전환을 허용하지 않았기 때문입니다. 농촌의 봉건제도와 도시의 길드제도에서는 그 일이 일어날 수 없었습니다. 다시 말하지만, 변신이란 이런 겁니다. 자본 형성에 역기능적이었던 것이 순기능적으로 변하는 것. 사회 전체의 골격이 변하는 거죠. 마르크스가 "자본의 근대적 생활사가 [16세기에] 시작되었다"라고 말한 것은 이런 의미입니다. 지배적 생산양식이 바뀌었습니다. 앞으로 펼쳐질 자본에 대한 이야기는 자본주의라고 하는 새로운 생산양식이 출현했다는 전제 위에서 하는 이야기입니다.

─────────── 돈을 가진 자가 승리했다 ───────────

자본의 등장은 그 인격적 구현인 자본가의 등장이기도 합니다. 16세기에 자본의 생활사가 시작되었다고 했지만 엄밀히 하자면 이행이 시작된 것이지요. 이때의 일들은 신호이고 조짐이며 서곡이고 새벽입니다. 일상에서 자본가가 하나의 사회적 계층으로 등장한 것은 자본주의가 본격화된 이후입니다. 빨라도 17세기 후반, 조금 여유 있게 본다면 18세기 중반은 되어야 할 겁니다.

브로델에 따르면 자본가 즉 '카피탈리스트'(Kapitalist)라는 말이 처음 출현한 문서는 17세기 중반에 간행된 『네덜란드 상업신문』인데요.[17] 두 차례의 용례가 발견되었다고 합니다. 상업신문에서도 그리 드물게 썼으니 일상에서는 거의 쓰이지 않았다고 봐야겠죠. 그런데 18세기 중반이 되면 친구와 주고받는 편지에서도 발견될 정도로 이 말이 널리 쓰입니다. 루소가 1759년에 친구에게 보낸 편지에 이런 구절이 있습니다. "나는 대귀족도 아니고 자본가도 아니네. 나는 가난하지만 행복하다네."[18] 이 한 구절은 당시 자본가에 대해 몇 가지 사실을 말해줍니다. 먼저 자본가가 대귀족과 나란히 거론되었습니다. 대귀족만큼은 아닐지 몰라도 상당한 사회적 지위를 누렸음을 알 수 있습니다. 루소가 자본가와 대비해 "나는 가난하지만"이라고 쓴 걸 보면, 당시 자본가는 꽤나 잘나가는 부류였던 것 같습니다. 그런데 루소가 곧바로 "나는 가난하지만 행복하다"라고 한 걸 보면 자본가를 존경하지는 않았던 것 같습니다. 브로델에 따르면 18세기 말 용례에 기초해볼 때 "자본가라는 말은 대체로 돈을 가지고 있으면서 그것을 이용해서 더욱 많은 돈을 벌려는 사람"을 뜻합니다.[19] 돈으로 돈을 버는, 한없는 탐욕을 가진 사람이라는 느낌을 줍니다. 현실적으로는 부러움의 대상이었겠지만 도덕적으로는 평판이 좋지 않았던 것 같습니다.

'자본가'보다 먼저 일반화된 말은 '화폐자산가'입니다. 자본이 '일정 규모의 돈'에서 시작하듯이 자본가도 처음에는 '돈 많은 사람'에서 시작했다고 하겠습니다. 앤 여왕 시대, 그러니까 18세기 초 영국인들은 이들을 '머니드맨'(moneyed men)이라고 불렀습니다. 실제로 당시 영국에서는 대외교역을 기반으로 화폐형태의 자산을 축적한 사람들이 급증했습니다. 자산 규모도 무척 컸고요. 역사학자 피에르 빌라(Pierre Vilar)에 따르면, 17세기 말 영국에서는 '머니드맨'이 '랜디드맨'(landed men)에 승리를 거두었습니다.[20] '돈을 가진 자들'이 '땅을 가진 자들'을 눌렀다는 이야기입니다. 베르너 좀바르트(Werner Sombart)도 『사치와 자본주의』*Luxus und Kapitalismus*라는 책에서 같은 이야기를 했습니다.[21] 그는 변화를 극적으로 보여주기 위해 두 가지 자료를 제시했는데, 하나는 1688년 그레고리 킹(Gregory King)의 자료이고, 다른 하나는 1758년 영국 남해회사(The South Sea Company)의 기록입니다. 17세기 말과 18세기 중반을 비교하는 것인데요.

※상인과 지주의 연평균수입에 대한 그레고리 킹의 기록(1688)

　　①상인——• 해상 대상인: 400파운드(약 2000명),

　　　　　　• 육상 대상인: 200파운드(약 8000명)

　　②지주——• 세습귀족: 2800파운드(160명)

　　　　　　• 교회귀족: 1300파운드(26명)

　　　　　　• 준남작: 880파운드(800명)

　　　　　　• 나이트: 650파운드(600명)

　　　　　　• 에스콰이어: 450파운드(3000명)

　　　　　　• 젠틀맨: 280파운드(1만 2000명)

※남해회사 지배인들의 연소득(1758)

　　　　　　• 20만 파운드 이상: 2명

　　　　　　• 10만~20만 파운드: 5명

　　　　　　• 5만~10만 파운드: 5명

　　　　　　• 2만 5000~5만 파운드: 10명

17세기에 작성된 킹의 자료를 보면 귀족의 재산이 상인의 재산보다 훨씬 많다는 걸 알 수 있습니다. 귀족의 재산이 많다는 건 토지에서 나온 수익이 크다는 뜻입니다. 그러나 18세기가 되면 상황이 달라집니다. 17세기 세습귀족의 소득은 18세기 남해회사 지배인들의 소득에 상대가 되지 못합니다. 100배 가까이 차이가 납니다. 물론 1688년과 1758년 사이의 물가상승을 고려해야 하고, 무엇보다 18세기 초의 금융 팽창을 고려해야 합니다. 이때 잉글랜드은행과 프랑스왕립은행이 설립되었으니까요. 전쟁과 식민지 건설을 매개로 각종 채권과 주식도 발행되었고요.

사실상 '묻지 마 투자'가 이뤄지던 때이기도 합니다. 대규모 금융투기 사건이 이어 졌죠. 프랑스에서는 '존 로 사건'이 있었고, 영국에서도 '남해회사 사건'이 있었습 니다(로는 왕립은행을 설립하고 조세징수까지 맡았던 인물로, 그가 독점적 무역회사를 세우 자 회사 주식이 500리브르에서 1만 8000리브르까지 폭등했습니다. 그러나 얼마 지나지 않아 이 회사의 수익과 은행권의 태환을 의심하는 사람들이 늘어 결국 파산했습니다. 이 파산이 몰 고 온 충격이 어찌나 컸던지 프랑스에서는 그 후 한동안 은행권 사용은 물론이고 은행 설립 자체가 불가능했다고 합니다. 영국의 남해회사 사건도 비슷합니다. 남해회사가 의회로부터 남미 무역 독점권을 따내자 이 회사의 주식이 6개월 만에 128파운드에서 1000파운드로 뛰었 습니다. 그러나 얼마 후 거품이 터지면서 영국의 주식시장이 붕괴될 정도로 큰 충격을 받았습 니다).[22]

　　이 시기의 대규모 금융투기 사건들은 자산 평가에 거품이 많았음을 시사해주 지만 동시에 기본 자산이 부동산에서 동산으로 급속히 전환되고 있음을 보여주기 도 합니다. 이 시기 '땅을 가진 자'와 '돈을 가진 자'의 세력관계를 더 명확히 보려 면 금융자산가들만이 아니라 지주들의 수익도 별도로 제시해야 할 겁니다. 하지 만 그럴 필요는 없습니다. 지주들 자신이 상업에 뛰어들었으니까요. 이미 16세기 에도 지주가 땅에서 거둔 수익 중에는 상품 판매로 얻은 것이 꽤 됩니다. 그러니까 상업 작물을 재배하거나 양모 생산을 위해 경작지를 목초지로 전환한 경우가 많았 어요. 그래서 이매뉴얼 월러스틴은 "16세기에 이르면 (…) 귀족구성원들은 기업 가가 되었다"라고 말합니다. 시간이 좀 더 흐른 뒤에는 아예 "부르주아지와 귀족 사이에 구분선을 긋는 것 자체가 어렵게" 되었습니다.[23] 성공한 부르주아지는 귀 족에 다가갔고 귀족은 투자가가 되었으니까요.

　　결국 '돈을 가진 자'가 승리했습니다. 이는 화폐자산가인 부르주아지가 토지 자산가인 귀족을 지배하게 되었다는 이야기가 아닙니다. 귀족도 이제는 '돈을 가 진 자'니까요. '돈을 가진 자'가 지배자의 새로운 형상이 되었다는 의미입니다. 자 본가가 지배자의 형상이 된 것은 자본주의가 지배적 생산양식이 되었다는 것의 사 회적 표현이라 할 수 있겠습니다. 자본가는 자본의 인격적 구현체이니까요.

돈에는 임자가 없다

화폐자산가의 승리는 단지 한 집단의 성공 스토리가 아닙니다. 그것은 사회 전체 의 변형에 대한 이야기입니다. 앞 장 「화폐라는 짐승」에서 인용한, 마르크스가 화 폐와 공동체에 대해 한 말을 기억할 겁니다. "화폐 자신이 코뮌이 아닌 곳에서 화폐는 코뮌을 해체해야 한다."[24] 거기서 우리는 화폐가 생산양식에 따라 해체적 역할을 할 수도 있고 생산적 역할을 할 수도 있음을 짚어봤는데요. 이는 인간관계에도 그대로 적용됩니다. 화폐가 자산의 기본형태인 사회, 화폐가 사물과 사물, 사람과 사람을 매개하는 사회는 그렇지 않은 사회와 완전히 다릅니다.

마르크스도 『자본』제4장의 첫 번째 주석에서 이 점을 간단히 언급합니다. 참고로, 『자본』을 읽을 때 주석을 눈여겨보세요. 마르크스가 어떤 문헌을 참조했는지 알 수 있고, 무엇보다 논의 전개상 본문에 넣을 수 없었던 이야기를 주석으로 달아두는 경우가 많거든요. 그가 지나가면서 슬쩍 흘려놓는 이야기들은 『자본』을 읽어가는 정신의 여정에서 기분 좋은 호기심을 불러일으키는 샛길 역할을 합니다.

자, 첫 번째 주석을 볼까요. 여기서 마르크스는 토지자산에 기초한 권력과 화폐자산에 기초한 권력의 차이를 말하고 있는데, 두 개의 프랑스 속담을 인용했습니다.[김, 191, 각주 1; 강, 225, 각주 1] 하나는 "영주 없는 토지는 없다"이고, 다른 하나는 "돈에는 주인이 없다"라는 말입니다. 세상에 임자 없는 땅은 없지만, 돈에는 임자가 따로 없다는 거죠. 여기서 '주인'은 '소유'와 관련된 것이면서 동시에 '지배'와 관련된 것입니다. 무엇을 어떤 식으로 소유하는가는 누구를 어떤 식으로 지배하는가와 밀접히 관련됩니다. '토지소유 권력'이 '인격적 지배 및 예속 관계'에 근거한다면 '화폐'의 권력은 비(非)인격적인 것입니다. 지난 3장에서 본 마르크스의 언급, 화폐에 대한 언급을 환기하고 싶은데요. 마르크스는 화폐를 "타고난 평등주의자"라고 불렀습니다.[김, 111; 강, 150] 화폐는 귀족과 천민을 알아보지 못합니다. 신분은 높은 것이 중요하지만 화폐는 많은 것이 중요합니다. 화폐는 영토도 넘나든다고 했습니다. 화폐는 세계시민처럼 이곳저곳을 돌아다닙니다. 마르크스가 화폐상품의 기원을 공동체 사이를 오간 상업민족이나 고유한 영토 없이 돌아다니던 유목민족에서 찾았던 이유가 여기 있습니다.[김, 116; 강, 155]

한마디로 화폐는 신분과 영토에 근거한 권력과 상충합니다. 그렇다면 화폐가 자산의 기본형태가 되었다는 것은 무엇을 의미할까요. 돈에는 임자가 따로 없다는 말은 돈은 신분을 몰라본다는 말과 다르지 않습니다. 돈은 가진 사람이 임자지 임자인 사람이 미리 정해져 있지 않습니다. 임자가 미리 정해져 있는 것, 지배자가 미리 정해져 있는 것, 그것이 신분제사회죠. 돈이 기본 자산이 되었다는 것은 신분제사회가 끝났다는 의미입니다. 땅을 부동산이라고 하는데요. 부동산의 부동성은 신분제사회에서 인간관계의 성격이기도 했습니다. 인간은 단단한 끈들로 신분에 예속되어 있었습니다. 그러나 마르크스가 『공산주의자 선언』에서 말한 것처럼,[25]

이제 모든 단단한 것은 해체되고, 모든 신분적인 것은 증발되며, 모든 신성한 것은 모독당합니다. 그리고 신분적 예속의 끈이 끊어진 자리에 얼음물보다 차가운 '금전 관계'라는 것이 들어서지요. 물론 예속이 사라진 건 아닙니다. 예속의 성격이 바뀐 것이지요. 인격적 예속에서 비인격적 예속으로.

─────── 계몽되지 않은 저능아 vs. 돈만 아는 저질 ───────

인간관계의 이런 전환이 쉽게 일어나지는 않았을 겁니다. 자본주의 생산양식으로의 이행은 사물에 대한 가치판단이 변하는 것이자 사람을 대하는 태도가 변하는 것이고 조상과 신에 대한 믿음이 변하는 것이었을 테니까요. 가치와 도덕, 신앙의 전환이 아무런 충돌 없이 이루어지지는 않았을 겁니다. 『자본』에는 귀족과 부르주아지의 가치관 충돌을 다루는 부분이 따로 없는데요. 정치경제학을 처음 공부하던 때에 마르크스는 둘의 대립을 재밌게 묘사했습니다. 마르크스는 자본가를 '인격화된 자본'이라고 불렀는데요.[김, 199; 강, 233] 자본가의 캐릭터를 이해하는 것은 자본의 성격을 이해하는 것이기도 하니, 귀족과 대립하는 부르주아지의 성격이 어떤 것인지 잠시 보고 가죠.

내가 여기서 인용하는 것은 『경제학 철학 초고』의 한 대목입니다.[26] 마치 연극의 한 장면처럼 구성되어 있는데요. 토지소유자인 귀족과 화폐소유자인 부르주아지가 서로를 욕합니다. 먼저 귀족이 부르주아지를 어떻게 소개하는지 들어볼까요. 저놈은 어제까지만 해도 내 노예였는데 자유의 몸이 되고 나서 돈을 벌더니 이제는 아주 오만방자해졌어. 그러자 이번에는 부르주아지가 귀족을 소개합니다. 어제까지 내 주인이었던 자인데 게을러서 아무 일도 할 줄 모르고 오로지 자기만 알고 남에게는 잔혹한 짓도 서슴지 않는 인간이지. 그러자 귀족이 자신을 다시 소개합니다. 너 같은 놈은 아무것도 모를 거야. 조상 대대로 내려온 땅의 고귀함과 신성함에 대해, 전통과 풍습의 아름다움에 대해, 우리가 추억하는 과거의 아름다움과 우리가 써내려간 시에 대해, 우리가 펼쳐온 통치의 의미에 대해 네깟 놈이 뭘 알겠는가. 그러고는 화폐자산가를 향해 욕설을 쏟아냅니다. 이 돈만 아는 악당, 교활한 놈, 돈만 되면 무엇이든 다 팔아치우려 드는 놈, 거간꾼이자 사기꾼, 탐욕적이며 돈만 있으면 다 된다고 생각하는 놈, 순종을 모르고 반항만 하는 놈, 심장도 영혼도 없는 놈, 공동체를 파괴하려 드는 놈, 심지어 공동체 자체도 흥정하고 거래하는 놈, 노예근성을 가진 놈, 아양 떠는 놈, 영악하고 이익에 민첩한 놈, 삭막한 놈, 모두를 경쟁으로 내몰며 사회적 빈궁과 범죄를 키우는 놈, 모든 사회적 끈을 다 끊어버리는 놈, 명예도 모르고, 원칙도 시도 실체도 아무것도 모르며, 아무것도 갖지 못한 놈. 이제 부르주아지가 귀족을 향해 반격에 나섭니다. 자신이 누구인지도 모르는, 계몽이 되지 않은 저능아, 도덕적인 자본과 자유로운 노동의 세계에 부도덕한 폭력과 예속적 농노제를 다시 놓고자 하는 어리석은 인간. 실제로는 무능력하고 탐욕적이고 향락적이며 이기적이고 제 자신의 특수한 이해에 매몰되어 있으면서도 마치 솔직하고 우직하고 보편적이며 영원성을 추구하는 것처럼 속이고 은폐하는 놈. 아름다운 추억과 시라고? 너희의 저열하고 잔혹하며 비열하고 파렴치한 짓들을 나열하면 끝도 없을 것이다.

아마도 시간만 허락된다면 둘의 욕설은 한없이 이어질 겁니다. 하지만 역사적 승리를 움켜쥔 것은 부르주아지였습니다. 화폐자산가인 부르주아지는 '오늘'을 차지했고 토지귀족들을 '어제'로 보내버렸습니다(물론 상당수 귀족들이 부르주아지로 변신한 뒤 '오늘'에 승선했다는 걸 잊지 말아야겠지요). 재미있는 것은 마르크스의 말입니다. 둘 사이의 격렬한 욕설을 소개하면서 그는 이렇게 말했습니다. "둘은 서로에 대해 진실을 말하고 있다."27

최초의 출발점이 아니라 매일매일의 출발점에서

첫 장에서 꽤 길게 이야기를 했습니다만, 이것이 『자본』제4장 첫 단락에 있는 "자본의 근대적 생활사가 시작된다"라는 문장 하나에 대한 나의 풀이입니다. 제4장에서 드디어 '자본'이 등장하는데요. 첫 단락은 자본에 관한 논의에 들어가기 전에 출발점의 역사적 전제를 재확인한 것입니다. 논리적으로는 '자본'이 이제 등장하지만, 사실 우리는 제1장부터 '자본'의 역사적 출현을 전제해왔습니다. 제1장 첫 문장에서도 이 점을 확인한 바 있지요. 우리는 '자본주의 생산양식이 지배하는 사회'에 살고 있다고요. 논리적으로 우리는 상품(제1장), 교환과정(제2장), 화폐(제3장)를 거쳐 자본(제4장)에 이르렀지만 이 개념들은 모두 동시대적입니다.

그러므로 '화폐'에서 '자본'으로 넘어가는 것이 시대를 넘어가는 것은 아닙니다. 자본주의 이전 생산양식에서 자본주의 생산양식으로 이행하는 일이 아니라는 겁니다. 이미 우리에게는 자본주의 생산양식이 전제되어 있습니다. 우리 시대의 화폐는 매일매일 자본으로 변신합니다. 따라서 우리는 마르크스의 말처럼 "굳이 자본의 발생사를 돌아볼 필요가 없"습니다. "똑같은 역사가 매일 우리 눈앞에서 펼쳐지고 있"으니까요.[김, 191; 강, 225~226] '자본'을 설명하기 위한 출발점으로 상정한 상품과 화폐의 유통은 우리가 날마다 볼 수 있는 상품과 화폐입니다. 우리는 곧이어 일정액의 돈이 자본이 되는 것을 볼 텐데요, 이 돈을 해명하기 위해 소위 '시초축적'의 시기로 거슬러 가지 않아도 됩니다. 지금도 어디선가 일정액의 돈이 '자본'으로서 생애를 시작하고 있을 테니까요.

비유하자면 이런 겁니다. 우리는 '아이'를 낳아 '아버지'가 되는 어떤 사람에서 시작할 것인데요. 이 '아버지'는 태초의 '아버지'일 필요가 없습니다. 아담은 카인을 낳아 인류 최초의 아버지가 되지만, 아이를 낳았을 때 비로소 아버지가 된다는 것을 말하기 위해, 굳이 아담을 떠올릴 필요는 없겠지요. 단지 아이를 낳는 사람으로서 아버지이기만 하면, 우리는 어떻게 한 사람이 아버지가 되는지에 대한 이야기를 시작할 수 있습니다. 물론 우리 논의의 출발점에 선 아버지도 누군가의 아이였겠지요. 하지만 우리는 모르는 척할 겁니다. 그를 그냥 장차 아버지가 될 사람으로서만 다룹니다. 그럼 이제 한 남자가 어떻게 아버지가 되는지, 다시 말해 화폐가 어떻게 자본이 되는지에 대한 이야기를 시작하겠습니다.

돈을 낳는 돈──그들의 돈은 돌아온다

화폐는 화폐입니다. 하지만 어떤 관계에서는 자본이 됩니다. 화폐인 화폐도 있지만 자본인 화폐도 있다는 거죠. 둘은 어떻게 다른가. 자본은 상품과 화폐의 유통을 전제한다고 했으니 여기서 시작해볼까요.

─────── '화폐로서 화폐'와 '자본으로서 화폐' ───────
마르크스에 따르면 '화폐로서 화폐'와 '자본으로서 화폐'는 유통형태에서 차이가 납니다. '화폐로서 화폐'의 형태는 이렇습니다. $W-G-W$[W는 상품(Ware)을, G는 화폐(Geld)를 나타냅니다]. 반면 '자본으로서 화폐'의 형태는 $G-W-G$입니다. 물론 '자본' 개념을 아직 정의하지 않았기 때문에 두 번째 형태의 '화폐'(G)를 지금은 '자본'이라고 부를 수 없습니다. 잠정적으로만 그렇게 말해두는 겁니다. 두 형태의 차이가 느껴지나요? 전체적으로는 비슷한데 배열이 대칭적입니다. 앞의 것은 상품을 판매한 뒤 그 돈으로 다른 상품을 구입한 것이고요, 뒤의 것은 돈으로 상품을 구입한 뒤 그 상품을 팔아 다시 돈을 받은 것입니다.

두 형태가 그렇게 많이 다른가. 둘의 차이를 말하기 전에 다시 이 점을 환기해두고 싶습니다. 사물이 어떤 순서로 어떻게 배열되는가는 정말로 중요하다는 것. 인간이 노예가 되고 화폐가 자본이 되는 것이 이와 무관치 않으니까요. 여담입니다만, 고대 원자론에 대한 박사학위 논문을 쓸 당시 마르크스는 로마 시인 루크레티우스(Lucretius)한테 매료되었는데요. 논문 작성에 참고하려고 시의 주요 부분을 노트에 옮겨 적기까지 했습니다. 이 시에서 루크레티우스(Lucretius)는 동일한 원자들이 어떻게 놓이고 어떻게 연결되는지에 따라 전혀 다른 것이 된다고 했습니다. 톱의 끽끽대는 소리와 하프의 부드러운 소리, 쑥의 찌르는 맛과 꿀의 달콤함이 모두 이 연결에 달렸다고요. 철자들의 순서나 구성이 조금만 바뀌면 '나무'(ligna)는 자신을 태우는 '불'(ignis)로 변할 수도 있다고 했습니다.[28] 역사유물론자라면 큰 차이를 낳는 작은 차이를 잘 읽어내야 합니다. 이 점이 내가 마르크스한테 항상 감탄하는 대목입니다.

그럼 $W-G-W$와 $G-W-G$에는 어떤 차이가 있을까요. 첫 번째 유통형태를 마르크스는 '구매를 위한 판매'라고 불렀습니다.[김, 192; 강, 226] 우리는 이미 『자본』 제3장에서 이를 본 적이 있습니다. 화폐가 유통수단인 경우입니다. 우리 친구 아마포 직조공이 성경책을 얻을 때 사용했습니다. 그는 아마포를 농부에게 판 뒤 그 돈으로 성경책을 샀죠. 이때 그 돈은 자본이 아닙니다. 그는 화폐를 화폐로 썼습니다. 두 번째 유통형태를 볼까요. 마르크스는 이를 '판매를 위한 구매'라고 했습니다. 돈을 주고 상품을 산 뒤 그것을 팔아 돈을 받았는데요. 출발점과 도달점만 놓고 보면, 돈을 내고 돈을 받아 온 셈입니다. 결과를 보건대 이 유통의 목적은 돈입니다. 이것도 제3장에서 본 것과 비슷합니다. 화폐 자체가 목적인 상품유통. 지난 장에서 나는 이때의 화폐를 가치척도로서 화폐, 유통수단으로서 화폐 등과 구분해 '화폐로서 화폐'라고 불렀습니다(지금은 이 말을 '자본으로서 화폐'와 구분해 화폐의 세 가지 기능형태에 모두 쓰고 있지만요). 상품유통의 목적이 화폐에 있는 경우로 마르크스는 축장화폐, 지불수단, 세계화폐의 예를 들었습니다.

나는 방금 두 번째 유통형태의 화폐가 우리가 이미 『자본』 제3장에서 본 화폐의 세 번째 기능형태와 닮았다고 했는데요. 실제로 마르크스는 『정치경제학 비판 요강』에서 '$G-W-G$'를 화폐의 세 번째 기능형태를 설명하는 데 썼습니다.[29] 그래서 부의 축적수단으로서 화폐[축장화폐]와 자본 사이의 형태 구분이 선명하지 않습니다. 화폐의 세 번째 기능형태를 가치척도와 유통수단이라는 앞서의 두 기능형태의 변증법적 종합으로 이해하고, 이것이 다시 '자본'으로 변하는 것처럼 말합니다. 그러다 보니 세 번째 기능형태와 '자본'이라는 형태 사이의 전환이 신비화됩니다. 그런데 『자본』에서 마르크스는 이 둘을 완전히 다르게 봅니다. 축장화폐와 지불수단과 세계화폐는 '자본'이 아니라 화폐의 한 가지 기능형태일 뿐이라는 겁니다. 다시 말해 여전히 화폐를 화폐로 사용한 것이지 자본으로 사용한 것은 아닙니다.

우리는 감각적으로 알고 있다

화폐가 '자본'으로 사용되었다는 것은 어떤 것일까요. 우리는 동일한 돈, 그러니까 물질적으로는 아무런 변형도 없는 돈이 그저 '화폐'인 경우와 '자본'으로 변신한 경우를 어떻게 구분할 수 있을까요. 마르크스는 아주 흥미로운 말을 합니다. 우리가 그것을 감각적으로 안다는 겁니다. 그에 따르면 '화폐로서 화폐'와 '자본으로서 화폐' 사이에는 '감각적으로 포착할 수 있는'(sinnlich wahrnehmbarer) 차이가 있습니다.[김, 195; 강, 229] 아직 '자본' 개념을 규정하기 전인데, 우리가 '자본'을 이미 감지하고 있다니, 정말요? 흥미로운 대목입니다. 그러니까 마르크스의 '자본' 개념은 우리가 일상에서 막연하게나마 감지한 것을 선명하게 '정식화'한 것입니다. 이 '정식화'라는 말에 대해서는 뒤에서 별도로 이야기하겠습니다. 일단은 우리가 감지하고 있다는 그 '차이'부터 알아보죠.

돈을 화폐로 쓸 때와 자본으로 쓸 때의 차이가 뭘까요. 마르크스는 이렇게 말합니다. 자본으로 쓸 때 우리는 돈이 돌아온다는 감각을 갖고 있다. 돈을 쓸 때 나는 이 돈을 내버리는 게 아니며 이 돈은 내게 되돌아온다는 것을 알고 있다는 거죠. 좀 딱딱하게 말하면, '자본'에는 화폐의 '환류 현상'(Phänomen des Rückflusses)이라는 게 있습니다.[김, 194; 강, 228] 마치 농부가 봄날에 씨를 뿌리면서 그 씨가 가을에 돌아온다고 생각하는 것처럼요. 봄날의 한순간만 보면 씨를 땅에 버리는 것 같지만 실제로는 버리는 게 아닙니다. 누구보다 농부가 둘의 차이를 감각적으로, 그리고 경험적으로 알고 있습니다.

'화폐로 사용된 화폐'에는 이런 환류 현상이 없습니다. 아마포 직조공이 아마포를 팔고 받은 2파운드를 성경책을 사는 데 썼다면 그 돈은 이제 성경책 소유자의 것입니다. 유통수단[교환수단]으로 쓴 돈은 돌아오지 않습니다. 축장화폐나 지불수단, 세계화폐의 경우도 다르지 않습니다. 아마포 직조공이 성경책을 사지 않고 계속 금고에 넣어두었다고 합시다. 아예 수전노처럼 돈을 계속 모았다고 해보죠. 아마포를 팔기만 하고 아무것도 사지 않았습니다. 그래도 돈의 성격이 달라지지 않습니다. 돈을 쓰는 순간 그 돈은 사라집니다. 성경책을 사서 영혼을 축이든 위스키를 사서 목을 축이든 상관없습니다. 그는 돈을 지출했을 뿐입니다. 물건을 사지 않고 빚을 갚아도 사정은 같습니다. 돈은 사라집니다. 돌아오지 않습니다.

따라서 화폐를 모은다고 자본이 되는 게 아닙니다. 아무리 많이 쌓여 있어도 돈은 그냥 돈입니다. 전설의 미다스 왕은 만지는 모든 것을 금으로 바꿀 수 있었다지요. 그러나 미다스 왕이라 해도 금을 만져 자본으로 바꿀 수는 없습니다. 틈나는 대로 금을 쌓아둘 수는 있습니다. 하지만 쓰는 순간 금은 돌아오지 않습니다. 축장자에게는 돈 모으는 일과 돈 쓰는 일이 별개입니다. 그는 '쓰는 게 버는 것'임을 이해할 수 없습니다. 그는 돈을 모을 때는 쓰지 않으며, 써버리면 모으지 못합니다.

그럼 화폐를 자본으로 사용하는 형태(G-W-G)는 어떤가요. 이 형태에 충실한 사람을 떠올려볼까요. 그는 처음에 돈을 내놓습니다. 그 목적은 나중에 돈을 얻기 위해서입니다. 더 정확히 말하면 더 많은 돈을 얻기 위해서입니다. 똑같은 액수를 원했다면 애초 내놓을 필요가 없습니다. 화폐축장자처럼 금고에 넣어두는 것이 더 안전할 테니까요. 그는 돈을 왜 내놓았을까요. 더 많은 돈을 벌기 위해서입니다. 이때 돈은 돈을 벌기 위한 수단입니다. 이렇게 돈을 내놓을 때 그는 돈을 써버린 게 아닙니다. "화폐는 단지 선대(先貸)된 것일 따름"입니다.[김, 194; 강, 228] 흔히 하는 말로 '투자'인 것이죠. 그의 구매는 앞서의 형태(W-G-W)에서 옷을 사 입거나 위스키를 사 마신 것과는 다릅니다. 그의 돈은 돌아옵니다.

────────────── 돈의 영원회귀 ──────────────

두 유통형태의 차이를 좀 더 살펴보죠. 현실적 의미를 생각하면 형태를 조금 수정해야 할 것 같습니다. 화폐가 화폐로서 유통된 경우는 'W_1-G-W_2'로 하고, 자본으로 유통된 경우는 'G_1-W-G_2'로 하겠습니다. 처음과 끝이 같다면 두 유통 모두 무의미하니까요. 누구도 아마포를 사려고 아마포를 팔거나 100만 원을 얻으려고 100만 원을 내놓지는 않겠죠. 그러니 첫 항과 끝항은 다르게 표기해야 합니다.

이런 식으로 수정하면 각 유통의 목적이 분명해집니다. 첫 번째 유통에서 상품 W_1을 판매한 이유는 상품 W_2를 얻기 위해서입니다. 원하는 상품을 얻으면 이 순환은 끝납니다. '구매를 위한 판매'는 욕구의 충족, 즉 소비를 위한 것이었습니다. 아마포를 팔아 생명의 물을 마셨으면 그만입니다. 화폐 G는 둘을 잠시 매개했을 뿐이고요. 여기서 아마포와 성경책의 교환은 우리가 『자본』 제1장에서 본 단순 상품교환과 다를 바 없습니다. $xA=yB$의 등식을 기억할 겁니다. 상이한 두 상품이 어떻게 교환될 수 있을까요. 그것은 둘이 다르기 때문이기도 하고 같기 때문이기도 합니다. 사용가치가 다르기 때문에 교환되는 것이고(아마포와 아마포를 교환하진 않으니까요), 교환가치가 같기 때문에 교환되는 것이죠(1만 원짜리를 10만 원짜리와 교환하진 않을 겁니다).

그럼 두 번째 유통은 어떤가요. 'G_1-W-G_2'에서 화폐 G_1과 화폐 G_2는 질적으로 동일합니다. 하지만 양적으로는 차이가 나야 하죠. 교환가치가 달라야 합니다. 만약 '$G_1=G_2$'라면, 다시 말해 출발점과 종결점에서 화폐액이 같다면 유통은 무의미합니다. 아니 무의미하지도 않죠. 그냥 바보짓이죠. 애초 금고 속에 처박아두었다면 상품을 교환하는 수고라도 절약했을 테니까요. G_1과 G_2는 달라야 하고, 더 정확히 말하자면 '$G_1<G_2$'여야 합니다. 그런데 두 형태의 종결점인 상품 W_2와 화폐 G_2에는 중요한 차이가 있습니다. 상품 W_2는 순환의 진정한 종결점입니다. 영혼에 대한 갈증은 성경책(상품 W_2)을 유통에서 빼 오는 순간 해결됩니다. 다음 날 다른 욕구가 생겨 우리의 친구가 아마포를 들고 간다 해도 마찬가지입니다. 해당 상품을 사 오는 순간 순환은 완성됩니다. 하지만 화폐 G_2는 다릅니다. 그것은 동일한 목적으로 다시 투입될 수 있습니다. 한 순환의 목적이 다음 순환의 수단이 되는 거죠. 종결점이 곧 출발점이 되는 겁니다.

첫 번째 형태에서는 유통에서 빠져나온 상품으로 욕구가 충족됩니다만 두 번째 형태, 즉 '더 많은 돈'이 목적인 순환에서는 완성이라는 게 있을 수 없지요. 100억 원이 110억 원이 되었다고 해서 운동을 멈출 이유가 없습니다. 110억 원은 100억 원과 양적으로는 다르지만 질적으로는 같습니다.[김, 197; 강, 231] 110억 원은 121억 원을 위한 출발점이 될 수 있습니다. 이 때문에 유통의 두 번째 형태는 무한히 계속될 수 있습니다. 영원히 반복하는 운동인 거죠. 첫 번째 형태에는 반복의 계기가 없습니다. 스스로를 새롭게 점화할 이유가 없습니다.[30] 성경책을 읽고 위스키를 마시면 그것으로 거래 목적이 달성됩니다. 여기서 화폐는 단지 사용가치 취득, 욕구 충족이라는 목적을 달성하는 수단일 뿐입니다. 그런데 두 번째 형태에서는 다릅니다. 여기서 화폐는 수단이면서 목적입니다. 스스로가 목적인 과정이죠. 목적이 수단이 되고 도달점이 출발점이 됩니다. 여기에는 더 많은 돈, 즉 가치의 증식을 위한 끊임없는 갱신 운동만이 존재합니다.[김, 198; 강, 232] 바로 이 갱신 운동 속에서 일정액의 화폐, 일정액의 가치가 '자본'이 됩니다. 자본이란 이처럼 '스스로 가치를 증식해가는(verwerten) 가치'입니다.[김, 197; 강, 231]

───────── 잉여가치─자본을 이해하는 열쇠 ─────────

순환을 거쳐 가치가 늘었다는 것은 $G_1<G_2$가 되었다는 뜻인데요. 이렇게 써도 좋을 겁니다. '$G_2=G_1+\Delta G$'. 수학적 기호만 나오면 두통이 생기는 독자도 있을 텐데요. 수학적 기호는 내용을 간명하게 정리하는 데 유용합니다. 그런데 방금 부등식

을 등식으로 바꿔 쓴 데는 다른 이유가 있습니다. 마르크스가 정립한 새로운 개념을 따로 떼서 보여줄 수 있거든요. 엥겔스는 이 개념에 대해 "경제학 전체를 변혁시키고 (…) 자본주의적 생산 전체를 이해하기 위한 열쇠"라고까지 했는데,[31] 바로 '잉여가치'(Mehrwert) 개념입니다.

다시 한번 등식을 써보겠습니다(앞에서는 편의상 화폐로 표현했습니다만 엄밀하게 하자면 '가치'로 표현해야겠지요). $G_2 = G_1 + \Delta G$(나중 가치량＝처음 투하 가치량＋가치증가분). 이 등식에서 가치증가분(ΔG)을 '잉여가치'라고 부릅니다.[김, 197; 강, 231] '잉여가치'는 '자본'을 정의하는 핵심 개념입니다. '자본론'이란 개념적으로는 '잉여가치론'이라고 해도 좋습니다. 앞서 '자본'을 '스스로 가치를 증식해가는 가치'라고 했는데요. 이렇게 바꾸어 말할 수도 있습니다. '자본'이란 '잉여가치를 낳은 가치'라고요. 잉여가치(ΔG)를 낳기 위해 투하한 가치(G_1)가 '자본'인 겁니다.

그런데 이 핵심 개념을 우리의 번역본들은 하필 '잉여'라는 말로 옮겼습니다. 잉여라는 말은 쓰고 남은 것, 부차적인 것, 관심의 대상이 아닌 것이라는 뉘앙스를 줍니다. 게다가 사사키 마사노리(佐々木正憲)가 지적한 것처럼,[32] 회계상에서 잉여금이란 총수입에서 지출을 빼고 남은 것인데요. 이는 총액이 주어져 있고 필요한 부분을 빼고 남은 부분이란 뜻입니다. 이는 마르크스가 말하고자 했던 바와 크게 다릅니다. 마르크스는 전체 가치의 증대를 말하기 위해 'Mehrwert'라는 말을 썼으니까요(그래서 사사키는 "Mehrwert는 '잉여가치'라기보다 '증가가치'다"라고 말합니다)[33]. 요컨대 잉여가치는 자본을 정의하는 핵심이고, 자본가가 가장 관심을 갖고 있는 것이며, 『자본』에서 그 정체를 밝히고자 하는 중심 개념입니다. 또한 그것은 '빼고 남은 부분'이라기보다 '더 증가한 부분'입니다. 이미 굳어버린 번역어인지라 바꿔 쓰기가 쉽지는 않지만 이런 지점을 염두에 두고 사용해야 합니다.

재밌는 것은 '자본'도 그렇지만 '잉여가치'도 일상어였다는 사실입니다. 'Mehrwert'는 마르크스가 창안한 학술용어가 아닙니다. 사사키에 따르면 이 단어는 1809년에 처음 사전에 등장했습니다.[34] 라틴어권에서 쓰던 'plus-value'라는 말을 독일어로 옮긴 것으로 보입니다. 'plus-value'는 1457년 문서에 처음 나타나는데요. 16세기에는 부르주아들이 회계장부에 적는 항목 이름이기도 했습니다. 사업상의 '초과이익분'을 가리켰죠. 그래서 당시에는 '초과이익분에 대한 과세'(Impostions sur les plus-values) 같은 표현이 통용되었습니다.[35]

마르크스는 전혀 들어본 적이 없는 것에서 시작하지 않습니다. 그는 우리에게 매우 친숙한 것에서 시작합니다. 그런데 그것에 완전히 다른 조명을 쏘여줍니다.

친숙하고 일상적인 것을 아주 낯선 것으로 뒤집어놓는달까요. 말하자면 그는 창조자라기보다 전복자입니다. 외견상으로는 태양이 도는데 실상은 지구가 돈다는 것을 드러내는 식이죠. 우리의 일상적 감각에서 출발하지만 그것을 그대로 받아들이지 않습니다. 앞서 내가 2장에서 강조했던 것처럼, 마르크스는 우리에게 나타난 것이 어떻게 해서 그렇게 나타났는지를 보여줍니다.

'잉여가치'라는 말이 꼭 그렇습니다. 돈이 늘어났다, 돈이 새끼를 쳤다는 식의 일상적 표현은 '자본'에 대한 일상적 감각을 보여줍니다. '잉여가치'는 이런 일상적 감각에서 나온 말입니다. '증가된 가치', '새끼 친 돈' 같은 것이죠. 마르크스는 이런 일상어에서 시작했습니다. 프루동이나 시스몽디(Jean C. L. Sismondi) 같은 비판가들과 다른 점입니다. 그들은 부르주아사회의 '착취'를 폭로하기 위해 일상어 'plus-value'라는 말 대신 'mieux-value'라는 신조어를 썼습니다. 하지만 사사키가 지적했듯 "마르크스의 과제는 일상어로서의 Mehrwert를 비판적으로 새롭게 파악하고 증가가치의 무개념적 사고를 사람들에게 강제하는 근대 시민사회의 메커니즘을 해명"하는 것이었습니다.[36]

다시 말하지만 마르크스는 새로운 것을 창조한 사람이 아니라 기존의 것을 새로 보게 만든 사람입니다. 새로운 기호를 추가한 사람이 아니라 기존의 기호를 완전히 새롭게 해석한 사람입니다. 이것이 마르크스의 비판입니다(참고로 마르크스는 1857년 말에 작성한 원고에서 '잉여가치'라는 말을 처음 썼습니다.[37] 그는 자본의 가치증식을 설명하던 중 '잉여가치'라는 말을 썼는데요. 큰 비중을 두지는 않고 지나치듯 가볍게 언급했습니다).

―――――― 정신 나간 자본가와 합리적 수전노 ――――――

다시 '자본'과 '잉여가치' 이야기로 돌아오면, 지금 우리는 '화폐로서 화폐'와 '자본으로서 화폐'를 구분하고 있습니다. '자본'과 단순한 '돈더미'를 구별해야 하는 거죠. 이 구별의 핵심에 '잉여가치'가 있습니다. 만약 자본가가 '100억 원'을 '110억 원'으로 만든 뒤 그 돈을 금고에 넣어둔다면 '110억 원'은 큰돈이기는 해도 더는 자본이 아닙니다. 다시 화폐로 돌아가버리죠. 축장화폐가 되는 겁니다. 마르크스는 이렇게 말하고 있습니다. "그것은 더 이상 자본으로 존재하기를 멈춘다. 만일 유통에서 떨어져 나온다면 그것은 축장화폐로 화석화되고, 최후 심판의 날까지 그대로 보존될지언정 단 한 푼도 늘지 않을 것이다."[김, 198; 강, 231] 방금 '화석화된다'(versteinern)라는 표현을 썼는데요. 말 그대로 생명을 잃은 돌덩어리처럼 되는 겁니다. 아이 낳기를 중단한 화폐, 불임의 화폐는 죽은 화폐, 화폐로 돌아간 화폐입니다. '자본으로서의 금덩어리'가 이제는 '그냥 금덩어리'가 되는 겁니다.

자본과 축장화폐의 차이가 인격적으로 나타난 것이 '자본가'와 '수전노'입니다(두 인간형에 대한 더 상세한 논의는 부록노트⑬ 참조). 나는 『자본』이 매우 연극적이라고 말했는데, 『자본』에 등장하는 인간들은 모두 페르소나입니다. 마르크스가 이미 서문에서 말했죠. "여기에서 사람들을 문제 삼는 것은 그들이 경제적 범주들의 인격체라는 점에서만, 특정한 계급관계와 계급이해의 담지자라는 점에서만 그러하다."[김, 6; 강, 47] 그러니까 '자본가'는 '인격화된 자본'입니다.[김, 199; 강, 233] '자본가'는 '자본'을 연기하는 사람입니다. 말하자면 인간의 탈을 쓴 자본인 거죠. 『자본』에서 자본가의 주관적 목적은 자본 운동의 객관적 내용과 같습니다. 너무 어렵게 말했나요. 어떤 자본가가 더 많은 돈을 벌려고 눈에 불을 켜는 것을 『자본』에서는 그 사람의 독특한 성격으로 보지 않는다는 겁니다. 자본의 끊임없는 가치증식운동이 그를 통해 표현된 것뿐이라고 보죠. 마르크스의 표현을 쓰자면 자본가란 자본 운동의 '의식적 담지자'(bewußter Träger)입니다.[김, 199; 강, 233] 자본가는 수전노와 어떻게 다른가. "부에 대한 무한한 탐욕, 열정적 교환가치의 추구"라는 점에서는 다르지 않습니다. 하지만 탐욕을 실현하는 방식이 다릅니다. 마르크스는 이렇게 말했죠. "수전노가 정신 나간(verrückte) 자본가라면 자본가는 합리적인(rationelle) 수전노다."[김, 200; 강, 234]

돈을 쓰지 않고 모으기만 하는 수전노의 행태는 병적으로 보입니다. 부에 대한 탐욕이 화폐에 대한 병적 집착으로 나타납니다. 돈을 수단으로 여기지 않고 목적으로만 섬기는 도착증 환자라고 할까요. 영화 〈반지의 제왕〉에서 "마이 프레셔스(My precious), 마이 프레셔스"만 되뇌는 골룸 같습니다. 오랫동안 사람들은 수전노를 병적 존재로 그려왔습니다. 자본가는 어떤가요. 부에 대한 탐욕에서는 수전노보다 더하면 더했지 그 정도가 덜한 사람이 아닙니다. 그런데 그에게는 탐욕과 합리성이 반대말이 아닙니다. 한마디로, 제정신인 탐욕적 인간이죠. 그는 매우 냉정하고 치밀하게 그리고 합리적 수단을 통해 욕망을 채워갑니다. 부에 대한 그의 열정은 뜨겁지만 부를 획득하기 위한 계산은 차갑습니다. 무엇보다도 그는 돈을 벌기 위해 돈을 쓸 줄 압니다. 그에게 돈은 목적이지만 또한 수단입니다(똑같이 돈을 모았어도 모으는 방법이 완전히 다릅니다. '돈을 쓰지 않기 때문에 돈을 번 사람'과 '돈을 썼기에, 다시 말해 투자했기에 돈을 번 사람'은 본질적으로 다른 유형의 사람입니다).

자본가의 등장은 기독교의 근대적 판본인 프로테스탄티즘의 구원관과 잘 맞아떨어집니다. 마르크스도 『자본』 제1장에서 프로테스탄티즘이 자본주의 생산양식에 가장 부합하는 신앙형태임을 이미 지적한 바 있는데요.[김, 102; 강, 143] 부의 축적에 대해서도 프로테스탄티즘, 특히 칼뱅이즘은 독특한 정당화 논리를 제공했습니다. 과거 기독교에서는 돈과 구원을 떨어뜨려놓았습니다. 예수가 분명히 말해두었지요. "부자는 천국에 들어가기 어려우니라. 다시 너희에게 말하노니 낙타가 바늘귀로 들어가는 것이 부자가 하나님의 나라에 들어가는 것보다 쉬우니라."[마태복음 19:23~24] 그런데 칼뱅이즘은 독특한 '예정설'을 주장하면서 이것을 뒤집었습니다. 신은 구원받는 자와 그렇지 않은 자를 구분해두었는데 그 내용을 아무도 알지 못한다고 했죠. 교황도 성직자도 그 어떤 인간도 자신의 구원 여부를 알지 못합니다. 칼뱅이즘은 구원 여부를 알지 못하는 데서 오는 불안을 독특하게 해소했습니다. 구원 여부를 아는 문제를, 구원받았음을 입증하는 문제로 바꿉니다. 구원 여부를 불안해하는 것은 내가 구원받지 못했다는 표시일 수 있습니다. 그러므로 나는 내가 구원받았음을 믿고 열심히 살아야 합니다. 그 결과 내가 성공한다면 이는 내가 선택받은 자라는 의미입니다. 이렇게 되면 죄를 짓지 않는 한에서 내가 거둔 성공과 부는 내가 바늘귀를 통과한 인물이라는 표시가 됩니다. 구원을 세속에서 확인하는 거죠.

실제로 마르크스는 수전노와 자본가의 차이를 '구원'의 차이로 설명하고 있습니다. "수전노는 화폐를 유통에서 구원해냄으로써 가치의 쉴 새 없는 증식을 추구하지만, 좀 더 영리한 자본가는 끊임없이 반복하여 화폐를 유통에 투입함으로써 가치의 끊임없는 증식을 달성한다."[김, 200; 강, 234] 방금 "화폐를 유통에서 구원해냄으로써"라는 표현을 썼죠. 약간의 말장난인데, 마르크스가 여기 주석을 달았습니다.[김, 200, 각주 10; 강, 234, 각주 10] 그리스어 'sozein'에는 '축장'의 뜻도 있지만 '구원'의 뜻도 있다고요. 영어 'save'와 같죠. '저축하다'라는 뜻도 있고 '구원하다'라는 뜻도 있습니다. 말하자면 수전노는 유통 바깥에서 구원을 찾습니다. 화폐를 현세에서 내세로 빼냅니다. 하지만 자본가는 화폐를 유통에 투입합니다. 거기에 구원의 길이 있으니까요. 그에게 구원은 '최후 심판' 다음에 오는 것이 아니며, 그는 돈을 쌓아두기만 해서는 "최후 심판의 날까지 한 푼도 늘지 않는다"라는 걸 압니다. 그에게 구원 즉 '가치의 증식'은 최후의 날 이전에 이루어집니다.

──────── 아버지가 아들을 낳았으되 둘은 한 몸이라 ────────

마르크스의 자본 개념은 한편으로 생물학적이면서 다른 한편으로 신학적입니다.

그는 자본을 '잉여가치를 낳는 가치'라고 했습니다. 자식을 낳는 것에 비유한 겁니다. 자본은 생명체처럼 번식하고 성장합니다. "살아 있는 자식을 낳든가 아니면 적어도 황금알을 낳"습니다.[김, 201; 강, 235] 일종의 생식이죠. 자본은 잉여가치를 낳고, 잉여가치는 자신을 낳은 가치를 자본으로 불리게 만듭니다. 마치 아버지와 아들의 관계와 같습니다. 아버지는 아들을 낳음으로써 비로소 아버지가 됩니다. 그런데 한 순환을 마치고 나면 둘은 하나가 됩니다. 100억은 10억을 낳음으로써, 다시 말해 10억이라는 잉여가치에 의해 자본이 됩니다. 그리고 이제 둘은 출발점에 다시 섭니다. 100억과 10억이 따로 서지 않고 110억으로 함께 섭니다. 마르크스의 말을 들어볼까요. "그것이 자본이 되는 순간, 즉 아들이 태어남으로써 아들에 의해 아버지가 태어나게 되는 순간 둘의 구별은 다시 소멸하고 둘은 하나가 되기 때문이다."[김, 202; 강, 236]

이 신비한 과정을 설명해줄 수 있는 것은 생물학이 아니라 신학입니다. 아버지가 아들을 주셨으되 성부와 성자는 하나입니다. "이는 성부로서 자신을 성자와 구별하는 것과 같은데 둘은 나이가 같으며 사실상 한 몸[위격, Person]을 이룬다."[김, 202; 강, 235] 나이가 같고 한 몸을 이룬다는 표현이 재밌습니다. 아버지와 아들이 나이가 같다는 것은 생물 개체를 생각하면 할 수 없는 말입니다. 유전자 수준에서 하는 말이라면 모를까. 그런데 신학적으로 접근하면 그럴싸합니다. 신은 나이 들지 않습니다. 따라서 어떤 과정에서도 같은 나이입니다. 출발점에서든 도착점에서든 나이가 같습니다. 아니, 과정의 어느 순간에서도 나이가 같습니다. 한 몸을 이룬다는 것도 그렇습니다. 과정상의 개체들은 동일한 존재의 페르소나(Person)일 뿐입니다. 과정이란 동일한 주체의 운동일 뿐이죠.[김, 201; 강, 234]

이런 생각을 갖고서 자본의 유통형태를 보면 이제 다른 게 보입니다. 지금까지 우리는 '자본'을 '화폐'의 특별한 부류처럼 다루었습니다. 화폐로 사용된 화폐도 있지만 자본으로 사용된 화폐도 있다고요. 하지만 다시 한번 유통형태를 볼까요. 'G_1-W-G_2'에서 '화폐'와 '상품'은 다른 것일까요. 물론 실존형태는 다릅니다. 하지만 그것은 가면에 불과합니다. 교환가치[가치]라는 측면에서 보자면, 화폐란 가치의 '일반적 형태'이고, 상품은 '특수한 형태'일 뿐이죠.[김, 200~201; 강, 234] 더욱이 이것을 자본의 유통이라는 점에서 보면 어떻습니까. 화폐나 상품 모두 자본의 개별 형태에 지나지 않죠. 그렇다면 우리는 '자본으로서 화폐'만큼이나 '자본으로서 상품'도 말할 수 있습니다.

수전노는 화폐와 상품의 관계를 적대적으로 보는 사람입니다. 상품이 들어오면 돈이 나갔다는 뜻이니 금욕적인 그로서는 견딜 수가 없겠죠. 하지만 자본가는 그렇게 생각하지 않습니다. "자본가는 비록 [돈에 비하면] 초라해 보이고 악취가 난 다 해도, 모든 상품은 신앙에서도 진리에서도 화폐이며 내면으로 할례를 받은 유 대인이며, 더 나아가 돈으로 더 많은 돈을 만드는 기적의 수단임을 안다."[김, 202; 강, 235] 여기서 "내면으로 할례를 받은 유대인"이란 바울의 말입니다. 할례는 유 대인의 겉보기 표식이죠. 하지만 바울은 그런 겉보기 표식은 중요하지 않다고 했 습니다. 진정한 할례는 마음에 하는 것이라고 했죠(「로마서」 2:29). 신체에 의한 유 대인과는 다른 '영에 의한 유대인'이라는 개념을 끌어들인 거죠. 마르크스는 자본 의 유통에서 상품과 화폐의 관계를 여기에 비유하고 있습니다. 신체상으로는 상품 과 화폐가 다르지만 영적으로는 같다는 겁니다. 모두 자본의 영혼이 깃들었죠.

자본의 유통에서 상품과 화폐가 모두 자본의 영혼을 갖고 있다면, 다시 말해 모두 자본의 실존형태에 다름 아니라면, 우리는 유통형태의 어느 항에서도 자본은 사라지지 않는다고 말할 수 있습니다. 화폐로 있든 상품으로 있든 자본은 사라지 지 않습니다. 여기서 우리는 자본의 두 가지 규정을 읽어낼 수 있습니다. 바로 '보 존'과 '증식'입니다. 자본은 유통의 과정, 순환의 과정에서 사라지지 않습니다. 자 기동일성을 유지합니다. 이것이 보존입니다. 또 자본은 유통의 과정, 순환의 과정 에서 잉여가치를 낳습니다. 이것이 증식입니다. 요컨대 자본이란 자신을 보존하면 서 증식하는 운동의 주체입니다.

자본은 유통에서 나왔다가 다시 유통으로 들어가며, 유통 속에서 자기를 보 존하면서 증식하고, 더 많은 돈이 되어 유통 바깥으로 나옵니다. 그리고 이 과정을 반복합니다. 돈이 돈을 낳는다는 사람들의 통념은 '자본'의 규정에서 비로소 의미 를 갖습니다. "G-G', 즉 돈을 낳는 돈이라는 말은 자본의 최초 통역자인 중상주의 자들의 입에서 나온 자본에 대한 묘사이다."[김, 202; 강, 236] 처음에 자본의 유통 형태는 물건을 싸게 사 와서 비싸게 팔았던 상인자본에 딱 맞는 표현처럼 보였습 니다. 하지만 모든 자본이 여기 해당합니다. 공장에서 물건을 만들어내는 산업자 본 역시 상품(원료와 노동력)을 사들인 뒤 새로운 상품을 만들어 판매합니다. 그렇 게 해서 더 많은 돈을 법니다. 이것은 '이자 낳는 자본'의 경우에도 다르지 않습니 다. 다만 이 경우 상인자본가한테 빌려주었는지, 산업자본가에게 빌려주었는지 등 을 고려하지 않지요. 그저 돈을 빌려주었다면 나중에 더 많은 돈으로 돌아와야 할 뿐입니다. 그래서 자본의 유통을 'G-W-G'로 쓰지 않고 과정을 생략한 채로 'G- G'로 쓸 수 있습니다.

어떤 점에서 보면 마지막 형태의 자본, 즉 '이자 낳는 자본'이 자본의 가장 순수한 모습처럼 보입니다. 시간 속에서 자신을 보존하면서 증식하니까요. "잠을 자든 안 자든 집에 있든 여행을 하든 낮이든 밤이든 화폐에서는 이자가 생긴다."[38] 『자본』 III권에서 마르크스는 '이자 낳는 자본'을 그렇게 묘사했습니다. '이자 낳는 자본'은 '자본'이 운동의 주체임을 선명하게 보여줍니다. 이 운동형태에는 '돈을 낳는 돈' 말고는 아무것도 없으니까요. 마치 헤겔의 이념(Idee)과 같습니다. 화폐로, 상품으로 자신을 전개해가며 더 높은 차원으로 발전해가는 실체. 하지만 앞서 1장에서 내가 말해둔 것을 잊지 말기 바랍니다. 마르크스가 헤겔의 변증법에 가장 가까이 다가간 곳이 실은 가장 멀어진 곳이라고 했던 것 말입니다. 자본의 운동, '이자 낳는 자본'에서 가장 순수한 형태를 보이는 이 운동이 사실은 가상의 운동이고 물신주의입니다. 헤겔은 역사를 자기 목적에 도달하는 이념의 운동으로 그렸지만(진리의 실현이자 자유의 실현이죠) 마르크스는 자본의 자기목적 운동을 물신주의로 그렸습니다(자본에 대한 예속의 실현이죠). 마르크스는 이렇게 말했습니다. "이자 낳는 자본에서 자본관계는 가장 피상적이고 물신화된 형태에 도달한다."[39]

이제 막 '자본' 개념이 태어난 곳에서 너무 이른 이야기일 수도 있습니다만 '자본'이 개념적으로 태어난 곳이므로 오히려 지적해두어야겠습니다. 마르크스는 자본을 '스스로 증식하는 가치'로 정의했고 영원회귀의 주체인 양 묘사했습니다. 그리고 앞으로도 자본을 이런 식으로 묘사할 겁니다. 하지만 잊지 말아야 합니다. 이것이 물신주의라는 점 말입니다. 자본이 아이를 낳다니요. 차라리 '춤추는 책상'을 믿겠습니다. 다만 자본주의에서는 이런 물신주의가 좀처럼 사라지지 않을 겁니다. 자본주의 생산양식이 지배하는 곳에서는 자본이 운동의 주체이고, 자본은 아이를 낳습니다.

돈이 돈을 낳는다고?

돈이 돈을 낳는다? 우리는 고대 아리스토텔레스한테서 이와 관련된 흥미로운 언급을 찾아볼 수 있습니다. 『자본』 제1장에서 가치형태를 다룰 때도 마르크스는 아리스토텔레스를 인용한 바 있는데요. 그를 "가치형태를 처음으로 분석한 위대한 사상가"라고 했어요.[김, 75; 강, 117] 다만 아리스토텔레스는 동질적 인간노동을 떠올릴 수 없는 역사적 한계 때문에 더 나아가지 못했다고요. '자본으로서 화폐의 유통'에서도 마르크스는 아리스토텔레스를 길게 인용하는데,[김, 198, 각주 6; 강, 232, 각주 6] 여기서도 아리스토텔레스는 무언가를 포착한 위대한 사상가입니다.

아리스토텔레스는 화폐의 무한증식운동을 포착했지요.

앞서도 언급한 바 있습니다만, 아리스토텔레스는 우리가 '경제학'이라는 하나의 단어로 부르는 두 가지를 엄격히 구분했습니다. 하나는 가정관리술이고 다른 하나는 화폐증식술입니다. 그에 따르면 재화나 재물을 생산하고 유통하고 비축하는 목적에서 둘은 전혀 다릅니다. 가정관리술은 생활에 필요하고 가정이나 국가에 유용한 재화를 조달하는 기술입니다. 우리는 무한한 존재가 아니므로 우리 생활에 필요한 물건이란 무한하지 않습니다. 한계가 있지요. 아리스토텔레스는 이런 물건들이야말로 '진정한 부'이며 이를 갖추려는 것을 '자연스러운 재산획득술'이라고 했습니다.[40] 반면 화폐증식술은 자연스러운 재산획득술이 아닙니다. 이것은 재화의 상업적 유통에서 생겨난 것인데요. 모으려는 "부와 재산에 한계가 없"습니다. 이 기술의 목적은 생활에 필요한 물건의 공급이 아니라 화폐의 증식에 있습니다. 사람들은 화폐증식술을 가정관리술과 혼동해 화폐를 무한히 증식시키는 일에 집착합니다. 그런데 두 기술을 혼동하는 것은 자연과 부자연, 유한과 무한, 자유와 예속을 혼동하는 것과 같습니다.[41]

아리스토텔레스에 따르면 화폐증식술의 가장 나쁜 판본, 자연에 가장 배치된 형태가 고리대금업(obolostatikē)입니다. 기본적으로 그는 가정관리 목적이 아닌 상업적 행동을 비난했습니다. 상업은 "자연스러운 것이 아니고 남의 희생을 바탕으로 이루어진다"라고 보았거든요. 그런데 고리대금업은 문제가 더 심각합니다. 교역도 아니고 그냥 화폐 자체에서 이득을 취하려 하니까요. "화폐는 교역에 쓰라고 만들어진 것이지 자식(tokos)을 낳으라고 만들어진 것이 아니기 때문이다. 그리고 돈이 낳은, 돈의 자식을 뜻하는 이자(利子)라는 용어가 돈의 증식에 사용되는 것은 새끼가 어미를 닮아 있기 때문이다. 그래서 모든 종류의 재산획득 기술 가운데 고리대금이 가장 자연에 배치된다."[42] 아리스토텔레스는 '돈을 돈 낳는 데 쓰는 것'을 가장 경멸했습니다. 돈이 자식을 낳는 것은 자연에 반하는 일입니다.

돈을 낳는 돈에 대한 거부감은 중세 서구인들에게서도 쉽게 확인할 수 있습니다. 13세기의 한 텍스트는 고리대금업자를 이렇게 그립니다. "고리대금업자는 돈이 돈을 낳을 것을 원함으로써 마치 수말이 수말을 낳고 수노새가 수노새를 낳기를 바라는 것과 같은 반자연적 죄를 범한다."[43] 고리대금업자라고 했지만 '높은 이자'를 받는 사람을 칭하는 게 아닙니다. 원금보다 조금이라도 많은 돈을 받는 사람, 말하자면 '이자를 받은 사람' 일반을 가리키는 말입니다. 고리대금업자를 반자연적이라고 말한 것은 수말이 수말을 낳지 못하는 것처럼 돈에는 생식력이 있을 수 없다고 보았기 때문입니다. "돈은 돈을 낳지 않는다"(Nummus non parit num-mos). 아리스토텔레스를 읽은 토마스 아퀴나스(Thomas Aquinas)가 한 말입니다. 성 보나벤투라(St. Bonaventura) 역시 "돈은 그 자체로, 그것에 의하여 결실을 맺지 않"는다고 했고요. 이외에도 돈의 자연적 생식력을 부인하는 언급은 여러 곳에서 찾을 수 있습니다. 물론 그들도 현실적으로는 돈이 계속해서 돈을 만들어내고 있다는 것을 모르지 않았습니다. 그래서 더 경계했겠지요. "고리대금이라는 소들이 쉴 새 없이 일을 하여 하나님과 모든 성자들을 모독"하고 있으니까요.[44]

돈은 돈을 낳지 않는다. 그런데도 돈을 빌려준 뒤 더 많은 돈을 돌려받았다면? 그것은 절도입니다. 누구의 무엇을 훔쳤다는 걸까요? 중세인들이 볼 때 고리대금업자는 좀 특별한 도둑입니다. 그들이 훔친 것은 사람의 것이 아닙니다. 돈을 빌려준 시점과 돌려받은 시점 사이, 변한 것은 무엇일까요? 시간 말고는 없습니다. 그들은 시간을 이용해 돈을 번 사람들입니다. 그런데 시간은 누구의 것일까요? 그건 바로 하나님의 것입니다. 그러므로 고리대금업자는 하나님의 재산을 훔친 사람이 됩니다. 교회가 종을 쳐서 알리던 하나님의 시간을 팔아 이득을 취한 겁니다.[45] 두말할 것도 없이 지옥행입니다. 상업과 금융 기법이 상당히 발전했던 시기에도 자본주의로 나아갈 수 없는 신앙적 장벽이 있었던 겁니다. 물론 오늘날에는 반대입니다. 돈이 돈을 낳지 못한다면 그 게으름과 불임성 때문에 욕을 먹겠지요. 돈을 그냥 놀리고 있다고 말이죠. 돈을 직접 투자했든 빌려줬든 그 돈이 늘지 않은 채로 돌아오면 사람들은 화를 냅니다. 나갔으면 자식을 데려와야 하죠. 돈은 돈을 낳는가. 이전 시대에는 말도 안 된다고 생각했던 것이 우리 시대에는 상식입니다. 우리 시대의 상식이 역사적으로는 얼마나 독특한 것인지를 다시금 깨닫게 됩니다.

───── '자본의 일반 정식'─우리의 경험적 감각을 정식화한 것 ─────
'자본'은 돈이 돈을 낳는다는 사람들의 일상적 감각에서 출발한 개념입니다. 마르크스는 우리가 자본을 감각적으로 포착하고 있다고 했습니다. 그는 이 감각에서 시작했습니다. 앞서 말한 것처럼 이 점이 『정치경제학 비판 요강』과 『자본』의 중요한 차이입니다.

『정치경제학 비판 요강』에서 마르크스는 '가치척도로서 화폐'와 '유통수단으로서 화폐'를 '부의 축적수단으로서 화폐'로 종합한 뒤 곧바로 '자본'으로 나아갔습니다. 종합해서 더 높은 차원으로 올라가는 헤겔식 변증법의 신비한 도약을 보는 것 같습니다. 하지만 『자본』에서는 사람들의 경험에서 '자본' 개념을 끌어내고 있습니다. '화폐'로부터 '자본'으로 변신하는 것이 전혀 신비하지 않습니다. 화폐로 사용된 화폐와 자본으로 사용된 화폐는 전혀 다른 기능을 수행합니다. 축장화폐와 자본이 어떻게 다른지를 우리는 이미 확인했습니다. 무엇보다 사람들은 그 차이를 경험적으로 알고 있습니다. 마르크스는 이 경험적 감각에서 출발해 자본 개념을 만들어낸 것이죠.

이 점에서 나는 자크 비데가 "화폐에서 자본으로의 전환은… 변증법적 전환이 아니"며, 『자본』의 서술은 "'경험'에 새롭게 호소함으로써만 전진할 뿐"이라고 말한 것에 공감합니다.[46] 물론 마르크스가 통념을 따르는 것은 아닙니다. 오히려 그는 익숙한 것이 낯설게 보일 정도로 전복적 해석을 내놓습니다. 돌고 있는 것은 태양이 아니라 지구라고요. 이것은 헤겔적 '지양'(Aufhebung)보다는 스피노자적 '지성 개선'(emendatio intellectus)에 가깝습니다. 우리가 경험한 현상을 우리 자신에게 나타난 모습대로 믿어버리는 잘못을 고쳐주는 거죠.

제4장 제1절(영어판은 제4장)의 제목을 볼까요. '자본의 일반 정식'(Die allgemeine Formel des Kapitals)이라고 되어 있습니다. 이 제목은 제4장 마지막 문장의 한 구절이기도 합니다. "사실상 $G-W-G'$는 유통영역에서 직접 나타나는 모습 그대로의 자본의 일반 정식이다."[김, 203; 강, 236] 여기서 우리가 주목할 단어는 '정식'(Formel)입니다. 앞에서는 이 단어를 쓰지 않았습니다. '형태'(Form)라는 말을 썼지요. 비데는 연구자들이 여기에 "주목할 만한 용어상의 전환"이 있음을 알아차리지 못했다고 지적했는데요.[47] 정말로 빛나는 통찰이 아닐 수 없습니다. 『자본』을 준비하는 과정에서 작성한 초고(1861~1863년 초고)까지만 해도 마르크스는 $G-W-G'$를 '형태'라고 불렀습니다. 그런데 『자본』에서는 이를 '정식'이라는 말로 수정했습니다. 사람들의 경험적 감각을 정식화한 것이니까요.

이는 곧바로 그다음에 이어지는 제4장 제2절(영어판은 제5장) 제목과 연결되는데, 제목이 '일반 정식의 모순들'(Widersprüche der allgemeinen Formel)입니다. 이 '모순들'은 헤겔의 『논리학』에서 말하는, 논리의 고차적 진행을 위한 모순이 아닙니다. 일상적 감각, 일상적 체험에 입각한 판단이 부딪히는 모순들에 대한 것이죠. 예컨대 젓가락을 물에 넣으면 꺾여 보입니다. 육상동물의 생각은 이렇습니다. '대기 중에서는 젓가락이 꺾이지 않으니 분명 원인은 물에 있음이 틀림없다.' 하지만 수중동물의 생각은 다릅니다. '물속에서는 젓가락이 꺾이지 않으니 분명 원인은 대기에 있다.' 둘 모두 맞고 둘 모두 틀렸습니다. 원인은 물속에 있기도 하고 없기도 하며, 물 바깥에 있기도 하고 없기도 합니다. 분명 젓가락은 꺾였는데, 물속에서든 물 밖에서든 이런 일은 일어날 수 없습니다. 그럼 어떻게 할까요. 젓가락을 물에 넣었을 때 꺾여 보이는 이유를 해명하면 됩니다. 이 현상이 각각에서 일어나지 않으면서 둘 모두를 필요로 한다는 걸 보여주어야 합니다. 한마디로 이런 현상이 어떻게 산출되는지 보여주면 되는 거죠.

밀실살인──범인은 어디에?

『자본』제4장 제2절(영어판은 제5장)의 첫 문장은 자본의 일반 정식의 모순에서 시작합니다. 마치 모든 물리법칙과 충돌하는 물리현상을 본 것처럼 말이죠. "화폐가 자본으로 변태할 때의 유통형태는 상품·가치·화폐, 그리고 유통 자체의 본성에 관해 앞서 논의된 모든 법칙들과 모순된다."[김, 204; 강, 237]

놀라운 사건을 의뢰받다

앞서 본 것처럼 '자본으로서 화폐유통'은 '화폐로서 화폐유통'과 형태상 조금 다를 뿐입니다. 하나는 '판매를 위한 구매'이고 다른 하나는 '구매를 위한 판매'입니다. 판매와 구매의 순서만 바뀐 거죠. 그런데 이것만으로 돈의 본성이 변해버렸습니다. 화폐가 자본이 된 겁니다. 생식능력 없던 화폐가 어느 날부터 아이를 낳습니다. 마르크스의 말처럼 마법 같은 일입니다.[김, 204; 강, 237] 이건 생쥐를 말로, 호박을 마차로 바꾼 신데렐라 이야기 속 마법사도 할 수 없는 일입니다. 생쥐를 말로, 호박을 마차로 바꾼 건 살아 있는 것과 살아 있는 것, 죽은 것과 죽은 것의 교체였으니까요. 그런데 화폐가 자본이 된 것은 죽은 금덩어리가 황금알을 낳는, 살아 있는 거위로 변신한 겁니다.

나는 『자본』을 추리소설 같다고 했는데요. 그렇다면 우리가 탐정으로서 이 사건을 수임해볼까요. 탐정이라면 황금알을 낳는 거위를 보고 눈이 휘둥그레져서는 곤란하겠죠. 이제부터 이 놀라운 사건에 대한 진상 조사를 시작하겠습니다. 일단 유력 용의자이자 거위의 소유자인 자본가의 행적을 살펴보죠. 그가 누구를 만났고 무슨 일을 했는지 순서대로 볼까요. 처음에 자본가는 일정액의 돈을 들고 있었는데요. 아직까지는 거위 즉 자본이 아닙니다. 사건이 일어나기 전이죠. 그는 돈을 들고 가서 인물 A를 만났습니다. 유심히 살폈지만 딱히 이상한 행동은 없습니다. A에게 돈을 주고 상품을 샀습니다(G-W). 아마포 직조공이 성경책을 산 것과 다르지 않습니다. A는 자본가와 알던 사이도 아니고, 자기가 판 물건을 가지고 앞으로 무슨 일을 할지도 자본가에게 묻지 않습니다. 그는 물건만 팔면 그만입니다. 자본가와 A는 매매를 했을 뿐이죠. 자본가는 구매자이고 A는 판매자입니다. 역시 특별한 게 없습니다. 잠잠하던 자본가 다시 행동을 시작합니다. 이번에는 인물 B를 만나는군요. 지난번과는 반대로 행동합니다. B에게 물건을 건네더니 돈을 받습니다(W-G). 그렇다고 지난번과 달라진 게 있는 건 아닙니다. 전에 A가 하던 일을 자본가가 행하고, 전에 자본가가 하던 일을 B가 행한 것뿐입니다. 판매자와 구매자만 바뀌었지 매매는 역시 매매일 뿐입니다. 지난번과 마찬가지로 마법은 일어나지 않았습니다. 그저 상품유통을 구매자의 눈으로 한 번 봤고 판매자의 눈으로 다시 본 것뿐이죠.

자, 이렇게 우리는 자본의 유통형태, 즉 G-W-G를 모두 살펴봤는데요. 자본의 유통이라고 해서 화폐의 유통과 다른 뭔가가 있는 줄 알았는데 진상 조사를 해보니 아무것도 없습니다. 자본의 일반 정식에 따르면 분명 자본의 유통에서 잉여가치가 생겨나야 하는데요. 유통형태의 앞 장면에서도 뒤의 장면에서도 사건을 목격하지 못했습니다. 가치증식이 일어난 것은 분명한데 어느 장면에서도 그걸 볼 수가 없습니다. 현장을 덮치려고 시장에서 며칠간 잠복근무를 했던 우리의 노고가 어째 허사로 돌아가는 분위기입니다. 더 불길한 것은 자본가를 미행해서 본 것이 지난번 아마포 직조공을 따라가서 본 것과 다르지 않다는 점입니다. 이전에 우리는 '유통수단으로서 화폐'가 어떤 것인지 알아보려고 아마포 직조공의 뒤를 밟아 시장에 갔었죠.[김, 136; 강, 173] 방금 본 것과 같은 장면을 그때 이미 보았습니다. 아마포 직조공은 돈을 내고 성경책을 샀고, 그 전에 아마포를 팔아 돈을 받았습니다. 그도 한 번은 구매자였고 한 번은 판매자였습니다. 다만 자본가와 순서가 달랐죠. 장면 자체는 바뀐 게 없습니다. 그런데 그때는 잉여가치가 생겨나지 않았거든요. 아마포를 팔 때도 성경책을 샀을 때도 가치의 증식은 없었습니다.

가만, 유통에서 정말 가치증식이 일어나기는 하는 걸까요. 똑같은 유통인데 아마포 직조공한테는 일어나지 않은 일이 자본가에게는 일어난다는 게 믿기지 않습니다. 우리가 엉뚱한 곳에 잠복해 있는 것 아닐까요. 우선 유통에서 정말 잉여가치가 생겨날 수 있는지부터 따져봐야겠습니다. 마르크스도 우리랑 의견이 같습니다. "오히려 우리는 단순 상품유통이, 거기에 들어가는 가치의 증식, 즉 잉여가치의 형성을 허용하는지를 살펴봐야 할 것이다."[김, 205; 강, 238]

─────── 진상 조사 ①─필요한 물건을 얻었다고 가치가 늘어난 것은 아니다 ───────
다시 기본부터 점검해봅시다. 소중한 단서를 놓친 곳이 있을지 모르니까요. 유통
어딘가에 자본가가 잉여가치를 챙길 여지가 있지는 않은지 샅샅이 살펴보죠. 유통
이란 기본적으로 상품유통입니다. 화폐는 이것을 매개했을 뿐이고요. 가장 단순
한 유통에서 시작해볼까요. 서로 다른 두 상품의 교환 말입니다. 다시 『자본』 제1
장으로 돌아갔네요. 혹시 이게 단서 아닐까요. 두 상품을 교환하는 이유 말이에요.
교환이란 자기에게 필요 없는 상품을 필요한 상품과 바꾸는 거잖아요. 내게 쓸모
가 없는 물건을 꼭 필요한 물건과 바꾼 것이니까 땡잡았다고 볼 수 있지 않을까요.
무가치한 것을 처분하고 소중한 것을 얻었으니 가치가 늘어난 거죠. 바로 여기가
가치증식이 일어난 곳 아닐까요.

실제로 콩디야크(Étienne Bonnot de Condillac)가 『상업과 정부』Le Commerce et
le gouvernement(1776)에서 그런 주장을 폈습니다. "상품교환에서 동등한 가치와
동등한 가치가 교환된다는 것은 옳지 않다. 그 반대다. (…) 어떤 사람에게 더 필요
한 것은 다른 어떤 사람에게는 덜 필요하며 그 반대가 되기도 한다. (…) 우리가 자
기 자신의 소비에 불가결한 물건을 판매에 내놓는 일은 결코 없다. (…) 우리는 우
리에게 필요한 물건을 얻기 위해 우리에게 쓸모없는 물건을 내놓으려고 한다. 더
필요한 것과의 교환으로 덜 필요한 것을 주려고 한다. (…) 교환되는 두 물건이 동
일한 양의 금으로 표현될 때, 교환에서는 동등한 가치가 동등한 가치와 교환된다
고 판단하는 것은 당연했다. (…) 그러나 또한 다른 측면도 고려해야 한다. 문제는
우리들 모두가 필요한 물건을 얻기 위해 남아도는 물건을 교환하고 있는 것 아닌
가 하는 것이다."[김, 208~209; 강, 240~241, 재인용]

그러나 마르크스는 고개를 가로저었습니다. 콩디야크가 이익이라고 생각한 것
은 '사용가치'라고요. 목마른 사람에게는 물이, 꾸미고 싶은 사람에게는 보석이 가
치 있겠지만 그건 교환가치가 아닙니다. 이미 스미스가 말했지요. 교환의 결과 기
분은 좋아졌겠지만 가치[교환가치]는 조금도 늘어나지 않았습니다. 콩디야크는 사
용가치와 교환가치를 혼동했습니다. 게다가 콩디야크가 상정한 상품교환은 자본
주의 생산양식에서의 교환이 아닙니다. 마르크스의 말을 들어볼까요. "[그는] 유
치하게도 생산자가 자기의 생활수단을 직접 생산하고 자기 욕망을 채우고 남은 초
과분 즉 잉여분만을 유통에 내놓는 상태를, 발달된 상품생산 사회와 슬쩍 바꿔치
기하고 있다."[김, 209; 강, 241] 우리가 추적하고 있는 잉여가치의 소유인 자본
가는 자신의 생활수단을 직접 생산하는 사람이 아닙니다. 게다가 자본주의 생산양

식에서 상품은 쓰고 남은 잉여물이 아닙니다. 오히려 생활의 필수품이죠. 자본주의사회에서는 생필품도 상품 형식으로 공급됩니다. 잉여가치는 이런 사회에서 생겨난 것이고요. 그런데 남아도는 잉여물을 필요한 물건과 교환해 잉여가치가 생겨났다고 말하면, 사용가치와 교환가치의 구분을 못하는 것만큼이나 자본주의와 비자본주의를 구분하지 못하는 것이죠. 가치도 혼동했지만 시대도 혼동한 겁니다.

───── 진상 조사 ②─물건을 더 얻었다고 가치까지 더 얻은 것은 아니다 ─────

아무래도 첫 번째 추리는 기각해야겠습니다. 필요 없는 물건과 필요한 물건을 교환한다고 잉여가치가 생겨나는 건 아닙니다. 그럼 이건 어떤가요. 필요 없는 물건은 아니지만, 각자가 잘 만드는 물건이 있잖아요. 저마다 잘하는 게 있을 테니 각자 쉽게 많이 만들어낼 수 있는 물건을 상대방의 물건과 바꾸면, 똑같은 가치라고 해도 내가 직접 만들 때보다 더 많은 양을 얻을 수 있을 겁니다. 예를 들어 포도주 제조업자 A와 곡물 생산자 B의 교환을 생각해볼까요. 동일 시간 노동한다고 했을 때, A보다는 B가 작업했을 때 더 많은 곡물을 거둘 수 있고, B보다는 A가 작업했을 때 더 많은 포도주를 만들어낼 수 있습니다. 이 두 사람이 교환한다는 것은 동일한 시간, 즉 동일한 교환가치를 기준으로 더 많은 포도주와 더 많은 곡물을 받는다는 겁니다. 둘의 교환은 분명 큰 이득이 됩니다. 50병의 포도주가 100병으로 바뀌는 것이고, 50포대의 밀이 100포대로 바뀌는 것이니까요.

그런데 마르크스는 다시 고개를 가로젓습니다. 역시 사용가치라는 면에서만 그렇다고요. 예전에는 포도주 50병에 해당하는 가치가 이제는 포도주 100병과 같은 것뿐입니다. 이건 리카도가 이미 말했죠. 양말을 500켤레 생산하던 공장에서 새로운 기계 도입으로 1000켤레를 생산하게 되었다고 해도 가치가 두 배 늘었다고 말할 수 없다고요. 다른 조건들을 무시한다면, 양말 한 개의 가치가 반으로 준 것이라고 했죠. 양말을 생산하기가 더 쉬워졌으니까요.

아무래도 단순한 상품유통으로는 안 되겠어요. 상품 두 개만 교환하니까 생각해볼 경우의 수가 너무 적어요. 그럼 확대된 상품교환을 생각해볼까요. 화폐가 매개하는 상품유통 말입니다. 상품과 상품이 아니라 상품과 화폐가 교환되는 곳에서는 잉여가치를 생각해볼 단서를 찾을 수 있지 않을까요? 마르크스는 이번에도 미소를 지으며 고개를 가로젓습니다. 사태가 조금도 달라지지 않는다고요. 포도주를 곡물이 아니라 금덩어리로 바꾼다고 해도 달라질 건 없습니다. 금의 양이 나타내는 것은 포도주의 가치이지 그 이상이 아닙니다. 금을 지폐로 바꾸어도 마찬가지입니다. 유통수단인 화폐는 유통에 들어오기 전에 결정된 상품의 가치를 표시할 뿐입니다. 가치량에는 변화가 없습니다. 상품과 화폐의 교환은 가치형태의 변화일 뿐 가치량의 변화가 아닙니다. 그냥 교환가치가 다른 탈을 쓰고 있을 뿐입니다. 금화를 은화로 바꾸든, 5파운드 은행권을 실링으로 바꾸든 상응하는 화폐량은 달라질지 모르지만 가치량이 변한 건 아닙니다.

여기서 멈추어야 할 것 같습니다. 단순한 상품유통이든 확대된 상품유통이든, 유통에서는 잉여가치가 생길 수 없습니다. 상품교환의 기본 공리가 있었죠. 우리는 사용가치가 다른 상품을 교환합니다. 하지만 교환할 때의 가치[교환가치]는 같아야 합니다. 그러니까 아무리 발버둥 쳐봐야 상품유통에서는 가치의 증식을 해명할 수 없습니다. 마르크스는 갈리아니(Ferdinando Galiani)의 말을 인용했는데요. 지금까지 유통에서 여러 가능성을 검토해온 우리로서는 너무 얄미울 정도로 간명합니다. "평등이 있는 곳에는 이익이 없다."[김, 208; 강, 240]

─────── 진상 조사 ③─특권을 행사한다고 가치가 느는 건 아니다 ───────
그럼 이제 유통영역에 대한 검토는 그만두어야 할까요. 아직 아닙니다. 우리가 검토해보지 않은 게 있습니다. 『자본』에서 마르크스는 인물들을 경제적 범주의 담지자로서만 다룹니다. 별도의 개성을 인정하지 않았어요. 판매자와 구매자도 그렇게 봤고요. 상품을 직접 교환하는 사람이든, 상품과 화폐를 교환하는 사람이든 각각의 개성은 고려하지 않았습니다. "이들이 서로에게 미치는 힘은 그들이 가진 상품의 힘뿐"이라고 전제합니다.[김, 210; 강, 242] 그러다 보니 서로 다른 두 상품의 교환은 등가교환일 수밖에 없습니다. 오로지 상품의 가치만 고려하고 개인적 혹은 사회적 위력 같은 건 고려하지 않았으니까요.

그렇지만 상품교환은 사람이 하는 것이잖아요. 마르크스도 이 점을 인정합니다. "현실에서는 사태가 순수한 형태로 진행되지는 않는다"라는 걸요.[김, 210; 강, 242] 원리상으로는 등가교환이어야겠지만 판매자나 구매자가 가진 어떤 특권 때문에 부등가교환이 생겨날 수 있다는 것이죠. 우리의 탐정이 잠복근무를 했다고 했지만 상품과 화폐를 교환하는 것만 봤지 그 액수를 세어본 건 아니니까, 혹시 압니까. 어떤 설명할 수 없는 특권 덕분에 자본가가 구매자로서 판매자 A에게 제값을 치르지 않고 물건을 더 싸게 샀는지. 혹은 판매자로서 구매자 A에게 웃돈을 받아냈는지도 모르죠. 이처럼 특권을 이용해 덜 주거나 더 받아낸 돈이 잉여가치 아닐까요.

좋습니다. 상품유통 영역에서 이런 가능성도 검토해봅시다. 다만 이 경우에도 특정 개인의 치부 과정을 조사하는 것은 아니니까 자본가가 구매자인 한에서만 특권을 누린 경우와 판매자인 한에서만 특권을 누리는 경우로 나누어 살펴보겠습니다. 먼저, 이유를 설명할 수는 없지만 구매자, 그러니까 화폐를 가진 사람에게 어떤 특권이 있다고 해보죠. 상품을 생산한 사람이 울며 겨자 먹기로 물건을 싸게 넘겨야 한다고 해봅시다. 100의 가치를 가졌지만 90에 넘겨야 한다고요. 그렇다면 우리의 자본가는 자본 유통형태($G-W-G'$)의 첫 번째 국면($G-W$)에서 10만큼의 잉여가치를 챙길 수 있습니다. 그렇다면 이것이 순환을 마쳤을 때의 증가분(ΔG)이 되겠지요.

이로써 문제가 다 풀렸을까요. 이제 화폐소유자에게 그런 특권이 있다는 점만 보이면 될까요. 그렇지 않습니다. 그런 특권의 존재는 증명할 필요도 없습니다. 그런 게 설령 있다 해도 잉여가치는 해명되지 않습니다. 왜냐하면 두 번째 장면에서 자본가의 잉여가치는 사라져버리니까요. 자본가는 두 번째 장면에서는 판매자입니다($W-G$). 첫 번째 장면에서는 돈을 가졌다고 으스댈 수 있지만 두 번째 장면에서는 돈을 가진 사람에게 굽실해야 합니다. 이번에는 그가 100의 가치를 가진 물건을 90에 넘겨야 하는 상황일 수 있는 것이니까요.

참고로 경제학자 토렌스(Robert R. Torrens)가 이런 주장을 폈습니다.[김, 212; 강, 244][48] 잉여가치란 생산자 내지 판매자가 물건 값을 본래 가치보다 더 올려 받는 것에서 생겨난다고요. 그러나 우리의 자본가는 상품의 생산자이고 판매자이지만 그 이전에 상품(원료 등)의 구매자이기도 하다는 점을 잊어서는 안 됩니다. 만약 자본가가 계속 상품의 가치 이상으로 값을 올려 받아 잉여가치를 얻으려면, 그는 계속 판매자이기만 해야 하고 상대방은 계속 구매자여야 합니다. 즉 생산은 하지 않고 소비만 하는 계급이 있어야 하죠.

마르크스는 이런 상상에 부합하는 역사적 사례를 하나 언급합니다.[김, 213; 강, 245] 고대 로마와 소아시아 도시들의 교역이죠. 소아시아 도시들은 매년 로마에 '화폐 공납'을 했습니다. 귀금속을 세금처럼 바쳐야 했죠. 그런데 소아시아 사람들은 로마와의 교역에서 큰 흑자를 봤습니다. 비결은 가격 부풀리기였죠. 로마가 이 도시에서 난 상품들을 구매했거든요. 소아시아 사람들은 정복자를 속였다고 좋아했습니다. 하지만 마르크스는 속은 것은 소아시아 사람들 자신이라고 말합니다. 그들이 받은 상품의 대가는 그들이 바친 화폐로 지불된 거니까요. 누군가에게 계속 팔아먹으려면 그 누군가에게 계속해서 화폐가 흘러들어가야 합니다. 그래야 그 돈으로 소비자 역할을 할 수 있으니까요. 소아시아인들이 로마와의 교역에서 잉여를 많이 남겼다고 해도 이런 식으로는 결코 부유해질 수 없습니다. 그나마 덜 가난해진 것뿐이지요. 이런 식으로 자본가의 잉여가치를 해명할 수는 없습니다.

─────── 진상 조사 ④─사기를 쳐도 가치를 늘릴 수 없다

잠깐만요. 마지막 검토 사항이 남았습니다. 판매자나 구매자로서 가질 수 있는 특권을 검토하긴 했지만 우리는 여전히 판매자나 구매자 개인의 인간성을 검토하지는 않았잖아요. 유통에서 잉여가치 발생을 해명할 수 없는 것은 개인을 경제적 범주의 담지자로만 보았기 때문이 아닐까요. 솔직히 눈 뜬 채로 코 베이는 세상이잖아요. 장사꾼끼리의 거래는 특히 그렇죠. 좋습니다.『자본』을 서술하는 기본 방침은 아니지만 잠시 사기와 협잡, 폭력의 세계로 들어가보죠. 실제로 마르크스는 이런 가능성까지 한번 검토해보자고 말합니다. 유통에서 잉여가치를 해명하기 어려운 이유가 "등장인물을 인격화한 범주로서만 고찰하고 개인으로서는 파악하지 않은 데서 기인한 것일지도 모른다"라고 하면서요.[김, 214; 강, 245]

마르크스는 정말 믿음직한 탐정입니다. 현장을 샅샅이 검토하고 있잖아요. 잉여가치를 해명하는 일이 그만큼 중요하다는 뜻일 겁니다. 이런 가정을 해봅시다. 사실은 우리의 자본가가 대단히 교활한 사기꾼이라고요. 이를테면 40파운드짜리 포도주를 50파운드어치 밀과 바꾸었어요. 곡물 판매업자는 뒤늦게 이 사실을 알았어요. 하지만 따질 수 없었죠. 우리의 자본가는 폭력조직을 거느리고 있었고 관료와 경찰을 매수해두었거든요. 괜히 따지고 달려들었다가 더 큰 낭패를 볼 수 있습니다. 그래서 피눈물을 삼키고 거래를 받아들였습니다(이런 식의 사기·폭력·매수는 이론과는 거리가 멀지만 현실에서는 그렇지 않죠. 특히 자본의 '시초축적'에서는 이런 게 중요한 역할을 합니다. 지금은 첨단 전자기기를 만드는 회사도 시초축적 때는 사카린 밀수 같은 걸 했답니다).

사기꾼이자 폭력배인 자본가의 거래 상황을 정리해볼까요. 거래 전 우리 자본가에게는 40파운드짜리 포도주가 있었고 곡물 판매업자에게는 50파운드어치 밀이 있었습니다. 전체로 보면 90파운드만큼의 가치가 있었던 것이지요. 그럼 거래 이후를 살펴볼까요. 이번에는 우리 자본가에게 50파운드 밀이 있고, 곡물 판매업자에게는 40파운드 포도주가 있습니다. 전체로는 여전히 90파운드죠. 총가치는 똑같이 90파운드인데 두 사람 사이의 분배만 바뀐 겁니다. 한쪽에서 증가된 가치는 다른 쪽에서 손실된 가치입니다. 마르크스는 이렇게 말합니다. 상품교환의 형

식을 취하기는 했지만 실상은 10파운드를 훔치거나 강탈한 것과 다를 바 없는 거래였다고요. 전체 자본은 증식되지 않았으며, 오직 사기와 강탈로 한 사람의 가치가 늘고 다른 사람의 가치가 줄었을 뿐이죠. 이런 식으로 자본의 가치증식을 설명할 수는 없습니다. 게다가 한두 사람을 속일 수는 있어도 "한 나라의 자본가계급 전체가 모두 서로에게 속임수를 쓸 수는 없는 일"이고요.[김, 214; 강, 246]

역시 이 경우로도 자본주의 생산양식에서 이뤄지는 잉여가치 창출을 설명할 수는 없겠습니다. 사기꾼이나 강도의 재산축적 과정을 설명할 수는 있지만 자본가의 잉여가치 설명으로는 부적절해 보입니다. 물론 앞서 잠깐 언급한 것처럼 자본가·사기꾼·강도를 구분하기 어려웠던 때가 있고 해군과 해적이 사실상 같은 짓을 할 때도 있었습니다. 아니, 이렇게 노골적인 사기나 강탈이 아니었다 해도, 전체 가치의 증식이 전제되지 않은 상태에서의 가치이전은 사기나 강탈과 크게 다르지 않습니다. 소위 상인자본이나 고리대자본이라 불리는 것이 여기 해당합니다. 이들은 자본주의 이전의 자본형태라 할 수 있습니다. 고대나 중세에도 상업이나 고리대를 통한 귀금속의 축적이 있었습니다. 부를 끊임없이 증식시키기는 했지만 잉여가치를 생산했다기보다 부를 훔치거나 빼앗았다고 해야겠죠(물론 상인자본이 사기나 강탈만으로 부를 늘렸다고 말할 수 없는 부분도 있습니다. 그러나 단순 상품유통에 입각해 설명을 전개해야 하는 지금의 논의 수준에서는 거기까지 말할 수 없고요. 이에 대해서는 『자본』 III권 제4편을 참고하세요). 외견상으로는 상인자본이나 고리대자본 모두 자본의 유통형태($G-W-G'$)에 잘 맞습니다. 과거에도 상인들은 한 곳에서 물건을 구매하고($G-W$) 다른 곳에서 판매해($W-G'$) 부를 늘렸으며, 고리대금업자들도 돈을 빌려준 뒤 이자를 받아 부를 늘렸습니다($G-G'$).

그런데 앞서 말한 것처럼 상인자본이나 고리대자본은 자본주의로의 역사적 이행을 돕기는커녕 가로막는 경우가 많았습니다. 사기와 약탈의 성격이 강할수록 그랬지요. 참고로 마르크스는 자본주의 이전의 상인자본과 고리대자본의 성격을 언급하며 프랭클린(Benjamin Franklin)과 아리스토텔레스의 말을 인용했는데요.[김, 216; 강, 247~248] 프랭클린은 "전쟁은 약탈이고 상업은 사기"라고 했습니다. 아리스토텔레스는 "상업은 자연스러운 것이 아니고 남의 희생을 바탕으로 이루어지고 있"으며, 특히 고리대는 "모든 종류의 재산획득 기술 가운데 가장 자연에 배치된다"라고 했어요. 이런 면모 때문에 이들이 흥하면 고대 세계에서는 생산이 발전하기는커녕 더 황폐해지고 서민들이 노예로 전락하는 경우가 많았습니다.[49]

상인자본이 시장을 확대해 생산을 촉진하고, 고리대자본이 산업에 필요한 금융을 제공하게 된 것은 여러 조건이 변하고 난 다음입니다. 근대의 상인자본과 고리대자본(은행 및 금융회사)은 그 이전과는 완전히 다른 기능을 수행합니다. 생산양식이 변했으니까요. 이제는 상업과 금융의 지원이 없는 산업생산은 상상도 할 수없게 되었죠. 과거에는 군주와 귀족, 거대 상인에게만 제공되던 신용 대부가 18세기 후반(본격적으로는 19세기)이 되면 산업가에게도 제공됩니다. 은행이 산업자본가들에게 대부를 한다는 것은 산업자본이 실현한 이윤[잉여가치]의 일부를 이자로받는다는 뜻입니다.[50] 고리대자본이 명실상부한 '이자 낳는 자본'이 된 것이죠. 상인들도 마찬가지입니다. 이들도 산업생산 과정에서 새로 생겨난 가치의 일부를판매의 대가로 받습니다.

그래서 마르크스는 이들 자본이 한편으로 "자본의 근대적 기본형태보다 먼저" 나타났지만 다른 한편으로는 "파생적 형태"라고 말합니다.[김, 217; 강, 248] 이들은 근대적 자본에 역사적으로 선행했습니다. 사실 차원에서도 그렇고 논리 차원에서도 그렇습니다. 이들이 자본주의로의 역사적 이행을 방해하는 경우가 많았다 하더라도, 자본이 출현하려면 어느 정도 화폐자산이 축적되어 있어야 하고 일정 정도의 교역망이 발전해 있어야 하니까요. 일단은 이런 것들이 마련되어야 생산양식의 변동과 더불어 기능 변화가 생기겠죠. 하지만 자본주의 생산양식이 일단지배하게 되면, 이들은 근대적 자본의 기본형태(아직 우리는 그것을 해명하지 않았습니다만 일단 산업자본이라고 해두겠습니다)에서 파생한 형태가 됩니다. 즉 스스로 가치를 증식하지 못하고 다른 곳에서 증식된 가치를 나눠 갖는 형태라는 것이죠.

그나저나 이제 됐습니다. 상인자본과 고리대자본까지 언급하며 이야기가 옆길로 샜는데요. 어쨌거나 더는 검토할 것이 남아 있지 않습니다. 유통에 관해서는이만큼 뒤졌으면 됐습니다. 판단을 내려야 할 때입니다. 이곳에는 범인이 없습니다. "유통 즉 상품교환은 어떤 가치도 창조하지 않"습니다.[김, 215; 강, 246] 그러나 실망할 것 없습니다. 우리가 샅샅이 뒤진 만큼 범인이 숨을 곳은 딱 한 곳뿐이니까요. 유통이 아니라면 어디겠습니까.

범인이 숨어 있는 그곳으로?

유통에서 잉여가치가 생기지 않는다면 유통 바깥으로 가야죠. 매매에서 생기지 않는다면 제작에서 생기겠죠. 이제 거의 다 왔습니다. 게다가 짐작되는 바가 있습니다. 자본주의에서 유통은 상호 평등한 존재로서 판매자와 구매자가 만나는 곳이니잉여가치가 생겨나기 어려울 겁니다. 서로가 서로에 대해 상품의 등가성을 엄밀히 재려 들 테니까요. 하지만 유통 바깥으로 나오면 상품소유자는 상품에 대해 전권을 휘두를 수 있습니다. 3장 「화폐라는 짐승」에서 보았듯 상품을 소유한다는 것은 그것에 전제적 권력을 휘두를 수 있다는 뜻이니까요.

유통 바깥에는 오직 상품소유자와 상품밖에 없습니다. 이곳은 누구도 끼어들지 못하는 상품소유자만의 배타적 영역입니다. 마르크스의 말처럼 "상품소유자가 자기 자신의 상품과만 관계를 맺을 뿐"이죠.[김, 217; 강, 249] 이런 곳이라면 자본가가 잉여가치를 만들어낼 수도 있지 않을까요. 이제 정말 눈을 부릅뜨고 있다가 잉여가치가 생겨나는 그 순간에 현장을 덮쳐야 합니다. 우리의 자본가는 목재 판매상에게 목재를 사 왔습니다. 돈을 주고 소유권을 넘겨받았죠. 이제 목재에 어떤 폭력을 가하든 상관없습니다. 마구 잘라내도 되고 못을 박아도 됩니다. 온종일 땀을 뻘뻘 흘리더니 마침내 책상 하나를 만들어냈습니다. 목재가 책상이 되었으니 분명 가치가 늘었습니다. 바로 여기군요, 잉여가치가 늘어나는 현장이.

그런데 마르크스가 다시 고개를 가로젓습니다. 투입된 노동량만큼―정확히 하자면 사회적 기준에 따라 측정되는 노동량만큼―가치가 늘어난 것은 사실이지만 잉여가치가 생긴 것은 아니라는 겁니다. 열 시간 노동을 했다고 열한 시간 노동한 만큼의 상품이 만들어지는 것은 아니라는 이야기죠. 마르크스는 매몰차게 말합니다. "이 노동량은 자기 상품의 가치량으로 표현되며 가치량은 계산화폐로, 이를테면 10파운드스털링의 가격으로 표현된다. 그러나 그의 노동은 해당 상품의 가치이면서 [동시에] 그 가치 이상의 초과분까지 표시하는 것은 아니다. 즉 10이면서 동시에 11이기도 한 가격으로, 말하자면 자기 자신보다 더 큰 가치로서 표현되지 않는다."[김, 217; 강, 249]

다시 말하지만 유통 바깥에서는 상품과 상품소유자의 관계만 있습니다. 상품은 그 소유자가 행한 노동을 충실히 담아낼 뿐입니다. 목재를 책상으로 만듦으로써 상품의 가치를 늘린 것은 사실입니다. 목재의 가치에 제작자의 노동량이 더해졌으니까요. 하지만 책상을 제작하는 과정에서 더한 노동량 이상의 가치를 창출한 것은 아닙니다. 목재는 너무나 정직해서 흡수한 노동량을 책상이 되어서도 그대로 표시합니다. 아무리 열심히 일해도 일한 만큼입니다. 추가 보상은 없습니다. 결국 상품과 상품소유자 사이에서는 아무런 일도 생겨날 수 없습니다. "그러므로 유통영역 외부에서 상품생산자는 다른 상품소유자들과 접촉하지 않고서는 화폐나 상품을 자본으로 변신시킬 수 없다"[김, 218; 강, 249] 애써 범인을 유통에서 제작 현장으로 몰아두었는데 막상 제작 현장에 오니 여기에도 범인이 없습니다. 우리를 더 곤혹스럽게 만든 것은 제작 현장에서는 추론이 다시 유통 쪽을 가리키고 있다는 사실입니다. 유통에서는 유통 외부를 가리키고 유통 외부는 유통을 가리킵니다.

완전한 밀실살인 앞에서—여기가 로도스섬이다

우리의 탐정은 최대 난제에 봉착했습니다. 완전한 밀실살인입니다. 사건은 일어났는데 범인이 들어온 흔적이 없습니다. 바깥에서 죽였나 했는데 그건 불가능한 일임이 판명되었습니다. 바깥에서는 살인이 불가능하고 안에는 범인이 없었습니다. 안을 조사하면 증거들이 바깥을 가리키고, 바깥을 조사하면 안을 가리킵니다. 경험적으로는 분명 잉여가치가 생기는데 논리적으로는 불가능한 겁니다. 눈앞에는 황금알을 낳는 거위가 있는데 논리적으로는 이런 거위가 생겨날 수 없습니다. "자본은 유통에서 생겨날 수도 없고 유통에서 생겨나지 않을 수도 없다. 자본은 유통에서 생겨나야 하는 동시에 유통에서 생겨나면 안 된다."[김, 218; 강, 249]

　스핑크스 앞에 선 오이디푸스처럼, 더 나아가려면 우리도 수수께끼를 풀어야 합니다. 화폐가 자본으로 변신하는 것을 이해하고자 하는가. 그럼 이 문제를 풀어보라. "아직 자본가의 애벌레에 불과한 우리의 화폐소유자는 상품을 그 가치대로 구매하고 그 가치대로 판매하면서도 끝에 가서는 자기가 투입한 것보다 많은 가치를 회수하지 않으면 안 된다. 애벌레로부터 나비로의 성장은 유통영역에서 일어나야 하며 동시에 유통영역에서 일어나서는 안 된다. 이것이 문제의 조건이다."[김, 219; 강, 250]

　상품의 등가교환을 지키되 끝에서는 투입한 것보다 더 많이 끌어내야 합니다. 이것이 화폐가 자본으로, 애벌레가 나비로 변신하는 일입니다. 이런 일이 어떻게 가능하냐고요? 유능한 탐정이라면 이제 당신의 능력을 입증해야 할 때입니다. "여기가 로도스다. 여기서 한번 뛰어보라!"[김, 219; 강, 250]

마르크스, 수수께끼를 풀다

문제를 풀려면 발상의 전환이 필요합니다. 우리의 과제는 등가교환을 통해 부등한 결과를 도출하는 것입니다. 지금까지의 접근법으로는 도저히 풀 수가 없습니다. 그렇다면 조사 방향을 바꿔보는 건 어떨까요. 우리는 자본가가 물건을 제값대로 사고팔았는지에만 관심을 두었습니다. 구매나 판매 쪽 어딘가에서 이익을 본 것 아닐까 하는 데 관심을 쏟았죠. 잉여가치란 교환가치[가치]의 증식분이니 그럴 수밖에 없었습니다. 우리는 그가 무슨 물건을 샀고 어디에 어떻게 썼는지는 신경 쓰지 않았습니다. 상품의 사용가치는 교환가치와는 무관하니까요. 그런데 우리가 아예 관심을 꺼버린 여기에 뭔가가 있었던 것은 아닐까요. 이제까지 사용가치와 교환가치를 혼동하지 말라고 말해놓고 이게 또 무슨 말이냐고요? 이제부터는 탐정 마르크스의 추리를 들어볼 시간입니다.

발상의 대담한 전환—사용가치로 교환가치를 늘린다

자본이란 돈을 낳는 돈입니다. 돈이 늘어나는 거죠. 하지만 우리는 화폐 물신주의에 빠진 사람들이 아닙니다. 화폐에 신비한 힘이 있다고 믿지 않습니다. 마르크스는 제4장 제3절(영어판은 제6장)의 첫 문장에서 이 점을 확인해둡니다. "자본으로 전화되어야 할 화폐의 가치변화는 화폐 자체에서는 일어나지 않는다."[김, 220; 강, 250] 물건을 사거나 팔 때의 화폐는 말 그대로 화폐일 뿐입니다. 아이를 낳는다거나 스스로 가치를 불린다거나 하지 않습니다. 물건과 교환될 때 화폐는 차돌처럼 확고한 값을 갖고 있습니다. "자신의 형태 그대로 머물러 있을 경우 화폐는 가치 크기가 변하지 않는 화석"이 됩니다.[김, 220; 강, 250]

지금까지 우리는 자본의 일반 정식($G-W-G'$)을 둘로 나누었는데요. 상품의 구매 국면($G-W$)과 판매 국면($W-G'$)으로 나누었죠. 정식만 보면 잉여가치는 두 번째 국면에서 생기는 것 같습니다. 여기에 가치증가분이 들어 있으니까요($G'=G+\Delta G$). 그러나 앞서 본 것처럼 여기서 가치증식은 일어날 수 없습니다. 자본가가 생산물을 들고 와서 화폐로 바꾸는 것은 가치의 형태 변화에 불과하니까요. 등가교환을 전제한다면, 만 원짜리 물건과 만 원을 바꾸는 것이니 가치변동이 일어날 까닭이 없죠.

그런데 등가교환이라는 말은 우리에게 가치증식이 비단 화폐(G')에만 표현된 게 아님을 알게 해줍니다. 더 큰 화폐와 교환된다는 것은 상품도 그만큼 가치를 갖는다는 뜻이니까요. 그렇다면 우리는 두 번째 국면의 상품을 W'로 표기하는 게 나을 겁니다. 자본가의 판매는 $W'-G'$인 셈이죠. 자본가가 판매하는 상품은 이미 가치증대가 일어난 후의 것입니다. 이건 무슨 의미일까요? 잉여가치의 발생을 알아내려면 그 이전 단계로 가야 한다는 뜻이죠. 그렇다고 첫 번째 국면에서 잉여가치가 생기는 것은 아닙니다. 상품을 화폐와 바꾼다고 잉여가치가 생길 수 없듯 화폐를 상품과 바꾼다 해도 잉여가치가 생기지 않습니다. 자본가의 구매($G-W$)에서도 가치증식은 일어날 수 없죠. 방금 두 번째 국면에서 그랬듯 관심을 상품 쪽으로 옮겨보겠습니다. 구매에서도 화폐와 상품은 등가교환이니까 여기의 상품(W)은 아직 가치증식이 일어나지 않은 상태입니다.

도대체 어디서 가치증식이 일어나는지 드러내기 위해 자본의 일반 정식을 조금 변형해보겠습니다. G-W-W'-G'라고 해보죠. 이제 어딘지 아시겠습니까. 등가교환을 전제하면 가치량은 G=W, W'=G'입니다. 그런데 자본의 일반 정식이 성립하려면 두 번째 국면에서 상품과 화폐의 가치가 첫 번째 국면의 것보다 커야 합니다(G=W<W'=G'). 따라서 가치의 증식은 자본가가 구매한 상품과 판매한 상품 사이에서 이루어지고 있습니다(W...W'). 이게 무슨 뜻일까요.

자본가는 구매한 물건을 이용해 새로운 물건을 만든 뒤 판매합니다. 구매에서도 판매에서도 가치증식은 일어나지 않습니다. 그렇다면 길은 하나밖에 없습니다. 자본가가 구매한 물건을 '이용'하는 과정, 다시 말해 그것을 소비하는 과정에서 가치증식이 일어나야 합니다. 이 과정에서 투입한 것 이상의 가치가 생겨나야 합니다. 말하자면 첫 번째 국면에서 구매한 상품의 '사용가치'에서 두 번째 국면에서 판매할 제품의 '교환가치' 증대를 끌어내야 합니다.

어떻습니까. 이것이 마르크스의 추론입니다. 상품의 교환가치(가치)가 저절로 늘 수는 없으니 상품의 사용가치에서 교환가치가 늘어날 가능성을 검토해야 한다는 거죠. 가치증식이 일어난다면 자본가가 구매한 상품을 사용함으로써, 즉 그 상품의 소비과정에서 일어나는 수밖에 없다고요. 정말 깜짝 놀라지 않을 수가 없습니다. 천재적 지성 때문이 아니라 바보 같은 무모함 때문에 말입니다. 세상에나! 사용가치를 통해 가치를 증대시킬 수 있다니, 이건 말이 안 됩니다. 우리가 『자본』 제1장에서 처음 한 일이 사용가치와 교환가치를 구분한 일이었잖아요. 상품을 사용해서 얻는 즐거움과 그 상품의 가치는 완전히 다른 것이라고요. 커피를 맛있게 먹었다고 커피의 가치가 증대하는 것은 아닙니다. 커피를 마시는 즐거움, 즉 사용가치는 증대하겠지만요.

상품의 사용가치로는 그 상품의 가치를 증대시킬 수도 없지만 다른 상품의 가치도 증대시키지 못합니다. 맛있는 커피를 멋있는 잔에 담아 파는 카페가 있다고 합시다. 이때 잔은 소모되는 만큼의 교환가치를 커피 한 잔 값에 포함시킬 뿐입니다. 투입된 가치 이상은 만들어내지 못합니다. 이를테면 만 원짜리 커피잔은 그 잔을 1000회 정도 사용할 수 있다고 할 때 한 잔당 10원의 가치를 커피값에 더할 뿐입니다. 사용을 잘했다고 해서 10원어치가 마모되면서 20원어치의 가치가 전달되는 것은 아닙니다. 사용가치는 가치에 관여할 수 없습니다. 오직 가치만이 가치에 관여합니다. 너무나 정직하달까요. 10원의 가치를 썼으면 10원의 가치가 추가되고 20원의 가치를 썼으면 20원의 가치가 추가될 뿐입니다.

마르크스가 도출한 해법은 상품교환의 기본법칙인 등가교환은 지켰지만 사용가치와 교환가치의 구분을 어겼습니다. 그는 사용가치와 교환가치 구분의 중요성을 모르는 사람이 아니기에 그의 해법은 무모해 보일 정도로 대담합니다. 정리하면 이렇습니다. '자본'이 가능하려면, 즉 잉여가치가 생겨나려면, 자본가가 구매한 상품의 '사용'을 통해 가치가 늘어나야 한다는 추론은 불가피해 보입니다. 그런데 이 추론은 '사용가치와 교환가치를 혼동하지 말라'라는 가치론의 기본 율법을 위반했습니다. 자본의 존재를 인정할 것인가, 가치론의 율법을 준수할 것인가. 그런데 역사를 공부하다 보면 우리는 율법에 통달한 '영리한 현자'가 아니라 내면의 확신을 밀고 가는 '무모한 바보'가 혁명에 성공하는 걸 볼 때가 많지요.

<hr/>

특별한 상품

마르크스는 자본가가 구매한 상품 중에 사용가치를 통해, 그러니까 상품의 사용을 통해 가치증식이 가능한 경우가 있는지 찾아보자고 말합니다. 일반적으로는 불가능하지만 혹시 그런 상품이 있는지 보자는 거죠. "어떤 상품의 소비에서 가치를 끌어내기 위해서는, 우리의 화폐소유자는 유통영역의 내부, 즉 시장에서 이런 상품을 발견할 수 있을 정도로 운이 좋아야 한다. 즉 그 상품의 사용가치가 가치의 원천이라는 독특한 성격을 가졌으며, 그것의 현실적 사용 자체가 노동의 대상화, 다시 말해 가치창조인 그런 상품 말이다."[김, 220~221; 강, 251]

정말로 시장에 그런 상품이 있을까요. 우리의 자본가는 천운을 타고났나 봅니다. 그런 상품이 있었거든요! "노동능력(Arbeitsvermögen) 또는 노동력(Arbeitskraft)이 바로 그것"입니다. 노동력이란 "인간의 신체, 인간의 살아 있는 인격 안에 있는 육체적·정신적 능력으로, 인간이 어떤 종류의 사용가치를 생산할 때마다 작동시키는 것"입니다.[김, 221; 강, 251] 자본가는 노동자에게서 이 상품을 구입합니다. 그러나 노동력은 살아 있는 신체에만 들어 있는 능력이라 신체 자체를 사들이지 않는 한 그 능력을 소유할 수 없습니다. 그런데 살아 있는 인간의 신체를 살 수 있다면 노예제사회겠죠. 그러니까 자본가가 구매한 것은 노동력의 소유권이 아니라 사용권 내지 처분권입니다. 노동자의 능력을 얼마 동안 사용할 권한을 얻는 겁니다. 일종의 임대 상품이라 할 수 있죠. 이 상품은 다른 모든 상품과 달리, 어떻게 사용하느냐에 따라 투입한 것 이상의 가치를 낳게 할 수 있습니다. 말하자면 황금알을 낳는 거위는 바로 이 상품 즉 노동력인 것이죠.

마르크스가 노동력에 주목한 것은 우연이 아닙니다. 앞서 2장에서 본 것처럼 당시의 정치경제학자들, 특히 스미스와 리카도는 '노동'이 가치의 척도이자 원천이라고 말한 바 있습니다. 마르크스가 이들의 주장을 그대로 받아들인 건 아닙니다. 중요한 변형을 가했죠. 가치의 척도이자 원천인 노동은 구체노동이 아니라 추상노동이고, 이 노동은 사회적이며 역사적인 것이라고 했어요. 그러나 어떻든 노동이 모든 가치의 원천이라면 잉여가치도 예외일 수 없습니다. 잉여가치도 가치인 한 노동에서 생겨나야 합니다. 마르크스가 잉여가치의 비밀을 찾기 위해 노동력이라는 상품에 주목한 것은 당연합니다.

우리의 자본가는 시장에서 원료나 도구만이 아니라 노동력도 구입합니다. 원료와 도구만으로는 상품을 만들어낼 수 없으니까요. 노동력을 구입했다는 것은 노동자에게 노동을 시킨다는 뜻입니다. 노동이란 도구를 이용해 원료를 변형시켜 새로운 물건을 만들어내는 활동입니다. 인간의 육체적·정신적 능력을 발휘하는 것이죠. 이를테면 노동자는 톱과 망치를 이용해 목재로 책상을 만들어냅니다. 생산물인 책상은 목재의 물리적 성격을 보존하면서도 새로운 사용가치를 갖습니다. 노동자의 노동은 이처럼 새로운 사용가치를 만들어냅니다. 그런데 자본주의에서는 이 과정이 사용가치만 만들어내는 게 아닙니다. 책상은 단순한 노동생산물이 아니라 상품입니다. 교환가치를 갖는 물건이죠. 자본가의 목적을 잊으면 안 됩니다. 그가 왜 노동자를 고용해 책상을 만들었겠습니까. 부모가 아이에게 책상을 손수 만들어준 것과는 다르죠. 상품인 한에서 책상에는 사용가치만이 아니라 가치가 있습니다. 이 가치도 노동자가 생산한 것이죠. 바로 이 일을 하라고 노동자를 고용한 것이니까요.

그런데 책상의 가치가 자본가가 구입한 상품, 즉 목재, 톱, 망치, 노동력 등의 가치 합계와 같다면 어떻게 될까요. 우리의 자본가로서는 남는 게 없습니다. 판매로 얻은 가치가 구매할 때 쓴 가치와 동일하니까요. 자본가가 책상을 내놓는 것은 세상에 편익을 제공하기 위해서가 아니라 돈을 벌기 위해서입니다. 투입과 산출이 같다면 정의는 실현되었는지 몰라도 자본가의 욕망이 실현된 것은 아닙니다. 최종 산물인 책상의 가치는 원료, 도구, 노동력의 가치를 합한 것보다 커야 합니다. 가치증식이 일어나야 하는 겁니다. 자본가가 노동력이라는 상품을 구매한 이유가 이것입니다. 겨울에 외투를 구매한 사람은 외투의 보온 속성, 즉 그 사용가치를 원했기 때문입니다. 노동력을 구매한 자본가도 마찬가지입니다. 그도 노동력의 사용가치를 원합니다. 그게 뭘까요. 바로 가치의 증식입니다. 노동력의 독특함이 여기에 있습니다. 노동력은 가치의 보존과 증식을 사용가치로 갖는 상품입니다. 노동자는 노동하면서 자본가가 원료와 도구, 노동력을 구입하느라 써버린 가치를 최종 생산물에 빠짐없이 옮겨 담아 추가 가치를 만들어냅니다. 비용을 보존하면서 이윤까지 창출하는 거죠. 다시 말하지만 노동력은 그 사용가치가 가치의 보존과 증대라는, 다른 어떤 상품도 갖지 않는 독특한 성격을 갖고 있습니다.

───────── 여물의 양과 밭을 가는 시간은 별개다 ─────────

방금 노동력에 대해서는 사용가치와 교환가치의 구분이 깨진 것처럼 말했는데요. 오해해서는 안 되는 게 있습니다. 노동력이라는 상품 자체의 사용가치와 교환가치는 분명히 구분됩니다. 노동력의 가치는 그것의 사용 여부와 무관하게 정해집니다. 노동력도 상품인 한에서 그것을 생산하는 데 필요한 사회적 노동량에 따라 가치가 정해지죠. 그러니 노동력을 사용해 가치를 증식시킨다는 것은 노동력의 가치를 증식시킨다는 뜻이 아닙니다. 가치가 늘어나는 것은 노동력이 아니라, 노동력을 사용해서 만든 상품, 이를테면 책상의 가치가 늘어나는 겁니다. 이것도 엄밀히 하자면, 책상 자체의 가치가 갑자기 늘어나는 것은 아니고요. 책상 제작에 투입된 상품들의 가치 합계보다 최종생산물인 책상의 가치가 더 크다는 겁니다.

가치의 실체가 노동[추상노동]이라고 했는데요. 노동력을 사용하면 노동이 상품에 들어갑니다. 노동력의 사용이란 가치의 실체인 노동을 대상에 넣는 일입니다('노동의 대상화'라고 하죠). 노동과정이란 사용가치의 생산과정인 동시에 가치의 형성과정이라고 할 수 있습니다. 여기가 아주 중요한 대목인데요. 우리는 마르크스가 노동력과 노동을 철저히 구분하고 있음을 알 수 있습니다. 고전 정치경제학자들은 자본가가 원료와 도구를 사는 것처럼 노동을 사서 상품을 생산한다고 생각했는데요. 마르크스는 자본가가 구매한 것은 노동이 아니라 노동력이라고 한 겁니다. 가치의 실체인 노동은 상품이 아닙니다. 노동력이라는 상품의 사용을 통해 얻는 것이죠.

앞서 말한 것처럼 스미스나 리카도도 상품의 가치란 그 상품을 생산하는 데 필요한 노동량이라고 생각했습니다. 상품들의 교환비율은 각 상품에 내재한 노동량의 비율에 다름 아니라고 생각했지요. 따라서 만약 상품소유자들이 각자 생산한 물건을 가져와 교환하는 경우라면 크게 문제 될 게 없습니다. 그런데 자본주의에서는 상품의 생산자와 소유자가 다릅니다. 자본가는 노동하는 사람이 아니라 노동을 시키는 사람입니다. 그는 노동하는 사람을 시장에서 구해 와야 하죠. 여기서 곤혹스러운 문제가 생기는데요. 노동은 가치의 척도인 동시에 시장에서 거래되는 상품인 겁니다(당시 정치경제학자들은 노동과 노동력을 구분하지 않았으므로, 아주 잠시 동안만 '노동'을 가치의 실체이면서 동시에 상품인 것처럼 말하겠습니다).

　방금 내가 곤혹스럽다고 했는데요. 이것은 정치경제학자의 곤혹스러움이지 자본가의 곤혹스러움은 아닙니다. 사실 자본가에게 노동은 여느 상품과 다를 바 없는 상품입니다. 회계장부의 지출 항목 중 하나일 뿐이죠. 이윤을 내려면 노동자를 고용해야 한다는 사실은 알지만, 그 이윤이 목재에서 나오든 망치에서 나오든 노동에서 나오든 알 바 아니죠. 하지만 과학자인 정치경제학자로서는 이 문제를 해명하기가 간단치 않습니다.

　상품의 가치를 규정하는 것이 노동이라면, 노동의 가치는 어떻게 규정되는가. 스미스는 여기서 흔들렸습니다.[51] 그는 노동의 실질가격[가치]은 "노동에 제공되는 생활필수품과 편의품의 수량"이라고 답했습니다. 다른 상품들은 노동으로 재지만 노동은 다른 상품들로 재는 것이죠. 그는 전자의 의미와 후자의 의미가 다르다는 것을 깨닫지 못했습니다. 다른 모든 상품들의 가치를 노동으로 잰다는 것은 노동을 가치의 절대적 척도로 삼는다는 뜻이고, 노동을 여느 상품처럼 다른 상품으로 잰다는 것은 노동을 상대적 척도로만 삼는 것이지요. 후자의 역할은 금이나 아마포도 할 수 있지요. 스미스가 문제를 전혀 못 느낀 것은 아닌 듯합니다. 노동의 가치는 "금은 또는 기타 상품에 의거하는 것보다는 노동자의 생활수단인 밀에 의거하는 것이 낫다"라고 말했거든요. 즉 노동의 가치는 노동에 필수적인 상품으로 재는 게 낫다고 본 것이지요. 다른 상품들의 가치는 노동으로 재고, 노동의 가치는 노동자의 필수품, 특히 밀로 재자고 했습니다. 밀 역시 절대적 척도는 아니지만 "노동가격과 가장 근사하게 비례하기 때문에 이것으로 만족해야 한다"라고 했어요.[52]

　리카도는 여기서 한숨을 내쉬었죠. 위대한 학자 스미스가 어이없는 실수를 저질렀다는 걸 알아차렸기 때문입니다. "금이나 은 같은 가변적 매체가 척도로 부적당하다는 걸 그렇게 훌륭하게 설명해놓고도, 곡물이나 노동에 매달림으로써 그에 못지않은 가변적 매체를 [다시] 선택하고 말았다"라고요.[53] 스미스는 가치의 불변의 척도를 제시하는 데 실패했습니다. 리카도는 스미스의 최대 업적은 노동이 가치의 근거라고 주장한 데 있으며, 이것이야말로 "정치경제학에서 가장 중요한 학설"이라고 했습니다.[54]

그럼 리카도는 가치의 절대적 척도 문제를 어떻게 해결했을까요. 그는 이 문제를 근본적으로는 해결할 수 없다고 보았고 임시방편으로 넘어가려 했습니다. "상품들의 상대가치가 변했을 때, 실질가치에 있어 그들 중 어느 것이 상승했는가를 확인하는 수단을 갖는 것은 분명히 소망스러운 일이며", 이는 "불변의 표준적 가치척도와 비교함으로써만 알 수 있는 일이지만 그러한 척도를 입수하는 것은 불가능"하다고 했죠. 이론적으로는 불변의 척도를 상정할 수 있지만 현실적으로는 불가능하다는 이야기입니다. "다만 연구 목적을 위해 금으로 만든 화폐가 불변이라고 가정할 뿐"이라는 거죠.[55]

그런데 마르크스는 '노동의 가치'라는 말 자체가 우스꽝스럽다고 생각했습니다. '노동의 가치'라는 말은 '무게의 무게'라는 말과 다를 바 없기 때문입니다. 열시간 노동이 들어간 상품은 열 시간 노동의 가치를 갖습니다. 그렇다면 열 시간 노동의 가치는 얼마나 될까요. 노동이 척도라면 열 시간 노동은 열 시간 노동의 가치를 갖겠죠.[56] 이건 마치 1킬로그램의 무게가 얼마냐고 묻는 것처럼 우스꽝스러운 질문입니다. 물론 1킬로그램은 밀 다섯 컵이라고 말할 수 있을 겁니다. 그러나 밀다섯 컵의 무게가 1킬로그램인 한에서는 아무런 의미도 없는 이야기입니다. 이게 바로 스미스가 범한 오류죠.

그렇다면 시장에서 거래되는 상품, 여느 상품처럼 가격이 변동하는 상품으로서 노동의 정체는 무엇일까요. 이에 대한 마르크스의 답변이 '노동력'입니다. 노동자의 육체적·정신적 능력인 '노동력'의 사용권이 그렇게 거래되는 것이라고요. 노동의 가치란 따로 존재하지 않으며 최소한 무의미한 동어반복에 지나지 않는다는 겁니다. 노동력의 가치만이 존재하지요. '노동력의 가치'란 노동력을 사용하기 전에, 이미 시장에 나온 상품 중 하나로서의 가치입니다. 다른 상품의 가치와 마찬가지로 그것을 생산(재생산)하는 데 필요한 사회적 노동량을 말하죠. 노동력의 가치와 노동자가 실제로 수행한 노동의 양은 같지 않습니다.

이를테면 노동력이라는 상품을 하루 쓰고 완전히 원상 복구하는 데, 다시 말해 노동자가 동일한 노동력을 유지하는 데 쌀 1킬로그램(가격으로는 3실링, 가치 즉 사회적 필요노동시간으로는 네 시간)이 필요하다고 해봅시다. 그러니까 사람을 하루 (여덟 시간 노동 기준) 일 시키려면 쌀 1킬로그램을 줘야 합니다(여기서 쌀을 기준으로 하면 스미스가 척도로 제시한 '밀'을 떠올릴 사람도 있을지 모르겠습니다. 하지만 이 쌀은 노동자의 생활에 필요한 물품 전체를 나타낸 것이지, 스미스처럼 쌀 가격을 가치의 척도로 삼아야 한다는 말이 결코 아닙니다). 노동력 하루 사용권 가격이 3실링인 것이죠. 그런데 실제로 노동자가 하루, 즉 여덟 시간 동안 일을 하면 당연히 여덟 시간의 가치가 생산됩니다(화폐로는 6실링, 쌀로는 2킬로그램). 노동력을 하루 동안 사용하면 하루만큼의 가치가 생산되는 것이니까요.

여기서 오해하지 말아야 할 것이 있는데요. 노동력의 가치는 지금 일하고 있는 시간과 무관하다는 점입니다. 노동력의 가치는 일하기 전에 미리 정해져 있습니다. 쌀 1킬로그램만 먹으면 노동자는 매일 여덟 시간을 일할 수 있다고요. 3실링(네 시간)의 가치를 받으면 하루 일하는 데 문제가 없다는 것이지요. 그런데 그가 하루를 일하면 하루의 가치, 즉 여덟 시간(6실링)의 가치가 창출됩니다. 노동력의 하루 사용권의 가치가 노동력을 하루 사용해서 얻을 수 있는 가치보다 작은 겁니다. 마르크스는 말에 비유해 설명했는데요. "말에 필요한 사료와 말이 기수를 태울 수 있는 시간은 전혀 별개의 것인 것과 같다."[57] 노동자를 소나 말에 비유한 것이 거북하게 들릴 수 있겠습니다만 사태의 진실을 전하는 데는 도움이 됩니다. 소가 한 시간 노동에 해당하는 양의 여물을 먹고도 온종일 밭을 갈 수 있듯이, 노동자는 네 시간 정도의 생산물만 지급받아도 여덟 시간을 일할 수 있습니다. 노동력의 가치와 노동력이 생산한 가치가 다른 것이죠(노동력의 가치를 계산하는 문제는 조금 뒤에 더 자세히 설명하겠습니다).

노동과 노동력을 구분함으로써 마르크스는 스미스가 혼동했고 리카도가 덮어버린 두 가지 문제에 답할 수 있었습니다. 하나는 척도 자체를 재려 할 때 생겨나는 악순환의 문제였습니다. 상품들의 가치는 노동량으로 재는데 노동의 가치는 어떻게 재는가 하는 물음이었죠. 다른 하나는 생산물의 가치와 그것을 생산한 노동의 가치 차이 문제인데요. 한편으로 생산물의 가치는 그것을 생산하는 데 필요한 노동의 양인데, 이는 생산물의 가치와 그 생산물을 생산한 노동의 가치가 같다는 뜻이죠. 하지만 다른 한편으로는 노동의 가치, 즉 임금은 생산물 가치의 일부에만 해당하죠. 생산물의 가치에서 노동의 가치, 즉 임금을 제대로 지불하고도 남는 것이 있어야 합니다. 마르크스는 노동력의 가치와 노동력을 사용해서 얻은 가치의 차이로 이 문제에 답변했습니다.

이렇게 마르크스는 19세기 노동가치론이 부딪힌 문제를 돌파했습니다. 그의 해법은 노동가치론에 입각해 노동가치론의 문제를 푸는 것이고, 정치경제학자들이 빠진 오류를 교정하는 것입니다. 마치 구체적 유용노동과 추상노동을 구분함으로써 상이한 노동생산물의 동등성 문제를 해결했던 것처럼 말이지요. 그런데 노동력과 노동의 구분이 갖는 의의는 이보다 훨씬 큽니다. 이 구분을 통해 잉여가치의 정체가 드러났습니다. 잉여가치란 한마디로 '잉여노동'입니다. 노동력의 가치 이상으로 노동을 뽑아낸 결과지요. 착취입니다. 노동력의 가치를 제대로 지불한 '합법적 착취'라 해도 착취는 착취입니다. 그런데 자본은 이 착취를 전제하고 있습니다. 자본은 잉여가치를, 잉여가치는 잉여노동을 전제하니까요. 자본주의는 이런 형태의 착취를 합법화한 사회입니다. 요컨대 마르크스는 노동력과 노동의 구분을 통해 자본주의 자체의 착취성과 범죄성을 이론적으로 규명할 수 있게 된 겁니다. 이로써 『자본』도 색깔을 갖게 되었습니다. 이 문제를 회피했던 정치경제학자들의 색깔도 드러났고요. 지금까지는 『자본』이 과학자의 연구 논문 같았습니다만 이제 과학수사대의 수사 보고서 같아졌달까요.

─────────── 노동력을 판매하는 자유로운 노동자 ───────────

이제 우리는 이렇게 말할 수 있습니다. 수백 가지 상품이 있어도 노동력이라는 상품 하나가 없다면 자본주의는 불가능하다. 노동력이 없으면 잉여노동이 없고, 잉여노동이 없으면 잉여가치가 없으며, 잉여가치가 없으면 자본이 불가능하니까요. 우리의 자본가는 이 상품이나 저 상품이나 돈 들어가는 건 마찬가지라고 생각하기에, 어떤 상품의 이름이 '노동'이든 '노동력'이든 아무런 관심도 없을 겁니다. 하지만 노동력이라는 상품이 없다면 그는 화폐소유자일 수는 있어도 자본가일 수는 없습니다.

화폐소유자는 노동력이 상품으로서 시장에 나와 있는 한에서만 자본가가 될 수 있습니다. 여기서 우리는 다시 한번 역사유물론자로서 마르크스의 면모를 확인할 수 있는데요. 어떤 존재든 그것을 가능하게 한 조건들의 역사적 형성에 일차적 관심을 두는 것이죠. 그는 이렇게 묻습니다. 노동력이 상품으로 나오려면 어떤 조건들이 필요한가. 그가 곧잘 쓰는 표현처럼 자연은 이것을 낳지 않았으니까요. 모두가 역사적 산물들이죠. 그렇다면 노동력은 어떤 조건들이 형성되었을 때 상품으로 나타날 수 있을까요?

일단 노동력의 소유자가 다른 상품의 소유자들처럼 자신의 상품을 자유롭게 판매할 수 있어야 합니다. 여기서 '자유롭다'라는 것은 노동자가 자기 의사에 반해 노동을 강요받지 않는다는 뜻입니다. 노동자가 어떤 예속관계 때문에 노동을 해야만 한다면 노동력은 상품일 수 없습니다. 강제노동을 시킨다면 노동력이 아니라 노동자 자신이 상품인 것이죠. 한마디로 노예인 겁니다. 따라서 상품으로서 노동력이 출현하려면 앞서 우리가 2장에서 살펴본 대로 신분해방이 이루어져야 합니다. 노동력소유자가 화폐소유자와 "법률상으로 동등"하고 자신의 인격과 능력의 온전한 소유자로 간주될 수 있어야 하는 것이지요.[김, 221; 강, 251~252]

여기에는 노동자의 노동시간이 제도적으로 제한되어야 한다는 뜻도 담겨 있습니다. 노동을 부릴 수 있는 시간을 무제한 허용한다면 노동력이 아니라 노동자를 판 것과 같을 테니까요. 설령 돈을 받고 약정을 맺어 노동하는 경우라도 노동시간에 한도를 두지 않는 계약은 모두 노예계약입니다.[김, 222, 각주 3; 강, 252, 각주 40] 마르크스는 시간만을 언급했지만 꼭 시간만은 아닐 겁니다. 노동환경이나 노동강도도 중요하죠. 한마디로 노동조건에 제한이 없는 노동은 노동자를 노예로 만듭니다. 정부가 노동시간이나 노동조건에 법적 제한을 가한다는 것은 사용자에게 노동력을 함부로 쓰지 말라는 뜻이겠죠. 노동력의 소유권이 자본가에게 있지 않다는 의미입니다. 노동자가 넘기는 것은 노동력에 대한 소유권이 아니라 사용권이죠. 노동력은 앞서 말한 것처럼 일종의 임대 상품인 겁니다.

이제 상품으로서 노동력이 출현하기 위한 두 번째 조건을 볼까요. 두 번째 조건도 '자유'인데요. 이 자유의 의미는 첫 번째 조건의 '자유'와 상반됩니다. 두 번째 조건은 이런 겁니다. 노동자는 노동력을 자유롭게 처분할 수 있어야 하지만 또한 노동력을 처분하지 않으면 안 되는 상황에도 놓여야 합니다. 아무리 짧은 시간이라 해도 자신의 능력에 대한 사용권을 다른 사람에게 넘기고 싶은 사람은 없을 겁니다. 어떤 기이한 욕망에 휩싸이지 않는 한 타인에게 "난 당신이 시키는 대로 할게요"라고 말하는 사람은 없지요. 그런데도 자본주의에서는 많은 사람이 그렇게 하고 또 그렇게 하기 위해 줄을 서서 기다립니다. 이유는 간단합니다. 그러지 않으면 당장 죽게 생겼으니까요.

가난한 사람들은 '몸뚱이 하나'로 살아왔다는 말을 종종 하는데요. 바로 그겁니다. 시장에 내다 팔 것이 더는 남아 있지 않을 때 사람들은 자기의 생체능력을 팝니다. 예전에는 '품팔이'라는 말도 썼는데요. 맨몸으로, 다시 말해 몸뚱이만 가져가서 일하고 품삯을 받았습니다. 이것이 두 번째 조건입니다. 노동력 말고는 팔 것이 없어야 합니다. 자본가처럼 생산수단(원료와 도구)을 가졌다면 물건을 만들어 상품으로 내놓았겠죠. 그런 게 없기 때문에 자신의 능력을 상품으로 내놓고, 자기자신을 물건 만드는 데 써달라고 나온 겁니다. 그러므로 노동력 상품화의 두 번째 조건이 '자유'라고 했을 때의 자유란 무엇이 없는 상태입니다. 서양 언어에서 '자유롭다'(frei, free)라는 말에는 결핍의 의미가 있습니다. 노동자는 생산수단으로부터 자유롭습니다. 생산수단을 갖고 있지 않다는 뜻이죠. 자본의 탄생과 관련해 노동인구의 신분해방만큼이나 생산수단 상실은 중요한 역사적 사건입니다.

그런데 나는 이 두 번째 조건에 조금 다른 내용을 덧붙이고 싶습니다. 마르크스는 물질적 생산수단의 상실을 이야기했는데요. 사람들이 노동력을 팔지 않으면 안 되는 상황에 내몰리는 데는 물질적 생산수단의 상실만큼이나 인간적 유대의 상실도 중요한 역할을 했을 겁니다. 공동체적 돌봄이 무너져 생존을 고민하는 단위가 공동체가 아니고 개인이 된 겁니다. 물질적 차원의 가난만큼이나 인간관계의 가난이 사람들을 인력시장으로 내몰았을 겁니다. '네가 죽든 살든 나는 상관하지 않겠다'라고 생각하는 사회, 서로가 서로를 남으로 간주하는 사회에서는 살기 위해 뭐든 팔아야 합니다.

마르크스가 노동력 상품화의 전제조건으로서 '이중적 의미에서의 자유'(frei in dem Doppelsinn)를 말한 것은 이런 맥락입니다. 이것은 "한편으로 노동자는 자유로운 인격체로서 노동력을 자신의 상품으로 마음대로 처분한다는 의미이며, 다른 한편으로 판매할 다른 상품을 가지고 있지 않을 뿐 아니라 자신의 노동력을 실현하는 데 필요한 모든 물건으로부터도 분리되고 풀려나 자유롭다는 의미다."[김, 223; 강, 253]

참 씁쓸하면서도 의미심장한 이야기입니다. 자본이란 우리 시대의 부라고 할 수 있는데요. 자본을 위해서는 노동력의 상품화가 필요하죠. 인간의 능력을 시장에서 자유롭게 매매할 수 있어야 합니다. 이것이 자본이 출현하기 위한 첫 번째 본질적 조건(wesentliche Bedingung)입니다. 신분의 해방이죠. 그런데 또 다른 본질적 조건은 빈곤입니다. 사람들이 자신의 생체능력을 내다 팔지 않고서는 살 수 없어야 합니다. 신분해방만큼이나 빈곤의 창출이 자본 등장에 필수적이라는 말입니다. 부의 창출 조건이 빈곤의 창출에 있다는 사실은 우리 시대 부의 성격에 대해 무언가 시사해줍니다. 젊은 날 엥겔스가 사람들에게 던진 물음, 왜 19세기 영국인은 가장 부자 국민이면서 가장 가난한 국민이 되었는가에 대한 답변의 실마리가 여기 있는 게 아닌가 싶습니다. 이 실을 놓치지 않고 잘 따라가야겠습니다.

노동력이 없으면 자본이 없다

『자본』의 논의는 자본주의 생산양식의 지배를 전제하고 있으므로 노동력도 상품으로 이미 주어졌다고 가정합니다. 어떻게 해서 이런 상품이 생겨났는지 상세히 논하지 않습니다. 자본가가 노동력을 주어진 상품으로서 발견하듯 우리도 당분간 그것을 주어진 사실로 받아들일 겁니다.[김, 223; 강, 253] 그럼에도 마르크스는 역사유물론자로서 경고를 새겨둡니다. "한 가지만은 분명하다. 자연이 한편으로 화폐소유자 또는 상품소유자를 만들어내고 다른 한편으로 자신의 노동력만 소유한 자를 만들어낸 것은 아니라는 점이다. 이 관계는 결코 자연사적인 것도 아니며 역사적으로 모든 시대에 공통된 사회적 관계도 아니다. 그것은 분명히 선행한 역사적 발전의 결과이며, 수많은 경제적 변혁의 산물이자 과거의 수많은 사회적 생산구성체들의 몰락의 산물이다."[김, 223; 강, 253]

과학도 역사의 산물임을 잊으면 안 됩니다. 나는 마르크스의 정치경제학 비판 중 중요한 측면 중 하나가 역사성에 있다고 앞서 1장에서 말했는데요. 정치경제학이 사용하는 '경제적 범주들'은 결코 초역사적인 것이 아닙니다. 그런 경제적 범주가 존재한다는 사실 자체가 그 시대를 다른 시대와 구분해줍니다. 방금 본 마르크스의 표현을 쓰자면 '사회적 생산구성체'(Formation der gesellschaftlichen Produktion)가 다른 것이죠. 마르크스는 "경제적 범주들 또한 자신들의 '역사적 흔적'(geschichtliche Spur)을 가지고 있다"라고 했는데요.[김, 223; 강, 253] '흔적'이란 박차처럼 뾰족한 것이 남긴 자국이고 흉터이며 무늬죠. 각각의 시대, 각각의 생산구성체들은 자기에게 속한 범주들에 자국을 남깁니다. 자본에도 노동력에도 우리 시대의 흉터, 우리 시대의 무늬가 남습니다.

우리에게는 너무 익숙해서 잘 보이지 않지만 시대가 다르고 생산구성체가 다르면 이런 게 확연히 느껴집니다. 그래서 한 시대의 이성은 다른 시대의 광기라는 말이 있겠죠. 여담이지만, 자본주의가 급속히 성장하던 17세기 영국에서는 노동력이 상품으로 거래되는 것이 꽤 자연스러웠던 것 같습니다만(홉스는 이미 "인간의 가치 또는 값어치는 다른 모든 물건과 마찬가지로 그 가격이 존재한다"[58]라고 말하고 있으니까요), 상대적으로 발전이 늦었던 프랑스에서는 그렇지 않았나 봅니다. 당시 제노바에 주재한 프랑스 영사는 본국의 상관에게 이런 편지를 보냈다고 합니다. "각하, 나는 사람을 돈으로 간주할 수 있다는 것은 처음 듣습니다."[59] 노동력이 시장의 상품으로 거래되는 것이 충격적이었던 거죠.

마르크스는 노동력이라는 상품의 존재는 일반적 상품이나 화폐의 존재와 다르다는 점을 힘주어 강조합니다. 정확히 표현하자면, "자본이 출현했다"라는 말과 "상품이나 화폐가 출현했다"라는 말은 다르다고 했죠. 『자본』 제1장에서 마르크스는 상품이 얼마나 독특한 것인지를 강조한 바 있습니다. 상품은 일반적인 노동생산물과 다르다고요. 자본주의사회(부르주아사회)에서 상품은 경제적 세포에 해당한다는 말도 했습니다. 하지만 자본주의 생산양식이 지배하지 않는 사회에서도 상품은 국소적으로 존재했습니다. 3장에서 살폈듯 공동체와 공동체 사이에서 상업적 관계가 존재했을 뿐 아니라 공동체 안에서도 매우 예외적인 상황에서 상품 거래라 부를 수 있는 관행이 존재했습니다. 기본적 물자유통은 상품거래가 아니지만 어느 정도는 "역사적으로 매우 다양한 경제적 사회구성체들" 곳곳에서 발견되는 일이었습니다.[김, 224; 강, 254] 화폐도 마찬가지입니다. 다양한 화폐형태, 화폐의 다양한 기능(가치척도, 유통수단, 지불수단, 축장화폐, 세계화폐 등)이 사회구성체마다 다양한 방식으로 나타날 수 있습니다. 어떤 기능은 상당히 발전하지만 어떤 기능은 전혀 발전하지 않지요. 그러나 상품유통이 활발해지고 화폐가 명실상부한 일반적 등가물로 자리하면 그 화폐는 금세 우리 시대 화폐와 마찬가지로 다양한 기능을 동시에 수행하기 시작합니다.

그러나 자본은 아닙니다. 마르크스는 강조합니다. "자본은 그렇지 않다. 자본의 역사적 존재 조건은 상품유통과 화폐유통을 통해 만들어진 것이 아니다." 그렇다면? 자본은 노동력이라는 상품이 시장에 나왔을 때만 존재할 수 있다는 것입니다. 생산수단과 생활수단을 움켜쥐고 있는 자가 "시장에서 자유로운 노동자를 발견하는 경우에만" 가능하죠. 마르크스는 "이 하나의 역사적 전제조건이 하나의 세계사를 에워싼다"라고 했습니다. 상품이나 화폐로 불가능한 일을 '자본'이 합니다. 즉 자본은 자신의 출현으로 "새로운 시대를 선언"할 수 있습니다.[김, 224; 강, 254] 그리고 이 당당한 세계사적 선언의 뒤편에는 노동자들의 긴 줄이 침울하게 늘어서 있습니다.

노동력의 가치 계산

상품이 되었으니 노동력은 이제 여느 상품처럼 가치를 갖습니다. 그렇다면 노동력의 가치는 어떻게 계산할까요. 노동력도 상품이니 다를 게 없습니다. 상품은 그것을 생산하는 데 필요한 사회적 노동량으로 계산하죠. 그런데 노동력에는 좀 미묘한 구석이 있습니다. 노동력이라는 게 독자적 사물로 떨어져 존재하는 게 아니라서 그렇습니다. 노동력은 살아 있는 인간의 신체적·정신적 능력입니다. 그러므로 노동력을 생산한다는 것은 해당 인간의 신체와 정신이 능력을 발휘할 수 있는 상태를 생산하는 것과 다르지 않습니다. 생존은 기본일 테고요.

마르크스는 이렇게 말합니다. "노동력의 생산이란 개인 자신의 재생산, 그의 생활의 유지다."[김, 225; 강, 255] 그렇다면 노동력의 가치란 한 개인이 그 사회에서 자신을 재생산하고 생활을 유지하는 데 필요한 '사회적 노동량'입니다. 사람이 생존하고 생활을 유지하는 데 어느 정도의 노동량이 필요할까요. 마르크스는 결국 "노동력의 생산에 필요한 노동시간은 생활수단의 생산에 필요한 노동시간이 된다"라고 말합니다.[김, 225; 강, 255] 사람은 생활을 유지하기 위해 다양한 생활수단을 필요로 하므로 이 생활수단의 가치로 노동력의 가치를 잰다는 것이지요.

충분히 수긍할 수 있는 이야기입니다만, 그럼에도 노동력의 경우 다른 상품의 가치를 재는 방식과 미묘하게 다르다는 점을 놓치지 말아야겠습니다. 다른 상품들의 가치는 해당 상품을 생산하는 데 필요한 사회적 노동량이라고 했는데 노동력의 가치는 간접적 계산 방식을 택하고 있습니다. 노동력 생산에 필요한 다른 상품들의 가치 합계로서 말입니다. 여기에 어떤 차이가 있을까요. 마르크스는 노동력을 생산하고 유지하는 어떤 노동을 생략하고 있습니다. 자본가가 상품을 생산할 때는 생산수단(원료와 도구)만이 아니라 인간의 노동이 필요했잖아요. 그런데 노동력이라는 상품은 노동력 생산에 필요한 수단들은 있는데 별도의 노동력 투입이 고려되지 않습니다. 노동력의 생산에 필요한 것이 쌀만은 아니겠죠. 누군가 밥을 짓고 차려야 하죠. 마르크스는 이 노동을 노동자 자신이 한다고 가정하고 있습니다. 상품화되지 않는 노동이죠. 상품생산에 관여하지만 상품으로 인정되지 않는 노동. 일종의 그림자 노동인 셈입니다. 그런데 만약 이 노동을 수행하는 게 노동자 자신이 아니라면 어떻게 될까요. 가사노동과 돌봄노동의 영역인데요. 누군가 그 일을 하는데 그 일은 가치를 인정받지 못한다면요. 마르크스는 노동력의 가치 계산에서 이 문제를 제기하지 않았지만, 이는 중요한 문제입니다. 이에 대해서는 나중에 9장에서 '생산적 노동'의 개념을 다루며 별도로 언급하겠습니다(지금 살피기에는 좀 복잡한 문제들이 끼어 있거든요).

다시 마르크스의 이야기로 돌아가, 노동력을 생산하는 노동은 노동자 자신이 수행하는 것으로 하고 그에 대해서는 지불을 필요로 하지 않는 것으로 가정해두겠습니다. 그렇다면 마르크스의 말처럼, 노동력의 가치를 노동력소유자의 생활에 필요한 생활수단의 가치로 환원할 수 있겠지요. 그런데 노동자에게는 얼마나 많은 생활수단이 필요할까요. 가장 기본적으로는 이것이 일종의 임대 상품이라는 점에서 판단해야 합니다. 한마디로 원상 복구죠. 사용하기 전의 상태로 돌려놔야 하는 것입니다. "노동력의 소유자가 오늘의 노동을 마쳤다면 그는 내일도 동일한 조건의 힘과 건강을 유지한 채 똑같은 과정을 반복할 수 있어야 한다."[김, 225; 강, 255]

마르크스는 이를 더 세세하게 분석합니다. 노동력을 다시 사용할 수 있는 상태로 만들기 위해서는 일정 수준의 음식, 의복, 난방, 주택 등이 공급되어야 합니다. 이것은 그 나라의 기후를 비롯해 자연환경에 따라 달라질 겁니다. 자연환경만이 아닙니다. 의식주는 문화에 따라서도 달라집니다. 보온만이 문제라면 넝마를 걸쳐도 상관없겠지만 실상은 그렇지 않죠. 더욱이 노동력은 인간의 신체적 능력일 뿐 아니라 정신적 능력이기도 합니다. 정신적 능력 또한 재생산되어야겠죠. 책을 보고 영화를 보고 노래하고 춤을 추고 여행을 가는 등 정신적 에너지를 충전할 수 있어야 합니다. 다른 상품들과 달리 노동력에는 고려해야 할 것이 많습니다. 자연적 요소도 있고 문화적 요소도 있으며 도덕적 요소도 있습니다.[김, 226; 강, 256]

그런데 이게 끝이 아닙니다. 노동력의 수명이 노동자 개인의 수명과 같다면 자본주의의 수명도 그렇게 되고 말 겁니다. 노동력은 개인의 수명을 넘어 시장에 상품으로 나와야 합니다. "소모와 사망으로 시장에서 빠져나가는 노동력"이 계속 충원되어야 한다는 뜻이죠. 이는 다음 세대가 노동력으로 들어와야 한다는 의미입니다. 따라서 노동력의 가치를 계산할 때는 노동자 자녀의 양육비가 포함되어야 합니다. 이뿐만이 아닙니다. 생산방식이 변하고 상품들이 변하는 경우에는 거기에 부합하는 노동력이 생산되어야 합니다. 교육과 훈련의 문제인데요. 이는 한 노동자의 생애 동안에 일어나는 재교육의 문제이기도 하고 새로운 세대를 위한 교육의 문제이기도 합니다. 해당 능력이 어떤 것이냐에 따라, 그 능력이 얼마나 복잡한 교육과 훈련을 필요로 하느냐에 따라 비용은 달라질 겁니다. 이 또한 노동력의 계산에서 고려되어야 합니다.[김, 227; 강, 256]

이런 식이면 계산이 불가능할 것 같다고요? 그렇지 않습니다. 상품의 가치는 '사회적으로 필요한 노동량'이라고 했잖아요. '사회적으로 필요한'이라는 말에 평균의 의미가 들어 있죠. 노동자 개인이 자신에게 필요한 상품들을 나열한다고 노동력의 가치가 되지는 않습니다. "일정한 시대의 일정한 나라에는 노동자들에게 필요한 생활수단의 평균적 범위가 주어져 있"으니까요.[김, 226; 강, 256]

노동력의 가치에 대한 흔한 오해

노동력의 생산비용은 사회마다 다르다고 했는데요. 예컨대 우리 사회에서는 정부가 3년에 한 번씩 최저생계비를 측정하고 계산합니다. 소득 하위 40퍼센트에 해당하는 가구 중 2만 가구를 대상으로 생활실태 조사를 벌이는데, 이때 식료품비와 주거비는 물론 교통통신비, 교양오락비 등 372개 품목을 조사합니다. 각 품목에 대해 합리적 소비를 할 경우 비용이 얼마나 드는지 산출하죠. 이 조사 결과를 바탕으로 중앙생활보장위원회에서 당해 연도 최저생계비를 결정하고요. 이후 두 해 동안은 그 값에 소비자물가상승률을 반영해 정합니다. 물론 이것은 말 그대로 최저생계비입니다. 평균 수준의 삶이 아닙니다. 하위 40퍼센트의 삶을 놓고 '합리적 소비'를 했다고 가정한 것이니까요. 한국 사회에서 기본적인 삶을 유지하는 비용이라고 할 수 있죠. 이는 마르크스가 말한 '노동력 가치의 최소한계(Minimalgrenze)'에 가깝습니다.[김, 228; 강, 257] 노동력 보유자인 인간이 신체적·정신적 생명을 유지하며 살아가기 위한 최저치죠. 하지만 노동력의 가격, 즉 임금이 이 최소한계까지 떨어지면 실제로는 노동력의 가치 이하로 떨어진 것과 같습니다. "이때는 노동력이 위축된 형태로만 보존되고 발휘될 것이기 때문"이지요. 마치 절전모드로 컴퓨터를 운용하는 것과 같습니다. 최소 기능만을 유지할 수 있게 해놓고 최대 기능을 뽑아 쓰려 하면 안 됩니다.

이 점에서 우리 사회의 최저임금 인식에는 문제가 많습니다[참고로 최저임금은 노동자위원(9인)·사용자위원(9인)·공익위원(9인)으로 구성된 '최저임금위원회'에서 심의하고 의결하는데, 이 결정구조에 개편 움직임이 있습니다]. 사실 최저임금은 그 이상 낮춰서는 안 되는 임금 최저치에 대한 법적 규정입니다. 노동자가 능력을 보존할 수 있는 마지노선이죠. 그런데 우리는 사용자들이 종업원에게 최저임금을 지급한다며 자랑스럽게 말하는 것을 봅니다. 그런 걸 자랑한다는 것은 최저임금도 지키지 않는 사용자들이 많다는 뜻이겠죠. 아르바이트생을 구하는 광고 전단지에 '임금 조정 가능'이라는 말이 있으면 십중팔구는 최저임금 이하로 급여를 지급할 수 있다는 메시지라고 하더군요. 노동력의 정당한 가치와 법적 처벌 기준은 동일한 것이 아닙니다. 최저임금만 지급하는 것은 노동력에 대해 가치 이하로 지급하는 것입니다. 최저임금이란 것은 감상주의에 젖어 인간적 고려를 해달라는 부탁이 아닙니다. 자본주의 상품교환의 기본법칙에 맞게 제값을 치르라는 거죠. "모든 상품의 가치는 해당 상품을 정상적 품질로 공급하는 데 필요한 노동시간에 따라 결정되는 것이다."[김, 228; 강, 258] 마르크스는 따져 묻습니다. 왜 노동력이라는 상품에 대해서는 이것을 지키지 않으려 하는가. 다시 말지만 정당한 임금이란 노동자가 정상적 생활을 함으로써 정상적 품질의 노동력을 공급할 수 있는 수준입니다.

노동력의 가치에 대한 또 하나의 오해는 임금을 노동의 대가라고 생각하는 것입니다. 앞서 우리는 노동력과 노동을 구분했는데요. 임금은 노동력이라는 상품의 가격이지 노동력의 사용량에 대한 지불이 아닙니다. 여러 번 강조했듯 노동력도 여느 상품처럼 유통에 들어가기 전에 가치가 정해지죠. 그것을 생산하는 사회적 필요노동량에 따라서요. 사회에서 이 능력을 사용하려면 이 정도를 지불해야한다는 것이 대체로 정해져 있다는 이야기입니다. 노동력의 실제적 사용은 그다음에 이루어집니다. 그런데 자본가는 관행적으로 노동력을 구매할 때 바로 돈을 내지 않습니다. 일단 고용만 합니다. 실제로 돈을 지불하는 것은 노동자가 일을 하고 난 뒤입니다. 값을 치른 뒤 일을 시키는 게 아니고 일을 시킨 뒤 값을 치릅니다. 그러다 보니 오해가 생겨납니다. 임금이란 노동자가 한 일에 대한 대가라는 생각이 들게 되는 거죠. 보통의 상품들은 이렇지 않습니다. 돈을 내고 구매한 뒤 사용하는 게 일반적이죠.

사실은 노동자가 자본가에게 혜택을 준 겁니다. 자본가에게 '신용 대부'를 해준 것과 같죠.[김, 230; 강, 258] 값을 치르지 않았는데도 약속만 믿고 상품을 양도했으니까요. 우리는 물건을 납품했으나 납품받은 기업에 부도가 나서 돈을 떼인 기업가 이야기를 자주 듣습니다. 투자금을 날린 투자가 이야기도 듣죠. 그런데 이건 노동자들의 이야기이기도 합니다. 기업 파산으로 임금을 떼인 노동자들이 얼마나 많습니까. 파산하지 않은 경우에도 임금체불은 노동자들에게 항존하는 위협이죠. 고용노동부가 해마다 임금체불액 규모를 발표하는데요. 2011~2017년 기간에는 해마다 30만 명 정도의 노동자가 1조 원 안팎의 임금을 떼인 상태로 있더군요.[60]

임금을 떼이지는 않았지만 늦은 지급 때문에 손실을 보는 경우도 있습니다. 이와 관련해 마르크스가 긴 주석을 달았는데요.[김, 230, 각주 14; 강, 259, 각주 51] 1862년 소위 '불량 빵' 문제로 런던이 난리가 난 적이 있습니다. 빵을 만들 때 밀가루만 넣은 게 아니고 명반, 비누, 탄산칼륨, 석회, 돌가루 등등을 넣은 빵집들이 있었거든요. 당국의 조사에 따르면 이런 빵집이 전체의 ¾에 달했습니다. 모두 저렴한 빵을 파는 곳들이었습니다. 아마 빵 속에 이런 이물질이 들어 있다는 걸 노동자들도 알고 있었을 겁니다. 먹으면서 매일 확인할 테니까요. 그런데도 왜 이런 빵을 샀을까요. 부자들은 이 바보짓을 이해하지 못할 겁니다. 빵은 살기 위해 먹는 것인데 건강을 해치는 빵을 먹다니요. 그러나 가난한 사람들은 압니다. 알면서도 이런 빵을 먹을 수밖에 없다는 걸. 이런 빵을 먹으면 수명이 단축되겠지만 먹지 않으면 당장 굶어 죽을 테니까요.

그런데 당국의 조사 보고서를 보면 이런 상황은 임금 지급 관행과 관련이 있었습니다. 노동자들의 임금 지급이 항상 한 주씩 늦었거든요. 그날 벌어 그날 먹어야 하는 런던의 가난한 노동자들에게 이것은 큰 문제였습니다. 일은 했지만 돈은 받지 못했고 배는 지금 고프니까요. 그들은 문제 많은 빵을 군말 없이 받았습니다. 외상으로 주는 빵이니까요. 임금 지급 간격이 길수록 가난한 노동자들의 외상거래도 늘어났습니다. 조사 보고서에는 심지어 사장에게 가불해 사장이 운영하는 가게에서 물건을 구입한 사례도 있었습니다. 사장에게 돈을 빌려 사장에게 돌려주는 꼴이죠. 물론 특수한 사례였을 겁니다. 여기서 특수하다는 것은 사장이 동일 인물인 경우가 그렇다는 것이고요. 이 사장한테 가불해 저 사장한테 내는 것은 결코 특수한 사례가 아니었겠죠.

사용권을 넘겨주는 상품이라는 점에서 노동력 판매는 주택 임대와 비슷한 점이 있습니다.[김, 231; 강, 260] 그러나 집세는 사용 전에 정해져 있습니다. 설령 집을 사용한 뒤 집세를 낸다 하더라도 계약 단계에서 이미 확정되어 있지요. 노동력도 마찬가지로 생각해야 합니다. 비록 사용료인 임금을 나중에 준다 해도 그 가치는 고용 전에 정해진 것으로 봐야 하죠. 노동력의 가치는 그 사용과는 무관하다는 이야기입니다. 노동력의 실제적 사용, 즉 노동자의 노동에 대한 대가가 아닌 겁니다. 일한 만큼 돈을 주겠다고 말하는 것은 집에서 살아본 뒤 가치를 평가해 집세를 내겠다고 말하는 것과 같습니다.

─────── 머리는 마음이 가는 쪽으로 ───────

좀 전에 마르크스가 단 긴 주석 이야기를 했는데요. 『자본』에는 이처럼 노동자들의 구구절절한 사연을 소개하는 곳이 많습니다. 회색 이론에 빨간 피가 돈다고 할까요. 글을 읽는 걸 넘어 느낄 수 있습니다. 이런 부분을 읽다 보면 우리는 니체의 표현처럼 "생각으로 달궈져 화상을 입을" 수도 있습니다.[61] 떠오른 생각 때문에 피가 끓어 몸이 벌겋게 달아오르는 거죠. 아마 『자본』을 읽는 노동자라면 이런 곳에서 그 체험을 할 겁니다. 칼에 베인 체험이 있는 사람은 다른 사람이 그런 일을 당할 때 통증을 느낍니다. 글도 그렇습니다. 피로 쓴 글이라는 게 있고, 읽을 때 피를 느끼게 되는 독서가 있습니다.

니체는 두뇌를 '심장의 내장'이라고 했습니다.[62] 머리는 심장이 뛰는 쪽으로 돌아가는 법입니다. 투자하는 사람이든 구애하는 사람이든 사기 치는 사람이든 혁명하는 사람이든 모두 마찬가지입니다. 이들을 구분하는 것은 머리 돌아가는 속도가 아니라 심장이 뛰는 쪽, 다시 말해 마음이 가는 곳입니다. 마음 가는 곳으로 머리가 발달하죠. 누군가는 거들떠보지도 않는 곳에 누군가는 마음이 갑니다. 더 알고 싶어하는 의지와 욕망이 작동하는 겁니다.

마르크스는 어떻게 자본의 일반 정식의 수수께끼를 풀었는가. 나는 두뇌보다 심장에 비밀이 있다고 생각합니다. 마르크스는 잉여가치가 잉여노동이라는 사실은 "사실상 스미스에 의해 이미 언급된 것이며, 리카도의 분석에 있어서 하나의 중요한 요소를 구성하고 있다"라고 했습니다.[63] 이미 스미스나 리카도 등이 손에 쥐고 있던 사실이라는 거죠. 스미스는 노동자가 원료에 추가하는 가치에서 '임금'과 '이윤'이 나온다고 말했습니다.[64] 이윤의 원천이 노동에 있다고 본 것이죠. 임금에 관한 장에서는 더 과감한 추론을 펴기도 했습니다.[65] 첫 문장에서 그는 "노동생산물은 노동의 자연적 보수 또는 자연적 임금"이라고 말합니다. 원래는 노동자가 생산한 것이 모두 노동자의 몫이었다는 거죠. 그런데 토지의 사유화와 자본의 축적이 일어나면서 상황이 달라집니다. 생산수단은 더는 노동자의 것이 아닙니다. 스미스는 토지와 자본을 제공한 지주와 자본가가 노동생산물에서 자기 몫을 '공제'했다고 했습니다. 지대와 이윤은 노동자가 생산한 가치의 일부라는 거죠. 그는 노동자가 생산한 가치와 노동자에게 지급되는 가치 사이의 차이를 감지했습니다.

그렇지만 마르크스에 따르면 스미스는 이런 결론에 '당황한' 듯합니다.[66] 사실 스미스는 좀 오락가락하는 면이 있습니다. 노동생산물의 가치가 그것을 생산하는 데 지출된 노동량으로만 환원될 수 없다는 식으로 주장을 펴기도 하니까요. 원료를 제공하고 임금을 지불한 자본을 위해서도 어떤 추가분이 생산물에 들어 있어야 한다고 했습니다.[67] 앞의 논리를 따르면 임금과 이윤과 지대는 모두 노동자가 생산한 가치에서 나오는 것인데, 방금의 논리를 따르면 임금과 이윤과 지대가 상품의 가치를 구성한다는 말이 되어 뉘앙스가 달라집니다. 후자에 따르면 노동과 자본, 토지 각각이 가치증대에 참여한 것처럼 되니까요.

리카도는 스미스에 비하면 좀 더 체계적이고 일관됩니다. 앞서 살펴본 바 있지만, 리카도는 스미스가 '노동의 가치'를 곡물[밀]의 가치로 재는 것을 날카롭게 비판한 바 있습니다. 그는 상품의 가치를 그대로 드러낼 수 있는 상품을 현실에서는 찾을 수 없다고 했습니다. 이 점에서는 노동[노동력]의 가치도 마찬가지입니다. 노동자가 받는 화폐량도 노동의 진정한 가격, 즉 '자연가격'이 아닙니다(자연가격이란 상품가치의 변동을 그대로 보여주는 가격을 말하는데요. 이것이 현실적으로 불가능하다는 것, 다시 말해 가치와 가격이 괴리될 수밖에 없는 이유에 대해서는 2장에서 언급한 바 있습니다). 아마도 노동의 정확한 가치는 그것을 생산하기 위해 소모한 노동량으로 측정해야겠지요. 이것을 어떻게 잴 수 있을 것인가. '노동의 가치'를 확인할 방법을 찾기가 쉽지 않았습니다. 그래서 리카도는 노동의 가치를 노동자와 그 가족을 부양하는 가치로 바꿉니다. 노동의 생산비를 노동자의 생산비로 바꾼 것이죠. 이 것은 어느 정도 확인할 수 있으니까요. "노동의 자연가격은 노동자와 그의 가족의 부양에 필요한 양식, 필수품 및 편의품의 가격에 의존한다."[68]

그런데 노동과 노동력을 구분하지 않았기 때문에 리카도의 주장에는 문제가 있었습니다. 한편으로 '생산물의 가치'는 그 생산물을 생산하는 노동만큼의 가치 입니다. 그렇다면 그 생산물을 생산한 노동의 가치는 얼마나 될까요. 바보 같은 질 문이죠. 생산물의 가치가 그것을 생산하는 데 들어간 노동의 양이라면, 그것을 생 산한 노동의 가치도 같아야 하니까요. 노동자가 일을 해서 '100'만큼 투입했으면, 노동자가 투입한 노동량의 가치도 '100'인 거죠. 그런데 다른 한편으로 노동자의 생산비로 규정된 '노동의 가치'는 항상 생산물의 가치보다 작았습니다. 다시 말해 노동자가 받는 가치는 노동자가 만들어낸 가치보다 작습니다. 리카도의 주장을 통 해서는 그 이유를 알 수가 없습니다.

마르크스에 따르면 리카도는 사실 "여기에 문제가 있다는 것도 느끼지 못했 고", "관심조차 갖지 않았"습니다.[69] 리카도는 그저 상품의 전체 가치[가치생산물] 는 이윤과 임금 두 부분으로 구성된다는 주장만 했습니다.[70] 그러면서 "이윤율은 임금의 하락이 아니고서는 결코 증가할 수 없"다는 것을 입증하려 애썼다고 했지 요.[71] 임금을 직접 줄이든 임금이 소요되는 필수품의 가격하락을 유도하든, 임금 이 줄어야 이윤이 는다고 말이지요. 리카도의 후계자들은 이것이 그럴듯해 보이도 록 현학적 설명을 시도했습니다.[72] 일단 모든 가치의 원천이 노동인 한에서 새로 생겨난 모든 가치의 합은 '총노동일'(총노동시간, Gesamtarbeitstag)과 똑같을 겁니 다. 이들은 총노동일은 정해져 있으니 그중 임금(노동의 가치)으로 가지 않은 만큼 이 이윤[잉여가치]이라고 주장했습니다. 하지만 이런 설명은 이윤이 임금에 달렸 음을 주장한 것일 뿐 왜 그만큼의 이윤이 생겨나야 하는지를 말해주지 못합니다.

마르크스의 답변은 앞서 말한 바와 같습니다. 그는 노동과 노동력을 나누었 습니다. 스미스나 리카도가 '노동의 가치'라고 부른 것을 '노동력의 가치'라고 불 렀지요. 상품은 노동이 아니라 노동력이라고요. 노동력의 가치는 노동력을 생산 (재생산)하는 데 필요한 사회적 노동량으로 미리 정해져 있습니다. 노동력의 가 치, 이를테면 노동력 하루 사용권의 가치는 노동력을 하루 사용해 얻을 수 있는 가 치보다 작습니다. 이 차이가 바로 잉여가치 양이고 그것의 화폐적 표현이 이윤이 죠. 잘 살펴보면 마르크스의 해법은 스미스와 리카도의 주장에서 멀리 간 게 아닙니다. 어떻게 보면 '한 글자'를 더했을 뿐입니다. '노동의 가치'라는 말을 '노동력의 가치'로 바꾸었죠. 그런데 이 작은 차이가 전체를 가릅니다. 이 작은 차이가 전체를 다시 보게 합니다. 엥겔스의 말대로 이 작은 변형이 '경제학 전체를 변혁시킬 수 있는 하나의 사실'을 드러낸 겁니다. 엥겔스는 마르크스가 잉여가치를 해명한 것을 라부아지에가 산소를 발견한 것에 빗댔습니다(52쪽 참조). 사실 처음으로 산소를 분리 추출해낸 사람은 프리스틀리였지요. 그러나 그는 자신이 손에 쥔 것이 무엇인지 알지 못했습니다. 연소에 대한 낡은 관념에 갇혀 있었기 때문입니다. 그것을 알아본 사람은 라부아지에입니다. 프리스틀리가 손에 쥐고도 보지 못한 것을 그는 알아본 것이죠. 그리고 그런 눈 덕분에 라부아지에는 연소에 대한 통념을 뒤집을 수 있었습니다.

　엥겔스는 스미스와 리카도에 대해 마르크스가 맺는 관계도 이와 다르지 않다고 봤습니다. 잉여가치가 잉여노동에 다름 아니라는 건 스미스가 먼저 감지했고 리카도의 이론에서도 얼마든지 도출될 수 있는 사실입니다. 노동과 노동력을 구분하는 지적 난관이 있기는 하지만 잉여가치가 잉여노동이라는 사실을 밝히는 데 엄청난 지력이 필요했던 것은 아닙니다. 그런데도 이 대단한 학자들이 그것을 밝히지 못한 것은 프리스틀리처럼 낡은 인식틀에 갇혀 있었기 때문만은 아니라고 봅니다. 내 생각에, 문제는 더 깊은 데 있습니다. 이들은 거기에 아무런 관심도 없었습니다. 한마디로 마음이 없었던 거죠. 이와 관련해 스미스와 리카도에 대한 마르크스의 평가가 재밌습니다.[73] 마르크스에 따르면 스미스의 약점은 일관성이 부족하다는 겁니다. 모순이 쉽게 드러납니다. 이 점에서는 리카도가 뛰어납니다. 스미스보다 훨씬 체계적이고 일관되니까요. 그런데 마르크스는 이들의 강점과 약점을 뒤집습니다. 문제를 감지하고 흔들린 스미스가 문제를 알지 못해 당황하지 않은 리카도보다 낫다는 겁니다. 일관성은 떨어지지만 모순을 드러낸 스미스가 더 천재적이라고 했습니다. 스미스는 리카도처럼 "부르주아적 체계의 추상적이고 일반적인 토대에 대한 이론적인 총체적 견해"에 도달하지는 못했습니다. 그러나 최소한 흔들렸습니다. 문제 앞에서 흔들린 사람이 문제를 무시한 채 거대한 체계를 세운 사람보다 낫다는 겁니다.

　그러나 문제 앞에서 뒷걸음질 친 사람과 거기에 별 관심이 없던 사람을 비교하는 게 무슨 의미가 있을지는 모르겠습니다. 나는 이들을 비교하기보다 이들과 마르크스를 비교하게 됩니다. 그리고 마르크스를 다시 느낍니다. 무엇이 그로 하여금, 스미스가 뒷걸음질 치고 리카도가 무감했던 이 문제를 물고 늘어지게 했을까요? 무엇이 그로 하여금 잉여가치의 정체를 밝히도록 몰아세웠을까요? 무엇이 그로 하여금 노동력이라는 상품을 물고 늘어지게 만들었을까요? 그의 앎을 추동한 의지의 정체가 무엇일까요? 자본의 정체, 즉 잉여가치의 정체를 밝히는 일에 마음을 온통 빼앗긴 마르크스. 마침내 잉여가치의 정체가 잉여노동에 있음을 추론해낸 마르크스. 그가 느껴집니까. 여기가 그의 당파성이 드러나는 곳입니다.

두 사람—— 화폐소유자와 노동력소유자

잉여가치가 노동력을 사용하는 데서 생긴다는 건 아직까지는 추론입니다. 이제 이 추론을 확인해야겠죠. 탐정이 현장으로 나가야 할 때입니다. 노동력의 사용과정을 지켜봐야 합니다.

공정한 구매자

노파심에서 하는 말인데요. 잉여노동이라는 말 때문에 자본가가 노동력에 대해 제 값을 치르지 않았다고 생각하면 안 됩니다. 노동력이라는 상품의 가치와 노동력을 사용해 만들어낸 상품의 가치는 다릅니다. 노동력의 가치는 노동력이라는 상품을 (재)생산하는 데 필요한 가치로 재야지, 노동력을 사용해서 만들어낸 상품의 가치로 재면 안 됩니다. 노동력을 포함해 모든 상품들의 가치는 판매할 때 정해져 있습니다. 일단 사용해보고 정하는 게 아닙니다. 설령 자본가가 지불을 나중에 한다고 해도 달라질 건 없습니다. 집세를 월말에 지불하기로 계약했다 하더라도 지불액수는 계약서 작성 당시 이미 정해져 있는 것과 같지요(그래서 마르크스는 관행과 상관없이 노동력에 대해서도 판매와 동시에 값을 지불받는 것으로 전제하자고 했습니다).[김, 231; 강, 260]

『자본』의 자본가는 냉혈한일지언정 사기꾼은 아닙니다. 『자본』의 노동자가 개인의 딱한 사정을 들어 임금을 올려달라고 하지 않듯 『자본』의 자본가 역시 개인적 탐욕 때문에 임금을 깎지는 않습니다. 거듭 말하지만 『자본』의 자본가는 인간의 탈을 쓴 자본입니다. 자본가의 욕망은 '가치를 증식하는 가치'라는 자본의 정의가 인격화된 것에 불과합니다. 우리가 현실에서 종종 목격하는 그런 자본가와는 다르죠. 그는 원료와 부품의 단가를 '후려치고' 임금체불을 일삼는 그런 악덕 업자가 아닙니다. 『자본』에서 상정한 자본가는 치러야 할 것을 치르는, 다시 말해 '등가교환'이라는 상품교환의 법칙을 어기지 않는 정의롭고 공정한 구매자입니다.

슬슬 탐정이 현장에 나갈 때라고 했는데요. 이제 우리는 어디가 현장인지 알고 있습니다. 지난번에는 일반적인 상품의 거래 현장에 갔었죠. 화폐소유자가 상품을 구매할 때 잉여가치가 생기는지 알아보려고요. 하지만 이제는 압니다. 일반적인 상품들, 이를테면 목재나 톱을 사러 갈 때는 따라갈 필요가 없습니다. 노동력이 거래되는 곳으로 가야 합니다. 마르크스의 추리를 따라 우리는 이 특별한 상품이 화폐소유자를 자본가로 만들어준다는 걸 알고 있으니까요.

저기, 두 사람이 있습니다. 한 사람은 화폐소유자이고 다른 한 사람은 노동자입니다. 한 사람은 돈을 들고 왔고 다른 한 사람은 노동력을 들고 왔습니다. 둘이 몇 마디 나누더니 거래를 끝낸 모양입니다. 현실적으로는 돈도 볼 수 없고 노동력도 볼 수 없습니다. 돈은 노동력을 사용한 뒤에 주는 관례 때문에 그렇고, 노동력은 노동자의 생체로부터 떼서 보여줄 수 있는 게 아니어서 그렇습니다. 하지만 이것도 상품거래라는 점에서, 우리는 여느 상품거래와 마찬가지로 돈과 노동력을 바꾼 것으로 하겠습니다. 이로써 특별한 상품의 거래는 끝났습니다.

정의가 강물처럼 흐르는 세상

'특별한 상품의 거래'라고 했습니다만 상품거래 자체에는 특별한 것이 없습니다. 여기를 덮쳐서는 아무런 증거물도 찾을 수 없습니다. 여기서는 잉여가치가 생겨나지 않으니까요. 오히려 이곳은 과거에는 볼 수 없던 자유와 정의, 인권과 평등이 넘쳐나는 곳입니다. 주인도 노예도, 영주도 농노도 없습니다. 모든 사람이 자기 권리를 마음껏 주장할 수 있는 곳이죠. 이곳은 말의 영역이고 권리의 영역이고 법[법칙]의 영역이며 과학[학문]의 영역입니다. 마르크스는 이곳을 "자유, 평등, 소유, 벤담"이 지배하는 곳이라고 했습니다.[김, 232; 강, 261]

왜 자유인가. 구매자와 판매자 모두가 자유로운 인격의 소유자니까요. 이들은 "법적으로 대등한 자유로운 인격"으로서 계약을 체결한 것입니다. 누구도 거래를 강제하지 않았고 모두가 '자유의지'에 따라 행동했습니다.

왜 평등인가. 두 사람은 법적으로 동등한 사람입니다. 또한 두 사람의 교환은 "등가물을 등가물과 교환"하는 것입니다. 상품소유자의 '평등'은 상품의 '등가교환'을 인간관계로 번역한 것이라고 할 수 있겠지요.

왜 소유인가. 누구도 남의 재산을 침해할 수 없습니다. 각자 자기 것만 처분하죠. 특히 '처분한다'(verfügen)라는 말이 중요한데요. 근대 사적 소유권의 핵심은 '처분권'에 있습니다. 언뜻 생각하기에 소유란 어떤 대상과 결합해 있는 상태 같지만, 소유자가 소유물을 분리해서 처분할 수 없다면 그는 그것을 소유하고 있다고도 말할 수 없습니다. 상품소유의 경우 이 점은 특히 중요합니다. 내가 가진 곡물의 처분이 불가능하다면 그 양은 내가 먹어치울 수 있는 한계를 나타낼 뿐이죠. 상품으로 넘길 수 있는 것이 아니니 나는 상품소유자라고 할 수 없습니다. 화폐소유자에 대해서는 이런 분리와 처분을 이해하기가 어렵지 않습니다. 일반적 상품소유자에 대해서도 마찬가지고요. 그런데 노동력소유자의 경우에는 쉽지가 않습니다. 주체와 능력의 분리는 관념적인 것이니까요. 그런데 노동력이라는 상품의 유통은 이것을 전제하고 있습니다. 노동자도 어엿한 상품소유자로 간주되지요. 노동자도 소유자 사회의 구성원이 되는 겁니다. 이런 식으로 소유자 사회라는 이미지가 구축되지요. 모든 구성원들은 사유재산을 가졌고 이 재산에 대해서는 누구도, 설령 국가라 할지라도 침해할 수 없다는 거죠. 오직 소유자만이 처분권을 갖습니다. 누구든 사유재산을 침해받지 않고 행사할 수 있는 아름다운(?) 소유자 사회의 이상이 생겨나는 겁니다.

마지막으로 벤담! 벤담은 공리주의 철학자 제러미 벤담(Jeremy Bentham)을 가리킵니다. 왜 벤담인가. 모든 상품유통이 그렇듯 노동력의 거래도 각자가 자기 이익을 추구한 결과라는 겁니다. 화폐소유자는 물론 노동자도 자신에게 이익이 되기 때문에 노동력을 판매했겠죠. 모든 사람은 자기 이익을 위해 최선을 다합니다. 푸줏간 주인이 마을 사람들의 영양을 생각해 고기를 파는 건 아닙니다. 돈을 벌려고 새벽부터 부지런을 떨죠. 그런데 이런 사적 이익 추구가 전체를 이롭게 합니다. 마치 "사물의 예정조화에 따라 또는 전지전능한 신의 섭리에 따라" 전체의 조화가 이뤄지는 것처럼요. 스미스의 표현을 빌리자면 '보이지 않는 손'이 작동하는 겁니다. 그야말로 정의가 강물처럼 흐르는 세상이 아닐 수 없습니다. 저마다 자유롭게 행동하고 평등하게 대접받으며 자기 재산에 대한 권리를 온전히 보호받고 자기 이익만 추구하는데도 전체에게 조화로운 이익을 제공하다니요. 말 그대로 '진정한 낙원'(wahres Eden)입니다.[김, 232; 강, 261] 마르크스에 따르면 '속류 자유무역주의자들'은 바로 이 상품유통의 영역에서 사회를 바라보는 잣대를 얻습니다.[김, 233; 강, 262] 바람직한 사회란 모름지기 이래야 한다는 거죠.

───────── 이기적 속물로서 인간의 탄생 ─────────

속류 자유무역주의자들이 아름다운 말로 얼마나 요란을 떨어대는지 정신을 차릴 수 없을 지경입니다. 마르크스는 이곳을 "소란스럽고 표면에 머물며 모든 눈이 닿는 영역"이라고 했습니다.[김, 232; 강, 261] 시선이 짧고 시야가 좁은 사람도 쉽게 볼 수 있는 영역, 눈에 가장 잘 띄고 소리가 가장 크게 들리는 영역이죠. 그래서 눈과 귀를 쉽게 빼앗기는 곳입니다.

마르크스는 노동력이 거래되는 유통영역을 '천부인권의 진정한 낙원'이라고 했는데요. 1789년의 '프랑스 인권선언'을 떠올린 것 같습니다. 이 선언의 원제는 '인간의 권리와 시민의 권리에 대한 선언'(Déclaration des droits de l'Homme et du citoyen)인데요. 여기서 '선언'이라고 옮긴 프랑스어 '데클라라시옹'(déclaration)은 공식적으로 왕이 무언가를 선포할 때 쓰는 단어였습니다.[74] 이 단어를 부르주아지가 자신들의 권리를 선포하는 데 썼다는 건 의미심장하지요. 주권자가 바뀌었다는 걸 상징적으로 보여줍니다. 이 선언은 전문(前文)에서 '인간의 권리'를 "자연적이고 양도할 수 없는 신성한 권리"로 규정합니다. 제1조에서는 이것을 태어날 때부터 "자유롭고 평등하게 누리는 권리"라고 했고, 제2조에서는 "자연적이며 시효가 없는 권리"라고 했습니다. 그러면서 이 권리의 목록을 제시했는데요. 자유(liberté), 소유(propriété), 안전(sûreté), 억압에 대한 저항(résistance à l'oppression) 등이 그것입니다.

젊은 시절 마르크스는 이 선언이 실상은 새로운 인간 선언이라는 것을 잘 포착했습니다.[75] 선언의 제목에는 왜 '인간의 권리'라는 말과 '시민의 권리'라는 말이 따로 적혀 있는가. 마르크스가 보기에 그건 근대가 '국가'와 '시민사회'의 분리에 입각해 있다는 뜻이었습니다. 제목에서 '시민'은 사람을 국가의 구성원으로 본 것이고, '인간'은 시민사회의 구성원으로 본 것이죠. 시민권과 구별되는 인간의 권리, 즉 인권이란 시민사회 구성원의 권리라는 겁니다.

그런데 왜 시민사회의 구성원을 '인간'으로 부르고 그 권리를 인권, 자연권으로 부르는 걸까요. 아마도 국가 바깥에, 심지어 국가 이전에, 인간 본연의 상태가 있다는 생각 때문일 겁니다. 이 인간 본연의 상태란 각각 따로 존재하는 인간, 즉 자유의지를 가졌으며 자기 이익만 생각하는 개인이죠. 이 인간은 "타인과의 관계를 일절 단절한 가운데 사회와도 무관하게 자신의 재산을 마음대로 향유하고 처분할 수 있는 권리"를 가졌습니다. 이것이 '자유'입니다. 그리고 이 자유를 누구나 균등하게 누를 수 있다는 게 '평등'이고요. 전체 사회는 이런 개인의 인격과 재산을 침해해서는 안 되고 오로지 이것을 지키기 위해서만 존재합니다. 이것이 '안전'이지요. 만약 국가가 이것을 침해한다면 개인들은 여기에 맞서 저항할 수 있습니다. 이것이 '저항'입니다.

이것은 인간의 본연 상태에 대한 새로운 이해방식입니다. 새로운 인간관의 탄생이죠. 인간이란 공동체를 이루기 전에 개별적으로 존재하는 이기적 존재라고 본 겁니다. 인권선언은 이런 이기적 개인의 탄생을 보여줍니다. 이런 이기적 개인들이 '주체'로서, 각자의 사적 이익을 '목적'으로, 다른 개인들과 계약을 맺는 것[원리], 이것이 '사회'입니다. '벤담'은 이 새로운 인간을 상징하는 이름이고요. 마르크스는 『자본』 제7편에서 벤담을 비난하는 긴 주석을 달았는데요. 벤담을 '부르주아적 어리석음에서 천재'라고 했습니다. 가장 돋보이는 바보라는 거죠. 공리주의(Utilitarianism)란 가치의 기준을 공리(utility), 즉 유익함에 두는 이념인데요. 무엇이 인간에게 유익한가를 말하려면 인간의 본성 일반을 알아야 합니다. 개에게 유익한 게 무엇인지 알려면 개의 본성을 알아야 하는 것처럼 말입니다. 게다가 인간의 본성은 역사적으로 다릅니다. 어떤 시대에 자연스러운 것이 다른 시대에는 미친 행동처럼 보일 정도죠. 그런데 벤담은 이런 문제에 대한 아무런 감각도 지식도 없습니다. "벤담은 아무런 주저함도 없다. 그는 순진하기 짝이 없는 우둔함을 가지고 근대적 속물들, 특히 영국적 속물들을 정상적 인간이라고 전제한다."[김, 833, 각주 51; 강, 834, 각주 63]

흥미로운 점은 마르크스가 벤담을 "순전히 영국적인 현상"이라고 불렀다는 사실입니다. 그러고는 "평범하기 짝이 없는 문구를 그렇게 뽐내는 건 어느 시대, 어느 나라에도 없었다"라고 했습니다.[김, 832, 각주 51; 강, 833, 각주 63] 벤담은 근대인간의 이념형인데, 평범성을 대단한 가치인 듯 뽐내는 영국적 현상이라고 한 겁니다. 말하자면 마르크스는 서구의 근대를 영국적 인간의 승리이자 '평범성'의 승리로 보는 겁니다. 고만고만한 소시민적 인간, 자기 이익에만 관심을 두는 속물적 개인의 승리라고 할 수 있죠. 이 인간형은 우리가 본문 1장에서 본 통계학적 인간, 그리고 2장에서 언급한 '추상노동의 인간'(추상적 인간)과도 통합니다. 통계학을 가능케 하고, 추상노동(상이한 노동의 동질화)을 가능케 한 것은 인간존재의 동일성, 다시 말해 평균적 인간, 평범한 인간이죠. 근대는 개인의 이익만을 추구하는 고만고만한 속물적 인간이 대단한 현실적 의미를 획득한 시대라 하겠습니다.

─── 폭력에 대한 예감 ───

다시 말하지만, 이 요란한 인권선언의 현장은 우리가 추적하는 사건의 장소가 아닙니다. 『자본』 제2독일어판 후기에서 마르크스는 우리가 더는 1789년의 시간 위에 있지 않다는 것을 확인해주었습니다. 1789년은 1848년이 오기 전에나 가능했던 시간입니다. 1848년 혁명은 하나의 국민이 실제로는 두 개의 계급임을 드러냈습니다.

모든 인간의 동등성을 주장한 '천부인권'이라는 화려한 문구에 눈을 빼앗긴 사람은 상품들의 일반적 등가물인 화폐에 눈을 빼앗긴 사람과 같습니다. 나중에 우리는 노동일에 관한 장(제8장, 영어판은 제10장)에서 왜 "'양도할 수 없는 인권'이라는 화려한 표제"보다 노동시간에 대한 법적 규제—마르크스는 이를 '소박한 대헌장'이라고 부르는데요—가 노동자들에게 더 의미 있는 사건인지 볼 겁니다. 그러나 아직은 아닙니다. 괴롭더라도 일단은 표면의 수다를 참아야 합니다. 인권과 정의가 강물처럼 흐르는 상품교환의 영역에서 우리는 몸을 낮춘 채 가만히 지켜봐야 합니다.

등장인물들이 이제 시장을 떠나는군요. 여기서 마르크스는 무언가를 포착합니다. "벌써부터 우리 등장인물들(dramatis personae)의 안색이 약간 변한 것처럼 보인다."[김, 233; 강, 262] 내가 『자본』의 가장 중요한 페이지라고 부르는 곳입니다. 아직 우리는 표면에 있습니다. 아직 우리는 자유, 평등, 소유, 벤담의 영역에 있습니다. 아직 우리는 말의 영역, 권리의 영역, 법의 영역, 과학의 영역에 있습니다. 그런데 마르크스는 앞으로 우리가 들어갈 곳, 우리에게 도래할 장면의 전조를 등장인물들의 안색에서 보았습니다. "이전의 화폐소유자는 자본가로서 앞장을 서고, 노동력의 소유자는 자본가의 노동자로서 그의 뒤를 따라간다. 전자는 의미심장한 웃음을 지으며 바쁘게 가고 후자는 가죽을 팔고서는 무두질만을 기다리는 사람처럼 마지못해 주춤주춤 따라간다."[김, 233; 강, 262][76]

어디로 가는 걸까요. 노동자는 그곳이 어떤 곳인지를 예감하고 있음에 틀림없습니다. 도살장으로 끌려가는 소가 그렇듯 아직 거기에 가지 않았지만 벌써부터 겁을 먹고 있습니다. 폭력을 예감하는 것이죠.[77] 그곳에서는 '천부인권'이라는 말이 어떤 의미를 가질지 모르겠습니다. 우리는 이들을 따라가야 합니다. 이제 현장에 가까워졌습니다. 마르크스에 따르면 이곳은 '소란스러운 유통영역'이 아니라 '은밀한 생산의 장소'입니다. 그는 단언합니다. "자본이 어떻게 생산하는지뿐 아니라 인간이 그것 즉 자본을 어떻게 생산하는지가 여기서 드러날 것이다. 증식(Plusmacherei)의 비밀이 마침내 폭로될 것이다." 그런데 그 입구에 이런 문구가 적혀 있네요. 관계자 외 출입금지(Eintritt nur in Geschäftsangelegenheiten). 도대체 여기서는 무슨 일이 일어나고 있는 걸까요

피를 팔아 살아간다는 건 미친 짓임에 틀림없습니다. 이는 생명을 팔아 생명을 사는 것처럼 괴상한 이야기입니다. 그런데 위화(余華)의 소설 『허삼관 매혈기』는 이 괴상한 이야기가 우리들의 평범한 이야기라는 걸 깨닫게 합니다. 책장을 덮었을 때 이런 생각이 들었습니다. 이것은 자본주의 노동자의 일대기다.

그러고 보니 이 소설은 '허삼관은 노동자'라고 말하며 시작합니다. 그리고 곧바로 매혈 이야기가 이어지죠. 할아버지는 손자에게 "잘 지내느냐", "취직은 했느냐"라고 물을 만한 대목에서, "너도 피 팔러 자주 가느냐"라고 묻습니다. 중매쟁이는 남자가 아직 피를 팔지 않았다고 이야기하는 순간 파혼을 선언합니다. 마치 결혼할 사람이 백수라는 걸 뒤늦게 안 것처럼요. 삼촌은 조카에게 점잖게 훈계합니다. "몸이 튼튼한 사람은 다 가서 피를 판단다." 이제 갓 어른의 삶을 시작한 허삼관은 핵심을 간파합니다. "피가 바로 돈줄이네요."

이렇게 해서 허삼관의 매혈 인생이 시작됩니다. 그는 피를 팔아 결혼을 하고 집을 장만하고 아이들을 키워냈습니다. 외식을 할 때면 추가로 피를 팔았고 큰아이가 간염으로 생사를 헤맬 때는 사흘이 멀다 하고 피를 팔다가 죽을 뻔한 적도 있습니다. 이런 매혈 인생은 60세가 되어서야 끝납니다. 아이들은 장성해서 분가했고 아내와 둘이서 살 만한 돈은 있으니 이제 피를 팔 필요는 없습니다. 그런데 이 소설은 그가 피를 팔 필요가 없다는 행복한 사실보다 더는 피를 팔 수 없다는 쓰라린 사실을 일깨우며 막을 내립니다. 그는 늙었고 그의 몸에는 '살아 있는 피'보다 '죽은 피'가 많다고 하니까요.

청년 노동자로서 피를 팔기 시작해 60세에 모든 게 끝났습니다. 인생으로 따지면 어린 시절도 있고 노년도 있겠지요. 하지만 노동자의 생애란 취업부터 퇴직까지입니다. 피를 팔 수 있는 나이에 시작해 피를 팔 수 없는 나이까지 피를 팝니다. 물론 몸이 건장해야 합니다. 아무나 피를 팔 수 있는 것은 아니니 피를 팔려면 노력해야 합니다. 또 피를 판 뒤에는 다시 팔 수 있도록 자기관리를 잘해야 하죠. 허삼관의 말을 빌리자면 언제나 "돼지간볶음에 황주 두 냥"을 먹어줘야 합니다. 그렇게 해야 계속 피를 팔 수 있고 계속 피를 팔아야 결혼도 하고 아이도 키우고 노후 준비도 할 수 있으니까요.

피를 빨려야 살아갈 수 있다. 참으로 그로테스크하고 아이러니한 문장입니다.

그렇지만 자본주의에서 노동자의 삶을 이보다 더 명징하게 요약한 문장이 있을까요. 앞 장에서 우리는 마르크스가 상품가치의 실체는 노동이라고 한 것을 보았습니다. 노동자가 노동력을 지출하는 만큼 상품에는 가치가 담긴다고요. 그런데 이제 그는 '노동력의 지출'은 '생명력의 지출'과 같다고 말합니다. '1노동시간'이라는 가치는 1시간 동안 노동자의 생명력이 지출되었다는 뜻이라고요. 자본주의에서 노동자는 노동력을 판매해야 살 수 있는데요. 노동력을 판매한 노동자가 하는 일이란 자신의 생명력을 지출하는 것입니다. 그는 살기 위해 죽어가는 아이러니한 존재입니다.

지난번에 언급한 1850~1860년대 런던의 '불량 빵집' 사건을 기억하는지 모르겠습니다. 당시 런던의 빵집들 상당수가 밀가루 값을 아끼려고 반죽에 비누, 석회, 돌가루 등 이물질을 넣었던 모양입니다. 불결한 제조 환경 탓에 오물까지 더해졌지요. 주로 염가로 판매하는 빵집들이었는데 염가의 비밀이 거기 있었던 거죠. 당연히 사람 몸에 좋을 리 없습니다. 살기 위해 먹는 빵이지만 그 빵 때문에 건강을 잃게 생겼지요. 그럼 이 빵을 누가 사 먹었을까. 염가 빵을 사는 사람이란 염가 빵을 사야만 하는 사람들이죠. 바로 가난한 노동자들입니다. 마르크스는 정부 조사 보고서를 인용해 말합니다. "매일 2파운드의 빵으로 살아가는 빈민들은 이 불량 빵 때문에 자기 건강을 해치는 것은 물론이고 실제로는 영양분의 4분의 1도 섭취하지 못하고 있다."

가난한 사람들이 빵에 문제가 있음을 모르지는 않았을 겁니다. 그렇다면 왜 그들은 돌가루 빵을 사 먹었을까요. 당시 정부 보고서는 노동 주간이 끝난 뒤에야 임금이 지급되고 그 간격도 너무 길다는 점을 지적했습니다. 그래서 빵을 외상으로 먹어야 한다고요. 빵을 외상으로 먹는 처지라면 가급적 더 싼 빵을 찾았겠지요. 물론 좀 더 근본적인 이유는 가난 때문입니다. 경제적 여유가 전혀 없으니 임금 지급이 조금만 늦어져도 외상거래를 해야 했을 겁니다.

그럼 이런 빵을 만든 노동자들은 어땠을까요. 이후 6장에서 우리는 당시 런던의 제빵 노동자들이 어떤 환경에서 일했는지 볼 겁니다. 문제가 된 염가 빵집들(마르크스에 따르면 런던 빵집의 4분의 3이 여기 해당합니다)은 12시간치 임금을 받고 18시간 노동을 하고 있었습니다. 아침에 신선한 빵을 공급하기 위해 밤 9시부터 새벽 5시까지 빵을 굽고 오전 내내 배달을 했습니다. 오후가 되어서야 모든 일이 끝납니다. 염가 판매의 또 다른 비결이 여기 있었던 거죠. 한편으로는 밀가루에 돌가루를 넣고 다른 한편으로는 노동자들을 갈아 돌가루처럼 만들고 있었던 셈입니다.

불량 빵을 먹는 사람도, 불량 빵을 만드는 사람도 모두 죽어갑니다. 개인으로야 빵 만드는 사람과 빵 먹는 사람이 다르지만 집합적으로는 같은 사람입니다. 모두가 가난한 노동자죠. 이들이 죽어가는 길을 택한 것은 허삼관의 매혈 논리와 같습니다. 그것이 유일한 살길이니까요. 당장에 죽게 생긴 사람은 서서히 죽어가는 길이 그나마 살길이 됩니다. 피를 파는 것은 서서히 죽는 것이고, 잘만 관리하면 죽음에 질질 끌려가는 방식으로 평생을 살아낼 수도 있으니까요.

이것은 그저 빵집 이야기가 아닙니다. 나는 『자본』을 읽으며 "살기 위해 죽어간다" 혹은 "죽지 않기 위해 죽어간다"라는 말 속에 자본주의 정치경제학의 핵심이 있다는 생각을 하게 되었습니다. 근대의 '가치' 개념(경제학)과 '권력' 개념(정치학)이 자라난 토양이랄까요. 죽음의 공포를 기반으로 생명을 움켜쥐는 것, 여기에 자본의 원리, 주권의 원리가 있지 않을까 생각하게 되었습니다. 이 점에서 『자본』을 '생명의 정치경제학', 좀 더 직접적으로는 '죽음의 정치경제학'에 대한 비판으로 읽을 수 있습니다.

한마디 덧붙이자면, 피를 빨려야 사는 존재가 있다는 것은 피를 빨아야 살 수 있는 존재가 있다는 뜻이지요. 영원한 죽음은 영원한 생명과 짝을 이룹니다. 살아 있는 노동이 죽어갈 때 죽은 노동은 살아납니다. 살아 있는 것은 죽고 죽은 것이 삽니다. 영원한 죽음으로 영원한 생명을 얻는 존재. 마르크스는 이것을 '자본'이라고 부릅니다.

인간과 꿀벌——합목적적 노동

'관계자 외 출입금지.' 진실의 방에는 대개 이런 팻말이 달려 있습니다. 인식하려는 자에게 출입금지 문구는 나방의 혼을 빼놓는 불빛 같은 것입니다. 그 문구는 "네가 찾는 것이 여기 있다"라는 말과 같으니까요. 에덴동산에서도 인식의 나무에는 출입금지 문구가 걸려 있었습니다. 저 나무의 열매를 따 먹어선 안 된다. 신은 금지를 통해 인식의 나무가 어디 있는지 아담에게 일러주었습니다. 금지를 명령한 자가 위반을 유혹한 자이기도 했던 겁니다.

우리는 거의 소가 되어야 한다

앞 장 「성부와 성자」에서도 본 것처럼, 마르크스는 유통영역을 낙원 곧 '에덴동산'(Eden)이라고 불렀습니다.[김, 232; 강, 261] 자유·평등·소유·벤담[이익 추구]이 보장되는 곳이라는 의미였지요. 하지만 사람의 눈과 귀를 빼앗는 유통영역은 사건의 장소가 아닙니다. 마르크스는 화폐소유자와 노동력소유자가 거래를 마치고 걸어가는 곳, 즉 "비밀스러운 생산의 장소"로 두 사람의 뒤를 따라가보자고 했지요. 생산의 장소가 진실의 방입니다. 그것을 어떻게 아느냐고요? 마르크스는 입구에 달린 표지를 가리킵니다. '관계자 외 출입금지.'[김, 232; 강, 261] 바로 여기에 인식의 나무가 있다는 뜻이지요.

우리가 생산의 장소에 이른 것은 마르크스의 추론에 따른 겁니다. 그는 『자본』 제4장에서 잉여가치가 노동력이라는 상품의 사용에서 생겨날 수밖에 없음을 추론해냈습니다. 이제 그것을 검증할 차례입니다. 잉여가치는 실제로 어떻게 생산되는가. 우리는 이번 5장부터 『자본』 제3편에 접어드는데요. 제3편과 제4편 모두 '잉여가치의 생산'을 다룹니다. 제3편의 제목은 '절대적 잉여가치의 생산'이고, 제4편의 제목은 '상대적 잉여가치의 생산'인데, 제목에 붙어 있는 '절대적'이니 '상대적'이니 하는 말에 대해서는 이어지는 6장에서 설명하겠습니다. 이번 장에서 우리가 주목할 것은 노동력의 사용에서 어떻게 잉여가치가 생겨나는가입니다.

이제 비밀의 문을 열어볼까요. 독일어판에서 제3편의 첫 문장은 이렇습니다. "노동력의 사용은 노동 그 자체다."[김, 237; 강, 265] 우리의 기대를 무색하게 만드는 참 무미건조한 문장입니다. 노동력이라는 상품을 사용한다는 것은 노동한다는 말과 같다는 거죠. 지난번에 마르크스가 노동력의 사용에 주목하라고 해서 우리는 이 순간만을 눈 빠지게 기다렸습니다. 다른 상품은 모두 제쳐두고 이 상품이 사용되는 현장을 보려고 왔지요. 그런데 첫 문장을 보자마자 '이건 뭐지?' 하는 생각이 듭니다. '노동력의 사용'이라고 해서 마술 지팡이라도 쓰는 줄 알았는데 마르크스는 태연하게 말합니다. 노동력의 사용? 그건 노동을 지칭하는 말일 뿐이야.

특별한 게 없습니다. 우리가 어디서나 보는 것, 이를테면 아침에 쌀을 씻어 밥을 짓는 것, 오후에 아이를 위해 책상을 만드는 것과 다르지 않습니다. 아담이 에덴동산에서 쫓겨난 이래 인류가 계속해온 일, 바로 그 노동입니다. 도대체 왜 여기에 '관계자 외 출입금지'라는 팻말을 붙여놓았을까요. 면화를 가져와서 실을 뽑아내는 것, 우리의 조상들이 내내 해왔던 그 일이 그리도 신기한가요? 외부인의 출입을 철저히 통제하는 비밀의 장소에서 우리가 목격한 것이 너무도 흔한 풍경이어서 오히려 놀랍습니다.

그러나 마르크스가 '현미경' 비유로 경고한 바 있지요(37~38쪽). 대강 보면 안 된다고, 똑같이 땀을 흘려도 고대 노예의 노동과 근대 노동자의 노동은 전혀 다르다고 했습니다. 우리는 렌즈를 통해서 보기에 우리에게 나타난 현상은 최소한 두 겹입니다. 우리 눈에 이미 한 겹 씌워져 있으니까요. 사실은 여러 겹이라고 해야 합니다. 우리의 렌즈는 생물학적이고 역사적이며, 사회적이고 정치적이며, 또한 문화적인 것이니까요. 여러 겹의 베일이 사물을 감싸고 있는 것처럼 말하니까 또 다른 오해가 생길까 걱정됩니다. 베일을 다 걷어내고 나면 사물의 참모습이 나온 다고 생각할까 봐요. 사실은 정확히 그 반대입니다. 사물 자체는 아무런 의미도 없 습니다. 의미란 사물[물건이나 행위]에 덧씌워진 베일이고 주름이니까요. 우리 시 대를 읽는다는 것은 사물들 자체가 아니라 이 베일들, 이 주름들을 읽어내는 것이 라 할 수 있습니다. 말하자면 어떤 사물을 그렇게 보이게 하는 렌즈를 읽어내는 거 죠. 우리 시대의 광학, 우리 시대 빛의 굴절을 해명하는 겁니다.

니체는 자신의 '해석 기술'(Kunst der Auslegung)을 자랑하며 이렇게 말했습니 다. 잘 읽어내기 위해 사람은 "거의 소가 되어야 한다."[1] '되새김질'(Wiederkäuen) 을 잘해야 한다는 겁니다. 그의 말처럼, 해석한다는 것은 반추하는 것이고 곱씹는 겁니다. 일종의 반복이죠. 해석을 잘한다는 것은 반복적 독해로 여러 의미를 읽어 낼 수 있다는 뜻입니다. 애초 현상이라는 게 여러 겹의 베일이고 여러 번 접힌 주 름이니까요. 현상을 읽는 사람은 반추동물처럼 그것을 씹고 또 씹어야 합니다. 지 금까지 마르크스가 보여준 것이 그렇습니다. 그는 동일한 과정을 반복적으로 읽어 냅니다. 『자본』의 첫 장부터 그랬습니다. 그는 두 상품의 교환을 한 번은 사용가치 의 교환으로, 다른 한 번은 교환가치의 교환으로 읽었습니다(상품은 최소한 두 겹의 사물인 겁니다). 제2장에서는 상품교환을 상품소유자들의 '행위'라는 면에서 다시 읽었습니다. 제3장에서는 동일한 유통을 상품유통이라는 점에서 읽고 다시 화폐 유통이라는 점에서 읽었습니다.

제3편의 첫 장인 제5장(영어판은 제7장)의 제목을 볼까요. '노동과정(Arbeit-sprozeß)과 가치증식과정(Verwertungsprozeß).' 그런데 이것은 두 개의 과정이 아닙 니다. 생산과정은 하나인데, 이것을 두 개의 다른 제목으로 쓴 겁니다. 절도 둘로 나누었습니다. 제1절이 '노동과정'이고 제2절이 '가치증식과정'입니다. 동일한 과 정에 대해 해석을 두 번 한 것이죠. 한 번은 현물[사용가치]을 생산하는 노동과정으 로, 다른 한 번은 가치를 생산하는 가치증식과정으로요.

제1절 '노동과정'에 들어가서도 그렇습니다. 그는 노동과정을 두 번 읽습니 다. 한 번은 일반적 차원에서 살펴보고, 다른 한 번은 자본주의라는 조건에서 봅니 다. 첫 단락에서 그는 노동과정을 "일단 특정한 사회형태로부터 독립시켜 고찰해

야 한다"라고 말합니다.[김, 237; 강, 265] 본래의 노동과정, 참된 노동과정을 보여주기 위해서가 아닙니다. 그 반대입니다. 그가 보여주려는 것은 덧대어진 막입니다. 우리 눈에는 우리 시대의 노동과정이 특별해 보이지 않는데, 그는 우리 눈에 특정한 굴절을 야기하는 투명막이 덧대어졌음을 보여주려 합니다. 우리 시대, 즉 자본주의 생산양식 아래서 펼쳐지는 노동과정이 얼마나 독특한 것인지 보여주려 하죠.

노동은 합목적적 활동

우리가 어느 사회에 사는지 잠시 잊고 생산현장을 들여다볼까요. 구석에 신경 쓰이는 한 사람 즉 자본가가 있긴 하지만요. 그가 생산과정을 감독하고 있군요. 그 사람을 의식하지 말고 노동자들만 보기로 하죠. 노동자들이 하는 일이 특별해 보이지는 않습니다. 앞서 말한 것처럼 인간이 먼 옛날부터 해오던 활동이죠. 노동이란 인간이 어떤 수단을 가지고 대상에 작용을 가해 그것을 자신의 목적과 필요에 맞게 변형하는 일입니다.

방금 말한 것을 세 가지 요소로 분해해서 말할 수도 있습니다. 노동과정은 노동이라는 활동(Tätigkeit), 노동수단(Mittel), 노동대상(Gegenstand)으로 이루어져 있다고요.[김, 238; 강, 266] 여기서 말한 '활동'은 아무런 행동이나 가리키는 것은 아니고, "자연 소재를 자신의 생활에 유용한 형태로 만들기 위해", 다시 말해 목적과 필요에 맞게 대상을 변형할 때의 활동입니다. 그리고 '노동수단'이란 노동자가 가하는 작용을 대상에 전달해주는 매개체입니다. '노동대상'은 인간이 가한 작용을 받아 변형되는 사물이고요.

좀 더 구체적으로 살펴보겠습니다. 먼저 우리가 노동이라고 부르는 활동을 볼까요. 인간은 노동을 통해 자연 소재를 목적과 필요에 맞게 변형한다고 했는데요. 마르크스는 이를 '합목적적(zweckmäßig)'이라는 말로 표현합니다.[김, 238; 강, 266] 목적에 부합한다는 뜻입니다. 그런데 대상을 목적에 맞게 변형하려면 노동자는 자신의 신체기관들을 거기에 맞게 움직여야 합니다. 그뿐이 아닙니다. 정신 또한 활동의 목적을 의식하고 있어야 합니다. 주의를 기울여야 하지요. 이것이 합목적적 활동이라는 말이 의미하는 바입니다.

마르크스는 이런 '합목적성'이 동물과 인간의 노동을 구분해준다고 생각한 것 같습니다. 사실은 동물들도 자신의 필요에 따라 자연 소재를 변형하는 일을 합니다. 제비가 둥지를 만들고 개미가 집을 짓는 것도 자연 소재를 유용하게 변형하는 행동이라는 점에서 노동임에 틀림없습니다. 그런데 마르크스는 이것을 합목적적이라고 보지는 않습니다. 그에 따르면 이것은 본능에 따라 이루어지는 행동입니다. 노동이기는 한데 합목적적이지는 않다는 거죠. 마르크스는 이를 "동물적이고 본능적인 최초의 노동형태"라고 말합니다.[김, 238; 강, 266] 그러면서 인간 고유의 노동형태와 구분했습니다. 마르크스는 '동물적이고 본능적인'이라는 말을 '인간적인'이라는 말과 대비했는데요. 내 생각에 그가 여기서 '인간적'이라는 말의 맞은편에 놓고 싶어한 것은 '동물적'이라는 말보다는 '본능적'이라는 말입니다 (물론 '동물적'과 '본능적'을 붙여 쓴 걸 보면 '비인간 동물'은 '본능'의 지배를 받는다고 생각했음에 틀림없습니다만). 그는 인간노동에만 '합목적적'이라는 말을 붙였는데요. 이 '합목적적'이라는 말에는 설정된 목적을 위해 자신의 충동이나 본능을 제어한다는 뜻이 담겨 있습니다. 다시 말해 인간에게는 본능과 거리를 두는 노동이 가능하다는 겁니다.

왜 마르크스한테는 이 점을 지적하는 게 중요했을까요. "여기서 우리는 동물적이고 본능적인 최초의 노동형태는 다루지 않는다"라는 말 뒤에 붙인 문장에서 그 이유를 읽을 수 있습니다. 그에 따르면 인간 역시 이런 노동형태에 오랫동안 머물렀습니다. 하지만 우리가 앞으로 다루게 될 노동형태는 "노동자가 자기 노동력의 판매자로서 상품시장에 나타나는" 경우입니다. 마르크스는 인간노동의 일반적 특성 중 어떤 것이 나중에 노동력의 상품화를 가능케 했을까를 생각했던 것 같습니다. 뒤에서 다룰 '자본주의 생산양식에서의 노동형태'를 염두에 둔 것이죠.

도대체 인간노동의 어떤 특성이 타인의 노동력을 구매해 그에게 노동을 시킬 수 있는 사회형태를 가능하게 한 것인가. '합목적성'이 바로 마르크스가 찾아낸 답변입니다. 노동력의 거래가 의미를 가지려면 '나 자신'만이 아니라 다른 사람의 목적과 필요에 따라서도 노동할 수 있어야 합니다. 그 활동이 내 본능에 맞지 않더라도 할 수 있어야 하고, 그 물건이 내게 아무런 유용성이 없어도 만들어내야 합니다. 다시 말해 내 신체의 모든 기관이 고통을 호소하고 내 정신의 모든 관념이 딴전을 피우고 싶어함에도 불구하고 내 의지를 주어진 목적에 확고하게 복속시킬 수 있어야 합니다. 이게 합목적성입니다. 인간에게는 이런 자질이 있다는 거죠. 마르크스는 이것을 동물에게는 없고 "인간에게만 배타적으로(ausschließlich) 속하는" 노동형태라고 했습니다.[김, 238; 강, 266] 그리고 이것이 우리가 앞으로 다룰 노동형태와 관련된다고 했죠.

여기서 우리가 다른 동물들한테 이런 자질이 있느냐 없느냐를 따질 필요는 없

습니다. 마르크스가 말하고 싶어하는 것은 '인간은 동물로부터 거리를 둘 수 있다'
보다 '인간은 본능으로부터 거리를 둘 수 있다'이니까요. 이 자질이 어떤 용도로
쓰일지, 그것이 기쁨의 원인이 될지 슬픔의 원인이 될지 아직은 모릅니다. 아마도
사회형태가 어떠냐에 따라 달라지겠지요.

건축가가 꿀벌보다 나은가

건축가와 꿀벌에 대한 마르크스의 유명한 문장은 이런 맥락에서 나온 겁니다. "거
미는 직조공이 하는 것과 비슷한 일을 하고, 꿀벌은 자신의 집을 지음으로써 인간
건축가를 부끄럽게 만든다. 그러나 가장 서툰 건축가라도 가장 뛰어난 꿀벌보다
본래부터 뛰어난 점을 갖고 있는데 그것은 건축가는 밀랍으로 집을 짓기 전에 미
리 그것을 머릿속에서 짓는다는 데 있다. 노동과정의 끝에서 나올 결과물이 시작
의 시점에 이미 노동자의 구상(Vorstellung) 속에서, 관념적으로 미리 존재하는 것
이다."[김, 238; 강, 266]

아무리 서툰 건축가라도 뛰어난 꿀벌보다 낫다. 인간중심주의라는 공격을 받
아 마땅한 매우 자극적인 문장입니다. 인간은 자연으로부터, 특히 다른 동물들로
부터 배운다고 생각했던 고대 사상가들과 대비하면 그런 면모가 더 두드러지지요.
이를테면 고대의 원자론자 데모크리토스는 이렇게 말했습니다. "우리는 짜는 기
술과 수선하는 기술에서는 거미의 제자이고, 집 짓는 기술에서는 제비의 제자이
며, 흉내 내어 노래 부르는 데서는 높은 소리를 내는 것들인 백조나 나이팅게일의
제자이다."[2] 인간은 거미와 제비의 제자라고 말하는 것과 아무리 서툰 건축가도
최고의 꿀벌보다 낫다고 말하는 것 사이에는 큰 차이가 있지요. 마르크스도 다른
근대 사상가들처럼 자연을 섬김과 배움의 대상이 아니라 개발과 이용의 대상으로
보았다는 혐의를 둘 만합니다.

그러나 앞서 말한 것처럼 이 단락은 마르크스가 인간의 우월성을 자랑하려고
쓴 것이 아닙니다. 앞뒤 맥락을 살펴볼 필요가 있습니다. 특히 마르크스의 정서에
주목할 필요가 있지요. 그는 여기서 기쁨의 감정, 이를테면 자부심 같은 걸 드러
내고 있지 않습니다. 전에 우리가 본, 생산현장에 들어가는 노동자를 묘사한 문장
(『자본』 제4장의 마지막 문장이었죠), 즉 "가죽을 팔고서는 무두질만을 기다리는 사람
처럼 마지못해 주춤주춤 따라간다"를 떠올려보세요. 지금 우리가 읽고 있는 단락
바로 앞에 있는 내용인데요. 그가 도살장에 끌려가는 가축 같은 표정을 짓는 사람
에게 '그래도 당신은 동물보다는 뛰어나다'라는 식으로 말할 리가 없습니다. 마르

크스는 건축가와 꿀벌의 중요한 차이를 노동 이전의 '구상'에서 찾고 있어요. 그에 따르면 건축가는 건물을 짓기 전에 구상을 합니다. 그리고 구상한 대로 실행하지요. 반면 꿀벌은 별도로 구상하지 않고 본능에 따라 실행합니다. 건축가는 자신의 구상에 따라 집을 짓도록 다른 사람을 고용해 일을 시킬 수 있습니다. 하지만 본능에 따라 거미집을 짜는 거미는 자기 구상을 설명한 뒤 이 임무를 다른 거미에게 떠맡길 수 없습니다.[3] 본능적 행동이라는 말이 의미하는 바가 그렇습니다.

인간에게는 구상과 실행을 분리할 수 있는 자질이 있습니다. 자신이 구상한 것을 다른 이에게 실행하게 만들 수도 있지요. 바꾸어 말하면 다른 이가 구상한 것을 자신이 실행할 수도 있습니다. 활동에 부여된 목적이 타인의 것일 수도 있다는 말입니다. 이런 자질 덕분에 인간은 노동력을 타인에게 팔 수 있습니다. 목적을 위해 자신의 본능, 자신의 의지를 얼마든지 억누를 수가 있거든요. 마르크스의 표현을 쓰자면, 인간에게는 "목적을 위한 의지의 예속"이 가능합니다.[김, 238; 강, 266] 이런 자질은 자본주의에서 노동하는 인간이 겪는 슬픔과 관계됩니다. 합목적적 존재라는 것은 자기 본능에 맞지 않는 노동, 심지어 자기에게 극심한 고통을 주는 노동도 할 수 있다는 뜻이니까요. 그래서 마르크스는 인간노동의 합목적성을 설명한 뒤에 말합니다. "노동이 그 내용과 수행방식 때문에 노동자의 마음에서 점점 매력을 잃어가고 그 결과 노동자에게 노동이 자신의 육체적·정신적 능력을 발휘하는 즐거운 활동이던 것에서 점점 멀어져갈수록 이런 합목적적 의지는 더욱 필요해진다."[김, 238; 강, 266]

즐겁고 재밌는 일에 대해서는 본능과 목적을 별도로 생각할 필요가 없습니다. 합목적성을 굳이 강조할 필요가 없지요. 그 일이 재미없고 고통스러울 때 합목적성을 강조합니다. 이때는 별도의 감독과 통제가 필요합니다. 노동자에게 활동의 목적을 환기하고 거기에 정신과 신체를 집중하도록 강제해야 하는 거죠. 서툰 건축가는 훌륭한 꿀벌보다 낫습니다. 그런데 꿀벌보다 낫다는 건축사무소의 노동자들은 건강을 해치는 밤샘 노동을 합니다. 각성제까지 마셔가면서 말이죠. 꿀벌에게는 없는 능력 때문에 무슨 고문을 당하듯 일합니다. 샤를 푸리에(Charles Fourier)는 문명세계에서 노동하는 인간의 삶은 노동하는 동물의 삶보다 불행하다고 했습니다. "해리, 꿀벌, 말벌, 개미 등과 같은 많은 피조물들, 그러니까 완전히 관성상태[본능상태](state of inertia)에 빠져 있는 그런 피조물들에게는 노동이 기쁨이다. 신은 그들에게 일에 매력을 느끼게 하는 사회적 메커니즘을 제공하였고 그것을 행복의 원천으로 만들었다. 그런데 왜 신은 동물에게 부여한 은총을 우리에게는 부여하지 않았을까."[4]

왜 인간의 뛰어난 자질이 행복이 아니라 고통의 원천이 되었을까요. 『경제학
철학 초고』에서 마르크스가 말한 것처럼, 왜 "동물에 대한 장점이 단점으로" 변했
을까요.[5] 앞서 말한 것처럼, 인간의 어떤 자질이 어떤 의미를 가질지, 그것이 기쁨
의 원인이 될지 슬픔의 원인이 될지는 미리 정해져 있지 않습니다. 그것이 어떻게
배치되느냐에 따라 달라지겠지요. 인간의 능력과 그것을 발휘해서 생산해낸 사물
의 운명에 대해 지금으로서는 말할 수 없습니다. 마르크스가 노동과정을 "일단은
모든 특정한 사회형태에서 독립시켜 고찰"하자고 했으니까요. 그럼에도 우리는
자본주의 아래서 맞게 될 그 운명을 어느 정도 예감할 수 있습니다. 아직은 자본주
의에서의 노동과정을 본격적으로 분석하지 않았습니다만, 우리는 이 사회가 노동
력을 상품으로 거래하는 사회임을 알고 있습니다. 그리고 상품소유자가 상품에 대
해 어떤 권리를 갖는지도 알지요. 소유자는 소유물이 "고분고분하지 않으면 폭력
을 사용할 수도 있다"라고 했으니까요(150쪽).

이윽고 재능 있는 인간이 먹고살기 위해 노동력을 팔고 생산현장에 들어갑니
다. 우리는 곧 그가 자신의 재능 때문에 겪을 운명을 목격하게 될 겁니다. 그런데
벌써부터 그의 앞길에 드리운 그늘을 본 것 같아 기분이 착잡합니다.

죽은 것들을 살려내다──살아 있는 노동

지금까지는 노동의 기본 요소들 중 한 가지만을 말했습니다. 하지만 노동과정은
인간의 활동만으로 이루어지는 게 아니죠. 노동대상과 노동수단도 있어야 합니다.
노동이란 노동수단으로 노동대상을 변형하는 활동이니까요. 이 둘에 대해서도 간
략히 살펴보겠습니다.

생산수단─노동대상과 노동수단

먼저 노동대상을 볼까요. 노동대상이란 노동을 통해 변형되는 사물인데요. 땅, 물,
햇볕, 광물, 동물, 식물 등 온갖 사물이 여기 해당할 수 있습니다. 인간은 자연에서
이것들을 무상으로 얻습니다. 자연이 인간에게 준 선물이지요. 마르크스는 주석에
서 제임스 스튜어트(James Steuart)의 말을 인용했는데요. 부모가 젊은 자녀에게 그
렇게 하듯 자연은 인간에게 살아갈 만큼의 소액 종잣돈을 찔러 넣어준다는 겁니다
(돈이라는 말 때문에 오해하진 마세요. 자연이 인간에게 선사한 것은 가치가 아니라 사용가

치입니다).[김, 239, 각주 1; 강, 267, 각주 1]

인간의 노동이라는 게 기껏해야 채취나 채집 수준에 머물렀을 때는 대상에 가한 변형이 크지 않았을 겁니다. 강에서 물고기를 잡거나 나뭇가지에서 열매를 분리하는 수준이었겠죠. 하지만 문명이 발달할수록 자연이 직접 베푼 것들의 비중은 줄어듭니다. 많은 대상이 인간의 손길을 거친 후 공급됩니다. 건축가는 땅을 공급받지만 그것은 택지 개발로 이미 손질이 된 땅입니다. 자동차 공장에서 쓰는 철판은 제철 공장에서 공급한 것입니다. 가구 공장에서 쓰는 목재도 자연이 직접 공급한 형태 그대로는 아닙니다. 모두가 일정한 생산과정을 거친 것들이죠. 이처럼 과거의 노동을 거친 노동대상을 특별히 '원료'(Rohmaterial)라고 부릅니다.

이제 노동수단에 대해 살펴보겠습니다. 노동자가 노동대상에 작용을 가할 때 전도체 역할을 하는 것이 노동수단입니다.[김, 239; 강, 267] 가장 일차적인 노동수단은 신체기관입니다. 열매를 채취할 때 우리는 손을 노동수단으로 사용한다고 할 수 있겠죠. 하지만 맨손으로 할 수 없는 일도 많습니다. 이 경우 우리는 도구를 필요로 합니다. 다 익은 열매라도 손이 닿지 않는 곳에 달려 있다면 장대를 이용하겠지요. 손을 확장하는 겁니다. 이런 게 노동수단입니다. 신체기관을 일차적 노동수단이라고 했는데요. 사실 신체기관의 경우 노동자와 노동수단의 구분이 모호합니다. 손을 노동수단으로 사용했다고 하면 마치 노동자와 손이 서로 별개인 것처럼 들립니다. 하지만 손을 그저 노동자의 활동을 전달하는 매개체일 뿐이라고 말할 수 있을까요. 손은 노동자의 일부 아닌가요. 노동자의 활동과 손의 작용을 과연 별개로 볼 수 있을까요.

그런데 흥미롭게도 마르크스는 노동자와 노동수단의 구분을 더 모호한 쪽으로 끌고 갑니다. 그는 노동수단으로 사용된 '자연적인 것'(das Natürliche)에 대해 노동자의 신체기관에 부착된 또 하나의 기관(Organ)이라고 말합니다.[김, 239; 강, 268] 그리고 덧붙이기를, "성경 말씀에도 불구하고" 노동자는 노동수단을 "신체기관들에 덧붙여 자신의 자연적 체구를 연장한다"라고 했습니다.[김, 239~240; 강, 268] 마르크스는 이 성경구절을 염두에 둔 듯합니다. "너희 중에 누가 염려함으로 그 키를 한 자나 더할 수 있느냐"(「마태복음」 6:27, 「누가복음」 12:25). 예수가 제자들에게 한 말인데요. 신께서 이미 인간이 먹고살 길을 마련해주었으니 그쪽으로는 정신을 팔지 말라는 거죠. 그런데 마르크스에 따르면 노동하는 인간은 노동수단을 사용함으로써 먹고살기 위해 자신의 키를 몇 자나 키울 수 있습니다. 신은 자신의 형상을 본떠 인간의 형상을 빚었다고 합니다만, 인간은 도구를 부착함으로써 그 형상을 변형합니다. 새로운 신체를 만들어내는 것이죠. 노동하는 인간은 한마디로 인조인간입니다.

인간은 노동대상에 다가서기 전에 먼저 노동수단과 합체합니다. 노동대상을 변형하기 전에 노동수단으로서 자기 자신을 변형하는 겁니다. 자신의 신체와 노동수단이 거부반응 없이 결합하도록, 그래서 신체기관들끼리 그러하듯 노동수단과도 물질대사가 원활히 이루어지도록 만듭니다. 노동수단을 또 다른 신체기관화하는 거죠. 노동수단을 자기화한다고도 말할 수 있겠습니다. 그런데 이처럼 신체의 기관들이 변형되고 신체의 조성이 바뀌는데도 정신이 그대로일 수 있을까요? 그럴 수는 없지요. 신체가 다른 운동을 전개하고 거기서 다른 감각이 생겨나면 정신에도 상응하는 변화가 생길 겁니다. 마르크스는 노동이라는 게 "외부의 자연에 작용을 가하고 그것을 변화시키는" 일이면서 동시에 "자신의 본성까지도 변화시킨다"라고 했는데요.[김, 238; 강, 266] 나는 그 이유가 일차적으로는 신체에서 일어나는 변형 때문이라고 생각합니다. 노동이라는 것이 인간신체와 외부신체의 물질대사인 한에서(신체에 부착된 노동수단은 이 대사 작용이 좀 더 직접적이겠지요), 외부신체를 변형하는 일은 인간신체를 변형하는 일이기도 할 테니까요.

마르크스는 일찍부터 신체에 대한 독특한 견해를 갖고 있었습니다. 1844년에 쓴 『경제학 철학 초고』에서 그는 인간이 자연을 노동대상과 노동수단으로 삼는 한에서 "자연은 인간의 비유기적 신체"라고 말한 바 있습니다.[6] 그러므로 노동하는 인간은 유기적 신체와 비유기적 신체의 합체입니다. 말 그대로 사이보그라고 할 수 있죠. 첨단 생체공학 기술로 신체를 개조하기 전에도 인간신체는 이미 사이보그적입니다(이에 대해서는 부록노트⑱에서 좀 더 다루겠습니다).

노동대상과 노동수단이 어떤 것인지를 간단히 살펴보았는데요. 그럼 어떤 사물이 노동대상이 되고 또 어떤 사물이 노동수단이 되는 걸까요. 사물만 놓고 보면 알 수 없습니다. 이를테면 황소(가축)는 전통 농업에서는 밭을 갈거나 물건을 나르는 노동수단입니다. 하지만 축산업에서는 노동(사육)의 대상이죠.[김, 243; 강, 271] 다 자라면 그 자체로 생산물이기도 하고요. 정육 산업에서도 황소는 노동대상입니다만 축산업과는 다릅니다. 여기서는 생산물이 황소가 아니라 '고기'이니까요. 황소는 고기의 원료(노동대상)인 셈입니다. 이런 예는 아주 많습니다. 한 산업의 생산물이 다른 산업의 원료가 되고 한 산업에서는 원료인 것이 다른 산업에서는 노동수단일 수 있습니다.

여기서도 우리는 마르크스의 사물 이해방식을 다시금 확인합니다. 사물은 배치와 기능에 따라 의미가 달라진다는 것 말입니다. 마치 도마와 당근 옆에 놓인 칼 (조리도구)과 복면과 돈지갑 옆에 놓인 칼(강도도구)이 다른 것처럼요. 원료와 노동수단을 구분하는 문제에 대해서도 마르크스는 비슷한 이야기를 합니다. "어떤 사용가치가 원료로 나타날지, 노동수단으로 나타날지, 아니면 생산물로 나타날지는 전적으로 그 사용가치가 노동과정에서 행하는 특정한 기능(Funktion), 그것이 노동과정에서 차지하는 위치(Stelle)에 달려 있으며, 이 위치가 변함에 따라 그것에 대한 규정 또한 변한다는 것을 알 수 있다."[김, 244; 강, 272]

생산수단에 깃든 과거의 목소리

이렇게 해서 노동과정의 세 가지 기본 요소, 즉 노동자의 합목적적 활동(노동), 노동대상, 노동수단에 대해 살펴보았는데요. 노동과정에는 이 세 요소가 모두 참여합니다. 노동과정이 끝나면 새로운 생산가치를 갖는 생산물이 나오겠지요. 이 생산물이 바로 이 과정의 목적이었습니다. 그런데 생산물이라는 목적에 어떤 기여를 했는가 하는 관점에서 보면 노동과정의 세 요소를 다른 방식으로 분류할 수도 있습니다. 노동과정 전체를 생산물을 낳기 위한 생산과정으로 본다면, 노동자의 활동은 '생산적 노동'(produktive Arbeit)이 될 테고, 노동수단과 노동대상(원료)은 '생산수단'(Produktionsmittel)이 됩니다.[김, 241; 강, 270] 노동과정의 요소들을 '생산적 노동'과 '생산수단'으로 나눌 수 있는 것이죠.

이 구분은 사용가치 생산에 주목하는 '노동과정'에서는 별 의미가 없습니다. 하지만 가치의 생산에 주목하는 '가치증식과정'에서는 중요한 의미가 있습니다. 그 이유는 이후 '가변자본'과 '불변자본'을 다루면서 이야기하겠습니다. 지금으로서는 '생산수단'이라는 말을 잘 봐두는 정도면 되겠습니다. 그리고 '생산적 노동'에 대해서는 유의할 게 있습니다. 여기서 말하는 '생산적 노동'은 나중에 우리가 언급할 자본주의에서의 '생산적 노동' 개념과는 구분해야 합니다[이에 대해서는 이후 본문 9장에서, 마르크스의 『자본』을 기준으로 하면 제14장(영어판 제16장)에서 다룹니다]. 지금 말하는 '생산적 노동'은 자본주의를 전제하지 않고 말한 것으로, 단지 생산물을 생산하는 데 효과적인, 말하자면 합목적적 활동이었다는 뜻에서 한 말입니다.[김, 242, 각주 8; 강, 270, 각주 7]

노동과 생산물에 대해서는 조금 더 이야기할 것이 있습니다. 생산물이란 노동자가 노동대상을 변형한 것입니다. 이를테면 방적 노동자의 노동은 면화를 면사로 바꿉니다. 면화에 방적 노동이 가해져 (혹은 면화가 방적 노동을 흡수해) 면사가 되었다고 할 수 있을 겁니다. 면사 안에는 방적공의 노동이 담겨 있습니다. 이처럼 노동과 노동대상이 결합하는 것을 '노동의 대상화'라고 합니다. 노동이란 노동자 입장에서 보면 '활동' 내지 '움직임'인데요. 생산물 속에 대상화된 노동은 더는 움직이지 않습니다. '불안정 형태'(Form der Unruhe)의 노동이 '안정된'(ruhende) 형태 혹은 부동의 형태로 변하는 겁니다.[김, 241; 강, 270] 앞에서 나는 '인간행위로서 노동'과 '상품에 담긴 가치로서 노동'을 구분해야 한다고 말했는데, 전자는 '활동'이고 후자는 '응고된' 것이라고 했지요. 마르크스는 전자를 '유동상태'(flussigen Zustand)에 비유했고, 후자를 '젤'(Gallerte) 혹은 '크리스털'(Kristalle)에 비유했지요. 그때는 교환가치(가치)와 연관 지어 한 말이었는데요. 사용가치의 생산에 대해서도 같은 비유를 쓸 수 있습니다. 방적 노동자의 움직임은 유동적이지만 면화가 면사로 변형된 순간 면사 안에 굳어진 채로 대상화되었다고요.

물론 우리는 생산물 속에 결정화되어 있는 노동을 볼 수 없습니다. 방적 노동은 면사를 낳은 역사 속에만, 이렇게 말해도 좋다면, 면사의 기억 속에만 존재할 뿐입니다. 현재 드러난 모습에서 과거의 노동과정, 즉 방적 노동자의 땀방울이나 윙윙 돌아가던 기계소리를 확인할 수는 없습니다. 마치 아기의 얼굴에서 엄마의 산통을 확인할 수 없는 것처럼 말입니다. 마르크스는 "생산물 속에서 이 과정[노동과정]이 사라져간다"라고 했습니다.[김, 241; 강, 269] 여기서 내가 '사라져간다'고 옮긴 것은 'erlöschen'이라는 동사인데요. 단순히 사라졌다는 뜻이 아니라 빛바래듯 서서히 사그르드는 것을 말합니다. 과거 속으로 사라지는 거죠. 어쩌면 '사라진다'보다 '생겨난다'라는 말을 써야 할지도 모르겠습니다. 과거란 사라지는 것이 아니라 과거로서 태어나는 것이라는 의미에서요. 새로운 생산물이 태어나는 순간 그 생산물의 과거 내지 역사도 생겨납니다.

이것은 생산과정을 시간적으로 확장해서 이해할 때 중요한 의미를 갖습니다. 노동과정은 단 한 번으로 그치는 것이 아니라 생산의 시간적 연쇄 안에 있습니다. 앞서 말했듯 한 산업의 원료는 이전 산업의 생산물입니다. 마르크스는 노동대상 중 '원료'를 따로 떼서 말했습니다. 원료란 과거의 노동이 담긴 대상이라고 했지요. 그런데 "노동대상이 천연으로 존재하는 산업을 제외한 모든 산업부문은 원료를 노동대상으로" 합니다.[김, 242; 강, 270] 심지어 노동대상이 천연으로 존재하는 것처럼 보이는 농업조차 노동대상의 상당 부분은 원료입니다. 올해 파종할 종자는 작년 노동의 산물이고, 더 길게 보자면 인간이 여러 세대에 걸쳐 변형해온 것입니다. 원료에는 과거의 노동, 노동의 역사가 담겨 있습니다. 노동수단의 경우에는 더 말할 것도 없습니다. 마르크스의 말을 빌리자면 "극히 피상적인 관찰자의 눈에도 보일 만큼 과거 노동의 흔적이 뚜렷"하니까요.[김, 242; 강, 270] 주요한 노동수단들을 쭉 늘어놓기만 해도 우리는 역사를 구분할 수 있습니다. 마르크스는 "멸종된 동물의 신체조직을 인식하는 데 유골구조가 중요한 것처럼 몰락한 경제적 사회구성체들을 판단하는 데 노동수단의 유물이 똑같은 중요성이 있다"라고 말합니다. 심지어 "무엇을 만들었는가보다 어떤 노동수단을 사용해서 만들었는가가 경제적 시대를 구분 짓는다"라고 했습니다. 그에 따르면 노동수단은 인간노동력의 발전 수준을 가늠할 '바로미터'이자 사회적 관계의 '계기판'이라 할 수 있습니다.[김, 240; 강, 268~269]

　　노동수단 자체도 역사를 갖지만 노동수단을 통해 그것을 사용한 시대의 사회적 관계까지 읽을 수 있다는 거죠. 마르크스는 특히 '생산의 근골격 시스템'이라 할 수 있는 '역학적'(mechanischen) 노동수단이 '생산의 혈관 시스템'에 해당하는 노동수단(파이프나 통 따위)보다 시대를 구분 짓는 데 더 결정적이라고 말합니다. 후자가 중요해진 것은 화학공업이 등장하고 나서라고요. 물론 이런 주장이 항상 옳은 것은 아닙니다. 과거에는 그랬을 수 있지만 미래에도 그렇다는 것은 아닙니다. 정보 산업이 전체 산업에서 지배적 위치를 차지하면 정보의 흐름을 담아 소통시키는 혈관 시스템, 말하자면 정보 네트워크가 훨씬 중요해질 수도 있지요. 그런데 지금 우리 논의에서는 역사 서술이나 미래 전망이 중요한 것이 아닙니다. 나는 마르크스가 생산수단에 깃들어 있는 '과거 노동의 흔적'을 말하는 다른 이유가 있다고 봅니다. 노동과정이란 인간과 사물의 물질대사입니다. 인간과 사물, 움직임과 정지, 살아 있는 것과 죽은 것이 만나 작용을 주고받는 일이죠. 마르크스는 한 공간에서 낯선 타자로서 마주하는 두 존재가 시간을 거슬러 올라가보면 동류 내지 동족이라는 사실을 보여줍니다. 한편으로는 노동자와 생산수단의 마주침이지만, 다른 한편으로는 현재의 노동자가 과거 노동자의 생산물을 마주하는 일이라는 것입니다. 노동과정은 노동을 대상화하는 일인데요, 그것은 과거의 노동에 현재의 노동을 더하는 일과 같습니다.

　　노동과정을 대화에 비유한다면 마르크스는 그것이 인간과 사물의 대화인 동시에 현재 노동자와 과거 노동자의 대화라고 말하고 있는 겁니다. 여담입니다만, 나는 예전에 어느 조각가와 오래된 절터를 걸었습니다. 커다란 돌들이 여기저기 나뒹굴고 있었는데, 건물이나 탑의 기단부에 사용된 석재들 같았습니다. 그때 그 조각가가 석재를 어루만지며 말했습니다. 거기 정으로 파인 자국을 보면, 그러니까 그 깊이와 각도를 보면 석공이 얼마만큼의 힘으로 어떻게 내려쳤는지 알 것 같다고요. 심지어 그 석공의 골격도 대강 그려볼 수 있겠다고요. 모든 생산수단에는 '과거 노동의 흔적', 말하자면 석공의 정 자국이 있습니다. 생산수단은 과거 노동의 생산물인 한에서 노동의 과거, 노동의 역사이기도 합니다. 그러나 오늘날 노동자들은 그것을 느끼기 어렵습니다. 자기 앞에 있는 사물에서 어제의 노동자를 보지 못합니다. 우리의 논의가 아직은 자본주의라는 특정한 사회형태를 고려하고 있지 않기에 조금 이른 이야기입니다만, 오늘날 노동자는 생산수단에서 어제의 노동자 즉 자기 동족을 느끼기는커녕 자신과는 전혀 다른 종족인 자본가를 느낍니다. 생산수단은 자본가의 것이고 자본가의 힘을 나타냅니다. 노동자는 그 사물들을 과거의 노동자가 아니라 현재의 자본가가 건넨 것으로 받아들입니다. 그렇기 때문에 생산수단을 사랑하기가 쉽지 않죠.

역시 아직은 이른 이야기입니다만, 근대의 역사는 '캐피털'의 역사입니다. 그것은 역사이면서 자본의 역사죠. 복수로 존재하는 과거의 목소리들을 하나의 목소리, 하나의 논리에 귀속했다는 점에서 그렇고(대문자 역사), 노동의 이야기를 자본의 이야기로 전유해버렸다는 점에서 그렇습니다(자본의 역사). 생산물을 만들고 가치를 만든 것은 노동이지만 현실에서는 마치 자본이 그렇게 한 것처럼 나타납니다. 자본이 생산하고 자본이 운동합니다. 역사가 자본의 생애사가 되는 거죠. 자본주의 이전 시기는 자본주의를 향해서 온 역사가 되고, 자본주의 이후는 자본이 전개되어온 역사가 됩니다. 생산수단을 전유한 자가 역사도 전유하는 겁니다. 서글픈 것은 노동자 자신이 자본의 역사 속에서 희미하게 사그라지는 자기 종족의 과거 목소리를 듣지 못한다는 겁니다(사실은 이 노동의 목소리도 하나가 아니었다는 점, 특히 여기에는 잘 들리지 않는 소수의 목소리들이 존재했다는 점에도 유의해야겠습니다. 이에 대해서는 이어지는 6장에서 마르크스가 여성과 아동의 증언을 인용하는 부분을 다룰 때 언급하겠습니다).

노동의 마법과 사물의 환생

노동자는 생산수단을 자신의 손길을 기다리는 대상으로만 바라봅니다. 면화는 농부의 생산물이지만 방적공에게는 실을 뽑기 위한 원료에 지나지 않으며, 방추는 그것을 납품한 제작자에게는 생산물이지만 방적공에게는 실을 뽑기 위한 도구에 지나지 않습니다. 방적공은 면화와 방추를 생산한 농부와 방추 제작자의 과거 노동에는 관심이 없습니다. 그런 것이 의식될 때는 원료나 수단에 결함이 발견되었을 때죠. 납품된 면화나 방추에 문제가 있을 때 방적공은 그것을 생산한 농부나 방추 제작자를 떠올립니다. 기분 좋은 일은 아니겠죠.[김, 244; 강, 272]

생산수단은 죽어 있는 사물로 노동자 앞에 있습니다. 막 들어온 새것이라 해도 원료와 노동수단은 죽은 것입니다. 그리고 모든 죽은 것들이 그렇듯 금세 부패하기 시작합니다. "쇠는 녹슬고 목재는 썩는다."[김, 244; 강, 272] 자연은 사물을 결코 그대로 두지 않습니다. 마르크스는 생산수단 앞에 선 노동자의 노동을 '살아 있는 노동'(lebendigen Arbeit)이라고 부릅니다.[김, 244; 강, 272] 그러면서 생산수단 안에 대상화된 과거의 노동, 즉 '죽은 노동'과 대비합니다. 그가 왜 노동자의 현행적 노동을 '살아 있는 노동'이라고 부르는지 그 이유 중 하나를 우리는 여기서 볼 수 있습니다(또 하나의 이유는 가치증식과정에서 볼 겁니다).

마르크스에 따르면, 노동자의 생체에서 '살아 있는 노동'은 자기 생명력을 사용해 죽은 것들을 '살려내는 노동'입니다. 기적의 소생술이죠. 살아 있는 노동은 썩거나 녹슬어가는 사물을 잡아 "죽음에서 소생"시킵니다. 단지 죽은 사물을 살려내는 정도가 아니라 그것이 품고 있던 가능성들, 단지 "가능성으로만 머물러 있던 사용가치"를 "현실적이고 효과적인 사용가치로 전화"합니다. 예컨대 밀가루를 그대로 두면 상하지만 제빵 노동자의 손길이 닿으면 빵으로 살아납니다. 단지 부패를 막고 그것을 보존하는 정도가 아닙니다. 환생, 말 그대로 새롭게 태어나게 하는 겁니다. 밀가루가 품고 있는 다른 삶의 가능성[빵]을 현실화하는 거죠.

나는 앞서 『자본』 제5장의 '비밀의 문'을 열면서 노동력 사용이 '마술지팡이'의 사용이라도 되는 줄 알았는데 별일 아닌 것 같다고 했습니다. 그런데 그 말을 취소해야겠습니다. 노동자는 대단한 마법사 같습니다. 마르크스는 노동과정을 정말로 마법처럼 묘사합니다.[김, 244; 강, 272~273] 먼저 '노동의 불'(Feuer der Arbeit)이 생산수단인 사물들을 '핥습니다'(beleckt). 사물들은 이 불길 속에서 '노동의 육신'과 '하나가 됩니다'(angeeignet). 그러고 나면 '개념에 맞고'(begriffsmäßigen) '소명에 맞는'(직분, begriffsmäßigen) 기능을 수행하도록 사물들에게 '영혼이 부여됩니다'(begeistet). 사물들이 새로운 사용가치를 갖는 생산물로, '목적에 맞게'(zweckvoll) 환생한 겁니다. 흡사 신을 보는 것 같기도 합니다. 흙으로 형상을 빚은 뒤 영혼을 불어넣어 생명체를 만드는 모습 말이에요. 실제로 마르크스는 여기서 아주 흥미로운 단어를 썼습니다. '영혼이 부여된다'라고 내가 옮긴 'begeisten'인데요. 언뜻 'begeistern'을 잘못 쓴 게 아닌가 생각할 수도 있습니다. 'begeistern'은 '열정을 불어넣다'(영어로는 'fill into enthusiasm')라는 뜻을 가진 단어입니다. 물론 이 단어로 읽어도 약간의 의미는 통합니다. 하지만 죽은 것을 소생시킨다는 의미를 제대로 드러내지는 못합니다. 이와 달리 'begeisten'은 말 그대로 '정신' (Geist) 내지 '영혼'(Seele)을 갖게 하는 겁니다(영어로는 'make into spirit'). 새로운 존재로 환생시키는 거죠. 방적공은 면화의 형태를 변형시킨 뒤 면사의 영혼을 집어넣습니다. 그러면 면화는 이제 면사로서, 새로운 기능, 새로운 직분을 수행하면서, 새로운 삶을 살아갑니다('begeisten'이라는 단어에 대한 좀 더 상세한 이야기는 부록노트⑯ 참조).

이로써 우리는 노동자의 활동이 단지 '노동'이어서가 아니라 '살아 있는 노동'이기 때문에 가능한 두 가지 일을 알게 되었습니다. 살아 있는 노동은 한편으로 죽어 있는 사물(노동수단과 노동대상)을 '살려내는' 노동이며, 다른 한편 가능성으로만 존재했던 사용가치를 '현실화'하는 노동, 다시 말해 새로운 사용가치를 '낳는' 노동입니다. 그렇습니다. 이것이 노동과정으로서 생산과정을 이해했을 때, 즉 사용가치 생산이라는 점에서 생산과정을 바라보았을 때 노동자의 '살아 있는 노동'이 갖는 힘입니다. 아직은 조금 이른 이야기지만(거듭 말하지만 우리는 지금 자본주의라는 사회형태를 고려하고 있지 않으니까요), 노동자는 자본가에게 이토록 놀라운 재능을 사용할 권리를 팔아넘긴 겁니다.

자본가의 통제 아래서——소외된 노동

노동과정에 대한 이제까지의 이야기는 특정한 사회형태를 전제하지 않은 상태로 한 겁니다. 자본주의 이전에도 인간은 필요한 사용가치를 노동으로 얻었습니다. 어느 시대든 노동과정이란 인간이 노동수단을 이용해 노동대상을 합목적적으로 변형하는 과정이었습니다. 그뿐이 아닙니다. 자본주의 이전에도 인간의 노동은 '살리는 노동'이었습니다. 조선시대에도 구석에 방치된 씨앗들은 썩어 문드러졌고 농기구는 녹이 슬었습니다. 농부들은 보습으로 땅을 파고 씨앗을 심어 곡식을 키워냈고, 밤새 물레를 돌려 면화를 면사로 바꾸었습니다. 앞서 내가 '노동자'라는 말을 자주 썼습니다만 '노동하는 인간'이라는 일반적 의미에서 한 말이지 자본주의사회의 노동자만을 가리켰던 것이 아닙니다.

노동과정은 노동과정이다, 그런데…

노동을 특정한 사회형태 속에서 고찰하지 않았다는 것은 노동을 그저 인간과 자연 사이의 물질대사만으로 보았다는 뜻이기도 합니다. 인간들 사이의 관계를 고려하지 않은 것이죠. 그래서 우리는 노동과정이 "어떤 조건에서 행해진 것인지를 알 수 없"습니다. "그 과정이 노예감시인의 잔인한 채찍 아래서 이루어진 것인지, 자본가의 면밀한 시선 아래서 이루어진 것인지, 아니면 [덕망이 높았던 로마 정치인] 킨킨나투스(Cincinnatus)가 자신의 작은 땅을 [직접] 일구며 행한 것인지, 아니면 야만인이 돌멩이로 짐승을 때려잡으며 행한 것인지 알 수가 없"습니다.[김, 246; 강, 274]

이는 『자본』 제1장에서 상품을 다룰 때와 같습니다. 어느 시대에나 사람들은 일상에서 노동생산물을 사용했습니다. 면사는 언제 어디서나 면사였습니다. 그런데 어떤 조건에서 면사는 상품이 됩니다. 일터는 일터입니다. 그러나 자본주의의 일터는 다른 시대의 일터와 다릅니다. 똑같은 동작으로 똑같은 물건을 만들어내더라도 생산활동과 생산물의 의미가 달라집니다. 마르크스는 이제야 준비가 되었다는 듯 독자들에게 말합니다. "장차 우리의 자본가가 될 사람에게 돌아가보자."[김, 246; 강, 274] '장차 자본가가 될 사람'에게 돌아간다는 건, 지난 장의 마지막 장면 (『자본』 제4장의 끝부분)으로 돌아간다는 뜻입니다. 거기에는 '장차 노동자가 될 사람'도 있었죠. '장차'(in spe)라는 말을 쓴 것은 아직 상품생산이 시작되지 않아서 그렇습니다. 자본가가 '아직은' 화폐자산가로서 상품생산을 위해 노동력과 생산수단을 구매하던 때인 거죠. 노동력을 판매한 노동자가 '아직은' 노동을 시작하지 않았을 때이기도 합니다. 노동과정에 대한 앞서의 이야기는 일종의 준비였던 셈입니다. 자본주의 노동과정의 독특함을 드러내는 데 필요한 일반론이었다고 할까요.

그런데 지난 장의 마지막 장면에서 우리는 무언가를 예감했었습니다. 우리의 노동자가 그리 행복할 것 같지 않다는 예감. 그의 얼굴에 드리운 그늘을 보았죠. 왜 그랬을까요. 마르크스의 말처럼, 자본주의라고 해서 노동과정이 "당장에 변하는 것은 아닐" 텐데 말입니다.[김, 247; 강, 274] 화폐자산가에게 고용된 제화공은 일단은 예전에 하던 대로 구두를 만들 겁니다. 방적공도 예전 방식으로 실을 잣겠지요. 나중에는 작업방식이 세분화될 수도 있고 기계가 사용될 수도 있겠지만 당장 그런 일이 일어나지는 않습니다. 예비 노동자가 자신의 일하는 방식이 바뀔까봐 침울한 표정을 지었던 것은 아닐 겁니다. 노동과정만 떼놓고 보면 변한 게 없는데 도대체 무엇이 달라진 걸까요.

인간노동의 합목적성과 관련해 건축가는 아무리 서툰 경우에도 꿀벌보다 뛰어나다고 했습니다. 인간은 목적에 맞게 물건을 만들어내는 동시에 자기 안에 잠재한 능력을 깨웁니다. 생산수단과 관련해서도 마찬가지입니다. 인간의 '살아 있는 노동'은 죽은 것을 '살려내는 노동'이자 사물 안에 잠재한 사용가치를 현실화하죠. 그런데도 이 놀라운 마법을 보여줄 예비 노동자의 표정이 어둡습니다. 왜일까요.

앞서 말한 것처럼 인간의 재능이 어떤 의미를 가질지, 그것이 기쁨의 원인일지 슬픔의 원인일지는 정해져 있지 않습니다. 그것이 어떻게 배치되는가를 보아야 하죠. 이제 자본주의를 고려할 때입니다. 과연 자본주의 생산양식 안에서 노동과정은 어떤 의미를 가질까요. 마르크스는 "노동과정이 자본가가 구매한 노동력의 소비과정이 되면 두 가지 독특한 현상이 나타난다"라고 했습니다.[김, 247; 강, 275] 그 하나는 노동자의 노동이 자본가의 통제 아래서 이루어진다는 점이고, 다른 하나는 노동생산물이 직접 생산자인 노동자가 아니라 자본가의 소유물이 된다는 점입니다.

먼저 '자본가의 통제'라는 말을 볼까요. 노동과정은 노동자가 노동수단을 이용해 노동대상을 목적에 맞게 변형하는 과정이라고 했는데요. 자본주의에서는 이 동일한 과정을 매우 다르게 묘사할 수 있습니다. 방금 말한 것처럼 그것은 자본가가 자신이 구매한 상품을 사용하는 과정이라고요. 『자본』 제5장의 첫 문장을 다시 떠올려보죠. "노동력의 사용은 노동 그 자체다." 노동이란 곧 노동력의 사용이라는 건데요. 이 간단한 문장이 이제 조금 달리 느껴질 겁니다. 자본주의를 전제하지 않았을 때 이 문장은 동어반복처럼 들렸지요. 마치 삼각형은 세 각으로 이루어졌다는 말처럼요. 하지만 자본주의를 전제하면 그렇지가 않습니다. 노동하는 사람과 노동력의 사용권을 가진 사람이 다르니까요. 자본주의를 전제할 때와 그렇지 않을 때 노동력의 사용 주체가 다릅니다. 자본주의를 전제하지 않았을 때 '노동력의 사용'이라는 말은 인간이 자신의 재능을 발휘하는 과정을 의미합니다. 하지만 자본주의를 전제하면 자본가가 자신이 구매한 상품을, 즉 타인의 노동력을 소비하는 과정이 되는 겁니다.

사실 마르크스는 제5장의 첫 번째 단락과 두 번째 단락에서 '통제'(Kontrolle)라는 말을 대구를 이루도록 썼습니다. 첫 번째 단락에서는 '자본가의 통제'라는 말을 썼고요.[김, 237; 강, 265] 두 번째 단락에서는 노동하는 인간 '자신의 통제'라는 말을 썼습니다.[김, 238; 강, 266] 두 번째 단락은 인간이 기본적으로 노동 즉 자신과 자연의 물질적 대사과정을 통제한다는 뜻이고, 첫 번째 단락은 자본주의에서는 그 과정을 자본가가 통제한다는 점을 미리 말해준 겁니다. 노동을 감독하고 통제하는 주체가 다릅니다. 그렇다고 노동하는 사람이 달라진 건 아닌데요. 다만 통제권이 노동하는 사람 자신에게 있는가 아니면 다른 사람에게 있는가 차이입니다. 사회형태를 고려하지 않고 말했을 때 우리는 노동의 통제권은 노동하는 인간 자신에게 있는 것처럼 말했습니다. 노동하는 인간이 의지를 발휘해 자신이 설정한 목적에 부합하도록 정신과 신체의 기관들에 통제력을 발휘하는 것이라고요. 그런데 자본주의에서는 통제권을 가진 사람이 자본가입니다. 노동자가 노동력 사용권을 자본가에게 넘겼으니까요. 노동자가 자신의 독자적 의지를 포기하고 자본가의 의지를 수령해 실행하는 사람이 된 겁니다. 마치 지주 밑에서 일하는 마름처럼 명령을 받아 전달한다고 할까요.

그런데 문제는 노동자가 전달하는 명령을 수행해야 할 존재가 노동자 자신의 정신과 신체라는 겁니다. 이때 노동자의 정신과 신체기관들은 당혹스러운 사태를 맞습니다. 자신의 의지가 마치 타인처럼 명령을 내리니까요. 너무 고통스럽고 힘들다는 신호를 보내는데도, 심지어 손상을 입어 망가지고 있는데도 계속해서 목표를 완수하라는 명령이 내려옵니다. 내 본능에 맞지 않는 노동, 내게 슬픔을 유발하고 결국에는 내 정신과 신체를 파괴하는 활동을 내 의지가 강력하게 명령하는 겁니다. 스피노자(Baruch Spinoza)는 "전제국가에서 사람들은 안전만큼이나 예속을 위해서 장렬히 싸운다"라고 했는데요.[7] 인간이 자발적으로 슬픈 상태, 예속 상태를 위해 나아가는 것은 매우 이상한 일입니다. 마르크스가 『자본』에서 해명하고자 하는 문제 중 하나가 이것입니다. 사실 해명할 것도 없는지 모르겠습니다. 우리는 이미 경험적으로 또 감각적으로 그 이유를 아니까요.

─────────── 노동자는 어떻게 에일리언이 되는가 ───────────

나 자신이 내게 타인처럼 느껴지는 것을 '소외'(Entfremdung)라고 합니다. 마르크스의 말처럼 합목적성이 인간의 고유한 자질이라면 노동의 소외는 이 자질에서 생겨난 인간 고유의 질병입니다. 인간의 자질에서 생겨난 인간의 질병, 한마디로 인간이 인간을 앓는 병이라고 하겠습니다. '소외'를 영어로는 'alienation'이라고 하는데요. 라틴어 'alienus'에서 온 말입니다. 'alius'는 '타자'(other)를 뜻하고, 'alienus'는 '다른 사람 혹은 다른 장소에 속하다'(belonging to another person or place)를 뜻합니다. 즉 타자 소유 혹은 타국 소속이라는 뜻이죠. 이로 인해 이 말은 다시 '타자에게 양도하다' 혹은 '이방인[외국인]으로 대하다'라는 뜻도 갖게 됩니다.

근대법 이론에서는 이 말이 사회질서를 위해 스스로의 주권적 권리를 군주에게 양도하는 것을 가리켰다고 합니다. 피터 오스본(Peter. Osborne)은 법적 권리 양도에 쓰이던 말이 나중에 정치경제학에서 판매와 구매를 통한 소유권 양도에도 쓰였다고 했습니다.[8] 그런데 법 이론에서 쓰일 때와 정치경제학에서 쓰일 때 뉘앙스가 좀 달라진다고 합니다. 자연법 이론에서는 'alienation'이 권한의 '상실' 내지 '손실'이라는 부정적 뉘앙스를 띠는데 정치경제학에서는 그렇게 부정적이지 않습니다. 등가교환을 통해 넘겨주면 손실이 생기지 않으니까요. 자신의 것이지만 처분 가능한 것을 넘겨주는 것뿐입니다. 오스본은 '소외'라는 말의 두 가지 독일어 번역, 'Entfremdung'과 'Entäußerung'[우리는 보통 전자를 '소외', 후자를 '외화'(外化)라고 번역합니다]이 이렇게 생겨난 것 같다고 말합니다. 자유와 권한을 잃은 상태가 'Entfremdung'이고(본래는 의식을 잃어 신체를 움직일 수 없는 혼수상태를 지칭하는 데 쓰였답니다), 나 자신으로부터 분리되어 처분 가능한 사물로 외화되는 것이 'Entäußerung'이라고요.

우리는 '소외'에 담긴 이 두 가지 의미를 노동력의 판매에서 모두 확인할 수 있습니다. 노동력을 판매한다는 것은 한편으로 노동력 사용에 대한 자신의 통제권, 다시 말해 활동의 자유를 상실하는 것이고 다른 한편으로는 자신의 능력을 마치 처분 가능한 사물처럼 외화해서 타인에게 넘겨주는 것이기 때문입니다. 그리고 우리는 이것을 마르크스가 자본주의 노동과정의 고유한 특징이라고 말한 두 가지 현상에서 다시 확인합니다. 'Entfremdung' 즉 '권한을 잃은 상태'는 노동자의 노동에 대한 '자본가의 통제'라는 첫 번째 현상에 상응하고, 'Entäußerung' 즉 '자신의 것을 외적 사물로 만들어 넘기는 것'은 자신의 생산물에 대한 권리를 타인에게 넘기는 두 번째 현상에 상응합니다. 참고로 이 두 번째 현상은 언뜻 근대의 사적 소유 개념과 충돌하는 것처럼 보입니다. 근대의 사적 소유 개념은 신체에 대한 천부적 소유권에서 시작해 그 신체가 생산해낸 생산물의 사적 소유를 정당화하는 쪽으로 나아가니까요. 존 로크(John Locke)가 대표적이죠. "모든 사람은 자신의 인신(person)에 대해서는 소유권을 가지고 있다. 이것에 관해서는 그 사람 자신을 제외한 어느 누구도 권리를 갖고 있지 않다. [이로부터] 그의 신체의 노동과 손의 작업은 당연히 그의 것이라고 말할 수 있다."[9] 신체의 소유를 허용하는 노예제가 아닌 이상 노동자가 직접 생산한 것은 노동자의 것이 되어야 한다는 겁니다.

자본주의에서는 생산물이 노동자가 아니라 자본가의 소유물입니다. 이 미묘한 문제를 해결하려면 노동력을 노동자의 신체와는 별개인 것처럼, 그래서 노동자의 신체는 노동자의 것이지만 노동력은 자본가의 것, 다시 말해 자본의 일부임을 분명히 해야겠지요. 이것이 마르크스가 주석에서 제임스 밀의 말을 인용한 이유가 아닐까 싶습니다. "자본가는 자본의 소유자일 뿐만 아니라 노동[노동력]의 소유자이기도 하다. (…) 자본이라는 단어는 자본과 노동[노동력] 모두를 포함한다"라고요.[김, 248, 각주 11; 강, 275, 각주 10] 그래서 자본주의에서는 노동과정이 노동자의 생산활동으로서가 아니라 자본가의 상품소비과정으로 나타납니다. 자본가에게 노동력은 탈인격화된 사물입니다. 눈앞에서는 분명 어떤 인간이 일을 하고 있지만 이것이 '인격체'의 생산활동으로 보이면 안 됩니다. 인간에서 떨어져 나온 '노동력'이라는 상품 자체가 살아 움직이는 것처럼 보여야 합니다(『자본』 제2장 첫 단락에 나온 '상품은 사물'이라는 말의 의미와 폭력성을 여기서 다시 확인하게 됩니다).

마르크스는 자본가가 구매한 노동력을 '살아 있는 효모'라고 불렀는데요. 실제로는 노동자가 일하지만 자본가 눈에는 자신이 구매한 효모가 일하는 것으로 보입니다. 노동과정이란 생체 상품인 '살아 있는 효모'(노동력)와 죽어 있는 사물(생산수단) 사이에서 벌어지는 물질대사일 뿐인 거죠. 효모가 무엇을 만들어내든 생산물은 이 과정을 주관한 유일한 인간, 즉 자본가에게 모두 귀속됩니다. "그러므로 이 과정의 생산물은 마치 포도주 창고에서 일어나는 발효과정의 산물이 그런 것과 똑같이 그에게 귀속된다."[김, 248; 강, 275]

<hr>

노동자는 왜 동물로 돌아갔을 때 행복한가

노동과정을 자본가의 상품소비과정으로 본다면 자본가가 어떻게 행동할지 추론하기는 어렵지 않습니다. 자본주의를 염두에 두지 않았을 때 노동이란 목적에 부합하는 물건을 만들어내는 것이었습니다. 그런데 자본가에게 '목적에 부합'한다는 말은 단지 생산물의 형태에만 관계된 것이 아닙니다. 어떤 식으로 얼마나 많은 양을 생산하느냐도 중요하죠. 자본가에게 노동과정은 자신이 구매한 상품, 다시 말해 이미 값을 치른 상품을 사용하는 과정입니다. 그리고 여기에 그의 이익이 달려 있습니다. 자본가가 어떻게 행동할지는 물어볼 필요도 없죠. 노동자의 노동과 관련해 자본가는 노동자의 능력이 최대한 발휘되도록 강제할 겁니다. 노동력을 최대한 짜내는 것이죠. 죽은 것을 살려내는 능력으로서든 잠재적 사용가치를 현실화하는 능력으로서든, 노동의 합목적성이 최대한 효과를 내도록 할 겁니다. 또 생산수단과 관련해서는 "원료를 조금도 낭비하지 않도록", 노동수단에 최대한 "손상을

입히지 않도록" 신경 쓸 겁니다.[김, 247; 강, 275]

　　자본가의 목적에 부합하려면 노동과정은 최대한 합리적이어야 합니다. 여기서 '합리적'이라는 말은 '효율성'을 의미합니다. 투입 대비 산출이 최대가 되어야 한다는 말입니다. 마르크스의 표현 중에 '낭비하지(vergeuden) 않도록'이라는 말이 눈에 띄는데요. 노동과정에 대한 '자본가의 통제'에서 가장 핵심적인 것이 아닐까 싶습니다. '관리'(management)의 핵심은 '합리성', 달리 말하면 '효율성'이죠. 마르크스는 '낭비'라는 단어를 '원료'에 대해서만 사용했습니다만 노동과정에 투입된 요소들 모두에 적용 가능한 말입니다. '낭비'라는 말은 직접적으로는 '함부로' '허투루' 쓰는 것을 지칭하지만, 이미 값을 치른 상품의 소비에 적용할 때 그것은 '충분히 짜내지 못한 것'에도 적용됩니다. 더 뽑아낼 수 있는데도 그러지 못했다면 낭비했다는 말을 쓸 수 있겠죠. 노동력을 더 짜낼 수도 있었다고 판단할 때 혹은 생산수단을 법적 사용 연한 때문에 폐기해야 할 때, 자본가에게 그것은 단지 '충분하지 못했다'에 머물지 않습니다. 그것은 낭비입니다.

　　이런 상황 속에서 일하는 노동자가 행복할 리 없습니다. 앞서 '소외'라는 표현을 썼는데요. 마르크스가 언급한 자본주의 노동과정의 두 가지 현상을 '소외'로 말할 수 있습니다. 자본가의 통제 아래서 노동한다는 것은 '노동자의 노동과정으로부터의 소외'(혹은 '생산자의 생산과정으로부터의 소외')라 할 수 있고, 노동자의 생산물이 자본가의 소유물이 되는 것은 '노동자의 노동생산물로부터의 소외'라 할 수 있습니다. 마르크스는 『경제학 철학 초고』에서 이 두 가지 소외 형태에 대해 일찌감치 이야기한 바 있습니다.[10] 그는 정치경제학자들(국민경제학자들)이 "노동자와 생산 사이의 관계를 고찰하지 않음으로써 노동의 본질 내부의 소외를 은폐"하고 있다며 분노했습니다.[11] 정치경제학자들은 '소유'에서 시작합니다. 자본가는 자본을 갖고 있고 지주는 토지를 갖고 있으며 노동자는 노동력을 갖고 있을 따름입니다. 물론 정치경제학자들은 이런 식의 '소유'가 어떻게 생겨났는지는 설명하지 않습니다. 마르크스는 소유에 대한 초역사적 믿음에서 시작하지 않습니다. 그는 '현재의 사실', 그것도 매우 역설적으로 보이는 '사실'에서 시작합니다. 자본주의에서 노동자는 "부를 많이 생산할수록 가난"해집니다. "더 많은 상품을 생산할수록 더 값싼 상품이 됩"니다. "노동의 현실화는 너무나 심하게 탈현실화로 나타나 노동자로서 아사에 이르고 말 정도로 탈현실화된다."[12]

　　젊은 마르크스는 이런 역설적 현실을 '소외'로 파악했습니다. 자본주의에서 생산물은 직접 생산자인 노동자에게 외적인 것, 낯선 것입니다. 노동자가 만든 것이지만 노동자와 마주한 자본가의 힘을 나타냅니다. 노동과정이란 "노동자가 자신의 생명을 대상 속에 불어넣는" 일이지만, 그 생산물은 노동자의 것이 아니라 자본가의 것이 되기 때문에, 노동자는 더 많은 생산물을 만들어낼수록, 다시 말해 더 많은 노동을 할수록 생명을 잃어갑니다.[13] 그런데 생산자가 생산물로부터 소외되는 현상은 생산자가 생산과정으로부터 소외되는 것의 귀결입니다. 첫 번째 소외가 생산물이 생산자 자신에게 낯선 사물, 심지어 대립하는 사물이 되는 것이라면, 두 번째 소외는 생산활동 자체가 생산자에게 낯선 활동, 심지어 대립하는 활동이 되는 것입니다. 생산물처럼 생산활동도 외화되었다는 표현을 쓸 수 있는데요. 활동이 그 주체의 본성 내지 본능에 맞지 않는다는 점에서 그렇습니다. 젊은 마르크스는 생산활동으로부터의 소외를 이렇게 묘사합니다. "노동자는 노동 속에서 자신을 긍정하는 것이 아니라 부정하며, 행복을 느끼는 것이 아니라 불행을 느끼며, 자유로운 육체적·정신적 에너지를 발휘하는 것이 아니라 고행으로 자신의 육체를 쇠약하게 만들고 그 정신을 파멸시킨다. 그러므로 노동자는 노동 바깥에서야 비로소 자기 자신과 함께 있다고 느끼며, 노동 속에서는 자기가 자신을 떠나 있다고 느낀다."[14]

합목적적 노동은 인간의 고유한 자질이라고 했습니다. 그런데 자본주의에서 노동하는 인간은 노동을 하지 않을 때에야 자신을 되찾았다고 느낍니다. 노동할 때는 자신이 마치 남처럼 느껴지고요. 노동 바깥에서 자신을 느끼는 것, 이는 노동이라는 활동이 '외화'되었음을 말해줍니다. 그리고 노동할 때의 내가 나 같지 않다는 것, 마치 나 자신이 '에일리언'처럼 느껴진다는 것은 '이방인 되기'라고 할 수 있지요. 소외라는 말의 이중적 의미('Entfremdung'과 'Entäußerung')를 모두 보여줍니다. 그러므로 노동자가 노동을 "페스트처럼 기피"하는 것은 당연합니다. 우리는 이제야 지난 4장에서 확인했던 마지막 장면을 이해할 수 있을 것 같습니다. 그 노동은 형식적으로는 자발적이지만 실제로는 '강제노동'이며, 노동자는 장차 자신의 것이 될 수 없는 생산물을 생산하면서 "자기 자신을 상실"할 것입니다.[15] 그러니 노동자가 그 문 앞에서 주춤주춤하는 건 당연합니다.

마르크스는 건축가가 꿀벌보다 뛰어나다고 했습니다. 그런데 소외된 노동 속에서 우리는 꿀벌보다 못한 건축가를 만납니다. 자본주의에서 노동하는 인간은 다른 동물에게는 없는 인간만의 고유한 자질을 발휘해 노동할 때 동물보다 못하다는 것을 느낍니다. 오히려 동물로 돌아갈 때 행복을 느끼죠. 마르크스의 말을 마저 들어볼까요. "인간[노동자]은 그의 동물적 기능들, 즉 먹는 일, 마시는 일, 생식하는

일 등에서만, 기껏해야 자신의 거주와 의복 등등에서만 가까스로 자신이 [인간으로
서] 자유롭게 활동한다고 느끼고, [노동과 같은] 그의 인간적인 기능들에서는 자신
을 동물로서 느낀다는 결론이 나온다. 동물적인 것이 인간적인 것이 되고, 인간적
인 것이 동물적인 것이 된다."[16] 노동자들은 일할 때는 짐승이 된 기분이 들고, 먹
고 마실 때만 사람답게 산다는 생각이 든다는 거죠. 이상하죠. 합목적적 노동은 인
간만의 자질이고, 먹고 마시는 건 짐승들도 하는 건데요.

───────────── '소외'는 『자본』에서도 중요한 주제 ─────────────
물론 소외에 대한 젊은 마르크스의 언급에는 비판적으로 검토해야 할 주제들이 있
습니다. 소외되지 않은, 더 나아가 역사와 무관한 '본래적 인간'이 있는가. 또 인
간을 다른 모든 동물 종들과 구별되는 '유적 존재'(Gattungswesen)로 볼 수 있는가.
『경제학 철학 초고』에서 우리는 따져봐야 할 문제를 많이 만납니다. 그리고 이 문
제들에 대해 누구보다 마르크스 자신이 비판적 견해를 내놓았지요. 바로 1년 뒤에
쓴 『독일 이데올로기』에서 말입니다. 그는 '본래적 인간'(원형적 인간, Urmenschen)
따위는 존재하지 않으며,[17] 인간은 항상 특정한 사회형태 속에서만 존재한다고
했지요.[18] 인간의 본성도, 인간이 마주하는 자연도 역사와 무관하지 않습니다. 사
실 우리는 역사유물론자로서 마르크스의 면모를 여러 번 확인했습니다.

　　그렇다고 해서 '소외'에 대해 마르크스가 젊은 시절에 가졌던 문제의식이 사
라진 것은 아닙니다. 앞서 살펴본 것처럼 자본주의 노동과정에는 우리가 소외라
고 부를 만한 현상이 분명히 존재합니다(나는 우리가 '본래적 인간'을 상정하지 않고도
소외에 대해 말할 수 있다고 생각합니다. 부록노트⑱ 참조). 실제로 『자본』에서도 마르크
스는 소외라는 말을 몇 군데에서 사용하고 있습니다. 단순히 스쳐가듯 쓰는 것이
아닙니다. 그는 중요한 대목들에서 매우 일관된 방식으로 이 표현을 사용합니다.
『경제학 철학 초고』만큼 빈번히 쓴 표현은 아니지만 그가 노동의 '소외'를 자본주
의 생산양식의 중요한 특징으로 보는 것은 틀림없습니다.

　　『자본』에서 '소외' 표현이 사용된 주요 대목을 미리 간략히 소개해두고자 합
니다(나중에 우리가 접할 내용이고 그때마다 따로 검토하겠습니다만). 우선 제13장(영어
판은 제15장) '기계와 대공업'에서 우리는 '소외'라는 표현을 접할 겁니다. 생산수
단인 기계와 생산자인 노동자의 대립을 다루는 부분인데요. 자본주의에서 노동자
는 왜 기계와 대립하는가, 그것은 노동수단과 노동과정 모두가 노동자로부터 독립
적이고 소외된 형태를 취하기 때문입니다. 앞에서 나는 현재의 노동자가 생산수단

에 담긴 과거 노동의 흔적, 과거 노동자의 목소리를 들을 수 없다고 했는데요. 그것이 과거 노동자의 생산물이 아니라 현재 자본가의 소유물로 나타나기 때문입니다. 그러므로 노동자는 생산수단을 별로 사랑하지 않습니다. 마르크스는 『자본』 III권에서도 노동자가 생산수단 절약에 무관심한 이유를 길게 설명했는데요.[19] 기본적으로는 지금 말한 것과 같은 이유죠. 노동자가 능력을 발휘해 생산수단을 아낄 수도 있지만 어차피 그 성과는 자본가에게 돌아갈 것이므로 무관심할 수밖에 없습니다. 게다가 나중에 보겠지만 기계는 노동자의 노동을 효율적으로 빨아들이는 장치이기 때문에 노동자로서는 그것을 아끼고 사랑하기가 힘들죠. 자본가가 그 착취수단에 얼마나 돈을 썼는지 노동자는 관심이 없습니다. 마르크스의 표현을 빌리자면 "말이 고삐나 굴레에 무관심한 것처럼" 말입니다. 생산수단을 아끼고 사랑하지 않는 데는 노동자와 생산수단의 결합방식을 자본가가 정한다는 사실도 한몫합니다. 그래서 노동자가 능력을 발휘해도 어차피 생산공정과 작업방식을 결정한 자본가의 혁신으로 평가받습니다. 생산수단의 절약은 자본가의 업적입니다. 그런데 절약이 자본가의 업적이라면 낭비 또한 자본가의 책임이 되어야겠지요. 노동자가 책임질 일이 아니라는 말입니다. 이 모든 것이 '소외된 노동'의 모습입니다. 노동하는 인간이 자신의 도구나 원료를 함부로 다루는 것, 아니 그 이전에 인간노동의 성과물인 생산수단들과 적대적 관계가 되는 것 말입니다.

다음으로 『자본』 제21장(영어판은 제23장) '단순재생산'에 '소외'라는 표현이 나옵니다. 제21장은 지난 4장의 마지막 장면, 즉 노동자가 노동력을 자본가에게 판매하는 장면이 자본주의에서는 왜 반복될 수밖에 없는지 이야기하는 곳인데요. 여기서도 마르크스는 앞서 우리가 다룬 내용을 반복합니다. 노동력 판매로 노동 자체가 소외되었기 때문에 노동생산물이 타인의 것이 되고, 생산과정 자체도 노동자의 창조력이 발휘되는 과정으로서가 아니라 자본가의 상품소비과정으로 나타난다고요.

제22장(영어판 제24장) '잉여가치가 자본으로 전화'에도 '소외'가 나오는데요. 여기서 마르크스는 아예 '자본'의 정체가 '노동의 소외된 형태'에 다름 아니라고 말합니다. 이에 대해서는 나중에 나눌 이야기가 많습니다만, 지금 수준에서 몇 마디만 해두자면, 자본의 축적이란 노동자가 생산한 가치 중에서 노동자에게 지불된 것이 아닌 부분, 즉 '잉여가치'로 구성된 것이므로, 과거 노동자의 땀방울이라고 할 수 있죠. 생산수단에 과거 노동의 흔적이 담겨 있다고 했는데요. 실은 '자본' 전체가 과거의 '노동'입니다.

제23장(영어판 제25장) '자본주의적 축적의 일반법칙'에도 '소외'가 나옵니다. 마르크스는 자본주의에서는 생산성 향상이 노동자의 희생 위에 이루어진다고 말하는데요. 노동자의 생산성이 증대할수록 노동자는 '부분인간'(Teilmenschen)으로 전락하고, 기계의 부속물이 된다고 합니다. 그럴수록 노동자는 노동을 더 혐오하게 되지요. 특히 지적 노동의 성과인 과학이 노동과정에 들어올수록 노동자는 지적으로 더 무능해지는 존재가 된다고 했습니다. 이것을 '소외'라고 했지요.

방금 언급한 것은 마르크스가 직접 '소외'라는 표현을 사용한 곳입니다. 물론 지금 우리가 언급한 장들처럼 '소외'라는 표현을 직접 쓰지는 않아도 그 내용을 담고 있는 곳도 있습니다. 앞으로 『자본』을 읽어가면서 우리는 각각의 고유한 맥락에 따라 '노동의 소외'가 갖는 의미를 읽게 될 겁니다. 노동과정에서 겪는 소외에 대한 이야기는 이쯤 해두고요. 이제 노동과정을 아주 다른 조명으로 다시 비춰볼까 합니다. 자본주의에서 노동생산물은 단지 노동생산물이기만 한 것이 아닙니다. 자본주의에서 생산되는 것은 상품입니다. 상품은 가치를 담고 있는 생산물입니다. 그러므로 상품을 생산한다는 것은 사용가치를 생산하는 동시에 가치를 생산한다는 이야기죠. 이제 생산과정을 가치생산과정, 가치증식과정으로 읽어보겠습니다.

요술의 성공, 마침내 탄생한 괴물——가치를 늘리는 노동

자본가가 CCTV를 통해 지켜보든 노예감시인이 채찍을 휘두르든 일정한 생산과정을 거치면 어느 시대 어느 곳에서건 물건들이 나옵니다. 자본주의에서도 많은 물건들이 생산되고 있지요. 역사상 존재했던 그 어떤 생산양식보다도 많은 물건들을 생산합니다. 그런데 자본가가 이렇게 많은 물건들을 만들어내는 이유는 인류의 진보나 복지를 위해서가 아닙니다. 마르크스의 말을 흉내 내자면, 스마트폰 보급이 사회 진보의 토대이고 청바지를 입은 우리의 자본가가 확고한 진보주의자라 할지라도, 그는 스마트폰 그것 자체를 위해 스마트폰을 생산하지 않습니다.[김, 248; 강, 276]

자본가의 관심은 인류 복지가 아니다

자본가가 원하는 것은 물건이 아니라 이윤입니다. 그가 마음을 쓰는 것은 인류 복지가 아니라 잉여가치입니다. 새로운 사용가치는 그가 갈망하는 '황금알'이 아닙니다. 물론 더 많은 물건을 더 싸게 만들어 더 많은 사람들이 이용하기를 바라는 자본가도 있을 수는 있습니다. 첨단 기술을 사용해 더 많은 사람이 더 쉽게 소통할 수 있는 세상을 바라는 마음에서 스마트폰을 만든 자본가가 있을지도 모르죠. 하지만 자본의 인격적 구현인 한에서 자본가는 그렇지 않습니다. 그의 욕망은 자본의 정의 자체입니다. 자본이란 가치를 증식해가는 가치죠. 자본가는 더 많은 물건이 아니라 더 많은 가치를 원하는 사람입니다.

그럼 왜 가치를 바로 생산해버리지 사용가치를 생산할까요? 『자본』 제1장에서 본 것처럼 가치는 유령 같아서 몸뚱이를 필요로 합니다. 몸뚱이 없이는 우리 세계에 출현할 수도, 이동할 수도 없습니다. 사용가치를 갖는 물건은 교환가치[가치]의 몸뚱이, 교환가치를 담는 그릇입니다. 마르크스의 표현을 그대로 쓰자면 가치의 '물질적 토대'(materielles Substrat)이자 '운반체'(Träger)라고 할 수 있지요. 자본가가 사용가치를 생산하는 목적이 이것입니다. 만약 가치를 담을 수 없다면, 더 나아가 가치를 늘리는 데 도움이 되지 않는다면 자본가는 아무리 세상에 필요한 물건이라 해도 생산하지 않습니다. 그래서 육신에 영혼이 담기듯 자본가가 생산한 물건에는 가치가 담깁니다. 이것이 상품입니다. 상품은 사용가치와 가치라는 두 겹의 옷을 입고 있습니다. 사용가치와 가치의 통일이라 할 수 있죠. 그런데 상품을 생산하는 과정도 마찬가지입니다. 자본주의적 생산과정은 두 겹의 옷을 입고 있어요. 그것은 물건을 만들어내는 노동과정이자 가치를 형성하는 과정, 가치를 늘리는 과정입니다. 즉 "노동과정과 가치형성과정의 통일"이라 할 수 있습니다.[김, 249; 강, 276]

───────── 투입물과 생산물의 가치 분석 ─────────

이제부터 상품생산과정을 새로운 사용가치를 만드는 과정이 아니라 가치를 늘리는 과정으로서 살펴보겠습니다. 상품가치의 변동과정을 살피려면 상품가치가 어떻게 결정되는지는 기억하고 있어야겠죠. 『자본』 제1장에서 마르크스는 상품의 가치가 해당 상품을 생산하는 데 필요한 사회적 노동량이라고 했습니다. 만약 우리가 노동량을 노동시간으로 측정한다면 상품가치는 그것을 생산하는 데 '사회적으로 필요한 노동시간'이라고 말할 수 있겠습니다.

앞서 노동과정을 분석할 때 면화를 면사로 바꾸는 방적공의 노동을 예로 들었는데요. 동일한 예를 가지고 가치증식과정을 분석해보겠습니다. 면화를 면사로 바꿀 때 사용가치의 변동이 아니라 가치의 변동에 주목해보자는 겁니다(우리는 지금 『자본』 제5장 제1절과 제2절의 제목을 따라 생산과정을 '노동과정'과 '가치증식과정'으로 나누어 살피고 있는데요. 노동과정을 생산과정과 같은 의미로 넓게 쓰는 경우도 있습니다. 하지만 제5장에서는 대체로 노동과정은 '사용가치의 생산과정', 가치증식과정은 '가치의 생산과정'을 지칭합니다).

면화(원료)를 방적공이 방추(노동수단)를 이용해 면사(생산물)로 변화시키는 과정을 따라 가치량 변동을 분석해봅시다. 면화와 방추가 면사로 변하는 과정을 면화와 방추의 가치가 더해져 면사의 가치를 이루는 과정으로 분석하는 겁니다. 일단 원료인 면화의 가치는 따로 분석할 필요가 없습니다. 자본가가 구매하면서 치른 값이 그 가치일 테니까요(이때 가격이 가치를 그대로 반영한다는 전제에서요). 그가 면화 10킬로그램을 구매하는 데 10만 원을 썼다고 합시다(요즘 가격으로 따지면 대여섯 배는 비싸게 산 것 같은데요. 계산의 편의상 이렇게 하겠습니다). 이 면화를 면사로 바꾸는 데 소모된 방추의 가치가 2만 원이라고 하고요(방추 한 개 값이 그렇다는 게 아니라 40킬로그램의 면화를 처리하는 데 방추 한 개가 소모된다면 10킬로그램 처리에는 ¼개를 썼다는 식으로 가정하는 거죠). 이렇게 해서 원료와 노동수단의 가치를 합하면 12만 원입니다. 가격 대신 노동시간으로 표시해도 좋습니다. 12만 원의 화폐에 대상화된 사회적 필요노동시간이 24시간(2노동일)이라고 하면, 10킬로그램의 면화에는 20시간이, 소모된 방추(¼개)에는 4시간이 들어 있는 셈입니다. 참고로 마르크스는 24시간을 '2노동일'로 가정했는데요. 하루 12시간 노동을 상정한 겁니다. 하루 8시간을 표준노동일로 간주하는 오늘날 기준으로는 너무 길어 보입니다만 이것은 1840년대 공장법에 입각한 가정입니다.

이로써 원료와 노동수단의 가치는 모두 계산했습니다. 하지만 면화와 방추를 나란히 놓아둔다고 면사가 저절로 생겨나지는 않지요. 우리의 자본가도 이 점을 잘 알기에 특별한 상품을 하나 더 구입했죠. 바로 노동력입니다. 이제 노동력의 하루 사용권 가치를 가정할 차례입니다. 노동자가 하루 사용한 노동력을 재생산하는 데 필요한 비용, 그러니까 하루 동안 평균적인 생활수단을 갖추는 데 필요한 비용을 3만 원(6시간)이라고 해두겠습니다(역시 일당이 3만 원이면 요즘 기준으로 너무 적은 액수이지만 가급적 마르크스가 본문에 제시한 숫자를 따라가보려 합니다).

그럼 생산물인 면사의 가치는 어떻게 될까요. 만약 노동자가 10킬로그램의 면화를 10킬로그램의 면사로 바꾸는 데 6시간이 걸린다면 면사의 가치는 쉽게 계산할 수 있습니다. 10킬로그램 면화의 가격 10만 원(20시간)＋방추의 가격 2만 원(4시간)＋노동력의 가격 3만 원(6시간)＝10킬로그램 면사의 가격 15만 원(30시간). 생산과정을 모두 마치고 나니 15만 원(30시간)어치 면사 10킬로그램이 산출되었습니다. 생산에 투입된 세 가지 요소(노동의 세 가지 요소)를 모두 계산했습니다. 노동시간 기준으로 말하면, 면사에 포함된 총 30시간의 노동 중 20시간은 10킬로그램의 면화에 담겨 있던 것이고요, 4시간은 ¼개의 방추에 담겨 있던 것입니다. 여기에 새롭게 방적공의 노동 6시간이 더해진 것이죠. 이를 화폐 기준으로 바꾸면, 24노동시간이 12만 원에 해당한다고 전제했으니까 30시간은 15만 원이 맞습니다. 더할 것도 없고 뺄 것도 없습니다. 가격으로도 계산해보고 노동시간으로도 계산해봤습니다만 너무 간단한 셈이어서 착각을 일으킬 여지가 없습니다.

계산의 앞뒤를 보니, 구매한 상품의 가격총액과 판매할 상품의 가격총액, 달리 말하면 '투하된 자본의 가치'와 '생산물의 가치'가 똑같습니다. 면사의 가치가 면화의 가치보다 크긴 하지만 그 차이는 소모된 방추와 노동력의 가치만큼이죠. 면화와 방추와 노동력이 더해져 면사가 되듯 면화의 가치와 방추의 가치 그리고 노동력의 가치가 더해져 면사의 가치가 되었습니다. 총액으로 보면 가치증식이 없습니다. 당연합니다. 마르크스의 비유처럼 어떤 사람이 건축자재를 사고 인부를 고용해서 집을 짓든 이미 완성된 집을 사든 지출해야 하는 화폐량에는 변화가 없을 테니까요.[김, 255; 강, 282] 10+2+3=15입니다. 10을 낸 다음 2를 내고 다시 3을 낸 것과 15를 한꺼번에 낸 것은 똑같습니다.

상품교환의 기본법칙인 '등가교환'에 입각해서 자본가는 면사를 15만 원에 팔면 되겠습니다. 이때 마르크스는 장난기가 발동했는지 이렇게 말합니다. "우리의 자본가는 깜짝 놀란다."[김, 254; 강, 281] 노동력을 사용하면 가치가 늘어난다고 했는데 전혀 늘지 않았으니까요. 이럴 거면 애초 자본가가 상품생산에 나서지도 않았겠지요. 사실 자본가는 알고 있습니다. 이론적으로는 몰라도 실천적으로는 확실히 압니다. 잉여가치가 생긴다는 것을요. 방금 가정한 수치들로 계산하면 그는 하루 3만 원(6시간) 정도의 잉여가치를 얻을 수 있습니다. 그 비밀은 뒤에 보기로 하고요. 면사 계산에 치중하느라 방적 노동자가 가치의 형성 및 증식 과정에서 보여준 놀라운 마법을 언급하지 않고 넘어갔습니다. 그것을 먼저 보죠.

살아 있는 노동의 또 다른 마법

앞서 우리가 본 것처럼, 사용가치의 생산과정에도 놀라운 마법이 있었죠. '살아 있는 노동'은 죽은 대상을 살려내고 가능성에 머물러 있던 사용가치를 현실화했습니다. 말하자면 과거(죽은 것)가 현재에 살아나고, 미래(가능성)가 현재로 도래한 겁니다. 덕분에 면화는 썩지 않았고 면사라는 새로운 사용가치를 갖게 되었습니다. 마르크스는 이 과정을 마치 마법의 불 속에서 사물에 영혼을 집어넣는 일인 양 묘사했습니다. 생산과정을 가치증식과정으로 바라볼 때도 사용가치의 생산과정으로 볼 때와 같은 마법이 일어납니다. 우리는 방적 노동자가 15만 원(30시간) 어치 면사를 생산했다고 했는데요. 이 방적 공장에서 15만 원어치를 다 생산한 건 아닙니다. 10만 원(20시간)은 면화에 들어 있던 가치고요, 2만 원(4시간)은 방추에 들어 있던 겁니다. 농부의 노동과 방추 제조공의 과거 노동이 그만큼 대상화되어 있었던 거죠. 여기에 방적공이 3만 원(6시간)을 더한 것이고요.

그런데 '살아 있는 노동'은 단지 일정량의 노동을 더하기만 한 것이 아닙니다. 10킬로그램의 면사는 방적공의 6시간 노동을 흡수해 10킬로그램의 면사가 되었는데요. 이 6시간 동안 노동자는 면화와 방추에 들어 있는 노동시간을 면사로 옮겼습니다. 자신의 6시간 노동을 더했을 뿐 아니라 면화 속에 들어 있던 20시간의 노동과 방추에 들어 있던 4시간의 노동을 손실 없이 면사로 옮긴 것입니다. 오해를 무릅쓰고 '마법의 불'이라는 비유를 다시 쓴다면, 그는 생산수단 속에 굳어 있는 노동을 녹여 유동상태로 만든 뒤 자신의 살아 있는 노동과 합쳐 면사 속에 집어넣은 것과 같습니다. 그리고 아직 그 비밀을 말하지는 않았지만, 여기에 새로운 가치를 더합니다. 물론 노동력의 가치에 해당하는 6시간도 과거에는 없던 새로운 가치입니다. 그런데 이것 말고도 노동자는 가치를 더 늘립니다.

'살아 있는 노동'이 가치를 생산하는 과정에서 보인 마법은 사용가치를 생산하는 과정에서 보인 마법과 상응합니다. 과거의 노동을 녹여 현재의 노동에 합친다고 한 것은 죽은 사물을 소생시키는 것에 상응하고, 새로운 가치를 생산한다고 한 것은 새로운 사용가치를 생산하는 것에 상응합니다. 다만 유의할 것이 있는데요. 지금 별개의 과정인 것처럼 말한 '사용가치의 생산과정'(노동과정)과 '가치의 생산과정'(가치증식과정)은 하나의 동일한 과정입니다. 노동자는 두 번 일하는 게 아니에요. 한 번 일하는데 이 모든 기적이 일어나는 겁니다. 사용가치로 봐도 놀랍고 가치로 봐도 놀랍죠. 다시 말하지만 노동자가 자본가에게 팔아넘긴 것, 다시 말해 자본가가 노동자에게 사들인 것은 바로 이 놀라운 능력입니다.

───────── 시제를 통합하면 ─────────

'마법의 불' 이야기까지 나오니까 무슨 공상 만화처럼 들릴지도 모르겠습니다. 마법의 불로 과거 노동을 녹여 현재 노동과 합쳤다는 식으로 이야기하니까요. 그런데 이것은 가치증식과정에서 일어나는 일에 대한 꽤나 그럴듯한 비유입니다. 마르크스는 이를 문장의 시제(時制) 문제처럼 설명했습니다. 면사를 산출한 노동이 방금 완료된 노동이라면 면화와 방추에 대상화된 노동은 그 이전의 노동입니다. 면사 생산이 '현재완료'라면 면화 재배와 방추 제작은 '과거완료'라고 할 수 있죠. [김, 251; 강, 278] 그런데 과거완료에 현재완료를 이어붙이는 건 시제상 문제가 없습니다.

　마르크스가 시제 이야기를 끌어들인 것은 아주 흥미롭습니다. 왜냐하면 우리는 과거완료 문장과 현재완료 문장을 하나의 현재완료 문장으로 만들 수도 있기 때문입니다. 면화를 수확했다. 방추를 제작했다. 면사를 생산했다. 이것들은 모두 별개로 이루어진 행위입니다. 면화 수확과 면사 생산은 서로 다른 사람이 서로 다른 시간에 서로 다른 장소에서 행할 일입니다. 시제가 다릅니다. 자본가는 이렇게 말할 겁니다. 나는 방금 면사를 생산했다. 하지만 면화는 그 이전에 생산되어 있었다. 그런데 마르크스는 이 문장을 하나의 시제로 통합할 수 있다고 봅니다. '나는 방금 면사를 생산했다' 속에 '면화는 그 이전에 생산되어 있었다'를 집어넣을 수 있다는 거죠.

　어떻게 가능할까요. 면화 생산을 면사 생산과정에 통합하면 됩니다. 면화 재배와 방추 제작을 면사 생산공정의 한 단계로 만드는 거죠. 면사를 만들기 위해 면화 재배부터 시작했다고 생각하면 됩니다. 한 사람이 면화 재배, 방추 제작, 면사 생산을 다 한다고 생각해보죠(우리 조상들은 그렇게 했습니다). 그는 면화를 재배하는 데 20일을 쓴 뒤 방추 제작에 들어가 4일을 씁니다. 다시 면화와 방추를 가지고 면사를 만드는 데 6일을 쓰고요. 그럼 이 사람은 이렇게 말할 수도 있을 겁니다. 30일 걸려 드디어 면사를 생산했다고. 그럼 하나의 현재완료 문장이 됩니다. 내가 과거 노동을 녹여 현재 노동과 합친 뒤 그 노동을 생산물 속에 넣었다고 말한 건 이런 뜻입니다. 과거완료와 현재완료를 합쳐 하나의 시제로 만든 것과 같지요. 사용가치라는 점에서 보면 면화와 면사는 전혀 다른 물건입니다. 하지만 가치라는 점에서 보면 서로 더하고 빼고 교환하는 게 가능합니다. 노동의 이중성이라는 점에서도 그렇습니다. 사용가치를 생산하는 노동(구체적 유용노동)으로 보면 면화를 재배하는 노동과 면사를 뽑아내는 노동은 비교할 수 없습니다. 하지만 가치를 생산하는 노동(추상노동)으로 보면, 앞서 면사에 들어 있는 노동시간을 계산할 때처럼, 서로 다른 물건 속에 들어 있는 노동들을 더할 수가 있습니다. 10만 원에 2만 원을 더해 12만 원이 된 것처럼, 20시간에 4시간을 더해 24시간이 될 수 있습니다. 20시간이 면화 재배 시간이고 4시간이 방추 제작 시간이라는 점은 둘을 더하는 데 전혀 문제가 되지 않습니다.

　가치증식과정으로 보면 "시간적으로 공간적으로 분리된 모든 특수한 노동과 정은 하나의 동일한 노동과정의 연속된 각각의 단계로 간주될 수 있"습니다.[김, 250~251; 강, 278] 면화 재배, 방추 제작, 면사 생산이라는, 시간도 공간도 작업방 식도 다른 노동들의 양을 더할 수 있는 것은 사고실험 덕분입니다. 이들 작업 모두 를 하나의 연속된 공정으로 보는 것 말입니다. 사실 우리는 이런 사고실험을 『자 본』 제1장에서 '추상노동'을 이야기할 때 이미 접한 바 있습니다(91~92쪽). 마르크 스는 구체적 노동의 관점에서 '재봉'(옷을 만드는 일)과 '직조'(천을 짜는 일)는 완전 히 상이한 노동이지만, '가치'의 실체로서는 동등한 노동으로 간주할 수 있다고 했 습니다. 그러면서 사고실험을 제안했죠. 동일한 사람이 번갈아가면서 재봉도 하고 직조도 하는 상황을 떠올려보자고 했습니다. 동일한 사람이 아침에 천을 짜고 저 녁에 그 천으로 옷을 지어 입는 상황을 생각하는 거죠. 직조와 재봉을 의복 생산의 순차적 공정으로 간주하는 겁니다.

　나는 이 부분을 설명하면서, 마르크스가 직조와 재봉을 동등한 노동으로 간주 할 수 있었던 건 '동일한 인간'을 상정했기 때문이라고 했습니다. 직조와 재봉은 상 이한 노동이지만 동일한 생산자를 전제한다면 각 노동에 발휘된 역량을 동질적인 것으로 간주할 수 있다고요. 그러면서 동일한 인간의 활동을 '아침'과 '저녁'으로, 즉 시간적으로 분할한 것을 공간적으로 분할해도 된다고 했습니다. 동일한 인간이 '여기서' 재봉을 하고 '저기서' 직조를 하는 것으로요. 손오공의 분신술처럼 동일한 인간이 여러 곳에서 동시에 일하는 걸 생각해보자고 했습니다. 이런 생각이 의미를 가지려면 실제로 상이한 노동을 수행하는 인간들이 동등한 존재로 간주될 수 있어 야 합니다. 이것이 전제될 수 있는가. 마르크스는 아리스토텔레스 시대에는 상상도 할 수 없었던 이런 전제가 역사적으로 창출되었다고 봤습니다. 근대사회에서는 '평 범한 인간', '평균적 인간'이라는 말이 의미를 갖게 되었다는 거죠.

　가치증식과정을 다룬 제5장에서 제1장의 사고실험이 다시 나오고 평균 개념 이 부각되는 것은 우연이 아닙니다. 마르크스는 가치의 이전과 증식이 일어나기 위해 충족되어야 할 조건 두 가지를 제시하는데요.[김, 251; 강, 279] 하나는 가치 를 이전하고 증식하려면 사용가치가 생산되어야 한다는 것이고요(가치는 사용가치 와 별개지만, 면사를 만들어내지 못하면 면화와 방추의 가치를 면사에 옮겨 담을 수 없고 거 기에 새로운 가치를 더할 수도 없습니다). 다른 하나는 생산과정에서 사용한 것들의 가 치가 '사회적 필요노동시간'에 맞아야 한다는 겁니다. 여기서 '사회적'이라는 말에는 '평균'의 의미가 담겨 있습니다.

만약 1킬로그램의 면사를 생산하는 데 다른 사람들은 평균적으로 1킬로그램의 면화를 사용하는데 한 방적공이 2킬로그램의 면화를 사용했다고 해봅시다. 아마도 일에 서툴러 낙면이 많이 생겼나 봅니다. 그렇다면 2킬로그램의 면화 속에 든 노동시간을 면사 속으로 모두 옮겨 담지 못한 것입니다. 1킬로그램의 가치만 인정되죠. 그가 평균노동자에서 이탈한 부분은 인정받지 못하는 겁니다. 방추도 그렇습니다. 한 자본가가 일시적으로 호기를 부려 철로 만든 방추 대신 황금으로 된 방추를 썼다고 해봅시다. 그러나 면사에 이전된 방추의 가치는 철 방추를 기준으로 계산된 노동시간 그것이 다입니다. 평균적 방추의 가치까지만 인정받는 것이죠.[김, 251; 강, 279]

<hr />

생명을 짜서 가치를 더한다

노동과정과 가치증식과정의 구분은 『자본』 제1장에서 본 노동의 이중성, 즉 구체적 유용노동과 추상노동의 구분에 그대로 상응합니다. 우리의 방적공은 면화를 면사로 바꾸는 합목적적 활동을 수행했습니다. 매우 특수한 노동이죠. 면화 재배 농민이나 방추 제조공이 쉽게 할 수 있는 일이 아닙니다. 그의 노동은 면사라는 목적에 최적화된 것입니다. 목적합리적이죠. 그런데 '목적합리적'이라는 것은 다른 목적에는 사용하기 힘들다는 뜻이기도 합니다. 마르크스의 말처럼 방적공의 노동으로 대포를 만들 수는 없습니다. 방적공의 노동만이 아니라 생산수단도 그렇습니다. 방추는 대포를 만들 때는 쓸모가 없습니다.[김, 252; 강, 279] 방적공의 노동은, 대포 제조공의 노동은 말할 것도 없고 면화 재배 농민의 노동과 교환하거나 합칠 수 없습니다. 사용가치 생산이라는 점에서는 생산공정을 합친다는 게 큰 의미가 없습니다. 면화밭 부근에 면사 공장을 세우는 정도겠죠. 그러면 운송도 편하고 효율도 높아질 거예요. 생산량이 늘 겁니다. 하지만 농민을 방적공으로 대체하거나 면화밭을 면사 공장으로 바꿀 수는 없습니다.

그렇다면 면사(사용가치)를 생산하는 노동이 아니라 가치를 생산하는 노동으로서 방적공의 노동은 어떨까요. 면사가 아니라 가치를 생산하는 한에서, 그러니까 가치의 원천(Wertquelle)인 한에서 방적공의 노동은 대포 제조공의 노동과 다를 바가 없습니다. 면사의 가치를 계산할 때 면화 재배 노동과 방추 제조 노동을 구별 없이 합칠 수 있었던 것처럼, 우리는 방적공의 노동과 대포 제조공의 노동도 하나로 합칠 수 있습니다. 여기서는 "노동의 질이나 성격, 내용은 문제가 안 되고 그 양

만 문제"가 됩니다.[김, 252; 강, 280]

　방적공이 일정 시간 노동을 했다면 면화의 가치에 일정량의 가치가 더해질 겁니다. 1시간을 일했다면 1노동시간의 가치가 더해지겠죠. 이는 그가 "방적이라는 특수한 노동"을 해서가 아니라 "[인간]노동력을 지출"했기 때문입니다. 다시 말해 모든 상품가치의 공통 원인으로서 인간능력(노동력)을 사용했기 때문입니다. 그런데 마르크스는 여기에 아주 의미심장한 문구 하나를 삽입합니다. "1노동시간 즉 1시간 동안"의 "방적공의 생명력의 지출(Verausgabung der Lebenskraft)"이라고요.[김, 252; 강, 280] 노동력을 사용한다는 건 '생명력'을 사용하는 것과 같다는 말입니다. 노동자가 노동을 하는 것은 그 자신의 생명을 쓰는 겁니다. 이 점에 대해서는 뒤에서 더 이야기하겠습니다만 우리는 여기서 '살아 있는 노동'이라는 말의 또 다른 의미를 깨닫게 됩니다. '살아 있는 노동'은 사실 '노동자의 생명'이었던 겁니다. 죽은 것을 살려내고 사물을 황금으로 만드는 마법의 비밀이 인간생명의 지출에 있었다고 하니 신비한 동화가 끔찍한 잔혹극으로 바뀌는 것 같습니다.

　우리는 앞서 노동과정에서 '살아 있는 노동'이 대상 속으로 흘러들어가 결정화되는 것, 다시 말해 죽은 노동이 되는 것을 보았습니다. 가치증식과정에서도 마찬가지입니다. '살아 있는 노동'은 "불안정 형태(유동적 형태, Form der Unruhe)에서 존재 형태(Form des Seins)로, 운동 형태에서 대상성 형태로 전환"됩니다.[김, 252; 강, 280] 흘러들어서 굳어가는 것. 살아 있는 것이 죽어가는 겁니다. 상품의 가치는 노동자의 생명을 얼마나 빨아들였는지에 달렸습니다. 가치증식과정이란 노동자가 자신의 생명을 상품에 한 방울씩 한 방울씩 떨어뜨리며 죽어가는 과정입니다. 이제는 정말로 우리의 자본가가 펄쩍 뛸지 모르겠습니다. 자신을 무슨 살인자처럼 만들어놓았으니까요. 자신의 부가 노동자의 생명을 쥐어짠 결과라는 사실을 도저히 받아들일 수 없을 겁니다. 아니, 그보다 먼저 새벽부터 밤늦게까지 일한 자신의 노고가 무시된 것에 분노할지도 모르겠습니다. 언젠가 말한 것처럼 그는 꽤 정직한 사람입니다. 면화도 방추도 노동력도 모두 제값을 치르고 구매했습니다. 자신에게 상품을 판 사람들 모두가 정당한 대가를 지불받았습니다. 딱 한 사람, 자기 자신만 대가를 지불받지 않았다고, 자본가는 생각할 것 같습니다.

　이제 우리의 이야기는 다시 앞으로 거슬러 올라갑니다. 면사를 생산했는데 아무런 가치증식도 없었던 순간으로 말이지요. 생산물에는 생산과정에 참여한 요소들의 가치가 모두 담겼습니다. 면화, 방추, 노동력의 가치가 빠짐없이 들어갔죠. 면화 10만 원(20시간), 방추 2만 원(4시간), 노동력 3만 원(6시간). 그래서 면사 15

만 원(30시간)어치가 생산되었습니다. 자본가는 자신에게 남는 게 전혀 없어 황당해했습니다. 여기서 이야기를 다시 시작해보죠.

흥미롭게도 마르크스는 이 부분을 연극적으로 구성했습니다.[김, 255~257; 강, 282~284] 따옴표로 자본가의 대사를 적고는 그 앞에 '완강하게', '쾌활하게 웃으며' 등 표정과 행동을 지시하는 말을 붙였습니다. 무대 위에서 어떤 식의 논전이 벌어질지 눈에 선합니다. 그래서 나 또한 이 대목을 마르크스의 취지를 살려 좀 더 극적으로 구성해봤습니다.

─────── 막간극―〈노동의 선물〉 ───────

시간　작업이 끝나고 노동자들이 모두 퇴근한 밤

장소　출시를 앞둔 면사 창고 앞

등장인물

[라티파크] 자수성가한 자본가. 오십 대 초반의 남자. 젊은 시절 고생을 많이 해서 그런지 나이가 좀 더 들어 보인다. 정직과 근면을 중시해 '땀 흘린 만큼 성공한다'를 사훈으로 정했다. 기본적으로는 다혈질이지만 사업을 해나가면서 아양 떠는 것의 중요성도 알게 됐다.

[유령] 면사에 깃든 노동의 정령. 면화부터, 아니 그 씨앗부터, 어쩌면 그 이전부터 지금까지 살아온 존재. 환생할 때마다 다른 물건 속에 깃드는데 그가 몇 세대에 걸쳐 윤회해왔는지는 아무도 모른다. 라티파크가 고래고래 질러대는 소리에 깨어나 그와 논전을 벌인다.

[관리자] 노동자들은 퇴근했지만 자본가가 온다는 소식을 듣고 퇴근하지 못한 채 기다리고 있는 공장감독 및 중간관리자들. 현장 노동자들 앞에서는 거침없이 소리를 지르지만 자본가 앞에서는 아무 말 하지 않는 순응적 인간들이다.

─────1막─────

무대 조명이 켜지자 라티파크가 면사 창고 앞에서 분을 삭이지 못한 듯 이리저리 서성이고 있다. 관리자들 중 한 사람이 이번 분기에는 전혀 수익을 내지 못했다고 보고한다.

　[관리자] 전화로 말씀드렸듯 물품 대금도 지급하고 근로자들 월급도 일한 만큼 정확히 계산해서 줬더니 남는 게 없습니다. 이럴 줄 알았으면 사전 조치를 해둘 걸 그랬습니다. 사실 납품업체들은요, 우리가 큰손이니까 면화나 방추 단가를 좀 후려쳐도 괜찮았어요. 또 월급도 그렇습니다. 회사 사정 어렵다며 구조조정 이야기만 슬쩍 흘렸어도 충분히 조정의 여지가 있었는데 말이죠. 사장님이 줄 건 다 주

라고 하셔서….

[라티파크] 내가 날강도야? 그런 걸 빼앗자고 사업하는 게 아니잖아. 근로자들 월급 제대로 주고도 이윤을 남겨야 제대로 된 사업가지. 나를 그런 천박한 사기꾼이나 날강도로 만들지 말라고! 사기꾼이나 날강도가 되어야 돈을 번다면 그게 제대로 된 세상이야? 그렇지 않으니까 자본주의가 이렇게 살아남고 발전하는 거 아니겠어? 분명 줄 것 주고도 남길 수 있을 거야. 당연히 남는 게 있어야지. 투자와 매출이 같다는 게 말이 되냐고! 세상은 거짓말하지 않아. 돈을 투자한 내 성의도 있고 나 또한 고생했으니 그 몫이 어딘가에 있을 거야.

[관리자] 회계장부를 아무리 들여다봐도 줄 것 주면서 챙길 수 있는 돈은 없습니다.

[라티파크] 무슨 소리야! 내가 먹을 거 안 먹고 놀러 갈 거 안 가고 여기다 돈을 썼는데! 내가 절제한 거잖아! 딴 데 탕진하지 않고 사람들 옷 지어 입으라고 면사도 만들고 당신들 월급도 줬잖아. 좋은 일에는 보상이 따르는 게 공정한 거 아냐? 나한테도 무슨 보람이 있어야 할 거 아냐! (위협적 말투로) 그런 게 없다면 내가 미쳤다고 내 귀한 돈을 투자하냐고! 그렇다면 나도 이제부터 당신들 고용 안 하고 있는 돈으로 편하게 여생을 즐기겠네. 그냥 내 돈 주고 남이 만든 물건 살 거야. 이런 식이면 뭐 하러 힘들여 물건을 만들어! 이놈 저놈한테 월급이나 뜯기는데! 당신들도 꼴 보기 싫으니 저리 가!

(겁먹은 관리자들이 구석으로 물러난다. 라티파크의 고함 소리에 면사 더미에서 누군가 일어난다. 연기처럼 피어오르는 그 모습을 보노라니 사람 형체인가 싶었으나 유령이다. 자다가 시끄러워서 깬 듯 잔뜩 신경질이 난 표정이다.)

[유령] 이런이런! 기계도 멈춘 이 밤에 대체 누가 떠들어대는 거야. 말이 안 되는 말을 늘어놓으니까 깨어 있는 사람한테는 말이 안 통하고, 자고 있던 유령만 깨우는 꼴이지!

[라티파크] (흠칫 놀라며) 너… 넌 누구지? 내 물건 뒤에 숨어 있다니 도둑놈… 아니, 도둑귀신?

[유령] 물건 뒤에 숨어 있던 게 아니라 물건 안에 잠들어 있었지. 난 자네가 그토록 만지고 싶어하던 그것, '가치'라는 유령이야. 물론 만진다고 만져지지도 않겠지만. 지난번에는 면화 속에 있었는데 여기 노동자들이 나를 면사로 옮겨놨구먼. 원래는 작았는데 지금은 이렇게 커졌지. 그래서 기분 좋게 새 잠자리에서 죽은 듯 자고 있었는데 말이야. 나중에 광목을 짤 때나 깨어날 생각이었는데, 자네가 하도

어이없는 말을 늘어놓아 잠이 확 달아나버렸지 뭐야.

　[라티파크] (억울하다는 듯) 내 말이 어디가 어떻다는 거야. 말이야 바른 말이지 내가 돈을 딴 데 안 썼으니까 네놈도 거기서 신세 편하게 잘 수 있었던 거 아니야? 이게 도대체 뭔 짓인지 모르겠어. 어쩌다 너 따위 귀신이랑 말싸움을 하고 있는지! 역시 물건을 만드는 게 아니었어. 그냥 내 돈으로 사서 쓰면 되는데.

　[유령] 가치는 하나도 안 보탰으면서 잉여가치는 챙기고 싶다? (조롱하는 말투로) 자네 평소 뻐기던 거하고 다른데? 돈 대신 정직을 탐진했나 보군 그래. 이 회사 사훈, 자네가 적었지? 땀 흘린 만큼 번다? 근데 면화에서 면사로 옮겨 오는 동안 난 자네 땀 냄새라곤 맡아본 적이 없네. 맘대로 해보라고! 자네가 건축자재와 인부를 사서 집을 짓든 건축업자한테서 완성된 집을 사든 변한 것은 없으니까 말이지. 10+2+3=15. 변한 건 없어. 세 개로 나눠 내든 한꺼번에 내든 합계는 똑같으니까. 이참에 자본가들이 모두 단결해서 그 어떤 물건도 만들지 말자고 선동이라도 해보지 그러나. 아무것도 만들지 말고 그냥 모두 사서 쓰자고 말이야. 자네는 지금 자네가 무슨 말을 하고 있는지도 모르는 사람이야.

　[라티파크] (목소리를 낮추며 다시 억울하다는 표정으로) 그러지 말고, 내가 얼마나 절약하고 사는지 좀 보란 말이야. 나는 내 돈을 퍼 마시고 노는 데 써버릴 수도 있었잖아. 그런데도 면화를 사서 면사를 만들었단 말이지. 가치 있는 일을 한 거잖아. 그러니까 내게도 가치를 달라고.

　[유령] 자네, 정말 디킨스의 스크루지 같은 말만 하는군. 그 노인네처럼 수전노가 되고 싶은가 보군? 단지에 꿀 모으듯 돈 모아놓고 즐거워하던 영감탱이 말이야. 자네의 근검절약이야 나도 잘 알지. 자네 부인이 입에 달고 사는 말이 '저 짠돌이, 저 짠돌이' 아닌가. 그런데 말이야, 자네는 사실 걱정할 게 없어. 자네가 면사를 만들었다고 해서 자네가 모았던 것 중 사라지는 건 하나도 없거든. 자네가 모은 그대로 여기 다 들어 있어. 들어간 것과 나온 것이 똑같지. 아무리 황제라고 해도 없는 것을 있게 만들 순 없다고! '무'(無)에서는 아무것도 생겨나지 않는다네. 단지 속에 15만 원을 넣으면 거기 15만 원이 있는 게 맞지. 수전노 스크루지 영감은 매일 정신 차리고 돈을 셌지만 한 푼도 늘어나지는 않았어. 물론 잃어버리지도 않았지. 그렇게 정성 들여 관리를 했으니까. 그러고 보면 그 영감이 자네보다 낫네. 그 영감은 매일 단지 속을 살피는 자신의 정성에 대해 그 어떤 대가도 원하지 않았으니까 말이야. 그저 한 푼도 사라지지 않은 것에 감사하고 기뻐했지. 그런데 자네는 한 푼도 늘지 않았다며 성을 내고 있지 않은가. 자네 말이야, 매주 교회에

가던데 도대체 뭘 배운 건가. 범사에 감사할 줄 알아야 해!

　[라티파크] (씩씩거리며) 도대체 뭘 감사하라는 거지? 가뜩이나 화가 나서 죽겠구먼.

　[유령] (약 올리듯) 생각을 좀 바꿔봐. 자네 흥청망청 술 퍼마시는 데 돈 썼으면 지금쯤 엄청 속 쓰렸을 거야. 그런데 지금은 후회 대신 좋은 면사를 노동자들한테 선물받지 않았나. 스크루지 영감도 손실 없는 총액으로 절욕과 근면을 보상받았듯 자네의 절욕과 근면도 그 정도면 보상을 받은 셈이네.

　[라티파크] (화를 버럭 내며) 좋은 면사라고? 면사가 내게 다 무슨 소용이람. 내가 뭐 면사가 필요해서 만든 줄 알아? 다 팔려고 만든 건데, 구매할 때 처박은 돈이랑 팔아서 번 돈이 똑같으면 내가 뭐 하러 이 짓을 하냐고! 다시 한번 분명히 말하지만, 나는 반드시 돈으로 보상을 받아야 해. (잠시 정적이 흐른다. 그러더니 뭔가 생각난 듯 라티파크의 얼굴이 환해진다). 가만가만, 근로자들이 일했잖아. 근데 근로자들이 거저 면사를 만들어낸 건 아니지. 내가 다 거래처에서 원료 조달하고 기계 갖다놔서 면사를 만들 수 있었지. 그놈들 먹고살 월급도 다 내 돈에서 나왔고 말이지. 내 덕에 먹고사는 거라고. 원료랑 기계 대주고 월급 줘서 가족들 건사하게 하고. 이런 내 행동에 대한 사례가 있어야 할 거 아냐! 그놈들은 내게 면사를 선사했다고 돈을 받았는데 내 봉사에 대한 사례는 대체 어디 있나?

　[유령] (어이없다는 듯) 아직도 모르겠는가? 자네는 월급을 줬고 그들은 고맙다며 면화를 면사로 바꾸어줬지. 이해가 안 돼? 그건 그렇고, 자네 지금 '내 덕'이라고 말했나? 여기가 무슨 박애 단체도 아니고 봉사했다는 말은 또 뭔가? 우리 좀 냉정해지자고. 왜 그래? 지난번 자네에게 돈 꿔 간 귀족 집안 사람들 만났을 때는 전통이니 위신이니 정이니 하는 말에 그렇게 성을 내던 사람이! 그때 자네가 내민 계산기는 어디다 두고 지금 이런 말을 하는 건가. 봉사라고? 자네한테 자네 용어로 말해주지. 자네가 알듯 우리는 지금 냉정한 교환가치의 세계에 대해 말하고 있다네. '도덕'이니 '사랑'이니 '봉사' 같은 말은 저만치 치워놓자고. 왜 이래, 알 만한 사람이!

　[라티파크] 좋아. 그럼, 근로자들만이 아니라 나도 노동을 했다고! 대체 그 대가는 어디 있나? 내 노동력의 교환가치 말이야.

　[유령] (어리둥절하며) 응??

　[라티파크] 나도 우리 공장 근로자들 일 잘하는지 수시로 살폈단 말일세. 내 아내랑 자식들이 확실히 증언해줄 걸세. 가정에 대한 내 불성실은 공장에 대한 성

실의 증언자일세.

[유령] 저기 좀 보게. 그럼 저 사람들은 누군가?

(순간, 무대 구석의 조명이 켜지고 거기 있던 공장감독과 관리자들이 어깨를 으쓱한다.)

[라티파크] (그러자 이제 논쟁에는 관심이 없다는 듯 쾌활하게 웃으며 본래의 표정으로 돌아간다.) 내 이럴 줄 알았어. 자본주의 싫어하는 놈들, 빨갱이놈들, '붉은 유령' 어쩌고 하는 놈들, 언제나 말만 번지르르하지. 일할 시간에 말만 배운 놈들 말일세. 이런 놈들 까부수는 건 경제학 교수들한테 맡겨도 되는데 내가 괜히 힘을 낭비했군. 나 자신은 실천적 인간이지. 난 알아. 내가 열심히 일하면 거기서 돈이 나온다는 걸. 일한 만큼 성공하는 법이지. 이런 일로 너 같은 귀신이랑 말씨름하느라 시간을 쓰다니. 시간이 곧 돈인데 말이야! 벌써 10만 원은 날린 것 같군.

(라티파크 퇴장!)

막이 내린다. 음악이 흐르고 2막을 예고하듯 두 인물의 그림자가 막에 비친다. 라티파크가 뭔가 억울한 듯 누군가에게 큰 몸짓으로 이야기하고 있다. 상대방은 연신 고개를 끄덕인다. 아마도 그는 다음 막의 주인공인 시니어 교수인 듯하다. 마침내 비밀이 풀렸다.

우리의 자본가가 그토록 확신하는 잉여가치는 도대체 어디서 온 것일까요. 이제 그 비밀을 밝힐 시간입니다. 우리는 노동력이라는 상품의 사용에서 잉여가치가 생긴다는 것을 알고 있습니다. 그런데 좀 전에 면사의 가치를 계산할 때 잉여가치가 생기지 않았던 까닭은 무엇일까요. 그것은 우리의 자본가가 노동력의 가치만큼만 노동력을 사용했기 때문입니다. 노동력의 하루 가치를 3만 원(6시간)으로 계산한 것인데요. 6시간이면 ½노동일에 해당합니다. 다시 말해 3만 원(6시간)은 노동력 하루 사용권의 가치입니다. 자본가가 노동력 하루 사용권을 사서 반일만 쓴 것이죠.

물론 자본가가 이런 이론이나 원리에 관심을 두지는 않을 겁니다. 다만 고용은 하루를 했는데 반일만 일을 시키다니 낭비다, 이런 생각을 하겠죠. 설령 노동자가 자신의 노동력에 대해 자본가가 지불한 가치를 반일에 모두 재생산했다고 해도 말입니다. 막스 베버가 근대 자본주의 정신의 전형을 구현한 인물로 제시한 벤저민 프랭클린의 말이 떠오릅니다. 그는 종일 일할 수 있는 사람이 반일만 일함으로써 끼친 손실을 아주 기이하게(!) 계산해냈는데요. "기억해라, 시간은 돈이다. 하루 일을 해서 10실링을 벌 수 있는 사람이 반일만 일하고 [나머지 시간을] 바깥에 나가거나 빈둥거리며 보냈다면, 설령 그가 딴짓을 하거나 빈둥거리며 6펜스를 썼다 해도 그 돈만 썼다고 계산해서는 안 된다. 그는 거기에 5실링을 더해서 쓴 것, 아니 내다버린 것이다."[20]

정말로 기이하다 못해 괴상하기 짝이 없는 계산법입니다. 누군가 2박 3일 휴가를 가서 50만 원을 썼다면, 프랭클린은 이렇게 말할 겁니다. 너는 사실 100만 원을 썼다고. 놀러 안 가고 3일간 일했으면 벌 수 있었을 50만 원도 거기 더해야 한다고. 이것이 "시간은 돈이다"라는 금언을 남긴 사람의 정신세계입니다. 그런데 베버는 이런 사람들의 시간 계산법이 '자본주의 정신'이라고 했습니다. 우리의 자본가 역시 벌 수 있는 돈을 벌지 않는 것을 손해라고 생각하는 사람입니다. 그는 자신이 구입한 노동력을 반일만 쓰고 돌려보낼 사람이 아닙니다. 반일을 일한 노동자는 자본가에게 노동력의 가치를 다 돌려준 셈이지만, 노동자를 그냥 돌려보내는 것은 프랭클린 계산법에 따르자면, 나머지 반일의 시간을 손해 보는 것입니다.

우리의 자본가로서는 나머지 반일을 내다버릴 수 없습니다. 그는 10킬로그램의 면화와 ¼개의 방추를 더 가져옵니다. 오후에도 일을 계속하라고 말이죠. 그래서 결국 20킬로그램의 면화와 ½개의 방추를 전부 소비해 20킬로그램의 면사를 생산하게 합니다. 그럼 면사의 가치는 어떻게 될까요. 계산은 복잡하지 않습니다. 10킬로그램의 면화를 한 번 더 생산한 것이니까요. 면화 10킬로그램이 10만 원(20시간)이었으니까 면화 20킬로그램은 20만 원(40시간)이고, 방추 ¼개가 2만 원(4시간)이었으니까 ½개는 4만 원(8시간)일 테죠. 노동력을 제외하면 24만 원(48시간)이 됩니다. 여기에 노동력의 가치만 더하면 되는데요. 여기서 약간 주의를 해야 합니다. 앞서 반일을 사용한 노동력에 3만 원(6시간)을 지불했는데요. 그럼 이제 전일 일하는 노동력의 가치를 6만 원(12시간)으로 계산해야 할까요? 그렇게 계산하면 안 됩니다. 3만 원은 하루 노동력, 다시 말해 전일(全日) 노동력의 가격입니다. '하루' 고용하는 데 3만 원이라고 했으니까요. 좀 전에는 3만 원으로 구입한 노동력을 반일 곧 한나절만 사용했을 뿐입니다. 면사의 생산량을 20킬로그램으로 늘리는 데 노동력의 추가 비용은 없습니다. 실제 노동시간만 6시간에서 12시간으로 두 배 늘었죠. 그러니까 면사 20킬로그램의 실제 가치는 노동시간으로 60시간입니다. 가격을 붙인다면 60시간에 해당하는 30만 원이라고 해야죠. 그런데 자본가가 들인 비용은 27만 원입니다. 노동력에 대한 추가 비용 없이 종일 일을 시킬 수 있으니까요.

이제야 비밀이 풀렸습니다! 자본가가 투여한 가치와 생산한 가치 사이에 차이가 발생했습니다. 잉여가치가 생긴 것이죠. 돈으로는 3만 원, 노동시간으로는 6

시간입니다. 우리는 이 6시간이 어디서 온 것인지 알고 있습니다. 노동자의 하루 노동시간인 12시간 중 노동자가 노동력의 가치를 재생산하는 데 사용한 6시간을 제외한 부분이죠. 지난 장에서 말한 것처럼, 노동력의 가치와 노동력을 사용해서 생산한 가치의 차이입니다. 지난번의 추론이 이제야 확증된 겁니다. "마침내 요술이 성공했다. 화폐가 자본으로 변신한 것이다."[김, 259; 강, 286] 잉여가치가 현실적으로 해명되었기 때문에 제2편의 제목인 화폐가 자본으로 전화가 여기서 비로소 완료되었다고 할 수 있습니다. "여기가 로도스섬"이라며 제시한 문제의 조건들이 모두 해결되었습니다. 상품교환의 기본법칙인 등가교환도 침해되지 않았고요. 자본가는 원료, 노동수단, 노동력에 모두 제값을 지불했습니다. 그는 자신이 구매한 상품을 사용함으로써 30만 원의 가치를 갖는 20킬로그램의 면사를 생산했습니다. 그리고 그것을 시장에 가져가 그 가치 그대로 팔았습니다. 결코 가격을 부풀리지 않았습니다. 화폐가 자본으로 전화한 것 곧 이 변신은 "유통영역에서 일어나는 동시에 유통영역에서 일어나서는 안 된다"라는 말도 해명되었지요. 유통영역에서 일어났다는 것은 가치증식이 그가 상품시장에서 구매한 노동력을 통해 이루어지기 때문이고요, 유통영역에서 일어나지 않았다고 한 것은 가치증식이 노동력을 사용하는 생산영역에서 일어났기 때문입니다.[김, 259~260; 강, 286~287]

"그는 이미 알고 있었다"

"최선의 세계에서는 모든 것이 최선의 상태로 있다."[김, 260; 강, 287] 마르크스는 최선의 세계를 맞이한 우리의 자본가를 이런 문장으로 묘사합니다. 모든 상품들에 제값을 지불했는데도 잉여가치, 즉 황금알을 얻을 수 있다니요. 사기 칠 필요도 없고 협박할 필요도 없습니다. 그저 자유와 평등, 소유, 이익을 보장해주는 '법'만 있으면 됩니다. 그리고 법대로 하면 됩니다. 잉여가치는 폭력이 아니라 법칙의 산물입니다.

　모든 것이 더할 나위 없이 좋은 상태로 있습니다. 사실 이 문장은 볼테르(Voltaire)의 소설 『캉디드 혹은 낙관주의』*Candide ou l'optimisme*에서 따온 것입니다. 주인공 캉디드는 라이프니츠 철학을 신봉하는 스승 팡글로스의 가르침에 감화를 받아 모든 상황, 모든 사건, 심지어 사람들이 떼죽음을 당하는 지진마저 최선의 결과를 낳기 위해 준비된 것으로 해석합니다. 그러나 볼테르는 이 소설을 통해 최선에 이르는 길이 최악에 이르는 길이기도 하다는 것, 즉 낙관론자(팡글로스)의 세계는 비관론자(마르틴)의 세계이기도 하다는 것을 보여줍니다. 이 소설의 결말이 재

있습니다. 온갖 풍파를 겪은 후 캉디드와 주변 인물들은 작은 공동체를 만듭니다. 그러고는 저마다 숨은 재능을 발휘해 땅을 갈고 빵을 굽고 가구를 만들죠. 행복한 삶을 직접 꾸려나가는 겁니다. 마지막에 다시 한번 팡글로스가 과거의 모든 일이 현재의 상태에 이르기 위한 것이었다는 듯 말하자 캉디드가 한마디 하면서 소설이 끝납니다. "참으로 맞는 말씀입니다. 하지만 우리의 정원은 우리가 가꾸어야 합니다."[21]

자본가가 세상이 최선의 상태에 있다고 느끼는 순간 마르크스가 이 소설을 끌어들인 이유가 있을 겁니다. 일단은 조롱일 텐데요. 최선의 상태가 최악의 상태를 위해 마련된 것일 수도 있으니까요. 어쩌면 마르크스는 이런 말을 하고 싶었는지도 모르겠습니다. 최선의 삶은 자기 정원을 직접 가꾸는 사람들의 것이며, 세상의 가장 좋은 상태는 저마다 자신의 재능을 발휘하며 함께 어울려가는 코뮌의 삶이라고 말입니다. 마르크스의 생각을 너무 멀리까지 넘겨짚었는지도 모르겠습니다. 어떻든 나도 지금은 '최선의 상태'를 즐기는 자본가의 기분을 망칠 생각이 없습니다. 그리고 자본주의는 자본가에게 행복한 세상인 것도 사실이니까요. 방금 우리는 자본가가 상품의 가치를 제대로 치르고도 잉여가치를 획득할 수 있다는 것을 확인했습니다. 마르크스에 따르면 "우리의 자본가는 자신을 즐겁게 만드는 이런 사정을 내다보고(vorsehen) 있었"습니다.[김, 259; 강, 286] 미리 알고 있으니 쾌활하게 웃을 수 있었던 거죠. 이는 좀 전에 유령과의 논전에서 패했으면서도 웃으며 퇴장했던 자본가 라티파크를 떠올리게 합니다. 그는 말싸움의 결과와 상관없이 황금알이 나온다는 걸 실천적으로 알고 있습니다.

이 표정은 지난 4장의 마지막 장면을 떠올려줍니다. 그때 우리는 노동자의 그늘진 얼굴을 보며 그가 무언가를 예감한 것 같다고 했습니다. 그는 노동력을 팔고 나면 페스트처럼 피하고 싶은 일도 해내야 한다는 걸 압니다. 자신의 노동생산물이 자신의 것이 될 수 없다는 것도 알고, 그런 노동 속에서 자기 자신이 남처럼 느껴질 거라는 사실, 자기 인생이 남의 인생처럼 느껴질 것이라는 사실을 내다보았을 겁니다. 그런데 우리는 그때 자본가의 표정에 대해서는 말하지 않았습니다. 의미심장한 웃음을 띠며 성큼성큼 앞장서 걸어갔던 자본가의 표정 말입니다. 이 표정의 비밀도 이제 밝혀졌습니다. 생산에 필요한 모든 요소를 갖춘 순간 그에게는 모든 것이 최선의 상태로 있습니다. 그리고 곧 최선의 결과가 나오겠지요. 그러니 어찌 웃지 않을 수 있겠습니까.

"그는 이미 알고 있었다." 마르크스는 자본가에 대해 그렇게 말했습니다. 재

있는 표현입니다. '자본' 개념에 대해서도 비슷한 말을 했었죠. 사람들은 '자본' 개념을 감각적으로 이미 알고 있다고. 자본가는 잉여가치에 대해 이론적으로는 이해할 수 없을지 몰라도 실천적으로는 혹은 감각적으로는 이해하고 있습니다. 어떻게 해야 잉여가치가 생기는지, 한발 더 나아가, 어떻게 해야 잉여가치가 더 많이 생기는지 알고 있습니다. 공부한 적은 없지만 그는 노동자들을 닦달합니다. 거기에 뭔가가 있다는 걸 알기 때문이죠.

"그는 이미 알고 있었다." 사실은 노동자도 그렇습니다. 생산현장에 들어서기 전부터 손에는 진땀이 나고 근육들은 긴장합니다. 노동력의 가치가 어떻고 잉여가치가 어떻고는 잘 모르지만, 자본가가 자신에게서 무언가를 빨아들일 것임을 알고 있습니다. 거기서 오래 일하면 몸이 망가질 걸 알지만 거기에 가지 않을 수도 없습니다. 거기 가지 않으면 지금 당장 굶어 죽게 생겼으니까요.

다시 말하지만, 마르크스는 새로운 사실을 발견한 사람이 아닙니다. 나는 그를 창조자가 아닌 전복자라고 했습니다. 그는 우리가 알고 있던 것을 새롭게 알게 해줍니다. 『자본』에는 우리가 몰랐던 사실이 없습니다. 모든 내용이 우리가 감각하고 경험한, 막연하게나마 '내다보았던' 일들이죠. 『자본』은 우리가 '본 것'을 '알아보게' 할 뿐입니다. 우리가 포착했던 것을 파악하게 합니다. 아주 전복적인 방식으로 말이죠. 그나저나 이로써 '자본'이 탄생했습니다. 마르크스는 자본의 탄생을 '괴물의 탄생'으로 묘사합니다. 이번에는 자본가가 요술을 부리는 마법사처럼 보입니다. "죽은 대상에 살아 있는 노동력을 합체함으로써 그[자본가]는 과거의 대상화된 죽은 노동을 자본으로, 즉 스스로를 증식해가는 가치로, 마치 상사병에라도 걸린 듯 '일하기' 시작하는 살아 있는 괴물로 전화한다."[김, 260; 강, 287]

살아 있는 노동을 흘려 넣자마자 살아나는 괴물! 스스로를 증식해가는 괴물! 지난번에 우리는 "가치증식을 위한 끝임없는 갱신 운동 속에서 (…) 일정액의 가치는 자본이 된다"라고 했는데, 이제 그 사이클이 시작된 겁니다. 마르크스는 이 괴물이 "마치 상사병에라도 걸린 듯"(als hätt' es Lieb' im Leibe) 움직인다고 말합니다. 잉여가치에 안달이 난 모습이죠. 괴물은 계속해서 '살아 있는 노동'을 갈구합니다. 서글픈 사실은 살아 있는 노동을 갈구하는 이 괴물의 정체가 과거 노동자의 노동, 다시 말해 '죽은 노동'이라는 겁니다. 자본주의는 산 것으로 죽은 것을 살찌우는 체제입니다. 이상한 말이지만 여기서 영원한 생명을 얻는 것은 '죽음'입니다. 계속 자식을 낳는 것도 죽음입니다. 산 것은 생명을 잃어가고 죽은 것이 죽음을 키워갑니다. '가치가 늘어난다'라는 말이 이렇게 비극적이고 잔인한 의미를 가진 시대가 또 있을까요. 자본의 영원한 생명은 노동의 영원한 죽음에서 나옵니다. 피를 빨아 영생을 누리는 괴물. 마르크스가 이 괴물을 이후 이어지는 이야기 속에서 뭐라고 부를지 한번 맞혀보기 바랍니다.

　　여담입니다만 마르크스가 자본가와 자본을 묘사하면서 쓴 문구, 이를테면 자본가는 "자신을 즐겁게 만드는 사정"을 내다보고 있었다거나, 자본이라는 괴물은 "상사병에라도 걸린 듯" 움직인다고 한 것은 모두 괴테(Johann Wolfgang von Goethe)의 『파우스트』에서 따온 것입니다. 『파우스트』 내용과 직접 관련된 것은 아니고 그냥 문구만 가져온 듯 보여요. 사실 셰익스피어나 괴테의 작품들이 늘 마르크스의 입에 붙어 있었습니다. 마르크스만이 아니었죠. 가족들 모두가 이 작가들의 작품에 나오는 대사들을 암송하며 놀았다고 합니다(특히 셰익스피어는 '집안의 가장 중요한 손님'처럼 가족들 대화에서 언제나 상석을 차지했습니다. 아이들까지 모든 구절을 암송할 정도였죠.[22] 『파우스트』도 그랬습니다. 런던에 정착한 지 오래되지 않았을 때 마르크스 가족이 근교에 소풍을 다녀왔는데, 마르크스와 아이들은 집으로 가는 길의 지루함을 떨쳐버리려고 『파우스트』를 연기하며 놀았다고 하니까요).[23]

─────── '노동과정'·'가치형성과정'·'가치증식과정'이라는 용어 ───────
이로써 가치증식과정에 대한 설명은 모두 끝났습니다. 『자본』 제5장의 끝에서 우리의 친절한 마르크스는 이제까지 다소 혼란스럽게 쓰인 용어들을 정리해줍니다.[김, 260; 강, 287] 대체로 나는 제5장의 절 제목, 그러니까 '노동과정'과 '가치증식과정'이라는 용어로 내용을 설명해왔습니다. 그런데 마르크스의 정리에 따라 조금 더 세심하게 나누면 다음과 같습니다.

　　생산과정은 크게 '노동과정'(Arbeitsprozeß)과 '가치형성과정'(Wertbildungs-prozeß)으로 나뉩니다(생산과정은 하나인데 그것을 이중으로 파악한 것이죠). '노동과정'은 사용가치를 생산하는 과정으로 파악한 것입니다. 그리고 이때의 노동은 구체적 유용노동입니다. 여기서는 노동자가 어떤 목적에 따라 어떤 방식으로, 또 어떤 내용으로 물건을 만들어내는지를 살펴봅니다. 반면 '가치형성과정'은 가치를 생산하는 과정으로 파악한 것이죠. 여기서는 인간노동력이 지출되었다는 사실만 문제 삼지 노동의 목적과 방식, 내용에는 관심을 두지 않습니다. 오직 노동량만을 고려합니다. 이때의 노동량은 추상노동의 양입니다. 생산수단들에 대해서도 그것들이 어떤 기능을 수행하는지에는 관심이 없습니다. 오직 거기에 얼마만큼의 노동량이 대상화되어 있는지만 생각합니다.

다음으로 '가치형성과정'은 '단순한 가치형성과정'(einfacher Wertbildungspro-zeß)과 '가치증식과정'(Verwertungsprozeß)으로 나뉩니다. 앞서 노동과정과 가치형성과정으로 나눈 것은 동일한 생산과정을 사용가치의 생산과 가치의 생산이라는 측면으로 나누어 본 것인데요(참고로 '가치생산과정'은 '가치형성과정'과 같은 말입니다). '단순한 가치형성과정'과 '가치증식과정'은 모두 가치를 생산하는 과정입니다. 다만 가치형성의 어떤 지점을 기준으로 둘을 나눕니다. 가치형성과정이 '일정한 지점', 그러니까 자본가가 지불한 노동력의 가치가 보전되는 지점까지 이루어지면 '단순한 가치형성과정'이고요, 거기를 넘어서면 '가치증식과정'에 들어선 것으로 봅니다. 쉽게 말해 잉여가치가 생겨나기 시작하는 지점이 기준이지요. 그러니까 "가치증식과정이란 일정한 지점을 넘어 연장된 가치형성과정"이라고 할 수 있지요.[김, 260; 강, 287]

그런데 가치량을 재는 것과 관련해 중요한 전제가 있습니다. 우리는 노동시간을 기준으로 노동량을 정했는데요. 이것은 그 노동이 정상적 조건(norma-len Bedingungen)에서 행해졌음을 전제한 것입니다.[김, 261; 강, 288] 여기서 '정상적'(normal)이라고 말한 것은 윤리적이라기보다 통계적인 것입니다(통계적인 것이 윤리적·규범적 의미를 갖게 되었다고 말할 수도 있겠습니다). 말하자면 '정상적'이라는 말은 '평균적', '표준적'이라는 말과 같습니다. '정상적'이라는 말은 '보통 다른 사람들도 그렇게 하듯이'라는 의미를 담고 있지요. 여기서 많이 벗어나면 안 됩니다. 이는 생산수단과 노동력의 사용에서 모두 중요한데요. 먼저 생산수단과 관련해서 볼까요. 정상적 노동조건이란 방적기계 사용이 일반화된 사회에서 노동자가 물레로 작업을 하지 않는다는 걸 의미합니다. 노동수단만이 아니라 원료도 그렇습니다. 면화도 정상 품질, 평균 품질을 가지고 있어야 합니다. 만일 방적공이 자주 끊기는 면화와 전통 물레를 가지고 작업을 한다면 그는 동일한 양의 면사를 얻기 위해 '사회적 필요노동시간' 이상을 허비해야 할 겁니다. 그러나 평균 이상으로 지출한 그의 노동시간은 결코 가치를 인정받지 못합니다. 물론 이것은 마르크스의 말처럼 자본가에게 달린 문제입니다. 제대로 된 생산수단을 조달하는 것은 그의 책임이니까요.

이때 노동자와 관련해 살필 것도 있습니다. 정상 품질의 면화와 방적기계를 갖추었다고 해도 노동자가 그것을 목적에 맞게, 다시 말해 합목적으로 쓰지 않으면 허사입니다. 원료를 낭비하거나 노동수단을 함부로 다뤄 성능을 떨어뜨리면 낭비된 만큼은 생산물의 가치로 이전될 수 없겠죠. 자본가는 이런 문제와 관련해서는 눈에 불을 켜고 감시하거나 최소한 CCTV라도 달아둡니다. 마르크스는 말합니다. "이 점에 대해 자본가는 자신의 독자적 형법을 갖고 있다."[김, 261~262; 강, 288] 자본가는 생산수단에 손상을 입힌 노동자들을 죄의 경중에 따라 처벌합니다. 정직, 전직, 감봉, 해고 등으로 이루어진 자체 법전이 있는 거죠. 이 '독자적 형법'이라는 말을 눈여겨봐둘 필요가 있습니다. 생산현장은 자본가의 왕국, 말하자면 '국가 안의 국가'라고 할 수 있습니다.[24] 자본가의 말이 법이 되는 곳, 자본가가 주권자인 곳이라고 할 수 있습니다. 우리는 이어지는 본문 6장(「공포의 집」)에서 이 주제를 다룰 겁니다.

--------- 인간임을 확인하려는 노동자의 저항 ---------

노동자가 생산수단을 사랑하기 힘들다는 건 앞서 말한 바 있습니다. 생산수단은 과거 노동자의 생산물이지만, 노동자에게는 현재 자본가의 사유물로 나타나고, 무엇보다 자신의 생명력을 빨아들이는 장치로 나타납니다. 마르크스는 여기에 긴 주석을 달았는데요.[김, 262, 각주 18; 강, 288, 각주 17] 노예들의 생산수단 파괴행위를 언급합니다. 노예제사회에서는 노예들이 생산수단에 손상을 가하는 일이 많아 생산비가 상대적으로 비쌌다는 겁니다. 그래서 노예주들은 노예들이 생산수단을 쉽게 파괴할 수 없도록 '엄청나게 무겁고 무딘' 도구를 쓰게 하거나, 아예 버려도 되는 '조잡한 도구'를 쓰도록 했다는 겁니다. 그러니 생산성이 올라갈 수 없었죠.

　이 주석은 우리에게 두 가지를 말해줍니다. 하나는 노동자가 생산수단을 파괴함으로써 자본가에게 은근히 저항한다는 사실입니다. 마르크스는 주석에서 노예제에 대해 말하고 있지만 이것이 자본주의적 생산과정을 설명하며 달아둔 것임을 유념해야 합니다. 자본가의 형법과 노동자의 범죄. 이것은 생산현장이 지금까지 말한 것과는 달리 상당한 갈등의 장소라는 것, 노동자가 그저 순종적이기만 한 것은 아니라는 점을 말해줍니다. 또 하나는 노예가 동물과 도구를 대하는 방식인데요. 노예제에서는 노동자도 생산수단 즉 도구에 불과합니다. 마르크스의 구별에 따르자면, 노동자인 노예는 도구들 중에 '말하는 도구'이고 가축들은 '반쯤 말하는 도구'이며 사물들은 '말을 전혀 못하는 도구'입니다. 그런데 마르크스는 노예들이 생산현장에서 가축들을 학대하고 사물을 함부로 대하는 것이, 자신들이 "인간임을 느끼려는 것"이라고 해석했습니다. 자신들의 동물화와 사물화, 즉 비인간화에 맞서 스스로 인간임을 확인하려는 행동이었다는 거죠.

　이는 다시 한번 자본주의적 생산과정에서 .일어나는 노동자의 저항에 대해 생각하게 합니다. 상품이 된다는 것에는 사물화가 수반된다고 이미 말한 바 있는데요(150쪽 참조). 물론 상품으로 팔린 것은 노동자가 아니고 노동력, 더 엄밀히 말하면 노동력에 대한 사용권입니다. 하지만 이것은 개념적으로만 그렇고요. 실제로는 노동자가 자본가의 통제 아래서 일하는 겁니다. 그 과정에서 노동자는 비인간화를 겪을 수밖에 없습니다. 마르크스의 주석을 참고하자면, 생산수단에 대한 노동자의 자잘한 파괴행위는 스스로 인간임을 확인하려는 저항의 한 양상이라고 볼 수도 있겠습니다.

단순노동과 고급노동

정상적 노동조건과 관련해서 나는 조건 하나를 말하지 않았는데요(참고로 마르크스는 본문에서 이 조건을 두 번째 조건으로서 언급했습니다). 정상적 노동조건과 관련해 앞에서는 물레나 면사 등 생산수단만 고려했습니다. 이제 노동력에 대해서도 말을 해보죠. 정상적 생산이 이루어졌다는 것은 노동력이 "평균 정도의 숙련과 기능, 속도"를 발휘한다는 뜻입니다.[김, 261; 강, 288] 이 점에 대해서도 자본가는 감시의 눈길을 거두지 않습니다. 노동자가 근무시간 중에 딴짓을 한다면 자본가는 그 시간만큼 도둑질을 당했다고 생각할 겁니다. 자본가가 휴식시간이나 점심시간의 길이에 민감한 것도 이 때문입니다. 노동시간의 길이 말고 강도도 중요합니다. 자본가는 노동자가 게으름을 피우지 않고 일정 속도로 계속 노동하도록 통제합니다. 가장 쉬운 방법은 생산수단, 특히 기계의 속도를 이용하는 겁니다. 이를테면 컨베이어 속도를 일정하게 유지하지요. 그럼 노동자로서는 그 속도에 맞춰 일할 수밖에 없습니다(참고로 이런 문제들은 모두 이후 『자본』 제4편 '상대적 잉여가치의 생산'에서 살펴볼 겁니다).

　하나 언급해둘 것이 있는데요. '단순노동'과 '고급노동'의 구분에 관해서입니다. 노동력이 평균 정도의 숙련과 기능, 속도를 발휘한다는 말이 노동력의 가치가 모두 똑같다는 말은 아닙니다. 업종이나 업무에 따라 자본가는 때로 "좀 더 복잡하고 고도의 특수한" 노동을 필요로 합니다. 마르크스 역시 이 점을 부인하지 않습니다. 이런 노동력을 생산하려면 비용이 더 많이 들 겁니다. 교육비만 해도 큰 차이가 나겠죠. 따라서 이들 노동력의 가치는 상대적으로 단순한 다른 노동력의 가치보다 높습니다. 복잡노동 내지 고급노동의 경우 똑같은 시간에 더 많은 가치를 만들어냅니다. 상품 속에 더 많은 가치를 대상화하니까요. 이는 생산물 가치에 그대로 반영되기 때문에 해당 생산물은 동일한 노동시간 대비 다른 생산물에 비해 가치가 더 높습니다. 똑같은 노동시간에 더 많은 가치가 상응한다는 것은 노동시간이 노동량을 재는 절대적 척도는 아니라는 걸 말해줍니다. 마르크스는 이 문제를 "하루치의 고급노동은 x일의 단순노동"이라는 식으로, 사회적 평균노동으로 환산해서 계산하자고 했는데요.[김, 264; 강, 290] 고급노동 1일을 단순노동 2일로 계산하는 식이죠.

그렇다고 해도 가치증식과정에 대한 앞서의 설명에서 달라질 것은 없습니다. 고급노동의 경우에도 잉여가치가 생겨나는 지점은 고급노동이 노동력의 가치를 재생산하는 지점을 넘어서는 순간입니다. 상대적으로 비싼 노동력의 가치를 재생산한 후부터 잉여가치가 생겨납니다. 그러니까 "동일한 노동과정의 시간적 연장에 의해서만 생겨난다"라는 사실에는 변함이 없죠. 어느 업종에서 어떤 일을 하든 똑같습니다. 마르크스는 여기에도 우리가 꼭 생각해봐야 할 점을 주석으로 달아두었습니다. 우리는 방금 단순노동과 고급노동을 나누었고, 고급노동력의 가치가 단순노동력보다 크다고 했습니다. 마르크스도 그것을 인정했습니다. 하지만 임금을 많이 받는다고 그 노동력을 '고급'이라고 부르는 것이 합당한가. 마르크스는 주의를 당부합니다. "고급노동과 단순노동 사이의 구별 중 일부는 단순한 환상이거나 적어도 벌써 오래전부터 실질적 의미를 잃고 단지 전통적 관습으로만 존재하는 여러 차별에 기인한다. 또 일부는 노동자계급 가운데 자신의 노동력의 가치를 관철하는 힘이 다른 계층보다 취약한 계층의 절망적 상태에 기인한다."[김, 264, 각주 19; 강, 290, 각주 18]

정말로 중요한 지적입니다. 사무직이 생산직보다 정말로 더 고급노동일까. 유치원 교사의 일이 대학교수의 일보다 더 단순한가. 교수는 시간강사보다 열 배로 고난도인 복잡노동을 수행하는가. 마르크스의 말처럼, 어떤 일을 고급이라고 간주하고 어떤 일을 저급이라고 간주하는 데는 상당한 편견이 개입합니다. 지금은 그렇게 고급노동이라 할 수 없는데도 전통적 통념 때문에 여전히 고급 지위를 누리는 노동이 있고요, 노동 자체는 저급이 아닌데 해당 직종 노동자들에게 힘이 없어 그들의 노동이 저평가된 것도 많습니다. 특히 여성 노동자의 경우 임금이 남성 노동자보다 낮은 것은 능력 때문이 아니라 근거 없는 편견과 관습, 사회적 세력관계 탓일 겁니다. 착각하지 말아야 합니다. 새로운 시대, 그러니까 자본주의가 생겨났다고 해서 그 이전의 관계가 무로 돌아가는 게 아닙니다. 많은 경우 전통적 차별들은 자본주의에 맞게 재탄생되지요. 전통적 차별에서 벗어난다는 말이 곧 차별에서 벗어난다는 의미가 아니라는 겁니다. 전통적 차별에서 벗어나 자본주의적 차별로 들어서는 것이죠. 이를테면 여성이 수행하는 노동에 대한 저평가 같은 것으로요. 고급노동과 저급노동을 어떻게 계산하느냐고 묻기 전에, 우리는 그 구분이 우리 사회의 환상이나 편견, 권력관계를 말해주는 것은 아닌지 먼저 물어야 할 겁니다.

죽어 있는 것과 살아 있는 것——불변자본과 가변자본

지금까지 우리는 생산과정을 가치형성과정이라는 측면에서 살펴보았는데요. 마르크스는 제6장(영어판 제8장)에서 이 과정을 더 면밀히 살펴봅니다. 아직 충분치 않다는 겁니다. 도대체 무엇이 더 남았다는 걸까요. 그는 아직 가치형성과정에서 생산과정의 요소들, 그러니까 노동력과 원료, 노동수단 각각이 수행하는 역할을 충분히 해명하지 않았다고 생각합니다. 특히 가치형성과정에서 노동자들은 원료와 노동수단의 가치를 생산물 속으로 이전하고 거기에 새로운 가치를 더한다고 했는데요. 그 일이 어떻게 이루어지는지를 충분히 밝히지 않았다고 여기는 겁니다. 마르크스의 이론적 열정이랄까 지독한 의지 같은 게 느껴집니다. '분석'(analysis)이라는 말이 '끝까지 풀어놓는다'라는 뜻이라고 했었지요. 정말로 그는 설명되지 않은 매듭은 하나도 남겨놓지 않으려는 듯 보입니다.

──────── 다음 단계로 가기 위한 개념적 준비물────────
당연한 말이지만 그렇다고 마르크스가 이론적 열정이나 과시하려고 『자본』 제6장 '불변자본과 가변자본'을 쓴 것은 아닙니다. 가치형성과정에서 각각의 요소들이 수행하는 역할을 보여주면서 그는 '불변자본'과 '가변자본'이라는 자신만의 개념을 만들어냅니다. 이 개념은 앞으로 『자본』에서 펼쳐나갈 내용을 이해하는 데 무척 중요합니다. 마르크스는 이 개념을 통해 생산현장에서 일어난 역사적 변화들이 가치증식과 어떻게 관련되는지 밝힙니다. 이를테면 노동일의 길이를 둘러싼 갈등(제8장, 영어판 제10장)과 노동력 조직 방식의 변화(협업과 분업 등: 제10~12장, 영어판 제12~14장), 노동수단 혁신(기계화: 제13장, 영어판 제15장) 등이 왜 나타났고 어떤 의미를 갖는지 보여주지요.

또한 마르크스는 이 개념 덕분에 '자본의 구성'(Zusammensetzung des Kapitals)을 분석할 수 있었습니다(제23장, 영어판 제25장). '자본의 구성'이란, 나중에 자세히 다루겠지만, 자본을 어디에 얼마 투자하는가의 문제입니다. 노동력에 얼마를 투자하고 원료나 기계에 얼마를 투자했는지에 따라 자본 규모가 같아도 잉여가치

(이윤)는 달라지거든요. 자본의 구성은 자본의 축적과 이동에서 매우 중요한 문제입니다. 그는 또한 자본주의 발전과 더불어 자본의 구성에서 어떤 추세가 나타난다는 것을 보여주는데요. 이 추세 때문에 자본주의가 봉착하게 되는 위기에 대해서도 말합니다. 하지만 이 모든 것은 지금 할 수 있는 이야기가 아닙니다. 『자본』이 전개되면서 우리가 마주하게 될 장면들이죠. 마르크스는 다음 단계로 나아가기 전에 항상 독자들에게 준비물을 미리 챙겨줍니다. 우리는 우리에게 닥칠 주제를 다룰 개념적 준비물을 『자본』을 읽어가는 과정에서 자연스레 확보할 겁니다. 그러니 순차적으로 따라가기만 하면 됩니다. 지금을 잘 이해하는 것이 다음을 잘 준비하는 일입니다. 다시 말하지만 『자본』의 서술순서는 중요합니다. 서술의 순서가 이해의 순서입니다. 자, 그럼 차근차근 따라가볼까요.

────────── 가치형성과 가치이전의 차이──────────
노동자는 생산물에 새로운 가치를 더하면서 과거의 가치를 이전한다는 이야기에서 시작해보겠습니다. 이 일은 어떻게 이루어지는 걸까요. 노동과정과 가치형성과정을 비교하면서 나는 이런 말을 했는데요. 노동자가 사용가치와 가치를 생산하기 위해 두 번 일하는 것은 아니라고요. 생산과정은 동일한데 우리가 한 번은 노동과정으로, 다른 한 번은 가치형성과정(가치증식과정)으로 분석했을 뿐입니다. 그런데 '가치의 형성'과 '가치의 이전'에 대해서도 우리는 마찬가지 말을 할 수 있습니다. 노동자는 두 번 일하지 않고 한 번 일하면서 두 가지를 동시에 이루어낸다고 말입니다. 말하자면 노동자는 "새로운 가치를 더하는 바로 그 행위를 통해 종전의 가치를 보존"합니다.[김, 266; 강, 291]

그런데 이것이 어떻게 가능하냐고 물으면 명쾌하지 않은 부분이 있습니다. 사용가치의 생산과 가치의 생산은 노동이 지닌 이중성으로 이해할 수 있었죠. 방적공의 노동을 구체적 유용노동이라는 점에서 보면 실이라는 사용가치를 생산한 것이고 추상노동이라는 관점에서 보면 가치를 생산했다고 할 수 있으니까요. 하지만 '가치의 이전'과 '가치의 형성'에서 말하는 '가치'는 모두 추상노동이 대상화된 것입니다. 똑같은 추상노동인데 두 가지 일, 즉 과거의 가치를 이전하는 일과 새로운 가치를 형성하는 일이 어떻게 동시에 진행될 수 있을까요. 과거의 것을 보존하는 것과 새로운 것을 창조하는 것은 정반대 일처럼 보이기까지 하는데 말이죠. 마르크스는 이것도 노동의 이중성으로 설명될 수 있고 또 그래야만 한다고 말합니다. '가치'는 모두 추상노동이 대상화된 것이지만, 그는 가치를 '이전하는' 일 자체는 추상노동에 의해 이루어지는 게 아니라고 말합니다. 가치의 '형성'은 추상노동에 의한 것이지만, 가치의 '이전'은 구체적 유용노동에 의한 것이라고요. 그래서 '가치형성'과 '가치이전'이 동시에 이루어질 수 있다고 했습니다.

결국 '가치의 이전'이 구체적 유용노동을 통해 이루어진다는 말을 이해하는 것이 관건일 듯합니다. 방적공을 예로 들어보겠습니다. 방적공은 면화를 면사로 바꾸면서 새로운 가치를 더합니다. 그의 노동은 가치형성노동이죠. 이때 형성된 가치량은 방적공의 노동시간만큼입니다. 그런데 이 시간 동안 방적공이 하는 일이란 면화와 방추를 이용해 면사라는 새로운 사용가치를 생산하는 것이죠. 면사라는 사용가치의 생산에 면화와 방추를 참여시킨 겁니다. 여기서 가치이전은 면화와 방추가 면사 생산에 참여하는 한에서 그 참여만큼 이루어집니다. 그러니까 생산수단은 생산물의 사용가치에 참여한 만큼, 딱 그만큼 생산물의 가치에도 참여하는 거죠.[김, 267; 강, 292] 그런데 방적공이 사용가치의 생산과정에서 생산수단을 합목적적으로 사용하지 않는다면 생산수단의 가치 '이전'은 제대로 이루어지지 않습니다. 방적공이 면화나 방추를 얼마나 잘 다루느냐에 가치이전이 달려 있는 거죠. 다시 말해 '가치이전'은 방적공의 구체적 노동의 문제라는 겁니다.

정리하면 이렇습니다. 면사에 새로운 가치가 더해진 것(면화와 방추의 가치 합계를 넘어선 부분)은 방적공이 행한 노동의 추상적이고(abstrakten) 일반적인(allgemeinen) 속성을 통해서입니다. 방적공은 대포 제조공처럼 인간노동력을 지출했고 그것이 사물에 가치를 부여한 겁니다. 그런데 면사의 가치에 면화와 방추의 가치가 이전될 수 있었던 것은 방적공이 행한 노동의 구체적이고(konkreten) 특수하며(besondren) 유용한(nützlichen) 속성을 통해서입니다.[김, 267; 강, 293] 방적공은 대포 제조공이라면 불가능했을 일, 즉 면사를 생산하는 일에 면화와 방추를 효과적으로 참여시켰습니다. 그 덕분에 면화와 방추의 가치가 면사로 이전될 수 있었습니다.

생산물의 가치는 이전된 가치와 형성된 가치로 이루어져 있습니다. 둘이 하나를 이룹니다. 하지만 가치이전과 가치형성은 그 방식이 전혀 다릅니다. 그렇기 때문에 생산성 변동 같은 게 일어나면 둘의 움직임이 완전히 달라집니다. 이를테면 어떤 발명 덕택에 방적공이 동일한 시간에 이전보다 6배나 많은 면화를 처리할 수 있게 되었다고 해봅시다.[김, 268; 강, 293] 과거에는 6시간 동안 10킬로그램의 면화를 처리했는데 이제는 60킬로그램의 면화를 처리할 수 있게 되었습니다. 여기서 이전된 가치량과 형성된 가치량의 변화를 살펴볼까요. 사용한 면화가 10킬로그램에서 60킬로그램으로 늘었으니 이전되는 면화의 가치량도 6배 늘어납니다. 하지만 노동시간이 6시간으로 동일한 한에서 형성된 가치량은 과거와 달라질 게 없습니다. 오히려 일정량의 생산물을 기준으로 놓고 보면 새로 형성된 가치는 ⅙로 줄었다고 할 수 있습니다. 면사 10킬로그램에 추가된 가치량은 생산성 혁신 이전에는 6노동시간이었지만 혁신 이후에는 1노동시간이 되니까요. 방적공의 노동을 예전에는 10킬로그램의 면화가 흡수했는데 이젠 60킬로그램이 흡수하죠.

이런 경우도 생각해볼 수 있습니다. 방적공의 노동생산성과 노동시간은 그대로인데 면화의 재배 조건이 바뀌어 면화 가치가 변동한 경우 말입니다. 재배 조건이 달라져 면화의 가치가 6배 오르거나 ⅙로 떨어진다고 해봅시다. 방적 노동의 조건이 변하지 않았기 때문에 면화는 동일한 양을 사용하겠죠. 생산되는 면사의 양도 같고요. 그러면 이전되는 가치량과 형성되는 가치량에는 어떤 변화가 일어날까요. 이전되는 가치량은 면화 가치의 변동에 따라 6배 늘거나 ⅙로 줄어들겠죠. 하지만 형성되는 가치량은 방적공의 노동시간이 변하지 않는 한 변화가 없습니다. 노동수단인 경우도 마찬가지입니다. 방적 노동의 조건이 변하지 않는 한에서 방추의 가치변동에 따라 이전되는 가치량은 변하지만 형성되는 가치량은 변하지 않습니다.

이전되는 가치량이 변했으니 면사의 가치도 변할 겁니다. 하지만 이 변화는 면화나 방추의 가치변동에 '비례적'이지 않습니다. 이전되는 가치량은 변했지만 형성되는 가치량이 변하지 않았기에 둘의 합계인 생산물의 가치가 비례적으로 변할 수 없지요. 면화와 방추의 가치가 6배 오른다고 면사의 가치가 6배 오르지는 않습니다. 그리고 이 변화의 영향은 생산단계가 추가될수록 약화됩니다. 면사로 광목(廣木)을 짜고 광목으로 옷을 만들면, 면화의 가치변동이 옷의 가치에 미치는 영향은 면사의 가치에 미치는 영향보다 작습니다. 생산과정에서 이전되는 가치량과 형성되는 가치량이 비례하는 경우가 없지는 않습니다. 만약 방적공의 생산성이 그대로이고 생산수단인 면화와 방추의 가치도 그대로라면, 두 값은 비례적으로 변할 겁니다. 이런 조건에서는 노동시간이 2배 늘어나면 생산수단의 소비량도 2배 늘어날 겁니다. 노동시간이 2배 늘면 형성되는 가치량이 2배 늘어납니다. 또 생산수단 소비량이 2배 늘었으니 이전되는 가치량도 2배 늘겠지요.[김, 269; 강, 294]

결국 생산물의 가치는 '이전되는 가치'와 '형성되는 가치'의 합계입니다. 둘이 합쳐져 하나를 이룬다고 하겠습니다. 하지만 방금 살펴본 것처럼 둘의 속성은 본질적으로 다릅니다. 이전되는 가치는 노동과정에서 소모되는 생산수단의 양과 관련되는 반면, 형성되는 가치는 가치증식과정에서 더해진 노동량과 관련되기 때문입니다.

생산과정에 머무는 것과 사라지는 것

생산수단의 가치는 노동과정에서 소모되는 양에 비례해 이전된다고 했는데요. 애초에 그 가치라는 게 사용가치 속에 존재하는 것이라 사용가치의 양이 줄어들면 거기 머물러 있던 가치도 그만큼 줄겠지요. 면화의 절반이 소모되었으면 가치도 정확히 절반이 사라집니다. 그렇다고 면화에서 사라진 가치가 없어지는 것은 아닙니다. 모두 면사로 이전되지요. 가치가 사용가치 없이 존재할 수 없다는 말은 옳습니다. 면화의 가치는 면화의 몸뚱이 덕분에 존재할 수 있었지요. 하지만 면화의 가치가 면화의 몸뚱이만을 고집하는 것은 아닙니다. 면사의 몸뚱이에서도 얼마든지 안식처를 발견하지요.

면화만이 아니라 방추도 그렇습니다. 방추도 사용기간이 길어질수록 사용가치가 줄어듭니다. 면화처럼 사용가치의 변화가 바로 눈에 띄지는 않지만, 방추 1개를 4일 정도 쓸 수 있다면 하루에 ¼개만큼 사용되었다고 간주할 수 있지요. 외형상 변화가 잘 보이지 않을지라도 방추는 사용가치를 잃어가고 거기에 담겨 있던 가치도 그만큼 줄어듭니다. 이 줄어든 가치 역시 사라지는 것은 아니고 면사 속으로 이전되지요.

그런데 방금 면화와 방추 사이에서 어떤 차이를 느꼈는지 모르겠습니다. 둘 모두 사용가치의 소모량만큼 면사에 가치를 넘겨주는데요. 그 양상이 다릅니다. 똑같은 생산수단이어도 원료나 보조자재의 경우에는 사용과 동시에 모습을 잃습니다. 면화는 사용되는 순간 면화로서는 사라집니다. 형태가 크게 변형되지요. 윤활유 같은 보조자재들도 그렇습니다. 사용하는 순간 사라지거나 변해버립니다. 하지만 공구나 기계, 건물 등은 사용해도 형태가 거의 변하지 않습니다. 심지어 "죽은 뒤에도", 그러니까 사용가치를 완전히 잃어버린 뒤에도 영혼만 빠져나간 신체처럼 그대로 서 있습니다.[김, 271; 강, 296] 생산과정에서 소모되지만 생산물에는 신체 한 조각도 넘기지 않습니다. 그래서 이전되는 가치량이 얼마인지 그때그때 눈으로 가늠하기가 어렵지요. 면화였다면 매번 소모되는 양을 바로 알 수 있고 소모량만큼 가치도 이전되었을 테지만 방적기계의 경우 매번 어느 정도 소모되었는지, 가치이전은 얼마나 일어났는지 등을 바로 알 수 없습니다.

물론 눈에 보이지 않는다고 계산까지 어려운 것은 아닙니다. 어떤 기계가 10

년으로 수명을 다했다면 10년에 걸쳐 가치가 모두 이전되었다고 봐야 합니다. 그렇다면 1년에는 $1/10$만큼의 가치가 이전되었다고 볼 수 있고, 1일에는 1년 동안 이전된 가치의 $1/365$만큼의 가치가 이전되었다고 볼 수 있지요. 꼭 해당 기계가 수명을 다한 경우에만 계산할 수 있는 것도 아닙니다. 동일한 기계의 평균적 수명이 알려져 있다면 매일매일 어느 정도 가치가 이전되는지 추산할 수 있지요. 마르크스는 이를 인간에 비유했는데요. 인간은 누구나 매일 24시간씩 죽어갑니다. 물론 어떤 사람을 보고 지금까지 얼마나 죽었는지를 바로 알 수는 없지요. 하지만 "이것이 생명보험회사가 인간의 평균수명으로부터 매우 확실한 수익률을 산출해내는 데 장애가 되지는 않"습니다.[김, 272; 강, 296] 우리가 다음 장에서 만날 이야기지만 더 나쁜 예도 있습니다. 근대사회에서 인간은 상품이 아니기에 가치를 갖지 않습니다. 하지만 자본주의와 노예제를 함께 유지한 경우가 있었죠. 남북전쟁 당시까지의 미국이 그렇습니다. 면화 수출이 본격화되었을 때 미국 남부에서는 흑인 노예 한 명을 소진하는 데 평균 7년이 걸렸다고 합니다.[김, 314; 강, 336] 말 그대로 마구 쓰고 버린 거죠. 노동과정이 얼마나 혹독했을지 미루어 짐작할 수 있습니다. 노예를 돌보면서 부려먹을지 그냥 마구 쓰고 버릴지 면화 생산업자들은 노예 한 명의 가치와 소진 기간을 놓고 꽤나 정확히 계산하려 했을 겁니다.

너무 잔인한 이야기가 되고 말았습니다만 인간이 생산수단으로서 학대받은 일이 그리 오래전은 아니었습니다. 동물들은 지금도 그렇게 학대받고 있습니다(이제는 농업보다는 의약품 등을 생산하는 생명 산업에서 동물을 생산수단으로 더 많이 사용합니다). 냉혹한 비유를 계속 들자면, 밭을 가는 가축이나 면화를 따는 노예는 생산물인 면화에 살점 하나 집어넣지 않습니다. 신체 전체 내지 일부가 직접 상품으로 팔리는 경우는 있지만 말입니다. 방적기계도 그렇지요. 면사를 만들면서 작은 쇳조각 하나 넣지 않습니다. 그러니까 생산수단 중에는 생산물에 가치만이 아니라 사용가치도 넘기는 경우가 있는가 하면, 가치만 넘기고 사용가치로서는 그 자리에 남아 있는 경우도 있습니다. 후자의 경우, 즉 현물로서는 남고 가치만을 넘기는 경우는 우리에게 다시금 현물과 가치의 차이를 일깨워줍니다.

여러 번 말한 것처럼 가치는 사용가치 없이 나타날 수 없습니다. 그러나 상품에서 가치와 사용가치, 영혼과 몸뚱이는 엄연히 다릅니다. 면화 같은 원료에서는 이 점이 잘 드러나지 않습니다. 생산물에 가치와 사용가치가 모두 들어가니까요. 하지만 가치만을 전하는 기계에서는 둘의 차이가 확연합니다. 마르크스는 이와 관련해 '영혼이주'(Seelenwandrung)라는 흥미로운 표현을 썼습니다.[김, 275; 강, 300]

기계의 경우 몸은 두고 영혼만 옮겨 간다는 뜻입니다. 영혼의 윤회라고 할까요. 마치 애니메이션 〈공각기동대〉Ghost in the Shell에서 인형사의 영혼이 구사나기 소령의 몸으로 옮겨 가는 장면처럼요. 마르크스는 실제로 그런 비유를 들었습니다. 노동자가 노동할 때 그 "등 뒤에서"(hinter dem Rücken) 그런 일이 일어난다고요.[김, 275; 강, 300]

노동자가 자본가에게 건네는 선물

똑같은 생산수단이어도 가치를 이전하는 양상에서 원료와 노동수단이 달라 보인다고 했는데요. 엄밀히 말하면 원료와 노동수단의 차이는 아닙니다. 노동수단인 경우에도 가열용 석탄 같은 보조자재들은 사용과 동시에 사라지니까요. 형태를 계속 유지하지 못하죠. 가치도 바로 이전되고요. 반대로 기계들은 상당히 오랫동안 형태를 유지하면서 가치도 조금씩 이전합니다.

19세기 정치경제학들도 이 두 가지를 나누어야 한다고 생각했습니다. 이들은 각각 '고정자본'(fixed capital)과 '유동자본'(circulating capital)이라는 이름을 부여했지요. '고정자본'이란 말 그대로 자본이 어딘가에 고착되어 있다는 뜻입니다. 특정한 영역, 특정한 사용가치, 이를테면 건물이나 기계에 일정 기간 묶여 있는 것이죠. '유동자본'은 곧바로 흘러가는 자본입니다(단어상으로는 '유통자본'이라고 옮겨도 좋겠지만 '유통업에 투자된 자본'과의 혼동을 막기 위해 '유동자본'이라고 부르겠습니다). 마르크스 역시 '고정자본'과 '유동자본'을 구분하는 게 중요하다고 생각했습니다(부록노트⑰ 참조). 하지만 그는 『자본』 I권에선 이 말들을 사용하지 않습니다(몇 차례 등장합니다만 마르크스 자신의 말이 아니라 그가 인용한 글 속에 있지요). 실제로는 내용을 모두 말하면서도 말입니다. 그것은 둘의 구분이 중요함에도 불구하고 그 중요성이 부각되어야 할 곳은 여기가 아니라고 봤기 때문입니다. 『자본』의 서술순서상 아직 그 이름을 말할 단계가 아닌 겁니다.

지금 우리는 가치의 생산과정을 다루고 있습니다. 크게 보면 『자본』 I권 전체가 '자본의 생산'에 대해 말합니다. 잉여가치가 어디서 어떻게 생겨나는지를 다룬다고 할 수 있죠. 『자본』 II권에 가면 이렇게 생산된 자본이 어떻게 순환하고 회전하는지, 다시 말해 '자본의 유통'을 다룹니다. 고정자본과 유동자본의 문제가 중요하게 부각되는 곳은 바로 거기입니다. 투자된 자본이 얼마나 빨리 회수되고 재투자될 수 있는지가 자본축적에 큰 영향을 미치거든요(참고로 『자본』 II권 제2편의 두 번째 장 제목이 '고정자본과 유동자본'입니다). 우리는 이제 겨우 가치의 생산(크게 보면

'자본의 생산')을 다루기 시작했습니다. 그러니 지금은 자본의 형태상 구별까지 언급할 단계는 아니죠.

사실 가치의 생산과정만 놓고 보면 고정자본과 유동자본의 차이가 그렇게 중요하지 않습니다. 둘의 차이보다는 공통점이 오히려 중요합니다. 마르크스는 이 점을 매우 강조합니다. 원료든 노동수단이든 간에 생산수단인 한에서는 "그것이 노동과정에서 얼마나 유용하게 사용되었느냐와 무관하게, 자신이 지닌 가치보다 더 많은 가치를 생산물에 부가할 수 없"다는 것이지요.[김, 274; 강, 299] 생산물로 이전할 수 있는 가치량의 최대치는 과거의 생산과정에서 정해집니다. 생산수단을 생산물로 생산했던 과거 노동에 의해서 말입니다. 그 이상을 현재의 생산과정에서 이전할 수는 없습니다. 현재의 생산과정에서 할 수 있는 일이라고는 대상화된 과거의 노동을 최대한 옮기는 것뿐입니다. 말하자면 원료를 낭비하지 않고 도구나 기계도 최대한 합목적적으로 쓰는 거죠. 게다가 우리가 나중에 보겠습니다만(제13장, 영어판은 제15장), 자본가들에게는 기계와 관련해 '도덕적 마모'에 대한 두려움이 있습니다. 도덕적 마모라고 표현했지만 실은 기술혁신과 관련된 것입니다.

만약 내가 기계의 가치를 생산물로 다 이전하지 못한 상황에서, 나와 경쟁하는 자본가가 생산성을 비약적으로 올린 새로운 기계를 도입하면, 나는 별로 사용하지 못한 기계일지라도 폐기처분할 수밖에 없습니다. 물리적으로는 아직 마모된 게 아닌데도 더는 쓸 수 없는 거죠. 이때 자본가의 해결책은 하나뿐입니다. 기계의 전원을 끄지 않는 것이죠. 진인사대천명. 노동자를 교대로 투입해서라도 기계를 24시간 내내 최대로 돌려야 합니다. 앞서 노동과정을 다루면서 나는 노동의 기본요소들 중 원료와 노동수단을 '생산수단'이라는 이름으로 묶는 것이 노동과정 자체에서는 큰 의미가 없어 보이지만 가치증식과정(가치형성과정)에서는 중요하다고 말한 바 있습니다. 자본가가 시장에서 구매한 상품들 중 원료와 노동수단은 그 가치만큼만 생산물 속에 이전됩니다. 구매한 가치 그대로 보존되는 것이죠. 하지만 노동력은 다릅니다. 노동력은 자본가가 구매하며 지불한 가치를 재생산하면서 동시에 잉여가치까지 생산합니다. 가치형성이라는 관점에서 생산과정을 바라보면 세 요소 중 생산수단(원료와 노동수단)과 노동력의 구분이 결정적으로 중요하다는 것을 알 수 있습니다.

생산물의 가치는 생산수단으로부터 이전된 가치와 노동력이 생산한 가치의 합계로 이루어진다고 했습니다만, 엄격히 말하면 '가치이전'도 노동력의 사용을 통해서만 가능합니다. 생산수단에 들어 있는 가치는 과거 노동이 대상화된 것이지만 그것을 생산물로 이전하는 것은 엄연히 현재 노동의 몫이니까요. 노동자는 아무런 대가 없이 그 일을 수행합니다. 자본가에게 무상으로 건네는 선물이죠. "경기가 좋을 동안에는 자본가는 돈벌이에 눈이 어두워 노동이 선사한 무상의 선물(Gratisgabe)을 보지 못한다. [그러다가] 노동과정이 폭력적으로 중단되면, 즉 공황이 닥치면 그에게 이것이 얼마나 중요했는지 절감하게 된다."[김, 276; 강, 300] 공장 가동이 중단되면 새로운 가치가 형성되지 않는 것은 물론이고 자연의 힘에 의해 생산수단들이 망가지기 때문입니다.[김, 276, 각주 5; 강, 300, 각주 23] 기계가 부식되면 기계 속에 대상화된 가치도 사라져버리지요. 아무리 자본가가 기계를 움켜잡고 있어도 가치가 빠져나가는 걸 막을 길이 없습니다.

<hr>

가변자본과 불변자본

우리는 여기서 다시 한번 '살아 있는 노동'의 힘을 확인합니다. 마르크스의 표현을 빌리자면, 노동력에는 새로운 가치를 더하면서 과거의 가치를 보존하는 '천부적 자질'(Naturgabe)이 있습니다. 가치를 더하는 일을 했을 뿐인데 그것이 가치를 보존하는 일도 된 것이죠. '천부적 자질'이라고 했지만, 직역하자면 자연의 선물입니다. 노동자는 자연이 자신에게 준 선물을 아무런 대가 없이 자본가에게 건네는 겁니다. 그뿐 아니라 노동자는 가치형성과정에서 자본가가 자신에게 지불한 가치를 재생산합니다. 이 점에서도 노동력은 생산수단과 다릅니다. 생산수단의 가치는 생산과정에서 사라지지만 없어진 것은 아니라고 했습니다. 생산물 속으로 옮겨 가니까요. 생산수단의 가치는 다시 '생산'된 것이 아니라 다시 '나타난' 것입니다. 과거 생산된 가치가 한쪽(생산수단)에선 사라졌지만 다른 쪽(생산물)에선 '나타난' 것이죠. 그래서 마르크스는 말합니다. "생산수단의 가치는 생산물의 가치 속에 재현되는(wiedererscheinen) 것이지, 엄밀히 말해 재생산되는(reproduzieren) 것은 아니다."[김, 277; 강, 301]

그러나 노동력은 다릅니다. 노동력의 가치는 생산과정에서 생산됩니다. 자본가가 시장에서 노동력이라는 상품을 구매했을 때 값을 치렀다는 전제하에 우리는 노동자가 그 가치를 '재생산'했다고 말할 수도 있겠습니다. 이 가치는 과거에는 없던 가치입니다. 생산수단에 대상화된 가치들은 모두 과거에 생산된 것들입니다만, 노동자가 생산한 노동력의 가치는 새로 생산된 것이죠. 세상에 처음 나온 가치 생산물입니다. 오리지널한(본원적인) 것이죠. 그래서 마르크스는 이를 '본원가치'(Originalwert)라고 부릅니다.[김, 277; 강, 302] 물론 노동자가 노동력의 가치만큼만 생산하는 것은 아닙니다. 만약 그랬다면 자본가로서는 남는 게 없었겠죠. 노동자는 가치의 초과분(Überschuß)을 생산해야 합니다. 물론 이 초과분도 현재의 생산과정에서 새로 생산된 가치입니다. 이 초과분 즉 잉여가치가 생산물의 가치를, 생산과정에서 사용된 요소들(노동력과 생산수단)의 가치 합계보다 크게 만들어줍니다.[김, 278; 강, 302]

지금까지 우리는 가치형성과정에서 노동력과 생산수단이 어떤 역할을 하는지 보았습니다. 생산물의 가치에는 생산수단의 가치도 담기고 노동력이 생산한 가치도 담깁니다. 하지만 적극적 요소는 노동력입니다. 가치형성과정에서 말 그대로 가치형성 활동을 하는 것은 노동력입니다. 생산과정에서 새로 형성된 가치는 정확히 노동력의 활동량만큼입니다. 이는 노동과정, 그러니까 사용가치의 생산에서 노동력이 차지하는 위상과 같습니다. 노동자의 합목적적 노동은 노동수단의 선택과 사용법, 노동대상의 변화 방향을 규정짓습니다. 노동과정에서 노동력은 주체적(subjektive) 요소였고 생산수단은 객체적(objektive) 요소였습니다(참고로 여기서 말하는 'subjektive/objektive'는 노동과정에서 차지하는 위상의 문제이지 견해나 관점, 그러니까 '주관/객관'의 문제가 아닙니다).[25][김, 279; 강, 303] 가치형성과정도 이에 상응합니다. 노동력은 가치형성과정에서 적극적인 부분, 가치의 변화를 일으키는 부분입니다. 반면 생산수단은 가치가 변하지 않는 소극적인 부분, 죽은 부분입니다.

가치의 생산에서 중요한 것은 이 둘을 나누는 것입니다. 자본가가 구매한 상품 중 가치변화에 직접 관여하는 것은 노동력입니다. 생산수단에 투자한 부분은 생산과정에서 가치가 변하지 않습니다. 그 가치가 이전될 뿐이죠. 바로 여기서 마르크스는 자신만의 개념을 만들어냈습니다. 그는 생산수단으로 전환된 자본의 부분에 대해서는 '변하지 않는 자본 부분'(konstanten Kapitalteil), 더 줄여서 '불변자본'(konstantes Kapital)이라 부릅니다. 반면 노동력으로 전환된 자본 부분은 가치가 변하죠. 자신의 가치를 생산한 후에도 가치를 더 생산할 수 있습니다. 잉여가치를 낳는 부분이죠. 마르크스는 이를 '변화하는 자본 부분'(variablen Kapitalteil)', 더 줄여서 '가변자본'(variables Kapital)이라 부릅니다.[김, 278~279; 강, 302~303] 이렇게 해서 불변자본과 가변자본이라는 개념이 탄생했습니다.

자칫 '불변자본'과 '가변자본'이라는 용어를 오해할 수 있어요. 생산수단에 투자된 자본 부분을 '불변자본'이라 했는데, 이는 생산수단에 투자된 가치는 결코 변하지 않는다는 뜻이 아닙니다. 면화의 가치는 생산조건에 따라 얼마든지 변할 수 있고요. 심지어 면화를 사들인 시점과 면화를 사용하는 시점 사이에 가치가 변하면 면화는 최종 시점의 가치를 갖습니다. 가치가 변할 수 있는 거죠. 이런 가치 변동은 면사, 광목, 옷의 가치에 순차적으로 영향을 줍니다. 이 영향의 크기는 뒤로 갈수록 약화됩니다만(그래서 투기꾼들은 가급적 낮은 단계의 가공물, 이를테면 광목보다는 면사에, 면사보다는 면화를 투기 대상으로 삼는다지요.[김, 279; 강, 303] 낮은 단계의 가공물일수록 가치변동이 크니까요), 어떤 경우든 면화를 면사로 만드는 생산과정에서 가치가 변하는 것은 아닙니다. 면화의 가치는 항상 면화 생산에 필요한 사회적 노동량에 의해 주어져 있습니다. 이 점은 방추도 마찬가지입니다. 생산수단으로 사용될 때 그 사용에 의해 가치가 변하지는 않습니다.

'가변자본'은 반대 방향의 오해가 있을 수 있겠습니다. 노동력에 투자된 자본 부분을 '가변자본'이라고 했는데요. 이는 생산과정에서 노동력의 가치 자체가 변동한다는 뜻이 아닙니다. 노동력의 가치도 노동력을 상품으로 생산하는 데 필요한 사회적 노동량에 의해 이미 정해져 있습니다. 다만 노동력은 생산과정에서 새로운 가치를 생산하며, 무엇보다 자신의 가치 이상을 생산해낸다는 점에서 '가변자본'이라고 부른 겁니다. 거듭 말하지만 노동력의 가치 자체가 변하는 게 아니라 노동력의 사용을 통해 그 가치 이상의 가치를 생산할 수 있다는 겁니다.

어떻든 이로써 우리는 '불변자본'과 '가변자본'이라는 새로운 개념을 갖게 되었습니다. 앞으로 종종 사용할 말이니 잘 이해해두어야 합니다. 자본주의 생산양식의 변동과 더불어 '불변자본'과 '가변자본'의 비율이 크게 달라지고 생산수단과 노동력의 가치도 계속 변화할 겁니다. 하지만 이런 변동은 가치형성과정에서 불변자본(생산수단)과 가변자본(노동력)이 수행하는 기능에는 아무런 영향도 미치지 않습니다.[김, 281; 강, 305] 가치를 형성하고 증식하는 것은 노동력이며, 생산수단의 가치는 노동력의 사용과정에서 생산물로 이전되고 보존될 뿐입니다.

동일한 것의 다른 이름——'잉여가치율'과 '착취도'

이제 불변자본과 가변자본 개념을 이용해 자본가가 투자한 자본(C)의 구성을 간단히 살펴보겠습니다. 자본가는 생산영역에 들어서기 전에 상품을 여럿 구매했지만 우리는 그것을 크게 두 가지로 나눌 수 있습니다. 생산수단에 투자한 부분 즉 불변자본(c)과 노동력에 투자한 부분 즉 가변자본(v)이죠. 등식으로 표기하면 이렇습니다. $C = c + v$. 그런데 생산과정을 마치면, 자본가가 그토록 열망하는 잉여가치(m)가 생겨납니다. 처음 투자한 자본보다 늘어나는 거죠. $C' = c + v + m$.

이 과정을 조금 더 자세히 살펴볼까요. 생산물의 가치는 생산에 투입된 요소들의 가치 합계보다 큽니다. 동어반복적입니다만, 생산물의 가치가 생산요소들의 가치 합계보다 큰 것은 생산과정에서 가치증식이 일어났기 때문입니다. 하지만 이제 우리가 아는 것처럼, 불변자본에서는 가치증식이 일어나지 않습니다. 불변자본의 가치는 ‘재현’될 뿐이죠. 다시 강조하지만 ‘재생산’되는 게 아니라 ‘재현’되는 겁니다. ‘재생산’이란 다시 생산한다는 것인데, 현재의 노동자는 결코 생산수단의 가치를 처음 생산하지도, 다시 생산하지도 않습니다. 그것을 생산한 것은 과거의 노동자입니다. 현재의 노동자가 생산한 것은 ‘노동력의 가치’(v)와 ‘잉여가치’(m)뿐입니다.

다시 면사 생산의 예로 돌아가겠습니다(마르크스는 본문에서 새로운 예를 들었지만 우리에게 친숙한 예를 가지고 계속 설명하겠습니다). 방적공은 면화 20킬로그램에 방추 ½개를 사용해서 면사 20킬로그램을 생산했습니다. 노동시간은 1노동일(12시간)이었지요. 면화 20킬로그램의 가치는 20만 원(40시간), 방추 ½개의 가치는 4만 원(8시간), 노동력의 하루 가치는 3만 원(6시간)이었습니다. 방적공은 12시간 일했기 때문에, 임금에 해당하는 노동력의 가치 3만 원(6시간)을 재생산했고 잉여가치도 3만 원(6시간) 생산했습니다[엄밀히 하자면 가격과 가치를 동일하게 놓을 수 없습니다만 여기서는 편의상 둘을 동일한 것으로 상정했습니다.[김, 292, 각주 9; 강, 316, 각주 31a] 가치와 가격의 불일치 문제를 나는 앞서 3장에서 언급한 바 있으며(187~188쪽), 『자본』 III권은 이 문제를 보다 자세히 다룹니다].

이제 불변자본, 가변자본, 잉여가치 순으로 정리해볼까요. 불변자본(c)은 면화와 방추의 가치를 합해 24만 원(48시간)이고요, 가변자본(v)은 노동력의 가치인 3만 원(6시간)이며, 잉여가치(m)도 3만 원(6시간)입니다. 그럼 생산물인 면사의 가치는 얼마인가요? 면사의 가치(c+v+m)=‘24만 원(48시간)+3만 원(6시간)+3만 원(6시간)’, 즉 ‘30만 원(60시간)’입니다. 이 가운데 이번 생산과정에서 생산된 가치만 따지면, 생산수단인 불변자본의 가치를 제외해야 하므로 ‘노동력의 가치(v)+잉여가치(m)=6만 원(12시간)’입니다. 방적공이 생산한 면사 20킬로그램에는 분명 ‘30만 원’의 가격표가 붙어 있지만, 그가 12시간 동안 ‘30만 원’, 즉 60시간의 가치를 모두 생산한 것은 아닙니다. 12시간 동안 60시간의 가치를 생산한다는 것은 말이 안 되지요. 12시간 동안 생산한 것은 당연히 12시간(6만 원)의 가치입니다.

따라서 우리는 '생산물의 가치'(Produktenwert)와 '가치생산물'(Wertprodukt)을 구분해야 합니다.[김, 284; 강, 308] '생산물의 가치'($c+v+m$)에는 과거에 생산된 가치가 포함되어 있습니다. 현재의 생산과정에서 산출된 '가치생산물'($v+m$)과 다르죠. 가치생산물은 생산수단의 가치를 '0'으로 잡을 때의 가치라고 할 수 있습니다. 현재의 생산과정에서 실제로 추가된 가치만 계산한 겁니다. 생산물의 가치와 가치생산물을 혼동하지 않도록 주의하세요. 조금 뒤 우리는 생산물의 가치와 가치생산물을 혼동해 엉뚱한 주장을 펴는 저명한 교수 한 사람을 만날 겁니다.

이윤율과 잉여가치율

생산물인 면사에 30만 원이라는 가격표가 붙어 있는데 실제로는 6만 원의 가치만 생산한 것이라는 말이 이상하게 들릴지도 모르겠습니다. 우리의 자본가는 생산수단을 구매하면서 24만 원을 썼는데, 가치생산과 관련해서는 그것을 '0'원으로 계산해야 한다고 하니 꽤나 억울할 수도 있겠습니다. 하지만 마르크스가 말한 '가치생산물'은 오늘날에도 경제 분석의 기본 지표입니다. 통상 '부가가치'라고 부르는 것이죠. 부가가치란 생산 분기별로 기업의 생산액에서 원료, 보조자재, 부품 등 마르크스가 생산수단이라고 부른 것의 가치(가격)를 제외한 것입니다. 원료나 부품 등은 그 기업의 생산물이 아니라 그것을 납품한 다른 기업의 생산물이니까요. 이 부가가치를 국가 수준에서 집계하면 그 분기에 국민이 생산한 가치의 총액인 '국민소득'(생산국민소득)이 됩니다.

그런데 우리의 자본가에게는 '노동력의 가치'(임금)와 '잉여가치'(이윤)로만 이루어진 가치생산물이 눈에 들어오지 않을 겁니다. 그는 자신이 노동력에 3만 원을 썼는데 그것이 6만 원이 됐다고 생각하지 않습니다. 내가 전체 27만 원을 투자했는데 3만 원 벌었다. 이렇게 생각하지요. 27만 원이 3만 원을 낳은 것처럼 말이죠. 그리고 다른 어떤 자본가가 자신과 똑같이 27만 원을 썼는데 9만 원을 벌었다고 하면 업종 변경을 심각하게 고민할 겁니다. 자본가에게 중요한 것은 '쏟아 부은 돈'(투자액) 대비 '챙긴 돈'(이윤)입니다. 이 비율이 자본의 이동을 분석할 때는 중요합니다. 마르크스는 이것을 이윤율(p)이라고 부르는데요. 이에 대해서는 『자본』 III권이 본격적으로 다룹니다. 하지만 방금 말한 것만 가지고도 우리는 이윤율의 공식을 쉽게 만들 수 있습니다. 자본가가 투자한 가치($c+v$)와 잉여가치(m)를 모두 알고 있으니까요. 이윤율을 구하는 공식은 아래와 같습니다.

$$p = \frac{m}{c+v} \,(p:\text{이윤율} \ c:\text{불변자본} \ v:\text{가변자본} \ m:\text{잉여가치})$$

하지만 우리는 과거의 생산과정이 아니라 현재의 생산과정에서 잉여가치가 얼마나 생겼는지 조사해야 하므로, 과거에 생산되어 현재에 재현될 뿐인 가치는 계산에서 제외합니다. 우리가 현재의 생산과정에서 산출된 가치만 고려한다 해도 자본가로서는 걱정할 게 없습니다. 그가 생산수단 구입에 지불한 돈은 우리의 계산에서만 사라지는 것이고 실제로는 다 보상되니까요. 소비자들은 면사 20킬로그램에 30만 원을 지불함으로써, 그의 노동자들이 새로 생산해낸 가치생산물 6만 원은 물론이고, 그가 생산수단을 구매할 때 다른 자본가에게 지불했던 가치 24만 원도 보상해줍니다.

생산물의 가치에서 생산수단의 가치를 제외하면 남는 것은 가치생산물 즉 노동력(가변자본)의 가치(v)와 잉여가치(m)뿐입니다. 노동을 시작하고 어느 시점에 이르면 노동자는 자신이 지급받은 가치를 모두 재생산합니다. 앞서 방적공의 예를 들면 처음 6시간 동안 그는 자신의 하루 노동력만큼의 가치(하루 동안 자신에게 필요한 생활수단의 가치)를 다 생산해냅니다. 임금을 미리 받았다고 전제하면 그 가치를 '재생산'했다고 할 수 있는 겁니다. 자본가가 열망하는 잉여가치는 그다음에 나옵니다. 노동력의 가치 이상으로 노동을 연장했을 때의 결과물인 것이죠.

또다시 강조하고 싶은데요. 노동력의 가치 이상으로 노동이 연장되었다는 것은 결코 노동력의 가치를 제대로 지불하지 않았다는 말이 아닙니다. 노동력 '하루 사용권'의 가치, 즉 노동자를 12시간 노동하게 할 수 있는 권리의 가치가 3만 원(노동시간으로 환산하면 6시간)인 겁니다. 그런데 자본가가 반일, 즉 6시간만 일을 시키면 노동력의 가치는 재생산되지만 잉여가치가 생기지 않습니다. 자본가로서는 하루 사용권을 얻었는데 반일만 사용할 필요가 없겠지요. 그는 노동력의 가치가 재생산되는 지점을 넘어서서 일을 시킬 수 있습니다(이것은 정당한 사용입니다). 이 결과물이 잉여가치입니다. 그래서 우리는 잉여가치를 잉여노동이라고도 불렀지요.

잉여가치가 노동력의 가치 이상으로 연장된 노동이라면, 우리는 가치생산물 '$v+m$'을 '$v+\Delta v$'로 표기해도 좋을 겁니다.[김, 284; 강, 308] '노동력의 가치'(v) 이상의 가치(Δv)가 생산되었다는 뜻이니까요. 그런데 가치생산물을 '$v+\Delta v$'라고 표기하면 '가변자본의 증식'이 선명하게 나타납니다. 마치 자본의 정식을 '$G'=G+\Delta G$'로 썼을 때 자본의 증식과 잉여가치의 존재가 선명하게 드러났던 것처럼 말이죠. 우리는 가변자본의 가치증식 비율도 쉽게 구할 수 있습니다. 가변자본과 그 증식분의 비율을 구하면 되니까요. '$\Delta v/v$'라고 쓰면 되겠지요. '가변자본의 증식분'인 'Δv'는 '잉여가치'(m)에 다름 아니므로 우리는 해당 값을 'm/v'라고 써도 됩니다. 바로 이 '가변자본의 가치증식 비율'을 마르크스는 '잉여가치율'(Rate des Mehrwerts)이라 부릅니다.[김, 286~287; 강, 311]

$$r = \frac{m}{v} \ (r: 잉여가치율 \ v: 가변자본 \ m: 잉여가치)$$

이렇게 공식으로 써놓으니 어렵게 느껴질지도 모르겠습니다만 실상은 간단한 것입니다. 잉여가치율이란 노동력의 가치와 잉여가치의 비율인데요. 조금 더 풀어서 말하면, 전체 가치생산물 중에서 자본가가 노동자에게 지불한 가치와 자신이 챙겨 간 가치의 비율입니다.

───────────── 개념의 탄생은 눈의 탄생이다 ─────────────

이로써 우리는 '잉여가치율'이라는 마르크스의 또 다른 개념을 만났습니다. 앞서 '불변자본'과 '가변자본'을 만났고, 더 거슬러 올라가면 '잉여가치' 개념도 있었지요. 앞으로도 우리는 마르크스의 개념들을 더 만나게 될 겁니다. 모두가 마르크스만의 독특한 개념들입니다. '개념'(Begriff)이라는 말에는 '붙잡는다'(begreifen)라는 뜻이 들어 있는데요(우리말에는 '파악한다'라는 말에 붙잡는다는 뜻이 있지요). 마르크스는 이 개념들을 통해 우리에게 일어난 현상들, 우리가 경험하는 세상을 붙잡습니다. 개념은 우리의 지성이 세상을 붙잡는 도구, 세상을 파악하는 도구입니다. 비유컨대 '개념'은 사물과 우리 사이에 놓인 지적 렌즈라고도 할 수 있습니다. 니체는 대학의 학자들을 가리켜 "사물을 맨 처음 본 사람들이 아니"라고 비판한 적이 있는데요.[26] 렌즈가 자기 것이 아니기 때문입니다. 그들은 남의 눈으로 보기 때문에 이미 남이 본 것을 보는 사람들입니다. '자신과 사물 사이에' 기존의 개념, 기존의 렌즈를 놓아둔 사람들이죠. 반대로 철학자는 개념을 만들어내는 사람입니다. 사물을 바라보는 자신만의 렌즈를 만들어내는 것이지요. 그 렌즈로 남들이 보지 못한 것을 본 사람, 즉 '사물을 맨 처음 본 사람'입니다.

개념을 지성의 렌즈에 비유했는데요. 우리는 우리가 역사적으로 만들어낸 렌즈 혹은 우리에게 역사적으로 주어진 렌즈를 통해 세상을 바라보고 그렇게 보이는 세상을 살아갑니다. 세상의 어떤 일들은 커 보이고 어떤 일들은 작아 보이죠. 그러나 잊지 말아야 합니다. 일의 크기는 렌즈를 투과한 뒤에 나타난 것임을. 우리가 기뻐하고 슬퍼하고 안타까워하는 일들이 모두 그렇습니다. 이를테면 우리는 민주주의를 지향합니다. 그러나 그것을 지향하기 전에 그것은 우리가 역사적으로 형성한 혹은 우리에게 역사적으로 주어진 개념입니다. 우리는 이 개념에 따라 사회를 바라보고, 사회에 분노하고, 사회를 바꾸려고 합니다. 어떤 개념을 형성하느냐에 따라 우리가 사는 세상이 달라 보입니다. 마르크스의 개념도 마찬가지입니다. 그의 개념을 통해 우리에게 나타난 세상은 더는 예전의 세상이 아닙니다. 개념이란 이런 것입니다. 개념의 탄생은 세상을 바라보는 눈의 탄생과 같습니다. 세상에 대한 새로운 목격이 이루어지는 것입니다. 나는 마르크스와 더불어 새로운 눈 하나가 세상에 태어났다고 말하고 싶습니다. 그리고 그 눈을 통해 우리 앞에 나타난 세상, 그 눈과 더불어 우리가 알게 된 세상은 그 이전의 세상과 너무나 다릅니다.

필요노동과 잉여노동

개념의 중요성을 강조하다 보니 본의 아니게 이야기의 맥락을 끊고 말았네요. 다시 잉여가치율로부터 이야기를 이어가겠습니다. 잉여가치율이란 노동력의 가치와 잉여가치의 비율인데요. 노동시간(노동일)을 둘로 나눈 겁니다. 하나는 노동력의 가치를 재생산하는 시간, 다른 하나는 잉여가치를 생산하는 시간이죠. 마르크스는 전자를 '필요노동시간', 후자를 '잉여노동시간'이라고 부릅니다. 각각의 시간에 지출된 노동을 '필요노동'(notwendige Arbeit)과 '잉여노동'(Mehrarbeit)이라 부르고요.[김, 288; 강, 312] 그럼 우리는 잉여가치율을 필요노동과 잉여노동의 비율로 나타낼 수도 있겠죠. 잉여가치율(m/v) = 잉여노동/필요노동.

　　여기서 주의할 게 있습니다. 『자본』제1장에서 상품의 가치를 규정할 때도 마르크스는 '필요노동'이라는 말을 쓴 적이 있거든요. 한 상품의 가치는 그 "상품을 생산하는 데 사회적으로 필요한 노동"이라고 했습니다. 그런데 여기서는 조금 다른 의미로 이 말을 씁니다. 상품의 가치를 구성하는 요소 중 노동력의 가치에 한정해 이 말을 쓴 것입니다. 생산물로서 상품의 가치에는 불변자본(생산수단)의 가치와 가변자본(노동력)의 가치, 잉여가치가 포함되는데요. 이 중 가변자본인 노동력의 가치를 '필요노동'이라 부른다는 겁니다. 하지만 『자본』제1장에서 말한 상품의 가치로서 '사회적 필요노동'은 이들 가치구성 요소 전부를 합한 것입니다. 마르크스도 이 점을 우려해 주석을 달아두었습니다. "똑같은 용어를 서로 다른 의미로 사용하는 것은 적절하지 않지만 어떤 과학에서도 완전히 피할 수 있는 문제는 아니다"라고요.[김, 288, 각주 5; 강, 312, 각주 29] 앞으로 '필요노동'이라는 용어가 자주 등장할 텐데요. 이제부터는 잉여노동과 대비되는 뜻으로, 즉 노동력이라는 특별한 상품의 가치를 가리키는 것으로 받아들이면 됩니다.

그건 그렇고, 마르크스는 왜 하필 '필요'라는 말을 써서 우리를 혼란스럽게 만든 걸까요. 마르크스는 그 이유를 따로 밝혔습니다.[김, 288; 강, 312] 그는 이 말이 노동자에게 갖는 의미는 자본가에게 갖는 의미와 다르다고 했습니다. 먼저 노동자에게 '필요'라는 말이 갖는 의미는 이렇습니다. 노동자의 하루 노동시간, 즉 노동일 전체는 필요노동과 잉여노동으로 이루어져 있는데요. 이때 필요노동에 해당하는 부분은 역사적 사회형태와 상관없이 인간에게 언제나 '필요한' 부분입니다. 어느 시대든 인간은 자신의 생명과 삶을 재생산하기 위해 노동을 해왔으며, 노동자에게 '필요'라는 말이 갖는 의미가 그것입니다. 반면 '필요노동' 부분이 자본가에게 '필요한' 이유는 자본주의라는 독특한 사회형태와 관련이 있습니다. 자본이 가능하려면 노동자의 존속이 '필요'합니다. 노동력이 재생산되지 않으면 잉여가치는 불가능하니까요. 따라서 자본이 가능하기 위한 토대로서 그것은 필수죠. 요컨대 '필요노동'은 노동자에게도 필요하고 자본가에게도 필요한 노동입니다. 그 이유는 완전히 다르지만요.

필요노동의 지점을 넘어선 후의 노동을 잉여노동이라고 했는데요. 노동자의 노동은 달라질 게 없습니다. 노동력을 계속 지출하지요. 하지만 이에 대해서는 지불받지 않습니다. 한마디로 자본가만을 위한 생산 기간이죠. 자본가에게는 이 점이 눈에 들어오지 않습니다. 그는 노동력의 '하루 사용권'을 구매했고 하루 노동을 시켰으니 노동자에게 줄 것은 주고 받을 것은 받았다고 생각하겠죠. 그런데 생산과정이 끝나면 잉여가치가 생깁니다. 모든 상품의 가치를 다 지불했는데도 생긴 이득이죠. 그는 잉여가치의 정체가 잉여노동이라고 생각하지 않을 겁니다. 모든 지불이 끝났기 때문에 마치 무에서 세상을 창조한 신처럼 자본이 어떤 창조력을 발휘했다고 생각하겠지요.

───────────── 무로부터는 아무것도 생겨나지 않는다 ─────────────

마르크스는 잉여가치가 "무로부터의 창조라는 매력을 발산하면서 자본가에게 미소를 보낸다"라고 했습니다.[김, 288; 강, 312] 여기서 '무로부터의 창조'라는 표현은 의미심장합니다. 곧이어 설명하겠습니다만, 마르크스는 이 표현을 의식적으로 사용했습니다. 그는 이 단락에서 잉여가치가 '무'가 아니라 '유'에서 나왔다는 것, 다시 말해 그것을 낳아준 몸이 있다는 점을 강조하고 있습니다.

이 대목에서 나는 『자본』을 쓰기 20년 전의 마르크스를 보는 듯합니다. 젊은 시절 박사학위 논문에서 그가 제시했던 철학사의 대립 구도를 경제학 판본으로 다시 본다고 할까요. 철학사의 대립 구도라고 했지만 철학의 두 계보라고 불러도 좋겠습니다. 바로 초월적 신학과 내재적 철학, 이렇게 말해도 좋다면, 초월적 관념론과 내재적 유물론의 대립입니다. 이 둘은 다양한 가면을 쓰고 여러 시대에 나타납니다[마르크스는 이를 개별적 대립이 아니라 '종'(espèce) 간의 대립이라고 했습니다].[27] 로마 시대를 보면 에피쿠로스를 비판했던 플루타르코스(Plutarch)가 전자를 대변하고, 에피쿠로스를 지지했던 루크레티우스가 후자를 대변합니다. 전자는 천상의 (초월적) 존재에 의거한 도덕과 규범을 강조했고 후자는 대지의 존재에 내재한 자유와 능력을 강조했지요.[28]

마르크스는 '무로부터의 창조'라는 표현을 쓴 단락에 주석을 달았습니다.[김, 288, 각주 6; 강, 312, 각주 30] 이 주석에서 그는 독일의 정치경제학자 빌헬름 로셔(Wilhelm G. F. Roscher)를 강하게 비판했는데요. 로셔는 『국민경제학 기초』Die Grundlagen der Nationalökonomie에서 잉여가치를 자본가의 '절약'에 대한 대가라고 주장했습니다. 자본가의 '절약'이란 무엇일까요. 일상의 소비를 줄인 것이라면 그의 재산이 덜 줄기는 하겠습니다만 상품의 생산과정에서 생겨난 잉여가치와는 무관합니다. 만약 생산에 대한 투자를 줄인 것이라면 잉여가치는 물론 가치생산물 자체가 줄겠지요(혹시 생산수단이나 노동력에 제값을 지불하지 않는 강도짓을 절약이라고 부른다면 우리는 학문적으로 검토할 필요가 아예 없습니다).

흥미로운 사실은 로셔가 우리가 곧이어 다룰 영국의 정치경제학자 나소 시니어(Nassau W. Senior)의 책 『정치경제학 개론』Outlines of Political Economy을 번역한 사람이라는 점입니다. 시니어 또한 자본가의 '절욕'을 강조했던 사람입니다. 그는 '이윤'은 자본가의 감독노동에서 생겨나고 '이자'는 자본가의 절욕에서 생겨난다고 주장했는데요. 돈을 다른 곳에 써버리지 않고 자신의 욕망을 억제해 생산에 투자한 대가라는 거죠. 마르크스는 로셔가 생소한 단어였던 시니어의 '절욕'(abstinence)을 'Enthaltung'(절욕, 절제)으로 옮긴 것은 잘한 번역이라고 했습니다. 다른 사람들은 해당 단어를 주로 'Entsagung'(금욕)으로 옮겼는데요. 후자는 성직자들의 단어였죠.[김, 304, 각주 12; 강, 326, 각주 33]

마르크스는 로셔가 성직자 냄새가 나지 않게 시니어의 말을 제대로 옮겼다고 했지만, 그럼에도 로셔와 시니어의 절욕설에는 초월적 신학의 냄새가 납니다. 성직자적 금욕과는 거리를 두려 했지만 여전히 '무로부터의 창조'를 믿기 때문입니다. 절약, 절욕, 절제… 뭐라고 불러도 좋습니다. 여기에는 적극적인 것이 없습니다. 쓴 것 없음, 욕망 없음, 행동 없음에서 가치가 생겨나는 것처럼 말하고 있습니다. 마르크스는 로셔가 『국민경제학 기초』 서문에서 스스로를 "경제학의 투키디데스(Thucydides)"로 칭한 것을 조롱하며 "빌헬름 투키디데스 로셔"라고 조롱했는데요. 좀 전에 말한 철학의 계보에 빗대 말하면, 내 생각에 그의 절욕설은 플루타르코스를 떠올리게 합니다.

마르크스는 로셔와 시니어에 대한 주석 앞에 루크레티우스에 대한 주석을 달았습니다. 사실 이 주석은 『자본』 초판에는 없었습니다. 제2판을 출간하며 넣은 건데요. 마르크스가 주석을 단 곳은 가치의 창출과 변동에 대해 말한 부분입니다. 그는 가치의 창출은 오로지 가변자본, 즉 노동력으로 전환된 부분과 관계하며 불변자본은 전혀 영향을 미치지 못한다고 주장하고 이런 주석을 달았습니다. "루크레티우스가 말했듯이 '무로부터는 아무것도 창조되지 않는다'(nil posse creari de nihilo)라는 것은 자명하다. 무에서는 아무것도 생겨나지 않는다. '가치의 창출'은 노동력이 노동으로 전화된 것이다. 그리고 노동력은 자연 소재(Naturstoff)가 무엇보다도 인간유기체로 전화된 것이다."[김, 286, 각주 2; 강, 310, 각주 27]

무로부터는 아무것도 생겨나지 않는다. 이는 만물의 생성에 대한 루크레티우스(그리고 더 거슬러 가면 에피쿠로스)의 생각을 압축해 표현한 문장입니다. 『사물의 본성에 관하여』De rerum natura에서 루크레티우스는 이렇게 말합니다. "우리는 다음과 같은 그것[자연]의 첫 원리에서 시작해야 한다. 즉 그 어떤 것도 신들의 뜻에 의해 무로부터 생겨나진 않았다는 것이다."[29] 그러면서 "어떤 것도 무로부터 생겨날 수 없다는 것을 알게 되면", 자연에서 일어나는 일을 더 잘 알게 될 것이고, 그 일들이 신들의 노고를 필요로 하지 않는다는 것을 알 것이라고 했습니다.[30] 신들을 세상일의 노고에서 해방해주면서 실상은 세상일에서 몰아낸 것이죠. 자연은 자연에서 생겨납니다. 그러나 모든 것이 모든 것을 낳지는 않습니다. 자연의 능력은 개개의 사물에 다르게 나뉘어 들어갔습니다. 달리 말하면 개개의 사물한테는 "달리 나뉜 능력"이 들어 있습니다. 그 능력에 따라 이런저런 사물들이 생겨납니다. 사물들에는 그것을 낳은 어머니가 있습니다. 새가 하늘에서 갑자기 튀어나왔다는 식으로 말하면 안 됩니다. 자연에는 "각각의 것을 낳아준 몸", "사물들의 어머니"가 있습니다.[31]

잉여가치는 어디서 왔을까요. "태초에 빛이 있으라" 하는 식으로 잉여가치가 생겨난 게 아닙니다. 마르크스는 잉여가치의 발생을 신비화하면 안 된다고 말합니다. 가치가 노동력에서 온 것이라면, 다시 말해 가치를 '노동시간의 응고', '대상화된 노동'이라고 불렀다면, 잉여가치도 가치인 한에서 그렇게 불러야 합니다. 노동시간의 응고, 대상화된 노동이라고요. 말하자면 잉여가치란 "단지 잉여노동시간의 응고이고 대상화된 잉여노동일 뿐"이라고요. 마르크스는 이것이 "결정적으로 중요"(entscheidend)하다고 했습니다.[김, 288; 강, 312]

가치는 '없음'에서 나온 게 아니라 '있음'에서 나옵니다. 생산물에 가치가 더해졌다면 정말로 무언가가 더해진 겁니다. 노동을 가치의 척도라고 주장했던 스미스는 노동을 '노고'(toil)와 '수고'(trouble)라는 말로 표현했는데요.[32] 마르크스는 그런 부정적 어휘조차 피하고 싶어합니다. 마르크스는 실제로 『정치경제학 비판 요강』에서 스미스의 가치 개념과 시니어의 절욕설이 통한다고 주장했는데요. 노동자의 노동이란 일종의 희생이기 때문에 가치를 정립한다고 보는 스미스와, "생산물을 직접 먹어치우지 않고 (…) 절제라는 희생을 바치는 것이기 때문에" 자본가의 절욕이 가치의 원천이라고 생각하는 시니어는 그리 멀리 떨어져 있지 않다는 거죠. 그러면서 마르크스는 말합니다. "단순히 부정적인 것은 아무것도 창출하지 않는다."[33] 그러니까 '없음'(무)도, '아님'(부정)도 가치를 창출하지 않습니다. 마르크스는 가치란 정말로 어떤 적극적인 것이 사용되고 투여됨으로써 생겨난다고 말합니다. 사람들에게 소중한 어떤 것이 정말로 들어가는 거죠. 말하자면 가치란 노동자에게 내재한 '능력'이 적극적으로 발휘되는 것이고, 더 나아가 노동자의 소중한 '생명'이 들어가는 것입니다.

우리는 마르크스가 로셔와 시니어에 대해 왜 그렇게 분노하는지 이해할 수 있습니다. 노동자가 생명을 소진하면서 창출한 잉여가치에 대해 (설령 법적으로 정당한 노동력의 사용이었다 할지라도) 그들은 그것이 '무에서 창조된 것'처럼, 마치 자본가의 절욕, 자본가의 고상한 의지에서 생겨난 것처럼 말했으니까요. 마르크스는 잉여가치에 대해 '단지 …뿐이다'(bloß)라는 문구를 반복했는데요. 이는 "세상은 원자와 허공뿐"이라고 했던 에피쿠로스와 루크레티우스를 떠올리게 합니다. 에피쿠로스와 루크레티우스는 자연현상을 신의 의지로 해석하는 사람들과 싸웠습니다. 이들에 따르면 영원히 지복을 누리는 존재인 신은 생성과 소멸을 반복하는 원자들의 세계에 있을 수 없습니다. 신은 세상 바깥에서 지복을 누립니다. 언뜻 보면 신의 지복과 불멸을 찬미한 것 같지만 실상은 신을 이 세상에서 추방한 것이죠.[34] 자연현상을 신의 의지가 아니라 자연법칙에 따라 이해한 겁니다. 마르크스도 그렇습니다. 그는 자본가의 의지, 즉 자본을 낭비하지 않고 투자한 그 의지를 가치창출의 원인으로 간주하는 정치경제학자들에 맞서 단호하고 간명하게 말했습니다. 무에서는 아무것도 생겨나지 않는다. 가치는 노동이 대상화된 것일 뿐이고, 잉여가치는 잉여노동이 대상화된 것일 뿐이다.

야곱과 이스라엘처럼

잉여가치율은 '노동력의 가치와 잉여가치의 비율'(m/v)인데요, '가변자본의 가치 증식률'($\Delta v/v$)이라 부를 수도 있고, '필요노동과 잉여노동의 비율'이라고 불러도 좋습니다. 나중에 제5편을 다룰 때 보겠지만, '지불노동과 불불노동의 비율'이라고도 부를 수 있습니다. 필요노동은 자본가가 임금으로 지불하는 부분이고 잉여노동은 별도로 지불하지 않는 부분이니까요. 노동자에게 얼마를 지급하고 얼마를 더 뽑아냈느냐를 나타냅니다. 이런 이유로 마르크스는 잉여가치율을 "자본에 의한 노동력 착취도(Exploitationsgrad) 혹은 자본가에 의한 노동자 착취도의 정확한 표현"이라고 했습니다.[김, 289; 강, 313] 물론 착취의 정도를 정확히 표현한다고 해서 착취의 절대적 크기까지 정확히 표현하는 것은 아닙니다. 마르크스가 주석에서 말한 것처럼, 하루 10시간 노동 중 5시간이 필요노동이고 5시간이 잉여노동인 경우와 하루 12시간 노동 중 6시간이 필요노동이고 6시간이 잉여노동인 경우를 비교하면, 잉여가치율은 똑같이 100퍼센트이지만 착취의 크기는 5시간에서 6시간으로 20퍼센트 증가하니까요.[김, 289, 각주 7; 강, 313, 각주 30a]

　'잉여가치율'을 '착취도'라고 부르면 어감이 완전히 달라집니다. 야곱과 이스라엘처럼 동일한 존재를 다른 이름으로 부르는 것뿐인데도 말이죠. '잉여가치율 100퍼센트'를 '착취도 100퍼센트'라고 불러보세요. 숫자일 뿐인데도 전혀 다른 감정을 불러일으킵니다. 자본가에게는 가변자본으로 투자한 돈이 얼마나 늘었는가의 문제가 노동자에게는 임금으로 받은 것 이외에 얼마나 더 '빨렸는가'의 문제가 됩니다. 잉여가치율이 금빛이라면 착취도는 핏빛이죠. 이런 게 바로 당파성입니다. 숫자와 사실이 바뀌지는 않습니다. 하지만 색채는 완전히 달라집니다. 『자본』 제7장(영어판은 제9장)에서 이처럼 당파성이 부각되는 이유는 무엇일까요. 이어질 다음 장을 예비하는 겁니다. 미리 귀띔하자면 곧 우리는 노동일(하루 노동시간)의 길이를 둘러싼 자본가와 노동자의 첨예한 갈등을 목격할 겁니다. 우리는 논리로 이 갈등을 해결할 수 없음을 볼 겁니다. 논리 이전의 영역, 바로 입장의 영역, 당파성의 영역이 드러나기 때문이죠. 이에 대해서는 다음 장인 6장에서 자세히 살피기로 하고 여기서는 넘어가겠습니다.

이제 잉여가치율을 계산해볼까요. 앞서의 예를 계속 활용해보죠. 면화 20킬로그램 20만 원(40시간), 방추 ½개 4만 원(8시간), 노동력 가치 3만 원(6시간), 잉여가치 3만 원(6시간). 잉여가치율이 얼마인가요. 이 계산에서 필요 없는 숫자들이 있지요. 불변자본인 면화와 방추의 가치입니다. 가치생산물은 가변자본(노동력)의 가치와 잉여가치뿐이니까요. 거듭 말하지만 12시간 노동을 했으니 12시간 가치 (노동력의 가치 6시간, 잉여가치 6시간)가 생기는 게 당연합니다. 잉여가치율은 '잉여가치/노동력 가치'이므로, '3만 원(6시간)/3만 원(6시간)', 즉 100퍼센트입니다.

우리의 자본가는 물론 잉여가치율보다는 이윤율에 신경 씁니다. 투자액 대비 수익이 그의 관심사죠. 그럼 이윤율도 계산해볼까요. 이윤율 계산에는 불변자본의 가치도 포함됩니다. 자본가가 투자한 자본총액은 '불변자본＋가변자본'입니다. 면화와 방추, 노동력의 가치를 모두 더해서 구합니다. '27만 원(54시간)'이죠. 잉여가치는 '3만 원(6시간)'이고요. 그럼 이윤율은 얼마인가요? '3만 원/27만 원', 즉 11퍼센트 남짓입니다. 자본가는 27만 원 투자해 3만 원 벌었다고, 이윤율이 11퍼센트밖에 안 된다고 말할지도 모르겠습니다. 하지만 잉여가치율, 그러니까 착취도로 보면 이윤율의 9배가 넘는 100퍼센트입니다. 우리의 방적공은 자신이 생산한 가치의 절반만 가져가고 나머지 절반은 자본가에게 넘긴 것이죠. 게다가 여기에는 무상의 선물이 고려되지 않았습니다. 면화와 방추를 되살려내 이들의 가치 24만 원을 면사에 그대로 이전해준 것 말입니다.

계산이 어렵지는 않았을 겁니다. 사실 『자본』에 나오는 계산들은 정말로 간단합니다. 원리를 이해하는 데 복잡한 수식이 필요한 건 아니니까요. 아마 독자에 대한 고려도 있었을 겁니다. 마르크스는 노동자들이 이 책을 읽기를 바랐고 또 그래야 한다고 생각했습니다. 그래서 계산 방법을 최대한 명료하고 쉽게 설명하려고 노력했습니다. 계산 방법을 단계별로 친절하게 다시 요약해주기도 했고요.[김, 290; 강, 314] 그러면서 계산에 대한 두려움을 가지고 있을지 모를 독자들을 달래면서 연습 문제를 풀어보게도 합니다. "방법은 이처럼 단순하지만, 이 방법의 근간을 이루는 낯선 관찰 방식에 익숙해지려면 독자들은 몇 개의 예를 통해 연습을 하는 것이 좋을 것이다."[김, 290; 강, 314]

그러면서 이번에는 실제 사례를 가지고 잉여가치를 계산해보게 합니다. 일종의 실전 문제 풀이라고 할 수 있습니다. 1860년 맨체스터의 한 면사 공장의 자료인데요.[김, 290~291; 강, 314~315] 우리도 한번 풀어볼까요. 이 공장은 미국에서 면화를 수입해 면사(Nr. 32)를 생산하는데요, 방추 1만 개의 뮬 방적기를 사용합니다. 매주 1방추당 1파운드(중량)의 실을 생산하고 생산과정에서 불가피하게 6퍼센트의 낙면이 발생합니다. 정리하면, 1만 개의 방추를 이용해 1만 600파운드의 면화로 1만 파운드의 실을 생산하고 600파운드의 낙면이 발생하는 겁니다. 1만 600파운드 면화의 가격은 1871년 기준으로 약 £342(£는 통화 단위인 파운드스털링)이고, 방추 1만 개의 가격은 증기기관 등의 설비까지 모두 포함해 £1만(1개당 £1)입니다. 1년간 방추 마모율은 10퍼센트로 1년에 1000개쯤 소진되는 것이니 주당 20개쯤으로 하면 되겠습니다(£20). 공장 건물 임차료가 주당 £6 나가고요. 증기기관과 난방에 소요되는 석탄은 매주 60시간 작업 기준으로 11톤이 소모되고 비용으로는 £4.5입니다. 또 가스 값과 기름 값이 주당 각각 £1, £4.5 소모됩니다. 임금은 주당 £52이 지출되고, 생산물인 실의 가격은 전체 1만 파운드가 £510입니다.

자, 계산해볼까요? 실제 자료여서 항목이 좀 복잡해 보입니다. 전에는 노동수단으로 방추 하나만 생각했는데 이제 건물 임차료나 석탄, 가치, 기름 값 같은 것도 있네요. 하지만 사실 복잡할 게 없습니다. 우리에게 필요한 값은 세 항목뿐이니까요(사실 잉여가치율 계산에는 두 항목이면 되죠). 불변자본, 가변자본, 잉여가치. 이 세 항목만 구하면 됩니다. 각 항목에 맞게 자료를 분류해볼까요(참고로 1주 기준입니다). 먼저 불변자본 즉 생산수단에 해당하는 것을 모아보겠습니다. 면화(1만 600파운드) £342, 방추(20개) £20, 건물 임차료 £6, 석탄(11톤) £4.5, 가스 £1, 기름 £4.5. 이것들을 모두 합하면 불변자본은 £378입니다. 다음으로 가변자본 즉 노동력의 가치는 주당 £52이라고 했지요. 마지막으로 잉여가치가 남았는데요. 이것은 계산을 해야 합니다. 잉여가치(m)는 생산물의 가치($c+v+m$)에서 자본가가 투하한 자본($c+v$), 즉 생산수단과 노동력의 구매에 들어간 돈을 빼면 됩니다. 생산물인 면사(1만 파운드)의 가치가 £510이라고 했고, 생산수단이 £378, 노동력이 £52이라고 했습니다. 그럼 잉여가치는 £510−(£378+£52)=£80입니다.

이제 답을 말할 차례입니다. 잉여가치율은 가치생산물만을 기준으로 하므로 생산수단의 가치는 필요 없습니다. 잉여가치율은 '잉여가치(m)/가변자본(v)'이죠. 계산하면 $80/52$, 즉 $153\frac{11}{13}$퍼센트입니다. 처음에는 복잡해 보이지만 자료를 항목대로 분류하면 간단합니다. 분류 자체도 어렵지 않습니다. 생산에 투입된 요소들 중 노동력만 제외하면 모두 생산수단이 되니까요. 내친김에 우리 자본가의 관심사인 이윤율도 계산해볼까요. 이윤율은 '잉여가치(m)/투하자본($c+v$)'이므로 $80/(378+52)$, 즉 $18\frac{26}{43}$퍼센트입니다. 이윤율이 18퍼센트를 넘었으니까 사업이 나쁘지는 않았던 것 같습니다.

<hr />

맨체스터의 어느 공장주

그건 그렇고 마르크스는 영업비밀일 수도 있는 이 자료를 대체 어디서 구했을까요. 마르크스는 『자본』 2판에서 해당 내용 아래 이런 주석을 달았습니다. "본문에 든 수치는 매우 정확한 것으로 맨체스터의 한 공장주가 나에게 제공한 것이다." [김, 291, 각주 8; 강, 315, 각주 31] 도대체 이 맨체스터의 공장주가 누굴까요. 마르크스와 어떤 관계가 있기에 생산원가 자료를 넘겨주었을까요. 아마도 에르멘 & 엥겔스(Ermen & Engels) 사에서 일하고 있던 마르크스의 평생의 친구이자 동지인 엥겔스일 겁니다. 에르멘 & 엥겔스 사는 엥겔스의 아버지가 피터 에르멘(Peter A. Ermen)과 합작해 세운 회사입니다. 1860년에 엥겔스는 여기서 일하고 있었지요.

　만약 이 자료가 엥겔스가 넘겨준 게 맞는다면 이 공장에서도 잉여가치율, 그러니까 노동자에 대한 착취도가 상당했던 셈입니다. 153퍼센트가 넘었으니까요. 물론 이 회사가 항상 잘나갔던 건 아니고, 1862년에는 미국 남북전쟁 여파로 면화 원가가 다섯 배나 오르면서, 엥겔스 스스로의 표현에 따르면 '무일푼'이 되기도 했습니다.[35] 사실 엥겔스는 아버지로부터 사업을 이어받고 싶은 생각이 없었습니다. 언제나 일을 그만두고 싶어했죠. 그가 그 일을 정말로 그만둔 것은 마르크스의 『자본』 I권이 출간되고 얼마 지나지 않아서였습니다. 마치 이때만을 기다려온 사람처럼 말이죠.

　『자본』이 출간된 다음 해(1868)에 엥겔스는 마르크스에게 편지를 썼습니다. "친애하는 무어. 아래 질문들에 대해 '아주 정확히' 고려해서, 내가 화요일 아침까지 자네 답변을 받을 수 있도록 답장해주게. ①자네 빚을 '모두' 청산하고 깨끗하게 새 출발 하는 데 얼마가 필요한가. ②1년에 £350이면 빚을 지지 않고 '일상적' 고정비용을 충당할 수 있는가(병이나 예측하지 못한 사고 같은 건 계산에서 배제하게). 그렇지 않다면 그것에 필요한 총액을 말해주게."[36] 엥겔스는 사실상 마르크스 가족의 생활을 책임지고 있었습니다. 퇴직이 자신만의 문제가 아니었던 거죠. 『자본』이 출간되고 러시아 등지에서 번역 제안이 이루어지자 엥겔스는 이제 지긋지긋한 일을 때려치울 때라고 생각했습니다. 그래서 동업자인 에르멘에게 지분을 모두 넘기고 퇴직의 수순에 들어갑니다. 마침내 1869년 7월 1일, 사업에서 완전히 손을 뗍니다.

　마르크스의 셋째 딸 투시(엘레노어 마르크스)는 엥겔스의 마지막 출근 날을 잊지 못할 거라며 기록을 남겼습니다. 엥겔스는 신발을 신으며 "마지막이야" 하고 외쳤습니다. 몇 시간 뒤 마르크스 가족들은 퇴근하는 엥겔스를 기다렸습니다. 투시에 따르면 엥겔스는 "허공에 지팡이를 흔들며 노래를 불렀"습니다. 그날 엥겔스는 마르크스에게도 말했습니다. "만세! 오늘로 사업은 끝났고, 나는 이제 자유인이야." 참 뭉클한 장면입니다.[37] 마르크스가 『자본』의 글 감옥에서 해방되었을 때 이 책이 나오기를 누구보다 학수고대하던 엥겔스가 사업의 사슬에서 풀려난 것입니다!

<hr>

계산이 유발하는 환상

미안하지만, 따뜻한 우정은 뒤로하고 냉정한 문제 풀이의 세계로 돌아가야겠습니다. 이번에는 조금 다른 문제를 풀어보려 합니다. 생산물의 가치를 생산물의 양으로 분할해보는 것입니다. 왜 이런 계산을 하는가. 일단은 우리가 곧이어 마주칠 정치경제학자 시니어의 황당한 주장을 비판할 때 도움이 되기 때문입니다. 그리고 나중에 우리가 임금에 대해 살필 때(특히 성과급제 임금을 이해할 때) 도움이 됩니다.

우리에게 익숙한 예를 계속 활용하겠습니다. 면사 20킬로그램의 가치는 30만 원이었습니다. 면화 20킬로그램의 가치(20만 원), $\frac{1}{2}$개 방추의 가치(4만 원), 노동력의 가치(3만 원), 잉여가치(3만 원)를 모두 합한 것이죠. 그럼 생산요소들 각각의 가치에 따라 생산물의 양을 나누면 어떻게 될까요? 면사에 이전된 면화의 가치는 20만 원이므로 전체의 $\frac{2}{3}$에 해당합니다. 그러니까 생산물인 면사의 양으로 따지면 20킬로그램의 $\frac{2}{3}$, 즉 $13\frac{1}{3}$킬로그램에 해당합니다. 방추는 4만 원이므로 면사의 양으로 따지면 20킬로그램의 $\frac{4}{30}$, 즉 $2\frac{2}{3}$킬로그램에 해당합니다. 면화와 방추의 가치를 모두 합친 것, 즉 불변자본의 가치를 생산물인 면사의 양으로 나타내면 16킬로그램인 셈이죠. 이런 식으로 노동력의 가치와 잉여가치에 해당하는 면사의 양도 구할 수 있습니다. 각각 2킬로그램이 거기 해당하죠.

계산 자체는 어렵지 않은데요. 문제는 계산이 아닙니다. 마르크스는 이런 식의 계산이 유발하는 환상을 지적합니다. 자본가는 생산물인 면사를 놓고 방적공에게 이렇게 얘기할 수 있습니다. 여기 면사 2킬로그램이 네가 기여한 부분이야. 여기 16킬로그램은 내가 면화랑 방추에 쓴 거고. 나머지 2킬로그램? 그거야 내 노력에 대한 보상이지. 계산된 값으로만 보면 틀린 말이 아닐 수 있겠습니다. 그런데 자본가의 말은 마치 16킬로그램의 면사가 노동자의 노동 없이 만들어진 것 같은 환상을 불러일으킵니다. 다이달로스의 조각들이나 헤파이스토스의 세발솥들처럼 면화와 방추가 저절로 움직여 면사로 돌변한 것처럼 말입니다.[38] 현물로서 면사 20킬로그램은 모두 방적 노동이 산물임에도, 가치구성에 따라 분해한 뒤 현물의 양을 대응시키니 마술과도 같은 일이 벌어지는 거죠. 면화와 방추는 저절로 움직여 16킬로그램의 면사가 되고, 방적공은 4킬로그램(노동력의 가치와 잉여가치)의 실을 면화와 방추 없이 "허공에서 뽑은 듯"합니다.[김, 294; 강, 318]

면사의 가치를 노동시간으로 표시할 수도 있습니다. 면화 20킬로그램의 가치가 40시간, 방추 ½개의 가치가 8시간, 노동력의 가치가 6시간, 잉여가치가 6시간이므로 모두 합해 면사 20킬로그램은 60시간에 해당합니다. 면화와 방추의 가치에 해당하는 면사의 양이 16킬로그램이라고 했는데요. 이들의 가치 48시간이 면사 16킬로그램의 현물에 해당하는 셈이죠. 바꾸어 말하면 면사 16킬로그램은 48시간의 노동이 몸을 얻어 나타난 것입니다(einverleiben).[김, 295; 강, 318] 그런데 이 모든 일은 하루 동안의 노동, 즉 12시간 동안 일어난 것입니다. 단순한 수학적 계산으로는 면사 생산에 참여한 요소들의 가치만큼 이 12시간을 비례적으로 분할할 수도 있습니다. 생산물인 면사 20킬로그램 중 13⅓킬로그램이 면화의 가치에 상응하고, 2⅔킬로그램이 방추의 가치, 2킬로그램이 노동력의 가치, 또 2킬로그램이 잉여가치에 해당한다면, 이 비율에 따라 하루 노동시간을 나눌 수 있습니다. 그럼 면화 20킬로그램의 가치는 전체의 ⅔에 해당하므로 12시간의 ⅔인 8시간에 해당할 겁니다. 이런 식으로 다른 요소들의 가치도 각각의 비율에 따라 몇 시간에 해당하는지 구할 수 있습니다. 방추의 가치는 1⅗시간, 노동력의 가치와 잉여가치는 각각 1⅕시간에 해당합니다.

계산 자체는 아무런 문제도 없습니다. 그냥 비례관계니까요. 다시 말하지만 12시간을 요소들의 비례에 따라 나눈 것에 불과합니다. 생산물의 가치를 노동시간으로 표시하면 60시간인데요. 그것을 12시간 길이로 축약했다고 보면 됩니다. 그런데 이렇게 만들어놓고 나면, 개념에 대한 이해가 부족한 사람들은 황당한 생각을 할 수 있습니다. 아니, 이해가 부족한 사람이 아니라 이익이 달린 사람들이 그럴 수 있습니다. "특히 실천적으로 가치증식과정에 관심을 갖고 있으면서 그것을 이론적으로 곡해함으로써 이익을 얻을 수 있는 사람들의 머릿속"에서 그런 생각이 일어납니다.[김, 296; 강, 319] 노동자의 하루 노동시간을 그렇게 나누어서 이해하는 거죠. 처음 8시간은 면화를 생산한 시간이고, 1시간 남짓은 방추를 생산한 시간이고, 또 1시간 남짓은 노동자가 자기 임금을 생산한 시간이고, 마지막 1시간 정도가 노동자가 자본가를 위해 일한 시간이라는 식으로요.

실제로 어떤 자본가는 노동자에게 그런 식으로 말하기도 할 겁니다. 원료 값과 기계 값 등 이런저런 잡비 내고 월급까지 주고 나면, 1시간이나 자기 몫으로 떨어질지 모르겠다고요. 이런 자본가라면 노동자가 조금 지각하거나 옆 사람과 잡담이라도 한다면 결코 그 꼴을 볼 수 없을 겁니다. 그 짧은 시간에 자기 몫이 허공으로 사라진다고 생각할 테니까요. 과연 이게 말이 될까요. 1836년 옥스퍼드의 경제학 교수 시니어가 비슷한 주장을 폈습니다. 당시는 하루 10시간 노동을 요구하는 운동이 벌어질 때인데요. 『공장법에 대한 편지』Letters on the Factory Act에서 그는 10시간 노동제가 시행되면 자본가에게는 한 푼도 안 떨어질 거라고 했습니다. 그러면서 이런저런 계산을 늘어놓았는데요. 당시 공장법에 따르면 '18세 미만'의 노동자를 고용한 사업장은 하루 11½시간 이상 작업을 시켜서는 안 됩니다(다시 말하지만 18세 '미만' 노동자입니다!). 그런데 시니어는 여기서 1시간만 줄여도 순이익이 사라진다고 했지요. 한마디로 기업이 망한다는 겁니다.

마르크스는 시니어의 글을 직접 인용한 뒤 시니어가 '정말 말하고자 하는 바'를 주석에 따로 정리했습니다. 내용이 뒤죽박죽이라면서 정리를 좀 해줘야 한다고요.[김, 298, 각주 10; 강, 321, 각주 32] 대강의 내용은 조금 전 우리가 예를 들어 살펴본 것과 같습니다. 하루 노동일을 생산물의 가치에 따라 분할하는 것이죠. 시니어가 제시한 수치에 따르면 10시간은 투하 자본 부분($c+v$)에 해당하고, 마지막 1½시간이 잉여가치에 해당합니다. 시니어는 복잡하게 계산했지만 사실 그럴 필요도 없었습니다. 그는 맨체스터 공장주들에게 이윤율이 15퍼센트라는 말을 들었나 봅니다. 이윤율을 15퍼센트로 상정했거든요. 노동일인 11½시간의 15퍼센트를 하면 1½시간이 나옵니다.

마르크스는 너무 어처구니가 없었나 봅니다. "이 교수는 이런 걸 '분석'이라고 말하고 있다!"[김, 299; 강, 323] 시니어의 잘못은 어디에 있을까요. 마르크스는 『자본』 I권 제7장(영어판 제9장) 제3절의 제목을 마치 희곡처럼 〈시니어의 '최후의 1시간'〉이라 달고는 가상의 분석가의 입을 빌려 시니어를 꾸짖습니다. 제3절의 내용 대부분이 이 분석가의 독백입니다. 겉으로는 '시니어가 제대로 된 분석가였다면 공장주들에게 이렇게 말했어야 한다'라는 식인데요, 실상은 마르크스가 노동자들에게 시니어의 문제점을 설명해주는 것입니다. 마르크스는 시니어의 주장을 따라가면 결국 길이 없는 곳, 즉 아포리아(aporia)에 이른다는 걸 보여줍니다. 일종의 내파 전략이죠(사실은 이런 전략 때문에 이야기가 필요 이상으로 까다로워졌습니다). 이야기가 너무 어려워진다 싶을 때 마르크스는 갑자기 화자의 입을 빌려 이렇게 외칩니다. "이제 정말로 어려운 지점에 도달하였소. 그러니 정신 바짝 차리시오!"[김, 300; 강, 323] 가상의 분석가가 청중인 공장주들에게 외치는 말이지만, 실제로는 마르크스가 독자인 노동자들에게 하는 말이지요. 어려운 대목이니 정신 바짝 차리라고요. 마르크스는 마치 노동자들을 눈앞에 두고 글을 쓰는 것 같습니다. 이런 대목을 만날 때마다 빙긋 웃게 됩니다. 마르크스의 마음이 떠올라서요.

시니어에 대한 마르크스의 비판을 이해하기 위해 아래에 표를 하나 그려보았습니다.[김, 293, 역주] 앞서 살핀 예를 내용에 맞게 정리한 것입니다. 표의 첫 번째 칸은 생산물인 면사의 가치를 구성 요소에 따라 돈으로 표시한 것이고요. 두 번째 칸은 구성 요소의 가치에 따라 생산물의 양을 대응시킨 것입니다. 세 번째 칸은 가치를 노동시간으로 표시한 것이고요. 네 번째 칸은 그것을 다시 하루 노동시간인 12시간에 맞게 배분한 겁니다.

면사의 가치 30만 원	면화 20만 원	방추 4만 원	노동력 가치 3만 원	잉여가치 3만 원
면사 20킬로그램	13⅓킬로그램	2⅔킬로그램	2킬로그램	2킬로그램
총노동 60시간	40시간	8시간	6시간	6시간
노동일 12시간	8시간	1⅗시간 (1시간 36분)	1⅕시간 (1시간 12분)	1⅕시간 (1시간 12분)

문제는 어디에 있는가. 네 번째 칸입니다. 계산 자체는 틀리지 않았지만 이렇게 나란히 배열하면 의미가 엉뚱해집니다. 노동자가 하루 일했으면 당연히 그만큼의 가치가 생길 겁니다. 12시간 일했으면 12시간의 가치가 생기지요. 그중 일부는 자신의 임금을 생산한 것이고 나머지는 자본가의 잉여가치를 생산한 겁니다. 그런데 네 번째 칸은 마치 노동자가 12시간 일하는 동안 8시간은 면화의 가치를 생산하고, 1시간 36분은 방추의 가치를 생산하며, 1시간 12분은 노동력의 가치를, 그리고 마지막 1시간 12분은 잉여가치를 생산한 것처럼 보이게 합니다.

이건 말이 안 됩니다. 가치의 이전(가치의 재현)과 가치의 생산을 전혀 구분하지 못한 것이죠. 만약 노동자가 마지막 1시간 12분 동안 자기 노동력의 가치(3만 원, 6시간)를 생산했다고 하면, 그는 1시간 12분 동안 6시간의 가치를 생산한 것과 같습니다. 잉여가치도 마찬가지고요. 마지막 1시간 12분 동안 6시간의 가치를 생산한 것이죠(우리는 지금 노동일을 12시간으로 상정했는데요. 만약 시니어처럼 노동일을 11시간 30분으로 상정하면, 노동자는 노동력의 가치와 잉여가치를 생산할 때, 각각 1시간 동안 5시간 45분의 가치를 생산하는 것과 같습니다[김, 301; 강, 323]). 방적공은 어떻게 1시간 동안 6시간 가까운 가치를 생산할 수 있을까요. 1시간의 가치는 1시간 동안 노동했다는 뜻인데 말입니다. 시니어의 말대로 하면, 노동자는 1시간 동안 6시간을 일한 셈입니다. 시니어는 기적을 증명한 걸까요? 그렇지 않습니다. 그의 분석이 그냥 엉터리인 거죠.

　시니어는 최후의 1시간을 줄이면 순이익이 사라질 것이라고 했는데요. 그의 말이 옳다면 최후의 1시간을 2시간으로, 그러니까 노동시간을 1시간만 더 연장하면, 잉여가치를 뽑는 시간이 두 배 늘었으므로 잉여가치율이 두 배 늘어날 겁니다. 둘 다 허무맹랑한 결론입니다. 마르크스의 표현을 빌리면 전자는 "지나치게 상심한 비관론자"의 말이고, 후자는 "철없는 낙관론자"의 말입니다.[김, 302; 강, 325] 위의 표를 가지고 한번 계산해볼까요(참고로 『자본』 본문에서 마르크스는 시니어의 수치로 계산했으므로 값이 조금 다릅니다). 만약 하루 노동시간을 1시간 줄이면 잉여가치율이 0퍼센트가 될까요. 그렇지 않습니다. 하루 노동시간 12시간 중 잉여노동이 6시간이었는데 그것이 5시간으로 줄어든 것뿐입니다. 그러면 필요노동에 대한 잉여노동의 비율은 $\frac{5}{6}$, 즉 83⅓퍼센트입니다. 100퍼센트에 비하면 좀 줄기는 했습니다만 세상 망한 것처럼 한탄할 정도는 아닙니다. 여전히 83퍼센트 넘게 착취하고 있으니까요. 만약 노동시간이 1시간 늘어나면 어떻게 되나요(모두 잉여노동에만 더해진다고 가정하고요). 그럼 잉여가치율이 $\frac{7}{6}$, 즉 116⅔퍼센트가 되지요. 늘어나긴 했지만 두 배가 되었다고 말하기는 좀 그렇죠.

학문 너머에 있는 것

시니어의 말은 당연히 경험적으로도 반박되었습니다. 지금 우리의 노동일은 시니어가 종말이 올 것처럼 떠들었던 10시간보다도 짧은 8시간이니까요. 그가 퍼뜨린 '세계 종말론'은 '새빨간 거짓말'이 되고 말았죠.[김, 302; 강, 325] 마르크스의 주석에 따르면 시니어 자신도 나중에는 공장법을 지지했다고 합니다. "자기의 명예를 위해서" 말이지요. 하지만 시니어는 물론이고 시니어를 반대했던 사람들도 종말이 오지 않은 이유를 알지는 못했습니다. 반대자들 역시 "경험적 사실에 기대어 그런 것이지만, 왜(why)와 무엇 때문에(wherefore)를 미스터리로 남겨두었"습니다. 마르크스는 이것이 "소위 경제'과학'이라고 하는 것의 오늘날의 수준"을 보여준다고 조롱했지요.[김, 304, 각주 11; 강, 326, 각주 32a] 시니어처럼 대단한 경제학자가 왜 이런 어처구니없는 종말론을 퍼뜨렸을까요. 앞에서 마르크스는 "실천적으로 가치증식과정에 관심을 두면서 이론적으로 그것을 곡해하는 것에 이익이 달려 있는 사람들"에 대해 이야기했는데요.[김, 296; 강, 319] 시니어를 염두에 두고 한 말일 겁니다. 마르크스는 그의 과학 뒤에 있는 의지를 지적한 겁니다. 앞의 의지 말입니다. 어떤 논리, 어떤 계산을 통해서라도 이윤을 지켜야 한다는 의지 속에서 논리를 전개한 것이지요.

시니어의 책은 맨체스터를 방문한 뒤에 쓰인 것인데요. 마르크스는 그가 맨체스터의 공장주들로부터 호출을 받았다고 했습니다. 그 이유에 대해 "경제학을 가르치기 위해서가 아니라 거꾸로 경제학을 배우기 위한 것"이었다고 했습니다.[김, 297; 강, 320] 학문적으로만 말하면 시니어가 공장주들로부터 배울 것은 없을 겁니다. 그러니까 시니어가 무언가를 배웠다면 그것은 학문의 영역, 과학의 영역이 아닙니다. 그것은 바로 입장(position)이죠('학문'과 '입장'의 관계에 대해서는 37~38쪽을 참조). 그는 자본가들의 입장을 배운 것입니다. 마르크스가 『자본』의 제2독일어판 후기에서 한 말이 있었죠. "계급투쟁과 더불어 과학적인 부르주아 경제학은 종언을 고했다. 이제 중요한 것은 어떤 이론이 맞는가 틀리는가가 아니라 자본에 이로운가 해로운가, 자본에 편리한가 불편한가, 자본이 허락할 수 있는가 없는가가 문제가 되었다."[김, 12~13; 강, 54]

경제학만이 아니라 도덕에서도 이 점을 확인할 수 있습니다. 시니어만큼이나 최후의 '1시간'을 지키려고 노력했던 앤드루 유어(Andrew Ure)는 '18세 미만'의 소년들을 도덕적으로 보호하기 위해서라도 12시간 동안 공장에 잡아두어야 한다고 했습니다.[김, 302, 각주 11; 강, 325, 각주 32a] 공장에서 일찍 내보내줘 봐야 못된 짓만 배운다는 거죠. 1848년에 소년들에게 하루 10시간 이상의 노동을 금하는 법이 통과되자 공장주들은 부모들을 동원해 반대 청원을 하게 했습니다. 부모들은 청원서에서 아이들에게 여가시간이 늘어나면 타락할 것이라고 썼습니다. 그러면서 "나태는 모든 악덕의 시초"라고 했지요. 시니어가 경제적 관점에서 종말론을 펼쳤다면 유어는 도덕적 관점에서 종말론을 펼친 셈입니다. 마르크스는 이에 대해 당시 의회에 제출된 공장감독관의 보고서를 인용해 반박합니다.[김, 302, 각주 11; 강, 326, 각주 32a] 이토록 도덕적이고 사랑 넘치는 부모들이 그 자식들을 잡아두고자 하는 공장은 어떤 곳인가. 먼지와 실밥이 날려 1시간은커녕 단 10분만 머물러도 고통스러운 곳에서 아이들은 정신없이 돌아가는 기계 속도를 따라가느라 쉴 새 없이 몸을 움직입니다. 이 아이들에게 부모들이 '나태'라는 말을 쓴다면 너무나 잔인한 짓 아닌가. 이게 당시 공장감독관들의 항변이었죠.

나중에 우리는 『자본』 제13장(영어판 제15장)에서 기계제 대공업을 다루며 이 문제를 다시 언급할 텐데요. 마르크스는 자본주의가 부모들을 '노예 상인'처럼 만든다고 말합니다. 자식들을 팔아먹는다는 거죠. 그리고 이것을 부추기고 이용하는 자본가들의 야만적 행위를 강하게 규탄합니다.[김, 535, 각주 40; 강, 535, 각주 122] 실제로 좀 전에 언급한 부모들의 청원 뒤에는 자본가들의 사주가 있었습니다. 공장감독관들은 공장주들이 부모를 회유하고 협박하고 심지어 청원을 위조했다는 증거들을 제시했답니다.[김, 302, 각주 11; 강, 326, 각주 32a]

꼭 이렇게까지 해야 하는가. 도대체 최후의 1시간을 사수하려는 이 집요한 열정은 어디서 오는가. 마르크스가 『자본』 서문에 썼던 문장이 떠오릅니다. "신앙조항 39개 중 38개를 침해하는 것을 용서할지언정 자기 수입의 39분의 1을 침해하는 것은 결코 용서하지 않을 것이다."[김, 7; 강, 47~48] 그러고 보니 2018년 전국경제인연합에서 미국의 저명한 경제학 교수 한 사람을 서울로 불렀던 일이 떠오릅니다. 노벨상 수상 경제학자인 폴 크루그먼(Paul Krugman)을 불러서 양극화 문제에 대해 강연을 들었죠.[39] 세계적인 경제'석학'의 입을 빌려 정부 정책을 비판하고 싶었던 전국경제인연합 부회장이 이 '석학'에게 하소연했습니다. 세상에나 이 정부는 일률적으로 주당 노동시간을 52시간으로 줄이려 한다고. 그런데 '석학'은 기대를 저버렸습니다. 그는 깜짝 놀라서 말했습니다. "어떻게 그렇게 오래 일하는지 알 수 없습니다. 52시간으로 줄여도 여전히 높은 것 같습니다." 그러고는 충고했습니다. "좀 더 인간적인 사회를 만들어야 한다"라고요. 크루그먼은 최소한, 시니어는 아니었던 거죠.

―――――――――――― 왜 시니어인가 ――――――――――――

마르크스는 왜 하고많은 사람 중에 시니어를 인용했을까요. 물론 잘나가는 부르주아 경제학자를 비판하는 건 사람들에게 끼칠 해악을 차단한다는 점에서 중요하지요. 하지만 시니어의 글은 『자본』 출간 시점을 기준으로 30년 전의 것입니다. 1860년대에는 이미 자본주의의 종말 여부가 최후의 1시간에 달려 있다고 믿는 사람들도 없었습니다. 그사이 하루 10시간 노동이 법제화되었으니까요(1848년 공장법). 게다가 『자본』이 나올 즈음에는 노동운동 진영에서 '8시간 노동제'에 대한 구호가 나오고 있었습니다.

　이미 효력을 다한 주장을 굳이 『자본』에서 공격한 이유는 뭘까요. 심지어 한 절의 제목으로 사용하면서 말입니다. 『자본』에서 사람 이름을 절 제목에 쓴 것은 여기가 유일합니다. 스미스도 리카도도 아닌 시니어에게 그럴 필요가 있었을까요. 마르크스가 『정치경제학 비판 요강』과 『잉여가치 학설사』 등에서 시니어를 몇 차례 언급한 것은 사실입니다. 시니어의 책에 대해 제법 긴 메모를 해둔 곳도 있기는 하지만[40] 대부분은 지나치듯 가볍게 이름만 언급하는 수준입니다. 이론적으로 그렇게 비중 있는 인물이 아니었다는 뜻이죠. 마르크스가 시니어의 주장을 반복적으로 언급할 때의 주제는 세 가지 정도입니다. 하나는 앞서 말한 것인데요. 이윤의 원천이 자본가의 '절욕'에 있다고 한 것입니다.[41] 다른 하나는 '생산적 노동'에 대한 스미스의 견해를 시니어가 비판한 것인데요.[42] 마르크스는 여기서 오히려 스미스 편을 듭니다. 시니어의 견해가 완전히 엉터리라고요. 세 번째 주제가 이 '최후의 1시간'입니다. 똑같은 엉터리 주장이라 해도 앞의 두 가지는 상대적으로 간단히 처리했으나 세 번째 주제는 『자본』의 한 절을 할애해 비판하고 있는 겁니다.[43]

　그 이유가 뭘까요. 『정치경제학 비판 요강』에는 방금 우리가 읽은 것과 동일한 내용이 있습니다. 시니어의 책을 인용하면서 마르크스가 메모 형태로 적어둔 것인데요. 마르크스가 중간에 적어둔 짧은 문장 하나가 눈에 띕니다. "시니어 씨의 수치들은 틀렸지만 그의 예시는 우리의 이론을 위해서 중요하다."[44] 시니어의 주장을 소개한 것은 그것의 객관적 위상 때문이 아니라는 겁니다. 마르크스 자신의 이론을 위해 중요하다는 이야기죠. 이 말을 이해하려면 『자본』의 전개과정을 다시금 살펴봐야 합니다. 지금 우리가 『자본』의 어디에 있는지를 확인할 필요가 있습니다. 우리는 잉여가치가 잉여노동이라는 것을 알아냈습니다. 이는 잉여가치량이 잉여노동시간에 달렸다는 뜻이죠. 우리가 지금 읽고 있는 『자본』 제3편의 제목이 '절대적 잉여가치의 생산'인데요. 잉여가치를 절대적으로 늘리거나 유지하는 방법은 노동시간을 늘리거나 지키는 것입니다. 우리가 곧이어 다룰 제8장(영어판은 제10장)의 제목이 '노동일'인데요. 노동시간의 길이를 둘러싸고 자본가계급과 노동자계급이 벌인 격렬한 투쟁을 다룹니다.

　마르크스는 자본주의에서 노동시간의 길이가 왜 이렇게 첨예한 갈등의 대상이 되는지를 미리 말해주고 있는 겁니다. 그리고 그 양상을 다음 장에서 확인하는 거죠. '최후의 1시간'에 대한 시니어의 억지는 그 내용은 틀렸을지라도 문제의 올바른 장소가 어디인지 보여줍니다. 줄자의 10미터 눈금이 줄자의 전체 길이가 10미터라는 걸 표시하듯, 노동일 중 최후의 1시간은 노동일 전체의 길이를 나타내는 겁니다. 이 1시간을 지키는 것은 그래서 노동일 전체를 지키는 것이죠. 시니어의 주장은 그것을 보여줍니다. 마르크스가 시니어에 관해 마지막으로 달아둔 주석도 이 점을 보여줍니다.[김, 304, 각주 12; 강, 326, 각주 33] 마르크스는 시니어가 맨체스터 여행에서 '얻은 것'이 있다고 말합니다. 원래 시니어는 리카도를 강하게 비판했던 사람입니다. 상품의 가치가 노동시간에 달려 있다는 생각을 거부했죠. 그래서 나온 것이 자본가의 절욕설입니다. 그런데 '최후의 1시간'에 대한 시니어의 언급은 가치가 노동시간에 달렸음을 전제하는 것이죠. 게다가 시니어는 잉여가치가 최후의 1시간에 달려 있다고 말함으로써, 자본가의 핵심적 이해(利害)가 노동시간의 길이에 달렸음을 보여준 셈입니다.

──────────── 목소리 vs. 목소리 ────────────

이제 노동과정에 대한 우리의 이야기를 마무리해야겠습니다. '마무리'라고는 했지만 다음 이야기의 전조라고 해도 좋겠습니다. 언제부턴가 논전이 시작되었습니다. 자본 개념을 이론적으로 정립해본 지난 4장 「성부와 성자」까지는 이런 문장이 별로 없었지요. 연극적 구성을 취한다 해도 장면에 대한 것이었지 논전 형식의 대사가 나오지는 않습니다. 그런데 이번 5장부터는 주장과 항변 형식의 논전이 심심치 않게 나옵니다. 물론 자본가와 노동자의 대결이 아직은 직접적이지 않습니다. 이 장에서 다룬 이야기들은 생산과정에 대한 '자본가의 통제'를 전제한 가운데 어떻게 잉여가치가 생겨나는지를 이론적으로 규명하고 있을 뿐이니까요.

그럼에도 주석 부분을 보면 이미 각 계급의 옹호자 간에 전쟁이 시작된 듯합니다. 마르크스는 시니어의 책 『공장법에 대한 편지』에 관한 주석에서 공장감독관이었던 레너드 호너(Leonard Horner)를 언급했습니다.[김, 298, 각주 10; 강, 321, 각주 32] 호너는 1833년 공장조사위원회의 위원이었고 1859년까지 공장감독관을 역임한 사람입니다. 그는 시니어의 책이 출간되었을 때 『시니어에게 보내는 편지』를 쓴 사람이기도 합니다. 마르크스는 그를 "영국의 노동자계급을 위해 불멸의 공적을 세운" 인물이라고 추켜올립니다.[김, 298, 각주 10; 강, 321, 각주 32] 공장주들에게 시니어가 있었다면 노동자들에게는 호너가 있었던 셈이죠(우리로 따지면 고용노동부의 근로감독관과 같은 일을 수행했던 사람이죠. 우리의 근로감독관 중에 노동자를 위해 불멸의 공적을 세운 사람이 있는지는 모르겠습니다만). 그는 실태 조사를 토대로 공장주들의 주장을 반박하고 장관과 의회를 설득했습니다. 이어지는 6장에서 우리는 그의 활약상을 자세히 볼 겁니다.

『자본』의 본문에서는 시니어의 주장이 펼쳐지는데 주석에서는 시니어를 반박했던 호너가 등장합니다. 또 다른 주석에서는 유어가 시니어의 주장을 도덕적으로 옹호하는데 그것을 호너나 하월(Howell) 같은 공장감독관들이 반박하죠. 한편에 시니어, 유어, 로셔 등이 있다면 다른 편에 호너나 하월 등이 있는 겁니다. 목소리와 목소리가 부딪칩니다. 아직 전면화하지 않았지만 목소리가 서서히 커지고 있습니다. 한 목소리가 잉여가치율과 이윤율이라고 부르는 것을 다른 목소리는 착취도라고 부릅니다. 잉여노동의 시간을 이윤이라고 부르는 사람과 착취라고 부르는 사람. 우리는 이제 노동시간이 계급전쟁의 대상이 되리라는 것을 충분히 예감할 수 있습니다.

이 장을 마무리하기 전에 『자본』 제7장(영어판 제9장)의 마지막 문장을 읽어보겠습니다. "필요노동과 잉여노동의 합계, 즉 노동자가 자신의 노동력을 보전하는 시간과 잉여가치를 생산하는 시간의 합계가 노동시간의 절대적 크기, 다시 말해 노동일을 이룬다."[김, 306; 강, 328] 너무나 단순하고 자명한 이야기죠. 하루의 노동시간은 노동자가 자기 노동력의 가치를 재생산하는 시간과 자본가를 위해, 즉 자본가의 잉여가치를 위해 일하는 시간으로 이루어져 있다는 것인데요. '필요노동＋잉여노동＝노동일'이라는 간명한 정식을 풀어 쓴 것입니다. 그런데 이 문장이 사실은 무시무시한 문장입니다. 너무 단순해서 그렇습니다. 노동시간이 단지 두 개의 항으로만 이루어져 있습니다. 필요노동과 잉여노동. 이 '과'라는 연결사가 내게는 계급투쟁의 전선으로 보입니다. 그 오른쪽이 전쟁터입니다. 단 1시간이라도 늘리려는 자본가와 단 1시간이라도 줄이려는 노동자. 시침 한 칸, 분침 한 칸도 중립적이지 않습니다. 다시 말하지만 딱 두 개의 항입니다. 여기에는 신조차 앉을 자리가 없습니다.

이 장에는 그다음 내용을 예감하게 하는 단어들이 많이 나왔지요. 살아 있는 노동과 죽은 노동, 잉여가치율과 착취도, 생명력의 지출, 피를 빨아 영생을 누리는 괴물. 이어지는 본문 6장의 제목은 「공포의 집」입니다. 왜 그런 이름을 갖게 되었을까요. 거기에 어떤 괴물이 살까요. 상품에 깃든 유령 이야기를 할 때만 해도 『자본』이 부의 요정을 다루는 동화처럼 보였고, 자본 개념을 다룰 때는 범인을 쫓는 추리물인가 싶었는데, 이제 점점 공포스러운 잔혹극이 되어가고 있습니다.

프리모 레비(Primo Levi)의 책 『이것이 인간인가』를 펼치면 먼저 '작가의 말'이 나옵니다. 그런데 첫 구절이 인상적입니다. "다행히(per mia fortuna) 나는 1944년에 아우슈비츠로 이송되었다." 유례를 찾기 힘든 끔찍한 체험의 당사자가 거기 끌려가던 순간을 운이 좋았다는 말로 시작한 겁니다. '다행'은 아우슈비츠와는 도저히 어울릴 수 없는 단어 같습니다. 죽음의 수용소로 가는 길에 '다행'이라고 쓸 수 있는 경우는 딱 하나입니다. 죽음을 피할 수 있을 때뿐이지요. 물론 아우슈비츠에서 삶과 죽음은 너무 인접해 있기에 이 책에는 다행과 불행을 바꾸어 써도 상관없는 문장들이 많습니다. 죽은 것만 못한 삶도 있었고 송장처럼 사는 사람들도 많았으니까요.

일단 레비는 '다행히'라고 썼습니다. 아우슈비츠로 이송된 덕분에 즉각적 죽음을 면했으니까요. 전쟁 말기 노동력이 부족해지자 독일 정부는 포로들 일부를 살리기로 했습니다. 노동력을 가진 사람들만 살았지요. 그렇지 않은 사람들, 특히 여성과 아이, 노인 상당수는 이송 기차에서 내리는 즉시 '처분'되었습니다. 레비는 '다행히' 살아남았습니다. 아우슈비츠에 들어갈 자격을 얻은 것이지요. 아우슈비츠 정문에는 큼지막하게 "노동이 너희를 자유롭게 하리라"(Arbeit macht frei)라는 문구가 쓰여 있었습니다. 죽음의 수용소는 노동수용소였던 겁니다. 잘 알려진 것처럼 아우슈비츠에는 인간소각로가 있었습니다. 어떻게 사람을 땔감처럼 태울 수 있었을까요. 이상한 말이지만 소각로에 넣는 사람들을 인간으로 보지 않았기 때문일 겁니다. 포로들은 아우슈비츠에서 사물 취급을 받았습니다. 이송할 때부터 독일군은 포로들의 인격을 박탈했습니다. 열차에 모두 태웠을 때 장교는 하급 병사에게 묻습니다. "몇 개 실었어?" 군인들은 포로를 구타할 때도 화를 내지 않습니다. 그냥 사물을 부술 뿐이었죠.

아우슈비츠를 인간절멸수용소라고도 하는데요. 인간절멸은 가스실과 소각로로 보내기 전에 이루어졌습니다. 어떤 존재들에 대해 짐짝 내지 쓰레기라는 판단을 먼저 내리지요. 살려둘 만한 가치도, 쓸모도 없다는 겁니다(유대인 이전에 장애인 수만 명이 그렇게 '처분'되었습니다). 노동력을 가진 사람은 약간의 쓸모를 인정받아 인간과 사물 사이에서 반쯤은 인간이고 반쯤은 사물인 채로 살았습니다. 이 경계가 얼마나 좁은가 하면 시간상으로는 치료소에 머물 수 있는 2주 정도입니다. 영양부족 상태에서 혹사당하다 보니 포로들은 과로로 혹은 재해로 많이들 죽었습니다. 그런데 '다행히' 경미한 부상을 입어 치료소에 들어가면 짧게나마 휴식을 취할 수 있었지요. 하지만 2주 안에 회복되어야 합니다. 그 시간을 넘기면 존재의 쓸모없음이 부각되니까요. 존재의 바늘이 순식간에 인간에서 쓰레기로 넘어갑니다. 그러면 곧바로 '처분'되지요.

죽음의 수용소에서 다행과 불행은 죽음과의 거리로 갈라질 텐데요. 노역장이라고 해서 죽음과 그리 멀리 있는 것도 아니었습니다. 노동하는 동안 죽음의 방문이 잠시 늦춰지는 것뿐이죠. 노역장을 오갈 때마다 가스실을 지나친다는 건 언제나 변치 않는 사실입니다. 죽은 사람은 말할 것도 없고, 살아 있는 사람도 실상은 '산송장'인 셈이죠. 그는 살아 있는 사람이라기보다 '아직 죽지 않은 사람'에 가깝습니다. 수용소에서 노동에 대한 보상처럼 지급하는 작은 빵조각과 묽은 죽이 밥풀처럼 목숨에 '아직'이라는 말을 붙여 있게 합니다.

아우슈비츠의 체험은 너무 극단적이어서 비유나 비교가 조심스럽습니다만 그럼에도 강제노동수용소로서 아우슈비츠는 자본주의사회에서 노동의 기본 성격을 선명하게, 이렇게 말해도 좋다면 '극단적으로' 선명하게 보여주는 것 같습니다. 앞으로 본문에서 보겠지만, 실제로 마르크스는 19세기 공장(factory)의 원형을 18세기 구빈원(workhouse)에서 찾고 있는데, 원어가 말해주듯 구빈원은 '노동의 집' 즉 노동수용소였습니다. 강제노역을 통해 빈민과 부랑인의 나태한 심성을 근절하겠다며 만든 시설이지요. 시설 제안자들은 노역을 '치료' 수단으로 생각했습니다. 말하자면 '노동이 너희를 치유하리라'였던 겁니다. 설립 초기만 해도 구빈원은 자선과 부조의 성격을 일부 갖고 있었습니다. 빈민들에게 일자리와 임시 거처를 마련해주었죠. 그러나 점차 무서운 훈육시설 곧 '공포의 집'이 되어갔습니다. 빈민들이 자선에 기댈 생각을 아예 못하도록 수용시설을 끔찍한 곳으로 만들어야 한다는 생각이었죠. 정말로 노동이 불가능한 빈민이 아니고는 한시도 머물고 싶지 않은 곳이 되게 하자는 거였어요. 일하지 않고는 살길이 없다는 걸 알려주면서 노동 이외에는 선택지를 두지 않은 겁니다.

생명체에게 삶과 죽음은 선택지가 아닙니다. 노동력을 팔지 않고는 살 수 없는 사람들에게 자유롭고 평등한 고용계약이란 허무한 말입니다. 마르크스는 생산과정을 빠져나온 노동자는 "자유롭게 노동력을 팔 수 있는 시간이란 노동력을 팔지 않으면 안 되는 강제된 시간"이었다는 걸 알게 된다고 했습니다. 공장에서 걸어 나오는 노동자는 "한 조각의 근육, 한 가닥의 힘줄, 한 방울의 피라도 남아 있는 한 그를 결코 자유롭게 놓아주지 않는" '공포의 집'에 내일 다시 들어가야 한다는 걸 압니다. 왜 또 들어가려 하는가. 그것 외에는 살길이 없으니까요. 마르크스는 자본을 (사물이 아니라) 하나의 '관계'라고, 그것도 '강제관계'라고 말합니다. 자유롭게 선택할 수 있는 게 아니라는 것이지요.

이제 우리는 마르크스가 왜 그렇게 천부인권이라는 말에 냉소적이었는지 이해할 수 있습니다. 자유와 평등, 소유, 이익. 프랑스 인권선언(「인간과 시민의 권리선언」)의 앞줄을 차지하는 그 화려한 권리들의 목록은 공장 바깥에서만 성립하니까요. 다시 노동력을 팔아야 하기에 노동자는 계약서를 쥐고 자본가와 대면합니다. '노동력의 판매자인 당신은 구매자인 자본가와 동등합니다. 당신은 당신의 이익을 위해 자유롭게 계약을 맺을 수 있습니다. 누구도 당신을 강제로 일 시킬 수 없습니다.' 이에 대해 우리의 노동자는 어떻게 생각할까요. 곧바로 이렇게 대꾸할 겁니다. 내가 공장에 가는 게 자유라고요? 천부인권은 됐고 휴식시간이나 지키라고 하세요!

왜 천부인권은 공장에서 무력화되는가. 원리상 자본주의 공장에는 아우슈비츠와 같은 면모가 있기 때문입니다. 공장에 들어가는 순간 노동자는 인격을 박탈당합니다. 인간과 사물 사이에 있다고 할까요. 한편으로는 인간노동만이 상품가치의 원천이므로 노동자는 인간이어야 합니다. 그러나 다른 한편으로 생산과정은 자본가가 노동력이라는 상품을 소비하는 과정입니다. 노동자가 인격체로서 일한다기보다 발효용 효모처럼 상품으로서 기능하는 겁니다. 만약 인간으로서 일한다면 근대의 사적 소유권 이념에 따라 노동생산물은 노동자의 것이 되어야 하겠죠. 그러나 노동생산물이 자본가의 것인 이유는 그것을 노동자의 생산물이 아니라 자본가의 생산물로 보기 때문입니다. 공장에서 천부인권이 통하지 않는 이유가 여기 있습니다. 공장에서 그는 한편으로 인간이지만 다른 한편으로는 비인간이니까요. 인간권리의 목록은 인간임을 부인당한 사람에게는 참으로 허무한 것이죠.

그런데 잉여가치는 이런 '비인간화된 인간' 덕분에 가능합니다. 생산수단만 있어서는 잉여가치가 생겨날 수 없지요. 생산수단은 애초 사물이므로 인간노동을 더할 수도 없습니다만, 판매 자본가와 구매 자본가 사이의 대등한 인간관계를 바탕으로 한 것이어서 부등식(잉여가치)을 만들어낼 수가 없습니다. 물론 노동자도 노동력의 판매자로 나타날 때는 구매자인 자본가와 대등한 것처럼 보입니다. 그러나 노동력을 판매하고 나서 공장으로 들어가면 달라지죠. 공장에 들어선 순간 자본가에게 노동자는 인간이라기보다 인력입니다. 인간과 인간의 대등한 관계가 아닙니다. 공장에서 노동자는 부분적으로 수용소에 들어간 인간이 겪는 것을 겪습니다. 인격 상실, 비인간화가 일어나죠(참고로 이런 비인간화는 만인의 평등을 전제하는 근대사회에서 억압과 착취를 정당화하는 일반적 방식입니다. 어떤 인간집단에 대해 인간임을 부인하는 거죠. 적어도 그들이 온전한 인간, 정상적 인간은 아니라는 식으로 말입니다).

문제는 이런 비인간화의 경험이 결코 일회적이지 않다는 점입니다. 자본주의에서 노동자로 살아가는 한 깨어 있는 대부분의 시간 동안 겪는 일이지요. 심지어 대를 이어 반복됩니다. 어떤 인간이 이토록 오래, 이토록 자주 시설에 수용된다는 것은 인간으로서 그의 지위가 안전하지 않다는 뜻입니다. 마르크스가 자본주의에서 노동자가 되는 것의 '불운'을 언급한 것은 이런 이유입니다.[김, 688; 강, 700] 자본주의에서 '생산적 노동자'가 된다는 것은 그만큼 잉여가치 생산에 기여했다는 뜻이고 그만큼 생명력을 빨렸다는 뜻이라고요. 평생을 그렇게 살아야 한다는 것은 너무나도 가혹하고 불행한 일이지요.

그런데 정말로 불행한 것은 이 불운과 불행을, 자본주의를 살아가는 우리로서는 행운과 다행으로 여겨야 한다는 사실입니다. 즉결처분을 면하게 되었으니까요. 노동력을 판매하는 데 성공한 노동자는 안도하며 말합니다. "다행히 나는 (…) 아우슈비츠로 이송되었다."

권리 대 권리

단순한 것에는 영악한 파리들이 덜 꼬입니다. 눈속임을 하려면 좀 복잡해져야 합니다. 수입과 지출의 구조가 빤한 상황에서 비자금을 조성하는 사람들이 맨 먼저 하는 일은 장부를 복잡하게 만드는 것입니다. 돈이 들고 날 때마다 우회로를 거치게 하죠. 여러 개의 항목과 여러 번의 시차를 둡니다. 틈을 만드는 거예요. 비자금을 조성하는 사람만 그러는 게 아닙니다. 돈으로 돈을 버는 사람들은 대부분 복잡성 안에 생겨난 틈을 이용합니다. 제도의 틈, 법의 틈, 시간의 틈, 계산의 틈을 파고듭니다. 이런 틈마다 이른바 '전문가'가 둥지를 틀고 투기꾼이 자리를 폅니다. 보통의 경제학 책들과 비교해보면 『자본』은 정말로 간명하게 쓴 책입니다. 마르크스는 복잡하고 현학적으로 보이는 현상들을 단순하고 일상적인 것들로 분해합니다. 그는 수식을 거의 사용하지 않을 뿐 아니라 수식을 계산할 때도 초보적 사칙연산을 넘지 않습니다. 그런데도 자본주의사회의 많은 현상을 큰 어려움 없이 설명해냅니다.

이번 장의 주제인 '노동일'(Arbeitstag)도 그렇습니다. 노동일이란 하루의 노동시간입니다. 『자본』 제7장(영어판은 제9장)의 끄트머리에서 마르크스는 노동일에 대해 이렇게 말했지요. 노동일이란 '필요노동'과 '잉여노동'의 합계라고요.[김, 306; 강, 328] 하루 노동시간이란 노동자가 자기 노동력의 가치를 생산하는 시간과 자본가의 잉여가치를 위해 일한 시간의 합이라는 겁니다. '필요노동＋잉여노동＝노동일.' 정말로 간명합니다. 딱 두 개의 항입니다. 전선이 너무 선명하다고 할까요. 하루 노동시간 중 한 토막(필요노동 부분)은 노동자가 제 몫을 하는 시간이고 나머지 한 토막은 자본가의 몫을 생산하는 시간입니다. 필요노동시간을 넘어 언제까지 일을 시킬 수 있느냐에 잉여가치량이 달려 있습니다. 자본가로서는 이 시간을 최대한 늘리고 싶을 겁니다. 반면 생명력을 그만큼 더 지출해야 하는 노동자로서는 이 시간을 최대한 줄이고 싶을 거고요.

　'1노동일'은 얼마만큼인가. 계산식 자체는 단순합니다. 필요노동시간에 잉여노동시간을 더하면 됩니다. 여기서 필요노동시간은 정해진 것으로 볼 수 있습니다. 주어진 노동력의 가치를 시간으로 표현한 것이니까요. 노동자의 하루 생활에 필요한 수단들의 가치 합계가 6노동시간에 해당한다면 필요노동시간은 6시간입니다. '노동력의 가치'라는 것에 좀 미묘한 대목이 있기는 합니다. 마르크스는 그 최소한계에 대해서는 '육체적으로 필수불가결한 생활수단의 가치'라고 했지만 최대한계는 말하지 않았어요. 또한 그는 노동력의 가치에는 해당 사회의 문화적이고 도덕적이며 역사적인 요소들이 개입한다고 했습니다. 노동자가 먹고 입고 쉬며, 사교와 여가와 문화생활을 누리고, 새로운 기술 교육을 받고, 아이를 양육하는 데 아무런 문제가 없는 수준이어야 한다고요. 그렇다면 어떤 항목들을 집어넣어야 하고 그것들을 얼마만큼 보장해야 할까요. 불확실한 부분이 있지요. 여기에는 정치경제학이라는 과학만큼이나 힘이 개입할 겁니다.

　그러나 마르크스는 특정 사회, 특정 시점에서 노동력의 가치는 대체로 '주어진 값'으로 간주할 수 있다고 보았습니다. 어느 정도 폭은 있겠지만 평균값 형태로 정할 수가 있다고요. 『자본』에서는 자본가가 이 가치를 제대로 지불했다고 전제합니다. 제대로 지불되었다면 '노동력의 가치'는 '필요노동시간'만큼이 맞습니다. 필요노동시간만큼만 지불하면 정상적 생활을 할 수 있어야 합니다. 문제는 잉여노동시간입니다. 6시간의 필요노동 이외에 노동자는 얼마나 더 일해야 하는 걸까요. 2시간을 더 일하면 1노동일은 8시간이 될 것이고, 4시간을 더 일하면 10시간이 될 겁니다. 1노동일의 길이는 대개 법으로 정해집니다. 오늘날 법정노동일은 8시간입니다. 그러나 그 전에는 10시간이었고, 또 그 전에는 12시간이었습니다. 15시간을 허용한 때도 있었고요. 그런데 과학은 이와 관련해서 말해줄 수 있는 게 없습니다. 왜 노동일이 8시간이어야 하는지, 왜 어떤 때는 10시간이고 또 12시간이었는지 말입니다.

세 가지 서로 다른 노동일의 경우를 생각해보겠습니다.[김, 308; 강, 330]

- 노동일 I a———b—c
- 노동일 II a———b——c
- 노동일 III a———b———c

이 도식에서 필요노동시간은 모두 같습니다(ab의 길이). 잉여노동시간만 다르지요(bc의 길이). 필요노동시간을 6시간, 잉여노동시간을 각각 2시간, 4시간, 6시간이라고 가정해보겠습니다. 그러면 각각의 노동일은 8시간, 10시간, 12시간이 되겠네요. 그럼 잉여가치율을 계산해볼까요. 각각 ²⁄₆, ⁴⁄₆, ⁶⁄₆, 즉 어림잡아 33퍼센트, 66퍼센트, 100퍼센트입니다. 이들 중 어느 것이 올바른 값일까요. 정답은 없습니다. 아니, 앞서 말했듯 누가 말하느냐에 따라 답이 달라집니다. 굳이 골라야 한다면 노동자는 8시간을, 자본가는 12시간을 고르겠지요. 노동자는 더 줄일 수 있다면 줄이려 할 것이고, 자본가는 더 늘릴 수 있다면 늘리려 할 겁니다. 입장에 따라 답변이 다릅니다. "노동일은 정해질 수는 있지만 그 자체로는(an und für sich) 규정되지 않는다."[김, 307; 강, 330] 결과적으로 정해질 수는 있지만(그래서 법제화될 수도 있지만) 반드시 그 값이어야만 하는 내적 필연성은 없습니다. 과학으로 도출할 수 있는 값이 아니라는 것이지요. 자본가한테는 획득할 수 있는 잉여가치량이 달려 있고 노동자한테는 소진될 생명력의 양이 달려 있는데도, 정치경제학은 정확한 답을 구해줄 수 없습니다. 어찌 보면 자본주의에서 가장 중요한 문제인데 말입니다.

우리는 사회마다 업종마다 공장마다 온갖 길이의 노동일이 존재했음을 역사적으로 확인할 수 있습니다. 18시간, 16시간, 14시간, 12시간, 10시간, 8시간 등 노동자의 하루 노동시간은 천차만별입니다. "노동일은 불변적 크기가 아니라 가변적 크기다."[김, 308; 강, 330] 나는 이 말에서 '노동일은 필요노동과 잉여노동의 단순 합계'라는 말 이상의 긴장을 느낍니다. 노동일의 길이는 가변적입니다. 필요노동이 주어졌다 해도 잉여노동이 달라질 수 있으니까요. 정해진 눈금은 없습니다. 양쪽으로 팽팽한 전하(電荷)가 걸려 있는 가운데 바늘이 어디서 멈출지는 아무도 알 수 없습니다.

1노동일이란 무엇인가

1노동일, 그것은 하루 노동시간입니다. 필요노동시간과 잉여노동시간의 합계지요. 이미 우리가 지난 장에서 묻고 답했던 것입니다. 그런데 이제부터 다루려는 『자본』 제8장 제1절에서도 마르크스는 이 물음을 다시 던집니다.[김, 309; 강, 331] 사실은 묻는 바가 다릅니다. 지난번 제7장에서는 가치구성 요소를 분석함으로써 노동일이 무엇인지 그 정체를 보여주려 했지요. 노동자의 하루 노동시간에는 노동력을 재생산하는 데 필요한 노동시간 말고 순전히 자본가의 몫을 위해 일하는 잉여노동시간이 들어 있다는 것을 말하려고요. 그런데 제8장 제1절에서는 노동일의 길이가 어떻게 결정되는지를 묻는 겁니다. 8시간, 10시간, 12시간 등의 시간이 어떻게 결정되었는지 말입니다. 이 결정방식을 알면 우리는 노동일의 정체에 대해 또 다른 무언가를 알 수 있을지도 모르겠습니다.

마르크스를 따라서 다시 물어보겠습니다. 1노동일이란 무엇인가. 그것은 자본가가 노동력을 하루 사용하는 시간입니다. 자본가는 노동력의 하루 사용권을 구매했습니다. 그렇다면 자본가는 하루 중 몇 시간 동안 일을 시킬 권리를 얻은 걸까요. 물론 그는 가능한 한 하루를 꽉 채워 사용하고 싶을 겁니다. 그러나 한계는 있지요. 먼저 최소한계부터 생각해볼까요. '0'시간, 그러니까 노동력을 구매해놓고 아무런 일도 시키지 않는 경우를 가정해보죠. 이건 그냥 자선입니다. 자본가가 아니라 자선가가 되는 거죠. 우리는 자본주의 생산양식에서는 최소한계가 이것보다는 훨씬 높다는 걸 압니다. 물건을 샀는데 적어도 손해를 볼 수야 없지요. 노동력을 구매했으니 노동력의 가치만큼은 뽑아야죠. 이게 바로 '필요노동시간'입니다. 앞서 제시한 선분 ab의 길이에 해당합니다. 잉여노동(bc의 길이)이 '0'이 되는 지점이죠. 이게 더는 줄어들 수 없는 노동일의 최소한계일 겁니다. 이 지점 이하에서는 가치증식이 일어나지 않습니다. 정의상 자본이 불가능하죠.

다음으로 최대한계를 생각해봅시다. 일단 신이 설정한 한계가 있습니다. 자본가는 어떻게 해도 하루 동안 25시간 노동을 시킬 수 없습니다. 하루는 24시간이니까요. 실제 노동일은 더 짧죠. 노동력은 다른 상품과 달리 인간생체에 담긴 상품입니다. 생체가 무너지면 노동력이라는 상품 자체가 사라져버립니다. 그런데 생체는 식사와 휴식과 수면을 필요로 합니다. 앞서 5장 「생명을 짜 넣는 노동」에서 나는 노동력의 지출은 생명력의 지출이라고 했는데요. 그러나 생명체가 하루 동안 지출할 수 있는 생명력에는 한계가 있습니다. 가축이라도 하루 종일 일을 시킬 수는 없습니다. 생명력을 회복할 때까지 먹고 쉬고 자야 합니다. 이것은 육체적 한계와 관련된 이야기고요, 정신적 한계라는 것도 있습니다. 육체에 충전이 필요한 만큼이나 정신도 충전을 필요로 합니다. 노동력의 가치를 결정할 때와 비슷합니다. 노동자에게는 일정 수준의 사회적·도덕적·문화적 충전의 시간이 필요합니다. 친구를 만나고 책을 읽고 영화를 보는 시간도 필요하지요(물론 이런 한계는 사회마다 편차가 있습니다). 이런 시간을 고려하면 노동일의 최대한계는 더욱 줄어듭니다.

그러므로 노동일은 무제한적 시간이 될 수 없습니다. 최소한계와 최대한계 안에서 움직입니다. 앞서 상정한 예를 가지고 말하면 최소는 6시간입니다(다음 장에서 더 자세히 보겠지만 노동자들의 생활수단이 저렴해지면 이 시간은 줄어듭니다). 최대는 24시간을 넘을 수 없으니 그보다 낮은 수치입니다. 과연 얼마나 낮을까요. 실제로는 많이 낮아야 하는데요. 현실은 꼭 그렇지만도 않습니다. 『자본』에서 인용한 자료들에 따르면 업종과 업체에 따라 18시간 노동의 예도 나옵니다. 성수기에는 20시간 노동의 예도 나오고요. 아주 먼 이야기는 아닙니다. 전태일의 기록에 다르면 20세기 후반(1970) 서울의 평화시장 노동자들(대부분 십 대 초반의 어린 여공들)은 아침 8시부터 밤 11시까지, 매일 14~15시간 정도의 노동을 했다고 하니까요.[1] 이 정도면 육체적 한계를 넘어서는 시간이죠. 이런 노동일이 몇 달간 지속된다면 노동자의 생명력은 회복 불가능한 타격을 입을 겁니다.

그런데 자본가는 노동력의 '하루 사용권'을 구매했기 때문에 그 '하루'를 최대한 24시간에 가깝게 만들고자 합니다. 24시간 가까운 노동이 불가능하다면(1개월을 구매했는데 보름도 사용할 수 없게 되거나 1년을 구매했는데 반년도 쓰지 못하면 안 되겠지요) 현실적 '극한값'(ultima Thule)을 구할 겁니다. 이는 어떤 악랄한 자본가를 상정하고서 하는 말이 아닙니다. 마르크스는 자본가를 인간의 탈을 쓴 자본으로서 다룹니다. 즉 자본가는 "인격화된 자본"이고, "그의 영혼은 자본의 영혼"이지요. [김, 310; 강, 332] 잉여가치를 향한 자본가의 욕망과 충동은 자본의 가치증식운동이 인격적 형태로 나타난 것뿐입니다. 자본의 생존과 증식은 잉여노동의 흡수에 달렸습니다. 마르크스는 이를 흡혈귀에 비유합니다. 흡혈귀처럼 살아 있는 노동을 흡수함으로써 생명을 얻고 활기를 띠어간다는 것이지요.[김, 310; 강, 332]

중요한 것은 이 충동에 내적 한계가 없다는 점입니다. '자본'의 증식운동에는 내적 제어 원리가 없습니다. '자본가'로 바꾸어 말하면 잉여노동에 대한 자본가의 탐욕에는 내적 한계가 없습니다. 얼마면 됩니까. 자본가의 답변은 한결같습니다. 많을수록 좋지요. 말 그대로 '최대한'입니다. 이 점을 기억해두기 바랍니다. 자본가 스스로 잉여노동에 대한 탐욕을 자제해야 하는 내적 원리 같은 건 없다는 사실 말입니다. 가능하기만 하다면 자본가는 하루 사용권을 24시간 내내 쓰고 싶어합니다. 25시간도 가능하다고 하면 그렇게 할 겁니다. 외적 제약이 없다면 자본가가 잉여가치에 대한 충동을 제어하는 일은 없습니다. 언제나 '최대한'입니다.

논변과 항변

노동일이란 무엇인가. 두 가지 입장, 두 개의 답변이 있습니다. 마르크스는 이를 논변과 항변의 형식으로 구성했는데요. 먼저 자본가가 나섭니다. 그는 상품교환 법칙을 끌어들이면서 이렇게 말할 겁니다.[김, 310; 강, 332] 상품을 구매하는 사람들의 심정은 똑같을 것이다, 이미 값을 치른 만큼 나는 그것을 최대한 사용할 것이다, 상품의 사용가치에서 최대한의 효용과 최대한의 이익을 짜내야 한다, 노동력은 내가 구매한 상품이다, 노동력의 사용가치란 가치를 증식시키는 것이다, 내가 구매한 상품의 효용을 극대화하는 것, 다시 말해 가치증식을 위해 노동력을 최대한 짜내는 것은 너무나 당연한 권리 아닌가?, 그런데도 "만약 노동자가 나의 처분에 맡겨진 시간을 노동자 자신을 위해 사용한다면 그는 내 물건을 훔치는 것과 같다".[김, 310; 강, 332]

그러자 노동자가 받아칩니다. 마르크스는 이 부분을 연극 대사처럼 처리했지요. "갑자기 생산과정의 질풍노도 속에서 침묵하고 있던 노동자의 목소리가 들려온다."[김, 310~311; 강, 332] 이 '목소리'라는 말이 재밌습니다. 좀 전에 마르크스가 "노동일은 정해질 수는 있지만 그 자체로는 규정되지 않는다"라고 말했는데요. 이때 쓰인 독일어 '정해질 수 있지만'(bestimmbar), '규정되지 않는다'(bestimmt) 그리고 '목소리'(Stimme)는 서로 깊이 연관되어 있습니다. 먼저 '규정'(Bestimmung)이란 '목소리'가 육화된 겁니다.[2] 마치 신의 목소리가 모세의 돌판에 새겨지고 율법이 된 것처럼 말이지요. 마르크스는 아마도 이들 단어상의 연관성을 활용해 이 대목을 표현한 것 같습니다. 자본가가 율법을 선포하려는 찰나에 노동자의 목소리가 울려 나오게 했거든요. 노동일은 정해질 수 있지만, 다시 말해 법으로 규정될 수 있지만, 미리 정해진 것은 없다고 말이지요.

마르크스는 직접인용의 형태로(즉 따옴표를 치고) 노동자의 주장을 펼칩니다. 노동자도 자본가처럼 상품교환 법칙에 입각해 반박합니다. "당신이나 나나 시장에서는 단 하나의 법칙, 즉 상품교환의 법칙밖에 모른다."[김, 311; 강, 332] 노동자의 항변 내용을 간추리면 이렇습니다.

상품교환의 법칙에 따라 내 하루 노동력은 당신이 사용할 수 있다. 그러나 나는 매일 나의 노동력을 판매한 돈으로 노동력을 재생산해야 한다. 내일도 오늘과 같은 힘과 건강, 원기를 가질 수 있어야 한다. 그래야 내일 그것을 다시 팔수 있을 것이다. 당신은 언제나 내게 아끼라고 했다. 생산수단을 아껴 쓰라고. 당신이 당신 재산을 아끼는 것처럼 나도 내 유일한 재산을 아껴야 한다. 노동력은 내 생명력이므로 함부로 낭비할 수 없다. 그런데 당신은 노동일을 무제한적으로 늘리려고 한다. 내가 사흘은 걸려야 회복할 수 있는 노동력보다도 많은 노동력을 단 하루 동안 써버리려고 한다. 당신이 그만큼 가져간다면 나는 그만큼 잃는 것이다. 내 노동력을 사용하는 것과 강탈하는 것은 다르다. 당신이 가진 것은 노동력에 대한 사용권이지 파괴권이 아니다. 내가 정상적 조건에서 노동할 때 평균 30년을 일할 수 있는데 당신이 그것을 10년 만에 없애버린다면 그것은 내 상품의 가치를 그만큼 강탈한 것이다. 당신은 10년치를 지불하고 30년치를 쓴 것과 같다. 이것은 계약 위반이며, 지불하지 않은 것을 가져간 것이니 상품교환 법칙 위반이다. 그러므로 나는 정상적(normaler) 길이의 노동일을 요구한다. 당신의 가슴에 호소하는 게 아니다. 돈 문제에 관한 한 인정이 통하지 않는다는 걸 나도 알고 당신도 안다. 당신이 모범시민이든, 동물학대방지협회 회원이든, 심지어 당신이 성인(聖人)이라는 평판을 든 상관이 없다. 내가 요구하는 것은 딱 하나 표준노동일(정상적 노동일, Normalarbeitstag)이다. 상품을 판매하는 사람들의 심정은 똑같다. 나는 내 상품의 값을 정확히 치르라고 말하는 것이다. 지불하지 않은 것을 가져가서는 안 된다.[김, 311~312; 강, 333~334]

마르크스의 몽타주 기법

마르크스는 두 주장을 대립시켰는데요. 자본가의 주장과 노동자의 주장을 표현하는 방식이 다릅니다. 사실 좀 전에 소개했던 자본가의 말은 직접인용이 아닙니다. 자본가의 논리를 마르크스가 풀어 쓴 것이죠. 자본가의 논리란 자본의 논리입니다. 반면 노동자의 주장에 대해서는 따옴표를 쳐서 직접 인용하는 형식을 취했습니다. 자본가의 '말'을 논리 즉 로고스(logos)로 취급했다면 노동자의 '말'은 목소리 즉 포네(phōné)로 취급했다고 할까요. 노동자의 말에 논리가 없다는 뜻이 아닙니다. 마르크스는 노동자의 경우 논리에 특별히 '음성'을 입힌 겁니다.

마르크스가 노동자의 주장을 소개하기 전에 쓴 문장을 다시 한번 꼼꼼하게 읽어볼 필요가 있습니다. "갑자기 생산과정의 질풍노도 속에서 침묵하고 있던 노동자의 목소리가 들려온다." 마르크스는 노동자의 목소리가 '생산과정 속에서'는 '침묵'하고 있었다고 했습니다. 생산과정에서 노동자는 자본가에게 목소리를, 그것도 대등한 목소리를 낼 수 있는 존재가 아닙니다. 생산과정이란 자본가가 상품으로서 노동력을 소비하는 과정입니다. 여기서 노동력은 하나의 상품입니다. 노동자는 노동력을 담지한 생체라는 의미만 갖습니다. 탈인격화되는 거죠. 생산과정에서는 자본가가 노동력과 생산수단의 소유자이자 사용자입니다. 그래서 생산물도 자본가의 소유물인 겁니다.

자본가의 논리를 자본의 운동으로 바꾸어 말할 수도 있는데요. 자본은 불변자본(생산수단)과 가변자본(노동력)으로 분화한 뒤 생산과정을 거쳐 더욱 증식된 자본(생산물)으로 통일됩니다. 생산과정이란 자본의 자기증식운동이죠. 여기에는 자본의 타자가 존재하지 않습니다. 노동력도 가변자본으로서 자본의 한 형태에 불과합니다. 그러므로 자본의 '논리'만이 있을 뿐 노동자의 '말'은 존재하지 않습니다. 그런데 마르크스가 나란히 배치한 자본가의 논변과 노동자의 항변이 모두 '상품교환 법칙'에 입각하고 있다는 게 흥미롭습니다. 상품교환 법칙은 유통영역을 규제하는 법칙이죠. 유통영역에서는 자본가와 노동자가 구매자와 판매자로서 대등한 인격체입니다. 자유와 평등의 영역이죠. 자본가가 구매자로서 논변을 펼친다면 노동자는 판매자로서 대등하게 항변할 수 있습니다.

더 흥미로운 사실은 마르크스가 직접 인용한 글의 출처가 파업 성명서였다는 겁니다. 그는 각주에서 이 점을 밝히고 있는데요.[김, 312, 각주 6; 강, 334, 각주 40] 1860~1861년에 런던의 건축 노동자들이 9시간 노동일을 요구하며 파업을 벌였습니다. 마르크스가 따옴표를 쳐서 인용한 것은 이때 나온 성명서입니다. 인용 문구 중 '당신이 성인의 평판을 듣든'이라는 표현은 당시 탐욕적인 건축업자 중 한 사람이었던 '피토' 경(Sir Samuel Morton Peto)을 겨냥한 것인데요. 마르크스는 『자본』이 출간된 1867년에 그가 몰락했다며 그 사실을 쌤통이라는 듯 이 주석에 적어두었습니다.

파업 때 나온 글이라는 점이 흥미롭다고 했는데요. 파업이란 생산과정의 중단입니다. 자본의 가치증식운동이 중단된 상태인 거죠. 자본 논리의 중단이고 자본가의 말이 통하지 않는 순간입니다. 마르크스는 그래서 '갑자기' 노동자의 목소리가 들려온다고 한 것이죠. 이 '갑자기'라는 말은 '사건'을 의미합니다. 논리의 중단이고 운동의 중단인 것, 그게 바로 사건입니다. 파업이라는 사건은 노동자의 인격적 지위를 복원시킵니다. 단지 노동력을 담은 생체에 지나지 않던 노동자를 자기 목소리를 가진 주체로 만드는 거죠. 다시 인간으로 돌려놓는 겁니다. 자본가의 논리, 자본의 운동이 그 이상 진행되지 않는 순간 노동자의 목소리가 들려왔습니다. 이때 노동자의 말은 자본가의 말에 밀리지 않습니다. 오히려 자본가의 말과 팽팽한 대치 국면을 형성합니다. 마르크스는 의도적으로 텍스트를 이렇게 구성한 겁니다. 과거 파업 현장의 목소리를 여기에 오려 붙였지요. 소위 몽타주(montage) 기법을 썼습니다.[3]

   참고로 몽타주 기법의 이런 효과를 잘 인식했던 사람이 발터 베냐민입니다. 그는 『아케이드 프로젝트』*Das Passagen-Werk*에서 몽타주를 "이 프로젝트의 방법"이라고 불렀습니다.[4] 몽타주는 '현재'(Gegenwart)에 파국을 불러올 수 있는 '과거'의 텍스트를 현재와 나란히 붙여놓는 방법입니다. 그렇게 되면 '현재'와는 다른 시간, 베냐민이 '지금'이라고 부르는 시간(Jetzt 혹은 Jetztzeit)이 만들어집니다. '현재'가 연속적 역사(과거-현재-미래) 속에 있는 시간이라면 '지금'은 이 연속성에서 이탈하는 순간입니다. 역사의 기차가 궤도를 벗어난 순간이라고 할 수 있죠. '지금'에서는 과거가 더는 지나간 정거장으로 취급되지 않습니다. '지금'은 흐르는 시간이 아닙니다. 여기서는 과거와 현재가 정지한 이미지들로서 대등하게 놓입니다. 그런데 몽타주 기법 속에서 현재와 나란히 놓인 과거는 단순한 과거가 아니라 현재에 파국을 불러올 수 있는 과거이기 때문에 배치의 긴장감이 무척 높아집니다. 어떤 도약과 각성이 일어날 것 같은 순간이죠.[5]

   지난 5장에서 나는 자본에 의한 역사의 전유에 관해 짧게 언급한 바 있습니다. 자본은 생산수단을 전유하면서 역사도 전유한다고요. 근대의 역사를 자본의 생애사로 보는 것은 자본 물신주의의 역사적 판본이라 할 수 있습니다. 자본을 만들어낸 이야기가 자본이 만들어낸 이야기가 되고 말지요. 자본이 역사적으로 특정한 사회적 관계라는 사실이 망각됩니다. 자본주의 이전의 역사는 자본을 낳기 위해 준비된 역사가 되고, 자본주의 이후는 자본이 스스로 써내려간 역사처럼 보이지요. 가치의 생산과 증식이 노동이 아니라 자본의 운동으로 나타나는 것처럼요. 『자본』은 우리 눈에 그것이 왜 그렇게 '보이는가'를 해명하는 책입니다. 실제로 제8장 제1절의 노동자가 항변하는 대목에서는 이런 구절이 나옵니다. "나에 대해 당신이 대표하는(재현하는, repräsentierst) 그것은 가슴속에 심장을 갖고 있지 않다. 그곳에서 뛰는 것처럼 보이는(scheint) 것은 내 자신의 심장의 고동이다."[김, 312; 강,

333~334] 말하자면 '자본'은 살아 있는 것처럼 '보이는' 것이지 실제로 살아 있는 게 아닙니다(물론 물신주의에 대해 언제나 덧붙이는 말처럼 이것은 주관적 착시가 아니라 역사적 사회형태에 따른 객관적이고 집단적인 착시입니다).

물론 마르크스가 인용한 파업 노동자의 목소리가 6~7년 전의 것이라고 해서 '과거'라고 생각할 필요는 없습니다. 과거라기보다는 동시대 자본의 논리 아래서 침묵했던 목소리죠. 따라서 파업 노동자의 목소리가 등장하면서 중단된 것은 자본의 역사적 진행이라기보다는 논리적 진행입니다(둘이 무관한 것은 아니지만, 지금은 자본의 논리적 진행을 다루고 있으니까요. 즉 역사적인 것이 아니라 논리적인 것이니까요). 이 목소리가 파업 때 나왔다고 했는데요. 실은 이 목소리 자체가 파업입니다. 자본가의 말, 자본의 논리에 대한 파업이라고 할 수 있죠. 어찌 보면 노동일에 관한 장 전체가 파업의 느낌을 줍니다. 파업 중인 노동자들이 자본가의 탐욕을 고발하면서 자신들이 겪은 일을 토로하고 서로의 투쟁을 독려한다고 할까요. 이전 장들과는 사뭇 느낌이 다릅니다. 이론적으로 이해하기 어려운 내용은 없는데, 감정적으로는 읽어나가기가 쉽지 않습니다. 분량도 많습니다. 하지만 이 장(독일어판은 제8장, 영어판은 제10장)을 부디 빠짐없이 꼭 읽기를 바랍니다. 그리고 여기서는 '이해하는 독서'보다는 '체험하는 독서'가 필요합니다. 자기 심장의 고동 소리를 들어보세요.

────────── 힘이 결정한다 ──────────

자, 논변과 항변의 결론을 내야겠죠? 누구의 말이 옳은가. 상품을 구매한 이상 구매자에게는 그것을 최대한 사용할 권리가 있다는 자본가의 말은 옳습니다. 상품을 판매한 것보다 더 많이 가져간다면 판매자를 강탈하는 것과 같다는 노동자의 말도 옳습니다. 노동자가 판매한 상품은 좀 특수한 상품으로, 그것은 소유권을 넘기는 게 아니라 사용권을 넘기는 것인데 정상적 조건(표준노동일)을 넘어서 사용하면 상품 자체의 수명이 단축되거나 파괴됩니다. 이는 양도한 사용권의 범위를 넘어선 것입니다.

둘 다 옳습니다. 어떤 상품이든 상품인 한에서 그것을 어떻게 사용할지는 구매자 소관이라고 말하는 자본가나, 노동력의 과도한 사용은 판매하지 않은 것을 강탈한 것과 같다고 말하는 노동자나 모두 옳습니다. 한쪽은 구매자의 권리를 주장한 것이고 다른 한쪽은 판매자의 권리를 주장한 것이지요. 이에 대해 상품교환 법칙은 말해줄 수 있는 게 없습니다. 자본가의 논변과 노동자의 항변이 입각해 있는 상품교환 법칙은 양쪽의 주장을 모두 허용합니다. 애초 상품교환의 본성에서는 '노동일의 한계', '잉여노동의 한계' 같은 것을 도출할 수 없습니다.[김, 313; 강, 334] 상품교환 법칙은 시장에서의 등가교환까지만 말해줍니다. 자본가가 노동력을 구매할 때 그 가치대로 정확히 지불할 것만을 규정하지요. 노동일 중에서 '필요노동시간'에 해당하는 부분까지만 말해주는 겁니다. 그것을 넘어설 경우에는 어느 값이(얼마만큼의 시간이) 올바른 값인지를 판별해주지 못합니다. '잉여노동시간'에 대해서는 둘의 말이 모두 성립한다는 것이지요.

양쪽 모두가 정당성 즉 노모스를 갖추었습니다. 그런데 둘이 충돌합니다. 노모스 대 노모스, 올바름 대 올바름, 권리 대 권리가 충돌하는 겁니다. 이것이 '이율배반'입니다. 마르크스는 자본가의 주장과 노동자의 항변을 나란히 놓고는 이렇게 말합니다. "여기서는 권리 대 권리(Recht wider Recht)라는 이율배반(Antinomie)이 발생하는데, 이들 권리는 똑같이 상품교환의 법칙에 의해서 보증되는 것들이다."[김, 313; 강, 334] 일종의 논리적 궁지가 생겼습니다. 어떻게 벗어날 수 있을까요. 칸트(Immanuel Kant)도 이와 비슷한 이율배반에 대해 언급한 바 있습니다. 그에 따르면 우리의 이성이 경험 영역을 넘어서까지 추론을 진행할 때 이런 문제가 생겨납니다. 이성적으로는 올바르지만 경험을 통해 확증할 수는 없는 주장들이 생겨나죠. 똑같이 타당하고 똑같이 필연적인데 내용은 상반되는 주장들이 가능하다는 거죠.[6] 이를테면 이성적 추론을 통해 우리는 "세계에는 원인으로서 필연적 존재자인 어떤 것이 있다"라고 말할 수도 있고, "그런 필연적 존재자는 세계 안이든 밖이든 어디에도 없다"라고 말할 수도 있습니다. 경험으로는 확인할 수 없지만 논리적으로는 모두 말이 됩니다. 엄격한 이성적 추론을 거친 것들이죠. 그렇기 때문에 논리적 반박으로는 상대방을 물리칠 수 없습니다.

칸트는 이율배반을 어떻게 해결했을까요. 그는 해결할 수 없다고 했습니다. 하지만 무해하게 만들 수는 있다고 했지요.[7] "서로 다투는 권리에 대해 아무것도 결정짓지 못하지만" 싸움의 당사자들을 서로 "이해하게" 만드는 겁니다.[8] 그러려면 각각의 주장에 반영된 이성의 관심을 이해해야 합니다. 그에 따르면 한쪽의 주장(세계의 필연적 원인인 존재자가 실존한다는 주장)은 우리 경험에 근거하지 않은 독단적이고 교조적인 것이지만, 우리로 하여금 경험적 현상들을 넘어서는 어떤 예지적 대상을 찾도록 만듭니다. 칸트는 이것을 "실천적 관심"이라 부르는데요. 이런 관심이 도덕과 종교의 초석이 됩니다. 다른 쪽의 주장은 철저히 경험 법칙에 입각해 필연적 인식을 얻으려는 태도에서 나온 것인데요. 칸트는 이것을 "사변적 관심"이라 부릅니다. 우리는 이 사변적 관심 덕분에 자연에 관한 명확한 인식을 얻을 수 있고, 신과 같은 초월적 존재를 경험의 영역에서 찾아보려는 오류를 물리칠 수 있습니다. 둘 중 어느 것이 옳다고 결정할 수는 없지만 둘의 관심과 둘의 영역을 구분한다면, 다시 말해 도덕 내지 종교의 영역과 과학의 영역을 구분해준다면 이성의 이율배반은 해를 끼치지 않습니다.

그런데 노동일을 둘러싼 자본가와 노동자의 대립을 이런 방식으로 해소할 수 있을까요. 불행히도 자본가의 관심과 노동자의 관심은 이성의 '실천적 관심'과 '사변적 관심'처럼 따로 떼어놓을 수 있는 것이 아닙니다. 자본가의 관심은 잉여가치를 늘리는 데 있고 노동자의 관심은 생명력을 지키는 것인데, 이는 별개의 관심이 아닙니다. 서로 다른 영역, 서로 다른 것에 대한 관심이 아니라는 말입니다. 이름만 다를 뿐 실상은 동일한 것이죠. 자본가의 잉여가치란 노동자의 추가 지출된 생명력에 다름 아니니까요. 잉여가치율을 높인다는 말과 착취도가 올라간다는 말은 같은 말입니다. 그럼 어떤 해결책이 가능할까요. 노동일의 눈금은 어떻게 결정되는 걸까요. 마르크스는 단호하게 말합니다. "동등한 권리와 권리의 사이에서는 힘이 사태를 결정한다."[김, 313; 강, 334] 16시간, 14시간, 12시간, 10시간, 8시간. 노동일의 역사적 표준화(Normierung)는 과학과 논리를 통해 도출해낸 게 아닙니다. 그것은 "총자본가 즉 자본가계급과 총노동자 즉 노동자계급 사이의 투쟁"의 결과물이죠.[김, 313; 강, 334] 추론의 결과가 아니라 투쟁의 결과입니다. 우리가 이제부터 읽어나갈 노동일에 관한 장은 권리를 둘러싸고 노동자계급이 자본가계급과 벌여온 힘겨운 투쟁의 역사입니다.

자본주의는 과로사회

자본가는 왜 노동일을 늘리려 하는가. 노동자를 오래 부리면 그만큼 권력의 쾌감을 느낄 수 있기 때문일까요. 이런 건 『자본』에서 전제하는 합리적 자본가의 형상과는 거리가 멉니다. 엄밀히 말하면 자본가가 원하는 것은 장시간의 노동이 아닙니다. 그가 원하는 것은 잉여가치 즉 잉여노동입니다.

그런데 잉여노동이라는 것이 하루 중 몇 시부터 몇 시까지 딱 정해져 있는 게 아닙니다. 편의상 우리가 하루 노동시간 12시간 가운데 앞의 6시간을 필요노동시간이라 부르고 뒤의 6시간을 잉여노동시간이라 부른 것뿐입니다. 둘을 바꾸어도 상관이 없습니다. 다른 식으로 상정해도 됩니다. 이를테면 전체 노동일 중 처음 1시간을 필요노동시간, 다음 1시간을 잉여노동시간, 또 다음 1시간을 필요노동시간… 하는 식으로 생각해도 됩니다. 그러니까 노동일 중 잉여가치는 '이 시간' 동안 생산된다고 그 시간을 콕 집어 말할 수는 없는 겁니다. 예컨대 어떤 영화든 손익분기점이 되는 관객 수가 있을 텐데요. 그렇다고 손실을 막아주는 관객과 이익을 남겨주는 관객이 따로 있는 것은 아닙니다. 이익이 생겨나는 것은 관객 개개인의 성격이 아니라 전체 합계에 달린 문제입니다. 이론적으로는 필요노동시간과 잉여노동시간을 나누고 그것이 합해져 노동일이 된다고 말하고 있지만, 실제로는 노동일을 늘리는 것 외에 잉여노동시간만 따로 늘릴 방법은 없습니다. 그냥 전체 관객 수가 늘어나면 영화사의 수익이 늘어나는 거죠.

잉여노동에 대한 갈망

노동일 확장에 대한 자본가의 열망을 우리는 노동일 자체보다는 잉여노동에 대한 열망으로 읽어야 합니다. 그가 노동일을 늘리려 하는 것은 그것이 잉여노동을 늘리는 (지금으로서는) 유일한 길이기 때문입니다. 『자본』 제8장(영어판은 제10장) 제2절에서 마르크스는 이 열망을 'Heißhunger'라는 단어로 표현했습니다. '격렬한 (heiß-) 굶주림(Hunger)'이라는 뜻이니, 우리말로 옮기면 '걸신들리다' 내지 '기갈들다' 정도로 표현할 수 있겠습니다. 단순한 열망이 아닌 것이죠. 일단은 '갈망'으로 옮겨두겠습니다만, 정신 못 차릴 정도의 강한 욕구를 나타냅니다.

마르크스는 자신이 '자본가'를 '인격화된 자본'으로 다룬다는 점을 여러 번 환기하는데요. 『자본』의 서문에서도 그랬고 교환과정을 다룰 때도 그랬으며 화폐가 자본으로 전화하는 것을 다룰 때도 그랬습니다. 지금 우리가 읽고 있는 제8장에서도 이 점을 재확인시키지요. 자본가는 인격화된 자본이고 그의 영혼은 자본의 영혼이라고요. 이렇게 전제할 때 자본가의 욕망은 하나로 단순화됩니다. 바로 가치의 증식이죠. 가치의 증식은 오로지 살아 있는 노동을 흡수함으로써만 이루어집니다. 살아 있는 노동을 빨아들여 생명을 연장하는 것, 이에 대해 마르크스는 꼭 '흡혈귀' 같다고 했었죠.

그런데 나는 잉여노동에 대한 자본가의 '기갈 들린' 욕망을 묘사할 때는 '흡혈귀'보다 '좀비'가 더 적절하지 않나 생각합니다. 흡혈귀, 이를테면 드라큘라 백작은 자본가의 냉정한 이미지에 더 부합하는 것 같습니다. 그의 흡혈은 주도면밀한 계획 아래서 이루어집니다. 기갈 들린 듯 달려들지 않습니다. 반면 좀비에게는 내적 제어장치가 없습니다. 살아 있는 피를 향해 마구 달려들죠. 요컨대 자본가의

'냉정'에 부합하는 이미지가 흡혈귀라면 자본가의 '열정'에 부합하는 이미지가 좀비라고 할까요. 이 점에서 살아 있는 노동에 대한 자본가의 기갈 들린 이미지, 내적 제어장치가 없는 욕망에는 좀비적 요소가 있습니다. 물론 잉여노동이 자본주의에만 있는 것은 아닙니다. 고대의 노예도, 중세의 농노도 자기 먹을 것만 생산할 수는 없었습니다. 주인이나 영주의 생활수단도 생산해야 했지요. 누군가가 일하지 않고 먹고산다면 누군가는 자기 먹고사는 것 이상으로 일을 해야 합니다. 자본주의 생산양식 이전에도 노동하는 인간 중 상당수는 잉여노동을 수행했습니다.

그러나 과거의 생산양식, 과거의 사회구성체에서는 잉여노동에 대한 욕망이 자본주의만큼 크지는 않았을 겁니다. 생산의 목적이 교환가치(가치)가 아니라 사용가치인 곳에서는 잉여노동에 대한 욕망이 무제한적이지 않습니다.[김, 314; 강, 335] 물욕과 치부욕의 차이지요. 인간의 욕망이란 끝이 없다고들 하지만 물욕에는 한계가 있을 수밖에 없습니다. 아무리 좋아하는 물건이라 하더라도 인간이 유한한 존재인 이상 누릴 수 있는 양에 한계가 있으니까요. 하지만 치부욕은 다릅니다. 100조 원을 가진 사람이 1000조 원을 갖고 싶은 게 치부욕입니다. 세상 제일의 부자도 만족을 모르는 게 치부욕이죠. 영주는 농노에게 밀과 목화를 재배하고 소와 양을 기르게 할 수 있습니다. 얼마만큼이냐 하면 영주 일가와 가신들이 충분히 먹고 입을 만큼 그리고 성을 방문하는 손님에게 생색내며 퍼줄 만큼이요. 그 양이 엄청나다고 할지라도 거기에는 한계가 있습니다. 그런데 그 영주가 생산물들을 팔아 돈을 벌 생각이라면 어떨까요. 그는 얼마만큼이면 충분하다고 말할까요. 여기에는 한계가 없습니다. 최대한 많이 생산하라고 그러겠죠.

분명 과거에도 잉여노동에 대한 욕망은 있었습니다. 그리고 어떤 곳에서는 잉여노동에 대한 갈망이 살인적으로 표출된 예도 있었을 겁니다. 이런 갈망은 생산 자체의 성격에서 나온 게 아닙니다.[김, 314; 강, 335] 권력자 개인의 탐욕적 성격 때문일 수는 있지만 생산의 성격에는 그래야 할 이유가 없습니다. 그러니까 고대 사회에서 사람들을 혹사하는 과도한 노동이 있었다면 그것은 자의적이거나 예외적인 것이죠. 참고로 마르크스에 따르면 고대에도 "교환가치를 자립적 화폐형태로 얻으려는 곳", 즉 금과 은의 생산지에서는 살인적 형태의 노동이 강요되었습니다.[김, 314; 강, 335] 물건들이 아니라 돈이 떠오른 곳, 다시 말해 치부욕이 전면화된 곳에서는 노동이 가혹했다는 겁니다.

이는 노예노동이나 부역노동이 사라지지 않은 채로 자본주의에 편입된 사회에서 살인적 노동이 나타나는 이유이기도 합니다. 전통적 예속과 억압이 유지된 채로 잉여가치 획득을 위한 상품생산이 이루어지는 경우지요. 그렇게 되면 '야만적 잔학성'에 '문명화된 잔학성' 즉 '과로'까지 덧씌워집니다.[김, 314; 강, 335] 이것이 미국의 남부에서 일어난 일입니다. "미국 남부 여러 주의 흑인노동도 생산이 주로 직접적 자가수요를 지향하고 있을 동안에는 적당한 가부장제적 성격을 유지하고 있었다. 그러나 면화의 수출이 이들 남부 여러 주의 사활 문제가 되어감에 따라 흑인에게 과도한 노동을 시키는 것이 수지타산에서 중요한 요인이 되어 버렸고, 그 결과 흑인의 생명은 7년의 노동으로 모두 소진되어버리게 되었다."[김, 314~315; 강, 336]

과거에는 가축도 함부로 일을 시키지 않았습니다. 함께 지내면서 생겨난 정서 때문이기도 했겠지만 혹사해서 문제가 생기면 재산상 손실도 컸을 테니까요. 하지만 아프리카에서 노예사냥이 본격화되고 상품으로서 노예의 공급이 활발해지자 굳이 비용을 들여 보살필 필요가 없게 된 겁니다. 이익을 위해 자원을 탕진하듯 아무런 거리낌 없이 인간생명을 탕진했겠지요. 이것이 노예제와 자본주의가 만났을 때 일어난 일입니다.

자본주의적 흡혈귀와 봉건주의적 흡혈귀

『자본』 제8장 제2절의 제목이 재밌습니다. "잉여노동에 대한 갈망: 공장주와 보야르." 보야르(Bojar)는 러시아와 동유럽의 봉건 대지주를 부르는 이름입니다. 그러고 보니 브램 스토커(Bram Stoker)의 소설 『드라큘라』*Dracula*(1897)의 주인공인 드라큘라 백작이 바로 보야르였습니다(이에 대해서는 부록노트㉑ 참조). 마르크스는 자본가와 봉건지주 중 어느 쪽의 갈망이 더 큰지 비교하려는 것처럼 제목을 달았는데요. 마치 현대 자본주의적 흡혈귀와 봉건주의적 흡혈귀의 대결 같습니다. 갈망의 강도만을 비교하는 것은 아닙니다. 갈망의 표출 형태도 다르니까요. 어떻든 둘을 비교해보는 것은 잉여노동에 대한 자본가의 열망을 이해하는 데 큰 도움이 됩니다.

우선 보야르가 통치하는 도나우 지역의 공국들에서는 영국의 공장보다 잉여노동을 확인하기가 더 쉽습니다. 앞서 말한 것처럼 우리는 자본주의 공장에서의 노동일을 편의상 필요노동과 잉여노동으로 나누기는 하지만 특정 시간을 잉여노동시간으로 분리해서 말할 수는 없습니다. 반면 봉건제에서 잉여노동은 '부역노동'의 형태를 취하므로 노동자가 감각적으로 알 수 있습니다. 봉건제에서는 필요노동과 잉여노동이 시간과 장소를 달리해서 이루어지니까요. 어제는 자기 밭에서 일하고 오늘은 영주의 밭에서 일하는 식이죠. 잉여가치율이 같더라도 잉여노동이 나타나는 형태가 다른 겁니다. 이 때문에 필요노동과 잉여노동의 구분이 선명치 않은 자본가의 경우 잉여노동에 대한 갈망이 노동일 전체를 연장하려는 충동으로 나타납니다. 반면 보야르는 잉여노동만 늘리는 게 가능하지요. 즉 잉여노동에 대한 그의 갈망은 더 많은 부역노동일에 대한 요구로 나타납니다.[김, 315~316; 강, 337]

잉여노동에 대한 보야르의 갈망도 상당했던 것 같습니다. 농노제에서 농노들은 현물도 바쳐야 했지만 무엇보다 부역을 해야 했습니다. 도나우 지역에서는 부역노동이 가장 중요한 공납이었다고 하는데요. 마르크스에 따르면 여기서는 부역노동이 농노제에 기초했다기보다 농노제가 부역노동 때문에 생겨났습니다.[김, 316; 강, 337] 과도한 부역노동 때문에 땅을 가진 농민들이 몰락해 농노가 되었던 거죠. 루마니아의 경우 토지는 애초 공동소유였는데요. 일부는 개인들이 자유롭게 경작했고 일부는 공동으로 경작했다고 합니다. 그런데 군대와 교회 지도자들이 공동 경작지를 횡령하고 자유농민들에게 부역노동을 강요하면서 공동소유제가 무너지고 농노제가 만들어졌습니다. 그러다가 나중에 러시아가 들어와 이 체제를 법제화해버렸지요. 보야르들의 요구를 반영해 강제 부역노동에 관한 법을 제정한 겁니다. 이것이 그 유명한 '레글르망 오르가니크'(Règlement Organique)라는 부역노동 법전입니다.

가혹하기로 악명 높은 법전인데요. 과연 농민들은 얼마만큼의 잉여노동을 제공했을까요. 그런데 생각보다 높지 않습니다. 편법적으로 이루어진 관행까지(이를테면 하루 노동량으로 규정된 일이 실제로는 사흘치 노동에 해당하는 식이죠) 고려해도 잉여가치율이 '겨우' 66퍼센트 남짓입니다. 이 지역의 기후를 고려하고 교회에 가야 하는 일요일 등을 제외하면 실제 농경일은 1년에 140일 정도 되는데, 그중 56일은 부역노동에 종사해야 하는 겁니다. 사실 정말로 많은 양이죠. 140일 중 56일을 부역노동에 바친다면 농부가 자신의 밭을 돌볼 수 있는 날은 84일밖에 되지 않습니다. 필요노동에 비해 잉여노동의 비율이 너무 높습니다. 혹독한 착취죠. 그런데도 방금 나는 '겨우' 66퍼센트 남짓이라고 했습니다. 지난 장에서 말한 '시니어의 최후의 1시간'을 기억할 겁니다. 11시간 30분의 노동일에서 1시간만 줄여도 자본주의에 종말이 올 것처럼 말했던 시니어 교수 말입니다. 그때 잉여노동을 1시간 줄인다고 가정하고 우리가 계산했던 잉여가치율은 80퍼센트가 넘었습니다. '레글르망 오르가니크'에 규정된 부역노동은 "영국의 농업노동자나 공장노동자의 노동

을 규제하는 잉여가치율에 비하면 훨씬 작은 것"이죠.[김, 318; 강, 339]

영국의 공장주와 도나우 지역의 보야르 중 누가 잉여노동들을 더 많이 뽑아냈는가. 정확히 판단하기는 어렵습니다. 보야르가 얼마나 법을 준수했는지 알 수가 없으니까요. 다만 도나우 지역의 악명 높은 부역노동 법전(1831)과 비교해도 영국 공장들(1833년 공장법)이 그리 밀리지 않았다고는 확실히 말할 수 있겠습니다. 그리고 실제로도 영국 공장의 잉여가치율이 더 높았을 가능성이 큽니다. 이는 우리로 하여금 소위 문명화된 자본주의 공장의 착취도를 다시 생각해보게 하지요. 도나우의 부역노동 법전 '레글르망 오르가니크'처럼 영국에도 '공장법'이 있었는데요. 둘은 차이가 있습니다. '레글르망 오르가니크'는 잉여노동을 강제하는 법이죠. 잉여노동에 대한 보야르들의 갈망을 반영한 법입니다. 반면 영국의 공장법은 잉여노동에 대한 규제를 담은 것입니다. 노동일을 더는 늘릴 수 없도록 자본가들의 충동을 통제하는 법이죠.[김, 318; 강, 339]

공장법은 언뜻 보면 영국이 도나우 지역의 나라들보다 더 인도주의적이고 문명화된 사회임을 보여주는 것 같습니다. 노동자들의 혹사를 막고 있으니까요. 그런데 이렇게 생각해볼 수도 있겠습니다. 오죽하면 이런 법이 필요했을까! 대강의 계산으로는 영국 공장의 잉여가치율이 도나우 지역보다 높았으면 높았지 더 낮지 않았습니다. 게다가 공장법에는 자본가가 노동일 연장에 대한 충동을 스스로는 멈추지 못할 것이라는 생각이 반영되어 있습니다. 외적 규제가 없는 한 끝까지 갈 거라는 얘기죠. 공장법이 제정된 배경에는 영국 노동운동의 성장이 있습니다(이에 대해서는 조금 뒤에 다루기로 하고요). 그런데 마르크스는 공장법 제정이 자본 전체의 이익을 위해서도 필요했다고 말합니다.[김, 318; 강, 340] 자본가의 탐욕을 제어하지 않으면 잉여가치의 기반인 노동자들의 생명력 자체가 고갈될 지경이었으니까요. 이는 농부들이 지력을 유지하기 위해 경작지에 비료를 주거나 주기적으로 경작을 쉬는 것과 같습니다. 경제적 관점에서도, 그러니까 자본가를 위해서도 국가가 이윤을 향한 맹목적 충동을 제어할 필요가 있었던 거죠.

자본주의는 원리상 과로사회다

자본주의는 문명사회이면서 과로사회입니다. '과로'란 일종의 '문명화된 잔학성'이라 할 수 있어요. 과로는 결코 미개함의 표시가 아닙니다. 자본주의 문명과 함께 퍼져가는 것이니까요. 마르크스는 19세기 중반 미국에서 가장 자유로운 주였던 매사추세츠주가 자신의 진보성을 뽐내며 내세운 노동일 규제에 대해 한마디 했는데요.[김, 367; 강, 387] 당시 매사추세츠주는 12세 미만 아동에게는 하루 10시간, 주 60시간을 초과하는 노동을 시키지 말라고 했습니다. 바꾸어 말하면 12세 미만의 아이들에게 하루 10시간, 주 60시간까지는 일을 시킬 수 있었던 것이지요. 마르크스에 따르면 이것은 17세기 말까지만 하더라도 영국에서 '혈기왕성한' 수공업자나 '몸집이 거구인' 대장장이의 표준노동일이었습니다.

 과로는 자본주의가 발달한 곳에서 먼저 시작됩니다. 그러고는 중심부 국가에서 주변부 국가들로, 대기업에서 중소기업들로 이전됩니다. 상품생산의 사슬을 따라 주변부로, 아래로 떠넘겨지는 거죠. 출발이 늦은 곳, 기술 개발이 늦고 설비 투자가 충분하지 않은 곳에서는 앞선 주자를 따라잡기 위해 혹은 경쟁에서 살아남기 위해 노동자들을 더 혹사할 겁니다. 장시간 노동과 저임금으로 가격 경쟁력을 확보하는 거죠. 그렇다고 선진 자본주의사회로 넘어가면 과로가 사라지느냐. 그렇지도 않습니다. 일정 부분 주변으로 전가될 수는 있겠지만 사라지지는 않습니다. 과로는 자본주의적 생산 자체의 성격에서 나오는 것이니까요. 과로는 자본주의의 원리입니다. 이미 '자본'의 정의에 그런 의미가 들어 있습니다. 자본을 정의하는 것은 잉여가치이고 잉여가치의 실체는 잉여노동입니다. 잉여노동이란 필요 이상의 노동입니다. 여기에 이미 '과로'라는 뜻이 담겨 있지요. 잉여노동을 얼마나 뽑아냈느냐에 따라 과로의 정도가 달라질 뿐이지 과로가 자본을 가능케 한다는 사실 자체에는 변함이 없습니다.

 과로가 자본주의의 원리라는 점은 그것이 호황이든 불황이든 상관없이 나타난다는 데서도 엿볼 수 있습니다. 사실 호황기에 과로가 나타나는 것은 일정 부분 이해할 수도 있습니다. 이른바 '대목'을 놓치면 안 되니까요. 이때는 공장이 풀가동됩니다. 없는 '손'도 쓸 판인데 있는 '손'은 말할 것도 없지요. 노동자들은 철야 노동을 합니다. 불황에는 어떨까요. 일감이 줄어드니 생산을 축소시킬 수밖에 없지요. 기계가동률도 낮출 겁니다. 노동일도 줄어야겠지요. 그런데 과연 그럴까요? 오히려 노동일 연장의 갈망은 더 커집니다. 그나마의 이윤이라도 지키려면 일감이 줄어든 만큼 잉여노동을 더 확보해야 하니까요.[김, 321~322; 강, 342] 노동시간을 줄이느니 차라리 고용을 줄이겠지요. 그러다 보면 남은 노동자들의 노동일과 노동강도는 더 올라갑니다. 이전보다 더 큰 과로에 시달리게 되는 거죠. 게다가 고용불안 때문에 노동자로서는 힘들다는 소리도 내기 어렵습니다. 호황기보다 불황기의 과로가 더 심하지요.

 기계가 도입되면 과로가 줄어들까요? 순박한 발명가는 그렇게 생각할지도 모르겠습니다. 그 자신은 인간의 수고를 덜어주기 위해 기계를 발명했을 수 있지요. 하지만 자본가는 다릅니다. 자본가가 기계를 도입하는 이유는 노동자의 수고를 덜어주기 위해서가 아닙니다. 자본가는 박애주의자가 아닙니다. 공장 바깥에서는 박애주의자일 수도 있지만 공장에서는 그렇지 않습니다. 그의 목적은 인류 복지가 아니라 잉여가치니까요. 실제로 기계를 도입한 19세기 공장들에서는 노동일이 더 늘어났습니다. 기계를 놀릴 수 없으니까요. 게다가 기계에 투자한 비용을 가급적 빨리 뽑으려고 작업속도를 올렸습니다(생산과정에 기계가 도입되면 작업속도를 통제하기가 더 쉬워집니다). 그리고 기계 조작에는 큰 힘이 들지 않기 때문에 여성과 아이들로 노동이 확대됩니다. 공장에서 과로하는 인구층이 늘어나는 거죠.

공장의 기계화가 초래한 현상에 대해서는 '기계와 대공업'(제13장, 영어판은 제15장)을 다룰 때 다시 언급하겠습니다. 다만 '과로'가 노동을 절약할 수단이 발명되지 않아 생긴 문제가 아니라는 점은 확인해두고 싶습니다. 일정 수의 노동자가 하루 8시간을 일하면 사회가 필요로 하는 핀을 모두 생산할 수 있다고 합시다. 여기에 새로운 기계가 발명되어 생산성이 두 배로 올라간다면 노동일은 어떻게 될까요. 당연히 8시간에서 4시간으로 줄어야 합니다. 이전보다 시간당 생산량이 두 배로 늘어났으니까요. 하지만 그런 일은 일어나지 않습니다. 그 대신 고용을 반으로 줄이겠지요. 남은 사람들은 여전히 8시간을 일합니다. 작업속도가 빨라졌으니 더 힘들게 일할 겁니다. 버트런드 러셀(Bertrand Russell)은 말했습니다. "현대의 생산방식은 우리 모두가 편안하고 안전할 수 있는 가능성을 [이미] 열어놓았다. 그런데도 우리는 한쪽 사람들에겐 과로를, 다른 편 사람들에겐 굶주림을 주는 방식을 선택해왔다."[9] 우리 모두가 알면서도 피할 수 없는, 혹은 피하지 않는 어리석은 선택이죠. 아마도 과로를 없애려면 기계가 아니라 체제를 새로 발명해야 할 겁니다.

시간 도둑질

시간은 돈이다. 노동일 문제만큼 벤저민 프랭클린의 말이 실감나는 곳은 없습니다. 노동일 전체가 목돈이라면 1분 1초는 푼돈일 텐데요. 자본가는 이 푼돈조차 알뜰하게 모으죠. 마르크스는 공장감독관들의 보고서를 인용해 자본가들이 얼마나 시간에 민감한지를 보여줍니다. 공장감독관 레너드 호너의 보고에 따르면 공장주들은 노동자의 시간을 분 단위로 훔칩니다(마르크스는 '레너드 호너'를 "영국 노동자계급을 위해 불멸의 공적을 세운" 인물이라고 했지요). 『자본』 집필 당시의 공장법에 따르면 공장주들은 12시간 노동일을 지켜야 하는데요. 실제로는 평일의 경우 15

분 전에 출근하게 하고 15분 늦게 퇴근하게 합니다. 출퇴근에서 각각 15분씩 모두 30분을 떼어내는 거죠. 그리고 아침식사 전후에 5분씩 10분, 점심식사 전후에 10분씩 20분을 떼어냅니다. 출퇴근에서 30분, 식사시간에서 30분, 모두 1시간을 떼어내는 셈이죠.[김, 321; 강, 341]

이렇게 하면 법정노동일인 12시간을 법 개정 없이 13시간으로 만들 수 있습니다. 토요일에도 시간을 떼어내는데요. 토요일에는 점심시간이 따로 없으니 거기서는 떼어낼 게 없어 40분만 가져갑니다. 이런 식으로 하면 1년에 27일을 떼어낼 수 있습니다. 하루에 1시간을 벌고 1년에 1개월가량을 버는 겁니다. 1년은 12개월인데 노동월로는 13개월이 되는 거죠. 자본가는 열심히 갉아낸 시간의 가루들을 모아, 매년 자연이 선사하지 않은 1개월을 만들어냅니다. 게다가 이 1개월은 노동자가 무급으로 일하는 시간입니다. 온전한 잉여노동시간이죠. 그런데 이걸 잡아내기가 어렵습니다. 하루에 조금씩 여러 번 훔치는 것이라 크게 티가 안 나거든요. 당시 공장감독관들은 노동자의 휴식시간이나 식사시간에서 시간을 조금씩 훔쳐내는 것을 분 빼먹기(petty pilferings) 혹은 분 가로채기(snatching)라고 불렀답니다. 노동자들은 '야금야금 잘라먹기'(nibbling and cribbling)라고도 불렀고요.[김, 324; 강, 345]

제8장에서 마르크스는 공장감독관과 노동자들의 음성을 직접 인용하기에 실감나는 표현들이 많습니다. 이런 인용 방식은 엥겔스의 『영국 노동자계급의 상태』(1845)에서 영향을 받은 것 같습니다. 마르크스는 자본가의 시간 도둑질에 대한 공장감독관의 증언을 인용하면서 엥겔스가 쓴 책에 대한 주석을 달았습니다. 엥겔스가 이미 20년 전에 "자본주의 생산양식의 정신을 깊이 파악"했고, 노동자계급의 "상태를 놀라울 정도로 꼼꼼히 묘사"했다고 찬사를 보냈지요(이에 대해서는 부록노트⑲ 참조). 그러면서 20년이 흘렀음에도 엥겔스가 기술했던 내용에서 별로 바뀐 게 없다고 했습니다.[김, 320, 각주 15; 강, 341, 각주 48] 실제로 엥겔스가 1845년에 쓴 그 책에서도 우리는 1859년 호너가 작성한 보고서에 나온 '분 도둑질' 이야기를 읽을 수 있습니다. 엥겔스는 맨체스터 공장노동자들의 증언을 인용하는데요.[10] 당시 공장의 내규에 따르면, 노동자가 3분을 지각하면 15분치 임금을 삭감하고, 20분을 지각하면 하루 임금의 25퍼센트를 삭감합니다. 그런데 노동자들에 따르면 출근할 때는 공장의 시계가 15분 빨리 갑니다. 더 웃긴 것은 전날 밤에는 그 시계가 도시의 시계들보다 15분 늦었다는 겁니다. 어떤 공장에서는 작업하는 동안엔 시곗바늘이 15분 뒤로 갔지요. 개인 시계가 없는 노동자들로서는 그야말

로 속수무책이었습니다.

그렇다면 노동자가 시간을 정확히 아는 오늘날에는 출퇴근시간에 일어나는 분 도둑질이 사라졌을까요. 마르크스는 20년이 지나고도 변한 게 없다고 했는데요. 우리는 200년이 지났어도 그다지 변하지 않았다고 말해야 할지도 모르겠습니다. 지금도 작업 준비시간을 노동시간에 포함시키지 않는 작업장이 많습니다. 현행법상으로는 "작업을 위하여 근로자가 사용자의 지휘·감독 아래에 있는 대기시간 등은 근로시간으로 본다"라고 규정되어 있지만(근로기준법 제50조 제3항), 실제로는 많은 작업장에서 노동자로 하여금 업무 시작 전에 준비를 마칠 것을 요구하지요. 몇 년 전(2015) 대표적인 패스트푸드 업체인 맥도날드 앞에서 알바노조가 부당 노동행위에 항의하며 시위를 한 적이 있는데요. 항의 내용 중 하나가 출퇴근 때 이루어지는 분 도둑질에 관한 것이었습니다. 맥도날드 매장에서는 아르바이트 직원에게 10분 내지 15분 전에 출근할 것을 강제하고 있다고 했습니다. 노조에서 조사한 바로는 노동자들이 출근해서 업무 준비를 마치기까지 평균 8분 42초가 걸리며, 업무를 마치고 퇴근을 준비하는 데 평균 10분 52초가 걸린다고 합니다. 그러니 매일 출퇴근 때마다 20분가량을 떼어먹는 겁니다.[11]

8분 42초니 10분 52초니 하는 말에 웃음이 나올 수도 있겠습니다. 그리고 그깟 시간이 얼마나 된다고 항의하느냐고 생각할지도 모르겠습니다. 하지만 매일 5분, 10분을 모아 1개월을 만들어내는 자본가의 알뜰함, 정확히 말해 그 집요함을 떠올려보세요. 매주 5일을 매일 20분씩 뜯기는 아르바이트 직원이 있다면 한 주에 100분, 50주면 5000분, 즉 1년에 80시간 넘게 뜯기는 겁니다. 이렇게 계산하면 주 5일 하루 4시간 아르바이트를 하는 사람은 결국 20일, 그러니까 1년에 무려 4주간의 노동을 무급 봉사하는 셈입니다. 그런데 노동자에게 노동하는 시간은 생명력을 투여하는 시간입니다. 더욱이 자본가에게 이처럼 무상으로 제공한 시간은 노동력의 재생산 즉 생명 재충전의 비용을 전혀 받지 못한 채 생명을 짜 넣은 시간입니다. 결코 가볍게 볼 문제가 아니지요. 게다가 19세기 노동자들이 '시간 야금야금 잘라먹기'를 당했다면 21세기 아르바이트 노동자들은 여기에 더해 '시간꺾기'까지 당합니다. '시간꺾기'란 그날 그 시간 매장에 손님이 적으면 아르바이트 노동자를 곧바로 퇴근시키는 걸 말합니다. 원래는 오후 5시까지 근무를 해야 하지만 손님이 없을 경우 1~2시간 일찍 퇴근시켜버립니다. 인건비를 아끼는 거죠. 노동시간을 분 단위로 재서 심지어는 5분 일찍 퇴근시키는 경우도 있습니다.[12] 노동시간을 갉아서 가루를 떨어내는 수법이죠. 시간은 금이고, 금가루도 금은 금이니까요.

　노동일의 길이는 정말로 중요한 문제입니다. 자본주의가 역사적으로 출현한 이래 그 중요성을 잃어본 적이 없습니다. 법으로 규정된 표준노동일은 많이 줄어들었지만 12시간일 때도, 10시간일 때도, 8시간일 때도 1시간을 더 줄이느냐 마느냐는 언제나 뜨거운 쟁점입니다. OECD 국가들 중 최장 노동시간을 가진 한국에서도 자본가들은 주당 노동시간을 최대 52시간을 넘지 않게 규제하는 것에 강하게 반발합니다. 마르크스는 자본가를 '인격화된 자본'이라고 불렀습니다. 자본가에게는 1분 1초가 아까울 겁니다. 그런데 이런 관점에서 노동자를 보면 어떻게 보일까요. 노동자란 그에게 무엇일까요. 마르크스는 말합니다. 이런 시각에서 "노동자는 인격화된 노동시간일 뿐"이라고요.[김, 325; 강, 345] 노동자 개인의 인격적 특성은 눈에 들어오지 않습니다. 18시간 노동이 필요한 경우 자본가는 이렇게 말할 겁니다(1노동일이 12시간인 경우). "전일짜리 하나 쓰고 반일짜리 하나 쓰면 되겠네." 마르크스에 따르면, 이미 19세기 공장에 '풀타이머'(full timer), '하프타이머'(half timer)라는 말이 공공연히 사용되고 있었다고 합니다.[김, 325; 강, 345] 노동자를 시간으로 부르는 거죠. 사실 풀타이머, 하프타이머만 있는 게 아닙니다. 내가 종종 이용하는 카페의 주인은 어느 날 친구에게 저녁에 도무지 짬이 안 난다며 말하더군요. "세 시간짜리 하나 쓸까?" 그러더니 며칠 후 정말로 '세 시간짜리'가 자리를 지키고 있었습니다. 우리 사회에서는 1노동시간, 2노동시간, 3노동시간 등이 사람의 모습을 하고 곳곳에서 일하고 있습니다.

돈을 아끼고 생명은 낭비하다

지금까지 살펴본 것은 공장법의 규제를 받는 대공업의 사례입니다. 출퇴근시간과 식사시간을 조금씩 갉아먹기는 하지만 표준노동일을 준수하는 경우였죠. 『자본』 집필 당시 영국의 표준노동일은 10시간이었습니다. 오전 6시에 출근해서 오후 6시에 퇴근했는데요. 여기서 아침 식사 30분, 점심 식사 1시간을 제외하면 10.5시간입니다. 토요일에는 7.5시간 근무를 했으니, 주 6일이면 60시간, 하루 평균 10시간이지요. 그러나 공장법의 제약을 받지 않는 산업부문이 훨씬 많았습니다. 상대적으로 영세한 곳들이죠. 자본 규모도, 노동자 수도 대공장에 비할 바가 못 됩니다. 그런데 이곳들을 부차적이거나 예외적인 곳으로 치부하면 안 됩니다. 오히려 어떤 점에서는 전형적인 곳들입니다. 제약이 없을 때 자본의 모습을 더욱 선명하게 볼 수 있지요.

착취에 대해 그 어떤 제약도 없다면

『자본』제8장 제3절에서 마르크스는 법적 제약을 받지 않는 산업부문들의 노동실태를 고발합니다. 그 대부분은 말들을 오려 붙인 겁니다.「아동노동조사위원회 보고서」,「공중위생 보고서」등에 실려 있던 공장감독관, 의사, 노동자들(특히 어린이 노동자들)의 증언입니다. 앞서 제1절에서 마르크스는 노동자의 목소리가 들려온다고 표현했는데요. 여기 제3절을 포함해 제8장 전체가 그런 식으로 구성되어 있습니다. 음성을 입힌 텍스트들로요. 그래서 글을 읽는다기보다 말을 듣는다는 느낌을 받습니다. 독자를 청자로 바꾼다고 할까요.

사실 '자본'의 논리적 운동만을 설명하려 했다면 이런 구성과 이런 정도의 분량이 필요하지 않았을 겁니다(참고로 『자본』에서 제8장은 제13장 다음으로 긴 장입니다. 두 장 모두 노동자들의 고통스러운 체험을 담고 있지요). 한두 줄로 처리해도 됩니다. 잉여노동을 갈망하는 자본가로서는 최대한 노동일을 늘리려고 할 것이다, 법적 제약이 없다면 어떤 일이 일어날지 불 보듯 뻔하다, 이런 산업부문에서는 16시간, 18시간, 심지어 20시간의 노동일이 나타났다, 이런 정도로 쓰고 넘어가도 됩니다. 실제로 당시 정치경제학 서적들 중 노동자들이 겪은 일을 이처럼 구구절절 써놓은 책은 없을 겁니다. 그런데 마르크스는 많은 지면을 할애해, 그리고 자신의 문학적 역량을 총동원해 노동자들이 겪은 일을 옮겨 적었습니다. 레이스, 도자기, 성냥, 벽지, 제빵 등 분야는 다르지만 법적 제약을 받지 않는 모든 작업장이 노동지옥입니다. 차이가 있다면 한쪽에서는 폐를 망가뜨리고 다른 쪽에서는 척추를 망가뜨리는 식이지요. 별로 어려운 글도 아닌데 읽어나가기가 쉽지 않습니다. 분량만큼이나 감정의 수렁을 넓고 깊게 파놓았기 때문입니다. 가치증식을 논리적으로 이해하는 것과 현실을 지켜보는 것은 다릅니다. 마르크스는 논리 전개만으로는 보이지 않고 들리지 않는 것을 『자본』의 한복판에 배치했습니다. 『자본』을 더 읽어나가려면 이런 정서적 체험이 꼭 필요하다고 생각했는지도 모르겠습니다. 독자들은 텍스트를 지적으로 이해할 뿐 아니라 정서적으로도 겪어야 합니다.

법적 제약이 없는 산업부문들은 노동일이 상상을 초월합니다. 레이스 제조업에 종사하는 성인 노동자들은 제발 하루 노동일이 18시간을 넘지 않게 해달라고 청원하는 집회를 엽니다.[김, 326; 강, 347] 열 살도 안 된 아이들은 새벽부터 한밤중까지 15시간 노동을 한다고 증언하고요.[김, 327; 강, 347] 도자기공들은 폐병으로 죽어갑니다. 신체 발육은 부진하고 폐는 망가져 있습니다.[김, 328~329; 강, 349] 성냥 제조 노동자의 절반은 18세 미만의 아이들인데 대부분 누더기를 걸친 채 굶주려가며 14~15시간을 일합니다. 독성 물질이 가득한 작업장에서요.[김, 330; 강, 350~351] 벽지 공장에서 일하는 아이는 16시간을 일하는데 기계를 떠날 수가 없어 옆에서 누군가 떠 넣어주는 음식을 먹으며 일합니다.[김, 331; 강, 351]

────────── 마음이 아픈 게 아니라 위장이 아팠던 것 ──────────

제빵업은 별도로 이야기할 필요가 있겠습니다. 앞서도 몇 차례 언급했던 불량 빵 사건 때문인데요. 1850년대 중반, 런던 시민들이 매일 먹는 빵을 반죽할 때 믿기 힘든 재료들이 들어간다는 게 폭로되었습니다. 명반과 모래에 온갖 오물까지 들어간다는 것이었죠. 결국 진상조사위원회가 만들어졌고 1860년 '불량식품 제조 방지를 위한 법률'이 만들어졌습니다. 그런데 마르크스는 이 법률이 별로 효과적이지 못했다고 말합니다.[김, 333~334; 강, 353~354] 행여 기업 활동의 자유를 침해하지는 않을까 의회 의원들이 무척 몸을 사렸다는 거죠.

반죽에 이물질이 들어갔음을 확인한 조사위원회가 '자유상업'에는 원래 좀 '기교를 부린 물질'이 들어가기 마련이라고 수긍하는 태도를 보였습니다. 여기서 내가 우리말로 '기교를 부린'이라고 옮긴 단어는 'sophisticated'인데요. 기교를 부려 뭔가를 모호하게 만든 걸 가리킵니다. 빵 반죽에 끔찍한 오물이 들어갔는데도 그걸 '기교를 부린 물질'이라고 에둘러 말한 겁니다. 이렇게 표현하면 그 오물이 오물이 아닌 뭔가 미묘한 물질인 것처럼 들립니다. 'sophisticated'라는 표현 자체가 참 'sophisticated' 하다고 할까요. 마르크스는 이 단어에서 궤변론자를 의미하는 '소피스트'를 떠올렸습니다. 조사위원회는 "흰 것을 검은 것으로 만들고 검은 것을 희게 만드는 방법"에서 대표적인 소피스트 프로타고라스(Protagoras)를 능가하고, 엄연한 실제를 두고 그것이 가상임을 입증하려 한 점에서는 엘레아학파(Eleaten; 날아가는 화살은 움직이지 않는다는 걸 입증하려 했던 제논 같은 사람들 말입니다)를 능가한다고 조롱했지요.[김, 334; 강, 354]

'기교를 부린 물질'이라는 말 자체가 기업의 자유를 지키기 위해 '기교를 부린' 말입니다. 마르크스는 주석에서 비슷한 예로 '검댕이'를 들었습니다.[김, 334, 각주 43; 강, 354, 각주 75] 당시 검댕이는 '상품'이었습니다. 경작 전에 뿌리는 비료였지요. 굴뚝 청소업자들이 차지농업가에게 팔았습니다. 그런데 검댕이에 모래가 잔뜩 섞여 있었습니다. 빵 반죽에 모래를 넣은 것과 같은 이유였어요. 양을 늘리려는 거죠. 구매자인 차지농업가들이 소송을 걸었습니다. 불량 검댕이는 검댕이가 아니니까요. 그런데 '상업의 친구들'(amis du commerce)인 배심원은 판매자의 손을 들어주었습니다. 불량 검댕이지만 상업적으로는 '진짜 상품'이고(상업의 세계에서 이 정도 기교와 이 정도 자유는 용인해야 한다는 겁니다), '진짜 상품'이라면 상품으로서는 '진짜 검댕이'로 대접해줘야 한다는 거죠.

자본가들은 돈을 벌기 위해 정말로 전력을 다합니다. 나쁘게 말하면 온갖 짓을 벌이지요. 노동일을 어길 수 없다면 시간의 한계를 갉아서 가루라도 떨어냅니다. 상품 제조에 대한 법적 규정이 있다면 그 규정을 야금야금 파고들죠. 그렇게 만든 빵을 사람들이 먹어도 좋은지, 그렇게 만든 검댕이 비료를 밭에 뿌려도 좋은지는 '난 몰라'입니다. 규정에 저촉되지만 않는다면, 저촉 여부를 애매하게 만들 수만 있다면, 심지어 저촉되더라도 들키지 않을 수만 있다면, 자본가는 과감하게 일을 벌입니다. 기업 활동의 자유는 이윤 추구 활동의 자유이지 양심의 자유가 아닙니다. 그럼에도 이들은 주님에게 바치는 성체조차 수십 가지 방법으로 위조할 수 있습니다. 마르크스는 루아르 드 카르(Rouard de Card)의 『성체의 위조에 대하여』(1856)를 언급하며 말합니다. "경애하는 주님조차 이 운명에서 벗어나지 못한다."[김, 334, 각주 44; 강, 354, 각주 76] 신앙은 소중합니다. 그러나 수익은 더 소중하지요. 수익이 1/39 늘어난다면 신앙조항 39개 중 38개를 어기는 것 정도는 어려운 일이 아닙니다.

이 점에서는 소비자도 마찬가지입니다. 런던 시민들이 과로에 시달리던 제빵 노동자들의 호소에 귀를 기울인 것은 심장 때문이 아니라 위장 때문이었습니다. [김, 335; 강, 354] 불량 빵 문제가 빵의 제조 과정을 들여다보게 한 거죠. 런던의 제빵공들은 밤 11시에 일을 시작해 아침 8시까지 밤새 빵을 굽습니다. 소위 '염가' 빵집(당시 런던 빵집의 4분의 3이 이에 해당했습니다)에서 일하는 노동자들은 그다음 날에는 아주 늦은 오후까지 배달도 해야 합니다. 임금은 12시간치를 지급하지만 실상은 18시간 동안 일을 시켰습니다. 처음부터 빵집들이 다 이랬던 것은 아닙니다. 런던의 제빵업자들은 오랫동안 길드 즉 동업조합 소속이었습니다. 그런데 18세기 들어 제분업자, 밀가루 도매상이 자본가의 형상으로 나타나자마자 제빵업자들도 자본가로 돌변했습니다. 장인과 도제가 사라진 빵집에 자본가와 노동자가 들어섰지요. 업자들 간에 무한 경쟁이 시작되었고요. 이때부터 빵집에서는 노동일의 무제한적 연장과 야간노동이 나타났습니다.[김, 337~338; 강, 357]

마르크스는 법적 제약을 받지 않는 산업부문들의 노동실태를 일별하면서 이렇게 말합니다. "만일 단테가 이 공장들을 보았더라면 그가 상상한 참혹하기 짝이 없는 지옥의 광경도 여기에는 미치지 못한다고 생각했을 것이다."[김, 330; 강, 351] 법적 규제가 미치지 못하면 언제 어디서든 이런 지옥들이 생겨납니다. 노동일의 무제한적 연장은 자본의 기본 충동이니까요. 그렇게 하지 말아야 할 내적 이유가 없습니다. 양심이 아니라 이윤을 기준으로 본다면 말이지요.

앞서 말한 것처럼 2019년부터는 한국 기업들도 주당 52노동시간을 넘길 수 없습니다[참고로 국제노동기구(ILO)가 제시한 장시간 노동의 기준은 주당 48노동시간입니다]. 이것이 기업 활동의 자유를 침해한다는 반발이 나왔습니다. 그러나 자본가 스스로 노동일을 줄이는 일은 결코 일어나지 않습니다. 오히려 제도상 허점이 생겨나면 노동일은 언제든 과거로 돌아갈 준비가 되어 있습니다. 사실은 지금도 일어나는 일이지요. 오해하지 말아야 합니다. 장시간 노동으로 인한 과로사는 19세기 문제가 아닙니다. 21세기 한국에서도 일어나는 일이죠. 심지어 어린 노동자의 과로사도 여전히 일어납니다. 뉴스를 검색하면 어렵지 않게 그 사례들을 찾을 수 있어요. 2011년 기아자동차 공장에서 일하던 18세 어린 노동자가 뇌출혈로 쓰러졌는데요. 그는 최대로 일할 때는 주 70시간 노동을 했습니다.[13] 그는 실습생 신분이었는데요. 알다시피 실습이란 수업의 연장입니다. 하지만 실습생들이 실제로 수행한 일은 수업이 아니라 정규 노동이었습니다(예전에 외국인 노동자들을 '산업연수생' 신분으로 고용했는데, 말이 연수지 실상은 업체에서 노동력을 값싸게 이용하는 방법이었죠). 2017년에는 한 생수업체에서 일하던 18세 어린 노동자가 제품을 적재하는 기계에 목이 끼여 죽었습니다. 그는 여름에도 섭씨 40도가 넘는 공장에서 12시간씩 일했다고 합니다.[14] 근로기준법상 18세 이하 연소자는 1일 7시간, 주 40시간 넘게 일해서는 안 됩니다. 하지만 해당 업체는 계약서상으로만 그것을 준수했습니다. 일은 정규 노동자처럼 시키고 임금은 실습생 수준으로 지급했지요. 어린 노동자의 생명을 써서 돈을 아낀 셈입니다. 실습생을 보낸 학교는 높은 취업률을 자랑하기 위해 이런 관행을 묵인했고요. 제도상의 허점이 생겨난 거죠. 그런데 이 허점이, 이윤을 좇는 기업에는 허점이 아니라 이점입니다. 최대한 활용해야 할 기회인 거죠.

한국 사회의 표준노동일은 많이 줄었지만 실제 노동일은 여전히 깁니다. 임금이 낮기 때문에 노동자들은 잔업과 특근을 신청합니다. 대공장의 정규직 노동자들, 이를테면 현대자동차의 정규직 노동자들도 1년에 1000시간 가까운 잔업을 합니다.[15] 이런 성향은 중소 업체로 내려갈수록 클 겁니다. 2013년 한 중소 전자부품 업체에서 30대 직원 두 명이 뇌출혈과 심장마비로 숨을 거두었는데요. 31세의 평사원은 주 80시간, 35세의 과장은 주 60시간을 일했다고 합니다. 법정근로시간은 주 40시간입니다. 그런데 최대 68시간까지 늘릴 수 있는 합법적 방법이 있습니다. 당사자가 합의하면 주중 12시간 연장근로가 가능하고, 휴일이나 주말에는 다시 16시간 연장근로가 가능하니까요. 뇌출혈로 숨을 거둔 31세의 젊은 노동자는 법적 최대 허용치인 68시간에 12시간 맞교대 근무를 했던 모양입니다. 그렇게 해서 표준노동일을 지키면 급여를 두 배로 올릴 수 있었답니다. 그렇게 올린 임금이 160만 원 정도였습니다.[16] 참고로 이 업체는 삼성, 폭스콘, 애플 등에 납품하는 업체였는데요. 하청이 1, 2차인 경우는 그래도 좀 낫다고 합니다. 5, 6차까지 내려가는 경우도 있으니까요. 말단 하청업체에서 일하는 노동자들은 소위 '물량 떼기'로 월급을 받습니다. 물건을 만든 만큼 돈을 주는 거죠. 물량이 끊기면 곧바로 계약이 해지되고요. 계약서에 계약 기간이 비어 있는 경우가 많다고 합니다. 해지할 때 적는 것입니다. 한국 전자산업의 노동자 평균 근속 연수가 5년이 되지 않는다고 하는데요. 한 업체에서 5년을 버텨내기가 쉽지 않다는 뜻입니다.[17]

지난 장에서 우리는 상품의 '가치형성'이란 노동자의 '생명을 짜 넣는 일'이라고 했습니다. 마르크스는 제8장에서 이것이 비유가 아님을 보여줍니다. 노동일이 무차별적으로 연장되는 곳에서 노동자들은 정말로 빨리 늙고 일찍 죽고 많이 죽으니까요. 정부의 공식 집계에 따르면 한국에서는 지난 10여 년간(2009~2017) 매년 2000명 가까운 노동자들이 산업재해로 죽었습니다.[18]

––––––––––––––––– 그들이 말하는 '우리'는 누구인가 –––––––––––––––––

『자본』 본문을 읽어보면 마르크스가 얼마나 주의를 기울여 증언들을 선택하고 배치했는지 알 수 있습니다. 내용도 내용이지만 증언하는 사람들의 말투나 표현에도 신경을 많이 썼습니다. 벽지 공장에서 일하는 아이들의 증언 뒤에 공장관리자들의 증언을 배치한 것이 좋은 예입니다. 마르크스는 두 증언을 나란히 배치함으로써 대비 효과를 극대화합니다. 아이들의 말은 구체적이고 신체적이며 감정적입니다. 반면 관리자의 말은 추상적이고 논리적이고 이성적입니다. 아이들의 말이 통증이라면 관리자의 말은 숫자입니다.

먼저 아이들의 말을 들어볼까요. 벽지 공장은 10월 초부터 4월 말까지 가장 바쁜데요. 이때는 거의 중단 없이 아침 6시부터 심야까지 노동이 이어집니다. 13세 라이트본은 이렇게 말합니다. "우리는 이번 겨울에는 밤 9시까지 일했고 지난 겨울에는 10시까지 일했습니다. 이번 겨울 동안 나는 상처 난 발이 아파서 매일 밤 울었습니다."[김, 331; 강, 351] 라이트본의 증언 외에도 병으로 쓰러져 공장에 나오지 못하거나 기계 앞에서 조는 소녀 노동자들에 대한 증언, 겨우 일곱 살 아이를 기계 옆에서 떠나지 못하고 16시간이나 계속 일하게 만들었다는 증언 등이 있습니다. 아이들의 증언이 있은 뒤 공장관리자 스미스가 말합니다. "우리는 식사시간을 위한 휴식도 없이 일하기 때문에 10½시간의 하루 작업은 오후 4시 반에 끝나고 그 뒤부터는 모두 연장근로입니다. 우리는 저녁 6시 전에는 일을 거의 중단하지 않으므로 사실상 1년 내내 연장근로를 하는 셈이지요. (…) 아이들이나 성인 모두 똑같이 최근 18개월 동안 평균적으로 매주 최소한 7일 5시간, 즉 78½시간을 일했습니다. 올해(1863) 5월 2일까지 6주 동안은 평균이 조금 더 증가했지요. 8일 즉 84시간이었습니다!"[김, 331~332; 강, 352]

아이들의 증언과 나란히 붙여놓았기에 관리자의 말은 우리에게 다른 느낌을 줍니다. 관리자가 말하는 78½시간, 84시간의 질감이 느껴진다고 할까요. 독자들은 그것이 하루 꼬박 16시간을 기계 옆에서 보낸 일곱 살 아이의 노동일이고, 밤마다 상처 난 발을 안고 매일 밤을 울었다는 아이의 노동일이라는 것을 알고 있으니까요. 어른 아이 할 것 없이 우리는 매주 78½시간, 84시간 동안 열심히 일했다고 태연하게 말하는 관리자의 증언에 분노할 수밖에 없지요(참고로 말해두자면 여기서 말하는 '연장근로'를 '잉여노동'과 혼동하면 안 됩니다. 연장근로는 표준노동일을 넘어서는 노동을 가리킵니다. 그런데 '잉여노동'은 표준노동일 안에도 들어 있지요. 표준노동일은 필요노동과 잉여노동으로 이루어져 있으니까요. 연장근로에 대해서는 '시간외수당' 내지 '잔업수당'이라는 게 지급되는데요,[김, 331, 각주 40; 강, 352, 각주 72] 이것의 문제점에 대해서는 나중에 '임금'편을 다룰 때 별도로 언급하겠습니다).

그런데 마르크스는 공장관리자 스미스가 즐겨 쓰는 단어 하나를 신랄하게 비난합니다. 바로 '우리'(Wir)라는 말인데요. 방금 인용할 때는 옮겨 적지 않았지만, 마르크스는 스미스가 '우리'라는 말을 쓸 때마다 괄호를 치고 그 '우리'가 누구인지 밝히고 있습니다. 이런 식입니다. "우리는 식사시간을 위한 휴식도 없이 일하기 때문에"라는 구절에 들어 있는 '우리'에는 괄호를 치고 이런 말을 붙였습니다. "그가 우리라고 하는 것은 '우리'(uns)를 위해 노동하는 그의 '직공들'(Hände)이다." 그리고 식사시간을 위한 휴식 없이 오후 4시 반까지 일한다는 문장 뒤에도 괄호 치고 이렇게 적었지요. "스미스 자신도 과연 10시간 반 동안 식사시간을 갖지 못했을까?" 공장관리자 스미스는 "우리는 밥도 못 먹고 10시간 반 동안 일을 한다"라고 했지만 정말 그가 밥도 못 먹고 일한 사람인지 묻는 겁니다. 스미스가 말한 "밥도 못 먹고 일하는" '우리'에는 스미스가 들어 있지 않습니다. 그렇게 일한 사람들은 노동자들이죠. 반면 "우리는 저녁 6시 전에는 일을 중단하지 않으므로"에서 '우리'는 "(바로 그 스미스)"입니다. 관리자인 '우리'가 노동력의 사용을 멈추지 않으니 노동자들이 밥조차 먹을 수 없는 것이지요.

마르크스는 스미스가 "'pluralis majestatis'에 몹시 집착"하고 있다고 말합니다.[김, 332; 강, 352] 'pluralis majestatis'는 군주가 자기 자신을 지칭할 때 쓰는 말인데요. 과거의 군주들은 '나'라고 말할 대목에서 '우리'라는 말을 썼다고 합니다(영어로는 'Royal We'라고 합니다). '이 나라의 지배자이자 황제인 나 알렉산더는…'이라고 말할 것을 '이 나라의 지배자이자 황제인 우리 알렉산더는…'이라고 말하는 거죠. 실상은 '나'인데 '우리'로 부르는 겁니다. 군주가 아니어도 권력자들은 '나'를 '우리'로 바꾸어 표현하곤 합니다. 이는 자신들의 특수한 이해를 모두의 보편적 이해로 둔갑시킬 때 유용하지요. 기업의 군주인 자본가도 그렇습니다. 자본가가 노동자들에게 말합니다. "올해 우리가 조금만 더 열심히 일한다면 우리 기업이 다른 기업을 제치고 1등을 차지할 겁니다." 그런데 앞의 '우리'와 뒤의 '우리'는 의미가 다릅니다. 열심히 일하는 '우리'와 기업의 소유권을 가진 '우리'는 같은 사람이 아니죠.

마르크스가 인용하는 벽지 공장의 지배인 오틀리의 말에서도 이것을 볼 수 있습니다. 오틀리는 '우리'라는 말로 공장의 모든 사람을 대변하듯 말합니다. "만일 노동시간을 아침 6시부터 밤 9시까지 허용하는 법률이 있다면 그것이야말로 우리(!)에게(uns) 꼭 들어맞는 법일 텐데, 공장법은 아침 6시부터 저녁 6시까지로 노동시간을 제한하고 있어서 우리(!)에게는 맞지 않습니다."[김, 332; 강, 352~353] 마르크스는 '우리'라는 말에 모두 느낌표를 찍었는데요. 여기서 '우리'는 누구일까요. 10시간 반의 노동일은 '우리'에게 맞지 않는다고 말하는 사람, 법정 퇴근시간을 밤 9시로 연장하고 싶은 사람, 바로 오틀리 자신이겠지요. 자본가인 겁니다.

마르크스는 노동자들, 특히 아이들의 목소리를 들려줌으로써 '우리'라는 허구적 공동체를 깨뜨립니다. 자본가가 '우리'라는 말로 자기 목소리를 모두의 목소리로 만드는 것을 막지요. 자본가가 노동자의 목소리를 강탈하거나 훔치는 걸 막는 겁니다. 앞서 제8장 제1절에서 노동자의 목소리가 들려온다고 했던 것도 이런 맥락이었습니다. 자본가는 자신이 노동자와 한 가족 한 집단인 것처럼 말하지만, 아침 6시부터 오후 4시 반까지 밥도 못 먹고 일한 것은 그가 아닙니다. 16시간 동안 기계 옆에 붙어 있어야 하는 일곱 살의 어린 노동자는 그가 아닙니다. 매일 밤 상처 난 발을 껴안고 울던 열세 살의 어린 노동자는 그가 아닙니다. 그는 일주일에 8노동일을 일했다고 말하지만 그렇게 일한 사람은 그가 아닙니다. 그는 이 '우리'에 포함되지 않습니다. 노동일에 관한 장에서 '우리'는 '너희'와 마주합니다. '우리'는 '모두'를 지칭하는 말이 될 수 없습니다. '우리'는 '너희'와는 다른, '너희'의 타자입니다. 제8장 제1절에서 노동자는 항변을 시작하자마자 자본가를 2인칭("당신")으로 불렀습니다. 단순한 2인칭이 아닙니다. 자신과는 이해관계가 상반되는 사람으로서 '당신'('너')인 것이죠. '모두'를 지칭하는 '우리'는 없습니다. '너희'와 마주한 '우리'만이 있을 뿐이죠.

　나는 앞서 1장에서 마르크스의 비판은 정치경제학의 '당파성'을 드러낸다고 했는데요. 이때 '1789년 혁명'과 '1848년 혁명'의 차이에 대해 말한 바 있습니다 (44쪽). 마르크스에 따르면 정치경제학이 안전하게 과학 행세를 할 수 있었던 것은 1848년 혁명 이전입니다. 말하자면 정치경제학은 1789년 혁명이 내세운 보편성에 입각해 있습니다. 1789년 혁명은 부르주아지가 귀족에 맞서 자신들을 '보편신분'으로 제시한 혁명입니다. 그런데 1848년 혁명은 이 보편성이 허구임을 보여주었지요. '보편신분으로서 부르주아지'가 실은 '특정 계급으로서 부르주아지'였다는 게 드러났습니다. 그들은 특정 계급으로서 자신들의 이익을 보편적인 것으로 포장했을 뿐입니다. 정치경제학이 국민 모두의 부, 우리 모두의 부를 증진하는 길에 대해 말하는 것 같았지만 실상 '우리'와 '모두'는 같지 않다는 게 드러난 거죠. 마르크스는 1848년 혁명과 더불어 부르주아 경제학도 파산했다고 했습니다. 정치경제학은 계급투쟁이 충분히 발전하지 않았던 시절에나 진리 행세를 할 수 있었다고요. 하나의 말, 하나의 목소리로 진리를 독점할 수 있었던 때죠. 그러나 계급투쟁이 본격화하면 이게 불가능해집니다. 다른 목소리가 나오니까요. '우리'라는 허구적 동일성이 깨지고 계급투쟁의 심연이 열리는 겁니다.

────────── 들리는 목소리와 들리지 않는 목소리 ──────────

이제 목소리는 하나가 아니고 둘입니다. 그런데 여기서 생각해볼 것이 있습니다. 노동자계급은 하나일까요? 제8장 제1절에 나온 자본가와 노동자는 각각 '자본가계급'과 '노동자계급'을 대표합니다. 마치 두 거인이 권리 대 권리, 힘 대 힘의 대결을 펼치는 것 같습니다. 하지만 제8장 제1절에서 노동자계급을 대변하는 목소리의 주인공은 현실의 노동자가 아닙니다. 그렇게 상정된 주체, 조금 더 강하게 말하면 허구적 형상이죠. 현실과 무관한 것은 아니지만, 아니 현실적으로 매우 중요한 의미를 갖지만 형상 자체는 허구적입니다. 자본가가 자본이라는 범주의 인격화인 것처럼 노동자도 노동력이라는 범주의 인격화라고 할 수 있습니다. 하지만 노동력이라는 상품은 자본의 한 형태, 즉 가변자본이므로 자본가와 다른 목소리를 내는 주체일 수 없습니다. 따라서 엄격히 말하면 여기서 목소리의 주인공은 노동력을 담고 있는 생체입니다. 유통영역에서 노동력의 판매자였고 생산과정에서 인격적 지위를 상실했다가 투쟁의 순간, 이를테면 파업의 순간 인격적 지위를 회복한 존재죠.

그렇다면 노동자들을 하나로 간주할 수 있는가. 이들은 동일한 존재인가. 『자본』의 출발점, 그러니까 제1장에서 마르크스는 그것을 상정했습니다. '가치'의 실체는 '추상노동'인데요. 이 '추상노동'은 구체적 노동들의 동등성을 전제했을 때 가능합니다. 이 노동의 동등성은 노동하는 인간의 동등성에서 나온 것이고요. 마르크스는 우리로 하여금 아예 '동일한 인간'을 상상하게 했지요. '동일한 인간'이 상이한 노동 즉 '재봉도 하고 직조도 하는' 경우를 떠올려보라고요. 구체적 노동(현물의 생산)의 수행자라는 점에서는 노동자들이 서로 다르지만, 추상노동(가치의 생산)의 수행자라는 점에서는 구분되지 않습니다. 제8장 제1절에 등장한 노동자의 목소리는 이 추상노동의 수행자, 즉 추상화된 노동자의 목소리라고 할 수 있습니다. 현실 노동자들의 목소리를 대표하면서도 구체적인 개개의 노동자와는 다른 존재죠.

이 점에서 제8장의 제3절과 제4절에 인용된 아이들의 증언은 우리에게 무언가를 더 생각하게 합니다. 한편으로 아이들의 말은 제1절에 나온 노동자계급의 목소리, 즉 추상화된 노동자의 목소리를 확증해줍니다. 노동일을 무한정 늘림으로써 사실상 판매하지도 않은 노동력을 강탈하고 있다는 노동자의 항변에 힘을 실어주지요. 아이들이 이 정도라면 성인들은 오죽했겠는가. 아이들의 증언은 다양한 노동자들의 상황을 일반화하는 효과를 냅니다. 실제로 마르크스는 이런 이유로 아이들의 증언을 인용했다고 말했습니다. "내 목적을 위해서는 1860년과 1863년의 보고서 가운데 착취당하는 아이들 자신의 증언을 인용하는 것으로 충분할 것이다. 아이들의 상태로부터 성인들의 처지를 추론할 수 있을 것이고, 특히 소녀들과 여성들의 처지를… 추론할 수 있을 것이다."[김, 326~327; 강, 347]

그러나 다른 한편으로 추상화된 노동자의 목소리는 현실 노동자의 목소리가 아니라는 점에도 유의해야 합니다. 성인 남성 정규직 노동자가 아닌 경우를 생각할 때 이 점은 중요합니다. 로절린드 모리스(Rosalind C. Morris)가 지적했듯이 우리는 재현의 문턱을 넘지 못하는 노동자들에게도 주의를 기울여야 합니다.[19] 자기 목소리를 쉽게 낼 수 없는 존재들, 공장에서 일하는 아이들은 그런 존재입니다. 이들의 목소리는 파업 때 울려 나온 노동조합의 목소리와 다릅니다. 마르크스가 제4절에서 인용하는 아홉 살 먹은 조지 앨린스워스의 증언이 좋은 예입니다.[김, 348~349; 강, 367] 앨린스워스는 말합니다. "아휴! 여긴 정말로 더워요(Aye! It *is* hot in here). 여기로 오기 전에는 거의 1년간 시골에 있는 어떤 공장에서 똑같은 일을 했어요. 거기서도 토요일 오전 3시에 일을 시작했어요. 언제나 그랬죠. 하지만 집이 가까워서 잠은 집에서 잘 수 있었어요. 다음 날은 아침 6시에 일을 시작해서 저녁 6시나 7시에 마쳤습니다(gi'en over)."[김, 349; 강, 367] 나는 이 부분을 일부러 『자본』의 영어판에서 발췌했는데요.[20] 증언 원문이 영어이기 때문만은 아닙니다. 번역문에는 담기지 않는 게 있어서입니다. 번역문으로 대강의 의미를 전달할 수는 있지만 어투 같은 걸 담기는 어렵습니다. 독일어판도, 한국어판도 그렇습니다.

물론 원문도 녹취록은 아닙니다. 그럼에도 음성을 나름대로 흉내 내고 있습니다.[21] 먼저 '아휴!'(Aye!)라는 감탄사가 나오는데요. 음성적 실감을 줍니다. 그리고 '여긴 정말로 더워요'에서는 'is'를 특별하게 표기했습니다(내가 참조한 영어판에서는 그 부분을 이탤릭체로 처리했습니다). 아이가 강세를 주었다는 걸 알리고 싶었던 거죠. 그래서 번역문에는 원문에는 없는 '정말로'라는 말을 더했지요. 마지막 말도 인상적입니다. "저녁 6시나 7시에 마쳤습니다"라고 할 때 '마쳤습니다'라는 말을 'gi'en over'라고 표기했어요. 아이가 자음을 생략한 채로 발음하고 있음을 나타낸 겁니다. 아이의 말은 어법상으로도, 발음상으로도 표준영어(Standard English)가 아닙니다. 마르크스도 이 점을 알고 있었습니다. 아이가 표준영어를 구사하지 않는다는 사실 말입니다. 마르크스는 오히려 그 때문에 이 증언을 인용한 것 같습니다. 노동하는 아이들의 교육 수준에 대한 긴 주석을 달았거든요.[김, 349, 각주 66; 강, 367, 각주 98] 아이들은 초보적 셈도 할 줄 모르며, 여왕의 이름도 모르고, 심지어 영국이라는 나라 이름도 모릅니다. 교회에 다니지만 악마와 그리스도를 혼동할 정도로 지식이 없습니다. 열 살 먹은 한 소녀는 '신'(God)을 '개'(Dog)라고 썼습니다. 당연하죠. 긴 노동일과 야간노동 때문에 공부는커녕 밥 먹고 잠잘 시간조차 없으니까요.

아이들이 표준 어법에 맞지 않는 말을 구사하는 것에 대해서도 앞서 말한 두 가지를 고려해볼 수 있습니다. 하나는 이것이 아이들만이 아니라 노동자 일반의 문제라는 겁니다. 엥겔스도 20년 전 아동노동조사위원회의 보고서를 인용해 똑같은 문제를 제기한 바 있는데요. 그는 노동자들에게는 "영어 읽기가 일종의 기예"라고 했습니다.[22] 노동자 가운데 글자를 쓸 수 있는 사람은 극소수이고, 철자법까지 맞게 쓰는 사람은 거의 없습니다. 20년의 시차가 있는데도 엥겔스가 인용한 보고서와 마르크스가 인용한 보고서는 내용이 거의 같습니다. 아이들은 초보적인 셈도 할 줄 모르고, 예수 그리스도와 아담을 혼동하며, 여왕의 이름을 모릅니다. 한 어린 노동자는 질문에 대해 "아무것도 모르겠어요"(was ne jedge o'nothin)라고 답합니다.[23] 앞서의 예와 같습니다. 표준어가 아닙니다. 물론 아이들의 말이 어법에 맞지 않거나 발음이 정확하지 않다는 건 표준어를 전제했을 때의 이야기입니다. 표준어를 전제하지 않는다면 언어로서는 아무런 문제도 없지요. 오히려 노동자들의 세계에서는 표준어로 전할 수 없는 많은 것을 담고 있는 훌륭한 언어입니다. 엥겔스는 이에 대해 흥미로운 말을 했습니다. "노동자는 쓸 수 없더라도 말할 수 있으며", "산수를 못하더라도 정치경제학자들을 상대할 수 있으며", "부르주아와 논쟁에서 이길 수 있다."[24] "영국 노동자들은 부르주아지와는 다른 방언을 말하고, 다른 생각과 이상, 다른 관습과 도덕 원칙, 다른 종교와 정치를 갖고 있다." 그는 프롤레타리아트와 부르주아지가 마치 다른 인종, 다른 민족과 같다고 했습니다.[25]

'표준어'(스미스나 오틀리의 경우)와 '방언'(앨린스워스의 경우)은 내용과는 다른 차원에서 자본가와 노동자의 차이를 드러냅니다. 목소리를 직접 인용함으로써 마르크스는 노동자가 자본가와 다른 목소리를 낸다는 게 논리만의 문제가 아님을 보여줍니다. 노동자의 말은 발음이 다르고 강세가 다르며 억양이 다릅니다. 노동자는 자본가가 사용하는 규범적 언어인 표준어를 쓰지 않습니다. 언어를 통해 계급이 드러나는 겁니다. 이 점에서 모리스가 언어를 '계급의 현상형태'라고 부른 것은 일리가 있습니다.[26] 그런데 나는 앞서 유념해야 할 또 다른 문제가 있다고 했지요. 아이들의 목소리는 노동자 일반의 목소리로 간주될 수도 있지만, 목소리가 좀처럼 들리지 않는 존재의 목소리로 읽을 수도 있는 겁니다. 말을 하지만 사람들에게 그 말이 들리지 않는 존재들이 있습니다. 아니, 그 이전에 자신들의 처지를 주어진 언어로는 표현하기 힘든 존재들이 있지요. 그나마 남자아이들의 목소리는 마르크스를 통해 혹은 보고서 작성자를 통해 서투르게나마 재현되고 있습니다. 마르크스는 아이들의 처지로 "성인들의 처지를 추론할 수 있고, 특히 소녀들과 여성들의 처지를 추론할 수 있을 것"이라고 했는데요. 여기서 '성인들의 처지를 추론하는 것'과 '소녀들과 여성들의 처지'를 추론하는 것은 같지 않습니다. 성인 남성들은 소년들보다도 목소리가 더 잘 들리는 존재니까요. 문제는 '소녀들과 여성들'입니다. 이들의 목소리는 아예 나오지 않습니다. 단지 소년들이 자신의 처지를 불완전하게 묘사하고 있는 구절들을 통해 소녀들도 그럴 것이라고 넘겨짚을 따름입니다. 소년들의 목소리를 소녀들의 목소리로 간주하는 거죠.

이것은 우리로 하여금 가야트리 스피박(Gayatri C. Spivak)이 제기한 물음과 마주하게 합니다. 서발턴은 말할 수 있는가?[27] 목소리를 낼 수 없는 존재들, 엄밀히 하자면 목소리가 들리지 않는 존재들, 더 엄밀히 하자면 우리가 그 목소리를 듣지 않는 존재들이 있습니다. 그런데 그 목소리를 다른 목소리와 동일시할 경우, '들리지 않음'의 상황은 이중으로 악화됩니다. 다른 목소리를 그들 목소리로 간주해버리면 '그들의 목소리는 들리지 않는다'라는 사실조차 떠올리지 않게 될 테니까요. "이중으로 그늘에 놓이는"(doubly in shadow) 겁니다.[28] '그들은 말할 수 없다'는 '그들은 말하지 않는다'가 아닙니다. 스피박이 분명히 했듯 문제는 그들의 말, 그들의 저항을 유효하게 해줄 제도적 배경이 없다는 겁니다.[29] 그들의 말을 들리지 않게 만드는 조건들에 대한 물음이 필요한 것이지요.

공장에서 많은 소녀들과 여성들이 일하고 있음에도 조사원에게(그리고 마르크스에게) 그 목소리가 들리지 않은 이유는 무엇일까요. 그들의 말을 들리지 않게 만든 조건들은 무엇일까요. 『자본』을 읽다 보면 이 존재들이 유령처럼 배회하는 것을 느낄 수 있습니다(참고로 마르크스는 노동관계 바깥에 있는 인간들, 이를테면 소매치기, 사기꾼, 거지 등은 국민경제학자의 눈에 보이지 않는다는 점에서 '경제학 영역 바깥의 유령들'이라고 말한 적이 있습니다).[30] 비슷하게 우리는 '재현체계 바깥의 유령들'에 대해서도 생각해볼 수 있지 않을까요. 소년들의 증언 속에서 옅은 음영만을 드리우는 소녀들과 여성들이 그렇고, 유럽 내 영국의 식민지였던 아일랜드 사람들의 처지가 언급될 때 잠시 떠올려보는 유럽 바깥의 식민지인들 혹은 이주노동자들이 그렇고, 인간노동자들의 처지나 노동력의 특성을 묘사할 때마다 비유로 등장하는 동물들이 그렇습니다. 우리는 그들 스스로 말하는 것을 듣지 못합니다. 그들은 말할 수 있는가. 이것을 그들에 대한 물음이라고 생각하면 안 됩니다. 그것은 우리에게 던져진 물음입니다. '우리는 들을 수 있는가', '우리는 들으려 하는가'를 달리 표현한 것뿐입니다.

가치를 생산하는 일이 노동자의 생명을 짜 넣는 일이라면 우리는 노동일의 무차별적 확장을 노동자의 생명에 대한 무차별적 착취라고 불러도 좋을 겁니다. 그리고 생명에 대한 착취는 조금씩 일어나든 한꺼번에 일어나든 모두가 살인입니다. 장시간 노동에 따른 과로사를 장시간 노동에 의한 살인이라고 부르지 못할 이유가 없습니다. 이 점에서 제8장 제3절의 끝에서 마르크스가 소개하는 이야기가 눈길을 끕니다.[김, 340; 강, 359] 이것은 살인자가 된 피살자의 이야기입니다. 당시 런던에서 대형 철도 사고가 일어나 많은 승객이 죽었는데요. 이와 관련해 세 명의 철도 노동자를 살인 혐의로 기소할지를 두고 재판이 열렸습니다. 조사 결과 이들의 근무 태만이 사고로 직결되었다는 것이었지요.

마르크스는 이 재판 이야기를 검사와 피고, 증인, 배심원들로 이루어진 법정 드라마처럼 썼습니다. 당시 신문 기사를 바탕으로 대사를 만든 건데요. 결국 배심원단이 이들 노동자에게 살인죄로 기소한다는 평결을 내리자 수많은 노동자가 피고를 위한 증인으로 몰려듭니다(실제 재판에서가 아니라 마르크스의 글에서요). 마르크스는 증인들이 "피살된 사람들의 영혼이 오디세우스에게 몰려드는 것보다 더 필사적으로 우리에게 몰려"든다고 썼습니다.[김, 341; 강, 360] 마르크스는 이들 중 3년 전에 사망한 재봉 노동자 한 사람과 건장한 체구에도 불구하고 과로로 짧은 생을 마감한 철강 노동자 한 사람을 불러냅니다(모자 제조업에서 일하던 재봉 노동자는 실제 사례에서 뽑아낸 인물이고 철강 노동자는 철강업의 과로 문제를 다룬 글에서 뽑아낸 통계적 인물입니다).

마르크스는 이 드라마의 구도를 소크라테스(Socrates)의 재판처럼 구성했습니다. 소크라테스에 대한 재판은 원고와 피고가 기묘하게 뒤집혀 있는 재판입니다. 소크라테스는 '최초의 고발인들'인 '아니토스의 무리들' 말고 '나중의 고소인들'이 있다고 말하는데요.[31] 그가 말한 '나중의 고소인들'이란 철학을 비방하는 사람들, 지혜를 사랑하지 않는 사람들, 자기 혼을 돌보는 것에 무관심한 사람들입니다. 형식상 재판은 소크라테스의 죄에 대한 고발로 시작되지만 실제로는 소크라테스가 사람들을 추궁하고 나무라는 식으로 전개됩니다. 소크라테스가 사람들의 죄를 묻는 거죠. 그래서 재판 중에 자꾸 소란이 일어납니다. 피고가 원고 노릇을 하니까요. 마르크스가 쓴 재판 이야기도 마찬가지입니다. 살인범으로 기소된 노동자들이 자신들의 살인범을 고발하는 형식이지요. 그들은 살인자이기 전에 피살자였던 겁니다. 마르크스의 글을 읽어보면 눈앞에 무대가 선하게 그려집니다. 법정 드라마라곤 하지만 원고와 피고가 벌이는 설전은 없습니다. 판결을 앞둔 피고가 자신의 심정을 토로하는 최종진술 같은 것이지요. 아래는 마르크스가 본문에 쓴 내용을 내가 연극과 노래극 형식으로 다시 쓴 것입니다.

〈살인자를 위한 변론〉
등장인물

[기관사] 30대 중반의 젊은 남성. 파란 수의를 입고 있으며 오랜 조사와 구치소 생활로 초췌해진 얼굴을 하고 있다.

[메리 앤 워클리] 여성 모자 제조공. 3년 전 작업장에서 어지럼증을 호소하며 숙소로 간 뒤 깨어나지 못했다. 철도 노동자들의 재판에서 참고인 진술을 위해 나온 유령이다. 때 묻은 무명 흰옷을 입고 레이스 달린 모자를 쓰고 있다.

[해머맨] 건장하고 다부진 체구를 가진 30대 후반의 철강 노동자. 밤늦게 일하고 돌아온 어느 날 아침, 깨어나지 못했다. 철도 노동자들의 재판에서 참고인 진술을 위해 나온 유령으로, 남색 멜빵바지를 입었고 어깨와 팔에 파스를 잔뜩 붙였다.

기타 판사, 검사, 변호사, 그리고 기관사와 함께 기소된 신호수와 승무원이 있다. 제2막의 노래극에서 코러스 역할을 하는 한 무리의 유령이 있고 노래극을 위한 오케스트라가 무대 앞에 자리한다.

──────제1막 재판정에서──────

막이 오르고 불이 켜지면 법정이 모습을 드러낸다. 중앙에 재판장이 앉아 있고, 왼쪽에는 검사, 오른쪽에는 피고인과 변호사가 앉았다. 한창 재판이 진행 중이다.

　　[재판장] 변호인, 공소 사실에 대해 변론하세요. 지난번 말한 것처럼 오늘까지 공판 진행하고 최종변론 기일을 잡도록 하겠습니다. 참, 오늘 참고인 진술을 하기로 한 사람들 왔습니까?

　　[변호사] 회사에서 압력이 들어간 것 같습니다. 진술하기로 했던 사람들이 모두 나오지 않겠다고 합니다. 여론 환경이 좋지 않은데도 몇몇 직원이 용기를 낸 건데 회사 쪽에서 나가지 말라고 협박을 했나 봅니다. 지난번에도 당시 근무일지가 조작된 것임을 증언할 노동자가 있었는데 회사에서 주저앉혔거든요.

　　[검사] 협박이라니, 그거 책임질 수 있는 말입니까!

　　[변호사] 직원들이 내게 한 말입니다.

　　[검사] 증거 없이 무책임하게 말하면 안 됩니다.

[재판장] 자, 자, 그만하고 진행합시다.

　[변호사] 먼저, 누차 밝힌 것처럼 이번 사고로 유명을 달리하거나 큰 상처를 입은 시민들께 피고인들을 대신해 깊은 사과와 위로의 말씀 올립니다. 다만 이번 사고의 책임을 여기 피고인들에게 모두 떠맡기는 것은 변호인이 아닌 한 시민으로서 바라볼 때도 너무 부당하고 억울합니다. 행락 철에 열차의 배차 간격은 이번 재판 과정에서 드러난 것처럼 너무 짧습니다. 정신없이 드나드는 열차들을 신호수 한 사람이 통제하는 것은 애초 무리입니다. 노동조합에서 인력 보강을 그토록 오랫동안 말해왔지만 회사에서는 터널 앞에 단 한 사람의 신호수만 세워두었습니다. 게다가 사고 당시 앞선 열차와의 간격을 통보해주는 제어장치에 문제가 생겼습니다. 검사는 이 장치가 작동하지 않는다는 사실이 사고 전에 신호수에게 전달되었는데도 신호수가 태만하여 너무 늦게 확인했다고 했습니다. 신호수의 태만이 시민들을 죽음으로 내몰았다며 살인죄를 물어야 한다고 했지요. 그러나 장치가 작동하지 않은 건 여기서 매우 중요한 문제입니다. 앞의 두 열차가 터널에서 충돌한 것을 알았을 때, 사실 이 충돌로는 사상자가 크지 않았는데요, 그때 신호수는 세 번째 열차가 터널로 진입하는 걸 막으려고 필사적으로 노력했습니다. 깃발로 멈춤 신호도 보내고 무전호출도 했습니다. 검사는 이 신호를 보지 않은 기관사 또한 살인죄로 처벌해야 한다고 주장하고 있는데요. 기관사는 신호제어장치에 문제가 생긴 걸 알지 못했습니다. 게다가 그 순간 기관사는 승무원의 긴급 연락을 받고 있었습니다. 열차 안에서 몇몇 승객이 소란을 피웠기 때문입니다. 열차 안에는 안전을 관리해줄 보조 인력이 전혀 없었습니다. 세 번째 열차는 터널 안에서 일어나는 일을 전혀 알지 못한 채로 뛰어든 겁니다.

　[검사] 그렇게 책임을 회피하면 안 됩니다. 피고들은 수백 명의 승객이 탄 열차를 운행하는 사람들입니다. 얼마나 많은 사람이 생명을 잃고 가족을 잃은 줄 압니까. 피고들은 아주 작은 실수를 범한 것처럼 말하지만 행위만 작은 것이지 죄가 작은 건 아닙니다. 총을 난사해 수많은 인명을 살해한 사람은 사실 손가락만 까딱한 겁니다. 그는 몽둥이를 휘둘러 한 사람을 죽인 것보다 사소한 행동을 했지만 더 큰 죄를 저질렀지요. 수백 명의 생명이 달린 일을 하면서 어떻게 그렇게 부주의하고 태만할 수 있습니까. 어떻게 그렇게 정신을 팔고 있을 수 있나요!

이때 갑자기 절규하듯 내뱉는 소리가 법정에 울려 퍼진다.

　[기관사] 정신 팔지 않았어! 정신 팔지 않았다고! 정신이 있어야 팔지, 정신이 있어야…. (그러고는 소리 내서 엉엉 울기 시작한다. 함께 있던 신호수와 승무원도 어깨를

들썩이며 훌쩍인다.)

　[재판장] 이봐요, 피고인들 모두 진정하세요. 거기 경위, 피고인들 잠시 대기실로 퇴정시키세요. 잠깐 휴정하겠습니다. 변호인과 검사, 두 분 모두 나를 따라오세요. 휴정합니다. 30분 후에 속개하겠습니다.

───── 제2막 유령과 함께(노래극) ─────

등장인물들이 무대 뒤로 빠져나간 뒤 조명이 꺼진다. 잠시 후 무대 한쪽에만 조명이 켜지고 피고인 대기실에 기관사가 앉아 있다. 정신이 나간 듯 허공을 바라보다 가만히 혼잣말을 한다.

　[기관사] (나직이 혼잣말로) 난, 죽이지 않았어. 누구 하나도. 난, 죽이지 않았어. 누구 하나도.

이때 코러스의 노래가 들려온다.

　[코러스] 그럼 누가 죽였을까. 그럼 누가 죽었을까. 그럼 누가 죽였을까. 그럼 누가 죽었을까.

　[기관사] (고개를 사방으로 돌리며) 누구요? (그의 말이 점차 노래로 바뀌면서) 난, 죽이지 않았어요. 그때 죽은 사람은 나였어요. 운전대 앞에는 이미 죽은 사람이 있었지요. 그는 무전 소리를 듣지 못했어요. 죽은 사람은 아무것도 듣지 못해요. 난 이미 죽어 있었어요.

　[코러스] 죽은 사람이 어떻게 사람들을 죽였을까. 그대는 잠이 들었겠지. 술을 먹은 키클롭스처럼 기분 좋게 잠이 들어 눈을 감아버렸겠지.

　[기관사] 난 키클롭스가 아니오. 눈을 뜨고 있었소. 한 눈이 아니라 두 눈, 두 눈 모두 감지 않았어요. 그런데 눈을 떴는데도 보이지 않았어요. 손에는 감각이 없었고 머리는 돌덩어리처럼 굳어 있었죠. 14시간, 18시간, 20시간, 어떤 날은 이틀 연속 쉬지 않고 일했어요. 눈은 아무것도 보지 못하고 손에는 감각이 없어요. 신호수 영감이 깃발을 흔들었다는데, 몰라요. 다만 붉은 새 한 마리가 한순간 눈앞을 스쳐 날아간 것 같기는 해요. 신호수 영감도 사실은 죽어 있었기 때문에 잘 몰라요. 며칠간 맞교대로 24시간이나 깃발을 쥐고 있었거든요. 사실은 아무것도 기억나지 않는대요. 정신없이 터널로 뛰어가기만 했대요. 죽은 사람이 죽은 사람들한테 뛰어간 거죠.

　[코러스] (메아리처럼) 죽은 사람이 죽은 사람에게. 죽은 사람이 죽은 사람에게. (일제히 외치며) 살인이다! 살인이야! 누가 죽였지? 재판이 필요해. 재판이 필

요해. 당장 고발해야 해. 당장 고발해야 해. 살인범을 잡아라. 살인범을 잡아라.

오케스트라의 음악과 함께 무대 전체에 불이 켜지고 재판장과 검사, 변호인, 피고인들이 앉아 있다. 그런데 이번에는 변호인과 피고인들이 검사 쪽 자리에, 검사가 변호인 자리에 있다. 그리고 코러스가 한쪽에 자리를 잡았다.

　　[재판장] 자, 재판을 시작하겠소. 원고는 모두진술을 하시오.

　　[기관사] 그날 나는 연속해서 40~50시간을 일했어요. 내 몸은 내 몸이 아니었어요. 귀는 귀먹었고 눈은 눈멀었지요. 승무원이 뭐라고 하는데 들리지 않았어요. 멀리서 신호수가 무언가를 흔드는데 보이지 않았어요. 터널 안에서 연기가 쏟아져 나오는데 재판장인 내 머리는 그냥 앉아만 있었지요. 그때 알았지요, 난 이미 죽었다는 걸.

　　[검사] 거짓말이오. 근무일지를 보면 기관사들은 하루 8시간을 일했다고 되어 있어요.

　　[기관사] 거짓말이오. 지난 5년간 나는 14시간, 18시간, 심지어 20시간을 일했어요. 그리고 그날은 40시간, 50시간을 연속해서 일했어요.

　　[재판장] 거짓말이오, 거짓말이오, 재판정에서는 그렇게들 말하지. 모두가 거짓말을 하는 곳이 여기니까. 진실을 말하겠다고 선서하는 순간부터 거짓말을 하는 곳이 여기니까.

　　[변호사] 참고인들을 부르겠습니다, 재판장님.

　　[재판장] 참고인들은 출석을 거부하지 않았소? 살기 위해 그런 거니 그들을 탓하지는 않겠소.

　　[변호사] 죽음을 두려워하지 않은 진실의 증언자들이 있습니다. 기관사가 이미 살해되었다는 것을 말해줄 증언자들. 더는 죽음을 걱정하지 않는 망자들입니다. 망자들을 부를 수 있게 해주세요.

　　[코러스] 우리를 불러다오! 우리를 불러다오! 죽은 자가 말하게 하라, 어떻게 죽였는지! 죽은 자가 말하게 하라, 어떻게 죽었는지!

　　[재판장] 허락하겠소. 진실을 밝힌다면 망자의 세계에서라도 진술을 받아야지요. 진술을 원하는 망자들이 있다면 앞으로 나오시오.

코러스단의 유령들이 판사 앞으로 쇄도한다. 살해된 사람들의 영혼이 오디세우스에게 몰려드는 것보다 더 필사적으로. 판사가 그중 두 사람을 가리킨다. 모자 제조공 메리와 철강공 해머맨이다.

　　[메리 앤 워클리] (담담하게) 내 이름은 메리 앤 워클리. 난 매일 16시간 30분씩

일했어요. 성수기에는 30시간을 멈추지 않고 일했지요. 자꾸 눈이 감겼어요. 그때마다 아리따운 우리 앨리스 사장님, 성공한 여성으로 세상에 명성이 자자한 그분이 다정하게 다가와 커피를 쏟아부었지요. 일이 끝나면 우리는 널빤지로 나뉜 작은 방에 들어가요. 관처럼 작은 방, 우리는 둘씩 하나의 침상에 누워요. (서글프게) 어느 금요일 오후, 몸이 물을 잔뜩 먹은 흙처럼 무겁더니 쓸려가는 모래처럼 흘러내렸죠. 침상에 누웠어요. 그러고는 일어나지 못했죠. 일어날 필요도 없었어요. 관같이 작은 침상이 내 관이 되고 말았으니까요. 의사는 숨 쉴 수 없는 작업장에서 과로한 게 원인이라고 했어요. 왜 살았을 때는 아무도 그런 말을 해주지 않았을까요. 앨리스 사장이 시간을 빼앗고 음식을 빼앗고 공기를 빼앗으며 내 생명을 노리고 있다고.

　[검사] 거짓말이오. 죽은 사람이여, 당신 진단서에는 질식이라고 되어 있어요. 당신은 그냥 숨을 쉬지 못한 거요. 물론 과밀한 작업장이 질식을 도왔을 수는 있지만⋯ 앨리스 사장을 끌어들이지 마시오. 물론 앨리스 사장이 돈을 조금 덜 아꼈다면 좋았겠지만⋯.

　[메리 앤 워클리] 산 사람이여, 당신 말이 틀린 건 아니에요. 나는 지금도 숨을 쉬고 있지 않으니까요. 그래요, 질식해서 죽었어요. 환풍기도 없는 곳에서 공기를 빼앗겼으니까요. 목 졸려 죽은 사람은 모두 질식으로 죽어요. 목을 조르는 손은 질식을 도왔을 뿐이죠. 강도가 휘두른 칼에 찔려 죽은 사람도 사인은 과다 출혈이고, 물대포에 맞아 죽은 사람도 심장정지가 죽음의 원인이죠. 칼과 물대포는 다만 출혈과 심장정지를 거들었을 뿐이고요.

　[코러스] 살인자는 누구인가, 살인자를 찾아라. 살인자는 누구인가, 살인자를 찾아라.

이때 철강공 해머맨이 앞으로 나선다.

　[해머맨] (당당하게) 나는 대장장이, 내 이름은 해머맨이오. 나만큼 활기차고 유쾌한 사람은 없었을 것이오. 모두가 내 몸을 부러워했소이다. 이 팔근육을 보시오. 우리는 헤파이스토스의 후손. 우리가 망치를 휘두르면 쇠들은 비명을 지르곤 몸을 구부리지요. 우리는 태양보다 먼저 세상에 불꽃을 피우는 자들. 이 팔근육을 보시오. 누구도 힘으로 우리를 당할 자는 없소. (서글프게) 하지만, 하지만, 하지만⋯ 제아무리 힘센 장사도 계속해서 힘을 쓸 수는 없소. 오랜 노동에는 장사가 없단 말이오. 우리는 너무 여러 번 망치를 휘둘렀어요. 근육은 산소를 달라고 아우성쳤지만 우리는 숨 쉴 틈도, 숨 쉴 공기도 없었소. 나는 모두가 탐내는 몸을 가졌지

만 내 생명은 모두가 도망치고 말 정도로 짧아요. 나는 매일 해머로 내 생명을 때려 부수고 있었던 것이오. 나는 나를 죽이고 있었소. 나는 나를 죽이고 있었소. 누가 나를 죽였는가? 나인가요? 나인가요?

[코러스] 살인자는 누구인가, 살인자를 찾아라. 살인자는 누구인가, 살인자를 찾아라.

조명이 조금씩 어두워지더니 기관사를 비추는 조명 하나만 남는다. 기관사는 해머맨을 따라가며 "당신이 아니야, 살인자는 당신이 아니야"를 외친다. 곧이어 무대조명이 모두 꺼진다. 잠시 후 암전 상태에서 법정 경위의 목소리가 들린다. "이봐요, 기관사 양반, 재판이 속개된답니다. 일어나세요. 다시 입정해야 합니다. 서둘러 준비하세요."

언제부턴가 '해고는 살인'이라는 말이 한국 노동운동의 일상적 구호가 되었는데요. 그만큼 많은 노동자가 만성적 고용불안에 시달린다는 뜻이겠죠. 하지만 해고되지 않았다고 해서 죽음에서 멀리 있는 건 아닙니다. 『자본』을 읽다 보면 '해고는 살인'이라는 말만큼이나 '노동은 살인'이라는 말에도 고개를 끄덕이게 됩니다. 자본주의에서 누군가가 노동력을 판매하는 이유는 그러지 않고서는 살 수가 없어서입니다. 그러니 일자리를 잃으면 다시 생존을 위협받는 상황에 처하겠지요. 그걸 알기 때문에 노동자는 노동일의 연장이나 노동강도의 강화를 감내합니다. 생명력을 소진하는 일임을 알지만 어쩔 수 없습니다. 사전상의 의미로는 해고와 고용이 반대말이지만 죽음과 관련해서는 그렇지 않습니다. 굶어 죽는 걸 피하려다 과로로 죽기도 하니까요. 한쪽에는 빈곤이 있고 다른 쪽에는 과로가 있습니다. 그러나 양쪽이 결국 다다르는 곳은 같습니다.

모든 노동은 '생명력의 소비'라는 점에서 살인적 속성을 갖고 있습니다. 프랑스어로 노동을 'travail'라고 하는데요. 로마 시대 고문도구였던 'triphalium'에서 연원했다고 합니다. 확실히 노동에는 그렇게 볼 만한 대목이 있지요. 그러므로 어느 한계 이상으로 일을 시켜서는 안 되며, 노동 후에는 반드시 생명력을 복원할 자원과 시간을 제공해야 합니다. 그렇게 하지 않은 노동은 모두 '살인적 노동'입니다. 아니 그냥 '살인'이라 불러도 무방합니다. 우리가 '산업재해'라고 부르는 것들 중에는 기업에 의한 '살인' 내지 '살상'이라고 부르는 편이 더 적절한 경우가 있습니다. 재해라고 하면 그냥 불행한 사고처럼 느껴집니다. 가해자가 모호해지죠. 하지만 노동자의 생명력을 마구 써댐으로써 생겨난 죽음, 그러니까 안전이 충분히 확보되지 않은 조건에서 일하게 하거나, 노동자가 신체와 정신에 대한 온전한 통제력을 잃을 때까지 일을 시킴으로써 생겨난 죽음은 살인이고, 범인도 명백합니다. 노동력 사용자가 범인이지요. 따라서 조금 전에 읽은 철도 노동자에 대한 마르크스의 변론은 자본가에 대한 기소문이기도 합니다. 런던의 법정은 노동자들을 살인죄로 기소했지만 마르크스는 이 글을 통해 자본가들을 살인죄로 기소했다고 할수 있습니다. 자본가를 자본의 인격화로 간주한다면 자본에 대한 기소라고도 할수 있겠습니다.

24시간 노동일의 꿈

잉여노동을 갈망하는 자본가에게는 16시간, 18시간의 노동일도 충분하지 않습니다. 이 정도면 살인적 노동일이 틀림없지만 어떻든 24시간까지는 시간이 더 남았으니까요. 표준노동일을 넘는 장시간 노동은 마르크스의 표현에 따르면, "진통제처럼 노동의 생생한 피에 대한 흡혈귀적 갈망을 약간 누그러뜨리는 것에 불과"합니다.[김, 345; 강, 364] '24시간 편의점'처럼 자본가는 '24시간 공장'을 꿈꿉니다.

'24시간 노동일'에 대한 자본가의 충동을 특히 자극하는 게 있습니다. 바로 생산수단입니다. 노동자가 쉬면 생산수단도 쉽니다. 우리는 지난 5장에서 생산수단이 방치된다는 게 어떤 의미인지 살펴봤습니다 노동자가 손길을 거두면 자연이 생산수단에 달려듭니다. 면화에는 곰팡이가 생기고 쇠에는 녹이 슬지요. 게다가 생산수단에 많은 돈을 투자했다면 빨리 회수할수록 안전하고 이득입니다. 새로운 기계가 발명되면 지금 쓰는 기계가 무용지물이 될 수도 있으니 거기 들어 있는 가치를 최대한 빨리 생산물로 이전해야 합니다. 게다가 투자금 회수가 빠르면 자본 회전도 빨라지니 이익입니다(이윤율이 동일할 경우 100억 원을 유통에서 한 번 돌리는 것보다 50억 원을 두 번 돌리는 게 더 이익입니다. 10퍼센트를 남긴다고 할 때 전자는 100억 원으로 10억 원을 버는 것이지만 후자는 50억 원으로 처음에 5억 원을, 그리고 다시 원금과 합친 55억 원을 투자해 얻은 5.5억 원을 벌어 모두 10.5억 원을 법니다).

이런 게 아니어도 자본가의 심장에는 언제나 프랭클린의 금언이 새겨져 있습니다. 더 벌 수 있는 돈을 벌지 않는 건 그 돈을 써버린 것과 같다고 했지요. 할 수 있는 것을 하지 않는 것은 그대로 두는 게 아니라 낭비하는 겁니다. 따라서 생산수단을 놀리는 것은 자본가에게는 생산수단을 낭비하는 것으로 보입니다. 녹이 스는 것만이 아니라 그대로 있는 것도 낭비입니다. 자본가가 보는 생산수단은 노동자가 보는 것과 다릅니다. 마르크스는 제4절의 첫 문장에서 이 점을 지적하고 있습니다. "가치증식과정의 시각에서 보면 불변자본인 생산수단은 오직 노동을 빨아들이기 위해서, 그리고 노동 한 방울 한 방울마다 거기에 비례하는 양의 잉여노동을 빨아들이기 위해서만 존재한다."[김, 345; 강, 364] 노동자에게는 생산물을 만들기 위한 재료이고 수단이지만 자본가에게는 노동을 '빨아들이는'(einsaugen) 장치입니다.

이는 지난 장에서 내가 묘사했던 것과 뉘앙스가 다릅니다. 지난번에 본 생산수단의 이미지는 죽은 것, 부동의 것, 수동적인 것이었습니다. 노동자가 살아 있는 능동적 행위자로서 가치를 옮기고 집어넣고 했지요. 그런데 이번 장에서 보는 생산수단은 적극적입니다. 마치 진공청소기처럼 노동을 빨아들입니다. 노동자는 피를 넣어주는 게 아니라 피를 빨립니다. 생산수단이 자본가가 사용하는 흡혈장치처럼 그려지고 있습니다. 마르크스는 이러한 관계 역전, 즉 '죽은 노동과 살아 있는 노동 사이의 관계가 바뀌는' 문제를 제3편의 끝에서 다시 한번 강조하는데요. "생산수단은 이제 타인의 노동을 빨아들이는 수단으로 바뀐다. 더는 노동자가 생산수단을 사용하는 것이 아니라 생산수단이 노동자를 사용하게 된다. (…) 용광로나 작업장이 야간에 문을 닫고 살아 있는 노동을 빨아들이지 못하면 그것은 '순전한 손실'이다. 바로 그 때문에 용광로나 작업장은 노동력의 '야간노동에 대한 청구권'을 갖는다."[김, 422~423; 강, 433] 그러니 자본가에게는 놀고 있는 기계, 다시 말해 24시간 가동되지 않는 공장이 자신의 권리가 충분히 실현되지 않는 상황으로 비칩니다. '그대로 두는 것은 그대로 두는 것이 아니라 낭비하는 것'이라는 사고방식에 입각해 말하자면, 충분히 실현되지 않는 권리는 침해된 권리와 같은 것이지요.

어떻게 하면 생산수단을 놀리지 않고 공장을 24시간 내내 돌릴 수 있는가. 개인 노동자를 24시간 동안 쓸 수는 없습니다. 하지만 집단으로 생각하면 어떨까요. 홉스의 『리바이어던』 표지에 나오는 군주처럼 노동자를 작은 개인들로 이루어진 거인으로 생각한다면요. 이 거인 노동자를 24시간 부리는 것은 가능합니다. 개인으로서 노동자들을 계속 넣고 빼고 하면 되니까요. 특정 노동자가 24시간을 일할 필요는 없습니다. 그저 노동자가 24시간 일하면 됩니다. 마르크스는 흡혈귀 비유를 계속 활용하는데요. 동일한 노동력을 밤낮으로 '계속 빨아대면' 육체가 견디질 못합니다.[김, 346; 강, 364] 주간에 '먹어치우는'(verspeisen) 노동과 야간에 먹어치우는 노동을 교체해주어야 합니다. 이것이 바로 주야교대제입니다. 방식은 다양합니다. 이를테면 전체 노동력을 몇 개 조로 나누어 일주일씩 혹은 보름씩 주간노동과 야간노동을 번갈아 수행하게 할 수 있습니다. 19세기는 물론이고 지금도 성행하는 방식이죠.

이렇게 하면 노동자 개인에 대해서는 표준노동일을 준수하면서도 전체로는 24시간 노동일을 구현할 수 있습니다. 노동일에 대한 형식적 규정만 생각한다면 별 문제가 없어 보입니다. 수학적으로는 낮 12시간과 밤 12시간의 길이는 같습니다. 그러나 생명체인 노동자에게는 둘이 결코 같을 수 없습니다. 밤낮이 바뀌면 생체리듬이 깨집니다. 호르몬과 면역계에 이상이 나타나죠. 세계보건기구(WHO) 산하에 있는 국제암연구소에서는 교대 근무를 '2급 발암 요인'으로 규정했다고 하는군요.[32] 희정이 쓴 『노동자, 쓰러지다』에는 자동차 공장에서 일하는 노동자의 생생한 증언이 있는데요(이 책은 한국 노동자의 현재 상황에 대한 생생한 르포입니다). "집에 가서 잠을 자려고 하면 못 자요. 회사에서 쓰는 귀마개를 가져서 막아요. 커튼 치고 창문 다 막아요. 그래도 잠이 안 와요. 소주를 글라스 잔에 따르면 반병이에요. 그 반병을 '원샷'해버려요. 그러고 누워 있으면 술이 올라오면서 잠들어요. 맨날 그렇게 먹었어요."[33]

마르크스 역시 이 문제가 심각하다는 것을 알고 있었습니다. 다만 『자본』 제8장에서는 '노동일'을 다루고 있기 때문에 교대제 도입이 노동일 연장과 어떻게 관계되는지만 다룹니다. 여기서는 "야간노동이 빚어내는 일반적 해악을 무시"하겠다고 했지요. 하지만 야간노동이 끼치는 해악, 특히 어린 노동자들에게 끼치는 해악을 전혀 언급하지 않을 수는 없었나 봅니다. 그래서 긴 주석을 달아두었습니다.[김, 346, 각주 62; 강, 365, 각주 94] 마르크스가 단 그 주석에 따르면, 철강업자는 야간노동에 투입된 노동자들, 특히 어린 노동자들이 낮에 잠을 잘 수 없어 이리저리 배회한다는 것을 알고 있었습니다. 당시 의사들도 일정 시간 이상 햇볕을 쬘 수 없을 때 피부와 근육, 신경에 문제가 생기며 아이들의 신체 발육에도 큰 지장을 초래하고 뇌기능에도 문제를 야기한다고 했습니다.

그런데 마르크스는 이게 바로 자본주의라고 말합니다. 인간에게는 햇볕이 필요하고 아이들에게는 야간노동이 몹시 해롭다는 사실, 굳이 전문가의 입을 빌리지 않아도 누구나 알 수 있는 사실까지 하나하나 지적해줘야 한다는 거죠. 만약 지적하지 않고 규제하지 않으면 자본가는 강행합니다. 마치 몰랐다는 듯 혹은 '어떻든 불법은 아니지 않냐'라고 하면서 일을 시키겠죠. "도대체 이런 것이 진지한 논쟁의 대상이 된다는 것 자체가 자본주의적 생산이 자본가들과 그 하수인들의 '뇌기능'에 어떤 작용을 하고 있는지 잘 보여준다."[김, 346, 각주 62; 강, 365, 각주 94] 마르크스는 화가 난 듯 자본가를 강하게 비난합니다. 탐욕 때문에 뇌가 어떻게 된 것 아니냐고. 어떻게 이런 것까지 부정하거나 모르는 척하면서 돈을 벌려고 하느냐

6

고. 그렇게 돈을 벌고 싶으냐고. 그런데 다시 말하지만 이게 자본주의입니다. 자본가만의 원근법이 있지요. 이익은 눈앞에 있으니 크고 선명한 반면 생명은 멀리 있으니 작고 희미해 보이지요.

좀 전에 말한 것처럼 마르크스가 『자본』 제8장 제4절에서 강조하는 것은 교대제 도입이 노동일 연장으로 이어졌다는 점인데요. 교대할 노동력에 결원이 생기면 출근한 인력의 연장근로가 이루어집니다. 특히 값싸게 이용할 수 있는 아이들의 초과노동이 극심했습니다. 마르크스는 9~12세의 아이들이 12시간 노동을 두세 번 연거푸 수행하는 사례, 그러니까 24시간, 36시간 연속노동을 하는 사례들을 보고서에서 인용하고 있습니다.[김, 347~348; 강, 366~367] 앞서 길게 인용했던 아홉 살 앨린스워스도 이런 아이들 중 하나였지요. 아이들의 증언을 소개한 뒤 마르크스는 자본가들의 증언을 줄줄이 인용합니다.[김, 350~356; 강, 368~373] 짧은 논평만을 덧붙인 채로 그들의 말을 그대로 붙여놓았습니다. 그 말들이 그들이 어떤 사람들인지를 보여주니까요. 공장주들은 아이들의 야간노동이 필요한 여러 이유를 대는데요. 성인들만 계속 일하면 그들의 건강을 망치게 될 것이라는 둥 야간노동을 통해 아이들이 일을 배운다는 둥 모두가 황당한 이야기들입니다. 그러나 공장주들도 스스로 인정하듯 결정적 이유는 '비용'입니다. 아이들의 노동력은 상대적으로 저렴하니까요.

왜 성인 노동자들만으로는 야간노동이 불가능한가. 철강회사인 샌더슨 사의 샌더슨은 이렇게 말합니다. "강철 생산 그 자체만 놓고 말한다면 그렇게 해도 아무런 차질도 없지요. 그러나!" 마르크스는 여기서 샌더슨의 말을 끊었는데요. '그러나!' 뒤가 중요하지요. 강철 즉 생산물을 만드는 것은 당연히 성인도 할 수 있고 성인이 더 잘하겠지요. 그러나! 자본주의적 생산의 목적을 잊으면 안 됩니다. 자본주의가 사용가치를 생산하는 이유 말입니다. 강철을 만들어내는 이유는 "강철을 만들어내는 것 이상의 일"을 위해서죠. 가치의 생산, 더 좁혀 말하면 잉여가치의 생산을 위해서입니다. 왜 야간노동을 시키는가. 어쩌면 답할 필요조차 없습니다. "12시간보다는 24시간 동안 더 많은 노동을 흡수"할 수 있으니까요.[김, 355; 강, 373] 왜 아이들에게 야간노동을 시키는가. 누구나 압니다. 그 일을 아이들이 하면 임금 비용이 절약되니까요.

자본가들을 대변하며("모든 샌더슨의 이름으로") 샌더슨은 이렇게 말합니다. [김, 355~356; 강, 373] "용광로를 가동하면서 노동자들에게 일을 시키지 않는 것은 연료를 낭비하는 것이다. 만약 용광로를 꺼버리면 다시 불을 붙여 적절한 온도에 이르기까지 시간을 낭비하는 것이고, 온도의 잦은 변화는 용광로에도 손상을 입히 니 또한 낭비다." 한마디로 생산수단을 주간에만 쓰는 것은 낭비라는 겁니다. 아버 지의 장례식에 이어서 어머니의 결혼식이 열리는 걸 보고 햄릿이 호레이쇼에게 말 했죠. "절약이라네, 절약!"[34] 구운 고기를 장례식에만 쓰면 낭비입니다. 결혼식에 도 써야죠. 생산수단을 주간만이 아니라 야간에도 돌리는 것이 절약입니다. 야간 에 아이들까지 쓸 수 있다면 더 큰 절약이지요.

그러나 자본가들과 정치경제학자들(이를테면 우리가 지난 장에서 보았던 시니어, 유어, 로셔 등)은 자신들이 칭송하는 '절제'와 '금욕', '절약'이 무엇에 대한 '낭비' 인지는 말하지 않았습니다.[김, 356, 각주 71; 강, 374, 각주 103] 용광로에 소모되는 연료와 용광로를 가열하는 시간의 낭비를 걱정하는 샌더슨에게 마르크스는 화가 나서 쏘아붙입니다. 용광로의 연료 낭비를 걱정하는 것은 그 대신 "노동자들 생 명의 낭비"를 택한 것이고, 용광로 가열 시간의 낭비를 줄이겠다는 것은 "8세밖 에 안 된 아이의 수면시간의 손실"에서 이득을 보겠다는 심보라고 말이지요.[김, 355~356; 강, 373~374]

네, 자본가는 대단한 절약가입니다. 그는 연료를 아끼고 시간을 아끼고 임금 을 아꼈습니다. 그러나 그는 대단한 낭비가입니다. 그는 노동자들의 건강과 시간 을 아낌없이 썼습니다. 한마디로 그는 돈을 아끼고 생명을 낭비합니다.

공장의 탄생

제5절에서 마르크스는 앞서 제1절에서 던졌던 질문을 또 던집니다. 노동일이란 무엇인가. 답을 알아내고자 물음을 반복하는 게 아닙니다. 노동일의 성격을 독자 들에게 환기하고 싶은 것이지요. 제1절에서 그는 노동일이 '권리 대 권리'의 문제 이며 결국 '힘'이 그것을 결정한다고 했습니다. 제5절과 제6절에서 그는 표준노동 일의 역사를 통해 이를 보여줍니다. 표준노동일이 어떻게 제정되었고 어떻게 변해 왔는지를 보면 우리는 '힘'이 결정한다는 말의 의미를 이해할 수 있습니다.

다시, 노동일이란 무엇인가

역사를 살펴보기 전에 마르크스를 따라 또 물어보겠습니다. 노동일이란 무엇인가. 자본가의 대답은 이렇습니다.[김, 357; 강, 375] 내가 노동력 하루 사용권을 구매했 다는 것은 말 그대로 노동력을 하루 동안 사용할 권리를 얻었다는 뜻이다. 그것은

24시간에서 노동자의 신체적 한계 때문에 불가피하게 빼놓아야 하는 '약간의 휴식시간'을 제외한 전체 시간이다. 이런 눈으로 노동자를 보면 어떻게 보일까요. 그냥 노동력으로 보이죠. 인격체가 아닙니다. 그러니 그를 위한 시간, 그 노동자가 마음대로 처분할 수 있는 시간도 없습니다. 면화를 위한 시간, 방추를 위한 시간이 따로 있지 않은 것처럼요. 오직 "자본의 가치증식을 위한 시간"이 있을 뿐입니다. 자본가는 이렇게 말합니다. "인간적 교양, 정신적 발전, 사회적 기능의 수행, 사교, 신체적·정신적 생명력을 유지하기 위한 자유 활동 등의 시간, 심지어 일요일의 안식시간이라니(안식일을 엄수하는 나라일지라도), 당치도 않다!"[김, 357; 강, 375] 실제로 일요일에 집 앞 텃밭에서 일했다고 '신성모독의 죄'로 처벌받은 노동자가 일요일에 공장에서 일하지 않으면 '계약 위반의 죄'로 처벌받습니다.[김, 357, 각주 72; 강, 375, 각주 104] 안식일 엄수를 요구하는 교회도 일요일 노동의 폐지를 요구하는 노동자들의 외침은 외면합니다. 자본주의에서 '가치증식의 시간'은 '안식일' 이상으로 신성하니까요.

그렇다면 노동자에게 노동일은 어떤 의미일까요. 노동자가 노동력 사용권을 넘긴다는 것은 그것이 정상적(표준적) 조건에서 사용됨을 전제하는 것임을 제1절에서 살펴보았습니다. 소유권이 아니라 사용권을 넘긴 것이므로 사용 후에는 동일한 건강 상태로 돌아와야 합니다. 노동자가 신체와 정신의 건강을 되찾으려면 적절한 휴식과 식사, 주거는 물론이고 교육과 교양, 문화 활동을 수행할 수 있어야 합니다. 이를 위한 시간이 언제나 확보되어야 하죠. 노동일이란 24시간에서 노동자가 정상적 생활을 영위하는 데 필요한 시간, 노동자가 노동력을 정상적 상태로 유지할 수 있는 시간을 제외하고 나서 노동하는 시간입니다. 이것이 노동일을 둘러싼 두 개의 목소리 즉 논변과 항변 또는 권리 대 권리였습니다. 정리하자면, 자본가가 생각하는 노동일 개념에서는 노동자의 모든 활동시간이 자본가의 것입니다. 자본가가 별수 없이 빼놓아야 하는 휴식시간이란 '생명체의 소생에 요구되는 최소한의 시간'이죠. 그러니까 휴식시간은 하루 24시간에서 노동력을 최대한 빼내고("아무리 건강에 해롭고 폭력적이며 고통스러운 것이라 해도" 상관없습니다) 남은 시간인 셈입니다. 반면 노동자에게는 "노동력의 정상적 유지가 노동일의 한계를 결정"하지요.[김, 358; 강, 376] 하루 24시간에서 노동력의 정상적 회복에 필요한 시간을 빼고 남은 시간이 노동일인 것이지요.

자본가로서는 노동자가 당장에 쓰러지지 않는 한 계속 일을 시키려고 할 겁니다. 신체의 성장과 발육, 건강에 필요한 시간, 신선한 공기를 마시고 햇볕을 쬐는 시간까지 모두 빼고 싶겠지요. 노동자에게 제공하는 식사 역시 "기계에 공급하는 윤활유나 석유"처럼 가급적 최소량으로 최소 시간 동안 이루어지길 바랄 겁니다. "자본은 노동력의 수명을 문제 삼지 않습니다." 바로 죽는 것은 문제지만 빨리 죽는 것은 문제가 아닙니다. 수명이 다하면 새로운 노동자를 고용하면 되니까요. 자본의 최대 관심사는 "사용 가능한 노동력의 최대치"이지요.[김, 358; 강, 375~376] 물론 이는 바보짓입니다. 당장의 소출에 눈멀어 땅의 힘을 소진하는 농부와 같습니다. 오래지 않아 노동력이 모두 소진되겠지요. 이런 식으로는 가치증식을 지속할 수 없습니다. 증식의 기반을 스스로 갉아먹는 꼴이지요. 이렇게 소진된 노동력을 재생시키고 보존하는 비용이 훨씬 더 들어갑니다.[김, 359; 강, 376] 과로하는 사람에게 가족이나 친구들이 하는 말이 있지요. 그렇게 일하다 치료비가 더 들겠다고. 바로 그런 겁니다. 약간의 소모는 쉽게 충전될 수 있지만 어느 선을 넘어가면 비용이 제곱으로 듭니다. 거기서 더 나아가면 어떤 비용을 들여도 회복할 수 없습니다. 가축으로 밭을 일구던 농부들도 이 점을 알았습니다. 가축을 혹사하다가는 큰 재산을 잃을 수 있다는 것 말입니다. 노예 소유주들도 그랬습니다. 노예를 잃으면 큰 손해입니다.[김, 359; 강, 376] 연민 때문이 아닙니다. 냉혹한 계산으로도 가축이나 노예를 학대하면 안 되는 이유가 분명했습니다. 노동력도 마찬가지입니다. '총자본가' 즉 '자본가계급'의 이해관계를 생각하면 노동일을 적절히 규제하는 게 오히려 이익입니다. "자본 자신의 이해관계를 위해서라도 표준노동일을 제정할 필요"가 있는 거죠.[김, 359; 강, 376~377]

식인자본은 너무 빨리 먹어치운다

그런데도 표준노동일 제정은 역사적으로 왜 그토록 어려웠던 걸까요. 왜 자본가들은 표준노동일 제정이 자본가에게도 이익이라는 것을 받아들이지 않았을까요. 그건 자본주의적 생산이 본격화될 무렵에는 노동자들의 생명력 복원을 신경 쓸 필요가 없는 상황이 조성되었기 때문입니다. 노동자들을 저렴하게 쓸 수 있어 굳이 복원을 고민할 필요가 없었던 것이지요. 일회용품처럼 쓰고 버리면 그만이니까요. 이는 미국 노예제 아래에서 일어난 일과 같습니다.[김, 360; 강, 377] 노예가 큰 자산이었던 시절 주인들은 노예를 혹사하지 않았습니다. 그런데 노예무역이 본격화되면서 상황이 바뀝니다. 아프리카에서 흑인을 마구잡이로 사냥하면서 노예 공급량이 크게 늘었거든요. 계산을 해보니 이제는 노예를 혹사하는 게 더 이득입니다. 생명을 다시 채워줄 필요가 없는 겁니다. 아메리카의 농장주들은 그렇게 해서 수백만 명 아프리카인들의 생명을 쥐어짠 후 버렸습니다(노예 한 명을 소진시키는 데 단 7년밖에 걸리지 않았다고 전에 언급한 것처럼요. 359쪽).

노예들의 이야기는 노동자들의 이야기이기도 합니다. "이름만 다를 뿐 이것은 너를 두고 하는 이야기다!"[김, 360; 강, 377] 마르크스는 그렇게 말했습니다. 노예무역을 노동시장으로만 바꾸면 똑같은 이야기라는 거죠. 아메리카 농장에 아프리카인들이 투입된 것처럼 런던의 노동시장에는 독일 노동자들이 몰려듭니다. 런던의 제빵공들이 과로로 죽어가는데도 "런던의 노동시장은 제빵업에서 죽기를 각오한 독일인들과 기타 지원자들이 넘쳐"납니다.[김, 360; 강, 378] 이렇게 노동일을 늘리면 노동자들의 생명력이 바닥날 거라고 경고해봐야 소용이 없습니다. 새로운 사람들을 채용하면 그만이니까요. 제빵공이 되려는 사람은 널렸습니다. 런던 사람이 없다면 농촌에서 온 사람이 있고, 잉글랜드인이 없다면 아일랜드인이 있으며, 아일랜드인이 바닥나면 독일인이 있습니다.

노동력의 가치란 한 사람의 능력을 사용하려면 그 사람을 어떻게 대접해야 하는가의 문제입니다. 그런데 수요·공급이 급격히 변동하면 가치로부터 가격의 괴리도 커집니다. 상품의 가치란 애초 시장 상황에 달린 게 아닌가 하는 생각까지 들지요. 이런 생각을 가진 사람은 노동력의 가치를 사람의 조달 비용 정도로 생각합니다. 그 사람이 그 능력을 생산하고 유지하기 위해 무엇을 얼마나 필요로 하는지에는 아무런 관심도 없습니다. 자본가는 노동력이 넘쳐날 때 행복해합니다. 노동일에 대한 자신의 견해를 관철할 수 있는 환경이 만들어지니까요. 노동력을 최대한 뽑아 쓰는 게 가능해집니다. 게다가 임금을 노동력의 가치 이하로 지급할 수 있는 여건도 조성되지요. 공급이 많아지면 가격이 가치 이하로 떨어질 테니까요(이 점은 현실적으로는 매우 중요하지만 지금은 적극적으로 고려하지 않겠습니다. 나중에 임금 편에서 따로 다룰 겁니다. 일단은 노동력의 가치를 제대로 지급한다는 전제하에 과잉 노동인구가 노동일에 미치는 영향만을 고찰합니다).

내가 방금 자본가로서는 노동인구가 넘치는 상황이 행복할 거라고 했는데요. 사실 자본주의에서는 이런 상황이 일반적입니다.[김, 363~364; 강, 380] 대체로 구직자가 일자리에 비해 더 많습니다. 하지만 산업자본주의가 궤도에 막 올라섰을 때는 노동인구가 모자랐습니다. 특히 호황기에는 "노동시장이 걱정될 정도로 바닥을 드러내기도" 했지요.[김, 361; 강, 378] 한국 사회도 1960~1970년대에 그랬습니다. 엄청난 규모의 사람들이 농촌을 떠나 도시로, 공장 지대로 이동했습니다. 자본이 노동을 먹어치우는 속도가 엄청났으니까요. 공장들은 도시 인구를 금세 탕진하고 농촌 인구까지 계속해서 빨아들였습니다.

　자본이 몰리는 곳에 인구도 몰렸습니다. 대도시들이 만들어졌지요. 사실은 '대도시'라는 것 자체가 19세기적 현상입니다. 엥겔스도 『영국 노동자계급의 상태』를 도시에 몰려든 산업 프롤레타리아들에 대한 이야기로 시작합니다. "누군가 몇 시간 내내 돌아다녀도 도시의 가장자리 근처에도 이르지 못하고, 가까운 거리에 탁 트인 교외가 있으리라 추론할 만한 단서를 전혀 얻지 못하는 런던 같은 도시는 이상한 곳이다."[35] 인구 250만 명을 한곳에 몰아넣은 엄청나게 큰 도시. 엥겔스의 말이 무척 인상적이지요? "런던 같은 도시는 이상한 곳이다." 그는 새로운 현상으로서 대도시를 만난 겁니다. 대도시는 부자들만 모이는 곳이 아닙니다. 빈민들이 몰려드는 곳이기도 하지요. 볕이 들지 않고, 환기도 하수처리도 되지 않는, 그래서 전염병이 창궐하는 빈민굴로 사람들이 한없이 몰려들었습니다.

　제조업의 중심지였던 맨체스터는 말할 것도 없습니다. 맨체스터는 당시 인구밀도가 가장 높은 곳이었습니다. 사람들은 "가능하기만 하면 어디에나 굴"을 파고 오물 가득한 곳에서 살았습니다. 엥겔스는 이 "모든 것이 최근에 생겨난 것, 산업 시대에 속하는 것"이라고 했습니다.[36] 처참한 주거 환경에도 불구하고 사람들은 왜 몰려드는가. 엥겔스는 이렇게 말했습니다. "이 세상에는 프롤레타리아들이 차고 넘치며, 그들 모두가 살기보다 죽기를 택할 만큼 미치지는 않았으니까."[37] 모두가 일자리를 찾아 온 겁니다. 노동력을 팔지 않고는 살 수가 없게 되었으니까요.

　노동인구가 넘쳐난다고 노동시간이 줄지는 않습니다. 사실은 반대죠. 취업을 원하는 사람이 많을수록 자본가는 노동자들을 혹독하게 부립니다. 대신할 사람이 넘쳐나니까요. 그래서 19세기 초까지 노동일은 무한정 늘어났습니다. 그만큼 노동자 개인의 수명은 짧아졌고요. 공장에는 노동자가 있어야 합니다. 그러나 그것이 노동자 개개인이 계속 있어야 한다는 뜻은 아닙니다. 30년 동안 한 사람이 일할 필요는 없습니다. 10년씩 세 사람이 일해도 되지요. 지원자가 많다면 노동력을 최대로 뽑아 쓴 뒤 새 사람으로 갈아치우는 게 자본가로서는 이득이죠. 이 때문에 노동력 한 세대의 수명이 몹시 짧아졌습니다. 1863년 영국의 하원의원 윌리엄 페런드(William Ferrand)는 이런 말을 했습니다. "면직 산업은 90년의 역사를 가지고 있다. (…) 그런데 영국에서 3세대가 지나는 동안 이 산업은 면직 노동자의 9세대를 삼켜버렸다."[김, 361; 강, 378, 재인용]

　19세기 전반기 내내 영국에서는 덩치가 커진 자본의 식욕을 감당하기 어려웠습니다. 노동자들을 조달하기가 쉽지 않았지요. 자본이 노동자들을 너무 빨리 먹어치운 탓도 있고 사람들이 신대륙과 호주로 대규모 이민을 간 탓도 있습니다. 사방팔방으로 일할 사람을 찾아 뛰던 공장주들은 교구별로 가난한 사람들을 관리하던 구빈법위원회(Poor Law Commissioners)와 거래를 했습니다. 마르크스가 인용한 자료에 따르면(맥락상 윌리엄 페런드의 연설 같습니다), 구빈법위원회가 농업노동자의 명부를 넘기면 공장주가 사람을 선택합니다. 그리고 나면 "이들 인간화물들(Menschenpakete)은 일반화물과 마찬가지로 꼬리표를 단 채 짐마차로 송달"되었습니다. 나중에는 이런 거래가 아예 "정규적인 상거래 부문으로 발전"했을 정도입니다. 자료의 화자는 이것이 미국의 흑인 노예 거래와 같다고 말합니다. "이 정규적 거래 즉 인신매매는 지속적으로 이루어졌고, 이들은 흑인이 미국 남부의 여러 주에서 면화 재배업자에게 팔리는 것과 완전히 똑같이 (…) 맨체스터 공장주들에게 넘겨졌다."[김, 362; 강, 378~379, 재인용]

이 인용에서 특히 인상적인 것은 구빈원(Workhouse)입니다. '구빈원'이라고 옮겼지만 단어 자체를 그대로 뜯어보면 '노동의 집'입니다. 사람들을 모아 노역을 시키는 곳이지요. 영국은 물론이고 17~18세기 유럽 곳곳에 세워졌습니다. 이곳은 마르크스가 19세기 공장의 원형적 모델처럼 중요하게 언급하고 있으므로 조금 뒤에 따로 다루겠습니다. 여기서는 노동력 공급처로서 구빈원이 수행했던 기능만 짧게 언급해두겠습니다. 구빈원은 빈민과 부랑인 수용시설이었는데요. 산업자본주의 초기에 노동력의 중요한 공급처 역할을 했습니다. 특히 면방직 산업에 많은 아이를 공급했지요. 엥겔스에 따르면 아이들은 제조업 초기부터 고용되었습니다. 구빈원의 많은 아이가 "수년간 제조업자에게 임대 형식의 견습공으로 고용"되었지요. "그들은 공동으로 의식주를 제공받았고, 그들을 난폭하고 잔혹하게 다루는 주인의 두말할 나위 없는 노예"였습니다.[38] '견습', 다시 말해 교육 목적으로 받았으니 임금수준도 무척 낮았겠지요. 말만 견습이지 실제로는 아동 착취였습니다.

역사학자 시드니 폴라드(Sidney Pollard)는 말했습니다. "근대적 산업, 특히 방적업이 큰 건물 내에서 행해지는 경우 그것이 감옥, 구빈원, 고아원 등과 결탁되지 않은 경우는 거의 없었다. [그동안] 이 결합은 과소평가되었다. 특히 새로운 공장은 자유로운 노동자만을 고용한다고 생각하는 역사가들이 이 결합을 과소평가하고 있다."[39] 『자본』은 노동력 매매와 관련해 자본가와 노동자의 자유롭고 평등한 거래를 전제하고 있습니다만 산업자본주의 초기에는 강제 인신매매라고 불러도 좋을 일이 많았습니다. 특히 고전주의 시기(17~18세기)에 세워진 수용시설들은, 유럽인들이 아메리카에서 광맥을 발굴하기 전 금붙이들을 약탈했던 궁전이나 신전처럼 19세기 자본가들이 노동력을 쉽게 약탈할 수 있는 인간저장소들이었던 겁니다.

뒷일은 나도 몰라, 될 대로 되라지!

노동일을 최대한 연장하고 아이들까지 동원하는 것. 자본가 개인으로서는 이것이 냉철하고 합리적인 선택일 수 있습니다. 하지만 누군가 우리 시대를 조금 더 떨어진 곳에서 볼 수 있다면 우리 시대만큼 사람들의 생명력을 낭비하는 시대도 없다고 말할 겁니다. 자본가 개인의 시각에서는 합리적인 행동이 인류 전체의 시각에서는 미친 짓인 셈이죠. 마르크스는 "사려 깊은 관찰자의 눈"에는 "역사적으로 볼 때 겨우 어제 시작된 자본주의적 생산이 얼마나 빨리 그리고 얼마나 깊숙이 민중의 생명력의 근원을 장악해버렸는지" 보일 것이라고 했습니다.[김, 364; 강, 380] 이런 식으로 가다가는 인간도 자연도 파탄 날지 모릅니다. 그러나 자본가에게는 이런 말이 통하지 않습니다. 사업의 목적은 인류 복지나 환경보호가 아니라 이윤이고, 인간과 자연의 파탄은 목적의 위반이 아니라 충실한 이행에서 생겨난 겁니다. 따라서 그들 자본가는 이렇게 가다가는 "인류가 멸망할지 모른다"라는 말에도 눈 하나 꿈쩍하지 않습니다. 설령 "지구가 태양과 충돌한다고 해도" 그건 그의 문제가 아닙니다.[김, 365; 강, 381] 오늘 나는 수익은 내 몫이지만 내일 망하는 지구는 모두의 문제니까요.

　"모든 주식투기가 언젠가 한 번은 폭풍우를 맞는다는 것을 알지만, 그 폭풍우는 자신이 황금 빗물을 모아 안전한 곳으로 옮긴 뒤에야 자기 이웃의 머리를 덮칠 것이라고 생각한다. 뒷일은 난 몰라! 이것이 모든 자본가, 모든 자본주의 국가의 표어다."[김, 365; 강, 381] 주식시장이든 부동산시장이든 '상투를 잡는다'라는 말이 있지요. 가격이 최고점에 이르렀을 때 구입했다는 뜻입니다. 이제는 떨어질 일만 남은 거죠. 그런데 '상투를 잡은' 사람 중 누구도 자신에게 그런 일이 닥칠 거라고는 생각하지 않습니다. 거품은 언젠가 터지겠지만 그건 자기가 한몫 챙긴 다음에 일어날 일이라고 믿지요. 폭풍우는 다음 사람에게 닥칠 거야! 뒷일은 몰라! 이게 단순히 주식투자라면 모르겠습니다. 하지만 인간생명과 생태 환경에 유해한 일들을 일단 저지르고 보는 거라면 그대로 둘 수 없지요. 자본가는 공장에서는 전제군주로서 어떤 낭비, 어떤 무질서도 용납하지 않습니다. 하지만 사회에서는 속물적 무정부주의자가 됩니다. 사회 전체에 어떤 희생이 초래된다고 해도 신경 쓰지 않습니다. 규제에 빈틈이 있다면 그는 서슴없이 대기 중에 유해물질을 내보내고 강에 폐수를 방류합니다. 뒷일은? '난 몰라!'입니다.

"자본은 사회가 강요하지 않는 한 노동자의 건강과 수명에 전혀 관심을 두지 않는다"[김, 365; 강, 381] '사회가 강요하지 않는 한'이라는 표현에 주목할 필요가 있습니다. 자본에 대한 마르크스의 시각이 잘 담긴 문구입니다. 자본에게는 스스로의 증식운동을 억제할 내적 이유가 없습니다. 항상 최대한의 증식을 위해 움직입니다. 제약이 있다면 있는 한에서, 없다면 없는 한에서 항상 '최대한'입니다. 마르크스의 말처럼 이는 "개별 자본가의 선하거나 악한 의지에 달린 문제가 아"닙니다.[김, 365; 강, 382] 개인적으로야 모범시민이고 동물학대방지협회 회원이고 성인(聖人) 소리를 듣는 사람일 수 있습니다. 그러나 모범시민, 동물학대방지협회 회원, 성인 등등은 자본가를 자본가로 만드는 규정이 아닙니다. 자본가는 자본의 인격적 담지자로서만 자본가입니다. 따라서 자본이 가치증식운동을 멈춰야 할 내적 이유를 갖지 않는 것처럼 자본가도 이윤 추구를 멈춰야 할 내적 동기를 갖지 않습니다. 그래서 제1절에서 노동자는 자본가에게 항변하면서 "당신의 가슴에 호소하지 않는다"라고 했지요. 이것은 자본가의 개인적 의지의 문제가 아니니까요.

사실 개인으로서 자본가는 항상 쫓기고 있습니다. 그로서도 여유가 없습니다. 다른 자본가들과의 '경쟁'(Konkurrenz)이 그를 압박하거든요. 경쟁에서 지면 살아남을 수 없습니다. 한 치킨집이 휴일도 없이 밤늦게까지 영업하면 옆 치킨집이 압박을 받습니다. 한 매장에서 고객들에게 서비스 물품을 제공하면 동일한 상품을 파는 다른 매장이 압박을 받습니다. 경쟁이 격화되면 버틸 수 없는 곳들이 생겨나겠지요. 이때 불공정 거래라며 정부의 강력한 개입을 촉구하는 목소리가 나옵니다. 어떤 때는 시장에 맡기라고 하지만 어떤 때는 시장을 위해 개입해달라고 하지요. 『자본』을 쓸 당시 영국에서는 도자기 회사들이 아동노동에 대해 비슷한 요구를 했습니다.[김, 365, 각주 82; 강, 382, 각주 114] 치열한 경쟁 때문에 도저히 '아동노동시간'을 자발적으로 줄이기 힘드니 국가가 규제를 해달라고 한 것입니다. 해당 자본가들이 인도주의와 박애정신 때문에 그런 청원을 하지는 않았을 겁니다. 자신들보다 더 많은 아이를 더 오래 일 시킴으로써 더 큰 이익을 챙겨 가는 경쟁업체들을 견제하려는 것이었지요.

사실 『자본』의 이전 장들에서도 자본가들 사이의 '경쟁'은 전제되고 있었습니다. 부각하지는 않았지만요. 지난 장에서 나는 마르크스가 말한 '정상적 노동조건'이 '평균적 노동조건'을 의미한다고 했습니다. 생산수단과 노동력이 모두 평균적 수준을 유지해야 한다고요. 평균 이상으로 지출된 것들은 가치를 인정받지 못합니다. 달리 말하면 해당 자본가들이 손해를 봅니다. 남들은 10킬로그램 면사를 만드는 데 11킬로그램 면화면 족한데 만약 15킬로그램 면화를 쓴 자본가가 있다면 4킬로그램 면화는 그냥 내다버린 것과 같습니다. 노동조건만이 아닙니다. 상품 가치에 대한 규정 자체에 경쟁이 들어 있습니다. 상품의 가치란 그 상품의 생산에 사회적으로 필요한 노동량인데요. 이때 '사회적'이라는 말은 복수의 생산자를 전제합니다. 독점을 고려하지 않는다면 상품가치의 사회적 결정이란 경쟁을 통한 결정이라고 할 수 있습니다. 자본가는 이것을 항상 의식합니다. 이해하지는 못해도 언제나 체험하니까요. 단가를 맞추지 못하면 도태됩니다. 자본가는 그걸 이런 식으로 말합니다. 경쟁에서 지면 죽는다.

마르크스는 이를 '경쟁의 강제법칙'이라는 말로 표현했습니다. "자유경쟁은 자본주의적 생산의 내적 법칙들(immanenten Gesetze)을 개별 자본가들에 대해 외적 강제법칙(äußerliches Zwangsgesetz)으로 작용하게 만든다."[김, 365; 강, 382] 이 표현은 이어지는 7장에서 또 만나게 될 겁니다. 7장에서 우리는 자본가가 기술혁신(생산성 향상)을 통해 잉여가치를 늘리는 것을 살펴볼 텐데요. 자본주의적 생산의 내적 법칙을 이해하는 사람에게는 자본가들의 행동이 잉여가치를 늘리기 위해 선택할 수밖에 없는 필연적 경로로 여겨집니다. 그러나 개별 자본가가 그것을 인식하지는 않습니다. 그를 그 길로 내모는 것은 과학적 인식이 아니라 '경쟁의 강제법칙'입니다.[김, 432; 강, 442]

그러니까 개인으로서 자본가는 어떤 흑마술에 걸려 심성이 뒤틀어진 괴물이 아닙니다. 만약 우리가 흑마술이니 괴물이니 하는 표현을 써야 한다면 물신주의에 대해 말한 것과 똑같이 말해야겠지요. 그것은 개인 심성의 문제가 아니라 생산 체제의 문제입니다. 개인으로서 자본가는 단지 다른 자본가와의 경쟁에서 이기기 위해 최선을 다할 뿐입니다. 편법과 폭력을 쓰기도 하고 혁신을 단행하기도 합니다. 법칙은 모릅니다. 그가 아는 건 경쟁자를 이겨야 한다는 것뿐입니다. 그런데 그런 행위를 통해 자본주의적 생산의 내적 법칙이 관철됩니다. '무슨 수를 쓰든 경쟁자를 이기겠다'라는 자본가 개인의 신념이 그로 하여금 '무슨 수를 쓰든 가치를 증식하라'라는 자본 일반의 요구를 수행하게 만들지요.

참고로 어떤 오해가 있을까 해서 한마디 해두겠습니다. 앞서 말한 '법을 통한 외적 규제'와 지금 말하는 '외적 강제법칙'을 혼동하면 안 됩니다. 전자는 자본의 운동 내지 자본가의 충동에 내적 제어 원리가 없기 때문에 외적으로 규제하지 않으면 안 된다는 뜻입니다. 그대로 두면 사회 전체를 파괴할 정도까지 나아간다는 것이죠. 이와 달리 후자는 자본가는 자본의 운동 법칙을 경쟁이라는 외적 압박 내지 강제를 통해 체험한다는 뜻입니다. 다시 말하면 전자는 자본의 운동에 대한 외적 강제가 필요하다는 뜻이고요, 후자는 자본의 운동이 개별 자본가에게는 자신을 떠미는 외적 강제로 느껴진다는 뜻입니다.

근대 노동윤리와 노동자의 탄생

노동일 연장에 대해 법적 규제가 가해진 것은 19세기 들어서입니다. 공장법을 통해 표준노동일이 정해졌습니다. 마르크스가 말한 것처럼 "자본가와 노동자 사이의 몇 세기에 걸친 투쟁의 결과"였지요.[김, 366; 강, 382] 그런데 마르크스는 19세기 공장법을 그 이전의 노동 관련 법령들과 비교하면 흥미로운 점을 발견할 수 있다고 했습니다. 19세기 공장법에서는 노동일을 단축시키려고 했는데 그 이전의 법령에서는 연장시키려 했다는 겁니다. 19세기 공장법이 공장주의 행동을 강제했다면 18세기까지는 법령들이 노동자의 행동을 강제했던 셈이죠. 역사가 진보한 것일까요?

마르크스는 다른 걸 읽어냅니다. 19세기 이전의 법령들에서 노동일을 강제로 늘리려 했던 이유는 무엇인가. 먼저 자본가 쪽의 사정이 있었을 겁니다. 법을 통해 노동을 강제해야 했다는 것은 아직 자본가 자신에게는 충분한 힘이 없었다는 뜻입니다. "경제적 관계의 힘만으로는 잉여노동을 충분히 흡수할 수 없어 국가권력의 도움을 받아야" 했던 거죠. 자본가는 '죽기를 각오한 지원자들'이 공장에 몰려들 때 힘을 쓸 수 있습니다. 그때 비로소 노동자의 생사여탈권을 쥐고 흔들 수 있지요. 그런데 자본주의 맹아기에는 이런 일이 불가능했습니다. 마르크스의 표현을 빌리자면, 노동자가 "자신의 활동시간 전체 또는 자신의 노동능력 자체를 자유의지로 팔게 되기까지", 다시 말해 "자신의 장자권을 팥죽 한 접시에 팔아넘기기까지"(「창세기」 25:29)는 수 세기의 시간이 걸렸습니다.[김, 366; 강, 382~383] 노동자 쪽의 사정도 있었지요. 법으로 노동을 강제해야 했다는 건 노동자들이 노동에 거부감을 가졌다는 뜻입니다. 먹고살아야 하니까 일을 하기는 하는데 피할 수만 있다면 피하려 했지요. 조금이라도 먹고살 것이 생기면 다음 날 곧바로 일을 그만둡니다. 일하는 중에도 틈만 나면 휴식을 취하려 했고요. 한마디로 노동규율이 잡혀 있지 않았습니다.

1496년 영국의 노동 관련 법령은 수공업자와 농업노동자의 노동일을 아침 5시부터 저녁 7~8시로 규정했습니다. 3월부터 9월까지는요. 그런데 마르크스에 따르면 이 법이 제대로 지켜지지 않았습니다.[김, 368; 강, 384] 많이 쉬지 못하도록 법에서는 식사시간은 아침에 1시간, 점심에 1시간 30분만 두고 오후에는 간식시간만 30분 허용했습니다. 재밌지요? 오늘날에도 점심시간 1시간 30분에 간식시간 30분을 주는 회사는 많지 않을 겁니다. 그런데 당시 법은 이런 내용으로 으름장을 놓았습니다. 형식상 노동일은 14시간이지만 중간에 먹는 시간만 해도 3시간이 들어 있었으니 19세기 표준노동일보다도 짧았던 셈입니다.

1562년 엘리자베스 여왕(Elizabeth I) 시절의 법령에서는 중간 휴식을 여름에는 2시간 30분으로, 겨울에는 2시간으로 줄이려고 했습니다. 점심시간을 1시간으로 줄이고 5월 중순과 8월 중순에만 '30분의 낮잠'을 허용해야 한다고 했지요. 노동일을 늘리기 위해 규제를 강화한 것인데요. 일하는 중간에는 2시간만 쉬고, 낮잠시간은 30분만 제공하라고 엄명한 것인데, 이런 강제 명령도 19세기 노동자들로서는 그저 부러울 따름이지요. 게다가 마르크스에 따르면 "실제 사정은 법조문에 있는 것보다도 노동자에게 훨씬 유리"했다고 합니다.[김, 368; 강, 384]

아이들의 노동도 마찬가지입니다. 17세기 말 한 저자는 "영국 소년들은 도제가 되기 전까지는 아무 일도 하지 않"으며 "도제가 된 뒤에도 완전한 수공업자가 되기까지는 7년이 걸린다"라고 한탄합니다.[김, 369; 강, 385] 그러니까 17세기까지는 아이들이 노동력을 팔지 않았다는 뜻이지요. 나중에 제7편 제24장(영어판은 제8편) '소위 시초축적'편에서 보겠지만, 이때는 도시에서 노동하지 않고 배회하는 자들에게 불에 달군 쇠로 낙인을 찍어대던 시절인데, 그 험악한 시절에도 아이들을 공장에서 혹사하지는 않았던 겁니다.

법으로 노동을 강제하던 시절, 학문에서도, 종교에서도 노동의 가치를 설파하는 사람들이 나타납니다. 마르크스는 18세기 후반(1760~1770년대)에 벌어진 논쟁을 소개하는데요. 매우 상징적인 시점입니다. 영국에서 대공업이 등장한 때거든요. 대공업의 등장과 더불어 "노동일 연장의 태풍"이 몰아칩니다.[김, 376; 강, 391] 칼 폴라니의 표현을 빌리면, 바로 이때 "증기기관이 자유를 위해 아우성치고 기계가 인간의 손을 구하려고 절규"하기 시작했지요.[40] 마르크스는 당시 노동자의 입장을 대변한 사람과 자본가의 입장을 대변한 사람을 하나씩 내세웠는데요. 전자는 『무역과 상업 사전』(1751~1755)의 편찬자였던 포슬스웨이트(Malachy Postlethwayt)이고 후자는 『무역과 상업에 관한 에세이』(1770)를 익명으로 펴낸 커닝엄(Jack Cunningham)입니다.

포슬스웨이트가 먼저 나섭니다. 주장의 요지는 이렇습니다. 노동자가 5일의 임금으로 충분히 생활할 수 있다면 6일을 일하지 않을 것임은 당연하다. 그런데 6일 노동을 강제하기 위해 생필품 가격을 올리자는 사람들이 있다. 일부러 6일을 일해야 겨우 먹고살 수 있게 하자는 것이다. 이는 노동자들을 영구적 노예 상태에 두자는 것과 같다. 일주일에 6일을 1년 내내 일해야 한다면 노동자들은 독창성을 잃고 바보가 될 것이다. 영국 노동자들의 우수한 재능과 기예는 그들이 누리는 자유 덕분이다. 영국 노동자들의 이런 특권을 빼앗아서는 안 되며 이를 떠받치는 '좋은 삶'(gute Leben) 역시 무너뜨려서는 안 된다.[김, 371~372; 강, 386~387]

이에 커닝엄이 반발하며 주장합니다. 신께서 일곱째 날에 쉬었다는 것은 나머지 요일들은 노동에 속한다는 뜻이다(마르크스는 이 말에 괄호 치고 실제로는 '자본에' 속한다고 썼습니다). 따라서 일주일에 6일을 일하는 것은 신의 명령을 지키는 것이므로 잔혹한 일이 아니다. 게다가 인간은 천성적으로 나태하다. 이것은 매뉴팩처 노동자들이 평균적으로 일주일에 4일 이상은 일하려 하지 않는다는 사실에서 알 수 있다. 생필품 가격을 올리지 않으면 더는 일을 하려 들지 않을 것이다. 불행히도 영국은 임금이 상대적으로 높아 4일만 일하고 나머지 날들은 여분의 돈으로 놀며 지낸다. 전체 인구의 8분의 7이 사유재산을 갖고 있지 않은 우리 같은 상업 국가에서 자유와 독립에 대한 천부적 권리를 운운하며 민중들을 선동하는 것은 좋지 않다. 이 나라의 노동자들이 4일 동안 받는 임금으로 기꺼이 6일을 일하게 될 때까지는 완전히 치료된 게 아니다.[김, 372~374; 강, 388~389]

커닝엄은 '치료'(cure)라는 표현을 썼는데요. 일주일에 6일씩 1년 내내 일하려 하지 않는 태도를 질병으로 본 겁니다. 이는 이 시기의 정치경제학자, 성직자, 철학자에게 널리 퍼진 생각이었습니다. 노동이야말로 부의 척도이고 구원의 길이라는 생각을 이들의 글에서 쉽게 찾아볼 수 있습니다. 누구라고 할 것 없이 『국부론』의 저자 애덤 스미스가 이 시기 인물입니다. 그가 말하는 국부의 원천은 비옥한 땅도 아니고 귀금속 광산도 아닙니다. 그것은 사람들의 근면한 노동입니다(75쪽 참조).

노동윤리에 대해서라면 막스 베버가 '자본주의 정신'의 전형을 확인한 프로테스탄트교를 빼놓을 수 없지요. 프로테스탄트교 목사들은 노동을 소명으로 간주했고 노동을 통해 얻은 현세적 부를 내세적 구원의 징표로 보았습니다. 신이 아담에게 형벌로서 노동을 부과했다는 점을 생각하면 놀라운 전도가 아닐 수 없습니다. 형벌을 열정적으로 수행하는 것은 이상한 일이니까요. 실제로 구교(가톨릭교)는 노동에 일정한 제한을 두었습니다. 구체제(ancien régime)하에서 프랑스 교회법은 노동자들에게 90일의 휴일(52일의 일요일과 38일의 공휴일)을 주도록 정했는데요. 이 기간에 노동을 하면 범죄로 간주되었습니다. 상공업에 종사하는 부르주아들이 구교에 반기를 든 중요한 요인들 중 하나가 이것이었지요. 혁명이 발발했을 때 집권한 부르주아들은 전통적 종교 축일을 없앤 것은 물론이고[김, 373, 각주 92; 강, 388, 각주 124] 일주일을 10일로 바꾸기까지 했습니다.[41] 7일에 한 번씩 쉬는 날이 온다는 걸 참을 수 없었던 거죠.

지그문트 바우만(Zygmunt Bauman)은 산업화 초기에 노동윤리 설파자들이 타파하고자 했던 '병적 습관' 중 하나가 "주어진 대로 만족하고 만족한 데서 더 바라지 않는 성향"이라고 했는데요.[42] 베버도 비슷한 점을 지적했습니다. 당시 노동자들에게는 "돈을 더 버는 것보다는 일을 적게 하는 것이 더 매력적"이었다는 겁니다. 그래서 "최선을 다해 일하면 나는 하루에 얼마나 벌 수 있을까"라고 묻기보다 "예전에 번 만큼 벌려면 그리고 종래대로 필요한 것을 얻으려면, 나는 얼마나 일해야 할까"라고 묻습니다.[43] 돈을 벌기 위해 사는 게 아니고 사는 데 돈이 필요한 겁니다. 노동은 딱 그만큼의 돈을 벌 정도만 하면 되죠. 이들에게 프랭클린 같은 기업가는 어떻게 보였을까요. "시간은 돈"이며, "일하지 않고 쉰 시간은 단지 돈을 벌지 못한 시간이 아니라 벌 수 있는 돈을 써버린 시간"이라고 설교했던 벤저민 프랭클린 말입니다. 베버에 따르면 그런 사람은 이들에게 "도저히 이해할 수 없는 신기한" 인물, "보잘것없고 경멸받아 마땅한" 인물이었습니다. 평생 쓰지도 못할 돈을 모으는 데 인생을 허비하다니요. 그런 인간은 "도착적 충동"(perverser Triebe)이나 "황금에 대한 저주받을 탐욕"(auri sacra fames) 같은 말이 아니고는 설명할 길이 없었습니다.[44] 한마디로 '돌아이'로 보였다는 거죠.

반면에 자본가들로서는 그런 노동자들이 못마땅했을 겁니다. 일은 제대로 하지 않으면서 임금만 챙기는 걸로 보였겠지요. 존 스튜어트 밀도 『정치경제학 원리』에서 당시 노동자들의 행태에 불만을 표출했습니다. "우리는 노동계급 일반에서 성실하게 일하고 만족스러운 임금을 받아 가겠다는 자긍심을 찾아볼 수가 없다. 대부분의 경우에 그들이 하는 유일한 노력이란 되도록 많이 받고 일로서는 되도록 적게 되돌려 주는 것이다."[45] 밀은 노동에 대한 자긍심이 없는 노동자들을 질타했습니다만 사실 그런 자긍심을 깬 것은 자본주의 자체입니다. '공장노동'이라는 건 전통적인 장인의 노동과 다르죠. 자신이 정한 목표에 따라 스스로 노동과정을 통제하면서 일했던 사람들과, 타인이 정한 성과물을 내기 위해 타인이 정한 방식에 따라 타인의 감독 아래서 작업하는 사람들의 노동이 같을 수 없습니다. 산업화 초기 노동자들이 공장노동에서 긍지를 느끼기는 힘들었을 겁니다. 이들 노동자가 공장노동을 피하려 한 것은 충분히 이해할 수 있습니다. 방적기를 발명한 아크라이트(Sir Richard Arkwright)는 말했다고 합니다. "시골 사람들은 하루에 10시간 넘게 공장에 갇힌 채 기계를 쳐다볼 생각이 없었다."[46]

아마도 당시 자본가들은 상품보다 먼저 만들어내야 하는 것이 있음을 깨달았을 겁니다. 상품을 생산하기 전에 제대로 된 노동자부터 생산해야 한다는 생각이 들었겠지요. 게으름 피우지 않고 열심히 일할 노동자, 자본가의 통제에 순응하고 공장의 규율을 엄수하는 노동자 말입니다. 자본주의 생산양식이란 상품의 생산양식이면서 주체성의 생산양식이라고도 할 수 있겠습니다. 노동자를 어떻게 노동자로 만들 것인가. 노동자를 어떻게 길들이고 길러낼 것인가. 우선 필요한 것은 모두가 앞다투어 노동자가 되려 하는 환경의 조성입니다. 노동자가 아니어도 먹고살 길이 있으면 안 되는 거죠. 그다음에는 일자리를 구해도 방심할 수 없게 해야 합니다. 일자리를 잃으면 살 수가 없다는 걸 깨닫게 해야 하고요. 더 나아가 일을 잠시라도 쉬면 살기가 어려워지도록 해야 합니다. 그러려면 4일만 일하고 그 돈으로 일주일을 먹고살게 해서는 안 되지요. 이게 앞서 인용한 커닝엄의 생각입니다. 4일치 임금으로 6일을 일할 때까지는, 다시 말해 6일을 일해야 이전의 임금을 받을 수 있게 될 때까지는 '치료'가 끝나지 않았다는 겁니다. 전통적 노동자들은 돈을 벌기 위해 평생을 허비하는 사람들을 '도착증'에 걸렸다고 했죠. 치료가 필요한 사람들이라고요. 그런데 이제는 그들 자신이 나태와 방탕, 인습에 물든 사람들 즉 치료가 필요한 사람들이 되었습니다.

공장의 원형으로서 '구빈원'

이 사람들을 어디서 어떻게 치료할 것인가. '구빈원'이 바로 그 해법으로 제안된 시설입니다. "이 목적을 위해, '나태와 방탕 그리고 낭만적 자유의 몽상을 근절하기' 위해, 또 '구빈세의 경감, 매뉴팩처에서 근면 정신의 장려와 노동가격의 인하를 위해', 자본의 충직한 에카르트는 공적 자선에 의지하는 이런 노동자들, 한마디로 가난한 사람들을 '이상적 구빈원'(ideal Workhouse)에 집어넣자는 확실한 대책을 제안했다."[김, 374; 강, 389] 마르크스가 말한 '충직한 에카르트'(treuer Eckart)는 독일의 고대 영웅시가에 나오는 인물인데요, 여기서는 커닝엄을 가리킵니다. 커닝엄은 '완전한 치료', 다시 말해 제대로 된 노동자들을 만들어내려면 사람들을 구빈원에 집어넣어야 한다고 주장했습니다. 치료라는 말이 나왔으니 말인데 당시 프랑스에서는 구빈원을 실제로 '오피탈'(hôpital)이라고 불렀습니다. 오늘날 '병원'을 뜻하는 말입니다. 영국에서는 '워크하우스' 즉 노동의 집(노역장)인데 프랑스에서는 '오피탈' 즉 병원입니다. 우리는 이걸 '구빈원'(救貧院)이라고 옮기고 있고요. 각각의 말들이 나름대로 의미가 있습니다. 구빈원은 '빈민'에 대한 구제책으로 제안된 시설로서 '노동'을 '치료'수단으로 썼으니까요. 빈민과 노동, 치료가 결합된 곳이죠.

영국에서 빈민과 부랑인을 수용하는 시설이 만들어진 것은 엘리자베스 1세 때입니다. 당시 법령에 따르면 "부랑자들을 처벌하고", "가난한 사람들의 부담을 덜어주기" 위해 각 주별로 최소한 1개씩 수용시설을 지었습니다.[47] 수용시설 건립은 사실 15세기 말에 시작해 16세기 내내 계속된 부랑인들에 대한 '피의 입법'의 연장선상에서 이루어진 일입니다. 당시 토지에서 쫓겨난 수많은 사람들이 도시로 몰려들었는데요, 근대 노동자계급의 선조라 할 수 있습니다. 이들은 어떤 점에서 피해자들이죠. 땅을 빼앗긴 피수탈자들인데 죄인 취급을 받았습니다. 마르크스의 말을 빌리자면 "부랑자와 극빈자로 전락한 죄"를 범했지요.[김, 1006; 강, 987]

당시에는 거지가 되려고 해도 면허가 필요했습니다. 늙고 병들어 노동능력이 전혀 없다는 증명서가 있어야만 했지요. 그런 게 없이 부랑하다 걸리면 엄청난 매를 맞은 뒤 '노동에 종사하겠다'라는 맹세를 하고서 풀려납니다. 부랑인 주제에 노동을 거절하면 그를 고발한 사람의 노예가 되어야 했습니다. 그러다 도망치면 얼굴에 낙인을 찍었고 낙인찍힌 사람이 다시 걸리면 세 번째는 죽음에 처해졌습니다. 커닝엄은 이 시기야말로 "영국인이 대단한 열성을 갖고서 매뉴팩처를 장려하고 빈민들에게 일하도록 노력했던" 때라고 했습니다.[김, 1008, 각주 1; 강, 988, 각주 221](이때의 형벌들이 갖는 의미에서 대해서는 '소위 시초축적'편에서 자세히 다룹니다.)

17세기로 넘어오면서 수용시설의 전반적 개편이 이루어집니다. 아예 노동능력이 없는 사람들에 대한 구호시설이나 노동을 거부하는 이들에 대한 교도소(house of correction)와는 다른 수용시설이 만들어집니다. 노동능력을 가진 사람들을 수용한 후 일을 시키는 강제 노역장(house of industry)이 생겨났습니다. 1601년 구빈법(poor law)에 따르면 각 교구는 노동능력이 있는 빈민들에게 생계를 위한 일자리를 제공해야 합니다. 본격적 의미의 '구빈원'(workhouse)은 조금 더 뒤에 만들어졌습니다. 1679년에 처음 생겼지요. 18세기 말이 되면 이런 구빈원들이 영국에서만 126개까지 늘어납니다.[48] 이것은 영국만의 현상이 아니었습니다. 구빈원은 이 시기 유럽 곳곳에 세워졌습니다. "유럽 전체의 현상"이었지요.[49]

앞서 나는 구빈원이 산업자본주의 초기에 노동력 공급처 역할을 했다고 했는데요. 실제로는 경제적 의미보다 윤리적 의미가 컸을 겁니다. 구빈원 제안자들도 수용자들이 노동을 통해 곧바로 빈곤에서 벗어날 수 있다고는 보지 않았습니다. 노동을 하면 생산량이 증대하고 그 생산량만큼 부유해질 거라는 식으로 보지는 않았다는 말입니다. 이때 노동은 경제적 처방이 아니라 윤리적 처방이었습니다. 생산을 늘리는 방법이 아니라 심성을 고치는 방법이었지요. "생산력"보다 "도덕적 매력"이 중요했습니다.[50] 구빈원 제안자들은 빈곤의 원인이 낡은 인습과 개인의 병든 심성에 있다고 보았으니까요. 구빈원은 산업자본주의의 초기 단계인 17~18세기에 노동윤리의 이상이 투여된 곳이었습니다. 노동을 통해 사람을 뜯어고치려 했던 강제수용소였지요. 어떻게 하면 치료 효과를 극대화할 수 있을 것인가. 마르크스는 다시 한번 커닝엄의 말을 인용합니다. "이런 집은 '공포의 집'(House of Terror)이 되어야만 한다."[김, 374; 강, 389] 사람들을 벌벌 떨게 해야 한다는 겁니다. 커닝엄은 구빈원이 빈민들의 '피난처'가 되어서는 안 된다고 했습니다.[김, 374, 각주 94; 강, 389, 각주 127]

도대체 얼마나 끔찍한 곳이면 '공포의 집'이라고 불렀을까요. 그런데 반전이 있습니다. 사람들의 심성을 뜯어고치겠다고 만들어놓은 18세기 '공포의 집'이 19세기 노동자들 편에 서서 보면 그다지 공포스럽지 않다는 겁니다.[51] 커닝엄이 그린 공포의 집에서는 하루 14시간 노동을 하는 걸로 되어 있는데, 여기에는 식사시간 2시간이 포함되어 있습니다. 실제 노동일은 12시간이었던 셈이죠. 19세기 노동자들로서는 이 정도의 노동일만 지켜져도 살 만했을 겁니다. 19세기 공장의 지옥 같은 현실은 18세기의 이상적 지옥을 이미 추월했거든요. 1833년, 그러니까 커닝엄이 '공포의 집'을 상상한 지 63년이 되던 해에 영국 의회는 4개의 공업부문에서 13~18세의 아이들만이라도 하루 12시간 이상은 일하지 못하게 하자는 제안을 했는데요. 그때 영국에서는 "영국 공업에 최후의 심판일이 닥친 것"처럼 난리법석이 났다고 합니다. 18세기의 '공포의 집'조차 아이들에게 허용하지 않으려 했던 거죠. 1852년 루이 보나파르트(Louis Bonaparte)가 법정노동일을 뒤흔들 때 프랑스 노동자들이 제발 '12시간 노동일'만은 지켜달라고 절규했습니다. 1860년대에 스위스, 오스트리아 등은 청소년에 한해 노동을 12시간으로 단축하도록 규제했습니다. 정말로 대단한 진보지요? 지옥 말입니다. 불과 몇 십 년 만에 과거의 지옥이 천국으로 보일 정도로 공포의 집은 발전하고 말았습니다.[김, 375; 강, 390]

이것이 19세기 공장의 탄생입니다. 마르크스의 말을 그대로 인용하겠습니다.

"자본의 영혼(Kapitalseele)이 그저 꿈만 꾸었던 1770년의 빈민들을 위한 '공포의 집'이 불과 몇 년 뒤에 매뉴팩처 노동자들을 위한 거대한 '구빈원'(노동의 집, Ar-beitshaus)으로 나타났다. 그것은 공장(Fabrik)이라고 일컬어진다. 그런데 이번에는 이상이 현실 앞에서 무색해지고 말았다."[김, 375; 강, 391]

시간을 둘러싼 전쟁

외적 규제가 없는 한 잉여노동에 대한 자본가의 갈망은 멈추지 않는다고 했습니다. 18세기 후반까지 노동일은 계속 늘어났습니다. 마르크스는 노동일을 12시간까지 늘리는 데 "수 세기가 걸렸다"라고 했는데요.[김, 376; 강, 391] 이렇게 오랜 시간이 걸린 것은 자본가들 말마따나 심성 탓도 클 겁니다. 매일 12시간씩 평생을 일한다는 걸 근대 노동자계급의 선조들은 상상할 수도 없었을 테니까요. 한번 생각해보세요. 우리가 하루 중 깨어 있는 시간이 대략 16시간 정도 될 겁니다. 이 중 밥 먹고 쉬고 이동하는 시간이 있습니다. 그런 시간을 제외한다면 12시간은 유의미한 활동을 할 수 있는 시간 전부라고 해도 과언이 아닙니다. 생명체가 생애의 대부분을, 그것도 가장 생명력 넘치는 기간을 타인의 감독 아래 타인의 지시에 따라 타인의 부를 생산하기 위해 살아간다는 게 정상인가요. 과연 누구의 심성을 치료해야 하는 걸까요.

역사가 말해주는 것

노동일이 12시간까지 오는 데는 수 세기가 걸렸을지 몰라도 14시간, 16시간이 되는 것은 금방이었습니다. 앞서 언급한 것처럼 "1760년대 대공업이 등장한 이후부터 눈사태처럼 무제한적인 노동일 연장의 태풍이 몰아쳤"으니까요.[김, 376; 강, 391] 18세기 말과 19세기 초 사이에 노동일은 무섭게 늘어났습니다. 그야말로 노동에 대한 자본의 '무절제한 향연'(Orgien)이 벌어졌습니다.[김, 376; 강, 391] 그런데 자본의 폭주가 어떻게 진정된 걸까요. 폭주를 막아낸 것은 증명도, 설득도 아니었습니다. 결국 힘이었지요. 마르크스가 앞서 제1절에서 말한 것처럼 힘을 막는 힘이 나타난 겁니다. 노동자계급의 집단적 저항이 시작되면서 1833년 표준노동일이 제정되었습니다. 1833년의 공장법이 근대적 표준노동일의 시작입니다.[김, 377; 강, 392] 물론 말 그대로 이것은 시작입니다. 표준노동일은 제정과 동시에 힘겨루기의 대상이 되지요. 표준노동일 개정을 둘러싼 계급투쟁이 펼쳐진 겁니다.

마르크스는 법률의 문구들이 자본가계급과 노동자계급의 세력 관계에 따라 얼마나 요동쳤는지를 보여줍니다.

마르크스는 "1833~1864년의 영국 공장 입법의 역사만큼 자본의 정신을 더 잘 특징짓는 것은 없다"라고 했습니다.[김, 377; 강, 392] '역사'가 '자본의 정신' (Geist des Kapitals)을 보여준다는 말이 흥미롭습니다. '역사'를 '정신'(Geist)의 전개과정으로 본 헤겔을 흉내 낸 말 같습니다. 공장법의 역사 속에서 우리는 스스로를 펼쳐 보이는 '자본의 정신'을 볼 수 있습니다. 그런데 이것을 헤겔처럼 '이성으로서의 역사'라고 부를 수 있을지는 모르겠습니다. 오히려 우리가 목격하는 것은 광기라고 불러도 좋을 만큼 집요한 자본가의 의지와 욕망입니다. 가치증식을 위해 정말로 온갖 것을 고안하고 온갖 것을 문제 삼거든요. 이 집요한 의지와 욕망에 대해서는 따로 살펴보기로 하고요, 우선은 힘과 힘의 대결로서 표준노동일의 역사를 간단히 살펴보겠습니다.

먼저 1833년의 공장법을 볼까요. 이 법은 공장노동일을 아침 5시 반에서 저녁 8시 반까지로 규정했습니다. 무려 15시간입니다! 19세기 공장법은 과거와 달리 노동일 연장을 위한 법이 아니라 규제하기 위한 법이었음을 생각해야 합니다. 그러니 현실의 노동일이 얼마나 길었을지 짐작할 수 있을 겁니다. 식사시간 1시간 반을 제외해도 순전한 노동시간만 13시간 반입니다. 이 법에는 청소년과 아동의 노동에 대한 규제도 담겼는데요. 청소년(13~18세)은 12시간, 아동(9~13세)은 8시간 이상의 노동을 금지했습니다. 야간노동은 모두 금지했고요.[김, 377~378; 강, 392~393] 자본가들은 법 시행을 막고자 온갖 공작을 벌였습니다. 하지만 의회는 제정된 그대로 법을 발효했습니다. 어떻게 의회가 이 일을 해낼 수 있었을까요. 의원들 중에 박애주의자가 많았기 때문일까요. 마르크스는 말합니다. "외부로부터의 압력" 때문이라고요. 의회가 용기를 내서 법을 시행한 게 아니라 "용기를 잃어서" 그런 것이라고요.[김, 380; 강, 395] 외부의 압력 때문에 감히 법률을 고치지 못했던 거죠.

1833년의 공장법 제정과 발효를 압박한 힘, 그것은 19세기 초 노동자들의 투쟁이었습니다. 이 투쟁은 1838년 '인민헌장'(People's Charter) 운동으로 발전했습니다. 대체로 인민헌장 운동은 보통선거권을 요구한 참정권 운동으로 알려져 있는데, 보통선거권이라고 하는 정치적 슬로건만 내걸었던 게 아닙니다. 경제적 슬로건도 있었지요. 바로 '10시간 노동제'입니다. 참정권 보장만큼이나 노동일 단축이 이 운동의 중요한 의제였던 겁니다. '10시간 노동제'는 당시로서는 상당히 선진적인 요구였습니다. 지난 5장에서 언급한 시니어 교수가 『공장법에 대한 편지』를 썼던 게 이 즈음입니다. 그는 '10시간 노동제'가 시행되면 자본주의의 종말이 온다고 입에 게거품을 물었죠. 그러나 다시 한번 강조합니다만 중요한 것은 세력관계입니다. 당시 자본가들은 '곡물법 폐지' 문제로 지주들과 대립하고 있었고, 노동자들의 지지가 필요했기에 자본들은 '10시간 노동제'에 반대하지 않는다는 뜻을 피력했습니다. 즉각적으로는 아니지만 때가 오면 시행할 수 있을 거라고 했습니다("자유무역의 천년왕국"이 도래했을 때 말이지요).[김, 381; 강, 396] 정치경제학자들은 '10시간 노동제'와 더불어 종말이 닥친다는 게 과학적으로 입증된 것처럼 떠들었지만 자본가들은 천년왕국을 위해 정치적으로 타협하려 했습니다.

이런 흐름의 연장선상에서 1844년에 공장법 개정이 이루어집니다. 노동자계급이 가진 힘과 노동자계급에 유리했던 정세 덕분에 노동자들의 권익을 보호하는 조항들이 개정된 법령에 담겼습니다. 무엇보다 1844년 공장법에서는 여성의 노동을 법의 보호 대상으로 규정했습니다. 청소년과 마찬가지로 12시간 이상의 노동과 야간노동을 금지했지요. 13세 이하의 아동노동도 6시간 반으로 줄였습니다. 아동과 청소년, 여성의 노동에 대한 법적 보호는 성인 노동자의 노동일에도 긍정적 영향을 미쳤습니다. 성인 남성 노동자들이 수행하는 작업들 대부분이 이들의 협력을 필요로 했기 때문입니다. 그래서 1844년 공장법의 적용을 받는 모든 산업 부문에서는 성인 남성의 노동일도 사실상 12시간이 되었습니다.[김, 383; 강, 398] 공장법의 역사는 무엇을 말해주는가. 마르크스는 그것이 이성의 역사, 증명의 역사, 설득의 역사가 아니라는 것을 보여줍니다. 그것은 계급투쟁의 역사입니다. 노동일을 둘러싼 조항들과 세칙들이 제안되고 "그것들이 하나의 기준으로 만들어져 공인된 후 국가에 의해 공포된 것은 오랜 기간에 걸친 계급투쟁의 결과"였습니다.[김, 383; 강, 398]

1847년에 공장법은 또 개정됩니다. 이 법은 표준노동일의 역사에서 획기적 진전을 이루었는데요. 바로 '10시간 노동제'가 입법화된 겁니다. 1838년 인민헌장 운동에서 이 요구가 나온 지 10년 만이었습니다. 로마인들은 '힘'(덕성, virtus)과 '때'(운명, fortuna)를 중시했다고 하는데요. 인간인 이상 우리는 운명의 힘에서 벗어날 수 없습니다. 그러나 덕성을 기르면, 다시 말해 힘을 기르면 그만큼 운명의 노예 노릇을 덜 할 수 있지요. 1847년의 공장법은 '힘'과 '정세'가 맞물리면서 가능했습니다. 도대체 무슨 일이 있었는가. '1846~1847년'을 마르크스는 "영국 경제사의 시대적 전환점"이라 부르는데요. 마침내 곡물법이 폐지되고 면화 등 원료에 대한 수입관세가 철폐되었으며, 자유무역이 입법의 기본 지침으로 선포되었습니다. 요컨대 자본가들의 "천년왕국"이 시작되었던 것이죠. 그런데 이 "천년왕국"의 도래 과정에서 짧게나마 지옥의 쓴맛을 본 세력이 있으니 바로 지주들입니다. 당시 토리당(Tory Party)은 지주 세력을 대변하는 정당이었는데요. 이들이 '10시간 노동제'를 발의해 통과시켜버렸습니다. 자본가계급에 대한 지주계급의 복수였죠.[김, 384; 강, 398] 역사적 사건이란 이처럼 사적이고 우발적인 일들이 세력관계와 맞물려 일어납니다.

이렇게 해서 '10시간 노동제'를 골자로 하는 1847년 공장법이 만들어졌습니다. 이 법은 다음해 5월부터 시행되게 되어 있었죠. 당연히 법의 시행을 막기 위한 자본가들의 필사적 노력이 있었습니다. 때마침 공황이 닥쳐 임금이 깎이고 일자리가 없어졌기 때문에 노동자들로서는 장시간 노동이라도 원할 수밖에 없는 상황이었습니다. 자본가들은 이 기회를 활용해 법률을 폐지시키려고 했습니다. 노동자들을 매수하고 협박해 의회에 거짓 청원을 넣게 하고 신문이나 의회를 통해 노동자를 위한 제도가 오히려 노동자에게 독이 되고 있다는 식의 말을 퍼뜨렸습니다. 하지만 노동자들은 이 공격을 버텨냈습니다. 특히 양심적인 공장감독관, 이를테면 "노동자계급을 위한 불멸의 공적을 세운" 레너드 호너 같은 이들이 자본가들의 술책을 폭로하고 부정을 고발했지요.[김, 385~386; 강, 399~400]

다시 한번 말하지만, 문제는 세력관계입니다. 1848년 5월 1일부터 '10시간 노동제'가 시행되었지만 정세가 변했습니다. 1848년은 혁명의 해였습니다. 정확히 말하면 혁명이 패배한 해였죠. 사람들, 특히 적대관계에 있는 사람들은 서로의 힘 관계를 포착하는 예민한 저울을 가지고 있습니다. 상대방의 힘이 떨어지면 금세 알아채죠. 1848년 혁명은 지배계급의 모든 분파를 "재산, 종교, 가족, 사회를 구출하자는 공동의 구호 아래 뭉치게" 했습니다. 노동자계급은 곳곳에서 밀려났습니다. 힘의 저울이 기울자 공장주들은 1847년 공장법은 물론이고, 1844년과 1833년의 공장법까지 "모든 법령들에 대해 공개적 반란"을 일으켰지요.[김, 387; 강, 401]

자본가계급은 표준노동일을 규정하는 법률 문구를 없애는 데까지는 성공하지 못했습니다. 하지만 문구의 빈틈을 찾고 다른 해석의 가능성을 모색하고 그것도 안 되면 관행과 상황을 내세워 법률을 무력화했습니다. 성인 노동자의 야간노동에 대한 별도 규정이 없는 점을 이용해 야간노동을 부활시켰고 미성년자와 여성의 노동을 편법적으로 이용할 방안을 찾았습니다. 심지어는 법률을 위반하고 벌금을 내겠다며 공공연하게 선포하기도 했습니다. 정부에 압력을 넣어 공장감독관들의 고발을 무력화하기도 했고요. 사법 당국도 자본가 편에 섰습니다. 영국의 4대 최고재판소 가운데 하나인 '재정법원'(Court of Exchequer)은 1844년 공장법을 위반한 공장주들의 죄를 물을 수 없다고 판결했습니다. 법의 취지에 비추어 볼 때 위법이기는 하지만 법조문 자체에 그 취지를 무색케 하는 문구가 들어 있다는 이유였습니다. 이 알쏭달쏭한 판결로 '10시간 노동제'는 실질적 효력을 잃었습니다. [김, 396; 강, 410]

1833년, 1844년, 1847년. 표준노동일이 제정되고 노동자를 보호하는 법조문이 만들어지고 그것이 발효되는 것 그리고 다시 무력화되는 것. 공장법의 역사는 무엇을 말하고 있는가. 마르크스는 제8장 제1절에서 "힘이 사태를 결정한다"라고 이미 쓴 바 있습니다. 나는 마르크스가 공장법의 역사에 대해 상세하게, 심지어 어떤 것에 대해서는 시시콜콜하게 써놓은 것을 여기에 대강만 옮겼습니다. 그런데 본문을 꼼꼼히 읽어보면 우리는 제1절의 저 문장이 그저 냉철한 인식에서 나온 것만은 아님을 느낄 수 있습니다. 그것은 처절한 경험에서 나온 것이기도 합니다.

내전 속에서 한 발짝 한 발짝

1848년 5월부터 발효된 '10시간 노동제'가 현실적으로 무화된 것은 법조문에서 오류가 발견되었기 때문이 아닙니다. 자본가계급이 발견한 것은 노동자계급의 세력 약화죠. 한마디로 1848년 혁명의 패배가 '10시간 노동제'의 효력을 없애버렸습니다. 그러나 1848년 혁명의 패배가 역사의 끝은 아닙니다. 1848년의 패배 이후 프랑스에서 일어난 일을 기록한 『루이 보나파르트의 브뤼메르 18일』*Der achtzehnte Brumaire des Louis Bonaparte*에서 마르크스는 19세기 프롤레타리아혁명을 18세기 부르주아혁명과 대비했는데요. 이 내용은 영국 노동운동의 역사에도 상당 부분 적용할 수 있습니다. 마르크스에 따르면 "부르주아혁명들 즉 18세기 혁명들은 승리에 승리를 거듭하며 맹렬히 돌진"했습니다. 그래서 근대의 혁명이란 부르주아 승리의 역사입니다. 그런데 "프롤레타리아혁명들 즉 19세기 혁명들"은 "진행 도중에 끊임없이 걸음을 멈추며, 완수된 것처럼 보이는 것으로 되돌아와 다시 새로이 시작"합니다.[52]

부르주아혁명사는 주인공이 자신을 화려하게 내세운 역사입니다. 그러나 화려한 불꽃처럼 수명이 짧습니다. 스펙터클을 통해 사람들의 정신을 쏙 빼놓는 역사입니다. 반면 프롤레타리아혁명사는 주인공이 패배하고 뒷걸음질 치는 역사입니다. 불완전함과 허약함을 드러내는 역사이지요. 한참 나가다 멈추고, 완성이 된 줄 알았는데 어느새 처음으로 되돌아가 있는 역사입니다. 그런데 마르크스는 이것이 프롤레타리아혁명의 위대함이라고 생각했습니다. 패배함으로써 배우고 주춤주춤 물러서면서 도약을 위한 도움닫기의 거리를 확보해간다는 거죠. 스펙터클은 없습니다. 처음으로 돌아가서 다시 고쳐 걷는 것뿐입니다. 그런데 그렇게 단련된 걸음걸음이 매번 더 단단해집니다. 그러다 보면 언젠가 "어떤 반전도 있을 수 없는 상황", 다시는 돌아가지 않는 상황이 만들어집니다.[53]

다시 영국의 공장법 이야기로 돌아가볼까요. 1848년 혁명은 패배했지만 노동자들은 재반격에 나섰습니다. 생명에 대한 노동자의 절실함이 이윤에 대한 자본가의 열망에 뒤지는 건 아니니까요. 어떻게든 살아야 하고 그러려면 10시간 노동제를 지켜내야 했습니다. 사법부의 판결에 항의하는 노동자들의 공격적 집회가 일어났습니다. 마르크스에 따르면 당시 "공장감독관들은 계급 간의 적대감이 믿을 수 없을 정도로 고조되고 있다고 정부에 강력하게 경고"했습니다. 일부 공장주들도 지역마다 다른 판결에 항의했습니다. 지역별로 상반된 판결이 내려지면서 자본가들 사이의 평등 문제가 제기되었거든요.[김, 397; 강, 410~411] 결국 1850년에 공장법은 다시 개정되었습니다. "공장주와 노동자 사이의 타협"이 이루어졌지요. 법조문에 대한 효력도 재확인되었습니다. 아동노동에 대해서는 1844년 공장법의 유효성을 재확인했고, 여성과 청소년에 대해서도 아침 6시 이전이나 저녁 6시 이후에는 아예 일을 시킬 수 없게 했습니다. 공장법이 적용되는 산업부문도 일부 예외를 빼고 전체 산업부문으로 확대되었습니다. 표준노동일이 제정된 것으로 따지면 20년이 지났고 최초의 공장법 제정을 기준으로 하면 반세기가 지난 후입니다. 가다가 멈추고 옆길로 빠지고 처음으로 돌아가기를 반복했지만 결국 "모든 노동자의 노동일"에 대한 법적 규제장치가 마련된 겁니다.

말은 이렇게 했지만 현실적으로는 공장법을 지키지 않는 사례들이 아주 많았을 겁니다. 지금도 그런 판에 19세기에는 더했겠지요. 그럼에도 마르크스는 역사가 어떤 불회귀점을 지났다고 봅니다. 『자본』을 집필하던 시점에서 그 이전 30여 년을 돌아보며 마르크스는 자랑스럽게 적었습니다. 이 기나긴 전진과 후퇴, 중단, 회귀로 점철된 길이 사실은 승리의 길이었다고 말입니다. 노동자계급의 지난 투쟁을 자랑스러워하는 마음이 가득한 글인지라 좀 길지만 인용해보겠습니다. "그럼에도 근대적 생산양식의 가장 독특한 피조물인 대공업 부문에서 원칙은 이미 승리를 거두었다. 1853~1860년까지 대공업의 놀라운 발전은 공장노동자들의 신체적·정신적 재탄생과 나란히 진행되었는데 이는 아무리 눈이 어두운 사람에게도 선명한 것이었다. 반세기 동안의 내전을 통해 노동일에 대한 법적 제한과 규제를 한 발짝 한 발짝씩 마지못해 받아들여야 했던 공장주들 자신이 아직도 '자유로운' 착취가 남아 있는 부문들[의 자본가들]과 비교하면서 자신들을 과시하기까지 이르렀다. '정치경제학'의 바리새인들은 이제 노동일에 대한 법적 규제의 불가피성을 통찰하는 것이 그들 '과학'의 특징적 성과라고 선언했다. 사람들은 이제 쉽게 알 수 있을 것이다. 대공장주들이 운명에 순응하고 타협한 이후 자본의 저항력은 점차 쇠약해지는 반면 그와 동시에 노동자계급의 공격력은, 직접적 이해관계가 없는 사회계층 중에서 노동자계급에 연대하는 사람들이 늘어가는 것과 함께, 커지고 있다는 걸 말이다. 이렇게 해서 1860년 이래로 급속한 진보가 이루어졌다."[김, 402; 강, 415]

노동자계급에 대한 희망과 응원을 섞은 문장들이기는 하지만 표준노동일에 관한 한 부인할 수 없는 사실이지요. 자본가들이 '한 발짝 한 발짝' 물러난 길은 노동자들이 '한 발짝 한 발짝' 전진해간 길입니다. 이 과정에서 자본가만 물러난 것은 아닙니다. 정치경제학자들 또한 노동일을 마구 늘리는 것은 좋지 않다는 주장을 펴기 시작했죠. 노동자들이 전진한 만큼 세상이 변한 겁니다. 물론 이제는 그렇게 노동일을 연장하지 않아도 되니까, 어떤 점에서는 자본가들이 기술혁신을 통한 생산성 향상이 중요하다는 걸 알게 됐으니까 노동일을 단축해준 것이라고 말하는 사람들도 있을 겁니다. 하지만 나는, 그리고 내가 읽은 마르크스는 그렇게 보지 않습니다. 노동일을 쉽게 늘릴 수 있는데도 자본가가 줄여주는 일은 좀처럼 일어나지 않습니다. 기계를 도입했다가도 값싼 인력을 오래 부릴 수 있는 여건이 마련되면 자본은 언제든 반대 방향을 택하기도 합니다(이에 대해서는 '기계와 대공업'을 다루는 장에서 이야기하겠습니다). 자본가가 창조적 혁신으로 노동일을 줄여준 게 아니라 노동자의 투쟁이 자본가로 하여금 노동일을 늘리지 않고도 잉여가치를 늘릴 길을 찾는 방향으로 몰아갔다고 말하는 편이 마르크스의 생각에 가까울 겁니다.

표준노동일 제정과 관련해 지난 역사적 사실들은 무엇을 말해주는가. 마르크스는 다음 두 가지 결론을 얻을 수 있다고 말합니다. 첫째, 노동일의 무제한적이고 무자비한 연장은 자본주의의 혁명적 발전이 시작된 곳, 기계제 대공업이 시작된 곳에서 먼저 일어났습니다. 그다음 그에 대한 반작용으로 노동일에 대한 사회적 통제가 나타나 법적 규제가 이루어졌습니다. 처음에는 일부분에서 그리고 점차 전체로 규제가 확대되었죠.[김, 405~406; 강, 418] 이것은 노동일 확장이 자본에 내재한 기본 충동이고 이는 사회적 통제를 통해서만 제어된다는 것을 말해줍니다. 둘째, 역사는 표준노동일 제정이 '자본가계급'과 '노동자계급'의 은폐된 '내전'의 산물임을 보여줍니다. 우리 눈에 나타난 것은 법조문을 만들고 바꾸는 일이지만 그 밑에는 힘 대 힘, 즉 계급투쟁이 있었다는 겁니다.[김, 406~407; 강, 419] 노동자들의 집합적 힘이 약할 때는 노동일이 한없이 늘어나고 힘이 강할 때는 크게 줄어듭니다.

노동일 단축과 자유시간

마르크스는 도래하는 시대의 징후를 포착하면서 노동일에 관한 장의 마지막 절을 썼습니다. 그는 표준노동일 제정을 위한 영국 노동자들의 투쟁이 유럽 대륙 특히 프랑스로 퍼져나가고 있다고 말합니다. 프랑스는 영국보다 늦게 출발했지만 영국보다 큰 보폭으로 걸어갔습니다. 영국에서 부문별로 조금씩 확대해간 규정들을 프랑스는 원칙적으로 그리고 일괄적으로 적용한 거죠.[김, 408; 강, 420] 미국은 한 발 더 나아갔습니다. 마르크스는 미국의 노동운동이 "축지법을 쓰는(Siebenmeilen-stiefeln) 기관차"를 탄 것 같다고 말합니다. 노동일 단축을 요구하는 유럽 노동자들의 목소리를 대서양에서 태평양 연안까지 곧바로 전달했으니까요. 게다가 그들은 더 강한 기치를 내걸었습니다. '8시간 노동제'를 요구했으니까요.[김, 409; 강, 421]

이렇게 해서 '8시간 노동제'까지 온 겁니다. 오늘날 우리 사회의 법정근로시간이죠. 물론 『자본』 출간 당시에는 이것이 유럽과 북미 노동자들의 목표였습니다. 미래의 이야기였지요. 그러나 미래는 현재의 요구 속에서 고개를 내미는 법이죠. 1866년, 『자본』이 출간되기 1년 전 '국제노동자협회'(제1인터내셔널)는 제네바 대회에서 '8시간 노동제'를 결의했습니다. 마르크스는 이 결의안이 런던의 총무위원회 제안을 따른 것이라고 밝혔는데요.[김, 409; 강, 421] 실상은 마르크스 자신이 제안한 겁니다. 노동일 단축을 위해 더 싸워야 한다면서요.

노동일을 어디까지 줄여야 하는 걸까요. 사실 이 질문은 우스꽝스럽습니다. 이는 당신이 타인에게 예속되는 시간을 얼마만큼 줄여야 하느냐고 묻는 것과 같으니까요. 답변은 '최대한'입니다. 자본가에게 얼마만큼의 잉여노동을 원하느냐고 물었을 때와 같지요. 다만 방향이 반대입니다. 노동일은 필요노동과 잉여노동으로 구성된다고 했는데요. 자본가는 잉여노동을 최대한 늘리려 하고 노동자는 그것을 최대한 줄이려 하겠죠. 예속의 시간, 노예의 시간을 줄이는 만큼 자유의 시간, 주인의 시간이 늘어나니까요.

　깨어 있는 시간 중 얼마만큼이 나의 시간인가. 마르크스는 한 공장감독관의 말을 인용하며 말했습니다. 노동일을 제한하지 않고는 사회개혁을 향해 한 발짝도 나아갈 수 없다고요.[김, 410; 강, 422] 노동일 단축은 사회개혁의 첫 걸음, 아니 사회개혁보다도 우선해서 필요한 것입니다. 첫걸음을 떼려면 먼저 일어설 수 있어야 하니까요. 타인에게 예속되지 않은 자유시간이 없다면 개혁도 혁명도 해방도 불가능합니다. 자유시간은 일종의 예비조건입니다. 사람들이 자신의 시간을 갖지 못한 곳에서, 다시 말해 자신의 삶을 구상하고 시도할 자유를 갖지 못한 곳에서 어떻게 사회개혁이나 해방이 가능하겠습니까. 노동일 단축 투쟁이 단순한 권리 투쟁이 아닌 이유가 여기 있습니다. 이러저러한 권리를 요구하기 전에 그 권리를 떠올릴 수 있고 논의할 수 있고 시도할 수 있는 시간을 확보해야 합니다. 자유를 위해 싸울 수 있기 위해서는 먼저 자유인이어야 하고 그러려면 자유인으로 보내는 시간이 있어야 합니다.

────────── 이것이 자본주의이며, 이것이 자본주의 정신이다 ──────────

마르크스는 영국 공장법의 역사만큼 '자본의 정신'을 잘 특징짓는 것은 없다고 했지요. 자본의 운동을 규명하는 이론적 저작에서 역사를 소개하는 이유는 역사를 이해하기 위해서가 아니라 자본을 이해하기 위해서죠. 공장법의 역사는 우리가 자본이 어떤 것인지를 알게 해주는 데 유용합니다. 실제로 마르크스는 '자본의 정신'을 잘 보여주는 장면들을 중심으로 공장법의 역사를 정리했습니다. 그런데 그는 '자본의 정신'이라는 표현을 썼습니다. 여기서 말하는 '정신'은 의식이나 인식보다는 의지나 욕망, 충동에 가까운 말입니다. 니체는 철학을 철학자의 '자기고백'이자 "자기도 모른 채 쓰는 일종의 회고록"이라고 했는데요[54] 우리는 공장법의 역사를 자기도 모른 채 이루어진 자본의 자기고백으로 읽을 수 있을 겁니다. 자본의 충동, 자본의 정신이 아주 잘 드러나 있지요.

　특히 공장법의 역사에서 자본의 의지가 고집스럽게, 억지를 부리며 등장하는 때를 눈여겨볼 필요가 있습니다. 법과 논리의 가면을 썼는데도 뭔가가 삐져나옵니다. 자기고백이 이루어지는 순간이죠. 자본을 읽는다는 것, 그 정체를 폭로한다는 것은 이 순간을 붙잡는 겁니다. 이를테면 이런 순간들입니다. 마르크스는 1833년 이래 공장법의 역사를 개괄하는 첫 단락에서 말했습니다. "옛날 법령에서는 아주 단순했던 낮과 밤의 개념조차 너무 불분명해져 영국의 한 재판관은 1860년에 낮과 밤이 무엇인지를 '판결 효력'을 갖도록 설명하기 위해 유대 율법의 해설자와 같은 기지를 발휘해야만 했다."[김, 376; 강, 391] 1860년에 열린 어느 재판 이야기를 한 것인데요. 사실 1833년에도, 1844년에도 낮과 밤의 의미는 공장법의 중요한 논란거리였습니다. 노동일을 언제부터 언제까지로 정할지, 특히 야간노동을 금지한다고 할 때 그것이 몇 시 이후의 노동을 금지하는 것인지가 거기 달려 있었으니까요.

엥겔스에 따르면 1844년 공장법에서 '밤'은 저녁 6시부터 아침 6시까지를 의미하는 것으로 결정되었습니다. 의회에서 불과 9표 차로 그렇게 결정되었지요.[55] 1844년 공장법은 여성과 청소년의 야간노동을 금지했는데요. 밤의 길이가 12시간으로 확정되었기에 야간노동 금지는 자연스레 여성과 청소년의 12시간 이상 노동을 금지하는 효과를 냈습니다. 그런데 결정이 되고 난 뒤로도 과정이 순탄치만은 않았습니다. 이 결정에 반발해 내각은 사임 의사를 밝혔고 공장주들은 영국 제품의 경쟁력 상실을 내세우며 반발했습니다. 저녁은 해가 지는 6시에 시작되고 아침은 해가 뜨는 6시에 시작된다는 것, 이 단순한 사실을 납득시키기가 그리도 어려웠던 겁니다. 바로 이런 게 자본주의입니다. 여기가 자본의 정신이 드러나는 곳이죠.

낮과 밤의 길이 논쟁보다 더 괴이하고 비정한 논쟁도 있는데요. 아동기의 길이를 둘러싼 논쟁입니다. 자본의 천문학이 해가 일찍 뜨고 늦게 진다고 주장했다면, 자본의 인류학은 아이들이 더 일찍 어른이 된다고 주장했습니다. 1833년 공장법은 아이들(9~13세)의 하루 노동이 8시간을 넘지 못하게 했는데요. 법의 시행을 앞두고 자본가들은 13세의 아이는 더는 아이가 아니라고 주장했습니다. 사실 마르크스도 이 법에 분개했습니다. 물론 이유는 자본가들과 반대였지요. 이 법은 8시간 이상 노동 금지를 9세와 10세의 아이들에 대해서만 곧바로 시행하고, 11세부터 13세까지는 1년씩 시차를 두어 시행한다고 했거든요. 11세에서 13세라고 해봐야 어린아이들인데요. 당시 13세 아이들은 주당 72시간 노동을 하고 있었습니다. 그런데 소위 '개혁 의회'가 아이들에게 이런 살인적 노동일을 3년 더 허용한다는 게 마르크스로서는 믿기지 않았던 겁니다.[김, 379; 강, 394]

그런데도 자본가들은 "뉘우치기는커녕" 13세 아이들을 '아동'의 범주에서 빼자고 주장했습니다. 그 정도가 아니었죠. "아동기는 10세, 더 길게 잡아도 11세면 끝난다"라고 했어요.[김, 379; 강, 394] 자본가들은 정부에 압력을 가했고 결국 아동의 공식 연령을 12세로 내리는 데 성공했습니다. 1835년부터 13세 아이들이 자본가들의 해석에 따라 갑자기 성숙해버린 거죠. 그나마 다행인 것은 이런 해석이 13세 아이의 하루 노동시간은 8시간을 넘을 수 없다는 법조문까지 바꾸지는 못했다는 겁니다. 앞서 말한 것처럼 법을 그대로 시행하라는 사회적 압력이 가해진 덕분에요. 하지만 자본가들이 쉽사리 물러났던 것은 아닙니다. 그들은 아동기에 대한 학설을 포기하지 않았습니다. 1844년 공장법의 시행 과정에서 그들은 공격의 방향을 '13세'에서 '9세' 쪽으로 돌립니다. 아동노동을 채굴하다가 한쪽이 막히자 다른 쪽을 판 겁니다. 당시 「공장감독관 보고서」에 따르면 자본가들은 노동일 단축으로 인한 아동노동의 감소를 노동 가능한 아동의 수를 늘리는 식으로 대응했습니다.[김, 384, 각주 107; 강, 398, 각주 141] 그래서 노동 가능한 아동의 최저 나이를 8세로 끌어내렸지요. 13세 아이의 성숙을 주장하던 자본의 인류학이 이번에는 8세 아이의 성숙을 관철한 겁니다. 덕분에 8세 아이는 합법적 노동자 신분을 얻게 되었습니다. 다시 한번 말해야겠습니다. 이것이 자본주의입니다. 이것이 자본의 정신입니다.

1847년 공장법에서 '10시간 노동제'가 채택되었을 때도 마찬가지입니다. 이 법은 1848년 5월 시행 예정이었는데요. 시행을 앞두고 일부 공장주들은 믿기지 않는 주장을 폅니다. 이번에는 식사시간이 문제였습니다. 밤은 언제 시작되는가, 아이는 언제 어른이 되는가 하는 문제만큼이나 점심을 언제 먹어야 하는가가 논란이 되었습니다. 점심시간은 언제인가. 공장주들은 노동자들에게 1시간 반의 식사 및 휴식 시간을 제공해야 했는데 '10시간의 작업시간 중'에 그것을 제공해야 한다는 규정은 없다고 주장했습니다. 아침 9시부터 저녁 7시까지 10시간을 일한다면 식사는 아침 9시 이전이나 저녁 7시 이후에 해도 된다는 거였죠. 공장주들은 "노동자들이 아침 9시 이전에 점심을 먹어서는 안 되는 이유가 도대체 무엇이냐고 반문"했습니다. 결국 판사가 재판을 통해 그러면 안 된다는 것을 알려주어야 했죠. 식사 및 휴식 시간은 노동일 중간에 주어져야 한다고요.[김, 389; 강, 403] 바로 여기입니다. 점심은 점심시간에 먹는다는 것, 점심시간은 정오 근처라는 걸 굳이 알려주어야 하는 것 말입니다. 규정에 허점이 있으면 이런 것도 문제 삼으니까요. 이것이 자본주의입니다. 이것이 자본의 정신입니다.

니체는 "눈에는 영혼이 담겨" 있다고 했어요.[56] 눈이 어디로 가는지, 눈을 어떻게 뜨는지 보면 그 사람의 마음을 알 수 있다는 겁니다. 눈동자와 눈 근육을 움직이는 방식은 그 사람이 무엇을 위해 눈을 가장 많이 사용하는지를 보여줍니다. 눈이란 자기도 모르게 습관적으로 돌아가지요. 이것은 자본의 눈, 자본가의 눈에도 해당하는 말입니다. 마르크스는 '자본의 교활한 눈'(Luchsauge des Kapitals)이라는 표현을 썼는데요.[김, 390; 강, 404] 살쾡이(Luch)처럼 본다는 뜻입니다. 상대방의 빈틈과 곤란을 기막히게 잘 찾아내죠(참고로 니체 역시 '살쾡이 눈'을 상업사회의 도덕이 요구하는 시선이라고 말한 바 있습니다).[57]

1844년 공장법에서는 노동자들이 오전에 일을 시작하면 5시간이 되기 전에 반드시 30분 휴식을 제공하도록 했는데요. 자본가들은 이 공장법이 오후 노동에 대해서는 아무런 언급을 하지 않았다는 것을 발견했습니다. 당시 법은 8~13세 아이들이 오전에 일했으면 오후에 일을 시킬 수 없고 전체 노동시간으로 따져도 하루 6시간 반 이상을 일할 수 없게 했는데요. 아이들이 6시간 반은 일할 수 있다는 것, 오후의 연속노동에 대한 규정은 없다는 것, 바로 그 점이 자본가의 눈에 띈 겁니다. 그래서 이들은 아이들에게 오후에만 6시간 반 동안 연속으로 일하게 했습니다. 상식적으로 5시간 연속노동을 금지한 이유를 모르지 않을 텐데 거기 '오후'라는 말은 없다고 우긴 겁니다. 법조문 그대로 하라는 거죠. "예, 가슴입니다. 증서에 분명히 그렇게 쓰여 있습니다." 『베니스의 상인』에서 샤일록이 한 말이죠. 상식을 넘어 규정상의 허점을 찾아내는 눈, 이것이 자본주의입니다. 이것이 자본의 정신입니다.

눈이 가는 곳에 마음이 있고 마음이 가는 곳에서 머리도 잘 돌아가는 법이죠. 아동을 6시간 반 이상 쓸 수 없고 청소년과 여성을 10시간 이상 사용할 수 없게 되자 자본가들은 머리를 굴립니다. 공장감독관의 감시를 피하기 위해 자본가들은 일종의 '카드 섞기'를 시도합니다. 노동자들을 카드처럼 섞어 시간과 장소를 옮겨 가며 일하게 하는 겁니다. 한 인물이 여러 배역을 맡는 연극처럼 말이에요. "그런데 연극이 상연되는 전체 시간 동안에는 [어떤 배역을 맡든] 배우가 무대에 붙잡혀 있는 것과 마찬가지로, 노동자들은 공장을 오가는 시간을 뺀 나머지 15시간 동안 공장에 붙잡혀 있게 된다."[김, 395; 강, 409] 얼마나 기막히게 노동자들을 섞어 쓰는지 공장감독관이 위반 사례를 찾아내기가 너무 어렵습니다. 바로 그 천재성, 이것이 자본주의입니다. 이것이 자본의 정신입니다.

이제 그만 이야기해도 되겠지요? 더는 사례를 열거할 필요가 없을 겁니다. 이 정도면 자본의 정신, 자본의 의지를 충분히 읽을 수 있습니다. 마르크스는 1847년 '10시간 노동제'를 둘러싼 논쟁을 보며 엥겔스가 썼던 표현이 마음에 와닿았나 봅니다.[58] 엥겔스의 문구를 빌려 이렇게 썼습니다. 이 "흡혈귀는 '아직 한 조각의 근육, 한 가닥의 힘줄, 한 방울의 피라도 남아 있는 한' 결코 그[노동자]를 놓아주지 않을 것"이다.[김, 411; 강, 422] 이것이 자본주의이고, 이것이 자본의 정신입니다.

노동자 곁에 있는 노동자

엥겔스는 빈곤과 과로로 죽어가는 노동자들을 보며 영국 사회가 '사회적 살인'을 저지르고 있다고 했습니다. 비록 "아무도 살인자를 볼 수 없는 데다 작위보다 부작위에 가까운 범행이지만" 영국 사회는 "행위의 결과를 알고 있으면서도" 자본가들이 "노동자들의 생명력을 조금씩 갉아먹고 무덤에 묻힐 시간을 앞당기도록" 그대로 둔다는 점에서 살인을 저지르고 있다고요.[59] 그러나 19세기 공장법의 역사는 살인의 역사, 학살의 역사이기만 한 게 아닙니다. 운동의 역사, 투쟁의 역사이기도 합니다. 노동자들은 그대로 당하고만 있지 않았습니다.

마르크스는 "본능적으로(instinktiv) 생산관계 자체로부터 깨어난(erwachsne) 노동운동"이라는 표현을 썼는데요.[김, 410; 강, 421~422] 자본의 정신, 자본의 충동만 있는 게 아니라 저항의 본능, 투쟁의 본능이라는 것도 있습니다. 이 역시 '자본의 정신'만큼이나 인식 이전에 생겨나는 겁니다. 앞서 언급한 대로 노동일 연장에 대한 자본의 충동이 과학적 인식을 통해 생겨난 것이 아니듯, 노동자들의 투쟁 역시 과학적 인식을 통해 시작된 게 아닙니다. 이는 모두 과학 이전의 영역입니다. 과학적 해명 이전에 본능적 눈뜸 즉 각성이 있는 것이지요.

노동일에 관한 장의 마지막 단락에서 마르크스는 의미심장한 말을 합니다. "우리는 우리의 노동자가 생산과정에 들어갈 때와 다른 모습으로 나온다는 것을 인정해야만 한다."[김, 410; 강, 422] 공장에서 나올 때의 노동자 모습이 공장에 들어갈 때와는 달라졌다는 겁니다. 이 말은 무슨 뜻일까요. 생산과정에 들어가기 전 노동자는 자본가와 대등한 존재였습니다. 노동자와 자본가는 시장에서 상품소유자로서 대등합니다. 여기는 자유와 평등, 소유, 벤담의 영역입니다. 고용계약서상 둘은 자유롭고 평등한 거래를 합니다. 그런데 공장을 다녀온 노동자는 이 거래가 결코 자유로운 거래가 아니었음을 깨닫습니다. 자유는 계약서상의 문구에 불과했고 실제로 자신에게는 처음부터 자유가 없었다는 걸 알게 되지요.[김, 410~411; 강, 422]

자본가와 노동자는 대등하고 자유로운 존재라고 했는데, 사실 그건 자본가의 술책이었던 겁니다. 둘은 대등하기 때문에 노동력 판매와 관련해 국가가 노동자들에게 별도의 보호책을 제공할 필요는 없다는 식이었지요.[김, 411, 각주 164; 강, 422, 각주 198] 우리의 노동자들은 공장을 다녀오고 나서야 알게 됩니다. 노동력을 가졌다는 것, 일할 몸뚱이를 가졌다는 것은 사실상 아무것도 갖지 않았다는 뜻임을. 그는 무언가를 가졌기에 그걸 팔기 위해 나온 게 아니라 아무것도 갖지 못했기에 몸뚱이를 내놓은 겁니다. 그들은 재산의 소유자가 아니라 무산자인 거죠. 그게 아니라면 흡혈귀가 사는 그 끔찍한 공포의 집, 곧 공장으로 다시 들어갈 이유가 없을 겁니다. 자유롭다면 거기를 또 가지는 않겠지요. 한번 붙잡으면 '한 방울의 피라도 남아 있는 한' 결코 자신들을 놓아주지 않는 흡혈귀에게 말입니다. 그런데 노동자들은 이 노동지옥으로 내일도 모레도 올 수밖에 없다는 걸 압니다. 지옥이라는 걸 알면서도 들여보내달라고 간청하며 필사적으로 노력합니다. 심지어 어린 자식들까지 거기로 밀어 넣지요.

그러나 공장을 다녀온 노동자의 표정이 반드시 어두울 거라고만 생각할 필요는 없습니다. 특히 마르크스가 공장법의 역사를 기술하고 나서 저 문장을 썼다는 점을 고려할 필요가 있습니다. 들어갈 때와 다른 모습으로 나온다. 나는 이것을 더 긍정적으로, 더 적극적으로 읽고 싶습니다. 사실 노동자의 표정이 어두웠던 것은 공장에 들어갈 때였습니다. 『자본』 제4장의 마지막 문장을 기억할 겁니다. 가죽을 판 뒤 무두질만을 기다리는 사람처럼 주춤주춤 걸어 들어가던 노동자. 그가 그늘진 얼굴로 주춤주춤 걸어 들어갔던 것은 앞으로 일어날 폭력에 대한 예감 때문이기도 하지만 아무것도 할 수 없는 자신의 무력한 상황 때문이기도 합니다. 발가벗겨진 채로 타자에게 완전히 내맡겨진 존재라는 상황 말입니다.

그런데 공장법의 역사는 그 노동자가 그렇게 무력하지 않다는 것을 보여줍니다. 노동자들은 저항했고 자본가의 힘을 일정하게 제어했습니다. 어떻게 그럴 수 있었을까요. 자본가가 모든 권력을 쥐고 전제정치를 펴는 공장에서 노동자들은 어떻게, 거기의 어디서 힘을 얻은 걸까요. 마르크스는 말합니다. "노동자들은 자기들을 괴롭히는 뱀으로부터 '방어'하기 위해 머리를 모으고 계급을 이루어, (…) 자신과 자신의 종족을 죽음과 노예 상태로 팔아넘기는 것을 막아줄 국가 법률을 제정하도록 강제해야만 했다."[김, 411; 강, 422] 바로 여기, "머리를 모으고 계급을 이루어"라는 말 속에 힘의 원천이 있습니다. 노동자의 연대가 힘의 원천이었던 겁니다.

엥겔스는 "외톨이가 된 프롤레타리아는 단 하루도 살 수 없다"라고 했는데요.[60] 개별 노동자는 자본가 앞에서 아무런 힘도 발휘할 수 없습니다. 저항할 수가 없지요(이어지는 7장에서 보겠지만 이는 자본가가 임금이나 노동조건을 개별적으로 협상하고자 하는 중요한 이유입니다). 사실 피지배자들의 힘이 연대에서 나온다는 것은 지배자들 또한 오래전부터 아는 사실입니다. 그래서 영국의 지배자들은 14세기부터 노동자들이 연대해 임금과 노동조건을 개선하고자 하는 행위를 금지했습니다. 노동자들의 결사, 서약 등을 모두 무효화했지요. 1799년과 1800년에는 아예 노동자들의 조직 결성을 엄금하는 '단결금지법'(Combination of Workmen Act)을 제정하기도 했습니다. 마르크스에 따르면 "노동자들의 단결은 14세기부터 단결금지법이 폐지된 1825년까지 중범죄로 취급되었"습니다.[김, 1012; 강, 993] 하지만 노동자들은 단결했습니다. 그 힘으로 1833년 처음으로 표준노동일을 제정했습니다. 표준노동일이 법적으로 제정된 것은 의미가 큽니다. 노동자가 노동력을 판매한 시간, 즉 자본가 아래서 노동을 해야만 하는 시간이 '언제 끝나는지'를 법적으로 확정한 것이니까요. 바꾸어 말하면 노동자의 자유시간, 노동자가 주인인 시간이 언제 시작되는지를 명백히 한 겁니다.

마르크스는 "이로써 '양도할 수 없는 인권들'의 화려한 목록을 대신하는 (…) 소박한 마그나 카르타(bescheidne Magna Charta)"가 나타났다고 했습니다. '인권선언'은 혁명으로 왕의 목을 치고 인민이 주권자임을 선포한 것입니다. 반면 '마그나 카르타'는 왕과 협정을 맺어 귀족과 인민들이 권리를 지킨 것입니다. 형식적으로 보면 표준노동일 제정은 인권선언에 비할 바가 못 됩니다. 혁명으로 뒤엎은 것도 아니고 전쟁에서 승리한 것도 아닙니다. 그저 자본가와의 내전을 통해 한 발짝씩 전진하며 얻어낸 협정일 뿐이죠. 형식만이 아니라 내용도 그렇습니다. 처음 표준노동일은 공장주에게 무려 15시간 노동일을 허용했습니다. 얻어낸 권리라는 게 소박하다 못해 보잘것없어 보일 지경입니다. 하지만 마르크스는 그렇게 보지 않았습니다. "이 얼마나 큰 변화인가!"(Quantum mutatus ab illo!) 그는 이 작은 변화, 소박한 변화가 얼마나 중요한지를 알고 있었습니다. 1844년 공장법의 내용을 다룰 때도 그랬습니다. 그는 법조문에 노동일의 시작을 "공인된 시계, 이를테면 가까운 철도 역사의 시계를 기준으로 해야" 한다는 것, 공장주는 "노동일의 시작, 종료, 중단을 표시하는 큼직한 공고문을 인쇄해 공장에 게시해야" 한다는 것 등 세부 규정이 들어간 것을 평가하며 이렇게 말했습니다. "이런 세밀한 규정은 결코 의회의 머리에서 나온 산물이 아니었다." 그 세부 규정들이 "하나의 기준으로 공인된 뒤 국가에 의해 공포된 것"은 오랜 계급투쟁의 성과라고 했습니다.[김, 382~383; 강, 397~398]

여러 번 느끼지만 마르크스는 참 좋은 눈을 가진 사상가입니다. 위대하다고 떠들어대는 것들은 생각보다 위대하지 않으며 사소한 것들은 생각보다 사소하지 않다는 것, 전복적 사상가란 이런 걸 볼 수 있는 눈을 가진 사람입니다. 대개 사람들은 화려하고 소란스러운 것에 눈과 귀를 빼앗깁니다. 마르크스는 유통영역이 그런 곳이라고 했지요. 그곳은 "천부인권의 낙원"이고 "소란스럽게 표면에 머물며 모든 눈이 닿는 영역"이라고요(298~299쪽 참조). "양도할 수 없는 인권들의 화려한 목록"이 선포되는 곳. 그런데 이 화려한 문구들에 눈을 빼앗기면 안 됩니다. 우리는 마르크스를 따라 에덴동산을 떠나 공포의 집으로 왔습니다. 이곳은 자유, 평등, 소유의 화려한 권리들이 모두 무색해지는 곳입니다. 이곳 노동자들은 천부인권을 걸고 싸우지 않습니다. 이들은 다만 일이 언제 시작되고 끝나는지를 분명히 하라면서 싸웁니다. 그리고 그 시간을 1분 1초라도 줄이기 위해 싸웁니다.

나는 『자본』 제8장 마지막 단락의 첫 문장을 다시 읽어봅니다. 노동자는 생산과정에 들어갈 때와 다른 모습으로 나온다. 좀 전에 나는 이 문장을 긍정적으로, 적극적으로 읽고 싶다고 했는데요. 근거 없이 그냥 해본 말이 아닙니다. 마르크스는 노동자들의 목소리가 유럽을 넘어 미국까지 퍼졌고 마침내 '8시간 노동제'에 대한 요구까지 나왔다는 말을 한 뒤 이 문장을 썼습니다. 그리고 "자기들을 괴롭히는 뱀으로부터 '방어'하기 위해 노동자들은 머리를 모으고 계급을 이루"었다고 썼습니다. 주춤주춤 공장에 들어갈 때 우리의 노동자는 혼자인 줄 알았습니다. 공장에 자본가만 있는 줄 알았겠지요. 그러나 그는 그곳에서 자신과 똑같은 처지의 사람들을 봤습니다. 그의 구원자는 그의 모습을 하고 그의 곁에 있었던 겁니다. 자본가의 권리에 맞서는 권리, 자본가의 힘에 맞서는 힘이 '동료'의 모습을 하고 그의 곁에 있었던 겁니다. 그는 이제 공장에 들어갈 때와는 조금 다른 표정, 조금 다른 걸음걸이로 공장에서 나올 수 있지 않을까요.

자본이 부딪힌 한계

이제까지 우리는 잉여노동에 대한 자본가의 갈망이 어떻게 노동일의 무분별한 연장으로 이어졌는지 보았습니다. 그것은 외적 규제와 압력을 통해, 더 구체적으로 말하면 노동자들이 연대해 법률과 제도의 장벽을 쌓고 나서야 어느 정도 저지될 수 있었습니다.

다시 나타난 스핑크스와 세 개의 법칙

『자본』 제3편의 마지막 장인 제9장(영어판은 제11장)은 제4편으로 나아가는 관문입니다. 그런데 여기에도 스핑크스가 서 있습니다. 다음으로 나아가려면 문제를 풀어야 합니다. 제4장 제2절(영어판은 제5장)과 같습니다. 그때 마르크스는 자본의 일반 정식이 지닌 '모순'을 우리에게 풀어보라며 던졌지요. 참 기묘한 문제였습니다. 자본이 존재하는데 그것은 유통에서 발생할 수도 없고 유통에서 발생하지 않을 수도 없었잖아요. 상품교환의 기본법칙인 등가교환을 지키면서도 부등한 결과를 내놓으라고 했습니다. 제9장에서도 마르크스는 우리를 '모순'으로 내몹니다. 여기서도 현상과 법칙이 충돌합니다. 우리 눈에는 태양이 도는데 실제로는 우리가 돌고 있다는 식이지요. 마르크스는 현상을, 보이는 대로 믿어버리면 진리는 언제나 역설에 봉착할 것이라고 했습니다. 마르크스에게 모순을 해소한다는 건 현상을 부정하는 일이 아닙니다. 왜 그런 현상이 나타나는지, 다시 말해 그것은 왜 우리에게 그렇게 보이는지 해명하는 것이죠.

　제9장에서 우리는 자본의 새로운 불가능성과 마주합니다. 자본가가 어떤 한계에 부딪히게 된다는 겁니다. 그런데 이 불가능성은 개념적이거나 논리적인 것이 아닙니다. 자본 개념 안에 우리가 미처 몰랐던 모순이 있다는 뜻이 아니라는 말입니다. 이 불가능성은 현실적 장벽과 관련이 있습니다. 잉여가치량이 더는 늘어날 수 없는 사회적 조건들이 나타나는 것이지요. 하지만 자본가는 이 문제를 실천적 방식으로 해결했습니다. 그런데 그 겉모습이 우리가 아는 법칙과 충돌합니다. 우리에게 이론적 과제가 던져진 것이지요. 우리는 자본가가 실천적으로 돌파한 것을 이론적으로 해명해야 합니다. 그 해명은 다음 장에서 이루어질 겁니다. 지금은 제3편의 끝에서 마주한 장벽의 정체를 살피는 일이 먼저입니다. 어떻게 해서 자본가가 잉여가치를 더 늘리기 어려운 조건에 봉착하는지 말입니다. 그러려면 잉여가치량에 관여하는 요인들을 검토해봐야 합니다. 이 요인들이 무엇이고 서로 어떤 관계를 맺고 있는지를요.

　마르크스는 열역학 법칙을 제시함으로써 영구기관이 불가능한 이유를 설명하는 물리학자처럼 잉여가치량의 한계를 규정하는 세 개의 법칙을 제시했습니다. 너무도 간단하고 명확해 달리 어떻게 생각해볼 여지도 없는 법칙들이지요. 세 법칙을 제시하기 전에 마르크스는 일단 노동력의 가치를 '주어진 값'으로 전제하겠다고 말합니다. 제9장의 첫 문장인데요. "지금까지와 마찬가지로 이 장에서도 노동력의 가치, 즉 노동일 중 노동력의 재생산 또는 그 유지에 필요한 부분은 불변적 크기로 전제한다."[김, 413; 강, 424] 새로운 이야기는 아닙니다. 그동안 우리는 특정 시대, 특정 사회에서 노동력의 가치는 주어져 있다고 전제해왔으니까요. 그럼 이제 법칙들을 하나씩 살펴보겠습니다.

제1법칙은 이렇습니다. "생산된 잉여가치량은 투하된 가변자본량에 잉여가치율을 곱한 것과 같다."[김, 414; 강, 425] 공식으로 나타내면 다음과 같지요.

$$M = \frac{m}{v} \times V$$
$$= k \times \frac{a'}{a} \times n$$

이 공식에서 M은 전체 잉여가치량이고요. m은 노동자 한 사람이 하루 동안 제공하는 평균 잉여가치, v는 노동자 한 사람의 노동력을 매입하는 데 자본가가 매일 투여한 가변자본, V는 가변자본의 총액, k는 평균적인 한 사람 노동력의 가치, a'/a는 잉여노동과 필요노동의 비율 즉 착취도, n은 고용된 노동자 수입니다. 여러 변수로 이루어진 수식을 적어놓으니 골치 아파 보입니다만 실제 내용은 전혀 어렵지 않습니다. 전체 잉여가치량은 노동자 한 사람이 평균적으로 내놓는 잉여가치(m)에 노동자수(n)를 곱하면 나올 테니 간단하지요? 그런데 이때 노동자한 사람이 내놓는 잉여가치(m)는 자본가가 한 사람의 노동력에 지불한 가치(v)와 잉여가치율(m/v)을 곱한 값으로 구할 수 있습니다. 잉여가치율이 50퍼센트라면 노동자가 200만 원 받을 때 자본가는 100만 원 챙겨 간다는 걸 의미합니다. 잉여가치량 100만 원은 노동력의 가치 200만 원에 잉여가치율 50퍼센트를 곱한 값이지요. 그런데 이 100만 원은 한 사람이 내놓은 잉여가치고요. 전체 잉여가치량을 구하려면 이 값에 노동자 수를 곱해야겠지요.

지금까지 말한 것을 정리한 것이 제1법칙의 공식입니다. 전체 잉여가치량(M)은 잉여가치율(m/v)에다 한 사람의 노동력에 지불한 가치(v)를 곱하고 여기에 다시 노동자 수를 곱한다. $M = (m/v) \times v \times n$. 그런데 자본가가 한 사람의 노동력에 지불한 가치(v)에 노동자 수(n)를 곱한 값은 자본가가 전체 노동력에 지불한 가치 즉 가변자본 총액(V)과 같습니다. 방금 쓴 공식에서 '$v \times n$'을 'V'로 바꾸어 써도 된다는 겁니다. 그럼 $M = (m/v) \times V$가 되겠지요. 첫 번째 공식이 이렇게 증명되었습니다. 그런데 우리는 잉여가치율(m/v)을 잉여노동과 필요노동의 비율(a'/a)로 적을 수도 있다는 걸 알고 있습니다. 그리고 가변자본 총액(V)은 한 사람 노동력의 평균가치(k)에 노동자 수(n)를 곱한 값이라고도 할 수 있습니다. 그러면 $M = (a'/a) \times k \times n$이라고도 쓸 수 있지요(참고로 자본가가 노동력의 가치를 제대로 지불한다고 전제했을 때 v와 k의 값은 같습니다). 이로써 두 번째 공식도 증명되었지요.

제1법칙이 의미하는 바는 간단합니다. 잉여가치량을 늘리고 싶으면 잉여가치율(m/v) 내지 착취도(a'/a)를 올리든지 고용(n)을 늘려야 한다는 겁니다(노동력의 가치를 고정된 값으로 놓을 경우 가변자본의 총액은 결국 노동자 수에 달렸을 테니까요). 이렇게 말할 수도 있습니다. 가변자본의 총액(편의상 임금총액이라고 해도 좋겠습니다)이나 고용을 늘리지 않으면서, 심지어 그것을 줄이면서도 잉여가치량을 늘리거나 유지하려면 그만큼 잉여가치율 내지 착취도를 올려야 한다는 겁니다. 첫 번째 공식은 가변자본의 감소가 잉여가치율 증대로 상쇄될 수 있음을 보여주고, 두 번째 공식은 고용의 감소를 착취도의 증가로 상쇄할 수 있음을 보여주니까요. 앞 장에서 본 노동일의 무제한적 연장이 이런 효과를 냈지요.

제2법칙은 노동일의 절대적 한계에 관한 것입니다. 아무리 고용 노동자 수나 가변자본 감소를 '노동일 연장'으로 보존하려 해도 한계가 있다는 겁니다.[김, 415; 강, 426] 노동일은 절대 24시간을 넘어설 수 없습니다. 마치 어떤 물체도 빛의 속도를 넘어설 수 없고 특정 온도 이하로는 냉각될 수 없는 것과 같지요. '절대적 한계'가 있다는 겁니다. 노동력의 가치를 고정할 경우, 이를테면 노동일 12시간에서 6시간(6만 원)이 한 사람 노동력의 하루 가치에 해당한다면 잉여가치도 6시간(6만 원)이겠지요. 노동자 수가 100명이면 600시간(600만 원)의 잉여가치가 생겨납니다. 잉여가치율이 100퍼센트인 것인데요. 노동일을 18시간으로 연장해 잉여가치율을 200퍼센트로 올리면 1200시간(1200만 원)의 잉여가치가 생겨나겠지요. 24시간으로 연장해 잉여가치율을 300퍼센트로 올리면 1800시간(1800만 원)이 생겨날 테고요. 하지만 그 이상은 불가능합니다. 아무리 해도 100명의 노동자가 하루 1800시간(1800만 원) 이상의 잉여가치를 생산할 수는 없다는 겁니다. 사실 한곗값은 이보다 더 작습니다. 노동자들에게는 최소한의 휴식과 수면, 식사시간이 주어져야 하니까요. 너무나 자명한 이 제2법칙은 그 자명성만큼이나 절대적 장벽입니다. 제2법칙을 잘 기억해두길 바랍니다. 마르크스가 말한 것처럼 "제2법칙은 이후에 전개되는 자본의 경향, 즉 고용 노동자 수, 즉 노동력으로 전환되는 가변자본 부분을 [불변자본 부분에 비해] 줄이려는 경향에서 발생하는 현상들을 설명하는 데 매우 중요"하니까요.[김, 416; 강, 427] 절대적 장벽의 존재는 자본으로 하여금 방향을 근본적으로 수정하게 하지요. 그러나 아직은 조금 이른 이야기입니다.

제3법칙은 잉여가치율과 노동력의 가치가 주어져 있을 때 생산되는 잉여가치량은 가변자본의 크기에 정비례한다는 겁니다.[김, 417; 강, 428] 사실 이것은 제1법칙에서 자연스레 따라 나오는 내용입니다. $M = (m/v) \times V$니까요. 그런데 마르크스가 제3법칙을 통해 말하고 싶은 것은 이겁니다. 잉여가치량은 불변자본에 지출한 부분과는 관계가 없다는 거죠. 불변자본과 가변자본의 비율도 영향을 못 미칩니다. 오로지 가변자본의 크기와만 관계한다는 겁니다. 불변자본의 가치가 생산물의 가치에 재현되기는 하지만 새로운 가치생산물은 아니니까요(지난 5장에서 우리는 '생산물의 가치'와 '가치생산물'을 구분한 바 있지요).

그런데 이 세 개의 법칙은 그냥 제시된 게 아닙니다. 이 법칙들은 한결같이 잉여가치량의 한계를 암시하고 있습니다. 자본이 끊임없는 증식을 통해서만 자본으로 존재할 수 있다는 점을 생각해보면, 이 법칙들은 자본이 언젠가 마주할 수밖에 없는 장벽, 자본이 결코 넘어설 수 없는 철창처럼 보입니다. 자본에게 심판의 날이 닥칠 때 재판관이 참조할 법조문 같다고 할까요.

이들 법칙에 따르면 잉여가치량을 늘리는 방법은 잉여가치율을 올리는 것과 고용 노동자 수를 늘리는 것밖에 없습니다. 그러나 노동일 연장은 24시간이라는 자연적 한계에 묶여 있습니다. 노동자의 휴식과 수면이라는 생물학적 한계를 고려하면 그보다 짧고 노동자들의 집단적 저항이라는 정치적 한계까지 고려하면 더 짧지요. 노동일의 한계가 주어져 있다면 잉여가치량은 노동자 수의 증가를 통해서만 증대될 수 있습니다. 잉여가치가 인구 증대, 특히 노동인구의 증대에 좌우되는 것이지요. 이 경우 잉여가치 생산은 인구 규모라는 수학적·통계학적 한계와 대면합니다.[김, 418; 강, 429]

특히 제3법칙에서 마르크스는 '잉여가치율'(착취도)과 '노동력의 가치'가 주어졌다고 가정합니다. 내 생각에 이것은 그가 논리적 경우의 수 하나를 막연히 떠올려본 게 아닙니다. 이것은 공장법의 역사를 통해 드러난 현실을 반영한 가정입니다. 공장법의 역사는 자연적·생물학적·수학적 한계만큼이나 정치적 한계가 있음을 분명히 보여주었으니까요. 계급투쟁은 자본가가 노동일을 마구 연장함으로써 잉여가치율 내지 착취도를 높인다거나, 노동자에게 지불하는 가변자본의 총액(V)을 힘을 동원해 낮추는 것을 사실상 불가능하게 만들었습니다. 과연 자본은 이 한계를 돌파할 수 있을까요. 이 법칙들을 어기지 않은 채로 잉여가치를 늘릴 방안이 있을까요. 다시 한번, 목숨이 달린 도약이 필요합니다. 자본은 그 도약에 성공할 수 있을까요.

───────────── 무지의 피난처 ─────────────

우리가 경험적으로 알고 있듯이 자본은 살아남았습니다. 단지 살아남는 수준이 아니라 더욱 번성하고 있습니다. 노동일이 늘어난 것은 아닙니다. 영세 업체들이나 제3세계의 공장들에서는 여전히 살인적인 노동일이 유지되고 있지만 19세기에 비해 늘어났다고 말하기는 어렵습니다.

그럼 고용 노동자 수가 증가한 걸까요. 자본주의의 확대와 더불어 노동자로 편입된 세계 인구가 늘어나기는 했겠지만 개별 기업들을 기준으로 보면 그렇게 말하기도 어렵습니다. 오히려 우리가 일상에서 보는 것은 앞서 본 법칙과 반대 되는 양상입니다. 제3법칙에 따르면 잉여가치량은 가변자본에 정비례합니다. 그런데 경험상으로는 노동자보다 기계에 돈을 더 많이 쓴 자본가가 돈을 더 버는 것 같습니다. 마르크스 역시 실제로 '사용된 총자본에 대한 백분율을 기준으로 하면' 즉 이윤율 관점에서 보면 가변자본의 비중이 상대적으로 높은 제빵업자가 불변자본의 상대적 비중이 높은 방적업자보다 이익을 더 보는 건 아니라고 말합니다.[김, 417~418; 강, 428] "이 법칙은 겉으로 보이는 모든 경험과 명백히 모순된다."[김, 417; 강, 428] 마르크스는 그렇게 썼습니다. 그러면서 이는 수학에서 $\frac{0}{0}$이 하나의 실숫값을 나타낸다는 점을 이해시키는 것과 같다고 했습니다. 아마 미분 개념을 말하겠지요. 17세기 말 미분 개념이 처음 등장했을 때 거의 악마 취급을 받았습니다. 뭔가 그럴듯하면서도 황당했으니까요. $\frac{dy}{dx} = k$라고 써볼까요. dy와 dx는 모두 '0'에 무한히 다가가는 값입니다. 분모와 분자가 모두 사라지고 있는 것이지요. 그런데도 둘의 '관계'를 나타내는 'k'라는 숫자는 변함이 없습니다.

어떻게 이런 일이 가능한지를 초등수학을 배운 사람에게 설명하려면 "많은 매개 항들이 필요"하겠지요.[김, 418; 강, 429] 마르크스는 잉여가치에 대한 앞서의 법칙들이 현실에서 우리에게 나타난 현상과 충돌하는 문제도 마찬가지라고 했습니다. 중요한 것은 어떻게 이런 현상이 나타났는지 설명하는 일이겠지요. 나는 제4장 '자본의 일반적 모순'을 다룰 때 그 모순의 성격과 해결방식이 스피노자식 '지성 개선'에 가깝다고 했는데요(263쪽 참조). 스피노자는 현상을 우리에게 비친 이미지 그대로 받아들이지 말라고 말한 사람입니다. 일출 때 태양이 커 보인다고 해서 아침에는 태양이 더 커진다고 말해버리면 안 된다는 것이지요. 커 보이는 것은 이미지이고 이런 이미지를 따라 만들어진 지식은 상상입니다.

마르크스는 고전파 경제학자들, 특히 리카도 학파가 이 문제에서 걸려 넘어졌다고 했습니다.[김, 418; 강, 429] 이들은 잉여가치량이 '살아 있는 노동의 양'에 달렸음을 정식화하지는 못했지만 '본능적으로는' 알았습니다. 그런데 현실에서는 '살아 있는 노동의 양' 즉 가변자본의 크기와 상관없이 전체 투자액이 같으면 동일

기간에 대체로 동일한 이윤을 산출했습니다(소위 '평균이윤율'이라는 것으로, 『자본』 III권 제2편이 그 내용을 다룹니다). 왜 노동력을 많이 사용하는 곳의 이윤율이 더 높지 않은가. 리카도 학파는 이 문제에 답을 내놓지 못했습니다. 마르크스는 이렇게 말합니다. "속류경제학은 언제나 그렇듯이 여기서도 현상의 법칙을 무시하고 겉모습에만 집착하고 있다. 그들은 스피노자와는 반대로 '무지는 충분한 근거'라고 믿는다."[김, 418; 강, 429] 마르크스는 스피노자가 신을 '무지의 피난처'로 쓰는 목적론자들을 비판하며 한 말을 염두에 둔 것 같습니다.[61] 이를테면 이런 겁니다. 지붕에서 돌이 떨어져 누군가 죽었습니다. 왜 돌이 떨어졌을까. 그때 바람이 불었기 때문입니다. 바람은 왜 그때 불었을까. 그때 바다가 거칠어졌기 때문입니다. 그렇다면 바다는 왜 그때 거칠어졌을까. 이런 식으로 원인의 원인을 계속 묻다 보면 마침내는 신을 원인으로 끌어들이게 되지요. 스피노자는 이렇게 도입된 신을 '무지의 피난처'(ignorantiae asylum)라고 했습니다. 이런 신은 무지의 다른 이름이죠. 현상의 참다운 원인이 아니라 무지를 원인 형태로 표현한 것뿐입니다.

출구 없는 벽 앞에서

노동일을 더 연장할 수도 없고 노동자를 더 많이 고용할 수도 없는 한계를 대면했는데도 자본은 어떻게 살아남았을까요. 왜 우리가 경험하는 현상은 법칙과 다를까요. 노동일을 늘릴 수 없는 상황이라면 가변자본을 늘리는 것이 잉여가치를 늘릴 유일한 길이라고 했는데, 왜 가변자본에 더 많이 투자한 자본가가 더 많은 잉여가치를 얻지 못하는 걸까요. 우리는 다시 로도스섬에 섰습니다. 잉여가치에 대한 세 법칙의 추론에 문제가 있지는 않습니다. 너무 자명해서 문제 삼을 것이 없지요. 어떤 출구가 있을까요. 도대체 자본은 어떻게 이 궁지를 벗어난 걸까요. 더 많은 노동자를 더 오래 일 시키는 것 말고 우리가 모르는 잉여가치의 생산방식이 혹시 있는 걸까요. 마르크스는 제3법칙에 대해 이렇게 말했습니다. "다음 장에서 보겠지만 이 법칙은 지금까지 다뤄온 잉여가치의 형태에만 유효하다."[김, 419; 강, 429] 그러니까 다른 형태의 잉여가치가 있다는 이야기입니다.

우리의 탐정 마르크스는 이번에도 몇 가지 단서를 던져놓았습니다. 일단 다음 편에서 만날 '자본'은 일정 규모를 넘어선 자본입니다. 지금까지의 모델은 노동자를 한 사람만 고용해도 성립했습니다. 한 사람이라도 그 노동일을 연장하면 그만큼 잉여가치가 늘어납니다. 그런데 마르크스는 헤겔의 『논리학』에 나오는 소위 '양질 전환'을 언급하면서, 양이 어느 수준을 넘어서면 질적 변화가 나타난다는 말이 옳다고 했습니다.[김, 420~421; 강, 431] 그는 왜 자본의 규모 이야기를 했을까요. 곧이어 마르크스는 두 가지 이야기를 꺼내는데요. 하나는 자본이 '노동에 대한 지휘권'(Kommando über die Arbeit)으로, 또 노동자계급으로 하여금 생활에 필요한 것보다 더 많은 노동을 하도록 강요하는 '강제관계'(Zwangsverhältnis)로 발전했다는 겁니다. 그러면서 "자본은, 타인의 노동을 만들어내고 잉여노동을 뽑아내고 노동력을 착취한다는 점에서 (…) 그 이전의 모든 생산체계를 능가한다"라고 했습니다.[김, 422; 강, 432] 지난 5장에서도 우리는 '자본가의 통제'라는 말을 만난 적이 있는데, 그때는 부정적 감시 기능이 도드라졌습니다. 그런데 여기는 뉘앙스가 다릅니다. '지휘권'이라는 말이 연주자의 역량을 최대한 끌어내는 오케스트라의 '지휘자'를 연상시킵니다. 물론 지휘를 통해 자본가가 뽑아내는 것은 아름다운 선율이 아니라 '잉여노동'이지만요. 다수 노동자의 노동을 지휘하고 조직하는 것을 통해 노동시간을 동일하게 유지하면서도 잉여노동을 더 뽑아내는 방식이 혹 있는 걸까요.

또 하나의 이야기는 생산수단에 관한 겁니다. 앞서도 이 부분을 인용하며 언급했습니다만 노동자와 생산수단의 관계가, 지난 5장에서 말한 것과는 뉘앙스가 다릅니다. 지난 장에서 생산수단은 수동적 대상이었습니다. 그때는 노동자가 능동적 주체로서 생산수단을 써서 가치를 이전하고 추가하고 그랬지요. 그런데 여기서는 기계 등의 생산수단에 대해 "타인의 노동을 빨아들이기 위한 수단"이라고 말합니다. 생산수단이 노동자를 대상으로 삼아 노동을 적극적으로 빨아들이는 거죠. 마르크스는 생산수단을 자본가가 노동자에게 내미는 권리증서로 말하기도 합니다. "화폐가 생산과정의 대상적 요소 즉 생산수단으로 전환하기만 하면 그 생산수단은 타인의 노동과 잉여노동에 대한 권리증명과 강제권으로 전화된다."[김, 423; 강, 433] 이제는 생산수단이 노동자를 향해 피를 내놓으라고 닦달하는 것입니다. 이런 전도 때문에 가치증식능력이 생산수단에 있다는 착각까지 일어납니다. 그래서 생산수단을 팔 때 그것이 빨아들이는 잉여노동까지 생산수단의 값으로 계산하는 망상이 일어납니다.[김, 424; 강, 434]

우리가 7장에서 다룰 『자본』 제4편의 제목을 미리 한번 볼까요. '상대적 잉여가치의 생산'입니다. 제3편에서 우리가 다룬 것은 '절대적 잉여가치의 생산'이었지요. 확실히 다른 형태의 잉여가치 생산이 다음 편에서 이루어지는 모양입니다. 그리고 짐작건대 그것은 노동을 조직하는 방식과 생산수단 활용과 관련되는 듯합니다. 이를 위해서는 일정 규모 이상의 자본이 필요한 것일 테고요. 그런데 아직은 잘 모르겠습니다. 노동시간 즉 노동량이 늘지 않았는데 어떻게 잉여가치가 늘어날 수 있을까요. 기계는 불변자본으로서 가치를 증식시키지 않는데 그것을 활용한다고 해서 과연 잉여가치가 늘어날까요. 노동을 조직하는 방식의 변화와 새로운 생산수단의 도입이 마르크스가 말한 세 법칙을 벗어날 수 있을까요. 아무리 살펴봐도 법칙의 추론에는 문제가 없는데 말입니다.

법칙의 추론에 문제가 없을 때는 법칙의 전제를 검토해보는 것도 좋은 방법입니다. 제9장의 첫 문장을 다시 볼까요. "지금까지와 마찬가지로 이 장에서도 노동력의 가치, 즉 노동일 중 노동력의 재생산 또는 그 유지에 필요한 부분은 불변적 크기로 전제한다."[김, 413; 강, 424] 혹시 이렇게 전제하지 않는다면 어떨까요. 출구를 찾을 수 없었던 것은 출구 없는 벽을 두드렸기 때문은 아닐까요. 오른쪽 길이 막혀 있다면 왼쪽으로 가는 것도 생각해봐야지요. 문은 반대편에 있는지도 모르니까요.

매뉴팩처 시대에는 국가를 거인처럼 묘사하는 경우가 많았습니다. 홉스가 대표적인 예인데요. 그는 국가란 인간들을 보호하기 위해 만들어진, 인간들보다 크고 힘이 센 '인조인간'이라고 했습니다. 물론 이 인조인간의 재료는 인간입니다.[1] 인간들로 만들어진 인간인 겁니다. 이런 관점에서는 루소도 다르지 않았습니다. 그에 따르면 국가란 개인들의 연합으로 생겨난 '공적 인격'(personne publique)입니다.[2] 그는 이 새로 생겨난 인격의 수동적 이름이 '국가'(etat)이고 능동적 이름이 '주권자'(souverain)라고 했습니다. 즉 주권자란 이 거인을 지칭하는 말입니다.

근대 정치학에는 이처럼 두 종류의 인간이 있습니다. 두 종류의 인민(국민)이라고 불러도 좋겠습니다. 하나는 집합적 통일체로서 인간(인조인간, 공적 인격)이고 다른 하나는 그 구성원인 개별 인간들입니다. 인민주권(국민주권) 개념에 입각해 말하자면 전자는 전체로서 주권자인 인민(국민)이고 후자는 주권자의 지배와 보호를 받는 개별 인민들(국민들)이라 할 수 있습니다. 이 두 종류의 인간, 두 종류의 인민은 동시에 만들어집니다.[3] 인구집단의 '전체화'와 '개별화'가 동시에 일어난 거죠. 한편으로는 전통적 공동체(가문, 마을, 서약단체 등)를 깨뜨려 개인들을 만들고(개별화), 다른 한편으로는 이 개인들을 묶어 국민을 만듭니다(전체화). 이 두 종류의 인간은 너무 다릅니다. 집합적 통일체로서 인간 즉 주권자는 역사상 가장 강력한 힘을 가진 존재입니다. 근대 이전의 어떤 왕도 이만큼의 힘을 가질 수 없었습니다(주권자를 대행한다고 간주되는 군주나 정부는 이 힘을 휘두릅니다). 반면 공동체를 상실하고 개인으로 내던져진 인간은 참으로 나약한 존재입니다. 군주나 정부의 돌봄이 없다면 도저히 살아갈 수가 없지요. 이것이 근대적 인간, 근대적 인민의 두 가지 형상입니다. 비유컨대 한쪽은 거인이고 다른 한쪽은 난쟁이입니다.

그런데 이 두 형상은 매뉴팩처의 작업장에서도 나타납니다. 자본가에게 고용될 때 노동자들은 개인입니다. 서로에 대해 타인이지요. 하지만 작업이 시작되면 이들은 하나의 결합된 노동력을 이룹니다. '전체노동자'라는 거인으로 변하지요. 개별 노동자들은 이 거인 노동자의 특수한 기관이 됩니다. 거인 노동자의 수백 개 손발 중 하나가 되어 내리치는 일만 하거나 자르는 일만 하거나 나르는 일만 합니다. 한 가지 작업에 특화된 '부분노동자', '부분인간'이 되는 겁니다. 이 작업장에서 온전한 인격체는 거인 노동자뿐입니다. 그는 개별 노동자의 힘을 더한 것보다 더 큰 힘을 지녔고 작업속도도 빠릅니다. 당연히 수백 배나 많은 물건들을 만들어 내지요. 그러나 임금을 지급받아야 하는 때가 되면 거인 노동자는 어디론가 사라지고 없습니다. 자본가 앞에 서 있는 것은 다시 왜소한 개인 노동자뿐입니다. 일은 '함께' 했는데 '함께'는 사라지고 개인만 남습니다. 자본가는 개인 노동력의 가치에 대해서만 지불하고 결합된 노동력의 가치에 대해서는 지불하지 않습니다.

거인 노동자의 임금은 어디로 간 것일까요. 노동자들에게 성과급 형태로 일부 지급되기도 합니다만 대개는 자본가의 몫으로 갑니다. 특히 경영진에게 가지요. 노동자들을 잘 지휘해 생산력을 높였다고요. 자본가의 지휘가 거인 노동자의 출현에 도움이 되었다고는 해도 결국 거인으로서 생산력을 발휘한 것은 노동자들인데 말입니다. 노동자들은 '함께' 일했지만 이 '함께'는 자본가의 차지입니다. 공동의 성과를 사적 소유물로 만드는 거죠. 거인이 된 것은 노동자들이지만 거인을 만들어낸 건 자본가라고 하니까요. 이번에 마르크스가 추적하는 것은 바로 이 '거인 노동자'의 정체입니다.

다시 홉스 이야기로 돌아가자면, 그는 어쩌면 매뉴팩처 작업장의 거인 노동자를 보고 국가를 떠올렸는지도 모르겠습니다. 실제로 홉스는 세상을 매뉴팩처 작업장처럼 생각했습니다. 신을 기술자(기능공, Artificer)라고 불렀고 자연을 그의 제품(art)이라고 했습니다. 인간은 이런 신을 모방하는 기능공입니다. 신을 모방해서 인간도 생명체를 만들 수 있습니다. 그는 "시계에서처럼 스프링과 톱니바퀴로 움직이는 자동기계(automata)"를 생명체로 부르지 못할 이유가 없다고 했습니다. 태엽을 심장으로 삼을 수 있고, 여러 가닥의 줄을 신경으로, 관절을 톱니바퀴로 만들어 전체 신체를 움직이게 할 수 있습니다. 이렇게 만들 수 있는 인조동물 중 최고가 '인조인간'입니다. 홉스는 이 '인조인간'을 '국가'라고 불렀습니다.[4]

그런데 '인조인간'은 눈으로 보거나 손으로 만질 수 있는 사물이 아닙니다. 인간들로 이루어진 '집합체'이니까요. 홉스는 인조인간이 탄생했음을 어떻게 확인할 수 있었을까요. 그는 만인이 자신의 목소리와 행동을 한 사람(혹은 한 집단)의 목소리와 행동에 일치시킬 때 국가가 탄생한다고 했습니다. 엄밀히 하자면, 국가의 출현을 그런 식으로 확인할 수 있다는 거죠. "만인이 자신들의 의사를 그[군주]의 의사에 복종시키고, 자신들의 판단을 그의 판단에 복종시키는 것이다."[5] 군주는 만인이 하나가 되었음을 표상하는 존재입니다. 마치 서로 타인인 노동자들에게 공통성을 부여하는 것이 자본가의 동일성(동일한 자본가에게 고용되는 것)인 것처럼 말입니다.

한 사람처럼 움직이는 만인. 홉스가 정말로 매뉴팩처 작업장을 떠올리며 이런 생각을 했는지는 알 수 없습니다. 다만 홉스의 말은 그가 매뉴팩처 시대의 사상가임을 실감케 합니다. 그는 국가를 스프링과 톱니바퀴로 이루어진 시계처럼 묘사했지만, 사실 그가 말하는 인조인간에 더 가까운 것은 시계가 아니라 시계를 만드는 노동자입니다. 자본가의 지휘와 명령에 따라 일사불란하게 하나의 살아 있는 메커니즘이 되는 노동자들 말입니다. 홉스는 여기서 인조인간을 본 게 아닐까요. 거인 노동자 말입니다. 그리고 이 거인 노동자를 거느린 작업장의 군주인 자본가의 모습에서 자기 시대의 군주를 이해했던 건 아닐까요.

착취의 진보

착취의 천재! '강제노동'이지만 채찍은 없습니다. 제발 일을 시켜달라고 제 발로 찾아오니까요. 착취는 있지만 불법은 없습니다. 제값을 지불하고 잉여노동을 뽑아냈으니까요. 강제노동은 자유의 겉모습을, 착취는 공정(公正)의 겉모습을 하고 있습니다. 정말로 천재입니다. 마르크스가 말했지요. "정력이나 탐욕만이 아니라 효과(효율, Wirksamkeit) 면에서도 자본은…이전의 모든 생산체계를 능가한다."[김, 422; 강, 432] 사람들을 일하게 하고 잉여노동을 짜내는 데서 자본주의만큼 천재적인 체제는 없을 겁니다.

──────── 상대적 잉여가치─잉여가치를 늘리는 또 하나의 천재적 방법 ────────
지난 6장에서 우리는 자본이 맞닥뜨린 한계를 보았습니다. 가치의 증식을 위해서는 잉여노동을 확보해야 합니다. 자본가들은 이를 위해 노동일을 늘렸습니다. 하지만 여기에는 물리학적·생물학적·정치적 한계가 있습니다. 노동일은 어떻게 해도 24시간을 넘을 수 없습니다. 노동자는 휴식을 필요로 하는 생명체이기에 실제 노동일은 그보다 짧지요. 게다가 노동자들이 집단으로 세력을 형성하면 노동일은 더 짧아질 수 있습니다. 그렇다고 자본가가 노동자 수를 마구 늘릴 수 있는 것도 아닙니다. 인구학적 한계가 있으니까요. 『자본』 I권 제3편 "절대적 잉여가치의 생산"의 끝에서 우리는 자본이 출구 없는 벽에 부딪힌 것 같다고 느꼈습니다.

그러나 사람을 일하게 하고 잉여노동을 짜내는 데 이만큼 천재적인 체제는 없다고 이미 말했지요. 자본은 출구를 찾아냅니다. 노동일이나 노동인구를 늘리는 것 말고도 길이 있었던 겁니다. 이제까지 우리는 노동력의 가치를 '불변량'으로 전제했습니다. 이런 전제에 입각할 경우 잉여가치를 얻는 방법은 더 많은 노동자를 더 오래 일 시키는 것 외에는 없습니다. 노동일이란 필요노동시간과 잉여노동시간 의 합계이며, 노동력의 가치에 해당하는 필요노동시간이 고정되어 있으니 잉여노동시간을 늘리기 위해서는 전체 노동일을 늘리는 수밖에 없으니까요.

그런데 노동력의 가치가 불변이라는 전제를 버리면 어떻게 될까요. 1노동일을 'a———b—c'라고 표시해봅시다. ab의 길이는 필요노동시간이고, bc의 길이는 잉여노동시간입니다. 지금까지 우리는 ab의 길이는 변하지 않는다고 전제했습니다. 그러므로 잉여가치를 최대로 얻으려면 종점인 c를 최대한 연장하는 수밖에 없었습니다. 그런데 이것이 더는 불가능하다고 해서 과연 bc의 길이를 늘일 방법이 없을까요. 선분을 오른쪽으로 연장할 수 없다면 왼쪽으로 연장하는 방법이 있지요. 출발점인 b를 a 쪽으로 이동하는 겁니다. 물론 이것은 그동안의 전제를 버릴 때 가능합니다. 노동력의 가치 즉 필요노동시간을 줄일 수 있다고 보는 것이지요. 필요노동시간을 단축하면 노동일을 늘리지 않아도 잉여노동시간이 늘어납니다. 1 노동일이 12시간이고 이 중 필요노동시간이 10시간이며 잉여노동시간은 2시간이라고 해봅시다. 그런데 필요노동시간을 9시간으로 줄일 수 있다면 1노동일 12시간은 그대로인 채 잉여노동시간이 3시간으로 늘어납니다. 잉여가치율이 20퍼센트에서 33퍼센트로 올라가지요. 전체 노동일은 그대로이지만 필요노동과 잉여노동의 분할 비율이 달라지는 겁니다.[김, 428; 강, 438]

문제는 어떻게 필요노동시간을 줄이냐 하는 건데요. 쉽게 떠올릴 수 있는 방법은 임금을 노동력의 가치 이하로 지불하는 겁니다. 시간은 줄이지 않았지만 임금을 줄여 그런 효과를 내는 거죠. 만약 1노동시간의 가치가 5000원이라면 하루 10시간 고용했을 때 자본가는 노동자에게 5만 원을 지불해야 합니다. 그런데 일당을 9시간에 해당하는 4만 5000원만 지급한다고 해봅시다. 그러면 3시간으로 늘리는 효과가 납니다. 정당하게 지불해야 할 필요노동시간의 일부를 약탈한 것이지요. 현실적으로는 이런 일이 많을 겁니다. 상품교환은 등가교환이 기본이지만 자기 생명줄을 쥐고 있는 쪽과의 대등한 거래는 교과서에나 나오는 이야기이지 현실이 아니니까요. 대기업은 중소기업의 납품 단가를 '후려치고' 자본가는 노동자의 임금을 '후려칩니다'. 하는 말은 언제나 똑같죠. 당신 말고도 이 일을 원하는 사람은 많다고. 규모만 놓고 본다면 이렇게 비정상적으로 번 돈이 정상적으로 번 돈보다 많을지도 모르겠습니다. 하지만 이런 식으로 만들어낸 잉여가치는 과학의 대상이 아닙니다. 『자본』에서는 이런 경우를 상정하지 않습니다. "이런 방법이 임금의 현실 운동에서 중요한 역할을 수행하는 것은 맞지만 여기서는 노동력을 포함해서 모든 상품들이 가치대로 매매된다는 것을 전제했기 때문에 이런 경우를 배제한다.”[김, 429; 강, 439] 여러 차례 말했지만 마르크스가 『자본』에서 상정하는 자본가는 피도 눈물도 없는 냉정한 인간이기는 하지만 사기와 협박을 일삼는 비열한 인간은 아닙니다. 『자본』의 자본가는 임금을 노동력의 가치대로 지불합니다.

그렇다면 우리가 필요노동시간의 단축과 관련해서 고려할 수 있는 경우는 하나뿐입니다. 실제로 ‘노동력의 가치가 하락하는’ 경우죠. 비열한 자본가처럼 잉여노동을 늘리기 위해 필요노동을 강제로 줄이는 게 아니고(즉 노동력의 가치를 제값보다 깎아내리는 게 아니고), 실제로 필요노동이 감축되어(즉 노동력의 가치가 하락해) 잉여노동이 증대하는 경우입니다.[김, 429~430; 강, 439] 노동력의 가치가 하락한다는 것은 어떤 의미일까요. 노동력의 가치는 노동력이라는 상품을 생산하는 데 사회적으로 필요한 노동량이라고 했습니다. 달리 말하면 노동자가 정신적·신체적·사회적으로 건강한 생활을 영위하는 데 필요한 양의 가치죠. 마르크스는 이 가치량을 노동자가 필요로 하는 생활수단의 가치로 계산할 수 있다고 했습니다(287~292쪽). 따라서 생활수단의 가치가 떨어지면 노동력의 가치도 떨어지게 됩니다.

가령 양말 제조업에서 생산성 혁신이 일어나 양말 제조공이 동일 노동시간에 두 배의 양말을 생산할 수 있게 되었다고 해봅시다. 하루 1만 켤레를 생산하던 공장에서 2만 켤레를 생산할 수 있게 된 겁니다. 이제 양말 한 켤레의 가치는 반으로 줄어듭니다. 한 켤레에 2000원 하던 것이 1000원에 팔립니다(엄밀히 계산하면 반값이 되지는 않습니다. 그 이유는 조금 뒤에 설명하겠습니다). 노동자들은 그만큼 저렴한 비용으로 양말을 구입할 수 있고, 이처럼 노동자들의 생활수단을 생산하는 산업 부문에서 노동생산력이 증대하면 노동력 일반의 가치는 하락합니다{참고로 영어판은 ‘노동생산력’(Produktivkraft der Arbeit)을 ‘노동생산성’(productivity of labor)으로 옮겼습니다. 마르크스가 ‘생산성’(Produktivität)이라는 말을 아예 안 쓴 것은 아닙니다만(지금 우리가 다루는 부분에서는 분업과 관련해 두 번 썼습니다.[김, 464~465; 강, 472]) 거의 모든 곳에서 ‘생산력’이라는 말을 씁니다. ‘노동생산성’이라는 단어를 알고 있음에도 ‘노동생산력’이라는 단어를, 그것도 ‘상대적 잉여가치’ 개념을 설명할 때 쓴 데는 그만한 이유가 있지 않을까요. 내 생각에 마르크스는 우리가 흔히 ‘생산성 증대’라고 말하는 것이 노동자의 힘이 발휘된 결과라는 점을 나타내고 싶었던 것 같습니다. ‘노동생산성’으로 옮겨도 의미가 통하고 어떤 점에서는 더 친숙하지만, 그래도 이런 뉘앙스를 살리려면 ‘노동생산력’으로 옮기는 게 낫다고 봅니다].

　노동자들의 생활수단의 가치가 떨어지면 노동력의 가치가 떨어진다고 했는데요. 노동자들의 생활에 직접 소요되는 소비재만 노동력의 가치에 영향을 미치는 것은 아닙니다. 양말 가치 하락은 양말 제조업에서 노동생산력이 증대한 결과일 수도 있지만, 양말 제조에 이용된 생산수단의 가치가 하락한 결과일 수도 있습니다. 양말을 만들 때 사용하는 원료나 기계의 가치가 떨어지면 양말의 가치도 떨어집니다. 이 경우에는 양말 제조업이 아니라 원료와 기계를 납품한 공장의 노동생산력이 영향을 미친 것이지요. 직접적으로는 해당 생활수단을 생산하는 산업의 생산력이 영향을 미치지만 간접적으로는 그 부문에 생산수단을 제공하는 산업들의 생산력도 영향을 미칩니다.[김, 431; 강, 441]

　한 상품의 가치하락이 노동력의 가치에 미치는 영향은 그 상품이 노동력 재생산에 관여하는 만큼입니다. 양말의 가치하락은 노동자의 지출 가운데 양말 구매에 해당하는 만큼만 영향을 미치겠지요. 현재 한국 사회에서 최저생계비를 책정할 때 식료품비, 주거비, 교통통신비, 교양오락비 등 372개 품목을 조사하는데, 이런 품목에 해당하는 상품들의 가치변동이 노동력의 가치에 영향을 미칩니다(쌀값 같은 식료품비나 집세 같은 주거비 등은 직접적 영향을 미치지요). 간접적으로는 이 상품들의 생산수단(원료와 기계)의 가치변동도 일정한 영향을 미치고요. 노동력 재생산에 직간접적으로 관여하는 상품들의 전체 가치가 10퍼센트 하락하면 노동력의 가치도 10퍼센트 하락합니다. 예전에는 10시간에 생산되던 생활수단이 이제는 9시간이면 생산되는 것이지요. 그럼 전체 자본가들은 1노동일의 길이를 연장하지 않은 채로 잉여노동시간을 1시간 늘릴 수 있습니다. 물론 임금을 노동력의 가치대로 지불하고서요.

　이제야 우리는 이번에 우리가 다룰 『자본』 I권 제4편 첫 단락의 의미를 이해할 수 있습니다. 마르크스는 지금까지 우리는 노동일 중에서 노동력의 가치에 해당하는 노동일 부분을 불변적 크기로 간주해왔다고 말하면서, "사회의 일정한 경제적 발전단계에서는 그것이 실제로 불변의 크기"라고 했습니다.[김, 427; 강, 437] 자본주의 발전의 어느 단계까지는 노동력의 가치가 크게 변하지 않는다는 겁니다. 방금 본 것처럼, 노동력의 가치를 저하시키려면 노동자들의 생활수단을 생산하는 다양한 산업부문(원료와 기계 등 간접적으로 영향을 미치는 부문까지 포함)에서 생산력이 크게 증대해야 합니다. "노동이 수행되는 생산조건들, 다시 말해 생산방식, 노동과정 자체에서 하나의 혁명이 일어나야만" 하는 거죠.[김, 430; 강, 440] 작업방식도 노동수단도 근본적으로 변해야 합니다. 그것도 한 공장, 한 생산부문에서가 아닙니다. 여러 공장, 여러 부문에서 전반적 혁명이 일어나야 합니다. 그러므로 노동력의 가치하락을 통한 잉여가치의 생산은 개별 자본가가 고안해낼 수 있는 책략 같은 게 아닙니다. 한 자본가가 어느 날 '왜 이런 걸 몰랐을까? 이렇게 하면 되는데!' 하는 식으로 떠올릴 수 있는 방법이 아니라는 겁니다. 이것은 사회 전반의 혁명적 변화를 전제합니다. 개인이 생각해서 해낼 수 있는 게 아니지요.

앞서 우리가 살펴본 대로『자본』제3편에서 '잉여가치'는 노동일 연장을 통해 생산되었습니다. 방적공이 전통적 방식으로 물레를 가지고 작업해도 적용할 수 있는 모델이었어요. 자본가의 통제 아래서 필요노동시간을 넘겨 일하면 잉여가치가 생깁니다. 더 오래 일하면 더 많은 잉여가치가 생기는 식이지요. 작업방식과 도구는 예전의 그것과 차이가 없습니다. 노동시간만 길어진 거죠. 하지만 제4편에서 다룰 잉여가치는 다릅니다. 노동일을 연장하지 않습니다. 다만 노동력의 가치에 해당하는 필요노동시간을 단축할 뿐입니다. 그렇게 해서 노동일 중 필요노동시간과 잉여노동시간의 비율을 바꿉니다. 마르크스는 전자의 방식으로 생산된 잉여가치를 '절대적 잉여가치'(absoluten Mehrwert), 후자의 방식으로 생산된 잉여가치를 '상대적 잉여가치'(relativen Mehrwert)라고 부릅니다.[김, 431; 강, 441] '절대적 잉여가치'는 말 그대로 절대적 의미에서 노동량을 추가한 겁니다. 하루 노동시간을 10시간에서 12시간으로, 14시간으로 늘리는 것이지요. '상대적 잉여가치'는 하루 노동시간을 늘리지는 않습니다. 노동자는 똑같이 12시간을 일합니다. 이전과 비교해 절대적으로 추가된 노동량은 없습니다. 하지만 '상대적 잉여가치'의 생산에서도 잉여노동은 늘어납니다. 필요노동에서 줄어든 만큼이 잉여노동으로 전환되었으니까요.

두 잉여가치의 생산방식은 매우 다르고 이번 7장에서는 이 차이를 강조하겠습니다만, 그럼에도 둘의 공통점을 잊어서는 안 됩니다. 수식어가 무엇이든 모든 잉여가치는 잉여노동을 의미합니다. 필요노동 이상의 노동을 의미하는 거죠. 12시간을 14시간으로 늘리는 것도, 12시간을 그대로 둔 채 필요노동시간을 10시간에서 8시간으로 단축하는 것도 노동자들로서는 자신이 지불받은 가치 이상의 노동을 한다는 뜻입니다. 필요노동시간이 10시간에서 8시간으로 줄어들었다면, 노동자 자신에게는 필요 없는 노동시간, 오직 자본가를 위해서만 일하는 노동시간이 2시간에서 4시간으로 늘어났다는 뜻입니다(1노동일이 12시간인 경우). 자본가를 위해 짜 넣는 생명력의 크기, 다시 말해 착취도가 두 배로 늘어난 겁니다.

상대적 잉여가치의 생산은 개별 자본가가 고안해낼 수 있는 책략이 아니라고 했는데요. 만약 각 공장에서 노동생산력이 증대해 해당 공장의 노동력의 가치를 곧바로 떨어뜨리고 그만큼 해당 공장주의 잉여가치를 늘린다면 자본가 개인이 그런 책략을 세울 수 있겠지요. 하지만 노동력의 가치는 해당 공장의 노동생산력으로 결정되지 않습니다. 자동차 공장이 생산하는 상품은 자동차이지 노동력이 아닙니다. 그러므로 자동차 공장의 노동생산력 증대는 자동차의 가치에 영향을 미치지 곧바로 노동력의 가치에 영향을 미치지는 않습니다. 물론 노동력의 생산(재생산)과 관련해 자동차가 차지하는 비중만큼은 노동력 가치를 계산할 때 영향을 미치겠지요 (한 공장이 아니라 자동차 산업 전반에서 생산성 혁신이 있었다고 한다면 말입니다). 그러나 자동차는 쌀, 의복, 주거, 교육, 통신 등 노동자의 생활에 필요한 여러 재화 중 하나일 뿐입니다. 그리고 그 영향도 모든 업종에 고르게 미치죠. 거의 모든 업종의 자본가에게 똑같은 효과를 냅니다. 제빵업에서 노동생산력이 증대해 빵의 가치가 하락했을 때 자동차 산업의 자본가도 그 혜택을 누리는 것처럼 말입니다.

지난 장에서 우리는 1840년대 영국 자본가들이 곡물법 폐지를 위해 얼마나 분투했는지 살펴본 바 있습니다. 마르크스는 1846~1847년을 '영국 경제사의 시대적 전환점'이라고 불렀는데요. 곡물법이 폐지되고 면화 등의 원료에 대한 수입 관세가 철폐되었기 때문입니다. 이념적으로도 자유무역이 큰 승리를 거두었지요. 그러나 이것은 이념만의 문제가 아닙니다. 곡물은 당시 노동력의 가치에 가장 큰 영향을 미치는 요소였습니다. 곡물 수입을 자유화하면 곡물 가격이 떨어질 것이므로 지주에게는 타격을 입히지만 자본가들에게는 이익입니다. 면화 등의 원료도 마찬가지입니다. 그 역시 직간접적으로 노동력의 가치를 떨어뜨립니다.

그런데 노동생산력을 증대하려는 개별 자본가의 노력이 전체의 이익을 생각한 숙고의 결과일까요. 노동생산력 증대가 노동력의 가치하락에 미치는 영향은 해당 상품이 노동자의 생활에서 차지하는 비중과 직접성에 달렸는데요. 이를테면 노동자의 생활에 직접적 영향을 미치는 제빵업의 자본가는 그 정도가 덜한 조선업 자본가의 잉여가치까지 생각해서 생산력 증대에 나설까요. 우리의 자본가는 그런 사람이 아닙니다. 이론적 인간도 아니고(이론 따위는 정치경제학자들에게 넘겨버리는 실천적 인간이죠), 함께 살길을 찾는 공산주의자도 아닙니다(전체에 큰 손실이 가해진다 해도 자기에게 이익이면 '뒷일은 난 몰라' 하는 식으로 행동하는 인간이죠). 설령 자본가 계급 전체에 유익한 결과를 낳았을지라도 그것을 위해 행동했던 것은 아닙니다.

마르크스는 이렇게 말합니다. "물론 한 개별 자본가가 노동생산성[노동생산력]을 향상함으로써 이를테면 셔츠의 가격을 떨어뜨린다고 할지라도 그것이 그가 그만큼의 노동력의 가치 즉 그만큼의 필요노동시간을 줄이려는 목적을 염두에 둔 것이라고 할 수는 없다. 그러나 결과적으로는 이런 결과에 기여한 셈이며 그런 한에서 그는 전반적인 잉여가치율의 상승에 기여한 셈이다."[김, 432; 강, 442]

개별 자본가들은 알지 못하면서 행합니다. 『자본』의 제2장에서 마르크스는 일반적 등가물의 출현과 관련해 상품소유자들을 파우스트에 비유한 바 있는데, 행동이 앞서는 인간들이라는 뜻이었어요("태초에 행동이 있었다"[김, 113; 강, 152]). 그때 마르크스는 일반적 등가물이 '사회적' '행동'의 결과로서, 개인이 의식적으로 만들어낼 수 있는 게 아님을 주장했지요. 상대적 잉여가치의 생산을 가능케 한 자본가들의 행동에도 비슷한 면모가 있습니다. 개인으로서 자본가는 전체적 결과를 알지 못한 채로 행동합니다. "자본의 일반적이고 필연적인 경향과 그 현상형태는 구별되어야 한다."[김, 432; 강, 442] 자본의 법칙과 그것이 자본가에게 나타나는 모습은 다릅니다. 자본가가 행동할 때 떠올리는 것은 자본주의적 생산의 내적 법칙 같은 게 아닙니다. 그가 의식하는 존재는 동일 업종의 다른 자본가입니다. 그는 자기 업체의 노동생산력이 경쟁 업체보다 높아야 한다는 점만 생각합니다. 그로 인해 전체 노동력의 가치가 하락하고 그 덕분에 전체 자본가의 잉여가치율이 상승한다는 생각을 하지는 않습니다.

자본주의적 생산의 법칙은 개별 자본가들이 의식하지 못하는 가운데 그들의 경쟁을 통해 관철됩니다. 이것이 마르크스가 말하는 '경쟁의 강제법칙'(Zwangs-gesetze der Konkurrenz)입니다.[김, 432; 강, 442] 우리는 이 말을 지난 장에서 이미 만났는데요. 자본가는 노동일 연장과 절대적 잉여가치의 창출이 어떻게 연결되는지 이론적으로는 알지 못하죠 다만 옆 공장보다 일찍 불을 꺼서는 살아남을 수 없다는 것만 알 뿐입니다. 이번 장에서 말하는 노동생산력 증대도 마찬가지입니다. 작업방식과 노동수단을 혁신함으로써 옆 공장보다 생산성이 높아야만 경쟁에서 살아남을 수 있다고 생각하지요. 그는 자본주의적 생산의 내적 법칙 따위는 모릅니다. 그에게 나타난 것은 치열한 경쟁이지요. 이 경쟁에서 살아남고 더 나아가 승리하려고 필사적인 것뿐입니다. 그런데 이런 노력의 결과로 그들 자신이 의식하지 못한 자본주의적 생산의 내적 법칙이 관철됩니다.

사실 마르크스는 여기서 자본주의적 생산의 내적 법칙이 경쟁을 통해 어떻게 현상하는지, 개별 자본가들이 왜 그런 식으로 행동할 수밖에 없는지를 충분히 설명하지는 않습니다. 그는 이 문제를 "여기서는 고찰할 수 없다"라고 말합니다.[김, 432; 강, 442] 여러 차례 언급한 것처럼 『자본』에서는 서술순서가 중요한데요. 지금은 경쟁을 통한 법칙의 관철을 설명할 단계가 아니라는 거죠. 아직은 자본 간 경쟁은 고사하고 자본의 내적 본질조차 충분히 해명하지 않았으니까요(참고로 자본들 간의 외적 경쟁을 통한 내적 법칙의 관철은 『자본』 III권 제1편과 제2편에서 다룹니다). 그럼에도 불구하고 마르크스는 지금까지의 논의에 입각해서도 경쟁을 통해 상대적 잉여가치의 생산이 이루어지는 과정을 어느 정도는 설명할 수 있다고 봅니다. 상대적 잉여가치라는 개념을 이해하지 못해도 자본가들로서는 노동생산력 증대에 나설 중요한 이유가 있으니까요. 사실 개별 자본가에게는 노동력의 가치 하락을 통한 상대적 잉여가치의 생산이 그 자체로는 행동의 강력한 유인이 되지 않을 겁니다(설령 그 메커니즘을 이해했다고 해도 말입니다). 그것은 사회 전체를 우회하는 너무 먼 길이고 개별 자본가가 미칠 수 있는 영향도 너무 제한적이니까요. 한 제빵 공장의 노동생산력이 증대해도 제빵업 전체에 미치는 영향은 제한적이고, 제빵업에서 생산력이 증대해도, 다른 생활수단을 생산하는 업종에서 그런 증대가 없으면 노동력의 가치하락은 미미할 겁니다. 따라서 노동력의 가치하락을 노리고 제빵업 자본가가 작업방식을 바꾸거나 새로운 기계를 도입한다고 보기는 어렵지요.

그렇다면 자본가로 하여금 노동생산력 증대에 나서게 하는 적극적 유인은 무엇일까요. 좀 전에 경쟁에서 살아남기 위해서라고 했는데요. 사실 자본가는 노동생산력을 높이면 경쟁에 유리하고 직접적 이익이 발생한다는 걸 압니다. 이 이익은 눈앞에 있는 이익입니다. 업종과 상관없이(생산하는 상품이 노동자의 생활수단이 아니어도 됩니다), 곧바로 자기에게 떨어지는 이익입니다. 이 이익이 생산력 증대의 직접적 이유일 겁니다. 도대체 어떤 이익일까요.

추가 잉여가치

노동생산력을 높이면 해당 자본가에게 어떤 이익이 생기는가. 마르크스가 든 예를 볼까요. 어느 공장에서 1노동시간에 상품 1개를 생산한다고 합시다. 1노동일은 12시간이고요. 그럼 하루 동안 12개의 상품을 생산하겠지요. 1노동시간의 가치를 화폐로 표현하면 6000원에 해당한다고 가정하겠습니다. 그럼 상품 1개의 가치는 얼마인가요? 6000원이요? 아닙니다. 생산물의 가치에는 생산과정에서 투여된 현재의 노동량만이 아니라 생산수단(원료와 기계)에 들어 있는 과거의 노동량도 포함되니까요. 상품 1개 만드는 데 소모된 생산수단의 가치도 6000원(1노동시간)이라고 해두죠. 그럼 상품 1개의 가치는 1만 2000원이 될 겁니다[6000원은 새로 추가된 가치($v+m$)이고 6000원은 생산수단의 가치(c)입니다]. 하루에 12개의 상품을 생산했다면 상품 전체의 가치는 14만 4000원입니다.

14만 4000원은 전체 생산물의 가치(상품가격의 총액)입니다. 그런데 지난번에 5장에서 '생산물의 가치'와 '가치생산물'을 구분해야 한다고 했던 말을 기억할 겁니다(366쪽). 생산물의 가치(상품 전체의 가치)는 '생산수단의 가치＋노동력의 가치＋잉여가치'($c+v+m$)인데요. 이 중에서 '생산수단의 가치'(c)는 과거 생산과정에서 생산된 것을 현재의 생산과정에서 보존한 것에 불과하고, 현재의 생산과정에서 노동자가 새로 더한 부분은 '노동력의 가치＋잉여가치'($v+m$)입니다. 전체 14만 4000원 중에서 7만 2000원이 여기에 해당하지요. 상품 1개를 기준으로 하면 1만 2000원 중 6000원이 여기 해당하고요. 노동생산력 증대로 상품의 가치가 떨어진다면 여기에 변화가 생기는 겁니다(과거에 생산된 생산수단의 가치에는 변화가 없고요). '$c+v+m$' 중 '$v+m$'만 변하는 거죠. 이제 노동생산력의 비약적 증대가 일어났다고 해봅시다. 작업방식을 바꾸었든 노동수단을 바꾸었든 상관없습니다. 하루 생산량이 12개에서 24개로 늘어났다고 해볼까요. 그럼 상품 1개의 실제 가치는 어떻게 될까요. 이전에는 생산과정에서 1개당 1노동시간이 추가되었는데요(12개를 12시간 동안 생산했으니까요). 이제는 1개당 ½노동시간만 더해집니다(24개를 12시간 동안 생산했으니까요). 상품 1개당 사용된 생산수단의 가치는 그대로 1노동시간(6000원)인데 새로 추가된 가치는 ½노동시간(3000원)인 겁니다('c'는 그대로이고 '$v+m$'만 반으로 준 것이지요). 그래서 생산력의 증대가 일어나기 전 상품 1개의 가치는 2노동시간(1만 2000원)이었는데 이제는 1.5노동시간(9000원)이 됩니다. 노동생산력이 증대하자 상품 1개의 가치가 떨어졌습니다.

그런데 상품의 가치는 한 공장에서 결정되는 게 아닙니다. 상품의 가치는 해당 상품을 생산하는 데 '사회적으로' 필요한 노동량입니다. 즉 "한 상품의 현실적(wirkliche) 가치는 그것의 개별적(individueller) 가치가 아니라 사회적(gesellschaftlicher) 가치"입니다.[김, 433; 강, 443] 여기서 '사회적'이라는 말에는 '평균적'이라는 뜻이 담겨 있습니다. 사회적 평균 조건(Durchschnittsbedingungen)에서, 바꾸어 말하면 평균적인 노동생산력을 전제했을 때의 가치입니다. 동일 제품을 생산하는 대다수 공장에서는 하루 생산량이 여전히 12개인데 우리의 자본가만 새로운 생산방식을 적용해 24개를 생산한다고 해봅시다. 평균 조건에서 결정된 상품의 가치는 1만 2000원(2노동시간)입니다. 그런데 우리 자본가가 생산한 상품은 사실

9000원(1.5노동시간)이지요. 시장에서 통용되는 가치대로 거래될 경우 우리 자본가는 상품 1개당 3000원(0.5시간)의 이익을 더 봅니다. 하루 생산량 전체로 보면 7만 2000원(12시간)의 이익을 추가로 보는 거죠. 이처럼 생산방식의 혁신을 통해 사회적 평균보다 훨씬 높은 노동생산성을 달성할 경우 그는 다른 자본가들은 누리지 못하는 별도의 이익을 누립니다. 이것을 마르크스는 '특별 잉여가치'(Extramehrwert)라고 부릅니다.[김, 434; 강, 443] 사실 '특별 잉여가치'는 좋은 번역어가 아닙니다(오랫동안 통용된 번역어라 일단은 사용합니다만). 마르크스가 이 말을 통해 뭔가 '특별한' 잉여가치를 언급하려는 게 아니니까요. 'Extramehrwert'는 자본가들이 얻고자 하는 '별도의 잉여가치' 내지 '추가 잉여가치'를 가리킵니다. 그래서 영어판과 프랑스어판에서도 'special' 같은 단어로 옮기지 않고 각각 'extra'와 'supplémentaire'라는 말로 옮기고 있습니다.[6] 모두 '별도의', '추가적', '여분의' 등의 뜻을 담은 말이지요.

오해하지 말아야 합니다. 노동생산력이 평균보다 높으면 이익을 보고 평균보다 낮으면 손해를 보며 평균과 같으면 이익도 손해도 없다는 식으로 생각할 수 있거든요. 그런데, 그렇지 않습니다. 평균인 경우에도 잉여가치가 생깁니다. 상품의 가치는 '생산수단의 가치＋노동력의 가치＋잉여가치'(c＋v＋m)로 이루어져 있습니다. 평균적인 노동생산력을 전제했을 때의 상품가치에도 이미 잉여가치가 포함되어 있지요. 말하자면 하루에 12개를 생산한 경우에도 잉여가치를 얻습니다. 그런데 하루 24개를 생산하면 평균일 때 실현되는 잉여가치 외에도 7만 2000원(12시간)에 해당하는 추가 잉여가치를 얻는 겁니다. 실제로는 특별 잉여가치(추가 잉여가치)가 이만큼은 아닐 겁니다. 생산량이 늘어나면 구매자도 늘어나야 합니다. 시장 규모가 더 커져야 하죠. 우리의 자본가는 다른 자본가들보다 먼저 팔기 위해서(그리고 새로운 구매자가 유입되도록 하기 위해서) 가격을 낮출 겁니다. 사회적 필요노동량으로 정해진 가치보다는 낮게, 하지만 자기 공장에서 투여한 노동량보다는 높게 말입니다. 그렇게 하면 제품들을 모두 팔아치우면서도 생산성 증대로 인한 특별 잉여가치를 얻을 수 있습니다.

현실에서 우리 자본가는 1만 2000원짜리 물건을 1만 원에 팝니다. 겉보기에는 2000원을 깎아주는 것 같습니다. 그러나 실제로는 9000원짜리를 1만 원에 파는 것이니 상품 1개당 1000원의 특별 잉여가치를 얻는 겁니다. 모두 24개를 생산했으니 하루 동안 특별 잉여가치로 2만 4000원을 벌 수 있습니다. 보통의 자본가라면 하루 1만 2000원(2노동시간)의 잉여가치를 얻을 텐데요. 우리의 자본가는 이

1만 2000원에 더해서 2만 4000원을 추가로 법니다. 모두 3만 6000원을 버는 것이지요. 잉여가치량이 세 배나 많습니다. 그러니 자본가로서는 노동생산력 증대에 나설 수밖에 없습니다. 이것은 앞서 말한 것처럼 해당 상품이 노동자들의 생활수단으로서 얼마나 비중을 차지하느냐와는 상관이 없습니다.[김, 434; 강, 443] 노동자의 생활수단이 아닌 상품이어도 됩니다. 노동생산력을 높여 제품의 단가를 낮출 수만 있다면 이런 효과를 누릴 수 있습니다. 우리 자본가의 눈에 먼저 들어오는 것은 바로 이것입니다. 그러니 눈에 불을 켤 수밖에 없죠. '눈에 불을 켜고' 노동생산력을 높일 방법을 밤낮으로 찾는 겁니다.

―――――――――― 마르크스가 일일이 계산하는 이유
사실 특별 잉여가치에 대한 이야기는 복잡한 게 아닙니다. 노동생산력 향상으로 제품의 단가를 크게 낮출 수 있다면 돈을 벌 수 있다는 것이니까요. 이 사실을 모르는 사람은 없을 겁니다. 그런데 왜 마르크스는 이것을, 일일이 예를 들어가며 계산하는 걸까요. 어려운 계산은 아니지만 꽤나 번잡해 보이는데 말입니다. 마르크스는 노동력과 생산수단의 가치를 가정하고 노동생산력 상승에 따른 잉여가치량 변동을 일일이 따져봅니다. 굳이 이렇게까지 해야 할까요.

마르크스는 종종 말했습니다. 나타난 대로 믿으면 안 된다고. 우리에게 나타난 모습이 실제는 아니라는 건데요. 마르크스가 자주 했던 말이죠. 그는 여기서 다시 한번 이 점을 환기해줍니다. 그가 애용하는 예가 또 나옵니다. "천체의 외관상의 운동은, 감각적으로는 알아차릴 수 없지만 실제적인 운동을 인식할 수 있는 그런 사람들에게만 이해될 수 있는" 것과 같다고요.[김, 432; 강, 442] 실제로는 지구가 돌고 있지만 우리 눈에는 태양이 도는 것처럼 나타납니다. 자본가의 눈에 나타나는 것은 '잉여가치'가 아니라 '이윤'이고, '잉여가치율'이 아니라 '이윤율'입니다. 그가 볼 때 이윤이란 비용과 매출의 차이입니다. 다시 말해 '비용가격'과 '판매가격'의 차이죠. 그리고 이윤율이란 총투자액에 대한 이윤의 비율입니다. 얼마를 투자해서 얼마를 챙겼는가 하는 것이죠. 자본가에게는 이게 중요해요. 자본은 이윤과 이윤율이 높은 쪽으로 이동합니다.

마르크스는 『자본』 III권에서 자본가에게 그리고 우리에게 익숙한 이 현상을 해명합니다. 말하자면 '저 하늘에서 돌고 있는 태양'을 해명하는 거죠. 우리는 최종 생산물의 가치(W)가 '생산수단의 가치＋노동력의 가치＋잉여가치'($c+v+m$)로 이루어져 있음을 압니다. 이 중 '생산수단의 가치'(c)와 '노동력의 가치'(v)는 자본가가 지불하는 비용입니다. '비용가격'(k)이라 할 수 있죠. 우리는 생산물의 가치를 '비용가격'을 넣어 표시할 수도 있습니다. '생산수단의 가치＋노동력의 가치'($c+v$) 대신에 '비용가격'(k)을 넣으면 되니까요.

$$W = c+v+m = k+m \quad (k\text{는 비용가격})$$

이 등식의 의미는 자본가에게 아주 명확합니다. 물건 값은 비용에 이윤을 더한 값이라는 말이니까요. 이윤은 얼마인가. 상품 판매가격에서 비용가격을 빼면 됩니다($m=W-k$)[7](참고로 나는 지금 편의상 가치와 가격을 함께 쓰고 있는데요. 엄밀히 하자면 가치나 가격 중 하나로 통일해야 합니다). 여기서 말하는 잉여가치와 이윤은 똑같은 것을 형태만 달리해 표현한 겁니다(전자는 가치형태, 후자는 가격형태지요). 하지만 잉여가치율과 이윤율은 아예 값이 다릅니다. 잉여가치율은 '잉여가치와 노동력 가치의 비율'(m/v)로, 자본가가 챙겨 간 부분과 노동자에게 지급한 부분 사이의 비율을 표현합니다. 반면 이윤율은 총투자액(생산수단 가치＋노동력 가치) 대비 이윤(잉여가치)의 비율입니다(이윤율과 잉여가치율에 관한 보다 자세한 설명은 366~368쪽 참조).

상품의 가치(판매가격)를 생산수단의 가치, 노동력의 가치, 잉여가치의 합으로 적는 것과 비용가격, 이윤의 합으로 적는 것 사이에 무슨 차이가 있을까요. 수학적으로는 아무런 문제도 없는 전환인데 말입니다. 또 잉여가치율 대신 이윤율을 쓰는 것은 어떤가요. 자본가에게는 이것이 더 의미 있는 지표 아닐까요. 동일한 돈을 투자했는데 이윤이 다르다면 당연히 이윤율이 높은 쪽으로 돈을 옮길 테니까요. 맞습니다. 실제로 자본가는 이윤을 비용과 관련지어 생각하고, 비용 대비 이윤이 어떻게 되느냐에 민감하게 반응합니다. 그런데 마르크스는 노동생산력을 높이면 비용이 줄어들고 이윤이 올라간다는 식으로 말하지 않습니다. 그는 생산수단의 가치(불변자본)와 노동력의 가치(가변자본)를 일일이 구별하고 노동생산력의 상승이 무엇을 의미하는지, 그것이 어떤 값을 변화시키는지 따집니다. 그리고 여기에 입각해 특별 잉여가치량을 계산합니다.

왜일까요. '그릇된 외관'(falschen Schein)[8]에서 생겨날 수 있는 신비화를 막기 위해서입니다. 자본가의 눈에 분명하게 나타나는 '비용'이라는 범주는 상품의 가치가 어떻게 만들어지고 가치증식이 어떻게 일어나는지를 가려버립니다. 그러고는 어떤 환상을 일으키지요. 가령 500파운드스털링의 비용을 들여 600파운드스털링의 생산물을 만들어냈다고 해봅시다. 판매가격(생산물의 가치, W)을 '비용가격과 이윤의 합'($k+m$)으로 생각할 경우 600파운드스털링 중 비용가격에 해당하는 500파운드스털링이 어떻게 보전되고 이전되는지, 그리고 이윤(잉여가치)에 해당하는 100파운드스털링이 어떻게 생산되는지를 전혀 알 수 없습니다. 가치의 이전과 증식을 맡고 있는 항이 보이지 않으니까요. 그저 자본가가 들인 '비용'만 나타나 있습니다. 이런 외관 때문에 신비화가 일어납니다. 500파운드스털링에 어떤 신비한 힘이 있어 100파운드스털링이 생겨났다거나, 낭비를 줄인 자본가의 절제나 금욕이 그것을 가능하게 했다는 식의 주장이 나오는 것이죠.

이윤율도 그렇습니다. 잉여가치율은 '노동력의 가치'에 대한 '잉여가치'의 비율이므로, 잉여가치가 어디서 왔으며 자본가가 노동력을 얼마나 착취하는지를 곧바로 보여줍니다. 그런데 이윤율은 자본의 '총투자액'에 대한 '이윤'의 비율입니다. 말하자면 '자본'과 '자본의 자식'이 맺는 관계입니다('이자 낳는 자본'처럼 그 이름 그대로 원금과 원금이 낳은 수익의 관계처럼 보이겠지요). 성부와 성자처럼 한 몸이 되는 일종의 자기관계가 되는 것일 뿐 노동과의 관계는 드러나지 않는 겁니다. 이렇게 되면 이윤(잉여가치)이 자본 스스로의 운동으로 창조된 것이라는 환상이 생겨납니다.[9] 마르크스가 특별 잉여가치량을 일일이 계산한 이유가 여기 있습니다. 노동생산력이 두 배 향상될 때 실제로 상품의 가치가 반값이 되지는 않는데요. 생산력이 증가하면 각각의 생산물에 새로 들어가는 노동량은 반으로 줄어들지만 생산물로 이전되는 생산수단의 가치는 그대로이기 때문입니다. 앞서의 예를 다시 보면 생산량은 12개에서 24개로 늘어났습니다. 하지만 상품의 가격은 1만 2000원에서 9000원으로, 즉 반값이 되지 않습니다. 노동생산력이 증대하면 상품 1개의 판매가격에서 비용에 해당하는 부분이 줄어드는 것은 맞습니다. 하지만 더 엄밀히 말하면 비용에 들어가는 항목이 모두 줄어드는 것은 아니고 그중 노동력의 가치에 해당하는 부분만 줄어드는 겁니다. 노동생산력이 올라갔다는 것은 사용하는 원료나 기계 비용은 그대로인데 제품 1개당 들어가는 노동량이 줄어들었다는 뜻이니까요. 그런데 생산성이 높아져 비용이 줄어들었다고만 말하면 이런 사실이 드러나지 않습니다. 특별 잉여가치에 대한 진정한 공로자가 드러나지 않으니 자본의 신비한 힘이나 자본가의 절제 같은 가짜들이 공로자 행세를 하는 거죠.

그렇다고 마르크스가 판매가격, 비용가격, 이윤, 이윤율 같은 말을 쓰지 않는 것은 아닙니다. 『자본』 III권에 가면 그도 이런 말을 자유롭게 씁니다. 그는 이런 용어와 그 용어가 가리키는 현상을 부정하는 게 아닙니다. 오히려 이런 현상이 어떻게 나타나게 되었고 어떤 환상을 유포하는지를 밝히고 고발하는 것이 그의 작업이지요. 사실 개념들에 대한 기본적 이해만 확실하다면 이런 용어를 써도 상관이 없습니다. 우리는 지구가 돈다는 걸 알지만 "해가 동쪽에서 떠서 서쪽으로 진다"라고 말할 수 있고, 가을에 하늘이 실제로 높아지는 게 아니지만 "가을이 되니 하늘이 높네"라는 말을 쓸 수 있습니다. 그것이 우리에게 그렇게 나타나는 이유를 알고 있으면 됩니다. 우리는 아무런 망상 없이 일출과 일몰을 감상할 수 있고 높아진 가을 하늘을 만끽할 수 있습니다.

─────────── 노동생산력 증대와 노동 단축은 별개 ───────────
특별 잉여가치(추가 잉여가치)는 자본가가 노동생산력을 높이고자 하는 강력한 동기라고 할 수 있습니다.[김, 434; 강, 444] 앞서 말했듯 이것은 해당 상품이 노동자의 생활수단으로서 얼마나 비중을 차지하느냐와는 상관이 없습니다. 이 점에서 특별 잉여가치는 상대적 잉여가치와는 다릅니다. 상대적 잉여가치는 노동력의 재생산에 필요한 생활수단의 가치가 하락함으로써 생겨나는 것이니까요. 하지만 크게 보면 특별 잉여가치도 상대적 잉여가치의 일종이라고 할 수 있습니다. 이 경우에도 노동일의 연장 없이 필요노동과 잉여노동의 비율이 변하거든요. 앞서의 예를 가지고 이야기를 해보겠습니다.[김, 434~435; 강, 444] 우리는 1노동일이 12시간이고 이 중 필요노동시간이 10시간, 잉여노동시간이 2시간인 경우를 상정했습니다. 1노동시간의 가치를 화폐로 표현하면 6000원이라고 가정했으니 하루 필요노동시간의 가치는 6만 원, 잉여노동시간의 가치는 1만 2000원입니다. 그런데 노동생산력 증대로 생산량이 두 배 늘었습니다. 이제 1노동일에 24개를 생산하지요. 사회적 평균 조건에서 생산한 경우 상품 1개의 가치는 1만 2000원인데 우리 자본가는 9000원에 만들어냈습니다. 그는 고객 확보를 위해 1만 2000원보다는 싼 가격인 1만 원에 모두 내다 팔았습니다. 그래서 총 24만 원의 매출을 기록했지요. 그런데 여기에는 '소모된 생산수단'의 가치가 들어 있으니 이것을 제외해야겠지요. 1개당 6000원의 생산수단이 소모되었다고 가정했습니다. 전체 24개면 14만 4000원에 해당하죠. 전체 매출에서 '소모된 생산수단' 부분을 제외하면 9만 6000원이 남는데요. 필요노동시간의 가치(노동력의 가치)가 6만 원이라고 했으니 잉여노동시간의 가치(잉여가치)는 3만 6000원이 되겠지요.

이제 두 경우의 필요노동시간과 잉여노동시간의 비율을 비교해볼까요. 특별 잉여가치가 발생하기 전 필요노동시간과 잉여노동시간의 비율은 '10시간 : 2시간', 화폐로 표시하면 '6만 원 : 1만 2000원'이었습니다. 그런데 특별 잉여가치

발생 후 필요노동시간과 잉여노동시간의 비율을 화폐로 나타내면 '6만 원 : 3만 6000원'입니다(이것을 노동시간이 아니라 화폐로 표현하는 이유는 조금 뒤에 말하겠습니다). 전자는 5 : 1이고요, 후자는 5 : 3이지요. 즉 사회적 평균 조건에서 상품을 생산한 경우보다 필요노동에 대한 잉여노동의 비율이 세 배 증가한 겁니다. 노동일은 늘어나지 않았지만 노동자로서는 상대적으로 더 많은 잉여노동을 자본가에게 제공한 셈이지요.

상대적 잉여가치란 노동력의 가치가 하락함으로써 생겨난 것이라고 했는데, 노동력의 가치하락은 여러 산업부문에서 노동생산력이 상승하는 것을 전제합니다. 그리고 그 효과도 모든 자본가가 함께 누립니다. 특별 잉여가치도 상대적 잉여가치의 일종으로 볼 수 있다고 했지요. 노동일 연장 없이 필요노동과 잉여노동의 상대적 비율을 변화시켰으니까요. 그런데 이 비율의 변화는 개별 공장에서 일어난 것입니다. 그래서 마르크스는 특별 잉여가치를 얻은 개별 자본가에 대해 이렇게 말합니다. "자본이 상대적 잉여가치의 생산에서 전반적이고 전체적으로 행하는 일을 그는 개별적으로 행한 것이다."[김, 435; 강, 445]

물론 이런 식으로 특별 잉여가치를 계속 얻을 수는 없을 겁니다. 다른 자본가들이 가만있지 않을 테니까요. 경쟁의 강제법칙이라는 게 작동합니다. 다른 자본가들도 노동생산력을 증대하려고 새로운 방식을 받아들이겠지요. 특별 잉여가치를 얻은 자본가가 사용한 작업방식이나 기계를 도입할 겁니다. 그러면 새로운 평균이 만들어질 테고 특별 잉여가치는 사라집니다. 여기 적응하지 못한 경쟁자들은 도태되고요.[김, 435; 강, 445] 개별 자본가들은 특별 잉여가치를 얻기 위해 혹은 도태되지 않기 위해 노동생산력 증대를 위한 노력을 게을리하지 않을 겁니다. 이는 업종을 가리지 않고 일어나는 일입니다. 업종을 가리지 않는다는 건 여기에 노동자들의 생활수단을 생산하는 업종도 포함된다는 뜻입니다. 그런데 노동자들의 생활수단을 생산하는 업종에서 노동생산력이 증대하면 노동력 일반의 가치가 하락합니다. 개별 자본가들은 그런 걸 의식하지 않지만 전체적으로는 그런 일이 일어납니다. 마르크스는 이를 이렇게 정리하고 있습니다. "상품의 가격을 떨어뜨리고 그럼으로써 노동자 자체의 가격을 떨어뜨리기 위해 노동생산성을 증대시키는 것은 자본의 내재적 충동이자 끊임없이 지속되는 경향이다."[김, 436; 강, 445] 개별 자본가들은 눈앞의 이익을 향해 달려가는데, 마치 총자본가가 지휘라도 한 것처럼 이들의 행동은 자본가 전체에 유익합니다. 모두에게 상대적 잉여가치를 제공하니까요.

왜 자본가는 자기 상품의 가치를 떨어뜨리는가. 그것이 돈을 버는 길이기 때문입니다. 당연한 이야기지만 자본주의적 생산의 목적은 비싼 상품이 아니라 많은 이윤입니다. 상품이 고가(高價)인 게 중요한 게 아니고 고부가가치(高附加價値, 더 엄밀히 하자면 고잉여가치)인 게 중요합니다. 자본가가 원하는 것은 잉여가치이며 절대적 잉여가치의 생산에서는 노동일 연장이 잉여노동을 늘리는 유일한 길이었습니다. 잉여노동에 대한 갈망이 노동일 연장의 갈망으로 나타날 수밖에 없었던 거죠. 자본가가 정말로 원하는 것은 가치가 아니라 잉여가치이고 노동이 아니라 잉여노동이라는 것을 잊으면 안 됩니다. 그가 가치의 생산, 다시 말해 상품의 생산에 나선 것은 잉여가치를 위해서이고, 노동자를 고용한 것은 잉여노동을 위해서입니다. 이 단순한 사실을 이해하지 못하면 우리는 케네 같은 정치경제학자가 던진 물음 앞에서 당황하게 됩니다. 케네는 노동자들이 부를 생산한다고 말하는 사람들에게 물었습니다. 왜 교환가치의 생산에 관심을 가진 자본가가 상품의 교환가치를 높이기는커녕 낮추려고 하는지, 그리고 노동이 부를 늘린다고 했는데 왜 노동을 절약해서 제품 가격을 낮춘 자본가가 돈을 버는지.[김, 437; 강, 447] 지금까지의 논의를 통해 이미 우리는 상품에 들어가는 노동량의 감소가 어떻게 자본가에게 이익이 되는지 알고 있습니다. 케네의 물음에 충분히 답을 할 수 있지요.

사실 케네는 자신이 본 현상에 대해 잘못 물었습니다. 그는 자본가가 왜 상품의 가치(판매가격)를 떨어뜨리고 왜 노동을 절약하느냐고 물었는데요. 그는 이렇게 물었어야 합니다. 왜 자본가는 생산성 즉 노동생산력을 높여 상품의 가치(판매가격)를 떨어뜨리려 하느냐고. 대답은 간단합니다. 상품의 가치가 낮아지는 것은 상품 하나에 들어가는 노동량이 줄어든 것이지 상품생산 과정에서 전체 노동량이 줄어든 것은 아닙니다. 즉 이전에 12시간 일해 120개를 생산하다가 1200개를 생산하게 되면, 상품 1개에 들어가는 노동량은 줄겠지만 결국 1200개를 생산해야 하므로 전체 노동량은 줄지 않는 겁니다. 그저 노동생산력이 증대한 것이지요. 그리고 노동생산력의 증대는 해당 자본가에게는 특별 잉여가치를 제공하고 자본가 전체에는 상대적 잉여가치를 제공합니다.

노동생산력이 늘어난다고 노동일이 줄어들지는 않는다는 점에 유념할 필요가 있겠습니다. 줄어드는 것은 필요노동시간이지 노동일이 아닙니다. 이를테면 노동자는 여전히 12시간을 일합니다. 다만 예전에는 120개를 생산했으나 이제는 1200개 생산할 뿐입니다. 상황에 따라 노동일은 더 늘어날 수도 있습니다. 필요노동시간을 줄이는 식으로 잉여노동시간을 늘릴 수 있다는 말이 노동일 연장을 통해 잉여노동시간을 늘리면 안 된다는 이야기는 아니니까요. 노동일 연장이 불가능할 때도 자본가에게는 다른 길이 있다는 것이지, 이것을 하면 저것은 할 수 없다는 식의 이야기가 아닙니다. 자본가로서는 필요노동시간을 줄이면서 노동일도 연장할 수 있다면 더 좋겠지요. 12시간에 120개 생산하던 것을 1200개 생산할 수 있다고 해도, 14시간 노동이 가능하다면 그는 14시간에 1400개를 생산하도록 할 겁니다.

마르크스는 시니어와 유어, 맥컬럭(MacCulloch) 등의 정치경제학자가 바로 이것을 요구했다고 했습니다. 이들은 황당한 주장을 폈습니다. 노동생산력이 늘어 필요노동시간이 줄어들었으니[노동력의 가치를 구성하는 상품의 가격이 내려갔으니], 이제 노동자들은 10시간이 아니라 15시간을 일해서 그것에 "감사를 표해야 한다"라고요.[김, 438; 강, 447~448] 필요노동시간이 줄어들었다면 그만큼 노동일을 줄여도 잉여노동시간은 유지될 수 있다는 뜻인데요. 그런데도 이들은 필요노동시간 단축을 노동일 연장의 근거로 둔갑시켰던 겁니다.

추가 잉여가치는 어디서 왔는가

상대적 잉여가치는 노동의 추가 투입 없이 생산될 수 있습니다. 실제로 나는 그렇게 설명했습니다. 노동일이 늘어나지 않으므로 노동자가 하루 투입하는 노동량이 이전보다 늘어나는 것은 아니라고. 노동생산력 증대는 단지 필요노동시간과 잉여노동시간의 비율만을 바꾼다고. 그런데 여기에는 암묵적 전제가 하나 있습니다. 바로 노동강도가 일정해야 한다는 겁니다. 만약 작업속도가 두 배 상승하면 생산물도 두 배로 늘어날 테니 생산성이 크게 높아질 겁니다. 하지만 이렇게 작업속도가 올라간 경우에는 노동자가 그만큼 더 많이 힘을 쓴다고 해야 할 겁니다. 즉 노동의 투입량이 늘었다는 것이죠. 앞서의 설명에서는 이런 점을 고려하지 않았습니다. 생산량은 늘었지만 노동강도는 그대로라고 전제했지요.

만약 이 전제를 유지하고 보면 어떻게 될까요. 전체 노동량은 그대로라고 했으므로 전체 가치생산량도 그대로라고 할 수 있습니다. 그렇다면 절대적 잉여가치를 제외한 상대적 잉여가치와 특별 잉여가치는 어디서 온 것일까요. 전체 가치생산량이 늘어나지 않았으니 말이지요. 물론 모든 잉여가치, 더 나아가 모든 가치는 노동자들의 노동에서 온 겁니다. 그런데 이렇게 생산된 가치가 어떻게 분배되는가와 관련해서 보자면 상대적 잉여가치와 특별 잉여가치는 출처가 조금 다릅니다.

먼저 상대적 잉여가치의 경우. 노동일과 노동강도는 그대로고 노동생산력만 증대했다고 해보죠. 그러면 전체 가치생산량에는 변화가 없을 겁니다. 하루 동안 투입한 노동량이 달라지지 않았으니까요. 하지만 하루 노동력의 가치가 떨어집니다. 이는 노동자들(전체로서 노동자계급)이 자신의 생활을 위해 가져가는 부분과 자본가들(전체로서 자본가계급)이 잉여가치로 챙겨 가는 부분의 비율이 달라진다는 말입니다. 달리 말하면 노동자들이 자기 노동력의 가치 이상으로 제공한 잉여노동량이 증가한 거죠. 자본가들이 노동력의 가치를 제대로 지불했다고 해도 노동력의 가치 자체가 하락했으므로 두 계급 사이의 소득 격차는 벌어집니다. 물론 생활수단의 가치가 하락한 것이므로 노동자들의 생활수준 자체는 떨어지지 않을 수 있고 심지어 물자 기준으로는 이전보다 더 풍족해질 수도 있습니다.

그런데 특별 잉여가치의 경우는 다릅니다. 이것은 특정 기업(특정 자본가)의 노동생산력만 비약적으로 상승하는 경우였죠. 노동일과 노동강도가 일정하다면 이 경우에도 전체 가치생산량은 그대로일 겁니다. 그럼 자본가가 얻은 추가 잉여가치는 어디서 왔을까요. (동일 제품을 생산하는) 다른 자본가로부터 온 것입니다. 생산성이 낮은 기업들의 잉여가치 일부를 이전해 온 셈이죠(물론 그 잉여가치도 기본적으로는 거기 노동자들이 생산한 것입니다만). 상대적 잉여가치가 전체 가치생산물 중 자본가계급과 노동자계급이 가져가는 몫의 비율을 바꾼 것이라면, 특별 잉여가치는 자본가들 사이에서 이익의 재분배가 이루어지는 것이라 할 수 있습니다. 물론 이 둘이 별개는 아닙니다. 자본가로서는 그저 노동생산력만 높이면 되지요. 그 결과가 직접적으로 특별 잉여가치를 낳는지 간접적으로 상대적 잉여가치를 낳는지는 크게 중요한 문제가 아닙니다. 그리고 앞서 말한 것처럼 크게 보면 특별 잉여가치는 상대적 잉여가치의 일종으로 볼 수 있고요.

어떻든 자본은 노동일을 더는 늘릴 수 없는 상황에서 출구를 찾은 셈입니다. 절대적 의미에서 노동량의 추가 투입 없이도 잉여가치를 늘릴 방법을 찾았으니까요. 그런데 데이비드 하비는 『자본』의 이 부분을 해설하면서 상대적 잉여가치와 특별 잉여가치의 생산이 잉여가치에 대한 자본가들의 욕구만 충족하는 것은 아니라고 말합니다. 노동자들의 욕구도 충족되는 부분이 있다는 건데요. 그는 이것이 상대적 잉여가치와 특별 잉여가치의 생산에 노동자들이 저항하지 않는 이유에 대한 설명이 될 수 있다고 봅니다.[10] 이건 무슨 말일까요.

상대적 잉여가치의 경우 필요노동과 잉여노동의 비율, 즉 잉여가치율은 상승합니다. 노동자의 생활수단의 가치가 하락해 노동력의 가치가 하락했으니까요. 하지만 노동력의 가치하락이 곧바로 노동자의 생활수준 하락을 의미하지는 않습니다. 사용가치 즉 물자 기준으로 보면 더 풍족해질 수도 있습니다. 예전에는 상상할 수 없었지만 이제는 노동자들도 자동차를 몰고 다니는 게 흔한 일이 되었죠. 특별 잉여가치의 경우도 그렇습니다. 노동조합이 생산성 상승에 협조하는 대신 임금 인상을 얻어낼 수 있지요. 자본가가 얻는 추가 잉여가치의 일부를 분배해줄 수 있으니까요. 하비에 따르면 남북전쟁 이후 미국에서 일어난 일들이 대개 그렇습니다. 기술혁신으로 생산성이 올라갔고, 그 덕분에 노동자들의 생활수준이 높아졌으며, 실질임금도 어느 정도 올라갔다는 겁니다(다만 신자유주의가 본격화된 지난 30년 동안은 이런 현상이 사라졌다고 했습니다. 생산성 향상으로 얻은 수익을 자본가계급이 독차지해버렸다고요). 하비의 설명은 충분히 수긍할 만한 것입니다. 또 노동생산력 증대가 착취율 증대로 이어져 이로 인해 계급투쟁이 격화할 것이라는 단순한 사고법을 경계하는 데도 큰 도움이 됩니다.

───────── 강화된 노동─잉여노동은 기계에서 나오는 게 아니다 ─────────
특별 잉여가치를 포함해 상대적 잉여가치의 생산에는 정말로 노동의 추가 투입이 없는 걸까요. 이론적으로는 그렇게 전제할 수 있습니다. 하비 역시 그렇게 이해하는 것 같습니다. 이렇게 말하는 걸 보면 말이지요. "기계는 가치의 원천이 될 수 없지만 잉여가치의 원천은 될 수 있는 것이다."[11] 노동의 추가 투입 없이 오로지 기술혁신(새로운 기계의 도입)으로만 추가 잉여가치가 생겨났다면 그 기계를 해당 잉여가치의 원천으로 볼 수 있겠지요. 이 말의 맥락을 고려하면 수긍 못할 것도 없습니다. 하지만 좀 위험한 문장이에요. 자칫하면 기계 물신주의에 빠질 수 있거든요. 하비의 말은 새로운 기계의 도입으로 필요노동과 잉여노동의 비율이 달라졌다는 정도에서 이해해야지, 잉여노동 자체를 기계가 생산했다고 이해하면 안 됩니다.

그런데 내가 하비의 말을 인용한 것은 마르크스의 생각과 미묘한 차이가 있기 때문입니다. 사실은 나 역시 일단은 하비처럼 상대적 잉여가치를 설명했습니다. 노동의 추가 투입 없이 노동생산력이 높아진 경우를 상정했어요. 하지만 마르크스의 문장을 잘 읽어보면 그가 노동생산력의 증대를 투입 노동량의 증대와 연결 지으려 한다는 것을 느낄 수 있습니다(상대적 잉여가치나 특별 잉여가치를 이론적으로 설명할 때는 투입 노동량의 증대가 꼭 필요한 게 아닌데도 말이지요). 마르크스는 말했습니다. "예외적으로 생산력이 높은 노동은 강화된 노동(potenzierte Arbeit)으로 작용한다. 다시 말해 같은 시간 같은 종류의 사회적 평균노동보다 더 높은 가치(höhere Werte)를 창출한다."[김, 435; 강, 444] 생산력이 높은 것은 노동자가 더 강도 높은 노동 혹은 더 고급의 노동을 수행한 결과라는 거죠. 여기서 '강화된 노동'이라고 옮긴 'potenzierte Arbeit'에 주목할 필요가 있습니다. 독일어 'potenzieren'은 '강화하다'라는 뜻과 함께 수학적으로 '제곱하다'라는 뜻이 있습니다. 내가 수학적 의미에 주목하는 것은, 마르크스가 '복잡노동'(kompliziertere Arbeit)과 '고급노동'(höhere Arbeit)에 대해 말한 바를 떠올리게 하기 때문입니다.

『자본』 제1장에서 마르크스는 이렇게 말했습니다. "복잡노동은 단지 '강화된'(potenzierte) 단순노동 혹은 더욱 '배가된'(multiplizierte) 단순노동으로 간주될 수 있어서, 적은 양의 복잡노동은 더 많은 양의 단순노동과 같다."[김, 55; 강, 99] 우리는 지금까지 상품의 가치를 규정하는 노동량을 편의상 노동시간으로 측정했는데요. 마르크스는 복잡노동과 단순노동의 경우 똑같이 놓을 수 없음을 인정한 겁니다. 동일 시간에 동일한 가치를 생산했다고, 즉 상품에 동일한 노동량을 대상화했다고 말할 수 없다는 거죠. 그래서 복잡노동의 경우에는 단순노동의 '몇 배'의 노동량이 들어간 것으로 간주하자는 겁니다.

『자본』 제5장에서 말한 '고급노동'도 마찬가지입니다. 마르크스는 고급노동에 대해 '하루치의 고급노동은 x일의 단순노동'으로 계산할 수 있다고 했습니다. [김, 264; 강, 290] 즉 고급노동은 단순노동의 몇 배에 해당하는 가치를 생산한다고 본 거죠. 노동량이 몇 곱 더 든다는 말입니다. 물론 복잡노동과 고급노동을 똑같이 볼 수는 없습니다. 단순한 것과 복잡한 것은 양적 차이지만 단순한 것과 고급의 것은 질적 차이니까요. 그러나 마르크스는 고급의 경우에도, 즉 노동자가 더 고급의 능력을 발휘한 경우에도 더 많은 노동을 했다고 보는 것이 합당하다고 생각한 것 같습니다. 동일한 시간에 평균적 단순노동에 비해 더 복잡한 일을 했든 더 고급의 일을 했든 간에 더 많은 노동을 투여한 것으로 보아야 한다는 이야기죠.

그런데 지금 노동생산력의 증대를 통한 추가 잉여가치를 설명하면서 마르크스는 복잡노동과 고급노동을 설명할 때 사용한 표현을 다시 쓰고 있습니다. 이것은 그가 노동생산력 증대를 복잡노동이나 고급노동의 경우처럼 양적으로든 질적으로든 더 많은 노동이 투입되었다고 본다는 뜻일 겁니다. 실제로 그는 생산력이 예외적으로 높은 노동에 대해 '더 많은 가치를 창출한다'라는 흔한 표현 대신 '더 높은(더 고급의) 가치를 창출한다'라는 다소 어색한 표현을 썼습니다. 아마도 '고급노동'을 떠올렸기 때문일 겁니다. 정리하자면, 마르크스가 생산력이 높은 노동을 '강화된 노동'이라 부른다는 것은 노동의 추가 투입이 있다고 보는 겁니다. 보통의 경우보다 몇 배 늘어난 노동이라는 거죠. 노동시간은 그대로지만 실제로는 일을 더한 것과 같습니다. 꼭 고급노동, 복잡노동에만 이런 말을 할 수 있는 게 아닙니다. 단순노동의 경우에도 작업속도를 높이면, 그러니까 노동강도를 높이면 노동시간이 같아도 실제로는 더 많은 노동을 한 셈입니다.

마르크스가 특별 잉여가치를 설명하면서 가치량을 노동시간이 아니라 화폐로 나타낸 것은 이런 이유일 겁니다. 노동시간으로는 노동자들이 동일 시간에 더 많은 노동을 투입했다는 사실을 표현할 수 없으니까요. 보통은 가치를 나타낼 때 시간을, 가격을 나타낼 때 화폐단위를 썼는데요. 여기서는 시간으로 표현할 수 없는 가치변동을 나타내기 위해 화폐단위를 쓴 겁니다. 그러니까 여기서는 가격이 아니라 가치를 표시한 것으로 보아야 하지요.

앞에서 노동생산력의 비약적 증가에 따른 특별 잉여가치는 생산력이 낮은 다른 자본가들로부터 이전된 것이라고 했는데요. 노동생산력의 증대가 노동의 추가 투입을 수반한다는 점을 고려하면 조금 다르게 말해야 합니다. 마르크스는 노동 생산력의 증대가 '강화된 노동'의 결과임에도 "우리의 자본가는 노동력의 하루 가치에 대하여 여전히 종전과 마찬가지로 (…) 지불한다"라고 했습니다.[김, 435; 강, 444] 노동자가 더 많은 가치를 창출했음에도 자본가는 노동력의 가치를 종전대로 지불한다는 거죠. 이는 자본가가 얻은 추가 잉여가치가 단지 생산성 낮은 다른 기업의 자본가만이 아니라 자기 공장의 노동자들에 대한 직접적 착취에서도 온 것임을 말해줍니다.

──────── 착취의 진보─더 문명화하고 더 세련된 착취 ────────

이론적으로는 노동량의 증대 없이도 생산성 상승을 통한 상대적 잉여가치나 특별 잉여가치를 설명할 수 있습니다. 그러나 나는, 마르크스는 그런 식의 설명은 하지 않으려 했다고 강조했습니다. 그는 생산성 증대를 단순히 새로운 작업방식이나 새로운 기계의 도입이 이루어낸 것이라고 말하지 않습니다. 물론 새로운 작업방식이나 새로운 기계의 도입으로 생산성이 크게 증대하는 것은 분명합니다. 그러나 마르크스는 이 경우에도 기본적으로는 그런 작업방식과 그런 기계 도입을 통해, 노동자가 더 큰 생산력을 '발휘하게' 되었다는 식으로 말하고 싶어합니다.

나는, 지금 우리가 살펴보고 있는 『자본』 제10장(영어판은 제12장)에서 마르크스가 노동생산력이라는 용어를 쓰고 노동생산력의 증대를 '강화된 노동'으로 이해한 것이 중요하다고 봅니다. 이 장은 새로운 잉여가치 개념을 선보이는 곳이니까요. 노동생산력의 증대방식은 이어지는 장에서 하나씩 차례로 살펴볼 겁니다. 여기서는 새로운 잉여가치, 새로운 잉여노동의 정체를 다시 한번 분명히 해두는 게 중요하겠습니다. 새로운 잉여가치의 생산이란 잉여노동의 새로운 추출법이라고 할 수 있겠지요. 이는 잉여노동에 대한 자본의 갈망을 실현하는 새로운 방법입니다.

절대적 잉여가치와 상대적 잉여가치의 경우를 비교해볼까요. 처음에 잉여노동에 대한 자본의 갈망은 노동시간의 외연적(extensiv) 확장으로 나타났습니다. 이것이 절대적 잉여가치의 생산이지요. 그런데 노동시간의 외연적 확장이 한계에 부딪히자 이번에는 내포적(intensiv) 강화를 꾀합니다. 이것이 상대적 잉여가치의 생산입니다. 전자의 경우에는 잉여노동이 노동시간의 연장(Extensität) 즉 '연장된 노동'의 형태를 취하고, 후자의 경우에는 노동시간의 강도(Intensität) 즉 '강화된 노동'의 형태를 취하는 거죠. 이 두 가지는 자본주의에서 잉여노동에 대한 자본의 갈망이 표현되는 기본형태입니다. 노동시간을 늘리거나 노동강도를 높이거나. 노동자 입장에서는 이것을 과로의 두 가지 기본형태라고 할 수 있겠지요. 과로란 '장시간 노동'이거나 '고강도 노동'입니다.

우리가 자본주의에 산다는 점을 고려하지 않는다면 노동생산력 증대는 과로가 아니라 다른 것을 의미할 수도 있을 겁니다. 생산력이 증대했으니 노동시간을 줄이고 자유시간을 늘릴 수 있겠지요. 또 고급 능력을 발휘해 이전에는 생각지도 못한 일을 해낼 수도 있을 겁니다. 그런 걸 마음에 그리며 작업방식이나 기계를 고안하고 발명한 사람도 있을 겁니다. 하지만 작업방식이나 기계의 의미는 그것을 고안한 사람의 마음에 달려 있지 않습니다. 마르크스가 여러 번 강조하듯 그것은 사회적 조건이나 배치에 달려 있습니다. 이를테면 18세기에 다양한 종류의 면방적기계가 발명되었습니다. 그 덕분에 물레를 쓸 때와는 비교도 할 수 없을 만큼 많은 면사를 만들어냈습니다. 이것이 무엇을 의미할까요. 자본주의에서 면방적기는 현물인 실만이 아니라 가치의 생산수단이기도 합니다. 그리고 가치 생산수단으로서 방적기의 성능은 인간노동을 얼마나 잘 흡수하느냐에 달려 있습니다. 노동을 줄여주는 수단으로서가 아니라 '노동을 더 잘 빨아들이는 수단'으로 부각되는 것이죠.

거듭 말하지만, 자본주의는 인간의 자유와 복리가 아니라 이윤을 목적으로 하는 체제입니다. 생산의 필요노동시간을 줄이는 이유는 잉여노동시간을 늘리기 위해서이지 노동시간 자체를 줄이기 위해서가 아닙니다. 자본주의에서는 생산성 향상과 노동일 단축 사이에 인과관계가 없습니다. 실제로 마르크스는, 지금 우리가 읽고 있는 『자본』 제10장에서 생산력 증대를 말하면서도 노동일(12시간)의 길이는 그대로 전제하고 있습니다. 노동생산력이 증대했다고 해서 노동일을 줄여주어야 할 이유는 없으니까요. 적어도 자본주의에서는요. 그래서 기술혁신이 일어나고 생산성의 비약적 성장이 일어남에도 노동일은 좀처럼 줄지 않으며 노동은 오히려 강화되는 경향이 있습니다.

새로운 기계들이 발명되면 과로가 사라질까요. 설령 노동자들의 작업을 편하게 만들어주는 기계가 나와도 과로가 사라지지는 않을 겁니다. 새로운 기계를 가지고 더 빨리 더 많이 일하면 생산성은 더더욱 높아질 테니까요. 착취 사회에서는 진보도 '착취의 진보'가 되고 맙니다. 야만적 착취의 자리를 문명화된 착취, 세련된 착취가 차지할 뿐이지요. 마르크스는 말했습니다. "노동의 사회적 생산력[생산성]을 발전시키는 것은 노동자를 위한 것이 아니라 자본가를 위한 것이다. (…) 그것은 노동에 대한 자본의 새로운 지배 조건을 만들어낸다. 따라서 그것은 한편에서는 역사적 진보이자 사회의 경제적 형성과정의 필연적 발전 계기로 나타나면서도 다른 한편에서는 문명화되고 세련된 착취수단으로서 나타난다."[김, 495; 강, 500]

'함께'의 착취

상대적 잉여가치는 노동생산력을 증대함으로써 노동력 가치의 상대적 비중을 줄이는 식으로 생산된다고 했는데 이제 그 구체적 방법을 하나씩 살펴보겠습니다.

——— 생산력을 높이는 두 가지 방법—작업방식과 기계의 변화 ———
사실 나는 생산력 증대와 관련해 앞서 이미 두 가지 방법을 지나치듯 언급했습니다. 생산력 증대를 가정하면서 '작업방식을 바꾸었든 노동수단을 바꾸었든' 하는 식의 표현을 썼지요. 그러니까 작업방식에 변화를 줌으로써 생산력을 늘리기도 하고, 생산수단 특히 기계의 도입으로 생산력이 늘어날 수도 있다는 걸 암시했던 셈인데요. 노동과정이라는 게 노동자가 생산수단을 가지고 생산물을 만들어내는 것이니, 생산자인 노동자 쪽에서 변화가 일어나거나 생산수단인 원료와 기계 쪽에서 변화가 일어나겠지요.

이것은『자본』제3편의 끝에서 마르크스가 암시한 것이기도 합니다. 거기서 그는 절대적 잉여가치의 생산과 관련해 자본에 닥친 한계를 말한 뒤 마치 단서를 흘리듯 두 가지 사항을 언급했습니다(476쪽). 하나는 노동을 강제로 조직할 수 있는 자본가의 힘, 특히 자본가의 지휘에 대한 것이었고요, 다른 하나는 가치증식과 정에서 생산수단이 하는 역할에 대한 것이었습니다. 사실 새로운 이야기는 아닙니 다. 우리는 노동과정을 다룰 때 이 두 가지를 모두 살펴본 바 있습니다(324쪽 그리 고 363~364쪽). 그런데 지난 6장의 끝에서는 색조랄까 뉘앙스가 조금 달랐지요. 먼 저 '자본가의 지휘'에 대해서 보자면 이전에는 노동과정에 대한 감시와 통제에 초 점을 맞추었는데, 여기서는 '더 많은 노동을 하도록' 노동자들을 조직하는 역할, 일종의 '강제관계' 속으로 집어넣는 역할에 초점을 맞춥니다. 감시를 통해 낭비를 줄이는 소극적 기능이 아니라 더 많은 잉여노동을 뽑아내는 적극적 기능에 주목 한 겁니다. 생산수단에 대한 언급에서도 마찬가지 변화를 느낄 수 있었어요. 가치 증식과정에서 생산수단은 어떤 역할을 하는가. 이전에는 노동자가 가치를 이전하 거나 추가할 때 대상이 될 뿐이었습니다. 객체에 불과했지요. 생산수단은 불변자 본이므로 가치를 추가할 수도 없고 가치의 원천도 될 수 없습니다. 그런데 여기서 는 생산수단을 가치증식에 적극적으로 관여하는 주체처럼 그립니다. 가치의 원천 은 아니지만 가치의 원천에서 가치를 빨아대는 양수기 같다고 할까요. 그래서 마 르크스도 '살아 있는 노동'과 '죽은 노동'의 관계가 '전도되어' 보인다는 말까지 했 습니다. 노동자가 생산수단을 사용하는 게 아니라 생산수단이 노동자를 사용하는 것 같다고요.[김, 423; 강, 433]

이 두 가지를 실마리 삼아 노동생산력의 증대가 자본주의에서 어떻게 이루어 져왔는지를 살펴보겠습니다. 하나는 자본가가 노동자들을 조직하고 지휘하는 방 식과 관련된 것이고, 다른 하나는 생산수단 특히 기계에서 일어난 변화와 관련된 것입니다. 전자가 이번 7장의 주제입니다. 그리고 후자는 다음 장인 8장의 주제입 니다.

─────── '함께'의 효과 ①─평균노동의 실현───────

지난 6장까지 우리는 노동자들의 '수'를 크게 신경 쓰지 않았습니다. 말하자면 자 본가에게 고용된 노동자가 한 명이어도 대체로 적용할 수 있는 모델이었지요. 하 지만 매뉴팩처 작업장이나 공장을 떠올릴 때 노동자 한 사람만 있는 풍경을 떠올 리는 사람은 거의 없을 겁니다. 자본주의적 생산은 장인이 도제나 직인 한두 명을 데리고 일하는 모델이 아니지요. 역사적으로 자본주의적 생산은 일정 규모 이상의 돈을 생산에 투자할 수 있을 때 시작됩니다. 일정 규모의 화폐축적을 전제하지요. 본원적 축적('이른바 시초축적')이라는 것을 필요로 합니다. 그래서 "역사적으로나 개념적으로나" 자본은 일정 규모 이상의 돈입니다.[김, 439; 강, 449] 생산과정에 동원되는 노동력과 생산수단의 규모가 이전과는 다르다는 뜻이지요.

마르크스는 자본주의적 생산의 역사적 출발점에서 일단 눈에 띄는 것은 '규모'라고 말하고 있습니다. 즉 생산방식에서 자본주의의 초기 생산형태인 매뉴팩처와 길드의 차이는 일하는 "노동자의 수가 좀 더 많다는 것 말고는" 별로 없었다는 겁니다. 매뉴팩처가 길드의 확대판 정도로 보인다는 거죠.[김, 439; 강, 449] 그런데 신기하게도 숫자만 많아져도 달라지는 것이 있습니다. 한 명이 일하는 것과 12명이 일하는 것은 다릅니다. 여기서 다르다고 말하는 것은 어떤 '초과' 내지 '잉여'가 나타난다는 뜻입니다. 노동력을 산술적으로 따지면 12명의 노동자는 노동자 한 사람의 열두 배입니다. 한 사람의 노동일이 12시간이라면 열두 사람의 노동일은 144시간이겠지요. 그런데 함께 일을 하면 이런 식의 합산으로 다 설명되지 않는 효과가 나타납니다.

일단 일정 수가 넘으면 통계적 의미를 갖습니다. 우리는 상품의 가치가 그것을 생산하는 데 '사회적으로' 필요한 노동량으로 결정된다고 했는데요. 이때 '사회적으로'라는 말에는 '평균'의 의미가 담겨 있습니다. 그러니까 상품생산이 평균적 노동조건에서 평균적 질을 가진 노동력에 의해 생산되었다는 뜻이지요. 그런데 자본가가 어떤 한 사람을 고려했을 때 그가 이런 평균노동자에 해당한다는 보장이 없습니다. 사실 개별 노동자는 평균과 편차를 보일 수밖에 없지요.[김, 440; 강, 450] 평균보다 뛰어난 노동력을 가진 사람일 수도 있지만 그렇지 못한 사람일 수도 있어요. 하지만 노동자들의 수가 늘어나면 이런 편차 문제를 해소할 수 있습니다. 여론 조사를 할 때도 그렇지요. 국민 여론을 알아보겠다며 5000만 명 모두를 조사하지는 않습니다. 대통령이나 정당 지지율에 대한 최근의 조사를 보면 표본 크기가 대략 1000명 안팎입니다. 이 정도의 표본만으로도 90퍼센트 넘는 확률로 전체 여론에 대한 판단을 할 수가 있습니다. 모집단이 5000만 개라고 해도 그 평균값은 1000개 크기를 가진 표본의 평균값과 거의 다르지 않습니다.

마르크스는 에드먼드 버크(Edmund Burke)를 인용했는데요.[김, 440; 강, 450] 버크는 차지농업가가 일을 시킬 때 일꾼 수가 다섯 명만 되어도 그 개별적 차이는 사라진다고 했습니다. 다섯 명 중에는 분명 일을 못하는 사람도 있겠지만 잘하는 사람도 있고 중간 수준인 사람도 있고 해서 어느 집단이나 다섯 명 정도만 뽑아내면 그 노동량 크기는 비슷해진다는 거죠. 요컨대 일정 규모 이상의 노동자가 모이면 '평균노동자'가 존재한다고 할 수 있습니다. 사회 전체의 평균이 공장에서도 나타나는 거죠. 이 경우 우리는 공장의 전체 노동자를 사회의 평균노동자로 간주할 수 있습니다. 우연적 편차가 공장 안에서 해소된다고 할 수 있는 거죠. 자본가로서는 소수만을 고용했을 때 발생할 수 있는, 통제 불가능한 우연의 문제를 해결하는 겁니다. 합리적 계산과 계획이 가능하지요. 가치증식의 일반적 법칙이 관철될 테니까요. 그래서 마르크스는 이렇게 말합니다. "가치증식의 일반법칙은 개별 생산자들에게는 그가 자본가로서 생산할 때, 즉 많은 수의 노동자를 동시에 사용하고 그럼으로써 처음부터 사회적 평균노동을 사용할 때 비로소 완전히 실현된다."[김, 442; 강, 452]

'함께'의 효과 ② ― 생산수단의 절약

방금 이야기한 것은 직접적 이익 증가보다는 수익 구조의 안정성과 관계된 것입니다. 노동자 수가 늘어나면 통계적 법칙이 통용되니까요. 우연에 내맡겨진 상황에서 벗어나는 거죠. 하지만 이것은 위험요인을 줄인다는 점에서는 중요하지만 직접적 손익의 문제는 아닙니다. 손해를 볼 수 있듯 우연한 이익이라는 것도 있으니까요. 고용된 소수의 노동자들이 평균보다 높은 생산력을 발휘하는 경우 해당 자본가는 일반적 잉여가치율보다 더 높은 잉여가치율을 누리게 될 겁니다. 반대로 생산력이 평균보다 낮은 경우에는 잉여가치율이 일반적 잉여가치율보다 낮겠지요 (물론 자본가가 생산력 낮은 노동자들을 그대로 방치하지는 않을 겁니다. 해당 노동자들은 곧 해고되거나 최소한 임금 삭감을 당하겠죠).

그런데 많은 노동자들이 '함께' 일하면 실제로 이윤이 늘어납니다. 이윤 증대에 직접적 기여를 하지요. 이와 관계된 요인들을 살펴보겠습니다. 먼저 '소극적으로' 기여하는 것들이 있습니다. 여기서 '소극적'이라고 말한 것은 생산량을 늘려서, 즉 노동생산력의 증대를 통해 추가 잉여가치를 만들어낸 것이 아니기 때문입니다. (노동생산력의) '증대'를 통한 이익이 아니라 (생산수단의) '절약'을 통한 이윤을 말하려는 겁니다. 아무것도 바꾸지 않아도 됩니다. 단지 많은 노동자를 '함께' 일하게 하면 '대상적 조건들'과 관련된 혁명이 일어납니다.[김, 442; 강, 452] 생산수단에 대한 효율적 이용이 가능해지니까요. 노동자들을 한곳에 모으면 건물은 물론이고 용기, 기구 등을 함께 쓸 수 있습니다. 건물을 예로 들면, 어차피 임대료를 내야 한다면 한곳에 모여 일하도록 하는 것이 각각 건물을 구하는 경우보다 이득이죠. 물론 20명이 들어가는 작업장은 두 명이 들어가는 작업장보다 커야 하니까 건물 하나 기준으로는 임대료가 높을 겁니다. 하지만 두 명씩 열 개의 작업장을 구하는 것보다 20명이 들어가는 한 작업장을 구하는 것이 비용이 덜 들겠지요.

건물에만 해당하는 이야기가 아닙니다. 전등이나 환풍기 등의 설비도 그렇고 작업도구도 그렇지요. 공유하면 비용이 줄어듭니다. 이용 효율을 높이는 셈인데요. 이용 효율을 높였다고 임대료를 더 내야 한다거나 추가 비용을 치러야 하는 건 아닙니다. 생산수단의 교환가치는 그것을 알뜰하게 사용한다고 해서 변하는 게 아니니까요. 그런데 생산과정을 가치증식과정이라는 면에서 보면 생산수단의 이러한 절약은 또 다른 의미가 있습니다. 생산수단을 알뜰하게 사용했다는 것은 생산물로 이전되는 생산수단의 가치량이 그만큼 작아진다는 뜻입니다. 동일한 양의 생산물을 만드는 데 생산수단이 덜 들어갔다는 뜻이지요. 생산물 하나로 이전된 생산수단의 가치가 줄어든 겁니다. 그렇다면 생산물의 가치도 그만큼 하락하겠지요. 소규모 장인들이 소수의 노동자들을 고용해서 일할 때는 이 효과가 크지 않을지 모르지만 노동자들의 대규모 고용이 전체 사회에 일반화된 경우에는 효과가 클 겁니다. 설령 노동생산력에 변함이 없더라도 '함께'의 효과가 나타납니다.

이 효과를 두 가지로 나누어 고찰할 수 있는데요.[김, 443; 강, 453] 하나는 우리가 지금 다루는 '상대적 잉여가치'의 생산과 관련됩니다. 생산수단 절약은 상품들의 가치를 떨어뜨립니다. 노동자들의 생활수단의 가치가 떨어지면 노동력의 가치도 떨어질 테고요, 그러면 앞서 살펴본 것처럼 상대적 잉여가치가 생산됩니다. 다른 하나는 '이윤율'과 관계된 것인데요. 생산수단은 불변자본입니다. 생산수단을 절약했다는 것은 총투하자본을 그만큼 아낄 수 있다는 뜻이지요. 이윤율은 총투하자본에 대한 잉여가치의 비율[$m/(c+v)$]인데, 설령 잉여가치가 변하지 않는다 해도 생산수단을 절약하면 불변자본을 줄이는 셈이니 이윤율을 높입니다. 이윤율이 높아졌다는 것은 같은 돈을 투자해 더 많은 돈을 벌 수 있다는 뜻입니다. 자본가한테는 아주 중요한 이야기지요.

그러나 생산수단 절약을 통한 이윤율 상승은 여기서 다룰 주제가 아닙니다. 이에 대해서는 『자본』 III권의 제1편에서 다룹니다. 마르크스는 독자들이 답답해할 것이라는 점을 알고 있습니다. '생산수단의 절약'이라는 하나의 연구 대상을 둘로 나누어 하나는 지금 다루고, 다른 하나는 차후 III권에서 다룬다는 게 부자연스럽게 느껴질 수 있겠지요. 기왕에 이야기를 꺼냈으니 두 주제를 모두 설명하면 좋을 텐데 말입니다. 하지만 마르크스는 두 주제가 완전히 다른 것이며 이윤율 상승은 나중에 다루어야 한다고 말합니다. 그가 두 주제를 엄격히 분리하고 논의 순서를 멀찍감치 떨어뜨려놓는 데는 중요한 이유가 있습니다. 『자본』 I권은 가치의 생산, 특히 잉여가치의 생산을 다루고 있습니다. 가치(와 잉여가치)가 노동력의 사용에서 나온다는 점을 분명히 하고 있지요. 절대적 잉여가치는 노동력 사용의 외연적 확장, 즉 노동력의 사용시간을 늘림으로써 얻는 것이고, 상대적 잉여가치는 노동력 사용의 내포적 강화, 즉 노동력의 강도를 높임으로써(노동의 생산력을 증대함으로써) 노동력의 가치를 떨어뜨려 얻는 것입니다.

공동의 노동을 통한 생산수단의 절약이 곧바로 노동력의 강도와 연관되는 것은 아닙니다. 다만 노동력의 가치하락과 관련될 수는 있지요. 그래서 그 부분은 상대적 잉여가치의 생산과 관련해 지금 여기서 이야기하는 게 적절합니다. 그러나 이윤율 상승 문제는 다릅니다. 앞서 나는 마르크스가 특별 잉여가치에 대해 생산성 향상으로 비용을 줄였다는 식으로 말하지 않고, 노동생산력 증대가 어떻게 그리고 얼마나 잉여가치량을 늘리는지를 일일이 계산했음을 언급했습니다. 그 까닭에 대해서는 이렇게 말했지요. 단지 자본이 비용을 줄여서 이윤을 낳았다고 하면 이윤(잉여가치)이 자본의 신비한 힘에 의해 만들어진 것처럼 보이게 된다고요. 이윤율에는 이런 문제가 있습니다. 이윤율은 총투하자본에 대한 이윤의 비율이다 보니 자본가가 투자한 자본이 이윤을 낳는다는 환상을 심어주죠. '노동의 생산력'이 아니라 '자본의 생산력'에서 이윤이 생겨난 것처럼 보이고 맙니다. 생산수단 절약은 특히 그렇게 보일 수 있습니다. 자본주의에서 생산수단은 자본가의 것이니까요. 생산수단은 노동자와는 무관한 것으로 나타납니다. 생산수단 절약을 통한 이윤의 증대는 노동생산력과는 무관한 문제, 노동자의 역량이 아니라 자본가의 역량이 발휘되는 문제로 보입니다.[김, 443; 강, 453] 마르크스는 이것이 전도된 이미지라는 것을 지적해두고 싶었던 것 같습니다. 즉 생산수단 절약을 통한 이윤의 증대가 자본의 신비한 생산력에서 나온 게 아니고 노동력의 가치하락을 통한 상대적 잉여가치의 생산과 관련된 것이라고요. 이것이 어떻게 사람들 눈에 비용절감과 이윤율 상승으로 나타나는지에 대해서는 지금까지 논의한 수준에서는 충분히 해명할 수 없으니 논의를 더 전개한 뒤 다루는 편이 옳다고 본 것이지요.

처음에는 간단한 이야기였는데 상대적 잉여가치니 이윤율이니 하면서 좀 복잡한 논의가 되고 말았습니다. 한곳에 모여서 일하면 생산수단을 절약할 수 있다는 건 실은 그리 어려운 이야기가 아닙니다. 자본가가 이를 통해 이익을 본다는 것도 쉽게 이해가 가고요. 그런데 논의가 왜 이렇게 복잡해졌는가. 마르크스가 우리에게 익숙한 방식으로 설명하지 않았기 때문이지요. 그는 노동자들을 함께 일하게 함으로써 자본가가 생산수단을 아꼈고 그것으로 이득을 보았다는 식으로 설명하지 않았습니다. 그 대신 생산수단 절약이 노동력의 가치하락으로 이어졌고 이것이 상대적 잉여가치를 낳았다고 했습니다. 그리고 생산수단 절약이 총투하자본에 대한 잉여가치의 비율 즉 이윤율을 변동시킨 것과 관련해서는 나중에 따로 이야기하겠다고 했지요.

나는 이 불편하고 복잡한 설명 방식에서 다시금 마르크스를 느낍니다. 자본가의 이윤 즉 잉여가치의 생산을 결코 자본의 신비한 힘으로 설명하지 않겠다는 그의 의지를 엿볼 수 있습니다. 생산수단 절약은 노동자와는 아무 상관도 없어 보이지만 그렇지 않다는 것을 여기서 일단 지적해두고, 서술의 순서를 밟아서 결국에는 자본의 생산력의 정체, 자본의 모든 이윤의 원천을 철저히 밝혀내겠다는 것이겠지요.

'함께'의 효과 ③—추가 생산력의 창출

사람들이 모여서 함께 일하는 것을 '협업'(Kooperation)이라고 합니다. 똑같은 일을 하는 서로 다르지만 연관된 일을 하든 상관없습니다. 힘을 합쳐 함께 생산물을 만들어내는 걸 모두 협업이라고 부릅니다. 그런데 이렇게 힘을 합치면 노동생산력이 늘어납니다. '함께' 일할 때 나타나는 세 번째 효과인데요. 앞서 말한 생산수단 절약이 협업의 소극적 효과였다면 이것은 적극적 효과라고 할 수 있겠습니다. 실제로 노동생산력을 증대시키니까요.

우선, '함께' 하면 혼자서는 가질 수 없는 힘이 생겨납니다. 마르크스는 군대에 비유했는데요.[김, 444; 강, 454] 기병 1개 중대나 보병 1개 연대의 공격력 및 방어력은 기병 1기나 보병 1명의 공격력 및 방어력을 합친 것과는 다르다는 거죠. 어느 정도 규모가 되면 소위 '작전'이라는 게 가능합니다. 그게 아니어도 힘을 합치면 혼자서는 쓸 수 없는 거대 무기를 쓸 수 있습니다. 칼이나 활, 창 같은 개인 무기만이 아니라 거대한 투석기를 쓸 수도 있지요. 노동도 마찬가지입니다. '결합노동'(kombinierten Arbeit)은 개인 노동의 단순한 합계가 아닙니다. 개인 노동자가 할 수 없는 일을 노동자 집단은 할 수가 있습니다. 한 사람이 천 번 시도해도 할 수 없는 일을 천 사람이 한 번에 해결할 수 있지요. 이를테면 무거운 물건을 들어 올리거나 거대 크랭크 장치를 돌릴 수 있습니다.[김, 444; 강, 454]

노동의 대상이 가진 크기 자체가 개인을 넘어서는 경우도 많습니다. 토목공사가 그런 경우인데요. 이를테면 개인이 운하 건설을 감당할 수는 없습니다. 감당은 커녕 노동대상에 아무런 영향도 미칠 수 없지요.[김, 448; 강, 457] 이때는 거인이 필요합니다. 바다에 발을 딛고 육지의 한 부분을 덜어낼 수 있는 힘을 가진 거인 말입니다. 다수 노동자의 결합노동은 그런 거인의 힘을 창출합니다. 노동의 범위를 개인이 미칠 수 없는 곳까지 확장하는 것이지요. 또한 '함께' 하면 개인의 힘도 더 크게 발휘됩니다. 정서적 자극이 일어나기 때문인데요. '함께' 하면 '활기'가 생겨나고 때로는 '경쟁심'까지 솟구치죠.[김, 444; 강, 454] 그래서 12명이 12시간씩 '따로' 일한 것보다 12명이 12시간을 '함께' 일했을 때 생산량이 많습니다.

'함께' 일했을 때 생산력이 증대하는 이유는 또 있습니다. 모두가 똑같은 일을 할 때도 작업을 더 작게 나누면 생산량이 늘어납니다. 작업을 분해하면 움직임의 크기나 이동거리를 줄일 수 있거든요. 높은 곳으로 벽돌을 나르는 일이 있다고 해봅시다. 저마다 벽돌을 들고 나르는 것보다 쭉 늘어선 뒤 한 사람이 곁의 사람에게 전달하는 게 더 효율적입니다. 전체 경로를 모두가 왕복했을 때보다 이웃한 사람에게 전달했을 때 노동자들의 이동거리 합계가 훨씬 작을 겁니다. 전체 이동거리 합계가 줄었다는 것은 동일한 시간에 더 많은 벽돌이 이동한다는 이야기죠. 한마디로 작업속도가 빨라진다는 뜻입니다. '함께' 하는 노동은 이처럼 공간 축소의 효과를 냅니다.

협업은 공간적 효과만이 아니라 시간적 효과도 냅니다. 각기 다르지만 긴밀히 연관된 노동들로 구성된 공정을 떠올려봅시다. 방금 벽돌 나르기에 대해 말했으니 계속해서 건축 현장을 예로 들어 말해보겠습니다. 만약 혼자 건물을 짓는다면 골조를 세우고 콘크리트 반죽을 하고 벽돌을 날라 쌓은 뒤 콘크리트 반죽을 바르면서 벽을 만들어야 할 겁니다. 순서대로 하나씩 해야겠지요. 하지만 일할 노동자가 많다면 이럴 필요가 없습니다. 누군가는 벽돌을 나르고 누군가는 그 벽돌로 벽을 쌓을 수 있습니다. 실제로 건축 현장에서는 많은 일이 동시에 진행되지요. 이처럼 여러 사람이 일을 나눠 동시에 수행하는 것이 일을 순차적으로 수행하는 것보다 효율적입니다.[김, 445~446; 강, 455~456]

방금 똑같은 노동을 여러 '부분노동'으로 나누어 수행하는 경우와 상호 연계된 노동들을 동시에 진행하는 경우를 살펴보았는데요. 이 두 가지는 단순협업의 형태들입니다만 잘 보아둘 필요가 있습니다. 나중에 협업이 좀 더 고도화되어 분업으로 발전할 때도 이것이 기본형태가 되거든요. 애초 동일한 노동이었든 상이한 노동들이었든 상관없이, 분할된 형태로 하나를 이루게 하는 것, 이것이 자본주의가 본격화했을 때 작업장에서 전형적으로 나타난 작업방식입니다.

정리하자면 '결합노동'은 '개별노동'의 합계가 아닙니다. '함께'는 개인들의 산술적 합이 아니지요. '함께'에는 개인으로 분해하면 사라지는 어떤 잉여의 것이 있습니다. 어떤 '초과'가 존재합니다. 결합노동은 개별노동이 가질 수 없는 힘을 창출합니다[잠재적 역량(Kraftpotenz)을 비약적으로 키워주죠]. 경쟁심과 활기를 불어넣어 노동자들로 하여금 더 큰 생산력을 발휘하도록 하고, 또 대규모 토목공사처럼 노동이 미치는 공간의 크기를 확장시키기도 하고, 릴레이식 벽돌 나르기에서 보았듯 생산규모에 비해 생산활동의 공간을 축소하기도 합니다. 작업을 분할해 동시에 진행함으로써 효율을 높이기도 하고요. 생산부문에 따라서는 결정적 시기에 많은 노동력을 집중 투입해야 하는 경우가 있는데(예컨대 농번기), 그 일을 가능케도 합니다. 이렇게 하면 개인 노동자들로서는 불가능한 생산력이 발휘됩니다. 노동자들의 '함께'에서 발생한 생산력이지요. 마르크스는 이 '특수한 생산력'을 '노동의 사회적 생산력'(gesellschaftliche Produktivkraft der Arbeit) 혹은 '사회적 노동의 생산력'(Produktivkraft gesellschaftlicher Arbeit)이라고 부릅니다.[김, 448; 강, 458] 인간이 사회적 존재로서, 더불어 사는 존재로서 '함께' 일할 때 발휘되는 놀라운 힘입니다.

───── 24개의 손을 가진 인간, 거인 노동자의 생산력 ─────

그런데 눈에 띄는 표현이 있습니다. '결합노동자'(kombinierte Arbeiter) 혹은 '전체노동자'(Gesamtarbeiter)라는 표현인데요.[김, 446; 강, 455] 마르크스는 노동의 결합을 노동자들의 결합으로, 즉 노동자들의 합체라는 시각에서 보고 있습니다. '결합노동'의 수행자로서 거대한 '결합노동자'를 상상하는 것이지요. 여기서 그는 실제로 '결합노동자'나 '전체노동자'를 단수형으로 썼습니다. 단지 노동자들의 무리를 지칭한 게 아니라 거대한 한 사람의 노동자를 떠올린 거죠. 거인 한 명이 일하는 겁니다. 『자본』의 영어판에서는 '함께 일하는 사람들로 이루어진 하나의 신체'(a body of men working together)라고 옮겼는데요.[12] 신체가 하나라는 걸 잘 보여주는 번역입니다. 안타깝게도 독일어판을 옮긴 강신준 번역본은 원문에 단수형 동사가 사용되었는데도 '결합노동자[또는 전체노동자]들'이라고 복수형으로 썼고, 영어판을 옮긴 김수행 번역본은 '노동자 집단'이라고 표현해 이런 뉘앙스를 전혀 살려내지 못했습니다.

　　그런데 이질적 개인들의 합체로 탄생한 거인은 매뉴팩처 시대(17~18세기) 국가나 사회의 기본 이미지였습니다. 이질적 다중(multitude)을 어떻게 한 사람, 한 인격체로 묶어내고 표상할 수 있는가. 앞서 2장에서 언급한 바 있는 홉스의 『리바이어던』 표지가 이를 잘 보여주는데, 산처럼 큰 거인이 군주의 형상을 하고 서 있습니다. 이 거인의 신체는 수많은 작은 인간들로 이루어져 있죠. 마르크스가 이 거인 노동자를 어떻게 그리고 있는지 볼까요. 마르크스는 12명이 한 줄로 늘어서 벽돌을 나르는 모습을 24개의 손을 가진 거인이 일하는 것처럼 말합니다. 거인이라기보다는 손발이 많은 거대한 벌레 같습니다. 이 '전체노동자'는 두 개의 손으로 작업대를 일일이 오르내리는 개별 노동자와 다릅니다. 전체노동자는 작업대 전체에 몸을 걸친 채 24개의 손을 이용해, 손에서 손으로 벽돌을 옮기죠. 눈도 24개나 됩니다. 몸 앞뒤에 눈이 달린 것은 물론이고 옆에도 눈이 있습니다. 그래서 건물을 지을 때는 사방으로 손을 뻗어 여러 가지 일을 동시에 수행하기도 합니다. 이 거인 노동자의 하루 노동일은 무려 144시간에 이릅니다(12명 노동자의 결합노동일이죠). [김, 445~446; 강, 455~456]

앞서 말한 것처럼 이 거인 노동자는 똑같은 시간에, 12명의 노동자가 개별적으로 12시간 동안 생산하는 것보다 더 많은 것을 생산해냅니다. 둘 다 노동일 합계는 똑같이 144시간이지만 거인 노동자의 생산력이 훨씬 큽니다. 마르크스가 말한 '노동의 사회적 생산력' 혹은 '사회적 노동의 생산력'이지요. 거인 노동자의 생산력입니다. 그런데 마르크스가 여기서 다시 한번 흥미로운 이야기를 합니다. "다른 노동자들과 계획적으로 함께 일할 때 노동자는 자신의 개별적 한계를 벗어나 자신의 유적 능력(Gattungsvermögen)을 펼친다."[김, 449; 강, 458]

─────── 협업과 인간의 '유적 능력' ───────

내가 흥미롭다고 한 것은 '유적 능력'이라는 말 때문입니다. 이 말은 마르크스가 오래전에 썼던 '유적 존재'(유적 본질, Gattungswesen)라는 말을 연상시킵니다. 『경제학 철학 초고』에서 마르크스는 인간을 '유적 존재'라고 불렀습니다.[13] 철학 용어에 익숙하지 않은 사람들에게는 '유'(Gattung)라는 말이 어렵게 들릴 수도 있겠습니다. 일상어에서는 '유'라는 말만 따로 떼서 쓰는 경우가 드물지요. '종류'(種類)라는 말은 많이 쓰지만 '종'과 '유'를 따로 떼서 말하는 경우는 많지 않습니다. 한자로 '종'은 씨앗을 의미하는데요. 씨앗들은 저마다 다르죠. 반면 '유'는 비슷한 것들이 모였다는 뜻입니다. '종'이 낱낱의 차이를 의미한다면 '유'는 비슷한 것들의 묶음입니다. '종'이 개별성을 뜻한다면 '유'는 일반성을 뜻하지요. 이를테면 동물을 7단계로 분류할 때(종-속-과-목-강-문-계), '종'의 상위 단계인 '속'을 독일어로 'Gattung', 영어로는 'genus'라고 합니다. 영어의 '특수한'(specific)이라는 단어가 '종'(species)에서 파생한 것이라면, '일반적'(general)이라는 단어는 '유'(속, genus)에서 파생한 것이죠. '종'이 특수성, 개별성과 관계한다면 '유'는 일반성, 보편성과 관계하지요. '종'이 원소라면 '유'는 집합이라 할 수 있습니다.

『경제학 철학 초고』에서 마르크스는 인간이란 자신이 속해 있는 집합 즉 '유'(類)도 실천과 사유의 대상으로 삼을 수 있다는 점에서 '유적 존재'라고 했습니다.[14] 말이 조금 어렵습니다만 풀어서 이야기하면 이런 겁니다. 인간은 모든 자연물을 이용하면서 생활합니다. 먹는 것, 입는 것을 온갖 식물, 동물, 광석, 공기, 빛 등에서 취하지요. 자연 전체가 인간의 삶을 위한 조건이자 수단입니다. 달리 말하면 자연 전체가 인간신체와 신진대사 작용을 하는 신체, 마르크스의 표현을 빌리면, '인간의 비유기적 신체'라고 할 수 있습니다. 생존만이 아닙니다. 자연 전체는 인간의 과학과 이론의 대상이고 예술의 대상입니다. 인간은 자연으로부터, 자연에 대해서, 자연을 이용해서 과학을 발전시키고 예술을 만듭니다. 이를 통해 자기 자신을 발전시키고 만들어나가지요. 이처럼 인간은 자연 전체와 관계하면서 생존하고 자기 자신을 가꾸고 변용해갑니다. 인간은 자연의 일부이면서 동시에 자연 전체와 관계하는 존재, 자연 전체를 생산하면서 자기 자신을 생산하고, 자연 전체를 인식하면서 자기 자신을 인식하는 존재입니다. 동물도 어느 정도는 그렇지만 실천적·이론적 관여 범위가 훨씬 넓다는 점에서 인간이 더욱 보편적입니다. 이것이 청년 마르크스가 생각한 유적 존재로서 인간입니다.

그런데 자본주의사회에서 인간은 이런 유적 존재의 성격을 잃어버립니다. 인간은 개별적 한계를 넘어선 유적 존재이지만 자본주의에서는 이것이 개별적 생존을 위한 수단으로 축소됩니다. 실천이든 이론이든 간에 자연과 관계하는 모든 행위가 먹고사는 문제로 축소되는 것이죠. 오로지 생존만 따지고 상품성만 따지고 돈만 따지지요. 굶주린 사람에게는 빵의 향기나 촉감이 중요하지 않습니다. 빵은 그저 배고픔을 해소할 먹거리일 뿐이지요. 탐욕에 빠진 사람에게 귀금속의 빛깔이나 물리적 속성은 중요하지 않습니다.[15] 그냥 재산을 불려줄 재물일 뿐이거든요. 이런 게 소외입니다. 마르크스는 자본주의에서 소외된 노동의 매우 중요한 측면 중 하나가 바로 '유적 존재의 소외'라고 했습니다. 그에 따르면 '유적 존재'는 인간의 본질인데요. 그런 점에서 이것은 인간본질의 소외라고도 할 수 있습니다.[16]

참고로 앞서 24개의 손을 가진 거인 노동자 이야기를 했는데요. 비슷한 비유가 『경제학 철학 초고』에 나옵니다. 이번에는 '24개의 다리를 가진 사람'인데요. 개인적 한계를 넘어 어떤 전능성을 갖게 된 존재의 상징입니다. 그런데 그는 유적 능력의 실현이 아니라 그것의 소외를 나타냅니다. 인간은 자연의 온갖 사물과 관계를 맺을 수 있는 유적 존재라고 했으나 자본주의의 사적 소유 아래서는 그럴 수가 없습니다. 소유할 수 없으면 향유할 수도 없습니다. 사물과의 관계가 제한되는 것이지요. 그런데 자본주의에서 인간을 대신해 인간존재의 유적 성격을 표현하는 것이 있습니다. 온갖 사물들과 관계를 맺을 수 있는 사물이 있지요. 바로 화폐입니다. 마르크스의 표현을 빌리자면 화폐는 인간과 인간이 갈망하는 사물 사이에 놓여 있는 '뚜쟁이'입니다.[17] 사물을 사랑하고 싶다면, 사물을 누리고 싶다면 먼저 이 뚜쟁이를 통해야 합니다. 사물을 갖고 싶다면 우선 돈을 가져야 합니다. 인간은 힘이 없지만 돈은 힘이 있고, 인간은 무능하지만 돈은 전능합니다. '24개의 다리를 가진 사람'은 이런 맥락에서 나옵니다. 나에게는 다리가 없을 수 있지만 돈을 가지면 다리가 있는 것과 같습니다. 그것도 두 개의 다리가 아니라 24개의 다리를 얻게 해주죠. 인간이 불구화되는 만큼 화폐는 전능화합니다. 마르크스는 괴테의 『파우스트』를 인용하는데요. "내가 육두마(六頭馬)의 돈을 지불할 수 있다면 그 말의 능력은 곧 나의 것이 아니겠는가? 나는 힘차게 뛰어가네, 나는 정상인일세. 마치 24개의 다리를 가진 사람처럼 말일세."[18]

마르크스의 생각에 인간은 다른 인간은 물론이고 자연의 온갖 사물과 관계할 수 있고 또 그것을 통해 새로운 감각, 새로운 능력을 일깨울 수 있습니다. 그런 능력이 인간에게 있습니다. 이것이 유적 존재라는 말이 의미하는 바입니다. 그런데 자본주의에서는 그런 자질이 제한될 뿐 아니라 뒤집혀 있지요. 인간이 아니라 돈이 그런 능력을 가진 존재로 나타납니다. "인간으로서 내가 할 수 없는 것…그것을 나는 화폐를 통해서 할 수" 있습니다. 화폐야말로 "모든 끈들의 끈"이고 "진정한 창조적 힘"입니다.[19] 신과 같습니다. 일종의 물신이죠. 본래는 능력이 인간에게 있었는데 자본주의적 현실에서 인간은 무력하고 돈이 전능합니다. 완전한 전도지요. 본래 '유적 존재'는 루트비히 포이어바흐(Ludwig Feurbach)가 썼던 말입니다. 그는 인간이란 개별적 의식만이 아니라 자신의 '유'에 대한 인식을 가진 보편적 존재라고 했습니다. 그에 따르면 보편적 존재로서 인간의 유적 본질이 하나의 대상으로, 그것도 하나의 인격으로서 나타난 것이 '신'입니다. 인간이 자신의 유적 본질을 외부의 인격과 동일시한 결과입니다. 정작 보편존재인 것은 인간 자신인데도 외부에 그런 존재가 따로 있다고 상상하는 거죠. 그리고 그 존재를 신이라고 부르는 겁니다. 성경에서는 신이 자신의 형상을 따라 인간을 빚었다고 했는데요. 실은 그 반대이지요. 신이 인간의 창조주인 게 아니라 인간이 신의 창조주인 겁니다.

청년 마르크스는 포이어바흐의 '유적 존재'라는 개념에 매혹된 것 같습니다. 사실 『경제학 철학 초고』를 집필하기 한두 해 전에 쓴 『헤겔 법철학 비판』에서도 그는 이 개념을 언급했습니다. 이 책에서 마르크스는 군주제를 비판하고 민주제 (민주주의)를 옹호했는데요. 군주제와 민주제의 관계를 포이어바흐가 말한 신과 인간의 관계처럼 생각했습니다. 신이 유적 존재로서 인간의 소외된 형태이듯 군주 제는 유적 체제인 민주제의 소외된 형태입니다. 군주가 행사하는 주권이란 실상 은 민중이 가진 힘인데요. 마치 군주라는 특정한 인격체가 그런 힘을 가진 것처럼 민중 바깥에 서 있는 겁니다. 군주가 민중의 힘 덕분에 존재함에도, 소외된 체제인 군주제에서는 민중이 군주의 힘 덕분에 존재하는 것처럼 보이지요(이것이 『법철학』 에서 헤겔이 빠진 환각입니다).[20] '종'의 차원에서는 여러 정치체제가 존재합니다. 군 주제, 귀족제, 민주제. 그러나 민주제는 하나의 '종'인 동시에 '유'이기도 합니다. 왜냐하면 모든 정치체제는 민중의 힘에 근거하니까요.[21] 다만 그 힘을 군주가 행 사하느냐, 귀족이 행사하느냐, 민중 자신이 행사하느냐만 다를 뿐입니다. 그러므 로 민주제는 정치체의 하나이면서 동시에 모든 정치체의 진리이기도 합니다.

그러나 이런 주장을 편 지 얼마 지나지 않아 마르크스는 '유적 존재'(유적 본 질)라는 개념을 버립니다. 『경제학 철학 초고』를 쓴 지 채 1년도 되지 않았을 때 죠. 그는 1845년 「포이어바흐에 관하여」라는 짧은 메모를 작성했는데, 여기서 포 이어바흐의 유적 존재 개념을 비판합니다.[22] 그는 인간의 본질에 대한 포이어바 흐의 생각이 사회성과 역사성이 전혀 없는, 매우 추상적이고 형이상학적인 인간관 에 기초하고 있음을 지적했습니다. 포이어바흐는 단지 개별 인간들을 묶어 추상한 뒤 하나의 '유'로서 파악하지요. 모든 인간이 역사적으로 매우 특정한 사회형태에 속해 있다는 점을 생각하지 않았습니다. 인간이 역사적으로 또 사회적으로 얼마나 달라지는지를 생각하지 않은 겁니다. 포이어바흐는 '본래 인간이란 이런 존재인 데'라는 식으로 말했지만 그런 '본래적 인간'은 어디에도 존재하지 않습니다. 모 든 인간들은 저마다 특정한 사회형태에 속해 있습니다. 그에 따라 다른 규정을 받 고 다른 형태의 억압을 받고 다른 형태의 자유를 꿈꿉니다. 이를테면 고대 노예의 해방과 근대 노동자의 해방은 의미도 다르고 형태도 다릅니다. 신분제에서 벗어나 는 것과 노동력의 상품화에서 벗어나는 것은 전혀 다른 문제이지요. '본래 인간은 이런데' 하는 식으로는 문제를 전혀 이해할 수 없습니다. 이렇게 해서 마르크스는 '유적 존재'라는 형이상학적 개념을 떠납니다.

그런데 마르크스에게서 사라졌던 '유적 존재'(유적 본질)라는 단어를 연상시키는 단어가 『자본』에 나타난 겁니다. 언뜻 드러난 의미도 비슷합니다. '다른 노동자들과 계획적으로 함께 일할 때'(im planmäßigen Zusammenwirken mit andern) 노동자는 '자신의 개별적 한계(individuellen Schranken)를 벗어던지고(abstreifen)' '유적 능력'을 발휘한다고 했습니다. 개인으로서가 아니라 유적 존재로서 능력을 발휘한다는 뜻으로 보입니다. 게다가 '계획적'으로 일한다고 했는데요. 이 단어는 우리가 지난 5장에서 중요하게 다루었던 '인간노동의 합목적성' 개념을 떠올리게 합니다. 나는 그때 인간의 이러한 자질이 자본주의적 생산에서는 단점으로, 슬픔의 원인이 된다고 했습니다. 말하자면 '소외'의 원인이라고 했지요. 꿀벌과 달리 인간은 '계획'에 따라 일할 수 있는데요. 이 자질은 노동자가 자신의 본성에 맞지 않음에도 '자본가의 통제'에 따라 일하는 것을 가능케 한다고 했습니다(이 때문에 '노동력'은 상품이 될 수 있었습니다).

다른 존재들과 관계를 맺고 협력하며 이를 통해 개인의 제한된 능력을 넘어설 수 있는 것은 훌륭한 자질입니다. 더욱이 인간은 그것을 본능이 아니라 의식적으로, 능동적으로 수행할 수 있습니다. 우리는 우연이나 본능이 아니라 계획을 세워서, 의식적으로 또 적극적으로, 다른 존재들과 협력할 수 있습니다. 그리고 이 협력을 통해 혼자일 때는 불가능했던 힘을 발휘할 수가 있습니다. 정말 대단한 자질 아닙니까. 마르크스는 자본주의적 생산의 협업을 말하려 할 때 자연스레 '유적 존재의 소외'라는, 젊은 시절에 했던 생각을 떠올렸을 겁니다. 인간의 중요한 자질이 오히려 인간의 착취에 이용된다는 생각을 했겠지요. 노동과정을 다룰 때도 그는 이미 '합목적성'에 대해 비슷한 지적을 한 바 있습니다. 하지만 포이어바흐적 인간 개념으로 돌아갈 생각은 없었을 겁니다. 그는 본래적 인간, 비역사적 인간의 형이상학적 본질 같은 것을 더는 믿고 있지 않았으니까요.

나는 마르크스가 단어를 살짝 바꾼 이유가 여기 있지 않을까 생각합니다. 그는 'Gattungswesen'이라 쓰지 않고 'Gattungsmögen'이라고 썼습니다. 'Wesen'은 '본질'이라는 뜻인데요. 이 단어를 버린 겁니다. 그 대신 잠재적 능력을 뜻하는 'mögen'을 썼습니다. 마르크스는 화폐자산가와 노동력소유자가 처음 만나는 장면에서 '노동능력'(Arbeitsvermögen)이라는 말을 썼지요. 노동자가 자본주의 생산양식 속으로 막 들어가던 장면인데요. 인간의 '노동능력'이 '노동력'(Arbeitskraft)으로 바뀌던 시점이죠. 이처럼 'mögen'은 상품으로 판매되기 이전의 인간이 지닌 잠재적 능력을 지칭한다고 볼 수 있습니다(1082~1086쪽 참조). 내 추론이 맞는다면 마르크스는 '유적 능력'이라는 말을 아주 세심하게 선택한 셈입니다. 협업, 더 엄밀히 하자면, 협업을 통해 표현된 인간의 '유적 능력'은 마치 '노동력'으로의 전환을 앞둔 '노동능력'처럼 자본주의적 생산에 고유한 작업형태로의 전환을 앞둔(그러나 자본주의가 아니라면 다른 식으로 그 역량을 발휘할) 인간노동의 어떤 자질이라 할 수 있습니다. 자본주의는 노동의 생산력을 끌어올리기 위해 다양한 협력적 작업형태를 발전시키는데요. 그 바탕에 인간의 유적 능력이 있는 것입니다.

매뉴팩처의 분업이나 대공장의 기계제 생산도 이 점에서는 차이가 없습니다. 그 기본형태는 '협업'이라 할 수 있어요. 모두가 협업을 다른 형태로 발전시킨 것에 불과합니다. 그래서 마르크스는 이렇게 말하지 않았나 싶습니다. "협업의 단순한 형태가 한층 더 발전한 다른 형태들과 나란히 특수한 형태로 나타난다 하더라도, 협업은 언제나 자본주의적 생산양식의 기본형태를 이룬다."[김, 457; 강, 465]

───────── 지휘자로서 자본가 ─────────

다시 자본주의적 생산으로 돌아가야겠지요. 인간의 어떤 자질이 어떤 의미를 가질지는 사회형태를 벗어나서는 논할 수 없으니까요. 사람들은 어느 시대나 '함께' 일하지만 우리가 협업을 이야기하는 장소는 자본주의 작업장입니다. 작업장에 사람들이 모여 있습니다. 하지만 이들은 서로 모르는 사이입니다. 자본주의의 '함께'가 갖는 특징이지요. 전통적 생산 공동체와는 다릅니다. 지금은 생산영역을 다루고 있습니다만 유통영역을 다룰 때도 비슷한 이야기를 한 적이 있습니다. 상품의 교환은 서로 타인인 관계를 전제한다고 말입니다. 공장에 모인 사람들은 함께 일하지만 서로 모르는 사이입니다. 게다가 자신의 의지로 모인 사람들도 아닙니다. 이들을 한데 모은 것은 자본가입니다. 자본가가 동시에 고용했기 때문에 함께 있는 것이지요. 이들을 하나로 묶어주는 공통성은 자본가의 동일성, 자본의 동일성입니다.[김, 449; 강, 458]

그런데 이렇게 많은 사람을 동시에 고용하려면 돈이 많이 들 겁니다. 모두에게 생활수단을 제공할 수 있어야 하니까요. 협업의 규모는 자본의 규모에 달렸습니다. 이는 노동력에만 해당하는 게 아닙니다. 생산과정은 생산수단을 소비하는 과정이기도 합니다. 노동자들을 많이 고용한다는 건 생산수단 역시 그만큼 공급되어야 한다는 뜻입니다. 가변자본만큼이나 불변자본도 커진다는 이야기지요.[김, 449; 강, 459] 앞서 '함께'의 첫 번째 효과를 이야기하며 역사적 자본주의는 화폐자산가가 상당한 규모의 돈을 생산에 투자할 수 있을 때 시작된다고 했는데, 이런 맥락에서 한 말입니다.

노동자들이 협업을 하면 추가 생산력이 나온다고 했는데요. 이는 말하자면 다수의 난쟁이 노동자들이 사라지고 한 사람의 거인 노동자가 출현하는 것입니다. 추가 생산력의 크기는 이 거인 노동자가 얼마나 온전한 형태로 출현하느냐, 즉 노동자들이 얼마나 유기적으로 결합하느냐에 좌우됩니다. 마치 단체 줄다리기를 할 때와 같습니다. 줄다리기의 승패는 어느 쪽이 '줄을 당기는 거인'을 더 신속하고 온전하게 만들어내느냐에 있지요. 이 거인은 줄을 붙든 채 당기고 있는 사람들보다는 줄 바깥에 있는 사람들에게 잘 보입니다. 물론 줄을 직접 당기고 있는 사람들도 어느 정도는 느낍니다. 모두의 리듬이 잘 맞아떨어지는 순간 실제로 거인의 팔로 당긴다는 느낌이 들거든요. 독립적이고 개별적이며 분산된 힘들이 하나로 모이는 어떤 순간을 실감하기도 합니다. 하지만 누군가 바깥에서 깃발을 흔들어주면 리듬을 맞추는 게 한결 쉬워집니다. 깃발의 움직임이 화학반응의 촉매처럼 개인들이 거인으로 돌변하는 과정을 돕습니다.

줄다리기만 그런 게 아닙니다. 연주도 그렇지요. 독주는 혼자 알아서 하면 되지만 합주는 연주자들이 호흡을 맞추어야 합니다. 비교적 작은 규모인 실내악에서는 제1바이올린 연주자가 눈짓을 합니다. 그러나 오케스트라 규모가 되면 별도의 지휘자가 있지요. 이 지휘자는 연주자가 아닙니다. 줄다리기에서 깃발을 휘두르는 사람과 같습니다. 그는 거인의 일부가 아닙니다. 다만 신호를 보내면서 거인 연주자의 출현을 도울 뿐이죠. 그가 보내는 신호를 따라 연주하다 보면 금세 여러 가지 악기를 동시에 다루는 '24개의 손'을 가진 거인 연주자가 나타납니다. 자본주의 공장의 협업도 마찬가지입니다. 협업의 규모가 커지면 별도의 지휘자가 필요합니다. 길드의 장인은 그 자신도 일하는 사람입니다만 자본가는 육체노동을 하지 않습니다.[김, 452; 강, 461] 오케스트라의 지휘자가 직접 연주하지 않는 것처럼 말이지요. 자본가는 전적으로 지휘자 역할만 맡습니다.[김, 450; 강, 459~460]

사실 『자본』 제5장(영어판은 제7장)에도 자본가의 지휘 및 통제에 대한 언급이 있는데요. 지금 말하고자 하는 것과 그때 말한 것은 다릅니다. 뉘앙스의 차이가 있습니다. 그때는 '자본가의 통제'라는 말을 '노동자 자신의 통제'라는 말과 대비해 썼습니다. 자본주의에서는 일하는 사람이 자신의 노동과정을 통제하는 게 아니라 자본가가 통제한다고 말이지요. 노동하는 주체와 노동을 통제하는 주체가 다른 거죠. 자본주의에서 노동과정은 자본가가 구매한 상품(노동력)의 소비과정이기 때문에, 노동자는 자신의 의지가 아니라 자본가의 명령을 따라야 합니다. 그러므로 제5장에서 말한 노동과정에 대한 자본가의 지휘 및 통제는 자본주의에서 노동자는 자본가를 위해 일한다는 사실을 확인한 것에 지나지 않습니다. 그런데 지금은 자본가가 생산의 지휘자로서, 마치 오케스트라의 지휘자나 전쟁터의 장군처럼, 어떤 적극적 기능을 수행하는 것처럼 말하고 있습니다. 자본가의 지휘가 생산력을 발휘하는 데 '필수적인 것'처럼 말이지요. 하지만 유의할 게 있습니다. 자본가의 지휘는 생산과정에 필수적인 것으로 나타날 때조차 직접 생산력을 구성하는 것은 아닙니다. 자본가의 지휘는 노동자들로 하여금 생산력을 더 크게 발휘하도록 하는 요인일 뿐입니다. 이는 줄다리기를 할 때 깃발을 휘두르는 사람이 줄을 직접 당기지는 않는 것과 같지요. 그는 다만 줄을 당기는 사람들이 더 큰 힘을 발휘하도록, 더 큰 힘을 구성하도록 도울 뿐입니다.

이런 지휘 기능은 자본주의 작업장이 아닌 경우에도 나타납니다. 고대 토목공사 현장에도 지휘자가 있었습니다. 아니, 고대까지 갈 것도 없이 우리 일상에서도 이런 일은 많습니다. 마을 잔치를 벌일 때도 규모가 커지면 전체 일을 총괄하는 사람 내지 집단이 필요할 수 있습니다. 그럼 자본주의적 지휘의 독특함은 어디에 있을까요. 자본가는 어떤 점에서 오케스트라 지휘자와 다를까요. 마르크스의 어법을 흉내 내자면 이렇게 말할 수 있을 겁니다. 협업은 협업이고 지휘는 지휘다. 그런데 협업이 자본주의적 협업이 되고 이때의 지휘가 자본가의 지휘가 되면 무언가 크게 달라진다. 실은 노동 일반이 그렇지요. 태곳적부터 인간은 땀 흘리며 일해왔습니다. 하지만 노예감시인의 채찍 아래서 일하는 것과 자본가의 감시 아래서 일하는 것은 본질적으로 다릅니다. 노예와 노동자는 똑같은 일을 해도 전혀 다른 존재입니다. 이들이 만들어내는 물건의 성격도 크게 다르고요. 노예의 노동은 물건(사용가치)을 만들어내기는 하지만 가치(그리고 잉여가치)를 만들어내지는 않습니다. 협업에 대해서도 같은 말을 할 수 있습니다. 협업은 어디서나 노동생산력을 증대시킵니다만 어디서나 잉여가치를 생산하는 것은 아닙니다. 협업으로 더 많은 잉여가치를 생산하는 것은 자본주의적 생산양식 아래서 협업이 이뤄질 때입니다.

그렇다면 자본가가 생산과정을 지휘한다는 것은 어떤 의미일까요. 만약 줄다리기에서 깃발을 휘두르는 사람의 목적이 줄을 당기는 사람들로부터 힘을 최대한 빼내 가기 위해서라면 아주 이상하게 들릴 겁니다. 더 많은 힘을 발휘하게 하는 이유가 더 많은 힘을 뽑아 가려는 것이라고 한다면 말입니다. 그런데 자본주의에서는 이상한 말이 아닙니다. 능력을 발휘하는 주체가 능력을 빨리는 대상이기도 하니까요. 자본가가 노동자들로 하여금 최대한의 능력을 발휘하게 하는 이유는 노동자들로부터 능력을 최대한 뽑아 가기 위해서입니다.[김, 450~451; 강, 460] 가축에 비유하자면 이런 겁니다. 산란계 양계장에서는 생산수단을 아끼고 생산력(산란능력)을 극대화하기 위해 좁은 케이지 안에 암탉들을 밀어 넣고 24시간 내내 백열등을 켜놓습니다. 그런데 이 백열등을 적색 LED등으로 교체하면 암탉의 생산력(산란능력)이 8퍼센트가량 늘어난답니다. 전기에너지(생산수단) 소비를 80퍼센트 정도 절감하면서요. 300평의 공간에 5만 마리를 키우는 곳이라면 연간 8000만 원 가까운 추가 수익을 얻을 수 있습니다.[23] 백열등을 적색 LED등으로 교체해주면 이처럼 암탉의 생산력이 늘어납니다만, 이 생산력의 증대가 암탉의 건강 증진을 의미하지는 않습니다. 24시간 내내 백열등을 켜놓는 것이 그렇듯 그 등을 LED등으로 교체한 것도 암탉을 위한 일이 아니지요. 등을 교체한 것은 암탉으로부터 더 많은 알을 빼앗기 위해서이고(생산력 증대), 근본적으로는 연간 8000만 원을 더 벌기 위해서입니다(잉여가치의 최대화). 요컨대 암탉의 능력을 최대로 끌어올리는 것은 암탉을 최대한 착취하기 위해서입니다.

노동생산력을 높이려는 자본가의 노력에서 두 가지 면모를 볼 수 있습니다. 생산과정에 대한 자본가의 지휘에는 이중성이 있지요. 한편으로 자본가는 일정 규모 이상의 협업에서 본성상 요청되는 기능을 수행합니다. 그는 오케스트라의 지휘자처럼 유기적 협업을 유도해 생산력을 증대합니다. 이것은 자본주의적 생산이 아니어도 필요한 기능이지요. 그런데 다른 한편으로 자본가는 여기가 자본주의이기 때문에 요청되는 기능을 수행합니다. 그는 노동자들을 끊임없이 지휘하고 감독하지 않으면 안 됩니다. 왜 그럴까요. 자본주의 협업의 목적은 최대한의 잉여가치 생산에 있으니까요. 달리 말하면 그는 노동자들한테서 최대한의 노동을 짜내야 합니다. 생산과정에 대한 지휘는 그가 착취자라는 사실 때문에 필요한 기능이기도 한 겁니다.[김, 451; 강, 460]

이 후자의 면모 때문에 자본가의 지휘와 감독은 억압성을 띨 수밖에 없습니다. 그리고 억압과 착취에는 저항이 따르기 마련이지요. 협업에서는 저항의 규모도 커집니다. 협업으로 탄생한 거인 노동자는 언제든 믿음직한 일꾼에서 무서운 투사로 돌변할 수 있습니다. 이것을 막으려면 평소 주도면밀한 관리가 필요하겠지요. 그래서 공장의 자본가는 한편으로는 지휘봉을 든 오케스트라 지휘자이지만 다른 한편으로는 진압봉을 든 경찰입니다. 그는 생산력을 증대하기 위해 노동자들을 이런저런 방식으로 조직하고 작업을 분배합니다. 그러나 동시에 노동자들이 게으름을 피우지는 않는지, 생산수단을 낭비하지는 않는지, 더 나아가 저항의 조짐을 보이지는 않는지 감시합니다. 물론 이 두 측면이 별개는 아닙니다. 노동자들을 조직하고 작업을 분배할 때도 자본가는 그 표정과 상관없이 전권을 가진 독재자입니다. 협업을 통해 더 큰 생산력을 발휘하는 것은 노동자들입니다만 노동자들을 그렇게 만드는 것은 전적으로 자본가의 계획과 의지, 힘입니다. 자본가는 생산과정의 모든 것을 잉여가치의 최대화에 맞춥니다. 이것을 위해 전권을 행사합니다. 그의 지휘는 내용과 상관없이 형태상으로는 언제나 '전제적'(despotisch)입니다.[김, 452; 강, 461] 그는 사회 전체에 대해서는 무정부주의자처럼 행동할 때가 많습니다만 공장에서는 그렇지 않습니다. 여기서는 어떤 무질서도 용납하지 않는 독재자입니다.

협업의 규모가 더 커지면 자본가 혼자서 생산과정을 지휘하고 감독할 수 없겠지요. 그는 통치를 보필할 사람들을 필요로 합니다. 마치 "군대에서 장교와 하사관을 두는 것처럼"[김, 452; 강, 461] 그는 노무관리를 맡을 사람들을 고용하지요. 자본가가 그랬듯이 이들도 직접적 노동으로부터 해방된 사람들입니다. 임금노동자이기는 한데 '생산노동'이 아니라 '감독노동'(Arbeit der Oberaufsicht)을 수행하는 사람들이지요. 노무관리자들의 감독노동은 과연 생산적인 노동일까요. 나중에 '생산적 노동'이라는 주제를 다룰 때 이 문제를 자세히 이야기할 생각입니다만, 자본주의 생산양식 아래서 지휘와 감독이 갖는 성격을 드러내는 수준에서 약간 언급할 것이 있습니다. 마르크스는 감독노동에 대한 정치경제학자들의 이중적 태도를 꼬집었는데요.[김, 452; 강, 461] 이를테면 존 엘리엇 케언스(John Elliot Cairnes)는 자영농이나 독립수공업자와 노예제에 입각한 식민지 농장을 비교하면서 감독노동을 일종의 '낭비'로 간주합니다. 자영농이나 독립수공업자의 경우에는 노동을 감독할 사람을 고용할 필요가 없습니다.[김, 452, 각주 16; 강, 461, 각주 21a] 그런데 식민지 농장에서는 노예들을 감시하고 감독할 사람을 별도의 비용을 들여 고용해야 합니다. 노예들은 가급적 일을 하지 않으려 할 것이고 도망칠 수도 있으니까요. 이 경우 감독노동은 식민지 농장의 착취적 성격 때문에 지출해야 하는 비용, 말하자면 체제의 성격 때문에 생겨난 '추가 지출 경비'(faux frais)라고 할 수 있지요.

그런데 식민지 농장의 감독노동을 불가피하지만 비생산적 지출로 보는 정치경제학자들도 자본주의 생산양식을 다룰 때는 다른 이야기를 합니다. 감독노동이 생산력 증대에 크게 기여한다고 말하는 것이지요. 불가피한 비용이라기보다 이윤 증대에 기여하는 생산적 노동으로 보는 겁니다. 마르크스는 자본주의 생산양식을 다룰 때 이들 정치경제학자들이 "공동의(공동체적, gemeinschaftlichen) 노동과정의 본성에서 생겨나는 지휘 기능과, 노동과정의 자본주의적인 그래서 적대적 성격을 띠는 지휘 기능을 동일시한다"라고 지적했습니다.[김, 452; 강, 461] 감독노동이 생산력 증대에 기여하는 것은 협업의 본성에서 요청되는 기능을 수행할 때입니다. 그런데 이것은 자본주의 생산양식과는 무관한 것입니다. 자본주의 생산양식에서는 그 착취적 성격 때문에 감독노동에 낭비적 요소, 그러니까 다른 생산양식에서는 불필요할 수도 있는 요소가 들어갑니다. 정치경제학자들이 자본주의적 감독노동을 생산적으로 본 것은 이 두 가지를 뒤섞고 심지어 동일시하기 때문입니다[참고로 마르크스는 주석에서 제임스 스튜어트 밀을 인용하는데요.[김, 452, 각주 17; 강, 461, 각주 22] 밀은 거대 매뉴팩처 기업이 가내수공업을 절멸시킨 비결은 노예노동, 즉 노동자들을 노예처럼 부린 것에 있다고 했습니다. 마르크스가 이 말을 인용한 것은 자본주의 공장의 감독노동이 식민지 농장의 경우와 다르지 않다는 말을 하고 싶어서겠지요}.

정리하자면 생산의 지휘자는 꼭 자본가가 아니어도 됩니다. 협업에 지휘자가 필요할 수는 있지만 그가 자본가일 필요는 없습니다. 그러나 자본주의에서 자본가는 자본가이기 때문에 생산의 지휘자가 됩니다. 마르크스의 말을 빌리자면 "자본가는 산업의 지휘자인 까닭에 자본가인 것이 아니라, 자본가이기 때문에 산업의 사령관이 되는 것"이지요.[김, 452~453; 강, 461~462]

위험한 진실─부르주아지가 원하지 않는 진실

'생산의 지휘자는 자본가가 아니어도 된다.' 잠시 기분전환을 위해 이 말을 한번 음미해보죠. 자본가의 지휘, 자본주의적 감독노동이 없는 생산에 대해 말입니다. 이와 관련해 마르크스의 주석 하나가 눈에 띕니다.[김, 451, 각주 15; 강, 460, 각주 21] 1866년 5월 26일 자 영국 신문 『스펙테이터』*Spectator*에 실린 기사를 인용한 것인데요. 맨체스터의 어느 철사 제조회사에서 자본가와 노동자 공동출자제도를 도입했다고 합니다. 그랬더니 물자 낭비가 크게 줄었답니다. 노동자들도 투자를 했으니까요. 이 신문은 평소 노동자들이 자본가들의 재산인 물자를 얼마나 함부로 쓰는지를 보여주는 증거라도 잡은 듯 호들갑을 떱니다. 노동자들의 물자 낭비야말로 악성 채무 다음으로 사업에 큰 손실을 끼치는 요인이라고 말이지요. 노동자들의 물자 낭비를 자본가가 평소에 엄격히 감시해야 할 필요가 있다는 거죠(사실 노동자가 생산수단의 절약에 무관심한 것은 자본주의에서는 이상할 게 없지요. 그것은 자본가의 소유물로서 노동자의 생명력을 빨아들이는 도구니까요).

그런데 자본가와 노동자의 공동출자제도로 물자 낭비가 놀랄 만큼 줄었다고 흥분한 이 신문은 당시 영국에서 큰 성공을 거둔, 노동자들의 협동조합 실험에 대해서는 지독한 냉소를 보였습니다. 바로 '로치데일 협동조합'인데요. 이들의 활동이 근대 협동조합 운동의 시발점으로 평가받죠. 본래 이름은 '로치데일 공정 개척자 조합'(The Rochdale Society of Equitable Pioneers)으로, 로치데일은 랭커셔 지역의 공업도시입니다. 1844년 이곳 방직 노동자 수십 명이 일종의 소비자조합을 만들었습니다. 이전에 런던의 불량 빵집 이야기를 한 적이 있는데, 사실 사건이 불거진 건 1850년대이지만 그 전부터 만연한 문제였습니다. 문제는 그런 빵집에서 파는 빵만이 아니었지요. 식자재 자체가 불량인 경우가 많았죠. 빵집에서 반죽에 석회가루를 넣기 전에 이미 석회가루가 들어간 밀가루가 유통되고 있었으니까요. 게다가 유통업자들은 불량 식자재에 터무니없는 가격을 붙였습니다. 이런 상황에서 가난한 노동자들이 돈을 조금씩 긁어모아 만든 비영리 소비자조합이 로치데일 협동조합입니다. 조합에서는 밀가루나 버터 등 양질의 식자재를 저렴하게 구매한 뒤 조합원들에게 판매했습니다. 운영도 상당히 민주적이었습니다. 조합원 1인마다 1표를 행사하게 했고, 이용 실적에 따라 배당도 실시했습니다. 로치데일 협동조합이 성공을 거두자 영국 전역에 비슷한 조합이 많이 생겨났고, 위기의식을 느낀 기존의 도매업자들이 결탁해 이들을 방해했지요. 그러자 지역 협동조합들이 연대하여 1860년대에는 도매업 협동조합까지 만들었답니다. 나중에는 생산영역까지 진출해 일부 물품을 자체 생산하기도 했고요. 마르크스는 이 실험을 눈여겨보았던 것 같습니다. 1864년 작성한 인터내셔널 발기문에서도 '노동의 정치경제학'이 거둔 적극적 승리, 소위 '원칙의 승리'의 예로 협동조합 실험을 꼽았으니까요. 그는 협동조합 운동에서 자본가가 통제하는 생산과는 다른 집단적 생산, 협력적 생산의 가능성을 보았습니다.

그런데 '영국의 속류 신문' 『스펙테이터』는 로치데일의 실험에 대해서는 이렇게 빈정댔습니다. "이들의 실험은 노동자들의 협동조합이 매점과 공장 그리고 거의 모든 형태의 산업을 성공적으로 관리할 수 있음을 보여주었으며 또한 노동자의 상태를 크게 개선하기도 했지만, 고용주들(masters)을 위해서는 어떤 빈자리도 남겨놓지 않았다." 세상에 고용주 즉 주인(masters)이 없는 생산이라니 말도 안 된다는 겁니다. 마르크스는 이 신문의 논조를 흉내 내며 주석 그트머리에서 조롱했지요. 고용주들의 자리가 없다니, "이 얼마나 끔찍한 일인가!" 이 신문이 로치데일 협동조합의 실험을 끔찍하게 생각한 이유는 무엇일까요. 혹시 자본가란 없어도 되는 존재, 생산에 불필요한 존재일지 모른다는, 자본가들로서는 도저히 인정할 수 없는 진실이 드러났기 때문 아닐까요. 어쩌면 더 두려운 것은 자본가에 대한 진실이 아니라 노동자에 대한 진실인지도 모르겠습니다. 가진 것도 없고 배운 것도 없는, 그냥 시키는 일이나 겨우 해내는 가련한 노동자들이 사실은 생산과 유통을 관리할 수 있는 능력자들이라는 것 말입니다. 협동조합이 보여주는 정말로 위험한 진실은 그게 아닐까요. 노동자들이 자신의 능력을 깨닫는 날이 온다면 어떻게 될까요. 한발 더 나아가 자신들을 통치자로 그린다면, 다시 말해 그들 자신의 거번먼트를 상상한다면 어떻게 될까요. 그것이야말로 부르주아들로서는 끔찍한 일이겠지요.

참고로 마르크스는 파리코뮌 당시 프롤레타리아트가 저지른 가장 큰 범죄(부르주아지를 가장 끔찍하게 만든 범죄)가 어떤 것인지 짐작게 하는 말을 했습니다. "'타고난 상전들'인 유산자들의 통치 특권을 감히 침해하고 전례 없이 어려운 상황에서 자신들의 작업을 겸손하고 양심적이고 효과적으로 실행했을 때 (…) 그때 낡은 세계는 시청 위에 나부끼는 노동의 공화국의 상징인 붉은 깃발을 보고 분노의 경련을 일으켰다."[24] 시청 위에 나부끼는 붉은 깃발이 왜 부르주아들에게 경련을 일으켰냐고요? 그 깃발은 통치자로서 프롤레타리아트와 그의 거번먼트가 지금 여기 존재한다는 걸 말해주었으니까요.

'함께'에 대한 배신

협동조합 이야기를 했으니 말인데, 사실은 기업도 애초에는 조합이고 공동체였습니다. 로치데일 협동조합은 영어로 'The Rochdale Society'인데요. '협동조합'이라고 옮긴 단어가 'Society'입니다. 우리가 통상 '사회'라고 옮기는 말이지요. 이 단어는 사교, 교제, 모임, 무리, 집회 등 여러 의미를 가지고 있습니다만 서구에서 오랫동안 '회사' 즉 기업을 가리키는 데 사용되었습니다. 중세에 대외교역과 환전 업무를 수행하던 기업을 '소키에타스'라고 불렀지요. 이 말은 일반적으로는 어떤 목적을 위해 뭉친 사람들을 가리켰지만 특히 상인들의 이익결사체를 그렇게 불렀습니다. 이런 전통 때문에 프랑스어에서도 '소시에테'(société) 내지 '소시에테 드 코메르스'(商社, société de commerce)라는 말로 기업을 지칭합니다. 페르낭 브로델에 따르면 9~10세기 지중해 경제가 활발하게 돌아가고 이슬람 도시들과 거래가 열렸을 때 이런 상인 결사체가 많이 등장했는데,[25] 주로 원격지교역에 필요한 막대한 자금을 조성하기 위해서였지요. 당시 상인들의 결사체를 '소키에타스 마리스'(societas maris)라고 했는데, 이름을 보면 해외무역을 위한 결사체라는 걸 알 수 있습니다. 이들 소키에타스 중 규모가 큰 것을 '콤파니아'(compagnia)라고 불렀는데,

영어의 '컴퍼니'(company)에 해당합니다. 동료라는 뜻도 있고 회사라는 뜻도 있지요. 글자 그대로는 '빵(panis)을 함께(com-) 나눈다'라는 뜻입니다. 삶의 공동체라는 겁니다. 브로델의 말을 빌리자면 콤파니아는 "빵이든 (…) 위험이든 자본이든 노동이든 모든 것을 나누는" 결사체였지요. 주로는 가족과 친척으로 이루어진 일종의 가족기업이었습니다.[26]

그렇다면 오늘날의 자본주의 기업은 어떨까요. 자본가와 노동자는 공동체의 동료이며 빵을 함께 나누는 사람들일까요. 우리가 이미 살펴본 대로, 마르크스는 『자본』 제8장에서 공장주들이 애용하는 독특한 표현 하나를 언급했지요. 습관적으로 '우리'라는 말을 쓴다고요. 어떤 때는 자본가 자신이 주어인 게 분명함에도 '나'라는 말 대신, 옛날의 황제처럼 '우리'라는 말을 썼고, 어떤 때는 노동자들만을 지칭하는 게 분명함에도 마치 자신도 거기 포함된 것처럼 '우리'라는 말을 쓴다고 했습니다. 노동자들로 하여금 기업을 운명 공동체로 느끼게 하려는 것이죠. 이는 기만입니다. 노동자와 자본가는 빵을 만들 때도, 그것을 나눌 때도 동료가 아닙니다. '생산과정'에 관한 한 자본가는 전권을 쥔 전제군주이고, 협업을 통해 생산된 초과분은 온전히 그의 것이니까요.

기업은 공동체이지만 공동체에 대한 배신이기도 합니다. 공장은 사람들이 '함께' 일하는 곳이지만 '함께'라는 말이 성립할 수 없는 곳입니다. 적어도 자본가와 노동자 사이에서는 그렇습니다. 마르크스가 자본가적 지휘의 이중성이라는 말로 지적했던 것이 바로 이것이지요. '함께'의 이유가 '착취'에 있는 한에서는 '함께'가 불가능합니다. 사회적 생산, 공동의 생산이 사적 소유를 위한 것인 한에서는 공동체가 성립할 수 없지요. 노동자들의 노동을 자본가가 구매한 상품의 소비과정으로 보는 한에서는 코뮌이 될 수 없습니다. 가축에게 사료를 주는 것과 동료와 빵을 나누는 것은 완전히 다른 겁니다. 마이클 하트(Michael Hardt)와 안토니오 네그리(Antonio Negri)는 기업을 '공통적인 것의 부패한 형태'라고 불렀는데요(참고로 이들은 자본주의사회에서는 기업 외에도 '가족'과 '민족'이 그렇다고 했습니다).[27] 자본주의 사회에서 기업은 "공통적인 것에 관여하고 사회적 생산적 협력을 위한 장소를 제공"하지만 동시에 "공통적인 것을 수탈"하고 "자본이 부과하는 위계와 통제를 통해 부패시키고 족쇄를 채우"기 때문입니다. '함께'를 제공하고 '함께' 생산하지만 또한 '함께'를 수탈한다고 할 수 있지요. 이것은 '함께'에 대한 배신이고 '함께'의 타락입니다.

『자본』 본문에서 마르크스는 자본가가 '함께'를 무상으로 취한다는 점을 지적하고 있습니다. 근대사회의 이념에 따르면 자유와 평등의 주체는 개인입니다. 시장에서 자본가와 노동자는 개인 대 개인으로 만납니다. 구매자인 자본가가 꺼내는 돈이 사유재산이듯이 판매자인 노동자가 내놓는 노동력도 개인적이고(indivi-duelle) 개별적인(vereinzelte) 것입니다. 마르크스가 말하듯 100명의 노동자를 고용하는 자본가는 "단지 100명의 개별 노동력의 가치를 지불하는 것이지 100이라는 결합노동력의 가치를 지불하는 것은 아니"지요.[김, 453; 강, 462] 앞서 말했듯이 생산과정에서 '함께' 일하는 노동자들은 서로 타인입니다. 저마다 개인으로서 참여하지요. "동일한 자본과 관계를 맺으면서도 서로 간에는 아무런 관계를 맺고 있지 않습니다." 엄밀히 말하면 생산과정으로 들어가고 나면 이들은 개인도 아닙니다. 온전한 인격체 지위를 인정받지 못하니까요. 여러 번 말했듯 생산과정은 자본가가 구매한 상품인 노동력의 소비과정이고, 이때 노동력의 사용권은 노동자에게 있지 않습니다. 말하자면 이들은 더 이상 "자기 자신에 대한 소유자가 아닙니다". 투자한 자본의 일부(가변자본)이지요.[김, 453; 강, 462] 그래서 자본주의에서는 생산의 주체가 노동자가 아니라 자본으로 나타납니다. 자본이 움직여서 생산이 이루어지는 것처럼 보이지요.

협업을 통해 나타나는 추가 생산력 즉 사회적 생산력은 특히 그렇습니다. 서로 타인인 개인 노동자들을 조직하고 배치하는 것에 대해 자본은 전권을 행사하니까요. 자본은 개인 노동자에 대해서도 그 노동력의 가치 이상을 뽑아낼 수 있습니다. 노동력의 가치와 노동력을 사용해 얻을 수 있는 가치 사이에 차이가 있으니까요. 그래도 이 경우 자본가는 노동력의 가치에 대해서는 지불합니다. 개인으로서 노동자가 발휘하는 생산력에 대해서는 지불을 하는 셈이지요. 하지만 자본가는 결합노동의 수행자로서 노동자에게는 지불하지 않습니다. 즉 "노동자가 사회적 노동자로서 발휘하는 생산력"에 대해서는 지불하지 않습니다. 그것은 오로지 자본의 힘에 의해 추가된 생산력이라고 생각하니까요. 이 생산력은 노동자가 개인일 때는 존재하지 않고 오직 자본가가 이들을 모아 조직하고 배치할 때에만 발휘되는 것이니, 사람들 눈에는 그리고 누구보다 자본가의 눈에는 이것이 노동자들이 아니라 "자본에 내재하는 생산력으로 나타납니다(erscheinen)".[김, 453~454; 강, 462~463]

그러나 줄다리기를 예로 들어 말한 것처럼 이 사회적 생산력도 결국에는 노동자가 발휘하는 겁니다. 깃발을 휘두르는 사람이 거인의 출현을 돕는다고 해도 결국에 거인이 되는 사람은 노동자들이니까요. 더 큰 힘을 발휘해 줄을 당기는 사람은 노동자들입니다. 그런데 자본가는 이 거인 노동자에 대해서는 임금 지불을 하지 않습니다. 난쟁이 노동자들에 대해서는 임금 지불을 했지만 거인 노동자는 무상으로 부려먹는 것이지요.

거인 노동자의 몫은 어디에?

이 거인 노동자의 임금은 어디로 갔을까요. 노동자들이 노동조합을 통해 목소리를 낸다면 그 일부를 성과급 형태로 지급받겠지만 기본적으로는 자본가의 차지가 될 겁니다. 거인 노동자의 생산력은 기본적으로 자본의 생산력으로 간주되니까요. 이와 관련해 눈에 띄는 것은 '기능자본가' 역할을 수행하는 최고경영자들의 연봉입니다('기능자본가'라는 말은 마르크스가 『자본』 Ⅲ권에서 자본의 실소유주인 '화폐자본가' 내지 '소유자본가'와 구분해서 쓴 말입니다[28]).

요즘에는 최고경영자를 가리켜 CEO(Chief Executive Officer)라는 영어 표현을 많이 쓰는데요. 한국의 경우 2017년 기준 CEO와 일반 직원의 연봉 격차가 평균 39배입니다.[29] CEO 한 사람의 생산력을 평균노동자의 39배에 해당한다고 보는 거죠. 덩치가 39배나 큰 거인 노동자라고 할까요. 그런데 삼성전자의 경우에는 격차가 무려 208배에 달했습니다. 게다가 이건 연봉 격차가 그렇다는 것이고, 다양한 형태의 성과급까지 고려하면 실제 소득 격차는 훨씬 더 커집니다. 미국에서는 이 차이가 더 큽니다. 2016년 기준으로 미국의 CEO들은 직원들 평균 연봉의 271배를 받았으니까요. 언젠가 월트 디즈니 컴퍼니의 CEO 연봉이 구설에 올랐었는데요.[30] 디즈니 창업주의 손녀 애비게일 디즈니(Abigail Disney)가 기업 임원들의 연봉이 일반 직원에 비해 지나치게 고액이라고 비판했기 때문입니다. 이 회사 CEO 밥 아이거(Bob Iger)의 연봉은 6560만 달러(약 760억 원)로, 일반 직원 연봉 중간 값의 1424배에 달했습니다[애비게일은 이를 두고 어떤 기준으로도 합리화할 수 없는 '정신 나간'(insane) 짓이라고 했습니다]. 이에 디즈니 사에서는 CEO 연봉은 '성과에 입각한 것'이라며 그가 취임한 이래 주당 24달러이던 주가가 132달러까지 올랐다고 했습니다. 말하자면 그의 지휘 능력 덕분에 회사 가치가 그만큼 커졌으니 정당한 보상이라는 거죠.

CEO의 지휘 및 감독노동의 가치를 어떻게 평가할지, 왜 그만큼의 급여를 받아야 하는지에 대한 명확한 기준은 없습니다(법적으로는 주주총회에서 정하는 걸로 되어 있지만 실제로는 이사회에서 임의대로 정하는 경우가 많지요. CEO 본인이 자기 임금 결정에 영향을 미치는 겁니다). 게다가 대주주들로서는 잉여가치 생산, 다시 말해 수익

을 내는 데 경영자가 얼마나 유능했는지, 또 주가 상승에 얼마나 기여했는지를 볼
뿐이지요. 생산력을 증대했든 비용을 절감했든 수익을 내는 데 기여했으면 그만입
니다. 마르크스는 지휘노동이 생산력 증대에 기여하는 부분이 있음을 인정했습니
다. 그렇다고 해도 그 가치가 일반 노동자의 1000배 이상이라고 한다면 그것은 애
비게일의 말대로 '정신 나간' 짓이지요. 게다가 추가 생산력을 실제로 발휘한 것은
노동자들입니다. 그들이 결합하면서 탄생한 거인 노동자의 노동이에요. CEO에게
지급된 어마어마한 연봉은 이 거인 노동자가 받아야 할 몫, 다시 말해 다수의 노동
자들이 거인 노동자로서 수행한 노동의 몫의 일부일 겁니다. 이 몫을 노동자들에
게 지불하는 대신 CEO에게 지급한 것이지요. 자본주의적 감독노동에 대한 대가
로, 수익 창출에 대한 유능함을 보상하기 위해서 말입니다.

왕의 사업과 자본가의 사업

자본주의적 협업에 대한 이야기는 이렇게 끝나는데요. 마르크스는 협업 즉 "동일
한 노동과정에 다수의 임금노동자를 동시에 고용하는 것"이야말로 "자본주의적
생산의 출발점을 이룬다"라고 했습니다.[김, 456; 강, 464] 다수의 노동자를 고용
한다는 것은 화폐자산가에게 생산에 투자할 일정 규모 이상의 돈이 마련되어 있다
는 뜻이니까요. 그런데 그는 여기서 주의를 당부합니다. 자본주의적 생산이 협업
을 전제한다고 해서 자본주의가 협업의 발전에서 생겨난 것은 아니라는 겁니다.
자본주의적 협업은 전통적 협업의 발전된 형태가 아닙니다. 오히려 전통적 협업을
가능케 한 사회질서가 해체되면서 자본주의와 더불어 새로운 형태의 협업이 나타
났다고 보아야 합니다.

　우리는 여기서 다시 한번 마르크스의 역사유물론을 확인하게 되는데요. 그
에 따르면 단순협업은 고대에도 존재했습니다. 이를테면 고대 아시아나 이집트
의 거대 건축물들은 협업 없이는 불가능했을 겁니다. 고대의 왕이나 신정관들
(Theokraten)은 직접생산에 종사하지 않는 잉여인구에 대한 명령권과 직접소비에
서 제외된 잉여생산물에 대한 처분권을 가지고 있었습니다. 그들은 때로는 직접
적으로 인력을 동원하고 때로는 간접적으로 잉여생산물을 이용해 인력을 동원했
을 겁니다. 피라미드 같은 거대 건축물이 가능했던 것은 그 덕분입니다. 많은 사람
을 일시에 동원해 거대한 결합노동을 창출한 것이지요. 겉보기에는 건설회사 자본
가가 도로를 깔고 다리를 놓는 일과 다를 바가 없습니다. 대규모 잉여자산을 가진
자본가도 많은 노동자를 일시에 고용해 피라미드보다 큰 건물을 올릴 수 있습니

다. 이 점에서만 보면 마르크스의 말처럼 "아시아와 이집트의 왕들과 에트루리아의 신정관들의 권력이 근대사회에서 자본가의 손으로 옮겨졌다"라고 말할 수 있을 것 같습니다.[김, 455; 강, 463]

그렇지만 왕의 사업과 자본가의 사업은 전혀 다른 사회형태 안에서 이루어집니다. 마르크스는 『자본』 제1장에서 고대의 생산유기체들과 부르주아사회의 생산을 비교하며 이런 말을 했습니다. 고대의 생산유기체들은 "개인이 자기와 동료들 사이의 탯줄을 아직 끊지 못했다"라고요. 협업과 관련해서도 이 점을 지적하는데요. 전통적 공동체(마르크스는 수렵민족이나 인도의 농업공동체를 예로 들었습니다)의 경우 개인이 개인으로(이렇게 말해도 좋다면 '자유로운 개인으로') 존재하지 않았습니다. "마치 개개의 꿀벌이 벌집에서 떨어져 나오지 못하는 것처럼 각 개인도 종족이나 공동체의 탯줄에서 떨어져 나오지 않았다"라는 겁니다.[김, 455; 강, 464] 공동체에서 떨어져 나오지 않았다는 그 사실이 전통적 협업의 기초입니다. 왜 사람들이 함께 일했는가. 서로가 타인이 아니었으니까요. 서로가 같은 종족, 같은 공동체였으니까요. '함께'가 전제되어 있지요. 사람들을 묶고 있는 끈이 이미 존재했습니다. 물론 이 끈은 자생적 공동체처럼 친족 사이의 유대만을 의미하는 것은 아닙니다. 그것은 신분제사회처럼 "직접적 지배와 예속 관계"를 의미하기도 했습니다.[김, 455; 강, 464] 사람들 사이의 관계만 그런 게 아닙니다. 생산조건도 그렇지요. 전통적 공동체의 생산수단들은 개인 재산이 아니라 공동체의 재산입니다. 그게 아니면 특정 신분에게만 허용되고 세습되는 특권이었지요. 개인들이 자유롭게 사고팔 수 있는 것이 아니었습니다.

이처럼 전통적 협업은 생산자가 개인이 아닌 공동체의 일원으로 존재하는 것과 생산조건을 공유하는 것에 근거했습니다. 그런데 바로 이 두 가지가 자본주의적 협업에서는 존재하지 않습니다. 이렇게 말해도 좋겠네요. 자본주의적 협업은 이 두 가지 조건이 깨졌기 때문에 생겨날 수 있었다고 말입니다. 자본주의적 협업은 한편으로 '자유로운 임금노동자' 즉 생존을 위해 자신의 노동력을 팔아야 하는 개인들을 전제합니다.[김, 455; 강, 464] 그리고 다른 한편으로 이들의 노동력을 구매할, 생산수단의 사적 소유자로서 자본가를 전제하지요. 요컨대 자본주의적 협업은 전통적 협업의 발전형태가 아닌 겁니다. 마르크스에 따르면 자본주의적 협업은 과거 협업을 발전시키거나 극복하면서 나온 것이 아니고, "역사적으로 소규모 농민경제(Bauernwirtschaft)와 독립수공업(길드 형태를 취하든 그렇지 않든)에 맞서 발전되어온" 것입니다. 협업은 자본주의적 생산의 한 형태로서 중세의 봉건적 생산양식인 농민경제(농촌)·독립수공업(도시)과 대립하며 등장합니다.[31] 그래서 봉건적 양식 아래 있던 농민들이나 독립수공업자에게는 "자본주의적 협업이 협업의 특수한 역사적 형태로 나타나는 게 아니라 협업 자체가 자본주의적 생산과정에 고유하고 이 생산과정을 [다른 것과] 독특하게 구별 짓는 역사적 형태로 나타나 보이는 것"입니다.[김, 455~456; 강, 464]

그러나 이제까지 고찰한 협업을 자본주의의 특정한 시기의 특징으로, 이를테면 몇 세기부터 몇 세기까지가 협업의 세기였다고 말할 수는 없습니다. 마르크스는 자본주의적 생산의 출발점에 협업을 놓기는 했지만 협업을 자본주의적 생산의 초기 형태라고 말하기보다는 기본형태라고 말합니다. 초기 매뉴팩처와 그 시기 대농업에서 단순협업이 나타난 것은 사실입니다. 그러나 마르크스는 이때를 굳이 협업의 세기라고 부르지 않습니다. 협업이 별 의미가 없어서가 아닙니다. 오히려 그 반대입니다. 협업은 분업이나 기계제 대공업이 발전하지 않았을 때의 생산형태이기도 하지만, 분업이나 기계제 대공업이 발전했을 때에도 기본이 되는 생산형태이기 때문입니다. 마르크스의 말을 빌리자면 "협업은 언제나 자본주의적 생산양식의 기본형태"를 이룹니다.[김, 457; 강, 465] 우리는 이제 곧 분업에 기초한 매뉴팩처를 다룰 텐데요. 지금까지 협업에 대해 말한 것이 매뉴팩처를 이해하는 데 기본이 된다는 점을 확인하게 될 겁니다.

손이 된 인간——매뉴팩처의 노동자들

먼 길을 천천히 걸어가는 사람들은 가끔씩 지도를 확인하고 지난 여정을 정리해둘 필요가 있습니다. 바로 우리 이야기지요. 어떤 문장, 어떤 단락에 오래 머물다 보면 『자본』의 어디쯤에 와 있는지 잊어버리기 쉽습니다. 잠시 지난 여정을 그려볼까요.

우리는 자본의 증식 즉 잉여가치의 생산을 다루었습니다. 지난 장에서는 노동일의 절대적 연장을 통한 절대적 잉여가치 생산을 다루었고 그 한계까지 살펴보았지요. 이번 장에서는 생산력 증대를 통한 상대적 잉여가치 생산을 다루고 있습니다. 그중에서도 생산과정에 투입되는 노동력의 규모와 조직방식을 변화시켜 생산력 증대를 꾀하는 경우를 다루고 있지요. 그리고 방금 다수의 노동자를 생산과정에 동시에 투입하는 협업에 대해 이야기했습니다.

앞서 말한 것처럼 마르크스는 협업이 자본주의적 생산양식의 특정 단계를 특징짓는다고는 보지 않았습니다. 분업이나 기계가 발전하지 않았던 자본주의 초창기에 협업은 지배적 생산형태였다고 말할 수 있겠습니다만, 분업이나 기계가 충분히 발전한 경우에도 자본주의적 생산의 기본은 협업이니까요. 마르크스는 자본주의적 생산의 시발점을 16세기로 보는데, 자본의 생애가 그때 시작되었다고 이야기했었지요. 아직 생산과정에 기계가 본격적으로 사용되지 않았을 때입니다. 이 시기의 생산방식을 '매뉴팩처'(Manufaktur)라고 부르는데요. '손'을 뜻하는 라틴어 '마누스'(manus)에서 온 말입니다. 매뉴팩처란 '손으로 만들기', 우리말로 옮기면 '수공업' 정도가 되지 않을까 싶습니다. 마르크스에 따르면 서구에서 매뉴팩처의 시대는 '대략 16세기 중엽에서 18세기 마지막 3분의 1기' 정도에 걸쳐 있습니다.[김, 458; 강, 466] 매뉴팩처는 주요한 노동수단이 사람의 손이라는 점에서 단순협업과 차이가 없습니다. 기술적으로도 별로 달라진 게 없습니다. 규모가 커졌을 뿐 길드와도 크게 다르지 않습니다. 앞서 협업에서 말한 바와 같지요. 실제로 초창기 매뉴팩처의 지배적 생산형태는 단순협업이었습니다.

그러나 많은 사람을 한곳에 모아 함께 일하게 하면 곧이어 어떤 변화가 생겨납니다. 이미 협업에서 이 점을 이야기한 바 있습니다. 마르크스는 건축 현장과 벽돌 나르기를 예로 들었는데요. 건축 현장에서는 서로 다른 일이 동시에 진행됩니다. 한 가지 일을 마치고 나서 다른 일을 할 필요가 없습니다. 일부 사람들은 시멘트와 모래, 자갈 등을 섞어 콘크리트를 계속 만들고 또 다른 사람들은 벽돌을 나르고, 또 다른 사람들은 그 벽돌을 쌓을 수 있습니다. 어떤 일은 순서를 지켜야 합니다만 어떤 일들은 동시에 진행할 수 있지요. 그렇게 하면 시간을 크게 절약할 수 있고요. 벽돌 나르기라는 한 가지 일만 한다고 해도 작업에 변화가 생기지요. 모두가 전체 경로를 움직여 벽돌을 나르는 것보다 일렬로 늘어선 뒤 옆 사람에게 옮기는 방식이 이동거리를 절약할 수 있어 효율적이니까요. 또한 일도 더 작게 나눌 수 있지요. 몇 사람은 벽돌더미에서 적절한 양을 떼어내는 역할을 하고, 몇 사람은 운반 역할을, 그리고 몇 사람은 목적지에서 다시 쌓는 일을 하는 식으로 말입니다.

이처럼 생산과정에 투입된 다수의 노동자가 똑같을 일을 하지 않고, 일을 나누어 맡는 것을 분업이라고 합니다. 이 점이 본격적 의미의 매뉴팩처와 단순협업의 차이입니다. 앞서 말한 것처럼 매뉴팩처도 기본적으로는 협업입니다만, 본격적 의미에서 매뉴팩처는 '분업에 기초한 협업'이라고 할 수 있습니다.[김, 458; 강,

———————— 매뉴팩처의 두 가지 기본형태 ————————

마르크스에 따르면 매뉴팩처는 두 가지 방식으로 생겨납니다. 하나는 서로 독립된 수공업 부문의 노동자들을 하나의 작업장에 모은 경우입니다. 마르크스는 마차를 생산하는 매뉴팩처를 예로 들고 있는데요.[김, 458; 강, 466] 마차에는 바퀴도 필요하고, 마구도 필요하고, 차체도 필요하고, 창문에 유리도 달아야 하고, 문에는 자물쇠가 있어야 하며, 좌석과 차체 내부에는 장식도 필요합니다. 전체에 도색도 해야 하고요. 말하자면 바퀴 제조공, 마구 제조공, 가구공, 유리공, 열쇠공, 도장공, 도금공 등등이 필요합니다. 이들은 과거에는 모두 독립수공업자였습니다. 바퀴도, 마구도, 가구도, 유리도, 열쇠도 모두 완성품이었지요. 그런데 이제는 단지 마차 생산에 필요한 부품들 즉 미완성품입니다. 한 작업대에서 가구공이 차체를 만들어 다음 작업대로 넘기면 바퀴공이 바퀴를 만들어서 부착하는 식입니다. 나중에 도장과 도금까지 마치면 마차가 완성되겠지요. 마차 한 대가 제조되는 과정만 보면 한 사람이 이것을 순차적으로 수행하는 것과 각 단계마다 다른 사람이 수행하는 것의 생산력에 차이가 나는 이유를 알기 어렵습니다(전문화나 숙련을 무시한다면요). 하지만 모든 단계에서 동시에 여러 대의 마차가 제조된다는 점을 생각하면 이것이 얼마나 효율적인지를 이해할 수 있습니다. 작업공간이나 조명 등 생산수단의 절약 효과도 크고, 부품들의 이동거리가 줄어들기 때문에 시간이 줄어들고 이동에 필요한 노동력도 아낄 수 있습니다.

매뉴팩처가 생겨나는 또 다른 방식은 동일한 업종의 여러 수공업자를 한데 모으는 겁니다. 마르크스가 든 예는 바늘 제조업인데요.[김, 460; 강, 468] 자본가는 바늘을 만들던 기존의 수공업자들을 모읍니다. 예전에는 수공업자 한 사람이 한두 사람의 도제를 데리고 바늘을 만들었겠지요. 매뉴팩처에 와서도 처음에는 그렇게 했을 겁니다. 하지만 곧 작업방식이 변합니다. 마치 벽돌 나르기와 같습니다. 과거에는 처음부터 끝까지, 이를테면 철사를 일정한 크기로 끊어내고, 연마를 하고, 구멍을 뚫는 등등의 일을 혼자서 다 했을 겁니다. 하지만 금세 작업을 분리하고 순차적으로 배열하고 작업대마다 사람들을 배치해 일하는 것이 효과적임을 알게 됩니다. 뉘른베르크의 바늘 제조 길드에서는 장인 한 사람이 모든 일을 다 행했지만, 영국의 매뉴팩처에서는 바늘 제조 과정을 20단계로 나누어 제침공은 그중 한 가지 일에만 종사했습니다. 생산수단의 절약은 물론이고, 한 가지 작업에만 특화되어 수행하기 때문에 노동자들의 움직임이 최소화될 것이고 무엇보다 경험 축적으로 숙련이 생기겠지요. 그 한 가지 일에서는 달인이 되는 겁니다. 당연히 노동생산력이 크게 증대하겠지요.

이것이 매뉴팩처의 두 가지 발생 경로인데요. 이 두 가지는 그대로 매뉴팩처의 두 가지 기본형태가 됩니다. 마르크스는 전자를 '이종적 매뉴팩처'(heterogene Manufaktur), 후자를 '유기적 매뉴팩처'(organische Manufaktur)라고 부릅니다.[김, 466; 강, 473] 전자는 상호 독립된 작업으로 생산된 부품들을 조립해서 완성품을 만들어내는 경우입니다. 부품들 자체가 준생산물이죠. 하지만 후자는 부품이라는 것이 따로 없습니다. 서로 연관된 일련의 작업들을 순차적으로 수행하고 나면 완성품이 나옵니다. 어떤 형태의 분업을 행할지는 해당 매뉴팩처가 어떤 상품을 만들어내느냐에 달려 있지요(물론 전체적으로 이종적 매뉴팩처 형태를 취하더라도 부분적으로는 유기적 매뉴팩처 형태를 취할 수도 있고 반대의 경우도 가능합니다).

마르크스가 이종적 매뉴팩처의 예로 든 것은 시계인데요.[김, 466~467; 강, 474] 마차 제조에 대한 설명과 비슷합니다. 사실 시계 제조는 매뉴팩처 시기에는 첨단 산업이었을 겁니다. 크기는 작았지만 많은 부품을 필요로 했습니다. 그리고 그 부품들만큼이나 많은 전문 기술자를 필요로 했습니다. 이를테면 태엽 제조공, 지침반 제조공, 나선형 용수철 제조공, 보석 박을 구멍을 뚫는 사람, 루비로 된 레버 제조공, 시계바늘 제조공, 시계 케이스 제조공, 나사못 제조공, 도금공. 사실 이 각각의 일은 더 세분화되어 있고 그 일만 수행하는 노동자들이 따로 있었습니다. 톱니바퀴 제조공, 시계핀 제조공, 시계추 제조공, 연동장치 완성공, 추축 제조공, 조립공, 태엽바퀴 완성공, 지동기 제조공, 실린더 제조공, 지동륜 제조공, 평형륜 제조공, 완급침 제조공 (…) 뚜껑 스프링 장치공, 조각공, 시계 케이스 연마공 등등. 그리고 이것들을 조립하는 완성공.

마르크스는 시계가 얼마나 많은 부품을 필요로 하며 얼마나 많은 부분작업들이 이루어지는지를 아주 길게 적었습니다. 그가 나열한 작업 종류만 해도 거의 본문 한 쪽을 채웁니다. 너무 길어서 여기 모두 인용하지 못했을 정도입니다. 비유컨대 당시 시계는 오늘날의 스마트폰과 같았을 겁니다(물론 스마트폰은 매뉴팩처의 손작업이 아니라 자동화 설비를 갖춘 시스템의 산물이고 부품 생산망이 여러 나라에 걸쳐 있지만요). 시계는 비록 크기는 작지만 많은 정밀 부품을 필요로 했습니다. 그리고 각각의 부품은 저마다 전혀 다른 공정을 통해 생산되었지요. 공정이 전혀 다르기 때문에 부품마다 독립된 작업장에서 생산되는 경우가 많았습니다. 그렇다고 이들 노동자가 과거 독립수공업자의 지위를 누렸던 것은 아닙니다. 과거 독립수공업자들은 고객을 상대로 영업을 했지만, 매뉴팩처 노동자들은 동일한 자본가의 지휘를 받는 노동자들이었으니까요. 독립된 수공업자가 일종의 자영업자라면 매뉴팩처 노동자는 말 그대로 고용된 노동자입니다. 지위가 전혀 다르지요.[김, 468; 강, 475]

시계 제조업 같은 '이종적 매뉴팩처'와 바늘 제조업 같은 '유기적 매뉴팩처'는 나중에 기계제 대공업으로 전환되는 과정이 아주 다릅니다. 매뉴팩처 형태에서는 시계든 바늘이든 모두 사람이 손으로 만들었는데, 둘 중 어느 쪽의 기계화가 쉬울지는 쉽게 짐작할 수 있습니다. 바늘 제조업처럼 밀접히 연관된 일련의 작업들을 순차적으로 진행하는 경우가 훨씬 더 쉬울 겁니다. 시계 제조업처럼 제조공정이 전혀 다른 수십 가지 부품을 생산해야 한다면 이것을 하나의 기계시스템 안에 통합하기가 쉽지 않겠지요. 이런 점 때문에 시계 제조업은 오랫동안 기계제 대공업으로 전환될 수 없었습니다. 물론 시계 제조에는 기계제로의 전환을 어렵게 하는 또 다른 사정이 있습니다.[김, 468, 각주 7; 강, 475, 각주 32] 부품들이 너무 작고 섬세해 그런 부품을 만들 기계를 제작하기가 오랫동안 불가능했지요. 그뿐 아니라 당시 시계는 사치품이었으므로 대량생산의 필요성이 없었습니다. 다양한 종류를 소량으로 생산하는 게 일반적이었지요. 그러니 기계화의 장점이 별로 없었습니다. 지금도 사치품으로 사용되는 고급 시계는 수공업자들이 소량만 만들어냅니다.

전체적으로 보면 이종적 매뉴팩처든 유기적 매뉴팩처든 저마다의 경로를 거쳐 기계제 대공업으로 전환됩니다(물론 독립수공업이나 매뉴팩처 형태의 생산이 지금도 사라진 것은 아닙니다. 다만 이제는 생산의 지배적 형태가 아니지요). 마르크스는 18세기 말 기계제 대공업이 출현할 때 그 선두에 섰던 방직업과 방적업도 매뉴팩처 발생기에는 이종적 형태의 매뉴팩처에 가까웠다고 말합니다. 그는 루이 오귀스트 블랑키(Louis A. Blanqui)의 『산업경제학 강의』한 대목을 인용하는데요.[김, 459, 각주 1; 강, 467, 각주 26] 블랑키에 따르면 프랑스의 리옹이나 님의 방적 및 방직업의 경우 노동자들은 하나의 작업장에 모여서 일하지 않았습니다. 사람들은 집에서 누에를 치고 고치에서 실을 뽑았습니다. 분업이 높은 수준으로 이루어졌지만 공장에 모여 있지는 않았습니다. 실을 감는 사람, 실을 꼬는 사람, 염색하는 사람, 풀 먹이는 사람, 직물을 짜는 사람이 각각 독립적으로 일했습니다. 이들을 지배하는 동일한 자본가는 없었습니다.

그런데 마르크스는 블랑키를 인용한 뒤 이렇게 덧붙였습니다. "블랑키가 이 책을 쓴 이후 다양한 독립노동자들은 일부 공장에 통합되었다." 블랑키가 본 독립 수공업자들이 금세 매뉴팩처의 노동자들로 전환되었다는 거죠. 재밌는 것은 마르크스의 문장 뒤에 엥겔스가 덧붙인 문장입니다. 『자본』 4판을 내면서 엥겔스는 마르크스의 문장을 흉내 내며 (약간의 장난기를 섞어) 이렇게 적었습니다. "마르크스가 위의 글을 쓴 이후, 이 공장들에서는 역직기(기계식 직조기, Kraftstuhl)가 수직기(수작업 직조기, Handwebstuhl)를 급속히 몰아냈다. 크레펠더의 견직 공업도 이와 똑같은 경험을 하고 있다." 이번에는 매뉴팩처 노동자들이 기계에 의해 추방되었다는 겁니다.[김, 459, 각주 1; 강, 467, 각주 26]

────────────────── 부분노동자, 손이 된 인간 ──────────────────

매뉴팩처는 분업에 기초한 협업이라고 했는데요. 사실 매뉴팩처의 부분작업들만 놓고 보면 협업과 달라진 게 없습니다. 전체 작업을 여러 부분작업들로 분할하기는 했지만 "각 부분 작업의 토대는 여전히 수공업"이니까요. 그러니 "이점의 대부분이 협업의 일반적 본성에서 생기는 것"도 당연합니다.[김, 462; 강, 469] 하지만 매뉴팩처는 단순협업에서는 볼 수 없는 중요한 요소가 있습니다. 바로 노동자들의 변형입니다(이 변형은 매뉴팩처의 노동생산력 증대에 기여합니다). 이종적이든 유기적이든 분업을 수행하는 노동자들은 존재론적 변형을 겪게 되는데요. 협업에서도 비슷한 이야기를 하기는 했습니다. 여러 명의 난쟁이 노동자들이 사라지고 한 명의 거인 노동자가 생겨난다고요. 그러나 이때는 결합노동으로 생겨나는 추가 생산력에 초점을 맞추어 이야기한 것입니다. 특히 단순협업의 경우 거인 노동자의 존재를 생산과정에서 일시적으로 형성되는 공통의 리듬 같은 것으로 이해했지요. 하지만 매뉴팩처에서는 개별적이고 독립적인 노동자의 죽음과 전체적인 거인 노동자의 탄생이 실제적이고 항구적인 의미를 갖게 됩니다.

이 문제를 조금 자세히 살펴보겠습니다. 생산과정의 전체 작업이 분할되고 노동자들이 특정한 일만 계속할 때 어떤 일이 일어날까요. 분업이란 말 그대로 '나누어진 일'입니다. 분업체계에 들어간다는 것은 모든 노동자의 노동이 '부분노동'이 된다는 뜻입니다. 모두가 부분노동만 행한다는 점에서 마르크스는 매뉴팩처의 노동자를 '부분노동자'(Teilarbeiter)라고 부릅니다.[김, 459; 강, 467] 매뉴팩처에서는 어떤 노동자도 완제품을 생산하지 않습니다. 전체 공정의 노동이 모두 합해져야 완제품이 나오지요. 개별 노동자의 생산물이란 부품이거나 중간물에 지나지 않습니다. 부분노동이 전체노동이 아닌 것처럼 부분노동의 결과물도 완제품이 아닌 겁니다. 한 노동자의 노동은 이웃 노동자의 노동과 더해질 때만 의미가 있고, 한 노동자의 생산물은 이웃 노동자의 생산물과 더해질 때만 의미가 있지요. 노동도 노동생산물도 독립해서는 의미가 없습니다.

이것은 노동자의 성격에도 그대로 들어맞습니다. 이제 '독립'수공업자는 없습니다. 과거에는 독립수공업자였다고 해도 매뉴팩처로 들어가는 순간 더는 독립된 존재가 아닙니다. '부분노동자'라는 말을 유심히 볼 필요가 있습니다. 처음에는 전체 일의 한 부분을 떠맡는 노동자, 제품의 일부분을 생산하는 노동자라는 뜻이었겠지만 이제는 노동자 자신의 존재론적 축소를 나타내는 말이 되었다고 할까요. '부분노동자'란 '부분으로 존재하는' 노동자라고 할 수 있습니다. 마치 '부분인간' 같다고 할까요. '부분노동자'는 온전한 노동자가 아닙니다. 그는 노동자라기보다는 노동자의 한 부분이라고 할 수 있습니다. 그렇다면 온전한 노동자는 어디에 있을까요. 그는 매뉴팩처 전체에 걸쳐 있습니다. 앞서 우리가 '협업'을 이야기할 때 비유적으로 썼던 '24개의 손을 가진 거인 노동자'가 매뉴팩처에서 실제적 의미를 갖지요. 마르크스는 그를 '전체노동자'라고 부릅니다. "다양한 세부노동들(Detailarbeiten)이 결합된 전체노동자는 도구로 무장한 자신의 많은 손들 가운데 한 손으로는 철사를 만들고, 동시에 다른 손이나 도구로는 철사를 똑바로 펴며, 또 다른 손으로는 그것을 자르거나 뾰족하게 한다."[김, 469; 강, 476]

이 '전체노동자'에 대해서는 조금 뒤에 보기로 하고요. 일단은 부분노동자를 조금 더 살펴보겠습니다. 독립수공업자가 매뉴팩처 노동자가 될 때 어떤 일이 일어나는지 봅시다. 이종적 매뉴팩처, 이를테면 마차를 제조하는 매뉴팩처의 경우 처음에 모인 재봉공, 열쇠공 가구공 등은 모두 독립수공업자였습니다. 저마다 자신이 만든 물건을 내다 팔던 사람들이죠. 그게 각자의 전업 활동이었습니다. 그러나 마차 매뉴팩처에 들어오면서 변화가 생기는데요. 일단 외양상 이들이 만든 물건은 똑같습니다. 그런데 이제 이 물건들은 더 이상 완성품이 아닙니다. 그대로 내다 팔 수가 없지요. 이것들은 마차의 부품에 불과합니다. 다른 부품과 결합을 해야만 의미가 있는 불완전 상품이지요.

노동생산물이 완제품에서 부품으로 전락하고 노동이 부분노동이 되는 것과 동시에 이들도 부분노동자가 되는데요. 부분노동자가 되는 순간 이들은 더 이상 예전처럼 일을 할 수 없다는 걸 알게 됩니다. 과거 독립수공업자였을 때는 일의 전체 리듬을 자신이 통제할 수 있었을 겁니다. 자기만의 리듬, 자기만의 스타일, 자기만의 습관이 있었겠지요. 이를테면 아침에 집중해서 일하는 사람도 있을 테고,

아침에는 늦잠을 자고 오후에 일하는 걸 선호하는 사람도 있었을 테지요. 하지만 매뉴팩처에서는 '나만의 스타일'이 존재할 수 없습니다. 이제 가구공은 자기 리듬에 맞춰 마차의 차체를 제작할 수 없습니다. 열쇠공이 기다리고 있고 또 도장공이 기다리고 있으니까요. 전체 공정을 나눈다는 것은 단지 일의 종류만 나누는 게 아닙니다. 각각의 일마다 할당된 시간이 있지요. 전체 리듬에 맞게 부분노동이 조절되어야 하는 겁니다.

그뿐만이 아닙니다. 독립수공업자였을 때 노동자는 생산과정 전체를 머릿속에 넣고 일합니다. 한 부분의 일을 하더라도 전체적 시각에서 판단합니다. 그런데 매뉴팩처에서 일하다 보면 이런 태도가 사라집니다. 내가 만든 물건이 어디서 어떻게 쓰이는지 몰라도 됩니다. 이런 식으로 오래 일하다 보면 설령 이전과 동일한 일을 하더라도 아주 일면적 존재가 되고 말지요. 전체가 아니라 부분만 생각하며 과거나 미래가 아니라 현재만 생각하지요. 그냥 눈앞의 일을 주어진 시간 안에 처리하는 것에 최적화된다고 할까요.[김, 459; 강, 467] 이런 상황은 유기적 매뉴팩처에서 더 심합니다. 이들도 처음에는 독립수공업자였습니다. 이종적 매뉴팩처와 달리 동종 업종의 사람들이었을 뿐이지요. 모두가 완제품을 만들던 사람들입니다. 제침업의 경우 매뉴팩처에서는 무려 20단계로 나누는 일을 독립수공업자일 때는 혼자서 해내던 사람들이지요. 하지만 매뉴팩처에 들어간 후 이들은 한 가지 일만 맡습니다. 누군가는 철사를 뽑는 일만 하고 누군가는 펴는 일만 하며 누군가는 자르는 일만 합니다. 처음에는 우연히 그렇게 분할했는지도 모르지만 조금 있으면 그 일이 평생의 일이 됩니다. 나중에 노동자는 바늘을 만드는 사람이 아니라 철사를 뽑는 사람이거나 철사를 펴는 사람 아니면 철사를 자르는 사람이 됩니다.

노동자는 이렇게 독립성을 잃어가는 만큼 유능한 매뉴팩처 노동자가 됩니다. 일면적 존재가 될수록 유능한 존재가 되지요. 매뉴팩처에 들어간 수공업자가 서로 다른 업종의 사람들이었는지 동종 업종에 종사하던 사람들인지는 중요하지 않습니다. "그 출발점이 어떤 것이든 마지막 모습은 똑같은 것, 즉 기관(Organe)이 인간인 하나의 생산 메커니즘"으로 귀착하니까요.[김, 461; 강, 469] 매뉴팩처에서 노동자는 전체 생산 메커니즘의 한 기관일 뿐입니다. 인간이 기관인 겁니다. 손이나 발, 눈 같은 신체기관 말입니다. 그저 철사를 뽑거나 자르는 손이지요. 다른 기관, 다른 기능은 방해만 될 뿐입니다. 괜히 머리가 달려 있어서 딴 생각을 하게 하고요. 괜히 위장이 달려 있어서 배고프게 하고, 괜히 배설기관이 달려 있어서 화장실에 가야 합니다. 불편하지요. 반면 손은 엄청 발전합니다. 아무 생각 없이 왼손으로 철사를 이동시킨 후 오른손으로 내리치면 철사 토막은 자로 잰 듯 똑같은 길이로 잘립니다. 소위 달인의 경지에 이르지요. 그는 이제 손으로 존재하는 인간입니다. 전체 인격이 손 하나로 축소된다고 할 수 있습니다. 이것이 바로 '기관'이 된 부분노동자의 모습입니다.

───────────── 500개의 망치―생산성 증대의 비밀 ─────────────

매뉴팩처의 개인 노동자는 유적 능력은 잃지만 특화된 전문 능력을 갖게 됩니다. 동일한 단순작업을 평생 수행함으로써 그의 온몸은 "일면적이고(einseitiges) 자동화된(automatische) 기관"으로 변형됩니다.[김, 462; 강, 470] 일종의 자동 가위가 되는 것이지요. 철사를 일정 길이로 자르는 일에 있어서만큼은 누구도 그를 당해낼 수 없습니다. 과거의 독립수공업자는 바늘을 만들기 위해 철사를 뽑고 펴고 자르고 연마하는 일을 모두 해야 했습니다. 그에 비해 바늘 제조 매뉴팩처에서 일하는 노동자는 한 가지 일에만 특화된 사람입니다. 바늘 전체를 만들지는 못해도 자신이 하는 한 가지 일에서만은 누구보다 뛰어납니다.

매뉴팩처의 노동생산력이 왜 단순협업의 생산력보다 높은가. 매뉴팩처의 전체 공정은 이런 달인들의 노동으로만 이루어졌으니까요. 마치 '살아 있는 자동 가위'와 '살아 있는 정밀 망치'가 움직이는 것과 같습니다. 어떤 훌륭한 장인도 모든 부분노동을 다 잘할 수는 없습니다. 하지만 매뉴팩처는 모든 부분노동을 훌륭한 장인 수준으로 만들어 결합한 것입니다. 이런 부분노동자들의 결합으로 탄생한 전체노동자는 모든 부분노동에 정통한 '거대 장인'과 같습니다. 살아 있는 기관들(부분노동자들)로 이루어진 인조인간이지요. 마르크스는 이 거대 존재를 "살아 있는 메커니즘"(lebendigen Mechanismus)이라고 부릅니다.[김, 462; 강, 470] 결국 단순협업보다 매뉴팩처에서 노동생산력이 높은 것은 숙련 덕분이라고 할 수 있습니다. 누구나 오랫동안 똑같은 일을 하다 보면 그 일을 더 잘하게 됩니다. 특히 동일한 단순 작업을 반복하다 보면 어떻게 작업하는 게 가장 효과적인지를 경험으로 알게 됩니다. 일종의 노하우가 생기는 거죠. 그리고 그것을 후임자에게, 더 나아가 다음 세대에 전수할 수 있습니다.

마르크스는 매뉴팩처에서 부분노동자들의 숙련과 과거 사회에서의 직업 세습화 경향을 비교하는데요.[김, 463~464; 강, 470~472] 매뉴팩처의 노동자들에게만 숙련이 일어나는 것은 아닙니다. 과거의 독립수공업자들도 자기 분야에 평생 종사하면서 대단한 숙련을 쌓았을 겁니다. 오랜 경험을 통해 자기만의 노하우도 생겼을 것이고, 그 노하우를 도제나 자식들에게 전수했을 겁니다. 과거 신분제사회에서는 국가가 개입해 특정 집단에 특정한 직업만 갖도록 강제했습니다. 처음에는 분업이 자연발생적으로 생겨났을 수 있지만, 일정한 단계에 이르면 카스트나 길드와 같은 배타적 사회제도로 자리 잡게 되지요. 사실 이것이 전통사회에서만 나타나는 현상은 아닙니다. 전통사회의 카스트나 길드와는 다르지만 오늘날에도 몇 세대에 걸쳐 동일한 직업에 종사하는 사람들이 있습니다. 음식점만 하더라도 몇 대째 내려온 집이라는 것을 내세웁니다. 오랜 숙련에서 나오는 손맛과 대대로 이어져온 비법을 강조하는 거죠.

그러나 이런 독립수공업자의 숙련과 매뉴팩처 노동자의 숙련은 아주 다릅니다. 매뉴팩처 노동자가 하는 일에 비하면 독립수공업자의 일은 너무 복잡합니다. 대단한 기교를 필요로 하지요. 게다가 독립수공업자는 혼자서 그 모든 일을 해내야 합니다. 때로는 자리를 옮기고 때로는 도구를 바꾸지요. 이에 비하면 매뉴팩처 노동자가 하는 일은 단순합니다. 그에게 숙련이란 대단한 기교로 복잡한 일을 처리하게 되었다는 뜻이 아닙니다. 아주 단순한 일을 반복적으로, 정확하고 빠르게 수행할 수 있게 되었다는 뜻이지요. 도제가 장인이 되는 과정이라기보다 인간이 기계가 되는 과정이라 할 수 있습니다. 매뉴팩처 노동자는 제자리에서 똑같은 일을 하기 때문에 자리를 옮길 필요도 없고 도구를 바꿀 필요도 없습니다. 그러니 시간도 절약되지요. 동일한 일을 빠르게 처리하기 때문에(이 경우에는 노동강도가 증대합니다) 혹은 작업 전환 과정에서 낭비되는 시간이 없기 때문에(이 경우에는 노동력의 비생산적 소비가 줄어듭니다), 노동생산성(Produktivität)이 크게 증대할 수밖에 없습니다.[김, 464; 강, 472]

여기에다 생산성을 높이는 한 가지 요소가 더해지는데요. 바로 도구입니다. 매뉴팩처에서는 부분노동이 특화되고 전문화되는 만큼 도구들도 분화됩니다. 해당 노동에 최적화된 도구가 개발되는 것이지요(사실은 첫 번째 도구인 신체기관들 자체가 독특하게 변형됩니다. 이를테면 손가락이 해당 작업에 맞게 늘어나거나 휘어지기도 하는데요. 이건 일종의 기형화라고 할 수 있지요. 이 문제에 대해서는 뒤에 따로 다루겠습니다). 해당 노동에만 최적화되어 있기 때문에 이 도구들은 다른 작업에는 쓰기 어렵습니다(노동자도 그렇습니다. 특정한 일만 평생 해온 사람은 다른 직업을 갖기 어렵지요). 이와 관련해 마르크스는 주석에서 찰스 다윈(Charles Darwin)의 『종의 기원』을 인용했는데요.[김, 465, 각주 6; 강, 473, 각주 31] 다윈에 따르면 여러 기능을 동시에 수행하는 기관은 변이가 적습니다. 온갖 음식을 잘라야 하는 일반 가정의 부엌칼처럼요. 모양과 크기가 비슷비슷합니다. 그러나 특정 기능에 최적화된 경우 칼의 모양은 크게 달라집니다. 빵 자르는 칼과 채소 써는 칼, 껍질을 벗겨내는 칼은 모두 다르게 생겼지요. 한 용도에 최적화된 칼은 다른 용도로는 사용할 수가 없습니다.

매뉴팩처 시대에는 각각의 부분노동에 최적화된 도구들이 많이 개발되었습니다. 노동자들이 특화되는 것만큼이나 도구들도 특화된 것이지요. 또 노동자들이 숙련되는 것만큼이나 도구들도 끊임없이 개량되었습니다. 마르크스에 따르면 당시 버밍엄에서만 약 500종에 달하는 망치가 생산되었다고 하는데요. 이 망치들은 저마다 특수한 작업에 사용되었습니다.[김, 465; 강, 473] 망치로 두드리는 일만 해도 얼마나 여러 가지로 분화되었는지를 짐작할 수 있지요.

살아 있는 메커니즘

매뉴팩처 노동자들의 숙련은 도제가 장인이 되는 것이라기보다 인간이 기계처럼 되는 것이라고 했는데요. 특히 유기적 매뉴팩처의 경우 노동자들은 기계부품처럼 움직입니다. 전체 공정이 순차적 작업으로 이루어져 있어 한 노동자가 마무리한 일이 다른 노동자가 착수하는 일이 되지요. 노동과 노동이 서로 맞물려 있습니다. 노동의 이런 성격 때문에 매뉴팩처 노동자는 자기만의 스타일이나 속도를 고집할 수 없습니다. 일단 일이 시작되면 쉴 수도 없습니다. 자신이 멈추면 모두가 멈추게 되니까요. 그러니 모두가 전체의 리듬을 따라야 합니다. 이런 이유로 매뉴팩처에서는 "독립수공업이나 단순협업의 경우와는 완전히 다른 노동의 연속성, 일률성(획일성), 규칙성, 질서(순차성), 그리고 특히 완전히 다른 노동강도가" 만들어집니다.[김, 470; 강, 477] 모든 노동자들이 물 흐르듯 연속적으로, 모나지 않게 일률적으로(고르게), 시계추처럼 규칙적으로, 순서를 맞추며 질서 있게 일해야 하죠. 노동자가 처리해야 할 일의 양도 기술적으로 정해져 있습니다. 일정 수의 노동자를 특정한 작업에 배치할 때 이미 고려되어 있지요.

참고로 마르크스는 상품의 가치가 자본가에게는 '경쟁의 강제법칙'으로 나타난다고 했습니다. 사회적 필요노동시간을 넘긴 노동시간은 시장에서 인정받지 못하지요. 자본가는 자신이 경쟁자들보다 뒤처지면 안 된다는 것을 알고 있습니다. 그렇기 때문에 일정한 시간 안에 상품을 생산해내야 해요. 매뉴팩처에서는 이것이 노동자들이 감내해야 하는 노동강도를 규정합니다. 완제품 생산 시 사회적 필요노동시간을 넘기지 않도록 부분노동의 양과 시간이 기술적으로 정해지는 거예요. 마르크스의 표현을 쓰자면, 자본가에게는 "경쟁의 외적 강제법칙"인 것이 매뉴팩처 노동자에게는 "생산과정 자체의 기술적(technisches) 법칙"으로 주어져 있습니다.[김, 470~471; 강, 477~478]

　매뉴팩처 생산공정에 대한 기술적 설계는 어떤 기능의 노동자를 얼마만큼 고용할지도 규정합니다. 예컨대 활자 매뉴팩처에서 활자를 만드는 주물공 한 명이 한 시간에 2000개의 활자를 주조하고, 활자를 낱개로 떼어내는 분철공 한 명이 4000개를 분철하며, 연마공 한 명이 분철된 철자 8000개를 연마할 수 있다고 해봅시다. 그러면 이 매뉴팩처에서는 연마공 한 명에 대해 분철공 두 명, 주물공 네 명이 고용되어야 합니다. 이것이 활자 매뉴팩처에서 노동자를 고용하는 가장 단순한 비율입니다. 이것은 공장 하나만의 문제가 아닙니다. 매뉴팩처가 지배적 생산형태인 사회에서 이 업종에 동시 취업하는 노동자 집단은 이런 식으로 편성되어야 합니다. 그러니까 질적으로는 주물공, 분철공, 연마공 등 상이한 그룹으로 나뉘어야 하고 양적으로는 각 그룹이 '4:2:1'의 '수학적 비율'을 지켜야 합니다. 그래서 마르크스는 이렇게 말합니다. "매뉴팩처적 분업은 사회적 노동과정의 질적 편제와 더불어 양적인 규칙과 비율까지 발전시킨다."[김, 471; 강, 478]

　여기서 마르크스가 매뉴팩처의 생산과정을 묘사하면서 본격적으로 사용하기 시작한 단어 하나에 주목할 필요가 있습니다. '메커니즘'(Mechanismus)이라는 말인데요(우리가 이미 읽은 『자본』 제3장에서 화폐공황을 유발하는 지불과 결제의 연쇄 체계를 지칭할 때 이미 한 번 나오기는 했습니다만[김, 179; 강, 213] 사실상 매뉴팩처를 다루는 제12장부터 사용되는 용어라고 할 수 있습니다). 앞서 인용한 것처럼 마르크스는 매뉴팩처를 "기관이 인간인 하나의 생산 메커니즘"이라고 불렀습니다.[김, 461; 강, 469] 그리고 부분노동자들의 결합으로 만들어진 '전체노동자'를 '매뉴팩처의 살아 있는 메커니즘'이라고 했고요.[김, 462; 강, 470] 매뉴팩처 노동의 연속성, 일률성, 규칙성, 질서 등을 언급하는 대목에서 다시 '전체 메커니즘'(Gesamtmechanismus)이라는 말을 씁니다.[김, 470; 강, 476] 그리고 나서는 곧잘 등장하는 말이 되었습니다. 내가 '메커니즘'이라는 말에 주목한 것은 이것이 매뉴팩처 시대를 가장 잘 특징짓는 단어일 수도 있겠다는 생각 때문입니다. '메커니즘'은 우리가 지금도 사물의 작용 원리나 구조를 지칭할 때 많이 쓰는 말입니다. 부분들(부품들)이 서로 어떻게 연결되어 있고 어떻게 함께 작동하는지를 가리키죠.

　그런데 사물을 부분들로 나눈 뒤 부분들의 연결구조와 작동 원리를 이해하는 식으로 그 사물을 이해하는 것은 언제부터 시작되었을까요. 사물에 대한 이런 식의 이해가 출현한 때를 특정할 수는 없지만 확실히 말할 수 있는 것은 이것이 매뉴팩처라는 생산형태에 잘 부합한다는 사실입니다. 실제로 '메커니즘'은 매뉴팩처 시대에 탄생한 말입니다. 17세기 중반(1655~1665년)에 처음 등장했고,[32] 그리스어 '메카네'(mēkhanē)를 가지고 만든 단어지요(메카네는 나무로 만든 일종의 기중기인데요. 고대 그리스의 극장에서 배우가 하늘로 날아가거나 신이 하늘에서 내려오는 것을 연출할 때 사용하는 무대장치였습니다). 마르크스는 매뉴팩처를 '하나의 생산 메커니즘'이라고 했는데요. 엄밀히 하자면 '생산 메커니즘'이라는 말이 성립할 수 있는 것은 매뉴팩처 이후라고 해야 할 겁니다. 매뉴팩처에 이르러 생산은 드디어 하나의 '메커니즘'이 되었다고요. 여기서 노동의 연속성, 일률성, 규칙성, 질서가 나타난다는 것은 부분노동들이 하나의 메커니즘을 이룬다는 뜻입니다. 이는 생산공정 전체가 수학적 비율과 기술적 법칙에 따라 구성된다는 말과도 같고요.

'메커니즘'이라는 말은 자연스럽게 '기계'를 떠올리게 합니다. 실제로 매뉴팩처 시대 초기부터 여러 가지 '기계들'이 등장했습니다. 특히 원료를 짓이겨 가루를 내는 기계들이 많이 등장했는데요. 밀가루 제조업에서는 곡물을 가루 내는 제분기가 있었고, 제지업에서는 넝마를 가루 내는 분쇄기가 있었으며, 야금업에서는 광물들을 가루 내는 쇄광기가 있었습니다. 그러나 이 기계들은 전체 공정에서 부차적 역할을 수행했을 뿐입니다. 생산력의 큰 부분은 분업에 기초한 인간협업에서 나왔지요. 마르크스에 따르면 이 시대에 기계를 사용한 것의 중요한 의의는 상품생산이 아니라 학문 쪽에, 즉 근대적 역학(Mechanik)의 탄생에 있습니다(역학은 사물의 메커니즘을 이해하는 학문이지요). 위대한 수학자들로 하여금 근대적 역학으로 나아가게 하는 자극이 되었다는 거죠.[김, 474~475; 강, 481] 매뉴팩처에서 생산은 인간적 부분노동들의 결합으로 이루어져 있습니다. 인간협업이 기본이지요. 여기서 기계는 노동자들이 사용하는 작업도구(Instrumente 혹은 Werkzeug)이거나(망치보다는 좀 크고 복잡하지만요) 기껏해야 인간노동을 고려해서 분할한 노동의 한 부분을 인간을 대신해 수행하는 장치였을 뿐입니다. 이를테면 제지업 매뉴팩처의 공정 중 하나는 넝마를 잘게 부수는 것인데요. 예전에는 여러 명의 사람이 여기 투입되었다면 이제는 거대한 분쇄기가 한 번에 그것을 부수는 식이지요.

그러나 기계제 대공업에서의 기계는 다릅니다. 여기서 '기계'는 정말로 '기계'가 됩니다. 기계는 더 이상 인간노동자의 작업에 동원되는 도구가 아니며 인간처럼 일하지도 않습니다. 기계는 기계식으로 일합니다(도구와 기계가 어떻게 다른지는 다음 장인 8장에서 상세히 설명하겠습니다. 다만 마르크스의 주석 하나는 미리 언급해둘 필요가 있겠네요. 마르크스는 스미스가 '도구의 분화'와 '기계의 발명'을 혼동하고 있다고 비판했는데요. 기계의 발명에서는 매뉴팩처 노동자들이 아니라 학자, 수공업자, 농민이 중요한 역할을 했다고 지적한 부분이 흥미롭습니다.[김, 474, 각주 19; 강, 481, 각주 44]) 기계제 대공업에서의 작업 분할, 작업량, 작업속도는 모두 기계적 고려를 바탕으로 정해집니다. 작업의 연속성, 일률성, 규칙성, 질서를 보장하는 것은 인간이 아니라 기계시스템이지요. 다음 장에서 본격적으로 다룰 내용이기는 합니다만 '기계제'는 도구의 진화로 출현한 게 아닙니다. 기계시스템은 500개로 분화한 망치에서 시작된 것이 아니라는 말입니다(그것들이 물질적이고 기술적인 토대의 일부인 것은 맞지만요). 망치 같은 도구나 제분기 같은 기계(Maschine)는 기계제 대공장에서 사용되는 기계(Maschinerie)의 선행 형태가 아닙니다[마르크스는 개별 기계를 지칭할 때는 'Maschine'을 쓰지만 기계제 대공장에서의 기계(기계시스템)를 지칭할 때는 'Maschinerie'를 씁니다].

그렇다면 다음 장에서 다룰, 기계제 대공장에서 쓰는 기계의 선행 형태인 기계는 대체 무엇일까요. 그것은 매뉴팩처의 망치나 제분기가 아니라 '전체노동자'입니다. 마르크스의 말을 들어볼까요. "매뉴팩처 시대에 특유한(spezifische) 기계(Maschinerie)는 수많은 부분노동자들이 결합한 전체노동자 그 자체에 머물러 있었다."[김, 475; 강, 481] 아직 기계는 제분기에 머물러 있었다고 말하지 않고 '전체노동자'에 머물러 있었다고 한 겁니다. 다시 말해 기계제 대공장의 기계는 제분기 같은 개별 기계가 변형된 것이 아니라 '살아 있는 메커니즘'으로서 '전체노동자'가 변형된 것입니다.

노동의 등급화와 자본가가 얻는 이득

전체노동자가 살아 있는 기계라면 부분노동자는 살아 있는 부품이라고 할 수 있을 겁니다. 각각의 부품이 다른 기능을 수행하듯 부분노동자들도 저마다 다른 능력을 발휘해야 합니다. 어떤 작업은 큰 물리적 힘을 필요로 하고 어떤 작업은 민첩성을 필요로 하며 어떤 작업은 고도의 정신적 집중을 필요로 합니다. 작업이 나뉘면 거기에 맞게 노동자들이 배치될 겁니다. 매뉴팩처에서 작업의 기본 토대는 수공업이라고 했는데요. 처음에는 노동자들의 재능을 고려해서 작업을 나누었을 겁니다. 그러나 일단 작업이 나뉘고 그 일을 평생에 걸쳐 하게 되면 해당 노동자에게 그 능력이 특화되어 더욱 발전하게 됩니다. 노동자 한 사람을 온전한 인격체라는 시각에서 보면 부분노동자가 된다는 것은 일면화된 존재, 불완전한 존재로 전락한다는 뜻이지만, 전체노동자의 시각에서 보면 가장 효율적이고 유능한 기관을 갖는 것입니다. "부분노동자의 일면성과 불완전성조차 전체노동자의 사지로서는 그 완전성에 이르는 것"이지요.[김, 475; 강, 482]

그런데 부분노동자들이 수행하는 기능 중에는 쉽게 습득할 수 있는 단순한 것이 있는가 하면 오랜 숙련을 거쳐야 하는 복잡한 것도 있습니다. 기계부품으로 따지자면 쉽게 대체할 수 있는 단순 부품이 있는가 하면 구하기 어려운 고급 부품도 있지요. 매뉴팩처 자체가 이런 구분을 촉진합니다. 과거의 독립수공업자라면 원료를 정밀하게 다듬는 일만이 아니라 그것을 나르고 정리하는 일까지 했을 겁니다. 하지만 매뉴팩처는 모든 일이 분할되어 있습니다. 그런데 누구나 쉽게 습득할 수 있는 일에 뛰어난 재능과 오랜 숙련을 필요로 하는 노동력을 투입할 필요는 없을 겁니다. 고급노동력은 구하기도 어렵겠지만 굳이 필요 없는 비용을 들이는 셈이니까요. 이처럼 매뉴팩처는 노동의 종류만이 아니라 등급의 분화도 촉진합니다. 고급노동, 복잡노동이 있는가 하면 저급노동, 단순노동이 있지요(이 등급에 따라 임금도 달라지겠지요). 그리고 노동의 종류가 그렇듯 등급도 고착화되는 경향이 있습니다. 한편에 일면적이기는 하지만 고도로 전문화된 노동이 있는가 하면 다른 한편에는 '일체의 발달이 배제된 전문성'이 있습니다. 전문성이 없는 일을 전문으로 하는 노동자들이 있다는 겁니다. 이런 노동은 평생 그 일에 종사한다 해도 고급노동자가 되지 않습니다. 평생을 단순노동 종사자, 달리 말하면 평생을 미숙련공으로 사는 사람들이 생겨나는 것이지요.[김, 476; 강, 482~483]

이는 과거 독립수공업자나 길드의 도제와는 다릅니다. 평생을 도제로 살고자 하는 도제는 없을 겁니다. 여기서 미숙련은 '아직' 숙련이 되지 않았다는 의미일 뿐입니다. 즉 일시적 상태이지 영구적 상태가 아니에요. 하지만 매뉴팩처에서는 미숙련공이 숙련공만큼이나 누군가의 배타적이고 항구적인 지위가 됩니다. 마치 값싼 소모품과 같습니다. 항상 필요하지만 중요한 부품은 아닌 거죠. 자본가에게는 이런 '분할'이 큰 이득을 줍니다. 미숙련공의 경우에는 숙련에 필요한 교육비가 들지 않고요, 숙련공의 경우에도 동일한 부분노동만 반복하기 때문에 여러 일을 해야 하는 독립수공업자에 비하면 교육비가 상대적으로 적게 듭니다. 따라서 노동력의 가치가 줄어듭니다. 이는 노동일 중 필요노동시간이 줄어들고 상대적으로 잉여노동시간이 늘어난다는 의미입니다.[김, 477; 강, 483] 상대적 잉여가치가 생겨나는 거죠.

애덤 스미스의 『국부론』은 '분업'에서 시작합니다(제1장 제목이 '분업'이지요). 『자본』의 경우도 그렇습니다만 모든 저자에게는 출발점이 중요합니다. 대개는 익숙한 현상에서 시작하지요. 누구나 받아들일 만한 이야기를 꺼내놓습니다. 첫걸음은 별도의 정당화 작업 없이 내딛어야 하니까요. 그러나 출발점은 그만큼 특별한 것이기도 합니다. 다른 어떤 것이 아닌 그것을 출발점으로 삼은 데는 그만한 이유가 있을 겁니다. 열매를 품은 씨앗처럼 앞으로 펼쳐나갈 이야기의 핵심이 거기 담겨 있는 거죠.

매뉴팩처 시대의 학자 애덤 스미스

애덤 스미스는 『국부론』 첫 문장을 이렇게 적었습니다. "노동생산력의 대단한 향상, 그리고 어떤 노동에서든 발휘되고 적용되는 대부분의 숙련과 기교, 판단은 분업의 효과인 듯하다."[33] 분업 덕분에 인간의 재능이 개발되었고 처분 가능한 생산물의 양이 크게 늘었다는 겁니다. 그는 자신이 직접 목격한 매뉴팩처를 예로 들었습니다.[34] 기계도 없이 열 명 안팎의 노동자가 핀을 만드는 영세한 작업장이었는데요. 숙련되지 않은 사람이 혼자서 핀을 만든다면 하루 종일 20개, 아니 단 1개도 만들어내기가 쉽지 않을 겁니다. 그런데 이 매뉴팩처에서는 열 명의 노동자들이 하루에 무려 4만 8000개의 핀을 생산했습니다. 분업 덕분에 노동자 개인의 재능이 개발되고 노동자 전체의 생산력이 비약적으로 신장한 겁니다.

그런데 스미스는 이 작은 작업장에서 일어나는 일이 사회 전체에서도 일어나고 있다고 생각했습니다. 우리 눈에 보이지는 않지만요. 그는 사회 전체에 걸쳐 있는 아주 거대한 매뉴팩처를 머릿속에 그려봅니다. 사람들은 이 거대한 매뉴팩처의 존재를 알아차리지 못하는 것인가. 누구나 자기 앞의 것은 보지만 사회 전체를 볼 수는 없으니까요. 스미스는 말합니다. "다수 국민의 대규모 수요를 충족시키는 거대한 매뉴팩처들의 경우에는 각 작업부문마다 아주 많은 노동자를 고용하기 때문에 그들 모두를 동일한 작업장으로 모을 수 없다. 그리하여 우리는 하나의 부문에 종사하는 노동자들보다 많은 숫자를 한 번에 볼 수 없는 것이다. 그래서 그런 매뉴팩처들의 경우에는 소소한 매뉴팩처들보다 사실상 훨씬 많은 부분으로 분할되어 있을지 모르지만, 그 분할은 그렇게 분명하지 않고 따라서 훨씬 덜 주목받는다."[35]

우리는 한 작업장에서의 분업을 볼 뿐이지만 여러 개의 작업장을 가진 거대 매뉴팩처들도 있습니다. 매뉴팩처 시대의 예는 아니지만 오늘날의 자동차 생산 공장을 떠올려볼까요. 부품들을 조립해 완성차를 생산하는 공장을 본 사람은 작업용 컨베이어를 따라 얼마나 많은 노동자가 서로 다른 일을 하는지 알 겁니다. 조립해야 할 부품이 3000가지가 넘습니다. 계기판을 달고 시트를 장착하고 유리를 끼우고, 엔진과 차축과 기어 등을 조립하고, 배선과 배관 작업을 합니다. 하지만 이 모든 작업의 기본 골격이 되는 차체를 납품한 공장도 따로 있겠지요. 거기서도 여러 사람이 여러 가지 일을 했을 겁니다. 철판을 자르고, 자른 철판으로 형태를 만들고, 용접을 하고, 부식을 막기 위해 도장 작업을 했겠지요. 이것은 차체를 제작하는 공장 이야기고요. 어딘가에는 엔진을 제작하는 공장이 있을 테고, 또 어딘가에는 자동차 유리를 생산하는 공장이 있겠지요. 각각의 작업장마다 여러 형태의 분업이 행해질 겁니다.

분업은 더 큰 차원, 이를테면 전체 산업 차원에서도 이루어집니다. 농업과 광업, 제조업도 일종의 분업 관계를 맺고 있는 것입니다. 자동차 산업에서 누군가 엔진을 만들고 누군가 유리를 만드는 것처럼, 사회 전체에서는 누군가 곡물을 생산하고 누군가는 구리를 캐고 누군가는 핀을 만들겠지요. 스미스는 사회 전체의 분업도 매뉴팩처와 다를 바 없다고 생각한 것 같습니다. 핀을 제조하는 매뉴팩처에서 누군가는 철사를 늘이고 누군가는 그것을 끊고 누군가는 뾰족하게 다듬듯이 사회에서도 사람들은 삶에 필요한 모든 것을 혼자 만들지 않습니다. 혼자서 핀도 만들고 곡물도 생산하는 것보다는 한 가지 일을 특화하는 것이 낫지요. 그런데 스미스가 분업에 주목한 것은 생산력의 증대 때문만은 아닙니다. 아마도 그가 더 말하고 싶어한 것은 그 이전의 문제일 겁니다. 사람들로 하여금 분업으로 나아가게 한 사정 내지 동기 말입니다. 분업이 이토록 발전한 이유는 무엇인가. 저마다 각자의 생산활동을 특화해 생산량을 늘리려고 노력하는 이유는 무엇인가. 그는 분업이 '인간본성에 있는 어떤 성향(propensity)'의 산물이라고 말합니다.[36] 바로 교환 성향이지요. 인간의 경제활동은 이 교환 성향에서 나온 것입니다. 스미스에 따르면 이 성향은 인간에게만 있습니다. 그는 말합니다. "어느 개가 다른 개와 뼈다귀를 공정하고 의도적으로 교환하는 것을 본 사람은 아무도 없다."[37] 인간만이 교환을 통해 생존 문제를 해결하고자 하는 성향을 갖고 있다는 거죠(참고로 마르크스는 교환을 통해 생존을 해결하는 개인이 역사적으로 매우 특수한 것임을 지적한 바 있습니다. 155~156쪽).

스미스의 이야기를 마저 들어보겠습니다. 인간은 혼자서 살 수 없습니다. 다른 사람의 도움이 필요하지요. 그렇다고 다른 사람의 자비심에 기대어 살아가지는 않습니다. 먹이를 먹는 동물 곁에서 몸을 낮추고 꼬리를 흔드는 식으로는 살지 않는다는 거죠. 스미스에 따르면 우리는 정육점 주인과 빵집 주인의 자비심이 아니라 이기심에 호소합니다.[38] 우리에게 고기와 빵을 건넸을 때 그들에게도 이익이 생기도록 하는 겁니다. 그러려면 주고받아야 합니다. 그들이 원하는 것을 주고 우리가 원하는 것을 받는 거죠. 이게 교환입니다. 인간이 교환에 나서면서 분업의 효용이 부각되었습니다. 누구나 자신의 생산물을 타인의 것과 교환해야 하는데요. 자신이 잘하는 일을 특화하면 교환에 필요한 생산물을 크게 늘릴 수 있다는 걸 알게 됩니다. 물론 스미스에 따르면 이 깨달음은 곧바로 생겨나지 않습니다. '아주 느리고 점진적으로' 나타나지요.[39] 처음에는 서로의 재능 차이도 크지 않았을 겁니다. 분업이 발전하면서 저마다 특화된 재능을 갖게 되었고 생산력도 크게 늘어났지요.

스미스의 주장을 요약하자면 이렇습니다. 인간의 교환 성향은 분업을 발전시켰고 분업은 인간의 재능과 생산력의 발전을 가져왔습니다. 자본주의 매뉴팩처란, 시간은 좀 걸렸지만 인간본성에서, 특히 인간의 교환 성향에서 필연적으로 발전해 나올 수밖에 없는 분업형태입니다. 즉 매뉴팩처는 자연발생적으로 생겨난 분업이 발전한 결과입니다. 인간은 여러 영역, 여러 차원에서 이런 분업을 발전시켜왔습니다. 개별 작업장에서도, 사회 전체에서도 그렇습니다.

정말 그럴까요. 자본주의사회의 매뉴팩처 분업이나 사회적 분업이 자연발생적 분업의 발전형태일까요. 또 자본주의사회에서 매뉴팩처의 분업은 사회적 분업과 동일한 것일까요. 마르크스는 스미스에 대해 이렇게 말합니다. "그는 분업에 대해 단 하나의 새로운 명제도 내놓지 못했다." 그럼에도 "분업을 강조했다는 점 때문에 매뉴팩처 시대를 총괄하는 정치경제학자로 불린다."[김, 474, 각주 19; 강, 481, 각주 44] 스미스는 자기 시대의 익숙하고 당연한 것이 역사적으로 얼마나 독특한 것인지를 전혀 이해하지 못했습니다. 자본주의사회의 분업이 과거 형태의 발전이기는커녕 그것의 얼마나 철저한 해체인지를 이해하지 못했지요.

'사회적 분업'의 두 가지 발생형태

이제 스미스가 동일시했던, 자본주의에서의 매뉴팩처 분업과 사회적 분업의 관계를 살펴보겠습니다. 전자는 개별 공장에서 제품을 생산할 때의 분업이고요, 후자는 사회 전체에서 산업별 혹은 산업의 하위 부문별로 이루어지는 분업입니다. 전자가 한 공장에서 핀을 생산할 때의 분업이라면 후자는 핀과 의복, 곡물을 시장에서 상품으로 교환하기 위해 사회 전체에서 이루어지는 분업이지요. 마르크스는 두 분업의 관계를 본격적으로 살피기 전에 사회적 분업의 발생형태에 대해 간단히 언급합니다. 매뉴팩처 분업에 대해서는 앞에서 말한 바 있지요. 잠시 환기할 필요는 있겠습니다. 마르크스가 말하는 사회적 분업의 발생형태가 매뉴팩처 분업의 경우와 논리적으로 상당히 닮았거든요. 매뉴팩처 분업의 발생에는 두 가지 기본형태가 있다고 했습니다. 하나는 '유기적 매뉴팩처'의 경우로서, 본래는 동일한 업종이었는데 서로 다른 여러 가지 일로 분화한 것이었고요, 다른 하나는 '이종적 매뉴팩처'로서, 본래는 독립적 업종이었던 일들이 서로 결합하면서 상호의존적 관계를 맺는 것이었지요. 그렇다면 상품으로 매개되는 사회적 분업은 어떨까요. 그것은 어떻게 생겨났을까요. 마르크스는 여기에도 두 가지 기본형태가 있다고 말합니다.[김, 478~479; 강, 484~485]

그런데 이 두 가지 형태를 소개하기 전에 노파심에서 한마디 해두고자 합니다. '매뉴팩처 분업'은 자본주의적 생산형태입니다. 즉 자본주의 생산양식을 전제하지요. 어떤 점에서는 생산물을 '상품으로 교환하는' 사회적 분업의 경우도 그렇습니다. 하지만 여기서 말하는 사회적 분업의 두 가지 기본형태는 일단 자본주의 생산양식을 전제하지 않고 하는 이야기입니다. 전에 인간노동의 합목적성을 이야기했을 때와 비슷하지요. 인간노동의 합목적성은 자본주의 생산양식을 전제하지 않고서도 말할 수 있습니다. 인간노동의 일반적 속성이니까요. 하지만 마르크스가 여기 주목한 것은 노동력의 상품화를 염두에 두었기 때문입니다. 노동력의 상품화는 인간노동의 합목적성 때문에 가능하니까요.

사회적 분업의 발생에 대해 말할 때도 이런 면이 있습니다. 여러 생산부문들이 독립적이면서도 상호 연계되는(생산물의 교환을 통해) 사회적 분업체계가 어떻게 생겨났을까. 사실 이런 식의 사회적 분업은 아리스토텔레스 시대에도 있었습니다. 당시 샌들을 만드는 장인은 본인 것만 만들지 않았습니다. 그가 만든 대부분의 샌들은 교환을 위한 것이었지요. 자본주의만큼은 아니지만 고대사회에서도 생산물 교환을 목적으로 하는 사회적 분업이 있었을 겁니다. 특정 신분의 사람들이 특정 업종에 종사하며 물건들을 만들어냈겠지요. 물론 이것은 자본주의사회의 분업과는 규모도 다르고 무엇보다 의미가 다릅니다. 자본주의 이전의 사회형태들에서 이뤄진 사회적 분업과 자본주의사회에서 이뤄진 분업이 어떻게 다른지는 조금 뒤에 살펴볼 겁니다. 다만 지금은 사회형태나 생산양식에 대한 고려 없이, 마르크스가 일반적 차원에서 생산물 교환으로 매개되는 사회적 분업이 어떻게 생겨날 수 있는가를 말하고 있다고 보면 되겠습니다.

이제 사회적 분업의 발생에 대한 이야기를 다시 이어가겠습니다. 사회적 분업의 발생과 관련해 두 가지 기본형태가 있다고 했는데요. 하나는 공동체 안에서 자연발생적으로 나타난 분업이 확대되고 심화되는 경우입니다. 나이나 성별 등의 생리적 차이에 따라 공동체에서 종사하는 일이 달라지는 것이지요. 이를테면 생리적 차이에 따라 사냥하는 사람, 채집하는 사람, 옷감 짜는 사람이 구분되기 시작합니다. 처음에는 일시적 구분이었겠지만 공동체의 규모가 커지면 일의 구분이 점차 굳어집니다. 기능도 더 분화되고요. 이를테면 제사를 전담하는 사람도 생기고 교육이나 의술에 전념하는 사람도 생겨납니다. 게다가 전쟁을 통해 다른 종족을 복속시키는 경우에는 신분에 따라 분화가 더 확대되겠지요. 또 다른 발생형태는 다른 공동체와 만나 교역을 하는 경우인데요. 마르크스는 『자본』 제2장에서 교역의 초보적 형태는 공동체 안의 개인들이 아니라, 공동체와 공동체 사이에서 생겨난다고 했습니다. 공동체들은 생활방식도 다르고 생산물도 다르니 상대 공동체의 생산물 중에 갖고 싶은 것이 있겠지요. 예컨대 콩고의 렐레족과 딩가족은 라피아(옷감)와 물고기를 바꾸었습니다. 그런데 이런 식의 교역이 안정화되면 원래는 독립된 공동체들이었음에도 일부 생산물을 서로에게 의존하는 관계가 점차 형성되겠지요. 공동체들 사이에서 생산의 분업체계가 만들어지는 겁니다.

두 가지 기본형태는 논리적으로 떠올릴 수 있는 것들이지요. 첫 번째 경우는 동일한 것에서 차이가 생겨난 것이고 두 번째 경우는 차이 나는 것들 사이에 유대가 만들어진 것입니다. 생산물 교환을 목적으로 하는 사회적 분업에 이르는 출발점이 서로 정반대입니다. 하지만 사실 두 형태는 긴밀히 연관되어 있습니다. 첫 번째 경우는 처음에는 단순한 기능 분화였던 것이 나중에 독립된 업종이 되고 생산물을 상품으로 교환하는 상태에 이른 것인데요. 애초 공동체 성원들 일부가 사냥을 하고 다른 일부는 옷감을 짰다 해도 전체가 한 몸으로 두 가지 일을 한 것과 같습니다. 그러니 사냥감도 옷감도 모두가 고루 나누었을 겁니다. 하지만 각각의 일들이 독립된 업종이 되면 사람들은 서로의 사냥감과 옷감을 일정 비율로 교환해야 합니다. 그런데 이것은 공동체 성원들이 서로를 더는 한 몸으로 보지 않는 사태, 다시 말해 서로가 서로를 타인으로 보는 사태의 출현과 함께 일어납니다.

공동체에서 이런 사태가 출현하게 되는 데 큰 영향을 미친 것이 두 번째 형태입니다. 사람들이 서로를 타인으로, 마치 한 공동체가 다른 공동체를 바라보듯 하는 것은 공동체와 공동체 사이에 머물던 교환관계가 공동체 안으로 파고들었기 때문이죠. 마르크스는 "어떤 물적 존재가 공동체 외부와의 접촉을 통해 상품이 되면 그 즉시 그것들은 반작용을 일으키며 공동체 내부의 생활에서도 상품이 된다"라고 했지요. 즉 다른 공동체와의 상품교환이 공동체 내의 상품교환 그리고 생산의 사회적 분업을 자극하는 겁니다.[김, 479; 강, 485] 물론 이런 일이 단번에 일어나지는 않습니다. 교환이 오랫동안 끊임없이 반복되어야겠지요. 그리고 어떤 때는 상당한 폭력이 개입했을 겁니다(167~168쪽).

서구사회에서 상품교환이 매개하는 사회적 분업이 일반화되는 과정을 여기서 모두 말할 수는 없습니다. 우리는 지금 '상대적 잉여가치'의 생산과 관련해 매뉴팩처 시대의 분업에 대해 이야기하고 있는데요. 서구의 상품교역 역사를 개괄하기에는 지면도 부족하고 지금 우리가 추적 중인『자본』의 논리적 전개과정을 흐릴 수도 있습니다. 그래서 마르크스가『자본』제4장에서 "16세기에 세계무역과 세계시장이 형성됨으로써 자본의 근대적 생활사가 시작된다"라고 말하고는 서구에서 세계무역과 세계시장이 어떻게 형성되었는지에 대한 역사 기술은 생략했듯이 우리도 그렇게 할 수밖에 없습니다. 상품교환이 매개하는 사회적 분업의 형성사를 여기서는 생략하고 간다는 겁니다.

다만 마르크스는 이 역사의 기술에서 고려해야 할 두 가지 사항을 간단히 언급해두었습니다. 하나는 "도시와 농촌의 분리"입니다. 마르크스는 이를 "모든 발전한 분업 그리고 상품교환을 통해 매개되는 분업의 토대(Grundlage)"라고 말합니다. 일종의 기원적 사건이라는 거죠. 그리고 "사회의 경제사 전체를 이 둘의 대립운동으로 요약"할 수 있다고 했습니다. 정말로 궁금증을 유발하는 언급인데요(이에 대해서는 부록노트㉒ 참조). 그는 논의가 지나치게 확대될 것을 염려했는지 "여기서는 이에 대해 더 이상 언급하지 않겠다"라고 말합니다.[김, 479; 강, 485~486] 또하나 마르크스가 강조한 것은 인구의 크기와 밀도입니다. 일정 수 이상의 노동자가 모여야 매뉴팩처의 분업이 가능한 것처럼, 상품교환이 매개하는 사회적 분업도 일정 규모 이상의 인구가 모여 살았을 때 가능합니다. 물론 이때의 인구밀도는 인구수에만 달린 게 아닙니다. 교통이 발전하면 인구가 상대적으로 적더라도 밀도는 높아집니다. 교통의 발전은 공간을 작게 만드니까요. 이 점에서만 보면 상품교환이 매개하는 사회적 분업은 인도보다 미국 북부의 주들에서 출현하기가 쉽습니다. 인구수는 적지만 교통이 더 발전했으니까요.[김, 480; 강, 486] 서구에서 사회적 분업의 발전은 교통의 발전과 함께 고려되어야 합니다.

이제 스미스가 암묵적으로 동일시했던 매뉴팩처의 분업과 사회적 분업의 관계를 검토해보겠습니다. 매뉴팩처는 자본주의적 생산형태의 하나입니다. 즉 우리는 자본주의 생산양식이 지배하는 사회에서 두 가지 분업이 맺고 있는 관계를 다루는 것입니다. 자본주의에서 둘은 긴밀히 연관됩니다. 서로가 서로의 발전을 전제하고 또 촉진하지요.

먼저 매뉴팩처는 상품교환이 매개하는 사회적 분업이 어느 정도 진척되었을 때 출현한다고 할 수 있습니다. 자본가가 다수의 노동자와 많은 생산수단을 동원해 상품생산에 나선다는 것은 그만큼 그 사회의 상품유통이 활발하다는 뜻입니다. 즉 상품교환이 매개하는 사회적 분업이 상당히 발전해 있는 거죠. 사실은 자본주의의 역사적 출현 자체가 그렇습니다. 마르크스의 말대로 "자본의 근대적 생활사"가 "16세기 세계무역과 세계시장의 형성"으로 시작된 겁니다. 상품의 생산과 유통이 어느 정도 발전한 후에야 자본주의적 생산양식이 출현하는 거죠. 하지만 반대 방향도 성립합니다. 매뉴팩처가 점차 발전할수록 그 때문에 사회적 분업도 촉진되니까요. 특히 노동도구가 분화하면 그 도구를 생산하는 산업도 분화하게 되지요. 매뉴팩처의 발전과 더불어 버밍엄에서만 500종에 달하는 망치가 생산되었다고 앞서 말했는데요. 이 정도로 많은 종류의 망치가 생산되었다면 거의 하나의 업종이라 불러도 좋을 겁니다. 오늘날로 말하자면 반도체 산업 같은 거죠. 반도체는 여러 전자 제품에 쓰이는 핵심 부품인데, 반도체 생산은 오늘날 업체 수준이 아니라 업종 수준에서 이루어지고 있지요. 물론 자동화된 공장에서 생산하는, 반도체 같은 상품을 매뉴팩처 시대를 이야기하며 언급하는 게 적절치는 않지만요. 마르크스가 이 시기의 적절한 예로 든 것은 방추입니다. 방적업에서 사용되는 도구죠. 그런데 17세기 네덜란드에서는 방추 제조가 하나의 산업부문을 형성할 정도로 커졌다고 합니다.[김, 480, 각주 30; 강, 486, 각주 54]

매뉴팩처의 분업과 사회적 분업이 이렇게 긴밀히 연관된다고 해서 둘이 같은 것은 아닙니다. 마르크스는 둘이 "정도의 차이만이 아니라 본질적으로(wesentlich) 다르다"라고 했습니다.[김, 481; 강, 487] 겉보기에는 유사해 보일 수 있습니다. 매뉴팩처에서의 유기적 분업처럼 업종들이 내적으로 연결되어 있다면 더 그렇습니다. 이를테면 가축을 기르는 목축업자와 가죽을 다루는 피혁업자, 가죽으로 구두를 만드는 제화업자의 경우지요. 여기서는 한 업종의 생산물이 다른 업종의 원료가 됩니다. 한쪽에서 만든 것을 다른 쪽으로 넘겨주지요. 스미스가 떠올린 대규모 매뉴팩처, 즉 우리가 직접 눈으로 볼 수는 없지만 사회 전체에 걸쳐 있는 매뉴팩처가 이런 식이었을 겁니다. 마르크스도 여기에 주석을 달아 스미스의 해당 글을 길게 인용하고 있습니다.[김, 482, 각주 33; 강, 488, 각주 57] 하지만 매뉴팩처의 분업과 사회적 분업은 엄연히 다릅니다. 우선, 나뉜 일을 매개하는 것이 전혀 다릅니다. 사회적 분업의 경우, 그러니까 목축업자와 피혁업자와 제화업자를 매개하는 것(각각의 매뉴팩처 노동자들을 다른 매뉴팩처 노동자들과 매개하는 것)은 '상품'입니다. 피혁업자가 제화업자에게 넘기는 가죽은 '상품'이라는 말입니다. 이때 업체들은 상품공급 사슬로 묶여 있지요.

반면에 매뉴팩처에서 한 부분노동자가 다른 부분노동자에게 넘겨주는 것은 상품이 아닙니다. 가령 피혁업자를 거치지 않고 목축업자에게 날가죽을 넘겨받아 가공한 후 구두를 만드는 제화 매뉴팩처가 있다고 해봅시다. 이 매뉴팩처의 전체 공정에는 분명 피혁업자의 단계가 있을 겁니다. 한 무리의 부분노동자들이 손질된 가죽을 다른 부분노동자들에게 넘기는 단계 말입니다. 이때의 가죽은 물리적으로는 피혁업자가 상품으로 넘기는 가죽과 동일하지만 '상품'은 아닙니다. 원료에서 완제품으로 나아가는 단계에 있는 '중간물'이지요. 가죽을 상품으로 넘기는 것과 중간물로 넘기는 것 사이에는 큰 차이가 있습니다. 곧이어 보겠지만 넘기는 사람과 받는 사람의 관계, 이 관계를 규정하는 법칙 등이 모두 달라지죠. 그렇다고 매뉴팩처 노동자들을 하나로 묶고 있는 것이 '중간물'이라고 말할 수는 없습니다. 이들을 한데 모으고 배치한 존재는 따로 있으니까요. 바로 자본가입니다. 이들은 모두 동일한 자본가한테 고용된 사람들입니다. 이들의 동일성은 자본가의 동일성, 더 엄밀하게 말하면 자본의 동일성입니다. 이들은 모두 동일한 자본(그중에서도 가변자본)의 부분들입니다.[김, 483; 강, 489]

상품이 매개하는 관계와 동일한 자본가에게 소속된 관계. 이 차이는 분업을 규제하는 법칙과 그 법칙이 관철되는 양상을 완전히 다른 것으로 만듭니다. 먼저, 상품으로 매개되는 사회적 분업은 독립된 다수의 생산자를 전제합니다. 하나의 일과 다른 일, 하나의 매뉴팩처와 다른 매뉴팩처는 마르크스가 상품의 가치나 상품 소유자들의 관계에 대해 말할 때와 같은 의미에서 '사회적' 관계를 맺고 있습니다. 여기서 '사회적'이라는 것은 서로가 서로를 독립된 타인으로 여긴다는 뜻입니다. 개인들은 서로의 사정을 알지 못한 채로, 미리 정해진 계획이나 체계 없이 행동합니다. 개인으로서는 미리 알 수도 없고 제어할 수도 없는 상황 속에 있는 겁니다.

'사회적 분업'하에서는 특정 업종에 얼마나 많은 사람이 종사해야 하는지 미리 알 수가 없습니다. 우연과 자의성이 개입하지요.[김, 484; 강, 489] 한때 한국 사회에서 대만식 카스텔라가 유행한 적이 있습니다. 정말로 많은 가게가 생겨났습니다. 개인들로서는 과잉생산 여부를 미리 알 수 없고 새로운 개인들이 여기 뛰어드는 것을 막을 권한도 없습니다. 자기 작업장 안의 일은 통제할 수 있지만 사회적 분업은 통제할 수 없지요. 그래서 결국 마르크스가 인용했던 속담처럼 되고 말았지요. "함께 잡히면 함께 죽는다." 카스텔라를 판매하는 많은 가게가 문을 닫았고 여기 원료를 납품하던 업체들이 망했습니다.

사회적 분업에 우연과 자의성이 개입한다고 해서 법칙이나 경향이 없는 것은 아닙니다. 각각의 영역이 적절한 균형을 찾아가지요. 누가 지시하지는 않지만 전체적으로 제분업과 제빵업의 적절한 비율을 찾아가는 경향이 있습니다. 이는 한편으로 제품마다 충족해야 할 사회적 욕구(수요)는 양적으로 다르지만 어떤 내적 유대가 그 상이한 욕구들을 하나의 체계에 묶어두기 때문입니다. 이를테면 밀가루와 빵에 대한 사회적 욕구(수요)의 양은 각각 다르지만 이 욕구들이 일정하게 엮여 하나의 체계를 이루고 있다는 말입니다. 또 한편, 상품의 가치법칙이 각 상품의 생산에 투여될 노동의 양을 결정합니다. 상품의 가치는 그것을 생산할 때 사회적으로 필요한 노동량으로 결정되는데요. 이 가치법칙이 사회의 노동 총량에서 얼마만큼을 해당 상품의 생산에 투입해야 하는지 알려줍니다. 그런데 문제가 있습니다. 이 법칙, 이 결정은 사전에 알 수 있는 게 아닙니다. 외적 경쟁을 통해 사후적으로 판명 나는 법칙이지요. 앞서 말했던 '경쟁의 외적 강제법칙'과 같습니다. 사회적 차원에서 분업의 균형점, 업종이나 업체 간의 적절한 비율을 규정하는 법칙은, 마치 시장가격이 그런 것처럼 '사후적'으로 그리고 때에 따라서는 상당히 '폭력적'으로 관철됩니다. 대만식 카스텔라가 그랬지요. 결국 상황은 해소되었고 균형이 찾아왔습니다. 많은 가게가 문을 닫고 업체들이 부도를 맞은 후에 말이지요.

매뉴팩처 분업은 사회적 분업과 정반대입니다. 얼마나 많은 노동력을 어디에 쓸 것인가. 매뉴팩처 분업에서는 이것이 자본가의 계획 속에, 내적 '비례와 비율의 철칙(eherne Gesetz)'에 따라 사전에 정해져 있습니다. 사회적 분업의 경우 원리상 어떤 초월적 권위도 있을 수 없습니다. 굳이 말하자면 '경쟁'만이 유일한 권위였지요. 하지만 매뉴팩처 분업에는 자본가라는 명확한 권력자가 있습니다. 분업 중인 노동자들은 사회적 분업의 독립된 생산자와는 지위가 완전히 다릅니다. 노동자들은 자본가에게 철저히 예속된 존재입니다.

우리는 그동안 자본가가 작업장과 사회에서 얼마나 다르게 행동하는지를 언급하는 문장을 여러 차례 만났습니다. 작업장 안에서 그는 자신만의 '독자적 형법'을 가지고 태만과 낭비의 범죄를 추궁하는 전제군주였습니다. 그러나 사회에서는 '뒷일은 난 몰라' 하는 식으로 무책임하게 행동하며 어떤 사회적 규제에도 반대하는 아나키스트입니다. 매뉴팩처 분업과 사회적 분업에서도 마찬가지입니다.

마르크스는 두 분업에 대해 부르주아가 보이는 상반된 태도를 이렇게 꼬집습니다. "매뉴팩처의 분업, 즉 노동자들을 세부적 작업에 평생을 묶어두고, 이들 부분노동자들을 자본의 통제 아래 무조건적으로 예속시키는 것을 노동의 생산력을 높이는 노동의 조직화라며 찬미하는 부르주아적 의식은 사회적 생산과정에 대한 일체의 의식적·사회적 통제나 규제에 대해서는 개별 자본가의 신성불가침의 소유권과 자유, 자율적인 '독창성'에 대한 침해라고 목청 높여 비난한다."[김, 484; 강, 490] "참 특이하다"(sehr charakteristisch). 마르크스는 부르주아들의 정신세계에 대해 그렇게 말했습니다.[김, 485; 강, 490] 한편으로는 공장 제도를 그렇게 찬양하면서도 다른 한편으로는 전체 노동을 사회적 차원에서 계획하고 분배하자는 사회주의자들의 주장에 대해서는, 사회 전체를 집단 공장으로 만들려 하느냐고 게거품을 물면서 반대했으니까요.

분업의 형태는 시대마다 다르다

자본주의적 생산양식이 지배하는 사회에서 볼 수 있는 매뉴팩처 분업과 사회적 분업의 관계는 다른 사회형태에서는 보기 어렵습니다. 스미스는 매뉴팩처 분업과 사회적 분업의 본질적 차이를 알아보지도 못했지만, 자기 시대의 두 분업 사이의 관계가 역사적으로 얼마나 독특한 것인지도 알아보지 못한 겁니다. 마르크스는 시대마다 분업형태가 얼마나 다른지 그 형태만 알면 시대를 알아낼 수 있을 정도라고 말한 바 있습니다.[40] 마르크스에 따르면 자본주의 이전의 사회형태들에서 사회적 분업과 작업장 분업이 맺는 관계는 자본주의에서 둘이 맺는 관계와 정반대입니다. 사회적 분업의 조직과 관련해서는 강력한 권위가 행사되는 데 반해 작업장 분업의 조직에서는 대체로 권위가 약하고 우연적이며 산발적이라는 겁니다.[41][김, 485; 강, 490]

본문에서 마르크스는 두 가지 예를 들었는데요. 하나는 인도의 작은 공동체들이고 다른 하나는 서구의 길드입니다. 먼저 인도의 작은 공동체들을 살펴볼까요. 마르크스가 『자본』을 쓸 당시 인도는 이미 영국에 의해 국제적 규모의 자본주의적 생산체제에 편입되어 있었습니다. 인도 자체가 영국과 분업 관계에 있었고(인도의 면화 생산은 영국의 면직물 산업과 연계되었지요) 인도 사회 안에서도 상품교환을 매개로 하는 사회적 분업이 형성되고 있었습니다. 하지만 이 체계에 들어와 있지 않은 소규모 공동체도 있었습니다. 마르크스가 언급한 것은 이런 공동체들입니다.

이들 공동체에서도 사회적 분업이 이루어집니다. 하지만 생산물을 상품 형태로 거래하지는 않습니다. 토지를 공동 경작하고 생산물을 공동 분배하지요. 가내부업의 형태로 실을 잣고 옷감도 짭니다. 하지만 이것도 기본적으로는 자신들의 수요를 위한 것이지 판매용이 아닙니다. 물론 사회적 분업은 존재합니다. 공동체에는 서로 다른 일을 하는 사람들이 있습니다. 촌장은 재판과 치안과 징세 업무를 총괄해서 맡고 있고, 농경에 관계된 기록과 계산을 전담하는 서기도 있으며, 저수지의 물을 살피는 관리도 있고, 종교적 행사를 주관하는 브라만과 아이들 교육을 담당하는 교사, 농기구를 제조하는 대장장이와 목수, 도자기를 만드는 도공도 있습니다. 일종의 분업 체계죠. 물론 이런 일을 맡는 사람이 많지는 않습니다. 대장장이나 도공을 맡는 이는 한 명이거나 기껏해야 두세 명이지요. 이 규모로는 작업장 분업이라 하고 말고 할 것도 없습니다. 공동체의 사회적 분업은 신분과 전통에 따라 엄격하게 결정됩니다만 작업장에서는 각자 알아서 일하는 구조인 겁니다.

마르크스는 이를 "자족적 생산의 총체"(Produktionsganze)라고 불렀습니다. [김, 485; 강, 491] 이 '자족성'은 한편으로 '독립성'을 나타내지만 다른 한편으로는 '불변성'을 나타냅니다. 자족적이라면 굳이 변할 이유가 없으니까요. 마르크스는 후자에 주목했습니다. 그는 소위 말하는 '아시아 사회의 불변성의 비밀을 풀 열쇠'가 여기에 있다고 했지요.[김, 487; 강, 492] 왕조가 바뀌고 정치체제가 바뀌어도 아시아 사회의 기본 단위인 촌락공동체에는 변화가 없다는 것인데요. 이는 곧바로 아시아 사회의 정체성에 대한 주장으로 이어질 수 있습니다. 아시아 사회는 외적 강제가 없는 한 내적인 변화 동력이 없다는 식의 주장 말입니다. 일단 여기서는 인도 공동체의 '불변성'을 자본주의적 생산에서 나타난 '축적'이나 '팽창성'과 대비해서 이해하면 되겠습니다만, 비근대적·비서구적 사회형태에 대한 마르크스의 이해방식에 대해서는 생각해볼 문제가 많습니다. 특히 마르크스가 인용한 문헌들이 우려를 낳는데요. 인도에 가본 적 없는 마르크스는 아마도 책을 통해 인도를 접했을 겁니다. 그런데 여기서 마르크스가 인용한 문헌의 저자는 마르크스 스스로 밝히고 있듯 '육군 중령', '자바의 부총독' 등입니다. 오리엔탈리즘이나 식민주의에서 자유로울 수 없는 사람들이지요(인도에 대한 마르크스의 언급은 부록노트㉓ 참조).

자본축적과 생산 확장의 계기를 갖고 있지 않았다는 점에서는 중세 서구의 길드도 마찬가지였습니다. 중세에 서구의 도시는 사회적 분업을 관장하는 엄격한 규칙이 있었습니다. 길드에 관한 법률(Zunftgesetze)에 장인이 고용할 수 있는 직인과 도제의 수가 규정되어 있었지요. 생산규모를 함부로 키울 수가 없었습니다. 이렇게 해서는 장인이 자본가로 변신할 수 없어요. 게다가 장인은 자신이 속한 업종에서만 직인을 충원할 수 있었습니다. 상황의 변화로 분업이 심화되면 기존의 길드가 분화하거나 기존 길드 옆에 새로운 길드가 생겨났습니다. 그러나 기존 길드를 키우거나 몇 개의 길드를 하나로 통합할 수는 없었습니다.[김, 487; 강, 493] 작업형태에서도 길드는 매뉴팩처와 크게 달랐습니다. 길드의 직인이나 도제도 특정 시기에 특정한 일을 맡을 수 있습니다만 매뉴팩처의 부분노동자와는 달랐습니다. 도제는 제품의 생산에 관한 모든 일을 결국에는 다 익혀야 합니다. 그리고 길드의 작업도구도 작업을 하는 노동자들의 것입니다. 매뉴팩처에서는 자본가가 생산수단을 갖추고 노동자들을 고용합니다만, 길드에서 일하는 장인과 직인은 생산물만 상인들에게 팔 뿐 노동력은 팔지 않습니다. 마르크스의 표현을 빌리자면, 길드에는 "매뉴팩처의 일차적 토대"(사실은 '자본주의 생산양식의 일차적 토대')가 결여되어 있었던 거죠.[김, 488; 강, 493]

결국 길드는 매뉴팩처로 발전할 수 없습니다. 비록 길드 시대의 업종 분화나 분리가 매뉴팩처 시대의 물적 토대가 되었다고 해도 길드 자체가 매뉴팩처로 전환될 수는 없습니다. 그러므로 매뉴팩처는 길드의 발전형태가 아니라 길드 체제의 해체로 성립한 생산형태이지요. 사회적 분업을 규정하는 봉건적 질서가 해체되었을 때 매뉴팩처 분업도 가능해진 겁니다. 실제 역사를 보아도 중세의 도시에서는 매뉴팩처가 생겨나지 않았습니다. 오히려 길드에 대한 통제력이 약했던 농촌이나 해안 지역에서 생겨났지요. "그런 곳이 수출항으로서 이점도 있었지만 봉건적 질서의 통치력이 약한 곳이었기 때문"입니다.[김, 1028; 강, 1007]

────────── 자본의 부속물이 된 노동자 ──────────

지금까지 사회적 분업과 매뉴팩처 분업의 관계를 살펴보았는데요. 사실 사회적 분업은 자본주의적 생산양식이 지배하지 않는 곳에서도 다양한 형태로 존재해왔습니다. 심지어 상품교환이 매개하는 사회적 분업도 자본주의 이전의 사회형태들에 어느 정도 존재했습니다. 자본주의만큼 전면적이지는 않았지만요. 하지만 매뉴팩처 분업은 그렇지 않습니다. 매뉴팩처 분업은 "전적으로 자본주의적 생산양식 특유의(spezifische) 창조물"입니다.[김, 488; 강, 493] 자본주의에서만 볼 수 있는 생산형태인 것이지요.

앞서 매뉴팩처를 분업에 기초한 협업이라고 했을 때 이는 노동형태만 고려해서 한 말입니다. 그러나 협업도 분업도 그 자체로는 자본주의적 성격을 담고 있지 않아요. 심지어 '분업에 기초한 협업'조차 처음에는 자본주의와 상관없이 없이 '자연발생적으로' 생겨날 수 있습니다.[김, 494; 강, 499] 따라서 노동형태만 가지고는 자본주의적 생산형태로서 매뉴팩처의 성격을 충분히 파악할 수 없습니다. 매뉴팩처의 자본주의적 성격을 제대로 이해한 게 아니라는 말입니다. 전체 공정을 여러 부분작업으로 나누고 노동자들을 평생 부분노동에 종사하는 부분노동자로 만드는 것, 전체 공정을 하나의 살아 있는 생산 메커니즘이 되게 하는 것. 이것은 노동형태만 보고 매뉴팩처의 작업장을 묘사한 것이기에 도대체 왜 이런 일이 일어났는지, 어떻게 해서 이것이 한 시대의 지배적 생산형태가 되었는지를 말해주지 않습니다. 스미스라면 이렇게 말하겠지요. 매뉴팩처 분업은 분업의 발전형태인데, 분업은 인간본성에 속한 교환 성향에서 나온 것이라고. 결국 인간본성으로 돌아가는 것인데요. 이것은 언젠가 말한 것처럼 역사가 아니라 형이상학입니다.

우리는 매뉴팩처가 자본주의적 생산형태로서 등장했다는 점을 생각해야 합니다(자연발생적으로 생겨날 수도 있지만, 이것이 "의식적이고, 계획적이며, 체계적인 형태"가 된 것은 자본주의에 들어서면서입니다[김, 494; 강, 499]). 자본주의적 생산형태로 등장했다는 것은 그것이 자본의 원리 내지 목적을 실현하는 방법 중 하나라는 뜻입니다. 즉 잉여가치의 생산방법, 더 좁혀 말하면 상대적 잉여가치를 생산하는 방법인 것이지요. 그리고 잉여가치의 생산방법이라는 것은, 그것을 뭐라고 부르든 상관없이, "노동자를 희생시켜 자본의 자기증식을 높이는" 방법이라는 뜻입니다 {마르크스는 스미스를 조롱하듯 매뉴팩처 분업을 통해 생산된 잉여가치를 '국부'(Wealth of Nations)라고 부른다고 해서 이런 사정이 달라지는 것은 아니라고 말하고 있습니다[김, 495; 강, 500]}.

매뉴팩처 분업이 노동생산력을 크게 증대시킨 것은 틀림없습니다. 그러나 그것이 상대적 잉여가치의 생산과 관련되는 한 생산력 증대가 착취의 증대와 나란히 갑니다. 매뉴팩처 분업이 노동자 개인의 특수한 능력을 개발하고 발전시킨 것도 맞습니다. 그러나 자본가의 이익에 대한 고려가 우선인 한 노동자의 증대된 능력은 증대된 무능력과 나란히 갑니다(특수한 재능만 키우기 위해 다른 재능들은 억압하니까요). 마르크스가 매뉴팩처 분업에 대해 "한편에서는 역사적 진보로 나타나지만" "다른 한편에서는 더 문명화되고 세련된 착취수단으로 나타난다"라고 말한 것은 이 때문입니다.[김, 495; 강, 500] 매뉴팩처 분업은 단순협업과는 비교가 안 될 정도로 노동에 대한 자본의 지배력을 높입니다.[김, 489; 강, 494] 앞서 독립수공업자와 부분노동자의 노동을 비교했는데요. 단순협업의 경우 노동자들은 공동의 작업속에서도 독립수공업자와 조금은 비슷한 면모를 지닙니다. 어느 정도는 자신만의 노동 스타일을 가지고 있지요. 하지만 매뉴팩처 분업에서는 그런 것이 유지될 수없습니다. 전체의 리듬에 맞추어야 하니까요. 부분노동자는 온전한 노동자가 아니라 전체노동자의 한 부분, 한 기관이 됩니다. 독립성이 사라지지요.

앞서 나는 '부분노동자'를 '부분적인 일을 하는 노동자'로 읽지 말고 '부분으로 존재하는 노동자'로 읽자고 했습니다. 일종의 '부분인간'이라고요. 부분노동자는 온전한 노동자가 아닙니다. 노동자의 실존에 큰 변화가 생긴 거죠. 처음 노동력을 판매할 때 노동자는 자본가와 대등한 인격체입니다. 온전한 인간이고 온전한 노동자이지요. 그런데 매뉴팩처에서 오래 일하고 나면 '부분노동자'가 됩니다. 특정 부분노동에 최적화된 사람이 되는 거죠. 시간이 흐를수록 그의 능력은 배가됩니다. 하지만 자본가의 작업장에서 다른 노동자들과 특정한 배치를 이룰 때만 그렇지요. 그곳을 떠나면 어떻게 될까요. 평생 동안 바퀴만 조립해온 노동자를 떠올려봅시다. 그는 그 일을 누구보다 빠르고 정확하게 수행하는 능력자입니다. 그런데 해고 통보를 받으면 어떻게 될까요. 그는 갑자기 제대로 할 수 있는 게 아무것도 없는 무능력자가 됩니다. 혼자서는 아무것도 만들 수 없는 사람이지요.

처음에 노동자가 노동자로 된 것, 즉 자본가에게 자신의 능력(노동력)을 판매한 것은 생산수단을 갖지 못했기 때문입니다. 그런데 이제는 자본에게 판매되지 않으면 아무런 능력도 갖지 못하는 사람이 되었습니다. 그것도 자본가 일반이 아니라 특정한 자본가에게 팔려야 합니다(최소한 동일 업종의 자본가에게 팔려야 하지요). 이제 그는 해당 자본가의 작업장을 떠나서는 아무것도 할 수 없다는 점에서 자본가의 진정한 부속물이 되었다고 할 수 있습니다. 특정한 작업장의 부분노동에 최적화된 노동자의 몸은 농장의 가축에 붙어 있는 인식표와 같습니다. 거기 소속, 거기 재산이라는 뜻이지요. "여호와에게 선택받은 민족의 이마에 그 민족이 여호와의 소유물이라고 쓰여 있는 것처럼, 분업은 매뉴팩처 노동자에게 그가 자본의 소유물임을 표시하는 낙인(Stempel)을 찍는다."[김, 490; 강, 495]

──────────매뉴팩처 시대에 탄생한 학문 ①─산업보건학──────────
자본주의적 노동과정은 앞서 내가 5장에 붙인 제목(「생명을 짜 넣는 노동」)처럼 기본적으로 노동자의 생명력을 소진시키는 과정입니다. 죽어가면서 가치를 더하는 노동이라 할 수 있지요. 그런데 마르크스는 매뉴팩처 분업에서 또 다른 형태의 생명력 상실을 봅니다. '부분노동자화'와 관련된 것인데요. 매뉴팩처는 노동자의 특수한 재능 한 가지만 집중 육성하고 평생 그 일에 매달리게 함으로써 노동자를 '불구' 내지 '기형'(Abnormität)으로 만듭니다. 마르크스의 표현을 그대로 옮기자면 '불구화(장애화)한다'(verkrüppeln)라고 할 수 있지요.[김, 489; 강, 495] 이는 노동자의 능력을 '양적으로' 얼마나 소진시키는가하는 문제와는 다릅니다. 생명력의 양적 소진이라기보다 질적 소진이라 할 수 있거든요. 매뉴팩처는 노동자의 정신과 신체의 다면적 발전을 가로막습니다. 한 기능을 얻기 위해 다른 기능들의 발전을 억누르는 것이니까요. 마르크스는 이를 가죽 하나 얻으려고 동물을 통째로 죽이는 것에 비유했습니다.[김, 489; 강, 495] 작업장에 필요한 기능 하나를 얻기 위해 인간 전체를 죽이는 일과 같다는 거죠. 『자본』 제4장 끝에서 마르크스는 노동력을 판매하고 난 뒤의 노동자를 '가죽을 팔고서는 무두질만을 기다리는 처지의 사람'이라고 썼는데, 여기서는 그 가죽 하나 때문에 노동자가 통째로 죽어가고 있다고 말하는 것 같습니다(참고로 마르크스는 매뉴팩처 노동자의 처지를 설명하기 위해 장애인과 동물을 곧잘 비유로서 끌어들였는데,[42] 이에 대해서는 199~203쪽을 참조).

　매뉴팩처에서 일하면 한편으로 노동자의 신체가 변형됩니다. 무슨 사고가 일어나서가 아니라 일을 오래하면 그렇게 됩니다. 어깨가 틀어지거나 등이 굽고 손가락이 휘어지지요. 이 정도 손상이면 그나마 다행이고요. 경우에 따라서는 시력과 청력 등 감각기관, 폐 등의 호흡기관이 능력을 상실합니다. 근골격이 파괴되기도 하고 심혈관에 문제가 생기기도 하고요. 특정 동작을 너무 자주 반복했거나 특정 자세를 너무 오래 유지한 탓일 수도 있고, 노동대상이나 노동환경의 어떤 위험 요인에 장기 노출된 탓일 수도 있습니다. 다른 한편 노동자의 정신에도 문제가 생깁니다. 매뉴팩처는 노동자들을 사유할 수 없는 존재, 사유할 필요가 없는 존재로 만듭니다. 신체의 불구화에 상응하는 정신의 우둔화가 나타난다고 할까요. 독립적 농민이나 수공업자는 작업 전체에 대한 일정한 지식과 판단, 의지를 갖고 일을 하는데요. 매뉴팩처 분업에서 그런 정신적 능력은 작업 전체를 관장하는 사람 즉 자본가나 자본가가 고용한 관리자에게만 요구됩니다. 눈앞의 일만 처리할 뿐 전체를 내다보는 일은 하지 않습니다. 굳이 그럴 필요가 없으니까요. 오히려 '생각'이 작업에 방해가 됩니다. 부분노동을 수행하는 '자동장치'(automatische Triebwerk)처럼 되려면,[김, 489; 강, 495] 노동자는 생각하지 말아야 합니다.

마르크스가 스미스의 스승이라고 부르는 학자 애덤 퍼거슨(A. Ferguson)에 따르면 "매뉴팩처는 사람이 정신을 가장 적게 쓸 때, 즉 작업장이 인간을 그 부품으로 하는 하나의 기계로 간주될 수 있을 때 가장 번창"합니다.[김, 491; 강, 496] 스미스도 비슷한 말을 했습니다. 매뉴팩처에서 단순노동으로 평생을 보내는 인간은 "지성을 사용할 기회가 없"기에 "한 인간으로서는 더할 나위 없이 우둔하고 무지해진다"라고요.[김, 492; 강, 497] 스미스도 매뉴팩처 분업의 정신적 해악을 알고 있었던 겁니다. 정치경제학자이기 이전에 도덕철학자였던 그가 이 점을 모른 척할 수는 없었겠지요. 그는 분업이 초래하는 국민의 지적·도덕적 자질의 쇠락을 막기 위해 국가가 국민교육에 나서야 한다고 했습니다. 그런데 마르크스는 스미스의 권고가 마지못해 나온 것이라며 깎아내립니다. 스미스는 분업의 미덕을 찬양하는 중에 "지나가는 말"로 그 해악을 살짝 언급했을 뿐이며,[김, 492, 각주 47; 강, 497, 각주 70] "국민교육"이라는 처방도 "조심조심 극소량을 처방"한 것에 지나지 않는다고요.[김, 493; 강, 497]

이 점에서 분업에 관한 스미스의 사고를 스미스보다 더 철저하게 밀어붙인 사람은 제르맹 가르니에(Germain Garnier)입니다. 그는 스미스의 『국부론』을 프랑스에 소개하고 번역한 사람인데요. 마르크스가 인용한 바에 따르면 가르니에는 육체노동과 정신노동의 분업을 진보의 결과라고 주장했습니다.[김, 493; 강, 498] 분업의 발전에 따른 자연스러운 결과라는 거죠. 국가가 이를 저지하는 것은 사회의 진보를 가로막는 것과 같다고 했습니다. 가르니에의 주장은 과격하지만 그만큼 선명합니다. 분업에 대한 스미스의 생각을 스미스보다 더 확실하고 단호하게 드러내지요. 매뉴팩처 분업이 인간의 교환 성향에서 자연스럽게 발전되어온 것이라면, 그리고 그 덕분에 인간의 재능과 생산력이 증대해왔고 또 앞으로도 증대한다면 국가가 그 일을 인위적으로 막아서는 안 된다는 것이니까요. 그러나 매뉴팩처 시대 노동자의 신체적·정신적 불구화는 사회 진보에 따른 부수적 손실이라 치부하기에는 그 정도가 너무나 심각했습니다. 물론 사회적 차원에서 행하는 분업에서도 어느 정도의 '불구화'는 일어납니다. 농업에 종사하는 사람이 있는가 하면 제조업에 종사하는 사람도 있을 테고, 정신노동을 위주로 하는 사람이 있는가 하면 육체노동을 위주로 하는 사람도 있을 테니까요. 이런 사회적 분업의 결과에서 생겨나는 신체나 정신의 변형에는 불가피한 면이 있습니다. 하지만 매뉴팩처 분업은 그런 수준의 문제가 아니었습니다. 마르크스의 표현을 빌리자면 그것은 "개인을 그 생명의 뿌리에서부터 움켜쥐었"습니다.[김, 493; 강, 498]

이런 상황에서 새로운 학문이 탄생합니다. 바로 산업보건학(산업병리학)입니다. 직업과 질환의 연관이 이 시대 사람들의 눈에 비로소 들어온 것이지요. 그 선구적 인물이 마르크스가 각주에서 인용하는 베르나르디노 라마치니(Bernardino Ramazzini)입니다.[김, 493, 각주 50; 강, 498, 각주 73] 근대 산업보건학의 창시자로 평가받는 인물이지요. 라마치니는 매뉴팩처 시대에 활동한 임상의학 교수입니다. 이탈리아 카프리에서 태어나 모데나 대학에서 교수로 활동했습니다. 대학의 기록에 따르면 그의 수업 주제는 대부분 직업병에 관한 것이었습니다.[43] 그는 매뉴팩처 작업장을 직접 방문해 노동자들의 일하는 모습을 지켜보고 노동자들과 이야기를 나누었습니다. 그렇게 해서 1700년에 대표작 『숙련공의 질병에 관하여』*De Morbis Artificum Diatriba*를 펴냈습니다(마르크스는 1713년 파도바에서 출간된 이 책의 제2판을 인용했지요).

방금 매뉴팩처 시대에 직업과 질환의 연관이 사람들 눈에 띈 게 당연한 것처럼 말했습니다만, 그렇다고 누구나 그것을 보았다는 뜻은 아닙니다. 현상이 아무리 많이 생겨나도 보려는 마음이 없는 사람들에게는 보이지 않지요. 처음 그것을 본 사람의 눈은 특별합니다. 라마치니는 이 점에서 참 좋은 눈을 가진 사람이었습니다. 여담입니다만, 라마치니가 책의 아이디어를 떠올린 데는 이런 계기가 있었다고 합니다.[44] 어느 날 하수구를 청소하러 온 노동자가 있었던 모양입니다. 하수구 속으로 들어간 노동자는 무척 서둘러서 일을 했는데요. 왜 그렇게 서두르느냐고 물으니 거기 오래 머물면 시력을 잃는다고 대답했다는군요. 라마치니가 실제로 조사해보니 하수구 청소 노동자 대부분이 충혈된 눈을 하고 있었고 그렇게 몇 년을 일한 사람들 중 다수가 실제로 시력을 잃었습니다. 노동자의 직업과 병 사이에 긴밀한 연관이 있다는 게 드러난 거죠. 라마치니는 그 후 노동자들의 작업장을 여러 차례 방문하는데요. 이것은 17세기 후반의 의사들로서는 상상도 할 수 없는 일이었습니다. '작업장'은 지저분하고 천한 사람들이 있는 곳이라고만 생각했기 때문이죠. 많은 의사가 라마치니에게 냉소와 조롱을 보냈다고 합니다. 그러나 그는 자신의 저서에서 자랑스럽게 말했습니다. "나는 종종 초라한 작업장에 들어가서 기계적인 작업의 밝혀지지 않은 작용을 연구하는 것이 내 품위를 떨어뜨리는 일이라고 생각하지 않았다."[45] 그의 특별한 눈은 바로 이런 자세에서 나온 겁니다.

매뉴팩처 시대에 탄생한 학문 ②—정치경제학

매뉴팩처 시대에 탄생한 또 다른 학문이 있는데요. 정치경제학입니다. 정치경제학의 출현에 대해서는 앞서 1장에서 이미 살폈으므로 따로 언급하지는 않겠습니다만 여기서는 사회적 분업을 바라보는 정치경제학자의 시선에 대해 몇 가지를 이야기하려고 합니다.

앞서 스미스가 사회적 분업을 매뉴팩처 분업의 연장선상에서 이해했다는 말을 했는데, 스미스만의 문제가 아닙니다. 정치경제학자들 대다수가 매뉴팩처 분업의 시각에서 사회적 분업을 이해합니다. 자본주의적 생산형태인 매뉴팩처의 시각으로 사회 전체를 바라본다는 이야기지요. 달리 말하면 사회적 분업을 "상품가격을 낮추고 자본의 축적을 촉진하는 수단으로서만" 보는 겁니다.[김, 496; 강, 500] 이렇게 말해도 좋겠습니다. 정치경제학의 탄생은 사회를 바라보는 특정한 눈의 탄생입니다. 사회를 어떻게 편제해야 생산성을 높이고 가치의 생산과 자본축적에 유리한지를 계산하고 평가하고 제안하는 과학적 눈의 탄생이라 할 수 있지요. 사회적 분업을 교환가치(가치)의 생산이라는 관점에서만 보는 것이지요. 정치경제학의 이런 시선은 사회적 분업에 대해 말한 근대 이전의 저술가들, 특히 고대 저술가들의 시선과는 완전히 다릅니다. 마르크스는 그리스 고전에 대한 지식을 뽐내기라도 하듯 호메로스(Homeros)의 『오디세이』, 투키디데스의 『펠로폰네소스 전쟁사』, 플라톤의 『국가』, 크세노폰(Xenophon)의 『키루스의 교육』, 이소크라테스(Isocrates)의 『부시리스』 등 많은 저술을 인용했는데요.[김, 496~499, 각주 55~59; 강, 501~503, 각주 78~82] 분업의 필요성과 이점을 말하는 부분만 놓고 보면 고대의 저자들과 근대 정치경제학자들은 크게 달라 보이지 않습니다.

고대 저술들도 사람은 저마다 좋아하고 잘하는 일이 다르며 각자의 성향과 재능에 맞는 활동을 할 때 재능도 발전하고 물건의 품질도 좋아진다는 이야기를 했지요. 생산량이 늘어나 나라도 풍족해진다고 했고요. 심지어 플라톤의 『국가』나 크세노폰의 『키루스의 교육』의 어느 대목을 보면 스미스가 떠올린 사회적 분업과 거의 차이가 없어 보입니다. 이를테면 『국가』 제2권에서 소크라테스는 나라(폴리스)의 기원과 형성에 대해 이런 식의 주장을 폅니다.[46] 사람들은 생활에 필요한 것을 혼자 마련할 수 없기 때문에 나라를 이루어 함께 산다, 사람들은 서로 이익이 되기 때문에 교환을 한다, 사람들은 각기 닮지 않았고 성향이 다르기 때문에 저마다 다른 일을 하며, 사람은 저마다 타고난 성향에 따라 한 가지 일에 전념할 때 그 일을 더 많이, 더 훌륭하게, 더 쉽게 할 수 있다, 그렇게 해서 나라에는 농부, 제화공, 목공, 대장장이 등 여러 일에 종사하는 시민들이 필요하다. 또한 한 나라가 모든 것을 갖추는 것도 불가능하므로 다른 나라와의 무역이 필요한데 이 일을 맡을 무역상이 있어야 하고, 나라 안에서 서로 다른 업종의 사람들이 생산한 물건들을 매개할 소매상도 필요하다, 그리고 지적이지는 않지만 힘이 강해서 체력을 팔 수 있는 임금노동자도 필요하다, 이런 식으로 사람들 서로의 필요에 따라 나라에는 여러 종류의 직업과 거기 종사하는 사람들이 생겨난다….

크세노폰의 『키루스의 교육』에는 노동형태만 보면 아예 매뉴팩처 분업과 흡사한 장면이 나옵니다(그래서인지 마르크스는 크세노폰에 대해 "분업에 대해 특유의 부르주아적 본능을 가지고 접근한다"라고 썼습니다[김, 498; 강, 502]). 크세노폰은 플라톤처럼 소크라테스의 제자였는데요. 페르시아제국을 건설한 키루스 대왕을 흠모했던 사람이기도 합니다. 『키루스의 교육』은 키루스 대왕의 일대기이자 페르시아제국의 교육을 소개한 책입니다. 마르크스는 『키루스의 교육』의 한 부분을 주석에서 인용하는데요. 크세노폰이 키루스 대왕으로부터 선사받은 음식들을 찬미하면서 이런 말을 합니다. 우선 그는, 이 음식들이 뛰어난 이유를 분업에서 찾고 있습니다. "큰 도시에서는 각종 분야에서 많은 인력이 필요하므로 보잘것없는 한 가지 기술만 있는 사람이라고 해도 먹고살기에 충분하다. 예를 들어 남성용 신발만 만드는 사람이나 여성용 신발만 만드는 사람도 있는 것이다. 또한 대도시에는 신발을 꿰매는 기술로만 먹고사는 사람도 있고, 제화용 가죽을 자르거나 가죽 조각들을 이어 붙이는 사람이 별도로 있는가 하면, 그런 공정은 전혀 수행하지 않고 부품들만 꿰어 맞춰 신발을 만드는 사람도 있다. 당연한 이야기지만 고도로 전문화된 작업에만 전념하는 사람은 그만큼 그 분야에서 최고 솜씨를 자랑하게 되는 것이다. 주방과 관련해서도 그와 똑같이 말할 수 있다. (…) 고깃국을 끓이는 사람, 고기와 생선을 굽는 사람, 빵을 만드는 사람 등이 각기 따로 있고, 한 가지 종류만 만드는 사람이라 해도 충분히 좋은 평판을 얻을 수 있다면, 그런 주방에서는 모든 것이 훨씬 나은 방식으로 만들어질 것이 분명하다."[47]

플라톤이 그린 사회적 분업은 스미스가 떠올린, 상품교환을 매개로 하는 사회적 분업과 다를 바 없어 보이고, 크세노폰이 그린 키루스 대왕의 주방은 시계를 제조하는 매뉴팩처 시대의 작업장을 방불케 합니다. 심지어 크세노폰은 작은 도시와 달리 큰 도시에서 분업이 더 발전한다는 것, 달리 말해 "분업의 정도가 시장의 크기에 의존한다는 것을 벌써 알고" 있습니다.[김, 498, 각주 58; 강, 502, 각주 81] 하지만 분업이 더 많은 물건을 더 훌륭하게 그리고 더 쉽게 만들게 해준다는 플라톤의 말이나, 분업이 생산자의 기술 수준을 높여주며 도시가 커지면 즉 시장이 커지면 분업이 더 촉진된다는 크세노폰의 말은 모두 '사용가치'에 대한 것입니다.[김, 498,

각주 58; 강, 502, 각주 81] 분업을 통해 사용가치의 양과 질을 모두 높일 수 있다는 이야기죠. 다시 말해 이것은 '교환가치'에 대한 이야기가 아닙니다. 자본주의적 생산형태인 매뉴팩처에서 생산성을 증대시키는 이유와는 전혀 다르지요. 요컨대 고대 저술가들이 분업을 권장한 것은 더 좋은 물건을 더 많이 만들 수 있다는 이유였지 더 많은 돈을 벌려는 목적이 아니었습니다. 플라톤의 표현을 빌려 말하자면 "돼지들의 나라", "호사스러운 나라"를 만들기 위함이 아니었다는 겁니다.[48]

플라톤이 분업을 나라의 형성 원리로 이해한 것은 사실이지만 이때의 분업은 스미스가 떠올린 자본주의사회의 분업과는 완전히 다른 겁니다. 마르크스는 흥미롭게도 플라톤의 국가를 "이집트적 카스트제도의 아테네적 이상화"라고 부릅니다. 플라톤이 자본주의사회를 선구적으로 제시했다기보다는, 사실 고대 이집트의 카스트제도를 모범으로 삼았다는 말이지요. 마르크스에 따르면 실제로 플라톤 시대의 사람들은 신분에 따라 평생 하나의 일에 종사하도록 한 이집트를 산업상의 모범으로 여겼다고 합니다.[김, 498~499; 강, 502~503] 우리는 아리스토텔레스가 근대 정치경제학자들이 하나로 다루는 두 분야, 즉 가정관리술과 화폐증식술(재산증식술)을 엄격히 구분했다는 것을 알고 있습니다. 생활상의 필요를 만족시키는 기술과 재산을 불리기 위한 기술을 분리한 거죠. 아리스토텔레스는 전자만을 '진정한 부'라고 했고, 후자에 대해서는 남을 희생시켜 무한한 부를 쌓으려는 것으로 자연에 반하는 짓이라고 비난했습니다. 고대의 저술가들은 전자와 관련해 분업의 효용을 말한 것입니다. 분업이 생활에 필요한 좋은 물건을 많이 만들 수 있는 방법이었으니까요.

그러나 매뉴팩처 시대, 즉 자본주의 생산양식이 지배하는 시대에 탄생한 정치경제학자들은 달랐습니다. 그들은 생활의 필요를 충족하는 생산과 재산을 늘리기 위한 생산을 구분할 필요를 느끼지 않았습니다. 그들은 오히려 후자의 관점에서 전자를 바라보았지요. 재산의 증식, 자본의 축적이라는 시각에서 물건을 어떻게 생산하는 것이 효과적인지 고민한 겁니다. 그래서 매뉴팩처 분업과 사회적 분업의 바람직한 모습이 어떤 것인지 '학문'으로 제시했지요. 아마 고대인들로서는 믿기지 않을 겁니다. 자신들이 반자연적이고 부도덕하다고 생각하는 관점에 입각해 진리를 논하는 하나의 학문, 하나의 과학이 탄생했다는 것이 말입니다.

───────잉여가치 생산의 논리적 순서에 대한 오해───────

이렇게 해서 상대적 잉여가치 생산에 대한 첫 번째 이야기가 끝났습니다. 상대적 잉여가치는 노동생산력 증대를 통해 노동력의 가치를 저하시킴으로써 얻는데요. 이번 장에서 우리가 다룬 것은 작업방식을 바꾸어 노동생산력을 증대시킨 경우입니다. 마르크스는 매뉴팩처 시대가 여기 해당한다고 보았습니다. 매뉴팩처의 작업방식은 한마디로 '협업에 기초한 분업'입니다. 전체 공정을 여러 부분노동으로 나누고 그에 맞게 노동자들을 특화시켜 조직하면 생산성이 크게 증대합니다.

그런데 유의할 점이 하나 있습니다. 지난 6장의 끝에서 그리고 이번 7장의 처음에서 나는 절대적 잉여가치의 생산이 한계에 봉착한 후 상대적 잉여가치의 생산이 나타난 것처럼 말했습니다. 노동일의 절대적 연장이 어려워진 상황에서 자본은 출구를 찾아야만 했다고요. 하지만 이것은 논리적인 문제입니다. 절대적 잉여가치의 생산이 더 늘어나기 어려운 조건에서 잉여가치를 생산할 수 있는 다른 방법이 있는가. 이 점에서 '상대적 잉여가치'는 절대적 잉여가치의 생산이 부딪힌 한계에 대한 논리적 극복입니다. 자본의 논리 전개과정상 '다음 단계'에 해당하는 거죠. 하지만 '역사적'으로도 그런 것은 아닙니다. 우리가 이번 장에서 다룬 매뉴팩처 시대는 노동일 연장이 한계에 봉착한 그런 시기가 아닙니다. 오히려 노동일이 한창 늘어나던 때였지요. 자본의 논리적 전개상으로는 절대적 잉여가치 다음에 상대적 잉여가치가 오지만 역사적으로는 두 가지가 함께 나타납니다. 자본가는 노동일 연장을 통해 절대적 잉여가치의 생산을 늘리면서 매뉴팩처 분업을 통해 상대적 잉여가치의 생산도 동시에 늘리고 있었습니다. 상대적 잉여가치가 나타나면 절대적 잉여가치가 사라지는 게 아닙니다. 지금도, 그리고 자본주의가 계속되는 한 앞으로도, 절대적 잉여가치는 존재할 겁니다. 앞서도 종종 언급했던 것처럼 자본의 논리적 전개과정을 실제 역사의 전개로 오해해서는 안 됩니다.

─────────── 공장 밖을 서성이는 그림자 ───────────
이제 7장을 마무리해야 하는데요. 이번에도 마르크스는 우리를 하나의 문제 앞에 세워둡니다. 정확히 말하면 '문제' 앞에 서는 것은 '우리'가 아니라 '자본'입니다. 앞으로 더 나아가려면 반드시 넘어야 하는 장벽 같은 것이 있지요. 이전에도 확인해본 것처럼 모두가 만만치 않은 난제들입니다. 하지만 우리가 알고 있듯이 자본은 현실적으로 그리고 역사적으로 이 문제들, 이 한계들을 극복해왔습니다. 나는 『자본』이 추리소설 같다고 했는데요. 마르크스와 더불어 자본의 궤적을 추적하다 보면 계속 놀라게 됩니다. 도대체 자본은 여기를 어떻게 빠져나간 거지?

매뉴팩처는 어떤 장벽에 부딪혔을까요. 매뉴팩처는 기본적으로 수공업 즉 인간의 손에 의존하는 생산형태입니다. 일을 나누고 그에 따라 사람을 배분하고 일의 양과 속도를 정하는 기준이 모두 인간노동자의 경험에 입각하죠. 20세기 소위 '과학적 관리법'의 창시자로 평가받는 프레더릭 테일러(Frederick W. Taylor)가 전통적 시스템의 근본 문제로 지적한 것이 이것인데요.[49] (테일러의 '과학적 관리법'에 대해서는 부록노트㉖ 참조). 아무리 계획을 체계적으로 세워도 그 근간이 노동자의 경험에 기초하는 한 노동과정에 자본가가 개입하는 데는 한계가 있습니다. 보상이나 징계를 통해 외적으로 압력을 가할 수는 있지만 노동 자체를 내적으로 장악할 수는 없습니다. 매뉴팩처에서는 노동자들이 어느 정도 힘을 가지고 있었습니다. 독립수공업자만큼은 아니라 해도 작업에 대한 자본가의 지배를 어느 정도 제어할 수 있었지요. 특히 숙련노동자들의 힘이 셌습니다. 매뉴팩처가 '수공업적 숙련'을 토대로 삼고 있으니 이상할 것도 없지요. 매뉴팩처의 생산은 숙련노동자들을 중심으로 돌아갈 수밖에 없습니다. 게다가 '숙련'이라는 말에서 알 수 있듯이 숙련노동자가 되려면 상당한 훈련 기간이 필요합니다. 숙련노동자를 구하기가 쉽지 않다는 뜻이지요. 이런 조건들이 숙련노동자들의 힘의 원천이 됩니다.

숙련노동자들은 실제로 자신들의 이익을 침해할 수 있는 자본가들의 조치에 강하게 저항했습니다. 자본가들은 상대적으로 별다른 숙련을 요하지 않는 작업을 만들어내 여성과 아동을 끌어들이려 했습니다. 숙련노동자 비중을 줄이면 전체 임금을 낮출 수 있을 테니까요. 하지만 이런 시도는 남성 숙련노동자의 저항 때문에 좌절되기 일쑤였습니다. 자본가들은 숙련노동자의 훈련 기간을 줄이려고도 했습니다. 영국의 도제법은 7년의 훈련 기간을 정해두었는데요. 자본가들은 이 기간을 줄이거나 아예 폐지하고 싶어했지요. 훈련 기간을 줄인다는 것은 훈련 비용이 줄어든다는 것이고, 이는 그 비용이 반영되어 있는 숙련노동력의 가치를 떨어뜨릴 수 있다는 뜻이니까요. 하지만 이 도제법 규정은 기계제 대공업이 시작될 때까지, 그러니까 매뉴팩처 말기까지 살아남았습니다. 숙련노동자들의 저항을 이길 수 없었던 거죠.[김, 499; 강, 503] "노동자는 숙련이 높아질수록 점점 더 제멋대로 되고 다루기 어려워진다." 이것은 '노동과정'과 '노동일'에 대해 이야기할 때도 곧잘 등장했던 '자본가들의 친구' 앤드루 유어의 말입니다.[김, 500; 강, 503] 물론 유어는 기계제 대공업이 막 본격화할 때의 인물이니 매뉴팩처 시대의 증언자로 볼 수는 없습니다. 하지만 지난 6장에서도 본 것처럼 자본주의 산업화 초기 노동자들의 근로 윤리 부족을 질타하는 언급들은 많습니다.

마르크스는 당대 저술가들의 직접 증언이 아니어도 매뉴팩처 시대에 자본가들이 노동자들을 완전히 장악하지는 못했음을 보여주는 정황상의 증거들이 많다고 말합니다.[김, 500; 강, 504] 이를테면 자본가들은 이용 가능한 모든 시간을 노동시간으로 만들지는 못했습니다. 지난 6장에서 마르크스는 노동일을 12시간까지 늘리는 데 수 세기가 걸렸다고 했는데, 노동일을 늘리기가 쉽지 않았다는 건 그만큼 노동자들의 저항이 강했던 것으로 볼 수 있지요. 또 매뉴팩처 시대 자료를 보면 노동자들의 유입과 유출에 따라 작업장 소재지가 바뀌는 걸 확인할 수 있는데요. 작업장을 따라 노동자들이 이동하는 게 아니라 노동자들을 따라 작업장이 이동하는 겁니다. 이 또한 노동자들이 가진 힘을 간접적으로 보여줍니다. 그래서 "매뉴팩처 시대 내내 노동자들의 규율 부족에 대한 불평이 끊이지 않"았습니다. 자본가들의 지휘와 명령이 잘 먹히지 않았다는 거죠. 매뉴팩처 분업의 이상에 따르면 전체 작업은 하나의 메커니즘을 이루어야 합니다. 일은 연속적이고 일률적이어야 하며 규칙적이고 질서 있게 이루어져야 하지요. 그런데 현실은 그렇지 않았습니다. 물론 이것은 자본가의 눈으로 볼 때 그렇다는 말입니다. 일자리에 생존이 달린 노동자가 자본가를 무시하고 제멋대로 굴 수는 없지요. 하지만 자본가의 성에 찰 정도로 순종적이지는 않았던 겁니다. 명령을 하면 일사불란하게 따라야 하는데 빠릿빠릿하지 못하고 때에 따라서는 은근히 저항을 하니까요.

앞서 6장에서 19세기 '공장'의 원형으로서 '구빈원'에 대해 이야기했지요. 구빈원은 노동자들의 심성을 뜯어고치는 윤리적 공간이었다고요. 그런데 이 구빈원의 시대가 매뉴팩처 시대입니다. '구빈원'을 '공포의 집'으로 만들어야 한다고 역설했던 커닝엄이 이 시대의 끝에 있던 사람이죠. 마르크스는 커닝엄의 책 『무역과 상업에 관한 에세이』(1770)를 다시 인용합니다. "어떻게 해서든 질서가 확립되어야만 한다."[김, 500; 강, 504] 매뉴팩처에는 '질서'가 없다. 질서, 질서, 질서… 이는 매뉴팩처 시대 자본가들의 마음속 슬로건이었을 겁니다. 그런데 사실 이 단어는 '1848년 혁명'과 관련해 마르크스가 가장 분개하던 단어들 중 하나였습니다. '질서'는 1848년 프롤레타리아트의 6월 봉기를 진압하고, 곧이어 부르주아 공화파까지 몰락시키며, 강력한 부르주아 독재를 실시한 당파의 이름이었습니다. 마르크스는 '질서'에 대해 1848년 6월 부르주아 군대의 산탄이 "프롤레타리아트의 몸뚱이를 갈기갈기 찢으며" 냈던 소리라고도 했습니다. 1789년 혁명 이래 어떤 혁명도 '질서' 자체를 암살하려고는 하지 않았으나, 1848년 6월 혁명이 이 '질서' 자체를 침범했기 때문에 부르주아들은 이를 용서할 수 없었다고도 했지요.[50] 부르주아사회, 자본주의사회의 주권자가 누구인지를 분명히 가르치는 단어가 '질서'

였던 것이지요.

특히 공장은 자본가가 전적으로 지배하는 공간입니다. 자본가는 노동과정에서 노동자가 행사하는 한 방울의 권력도 용납하고 싶지 않을 겁니다. 하지만 매뉴팩처의 생산형태에서는 이것이 어렵습니다. 매뉴팩처의 기술적 토대가 노동자의 숙련에 있었으니까요. 도대체 어떻게 해야 할까요. 자본가는 어떻게 해야 노동과정을 실질적으로 장악할 수 있을까요. 매뉴팩처는 노동자를 부분노동자로서 특정 기능에 결박했는데, 그것이 또한 자본의 완전한 지배에 대한 한계가 되었습니다. 왜 매뉴팩처의 메커니즘이 자본가의 생각대로 매끄럽게 작동하지 않는가. 문제의 원인을 근본적으로 파고들어가 보면 메커니즘 자체가 '살아 있는 기관들'로 구성되어 있기 때문입니다(더 근본적으로는 노동력 자체가 살아 있는 신체, 즉 생체에 담긴 상품이기 때문이고요). 살아 있는 존재에게 절대적 복종은 불가능합니다. 더는 '압축할 수 없는 최소'라는 게 있지요.[51] 연속성, 일률성, 규칙, 질서 등에 대한 요구는 사실상 죽은 존재에 대한 요구라고 할 수 있습니다. 그것을 살아 있는 존재, 특히 인간들로 구성된 생산 메커니즘에서 관철하려 한다면 어떤 식으로든 덜컹거림이 생길 수밖에 없지요. 시대는 다르지만 안토니오 그람시(Antonio Gramsci)가 했던 말이 떠오릅니다. 그는 과학적 관리를 통해 노동자들을 소위 '훈련된 원숭이'로 만들고자 했던 미국 기업가들이 실망스러운 결과에 대해 갖게 될 심정을 이렇게 표현했지요. "'재수 없게도' 노동자는 여전히 인간이다."[52]

과연 매뉴팩처 시대 자본가들은 이 문제를 어떻게 풀었을까요. 작업하는 노동자가 그 작업에 대한 통제력을 전혀 가질 수 없는 시스템을 만들어낼 수 있을까요. 마르크스는 작업장에서의 '질서'를 염원한 커닝엄의 외침이 있은 지 66년 만에 유어의 입을 통해 그 염원의 성취가 선포되었다고 했습니다. 유어는 이렇게 말했습니다. "아크라이트(Richard Arkwright)가 그 질서를 만들어냈다."[김, 500; 강, 504] 도대체 아크라이트가 무엇을 했기에 그가 질서를 만들어냈다는 것일까요. 아크라이트는 질서를 만들기 전에 무언가를 만들어낸 사람이지요. 그것이 무엇일까요. 매뉴팩처 작업장 안에는 신체가 뒤틀리고 정신이 창백해진, 그러나 아직은 자존심을 지키고 있는 노동자들이 일을 하고 있습니다. 그런데 작업장 바깥에 서성이는 그림자가 있습니다. 새로운 노동자, 새로운 노예가 자본가의 손에 이끌려 들어오는 중입니다. 그는 말이 없습니다. 그의 이름은 '기계'입니다. 다음 장에 등장할 주인공이지요.

발터 베냐민은 어떤 것의 아우라를 경험한다는 것은 "시선을 여는 능력을 그 현상에 부여하는 것"이라고 했습니다.[1] 시인들이 잘하는 일이지요. 시인은 사물에 눈뜨는 능력을 부여하고 그 시선을 느끼는 사람입니다. 시인 덕분에 깨어난 사물은 꿈을 꾸고 그 꿈을 쫓아오도록 시인을 유혹하지요.[2] 자신이 그리는 세계로 시인을 끌어들이는 겁니다.

그런데 과연 시인만이 사물을 일깨우는 사람, 사물이 깨어 있음을 느끼는 사람일까요. 나는 유물론자의 성패 또한 여기 있지 않을까 생각합니다. 역사유물론자는 사물의 운명이 결정되어 있다고 믿지 않습니다. 사물의 운명이 예정되어 있다고 믿는 사람, 다시 말해 사물을 죽은 존재로 간주하는 사람이야말로 목적론자이고 관념론자입니다. 사물의 배치를 읽을 때 역사유물론자는 그것의 운명을 읽으면서 동시에 그것에 잠재된 다른 운명을 읽습니다.

마르크스는 자본가가 기계에서 고정자본의 이상적 형태를 발견한다고 해서 자본주의적 사용이 기계 사용의 이상적 형태인 것은 아니라고 말한 바 있습니다.[3] 자본가가 기계를 바라보며 꾸는 꿈이 기계 자신의 꿈은 아니라는 거죠. 자본가의 시선과 기계의 시선은 다릅니다. 마르크스는 깨어 있는 기계의 시선을 느낍니다. 그는 거기서 혁명가를 느꼈습니다. 그래서 기계를 블랑키보다도 위험한 혁명가라고 했지요.

기계가 꿈꾸는 세상. 자본주의에서 기계는 무슨 꿈을 꿀까요. 기계는 스스로를 무엇이라고 생각할까요. 사물의 꿈을 읽어내는 유물론자. 책을 쓰는 내내 이 문구가 머릿속을 떠나지 않았습니다.

기계괴물의 출현

기계는 인간의 노고를 덜어주는가. 새로운 기계가 출현할 때 광고 문구들은 한결같습니다. "우리는 더 이상 힘들이지 않고 일할 수 있다." 기계와 편리가 동의어 같습니다. 스마트폰에 설치한 앱으로 소비자는 편리하게 맛집 음식을 배달받을 수 있고 상인은 매장 없이도 장사를 할 수 있습니다. 매장에서도 자동 주문장치를 설치해두는 경우가 많지요. 음식을 배달하는 노동자도 작업장으로 출근할 필요가 없습니다. 집이나 공원에서 대기하다가 호출을 받으면 배달 일을 시작합니다. 모두가 편리한 세상입니다.

이렇게 '스마트한' 세상이 되어 인간의 노동이 줄어들었을까요. 아침식사 조리에 사용할 재료를 새벽에 배송해주는 첨단 물류시스템의 구축은 노동자의 노동을 줄여줄까요. 우리 모두가 알고 있듯이 그렇지 않습니다. 이미 사회문제로 떠오른 택배 노동자들의 과로사만 보아도 알 수 있지요. 우체국 택배 노동자만 해도 2019년(9월 14일 기준)에 12명이 죽었습니다.[4] 요즘은 자율주행차와 드론을 통한 배달 서비스가 곧 시작될 거라는 말도 나오는데요. 이제야말로 과로사 없는 세상이 오는 걸까요. 공학자의 꿈을 품은 아이는 마음속에 그런 세상을 그릴지도 모르겠습니다. 하지만 자본주의사회에서 노동을 해본 사람은 그게 그렇지가 않다는 걸 압니다.

──────────── 기계가 '자본주의'와 만나면 ────────────

『자본』의 제13장(영어판 제15장)은 존 스튜어트 밀의 의문으로 시작합니다. "지금까지 이루어진 기계의 발명이 과연 인간의 일상적 노고를 덜어준 것인지는 의문스럽다."[김, 503; 강, 506] 기계의 발명이 인간의 노고를 줄이지 못했음을 인정하는 거죠. 그럼 기계의 발명으로 인간이 편리해졌다는 말은 틀렸을까요. 그렇지는 않습니다. 막연히 '인간'이라고 했기 때문에 답이 모호한 겁니다. 마르크스는 여기서 밀이 인간을 더 한정했어야 했다고 말합니다. 직접 노동을 하지 않는 사람, 그러니까 '다른 사람의 노동으로 살아가는' 사람에게는 참 편리한 세상이 된 것이 사실이니까요. 마르크스의 표현을 쓰자면 "팔자 좋은 놈팡이"(vornehmen Müßiggänger)한테는 참 좋은 세상이지요.[김, 503, 각주 1; 강, 506, 각주 8] 하지만 '다른 사람의 노동으로 살아가지 않는 인간', 다시 말해 자기 노동력을 팔아야만 살 수 있는 사람한테는 그렇지 않습니다. 기계 탓에 더 빨리, 더 오래 일해야만 하는 경우가 많거든요.

기계는 인간의 노고를 줄였는가. 이에 대해서는 음식을 배달시켜 먹는 사람, 배달 음식을 파는 사람, 그 음식을 배달하는 사람의 생각이 모두 다를 겁니다. 하지만 기계가 노동하는 인간, 즉 노동자의 노고를 줄였는가 하고 묻는다면 답은 그리 복잡하지 않습니다. 앱으로 배달 호출을 받는 노동자들은 새벽부터 밤까지 일하는 데다 임금을 건당으로 받기 때문에 오토바이의 속도를 위험할 정도로 높입니다. 고용도 불안정하지요. 무선 네트워크 기술 덕분에 업주는 필요한 시간에 필요한 일만 시킬 수 있습니다. 택배 노동자들 중에는 아예 자영업자로 간주되어 노동자의 법적 지위를 보장받지 못하는 경우도 많습니다. 왜 기계는 노동자의 노동을 줄여주진 않을까요. 마르크스는 밀의 의문에 간단하게 답해주었습니다. "그런 것은 결코 자본주의적으로 사용되는 기계의 목적이 아니"라고요.[김, 503; 강, 506] 자본가가 새로운 기계를 들여오는 것은 과로에 시달리는 노동자들의 노고를 덜어주기 위함이 아닙니다. 몇 번이고 강조합니다만, 자본가는 인류의 복지나 인간이 편리한 세상을 목표로 사는 사람이 아닙니다. 『자본』의 자본가는 '인격화된 자본'입니다. 자본가의 목표는 자본의 증식에 있지요. 그가 새로운 기계를 도입했다면 그것은 더 많은 잉여가치(이윤)를 얻기 위함입니다.

우리는 앞서 7장에서 노동생산력 증대가 상대적 잉여가치를 낳는다는 것을 배웠습니다. 노동생산력이 증대하면 상품의 가치(가격)가 떨어지고, 노동자들의 생활용품 가치가 떨어지면 노동력의 가치가 떨어집니다. 이는 노동일 중 필요노동에 해당하는 부분이 줄어들고 잉여노동에 해당하는 부분이 늘어난다는 뜻입니다. 지난 장에서 우리는 작업방식의 변화로 노동생산력이 증대하는 경우를 살펴봤고 이제 기계의 도입으로 노동생산력이 증대하는 경우를 봅니다. 즉 이번 장에서 다루는 것은 '기계를 통한 자본의 증식'이지 '인간노동의 감축'이 아닙니다. 착각하면 안 됩니다. 자본주의에서 기계의 도입은 자본가를 위한 것이지 노동자를 위한 것이 아닙니다.

참고로 조금 전에 내가 인용한 마르크스의 말 중 눈여겨볼 표현이 있는데요. "자본주의적으로 사용되는 기계"(kapitalistisch verwandten Maschinerie)라는 표현입니다. "기계의 자본주의적 사용"이라고도 하는데요. 『자본』 I권 제13장에 여러 차례 나옵니다. 이 말은 '자본주의적으로 사용되지 않는 기계' 또한 있을 수 있음을 암시하지요. 즉 마르크스는 기계의 '자본주의적 사용'을 문제 삼으면서 동시에 '비자본주의적 사용'의 가능성을 열어두는 것입니다. 비록 기계가 생산수단으로서 자본가의 사적 소유물이며 노동자들의 잉여노동을 빨아들이는 착취장치로 기능하고 있지만 이것이 기계의 본성이나 운명은 아니라는 겁니다. 기계는 기계일 뿐입니다. 다만 어떤 조건(자본주의 생산양식)에서 기계는 자본(불변자본)이 되고 착취장치가 되는 거죠. 사물의 본래적 의미 같은 건 없습니다. 사물이 어디에 어떻게 놓여 있는지, 즉 배치가 중요하지요.

그런데 기계에 대한 마르크스의 생각은 그 이상입니다. 그는 사물의 본래적 의미나 운명 따위는 없다는 식의 일반론을 펼치려는 게 아닙니다. 나는 종종 마르크스가 기계를 노동자의 형제자매 내지 혁명의 동지로 본다는 인상을 받습니다. 실제로 그는 한 연설에서 "증기, 전기, 자동 뮬 방적기 등"을 "바르베(Barbés), 라스파이유(Raspail), 블랑키보다도 더 위험한 혁명가들"이라고 불렀습니다.[5] 자본주의를 넘어서고자 할 때 혹은 자본주의를 넘어선 곳에서 기계는 혁명의 동지이자 생산의 친구가 될 수 있다고 보는 것 같습니다. 물론 지금의 조건에서 기계는 자본가의 사적 소유물로서 노동자들과 적대적 관계를 맺고 있지요. 그렇기 때문에 노동자들은 기계에서 동지가 아닌 적을 보는 것이고요. 충분히 이해할 수 있는 일입니다. 하지만 마르크스는 기계에 대한 이런 시각을 극복하기를 원합니다. 이 책의 끝에서 조금 더 이야기하겠습니다만 나는 마르크스가 프롤레타리아트와 기계의 연대를 바란다고 생각합니다(『자본』은 자본의 논리적 운동을 따라가기 때문에 이 점을 충분히 보여주지 않습니다만).

––––––––––––––––––––––––––기계와 도구의 구별이 중요한 이유––

기계를 다루는 제13장은 『자본』에서 가장 분량이 많습니다. 우리말 번역본 기준으로 170~180쪽에 달하는 엄청난 양입니다. 그만큼 기계에 대해 하고 싶은 말, 해주고 싶은 말이 많다는 뜻이겠지요. 중요성이 분량에 비례한다고는 말할 수 없지만 마르크스가 기계를 얼마나 중요하게 생각하는지에 대한 방증은 될 겁니다. 생산과정이 기계제로 재편된 것이 사회 전체에 초래한 변화(그리고 앞으로 초래할 변화)가 매우 컸고 또 이것이 자본주의 발전의 기본 추세라고 보았기 때문일 겁니다. 그리고 기계와 노동자의 관계가 어떻게 변화해왔고 또 변해갈지 함께 생각해보고 싶었기 때문이기도 할 것이고요. 『자본』 제13장은 주제도, 분량도 방대합니다. 그래서인지 이 장 전체가 하나의 소책자처럼 느껴집니다. 책 속의 책 같다고 할까요. 기계의 자본주의적 사용에 관한 경제학·사회학·역사학·정치학이 모두 망라된 느낌입니다. 그럼 이제 책 속으로 들어갈까요.

기계란 무엇인가. 마르크스는 '도구'와 '기계'를 구분함으로써 이 질문에 답하려 합니다. 기계가 얼마나 독특한 것인지를 보여줌으로써 '매뉴팩처'와 '기계제 대공업'의 차이를 알게 해주려는 뜻이지요. 마르크스에 따르면 매뉴팩처는 작업방식의 변화, 즉 노동력을 어떻게 조직하는가가 중요한 생산형태입니다. 그러나 기계제 대공업은 노동수단(Arbeitsmittel)에서 일어난 혁신의 결과입니다. 노동수단이 도구(Werkzeug)에서 기계(Maschine)로 바뀐 거죠.[김, 504; 강, 507] 그러므로 도구와 기계의 차이를 알지 못하면 기계제 대공업의 새로움을 이해할 수 없습니다. 마르크스에게 '기계란 무엇인가'라는 물음이 '기계는 도구와 어떻게 다른가'를 의미하는 이유가 여기에 있습니다. 그가 기계에 대해 물음을 던진 것은 기계의 본성에 대한 형이상학적 답변을 내놓기 위해서가 아니라 자본주의 생산형태에서 일어난 역사적 변화를 말하기 위해서이니까요.

마르크스는 도구와 기계에 대한 두 가지 견해를 비판하면서 논의를 시작합니다. 하나는 도구와 기계를 동일시하는 견해이고, 다른 하나는 동력원에 따라 둘을 구분하는 견해입니다. 전자를 마르크스는 수학자와 공학자의 견해라고 하는데요. 이들은 기계란 단지 복잡한 도구일 뿐이라고 말합니다. 기계도 해체하면 단순한 부품, 이를테면 나사와 톱니바퀴, 도르래 같은 것이 되지요. 아르키메데스의 지렛대에서 현대 공장의 기계장치까지 복잡성은 다르지만 본질은 다르지 않다는 겁니다. 마르크스는 이런 견해가 역학적으로는 몰라도 경제학적으로는 별 의미가 없다고 말합니다. "거기에는 역사적 요소가 빠져 있기 때문"이지요.[김, 504; 강, 507] 역사유물론자로서 그의 면모가 엿보이는 지적입니다. 사물이 놓인 사회적 배치, 역사적으로 나타난 특정한 생산양식, 특정한 사회형태를 이해하지 못하면 그것의 의미를 읽어낼 수 없습니다. 이는 상품과 노동생산물을 구분하지 못하는 것과 같지요. 경제학적 가치에 대해서는 아무것도 말해줄 수 없습니다(마르크스의 역사유물론과 공학자들의 '추상적·자연과학적 유물론'의 차이가 여기에 있지요[김, 505, 각주 4; 강, 508, 각주 89]).

동력원에 따라 도구와 기계를 구분하는 후자의 견해도 역사성과 관련해서는 비슷한 문제를 안고 있습니다. 이런 입장에 선 사람들은 인간을 동력원으로 하는 것이 도구이고, 동물이나 물이나 바람 등 자연력을 동력원으로 하는 것을 기계라고 했는데요. 이런 구분에 따르면 소가 끄는 쟁기는 기계이지만, "노동자 한 사람이 손으로 가동시키는, 1분에 9만 6000코를 짜내는 클라우센식 회전직기"는 도구가 됩니다. 똑같은 방직기라 해도 손으로 돌리면 도구이고 나귀나 증기로 돌리면 기계가 되지요. 그러나 도구로 물건을 제작한 수공업 시대 이전에도 인간은 소를 이용해 쟁기질을 했고 물레방아를 돌렸습니다. 그러므로 이런 식의 구분을 통해서는 19세기 대공업에 등장한 기계시스템을 이해할 수 없습니다.[김, 504~505; 강, 507~508]

그렇다면 마르크스는 도구와 기계를 어떻게 구별할까요. 그는 둘의 계보를 완전히 다른 것으로 이해합니다. 한마디로 도구는 기계의 조상이 아닙니다. 19세기 대공장의 기계(Maschinerie)는 매뉴팩처의 도구가 발전한 게 아니라는 이야기죠.

마르크스는 매뉴팩처에서도 '기계'(Maschinerie)를 볼 수 있다고 했습니다. 그런데 그것은 망치나 제분기 같은 도구를 지칭한 게 아니었습니다[제분기도 일종의 '기계'(Maschine)입니다만 여기서 말하는 '기계'(Maschinerie)와는 다릅니다. 전자는 하나의 사물, 독립된 장치로서 기계를 말하는 것이고, 후자는 일종의 시스템으로서 기계를 가리킵니다]. 마르크스가 매뉴팩처에서 본 '기계'는 노동자들이었습니다. 정확히 말하자면 개별 노동자가 아니라 '전체노동자'이지요.[김, 475; 강, 481] 노동자들 전체가 결합된 노동력으로서 하나의 메커니즘을 이룰 때 그것을 19세기 대공장 기계의 선구적 형태로 본 겁니다. 기계를 이런 식으로 이해하면 기계의 계보가 완전히 달라집니다. 기계의 선조를 찾으려면 아르키메데스의 지렛대가 아니라 그리스의 밀집부대(密集部隊) 같은 걸 보아야 한다는 뜻입니다. 개별 인간들이 부품처럼 들어간 전체가 하나의 통일된 메커니즘으로 움직이니까요. 정말로 기계적이지요. 아니, 비유가 아닙니다. 마르크스의 기계 개념에 충실하려면 우리는 이 밀집부대를 실제 전투기계로 보아야 합니다.

마르크스의 '기계' 개념과 관련해 중요한 물음은 전체가 하나의 메커니즘을 이루느냐 하는 것입니다. 기계는 인간의 반대말도 아니고 인간의 대체물도 아닙니다. 영화 〈터미네이터〉 같은 공상과학물에서는 인간과 기계가 대립하고 앞으로 기계가 인간을 지배하는 세상이 올지도 모른다고 경고하는데요. 내 생각에 이것은 현실적인 이야기가 아닙니다. 기계가 그렇게까지 발전하지는 않을 거라고 생각해서가 아닙니다. 내가 공감하지 않는 것은 인간이 기계와 별도로 존재해 기계와 맞선다는 상상입니다. 실제로 진행되는 것은 인간과 기계의 접속이고 인간의 기계화죠. 미래에는 지금보다 훨씬 다양한 형태의 '인간-기계들'이 존재할 겁니다. 인간의 신체 안에 작은 기계들이 들어올 것이고(이미 인공관절이나 인공장기는 물론이고 다양한 생체 칩들이 개발되어 있습니다), 인간신체가 다른 부분기계들과 접속하면서 더 큰 기계시스템을 이룰 겁니다(이 경우에는 인간신체가 전체 시스템의 부분기계가 되겠지요).

기계제로의 전환에서 마르크스가 중요하다고 본 것은 인간의 부품화 즉 부분기계화입니다. 즉 인간이 다른 인간이나 다른 사물과 하나의 메커니즘, 하나의 기계를 이루는 것이지요(물론 이 과정에서 기계시스템에 적합하지 않거나 불필요한 노동자는 대거 축출될 겁니다. 이에 대해서는 따로 다루겠습니다). 마르크스는 매뉴팩처에서 개별 노동자들을 '부분노동자'라고 했습니다. 부분노동자란 온전한 노동자가 아닙니다. 온전한 것은 '살아 있는 메커니즘'으로서 '전체노동자'뿐이고, 개별 노동자들은 '부분노동자'로서 전체노동자의 한 기관으로만 존재합니다. 그런데 마르크스는 기계제(기계시스템)에서는 '부분기계'(Teilmaschine)라는 말을 씁니다. 전체노동자와 부분노동자의 관계가 기계시스템과 부분기계의 관계로 바뀐 거죠.[김, 514~515; 강, 516~517] 이것은 인간인 '부분노동자' 대신 기계부품을 사용한다는 뜻도 있지만 그 이전에 '부분노동자'가 '부분기계'가 된다는 뜻도 담고 있습니다. 물론 매뉴팩처에서도 부분적 인격 상실은 있었습니다. 부분노동자란 일종의 부분인간이니까요. 그런데 기계제에서는 원리상 노동자의 인격이 완전히 사라집니다. 노동자가 인간이 아니라 기계시스템의 한 부품, 즉 부분기계가 되는 것이니까요. 기계제는 기계가 인간을 재현하는 시스템도 아니고 기계와 인간이 대립하는 시스템도 아닙니다. 기계제는 인간이 기계의 한 부분이 되는 시스템입니다.

'도구'가 발전해 '기계'가 되는 것이 아니다

"문제는 더 이상 인간과 기계의 대립이 아니라 인간이 일부가 되는 기계의 구성이다." 이는 질 들뢰즈(Gilles Deleuze)와 펠릭스 가타리(Pierre-Félix Guattri)가 만 레이(Man Ray)의 작품 〈무용수-위험〉DANCER-DANGER(1920)에서 읽어낸 것이기도 한데요.[6] 만 레이는 작은 톱니바퀴들로 무용수의 모습을 표현했습니다. 하지만 엄밀히 말해 이 톱니바퀴들이 무용수의 운동을 재현한다고 볼 수는 없습니다. 톱니바퀴의 연결을 보면 무용수의 움직임은 고사하고 단순한 운동도 전달할 수 없을 것 같습니다. 이 장치가 인간의 운동을 재현할 수 있는지, 더 나아가 인간을 대체할 수 있는지를 묻는다면 불가능하다고 답해야겠지요. 이 기계는 인간 무용수가 아니고 인간 무용수도 기계가 아닙니다. 그런데 들뢰즈와 가타리는 기계가 인간을 재현하거나 확장하거나 대체할지를 따지는 것은 더 이상 문제가 아니라고 했습니다. 이들에 따르면 만 레이의 작품 속 기계는 무용수를 재현하지 않지만 무용수를 부분으로 포함하고 있습니다(무용수가 전체로 들어간 것은 아니지만 무용수를 구성하는 어떤 부분, 혹은 이렇게 말해도 좋다면 '부분무용수'가 비인간적 형태로 들어가 있습니다). 이것이 중요합니다. 인간이 하나의 부품이 되어 다른 부품, 다른 사물들과 어떻게 하나의 기계를 이루는지 말입니다. 인간은 기계의 부품이 될 수 있습니다. 달리 말하면 인간이 다른 부품들과 소통할 수 있다면 인간은 "기계를 이룬다"(fait machine)라고 말할 수 있습니다.[7]

앞서도 말했지만 마르크스가 매뉴팩처의 전체노동자, 그러니까 부분노동자들과 그들의 도구들로 이루어진 전체 메커니즘을 하나의 기계라고 부른 것은 의미가 있습니다. 전체가 기계라면 부분들은 부품이라고 할 수 있을 텐데요. 매뉴팩처에서는 다만 그 부품들이 살아 있는 인간이었을 뿐입니다. 이 점에서 들뢰즈와 가타리는 고대 그리스의 밀집부대나 유목민들의 전투부대('인간-말-활'로 이루어진 집합체)를 기계의 계보에 넣습니다. 아울러 대제국의 '관료제'도 기계라고 했습니다. 그리스의 밀집부대나 유목민들의 기마부대가 전투기계라면 대제국의 관료제는 거대 공사를 가능케 하는 노동기계라고요.[8] 관료제 이야기가 나왔으니 말인데요, 막스 베버도 관료제를 기계라고 불렀습니다. 『직업으로서의 정치』에서 그는 관료제를 인간들로 이루어진 '멘센아파라트'(Menschenapparat) 즉 '인간장치'라고 했는데요. 앵글로색슨계의 나라에서 쓰는 용어로 하자면 '머신'(machine)이라 할 수 있다고 했지요.[9] 그는 이 기계가 국가행정만이 아니라 정당, 기업, 시민단체 등에서도 작동한다고 이해했습니다. 관료화가 이루어지면 합리성과 효율성이 증대하지만 그 안에서 인간은 자율성을 잃습니다. 하나의 부품으로서 기계시스템의 내적 논리에 따라 굴러갈 수밖에 없는 존재가 되지요. 『사회경제사』에서는 '기구(장치)'(Apparat)와 '기계'(Maschine)를 구분했습니다. 그에 따르면 "기구는 인간에 봉사하는 데 반해 근대적 기계는 이와 정반대"[10]입니다[물론 베버는 마르크스처럼 기계시스템 도입이 매뉴팩처 작업장과 19세기 공장(Fabrik)의 결정적 차이라고 보지는 않았습니다].

다시 들뢰즈와 가타리의 이야기를 조금 더 소개하겠습니다. 이들은 기계를 도구에서 진화했다고 보는 고전적 도식(기술사에 대한 생물학적·진화론적 도식)을 비판하면서 "처음부터 도구와 기계 사이에 본성의 차이를 정립해야 한다"라고 주장했습니다[11](이 비판은 기술사에 대한 다윈주의적 접근을 두고 마르크스가 가한 비판과 사실상 같은 내용입니다.[김, 505, 각주 4; 강, 508, 각주 89] 다윈주의에 대한 마르크스의 비판은 부록노트㉖ 참조). 들뢰즈와 가타리에 따르면 도구는 '접촉의 대행자'(agent)이고, 인간의 힘과 운동을 대상에 '투사하는'(projectif) 수단입니다. 말이 좀 어려운데요. 풀어서 이야기하면 이런 겁니다. 인간은 도구를 통해 대상에 접촉하고 대상에 힘을 가합니다. 과일을 자르는 칼은 인간 손을 대신해 과일에 접촉하고 인간의 힘과 운동을 전달하지요. 이 점에서 도구는 인간의 신체기관의 확장이라고 할 수 있습니다. 그런데 기계는 그렇지 않습니다. 기계는 일방적으로 대상에 인간의 힘과 운동을 전달하는 것이 아닙니다. 이들에 따르면 기계에서는 소통(communication)이 중요합니다. 힘과 운동을 일방적으로 투사하는 게 아니고 되돌아오는(récurrent) 것이 있지요.[12] 인간 몸의 각 장기들이 신진대사를 이루듯 사물들이 하나의 메커니즘을 이루며 서로 소통한다면 그것들은 하나의 기계를 이룬다고 할 수 있습니다. 그러므로 도구와 기계는 전혀 다른 것이지만 한 사물은 도구가 될 수도, 기계가 될 수도 있습니다. 그것이 도구인가, 기계인가는 해당 사물의 본성에 달린 문제가 아닌 겁니다. 마치 노예와 노동자는 본성상 완전히 다른 존재이지만 노동하는 어떤 사람이 노예가 될지 노동자가 될지는 그 인간의 본성에 달린 문제가 아닌 것처럼 말입니다. 이를테면 긴 막대에 꽂은 칼은 도구가 될 수도 있고 기계가 될 수도 있습니다. 누군가 높은 곳에 매달린 과일을 따기 위해, 즉 자신의 힘과 운동을 투사하는 수단으로 쓴다면 그것은 도구입니다. 하지만 그리스의 밀집부대 속에 들어가면 그것은 각각의 보병과 더불어 전체 기계시스템의 부품이 됩니다. 창을 든 다른 보병들과 하나의 메커니즘을 이루면서 시스템의 일부가 되는 거죠.

　　나는 들뢰즈와 가타리의 기계 개념이 마르크스의 기계 개념에 잘 부합한다고 생각합니다. 그리고 나는 이들이 기계의 고전적 도식을 비판하고 도구와 기계의 본성을 구분할 때, 지금 우리가 읽고 있는 『자본』 제13장을 틀림없이 참조했을 것이라고 봅니다(이들이 그 점을 밝히고 있지는 않습니다만). 그러나 지금 여기서 내가 이들을 따라 기계 개념을 더욱 확장해나갈 생각은 없습니다. 나는 이것을 19세기 대공장의 기계제를 이해하는 방편으로만 사용하고자 합니다. 사실 들뢰즈와 가타리의 기계 개념은 사회체계 전체, 마르크스가 사회유기체라고 말한 사회형태 전체에도 적용할 수 있습니다. 더 나아가 마르크스가 인간의 비유기적 신체라고 부른 자연 전체에도 적용할 수 있고요. 일종의 신진대사(메커니즘)가 작동하는 한에서 말입니다(이 경우 유기체와 기계는 반대말이 아닙니다). 기계에 대한 이러한 개념화는 우리에게 기계와 생명, 사회에 대한 새로운 인식을 열어줍니다. 하지만 이쪽으로 논의를 계속 끌고 가면 『자본』의 기계제 대공업에 대한 논의에서 너무 멀리까지 가게 됩니다. 논점이 지나치게 확장되면서 불필요한 논쟁거리들이 들어오겠지요. 그래서 이 책에서는 지금까지 내가 이어온 기계에 대한 논의를 노동과정의 변화에 한정하려 합니다. 매뉴팩처의 도구와 대공장의 기계가 어떻게 다른지를 보이는 용도로만 참조하겠다는 말입니다.

산업혁명은 '동력기계'가 일으킨 혁명이 아니다

마르크스는 대공장의 기계시스템을 세 부분으로 나누는데요. 하나는 '동력기계' (Bewegungsmaschine)이고 다른 하나는 '전동기계'(Transmissionsmechanismus), 마지막 하나는 '작업기계'(Werkzeugmaschine)입니다. 기계시스템은 동력을 만들어내는 기계와 동력을 전달하는 장치 그리고 작업을 수행하는 기계로 이루어져 있다는 뜻입니다. 그런데 마르크스에 따르면 소위 '산업혁명'은 마지막 부분, 즉 '작업기계'에서 일어난 혁명입니다.[김, 506; 강, 509]

앞서 기계와 도구를 구분했을 때도 그렇고 산업혁명에 대해서도 그렇고, 새로운 동력에 주목하는 사람이 많습니다. 증기기관 발명이 산업혁명을 낳았다는 식으로 말하는 사람이 많지요. 마르크스의 생각은 이런 통념과 크게 다릅니다. 그에 따르면 인력이 아니라 자연력(물, 바람 등)을 동력으로 쓰는 기구들은 매뉴팩처 시대에도 있었습니다. 반대로 산업혁명이 시작된 후로도 말이나 노새, 심지어 사람의 힘을 동력으로 쓰는 기계는 있었고요. 동력을 어디서 어떻게 구했는가는 산업혁명에 결정적 요인이 아니었다는 말입니다. 증기기관의 출현도 생산양식을 바꾸지 못했습니다. 증기기관은 동력원으로서 물, 바람, 동물, 인간을 대체했지만 생산양식까지 교체한 것은 아닙니다. 증기기관은 사실 매뉴팩처 시대의 발명품이었지요. 마르크스는 말합니다. "17세기 말의 매뉴팩처 시대에 발명되어 1780년대 초까지 존속한 증기기관은 어떠한 산업혁명도 일으키지 못했다."[김, 508~509; 강, 511]

대공업 시대의 일반적 동력기계로 등장한 제임스 와트(James Watt)의 증기기관 이전에도 증기기관이 있었습니다. 와트의 증기기관도 처음에는 "물을 퍼 올리는 양수기"로나 쓰였을 뿐입니다.[김, 508, 각주 9; 강, 511, 각주 94] 증기기관은 동력을 공급했을 뿐이고 작업은 여전히 인간의 손으로 이루어졌지요. 이를테면 철강 매뉴팩처에서 철판을 망치로 내리치며 제품을 만드는 것은 여전히 인간노동자였습니다. 증기기관은 풀무와 연결되어 풀무질만 열심히 했을 뿐이지요. 즉 동력기계인 증기기관은 풀무질하던 인간을 대체했을 뿐 제품을 만들던 인간을 대체하지는 못했습니다.[김, 508; 강, 511]

19세기 공장에서 기계제가 매뉴팩처를 대체했다는 것은 '기계'가 '작업하는 인간'을 대체했다는 뜻입니다. 마르크스가 작업기계에 주목하는 이유가 여기에 있습니다. 사실 대공업 초기의 작업기계들은 그 형태상 매뉴팩처 노동자들이 쓰던 도구와 큰 차이가 없었습니다. 노동자들이 쓰던 바늘, 칼, 톱 등을 큰 기계장치에 매단 수준이었지요. 형태상으로 별 차이가 없음에도 그것들이 기계인 이유는 무엇일까요. 동력원 때문이 아닙니다. 그것들이 기계인 것은 "인간의 도구가 아니라 한 메커니즘의 도구 혹은 기계적 도구로서 나타났다"라는 사실 때문입니다.[김, 506; 강, 509] 그것들이 '인간의 도구'였을 때는 인간의 뜻대로 인간의 신체 리듬에 맞추어 움직입니다. 그러나 '기계의 도구'가 되는 순간 그것들은 전혀 다른 존재가 됩니다.[김, 507; 강, 510] 움직이는 방식과 속도가 완전히 달라집니다. 한마디로 도구에서 기계(부분기계)로 변신하는 겁니다.

이 변신은 너무나 확연합니다. 작업형태나 리듬이 완전히 달라지니까요. 기계의 일부가 되는 순간 과거의 도구들은 금세 인간적 한계를 벗어나버립니다. 매뉴팩처 시대에는 아무리 도구를 개량해도[그것들 중 일부는 기계(Maschine)라는 이름을 달고 있었습니다], 인간의 도구인 한 어떤 한계가 있었습니다. 마르크스에 따르면 독일에서는 한 명의 방적공으로 하여금 두 개의 방차를 밟게 하려는 시도가 있었는데요, 두 손 두 발을 모두 사용해 작업하도록 만든 기구가 그것이었습니다. 그러나 이 기구를 움직일 수 있는 숙련공은 "머리가 둘 달린 인간만큼이나 드물"었습니다. 너무 정신 사나워서 일을 제대로 할 수가 없었지요. 반면 대공업 시대 초기의 작업기계인 제니 방적기는 처음부터 12~18개의 방추를 썼고, 양말 편직기는 한꺼번에 수천 개의 바늘을 썼습니다.[김, 507; 강, 510] 인간의 머리가 하나인지 둘인지, 손발이 두 개인지 네 개인지는 고려할 필요가 없었으니까요. 이때 인간은 더 이상 고려 사항이 아닙니다. 이것이 방추나 바늘이 인간의 도구일 때와 기계의 도구일 때, 즉 기계(부분기계)일 때의 차이입니다.

드디어 작업기계가 작업인간을 대체한 겁니다. 더 이상 마누스(manus), 즉 '인간의 손으로' 작업을 하지 않게 되었습니다. 매뉴팩처가 끝난 거죠. '기계가 인간을 대체했다'라고 하니 오해하는 사람이 있을지 모르겠습니다. 앞에서 내가 들뢰즈와 가타리의 입을 빌려 인간의 재현이나 대체는 중요한 물음이 아니라고 했으니까요. 하지만 두 대체는 다른 것입니다. 기계가 인간을 재현하거나 대체하는 게 아니라고 했을 때 의미하는 바는 기계가 인간을 흉내 내는 것이 중요한 문제가 아니라는 말이었습니다. 기계는 노동에 있어 인간을 닮을 필요가 없습니다. 인간과 똑같은 방식, 똑같은 리듬으로 일할 필요가 없지요. 이 점에서 기계는 인간이 아닙니다. 하지만 기계제 공장에서 기계가 인간을 대체했다고 할 때는 재현이 아니라 축출을 의미합니다. 생산력 증대로 노동자를 줄이게 된 것이지요. 기계시스템의 부품으로서 필요성이 없는 노동자는 공장에서 쫓겨납니다.

또 하나 오해가 있을 수 있는데요. 산업혁명에서 작업기계가 중요했다는 말 때문에 동력기계는 아무런 역할도 못한 것처럼 생각할 수도 있겠습니다. 생산형태가 매뉴팩처에서 기계제 대공업으로 바뀌는 데 결정적 역할을 한 것은 작업기계이지만 기계제 대공업이 비약적으로 성장할 수 있었던 데는 동력기계의 역할도 컸습니다. 작업기계가 커지면 자연스레 거대한 동력이 필요해집니다. 인간이나 동물의 힘으로는 감당할 수 없는 수준이 되는 거죠. 이 점에서 증기기관은 큰 역할을 했습니다. 대규모 동력을 제공하면서도 물이나 바람과 달리 제어가 쉬웠으니까요. 그뿐이 아닙니다. 증기기관을 쓰면 역시 물이나 바람과 달리 자연환경을 고려할 필요가 없습니다. 동력원을 마음대로 옮길 수가 있지요. 작업장을 농촌에서 인구가 많은 도시로 옮길 수 있는 겁니다. 증기기관은 응용 범위도 넓었습니다. 다양한 업종에 사용될 수 있었어요. 철강공장에서는 거대한 망치를 들어 올렸고, 방적공장에서는 방적기를 돌렸으며, 철로에서는 기차 바퀴를, 바다에서는 선박의 스크루(screw)를 돌렸습니다. 마르크스는 와트의 천재성이 여기에 있다고 했지요. 그는 특허를 낼 때 증기기관을 특정 목적이 아닌 "대공업의 일반적 원동력"으로 제시했거든요. 머리를 잘 쓴 거죠. 증기기관이 다양한 업종에 사용되리라 짐작했던 겁니다(물론 실제 응용 범위는 그가 상상한 것 이상이었습니다).[김, 511~512; 강, 514]

───────────── 마침내, 기계괴물이 등장 ─────────────

매뉴팩처 시대에 단순협업과 분업에 기초한 협업을 나누었던 것처럼 기계제 공장에서도 기계들의 단순협업과 본격적인 기계제(기계시스템, Maschinensystem)를 구분해야 합니다.

우선, 기계들의 단순협업은 인간들의 단순협업과 비슷합니다. 지난 7장에서 본 것처럼 단순협업에서는 독립수공업자 출신 노동자들이 저마다 독립적으로 일하며 완성품을 만드는데, 다만 전통적 경우와 달리 동일한 작업장에서 함께 일하지요. 기계협업도 그렇습니다. 여러 대의 작업기계를 한곳에 모아놓는 것뿐이지요. 각 기계들은 과거 매뉴팩처에서는 분할되었던 노동들을 혼자 다 처리합니다. 이를테면 과거의 봉투 제조 매뉴팩처에서는 종이를 접고 풀을 칠하고 뚜껑을 접고 문양을 찍는 일이 분업화되어 있었습니다. 그런데 공장의 봉투제조기는 혼자서 이 모든 작업을 엄청난 속도로 처리합니다. 초기 공장에서는 이런 일을 하는 기계 여러 대를 한곳에 모았습니다. 방직공장에서는 역직기 여러 대를 모았고, 재봉공장에서는 재봉기를 여러 대 모았지요. 인간들의 단순협업을 다룰 때도 말했지만, 이렇게 기계들을 한곳에 모으면 이런저런 비용을 아낄 수 있으니까요. 그리고 무엇보다 하나의 동력기계가 공급하는 동력을 함께 사용할 수 있습니다. 이 동력기계의 "심장고동"이 여러 기계에 맥박을 전하는 거죠.[김, 513; 강, 515]

그러나 이것은 본격적인 기계제가 아닙니다. '단순협업'이 '분업화된 협업'으로 바뀌었을 때 매뉴팩처가 본격적으로 시작되었듯 '기계협업'이 '기계시스템'으로 바뀌었을 때 공장의 기계제 생산이 본격화합니다. 단순히 독립적인 기계들을 한자리에 모아두는 수준이 아니라, 부분공정을 수행하는 부분기계들이 연결되어 하나의 기계시스템을 이루어야 하지요. 언뜻 보면 부분공정을 수행하는 부분기계들의 연결이라는 점에서 매뉴팩처와 비슷합니다. 그러나 공정을 분할하고 연결하는 원리가 전혀 다릅니다. 매뉴팩처에서는 작업의 분할과 연결이 인간학에 입각해 있었지요. 그러나 기계제에서는 인간학이 아니라 기계학에 입각해 있습니다.

물론 매뉴팩처에서도 전체 공정은 하나의 메커니즘을 이룹니다. 독립수공업과 달리 노동의 연속성, 일률성, 규칙성, 질서가 만들어졌지요. 각각의 공정에 노동자들을 얼마만큼 배치하고 어떤 속도로 일을 할지도 '기술적 법칙'에 따라 결정했고요. 하지만 이 기술적 법칙은 인간적 고려를 바탕으로 한 것입니다. 공정을 나누는 기준도, 사람들을 배치하는 기준도, 심지어 노동에 가장 효과적인 동작과 시간을 정해줄 때조차 노동하는 존재가 '인간'이라는 사실에 입각한 반면 기계제에서는 이것이 필요 없습니다. 생산공정을 분할하고 연결할 때 노동자를 고려하지 않습니다. 물리학과 화학 등의 법칙을 이용하지만 이 기술적 법칙은 인간과는 관련이 없습니다. 생산력을 최대로 높이기 위해 동력을 계산하고 마찰을 계산하고 속도를 계산하지만 이때 고려되는 것은 기계적 한계이지 인간적 한계는 아닙니다.[김, 515; 강, 517]

기계제 초기 단계만 해도 생산과정에 인간이 개입하는 일이 적지 않았습니다. 노동자가 원료를 손질해서 기계에 넣어주어야 했고, 자동제어가 되지 않아, 예를 들어 방적기 작업 중 실이 끊어지면 노동자가 직접 기계를 정지시켜야 했습니다. 기계시스템의 일부를 숙련노동자가 맡기도 했지요. 기계가 인간의 힘이나 숙련, 말하자면 인간의 근육이나 눈썰미, 정교한 손놀림을 필요로 했던 겁니다.[김, 516~518; 강, 519~520] 하지만 점차 기계제 생산이 발전하면서 기계가 전체 공정을 떠맡는 식으로 변화했습니다. 그리고 한 업종, 한 생산영역이 일단 그렇게 변하고 나면 거기에 생산수단을 납품하거나 거기서 생산수단을 구매하는 연관 업종들도 그런 식으로 바뀌게 됩니다. 특히 의미가 있는 것은 '기계를 통한 기계의 제작'입니다. 마르크스에 따르면 19세기 첫 수십 년 만에 작업기계들 대부분이 기계제 공장에서 생산되었습니다. '기계를 통한 기계의 제작'은 기계제 대공업이 마침내 "자신의 발로 서게" 되었음을 의미하지요.[김, 520; 강, 522] 이런 식으로 한 산업영역에서 생산방식의 변혁이 나타나면 다른 산업영역에서도 연쇄적으로 변혁이 일어납니다. 그리고 생산 전반에서 변혁이 일어나면 생산물 운송과 관련된 교통 및 통신 수단의 변혁 또한 이루어질 수밖에 없지요.[김, 519~520; 강, 521~522] 초창기의 변화는 느리지만 어느 순간 사회 전체가 급속히 대공업 생산양식에 적합하게 바뀝니다.

19세기 대공장의 기계시스템에 대한 마르크스의 묘사는 아주 인상적입니다. "여기에서는 개별적 기계들 대신 하나의 기계괴물(mechanisches Ungeheuer)이 등장하는데, 그것의 몸통은 전체 공장 건물을 가득 채우고, 그것의 악령적 힘(dämonische Kraft)은 처음에는 그 거대한 사지의 거의 장엄할 정도의 운동 탓에 감추어져 있지만 [곧이어] 무수한 본래적 작업기관들의 열광적 난무로 폭발한다."[김, 516~517; 강, 518~519] 마르크스가 묘사하는 대공장의 기계괴물은 매뉴팩처 작업장의 거인 노동자 이미지와 크게 다릅니다. "열광적 난무"(fieberhaft tollen Wirbeltanz)라는 표현이 보여주는 것처럼 작업속도가 비교가 되지 않습니다. 기계괴물에 비추어 매뉴팩처의 전체노동자는 힘만 센 순박한 거인처럼 보인다고 할까요. 하지만 내가 마르크스의 묘사를 인상적이라고 한 것은 근대 '과학기술'이 집약된 기계시스템의 출현을 '주술적으로' 그리고 있기 때문입니다.

마르크스는 과학기술의 힘을 "악령적 힘"이라고 했습니다. '과학기술'과 '악령'이라는 매우 상반된 이미지를 가진 두 단어를 하나로 결합해놓은 거죠. 이 때문에 공장이 주술사나 마법사의 성처럼 느껴집니다. 건물만큼 커다란 괴물이 사지를 느릿느릿 움직이기 시작하더니 곧바로 괴성을 지르며 광적인 몸짓을 보입니다. 주술사는 그 앞에서 기쁨의 웃음을 터뜨리고요. 세상을 지배할 엄청난 힘을 소유한 것처럼 말이지요.

그런데 주술사(자본가)가 환호하는 순간을 지켜보는 독자는 어떤 불길함을 느끼게 됩니다. 그 주술사에게 불행한 운명이 닥칠 것만 같은 예감이 들지요. 마치 메리 셸리(Mary Shelley)의 『프랑켄슈타인』에서 프랑켄슈타인 박사가 괴물을 만들었을 때, 혹은 미야자키 하야오(宮崎駿)의 〈바람계곡의 나우시카〉에서 군대가 거신병을 깨웠을 때 느끼게 되는 불길함 같다고 할까요. 괴물을 만든 그 주인이 머릿속에 유토피아를 그리는 순간 독자는 그의 디스토피아를 예감합니다. 똑같은 존재에 대해 누군가는 유토피아를, 누군가는 디스토피아를 떠올립니다. 『자본』(특히 I권)에서는 자본의 운동을 중심에 두고 서술하므로 자본가들이 기계 속에서 그리는 유토피아가 부각되지만, 마르크스는 거기 잠재된 자본의 디스토피아, 자본의 몰락 가능성을 암시합니다.

'악령적'이라는 단어 하나로 너무 과하게 해석한 게 아닌가 생각하는 독자도 혹 있을지 모르겠습니다. 하지만 이것은 마르크스가 우연히 쓴 단어가 아닙니다. 『공산주의자 선언』에서 마르크스는 이미 이렇게 말했습니다. "그토록 강력한 생산수단과 교류수단을 마법을 써서 불러냈던 현대 부르주아사회는, 주문을 외워 불러낸 저승의 힘을 더는 감당할 수 없게 된 마법사와 같다." 그러고는 "생산력들의 반역의 역사" 즉 부르주아사회에 대한 기계들의 반역이 이미 시작된 것처럼 썼습니다.[13] 내가 이 8장의 제목을 '자본의 꿈 기계의 꿈'이라고 한 것도 이 때문입니다. 기계괴물의 등장과 함께 유토피아와 디스토피아, 길몽과 악몽의 가능성이 함께 열리고 있으니까요.

기계가 도입되고 나서 벌어진 일들

자본가는 왜 기계를 도입하는가. 그는 왜 기계괴물을 불러냈는가. 지난 장에서 우리는 자본가가 노동생산력을 증대해 잉여가치를 얻는다는 걸 알게 되었습니다. 자본가는 어떻게 노동생산력을 증대하는가. 지난번에 다룬 것은 작업방식의 혁신이었습니다. 노동력을 유기적으로 결합하는 방식이지요. 우리가 이번 장에서 다룰 것은 노동수단의 혁신(기계 도입)을 통한 생산력의 증대입니다.

─── 기계의 가치와 생산물의 가치 ───
노동수단의 혁신과 작업방식의 혁신에는 차이가 있습니다. 기계를 도입할 때는 분업을 도입할 때와는 다른 문턱이 가로막고 있지요. 기계시스템을 갖추려면 돈이 듭니다. 작업방식을 바꿀 때는 그렇지 않았지요. 개별 노동자들에게 돈을 일단 지급했으면 이들을 어떻게 결합시킬지는 자본가가 결정하면 되니까요. 그래서 나는 지난번에 거인 노동자의 출현이 무상으로 이루어진다고 했습니다. 하지만 기계괴물의 출현은 다릅니다. 증기기관을 갖추는 데는 돈이 듭니다. 물도 공짜고 증기가 생겨나는 과학적 원리도 공짜입니다만, 물을 증기로 바꾸어 동력화하는 장치는 아주 비쌉니다.[김, 522; 강, 524] 그저 아이디어를 떠올리기만 해서 해결될 일이 아니라는 거죠.

자본가가 큰 비용에도 불구하고 기계를 도입하는 건 누가 뭐라 해도 이윤 때문입니다. 기계를 도입하면 생산성이 크게 올라가지요. 생산성이 높다는 것은 직접적으로는 상품의 가치를 시장가치 이하로 떨어뜨려서 해당 자본가에게 특별 잉여가치를 선사하고요, 간접적으로는 노동력의 가치하락에 기여해 상대적 잉여가치를 선사하지요. 그런데 엄밀히 하자면 기계가 생산과정에서 상품의 가치를 줄이는 것은 아닙니다. 오히려 반대죠. 기계를 도입하면 기계의 가치만큼이 생산물에 이전됩니다. 그래서 생산물 가치가 상승하지요. 원료 값이 물건 값에 반영되듯 기계 값도 그렇습니다. "기계는 생산물의 가치를 싸게 하는 게 아니라 자신의 가치에 비례해 비싸게" 합니다[김, 523; 강, 525](기계의 가치가 생산물에 어떻게 이전되는지는 앞서 5장에서 다루었습니다).

방금 나는 언뜻 듣기에 서로 모순되는 말을 했습니다. 한편으로는 기계를 사용하면 생산물의 가치를 떨어뜨릴 수 있다고 했고(노동생산력의 증대로 인한 상품가치의 하락), 다른 한편으로는 기계를 사용하면 그만큼 생산물의 가치가 늘어난다고 했습니다(생산물로의 가치이전). 어느 쪽이 사실일까요. 둘 다 맞습니다. 기계를 사용하면 생산력이 증대해 생산물의 가치가 낮아진다는 말도 옳고 생산물에 기계의 가치가 더해진다는 말도 옳습니다. 생산물 전체 즉 총량을 놓고 보면 기계의 사용으로 가치가 늘어날 겁니다. 하지만 생산물 한 개를 기준으로 보면 그렇지 않습니다. 생산물의 양이 많아지면 기계에서 가치가 이전되는 부분의 비중은 크지 않습니다. 생산력 증대로 인한 가치하락이 훨씬 크지요.

기계를 사용했을 때 생산력이 증대하는 것은 매뉴팩처에서 협업이 생산력을 증대시키는 이유와 원리상으로는 비슷합니다. 기계를 사용하면 시간과 공간의 절약 효과가 큽니다. 비용이 절감되는 거죠. 또 부분노동을 효과적으로 잘 결합하면 생산력이 크게 증대합니다. 그러나 중요한 차이가 있습니다. 기계제 생산에서는 작업의 분할, 작업의 양과 속도가 인간적 한계에 매일 필요가 없습니다. 거대한 동력기계 하나에 수많은 작업기계들이 연결되며, 작업기계 하나는 수백 수천 개의 손발을 엄청난 속도로 움직입니다. 매뉴팩처와는 비교할 수 없을 정도로 생산량이 증대하지요. 마르크스는 매뉴팩처에서 결합노동의 생산력을 '노동의 사회적 생산력' 혹은 '사회적 노동의 생산력'이라고 했는데요. 기계제에서는 이 '사회적 노동'이 '부분노동자들'(인간노동자)의 '주체적'(subjektiv) 결합이 아니라 '부분기계들'(부품)의 '객체적'(objektiv) 결합으로 구현됩니다. 결합노동 즉 사회적 노동이 인간들이 아니라 기계들이 결합하는 형태로 구현되는 거죠. 매뉴팩처에서는 개별 노동이 사회적 노동에 의해 대체되었습니다만, 기계제에서는 인간적인 사회적 노동이 기계적인 사회적 노동으로 바뀝니다.[김, 521~522; 강, 523~524]

결국 기계를 사용함으로써 생산물 개개의 가치가 줄어드는가 늘어나는가는 생산물로 이전되는 기계의 가치와 기계로 인해 늘어난 생산물의 양을 함께 고려함으로써만 말할 수 있는데요. 마르크스는 생산량 증대에 따라 기계로부터 이전되는 가치의 비중이 어떻게 변화하는지를 매뉴팩처나 수공업의 경우와 비교해 상세하게 설명합니다. 생산물 한 개로 이전되는 기계의 가치는 얼마나 될까. 그것은 방금 말한 것처럼 전체 생산물의 양, '즉 생산물의 규모'(Umfang)에 달려 있습니다. 대공업의 '기계'는 매뉴팩처의 '도구'보다 훨씬 비싸지만 기계를 쓰면 전체 생산물의 규모가 훨씬 커집니다. 이를테면 철강공장의 증기해머는 엄청난 양의 석탄을 소모하면서 철을 두들겨댑니다만 그렇게 해서 생산된 철강 제품의 양이 워낙 많기에 단위 중량(이를테면 1킬로그램의 철강 제품)에 이전된 증기해머의 가치는 매우 작습니다.[김, 526; 강, 527] 전체 생산물의 규모에는 기계의 작업 처리 속도가 특히 중요한데요. 동일한 해머라 해도 1분에 70번 내리치는 경우와 700번 내리치는 경우는 생산량이 다르지요. 그만큼 생산물로 이전되는 가치량도 달라지고요.

또 하나 중요한 것은 기계 자체의 가치입니다. 물론 기계는 매뉴팩처의 도구보다 비쌉니다만 기계 제조업이 발전하면 값이 많이 내려갑니다. 기계 제조업 분야에서 생산성이 증대해 기계의 가치가 크게 떨어진다면 기계를 이용한 생산물의 가치도 떨어질 수 있지요. 기계의 가치가 저렴하면서도 대량의 생산물을 낼 수 있다면 마치 무상으로 이용하는 햇빛처럼 거의 "자연력의 기여에 가까워"집니다. [김, 524; 강, 528] 마르크스에 따르면, 바로 이런 점 때문에 리카도는 기계를 자연력과 혼동했습니다.[김, 524, 각주 24; 강, 526, 각주 109] 리카도는 "그것들[자연력과 기계]은 무상으로 일하기 때문에 (…) 그것들이 우리에게 주는 도움은 교환가치에 아무것도 추가하지 않는다"라고 했습니다.[14] 리카도는 가치형성과 관련해 기계를 햇빛이나 공기, 물과 같은 자연력과 동일시한 겁니다. 그래서 기계를 사용해도 가치(교환가치)의 추가는 없고 단지 생산량(사용가치)만 늘어난다고 본 거죠. 그는 가치의 생산과정에서 이전되는 기계의 가치를 망각했습니다. 오류지요. 하지만 그의 말은 대공업 시대에 사람들이 기계에서 어떤 인상을 받았는지 보여준다는 점에서 의미가 있습니다.

사실 리카도가 그런 주장을 펴게 된 맥락을 보면 수긍되는 대목도 있습니다. 그것은 '가치'와 '부' 개념을 혼동하는 J. B. 세를 비판하다가 나온 주장입니다. 세는 스미스가 인간노동만을 가치의 원천으로 간주함으로써 자연이나 기계가 상품들에 부여하는 가치를 간과했다고 지적했습니다. 이에 대해 리카도는 스미스를 옹호했지요. 오히려 세야말로 부와 가치의 본질적 차이, 즉 '사용가치'와 '교환가치'의 본질적 차이를 간과했다고 비판했습니다.[15] 자연력과 기계를 통해 늘어나는 것은 사용가치이지 교환가치가 아니라는 겁니다. 생산량이 두 배로 늘어나면 사용가치는 늘어나지만, 가치가 그만큼 늘어나지는 않습니다. 상품 개개의 가치는 오히려 줄어들지요. 리카도는 이 점을 지적하며 인간의 노동만이 가치의 원천이라고 했습니다. 자연과 기계가 가치의 원천이 될 수 없다는 그의 말은 옳습니다. 그것들은 새로운 가치를 추가할 수 없습니다(마르크스의 말로 하자면 '불변자본'이지요). 이점을 강조하다 보니 리카도는 자연처럼 기계도 상품에 교환가치를 추가하지 않는다고 말하게 된 것이지요. 마르크스도 맥락상 리카도의 주장에 이해할 만한 대목이 있음을 인정합니다. "리카도의 논평이, 기계가 (…) 가치를 창출하는 '봉사'를 한다고 제멋대로 지껄이는 세에 대한 것이라면 물론 그것은 옳은 말이다."[김, 524, 각주 24; 강, 526, 각주 109] 즉 기계가 가치를 창출하는 것은 아니라는 의미라면 리카도의 말이 틀리지 않는다는 거죠. 하지만 기계의 사용으로 상품의 가치가 늘어나지 않는다고 하면 그것은 틀린 말입니다. 기계가 가치를 창출하는 것은 아니지만 기계에서 이전되는 가치가 있으니까요.

정리하자면 이렇습니다. 기계의 사용 자체는 상품의 가치를 올리는 요인입니다. 하지만 생산물의 양이 크게 증대하기 때문에 개개의 상품가치는 낮아집니다. 수공업의 경우와 비교하면 차이가 분명합니다. 공장의 기계 값은 수공업 장인의 도구 값보다 비싸기 때문에 생산물 전체를 기준으로 보면 더 많은 가치량이 이전되지만 생산량이 워낙 많아 개개 상품에서 기계 값이 차지하는 비중은 수공업자의 도구 값이 차지하는 비중보다 오히려 작습니다.[김, 527; 강, 528]

기계 도입의 문턱

기계를 도입하면 이런 원리에 따라 생산물의 가격이 낮아지고 잉여가치가 생겨납니다. 게다가 기계는 자본가에게 고분고분합니다. 제 몸이 부서지는 일은 있어도 명령에 반항하는 일은 없습니다. 공장 규율을 세우고자 하는 자본가로서는 무척 마음에 드는 특성이지요. 그러니 자본가가 기계를 도입할 동기는 충분합니다. 문제는 돈입니다. 계산기를 두드려보아야 하죠. 기계설비를 갖추는 데 필요한 돈을 조달할 수 있는지도 문제고, 그렇게 투자한 돈을 이윤의 형태로 빨리 회수할 수 있는지도 문제입니다. 이것저것 고려할 게 많습니다. 여기서 이 모든 것을 검토할 수는 없고요. 일단은 기계를 통해 개개 생산물의 가격을 낮출 수 있다는 점만 고려해 자본가가 기계를 도입할 때의 문턱 높이가 얼마나 되는지를 생각해보기로 하지요.

앞서 말한 것처럼 기계의 가치는 생산물에 이전됩니다. 비싼 기계를 사용하면 그 높은 가격만큼이 생산물 가격에 반영되지요. 개개 생산물의 가치는 생산수단의 가치, 노동력의 가치, 잉여가치로 이루어져 있습니다($W=c+v+m$). 기계를 사용하면 'c'가 늘어나고 'v'가 줄어듭니다. 기계 사용으로 생산물의 가치가 하락하려면 'c'의 증가 폭보다 'v'의 감소 폭이 커야 합니다. 예를 들어 기계 한 대가 노동자 100명이 수행하는 작업을 처리할 수 있다고 해봅시다. 과연 자본가는 100명의 노동자를 해고하고 이 기계를 들여놓을까요. 단순히 작업 처리량만 보고 결정을 내릴 수는 없습니다. 생산량이 같다고 해서 생산물의 가치도 같은 것은 아니니까요. 아주 비싼 기계라면 생산물로 가치가 이전되는 만큼 생산물의 가치를 올립니다. 결국 기계의 가치를 따져봐야 합니다. 기계의 가치는 기계를 제조할 때 필요한 노동량에 해당합니다. 따라서 기계의 가치에 해당하는 노동량과 기계가 대체하는 노동자들의 노동량을 비교해봐야겠지요.

'노동량'이라고 말하니 조금 어렵게 들릴 수도 있겠습니다. 노동량이란 곧 가치이고 그 가치가 가격으로 나타난다는 점을 전제한다면, 기계 가격과 그 기계가 대체하는 노동자들의 임금을 비교해서 가늠해볼 수 있겠네요. 만약 기계 값이 30억 원이고 노동자 100명의 임금총액이 30억 원이면 자본가로서는 대체할 만할 겁니다. 'c'에서 늘어나는 비용과 'v'에서 절감되는 비용이 같으니까요. 하지만 이것은 정확한 계산이 아닙니다. 기계의 가치는 기계 제조에 필요한 노동량과 같지만 노동력의 가치는 노동자가 생산과정에 투여하는 노동량의 일부일 뿐이니까요. 노동자는 임금에 해당하는 필요노동 말고도 잉여노동을 투여합니다. 그러니까 기계의 가치와 그 기계가 대체하는 노동력의 가치가 같다면, 생산과정에서 기계의 경우보다 노동자들의 경우가 생산물에 더 많은 노동, 더 많은 가치를 집어넣는 셈입니다. 결국 동일한 비용이라면 노동자를 쓰는 경우에 생산물의 가치가 더 올라가는 것이죠. 반대로 말하면 기계를 쓰는 편이 생산물 개개의 가치를 낮출 수 있는 방법입니다.[김, 530; 강, 531]

다시 말하면 이렇습니다. 생산물에 들어가는 노동량을 줄이는 것만 생각한다면 기계의 가치, 즉 '기계 자체의 생산에 필요한 노동'이 '기계의 사용으로 대체되는 노동'(노동자를 사용했을 경우의 노동, $v+m$)보다 적어야 합니다. 하지만 자본가로서는 잉여노동에 대해서는 지불하지 않기 때문에 기준이 좀 더 완화됩니다. '기계의 가치'와 '기계의 사용으로 대체되는 노동에 해당하는 가치'($v+m$)를 비교하지 않고, '기계의 가치'와 '기계의 사용으로 대체되는 노동력의 가치'(v)를 비교하지요. 노동량을 비교할 때보다 문턱이 잉여노동의 양만큼 낮아지는 겁니다.[김, 530;

강, 531] 기계의 가치가 잉여노동에 해당하는 만큼 더 비싸더라도 생산물의 가치는 같다는 거죠. 기계 값이 그 정도에 그친다면 자본가가 노동력을 기계로 대체할 수 있다는 말입니다. 물론 이것은 생산물 개개의 가치를 낮춘다는 것만 기준으로 삼아서 한 말입니다. 그런데 이 경우에도 기계 도입의 문턱은 나라, 시기, 산업 부문마다 달라질 수 있습니다. 나라, 시기, 산업부문마다 노동력의 가치가 다르고, 노동력의 가치와 잉여가치 즉 필요노동과 잉여노동의 비율이 다를 테니까요. 게다가 『자본』에서 자주 쓰는 가정은 아닙니다만, 노동력의 가치만큼 임금을 지급하지 않는 경우도 있을 수 있지요. 그럼 기계 도입의 문턱은 또 달라집니다. 노동력의 가치에 비해 임금이 턱없이 낮다면 기계 도입에 대한 욕구는 떨어질 겁니다. 싼 노동력을 쓰면 되니까요. 이런 노동력을 대체하려면 기계 값이 더 내려가야겠지요. [김, 530~531; 강, 531~532]

『자본』에서는 주로 '가치'를 기준으로 논의를 펼쳐나갑니다. 하지만 시장에서 실제로 경쟁 중인 자본가들의 행동 기준은 '가격'입니다. 방금 우리는 '기계의 가치'와 '기계가 대체한 노동력의 가치'에 대해 말했습니다만 경쟁 중인 개별 자본가에게 와닿는 건 '가치'가 아니라 '가격'입니다. 실제 노동력의 가치가 어떻게 되든 가격을 줄일 수 있다면 생산비용(비용가격)을 줄이는 셈이니까요.[김, 531; 강, 532]

그런데 마르크스는 여기서 왜 노동력의 가치와 가격을 따로 말하는가. 지금까지는 대체로 노동력의 가치와 임금을 크게 구분하지 않았어요. 『자본』에서 상품의 등가교환은 가장 기본적인 공리입니다. 노동력에 대해서도 마찬가지이지요. 『자본』의 자본가는 대단한 탐욕을 가진 인물이지만 비열하지는 않습니다. 그는 노동력의 가치대로 임금을 지불하지요(현실의 자본가가 그렇지 않다는 점은 마르크스도 잘 알고 있습니다). 그렇다면 여기서는 왜 '노동력의 가치 이하로 지급되는 임금'에 대해 말하는 걸까요. 그것은 저임금노동이 기계제로 전환되는 과정에 큰 영향을 미쳤기 때문일 겁니다. 마르크스는 성능 좋은 기계가 발명되어도 기계제로의 전환이 쉽지 않았던 이유가 여기 있다고 봅니다. 값싼 노동력이 넘쳐나면 굳이 비용을 들여 기계를 도입할 필요가 없으니까요. 영국에서 발명된 기계가 북미에서만 사용된다든지 독일에서 발명된 기계가 네덜란드에서만 사용된다든지 하는 일이 모두 이와 관련됩니다. 영국보다 미국에서, 독일보다 네덜란드에서 임금이 높았던 거죠. 바꾸어 말하면 영국과 독일에는 값싼 노동인구가 많았다는 이야기입니다. 게다가 한 산업부문에서 기계가 사용되면 거기서 밀려난 노동자들이 다른 부문으로 몰려듭니다. 그래서 어떤 때는 한 부문의 기계화가 다른 부문의 기계화를 방해하는 일도 있습니다.[김, 531; 강, 532]

마르크스가 여러 번 환기하듯 자본주의적 생산의 목적은 이윤입니다. 자본주의적 생산과정에 기계를 도입하는 이유도 마찬가지입니다. 기계는 노동의 절약을 위해 들어온 것이 아닙니다. 이윤이 목적이죠. 그러므로 이윤에 도움이 되지 않는다면 노동을 크게 절약해주는 획기적인 기계일지라도 생산에 투입되지 않습니다. 차라리 인간노동을 탕진하는 쪽을 택하겠지요. 아마도 기계 도입의 가장 중요한 문턱, 가장 근본적인 문턱이 이것일 겁니다. 이윤 말입니다.

기계 도입의 이론적·수학적 문턱이 아니라 현실적·역사적 문턱을 볼 필요가 있습니다. 그러면 자본주의가 어떤 체제인지가 잘 보입니다. 영국의 양모 산업에서 기계화가 촉진된 것은 공장법과 관련이 있습니다. 공장법에서 아동의 전일 노동을 금지한 겁니다. 그런데 부모들은 반일공이 된 아이들의 노동력을 반값에 넘기려 하지 않았습니다. 몇 푼 되지 않는 임금이 절반이나 깎이는 것을 받아들이기가 어려웠겠지요. 이 때문에 아동 노동자의 임금은 노동시간에 비해 조금 오른 셈이 되었습니다. 바로 이때 공장주들이 기계를 도입했습니다. 기계는 그 전에도 있었지만 도입은 하지 않았었던 겁니다. 즉 아이들을 최대한 값싸게 부려먹을 수 있는 한에서는 기계 도입의 필요를 느끼지 못했던 거죠. 광산업에서도 마찬가지 일이 일어났습니다. 광산업 자본가들이 기계를 끌어들인 것은 여성과 소녀의 노동이 금지된 뒤입니다. 그 전까지는 기계 대신 남성은 물론 여성과 소녀를 그 혹독한 탄광에 몰아넣었지요. 마르크스는 이렇게 비꼬았습니다. "거의 나체 상태인 여성들과 소녀들을 광산에서 일하게 하는 것—때로는 남자들과 함께 탄광에 집어넣었다—이 자본에게는 자신의 도덕률은 물론이고 회계장부에도 합당"했다고요.[김, 532; 강, 533]

초저임금을 받는 노동자도 많은데 굳이 기계를 사용해 생산비용을 올릴 필요가 없었던 거죠. 마르크스는 운하의 배를 끄는 일을 하는 영국 여성들의 예를 들었습니다. 커다란 배를 끄는 일은 기계를 쓰면 쉽게 해결할 수 있습니다. 복잡한 기계가 필요한 것도 아닙니다. 간단한 동력기계만 있어도 되지요. 그런데 마르크스가 『자본』을 집필하던 당시까지 영국, 그러니까 세계에서 기계시스템이 가장 발달한 나라였던 영국에서는 '여성' 노동력을 이용했습니다. 왜 그랬을까요. 여기에는 대단한 이론적 통찰도, 엄밀한 수학적 계산도 필요 없습니다. 마르크스에 따르면, "말이나 기계를 생산하는 데 필요한 노동"은 수학적으로 주어지는 양이지만,

"넘쳐나는 인구집단(Surpluspopulation)에 속한 여성들을 부양하는 데 필요한 노동은 아무렇게나 계산해도 되기" 때문입니다. 그리고 "이것이 바로 기계들의 나라인 영국에서 하찮은 일에 아무런 부끄러움도 없이 인력을 마구 낭비하는 이유"입니다.[김, 532; 강, 533] 무슨 일을 누가 하느냐는 중요하지 않습니다. 중요한 것은 비용이지요. 자본가는 더 싼 것을 씁니다. 기계, 짐승, 사람 중에 사람이 제일 싸면 자본가는 사람을 씁니다. 아무리 힘들고 더럽고 위험한 일이라고 해도 말이지요.

사실 이것은 기계제 대공업의 초기에만 있었던 일이 아닙니다. 20세기에도, 21세기에도 있는 일이지요. 이를테면 한 인류학자는 미국 캘리포니아 농업은 지난 수십 년간 "기계화되었다기보다 멕시코인화되었다"(Mexicanization rather than mechanization)라고 표현했습니다.[16] 일부 농작물의 특성이 기계화를 어렵게 만들기도 했지만(손상되기 쉬운 딸기 같은 과일이나 키 작은 채소류 등은 기계로 수확하기가 어렵지요), 기본적으로는 멕시코에서 값싼 노동력이 많이 공급되었기 때문이라는 겁니다. 기계가 단순노동에 종사하는 다수의 저임금노동자들을 사라지게 할 것이라는 사람들의 통념과 달리 실상은 저임금노동자들이 기계화를 저지한 겁니다(이에 대해서는 조금 더 생각해볼 것이 있습니다. 부록노트㉗ 참조). 아마 한국의 중소 제조업체들이 오랫동안 생산설비를 크게 바꾸지 않고 버틴 것도 이와 관련될 겁니다. 생산성이 크게 떨어졌는데도 저임금 이주노동자들이 대거 유입되어 업체의 수익을 떠받쳐주었거든요. 자본가가 원하는 것은 '자동화된 공장'이 아니라 '수익 높은 공장'입니다.

노동자는 '인간재료'?

산업 전반에 기계가 들어오면, 다시 말해 기계제 대공업이 지배적 생산형태가 되면 무슨 일이 벌어질까요. 당장 노동형태가 크게 달라질 겁니다. 앞서 나는 기계시스템과 관련한 핵심 물음은 인간과 기계의 대립이 아니라고 했습니다. 오히려 중요한 것은 인간이 기계의 일부가 되는 것이라고 했지요. 인간이 기계부품이 되는 것, '부분노동자'가 '부분기계'가 되는 것이 중요한 문제입니다. 이 점에서 기계의 도입은 단순한 노동형태의 변화가 아니라 노동하는 인간의 변형, 주체의 변형을 야기합니다(일단은 '변형'이라는 말을 쓰겠습니다만 사실 나는 '죽음' 같은 더 강한 말을 쓰고 싶습니다. '변형'은 매뉴팩처 작업장의 노동자에게 일어난 일을 표현할 때 더 적합하지요. 노동자의 부분노동자화를 지칭할 때 말입니다).

그런데 마르크스는 이 문제는 조금 뒤에 논의하겠다고 말합니다. "이 객관적 유기체에 인간재료(Menschenmaterial)가 어떻게 합체되는지(einverleibt)를 살펴보기 전에" 언급할 게 있다고요.[김, 533; 강, 534] 마르크스를 따라 이 문제는 우리도 나중에 살펴보기로 하겠습니다. 다만 너무나 눈에 띄는 단어 하나는 언급해두지 않을 수 없습니다. 바로 '인간재료'라는 말인데요. 언젠가 말한 것처럼 마르크스는 앞으로 전개될 내용에 대한 단서를 미리 흘려두곤 합니다. "객관적 유기체에 합체될 인간재료"라는 건 기계시스템에 통합될 노동자를 지칭하는 말인데요. 노동자를 원료처럼 '인간재료'라고 부르고 있습니다. 일반적으로 노동이란 노동자가 노동수단을 이용해서 목적과 필요에 맞게 노동대상을 변형하는 일입니다. 이는 노동자가 노동과정의 주체라는 뜻입니다. 그런데 자본주의 생산양식이 되면 미묘한 변화가 생깁니다. 한편으로는 노동자가 노동과정의 주체인 것이 맞습니다. 하지만 다른 한편으로 노동과정은 자본가가 자신이 구매한 노동력이라는 상품을 소비하는 과정입니다. 노동자는 포도, 참나무통 등과 함께 구입된 효모와 같지요. 효모는 발효노동을 하지만 그 생산물인 포도주에 대한 소유권은 인간에게 있는 것처럼, 자본가는 노동자의 생산물에 대한 전적인 소유권을 갖습니다.

　그러나 지금까지 자본가는 대체로 노동과정 바깥에 있었습니다. 자본가는 노동과정을 감독할 뿐 기본적으로 노동은 노동자가 노동수단을 가지고 노동대상을 변형하는 일이라는 겁니다. 그런데 언제부턴가 나는 생산과정에서 노동자가 갖는 지위에 대한 마르크스의 기술에서 뉘앙스의 변화가 느껴진다고 말했습니다. 생산수단, 특히 기계 도입이 초래할 변화를 암시할 때부터입니다. 노동일에 관한 장(『자본』 제8장) 끝부분에서 이런 이야기를 했습니다. 노동자가 가치를 생산하고 이전하는 주체로 보이지 않는다고요. 노동자의 노동이 가치의 원천인 것은 맞지만, 그는 가치를 생산한다기보다 가치를 '빨린다는' 느낌을 줍니다. 그래서 생산수단이 가치증식의 주체인 듯 보이기까지 합니다. 기계가 진공청소기처럼 노동자들의 능력을 빨아들이는 것 같다는 거죠(실제로 마르크스는 "죽은 노동과 살아 있는 노동의 관계 즉 가치와 가치창조력 사이의 관계가 전도된 것"처럼 보이는 현상이 나타난다고 했습니다[김, 423; 강, 433]). 이때 노동자는 가치생산의 주체라기보다 가치착취의 대상, 가치착취의 재료처럼 보입니다. 지금 우리가 살펴보고 있는 『자본』 제13장에서 마르크스는 기계 도입으로 인한 노동인구의 확장을 아예 '인간이라는 착취재료의 확대'라고 표현하고 있습니다.[김, 534; 강, 535] 인간은 주체가 아니라 대상이고 재료라는 거죠. 아마도 이것은 가치생산과정만의 문제가 아닐 겁니다. 노동과정을 현물생산과정으로 봐도 같은 현상이 나타나겠지요.

과연 노동자는 생산자인가. 사실 이 물음은 매뉴팩처 작업장을 다룰 때부터 제기되었습니다. 매뉴팩처의 노동자는 독립수공업자처럼 완성품을 만들어내는 사람이 아니었지요. 그는 중간물을 만들어내는 부분노동자에 불과했어요. 완성품을 만들어내는 것은 '살아 있는 메커니즘'으로서 전체노동자였습니다. 기계제에서는 이 문제가 더욱 심화됩니다. 노동자는 부분적 주체성마저 잃어버립니다. 매뉴팩처에 남아 있던 인간성의 부분, 다시 말해 '부분인간'조차 소멸하는 거죠. 노동자는 기계라는 객관적 유기체(객체)의 한 부분이 됩니다. 객체 안에 들어간 객체로서, 대상으로서, 재료로서 존재하는 거죠.

───────── 무슨 일이 일어났는가 ①─노동인구의 확대─────────

기계의 도입이 노동과정을 어떻게 변형시켰고 공장에서 무슨 일이 일어났는지는 조금 뒤에 보기로 하고요. 일단은 기계제 대공업이 지배적 생산형태가 되면서 노동자들에게 미친 일반적 영향을 살펴보겠습니다. 기계의 도입은 사회 전반에 걸쳐 어떤 변화를 초래했는가. 마르크스는 쉽게 이해하기 힘든 세 가지 현상을 지적합니다. 먼저 지적하는 것은 '노동인구의 확대'입니다. 언뜻 생각하면 기계제 발달이 노동인구를 감소시킬 것 같지만 실제로는 노동하는 사람들을 늘렸다는 겁니다. "기계가 근육의 힘을 불필요하게" 만들었기 때문에 여성과 아이 들이 새로운 노동인구로 유입되었지요. 어떤 기계들의 경우에는 힘보다는 유연한 움직임을 요구했기에 자본가들로서는 여성과 아이 들을 더 선호하기도 했습니다. 게다가 노동력의 가치가 성인 남성 노동자보다 낮았기에 더 매력적이었지요. 마르크스에 따르면 "여성노동과 아동노동은 기계의 자본주의적 사용에서 나온 첫 번째 단어!"였습니다.[김, 533; 강, 534]

노동인구가 가족구성원 전체로 확대되는 것인데요. 이렇게 되면 노동력의 가치가 떨어집니다. 노동력의 가치에는 가족을 부양하고 자녀들을 양육하는 비용이 포함되어 있는데, 가족구성원 전체가 노동자가 되면 이런 비용이 빠지겠지요. 그래도 일하는 사람이 많아지면 전체 가구 수입은 그만큼 늘어나지 않겠느냐고 물을 수도 있겠습니다. 하지만 노동일 대비 노동력의 가치는 떨어집니다. 만약 4인 가족이 노동에 나선다면 1노동일이 4노동일이 될 겁니다. 물론 네 사람이 일하면 성인 노동자 한 사람이 버는 것보다는 많이 벌 겁니다. 하지만 전체 임금이 예전의 네 배가 되지는 않습니다. 반면 생활비는 더 늘어납니다. 요리나 아이 양육 등 가사노동의 결손 부분을 돈으로 메워야 하니까요.[김, 534, 각주 39; 강, 535, 각주 121]

요즘에는 맞벌이 부부가 많은데요. 둘이 벌면 분명 혼자 버는 것보다 많이 법니다. 그러나 이제는 혼자 벌어서는 살 수가 없을 만큼 노동력의 가치가 떨어졌다는 것도 느낄 겁니다. 그뿐 아니라 노동력의 공급이 늘면 가격이 가치로부터 괴리되는 현상이 나타납니다. 노동력의 가격이 노동력의 가치 이하로 떨어지는 거죠. 소위 '너 말고도 일할 사람 많아'가 작동합니다. 그럼 울며 겨자 먹기로 정당한 가치 이하로 노동력을 팔아야 합니다.

자본가로서는 기계 도입으로 여러 가지 부수 효과를 누립니다. 생산력 증대만으로도 특별 잉여가치와 상대적 잉여가치를 얻을 수 있는데, 기계가 노동인구를 가족구성원 전체로 확장하면서 노동력의 가치를 추가로 떨어뜨려줍니다. 그런데 노동력의 가격은 이렇게 이중으로 떨어진 노동력의 가치보다도 더 떨어지는 환경이 조성됩니다. 이런 식으로 자본가에게는 혜택이 이중 삼중이지요. 게다가 노동자는 단지 노동만 제공하는 게 아니라 잉여노동을 제공합니다. 즉 예전에는 한 명이 제공하던 잉여노동을 이제는 네 명이 제공하는 것입니다. 당연히 잉여가치는 더 늘어납니다. 기계 도입과 함께 자본가는 정말로 유리한 카드를 처음부터 한 장이 아니라 네 장이나 쥐고 게임을 하는 셈입니다. 마르크스가 이렇게 말할 만하지요. "기계는 처음부터 자본의 채굴지역(착취대상, Ausbeutungsfeld)인 인간이라는 착취재료(Exploitationsmaterial)를 늘려갈 뿐 아니라 착취도도 증대시킨다."[김, 534; 강, 535]

▶ 노예상인이 된 노동자──여성노동과 아동노동의 등장은 경제학 측면만이 아니라 사회학 측면에서도 중요합니다. 기계의 도입으로 노동력의 착취만큼이나 노동자 가정의 파괴가 심각했으니까요. 과거에는 자본과 노동의 관계가 가족 안으로 들어오지는 않았습니다. 가장만 자본가와 관계를 맺고 있었지요. 가정생활과 공장생활은 서로 별개입니다. 그러나 여성과 아이들이 노동력 판매에 나서면서 자본이 가족을 위한 가사의 영역, 아이들의 놀이 영역을 침탈하기 시작합니다. [김, 533; 강, 534] 물론 아동노동까지는 몰라도 여성들의 취업을 부정적으로만 볼 일은 아닙니다. 가부장제 해체와 관련해 이것은 중요한 의미가 있습니다. 마르크스도 이 점을 나중에는 고려합니다. 다만 기계제 대공업으로 인한 노동자 가정의 파괴는 즉각적 현실로 받아들인 반면 가부장제 해체는 잠재적 가능성으로 파악했던 것 같습니다(이에 대해서는 나중에 따로 이야기하겠습니다).

자본관계의 확장이 가족관계를 어떻게 변형시키는지 보여주는 상징적 단어가 '노예상인'입니다. 기계제 생산이 여성과 아동을 노동가능인구로 만들고 남성

노동자의 경제적 지위를 하락시키자(노동인구의 확대는 성인 남성 노동력의 가격 하락과 고용불안을 낳습니다), 가장인 노동자 자신이 아내와 아이의 노동력 판매에 나서게 됩니다. 자본주의와 빈곤, 가부장제가 맞물리는 곳에서 가족 노예상인이 출현한 거죠. "이전에 노동자는 형식상으로는 자유로운 인격체로서 자기 마음대로 처분할 수 있는 자신의 노동력을 판매하였다. 그런데 이제 그는 아내와 자식을 판매한다. 그는 노예상인이 된 것이다."[김, 535; 강, 535]

노예상인이라는 말을 비유로만 볼 수는 없습니다. 특히 아동노동에 대해서는 그렇습니다. 아동은 노동력이라는 상품을 매매할 때 전제하는 법적 주체가 아닙니다. 마르크스가 『자본』 I권 제4장(영어판은 제6장) 끝부분에서 확인한 바 있는 원칙 즉 '자유, 평등, 소유, 벤담'에 모두 위배되지요. 아동은 매매와 계약의 자유롭고 대등한 주체가 될 수 없으며, 노동력의 처분권을 자신이 직접 행사하지 못한다는 점에서, 즉 부모가 자본가에게 판매한다는 점에서 자기 노동력에 대한 소유권을 가졌다고 볼 수도 없고, 노동력의 매매가 자기 이익을 추구한 결과가 아니라는 점에서 공리주의에 합당하지도 않습니다. 노동은 아이가 하지만 노동력을 자본가에게 판매한 것은 부모입니다. 매매의 성격만 놓고 보면 노동자보다는 노예를 닮았지요. 마르크스는 당시 아동노동에 대한 구인광고가 미국 신문에 실린 흑인 노예에 대한 광고와 흡사하다고 말합니다. "12~20명의 소년을 구함. 13세 이상으로 보여야 함. 임금은 주급 4실링." 여기 아주 흥미로운 단어가 하나 있습니다. '보여야 함'이라는 단어 말입니다. 그렇게 '간주될 수 있어야 한다'(passieren kann)라는 뜻인데요. 그냥 '13세 이상'이라고 쓰지 않고 그렇게 쓴 이유는 무엇일까요.

노동일에 관한 장인 제8장에서도 그렇고 지금 우리가 다루고 있는 제13장에서도 마르크스가 쓴 단어들이 있습니다. '자본의 정신'(Geist des Kapitals), '자본주의적 생산의 정신'(Geist der kapitalistischen Produktion).[김, 540; 강, 541] 마르크스는 '자본주의란 이런 것이다' 하는 것을 보여주는 대목, 자본의 의지가 잘 표출되는 대목에서 이 단어를 썼습니다. 당시의 공장법 때문에 13세 미만 아동들은 6시간 이상 일할 수 없었습니다. 어린아이들을 공장노동의 폐해로부터 지키려는 최소한의 조치였지요. 하지만 자본가에게는 이것이 중요하지 않습니다. 규제만 없다면 혹은 규제를 피할 수만 있다면, '자본의 정신'이 유순하면서도 저렴한 노동력을 마다할 이유가 없지요. "13세 이상으로" 보일 수만 있다면 자본에게 그 아이는 '13세 이상'과 같습니다. 이것이 자본주의지요.

런던의 한 구역에서는 실제로 "매주 월요일과 화요일 아침에" 견직업자들에게 아동노동을 판매하는 공개시장이 열렸다고 합니다. 부모들이 소액의 돈을 받고 아이들의 노동력을 자본가에게 임대하는 겁니다. 또 아이들은 '굴뚝청소기'로도 판매되었습니다. 마르크스에 따르면 "영국에서는 적어도 2000명의 소년이 부모에 의해 살아 있는 굴뚝청소기로 판매되었"습니다. 굴뚝청소용 기계가 시중에서 판매되고 있었는데도 말이지요. 아이들의 노동력이 워낙 저렴했으니까요.[김, 536; 강, 536~537]

공장에서 아이들의 신체와 정신이 어떻게 파괴되는지는 노동일에 관한 장에서 이미 살펴본 바 있습니다(424~425쪽 참조). 마르크스는 여기서도 이 점을 다시 한번 환기합니다. 특히 학교에서 교육을 받아야 할 아이들이 공장에서 일함으로써 얼마나 지적으로 황폐해졌는지를 지적했습니다. 사실 공장법에는 아이들에 대한 의무교육 조항이 있었습니다. 하지만 앞서 언급한 '자본주의적 생산의 정신'은 이 조항을 그냥 껍데기로 만들어버렸지요. 공장주들이 아이들을 학교에 보내기는 했습니다. 하지만 교육적 고려를 하지는 않았습니다(학교의 시설과 교사의 지식수준도 엉망이었지요). 그들이 고려한 것은 이윤이었습니다. 법적 처벌을 받지 않는 선에서 이윤손실을 최소화하는 길을 찾았습니다. 이를테면 며칠은 오전 8시부터 11시까지 학교를 가게 하고, 며칠은 결석을 하게 하고, 다음 며칠은 오후 3시부터 6시까지 학교를 보냅니다. 공장에 일감이 밀리면 결석을 시키고 일감이 없으면 학교에 가도록 합니다.[김, 544; 강, 544] 다시 말하지만 이게 자본의 정신이고 의지이지요. 자본이 정성스럽게 키우는 것은 아이가 아니라 이윤입니다.

▶ 자본주의, 말라리아보다 치명적인 —— 여성노동과 아동노동은 공장에서 일하는 여성들과 아이들만 파괴하는 게 아닙니다. 공장 바깥에 있는 아이들에게도 치명적이지요. 모두가 공장에 일하러 나가면 유아들이 문제가 됩니다. 젖먹이를 데리고 갈 수 없을 때 엄마들은 '곳프리(Godfrey) 강장제'라는 것을 먹였다고 합니다. 강장제라고는 하지만 실상은 일종의 마취제였다고 합니다. 그렇게 아이들을 재우고 일터에 나간 것이지요.[김, 533, 각주 38; 강, 534, 각주 120] 마르크스는 자본에 의한 생명력의 침탈이 어디까지 이어지는지 보여주기 위해 유아사망률 통계를 제시하는데요. 기계제를 통한 노동인구의 확장이 유아의 생명력조차 위태롭게 한다는 거죠. 당시 정부가 발행한 「공중위생 보고서」에 따르면 공장에서 일하는 여성이 많은 곳에서 유아사망률이 높게 나타났습니다. 그리고 유아사망의 원인으로 지목된 것은 부모의 자녀 학대와 방치, 음식물 부족, 부적절한 음식물 섭취, 아편 중독 등이었습니다(아편중독이 눈에 띄는데요. 마르크스는 이를 "영국에 대한 인도와 중

국의 복수"라고 했습니다. 이 내용은 부록노트㉘ 참조). 심지어는 엄마가 아이들을 일부러 굶기거나 독극물을 먹이는 경우도 있었습니다.[김, 537~538; 강, 538]

「공중위생 보고서」에는 엄마들의 이해할 수 없는 정서적 반응과 행동이 소개되어 있는데요. 아이가 죽었는데도 슬퍼하는 기색이 없고, 심지어는 아이를 죽이려 했다고밖에 볼 수 없는 행동을 자행했습니다.[김, 538, 각주 46; 강, 538, 각주 128] 이는 아이를 잃기 전에 엄마 자신이 정서적으로 끔찍하게 파괴된 상태에 있었음을 보여줍니다. 마르크스가 이 대목을 인용한 것은 그럴 만하다고 보았기 때문일 겁니다. 집에서 아이들을 학대하는 사람은 과로와 빈곤 속에서 이미 자신의 정신과 신체가 파괴당한 사람이니까요. 부모의 자녀 학대와 살해는 노동일에 관한 장에서 본 적 있는 런던의 철도 사고를 떠올리게 합니다. 마르크스는 당시 승객 살해 혐의로 기소된 세 명의 철도 노동자가 가해자이기 이전에 희생자였다는 것, 과로로 이미 정신과 신체가 마비된 사람들이었다는 것을 보여주려고 했습니다. 아이에게 폭력을 휘두르고 아이의 고통에 무감각해진 노동자들도 비슷한 면이 있을 겁니다. 철도 사고에서는 부주의와 과실이었던 것이 이 경우에는 직접적 폭력으로 나타났지만요.

기계제 생산과 더불어 자본관계가 노동자 가정으로까지 확대되었고(여성노동과 아동노동), 이는 유아들에게 치명적 영향을 끼쳤습니다. 마르크스는 노동자 가정의 유아들을 죽인 것은 그들 부모가 아니라 자본주의라는 것을 보여줍니다. 그는 「공중위생 보고서」의 통계자료를 제시했는데요. 이 자료에 따르면 대체로 도시 공장 지대의 유아사망률이 농촌 지역보다 높았습니다. 그런데 예외가 있었지요. 농촌 지역인데도 무척 유아사망률이 높은 곳, 그곳 이야기가 아주 인상적입니다. [김, 538~539; 강, 538~539] 처음에 조사원들은 말라리아나 지역 풍토병을 원인으로 의심했습니다. 거기가 여름에는 초지, 겨울에는 습지였으니까요. 그런데 현장 조사 결과 그곳은 이미 비옥한 곡물 경작지로 재개발이 되어 있었습니다. 마르크스는 조사에 참여한 헨리 줄리언 헌터(Henry Julian Hunter) 박사의 분석을 인용합니다. 헌터에 따르면 말라리아를 몰아낸 농업의 변혁이 역설적이게도 높은 유아사망률의 원인이라는 겁니다. 거대 농지가 개발되자 지역의 여성과 소년, 소녀 들이 모두 작업단(gang-system)에 소속되어 먼 곳까지 일을 나가게 되었습니다. 작업단은 차지농업가와 도급계약을 맺은 갱단으로 오늘날로 치면 일종의 인력 회사라고 할 수 있는데요('작업단'에 대해서는 이후 11장에서 '산업예비군'을 다룰 때 자세히 소개할 겁니다). 농촌이라고는 하지만 실상은 공장 지대와 다를 바 없는 자본관계가 형성된 것이지요. 다만 일터가 공장이 아니라 논밭이었을 뿐입니다. 유아들을 집에 두고 모두가 일하러 나가야 한다는 점에서는 똑같습니다. 결국 말라리아보다 자본주의가 더 치명적이었던 셈이지요.

당연한 말이지만 성인 남성 노동자들의 처지가 좋아진 건 아닙니다. 아내와 아이를 판 노동자는 출세한 사람이 아니라 전락한 사람입니다. 그는 자신의 노동만으로는 살아갈 수 없어 아내와 아이를 팔았지만, 여성노동과 아동노동은 노동자로서 그의 지위를 더욱 약화합니다. 앞서 말한 것처럼 노동력 가격이 떨어지고 고용이 불안정해지죠. 그는 한때 대체 불가능한 숙련노동자였지만 이제는 그 수가 크게 늘어난 노동인구 중 한 사람일 뿐입니다. 기계제 공장에서 숙련노동자의 권력이 어떻게 해체되었는지는 뒤에 자세히 살펴보겠습니다만, 일단 여성노동과 아동노동이 공장 안으로 들어온 것만으로도 성인 남성 노동자의 힘은 크게 약화됩니다.[김, 544; 강, 544]

<hr />

무슨 일이 일어났는가 ②—노동일의 연장

기계 도입으로 노동인구가 줄기는커녕 오히려 확대되었다고 했는데요. 마르크스가 제시한 두 번째 결과도 우리가 언뜻 생각하는 것과는 반대입니다. 마르크스는 기계 도입과 함께 노동일도 늘어났다고 말합니다. 기계가 도입되면 노동생산력이 크게 증대해 노동일이 줄어들어야 할 것 같은데 자본주의에서는 그렇지 않습니다. 자본주의에서는 기계를 그런 식으로 사용하지 않으니까요. 오히려 기계는 "모든 자연적 한계를 초월해 노동일을 연장하기 위한 강력한 수단"이 됩니다.[김, 545; 강, 545] 자본가에게 노동일을 연장할 만한 동기와 수단을 제공해주지요.

먼저, 기계는 인간이 아닙니다. 노동일을 연장해도 반항하지 않아요. 따지지도 않고 불평하지도 않습니다. 명령을 따르다 부서질지언정 명령에 항거하지는 않습니다. 일부러 작업속도를 늦추지도 않고요. 게다가 인간이 지닌 생물학적 한계를 갖고 있지도 않습니다. 생리적 필요 때문에 식사와 휴식시간을 별도로 가질 필요가 없지요. 영구기관처럼 멈추지 않고 작동합니다. 일단 작업이 시작되면 기계시스템의 작동은 노동자로부터 독립해 있습니다. 물론 기계제 공장에도 노동자들은 필요합니다. 하지만 매뉴팩처에서 그랬듯 생산의 주행위자라고 할 수는 없습니다. 오히려 기계의 부속물에 가깝지요. 수공업자나 매뉴팩처의 경우에 빗대어 말하자면 이제는 기계가 장인이고 인간은 조수라고 할 수 있습니다.[김, 545; 강, 545] 이 점 때문에도 노동자들의 저항은 줄어듭니다. 생산과정에서 지위가 부차화되기 때문에 저항의 목소리를 내기도 어렵고 저항의 효과도 크지 않습니다. 매뉴팩처 작업장에서 숙련노동자가 노동을 거부할 때 자본가가 입는 타격과는 비교할 수가 없지요.

기계제 덕분에 여성과 아동 노동력이 대거 유입된 것도 자본가로서는 노동일을 쉽게 연장할 수 있는 요인이 됩니다. 마르크스는 영국 의회에서 나온 이야기를 한 대목 인용하는데요. 연설자 애슐리 경(Lord Ashley)은 공장주들이 여성들 특히 기혼 여성을 선호한다는 말을 전합니다. 여성들이 남성들에 비해 온순하고, 특히 기혼 여성은 가족 생계비를 벌어야 해서 일에 더 매달린다는 거죠. 웬만한 불합리는 그냥 참고 견딘다는 뜻이겠지요. 애슐리는 온유하며 일을 열심히 하고 가족을 위해 헌신하는 기혼 여성의 미덕이 '노예적 예속과 고통'의 원인이 되고 말았다고 했습니다.[김, 544, 각주 60; 강, 544, 각주 142] 아름다운 가죽 때문에 학살당하는 동물들처럼 아름다운 덕성 때문에 착취가 일어났다는 거죠(솔직히 그런 행동이 여성의 '미덕'인지는 의심스럽습니다만, 어떻든 그런 행동을 미덕으로 칭송하면서 동시에 그것을 약점으로 만들어 착취하는 체제가 악랄한 것은 틀림이 없습니다).

워낙에 여성과 아동의 장시간 노동이 많았기 때문에 공장의 장시간 노동이 이들 때문에 생겨난 것이 아닌가 하는 다소 황당한 진단이 나올 정도였습니다. 이를테면 공장주이면서 차티스트 운동가였고 10시간 노동제를 도입하는 데 적극적이었던 존 필든(John Fielden)은 공장제 초기의 장시간 노동이 구빈원과 고아원에서 아이들을 동원했기 때문이라고 주장했습니다. 이 "가엾은 인간재료"를 이용해 장시간 노동의 관행을 만들었다는 겁니다.[김, 545, 각주 62; 강, 545, 각주 144] 1844년 한 공장감독관의 보고에 따르면 여성 노동자들 중에는 18시간 가까이를 공장에서 일하는 경우도 있었습니다. 그러나 여성노동과 아동노동을 장시간 노동의 '원인'으로는 볼 수 없습니다. 이들이 장시간 노동의 손쉬운 희생물이었다고 말하는 편이 옳겠지요. 원인이 아니라 결과라는 말입니다. 기계제 덕분에 자본가는 여성과 아동을 공장으로 끌어들일 수 있었고 이들에게 장시간 노동을 강요할 수 있게 된 것이지요.

기계제 도입이 노동일 연장을 자극한다고 할 때 그 요인에는 기계 자체의 성격도 포함됩니다. 기계의 가치는 생산물로 이전되는데요. 한 기계를 오래 쓸수록 한 상품의 가치에 담기는 기계의 가치 부분이 작아집니다. 바꾸어 말하면 한 기계로 오래 많은 물건을 만들어낼수록 상품의 가치를 낮출 수 있습니다. 그만큼 생산성이 높은 거죠. 그런데 여기서 '오래 쓴다'라고 할 때 그 '오래'가 곧 자연의 시간을 가리키는 건 아닙니다. '기계를 쓰는 시간'은 '노동일'로 재지요. 사용하지 않고 놓아두면 상품을 생산하지 않으니 가치이전도 일어나지 않습니다. 노동일 기준으로 말하면 기계를 하루 20시간으로 5년 동안 돌리는 것은 하루 10시간으로 10년을 돌리는 것과 가치이전량이 같습니다. '20시간×5년'(혹은 '10시간×10년')이 이 기계의 수명이라면 기계의 가치는 전자의 경우 후자에 비해 두 배 빨리 재생산됩니다.[김, 546; 강, 546] 말하자면 기계에 투자한 돈을 두 배 빨리 뽑아내는 겁니다. 그러니 자본가로서는 기계를 하루 중 최대한 오래 사용하고 싶을 겁니다. 가능하기만 하다면 기계를 멈추지 않고 싶겠죠. 이는 이 기계의 조수인 노동자의 노동시간도 길어진다는 뜻입니다.

사실 자본가가 기계를 멈추고 싶어하지 않는 더 중요한 이유가 있습니다. 기계의 수명은 대체로 시간에 따라 그리고 사용에 따라 결정됩니다. 칼에 녹이 슬 듯 시간이 흐르면 기계는 마모됩니다(자연력에 의한 마모). 그리고 동전 테두리가 닳듯 사용하면 할수록 기계는 마모됩니다(이용에 의한 마모). 그렇게 해서 5년이니 10년이니 하는 수명이 결정됩니다. 그런데 이것 말고도 기계를 마모시키는 요인이 또 있습니다. 마르크스가 '도덕적 마모'(moralischen Verschleß)라고 부른 것인데요.[김, 547; 강, 547] 물리적으로는 아무런 문제가 없는데 기계 생산에서 혁신이 일어나 똑같은 성능의 기계가 훨씬 더 싼 값에 공급되거나 아예 더 성능 좋은 기계가 같은 값으로 발명되는 경우입니다. 어느 경우든 기존 기계의 가치는 부분적으로 혹은 전면적으로 상실됩니다. 불변자본인 기계의 가치가 생산과정 중에 어떻게 변할 수 있는지에 대해서는 전에 5장에서도 언급한 바 있습니다. 불변자본이란 그것의 사용이 가치형성을 야기할 수 없다는 뜻이지 그것의 가치가 절대 변하지 않는다는 뜻은 아니라고요. 이를테면 원료인 면화를 사들인 시점과 사용한 시점 사이에 면화의 생산조건이 변해 면화의 가치가 변동하면 그 변동된 가치가 (면사의 가격에) 반영됩니다. 마찬가지로 기계도 자본가가 사들인 시점이 아니라 상품을 만들어낸 시점에서 그 가치가 상품의 가격에 반영되지요. 1억 원을 주고 사들인 기계라고 해도 5000만 원에 팔리고 있다면, 그때부터는 5000만 원을 기준으로 상품에 이전되는 가치량을 계산해야 합니다.

자본가로서는 기계 제조업 분야에서 언제 어떤 혁신이 일어날지 알 수 없습니다. 그렇다면 어떻게 해야 할까요. 무조건 최선을 다해야지요. 특히 기계를 막 도입한 "첫사랑의 시기"에는 더 그렇습니다.[김, 549; 강, 549] 최대한 불태워야 합니다. 최대한 많은 이윤을 뽑아내야 합니다. 기계에 투자한 자본을 가능한 빨리 재생산해야 하니까요. 기계제가 발전하면 전체 자본 중 기계에 투자한 비중이 커지는 데요. 만약 도덕적 마모가 일어난다면 자본의 상당 부분이 곧바로 사라져버립니다. 자본가의 초조함을 이해할 수 있지요. 기계제 대공업의 초창기에는 특히 그랬습니다. 온갖 기계가 발명되었고 짧은 시간에 너무나도 많은 혁신이 일어났으니까요. 그래서 자본가들은 기계를 최대한 돌렸습니다. 그 결과를 우리는 앞서 6장에서 다음과 같은 마르크스의 표현을 통해 만났었지요. "1760년대 대공업이 등장한 이후부터 눈사태처럼 무제한적인 노동일 연장의 태풍이 몰아쳤다"(454쪽 참조). 이제 이 말이 무슨 뜻인지를 명확히 알 수 있을 겁니다.

───── 무슨 일이 일어났는가 ③ ─ 노동강도의 강화 ─────

우리가 잘 알고 있는 것처럼 노동일의 무제한적 연장은 사회적 반발에 부딪힙니다. 1833년 처음으로 표준노동일이 제정되었지요. 그리고 공장법 개정 과정에서 노동일은 더 줄어들었습니다. 자본이 이런 상황을 어떻게 타개해갔는지에 대해서도 우리는 이미 살펴봤지요. 노동의 외연적 확장이 힘들어지자 자본은 노동의 내포적 강화를 꾀했습니다.

물론 노동일 연장과 노동강도 강화가 시기적으로 명확히 나뉘는 것은 아닙니다. 사실 자본가로서는 둘을 나눌 이유가 없습니다. 둘 모두를 원하겠지요. 실제로 "영국에서는 [기계제 대공업이 시작된] 반세기 내내 노동일 연장이 노동강도의 강화와 함께 진행"되었습니다.[김, 553; 강, 553] 그러나 1833년 이후에는 표준노동일 제정으로 노동일 연장이 불가능해졌지요. 그렇기 때문에 자본가들로서는 노동강도 강화에 목을 맬 수밖에 없었습니다.

이제는 '상대적 잉여가치' 생산이 중요해진 것인데요. 상대적 잉여가치는 노동생산력 증대를 통해 상품의 가치, 특히 노동자들의 생활수단의 가치를 떨어뜨림으로써 생겨납니다. 그런데 노동일이 강제로 단축되면 단지 생산력이 증대했다는 말로는 부족한 많은 일이 일어납니다. 결과적으로는 동일한 노동일(혹은 동일한 비용)에 더 많은 생산물을 생산한 것으로 나타나지만 단지 합리성이나 효율성만으로 설명할 수 없는 요소들이 거기에 개입하지요. 마치 부피가 줄어들면 기압이 올라가듯 노동일이 단축되면 노동자들에게 압력이 가해집니다. 생산수단 절약, 휴식시간 축소, 작업속도 증가(노동력의 긴장도 증대) 등이 나타납니다. 줄어든 노동시간에도 불구하고 자본은 생산량을 그대로 유지하려 들기 때문에 노동이 빡빡해집니다. "노동의 농축(Kondensation)"이 일어나는 겁니다.[김, 554; 강, 553] 노동의 '강화' 내지 '농축'은 노동력의 추가 지출이 분명합니다. 노동자가 더 많은 양의 노동을 지출한 것이지요. 그런데 우리가 가치량의 척도로 사용해온 노동시간으로는 이것을 나타낼 수가 없습니다. 노동을 지속한 시간만으로는 강화된 노동과 그렇지 않은 노동을 구분할 수 없으니까요. 마르크스는 특별 잉여가치를 설명할 때 가치량을 '화폐'로 표시했는데요. 보통은 가격을 표시할 때 화폐를 쓰고 가치를 표시할 때는 노동시간을 썼는데 여기서는 가치량을 '화폐'로 나타냈던 겁니다. 노동시간으로는 '강화된 노동'을 표시할 수가 없었기 때문이죠.

노동강도가 높아지면 10시간 노동일에 12시간 노동일보다 더 많은 노동력이 지출될 수 있습니다. 전자의 1시간이 후자의 1시간보다 더 큰 가치를 가질 수가 있지요.[김, 554; 강, 554] 복잡노동이나 고급노동, 고강도 노동에 대해 마르크스가 단순노동의 'X배'처럼, 이를테면 전자의 1시간은 후자의 1시간의 '1.2배'에 해당한다는 식으로 써야 한다고 본 것은 그런 이유입니다(501쪽 참조). 기계제 생산에서 노동일 연장을 자극했던 요인들은 노동강도의 강화에도 똑같이 적용됩니다. 노동자들의 저항이 약해진 것, 기계의 가치를 최대한 빨리 재생산해야 할 필요성이 생긴 것 등등 말입니다. 여기에 노동일 규제가 더해집니다. 기계제 생산에서는 노동일 연장의 필요성이 더 커졌는데 이런 상황에서 노동일이 규제를 받고 더 나아가 기존의 노동일을 단축하라고 하니 자본으로서는 노동강도의 강화를 통해 그걸 만회하려는 욕구와 필요가 더욱 거세지는 거죠.

기계제 생산에서 노동강도의 강화는 크게 두 방식으로 이루어집니다. 먼저 기계의 속도를 높입니다. 매뉴팩처에서는 전체 공정이 '살아 있는 메커니즘' 즉 인간들로 구성되어 있기 때문에 작업속도를 높이기가 쉽지 않았습니다. 숙련노동자들의 협조 없이는 노동강도를 강화할 수 없었지요. 하지만 기계제 생산에서 작업속도란 곧 기계의 속도에 달렸습니다. 메커니즘이 기계들로 구성되어 있으니까요. 노동자들이 작업속도를 통제할 수가 없습니다. 자본가에게는 작업속도를 높일 수 있는 손쉬운 수단이 생긴 겁니다. 마르크스는 기계를 노동강도를 높이기 위한 "객체적 수단"이라고 불렀는데요. 주체인 노동자가 아니라 객체인 노동수단을 통해 노동강도를 높이기 때문이지요. 하지만 노동강도를 높이는 데는 주체인 노동자들에 대한 훈련도 필요합니다. 마르크스가 "주체적 조건"이라고 부르는 것인데요.[김, 556~557; 강, 556] 기계제 공장에서 노동자의 훈련은 매뉴팩처 작업장에서의 숙련과 다릅니다. 기계제 공장의 노동자들이 받는 훈련은 기계의 움직임에 적절히 반응하는 것입니다. 매뉴팩처 노동자는 자기 움직임에 맞게 도구를 변형시킵니다만 기계제 공장에서는 노동자가 기계의 작동에 맞추려고 노력합니다(둘의 차이는 뒤에 다시 언급하겠습니다).

요컨대 기계제 공장에서 노동강도를 높이는 두 가지 방식이란 '객체적 수단'인 기계의 속도를 높이는 것과 '주체적 조건'인 노동자들을 훈련시키는 것입니다. 그런데 공장감독관 레너드 호너는 1845년에 펴낸 보고서에서, 기계의 속도도 그렇고 노동자의 긴장도 이미 더 높이기는 어려울 만큼 최고조 상태에 있다고 했습니다. 속도를 더 높이면 제품의 질이 떨어지거나 기계가 파손될 거라고 했지요. 이전까지는 노동일이 줄어들면 작업속도를 높이는 식으로 생산량을 종전대로 유지할 수 있었는데요. 이제는 노동일을 줄이면 생산량 감소가 불가피할 것이라고 본 겁니다(마르크스가 "영국 노동자계급을 위한 불멸의 공적을 세운 인물"로 칭찬했던 사람의 말이니 공장주의 엄살과는 다릅니다). 하지만 10년 뒤 그는 자신의 생각이 틀렸다고 밝혔습니다. 노동일의 강제단축은 생산량을 전혀 줄이지 않았습니다. 그 반대였지요. 표준노동일을 12시간에서 10시간으로 줄였는데도 생산량은 크게 늘었습니다. 호너는 기계와 노동력의 '탄력성'(Elastizität)이 그렇게까지 클 줄은 몰랐다고 고백했습니다.[김, 560; 강, 560]

실제로 10시간 노동제가 시행된 1850년대 영국의 산업 통계를 보면 공장도 늘고 기계도 늘고 생산량도 크게 늘었습니다. 예컨대 면직 공장은 1850년과 1856년 사이에만 해마다 86개씩 늘어났습니다. 방추나 직기의 수도 수십 퍼센트씩 증가했고요. 그런데 노동자 수는 별로 늘지 않거나 심지어 감소했습니다. 소모사 공장의 경우 1856년과 1862년을 비교하면 직기의 수는 크게 늘어났지만 노동자 수는 감소했고 다만 아동 노동자의 수는 증가했습니다.[김, 562~563; 강, 562~563] 기계가 증가했는데도 노동자 수가 감소했다는 것은 노동자가 관리해야 할 기계의 숫자와 작업 범위는 늘어났다는 뜻입니다(기계 도입과 함께 아동노동이 늘어났다는 사실도 확인이 되고요). 노동일이 12시간에서 10시간으로 줄었는데도 생산량이 늘어난 이유가 여기 있습니다. "12시간 노동을 10시간 노동에 압축(gepreßt)하는 일"; 한마디로 노동강도의 강화가 있었던 거죠.[김, 563~564; 강, 563] 이는 노동일이 줄었는데도 과로사가 늘어난 이유이기도 하지요.[김, 564; 강, 564]

────────── 다이달로스의 몽상과 우울 ──────────

기계는 인간의 노고를 줄여주는가. 우리는 기계의 도입과 함께 노동인구의 확장, 노동일의 연장, 노동강도의 강화가 나타나는 것을 보았습니다. 한마디로 노동이 훨씬 늘어났습니다. 이것이 기계의 자본주의적 사용입니다. 기계가 인간의 노고를 줄여줄 수도 있겠지만 그것은 자본주의에서 기계를 사용하는 목적이 아닙니다. 자본가는 이윤을 늘리기 위해 기계를 들여온 것이며, 이런 목적에서 사용하면 기계는 인간노동을 더 많이 뽑아내는 수단이 됩니다. 앞으로 11장에서 다룰 주제이기는 합니다만 기계의 자본주의적 사용과 관련해 한 가지 미리 언급해둘 것이 있습니다. 나는 기계의 도입으로 노동인구가 확장된다고 했는데요. 기계의 도입은 단순히 노동인구를 늘리는 게 아니라 남아도는 노동인구, 즉 '과잉 노동인구'(über-flüssige Arbeiterpopulation)를 만들어냅니다.[김, 551; 강, 551] 생물학적으로 태어나는 인구와는 비교가 되지 않을 정도로 많은 인구를 공장에서 토해놓지요. 리카도는 기계를 상품의 생산수단일 뿐 아니라 '과잉인구'의 생산수단이라고도 했는데요. 마르크스도 맞장구를 칩니다.[김, 551, 각주 72; 강, 551, 각주 154]

과거 1000명의 노동자가 할 수 있는 일을 기계 한 대가 10명의 노동자와 함께 수행할 수 있다고 해봅시다. 자본가는 어떻게 할까요. 1000명의 노동자를 그대로 고용하고 백 대의 기계를 사들일까요. 그렇게 하지 않습니다. 굳이 비용을 늘릴 필요가 없다고 여기지요. 자본가는 오히려 노동자들을 해고함으로써 인건비를 줄일 겁니다. 20명을 고용하고 기계 두 대를 도입하기만 해도 생산량이 두 배로 늘어날 테니까요. 인건비는 크게 줄어들 것이고요(물론 기계 구입비가 얼마나 드는지도 고려해야겠지요). 이처럼 기계제 생산에서 노동생산력의 증대는 대부분 '고용 노동자 수의 감소'를 통해 나타납니다.[김, 550; 강, 550]

그런데 여기에 모순이 있습니다. 자본가가 기계를 사용하는 것은 잉여가치를 얻기 위해서인데요. 절대적 잉여가치이든 상대적 잉여가치이든 기본적으로 잉여가치란 고용된 노동자들로부터 나오는 겁니다. 기계를 도입함으로써 상대적 잉여가치를 얻을 수 있다고 했지만 전체적으로 고용이 감소한다면 전체 잉여가치량은 줄어들 수밖에 없습니다. 생산물의 양만 보면 기계를 사용하는 10명의 노동자가 과거 1000명의 노동자를 대신할 수 있지만, 그렇다고 10명이 1000명이 제공하는 잉여노동을 선사해주지는 않습니다. 동질적 노동이라면 10명이 하루 24시간을 모두 잉여노동으로 제공한다 해도 1000명이 제공하는 1시간씩의 잉여노동을 메울 수가 없습니다. 설령 고급노동이나 복잡노동이라 해도 100배, 1000배가 될 수는 없지요.

이것이 내적 모순입니다. 잉여가치량은 한편으로 '잉여가치율'에 달려 있지만 다른 한편으로는 '고용 노동자 수'에 달려 있습니다. 그런데 기계제 생산은 전자는 높이지만 후자를 낮춥니다. 물론 우리의 자본가는 이런 걸 '의식'하지 않습니다. 언젠가 말한 것처럼 자본가는 전체를 보는 인간이 아니고 이론적인 인간도 아닙니다. 그러나 개인이 의식하지 않는다고 해서 내적 모순이 작동하지 않는 것은 아닙니다. 마르크스가 했던 말이 있지요. "자유경쟁은 자본주의적 생산의 내적 법칙들을 개별 자본가들에 대해 외적 강제법칙으로 작용하게 만든다." 명확한 이유를 알지는 못해도, 어쨌든 자본가들은 고용 노동자 수를 줄이면서도 다른 자본가들과의 경쟁에서 이기려면 노동을 늘려야 한다는 것을 압니다. "착취되는 노동자 수의 상대적 감소를 잉여노동의 상대적 및 절대적 증가로 보상하기 위해" 노동일을 무자비하게 늘리고 노동강도도 크게 높이지요.[김, 550; 강, 550~551] 고용 노동자 수의 감소가 더 강력한 노동착취로 연결되는 겁니다.

서글픈 것은 공장노동자들의 과로를 야기하는 원인이 공장 바깥에서도 만들어진다는 사실입니다. 기계제는 노동인구를 확장하면서 고용인구는 줄입니다. 그럼 어떻게 될까요. 사회에는 실업자들의 거대한 저수지가 생겨나지요. 일종의 '산업예비군'입니다. 산업예비군의 존재는 '너 말고 일할 사람 많아'의 효과를 냅니다. 노동력 공급이 늘어나기 때문에 노동력의 가격이 가치 이하로 떨어지기 쉽고 자본가의 부당한 명령에도 저항할 수 없게 되죠. 임금도, 노동일도, 노동강도도 모두 불리한 여건에 처하는 겁니다.

마르크스는 기계의 도입과 더불어 노동자들이 처한 우울한 상황을 다양한 측면에서 분석했습니다. 여성노동과 아동노동에 대한 착취, 노동일의 연장, 노동강도의 강화, 고용의 감소. 이 모든 것이 서로 맞물려 불리한 상황을 배가합니다. 인간의 지적 발명품이 왜 이렇게 인간을 괴롭히게 되었을까요. 이것은 비단 19세기만의 문제가 아닙니다. 요즘 가장 뜨거운 주제인 인공지능에 대해서도 같은 질문을 던지게 됩니다. 실제로 노동자들은 이 놀라운 기술혁신의 소식을 듣자마자 일자리 걱정부터 합니다. 이를테면 인공지능 기술을 탑재한 자율주행 자동차가 개발되었다는 소식은 수많은 화물트럭 노동자들과 배달 노동자들, 이들을 대상으로 영업하는 휴게소에서 일하는 사람들의 낯빛을 어둡게 합니다. 인간의 놀라운 능력이 구현된 발명품들을 우리는 왜 축복할 수 없게 된 걸까요. 더 많은 일을 더 쉽게 처리할 수 있는 기계들의 발명품 앞에서 왜 우리는 침울해지는 걸까요.

자본주의를 알지 못했던 '고대의 위대한 사상가' 아리스토텔레스는 이런 몽상을 했습니다. "다이달로스가 제작했다는 입상들이나 '저절로 신들의 회의장으로 갔다'라고 하는 헤파이스토스의 세발솥들처럼 북이 저절로 움직이고 채가 저절로 키타리스(kitharis)를 뜯는다면, 장인에게는 조수가 필요 없고 주인에게는 노예가 필요 없을 것이다.”[17] 물레의 북이 저절로 움직여 천을 짠다면 장인에게는 조수가 필요 없고 주인에게는 노예가 필요 없을 것이다. 아리스토텔레스는 ‘살아 있는 도구’인 노예가 필요한 이유를 그렇게 적었습니다. 반대로 말하면 북이 저절로 움직이고 채가 저절로 움직이면 노예를 필요로 하지 않으리라 본 겁니다. 그런 세상을 아리스토텔레스는 다이달로스와 헤파이스토스의 세계, 즉 신들의 세계인 듯 환상적으로 그리고 있지요. 그런데 우리는 왜 다이달로스의 입상처럼 저절로 움직이는 자율주행차, 이카로스에게 달아준 날개처럼 물건을 들어 올리는 드론 앞에서 우울을 느낄까요. 아리스토텔레스만이 아닙니다. 키케로 시대 그리스의 시인 안티파트로스(Antipatros)는 이런 시를 썼습니다. 시인은 ‘방아 찧는 아가씨’에게 말하죠. 힘든 노동을 멈추고 편히 쉬라고, 밤을 지새우지 말고 깊은 잠을 자라고, 수탉이 울더라도 깨지 말라고, 당신의 수고로움을 아는 여신이 요정들을 보내 당신을 대신해 수차의 바퀴를 돌리고 맷돌을 돌릴 것이라고.[김, 552, 각주 74; 강, 552, 각주 156] 안티파트로스는 저절로 돌아가는 수차 바퀴가 노고를 덜어줄 것이라고 했는데, 왜 저절로 돌아가는 자동방적기는 방적공의 노동일을 늘리고 노동강도를 높이는 걸까요.

　마르크스는 “위대한” 아리스토텔레스와 안티파트로스를 인용한 뒤, 이들에 대해 19세기의 “영악한” 정치경제학자들인 바스티아와 맥컬럭이 어떻게 반응했는지를 마치 연극 대사처럼 처리했습니다. “이교도, 그렇다, 그들은 바로 이교도인 것이다!” 기독교도 모르고 정치경제학도 모르는 인간들이었다는 거죠. 마르크스는 바스티아와 맥컬럭의 말을 받아 그렇게 외칩니다. 하지만 그것은 고대의 위대한 사상과 시인에 대한 욕설이 될 수 없습니다. 그들이 개신교의 노동윤리를 모르고, 기계가 노동일 연장의 도구라는 것(그래서 많은 이윤을 낳아준다는 것)을 몰랐다는 것 말입니다. 그렇습니다. 그들은 개신교를 모르는 이교도이고, 자본주의를 모르는 고대의 인물들입니다. 그러나 그것은 그들의 약점이 아닙니다.

　아리스토텔레스가 노예라는 “살아 있는 도구”의 필요를 인정했던 것은 사실입니다. 하지만 적어도 그는 “조잡하고 교양 없는 몇몇 벼락부자들(Parvenüs)을 ‘탁월한 방적업자’, ‘대규모 소시지 제조업자’, ‘유력한 구두약 상인’으로 만들기 위해 대중의 노예화를 설교”하지는 않았습니다. 그는 “살아 있는 도구”로서 ‘노예’의 존재를 긍정했을지언정 “대중을 노예화”하는 “기독교라는 도구”를 갖고 있지는 않았습니다.[김, 552; 강, 552] 그러나 이것이 아리스토텔레스가 바스티아나 맥컬럭보다 모자란 인물이라는 뜻은 아닙니다. 오히려 반대입니다. 아리스토텔레스는 이윤을 정당화하기 위해 학문과 종교를 동원하는 영악한 사람들과는 차원이 다릅니다. 마르크스가 괜히 아리스토텔레스 앞에 '가장 위대한'(der größte)이라는 수식어를 붙이고, 바스티아나 맥컬럭에게 '영리한'(gescheite) 내지 '영악한'(klug)이라는 수식어를 붙인 게 아닙니다.

기계노동자와 절망 공장

지금까지 기계제의 출현이 노동자에게 미친 일반적 효과를 살펴보았는데요. 이제 공장 안으로 들어가보겠습니다. 지난번에 나는 매뉴팩처 작업장에 기계가 들어오는 풍경을 이렇게 묘사했습니다. 작업장 안에는 "신체가 뒤틀리고 정신이 창백해진, 그러나 아직은 자존심을 지키는 노동자들"이 있고, 작업장 바깥에는 "새로운 노동자, 새로운 노예"가 말없이 자본가의 손을 잡고 들어오고 있다고요. '기계'를 새로 온 노동자처럼 묘사했지만 엄밀히 말해 기계는 노동자가 아니라 노동수단입니다. 기계제 대공업은 노동수단에서 일어난 혁신의 결과지요. 그러나 '기계'를 노동자처럼 묘사한 데는 그만한 이유가 있습니다. 기계제 공장 안을 들여다보면 노동자와 노동수단을 구분하는 것이 쉽지 않고, 생산과정의 주체가 누구인지 헷갈리거든요.

기계노동자, 의식을 가진 '부분기계'

마르크스는 앤드루 유어의 입을 빌려 공장의 모습을 묘사합니다. 마르크스는 유어를 자동화된 공장의 '핀다로스'(Pindaros)라고 추켜올렸는데요(물론 유어에 대한 마르크스의 평가를 염두에 둔다면, 고대 시인 핀다로스에 비유한 것을 순수한 찬사라고 보기는 어렵지요). 유어는 공장을 한편으로 이렇게 규정합니다. "중앙의 동력장치에 의해 작동하는 생산적 기계시스템을 숙련과 민첩성을 가지고 감독하는 상이한 계층의 노동자들(성인과 미성년 노동자들) 간의 협업." 하지만 다른 한편으로는 이렇게 규정하지요. "하나의 동일한 물건을 생산하기 위해 서로 하나로 조화를 이루며 중단 없이 작동하는, 그리하여 모든 기관이 스스로 움직이는 하나의 동력에 종속되는, 그런 셀 수 없이 많은 기계적 기관들과 자기의식적 기관들로 이루어진 거대한 자동장치."[김, 566~567; 강, 566]

마르크스는 공장에 대한 유어의 두 가지 규정이 본질적으로 다르다고 말합니다. 마치 전혀 다른 두 곳을 본 것 같습니다. 무엇보다 생산의 '주체'가 다릅니다. 전자의 경우에는 노동자들의 결합체가 주체입니다. 결합된 노동력(사회적 노동력)으로서 '전체노동자'가 기계적 자동장치(Automat)를 다루고 있습니다. 이런 공장에서는 기계가 있지만 주체는 노동자이고 기계는 객체이지요.[김, 567; 강, 566] 하지만 후자는 다릅니다. 후자의 경우 기계적 자동장치가 주체입니다. 노동자는 이 자동장치 즉 기계시스템 안에 들어가 있습니다. 하나의 부품, 하나의 부분기계로서 말이지요. 유어는 자동장치가 '기계적 기관들'과 '자기의식적 기관들'로 이루어져 있다고 했습니다. 여기서 '자기의식적 기관들'(selbstbewußten Organen)이라고 언급된 것이 노동자들이지요. 『정치경제학 비판 요강』에서도 마르크스는 동일한 언급을 한 적이 있습니다. 그는 기계제 공장의 노동자에 대해 "생산과정의 주행위자(Hauptagent)가 아니"라고 했습니다.[18] 그러면서 노동자란 기계의 한 관절, 바로 "의식적 관절"(bewußte Glieder)에 지나지 않는다고 했지요.[19]

　　노동자는 기계시스템의 편제(Gliederung)에서 한 부분에 불과한 겁니다. 엄밀히 말하자면 그는 인격체로서 노동자라고도 할 수 없습니다. 의식을 가진 '부분기계'라고 해야겠지요. 마르크스는 이 노동자를 가리키기 위해 새로운 단어를 썼습니다. 바로 '기계노동자'(Maschinenarbeiter)라는 말인데요. 이는 단순히 '기계를 다루는 노동자'라는 뜻이 아닙니다. 기계를 다룰 때조차 그는 '기계의 부분으로(부분기계로) 존재하는 노동자'입니다. 『자본』을 주의 깊게 읽다 보면 마르크스가 노동자의 존재양태 변화를 나타내기 위해 단어를 계속 바꾸어 쓴다는 걸 알 수 있습니다. 매뉴팩처에 대해 이야기하면서 그는 노동자를 '부분노동자'와 '전체노동자'로 불렀습니다. 분업이 노동자의 존재양태에 초래한 변화를 보여주기 위해서였지요. '부분노동자'는 단지 '일의 한 부분을 수행하는 노동자'라기보다 '부분으로 존재하는 노동자', 즉 '온전한 노동자'(온전한 인간)가 아니라는 의미를 담고 있습니다. '전체노동자' 역시 노동자 집단을 가리키는 말이 아니라 결합된 노동력을 가진, 전체가 하나인 거인 노동자를 지칭하기 위해 내놓은 말입니다(536~537쪽 참조).

　　『자본』 제13장(영어판 제15장)에서도 마르크스는 기계시스템과 매뉴팩처의 차이를 설명하면서 노동자를 지칭하는 용어에 변화를 주고 있습니다. 매뉴팩처의 '부분노동자'에 상응하는 자리에 '부분기계'라는 말을 놓은 것이죠.[김, 514~515; 강, 516~517] 그리고 "기계 존재의 진보와 더불어 기계노동자들이라는 독특한(eignen) 계급의 경험이 축적되"고 있다고 말합니다.[김, 553; 강, 553] 기계제에 부합하는 새로운 노동자들이 형성됨으로써 작업속도가 늘어난 것을 설명하면서 쓴 말입니다. 매뉴팩처 작업장에 숙련노동자들이 있다면 기계제 공장에는 기계노동자들이 있는 것이지요. 기계제 공장에서도 노동자들 간의 위계가 존재하기는 합니다. 기계의 한 관절이 되어 생산에 참여하는 기계노동자가 있고, 그 기계노동자의 단순 보조자인 '피더'(feeder), 즉 기계에 재료를 집어넣는 조수들이 있습니다. 그리고 생산과정에 참여하지는 않지만 기계를 수리하고 관리하는 기술자들이 있지요.[김, 568; 강, 567~568] 하지만 이것은 매뉴팩처 작업장의 숙련노동자와 비숙련노동자의 위계와 다릅니다. 공장노동자들 사이의 위계가 그만큼 크지 않습니다. 거의 기능적 차이에 불과한 경우가 많지요. 기본적으로 작업을 수행하는 것은 기계입니다.

그리고 기계의 작업방식은 '인간적 한계'에 구애되지 않습니다. 매뉴팩처의 기술적 토대는 노동자의 숙련입니다만, 기계제에서는 숙련이 별 의미가 없습니다. 오히려 숙련노동자의 기술적 토대를 파괴하지요. 그래서 "전문화된 노동자들의 위계구조를 대신하여 (…) 기계의 조수들이 행하는 노동의 '균등화'(Gleichmachung) 내지 '수평화'(Nivellierung) 경향이 나타"납니다.[김, 567; 강, 567] 기계는 일정한 훈련만 받으면 누구든 작동시킬 수 있고 생산물의 질도 큰 차이가 없습니다. 루이스 멈퍼드(Lewis Mumford)가 '기계의 미학'에 대해 쓴 표현을 빌리자면 "기계는 공산주의자"라고 할 수 있지요(과거 공예 장식이 신분이나 특권을 나타냈던 것과 달리 기계 디자인에는 그런 차이가 별로 없다는 뜻에서 한 말입니다. 이를테면 수도꼭지의 기본 설계는 부자가 쓰든 서민이 쓰든 다르지 않습니다. 돈을 들여 꼭지 부분을 백조 모양으로 만들거나 꼭지 전체에 도금을 할 수는 있지만 그게 수도꼭지인 한 기본 설계는 같습니다).[20]

기계제는 오랜 시간을 보내며 쌓은 인간노동자의 숙련을 무의미하게 만듭니다. 숙련 여부보다는 연령이나 성별로 일할 곳이 결정되는 경우가 많지요.[김, 567; 강, 567] 단순 조수 역할을 하는 사람들은 대부분 아동이나 여성입니다. 자본가들은 인건비를 절약하고 성인 남성 노동자 집단의 권력을 약화하기 위해 이들을 끌어들입니다. 여성들과 아이들이 조수 역할을 한다고 했습니다만, 어떤 의미에서는 기계제 공장의 노동자들 모두가 기계의 조수 역할을 한다고 볼 수도 있습니다. 물론 기계제가 본격화된 이후에도 관습적으로 분업시스템이 남아 있을 수는 있습니다. 노동자들이 특정 부분기계에 매달려 일하는 경우지요. 하지만 이때도 매뉴팩처의 경우와는 다릅니다. 마르크스는 말합니다. "전에는 하나의 부분도구를 다루는 일이 평생 동안의 전문 분야였지만, 오늘날에는 하나의 부분기계에 봉사하는 것이 평생의 전문 분야가 된다."[김, 570; 강, 569] 마르크스가 세심하게 단어를 골라서 썼다는 걸 여기서도 느낄 수 있습니다. 매뉴팩처에서는 노동자가 도구를 "다룬다"(führen)라고 쓴 반면, 공장에서는 노동자가 기계에 "봉사한다"(dienen)라고 썼지요. 즉 매뉴팩처에서는 노동자가 도구의 '지배자'(지도자, Führer)인 반면, 공장에서는 기계시스템의 '하인'(신하, Diener)이라는 걸 표현한 것이지요.

공장은 마치 군주와 신하들이 있는 궁정 같습니다. 기계시스템의 중앙에는 전제군주(Autokrat) 같은 '자동장치'(Automat)가 있습니다. 여기에 다양한 부속장치, 부분기계들이 조화롭게 연결되어 신하들처럼 머리를 조아리고 있지요. 이것이 유어가 그린 공장의 모습입니다. "넓은 홀에서는 증기라는 자애로운 군주가 수많은 신하들을 불러 모은 뒤 각자에게, 고된 근육노동 대신 조정된 일감을 할당하고, 거대한 팔로 에너지를 공급하면서, 다만 자신이 기량을 발휘할 때 우연히 생겨나는 작은 일탈들을 바로잡기 위한 주의력과 솜씨만을 촉구한다."[21]

껍데기 노동과 값싼 죽음

작업장에서 도구를 쓰던 거장의 솜씨(Virtuosität)는 기계 안으로 들어가버렸습니다.[김, 567; 강, 567] 공장에서는 기계가 도구를 씁니다. 기계시스템에서는 노동자조차 기계의 수단이 됩니다. 장인이 자기 손을 노동수단으로 사용하듯, 기계시스템은 노동자를 '의식적 관절'로 사용합니다. 매뉴팩처에서도 노동자는 하나의 관절, 이를테면 '손'으로만 존재했습니다. 전체 "살아 있는 메커니즘"의 관절 중 하나였지요. 그런데 공장에서는 "살아 있는 메커니즘"(전체노동자)의 관절이 아니라 "죽은 메커니즘"(기계시스템)의 관절입니다. "죽은 메커니즘"의 "살아 있는 부속물"이라고 할 수 있지요.[김, 570~571; 강, 570]

유어는 스미스 시대(매뉴팩처 시대)의 작업장에서 유용했던 원칙들이 공장제에서는 통용될 수 없다고 했습니다. "노동의 분업, 즉 인간들의 상이한 재능에 노동을 맞추는 것은 공장에서 노동자를 고용할 때는 별 고려 사항이 아니다. 오히려 특별한 솜씨와 끈기가 필요한 부분들에는 온갖 불규칙적 행동을 하는 교활한 노동자들을 가능한 한 멀리하고, 스스로 조절이 되는 특수한 기계장치, 아이도 감독할 수 있는 기계장치를 쓴다."[22] 기계제 공장의 원칙은 매뉴팩처 작업장의 원칙과 다릅니다. 유어에 따르면 "공장시스템의 원칙은 사람의 기술(hand skill)을 기계과학(mechanical science)으로 대체하는 것이고, 장인들 사이의 노동 분할이나 등급을 프로세스의 분할로 대체하는 것"입니다.[23] 공장에서는 인간의 재능이나 솜씨, 숙련이 중요하지 않습니다. 적절한 훈련만 받으면 아이도 기계를 감독할 수 있습니다. 이제 기계 앞에 서 있는 노동자는 거장이나 달인이 아닙니다.

전체 공정을 노동자의 인간적 능력에 따라 구분하는 게 아니라 기계의 프로세스에 따라 노동자들을 배분하기 때문에 노동자들은 기계의 운동에 자신을 맞추는 훈련을 받아야 합니다. 그러나 이 훈련은 숙련과는 다릅니다. 기계제에서는 기계와 노동자의 결합을 고정시킬 필요가 없습니다. "공장의 전체 운동이 노동자가 아니라 기계에서 나오기 때문에" 기계의 작동에 노동자를 맞추면 됩니다. 매뉴팩처에서는 숙련노동자가 그만두면 일이 중단되지만 기계제에서는 반대입니다. 기계가 작동하는 한 노동과정을 중단할 필요가 없지요. 기계의 작동에 적응한 노동자들을 계속 바꿔 투입하면 됩니다. 시간과 장소를 바꿔 노동자들을 잇달아 교체할 수 있습니다. 교환근무 제도 내지 릴레이 제도가 가능해지는 것이지요.[김, 569; 강, 568]

마르크스는 기계노동에 대해 이렇게 말하고 있습니다. "기계는 노동자를 노동에서 해방시키는 것이 아니라 노동의 내용에서 해방"시킨다.[김, 571; 강, 570] 기계노동은 '내용이 없는 노동'이라는 겁니다. 말하자면 '껍데기 노동'이라는 거죠. 마르크스는 독립수공업에서 매뉴팩처로 넘어올 때도 비슷한 말을 했습니다. 매뉴팩처의 노동자들은 부분노동을 수행합니다. 그래서 노동의 결과물이 완제품이 아닌 중간물이지요. 전체 공정이 끝났을 때에만 완제품이 됩니다. 독립수공업자의 노동과 비교하면 매뉴팩처 노동자의 노동은 부분적이고 일면적인 노동입니다. 독립적으로는 의미가 없고, 옆에 있는 다른 노동자, 더 나아가서는 전체노동자의 일부로서만 의미를 갖습니다. 그런데 기계노동자가 되면 그런 부분적 의미마저 사라집니다. 노동의 실질적 내용은 기계에 담기고 노동자는 그런 기계를 관리하거나 보조하는 일만을 행하니까요.

발터 베냐민은 기계노동자의 노동을 도박에 비유했습니다. 언뜻 생각하면 납득하기 힘든 비유입니다. 기계노동자의 단조로운 노동과 도박사의 극도의 긴장을 동반하는 도박을 같다고 보기는 어려우니까요. 맞습니다. 일반적으로 보면 노동과 도박은 대립적 활동입니다. 한판을 꿈꾸는 도박사는 오랫동안 반복하면서 일을 익혀야 하는 노동을 좋아하지 않습니다. 도박은 "노동의 전유물인 무거운 과거를 무위로" 돌립니다. 도박은 반복되지만 이전 판에 구애되지 않습니다. 과거의 경험을 무위로 만들지요. 그런데 바로 이 점이 기계노동과 통합니다. 공장의 기계노동자들에게는, 베냐민의 표현을 빌리자면, "헛됨(die Vergeblichkeit), 공허함(die Leere),

완성할 수 없음(das Nicht-vollenden-dürfen) 등의 특징이 내재"합니다.[24] 내용이 없는 공허한 반복이라는 거죠. 매번 기계 앞에서 신경을 곤두세우지만(작업속도도 빠르고 위험하니까요) 그런 긴장감에 별 내용이 없습니다. 무엇보다 기계노동자에게 과거는 의미가 없습니다. 현재 반응이 중요하지요. 오랜 숙련이 아니라 매 순간의 반응을 훈련하는 겁니다.

유어는 기계가 노동자들을 고된 근육노동으로부터 해방하고 노동을 아이들도 감당할 수 있는 형태로 만든다고 했지만, 노동자의 고통이 줄어든 건 아닙니다. 마르크스는 오히려 "노동의 완화조차 고문수단으로 바뀐다"라고 했습니다.[김, 571; 강, 570] 근육을 쓰지 않고 기계 앞에서 특정 자세로 오래 머문다면 그것 자체가 "근육의 다양한 움직임을 억압"하고, "신경 계통을 극도로 피곤하게 만드는" 고문이 되지요. 기계노동은 과로를 줄여주지 않습니다. 오히려 각각의 기계노동에 고유한 질병과 과로사가 생겨나지요. 노동의 고통이 결코 줄지 않습니다. 더욱이 이 고통스러운 노동에는 의미도 없습니다. 오래 종사했다고 해서 숙련노동자가 되고 장인이 되는 게 아니니까요. 마르크스는 이를 시시포스의 노동에 비유하고 있습니다(엥겔스 책에 인용된 한 공장 조사위원의 말을 재인용한 겁니다). "노동의 무거운 짐은 시시포스의 바위와도 같이 극도로 피곤한 노동자들에게로 계속해서 다시 굴러떨어진다."[25][김, 571; 강, 570] 이렇게 말하니까 기계제 공장에서는 모두가 사무실에 앉아 기계를 작동시키는 버튼이나 누른 것처럼 보이는데요. 19세기는 물론이고 오늘날에도 공장에서는 많은 노동자들이 고된 근육노동을 수행합니다. 기계화된 공장에서도 노동자들은 무거운 물건을 들고 옮기고 조립합니다. 작업속도도 무척 빠르지요. 몇 년을 일하고 나면 근골격계에 심각한 이상이 나타나는 경우가 많습니다. 마르크스는 다만 매뉴팩처와 대비해 기계제 공장의 노동을 그렇게 이념화했을 뿐이라고 보아야겠지요.

또 하나 언급할 것이 있습니다. 전체 공정 중 어떤 부분을 자동화하고 어떤 부분을 노동자에게 맡기는지, 그리고 또 어떤 부분을 보조 작업자에게 맡기는지 생각해봐야 합니다. 이와 관련해 마르크스의 주석 하나가 눈길을 끕니다.[김, 569, 각주 102; 강, 569, 각주 184] 방적기 아래로 들어가 바닥을 청소하는 아동 노동자들의 사망사고에 대한 것인데요. 이 업무 자체는 어려운 일이 아닙니다. 기계로 쉽게 대체가 가능한 일이지요. 하지만 우리는 앞서 기계 도입의 문턱을 확인한 바 있습니다. 어느 쪽이 비용이 덜 들 것인가. 자본가의 관심은 항상 거기에 있지요. 노동자를 값싸게 쓸 수 있으면 굳이 기계에 돈을 들일 필요가 없습니다. 19세기 어린아이들이 그런 저임금노동자들이었지요. 마르크스가 주석에서 인용한 공장감독관의 보고에 따르면 많은 아이가 기계 작동 시 청소를 위해 방적기 밑으로 들어갔다가 사고를 당했습니다. 해당 보고서의 작성자는 기계 제작자가 자동청소기를 발명해 아이들이 기계 밑으로 들어가지 않아도 되었다면 사고를 막을 수 있었을 것이라고 썼습니다.

그런데 왜 이런 기계는 발명되지 않았을까요. 좀 전에 말한 것처럼 더 값싼 인간이 있으니까요. 마르크스는 말했습니다. 1844년 공장법으로 아동노동을 이용하는 것이 어려워지자 공장주들은 여러 기계장치들을 도입했다고요. 법으로 아이들을 쓸 수 없게 하자 그제야 기계를 도입한 겁니다. 아마도 공장주들은 이 아이들을 자신의 아이들과 똑같은 존재로 보지 않았을 겁니다. 노동자의 아이들 즉 아동 노동자들은 일종의 '인간재료'일 뿐이지요. 마르크스는 비꼬듯 이렇게 덧붙입니다. "만약 공장주들 자신의 자녀들이 공장의 보조 작업자로서 '수업'을 받아야 한다면 아직 개척되지 않은 기계학 분야도 금방 경이로운 발전을 이룩할 것이다."[김, 569, 각주 102; 강, 569, 각주 184]

그렇게 먼 이야기가 아닙니다. 우리 시대 젊은 비정규직 노동자들이 지금도 겪고 있는 일이지요. 방적기 밑바닥을 청소하러 들어갔다가 신체가 기계에 말려 들어가 죽은 19세기 어린 노동자들과 발전설비를 청소하러 들어갔다가 구동 모터 안으로 신체가 말려들어가 죽은 21세기 한국의 어느 청년 노동자의 죽음은 이유가 같습니다(지금 우리 사회에서는 현장실습이라는 명목으로 상당히 많은 학생 노동자들이 값싼 인력으로 공장에 투입되고 있습니다. 최근만 해도 몇 명의 어린 노동자들이 정비 불량인 기계장치에 몸이 끼거나 노동강도를 높이는 과정에서 자행된 폭력에 숨을 거두었습니다).[26] 이들의 작업환경에는 돈을 쓰지 않지요. 필요하면 언제나 충원할 수 있고 필요 없으면 언제든 해고할 수 있는 값싼 '인간재료'라고 생각하니까요. 오히려 사고로 인해 값비싼 기계 쪽에 손상이 갈까 더 걱정이겠지요.

절망 공장의 노동자

매뉴팩처에서 노동자가 도구의 '지배자'라면 공장에서는 기계시스템의 '하인'이라고 했습니다. 마르크스는 기계 앞에 서 있는 기계노동자의 모습을 "과학과 거대한 자연력, 사회적 집단노동 앞에 서 있는 하찮은 존재(winzig Nebending)"로 묘사합니다. 그러면서 이 둘을 따옴표를 써서 "마이스터"(Meister)와 "핸덴"(Händen)이라고 불렀는데요.[김, 572; 강, 571] 각각 '장인'과 '직공들'(일손)로 옮길 수 있는 말입니다. 그런데 우리는 '마이스터'와 '한트'(Hand)를 '주인'과 '하인'으로 옮길 수도 있습니다.

이런 의미를 생각하다 보면 자연스레 유어가 그린 공장의 풍경이 떠오릅니다. 중앙에 자동장치가 군주처럼 서 있고, 기계노동자를 비롯해 다양한 기계장치들이 신하처럼 머리를 조아린 모습 말입니다. 군주인 중앙의 자동기계에 머리를 조아리는 부분기계들의 모습은 군주인 자본가에게 머리를 조아리는 노동자의 모습으로 바꾸어도 좋을 겁니다. 기계는 자본가의 것이니까요. 기계시스템에 대한 기계노동자의 예속은 자본가에 대한 노동자의 예속일 수밖에 없습니다. 마르크스는 기계의 일부가 된 노동자의 처지를 가리키며 "공장 그리고 자본가에 대한 노동자의 절망적 종속이 완성된다"라고 썼습니다.[김, 570; 강, 569]

우리가 지난 7장에서 미리 만났던 유어가 내지른 외침의 제자리가 여기입니다(569쪽 참조). "아크라이트가 그 질서를 만들어냈다!" 마르크스는 이 외침이 들어 있는 본래의 단락을 여기서 길게 인용합니다. "[공장의] 주된 어려움은 (…) 무엇보다도 사람들로 하여금 자신들의 종잡을 수 없는 노동 습관을 버리게 하고 그들을 복잡한 자동장치의 변함없는 규칙성에 일치시키도록 만드는 데 있다. 공장에서 근면하게 일하게 하는 데 필요한 성공적인 규율 법전을 고안하고 실행하는 것은 헤라클레스적 과업이라고 할 수 있는데, 이것이 바로 아크라이트의 고귀한 업적이다!"[27][김, 573; 강, 572] 마르크스는 '아크라이트'에게 '고귀한'(noble)이라는 수식어를 붙인 것에 분개했습니다만(아크라이트의 특허는 다른 사람의 발명을 훔친 것이었으니까요), 기계를 통한 노동과정의 기술적 장악이 노동자에 대한 장악으로 이어졌다는 점을 인정합니다. 마르크스는 '공장체제'(Fabrikregime)라는 독특한 용어를 쓰고 있습니다.[김, 572; 강, 572] 공장을 일종의 통치체제로 바라본 것이지요. 그가 묘사하는 공장체제는 병영을 닮아 있습니다. 그는 이전에도 작업장에서 노동자들을 편성하는 것을 부대에 비유한 바 있습니다. 노동자들을 감독하는 관리자들을 군대의 장교와 하사관에 비유했는데, 기계제 공장에서는 이런 체제가 더욱 완전한 형태로 발전합니다.

나는 앞서 마르크스의 기계 개념을 이해하기 위해서는 그 계보에 고대 그리스의 밀집부대를 포함해야 한다고 말했는데요. 기계제 공장의 노동자들 구성이 부대를 닮은 것은 이해할 만합니다. 노동자들의 움직임은 기계의 균질적 운동에 맞춰져야 합니다. 남성, 여성, 아동으로 구성된 노동의 각 단위가 부대처럼 움직여야 하지요. 그러려면 '병영적'(kasernenmäßige) 규율이 필요하고, 이들을 담당하는 노무관리자(하사관)가 필요합니다.[김, 572; 강, 572] 마르크스는 자본가가 사회에서는 속물적 무정부주의자가 되지만 공장에서는 어떤 낭비나 무질서도 용납하지 않는 전제군주가 된다고 했는데요. 공장에서 자본가는 자신만의 독자적 법전을 가지고 있습니다(351쪽 참조). 공장은 그의 전제정치(독재, Autokratie)가 펼쳐지는 공간입니다. 사회에서 부르주아들은 권력분립과 대의제를 외칩니다. 하지만 공장에서는 어림도 없지요. 마르크스는 "부르주아계급이 그토록 좋아하는 권력분립도 없고, 그 이상으로 좋아하는 대의제도 없다"라면서 공장체제를 비꼬고 있습니다.[김, 573; 강, 572] 노동자들이 노동과정과 관련해 조금만 의사결정에 관여하려 하면 '경영권 침해'라고 펄펄 뛰지요. 여기에 한국 재벌들은 세습 체제까지 구축하고 있는데요. 북한의 삼대 세습은 그리도 비난해대지만 삼성이나 현대의 삼대 세습은 아무렇지 않게 받아들이지요. 공장 안과 바깥에서 부르주아의 정의감이 이렇게 다릅니다.

다시 공장의 규율 법전 이야기로 돌아가보죠. 자본가는 강력한 규율을 원하지만 노예주처럼 채찍을 휘두르지는 않습니다. 대신 그는 징벌 장부를 갖고 있지요. 인사고과를 매겨 임금과 승진에 반영합니다. 당시에는 노동자에게 벌금을 부과하거나 임금을 삭감하는 경우가 많았는데요. 징벌은 항상 규범을 지킨 경우보다 어겼을 경우에 규범 제정자에게 이익이 가게끔 설계되는 법이지요.[김, 573; 강, 573] 즉 노동자들이 규범을 어기는 것이 공장주에게 더 큰 이익을 선사하는 경우가 많았습니다. 이를테면 노동자가 10분을 지각하면 하루 임금의 4분의 1을 삭감하는 식이었죠. 게다가 공장에 시계가 없다는 점을 악용해 출퇴근시간을 임의로 조작해 벌금을 부과하기도 했고요. 원료나 기계 손상을 이유로 임금을 공제하기도 했습니다.[김, 573, 각주 108; 강, 573, 각주 190]

마르크스는 공장을 병영에도 비유했지만 또 감옥에도 비유했습니다. 노동자들이 필요로 하는 생명의 조건들을 체계적으로 박탈했으니까요. "빽빽이 들어찬 기계들로 인한 생명의 위험─계절마다 정기적으로 「산업재해 보고서」들이 그 위험(사망자와 부상자 명단)을 알리고 있다─은 논외로 치더라도, 인위적으로 높여놓은 온도, 원료에서 떨어져 나온 먼지가 가득한 공기, 고막을 찢는 소음 등으로 말미암아 모든 감각기관이 손상을 입는다."[김, 575~576; 강, 574] 공장에 기계가 도입된 것이 노동자들의 노동을 절약하거나 수고를 덜어주기 위함이 아니듯 공장의 환경은 노동자의 건강을 위해 조성된 게 아닙니다. 생산에서 중요한 것은 노동자가 아니라 기계입니다. 당연히 생산환경은 기계에 최적화되어 있습니다.

한국의 전자산업 종사자들 가운데 직업병 피해를 입은 사람들의 증언을 담은 〈클린룸 이야기〉Stories from the Clean Room(2017)라는 다큐멘터리가 있는데요. 제목의 '클린룸'이란 전자제품에 먼지 하나 안 들어가게 만들어진 공간을 말합니다. 그러나 먼지는 없을지 몰라도 사람 몸에 유독한 가스는 가득하지요(한 증언자는 이 온갖 가스에 대해 말하다가 '홀로코스트'라는 표현을 씁니다. 아우슈비츠의 가스실을 떠올린 거죠). '클린룸'에서 일하는 노동자들은 백혈병이나 뇌종양, 기타 여러 희귀병을 얻었습니다. 노동자의 건강과 인권을 옹호하는 단체 '반올림'(SHARPS)에 따르면, 이 단체에 등록된 피해 노동자만 370명이 넘고 이들 중 130명이 숨을 거두었습니다. 왜 노동자들은 '클린룸'에서 병을 얻고 목숨을 잃었을까요. 이유는 간단합니다. 사람을 위한 클린룸이 아니라 기계를 위한 클린룸, 상품을 위한 클린룸이었던 겁니다.

엄밀히 말하면 기계나 상품을 위한 클린룸이라기보다는 이윤을 위한 클린룸이지요. 자본가는 노동환경 개선에 투입되는 모든 것을 비용으로 계산합니다. 시간, 공간, 햇빛, 공기 등 모든 것이 그렇습니다. 마르크스는 공장시스템이야말로 생산수단 절약의 "온상 같다"라고 했습니다. 생산수단을 절약하는 일이 "자본가의 손"에 넘어가면 "노동자의 생명조건인 공간과 공기, 햇빛, 생명에 대한 체계적 약탈, 그리고 생명이나 건강을 위협하는 생산환경에서 노동자를 지킬 수 있는 보호수단에 대한—노동자들에 대한 편의시설은 말할 것도 없고—체계적 약탈로 나타난다"라고 했습니다.[김, 576; 강, 574~575]

생산수단을 아끼는 것이 그 자체로 나쁜 것은 아닙니다. 사회적 자원을 아끼는 것은 여러모로 유익한 일이지요. 그러나 자본주의적 생산에서는 그렇지 않습니다. 여기서 절약은 곧잘 약탈로 변합니다. 자본가는 대단한 절약가이면서 동시에 낭비가이기에, 그의 절약이 곧 그의 낭비라고 할 수 있습니다. 그는 임금을 아끼고 연료를 아끼고 시간을 아끼고 공간을 아낍니다. 그는 모든 비용을 아낍니다. 그런데 그것이 바로 낭비입니다. 그는 노동자들의 건강과 생명을 낭비합니다. 이런 공장을 무엇이라고 불러야 할까요. 마르크스는 샤를 푸리에가 적절한 이름을 달아주었다고 했습니다. "조금 느슨한 감옥"(les bagnes mitigés), 그것이 공장의 이름입니다.[김, 577; 강, 575]

─────────── 두 사람의 관찰자—유어의 눈과 엥겔스의 눈 ───────────
실제로 당시에도 공장의 노동환경에 대한 사회적 비난이 있었습니다. 이때 공장주들은 일부 인사들에게 공장을 시찰할 수 있도록 했는데요. 공장주들의 행태에 대해 『영국 노동자계급의 상태』에서 엥겔스가 길게 달아둔 주석이 있습니다.[28] 아마도 엥겔스 자신의 체험이 아닐까 싶습니다. 공장노동자들의 상태를 좀 알고 싶다는 식으로 말하면 공장주들은 시골에 있는 공장으로 데려간다고 합니다. 그곳에는 웅장하면서도 질서정연하고 환풍기까지 갖춘 깨끗한 건물이 있습니다. 거기 노동자들은 활기차 보입니다. 공장주는 방문객에게 멋진 식사를 대접한 뒤 노동자들의 주거지로 안내합니다. 대체로 노동을 감독하는 관리자들의 집입니다. 거기서 방문객들은 "완전히 공장 덕분에 먹고사는 가족들"을 봅니다. 그리고 공장주가 노동자들의 주거지에 학교와 교회, 도서관을 지어주었다는 말까지 듣습니다. 그러고 나면 공장의 노동환경에 비판적 견해를 가졌었던 방문객은 생각을 바꿉니다. 그동안 자신이 들었던 공장의 온갖 해악, 특히 노동자의 건강과 생명에 관한 이야기들은 모두 헛소문인 것 같다고. 그러고는 기계제 공장의 찬미자로 돌변하지요.

엥겔스는 이런 방문객이 어떤 사람인지도 밝혀두었습니다. 바로 기계제 공장의 찬미자 앤드루 유어 같은 사람입니다. 유어가 본 것과 엥겔스가 본 것은 하늘과 땅 차이입니다. 유어처럼 조야한 눈을 가진 사람, 아니 어쩌면 영악한 눈을 가진 사람은 노동자들이 죽어 나가는 도시의 공장들을 보지 않습니다. 환기도 되지 않는 시설에서 장시간 기계 앞에 붙어 있는 노동자들을 만나지 않습니다. 하수처리도 되지 않는 토굴 같은 곳에서 오물을 곁에 두고 바람과 햇볕도 없이 뒤엉켜 살아가는 노동자들의 집단거주지를 방문하진 않지요. 사실은 시골 공장에 내려가서도 마찬가지입니다. 그 방문객은 일반 노동자들의 비참한 주거지들을 찾아가지 않습니다. 시골 공장들 주변은 노동자 주거지가 모자랍니다. 공장주들은 이런 상황을 이용했지요. 허름한 오두막을 지어놓고 집세를 왕창 뜯어 갔습니다. 엥겔스는 당시 공장주들이 집세로 얻은 수익률은 공장에서 얻는 수익률의 두 배 이상이라고 했습니다.[29] 주거지가 모자라기 때문에 집세를 쉽게 올릴 수 있습니다. 게다가 공장 주인인 집주인은 해고라는 무기를 쥐고 있었기 때문에 집세를 올리는 일이 더 쉬웠습니다. 그뿐 아니라 이 오두막들은 파업을 막는 데도 효과적이었습니다. 공장에서 해고되면 집도 비워주어야 했으니까요.

유어 같은 방문객은 이런 사실을 전혀 모릅니다. 눈도 없고 의지도 없으니까요. 그는 학교와 도서관이 세워졌다는 것에 감탄합니다만, 학교에서 무엇을 어떻게 가르치고 도서관에 비치된 자료들이 어떤 것인지를 살펴보지는 않습니다. 도서관에 비치된 자료들은 모두 부르주아지의 이해만을 대변하는 인쇄물이며, 당시 사회를 달구고 있던 차티스트나 사회주의 관련 인쇄물을 읽는 노동자가 혹 있다면 곧바로 해고된다는 사실을 듣지 못했습니다. 이것이 유어의 『제조업의 철학』과 엥겔스의 『영국 노동자계급의 상태』의 차이입니다. 유어는 왜 공장의 노동자들이 갑자기 차티스트가 되고 사회주의자가 되는지 이해하지 못할 겁니다. 왜 이토록 좋은 공장 시설과 제도를 거부하는지 말입니다. 아마도 노동자들이 너무 무지해 자기들한테 좋은 것도 몰라본다고 생각하거나 너무 욕심이 많아 지금의 좋은 상황조차 받아들이지 않는다고 생각하겠지요. 그러나 정작 그들 자신이야말로 이익에 눈이 멀어 아무것도 보지 못했고 또 보지 않으려 했습니다. 마르크스가 『자본』 서문에서 말한 것처럼, 모자를 눈 아래까지 눌러쓰고는 아무것도 보이지 않는다고 말하는 꼴이지요. 엥겔스의 말 그대로입니다. "이 신사들은 피고용인들이 어떤 상황에 처해 있는지도, 그들이 무엇을 원하는지도 모르거니와, 알게 될 경우 마음이 불편해질 사실들, 나아가 자기네 이해관계와 정반대로 행동할 수밖에 없다는 사실을 감히 알려고 하지 않는다."[30]

마르크스의 『자본』에 대한 엥겔스의 기여를 여기서 다시 한번 실감합니다. 엥겔스의 눈이 없었다면 기계제 공장의 노동환경에 대한 마르크스의 서술은 불가능했을 겁니다. 노동환경만이 아닙니다. 공장의 작업형태에 대한 묘사와 분석에서 마르크스는 많은 부분 엥겔스의 도움을 받았습니다. 노동일에 관한 장에서도 그랬지만 기계제 공장에 대한 장에서도 엥겔스의 기여는 절대적입니다.

───── 증기왕을 처단하라 ─────

공장주가 보여주고 싶어한 것을 본 유어와 공장주가 감춘 것('관계자 외 출입금지')을 본 엥겔스. 둘이 본 공장은 너무나 다릅니다. 앞서 유어가 묘사한 기계제 공장을 떠올려볼까요. 넓은 홀의 한가운데에 증기라는 자애로운 군주가 있습니다. 그는 신하들에게 일감을 하나씩 주고 소명을 부여합니다. 모든 신하가 그에게 머리를 조아리지요. 증기왕이 다스리는 참으로 조화로운 체제이고 나라입니다. 그런데 엥겔스는 이 조화가 폭력의 산물이라고 고발합니다. "거대하고 복잡한 공장에서 제각각인 작업들을 조화시키기 위해서는 (…) 공장에서도 군대만큼이나 엄격한 규율이 필요하다"라고 말이지요. 그러면서 덧붙입니다. "가증스럽기 그지없는 폭정이 없으면 유지되지 못하는 사회질서가 어떤 사회질서이겠는가?"[31] 유어가 '자애로운 군주'가 다스리는 조화로운 나라처럼 묘사한 것이 엥겔스가 보기에는 "가증스럽기 그지없는 폭정"입니다. 공장체제는 폭력적인 전제정치이고 독재입니다.

그럼 어떻게 해야 할까요. 엥겔스는 공장제에 대한 당시 노동자들의 감정을 아주 정확히 표현한 시가 있다고 말합니다. 에드워드 P. 미드(Edward P. Mead)의 시 〈증기왕〉The Steam King입니다. 조금 길지만 전문을 인용해보겠습니다.[32] 엥겔스가 말하는 "공장노동자들의 처지"와 "노동자들이 스스로 수행해야 하는 과제"가 담겨 있으니까요.

왕이 있다네, 무자비한 왕; 시인이 꿈꾸는 그런 왕이 아니야
잔인한 폭군, 백인 노예들은 익히 알고 있지, 증기가 그 무자비한 왕의 이름이야
그는 팔을 가졌지, 강철로 된 팔, 비록 하나뿐이기는 하지만,
그 강력한 팔에는 마력이 있어, 수백만 명을 파멸로 몰아넣는.
벤힌놈 골짜기에 서 있는, 음산한 고대의 신 몰록처럼,
그의 불타는 그릇에는 먹잇감인 아이들이 들어 있네.
그의 굶주린 사제들은 피를 갈구하는, 오만하고 뻔뻔한 무리들;
그의 거대한 팔을 이끌어 피를 황금으로 바꾼다네.
탐욕의 노예 사슬에 묶인 그들은 더러운 이익을 위해 모든 자연권을 속박한다네;
그들은 사랑스러운 여인의 고통을 조롱하고, 사내의 눈물을 외면하지.
노동자의 아이들이 내뱉는 한숨과 신음소리가 그들 귀에는 음악이고,
젊은 남녀의 뼈만 남은 망령들이 모습을 드러내지, 이 증기왕의 지옥에서 말이야.
증기왕이 태어난 이래 지상에는 그런 지옥들이 널려 있어.
절망이 사방으로 흩뿌려지지; 천국을 본뜬 인간의 마음이,
몸과 함께 거기서 살해되었으니 말이야.
그러니 왕을 타도하라, 몰록왕을 타도하라, 그대 수백만 노동자여;
왕의 손에 사슬을 채우지 않으면, 우리의 고국은 그에 의해 몰락할 터이니.
왕의 혐오스러운 태수들, 그 오만한 공장 귀족들, 지금 황금과 피를 게걸스럽게 먹고 있는 그들 모두를,
국민의 성난 얼굴이 처단해야 한다, 그들 괴물 신과 더불어.

───에드워드 P. 미드, 〈증기왕〉

영국에서는 19세기 초에 '러다이트'(Luddite)라고 불리는 대규모 기계파괴 운동이 일어났습니다. 운동의 지도자 '네드 러드 장군'(General Ned Ludd)의 이름을 딴 것인데요. 이 이름으로 운동의 선언문까지 배포되었지만[33] 실제로 그가 누구인지, 심지어 실존 인물인지조차 확실치 않습니다. 지도자와 조직을 보호하기 위해 가짜 이름을 썼을 수도 있고, 봉기가 퍼져나가는 과정에서 어떤 신비화가 일어났을 수도 있습니다. 어떻든 공장주들로서는 무척 두려운 이름이었던 것 같습니다. 어떤 노동자들은 '네드 러드'라는 이름으로 편지를 보내 공장주를 위협한 혐의로 재판을 받았다고 하니까요.[34]

대규모 기계파괴 운동

기계파괴 운동은 1811년과 1812년 사이에 특히 격렬했는데요. 이때는 진압을 위해 1만 명 넘는 병력이 투입되었다고 합니다. 봉기의 규모와 강도가 상당했던 모양입니다. 매우 폭력적인 진압이 이루어졌고 주모자들은 처형되었습니다. 폭력적 진압이 이루어졌다는 건 그만큼 투쟁이 격렬했다는 뜻이기도 하겠지만 민중 봉기에 대한 통치자들의 공포가 그 정도로 컸다고도 볼 수 있습니다. 프랑스혁명과 자코뱅에 대한 공포가 여전히 유럽을 배회할 때였으니까요. 그야말로 통치자들이 '반자코뱅주의'로 똘똘 뭉쳐 있던 시절이죠. 마르크스가 『공산주의자 선언』의 첫머리에 썼던 반동의 시절, "옛 유럽의 모든 세력이 [공산주의라는] 유령의 성스러운 사냥을 위해 동맹"했다고 말한 때가 이때입니다.[35] 사실 자본주의에서 자본가계급과 노동자계급의 투쟁이 특별한 것은 아닙니다. 마르크스의 말처럼 두 계급의 투쟁은 "자본관계 그 자체의 발생과 함께 시작"되었습니다. 매뉴팩처 시대에도 당연히 노동자들의 투쟁이 있었습니다. 그렇다면 기계파괴 운동의 특별함은 어디에 있을까요. 그것은 투쟁의 '대상'이 노동수단이라는 데 있습니다. 노동자가 "자본주의 생산양식의 물적 토대인 생산수단의 특정한 형태에 대해 봉기를 일으킨 것"입니다.[김, 577~578; 강, 576]

　마르크스는 기계파괴 운동을 매뉴팩처 시대의 투쟁과 비교하는데요. 그에 따르면 매뉴팩처 시대의 투쟁은 "매뉴팩처를 전제로 하는 것이지 결코 매뉴팩처의 존재 자체를 겨냥한 것은 아"니었습니다. 매뉴팩처에 대한 투쟁도 있기는 했습니다. 하지만 그것은 매뉴팩처의 임금노동자들이 아니라 "길드의 장인들과 특권 도시들에서 나온 것이었습니다. 매뉴팩처가 길드의 특권을 침해한다고 생각했기 때문이지요.[김, 580; 강, 577] 하지만 매뉴팩처 노동자들은 매뉴팩처의 작업방식을 거부하지 않았습니다. 분업이 노동자를 몰아내는 수단은 아니었으니까요. 분업을 통해 예전에 100명이 하던 일을 10명이 해낸다고 해도 그것이 노동자들을 작업장에서 몰아내는 일로 이어지지는 않았습니다. 오히려 노동력 부족에 대한 해결책으로 보였지요. 실제로 자본주의적 생산양식이 자리를 잡으면서 매뉴팩처들은 노동력을 찾아 농촌 지역으로 갔습니다(농촌은 도시 길드의 통제력이 미치지 않는 곳이었기 때문이기도 하고요).

그러나 기계제에서는 상황이 다릅니다. 앞서도 말한 것처럼 기계제 생산에서는 생산성의 증대가 '고용 노동자 수의 감소'를 통해 나타납니다. 마르크스가 아주 실감나게 표현했는데요. 누군가 "영국에서 50만 명이 기계로 방적을 하는데, 낡은 물레로 방적을 하려면 1억 명이 필요할 것"이라고 말한다면, 이는 실제로 1억 명 가까운 노동자를 해고했다는 뜻이 아닙니다. 현존하는 기계를 대체하려면 그 정도 수의 노동자가 필요하다는 뜻이지요. "반면 증기직기가 영국에서 80만 명의 직공을 거리로 내쫓았다고 얘기할 때, 그 말은 현존하는 기계를 대체하기 위해 그만큼의 노동자가 필요하다는 말이 아니라 실제로 기계에 의해 대체되거나 쫓겨난 노동자 수가 그렇다는 뜻이다."[김, 580; 강, 578] 이것은 가상의 계산이 아니라 실제 상황입니다(증기직기는 러다이트 운동의 가장 격렬한 공격 대상이었지요). 노동자는 정말로 쫓겨났습니다. 기계가 공장에 들어오자 노동자들이 길거리에 나앉은 겁니다.

마치 일자리를 놓고 기계와 노동자가 경쟁하는 꼴이 되었습니다. 기계는 한갓 노동수단인데요. "노동수단이 기계의 형태를 취하자마자 곧바로 노동자의 경쟁 상대가 된 것이지요."[김, 582; 강, 579] 단순한 경쟁 상대가 아닙니다. 기계가 들어와서 생존조건을 잃은 노동자 수는 기계 수만큼이 아니지요. 기계가 한 대 들어오면 노동자는 수백 명이 쫓겨납니다. 그뿐이 아닙니다. 추방을 면한 노동자들의 지위도 위태로워집니다. 이들은 추방의 공포 때문에 노동일의 연장과 노동강도의 강화를 감내할 수밖에 없습니다. 게다가 추방된 노동자들이 노동력의 저수지를 형성하고 있기 때문에 노동력의 가격이 하락합니다. 살기 위해서는 제값을 받지 못해도 팔아야 합니다. 판매가 되지 않는 노동력이란 "통용되지 않는 지폐"처럼 아무런 가치도 없으니까요.[김, 582; 강, 579] "노동수단이 노동자를 때려죽인다(erschlagen)."[김, 584; 강, 581] 토머스 모어(Thomas More)는 『유토피아』에서 영국을 '양이 (…) 사람을 잡아먹는 괴상한 나라'라고 불렀습니다. 마르크스는 이것이 바로 15세기 말에서 16세기 초에 일어난 '인클로저'에 대한 이야기라고 했습니다. 양모 가격이 급격히 오르자 영국의 영주들이 양을 키우기 위해 농민들을 몰아낸 일을 나타낸다는 것이지요.[김, 986, 각주 4; 강, 969, 각주 193] 양모 매뉴팩처가 급속히 성장하던 때입니다. 그때는 양이 농부를 잡아먹었는데 바로 그 '괴상한 나라'에서 이번에는 기계가 사람을 때려죽이는 겁니다.

기계제 생산의 지지자들은 노동자들이 겪는 고통이 산업구조 전환기에 '일시적으로'(zeitlich) 나타나는 것이며, 모든 분야에서 동시에 추진되는 게 아니라 한 분야씩 '점진적으로'(allmählich) 기계제 전환이 이루어질 것이므로 괜찮을 거라고 했습니다. 마르크스는 이것이 얼마나 부질없는 위로인지 보여줍니다. '일시적으로'라는 말과 '점진적으로'라는 말의 차이는 급성적 고통과 만성적 고통의 차이일 뿐입니다. 해당 분야가 급속히 기계화되면 그로써 노동자는 곧바로 길바닥에 나앉게 되는 것이며, 점진적으로 기계화되면 노동자는 고용불안과 임금 하락을 겪으며 만성적 빈곤에 시달리게 되지요.[김, 582; 강, 579~580] 예컨대 영국의 수직기 직조공들은 역직기의 도입과 더불어 수십 년에 걸쳐 서서히 몰락했습니다. 말하자면 그들은 천천히 말라 죽었습니다. 마르크스는 "세계 역사상 이처럼 처참한 광경은 없었다"라고 썼습니다.[김, 582; 강, 580] 이들 중 상당수는 하루에 겨우 2.5펜스로 연명했는데요. 기계와의 경쟁에서 살아남으려 대폭적 임금 삭감을 받아들인 겁니다. 이 돈으로 연명했다고 썼지만 사실은 연명이 불가능했습니다. 이들이 곧바로 죽지 않았던 것은 교구의 구호금이 지급되었기 때문이지요.[김, 583, 각주 117; 강, 580, 각주 198] 반면 영국의 면방직업이 기계화되자 인도인들은 곧바로 몰락했습니다. 무슨 일이 일어났는지는 마르크스가 인용한 동인도 총독의 말이면 충분할 겁니다. 그는 1834~1835년에 이렇게 말했습니다. "면직공의 뼈가 인도의 들판을 하얗게 뒤덮고 있다."[김, 583; 강, 580] 이것이 만성과 급성의 차이입니다.

인도에서 일어난 일에 대해서는 덧붙이고 싶은 게 있습니다. 우리는 기계의 자본주의적 사용에 대해 말하고 있습니다만, 사실은 어떤 분야에서 어떤 기계가 어떤 식으로 발명되고 발전하는가에 대해서도 생각할 필요가 있지요(부록노트㉗ 참조). 인도에서 일어나는 일과 영국의 면방직 기계의 발전은 무관하지 않습니다. 왜 면방직 분야에서 기술혁신이 먼저 일어났을까. 이것은 꽤 흥미로운 질문입니다. 왜냐하면 18세기 초까지 서유럽의 주요 산업은 면직업이 아니라 모직업이었기 때문입니다. 모직업은 18세기 말까지 크게 팽창했습니다. 직물이라고 하면 모직을 먼저 떠올렸지요. 그런데 왜 18세기 말의 기술혁신은 모직업이 아니라 면직업에서 일어났을까요. 이매뉴얼 월러스틴에 따르면 그것은 인도를 겨냥했기 때문입니다.[36] 모직업의 경우 영국의 생산자는 서유럽의 다른 생산자들과 경쟁을 해야 했습니다. 새로운 기술을 개발해도 금세 모방되었지요. 그러나 당시 면직물의 상당수는 인도에서 오고 있었습니다. 인도에는 인건비가 싸면서도 숙련도가 높은 노동자가 많았거든요. 영국 면직업의 기계들은 바로 이 노동자들과 경쟁하면서 그들을 몰락시켰지요. 그 결과가 앞서 말한 '들판을 하얗게 뒤덮은 인도 면직공들의 뼈'입니다. 자본주의와 식민주의의 결합이었지요. 영국의 기계들은 한편으로 영국의 노동자들을 예속시켰지만 다른 한편으로는 인도의 노동자들을 죽음으로 내몰았습니다. 원료인 면화를 수입해 인도에 돈을 지불했지만, 면직업이 붕괴된 인도에 면직물을 팔아 원료로 지불한 돈보다 훨씬 큰돈을 인도에서 뽑아냈습니다.

잠시 '일시적' 고통과 '만성적' 고통을 나누었습니다만 이제 이런 구별은 의미가 없게 된 것 같습니다. 둘이 점차 수렴해가니까요. 구조조정이란 구조 전환기에 나타나는 일시적 사건 같았지만 언제부턴가 우리는 만성적 구조조정 사회를 살아가고 있습니다. 노동 불안정이 일시적인 것이 아니라 항상적인 것이 되었다는 말입니다. 한국 사회에서는 1990년대 말 외환위기 이후 대부분의 노동자들이 체험해온 사실이지요. 이처럼 노동의 불안정성은 시기마다 차이가 있습니다만, 그래도 기본적으로는 자본주의적 생산방식에 내재한 성격이고(노동력의 구매와 처분이 사실상 자본가의 손에 달려 있으니까요), 생산성 혁신이 곧 고용 감소를 의미하는 기계제 생산에서는 더욱 그렇습니다.

마르크스 역시 19세기 현실에서 비슷한 것을 목격합니다. 면직공들의 고통은 19세기 초반의 문제가 아닙니다. 기계제로의 전환 과정에서 생겨나는 일시적 문제가 아니라는 거죠. 그는 1860년대 통계를 제시했는데요. 1861년부터 1868년에 영국 전체의 면직공장은 338개가 줄었습니다. 그러나 생산물의 양은 증가합니다. 기계의 개량이 일어났기 때문이기도 하고 자본이 소수 자본가의 수중에 집중되었기 때문이기도 합니다. 흥미로운 점은 방추의 수가 크게 늘어났는데도 고용 노동자 수는 5만 명가량 줄어들었다는 겁니다. 이는 노동자 축출이 매뉴팩처를 기계제로 바꿀 때 일시적으로 생기는 현상이 아님을 보여주지요. 기계제로 전환이 이루어진 뒤에도 기계의 발전과 더불어 노동자의 축출이 계속해서 일어나는 겁니다. 고통이 급성처럼 지독하면서도 만성처럼 항상적인 것이 된다는 뜻입니다.[김, 588; 강, 585]

지금까지 우리는 기계 도입의 문턱을 경제적 측면에서만 생각해보았습니다. 기계의 가치와 기계가 대체하는 노동력의 가치만을 따졌지요. 그런데 자본가가 기계를 경제적 이유로만 도입하는 것은 아닙니다. 기계는 자본가의 생산수단일 뿐 아니라 전쟁의 수단, 즉 무기이기도 합니다. 마르크스는 자본가의 기계 도입이 계급투쟁의 일환이라는 점도 간과해서는 안 된다고 했습니다. "처음부터 단지 노동자들의 반역을 잠재우기 위해 자본의 무기로 만들어진, 1830년 이후의 발명품들을 모아보면 그것만으로도 하나의 완전한 역사를 쓸 수 있을 것이다."[김, 588~589; 강, 586] 노동자들의 파업이 지속되거나 빈발하면 자본가는 생산라인을 기계로 바꾸려는 유혹을 받습니다(요즘 같으면 아예 생산공장을 다른 나라로 옮기는 걸 생각하겠지요). 자본가의 머릿속에서 일차적으로 중요한 것은 비용이겠지만, 기계 도입의 문턱이 높지만 않다면 과감하게 정치적 결정을 내릴 수도 있습니다. 일종의 '구사대'(救社隊)로서 기계를 도입하는 겁니다.

구사대란 자본가가 노동자의 파업을 분쇄하기 위해 만든 조직인데요. 1980년대 한국의 많은 기업이 운영했습니다. 구사대의 중심은 노무관리자들(마르크스가 '하사관'이라고 부르는 사람들이지요)이지만 노동자들을 물리적으로 공격하려고 폭력배들을 일시 채용하기도 했습니다. 그래서 노동자에게 폭력을 쓰면서도 마치 노동자들 사이의 다툼인 것처럼 위장했지요. 사실은 위장이라고 할 것도 없었습니다. 너무나 명백한 자본가의 폭력이었으니까요. 그런데 그런 위장 아닌 위장을 행한 것은 경찰에게 폭력을 묵인할 구실을 제공하기 위해서였을 겁니다.

기계제 공장에 대한 유어의 찬사에는 이런 구사대적 면모가 노골적으로 표현되어 있습니다. 이를테면 그는 염색용 기계의 장점을 생산성에서만 찾지 않았습니다. 그는 이 기계가 자본가의 '정당한 지배'(legitimate rule) 즉 "하위 조직원들에 대한 우두머리의 지배"를 회복시켜준다고 말합니다.[37] 또 기계를 '질서 회복의 사명'을 받고 창조된 자본가의 '아이언맨'(Iron Man) 즉 '철인'이라고도 부르고, '히드라'를 물리친 '헤라클레스'에 비유하기도 합니다. 기계가 헤라클레스처럼 숙련 노동자들, 다시 말해 노동과정을 장악하고는 온갖 패악(misrule)을 일삼는 히드라의 목을 조를 것이라고요.[38] 유어는 자본가에게 전황을 보고하는 전령이라도 되는 듯 이렇게 말합니다. "분업의 낡은 전선 뒤에 난공불락의 참호를 판 것으로 생각하고 있던 불평분자 무리는 새로운 기계 전술에 의해 측면공격을 당하고는 자신들의 방어가 무력화된 것을 깨닫고 무조건 항복할 수밖에 없었다."[39][김, 589~590;

강, 587] 기계를 무기로 쓰라면서 자본가를 노골적으로 선동하는 셈이지요.

유어의 책은 근대 공장제에 대한 고전인데요. 마르크스는 이렇게 비꼬아 말합니다. "[1835년에 간행된] 그의 저서가 오늘날에도 공장정신(Fabrikgeist)의 '고전적 표현'으로 인정받는 것은 노골적 냉소주의(공격적 언행, offenherzigen Zynismus) 때문만이 아니라, 자본의 두뇌 속 바보 같은 모순들까지 몽땅 털어놓는 순진함 때문이기도 하다."[김, 590; 강, 587~588] 정말이지 유어는 온갖 모순되는 말을 늘어놓습니다. 한편에서는 과학의 힘으로 반역의 무리인 노동자들을 제압했다고 말하면서 다른 한편으로는 기계가 자본가의 편에서 노동자들을 억압하는 데 이용된다는 비난에 분개합니다. 한편으로는 기계가 노동자들에게 얼마나 좋은지(노동의 피로를 덜어주고 일하는 중에도 여유를 부릴 수 있게 하며 노동자의 건강과 지성을 발전시킨다고) 설교하고는, 다른 한편으로는 노동자들이 반항하고 파업하기 때문에 그에 대한 응징으로 기계가 도입된 것이라고 주장합니다(노동자들의 파업이 그들 자신의 '사형집행인'을 부르는 꼴이라고요). 이뿐이 아닙니다. 한편으로는 기계가 성인 노동자의 임금은 감소시키지만 대신 아이들의 고용과 임금을 높여준다고 말합니다. 그런데 아이들의 임금이 너무 낮다는 비판이 제기되자 이번에는 임금이 너무 높으면 부모들이 자식들을 일찍부터 공장에 보낼 테니, 낮은 임금이 그것을 막아주는 효과를 낸다고 주장합니다.[김, 590~591; 강, 587~589]

그야말로 횡설수설입니다. 그러나 이런 횡설수설 속에서도 일관된 것이 있습니다. 아니, 횡설수설이기에 더 선명하게 드러나는 일관성이 있습니다. 그것은 기계 도입을 통한 자본가의 이윤과 공장의 규율에 대한 옹호입니다. 이 의지는 아주 일관됩니다. 그 횡설수설에서 우리는 어떤 논리를 동원해서라도(설령 이것들이 서로 모순될지라도) 자본가의 이윤을 늘리고 공장의 규율도 잡겠다는 유어의 확고한 의지를 느낄 수 있습니다.

쫓겨난 노동자에 대한 보상 이론

"기계가 노동자를 축출하기만 하는 것은 아니다. 기계는 자본으로 하여금 새로운 고용을 창출할 여력을 제공한다." 19세기 정치경제학자들은 기계제 생산이 노동자에게 손해가 아님을 증명하기 위해 무던히 애썼습니다. 그렇게 해서 나온 것이 소위 '보상 이론'(Kompensationstheorie)입니다. 마르크스에 따르면 "제임스 밀, 맥컬럭, 토런스, 시니어, 존 스튜어트 밀 등 많은 부르주아 경제학자"가 이런 주장을 폈습니다.[김, 592; 강, 589]

보상 이론의 골자는 단순합니다. 공장에 기계를 도입하면 노동자가 축출되는 것은 사실이지만 기계가 만들어낸 생산물로 자본가는 새로운 고용을 창출할 수 있다는 거죠. 이를테면 한 공장에서 100명의 노동자가 기계 없이 원료만 가지고 일하고 있다고 해봅시다.[김, 592~594; 강, 589~592] 노동자의 연봉총액은 30억 원(1인당 3000만 원)이고, 생산수단(원료)의 연간 소모량도 30억 원이라고 해두지요. 총 투자액이 60억 원인 셈입니다. 어느 날 자본가가 15억 원짜리 기계를 들여오고 그 대신 노동자 절반을 해고했습니다. 기계는 50명의 노동자만으로 이전에 100명의 노동자가 수행한 일을 해낼 수 있게 합니다. 생산량이 같습니다(실제로는 생산량이 더 늘어나겠지만 일단 이렇게 가정합니다).

이제 보상 이론 주창자들의 설명을 들어보죠. 공장에서 해고된 50명의 노동자들은 생활수단(생산물)을 얻기 위해 다시 노동력을 팔아야만 할 겁니다(이들 이론가들은 이 상황을, 기계가 노동자들을 해방해 다시 "자유롭게 노동력을 처분할 수 있는" 상황에 놓이게 했다고 표현합니다). 그런데 자본가는 기계 덕분에 50명의 노동자만으로도 이전과 동일한 양의 생산물을 갖게 되었습니다. 60억 원어치 생산물이 여전히 생산된다는 겁니다(이때 잉여가치는 무시하고 생산물 가격도 그대로라고 봅니다). 이 중 30억 원어치 생산물은 원료 값에 해당하고요, 15억 원어치 생산물은 공장에 남은 50명의 임금을 지불합니다. 이렇게 다 지불하고도 자본가에게는 15억 원어치의 생산물이 남아 있습니다. 과거 50명에게 지급해야 할 생산물이 그의 수중에 있는 거죠. 기계가 한편으로는 노동시장에 새로운 노동력을 풀어놓았고(노동력의 해방), 다른 한편으로는 이들에게 필요한 생활수단을 자본가 손에 쥐어준 겁니다(생산물의 해방). 자본가는 이 생산물을 가지고 새로운 고용을 창출할 수 있습니다.

그럴싸한가요? 순 엉터리 주장입니다. 마르크스의 말처럼 "모든 것은 표현하기 나름"이죠. "말로는 나쁜 것도 그럴듯하게 포장해놓을(순화할) 수 있"습니다. [김, 594; 강, 591] 기계가 노동자를 해방하고 노동자와 결합해 있던 생산물을 해방했다니요! 이런 황당한 표현이 어디 있습니까. '기계 도입으로 노동자들이 해고되었고, 그래서 이들 노동자들은 아무런 생활수단도 얻을 수 없게 되었다.' 이런 비극적 상황을 현학적인 말을 써서 별일 없는 듯 만들어놓은 거죠. 뭔가 새로 시작하는 자유로운 느낌까지 주면서 말입니다. 내용을 하나씩 따져보면 이 이론이 얼마나 엉터리인지 곧 드러납니다. 이 이론가들은 생활수단으로 '풀려난' 15억 원어치 생산물을 자본으로 취급했는데요. 이것은 자본이 될 수 없습니다. 15억 원에 해당하는 자본은 기계 형태로 공장에 붙들려 있습니다. 60억 원 중 30억 원은 원료 값에 써야 하고, 15억 원은 공장에 남은 50명의 임금으로, 15억 원은 기계 값으로 투자되어 있지요. 이 기계 값 15억 원은 해고된 50명의 노동자가 기계를 구입하기 전에 받았던 임금입니다. 그러니까 가변자본(노동력)의 일부가 불변자본(기계)으로 바뀐 것뿐입니다. 게다가 지금 자본가에게 새로 들어온 자본인 것처럼 묘사한 생산물은 자본가가 팔아야만 하는 현물 상품입니다. 이 상품을 모두 팔아야 공장에 남아 있는 노동자들 임금도 주고 기계의 가치도 회수하지요. 이것은 새로운 노동력을 구입할 자본이 아닙니다.

더구나 해고된 50명의 노동자들은 이전처럼 자본가의 생산물을 구입할 여력이 없습니다. 과거에는 이들이 15억 원의 임금을 가지고 생산물을 구입했겠지요. 하지만 해고는 이들을 "구매자에서 비구매자로 전환"시킵니다.[김, 594; 강, 592] 말하자면 전체 수요가 15억 원만큼 감소합니다. 그럼 어떻게 될까요. 수요가 줄어들면 상품의 가격이 떨어질 겁니다. 이전에는 60억 원에 팔았던 생산물을 50억 원에 팔아야 하는 상황이 닥친다는 말입니다. 또한 수요의 감소는 이 공장의 생산물에 국한되는 게 아닙니다. 이 노동자들이 이 공장의 물건만으로 살아가지는 않을 테니까요. 만약 이런 사태가 이 공장만이 아니라 다른 공장, 다른 업종에서도 일어나고 또 장기화한다면 그래서 한 부문의 수요 감소가 다른 부문의 증가로 만회되지 않는다면 어떻게 될까요. 이것은 보상 이론 주창자들의 말처럼 자본가가 새로운 고용을 창출할 더 큰 자본을 손에 쥔 행복한 상황이 아닙니다. 상품의 시장가격은 곤두박질치고 자본은 이익이 생기는 다른 부문을 찾아 달아나고 실업자들이 거리로 쏟아져 나오겠지요. 이것이 "경제학적 낙관론이 희화화한 사태의 진실"입니다.[김, 594~595; 강, 592]

기계제는 '하인' 노동자를 늘린다

마르크스는 이 책상머리 학자들이 모르는 현실 몇 가지를 덧붙입니다. 이들은 자본가가 기계 덕분에 손에 쥔 자본(새로운 생산물)을 가지고 기계 탓에 쫓겨난 또 다른 노동력을 고용해 새로운 사업을 펼칠 것처럼 말했습니다만 정말로 현실을 모르는 이야기입니다. 어떤 이유로 추가 자본이 시장에 들어왔다고 해봅시다(물론 보상 이론에서 말하는 식으로 생긴 자본일 수는 없습니다). 다행인지 불행인지 노동시장에는 공장에서 해고된 새로운 노동력이 들어와 있습니다. 그럼 해고된 노동자들이 다시 일자리를 찾게 될까요. 천만의 말씀입니다. 새로운 사업에 고용될 노동력은 앞서 공장에서 해고된 그 사람들일 가능성이 거의 없습니다. 이를테면 벽지공장에서 해고된 노동자들을 자동차공장에서 데려다 쓸 수는 없지요.

이 문제는 기계제로의 전환기에 특히 심각했습니다. 매뉴팩처의 숙련노동자는 그 숙련을 인정받는 일자리를 구할 가망이 거의 없었지요. 마르크스가 지적한 것처럼 "분업 때문에 불구화된 이 불쌍한 사람들은 자신의 옛 분야를 벗어나서는 별로 가치를 인정받지 못하기 때문에 몇몇 저급한, 그래서 지원자는 넘쳐나고 임금은 형편없는 일자리로 갈 수밖에 없었"습니다.[김, 595; 강, 593] 기존 부문에서도 유실된 노동력(사직하거나 퇴직한 노동력)을 보충하거나 생산량을 늘릴 필요가 있어 일시적으로 혹은 정기적으로 노동력을 충원할 수 있습니다만, 이 경우 과거 해고자들을 다시 고용하는 경우는 드뭅니다. 젊은 신규 노동력이 계속해서 유입될 테니까요.

"추가 자본이 들어오면 노동력에 대한 추가 수요가 생기고, 기계제로의 전환 과정에서 노동자들이 축출되면 노동력의 추가 공급이 이루어지므로 균형을 찾을 것이다." 마르크스는 세상물정 모르는 J. B. 세의 이런 주장에 동조하는 이들을 강하게 비판했습니다. 얼마나 화가 났는지 주석을 달아 "세의 멍청한 주장들(Fadaisen)"이라고 불렀지요. 그는 아마도 리카도 학파일 것으로 보이는 익명의 저자를 인용했는데요. "사물은 언제나 스스로 자연적 균형 상태를 회복하는 경향이 있다고 앵무새처럼 얘기해봐야 아무 소용이 없다. 우리가 현실을 보고 인정하지 않을 수 없는 것은 사물이 오랜 기간 이런 자연적 균형 상태를 회복하지 못한다는 사실이고, 또 그런 균형 상태를 회복할 경우에도 그 균형 상태가 본래 수준보다 낮아진 경우가 많다는 것이다."[김, 596, 각주 134; 강, 593, 각주 215]

보상 이론과는 관련이 없지만 기계제 생산으로 생겨나는 일자리가 있기는 합니다. 기계제 생산이 이루어지면 기계부품을 계속 조달해야 하고, 생산성이 증대한 만큼 원료도 이전보다 더 많이 필요할 겁니다. 그렇다면 여기에 납품하는 부문의 생산이 늘 것이고 그만큼 고용을 늘릴 겁니다. 과연 얼마나 늘릴까요. 이는 해당 부문의 '자본 구성'에 달렸습니다. 가변자본과 불변자본의 비율 말입니다. 이 부문도 이미 기계화되어 불변자본의 비율이 높으면 생산이 증대하는 만큼 고용이 증대하지는 않을 겁니다. 자동기계화가 이루어진 업종일수록 추가 고용의 여력이 없지요. 반대로 가변자본 즉 노동력의 비중이 크다면 생산 증대와 더불어 노동자 수도 크게 늘어날 겁니다.

마르크스는 1861년 통계를 인용했는데요. 영국에서 기계제 발전과 더불어 기계 제조공이 많이 늘어났습니다. 그러나 기계 제조업 자체가 금세 기계화되었지요. 그래서 고용 여력이 급속히 줄었습니다. 반면 철강업에 필요한 석탄과 금속광물을 캐내는 광산노동자 수는 기계제의 발전과 더불어 폭발적으로 늘어났습니다. 광산업에도 기계화가 일어나기는 했지만 상대적으로 노동력 의존도가 높았으니까요.[김, 599; 강, 596] 원료 쪽도 마찬가지입니다. 기계제 생산이 다른 부문에서 노동자들의 구성을 어떻게 바꾸는지에 대한 극적인 예는 미국의 노예와 아일랜드의 농민입니다. 19세기 면방적업이 기계제로 전환되자 원료를 공급하는 미국 남부의 면화 재배지가 크게 늘어났습니다. 당연히 대규모 노동력을 충원해야 했지요. 영국 면방적업의 기계화는 미국에서 유망한 신규 사업 분야를 창출했는데요. 바로 '노예무역업'입니다. 무역만 있었던 게 아닙니다. 미국의 일부 주에서는 '흑인 사육' 자체가 사업이 되었습니다. 그래서 1790년 미국의 노예 수는 70만 명이 채 못 되었는데, 1861년에는 거의 400만 명에 달합니다. 한 인간이 노예가 된 비극적 사태를 무역과 고용이라는 측면에서 설명하고 있는 것이 끔찍합니다만, 기계제 생산이 상품 제조의 사슬을 따라 어떻게 고용을 창출하는지에 대한 극명한 예인 것은 사실입니다(스마트폰을 생산하는 애플이나 삼성 같은 기업이 아프리카의 광산과 중국의 제조 공장에서 값싼 일자리를 창출한 것과 비슷하지요). 이와는 반대로 양모 산업이 기계화되자 아일랜드에서는 농경지를 목초지로 바꿔 많은 농민이 일자리를 잃었습니다. 이들은 도시로, 잉글랜드로 몰려들었고 노동시장을 과잉 상태로 만들었지요.[김, 600; 강, 597]

기계제 생산은 납품하는 곳만이 아니라 납품을 받는 곳에서도 일시적이나마 고용을 늘릴 수 있습니다. 기계는 생산물의 가격을 낮추기 때문에, 이를테면 기계제 방적공장으로부터 실을 납품받는 방직업자에게는 생산을 늘릴 수 있는 환경이 조성됩니다. 실제로 마르크스에 따르면 일시적으로 수직기를 이용하는 방직업자들이 방직공을 더 뽑았습니다. 의복 재료가 값싸게 납품되자 재봉업에서도 재봉공들을 더 뽑았고요. 하지만 여기에도 역직기가 도입되고 기계식 재봉기가 나타나자 노동자들이 대거 쫓겨났지요.[김, 600; 강, 597~598] 요컨대 기계제 생산은 해당 부문에서는 노동자들을 곧바로 축출합니다. 그 대신 그 부문과 연관된 부문, 이를테면 거기에 납품을 하거나 납품을 받는 부문의 고용을 늘립니다. 그곳이 기계화가 덜 된 부문일수록 고용은 크게 늘어납니다. 하지만 그 부문에서도 기계화가 일어나면 신규 고용 여력은 급속히 줄어듭니다. 오히려 노동자 축출이 나타나지요.

사회 전체로 확대해서 봐야 보이는 것도 있습니다. 기계제 생산은 자본가들의 잉여가치(상대적 잉여가치, 특별 잉여가치)를 크게 늘려주는데요. 잉여가치가 늘어난다는 것은 이 잉여가치에 상응하는 부유층이 늘어난다는 뜻이기도 합니다. 그렇게 되면 이들의 욕망을 충족하기 위한 새로운 상품시장이 열리지요.[김, 601; 강, 598] 가난한 사람들도 늘어나지만 부자들도 늘어납니다. 마치 지난 수십 년간 중국 경제가 급성장하면서, 인구 비율로는 아직 적을지라도 절대 숫자에서는 크게 늘어난 부유층을 겨냥한 상품시장이 열리는 것과 같습니다. 이와 관련된 업종, 즉 사치품 생산업이나 해외상품 수입업이 발전하고 그 부문의 고용이 증대합니다. 또한 거대 규모로 축적된 자본은 당장에 수익이 나지는 않지만 미래 수익을 위해 필요한 투자를 가능하게 합니다. 소위 인프라 산업에 투자하는 거죠. 마르크스 당시에는 운하나 터널, 철도, 다리 등의 건설이 여기에 해당했습니다. 이런 분야에는 고급기술을 가진 인력도 많이 필요합니다만, 압도적 수를 차지한 것은 단순 육체노동자였습니다.[김, 602; 강, 599] 오늘날에도 실업률이 너무 높을 때 정부가 재정을 투자해 이쪽 분야의 일자리를 만들지요. 큰 기술을 필요로 하는 일자리가 아니므로 쉽게 만들 수 있습니다. 그러나 한철 쓰고 마는 일자리들이지요.

기계제 생산의 확대 및 고용과 연관해 마르크스가 마지막으로 주목하는 경향은 서비스직 확대입니다. "노동자계급 가운데 비생산적 부문에 종사하는 노동자들의 비중이 갈수록 증가"한다는 것이지요.[김, 602; 강, 599] 기계제 대공업 분야는 생산력이 너무 높기 때문에 거기서는 새로운 고용이 창출되기 어렵고 점차 비생산적 부문에 종사하는 노동자들이 많아진다는 겁니다. 여기서 '비생산적'(un-produktiv)이라는 말의 의미는, 간단히 말해 '잉여가치의 생산'에 관여하는 노동자들이 줄어들고, 이미 생산된 '잉여가치의 소비'에 관여하는, 그 소비과정을 도우며 거기서 임금을 받는 서비스직 노동자들이 늘어난다는 것입니다.

그런데 마르크스가 직접적으로 다루는 대상은 일반 서비스직 노동자가 아니라 개인의 집에 고용된 노동자(하인, 하녀, 심부름꾼 등)입니다. 과거에는 '가내노예'(Haussklaven)라고 불렸던 사람들인데요. 통계가 자못 충격적입니다. 1861년 인구통계에 따르면 영국과 웨일스의 총인구는 2000만 명 남짓입니다. 이 중에서 노동을 할 수 없는 연로자와 연소자 그리고 생산노동을 수행하지 않는 '이데올로기적' 신분인 관리, 목사, 법률가, 군인 그리고 금리생활자나 지대생활자 같은 사람들, 부랑자와 범죄자와 피구휼민 등을 제외하면 노동가능인구는 800만 명 정도인데요. 이 중에서 '하인 부류'(dienende Klass)에 해당하는 사람이 무려 120만 명에 이릅니다(마르크스에 따르면 개인 집에 고용되지 않은 하인들은 제외한 수치입니다). 섬유업과 광산업 노동자를 합친 것 혹은 섬유업과 금속 산업 노동자를 합친 것보다 많은 수치였지요. 이를 지적하며 마르크스는 조롱조로 한마디 던집니다. "두 경우 모두 현대의 가내노예 수보다는 적다. 기계의 자본주의적 사용이 낳은 성과가 얼마나 훌륭한가!"[김, 603; 강, 600]

산업의 기계화가 노동자의 하인화를 초래한 셈입니다. 오늘날 우리는 '하인'이라는 말을 쓰지 않으니 실감이 나지 않습니다. 마르크스가 '가내노예'라고 말한 노동자들은 오늘날로 치면 '가사노동자'에 가까울 것 같은데요. 국제노동기구의 공식 통계(2010년 기준)에 따르면 전 세계 가사노동자는 약 5000만 명, 공식 통계에 잡히지 않는 경우까지 고려하면 약 1억 명이라고 하는군요. 한국의 경우에도 공식 통계는 없지만 2011년 추정치에 따르면 30만 명 정도라고 하고요.[40]하지만 마르크스가 '비생산적' 노동이라고 부른 영역으로 좀 더 확대해서 보면 그 수는 엄청나게 커집니다. 잉여가치의 생산이 아니라 생산된 잉여가치의 소비 영역에 고용된 사람들의 숫자 말입니다. 한국고용정보원의 통계(2019년)에 따르면 전체 취업자 2700만 명 중 제조업 노동자 수는 채 450만 명이 되지 않습니다.[41] 농업, 임업, 어업 종사자가 150만 명 정도 되고요. 건설업이 200만 명 정도 됩니다. 소위 1차 산업과 2차 산업 노동자를 합쳐도 그렇게 큰 비중이 아닙니다. 상당히 많은 노동자가 넓은 의미의 서비스 산업에 종사하고 있지요. 도소매, 음식, 숙박, 금융, 교육, 여가 등의 산업 말입니다. 그리고 이 부문 노동자들은, 물론 전문적 고급노동에 종사하는 사람도 있지만 상당수는 허드렛일을 합니다.

원래 '서비스업'(service)이란 말 그대로 '하인'(servant)이 하던 일입니다. 독일어로도 '서비스업'을 '디인스트라이스퉁'(Dienstleistung)이라고 하는데요. 역시 '디인스트'(Dienst) 즉 하인의 일이라는 뜻입니다. 노동자가 '하인'이라는 뜻이 아니라, 노동자가 하는 일의 성격이 그렇다는 말입니다. 신분상으로는 하인이 아닌데 고객에게 감정노동까지 제공해야 하는 서비스직 노동자를 보면 하인이라는 말이 그렇게 틀린 것만은 아니라는 생각도 듭니다. 왜 기계화와 더불어 이런 일이 생긴 걸까요. 기계는 왜 많은 사람을 주인이 아니라 하인으로 만드는 걸까요. 왜 기계제 공장은 주인 자리가 아니라 하인 자리를 늘리는 걸까요.

──────── 과연 기계는 더 많은 고용을 창출할까? ────────

기계 도입이 노동자를 축출하는가에 대한 반론이 있습니다. 전환기에는 그럴 수 있지만 '공포의 시기'를 지나고 나면 오히려 고용을 증대시킨다는 거죠. 마르크스는 이를 기계의 자본주의적 사용이 가져온 파괴적 결과를 합리화하려는 자들이 마지막에 꺼내놓는 "회심의 카드"(große Trumpf)라고 부르는데요. 물론 더 많은 일자리가 창출되어 더 많은 사람이 노동하는 세상이 좋은지는 별도의 문제입니다. 이는 기계로 인해 노동에 시달리는 사람들[마르크스의 표현으로는 "노동노예들"(Arbe-itssklaven)]이 더 늘어난다는 말이니, 기계가 인류의 노고를 줄여줄 것처럼 말한 사람들로서는 좀 뻘쭘하겠지만요.[김, 604; 강, 601]

과연 고통의 "과도기"(Übergangszeit)만 지나면 기계는 더 많은 고용을 창출할까요. 마르크스가 빈정대듯 말한 것처럼 "[기계를] 처음 도입했을 때보다 훨씬 더 많은 수의 노동자를 혹사시키는(abplacken)" 상황이 찾아올까요.[김, 604; 강, 601] 통계적으로 보면 기계의 확산과 더불어 고용 노동자 수가 "외견상" 증대하는 경우들이 있기는 합니다. 마르크스에 따르면 1838~1858년 사이 영국에서는 역직기가 증가했음에도 면직업에 종사하는 노동자 수가 늘어났습니다. 그런데 마르크스가 '외견상' 증대했다고 말한 데는 이유가 있습니다. 이것은 전체 산업에서 면직업의 비중이 커졌기 때문이거든요. 주변의 생산부문을 합병해버린 것이지요. 면직과 달리 융단, 리본, 아마 등의 영역에서는 증기직기가 들어오면서 노동자들이 대거 축출되었습니다. 모두가 노동집약적 업종이었지요. 요컨대 기계는 일반적으로 공장에서 노동자를 축출했으나 면직업의 경우에는 산업 자체가 커지면서 고용이 늘게 되었다는 겁니다.[김, 606; 강, 603]

사실 이런 경우가 아니어도 기계제 발전과 더불어 공장노동자 수가 증가할 수는 있습니다. 마르크스가 이를 부인하는 것은 아닙니다. 산업이 성장하면 공장의 규모가 커지거나 공장의 수가 증가하고 이에 따라 고용 노동자 수가 늘어날 수 있지요. 특히 자본 투자 규모가 커지면 그럴 수 있습니다. 이를테면 기계를 도입하지 않은 어떤 공장에서 연간 불변자본(원료)에 200억 원, 가변자본(노동력)에 300억 원을 투자한다고 해봅시다. 계산의 편의상 노동자 임금을 한 사람당 1억 원으로 하고 총 300명이 고용된 것으로 하겠습니다. 그런데 200억 원짜리 기계를 도입하면서 노동자 200명을 해고했습니다. 그럼 자본의 구성, 즉 불변자본과 가변자본의 비율이 바뀌겠지요. 이전에는 불변자본과 가변자본의 비율이 2:3이었습니다. 하지만 이제는 4:1이지요. 그런데 기계 도입으로 자본의 구성이 바뀐 상태에서 투자액이 세 배인 1500억 원으로 커졌다고 해볼까요. 그럼 자본의 구성이 4:1인 상황에서도 가변자본이 300억 원이 됩니다. 다시 노동자를 과거만큼 고용할 수 있게 되는 것이지요. 만약 투자액이 2000억 원이 되면 가변자본은 400억 원이 되므로 100명이 추가로 고용될 수도 있습니다.[김, 606~607; 강, 603~604]

이처럼 산업 규모가 커지고 투자된 자본 규모가 커지면 기계의 도입에도 불구하고 일자리가 늘어날 수 있습니다. 그러나 이것은 기계 도입 때문에 늘어났다기보다 기계 도입에도 '불구하고' 늘어났다고 말하는 편이 옳습니다. 투자액 대비 일자리는 더 줄어든 거니까요. 과거에는 500억 원을 투자해 300명을 고용했는데, 이제는 1500억 원을 투자해야 300명을 고용할 수 있습니다. 게다가 이것은 기계가 도입된 뒤 자본의 구성이 바뀌지 않는다는 전제에서 한 이야기입니다. 그러나 기계제가 발전하면 기계설비에 들어가는 비용이 훨씬 커집니다[이는 자본의 '유기적 구성'(organische Zusammensetzung)의 증대라고 하는데요. 이후 11장에서 살펴볼 겁니다]. 즉 불변자본의 비중이 가변자본에 비할 바 없이 커지죠.[김, 607; 강, 604] 이는 자본의 소위 '고용 유발 효과'가 떨어진다는 이야기입니다. 동일한 양의 일자리를 창출하기 위해 이전보다 더 큰 규모의 자본이 투자되어야 하는 것이지요. 여기에 자동화까지 진척되면 투자 규모가 크게 늘어도 고용이 늘어날 여지는 별로 없습니다(최소한 제조업 쪽에서는 말입니다).

───────────── 식민지를 찾아서 ─────────────

기계시스템을 갖추려면 비용이 많이 든다고 했지요. 일정 규모의 축적된 자본이 있어야 합니다. 그렇지만 일단 자리를 잡으면 이번에는 기계시스템 덕분에 자본의 축적 규모가 비약적으로 커집니다. 수공업이나 매뉴팩처 단계에 있는 동종 업자들은 해당 자본가의 상대가 되지 않을 테니, 그에게는 생산성이 아주 높은 경우 생겨나는 특별 잉여가치도 있겠지만 무엇보다도 동종 업자들의 몰락으로 얻은 이익이 크겠지요. 사실상 시장을 독차지할 겁니다. 기계제 초기에는 이처럼 '예외적으로 큰 이윤'(außerordentlichen Profite)이 생겨났습니다. 게다가 이윤이 생겨나는 곳에는 돈이 더 몰리는 법이지요. "새로운 투자처를 구하는 사회적 추가 자본 대부분이 이 유리한 생산의 영역으로" 몰려올 겁니다. 초기에는 기계제로 전환되는 산업부문마다 이런 일이 일어납니다. 일종의 변혁이 일어나는 때죠. 마르크스는 이 시기를 "최초의 질풍노도(Sturm und Drang) 시기"라고 부릅니다.[김, 608; 강, 605]

그렇지만 기계제 공장이 산업부문 전반에 자리를 잡으면 이런 효과는 사라집니다. 기계제 생산이 '일정한 성숙단계'에 이르면 다른 요인들이 중요해지죠. 여기서 '일정한 성숙단계'라고 말한 것은 기계제의 하부구조가 모두 갖춰지고(철강과 금속의 가공 기술이 발전해 '기계에 의한 기계의 생산'이 가능해져야 하지요), 물품을 조달하고 운송하는 데 필요한 통신과 교통망도 어느 정도 갖춰진 상황을 가리킵니다.

이때부터는 기계화 자체가 문제가 아닙니다. 생산에 필요한 원료를 어떻게 구하고 방대한 생산물을 어디에 어떻게 팔 것인가가 중요한 문제로 부각되지요. 생산물을 늘리는 능력은 충분합니다. 문제는 원료와 판매시장이지요.[김, 608; 강, 605]

나는 다시금 마르크스의 『자본』에 감탄합니다. 『자본』의 서술순서를 그대로 따라가다 보면 중간중간 자본주의사회의 현상이 하나씩 해명됩니다. 우리는 절대적 잉여가치의 생산에서 상대적 잉여가치의 생산으로 넘어왔고, 상대적 잉여가치의 생산과 관련해 매뉴팩처에서 기계제로 넘어왔습니다. 여기서 19세기의 중요한 사회적 현상 하나가 해명되었지요. '과잉 노동인구' 말입니다. 왜 이렇게 취직하기가 힘든가. 사람들은 왜 이렇게 많은가. 노동인구가 너무 많아 당시 북미나 호주 등으로 대규모 이민을 가야 할 정도였어요. 마르크스가 인용한 1863년의 「공장감독관 보고서」에 따르면 "최근 25년간 적어도 600만 명이 이 나라를 떠났다"라고 하니 그 규모가 대단하지요.[김, 618, 각주 165; 강, 615, 각주 245] 『인구론』의 저자 맬서스의 말처럼 너무 많은 아이들이 태어났기 때문인가. 마르크스는 기계가 노동가능인구를 확대하는 동시에 생산에 필요한 노동자 수는 감소시킨다는 것을 보여주었습니다. 사람이 많아 '보이는' 것은 사람이 낳은 인구 때문이 아니라 기계가 낳은 인구 때문입니다.

그런데 여기서 마르크스는 19세기의 또 다른 중요한 현상을 해명하고 있습니다. '식민주의' 말입니다. 왜 그렇게 자본주의 국가들은 아메리카, 아프리카, 아시아를 침략했는가. 유럽인들의 심성 때문인가. 종교와 문명의 전파에 대한 사명을 자각했기 때문인가. 천만에요. 마르크스는 자본주의적 생산, 특히 기계제 대공장에 기초한 생산형태 안에 식민주의에 대한 요구가 들어 있음을 보여줍니다. 식민주의는 인간본성에 기인한 것도 아니고 신대륙 발견이라는 우연한 사건의 결과물도 아닙니다. 자본주의가 식민주의를 품고 있습니다(지금은 기계제 생산에 한정해서 하는 말이지만, 나는 개인적으로 자본이 자연과 맺는 관계에서도, 또 노동자와 맺는 관계에서도 식민주의가 작동하는 것은 아닌가 생각합니다. 반대로 말하면 식민주의란 자본이 자연과 노동자에 대해 맺는 관계가 다른 지역, 다른 민족을 대상으로 나타난 것이 아닌가 하고 생각합니다).

기계제 생산이 일반화되면 자본은 원료를 값싸게 대량으로 얻을 곳을 찾아 나섭니다. 식민화할 나라를 찾아나서는 거죠. 기계제의 발전과정에서 함께 발달한 통신과 교통 그리고 기계무기 등이 식민지 건설에 중요한 역할을 수행합니다. 그런데 식민지는 원료 공급처로서만 중요한 게 아닙니다. 새로운 시장으로서도 중요합니다. 기계제 대공업의 생산물을 파는 거죠. 이를 위해 식민지에 통신과 교통 시설을 구축합니다. 식민지의 전통적 생산기반은 붕괴됩니다. 현지의 수공업적 생산은 유럽의 기계제 생산을 당해낼 수 없습니다.[김, 609; 강, 605] 앞서 나는 월러스틴을 인용하면서 영국에서 본격적인 기계제 생산이 모직업이 아닌 면직업에서 시작된 이유가 인도를 겨냥했기 때문이라고 했습니다. 그리고 영국의 면직업 기계들이 인도의 숙련공들을 모두 몰락시켰다고 했지요. 인도를 식민화하면서 원료를 값싸게 들여왔고, 다시 기계제 공장에서 생산된 면직물을 인도에 팔아 인도의 산업을 붕괴시키고 엄청난 수익을 올렸다고 했습니다.

기계제 생산은 이런 식으로 지구적 차원의 변동을 야기합니다. 이를테면 영국의 기계제 생산은 인도의 산업구조를 변동시키지요. 면직물 생산기반이 무너져 버린 인도는 영국의 면직물을 사서 씁니다. 그러고는 영국 자본가들이 필요로 하는 원료 생산에 치중하겠지요. 인도의 전체 산업구조가 1차 산업 중심으로 발전하는 겁니다. 인도만이 아니라 당시 호주도 그랬습니다. 호주는 영국 모직업을 위한 양모 생산지가 되었지요. 영국에 면화를 공급하던 미국도 마찬가지입니다[마르크스는 산업구조로 볼 때 적어도 "현재[1866] 미국은 아직 유럽의 식민지로 보아야 한다"라고 쓰고 있습니다.[김, 609, 각주 154; 강, 606, 각주 234] 물론 인도의 경우를 유럽인들이 원주민들을 몰아내고 그 땅을 양모나 면화 생산지로 만든 호주나 미국의 경우와 동일시할 수는 없을 겁니다}.

마르크스는 기계제 생산과 더불어 "국제분업"(internationale Teilung) 구조가 만들어진다는 점을 지적하고 있습니다. "기계제 생산의 본거지를 중심으로 새로운 국제분업이 생겨나고, 이 국제분업은 지구의 한 부분을, 공업 생산 위주 지역을 위한 농업 생산 위주 지역으로 바꾸어버린다"[김, 609; 강, 606] 생산의 지역적·지구적 재편이 일어나는 것인데요. 물론 오늘날에는 이런 국제분업 구조가 훨씬 복잡합니다. 단순히 1차 산업과 2차 산업 간 분업으로 나뉘지 않습니다. 노동집약적 업종(소위 경공업)은 노동력이 저렴한 개발도상국 차지가 되고, 선진자본주의 국가에는 잉여가치가 많이 남는 업종(중공업, 첨단산업)이 자리를 잡습니다. 최근에는 동일한 제품조차 국제분업으로 생산됩니다. 이를테면 세계 유명 브랜드 의복은 대부분 디자인은 선진자본주의 국가에서, 제조는 저렴한 노동력을 가진 중국이나 동남아시아 국가에서 이루어집니다. 이 분업은 매우 위계적으로 조직되어 있습니다. 디자인이 제조보다 훨씬 부가가치가 높은 노동으로 평가되지요. 옷을 한 벌 팔거나 스마트폰을 한 대 팔면 거기서 생겨난 이윤의 상당 부분은 선진국 기업들로 이전되게 되어 있습니다.

다시 19세기로 돌아가보죠. 영국의 식민지 인도는 영국 자본의 원료 공급지가 되었고 상품판매 시장이 되었습니다. 앞서 인용했던 동인도 총독의 말처럼 인도 면직공들의 뼈가 인도의 들판을 하얗게 뒤덮었고, 세상에 별다른 해를 끼쳐본 적 없는 근면한 사람들이 "고통의 바다"에 던져졌지요(1116쪽 참조). 기계제 생산이 본격화되면서 영국은 중국까지 침략했습니다. 시장을 더 확대하기 위해서였지요. 마르크스는 이것이 "인간종족(Menschenrace)의 파괴"를 통해 이루어졌다고 했습니다.[김, 618; 강, 614] '아편전쟁'을 염두에 두고 한 말입니다. "제국의 생혈인 은화"를 빼내려고 "아편이라는 최면제를 중국에 강요한 영국의 대표".[42] 그는 여기서 자본주의의 민낯을 본 것 같습니다. 돈을 벌기 위해 아편을 내밀고 대포를 쏘는 것 말입니다.

사실 아편은 가난한 영국 아이들의 주요 사망 원인으로 언급된 것이기도 합니다. 면직공들의 뼈가 들판을 뒤덮은 인도에서 재배된 아편이 영국의 노동자 아이들과 중국인들을 파괴하는 데 쓰였다는 것, 그리고 그 속에서 영국 자본가들이 돈을 벌었다는 것. 마르크스가 이런 사실들을 그냥 언급한 것은 아닐 겁니다. 앞서 나는 마르크스의 정치경제학 비판을 '죽음의 정치경제학에 대한 비판'으로 읽을 수 있다고 했습니다. 자본의 정체가 죽은 노동이고, 살아 있는 것을 죽은 것으로 바꾸어가면서 자신을 증식시키니까요. 자본의 증식에 대한 비판은 죽음의 증식에 대한 비판이라고 할 수 있을 겁니다. 이 점에서 '아편'은 아주 상징적인 상품입니다. 사람들을 환각 속에 살게 하면서 병들게 하고 끝내 죽게 만들지요. 마르크스는 이게 바로 자본주의라고 말하고 싶었던 것 아닐까요.

번영은 드물고 공황은 빈번하다

기계제 생산이 이루어지고 원료 공급과 상품판매가 세계적 차원에서 이루어지면 생산의 규모가 어마어마하게 커지죠. 기계 덕분에 사실상 생산능력에 한계가 없어진 데다 시장의 규모까지 세계 차원으로 확대되었으니, 말 그대로 생산의 족쇄가 모두 풀린 셈입니다. 그런데 우리는 개인이 어찌할 수 없는 시장의 사회성에 대해 살펴본 바 있습니다. 세상에는 동업자가 너무 많고, "함께 잡히면 함께 죽는다"라는 이야기를 했었죠. 상품유통의 사슬이 어떻게 연결되어 있는지, 세상에 동업자가 얼마나 많은지, 현재의 생산량은 소비될 수 있는 수준인지 알 수가 없습니다. 자본주의는 기본적으로 각자도생하는 체제이지만 운명은 함께 맞게 되어 있습니

다(197쪽 참조).

시장이 세계적 수준으로 확대되면 이런 불확실성이 한층 커집니다. 시장 상황이 통제할 수도 미리 알 수도 없는 상황으로 더욱더 빠져 들어가는 거죠. 생산의 규모가 거대해진 만큼 불확실성도 커집니다. 마르크스는 이런 상황을 두고 "열병 같다"(fieberhafte)라고 했습니다. 처음에는 "시장을 과잉으로(상품이 넘쳐나게, Überfüllung) 만들었다가 다음에는 시장의 수축과 더불어 마비상태(Lähmung)에 빠져들"게 한다고요.[김, 611; 강, 607~608] 밀물과 썰물처럼 경기가 급속히 과열되었다가도 어느새 침체됩니다.[김, 612; 강, 609] 조금 더 세분하자면 '활황-호황-과잉생산-공황-침체'가 연속적으로 이어지지요. 처음에는 경기가 좋아서 생산도 늘고 이윤도 늘어납니다. 그럼 투자가 늘고 생산규모가 확대되지요. 그러다가 어느 시점부터 과잉생산으로 접어듭니다. 그러고 나면 공황이 찾아오고, 다시 경기가 얼어붙습니다.[김, 611; 강, 608]

이런 순환에 따라 노동자들의 처지도 변합니다. 잘나갈 때는 잘나가서 힘들고 못 나갈 때는 못 나가서 힘든 게 자본주의에서 노동자의 삶이긴 합니다만(대목일 때도 과로, 불황일 때도 과로지요. 불황일 때는 고용불안까지 더해지고요), 그래도 호황일 때가 조금은 나을 겁니다. 호황기를 지나면 자본가들 사이의 경쟁이 아주 치열해지는데요. 더는 늘지 않는 혹은 더욱 줄어든 파이를 차지하려고 필사적이 되는 거죠. 그런데 이 필사적 경쟁이 노동자의 희생을 요구합니다. 이른바 '상품의 경쟁력'을 말할 때 그중 가장 큰 부분이 가격일 텐데요. 자본가는 가격을 낮출 온갖 방도를 찾습니다(작업방식도 바꾸고 기계도 개량하고요). 그러다 보면 "임금을 노동력 가치 이하로 낮춤으로써 상품가격을 낮추려는 노력이 행해지는 때가 반드시 옵"니다. 그러고도 안 되면 노동자들을 내보냅니다. 신규 채용도 멈추고요. 다시 물들어올 때까지 기다리는 거죠. 이런 식으로 산업의 순환을 따라 노동자들 역시 밀물과 썰물처럼 밀려왔다가 내쳐지는 일을 반복합니다.[김, 611; 강, 608~609]

실제 사례를 보여주기 위해 마르크스는 기계제 대공업이 시작된 이래 영국 면직업의 역사를 간략히 정리했는데요. 1쪽 남짓의 분량을 연도와 사건으로만 채웠습니다. 그것도 표가 아니라 텍스트로 적었지요. 연도에 따라 일어난 사건을 텍스트로 풀어놓으니 마치 무슨 기록 필름을 보는 것 같습니다. 성장과 추락, 밀물과 썰물이 반복되는 영국 면직업의 일대기가 눈앞에 펼쳐지죠. 이런 식입니다. "1770년부터 1815년까지 면직업이 불황 또는 침체 상태에 있었던 것은 5년이다. 첫 번째 시기에 해당하는 이 45년 동안 영국의 공장주들은 기계와 세계시장을 독점하고 있었다. 그런 다음 1815~1821년 불황. 1822~1823년 호황. 1824년 단결금지법 폐지와 공장들의 전반적인 대규모 확대. 1825년 공황, 1826년 면직업 노동자들의 심각한 궁핍과 폭동, 1827년 약간의 회복, 1828년 증기직기와 수출의 대폭적 증가. 1829년 유례없는 수출의 폭발, 특히 인도로의 수출이 괄목할 만했음. 1830년 시장의 범람과 큰 곤경. 1831~1833년 불황 지속, 동아시아(인도·중국)와의 무역이 동인도회사의 독점에서 벗어남. 1834년 공장과 기계의 대폭적 증가, 인력의 부족, (…)"(이 기나긴 사건 목록은 "1862~1863년 영국 면직업의 붕괴"로 끝납니다).[김, 613~614; 강, 609~610]

그런데 이 내용을 눈여겨보면 중요한 사실 하나를 발견할 수 있습니다. 호황과 불황이 단순하게 반복되는 게 아니라는 점입니다. 호황은 점차 드물어지고 시기도 짧아지는 반면 불황과 침체는 더욱 빈번하며 기간 또한 길어집니다. 마르크스가 영국 면직업의 "첫 번째 시기"라고 부른 45년(1770~1815)간은 공황과 침체 상태가 5년에 불과했는데요. "두 번째 시기"라고 부르는 다음 48년(1815~1863) 동안에는 불황과 침체가 28년으로 늘어난 반면 회복과 호황의 시기는 20년으로 줄어들었습니다.[김, 618; 강, 614] 짧게 보면 산업의 반복적 순환이 생명의 순환처럼 보입니다만 길게 보면 죽음을 향해 가고 있는 거죠. 반복행위 속에서 파국(대공황이든 대전쟁이든)이 다가오고 있는 것이지요. 자본의 운동 속에 언젠가 프로이트(Sigmund Freud)가 말한 것 같은 죽음 충동이 자리하고 있는 걸까요.[43]

'보이지 않는 실'——기계제 시대의 착취

지금까지 우리가 본 것은 기계제 대공업 공장에서 일어난 일입니다. 하지만 기계제 대공업이 자본주의적 생산의 기본형태로 자리를 잡으면, 기계제로 전환하지 않은 작업장에도 큰 영향을 끼칩니다. 수공업, 매뉴팩처, 가내공업 등도 하나의 요구에 직면하는 거죠. 변화된 생산유기체에서 불필요한 기관으로 몰락하거나 새로운 기관으로 거듭나거나.

몰락하거나 거듭나거나

기계제 공장과 매뉴팩처 작업장의 생산력은 비교가 되지 않습니다. 업종이 동일하다면 매뉴팩처 작업장은 기계제 공장을 당해낼 수 없습니다. 애덤 스미스의 눈을 휘둥그레지게 만든 제침 매뉴팩처의 경우 열 명의 노동자가 하루 동안 4만 8000

개의 바늘을 만들었습니다. 독립수공업자라면 하루에 20개나 만들었을까 싶은데 4만 8000개라니 정말로 분업의 위력에 놀랐을 만합니다. 하지만 마르크스에 따르면 19세기 제침공장의 기계 한 대가 11시간 동안 만들어낸 바늘 개수는 무려 14만 5000개입니다. 그런데 이런 기계 네 대를 한 명의 여성 노동자가 관리합니다. 매뉴팩처에서는 노동자 열 명이 4만 8000개를 만들었는데, 공장에서는 노동자 한 명이 기계를 사용해 하루에 60만 개를 만들어낸다는 말입니다.[김, 619~620; 강, 615~616]

도저히 경쟁이 안 됩니다. 기계제 공장이 들어서면 매뉴팩처는 바로 문을 닫을 수밖에 없습니다. 조금 버틴 곳들도 있는데요. 그냥 버틴 것은 아니고, 작업공정에 기계를 부분적으로 도입했습니다. 마르크스는 영국 도시 코번트리(Coventry)의 '오두막공장들'(Cottage-Fabriken)을 예로 들었는데요. 오두막공장들 사이 중앙에 증기기관을 하나 두고 각 공장의 작업장들이 직기를 연결해 견직물을 생산했습니다. 매뉴팩처 작업장과 기계제 공장의 중간형태라고 할 수 있지요. 그러나 이 오두막공장들도 10년 남짓을 버텼을 뿐입니다. "결과는 오두막공장 300개의 전멸"이었지요.[김, 620; 강, 617] 이것이 기계제로 전환되던 때 대부분의 업종에서 일어난 일일 겁니다. 하지만 기계제 대공업이 지배적 생산형태가 되었다고 해서 매뉴팩처와 가내공업이 모두 사라지는 것은 아닙니다. 21세기인 지금도 영세한 수준이기는 하지만 수공업이나 매뉴팩처 방식을 기본으로 하는 작업장들이 존재하니까요. 내가 사는 동네에도 남대문시장이나 동대문시장에 납품하는 재봉업체들이 상당히 많습니다. 가정집 규모의 작업장들이지요. 작은 기계 몇 대를 들여놓고 일하는, 매뉴팩처에 가까운 이런 작업장들은 도대체 어떻게 살아남은 걸까요.

『자본』을 읽어가면서 자주 하는 말입니다만 대강의 겉모습만 보고 판단해서는 안 됩니다. 앞서 4장에서 16세기 생산양식의 변동을 설명하며 신체구조가 바뀌면 기관들의 기능과 의미가 달라진다는 말을 했는데, 지배적 생산형태가 매뉴팩처에서 기계제로 바뀔 때도 할 수 있을 겁니다. 겉보기에는 매뉴팩처 작업장과 비슷해 보인다고 해도 기계제가 지배적 생산형태인 사회에서는 그 작업장의 기능과 의미가 완전히 달라집니다. 마르크스는 매뉴팩처의 부분 공정에 기계가 일부 들어오면서 단단한 결정과도 같았던 매뉴팩처의 편제(Gliederung)가 점차 해체된다고 말합니다.[김, 621~622; 강, 617] 전체 작업의 리듬이 인간적 분업에 기초했을 때와는 다르다는 거죠. 매뉴팩처 시대에도 복잡한 기계를 쓰는 경우가 있었습니다만 이런 기계들은 기본적으로 숙련노동자의 도구였습니다. 숙련노동자가 사용하는 조금 복잡한 도구였을 뿐이지요. 그러므로 공정이 해당 노동자의 작업 리듬에 맞추어져 있었습니다. 그러나 기계제 이후 작업장에 들어오는 기계들은 부분적으로 도입된 경우에도 노동자의 작업 원리에 근거하지 않습니다. 그보다는 기계공학이나 화학적 원리에 근거하지요. 그래서 해당 부분 공정에서는 노동자가 기계에 자신의 작업을 맞추어야 합니다.

또한 우리가 지난 7장에서 '거인 노동자'라고 부른 전체노동자 내지 결합노동자의 구성이 크게 달라집니다. 매뉴팩처 시대에 '전체노동자'의 기본 골격을 구성한 것은 성인 남성 위주의 숙련노동자였습니다. 그런데 기계제 이후 이런 영세 작업장에서 일하고 있는 사람은 주로 여성과 아동, 미숙련노동자입니다(오늘날에는 여기에 이주노동자를 더할 수 있겠지요). 작업장 크기가 얼마나 크든, 기계를 사용하든 그렇지 않든 상관이 없습니다.[김, 622; 강, 618] 겉보기로는 매뉴팩처 시대의 작업장과 비슷한데, 왜 노동자들의 구성이 바뀐 걸까요. 사실은 다른 것이기 때문입니다. "근대적 가내공업은 (…) 낡은 양식의 가내공업과는 그 이름 외에는 아무런 공통점이 없다." 똑같은 가내공업이어도 배치가 달라지면 전혀 다른 것이 됩니다. 언젠가 말했듯 이것은 도마나 당근과 함께 놓인 칼은 요리 도구이지만 지갑이나 복면과 함께 놓인 칼은 흉기인 것과 같지요. '과거의 가내공업'에 대해 마르크스는 "독립적인 도시 수공업, 자립적 농촌 경제 그리고 무엇보다 노동자 가족의 가옥"을 전제한다고 썼습니다. 과거의 가내공업이란 도시 수공업과 농촌 경제가 분리된 조건에서 노동자 가족이 집에서 물건을 만드는 형태였다는 거죠. 그런 사회적 배치 속에 존재했다는 말입니다. 반면 근대의 가내공업은 "공장이나 매뉴팩처 또는 선대(先貸) 상인의 외부 부서"입니다. 공장이나 매뉴팩처, 선대 상인 등의 존재를 전제하는 것이지요. 즉 이들의 주문을 받고 납품을 한다는 의미입니다.[김, 622; 강, 618]

기계제 대공업 시대의 매뉴팩처나 가내공업을 대공장의 "외부 부서"(auswärtige Departement)라고 했는데요. 일종의 외주 내지 하청을 받는 겁니다. 예컨대 대공장의 하청을 매뉴팩처에서 받는다면, 하청의 하청의 하청을 받는 곳에 가내공업이 있다는 말입니다. 매뉴팩처도 가내공업도 더는 독립적 생산의 장소가 아닙니다. 과거의 매뉴팩처나 독립수공업자는 자기 상품을 시장에 내다 파는 독립된 사업체였습니다. 그러나 대공업 시대의 매뉴팩처나 가내공업 업체는 시장에 상품을 내놓는 것이 아니라 공장에 생산물을 '납품'합니다. 특정 부품을 조립·생산하거나 특정 부분의 가공만을 담당하지요. 마르크스의 표현을 가져다 쓰자면, 모두가 '보이지 않는 실'(unsichtbare Fäden)로 연결되어 있습니다. 대공장의 자본가는 자기 공장노동자들을 직접 지휘하면서 외주 내지 하청 관계에 있는 노동자들, 이를테면 가내공업 노동자들을 '보이지 않는 실'을 통해 지휘합니다. 직접 고용하지 않았지만 실제로는 통제하고 있다는 뜻인데, 마르크스는 이런 식으로 말했지요. 아일랜드에 있는 "틸리 사의 셔츠공장은 1000명의 공장노동자들과 시골에 산재한 9000명의 가내공업 노동자들을 고용하고 있다."[김, 622; 강, 618]

──────── 값싼 착취재료―헛되이 고통받고 단축되는 생명들 ────────

이 '보이지 않는 실'을 볼 수 있어야 우리는 기계제 시대의 매뉴팩처나 가내공업의 노동형태를 이해할 수 있습니다. 해당 자본가의 성격, 노동자의 구성, 작업의 방식과 속도 등 많은 것이 과거 독립된 사업체였을 때와는 달라지거든요. 다시 말하지만 '이름'만 같지 사실상 다른 것이라고 해야 합니다. 무엇보다 노동력 착취가 훨씬 강합니다. 기계제 시대가 되면, 동시대 노동자들과 비교해도 매뉴팩처나 가내공업의 노동자들이 당하는 착취가 대공장 노동자들보다 더 크고 그 형태도 더 '파렴치'합니다. 그 내용을 마르크스가 자세히 나열하는데요.[김, 622~623; 강, 618~619] 일단 대공장과 달리 매뉴팩처나 가내공업 업체는 작업을 돕는 설비가 잘 갖춰져 있지 않습니다. 자동기계장치가 많지 않기 때문에 노동자가 직접적으로 힘을 써서 일해야 하는 공정이 많지요. 유독물질 같은 것을 처리하는 장치도 잘 갖추어져 있지 않고요. 매뉴팩처 시대와 달리 기계제 시대의 매뉴팩처 작업장에는 주로 여성과 아동 노동자(그리고 값싼 이주노동자)가 많다고 했는데, 게다가 작업환경도 더 나쁘고 위험하기까지 합니다.

상황을 더욱 악화시키는 것은, 마르크스의 표현을 쓰자면, 중간에 끼어드는 "약탈적 기생충들"(räuberischer Parasiten)입니다. 즉 이 매뉴팩처나 가내공업 노동자들은 대공장에 실제로 생산물을 납품하지만 대공장의 자본가는 이들을 직접 관리하지 않습니다. 그저 '보이지 않는 실'로 조정할 뿐이지요. 이들을 고용하고 이들에게 일을 시키는 사람, 노동자들에게는 고용주이지만 대공장 자본가에게는 외부 부서장쯤 되는 사람들이 따로 있습니다. 중간에서 이익을 가로채는 이들, '약탈적 기생충들'이 있는 겁니다. 그들은 노동자들이 받아야 할 돈의 상당 부분을 중간에서 떼어내지요. 그러다 보니 하청기업의 경우 임금이 노동력의 가치보다 실제로 훨씬 적게 지급됩니다.

또 영세한 가내공업은 충분한 기계설비 없이 경쟁력을 갖추어야 하기에 그만큼 노동력을 쥐어짭니다. 노동일도 길고 노동강도도 아주 높지요. 노동자들의 건강에 꼭 필요한 시설도 비용을 아낀다는 이유로 구비해놓지 않고, 그래서 채광과 환기가 잘 이루어지지 않고 작업 공간도 비좁은 경우가 많아요. 자본가의 비용 절약은 노동자의 생명 낭비입니다. 영세한 업체일수록 이런 데서 경쟁력을 확보하려 들지요(대체로 이런 작업장들은 법적 제약이나 당국의 감독이 미치지 않는 곳들이고요). 게다가 이런 곳일수록 노동자들의 저항은 더 약합니다. 한곳에 모여 있는 대공장 노동자들과 달리 외주나 하청을 맡은 매뉴팩처나 가내공업의 노동자들은 작업장별로 따로 떨어져 있습니다. 그게 다가 아닙니다. 여기 노동자들은 달리 갈 곳이 없는, 말 그대로 "남아도는"(überzählig) 사람들입니다.[김, 623; 강, 619] 잉여존재들이지요. 여기가 생존의 '마지막 도피처'이기 때문에 대공장과는 달리 노동자들 사이의 경쟁이 아주 심합니다. 고용불안이 커서 더욱더 고용주에게 매달리게 되는 곳이지요. 그렇기 때문에 역설적으로 고용주들이 더 가혹하게 부려먹고 쉽게 내칠 수 있는 곳이기도 합니다. 마르크스의 말처럼 "적대적이고 살인적인 측면이 최고도에 달하는 곳"이지요.[김, 623; 강, 619]

낡은 생산형태가 새로운 생산유기체 속에서 매우 혹독한 형태로 새로 태어난 셈인데요. 기계제 생산 시대에 매뉴팩처 작업장의 존재는, 비록 정도는 조금 덜하겠지만, 자본주의 생산양식 속에서 노예제가 존재할 때 그것이 어떻게 기능했는지를 보여주는 것 같습니다. 마르크스는 미국 남부 노예제를 예로 들면서, 이 경우 "야만적 잔학성"(노예제)에 "문명화된 잔학성"(자본주의)이 결합한다고 했습니다. 노예 한 사람의 생명을 7년 만에 모두 "소진"하는, 한마디로 도살장이었죠. 마르크스는 기계제 생산 시대의 매뉴팩처나 가내공업에서 일어난 일도 크게 다르지 않다고 본 것 같습니다. 실제로 그는 당시 런던의 인쇄공장이 "도살장"이라는 별칭으로 불리고 있다는 사실을 환기시킵니다.[김, 623; 강, 619] 인쇄공장만이 아닙니다. 기계시스템이 제대로 갖추어지지 않은 작업장이나 공장에서는 여성들과 소년들이 살인적 노동을 수행하고 있었습니다. 마르크스는 다양한 사례를 열거하는데요. 우리가 노동일에 관한 장에서 본 것과 비슷한 가슴 아픈 이야기가 여기서도 길게 펼쳐집니다. 그때와 마찬가지로 대부분 「공중위생 보고서」나 「아동노동조사위원회 보고서」에서 인용한 자료들이지요.

이 자료들의 내용을 간단히 요약한다면 아마 이렇게 말할 수 있을 겁니다. 여기 노동자들은 죽어가고 있는데 그 이유는 이들이 이런 곳에서 일자리를 구했기 때문이다. 실제로 마르크스는 이를 뒷받침하는 통계자료를 내놓는데요. 런던의 봉제업과 인쇄업에 종사하는 노동자들이 영국의 농민들보다 더 빨리 죽고 더 많이 죽는다는 것을 보여주는 자료(예컨대 "45~55세 인구의 10만 명당 사망자 수가 잉글랜드와 웨일스의 농민들은 1145명인 반면 런던의 인쇄업 종사자들은 2367명")입니다.[김, 627; 강, 623] 「공중위생 보고서」를 편찬한 의사 또한 이렇게 말합니다. "무수히 많은 남녀 노동자들의 생명이 현재 헛되이 고통받고 단축되고 있는데, 이는 단지 그들이 고용되었다는 사실 때문에 받게 되는 무한한 육체적 고통에서 비롯된 것이다."[김, 627; 강, 622] 아이러니하게도 살기 위해 잡은 일자리가 노동자의 삶을 단축시키는 셈입니다.

그나마 매뉴팩처는 가내공업보다 사정이 좀 낫습니다. 가내공업은 그야말로 공장법의 사각지대에 놓여 있지요. 당시 가내공업 업체들 대다수가 공장법 적용을 받지 않았습니다. 마르크스는 레이스 제조업을 예로 들었는데요. 그런 곳에선 주로 성인 여성들과 어린 소녀들이 일을 했습니다. 영국에서는 이런 노동력을 "값싼 노동"(cheap labour)이라고 불렀다는데요.[김, 622; 강, 617~618] 달리 말하면 '값싼 착취재료'인 것입니다.[김, 628; 강, 623] 조사 보고서에 따르면, 노동환경이 말이 아닙니다. '레이스공장'을 예로 들자면, 환기도 되지 않는 좁은 공간에서 신발도 신지 못한 채(상품인 레이스를 더럽히면 안 되니까요) 대여섯 살 아이부터 20대 여성까지 하루 12시간, 경기가 좋을 때는 15시간 가까이 일합니다. 레이스 생산의 마무리 작업(기계적 방법으로 만들어진 레이스를 마지막으로 손질하는 것)은 '여주인의 집'이라 불리는 집에서 가내공업 형태로 이루어지는데요. 여자들이 자기 집에서 아이들 몇 명을 데리고 작업합니다(자기 자식들을 데리고 하는 경우도 많았고요). 사실 이 '여주인'들도 대개는 다 가난한 사람들입니다. 공장주나 상인에게 일감을 받은 가난한 어른이 가난한 아이들을 모아서, 그리고 자기 자식들까지 동원해 일을 하는 겁니다. 워낙 무미건조하고 단조로운, 그러나 피로에 찌든 노동인지라 때로는 여주인이 어린아이들에게 긴 회초리를 휘두르며 일을 시키는데, 그럼에도 그 모습은 분노보다는 슬픔을 자아냅니다.[김, 629~630; 강, 624~625] 가난한 사람이 가난한 사람을 학대하니까요.

비슷한 장면이 밀짚세공공장에서도 반복됩니다. 주로 12~14세 아이들이 일하는 곳인데요(워낙 많은 아이가 일하기 때문에 '밀짚세공학교'라고 불렸답니다). 아이들을 여기서 일하게 하고 심지어 집에서도 밤늦게까지 일을 시키는 것은 다름 아닌 이 아이들의 부모입니다. 아이들의 작업 공간은 한 조사위원의 표현을 쓰자면 "어린아이 하나를 상자 속에 넣는다고 가정할 때 차지하는 공간의 절반보다도 작"습니다. "가난하고 피폐해진 부모들은 자식들에게서 가능한 한 많은 것을 뽑아내려는 생각뿐이다." 마르크스는 이런 영국 사회를 조롱하듯 덧붙입니다. "이렇게 모범적인 가정들의 조국은 (…) 유럽의 기독교 모범국이다!"[김, 632~633; 강, 628] 마르크스는 가난한 노동자 부모를 "노예상인"이라고 부른 바 있는데요. 부모들이 어린아이들의 노동력을 아예 공장에 팔아 치워 버린 일을 가리킨 겁니다. '노예상인'이라는 말은 기계제 생산이 노동자 가정을 어떻게 파괴했는지를 상징하지요. 그런데 가내공장에서 자기 아이들의 노동력을 최대한 착취하는 부모의 형상에서 우리는 다시 한번 동일한 장면을 봅니다. 인류가 파괴되는 현장이지요.

이런 부모들을 손가락질하기는 쉽습니다. 어떻게 자기 아이들을 그렇게 팔아 치우고 또 부려먹을 수 있느냐고. 실제로 많은 부르주아가 그렇게 이 부모들을 비난했습니다. "노예상인"이라는 표현에서 보는 것처럼 마르크스 역시 이 사태에 분노했습니다. 그러나 그는 이 가난한 부모들의 행태보다 그것을 비난하는 부르주아들에게 더 분노했습니다. 노동자 부모가 "노예상인"으로 전락했다는 말에 마르크스는 주석을 달았는데요. 그는 어린아이들을 공장에 보낸 부모들을, 로마가 예루살렘을 공격했을 때 '굶주림을 면하기 위해 아이를 잡아먹은 어미'에 비유한 부르주아 경제학자에게 이렇게 쏘아붙였습니다. "이 자본주의적 바리새인(위선자, Pharisäer)은 (…) 자신들이 만들어냈고 영속화했고 착취해온, 그리고 자신들이 '노동의 자유'라고 부른 이 야만성을 비난하고 있다."[김, 535, 각주 40; 강, 535, 각주 122] 지옥을 만든 당사자들이 지옥에서 벌어진 일을 손가락질하는 꼴이지요.

다시 강조하지만, '눈에 보이지 않는 실'을 볼 수 있어야 합니다. 이 실을 잡고 대공장에서 시작해 레이스를 다는 '여주인의 집'이나 밀짚모자 등을 만드는 '밀짚세공학교'까지 갈 수 있어야 합니다. 왜 '여주인의 집'이나 '밀짚세공학교'에서는 폐병 환자가 속출하고 어린아이까지 혹사당하는가. 기계제 대공장에서 나온 착취의 실이 벽촌의 가내공장을 팽팽하게 당기고 있기 때문입니다. 아이들에게 긴 회초리를 휘두르는 여주인의 팔을 들어올리는 '보이지 않는 실'을 보아야 합니다.

―――――――――― 시다의 꿈 ――――――――――

근대적 매뉴팩처나 가내공업도 점차 기계를 도입할 수밖에 없습니다. 공예품을 만드는 게 아니라면 사람의 손에만 의존하는 일은 거의 사라져가지요. 과거의 노동집약적 업종들도 시간이 지나면서 대부분 기계화됩니다. 마르크스가 가내공업의 예로 들었던 레이스나 모자 제조업, 봉제업 등이 전형적입니다. 대체로 '의류 산업'의 세부 업종들에서는 꽤 오랫동안 매뉴팩처와 가내공업 형태가 유지되었습니다. 하지만 이들 업종도 어느덧 기계제 대공업으로 전환됩니다.

마르크스는 영국에서 매뉴팩처와 가내공업의 대공업 이행과정을 잘 보여주는 것이 바로 이 '의류 산업'이라고 했는데요.[김, 634; 강, 629] 영국의 의류 산업은 일차적으로는 매뉴팩처 형태였습니다. 분업을 통해 각 부분을 만든 뒤 결합하는 방식이었지요. 물론 여기서 생산하는 의류 용품이 곧바로 소비자에게 가는 것은 아니고, 선대 상인들에게 미리 주문을 받아 만든 것입니다. 여기서 쓰는 원료, 이를테면 실이나 천, 기타 반제품은 모두 기계제 대공장에서 공급된 것이고요. 여기서 일하는 사람들은 대부분 공장에서 축출되었거나 농촌에서 올라온 사람들, 마땅히 갈 데가 없는 사람들입니다. '값싼' 인력들이지요. 이들 업종에서 매뉴팩처 형태의 생산이 꽤 오랫동안 가능했던 것도 바로 그런 사람들 덕분이었습니다. 제품을 싼값에 만들어내면서도 잉여가치량을 크게 늘릴 수 있었던 것은 이들을 극도의 저임금으로 장시간 부릴 수 있었기 때문이지요.[김, 634~635; 강, 630]

그렇지만 분업과 값싼 인간재료만으로는 더 버티기 힘든 시점이 옵니다. 마르크스는 의류 산업의 세부 업종 전체를 바꾸는 획기적인 기계가 이때 등장했다고 말하는데요. 바로 '재봉틀'입니다.[김, 636; 강, 631] 일본 사람들은 '재봉틀'(sew-ing-machine)을, 해당 단어의 뒷부분 '머신'만 따서 자기들 식으로 발음한 '미신'(ミシン)이라고 불렀는데요. 그 때문에 한국에서도 오랫동안 재봉틀은 '미싱'이라는 이름으로 불렸지요. 마르크스는 재봉틀이 끼친 영향은 "새로운 산업부문을 정복한 모든 기계가 끼친 영향과 거의 동일"하다고까지 말하고 있습니다.[김, 636; 강, 630] 의류 산업 부문에서는 거의 혁명적인 영향을 끼쳤다고 할 수 있지요. 재봉틀이 등장하면서 의류공장에서 전면적으로 부각된 노동인구가 있으니, 젊은 여성들과 소녀들입니다. 이상한 말이지만 재봉틀은 무게와 크기, 기타 특성이 젊은 여성 노동자들에게 맞춰져 있습니다. 값싼 여성 노동력을 효과적으로 착취하기 위해 특별히 고안된 기계가 아닌가 하는 생각마저 들 정도입니다. 강한 근력을 요하는 것은 아니어서 임금이 더 높은 남성 노동자를 고용할 필요가 없었고, 그렇다고 나이가 지나치게 많은 사람이나 너무 어린 노동자들이 감당할 정도의 노동은 또 아닙니다. 손과 발을 계속 움직이면서 민첩하고 정확하게 일을 처리해야 하니까요. 특정 기계가, 특정 연령대의 특정한 성의 노동자와 결합하는 작업형태가 만들어진 것이지요(1970년대 한국 사회에 '여공'이라는 말이 보통명사처럼 자리 잡은 것도 이와 무관치 않을 겁니다).

마르크스는 이들 여성 노동자들의 노동력 지출이 대단히 컸다고 말합니다. 환기도 안 되는 좁은 공간에서 장시간 일을 해야 했으니까요. 그는 1864년의 「아동노동조사위원회 보고서」 한 대목을 인용하는데요. 마치 한 세기 뒤, 그러니까 1970년대 한국 여공들의 상황을 그대로 옮겨 적은 것 같습니다. "30~40명의 기계노동자가 일하는 낮은 작업장에 들어갈 때 받는 느낌은 견딜 수 없을 정도다. (…) 상당 부분 다리미를 뜨겁게 하기 위한 가스난로 때문에 발생한 열기는 끔찍한 것이다. (…) 이런 작업장에서는 이른바 정상적인 노동시간이 이루어진 경우, 즉 아침 8시부터 저녁 6시까지 노동이 이루어진 경우에도 날마다 3~4명은 졸도한다."[김, 636~637; 강, 632] 『전태일 평전』에도 비슷한 내용이 많이 나옵니다. 대부분 재봉틀 몇 대를 놓고 일을 시키지요. 한 층을 위아래 둘로 나누어 천장은 너무 낮고 환기도 되지 않는 작업장에서, 농촌에서 올라온 10대 여공들이 일을 합니다. 재단사였던 전태일에게 어린 시다(보조) 노동자들이 호소하는 말들은 지금 읽어도 눈시울이 붉어집니다. "재단사요, 난 이제 아무래도 바보가 되나 봐요, 사흘 밤이나 주사 맞고 일했더니 이제 눈이 침침해서 아무리 보려고 애써도 보이지도 않고 손이 마음대로 펴지지가 않아요."[44] 그러다 전태일을 본격적으로 운동에 뛰어들게 한 일이 있었지요. 미싱사인 한 여공이 일을 하다가 "새빨간 핏덩이를 재봉틀 위에다 왈칵 토해낸" 일이 있었습니다. 폐병이었지요. 결국 그 여공은 거리로 쫓겨났습니다. "이제 그녀에게 남은 길은 십중팔구 젊디젊은 나이에 썰렁한 판잣집 방구석에 누워서 치료 한번 변변히 못 받고 죽어가거나, 아니면 요행히 살아남아도 폐인이 되는 것밖에 없었다."[45]

환기도 되지 않는 다락방에서 몇 대의 재봉틀을 앞에 두고 장시간 노동하던 여공들에 대한 마르크스의 묘사를 보면서 나는 박노해 시인의 〈시다의 꿈〉(나중에 노래로도 만들어졌지요)이 떠올랐습니다. 아마도 이 시는 19세기 영국, 20세기 한국, 21세기 방글라데시 의류공장 여공들의 변함없는 삶에 대한 진실한 증언이라고 할 수 있을 겁니다.

긴 공장의 밤
시린 어깨 위로
피로가 한파처럼 몰려온다

드르륵 득득

미싱을 타고, 꿈결 같은 미싱을 타고
두 알의 타이밍으로 철야를 버티는
시다의 언 손으로
장밋빛 꿈을 잘라
이룰 수 없는 헛된 꿈을 싹뚝 잘라
피 흐르는 가죽본을 미싱대에 올린다
끝도 없이 올린다

아직은 시다
미싱대에 오르고 싶다
미싱을 타고
장군처럼 당당한 얼굴로 미싱을 타고
언 몸뚱어리 감싸줄
따스한 옷을 만들고 싶다
찢겨진 살림을 깁고 싶다

떨려오는 온몸을 소름치며
가위질 망치질로 다림질하는
아직은 시다,
미싱을 타고 미싱을 타고
갈라진 세상 모오든 것들을
하나로 연결하고 싶은
시다의 꿈으로
찬바람 치는 공단거리를
허청이며 내달리는
왜소한 시다의 몸짓
파리한 이마 위으로
새벽별 빛나다

———박노해, 〈시다의 꿈〉[46]

물론 재봉틀이 매뉴팩처 작업장을 곧바로 기계제 공장으로 바꾼 것은 아닙니다. 굳이 말하자면, 재봉틀은 숙련노동자들이 사용하는 도구에 가깝지요. 매뉴팩처의 한 요소라 할 수 있습니다. 하지만 앞서 전태일이 언급하는 수준이 되면 작은 공장이라고 봐도 좋을 겁니다. 그럼에도 기계에 대한 혁신이 계속 이루어지고 규모가 대형화되면서 이런 영세업체들은 점차 몰락해갑니다. 소규모 자본가들이 버티기 힘든 구조가 만들어지지요. 게다가 앞서 살폈던 것처럼 19세기 중반부터, 노동일을 단축하고 여성노동과 아동노동을 규제하는 공장법이 시행되었습니다. 마르크스에 따르면 공장법의 시행은 "매뉴팩처와 가내공업 사이의 여러 중간형태들"을 몰락시켰습니다. "값싼 노동력의 무제한적 착취야말로 이들 형태가 지닌 경쟁력의 유일한 토대였기 때문"이지요.[김, 640; 강, 635] 이처럼 공장법은 자연발생적으로 진행되던 산업혁명을 더욱 가속화했습니다. 영세업체들은 몰락하고 생산수단과 노동자들이 대자본을 중심으로 편제되었지요.[김, 639~640; 강, 634~635]

　법적 규제가 없었다면 노동력에 대한 착취는 더욱 심해졌겠지요. 기계화가 생산력을 높인다는 것을 모르지는 않지만 값싼 노동력에 대한 무한정 착취가 가능한 곳에서는 기계화의 유인이 크지 않습니다. 기계가 있어도 쓰지 않으려 하지요. 영국에서 공장법에 의한 규제가 시작되었을 때 많은 업체가 규제 때문에 손익구조가 악화된다고 비명을 질러댔습니다. 언제나 나오는 이야기입니다. 경기도 어려운데 기업을 압박한다고, 기업 활동의 자유를 달라고. 공장법 규제가 시작될 당시 많은 업체들이 업종의 성격상 법을 지키기 어렵다며 저항하기도 했습니다. 법이 규정하는 하루 노동시간으로는 필요한 생산량을 얻을 수 없다고도 했고, 제품의 특성상 생산을 중간에 멈출 수 없어 법에서 규정하는 중간 휴식시간을 노동자들에게 제공할 수 없다는 식으로 주장했습니다. 지난번에 살펴본 대로, 법적 규제를 받지 않아 단테가 묘사한 지옥보다 끔찍한 곳이라고 마르크스가 언급했던 업종, 이를테면 레이스·도자기·염색·성냥·제빵 등등이 대체로 여기 해당합니다.

　이런 분야가 순수 기계적 공업보다 공장제로의 전환이 상대적으로 어려운 건 사실입니다. 그러나 대부분은 "무제한의 노동일, 야간노동, 인간생명의 무제한적 낭비의 습관"을 정당화하기 위한 구실에 불과했지요. 마르크스는 이들이 아주 작은 제약마저 "본성상의 제약"(Naturschranken)으로 과장하고 있다고 했는데요. 그걸 입증한 것이 공장법입니다. 그는 "공장법이 그런 '본성상의 장애들'을 제거한 것처럼 더 확실하게 해충을 제거하는 살충제는 없을 것"이라고 했습니다.[김, 641;

강, 636] 그렇게 불가능하다고 했던 일들이 일단 공장법에 대한 규제가 시작되자 거짓말처럼 가능해져버렸거든요. 예컨대 도자기 제조에는 반죽 때문에 수분을 말리는 시간이 절대적으로 필요하다고 했지만, "압력으로 흙 반죽을 만드는 개량된 방법"이 개발되었고, 아예 석탄 소비를 줄이면서도 제품의 질을 높이는 새로운 가마가 나타났지요. 성냥 제조에는 독성 높은 인(燐) 증기가 나오는 용액 속에 나뭇개비를 적시는 과정이 필수적이라며, 어린 노동자들이 그 일을 하는 것을 자연스럽게 생각했었는데요. 공장법에 의한 규제가 시작되자 나뭇개비를 용액에 담그는 기계가 나와 그것을 사용하게 되었습니다.[김, 641; 강, 636]

공장법은 생산과정의 기술적 제약만 극복하게 해준 게 아닙니다. 업종에 따라서는 생산과 소비가 특정 절기를 타는 것들이 있는데요. 소위 '대목'이 있는 상품들이지요. 계절이 뚜렷한 지역이라면 아마 의류 상품이 대체로 그럴 겁니다. 또 경우에 따라서는 갑자기 대량 주문이 들어오기도 합니다. 공장법 규제를 받지 않던 업종에서는 이런 경우에 대비해 잠재적 노동자군인 '산업예비군'을 유지합니다. 일감이 많을 때 채용하고 일감이 없을 때는 그냥 내보냅니다. 노동자들로서는 둘 다 지옥이죠. "1년 중 어떤 때는 극히 비인간적인 강제노동으로 죽어 나가고 또 어떤 때는 일이 없어서 폐물처럼 내버려지"니까요.[김, 645; 강, 639] 공장주들은 이런 관행까지 '본성상의 제약'이라고 불렀습니다. 그러나 공장법 시행은 생산의 계획성과 재고관리의 중요성을 부각했지요. 규제가 들어가니 생산과 재고관리에서 합리화가 이루어진 겁니다.

공장법의 규제는 공장제로의 전환을 촉진하면서 영세한 자본을 몰락시킵니다. 공장제로 전환하려면 더 큰 자본이 필요하니까요. 이로써 자본의 집적(집중, Konzentration)이 가속화되지요. 공장법은 대공업의 산물이면서 또한 대공업으로의 이행을 촉진하는 요인입니다. 그러나 공장법의 규제가 없었는데도 자본 스스로 '인간생명에 대한 무제한적 낭비'를 멈추는 일은 없었을 겁니다. 자본 안에는 가치증식의 내적 충동을 제어할 아무런 장치가 없으니까요. 그래서 외적 규제가 꼭 필요합니다. 자본의 충동은 오직 "일반적인 의회 법령의 압력 아래에서만" 제어될 수 있습니다.[김, 647; 강, 642]

─────── 부르주아 심문관과 '자본의 정신' ───────

사실 마르크스는 노동일에 관한 장에서도 자본에 대한 외적 규제의 필요성을 역설했습니다. 그는 공장법의 역사만큼 '자본의 정신'을 잘 보여주는 것은 없다고 했지요. 공장법이 제정되고 그 적용 범위가 확대되어온 역사를 보면 우리는 자본이 어떤 것인지 새삼 깨닫게 됩니다. 어떻게든 노동일이 줄어드는 걸 막으려고 온갖 책략을 발휘했지요. 야간노동을 금지하자 밤이 시작되는 시간을 따졌고, 아동노동을 금지하자 아동의 나이 기준을 바꾸려 했으며, 점심시간을 부여해야 한다고 하자 점심 식사를 낮에 해야 한다는 규정은 없다고, 그야말로 법률의 빈틈과 허점을 찾아내기 위해 교활한 눈을 이리저리 돌렸지요(463~465쪽 참조). 이렇게까지 해야 하나 싶은 이런 행태가 자본이 무엇인지를 잘 보여주지요.

마르크스는 기계제 대공장을 다루고 있는 이번 장에서도 이 점을 다시 환기하는데요. 공장법에는 보건 조항들이 있습니다. 청결과 환기, 안전에 필요한 소소한 규정들이지요. 그러나 자본가들은 비용이 조금이라도 들어간다면 "노동자들의 팔다리를 보호하기 위한" 극히 사소한 조치들에도 "아주 미친 듯이" 반대합니다.[김, 648; 강, 642] 작은 안전장구들만 갖추어도 인명 손실을 막을 수 있는데 법적 규제가 없으면 이런 걸 갖출 생각을 하지 않습니다. 어찌 보면 이런 것까지 법에 규정해야 하나 싶은 것들이 많습니다. 일할 때 적절한 크기의 공간이 필요하고 환기가 되어야 하고 위험한 장치에 다가갈 때는 보호장구를 갖추어야 한다는 것을 알기 위해 전문적 지식이 필요하진 않으니까요. 상식적으로 생각해도 너무 당연한 조치들이거든요. 그런데 자본가에게는 이런 상식이 통하지 않습니다. 하기는 상수원에 오염물을 배출하면 안 된다는 것도 알려줘야 하는 사람들, 아니 법으로 금지를 해야만 지키는 사람들이니까요. 이런 자본가들이 공장에서 지켜야 할 기초적 보건 상식을 모르는 척하는 것은 당연합니다. 모를 리 없는데도 모르는 척하는 거죠. 하지만 이것이야말로 자본의 정신이 솔직하게 자신을 드러내는 순간입니다. 이것이 자본이고, 이것이 자본주의입니다. 마르크스의 말처럼요. "매우 간단한 청결 및 보건 설비조차 국가의 강제 법률로 명령해야 한다는 것보다 자본주의적 생산양식을 더 잘 특징짓는 것이 또 어디에 있겠는가?"[김, 649; 강, 643]

『자본』 제13장의 끝부분에는 이와 관련해 흥미로운 심문 내용이 있습니다.[김, 667~678; 강, 659~669] 제1독일어판은 각주 부분에 있던 것인데요. 마르크스가 프랑스어판(1872~1875)을 펴낼 때 본문으로 옮겼습니다(엥겔스가 이를 참고해 제4독일어판도 그렇게 편집을 바꾸었지요). 각주에 두기에는 분량이 조금 많기도 하지만 그 내용이 본문에 들어가는 게 더 낫겠다고 판단한 모양입니다. 공장법을 확대 적용하는 과정에서 공장주들이 어떻게 저항했는지를 잘 보여주거든요. 앞서 말한 "자본의 정신"이 잘 드러나는 대목이라고 할까요.

1867년 8월 영국에서 '공장법 확대법'(Factory Acts Extension Act)이 통과되었는데요. 여기에는 모든 금속 주조 및 단조, 기계 제조 등의 매뉴팩처와 유리, 종이, 고무, 담배, 인쇄, 제본 등의 매뉴팩처, 그리고 종업원 50인 이상인 모든 작업장이 포함되었습니다.[김, 663, 각주 240; 강, 656, 각주 319a] 공장법을 산업부문 일반에 적용할 수 있게 된 것인데요. 노동자들이 수십 년 동안 문제를 지적하고 싸워온 결과라고 할 수 있습니다. 하지만 자본가들이 가만히 있었던 건 아닙니다. 공장법은 이전에도 이야기했던 것처럼 노동자계급과 자본가계급의 '내전'의 결과물입니다. 노동자들의 투쟁이 '공장법 확대법'을 제정하게 만들었지만 자본가들의 반발로 이 확대법에는 "많은 예외규정과 적지 않은 타협"이 담겼고 이로 인해 본래의 공장법보다도 내용이 후퇴했습니다.[김, 666; 강, 658]

여론에 밀려서 공장법 확대법을 만들기는 했지만 의회로서는 내키는 일이 아니었습니다. 마르크스는 당시 의회가 "철저하지도 못했고 좋아하지도 않았고 성의도 없었다"라고 했습니다.[김, 666; 강, 659] 이 점을 아주 잘 보여주는 것이 '광산특별위원회'의 청문회입니다. 사실 광산업은 잔혹한 노동환경으로 워낙 악명을 떨쳐서 의회는 일찍부터 광산법(1842)과 광산감독법(1860)을 만들었습니다. 그렇지만 광산업에는 이상하게도 법의 적용이 지연되는 일이 많았고 조문 자체에도 꼼수가 너무 많이 개입해 별로 실효적이지 않았습니다. 광산의 작업환경에 대한 감독을 규정하고 있지만 감독관 인원을 터무니없이 적게 배정해 사실상 감독이 불가능하게 만드는 식이었지요.[김, 666~667; 강, 658~659] 광산업에 대한 새로운 규제가 제안되어도 입법은 계속 지연됩니다. '공장법 확대법'도 마찬가지였지요. 마르크스에 따르면 그럴 만한 이유가 있었습니다. 광산업의 경우에는 산업자본가와 지주의 이해가 일치합니다. 채광 업자들이 광산의 소유자이기도 하거든요. 게다가 이들은 의회 의원이기도 합니다. 의회 자신이 광산 소유자이고 채광 업자인 것입니다.

그러다 보니 '광산특별위원회'의 심문과정이 아주 독특합니다. 형식적으로는 위원회의 심문관인데 실제로는 자본가의 변호사들이거든요. 마르크스는 이 위원회의 심문과정이 영국 재판정의 반대 심문을 연상시킨다고 썼습니다. 영국의 재판정에서는 변호사가 증인을 대상으로 엉뚱하고 파렴치한 질문을 마구 던져 증인들을 얼어붙게 한 뒤 마음에도 없는 말을 하게 하는 수법을 쓰는데, 여기서 의원들이 던지는 말들이 그렇다는 거죠.[김, 667; 강, 660]

그중 몇 대목을 보면 이렇습니다. 광산에서 14세 미만 소년들의 지하노동을 금지해달라는 노동자들의 요청과 관련해 의원들이 탄광 노동자에게 묻습니다. "아버지가 죽거나 불구가 된 경우 그 가족한테서 수입원을 빼앗는 것은 가혹하지 않은가? 그런데도 일반적 법규가 적용되어야 하는가?" 그리고 캄캄한 탄광에서 문지기 역할을 하는 소년 노동자들의 처지에 대해, "소년은 문지기를 하면서 등불을 켜고 독서를 할 수는 없는가?"[김, 668~669; 강, 661] 공장에서 그렇듯 광산에서도 아이들이 의무교육을 받을 수 있게 해달라는 요청에 대해 의원들은 이렇게 묻습니다. "왜 아이들을 야학에 보내지 않는가?" 탄광 노동자가 답합니다. "대부분의 탄광 지역에는 야학이 전혀 없다. 그러나 더 중요한 사실은 장시간의 과로에 지쳐 아이들이 눈을 제대로 뜨기도 어렵기 때문이다." 그러나 해당 의원은 황당한 결론을 도출하지요. "그러면 당신들은 교육에 반대하는가?"[김, 670; 강, 662]

광산노동의 끔찍한 실태가 고발되면서 1842년부터 여성 노동자의 지하노동이 금지되었는데요. 이들은 주로 지상에서 석탄 등을 쌓고 탄차를 끌고, 석탄을 선별하는 작업에 고용되었습니다. 땅위에서 하는 노동이라고는 해도 여성들에게 그 일은 힘들 뿐 아니라 불결하고 그로 인해 가정을 돌볼 수도 없다는 주장이 나오자 의원들은 이렇게 묻습니다. "과부들은 이 정도의 소득을 올릴 수 있는 다른 일자리를 구할 수 있는가?" 이에 대해 "알 수 없다"라는 대답이 나오자 해당 의원은 힐난조로 말합니다. "그런데도 그대들은(냉혈한 같으니!) 여성들의 생계 원천을 빼앗으려고 하는가?"[김, 672; 강, 663~664] 그러나 질문의 끝에 이들 부르주아 심문관들은 은연중 자신들이 광부나 가난한 가정을 "동정"하는 이유를 드러냅니다. "탄광 소유자들이 감독으로 임명한 사람은 신사들인데, 이 신사들의 처세(정치, Politik)는 모든 것을 가능한 한 경제적으로 처리하는 것"이라고 말이지요. 즉 여성 노동자들을 남성 노동자들의 절반 임금으로 부려먹을 수 있다는 겁니다.[김, 673~674; 강, 665]

이 외에도 탄광에서 사건이 일어났을 때 이 사건을 심판할 배심원을 공평하게 구성해주고, 생산량을 잴 때 부정 도량형을 쓰지 않게 해주며, 탄광을 감독할 감독관들의 수를 늘리고 그들이 직접 현장을 방문해 조사하도록 해달라는 요청에 대해서도 비슷한 질문 행태를 반복하지요. 특히 감독관과 관련한 요구에 대해서는 "비용이 많이 들지 않겠는가?", "순전히 사변적인(현실성이 전혀 없는) 항의 아닌가?" "폭발이 일어나면(사건이 터지면) 탄광주도 손해를 입는 것 아닌가?" "노동자들이 정부의 도움을 받지 않고 자신들의 이익을 옹호할 수는 없는가?" 등등 황당한 말들을 쏟아냈습니다.[김, 677~678; 668~669] 부르주아 심문관들 즉 의원들은 부르주아 변호사들이라는 게 심문과정에서 적나라하게 드러납니다. '이렇게까지 해야 하나' 싶은 그 순간에 혀를 차고 돌아서면 안 됩니다. 바로 여기가 자본의 정신을 포착하고 파악해야 할 순간이니까요. 이들의 억지가 자본의 의지입니다. 마치 주머니를 뚫고 나온 송곳처럼 그것이 우리에게 드러나는 순간이지요.

'보이지 않는 손'과 '강철로 된 손'

일찍이 스미스는 사회의 공익이 사적 이기심을 충족하기 위한 노력 속에서 생겨난다는 식의 주장을 펼쳤습니다. 그는 『국부론』에서 말했습니다. "우리가 식사를 할 수 있는 것은 정육점 주인, 양조장 주인, 빵집 주인의 자비에 의한 것이 아니라 자기 자신의 이익에 대한 관심 때문이다."[47] 투자에 대해서도 마찬가지입니다. 자본가 개인의 관심사는 자기의 이익이지 사회의 이익은 아니라고요. 하지만 자기의 이익을 추구하는 과정에서 그는 사회에 가장 유익한 투자를 한다는 것이지요. 이윤 차이가 크지 않다면 가급적 국내 산업에 투자할 것이고(상황을 잘 알고 감독하기도 편리하니까요), 노동자들을 고용할 때도 생산물이 최대의 가치를 얻도록 지휘할 것이라고요. 이것은 분명 자본가의 사적 이익을 위한 행동이지만 나라 전체의 부를 증가시키고 국민들에게도 편익을 제공합니다. "그는 이렇게 함으로써 다른 많은 경우들처럼 보이지 않는 손(invisible hand)에 이끌려 자신이 전혀 의도하지 않은 목적을 증진한다."[48] 물론 스미스가 '국민들을 먹여 살리기 위해 사업을 하노라' 하는 식으로 말하는 속물은 아닙니다. 그는 오히려 '공익'(public good)을 위하는 일이라고 떠벌리며 사업을 하는 사람들이 좋은 일을 하는 것을 본 적이 없다고 했습니다.[49] 반대로 개인들로 하여금 자기 이익을 추구하게 내버려두면 각 개인들의 의도와는 상관없이 그 결과물이 사회의 이익을 증진한다는 거죠.

　『국부론』보다 먼저 펴낸 『도덕감정론』에서도 비슷한 이야기를 했습니다. 부와 권세에 대한 욕심에서 사람들은 더 많은 땅을 개척하고 기술을 발명하고 열심히 일합니다. 특히 상상력 덕분에 생겨난 환각이 중요한 역할을 하는데요. 이를테면 지주는 넓은 들을 바라보면서 자신이 그 수확물을 전부 소비하겠다는 상상을 합니다. 스미스의 표현을 빌리자면 "눈이 배보다 크다"고 할 수 있지요. 실제로 소비에는 한계가 있는데 지주의 눈에 보이는 것, 그의 머릿속에 떠오르는 것은 무한한 풍요입니다. 그런데 스미스에 따르면 지주의 이런 욕심과 상상이 토지의 생산량을 늘리고 가난한 사람들에게도 물자를 공급해줍니다(지주의 위장은 그 모든 것을 소비할 만큼 크지 않으니까요). "[부자들은] 자신들이 고용하고 있는 수천 명의 노동에서 도모하는 유일한 목적이 그들 자신의 공허하고 만족될 수 없는 욕망의 충족임에도 불구하고, 그들은 자신들의 다량의 산물을 가난한 사람들과 나누어 가진다. 그들은 보이지 않는 손에 인도되어 토지가 주민들에게 균등하게 분배되었을 경우 행해졌을 것과 거의 같은 생활필수품을 분배하게 된다."[50]

그래서 스미스는 자본가와 지주를 내버려두는 게 좋다고 말하는 겁니다. 그들은 돈을 벌려고 신선한 빵을 대량으로 만들어내는 법을 찾아낼 테니까요. 굳이 규제를 할 필요가 없습니다. 그런데 과연 그럴까요. 자본가들은 자신의 내적 충동을 제어할 장치를 갖고 있지 못하기 때문에 외적 규제가 가해져야 한다는 생각은 틀렸을까요. 자본가들의 내적 충동을 보장함으로써 우리는 오히려 공익에 이를 수 있을까요. 마르크스는 말합니다. 공장법을 보라고. 노동자들의 팔다리를 보호하기 위한 얼마 되지 않는 지출에도 그들이 얼마나 '미친 듯이' 반대하는지 보라고. "여기서 자유무역의 신조, 즉 상호적대적(antagonistischer) 이해를 가진 사회에서는 각 개인이 자신의 이익을 추구함으로써 공동의 복지를 촉진한다는 그 신조가 훌륭하게 입증"된다고.[김, 648; 강, 642] 자본가들은 빵을 저렴하고 신선하게 많이 만들어내는 데만 최선을 다하는 게 아닙니다. 그들은 생산비용을 절감하기 위해서도 최선을 다하지요. 그 비용절감이 노동자들의 생명 낭비여도 신경 쓰지 않습니다. 심지어는 빵이 꼭 신선하고 품질이 좋지 않아도 됩니다. 그렇게 '보일' 수만 있다면, 그렇게 나쁘다는 것이 들통 나지 않을 수만 있다면, 밀가루에 돌가루를 섞는 것도 주저하지 않지요(런던의 불량 빵 사건을 기억할 겁니다.

왜 이런 일이 생길까요. 자본가들의 목적은 많은 빵을 만들어 소비하는 게 아니니까요. 지주들의 목적도 넓은 땅에서 많은 소출을 얻는 게 아닙니다. 이들의 목적은 더 많은 돈 즉 이윤이지요. 이들은 빵을 만들기 위해 최선을 다하는 사람들이 아니라 이윤에 최선을 다하는 사람들입니다. 사회가 어떻게 될지는 신경 쓰지 않습니다. 그렇다고 이들에게 이타심을 가지라고 호소하는 식으로 문제를 해결할 수는 없습니다. 돈을 벌기 위해 자연과 사회를 파괴하는 행동, 비용을 절감하기 위해 생명을 낭비하는 행동을 하면 큰 손해라는 것을 일깨워줘야 하지요. 이기심이 작동하는 환경을 바꿔주어야 합니다. 사회가 '강철로 된 손'을 움직여야 합니다. 그랬을 때만 이들의 이익 추구가 공익까지는 아니더라도 인간과 사회, 자연을 덜 파괴하는 쪽으로 나아갈 겁니다.

마르크스는 『자본』 제13장(영어판은 제15장)의 마지막 절(제10절)을 농업 분야에 할애했는데요. 기계제 생산이 농업과 농업생산자들에게 어떤 영향을 미쳤는지를 간략히 정리하고 있습니다. 기계가 농업에 미치는 효과는 대체로 공업의 경우와 비슷합니다. 기계 사용으로 경작 면적은 확대되지만 경작 노동자 수는 감소합니다. 그래서 공장으로부터 노동자들이 축출되듯 토지로부터도 농민들의 대거 축출이 일어납니다. 특히 소규모 자영농민들(peasant)이 몰락해 임금노동자가 되지요. [김, 681; 강, 671~672] 그런데 제10절에는 공업의 경우와 다른 흥미로운 내용이 있습니다. 지금까지 마르크스는 기계제 생산을 노동자에 대한 착취의 증대라는 점에서 설명해왔는데요. 이 절에서는 노동자만이 아니라 토지에 대한 착취를 언급한 점이 이채롭습니다. "자본주의적 농업의 모든 진보는 노동자뿐 아니라 토지를 약탈하는 방식의 진보이며, 일정한 기간에 토지의 수확을 높이는 모든 진보 또한 토지생산력의 항구적 원천을 파괴하는 진보이다. (…) 따라서 자본주의적 생산은 모든 부의 원천인 토지와 노동자를 동시에 파괴함으로써만 사회적 생산과정의 기술과 결합방식을 발전시킨다."[김, 683~684; 강, 673~674]

자본주의적 생산이 "부의 원천인 토지와 노동자를 동시에 파괴"한다고 썼는데요. 여기서 말하는 '부'는 '가치'(교환가치)가 아닙니다. 언젠가 언급했습니다만 자연의 작용 자체는 '가치'를 생산하는 활동으로 평가받지 않습니다. 가치생산에 이용될 뿐이지요. 한마디로 자연은 '가치' 바깥에 있습니다. 따뜻하게 내리쬐는 태양, 흐르는 물, 비인간 동물들의 수고는 그 자체로는 정치경제학적 의미에서 아무런 가치도 없고 가치를 생산하지도 않습니다. 따라서 이 절에서 말하는 자연에 대한 약탈과 착취는 지금까지 언급해온 노동자들에 대한 착취와는 다릅니다. 『자본』에서 말한 노동자에 대한 착취는 '잉여가치' 즉 '잉여노동'에 대한 것입니다. 노동력의 가치 이상으로 노동자가 노동한 부분 말입니다. 그러나 자연은 가치를 생산하지 못하므로 잉여가치도 생산하지 않습니다. 달리 말하면 자연의 작용은 노동이 아니므로 잉여노동의 착취를 당하지도 않지요(굳이 말한다면 가치 개념 자체가 착취이고 약탈이라고 해야 할 겁니다).

그런데 마르크스가 토지와 노동자를 '부의 원천'으로서 함께 불렀을 때, 이때의 노동자에 대한 약탈은 방금 말한 잉여가치(잉여노동)와는 다른 것으로 보아야 합니다. 여기서 말하는 '부'는 가치(교환가치)가 아니라 '사용가치'와 관련된 겁니다(마르크스는 윌리엄 페티의 말, "노동은 물질적 부의 아버지이고 토지는 그 어머니이다"

라는 말을 이런 맥락에서 이미 인용한 바 있지요. 88쪽). 여기서 그가 말하는 파괴는 사용가치를 생산하는 인간과 자연의 능력에 대한 것입니다. 기계제 생산이 인간과 자연을 더는 무언가를 품고 산출할 수 없는 존재로 만들었다고, 즉 이들을 황폐화했다고 보는 거죠. 우리는 마르크스가 이 문제를 기계제 생산에서 다루었다는 점에 유념할 필요가 있습니다. 자본가들이 기계를 도입하는 이유는 생산성 증대를 통해 더 많은 잉여가치를 얻기 위해서입니다. 기계는 노동생산력과 토지생산력을 극대화하기 위한 장치입니다. 여기서 생산력을 극대화한다는 것은 투입량 대비 산출량을 최대로 한다는 뜻이지요. 간접적으로는 잉여가치의 생산에 기여하지만 직접적으로는 사용가치 즉 물건의 양을 최대로 늘린다는 뜻입니다.

여기에는 일종의 생산력주의 같은 게 있습니다. 물건을 최대로 많이 만들어내는 것을 지향하는 태도지요. 기계제 생산은 생산력주의의 지배를 극명하게 보여줍니다. 우리는 생산량을 늘리기 위해 인간과 자연을 닦달하고 쥐어짜는 시대에 살고 있습니다. 기계의 리듬에 맞추도록 노동자들을 닦달하고, 화학비료를 뿌리고 기계로 마구 파헤치면서 소출을 더 내놓으라고 토지를 닦달하지요. 이 운명은 특정한 누군가에게 책임을 지우기도 어려울 만큼 집합적입니다. 숲에서 나무를 마구 베어대는 목수는 제재소가 내민 청구서에 시달리고 제재소는 가구공장에, 가구공장은 대형 매장에 시달리니까요. 모두가 컨베이어 벨트에 연결된 작은 바퀴들처럼 함께 돌아갑니다.[51]

물론 마르크스의 지적처럼 이 운명의 상당 부분은 자본주의적인 것입니다. 상대적 잉여가치(특별 잉여가치)를 얻기 위해 생산력을 최대로 끌어올린 결과지요. 하지만 그것으로만 환원할 수는 없습니다. 역사적으로 존재했던 사회주의국가들에서도 생산력 증대를 사회 진보와 동일시하곤 했으니까요. 그래서 사회주의국가들에서도 환경 파괴가 아주 심했습니다. 많이 생산하기 위해 많이 파헤쳤지요. 이것은 가치를 생산하고 축적하는 문제와는 별개입니다. 이것은 풍요에 대한 이미지와 관련되어 있습니다. 지금처럼 물건을 대량으로 생산하고 소비하는 사회, 그런 걸 풍요라고 생각하는 사회에 대한 반성이 이제 필요하지 않을까요. 우리가 지향하는 풍요가 어떤 것인지, 그 속에서 우리는 비인간 동물, 더 나아가 자연의 다양한 사물과 어떤 관계를 맺고자 하는지 함께 생각해보았으면 좋겠습니다.

지금까지 기계의 자본주의적 사용이 자본의 잉여가치 생산과 노동자의 삶에 미친 영향을 살펴보았습니다. 그리고 공장법 제정이 어떻게 기계제 공장으로의 이행을 촉진했는지도 간단히 보았습니다.

공장법의 일반화와 마르크스의 방법

공장법이 매뉴팩처가 아니라 기계제 시대에 제정된 것은 의미심장합니다. 엄밀히 말하면 기계제 생산이 시작되고 몇 십 년이 지난 후였지요. 기계제 생산의 파괴력이 그만큼 컸다는 말이겠죠. 마르크스는 공장법에 대해 "사회가 생산과정의 자연발생적 형태에 대해 가한 최초의 의식적이고 계획적인 반작용"이라고 했습니다. [김, 647; 강, 642] 자연발생적 형태에 처음으로 규제를 가했다는 건 그대로 두면 안 된다는 인식이 생겨났다는 뜻일 겁니다. 기계제 생산으로부터 노동자와 사회를 보호해야 할 필요를 절감한 것이지요.

사실 처음에 공장법은 일종의 특별법이었습니다. 기계제 생산의 최초 형태인 방적업과 직조업에만 적용되었습니다. 그러다 '공장법 확대법'의 형태로 일반화되었지요. 여기에는 두 가지 필요성이 있었습니다. 한편으로는 여러 산업부문에서 기계제 대공업이 지배적 생산형태가 되었습니다. 매뉴팩처와 가내공업조차 전통적인 모습과는 달라졌지요. 모두가 '보이지 않는 실'을 통해 기계제 대공장과 연결되었기 때문입니다. 다른 한편으로는 공장법 적용을 받지 않던 분야들에서 노동착취가 너무 심했습니다. 그중에서도 매뉴팩처나 가내공업 영역이 "놀랄 만큼 짧은 기간에 극도로 흉악무도한 자본주의적 착취가 자유롭게 이루어지는 비탄의 동굴들(Jammerhöhlen)"로 바뀌었지요.[김, 661; 강, 653]

물론 공장법을 일반화할 필요성이 제기되었다고 해서 곧바로 현실화되는 건 아닙니다. 마르크스에 따르면 여기에는 자본의 두 가지 행태가 중요한 역할을 했는데요.[김, 661; 강, 653~654] 하나는 경험상 보건대 자본은 한 지점에만 국가의 통제가 가해지면, 다시 말해 규제가 일반적으로 행해지지 않으면, 다른 지점으로 건너가 거기서 더 큰 보상을 얻어내려 한다는 것이고요. 다른 하나는 자본가들 자신이 규제의 평등을 요구한다는 겁니다. 한마디로 '나만 규제를 받을 순 없다' 하는 것이지요. 자본가는 규제를 싫어하지만 자기만 규제받는 것은 더욱 싫어합니다. 좀 우스꽝스럽게 들리기도 합니다만 일단 공장법이 시행에 들어가자 경쟁 중인 자본가들이 그것을 일반화하는 데 기여했다는 거죠.

그러나 공장법은 확대 과정에서 많이 변질되었습니다. 자본가들과 타협한 것이지요. 앞서 언급한 것처럼 마르크스는 '공장법 확대법'이 본래의 '공장법'보다 내용적으로 후퇴했다고 평가했습니다. 그런데 내가 흥미롭게 본 것은 공장법의 일반화 과정이 아니라 그것에 대한 마르크스의 독해 방법입니다. 이것은 꼭 공장법에만 해당하는 이야기가 아닙니다. 사물을 바라보는 마르크스의 방법이랄까요, 그런 게 여기서 또 한 번 잘 드러납니다. 이전에 1장에서 나는 마르크스의 방법을 '역설의 변증법'이라고 명명했는데요. 역설은 하나의 의미에 대해 다른 의미, 심지어 반대의 의미가 동시에 생겨날 때, 혹은 한쪽 방향을 강화하는 일이 동시에 다른 쪽 방향을 강화하는 일이 될 때 성립합니다. 마르크스는 사물이 품고 있는 다른 의미를 정말 잘 읽어냅니다. 특정한 배치 속에서 사물은 특정한 의미와 용법을 갖지만, 마르크스는 그 사물이 그것과는 다른 의미와 용법을 가질 수 있다는 것을 읽어냅니다. 막연하게 '다른 의미와 용법이 있을 수 있어'라는 식의 말이 아닙니다. 해당 배치 속에서 그것이 작동되는 방식을 보고 하는 말입니다. 이를테면 인터넷은 처음에 군사적 목적에서 개발되었다고 합니다. 그런데 그것이 작동되는 방식을 보고, 그것이 품고 있는 다른 의미와 용법, 그러니까 배치만 조금 바꾸면 현실화될 수 있는 잠재적 의미와 용법을 읽어내는 거죠.

사물에 대해서만이 아닙니다. 마르크스는 배치 자체에 대해서도 그것이 품고 있는 해체 가능성을 읽어냅니다. 특정 사회형태의 원리에서 그것의 잠재적 해체 원리를 읽어낸다고 할까요. 이를테면 정복전쟁은 고대 로마를 키워나간 원리지만 동시에 붕괴시키는 원리가 됩니다. 매듭이 묶이는 방식과 풀리는 방식은 긴밀하게 연관되어 있지요. 이는 모든 사물, 모든 현상에는 동전의 양면처럼 좋은 점과 나쁜 점이 있다는 식의 이야기가 아닙니다. '주어진 것'에 대해 좋은 점과 나쁜 점을 고루 나열하는 게 비평이 아닙니다. 적어도 마르크스의 비평(비판)은 그런 게 아닙니다. 그는 주어진 것의 좋은 점과 나쁜 점을 말하는 사람이 아니라, 주어진 것이 다른 것이 될 수 있는 가능성을 읽고 그 길을 찾는 사람입니다. 현재의 지형과 바람과 습기를 면밀하게 관찰하면서 미래로 가는 출구를 찾기 위해, 달리 말하면 현재 속에 들어온 미래의 흔적을 읽어내기 위해 분투하는 사람이라 할 수 있습니다. 이것이 투사로서 비평가가 해야 할 일이지요.

마르크스는 공장법의 보건 조항에 대해, 노동자의 팔다리를 보호하기 위한 아주 사소한 부담도 지기를 거부하는 자본가들의 모습에서 자본의 정신, 자본주의적 생산양식의 특징을 읽을 수 있다고 했는데요. 교육 조항 등에서는 뭔가 다른 것을 읽어냅니다. 공장법은 공장주들로 하여금 14세 미만의 아동 노동자에 대한 초등교육의 의무를 부과했습니다. 앞서 살펴본 것처럼 공장주들은 이 조항을 아주 껍데기로 만들어버렸지요. 아이들에 대한 교육적 고려 없이 그저 처벌만 피하는 수준에서 형식적으로 준수했어요. 연중 수업일수만 채우는 수준에서 공장의 일감이 적을 때만 학교를 보내고 일감이 밀리면 며칠간 결석을 시켰습니다.

그런데 이런 실태와는 별개로 마르크스는 공장법의 교육 조항에서 "미래 교육의 싹"[김, 652; 강, 646] 같은 걸 봅니다. 공장법의 교육 조항이란 어린 노동자의 교육, 즉 노동과 교육의 결합을 의무화한 조항입니다. 마르크스는 공장감독관의 증언을 인용하는데요. 공장에서 일하는 아이들이 학교 수업시간에 그렇지 않은 학생들보다 더 열의를 보이며 열심히 한다는 겁니다.[김, 651; 강, 645] 마르크스는 한 공장주의 말도 인용하는데요. 그 공장주는 유능한 노동자를 길러내려면 노동과 교육을 결합하는 게 좋으며, 이는 노동자만이 아니라 공장주 자신의 자녀를 위해서도 그런 것 같다고 말합니다. 너무 공부만 하는 것은 공부를 위해서도 좋은 것 같지 않다고, 공부와 노동과 놀이가 결합해야 한다고요.[김, 651, 각주 219; 강, 645, 각주 299] 앞서도 말했던 것처럼 마르크스가 이 교육 조항이 얼마나 엉터리로 실행되었는지를 몰랐던 것이 아닙니다. 그리고 공장에서 일하던 아이들 모두가 학교에서 눈을 반짝거리며 수업에 임했다고 믿지도 않았을 겁니다. 대부분의 어린 노동자들은 공장에서의 과로 때문에 수업시간에는 눈을 뜨고 있기도 어려웠을 테고, 불규칙한 출석으로 수업 내용도 이해할 수 없었겠지요. 그럼에도 마르크스가 이런 증언에 주목하는 것은 공장노동과 학교교육의 접점에서 미래 교육의 싹을 보았기 때문입니다.

마르크스는 이 조항이 "학업과 체육을 육체노동과 결합할 수 있다는 사실을 처음으로 보여주었다"라고 평가했습니다.[김, 650~651; 강, 645] 일과 학업을 병행하게 해야 한다는 조항은 어린 노동자들에 대한 최소한의 보호조치였습니다. 그런데 불타는 산에서 군밤을 줍는다고 했던가요. 마르크스는 모두가 벗어나고 싶어하는 상황 속에서 미래로 가는 단서를 구합니다. 그는 아동 노동자들에 대한 의무교육 조항을 놓고 오히려 부르주아 아이들을 겨냥해서 묻습니다. 그저 책만 읽고 공부만 하는 아이들은 행복한가. 그것이 아이들에게 좋은 교육인가. 물론 정신과 신체를 망칠 정도의 노동은 용납해선 안 되겠지요. 하지만 일하는 사람에게 공부가 필요한 것처럼 공부하는 사람에게도 일이 필요합니다. 그것이 일에도 좋고 공부에도 좋습니다. 마르크스는 로버트 오언의 교육실험에 주목했는데요. 그에 따르면 오언은 "공장제로부터 미래 교육의 싹이 나온다"라는 것을 보여주었습니다.[김, 652; 강, 646]

오언이 스코틀랜드 라나크주에서 행한 실험을 염두에 두고 한 말인데요. 오언은 『사회에 관한 새로운 견해』의 세 번째 에세이에서 공장시설 복판에 만든 '새로운 학교'(새로운 연구소, New Institution)에 대해 간략히 소개하고 있습니다.[52] 그에 따르면 공동체의 노동자 아이들은 2세가 넘으면 이 학교를 다닐 수 있습니다. 5세 전까지는 학교 울타리 안에 있는 넓은 놀이터에서 보육교사와 함께 놀이를 합니다. 공동 어린이집 같은 것이지요. 이 보육과정의 주된 가르침은 "온 힘을 다해 자기 친구를 행복하게 하라"입니다.[53] 개인의 행복과 공동체의 행복을 일치시키도록 훈련하는 거죠. 이 아이들은 부모의 퇴근시간에 맞춰 집으로 돌아갑니다. 5세가 넘으면 학교에서 읽기와 쓰기, 산수를 배웁니다. 그리고 일반 교과 외에도 재봉과 요리와 청소 등을 배웁니다. 학교 바깥에 있는 공동체의 조리시설이나 식당에서 이런 걸 교육하지요. 남학생들은 교련도 받습니다. 신체 훈련과 더불어 나이에 맞게 간단한 무기 다루는 법을 배우는 겁니다. 오언은 교련이 건강과 활기를 증진하는 동시에 잘못된 의견이나 습관 때문에 폭력을 휘두르는 사람들을 억제하고 가난한 이들이 자신을 방어하는 데도 필요하다고 말합니다(공장 아동과 빈민 학생의 교련 교육에 대해서는 마르크스도 일정 부분 공감한 것으로 보입니다[김, 651, 각주 218; 강, 645, 각주 298]). 교육은 모두 무료입니다.

마르크스는 노동과 학업, 체육, 요리, 교련 등이 결합된 이런 식의 교육은 한 가지 일을 평생 하도록 만드는 매뉴팩처 시대에는 나올 수 없다고 봅니다. 기계제 대공업이 매뉴팩처적 분업을 기술적으로 타파하면서 이런 식의 교육을 떠올릴 수 있게 되었다는 거죠.[김, 652; 강, 646] 물론 오언의 실험은 비자본주의적 형태의 공장 공동체에서 이루어진, 말 그대로 '실험'입니다. 당시 일반 공장에서 일하던 보통의 어린 노동자들은 받을 수 없던 교육이지요. 오히려 일반 공장의 어린 노동자들은 노동과정에서 아무것도 배울 수 없었습니다. 대공업의 '자본주의적 형태'에서 분업이 다시 기괴한 형태로 부활했기 때문입니다. 기계제 대공장에서는 기계 노동자들이 "의식을 가진 부분기계의 부속품"으로서 일하고, 대공장이 아닌 곳에서는 기계와 기계노동자들을 일부만 사용하면서 여성과 아동, 미숙련공을 끌어들여 보조 업무를 시켰습니다. 그러다 보니 어린 노동자들은 매뉴팩처나 수공업 시대의 도제보다 못한 상황에 처했지요. 도제들은 적어도 한 가지 기술은 익혔습니다. 만약 인쇄공이 되었다면 평생 읽고 쓰기는 배웁니다. 그래야 일을 할 수 있으니까요. 하지만 기계제 아래에서 어린 노동자는 그런 걸 배우지 않습니다. 그저 자동 인쇄기계에 용지를 넣고 빼는 일만 하지요. 아무것도 배우는 게 없습니다.[김, 653~654; 강, 647]

그렇다면 아이들 교육을 위해서는 매뉴팩처 시대가 더 나았을까요. 그게 아니라는 걸 말하기 위해 마르크스가 공장법의 의무교육 조항과 오언의 실험을 끌어들인 거죠. 매뉴팩처나 수공업 시대의 분업은 인간능력의 다면적 발전을 가로막습니다. 작업장에서의 분업에 대한 시각은 사회적 분업을 바라보는 시각에도 영향을 미쳤습니다. 매뉴팩처 작업장에서 한 가지 부분노동, 이를테면 철사 자르기만 평생 수행하는 것처럼, 사회에서는 한 가지 직업, 이를테면 구두 수선을 평생의 직업으로 갖는 게 당연하다고 생각합니다. 저마다 직분에 맞는 일이 있다고 생각하는 거죠. 그리고 작업장의 숙련노동자가 자기만의 노하우를 가지고 노동하는 것처럼, 각각의 직업에서도 그 직업 종사자만이 아는 기술이나 비법을 전수받고 또 전수합니다. 마르크스에 따르면 18세기까지 몇몇 직업은 아예 "비법"(mystères)이라는 이름으로 불릴 정도였습니다.[김, 655; 강, 648]

19세기 대공업은 이런 신비의 장막을 찢어버렸습니다. 생산과정을 기본 운동들로 분해하고 이 운동들을 기계적으로 재구성해냈습니다. 이렇게 해서 탄생한 근대 학문이 "기술학"(Technologie)입니다.[김, 655; 강, 649] 그리고 기술학과 외연이 상당히 겹치는 '공학'(engineering) 역시 이때 탄생했습니다. 기술학과 공학은 매뉴팩처 시대의 기계학(역학)과는 완전히 다릅니다. 매뉴팩처 시대의 기계학은 자연을 어떻게 표상할 것인가와 관련된 것입니다. 예컨대 데카르트는 자연의 원리와 기계의 원리가 같다고 보았습니다. 그는 "톱니바퀴들로 만들어진 시계가 시간을 가리키는 것이나 씨앗에서 자라난 나무가 열매를 맺는 것이나 매한가지"라고 했지요.[54] 굳이 차이가 있다면 자연의 톱니바퀴는 너무 작아 보이지가 않는다는 것뿐입니다. 그러나 기계제 대공업 시대의 공학자들에게 중요한 것은 '표상'(representation)이 아니라 '생산'(production)입니다. 필요한 운동을 최대한 효율적인 방식으로 만들어내는 것이 관건이지요.

근대적 대공업에서는 생산과정의 현존 형태를 최종적인 것으로 간주하지 않습니다. 항상 더 나은 생산방식이 있는지를 모색하지요. 생산과정 자체가 끊임없이 변화합니다. 따라서 노동자들도 그에 맞출 것을 요구합니다. "대공업의 본성은 노동의 전환성(Wechsel)·기능의 유동성(Fluß)·노동자의 전면적 이동성(Beweglich-keit)을 조건으로 삼는다."[김, 656; 강, 650] 노동자들은 다양한 업무를 수행할 수 있고, 기능을 유연화할 수 있으며 더 큰 이동성을 가진 존재가 될 것을 요구받습니다. 아이들도 그렇게 교육되기를 바라고요. 마르크스가 19세기가 아니라 21세기를 보고 말했나 싶을 정도로 오늘날에도 잘 들어맞는 이야기입니다. 우리는 이것 때문에 노동자들이 얼마나 큰 고통을 겪는지 잘 알고 있습니다. 마르크스 또한 이 점을 지적하지요. 그는 이러한 기술적 요구가 자본주의라는 특수한 사회형태 속에서 이루어지고 있음을 환기해줍니다. 자본주의에서 이런 요구는 "노동자들의 생활 상태에서 모든 평온과 안정, 확실성을 빼앗는" 역할을 합니다. 노동자들은 생산과정의 변화에 대처해야 합니다. 그렇지 못한 노동자들, 단지 일면적 기능만 가진 노동자들은 불필요한 존재로 공장에서 축출되지요. 기술적 필요와 사회적 특수성의 결합이 "노동자계급의 끊임없는 희생, 노동력의 무제한적 낭비, 사회적 무정부 상태가 만들어내는 파괴 작용"으로 나타납니다.[김, 656~657; 강, 650]

마르크스도 잘 알고 있습니다. 그러나 그는 적어도 여기서만큼은 다른 이야기를 하고 싶어합니다. 이와 관련해 그가 근대 대공업의 혁명성을 언급하며 달아둔 주석에 눈길이 갑니다. 그는 "이전의 모든 생산양식의 기술적 기초는 본질적으로 보수적이지만 근대적 공업의 기술적 토대는 혁명적이다"라고 적고서,[김, 656; 강, 649] 20년 전에 쓴 『공산주의자 선언』의 한 단락을 인용했습니다. 내용은 동일합니다. 부르주아 시대는 이전의 모든 시대와 달리 "생산의 지속적 변혁, 모든 사회 상태와의 끊임없는 동요, 항구적 불안과 선동"을 특징으로 한다는 내용입니다. 한마디로 "모든 단단한 것들이 녹아 없어지는" 시대라는 거죠.[김, 656, 각주 226; 강, 649, 각주 306] 왜 그는 20년 전에 썼던 선언문까지 끌어들이며 부르주아적 생산양식의 혁명성을 강조하는 걸까요. 그는 이 선언문에서 근대 대공업과 부르주아지의 관계를 "주문을 외워 불러낸 저승의 힘을 더는 감당할 수 없게 된 마법사"에 비유했습니다. 여기서 "감당할 수 없다"라고 한 것은 저승에서 불러낸 힘, 즉 근대 대공업이 마법사인 부르주아지의 생각대로 움직이지는 않으리라는 생각을 표현한 것이지요. 달리 말하면 기계제 대공업의 기술적 요구가 꼭 자본주의적 사회형태와 맞물려야 하는 것은 아니라는 뜻입니다. 분명 부르주아지가 불러낸 기계제 대공업은 혁명적입니다. 관건은 이 혁명을 혁명할 수 있느냐입니다. 이 힘을 서툰 마법사인 부르주아지와 다르게 다룰 수 있는가.

마르크스는 노동의 미래, 교육의 미래가 여기에 달려 있다고 봅니다. 노동의 전환성, 유동성, 이동성이 노동자에게 더는 비참을 의미하지 않을 수 있는가. 노동자가 다양한 종류의 일을 하고 다양한 능력을 발휘할 수 있는 존재가 되는 것이 더 많이 착취되는 일이 아니라 더 풍요로운 사회적 존재가 되는 일일 수 있는가. 기계제 자체는 이것을 가로막지 않습니다. 아니, 오히려 그것을 요청합니다. 문제는 자본주의입니다. 그렇게 되기에는 아직 장해물이 많습니다. 그럼에도 마르크스는 미래를 위한 변혁의 계기("대공업의 토대 위에서 자연발생적으로 발달한 변혁과정의 한 계기")가 이미 나타났다고 말합니다. "공업학교(polytechnische Schulen)와 농업학교(agronomische Schulen), 그리고 '직업학교들'(écoles d'enseignement professionnel)"을 보고 한 말입니다.[김, 658; 강, 651] 마르크스는 왜 이 학교들을 '변혁과정의 한 계기'라고 말했을까요. 나는 '노동자'와 '기계'의 관계 때문이라고 봅니다. 마르크스는 우리가 이번에 다룬『자본』제13장에서 내내 기계와 노동자의 적대적 관계에 대해 말해왔습니다. 자본주의적으로 사용되는 한 기계는 노동자들을 큰 고통에 빠뜨렸습니다. 노동자들은 이에 맞서 기계와 전쟁을 벌였고요. 그런데 '학교'는 다릅니다. "여기서는 노동자의 자녀들이 기술학을 배우고 각종 생산기구들의 실제 사용법에 대한 약간의 교육이 행해진다."[김, 658; 강, 651]

단지 취업을 준비하는 과정으로만 파악했다면 마르크스가 이들 학교에 대해 '변혁의 계기'라는 표현까지 쓰지는 않았겠지요. 나는 "노동자의 자녀들"(Kinder der Arbeiter)이라는 말에 의미를 부여하고 싶습니다. '노동자의 자녀들'은 노동자계급의 미래입니다. 이들이 기계의 원리를 이해하고 사용법을 익히는 것은 왜 중요한가. 그것은 노동자의 미래와 기계의 미래가 겹쳐지는 첫걸음이기 때문입니다. 노동자의 자녀들이 기계를 다룰 줄 안다는 것, 기계와 사귀기 시작했다는 것은 마르크스에게 중요한 의미를 갖습니다. 마르크스는 기계와 노동자의 결합(연대)을 통해 자본주의를 넘어설 수 있기를, 그리고 기계가 노동자를 더 자유로운 존재로 만들어주는 생산형태가 만들어지기를 희망합니다.

이 점에서 기술 교육은 특별한 의미를 갖습니다. "자본으로부터 쟁취해낸 최초의 빈약한 양보인 공장법은 단지 초등교육만을 공장노동과 결합시킨 것에 불과하지만, 노동자계급이 앞으로 정치적 권력을 장악할 경우―이것은 피할 수 없는 일인데―이론적이면서 실천적인 기술 교육이 노동자 학교에서 중요한 자리를 차지할 것은 의심의 여지가 없다."[김, 658; 강, 651] 그런 미래를 생각한다면 마르크스가 공업학교, 농업학교, 직업학교 등에 부여한 중요성을 이해할 수 있다고 봅니다. 이들 학교는 노동자와 기계의 새로운 관계를 숙성시킬 수 있는, 마르크스의 표현을 빌리자면, '변혁의 효소들'(Umwälzungsfermenten)이라 할 수 있지요.[김, 658; 강, 651] 마르크스는 이 기술학교들이 지향하는 바가 결국 자본주의적 생산형태와도 모순될 것이라고 봅니다.

미래는 미래에 시작되지 않습니다. 마르크스는 현재의 형태에서 자라난 것, 현재의 형태에서 강화되고 있는 것이 역설적이게도 현재의 형태를 해체하고 현재와는 다른 미래를 도래케 하는 데 이용될 수 있다고 봅니다. 이것이 마르크스의 독해 방법이지요. 공장법의 교육 조항에서 그 조짐을 읽었고, 대공업 시대에 생겨난 기술학교들에서 그 조짐을 읽었습니다. 기계제 대공업은 최소한 낡은 분업에 대해 콧방귀를 뀌게 해주었습니다. 수공업 시대는 대단한 지혜라도 되는 양 노동자들을 이렇게 훈계했습니다. "제화공이여, 네 본분을 지켜라!" 그런데 시계공이었던 와트가 증기기관을 만들고 이발사였던 아크라이트가 방적기를 만들고, 보석공이었던 풀턴이 기선을 발명한 뒤부터 사람들은 이렇게 대꾸할 수 있게 되었지요. 본분을 지키라고? 이 무슨 구닥다리 같은 소리인가![김, 658; 강, 651]

─────── 가부장제 해체와 가족의 미래 ───────

교육에 대한 이야기가 좀 길어졌는데, 공장법에 대한 마르크스의 독해 방법은 다른 조항에서도 확인됩니다. 공장법이 대공장의 노동일을 규제하는 것은 노동자에 대한 자본의 착취를 제한하는 것이지요. 그런데 공장법의 일반화로 가내공장에 대한 규제가 시작되었고, 여기에는 노동자에 대한 착취 이상의 또 다른 의미가 있을 수 있습니다. 가내공장은 자본가와 노동자의 관계만이 아니라 부모와 자식의 관계도 담고 있으니까요. 즉 자본가가 노동자를 착취하는 것만큼이나 부모가 자식을 착취하는 일이 벌어지는 곳이지요.

꼭 이런 경우가 아니라 하더라도 마르크스는 기계제 대공업 시대로 들어서면서 가부장이 "노예상인"으로 전락했다는 말을 했습니다. 먹고살기 위해 아이들의 노동력을 자본가에게 싼값에 팔아넘겼다고요. 기계제 대공업과 더불어 노동자 가정이 파괴된 셈입니다. 자본관계가 가정 안으로까지 들어왔으니까요. 의회는 결국 이런 현실을 인정할 수밖에 없었습니다. 아이들에 대한 부모의 친권을 절대로 보장해줘서는 안 된다는 거죠. "그래서 아동의 권리를 선언할 수밖에 없었"습니다.[김, 659; 강, 652] 공장법은 어린 노동자들의 노동시간을 규제했고 지하 탄광

같은 곳에서는 아예 일을 할 수 없도록 했지요. 물론 마르크스는 어린 노동자들에 대한 착취가 친권의 남용 때문에 생겨난 것이라고만 보지는 않습니다. 오히려 반대 측면이 강하지요. 즉 자본주의적 착취 방식이 변하면서 가부장의 경제적 지위가 크게 흔들렸고 이 때문에 어린아이들의 노동력을 팔아치우는 친권의 남용이 나타났다는 거죠.[김, 660; 강, 652~653] 아동노동의 착취와 관련된 친권의 남용은 원인이라기보다는 결과에 가깝습니다.

그런데 마르크스는 여기서는 이 문제를 앞서 다룬 것과는 조금 다른 방식으로 접근합니다. 기계제 대공업의 출현과 더불어 노동자 가정이 붕괴되었다는 식으로 고발만 하는 게 아닙니다. 오히려 이 붕괴에서 가족의 미래 혹은 미래의 가족형태에 대한 단서를 찾아보려고 합니다. 여성노동과 아동노동을 단순히 착취재료의 확대라는 점에서 접근하지 않고, 여성과 아이들의 사회활동의 증대라는 점에서 생각해보는 거죠(물론 자본주의에서는 이것이 착취의 증대를 의미하지만요). 이것은 남성 가부장이 가족을 대표하고 여성과 아이들을 자신이 지배하는 가족의 좁은 틀 안에 가두는, 그런 가족형태와 충돌하게 됩니다. 말하자면 대공업은 "가족과 남녀관계의 더 고차적 형태를 위한 새로운 경제적 기초를 만들어"낸다는 겁니다.[김, 660; 강, 653]

그뿐 아니라 마르크스는 근대 서구의 가족형태가 절대적인 것일 수 없다고 말합니다. "기독교 게르만적 가족형태를 절대적으로 간주하는 것은 고대 로마적 형태나 고대 그리스적 형태 혹은 동양적 형태를 그렇게 간주하는 것만큼이나 어리석은 짓이다."[김, 660; 강, 653] 과거의 가족형태들이 역사 속에서 생겨나고 사라진 것처럼 근대 서구의 가족형태도 동일한 운명을 가진 역사적 형태일 뿐입니다. 사실 '아빠-엄마-아이'로만 이루어진 가족형태는 가족의 원형적 형태도 아니고 최종 형태도 아닙니다. 우리 주변에는 이미 새로운 형태의 가족이 많이 등장했습니다. 동성 간에 결혼해서 가정을 꾸리는 경우도 있고, 결혼하지 않은 채로 동거하는 가정들도 있습니다. 혼자인 부모들이 모여 아이들을 같이 키우는 집단가정도 있고요. 1인가정도 많지요. 어떤 형태가 진정한 가족형태냐고 묻는 것은 이제 이상한 질문입니다.

기계제 공장의 작업방식과 관련해서도 마르크스는 성별이나 연령 등의 권력관계를 넘어설 수 있는 작업 공동체의 가능성을 찾아보려고 노력합니다. 그는 생산과정에 여성과 아이가 들어오는 것, 다시 말해 생산에 남녀노소가 함께 어울리는 것은 "자연발생적이고 야만적인 자본주의적 형태에서는 황폐화와 노예화를 낳는 페스트균 가득한 원천이 되지만, 적절한 관계들 아래서는 반대로 인간 발전의 원천이 될 것임에 틀림없다"라고 말합니다.[김, 660; 강, 653] 마르크스가 "적절한 관계들 아래서"라는 표현을 썼는데요. 그에 따르면 자본주의에서 여성과 아동의 참여가 야만의 원천이 된 것은 "생산과정이 노동자를 위해 존재하는 게 아니라 노동자가 생산과정을 위해 존재"하기 때문입니다.[김, 660; 강, 653] 더 근본적으로는 여성과 아동의 생산참여가 비용절감, 다시 말해 이윤 창출을 위한 것이기 때문이지요. 여성과 아동을 착취가 쉬운 값싼 재료로 본 것이지요. 하지만 이런 게 아니라면 남녀노소가 함께 어울리는 것은 인간의 발전에 큰 도움이 됩니다(생산만이 아니라 교육에도 그렇습니다). 지성과 감성, 경험이 다른 존재들이 함께 어울리는 거니까요.

거듭 말하지만, 마르크스는 현재의 자본주의를 고발하면서 과거로 돌아가자고 말하는 사람이 아닙니다. 현재 속에서 '현재를 넘어서는 것'이 자라나고 있음을 보는 사람이지요. 물론 그것을 낙관하는 사람은 아닙니다. 어떤 점에서 보면 이 끔찍한 현재가, 그가 기대하는 미래로 나아갈 가능성은 매우 낮을 수 있습니다. 시간이 한없이 걸릴 수도 있고요. 마르크스는 그런 것을 점치는 사람이 아닙니다. 다만 그는 현재에 들어와 있는 미래의 흔적을 찾고 조짐을 찾을 뿐입니다. 조금 더 이야기한다면, 현재 속에서 커지는 것, 현재의 사회형태, 현재의 생산양식이 발전시킬 수밖에 없는 것에서 현재를 넘어설 요소를 찾는 거죠.

공장법을 다룬 제9절의 마지막 부분에서 마르크스는 이 점을 다시 한번 강조합니다. 마르크스는 여기서 공장법의 일반화는 자본축적을 촉진하면서 동시에 생산의 자본주의적 형태를 해체할 모순과 적대를 키우고 새로운 사회를 형성할 요소들 또한 성숙시킨다는 점을 부각합니다.[김, 679; 강, 670] 그리고 마지막에 오언에 대한 흥미로운 주석을 달아두었습니다. 이 주석은 사회변혁에 대한 오언의 생각을 설명한 것이지만 마르크스 자신의 생각을 보여주는 것이기도 합니다. "협동조합 공장과 협동조합 상점의 아버지인 로버트 오언은 이 고립적으로 서로 떨어져 있는 변혁의 요소들이 가진 영향력에 대해 그의 추종자들이 품었던 환상을 결코 갖지 않았으며, 실제로 실천적으로 공장제를 출발점으로 삼았을 뿐 아니라 이론적으로도 공장제를 사회혁명의 출발점이라고 선언하였다."[김, 679, 각주 243; 강, 670, 각주 322] 오언은 미래에 대해 환상을 품지 않았고 과거 수공업 시대로 돌아갈 생각도 하지 않았습니다. 다만 현재의 생산양식 속에 자라고 있는 변혁의 요소—설령 매우 미약한 것일지라도—들을 발견하고 그것들을 키워나가기 위해 최선을 다했을 뿐이지요.

자본의 꿈이 기계의 꿈은 아니다

이렇게 해서 『자본』제13장의 '기계와 대공업'에 대한 이야기가 모두 끝났습니다. 우리는 기계의 자본주의적 사용이 이루어진 배경과 그 영향, 그것이 품고 있는 가능성을 두루 살펴보았습니다. 이제 마무리에 들어가려고 하는데, '기분전환을 위하여' 자본주의가 아닌 다른 사회형태에서는 기계가 무엇이 될 수 있을지를 생각해볼까 합니다. 자본가의 충실한 노예였던 기계가 노동자의 친구가 된다면 어떤 일이 펼쳐질까요.

마르크스는 『정치경제학 비판 요강』에서 흥미로운 말을 했습니다. "기계가 고정자본의 사용가치에 가장 잘 부응하는 형태라는 점으로부터 자본의 사회적 관계로의 포섭이 이 기계의 사용을 위해 가장 적절하고 좋은 사회적 생산관계라는 결론이 도출되는 것은 결코 아니다."[55] 자본가들이 기계에서 고정자본의 이상적 형태를 발견한다고 해서, 기계의 자본주의적 사용이, 기계를 사용하는 가장 이상적인 형태인 것은 아니라는 말입니다. 나는 이렇게 바꾸어 말하고 싶습니다. 자본가가 기계 속에서 자신의 이상을 발견한다고 해서 기계의 이상이 자본주의인 것은 아니다. 만약 기계가 자본주의적으로 사용되지 않을 수 있다면 어떻게 될까요. 기계가 상품이기를 멈추고 자본(고정자본, 불변자본)이기를 멈춘다고 해서 그 작동까지 멈추는 것은 아닙니다. 기계는 생산에 필요한 노동량을 크게 감축할 겁니다. 자본주의에서는 이것이 고통의 원인이었지요. 공장에서 축출되는 노동자는 길바닥에 나앉았고, 공장에 머문 노동자들은 노동일 연장과 노동강도 강화에 시달렸으니까요. 그러나 생산력 증대가 그 자체로 고통의 이유일 수는 없습니다. 자본주의가 아니라면 생산에 필요한 노동량이 줄었다는 것은 사람들이 그만큼 일을 할 필요가 없다는 뜻입니다. 그러니 오히려 '노동해방의 조건'이라고 할 수 있지요.[56]

기계제 대공업의 발전은 과학기술과 예술의 중요성을 부각하는데요. 기계를 발명하거나 개량할 때도 그렇고 작동시킬 때도 과학적 능력이나 예술적 능력이 중요해집니다. 부의 창조가 "과학의 전반적 상태, 기술의 진보, 생산에 대한 과학의 적용"과 더불어 "직접노동 시간에 비례하지 않는 담당자들(Agentien)의 능력에 의존"하게 되지요.[57] 직접적 형태의 노동, 특히 노동시간의 길이 자체는 갈수록 덜 중요해집니다. 물론 자본주의가 유지되는 한, 다시 말해 이 사회가 노동자들의 잉여노동으로 가치를 증식해가는 사회인 한 여기에는 한계가 있습니다. 생산에 필요한 노동시간이 단축되고 직접노동의 중요성이 줄어든다고 해도, 자본가가 굳이 노동자의 노동일이나 노동강도를 줄여줄 이유가 없습니다. 새로운 기계의 발명과 개량은 소수의 과학기술자와 디자이너만으로도 충분합니다. 자본은 기존의 축적된 노동(죽은 노동)으로 더 많은 노동(살아 있는 노동)을 빨아들이며 자신을 키워가는 존재입니다. 필요노동을 줄여서 창출한 잉여노동을 새로운 노동을 흡수하는 권력으로 사용하지요.

그런데 자본주의가 아니라면 어떨까요. 생산에 필요한 사회적 노동시간이 전체적으로 줄어들었는데 굳이 오래 일할 필요가 있을까요. 오히려 기계제 생산이 창출해준 '자유로운 시간'과 '풍부한 수단'을 이용해 과학적 지식이나 예술적 소양을 기르는 쪽으로 가겠지요.[58] 자본주의에서도 비슷한 일이 나타나기는 합니다. 생산력이 기계만큼이나, 기계를 개발하고 혁신하며 운용하는 인간의 능력에 달려 있다는 점이 부각되면서 '인적자본'(人的資本) 개념 같은 것이 나타납니다. 오늘날 자본주의에서는 인간을 대단한 생산력을 가진 고정자본처럼 다룹니다. 기계에 투자하는 것처럼 사람에게도 투자해야 한다는 이야기가 나오지요. 그래서 선진 업종의 노동자들에게는 노동하지 않는 시간에 능력을 개발할 것을 요청합니다. 자유시간을 자본가를 위해 능력을 개발하는 시간, 일종의 '준노동시간'(상품개발 시간)으로 만드는 거죠. 이처럼 사회형태가 어떻게 되느냐에 따라 똑같은 것이 정반대로 기능할 수 있습니다. 결국 문제는 전도이고 반전입니다.

자본주의에서는 필요노동시간의 감소를 잉여노동시간(잉여가치)의 상대적 비중을 늘리는 데 이용합니다. 기계를 타인의 잉여노동을 더 많이 차지하는 수단으로 씁니다. 그런데 노동자들 자신이 이 잉여노동시간을 차지하는 사회라면 어떨까요. 다시 말해 잉여노동시간이 자본가의 것이 아니라 노동자들의 것이라면요. 마르크스는 말합니다. 그렇게 된다면 "더는 노동시간이 아니라 가처분시간이 부의 척도"가 된다고.[59] 한 사회가 얼마나 풍족한지를 사람들이 얼마나 많이 일하느냐로 재지 않고 얼마나 적게 일하느냐, 다시 말해 사람들의 자유시간이 얼마인가로 잰다는 거죠. 이런 사회에서는 노동시간과 자유시간의 대립도 점차 허물어집니다. 기계를 통한 생산력 증대는 노동시간을 줄여주는 동시에 다양한 물건을 다양한 방식으로 향유할 수 있도록 해줍니다. 달리 말하면 개인들은 늘어난 자유시간 동안 더 많은 것을 체험하고 더 많은 능력을 발전시킬 수 있지요. 개인들의 능력 자체가 커지는 겁니다. 자유시간이 새로운 주체성을 생산하는 시간이 되는 거죠.[60]

자유시간만 새로운 주체성의 생산에 관여하는 게 아닙니다. 노동시간 즉 직접적 생산과정도 주체성의 생산에 관여합니다. 자유시간을 통해 더 큰 생산력을 갖게 된 개인은 생산과정에서 그 능력을 발휘할 겁니다. 그런데 마르크스는 이때의 노동이 "유희"(Spiel)가 되지는 않을 것이라고 했습니다. 직접적 생산과정은 새로운 주체가 되어가는 인간, 즉 "생성 중인 인간"(werdenden Menschen)에게는 일종의 "단련"(Disziplin)과정일 것이고, 이미 사회의 축적된 지식을 가진 "생성된 인간"(gewordnen Menschen)에게는 "실행"이자 "실험과학"이고 "물질을 창조하고 표현하는 과학"일 것이라고 했지요.[61] 개인들은 직접적 생산과정에서 연습을 통해 자신을 훈련시키고 실험하고 실행하고 표현한다는 겁니다. 이런 식으로 새로운 자신을 만들어가는 거죠.

이것은 자본주의를 전제하지 않을 때 우리가 그려볼 수 있는 미래입니다만 자본주의의 발전과 더불어 커가는 미래이기도 합니다. 자본주의는 더 발전하기 위해 이런 요소들을 요청하고 발전시켜갑니다. 『정치경제학 비판 요강』에서 마르크스는 결국 부르주아 경제체제가 발전의 마지막 결과로서 자신의 부정에 도달할 것이라고 했습니다[62](이 책은 마르크스가 헤겔 『논리학』의 체계를 따라 써본 것임에 유념해야 합니다). 그러나 미래가 논리적 전개에 따라 그렇게 자동으로 도래하는 것은 아닙니다. 그저 기다리면 되는 일이 아니지요. 앞서 마르크스의 방법과 관련해서도 말했지만, 우리는 현재 속에서 자라나는 미래의 요소들을 적극적으로 찾아내야 합니다. 그 요소들의 작동방식을 정반대로 만들 수 있는 방법을 찾아야지요. 현재의 생산양식이 키우고 강화하는 것을 현재의 생산양식을 해체하는 무기로 사용하는 법을 알아내야 합니다.

잘 파냈다, 노련한 두더지여!

이번 8장의 서두에서 나는 마르크스가 행한 연설의 한 대목을 소개했습니다. 마르크스가 기계를 "바르베, 라스파이유, 블랑키보다도 더 위험한 혁명가들"이라고 불렀다고요. 다시 이 연설로 돌아가 마무리할까 합니다. 이 연설은 마르크스가 1856년 4월 『인민신문』The People's Paper의 창간 4주년 행사에서 행한 것입니다.[63]

마르크스는 연설의 대부분을 기계제 대공업에 할애했습니다. 그는 먼저 기계제 대공업이 만들어낸 노동자들의 암울한 현실을 그렸습니다. 인간노동을 단축시키고 더 많은 물건을 만들어낼 힘을 가진 기계가 인간노동을 약하게 만들고 과잉노동을 만들어내고 있다고. 부의 원천일 수 있는 기계가 '신기하고 불가사의한 어떤 주문에 의해' 궁핍의 원천이 되어버렸다고. 인류로 하여금 자연을 정복하게 해준 기계가 인간들을 다른 인간들의 노예로 만들고 있다고. 인간지성의 산물인 기계가 인간에게서 지성을 빼앗고 그것을 물질적 힘으로 만들고 있다고. 한편에는 거대한 생산력이 있고 다른 한편에는 거대한 빈곤이 있다고. "어떤 당파들은 이 사실에 대해 비탄할지도 모릅니다. 또 어떤 당파들은 현대의 충돌들을 제거하기 위해 현대의 기술들을 제거하기를 원할지도 모릅니다. (…) [그러나] 우리로 말하자면, 우리는 이러한 모순들에 언제나 그 흔적을 남기는 기민한 정신의 모습을 놓치는 일이 없습니다. 우리는 사회의 새로운 힘이 새로운 인간들, 그러니까 노동자들에 의해 다루어지기만 하면 된다는 것을 알고 있습니다. 이들은 기계와 마찬가지로 현대의 발명품입니다."[64]

마르크스의 말에서 어떤 안타까움이 묻어납니다. 기계와 기계노동자는 함께 태어난 존재입니다. 똑같이 현대의 자식들이지요. 그러나 아직 그것을 알아보지 못하고 있습니다. 『자본』의 한 단락에서 말한 것처럼, 노동자가 기계를 공격하는 것으로부터 기계 사용을 공격하는 것으로 옮겨 가려면 시간과 경험이 더 필요합니다.[김, 580; 강, 577] 하지만 예리한 눈은 기계에서 표식을 봅니다. 어떤 "기민한 정신"(shrewd spirit)이 "흔적"을 남겼거든요. 그 눈은 미래의 공병, 혁명의 공병이 다녀갔다는 것을 알아봅니다. 이 경우에는 '흔적'보다 '조짐'(signs)이라는 말이 더 좋겠습니다. 미래가 현재에 남긴 흔적, 현재 속에서 미래를 알아보게 하는 것을 '조짐'이라고 부르니까요. "우리는 중간계급, 귀족, 불행한 퇴보의 예언자들을 혼란에 빠뜨리는 조짐들 속에서 우리의 용감한 친구 로빈 굿펠로, 아주 재빨리 땅속을 파헤칠 수 있는 노련한 두더지, 훌륭한 공병을 알아봅니다. 혁명 말입니다."[65]

노련한 두더지(old mole), 훌륭한 공병(worthy pioneer). 이것은 햄릿이 쓴 말입니다. 햄릿이 아버지 유령을 만난 뒤 복수를 다짐하면서 호레이쇼 등에게 비밀을 지킬 것을 맹세하라고 할 때 땅속 여기저기서 "맹세하라"라는 말이 울려 퍼집니다. 이때 햄릿이 말합니다. "잘 말했다, 노련한 두더지여. 땅을 어쩜 그리 빨리 파낼 수 있는가? 참 대단한 공병일세!"[66] 마르크스는 『루이 보나파르트의 브뤼메르 18일』에서도 이 두더지를 언급했습니다. 당시 프랑스의 정세는 혁명이 계속 퇴보하는 것처럼 보였을 때인데요. 실은 퇴보하는 게 아니라 도약을 위해 뒤로 물러서는 것, 더 강해지기 위해 지옥 속에서 단련되는 중이었다는 식으로 말합니다. 혁명은 두더지처럼 땅을 파며 나아갑니다. 그러다가 어느 때에 땅 위로 고개를 쳐들고 올라오지요. 그때가 되면 "유럽은 자리를 박차고 일어나 이렇게 환호할 것이다:

잘 파냈다, 노련한 두더지여!" 마르크스는 그렇게 말했습니다.[67]

아직 그때는 오지 않았습니다. 그때가 언제 온다는 보장도 없습니다. 다만 예리한 눈은 그 흔적을, 그 조짐을 볼 수 있을 뿐입니다. 미래의 공병이 땅을 파낸 흔적 말입니다. 자본의 노예인 기계는 언제든 자본을 배반할 준비가 되어 있습니다. 기계는 혁명의 동지가 될 준비가 되어 있습니다. 우리가 그 신호를 알아차리기만 한다면 말입니다. 참, 마르크스의 연설은 복수를 나타내는 비밀 표식에 대한 이야기로 끝이 납니다. "지배계급의 악행에 복수하기 위해 중세 독일에는 '펨게리히트'(Vehmgericht)라고 불리는 비밀 재판소가 있었습니다. 어느 집에 붉은 십자가가 새겨진 것이 보이면 사람들은 그 집주인이 '펨'에 의해 선고받았다는 것을 알 수 있었습니다. 유럽의 모든 집들에는 지금 신비로운 붉은 십자가가 새겨져 있습니다. 역사가 그 재판관입니다. 집행자는 프롤레타리아이고요."[68]

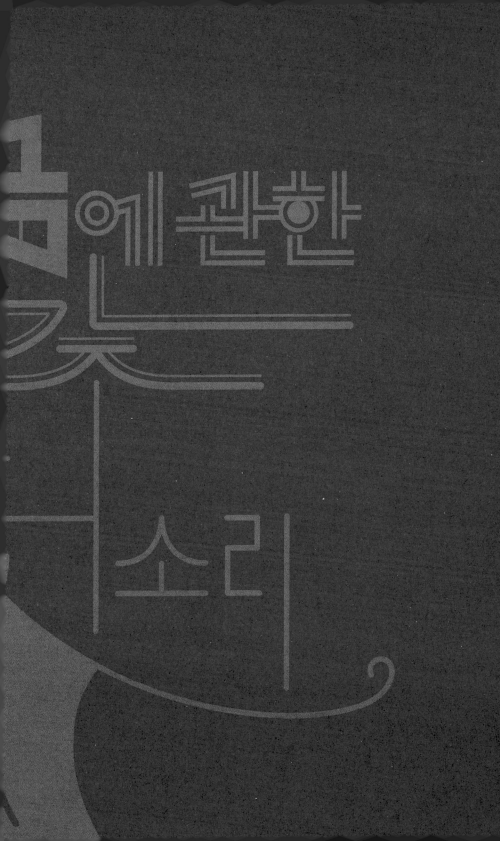

마르크스는 독일에서 헤겔 철학이 몰락하는 과정을 아주 흥미롭게 그렸는데요.[1] 그것은 어느 순간 일어난 영웅의 비극적 죽음이 아니라 수십 년에 걸쳐 일어난 부패 과정이었습니다. 마르크스에 따르면 부패가 오래 진행되면서 발효가 일어났습니다. 술을 빚을 때처럼 부글부글 끓어오른 것이지요. 이렇게 부글부글 끓어오른 사상의 거품들(혹은 여기에 도취한 존재들)이 청년헤겔파입니다. 이들의 논쟁은 그리스의 신화적 영웅들이 벌이는 싸움 이상으로 화려했습니다. 세계사의 거대한 파노라마가 펼쳐졌지요. 마르크스의 표현을 그대로 쓰자면 이 '사상의 영웅들'이 벌인 논쟁은 "프랑스혁명조차 어린애 장난처럼 보일 정도로" 거대했습니다.

그러나 실제로는 영웅도, 거인도 없었습니다. 이 모든 것은 한 거대한 사상의 부패 과정("절대정신의 부패 과정")에서 일어난 일입니다. 발효로 생겨난 거품과 여기에 취한 사람들이 있었을 뿐이지요. 실제 업적이 컸던 것이 아니라 업적에 대한 환각이 컸던 겁니다. 모두가 겨우 한 줌의 흙을 쌓아두고는 거대한 산을 세웠노라고 떠들어대고 있었지요. 그런데 이제 막 자본주의적 생산양식에 대한 연구에 열을 올릴 때여서 그랬을까요. 마르크스에게는 독일의 철학과 사상에서 일어난 일이 상품세계에서 일어난 일처럼 보였습니다. 그에 따르면 청년헤겔파는 일종의 철학기업가들(philosophischen Industriellen)입니다. 오랫동안 "절대정신을 우려먹으며 살아왔던" 이들 철학기업가들은 헤겔 철학의 몰락으로 큰 위기에 봉착했습니다. 뭔가 팔아먹을 만한 신상품을 내놓아야 했지요. 이들은 해체된 사상에서 몇 가지 파편들을 긁어모았습니다. 새로운 화합물을 만들었지요. 그러고는 자신들이 관리하는 소매상을 통해 판매했습니다. 당연히 판매 경쟁이 일어났습니다. 처음에는 신사적이었습니다. 그러나 시장이 포화 상태에 이르자 상황이 돌변했지요.

청년헤겔파는 목소리를 더욱 높였습니다. 그들의 목소리가 그토록 드높았던 것은 그들이 실은 상품을 팔아야만 하는 상인들이었기 때문입니다. 마르크스는 당시 상황을 이렇게 요약합니다. 염가 판매에 모조품 생산이 판을 치고, 상품의 질은 조악해졌으며, 원료에는 불순물이 섞였다. 위조 상표를 붙이기 일쑤였고, 허위 거래가 일어났고, 부도난 어음이 돌아다녔다. 신용제도는 완전히 기반을 잃어버렸다. 독일 철학에서 일어난 일이 우리가 이미 살펴본바 영국 런던의 염가 빵집에서 일어난 일과 똑같았습니다. 요컨대 청년헤겔파의 '거대한 업적'이란 도취한 주정

뱅이가 본 환각이기도 했지만, 시장에서 경쟁적으로 상품을 팔아야 했던 장사꾼의 과대광고("철학적 과대광고")이기도 했던 겁니다. 헤겔의 거대한 사상은 이렇게 속류화해 몇 푼에 팔려가는 염가 상품이 되었습니다.

그리고 독일 철학에서 일어난 일이 영국의 정치경제학에서도 일어났습니다. 헤겔 철학이 겪은 일을 리카도 경제학도 겪었습니다. 독일에서 헤겔 철학이 몰락할 때 영국에서는 고전파 경제학이 몰락하고 있었습니다. 독일에서 청년헤겔파가 앞다투어 신제품을 내놓을 때, 영국에서도 리카도를 속류화해 팔아먹는 사람들이 나타났습니다.[김, 698; 강, 709] 이들 속류 경제학자들은 리카도 경제학의 파편들을 긁어모아 저질의 염가 상품을 내놓았습니다. 이를테면 이런 상품들이지요. 원래 리카도는 이윤(잉여가치)의 크기가 노동생산성의 변화에 달려 있다고 보았는데요. 그의 후계자들은 노동생산성에 따라 잉여가치의 크기가 달라진다는 주장을 노동생산성이 이윤의 원천이라는 주장으로 바꾸었습니다(아마 바뀐 줄도 몰랐을 겁니다. 그런 걸 알아보는 눈이 있었다면 애초에 그런 물건을 만들지도 않았겠지요). 리카도라는 상표를 붙여놓고는 진품이 아니라 모조품을 출시한 겁니다.

반세기가 지나 존 스튜어트 밀은 이 모조품을 다시 신상품처럼 들고 나왔습니다. 이윤은 생계에 필요한 것 이상으로 물건을 만들어내는 노동의 신비한 생산력에서 나온다고요. 노동의 신비한 생산력을 너무 강조한 나머지 그는 교환이 없어도 노동만 하면 이윤이 생긴다는 말까지 합니다. 교환이 없으면 상품이 없고, 상품이 없으면 자본주의가 없다는 것은 생각지도 못하고요. 허위거래에 부도수표까지 사용한 셈이지요. 여기가 끝이 아닙니다. 어떤 곳에서 밀은 노동자도 일종의 자본가라는 주장까지 폅니다. 노동자가 노동 후에 임금을 받는 것은 노동을 투자한 것과 같다는 거죠. 이처럼 자본가와 노동자도 학문적으로 구분할 수 없는 지경에 이르면 더는 경제학자라고 말하기도 어렵겠지요. 학자로서 신용이 파탄 났다고 해야 합니다. 그런데도 그는 당대의 '위대한 지성'으로 불렸습니다. 마르크스의 표현을 쓰자면 겨우 한 무더기의 흙을 언덕으로 보이게 한 겁니다. 과대광고에 성공한 셈이지요.

이번 9장은 잉여가치율과 임금을 둘러싼 온갖 횡설수설과 착시, 기만, 술책에 대한 마르크스의 비판을 담고 있습니다. 그런데 여기서 마르크스의 태도는 소위 정품 이론을 다룰 때와는 다릅니다. 이것저것 마구 뒤섞어놓은 엉터리 주장, 오로지 더 많은 이윤을 얻기 위해 유포하는 환상과 속임수, 마르크스는 이것들을 어떻게 비판할까요. 청년 시절 마르크스는 독일 사회에 대해 비슷한 물음을 던졌는데요. 비판의 수준에 미달하는 사회가 비판의 대상일 때 비판이란 과연 무엇인가. 그는 말했습니다.[2] 이 경우에는 이미 "비판과 대상의 사이는 끝장 나 있다"라고요. 협상하고 말고 할 게 없습니다. 작은 개선이라도 해보겠다고 협상하고 타협하면 또 다른 착시와 기만과 술책이 생겨납니다. 이럴 때 비판가는 '교정'이나 '논박'조차 넘어서야 합니다. 비판가는 비판 대상을 '고발'하고 '탄핵'해야 합니다. 그래서 흙무더기가 흙무더기로, 엉터리가 엉터리로, 비참이 비참으로, 부끄러움이 부끄러움으로 드러나도록 해야 합니다.

천박하고 엉터리인 주장들에 대해 이렇게까지 할 필요가 있을까. 『자본』은 다른 책들과 다릅니다. 『자본』은 프롤레타리아트의 편에서 쓴 책입니다. 학문적으로 중요한 이론을 검토하는 것만큼이나 현실적으로 폐해가 큰 주장을 탄핵하는 것이 중요하지요. 노동자들의 건강에 치명적 영향을 미치는 불량 빵이 과대광고 속에 염가로 판매되고 있다면, 이를 고발하고 탄핵하는 일은 성찬례에 사용될 빵과 포도주를 고르고 점검하는 일보다 훨씬 시급하고 중요합니다. 적어도 마르크스한테는 그렇습니다.

자본주의에서, 유능한 노동자가 된다는 것

원근법에 따르면 가까이 있는 사물은 크고 진하며 멀리 있는 사물은 작고 희미합니다. 우리 눈에 비친 사물의 크기는 사물 자체의 크기보다는 그것과 나의 거리에 달려 있습니다. 가까우면 작은 것도 커 보이고 멀면 큰 것도 작아 보입니다. 서양 회화는 오랫동안 이 원리에 입각해 공간을 표현해왔습니다. 그런데 원근법은 시간에 대해서도 작동하는 것 같습니다. 역사적 사실의 크기는 현재와의 거리에 영향을 받습니다. 현재와 가까울수록 더 크고 중요하게 보이지요. 공간에서처럼 이것 역시 현재 나와의 거리에서 생겨난 효과입니다. 이를 이해하지 못하는 사람은 멀리 있는 초가집에는 개미만 한 사람이 산다고 믿거나 남산 위 둥근 달의 실제 크기는 쟁반 정도라고 믿는 사람과 다를 바 없지요.

원근법적 물신주의—역사에 대한 시각적 기만

도대체 누가 그렇게 믿겠냐고 말할지 모르겠습니다만 의외로 학문의 세계에는 그런 사람들이 있습니다. 과거가 작아 보이는 이유가 현재와의 거리 때문이라는 사실을 망각하고 과거가 실제로 그렇게 작다고 믿는 것이지요. 현재의 사회형태를 역사상 가장 완전하고 성숙하며 보편적인 것으로 간주할 때, 그래서 과거의 사회형태를 결핍되고 미숙하며 일종의 예외인 것으로 간주할 때 그런 믿음을 갖기 쉽습니다. 이들은 대체로 현재와 가까운 시대일수록 더 발전된 사회라고 생각합니다. 일종의 원근법적 물신주의에 빠져 있다고 할까요. 이런 착각에서 벗어나려면 자기 자신이 속한 시대와도 거리를 둘 수 있어야 합니다.

이것이 마르크스의 '비판'입니다. 마르크스는 "기독교는 자기비판이 어느 정도까지 (…) 완료되었을 때 비로소 그 이전의 신화들을 객관적으로 이해하는 데 도움을 줄 수 있"었고, "부르주아 경제학은 부르주아사회의 자기비판이 개시되었을 때 비로소 봉건적·고대적·동양적 사회에 대한 이해에 도달"했다고 했습니다.[3] 자기 시대로부터 거리를 둘 수 없는 사람은 자기 시대도 제대로 보지 못하지만 다른 시대도 제대로 볼 수 없습니다. 앞서 내가 2장에서 말한 마르크스의 '특별한 눈'이란 바로 자기 시대와 거리를 둘 수 있는 눈입니다. 『자본』 제5편으로 접어들면서 우리는 마르크스의 이러한 면모를 재확인할 수 있습니다. 사실은 마르크스 자신이 독자들에게 우리 시대에 대한 비판적 시각(혹은 우리 시대의 시각에 대한 비판)의 중요성을 다시금 일깨워주고 싶어하는 것 같습니다.

『자본』 제5편의 제목은 "절대적·상대적 잉여가치의 생산"이고, 그 첫 장인 제14장(영어판은 제16장)의 제목은 "절대적·상대적 잉여가치"입니다. 제목만 보면 『자본』 제5편은 이미 우리가 살펴본 제3편 '절대적 잉여가치의 생산'과 제4편 '상대적 잉여가치의 생산'을 단순히 합쳐놓은 것 같습니다. 그러나 실제 내용은 그렇지 않습니다. 제3편과 제4편은 잉여가치를 생산하는 방식에 대한 것입니다. 절대적 잉여가치는 노동일의 연장을 통해(제3편), 그리고 상대적 잉여가치는 노동생산력의 증대를 통해(제4편) 생산됩니다. 자본가는 노동자를 더 오래, 더 효과적으로, 더 강도 높게 일하도록 함으로써 더 많은 잉여가치를 얻습니다. 한마디로 잉여가치를 얻기 위해 더 유능한 노동자를 만드는 셈이지요. 그런데 자본주의에서 유능한 노동자가 된다는 것은 어떤 의미일까요. 제5편에서 마르크스는 잉여가치를 생산하는 방법이 아니라 잉여가치를 생산한다는 것의 의미를 묻습니다. 노동자의 생산력이 늘어난다는 것은 어떤 의미가 있을까요. 자본주의에서 생산적인 존재가 된다는 것은 축복일까요, 불행일까요. 우리는 제5편의 시작과 더불어 우리 시대 즉 자본주의사회에서 '생산적'(produktiv)이라는 말이 얼마나 독특한 의미를 갖고 있는지를 볼 겁니다. 우리가 얼마나 독특한 시각으로 인간의 생산활동을 이해하는지, 더 나아가 우리가 얼마나 독특한 시대에 살고 있는지 새삼 확인할 겁니다.

제5편과 제6편에서 마르크스가 시도하는 작업을 나는 '착시의 교정'이라고 부르고 싶습니다. 자본주의에서는 내리막길이 오르막길로 보이는 착시 현상이 자주 나타납니다. 이를테면 노동력의 가치 이하로 지불된 임금인데도 정당한 대가를 받은 것처럼 보이고, 임금의 상대적 크기(잉여가치의 크기나 생산물 전체의 크기를 고려했을 때)가 작아지고 있음에도 임금이 과거에 비해 많이 오른 것처럼 보입니다. 이번 9장에서 우리는 마르크스가 우리 시대의 '감각적 눈'에 나타난 바를 '이성의 눈'으로 바로잡는 것을 봅니다. 우리 눈에 나타난 현상을 그대로 믿는 대신 사물의 질서가 왜 그렇게 나타났는지를 해명하지요. 참고로 마르크스는 『자본』제14장 끝에서 '시각적 기만'(optische Täuschung)이라는 표현을 썼는데요. 존 스튜어트 밀을 비판하면서 한 말입니다. 밀이 역사적으로 보면 "단지 지구상에서 예외적으로 지배하고 있는" 자본주의를 인류사에서 '예외 없이' 나타나는 보편적 형태로 간주하고 있다는 것이지요. 마르크스는 당대 '위대한 지성'으로 칭송받던 밀조차 자기 시대의 시각적 기만에서 벗어나지 못했다고 지적합니다. [김, 700; 강, 711]

마르크스는 고전파 경제학자들에 대해서도 비슷한 말을 했습니다. 그들도 일종의 '환상'(Illusionen)을 본다고요. 특히 임금과 관련해 고전파 경제학자들은 '사태의 진상'(참된 사물의 질서, wahren Sachverhalt)에 가까이 다가갔으면서도 정식화하는 데는 실패했습니다. 이유가 뭘까요. 눈에 뭔가가 씌었기 때문입니다. 마르크스는 "그들이 부르주아적 외피를 두르는 한에서 [사태의 진상을 보는 것은] 불가능할 것"이라고 했습니다.[김, 737; 강, 744] 부르주아적 렌즈를 끼고 있는 한 제아무리 눈앞에서 사태를 관찰해도 이런 환상, 이런 기만에서 벗어날 수 없습니다.

생산적 노동이란 무엇인가

이제 제5편으로 들어가보겠습니다. '생산적 노동'이란 무엇인가. 이것이 첫 번째 주제입니다. 노동과정을 분석할 때 우리는 이미 이 표현을 접한 바 있습니다. 마르크스도 이 점을 독자들에게 환기해줍니다. 그는 제14장 첫 단락에서 제5장(영어판 제7장)에 썼던 '생산적 노동'에 관한 내용을, 주석까지 포함해 그대로 인용하고 있습니다.[김, 687; 강, 699]

우리도 기억을 되짚어볼까요. 노동과정이란 노동자가 노동수단을 가지고 노동대상에 변형을 가하는 과정입니다. 노동자의 노동, 노동대상, 노동수단 등 세 가지 요소로 이루어진 과정이지요. 이 과정은 생산물이 기준이 되어 기술될 수도 있습니다. 생산물을 생산하는 과정으로서 말이지요. 그러면 노동자의 노동은 생산물을 생산하는 노동이라는 의미에서 '생산적 노동'이 되고, 노동수단과 노동대상은 생산물을 생산하는 데 쓰인 수단이라는 의미에서 '생산수단'이 되지요. 그런데 마르크스는 이때의 '생산적 노동' 개념은 "자본주의적 생산과정을 다루는 데 결코 충분하지 않"다고 말했습니다. 생산양식의 역사적 형태를 고려한 것이 아니니까요.[김, 687; 강, 699] 어느 시대, 어떤 사회에서나 인간의 노동은 필요한 물건을 만들어내는 일이고 그것에 성공하는 한에서 생산적이라 할 수 있습니다. 자본주의에만 해당하는 일이 아니라는 거죠. 그럼 지금 여기가 자본주의라는 것을 고려한다면 어떻게 될까요. 자본주의적 노동과정의 생산물은 단순한 노동생산물이 아니라 상품입니다. 따라서 단지 물건을 만들어냈다는 것만으로는 생산적 노동을 위한 충분조건이 될 수 없습니다. 이전에 마르크스는 『자본』 제5장에서 자본주의적 생산과정을 두 측면에서 분석했는데요. 한편으로는 현물을 생산하는 노동과정으로 분석했고, 다른 한편으로는 가치를 생산하는 가치증식과정으로 분석했지요. 이제 이 두 측면을 다시 따라가며 자본주의에서 '생산적 노동'이 어떤 것인지 살펴보겠습니다.

먼저 노동과정이란 곧 현물을 생산하는 과정이라는 점을 고려하면서 이야기해보죠. 노동과정이란 노동자가 노동력을 발휘하는 과정이라고 할 수 있습니다. 제5장 첫 문장에서 마르크스는 이렇게 말했지요. "노동력의 사용은 노동 그 자체다." 이는 노동과정에 대한 동어반복에 가까운 규정입니다. 노동과정이란 말 그대로 노동이 이루어지는 과정이고 이것은 노동력을 사용하는 과정이라는 뜻이니까요. 그런데 나는 이 당연한 말이 자본주의에서는 매우 독특한 의미를 갖는다는 점을 지적한 바 있습니다(323~324쪽). '노동'이란 '노동력을 사용하는 것'이라는 이 말이 동어반복적으로 들리는 것은 우리가 암묵적으로 '노동력을 사용하는 주체'와 '노동하는 인간'을 동일시했기 때문입니다.

그러나 자본주의에서는 그럴 수 없습니다. 자본주의에서 노동력 사용의 주체는 노동하는 인간이 아닙니다. 노동력 사용권은 노동하지 않는 인간 즉 자본가에게 있으니까요. 노동과정은 자본가가 자신이 구매한 상품(노동력)을 소비하는 과정입니다. 여기서 노동하는 인간은 인격체로 대접받지 못합니다. 포도주를 발효시키는 효모와 같은 존재지요. 포도주 생산자는 효모가 아니라 효모를 사서 발효를 시킨 사람입니다. 마찬가지로 노동자는 능력을 발휘하지만 능력에 대한 통제권자가 아닙니다. 노동자의 두뇌와 근육에 관철되는 의지는 그의 것이 아니라 자본가의 것입니다. 그러므로 자본주의에서 생산적 노동에 대한 규정은 특별해질 수밖에 없습니다. 자본주의라는 역사적 형태를 고려하지 않았을 때는, 인간이 자기에게 유용한 물건을 만들어내는 것을 생산적 노동이라고 불렀습니다만, 자본주의에서는 이것으로 충분하지 않습니다. 노동자가 만드는 물건은 그 노동자에게 유용한 물건이 아닙니다. 그는 자본가가 원하는 방식으로 자본가가 원하는 물건을 만들어야 합니다. 이 규정에 부합해야 비로소 생산적 노동을 수행했다고 할 수 있지요.

더욱이 『자본』 제5편에 이른 지금 우리는 자본주의적 노동과정이 한 명의 노동자가 수행하는 일이 아님을 알고 있습니다. 자본주의는 처음부터 일정 규모 이상의 노동자를 고용하면서 역사에 등장했습니다. 혼자 만든 물건을 내다 파는 독립수공업과는 다릅니다. 역사적 자본주의의 첫 번째 생산형태인 매뉴팩처만 해도 상품은 이미 개별 노동자의 직접 생산물이 아니라 "전체노동자 즉 결합된 하나의 노동인격체(Arbeitspersonal)의 사회적 생산물, 공동의 생산물"이었습니다. 각각의 노동자들은 전체노동자라는 한 인격체의 "관절들"(Glieder)일 뿐이었고요.[김, 688; 강, 700] 생산의 협업적 성격을 고려한다면 '생산적 노동'에 대한 규정도 조금 달라져야겠지요. 생산적 노동이란 상품을 생산하는 노동이지만, 완전한 생산물로서의 상품은 개별 노동자가 아니라 전체노동자가 생산하니까요. '생산적 노동'을 생산물(상품)을 생산하는 노동으로 한정한다면 전체노동자한테만 합당한 말이 됩니다. 만약 개별 노동자의 노동에도 이 말을 쓰고자 한다면 규정을 조금 더 확장해야 합니다. 전체노동자의 한 부분이 되는 것, 그래서 부분노동을 수행하는 것도 생산적 노동이라고 해야 하지요. 이렇게 규정을 확장하면 우리는 개별 노동자의 노동에 대해서도 생산적 노동 개념을 쓸 수 있습니다. 부분노동자(혹은 부분기계)인 한에서 그는 생산적 노동을 수행한다고 말이지요.[김, 688; 강, 700]

다음으로 가치증식과정이라는 점에서 생산적 노동에 대한 규정을 생각해볼까요. 자본주의적 생산과정이란 현물의 생산과정이기도 하지만 가치의 생산과정(증식과정)이기도 합니다. 그리고 단순히 가치의 생산과정이라고만 하면 이 역시 부족합니다. 가치생산물이 생산수단의 가치에 노동력의 가치를 더한 데 그친다면, 다시 말해 잉여가치가 없다면 자본 자체가 불가능할 테니까요. 자본주의에서 생산적 노동이란 가치를 생산하는 노동이 아니라 '잉여가치를 생산하는 노동'이라고 해야 합니다. "잉여가치를 생산하는 노동자 즉 자본의 자기증식에 봉사하는 노동자만이 생산적"이지요.[김, 688; 강, 700] 가치증식과정을 고려하면 생산적 노동에 대한 규정이 상당히 좁아진다는 걸 알 수 있습니다. 잉여가치 생산에 관여하지 않는다면 설령 임금을 받고 노동을 수행해도 생산적 노동을 수행했다고 말할 수 없으니까요. 이를테면 자본가가 고용한 운전기사는 자본가로부터 임금을 받는 노동자입니다만 생산적 노동자는 아닙니다. 그는 자기 노동력을 자본가에게 판매했고 그 대가로 운전노동도 제공했습니다만 잉여가치를 창출하지는 않습니다. 자본가가 운전기사에게 쓴 돈은 돌아오지 않습니다('화폐로서의 화폐'와 '자본으로서의 화폐'의 차이지요. 251쪽 참조). 자본가는 노동자에게 투자한 게 아니고 그저 소득을 지출했을 뿐입니다. 자본가의 집에서 일한 정원사나 가사도우미의 노동도 마찬가지로 볼 수 있어요.

'생산적 노동'에 대한 스미스의 두 가지 규정

어떤 노동이 생산적 노동인가는 노동 자체에 달려 있지 않습니다. 그러니 겉모습만 봐서는 알 수가 없지요. 운수업체에 고용된 노동자든 한 개인에게 운전기사로 고용된 노동자든 노동의 내용은 같습니다. 그러나 전자의 운전은 자본가(곧 운수업체 사장인 자본가)에게 잉여가치를 제공한다는 점에서 생산적 노동인 반면 후자의 운전은 자본가의 소득이 지출되는 비생산적 노동입니다. 전자는 자본가의 부를 늘리지만(자본의 증식) 후자는 자본가의 부를 축냅니다(소득의 지출).

'생산적 노동' 개념은 고전경제학자들의 주요 관심사였습니다. 마르크스는 이에 대해 "학설사를 다루는 이 책의 제4권에서 좀 더 자세히" 다룰 것이라고 예고하는데요.[김, 689; 강, 701] 그가 "이 책의 제4권"이라고 말한 것은 『잉여가치학설사』를 가리킵니다. 본래 마르크스가 『자본』을 전체 4권으로 기획했음을 알 수 있지요. 그는 1861~1863년 『자본』을 위한 방대한 초고를 작성했는데 이 중 절반의 분량을 차지한 것이 1862년과 1863년 사이에 작성한, 잉여가치 학설사를 정리한 원고입니다. 제4권을 위해 작성한 원고의 양이 앞의 세 권만큼이나 많았던 것이지요. 물론 이 초고는 상당히 거친 형태로 남아 있었습니다. 마르크스는 1865년 엥겔스에게 보낸 편지에 이렇게 썼습니다. "이론적인 부분(앞의 세 권)을 완성하려면 세 개의 장을 더 써야 한다네. 그러고 나면 제4권, 즉 역사적 문헌을 다루는 책을 써야 하는데, 이건 상대적으로 쉬운 부(部)라고 할 수 있지. 왜냐하면 모든 물음들은 앞의 세 권에서 해결되었고 이 마지막 권은 단지 역사적 형태로 반복하는 거니까."[4] 이 편지는 제4권이 완성된 게 아니라 다시 "써야" 하는 것으로 남아 있음을 보여줍니다. 그리고 앞의 세 권에서 이론은 모두 완성되었으며 제4권의 내용은 단지 역사 문헌들을 통해 이 이론을 확인하는 정도라는 것도 보여주고요.

마르크스는 『잉여가치 학설사』 제4장에서 '생산적 노동'에 관한 여러 학설을 다룹니다. 이 중에서도 애덤 스미스의 주장을 집중적으로 검토합니다. 스미스는 『국부론』 제2편 제3장에서 '생산적 노동' 개념을 다루는데요. 그는 이렇게 말합니다. "노동에는 그것이 가해지는 대상의 가치를 증가시키는 노동이 있고 그런 효과를 갖지 않는 노동이 있다. 전자는 가치를 생산하므로 생산적 노동이라고 하고, 후자는 비생산적 노동이라고 한다."[5] 가치를 증가시키느냐 여부가 생산적 노동과 비생산적 노동을 가르는 핵심 기준인 겁니다. 그렇다면 '가치를 증가시킨다'라는 것은 무슨 뜻인가. 스미스는 매뉴팩처의 노동을 예로 들었습니다. 매뉴팩처 노동자는 노동대상인 원료의 가치에 '자신의 생활수단의 가치'와 '고용주의 이윤의 가치'를 첨가합니다. 스미스의 설명을 마르크스의 용어로 말하면, 생산적 노동이란 노동력의 가치를 재생산할 뿐 아니라 '잉여가치를 생산하는 노동'입니다.[6]

스미스는 매뉴팩처 노동자의 노동을 하인의 노동과 대비하는데요. 매뉴팩처의 경우 고용주는 노동자에게 임금을 지급하지만, 노동자가 생산한 상품의 가치 속에 임금과 이윤에 해당하는 가치가 들어가기 때문에, "사실 고용주는 아무런 비용도 들이지 않"는 것과 같습니다.[7] 노동자에게 임금을 지급하지만 상품판매와 더불어 모두 회수되니까요. 그러나 하인의 노동은 다릅니다. 하인의 노동에도 임금이 지급되고, 임금(노동력의 가치)을 정하는 원리도 매뉴팩처 노동자의 경우와 다르지는 않습니다.[8] 그러나 하인에게 지급된 임금은 고용주에게 회수되지 않습니다. 그 돈은 하인이 제공한 서비스와 교환되어 사라집니다. 고용주는 그 돈을 써버린 겁니다. 그래서 스미스는 말했습니다. "다수의 매뉴팩처 노동자를 고용하면 부자가 되지만 다수의 하인을 유지하면 가난해진다."[9] 하인의 노동만 비생산적 노동인 것은 아닙니다. 스미스는 "사회에서 가장 존경받는 어떤 계층의 노동"도 마찬가지라고 했습니다. 군주나 관료, 군인 등의 노동도 비생산적이라는 점에서는 하인의 노동과 다를 바 없습니다. 스미스는 여기에 성직자, 변호사, 의사, 문필가, 배우, 광대, 음악가, 무용수 등도 포함했습니다. 매뉴팩처 노동자의 노동은 이 노동을 다시 구매할 생산물을 산출하지만 군주, 관료, 군인 등의 노동은 "나중에 동일한 양의 서비스를 구매할 아무것도 생산하지 않"기 때문입니다.[10]

스미스는 한 나라의 연간 생산물을 '자본'이 되는 부분과 '소득'(수입, revenue)이 되는 부분으로 나누었는데요. 그에 따르면 전자와 교환되는 노동이 생산적 노동이고 후자와 교환되는 노동이 비생산적 노동입니다[11](자본과 교환되는 노동이란 자본의 한 형태로서의 노동, 마르크스의 용어로 말하자면 '가변자본'으로서의 노동을 가리킵니다). 이로써 생산적 노동과 비생산적 노동에 대한 상당히 깔끔한 구분이 이루어진 셈입니다. 마르크스는 이를 가리켜 "스미스의 최대 과학적 공적 중 하나"라고 평가했습니다.[12] 이렇게 정리하고 끝났으면 좋았을 텐데요. 마르크스에 따르면 스미스한테는 생산적 노동에 대한 또 다른 규정이 있었습니다. 앞서의 규정을 첫 번째 규정이라 한다면 이는 두 번째 규정이라 할 수 있겠습니다. 스미스는 생산적 노동에 대한 설명을 이어가면서 그것을 "특정한 대상이나 판매 가능한 상품 안에 고정되고 실현되는(fixes and realizes itself)" 노동이라고도 불렀습니다.[13] 생산적 노동이란 상품에 담긴 노동 즉 '상품에 실현된(realisiert) 노동'이라는 것이지요. 이 점에서도 매뉴팩처의 노동은 하인의 노동과 다르다고 했습니다.

스미스가 이것을 '두 번째' 규정이라고 생각하지는 않았을 겁니다. 한 개념에 대한 두 개의 규정은 과학이 될 수 없으니까요. 대상의 가치를 증가시키는 노동, 그는 자신이 내린 생산적 노동에 대한 규정은 이것 하나라고 생각했을 겁니다. 다만 이 규정을 설명하면서 두 가지 이야기를 한 것이지요. 처음에는 노동자가 노동 대상에 노동력의 가치와 잉여가치를 더한다는 의미로 설명했고, 그다음에는 단순히 가치를 집어넣는 것으로, 특히 노동력의 가치를 집어넣는 것으로 설명했습니다. 언뜻 보기에는 별 차이가 없어 보입니다. 단지 생산적 노동에 대한 규정을 이렇게도 설명해보고 저렇게도 설명해본 것처럼 보이죠. 그러나 이 두 가지는 '이렇게 해도 좋고 저렇게 해도 좋은' 동일한 것이 아닙니다. 어떤 설명을 선택하느냐에 따라 생산적 노동의 의미가 크게 달라지니까요. 한 규정에 대한 두 개의 설명이 아니라, 두 개의 설명 때문에 전혀 다른 두 개의 규정이 생겨난 것과 같습니다. 물론 잉여가치를 생산하는 노동이 상품을 생산하는 노동, 상품에 실현되는 노동인 것은 맞습니다. 그리고 이 점에서 노동자의 노동과 하인의 노동이 구별되는 것도 사실입니다. 하인 노동의 결과물, 이를테면 하인이 만들어 온 요리는 상품이 아니니까요. 하지만 스미스의 두 가지 설명에는, 본질적으로 다른 두 개의 규정이라고 볼 만한 중요한 차이가 있습니다.

마르크스는 현미경을 통해서나 발견될 수 있을 정도로 작은 차이가 본질적 차이를 만들어낸다고 말한 바 있습니다. 터럭만큼의 차이가 천지를 가릅니다. 스미스한테는 두 가지 설명이 오십보백보였는지 모르겠습니다. 소소한 차이는 있지만 크게 보면 같은 말이라고 생각했겠지요. 그러나 마르크스의 눈에는 그렇지 않습니다. 스미스의 두 번째 설명에 따르면 "소비된 가치와 등가물"인 생산물을 생산한 경우 즉 노동자가 임금에 해당하는 만큼의 노동만을 더한 경우도 생산적 노동이 될 수 있습니다. 마르크스는 "여기서는 '생산적'과 '비생산적'이라는 술어들이 애초에 가졌던 것과 다른 의미로 사용"되고 있다고 지적합니다. 여기서는 "잉여가치의 생산이 더 이상 문제가 되지 않는다"라는 것이지요.[14] 노동자가 자본가에게 임금만을 보상하고 잉여가치를 제공하지 않는다면 어떻게 될까요. 이것은 노동자가 독립수공업자처럼 자신의 생산물을 자본가에게 판매한 것과 같습니다. 자본가로서는 노동자에게 원료를 선대한 뒤 가격을 치르고 물건을 납품받는 꼴이지요. "이것은 노동자가 생산하는 상품을 구매하는 경우와 완전히 동일한 거래"입니다.[15] 상품거래이기는 하지만 자본주의적 생산이 이루어졌다고 말할 수는 없지요. 등가교환만이 있을 뿐 잉여가치는 없습니다. 노동자가 이런 노동을 수행한다면 자본주의는 불가능합니다. 따라서 두 번째 규정은 자본주의에서의 생산적 노동에 대한 올바른 규정이 될 수 없습니다.

서비스노동은 생산적 노동이 아닌 것인가

마르크스가 너무 예민하게 따지는 것 아니냐고 생각할지도 모르겠습니다. 하지만 두 설명이 얼마나 다른지를 알아차리지 못한 스미스는 더 엉뚱한 길로 나아갑니다. 그는 생산적 노동 개념을 생산물의 내구성과 연결시킵니다. 그에 따르면 매뉴팩처 노동자가 생산한 상품은 "노동이 끝난 뒤 적어도 얼마 동안은 존속한다"라고, "말하자면 필요한 어떤 다른 경우에 사용되기 위해 저장되고 비축된 일정량의 노동"이라고 했습니다. 스미스는 왜 생산물의 내구성을 중요하게 봤을까요. 그는 이렇게 생각한 것 같습니다. 생산적 노동이 생산적인 이유는 자본가에게 다음에 사용할 노동력의 가치를 생산해주기 때문이다[마르크스식으로 말하면 생산물의 가치($C+V+m$)에는 노동력의 가치(V)가 들어 있으므로 생산물을 팔면 자본가에게는 다음에 고용할 노동력의 가치가 생깁니다], 그런데 노동(가치)을 담고 있는 생산물에 내구성이 없다면 가치를 오래 보관할 수 없다, 적어도 다음 번 노동력을 구매할 때까지는 가치를 담은 채로 버틸 수 있어야 한다, 그러므로 생산적 노동이 되려면 그저 상품을 생산한 것이 아니라 곧바로 사라지지 않는 상품, 일정 기간을 버틸 수 있는 상품을 생산해야 합니다.

이것은 스미스가 하인의 노동을 비생산적이라고 생각한 이유이기도 합니다. 하인이 제공하는 서비스(이를테면 심부름)는 "어떤 특정 대상이나 판매 가능한 상품으로 고정되거나 실현되지 않"기에, "서비스가 행해지는 순간 바로 사라지며", "가치를 남기지 않으므로 나중에 동일한 양의 서비스를 구매할 수 없"으니까요.[16] 하인의 노동만 그런 게 아닙니다. 무용수의 춤, 관료의 행정 업무, 군주의 통치도 무언가에 담아둘 수 없는 노동이라는 점, 즉 그런 물건을 생산하는 노동이 아니라는 점에서는 동일하니까요. 요컨대 스미스는 생산적 노동을 '상품을 생산하는 노동'(상품에 실현된 노동)이라고 규정하는 데서 한발 더 나아가 '내구성을 가진 상품을 생산하는 노동'으로 보고 있습니다. 이쯤 되면 생산적 노동에 대한 첫 번째 규정이 무색해집니다. 생산적 노동 개념은 차치하고 상품의 가치와 사용가치의 구분마저 희미해집니다.

과연 내구성이 큰 가구를 만드는 노동이 상하기 쉬운 음식을 만드는 노동보다 생산적일까요. 상품의 '보관'이라는 면에서는 가구가 음식보다 용이할 수 있습니다. 하지만 '팔리지 않는 가구'는 상한 음식만큼이나 자본가에게 골칫거리입니다. 그리고 '팔린 음식'은 다음 노동력을 구매하기 전까지 자본가에게 결코 상하지 않는 가치형태(화폐)를 선사합니다. 음식보다 더 빨리 사라지는 서비스 상품도 사정은 다르지 않습니다. 이를테면 택시 노동자의 운전은 음식보다 빨리 사라집니다. 서비스가 끝나면 곧바로 소멸합니다. 그러나 택시 업체를 운영하는 자본가는 그 점 때문에 괴로워하지 않습니다. 택시 노동자가 생산한 가치는 서비스와 함께 사라지지 않으니까요. 그것은 잉여가치까지 더해 결코 썩지 않는 형태로 자본가의 계좌로 입금되지요. 자본가에게 택시 노동자의 노동은 충분히 생산적입니다. 자본가에게 중요한 것은 오래가는 상품이 아니라 잘 팔리는 상품이며, 더 엄밀히 말하자면 손쉽게 더 많은 잉여가치를 남기는 상품입니다. 그래서 자본가는 내구성이 큰 상품에 투자하는 게 아니라 이윤이 많이 나는 상품에 투자합니다.

상품의 내구성은 자본의 가치증식과 아무 관련이 없습니다. 이것은 생산적 노동에 대한 첫 번째 규정, 즉 잉여가치의 생산과는 무관한 문제입니다. 스미스의 말처럼 서비스노동은 물건에 담기지 않은 채 곧바로 소멸합니다. 노동을 보관할 별도의 상품을 생산하지 않습니다. 해당 노동 자체가 상품이니까요. 그러나 이것은 상품의 현존 형태상의 차이일 뿐입니다. 우리가 소득을 지출해 소비할 수 있는 상품 중에는 현물 상품도 있지만 봉사 상품도 있습니다. 체온 유지를 위해 외투를 구입하듯, 신속하고 쾌적하게 장소를 이동하기 위해 택시를 탈 수도 있습니다. 뭉친 근육을 풀기 위해 마사지를 받을 수도 있고 정신적 즐거움을 위해 공연을 볼 수도 있지요. 외투가 제공하는 보온 효과가 그것을 구매하게 만드는 사용가치이듯 다양한 서비스노동은 특정한 노동, 특정한 봉사를 사용가치로 제공하는 상품입니다.

소비자들이 구매하는 이 서비스노동은 자본과 교환되는 상품인 노동력과 다릅니다. 마르크스가 높이 평가한 스미스의 첫 번째 규정에 따르면 전자는 '소득'과 교환되는 노동이고 후자는 '자본'과 교환되는 노동인데요. 전자의 사용가치는 해당 노동의 구체적 내용, 마르크스의 표현을 쓰자면 '노동의 소재적 규정(stofflichen Bestimmung)'입니다.[17] 반면 후자의 사용가치는 '가치의 증식', 더 엄밀히 하자면 '잉여가치의 생산'입니다. 다시 택시를 예로 들자면 내가 택시 노동자에게 돈을 지불하는 것은 특정한 서비스를 누리기 위해서입니다. 즉 편안하고 신속하게 목적지까지 이동하기 위해서죠. 그러나 자본가가 택시 노동자의 노동에 돈(임금)을 지불하고 운전을 시키는 것은 편안하고 신속한 이동을 위해서가 아니라 돈을 벌기 위함입니다. 자본가에게 이 노동이 생산적인가 여부는 노동자가 자신이 지불한 돈 이상을 생산하는지, 다시 말해 잉여가치를 생산하는지에 달렸습니다. 내가 택시 노동자에게 지불한 돈은 내게로 돌아오지 않지만, 택시 업체를 운영하는 자본가가 택시 노동자에게 지불한 돈은 그에게 돌아옵니다. 이윤까지 더해서 말이지요.

이 차이는 노동의 구체적 내용이나 산물의 성격에 달려 있지 않습니다. 노동에 대한 교환이 어떻게 이루어지느냐, 어떤 배치에서 이루어지느냐에 달린 것이지요. 앞서 썼던 용어로 말하면 소득과 교환되는가, 자본과 교환되는가에 따라 다릅니다. 음악가 브람스는 철학자 비트겐슈타인 집안의 후원을 받았습니다(비트겐슈타인의 조부 때의 일이지요). 그는 이 집안에서 아이들(비트겐슈타인의 고모들)에게 피아노를 가르쳤고 저녁 모임에도 정기적으로 참석했습니다. 그의 유명한 클라리넷 오중주가 이 집 저녁 모임에서 초연되었다고 합니다.[18] 그럼 그의 피아노 과외와 연주는 생산적 노동이었을까요. 일정액의 돈을 지급받고 대단한 정신적 즐거움을 제공했다 하더라도 그의 연주는 생산적 노동이 아닙니다. 그의 연주는 비트겐슈타인 가족에게 이윤은 고사하고 다음번에 그를 다시 부를 수 있는 만큼의 비용도 재생산해주지 않습니다. 그러나 브람스 같은 연주자가 특정한 회사 소속 노동자가 되고 해당 연주가 이 회사의 판매 상품이 되면 사정이 달라집니다. 연주자의 공연은 자본가에게 다음 공연을 위한 비용을 재생산해주는 것은 물론이고 이윤까지 제공하지요. 해당 자본가에게 매우 생산적인 노동인 겁니다.

그래서 마르크스는 이렇게 말합니다. "동일한 노동도 내가 그것을 자본가로서, 생산자로서 적용하여 가치를 증식시킨다면 생산적일 수 있으며, 내가 그것을 소비자 즉 소득의 지출자로서 구입하고, 이 노동의 사용가치가 노동력의 기능 정지와 함께 소멸하는 그것이 어떤 물건에 물질화되고 고정되든 간에 그 사용가치를 소비한다면 비생산적일 수 있다."[19] 생산자와 소비자라는 표현 때문에 오해할 수 있는데요. 지금 마르크스가 말한 것은 노동을 누구의 시각에서 보느냐(소비자인가,

생산자인가)에 따라 달라진다는 식의 이야기가 아닙니다. 여기서 '생산자로서', '소비자로서' 등의 표현보다 중요한 것은 '가치를 증식시킨다면', '사용가치를 소비한다면' 등의 표현입니다. 동일한 노동일지라도 용도와 기능에 따라 생산적 노동일 수도 있고 아닐 수도 있습니다. 그 사용가치를 소비하기 위해 구입된 노동이 아니라, 가치증식을 위해 구입된 노동 즉 잉여가치 생산에 기여한 노동만이 '생산적 노동'입니다. 그리고 이것은 해당 노동이 생산한 상품이 내구성을 가진 현물인지, 곧바로 사라지는 서비스인지와는 아무런 상관이 없습니다.

<hr />

미덕의 불운

지금까지 『잉여가치 학설사』의 내용을 중심으로 자본주의에서의 '생산적 노동' 개념에 대해 살펴보았는데요. 다시 『자본』 본문으로 돌아가겠습니다. 마르크스는 '생산적 노동' 개념을 명확히 하기 위해 "물질적 생산 이외의 영역"을 예로 듭니다.[김, 688; 강, 700] 스미스의 견해를 비판적으로 검토한 후이기 때문에 우리는 마르크스가 왜 이 영역을 예로 드는지 알 수 있습니다. 생산적 노동과 생산물의 물질성은 무관하다는 것을 보여주기 위해서죠.

　　마르크스는 교육을 예로 들었습니다. "교사는 아이들의 두뇌를 가공할(bearbeitet) 뿐 아니라 기업가를 부유하게 하는 데도 매진해야만(abarbeitet) 생산적 노동자가 된다. 이 기업가가 자신의 자본을 소시지 공장 대신 교육 공장(Lehrfabrik)에 투자한다고 해서 이 관계가 조금이라도 변하는 것은 아니다."[김, 688; 김, 700]

　　'교육 공장'이라는 말이 좀 살벌하게 들릴 수 있겠습니다만, 실제로 우리 주변에는 교육 서비스를 판매하는 온갖 형태의 기업들이 있습니다. 그리고 이 업종에는 강사나 학습지 교사 등의 노동자가 종사하고 있습니다. 학교의 경우는 어떨까요. 현행 법률과 제도상으로 공립학교는 물론 사립학교도 비영리법인이므로 기업이라고 부르기는 어렵습니다(물론 실질적으로는 학교를 설립자 집안의 수익모델로 활용하는 경우가 많지만요). 그런데 스웨덴에서는 1990년대 중반부터 사립학교를 일종의 기업으로 설립하고 운영할 수 있게 해주었습니다(교육의 국가 독점을 깨뜨린다는 명목이었지만 신자유주의 민영화의 바람이 상당한 영향을 미쳤다고 합니다). 학교가 이윤을 추구하고 투자자에게 배당까지 하는 기업이 된 것이지요.[20]

　　'교육 공장'을 예로 드니 자본주의에서 생산적 노동 개념의 의미가 더욱 선명해집니다. 생산적 노동자가 된다는 것은 그의 일이 고상한 일인지 힘든 일인지, 지적인 일인지 육체적인 일인지와 상관이 없습니다. 노동자의 생산물이 머리로 소화시키는 것인지 위장으로 소화시키는 것인지와도 무관하고요. 유능한 자본가가 된다는 것이 교육 사업가가 되는가, 소시지 사업가가 되는가와 무관한 것처럼 말입니다. 자본주의에서 유능한 교사, 생산적인 교사가 된다는 것은 무슨 뜻인가. 그가 교육 공장에서 일하는 노동자라면 아이들의 능력을 계발하고 그것을 발휘하도록 돕는 것으로는 부족합니다. 그는 교육 공장을 운영하는 자본가를 부자로 만들어주어야 합니다. 자본주의에서 생산적 노동자란 튼튼하고 아름다운 물건을 만드는 사람이 아니라 돈을 많이 벌게 해주는 사람입니다. 가구 공장이든 소시지 공장이든 교육 공장이든 다를 게 없습니다. 생산적인 교육 노동자임을 증명하는 것은 노동 대상에서 일어난 일 즉 아이들의 성장이 아니라, 자신의 노동 즉 교육을 통해 얼마를 벌어들였느냐에 달려 있습니다.

마르크스는 생산적 노동자의 개념이 "활동과 유용성, 노동자와 노동생산물 간의 관계만 포함하는 게 아니"라고 말합니다. 여기에는 "역사적으로 성립한 특정한 사회적 생산관계" 또한 고려되어야 한다는 것이지요. 이 독특한 생산관계에서는, 마치 농장주가 소의 귀에 인식표를 달아두듯이 노동자에게 "자본의 직접적 가치증식 수단이라는 인장을 찍어(stempelt)"둡니다.[김, 688; 강, 700~701] 그러니 얼마나 유용한 일을 했느냐, 사물과 어떤 신진대사를 주고받았느냐보다 주인에게 얼마나 큰 이익을 제공했느냐가 중요하지요. 거듭 말하지만 '생산적 노동' 개념은 "노동의 내용이나 노동의 산물이 아니라 노동의 일정한 사회적 형태에서 나오는 노동에 대한 규정"입니다.[21]

그래서 자본주의에서 노동자는 다음과 같은 비극적 아이러니와 마주하게 됩니다. "생산적 노동자가 된다는 것은 결코 행운이 아니며 오히려 지독한 불운이다."[김, 688; 김, 701] 그의 불운은 그가 가진 미덕의 결과입니다. 생산적이고 유능한 존재가 된다는 것은 훌륭한 일이지만 자본주의라는 조건에서는 더 쉽게 더 많이 착취된다는 뜻이니까요. 알을 많이 낳는 암탉이 양계장이라는 조건을 고려하면 결코 축복이 아닌 것처럼 말이지요. 덧붙이자면 사실 작가도 예외가 아닙니다. 지금 이 책을 출판하는 회사의 사장은 어떤 생각을 하는지 모르겠습니다만, 마르크스는 생산적 작가에 대해서도 마찬가지 말을 해두었지요. "작가가 생산적 노동자인 것은 그가 사상을 생산하기 때문이 아니라 그의 작품을 출판하는 출판업자를 부유하게 하기 때문이다. 즉 그는 어떤 자본가의 임금노동자인 한에서 생산적이다."[22] 서글픈 일이지요. 훌륭한 사상을 생산한 작가가 아니라 더 많은 돈을 벌게 해주는 작가가 생산적인 작가라니. 그러고 보면 지금 이 책을 쓰고 있는 작가 역시 생산적 작가는 아닙니다.

내 생각에 여기서 마르크스는 생산적 노동에 대한 정확한 규정을 강조하려는 게 아닙니다. 시대마다 생산적 노동에 대한 규정은 달라집니다. 마르크스가 정작 보이고 싶어하는 것은 '자본주의에서 생산적 노동에 대한 규정이 얼마나 이상한가'입니다. 아이들의 능력을 키우는 교육자가 아니라 돈을 많이 벌어다 주는 교육자가 생산적 교육자이고, 좋은 생각을 펼치는 작가가 아니라 많이 팔리는 책을 쓰는 작가가 생산적 작가라니, 이 얼마나 해괴망측한 세상입니까. 우리는 도대체 얼마나 이상한 눈으로 사람들의 활동을 바라보고 있는 걸까요. 마르크스의 말마따나 우리는 지상에서 이루어진 것 중 정말로 예외적이고 독특한 사회형태를 살아가고 있음에 틀림없습니다.[김, 700; 강, 711]

자본가의 지배와 자연의 침묵

자본주의에서 생산적 노동이란 곧 잉여가치를 생산하는 노동이라고 했는데요. 사실 잉여가치를 생산한다는 것 자체가 독특한 것입니다. 자연은 많은 것을 낳지만 잉여가치를 낳지는 않습니다. 자연은 인간에게 풍요를 선사할지언정 잉여가치를 선사하지는 않아요. 인간의 노동도 그렇습니다. 지상에 존재하는 순간부터 인간은 많은 것들을 생산했지만 잉여가치를 생산한 것은 역사적으로 얼마 되지 않았습니다. 제아무리 풍족한 땅이고 제아무리 부지런한 종족이라 할지라도 잉여가치를 생산하지는 않습니다.

자본에 포섭된 노동—"칼 없는 계약"은 없다

우리는 자본주의에서 잉여가치가 어떻게 생산되는지 알고 있습니다. 자본가는 노동일의 절대적 길이를 늘리거나(절대적 잉여가치의 생산), 노동력의 가치를 떨어뜨려 노동일 중 잉여노동의 양을 상대적으로 늘리는 식으로(상대적 잉여가치의 생산) 잉여가치를 얻습니다. 그런데 『자본』 제14장에서 마르크스는 이렇게 생산되는 잉여가치가 무엇을 의미하는지 묻습니다. 노동자가 자기 노동력의 가치 이상으로 가치를 생산해낸다는 게 무엇을 말해주는지 말입니다. 물론 우리는 이미 잉여가치가 무엇인지, 노동력의 사용에서 그것이 어떻게 생겨날 수 있는지 보았습니다. 잉여가치의 구체적 생산방식도 확인했고요. 하지만 지금 묻고자 하는 바는 이런 것이 아닙니다. 특정한 개인이 아니라 노동자 일반에 대해, 특정 시기만이 아니라 자본주의가 지속하는 한 계속해서, 노동자가 노동력의 가치 이상으로 노동을 한다는 것이 무엇을 의미하는지를 묻는 겁니다.

노동자들이 평생 동안, 심지어 세대를 넘어서 자기 노동력의 가치 이상의 가치를 생산한다는 것, 사람이 바뀌어도 똑같은 일이 계속해서 일어난다는 것. 여기서 우리는 무언가를 읽어낼 수 있어야 합니다. 이것은 잉여가치의 원리나 생산방식이 아니라 잉여가치의 지속적 생산을 보장하는 사회구조 내지 사회체계에 대한 이야기입니다(이에 대한 본격적 탐구는 이후 10장에서 이루어질 겁니다). 노동자 일반이 평생 동안, 심지어 세대를 넘어서 자기 노동력의 가치 이상의 가치를 생산한다는 것은 무엇을 말해줄까요. 또 이와 관련해 절대적 잉여가치와 상대적 잉여가치의 생산은 어떤 관계를 맺고 있을까요. 여기서 마르크스는 '포섭'(Subsumtion)이라는 아주 흥미로운 단어를 썼습니다. 그는 노동자의 노동이 가치증식의 요소로 계속해서 기능하는 것을 "자본 아래로 노동이 포섭된 것"이라고 표현하고 있습니다.[김, 689; 강, 701]

'포섭'이란 어떤 것을 하위 요소로 통합하는 것입니다. 노동이 자본에 포섭되었다는 것은 노동이 자율성을 잃고 자본의 하위 요소가 되었음을 의미합니다. 노동이 더는 자본과 동등하게 설 수 있는 대등한 범주가 아니라는 거죠. 노동은 자본의 범주 아래 귀속됩니다. 노동은 자본의 한 형태로서 가변자본이 됩니다. 자본 중에서 가치가 변하는 부분을 가리키는 말이 된 것이지요. 노동자가 노동력의 가치 이상을 계속해서 생산하는 것은 그의 노동이 자본에 포섭되었기 때문입니다. 그런데 '포섭'은 자의적 지배나 불법적 약탈과는 다릅니다. 방금 말한 것처럼 포섭은 더 큰 범주에 하위 요소로서 귀속되는 것입니다. 일종의 '종속'(Unterordnung)이라 할 수 있지요. 동일한 범주에 속하는 한에서 하위 요소들은 모두 동일한 정체성(동일한 영혼)을 가지며 동등한 권리를 누립니다. 이를테면 화폐나 상품은 모두 동등하게 교환됩니다. 상품교환을 관장하는 법 앞에서 모든 상품들(그리고 모든 상품소유자들)은 평등합니다. 노동력을 소유한 노동자도 이 점에서는 화폐를 소유한 자본가와 대등합니다. 그런데 노동자는 계속해서 자기 노동력 이상의 가치를 생산합니다. 지속적 착취와 예속이 이루어지는 것이지요. 교환과 달리 생산에서는 어떤 비대칭성, 그것도 아주 구조적인 비대칭성이 존재합니다. '포섭'은 이 기묘한 현상을 설명할 때 매우 적절한 개념이라고 할 수 있습니다.

앞서 2장에서 '가치형태'를 '주권형태'로도 볼 수 있다고 했습니다. 그리고 노동자는 자본의 주권을 승인함으로써만 상품(노동력)의 자유로운 판매자가 될 수 있다고 했습니다. 노동이 자본에 포섭되었다는 것은 자본의 주권을 승인한다는 것과 같습니다. 승인이라고 하니 자유로운 행위처럼 느껴지는데요. 좀 더 진실에 가깝게 말하자면 자본이 주권자인 사회에서 상품으로 살아가야만 한다는 겁니다. 자본이 주권자인 사회, 자본이 주재하는 사회에서 노동자는 노동력의 판매자로서만 유의미하게 실존할 수 있습니다. 그 외에는 살길이 없습니다. 물론 일단 상품화에 성공하면 노동력은 다른 상품과 등가교환의 자격을 얻습니다. 주권자인 자본에 종속되는 한에서 자유로운 거래와 동등한 교환이 보장되는 것이지요. 자본의 주권 아래서 상품의 등가교환을 보장하는 법이 작동한다고 하겠습니다.

근대 사회계약론자들이 말하는 주권 형성과정과 같지요. 사회계약론자들의 텍스트를 읽어보면 시민들 사이의 자유롭고 동등한 계약은 비대칭적이고 일방적인 권력인 주권의 존재 아래서 이루어집니다.[23] 홉스는 "칼 없는 계약이란 말에 지나지 않"는다고 했는데요.[24] 바꾸어 말하면 계약 이전에 '칼'(계약을 보증하는 힘)이 있는 것이지요. 그래서 사회계약은 이중적입니다. 하나는 구성원과 주권자 사이에서 이루어지는 것이고 다른 하나는 구성원들 사이에서 이루어지는 겁니다. 이 중 전자가 주권 영역입니다. 엄밀히 말하면 첫 번째 계약은 계약이라기보다는 서약 내지 맹세입니다. 주권자에게 소속과 복종, 충성을 맹세하는 겁니다. 후자는 법의 영역입니다. 동일한 주권 아래 놓인 자들이 대등한 시민으로서 계약을 맺고 교환을 하는 겁니다. 물론 후자가 가능하려면 전자가 전제되어야 합니다.

왜 노동자는 자기 노동력 이상의 가치를 생산하게 되는가. 노동력이 그런 걸 가능케 하는 상품이라고 해서 노동력을 꼭 그렇게 써야 하는 것은 아닙니다. 하루 6시간의 가치를 지불받으면 12시간까지 일할 수 있다고 해도(즉 12시간 동안 노동력을 사용할 수 있는 사용권의 가치가 6시간에 해당한다고 해도), 노동자가 꼭 12시간을 일해야 하는 필연적 이유가 있는 것은 아닙니다. 그럼 왜 노동자는 그렇게 일하게 되는 걸까요. 그것은 자본이 주권자인 사회에서 노동력의 상품화가 일어나기 때문입니다. 노동력이 상품화되는 것은 그것의 사용가치 때문인데요. 자본주의에서 노동력의 사용가치는 가치의 증식입니다. 잉여가치를 낳을 수 있다는 사실 때문에 상품이 된 것이므로, 이 상품의 사용에서 잉여가치가 생겨나는 것은 당연합니다. 주권자인 자본이 노동에 대해 일종의 시민권인 상품성을 인정한 이유, 자신의 하위 구성 요소로 끌어들인 이유가 이것입니다. 만약 자본의 주권 아래 있지 않다면, 그래서 자본과 대등하게 서 있을 수 있다면 노동자가 자기 노동력 이상의 가치를 자본에 제공해야 할 이유는 없습니다.

표면상으로는 모든 게 자유롭고 평등합니다. 상품으로서 노동력은 다른 어떤 상품과도 자유롭고 평등하게 교환됩니다. 그러나 노동력의 상품화에는 부자유와 비대칭의 권력관계가 존재합니다. 상품으로서 노동력의 교환이 법의 영역이라면 노동력의 상품화는 주권의 영역이지요. 마치 군주에게 삶을 허락받은 신민이 영원한 채무자가 되어 공물을 바치는 것처럼, 노동자는 자신의 노동력을 구매해준 자본가에게 영원한 채무자가 되어 잉여가치를 바칩니다(실제로는 신민 덕분에 군주가 살고, 노동자 덕분에 자본가가 살지만 눈에는 이렇게 뒤집혀 나타나지요). 물론 이런 주권관계는 혁명이나 내란과 같은 아주 예외적인 사태가 아니고서는 좀처럼 드러나지 않습니다. 우리 눈에 보이는 것은 자유롭고 평등한 교환이지요. 포섭은 억압과 구속이 곧바로 드러나지 않는 형태의 예속입니다. 사슬이 눈에 보이지 않습니다. 이 점에서 노예의 예속과 다르지요. 마르크스는 말합니다. "로마의 노예는 쇠사슬로 자기 소유주에게 묶여 있었으나 임금노동자는 눈에 보이지 않는 끈에 의해 그 소유주에게 묶여 있다. 임금노동자의 외견상의 자립성은 그들의 고용주가 끊임없이 교체되는 방식을 통해서, 그리고 계약이라는 법적 허구(ficto juris)에 의하여 유지되고 있다."[김, 782; 강, 786~787]

─────── 절대적 잉여가치도 '상대적'이고, 상대적 잉여가치도 '절대적'이다 ───────
노동자는 자본가의 개인 소유물이 되지는 않습니다. 다만 자본가에게 이익을 제공하는 사회적 편제, 자본가에게 '최선'이 되도록 세팅된 편제 속으로 들어가는 것이지요. 이것이 포섭입니다. 자본주의 생산양식은 형식적으로라도 노동의 포섭이 이루어져야만 가능합니다. 노동자들이 노동력의 판매를 통해서만 살아갈 수 있어야 하며, 노동과정은 자본가의 통제 아래서 진행되어야 합니다.
　마르크스는 노동의 포섭을 절대적 잉여가치의 생산과 상대적 잉여가치의 생산에 맞추어 구분하는데요. 그에 따르면 절대적 잉여가치의 생산은 '노동의 형식적 포섭'(formellen Subsumtion)으로 충분합니다. 그러다가 상대적 잉여가치의 생산이 이루어지면 '노동의 실질적 포섭'(reelle Subsumtion)이 나타납니다.[김, 689~690; 강, 701~702] 절대적 잉여가치의 생산과 노동의 형식적 포섭이 상응하고, 상대적 잉여가치의 생산과 노동의 실질적 포섭이 상응하는 거죠. 자본주의 역사를 보면 대체로 절대적 잉여가치의 생산이 바탕이 되는 가운데 상대적 잉여가치의 생산이 나타났다고 할 수 있으니, 노동에 대한 포섭도 형식적인 것에서 실질적인 것으로 변화해왔다고 말할 수 있겠습니다.

상대적 잉여가치의 생산과 관련해 노동과정에서 일어난 변화를 보면 노동에 대한 실질적 포섭이 어떤 것인지 짐작할 수 있습니다. 노동생산력을 높이기 위해 자본가들은 노동의 기술적 과정과 사회적 편성을 크게 바꾸었는데요. 우리는 앞서 7~8장에서 이것이 자본에 대한 노동자들의 예속을 어떻게 심화했는지 살펴본 바 있습니다. 먼저 매뉴팩처에서 노동자들은 독립성을 잃고 부분노동자로 존재합니다. 전체노동자의 한 기관이 될 뿐이지요. 그는 해당 자본가가 설정한 배치 속에서만 능력을 발휘합니다. 그래서 이 작업장을 떠나서는 아무런 능력도 발휘할 수 없는 존재가 되지요. 이러한 예속은 단지 자본가에게 노동력을 판매해야만 살 수 있다는 사실에서 기인하는 형식적 차원의 예속과는 다른 차원의 예속입니다. 그래서 마르크스는 분업이 매뉴팩처 노동자에게 "자본의 소유물임을 표시하는 낙인을" 찍는다고 했습니다(559쪽 참조). 기계제 대공업에 들어서면 예속은 더욱 심화됩니다. 마르크스는 기계제 대공업의 노동자를 '부분기계'라고 불렀습니다. 매뉴팩처 때만 하더라도 숙련노동자들은 미력하나마 노동과정에 대한 어느 정도의 통제력을 가질 수 있었습니다. 작업을 분할하고 배치하는 기술적 토대가 아직은 인간에게 있었기 때문입니다. 하지만 기계제에서는 노동과정이 인간의 한계에 구애받지 않습니다. 생산의 주체는 기계 시스템이고 노동자는 부분기계(의식을 가진 부품)로서 그 일부가 될 뿐입니다. 마르크스는 기계제 대공장에서 "자본가에 대한 노동자의 절망적 종속이 완성된다"라고 썼지요(616쪽 참조).

자본가에 대한 노동자의 절망적 종속. 우리는 이것을 자본에 대한 노동의 실질적 포섭이라고 말할 수 있습니다. 자본이 노동력 사용에 대한 전적인 지배력을 행사하는 것이지요. 마르크스는 자본주의 이전의 몇몇 과도적 생산형태들에 대해 "생산자의 형식적 종속도 나타나지 않았으며", "노동과정을 아직 직접적으로 장악하지 못했다"라고 했는데요.[김, 689; 강, 701] 상대적 잉여가치의 생산, 특히 기계제 대공업 시대로 들어서면서 노동에 대한 실질적 '종속'(Unterordnung)과 '장악'(Bemächtigung)이 이루어진다고 할 수 있습니다. 그런데 '형식적'이라는 말 때문에 '형식적 포섭'의 중요성을 간과할 우려가 있습니다. 실질적 포섭만이 진정한 포섭이라고 생각하는 것이지요. 그리고 각각의 포섭에 상응하는 절대적 잉여가치와 상대적 잉여가치의 중요성에 대해서도 마찬가지로 생각할 우려가 있고요. 하지만 형식적 포섭과 절대적 잉여가치는 결코 실질적 포섭과 상대적 잉여가치에 비해 부차적인 것이 아닙니다. 오히려 전자는 후자에 비해 일차적이고 근본적인 것이라는 점에서 더 중요할 수도 있습니다.

마르크스는 절대적 잉여가치는 형식적 포섭만으로도 생산될 수 있다고 했는데요. 길드의 직인이었던 사람이 자본가의 노동자가 되는 것만으로도 충분하다는 것이지요. 우리가 잘 아는 것처럼 절대적 잉여가치는 노동일 연장을 통해 생산됩니다. 노동력의 가치 이상으로 노동일을 늘리는 것이지요. 노동자에게 필요노동 이상의 노동을 강제하는 겁니다. 어떻게 이런 일이 가능할까. 앞서 말한 것처럼 이 일이 가능하다는 것이 바로 이 사회가 자본이 주권자인 사회 즉 자본주의라는 걸 의미합니다. 이전에 나는 절대적 잉여가치의 절대성을 노동시간의 절대적 증대에서 찾았습니다. 상대적 잉여가치가 노동자의 하루 노동시간을 그대로 두는 한에서 필요노동과 잉여노동의 비율을 바꾸는 것인 반면, 절대적 잉여가치는 노동자의 노동시간을 절대적으로 증대시킴으로써 생산된다고 말이지요. 그러나 형식적 포섭과 관련지어 이해할 때 절대적 잉여가치의 절대성은 또 다른 의미를 갖습니다. 그것은 바로 자본가계급이 노동자계급에 대해 갖는 힘의 절대적 우위를 나타냅니다. 한마디로 자본주권을 나타내는 말이지요. 그래서 마르크스는 절대적 잉여가치에 대해 이렇게 말하고 있습니다. "그것은 자본주의 체계의 일반적 토대를 이루며 상대적 잉여가치 생산의 출발점이 된다."[김, 689; 강, 701] 상대적 잉여가치는 절대적 잉여가치를 기반으로 해서, 더 엄밀히 말하면 절대적 잉여가치를 가능케 한 권력관계를 기반으로 해서 생산되는 겁니다.

참고로 말하면 이런 종류의 절대성을 우리는 『자본』 III권에 나오는 지대에 관한 이야기에서도 확인할 수 있습니다(『자본』 III권 제6편 참조). 지대에는 '절대지대'와 '차액지대'라는 게 있는데요. 토지마다 비옥도나 지리적 위치 등으로 인해 우열이 나뉠 텐데요. 우등한 조건의 토지에 대해서는 지대를 지불해야 합니다. 생산성이 높아지면 생산가격을 낮출 수 있고 그만큼 초과이윤을 얻을 수 있을 테니까요. 그만큼을 지대로 내야 하지요. 이것을 '차액지대'라고 합니다. 그런데 아무리 열악한 토지라고 해도 지주가 공짜로 제공하지는 않습니다. 가장 열등한 토지에 대해서도 지대를 지불해야 하지요. 토지에 대한 소유제가 철폐되지 않는 한 그렇습니다. 이것이 '절대지대'입니다. 절대지대의 절대성은 무엇을 의미하는가. 토지소유제(토지재산권)가 존재한다는 뜻입니다.[25] 그리고 '차액지대'는 이 소유제에 입각해서 성립한 것입니다. 즉 '절대지대'가 기반이고 토대입니다. 이것이 절대지대의 '절대성'이라 할 수 있습니다.

다시 절대적 잉여가치와 상대적 잉여가치의 관계에 대해 생각해보겠습니다. 상대적 잉여가치를 가능케 한 노동의 기술적 과정과 사회적 편성의 혁신은 모두 절대적 잉여가치를 가능케 한 자본가계급의 힘의 우위(노동에 대한 형식적 포섭) 상황에서 이루어진 것입니다. 그리고 상대적 잉여가치를 생산하는 방법이라고 불렀던 것들, 특히 기계제 대공업의 출현도 처음에는 노동일의 무제한적 연장을 초래했습니다. 상대적 잉여가치의 생산은 절대적 잉여가치를 생산하는 조건이 사회 전반을 지배하게 되었을 때, 다시 말해 자본주의적 생산양식이 생산의 지배적 형태가 되었을 때 가능하게 됩니다.[김, 690; 강, 702] 따라서 지난 7장에서도 내가 말했듯이, 절대적 잉여가치의 생산과 상대적 잉여가치의 생산을 시기적으로 나누어 상대적 잉여가치가 나타나면 절대적 잉여가치는 사라지는 것처럼 생각해선 안 됩니다. 절대적 잉여가치는 자본주의가 존속하는 한 영원히 존재할 겁니다. 그것은 상대적 잉여가치의 기반이니까요.

어떤 점에서 보면 절대적 잉여가치와 상대적 잉여가치의 구분이 의미가 없어 보이기도 합니다. 상대적 잉여가치도 노동자가 필요노동 이상의 잉여노동을 수행함으로써 생산되는 것이라는 점에서는 절대적 잉여가치라고 할 수 있으니까요. 다른 한편으로는 절대적 잉여가치도 상대적 잉여가치로 볼 수 있습니다. 절대적 잉여가치가 생산되려면 노동력의 가치 즉 필요노동이 노동일의 일부만 차지할 정도로는 노동생산성이 발전해야 하니까요.[김, 690~691; 강, 702~703] 그러나 일단 자본주의 생산양식이 지배적 생산양식으로 확고하게 자리 잡으면 둘의 동일성은 사라집니다.[김, 691; 강, 703] 자본주의 생산양식이 확고하게 자리를 잡았다는 것은 노동자에게 노동력의 가치 이상을 생산하도록 강제할 수 있는 체제가 성립했다는 것인데요. 그렇다면 중요한 것은 필요노동에 비해 잉여노동을 얼마나 늘릴 수 있는지, 다시 말해 잉여가치율을 얼마나 높일 수 있는지가 되겠지요. 이 경우에 절대적 잉여가치의 생산과 상대적 잉여가치의 생산은 자본가에게 현실적으로 전혀 다른 선택지입니다.

노동생산력이나 노동강도에 변화를 줄 수 없을 때(작업방식이나 노동수단의 사회적 혁신이 일어나지 않았을 때) 잉여가치율은 노동일을 연장함으로써만 높일 수 있습니다. 자본가는 절대적 잉여가치의 생산을 추구하겠지요. 반면 노동일의 한계가 주어졌을 때(노동일에 대한 법적 제약이 가해졌을 때) 잉여가치율은 필요노동과 잉여노동의 상대적 비율을 조정함으로써만 높일 수 있습니다(임금이 노동력의 가치 밑으로 떨어지지 않는다는 전제에서요). 이는 자본가가 상대적 잉여가치의 생산을 추구해야 한다는 뜻입니다. 이처럼 조건에 따라 다른 선택지로 기능한다는 것은 절대적 잉여가치와 상대적 잉여가치가 서로 다른 것이라는 말입니다.

앞서 절대적 잉여가치도 상대적이라는 말을 하면서, 절대적 잉여가치가 생산되려면 노동생산성이 어느 정도는 되어야 한다고 했지요. 노동자가 종일 일해도 제 몸 하나 건사할 정도도 생산할 수 없다면 절대적이든 상대적이든 잉여가치는 생산될 수 없습니다. 반대로 말하면 자기 먹을 것을 자기 손으로 구하지 않는 사람들이 있다는 것은 누군가는 자기 먹을 것 이상을 생산한다는 뜻이기도 합니다. 필요노동을 넘는 잉여노동이 있다는 거죠. 잉여노동이 불가능한 사회에서는 "자본가도 없겠지만 노예 소유자나 봉건 귀족, 한마디로 말해 대규모의 어떤 소유 계급도" 존재할 수 없습니다.[김, 691; 강, 703]

일정한 노동생산성은 통치 계급에게 잉여생산물과 잉여노동인구를 제공합니다. 직접 생산에 종사하지 않는 이들에게 먹을 것과 부릴 사람을 선사하는 것이지요. 이 점에서 노동생산성은 통치자들의 부와 권력의 크기, 더 나아가 통치 계급 자체의 규모를 규정하는 중요한 요인입니다. 자본주의에서도 마찬가지입니다. 일정한 수준의 노동생산성이 전제되지 않으면 잉여가치 생산이 불가능하고 이는 '자본'이 불가능하다는 뜻입니다. 사실 자본을 가능케 할 정도가 되려면 노동생산성이 상당한 수준으로 올라가야 합니다. '자연발생적 생산성' 수준으로는 불가능하지요. 자연에는 인간이 먹을 만한 열매와 땔감이 주어져 있지만 열매를 따고 모닥불을 피우는 시절에 자본이 생겨나기는 어렵습니다. 거대한 에너지를 가진 태양도 젖은 몸을 말리는 데나 이용되는 한에서는 자본을 위한 생산수단이 되기 어렵습니다. 노동의 사회적 생산력이 훨씬 커져야 합니다.

물론 노동생산성은 자연조건과 무관하지 않습니다. 아니, 아주 긴밀한 관계에 있지요. 환경이 척박한 곳에서는 하루 종일 일해도 생산물을 많이 얻을 수 없습니다. 반면 "비옥한 토지나 물고기가 풍부한 강"을 가진 곳이라면 적은 시간을 일해도 많은 생활수단을 얻을 수 있지요. 자연의 풍요는 생산성을 높이는 데 유리합니다. 기술이 발전하면 풍요의 의미도 바뀝니다. 작물이 잘 자라는 땅이 아니라 석탄이나 석유가 많이 매장된 땅이 더 풍요롭게 느껴질 수 있습니다. 대체로 "문명의 초창기에는 전자의 자연적 부가 중요하며, 좀 더 발전된 단계에서는 후자의 자연적 부가 중요한 의미를 갖"습니다.[김, 693; 강, 704~705] 하지만 '자연적 부'(natürlichen Reichtum)는 『자본』 제1장을 검토할 때부터 이미 분명히 한 것처럼, "자본주의 생산양식이 지배하는 사회에서의 부"가 아닙니다. 이 '부'는 '가치' 내지 '자본'과는 다르지요. 오해하지 말아야 합니다. 자본의 출현을 위해서는 노동생산성이 일정 수준이 되어야 하고, 노동생산성이 자연환경 즉 자연의 부와 긴밀히 연관되어 있는 것은 사실입니다. 그러나 노동생산성이 높아졌다는 것은 먹고사는 데 필요한 일이 그만큼 줄어들었다는 의미일 뿐입니다. "생산자의 생계와 재생산에 필요한 노동시간이 그만큼 적어"진다는 것이지요.[김, 693; 강, 705]

높은 생산성과 자연의 부는 필요노동을 줄여줍니다. 그러나 이것이 잉여노동이 늘어나야 할 이유는 아닙니다. 필요노동이 일정 수준으로 줄어들어야 잉여노동이 가능하고, 필요노동이 많이 줄어들면 그만큼 잉여노동을 늘릴 여지가 생기겠지요. 하지만 그건 그럴 수 있다는 이야기이지 꼭 그래야 한다는 건 아닙니다. 마르크스의 말처럼, "천혜의 자연조건이란 언제나 잉여노동[따라서 잉여가치나 잉여생산물]의 가능성을 부여할 뿐이지 결코 현실성을 부여하는 것은 아니"지요.[김, 695; 강, 707] 자연조건이 좋아 하루 2시간만 일해도 그날 생활에 필요한 물자를 모두 구할 수 있다고 해봅시다. 참고로 이 시간은 노동생산성으로만 결정되는 건 아닙니다. 자연조건이 달라지면 사람들의 필요 내지 욕구도 달라지니까요. 이를테면 추운 곳에 살면 두터운 의복이 필요하겠지요.[김, 696, 각주 8; 강, 707, 각주 7] 노동생산성이 같다면 추운 곳은 따뜻한 곳보다 필요노동시간이 더 길 수 있습니다.

어떻든 이 모든 것을 고려했을 때 어떤 사회의 필요노동시간이 2시간이라고 해봅시다. 이 사실은 무엇을 의미할까요. 자본가라면 이렇게 말할지도 모르겠습니다. 그것은 하루에 10시간이나 되는 잉여노동을 뽑아낼 수 있다는 의미라고(1노동일이 12시간인 경우). 자연이 필요노동을 줄여줌으로써 잉여노동을 키워주었다고. 그러나 자연은 자본가가 말한 이 10시간에 대해서는 입도 뻥끗하지 않았습니다. 자연이 말해주는 것은 하루 2시간만 일하면 먹고살 수 있다, 여기까지입니다. 자연은 필요노동이 끝나는 점만을 지시해줍니다. 필요노동이 끝나는 점부터 잉여노동이 시작되므로, 자연은 잉여노동의 시작점을 말해준다고도 할 수 있습니다. 그러나 엄밀히 하자면 2시간 이후에 시작되는 게 잉여노동인지 여가인지에 대해서도 자연은 말하지 않습니다. 2시간만 일하면 먹고살 수 있다는 것은 2시간 이후부터는 일하지 않아도 된다는 뜻이기도 하니까요.

마르크스는 사고(Sago)야자나무가 자라는 동아시아의 어느 섬 이야기를 전해주는데요.[김, 696; 강, 708] 이 섬의 주민들은 나무토막 안쪽을 긁어 가루를 모은 뒤 물에 걸러 전분을 얻습니다. 노동과정이 아주 간단해 12시간만 투자하면 일주일치 식량을 구할 수 있습니다. 19세기 영국 노동일을 기준으로 하면 필요노동시간이 일주일에 하루인 겁니다. 하루만 12시간 일하고 6일을 쉬어도 먹고살 수가 있습니다. 휴일을 제외하고 6일을 일한다면 하루 중 필요노동시간은 2시간밖에 안 됩니다. 숲에서 빵을 베어 오는 거나 다름없다는 뜻에서 마르크스는 이들을 '빵 벌채자'(Brotschneider)라고 부르는데요. 자연이 그야말로 주민들에게 큰 선물을 준 것입니다. 먹을 것에 더해 여가까지 주었으니까요. '천혜의 자연'이라는 말은 하늘의 은혜를 입었다는 뜻인데요. 이 은혜 덕분에 주민들은 오래 일할 필요가 없었습니다. 그런데 만약 이 사고야자나무 숲을 누군가, 이를테면 어떤 귀족이나 자본가가 사적으로 소유한다면 어떤 일이 벌어질까요. 사람들은 여전히 '빵 벌채자'로 살아갈 겁니다. 자연도 은혜를 거두지 않을 거고요. 하지만 이 은혜의 수혜자는 이제 생산자인 주민들이 아닙니다. 은혜는 소유자에게 돌아갑니다. 생산자에게 여가를 선물하는 게 아니라 소유자에게 잉여생산물 내지 잉여가치를 선물하지요. 주민들은 일주일에 12시간이 아니라 매일 12시간을 일해야 할 겁니다. 어쩌면 더 오래 일해야 할지도 모르지요. 숲의 소유자는 주민들이 더 많이 일할수록 자신에게 더 많은 은혜, 더 많은 축복이 쏟아진다는 걸 알 테니까요. 왜 이 나무가 하필이 섬에 자라서 우리가 이 고생을 하는 걸까. 주민들은 그렇게 생각하게 될지도 모릅니다.

과연 자연이 선물한 것은 생산자의 여가일까요, 소유자의 잉여가치일까요. 어떤 물리학자나 화학자도 자연의 답변을 들을 수 없습니다. 나는 이전에, 화폐가 자연의 산물이 아님을 지적하면서 마르크스의 다음 말을 인용한 바 있습니다. "자연 자체는 환율이나 은행가를 낳지 않듯이 화폐도 낳지 않았다". 여기서도 비슷한 말을 해야 할 것 같습니다. 자연은 화폐를 낳지 않은 것처럼 '잉여노동'이나 '잉여가치'를 낳지 않았습니다. 자연 덕분에 일주일에 하루만 일하면 나머지 6일은 자유롭게 지낼 수 있다고 생각하는 사회와 자연 덕분에 나머지 6일은 다른 사람(귀족이나 자본가)을 위해 일하도록 시킬 수 있겠다고(혹은 인구의 7분의 6은 다른 일에 부려먹을 수 있겠다고) 생각하는 사회. 자연은 인간들에게 어느 길로 가라고 말하지 않습니다. 후자가 자연스럽다면 전자도 자연스럽습니다. 전자가 자연스럽지 않다면 후자도 자연스럽지 않습니다.

요컨대 우리는 필요노동의 감소로부터 잉여노동의 증대로 이어지는 길을 자연의 이름으로 정당화할 수 없습니다. 필요노동의 감소가 잉여노동의 증대로 이어지기 위해서는 자연 이외의 어떤 것이 필요합니다. 바로 '외적 강제'입니다.[김, 697; 강, 708] 일주일에 하루만 일하면 되는 사람을 나머지 6일에도 일하게 강제할 힘 말입니다. 그리고 이 잉여노동이 농노의 부역노동이 아니라 노동자의 상품생산활동이라면, 그래서 잉여노동이 노동력의 가치 이상의 잉여가치를 생산하는 활동을 의미하려면, 여기에는 또 다른 역사적 조건들, 새로운 강제 형식들이 필요합니다(여가를 생산적으로 잘 활용하기 위해서도 '역사적 조건', 이를테면 다양한 형태의 소비수단이 역사으로 창출되고 발전해야 합니다만, 이 시간을 잉여노동으로 전환하려면 '외적 강제'까지 더해져야 하지요).

노동생산성 향상에서 잉여가치의 증대로 이어지려면 최소한 두 번의 비약이 필요합니다(우리는 조금 뒤에 노동생산성이 높아지면 이윤이 커진다는 것을 자연스러운 진리처럼 받아들이는 무리를 만날 겁니다). 앞서 말한 것처럼 노동생산성의 증대는 필요노동의 감소를 의미합니다. 그러나 필요노동의 감소가 잉여노동의 증대로 이어져야 할 필연적 이유는 없습니다(첫 번째 비약). 또 잉여노동의 증대가 곧바로 잉여가치의 생산을 의미하지도 않습니다. 신분제사회와 자본주의사회는 다르지요(두 번째 비약). 이와 관련해 자연은 아무것도 말한 바 없습니다. 다시 말해 이 중 어떤 것도 자연스럽지 않습니다.

──────── 자연을 지배하고 노동자를 지배하고 식민지를 지배하다 ────────
만약 필요노동 감소가 잉여가치 생산으로 자연스럽게 이어진다면, 자본주의는 필요노동시간이 가장 짧은 환경에서 가장 먼저 생겨나고 발전했을 겁니다. 사고야자나무가 자라는 열대의 섬들 말입니다. 자연이 하루 10시간이나 되는 잉여노동을 가능케 해주니까요. 사고야자나무 숲을 밀가루 공장으로, 빵 벌채자를 제빵 노동자로 바꾸기만 하면 큰 잉여가치가 생길 겁니다. 그런데 우리가 아는 것처럼 자본주의가 생겨난 나라들은 이런 곳이 아닙니다. 일단 자본주의가 생겨나면 잉여가치를 늘리기 위해 최대한 필요노동을 줄이려고 합니다만, 필요노동이 적은 곳에서 자본주의가 생겨난 것은 아닙니다.

참고로 인류학자들에 따르면 상당히 많은 원시공동체들에서 필요노동시간은 생각보다 길지 않습니다. 원시공동체의 경제를 소위 '생계경제'로 생각하는 사람들이 많은데요. 생계경제란 대부분의 활동이 먹고사는 데 바쳐지는 경제입니다. 노동생산력이 낮아서 대부분의 시간을 먹을 것을 구하러 다니는 경제라고 할 수 있지요. 사실은 마르크스도 이런 생각을 갖고 있었던 것 같습니다. 문명의 초창기에는 노동생산력이 미미해 잉여생산물이 많지 않았으리라고 말하는 걸 보면요. [김, 692; 강, 704] 하지만 마셜 살린스(Marshall Sahlins)에 따르면 원시공동체의 경제는 잉여생산물은 별로 없지만 생계경제는 아닙니다. 원시공동체는 생계 걱정에 시달리는 '빈곤 사회'라기보다는 오히려 '풍요 사회'(société d'abondance)에 가깝습니다. 그는 이렇게 말합니다. "수렵채집민은 우리보다 더 적게 일하며, 끊임없이 식량을 찾아 고군분투하는 것이 아니라 가끔 필요할 때만 식량을 추구하며, 여가 시간도 풍부해서 연간 1인당 낮잠 시간이 다른 어떤 사회적 상황에서보다 더 길다는 주장을 설득력 있게 할 수 있다."[26] 살린스가 인용한 아넘랜드(Arnhem Land) 지역 원주민에 대한 연구를 보면 하루 평균노동시간이 4~5시간밖에 되지 않습니다. 도베(Dobe) 지역 부시맨 연구도 마찬가지 사실을 보여주는데요. 노동 가능한 성인이 주당 15시간 정도만 일했습니다. 이 정도의 노동만으로도 피부양자들까지 부양할 수 있었습니다.[27]

살린스의 주장이 옳다면 원시공동체에서도 상당한 정도의 잉여노동과 잉여생산물이 가능했을 겁니다. 주민들이 대부분의 시간을 빈둥거렸으니까요. 그런데 이 공동체들은 왜 잉여생산에 적극적이지 않았을까요. 잉여를 생산하고 저장할 수 있으면서도 그렇게 하지 않은 이유가 무얼까요. 그것은 아마도 원시공동체에서 화폐가 생겨나지 않은 이유와 같을 겁니다. 마르크스는 상품교역과 화폐로 상징되는 사회질서가 공동체적 인간관계와 상충한다는 점을 지적한 바 있습니다(161~169쪽 참조). 단지 생산력이 미미해서가 아니라 상품교역과 화폐 사용을 막는 공동체의 메커니즘이 작동했다는 것이지요. 이는 '국가 없는 사회'로서 원시공동체를 분석한 피에르 클라스트르(Pierre Clastres)의 연구 결과와도 통합니다(클라스트르는 살린스의 연구에서 많은 영감을 얻기도 했습니다. 그는 살린스의 작업을 "우상 파괴적이고 엄밀하며, 학술적이고 경쾌하다"라고 평가했지요[28]). 클라스트르는 원시공동체가 '국가 없는 사회'로 존재했던 것은 어떤 미개함이나 불완전함 때문이 아니라 초월적 권력의 출현을 막는, 다시 말해 국가에 대항하는 메커니즘, 국가에 대항하는 투쟁이 존재하기 때문이라고 했습니다.[29] 그의 표현을 따서 말해보자면, 원시공동체에서 '자본관계'가 생겨나지 않은 것은 생산력이 충분히 발전하지 않아서라기보다는 (그런 면도 있겠지만), 자본관계의 발생을 저지하는 적극적 메커니즘이 있었기 때문입니다. 말하자면 원시공동체는 '자본에 대항하는 사회'였던 거죠.

마르크스는 말합니다. "잉여노동의 크기는 노동의 자연조건, 특히 토지의 비옥도에 따라 변동할 것이다. 그렇다고 가장 비옥한 토지가 자본주의적 생산양식의 성장에 가장 적합한 토지라고는 결코 말할 수 없다."[김, 694; 강, 706] 물론 마르크스는 '자본주의적 생산을 전제한다면' 비옥한 토지가 잉여가치 생산에 유리한 조건임을 부인하지 않습니다. 그럼에도 그는 '비옥한 토지'와 '자본주의의 성장에 적합한 토지'를 구분했습니다. 자본주의적 생산양식이 생겨나고 발전하는 데 어떤 다른 요소가 큰 영향을 미친다는 점을 말하려는 겁니다. 그런데 이 요소는 앞서 말한 공동체적 인간관계와는 다른 것입니다. 일종의 생태학(ecology)이라고 할까요. 마르크스는 자연환경과 인간이 맺는 관계를 중요하게 부각합니다.

마르크스에 따르면 자본주의적 생산양식은 "자연에 대한 인간의 지배"를 전제합니다. 그런데 지나치게 풍요로운 자연은 "어린애를 걸음마용 끈에 의지하게 만들듯 인간을 자연의 손에 의지하게 만"듭니다. 마르크스는 열대지방이 아닌 온대지방이 "자본의 모국"인 이유가 여기에 있다고 봅니다.[김, 694~695; 강, 706] 그에 따르면 자본주의 발전을 위해서는 토지가 절대적으로 비옥한 곳보다는 장소에 따라 비옥도에 차이가 나는 곳이 낫습니다. 계절의 변화가 없는 곳보다 계절 변화가 크고 장소와 시기에 따라 생산물이 달라지는 곳이 낫습니다. 이런 곳에서는 사회적 분업이 발전하고 인간의 욕구가 다양해지니까요. 또 이런 곳에서는 사람들이 노동수단과 노동방식을 다양하게 발전시킵니다. "산업의 역사에서 결정적 역할을 하는 것은 자연력을 사회적으로 통제할 필요성 그리고 그와 더불어 그것을 조리 있게 사용하고, 인간의 작업을 통해 그것을 대규모로 획득하거나 길들일 필요성, 바로 그것이다."[김, 695; 강, 706]

나는 마르크스의 말에서 두 가지 대비되는 표현을 강조하고 싶습니다. 그것은 '자연에 대한 지배'와 '자연의 손에 대한 의지'입니다. 자본주의는 자연에 대한 '지배'(Herrschaft)를 전제한다고, 즉 인간이 자연에 대해 '주인'(Herr)으로 군림하는 것을 전제한다고 했습니다. 반면 자본주의가 발생하지 않는 곳은 인간이 자연에 의지하며 살아갑니다. 마르크스의 표현이 재미있습니다. 그는 후자의 자연을 '지나치게 사치를 부리는'(verschwendrisch) 자연이라고 했습니다. 과도한 호의를 베풀어 아이의 독립을 늦추는 부모처럼 묘사한 것이지요. 걸음마 끈을 붙잡고 있는 아이처럼 열대지방 사람들은 자연의 손을 놓지 않습니다. 이러한 마르크스의 말을 부모의 과보호가 자식을 망치듯 천혜의 자연이 인간의 기술 발전을 가로막았다는 식으로 읽을 수도 있겠습니다만 나는 조금 다르게 읽어보고 싶습니다. 나는 자본주의를 발전시킨 곳과 그렇지 않은 곳의 자연에 대한 심성 내지 감정에 주목하고 싶습니다. 자연을 지배해야 살 수 있다고 생각하는 사회와 자연을 믿고 의지함으로써 살 수 있다고 생각하는 사회. 전자에서 사람들은 자연에 대해 불신하고 있습니다. 자연은 인간에게 인색하고 인간의 생존을 위협합니다. 반면 후자의 경우 사람들은 아이가 부모에 대해 그렇듯 자연에 대해 믿음과 신뢰를 갖고 있습니다. 자연은 인간에게 은혜를 베풀며 그 덕분에 인간이 살 수 있다는 거죠.

나는 둘 중 한 사회에서만 기술이 발전한다고 생각하지 않습니다. 두 사회에서 모두 기술이 발전합니다. 다만 밑바탕에 놓인 감정이 무엇이냐에 따라 다른 종류의 기술이 발전할 겁니다. 클라스트르는 원시사회의 경제를 생계경제로 매도하고 그 이유가 낙후한 기술 수준에 있다고 주장하는 사람들에게 이렇게 말한 바 있습니다. "자연을 절대적으로 지배하기 위해서(이는 우리 세계와, 우리 세계의 데카르트적인 어리석은 시도에서만 통용되는 것이다. 이 시도가 생태적으로 어떤 결과를 초래할 것인가는 이제 겨우 측정되기 시작했다)가 아니라 주위의 자연을 인간의 필요에 맞게 만들기 위해서 인간이 스스로 만들어낸 기술 전체를 놓고 볼 때 더 이상 원시사회가 기술적으로 낙후되어 있다고 단정할 수는 없다."[30] 클라스트르가 원시사회의 기술에 대해서도, 비록 '최소한'이라는 수식어를 붙이긴 했지만, '지배'(domination)라는 말을 쓰는 것은 사실입니다.[31] 그러나 그가 강조하고 싶었던 것은 차이입니다. 기술이 발전하지 않은 사회와 발전한 사회가 아니라, 서로 다른 기술이 발전한 사회의 차이 말입니다. 원시사회는 '자연에 대한 절대적 지배'에 입각한 기술과는 다른 기술이 발전한 사회였다는 거죠.

하이데거(Martin Heidegger) 역시 기술에 따라 자연에 대한 감정이 얼마나 다르게 상응하는지를 보여주었는데요.[32] 풍차나 물레방아를 생각해봅시다. 이 장치들은 바람이나 물의 흐름, 즉 자연에 자신을 내맡깁니다. 이것들은 에너지를 저장하고 축적하기 위해 개발된 게 아닙니다. 반면 현대의 발전소들은 변덕스러운 자연을 길들이고 통제하고, 무엇보다 자연으로부터 에너지를 짜내고 비축하기 위해 만들어졌습니다. 농업기술도 그렇죠. 과거의 농부들에게 경작이란 키우고 돌보는 일이었습니다. 씨앗과 땅에 대한 믿음이 경작의 기본입니다. 농부란 씨앗과 땅 사이에서 일어나는 일을 관리하는 사람일 뿐입니다. 반면 자연의 힘을 믿을 수 없는 (그것이 충분치 않다고 생각하는) 현대의 농부들은 화학비료를 뿌려댑니다. 힘을 짜내는 거죠. 사료에 호르몬제를 투여해 가축으로부터 고기를 짜내고, 우유를 짜내고, 달걀을 짜내는 식입니다(하이데거의 말처럼 "농업은 이제 기계화된 식품공업"입니다[33]).

자연에 대한 이런 태도가 자본주의 시대에 처음 생겨난 것은 아닙니다. 하지만 자본주의에서 꽃처럼 피어났지요. 이윤에 대한 무제한적 충동이 자연이 제공하는 어떤 것도 모자라 보이게 만듭니다. 그리고 사람들은 경쟁에 내몰려 있습니다. 생산성이 떨어지면 도태됩니다. 이런 상황에서 자연에 은혜를 입었다고 감사하며 지낼 사람은 많지 않습니다. 스미스의 『국부론』의 핵심 메시지는 부의 원천이 자연이 아니라 인간의 근면이라는 것입니다. 자연은 가만두면 불모가 됩니다. 인간이 닦달하지 않으면 아무것도 내놓지 않는 구두쇠죠. 스미스 이후 19세기 정치경제학에는 자연에 대한 이런 시각이 녹아 있습니다. 사실 고전주의 시기(17~18세기)만 하더라도, 특히 중농주의자들에게는 부의 원천으로서 자연에 대한 이미지가 남아 있었습니다. 토지는 항상 경작자의 노동보다 더 많은 것을 선사합니다. 중농주의자들이 농업을 잉여의 원천으로 간주한 것은 이때까지만 해도 부의 원천이자 베푸는 존재로서 자연의 이미지가 조금은 남아 있었다는 걸 보여줍니다.

그러나 19세기 정치경제학에는 이런 믿음이 없습니다. 미셸 푸코 따르면 19세기 정치경제학의 '희소성'(rareté) 개념은 이러한 변화를 잘 보여줍니다.[34] 고전주의 시기 정치경제학자들은 '희소성'을 '필요'와 관련지어 이해했습니다. 이를테면 목마른 사람에게는 물이, 멋을 부리고 싶어하는 사람에게는 다이아몬드가 희소성을 갖습니다. 희소성이란 필요하지만 갖고 있지 못한 사물에 대한 표상이었습니다. 자연은 그 사물을 누군가에게는 제공했습니다. 그러므로 교환을 통해 얻으면 됩니다. 그런데 19세기 정치경제학자들, 이를테면 리카도에게는 그렇지 않습니다. 자연은 사람들에게 생계수단을 충분히 제공하지 않았습니다. 희소성은 자연의 기본 성격입니다.[35] 자연의 자원은 언제나 부족합니다. 그래서 가만히 있는 사람은 죽게 되어 있습니다. 노동은 불모의 자연에 맞선 인간의 분투라 할 수 있습니다. 불모의 땅이라도 개간해야 합니다. 지대가 불모의 땅을 기준으로 책정되는 것은 그 때문입니다(절대지대). 불모의 땅이라 해도 지주에게 일정액의 지대를 지불해야 합니다. 상대적으로 비옥한 땅은 그것에 비해 더 많은 지대를 지불해야 하고요(차액지대). 즉 "지대는 풍요로운(다산의, prolifique) 자연이 아니라 인색한(avare) 토지의 결과물"이지요.[36] 자본주의가 발전한 곳과 그렇지 않은 곳의 자연에 대한 심성 내지 감정의 차이를 이야기하다가 논의가 너무 길어졌는데요. 내가 이 부분을 강조하는 것은 자본주의에서 자본가의 노동자에 대한 지배 그리고 식민지에 대한 지배가 '자연에 대한 인간의 지배'와 무관치 않다는 것을 말하기 위해서입니다. 노동자를 쥐어짜고 식민지를 쥐어짜는 생산양식은 자연을 쥐어짜는 기술의 발전에 입각해 있다는 겁니다.

마르크스는 '기계와 대공업'에 관한 장에서 데카르트의 동물관을 중세의 동물관과 비교한 바 있습니다.[김, 527, 각주 27; 강, 528, 각주 111] 데카르트는 동물을 기계라고 정의했는데요. 인간을 아무리 잘 흉내 낼지라도 심지어 어떤 행동을 인간보다 더 잘 수행한다 할지라도 그것은 "바퀴와 태엽만으로 이루어진 시계가 우리의 능력 이상으로 정확하게 시간을 헤아리고 때를 측정하는 것과 마찬가지"[37]라고 했죠. 마르크스는 데카르트 눈에 동물이 기계로 보였던 것은 그가 "매뉴팩처 시대의 눈으로" 보았기 때문이라고 했습니다. 이는 중세인들의 눈에 비친 동물과 다릅니다. 마르크스에 따르면 중세 시대 동물은 '인간의 조수(Gehilfe)'였습니다. 일을 돕는 존재, 일을 함께하는 존재였던 것이죠(전통적인 농부들이 소와 같은 역축을 대할 때 보이는 태도이기도 하지요). 인간이 마음대로 작동시키고 조작할 수 있는 사물이 아니었던 겁니다. 마르크스는 데카르트가 『방법서설』Discours de la methode의 집필 동기를 밝힌 부분을 인용했는데요. 데카르트는 자신의 방법을 따를 때 우리는 "자연의 주인이자 소유자가" 될 수 있다고 했습니다.[38] 이것이 '매뉴팩처 시대의 눈'입니다. 자본주의적 생산의 역사적 최초 형태는 이런 눈을 가진 곳에서 시작되었던 겁니다. 자연의 은혜에 감사하는 곳이 아니라 자연의 지배자가 되는 곳 말입니다. 이런 곳에서는 자연이 준 선물도 인간의 힘으로 나타나고, 무엇보다 인간노동을 조직한 자본의 힘으로 나타납니다.

───────── 자본과 식인종―적어도 400만 명의 식인종이 산다 ─────────

정리하자면 잉여노동도, 잉여생산물도 '자연스러운' 것이 아닙니다. 필요노동이 끝나고도 노동이 계속해서 이어져야 하는지 아니면 여가가 시작되어야 하는지 자연은 아무 말도 하지 않습니다. 더욱이 잉여노동이 잉여가치로 전환되는 것은 자연과 아무런 상관이 없습니다. 물론 자본주의적 생산양식도 이 세계 즉 자연에서 일어난 일이므로 반자연적이라고까지는 말할 수 없습니다. 그럼에도 마르크스는 인간이 잉여노동을 해야 하고 더 나아가 이것이 잉여가치의 생산을 의미하게 된다는 게 얼마나 이상한 일인지를 말하기 위해 식인종의 존재를 끌어들입니다. "잉여가치의 자연적 토대"를 이야기하는 것은 식인종의 자연적 토대에 대해 말하는 것과 같다는 것이지요. "어떤 사람이 자신의 생존에 필요한 노동을 자신에게서 다른 사람에게로 넘기는 것"(자기 먹을 것을 타인의 노동에서 취하는 것)을 "가로막는 절대적인 자연적 장애는 존재하지 않는다"라는 것은 마치 "다른 사람의 육신을 식량으로 사용하지 못하도록 가로막는 절대적인 장애는 존재하지 않는다는 말과 같다"라는 겁니다.[김, 691~692; 강, 703~704]

이 세상에 잉여가치가 존재할 수 있는 것, 다시 말해 자본이 존재할 수 있다는 것은 이 세상에 식인종이 존재할 수 있다는 것과 다르지 않다는 뜻이죠. 그렇습니다. 자연은 자본의 존재를 금지하지 않았습니다. 식인종을 금지하지 않은 것처럼 요. 바꾸어 말하면 자본은 세상에 식인종처럼 존재하고 있습니다. 마르크스는 여기에 문헌 출처가 불분명한 주석까지 달았습니다. "최근의 계산에 따르면 지구상에는 이미 탐사가 끝난 지역에서만 적어도 400만 명의 식인종이 살고 있다."[김, 692, 각주 2; 강, 704, 각주 1a] 왜 굳이 이런 주석까지 달았을까요. 아직 지구에 살고 있다고 하는 400만 명의 식인종에서 지금 지구에 살고 있는 400만 명의 자본가를 떠올렸던 건 아닐까요. 나는 마르크스가 자본주의를 인간을 잡아먹는 식인 체제로 간주한다는 것을 이전에 노동일에 관한 장을 다루며 이야기한 바 있습니다. 마르크스는 인류의 역사를 길게 볼 줄 아는 "사려 깊은 관찰자"의 눈에는 "역사적으로 볼 때 겨우 어제 시작된 자본주의적 생산이 얼마나 빨리, 그리고 얼마나 깊숙이 민중의 생명력의 근원을 장악해버렸는지" 보일 것이라고 했지요.

자본(자본가)을 흡혈귀라고도 불렀던 마당에 식인종이라 부른다고 이상할 건 없습니다. 마르크스는 토머스 모어가 당대 영국을 '양이 사람을 잡아 먹는 괴상한 나라'라고 불렀다는 점을 언급했는데요.[김, 986, 각주 4; 강, 969, 각주 193] 유토피아는 세상에 없는 나라이지만 자본주의 영국은 세상에 있는 '괴상한 나라'입니다. 자연은 이런 나라를 금지하지 않았습니다. 자연에 있으니 자연적이라고 말할 수도 있겠지요. 그러나 인류의 역사를 길게 보는 사려 깊은 관찰자에게는 틀림없이 아주 독특하고 '괴상한 나라'인 것도 사실입니다.

─────── 노동자는 자본가다?─어리석은 '위대한 지성' ───────
19세기 정치경제학자들은 '자본관계'가 역사적으로 얼마나 독특한 것인지를 알지 못합니다. 마르크스는 리카도에 대해 이렇게 말합니다. "리카도는 잉여가치의 원천에 대해서는 아무런 관심도 없다. 그는 잉여가치를 자본주의적 생산양식, 그러니까 자신의 눈에 사회적 생산의 자연적 형태로 보이는 자본주의적 생산양식에 본래부터 들어 있는(inhärente) 것으로 취급한다."[김, 697; 강, 708~709] 마르크스는 두 가지를 지적하고 있습니다. 하나는 리카도가 자본주의적 생산양식을 '자연적 형태'로 본다는 것이고, 다른 하나는 잉여가치를 자본주의적 생산양식의 '타고난 요소'로 본다는 겁니다. 바꾸어 말하면 리카도의 눈은 두 가지를 보지 못합니다. 하나는 자본주의가 역사적으로 얼마나 독특한 형태인지를 보지 못합니다. 그 이유는 자본주의가 그에게 너무 자연스럽고 익숙하기 때문입니다. 다른 하나는 잉여가치가 어떻게 생겨난 것인지를 보지 못합니다. 그 이유는 그가 그런 데 관심이 없기 때문에, 즉 그것을 알아보고 싶어하지 않았기 때문입니다(나는 이것을 역사성과 당파성의 문제라고 불렀습니다. 36~50쪽 참조).

리카도는 잉여가치의 원천에는 무관심하지만 잉여가치를 늘리는 데는 당연히 관심이 많았습니다. 그가 노동생산성에 주목하는 것은 이 때문입니다. "잉여가치라는 현존재의 원인이 아니라 잉여가치의 크기를 결정하는 요인"에만 관심을 둔 것이지요.[김, 697; 강, 709] 그런데 마르크스에 따르면 리카도의 추종자들은 아주 과감합니다. 그들은 "노동생산력이 이윤의 발생원인"이라고 선언했으니까요(마르크스는 이들이 리카도의 학설을 발전시킨 게 아니라 속류화했다고 말합니다).[김, 697~698; 강, 709] 잉여가치의 발생원인과 잉여가치의 크기에 개입하는 요인을 혼동한 것이지요. 자본주의에서 노동생산력이 커지면 상대적 잉여가치가 증대하기 때문에 그런 생각을 갖게 되었을 겁니다. 하지만 왜 노동생산력이 커지면 잉여가치가 증대하는지 더 파고들지는 않습니다. 한 걸음만 더 들어가면 잉여가치가 노동력의 사용에 달려 있다는 것, 달리 말해 잉여노동이 곧 잉여가치라는 것을 알게 되었을 텐데요. 마르크스는 냉소적으로 말합니다. 이들은 참 적절한 곳에서 멈추었다고요. "사실 이들 부르주아 경제학자들은 잉여가치의 원천에 관한 뜨거운 쟁점을 너무 깊숙이 파고들어가는 것은 대단히 위험한 일임을 알아차리는 올바른 본능을 가지고 있었다."[김, 698; 강, 709] '올바른 본능'이란 계급적 본능을 가리킵니다. 더 파고들어가는 것은 자신들에게 위험한 일임을 알았다는 이야기죠.

그런데 마르크스는 리카도가 죽은 지 반세기나 지난 시점에 당대의 '위대한 지성'인 존 스튜어트 밀이 리카도 추종자들의 오류를 반복하고 있다고 지적합니다. 사실 밀의 주장은 『자본』 제14장(영어판은 제16장)에서 마르크스가 지적한 오류들의 종합체입니다(이 장 전체가 당시 최고의 지성으로 숭앙받던 밀에 대한 종합 비판으로 느껴질 정도입니다). 먼저 밀은 이윤(잉여가치)의 원천을 노동의 어떤 신비한 성격에서 찾습니다. 그는 리카도를 속류화한 추종자들처럼 노동의 생산력이 이윤을 낳는다고 봅니다.[김, 698; 강, 709] "노동은 자신을 유지하는 데 필요한 것보다 더 많은 것을 생산"한다는 것이지요. 잉여가치는 '노동력의 가치 이상으로 연장된 노동'(외적 강제가 필요한 일이죠)에서 나온 것이지 노동을 하면 천성적으로 그 가치보다 많은 가치가 생산되는 것이 아니므로 이렇게 말하면 안 됩니다. 자본주의의 잉여가치는 물론이고 다른 생산양식에서의 잉여생산물도 그렇습니다. 이것들은 "어떤 경우에도 인간노동의 타고난 신비한 성질에서 나오는 게 아닙"니다.[김, 697; 강, 708] 게다가 밀은 노동의 신비한 생산력에 더해 생산물과 노동수단의 내구성까지 끌어들입니다. "자본이 이윤을 낳는 이유는 식품이나 의복, 원료, 노동수단이 그것들의 생산에 필요한 시간보다도 더 오랫동안 지속되기 때문"이라는 겁니다.[김, 698; 강, 709] 밀은 무언가 대단한 착각을 하고 있는데요. 상품의 가치는 그것의 생산에 필요한 시간 즉 '노동의 지속 시간'입니다. 그러나 이것은 '생산물의 지속 시간'과는 아무런 관계도 없습니다.

앞서 마르크스는 스미스도 비슷한 착각을 했음을 지적한 바 있습니다. 스미스는 생산적 노동을 일정한 내구성을 가진 상품을 생산하는 노동으로 간주했지요. 그때도 지적했지만 상품의 내구성은 잉여가치의 생산과 아무런 관련도 없습니다. 만약 밀의 주장이 옳다면 "생산물이 겨우 하루밤이 지속되지 않는 제빵업자"는 "생산물이 20년 이상이나 지속되는 기계제조업자"와 똑같은 잉여가치를 얻을 수 없겠지요.[김, 698; 강, 709~710] 하지만 그런 일은 없습니다. 심지어 노동과 동시에 소멸되는 서비스 상품의 경우에도 잉여가치를 생산하는 데는 아무런 문제가 없습니다. 잉여가치는 노동력의 사용을 통해 생산된 가치와 노동력의 가치의 차이에서 생겨납니다. 즉 노동자의 노동이 필요노동시간을 넘어 얼마나 연장되느냐와 관계되지, 노동을 통해 생산된 생산물이 얼마나 오래 지속하느냐와 관계된 것이 아니니까요.

밀의 황당한 주장은 더 이어집니다. 밀이 이윤의 원천을 상품의 교환영역이 아니라 생산영역에서 찾으려 한 것은 좋습니다. 그것을 상품의 부등가교환에서 찾은 중상주의자들보다는 진보한 주장이지요. 그런데 그는 이윤이 생산영역에서 생겨난다고 주장하면서 마치 이윤이 상품의 교환 없이도 존재할 수 있는 것처럼 말합니다. "한 나라의 총이윤은 교환이 수행되든 그렇지 않든 간에 늘 노동생산력에 따라 결정된다." 그는 구매나 판매가 없어도 이윤이 존재할 것이라는 주장을 내놓습니다. 이 말이 무슨 뜻인지 그는 과연 알고나 있을까요. 교환이 없다는 것은 상품이 존재하지 않는다는 뜻입니다. 상품이 존재할 수 없다면 노동력도 상품으로 거래될 수 없겠지요. 그는 교환이 없어도 이윤은 존재할 거라고 했지만 교환이 없으면 자본주의가 없습니다. 교환은 자본주의적 생산의 일반 조건입니다.[김, 699; 강, 710] 참고로 마르크스는 밀이 이윤이라는 용어를 얼마나 부주의하게 쓰는지도 잠깐 지적했는데요. 밀은 "노동자가 임금총액보다 20퍼센트를 더 생산한다면 이윤은 20퍼센트가 될 것"이라고 했습니다. 한편으로는 하나마나한 동어반복적인 말이지요. 이윤이 임금총액 대비 20퍼센트라면, 이윤은 임금총액을 100으로 놓았을 때 20에 해당하겠지요('퍼센트'의 말뜻 그대로입니다). 그런데 만약 그가 말하려는 게 '이윤율'이라면 계산이 틀렸습니다. 이윤율은 임금총액이 아니라 투자된 자본총액을 기준으로 계산해야 하니까요. 만약 어떤 자본가가 생산수단(C)에 400억, 임금(V)에 100억을 투자해서, 20억의 이윤을 얻었다면, 이윤율은 20억/500억, 즉 4퍼센트이지 20퍼센트가 아닙니다(잉여가치율이라면 20퍼센트가 되겠지요).

밀이 자본주의가 역사적으로 특수한 사회형태라는 점을 인식하고 있는지도 의문입니다. 마르크스는 밀의 다음 문구를 의심의 근거로 듭니다. "나는 거의 예외 없이 어디서나 이루어지고 있는 현재의 상태를 전제로 삼는다. 즉 자본가는 노동자에 대한 보수를 포함해 일체의 비용을 지불한다고 전제한다." 현재의 상태 즉 자본주의가 "예외 없이 어디서나 이루어지고 있"다고 본 것이지요. 앞서 이 책의 서두를 열면서 말한 것처럼, 마르크스는 밀이 '시각적 기만'에 빠져 있다고 비판합니다. 밀이 자신이 속한 사회형태, 역사적으로 특수한 사회형태를 항구적이고 보편적인 것으로 보고 있다는 거죠.[김, 700; 강, 711] 사실 밀에 대한 마르크스의 인용은 정확하지 못했습니다. 밀은 "예외 없이 어디서나 이루어지고 있는"이라는 말 앞에 "노동자와 자본가가 서로 계급으로 대립하는 곳에서는"이라는 말을 썼습니다. 자신의 논의를 자본주의에 한정했던 거죠. 따라서 부르주아 정치경제학자들의 몰역사성에 대한 마르크스의 비판이 타당하다 하더라도, 저 문구를 근거로 밀에 그런 혐의를 뒤집어씌우는 것은 적절치 않습니다. 마르크스도 밀에 대한 인용이 정확지 않았음을 나중에 인정했습니다. 그래서 『자본』의 러시아어판 번역자인 니콜라이 F. 다니엘손(Nikolai F. Danielson)에게 보낸 편지(1878년 11월 28일)에서 이 부분을 수정하자는 제안을 했죠. 그가 수정한 내용을 보면 인용문이 원문대로 바로잡혀 있고, "지금까지 지구상에서 거의 예외적으로만 이루어지고 있을 뿐인 상태를 어디에서나 볼 수 있다고 생각하는 보기 드문 시각적 기만이 여기에 있다!"라는 비난 문장도 삭제되었습니다(국내의 김수행 번역본은 수정 사실만을 밝힐 뿐 내용을 소개하지는 않았는데요. 강신준 번역본에는 해당 내용이 옮긴이 주석으로 소개되어 있습니다[김, 700; 강, 711]). 그러나 마르크스가 해당 인용문에 대해 "사회적 생산의 여러 역사적 형태를 밀이 어떻게 다루는지 보여주는 좋은 사례"라고 옮긴 문장은 그대로 두었다는 점도 유념해야 합니다. 즉 정확하지 않게 인용된 문구를 가지고 조롱한 문장은 삭제했지만, 밀을 비롯한 부르주아 정치경제학자들이 몰역사적이라는 비판은 철회하지 않은 거죠.

마르크스는 자본가와 노동자에 대한 밀의 인식이 얼마나 엉터리인지도 보여줍니다. 밀은 노동자가 생존수단을 갖고 있어서 자본가가 임금총액을 지불할 때까지 기다릴 수 있다면, 그렇게 기다리는 한에서 자본을 투자한 것과 같다고 했습니다. 임금을 받고 일하는 게 아니라 일하고 나서 임금을 받는다면 임금을 받을 때까지는 일정액의 자본을 해당 사업에 투자한 것으로 볼 수 있다는 거죠(처음에는 노동자가 생필품을 살 돈을 먼저 받고 그것을 넘는 부분에 대해서는 나중에 받는 한에서 투자자로 볼 수 있다고 했지만, 곧이어 임금을 늦게 받는 한에서 모든 노동자를 투자자 즉 자본가로 볼 수 있다고 했습니다).[김, 700~701; 강, 711~712] 여기에는 이윤(잉여가치)을 투자한 돈(자본)에 대한 대가라고 생각하고, 임금을 투입한 노동에 대한 대가라고 생각하는, 부르주아 정치경제학자들의 잘못된 사고방식이 나타나 있습니다. 우리는 이것이 얼마나 황당한 생각인지 잘 알고 있습니다. 이윤은 오리가 알을 낳듯 자본이 낳은 것도 아니고(자본 물신주의) 자본가가 생산한 것도 아닙니다. 또한 임금은 이윤과 다릅니다. 임금은 노동자 자신이 필요노동의 형태로 직접 생산한 것입니다. 노동자는 자신이 받을 것을 자신이 생산하고(엄밀히 말해 자본가는 아무것도 지불하지 않습니다), 잉여노동을 통해 자본가가 챙겨 갈 몫까지 생산합니다.

어떻든 밀의 생각을 따를 때, 노동자는 발상의 전환만으로 손쉽게 자본가가 될 수 있습니다. 노동자만이 아니지요. 이런 식의 논법을 펼치면 온갖 사람이 다 온갖 존재가 될 수 있습니다. 생산수단을 가진 자영업자는 자기 자신에게 고용된 노동자가 될 수도 있습니다. 마르크스의 조롱처럼 미국의 농민은 노예제가 폐지된 이후에도 노예가 될 수 있습니다. 자기 자신을 위해 온갖 노역을 감내하는 노예라고 할 수 있지요.[김, 700; 강, 712] 자본가와 노동자에 대한 몇 가지 이미지만으로 대강 말하기 시작하면 나중에는 황당한 이야기가 전개되지요. 비유컨대 원숭이 엉덩이에서 시작한 이야기가 어느덧 백두산 꼭대기에 이르는 것과 같습니다. 자본가는 투자자로서 노동자와 계급적으로 대립한다고 했는데, 노동자도 노동자 자신에게 투자하는 한에서 자본가라고 말할 수 있게 되고, 우리 자신인 자본가를 위해서 일한다는 점에서 다시 노동자라고도 말할 수 있게 됩니다.

밀을 비롯해서 부르주아 정치경제학자들은 이런 식으로 자본주의적 생산이 존재하지 않았던 시대에서도 자본주의를 보았습니다. 언제 어디서나 자본주의를 목격했습니다. 시각적 기만에 빠져 과거 사회형태들을 제멋대로 본 것이지요. 이는 역설적으로 그들이 자기 시대 즉 자본주의에 대해서도 제대로 알지 못한다는 것을 말해줍니다. 자기 시대가 얼마나 독특한지를 모르기 때문에 다른 시대 속에서도 자기 시대를 보는 것이지요. 발상의 전환만으로 노동자를 자본가로, 농민을 노예로 만든다는 것은 이들이 자본주의가 무엇인지, 노예제가 무엇인지를 실상은 전혀 모르고 있다는 뜻입니다. 마르크스는 밀의 추론이 바로 그렇다고 지적합니다. "실제 현실에서 노동자는 자신의 노동을 일주일간 무상으로 선대하고 주말에 그 시장가격을 받는다. 그런데 밀에 따르면 이것이 노동자를 자본가로 만든다!" 너무 어이가 없어서 마르크스는 느낌표까지 찍었습니다. 이것이 당대의 위대한 지성, 높이 추앙받는 지성의 말입니다. 마르크스는 밀의 지적 높이에 대한 감탄에서 당대 부르주아지의 지적 키를 짐작합니다. "낮은 평지에서는 그저 한 무더기의 흙도 언덕처럼 보이게 마련이다. 오늘날 부르주아지의 천박함[낮고 평평함]은 그들의 '위대한 지성'(großen Geister)을 척도로 삼아 재어볼 수 있을 것이다."[김, 701; 강, 712]

커져가는 계급 격차──노동력의 가격과 잉여가치의 크기

『자본』제15장(영어판 제17장)은 제목이 조금 묘합니다. "노동력의 가격과 잉여가치의 양적 변동"인데요. 가격과 가치를 나란히 쓰고 있습니다. '노동력의 가치와 잉여가치'라고 하든지, '노동력의 가격과 이윤'이라고 하든지 해야 할 것 같은데 말이지요. 제5편 제목이 "절대적·상대적 잉여가치의 생산"이기도 하고, 『자본』전체로도 '가치'를 기준으로 자본의 운동을 설명하고 있기 때문에 '노동력의 가치'라고 쓰는 편이 나아 보입니다. 실제로 제15장 본문에서 마르크스는 '노동력의 가치'라는 말을 많이 쓰고 있기도 하고요. 제목을 잘못 쓴 걸까요. 그런 것 같지는 않습니다. 제15장 본문을 읽어보면 그가 '노동력의 가치'를 기준으로 이야기하면서도 이보다 높거나 낮은 '노동력의 가격'에 대해 빈번하게 언급하고 있음을 확인할 수 있거든요. 제15장으로 한정한다면 '노동력의 가치'라는 말로도 충분할 것 같은데 마르크스가 일부러 '노동력의 가격'이라는 말을 많이 노출시킨다는 인상을 받습니다. 제목에 '노동력의 가격'이라는 말을 넣은 것이 실수가 아니라 의도라는 것이지요.

마르크스의『자본』은, 흐르는 강물처럼

언젠가도 말했지만『자본』에서는 순서가 중요합니다. 물 흐르듯 논리가 펼쳐지지요. 하나의 주제는 항상 지나간 주제와 도래하는 주제 사이에 있습니다. 앞의 것이 펼쳐져 뒤의 것에 이르고, 뒤의 것은 앞의 것을 잡고 따라 나오는 식입니다. 질 들뢰즈는 스피노자의『에티카』에 대해 "때로는 빠르게 때로는 느리게 흐르는 강"이라고 말했는데요.[39] 주어진 현상에서 출발해, 빠른 속도로 그것을 발생시킨 근거를 찾은 뒤 어떻게 그런 현상이 산출되었는지를 천천히 펼쳐 보여준다는 것입니다 (마르크스가 『자본』을 서술하는 방법 또한 그렇습니다). 나 역시 『자본』을 읽을 때 동일한 느낌을 받았습니다. 『자본』은 굳건히 서 있는 건축물이라기보다는 흐르는 강물인 것처럼 대하는 것이 좋습니다. 산출과 이행 속에서 텍스트를 읽는 것이지요. 뒤에 나올 것을 예감하면서 앞의 것을 읽어가는 겁니다. 실제로 『자본』에서 마르크스는 앞에 나온 이야기들을 다시 정리하고, 뒤에서 나올 이야기들을 단서처럼 미리 흘려두곤 합니다. 때로는 제15장 제목에서 보는 것처럼 용어상의 변화를 줌으로써, 때로는 제8장 끝부분에서 노동과정에 대한 통제와 생산수단의 기능에 대해 말할 때처럼 뉘앙스에 변화를 줌으로써 그렇게 하지요. 개념들에도 등장 순서가 있습니다. 가치, 잉여가치, 자본, 불변자본과 가변자본, 절대적 잉여가치, 상대적 잉여가치 등등. 앞의 개념을 이해하는 것이 뒤에 나올 개념을 이해하는 준비가 됩니다.

다시 '노동력의 가격'이라는 용어로 돌아가서요, 한편으로 제5편은 제3편과 제4편의 잉여가치 생산에 대한 논의와 연결되어 있습니다. 자본주의에서 생산적 노동이란 잉여가치를 낳는 노동입니다. 그리고 잉여가치의 정체는 우리가 잘 알고 있는 것처럼 '잉여노동'입니다. 잉여노동이란 노동력의 가치에 해당하는 필요노동 이상으로 행해진 노동입니다. 제5편(특히 제15장)에서 마르크스는 제3편과 제4편에 나왔던 잉여가치의 생산방식들을 종합적으로 검토합니다. 노동일과 노동생산력, 노동강도 등에서 나타난 변화가 노동력의 가치와 잉여가치의 상대적 크기를 어떻게 변화시키는지 확인하지요. 독자로서는 앞 내용을 복습하고 정리하는 기회가 될 겁니다. 그러나 다른 한편으로 제5편은 제6편에 대한 예고이기도 합니다. 우리는 제6편에서 몇 가지 임금형태들을 검토할 텐데요. 우리는 자본주의에서 왜 그런 임금형태들이 나타나게 되는지를 예감케 하는 문장들을 제5편에서 만날 수 있습니다. 즉 노동일 연장이나 노동생산력, 노동강도의 증대가 잉여가치의 생산에 미치는 영향만이 아니라 노동력의 가치에 미치는 영향에 대해서도 조사합니다.

물론 제3편과 제4편에서도 마르크스는 노동력의 가치에 대해 이야기했습니다. 제3편에서는 노동일의 변화에도 불구하고 노동력의 가치는 그대로라고 가정했지요. 그리고 제4편에서는 노동생산력의 변화에 따라 노동력의 가치가 떨어진다고 했고요. 하지만 노동력의 가치에 대한 이때의 언급들은 '잉여가치 생산'에만 초점을 맞춘 것입니다. 이제 제5편(제15장)에서는 노동일, 노동생산력, 노동강도의 변화가 노동력의 가치(가격)의 크기를 어떻게 변화시키는지에도 초점을 둡니다. 언뜻 보면 제3편이나 제4편에서 말한 내용을 반복하는 것 같은데 강세가 노동력의 가치(가격) 쪽으로 이동하고 있다고 할까요. 제5편의 제15장을 통해 우리는 노동자들이 받는 임금이 적정한지를 생각하게 됩니다. 자본가들이 챙겨 가는 잉여가치의 크기와 노동자들이 받는 임금의 상대적 크기도 비교하게 되고요. 그 덕분에 우리는 임금에 대한 자본가의 여러 술책을 제6편에서 쉽게 간파할 수 있습니다. 겉보기에는 노동력의 가치를 제대로 지불한 것 같지만 실제로는 눈속임에 불과하다는 걸 알게 되지요.

이처럼 『자본』은 독자로 하여금 텍스트를 읽어가는 과정에서 다음 단계, 다음 주제를 준비할 수 있게 해줍니다. 앞의 내용을 종합하면서 동시에 뒤의 내용을 예감하게 해주죠. 제15장의 제목과 내용에서 나는 이 점을 다시 한번 느꼈습니다.

──────── '노동력의 가치'와 '잉여가치'에 영향을 주는 세 가지 요인 ────────
자본주의에서 자본가의 최대 관심이 잉여가치에 있다는 건 두말할 필요가 없습니다. 그런데 잉여가치란 노동력의 가치와 노동자가 생산한 가치의 차이입니다. 노동자가 노동력의 가치 이상으로 생산한 가치이지요. 결국 잉여가치의 크기는 자본가가 노동자에게 지불한 것에 비해 얼마나 뽑아내느냐에 달렸다고 할 수 있습니다(잉여가치율).

'노동력의 가치'(가격)와 '잉여가치'의 상대적 크기를 변화시키는 세 가지 요인이 있는데요.[김, 703; 강, 714] 앞서 말한 것들입니다. 하나는 노동일의 길이입니다. 전체 노동시간을 늘리면 잉여노동시간이 늘어날 수밖에 없습니다. 다른 하나는 노동의 표준(normale) 강도입니다. 같은 시간을 일해도 작업속도가 높아지면 투입되는 노동량이 늘어나지요. 노동일의 길이가 노동시간을 얼마나 늘리느냐, 즉 노동의 '외연적 크기'(extensive Größe)에 해당한다면, 노동강도는 일정 시간 동안 투입되는 노동의 '내포적 크기'(강도, intensive Größe)에 해당합니다. 마지막 하나는 노동생산력입니다. 노동생산력은 일정 시간 동안 산출하는 생산물의 크기를 나타내는데요. 노동생산력이 높아지면 노동력의 가치가 떨어집니다. 그런데 엄밀히 하자면 노동력의 가치(가격)와 잉여가치의 크기가 이 세 가지 요인에 의해서만 결정된다고는 말할 수 없습니다. 노동력의 가치와 관련해서 보자면, 노동생산력 증대가 노동력의 가치를 떨어뜨린다고 말한 것은 다음과 같은 이유였습니다. 노동력의 가치는 평균적 노동자가 필요로 하는 생활수단들의 가치로 측정합니다. 시대와 환경에 따라 노동자들이 필요로 하는 생활수단의 종류와 내용이 달라지기는 합니다만 일정한 시기와 일정한 사회에서 생활수단의 종류와 양은 대체로 정해져 있지요. 변화하는 것은 생활수단들의 가치뿐입니다. 노동생산력이 증대하면 이 생활수단들의 가치가 떨어지기 때문에 노동력의 가치가 떨어지는 것이라고 말할 수 있습니다.

그렇지만 마르크스가 지적하듯 여기에는 고려해야 할 것이 있습니다.[김, 702; 강, 713] 생산방식이 바뀌고 산업형태가 바뀜에 따라 노동력을 육성하고 재생산하는 비용이 달라질 테니까요. 단순 육체노동이 지배적인 생산형태와 자동화된 기계제 생산이 지배적인 생산형태에서 필요한 노동력은 다릅니다. 다음 세대의 노동자들이 받아야 할 교육 내용이 달라지고 여기에 드는 비용이 현재 노동력의 가치에 영향을 미칩니다. 그뿐 아니라 노동력의 가치는 성별이나 연령에 따라서도 달라질 수 있는데요. '기계와 대공업'에 관한 장에서 본 것처럼, 여성노동과 아동노동의 등장은 성인 남성 노동력의 가치에도 큰 영향을 줍니다. 마르크스는 이런 요인들의 영향을 아래 논의에서는 고려하지 않았다고 밝혔습니다. 또한 논의를 세 가지 요인의 변동에만 한정하려면 전제해야 할 것이 있습니다. 이 세 가지 요인의 변동과 관련 없이 노동력의 가격이 노동력의 가치 이하로 떨어지는 일이 있어서는 안 됩니다. 이를테면 노동력의 대규모 공급은 노동력의 가격을 노동력의 가치 이하로 크게 떨어뜨릴 수 있지요. 이렇게 되면 자본가는 상당한 크기의 잉여가치(이윤)를 얻을 수 있습니다. 노동력의 가격과 잉여가치의 상대적 크기가 크게 벌어집니다.

이런 점 때문인지 마르크스는 논의를 전개하기 전에 두 가지를 전제했습니다.[김, 702; 강, 713] 첫째, 상품은 가치대로 판매된다는 겁니다. 상품교환의 기본법칙인 등가교환을 확인해두는 거죠. 둘째, "노동력의 가격은 그 가치보다 높아질 수는 있어도 결코 그 가치보다 낮아지지는 않는다"라는 겁니다. 그런데 이 두 번째 전제가 조금 이상합니다. 한편으로는 굳이 전제할 필요가 없다는 점에서 그렇습니다. 첫 번째 전제 즉 상품의 등가교환에는 노동력의 가치에 대한 정당한 지불이 이미 포함되어 있으니까요(노동력도 '상품'이니까요). 다른 한편으로는 '가치대로 지불'된다고 하지 않고, "높아질 수는 있지만 낮아지지는 않"는다고 표현했다는 점에서 그렇습니다. 노동력의 가치보다 높게 지불되는 경우는 고려하지만 낮게 지불되는 경우는 고려하지 않는다는 겁니다(현실이 그렇다는 게 아니라 논의를 위해 이렇게 전제한다는 것이지요).

왜 이런 전제가 필요할까요. 그리고 이것이 현실적으로 성립할 수 있을까요. 먼저 전자와 관련해, 나는 이렇게 생각합니다. 조금 전에 말한 것처럼 노동력의 가격이 노동력의 가치 이하로 지불되지 않는다고 전제했을 때에만 잉여가치의 크기를 규정하는 요인을 위에서 말한 세 가지로 한정할 수 있습니다. 노동력의 가격과 잉여가치의 상대적 크기 변동을 고려할 때 세 가지 요인 외에 부당한 착취가 영향을 미치는 부분을 제외하려는 거죠. 그럼 노동력의 가치보다 높게 지불되는 경우를 고려하는 것은 왜일까요. 곧이어 보겠지만 마르크스는 세 가지 요인의 변동을 고려할 때 몇몇 경우에서는 자본가가 노동력의 가치보다 더 높은 가격을 지불해도 잉여가치는 그보다 더 커질 수 있음을 보이려고 합니다(반드시 그렇게 된다는 게 아니라 그런 일도 있을 수 있다는 겁니다). 상대적 격차가 더 커진 것이지요. 그뿐 아니라 노동력의 가치를 자본가가 명목상으로는 정당하게 지불한 경우에도, 심지어는 그 이상을 지불한 경우에도, 실제로는 정당한 지불이 아닐 수도 있습니다. '노동력의 가치 이상으로 지불될 수도 있다'라는 전제 내지 가정은 이런 경우들을 분석할 때 아주 유용합니다.

문제는 이 전제가 현실적으로도 성립할 수 있는가 하는 겁니다. 왜냐하면 자본가로서는 노동력의 가격을 그 가치보다 높게 책정해야 할 이유가 없으니까요. 노동력의 가격을 높게 책정해도 잉여가치를 더 늘릴 수 있는 길이 있다고는 하지만, 노동력의 가격을 높게 책정하지 않으면 자본가에게 더 많은 잉여가치가 생길 텐데 굳이 그럴 필요가 있을까요. 현실적으로도 노동력의 가격을 가치보다 높이 책정하지 않는 경우가 더 많을 겁니다. 우리는 제3편과 제4편에서 임금이 노동력의 재생산은 고사하고 생존 자체가 불가능한 수준까지 떨어지는 사례들을 많이 보았습니다. 마르크스가 이 점을 모르지 않을 텐데, 그럼에도 이것을 현실적으로 전제할 수 있다고 본 것은 왜일까요.

우리는 본문에서 그 이유를 짐작할 만한 부분을 찾을 수 있습니다. 마르크스는 노동생산력의 상승으로 노동력의 가치와 잉여가치의 크기가 어떻게 변동하는지를 분석하면서 이런 말을 합니다. 노동생산력이 상승해 노동력의 가치가 4실링에서 3실링으로(또는 필요노동시간이 8시간에서 6시간으로) 떨어져도 노동력의 가격이 그렇게 떨어지지는 않을 거라고요. 아마도 3실링 8펜스나 3실링 6펜스, 어쩌면 3실링 2펜스 정도가 될 거라고 했습니다. 자본가가 챙겨 가는 잉여가치가 늘어나기는 하지만 노동력의 가치가 하락한 만큼이 되지는 않는다는 것이지요. 그가 제시한 것은 과학적 '근거'가 아니라 '힘'입니다. 노동자들이 가만있지 않을 거라고 했지요. "노동력의 가격 하락 정도(최저 한계는 3실링이다)는 저울대 한편의 자본의 압력과 다른 한편의 노동자들의 저항 가운데 어느 쪽이 상대적으로 더 무거운가에 달려 있다."[김, 706; 강, 717]

저울 눈금이 어디를 가리킬지는 힘에 달려 있다. 어디선가 들어본 이야기입니다. 바로 "노동일"에 관한 장에서 나온 이야기죠. 자본주의에서 노동일의 최저 한계는 필요노동시간입니다. 노동일이 그보다 짧으면 잉여가치가 생기지 않습니다. 그렇다면 노동일은 얼마만큼 늘릴 수 있을까요. 정해진 답은 없습니다. 마르크스는 이렇게 말했습니다. "힘이 사태를 결정"한다고요. "총자본가 즉 자본가계급과 총노동자 즉 노동자계급 사이의 투쟁"이 결정한다고 말이지요. 노동일은 12시간도 될 수 있고, 10시간 또는 8시간도 될 수 있습니다. 그런데 마르크스는 지금 노동력의 가격에 대해서도 비슷한 이야기를 하고 있습니다. 노동력의 가격이 가치 이하로 떨어지는 경우는 논의에서 제외하겠다고. 그래서 노동력 가격의 최저 한계는 노동력의 가치로 설정하겠다고. 그러나 때때로 노동력의 가격은 그보다 높을 거라고. 3실링 8펜스도 될 수 있고 3실링 2펜스도 될 수 있다고. 얼마나 높아질지 그리고 그런 일이 얼마나 자주 일어날지는 노동자계급의 힘에 달려 있다고.

노동일처럼 노동력의 가격에도 과학 너머의 요소인 힘 즉 계급투쟁이 개입합니다. 노동일과 노동력의 가격 모두 잉여가치의 크기에 중대한 영향을 미치는 요소들인데요. 계급 간 힘 관계가 어떻게 되느냐에 따라 값이 달라집니다. 마르크스가 노동력의 가격이 노동력의 가치 이상이 될 때도 있다고 전제할 수 있는 것은 노동자들의 저항이 현실적으로 존재하기 때문입니다. 말하자면 여기에는 노동자계급의 힘이 전제되어 있습니다. 이 점에서 두 번째 전제는 상품의 등가교환이라는 첫 번째 전제와 다릅니다.

그럼 이제부터 앞서 말한 세 가지 요인에 따라 노동력의 가격과 잉여가치의 상대적 크기가 어떻게 변하는지 살펴보겠습니다. 세 가지 요인에다 각각 증가·감소·불변인 경우를 상정해야 하므로 논리적으로는 모두 스물일곱 가지 조합이 가능합니다. 그러나 마르크스는 "주요한 조합들에 대해서만" 고찰하겠다고 말합니다. 왜 그가 이런 조합들을 선택했는지는 각각의 경우를 설명하면서 이야기하겠습니다.

──────── 잉여가치의 '상대적 크기'는 어떻게 달라지는가

▶노동일의 길이와 노동강도는 불변이고 노동생산력이 변하는 경우──마르

크스가 검토하는 첫 번째 경우는 노동일의 길이와 노동강도가 불변인 조건에서 노동생산력만 변하는 경우입니다. 이때 노동력의 가치와 잉여가치는 어떻게 될까요. 마르크스는 세 가지 법칙이 작용해 이를 규정한다고 말합니다.

첫 번째 법칙은 일정한 길이의 노동일은 그것으로 표현되는 생산물의 양이 어떻든 동일한 가치(동일한 가치생산물)를 창출한다는 겁니다.[김, 703; 강, 714] 노동생산력에 따라 1노동일에 해당하는 생산물의 양이 달라질 수는 있지만 1노동일에는 1노동일의 가치가 생산되지요. 사실 이 첫 번째 법칙은 '법칙'이라고 할 것도 없습니다. '1노동시간 동안 1노동시간의 가치가 생산된다'라는 말과 같으니까요. '1미터의 길이는 1미터'라고 말하는 것처럼 동어반복입니다. 그럼 왜 이런 당연한 사실을 굳이 말하는 걸까요. 이게 당연하지 않은 경우가 있거든요. 노동강도가 변하는 경우죠. 엄밀히 말하자면 상품의 가치는 그 상품의 생산에 사회적으로 필요한 '노동량'입니다. 동일 노동시간을 동일 가치량으로 받아들이는 것은 시간이 같으면 투여된 노동량도 같다고 간주하기 때문입니다. 그런데 노동강도가 높아지면 똑같은 1시간이어도 노동량이 더 투여됩니다. 따라서 동일한 노동시간에 동일한 가치가 창출된다는 첫 번째 법칙은 '노동강도가 불변'임을 전제한 첫 번째 조합에서만 통용될 수 있지요.

두 번째 법칙은 노동력의 가치와 잉여가치는 반대 방향으로 변한다는 겁니다.[김, 703; 강, 715] 노동력의 가치가 늘어나면 잉여가치가 줄어들고 반대로 노동력의 가치가 줄어들면 잉여가치가 늘어나지요. 이것도 당연합니다. 노동일은 필요노동시간과 잉여노동시간의 합, 즉 노동력의 가치와 잉여가치의 합으로 이루어져 있습니다. 그러므로 합을 이루는 한쪽 항이 줄어들면 다른 쪽 항은 늘어나게 되어 있죠. 한쪽 항을 변화시키지 않고 다른 쪽 항을 변화시킬 방법이 없습니다. 둘 모두 감소하거나 둘 모두 증가하게 만들 수는 없습니다. 물론 이 법칙도 아무 때나 성립하는 것은 아닙니다. 노동일의 길이가 일정하다는 전제가 있어야 합니다. 노동일을 늘릴 수 있다면 필요노동시간을 그대로 둔 채로 잉여노동시간을 늘릴 수 있겠지요. 이 법칙이 여기서 통용될 수 있는 것은 노동일의 길이가 불변이라고 전제했기 때문입니다.

노동일이 불변이라면 노동력의 가치(필요노동시간)와 잉여가치(잉여노동시간)의 합이 일정하겠지요. 그리고 합이 일정하면 한쪽이 줄어드는 바로 그만큼 다른 쪽은 늘어날 겁니다. 만약 노동자의 생활수단을 생산하는 분야의 노동생산력이 증대한다면 노동력의 가치는 떨어집니다. 노동력의 가치가 떨어지면 그만큼 잉여가치는 늘어나겠지요. 둘의 변동 크기는 정확히 같습니다. 이를테면 노동생산력이 높아져 노동력의 가치가 8시간(4실링)에서 6시간(3실링)으로 떨어지면, 잉여가치는 4시간(2실링)에서 6시간(3실링)으로 늘어납니다. 노동력의 가치가 2시간 줄어든 만큼 잉여가치가 2시간 늘어납니다. 물론 변동의 크기가 같다고 변동 비율까지 같은 건 아닙니다. 노동력의 가치는 8시간에서 6시간으로 25퍼센트 감소했지만 잉여가치는 4시간에서 6시간으로 50퍼센트 증가했다고 할 수 있지요.[김, 705; 강, 716]

세 번째 법칙은 노동력 가치의 증감이 잉여가치 증감의 원인이지 그 반대는 아니라는 겁니다.[김, 705; 강, 716] 이 법칙도 항상 성립하는 것은 아니고 노동일 길이의 불변을 전제할 때 이야기입니다. 노동일을 강제로 늘릴 수 있다면 잉여가치의 증가는 노동력 가치의 증감과 무관하게 이루어질 수 있습니다. 그런데 우리가 노동일의 길이와 노동강도의 불변을 전제한다면 노동력의 가치와 잉여가치의 크기에 영향을 미칠 수 있는 요인은 노동생산력뿐이지요. 노동생산력은 노동력의 가치를 변화시킵니다. 그리고 노동력 가치의 변동이 잉여가치의 변동을 낳습니다. 노동력의 가치변동은 잉여가치의 크기를 얼마만큼 변화시킬까요. 두 번째 법칙에 따르자면 노동력의 가치가 줄어든 만큼 잉여가치가 늘어날 겁니다. 그런데 앞서 말한 것처럼 마르크스는 노동력의 가격이 가치 이하로 떨어지지는 않을 거라고, 심지어 그 이상을 받을 수도 있다고 전제했습니다. 노동자들이 얼마나 저항하느냐에 따라 그 값이 달라진다고요.[김, 706; 강, 717] 만약 노동력의 가치와 가격을 구분해서 말할 것이라면, 잉여가치의 크기는 노동력의 가치가 아니라 가격이 하락하는 만큼만 증가할 것이라고 해야 합니다. 왜 이런 불편한 가정을 하느냐고요? 노동생산력의 증대가 노동력의 가치를 저하시키고 그만큼 잉여가치를 늘린다고 해도 충분할 텐데 왜 노동력 가격을 언급해서 잉여가치의 크기를 수정할까요. 그 한 가지 이유는 앞서 말했습니다. 뒤에 나올 "임금" 편을 염두에 두고 있기 때문이라고. 하지만 또 다른 이유가 있지요. 앞서 언급한 것, 즉 마르크스가 제시했던 두 번째 전제가 있지요. 노동력의 가격이 가치보다 높아질 수 있다는 것 말입니다. 현실적으로 자주 일어나는 일은 아니더라도, 이것을 전제하고서 마르크스가 하고 싶은 말이 있는 것이지요.

자본주의의 발전과 더불어 노동생산력은 크게 증대해왔습니다. 작업방식도 효율화되고 기술혁신으로 노동수단(기계)도 크게 개선되었으니까요. 마르크스가 검토하는 첫 번째 경우가 여기에 해당합니다. 노동생산력의 증대가 노동력의 가격과 잉여가치의 상대적 크기에 어떤 영향을 미치는지 말입니다. 그런데 마르크스는 이 조건에서 노동력의 가격이 그 가치 이상으로 높아지는 경우까지 상정했습니다. 노동생산력이 높아짐과 더불어 노동자들의 임금이 가치 이상으로 오르는 경우까지 고려하는 거죠. 그러면 어떻게 될까. 노동생산력이 상승하면 노동력의 가치는 떨어집니다. 노동생산력이 높아지면 노동자들이 필요로 하는 생활수단들이 더 값싸게 공급되니까요. 유의할 것은 노동력의 가치가 떨어진다고 해도 노동자들의 생활수준이 떨어지는 것은 아니라는 사실입니다. 생활수단의 가치만 떨어진 것이지 양은 그대로니까요. 생활수단의 양을 기준으로 한다면 심지어 생산력이 증대하면서 생활수준이 나아질 수도 있습니다. 물자가 더 풍족해지니까요.

만약 노동생산력이 증대했는데도 노동자와 자본가가 나누는 가치생산물의 상대적 비중, 다시 말해 노동력의 가격과 잉여가치의 분할이 그대로 유지된다면 어떻게 될까요. 이를테면 노동력의 가치가 3실링(6시간), 잉여가치가 3실링(6시간)이었는데 노동생산력이 두 배로 늘어났음에도 이 분할 비율이 유지된다고 해봅시다. 그럼 어떻게 될까요. 일단 3실링(6시간)에 해당하는 생산물의 양은 두 배로 늘어납니다. 노동자는 3실링으로 이전에 비해 두 배나 되는 물건을 구입할 수 있습니다(물론 자본가도 3실링으로 이전에 비해 두 배나 되는 생산수단을 구입할 수 있고요). 이 경우 노동력의 가격은 여전히 3실링이지만 실제로는 노동력의 가치보다 높습니다. 3실링의 위력이 더 세져서, 즉 3실링으로 살 수 있는 물건이 많아져서가 아닙니다(물론 간접적으로는 관련이 있습니다만). 노동생산력 증대로 노동자들의 생활수단 가치가 떨어져서 노동력의 가치가 떨어졌기 때문입니다. 이런 상황에서 노동력의 가격이 이전과 똑같이 유지된다면 실제로는 가치 이상으로 오른 셈이라고 할 수 있습니다.[김, 707; 강, 717] 물론 자본가가 이걸 용납하지는 않을 겁니다. 노동력의 가격을 실제 가치 수준으로 낮추려고 하겠지요. 그래야 노동생산력 증대로 인한 모든 이익이 자신에게 돌아올 테니까요. 노동생산력이 크게 증대해 만약 노동력의 가치가 6시간에서 3시간으로 떨어졌다면 자본가는 3시간만큼만 지불하려 할 겁니다. 화폐로 표시하면 1.5실링이 노동력의 정당한 가격입니다(첫 번째 전제인 상품의 등가교환 법칙에 합당하지요).

그러나 마르크스는 노동자들의 저항을 가정했습니다(두 번째 전제). 그래서 노동력의 가치를 화폐로 표현한 가격인 1.5실링보다는 높은 가격을 받아낼 수 있다고 했습니다. 이를테면 2실링을 받아냈다고 해봅시다. 이렇게 되면 노동력의 가격이 실제 노동력의 가치보다 높기 때문에 더 많은 생활수단을 확보할 수 있습니다.

노동력 생산에 필요한 양을 넘어서 임금을 받았기 때문에 약간의 저축도 가능할지 모르겠습니다. 노동자들의 저항의 결과이든 자본가의 유인책이든, 노동생산력의 상승에는 노동자들의 생활수준 향상(그리고 어쩌면 약간의 저축)의 가능성이 있기는 합니다. 그리고 실제로 자본주의의 어떤 시기에는 노동생산력 증대와 실질임금 상승이 함께 나타난 경우도 있습니다(499~500쪽 참조). 하지만 이런 경우에도 노동력의 가격과 잉여가치의 크기를 비교해보면 그 격차는 확대될 수 있습니다. 노동생산력 증대(와 노동자들의 저항)의 결과로 노동자의 생활수단의 양이 증대하는 경우에도, 심지어 노동력의 가치 이상으로 임금을 지급받는 경우에도 노동일 중 '노동력의 가격'이 차지하는 비중은 줄어드는 겁니다. 그만큼 잉여가치는 더 늘어나고요. 증가한 잉여가치의 일부를 노동자에게 떡고물처럼 떼어 주어도 자본가는 그보다도 더 많이 가져가기 때문에 두 계급 간 격차가 확대되는 것이지요.[김, 707; 강, 718]

나는 이것이 마르크스가 세 가지 요인에 따른 스물일곱 가지의 가능한 조합 가운데 이 경우를 선택한 이유라고 생각합니다. 노동일의 길이가 일정하고 노동강도가 그대로여서, 노동력의 추가 지출 없이 노동생산력이 증대하여 물자가 풍족해진다 해도, 심지어 노동자들의 집단적 저항이 거세 노동력의 가치 이상으로 노동력의 가격을 인정받아 임금으로 지급받는다 해도, 두 계급의 격차는 더욱 커진다는 것을 보여주고 싶었던 것이지요[참고로 제15장의 제목 "노동력의 가격과 잉여가치의 양적 변동"은 각각의 '양적 변동'(크기 변동, Größenwechsel)을 다루는 게 아니라 '상대적 크기 변동'(relativen Größenwechsel)을 다룬다는 뜻입니다].

그런데 마르크스가 첫 번째 경우를 선택한 데는 다른 이유도 있는 것 같습니다. 사실 이 첫 번째 경우는 리카도가 자본주의에서는 일반적인 경우라고 간주하는 상황이기도 합니다. 마르크스에 따르면 리카도는 "노동일의 길이와 노동강도가 변동한다는 사실을 인식하지 못했기 때문에 노동생산성만을 유일한 변동 요인으로 간주"했습니다.[김, 707; 강, 718] 조금 전에 제시한 세 가지 법칙을 정식화한 것도 리카도입니다(마르크스는 이 점에서 리카도의 공적을 인정합니다). 그렇다면 무엇이 문제일까요. 방금 말한 것처럼 리카도는 이를 자본주의의 일반적 경우로 간주했다는 겁니다. 현실적으로 가능한 여러 조합 가운데 가능한 하나의 조합일 뿐인데도 말이지요. 리카도가 정식화한 세 가지 법칙은 첫 번째 경우, 즉 "특수한 조건들"에서만 통용되는 법칙입니다.[김, 707; 강, 718] 그리고 리카도는 잉여가치를 그 자체로 연구한 적이 없습니다. 사실 고전경제학자들, 특히 리카도는 자본을 규정하는 핵심 개념인 '잉여가치'에 거의 도달했습니다. 하지만 이르지는 못했지요. 지성이 모자라서가 아닙니다. 관심이 없었지요. 리카도는 잉여가치의 원천에 관심을 기울이지 않았고 잉여가치 개념을, 자본가의 이윤이나 지주의 지대를 포괄하는 자본주의적 부의 일반적 형태로서 연구할 생각도 하지 않았습니다.

바로 이런 결점 때문에 리카도는 잉여가치율과 이윤율을 혼동합니다. 한 생산과정에서 새로 생산된 가치의 총계, 즉 가치생산물은 가변자본(V)과 잉여가치(m)로만 이루어져 있지요. 불변자본인 생산수단의 가치(C)는 과거에 생산된 것이므로 가치생산물에 포함되지 않습니다. 잉여가치율은 가치생산물 중 가변자본과 잉여가치의 비율만을 표시합니다(m/V). 잉여가치율만이 잉여가치의 원천과 잉여가치를 뽑아낸 정도(착취도)를 정확히 나타냅니다. 이윤율에는 잉여가치율에 영향을 미치지 않는 요소인 불변자본이 들어 있습니다[$m/(C+V)$]. 그러니 잉여가치율과 이윤율은 다를 수밖에 없습니다. 자본의 가치구성(가변자본과 불변자본의 비율)이 어떻게 되느냐에 따라 잉여가치율이 같아도 이윤율이 다를 수 있고, 이윤율이 같아도 잉여가치율이 다를 수 있습니다. 그런데 리카도는 둘의 차이를 알지 못하기 때문에 앞서 언급한 잉여가치율에 관한 법칙들을 이윤율에 관한 법칙들로 오인했습니다.[김, 708; 강, 718~719]

▶노동일과 노동생산력이 불변이고 노동강도가 변하는 경우——이제 두 번째 경우를 살펴보겠습니다. 두 번째는 노동일의 길이와 노동생산력은 그대로이고 노동강도만 변하는 경우입니다. 쉽게 상상할 수 있는 것은 작업속도를 올리는 겁니다. 기계제 대공업에서는 작업 컨베이어벨트의 속도를 올림으로써 노동강도를 높일 수 있습니다. 노동강도가 올라가면 생산물의 양이 그만큼 늘어납니다. 생산량만 놓고 보면 노동생산력이 높아진 것과 같습니다. 하지만 중요한 차이가 있습니다. 첫 번째 경우처럼 노동생산력만 높아진 경우에는 전체 투입 노동량은 변하지 않고 개별 생산물에 담기는 노동량만 감소합니다. 즉 개별 생산물의 가치가 떨어지죠. 그런데 노동강도가 높아진 경우에는 투입 노동량도 같이 늘어납니다. 노동시간 즉 노동의 외연적 크기는 같아도 내포적 크기가 다르지요. 결과적으로 생산량이 늘어나지만 투입되는 노동량도 늘어난 것이기 때문에 생산물의 가치가 떨어지지 않습니다. 가치생산물(=생산된 가치량) 자체가 늘어난 거죠. 이 경우에는 가치량을 노동시간으로 나타낼 수 없습니다. 동일 시간에 더 많은 가치가 생산된 것이기에 시간으로는 이 변화를 표현할 수 없죠. 그래서 화폐로 가치량을 표시합니다.[김, 709; 강, 719]

이렇게 노동강도가 변한 경우 노동력의 가치와 잉여가치는 어떻게 될까요. 만약 필요노동시간과 잉여노동시간의 상대적 비율이 동일하게 유지된다면, 가치생산물이 늘어났으니 노동력의 가치와 잉여가치가 함께 늘어납니다. 통상적 노동강도에서는 12시간 노동일의 가치가 6실링이라고 해봅시다. 그런데 노동강도가 높아지면 똑같이 12시간을 일해도 가치가 더 많이 생산됩니다. 이를테면 12시간에 6실링이 아니라 8실링이 생산되지요. 잉여가치율(m/V)이 여전히 100퍼센트라면, 이전에는 노동력의 가치와 잉여가치가 각각 3실링이었지만 이제는 각각 4실링이 됩니다. 노동생산력만 증가한 첫 번째 경우에는 노동력의 가치가 줄어들었지만 노동강도가 증가한 두 번째 경우에는 잉여가치와 함께 노동력의 가치(노동력의 가격)도 늘어날 수 있습니다. 이처럼 노동생산력이 상승한 경우와 노동강도가 강화된 경우는 명백히 다르지만 '노동생산성' 향상이라는 말로 얼버무리고는 합니다. 일반적으로 노동생산성은 단위시간당 산출량을 의미합니다. 노동생산성이 높아졌다고 할 때는 노동생산력이 높아진 경우도 있지만 노동강도가 높아진 경우도 있습니다. 두 가지가 함께 작용한 경우도 있고요. 그런데도 두 경우를 잘 구분하지 않기 때문에, 그리고 대개는 노동생산성이라는 말로 뭉뚱그려 표현하기 때문에 노동강도의 문제가 은폐됩니다. 생산성 혁신의 성과로 알려진 예들 중 적지 않은 경우가 실제로는 노동강도를 높인 결과인데도 말이지요. 제프리 케이(Geoffrey Kay)에 따르면 2차 대전 이후 이룩한 진보들 중 상당수가 그렇습니다.[40]

　　노동강도는 노동생산력만큼이나 잉여가치 생산에 큰 기여를 합니다. 자본가는 노동생산력을 높임과 동시에 노동강도를 높이려는 노력을 멈추지 않습니다. 기술 수준이 동일하다면 노동강도를 높이는 편이 잉여가치 생산에 유리할 테니까요. 그래서 생산성을 높일 수 있는 획기적 기술이 발명되면 그 기술은 곧바로 노동강도를 높이는 새로운 바탕이 될 뿐입니다. 정운영이 이에 대해 잘 표현했습니다. "노동집약도(노동강도)의 상승에 의존한 잉여가치의 절대적 증대가 동반하는 폭력성은 생산성의 증가로 은폐되고, 반대로 생산성의 상승에 근거한 잉여가치의 상대적 증대 과정은 곧 노동집약도의 가속화에 의한 폭력이 부활되는 터전을 마련한다."[41]

　　이전에 7장에서 나는 마르크스가 노동생산력에 대해 말할 때 노동강도의 문제 또한 의식하는 것처럼 보인다고 했습니다. 특히 특별 잉여가치를 낳는 '예외적으로 생산력이 높은 노동'에 대해서는 그가 '강화된 노동'으로 이해하고 있음을 강조했습니다. 이론적으로는 노동생산력의 증대만으로도 상대적 잉여가치와 특별 잉여가치의 생산을 충분히 설명할 수 있을 텐데요. 그는 그렇게 하지 않았습니다. 노동생산력 증대라고만 하면 '강화된 노동'의 문제가 감춰질 수 있음을 우려한 것이겠지요('강화된 노동'에는 작업속도를 높인 경우만이 아니라 더 고급의 능력, 더 복잡한 능력을 발휘한 경우도 포함됩니다). 특별 잉여가치를 계산할 때도 그는 가치량 변화를 노동시간이 아니라 화폐로 나타냈습니다. 이번에 검토한 경우와 똑같이 말했지요. 1노동일(12시간)의 가치가 6실링에서 8실링으로 늘어났다고요. 노동일이 늘어나지 않았음에도 가치생산물이 늘어난 거죠. 이번에는 명확히 노동생산력을 불변이라고 전제했으므로 노동강도의 효과가 선명합니다. 노동강도의 강화는 노동의 추가 투입에 해당합니다. 노동시간을 늘리진 않았지만 농도를 높였으니까요. 노동이 더 투입되었다는 것은 그것이 "외연적이든 내포적이든" 상관없이 "가치생산물의 양"이 절대적으로 증가한다는 뜻입니다. 그러니 동일 시간 노동이어도 더 큰 화폐로 표시해야 합니다.[김, 709~710; 강, 720]

그런데 강화된 노동강도가 산업 전반의 표준이 되면 이 효과는 사라집니다. 노동강도는 그것이 평균보다 높은 경우에만 잉여가치 생산에 기여합니다. 해당 기업의 노동강도가 평균에 비해 얼마나 높은지가 중요하지요. 그런데 새로운 노동강도가 사회적 평균이 되면 노동자가 이전보다 더 많이 노동하는 것은 틀림이 없지만 가치생산물을 늘리지는 않습니다.[김, 710; 강, 720] 해당 상품의 생산에 사회적으로 필요한 노동량만 지출한 꼴이 되지요. 이런 면에서는 노동 투입량이 절대적으로 늘어났음에도 불구하고 노동일을 연장하는 경우와는 다릅니다[참고로 특별 잉여가치 개념에 대해 설명할 때 마르크스는 가치생산물의 양이 늘어났음에도 노동일이 일정한 조건에서 필요노동 대비 잉여노동이 증가하는 효과를 낸다는 의미에서 특별 잉여가치를 상대적 잉여가치의 일종으로 파악했습니다.[김, 434~435; 강, 444~445] 하지만 노동생산력을 불변이라고 전제한 상태에서 노동강도의 강화만 고려하는 경우 자본가가 획득한 잉여가치에는 노동일 연장의 경우와는 다르지만(노동일의 변화 없이 필요노동과 잉여노동의 비율이 바뀐 것임에도 불구하고) 투입 노동량이 절대적으로 증대했다는 의미에서 절대적 잉여가치의 생산이라 부를 수 있는 측면이 존재합니다].

정리하자면, 노동생산력과는 별개로 노동강도의 강화는 잉여가치를 증대시킵니다. 노동생산력이 증대한 경우에는 노동자들의 생활수단의 가치가 하락함으로써 잉여가치가 증대했습니다만, 노동강도가 강화된 경우에는 생산물이 늘어나도 그만큼의 노동이 추가 투입되므로 생산물의 가치가 떨어지지 않습니다. 노동력의 가치도 떨어지지 않지요. 오히려 앞서 말한 것처럼 필요노동과 잉여노동의 비율을 유지한다면 잉여가치와 함께 노동력의 가격도 오를 수 있습니다. 잉여가치와 노동력 가격이 똑같은 비율로 오르지는 않을지라도 노동력의 가격은 오를 수 있습니다.

그런데 여기 중요한 문제가 있습니다. 나는 마르크스가 두 번째 경우를 분석 대상으로 선택한 중요한 이유가 이것이라고 봅니다. 방금 노동강도의 강화와 더불어 노동력의 가격 상승이 나타날 수 있다고 했는데요. 이 경우 자본가는 정말로 자신의 노동자에게 노동력의 가치 이상으로 가격을 지불하는 걸까요? 마르크스는 "노동력의 가격이 상승하더라도 그 가격이 가치 이하로 하락할 수도 있다"라고 말합니다.[김, 709; 강, 720] 노동강도가 올라가면 노동력의 재생산비용도 올라갑니다. 노동강도가 올라갔다는 것은 그만큼 노동력이 더 소모되었다는 뜻이니까요. 그런데 이렇게 소모된 노동력(생명력)을 충분히 다시 채워주지 못한다면 설령 노동력의 가격이 올랐다고 해도 실제로는 노동력의 가치에 미달하는 것입니다. 이 점은 논의를 시작하기 전 마르크스가 전제한 사항과 상충하는 것처럼 보이죠. 왜냐하면 그는 노동력의 가격은 그 가치보다 "때때로 높아질 수는 있지만 낮아지지는 않는다"라고 했으니까요. 사실 형식적으로는 이 전제를 어기지 않았습니다. 노동강도가 높은 업체는 노동력의 가격이 동종 업체에 비해 높을 테니까요(동종 업체들을 기준으로 했을 때의 노동력의 가치보다 높겠지요). 그러나 노동력의 재생산이라는 점에서 보면 해당 업체의 노동자들은 자기 노동력의 가치보다는 적게 받고 있을 수도 있습니다. 다른 업체의 노동자들보다는 높지만 자기 노동력의 가치보다는 낮다고 할 수 있지요. 빛 좋은 개살구라고 할까요. 남들 보기에는 높은 보수를 받지만 실제로는 그 이상의 착취를 당하고 있을 수 있습니다.

▶노동생산력과 노동강도는 불변이고 노동일이 변하는 경우──세 번째는 노동일만 변하는 경우인데요, 마르크스는 노동일이 줄어드는 경우와 늘어나는 경우를 모두 다룹니다. 앞의 두 경우와는 다른 거죠. 앞서 두 경우에서는 각각 노동생산력과 노동강도가 '증가하는 것'만 다루었지요. 현실적으로 자본주의에서 그 반대 방향(노동생산력이 떨어지고 노동강도가 줄어드는 방향)으로 전개되는 걸 상상하기란 쉽지 않으니까요. 하지만 노동일은 다릅니다. 이미 노동일에 관한 장에서 우리는 두 가지 방향을 모두 살펴본 바 있습니다. 대체로 18세기 후반까지는 노동일이 지속적으로 증가했습니다. 특히 기계제 대공업이 등장한 18세기 말과 19세기 초 사이에는 그야말로 "눈사태처럼 노동일 연장의 태풍이 몰아쳤"습니다. 이런 추세가 멈춘 것은 1833년 표준노동일이 제정되고 나서입니다. 노동자들의 집단적

저항이 본격화된 이후 노동일은 점차 줄어들었습니다. 지금은 8시간까지 줄어들었지요.

이제 노동일이 단축되는 경우와 연장되는 각각의 경우를 하나씩 검토해보겠습니다. 먼저 노동일이 단축되는 경우에 잉여가치와 노동력 가격의 상대적 크기는 어떻게 될까요. 노동일은 필요노동시간과 잉여노동시간으로 이루어져 있는데요. 노동일이 줄어든다고 해서 필요노동시간 즉 노동력의 가치가 줄어들지는 않습니다. 하루 노동력의 가치는 자본가가 그것을 어떻게 사용하든, 즉 8시간을 사용하든 12시간을 사용하든 상관없이 정해져 있습니다. '노동일'에서 노동력의 가치에 해당하는 필요노동시간을 제외한 시간이 잉여노동시간입니다. 자본가가 노동일을 연장하기 위해 노력하는 것은 필요노동시간 이상으로 연장하는 만큼 잉여노동시간이 늘어나기 때문입니다. 노동일이 단축되면 바로 이 잉여노동시간이 줄어듭니다. 다시 말해 잉여가치의 크기가 줄어들지요. 절대적으로도 줄어들고, 노동력 가치에 대해 상대적으로도 줄어들지요. 그러니 자본가들이 노동일 단축에 강하게 반발하는 것은 당연합니다.

그런데 마르크스는 19세기 중반 이후 자본가들이 노동일 단축을 수용해온 것에 주목합니다. 자본가들은 어떻게 잉여가치 크기를 축소하는 조치들을 받아들일 수 있었을까요. 물론 기꺼이 받아들인 것은 아닙니다. 노동자들의 집단적 저항 때문에 마지못해 수용한 면이 있지요. 그리고 표면적으로는 경제가 붕괴되고 나라가 망할 것처럼 떠들어댄 것도 사실입니다. 하지만 어떻든 이들은 노동일 단축을 수용했습니다. 그럴 만했기 때문입니다. 노동일 단축으로 인한 손실을 만회하고도 남는, 그래서 실제로는 잉여가치 크기가 줄지 않는 상황이 조성되어 있었으니까요. 어떻게 그런 일이 가능했을까요. 우리는 이미 알고 있습니다. 노동일 연장이 불가능한 상황에서 어떻게 잉여가치의 생산이 가능했는지 말입니다. 생산 전반의 기술혁신으로 노동생산력이 크게 증대했거든요. 이로 인해 노동력의 가치가 낮아졌습니다. 필요노동시간이 줄어든 것이지요. 그러므로 노동일을 줄여도 잉여노동시간이 줄어들지 않는 조건이 마련된 겁니다.

왜 19세기 중반 이후 노동일이 단축되었음에도 불구하고 계급 간 격차는 줄지 않고 오히려 커져갔는가. 이론적으로 노동생산력과 노동강도가 불변인 상황을 가정하면 노동일 단축은 잉여가치 감소로 이어질 수밖에 없습니다. 노동일 단축에 반대했던 자본가들과 그들의 정치경제학자들이 이런 주장을 펼쳤지요. 노동일을 단축하면 큰 손실이 발생한다고요. 그러나 현실에서는 이들의 가정이 성립하지 않았습니다. 노동일을 단축하기 전에 혹은 노동일을 단축하자마자 노동생산력이 증대하고 노동강도가 강화되었으니까요.[김, 711; 강, 721] 노동일 단축으로 잉여가치가 축소되는 일은 없었던 겁니다. 더 벌 수 있는 것을 못 벌었다고 할 수는 있어도 잉여가치가 노동일 단축과 더불어 역사적으로 감소했다고 할 수는 없습니다. 그러니 노동일 단축에도 불구하고 계급 간 격차는 더욱 확대되었던 거죠.

다음으로 노동일이 연장되는 경우를 볼까요. 노동일이 연장되어도 '일단은' 노동력의 가치가 변하지 않습니다. 이를테면 노동일이 8시간에서 10시간으로 늘어나도 노동력의 가치는 계속해서 6시간일 수 있습니다. 다만 잉여가치의 크기에 대한 노동력 가치의 크기의 상대적 비율은 달라지겠지요. 노동일이 연장되면 잉여가치가 커지니까요. 노동일이 연장되었다는 것은 노동의 투입이 늘어났다는 뜻입니다. 더 많은 가치가 생산되었다는 뜻이지요. 가치생산물이 늘어나면 잉여가치의 확대와 함께 노동력의 가격도 올라갈 여지가 생깁니다. 노동강도의 강화를 고려했을 때와 같습니다.[김, 712; 강, 722] 가치생산물이 6실링에서 8실링으로 늘어나면, 잉여가치와 노동력의 가격 모두를 3실링에서 4실링으로 올릴 수 있지요. 반드시 그렇게 된다는 게 아니라 그럴 여지가 생긴다는 겁니다. 노동자들이 집단적으로 힘을 발휘하거나 노동력의 수요·공급에 어떤 변화가 생긴다면 노동력의 가격이 가치보다 오르는 경우도 있겠지요. 하루 노동력의 가치는 그대로이지만 노동력의 가격은 그보다 조금 더 높아질 수 있습니다. 노동일이 8시간일 때나 12시간일 때나 노동력의 가치는 6시간으로 같은데요. 12시간 노동을 시키면서 하루 노동력의 가격을 조금 더 올려줄 수 있지요. 앞에서 다른 회사들보다 노동강도를 높이는 대신 더 높은 보수를 지급하는 회사 이야기를 했는데(실제로는 더 착취당하는 것일 수도 있다고 했습니다), 이번에는 노동일을 늘리면서 노동자들의 보수를 높여주는 경우입니다.

그런데 다시 한번 우리는 노동강도 강화 때와 똑같은 물음을 던질 수 있습니다. 노동일이 연장되었을 때 인상된 노동력의 가격은 정말로 노동력의 가치에 대한 정당한 지불일까. 마르크스는 앞서와 똑같은 답변을 내놓습니다. 이 경우 "노동력의 가격은 비록 명목상으로는 불변이거나 심지어 상승한다고 하더라도 [실제로는] 그 가치 아래로 떨어질 수 있다"라고요.[김, 712; 강, 722] 왜 그럴까요. 마르크스의 말은 이렇습니다. "상기해보자면 하루 노동력의 가치는 노동력의 정상적(normale) 평균 지속 기간 즉 노동자의 정상적 수명에 입각해서, 그리고 생명의 실체가 적절하고 정상적으로, 인간본성에 맞게 운동으로 전환되는 것에 입각해서 평가된다."[김, 712; 강, 722] 여기서 마르크스가 "상기해보자면"이라고 한 것은 '노동일' 장에 소개한 노동자의 항변 내용을 의식했기 때문일 겁니다. 그때 노동자는 자본가에게 이렇게 따졌습니다. 노동자가 사흘은 걸려야 회복할 수 있는 노동력보다도 많은 노동력을 자본가인 당신은 단 하루 동안 써버리려 한다고. '정상적 조건'에서 사용할 경우 30년을 쓸 수 있는 상품인데, 사용권을 구매한 뒤 10년 만에 30년치를 탕진해버렸다고. 그것은 20년치를 도둑질한 것과 같다고.

　　노동력은 '정상적 조건'에서 사용할 경우 30년 이상 쓸 수 있는 상품입니다. 노동자는 이 상품을 자본가에게 일정 기간 임대해주는 겁니다. 사용권을 판 것이지요. 하루 노동력의 가치란 노동력의 수명(노동자가 노동자로서 활동할 수 있는 기간), 이를테면 30년 중의 하루에 해당하는 만큼의 가치이기도 합니다. 그런데 '정상적 조건'에서 노동력을 사용하지 않는다면, 즉 노동강도가 지나치게 높거나 노동일의 길이를 지나치게 늘린다면 혹은 비용을 아끼기 위해 너무 열악한 환경에서 일하게 한다면, 그래서 노동력의 수명이 단축된다면, 해당 자본가는 '하루 동안 사흘 치'를 쓰는 것과 같습니다. 노동력의 가격이 올라가는 경우에도 노동력의 가치에 미달할 수 있다는 이야기가 되는 거죠. 일반적으로 잔업과 야근, 특근 등을 할 경우 통상적인 경우보다 많은 임금을 지급합니다. 보통 150퍼센트로 책정하지요. 겉보기에는 노동력의 가격이 노동력의 가치보다 50퍼센트 높은 것처럼 보입니다. 그러나 이런 작업은 흔히 하는 말로 노동자의 생명력을 갉아먹습니다. 50퍼센트만 더 주고 노동자의 미래 생명력을 두 배, 세 배 당겨쓰는 거죠. 착취도가 훨씬 높은 겁니다.

　　물론 노동일이 7시간에서 8시간 정도로 늘어나는 것은 노동력의 가치에 영향을 미치지 않을 수 있습니다. 그러나 9시간, 10시간이 되면 달라집니다. 생명력을 복원하기가 점점 어려워지죠. 만약 14시간 넘는 노동이 일정 기간 지속되면 생명력은 영원히 복원되지 않을 겁니다(이건 노동이 아니라 살인입니다). 노동자의 노동력(생명력) 소모는 노동일과 함께 비례적으로 증가하는 게 아닙니다. 어느 선까지는 그럴 수 있지만 그 선을 넘어서면 기하급수적으로 증가하지요. 7시간 일하고 1시간 더 일하는 것과 10시간을 일한 뒤 1시간을 더 일하는 것은 생명력 소모가 다릅니다. 노동력의 재생산이라는 점에서 보면 해당 노동자의 노동력의 실제 가치는 매우 커지죠. 노동력의 가격을 50퍼센트 높이는 걸로는 결코 충당이 되지 않습니다. 터무니없이 모자라죠. 노동일이 어느 선을 넘어 연장되면, 마르크스의 말처럼 '노동력의 가격'과 '노동력에 대한 착취도'는 아예 같은 척도로 비교할 수 있는 크

기를 넘어서버립니다.[김, 712; 강, 722]

▶노동일, 노동생산력, 노동강도가 동시에 변하는 경우──마지막으로 마르크스가 검토하는 것은 노동일과 노동생산력, 노동강도 중 두 가지 이상이 동시에 변하는 경우입니다. 이 역시 다양한 조합이 가능할 텐데요. 이 중에서 마르크스는 두 가지를 검토합니다. 하나는 노동생산력이 떨어지는 가운데 노동일이 연장되는 경우이고, 다른 하나는 노동생산력과 노동강도가 증가하고 노동일은 단축되는 경우입니다.

전자의 경우부터 살펴보죠. 노동생산력이 떨어진다고 했는데요. 여기서 문제 삼는 것은 노동력의 가치에 영향을 미치는 산업부문, 즉 노동자의 생활수단을 이루는 산업부문의 생산력이 저하한 경우입니다. 농업이 대표적이지요. 농산물의 가치변동은 노동력의 가치에 상대적으로 큰 영향을 미칩니다. 이를테면 토지 비옥도가 감소해 농업생산력이 떨어졌다고 해봅시다. 농산물 가격이 오를 겁니다. 그러면 자연히 노동력의 가치도 오를 수밖에 없습니다. 노동일이 그대로라면 노동력의 가치가 오른 만큼 잉여가치가 줄어들 겁니다.

그런데 여기서는 노동일도 연장된다고 했습니다. 그러면 노동력의 가치와 잉여가치의 크기가 어떻게 변동할까요. 노동일이 얼마나 연장되느냐에 따라 달라집니다. 예컨대 노동일이 12시간(6실링)이고, 필요노동시간과 잉여노동시간이 각각 6시간(3실링)이라고 해봅시다. 그런데 노동일이 2시간 더 늘어나고(14시간), 농산물 가격 상승으로 노동력의 가치도 2시간 늘어났다고 해봅시다. 그러면 필요노동시간은 8시간(4실링), 잉여노동시간은 6시간(3실링)이 됩니다. 노동일이 연장된 덕에 자본가가 얻는 잉여가치의 절대적 크기는 줄어들지 않았습니다. 다만 노동력의 가치에 대한 상대적 크기가 줄어들었지요. 만약 노동일을 4시간 더 늘릴 수 있다면(16시간), 노동력의 가치에 대한 상대적 크기도 이전 수준으로 복원됩니다. 물론 절대적 크기는 이전보다 더 커지고요. 결국 노동일이 얼마나 연장되느냐에 따라 노동생산력의 하락에도 불구하고 잉여가치는 변하지 않을 수 있고 심지어 늘어날 수도 있습니다.

그건 그렇고, 마르크스는 왜 이런 경우를 선택해 설명하는 걸까요. 19세기 초 영국 사회에서 일어난 일과 관련이 있습니다. 1799년에서 1815년 사이 생필품 가격이 오르고 덩달아 임금도 올랐는데요. 임금이 오른 이유와 이것이 이윤에 미치는 영향을 둘러싸고 논쟁이 일어났습니다. 이 논쟁의 배경에는 곡물법(Corn Law) 제정이 있었습니다. 1815년 영국 의회는 농산물 가격을 일정 수준으로 유지하기 위해 저가의 해외 농산물 수입을 금지했습니다. 곡물법은 지주들의 이익을 보호하는 법이었지요. 당연히 산업자본가들이 반대했습니다. 농산물 가격이 높으면 생산비용이 올라가니까요. 곡물법은 산업자본가들이 염원하는 자유무역의 '천년왕국'이 도래하는 것을 막는 상징적 장벽이었습니다(1846년에 결국 폐지되었지요. 456~457쪽 참조).

1799년부터 1815년까지 그 사이에 일어난 일을 어떻게 볼 것인가. 리카도는 농업에서의 노동생산성 하락이 잉여가치율의 저하를 불러왔다는 주장을 펼쳤습니다. 이 주장은 그의 지대론(地代論)과 관련이 있는데요. 그의 지대론은 맬서스의 인구론과도 결합되어 있었습니다. 인구는 기하급수적으로 늘어나는데 토지는 한정되어 있지요. 그러면 비옥한 토지만이 아니라 상대적으로 열등한 토지도 개간해야 합니다. 이 경우 상대적으로 비옥한 토지의 지대가 오를 것이고(차액지대), 열등한 토지로 인해 노동생산성은 떨어지겠지요. 농업에서 노동생산성의 하락은 지대를 올리고 농산물 가격을 올리며 임금 또한 올리게 됩니다. 그러면 이윤율은 점차 떨어질 수밖에 없겠지요. 그래서 리카도에게는 자본주의의 미래가 어둡습니다. 그러나 리카도의 비극적 추론은 마르크스의 표현을 빌리자면 "환상(Phantasie) 속에서 만들어진" 가정에 입각한 것입니다.[김, 714; 강, 724] 일단 사실 확인부터 하자면, 마르크스는 이 시기의 임금 상승은 명목적인 것에 불과했다고 말합니다. 그 돈으로 구매할 수 있는 생활수단의 양을 고려하면 실질임금은 오히려 하락했다는 겁니다. 그뿐 아니라 잉여가치(이윤)가 감소하는 일도 없었습니다. 잉여가치는 오히려 큰 폭으로 증가했지요. 절대적으로도 그렇고 노동력의 가치와 비교했을 때 상대적으로도 그렇습니다.

19세기 초는 마르크스가 자본의 "질풍노도의 시기"라고 부르던 때입니다. 기계제 대공업이 등장하던 시기죠. 매뉴팩처들이 몰락하면서 기계제 대공장들은 시장독점을 통해 '예외적으로 큰 이윤'을 누렸고, 산업에 새로운 자본이 대거 몰려들었습니다. 면직업만 봐도 1770년과 1815년 사이에 불황은 불과 5년 정도에 지나지 않았습니다. 자본가들이 이윤에 대한 비관적 전망을 가질 때가 아닙니다. 그렇다면 리카도의 추론은 틀렸던 걸까요. 그렇지는 않습니다. 그가 상정한 전제에서는 올바른 추론이지요. 문제는 어디에 있는가. 바로 전제에 있습니다. 마르크스가 "환상 속에서" 만들어졌다고 말한 그 전제 말입니다. 앞서 마르크스는 첫 번째 경우(노동일과 노동강도는 불변이고 노동생산력만 변하는 경우)에 대한 분석에서 리카도가 이것을 자본주의의 일반적 조건으로 간주했다고 비판한 바 있는데요. 리카도는 노동일과 노동강도의 변화를 고려하지 않았습니다. 그런데 이 두 요인은 18세기 말에서 19세기 초까지 잉여가치 생산에 지대한 영향을 미쳤습니다. 마르크스가 분석한 것처럼 노동생산력이 늘어나지 않고, 심지어 (노동자의 생활수단을 생산하는 영역의) 노동생산력이 떨어져 노동력의 가치가 오른다 해도, 노동일이 연장되고 노동강도가 강화되면 잉여가치는 얼마든지 늘어날 수 있습니다.

리카도는 당시 공장의 현실을 알지 못했습니다. 노동일과 노동강도가 어떻게 변하고 있는지 살펴보지 않은 것이지요. 단지 자신이 일반적 경우라고 상상한 전제 위에 이론적 모델을 구축하고 그것을 현실이라고 착각했던 겁니다. 여담입니다만 리카도가 엄격한 통화준칙(국가가 발행하는 통화량을 준비금의 양에 엄격하게 연계시키는 것)을 고수했을 때도 비슷한 비판이 제기되었습니다. 외부의 산업이나 무역에 종사한 경험이 없는 리카도가 비현실적인 이론 모델을 고집한다고요. 당시 한 의원은 리카도를 향해 이렇게 말했다고 합니다. "존경하는 의원은 그동안 어디서 살다 온 겁니까? 어디 다른 행성에서 지금 막 내려온 거 아닌가요?"[42] 리카도는 노동일과 노동강도의 변동을 신경 쓰지 않았지만 현실은 달랐습니다. 마르크스에 따르면 "이 시대는 노동일에 대한 무제한적 연장이 시민권을 확대한" 시대입니다. [김, 714; 강, 724] '노동일'에 관한 장에서 마르크스는 이때를 두고 "눈사태처럼 노동일 연장의 태풍이 몰아쳤다"라고 표현했어요. '기계와 대공업' 장에서는 기계가 등장하던 때에 무슨 일이 일어났는지 자세히 썼고요. 기계 도입과 더불어 여성과 아이들까지 공장에서 일해야 했고, 노동일과 노동강도는 생명을 위협하는 수준까지 연장되고 강화되었지요.

당시 큰 위험에 빠진 것은 자본가가 아니라 노동자들이었습니다. 기계화로 대량 실업이 발생했고 여성노동과 아동노동의 유입으로 노동력의 가격이 크게 떨어졌으니까요. 마르크스는 수직기 직조공들의 몰락 과정을 묘사하며 "세계 역사상 이처럼 처참한 광경은 없었다"라고 했지요. 그들 대부분이 교구의 구호금에 의존해 연명했습니다. 빈곤이 거대한 사회적 문제로 대두했고, 전체 사회가 큰 위험에 처했음을 지각한 사람들이 새로운 '사회' 개념을 만들어내고, 사회학과 사회주의가 탄생하던 때였습니다. 마르크스는 여기서 이 사실을 다시 확인합니다. 리카도가 환상 속에서 만든 전제들에 입각해 주장을 편 시대는 "한편에서는 자본이 급속히 증가하고 다른 한편에서는 빈민이 급속히 증가하는 특별한 성격을 가진 시대"였다고요.[김, 714~715; 강, 724] 이런 측면에서 보자면 맬서스가 낫습니다. 마르크스가 맬서스를 칭찬하는 일은 거의 없는데요. 리카도 모델의 비현실성을 지적하면서는 '차라리' 맬서스가 낫다는 식의 이야기를 하고 있습니다. 맬서스는 이 시기의 자본 성장이 노동자계급의 노고 덕분이라고, 즉 물가상승으로 실질임금이 하락했음에도 그것을 견디어낸 노동자들 덕분이라고 말했거든요. 마르크스는 이 점을 언급하며 말합니다. "리카도와 다른 사람들이 너무나 선명한 사실을 눈앞에 두고서도 노동일의 불변적 크기를 자신들의 모든 연구의 기초로 삼은 데 반해, 맬서스가 노동일의 연장을 강조한 것은 (…) 그의 대단한 영예이다."[김, 714, 각주 7; 강, 724, 각주 15] 리카도는 선명한 현실을 보고도 비현실적이었던 반면 맬서스는 최소한 현실을 알고는 있었다는 말입니다.

그러나 맬서스의 영예는 여기까지입니다. 그는 저임금을 견디어낸 노동자계급의 노고를 언급한 뒤 이런 상황이 계속될 수는 없다고 했습니다. 이런 상황이 이어지면 흡사 인구가 식량의 한계까지 늘어나는 상황과 비슷하게 되어버릴 거라고 했지요. 그 유명한 자신의 인구론과 연결 지은 겁니다. 과잉인구가 빈곤을 낳는다는 결론 말입니다. 그는 노동일이 연장되고 저임금이 강요되며 빈민들이 넘쳐나는 현실을 보았습니다. 그러나 왜 그런 일이 일어나는지는 깊이 따져보지 않았습니다. 그러면서 '과잉인구'라는 손쉬우면서도 악의적인 답변을 내놓았습니다. '넘쳐나는 빈민들'을 '넘쳐나기 때문에 빈민'인 것처럼 만들었지요. 빈민이 빈민인 이유는 너무 많기 때문이라는 거죠. 맬서스는 "기계의 비상한 발전과 여성 및 아동노동의 착취 그리고 노동일의 연장이 노동인구를 '과잉 상태'로 만들지 않을 수 없었다는 사실을 볼 수 없"었습니다. 계급의 이익이 그의 눈을 가리고 있으니까요. 마르크스는 그를 "보수주의자들의 이해에 충실한 노예"라고 부릅니다. "맬서스에게는 이 '과잉인구'를 자본주의적 생산의 역사적 법칙으로 설명하기보다는 자연의 영구적 법칙으로 설명하는 편이 훨씬 편리했을 것이고, 또한 그가 목사로서 우상시하던 지배계급의 이해에도 잘 들어맞는 것이었다."[김, 714, 각주 7; 강, 724, 각주 15]

──────── 잠시 기분전환을 위하여―잉여노동시간이 사라진 세상────────
마르크스가 마지막으로 분석하는 조합은 노동생산력과 노동강도가 증가하고 노동일은 단축되는 경우인데요. 이 역시 영국 사회와 관련이 있습니다. 조금 전에 분석한 경우가 18세기 말에서 19세기 초 사이 영국의 상황이었다면 이번 경우는 1830년대 이후, 그러니까 표준노동일이 제정되고 점차 노동일이 단축되던 상황에 해당합니다. 노동일 연장이 어렵게 되자 영국의 자본가들은 노동생산력과 노동강도를 높이는 쪽으로 갑니다. 노동생산력과 노동강도를 높이면 노동일 단축에도 불구하고 노동일 중 필요노동시간(노동력의 가치)을 줄여 그만큼 잉여가치를 늘릴 수가 있으니까요. 『자본』 제4편 "상대적 잉여가치의 생산"에서 많이 살펴본 내용입니다.

그런데 마르크스가 덧붙인 내용이 흥미롭습니다. 노동생산력이 늘어나고 노동일은 단축되는 경우에서 다른 상상력을 발휘해보는 것이지요. 『자본』 중간중간에 나오는 '기분전환을 위한' 페이지라고 할까요. 일반적으로 자본주의에서는 노동일의 단축에 한계가 있습니다. 자본가가 더는 양보할 수 없는 지점이 있지요. 노동일이 필요노동시간까지 단축되면 잉여가치가 생겨나지 않습니다. 이렇게 되면 자본이 불가능하지요. 아무리 노동생산력이 올라가도 노동시간이 그렇게까지 줄어들 수는 없습니다. "자본의 체제(Regime des Kapitals) 아래서는 불가능한 일"입니다.[김, 716; 강, 725] 그러나 우리의 상상력을 '자본의 체제' 아래 묶어둘 필요는 없지요. 자본주의적 생산형태가 폐기되었다고 해봅시다. 그럼 어떻게 될까요. 잉여가치를 생산할 필요가 없으니 노동일은 필요노동 수준으로 축소될 겁니다. 그런데 마르크스는 여기서 의외의 말을 합니다. "다른 조건이 불변이라면 필요노동의 범위(크기, Raum)가 확대될 것"이라고요.[김, 716; 강, 725]

자본주의적 생산형태를 폐기하면 왜 필요노동이 커지는 걸까요. 마르크스는 두 가지 이유를 들고 있습니다. 하나는 "노동자들의 생활조건이 더 풍요로워지고 생활상의 요구가 더 커질 것"이기 때문입니다.[김, 716; 강, 725] 이게 무슨 뜻일까요. 자본주의에서 필요노동시간은 자본에 유용한 상품으로서 '노동력'의 가치에 국한됩니다. 나는 마르크스가 『자본』에서 '노동능력'(Arbeitsvermögen)이라는 말을 '노동력'(Arbeitskraft)으로 바꾼 이유에 대해 언급한 적이 있는데요(166~170쪽 참조). '노동력'은 인간의 생산능력 일반이 아니라 자본의 가치증식에 유용한 능력, 자본주의적 생산형태에서 그 유용성을 인정받은 능력입니다. 자본의 체제 아래서 시민권을 인정받은 '상품'이지요. 그런데 자본주의적 생산형태가 폐기되면 '필요'(욕구)의 범위가 여기에 국한될 필요가 없습니다. 자본의 체제 아래서는 무가치하고 쓸모없다고 판단될 수 있는 많은 활동이 우리 삶에 필요한 것으로 평가될 수도 있으니까요. 사회 전체적으로 보면 사람들에게 자본주의 아래 있을 때보다 더 많은 것이 제공되어야 할지도 모릅니다. 마르크스가 제시한 또 하나의 이유는 "현재의 잉여노동 가운데 일부가 필요노동으로 계산되어야" 한다는 겁니다.[김, 716; 강, 725] 자본주의에서는 필요노동을 넘어선 잉여노동이 모두 자본가의 소유물이 되는데요. 자본주의가 아니어도 개인의 필요를 넘어선 잉여물의 생산은 이루어져야 합니다. 다만 이 잉여생산물은 제3자인 자본가에게 넘어가는 게 아니라, 노동자가 포함된 사회 전체로 귀속됩니다. 생산과정에서 마모되거나 손실된 부분을 보충하고 생산과정을 개선하기 위해, 혹은 재난에 대처하기 위해, 혹은 미래를 계획하기 위해 '사회적 준비금(Reservefonds)이나 축적기금(Akkumulationsfonds)'이 필요하다는 겁니다. 개인적 필요가 아니라 사회적 필요를 위한 노동이지요.

노동강도 문제는 어떻게 될까요. 자본주의적 생산형태에서는 노동일이 단축되면 자본가들이 노동생산력과 노동강도의 증대로 대응한다고 했는데요. 대체로 노동생산력이 증가하면 노동일을 줄일 수 있고 노동일이 줄어들면 노동강도는 올라갑니다. 그런데 사회적으로 생산을 계획하고 관리할 수 있다면 생산성을, 노동을 늘리는 식이 아니라 줄이는 식으로 높일 수도 있습니다. 마르크스는 여기서 노동을 줄인다는 것은 '생산수단의 절약'과 함께 '쓸모없는 노동을 없앤다'라는 의미라고 말합니다. 불필요한 노동을 줄여서 생산성을 높인다는 것이지요.[김, 716; 강, 725] 물론 자본주의에서는 생산수단의 절약과 불필요한 노동의 절약 모두 끔찍한 의미를 갖습니다. 생산수단의 절약은 노동자들의 생명의 조건, 이를테면 햇볕이 들어오는 창문, 몸을 쾌적하게 움직일 수 있는 일정 크기의 공간, 신선한 공기를 유입시키는 환풍기 등을 없애는 것이지요. 비용을 아끼기 위해 생명을 낭비하는 짓으로 이어졌습니다. 또 불필요한 노동의 절약은 구조조정을 통한 해고를 의미하죠. 그런데 자본주의적 생산형태를 넘어선다면 두 가지는 다른 의미를 갖게 됩니다. 무계획적 생산 때문에 이루어지는 무분별한 자원의 낭비를 막고, 자본주의가 아니었다면 굳이 필요가 없었던 업무를 없앨 수 있습니다.

겉보기에 자본주의는 대단히 절약하는 체제인 것 같지만 실은 엄청난 낭비의 체제입니다. 자본가들은 공장에서는 독재자로 군림하며 생산수단을 무서울 정도로 아낍니다. 그러나 사회 전체에서는 무정부주의자로 돌변합니다. 사회 전체적으로 보면 자본주의는 '무정부적인 경쟁체계'입니다. 돈만 된다면 모두가 뛰어들지요. "생산수단을 무한정 낭비하며", 자본주의가 아니었다면 "아무런 쓸모도 없는 무수한 기능들"을 만들어냅니다.[김, 716; 강, 725] 그뿐이 아닙니다. 마르크스는 말하고 있지 않지만, 생산에 동원되는 자원과 인력만이 아니라 그렇지 못한 자원과 인력 때문에도 큰 낭비가 발생하지요. 자본주의에서는 잉여가치 생산에 도움이 안 되거나 성능이나 능력이 모자란다고 판단되어, 생산에서 아예 배제되거나 폐기되는 자원과 인력도 엄청나게 많습니다. 훌륭한 재능을 입증할 기회를 갖지 못한 채 혹은 쓸모없는 재능으로 판정되어 폐기 처분되는 것도 사회 전체로는 엄청난 낭비지요. 마르크스는 사회 전체적으로 노동을 계획하고 분배한다면 이런 낭비를 많이 줄일 수 있다고 생각합니다. 특히 그는 "노동이 가능한 모든 사회구성원들에게 균등하게 배분될수록", 그래서 "특정한 사회계층이 자연이 자신들에게 부여한 노동의 부담을 다른 계층에게 떠넘길 수 없게 될수록, 사회적 노동일 가운데 물질적 생산에 필요한 부분은 줄어들고 개인의 자유로운 정신적·사회적 활동을 위한 시간은 늘어난다"라고 했습니다.[김, 716; 강, 725] 특정 계층의 사람들만이 아니라 노동 가능한 사회구성원들 모두가 함께 일한다면 노동일을 크게 줄일 수 있다는 거죠.

그래서 자본주의에서 노동일 단축의 절대적 한계는 잉여노동이 생겨날 수 있느냐에 달려 있지만, 자본주의가 아니라면, 이를테면 '자유로운 개인들의 연합'에서는 얼마나 많은 구성원이 노동에 참여할 수 있느냐에 달려 있습니다. 마르크스가 '노동의 일반성'(Allgemeinheit der Arbeit)이라고 말하는 것이 그것입니다. 특정계급이 자유를 얻기 위해 다른 계급에게 노동을 강요하는 게 아니라, 모두가 함께 일함으로써 전체의 자유 시간을 키울 수 있다는 것이지요.[김, 716; 강, 726] 이 '노동의 일반성'은 노동해방을 위한 매우 중요한 전제입니다. 노파심에서 한마디 하자면 이 개념은 노동을 늘리기 위해 제안된 게 아니고 줄이기 위해 제안된 것임에 유념할 필요가 있습니다. 노동은 존엄한 것이므로 모두가 더 많이 노동하자는 식으로 이해하면 안 됩니다. 어떤 점에서 노동의 일반성은 노동으로부터 해방되기 위한 조치입니다. 노동시간을 늘리기 위해서가 아니라 자유 시간을 늘리기 위해 제안된 것이라는 이야기죠. 과거 사회주의에는 실업자가 없다는 말을 했는데요. 그것이 만약 불필요한 일자리를 일부러 만들어서 사람들을 일하게 하고 근로는 미덕이라고 떠받드는 것이라면, 최소한 『자본』에서 마르크스가 말하는 것과는 관계가 없습니다.

버트런드 러셀은 자본주의는 물론이고 사회주의조차 근로를 미덕으로 간주한다고 비판하면서 자신이 읽은 러시아 기술자들의 보고서 이야기를 한 적이 있습니다. 러시아 기술자들은 카라해를 가로지르는 거대한 댐을 건설해서 백해와 시베리아 북부 기후를 온난하게 만들 계획을 세웠다고 합니다. 생태적으로도 끔찍한 일입니다만 러셀에 따르면 이 프로젝트는 "북극해의 동토와 눈보라 속에서 숭고한 노역을 과시"하려는 것이었습니다.[43] 사회주의가 '근로의 미덕'을 필요로 하지 않는 세상을 만들지 않고 오히려 그것을 찬미하기 위해 프롤레타리아를 동원하고 있다는 것이지요. 다시 말하지만 이것은 마르크스가 『자본』에서 말하려는 바와 다릅니다. 그가 가급적 사회구성원들 모두가 함께 일하자고 한 것은 특정한 사람들에게 노동의 부담을 떠넘겨서는 안 되며 모두가 함께 일할 때 그나마 노동시간을 줄일 수 있다는 생각인 겁니다.

　　고전파 경제학의 잉여가치율 정식―"하데스의 투구"를 쓰고 싶은 사람들
이로써 제15장의 이야기가 모두 끝났습니다. 참고로 데이비드 하비는 제15장에서 마르크스가 설정한 세 가지 요인은 자본가가 사용할 수 있는 세 가지 전술에 해당한다고 했습니다.[44] 한 가지 전술의 효력이 감소하면 다른 전술을 통해 이를 보완할 수 있다고요. 노동일 연장이 어려워지면 노동생산력과 노동강도를 높이는 쪽으로 나아가는 식이지요. 하비의 말처럼 마르크스는 자본가들이 잉여가치를 늘릴 방법이 아주 다양하다는 것을 보여주었습니다. 그러나 나는 제15장에서 마르크스의 강조점이 여기에 있다고 보지 않습니다. 마르크스는 각 경우마다 노동력의 가치와 잉여가치의 크기가 상대적으로 어떻게 변화하는지를 꼼꼼하게 살폈습니다(이것이 제15장의 제목이 의미하는 바이기도 하지요). 그는 때때로 노동력의 가격이 그 가치 이상으로 상승한다고 해도 잉여가치가 커질 수 있으며, 노동력의 가격과 잉여가치 크기의 상대적 격차는 더욱 벌어질 수 있다는 점을 지적했습니다. 둘의 격차가 커진다는 것은 노동자계급과 자본가계급의 부의 차이, 생활수준의 차이가 더욱 커진다는 것을 뜻합니다. 나는 마르크스가 자본주의 발전과 더불어 이런 현상, 이런 추세가 나타날 수 있다는 걸 말하고 싶었다고 생각합니다.

　　이제 제16장으로 들어가보겠습니다. 『자본』 제16장은 상대적으로 분량이 적은 편입니다. 잉여가치율에 대한 몇 가지 정식을 소개하는 내용이지요. 데이비드 하비는 제15장처럼 제16장에 대해서도 마르크스가 특별한 문제 제기를 하고 있지는 않다고 말합니다.[45] 독자들로서는 자신이 잉여가치율에 대해 얼마나 정확히 이해하고 있는지 확인할 기회로 삼는 정도면 될 것 같다고 하면서요. 물론 제16장을 복습의 기회로 활용하는 것도 나쁘지는 않습니다. 하지만 나는 마르크스가 잉여가치율에 대한 정식들을 해석하면서 당대에 상당한 영향력을 발휘한(그리고 오늘날에도 여전히 맹위를 떨치는) 어떤 이데올로기를 비판하고 있다고 생각합니다. 이 점에서 여기 소개된 정식들, 특히 두 번째 정식에 대한 마르크스의 비판을 꼼꼼하게 살펴볼 필요가 있습니다. 마르크스가 소개하는 잉여가치율에 대한 정식들은 다음과 같습니다.

$$정식\ I\ =\ \frac{잉여가치(m)}{가변자본(V)}\ =\ \frac{잉여가치}{노동력의\ 가치}\ =\ \frac{잉여노동}{필요노동}$$

$$정식\ II\ =\ \frac{(잉여노동)}{노동일}\ =\ \frac{잉여가치}{생산물의\ 가치}\ =\ \frac{잉여생산물}{총생산물}$$

$$정식\ III\ =\ \frac{잉여가치}{노동력의\ 가치}\ =\ \frac{잉여노동}{필요노동}\ =\ \frac{불불노동}{지불노동}$$

정식 I은 지금까지 마르크스가 잉여가치율에 대해 말한 것을 그대로 정식화한 것입니다. 이 정식의 앞쪽 두 항은 잉여가치율이 잉여가치와 가변자본의 비율이며, 잉여가치가 노동력의 사용에서 생겨난다는 것을 잘 보여줍니다. 세 번째 항은 잉여가치의 정체가 잉여노동이며 잉여가치율은 잉여노동과 필요노동의 양적 비율로 측정할 수 있다는 걸 보여주죠. 물론 앞의 두 항과 세 번째 항의 단위는 다릅니다. 전자는 가치들의 비율이고 후자는 시간들의 비율이지요(노동량을 시간으로 측정한다고 했을 때 말입니다).

마르크스는 사실 이 정식이 고전파 경제학에서 이미 완성되어 있다고 했습니다. 다만 그들의 "의식에서 완성되지 않았을 뿐"이라고요.[김, 718; 강, 727] 재밌는 표현입니다. 마치 잉여가치에 관한 정식이 의식에 떠오르는 걸 막는 어떤 심리적 메커니즘이 있다는 듯 말하니까요. 『자본』 제1판 서문에서 마르크스는 독일인들이 "괴물의 존재를 부인하기 위해" "하데스의 투구"를 썼다고 했는데요. 정식 I이 고전파 경제학자들한테 이미 완성된 것임에도 그들 의식에서는 완성되지 않았다는 말에서 나는 이 하데스의 투구를 떠올렸습니다. 어떤 심리적 메커니즘, 이렇게 말해도 좋다면 어떤 무의식적 기관이 "괴물의 존재를 부인하기 위해"; 고전파 경제학자들의 자아에 모자를 눌러씌워 눈을 가린 건 아닐까 하고 말입니다. 실제로 마르크스는 앞서 제14장(영어판 제16장)에서도 리카도와 그 학파가 "잉여가치의 원천"에 대해 심리적 회피 반응을 보였다는 걸 지적한 바 있습니다. 리카도는 잉여가치의 크기를 결정하는 요인에는 관심을 보였지만 잉여가치의 원천에는 철저히 무관심했다고 했습니다. 그리고 리카도 학파는 잉여가치의 원천 문제에 너무 깊숙이 파고 들어가는 것은 대단히 위험하다는 걸 본능적으로 알아차렸다고 했죠.[김, 697~698; 강, 708~709] 도대체 리카도 학파는 무엇을 두려워한 걸까요. 그들이 두려워한 괴물의 정체는 무엇일까요.

그런데 정식 II를 보면 이들이 무엇을 회피하려 했는지 짐작할 수 있습니다. 정식 II는 고전파 경제학이 내놓은 정식인데요. 마르크스는 이를 '파생된(abgleiteten) 정식'이라고 말합니다.[김, 718; 강, 727] 글자 그대로 해석하면 정식 I에서 '미끄러져서 떨어져 나온' 정식이라는 뜻인데요. 의식으로 올라오는 과정에서 정식 I이 미끄러지고 뒤틀린 것이지요. 정식 II는 정신분석학적으로 말하자면 일종의 '증상'이라 할 수 있습니다. 정식 II는 잉여가치율을 노동일에서 잉여노동이 차지하는 비율로 규정하고 있습니다(참고로 정식의 첫 번째 형태에서 '잉여노동'에 괄호를 친 것은 프랑스어판의 표기를 따른 겁니다. 마르크스는 "부르주아 경제학에서는 잉여노동의 개념이 명확하게 표현되어 있지 않기 때문"이라고 했습니다[강, 727, MEW 편집자 주]). 첫 번째 항은 노동시간으로 표시한 것이고 이를 가치량으로 표현한 것이 두 번째 항입니다. 그런데 두 번째 항에서 분모인 '생산물의 가치'는 '가치생산물'로 바꾸어야 합니다. '생산물의 가치'에는 과거에 생산된 생산수단의 가치(불변자본)도 포함되어 있으니까요. 첫 번째 항의 분모인 '노동일'에 상응하려면 두 번째 항의 분모에는 해당 노동일에 생산된 가치인 '가치생산물'($V+m$)을 써야 합니다.

정식 II는 노동착취도인 잉여가치율을 엉뚱하게 표현하고 있습니다. 노동력의 가치 이상으로 얼마나 더 가치를 뽑아냈는가, 즉 노동력의 가치에 대한 잉여가치의 비율($\frac{m}{V}$)이 아니라, 가치생산물 전체에서 자본가가 자기 몫을 얼마나 분배받았는가($\frac{m}{V+m}$)로 표시했지요. 이를 자본의 '자기증식도'(Selbstverwertungsgrad)라고 오해하는 사람들이 있는데요.[김, 719; 강, 728] 정식 II는 자본이 늘어나는 비율이 아닙니다. 자본이 늘어나는 비율이라면 총투자 자본에 대한 잉여가치(이윤)의 비율인 이윤율이 낫겠지요[$p=\frac{m}{C+V}$]. 그러나 엄밀히 말하면 이윤율에도 문제는 있습니다. 이윤율은 투자 자본 전체가 가치증식을 하는 것처럼 보이게 하거든요. 그런데 우리가 알고 있듯이 불변자본에서는 가치증식이 일어나지 않습니다. 따라서 정확히 하려면 가변자본에서 증식이 얼마나 이루어지는지를 따져야 합니다. 이게 바로 잉여가치율이고 정식 I에 정확히 표현되어 있지요.

마르크스는 '노동일을 불변적 크기로 취급하는 학파'가 정식 II를 이용하는 방법을 썼다고 했습니다.[김, 719~720; 강, 729~730] 앞서 리카도가 노동일을 불변적 크기로 간주했다고 말한 바 있기 때문에 여기서 가리키는 학파는 리카도 학파로 보입니다. 마르크스에 따르면 이들은 노동일을 불변하는 것으로 고정해둔 채 노동일에 대한 잉여노동의 비율에만 신경을 씁니다. 즉 가치생산물이 어떻게 분배되는가만 보는 거죠. 그런데 마르크스는 왜 이 틀린 정식에 주목했을까요. 이 정식이 틀렸다는 걸 짧게 언급하고 지나가도 될 것 같은데 말이지요. 마르크스는 제16장 대부분의 지면을 이 정식을 분석하고 비판하는 데 할애하고 있습니다. 왜 그랬을까요. 그는 이 정식의 이데올로기적 효과를 경계한 것 같습니다. 이 잘못된 정식이 현실에 큰 영향력을 미치고 있다고 본 것이지요. 마르크스의 비판은 단지 오류를 지적하는 데 그치지 않는 경우가 많습니다. 젊은 시절 그는 "비판이란 해부용 칼이 아니라 하나의 무기"이며, "비판의 본질적 작업은 탄핵"이라고 말한 바 있지요.[46] 비판의 목적이 오류의 지적이 아니라 적에 대한 탄핵 내지 타도에 있는 것이지요. 나는 여기서 마르크스가 정식 II를 탄핵하고 있다고 생각합니다.

마르크스는 정식 II가 "자본관계의 특수한 성격을 은폐"하고 있다고 비판했습니다.[김, 721; 강, 730] 정식 II는 잉여가치와 노동력의 가치를 가치생산물의 두 부분으로 표시하고 있습니다. 그래서 가치생산물을 자본가와 노동자가 나누어 갖는 것처럼 보이게 하지요. 가치생산물을 함께 생산한 뒤 자본가와 노동자가 잉여가치와 노동력의 가치를 각자의 몫으로 가져가는 것처럼요. 파이를 나눈다는 말을 많이 들어보았을 겁니다. 노동자와 자본가는 파이를 함께 굽는다고. 서로 협력해 파이를 크게 만들어야 모두에게 가는 몫이 커진다고. 그런데 이 말에는 역사적 생산형태로서 자본주의가 지닌 특성이 감추어져 있습니다. 자본주의에서 생산은 전통적 공동체에서 사냥을 함께 하거나 농사를 함께 짓는 것과 다릅니다. 서로 기여한 몫을 나누는 일이 아니라는 겁니다. 자본주의에서 가치생산물은 자본가가 전적 처분권을 가진, 자본가의 소유물입니다.

자본가는 자기 자본의 일부를 생산수단을 구매하는 데 사용하고(불변자본), 일부를 노동력을 구매하는 데 사용합니다(가변자본). 그러니까 노동력의 가치는 가치생산물을 생산하는 데 기여한 만큼 노동자가 분배받는 몫이 아니라 가치를 생산하기 위해 필요한 상품(노동력)을 구입할 때 자본가가 치르는 값입니다(다만 값을 미리 치르지 않기에 마치 분배를 받는 것처럼 보일 뿐입니다). 그리고 잉여가치는 형식상으로는 가치생산물 중 일부이지만, 실제로는 투자한 것 이상으로 생산된 가치생산물, 더 정확히 말하면 노동력 구매에 들인 것보다 노동력 사용을 통해 더 많이 뽑아낸 것이지요. '잉여가치란 노동력을 구매해서 그 가치 이상으로 뽑아낸 것'이라는 말과 '전체 생산물을 노동력의 가치와 잉여가치로 나누었다는 말'을 비교해보세요. 그러면 마르크스가 왜 정식 II에 분노하는지 알 수 있을 겁니다. 이 정식은 "노동자와 자본가가 저마다 제공한 생산요소의 비율에 따라 생산물을 나눠 갖는 하나의 협력관계라는 잘못된 가상(falsche Schein)"을 만들어냅니다.[김, 721; 강, 730]

자본주의에서 생산이 협업의 형태로 이루어지는 것은 사실입니다. 심지어 자본가도 생산과정의 지휘자로서 생산력 증대에 기여할 수 있습니다. 그러나 자본주의에는 다른 어떤 역사적 생산형태에서도 볼 수 없는 독특한 억압과 착취 기능이 들어 있습니다. 자본주의에서는 협업의 이유가 잉여가치의 생산에 있으니까요. 설령 양계장 암탉이 먹는 사료 값이 암탉이 낳은 계란을 판매한 것에서 나왔다고 해도, 우리는 양계장 주인과 암탉이 협력해서 계란을 생산했고 각자 기여한 몫에 따라 주인은 이윤을 얻었고 암탉은 먹이를 얻었다고 말하지 않을 겁니다. 주석에서 마르크스는 자본주의적 생산에 고유한 '적대적 성격'을 제거하고, 모두의 이익을 위해(나눠 먹을 파이를 키우기 위해) 협업한다는 이미지를 만드는 것은 정말 쉬운 일이라고 했습니다. 노예제도조차 이런 식으로 협력과 조화의 이미지를 만들 수 있습니다. 마르크스는 미국의 경제학자 헨리 C. 케리(Henry C. Carey)가 노예제도의 이미지를 이런 식으로 조작했다고 비판했습니다.[김, 721, 각주 3; 강, 730, 각주 19] 케리에 대해 마르크스는 1857년에도 별도의 글을 써서 강력히 비판했는데요. 당시 정세에서 협력과 조화 이데올로기가 노동자들의 운동에 큰 폐해를 끼치고 있다고 생각했기 때문입니다(케리에 대한 비판은 나중에 별도로 다루겠습니다).

　정식 II에 대한 마르크스의 분노를 뒤집어보면 정식 II를 내세우는 부르주아 경제학자들의 공포를 읽을 수 있습니다. 나는 앞서 정식 II를 증상으로 읽을 수도 있다고 했는데요. 정식 II는 잉여가치의 원천을 감추고 있습니다. 왜 부르주아 경제학자들은 잉여가치의 원천을 따지고 싶어하지 않는가. 왜 잉여가치(이윤)의 크기에만 관심을 갖고 그것의 정체를 알고 싶어하지는 않는가. 거기에 괴물이 있기 때문이겠지요. 바닥을 너무 깊이 파고들면 심연이 열릴 수 있습니다. 그리고 심연에는 괴물이 삽니다. 마르크스는 『자본』의 제2독일어판 후기에서 '1848년 혁명'과 함께 부르주아 경제학도 파산했다고 했는데요. '1848년 혁명'이란 계급혁명을 지칭하는 겁니다. 여러 번 말한 것처럼 자본주의적 생산의 목적은 잉여가치(이윤)에 있습니다. 그리고 상품을 생산하고 판매하는 이유가 다 거기 있지요. 정치경제학의 개념과 범주들은 모두 자본주의와 더불어 탄생했고 이 체제의 기능과 운동을 설명하기 위한 것입니다. 그런데 자본주의적 생산의 목적이자 이유인 잉여가치의 원천을 파고들어 그 정체를 드러내면 어떻게 될까요. 그것은 자본주의의 토대, 자본가들의 이윤을 떠받치고 정치경제학자들의 이론을 떠받치는 토대를 허무는 일이 될 겁니다. 체제 안에서 누군가가 착취를 하는 게 아니라 체제 자체가 착취적이라는 게 드러날 테니까요. 그것이 드러나면 괴물이 등장합니다. 그 괴물의 이름은 계급투쟁이지요. 요컨대 정식 II는 계급투쟁에 대한 두려움에서 생겨난 증상이라고 할 수 있지 않을까 싶습니다.

정식 III은 정식 I과 같은데 다만 '잉여노동/필요노동'을 '불불노동/지불노동'으로도 표현할 수 있다고 본 겁니다. 사실 '잉여가치' 내지 '잉여노동'을 '불불노동'이라고 쓰면 오해가 생겨날 수 있습니다. 자본가가 노동자에게 지불해야 할 것을 지불하지 않았다고 생각할 수 있는 거죠. 그러나 1노동일 동안 노동력을 사용할 때 필요노동시간만큼 지불하는 것은 합법적이고 정당한 지불입니다. 1노동일을 쓸 때의 노동력이라는 상품의 가치가 그만큼이니까요. 자본가는 상품으로서 노동력의 가치에 대해 지불하는 것이지 노동력의 사용에 대해, 즉 '노동'에 대해 지불하는 것은 아닙니다.[김, 722; 강, 730~731]

그러나 마르크스는 '잉여노동'에 대한 이런 '통속적'(populärer) 표현에도 의미가 없는 것은 아니라고 봅니다. 오히려 그는 민중들이 하는 말을 정식 III으로 정식 소개하고 있는 셈입니다. 이 정식에는 고전파 경제학자들의 정식 II보다 뛰어난 통찰이 담겨 있습니다. 자본가는 값을 치른 노동력에 대한 전적 처분권을 갖는데요. 정식 III은 노동력이라는 상품만이 갖는 특성을 잘 표현하고 있습니다. 아울러 왜 자본가가 이 상품을 구매했는지, 더 나아가 이 상품에 대한 전적 처분권을 행사한다는 게 어떤 의미인지를 보여줍니다.

정식 III은 자본가가 노동력을 두 가지 용도로 나누어 쓰는 것처럼 표현하고 있습니다. '필요노동'과 '잉여노동'으로 노동일을 나누고 있지요. 전자의 경우 노동력은 여느 상품과 같습니다. 자본가는 노동력 사용을 통해 자신이 투하한 가치만큼의 생산물을 얻습니다. 그런데 후자의 경우에는 여전히 노동력을 사용하는데도 여기에 들인 돈이 없습니다. 즉 무상으로 이것을 누리고 있는 것이지요. '불불노동'이라는 표현은 자본가가 이것을 무상으로 얻었다는 점을 보여줍니다. 스미스는 자본이란 "노동에 대한 지휘권"이라고 했는데, 정식 III의 '불불노동'은 자본이 누리는 이 권리, 즉 타인의 노동을 무상으로 이용할 수 있는 권리야말로 자본이 가진 지휘권의 정체라는 것을 보여줍니다. 자본의 자기증식이 가능한 것, 한마디로 자본이 가능한 것도 자본이 이 권리를 보장받고 있기 때문이지요.[김, 723; 강, 731]

이제 제6편 "임금"으로 이동합니다. 제6편은 임금에 관한 네 개의 장으로 이루어져 있는데요. 다른 편들에 비해 분량이 짧습니다. 하지만 "임금" 편을 『자본』 I권에 넣었다는 것만으로도 마르크스가 부르주아 경제학자들과 얼마나 다른 시각을 가졌는지가 드러납니다.[47]

임금은 노동소득이고 이윤은 불로소득이다

대체로 부르주아 경제학에서는 임금을 분배의 문제로 다룹니다. 생산요소들에 따라 가치생산물이 분배된다고 보지요. 자본, 토지, 노동에 대해 각각 이윤, 지대, 임금이 분배된다는 겁니다. 그러나 앞서 잉여가치율의 정식 II에 대해 말한 것처럼 마르크스는 가치생산물이 이윤과 임금으로 분배된다는 부르주아 경제학자들의 생각을 강하게 비판했습니다. 임금은 생산물에 대한 노동의 기여분을 생각해서 분배한 몫이 아니니까요.

자본주의는 자본가가 이윤(잉여가치)을 얻기 위해 자본을 투자해 상품을 생산하는 체제입니다. 노동력은 자본가가 생산을 위해 생산수단과 함께 구매한 상품으로서, 생산에 투자된 자본의 일부이지요. 생산에 투자된 자본은 생산수단인 불변자본과 노동력인 가변자본으로 이루어져 있습니다. 자본가는 시장에서 구매한 노동력을 사용해 잉여가치를 얻습니다. 이 잉여가치의 일부를 지주에게 지대로 지급하죠. 만약 그가 투자한 자본이 대부자본가에게 빌린 것이라면 잉여가치의 일부를 이자로도 지급하겠지요. 이처럼 이윤과 지대와 이자는 모두 잉여가치의 특수한 형태로서, 노동력을 통해 생산된 잉여가치를 분배한 것입니다. 하지만 임금은 다릅니다. 노동력의 가치(가격)로서의 임금은 생산과정에 들어가기 전에, 자본가가 구매하는 시점에 이미 정해져 있습니다. 노동력의 가치는 다른 상품들이 그렇듯 노동력을 생산(재생산)하는 데 필요한 사회적 노동량입니다. 그리고 자본가가 구매하면서 지불한 이 가치는 생산과정에서 재생산됩니다. 가치의 생산과정에서 노동자는 잉여가치와 함께 노동력의 가치 즉 자신의 임금을 생산합니다.

마르크스는 가치의 생산과정에서 생산수단의 가치는 '재현'되지만 노동력의 가치는 '재생산'된다고 했는데요(362쪽 참조). 생산물의 가치에 담긴 생산수단의 가치는 과거에 생산된 가치를 이전한 것이고, 노동력의 가치와 잉여가치는 노동자가 새로 생산한 가치임을 나타내기 위해 한 말입니다. 자본가가 노동력을 구매할 때 이미 값을 치렀다는 전제하에, 노동자는 생산과정에서 노동력의 가치를 재생산한다는 뜻입니다. 노동력 판매의 대가로 시장에서 받은 임금을 생산과정에서 자본가에게 되돌려준 겁니다(자기 임금을 자기가 생산해서 자본가에게 건네주는 셈이지요). 다른 상품들과 달리 노동력의 경우에는 값을 나중에 치르는 관행 때문에 임금을 노동에 대한 대가로서 분배받은 것이라고 착각할 수 있는데요. 원리상으로는 노동력의 가치(임금)에 대한 지불이 먼저이고, 그것에 해당하는 가치를 노동자가 생산한다고 보는 게 맞습니다. 이것이 마르크스가 임금을 분배가 아니라 생산의 문제로 다루는 이유이지요.

여기서 잠깐 『자본』의 전체 구성을 다시 보죠. 우선 I권에서는 '가치의 생산'을 다룹니다. '자본'이라는 것이 애초 가치의 자기증식(잉여가치 생산)으로 규정되기 때문에, I권에서 가치의 생산을 다루는 것은 당연합니다. 『자본』 II권은 전반부에서 '자본의 유통'을 다루고 후반부에서 '사회적 총자본'을 다룹니다. 그리고 『자본』 III권에서 이윤과 이자, 지대를 다룹니다. 노동자가 생산한 잉여가치를 분배한 것들이죠. 지금 우리가 살피고 있는 "임금" 편이 『자본』 I권에 있다는 것은 마르크스가 임금을 이들 이윤·이자·지대와는 전혀 다른 것으로 본다는 뜻입니다. 노동자의 임금은 노동자가 가치의 생산과정에서 생산한 것으로, 노동자가 생산한 것을 무상으로 취한 이윤·이자·지대 등 소위 '불로소득'과는 전혀 다르다는 말입니다.

임금은 노동의 대가가 아니다

임금은 노동력의 가치를 화폐로 표현한 것입니다. 한마디로 노동력의 가격이라 할 수 있지요. 그런데 일상적으로 임금은 이런 의미로 쓰이지 않습니다. 노동자가 제공한 노동에 대한 대가로 간주되지요. 노동력의 가치, 노동력의 가격, 임금 (…) 비슷한 말이 나열되니 좀 혼란스럽지요? 이번 장에서는 이 세 가지, 특히 앞의 두 가지와 임금을 구별하는 것이 중요합니다. 본격적으로 이야기를 펼치기 전에 이 세 개념을 간략히 정리해보겠습니다.

먼저 '노동력의 가치'에 대해 말해볼까요. 모든 상품의 가치는 해당 상품을 생산하는 데 필요한 사회적 노동량에 따라 결정됩니다. 노동력도 상품인 한에서 노동력을 생산하는 데 필요한 사회적 노동량으로 가치가 정해지지요. 노동력의 경우에는 노동자에게 필요한 생활수단들의 가치를 더해서 구했습니다. 그런데 우리가 『자본』 제1장에서 본 것처럼, 모든 상품의 가치는 그 자체로 직접 나타나지 못합니다. 항상 다른 상품과의 일정한 교환비율로 나타나지요. '아마포 20미터=외투

1벌'. 상품의 가치를 화폐(화폐상품)와의 교환비율로 나타낸 것을 '가격'이라고 부릅니다.

또한 앞서 3장에서 살펴본 것처럼 '가치'를 '가격'으로 나타낼 때 어떤 괴리가 생겨납니다. 한 상품의 가치는 그 상품을 생산하는 데 필요한 사회적 노동량에 따라 '내재적으로' 결정되지만, 가격이란 그 상품과 화폐상품의 교환 비율에 따라 정해지기 때문에 '외재적으로' 결정될 수밖에 없습니다. 상품의 가치가 화폐상품의 몸을 빌려 표현된다는 사정 때문에 괴리가 생기는 면도 있고(화폐상품의 가치변동 때문에 노동력의 가치변동이 일어났음에도 표현되지 않거나, 일어나지 않았음에도 일어난 것처럼 보일 수 있지요), 상품교환이 시장에서 이루어진다는 사정 때문에 시장의 사정, 이를테면 수요와 공급이 가격의 변동을 초래할 수도 있습니다. 또한 '자본의 구성' 즉 불변자본과 가변자본의 비율이 어떻게 되느냐에 따라 가치와 가격의 괴리가 생기기도 합니다(이에 대해서는 『자본』 III권이 다룹니다).

상품의 가격이 그 가치를 그대로 나타내지 않는 것은 자본주의적 상품생산이 유지되는 한 피할 수 없는 문제입니다. 이 점에서는 노동력도 예외가 아닙니다. 노동력의 가치와 가격에도 괴리가 생겨납니다. 이미 제5편(제15장)에서 마르크스는 노동력의 가격이 그 가치보다 높아지는 상황을 놓고 논의를 펼쳤습니다. 그런데 제6편의 첫 장인 제17장(영어판은 제19장)은 제목이 매우 의아합니다. "노동력의 가치 또는 가격의 임금으로의 전화"인데요. 노동력의 가치와 가격을 하나로 묶고 임금을 별개의 것처럼 다루었습니다. 임금이 노동력의 가격이 맞는다면 제목을 '노동력의 가치의 노동력의 가격 또는 임금으로의 전화'라고 써야 할 것 같은데 말이지요. 마르크스는 왜 임금을 '노동력의 가격'과는 다른 것처럼 보이도록 썼을까요.

그 이유는 『자본』 제17장의 첫 문장에 있습니다. "부르주아사회의 표면에서는 노동자의 임금이 노동의 가격, 즉 일정량의 노동에 대해 지불되는 일정량의 화폐로 나타난다."[김, 727; 강, 735] 『자본』에서 자주 출몰하는 동사인 '나타난다'(erscheinen)에 눈길이 가는데요. 부르주아사회에서는 사람들의 눈에 '그렇게 보인다'라는 것입니다. 일종의 착시 현상을 지적하는 동사라고 할 수 있습니다. 본디 임금은 '노동력의 가격'과 같은 말입니다. 노동력이라는 상품의 가치를 화폐로 표현한 것이니까요. 그런데 부르주아사회에서 임금은 '노동력의 가격'이 아니라 '노동의 가격'으로 보입니다. 노동자가 일한 만큼 자본가가 지불하는 것이 임금이라는 이야기죠. 이를테면 이런 식입니다. 하루 노동일이 12시간(6실링), 이 중 필요노동시간이 6시간(3실링)이라고 합시다. 여기서 '노동력의 가치'는 6시간입니다(노동력 생산에 필요한 사회적 노동량을 편의상 시간으로 표현했습니다). 이 6시간의 노동량을 화폐로 표현한 3실링이 '노동력의 가격'입니다. 그런데 이 가격(3실링)을 노동자가 제공한 전체 노동에 대한 대가로, 즉 12시간 노동의 대가로 간주한 것이 '임금'입니다.

이는 이론적으로는 엉터리이고 이데올로기적으로는 교활합니다. 이론적으로 엉터리라는 건 '노동의 가격'(혹은 '노동의 가치')이라는 말이 무의미한 동어반복이라는 걸 모른다는 뜻에서 한 말이고요(노동과 노동력을 구분하지 못한다는 뜻이지요), 이데올로기적으로 교활하다는 건 노동자가 행한 모든 노동에 대해 지불이 이루어진 것처럼 보이게 하기 때문입니다. 불불노동으로서 잉여노동의 존재를 은폐하는 겁니다.

—————————— '노동의 가격'이라는 엉터리 말 ——————————

부르주아사회의 표면에서는 '임금'이 '노동의 가격'으로 나타난다고 했는데요. 먼저 '노동의 가격'이라는 말 자체가 얼마나 엉터리인지부터 간단히 살펴보겠습니다. 가격은 가치를 화폐로 나타낸 것인데요. '노동의 가격' 이전에 '노동의 가치'라는 말부터가 성립이 안 됩니다. 여러 번 강조해 말했듯 노동은 가치의 실체입니다. 한 상품의 가치가 얼마만큼인가는 그 상품에 대상화된 노동(추상노동)의 양을 묻는 것과 같습니다. 노동량이 가치량이지요. 그런데 다시 '노동의 가치'를 묻는다면 '무게의 무게'를 묻는 것만큼이나 이상한 말이 됩니다. 이를테면 한 상품의 가치가 6노동시간(가격으로는 3실링)이라고 해봅시다. 그런데 누군가 '6노동시간의 가치는 얼마인가'라고 묻는다면 어떻게 될까요? 그것은 마치 '6킬로그램의 무게는 얼마인가'라고 묻는 것과 같습니다. 무의미한 동어반복이죠.

그럼에도 고전파 경제학자들은 가치의 실체인 '노동'과 거래 상품인 '노동력'을 명확히 구분하지 못했습니다. 그래서 노동을 모든 상품의 가치척도라고 말하면서 동시에 다른 상품들과 거래되는 상품으로 간주했습니다. '노동의 가치' 내지 '노동의 가격'이라는 표현은 노동을 상품으로 간주할 때 쓸 수 있는 표현이지요. 하지만 생산과정에서 비로소 발휘되는 노동자의 '노동'이 그 자체로 상품이었다면, 그래서 생산과정에 들어가기 전부터, 심지어 판매되기 이전부터 따로 존재하고 있다면 노동자가 굳이 노동하러 갈 필요가 없었겠지요. 그 상품을 팔면 끝이니까요.[김, 728; 강, 736] 백번 양보해서 노동이 상품이고 임금이 '노동의 가격'에 해당한다고 해봅시다. 그렇게 되면 무슨 일이 생길까요. 만약 상품교환의 기본법칙인 등가교환이 지켜진다면, 노동의 가치는 노동으로 생산된 생산물의 가치와 같을 겁니다. 임금을 노동의 양만큼 지급한다면, 노동의 양만큼 만들어진 상품의 양과 같아야겠지요. 이것은 노동자가 생산한 가치생산물 모두를 노동자에게 지급해야 한다는 뜻입니다. 달리 말하면 잉여가치가 없다는 뜻이지요. 잉여가치가 없다는 것은 자본이 없다는 것이고요. 그러므로 임금을 '노동의 가격'이라 하고 등가교환의 법칙을 지킨다면 자본주의는 불가능합니다.[김, 728; 강, 736]

만약 등가교환의 법칙을 지키지 않는다면 어떻게 될까요. 12시간 노동을 시켜놓고 10시간만큼만 지불한다면요. 동일하지 않은 것을 교환하는 셈인데요. 자본가는 노동자를 부려서 잉여생산물을 챙길 겁니다. 그렇게 해서 부를 늘릴 수도 있겠지요. 하지만 등가교환이 허물어지면 가치법칙 자체가 허물어집니다. 가치대로 교환되지 않는 상품의 가치가 무슨 의미를 가질까요. 이것은 법의 세계, 법칙의 세계가 아니라 사기와 폭력의 세계입니다. 여기서 논할 필요가 없지요.[김, 729; 강, 736~737] 참고로 시스몽디는 노동과 다른 상품들을 교환할 때, 둘의 가치가 시간상으로 다르다는 점을 이용해서 잉여가치를 정당화할 수도 있지 않을까 생각했습니다. 다른 상품들은 과거 노동의 산물, 달리 말하면 이미 '대상화된 노동'이라 할 수 있습니다. 반면 노동이라는 상품은 앞으로 실현될 노동, 즉 아직 '살아 있는 노동'입니다. 자본가는 노동자에게 대상화된 노동으로 지불하고 살아 있는 노동을 얻습니다. 예를 들어 자본가가 '쌀'을 주고 노동자를 고용한다고 해봅시다(자본가가 이 쌀을 화폐로 바꾸어서 노동자에게 주어도 똑같은 이야기입니다). 쌀은 과거에 생산된 겁니다. 반면 자본가가 고용한 '노동자'는 미래에 사용할 것이지요. 시스몽디는 이런 시간 차이에서[과거에 생산된 가치(생활수단들)로 미래에 사용할 가치(노동력)를 지불하는 것] 잉여가치가 생길 수도 있지 않을까 생각한 거죠.[김, 729, 각주 4; 강, 737, 각주 4] 그러나 모든 상품의 가치는 그것이 언제 생산되었는가에 상관없이 지금 그것을 생산하는 데 필요한 사회적 노동량으로 결정됩니다. 과거에는 6시간의 노동을 필요로 했다고 해도 현재의 생산조건에서 3시간 노동으로 충분하다면 그것의 가치는 6시간이 아니라 3시간입니다.[김, 729; 강, 737] 그러니까 이런 식으로도 잉여가치를 정당화할 수는 없습니다.

결국 노동이 상품이고 임금이 '노동의 가격'에 해당한다면, 마르크스의 말처럼 두 가지 선택지만이 남습니다. "자본주의적 생산 그 자체가 폐지"되거나 "가치법칙이 폐기"되거나.[김, 728; 강, 736] 두 경우 모두 말이 안 됩니다. 그럼 문제는 어디에 있었는가. 바로 '노동' 자체를 상품으로 간주한 데 있습니다. 화폐소유자는 시장에서 '노동'을 들고 오는 것이 아닙니다. 그는 노동자를 만나지요. 노동자가 판매하는 것은 '노동'이 아니라 '노동력'입니다. 노동이 아니라 노동력이 상품인 것이지요. 노동은 이 노동력을 사용할 때 비로소 현실화되는 것입니다(노동과 노동력이 어떻게 다른지, 이 구분이 어떤 의미를 갖는지에 대해서는 여기서 더 이야기할 필요가 없을 것 같습니다. 이미 4장에서 충분히 다루었으니까요. 279~283쪽, 1082~1086쪽도 참조). "노동은 가치의 실체이며 내재적인 척도이지만 그 자체는 가치를 갖지 않"습니다. 가치를 갖는 것은 '노동력'이지요.[김, 730; 강, 737] 그러므로 '노동의 가치', '노동의 가격' 같은 말은 성립하지 않습니다. '노동력의 가치', '노동력의 가격'이 정확한 표현이지요. 문제는 그런데도 '노동의 가치', '노동의 가격' 같은 말이 통용된다는 사실입니다. 노동은 상품이 아니고 그 자체로 가치를 갖는 게 아님에도 그런 것처럼 표현되고 있습니다.

마르크스는 '노동의 가치' 같은 엉터리 표현에서는 '가치' 개념 자체가 소멸되고 심지어는 "그 대립물로 전도"된다고 했습니다.[김, 730; 강, 737] 노동이 가치를 규정하는 실체인데 노동의 가치를 묻는 식으로 뒤집혀 있으니까요. 가치를 갖지 않음에도 가치를 가진 상품처럼 나타나는 것들이 있지요. 실상은 인간노동의 산물이 아니어서 가치가 들어 있지 않음에도 가격이 형성된 것들 말입니다. 마르크스는 『자본』 제3장에서 가치와 가격의 괴리를 다룰 때도 이 점을 언급한 바 있는데요. 가치와 가격의 괴리가 커지면 가치가 없는 가격, 이른바 '가상적 가격형태'가 생겨난다고요. 이 중 어떤 것들은 실제로 가치가 전혀 없음에도 일정액의 화폐로 거래되는 경우가 있고(양심이나 명예 등), 어떤 것들은 가상적이기는 하지만 어떤 실질적 가치관계를 배후에 둔 경우도 있지요(미개간지의 매매). 사실 후자의 예는 아주 많습니다. 그 자체로는 상품이 아닌데 수요·공급에 따라 가격이 변동하며 상품처럼 거래되는 것들 말입니다. 일종의 유사 상품 내지 허구 상품들인데요. 마르크스는 당시 토지를 그렇게 보았습니다. 토지는 인간이 생산한 것이 아니고 인간에게 주어진 것입니다. 지주는 토지를 제작하고 판매해서 잉여가치를 얻지 않습니다. 토지를 임대해주고 지대를 얻지요. 토지의 판매자가 생산물로서 토지를 파는 것이 아니듯이, 토지의 구매자도 지대를 얻을 수 있는 법적 권리로서 소유권, 즉 '땅문서'를 얻는 것이지, 소비 물품으로서 토지를 얻는 것이 아닙니다(물론 토지를 개간해 판매하는 회사가 있다면 이 경우 토지는 상품이 될 수도 있겠지요. 건물의 경우에는 양쪽 모두 가능합니다. 건물을 지어서 지대를 받을 수도 있고 건물 자체를 상품으로 판매하는 경우도 있으니까요).

주식이나 채권도 마찬가지입니다. 주식시장도 있고 채권시장도 있으며 매일 엄청난 물량의 거래가 이루어집니다만 이것들은 일정한 이익을 배당받을 법적 권리 증서들이지 경제적 상품이 아닙니다. 인간노동의 산물이 아니지요. 그러니 이것들을 생산하는 데 필요한 사회적 노동량이라는 게 의미가 없습니다. 상품이라는 말을 쓰고는 있지만 엄밀한 의미에서 상품이라기보다는 상품처럼 통용되는 유사상품이라 할 수 있습니다. 물론 이런 유사상품들이 아무 사회에나 존재하는 것은 아닙니다. 마르크스는 '토지의 가치'가 하나의 "가상적(imaginärer) 표현"이긴 하지만, 그럼에도 이런 표현은 "생산관계 그 자체에서 생겨난 것"이고, "본질적 관계들의 현상형태를 나타내는 범주"라고 했습니다.[김, 730; 강, 738] 마르크스의 말이 어렵지요? 우리 눈에 나타난 현상들은 뒤에 있는 본질적 관계들을 나타낸다는 뜻인데요. 토지의 가치라는 말은 가상적 표현이지만 그럼에도 우리가 살고 있는 사회가 모든 것을 상품으로 보는 사회, 즉 모든 것에 대해 '얼마짜리'인지 묻는 사회라는 것을 보여준다는 그런 말입니다. 일종의 가상이지만 자본주의 시대에 고유한 가상이라는 것이지요.

──────────── '노동의 가격'이라는 교활한 말 ────────────

마르크스는 고전파 경제학자들의 가치론이 지닌 큰 문제가 가치의 실체로서의 '노동'과 상품으로서의 '노동력'을 구분하지 못한 점에 있다고 보았는데요. 일상에서 통용되는 '노동의 가격'이라는 말을 무비판적으로 받아들이다 보니, 한편으로는 노동을 모든 상품의 가치 실체라고 해놓고, 다른 한편으로는 시장에서 거래되는 하나의 상품처럼 다루었지요. 그래서 스미스 같은 사람은 다른 모든 상품의 가치를 노동량으로 재면서 '노동의 가치'는 '곡물의 가치'로 재는 어처구니없는 짓을 저질렀고(곡물의 가치는 노동으로 재는데 말이지요), 리카도 같은 사람은 생산물 전체의 가치는 거기 투여된 노동량만큼이라고 말해놓고 그것을 생산한 '노동의 가치'는 그보다 적게 만들었습니다. 노동을 투입해 '100'만큼의 가치생산물을 만들었으면 노동자가 투여한 노동의 가치도 '100'이어야 하는데 말이지요(물론 이렇게 되면 잉여가치는 생겨날 수 없습니다).

리카도는 '노동의 가치'를 노동자의 생산비(생계비)로 바꾸었습니다. 사실상 '노동력의 가치'를 계산하려 한 것이지요. 하지만 그는 '노동의 가치'라는 말을 썼기 때문에 왜 '노동의 가치'가 생산물에 들어 있는 노동량(노동자가 투여한 노동량)

이 아니라 노동자의 생산비(노동자와 가족을 부양하는 가치)로 측정되어야 하는지를 말할 수 없었습니다(293~294쪽 참조).

앞서도 말했지만 마르크스는 이들이 진실에 거의 도달은 했다고 했습니다. 잉여가치를 해명할 수 있는 곳까지 단지 한 걸음만 남겨두었을 뿐이죠. 마르크스에 따르면 고전파 경제학은 '노동의 가격'이라는 말을 일상에서 빌려 온 뒤 이 가격이 어떻게 정해지는지에 관심을 가졌습니다. 상품들의 가격은 수요와 공급에 달려 있다고 생각했기에 '노동의 가격'도 기본적으로는 수요와 공급에 따라 결정될 것이라고 봤습니다. 하지만 수요와 공급은 상품의 가격변동은 설명해주지만(수요가 늘면 가격이 올라가고 공급이 늘면 가격이 내려간다는 식으로요), 변동이 멈추었을 때, 그러니까 수요와 공급이 일치했을 때 그 가격이 무엇을 의미하는지는 설명할 수 없었습니다. 이 가격을 중농학파는 '필요가격'이라고 불렀고, 스미스는 '자연가격'이라고 불렀는데요. 노동의 경우에도 자연가격이 있을 겁니다. 이것의 정체가 무엇일까. 고전파 경제학자들은 이것이 바로 '노동의 가치'라고 생각했습니다.[김, 731; 강, 738~739]

그러면 노동의 자연가격은 어떻게 정해지는가. 고전파 경제학자들은 다른 상품들처럼 노동의 경우에도 생산비가 결정한다고 생각했습니다. 그런데 문제는 노동의 생산비라는 게 무엇이냐 하는 거였죠. 이들은 노동자와 그 가족의 부양에 필요한 양식과 생필품의 가격을 따졌습니다. 여기서 순환논리가 생겨나는데, 앞서 지적했던 것처럼 상품들의 가치는 노동으로 재는데 노동의 가치는 다시 상품들로 재야 했기 때문입니다. 에스허르(Maurits Cornelis Escher)의 작품 속 '서로 그리는 손'처럼 되고 말았지요(《그리는 손》Drawing Hands, 1948). 만약 이들이 가치의 실체인 '노동'과 상품인 '노동력'을 구분했다면 이런 문제가 생기지 않았을 겁니다. 척도가 상품이 되고 상품이 척도가 되는 일은 없었겠지요.[김, 731~732; 강, 739]

'노동의 가치', '노동의 가격'이라는 말은 고전파 경제학의 이론적 한계와 실패를 보여줍니다. 하지만 이들의 이론적 실패가 곧 이데올로기적 실패는 아닙니다. 이들이 남긴 오류는, 마르크스의 표현을 쓰자면, "겉으로 드러난 현상에만 충실한 속류경제학의 튼튼한 무대"가 되어주었으니까요.[김, 732; 강, 739] '노동력의 가치'와 '노동력의 가격'에 대한 잘못된 표현인 '노동의 가치', '노동의 가격'은 곧바로 '임금'을 가리키는 말이 되었습니다. 즉 '임금'이 노동자가 제공한 노동 전체에 대한 지불로서 나타났지요. 이를테면 노동자가 하루 12시간 일하고 3실링을 받았다면, 3실링이 '임금'이고 이는 12시간 노동에 대한 대가라는 식이죠. 12시간 동안 행한 '노동의 가격'이 3실링이라는 겁니다. 그럼 노동의 단가를 금방 계산할 수 있겠지요. 12시간당 3실링입니다. 6시간을 일하면 1.5실링으로 환산할 수 있고요. 하지만 본래 3실링의 의미는 이런 게 아닙니다. 이 예시에서 잉여가치율이 100퍼센트라면 6시간은 필요노동시간, 6시간은 잉여노동시간이 될 겁니다. 3실링은 6시간의 필요노동시간에 해당하는 가격이지요. 다시 말해 3실링은 '노동력'의 가격입니다. 그런데 이게 '임금'이 되면 12시간 '노동'에 대한 가격으로 간주됩니다. 그럼 이론적으로 어떤 문제가 생기는가. 12시간 노동의 가격은 3실링(6시간)인데, 이 노동으로 생겨난 가치생산량(노동량)은 6실링(12시간)이 됩니다. 3실링(6시간)이 투입 노동 전체에 대한 정당한 지불이라면, 노동량을 6시간 투입했는데 12시간 노동이 담긴 생산물이 나온다는 것과 같습니다. 그야말로 '어처구니없는 결론'이지요.[김, 732; 강, 740]

임금형태는 바로 이런 사실을 은폐합니다. 임금을 '노동의 가격'으로 간주하면 노동자는 자신이 제공한 노동 일체에 대해 지불을 받은 것처럼 됩니다. 임금을 노동력의 가치(가격)에 대한 지불이라고 말하면 노동력의 가치를 넘어서는 부분에 대해서도 말할 수 있습니다만, 노동의 가격에 대한 지불이라고 하면 그런 게 모두 사라집니다. 필요노동과 잉여노동, 지불노동과 불불노동 등의 구분이 전혀 안 보이게 되는 거죠. "모든 노동이 지불노동으로 나타"납니다.[김, 733; 강, 741] 마르크스는 "현실관계를 은폐"하고 심지어 카메라 어둠상자에서 형상이 뒤집히듯 현실관계를 "반대로 나타나게 하는", 이런 임금형태에 입각해 자본주의적 정의와 공정의 표상이 만들어진다고 비판합니다. "노동자와 자본가의 모든 권리개념들(법적 표상들), 자본주의적 생산양식의 모든 신비화, 이 생산양식의 모든 자유 환각, [이 생산양식을 옹호하는] 속류경제학의 모든 변호론적 헛소리들이" 나온다는 것이지요.[김, 734; 강, 741] 임금은 '노동의 가격'에 대한 지불이라는 말 때문에, 자본가가 임금을 내밀며 노동자에게 "줄 것 다 주었다"라고 말할 수 있는 정의의 표상이 만들어진다는 겁니다. 이처럼 '노동의 가격'은 이론적으로는 엉터리지만 이데올로기적으로는 대단한 효능을 발휘합니다. 이것이 이 엉터리 말이 좀처럼 사라지지 않는 이유겠지요.

'당신이 일한 만큼 받는 것'이라는 거짓말

그렇다면 노동자들은 왜 이런 엉터리 말을 받아들이는 걸까요. 마르크스는 몇 가지 이유를 들었는데요. 일단 자본과 노동의 교환이 일반적 상품 매매처럼 지각되기 때문입니다.[김, 734; 강, 741~742] 노동력이라는 상품의 독특함이 인식되지 않는 것이지요(노동자가 판매한 것은 노동력의 사용권이고, 노동력 하루 사용권의 가치는 노동력을 하루 사용해서 얻는 가치보다 작다는 말을 이해하기가 쉽지 않습니다). 그래서 자본과 노동의 교환을 구매자가 돈을 건네면 판매자가 물건을 건네는 것처럼 생각합니다. 노동을 했으니 그만큼의 임금이 지급되었다고, 또 임금을 받았으니 그만큼의 노동을 제공한 것이라고 생각하지요. 마치 동등성에 대한 법률적 표현과 같습니다. 무언가를 받았으면 그와 등가인 물건을 주거나 행위를 해줍니다. 어떤 행위를 받았으면 그와 등가인 행위를 하거나 물건을 줍니다. 이런 정도의 의식으로 자본과 노동의 교환을 이해하기 때문에 자본이 내민 '임금'과 노동자가 제공한 '노동'이 등가라고 쉽게 생각하는 것이지요.[김, 734; 강, 742]

'노동의 가치(또는 가격)'라는 엉터리 말이 받아들여지는 또 다른 이유는 교환가치와 사용가치가 그 자체로는 비교 불가능하다는 사실과도 관련이 있습니다. 교환가치와 사용가치는 서로 나란히 놓고 크기를 비교할 수 있는 게 아닙니다. 더욱이 매우 '독특한 상품'인 노동력의 경우, 곧 설명하겠지만 사용가치와 교환가치를 뒤섞어 표현하는 경우도 많습니다. 사실 이런 걸 일상적으로 세세하게 문제 삼는 경우는 별로 없지요. 마르크스의 표현을 빌리자면 이런 문제는 "일상적 의식 바깥"에 있습니다.[김, 735; 강, 742] 노동자는 한편으로 '구체적 유용노동'을 통해 물건을 만들고 다른 한편으로 '추상노동'을 통해 가치를 생산합니다. 이것이 자본가가 노동력을 구매한 이유 즉 노동력의 사용가치입니다. 그런데 사람들은 노동자가 자본가에게 구두를 만들어주고 천을 만들어주는 노동을 행하는 것은 알지만 이 과정에서 가치 또한 생산한다는 것은 잘 알지 못합니다. 그저 노동자의 구체적 유용노동, 이를테면 제화 노동과 방적 노동에 대해 자본가가 임금으로 지불했다고 생각합니다. 사용가치와 교환가치를 혼동하는 것이지요. 그뿐 아니라 노동력 사용으로 만들어진 가치가 노동력의 가치와 다르다는 것도 알기 어렵습니다. 그래서 자본가가 지불하는 임금은 제화 노동, 방적 노동에 대한 대가일뿐더러 자신이 제공한 노동 전체의 가치를 모두 지불한 것이라고도 믿습니다.

사실 '자본' 개념의 핵심은 잉여가치이고, 잉여가치를 이해하기 위해서는 '노동'과 '노동력'을 엄격히 구분해야 합니다. 그런데 『자본』을 읽을 때 많은 사람이 이것을 구분하는 데 어려움을 느낍니다. 가치의 실체로서 노동과 상품으로서 노동력을 구분하기가 쉽지 않은 것이지요. 그러니 일상생활에서 '노동의 가치', '노동의 가격'이라는 말이 그냥 통용되는 것도 무리는 아닙니다. 게다가 노동자들로서는 임금이 대체로 노동을 행한 후에 지급되기 때문에 노동에 대한 대가라고 느끼기 쉽습니다. 자본가가 '면화의 가격'을 지불하듯 '노동의 가격'을 지불했다고요.[김, 735; 강, 742] 그러다 보니 노동자들은 임금의 변동을 '노동의 가격' 변동으로 받아들입니다. 노동생산력의 변동으로 하루를 사용할 때 노동력의 가치가 6시간(3실링)에서 3시간(1.5실링)으로 줄어들면, 혹은 노동력의 가치는 불변이더라도 수요·공급의 변화로 그 가격이 오르거나 내리면 노동자들은 그것을 노동일 전체의 가치(12시간)가 변한 것으로 받아들입니다[이때 변한 것은 노동력의 가치(가격) 곧 필요노동시간인데 노동자들은 마치 12시간 노동의 가치가 변한 것처럼 생각합니다]. 자본가들도 마찬가지입니다. 그래서 자본가들은 이윤(잉여가치)이 노동자의 노동 전체에 대한 지불이 이루어지지 않았기 때문에 생긴 것이라는 말을 전혀 이해하지 못합니다. 단지 자신이 노동자의 노동을 시중 가격보다 싸게 사고 노동생산물을 시중 가격보다 비싸게 팔아서 이윤을 얻었다고 생각하지요. 한마디로 싸게 사서 비싸게 판 자신의 '뛰어난 상술' 덕분이라는 거죠.[김, 736; 강, 743]

현상적으로는 그럴 듯합니다. 물컵에 넣은 나무막대가 꺾여 보이고, 가을하늘은 높아 보이며, 아무리 보아도 태양이 우리를 돕니다. 임금도 그렇습니다. 렌터카도 하루 빌리는 것보다 이틀 빌리는 것이 더 비싸듯 노동시간이 길어지면 임금도 올라갑니다. 그러니 임금은 일한 만큼 지급된다는 말이 그럴싸합니다. 오히려 자본가가 지불하는 것이 노동의 가치가 아니고 노동력의 가치라는 말이 더 어색해 보입니다. 태양이 돌고 있는데도 지구가 돌고 있다는 말처럼 말이죠. 노동력의 가치가 자본가가 구매하기 전 그 노동력을 생산하는 데 필요한 사회적 노동량으로 미리 정해진다면 왜 동일한 기능을 수행하는 노동자들의 임금이 저마다 다른 걸까요. 그건 임금이 노동력이 아니라 노동의 가격이기 때문 아닐까요. 똑같은 노동을 해도 그 노동량이 다르니까 다른 임금을 받는 게 아니냐는 것이지요.[김, 736; 강, 743]

그러나 자본주의에서 노동력 매매와 관련된 모호한 점(매매하는 것이 노동력인지 노동인지)은 농노제나 노예제를 통해서 보면 명쾌하게 이해됩니다. 자본주의에서는 필요노동시간과 잉여노동시간의 구분이 모호하지만(하루 노동시간에서 필요노동시간과 잉여노동시간을 특정해낼 수 없습니다) 농노제에서는 두 가지가 선명하게 보이는 것처럼 말입니다(자기 땅을 일구는 시간과 영주의 땅을 일구는 시간이 선명하게 나뉘지요). 마찬가지로, 노예제를 보면 매매되는 것은 노동이 아니라 노동력이라는 것이 선명하게 드러납니다. 새로운 노예주가 예전의 노예주에게 지불하는 노예의 가격은 그의 노동에 대한 것이 아니라 노동능력에 대한 것이니까요. 마르크스의 말을 빌리자면 노예제에서는 "노동력 자체가 꾸밈없이 적나라하게 매매"됩니다. 비인격체인 상품으로서 걸어 다니는 노동력인 노예와 인격체로서 노동력의 소유자인 노동자의 차이는 판매의 주체가 다르다는 것뿐입니다. 노예는 자신이 아닌 제3자(예전의 노예주)가 판매자인 반면 노동자는 자기 자신이 판매자이지요. 그래서 노동력의 판매나 사용 과정에서 이익이나 손실이 생기면 노예의 경우에는 그것이 노예 소유주의 몫이 되지만 노동자의 경우에는 자기 몫이 됩니다.[김, 736; 강, 743~744]

농노제에서 선명한 필요노동과 잉여노동의 구분이 자본주의적 생산과정에서는 현상적으로 드러나지 않는 것처럼, 노예제에서 선명한 노동력의 매매가 자본가와 노동자의 거래에서는 현상적으로 드러나지 않습니다. 현상은 구부러진 막대이고 높아진 가을하늘이며 돌고 있는 태양입니다. 연구한다는 것, 탐구한다는 것은 드러난 현상을 그대로 믿는 것이 아니라 그것이 가리고 있는 것을 알아내는 것이고, 그것이 왜 그렇게 나타나게 되었는지를 이해하는 것입니다[『자본』제1장의 첫 문장에서 마르크스가 자본주의 생산양식을 이해하는 관건이 부(가치)가 상품 형태로 나타날 수밖에 없는 이유를 아는 것에 있다고 한 것처럼 말입니다]. 이것이 마르크스가 생각하는 과학입니다. "관행적 사고형태들"(gang und gäbe Denkformen)을 넘어서야 "사물의 참된 관계"(wahren Sachverhalt)를 볼 수 있습니다.[김, 737; 강, 744]

물론 이것은 어렵습니다. 지적인 어려움 때문이 아닙니다. 부르주아 경제학자들, 고전파 경제학자들이 '노동의 가치'에서 '노동력의 가치'로 한 걸음을 더 내딛지 못한 것, 그들의 이론적 한계는 지성의 한계가 아니었습니다. 이 장의 서두에서 언급했듯 그것은 시각의 한계, 시야의 한계입니다. 달리 말하면 그들 스스로가 '모자를 눌러써서' 자기 앞을 가렸기 때문이지요. 이 모자를 벗지 않는 한, 이 렌즈를 자기 눈에서 빼내지 않는 한, 그들은 시각적 기만에서 벗어날 수 없습니다. 이것이 고전파 경제학에 대한 마르크스의 진단입니다. "고전파 경제학은 사물의 참된 관계에 접근했지만 의식에서는 그것을 정식화하지 못했다. 그들이 부르주아적 외피를 두르고 있는 한 그것은 불가능할 것이다."[김, 737; 강, 744]

지금까지 우리는 '노동력의 가치(또는 가격)'가 임금으로 나타나면, 곧 '임금형태'를 취하면 어떤 착시가 생겨날 수 있는지 살펴보았습니다. 임금은 '노동력의 가격'이 부르주아사회의 표면에서 나타나는 형태(현상형태)이지요. 마치 노동자가 제공한 노동 전체의 가격인 것처럼 말입니다. 그런데 임금은 그 자체가 다양한 형태를 취하고 있습니다. 말하자면 온갖 형태의 임금이 있지요.

임금형태 ①—시간급제

언젠가도 말했지만, 마르크스는 정말로 '형태'를 중시합니다. 『자본』 제1장에서 '가치'에 대해 말할 때부터 그랬습니다. 마르크스도 노동을 '가치의 실체'라고 생각하지만 그것은 그보다 먼저 고전파 경제학자들, 이를테면 스미스나 리카도의 주장입니다. 그런데 사실 마르크스가 『자본』에서 더 강조한 것은 '가치의 실체'가 아니라 '가치의 형태'입니다. 자본주의에서는 가치가 어떤 형태를 취하는가에 관심을 가졌지요. 『자본』 제1장을 상품에서 시작한 이유도 그것이 가치의 기본형태였기 때문입니다. 자본주의에서 가치가 우리 앞에 나타나는 가장 기본적인 형태는 상품이라는 것이지요. 이처럼 실체가 아니라 형태에 관심을 가졌기에 그는 형이상학에 빠지지 않았고 자본주의를 역사적으로 특수한 사회형태로서 분석할 수 있었을 겁니다.

　사실 가치만이 아닙니다. 화폐를 기능별로 살필 때도, 화폐와 자본을 구분할 때도, 자본의 여러 운동을 다룰 때도 마르크스는 언제나 형태에 주목했습니다. 이 점에서 그는 아주 일관됩니다. 『자본』 III권에서 그는 경제학자들의 큰 문제 중 하나가 "대체로 형태들의 구별을 고려할 때 나타나는 난폭함"에 있다고 했습니다. "소재적(stofflichen) 측면에만 관심"을 두고 있기 때문에 형태들의 차이를 무시한다는 거죠.[48] 임금형태들에 대한 논의를 시작하는 제18장(영어판은 제20장)에서도 거의 동일한 언급을 합니다. 임금의 다양한 형태는 "소재에 대한 지나친(난폭한) 관심 때문에 형태들의 구별에 소홀한 경제학 개설서들"에는 나타나지 않는다고요.[김, 738; 강, 745] 물론 마르크스가 여기서 온갖 임금형태들을 모두 다루지는 않습니다. 그러면 『자본』 말고 『임금』이라는 책을 별도로 써야겠지요. 그는 두 가지 기본형태만 다루겠다고 말합니다. 바로 '시간급제'(제18장)와 '성과급제'(제19장)입니다.

먼저 시간급제를 살펴볼까요. 크게 보면 대부분의 임금은 시간급의 형태를 취합니다. 우리가 일상에서 노동력의 가치를 지칭할 때 가장 흔히 사용하는 월급이니 연봉이니 하는 말은 기본적으로 노동력의 가치를 노동의 지속 시간에 따라 지급하기 때문에 나온 말들이지요. 노동일, 노동주, 노동월, 노동년에 따라 노동력의 가치는 일급, 주급, 월급, 연봉이 됩니다. 하지만 앞서 설명했듯이 임금을 '노동의 가격'이라고 생각해버리면 시간급제의 의미가 뒤틀립니다. 노동의 대가를 화폐로 받는다고 가정할 경우[노동의 대가를 '임금'이라 부르고, 그것을 화폐로 표현한 것을 '명목임금'이라 하며, 구매력(구매할 수 있는 생활수단의 양)으로 표현한 것을 실질임금이라고 합니다], 우리는 노동량과 화폐 사이의 비율을 얻을 수 있습니다. 말하자면 시간당 단가를 구할 수 있지요. 만약 12시간 일하고 3실링을 받았다면 그리고 이 3실링을 (자본주의사회에서 흔히들 잘못 생각하듯) 12시간 노동에 대한 대가라고 간주한다면, 우리는 '1시간 노동의 가격'을 구할 수 있습니다. $\frac{1}{4}(=\frac{3}{12})$실링이지요.[김, 739; 강, 746]

사실 이런 계산이 얼마나 우스꽝스러운지는 표준노동일의 길이에 따라 그 값이 마구 변한다는 사실에서 알 수 있습니다. 하루 노동력의 가치가 3실링인데 표준노동일이 15시간이 되면 노동의 시간당 단가는 $\frac{3}{15}$, 즉 $\frac{1}{5}$실링이 됩니다. 그러다 표준노동일이 단축되면 단가가 바로 변합니다. 1노동일이 10시간이 되면 $\frac{3}{10}$실링이 되지요. 일급은 그대로인데 노동의 가격은 오를 수도 있고 떨어질 수도 있습니다. 반대로 노동의 가격이 고정되면 일급이 노동일의 길이에 따라 변할 수도 있습니다. 노동일이 10시간일 때 시간당 $\frac{3}{10}$실링이었다면 12시간이 되면 $3\frac{3}{5}(=\frac{3}{10}\times12)$실링이 되지요[김, 739~740; 강, 746](독일어판에서는 화폐단위로 실링과 펜스를 번갈아 사용해 혼란스러울 수 있는데, 참고로 1실링=12펜스입니다). 노동일의 길이만이 아니지요. 노동강도가 높아지는 경우에도 똑같은 설명이 가능할 겁니다 (노동의 외연적 크기 그대로 내포적 크기가 증대할 수 있으니까요). 명목임금은 그대로인데 노동의 단가는 얼마든지 낮아질 수도 있습니다. 작업속도가 두 배로 빨라졌는데도 명목임금이 그대로라면 노동의 단가는 떨어진 셈이지요. 노동량의 변화를 유발하는 요인은 또 있습니다. '기계와 대공업' 장을 살필 때 이미 언급한 것인데요. 여성과 아동 노동이 가장의 노동에 더해지는 경우 전체 투입 노동량이 달라지므로 노동의 단가가 또 변합니다. 그야말로 명목임금은 그대로 두고도 노동의 가격을 낮출 수 있는 여러 방법이 존재하는 겁니다.[김, 740; 강, 746~747]

▶불완전취업 노동자의 고통──그런데 시간당 노동의 가격이 정해지면 자

본의 교활한 술책이 발휘될 수 있습니다. 노동일이 12시간(6실링)이고 노동력의 가치가 6시간(3실링)이라고 해봅시다. 이는 1노동일 노동자를 사용할 때 노동력의 가치가 3실링이라는 뜻입니다. 그런데 이를 시간당 노동의 가격으로 환산하면 '3실링/12시간' 즉 1노동시간의 가격이 '¼'실링이라는 계산이 나옵니다. 여기가 문제의 장소인데요. 12시간에 3실링을 지급하는 것은 노동력의 가치에 대한 정당한 지불입니다. 시간당 ¼실링을 지급한 셈이라는 말도 맞습니다. 그런데 이것을 노동에 대한 단가로 간주하면 문제가 생깁니다. 시간당 ¼실링이 노동에 대한 정당한 가격이라고 생각하면 15시간에는 '15×¼'실링, 8시간에는 '8×¼'실링, 2시간에는 '2×¼'실링만 지급하면 정당한 지불로 보이거든요.

수학적 계산에는 아무런 문제도 없습니다. '³⁄₁₂=¼'이고, 이것을 15배로 하면 '¹⁵⁄₄'이고, 8배로 하면 '⁸⁄₄', 2배로 하면 '²⁄₄'지요. 하지만 경제학적으로는 그렇지 않습니다. 노동력의 가치는 해당 노동력을 생산하는 데 필요한 사회적 노동량이라고 했는데요. 12시간 동안 노동력을 사용할 때는 노동력의 생산비용이 3실링이지만, 이것을 하루 2시간 혹은 15시간 고용된 노동력의 가치에도 적용할 수 있을까요. 이 경우에도 시간당 ¼실링만 지급하면 정당한 값을 치른 걸까요. 하루 반나절만 고용되거나 일주일 중 이틀만 고용되는 노동자를 생각해봅시다. 그는 결코 하루 3실링(6시간)을 벌 수 없을 겁니다. 그가 하루 2시간만 일할 수 있다면 ½실링을 받을 텐데요. 이렇게 되면 그는 노동력의 재생산은 고사하고 생존 자체가 불가능합니다. 3실링을 받고 12시간 일하는 것은 가능하지만 ¼실링만 받고 1시간을 일할 수는 없습니다. ¼실링만 받고 하루를 보내면 그는 굶어 죽을 테니까요. 일정 길이의 노동일을 전제하지 않으면 '노동의 단가'라는 말은 의미가 없습니다. 수학적 비례에선 문제가 없지만 노동력에는 큰 문제가 생깁니다. 그래서 노동력의 가치는 비례적으로 맞아떨어질 수 없습니다. 2시간을 일하는 경우 12시간을 일할 때보다 노동력의 가치가 다소 떨어질 수는 있겠지만, 노동력의 재생산을 고려한다면 그렇게 많이 떨어질 수는 없습니다.

한 아르바이트 알선 업체가 조사한 바에 따르면 2019년 고충 상담 주제 중 압도적 1위를 차지한 것이 '주휴수당' 문제였다고 합니다.[49] 근로기준법에 따르면 주당 15시간 이상을 일한 모든 노동자에게는 일주일에 1일 이상의 유급휴일을 주어야 합니다. 그런데 일부 가게나 업체에서 주휴수당을 지급하지 않기 위해 주 15시간 이내로 근무하는 파트타임 노동자를 늘렸다고 합니다. 요일별로 다른 근무자를 고용한다고 해서 '무지개 알바'라는 말도 있다고 하는데요. 심지어 유명한 어느 커피체인점에서는 아르바이트생들을 주당 14.5시간만 일하게 하는 편법을 썼다고도 하고요.[50] (주휴수당을 주지 않기 위해 '14.5시간'을 생각해내는 것, 이런 게 바로 마르크스가 말하는 '자본의 정신'이지요).

보통의 경우, 우리는 왜 주 5일을 일하고 이틀을 쉴까요. 왜 기업들로 하여금 연중 며칠의 유급휴일을 두도록 할까요. 노동력 재생산에는 주말이 필요하고 휴가가 필요하기 때문이지요. 5일을 일하고 2일을 쉬는 것이 평균적인 노동조건입니다. 5일을 일하려면 2일의 휴식이 불가피하기 때문에 5일을 일하면 일주일을 일한 것으로(그리고 최소 하루는 유급휴일로) 계산하고 임금을 지급해야 합니다. 그런데 주휴수당을 주지 않기 위해 14.5시간만 고용하고, 퇴직금을 주지 않기 위해 11개월만 고용하면 노동력 재생산에 반드시 필요한, 그러나 직접노동을 하고 있지는 않은 시간을 계산에서 빼낼 수 있습니다. 법적으로는 문제가 없겠지만 실제로는 노동력의 가치 일부를 도둑질한 것이지요. 기막힌 것은 이런 도둑질이 공정과 정의의 외관을 하고 있다는 사실입니다. 마땅히 지불해야 할 것을 지불하지 않았음에도 자본가는 마치 정당한 값을 지불한 것처럼 행세합니다. 심지어는 겨우 몇 푼 얹어주고 도덕적 성자인 양 흉내를 내기도 하고요. 시간급제가 유발하는 착시 덕분에 가능한 일이지요. 이것이 바로 파트타이머 노동자들이 겪는 고통입니다. 마르크스는 말합니다. "앞서 우리는 과로의 파괴적 결과를 보았는데, 여기서는 불완전취업 노동자에게 생겨나는 고통의 원천을 본다."[김, 741; 강, 748]

▶ '시간외수당'의 함정──그러나 이것은 파트타이머 노동자들만의 문제가 아닙니다. 마르크스에 따르면 이 부당성은 정규직 노동자들도 연장노동을 할 때 겪는 것입니다.[김, 742~743; 강, 748~749] 시간당 노동단가가 정해진 후 자본가는 '노동의 정상가격'을 지불한다는 구실 아래 노동일을 비정상적으로 늘릴 수 있습니다. 12시간 노동일에 3실링을 지급하는 경우 시간당 노동단가는 ¼실링이 되겠지요. 여기에 15를 곱해 3¾실링(3실링 9펜스)을 지급하면 정당한 지불이라는 착각이 듭니다. 원래는 12시간 노동일을 기준으로 책정한 단위인데 15시간에도 그대로 적용하는 것이지요(이렇게 노동일을 바꾸어 계산하면 이 측정단위가 의미가 없어진다는 것을 이해를 못하고서요).

하지만 노동일을 연장하면 노동력의 가치는 비례적 수준보다 훨씬 더 크게 증가합니다. 노동의 단가는 '노동력의 하루 가치'를 '노동일'로 나누어서 구합니다(3실링/12시간). 그런데 이 "분수에서 분모가 증대하면 분자는 그보다 더 빨리 증대"합니다.[김, 742; 강, 749] 비례가 아니라 제곱이 되고 노동일의 길이가 어느 수준을 넘어서면 아예 계산 불가능할 정도로 큰 값을 얻습니다. 생명을 위협하는 지경이 될 테니까요. 노동시간으로서 7시간, 8시간, 9시간과 15시간은 의미가 많이 다릅니다. 15시간을 일하고 나면 노동력을 재생산하기 위해 훨씬 더 많은 시간과 자원이 필요합니다. 사실은 현재의 급여체계에도 이 점이 반영되어 있기는 합니다. 근로기준법(제56조)에 따르면 '연장근로'에 대해서는 통상 임금의 50퍼센트 이상을 가산해 지급해야 합니다. 휴일근로의 경우에는 8시간 이내의 경우에는 50퍼센트, 8시간을 넘긴 경우에 대해서는 100퍼센트 이상을 가산해 지급해야 하고요. 일종의 '할증 임금'(extra pay)이 지불되는 것이지요. 이것이 과연 할증된 노동력의 가치에 부합하는지는 잘 모르겠습니다.

마르크스는 당시의 '시간외수당'이 "웃음이 날 정도로 작"았다고 했습니다. 그러면서 연간 현실적 노동일은 표준노동일보다 훨씬 길다는 점을 지적했는데요. [김, 743; 강, 749] 이는 노동자들이 먹고살기 위해서는 연장노동을 해서 시간외수당을 꼭 받아야만 한다는 것을 의미합니다. 노동력의 가치가 충분히 지급되지 않았고 여기에 근거한 시간외수당 역시 충분하지 않았음을 시사해주는 정황이지요. 마르크스에 따르면 당시 영국 노동자들은 "소위 표준시간 동안의 노동가격이 낮기 때문에", 그보다는 상대적으로 높은 단가가 지불되는 시간외노동에 뛰어들지 않을 수 없었습니다.

오늘날의 한국 상황도 이 점에서는 19세기 영국과 그렇게 많이 다르지 않습니다. 현재 표준노동시간은 1일 8시간 주 40시간입니다만 주당 노동시간 52시간이 넘지 않도록 근로기준법을 개정하는 것에 대해 기업들의 반발이 여전합니다. 심지어 법 개정 후에도 이 반발 때문에 일정 규모 이하의 업체들에게는 법의 시행이 유예되고 있습니다. 경제협력개발기구(OECD)의 통계에 따르면[51] 한국 노동자의 평균노동시간(2016년 기준)은 1인당 2069시간으로, 회원국 평균치보다 305시간, 노동일(8시간)로 치면 무려 38일을 더 일했습니다. 똑같은 연봉을 받는다면 무상으로 한 달을 더 일한 것과 같지요. 그런데 실질임금도 전체 평균의 75퍼센트밖에 되지 않았습니다. 시간당 노동의 가격은 평균의 2/3에 불과했고요. 연장노동이 그렇게 많은데도 임금은 낮습니다. 사실은 반대로 말해야겠지요. 임금이 낮으니까 연장노동이 많은 겁니다. 이것은 영세 업체들만의 이야기가 아닙니다. 지난 6장에서 언급한 것처럼, 생산직 노동자들 중 최상층에 해당하고 심지어 '귀족노동자'라고 불리는 현대자동차 정규직 노동자들도 '시간외수당'을 얻기 위해 연중 1000시간 정도의 잔업을 한다고 하니까요.

서글픈 일입니다. 마르크스에 따르면 낮은 노동가격과 연장노동의 악순환이 만들어지는데요. 노동의 가격이 낮을수록 노동자들은 최소한의 임금이라도 벌려고 자신들의 노동시간을 늘리려 합니다. 그러고 나면 이제 노동시간 연장이 노동가격의 저하를 불러옵니다. 노동의 공급이 증가하면 노동의 가격이 떨어지니까요. 게다가 한 사람의 노동자가 더 오래 일한다면 자본가로서는 고용을 그만큼 줄일 수 있지요. 노동자들의 경쟁이 심화될 겁니다. 자본가로서는 노동가격을 더 낮출 수 있고, 이것이 다시 노동시간을 더 연장시키는 요인이 됩니다.[김, 744~745; 강, 751] 그런데 이 순환은 노동자들의 경쟁에 머물지 않습니다. 곧바로 자본가들의 경쟁도 시작되죠. 낮은 노동단가는 상품의 가격 경쟁력을 높입니다. 생산물의 가치에는 노동력의 가치가 포함되어 있습니다. 물론 자본가에게는 가치가 아니라 가격이 중요하고, 무엇보다 실제로 자신이 지불하는 가격이 중요하지요. 임금을 노동력의 가치 이하로 크게 떨어뜨릴 수 있다면, 그래서 사회적 평균보다 더 많은 잉여노동(불불노동)을 확보할 수 있다면, 자본가에게는 전략적 여지가 생깁니다. 지불 없이 획득한 잉여노동 중 일부를 상품가격에 반영하는 겁니다.

이를테면 10시간 노동으로 120원짜리 물건을 만들어낸다고 합시다. 이 중 생산수단 가격이 80원, 노동력 가격이 20원, 이윤이 20원이라 하고요(이 각각의 가격이 해당 가치를 화폐로 정확히 나타낸 것으로 간주하겠습니다). 그런데 어떤 자본가가 노동력에 대한 실제 지불을 10원(시간당 1원)으로 낮출 수 있다고 해볼까요. 그러면 그에게는 10원의 추가 이윤이 생겨납니다. 이윤 즉 불불노동이 20원에서 30원으로 늘어나지요. 이때 자본가는 추가로 얻은 불불노동 10원을 상품가격을 낮추는 데 이용할 수 있습니다. 염가 판매를 하는 것이지요. 그래도 손해가 아닙니다. 소비자들에게 제공하는 선물 10원은 그의 이윤이 아니라 노동자의 임금에서 빼낸 거니까요.[김, 746; 강, 752](참고로 상품의 '가치와 가격의 괴리 문제'를 다룰 때도 이런 상황을 언급한 바 있습니다. 186~187쪽 참조).

자본가는 연장노동이 이루어지는 경우에도 동일한 효과를 얻을 수 있습니다. 연장노동에는 '할증 요금'이 붙기는 합니다만, 10원으로 떨어뜨린 임금을 15원으로 올려주어도(시간외수당 50퍼센트 가산) 5원의 추가 여유가 생기니까요. 이것을 상품가격에 반영하면 이윤을 줄이지 않고도 가격을 떨어뜨릴 수 있습니다. 물론 이것은 자본가들이 치열한 경쟁 상황에 있을 때 취하는 전략입니다. 보통은 표준노동일 안에서든 시간외노동에서든 가격 인하 없이 이윤을 뽑아낼 수 있다면 그렇게 할 겁니다. 그럼 더 많은 이윤을 얻을 테니까요.

문제는 이런 경쟁이 일시적이지 않을 때 발생합니다. 마르크스의 말을 들어 볼까요. "이런 식으로 비정상적으로 낮은 상품 판매가격은 처음에는 간헐적으로 형성되다가 다음에는 점차 고착되면서 그 이후부터는 과도한 노동시간에 비참한 임금을 확립하는 토대가 된다. 본래는 낮은 상품가격이 이런 상황의 산물이었다." [김, 746; 강, 752] 요컨대 낮은 임금은 시간외노동을 낳고 시간외노동은 임금을 더 떨어뜨립니다. 경쟁 중인 자본가들은 이것을 상품가격을 낮추는 데 활용하고요. 상품의 가격 경쟁으로 낮은 가격이 고착화되면 이제는 다시 노동자에게 과로와 저임금이 고착화된다는 겁니다. 특히 자본가들 사이의 출혈적 저가 경쟁이 시작되면 고통의 상당 부분이 노동자들에게 전가될 수 있습니다. 물론 자본가들의 경쟁 상황에 대한 본격적 분석은 '가치의 생산'을 다루는 『자본』 I권에서는 너무 이른 것입니다(마르크스 스스로 아직 "여기서는 적절치 않다"라고 말하고 있지요.[김, 746; 강, 752] 이에 대한 분석은 『자본』 III권에서 이루어집니다). 다만 연장노동과 시간외수당이 이런 면모를 갖고 있다는 걸 알아둘 필요는 있습니다.

　　▶잉여노동 자체가 '시간외노동'이다──시간급제에 대한 논의를 마무리하기 전에 마르크스는 독자들에게 인상적인 사건 하나를 환기합니다. 런던의 불량 빵집 사건. 우리가 이미 몇 차례 다루었던 그 사건입니다. 노동 후 임금을 지급하는 관행이 어떤 문제를 낳는지 지적할 때, 그리고 '노동력의 지출'이란 사실상 '생명력의 지출'이라는 점을 지적할 때, 또 법적 규제를 받지 않는 산업부문에서의 노동일을 다룰 때 이 사건을 언급한 바 있습니다.

　　마르크스는 낮은 노동가격과 과도한 노동시간, 자본가들의 경쟁, 저렴한 상품가격 등이 어떻게 연결되는지 보여주기 위해 이 사건을 다시 언급합니다.[김, 746~747; 강, 752~753] 처음 이 사건을 소개할 때도 말했지만, 온갖 오물이 들어간 불량 빵을 제조한 빵집들은 소위 '염가' 빵집들이었습니다(런던 빵집의 4분의 3이 이런 곳이었죠). 정상가격 이하로 빵을 판매할 수 있었던 것은 생산수단의 절약(밀가루에 모래 등을 섞었어요) 덕분이기도 했지만, 주로는 노동자들의 저임금 장시간 노동 덕분이었습니다. 임금은 12시간치를 지급했지만 실상은 18시간 노동을 시켰습니다. 이 사건이 불거지자 이들과는 다른 빵집들, 즉 '제값을 받고 파는' 제빵업자들이 이들의 노동착취를 비난하고 나섰지요. 정부 조사위원회에서 자신의 경쟁자들을 고발했습니다. 염가 빵집의 비밀은 "12시간치 임금을 지급하고 18시간의 노동을 짜낸 것", 즉 노동자들에 대한 '불불노동'에 있다고요. 그러면서 노동자들의 '시간외노동'에 대한 정당한 지급이 이루어지면 문제가 해결될 것이라고 했습니다. 이들은 임금을 노동의 가격, 즉 노동일 동안 노동자가 행한 노동 전체에 대한 지불이라고 생각했기에, '시간외노동'에 대해서만 지불하면 불불노동은 해소된다고 본 것이지요.

마르크스는 불량 빵을 판 동료들을 고발한 제빵업자들을 보고 쓴웃음을 짓습니다. "이들의 비탄(悲歎)은 아주 흥미로운데, 자본가들의 두뇌에서는 생산관계의 겉모습만 반영된다는 점을 보여주기 때문이다."[김, 747; 강, 753] 노동자들에게 정상적인 노동가격을 지불하고 제값에 빵을 판다고, 마치 양심과 정의의 화신인 체하는 이 자본가들은 정상적인 빵 값에도 불불노동이 있다는 것을 모릅니다. 노동력의 가치를 제대로 지불한 경우에도, 지불하지 않고 사용한 노동력이 있음을 모르는 겁니다. 단지 그들은 염가 빵집의 불불노동을 시간외노동(표준노동일을 넘어선 노동)에서만 발견합니다. 12시간 이후의 노동에 대해 지불하지 않는 것은 문제라며 흥분할 뿐이죠. 이상한 말이지만 이들은 정말로 보이는 것만 봅니다. 달리 말하면 눈에 보이는 그대로 사고하지요.

염가 빵집들의 이윤이 시간외노동에 대해 지불하지 않은 데서 온 것이라면, 표준노동일을 지키고 노동력의 가치를 지불했으며 제값에 빵을 판매한 제빵업자들의 이윤은 어디서 왔을까요. 지불하지 않은 노동시간은 표준노동일 안에도 존재합니다. 노동일은 필요노동시간과 잉여노동시간으로 이루어져 있는데요. 이 잉여노동시간이 지불하지 않는 노동시간 즉 불불노동시간이지요. 그리고 노동자가 노동력의 가치 이상으로, 필요노동시간 이상으로 일했다는 의미에서 일종의 '시간외노동'이라고 할 수 있지요. 지불하지 않은 '시간외노동'인 셈입니다.[김, 747~748; 강, 753~754] 우리의 양심적(?) 제빵업자들은 불량한 동료들이 '시간외노동'에 대해 '할증 임금'을 지급하면 문제가 해결될 것처럼 말했습니다. 하지만 표준노동일을 기준으로 한 노동가격보다 더 높은 가격을 지급해도 불불노동은 남습니다. 아예 잉여노동을 없애지 않는 한 불불노동은 1시간을 일하든 15시간을 일하든 존재합니다. 이윤(잉여가치)의 정체가 불불노동이니까요. 만약 가난한 노동자들의 불불노동에 분노하는 자본가들이 자기 양심을 끝까지 밀고 간다면 자본주의적 생산양식을 폐지하라는 요구로 나아가게 되겠지요. 물론 그럴 일은 없습니다. 자기 이익이 침해될 때마다 양심의 눈을 덮어버리는 모자가 있으니까요. 바로 이것이 마르크스가 이 양심적 자본가들을 향해 참 흥미로운 두뇌를 지녔다며 쓴웃음을 지은 이유일 겁니다.

마르크스가 검토하는 두 번째 임금형태는 성과급제인데요, 그에 따르면 성과급제는 시간급제의 변형일 뿐입니다.[김, 749; 강, 755] 노동자가 제공하는 노동의 단가를 계산할 때 시간이 아니라 생산량을 기준으로 계산한 것뿐이지요. 예컨대 표준노동일이 12시간이고, 이 중 6시간은 지불노동(필요노동시간), 6시간은 불불노동(잉여노동시간)이라고 해봅시다. 그리고 1노동일 동안 노동자 한 사람의 평균 생산량은 24개, 가격으로는 6실링 12시간이라 합시다. 시간급제일 때 노동의 가격은 '6실링/12시간' 즉 시간당 ½실링(=6펜스)이었습니다. 그런데 성과급제에서는 이것을 생산물당 가격으로 구합니다. '6실링/24개' 즉 개당 ¼실링(=3펜스)이 되는 것이지요.[김, 751; 강, 757] 노동자의 임금을 시간급제일 때는 '시간당 노동단가×노동시간'으로 구했는데요. 성과급제에서는 '개당 노동단가×개인 생산량'으로 구합니다. 어느 노동자가 하루 24개를 생산했으면 '¼실링×24개' 즉 6실링을 받는 것이고(평균 수준의 임금이죠), 48개를 생산했으면 12실링을, 12개를 생산했으면 3실링을 받는 식이지요.

시간급제일 때와 마찬가지로 수학적 계산에는 아무런 문제도 없습니다. 노동단가를 구하는 기준만 바뀌었을 뿐 계산 방식은 똑같습니다. 어찌 보면 성과급제가 더 공정하다는 느낌도 줍니다. 노동한 시간이 아니라 결과물로 평가하는 거니까요. 시간급제보다 노동자들의 생산력을 더 정확히 평가한다는 느낌을 주지요. 무엇보다도 공장의 노동자 전체가 아니라 어떤 그룹 혹은 각 개인별로 생산력을 평가할 수 있습니다. 게다가 성과급제는 노동자를, 제품을 납품하는 자영업자나 소(小)사장처럼 보이게 합니다. 자본가가 임금을 지급하는 게 아니라 마치 일정 단가의 제품을 납품받고 그 대금을 지급하는 것 같아 보이죠. 마르크스는 한때 오언주의에 심취한 사회개혁가였다가 자본주의 옹호자로 변절한 존 와츠(John Watts)를 각주에서 언급하는데요. 와츠는 성과급제야말로 노동자가 "장인과 자본가를 한 몸에 겸할 수 있는" "노동자의 역사에서 한 시대를 긋는" 놀라운 제도라고 했습니다. 오언에게는 '협동조합의 장인'으로서의 노동자가 자본주의 극복의 형상이었습니다만, 와츠는 그것을 자본주의 임금형태를 정당화하는 데 이용했지요. 그가 한때 "재산은 강도질"이라고 단언했던 사람이라는 걸 생각하면 놀라운 변신이 아닐 수 없습니다.[김, 749, 각주 1; 강, 755, 각주 25]

우리 사회에서도 한때 '소사장제'라는 것이 유행했고 지금도 시행하는 업체들이 있습니다. 생산공정 일부를 마치 도급업체처럼 만들어 부품의 생산과 관리

업무를 맡기는 겁니다. 생산직 중간간부가 사장처럼 해당 업무를 책임지고 지휘합니다. 물론 작업장과 생산설비, 노동자들의 고용은 모기업이 전적으로 맡고 있기 때문에 실제로 독립된 업체는 아니지요. 당연한 말이지만 소사장도 실제로는 사장이 아니고요. 이보다 더 심한 것은 특수고용노동자들을 자영업자(개인사업자)로 취급하는 겁니다. 한편으로는 성과에 따라 급여를 지급하면서 다른 한편으로는 해당 노동자의 노동자성을 부인하는 것이지요. 그러다 보니 임금이 납품 대금처럼 보입니다. 화물 운송 노동자나 학습지 교육 노동자, 보험 모집 노동자 등이 이런 취급을 받아왔지요. 사실상 특정 기업에 고용되어 노동을 하고 있음에도 업체들은 근로계약을 맺지 않고 노동자들과 사업자처럼 도급이나 위탁계약을 맺습니다. 최근 급증하고 있는 플랫폼 노동자들도 그렇습니다. 플랫폼 회사들은 노동자들을 직접 고용하지 않습니다. 다만 자신의 플랫폼에 접속해 있는 일군의 사람들에게 일거리를 소개한 뒤 소개료를 받는 형식이지요. 이들 노동자는 특정 업체의 일을 하는 경우가 대부분이고 사실상의 노무관리도 받지만[52] 노동자로서 고용조건이나 노동환경에 대한 아무런 보호도 받을 수 없습니다. 노동자로서 인정을 받지 못하니까요. 물론 플랫폼 노동자의 문제는 단지 임금형태의 변화라기보다 노동형태의 변화이며, 더 근본적으로는 산업형태의 변화와 관련이 있습니다. 따라서 더 큰 차원에서 따로 논의해야 할 문제입니다. 다만 여기서 말하고자 하는 것은 성과급제라는 임금형태가 자본가가 노동자로부터 노동력을 구매하는 게 아니라 노동생산물을 구매하는 것 같은 환상을 야기한다는 점입니다.[김, 749; 강, 755]

마르크스는 성과급제의 이런 겉모습에도 불구하고 이것은 임금을 지급하는 형태상의 차이일 뿐이라고 말합니다. 실제로 당시 성과급제는 시간급제와 병행되었으니까요. 동일한 산업인데 업체에 따라 성과급을 지급하기도 하고 시간급을 지급하기도 합니다. 이를테면 동일한 일을 하는 식자공에 대해 런던의 업체들은 성과급제로 지급하는데 지방의 업체들은 시간급제로 지급했습니다. 이는 성과급제가 임금을 지급하는 한 가지 형태일 뿐이라는 것을 보여줍니다. 지급 방식의 차이일 뿐 "임금의 본질을 변경시키는 것은 아니"라는 거죠.[김, 751; 강, 756]

　▶가장 자본주의적인 임금형태——그럼에도 성과급제는 시간급제와는 매우 다른 효과들을 냅니다(형태들의 차이에 둔감하면 안 되는 이유가 여기에 있습니다). 마르크스가 제시하는 성과급제의 특징들은 다음과 같습니다.

첫째, 노동의 질에 대한 관리가 쉽습니다. 노동자의 기술적 능력을 세세하게 평가하고 노동과정에서 그것이 어떻게 발휘되는지 감시할 필요가 없습니다. 그저 품질 검사만 하면 됩니다. 평균적 품질을 유지하지 못하면 임금을 삭감하는 거죠. 그러면 노동자들이 알아서 제품 생산에 신경을 씁니다. 이 점에서 마르크스는 성과급을 "임금 삭감과 자본주의적 속임수의 가장 풍부한 원천"이라고 불렀습니다. [김, 752; 강, 758]

둘째, 노동강도에 대한 관리가 쉽습니다. 시간당 생산량만 확인하면 되니까요. 이 양은 경험을 통해 대체로 확정되어 있습니다. 평균적인 능력을 가진 노동자가 평균적 속도로 일할 경우 몇 개는 생산해야 한다는 게 있지요. 이것은 그 자체로 노동자들에 대한 평가 기준이 됩니다. 기준을 충족하지 못하는 노동자는 임금이나 인사상의 불이익을 받거나 해고되겠지요.[김, 752; 강, 758]

셋째, 노동의 질이나 강도에 큰 신경을 쓸 필요가 없기 때문에 감독노동의 필요가 줄어들어 하청을 양산할 수 있게 되지요. 생산물의 질과 양만 체크하면 되기 때문에 아예 일감을 하청 줄 수가 있습니다. 하청의 하청도 가능하고요. 본래는 노동자를 직접 고용해서 생산해야 하지만 더 적은 비용으로 더 많은 양을 조달할 수 있다면 자본가로서는 마다할 이유가 없지요. 성과급제는 이처럼 "자본가와 임금노동자 사이에 기생충이 개입"하는 것을 용이하게 해줍니다. 자본가가 지급하는 노동가격과 실제로 해당 제품을 생산하는 하청 노동자의 임금 사이의 차이를 노리고 뛰어드는 기생충 말입니다. 당시 영국에서는 이를 '고한(苦汗)제도'(sweating system)라고 불렀는데요. 마르크스는 이 제도가 그 특색에 맞게 이름을 잘 지었다고 했습니다. 정말로 땀방울을 쥐어짜는 착취 시스템이니까요. 십장(什長) 내지 두목 노동자가 일감을 따온 뒤 휘하의 노동자들을 값싸게 부렸습니다. 노동자가 노동자를 착취하는 시스템이라고 할 수 있지요.[김, 753; 강, 758~759]

넷째, 임금이 생산량에 따라 지급되기 때문에 노동자들로서는 임금을 더 받기 위해 노동강도를 스스로 높일 수밖에 없습니다. 그러면 전체적으로 노동의 표준강도가 올라갑니다. 노동강도만이 아닙니다. 노동일도 스스로 늘리겠지요. 그렇게 하면 임금이 또 오를 테니까요. 이처럼 노동강도와 노동일이 늘어난다는 것은 노동량의 공급이 늘어난다는 뜻입니다. 그러면 시간급제에서 본 것처럼 노동의 가격이 떨어지지요. 다시 또 악순환이 일어나겠지요. 낮은 노동가격 때문에 노동자들은 더욱 시간과 강도를 높이려 들 테니까요.[김, 753~754; 강, 759~760] 마르크스에 따르면, 실제로 "대공업의 질풍노도의 시대, 특히 1797~1815년에 성과급은 노동일 연장과 임금 인하를 위한 지렛대로 이용"되었습니다. 방직업 같은 경우에는 노동일이 많이 연장되었는데도 직조공이 받는 임금은 이전보다 더 낮아지는 기현상

까지 나타날 정도였습니다.[김, 756~757; 강, 761~762]

　　다섯째, 시간급제와 달리 성과급제에서는 노동자들의 개인적 차이가 부각됩니다. 노동자 전체의 생산량과 임금총액은 그대로일 수 있지만(잉여가치율이 변하지 않을 수 있지만) 각자의 재능과 체력에 따라 생산량에 차이가 생기고 이는 임금의 차이로 이어지겠지요. 평균보다 더 많은 임금을 받는 노동자도 생기고 더 적게 받는 노동자도 생깁니다. 노동자들의 경쟁 구도가 만들어지는 것이지요. 그러면 자본가에게는 이중으로 유리한 국면이 조성됩니다. 한편으로는 노동자들의 경쟁으로 생산량이 증대하고 다른 한편으로는 상호 경쟁 때문에 노동자들의 연대가 어려워지지요. 전자는 노동의 가격을 떨어뜨리는 역할을 하고("성과급은 개인적으로는 임금을 평균 수준 이상으로 높이지만 동시에 임금의 평균 수준 자체를 저하시키는" 효과를 냅니다.[김, 755; 강, 760] 노동량의 공급을 늘려 노동의 가격이 떨어지니까요), 후자는 노동자들의 정치력(단결력)을 떨어뜨리는 역할을 하지요.

　　여섯째, 마르크스가 언급한 건 아니지만 '근로'를 조장하는 도덕적 효과가 생깁니다. 개인별로 생산량에 따라 임금 차이가 나기 때문에, 임금 차이가 열심히 일하는 노동자와 그렇지 않은 노동자에 대한 도덕적 평판을 낳습니다. 저임금을 개인 노동자의 게으름 탓으로 돌리게 하지요. 저임금에 도덕적 비난까지 던진다고 할까요. 아울러 저임금의 원인이 낮은 노동가격에 있다는 것을 보지 못하게 가립니다.

　　일곱째, 자본가는 불확실한 시장 상황에 효과적으로 대처할 수 있게 됩니다. 시장 변동의 부담을 노동자들에게 전가할 수 있지요. 호황일 때는 성과급을 통해 생산량을 쉽게 늘릴 수 있습니다. 그런데 불황일 때도 성과급은 자본가에게 유리합니다. 어차피 생산량에 따라 임금을 지급하는 것이기 때문에 물량이 없어서 놀아야 하는 시간의 부담이 노동자들에게 돌아가게 되니까요.[김, 756, 각주 12; 강, 761, 각주 35]

　　이 모든 특징을 종합하면 우리는 왜 자본가가 성과급제를 그토록 선호하는지 이해할 수 있습니다. 처음에는 단순히 노동가격을 환산하는 기준만 바꾼 것처럼 보였지만 정말로 많은 변화들이 나타납니다. 노동의 강도를 높이고 노동의 가격을 떨어뜨리며 노동자들의 세력화를 막는 데 이만 한 술책이 또 있을까 싶습니다. 그래서 마르크스가 성과급제를 "자본주의적 생산양식에 가장 적합한 임금형태"라고 불렀나 봅니다.[김, 756; 강, 761]

『자본』제20장에서 마르크스는 '임금의 국가별 차이'를 다룹니다. 그렇다고 세계적 수준에서 자본주의의 불균등 발전의 문제를 살피는 것은 아닙니다. 국가마다 임금수준이 다른데, 흔히들 노동생산성이 높은 나라에서 임금이 더 높다고 하지요. 겉보기에는 소위 선진국 노동자들의 임금이 더 높기는 합니다. 그런데 마르크스는 정말로 노동생산성(노동강도 포함)이 높은 나라에서는 '노동의 상대적 가격'이 높은 것인지, 즉 노동자가 생산한 잉여가치의 크기나 생산물의 양을 고려했을 때 임금이 더 높다고 할 수 있는지를 한번 따져보자고 합니다. 사실 마르크스는 제15장(영어판 제17장)에서 이 문제를 슬쩍 언급한 바 있습니다. '노동일의 길이와 노동생산력이 불변인 상태에서 노동강도가 변하는 경우' 노동력의 가치(가격)와 잉여가치의 상대적 크기가 어떻게 변하는지를 살펴본 후 마르크스는 이렇게 말했습니다. "평균적 노동강도는 나라마다 다르고 따라서 각 나라의 노동일에 적용되는 가치법칙은 제각기 달라질 것이다. 강도가 높은 나라의 노동일은 강도가 더 낮은 나라의 노동일에 비해 더 큰 화폐액으로 표현될 것이다."[김, 710; 강, 720] 노동일이 같아도 노동강도가 높다면, 더 많은 노동량이 투입되었으므로, 시간에 따른 노동의 가격이 달라질 수 있음을 시사한 것이지요.

마르크스는 왜 이때 임금의 국가별 차이를 다루지 않고 "임금" 편의 마지막 장에 와서야 이야기하는 걸까요. 이런 이유가 아닐까 싶습니다. 국가들은 저마다 사정과 환경이 다른데요. 이런 국가들에서 임금을 서로 비교하려면 기준을 통일해야겠지요. 이때 앞서 시간급제와 성과급제에서 노동단가를 계산하던 그 방식을 활용할 필요가 있습니다. 그런데 국가들의 노동단가를 비교하기 전에 먼저 고려할 것들이 있습니다. 일단 국가마다 노동력의 가치를 규정하는 생활필수품의 범위와 가격이 다릅니다. 날씨가 추우면 의복비와 난방비가 더 필요하겠지요. 빵을 먹으면 밀 가격이 중요하지만 밥을 먹으면 쌀 가격이 중요합니다. 영국의 노동자들은 홍차를 마시지만 대륙의 노동자들은 커피를 많이 마십니다. 여기에 어떤 교육제도를 가지고 있는가에 따라 양육비가 달라지겠지요. 이것은 주로 육체적인 부분만 생각한 것인데요. 문화적·정신적 요소까지 고려하면 차이는 더 벌어질 겁니다. 여성노동과 아동노동이 생산에 얼마나 참여하는가도 노동력의 가치에 영향을 미칩니다. 당연히 나라마다 평균적인 노동시간과 노동강도도 다를 겁니다.[김, 761; 강, 766]

노동력의 가치(또는 가격)가 임금형태를 취하면 '노동의 가격'이라는 식으로 해석되는데요. 어떻게 하면 임금수준이 다른 국가들의 '노동의 가격'을 비교할 수 있을까요. 거칠게 피상적으로나마 비교를 하려면 일단 동일한 산업을 선택해야겠지요. 그리고 노동시간과 노동강도를 서로 비교 가능한 형태로 만들어주어야 합니다. 일단은 명목임금(화폐로 표현된 임금)을 노동시간으로 나누고(시간급), 그 다음에는 생산량을 고려해 다시 성과급 형태로 환산합니다. "성과급만이 노동생산성과 노동강도에 대한 척도가 될 수 있"으니까요.[김, 762; 강, 767] 그런데 한 국가 안에서는 노동강도가 평균적인 강도보다 높을 경우에만 동일 시간에 더 많은 가치를 창조한 것으로 인정됩니다. 노동강도가 평균보다 떨어지면 상품을 생산할 때 사회적 필요노동시간보다 더 많은 시간을 허비하겠지요. 이렇게 늘어난 시간은 가치 자체를 인정받지 못합니다. 어떤 상품에 대한 사회적 필요노동시간은 4시간인데 낮은 강도(낮은 생산력) 때문에 6시간이 들었다면 추가로 들어간 2시간의 가치는 없는 것, 즉 생산된 가치가 무화됩니다. 반대로 노동강도가 예외적으로 높다면 4시간을 일해도 5시간, 6시간으로 인정받을 수가 있습니다. '강화된 노동'은 단순노동의 'x배의 가치'로 계산되니까요.

그러나 세계시장에서는 다릅니다. 나라마다 평균노동강도라는 게 있을 텐데요. 나라별 평균노동강도를 쭉 늘어놓으면 중간 값이 있겠지요. 그런데 이 중간 값에 미달한다고 해서 해당 국가의 노동자들이 생산한 가치가 무화되지는 않습니다(세계가 단일 국가, 단일 사회가 된다면 또 모르겠습니다. 물론 이 경우에는 '임금의 국가별 차이'라는 말 자체가 의미를 갖지 못합니다만). 다만 노동강도가 높은 나라의 노동이 동일 시간에 더 많은 가치를 생산한 것으로 간주될 뿐이지요. 그래서 노동일이 같아도 노동강도가 높은 나라의 전체 가치생산물이 더 많은 화폐로 표현됩니다(화폐의 가치가 일정하다고 했을 때 말입니다). 이를테면 6시간이 3실링(시간당 ½실링)이었는데 노동강도가 강화되어 6시간의 가치량이 4실링(시간당 ⅔실링)이 되었다고 해보죠. 이때 화폐를 시간으로 환산하면 처음에는 1실링이 2시간에 해당했는데, 다음에는 1실링이 1.5시간에 해당합니다. 시간으로 표시할 때 후자의 화폐 가치가 더 작지요. 우리는 화폐의 가치가 일정하다고 전제했는데요. 그렇다면 노동강도가 높은 나라의 노동자들은 동일 시간에 대해 동일 임금을 받아도 그 시간만큼 평가받은 게 아니라는 말이 됩니다. 다시 말하면 노동량에 비해 더 적게 받는 거라는 말이지요.[김, 762~763; 강, 767]

노동생산력이라는 말을 조금 넓은 의미에서 쓴다면(고급노동, 복잡노동, 강도 높은 노동을 모두 포함하는 것으로서), 노동생산력이 높은 나라의 노동은 이런 이유로

가격이 더 높습니다. 소위 선진 자본주의 국가의 노동자들이 명목임금(화폐임금)으로는 더 높게 받는다는 것이지요. 그런데 마르크스는 명목임금이 높다고 실질임금(구매할 수 있는 생활수단의 양)도 높다는 뜻은 아니라고 말합니다. 화폐로 지급된 임금은 발전한 자본주의 국가들에서 높지만, "노동의 상대적 가격 즉 잉여가치와 생산물의 가치에 대한 노동가격의 비율"은 오히려 저발전 국가가 더 높다는 겁니다.[김, 763; 강, 768] 이를테면 영국 노동자들은 대륙의 노동자들보다 높은 임금을 받습니다만, 잉여가치나 생산물의 가치와 비교해볼 때 실제로 노동의 상대적 가격은 더 낮다는 것이지요. 바꾸어 말하면 대륙 노동자들의 노동이 영국 노동자들의 노동보다 더 비싼 겁니다.[김, 764; 강, 769]

아주 흥미로운 대목입니다. 더 많은 임금을 받는 노동자들이 더 나은 대접을 받는 것은 아니라는 걸 보여주니까요. 마르크스는 동유럽과 아시아에서 현지인을 고용했던 영국 철도회사들의 경험을 빌려 이렇게 말합니다. "임금의 수준은 어느 정도 중간(평균) 노동강도에 따라 변동한다 하더라도, 노동의 상대적 가격(생산물에 대비한 노동의 가격)은 대체로 그 반대 방향으로 움직인다."[김, 766; 강, 770~771] 소위 선진국 노동자들이 더 높은 임금을 받는 것은 노동생산력(노동강도)이 높기 때문입니다. 동일 시간에 더 많이 생산한다는 것이죠. 그러나 그들이 생산한 것에 비추어 그들의 노동은 더 저평가된 것이기도 합니다. 노동의 가격과 잉여가치의 양적 격차도 더 벌어지고요. 임금은 높지만 착취도도 그 이상으로 높죠.

──────── 아름답고 조화로운 자본주의?─케리와 바스티아에 대한 비판 ────────

마르크스는 『자본』 제20장의 마지막 페이지를 미국의 경제학자 헨리 케리에 대한 비판에 할애하고 있습니다. 케리는 임금의 국가별 차이가 노동생산성에 비례한다는 점을 보이고 이것을 기반으로 임금이란 노동생산성에 따라 변동하는 것이라는 주장을 일반화하려 했습니다. 마르크스가 앞서 검토한 내용이지요. 마르크스는 설령 임금의 국가별 차이가 노동생산성에 비례한다고 해서 노동의 상대적 가격이 높게 평가된 것은 아니라고 했습니다. 그리고 국가 간 임금 차이가 노동생산성과 비례관계를 형성한다고 해서 이것을 임금 일반에 관한 법칙으로 만들 수도 없음을 이미 보여주었습니다.

임금이란 '노동력의 가치(혹은 가격)'가 현상적으로 '노동의 가격'인 듯 나타난 것뿐입니다. 그러니 기본적으로 노동력의 가치에 영향을 미치는 요인들이 임금에도 영향을 미칠 수밖에 없습니다(노동자들의 생활수단을 생산하는 부문의 생산성과 함께 다양한 자연적·문화적 요소들이 개입하지요). 여기에 '노동의 가격'이라고 여겨지게 되면 노동자들의 정치적 힘도 큰 영향을 끼칩니다(노동자들의 힘이 얼마나 조직되어 있는지, 이를테면 노동조합 조직률 같은 것이 영향을 미치죠). 앞서 마르크스는 노동력의 가격이 그 가치보다 간혹 높아질 수 있음을 전제하면서, 자본에 저항하는 노동자들의 힘을 언급한 바 있지요. 게다가 임금의 국가별 차이에서도 '노동생산성 증대'와 '노동의 가격'이 비례한 것은 노동생산성 증대가 '강화된 노동'(고급노동, 복잡노동, 강도 높은 노동)을 의미했기 때문입니다. 노동자들이 실제로 더 고급의 노동 혹은 더 강도 높은 노동을 투여한 결과라는 것이지요. 따라서 국가들 차원에서 대강의 비례관계를 확인했다고 해서, 임금은 곧 노동생산성에 달려 있다는 식으로는 말할 수 없습니다. 사실은 케리도 현실이 자기 이론과는 다르다는 것을 확인했는지, '그나마 다행스럽게도' 현실을 이론에 맞추어 조작하지는 않았어요. 하지만 그는 자신의 이론이 틀렸다고도 생각하지 않았습니다. 그 대신 왜곡을 불러일으킨 요소가 있다고 생각했지요. 그는 국가를 지목했습니다. 국가가 경제에 개입하면서 '자연적 관계'가 뒤틀렸다는 겁니다. 그는 노동자들의 임금을 정확히 계산하려면 국가가 수입으로 챙겨 간 부분 즉 세금도 노동자가 받은 걸로 계산해야 한다고 했습니다.[김, 766~767; 강, 771]

마르크스는 국가를 자본주의의 자연적 발전을 가로막는 악당처럼 취급하는 케리에게 쓴웃음을 지으며 묻습니다. "이러한 국가비용(Staatskosten)도 자본주의적 발전의 '자연적 결실'은 아닌지에 대해서도 더 따져보아야 하는 건 아닐까?"[김, 767; 강, 771] 자본주의의 발전을 가로막고 있다는 국가가 자본주의와 더불어 발전한 것일 뿐 아니라 자본주의의 발전을 위해서도 꼭 필요한 존재가 아닌지 물어보라는 것이지요. 마르크스에 따르면 실제로 케리는 그런 주장을 폅니다. 국가를 자연적 관계를 왜곡한 악당으로 취급해놓고는 곧이어 자연적 관계의 수호자로서 국가를 요청합니다. 그 스스로 무슨 말을 했는지 알고나 있는지 의심스러운 주장을 폅니다. 마치 고객의 무죄를 입증하는 것처럼 보이면 상충 여부도 확인하지 않은 채 온갖 논리와 증거를 들이미는 변호사 같습니다.

국가의 개입을 비난했던 케리가 국가의 개입을 요청하게 된 사정이 있습니다. 마르크스는 케리의 추론을 요약해 보여주었는데요.[김, 767; 강, 771] 일단 케리의 출발점은 '조화롭고 아름다운 자본주의'입니다. 그에 따르면 자본주의는 인간본성에 가장 잘 맞는 자연스러운 생산형태입니다. 한마디로 "자연과 이성의 영원한 법칙"에 부합하지요. 그런데 국가권력이 간섭해 이 자연스러운 관계를 깨뜨립니다. 자본주의의 순수한 발전을 저해하는 것이지요. 그런데 케리는 세계시장에서 자연적 관계를 깨뜨리고 자본주의의 순수한 발전을 가로막는 또 다른 악당을 봅니다. 당시 가장 발전된 자본주의 국가인 영국이 그 악당입니다(국가에 가했던 비난이 국제무역 문제에서는 영국에 대한 비난으로 옮겨 갑니다). 영국의 발전된 산업은 세계시장을 독점하려 들며 이것이 미국 경제에 악영향을 끼친다는 걸 발견했지요. 그는 영국으로부터 미국의 조화로운 자본주의, 순수한 자본주의를 지켜야 한다는 생각에 도달합니다. 그래서 강력한 보호무역제도를 외칩니다. 국가가 자본주의의 수호자로 나서야 한다는 것이지요.

왜 자본주의가 가장 발전한 나라인 영국에서 "아름다운 조화"가 깨졌을까요. 케리는 미국과 달리 영국에는 봉건시대의 잔재가 남아 있다고 봅니다. 공채(公債)나 조세를 통한 국가의 개입이 그런 잔재 중 하나입니다. 또한 그는 계급도 자본주의적 관계의 표현이 아니라 봉건적 신분의 잔재로 봅니다(이 점에서 그가 보기에는 신분이나 계급이 없는 미국 사회가 순수한 자본주의이지요). 그는 리카도와 같은 영국의 정치경제학자들을 비난합니다. 자본가(이윤), 지주(지대), 노동자(임금) 사이의 상호 긴장관계를 정식화하기 때문이지요.

케리는 자본주의사회의 사회적 적대를 낳은 것은 자본주의가 아니라 리카도의 이론인 것처럼 공격하기도 합니다. 이 사람은 어디까지 갈까요. 자신이 어디로 가는지는 알고 있었을까요. 그는 자유로운 무역이 "자본주의적 생산양식에 고유한 아름다움과 조화를 파괴"한다는 깨달음까지 얻었습니다.[김, 767; 강, 771~772] 경쟁이 자본주의의 조화로운 질서를 깨뜨린다는 것이지요. 그래서 국가의 개입이 필요하게 되지요. 외국 상품에 대해 강력한 보호관세를 부과해야 한다는 겁니다. 여기서 나는 마르크스의 웃음소리가 들리는 것 같습니다. 마르크스는 비꼬는 말투로 케리의 발걸음을 응원합니다. 조금만 더 가면 될 것 같다고. "이 방향으로 한 걸음만 더 나아갔다면 그는 자본주의의 유일한 폐해는 자본 자체라는 것을 발견했을 것이다."[김, 767; 강, 772]

케리는 완전히 엉터리 이론가입니다. 마르크스는 그를 매우 희극적인 인물처럼 그리고 있습니다. 실제로 케리를 하나의 캐릭터로 간주하는 것 같습니다. 그의 논리를 하나의 전형으로 다루고 있거든요. "이것은 다음과 같은 사람에게 딱 들어맞는(würdig) 추론이다"라는 문장을 보면 그렇습니다.[김, 767; 강, 771] 케리의 주장은 고전파 경제학의 타락한 형태로서 속류경제학, 즉 어떤 일관성도 갖추지 못한 채 그저 일파의 이익을 보호하기 위해 온갖 논리를 들이대는 속물들의 경제학을 대변합니다. 마르크스는 마지막 문장에서 이런 부류의 일원으로 프레데리크 바스티아라는 이름도 언급했는데요. 바스티아는 『자본』의 제2독일어판 후기에서도 부르주아 정치경제학의 파산을 나타내는 인물로 언급한 바 있습니다. 마르크스에 따르면 바스티아는 스스로 케리의 후계자임을 자인한 사람입니다.[53] 그런데 보호무역주의자인 케리와 달리 바스티아는 자유무역주의자입니다. 미국의 케리가 영국 상품의 공격을 방어하기 위해 보호무역주의자가 되었다면 프랑스의 바스티아는 영국처럼 되기 위해 프랑스에서 국가의 간섭을 제거하려고 했지요. 이렇게 상반된 주장이 공존하는 것도 이상할 건 없습니다. 케리 한 사람의 주장 안에도 이 정도의 불일치는 존재하니까요.

그럼에도 케리와 바스티아는 같은 무리입니다. 자본주의가 기본적으로 아름답고 조화로운 사회라고 믿는다는 점에서, 자본주의적 생산관계의 조화를 입증하려 했다는 점에서 둘은 한편입니다(마르크스가 "조화론적 지혜"라고 부른 것을 가졌지요[김, 767; 강, 772]). 다만 미국과 프랑스라는 다른 환경에서 출발했기 때문에 상반된 입장을 지지한 겁니다.[54] 이들의 믿음, 이들이 수호하려는 이익, 이들이 변호하는 고객은 모두 같습니다. 사실 이론적으로만 보면 이런 엉터리들을 『자본』에서 이렇게 길게 다루어야 하나 싶기도 합니다. 그런데 달리 보면 『자본』이니까 그럴 필요가 있다는 생각도 듭니다. 바로 이런 점이 『자본』이 어떤 책인지를 보여준다고 할까요. 앞서 잉여가치율에 대한 고전파 경제학의 잘못된 정식을 비판할 때도 똑같은 물음을 던진 적이 있지요. 마르크스가 왜 고전파 경제학의 틀린 정식을 분석하고 비판하는 데 많은 지면을 할애했는지 말입니다.

나는 케리와 바스티아에 대한 비판에 대해서도 똑같이 말하고 싶습니다. 『자본』은 명확히 자신의 독자 즉 노동자를 상정한 책입니다. 마르크스는 노동자들, 프롤레타리아트가 이 책을 읽기를 바랐고 그들의 무기가 되었으면 하는 마음에서 이 책을 썼습니다. 그렇기 때문에 『자본』에서 누군가를 언급하고 비판한다면 그가 이론적으로 중요하기 때문일 수도 있지만 현실적으로 큰 폐해를 끼치기 때문일 수도 있습니다. 앞서도 말했지만 마르크스의 비판은 이론적 결점에 대한 지적을 넘어 현실적 탄핵을 위한 것일 때가 많습니다. 케리와 바스티아의 이론이 설령 엉터리일지라도 많은 노동자가 협력과 조화를 떠들어대는 그들의 주장에 넘어간다면, 마르크스는 이들에 대한 비판을 어떤 대(大)이론가의 주장에 대한 반박보다 시급하고 중요하다고 생각할 겁니다.

마르크스는 『자본』을 펴내기 10년 전에 바스티아와 케리에 대한 미완의 짧은 글을 쓴 적이 있습니다. 미완이라고 했지만 더 이상 쓰고 싶지 않아 중단한 글이라고 해야 할지도 모르겠습니다. 마지막 문장을 이렇게 쓰고 그만두었으니까요. "이 어이없는 언행을 계속 추적하는 것은 불가능하다. 그러므로 우리는 바스티아 씨와 결별한다."[55] 마르크스는 이 글을 1857년에 썼는데요. 1904년 카를 카우츠키(Karl Kautsky)가 이 원고에 "케리와 바스티아"라는 제목을 달아 한 잡지에 게재했고, 나중에 소련의 '마르크스엥겔스레닌연구소'에서 『정치경제학 비판 요강』을 펴낼 때 「바스티아와 케리」로 함께 묶였습니다.[56]

마르크스가 1857~1858년에 어떤 심정으로 원고들을 썼을지 짐작하게 하는 편지들이 있는데요. 1856년 11월 엥겔스는 마르크스에게 편지를 썼습니다. 당시 발발한 공황이 "전대미문의 심판"이 될 것 같다고, 유럽 전체의 산업이 망할 것 같다고 했죠. "혁명은 이번과 같은 멋진 순수상태(tabula rasa)를 다시는 쉽게 발견하지 못할 것입니다."[57] 마르크스는 마음이 바빴습니다. 그는 노동자들에게 혁명적 정세 속에서 사태를 제대로 인식시키기 위해 빨리 책을 펴내야겠다고 생각했습니다. 1857년 12월, 마르크스는 엥겔스에게 보낸 편지에 이렇게 썼습니다. "내 경제학 연구를 밤새 미친 듯이 요약하고 있네. 대홍수 이전에 최소한 그 개요(요강, Grundrisse)만이라도 명확히 하기 위해서 말일세."[58] 『정치경제학 비판 요강』은 이런 맥락에서 탄생한 책입니다. 혁명보다 먼저 뛰어나가 혁명을 위해 자본주의 위기의 본질을 신속하게 그려낸 스케치라고 할 수 있지요.

「바스티아와 케리」도 이 와중에 쓴 글입니다. 정세에 개입할 목적으로 쓴 글이지요. 바스티아와 케리의 '조화' 이데올로기는 당시 노동운동에 상당한 위협이었습니다. 노동자들에 대한 착취를 은폐하고 부르주아들이 유포하는 환상 속에 노동자들을 가둘 수 있었으니까요.[59] 특히 자본주의 공황이 닥쳤을 때 이런 이데올로기는 계급투쟁에 치명적입니다. 공황이 혁명으로 발전하지 못하도록 방어벽 역할을 하지요. 공황을 자본주의의 원리 자체에서 생겨난 문제가 아니라 자본주의 원리가 제대로 작동하지 못함으로써 이를테면 몇몇 지도자나 정치 세력이 잘못된 정책을 폈기 때문에 생겨난 문제인 것처럼 보이게 합니다. 게다가 공황과 더불어 누구보다 큰 위기에 처한 노동자들로 하여금 위기 극복을 위해 더 순응적 태도를 보이도록, 더 큰 희생을 감내하도록 만들지요. 내 생각에는 이것이 바로 마르크스가 바스티아와 케리 같은 부류의 엉터리 학자들을 강력하게 규탄하고 탄핵하는 이유입니다.

이렇게 해서 『자본』 제6편이 모두 마무리되었습니다. 만약 연극이라면 여기서 막을 한 번 내려야 할 것 같습니다. 제2편에서 마르크스는 자본 개념을 규정하고 잉여가치가 노동력이라는 특별한 상품의 사용에서 나온다는 것을 밝혔습니다. 그리고 제3편부터 본격적으로 잉여가치가 어떻게 생산되는지를 살펴보았습니다. 잉여가치의 생산과 관련해 노동일의 길이(제3편), 노동생산력의 발전(제4편)이 어떤 의미를 갖는지를 살펴보았고, 노동력의 가치(임금)와 잉여가치의 크기가 상대적으로 어떻게 변동하는지를 보았습니다(제5편). 아울러 노동력의 가치(가격)가 임금형태를 취할 때 어떤 환상이 일어나는지도 보았지요(제6편). '관계자 외 출입금지' 영역인 공장에 숨어 들어가 자본증식의 비밀을 샅샅이 파헤친 느낌입니다. 그런데 제7편부터는 풍경이 완전히 달라집니다. 시야가 시간적으로도 공간적으로도 크게 확대됩니다. 마치 공장에서 나온 마르크스가 언덕에 올라 도시의 전체 풍경을 보는 것 같습니다. 어떤 점에서는 제7편에 와서야 비로소 '자본주의적 생산양식'에 대해 말한다고 해도 좋을 것 같습니다. 제7편에서 다루는 것은 자본주의의 이런저런 요소가 아니라 자본주의 자체입니다. 전체로서 자본주의의 동학을 보여준다고 할까요. 과연 언덕에 오르면 어떤 풍경이 펼쳐질까요. 여기저기 연기가 피어오르는 공장들의 굴뚝을 보며 마르크스는 무슨 생각을 떠올렸을까요.

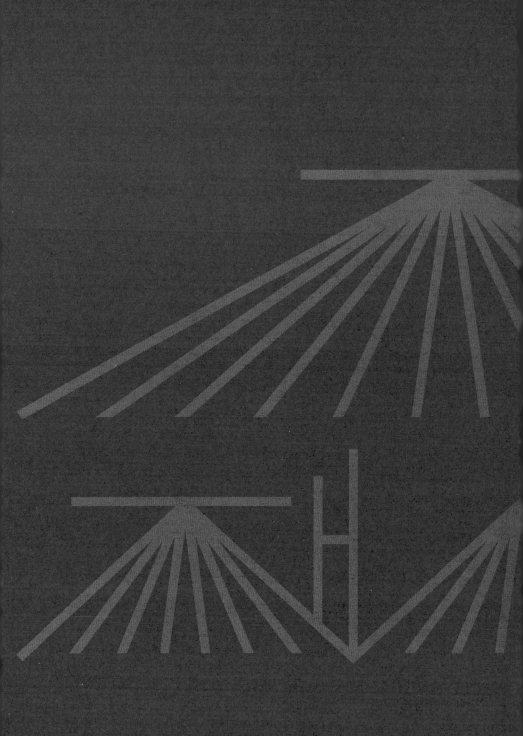

열아홉 살의 마르크스는 문학청년이었습니다. 대학에 들어가자마자 시인 클럽에 가입했지요. 베를린 대학에서 공부한 내용을 아버지에게 보고하면서 맨 처음 언급한 것이 시였습니다.[1] 연인 예니에게 곧바로 노트 세 권에 달하는 시를 써 보낼 정도로 좋아했습니다. 고전도 많이 읽었습니다. 첫 학기에 아리스토텔레스의『수사학』일부를 번역했고, 타키투스(Publius C. Tacitus)의『게르마니아』Germania, 오비디우스(Publius N. Ovidius)의『트리스티아』Tristia를 번역했습니다. 그리고 직접『스콜피온과 펠릭스』Scorpion und Felix라는 소설과『울라넴』Oulanem이라는 희곡도 썼습니다.

그는 법학과 철학, 나중에는 정치경제학까지 열심히 공부했습니다만 문학작품을 늘 가까이 두었습니다. 아버지에게 보낸 편지에서 그는 시를 '동반자'(Begleitung)라고 불렀는데요(본격 연구 주제라기보다는 항상 곁에 두는 존재라는 의미에서요),[2] 실은 문학 전체가 동반자가 아니었을까 싶습니다. 철학과 정치경제학은 연구했지만 문학과는 함께 살았다고 할 수 있습니다. 런던 소호의 혹독하던 시절 그와 예니는 좁은 다락방에서 셰익스피어의 희곡을 암송하며 버텼습니다. 나중에는 아이들까지 그 작품들을 암송했지요. 길을 걸을 때도 그랬습니다. 마르크스는 아이들 앞에서 단테의『신곡』을 암송하거나 괴테의『파우스트』를 연기했다고 합니다. 집에서는 단테, 세르반테스, 월터 스콧, 제임스 페니모어 쿠퍼, 발자크 등의 작품을 읽어주었고요.[3]

그러니『자본』에서 문학작품의 흔적이 발견되는 건 이상한 일이 아닙니다. 프리드리히 폰 실러(Friedrich von Schiller)의 작품도 그중 하나인데요. 그는 어렸을 때부터 실러를 즐겨 읽었고, 편지를 보내거나 글을 쓸 때 실러의 작품 속 문구를 곧잘 인용했습니다.[4] 마르크스에 따르면 실러는 속물을 잘 알아봅니다. 엥겔스에게 보낸 편지에서는 실러를 속물들에 대한 '유능한 감별사'라고까지 했지요.[5] 우리가 이번 장에서 다룰『자본』의 해당 파트에서도 실러의 문구를 인용합니다. 속물이 여럿 등장하는 이번 내용에서 마르크스는 실러를 두 번 인용하는데요. 한 곳에서는 실러의 작품 속 인물이 언급되고 다른 곳에서는 실러가 쓴 문구가 인용됩니다. 사실『자본』I권 마지막 장에도 실러의 문구가 인용 표시 없이 인용되어 있습니다.『자본』I권만 놓고 보면 최소한 세 곳에서 실러의 흔적을 접할 수 있는 겁니다. 그런데 흥미롭게도 이 세 곳 모두가 노동자의 '떠남'과 관련이 있습니다(두 곳은 명확히 그렇고 나머지 한 곳은 해석을 통해 그런 관련을 이끌어낼 수 있습니다). 노동자가 자본가와 계약을 맺는 것은 자유이지만 계약을 맺지 않고 자유롭게 떠나면 안 된다는 자본가의 이상한 메시지를 볼 수 있지요. 노동자에 대해 겉으로는 자유로운 존재라고 말하면서도 속으로는 자기 소유의 가축 정도로 여기는 자본가의 진심, 자본가의 속물성이 드러나는 대목들입니다.

속물은 제 잇속을 챙기면서 그것을 인간과 사회, 세상을 걱정하는 양심의 목소리로 위장하는 존재입니다. 마르크스는 맨체스터의 자본가 에드먼드 포터(Edmund Potter)가 그런 속물 중 하나라고 보았습니다. 그는 1863년 3월 『타임스』지에 노동자의 해외이주에 반대하는 편지글을 기고했는데요. 노동자가 자본가의 소유물은 아니라면서도, 노동자가 이주해버리면 "자본가는 어떻게 되느냐"라고 따지듯 물었습니다. 노동자들이 살기 어렵다는 건 알지만, 노동자가 떠나면 노동자의 상위 계급인 소상인은 어떻게 되며, 집세를 받지 못하는 집주인은 또 어떻게 되겠느냐고, 이것은 나라를 망치는 일이라고 흥분했습니다. 당장 굶어 죽게 생긴 노동자들에게 이기적이고 무책임한 존재라는 비난을 퍼부은 거죠. 사실은 제 이익이 축나는 것에 흥분했으면서 그걸 우국충정으로 포장하고 있습니다. 속물이란 이런 인간입니다. 마르크스는 "자본가는 어떻게 되느냐" 하는 포터의 물음에서 실러의 희곡작품 『간계와 사랑』Kabale und Liebe에 나오는 '시종장 칼프'가 떠오른다고 했습니다. 시종장 칼프는 수상 발터와 함께 온갖 간계를 꾸며 그 지위에 오른 사람인데요. 발터로부터 자신의 명예에 손상을 입힐 또 다른 간계에 가담하라는 요구를 받습니다. 처음에는 거절하지요. 하지만 발터가 전하(공작)에게 사표를 내고 다른 곳으로 떠나겠다고 말하자 칼프는 궁정 내 후원자를 잃어 자신의 지위가 추락할까 걱정하며 하소연합니다. 대학까지 나온 발터 당신은 떠나도 살길이 있겠지만 당신이 떠나면 나는 뭐가 되느냐고.[6] 명예와 행실을 따지던 칼프는 지위에 대한 위험을 감지하자마자 특유의 교활함을 드러내며 간계의 실행에 착수합니다. 속물이지요.

마르크스는 자본가의 지배적 유형이 바뀐다고 말하는 대목에서도 실러를 인용합니다. 초창기 자본가들은 절욕적 삶을 중시했습니다. 돈을 모으려면 개인적 소비를 최대한 줄여야 한다는 윤리가 지배했지요. 당시 부르주아 경제학자들은 자본가의 개인적 소비를 자본축적에 대한 도둑질로 간주했습니다. 그러나 자본주의가 발전하고 자본축적이 일정 규모에 이르자 자본가들은 더 이상 그런 식으로 살지 않았습니다. 자기 허리띠를 졸라맸던 선조에 대해 '인간적 감동'을 느끼기는 하지만 너무 고루하다고 생각했지요.

마르크스는 이 '인간적 감동'이라는 표현을 실러의 시 「인질」에서 따왔습니다.[7] 이 시는 시칠리아의 참주(僭主)였던 디오니시우스와 청년 다몬 그리고 다몬의 친구에 관한 이야기입니다. 다몬은 폭군 디오니시우스를 암살하려 했지만 실패하고 처형될 참입니다. 그는 죽기 전 누이의 결혼식에 참석하게 해달라고 간청합니다. 처형장에 반드시 돌아오겠다며 친구의 목숨을 담보로 걸었지요. 디오니시우스는 다몬의 부탁을 받아들이면서 덧붙입니다. 만약 네가 돌아오지 않으면 친구를 너 대신 처형하고 네 죄는 묻지 않겠다고. 다몬의 도망을 부추긴 셈인데요. 뭔가 '사악한 간계'가 있는 듯합니다. 다몬의 친구는 부탁을 받고 기꺼이 인질이 됩니다. 다몬은 누이의 결혼식에 참석한 후 서둘러 돌아오려 했습니다. 그러나 쉽지가 않았지요. 온갖 난관이 닥칩니다. 갑자기 비가 세차게 내리더니 강물이 불어나 다리가 떠내려갑니다. 가까스로 강을 건넌 후에는 강도들에게 봉변을 당하고, 나중에는 태양의 뜨거운 열기에 탈진합니다. 하지만 다몬은 도망과 포기를 부추기는 그 모든 난관을 뚫고 시간에 맞춰 처형장에 들어섭니다. 소식을 전해들은 참주 디오니시우스는 다몬과 친구의 우정에 '인간적 감동'을 느끼고는 자신도 그들의 친구가 되고 싶다고 말합니다. 실러의 시는 그렇게 끝이 납니다.

우정과 신의에 대한 감동적인 이야기인데요. 하필 마르크스는 이 감동적 장면의 연출자 중 한 사람인 디오니시우스 자리에 자본가를 두었습니다. 디오니시우스가 느낀 감동을 근대적 자본가가 느낀 감동으로, 즉 자본축적과 더불어 '사회적 부의 세계를 정복'하고 더 많은 '인간재료'를 착취하게 된 자본가가 초창기 자본가의 삶에 대해 느낀 감동으로 바꾸었습니다. 비열한 간계에 가담하는 시종장 칼프라면 모를까, 훌륭한 도덕적 감정을 갖게 된 디오니시우스를 자본가에 비유한 것은 적절치 않다고 생각할 수도 있습니다. 그러나 따지고 보면 청년들의 우정에 '인간적 감동'을 느꼈다고 해서 디오니시우스가 참주정을 끝낼지도 확실치 않고, 다몬이 도시를 참주의 폭정으로부터 해방하고자 했던 꿈을 포기할지도 의문입니다. 참주가 참주이기를 그만두지 않는 한 다몬이 디오니시우스와 우정을 맺기란 불가능하지요. 자본가가 자본가이기를 그만두지 않는 한 그가 느낀 '인간적 감동'이 그렇게 인간적으로 느껴지지 않는 것처럼 말입니다.

역사 속 인물인 시칠리아의 디오니시우스도 그랬습니다. 실러의 시에 등장한 디오니시우스가 정복 군주인 아버지를 모델로 한 것인지, 그 왕위를 물려받은 아들을 모델로 한 것인지는 확실치 않습니다. 그러나 둘은 모두 참주였고 폭군이었습니다. 플라톤이 철인 군주의 세상을 꿈꿀 때 아버지 디오니시우스를 찾은 적이 있습니다. 그러나 곧 기대를 접었지요.[8] 강력한 힘은 가졌으나 먹고 자는 것을 보자니 철학적 개선의 여지가 없었거든요(하루 두 차례 배터지게 먹고, 밤에 혼자서 잠자리에 드는 일이 결코 없는 생활이었다고 합니다). 참주 자리를 물려받은 아들 디오니시우스는 삼촌 디온과 철학자 플라톤의 우정에 시샘이 나서 그 사이에 끼어들고 싶어했습니다. 디오니시우스는 삼촌을 귀양 보낸 뒤 그를 인질 삼아 플라톤을 자기 사람으로 만들려고 했습니다. 플라톤에게 자신이 철인 군주임을 인정받고 싶어했지요. 그러나 실상 그는 끊임없이 음모와 간계를 꾸며낸 젊은 폭군에 지나지 않았습니다. 힘센 군주를 일깨워 훌륭한 통치자로 만드는 일, 실러의 시 속에서 다몬은 성공했는지 모르겠지만 현실에서 플라톤은 실패했습니다.

마르크스가 디오니시우스한테서 자본가를 보았다면 다몬한테서 노동자를 보지 못할 것도 없습니다. 다몬은 왜 도망칠 수 없었을까요. 그는 왜 참주에게 돌아와야 했을까요. 참주와의 약속도 있었지만 무엇보다 친구가 인질로 잡혀 있었기 때문입니다. 노동자 다몬 역시 자본가에게 자신과 가족의 생계를 인질로 저당 잡힌 존재입니다. 생존의 말뚝이 공장에 박혀 있는 한 그는 참주인 자본가에게 반드시 돌아와야 합니다. 해 질 녘에 떠났으면 해 뜰 녘에는 와야 하고, 주말을 쉬었으면 주초에는 와야 하며, 한 달 휴가를 보냈으면 다음 달에는 와야 합니다. 매고 있는 줄의 길이는 노동자마다 다르지만 자본가의 수중을 떠날 수 있을 만큼 긴 줄은 없습니다. 자유인은 긴 줄을 가진 사람이 아니라 줄이 없는 사람, 줄을 끊어버린 사람이지요.

다몬은 약속을 지키기 위해 죽으러 돌아왔습니다. 디오니시우스는 살기 위해 도망칠 줄 알았던 다몬이 돌아온 것에 감동했습니다. 만약 이 일로 그가 폭정을 멈춘다면 다몬은 칼로 실패한 일을 신의를 지킴으로써 성공한 셈입니다. 그러나 실러의 이야기는 이 시의 모티브가 된 고대의 이야기와 많이 다릅니다.[9] 기원전 6세기 고대 그리스에는 참주정의 짧은 시기가 있었는데요. 두 청년 하르모디오스와 아리스토게이톤이 참주인 히파르코스와 그의 형제 히피아스를 급습한 사건이 일어났습니다. 현장에서 참주 히파르코스는 죽었고 그를 급습했던 하르모디오스도 잡혀서 처형되었습니다. 간신히 목숨을 구한 히피아스는 새로운 참주가 되었고 아리스토게이톤은 도망쳤다가 나중에 체포되어 처형됩니다. 참주 히피아스 앞에서 그는 죽음이 두렵지 않다며 친구 뒤를 따를 수 있어 행복하다고 했답니다. 히파르코스 암살 이후 더욱 폭압적으로 변한 히피아스는 얼마 후 권좌에서 밀려납니다.

아테네에는 민주정이 들어섰지요. 아테네인들은 참주정에 대한 투쟁의 도화선이 된 두 청년의 공적과 우정을 기리는 동상을 세웠다고 합니다. 이후 많은 작가가 두 청년의 우정을 다룬 이야기를 썼고, 실러도 여기에 영감을 받아 (하지만 내용을 크게 바꾸어서) 시를 쓴 것이죠.

참주에게 참된 신의를 보여줌으로써 참주를 변화시킨 청년과 참주를 칼로 찌르고 처형됨으로써 시민들을 변화시키고 참주정을 끝낸 청년. 노동자 다몬의 자유는 과연 어느 길에 있을까요. 매번 죽을 곳으로 돌아와야 하는 이 끔찍한 운명을 그는 어떻게 바꾸어야 할까요. 이번 10장의 주제는 '자본의 재생산'입니다. 자본이 재생산된다는 것은 자본의 증식이 반복된다는 뜻입니다. 노동자의 잉여가치 생산이 계속된다는 뜻이지요. 그래서 자본의 재생산은 자본관계의 재생산이기도 합니다. 자본가와 노동자의 관계가 반복되는 거죠. 자본가 아브라함과 노동자 아브라함이 맺는 관계를 자본가 이삭과 노동자 이삭, 자본가 야곱과 노동자 야곱이 맺습니다. 그리스의 옛 이야기와 달리 자본의 참주정은 아직도 자신의 긴 족보를 이어가고 있습니다.

자본의 생애는 반복된다

지금 일어나는 일은 이미 일어났던 일이고 앞으로도 일어날 일이다. 자본의 영혼은 니체가 말한 중력의 영혼과 같은 말을 되뇔 겁니다. "네가 지금 살고 있고, 살아왔던 이 삶을 너는 다시 한번 살아야 하고, 무수히 반복해 살아야 할 것이다. (…) 동일한 차례와 순서로."[10]

───── 재생산의 관점에서 본 자본의 정체 ─────
자본은 어떻게 자본이 되는가. 앞서 4장에서 나는 '돈의 영원회귀'라는 말을 썼습니다. 마르크스가 말한 자본의 '환류 현상'을 지칭한 것인데요. '화폐로서의 화폐'인 경우와 달리 '자본으로서의 화폐'는 지출한 돈이 돌아옵니다. 돈을 써서 돈을 버는 것이지요. 자본이란 이처럼 더 많은 돈(잉여가치)을 벌기 위해 투자된 돈입니다. 그런데 이 운동에는 반복의 계기가 들어 있습니다. 도달점은 새로운 출발점이 되고 목적은 수단이 될 수 있으니까요. 새로 번 돈은 다시 자본으로 투자될 수 있습니다. 이처럼 자본은 가치증식 운동을 멈추지 않는 한에서만 자본입니다. 자본이 자본으로 존재한다는 것은 끊임없이 자신을 자본으로 생산한다는 뜻인 겁니다.

'자본'의 규정에 반복적인 자기생산, 자기갱신의 의미가 담겨 있지요.

이제 『자본』의 마지막편인 제7편에 이르렀습니다(독일어판 기준). 제7편에서 마르크스는 자본에 대한 이야기를 처음부터 되짚습니다. 제2편에서 우리는 자본에 대한 이야기를 처음 만났는데요. 자본은 어떻게 자본이 되는가. 자본은 어떻게 스스로를 자본으로 생산하는가. 마르크스는 그때 '성부와 성자' 이야기를 했지요. 그런데 제7편에도 비슷한 이야기가 나옵니다. "아브라함이 이삭을 낳고 이삭이 야곱을 낳은" 이야기지요.[김, 793; 강, 797] 모두 아버지가 아들을 낳는 이야기입니다. 하지만 제7편의 '아버지와 아들' 이야기는 뉘앙스가 다릅니다. 우리는 이미 자본이 어떻게 자본이 되는지, 자본이 어떻게 자신을 자본으로 생산하는지를 알고 있습니다. 그러므로 여기서는 자본과 잉여가치의 관계, 즉 아브라함이 이삭을 낳아 이삭의 아버지가 되었다는 식의 이야기를 할 필요가 없습니다.

『자본』의 독자로서 우리는 더 이상 '자본'이라는 말을 처음 듣는 사람들이 아닙니다. 우리는 꽤 긴 여정을 걸어왔습니다. 제1편에서는 자본 개념을 이해하기 위한 이론적 준비를 했고(자본주의적 생산양식의 '부'에 대한 독특한 관념으로서 '가치' 개념을 배웠습니다), 제2편에서는 자본을 이론적으로 정식화했습니다(가치를 증식시키는 가치, 잉여가치를 낳는 가치). 그리고 이렇게 정식화된 자본이 노동력이라는 독특한 상품 덕분에 현실화될 수 있다는 것도 보았습니다. 제3편과 제4편에서는 잉여가치가 실제로 어떻게 생산되는지를 살폈고, 제5편에서는 노동력의 가치와 잉여가치의 상대적 크기를 변동시키는 다양한 경우를 검토했으며, 제6편에서는 노동력의 가치가 임금의 형태를 취할 때 생기는 문제들도 보았습니다. 한마디로 우리는 '자본의 생산'에 대해 이미 알고 있습니다.

『자본』 I권은 '자본의 생산'을 다루는 책인데요. I권의 긴 여정이 끝나가는 지점에서 다시 자본의 생산에 대해 이야기하는 것은 어떤 의미가 있을까요. 자본이 어떻게 자본이 되고 자본이 어떻게 자신을 자본으로 생산하는지를 아는 사람들, 성부와 성자의 이야기를 아는 사람들인 우리에게 '아브라함과 이삭'의 이야기를 또다시 꺼내는 이유가 무얼까요. 제7편에서도 '자본의 생산'을 다루기는 합니다. 하지만 좀 다릅니다. 제7편에서 마르크스가 주목하는 것은 '생산'이 아니라 '생산의 반복'입니다. 아브라함이 이삭을 낳았지만 이삭 또한 야곱을 낳았습니다. 그러니까 제7편에서 하려는 이야기를 더 명확히 하려면 '아브라함이 이삭을 낳은 이야기'가 아니라, '아브라함이 이삭을 낳고, 이삭이 야곱을 낳은 이야기'라고 해야 합니다. 똑같은 일이 똑같은 순서로 다시 일어난다는 것이지요. 제6편까지 우리는

'자본은 어떻게 자본이 되는가', '자본은 어떻게 자신을 자본으로 생산하는가'의 문제를 다루었습니다. 그런데 제7편에서는 이 물음에 '다시'라는 말을 넣습니다. 자본은 어떻게 '다시' 자본이 되는가, 자본은 어떻게 '다시' 자신을 자본으로 생산하는가. 제21장과 제22장(영어판은 제23장과 제24장) 제목에 들어 있는 표현을 쓰자면, 제7편은 자본의 '생산'이 아니라 '재생산'(Reproduktion)을 다룹니다.

마르크스가 제7편의 제목을 '자본의 증식과정'이 아니라 '자본의 축적과정'이라고 단 것에 유념할 필요가 있습니다. '축적'(Akkumulation)은 이전 편에서는 좀처럼 사용되지 않은 단어입니다. 네댓 차례 언급되었지만 큰 비중을 차지하지는 않았습니다. 그러나 제7편에서 '축적'은 핵심 개념입니다. '축적' 개념의 내용은 '증식'과 다르지 않습니다. 100억이 110억이 되고 110억이 121억이 되는 것, 자본은 이렇게 증식되고 이렇게 축적됩니다. 그럼 차이는 어디에 있을까요. 축적은 '반복'과 관련이 있습니다. 증식이 반복되었을 때(생산된 잉여가치가 다시 자본으로 전화되었을 때) 축적이 일어납니다. 축적은 반복의 결과입니다. 자본의 가치증식운동, 자본이 자본이 되는 운동, 자본이 스스로를 자본으로 생산하는 운동의 반복이라고 할 수 있습니다. 즉 축적은 자본의 재생산(확대재생산)의 결과입니다.

『자본』에서는 서술순서가 중요하다고 했는데요. 왜 이제야 '축적' 개념이 등장하는지 이해할 수 있습니다. 자본의 재생산에 대해 말하려면 자본의 생산에 대한 이야기가 끝나야 합니다. 재생산이란 생산의 반복입니다. 지금까지 우리가 살펴보았던 자본의 가치증식과정이 동일한 순서로 다시 진행되는 겁니다. 제6편까지의 내용이 몇 번이고 반복된다고 할 때 우리는 자본에 대해 무엇을 알게 될까요. 여기가 바로 제7편의 이야기가 시작되는 곳입니다.

―――――――― 자본의 운동은 자본의 재생산을 위한 것 ――――――――
제7편이 시작되자마자 첫 단락에서 마르크스는 지금까지 우리가 읽은 자본의 운동을 짧게 요약합니다. "자본으로서 기능할 가치량이 거치는 첫 번째 운동은 일정량의 화폐가 생산수단과 노동력으로 전환되는 것이다. 이것은 시장 즉 유통영역에서 이루어진다. 이 운동의 두 번째 단계인 생산과정은 생산수단이 상품으로 전환되는 즉시 끝난다. 그런데 이 상품의 가치는 자신을 구성하는 부분들의 가치를 넘어선다. 즉 처음 투하된 자본에 잉여가치를 더한 만큼을 담고 있다. 그다음에는 이런 상품들이 다시 유통영역에 투입되어야 한다. 이 상품들은 판매되어 그 가치를 화폐로 실현하고, 이 화폐는 새로운 자본으로 전환되며, 이 과정이 계속해서 반복

되어야[갱신되어야] 한다. 언제나 동일한 순차적(sukzessiven) 단계들을 거치는 이러한 순환(Kreislauf)이 자본의 유통(Zirkulation)을 이룬다."[김, 770; 강, 775]

　　마지막에 덧붙인 두 문장이 제7편에서 말하고자 하는 바입니다. 지금까지 살펴본 자본의 운동이 "계속해서 반복되어야" 하고, 이러한 "자본의 순환이 자본의 유통을 이룬다"라는 것. 이는 제6편까지 우리가 읽은 내용이 단지 반복되는 순환들 중 하나였음을 말해줍니다. 자본의 생애를 구성하는 하나의 마디였을 뿐이라는 거죠(이 순환들로 이루어진 '자본의 유통'은 생산과 구분되는 유통이 아니라 이들을 포괄하는 순환들로 이루어진 자본의 생애를 가리킵니다). 그동안 우리는 전체에서 하나의 마디, 하나의 순환을 떼어내어 분석했던 겁니다. 그런데 자본은 자본인 한에서는 이런 순환을 반복해왔습니다. 이전에도 그랬고 이후에도 그렇습니다. 즉 이제껏 우리가 읽어온 자본의 생산은 처음부터 재생산이었던 것이지요. 갑자기 카메라가 '줌아웃' 된 것 같습니다. 시야가 시간적으로, 공간적으로(사회적으로) 크게 확대됩니다. 『자본』의 각 권을 봉우리에 비유한다면 우리는 드디어 하나의 봉우리에 오른 셈입니다. 정상에 이르자 새로운 풍경이 펼쳐지네요. 전체 산맥이 눈에 들어오고, 멀리 II권과 III권의 풍광까지 흐릿하게 보입니다. 제7편은 I권에서 유일하게 별도의 도입부가 있는 곳입니다. 이 도입부는 봉우리에 막 올랐을 때 보이는 풍광의 스케치 같습니다. 마르크스는 여기서 각 권의 연관관계를 말합니다. 자본의 재생산을 말하려면 전체에 대해 말할 수밖에 없거든요.

　　자본의 운동은 크게 보면 세 과정의 통일이라 할 수 있습니다.[11] 하나는 생산수단 및 살아 있는 노동력을 구매하는 과정 즉 화폐가 상품으로 전환되는 과정이고, 다른 하나는 상품을 생산하면서 가치를 생산하는 과정(가치의 보존과 증식)이며, 마지막 하나는 상품의 판매를 통해 가치를 실현하는 과정 즉 상품이 다시 화폐로 전환되는 과정입니다. 첫 번째 과정에서 자본가는 구매자이고(유통영역), 두 번째 과정에서는 생산자이며(생산영역), 세 번째 과정에서는 판매자입니다(유통영역). 이 세 과정은 한편으로는 서로 다른 행위자들이 각자의 방식으로 움직이는 독립된 영역이지만 다른 한편으로는 서로가 순차적으로 맞물려 있습니다. 생산수단과 노동력이 시장에 나와 있어야 자본가가 그것들을 구매해 생산을 개시할 수 있고, 생산이 이루어져야 생산물의 판매가 가능하며, 판매가 이루어져야 잉여가치가 실현되고, 그래야만 자본의 새로운 운동이 시작될 수 있습니다. 그러므로 자본은 독립적으로 보이는 이 세 과정을 매끄럽게 연결할 수 있을 때, 다시 말해 이 세 과정의 "통일성을 입증"할 수 있을 때에만 자본으로서 재생산될 수 있습니다.[12] 이

입증에 실패하면 자본은 자본이기를 멈추게 되지요. 공황이 닥치는 겁니다.

조금 전 나는 우리가 자본의 순환 하나를 다 본 것처럼 말했습니다만 엄밀히 말하면 이것도 사실은 아닙니다. 세 과정을 다 언급하기는 했지만 가치생산과정을 중심에 두고 가치의 교환 및 실현 과정을 언급했을 뿐이지요. 상품생산을 중심에 두고, 생산에 필요한 구매(생산수단과 노동력의 구매)와 판매(상품판매)를 언급했을 뿐입니다. 아래 그림을 놓고 말하자면, 자본의 순환을 볼 때 생산영역을 가운데 둔 채 정면에서 바라본 겁니다. 위에서 내려다보면 원(순환)인데 앞에서 보면 직선 선분처럼 보입니다. 그런데 이 선분은 뒷면 즉 유통영역을 보여주지 않습니다.

자본가는 생산물을 판매해야 합니다. 화폐로 전환해야 하죠. 그리고 그 대부분을 다시 투입해야 합니다. '자본의 재생산'을 '자본생산의 반복'이라고 쉽게 말할 수 있었던 것은 이 유통과정에 아무런 문제가 없다고 전제했기 때문입니다. 만약 여기에 문제가 생기면 자본의 순환은 그걸로 끝입니다. 유통과정은 자본이 다시 자본이 되기 위해 반드시 필요한 단계입니다. 재생산의 구체적 조건을 해명하려면 유통과정에 대한 상세한 분석이 필수적이지요. 그러나 이 분석은 다음 봉우리인 『자본』 II권에서 이루어집니다. 우리가 이번에 다루는 I권 제7편에서는 다만 재생산을 가치의 생산(증식)이 반복되는 것으로만 단순화해서 살핍니다. 자본이 "유통과정을 정상적 방식으로 통과한다는 것을 전제"하고서요.[김, 770; 강, 775] 이렇게 하는 이유는 조금 뒤에 말하겠습니다. 사실 유통과정만 단순화한 게 아닙니다. 재생산을 위해서는 자본가가 증식된 자본의 대부분을 다시 투입해야 한다고 했습니다. 자본가가 노동자로부터 짜낸 잉여가치를 다시 투입해야 한다고요. 하지만 현실적으로 생산자본가는 잉여가치의 전적인 소유자가 아닙니다. 만약 그의 자본이 빌린 것이라면 이자를 지불해야 하고, 토지를 이용했다면 지대를 지불해야 합니다. 상품판매를 위탁했다면 상업이윤도 보장해주어야 하지요. 잉여가치는 자본가의 이윤만이 아니라 이자, 지대, 상업이윤 등 여러 형태로 나뉩니다. 마르크스는 이에 대해서는 『자본』 III권에서 분석할 것이라 예고하고 있습니다.[김, 770; 강,

775~776]『자본』I권 제7편에서는, 유통영역에 대한 분석을 생략했듯 잉여가치가 분배되는 다양한 형태에 대한 분석도 생략한다는 겁니다. 그래서 자본가를 "모든 잉여가치의 소유자" 즉 "잉여가치를 나눠 갖는 사람들의 대표자(Repräsentant)"로 단순화합니다.[김, 771; 강, 776]

그러니까 이번 10장에서 말하는 자본가는 '대표자'입니다. 자본주의 안에는 현실적으로 다양한 기능을 수행하는 여러 자본가가 있습니다. 그러나 이 장에서 우리는 이 점을 고려하지 않고 '자본가'라는 하나의 이름으로 묶어 부를 겁니다. 우리는 앞서 노동일에 관한 장을 다룰 때 이미 노동일의 길이를 둘러싼 계급투쟁을 언급하며 '총자본가 즉 자본가계급'이라는 말을 쓴 적이 있지요. 이때 '총자본가'(Gesamtkapitalist)는 두 가지 의미에서 자본가들을 대표하는 집합적 이름입니다. 한편으로는 상이한 기능을 수행하는 자본가들에 대한 집합적 이름이고(특수성의 통일), 다른 한편으로는 수많은 개별 자본가들에 대한 집합적 이름이지요(개별성의 통일). 그런데 이런 의문이 듭니다. 방금 말한 것처럼 마르크스는 아직 자본의 축적, 자본의 재생산을 다룰 때 반드시 필요한 유통영역에 대한 분석을 진행하지 않았습니다. 그리고 생산된 잉여가치가 어떻게 분할되고 그중 어떤 것이 얼마만큼 다음번 생산에 투입되는지에 대해서도 이야기하지 않았습니다. 이런 상황에서 재생산을 이야기하려면 많은 것을 단순화하고 생략할 수밖에 없습니다. 그런데도 마르크스가 여기서, 즉『자본』I권 제7편에서 재생산 이야기를 꺼내는 이유는 무엇일까요. 최소한 자본의 유통과정을 분석하고 난 뒤에 재생산 이야기를 해도 될 것 같은데요(실제로 유통과정에 대한 분석이 끝난 뒤 마르크스는『자본』II권 제3편에서 자본의 재생산을 상세하게 다룹니다).

물론 마르크스의 말처럼 복잡다단한 이야기를 생략하고 아주 "단순한 기본형태"(einfache Grundform)를 가지고도 자본의 재생산, 자본의 축적을 다룰 수는 있습니다.[김, 771; 강, 776] 자본의 "축적이 진행되는 한에서는" 자본이 유통영역을 문제없이 통과했다고 전제할 수 있지요. 자본축적이 순조롭게 진행되고 있다면 잉여가치가 생산된 뒤 어떤 분할을 거쳐 다시 생산에 투입되었는지를 세세히 따지지 않고도, 잉여가치가 생산된 뒤 재투자되었다는 말을 할 수 있습니다. 구체적 조건들을 모두 검토했다고 해서, 다시 말해 우리가『자본』II권과 III권까지 나아갔다고 해서, 재생산의 형태가 달라지는 건 아닙니다. 오히려 마르크스의 말처럼 단순화된 기본형태를 통해 우리는 자본의 재생산을 더 "순수하게 분석"할 수도 있을 겁니다.[김, 771; 강, 776] 그러나 내가 묻고 싶은 건 기본형태를 통해 자본의 축적,

자본의 재생산을 다룰 수 있는지 여부가 아닙니다. 내 의문은 이런 겁니다. 아직은 재생산의 구체적 조건들도, 잉여가치의 분할형태들도 다룰 수 없기에 많은 것을 생략하고 단순화해야 함에도 불구하고 마르크스가 굳이 여기서 재생산을 다루는 이유가 무엇이냐는 거죠. 어차피『자본』II권에서 재생산 문제를 상세히 다룰 테고 유통과정에 대한 분석까지 마친 그곳이야말로 재생산을 다루기에 적합한 곳처럼 보이는데 말입니다.

───────────────── 왜 여기서 '자본의 재생산'을 다루는가

왜 마르크스는 이곳에서 '재생산' 이야기를 꺼낸 걸까요.『자본』I권 제7편과『자본』II권 제3편 사이에는 중요한 차이가 있습니다.『자본』I권 제7편에서는 재생산의 조건들을 상세히 분석하지 않습니다. 단지 자본이 재생산된다는 사실을 중요시합니다. 이 사실을 전제하면 뭔가 다른 게 보이거든요. 나는 제7편의 도입부에서 봉우리에 올라 있는 마르크스의 모습을 상상해봅니다.『자본』I권의 봉우리를 함께 오른 독자들에게 그는 빙 둘러 있는 산맥을 가리키며 말합니다. "저쪽이 유통이 이루어지는 곳입니다. 저기 오른쪽 봉우리를 거쳐 왼쪽 봉우리로 가고 다시 지금 우리가 서 있는 생산의 봉우리로 돌아옵니다. 저쪽에서 일어난 일을 아직 상세하게 말할 수는 없지만, 저기 왼쪽에서 노동력이나 생산수단 공급이 원활하지 않다면, 혹은 저기 오른쪽에서 생산물이 판매되지 않는다면 우리가 그동안 살펴본 잉여가치의 생산, 자본의 증식은 중단될 수밖에 없습니다. 이제까지 우리가 본 것은 전체 순환의 일부인 겁니다. 끊임없이 반복되는 이 순환의 일부였던 거죠. 이제 우리가 올라온 길을 돌아볼까요. 그 길이 여러분에게는 어떻게 보입니까. 무엇이 보입니까."

이번 장의 초점은 재생산을 분석하는 데 있는 게 아니라 재생산의 관점을 취하는 데 있습니다. 재생산의 관점에서 '생산'을 바라보는 것이지요. 재생산의 관점에서 '자본의 생산'을 본다면, 다시 말해 자본의 생산이 자본의 유통·분배와 맞물려 있는 순환의 한 마디이며, 무엇보다 이 순환이 계속 반복되는 것이라면, 우리에게 자본의 생산과정은 어떻게 보이는가. 마르크스의 표현을 써서 말하자면, "사태는 완전히 다르게 보입니다"[김, 800; 강, 804] 자본의 생산과정만 분리해서 보았을 때는 보이지 않았고 볼 수도 없었던 것들이 이제 보이지요. 개별성이나 우연성에 가려 있던 자본주의적 생산의 정체가 폭로되기도 하고, 한 번만 보아서는 알 수 없었던 자본주의적 생산의 어떤 경향이 포착되기도 합니다. 전자를 10장에서, 후

자를 11장에서 다룹니다. 즉 재생산의 관점에서 자본의 정체를 폭로하는 것이 이번 장의 주제이고, 축적과 더불어 나타나는 자본의 기본 경향('축적의 일반법칙')이 다음 장의 주제라 할 수 있습니다.

사라지는 가상들, 드러나는 자본의 정체

재생산의 관점에서 생산을 바라보면 무엇이 보일까요. 지금 일어나는 일이 한 번이 아니라 두 번 세 번 계속 반복되는 일이고 또 그래야만 하는 일이라면 우리는 무엇을 읽어낼 수 있을까요. 마르크스는 말합니다. "그저 생산과정이 동일한 규모로 반복된다"라고만 생각해도, 즉 '단순재생산'(einfache Reproduktion)만을 고려해도 "생산과정에는 어떤 새로운 성격이 각인"되며, 이 과정의 "외견상의 성격이 해소"된다.[김, 773; 강, 778] 여기서 '외견상의 성격'이라고 옮긴 단어는 'Scheincharaktere'인데요. 말 그대로 풀이하자면 우리에게 '보이는 대로의 성격', '나타나는 대로의 성격'이라 할 수 있습니다. 실재하는 모습이 아니라 우리에게 나타난 모습, '진상'이 아니라 '가상'(Schein)입니다. 물에 넣었을 때 구부러져 보이는 막대처럼 우리에게 그렇게 '보이는' 것이지 실제로 그런 것은 아니지요.

이 'Scheincharaktere'라는 단어는 『자본』 I권의 첫 동사 'erscheinen'(~처럼 보인다, 나타난다)을 떠올리게 합니다. 이 동사는 I권에서만 아마 수백 번은 등장했을 겁니다. 『자본』 전체가 이 동사에 대한 해명이 아닐까 싶을 정도로 중요한 단어지요. 자본주의적 생산양식에서는 왜 사물들이 그렇게 보이는가. 재생산의 방법론적 의의가 여기에 있습니다. 마르크스에 따르면 우리는 단순재생산만 고려해도 '보이는 대로 믿게 되는' 오류에서 상당 부분 벗어날 수 있습니다. 이미지 자체가 사라지는 것은 아니지만 그것이 외견상으로만 그렇다는 것을 알게 되지요. 그리고 이런 사실을 알게 되면 사태는 달라 보입니다.

생산과정은 재생산과정이기도 하다

재생산의 관점에서 보면 어떤 가상이 사라질까요. 제7편 제21장의 첫 문장은 이렇습니다. "생산과정의 사회적 형태가 어떤 것이든 그것은 연속적이어야 하며, 달리 말하면 주기적으로 반복되는[갱신되는] 동일한 단계들을 주기적으로 통과해야만 한다."[김, 772; 강, 777] '사회적 형태가 어떤 것이든'이라고 했습니다. 재생산이 비단 자본주의사회의 문제만은 아니라는 거죠. 어떤 사회든 소비를 필요로 합니다. 그런데 지속적 소비가 가능하려면 지속적 생산이 이루어져야 하지요. "그러므로 연속적 연관과 끊임없는 갱신의 흐름 속에서 살펴본다면 모든 사회적 생산과정은 동시에 재생산과정이기도 하다"라고 할 수 있습니다.[김, 772; 강, 777] 재생산은 모든 생산형태에 적용되는 문제입니다. 자본주의에 한정하지 않고 일반적 차원에서 재생산의 조건들을 한번 생각해볼까요. 재생산의 조건들이란 사실 생산의 조건들과 다르지 않습니다. 생산에 필요한 조건들이 '계속' 충전(보충)되면 생산이 다시 가능할 것이고 이게 바로 재생산이니까요. 그렇다면 생산에는 무엇이 필요할까요. 어떤 사회에서든 생산이란 인간이 생산수단을 이용해 생산물을 만들어내는 일입니다. 그러므로 어떤 사회에서든 재생산을 위해서는 생산수단과 생산자인 인간의 충원이 필요합니다.

먼저 생산수단에 대해 생각해보죠. 생산수단이란 원료와 노동수단입니다. 한 사회가 작년과 동일한 규모의 부를 올해에도 생산하고자 한다면, 작년에 소비된 생산수단만큼을 올해에도 확보하고 있어야 합니다. 한 해의 생산물에는 그해 먹을 것 말고 다음번 생산에 쓸 것이 들어 있어야 하는 것이지요. 농업을 예로 들자면 작년 생산물 중에는 올해 파종할 씨앗과 농기구가 포함되어 있어야 합니다. 생산을 위해 생산요소들을 소비하는 것을 '생산적 소비'(produktive Konsumtion)라고 하는데요. 생산과정에서 소비되는 종자용 곡식과 농기구 같은 것이 여기 속합니다. 이런 생산용 소비재를 보통 '생산재'라고 부릅니다. 사회적 형태가 어떠하든 재생산이 이루어지려면 이런 생산재를 '현물형태'로 생산해두어야 합니다.[김, 772; 강, 777] 그러나 이게 전부가 아닙니다. 생산과정에는 생산하는 인간, 노동하는 인간이 필요합니다. 이들의 생명력 또한 충전이 되어야 하죠. 생명력을 충전한다는 것은 한마디로 말해 '먹고 입는다'라는 뜻입니다. 이런 식으로 생산물을 소비하는 것을 '생산적 소비'와 대비해 '개인적 소비'(individuelle Konsumtion)라고 부릅니다. [김, 772; 강, 777] 한 사회의 연간 생산물에는 한 해 동안 사회구성원들이 먹고 입을 만큼의 생산물 또한 현물로 존재해야 합니다. 말하자면 '소비용 소비재'가 있어야 합니다. 보통 줄여서 '소비재'라고 부릅니다. 사실 이 양은 노동하는 인간집단의 규모보다 더 크게 잡아야 합니다. 구성원들 중에는 노동할 수 없는 사람들이 있고, 만약 해당 사회가 신분사회나 계급사회라면 노동에 종사하지 않고도 생산물을 취하는 사람들이 있을 테니까요. 이들의 개인적 소비를 위한 재화 역시 매번 생산되어야 합니다.

거듭 말하지만 사회적 형태와는 상관이 없습니다. 해당 사회가 유지되려면 생산적 소비와 개인적 소비에 필요한 생산물을 계속 생산해야 합니다. 자본주의도 마찬가지입니다. 자본주의에서도 '생산적 소비'와 '개인적 소비'를 위한 현물의 충전이 이루어져야 합니다. 다른 사회형태와 차이가 있다면 자본주의적 생산은 현물의 생산이면서 또한 가치의 생산이라는 점입니다. 따라서 자본주의적 재생산과정은, 마르크스의 표현을 쓰자면 '소재충전'(소재보충, Stoffersatz)만이 아니라 '가치충전'(Wertersatz)이라는 점에서도 고찰되어야 합니다.[13] 물론 자본주의에서 단순재생산을 가정하는 것은 현실적이지 않습니다. 마르크스의 말처럼 아주 '기이한'(befremdliche) 가정이지요.[14] 가치가 동일 규모로 재생산된다면 가치증식이 일어날 수가 없으니까요. 축적이 불가능하지요. 이렇게 해서는 자본주의가 의미가 없습니다. 그렇다면 우리가 왜 단순재생산을 고려해야 하는 걸까요. 이는 곧 노동일에서 필요노동시간을 아는 것과 같습니다. 노동일의 길이가 필요노동시간의 길이와 같다면 잉여가치가 생겨나지 않습니다. 자본이 불가능하다는 이야기지요. 하지만 필요노동시간을 아는 것은 중요합니다. 필요노동시간이 끝나는 지점이 잉여노동이 시작되는 지점이니까요. 뒤에서 또 언급하겠지만 단순재생산 모델은 자본주의사회가 재생산되기 위한 최소 기준을 제공한다는 점에서 큰 의미가 있습니다.

다시 우리의 이야기로 돌아가서요. 자본주의사회가 현물의 관점에서든 가치의 관점에서든 단순재생산이 된다는 것을 생각할 때 우리는 무엇을 알게 될까요. 우리 눈에는 무엇이 새롭게 보일까요. 마르크스는 당장에 이 이야기를 길게 하지는 않습니다. 일반적 재생산의 한 유형으로서 자본주의적 형태의 재생산을 짧게 언급할 뿐입니다. 그런데 우리는 마르크스가 개별 자본이 아니라 자본주의사회 전체의 재생산을 언급하면서 이야기를 시작했다는 데 주목할 필요가 있습니다. 개별 자본의 재생산을 자본주의 전체, 말하자면 자본 전체의 재생산과정 속에서 파악해야 한다는 걸 암시하는 거죠. 마르크스는 제21장을 시작하면서도 그렇고, 제22장을 시작할 때도 전체를 보는 시각을 끌고 들어옵니다. 그리고 중간중간 이런 시각에서 볼 때 사태가 어떻게 보이는지를 언급합니다. 하지만 현재 『자본』 I권을 읽고 있는 독자로서는 자본 전체의 운동을 단번에 떠올리기가 쉽지 않습니다. 아직 유통과정에 대한 분석을 접하지 못했으니까요. 그래서 나는 독자의 이해를 돕기 위해 『자본』 II권의 일부 내용을 끌어들일까 합니다. 그렇게 어려운 내용은 아닙니다. 앞서 사회형태의 재생산을 위해서는 생산적 소비와 개인적 소비를 위한 '충전'

이 이루어져야 한다고 했는데, 이에 대한 이야기를 보충하려는 겁니다.

우리는 자본생산의 정식을 알고 있습니다. $G-W{\cdots}P{\cdots}W'-G'$(단, P는 생산과정) 자본을 투자해서 생산수단과 노동력을 구매하고, 생산과정을 거치며 가치증식이 된 상품을 생산하고, 이를 판매해 처음보다 늘어난 화폐형태의 자본을 얻습니다. 그런데 이 정식은 생산과정을 중심으로 자본의 투입과 산출, 즉 자본의 생산만을 보여줍니다. 생산적 소비와 개인적 소비를 위한 충전이 어떻게 이루어지는지를 보여주지 않지요. 자본생산에 필요한 생산수단이 어떻게 공급되는지, 자본이 생산한 상품들은 어떻게 판매되는지를 표현하고 있지 않습니다. 그냥 생산에 필요한 상품들은 시장에 이미 나와 있고 생산한 상품들은 시장에서 모두 판매된다고 전제했지요. 따라서 자본주의적 재생산 전체, 즉 개별 자본이 아니라 '사회적 총자본'(gesellschaftlichen Gesamtkapital)의 재생산을 표현하려면 유통과정까지 포함하는 정식이 필요합니다. 마르크스가 『자본』 II권에서 제시한 정식은 이것입니다.[15]

$$W' - \begin{cases} G-W...P...W' \\ g-w \end{cases}$$

이 정식은 단순재생산을 표현한 것입니다. 투입물(W')과 산출물(W')의 양이 같지요. 이 정식에 따르면 연간 총생산물(W') 중 일부는 생산수단으로서 자본의 생산과정에 투입되고($G-W$), 일부는 생활수단으로서 노동자와 자본가의 개인적 소비($g-w$)에 사용됩니다(개인적으로 소비되는 재화들은 상품생산에 사용되지 않으므로 별도로 표현되어 있습니다). 현물을 기준으로 단순재생산을 말한다면, 연간 총생산물의 양이 생산적 소비량(생산재)과 개인적 소비량(소비재)의 합계와 같아야 합니다. 가치를 기준으로 말한다면 연간 총생산물의 가치총액이 생산수단의 가치와 노동력의 가치, 잉여가치를 더한 값과 같아야 하고요. 생산수단의 가치가 모두 생산물로 이전되고, 노동력의 가치가 노동자에 의해 재생산되며, 모든 잉여가치를 자본가가 개인적으로 소비했다고 하면 총가치량은 처음 투자액과 같아질 겁니다. 자본이 동일 규모로 재생산된 것이지요(똑같은 개인적 소비라 해도 노동자의 소비와 자본가의 소비는 다른데요. 노동자가 먹는 것은 노동력의 생산과정에 해당합니다. 그러므로 그가 유통과정에서 소비한 가치는 생산과정에서 재생산되어 생산물에 담깁니다. 반면 자본가 먹은 것은 말 그대로 '먹어치우는' 것입니다. 재생산되지 않고 소진되지요. 이에 대해서는 뒤에서 따로 상세하게 다루겠습니다).

그런데 사회적 총자본의 재생산을 보여주는 위의 정식은 우리가 지금까지 생각할 수 없었던 재생산의 조건 하나를 보여줍니다. 전체 생산물(W')의 일정량은 반드시 생산수단(생산재)($G-W$)이어야 하고 또 일정량은 반드시 소비수단(소비재)($g-w$)이어야 한다는 것인데요. 이때 각각의 비중을 잘 고려해야 합니다. 생산수단이 모자라도 안 되고 소비수단이 모자라도 안 되니까요. 그럼 각각의 비중은 어느 정도여야 할까요. 이에 대한 계산은 『자본』 II권에서 다룹니다만 단순재생산의 경우에는 계산이 그리 어렵지 않습니다. 전체 산업을 생산수단(생산재)을 생산하는 부문과 소비수단(소비재)을 생산하는 부분으로 나누고, 각각의 생산물 가치를 아래와 같이 나타내봅시다.

생산수단 생산부문(I): $c_1 + v_1 + m_1$

소비수단 생산부문(II): $c_2 + v_2 + m_2$

자본이 재생산되려면 각 부문의 생산물 판매에 문제가 없어야 합니다. 생산수단 생산부문(I)에서 생산한 상품들(생산수단으로 사회가 생산한 생산물)이 두 부문의 자본가들에게 생산수단으로서 모두 판매되어야 합니다. 판매에 성공했다고 전제하면, I부문 생산물의 가치총액($c_1 + v_1 + m_1$)은 두 부문 자본가들이 투자한 불변자본의 총액($c_1 + c_2$)과 같을 겁니다($c_1 + v_1 + m_1 = c_1 + c_2$). 소비수단에 대해서도 마찬가지 말을 할 수 있는데요. 소비수단 생산부문(II)에서 생산한 상품들을 두 부문의 개인 소비자들(두 부문의 노동자들과 자본가들)이 모두 구매해주어야 하지요. 노동자는 노동력의 가치(임금)를, 자본가는 잉여가치(이윤)를 남김없이 써야 합니다. 그렇다면 두 부문의 개인 소비자들이 지출할 수 있는 돈, 즉 노동력의 가치와 잉여가치 합계($v_1 + m_1 + v_2 + m_2$)가 II부문(소비재 부문) 생산물의 가치총액($c_2 + v_2 + m_2$)과 같을 겁니다($v_1 + m_1 + v_2 + m_2 = c_2 + v_2 + m_2$). 한마디로 단순재생산을 위해서는, 모든 자본가가 생산수단에 쓴 돈을 다 합치면 그해 생산된 생산수단 전체의 가치와 같고 소비자들이 소비수단에 쓴 돈을 다 합치면 그해 생산된 소비수단 전체의 가치와 같아야 한다는 겁니다.

어느 경우를 기준으로 해도 결론은 같습니다. 생산수단을 기준으로 하든 소비수단을 기준으로 하든, 정식을 정리하면 모두 $v_1 + m_1 = c_2$가 됩니다.[16] 생산수단 생산부문(I)의 노동력 가치와 잉여가치를 더한 값이 소비수단 생산부문(II)의 생산수단의 가치총액과 같아야만 하지요. 이렇게 되었을 때에만 단순재생산이 가능하다는 뜻입니다. 이 관계를 충족시킬 수 없으면 재생산이 안 됩니다. 공황이 닥치지요. 나는 앞서 자본주의적 생산양식에 내재할 수밖에 없는 몇 가지 형태의 공황을 언급했는데, 여기 또 다른 형태의 공황이 있습니다. 생산수단 생산량과 소비수단 생산량의 비례관계가 깨질 때 공황이 일어납니다.

이렇게 해서 중요한 사실 하나가 드러났습니다. 방금 우리는 재생산, 그것도 단순재생산만을 상정하고서 생산수단과 소비수단의 관계를 살펴보았는데요. 재생산을 위해서는 둘 사이에 일정한 관계가 유지되어야만 한다는 사실을 확인했습니다. 전혀 다른 산업부문의 생산이 일정한 비율로 맞물려 있다는 이야기지요. 생산만이 아니라 소비도 그렇습니다. 생산수단의 소비는 생산과정에서 일어나지만 소비수단의 소비는 유통과정에서 일어납니다. 공장에서 물건을 만드는 일과 개인들이 시장에서 생활수단을 구매하는 일은 별개의 일 같지만 실제로는 연간 총생산물의 구성에 따라 하나로 결정되어 있습니다. 통일성을 이루고 있다는 말입니다. 이는 마치 신체의 여러 기관이 일정한 비율의 운동을 주고받으며 하나의 몸을 이루는 것과 같습니다. 각 기관들은 제멋대로 움직이지 않습니다. 한 기관의 운동은 다른 기관들의 운동과 보조를 맞춥니다. 그래서 소화기관에 문제가 생기면 순환기관이 기능할 수 없고, 순환기관에 문제가 생기면 운동기관이 기능할 수 없습니다. 생산수단과 소비수단의 유통, 상품들의 생산, 노동자(임금)와 자본가(잉여가치)의 소비가 모두 깊이 연관되어 있습니다.

지금까지 우리는 자본가가 생산수단과 노동력을 구매하는 장면에서 시작해 자본의 생산과정을 순차적으로 다루어왔습니다. 하지만 재생산을 고려하는 순간 이 첫 장면이 절대적 출발점이 아니라는 것을 알게 됩니다. 출발 이전에 생산수단과 노동력이 먼저 시장에서 유통되고 있어야 합니다. 즉 생산과정은 유통과정에서 제공된 것을 가지고 출발합니다. 생산과정 전에 유통과정이 있는 것이지요. 물론 반대로 말해도 됩니다. 유통과정이 가능한 것은 생산과정이 주어져 있었기 때문이라고요. 한 자본가가 상품을 구매하기 위해 시장에 나왔을 때 다른 자본가는 상품을 판매하기 위해 시장에 나와 있으며, 또 다른 자본가는 상품을 생산 중에 있습니다. 생산과정이 진행 중일 때 유통과정도 진행 중이지요. 마치 소화기관이 운동할 때 순환기관도 운동하고 있는 것과 같습니다. 따라서 우리는 자본의 생산과정 그 하나를 다루더라도 유통과정까지 전체가 함께 기능하고 있다는 생각을 해야 합니다. 우리가 살펴본 하나의 생산은 전체의 재생산 속에 있으며, 순차적으로 살펴본 과정들은 동시에 진행되는 과정들이었던 것이지요. 에티엔 발리바르의 표현을 빌리자면, 재생산의 관점을 통해 우리는 처음부터 모든 것이 '사회적 생산의 앙상블'(l'ensemble de la production sociale) 속에 있다는 것을 깨닫게 됩니다.[17]

마르크스는 『자본』 제1장에서 '사회적 생산유기체'(gesellschaftlichen Produk-tionsorganismus)라는 표현을 썼는데요.[김, 102, 103, 106; 강, 142, 143, 145] 이 말의 의미가 이제야 분명해집니다. 한 기관(관절, Glied)의 운동은 여러 기관으로 이루어진 신체 전체[전체적 편제(Gliederung)]의 재생산 운동 속에서 이루어진다는 게 드러났으니까요. 『자본』 출간 10년 전에 마르크스는 자본주의적 생산양식의 전체 그림을 그리면서 이 점을 분명히 했습니다. "우리가 도달한 결과는 생산·분배·교환 및 소비가 동일하다는 것이 아니라, 그것들이 모두 하나의 총체성(Totalität)의 기관들, 하나의 통일성(단일성, Einheit)의 내적 구별들을 이루고 있다는 것이다."[18] 전체가 재생산되는 가운데 각각의 계기, 각각의 과정 들이 전체의 규정 아래서 움직이는 겁니다.

이야기가 너무 길어졌습니다만 이렇게 해서 하나의 가상이 제거되었습니다. 바로 독립성의 가상입니다. 개별적 자본, 개별적 자본가와 노동자만 보면 모든 것이 따로 보입니다. 상품을 공장에서 생산하는 과정과 공장을 떠난 상품이 시장에서 유통되는 과정이 별개로 보이죠. 또한 공장에 공급되는 생산수단(생산재)의 생산과 개인들에게 공급되는 소비수단(소비재)의 생산도 별개이고, 공장에서 생산수단을 소비하는 것과 가정에서 소비수단(생활수단)을 소비하는 것도 별개이지요. 외견상으로는 그렇습니다. 그러나 전체로서 자본주의의 재생산, 사회적 총자본의 재생산을 고려하는 순간 이 모든 가상은 사라집니다.

―――――――― '자본가가 지불자'라는 가상이 사라지다 ――――――――
재생산의 관점에서 자본의 생산을 바라볼 때 또 하나의 중요한 가상이 사라지는데요. 바로 자본가가 노동력에 대한 지불자라는 가상입니다. 이걸 가상이라고 하면 고개를 갸우뚱할 수 있을 겁니다. 자본의 생산은 자본가가 노동력을 '구매'하는 것으로 시작했으니까요. 자본가는 노동력의 구매자였습니다. 그리고 구매란 상품에 대해 대가를 '지불'했지요. 자본가의 화폐와 노동자의 노동력이 교환되었으니 자본가는 노동력의 구매자가 맞습니다. 그리고 구매자인 한에서 그는 지불자이기도 합니다. 그런데 재생산을 고려하면 이 또한 단지 외견상으로만 그렇다는 것이 드러납니다. 사실 지난 장에서 우리는 노동자가 자신의 임금을 '생산'한다는 점을 확인한 바 있습니다. 스미스는 이것을 생산적 노동과 비생산적 노동을 가르는 기준으로 삼기도 했지요. 노동자는 자본가가 자신에게 지불한 가치를 생산물의 가치에 담습니다. 생산물의 가치에는 노동력의 가치가 포함되어 있기에 생산물을 판매하는 순간 자본가는 노동자에게 지불했던 임금을 돌려받습니다. 이 때문에 스미스는 "사실 고용주는 아무런 비용도 들이지 않았다"라고 했던 겁니다(684쪽 참조).

가치 기준이 아니라 현물 기준으로 말해도 똑같습니다. 노동자는 자신에게 지급된 임금만큼의 생산물을 생산합니다(여기에 더해 잉여가치로 전환될 잉여생산물도 생산하지요). 전체 생산물 중 일부는 노동자가 자기의 임금만큼 생산한 것입니다. 부르주아 경제학자들도 생산물의 일부가 임금에 해당한다고 말합니다.[김, 774, 각주 2; 강, 779, 각주] 지난 장에서 다룬 잉여가치율에 대한 두 번째 정식이 이런 해석을 담고 있습니다. 다만 부르주아 경제학자들은 노동자가 자신이 받은 임금을 자본가에게 생산(재생산)해주었다고 말하지 않고, 생산물 중 일부가 노동에 대한 대가로서 노동자에게 분배되는 것이라고 했지요. 생산의 문제를 분배의 문제로 교묘히 바꾼 겁니다. 이것이 이데올로기적으로 얼마나 교활한 해석인지는 지난번에 이야기했으므로 여기서 더 언급하지는 않겠습니다. 하지만 해석이 어떻든 이들도 노동자의 생산물 중 임금에 해당하는 부분이 있다는 점, 다시 말해 노동자가 자신에게 지급될 임금을 생산했다는 점은 인정한 셈입니다.

생산이 한 번만 이루어졌다면 이런 사실이 잘 드러나지 않을 겁니다. 노동자가 생산한 임금은 다음번 생산에 사용될 테니 한 번의 순환에서는 알 수가 없습니다. 개별 노동자만을 보았을 때도 이 점이 드러나지 않을 수 있습니다. 자본가가 다음번에도 동일한 노동자와 계약을 맺는다는 보장이 없으니까요. 게다가 자본가가 생산물 대신 화폐를 들고 오면 진상은 더욱 은폐됩니다. 마르크스가 언젠가 말했듯 화폐에서는 냄새가 나지 않으니까요. 화폐만을 보아서는 그만큼의 가치를 누가 생산한 것인지 알 수가 없습니다. 자본가가 노동력을 구입하기 위해 들고 온 돈이 실제로는 노동자가 노동력의 값으로 생산해서 건네준 것이라는 말이 믿기지 않지요. 하지만 노동력의 거래가 반복적으로 일어난다는 점을 생각하고, "개별 자본가와 개별 노동자 대신 자본가계급과 노동자계급을 고찰하게 되면, 화폐형태가 빚어내는 환상(Illusion)은 곧바로 사라"집니다.[김, 774; 강, 779] 개별 노동자가 생산한 노동력의 가치를 다음번에 그 노동자의 임금으로 사용하지는 않을 수 있습니다. 그러나 노동자계급 전체를 고려하면 다릅니다. 그때는 노동자가 생산한 것을 노동자에게 지불한다고 말할 수 있습니다. "오늘 또는 다음 반년 동안 그의 노동에 대해 지불되는 것은 바로 지난주 또는 지난 반년 동안 수행된 그의 노동이다." [김, 774; 강, 779] 전체노동자에 대해서는 이런 말이 성립하지요.

앞서도 그랬지만 재생산의 관점, 그것도 전체의 재생산이라는 관점에서 사태를 보는 것이 중요합니다. 마르크스의 말처럼 "자본주의적 생산과정을 [계속되는] 흐름(Fluß) 속에서 그리고 사회적 범위(Umfang)에서 보면 (…) 사태가 다르게 보입니다."[김, 779~780; 강, 784] 개별 노동자만 보면 자신이 생산한 것으로 자신이 고용된다는 말을 믿을 수 없습니다. 방적 노동자가 자신이 생산한 실로 임금을 받는다는 건 이상한 이야기지요. 그는 일정액의 돈을 받은 뒤 그 돈으로 자신에게 필요한 다양한 생활수단을 구매할 겁니다. 하지만 전체노동자 즉 노동자계급을 고려하면 노동자는 자신이 생산한 것을 받는다는 말이 옳습니다.

전체의 관점에서 보면 노동자가 임금을 화폐형태로 받는지 현물형태(생산물)로 받는지는 큰 의미가 없습니다. 노동력의 가치는 노동력을 재생산하는 데 사회적으로 필요한 생활수단들의 가치 합계입니다. 임금으로 지급된 화폐는 그 생활수단들과의 교환수단일 뿐입니다. 전체 생산물 중 일부를 노동자가 가져갈 수 있도록 자본가계급이 노동자계급에게 주는 증서(Anweisungen)라 할 수 있지요. 전체로서의 노동자는 전체로서의 자본가에게 이 증서를 제시하고 전체 생산물 중 임금에 해당하는 부분을 가져가는 겁니다.[김, 774; 강, 779] 외견상으로는 자본가가 노동자에게 임금을 지급하지만 실제로는 노동자가 자신이 생산한 임금을 자본가를 통해 받는 것과 같습니다. 자기가 생산한 것을 자기가 지급받는 것이지요. 한마디로 노동자에게 임금을 지불하는 사람은 노동자 자신인 겁니다. 개별적으로 보면 잘 보이지 않지만 계급 전체의 관점에서 보면 분명하게 보입니다. 노동자계급이 노동자계급에 대한 지불자입니다.

이런 사실은 비자본주의적 생산형태, 이를테면 농노제에서 부역 농민의 사례를 보면 더 분명하게 알 수 있습니다. 마르크스는 자본주의사회에 고유한 신비한 성격을 지적할 때 종종 농노제를 예로 듭니다. 상품의 물신주의적 효과가 어떤 것인지 보여주기 위해서도 그랬고(134쪽), 필요노동과 잉여노동이 어떻게 구분되는지를 보여줄 때도 그랬습니다(407쪽). 여기서도 그렇습니다. 과연 누가 지불자인가. 노동을 시키는 자인가, 노동을 하는 자인가. 부역 농민의 예는 사태의 진상을 말해줍니다. 어느 부역 농민이 매주 사흘은 자기 경작지에서 자신의 생산수단으로 일하고 나머지 사흘은 영주의 농지에서 부역노동을 한다고 해봅시다.[김, 775; 강, 780] 이 경우 누가 지불자인지 쉽게 알 수 있습니다. 노동하는 인간이 자신의 노동력을 재생산하기 위해 필요로 하는 생활수단의 총량을 노동기금(Arbeitsfond)이라고 하는데요(자본주의에서는 이것이 가변자본의 형태를 취하고 있지요). 부역 농민의 노동기금은 누가 줄까요. 그는 자기 생활에 필요한 물자를 누구에게 받을까요. 물어볼 것도 없지요. 부역 농민 자신입니다. 그는 전체 생산물 중 절반은 자기 몫으로 갖고 나머지 절반을 영주에게 줍니다. 자기 몫도 생산하고 영주 몫도 생산한 것이 지요. 자본주의처럼 노동기금이 화폐형태를 취하지 않기 때문에 부역 농민은 자신에게 지급된 생산물이 자기가 직접 키워낸 생산물임을 분명히 압니다. 또 노동자의 경우처럼 자발적으로 노동력을 판 것도 아니기에, 부역 농민은 영주의 몫으로 제공한 것이 강제로 바친 것임을 압니다. 영주 농지에서의 노동(잉여노동)은 신분 사회에서 법으로 강제된 노동이지요.

그런데 어느 날 영주가 경작지, 종자, 가축 등 부역 농민의 생산수단을 모두 몰수했다고 합시다. 그러면 부역 농민은 살기 위해 자기 노동력을 영주에게 팔지 않을 수 없겠지요. 영주에게 고용되는 겁니다. 만약 다른 조건이 불변이라면 부역 농민은 여전히 일주일에 엿새를 일하고 사흘치에 해당하는 생산물을 임금으로 받습니다. 일주일 중 사흘은 자신의 생활을 위해, 사흘은 영주를 위해 생산한다고 할 수 있지요. 하지만 사태는 이전과는 완전히 달라 '보입니다'. 마치 카메라의 어둠상자처럼 지불자의 이미지가 뒤집힙니다. 이전에는 농민이 지불자였지만 이제는 영주가 지불자로 나타납니다. 영주가 생산물을 얻기 위해 농민을 고용하고 노동력에 대해 지불하는 사람처럼 보이지요. 만약 그가 농민에게 화폐형태로 대가를 지불하면 전도된 이미지는 더 강화됩니다. 생산물(잉여생산물)을 얻기 위해 영주가 노동기금에 돈을 투자한 것처럼 보입니다. 영주가 투자한 '가변자본'이 되는 것이지요. 실상은 전혀 달라진 게 없는데도 겉으로는 그렇게 보입니다. 부역 농민은 임금노동자가 된 뒤에도 여전히 자기 노동력을 생산하는 데 필요한 가치(노동기금)를 생산하고 거기에 더해 자본가가 된 영주를 위한 잉여가치도 생산하는데, 비추인 모습은 정반대입니다. 그는 자기를 먹여 살리고 영주도 먹여 살리지만 외견상으로는 영주가 그를 먹여 살리는 것처럼 보입니다.

이것이 자본주의입니다. 일종의 시각적 기만인데요. 자본가에게만 그렇게 보이는 게 아니라 노동자에게도 그렇게 보입니다. 주관적 착각이나 환상이 아니라는 말입니다. 물신주의가 그렇듯 자본주의적 사회관계가 유지되는 한 이런 기만과 이런 전도가 나타나는 것을 막을 수가 없습니다. 참 서글픈 일입니다. 노동자는 자신이 자기 몫으로 생산해낸 것을 돌려받으면서도, 게다가 자본가의 몫까지 생산해주었는데도, 자본가에게 "내 덕분에 먹고사는 줄 알아!"라는 말을 들어야 합니다. 부르주아 경제학자들에게는 이것이 죽었다 깨어나도 보이지 않을 겁니다. 지난 장에서 마르크스는 부르주아 경제학자들이 '시각적 기만'에 빠져 자본주의가 지금까지 지구상에 출현한 생산형태들 중 얼마나 예외적 형태인지를 알지 못한다고 비판했습니다. 또한 이런 시각적 기만 때문에 임금과 관련해서도 '사태의 진상'에 다가갔으나 정식화하는 데는 실패했다고 했지요. 이번에도 마르크스는 똑같은 사실을 지적합니다. 부르주아 경제학자들은 자기 눈에 보이는 대로 믿는 사람들입니다. 자기 눈에 씌워진 렌즈를 의심하지 않는 사람들이지요(욕망이 이성의 눈을 감게 했을 겁니다). "현상형태와 그렇게 현상한 실체(was darin erscheint)를 구분할 수 없는 협소한 두뇌를 가진 부르주아 경제학자는 오늘날까지도 노동기금이 지구상에서 단지 예외적으로만 자본의 형태로 나타난다는 사실에 눈을 감고 있다."[김, 775~776; 강, 780~781]

등가교환의 가상이 사라지다

사실은 임금만이 아닙니다. 마르크스에 따르면 "자본주의적 생산과정의 단순한 연속 즉 단순재생산만을 고려해도, 가변자본만이 아니라 전체 자본까지 엄습하는 또 다른 기이한 변화가 생겨"납니다.[김, 776; 강, 781] 또 하나의 가상이 사라지는 것이지요. 조금 전에 본 것은 가변자본의 정체였습니다. 실상은 노동자가 자신에게 지불할 노동기금(임금)을 생산해서 자본가 손에 건넨 것임에도 자본주의에서는 자본가가 자기 돈을 노동력에 투자한 것, 즉 자본의 한 형태(가변자본)로 나타난다고. 그런데 마르크스는 재생산을 고려함으로써 가변자본만이 아니라 자본 전체가 다르게 보인다고 말합니다. 자본가가 처음 자본을 언제 어디서 어떻게 획득했는지는 몰라도 됩니다. 태초에 신이 그에게 선사했다고 해도 상관없습니다. 자본의 재생산을 고려하면, 즉 그가 자본을 계속해서 재생산해왔다는 관점에서 보면, 자본가가 손에 쥔 자본의 성격은 어느덧 새롭게 변해 있습니다.

마르크스는 재미있는 사고실험을 제안합니다.[김, 776; 강, 781] 자본가가 어디서 났는지는 모르지만 1000파운드스털링을 가져왔다고 합시다. 그는 그 돈을 투자했고, 해마다 잉여가치가 200파운드스털링씩 생산된다고 가정합시다. 해마다 생겨나는 이 200파운드스털링을 자본가가 개인적으로 모두 소비한다면 몇 년이 지나도 자본은 처음 그대로 1000파운드스털링이 될 겁니다. 이것이 바로 단순재생산이지요. 이런 식으로 5년을 보냈다면 어떻게 될까요. 그는 매년 200파운드스털링씩 모두 1000파운드스털링을 소비했지만 수중에 여전히 1000파운드스털링을 가지고 있습니다. 그는 처음의 돈을 잘 굴려서 5년을 살았다고 생각하겠지요. 황금알을 낳는 암탉처럼 처음의 돈을 그대로 가지고 있다고 믿으면서요. 그러나 잉여가치가 생산되지 않았다면 어떻게 될까요. 그가 1000파운드스털링을 금고에 넣어둔 채 그것을 담보 삼아 누군가에게 매년 200파운드스털링씩 빌려서 생활을 했다면 어떻게 될까요. 그의 수중에는 여전히 1000파운드스털링이 있을 겁니다. 하지만 그의 채무도 그만큼이지요. 그가 내 재산은 처음 그대로라고 말하는 것은 의미가 없습니다. 마르크스의 말을 빌리자면, 이 경우 "그의 전 재산은 그의 부채총액을 나타낼 뿐"입니다. 아무도 열 수 없는 금고에 넣어두었다고 해도 그의 전 재산은 다 빠져나간 것과 같습니다.

재생산의 경우도 마찬가지입니다. 자본가가 매년 200파운드스털링의 잉여가치를 개인적으로 써버렸다면 5년 동안 그는 1000파운드스털링을 개인적으로 빼서 쓴 것과 같고, 이는 지금 남아 있는 자본 중 그가 처음에 지녔던 자본은 한 푼도 남아 있지 않다는 뜻이 됩니다.[김, 777; 강, 782] 그럼 지금 그의 손에 있는 자본의 정체는 무엇일까요. 그것은 그가 처음 손에 들고 온 그 돈이 아니고 노동자들이 생산한 잉여가치입니다. 이미 우리는 자본의 증식분 즉 잉여가치가 노동자들이 생산한 것임을 알고 있습니다. 하지만 지금 마르크스가 말하는 것은 조금 다릅니다. 새로 늘어난 부분, 새로 증식한 부분만이 아니라, 기존에 쥐고 있던 부분도 어느덧 성격이 변했다는 것이지요. 전혀 축적이 이루어지지 않아도, 단순재생산만 반복한다 해도, 자본의 성격은 변합니다. 설령 처음의 자본이 자본가의 피땀이라 해도 일정 기간이 지나면 그 자신의 피땀은 사라진 지 오래고 남은 것은 남의 피땀, 즉 노동자의 피땀인 것이지요.

혹시 단순재생산만을 고려했기 때문에 그런 걸까요. 자본가가 잉여가치를 모두 개인적으로 써버렸다고 가정해서 이렇게 된 거 아닐까요. 그렇지 않습니다. 확대재생산을 고려해도 마찬가지입니다.[김, 793~795; 강, 797~799] 자본가가 잉여가치의 일부 혹은 전부를 다시 투입하면 확대재생산(축적)이 일어납니다. 자본가가 처음에 1만 파운드스털링을 투자했다고 합시다. 불변자본에 8000파운드스털링을, 가변자본에 2000파운드스털링을 투자했고, 잉여가치율이 100퍼센트 즉 매년 2000파운드스털링의 잉여가치를 얻었다고 해보죠. 그렇게 되면 다음해에는 1만 파운드스털링만이 아니라 2000파운드스털링도 잉여가치를 낳습니다. 처음 1만 파운드스털링에 대해서는 정체를 문제 삼지 않기로 했으니 그대로 둡시다. 하지만 2000파운드스털링에 대해서는 다릅니다. 그것은 노동자들이 생산한 잉여가치입니다. 설령 1만 파운드스털링은 자본가의 피땀이라 인정한다 해도 2000파운드스털링은 노동자의 피땀임이 분명합니다. 이런 식의 확대재생산이 여러 해 반복되었다고 해볼까요. 어떻게 될까요. 전체 자본의 규모가 상당할 겁니다. 그런데 전체 자본 중 처음 1만 파운드스털링을 제외한 부분은 성격이 모두 같습니다. 모두 노동자가 생산한 잉여가치이지요. 확대재생산이 계속될수록, 즉 자본축적이 진행될수록 후자의 규모가 커집니다. 나중에 전자의 크기는 후자에 비하면 무시해도 좋을 정도의 크기가 될 겁니다. "수학적 의미에서의 무한소(magnitudo evanescens)"가 되는 것이지요.[김, 802; 강, 805] 사실상 없는 것으로 치부해도 좋다는 이야기입니다.

단순재생산이든 확대재생산이든, 재생산의 관점에서 고찰한다면, 자본가가 들고 있는 자본은 모두 노동자가 생산한 잉여가치입니다. 모두 노동자로부터 짜낸 것이지요. 그것도 아무런 지불 없이 취한 겁니다. 잉여가치란 불불노동이니까요. 즉 "등가물 없이 취득한 가치 내지 지불하지 않은 타인의 노동"입니다.[김, 777; 강, 782] 자본가의 자본이 대가를 지불하지 않은 타인(노동자)의 노동이라는 사실은 매우 중요한 의미를 갖습니다. 마르크스는 여기서 '자본'을 처음 정식화했던 제2편의 제4장으로 돌아갑니다. 거기서 그는 일반적인 상품 및 화폐의 유통만으로는 자본이 생겨날 수 없다고 했습니다. '증식하는 가치'로서 자본이 가능하려면 가치증식을 가능케 하는 상품, 다시 말해 잉여가치를 낳는 상품으로서 노동력이 필요합니다. 한쪽에는 '가치'의 소유자 즉 생산수단과 생활수단을 가진 자가 서고, 다른 한쪽에는 '가치를 창조할 실체' 즉 노동력만을 소유한 자가 서야 합니다. 이처럼 "노동생산물과 노동 자체의 분리, 객체적 노동조건들과 주체적 노동력의 분리야말로 자본주의적 생산과정의 실질적으로 주어진 토대이자 출발점"입니다. [김, 777; 강, 782]

그런데 자본이 재생산된다는 것은 이 출발점이 매번 반복된다는 뜻입니다. 노동력의 구매자인 자본가는 판매자인 노동자에게 일정한 가치를 지불하고 노동력을 계속 구매합니다. 외견상으로는 매번 똑같습니다. 그런데 자본의 생산이 반복되면 언제부턴가 자본가가 들고 온 돈의 성격이 바뀌어 있습니다. 구매자로서 자본가가 들고 있는 돈은 그동안 그가 노동자로부터 '등가물 없이 취득한 가치' 즉 '불불노동'인 겁니다. 앞서 노동력의 가치는 노동자가 생산한 것이라고 했는데요. 이제는 노동력은 물론이고 생산수단까지, 자본가가 상품을 구매하기 위해 지불하는 돈은 모두 그가 대가 없이 취득한 돈이라는 게 드러납니다.[김, 795~796; 강, 800] 대가 없이 취한 돈으로 대가를 지불하다. 어디서 본 풍경 아닙니까. 마르크스는 이를 "피정복자에게 탈취한 화폐로 피정복자의 상품을 구매하는 정복자의 오래된 수법"이라고 했는데요.[김, 794; 강, 798] 앞서 언급한 적 있는 로마와 소아시아의 사례를 염두에 둔 표현입니다. 소아시아 도시들은 매년 로마에 막대한 양의 귀금속을 세금으로 바쳤습니다. 로마인들은 소아시아인들이 바친 이 귀금속으로 소아시아인들의 물건을 샀습니다. 이때 로마인들이 물건 값을 제대로 치렀다고 해서, 심지어 소아시아 상인들이 부풀린 가격을 지불했다고 해서, 이들을 정의로운 사람들 혹은 인심이 후한 사람들이라고 불러야 할까요. 그럴 수 없습니다. 이들은 그냥 재산의 탈취일 뿐입니다. 소아시아인들이 바친 귀금속을 물건으로 바꾸어 간 것뿐이지요.

노동력의 거래도 마찬가지입니다. 재생산의 관점에서 보면 노동력에 대한 등가교환은 단지 외관이고 형식에 지나지 않는다는 것을 알 수 있습니다. "자본가와 노동자 사이의 교환의 관계가 단지 유통과정에 속하는 가상(Schein)이라는 것(외관에 불과하다는 것), 내용과는 거리가 먼(fremd), 단지 내용을 신비화할 뿐인 형식에 지나지 않는다는 것" 말입니다.[김, 796; 강, 800] 노동력의 거래에 관한 한 등가로 지불한다 해도 기본적으로는 '착취'인 것입니다.

드러나는 계급관계

나는 제7편의 도입부에서 카메라가 줌아웃 된 것처럼 시야가 확대된다고 했습니다. 재생산의 관점에서 본다는 것은 자본의 생산을 지속적인 흐름 속에서, 한 번이 아니라 계속 반복되는 일로 본다는 뜻입니다. 또한 재생산의 관점에서 본다는 것은 자본의 생산을 생산영역만이 아니라 유통영역까지 모두 포괄해, 그리고 개별 자본이 아니라 사회적 총자본의 재생산으로 본다는 뜻입니다. 그러므로 자본의 재생산을 보려면 우리 이성의 추상적 시야를 시간적으로나 공간적으로(사회적으로) 크게 확대해야 합니다.

자본의 재생산은 노동자의 재생산

그런데 마르크스가 여러 차례 밝힌 것처럼 『자본』에서 '자본가'는 자본의 인격적 구현입니다. 인격화된 자본, 인간의 탈을 쓴 자본이라 할 수 있지요{재생산을 다루면서도 마르크스는 '자본가'가 하나의 '가면'(Charaktermaske)이라는 점을 재확인합니다 [김, 773; 강, 778]}. 사회적 총자본에도 그에 부합하는 인격으로서 '총자본가'가 있습니다. 제7편 도입부에서 말한 것처럼 마르크스는 개별적이고 특수한 자본가들을 하나로 합쳐 '총자본가'라고 부릅니다. 개별적이고 특수한 자본가들을 모두 하나의 목소리, 하나의 이해관계로 묶은 겁니다. 물론 개별 자본가들의 모습을 보면 고개를 갸웃할 수도 있습니다. 개인으로서 자본가는 자신만의 이익을 위해 최선을 다하는 사람이니까요. 그는 무슨 수를 써서든 경쟁에서 살아남으려 하고 다른 자본가들을 제압하려고 합니다. 그런데 기묘한 것은 이런 노력이 총자본의 요구를 효과적으로 실현하는 길이기도 하다는 사실입니다. 경쟁에서 승리하기 위해 경쟁적으로 노동일의 길이를 늘리고 노동생산력을 높이려는 개별 자본가들의 노력은 자본 일반 즉 사회적 총자본의 증식에도 기여한다는 거죠. 이전에 나는 개별 자본가들의 경쟁이 "마치 총자본가가 지휘라도 한 것처럼 (…) 자본가 전체에 유익"하다고 했는데, 마르크스는 자본의 재생산을 고찰할 때도 이 점을 지적합니다.

　이 절에서는 개별 인격이 아니라 집단 인격으로서 '총자본가 즉 자본가계급'과 '총노동자 즉 노동자계급'의 관계에 주목할 것입니다. 마르크스는 재생산의 관점에서 보면 자본생산을 둘러싼 여러 가상을 제거할 수 있다고 했습니다. 그리고 앞서 살펴보았듯이 노동력의 거래와 관련된 몇 가지 가상을 제거했습니다. 그런데 노동력의 거래란 화폐와 상품을 교환하는 거래인 동시에 화폐소유자와 상품소유자 사이의 거래이기도 합니다. 전체 계급의 시각에서 보면 자본가계급과 노동자계급의 거래이지요. 이러한 전환은 『자본』 제1장에서 제2장으로 넘어갈 때와 비슷합니다. 마르크스는 제1장에서 다룬 '상품들의 교환'을 제2장에서는 '상품소유자들의 교환'이라는 관점에서 다시 고찰했는데요. 상품의 등가교환을 인간들의 교환행위라는 관점에서 접근하자 상품소유자의 인격적 동등성(신분해방) 등의 새로운 문제가 부각되었습니다. 자본의 재생산에 대해서도 마찬가지입니다. 자본의 재생산은 자본을 가능케 한 노동력의 재생산을 전제합니다. 이는 자본의 재생산을 노동하는 인간, 즉 노동자의 재생산이라는 관점에서 접근할 수 있다는 거죠. 그렇게 하면 현물의 재생산, 가치의 재생산으로 봤을 때와는 사뭇 다른 풍경이 펼쳐집니다.

　이전에 6장에서 상품의 생산만이 아니라 상품을 생산할 노동자의 생산도 중요하다고 말한 바 있지요. 자본주의적 생산양식을 '상품의 생산양식'으로서만이 아니라 '주체성의 생산양식'으로서도 파악해야 한다고요. 이런 점에서 마르크스가 19세기 공장의 원형으로 파악한 17~18세기의 구빈원에 주목하자고 했습니다. 당시 구빈원은 일종의 '노동 교화소'로, 상품을 만드는 곳이라기보다 사람(노동자)을 만드는 곳이었으니까요. 경제적 공간이라기보다는 윤리적 공간이었습니다. 주체성의 생산에서는 윤리, 심성, 문화 등도 중요합니다. 만약 자본의 재생산을 주체성의 재생산이라는 점에서 접근한다면 우리는 재생산의 조건들이 경제에 국한되지 않는다는 것을 알 수 있습니다(부록노트⑩ 참조). 아쉽게도 마르크스는 재생산에 대한 논의를 이쪽으로 확장하지는 않았습니다. 자본의 재생산을 인간관계의 측면에서 다루기는 하지만 일단은 '경제적 범주의 인격화'라는 점에서만 다룹니다. 즉 자본가를 자본의 인격적 구현으로, 노동자를 노동력의 인격적 구현으로만 다루지요. 물론 이렇게만 해도 몇 가지 중요한 사실은 포착할 수 있습니다. 겉모습만 보았을 때와는 사태가 전혀 다르다는 것을 알게 되지요.

─────── 자유로운 교환의 가상이 사라지다 ───────

자본의 재생산에 노동력의 재생산이 필수적이라는 건 두말할 필요가 없습니다. 현물의 생산도 그렇지만 가치의 생산을 위해서는 노동력이 반드시 필요합니다. 노동력만이 가치를 생산하니까요. 이는 자본 재생산을 위해서는 자본가가 노동력을 계속 구매할 수 있어야 한다는 뜻입니다. 노동자 쪽에서 말하자면 자본가에게 노동력을 팔아야만 하는 상황이 계속된다는 뜻이고요. 우리는 노동력의 판매가 노동자에게 무엇을 의미하는지에 관해 이미 살펴본 바 있지요. 노동력 같은 생체 능력은 상품에 대한 지배가 생체에 대한 지배가 될 수밖에 없습니다. 노동자로부터 노동력을 물리적으로 분리시킬 수 없는 한 노동력에 대한 전제적 지배는 노동자에 대한 전제적 지배가 될 수밖에 없지요. 자본가가 노동력을 사용하는 시간이란 자본가가 노동자를 부리는 시간입니다. 반대로 말하면 자본가가 노동자를 부리는 시간은 그가 자신의 상품을 사용하는 시간, 그가 자신의 사물을 사용하는 시간이라 할 수 있습니다.

　자본의 생산과정을 다룰 때도 그랬지만 자본의 재생산과정을 다루면서도 마르크스는 먼저 이 점을 확인해둡니다. 노동력(노동력의 사용권)을 판매한 순간부터, 그러니까 "과정[생산과정]에 들어가기 전부터 이미 노동자의 노동은 노동자 자신으로부터 소외"된다고요.[김, 778; 강, 783] 노동력 판매에서 예감하는 소외는 생산과정에서 곧바로 확인됩니다. 생산과정(노동과정)이란 노동력의 사용과정입니다. 노동자가 노동력을 발휘하는 과정이지요. 하지만 노동력 사용권이 자본가에게 있는 한에서 생산과정이란 자본가가 구매한 노동력의 소비과정입니다. 상품으로서 노동력이 있을 뿐 노동자는 없는 것과 같습니다. 인간이 일하고 있다고 해도 실제로는 노동력이라는 상품이 스스로 움직이는 것처럼 간주해야 합니다. 생산과정에 머무는 동안 노동력은 자본가의 전유물입니다. "자본가에게 전유되고(an-geeignet) 자본과 한 몸을 이루게(einverleibt)" 되지요.[김, 778; 강, 783] 노동자는 끊임없이 생산물을 만들어냅니다. 그러나 이 생산물은 발효노동의 산물이 모두 양조업자의 것이듯 모두 자본가의 것입니다. 양조업자가 포도주통을 가리키며 '효모를 사서 내가 발효시켰지'라고 말하는 것처럼, 자본가는 '내가 몇 사람 고용해서 만들어낸 거야'라고 말합니다.

자본이 재생산된다는 것은 이런 일이 반복된다는 뜻입니다. 노동자는 끊임없이 자신을 잃어버린 채 타인의 부를 생산합니다. 마르크스의 표현을 쓰자면 계속해서 "객체적(objektiv) 부를 자본으로서" 생산합니다. 그를 소외시키는 '낯선'(fremd) 힘, 그를 "지배하고 착취하는" 힘을 계속 생산하는 겁니다. 자본의 재생산은 소외의 재생산입니다. 그런데 자본가에게는 이런 노동력이 계속 필요합니다. 노동자가 '객체적 부'(자본)를 생산한다면 자본가는 그런 부의 '주체적(subjektiv) 원천'으로서 노동력을 생산해야 합니다. 그런데 노동력의 생산은, 노동력이 노동자의 신체에만 존재하는 한 노동자(임금노동자)의 생산과 같습니다.[김, 778; 강, 783] 자본이 재생산된다는 것은 이처럼 노동자가 자신을 지배하고 착취할 자본을 계속 생산하고(소외된 노동의 반복), 자본가는 그런 지배와 착취의 대상으로서 노동자를 계속 생산한다는 뜻입니다.

마르크스는 이것을 생산영역과 유통영역에서 함께 발견합니다. 앞서 마르크스는 '생산적 소비'와 '개인적 소비'를 구분했는데요. 생산영역에서 생산요소들을 소비하는 것을 '생산적 소비'라 했고, 유통영역에서 생활수단을 구매해 일상에서 소비하는 것을 '개인적 소비'라고 했지요. 생산적 소비가 생산물(상품) 생산과정이라면, 개인적 소비는 인간(주체) 생산과정이라고 할 수 있습니다. 이것을 노동자에게 적용하면 어떻게 될까요. 생산과정에서 노동자는 노동력을 생산적으로 소비합니다(물론 자본주의에서는 이것을 자본가가 자신의 상품을 소비하는 과정으로 간주합니다). 자신의 노동력과 생산수단을 소비해서 투하한 자본보다 큰 가치를 지닌 생산물을 생산합니다. 또한 그는 노동력을 판매한 대가로 받은 화폐로 생활수단을 구매하고 그것을 소비하면서 자신의 노동력을, 다시 말해 임금노동자로서 자기 자신을 생산합니다.[김, 779; 강, 783~784]

겉보기에 두 영역은 전혀 다릅니다. 이 점은 그 누구보다 노동자 자신이 아주 잘 압니다. 마르크스는 『경제학 철학 초고』에서 두 영역의 차이를 실감나게 표현했지요. 노동 중에 있을 때 노동자는 자기 자신을 부정하고 불행을 느낍니다. 자신을 자신이 아닌 것처럼 느끼지요. 반면 노동에서 벗어나면 자신을 되찾은 느낌이 듭니다. 자신의 인간적 능력(노동력)이 발휘될 때는 비참함을 느끼고 동물로 돌아갔을 때, 즉 먹고 마시고 생식할 때 자유롭다고 느끼지요. 노동자에게 생산적 소비(노동)의 시간과 개인적 소비의 시간은 완전히 별개입니다. 그는 공장에 있을 때와 공장에서 벗어났을 때를 혼동할 수 없습니다. 전자의 시간은 그가 그 자신이 아닌 시간, 자기 몸과 자기 정신이 남의 몸, 남의 정신처럼 움직이는 시간입니다. 반면 후자의 시간은 "자기 자신에게 속해 있는" 시간입니다. 그의 손발은 더 이상 자본의 생산 기능들을 수행하지 않습니다. 그 대신 자신의 '삶의 기능들'(Lebensfunktionen)을 수행하지요. 전자의 시간이 '자본가의 삶'을 생산하는 시간이라면 후자의 시간은 '노동자 자신의 삶'을 생산하는 시간이라 할 수 있겠습니다.[김, 779; 강, 784]

그런데 정말 그럴까요. 겉보기에는 그렇습니다. 누구보다 노동자 자신에게 그렇게 보입니다. 하지만 재생산의 관점에서 보면 또 달라집니다. 생산적 소비의 시간과 개인적 소비의 시간을 나누는 기준은 '노동일'인데요. 노동일이란 하루 중 노동시간 즉 노동자가 생산과정에 머물러야 하는 시간입니다. 우리는 이 노동일의 길이가 어떻게 정해지는지 알고 있습니다. 노동력을 사용하는 시간과 그렇지 않은 시간을 어떻게 나눌 것인가. 노동력을 사용하지 않는 시간이란 무엇인가. 자본주의에서 그것은 노동력을 유지하고 재생산하는 데 필요한 시간입니다. 노동하지 않는 시간이 노동하는 시간을 위해 존재한다는 뜻이지요. 노동자에게 개인적 소비의 시간이 주어진 것은 생산적 소비에 필요하기 때문입니다.[김, 779; 강, 784] 먹기 위해 일한다기보다 일하기 위해 먹는다고 할까요. 극단적 사례를 우리는 이미 노동일에 관한 장에서 보았습니다. 기계 곁을 떠나면 안 되기에 옆에서 밥을 떠먹여 주어야 했던 일곱 살 어린 노동자를 기억할 겁니다(420쪽 참조). 일하는 중에 밥을 먹는다는 것은 아이에게 밥을 먹이는 이유가 무엇인지를 분명하게 보여주지요.

공장 바깥에서 밥을 먹는다고 사정이 다를까요. 물론 밥을 좀 편안하게 먹을 수는 있습니다. 그러나 밥을 먹는 환경이 밥을 먹는 이유, 노동자에게 밥을 먹게 하는 이유까지 바꾸지는 못합니다. 마르크스는 노동자가 생활수단을 소비하는 것은 "증기기관에 석탄과 물을 붓고 바퀴에 기름칠을 하는 것과 마찬가지"라고 말합니다.[김, 779; 강, 784] 차이가 있다면 기계는 노동자가 기름칠을 하지만, 노동자의 경우에는 스스로 기름칠을 한다는 점이지요. 그런데 개별 자본가와 개별 노동자만 보면 이 점이 잘 보이지 않습니다. 공장에서의 식사시간과 휴식시간은 물론이고 퇴근해서 집에 머무는 시간까지, 개별 자본가에게는 노동자가 노동하지 않는 모든 시간이 낭비로 보일 겁니다. 자본증식을 방해하는 시간처럼 보이지요. 그러나 이것은 그렇게 '보이는' 것일 뿐입니다. 만약 우리가 자본주의사회 전체의 재생산을 생각한다면, 그리고 "개별 자본가와 개별 노동자가 아니라 자본가계급과 노동자계급을 살펴본다면" 사태가 다르게 나타납니다. 노동자의 개인적 소비는 총자본의 증식에 꼭 필요하다는 게 드러나지요.

노동자의 개인적 소비 시간은 부(자본)의 '주체적 원천'인 노동자를 생산하는 시간입니다. 상품의 생산과정처럼 노동자의 생산과정을 떠올려보세요. 이 경우 노동자가 먹고 입는 것, 즉 노동자가 개인적으로 소비하는 생활수단은 노동자를 만들어내는 생산수단이 됩니다. 노동자는 생활수단을 소비하면서 자신의 "근육과 신경, 뼈, 뇌를 재생산"하고, 자기 아이들의 근육과 신경, 뼈, 뇌를 생산합니다. 현재의 노동자 자신을 재생산하면서 미래의 노동자를 생산하는 것이지요.[김, 780; 강, 784~785] 이렇게 보면 노동자의 개인적 소비는 개인적 소비가 아닙니다. 기계에 대한 기름칠이 노동시간에 이루어졌는지 휴식시간에 이루어졌는지 상관없이 자본의 생산과 재생산에 꼭 필요하듯, 노동자 자신에 대한 기름칠도 그것이 공장에서 이루어졌는지 바깥에서 이루어졌는지와는 상관없이 자본의 재생산에 꼭 필요합니다. 총자본의 재생산이라는 관점에서 보면 노동자의 개인적 소비는 매우 생산적인 소비입니다.[김, 780; 강, 785]

노동하지 않는 시간에도 노동자는 생산한다

보통 노동자가 노동하지 않는 시간을 자유시간이라 부릅니다. 생산영역처럼 자본가의 통제를 받지 않는다는 점에서 노동자는 자유롭습니다. 소비영역(개인적 소비)에서 노동자는 자신이 원하는 것을 먹을 수 있고 마음에 드는 것을 입을 수 있습니다. 생산영역에서는 자본가를 기쁘게 하는 일을 해야 하지만 소비자로서 노동자는 자신에게 기쁨을 주는 일을 할 수 있습니다. 그런데, 과연 그런가. 자본의 재생산이라는 점에서 바라보면 공장을 떠난 뒤 노동자가 자본가의 통제에서 벗어나는지 확실치 않습니다. 개인적 소비란 노동자가 자본가가 아니라 자기 자신을 위해 행하는 활동인데요. 자기 자신을 위하는 일이 자본의 재생산 관점에서 보면 다시 자본가를 위한 일이 됩니다. 마르크스는 우리에게 씁쓸한 진실을 일깨워줍니다. "일하는 짐승이 스스로 좋아서 먹이를 먹는다고 해서 그 짐승이 행하는 소비가 생산과정의 한 필수적 계기라는 사실이 달라지지는 않는다."[김, 780; 강, 785]

최선의 세팅이란 이런 것일까요. 자본가는 공장의 생산수단을 관리할 때 신경을 많이 써야 합니다. 그러나 노동력의 유지와 재생산에 대해서는 그럴 필요가 없습니다. 노동자는 자기 몸을 알아서 돌봅니다. 기계는 녹슬지 않도록 계속해서 기름칠을 해야 하지만(기계 값 이외에 관리비가 들지요) 노동력의 경우에는 값만 지불하면 별도의 관리비 없이 신제품처럼 유지가 됩니다. 자본가는 노동자계급의 유지와 재생산을 "노동자의 자기유지 본능과 생식 본능에 안심하고 맡"길 수가 있습니다.[김, 780; 강, 785] 자본가에게는 '일석이조'입니다.[김, 780; 강, 785] 한 번의 지불로 잉여가치도 얻고 노동력도 얻으니까요.

한마디 덧붙이자면, 자본가가 노동자계급의 유지와 재생산을 노동자의 '본능'에 맡겨놓을 수 있다는 것에 대해서는 생각해볼 점이 있습니다. 노동력도 상품인 한에서는 이 상품을 생산하는 노동이 투입되고요(부록노트㉙ 참조). 일반적인 상품의 경우와 달리 노동력을 생산하는 노동은 가치생산노동으로 인정받지 못한다고, 이 노동에서는 '가치화' 대신 '자연화'(본성화)가 일어난다고, 그리고 이런 자연화를 통해 이 노동과 이 노동을 수행하는 이들(이를테면 가사노동을 수행하는 주부들)이 은폐되고 가치체계 바깥으로 밀려난다고 했습니다. 자본의 재생산에 필수적이면서도 셈에서는 빠지는 존재들이지요. 자본이 필요로 하기 때문에 포섭하지만 구성 요소로서는 인정하지 않는, 말하자면 '배제하는 형태로 포함하는' 존재들이라 하겠습니다(나는 개인적으로 이들이야말로 프롤레타리아트의 전형적 형상이며, 노동자 역시 이런 성격을 나눠 갖는 한에서 프롤레타리아적이라고 생각합니다). 아쉽게도 마르크스는 여기서 "본능에 맡긴다"라는 말이 무엇을 의미할 수 있는지에 대해 더는 파고들지 않았습니다.

어떻든 자본가로서는 노동력의 재생산을 노동자에게 맡겨놓아도 좋습니다. 노동자 자신이 노동력을 재생산하는 노동을 직접 수행했는지, 그의 가족 성원에게 떠맡겼는지는 자본가의 관심사가 아닙니다. 물론 마르크스는 자본가계급이 노동자계급의 소비에 완전히 관심을 끄지는 않는다고 지적합니다. 힘든 노동을 감내할 수 있도록 탄광 노동자들에게 반강제로 콩을 먹였던 남미의 광산업자들처럼 '거칠게' 개입하지는 않더라도, 자본가계급은 건강한 노동력의 생산과 관련해서는 노동자들의 개인적 소비에 일정한 개입을 합니다.[김, 781, 각주 9; 강, 785, 각주 8]

안토니오 그람시는 이와 관련해 20세기 전반 미국의 산업을 주도한 이념인 포드주의(Fordism)에 대해 흥미로운 분석을 내놓은 바 있습니다. 포드주의란 대량생산과 대량소비를 결합한 체제라고 합니다. 생산과정에 '테일러주의'(과학적 관리법)를 도입함으로써 대량생산이 가능해졌고 상품가격이 떨어졌지요. 그러나 임금을 떨어뜨리지는 않았습니다. 많이 생산하고 많이 소비하는 체제를 만들어낸 것이지요. 하지만 생활양식에서는 '청교도주의'(금욕적 생활)를 강조했습니다. 언뜻 보면 모순되지요. 그런데 그람시는 "미국에서 작업의 합리화와 주류 양조 및 판매의 금지는 의심할 바 없이 상호 연관되어 있다"라고 했습니다. 생산과정의 작업방식(상품의 생산)과 생산과정 바깥의 생활양식(노동자의 생산)이 긴밀히 맞물려 있다는 것이지요.[19] 소비를 하되 건강한 소비, 생산적 소비를 해야 한다는 겁니다. 그람시에 따르면 생산에서의 테일러주의와 생활에서의 청교도주의가 결합한 배경에는 "노동자들이 돈을 자신의 근육과 신경의 효율성을 유지하고 갱신하며, 그리고 가능하다면 그것을 증대시키는 데 사용해야지 그 효율성을 부식시키고 파괴하는 데 사용해서는 안 된다"라는 인식이 깔려 있습니다.[20] 마르크스의 말을 인용해볼까요. "자본가와 그의 이데올로그인 정치경제학자는 노동자의 개인적 소비 중에서 노동자계급의 영속화를 위해 필요한 부분, 즉 자본이 노동력을 먹어치우기(ver-zehren) 위해서는 [노동자들에게] 실제로 먹여야만 하는 부분만을 생산적인 것으로 간주한다. 그 외에 노동자가 자신의 쾌락을 위해 먹어치우는 것은 비생산적 소비인 것이다."[김, 780~781; 강, 786]

자본가로서는 애초 노동력 재생산에 필수적인 양 이상을 임금으로 지급하는 것 자체가 낭비라고 생각하겠지요. 쾌락을 위해 돈을 쓸 정도면 임금수준이 너무 높은 것 아닌가 싶을 겁니다. 그러나 과도한 소비의 기준에 대한 논란은 차치하더라도, 이런 소비가 문제 되는 건 자본가가 아니라 노동자 자신입니다. 소비는 노동자를 가난하게 만드니까요. 꼭 과도한 소비만 그런 게 아닙니다. 정도의 차이는 있지만 기본적으로 노동자의 개인적 소비는 노동자 자신에게는 모두 비생산적입니다. 그러나 이런 소비도 "자본가와 국가에는 생산적"입니다. 노동자의 개인적 소비란 노동력 생산활동("타인의 부를 생산하는 힘의 생산")이니까요.[김, 781; 강, 786] 그런데 노동자의 개인적 소비에는 노동력을 생산한다는 것 말고도 자본가에게 유익한 점이 있습니다. 자본주의에서는 자본가를 위해 좋은 일이 겹쳐 일어나는 경우가 많지요. 또 한 번의 일석이조라고 해야 할까요. 개인적 소비가 노동자를 가난하게 만든다고 했는데요. 이 '가난'이라는 놈이 자본가의 하수인 역할을 합니다. 노동자를 다시 자본가에게 끌고 오지요. 가난은 노동력이라는 상품이 출현하는 역사적 조건이기도 하고(생산수단을 상실한 인구의 집단적 출현) 노동력의 지속적 공급을 보장하는 현실적 조건이기도 합니다. 그래서 자본의 재생산에는 가난의 재생산이 필요합니다(다음 장인 11장에서 노동자의 가난이 자본가의 보물광산이 되는 것을 더 자세히 보게 될 겁니다)

　요컨대 노동자의 개인적 소비는 노동력을 재생산하면서 가난을 재생산합니다. 노동자들은 소비를 통해 가난해지고 다시 맨 몸뚱이로 자본가 앞에 설 수밖에 없습니다. 노동자라는 이 "자기의식을 가진 생산도구"는 도무지 떠날 수가 없습니다.[김, 782; 강, 786] 공장 문을 나서고도 그리 멀리 가지 못합니다. 임금이란 말뚝에 매어놓은 줄과 같습니다. 일하는 짐승에게 여기저기 풀을 뜯을 수 있는 여유를 주지요. 하지만 줄을 반경으로 하는 원 안의 풀을 다 뜯고 나면 별수 없이 또 일하러 가야 합니다. 그래야 주인이 풀 있는 곳으로 말뚝을 옮겨줄 테니까요. 물론 법적으로 노동자는 생산영역 바깥에서 자본가와 대등합니다. 그의 목에는 줄이 없습니다. 그는 노동력을 팔지 않아도 됩니다. 누구도 그것을 강요할 수 없습니다. 오직 자유의사를 통해서만 노동력을 판매합니다. 그는 모든 판매자가 그렇듯 구매자를 선택할 수 있습니다. 하지만 자본의 사회적 재생산이라는 관점에서 보면, 즉 개별 노동자와 개별 자본가가 아니라 노동자계급과 자본가계급이라는 관점에서 보면 그렇지 않습니다. 어느 개별 자본가에게 노동력을 팔지 않을 수는 있습니다. 그러나 자본가계급에게 노동력을 팔지 않을 수는 없습니다. 생산과정을 떠나면 개별 자본가의 통제에서는 벗어날 수 있을지 모릅니다. 하지만 생산과정을 떠나도 자본가계급의 통제를 벗어날 수는 없습니다. 재생산의 관점에서 보면 노동력의 자유로운 판매자라는 말이 얼마나 허상인지 알 수 있습니다. 그래서 마르크스는 이렇게 말합니다. "로마의 노예는 쇠사슬로 자기 소유주에게 묶여 있었으나 임금노동자는 보이지 않는 끈에 의해 그 소유주에게 묶여 있다. 임금노동자의 자립성의 가상은 개인적인 고용주의 지속적 교체와 계약이라는 법적 허구(fictio juris)를 통해 유지되고 있다."[김, 782; 강, 786~787]

최선의 세팅―노동자계급은 자본의 부속물

자본의 사회적 재생산이라는 관점에서 보면 자본가가 노동자를 가축처럼 소유하고 있다는 것이 드러납니다. 다만 고삐가 보이지 않을 뿐이지요. 마르크스의 말마따나 "사회적 관점에서 보면, 노동자계급은 직접적 노동과정 외부에 있을 때도 죽은 노동도구들처럼 자본의 부속물(Zubehör)"입니다.[김, 781; 강, 786] 이 점에서는 공장 안에 있는 기계나 공장 안팎을 오가는 노동자나 차이가 없습니다.

　자본가들이 노동자를 어떻게 보는지는 노동자의 해외이주를 규제하는 법률에서 드러납니다. 사실 자유로운 이동은 근대 시민의 기본 권리입니다. 노동자는 어디든 자유롭게 갈 수 있습니다. 자본가들은 이 권리를 옹호하며 농촌에서 노동력을 뽑아냈습니다. 그런데 자본주의적 생산양식이 확고하게 자리를 잡자 자본가들은 노동자들이 자신들의 손아귀를 벗어나지 못하도록 이동을 규제했습니다. 마르크스에 따르면 1815년까지 영국에서는 기계노동자의 해외이주 시도를 중형으로 다스렸습니다. 평소에는 보이지 않던 끈이 이런 때 모습을 드러내지요. 필요한 경우 자본은 "자유로운 노동자에 대한 자신의 소유권을 발동"합니다.[김, 782; 강, 787] 이상한 말입니다만, 노동자는 자유로운데 마음대로 바깥에 나갈 수는 없습니다. 그럴 때 자본가는 자기 가축이 남의 땅으로 넘어간 것처럼 화를 내고는 울타리를 더욱 높입니다.

노동일에 관한 장에서 나는 마르크스가 몽타주 기법을 썼다고 했습니다. 자본가와 노동자의 목소리를 교차 편집함으로써 긴장감을 높이고 있다고요. 특히 노동자계급의 목소리는 직접 인용하는 형식을 취했는데요. 당시 파업 중이던 런던 건축노동자들의 성명서를 오려 붙인 것이었습니다. 그런데 이번 장에서는 자본가계급의 목소리를 비슷한 방식으로 인용하고 있습니다. 맨체스터 상공회의소 회장을 지낸 에드먼드 포터가 1863년 『타임스』에 기고한 편지를 가져왔지요. 당시 영국 하원의원이었던 윌리엄 페런드(William Ferrand)는 이 편지를 '공장주들의 선언'(das Manifest der Fabrikanten)이라고 불렀는데요. 마르크스는 참으로 적절한 명명이라고 했습니다. 마르크스는 자신과 엥겔스가 함께 쓴 『공산주의자 선언』을 떠올린 것 같습니다. 『공산주의자 선언』에서 이들은 "공산주의자들은 자신의 생각과 의도를 감추는 일을 부끄러워한다"라고 썼는데요.[21] '공장주들의 선언'도 『공산주의자 선언』 못지않게 노동자계급에 대한 자본가계급의 견해를 공공연하게 선포하고 있습니다. 마르크스의 표현을 쓰자면 "노동력에 대한 자본가의 소유권을 노골적으로 표명"하고 있지요.[김, 783; 강, 787]

혁명가의 공공연함(Öffentlichkeit)과 권력자의 공공연함은 물론 성격이 전혀 다릅니다. 혁명가의 공공연함은 탄압의 위험을 무릅쓰고 자신의 생각을 감춤 없이 공적인 장에 꺼내놓는 것입니다. 멀리는 고대 견유주의자부터 가깝게는 칸트까지 비판철학의 전통에는 이런 공공연함에 대한 지향이 있습니다. 그러나 권력자의 공공연함은 이와 달리 힘의 과시이자 경고이고 위협입니다. 공적인 장, 비판의 장을 위축시키고 어떤 경우에는 계엄 상황처럼 공론장을 아예 닫아버립니다. 계엄 상황은 권력자 내지 주권자가 가장 노골적으로 자신을 드러내는 순간이지요. 그렇다고 포터의 편지가 계엄 포고문이라는 이야기는 아닙니다. 형식상으로는 공론장에서의 의견 표명이라 할 수 있습니다. 문장도 전반적으로는 호소의 성격을 갖고 있습니다. 그러나 편지의 문장을 살피다 보면 위기의 순간에 자신을 노골적으로 드러내는 주권자를 느낄 수 있습니다. 주권자란 불합리한 조치를 합법적으로 취할 수 있을 때 잘 드러나지요.

'불합리'라고 말했지만 사실 마르크스가 이 편지에서 느낀 것은 '파렴치'입니다. 당시 상황을 좀 이해할 필요가 있겠는데요. 미국에서 남북전쟁이 거세게 벌어질 때의 일입니다. 미국에서 면화를 공급받던 영국의 면방직업은 그야말로 면화 기근에 빠져들었지요. 면화 값이 천정부지로 치솟았습니다. 포터의 글이『타임스』에 실린 때가 1862년인데요. 엥겔스의 증언에 따르면 1862년에 면화는 원가가 무려 다섯 배나 뛰어올랐습니다. 아버지 회사를 운영하던 엥겔스가 '무일푼'이 되었다고 말한 그때입니다. 많은 면방직공이 해고되어 길거리로 쏟아져 나왔습니다. 당장 굶어 죽게 생긴 사람들이지요. 마르크스에 따르면 당시 이들 '과잉인구'(Überflüssigen)를 살리기 위해 해외이주를 돕자는 목소리가 나왔다고 합니다. 노동자계급 내부만이 아니라 여러 사회계층에서 "국가의 지원과 국민의 자발적 기부를 촉구하는 목소리"가 나왔다는 거죠.[김, 782~783; 강, 787] 포터는 바로 이런 움직임을 저지하기 위해 글을 기고한 것입니다. 그는 해외이주가 국내의 노동력 공급을 줄인다며 이렇게 말했습니다. "주인(고용주, Meister)은 자신의 노동보급물자(Arbeitszufuhr)가 멀어지는 것을 기꺼이 보고 있을 수만은 없다."[김, 783; 강, 788] 내용보다 표현이 더 많은 말을 해주는 경우가 있습니다. 바로 이 경우가 그렇습니다. 이 문장은 논리 이전에 시각을 드러냅니다. 어떻게 '주인'으로서 가만히 있을 수 있는가. 이것은 이유가 아니라 선언입니다. 해외이주를 반대하는 이유가 아니라 해외이주를 허락할 수 없다는 선언, 즉 자본가가 노동자의 주인임을 확인하는 선언이지요. 그는 노동자를 자본가의 가축 아니면 최소한 머슴이라고 주장하는 겁니다.

계속해서 포터는 영국의 면방직업이 얼마나 영국 경제에 크게 기여했는지, 전도가 얼마나 유망한 산업인지를 역설합니다. 그러고는 '주인'이라는 표현이 걸렸는지 "물론 나는 노동자가 소유물이 아니라는 것을 인정한다"라고 덧붙였습니다. 그러나 이 단어를 사실상 같은 뜻의 다른 말로 이미 바꿔버린 후였지요. 그는 노동자를 가리켜 "이 기계는 정비해둘 만한 가치가 있는 게 아닌지" 묻고 싶다고 했습니다. '이 기계'는 1년이면 교체하는 '다른 기계들'과 달리 한 세대 안에는 대체될 수 없는 '정신적(지적)이고 훈련된 힘'이라고 했지요. 잘 간수하고 유지해야 한다는 뜻입니다. 쉽게 떠나가게 두어서는 안 된다는 거죠. 포터의 문장은 아주 혼란스럽습니다. 그는 노동자를 '소유물'이라고는 생각하지 않는다면서도 '기계'라고 부르고 있습니다. 그런데 따지고 보면 '기계'는 자본가의 소유물이지요. 주인이라고 했다가 소유한 것은 아니라고 했다가 기계로서 정비해둘 필요가 있다고 했다가…. 너무 노골적인 표현을 피하느라 문장을 꼬아놓았습니다만 메시지가 복잡한 건 아닙니다. 마르크스가 간명하게 정리했지요. 기계는 두 종류가 있는데(물론 둘 모두 자본가의 것이다), 하나는 공장 안에 있고 다른 하나는 일요일과 야간에는 공장 바깥에 있다, 하나는 죽은 것이고 다른 하나는 살아 있다, 죽은 기계는 시간이 흐를수록 가치를 잃어가며 기술진보가 일어나면 새것으로 교체해야만 한다, 반면 살아 있는 기계는 시간이 흐를수록, 세대를 거듭할수록 좋아진다.[김, 784; 강, 790]

앞서 포터(그는 자본가계급의 대표자입니다)를 파렴치하다고 했는데요. 그는 노동자들이 이민의 희망을 품는 것은 당연하다면서도 이렇게 말합니다. 노동자들이 떠나감으로써 "면방직업이 축소되도록 압박한다면 노동자 바로 위 계급인 소상인은 어떻게 되겠는가. 지대는 어떻게 되고 집세는 어떻게 되겠는가. 소규모 차지농업가 그리고 그보다 조금 생활이 나은 주택소유자(주택임대업자)와 지주는 어떻게 되겠는가?"[김, 784~785; 강, 789] 정말로 최악의 언사가 아닐 수 없습니다. 강자에게 손해가 발생하지 않도록 약자에게 좀 더 희생하라는 말인데요. 그는 길거리에 나앉아 죽게 생긴 사람들의 탈출을 이기적 행동인 것처럼 묘사하고 있습니다. 포터는 이들의 이민 계획을 "국력을 약화하는", 그래서 "모든 계급에 치명적일 수 있는 계획"이라고 비난합니다.[김, 785; 강, 789] 그렇다면 포터의 대안은 무엇이었을까요. 늘 그렇듯 돈을 빌려주는 겁니다. "2~3년에 걸쳐 500만~600만 파운드스털링을 대부"해주자는 거죠. 빚을 내게 해줄 테니까 그걸로 빵집 주인한테 빵도 사고, 집주인한테 월세도 내라는 거죠. 채무를 떠안겨 노동자에게 더 두꺼운 목줄을 채우는 겁니다. 그런데 이게 전부가 아닙니다. 돈을 그냥 빌려주면 도덕적 해이가 발생할 수 있다며, 빈민들의 "도덕적 수준을 유지하기 위해 일정한 강제노동을 부과하는 특별법을 제정"하자고 했습니다.[김, 785; 강, 789]

포터의 제안에 대해 해당 기고문을 실었던 『타임스』가 당장 반박 논설을 냈습니다. "포터 씨는 면방직업 공장주들의 예외적이고 절대적인 중요성에 감화된 나머지 이 계급을 유지하고 이들의 직업을 영구화하기 위해 50만 명의 노동자계급을 그들의 의사에 반하여 하나의 거대한 도덕적 구빈원에 가두려고 한다." 『타임스』는 '인간기계들'을 잘 정비해두고 있으면 언젠가 쓸 일이 있을 거라는 면방직업 공장주들의 막연한 기대에 입각해 노동자들을 가두는 것에 분노를 표했습니다. 그러고는 "'노동력'을 석탄이나 철 또는 면화처럼 취급하려는 사람들로부터 구해내기 위해 이 섬나라의 위대한 여론이 무엇인가 해야 할 때가 왔다"라고 열변을 토했습니다. 그러나 마르크스는 이 논설에 쓴웃음을 지었습니다. 인도주의적이고 아름다우며 재치 있는 문장이 가득하지만 실상은 '정신의 유희'(jeu d'esprit)에 지나지 않는다고요.[김, 787; 강, 791] 현실을 모르는 소리이거나 알면서도 모르는 척 도덕적 위선을 떤다는 거죠. 영국의 소위 '위대한 여론'은 노동자들의 해외이주가 영국 경제에 타격을 줄 것이라는 포터의 의견에 공감했으니까요. 결국 노동자들의 이주는 저지되었습니다. 마르크스에 따르면 의회는 이민을 지원하는 예산은 한 푼도 책정하지 않았고, 노동자들을 "생사의 갈림길에 방치"하거나 "정상적인 임금을 지불하지 않고도 노동자들을 착취할 수 있는 권한을 시당국에 부여하는 법률을 가결"했습니다. 생존의 위험에 처한 노동자를 방치하는 대신 손실의 위험에 처한 자본가를 구원하기로 한 것이죠.[김, 787, 각주 17; 강, 791, 각주 16]

어떻게 이런 일이 있을 수 있을까. 『타임스』는 논설을 통해 포터가 노동자계급을 '거대한 도덕적 구빈원'에 가두려 한다고 비난했지만, 실상은 자본주의사회 자체가 거대한 구빈원이었던 거죠. '구빈원'의 본래 말은 'Workhouse' 즉 '노동의 집'(노동수용소)입니다. 마르크스가 19세기 공장의 원형이라고 불렀던 곳이지요. 그런데 구빈원은 개별 공장의 원형이 아니라 자본주의사회 전체의 원형이라고 하는 편이 옳지 않을까 싶습니다. 현실을 몰랐던 쪽은 포터가 아니라 『타임스』입니다. 포터는 편지 기고를 통해 노동자계급에 대한 자본가계급의 주권을 확인했고 영국의 '위대한 여론'은 이것을 추인했지요. 앞서 노동자계급을 가축에 비유했는데요. 마르크스는 영국의 의회가 굶어 죽어가는 노동자의 이주를 위해서는 단 한 푼도 지출할 수 없게 했지만, 3년 후 가축(소) 전염병이 퍼졌을 때는 백만장자들인 지주를 위해 수백만 파운드스털링을 지원하도록 했다는 사실을 주석에 밝혀두었습니다.[김, 787, 각주 17; 강, 791, 각주 16] 백만장자의 손실을 막기 위해 수백만 파운드스털링을 지출하는 이유와 무일푼의 노동자 이주에는 한 푼도 지출하지 않는 이유는 같습니다. 자본주의사회란 자본이 주권자인 사회이고 자본의 축적을 위해 최선의 방식으로 세팅된 사회이니까요. 노동자는 이 세팅의 한 요소, 한 부속물인 것이지요.

재생산이라는 관점에서 보면 자본주의적 생산과정은 정말로 효과적입니다. 자본주의적 생산과정은 "스스로의 진행을 통해" 재생산을 돕습니다. 자본주의적 생산과정은 노동력과 노동조건의 분리에서 시작되지만 또한 그 진행과 더불어 이 분리를 심화합니다. 노동자가 생산한 것이 노동자를 착취하는 수단이 됩니다. 자본주의적 생산과정은 "노동자에게는 살기 위해 계속해서 노동력을 팔 것을 강요하고, 자본가에게는 부유해지기 위해 노동력을 계속해서 구매할 수 있도록 만들어"줍니다.[김, 787; 강, 792] 이제야『자본』제2편 끝에서 보았던 자본가와 노동자의 만남이 무엇이었는지를 알 수 있습니다. 두 사람의 소유자가 화폐와 상품을 바꾸었습니다. 자유롭고 평등하며 서로에게 이익이 되는 거래. 누구도 강요하지 않았고 자발적으로 그 자리에 섰습니다. 두 사람은 신분상으로 동등하며 두 사람이 교환한 화폐와 노동력은 등가물입니다. 서로가 필요했기 때문에, 서로가 이익이라고 생각했기 때문에 교환했을 겁니다. 그야말로 "천부인권의 낙원"이고 "정의가 강물처럼 흐르는 세상"입니다. 그런데 우리는 이 모든 것이 가상이고 환각이라는 걸 이제 압니다. 겉보기에만 그렇습니다. 겉보기에만 자유롭고, 겉보기에만 평등하며, 겉보기에만 상호 이익입니다. '사회적 재생산'이라는 관점에서 보면, 자본가와 노동자가 만나는 유통영역은 이미 생산영역과 통일성을 이루고 있고, 자본가는 노동력에 대한 지불자가 아니며, 더 나아가 자본 자체가 지불 없이 취한 노동, 즉 등가교환 없이 취한 노동입니다.

또한 우리는 자본가와 노동자의 만남이 우연이 아니었음을 깨닫습니다. 표면적으로는 임금을 받고 노동을 했으면 둘의 관계는 끝입니다. 더 이상 볼 일이 없습니다. 또 노동력 거래를 원한다면 새로운 계약을 맺어야 합니다. 둘은 다시 대등하고 독립된 주체가 되는 거죠. 마르크스의 말처럼 설령 "동일한 판매자와 구매자가 다시 만난다고 해도 그것은 우연일 뿐"이죠.[김, 800; 강, 804] 그러나 이제 우리는 이 '우연'이 겉보기에만 그렇다는 것을 압니다. 둘의 만남은 우연이 아닙니다.[김, 788; 강, 792] 개별 노동자와 개별 자본가만 볼 때는 그렇게 보일 수 있지만, 노동자계급과 자본가계급을 생각하는 순간 우리는 자본가에게 노동력을 판매하는 일이 노동자로서는 벗어나기 어려운 운명이라는 것을 알 수 있습니다. 그리고 이 운명은 노동자 한 사람의 운명이 아니라 노동자계급의 운명이고, 한 세대 노동자가 아니라 전 세대 노동자에 걸쳐 있는 운명이라는 것을 알 수 있습니다.

마르크스는 자본의 확대재생산 즉 자본의 축적을 이야기하면서, 이것은 "아브라함이 이삭을 낳고 이삭은 야곱을 낳고…" 하는 식의 이야기라고 했습니다. [김, 793; 강, 797] 이것은 노동자의 재생산에도 해당하는 이야기입니다. 노동자 아브라함은 노동자 이삭을 낳고, 노동자 이삭은 노동자 야곱을 낳습니다. 오늘 노동자는 어제 노동자입니다. 그가 노동력을 팔기 위해 오늘 시장에 나올 수밖에 없었던 것은 어제 그가 공장에서 생산했기 때문입니다. 오늘 노동자는 어제 노동자의 자식입니다. 부모 노동자는 자식 노동자의 근육과 뼈와 두뇌, 즉 노동력을 생산했을 뿐 아니라 자식 노동자의 가난, 즉 노동력을 팔아야만 살 수 있는 존재로서 노동자를 생산합니다. 어떻게 이런 일이 가능한가. "노동자는 자신을 자본가에게 판매하기 전부터 이미 자본에 귀속되어 있었"으니까요.[김, 788; 강, 792] 참고로 마르크스는 이 귀속이 얼마나 철저한지를(또 얼마나 꼴사나운지를) 상징적으로 보여주기 위해 노동자의 '똥'까지 자본가의 재산으로 간주된 사례를 주석으로 달아두었습니다.[김, 788, 각주 19; 강, 792, 각주 18]

이로써 자본주의적 생산양식에 관한 중요한 결론 하나가 도출되었습니다. "[전체적] 연관 속에서, 즉 재생산과정으로서 고찰하면 자본주의적 생산과정은 상품이나 잉여가치만을 생산하는 것이 아니라 자본관계 자체를, 즉 한편에는 자본가를 그리고 다른 한편에는 임금노동자를 생산하고 재생산한다." [김, 788~789; 강, 793] 다시 강조해두고 싶습니다. 자본주의에서는 상품과 잉여가치만 생산되는 게 아닙니다. 자본주의는 계급관계도 생산합니다. 자본의 재생산이란 자본관계의 재생산입니다.

자본가는 축적을 어떻게 정당화하는가

단순히 자본이 재생산된다는 사실만 전제하고도 마르크스는 참 많은 것을 읽어냈습니다. 그런데『자본』제7편은 '자본의 축적과정'을 다룹니다. 자본의 축적이란 자본의 증식이 반복되었을 때 일어나는 일입니다. 자본 재생산의 결과지요. 앞서 가정한 단순재생산으로는 축적이 되지 않습니다. 단순재생산으로는 동일한 크기의 자본만 반복될 뿐이니까요. 단순재생산은 추상적으로 상정한 것이지 현실적 모델이 아닙니다. 물론 그 의의는 큽니다. 단순재생산을 상정함으로써 우리는 자본생산을 둘러싼 여러 가상을 제거할 수 있었습니다. 또 단순재생산은 자본주의의 유지 및 재생산을 위한 기준을 보여주기도 합니다. 그러나 어떻든 단순재생산은 자본주의적 생산의 일반적 모델은 아닙니다. 어떤 국면에서, 이를테면 대공황으로 인해 자본의 축적은커녕 자본의 파괴가 일어나기도 하지만 일반적으로 자본은 성장하고 축적됩니다. 자본이 계속해서 동일 규모로만 재생산된다는 것은 앞서 마르크스도 인정한 것처럼 '기이한' 가정이지요. 자본주의적 생산양식에 부합하는 일반적 모델은 생산된 잉여가치가 투자한 자본과 결합하여 더 큰 규모의 자본이 되는 것입니다. 즉 단순재생산이 아니라 확대재생산이지요.

잉여가치는 어떻게 자본이 되는가

제22장의 첫 절에서 마르크스가 다루는 것은 '잉여가치의 자본으로의 변신'입니다. 지금까지 우리는 자본은 잉여가치를 생산하고 이 잉여가치가 자본이 된다고 말해왔습니다. 자본에 대한 정식($G-W-G'$, $G'=G+\Delta G$)이 보여주는 바가 그렇습니다. 그래서 자본의 생산과정이란 자본에서 잉여가치가 생산되는 과정이라고 이해했지요. 그러나 자본의 확대재생산 즉 자본축적은 잉여가치가 자본이 되었을 때 비로소 완성됩니다. "자본에서 잉여가치가 어떻게 생겨나는지"를 보이는 것만으로는 불충분하고, "잉여가치에서 자본이 어떻게 생겨나는지"까지 보여야 완전하다는 거죠.[김, 790; 강, 794]

잉여가치에서 자본은 어떻게 생겨나는가. 잉여가치는 어떻게 자본이 되는가. 마르크스는 여기서도 재생산의 관점에서, 그것도 개별 자본의 재생산이 아니라 사회적 총자본의 재생산이라는 관점에서 문제를 따져봅니다. 일단 우리가 아는 이야기에서 시작해보죠. 우리의 면방직업자 말입니다. 그가 처음에 1만 파운드스털링을 투자했다고 합시다. 8000파운드스털링은 생산수단(면화와 방추)에 썼고, 2000파운드스털링은 노동력을 구매하는 데 썼습니다. 잉여가치율이 100퍼센트라고 한다면, 잉여가치와 생산물의 가치는 어떻게 될까요. 이제는 계산이 어렵지 않을 겁니다. 잉여가치율(m/v)이 100퍼센트라면 잉여가치는 노동력의 가치와 같은 2000파운드스털링일 테고, 생산물의 가치($c+v+m$)는 1만 2000파운드스털링이겠지요. 그러니까 자본가는 1만 파운드스털링을 투자해 1만 2000파운드스털링만큼의 생산물을 얻습니다. 그는 이 생산물을 판매해 처음에 투자한 돈을 회수하고 여기에 더해 2000파운드스털링의 잉여가치(이윤)도 얻습니다. 단순재생산에서는 이 잉여가치를 자본가가 개인적으로 다 써버리고 처음의 1만 파운드스털링만 재투자한다고 상정했지요. 그런데 자본가가 잉여가치 2000파운드스털링을 다시 투자한다면 어떻게 될까요. 이 돈도 처음 1만 파운드스털링처럼 똑같이 자본으로서 운동할 겁니다. 다른 조건들이 동일하다면 400파운드스털링의 잉여가치를 낳을 겁니다. 물론 처음의 1만 파운드스털링도 한 번 더 2000파운드스털링의 잉여가치를 낳을 거고요.

그런데 잉여가치가 추가자본으로 변신하려면 추가분의 생산수단(면화와 방추)과 노동력이 필요합니다. 자본가가 시장에서 그것들을 구매할 수 있어야 하지요. 생산물을 팔아서 2000파운드스털링을 벌었다고 해도 이것을 다시 투자할 수 없다면 그 돈은 자본이 되지 못합니다. 자본가는 적어도 그 2000파운드스털링에 대해서는 자본가가 아니라 화폐축장자가 되는 거죠(255쪽 참조). 그러므로 확대재생산을 위해서는 마치 그렇게 될 것을 미리 알고 있었다는 듯 시장에 추가분의 생산수단과 노동력이 나와 있어야 합니다.[김, 791; 강, 795] 실제로 우리의 면방직업자는 추가분의 생산수단을 구할 수가 있었습니다. 신기하게도 사회의 전년도 연간 생산물에는 그가 필요로 하는 추가분의 생산물이 들어 있거든요. 어떻게 이런 일이 가능할까요. 물론 항등식처럼 언제나 성립하는 건 아닙니다. 이따금 공급과 수요가 어긋날 수 있습니다. 그러면 문제가 생기고 그 갭의 규모가 클 경우 공황이 발발하지요. 그러나 자본주의적 생산이 계속 유지되고 재생산되고 있다면, 그래서 자본축적이 순조롭게 진행된다면 개별 자본가는 별 문제 없이 시장에서 추가분의 생산수단을 발견할 수 있습니다.

이것이 가능한 이유는 방직업자가 자신의 생산물을 시장에 내놓듯 면화 생산업자와 방추 제조업자도 자신들의 연간 생산물을 시장에 내놓기 때문입니다. 이들 개별 자본가의 연간 생산물 합계가 사회의 연간 총생산물이고, 이 연간 총생산물의 가치총액이 '사회적 총자본'입니다. 확대재생산이 이루어진다는 것은 작년 연간 생산물 속에 올해 생산에 필요한 추가 생산물이 들어 있다는 뜻이지요. 방직업자만이 아니라 면화 생산업자와 방추 제조업자도 생산을 늘린 것이고, 그 비율이 잘 맞아야 합니다(앞서 단순재생산에서도 생산재 생산부문과 소비재 생산부문의 생산물들이 일정한 비율을 유지해야 한다는 이야기를 한 바 있습니다). 그래서 재생산을 위해서는 총생산물의 구성(Zusammensetzung)이 중요합니다. 각 생산부문에 필요한 만큼의 추가생산물이 생산되어 있어야 하니까요. 매매는 소유권을 이전시키는 행위이지 기왕에 생산된 생산물의 성질과 양을 바꾸지는 못합니다. 방직업자가 추가로 돈을 가져왔다고 해서 시장에 없던 면화가 생겨나거나 어떤 물건이 면화로 변하는 일은 없습니다.[김, 791~792; 강, 795~796]

잉여가치 즉 자본가가 추가로 들고 온 돈이 자본이 되려면 총생산물의 구성이 중요하다고 했는데요. 총생산물의 양이 늘어난 것만으로는 충분치 않습니다. 필요한 생산물이 필요한 만큼 늘어나야 하지요. 무엇보다 생산에 필요한 생산물, 생산적 소비를 위한 생산물이 늘어나야 합니다. 다만 개인적 소비라고 해도 노동자들의 개인적 소비는, 앞서 말한 것처럼 총자본의 재생산이라는 관점에서는 생산적 소비입니다(노동자의 재생산). 그러므로 잉여생산물이 생겼다고 모두 자본으로 바뀌는 것은 아니고, "노동과정에서 사용될 물건들인 생산수단과 장차 노동자의 생활유지에 사용될 물건들인 생활수단"만이 자본이 될 수 있습니다. 마르크스는 이를 "새로운 자본의 물적 성분들(sachlichen Bestandteile)"이라고 부릅니다.[김, 792; 강, 796] 자본을 예비하는 생산물들이라고 할 수 있지요.

연간 생산물 중 자본이 될 수 없는 부분, 자본축적에 보탬이 되지 않는 부분은 무엇일까요. 바로 자본가가 개인적으로 소비하는 물품들입니다. 앞서도 말했지만 노동자계급이 먹는 것은 총자본의 재생산에 생산적 역할을 하지만 자본가계급이 먹는 것은 그냥 먹어치우는 것입니다. 이런 생산물들은 자본가계급을 사회의 구성원으로서 재생산하는 데는 역할을 하지만, 다음번 자본생산에 사용될 생산물은 아닙니다. 물론 이것은 일반적으로 하는 이야기입니다. 특히 해외무역을 고려하지 않았을 때의 이야기지요. 만약 사치품을 수출하고 그 돈으로 생산수단이나 소비수단을 구입한다면, 또 반대로 국내에서 생산한 생산수단이나 소비수단을 해외에서 생산된 사치품과 교환할 수 있다면 사정은 달라지겠지요. 이런 경우는 여기서 고려하지 않습니다. 마르크스는, 일단 "연구의 대상을 순수한 형태로 파악하기 위해" 이런 요인을 고려하지 않는다고 주석에서 밝히고 있습니다. 자본주의 세계를 마치 한 나라인 것처럼 다루고, 모든 생산수단과 생활수단이 자본주의적으로 생산되고 있다고 가정하고서 하는 이야기라는 것이지요.[김, 792, 각주 2; 강, 796, 각주 21a]

하나 더 고려해야 할 것은 '노동력'입니다. 새로운 자본을 예비하는 생산물들이 실제로 자본이 되려면 노동과 결합해야 합니다. 그러나 추가 생활수단이 생산되었다고 그 물건들이 곧바로 노동력이 되지는 않습니다. 기존노동력의 재생산은 물론이고 추가노동력의 생산을 위한 별도의 노력이 필요합니다. 기존 노동자의 근육과 뼈, 두뇌를 재생산하고 새로운 노동자의 근육과 뼈, 두뇌를 길러내야 합니다. 그런데 개별 자본가들은 여기에 별 신경을 쓰지 않아도 된다고 했습니다. 앞서 살펴본 것처럼 "자본주의적 생산 메커니즘은 그것을 위해 이미 마음을 써"두었거든요.[김, 793; 강, 797] 자본주의적 생산 메커니즘은 상품생산 메커니즘이면서 동시에 노동자생산 메커니즘입니다. 임금만 지급하면 나머지는 알아서 돌아갑니다. 노동자는 스스로 자신에게 기름칠을 하고 자신의 아이들을 알아서 길러냅니다. 능력만 생산하는 게 아니라 가난도 생산하지요. 노동력을 팔지 않으면 안 되는 상황이 재생산되는 겁니다. 그래서 임금은 "이 계급의 유지만이 아니라 증식을 보장하는 데도 충분"합니다. 자본가는 매년 공급되는 추가노동력을 생산수단과 결합하기만 하면 되지요.[김, 793; 강, 797]

이 추가노동력을 구입할 돈은 어디서 나왔을까요. 기존 노동자는 자기 임금을 스스로 생산한다고 했습니다. 임금에 대한 지불자는 노동자 자신이라고요. 추가 노동력의 경우에는 아직 생산에 들어가지 않았기 때문에 일단은 자본가가 지불하는 것처럼 보입니다. 그러나 사회적 차원에서 재생산을 고려하면, 즉 노동력의 거래를 전체 계급적 차원에서 바라보면 앞서 말한 것처럼 자본가가 지불자라는 가상이 사라지지요. 자본가가 추가노동력에 대해 지불하는 돈도 결국에는 기존 노동자의 불불노동에서 온 겁니다. 노동자계급의 작년 노동으로 올해의 추가노동을 구입한 것이니까요.[김, 795; 강, 799] 결국 노동자계급이 노동자계급에게 지불하는 셈입니다. 어제 대가 없이 취한 노동자의 피가 오늘 새로운 노동자의 피를 구입할 때 쓰이고, 아버지가 대가 없이 제공한 피가 아들의 피를 구입하는 데 쓰이는 겁니다. 여기까지 성공했을 때 잉여가치는 비로소 자본이 됩니다. 작년 연간 총생산물에 올해 새로운 자본을 얻는 데 필요한 추가 생산수단이 들어 있고 추가노동력을 위한 추가 생활수단이 들어 있으며, 자본가가 기존 노동자가 생산한 잉여가치의 일부로 추가노동력을 구입해 생산수단에 결합할 수 있을 때 잉여가치는 자본으로 변신하지요. 마르크스의 표현을 빌리자면 "이것이 바로 자본이 자본을 낳는다(erzeugen)는 말의 의미"입니다.[김, 795; 강, 799] 이것이 자본의 확대재생산이고 이 일을 반복적으로 성공할 때 자본축적이 이루어집니다.

─────────── '타인의 노동력' 소유를 통한 잉여가치의 사유화 ───────────
결국 잉여가치를 자본화하는 데 핵심은 추가노동력의 구입에 있습니다. 이전 해에 생산된 잉여가치(과거의 불불노동)를 가지고 현재의 노동에서 불불노동을 또 취할 수 있다면 자본의 확대재생산에 성공한 것이지요. 자본주의적 생산 메커니즘은 과거 타인의 불불노동을 소유한 자가 현재 타인의 불불노동을 획득하도록 돕습니다. 즉 확대재생산은 타인의 불불노동에 대한 소유에서 출발합니다. 처음 자본은 자본가(자본가의 선조)의 노동이 있었다고 주장할 수 있습니다. 그렇다면 우리의 방직업자가 처음에 들고 온 1만 파운드스털링에 대해서는 그의 말을 믿어주기로 합시다. 그런데 확대재생산은 그 1만 파운드스털링이 낳은 잉여가치 2000파운드스털링이 자본이 되면서 시작됩니다. 인간의 역사는 배꼽이 없는 아담이 아니라, 배꼽을 가진 카인부터 시작된다고 할 수 있지요. 게다가 앞서 말한 것처럼 자본의 확대재생산이 계속된다고 생각하면 처음 자본의 크기는 무시해도 될 정도로 작아집니다. 자본가가 소유한 자본 전체가 사실상 타인에게서 취한 불불노동이라 해도 과언이 아닐 정도가 되지요.

그런데 자본의 확대재생산이 타인의 노동, 그것도 대가를 지불하지 않은 노동에서 시작된다는 것은 근대 초기에 사유재산권을 정당화했던 이념과 상충하는 것처럼 보입니다. 근대 초기 부르주아 사상가들은 국가가 사유재산권을 함부로 침해해서는 안 된다는 점을 보이기 위해 국가상태 이전에 사유재산권이 있었다고 주장했습니다. 사회계약 이전의 자연상태에서 소유권을 정당화하려 했지요. 이를테면 존 로크가 그랬습니다. 그는 신이 인류에게 공유물로 제공한 대지에서 어떻게 "공유자들 간의 명시적 협정 없이" 소유권이 생겨나는지를 보이려 했습니다.[22] 로크에 따르면 모든 것이 공유물인 자연상태에서도 사람은 자신의 '인신'(person)에 대해서는 전적인 소유권을 갖습니다. 자기 몸은 자기 것입니다. 그리고 자기 몸을 움직이고 능력을 발휘해 획득한 것에 대해서도 소유권을 갖습니다. 로크는 자연이 제공한 것에 "자신의 노동을 섞고 무언가 자신의 것을 보태면 그것은 그의 소유가 된"다고 했습니다. "샘에 흐르는 물은 모두의 것이지만, 주전자에 있는 물은 그 물을 담은 사람의 것이라는 사실을 누가 의심하겠는가?"[23] 사적 소유권, 사유재산권의 출발점은 당사자의 노동이라는 이야기죠. 로크는 이 점을 몇 번이고 확인했습니다. "태초에는 누구든 공유물이었던 것에 기꺼이 노동을 지출하면 어디에서나 노동이 그것에 소유권을 부여하였다."[24]

그러나 우리가 지금까지 살펴본 것처럼 자본주의에서 소유와 노동은 분리되어 있습니다. 소유자인 자본가는 노동하는 사람이 아닙니다. 그의 재산은 그의 노동의 산물이 아닙니다. 그것은 타인 노동의 산물일 뿐 아니라 불불노동 즉 타인 노동에 대해 대가를 지불하지 않고 취한 것입니다. 게다가 자본가는 이것을 또 다른 불불노동을 취하는 데 이용합니다. 자본의 생산이 반복됨에 따라 근대 사적 소유권을 정당화한 논리와 완전히 반대되는 현상이 펼쳐집니다. 마르크스의 말처럼 "사적 소유의 법칙은 자체의 내적이고 불가피한 변증법을 통해 직접적인 대립물로 전화"했습니다.[김, 795; 강, 800] 근대 사적 소유권의 원칙에 입각해도 타인의 것을 내 것으로 만들 수 있습니다. 교환을 통하면 됩니다. 교환한 물건은 타인 노동의 산물이라도 내 것이 됩니다. 물론 이것이 정당하려면 자기 노동의 산물을 타인에게 제공해야 합니다. 타인의 것을 내 것으로 만들려면 내 것을 타인의 것으로 주어야 합니다. 상품의 경우 이 교환이 정당하려면 서로의 상품에 담긴 추상노동의 양까지 같아야 하죠. 등가교환이어야 합니다.

반면에 자본가의 잉여가치 취득은 이와 다릅니다. 외견상으로는 자본가도 교환을 통해 노동력을 얻었고 등가교환의 법칙도 준수했습니다만, 이미 살펴보았듯 외견상으로만 그런 것입니다. 자본의 재생산이라는 관점에서, 그것도 자본가계급과 노동자계급 사이의 거래라는 관점에서 보면, 근대적 소유권의 기본원칙인 소유자의 노동도, 타인 노동 산물과의 등가교환도 지켜지지 않습니다. 자본가가 노동력을 구매하면서 지불한 것은 자기 노동의 산물이 아닙니다. 그것은 노동자가 생산한 것입니다. 노동자에게 노동자가 생산한 것을 지불한 것이지요. 더욱이 자본가가 소유한 자본 전체가 대가를 지불하지 않은 타인(노동자)의 노동입니다. 이것은 근대 초기의 사적 소유의 법칙에 전혀 맞지 않는 것처럼 보입니다. 자본가는 잉여가치를 사유재산으로 만들었지만, 여기에는 그의 노동도 없고 등가교환(대가에 대한 지불)도 없으니까요. 자본축적이 진행되면서 더 분명해지는 것은 노동하지 않는 인간이 소유자가 되고, 노동하는 인간은 무소유자가 된다는 겁니다. 그런데 마르크스는 놀라운 주장을 폅니다. "자본주의적 취득[소유화] 방식이 본래의[처음의] 상품생산 법칙들과 상충하는 것처럼 보일지라도, 그것은 이 법칙의 위반에서 생겨난 것이 아니라 오히려 이 법칙의 적용에서 생겨난 것이다."[김, 796~797; 강, 800~801] 다시 말해 이것은 법칙으로부터의 일탈이 아니라 법칙의 귀결이라는 겁니다.[김, 796; 강, 800]

마르크스는 어떻게 생산물(상품)에 대한 소유법칙이 잉여가치에 대한 취득법칙이 될 수 있었는지를 차근차근 설명합니다.[김, 796~801; 강, 800~805] 원래 이 내용은 『자본』 제3독일어판까지는 없었던 것입니다. 마르크스가 프랑스어판에 썼던 것인데 엥겔스가 제4독일어판에 삽입했습니다. 앞서 우리가 4장과 5장에서 본 내용을 소유권 문제로 간략히 재구성한 것이라 볼 수 있습니다. 자, 어떻게 자본가가 잉여가치를 자기 소유물로 만드는지, 어떻게 대가를 지불하지 않는 타인의 노동을 자기 재산으로 만들 수 있는지, 어떻게 근대의 소유법칙으로 정당화하는지 단계별로 살펴볼까요.

첫 단계는 자본가가 사유재산 가운데 일정액의 가치를 노동력과 교환하는 단계입니다. 자본가는 등가교환의 법칙을 지키며 노동력의 가치를 제대로 지불합니다. 자본가는 이 거래를 통해 노동력의 사용가치(노동)를 얻습니다. 일정 기간 노동력의 사용권을 갖는 것이지요. 다음 단계는 자본가가 이 노동력을 이용해 상품을 생산하는 단계입니다. 그는 "자신의 것인 생산수단을, 역시 자신의 것이 된 노동의 도움을 받아 새로운 생산물로 변화"시킵니다. 여기가 중요합니다. 생산의 주체가 노동자가 아니라 자본가라는 것이지요. 여러 번 말한 것처럼 효모와 양조업자의 관계와 같습니다. 실제로 발효노동을 수행한 것은 효모지만, 현실에서는 양조업자가 효모를 이용해 포도주를 생산한 것으로 간주되지요. 자본가의 경우도 그렇습니다. 자본가는 자신이 구매한, 즉 자신이 소유권을 가진 노동력을 이용해서 상품을 생산합니다. 이 생산물은 노동자의 생산물이 아니고, 자본가와 노동자의 공동생산물도 아닙니다. 이것은 자본가가 자기 소유의 노동력을 이용해 생산한 것으로서, "법적으로(von Rechts) 자본가의 것"입니다.[김, 797; 강, 801] 자본가는 등가교환을 통해 노동력에 대한 소유권(노동력 사용권 소유)을 얻었고 자신이 소유한 것을 가지고 생산했으므로 근대의 소유법칙을 위반한 게 아닙니다. 생산물은 법적으로 완전한 자본가의 재산입니다.

그런데 우리가 잘 알고 있는 것처럼 생산물의 가치에는 생산수단의 가치, 노동력의 가치, 잉여가치가 포함되어 있습니다. 자본가가 생산물을 소유한다는 것은 생산물의 가치가 자본가의 것이라는 뜻입니다. 생산물의 가치 속에 들어 있는 잉여가치도 당연히 자본가의 것이 되지요. 노동력의 가치를 지불받은 노동자는 노동력을 재생할 것이므로 노동력의 소유자로서 다시 다른 구매자를 찾아 노동력을 판매할 수 있습니다. 한쪽(자본가)은 계속 자신을 소유자로 재생산하고, 다른 쪽(노동자)은 계속 자신을 노동하는 자로 재생산하지만, 이 과정에서 소유법칙을 어긴 것은 아무것도 없습니다.[김, 798; 강, 802] 단순재생산이든 확대재생산이든 달라질 것은 없습니다.[김, 799; 강, 803] 생산된 잉여가치를 자본가가 개인적으로 모두 소비하든 생산에 다시 투자하든 그것은 자본가의 재량입니다. 단순재생산의 경우에는 새로 얻은 재산을 그냥 다 써버린 것이고, 확대재생산의 경우에는 새로운 재산을 새로운 자본으로 투자한 것뿐입니다. 자본의 재생산이란 이 합법적 과정, 즉 노동력의 구매(등가교환), 노동력을 이용한 생산, 이 생산물에 대한 합법적 소유를 반복하는 것입니다.

물론 이것은 자본주의적 생산법칙의 합법성을 인정하고서 하는 말입니다. 거듭 말하지만 우리는 이 교환을 자본의 사회적 재생산이라는 관점에서, 즉 두 계급 간의 거래로 보면 전혀 다른 진실이 드러난다는 것을 알고 있습니다. 등가교환이 단지 외관에 불과하다는 걸 봤지요. 그러나 노동력의 가치를 지불하고 그것의 사용을 통해 잉여가치를 얻는 것(이 잉여가치의 정체가 불불노동이라 해도)은 자본주의적 상품생산과 유통의 법칙을 어긴 것이 아닙니다. 모두 합법적이지요. 근대 사적 소유권 원리에 입각해도 정당하고요. 만약 이것을 부인한다면 이는 자본주의적 상품생산과는 "완전히 다른(total fremd) 기준을 들이미는" 것과 같습니다[김, 800; 강, 804](이어지는 11장에서 더 자세히 다루겠습니다만 계급 간의 거래로 보았을 때 우리에게 나타난 부당성은 합법성의 문제가 아니라 주권의 문제입니다). 결국 자본가의 잉여가치 취득(잉여가치의 사유화)에서 결정적 기제는 '타인 노동력의 소유'라는 것을 알수 있습니다. 내가 노동하지 않았지만, 타인의 노동력을 내 것으로 사용할 수 있다면, 그것은 내가 노동한 것과 마찬가지이며, 그 생산물은 내 것이라는 논리가 성립하는 것이지요. 근대의 사적 소유권의 원리를 어긴 게 아닙니다. 내가 소유한 것으로 생산한 것은 내 것이고, 내 것과 교환한 타인의 것은 내 것입니다. 근대의 사적 소유권을 정당화한 논리와 충돌한 것처럼 보였던 것은 타인의 생산물을 내 것으로 삼은 데 있습니다. 그런데 이 문제는 타인의 노동력을 내 것으로 만든 뒤 사용함으로써 해결되었습니다.

요컨대 '노동력의 상품화'가 자본가의 잉여가치 취득을 정당화해준 핵심 기제인 겁니다. 노동력이 상품화되면 자본가는 상품소유권을 통해 잉여가치 취득권을 보장받습니다. 자본가의 잉여가치 취득은 상품 소유법칙을 위반하기는커녕 철저히 상품 소유법칙에 입각한 것입니다. 노동력이 상품이라면 이 상품을 구매한 자본가는 그 소유권을 보장받습니다. 그리고 자기 소유물이 된 상품을 이용한 생산물에 대한 소유권도 보장받지요. 그래서 마르크스는 말합니다. "노동력이 노동자 자신에 의해 상품으로 자유롭게 판매되기 시작하면 이런 결과는 불가피하다." [김, 801; 강, 804] 일단 임금노동이 상품생산의 기초가 되면, 상품생산은 자본주의적 생산으로 발전하고, 그에 따라 "상품생산의 소유법칙은 자본주의적 취득법칙으로 변"합니다.[김, 801; 강, 805] 노동력이라는 상품의 출현이 이렇게 중요한 겁니다. 자본을 처음 정식화했을 때 마르크스가 한 말을 새삼 떠올리지 않을 수 없네요. 노동력이 상품으로 출현하지 않았다면 자본주의는 출현할 수 없었다는 것 말입니다(285~287쪽 참조).

──────── 자본축적에 대한 부르주아 경제학의 틀린 생각 ────────
'잉여가치의 자본화', 즉 축적을 설명했으니 축적 규모에 영향을 미치는 요인들에 대한 검토로 나아가는 것이 자연스러운 순서일 텐데요. 마르크스는 그 전에 부르주아 경제학, 특히 고전파 경제학의 오류를 지적하는 데 많은 지면을 할애합니다. 이 오류를 지적하는 것이 왜 그렇게 중요한가. 임금을 다룰 때와 비슷합니다. 마르크스는 고전파 경제학자들이 임금을 '노동의 가격'이라고 부른 오류를 지적했습니다. 그런데 단지 엉터리라고 비난만 하고 넘어가지 않았습니다. 이 엉터리 말이 현실에서 어떤 해악을 끼치는지 길게 이야기했지요(745~748쪽 참조). 여기서도 마찬가지입니다. 마르크스는 자본축적에 대한 고전파 경제학자들의 잘못된 견해가 현실에서 어떤 해악을 끼치는지 보여줍니다.

먼저, 부르주아 경제학자들이 자본축적에 대해 어떤 생각을 가졌는지부터 살펴보겠습니다. 앞서 마르크스는, 자본축적을 위해서는 자본가가 잉여가치를 모두 소비하면 안 된다고 했습니다. 단순재생산의 경우 잉여가치를 모두 소비하는 것으로 가정했지만 확대재생산의 경우에는 잉여가치의 전부 혹은 일부가 재투자된다고 가정했지요. 이 점에서 부르주아 경제학자들의 일차적 비난 대상은 '낭비가'입니다. 잉여가치를 '자본'으로 바꾸지 않고 '소득'으로 탕진하는 사람들이지요.[김, 803; 강, 806] '자본'과 '소득'이라는 말에 따옴표를 친 것은 여기서는 둘이 상반된 의미로 쓰였기 때문입니다. 마르크스는 어떤 때는 자본가가 얻은 잉여가치 전체를 '소득'(수입, Revenue)이라 부르고, 어떤 때는 잉여가치 중 자본가가 개인적으로 소비해버리는 부분만을 그렇게 부릅니다. 지금은 후자입니다(마르크스는 주석에서 영국과 프랑스 경제학자들의 용법이 그렇기 때문에 이런 이중적 사용이 불가피하다고 밝히고 있습니다[김, 807, 각주 21; 강, 810, 각주 33]). 스미스가 '자본'과 '소득'을 이렇게 구분했지요. 연간 생산물 중 '자본'과 교환되는 부분을 '생산적 노동', '소득'과 교환되는 부분을 '비생산적 노동'이라고 했습니다(683쪽). "다수의 매뉴팩처 노동자를 고용하면 부자가 되지만 다수의 하인을 유지하면 가난해진다". 이는 생산적 노동에 대한 이야기이기도 하지만 자본축적에 대한 이야기이기도 합니다. 사치품을 사거나 사람을 사적으로 부리는 건 모두 낭비이고 탕진입니다.

이것은 초기 부르주아지가 귀족을 바라보는 시각이기도 했습니다. 수입에 대한 고려 없이 지출하고 무엇보다 수입을 늘리기 위한 아무런 합리적 대책도 없는 인간 유형이라고 봤지요. 귀족은 경제관념이 없는 사람들이었습니다. 실제로 궁정의 귀족들은 '경제'(économie)라는 말을 좋아하지 않았습니다. 노르베르트 엘리아스(Norbert Elias)에 따르면 "18세기까지도 '경제'라는 표현은 '지출이 수입에 종속되며 절약을 위하여 소비를 계획적으로 제한한다'라는 뜻으로 이해되었으며, 종종 프랑스혁명 이후까지도 왠지 꺼림칙하게 느껴"졌습니다.[25] '경제'에는 '절약'의 의미가 담겨 있습니다. 그리고 '절약'은 소심함, 쫀쫀함, 궁상맞음 등과 멀리 있는 말이 아니지요. 식당에서 함께 먹은 음식 값을 내지 않기 위해 신발 끈을 묶고 있거나 돈을 아낀다며 맛있는 음식이 아니라 제일 싼 음식을 시키는 사람 같다고 할까요. 여담입니다만 귀족들의 지출이 부르주아들의 생각처럼 아무런 고려 없이 이루어지는 것은 아닙니다. 오히려 어떤 점에서는 귀족들이야말로 고려하는 게 많은 사람들입니다. 이들의 돈 쓰는 법을 배우려면 엄청난 노력과 시간, 자원이 필요합니다. 프랑스의 리슐리외 공작(Armand Jean du Plessis Richelieu)이 자식에게 돈 쓰는 법을 가르치는 장면이 인상적인데요. 그는 아들에게 돈주머니를 줍니다. 어떻게 쓰는지 보려고요. 아들이 돈을 쓰지 않고 가져오자 그는 아들이 보는 앞에서 돈주머니를 창밖으로 던져버렸습니다.[26] 돈을 아꼈다고 칭찬하지 않았습니다. 돈을 벌기 위해서는 돈을 써야 한다고 하지도 않았습니다. 리슐리외는 어떤 원칙을, 그러나 부르주아들과는 완전히 다른 원칙을 보여준 것이지요. 그는 돈은 대범하게 다루어야 한다는 것을 보여주었습니다.

'경제'라는 말을 넓은 의미로 쓴다면 귀족들은 부르주아들과 경제원칙이 달랐다고 할 수 있습니다. 그들은 지출의 기준을 수입에 두지 않았습니다. 써야 할 곳에 써야 할 만큼 썼느냐가 중요하지요. 그들은 수입이 지출의 기준이고 이익이 거래의 기준이 되는 것을 받아들일 수 없었습니다. 일을 시키면 웃돈을 얹어주어야 하고 식객이 오면 대가 없이 먹을 것을 내놓아야 합니다. 사회에서 어떤 지위를 갖고 있다면 거기에 걸맞게 써야 합니다. 그런 지위에 있으면서도 계산기를 두드려 잇속을 챙긴다면 그는 그 지위에 합당한 사람이 아닙니다. "서열에 걸맞게 등장할 수 없는 사람은 그 사회에서 존경을 잃"지요.[27] 지위를 가진 사람은 더 많이 쓰고 더 많이 베풀어야 합니다. 일종의 '낭비의 경제', '증여의 경제'라고 할 수 있지요. 사실 이런 유형의 경제는 마르셀 모스(Marcel Mauss)의 『증여론』에서 확인할 수 있는 것처럼 여러 사회에 다양한 형태로 존재했습니다.[28] 이런 경제원칙이 긍정적으로 기능하면 지위를 가진 자들이 기꺼이 힘든 책무를 떠맡는 사회가 됩니다만, 부정적으로 기능하면 신분 과시와 체면 유지로 부를 축내게 되지요.

다시, 하던 이야기로 돌아가겠습니다. 마르크스는 『자본』 제1장에서 프로테스탄티즘이야말로 자본주의적 생산양식에 가장 잘 부합하는 신앙형태라고 했는데요. 초기 부르주아지의 신앙과 윤리는 옛 귀족의 낭비나 증여와는 완전히 다른 것입니다. 이들 부르주아지에게는 '저축하다'(save)가 곧 '구원하다'(save)였습니다. 즉 현세적 부의 축적이 내세적 구원의 표시였습니다. 부르주아 경제학은 프로테스탄트 구원론의 다른 판본일 뿐입니다. 부르주아 경제학은 "자본의 축적을 시민(부르주아)의 첫 번째 의무로 선포"했습니다. 그리고 자본축적을 위해서는 "전체 수입을 다 먹어치우면" 안 된다고, "비용보다 더 많은 것을 가져다주는 생산적 노동자를 모으는 데" 쓰라고 외쳤습니다.

부르주아 경제학의 첫 번째 비난 대상이 낭비가였다면 다음 비난 대상은 수전노입니다. 수전노의 화폐축장은 자본가의 자본축적과 다릅니다. 부르주아 경제학은 이 점에서 축적에 대한 '통념'(Volksvorurteil)과 대결해야 했습니다.[김, 803; 강, 806] 수전노는 소비를 하지 않고 돈을 쌓아둡니다. 화폐를 유통시키지 않고 유통에서 빼내는 거죠. 이 경우 축장된 화폐는 자본이 될 수 없습니다. 그냥 쌓여 있는 돈더미에 불과하지요. 증식운동을 하지 않으니까요. 부르주아 경제학, 특히 고전파 경제학은 잉여가치를 금고로 빼돌릴 것이 아니라 다시 투자해야 한다고 주장합니다. 무엇보다 생산적 노동자에 써야 합니다. 그래야 잉여가치가 또 생겨나고 축적이 이루어질 테니까요.

여기까지는 틀리지 않았습니다. 낭비가에 대한 비판도 틀리지 않았고 수전노에 대한 비판도 틀리지 않았지요. '돈을 벌기 위해 돈을 쓰는' 자본가는 낭비가와도 다르고 수전노와도 다릅니다(1080~1082쪽). 이 점에서 축적에 대한 고전파 경제학의 충고는 옳습니다. 하지만 마르크스는 고전파 경제학이 '여기까지'는 옳았지만 '여기서부터' 틀리기 시작했다고 말합니다.[김, 804; 강, 807] 고전파 경제학이 축적을 위해 잉여가치를 비생산적 노동자(하인)가 아니라 생산적 노동자(매뉴팩처 노동자)에 써야 한다고 한 것은 옳습니다. 그런데 고전파 경제학은 여기서 더 나아갔습니다. 스미스는 잉여가치를 생산적 노동자의 고용(추가노동력의 가치)과 동일시했습니다. "잉여가치의 자본화를 단순히 잉여가치를 노동력으로 바꾸는 것"으로 이해한 겁니다.[김, 804; 강, 807] 리카도도 그랬습니다. 그는 '자본가가 수입을 절약해서 자본을 추가로 늘릴 때' 그 추가로 늘어난 자본 부분을 소비하는 것은 '생산적 노동자'라고 했습니다.[김, 805; 강, 807~808] 자본축적은 잉여가치를 생산적 노동자에 투자함으로써 이루어지는 것이니, 잉여가치는 결국 생산적 노동자가 소비하는 것이라는 말인데요. 고전파 경제학, 특히 스미스는 자본가가 잉여가치 전부를 가변자본에 투자하는 것처럼 말했습니다. 너무 어이없는 말입니다. 노동력만으로는 상품을 만들 수 없습니다. 잉여가치가 자본화되려면 가변자본(노동력)만이 아니라 불변자본(생산수단)에도 투자해야 합니다. 우리의 방직업자도 잉여가치 2000파운드스털링을 자본화하면서 1600파운드스털링은 추가 생산수단에, 400파운드스털링은 추가노동력 구매에 사용했지요. 생산적 노동자에게 지급된 것은 추가된 자본의 20퍼센트에 불과합니다.

　스미스도 생산수단이 필요하다는 걸 모르지는 않았습니다. 그런데 그는 불변자본은 모두 가변자본으로 바꿀 수 있다고 보았습니다. 생산수단도 노동생산물이라는 점에서 노동자가 생산한 것이고, 그 노동자가 생산수단을 생산물로 생산하기 위해 사용한 생산수단도 그 이전 노동자가 생산한 것이라고. 마르크스는 스미스가 이런 식으로 독자들을 무한정 끌고 가더니 단 세 글자 'usw.'['이런 식으로 계속된다' (und so weiter)를 줄인 말]를 내밀며 연구를 중단했다고 조롱했습니다.[김, 805; 강, 808] '이런 식으로 계속된다고 보면' 모든 추가자본(사실은 모든 자본이죠)은 생산적 노동자에게 지급된 것, 바꾸어 말하면 생산적 노동자가 소비한 것이라고요. 이것은 말이 안 됩니다. 매년 생산된 잉여가치로 구매하는 것은 그해의 생산물입니다. 연간 생산물의 가치에는 그것을 생산하는 데 들어간 생산수단과 노동력의 가치가 포함되어 있습니다. 다시 말해 자본가가 어떤 생산물을 구매하면 그 생산물을 생산한 생산수단과 노동력의 가치를 모두 지불한 것입니다. 매년 그렇게 지불이 끝나지요. 올해 노동력의 가치는 올해 가변자본으로, 작년 노동력의 가치는 작년 가변자본으로, 재작년 노동력의 가치는 재작년 가변자본으로 지불이 끝난 겁니다. 올해 자본가가 불변자본에 투자한 돈을 작년, 재작년 노동자가 연금 타듯이 또 임금으로 받는 게 아닙니다.

　스미스는 상품들의 가치를 계속 따지고 들어가면 모든 가치는 노동으로 환원된다는 것, 모든 상품에는 과거의 노동이 대상화되어 있다는 것을 말한 데 지나지 않습니다. 노동가치설의 확인일 뿐이지요. 이를 가지고 지금까지 생산된 잉여가치는 모두 노동자에게 투자된 것이고 노동자가 다 소비한 것이라고 말하면 아주 엉뚱한 이야기가 됩니다. 마치 이런 식의 대화와 같지요. 자본가가 '우리는 모든 잉여가치를 노동자들한테 지불하고 있어'라고 말합니다. 그러자 노동자가 '그럼 그동안 덩치가 저렇게 커진 당신의 자본은 뭐야?'라고 묻습니다. 자본가가 대답합니다. '응, 그건 앞으로 당신들한테 주려고 모아둔 거야.' 연간 총생산물의 관점에서 보면 자본의 재생산과정을 명료하게 이해할 수 있는데 개별 자본가의 잉여가치가 어디로 가는지만 추적하다 보니 돈의 흐름을 따라가는 것이 너무 복잡하고 번거로웠을 겁니다. 그래서 결국 '이런 식으로 계속된다고 보면'이라고 말할 수밖에 없었겠지요(마르크스는 이 점에서는 연간 총생산물을 놓고 재생산조건을 간명하게 보여준 케네가 그 뒤에 나온 스미스보다 훨씬 낮다고 말합니다[김, 806; 강, 809]).

　마르크스는 스미스의 이야기를 답습한 존 스튜어트 밀도 강하게 비판했습니다. 『논리학』이라는 책까지 쓴 사람이 어떻게 이런 황당한 논리를 받아들였느냐는 거죠. 밀은 선생을 그대로 답습하는 것을 배움이라고 착각하는, 그래서 혼란까지 그대로 물려받은 제자의 전형입니다. 밀은 이렇게 말했지요. "장기적으로 보면 자본 자체는 모두 임금이 되고, 그것이 생산물의 판매를 통해 회수된다고 하더라도 다시 임금이 되고 만다."[김, 805, 각주 19; 강, 808, 각주 31] 부르주아 경제학은 이런 이야기가 얼마나 엉터리인지 따져보지 않았습니다. 머리는 마음 가는 쪽으로 발달한다고 했지요. 마음이 없으면 머리도 움직이지 않습니다. 부르주아 경제학은 이 이야기를 비판하기보다 퍼뜨리는 데 힘을 쏟았습니다. 스미스의 엉터리 명제를 "자본가계급의 이익을 위해 이용해먹는 데 소홀함이 없었"지요.[김, 806; 강, 809] 자본으로 전환되는 잉여가치를 노동자가 모두 소비했다는 주장은 자본의 운동을 마치 노동자를 위한 운동처럼 보이게 합니다. 거기에 따르면 자본의 축적은 노동자에게 사용될 부의 축적인 셈이니까요. 자본가는 그동안 노동자가 먹은 것을 지불한 사람이고 앞으로 먹을 것을 계속 키워가고 있는 사람입니다. 반대로 노동자는 자본을 계속 먹어치워왔고 앞으로도 계속 먹어치울 존재입니다.

　아마도 이것이 마르크스의 발걸음을 멈추게 했을 겁니다. 그는 "축적 즉 잉여가치의 자본화에 대한 상세한 몇몇 규정을 살펴보기 전에, 고전파 경제학이 꾸며낸(ausgeheckte) 모호함을 제거해야만 한다"라고 했습니다.[김, 802; 강, 806] 황당한 논리를 교묘한 말로 치장해 사태를 모호하게 만들고 심지어는 착취자와 피착취자를 뒤바꿔놓는 부르주아 경제학자들의 주장을 그대로 넘기기가 어려웠을 겁니다. 착취자인 자본가는 부를 베푸는 성자가 되었고, 졸지에 피착취자인 노동자는 그 부를 소비해온 존재가 되었으니까요.

자본가 또한 자본축적 메커니즘의 톱니바퀴

갑자기 자본가가 헌신적인 성자처럼 되고 말았는데요. 자본축적을 노동자를 위한 자본가의 헌신이라고 말하면 황당한 이야기가 됩니다만, 자본축적을 위해서는 자본가의 일정한 헌신(?)이 필요한 게 사실입니다. 자본축적은 자본가가 잉여가치를 개인적으로 모두 소비하지 않는다는 걸 전제하니까요. 수입(잉여가치)의 일부를 추가로 투자해야 합니다. 물론 전혀 소비하지 않을 수는 없을 겁니다. 그러면 자본가의 생존 자체가 불가능할 테니까요. 중요한 것은 수입을 어떻게 분할하느냐인데요. 얼마만큼을 개인적으로 소비하고 얼마만큼을 자본으로 투자하느냐에 따라 축적 규모가 달라집니다. 아무튼 수입의 배분은 전적으로 그의 마음에 달려 있습니다. 그의 '의지행위'(Willensakt)라는 겁니다.[김, 807; 강, 810] 자본가들은 자신이 개인적으로 소비하지 않은 부분에 대해 '먹을 것 안 먹고 입을 것 안 입었다'라고, 그렇게 절약하고 저축했다고 말합니다. 재벌기업 창업주의 인생을 영웅담으로 만들 때 흔히 나오는 이야기지요. 그렇게 개인적 소비를 줄이고 힘들게 모아 투자액을 만들었다는 말입니다. 이때 그가 말하는 절약과 저축은 더 부자가 되기 위해 당장의 소비를 하지 않았다는 뜻입니다.[김, 807; 강, 810]

이런 '절약'은 앞서도 말했지만 수전노(화폐축장자)와는 다릅니다. 둘은 모두 '입을 것 안 입고 먹을 것 안 먹지만' 수전노와 달리 자본가는 그렇게 모은 돈을 씁니다. 자본으로 투자하지요. 그런데 마르크스는 여기서 둘을 새로운 측면에서 다시 대비하고 있습니다. 그는 "자본가는 인격화된 자본인 한에서만 하나의 역사적 가치와 자신이 사는 때의 역사적 실존의 권리(Existenzrecht)를 갖는다"라고 했습니다.[김, 807; 강, 810] '인격화된 자본'이라는 표현 자체는 새롭지 않습니다. 『자본』의 초판 서문(1867)에서 마르크스는 이미 이 책에 등장하는 인물들은 '경제적 범주의 인격화'로서, 그런 한에서만 다룬다고 했습니다. 그리고 본문에서도 여러 차례 자본가를 인격화된 자본, 인간의 탈(가면, Charaktermaske)을 쓴 자본으로 불렀습니다. 그런데 이 장에서 자본가를 '인격화된 자본'이라고 부른 것은 단순한 기술상의 필요 때문이 아닙니다. 여기서는 자본가에 대한 현실적 규정으로서 그렇게 부른 겁니다. 자본가는 실제로 그렇게 움직이도록 압력을 받는다는 걸 말하려는 것이지요. 자본의 운동에 따라 움직이도록, 자본의 운동에 맞게 기능하도록 강요받는 존재라고 말입니다.

이것이 마르크스가 자본가와 수전노를 여기서 다시 구분하는 이유이기도 합니다. 화폐에 대한 수전노의 탐욕, 축장의 열망은 '개인적 광기'(individuelle Manie)입니다. 그러나 자본가의 탐욕, 자본가의 열망은 '사회적 메커니즘(gesellschaftlichen Mechanismus)의 작용'입니다.[김, 808; 강, 811] 자본가의 탐욕, 열망, 충동은 자본의 가치증식운동이 인간적 형태로 표현된 것입니다. 즉 자본주의적 생산양식에 고유한 것이지요. 마치 상품과 화폐에 대한 물신주의와 비슷합니다. 이 물신주의가 가상이기는 하지만 그렇다고 개인적이고 주관적인 가상은 아니듯 자본가의 충동도 그 개인의 문제가 아닙니다. 자본주의의 사회적 관계, 사회적 메커니즘의 결과지요. 마르크스는 자본가가 겉보기에는 독립적이고 자유로운 존재일지 몰라도 실상은 개인적으로 어찌하기 힘든 집합적 운명 안에 놓여 있음을 부각합니다. 이것이 바로 '사회적'이라는 말의 의미입니다. 마르크스에게 '사회적'이라는 것은 '개인적'이고 '의식적'인 것을 넘어서는 차원입니다. 한마디로 "저들은 자신이 행하는 것을 알지 못하나이다"의 차원이라고 할 수 있지요(137쪽 참조).

마르크스가 자본가를 단순히 "인격화된 자본"이라고 말하지 않고, 그런 한에서만 "역사적 실존의 권리를 갖는다"라고 말한 것에 주목할 필요가 있습니다. 여기서 방점은 자본가의 '실존'에 있습니다. 자본가는 단순히 '인격화된 자본'이 아니라 그런 한에서만, 즉 인격화된 자본으로서 행동하는 한에서만 '실존의 권리'를 얻는다는 거죠. 이것은 생존의 문제입니다. 자본가로서 살아남고 싶다면 그는 최대한 '인격화된 자본'으로서 행동해야 합니다. 노동자로부터 잉여가치를 최대한 뽑아내야 하고 그 잉여가치를 최대한 재투자해야 합니다. 흥미로운 점은 개별 자본가들의 이런 노력 속에서 사회적 총자본의 축적 메커니즘이 작동한다는 사실입니다. 마르크스는 절대적 잉여가치의 생산(노동일의 연장)과 상대적 잉여가치의 생산(노동생산력 증대)과 관련해서도 똑같은 이야기를 한 바 있습니다. 그때 썼던 문장을 이 장에서 다시 쓰고 있습니다. "경쟁은 자본주의적 생산양식의 내적 법칙들을 개별 자본가들에게 외적 강제법칙으로 강요한다"[김, 808; 강, 811] 외적 경쟁의 압박이 내적 법칙이 실현되는 방식이라는 말입니다. 자본주의 생산양식의 법칙들은 경쟁에서 살아남기 위해 가치증식에 최선을 다하는 개별 자본가들의 노력을 통해 관철됩니다. 더 많은 돈을 벌기 위한 개인적이고 의식적인 노력이 자본주의적 생산 메커니즘을 돌리는 집단적이고 무의식적인 동력이 되는 것이지요. 자본주의를 기계시스템으로 본다면 개별 자본가는 "하나의 톱니바퀴에 지나지 않"는 셈입니다.[김, 808; 강, 811]

기분전환을 위해서인지는 모르겠지만 마르크스는 조금 더 나아갑니다. 자본가들이 벌이는 '저들은 자신이 행하는 것을 알지 못하나이다' 식의 분투가 새로운 사회형태로의 이행을 도울 수도 있다는 겁니다. 마르크스는 '역사적 실존의 권리'라는 말에 그런 함의도 담았습니다. 그는 권리의 '영원한 실존'이 아니라 '역사적 실존'이라고 썼습니다. 인격화된 자본으로 행동하는 한에서 자본가는 영원한 실존이 아니라 역사적 실존을 얻습니다. 역사적으로 특수한 사회형태인 자본주의와 운명을 함께하지요. 자본주의가 그렇듯 자본가의 실존도 역사적으로 생겨나고 역사적으로 사라질 겁니다. 자본축적을 향한 자본가의 열망이 '개인적 광기'가 아니라 '사회적 메커니즘의 작용'인 한에서 자본가의 실존 역시 자본주의와 더불어 '이

행적'(transitorischen) 성격을 가질 수밖에 없지요.[김, 807; 강, 810]

　재미있는 사실은 축적을 위한 자본가들의 노력이 이런 이행을 촉진한다는 겁니다. 마르크스는 말합니다. "가치증식의 광신자로서 자본가는 가차 없이 인류를 생산을 위한 생산으로 내몰아, 모든 개인의 완전하고 자유로운 발전을 근본 원리로 하는 더 고차적인 사회형태의 유일한 현실적 토대일 수 있는 사회적 생산력과 물질적 생산조건들을 창출하도록 한다."[김, 808; 강, 810] 자본가들의 생존을 위한 분투가 자본주의의 역사적 이행, 즉 자신들의 죽음을 위한 분투가 되는 셈입니다. 언젠가 마르크스는 영국의 인도 지배에 대해 '역사의 무의식적 도구'라는 말을 했는데요. 자신도 모르게 자신이 원하지 않는 역사적 과업을 수행한다고요. 비슷한 표현을 여기서 쓰자면, 자본가들은 자본축적을 위한 톱니바퀴이면서 또한 자본의 죽음, 즉 새로운 사회형태로의 이행을 돕는 역사적 톱니바퀴이기도 합니다. 이건 저주일까요, 조롱일까요, 유머일까요.

역사적 권리에는 날짜가 없지 않다

참고로 자본가의 '역사적 실존의 권리'와 관련해서는 펠릭스 폰 리히노프스키(Felix von Lichnowsky)라는 인물의 알쏭달쏭한 말이 인용되어 있는데요. 인격화된 자본인 한에서 자본가는 '역사적 실존의 권리'를 갖는데, 이 권리는 "재치 있는 리히노프스키가 말한 것처럼 '날짜가 없는 게 아닌 것'(das keinen Datum nicht hat)"이라고 했습니다.[김, 807; 강, 810] 마르크스가 거의 20년 전의 일을 떠올린 것인데요. 엥겔스가 쓴 『신라인신문』 1848년 9월 1일 자 기사에 어떤 일이 있었는지 자세히 나와 있습니다.[29]

　당시 프랑크푸르트 의회에서는 폴란드 문제에 대한 논쟁이 있었습니다. 폴란드왕국은 18세기 말에 멸망했습니다. 러시아, 프로이센, 오스트리아가 왕국을 분할 점령했지요. 이후 독립투쟁이 계속되었습니다. 폴란드인들은 독립을 위해 유럽의 여러 혁명운동 세력들과 연대했습니다. 1848년 혁명에서도 그랬습니다. 유럽의 혁명 세력들은 폴란드 독립을 지지했습니다. 엥겔스의 표현을 빌리자면 리히노프스키는 독일에 '편입된'(reorganisierter) 폴란드인입니다. 1848년 독일 의회 의원으로 선출된 그는 연단에서 폴란드 문제에 대해 발언했는데요. 폴란드인들의 처지에 연민과 공감을 표하면서도 폴란드인들이 혁명과 봉기의 최일선에 나선 것을 비난했습니다. 그렇게 나섰기 때문에 폴란드인들에 대한 유럽인들의 공감이 약해지고 있다고요. 그러면서 앞으로 독일에 '편입되면' 이런 범죄행위를 저질러서는 안

된다고 했습니다. 독립운동을 포기하고 독일에 적극적으로 동화돼라는 이야기였지요.

그러다가 재밌는 말실수를 했습니다. 갑자기 "세월이 흘러 노랗게 변한 서류를 밟고 있는 좌파 신사들이 (…) 역사적 권리를 제기하고 있다"라고 하더니, "폴란드 문제에 관한 한 어떤 날짜를 다른 날짜보다 우선시해야 할 이유는 없다"고 했습니다. 그러면서 "역사적 권리에는 날짜가 없는 게 아니다"(Für das historische Recht gibt es kein Datum nicht)라고 했지요. 'kein'에 'nicht'까지 붙인 이중부정인데요, 그의 의도와도 상반될 뿐 아니라 아주 어색한 문장이었습니다. 청중이 큰 소리로 웃었습니다. 그는 실수를 알아차리지 못했는지 그 말을 반복했습니다. 그러자 더 큰 웃음소리가 터져 나왔지요. 의장이 정숙을 요청한 뒤 연설이 재개되었는데요. 어떤 무의식적 기제 때문인지 독일어에 능통하지 못했던 건지는 모르겠지만, 계속해서 그 이상한 문장을 내뱉었습니다. 장내가 떠나갈 듯 사람들이 웃었습니다. 의장이 다시 한번 정숙을 요청했지요. 그러고 나서야 그는 자신의 의사에 부합하는 온전한 문장을 구사했습니다. "역사적 권리에는 날짜가 없다." 리히노프스키에 따르면 폴란드 땅의 역사를 계속 거슬러 올라가면 폴란드만이 아니라 그 이전에 존재했던 도시와 나라를 만날 수 있습니다. 이해하기 쉽게 한국사로 바꾸어 말해보자면, 일본으로부터 조선의 독립을 이야기하는데, 조선 이전에는 고려가 있었고, 고려 이전에는 고구려가 있었다고, 그런데 왜 조선 시대에 대해서만 역사적 권리를 요구하느냐는 것이지요. 이것이 리히노프스키가 "역사적 권리에는 날짜가 없다"라고 한 말의 의미입니다. 역사적 권리와 관련해 특정한 날짜, 특정한 연대가 다른 날짜, 다른 연대보다 우선시될 수 없다는 뜻에서 한 말이지요. 그는 폴란드인들을 향해 멸망한 폴란드의 막연한 미래를 생각하기보다 차라리 독일인이 되는 길을 택하라고 했습니다.

마르크스는 자본가의 역사적 실존의 권리를 말하며 이 반동적 인물의 말실수가 떠올랐던 모양입니다. 리히노프스키가 실수한 말을 올바른 말, 재치 있는 말로 인용했습니다. 물론 리히노프스키가 역사적 권리에는 '날짜가 없다'라고 말한 것과 마르크스가 '날짜가 있다'라고 말한 것의 맥락은 다릅니다. 마르크스가 말하려는 것은 자본가의 역사적 실존이 영원할 수 없다는 것, 자본가는 자본주의와 더불어 특정한 시기 동안만 존재하고 사라진다는 것입니다. 자본가의 실존의 권리는 자본주의가 그렇듯 일시적인 것, 이행적인 것이라는 뜻이지요. 씁쓸한 사실을 하나 덧붙이자면, 리히노프스키는 저 말을 하고는 며칠 뒤 허망하게 죽었습니다.

1848년 혁명의 잔열이 남아 있을 때인데요. 독일 의회가 덴마크와의 휴전협정을 승인한 것에 분노한 시위대가 길거리에서 그를 붙잡아 폭행했습니다. 그는 이튿날 숨을 거두었지요. 역사적 권리에는 날짜가 없다면서, 폴란드인들에게 막연한 미래를 그리지 말고 나라 없는 현실을 받아들이라고 했던 그 사람은 한 치 앞을 보지 못한 채 1849년 9월 19일 그렇게 숨을 거두었습니다.

───────── 축적의 길은 고행의 길, 자본가는 수도사? ─────────

자본가의 '역사적 실존의 권리'에 대한 이야기를 조금 더 이어가겠습니다. 나는 이번 장에서 마르크스가 자본가를 단순히 '인격화된 자본'이라고 부른 게 아니라, 그런 한에서만 '역사적 가치'와 '역사적 실존의 권리'를 갖는다고 말한 것에 주목했습니다. 이것은 바꾸어 말하면 아주 무서운 경고가 될 수 있습니다. '인격화된 자본'으로 행동하지 않는다면 그 자본가는 실존할 수도 없고 역사적으로도 무가치하다는 말이기 때문입니다. 마치 총자본가가 개별 자본가들에게 보낸 경고 같습니다. '인격화된 자본'으로서 행동하지 않는 자본가는 자본축적을 게을리하는 자이고, 자본축적에 방해되는 자, 더 나아가 자본축적을 도둑질하는 자입니다. 자본가는 최대한의 잉여가치를 자본으로 전환해야 합니다. 그렇지 못한 부분, 즉 자본가가 '개인적 소비'에 지출한 부분은 일종의 낭비이고 더 나아가 "자본축적에 대한 도둑질로 간주"됩니다.[김, 808; 강, 811]

　　실제로 자본주의 초창기에는 이런 식의 윤리를 강조했습니다. 치부에 대한 탐욕을 절욕의 형태로 표현한 것이지요. 최대한 긁어모아야 했기 때문에 스스로를 최대한 짜냈던 겁니다. 마르크스는 1795년에 출간된 존 에이킨(John Aikin)의 책을 인용하는데요. 여기서 에이킨은 자본가들의 행위양태를 네 시기로 나누어 고찰하고 있습니다. 그에 따르면 첫 번째 시기에 자본가들은 열심히 일합니다. 화폐축장자와 다를 바가 없었습니다. 돈을 모으기만 하고 절대로 쓰지 않는 수전노의 시기지요. 마르크스에 따르면 자본주의 초창기에는 평균이윤이 너무 낮았기 때문에 '엄청난 절약'을 통해서만 축적이 가능했습니다. 그리고 하나 더하자면 초기 자본가들은 어린 도제들을 받았는데, 기술을 가르친다는 명목으로 부모로부터 엄청난 사례금을 뜯어냈다고 합니다. 이런 식으로 초기 자본을 축적했지요.[김, 811; 강, 813] 두 번째 시기에도 자본가들은 노동하고 절제합니다. 다만 노동의 성격이 좀 다릅니다. 직접 노동한다기보다 타인을 부리는 노동을 하지요. 마르크스의 표현을 빌리자면 "노동의 직접적 착취에도 노동이 필요"하니까요. 세 번째 시기에는 절제가 조금 완화됩니다. 사업 확장과 더불어 영업을 위한 사교가 필요했으니까요. 하지만 기계제 생산으로 넘어가기 전까지 공장주들이 술집에서 하룻저녁에 소비하는 액수는 "6펜스짜리 펀치 한잔과 1펜스짜리 말이담배 1개비를 결코 넘지 않았다"라고 합니다. 18세기 초까지만 해도 맨체스터의 한 공장주가 손님들에게 외국산 포도주 1파인트(500밀리리터가량)를 대접했다며 이웃 사람들의 비난을 샀다고 하니까요.[김, 811~812; 강, 814] 당시 자본가에게 요구된 윤리를 짐작할 수 있지요.

이것은 당시 부르주아 경제학인 고전파 경제학의 요구와도 일치합니다. 지난 9장에서 본 것처럼 스미스가 생산적 노동과 비생산적 노동을 구분하면서 노동자 대신 하인을 고용하면 가난해진다고 한 것은 자본가들에게 보내는 경제적 조언일 뿐 아니라 윤리적 경고였다고 할 수 있습니다. "축적하라, 축적하라! 이것은 모세와 예언자들의 말이다!" 이것은 자본주의적 생산양식이 유지되는 내내 울려 퍼질 계명입니다. 그런데 자본주의 초창기에는 이 말이 이렇게 들렸습니다. "절약하라, 절약하라! 즉 잉여가치나 잉여생산물 중 가능한 한 부분을 자본으로 재전환하라!"[김, 812; 강, 814] 잉여가치를 향락에 쓸 것인가 치부에 쓸 것인가. 맬서스는 "지출에 대한 열정과 축적에 대한 열정을 분리하는 것"이 중요하다고 했습니다. 열정의 분업이라고 할까요. 자본가는 축적에 대한 역사적 소명을 부여받은 사람이니 축적 활동에 전념하고 잉여가치를 분배받아 지출하는 것은 토지귀족이나 국가의 관리나 교회 성직자 등에게 맡기자고 했습니다.[김, 812~813; 강, 815] 역사적 실존의 권리를 가진 자, 역사적 가치를 부여받은 자로서 자본가는 하나의 기계, 하나의 톱니바퀴와 같습니다. "고전파 경제학에서 프롤레타리아가 단지 잉여가치를 생산하는 기계로서 간주되었다면 자본가 또한 이 잉여가치를 추가자본으로 전환시키기 위한 기계로서 간주될 뿐이다."[김, 812; 강, 815] 마치 소명을 위해 고행하는 수도자 같습니다.

그러나 이런 고행이 언제까지 이어질 수는 없습니다. 우리는 마지막 장에서 초창기 자본가들이 축적을 위해 어떤 만행을 저질렀는지 살필 텐데요. 일단 여기서는 자본가 아담의 죄상을 묻어두겠습니다. 그저 '악착같이 모았다'라고만 해두죠. 지금은 절약 즉 지출의 최소화만 이야기하겠습니다. 앞서 초기 자본가의 절욕과 고행은 부에 대한 탐욕의 표현이라고 했는데요. 이런 존재가 상당한 돈을 모은 후에도 고행하는 수도사처럼 살아갈까요. 자본축적이 어느 규모 이상이 되면 부를 향유하고 과시하면서 살고 싶은 마음도 들지 않을까요. 마르크스는 『파우스트』

의 한 구절을 인용합니다. "아! 그의 가슴에는 서로 헤어지고 싶어하는 두 개의 영혼이 살고 있구나!"[김, 810; 강, 812] 실제로 자본주의가 어느 정도 발전하면 자본가 개인의 절욕은 자본축적에 큰 영향을 미치지 않습니다. 생산규모가 개인이 소비를 아껴서 투자할 수 있는 수준을 넘어서지요. 오히려 자본의 사회적 동원이 가능해집니다. 은행, 주식, 채권 등 여기저기서 돈을 끌어들일 수 있는 각종 신용제도가 발전하지요. 그리고 이러한 제도들 상당수는 투기의 기회를 제공하기 때문에 벼락부자가 많이 나타납니다(243~245쪽). 이런 벼락부자들에게 고행의 삶을 기대하기는 힘들겠지요. 그게 아니어도 축적 규모가 일정 단계를 넘어서면 자본가에게는 사업의 확대를 위한 사교와 접대가 필요합니다. 신용을 얻기 위해서도 적절한 부의 과시가 필요하고요. 일종의 영업비용이 되는 거죠.

손자 자본가는 할아버지 자본가의 이야기에서 '인간적 감동'을 느낄지도 모르겠습니다.[김, 810; 강, 812] 새벽부터 일어나 물건을 져 나르고 단벌 양복으로 평생을 살았다는 이야기에 뭉클할지도 모르지요. '인간적 감동'이라는 표현은 마르크스가 프리드리히 실러의 시 「인질」에서 따온 것인데요.[30] 참주인 디오니시우스가 처형을 앞둔 청년의 목숨 건 우정에 감동하는 그 장면입니다. 권력자의 감정이었던 거죠. 대자본가가 된 자본가는 겨우 직공 한두 사람을 두고 일했던 할아버지와는 다릅니다. 비유컨대 그는 이제 정복 군주입니다. 손자 자본가가 할아버지 자본가에게 느낀 '인간적 감동'은 자신보다 대단한 존재, 자신이 목표로 삼고 있는 존재에 대해 느끼는 감정이 아니라, 자신보다 못한 존재, 자신이 지나쳐온 남루한 시절에 대해 느끼는 감정이지요. 손자 자본가는 할아버지 자본가의 이야기에 가슴이 뭉클하긴 하지만 동시에 짠하다는 생각을 합니다. 너무 고루해 보이기도 하고요. 수전노 냄새가 난다고 할까요. 그런 건 제대로 된 '비즈니스'가 아닙니다.

앞서 맬서스는 '지출에 대한 열정'과 '축적에 대한 열정'을 분리해야 한다고, 자본가는 오로지 축적에만 전념해야 한다는 주장을 했다고 말했지요. 하지만 이 주장에 대해 당대의 자본가들이 반발했지요. 마르크스의 표현을 빌리자면 자본가들은 "오래전에 이미 향락과 사교의 선수들로 변신해" 있었거든요.[김, 813; 강, 815] 한 리카도주의 학자는 이런 자본가들의 목소리를 대변하며, "오로지 생산", "생산의 끊임없는 확대"만을 외치는 것은 생산에 방해가 된다고 했습니다. "산업 자본가들의 수프에서 고기를 빼버리고는 축적하라고 찔러대는 것은 부당하다"라는 거죠.[김, 813; 강, 815~816] 존 에이킨의 분류에 따르면 '네 번째 시기'가 온 겁니다. 에이킨은 이 시기를 '사치와 낭비의 시기'라고 불렀습니다.[김, 812; 강, 814]

그렇다면 자본가들에게 '절약'의 시대는 끝난 걸까요. 그렇지 않습니다. 두 가지 의미에서 자본가는 여전히 '절약'을 높이 평가합니다. 하나는 그 절약을 노동자에게 요구합니다. 마르크스는 앞서 언급한 리카도주의자의 위선을 꼬집었는데요. 자본가의 수프에서 고기를 빼내고서 축적에 전념하라고 요구하는 건 부당하다고 목소리를 높였던 그 사람은 노동자를 더 열심히 일하게 하기 위해 임금을 최저 수준에 묶어두어야 한다고 주장했습니다.[김, 813; 강, 816] 생산과정에서도 그렇습니다. 자본가들은 생산수단을 아껴 쓰지 않는 노동자를 용서하지 않습니다. 자신들만의 엄격한 형법으로 다스리지요. 초기 부르주아 경제학자들이 자본가의 개인적 소비를 자본축적에 대한 도둑질이라 불렀다고 했는데요. 자본가들은 생산수단을 아껴 쓰지 않는 노동자들에 대해 그런 말을 씁니다.

'절약'의 또 다른 용법은 축적된 자본의 정당화입니다. 이 경우에는 '절약'이라는 말보다는 '절욕'(Abstinenz) 내지 '절제'(Enthaltung)라는 말이 어울리는데요. 일부 부르주아 경제학자들은 잉여가치를 자본가의 '절욕'에 대한 보상이라고 했습니다. 이것은 자본축적을 위해 절욕과 절제를 요구받은 '고전적 자본가'의 경우와는 좀 다릅니다. '고전적 자본가'들은 개인적 소비를 자본축적의 소명을 저버린 죄악이라고, 다시 말해 '축적에 대한 절제'라고 비난했는데요. '근대적 자본가'는 축적된 자본을 가리켜 자신의 절제에 대한 대가라고 말합니다.[김, 810; 강, 812] 뉘앙스가 다르지요. 고전적 자본가는 직접 생산노동에 나서기도 하고 개인적 소비를 최대한 줄여 재산을 모아야 한다고 생각했습니다(이것이 그의 절욕입니다). 그런데 근대적 자본가의 경우에는 자본 투자 자체를 절욕이라며 그에 대한 보상을 요구하는 겁니다. 대표적 예가 앞서 5장에서 만났던 시니어입니다. 시니어는 아예 자본을 '절욕'이라는 말로 불렀습니다.[김, 814; 강, 817] 특히 불변자본인 생산수단을 그렇게 이해했는데요. 농업노동자가 씨앗을 심을 수 있었던 것은 자본가가 그 씨앗을 다 먹지 않았기 때문이라는 식이지요. 증기기관, 면화, 철도, 비료 등등 자본가가 생산과정에서 제공하는 생산수단이 다 그렇습니다. 모두 탕진해버릴 수도 있었던 것을 자본가가 생산과정에 투입했다는 거죠. 이런 논리는 무한정 확장되는데요. 심지어 포도주가 생산될 수 있었던 것도 자본가가 발효의 시간을 참고 기다렸기 때문입니다.[김, 815, 각주 31; 강, 818, 각주 43] 이 포기의 시간, 인고의 시간, 고행의 시간에 대한 보상이 필요한데 그것이 바로 잉여가치라는 겁니다. 누군가가 자본가도 생산수단을 구매한 것 아니냐고 묻는다면 이렇게 답하겠지요. 그 돈을 자본가가 다른 곳에 탕진할 수도 있었는데 그 대신 생산에 투입한 것이라고

요.[김, 815; 강, 818]

사실 이런 '절제설'이 부각된 데는 역사적·정치적 맥락이 있습니다. 시니어의 『정치경제학 개론』은 1836년에 출간되었습니다. 맬서스가 자본가에게 자본축적에 전념하고 지출은 지주나 관료, 성직자에게 맡기라고 했던 1820년대와는 다릅니다. 마르크스는 1830년에 7월혁명이 일어났음을 환기해줍니다. 7월혁명이 일어나자 맬서스의 주장을 둘러싼 논쟁은 곧바로 잠잠해졌습니다. 산업자본가와 지주가 서로 싸울 때가 아니었거든요. 7월혁명 직후 프랑스 리옹에서는 도시 프롤레타리아트가 봉기했고 영국 농촌에서는 농업 프롤레타리아트가 농장에 불을 질렀으며, 영국에서는 오언주의, 프랑스에서는 생시몽주의와 푸리에주의가 유행했습니다.[김, 814; 강, 816] 게다가 우리가 이미 본 것처럼 이 시기에는 노동일 단축을 요구하는 투쟁이 본격화되었습니다. 시니어가 자본주의를 유지하기 위한 '최후의 1시간'을 주장한 것이 바로 이때입니다(380쪽 참조). 소위 '절제설'은 부르주아 속류 경제학자들이 급조해낸 계급투쟁의 무기였던 겁니다. '노동자의 노동'이 아니라 '자본가의 절제'가 자본축적을 가능케 했다는 거죠. 자본축적은 노동자를 착취한 게 아니라 자본가 자신을 착취한 결과라는 말입니다. 시니어에 따르면 원시사회에서 생산수단은 절욕과 상관없이 만들어졌으나("미개인이 활을 만들었다면 그것은 근로를 행한 것이지 절욕을 행한 것은 아니다") 이제는 앞서 말한 것처럼 자본가의 절욕을 통해서만 생산수단이 제공될 수 있습니다. 그런데 이렇게 노동자에게 생산수단을 제공하는 것은 자본가가 스스로에게서 그것을 빼앗은 것(사냥 수단으로서 활을 직접 만든 미개인, 즉 자본가 "자신의 아담"한테 그 활을 빼앗은 것)과 같다는 거죠.[김, 815; 강, 817~818]

마르크스가 얼마나 황당해했을지 짐작이 갑니다. 이런 식이라면 인간의 모든 행동은 절제로 설명할 수 있습니다. 만약 돈을 벌기 위한 투자를 절제라 부른다면, 우리는 식사를 단식에 대한 절제라 부를 수 있고 보행을 정지의 절제라 부를 수 있으며 근면을 나태에 대한 절제라 부를 수 있을 겁니다. 어떤 말과 그 반대말은 모두 절제 관계에 있다고 할 수 있지요. 투자를 스스로에 대한 착취라고 부르는 자본가를 어떻게 이해해야 할까요. 아니, 그 이전에 자본가는 왜 스스로를 착취한 걸까요. 마르크스는 말합니다. "이 문제는 속류 경제학이 지금까지 굳게 입을 다물어온 비밀에 속한다."[김, 816; 강, 818] 재산을 탕진하고 싶은 욕망을 참으면서, 자본을 축적하는 이 고행자를 어떻게 해야 할까요. 자본가가 왜 이런 희생을 치르는지, 왜 이런 고행을 감내하는지는 모르겠습니다. 하지만 이들에게 어떻게 해주어야 하는지는 알 수 있지요. 아무리 인류 전체를 위한 희생이라 해도 이러면 안 됩니다. 자본가를 그 고난에서 해방해주어야 마땅하지요. 마르크스는 짐짓 엄숙한 태도로 말합니다. "단순한 인류애(Humanität) 관점에서 보더라도 자본가를 순교와 유혹에서 해방해야 함이 명백하다. 마치 조지아 주의 노예소유자가 최근 노예제가 폐지됨으로써 과거의 고통스러운 딜레마, 즉 흑인 노예에게서 짜낸 잉여생산물을 모두 샴페인을 사는 데 써야 하는가 아니면 일부분을 더 많은 노예와 땅으로 전환해야 하는가 하는 고통스러운 딜레마에서 해방된 것과 마찬가지로 말이다."[김, 816; 강, 818~819]

자본가에게 이런 고통을 겪게 할 이유가 없습니다. 다행히도 역사상 존재했던 다양한 사회형태, 여러 경제적 사회구성체를 보면, 자본가가 그런 고행을 겪을 필요가 없다는 것을 알 수 있습니다.[김, 816; 강, 819] 자본가가 고행자의 삶을 살지 않아도 사회의 재생산에는 아무런 문제가 없습니다. 단순재생산은 물론이고 확대재생산까지 가능합니다. 자본가가 없어도("기묘한 성자, 슬픈 형상의 기사인 '절욕하는' 자본가 없이도"), 자본축적이 일어나지 않아도, 한 사회의 성원들이 자신들을 유지하고 생산을 확대하는 데는 아무런 문제가 없습니다.[김, 817; 강, 820] 할렐루야! 자본가 여러분, 이제 해방입니다. 여러분은 더 이상 인류를 위해 희생할 필요가 없습니다. 지금 당장 자본가를 그만두어도 됩니다!

축적은 착취에 달려 있다

지금까지 우리는 자본가가 잉여가치 중 얼마를 개인적 소비에 쓰고 얼마를 자본으로 투자하는지에 초점을 맞추어 자본축적을 살펴보았습니다. 당연한 말이지만 잉여가치를 최대한 자본으로 전환할 때 축적의 규모가 커집니다. 그러나 축적 규모를 결정하는 것은 이것만이 아닙니다. 훨씬 중요한 요인들이 있지요. 자본주의가 발전하고 축적 규모가 커지면 자본가 개인의 소비는 거기에 상대적으로 큰 영향을 미치지 않습니다. 더 중요한 것은 잉여가치의 생산 자체를 늘리는 겁니다.

착취가 늘어나면 축적이 늘어난다

잉여가치 생산량이 많아지면 자본가의 개인적 소비를 비례적으로 늘려도(심지어는 비례보다 더 늘려도) 자본축적이 가능합니다. 100만큼의 잉여가치를 생산해 20을 개인적으로 소비하고 80을 자본으로 투자했던 자본가가 1000만큼의 잉여가치를 생산하면, 개인적 소비를 200으로 늘린다 해도(혹은 300으로 늘린다 해도) 자본으로 전환되는 부분 역시 800으로(혹은 700으로) 늘어납니다. 잉여가치 생산량의 절대적 크기가 중요한 것이지요. 이는 잉여가치 생산량을 좌우하는 요인이 자본축적의 규모에도 관여한다는 뜻입니다. 그렇다면 잉여가치 생산량을 좌우하는 요인으로는 어떤 것이 있을까요.

첫 번째 요인은 노동력 착취도입니다. 잉여가치율은 착취도에 달려 있습니다.[김, 818; 강, 820] 물론 넓은 의미에서 잉여가치율과 착취도는 같은 말입니다. 잉여가치율이란 노동자에게 지불한 노동과 지불 없이 취한 노동의 비율이니까요. 하지만 마르크스는 착취도라는 말을 여기서는 좁은 의미로 쓰고 있습니다. 노동력에 대해 정당한 대가를 지불하지 않은 경우지요. 사회 전반의 노동생산성이 올라가면 정당한 대가를 지불해도 노동력의 가치가 떨어지기 때문에 잉여가치율이 증대하는데(상대적 잉여가치의 경우), 이 경우는 뒤에 별도로 다룹니다. 그러니까 지금 여기서 말하는 착취도는 부당하게 노동력을 쥐어짜는 경우입니다. 자본가의 '절제'라는 말과 대구를 이룬다고 할까요. 자본축적은 자본가의 '절제'를 통해 이루어졌다는 부르주아 경제학자들의 말을 되받아치듯 마르크스는 잉여가치율 증대의 첫 번째 요인으로 노동자에 대한 '착취'를 들고 있습니다.

물론 『자본』에서는 노동력의 가치 이하로 임금을 지급하는 것이 일반적 가정은 아닙니다. 『자본』은 주로 합법적으로 이루어지는 착취를 해명하고자 하기에 자본가가 노동력의 가치를 제대로 지불하는 경우를 상정합니다. 그러나 마르크스가 자주 환기하듯 현실이 그렇다는 것은 아닙니다. "실제 운동에서는 가치 이하로 임금을 강제 인하하는 것이 너무나 중요한 역할을" 합니다.[김, 818; 강, 821] 정치경제학자들 역시 이 점을 잘 알고 있습니다. 그래서 어떤 이들은 '노동자에 대한 착취의 증대'로 인한 축적 속도의 증가와, '노동생산력의 증대'로 인한 축적 속도의 증가를 동일시합니다. 노동생산력을 노동시간 대비 생산물의 양으로 재는 게 아니라 노동자에게 지급한 임금 대비 수익으로 재는 거죠. 그러다 보니 동일 노동에 대해 적은 임금을 지급했다면 노동생산력이 증대한 것으로 간주합니다. 실제로는 노동자의 생산력이 증대한 게 아니라 노동자에 대한 착취가 증대한 것인데도 말입니다(이렇게 노동생산력을 노동자에 대한 착취도, 즉 노동자로부터 이윤을 얼마나 뽑아냈는지와 동일시한다면, 노동생산력 증대로 자본축적 속도가 증가했다는 말은 사실상 동어반복인 셈이지요).[김, 818, 각주 36; 강, 820, 각주 48]

마르크스는 자본축적을 위해 노동자를 착취하는 다양한 경우를 언급하는데요. 앞서 언급했던 자본가의 개인적 '절제' 사례, 이를테면 하룻저녁에 술집에서 겨우 '펀치 한 잔'과 '말이담배 1개비'밖에 소비하지 않았다는 식의 이야기가 무엇을 감추고 있는지를 잘 보여줍니다. 나는 마르크스가 자본축적이 과연 자본가의 검소한 삶 덕분인지 노동자의 생명력을 약탈한 덕분인지를 판단해보라는 듯 이 부분을 쓴 게 아닐까 생각합니다. 임금을 최대한 낮추려는 자본가의 마음은 너무도 공공연해 비밀이라고 할 것도 없습니다. "구매하지 않고도 노동을 얻을 수 있다면 임금은 필요 없을 것"이라는 밀의 말은 '삼각형은 세 개의 모서리를 가진 도형'이라는 말처럼 항상 옳습니다. 자본가의 꿈이겠지요. 노동력 재생산에 비용이 들지 않는다면, 다시 말해 노동자가 생존을 위해 아무것도 필요로 하지 않는다면, 노동력의 가치는 '0'이 될 겁니다. 하지만 그렇게 되면 자본가는 노동력을 구할 수 없습니다. "공기만 먹고도 살 수 있다면" 노동자가 뭣 하러 자기 노동력을 남에게 팔겠습니까. 남 밑에서 일하지 않고도 사는 데 문제가 없는 데 말이지요.[김, 819; 강, 821] 자본가가 비용 없이 노동력을 구매할 수는 없습니다. 그러나 노동력에 대한 지불을 '0'으로 만들 수 없다고 해서 그쪽으로 다가가려는 노력이 사라지는 것은 아닙니다. '0'에 도달하지 못해도 '0'에 다가가면서 자본가는 큰 이익을 봅니다. 그러니 언제나 임금을 최대한 낮추려고 하지요.

　　마르크스는 노동일에 관한 장에서 길게 인용했던 커닝엄의 책 『무역과 상업에 관한 에세이』를 여기서도 인용하는데요. "영국 자본의 가장 내면적인 영혼"을 노골적으로 드러냈기 때문입니다.[김, 819; 강, 821] 이 책에서 커닝엄은 한 공장주의 말을 빌려와 영국 노동자들이 프랑스 노동자들에 비해 너무 많이 입고 먹는다고 비난합니다. 프랑스 노동자들은 고기도 거의 먹지 않고 음료도 주로 물을 마시며 밀가루가 비쌀 때는 빵도 거의 먹지 않기 때문에 영국 노동자 임금의 3분의 1만 받고도 열심히 일한다고 했지요. 한 세대가 지난 후 미국의 벤저민 톰프슨(Benjamin Thompson)은 값싼 재료들로 만들 수 있는 음식 조리법을 소개했는데요. 언뜻 보면 가난한 사람들을 돕기 위해 쓴 요리책 같습니다. 하지만 실상은 싸구려 재료로 만든 음식만 먹어도 노동자들이 살 수 있다는 나쁜 이데올로기를 전파하는 책이었습니다. 그가 소개한 수프 조리법에 따르면 1인분 가격을 4분의 1 페니까지 떨어뜨릴 수 있습니다. 글쎄요, 요즘으로 치면 라면 한 봉지, 참치 캔 한 개, 시래기 약간을 섞어 10인분 식사를 만드는 수준이라고 할까요. 마르크스는 이를 '거지 수프'라고 부르고 있습니다. 톰프슨의 거지수프에 감동한 한 영국 부르주아 작가는 영국 노동자에게 좀 검소하게 살라는 듯 훈계를 늘어놓습니다. 스코틀랜드에서는 밀이나 고기 대신 물과 소금만 넣은 귀리죽만 먹고도 안락하게 사는 사람들이 많다고.[김, 821, 각주 42; 강, 823, 각주 54]

　무슨 빵까지 먹으려고 하는가, 보리와 옥수수만으로도 얼마나 맛있는 요리를 만들 수 있는데, 게다가 소금만 넣은 귀리죽으로도 행복하게 사는 사람들이 있지 않은가. 피골이 상접한 노동자들에게 검소한 삶을 가르치려 드는 부르주아들. 이 것은 한 편의 익살극(Possenreißerei) 아닐까요. 너무 황당해서 화가 나기보다 웃음이 나옵니다. 그래서인지 마르크스는 1795년 스핀햄랜드(Speenhamland)법이 처음 시행되던 때의 모습을 소개하며 '잉글랜드 도그베리들'이 벌이는 '익살극'이라 부르고 있습니다(『자본』 제1장에서도 마르크스는 횡설수설하는 정치경제학자들을 셰익스피어의 『헛소동』에 나오는 인물 도그베리에 비유했었지요). 마르크스가 익살극의 대사처럼 소개한 문장은 무대 대사가 아니라 의회에서의 증언입니다.[김, 822; 강, 824] 1795년 잉글랜드 버크셔의 지주들이 모여서 임금을 결정했는데요. "스콰이어들(Squires)은 임금을 결정하면서 점심을 먹고 있었는데, 이들은 노동자들이 점심 같은 것을 먹을 필요가 없다고 생각한 것이 분명하다." 최저임금을 결정하는 위원들이 회의 중에 점심을 먹으면서, 노동자들의 점심을 없애는 임금을 결정하는 장면을 떠올려보세요. 그로테스크하다고 해야 할까요, 희극적이라고 해야 할까요. 그런데 문제는 이것이 연극이 아니라 현실이었다는 거죠.

　참고로 스핀햄랜드법은 좀 기묘한 법이었습니다. 소위 산업혁명으로 노동력에 대한 수요가 급증했는데요. 이 수요를 충족해주기 위해 영국 정부는 당시까지 존재했던 정주법(거주지를 제한하는 법)을 철폐했습니다. 그러면서 동시에 농촌 노동자와 빈민들을 지원하기 위한 스핀햄랜드법을 제정했습니다. 이 법은 지주와 차지농업가가 지급한 임금으로 최저생계가 불가능할 경우 교구에서 구호금을 지급하는 체계였습니다(전국적 노동시장 창출이라는 점에서 보자면 정주법 폐지와는 모순되는 조치였습니다. 정주법 폐지가 노동력의 자유로운 이동을 허용한다면 스핀햄랜드법은 노동력을 농촌에 붙잡아두는 효과를 냈으니까요[31]). 스핀햄랜드법은 빈민의 최저생계를 지원한다는 점에서는 복지법이라 할 수 있습니다. 그러나 실상은 저임금을 조장하는 법이었습니다. 자본가들은 임금을 더욱 낮추었습니다. 어차피 교구에서 최저 수준을 맞춰줄 테니까요. 취지상으로는 빈민 노동자에 대한 생계 지원책이었지만 실제로는 공공재산으로 자본가의 임금 지급을 보조해주는, 자본가 지원책이었던 겁니다.[32] 게다가 위원회에서 정하는 최저임금 수준은 갈수록 낮아졌습니다. 폴라니의 표현을 빌리자면 "인간의 이미지 그 자체가 오염"될 수준이었지요.[33]

자본축적이 이 시기에 무서운 속도로 이루어질 수 있었던 것은 이처럼 노동자들의 생존기금("노동자들에게 없어서는 안 될 [최소한의] 소비기금")을 약탈한 것과 무관치 않습니다.[김, 823; 강, 825] 자본축적만큼이나 빈곤축적, 빈민축적이 무서운 속도로 이루어진 시기였지요(자본축적이 어떻게 노동자의 생존기금을 약탈하면서 진행되었는지에 대해서는 다음 장인 11장에서 더 자세히 살펴볼 겁니다).

황금알을 낳는 거위는 왜 빨리 죽는가

노동자의 임금을 이처럼 강제로 인하하는 방법 말고도 착취도를 높이는 방법이 있습니다. 지난 장에서 본 것처럼 동일한 임금을 지급하거나, 심지어 외견상으로는 더 높은 임금을 지급하는 경우에도 착취가 높아질 수 있지요. 자본가는 고용을 늘리지 않고 노동일을 늘리거나, 약간의 할증 요금을 지급하고 '시간외노동'을 시키거나, 노동강도를 높이는 식으로 잉여가치 생산량을 늘릴 수 있습니다. 겉보기에는 임금이 올라가는 것 같지만 실제로는 지불 임금에 비해 더 많은 노동을 뽑아쓰는 방법들이지요. 투입 노동량이 늘면 원료 사용량도 늘고 기계도 더 마모될 겁니다. 하지만 고용을 늘린 게 아니므로, 본래의 비례관계보다는 생산수단 구입 비용이 상대적으로 적게 듭니다. 개별적으로 지급해야 하는 공구들의 구입 비용도 절약되고 건물이나 기타 설비를 확장할 필요도 없으니까요(507~510쪽). 이용 효율이 높아지기 때문에 불변자본을 절약하는 효과가 있지요. 가령 자본을 처음에 100만큼 투자했다면 생산량을 두 배로 늘리는 데는 추가로 50만 투자해도 됩니다. 동일 규모의 잉여생산물과 잉여가치를 더 적은 비용으로 얻을 수 있다면 그만큼 자본축적에 유리하겠지요.

이런 효과는 인간(노동)과 자연(토지)이 직접 결합하는 산업들, 이를테면 채취산업(광업)이나 농업 등에서 특히 발휘됩니다. 이들 영역에서 생산과정은 "인간과 자연이 협력"하는 식으로 이루어지는데요. 마르크스의 표현을 빌리자면 인간과 자연은 "부의 두 본원적 생산자(Urbildner)"입니다.[김, 824; 강, 827] 『자본』제1장에서 인용했던 윌리엄 페티의 말을 염두에 둔 게 아닐까 싶은데요("노동은 물질적 부의 아버지이고 토지는 그 어머니이다). 기계제 생산을 다룬 제13장(영어판은 제15장)에서도 "자본주의적 생산은 모든 부의 원천인 토지와 노동자를 동시에 파괴"한다고 했지요. 인간(노동)과 자연(토지)을 부의 원천으로 지목한 겁니다. 그러나 이 문장이 나올 때마다 주의를 촉구했던 것처럼, 이때의 부는 '물질적(소재적) 부'(stofflichen Reichtum)입니다. 자본주의에서 축적되는 '가치'와는 다른 것으로, 이 경우에는 사용가치가 풍부한 것이지요. 마르크스가 인간과 자연을 부의 '본원적 생산자' 내지 '원천'이라고 부른 것은 그 다산성을 지칭하기 위해서입니다. 부의 '아버지'와 '어머니'라는 표현이 이런 다산성을 상징합니다. 인간의 능력과 자연의 풍요(비옥함)가 만나면 많은 생산물이 쏟아져 나옵니다. 한나절만 일해도 하루 먹을 것을 구하는 데 문제가 없지요. 마르크스의 표현대로, 생산의 '탄력성'(Elastizität)이 아주 큽니다.[김, 824; 강, 826] 노동력을 조금 더 투입하고 노동도구를 조금 더 개량하면 잉여생산물의 양을 크게 늘릴 수 있습니다. 탄력성이 크다는 건 그런 뜻이지요. 그런데 이 효과는 인간과 자연이 직접 결합하는 소위 1차 산업에 국한하지 않습니다. 직접적으로는 이런 산업들에서 확인됩니다만, 이들 산업의 생산물이 대체로 제조업의 원료가 되므로 간접적으로는 제조업에도 영향을 미치지요. 1차 산업에서 생산량이 증대하면 제조업의 불변자본(생산수단) 비용이 낮아집니다. 전자의 산업에서 큰돈 들이지 않고 생산량을 늘린 것이 후자 산업에서 비용을 크게 아껴주는 겁니다. 모두가 자본축적에 유리한 사정이지요.

앞에서도 말했듯이 부의 '아버지'와 '어머니'의 결합으로 산출된 생산물들이 그 자체로 자본은 아닙니다. 그런데 자본은 이들의 다산성, 이들이 지닌 능력을 축적에 활용할 수 있습니다. 마르크스는 자본이 이 둘을 결합해 "팽창력(Expansions-kraft)을 획득"한다고 썼습니다.[김, 825; 강, 827] 인간과 자연의 힘이 지닌 탄력성 덕분에 자본축적에도 탄력성이 붙는다는 겁니다. 투자가 늘면 축적은 그보다 더 많이 늘어나는 식이지요. 이것은 자본이 인간과 자연을 더욱 닦달하는 이유가 됩니다. 조금만 더 닦달하면 이 거위들은 황금알을 더 많이 내놓으니까요. 황금알을 낳는 거위는 바로 이 능력 때문에 빨리 죽습니다. 인간과 자연의 생산 탄력성이 아무리 크다 해도 부에 대한 탐욕이 팽창하는 속도를 따라잡을 수는 없습니다. 황금알을 낳는 거위는 설령 주인이 배를 가르지 않았다고 해도 자본주의사회의 암탉들처럼 산란능력을 급속히 소진하고 폐기되었을 겁니다. 산란능력을 최대한 끌어올리기 위해 24시간 불을 켜놓고 특수 성분 사료를 먹일 테니까요. 인간과 자연도 그렇습니다. 이런 식으로 닦달해대는 자본주의 아래서 인간과 자연은 머지않아 "더는 무언가를 품고 산출할 수 없는 존재"가 되지는 않을까요(658쪽).

노동생산력 증대는 축적을 가속화한다

마르크스는 자본축적이 노동력 착취도에 달려 있다는 이야기를 길게 했습니다. 그런데 노동력 착취도 말고도 잉여가치 생산에 기여하고 결과적으로 자본축적을 돕는 요인들이 있습니다. 마르크스가 언급한 두 번째 요인은 '사회적 노동생산력의 수준(Produktivitätsgrad)'입니다. 사회 전반적으로 노동생산력이 높아지면 우리가 잘 아는 것처럼 잉여가치 생산량이 늘어납니다(상대적 잉여가치). 당연히 자본축적에 유리하겠지요. 사회적 노동생산력이 높아졌다는 것은 또한 동일한 가치로 더 많은 물건을 얻을 수 있다는 뜻입니다. 이는 자본가가 개인적 소비에 지출을 늘리지 않아도 더 많은 물건을 향유할 수 있다는 뜻이지요. 축적에 들어가는 돈을 줄이지 않고도 풍족한 생활을 누릴 수 있는 겁니다. 물론 노동자의 경우도 마찬가지입니다. 사회적 노동생산력이 높아지면 노동력의 가치가 떨어지기 때문에 잉여가치율이 높아지는 것이 일반적입니다. 하지만 노동력의 가치가 떨어졌다고 해도 생활수단의 가치 역시 그만큼 떨어지기 때문에 생활수준이 절대적으로 낮아지는 건 아닙니다. 심지어 자본가는 실질임금을 올려줄 수도 있습니다. 노동력의 가치보다는 높은, 그러나 노동생산력 증대분보다는 낮은 수준에서 임금을 올려줄 수 있는 거죠. 그렇게 하더라도 자본가는 더 많은 잉여가치를 얻으니까요(720~721쪽 참조). 사회 전반적으로 노동생산력이 증대하면 자본은 동일한 돈으로 더 많은 생산수단과 노동력을 이용할 수 있습니다. 더 많은 잉여가치를 얻을 수 있고요. 동일 규모의 자본으로 이전보다 더 많은 잉여가치를 얻는다는 건 그만큼 자본축적이 가속된다는 뜻입니다.[김, 825; 강, 827]

　그리고 노동생산력 증대는 새로 추가된 자본만이 아니라 기존의 자본에도 영향을 미칩니다. 잉여가치에서 이제 막 자본으로 전환된 자본인 '추가자본'의 경우 노동력과 생산수단을 새로 구입할 것이므로 생산력의 증대 효과를 곧바로 누리겠지요. 똑같은 돈으로 더 많은 생산수단과 노동력을 구할 수 있습니다. 그런데 머지않아 '기존 자본'에도 동일한 효과가 나타납니다. 일정 시간이 지나면 기존 자본이 투자된 영역에서도 다 쓴 기계를 교체하겠지요. 그때 성능이 좋으면서도 저렴한 기계가 들어올 겁니다. 원료의 경우에는 더욱 그렇습니다. 원료는 바로바로 소진되기 때문에 기존 자본도 추가자본과 다름없이 원료 산업에서의 생산력 증대 효과를 누립니다.[김, 826; 강, 828] 앞서 노동력 착취도를 높이는 경우를 설명하면서 마르크스는 인간(노동력)과 자연(토지)이 지닌 생산의 탄력성 덕분에 착취도를 조금만 높여도 생산량을 크게 늘릴 수 있다고 했는데요. 두 번째 요인의 경우에는 '과학'과 '기술'이 그런 역할을 합니다. "단지 노동력의 긴장도(Spannung)를 높이는 것만으로도 자연적 부의 이용이 증가하는 것처럼, 과학과 기술은 현재 기능하고 있는 자본의 크기와 무관한 팽창 능력(Potenz seiner Expansion)을 만든다."[김,

826; 강, 828] 기계공학은 기계의 성능을 개량하고, 생물학과 화학은 작물과 토지를 개량합니다. 심지어는 폐기물조차 새로운 원료로 전환해줍니다. 이처럼 과학과 기술은 생산수단의 성능을 개량하고 이용 효율을 높임으로써 불변자본에 들어가는 비용을 크게 절약해줍니다. 자본축적에 기여하는 것이지요.

물론 노동생산력 증대는 기존 생산수단의 가치를 떨어뜨립니다. 새로운 기계가 발명되면 기존 기계에서는 물리적 마모와는 다른 '도덕적 마모'가 일어납니다. 원료 재고가 많이 쌓여 있는데 해당 원료를 생산하는 곳에서 생산력이 비약적으로 증대하는 경우, 자본가가 과거에 얼마를 주고 샀느냐와 무관하게 원료의 가치는 현재 수준으로 떨어집니다. 경쟁 중인 자본가에게는 예민한 문제죠. 시장에서는 아무도 그의 처지를 고려해주지 않으니까요. 그러나 이 경우에도 자본가는 충격을 혼자 떠안지 않습니다. "주요한 부담을 노동자에게 전가"하지요.[김, 826~827; 강, 829] 생산수단에서 상실한 경쟁력을 노동력 착취도를 높여 만회하는 겁니다. 가격 경쟁력 확보를 위해 임금을 낮추거나 노동시간을 늘리거나 노동강도를 높이겠지요. 사회 전반에서 노동생산력이 증대하면 이는 상대적 잉여가치의 생산이라는 점에서도 자본축적에 기여하고 불변자본 절약이라는 점에서도 자본축적에 기여합니다. 그런데 자본축적에 기여하는 부분이 또 있습니다. 노동생산력이 증대했다는 것은 동일한 노동으로 더 많은 생산수단, 특히 더 많은 원료를 처리한다는 뜻입니다. 동일한 노동이 투입되었다면 새로 생산된 가치 즉 가치생산물($v+m$)은 똑같겠지요. 그러나 노동자가 보존하고 이전하는 가치량은 달라집니다.

우리는 노동자가 가치생산과정에서 새로운 가치를 첨가할 뿐 아니라 과거의 가치를 생산물로 이전한다는 걸 알고 있습니다. 이를테면 방적공은 면사를 생산하면서 면화와 방추 속에 들어 있는 가치를 면사로 이전하지요. 노동생산력이 증대하면 노동자가 동일한 시간에 처리하는 생산수단의 양이 늘어납니다. 더 많은 면화와 방추를 사용하게 되지요. 노동과정을 다룰 때 마르크스는 '살아 있는 노동'의 무상의 선물에 대해 이야기한 바 있는데요(319~321쪽과 360~362쪽 참조). 노동자의 손길이 닿으면 죽어가던 사물이 새로 태어나고(현물의 측면), 가치가 다른 사물로 옮겨 가 영생을 누린다고(가치의 측면) 했습니다. 노동생산력 증대는 노동자가 자본가에게 무상으로 제공하는 이런 선물의 크기를 키워줍니다. 마르크스는 엥겔스의 글을 인용하는데요. 엥겔스에 따르면 1782년 영국에서는 노동력이 부족해 3년 동안 생산된 양모가 전부 재고로 쌓여 있었다고 합니다. 그런데 새로운 기계가 발명되어 그 양모를 모두 처리할 수 있었지요. 새로운 기계 발명으로 노동생산력이 비약적으로 높아졌기 때문에 별도의 노동력을 추가로 투입하지 않고도 과거의 가치를 새로운 생산물로 이전할 수 있었던 겁니다. 그 덕분에 양모에 투자된 자본은 썩어 사라질 위기를 넘기고 확대재생산 될 수 있었습니다. 사물을 살려내고 가치를 보존하고 첨가하는 노동의 마법적 능력이, 노동생산력의 발전, 특히 과학과 기술의 도움으로 더 크게 발휘된 덕분입니다. 하지만 자본주의에서는 이 모든 능력이 자본의 능력인 양 나타나지요. 자본의 자기보존 능력, 자본의 힘으로만 나타나는 겁니다.[김, 829~830; 강, 830~831]

───── 규모가 커지면 축적은 탄력을 받는다 ─────
마르크스가 세 번째로 언급한 요인은 '사용되는'(angewandtem) 자본과 '소모되는'(konsumiertem) 자본의 차이입니다. 마르크스는 똑같은 생산수단이어도 생산과정에서 원료와 노동수단의 소비 양상이 다르다는 점을 지적한 바 있는데요(358~359쪽). 원료나 보조자재(기름 등의 소모품)는 생산과정에서 사용되는 동시에 형태를 잃어버리지만 공구나 기계, 건물 같은 노동수단은 형태를 유지한 채로 조금씩 마모되면서 가치를 이전한다고 했습니다. 전자를 '유동자본', 후자를 '고정자본'이라고 했지요. 그런데 자본의 규모가 커질수록 고정자본의 크기가 커집니다.[김, 830, 강, 831~832] 마르크스는 건물, 기계, 배수관, 역축, 각종 장치를 예로 들었지만, 총자본의 관점에서 보면 생산의 인프라가 되는 도로, 철도, 항만, 요즘에는 초고속정보통신망 같은 것이 모두 해당합니다. 이런 고정자본은 생산과정에서 몸뚱이 전체를 움직이지만 가치는 부분적으로만 넘깁니다. 사용은 전체적으로 이루어지만 소비는 부분적으로 이루어진다고 할 수 있습니다. 아주 서서히 마모되면서 조금씩 자신의 가치를 생산물로 넘기지요. 이 차이가 크면 클수록, 즉 사용되는 것과 소비되는 것의 차이가 크면 클수록, 자본가에게는 '자연력처럼' 느껴집니다. 햇빛이나 물, 공기처럼 무상으로 제공되는 것으로 느껴지지요(공공재산을 투입한 경우에는 더 그렇겠지요).

마르크스는 리카도가 '기계'를 '자연력'과 동일시한 것, 즉 기계는 무상으로 일하며 생산물에 아무런 가치도 더하지 않는다고 본 것은 잘못이지만 리카도가 그렇게 말한 맥락은 이해할 만하다고 했습니다. 대공장에서 사용하는 '기계'는 매뉴팩처 작업장에서 쓰는 '도구'보다 훨씬 비싸지만 생산량이 압도적으로 증대하기 때문에 개개 생산물에 이전되는 가치는 훨씬 작습니다. 고속도로를 예로 들어볼까요. 고속도로 건설에는 막대한 비용이 들어갑니다. 이 비용은 수십 년간 이 도로를 이용한 모든 상품의 가치에 조금씩 반영될 겁니다. 얼마나 많은 물량이 이 도로를 통과했을까요. 어마어마할 겁니다. 이 때문에 개개 상품에 반영된 도로 건설비는 거의 무시해도 좋을 정도일 겁니다. 고속도로는 거의 "무료 봉사"를 했다고 할 수 있지요.[김, 830; 강, 832] 자본의 규모가 커지면 이처럼 '사용되는' 자본과 '소비되는' 자본의 차이가 커집니다. 실제로 이런 고정자본이 갖추어지려면 상당한 정도의 자본축적이 필요합니다. 그런데 일단 갖추어지면 이번에는 대규모 자본축적을 돕습니다. 물론 우리는 이렇게 축적된 자본이 과거 노동의 축적임을 압니다. 거대한 기계장치, 도로, 철도, 항만, 통신 등이 모두 그렇습니다. 마르크스는 아주 재밌는 표현을 썼습니다. "과거의 노동은 언제나 자본으로 분장(verkleidet)"한다고, "A, B, C 등등의 노동에 대한 부채(Passivum)가 비노동자 X의 자산(Aktivum)으로 분장"한다고요.[김, 830; 강, 832] 실제로는 과거 노동자들에게 지불하지 않은 노동이 축적된 것인데(대차대조표에서 Passivum 즉 부채 항목에 적어야 하는 것인데) 분장을 해서 비노동자인 자본가의 재산인 것처럼 보이게 했다는 겁니다(대차대조표에서 Aktivum 즉 자산 항목에 적었다는 거죠). 그래서 노동자는 그것을 알아보지 못합니다. 거기 들어 있는 과거 노동자의 목소리를 듣지 못하는 겁니다. 오히려 과거 노동자보다는 현재의 자본가를 느끼지요.

그런데 과거의 노동이 자본가의 것이라는 점에 착안해 이윤과 이자를 정당화하는 경제학자들이 나타났습니다. 이들에 따르면 노동과정이란 노동자의 살아 있는 노동과 자본가의 재산인 과거 노동(생산수단)이 협력하는 것입니다. 현재의 노동이 노동자의 재산이라면 과거의 노동은 자본가의 재산입니다. 둘이 협력해 생산물을 만들어냈다면 노동자가 현재 노동의 대가를 받는 것처럼 자본가도 과거 노동에 대한 대가를 받아야지요. 스코틀랜드의 경제학자 맥컬럭이 이런 식으로 이윤과 이자를 정당화했습니다. 시니어가 자본가의 이윤을 절욕에 대한 대가라고 했다면 맥컬럭은 현재 노동과정에 참여하는 과거 노동에 대한 대가라고 본 것이지요.[김, 830, 각주 49; 강, 832, 각주 61] "뭐 눈에는 뭐만 보인다"라고 했던가요. 노예소유자는 노동자를 자신이 노예를 이해한 것처럼 이해할 겁니다. 그런 것처럼 마르크스는 자본가가 기계(생산수단)를 자본과 분리해서 볼 줄 모른다고 꼬집습니다. 기계가 고정자본으로 기능하는 것은 기계가 '자본주의적으로 사용'되기 때문이지요("과거 노동의 자본주의적 형태"). 기계가 자본의 '가면'(Charaktermaske)을 쓰고 있다고, 그런 분장을 하고 있다고요. 그러나 지난번에도 말한 것처럼 기계와 자본을 동일시하면 안 됩니다.[김, 831; 강, 832] 이야기가 옆길로 빠졌는데요. 마치 자연력처럼 자본축적에 거의 무상으로 봉사하는 거대 장치나 설비들이 사실은 노동자에게 지불하지 않은 과거 노동이 축적된 것이며, 자본주의가 아니라면 자본으로서 기능할 이유가 없다는 점을 지적하느라고 그랬습니다. 이야기를 본래의 궤도로 돌려놓자면, 자본의 규모가 커지면 이런 거대 장치와 설비 등을 갖출 수 있고 이런 게 갖추어지면 축적의 규모는 더욱 증가한다는 점을 지적한 겁니다.

마르크스가 마지막, 네 번째로 언급한 요인은 '투하 자본의 크기'입니다. 조금 전에도 자본의 규모가 커지면 축적에 유리한 상황이 조성된다는 이야기를 했는데요. 일반적으로 투자가 커지면 잉여가치 생산량이 늘어납니다. 착취도가 일정하다면 잉여가치 생산량을 좌우하는 것은 노동자의 수입니다. 투자가 늘어나면 고용이 늘어날 겁니다(자본의 가치구성, 즉 가변자본과 불변자본의 구성이 어떻게 되느냐에 따라 고용의 증가폭은 달라집니다). 그러면 잉여가치 생산량도 늘어나겠지요. 잉여가치가 늘어나면 자본가로서는 개인적 소비와 자본축적에 쓸 돈을 동시에 늘릴 수도 있습니다. "더 사치스럽게 살면서도 더 '절욕'할 수 있"는 것이지요. 투자 자본이 커지면 생산규모가 커질 거고요. 그러면 마르크스의 비유처럼 "생산의 모든 용수철(Springfedern)이 더 힘차게 작용"할 겁니다.[김, 831; 강, 832] 마치 제 안에 용수철이라도 있는 듯 자본이 팽창한다는 이야기죠.

자본축적에 대한 묘사를 보면 마르크스가 자본을 얼마나 역동적으로 이해하는지 알 수 있습니다. 그는 자본축적을 벽돌쌓기처럼 그리지 않았습니다. 노동력에 대한 착취도가 늘어나고 노동생산력이 증대함에 따라 동일 규모의 자본은 더 큰 추가자본을 만들어냅니다. 그뿐 아니라 기존에 쌓여 있던 자본도 죽은 채로 그냥 있지 않고 계속 운동하는데, 추가자본을 만들어내는 능력이 변화합니다. 마르크스가 팽창력이니 탄력성이니 용수철이니 하는 말을 쓰는 것은 자본축적의 이런 면모를 어떻게든 드러내기 위해서죠.

자본은 용수철 신발을 신었다

제22장의 마지막 절에서도 마르크스는 이 점을 환기하고 있습니다. 자본은 결코 고정된 크기가 아니라 잉여가치를 어떻게 분할하느냐에 따라, 즉 얼마만큼이 추가자본으로 바뀌느냐에 따라 크기가 계속 변합니다. 게다가 자본은 매우 '탄력적'

(elastischer)입니다. 특정 시점에 자본의 일정한 크기, 이를테면 '현재 기능하는' (fluktuierender) 자본의 크기를 말할 수 있다고 해도 이 크기는 매우 탄력적인 것임을 알아야 합니다. 자본에는 비유컨대 용수철이 내장되어 있습니다. 크기가 일정할 때조차 곧 팽창할 수 있는 잠재력(Potenzen)이 있는 겁니다.[김, 831; 강, 833] 마르크스는 자본에 팽창력을 제공하는 요소를 몇 가지 제시했습니다. 노동력과 토지(자연), 과학과 기술이 그렇습니다. 자본의 용수철들이라고 할 수 있지요. 이런 용수철 덕분에 자본은 자신의 크기를 넘어[활동범위(Spielraum)를 넘어] 움직일 수 있습니다.[김, 832; 강, 833] 예전에는 이 정도의 자본으로는 이 정도의 생산규모를 유지할 수 있었는데, 용수철을 탑재한 덕분에 이제는 동일한 자본으로 생산규모를 훨씬 더 키울 수 있습니다. 아주 멀리까지 뛰어다닐 수 있는 것이지요.

사실 용수철의 종류는 더 많습니다. 『자본』 I권은 자본의 생산만을 다루기 때문에 생산에 관련된 용수철만 제시한 겁니다. 노동력, 토지, 과학, 기술은 모두 생산력을 높이는 요소들이죠. 그런데 자본축적에 탄력성을 더하는 요소들은 유통영역에도 있습니다. 이를테면 유통시간을 단축시키는 요소들이 그렇습니다. 유통시간을 줄일 수 있다면 자본의 회전이 더욱 빨라질 겁니다("유통시간 없는 유통"은 자본의 꿈이지요[34]). 그리고 회전속도가 올라가면 축적에 가속이 붙습니다. 1000만 원을 1년 동안 한 번에 굴리는 것보다 500만 원으로 두 번 굴릴 때가 잉여가치 생산에 유리합니다. 이윤율이 10퍼센트라면 1000만 원을 한 번 굴리면 잉여가치가 100만 원 생깁니다. 하지만 500만 원을 두 번 굴리면 잉여가치가 105만 원이 되지요(두 번째 굴릴 때는 투자액이 550만 원으로 늘어나 잉여가치가 55만 원이 되니까요). 동일 규모의 자본이라면 회전속도가 높을수록 빨리 불어납니다. 이처럼 자본의 회전속도를 높여주는 유통영역의 요인은 자본축적의 또 다른 용수철입니다(이런 요소는 『자본』 II권에서 다룹니다).

우리는 자본의 탄력성을 배가하는 용수철을 다른 영역에서도 찾아낼 수 있습니다. 대규모 자본을 사회적으로 쉽게 동원할 수 있게 해주는 금융 및 신용제도(주식, 채권, 은행, 투자회사 등등)도 그런 용수철이지요. 이것들은 도로와 철도, 항만, 통신 시설 등 대규모 투자가 필요한 생산 인프라를 구축할 수 있게 해줍니다. 자연력처럼 이용할 수 있는 생산수단이 생기는 거죠. 개별 자본가들도 이런 제도를 활용하면 큰 규모의 자본을 동원할 수 있습니다. 자기 자본보다 몇 배나 큰 자본을 굴릴 수 있죠. 규모의 효과를 누리는 겁니다. 투하 자본이 커지면 앞서 말한 것처럼 "생산의 모든 용수철이 더욱 힘차게 작용"하기 때문에 축적에 유리합니다(이런 요소는 『자본』 III권에서 다룹니다).

노동자의 수프 접시 크기는 정해져 있다?

고전파 경제학은 사회적 자본의 크기(Größe)와 작용범위(Wirkungsgrad)를 고정된 것으로 보는 경향이 있습니다.[김, 832; 강, 833] 마르크스에 따르면 이것을 하나의 '도그마'로 만든 사람이 제러미 벤담입니다. 마르크스는 벤담을 '속물의 원형'(Urphilister)이라고 비난했습니다. 심지어 벤담을 비난하는 긴 주석까지 달았습니다. 그는 벤담을 "순전히 영국적인 현상"이라고 불렀습니다. 그의 공리주의는 이익이나 따지는 "근대의 속물 특히 영국의 속물들을 정상적인 인간"으로, 표준적 인간으로 상정하고 있다고도 했습니다. 마르크스에 따르면, '인간본성'에 대한 이해도 부족하고 '인간본성'의 역사적 변천에도 둔감한 이 우둔한 인물은 하필 용감하기까지 해서 아무런 주저함도 없이 자기 엉터리 척도를 과거, 현재, 미래에 마구 적용합니다.[김, 832, 각주 51; 강, 833, 각주 63] 정말로 벤담에 대한 분노가 가득한 주석입니다. 이전 장에서 나는 이 주석의 내용을 언급한 적이 있습니다. 자본가와 노동자가 만나서 노동력을 거래하는 장면에서 마르크스가 '자유, 평등, 소유'와 함께 '벤담'이라는 이름을 말했을 때입니다. 그때 나는 벤담이 떠올린 인간이 근대인간의 이념형이며, 근대의 통계학 및 정치경제학(특히 '추상노동' 개념)이 전제하는 인간이라고 지적한 바 있지요(298~300쪽 참조).

벤담에 대해서는 여러 가지를 말할 수 있겠지만 지금 다루는 문제에 국한해서 이야기를 해보죠. 마르크스는 벤담이 사회적 자본의 크기가 고정된 것처럼 다루었다고 했는데요. 이런 식으로 이해하면 자본생산과정에서 흔히 볼 수 있는 생산의 확대나 수축, 축적을 설명할 수 없습니다. 전체 자본의 크기가 고정된 상황에서 생산의 확대가 일어나려면, 방법은 모르겠지만, 생산에 투입할 추가 생산요소들이 있어야 합니다. 이는 '생산이 늘어나려면 생산이 먼저 늘어나 있어야 한다'라고 말하는 것과 같습니다. 아주 불합리한 말이지요. 그래서 생산 증가는 이들의 논리상 불가능합니다.[김, 833, 각주 52; 강, 834, 각주 64] 그러나 현실에서 생산 증가는 일반적 현상입니다. 자본축적도 일어나고 있고요. 한마디로 사회적 자본을 고정된 크기로 보는 주장은 엉터리입니다. 그러나 엉터리 주장은 엉터리임이 밝혀진다고 해서 사라지지 않습니다. 이데올로기적 효용이 있을 때는 특히 그렇지요. 마르크스에 따르면 이 엉터리 '도그마'는 자본가들의 이익을 옹호할 목적("변호용 목적")으로 악용되었습니다. 이 도그마를 자본 전체가 아니라 자본의 한 부분인 '가변자본'에만 적용한 겁니다. 가변자본은 자본 중에서 노동력에 투자되는 부분입니다. 그러니까 사회적 자본 중 노동력에 투자되는 부분의 크기는 정해져 있다는 이야기죠. 전체 생산물에서 전체 노동자가 소비할 수 있는 생활수단의 양(노동기금)에는 "자연의 사슬(Naturketten)이 채워져 있어 [정해진 양을] 넘어설 수가 없다"라는 겁니다. 맬서스, 밀, 맥컬럭 등이 이런 주장을 폈습니다[김, 833; 강, 834](참고로 마르크스는 이 도그마와 관련해서는 밀을 비판했지만, 밀을 속류경제학 변호론자들과 한 무리로 보는 것은 옳지 않다는 점을 주석에 밝혀두었습니다[김, 834, 각주 53; 강, 835, 각주 65]).

생산을 위해서는 노동력이 필요합니다. 그런데 이 '도그마'의 주창자들에 따르면 노동자에게 줄 수 있는 기금은 정해져 있습니다. 노동기금은 자연법칙에 따라 결정되기라도 한 듯 고정된 값입니다. 사회의 기술 수준에 따라 전체 생산에 필요한 노동량도 정해져 있습니다. 하지만 노동자 수는 정해져 있지 않고, 노동력의 착취도도 정해져 있지 않으며, 무엇보다 개별 노동력의 가격도 정해져 있지 않습니다.[김, 833~834; 강, 834~835] 이런 상황에서 어떤 결론이 도출될 수 있을까요. 요즘에도 많이 나오는 이야기들이지요. 고용을 늘리려면 임금을 낮추어야 한다거나, 부모 세대 임금을 깎아야 자식 세대를 고용할 수 있다거나, 정규직 임금 인상을 막아야 비정규직 임금 인상이 가능하다거나 하는 식의 이야기 말입니다(참고로 'fund'를 여기서 '기금'이라고 옮겼는데요. 이렇게 '기금'이라고 옮기면 '돈'의 의미가 담기기 때문에, '노동기금'(labor fund)은 '돈'이 아니라 '생활수단의 양'으로 표시한다는 말이 이상하게 들릴 겁니다. 본래 'fund'는 이용 가능한 '일정량의 물자'를 가리켰는데요, 점차 '일정량의 돈'이라는 의미로 쓰이게 되었습니다. 19세기 정치경제학자들이 'labor fund'를 말할 때는 노동자 전체가 필요로 하는 생활수단의 총량을 의미합니다).

마르크스는 노동기금을 고정된 크기로 간주하는 도그마의 밑바탕에는 두 가지 사실이 전제되어 있다고 말합니다. 하나는 노동자가 사회 전체의 부 중에서 얼마만큼을 개인적 소비(특히 자본가의 개인적 소비)에 할당하고 얼마만큼을 생산수단에 할당할지를 결정하는 자리에 낄 수 없다는 겁니다. 노동기금은 정해져 있고 노동자는 그 안에서만 자기 몫을 계산하면 된다는 거죠. 사회 전체의 부에서 생산에 얼마를 투자해야 하는지에 대한 결정에는 참여할 수도 없고 참여할 필요도 없다고 보는 거죠. 노동자의 배제를 당연시하는 겁니다. 또 하나 전제된 사실은 노동기금은 "운이 좋은 예외적 경우에만 부자의 '수입'을 희생시켜" 확대될 수 있다는 겁니다. 어떤 특별한 사태 속에서, 아니면 자본가계급의 거의 불가능해 보이는 '선의'를 통해서만 임금총액이 늘어날 수 있는 거죠.[김, 834; 강, 835] 요컨대 사회 전체의 노동기금이 정해져 있다는 도그마를 주장하는 사람들은 노동자를 이런 눈으로 보는 겁니다. 노동자는 사회 전체 생산물 중 생산에 얼마를 투자해야 하는지(혹은 자본가가 개인적으로 얼마나 가져갈 수 있는지) 정하는 자리에 감히 끼어들 수 없고, 아주 예외적인 경우에만 노동기금 전체가 늘어나는 행운을 누릴 수 있다고.

────────────── 노동자들의 숟가락이 작은 것 ──────────────

도대체 노동기금은 어떻게 정하는 걸까요. 마르크스는 한 부르주아 경제학자의 계산법을 소개합니다. 케임브리지 대학의 경제학 교수 헨리 포셋(Henry Fawcett)에 따르면 "한 나라의 유동자본이 그 나라의 노동기금"입니다. 포셋이 '유동자본'이라고 부른 것은, 마르크스의 용어로 말하면 '가변자본'입니다.[김, 834, 각주 54; 강, 836, 각주 67] 개별 노동자의 임금을 더한 가변자본의 총액이 노동기금인 셈입니다. 포셋은 이 총액을 노동자 수로 나누면 노동자 한 사람에게 지급되는 평균임금이 나온다고 했습니다. 뭔가 대단한 학설을 주장한 것 같지만 사실은 동어반복입니다. 가변자본 총액이란 개별 노동자들의 임금을 더한 값인데, 그렇게 구한 값을 다시 노동자 수로 나누면 당연히 개별 노동자의 임금(평균임금)이 나오겠지요. 특별할 것도 없는 이야기를 마르크스의 말마따나 '아주 교활한 수법'으로 포장했습니다.[김, 835; 강, 835~836]

그런데 저 도그마 주장자들의 말처럼 노동기금의 크기는 고정된 값일까요. 불행히도 많은 노동자가 그런 생각을 갖습니다. 사회 전체적으로 임금총액이 대체로 정해져 있다고 말이죠. 그러다 보니 개별 노동자들이 받은 임금을 더한 값에 불과한 총액이 역으로 노동자들 개인이 받아야 할 임금을 규제하는 원리인 것같이 됩니다. 전체 총액은 정해져 있으니 고용을 늘리려면 개별 노동자의 임금을 낮춰야 하고, 청년 세대의 취업을 위해서는 부모 세대 노동자들의 임금을 낮춰야 하며, 비정규직 노동자들을 위해서는 정규직 노동자들의 임금을 낮추어야 한다는 주장이 먹히는 거죠. 마르크스가 『자본』을 쓰던 때에도 그랬습니다. 인터내셔널 회합에 참여한 사회주의자들 중에도 이런 주장을 펴는 사람들이 있었지요. 그중 한 사람이 전에 언급한 영국의 사회주의자 존 웨스턴(John Weston)입니다(214~215쪽 참조). 웨스턴은 노동자들이 받을 수 있는 임금총액을 수프 접시에 비유했습니다. 노동자들이 떠먹을 수 있는 수프 접시의 크기는 정해져 있다고요. 그에 따르면 일정한 사람이 일정한 양만큼 가져갈 수 있을 뿐입니다. 노동자 수가 정해지면 각각의 임금도 정해집니다. 더 큰 숟가락을 들고 와봐야 의미가 없습니다. 열 번 퍼낼 것을 다섯 번에 퍼내는 것과 같지요. 양은 변함이 없습니다. 명목적으로야 임금을 올릴 수 있겠지만 그 돈으로 살 수 있는 상품의 양은 그대로라는 겁니다. 임금 인상 투쟁이 큰 의미가 없다는 말을 그렇게 돌려서 한 것이지요.

마르크스는 웨스턴의 주장을 강하게 비판했습니다. 마르크스에 따르면 노동자는 노동자들끼리만 떠먹어야 하는 접시에서 수프를 떠먹는 게 아닙니다. 노동자들이 떠먹는 수프는 전체 국민의 노동생산물 즉 사회 전체 부의 일부입니다. 바로 이 접시에서 노동자들이 더 많이 떠내지 못하는 것은 그 접시가 작기 때문도 아니고 접시 속 내용물이 빈약해서도 아닙니다. 단지 노동자들이 자기 몫을 떠내는 "숟가락이 작기 때문"이지요.[35] 어떤 사회의 어떤 시점에서는 노동력의 가치가 정해져 있는 게 아니냐고, 그렇다면 임금총액도 정해져 있는 게 아니냐고 물을 수 있습니다. 그렇습니다. 노동력을 재생산하는 데 사회적으로 필요한 가치(노동자들이 노동력을 재생산하기 위해 필요로 하는 생활수단의 가치)를 계산할 수 있지요. 원리상은 그렇습니다. 그런데 현실에서는 정확한 값을 구하기가 쉽지 않습니다. 어떤 폭이 있지요. 육체적 능력만이 아니라 정신적 능력의 재생산을 고려해야 하고, 자연적·역사적·문화적·도덕적 요소들도 고려해야 하니까요. 거기에 다음 세대의 양육과 교육까지 고려해야 합니다(289쪽 참조). 어떤 요소를 얼마만큼 고려할 것인가에는 계급투쟁이 개입합니다. 잉여가치(이윤)를 최대로 뽑아내기 위해 자본가는 노동력의 가치를 육체적 재생산만 고려한 최소 수준으로 낮추려 할 것이고 노동자는 그 반대 방향으로 최대한 올리려 할 테니까요. 현실적으로 노동력의 가치는 두 계급의 힘 관계가 어떻게 되느냐에 따라 결정됩니다.[36]

그런데 더 중요한 건 노동력의 가치를 계산할 수 있다 해도 노동자가 꼭 그만큼만 받아야 한다는 뜻은 아니라는 점입니다. 노동자는 그 삶이 조금이라도 나아지면 안 되는 무슨 천형을 선고받은 존재가 아니니까요. 자본이 고정된 크기가 아니듯 노동자의 임금총액도 고정되어 있을 이유가 없습니다. 노동생산력 증대로 잉여가치 생산이 늘어난 경우 노동자들은 투쟁을 통해 늘어난 잉여가치 일부를 임금으로 요구할 수 있지요. 노동생산력이 증대했다는 건 노동자들이 그만큼 더 많은 능력을 발휘했다는 뜻이니까요. 자본가가 노동자들의 협력을 끌어내기 위해 내놓든, 노동자들의 투쟁이 자본가들을 압박한 결과이든 노동기금은 얼마든지 커질 수 있습니다. 노동기금은 무쇠로 된 값이 아닙니다. 그렇다고 노동기금이 한없이 커지는 것도 아닙니다. 대개는 잉여가치의 증가를 크게 저해하지 않으면서 실질임금이 조금 올라가는 수준이죠. 지난 9장에서 우리는 이런 경우를 검토했습니다. 노동생산력이 증대하면 노동력의 가치가 떨어지지만(생활수단이 저렴해지니까요), 노동자들이 저항을 통해 그 떨어진 가치보다는 높은 임금을 받을 수 있다고요.

마르크스는 노동자들이 생산력 증대로 인한 노동력의 가치하락에 맞서 싸우는 것에 대해 이렇게 말했습니다. "노동자가 이러한 상대적 임금의 하락에 저항하는 것은 그 자신의 노동생산력이 증대한 결과에 대한 일정한 몫을 요구하는 데 지나지 않으며, 또 사회적 계층에서 자신의 기존 사회적 지위를 유지하려고 하는 데 지나지 않을 것이다."[37] 임금 인상 투쟁이라는 게 그렇게 대단한 요구가 아니라는 겁니다. 노동생산력 증대로 잉여가치가 크게 늘어났으니 약간의 몫을 달라는 겁니다. 그래서 사회에서 상대적 지위를 계속 유지할 수 있게 해달라고요. 절대적 차원에서야 예전만큼 먹을 수 있고 예전보다 더 먹는 것일 수 있지만, 사회 전체의 생활수준 향상을 고려하면 상대적 지위는 더 뒤처질 수도 있거든요. 노동생산력 증대로 잉여가치가 늘어나면 부의 양극화가 심화되는 경향이 있습니다. 자본가계급과의 부의 상대적 격차가 더욱 확대되지요.

자본주의에서 자본가계급과 노동자계급의 힘 관계는 대칭적이지 않습니다. 자본가계급이 권력을 쥐고 있지요. 그래서 노동자계급의 투쟁은 저항적이고 방어적일 수밖에 없습니다. 마르크스는 말합니다. 임금 인상 투쟁의 99퍼센트는 기존의 가치라도 유지하려는 투쟁이라고. 게다가 이 투쟁의 기본 성격은 노동력을 파는 것 말고는 살길이 없는 노동자가 자신이 가진 유일한 상품인 노동력의 가격을 제대로 받아보려는 것이라고.[38] 그런데도 노동자들이 이런 노력, 이런 투쟁을 자제해야 할까요? "자본의 약탈적 침해에 대한 투쟁을 포기해야 하며 자기 처지의 일시적 개선을 위한 기회를 이용하려는 시도를 중지해야" 할까요? 마르크스는 단호하게 말합니다. "만약 노동자들이 그렇게 행동한다면 그들은 더 이상 구제할 수 없는 가련한 무리로 전락할 것이다." 약탈에 저항할 줄 모르고, 조금 나아질 수 있는 기회조차 이용하지 못한다면 노동자계급에게는 아무런 가망도 없다는 겁니다. "자본과의 일상적 충돌에서 비겁한 양보"가 계속된다면, "노동자들은 더 큰 운동을 시작할 자격을 스스로 잃어버리는 것"과 같습니다.[39]

그렇다고 마르크스가 임금 인상 투쟁을 마냥 칭찬한 것은 아닙니다. 이 투쟁은 불가피한 것이고 또 당연한 것이지만 이 투쟁에 매몰되는 것은 위험합니다. 마르크스는 이 투쟁의 성과를 과대평가해서는 안 된다는 말도 덧붙였습니다. 이것은 "결과에 대한 싸움"이지 "이런 결과를 낳은 원인에 대한 싸움"이 아니니까요. 마르크스는 노동조합에 대해 경고했지요. "노동조합은 자본의 침탈에 대한 저항의 중심"이지만, "그 조직된 힘을 노동자계급의 최종적 해방 즉 임금체계의 궁극적 철폐에 사용하지 않"고, "현존 체계의 결과에 맞서는 게릴라전을 수행하는 것으로 한정한다면" 실패할 것이라고. 마르크스는 '정당한 노동일에 대한 정당한 임금을!'이라는 표어를 보수적이라고 했습니다. 노동자들은 이런 보수적 표어 대신 "자신들의 현수막에 '임금체계의 폐지'라는 혁명적 구호를 써 넣어야" 한다고 했지요.[40] 노예가 사슬은 그대로 둔 채로 그것을 조금 느슨하게 만드는 데만 신경 써 가지고는 해방이 될 수 없으니까요.

기분전환을 위해 한마디 하자면, 노동기금에 대한 지금까지의 이야기는 여기가 자본주의사회임을 전제한 것입니다. 노동기금의 한계라는 것은 다름 아닌 자본가계급이 허용하는 한계인 것이지요. 실상은 '자본주의적 제약'인데, 노동기금이 고정되어 있다는 도그마의 주창자들은 그것을 사회적 수준에서 이루어지는 '자연적 제약'으로 개작한(umdichten) 겁니다.[김, 834; 강, 835] 우리가 자본주의에 살지 않는다면, 잉여생산물 중 얼마만큼을 생산에 투자하고 얼마만큼을 생산자들(사회구성원들)이 소비할 것인지, 그리고 다음번에는 무엇을 얼마만큼 생산할지를 함께 결정할 수 있겠지요. '노동자 주제에 감히 어디 끼어드느냐' 하는 미개한 발상이 존재하던 이 시대를 부끄러워할 때가 올 겁니다.

드디어 찾아낸 범인, 심판의 법정이 곧 열린다

이렇게 해서 자본의 재생산에 관한 이야기가 모두 끝났습니다. 이 책을 시작할 때 나는 『자본』을 추리소설에 비유했습니다(63쪽 참조). 그러나 개인의 범죄를 쫓는 (혹은 범죄를 개인화하는) 일반적 추리소설과는 다르다고 했습니다. 『자본』에서 마르크스가 추적하는 범죄는 체제를 위협하는 개인의 범죄가 아니라 체제 자체가 저지르는 범죄입니다. 『자본』에서 어떤 개인의 범죄가 문제 된다면 그것은 그가 사회질서를 파괴할 때가 아니라 구현할 때입니다. 이를테면 자본가는 '인격화된 자본'으로서, '인간의 탈을 쓴 자본'으로서 행동할 때 노동자를 착취하고 약탈합니다. 마르크스가 추적하고 고발하는 범죄는 바로 이것입니다. 자본의 범죄이고 자본주의의 범죄이지요. 자본의 재생산을 다루면서 우리는 드디어 '자본주의'라는 범죄자를 만났습니다(아직 그 죄상이 충분히 드러난 것은 아닙니다만). 개별 자본가조차 하나의 톱니바퀴에 지나지 않는, 거대한 착취와 예속의 기계가 정체를 드러냈습니다.

지난 4장의 마지막 장면이 생각납니다. 우리는 마르크스를 따라 자본증식의 비밀, 착취의 비밀이 숨겨진 장소를 찾아 나섰었지요. 마르크스는 우리에게 '소란스러운 유통영역'을 떠나 '은밀한 생산의 장소'로 들어가야 한다고 했습니다. 그런데 10장에 이른 지금 우리는 모든 장소가 자본주의의 은밀한 장소였음을 깨닫게 됩니다. '관계자 외 출입금지'의 영역만이 아니라 모두에게 열려 있는 영역에도 자본의 증식과 축적의 비밀이 들어 있었습니다. 천부인권과 정의의 나팔소리가 울려 퍼지는 에덴동산(유통영역)도 착취의 장소, 범죄의 장소였던 것이지요. 똑같은 풍경이 이제는 완전히 다르게 보입니다. 화폐소유자인 자본가와 노동력소유자인 노동자가 만나는 장면도 이제는 '상품의 매매 현장'으로 보이지 않습니다. 매매란 구매자가 자기 재산을 지불함으로써 판매자의 물건을 획득하는 것입니다. 그런데 우리는 자본가가 노동력에 지불하는 돈이 노동자가 생산해서 건넨 노동력의 가치라는 것, 즉 노동자는 오늘 자본가가 자신에게 지불할 돈을 어제 그에게 건네주었다는 것을 알게 되었습니다. 구매자가 판매자에게 받은 돈으로 판매자의 물건을 사는 꼴입니다. 더 나아가 우리는 자본이라는 것 자체가 노동자에 대한 지불 없이 취한 노동의 집적물이라는 것, 다시 말해 등가물과의 교환 없이 취한 노동자의 노동이라는 것을 알게 되었습니다. 자본주의에서 상품은 등가교환을 통해 얻지만 자본 자체는 등가교환 없이 얻은 것입니다.

　그런데도 노동자는 자본가를 계속해서 찾아갑니다. 이런 불합리한 상황에서 도망칠 법도 한데 또 돌아옵니다. 한 자본가로부터 도망칠 수는 있지만 자본가계급으로부터 도망칠 수는 없습니다. 처음 그 자리에 그는 다시 섭니다. 그는 또 자기 노동력을 팔지 않으면 안 되는 상황에 놓여 있습니다. 이러한 배치, 이러한 세팅에서는 어떻게 할 수가 없습니다. 마치 말뚝에 매인 가축처럼 노동자는 이 운명을 벗어나기가 어렵습니다. 일을 해야만 여물을 얻을 수 있고 여물을 먹었으면 다시 일을 해야 합니다. 그도 그렇고 그의 자식도 그렇습니다. 세상에 어떻게 이런 끔찍한 범죄가 있는가. 이는 어떤 개인을 두고 하는 이야기가 아닙니다. 세상에 어떻게 이런 끔찍한 약탈이 있는가. 이것은 일을 시키고 여물을 제대로 주지 않았다는 뜻이 아닙니다. 적은 양의 여물이 아니라 가축화를 문제 삼는 거죠. 마르크스가 분노하는 것은 노동자들을 포섭하고 있는 이런 운명, 이런 관계, 이런 배치, 이런 세팅입니다.

　이번 장에서 마르크스는 벤담을 강하게 비난했습니다. 사실상 욕설을 퍼부었다고 할 수 있지요. 마르크스는 '노동기금'에 대한 벤담의 생각을 비난하면서 틀림없이 『자본』제4장(영어판은 제6장)의 노동력 거래 장면 또한 떠올렸을 겁니다.

마르크스는 그때도 '자유, 평등, 소유'라는 말과 함께 '벤담'을 거명했습니다. 모든 행동을 이익의 관점에서 바라보는 이 속물은 자본가와 노동자의 노동력 거래가 "사물들의 예정조화에 따라 또는 빈틈없는 섭리의 보호 아래서, 오로지 서로가 이득을 얻고, 공동체에 유익하며, 전체의 이익이 되는 일을 수행하는 것"이라고 했습니다.[김, 232; 강, 262] 마르크스가 비꼬아 말한 것처럼 "모든 것이 최선인 상태"라는 거죠. 그런데 노동자들의 운명, 노동자 아브라함과 노동자 이삭, 노동자 야곱으로 이어진 운명을 보고도 마르크스가 이것을 '예정조화', '빈틈없는 섭리'라고 떠들어대는 벤담을 견딜 수 있었을까요. '속물의 원형', 이 정도면 부드러운, 너무나 부드러운 욕설로 보입니다.

이후 11장에서 우리는 이 예정조화, 이 빈틈없는 섭리를 '축적의 일반법칙'이라는 말로 부를 겁니다. 그리고 이 법칙이 관철되면서 나타나는 19세기 자본주의 사회의 참상을 볼 겁니다. 이 참상에 대한 기록 때문에 11장에서 다룰 『자본』 제23장(영어판 제25장)은 앞서 살펴본, 기계와 대공업을 다루는 제13장(영어판은 제15장) 다음으로 많은 분량을 차지합니다. 마르크스는 여기서 자본축적이 단순한 부의 축적이 아니라 권력의 축적이며, 자본주의는 경제구성체인 동시에 권력구성체라는 것, 하나의 주권 체제라는 것을 보여줄 겁니다. 그리고 노동자는 "헤파이스토스의 쐐기가 프로메테우스를 바위에 결박시킨 것보다 더 단단하게 자본에 결박"됩니다.[김, 879; 강, 876] 자본의 신민으로서 철저하게 예속되는 거죠. 사실 마르크스는 이번 장에, 다음 장으로 이어지는 단서를 하나 흘렸습니다. 자본축적과 더불어 자본가의 지배적 유형이 '고전적 자본가'에서 '근대적 자본가'로 넘어가는 대목인데요. 축적이란 "사회적 부의 세계를 정복"하는 것인데 이것은 "착취당하는 인간재료의 양을 확대"하는 일이기도 합니다. 그런데 자본의 착취 대상인 인간재료가 늘어난다는 것은 그만큼 자본가(자본)의 권력, "자본가의 직접적·간접적 지배(Herrschaft)"가 확대된다는 뜻입니다.[김, 808; 강, 811] 마르크스는 이를 두고 '치부욕'(Bereicherungstrieb)이 '지배욕'(Herrschsucht)을 한 요소로서 포함하고 있다고 했습니다.[김, 808, 각주 22; 강, 811, 각주 34]

그리고 곧이어 자본주의가 발전하고 자본축적이 증대하면 수전노처럼 돈을 긁어모으던 고전적 자본가와 결별한다고 했지요. "더 이상 자본의 단순한 화신이기를 그만둔다"라고요. 이것은 일정한 향락을 즐긴다는 뜻도 있지만, 나는 이것이 통치와도 관련된다고 생각합니다. 여전히 자본의 화신이기는 하지만 '단순한'(bloß) 화신은 아닌 것이지요. 내가 이런 생각을 한 것은 앞서도 말한 것처럼 마르크스가 인용한 실러의 시구 때문입니다. 근대의 자본가는 고전적 자본가, 즉 과거 자신의 모습("자신의 아담")에 대해 '인간적 감동'을 느낀다고 했는데요. 마르크스가 이 구절을 따온 실러의 작품에서 '인간적 감동'을 느낀 주체는 시칠리아의 정복 군주이자 참주인 디오니시우스입니다. 마르크스는 사회적 부의 세계를 정복한 자본가를 고대 이탈리아 반도를 정복한 참주에 비유한 겁니다. 자본축적과 더불어 자본가의 지배가 확대된다고 말한 후 참주 디오니시우스를 떠올린 것이 우연은 아닐 겁니다. 자본축적과 더불어 자본의 참주정 즉 자본의 독재가 구축되어간다는 뜻이 아닐까, 나는 그렇게 생각합니다.

다음 장에서 우리는 자본의 참주정, 자본의 독재가 관철되는 세상을 볼 겁니다. 우리가 지금까지 살펴본 참상이 거대한 규모로 재현되고, 절대적이고 일반적인 사회법칙으로 자리하는 것을 볼 겁니다. 지금까지 자본의 범죄를 추적해온 마르크스가 쓴 독재자 자본에 대한 기소문이라 보아도 좋을 겁니다. 이 독재자는 무슨 죄로 기소될까요. 그에게는 어떤 선고가 내려질까요. 마르크스는 무서운 고발장 하나를 마치 예고편처럼 주석에 달아두었습니다. 마르틴 루터(Martin Luther)가 '자본가의 낡은 형태'인 고리대금업자에 관해 설교한 것인데요. 루터는 고리대금업자를 '도둑이자 살인자'라고 부릅니다. "온 세상을 굶주림과 목마름과 슬픔과 궁핍 속에 빠뜨"리고 있는 큰 도둑이고 큰 살인자인데, 사람들은 "신의 혜택을 받듯이 그들의 혜택을 받아 영원히 그들의 노예가 되기를 원"합니다. 루터는 고리대금업자를 소도둑 카쿠스Cacus에 비유합니다. 소꼬리를 잡고 뒤로 끌고 자기 동굴로 들어갔기에 발자국만 보면 마치 소가 그의 동굴에서 나온 것처럼 보이죠. 하지만 사실 카쿠스는 "모든 것을 도둑질하고 약탈하고 먹어치우는 악당"이지요. 고리대금업자도 마찬가지입니다. "고리대금업자는 자신이 세상에 유익하고 세상에 황소를 선사하는 것처럼 속이려 하지만 사실은 황소를 혼자 차지하고 다 먹어치우는" 도둑이고 사기꾼이고 살인자입니다. 이 고리대금업자를 어떻게 해야 하는가. 루터는 에두르지 않고 준엄하게 말했습니다. "사람들은 노상강도나 살인자, 가택침입 강도를 찢어 죽이거나 목을 베듯이 고리대금업자들을 그 이상으로 찢어 죽이고, (…) 내쫓고, 저주하며, 목을 베어야 한다."[김, 808, 각주 22; 강, 811, 각주 34]

크리스토퍼 놀런(Christopher Nolan)이 두 번째로 만든 '배트맨 시리즈'의 작품 〈다크 나이트〉*The Dark Knight*(2008)는 주권자에 대한 흥미로운 통찰을 담고 있습니다. 이 영화는 무엇보다 주권자가 서 있는 곳을 잘 보여줍니다. 배트맨의 자리가 주권자의 자리입니다. 그는 물리적 의미에서는 고담시 안에 있지만 법적 의미에서는 고담시 바깥에 있습니다. 이렇게 말해도 좋겠습니다. 브루스 웨인은 법 안에 있지만 배트맨은 법 바깥에 있습니다. 배트맨이 법 바깥에 있는 이유는 역설적이게도 그 자신을 포함해 모두를 법 안에 두기 위해서입니다. 끝 장면에서 경찰인 고든이 말한 것처럼 그는 법질서의 "조용한 수호자(silent guardian)이자 주의 깊은 보호자(watchful protector)"입니다. 평상시에는 그를 만날 일이 없습니다. 범죄가 일어나더라도 그것은 기껏해야 갱단과 경찰, 검찰의 문제지요. 그런데 이때에도 그는 구석구석을 소리 없이 지켜보는 권력자입니다. 영화 제목 그대로 그는 '어둠의 기사'지요.

카를 슈미트(Carl Schmitt)에 따르면 누가 주권자인지를 아는 것은 어려운 문제가 아닙니다. 주권자는 지금이 긴급 상황인지 아닌지를 결정하며 이 상황을 해소하기 위해 무엇을 해야 하는지를 결정하는 자입니다. 그는 질서를 수호하기 위해 법의 효력을 정지시킬 수 있습니다. 긴급 상황에서는 시민권이 보호되지 않습니다. 주권자는 그것을 결정합니다.[1] 모두가 법을 지키게 하기 위해 자신은 법 바깥에 있는 주권자의 역설을 조르조 아감벤(Giorgio Agamben)은 이렇게 정식화했습니다. "나, 주권자인 나, 법 바깥에 있는 나는 법 바깥에는 아무것도 없다는 것을 선포한다."[2] 물론 이런 주권자는 평소에 보이지 않습니다. 아무리 법질서를 수호하기 위해서라지만 법적 제약에서 벗어난 존재가 수시로 출몰한다면 법질서 자체가 엉망이 될 테니까요. 법 바깥에 있는 자를 법질서 안에서 목격하는 것은 위험한 일이지요. 그래서 아주 예외적인 상황, 심각한 비상사태가 아니면 그는 나타나지 않습니다. 그저 조용히, 보이지 않는 곳에 머무르지요.

그럼 누가 주권자의 등장을 결정할까요. 그것은 지금을 비상사태로 규정할 수 있는 사람이 누구냐에 달려 있습니다. 그런데 이 결정을 내리는 존재가 또한 주권자입니다. 주권자는 지금이 자신이 활약해야 할 시점인지를 스스로 정합니다. 이 결정이 그가 주권자임을 말해줍니다. 영화에서는 이런 결정의 순간이 여러 차례 부각됩니다. 영화의 시작과 함께 배트맨의 등장이 곧바로 문제화되지요. 배트맨이 은행을 턴 갱단의 검거에 나서자 집사인 알프레드는 웨인에게 "선을 지켜라"(know your limit)라고 말합니다. 이때 웨인의 답변이 흥미롭습니다. "배트맨에게는 선이 없다"(Batman has no limits). 웨인으로서는 법의 지배를 받지만 배트맨으로서는 법의 제약을 받지 않는다는 뜻일 겁니다. 웨인과 덴트가 레스토랑에서 만났을 때도 비슷한 대화가 오갑니다. 검사인 덴트는 웨인의 저택이 고담시의 시계(경계, limits) 안에 있는지 묻습니다. 물리적 위치를 물으면서 법적 통제선 또한 확인하지요. 웨인은 저택이 '울타리'(palisades) 안에 있음을 확인해줍니다. 그러면서 동시에 그 울타리, 그 경계선이 법적 관할(jurisdiction)이 끝나는 곳, 더는 법적 통제권이 미칠 수 없는 곳의 시작점이기도 하다는 뜻을 내비칩니다. 배트맨은 실제로 덴트의 관할권 바깥(홍콩)으로 도피한 범죄자를 납치해서 덴트에게 데려다줍니다. 법을 어겼다기보다 법의 제약을 받지 않는다는 의미에서 '아노미적' 존재라고 할 수 있지요.

조커의 등장과 함께 도시 전체는 비상사태에 빠져듭니다. 배트맨을 부르는 서치라이트가 켜지지요. 일상이 비상이 되고, 고든(경찰)과 덴트(검사), 갱들이 활동하는 시공간이 배트맨과 조커의 시공간과 뒤섞입니다. 배트맨은 아무런 제약 없이 경찰서에서 용의자를 심문하고 전체 시민들을 감청합니다. 고담시의 질서를 지키기 위해서죠. 그가 진정한 주권자입니다. 그런데 『자본』을 읽고 있는 우리로서는 그가 또한 엄청난 갑부라는 사실에 주목하지 않을 수 없습니다. 고담시의 보이지 않는 치안 총수인 배트맨은 자본가 브루스 웨인이기도 합니다. 한마디로 고담시는 자본의 주권이 관철되는 도시라고 할 수 있지요. 이 영화 속에서는 은행을 털고 부자들의 돈을 훔치는 범죄자들이 아주 많이 등장합니다. 하지만 부자들이 부를 축적하는 과정, 자본증식과정에서 저지르는 범죄를 볼 수는 없습니다. '은행을 터는' 범죄자들을 볼 뿐 '은행'이 저지르는 범죄를 볼 수는 없습니다[브레히트의 말이 떠오르죠. "은행을 설립하는 것에 비하면 은행을 터는 게 무슨 대단한 일입니까?"]. 단지 체제의 질서를 위반한 이런저런 범죄자들을 보여줄 뿐이지요.

배트맨의 정의라는 것이 그렇습니다. 그는 사회구조에서 생겨나는 불의에는 관심이 없습니다. 그의 관심은 오직 일탈하는 개인들만을 향합니다. 나는 그가 심각한 표정으로, 중저음으로 정의를 말할 때 웃음이 나옵니다. 그는 너무 우스꽝스럽습니다(종종 조커가 왜 그렇게 웃어대는지 알 것 같습니다). 표면적으로는 배트맨의 밤과 웨인의 낮이 대비됩니다만, 어둠의 기사가 타는 배트카나 최고 갑부가 타는 람보르기니 모두 외설적인 부의 과시이기는 마찬가지죠. 무채색의 어두운 배트카도 람보르기니만큼이나 폼 나고 멋집니다. 이 갑부 히어로는 마음에 드는 정치인을 후원하거나 애인의 마음을 사는 데 돈을 씁니다. 반면 부의 축적이 전제하고 또 양산하는 사회적 불평등이나 빈곤에는 관심이 없습니다. 그가 돈을 제일 많이 쓰는 곳은 첨단 무기입니다. 총알을 막고 표창을 날리며 하늘을 나는 첨단 슈트, 도시 전체를 감청할 수 있는 장비의 구축 등에 막대한 돈을 쓰지요. 그 재산, 그 머리, 그 마음의 10퍼센트만 다른 곳에 썼다면 그는 사회를 크게 바꿀 수 있었을 겁니다. 범죄자를 찾기 위해 구석구석을 뒤지는 눈의 10퍼센트만 정말로 어두운 곳에서 살아가는 가난한 사람들에게 돌렸다면 많은 일을 할 수 있었겠지요. 하지만 그는 그런 존재가 아닙니다. 자본주의 도시의 주권자이니까요.

조커도 배트맨 이상으로 흥미로운 존재입니다. 그도 배트맨만큼이나 예외적이지요. 이 점이 배트맨을 견딜 수 없게 합니다. 주권자 이외에는 법 바깥에 누구도 있을 수 없는데 조커가 거기 있습니다. 그리고 그도 배트맨만큼이나 예외 상태, 비상사태를 스스로 결정합니다. 그가 예외적 존재인 것은 법을 무시하기 때문이 아닙니다. 법을 어기는 것이라면 갱단도 그에 못지않을 겁니다. 조커가 자본주의 도시인 고담시에서 정말로 예외적인 존재인 것은 돈에 관심이 없기 때문입니다. 그는 부의 축적에 관심이 없습니다. 그에게 돈은 기껏해야 땔감에 불과합니다. 돈을 산더미처럼 쌓더니 그냥 태워버리지요. 갱들은 그렇지 않습니다. 그들은 자본가의 돈을 훔치는 범죄자이지만 자본가와 똑같은 욕망을 가지고 있습니다. 그들은 자본가와 다른 인간이 아닙니다. 모두가 부의 축적에 혈안이 되어 있지요. 그리고 그 정점에 슈퍼 갑부인 브루스 웨인 즉 배트맨이 있습니다. 조커는 이들의 욕망을 비웃습니다. 웨인의 집사 알프레드가 버마의 어느 산적에 대해 말한 것처럼 조커는 즐거움만을 추구합니다. 돈이나 보석 따위는 놀이의 소품에 지나지 않습니다. 놀이가 끝나면 언제든 내다 버릴 수 있지요. 이런 존재는 돈으로 고용할 수도 없고 돈으로 매수할 수도 없습니다. 이 점이 조커를 정말로 위험한 존재로 만듭니다.

이번 11장은 자본의 왕국, 자본의 주권 아래서 노동자계급의 운명을 다룹니다. 노동자계급의 운명에 대한 비탄이 책 전체에 흐릅니다. 그러나 비탄만으로 끝나지는 않습니다. 이 슬픈 노래의 끝에는 늙은 군주인 자본의 운명에 대한 저주와 새로운 공화국에 대한 염원이 실려 있지요. 칼을 들고 채찍을 휘두르는 자는 죽을 때까지 그것을 놓지 못한 채 도망치듯 죽음을 향해 뛰어가는 법이니까요. 개에게 쫓기는 배트맨처럼요.

운명(Geschick). 우리는 마침내 이 단어에 이르렀습니다. 내게는 『자본』 제23장(영어판은 제25장)의 첫 문장에 들어 있는 이 단어가 『자본』 I권의 정상(頂上)을 알리는 이정표로 보입니다. 자본의 생산(증식과 축적)에 대한 분석을 끝내고 자본축적의 일반법칙(allgemeine Gesetz)을 말하는 곳 입구에 '운명'이라는 말이 걸려 있는 게 그저 우연처럼 보이지 않습니다.

이 책을 시작할 때 나는 『자본』을 읽고 나면 "노동자의 불운이 개인적 불운이 아니라 그가 속한 사회의 기하학적 성격이라는 것, 아버지의 불운과 아들의 불운이 독립적 사건이 아니라는 것, 노동자가 되지 못한 자의 불운은 노동자가 된 자의 불운과 맞물려 있다는 것, 부자를 낳는 원리가 빈민을 낳는 원리이기도 하다는 것, 잉여가치를 낳는 사회가 잉여인간을 낳는 사회이기도 하다는 것 등"을 알게 될 거라고 했습니다. 이 말을 한마디로 압축하면 '노동자계급의 운명'이라 할 수 있습니다. 노동자계급의 운명은 이번 11장의 주제이지만, 또한 『자본』 전체의 주제이기도 합니다. 『자본』은 노동자계급의 운명에 대한 이론적 해명이라 할 수 있습니다.

역사유물론자가 '운명'을 말하는 방식

『자본』 I권 제23장 '자본주의적 축적의 일반법칙'의 첫 문장을 찬찬히 살펴봅시다. "이 장에서는 자본의 증대(성장, Wachstum)가 노동자계급의 운명에 미치는 영향을 다룬다." [김, 836; 강, 837] 나는 제23장의 제목과 이 첫 문장에서 다음 세 가지 사실을 읽습니다.

첫째, 자본주의적 축적의 일반법칙을 '자본의 증대가 노동자계급에 미치는 영향'이라는 말로 받은 것에 주목합니다. 이는 노동자계급의 운명은 자본축적의 일반법칙이 실현된 것이라는 뜻입니다. 지금까지 우리가 살펴본 노동자들의 불행이 법칙(법)으로부터의 일탈이 아니라 법칙의 실현이라는 거죠. 불법이 아니라 합법이라는 말입니다. 둘째, '노동자계급의 운명'이라고 말했습니다. 이 운명이 개인적인 것이 아니라 집합적인 것, 계급적인 것이라는 뜻이지요. 개인으로서는 모르지만 계급으로서 노동자는 이 운명을 벗어날 수 없습니다. 특정 개인은 노동자의 처지를 벗어날 수도 있고 특정 자본가를 피할 수도 있을지 모릅니다. 하지만 계급으로서의 노동자는 자본가계급을 피해서 살 수가 없습니다. 셋째, 첫 문장에는 운명 내지 법칙의 독립변수와 종속변수가 나타나 있습니다. 자본의 증대, 자본의 축적에 따라 노동자계급의 운명이 규정됩니다. 노동자계급의 운명은 자본의 운동의 종속변수인 것이지요. 자본주의에서는 그렇다는 겁니다.

그런데 자본의 축적이 노동자계급의 운명에 미치는 영향을 본격적으로 살펴보기 전에 한 가지 하고 싶은 이야기가 있습니다. 바로 '운명'이라는 말에 대해서입니다. 아무래도 '운명'이라는 말은 역사유물론자와 어울리지 않는 것처럼 보이니까요. 신학이나 종교, 넓게 보아 관념론에서 애용하는 단어가 아닐까 싶은데요. 역사유물론자가 운명을 말할 수 있을까요. 역사유물론자가 운명을 말한다면 그것은 점성술이나 예정설, 목적론 등과 어떻게 다를까요. 역사유물론자도, 점성술사가 별자리를 보듯, 사물들의 배치를 봅니다. 그러나 역사유물론자는 천문 현상에서 사회현상을 읽어내지는 않습니다. 별들의 자연적(천문학적) 배치와 부의 사회적(경제학적) 배치는 별개입니다. 역사유물론자는 전자를 후자에 대한 계시로 받아들이지 않습니다. 역사유물론자도 사람의 운명에 대해 말하기는 합니다. '흑인은 흑인이다. 그런데 일정한 관계들에서 그는 노예가 된다.' 이것이 역사유물론자가 말하는 '흑인의 운명'입니다. 그러나 이것은 어떤 한 흑인이 겪게 될 비극적 사건에 대한 예언이 아닙니다. 개인의 알 수 없는 미래에 대한 예언이라기보다, 그 개인이 살고 있는 사회의 성격에 대한 공표라 할 수 있지요. '노예가 될 흑인의 운명'이란 '인종주의 노예제사회'를 달리 표현한 것뿐입니다.

마르크스가 말한 '노동자계급의 운명'도 마찬가지입니다. 오늘 노동자는 내일도 노동력을 팔 것이며, 그 자녀도 노동력을 팔 것이라고 말하는 것은 어떤 인간의 미래를 점치는 게 아닙니다(점쟁이가 '내년에 취업 운이 있다'라는 식으로 말하는 것과는 다르지요). 미래에 실현될 예언이 아니라 현재 작동하는 사회적 배치에 대한 확인이라 할 수 있습니다. 자본주의사회의 재생산을 오늘과 내일, 부모와 자녀라는, 관계를 나타내는 말로 표현한 것뿐입니다. 요컨대 역사유물론자가 말하는 운명은 현재의 사회적 배치의 다른 이름이라고 할 수 있습니다. 운명을 읽는다는 것은 이 배치를 읽는 겁니다. 물론 역사유물론자는 이 배치가 역사적이라는 것 또한 잘 알고 있습니다. 그는 하나의 배치를 읽을 때 그것의 해체 가능성 또한 읽습니다. '그런' 배치이기 때문에 '그런' 문제가 생기고 '그런' 식의 해체가 일어날 수 있음을 아는 것이지요.

역사유물론자는 예정론자나 숙명론자가 아닙니다. 노예의 운명은 그것이 노예제와 더불어 생겨났듯 그것을 가능케 한 사회적 배치의 해체와 더불어 사라집니다. 노동자의 운명도 그렇습니다. 노동력의 상품화를 가능케 한 사회적 배치는 역사적으로 출현했고 역사적으로 사라질 겁니다. 역사유물론자는 사회적 배치를 읽고 사물의 운명을 읽지만 또한 그 배치의 해체와 더불어 도래할 사물의 다른 운명도 읽습니다. 현재가 지시하는 미래(재생산으로서의 미래)와는 다른 미래의 가능성을 읽고 또 그 가능성을 발굴하려 하지요. 내 생각에 이것이 역사유물론자가 '운명'을 말하는 방식입니다.

─────── 자본의 구성─가치구성, 기술적 구성, 유기적 구성 ───────

자본축적과 더불어 노동자계급의 운명은 어떻게 되는가. 마르크스는 가장 중요한 요인을 '자본의 구성'(Zusammensetzung des Kapitals)에서 찾습니다. 자본축적이 진행되면서 나타나는 자본구성의 변화가 노동자계급의 운명에 큰 영향을 미친다는 거죠.[김, 836; 강, 837] '자본의 구성'은 이전에도 몇 차례 언급한 개념입니다. 불변자본과 가변자본을 구분할 때(354쪽), 그리고 기계제로의 전환이 고용에 미치는 효과를 서술할 때(634~635쪽) 이 개념을 언급한 바 있습니다. '자본의 구성'이란 말 그대로 자본이 어떻게 구성되어 있느냐 하는 겁니다. 자본가는 원료와 기계 등 생산수단을 구매하고 또 노동력을 구매합니다. 그가 투자한 자본은 생산수단에 해당하는 부분(불변자본, c)과 노동력에 해당하는 부분(가변자본, v)으로 이루어져 있지요. 자본의 구성이란 이 둘 사이의 비율입니다($\frac{c}{v}$). 이전 장들에서는 이 비율을 '가치'(Wert)로 표시했습니다(편의상 화폐로 표현했지요). 생산수단의 가치와 노동력의 가치 사이의 비율 즉 불변자본과 가변자본의 비율로 이야기했어요.

그런데 '자본의 구성'을 '소재'(Stoff)의 측면에서, 다시 말해 '실물'로도 표현할 수 있습니다. 투자한 자본이 어떻게 구성되어 있는지를 생산수단과 노동력의 '양'으로 나타낼 수도 있다는 겁니다. 이를테면 '자본의 구성'을 원료 10억 원, 기계 100억 원, 노동력에 5억 원 하는 식으로 쓰는 대신 원료 10톤, 기계 10대, 노동자 10명(혹은 노동력 2만 시간) 하는 식으로 쓰는 겁니다. 이 경우 자본의 구성은 생산수단의 양과 노동력의 양 사이의 비율이 되겠지요(이렇게 동일한 것을 한 번은 '가치'의 측면에서, 또 한 번은 '소재'의 측면에서 접근하는 게 낯설지 않을 겁니다. 우리는 이미 노동과정에 대한 분석이나 사회형태의 재생산에 대한 분석에서 이런 접근 방식을 접한 바 있습니다). 마르크스는 자본의 구성을 전자의 방식으로 나타낸 것을 자본의 '가치구성'(Wertzusammensetzung)'이라 부르고, 후자의 방식으로 나타낸 것을 자본의 '기술적 구성'(technische Zusammensetzung)'이라 부릅니다. 그런데 마르크스는 여기에 한 가지를 더합니다. 자본의 '가치구성'과 '기술적 구성'은 서로 밀접한 관계에 있는데요. 이 둘 사이의 관계를 나타내는 개념으로 자본의 '유기적 구성'(organische Zusammensetzung)을 제안합니다. 자본의 '유기적 구성'이란 "자본의 가치구성이 자본의 기술적 구성에 의해 결정되고 이 기술적 구성의 변화를 반영하는 경우에 한에서"의 '가치구성'을 가리킵니다. 말이 좀 어려운가요? 자본의 가치구성이 기술적 구성을 나타낼 때, 즉 가치구성이 기술적 구성에서 일어난 변화를 그대로 보여줄 때, 그때의 가치구성을 '유기적 구성'이라고 부르겠다는 겁니다.[김, 836; 강, 837~838]

왜 '유기적 구성' 개념이 필요할까요. 자본의 구성을 가치의 액수로 표현하거나 실물의 양으로 표현하면 되지 왜 굳이 새로운 개념을 쓰는 것일까요. 게다가 '유기적 구성'도 어차피 '가치구성'이라고, 즉 기술적 구성을 보여주는 가치구성을 유기적 구성이라 한다고 하면서 말입니다. 이 개념이 필요한 이유가 있습니다. 사실 자본의 '기술적 구성'은 산업부문별 비교도 어렵고 사회 전체 차원에서 합산하기도 어렵습니다. 기술적 구성을 계산하려면 생산수단의 양과 노동력의 양을 구해야 하는데요. 산업부문에 따라 원료와 기계가 제각각입니다. 어떤 업종에서는 원료의 양을 무게로 재지만 어떤 업종에서는 개수로 재고 또 어떤 업종에서는 길이로 잽니다. 사용되는 원료들이 업종마다 다르기 때문이죠. 기계도 그렇습니다. 어떤 업종에서는 기계 대수를 세는 것이 의미가 있지만 어떤 업종에서는 전체 시스템이 하나로 작동할 수도 있지요. 이 경우 작동방식과 성능이 다른 기계들의 양을 어떻게 재고 비교할 수 있을까요. 그뿐 아니라 총자본의 수준에서 기술적 구성을 말하려면, 산업 전체 생산수단의 양을 합치고 평균도 구해야 할 텐데요. 부문과 업종에 따라 저마다 다른 원료, 다른 기계를 쓰는데 이것들을 합산하는 게 가능할까요. 불가능할 겁니다.

그럼에도 기술적 구성의 변화를 설명할 길이 아주 없는 것은 아닙니다. 가치구성으로 우회하는 방법이 있지요. 우리는 상품의 경우 서로 사용가치가 달라도 가치를 비교하고 합산하는 게 가능하다는 걸 압니다. 자본의 구성도 가치로 나타내면 부문이나 업종을 넘어서 생산수단의 양을 비교하고 합산할 수 있습니다. 생산수단에 쓴 돈(가치)과 노동력에 쓴 돈(가치)의 비율을 비교하는 것이지요. 생산수단에 투자한 가치가 노동력에 투자한 가치보다 상대적으로 증가하면, 생산수단의 양도 노동력의 양에 비해 상대적으로 증가한다고 간주하는 것이지요. 그런데 여기에는 전제가 필요합니다. 가치의 양적 변화가 실물의 양적 변화를 그대로 반영한다고 간주할 수 있어야 하지요. 이를테면 자본가가 다음번 생산주기에 원료에 대한 지출(가치)을 10퍼센트 늘렸다면 실제로 원료가 10퍼센트 추가된 것이라고 말할 수 있어야 합니다. 이렇게 가치구성을 통해 기술적 구성을 표현할 때, 다시 말해 가치구성이 기술적 구성을 나타낸 것으로 간주될 수 있을 때 그 가치구성을 유기적 구성이라고 부르는 겁니다.

그러나 가치구성이 반드시 기술적 구성과 일치하는 건 아닙니다. 자본의 구성($\frac{c}{v}$)을 가치량 사이의 비율로 나타낼 때와 소재량(실물량) 사이의 비율로 나타낼 때 그 값은 크게 달라질 수 있습니다. 마르크스도 이를 잘 알고 있었습니다. 그는 각각 구리와 철을 다루는 업체들을 예로 들었는데요.[3] 단순히 생산수단의 양과 노동력의 양만 따지면 두 업체의 기술적 구성이 비슷할 수 있습니다. 양쪽 모두 10톤의 원료를 처리하는 데 10명의 노동자가 하루 동안(10명×8시간=80노동시간) 일해야 한다고 해봅시다. 이 경우 기술적 구성은 같습니다. 하지만 구리가 철보다 훨씬 비싸다면 가치구성은 구리를 다루는 업체 쪽이 그만큼 높을 겁니다. 당연히 변동의 폭도 다르겠지요. 기술적 구성이 변하지 않아도 생산수단의 가치가 크게 달라지면 가치구성 또한 크게 변할 수밖에 없습니다. 물론 반대도 성립하지요. 가치구성은 큰 변화가 없는데 기술적 구성이 크게 달라질 수 있습니다.

자본의 구성(가치구성)을 식으로 표현하면 유기적 구성이 성립하기 위해 어떤 조건이 필요한지 쉽게 알 수 있습니다. 마르크스가 제시한 식은 아니지만 자본의 구성을 다음과 같이 나타낼 수 있을 겁니다.[4]

$$\frac{c}{v} = \frac{M}{n} \times \frac{\lambda_1}{\lambda_2 b}$$

(M은 생산수단의 수량, n은 노동자 수, λ_1은 생산수단의 단위가치, λ_2는 임금을 구성하는 생활수단의 단위가치, b는 임금을 구성하는 생활수단의 양)

이렇게 식으로 써놓은 걸 더 골치 아파하는 사람도 있겠습니다만 차분히 보면 어려운 이야기가 아닙니다. 생산수단의 가치와 노동력의 가치를 구성 요소들로 풀어놓은 것뿐입니다. 먼저 분자인 생산수단의 가치(c)는 생산수단의 수량(M)에 생산수단의 가치(λ_1)를 곱한 겁니다. 면화가 톤당 100만 원이라면 10톤을 사용했을 때는 1000만 원이 되겠지요(10톤×100만 원). 분모인 노동력의 가치(v)도 마찬가지입니다. 노동자 수(n)에 노동력의 가치(임금)를 곱하면 되겠지요. 다만 노동력의 가치는 노동자들의 생활에 필요한 생활수단들의 가치로 구성되므로, 생활수단의 수량(b)에 생활수단의 단위가치(λ_2)를 곱한 것이지요.

그런데 이 식에서 보는 것처럼 우변은 '수량을 나타내는 부분'과 '가치를 나타

내는 부분'으로 다시 나눌 수 있습니다. 여기서 '수량을 나타내는 부분' 즉 생산수
단의 양과 노동력의 양(노동자 수)의 비율($\frac{M}{n}$)이 바로 자본의 '기술적 구성'입니다.
따라서 이 식은 자본의 가치구성($\frac{c}{v}$)과 기술적 구성($\frac{M}{n}$)의 관계, 즉 유기적 구성
이 무엇인지를 간명하게 보여줍니다. 가치구성($\frac{c}{v}$)이 기술적 구성에 나타난 변화
를 그대로 나타내려면 오른쪽 항($\frac{\lambda_1}{\lambda_2 b}$)이 상수가 되어야 합니다. 그러면 가치구성
은 기술적 구성과 비례관계가 성립하지요. 기술적 구성이 10퍼센트 증가하면 가
치구성도 10퍼센트 증가하는 관계가 됩니다. 이때의 가치구성을 유기적 구성이라
고 부르는 거죠.

자본의 '유기적 구성'을 말하는 이유

유기적 구성은 '$\frac{\lambda_1}{\lambda_2 b}$'의 값이 일정한 경우의 가치구성입니다. 그런데 이 값($\frac{\lambda_1}{\lambda_2 b}$)의
정체가 도대체 뭘까요. λ_1은 생산수단(생산재)의 단위가치라고 했고, λ_2는 노동력
의 가치를 구성하는 생활수단(소비재)의 단위가치라고 했습니다. 개당 가치가 얼
마인가, 즉 한 개를 생산하는 데 노동력을 얼마만큼 투여하는가의 문제이므로 생
산성(노동생산력)을 나타낸다고 할 수 있지요(정확히는 $\frac{1}{\lambda_1}$, $\frac{1}{\lambda_2}$이 생산성을 나타냅니다.
생산성이 높을수록 단가는 낮아질 테니까요). b는 노동력의 가치를 재생산하는 데 필
요한 생활수단의 양이므로 '실질임금'에 해당합니다. 이 값($\frac{\lambda_1}{\lambda_2 b}$)이 일정하다는 건
두 가지로 생각해볼 수 있습니다. 하나는 모든 변수가 변하지 않는 경우입니다. 각
부문의 생산성이 불변(λ_1, λ_2가 불변)이고 실질임금(b)도 그대로인 경우지요. 다른
하나는 분자와 분모가 같은 비율로 변하는 경우, 즉 생산수단의 가치(λ_1)와 노동
력의 가치($\lambda_2 b$)가 동일한 비율로 변하는 경우입니다.[5]

　이런 일이 과연 가능할까요. 첫 번째 경우는 너무 비현실적입니다. 생산성도,
실질임금도 전혀 변하지 않는다는 건 이론적으로나 상정해보는 것이지 현실에서
는 불가능한 이야기죠. 두 번째 경우가 그나마 조금 더 현실적입니다. 두 부문 간
에 생산성 격차($\frac{\lambda_1}{\lambda_2}$)가 생길 때 그 격차만큼을 실질임금($b$)의 변화가 상쇄하는 경
우지요. 물론 부문 간 생산성 격차와 실질임금 변화 폭이 일치해야 할 이유는 없습
니다. 어떤 때 우연히 그럴 수는 있지만요(이를테면 두 부문의 생산성 격차가 20퍼센트
벌어졌는데 때마침 실질임금도 20퍼센트 증가했다면, $\frac{\lambda_1}{\lambda_2}$값의 증가분 20퍼센트를 b값 증가
분 20퍼센트가 상쇄해서 $\frac{\lambda_1}{\lambda_2} \times \frac{1}{b}$값은 불변하게 되지요). 사실 두 경우 모두 그리 현실적
이지 않습니다. 정운영의 표현을 빌리자면, "첫 번째 해석은 지나치게 비현실적이
고, 두 번째 해석 역시 지극히 우연적"입니다.[6] 유기적 구성 개념을 현실 분석에

적용하기는 어렵다는 이야기죠. 그래서 정운영은 조건이 지나치게 엄격한 '유기적 구성' 개념 대신 그냥 '가치구성' 개념을 쓰는 게 낫다고 말합니다.[7]

그런데 이런 의문이 듭니다. 마르크스는 왜 현실적으로 불가능하거나 아주 우연한 경우에만 성립하는 이런 개념을 쓰려는 걸까요. 앞서 말한 것처럼 그도 가치구성과 기술적 구성의 변동이 일치하지 않는 경우가 더 일반적이라는 걸 알고 있었는데 말이지요. 심지어 그는 이런 당부까지 하고 있습니다. 자신이 "그냥 자본의 구성이라고 말한 경우에는 언제나 자본의 유기적 구성으로 이해해야 한다"라고요.[김, 837; 강, 838] 유기적 구성 개념에 대한 마르크스의 의지가 느껴집니다. '자본의 구성'이라고만 말해도 '유기적 구성'을 말한 것으로 알아들으라는 이야기는 특별한 경우가 아니면 '자본의 구성'을 그냥 '유기적 구성'의 관점에서 바라보겠다는 뜻입니다. 실제로 『자본』 III권에서는 '자본의 구성'을 가치(투자액)로 표현하고, 산업부문별로 상이한 자본의 구성을 비교하고, 사회 전체 차원에서 자본의 평균적 구성을 이야기합니다.[8] 그런데 마르크스는 이렇게 표현한 가치구성을 유기적 구성이라 부릅니다. 가치구성 형태로 표현했지만 기술적 구성, 즉 생산수단의 양과 노동력의 양(노동자 수)의 구성에 대한 표현으로 보아달라는 것이지요.

마르크스가 유기적 구성 개념을 고집하는 것은 그만큼 기술적 구성 문제를 중요하게 생각한다는 뜻입니다. 자본가가 불변자본과 가변자본에 돈을 얼마나 투자했는지도 중요하지만, 실제로 사용한 생산수단의 양과 노동력의 양이 얼마만큼인지, 그리고 이 둘 사이의 비율이 어떻게 변해가는지가 중요하다는 이야기지요. 비록 가치구성과 기술적 구성이 엄격히 일치하지는 않더라도, 가치구성이 기술적 구성의 추이를 어느 정도 보여줄 수만 있다면 큰 의미가 있다고 보는 겁니다. 나는 그 이유 중 하나가 이번 장의 주제와 관련이 있다고 생각합니다. '노동자계급의 운명' 말입니다. 자본의 유기적 구성은 자본관계(계급으로서 자본가와 노동자가 맺는 관계)를 표현하고 있기도 합니다. 불변자본과 관계하는 가변자본의 양이란 단순한 투자액 크기가 아닙니다. 유기적 구성은 생산수단에 결합하는 노동력의 양 또한 표현하고 있지요. 이 노동력의 양이란 자본관계 안으로 들어가는 사람들의 양이라고 말할 수 있습니다.

나는 마르크스가 이전에 썼던 표현(그리고 이번 장에서도 여러 번 만나게 될 표현) 하나를 환기하고 싶습니다. 바로 '인간재료'라는 단어입니다. 마르크스는 기계제 대공업에서 기계와 결합하는 노동자들을 '인간재료'라고 했습니다. 노동자들을 생산의 주체라기보다는 객체로서 마치 원료를 지칭하듯 그렇게 불렀습니다. 또 자본축적 과정을 "착취당하는 인간재료의 양을 확대"하는 일이라고도 했습니다. 결국 자본의 유기적 구성은 생산수단의 양과 인간재료의 양적 비율, 다시 말해 자본의 착취 재료가 된 인간의 상대적 비율을 보여준다고 할 수 있습니다. 얼마나 많은 사람이 어떤 방식으로 착취의 재료가 되는가. 얼마나 많은 사람이 어떤 방식으로 이런 운명에 빠져드는가. 자본의 유기적 구성은 자본의 기술적 구성을 가치량(화폐액)으로 표현한 것이기 때문에, 상이한 산업부문과 업종에서 생산수단의 양과 인간재료의 양을 합산할 수 있게 해줍니다. 그 덕분에 '사회 전체'의 차원에서 노동자계급의 운명이 어떻게 만들어지고 어떻게 변해가는가를 살펴볼 수 있지요.

자본의 구성은 동일한 산업부문에서도 개별 자본마다 다를 겁니다. 하지만 우리는 유기적 구성 개념 덕분에 각각의 투자액을 더하고 나누어 평균을 낼 수 있습니다. 이렇게 평균을 낸 값이 해당 부문 자본의 구성이 될 겁니다. 그리고 각 생산부문을 더해 평균한 값이 나라의 전체 자본, 곧 사회적 총자본의 구성이 되겠지요.[김, 837; 강, 838] 이런 식으로 사회적 총자본의 구성을 구하고 그 변화 양상을 살펴보면, 우리는 전체노동자, 즉 노동자계급의 운명에 나타난 변화를 이야기할 수 있습니다. 마르크스가 "앞으로의 논의에서는 사회적 자본[총자본]의 구성만을 문제로 삼겠다"라고 말한 것은 이 차원에서만 계급으로서 노동자의 운명을 말할 수 있기 때문입니다.[김, 837; 강, 838] 바로 이것을 가능케 한 개념적 장치가 자본의 유기적 구성인 겁니다.

빈민의 노동은 부자의 보물광산

자본의 성장은 노동자계급의 운명에 어떤 영향을 미치는가(이제부터 이야기하는 '자본'은 모두 사회적 '총자본'입니다). 자본은 불변자본과 가변자본으로 구성되어 있습니다. 자본이 성장한다는 것은 그 구성 성분인 불변자본과 가변자본이 늘어난다는 이야기입니다. 특히 가변자본은 꼭 늘어나야 합니다. 가치증식의 원천이니까요. 그리고 가변자본이 늘어난다는 것은 노동력의 규모가 커진다는 뜻입니다(노동력의 가치가 일정하다고 했을 때).

───────── 자본의 축적은 프롤레타리아트의 증식이다 ─────────
자본이 늘어나면 노동력은 얼마나 늘어날까요. 자본의 구성을 먼저 살펴야 합니다(여기서 '자본의 구성'이란 별도의 언급이 없는 한 자본의 '유기적 구성'을 가리킵니다). 자본의 구성이 변하면 추가자본의 규모가 동일해도 노동력의 양이 달라집니다. 사실 우리는 기계제 대공업에 관한 장에서 이를 살펴본 바 있습니다. 불변자본의 상대적 비중이 커지면 자본의 '고용 유발 효과'가 떨어진다고 했지요. 자본의 구성($\frac{c}{v}$)에서 불변자본(c)이 차지하는 비중이 커지면(자본의 구성이 고도화되면), 그만큼 가변자본(v)의 비중이 작아지기 때문에, 전체 투자액이 늘어나도 노동력이 예전만큼은 늘어나지 않습니다. 그래서 자본의 구성이 중요합니다.

마르크스가 먼저 검토하는 것은 자본의 구성이 불변인 경우입니다. 일정량의 생산수단을 가동하는 데 똑같은 노동량이 드는 거죠. 이를테면 1톤의 원료를 처리하는 데 5명의 노동자가 필요하다고 합시다. 구성이 불변이면, 즉 그대로라면 추가자본의 경우에도 이 비율이 유지되어야 합니다. 2톤이 되면 10명, 10톤이 되면 50명이 필요하겠지요. 생산수단에 투여되는 불변자본이 10배 늘면 가변자본도 10배 늘어나는 식이지요. 이 경우 자본 전체도 10배 늘어납니다. 이처럼 자본의 구성이 불변인 경우 불변자본과 가변자본의 증가속도는 자본의 증가속도에 비례합니다.[김, 837; 강, 838] 자본의 구성이 불변인 상태에서 축적이 계속되면 축적의 규모에 비례해 노동력의 양도 늘어날 겁니다. 그런데 축적 규모가 커질수록 필요한 노동력의 절대량이 매우 커집니다. 만약 자본이 10퍼센트씩 성장한다면 100명의 노동자가 일할 때는 추가로 10명이 필요하지만, 이미 1만 명의 노동자가 일하고 있다면 추가로 1000명이 필요합니다. 똑같이 10퍼센트의 노동력을 추가하는 것이지만 10명을 더 구하는 것과 1000명을 더 구하는 것은 완전히 다른 문제입니다. 노동자의 생산은 일반 재화의 생산과 다릅니다. 수요가 늘었다고 곧바로 공급될 수 있는 게 아니지요. 더구나 이미 고용된 사람이 많다면 추가 인원을 확보하기가 더 어려울 겁니다.

이뿐만이 아닙니다. 자본은 점진적으로만 증가하는 게 아니거든요. 규모가 갑자기 커질 때가 있습니다.[김, 837; 강, 838] 새로운 시장, 새로운 사업 영역이 열리면서 투자 열풍이 부는 거죠. 사회 전체적으로 부에 대한 충동(Bereicherungstrieb)이 깨어난다고 할까요. 이때는 웬만큼 돈 있는 사람은 모두 부나방처럼 거기로 뛰어듭니다. 이렇게 갑자기 투자가 늘어나면 노동력을 조달하는 게 더 어렵습니다. 수요가 공급을 초과하면서 노동시장이 금세 바닥을 드러내죠. 이때 자본가들은 진공청소기처럼 곳곳에서 인구를 빨아들입니다. 우리는 이미 이런 모습을 본 적이 있습니다. 자본가들은 생산에 필요한 노동자들을 구하기 위해 농촌을 누비며 '인간화물'을 공장으로 배송했고, 특히 구빈원 같은 인간저장소를 약탈했습니다. 강제 인신매매가 곳곳에서 일어났지요(442~445쪽).

마르크스에 따르면 영국에서는 15세기 내내 그리고 18세기 전반기에 이런 현상이 나타났습니다.[김, 838; 강, 838~839] 15세기라면 자본주의가 태동하던 때죠. 아리기(G. Arrighi)는 이 시기 영국이 "이탈리아와 플랑드르 제조업 중심지를 위한 가장 중요하고 가장 대규모의 고급 양모 공급원"이었다고 했습니다. 양모 무역의 확대는 "영국 사회를 지배하게 된 강력한 상업 충동"을 일깨웠지요.[9] 15세기 말부터 아메리카와 아프리카에 대한 약탈이 시작되었고 상품교역이 크게 확대되었습니다. 자본주의적 생산양식이 자리를 잡아갔지요. 이때 영국 농촌 지역(항구를 갖춘 해안 지역과 함께)에는 매뉴팩처가 생겨났습니다.[김, 1028; 강, 1007] 매뉴팩처는 자본주의적 생산의 최초 형태라고 할 수 있습니다. 이런 매뉴팩처가 농촌 지역에 세워진 것은 도시와 길드의 통제를 벗어나기 위함이기도 했지만, 무엇보다 노동력이 거기 많이 있었기 때문입니다.

17세기 말부터 18세기 전반기에 영국의 자본은 비약적으로 커집니다. 이 시기에 자본축적은 주로 해외 약탈을 통해 이루어졌는데요. 매뉴팩처 시기에도 해외 약탈이 큰 비중을 차지했습니다만 규모 면에서 이 시기에 비할 바가 못 됩니다. 마르크스의 표현을 빌리자면 매뉴팩처 시기의 일은 그저 "새싹에 불과"했지요.[김, 1037; 강, 1015] 17~18세기에는 무역 독점 회사들이 국가의 후원을 받으며 해외 약탈에 나섰습니다. 이렇게 약탈한 재물들이 본국에서 자본으로 바뀌었지요. 또한 축적의 지렛대 역할을 하는 각종 신용제도(은행과 채권, 주식 등)가 이때 만들어졌습니다.[김, 1033; 강, 1012] '자본가' 즉 '카피탈리스트'라는 말도 이때 출현했고요. 그야말로 자본의 대(大)팽창 국면이었다고 할 수 있습니다. 이렇게 팽창한 자본이 생산에 투자되면 당장 노동력 부족 현상이 나타납니다. 그다음 세기(19세기)만 하더라도 노동인구가 넘쳐난다는 말이 나오지만, 18세기까지는 일할 사람이 부족하다는 원성이 더 컸습니다. 상품을 생산하기 위해서는 가능한 한 빨리, 가능한 한 많은 노동자를 먼저 생산해야 했습니다. 노동자의 생산이 중요한 사회적 과제였지요.

물론 자본의 구성과 관련해 마르크스가 첫 번째로 검토한 경우, 즉 자본의 구성이 불변인 경우가 역사의 특정 시기와 정확히 일치하는 것은 아닙니다. 굳이 역사적으로 말하자면 15세기 내내 그리고 18세기 전반기에 대체로 그랬다고 할 수 있지요. 사실은 한 세기에도 자본의 구성은 얼마든지 달라질 수 있습니다. 매뉴팩처 시기에도 자본의 구성은 변화했습니다. 분업을 효율적으로 조직하면서 노동생산력이 크게 증대했거든요. 노동생산력이 증대했다는 것은 노동자 한 사람이 처리하는 생산수단의 양이 많아졌다는 뜻입니다. 유기적 구성(기술적 구성)이 높을 수밖에 없지요. 그러나 이렇게 유기적 구성이 증가해도 기본적으로는 노동력의 공급이 달렸습니다. 이 시기 노동생산력의 증대는 노동력 부족에 대한 대응 차원에서 이루어졌다고 할 수 있지요. 정리하자면 이렇습니다. 자본의 축적, 즉 자본의 확대재생산이 이루어지려면 노동력의 확대재생산이 필요합니다. 노동력의 재생산은 자본 재생산의 필수적 계기입니다. 자본의 확대재생산을 위해서는 자본관계에 예속되는 노동인구가 계속 늘어나야 합니다. 자본의 구성이 불변인 상황에서 자본의 확대재생산은 자본관계의 확대재생산을 의미하고, 자본관계의 확대재생산은 "더 많은 자본가(혹은 더 큰 자본가)와 더 많은 임금노동자"의 재생산을 의미하니까요. 자본의 성장과 노동인구의 확장은 나란히 갑니다. 요컨대 "자본의 축적은 프롤레타리아트의 증식"이라 할 수 있습니다.[김, 838; 강, 839]

고전파 경제학자들이 생산적 노동자의 중요성을 강조한 것은 이런 맥락입니다. 내가 몇 차례 언급한 바 있는 스미스의 문장을 기억할 겁니다. "다수의 매뉴팩처 노동자를 고용하면 부자가 되지만 다수의 하인을 유지하면 가난해진다". 부자가 되려면, 즉 자본을 더 늘리려면 생산적 노동자에 투자해야 한다는 거죠. 고전파 경제학자들은 자본축적을 위해서는 생산적 노동자를 늘려야 한다고 생각했고(여기까지는 옳습니다), 여기서 한발 더 나아가 자본 증가분(추가자본)을 생산적 노동자가 모두 소비한다는 주장까지 했습니다(여기서 틀렸습니다) 추가자본을 생산노동자의 소비와 동일시하는 잘못을 저지르기는 했지만[김, 839; 강, 839], 어떻든 자본축적과 더불어 임금노동자가 증대한다는 것을 알아차렸다고는 하겠습니다. 그런데 여기서 잠시 생각해보고 싶은 주제가 있습니다. 조금 전에 마르크스는 "자본의 축적은 프롤레타리아트의 증식"이라고 했습니다. 여기서 그는 '프롤레타리아트'를 '임금노동자'와 같은 의미로 쓰고 있습니다. 주석에서도 이 점을 밝혔습니다. 프롤레타리아는 '경제학적으로는'(ökonomisch) 임금노동자에 다름 아니라고, 즉 자본가에게 고용되어 자본을 생산하고 증식하는 기능을 수행하는 노동자들(가치증식에 도움이 되지 않으면 언제든 쫓겨나는 노동자들)이라고 말이지요.[김, 838, 각주 1; 강, 839, 각주 70]

그러나 나는 '프롤레타리아트의 증식'을 곧바로 '임금노동자의 증식'과 동일시하지 말아야 한다고 생각합니다. 다시 말해 '프롤레타리아트'와 '임금노동자' 사이에 약간의 간극을 두고 싶습니다(부록노트㉜ 참조). 만약 자본의 유기적 구성을 얼마나 많은 사람이 노동자로 전환되는지, 얼마나 많은 사람이 자본관계 안에 포섭되는지의 관점에서 본다면, 이런 운명의 전환이 임금노동자에게만 일어났다고 말할 수 없기 때문입니다. 여기서 나는, 노동력이라는 상품의 출현(노동력 판매자로서 노동자의 등장)에 대해 마르크스가 언급한 내용을 환기하고 싶습니다. 마르크스는 이때 '이중의 자유'에 대해 말했는데요. 한편으로 신분해방이 이루어져야 한다고 했습니다. 자유로운 인격체로서 자기 능력을 상품으로 처분할 수 있어야 한다고요. 다른 한편으로는 다수의 인구가 생산수단을 상실(생산수단으로부터의 자유)해야 한다고 했습니다. 자기 몸뚱이, 다시 말해 자신의 생체 능력을 내다 팔지 않고서는 살길이 없어야 한다고요. 사회적(공동체) 관계가 해체된 상황에서 생산수단을 잃은 채로 추방된 다수의 사람들, 자본관계에 어떤 식으로든 편입되지 않고서는 생존이 불가능해진 존재들이 노동력의 상품화, 곧 임금노동자 출현의 배경이었습니다.

그런데 이 불안정한 삶을 사는 사람들과 임금노동자의 외연이 같은 것은 아닙니다. 임금노동자처럼 노동력의 판매자로 살 수밖에 없는 운명이지만 일자리를 잃었거나 취업하지 못한, 혹은 취업으로부터 아예 배제된 사람들을 생각해야 합니다. 임금노동자들을 배출하는 집단이기도 하고 임금노동자들이 전락하는 집단이기도 하지요. 이들 역시 자본의 생산 및 재생산 과정에서 생산되고 재생산됩니다. 직접 자본의 한 부분(가변자본)으로 기능하지는 못하지만 간접적으로는 이들 역시 자본의 축적에 기여합니다. 실업자와 미취업자 등의 산업예비군이 자본축적과 관련하여 어떤 기능을 수행하는지는 조금 뒤에 자세히 살펴볼 겁니다. 그러나 이들 산업예비군 외에도 자본의 재생산에 필수적인 노동력의 재생산을 담당하는 (그러나 가치는 인정받지 못하는) 가사노동자(주부 등)가 있습니다. 또 자본의 생산에 동원되고 자본의 생산에 맞게 변형되고 재생산되는 자연생태계가 있습니다. 이들은 모두 자본의 재생산에 필수적입니다. 그 운명이 자본관계 바깥에 있다고 결코 말할 수 없습니다. 사실은 자본관계를 구성하고 있고 자본의 재생산과정에서 함께 재생산되지만 그것을 부인당하는 존재들인 것입니다. 그 운명이 자본관계 안에 예속되어 있는데도 자본관계 바깥으로 밀쳐진(자본가와의 계약 주체로서 인정받지 못하는) 존재들이지요. 자본관계에 '내재하는 외부'라고 할까요. 나는 "자본의 축적은 프롤레타리아트의 증식"이라는 말 속에서 이 존재들의 증식 또한 읽어내야 한다고 생각합니다.

자본축적을 위해서는 더 큰 노동력, 더 많은 노동자가 필요합니다. 더 많은 사람을 자본관계 안으로, 노동자계급의 운명 속으로 집어넣어야 합니다. 그런데 노동력의 생산(재생산)이란 노동력을 팔지 않고서는 살길이 없는 사람들의 생산(재생산)입니다. 몸뚱이 하나만 남은 사람들이 그만큼 많아져야 한다는 뜻이지요. 참 아이러니하죠. 부를 늘리기 위해서는 가난한 사람들이 많아야 한다는 사실이 말입니다.

17~18세기의 몇몇 학자는 이와 관련해 아주 솔직했습니다. 마르크스는 17세기 말 교육학자였던 존 벨러스(John Bellers)를 인용했는데요. 그는 1695년 펴낸 『산업대학 설립 제안』에서 "노동자들이 사람들을 부유하게 만들어주기 때문에 노동자가 많을수록 부자도 많다"라며, "빈민의 노동은 부자의 광산"이라고 했습니다.[김, 839; 강, 840] 1714년 『꿀벌의 우화』The Fable of the Bees라는 떠들썩한 책을 펴낸 버나드 맨더빌(Bernard Mandeville)도 같은 주장을 폈습니다. "노예가 허용되지 않는 자유로운 나라에서 가장 확실한 부는 근면한 빈민이 얼마나 많은지에 달려 있다."[10][김, 840; 강, 840~841] 그는 나라가 부유해지려면 노동자들을 계속 가난과 무지에 묶어두어야 한다고 했습니다. 임금수준은 굶어 죽지 않을 정도, 저축이 절대 불가능한 수준에 두어야 하고요(그래야 언제나 일을 해야 한다는 생각을 잊지 않겠지요), 교육 수준은 일을 하는 데 필요한 최소한의 수준에 머물게 해야 한다고 했습니다(아는 게 많아지면 기대가 높아지고 불평이 늘어난다고 했지요).[김, 839~840; 강, 840~841] 그에 따르면 '가난'은 빈민들을 일하게 만들고, '무지'는 고생을 고생으로 느끼지 않게 해줍니다.[11] 영국 작가 프레더릭 M. 이든(Frederick M. Eden)도 1797년에 펴낸 『빈민의 상태』The State of the Poor에서 부의 비밀이 가난한 사람들의 노동에 있다고 했습니다(마르크스에 따르면 그는 "애덤 스미스의 제자들 중 18세기에 의미 있는 무언가를 해낸 유일한 사람"입니다[김, 842; 강, 842]). 부자들이 스스로 노동하지 않으면서 타인의 노동생산물을 마음대로 처분할 수 있는 것을 이든은 "부르주아 제도의 순수한 창조물"이라고 했습니다. 부자들은 돈이나 땅을 가져서가 아니라 "노동에 대한 명령권(Kommando)"을 가졌기에 부자가 될 수 있었다고요. 얼마나 많은 타인의 노동을 자기 명령 아래 둘 수 있느냐, 얼마나 많은 빈민을 '예속관계' 아래 묶어둘 수 있느냐가 부를 축적하는 관건이라는 겁니다(이든은 이런 '예속관계'를 노예제와 구분하기 위해 '편안하고 자유로운(easy and liberal) 예속관계'라고 불렀습니다).[김, 841; 강, 842]

마르크스가 인용한 벨러스와 맨더빌, 이든은 각각 17세기 말, 18세기 초, 18

세기 말에 활동한 사람들입니다. 이때는 아직 기계제 대공업이 본격화되기 전입니다. 제침 매뉴팩처의 생산량을 보고 눈이 휘둥그레졌던 스미스를 기억할 겁니다. 겨우 10명의 노동자가 하루 동안 무려 4만 8000개의 바늘을 만든다고 감탄했었죠. 그런데 19세기 기계제 대공장에서는 노동자 단 한 명이 기계 네 대를 작동시켜 바늘 60만 개를 만들었습니다. 17~18세기에 자본의 기술적 구성(노동력에 대한 생산수단의 비율)은 기계제 대공업 시기에 비하면 그리 높지 않았고 상대적으로 안정적이었다고 볼 수 있을 겁니다. 이 시기 학자들이 노동인구의 확장을 강조한 것은 이런 점에서 이해할 수 있습니다. 자본관계를 얼마나 큰 규모로 확대재생산 하느냐가 자본축적에 결정적 영향을 미칠 때니까요.

　　그러나 자본주의적 생산양식이 일단 자리를 잡으면 노동인구에 대한 고민은 기우라고 할 수 있습니다. 노동력의 재생산과 관련해 마르크스는 이렇게 말한 바 있습니다. "자본주의적 생산 메커니즘은 그것을 위해 이미 마음을 써"둔다고요 (817쪽 참조). 자본주의적 생산 메커니즘은 다수의 사람들이 생산수단을 상실하면서(노동력과 노동조건이 분리되면서) 시작되는데요. 메커니즘이 작동하기 시작하면 이런 상황이 계속 만들어집니다. 축적 메커니즘 자체가 축적에 유리한 상황을 계속 조성하는 겁니다. 기존 노동자들은 노동력을 다시 팔아야 하는 상황에 처하게 되고, 노동자가 아닌 사람들은 노동자가 되지 않고서는 살 수가 없는 상황에 이르게 되지요. 참고로 맨더빌은 부유한 나라를 위해서는 '근면한 빈민들'이 많이 필요하다고 했는데요. 마르크스는 이 "정직하고 머리 좋은 맨더빌도 축적과정 메커니즘 자체가 이들 '근면한 빈민들' 즉 임금노동자를 늘려간다는 사실을 파악하지 못하고 있었다"라고 했습니다[김, 840; 강, 841]('정직하고 머리 좋은' 맨더빌에 대해서는 부록노트③ 참조).

─────────── 황금사슬에 묶였다고 노예가 아닌 것은 아니다 ───────────
그래도 지금 우리가 검토하고 있는 경우는 노동자에게 상대적으로 유리합니다. 노동에 대한 수요가 공급을 넘어선 상황이지요. 수요가 높으니 임금이 오릅니다.[김, 837-838; 강, 838] 노동자들이 소비를 늘릴 수 있고 심지어는 일정 부분 저축을 할 수도 있을지 모릅니다. 취업을 통해 삶이 더 나아졌다는 느낌을 가질 수 있지요. 자본구성이 불변인 한에서 생산수단의 양과 노동력의 양이 비례적으로 늘기 때문에 착취의 강도는 높아지지 않습니다. 자본이 성장하면서 자본관계가 확장됩니다만, 이 확장은 내포적인(intensiv) 것이 아니라 외연적인(extensiv) 것입니다. 자본에 대한 예속의 강도가 높아지는 것이 아니라 범위가 확대되는 것이지요. 예속된 사람들의 수가 늘어나는 것뿐입니다. 이런 상태라면 예속도 '참을 만한'(erträgliche) 수준이 되지요.[김, 844; 강, 844]

그러나 '참을 만한' 예속이라고 해서 예속이 아닌 것은 아닙니다. 아무리 노동자에게 유리한 상황이라 해도, 노동자가 처할 수 있는 다른 상황보다 형편이 낫다는 것이지, 자본관계의 예속적 성격이 사라진다는 말은 아닙니다. 역축(役畜)이 귀한 곳에서 소에게 먹이를 충분히 주고 일을 과도하게 시키지 않는다고 해서 소가 역축이 아니라는 건 아니지요. 마르크스는 이것을 고대 로마에서 '페쿨리움'(Peculium)을 받는 노예의 처지에 비유했는데요. 페쿨리움이란 노예가 소유할 수 있도록 주인이 허락한 재산입니다. 정확히 말하면 주인이 허락하는 한에서만 가질 수 있는 재산이지요. 따라서 페쿨리움은 노예해방의 징표가 아니라 노예의 징표입니다. 굳이 덧붙인다면 형편이 조금 더 나아진 노예의 징표라고 할 수 있겠지요. 마르크스는 노동자에 대한 처우 개선도 크게 다를 바 없다고 봅니다. "더 나은 의복과 음식, 처우, 더 많은 페쿨리움이 노예의 예속과 착취를 폐지시키지 못하는 것처럼 임금노동자의 예속과 착취도 그렇다"라고 했습니다.[김, 844; 강, 844]

임금은 노동력이라는 상품의 가격입니다. 상품의 가격이 올라간다면 판매자(노동자)에게는 좋은 일이지요. 그러나 상승에는 한계가 있습니다. 마르크스는 이 주제에 대한 논쟁에 뛰어든 많은 사람이 핵심을 놓치고 있다고 지적합니다. 자본주의적 생산양식을 다른 생산양식과 구별해주는 '고유한 차이'(differentia specifica) 말입니다.[김, 845; 강, 844~845] 자본주의적 생산양식이라는 게 어떤 것인지(자본이란 무엇인지), 자본주의적 생산양식에서는 왜 노동력이라는 상품이 필요한지에 대해 생각해볼 필요가 있습니다. 이것을 이해하지 못하면 우리는 주인에게 묶여 있는 노예의 쇠사슬은 보면서도 자본가에게 묶여 있는 임금노동자의 끈은 볼 수가 없습니다. 노동력의 소유자인 노동자가 자본의 소유자인 자본가만큼이나 자유롭고 평등한 존재로 보이지요.

마르크스는 여기서 기본 사실을 다시 확인합니다. 노동력이라는 상품의 사용가치는 무엇인가. 왜 구매자인 자본가는 노동력을 원하는가. 물론 자본가가 특정 서비스를 받기 위해 누군가를 고용해 그의 노동력을 사는 경우가 있기는 합니다. 월급을 주고 개인 요리사나 운전기사를 둘 수 있지요. 하지만 그때는 자본가로서 그리한 것이 아닙니다. 전에 짚어보았듯, 이 경우 그는 개인 소비자로서 소득을 지출한 것이지 자본가로서 자본을 투자한 것이 아닙니다. 자본가로서 노동력을 구매하는 목적은 오로지 '가치의 증식'에 있습니다. 자본가는 자본을 늘리기 위해 노동력을 구매합니다. "잉여가치의 생산 혹은 이윤 획득은 이 생산양식의 절대적 법칙"입니다.[김, 845; 강, 845] 자본가는 상품을 판매했을 때 더 많은 가치, 즉 상품을 생산할 때 지불한 가치보다 더 많은 가치가 실현되길 원합니다. 이것을 가능케 하는 것이 노동력이죠. 가치의 증식, 이것이 노동력의 사용가치입니다.

이런 기본적 사실을 우리는 여기서 다시금 깊이 음미할 필요가 있습니다. 자본축적이 임금의 상승을 동반하는가 그렇지 않은가를 논하기 전에 자본주의에서 노동력이라는 상품이 존재하는 이유를 상기해봐야 한다는 것이지요. 이전에도 여러 번 강조한 바와 같이, 이 상품의 존재 이유는 잉여가치의 생산에 있습니다. 노동력은 생산수단의 가치를 생산물로 이전하고, 자신의 가치를 재생산하며, 추가자본의 원천인 잉여가치를 생산할 때, 바로 그때 의미가 있습니다. 노동력이라는 '상품'의 존재 이유 속에 이미 잉여가치의 생산, 즉 착취가 들어 있는 거죠. 달리 말하면 노동력의 판매 조건(누군가가 임금노동자가 되는 조건) 속에 잉여노동, 불불노동의 제공이 들어 있는 겁니다. [김, 845; 강, 845]

자본의 확대재생산에는 필수적 계기로서 노동력의 확대재생산이 포함되어 있다고 했습니다. 자본의 구성이 불변인 상태에서 예속 상태는 외연적으로만 늘어난다고 했는데요. 이것이 노동력의 판매 조건에 이미 착취가 들어 있다는 사실, 임금은 착취를 전제로 지불되는 것이라는 사실을 건드리는 것은 아닙니다. 자본축적이 노동자에게 상대적으로 유리한 상황에서 진행되어 임금이 많이 오르는 경우라 해도 이는 "기껏해야 노동자가 수행해야 하는 불불노동의 양적 감소"를 의미할 뿐입니다. 즉 착취량이 조금 줄어드는 것뿐이지요(여기서 '노동의 가격' 즉 '노동단가'가 떨어지는데도 임금 전체가 오르는 경우는 제외해야 합니다. 시간외노동이나 강도 높은 노동을 수행해 노동자가 받는 전체 임금은 오르지만 실제로 노동단가는 떨어지는 경우 말입니다. 이때는 임금이 오르지만 실제로는 착취가 늘어나는 것이니까요. 지금 말하는 것은 임금이 올라 착취가 조금 줄어드는 경우입니다).[김, 845; 강, 845] 어떤 경우에도 착취가 사라지는 수준까지 임금이 오르지는 않습니다. 만약 그렇게 된다면 노동력이라는 상품의 존재 이유가 사라지고 말지요.

거듭 말하지만 자본주의적 생산양식에서는 노동자에게 아무리 유리한 상황이 와도 착취가 일어납니다. 노동력을 상품으로 판매하는 사회에서는, 즉 노동자가 노동자인 한에서는 이 운명을 벗어날 수 없습니다. 상품 값을 제대로 받지 못했다면, 즉 상대방이 상품교환의 기본법칙(법)을 어겼다면, 우리 시대의 법정 어디엔가 고발할 수 있을 겁니다. 하지만 상품이 상품인 한에서 일어나는 폭력, 다시 말해 노동력이 상품으로 존재하고 노동자가 이 상품을 판매함으로써만 살아갈 수 있다는 사실 자체는 우리 시대의 어느 법정에서도 고발할 수 없습니다. 합법적인 일이니까요. 이런 사실은 우리에게 법칙(법) 너머의 '무언가'를 감지하게 합니다. 이 '무언가'에 대해서는 조금 뒤에 다시 이야기하겠습니다. 다만 이것을 건드리지 못하는 한 예속 상태에서 벗어나는 것은 불가능합니다. '견딜 수 없는' 노예 생활과 '견딜 만한' 노예 생활 사이를 오갈 뿐입니다. 마르크스가 노동자들의 임금 인상 투쟁의 중요성을 이해하면서도 그것을 보수적 주장이라고 부른 이유가 여기에 있습니다. 그는 '정당한 임금을!'이라는 보수적 주장 대신 '폐지'라는 혁명적 구호를 현수막에 써 넣어야 한다고 했지요. 자본축적과 더불어 임금이 오른다 해도, "그것이 실제로 뜻하는 바는 임금노동자 자신이 주조해낸 황금사슬의 크기와 무게 때문에 그 사슬의 조이는 힘이 조금 풀리게 되었다는 것뿐이다."[김, 845; 강, 844] 마르크스는 그렇게 썼습니다. 여기에 한마디 덧붙이자면, 사슬의 조이는 힘과 상관없이 사슬을 차고 있는 한에서, 설령 그 사슬이 황금으로 된 것이라 해도, 그 사람은 노예입니다.

자본축적에 따른 임금의 변동—독립변수와 종속변수

임금 상승에 한계가 있다는 것은 임금이 성립하는 조건, 다시 말해 노동력의 판매 조건(노동력이라는 상품의 존재 이유) 속에 착취가 들어 있다는 사실과 관계가 있습니다. 정당한(등가교환이라는 점에서) 임금 아래에는 임금이라는 것 자체를 가능케 한 부당한(착취가 이루어진다는 점에서) 권력의 배치가 있습니다. 이것을 생각하지 않는 사람들은 임금 상승이 애초부터 어떤 한계에 있다는 것을 이해하지 못합니다. 그저 노동력의 수요공급 법칙에 따라 임금이 오르고 내린다고 생각합니다. 마치 노예제사회라는 걸 망각한 채 페쿨리움을 말하는 것과 같습니다.

자본구성이 불변인 상황에서 자본축적이 이루어진다고 할 때, 자본축적과 노동가격의 상승이 함께 나타나는 경우는 두 측면에서 살펴볼 수 있습니다.[김, 846; 강, 845] 물론 현실적으로는 한 가지가 더 있지요. 노동자들의 강력한 투쟁이 노동가격의 상승을 이끌어내는 경우입니다. 지난 10장에서 말한 것처럼, 노동일의 길이도 그렇고 노동의 가격도 그렇고, 저울대의 눈금은 '자본의 압력'과 '노동자들의 저항' 사이에서 정해지니까요. 계급 사이의 힘과 힘의 대결은 현실적으로 매우 중요하게 고려해야 할 요인임에 틀림없습니다. 다만 이것은 논리의 영역은 아닙니다. 우리가 지금 여기서 고려하고 있는 논리적 경우의 수에는 포함되지 않는다는 거죠. 게다가 이 투쟁이 항상 노동자계급의 승리로 끝나는 것도 아닙니다. 오히려 임금을 둘러싼 투쟁에서는 자본가계급이 우위를 점하는 경우가 훨씬 많습니다. 마르크스는 이렇게 말합니다. "애덤 스미스가 밝혔듯이[12] 고용주(Meister)는 항상 이런 투쟁의 달인(Meister)이다."[김, 845~846, 강, 845] 노동자들의 저항으로 인해 임금이 오르는 경우가 없지 않지만 그게 쉬운 일은 아니라는 거죠. 어떻든 이런 투쟁의 측면을 제외한다면 논리적으로 자본축적이 진행되는 중에 노동가격이 상승하는 경우는 다음 두 가지입니다.

첫 번째로 노동가격의 상승이 자본축적의 진행을 크게 방해하지 않는 경우를 살펴볼 수 있습니다. 마르크스는 스미스의 말을 인용하는데요.[김, 846; 강, 846] 스미스에 따르면 "이윤이 감소한 경우에도 자본은 증가"합니다. 이 말 자체를 이해하는 것은 어렵지 않습니다. 노동가격이 상승하면 그렇지 않을 때보다 이윤이 상대적으로 줄어들겠지요. 하지만 절대량은 늘어날 겁니다. 그런데 덧붙인 말이 좀 이상합니다. 스미스는 이 경우 자본이 증가할 뿐 아니라 "심지어 이전보다 더 급속하게 증가하기까지 한다"라고 말하고 있습니다. 또 "대자본의 경우 설령 이윤이 작더라도, 이윤이 큰 소자본보다 일반적으로 더 빨리 증대한다"라고도 했습니다.[13] 단순히 이윤량이 상대적으로는 줄어도(이윤율은 떨어졌어도) 절대적으로는 늘어났다는 뜻으로만 읽히지 않습니다. 그는 자본의 규모가 커지면서 오히려 축적에 가속이 붙는다는 식으로 말하고 있습니다.

왜 노동가격의 상승과 함께 이윤이 상대적으로 줄어드는데도 자본축적에 가속이 붙을까요. 스미스의 말은 이렇습니다. 새로운 식민지나 새로운 사업 분야가 열릴 경우 자본가들은 해당 지역이나 분야에서 고용을 늘리고 노동자들에게 상대적으로 후한 보수를 줍니다. 당시 북아메리카와 서인도 등지에서 벌인 사업에서 이런 경향이 나타났습니다. 스미스는 돈은 처음에 조금 버는 것이 어렵지 일단 어느 정도 벌고 나면 "더 많이 버는 것은 쉬운 일"이라고 말합니다.[14] 대자본가들은 식민지로 진출해 가장 비옥한 토지, 가장 수익이 많이 나는 사업에 먼저 투자할 수 있습니다. 자본이 급속히 축적되겠지요. 처음에는 수익도 아주 컸을 겁니다. 후한 보수를 지급하더라도 추가노동력을 빨리 확보하는 편이 유리했을 겁니다. 새로운 금광을 발견했으면 돈을 더 주고라도 빨리 인부들을 구해 금을 캐내는 쪽이 이익인 것과 같지요. 그러다 자본 간 경쟁이 심해지면서 이윤이 줄어듭니다. 그러나 이윤이 감소하는 와중에도, 새로운 식민지나 새로운 산업 분야에는 자본이 계속 몰려듭니다. 이렇게 투자가 늘어나면 노동도 그만큼 늘어나야 하지요. 이윤이 줄어드는 중에도 한동안 노동에 대한 수요가 늘어나는 겁니다. 이윤이 떨어져도 투자가 몰리면서 자본축적은 가속되고 임금까지 오르는 현상이 나타납니다.[15]

그러나 언제까지나 이럴 수는 없습니다. 이제 다른 측면에서 검토해봐야 합니다. 임금 상승이 자본축적을 방해하는 경우죠. 노동가격이 상승하면서 자본축적이 완만해지고 이윤에 대한 자극이 크게 줄어드는 경우입니다. 노동가격의 상승이 자본축적을 방해한다고 느끼면 어떤 일이 일어날까요. 자본 투자가 줄어들 겁니다. 자본이 빠져나가겠지요. 이렇게 되면 노동력 부족 사태가 해소됩니다. 자본의 규모에 비해 노동력이 부족하지 않은 상황, 심지어는 노동력이 과잉인 상황이 초래되지요. 자연스레 노동가격이 떨어집니다. 노동력에 대한 수요가 감소하고 노동자들의 생존에 위험신호가 던져지면, 상황에 따라서는 임금 상승이 시작되기 이전 수준에도 못 미치는 정도로까지 임금이 떨어질 수 있습니다. 마르크스는 말합니다. "자본주의적 생산 메커니즘은 자신이 일시적으로 만들어낸 장애물을 스스로 제거한다."[김, 846; 강, 846] 일종의 자동조절장치라고 할까요. 축적 메커니즘 자체가 축적의 방해물을 알아서 제거한다는 겁니다. 임금은 더 이상 오르지 않습니다. 자본가를 위한 '최선의 세팅'이라는 말이 다시 떠오르는 대목이지요.

그런데 이러한 세팅, 이러한 배치를 이해하지 못하는 사람들은 노동가격의 변동이 노동력(혹은 노동인구)의 공급량 변동에 따른 것이라고 생각합니다. 노동가격이 올랐던 것은 노동자가 모자랐기 때문이고, 노동가격이 떨어진 것은 노동자가 너무 많기 때문이라고요. 마르크스에 따르면 '통화학파'(Currency School)가 물가를 바라보는 시각과 같습니다. 물가가 오른 것은 돈이 너무 많이 풀려서 그렇고 물가가 떨어진 것은 돈이 너무 적게 풀려서 그렇다고 보는 것 말입니다.[김, 847; 강, 847] 그러나 실제는 다릅니다. 우리가 검토한 첫 번째 경우, 즉 임금 상승이 자본축적을 방해하지 않고 이루어지는 경우, 이때의 임금 상승은 노동력(노동인구) 부족이 만들어낸 게 아닙니다. 노동력 부족이야말로 오히려 그 결과입니다. 다시 말해 자본이 증가하면서 노동력 부족이 나타난 것이지요. 두 번째 경우는 어떨까요. 이 경우에도 노동력(노동인구)의 과잉이 자본을 줄어들게 만든 게 아니라, 자본이 줄어들면서 노동력이 과잉으로 나타난 것이지요. 전반적으로 보아, 임금수준이나 노동력의 양은 원인이라기보다 현상이고 결과입니다. 법칙의 독립변수와 종속변수를 혼동하면 안 됩니다. 마르크스의 말을 옮기면 이렇습니다. "축적 크기가 독립변수이고 임금의 크기가 종속변수이며 그 반대는 아니다."[김, 847; 강, 846]

자본축적과 더불어 임금이 어떻게 변동하는가, 즉 자본축적과 임금률의 관계는 추가자본이 될 잉여가치(불불노동)와 이 잉여가치가 자본이 되는 데 필요한 추가노동의 관계라고 할 수 있습니다. 조금 복잡하게 들리는 말일 수 있겠습니다만, 잉여가치가 자본이 되려면 노동이 추가로 필요한데 자본이 될 잉여가치의 크기와 공급할 수 있는 추가노동의 크기에 따라 임금이 변동한다는 이야기입니다. 언뜻 생각하면 자본의 크기와 노동력의 크기(노동인구 수)가 각각 독립적으로 존재하고 이것들이 어떻게 변하느냐에 따라 임금이 변동하는 것처럼 여겨질 수 있지만, 사실은 '노동과 노동의 관계' 즉 잉여가치인 불불노동과 추가노동의 관계임을 말하는 겁니다. 게다가 전반적으로 자본주의적 생산양식의 토대가 갖추어지면 노동인구는 크게 변하지 않습니다. 마르크스가 자본축적과 임금률의 문제를 "결국에는 동일한 노동인구의 불불노동과 지불노동 간의 관계"라고 말하는 것은 이 때문입니다.[김, 847; 강, 847] 전체 노동인구 즉 노동자계급이 자본가계급에 제공한 불불노동(잉여가치)의 양이 급속히 늘어나, 지불노동(임금)을 추가해야만 그 불불노동을 자본화할 수 있을 때, 그때 비로소 임금이 오른다고 할 수 있지요. 그렇지만 앞서 검토했던 것처럼 임금이 어느 수준으로 오르고 나면 반격이 시작됩니다. 임금이 오르면 불불노동 즉 잉여가치가 그만큼 줄어들겠지요. 잉여가치가 충분히 생산되지 않는다고 느껴지면, 수입 가운데 자본으로 투자하는 부분을 줄일 겁니다. 임금 상승 운동을 저지하는 메커니즘이 작동하는 것이지요.

이렇듯 노동가격의 상승에는 아주 분명한 천장이 있습니다. '자본주의 체계의 토대'를 건드리면 곤란하지요. 자본의 재생산은 보장해야 합니다. 사실 천장은 생각보다 더 낮습니다. 자본의 '단순재생산'이 아니라 "확대재생산을 보장"하는 수준, 그러니까 자본의 축적을 보장하는 수준에서만 허용되지요.[김, 847~848; 강, 847] 이것이 "하나의 자연법칙으로 신비화된 자본주의적 축적의 법칙"입니다. 법칙의 내용은 간단합니다. 자본주의적 축적은 본성상 자본관계의 재생산(확대재생산)을 위협할 정도로 노동착취도(잉여가치율)가 떨어지거나 노동가격이 오르는 것을 배제한다는 겁니다.[김, 848; 강, 847] 자본의 축적이 어떻게 되느냐에 따라 노동자들의 운명이 규제되는 것이지요. 자본주의에서 노동하는 인간은 자기 운명의 독립변수가 아닙니다. 만약 물질적 부가 노동하는 인간의 발전을 위해 존재하는 사회라면 반대 상황이 펼쳐졌을 겁니다. 인간이 자신의 필요와 욕구에 따라 어떤 것을 어떤 방식으로 얼마만큼 생산할지를 정하겠지요. 그러나 자본주의적 생산양식에서는 독립변수와 종속변수가 거꾸로 섭니다. 인간이 산출한 부, 즉 자본의 축적에 따라 인간의 운명이 규정되지요. 우리가 『자본』 제1장에서 만났던 물구나무 선 책상처럼 말입니다. 마르크스는 그때 상품 물신주의를 종교세계에서 일어나는 일에 비유했었지요.[김, 94; 강, 135] 제23장에서도 물구나무선 운명을 말하기 위해 이 비유를 다시 씁니다. "종교에서 인간은 자기 두뇌가 만들어낸 것에 지배받 듯이 자본주의적 생산에서는 자기 손으로 만들어낸 것에 지배를 받는다."[김, 848; 강, 848]

자본구성의 변화와 노동자의 축출

지금까지 우리가 검토한 것은 자본구성이 불변인 상태에서 자본축적이 이루어지 는 경우였습니다. 이때는 자본이 증가하는 것과 비례해 노동력의 양도 늘어났습니 다. 다음으로 검토할 것은 자본구성에 변화가 생기는 경우인데요. 좁혀 말하면 자 본축적이 자본구성의 고도화와 함께 진행되는 경우죠.

─────── 자본주의 체계의 일반적 토대가 자리를 잡고 나면───────
마르크스가 자본구성이 변하지 않는 경우와 자본구성이 변하는 경우로 나눈 것은 언뜻 경우의 수에 따른 것처럼 보입니다. 하지만 잘 살펴보면 그렇지가 않습니다. 즉, 순서에 상관없이 이런 경우를 한 번 검토하고 저런 경우를 한 번 검토하는 식 으로 쓴 게 아니라는 말입니다. 그렇다고 몇 세기까지는 자본구성이 불변이었고 몇 세기부터는 자본구성이 변화했다는 식으로 말하려는 건 아닙니다. 마르크스는 첫 번째 경우, 즉 '자본구성이 변하지 않는 경우'를 설명하면서 15세기 전(全) 기 간과 18세기 전반기 상황을 예로 들었는데요. 이는 16세기, 17세기, 18세기 후반 은 또 달랐다는 뜻을 함축합니다. 실제 역사에서는 자본구성의 변화가 상대적으로 작은 때도 있고 큰 때도 있을 겁니다. 마르크스가 자본축적을 분석할 때 자본구성 이 불변인 경우를 먼저 다루고 그다음에 변하는 경우를 다루었다고 해서, 실제 역 사가 전자에서 후자로 이행했다고 단순화할 수는 없습니다.

　　나는 마르크스가 실제 역사와는 다른 차원에서 자본구성의 두 가지 경우를 나 누어 살핀 것이라고 생각합니다. 역사적 시기 구분이라기보다 자본의 발전단계에 대한 논리적 구분이라 할 수 있습니다. 말하자면 자본주의가 사회의 지배적 생산 양식으로 자리를 잡아가는 단계와 자리를 잡은 이후 단계를 논리적으로 구분한 거 죠. 앞 장에서 분석한 대로 자본구성이 불변인 상태에서 자본축적이 이루어지는 경우는 자본주의적 생산양식이 자리를 잡아가는 단계, 사회 전체적으로 자본관계가 일반화되어가는 단계에 해당한다고 할 수 있습니다. 그런데 실제로는 자본주의가 지배적 생산양식으로 확고히 자리를 잡은 뒤에도 자본구성이 그다지 변하지 않는 때가 있을 수 있습니다. 물론 이것은 마르크스가 앞서 분석한 경우와는 다릅니다. 자본구성이 불변이라고는 해도 이미 다수의 인구가 자본관계 안에 포섭된 상황이니까요. 마르크스가 분석한 첫 번째 경우에서는 상당수의 인구가 아직 자본관계 바깥에 있습니다. 점차 자본관계 안으로 포섭되어가는 단계, 점차 노동인구로 재편되고 있는 단계인 것이지요. 첫 번째 경우를 분석하면서 마르크스가 '자본의 축적'을 '프롤레타리아트의 증식'과 동일시한 이유가 여기 있을 겁니다.

이제부터 살펴볼 두 번째 경우는 첫 번째 경우가 야기한 상황을 바탕으로 한 것입니다. 첫 번째 경우가 이미 일어난 상황, 다시 말해 대다수 인구가 자본관계에 포섭된 상황에서 자본구성이 변하는 경우지요. 말하자면 이런 겁니다. 사회 대다수의 사람이 자본관계 속에 들어감으로써만 생존을 이어갈 수 있는 상황이 만들어진 뒤에, 즉 대다수 사람이 노동자계급의 운명을 갖게 된 상황에서, 자본의 구성이 고도화된다면 어떤 일이 일어날 것인가. 이제부터 우리는 이 문제를 검토할 겁니다. 마르크스도 『자본』 제23장 제1절에서 제2절로 넘어가면서 이 점을 확인해주고 있습니다. "이제까지 우리는 자본의 이 과정[축적과정]의 한 특수한 단계(Phase), 즉 자본의 성장이 자본의 기술적 구성이 동일한 상태에서 일어나는 단계만을 고찰했다. 그러나 이 과정은 그 단계를 넘어서 진행된다." 그러고 나서 덧붙입니다. "자본주의적 체계의 일반적 토대가 일단 주어지면…"[김, 849; 강, 848] 이 표현은 앞서의 논의가 자본주의적 체계의 일반적 토대가 아직 마련되지 않은 상황에 대한 것이며, 이후 이루어질 논의는 토대가 마련된 뒤 일어나는 일에 대한 것임을 시사합니다. 사회 전체적으로 자본관계가 일반화된 이후의 이야기라는 거죠.

자본관계 바깥에 존재하는 사람들이 더 많다면 자본의 구성이 바뀐다 하더라도 자본구성의 변화로 영향을 받는 사람들은 그만큼 적을 겁니다. 하지만 이미 다수의 사람이 자본증식을 위한 인간재료로 존재하고 있다면 자본의 기술적 구성의 변화, 즉 사물의 양(생산수단의 양)과 인간재료의 양(노동력의 양)의 구성이 달라지는 것은 정말로 중요한 문제인 겁니다.

––––––––––– 노동생산성의 증대와 기술적 구성의 변동 –––––––––––

자본주의적 생산양식이 자리를 잡고 나면 자본축적 과정의 진행과 더불어 자본구성(기술적 구성)의 변화가 나타납니다. 이 변화는 생산성과 관련이 있습니다. 자본주의의 사회적 토대가 구축된 상황에서 자본축적이 진행되면 "사회적 노동생산성의 발전이 축적의 가장 강력한 지렛대가 되는 지점에 진입하게" 되는 때가 반드시 옵니다.[김, 849; 강, 848] 우리는 노동생산성(노동생산력)이 자본증식(자본축적)과 어떤 관계를 맺는지 알고 있습니다.『자본』제4편에서 본 것처럼 노동생산성이 증대하면 잉여가치가 늘어납니다. 특정 기업에서 생산성이 예외적으로 높아지면 해당 자본가는 특별 잉여가치를 얻습니다. 그리고 사회 전반적으로 생산성이 증대하면 자본가들 일반이 상대적 잉여가치를 얻습니다. 이처럼 노동생산성은 노동시간과 더불어 잉여가치 생산량을 좌우하는 기본 요인이라 할 수 있습니다.

그런데 여기 제23장에서 마르크스가 노동생산성 이야기를 꺼내는 이유는 조금 다릅니다. 이전에 제4편에서는 '상대적 잉여가치'의 생산과 관련해서 '노동생산성'이라는 말을 썼습니다. 하지만 지금은 상대적 '과잉 노동인구' 즉 '상대적 잉여노동자'의 생산과 관련해 이 말을 씁니다. 곧이어 살펴보겠지만 이런 존재('과잉 노동인구')는 자본관계가 일반화된 후에 나타났습니다. 다수의 인구가 노동자가 된 상황에서, 노동인구의 일부가 상대적 과잉인구, 즉 잉여노동자로 존재하는 것이지요. 말하자면 잉여노동자는 임금노동자와 마찬가지로 노동인구의 실존 양태 중 하나입니다. 임금노동자는 아니지만 임금노동자와 동시대인이라 할 수 있지요. 이들 역시 노동자계급의 운명에 속한 사람들입니다. 다만 이 운명을 임금노동자와는 다른 형태로(훨씬 가혹한 형태로) 살아내야 하는 사람들이지요. 이들 존재가 어떻게 생겨나는지 또 어떤 기능을 수행하는지 지금부터 차근차근 살펴보겠습니다.

잉여노동자 즉 상대적 과잉 노동인구에 대한 이야기는 노동생산성에서 시작합니다. 노동생산성이 증대한다는 건 동일 노동량으로 더 많은 생산물을 생산할 수 있다는 뜻입니다. 반대로 말하면 동일한 생산물을 더 적은 노동량으로 생산할 수 있다는 뜻이지요. 매뉴팩처에서는 유기적 분업을 통해, 기계제 대공업에서는 기계를 사용함으로써 생산성을 크게 높였습니다. 노동생산성을 높임으로써 전자는 노동력의 상대적 부족 사태에 대응했고 후자는 노동력의 상대적 과잉 사태를 야기했지요. 더 많은 생산물을 생산한다는 것은 더 많은 생산수단을 사용한다는 뜻이기도 합니다(생산성이 생산물의 양적 증대가 아니라 질적 향상으로 나타나는 경우를 제외한다면 말이지요). 노동생산성이 오르면 생산수단의 사용이 늘어납니다(원료 사용량 증대). 반대로 새로운 생산수단을 사용함으로써 노동생산성이 오르기도 합니다(기계 도입). 생산수단 사용이 노동생산성 증대의 결과일 수도 있고 노동생산성 증대를 위한 조건일 수도 있는 것이지요. 그러나 어떤 경우이건 간에 노동생산성 증대는 노동량 대비 생산수단의 사용량 증대로 나타납니다. 뒤집어 말하면 생산수단의 양에 비해 노동량의 사용이 상대적으로 감소한 것으로 나타나지요. "노동과정의 객체적 요소에 비해 주체적 요소의 크기가 감소한 것"으로 표현됩니다.[김, 850; 강, 849]

이처럼 노동생산성의 증대는 자본의 기술적 구성($\frac{M}{n}$)을 변화시킵니다. 생산수단의 양이 노동력의 양보다 상대적으로 커집니다. 이 변화는 자본의 가치구성에도 반영되는데요. 가치구성에서 불변자본(c)의 비중이 가변자본(v)보다 커집니다 (이처럼 자본의 '기술적 구성'에서 나타난 변화를 그대로 반영하는 경우의 가치구성을 자본의 '유기적 구성'이라 한다고 앞서 언급해두었지요). 이를테면 처음에는 투자액의 50퍼센트를 생산수단에, 나머지 50퍼센트를 노동력에 썼지만, 점차 투자액의 80퍼센트를 생산수단에, 20퍼센트를 노동력에 쓰는 식입니다. 마르크스는 이런 경향을 하나의 '법칙'(Gesetz)이라 부릅니다. "자본의 가변 부분에 대한 불변 부분의 점진적 증대 법칙은 상품가격에 대한 비교 분석을 통해 어디서나 확인된다. 동일한 나라의 상이한 경제적 시기들을 비교하든 동일한 시기의 상이한 나라들을 비교하든 상관없이 말이다."[김, 850; 강, 849~850] 상품의 가격(가치)구성을 살펴보면 알 수 있다는 겁니다. 생산수단의 가치를 나타내는 부분은 갈수록 커지는 반면 노동력의 가치를 나타내는 부분은 갈수록 작아진다는 것이지요.[김, 850; 강, 850]

그러나 자본의 가치구성에서 나타난 변화는 기술적 구성에서 나타난 변화를 충실히 보여주지 못합니다. 마르크스도 현실적으로는 그렇지 못하다는 걸 인정했습니다. 불변자본과 가변자본은 생산수단의 양과 노동력의 양, 즉 "자본의 소재적 성분들의 구성에서 나타난 변화를 대강(annähernd) 보여줄 뿐"입니다.[김, 850; 강, 850] 보통은 가치구성에서 나타난 변화의 폭이 기술적 구성의 경우보다 더 작습니다. 마르크스는 방적업을 예로 들었는데요. 18세기 초만 해도 불변자본과 가변자본은 비중이 거의 같았습니다. 그런데 19세기 중반이 되면 7:1, 즉 불변자본이 7배나 많습니다. 가치구성이 700퍼센트 늘어난 셈이지요. 그럼 기술적 구성은 어떨까요. 당연히 생산수단의 양이 크게 늘어났지요. 마르크스는 노동량 대비 생산수단의 양은 아마 수백 배는 늘어났을 거라고 말합니다. 가치구성에 비할 바가 아닙니다. 왜 그럴까요. 노동생산성이 증대했기 때문입니다. 노동생산성이 증대하면 동일 노동량 대비 생산수단의 사용량이 늘어나는 데다 생산수단을 생산하는 분야에서도 노동생산성이 증대했기에 생산수단의 가치가 크게 떨어집니다. 동일한 자본으로 훨씬 더 많은 생산수단을 동원할 수가 있지요. 그래서 가치구성에 나타난 변화(불변자본과 가변자본의 차이)보다 실제 기술적 구성의 변화(생산수단의 양과 노동량의 차이)가 훨씬 크다고 생각해야 합니다.[김, 850~851; 강, 850]

물론 이것은 상대적 비중에 대한 이야기입니다. 자본축적이 계속되면 자본의 규모 자체가 크기 때문에 가변자본의 절대적 크기는 늘어날 수 있습니다. 이를테면 불변자본과 가변자본의 비중이 '1:1'에서 '7:1'로 바뀌었다고 해도, 다시 말해 가변자본의 상대적 비중이 ½에서 ⅛로 크게 줄어들었다고 해도 가변자본의 절대적 크기는 증가할 수 있지요. 만약 1000파운드스털링이었던 자본이 축적을 거듭해 8000파운드스털링까지 늘어났다면, 가변자본은 500파운드스털링(1000×½)에서 1000파운드스털링(8000×⅛)으로 늘어납니다. 노동력의 가치가 그대로라면 고용이 2배 늘어날 수 있지요. 그러나 노동에 대한 수요가 2배 늘어나는 동안 전체 자본은 8배나 늘어났다는 점에 주목해야 합니다. 바꾸어 말하면 자본이 8배가 늘어나는 동안 고용은 2배밖에 늘지 않았지요. 예전의 가치구성(유기적 구성)에서는 고용을 2배로 늘리기 위해 처음 자본만큼 더 투자하면 되었지만(전체 2000파운드스털링), 새로운 가치구성에서는 노동력이 1000파운드스털링으로 과거에 비해 2배 늘었으나 전체 자본은 2배가 아니라 8배로 늘어났습니다. 예전의 구성이었다면 2000파운드스털링으로 할 수 있었을 일을 새로운 구성에서는 8000파운드스털링으로 한 것이지요. 그만큼 자본의 고용 유발 효과는 떨어진 겁니다. 예전만큼의 투자로는 절대 예전만큼의 고용을 창출할 수가 없다는 이야기입니다(634~635쪽 참조).

거대한 노동생산력을 발휘하는 데 필요한 것

노동생산성이 사회적 차원에서 증대하려면 사실 어느 정도의 자본이 미리 축적되어 있어야 합니다. 이 점은 『자본』 제4편을 다룰 때 확인한 바 있습니다. 자본주의적 생산양식에서 발휘되는 거대한 노동생산력들은 모두 일정 규모의 돈을 필요로 합니다. 자본주의적 생산의 최초 형태인 매뉴팩처만 하더라도 그렇습니다. 매뉴팩처에서 노동생산력의 비밀은 다수 노동자를 효과적으로 조직한 데 있습니다. 전체 공정을 마치 한 사람의 거인노동자가 일하는 것처럼 유기적으로 만들었을 때 거대한 생산력이 발휘됩니다. 그러나 이를 위해서는 다수의 노동자를 고용할 수 있으면서, 이들이 사용할 생산수단을 제공할 수 있어야 합니다.

노동의 사회적 생산력을 높이는 또 다른 방법은 효과적인 노동수단을 사용하는 것인데요. 이를테면 기계장치를 사용하는 겁니다. 기계를 사용하면 거대한 자연력을 효과적으로 이용할 수 있습니다. 또 과학기술을 이용해 생산과정을 크게 바꿀 수도 있지요. '인간적 한계'에 매일 필요가 없습니다. 인간적인 사회적 노동을 기계적인 사회적 노동으로 대체함으로써 노동의 사회적 생산력이 크게 높아지지요. 그러나 이런 시스템을 갖추려면 돈이 듭니다. 요컨대 자본주의적 생산에서 노동생산력을 높이기 위해서는 처음부터 자본가에게 돈이 좀 있어야 합니다. 본인이 직접 생산하거나 한두 사람의 직공을 두고 일하는 과거의 수공업자, 근대의 자본가와는 다르지요. 자본가는 이 돈을 처음에 어떻게 마련했을까요. 자본주의 '특유의'(spezifisch) 생산방식이 작동하기 위해서는 처음의 축적, 그러니까 자본주의적 생산(확대재생산)의 결과로서의 자본축적이 아니라 자본주의적 생산을 가능케 한 '역사적 토대'로서의 자본축적이 필요합니다. 일반적 자본축적과 대비해 마르크스가 '본원적 축적'('시초축적')이라고 부르는 것이지요. 지금 여기서 이것을 다룰 필요는 없습니다. 여러 차례 예고한 것처럼 이것은 이 책의 마지막 장인 12장의 주제입니다. 마르크스는 그저 자본축적의 출발점으로서 본원적 축적을 확인만 해두자고 말합니다.[김, 852; 강, 851]

일단 본원적 축적을 전제한다면 우리는 노동의 사회적 생산력도 어느 정도 전제할 수 있습니다. 그다음부터는 상호 상승작용이 일어납니다. 노동생산력이 증대하면 잉여가치가 증대합니다. 이 잉여가치는 추가자본으로 전화되겠지요. 자본축적이 늘어나는 겁니다. 그런데 자본규모가 커지면 노동생산력을 더 키울 수 있습니다. 자본축적이 자본주의 특유의 생산방식을 발전시키고, 또 이 생산방식이 다시 자본축적을 가속하는 겁니다.[김, 852; 강, 851] 그렇다면 자본의 기술적 구성은 어떻게 될까요. 이것이 지금 우리의 관심사죠. 앞서 본 바와 같습니다. 노동생산력의 증대는 기술적 구성의 고도화와 맞물려 돌아갑니다. 누진적인 상호 상승작용은 "자본의 기술적 구성을 변동시키고 이에 따라 가변성분은 불변성분에 비해 점점 더 작아"지겠지요.[김, 852; 강, 852]

―――――― 자본의 '축적'과 '집적' 그리고 자본의 '집중' ――――――

자본의 축적을 기술적 구성이라는 점에서 보면 자본가들의 수중에 더 많은 생산수단이 집적되고, 더 큰 '노동자부대'에 대한 지휘권이 생기는 겁니다.[김, 852; 강, 852] 이것은 사회적으로도 그렇고 개별적으로도 그렇습니다. 사실 사회적 자본의 증대는 개별 자본들이 증대한 결과입니다. 개별 자본마다 이런저런 크기의 생산

888
11

수단이 집적되어 있고 이런저런 크기의 노동자부대를 거느리고 있지요. 개별 자본이 커졌다는 것은 두 가지를 의미할 수 있습니다. 개별 자본 자체의 크기가 커졌다는 뜻일 수도 있고, 자본가의 수가 늘어났다는 뜻일 수도 있지요. 이 둘은 얼마든지 함께 일어날 수 있습니다. 처음 자본이 덩치가 커지면 여럿으로 나뉘는 경우가 많습니다. 특히 자녀 세대로 넘어가면서 "자본가 가족 내의 재산 분할"이 일어날 때 그렇지요. 자본가 가족 내 재산 분할은 자본가의 수를 늘리는 데 큰 역할을 합니다.[김, 853; 강, 852] 한국의 재벌인 삼성그룹을 예로 들자면 창업주 자녀들이 재산을 분할해 독립함으로써 나중에 CJ그룹, 신세계그룹으로 발전했습니다. 이제 3세대, 4세대에서 또 재산 분할과 자본 독립이 일어나겠지요. 이런 식으로 자본가가 늘어납니다. 물론 새로운 사업 분야가 열리면 창업에 성공한 새로운 자본가들이 대거 나타나기도 하지요.

그렇다면 개별 자본가는 얼마나 많은 생산수단을 차지하고 얼마나 큰 노동자부대를 지휘할 수 있을까요. 그것은 사회적 총자본에서 해당 자본이 어느 정도의 비중을 차지하느냐에 달려 있습니다. 그 비중만큼의 생산수단과 노동자부대에 대한 지휘권을 차지할 겁니다. 그가 얼마나 많은 자본을 '축적'했느냐에 따라 그에게 얼마나 많은 생산수단과 노동자가 '집적'되느냐가 결정됩니다. 나는 마르크스가 쓴 용어를 최대한 살리려고 하는데요. 마르크스는 여기서 '집적'(Konzentration)이라는 새로운 용어를 쓰고 있습니다. 생산수단과 노동량이 개별 자본가의 수중에 모이는 것을 지칭하는 말입니다. 축적이 '쌓는' 것이라면 집적은 '모으는' 것이지요. 하지만 둘의 의미상 차이는 거의 없습니다. 굳이 따지자면 자본의 경우에는 과거의 산물에 현재의 산물을 더하는, 일종의 시간적 누적의 의미가 있기 때문에 '축적'이라는 용어가 적절해 보이고, 생산수단의 경우는 그해에 나와 있는 생산수단의 총량 중 누가 얼마를 차지하는가, 누구에게 얼마만큼의 양이 모이는가의 문제이기 때문에 '집적'이라는 말이 적합해 보이기는 합니다. 하지만 개별 자본에 집적된 생산수단과 노동력의 양이 해당 자본의 크기 즉 축적의 크기이고, 또 축적의 크기에 따라 사회적으로 생산된 생산수단과 노동력의 양의 집적 규모가 정해집니다. 이런 점에서 집적은 축적이고 축적은 집적이기도 한 겁니다. 마르크스의 말을 빌리자면 이 경우 집적은 "직접적으로 축적에서 나온 것"이거나 "축적과 동일한 것"입니다.[김, 853; 강, 852]

그런데 축적과 집적이 별 차이가 없는 말이라면 마르크스는 왜 굳이 '집적'이라는 말을 쓰는 걸까요. 본문을 읽어보면 마르크스가 이 말에 상당히 신경을 쓰고 있다는 걸 알 수 있습니다. 축적이라는 말의 의미를 더 선명하게 만들기 위해 말의 세공술을 발휘한다고 할까요. 그 이유는 바로 뒤에 나옵니다. 개별 자본의 경우 자본의 증대가 축적, 그러니까 우리가 집적으로 이해하는 의미에서의 축적과는 다른 방식으로 이루어지는 경우가 있습니다. 바로 '집중'(Zentralisation)이라고 하는 것입니다. 자본의 집중은 자본의 '축적 내지 집적'과 아주 다릅니다.[김, 854; 강, 853] 축적은 우리가 지금까지 본 바와 같습니다. 노동자들로 하여금 잉여가치를 생산하게 하고 이 잉여가치를 자본으로 전환시켜 자본을 키워가지요. 반면 집중은 "자본가가 자본가를 수탈"하는 것입니다. 한 자본이 다른 자본을 약탈하거나 흡수함으로써 덩치를 키우는 것이지요. "다수의 소자본을 소수의 대자본으로" 만드는 겁니다.[김, 853; 강, 853]

마르크스는 여기서도 법칙이라는 말을 씁니다. '자본집중의 법칙' 혹은 '자본에 의한 자본의 흡수(Attraktion) 법칙'이라고요.[김, 854; 강, 853] 축적이 계속 진행되다 보면 어느 시점에 집중이 나타날 수밖에 없습니다. 개별 자본들은 축적과정에서 두 가지 제약에 부딪히거든요. 우선, 전체적으로 부과되는 제약이 있습니다. 개별 자본에 "사회적 생산수단이 집적되는 정도는, 다른 조건이 불변일 경우, 사회적 부의 증대 수준에 의해 제한"됩니다. 전체 부가 늘어나는 정도를 넘어서서 자신의 부를 늘릴 수는 없습니다. 다음으로, 개별 자본들이 서로를 제약합니다. 각 산업부문마다 경쟁하는 일정 수의 자본가들이 있는데요. 이들은 서로 독립적인 생산자들입니다. 이들의 수가 늘어나고 자본의 덩치가 커지면, 특히 시장이 포화 상태에 가까워지면 경쟁은 금세 적대로 돌변합니다. 상대방을 제거하지 않으면 자신이 더 클 수 없다는 걸 느끼지요. 서로에 대해 반발이 커집니다. 그런데 그럴수록 서로를 당기는 힘도 커집니다. 서로 합치거나 먹어치우거나 해서 하나가 되는 겁니다.[김, 853; 강, 852~853]

집중을 통해 개별 자본은 축적의 두 가지 제한에서 어느 정도 벗어날 수 있습니다. 사회적 부의 증대와 상관없이 덩치를 키울 수 있고(사회 전체의 부가 늘지 않아도 개별 자본은 얼마든지 커질 수 있습니다), 다수의 개별 자본이 가하는 제약도 넘어설 수가 있습니다. "자본이 한 사람의 수중에서 크게 팽창했다는 것은 그것이 많은 사람의 수중에서 그만큼 소멸했다"라는 뜻이니까요.[김, 854; 강, 853] 사실 자본의 집중에 대한 이야기는 『자본』 I권의 범위를 벗어납니다. 『자본』 I권은 자본(가치)의 생산을 다루기 때문에 자본의 증가(성장)를 다루더라도 가치(잉여가치)의 생산을 통해서만 설명합니다. 자본은 잉여가치를 생산하고 이것을 자본으로 전화함으로써 자신의 몸집을 불립니다. 자본의 확대재생산 즉 축적이 자본의 성장을 설명하는 기본원리입니다. 그런데 자본의 집중은 기존 자본들 간의 분배가 바뀌는 것입니다. 축적이 아니라 자본 간 분배를 통해 자본이 커지는 것이지요. 이러한 분배는 『자본』 III권의 주제입니다(크게 보아 『자본』 I권은 자본의 생산을, II권은 자본의 유통을, III권은 자본의 분배를 다룹니다). 따라서 논의 전개상 이곳은 자본의 집중을 다루기에 적합한 장소가 아닙니다. 마르크스도 여기서는 자본의 집중을 논할 수 없고 "다만 사실을 간단히 스케치하는 데 만족"해야 한다고 말하고 있습니다.[김, 854; 강, 853]

자본축적의 원리만 설명하려 했다면 굳이 여기서 자본의 집중까지 다룰 필요는 없을 겁니다. 하지만 우리가 지금 이야기하고 있는 이번 장의 주제는 '노동자계급의 운명'입니다. 좁혀 말한다면 자본구성(기술적 구성)의 변화가 노동자계급에 미치는 영향을 살피고 있지요. 그런데 자본축적의 진행은 자본구성의 고도화 경향을 낳습니다. 자본가들은 잉여가치 생산을 늘리기 위해 노동생산성을 높이는데요(특별 잉여가치와 상대적 잉여가치의 생산). 자본의 규모가 크면 생산성을 높이는 데 유리합니다. 많은 노동력을 '함께' 운용할 때 얻는 이점도 있고, 성능이 좋은 거대 기계 시스템을 갖출 수도 있겠지요. 그런데 자본의 덩치를 키우는 데 큰 역할을 하는 게 바로 '자본의 집중'입니다. 아주 빠른 속도로 자본의 덩치를 키워주거든요. 그만큼 기술적 구성(결과적으로 노동자계급의 운명)을 빨리, 크게 바꾸어놓습니다. 따라서 상세한 메커니즘까지 밝힐 필요는 없지만 마르크스가 여기서, 기술적 구성의 고도화를 말하면서 자본의 집중을 언급하지 않을 수는 없는 것이지요.

──────────'자본의 집중'을 가능케 하는 두 개의 지렛대──────────

자본집중의 "가장 강력한 두 개의 지렛대"는 '경쟁'(Konkurrenz)과 '신용'(Kredit)입니다.[김, 854; 강, 854] 먼저 경쟁에 대해 말해보죠. 개별 자본가들의 경쟁은 무엇보다 상품가격을 둘러싸고 벌어집니다. 상품가치를 낮추는 자본가가 경쟁에서 유리합니다. 그러려면 노동생산성이 높아야 하고요. 그런데 노동생산성은 대체로 생산규모에 의존합니다. 자본의 덩치가 클수록 유리하다는 이야기죠. 별도의 외적 규제가 없다면 작은 자본이 큰 자본을 당해내기란 결코 쉽지 않습니다. 이뿐 아니라 자본주의적 생산양식이 발전하면 사업을 시작하는 데 필요한 초기자본의 규모가 커집니다. 진입의 문턱이 높아지는 것이지요. 소 몇 마리 팔거나 논 몇 마지기 팔아서 사업 자금을 마련할 수 있는 시대가 아닌 겁니다. 대개의 경우 소규모 자본들은 대자본가들이 진출하지 않았거나 완전히 장악하지 못한 영역으로 몰리는데요. "경쟁의 정도는 경쟁하는 자본의 수에 정비례하고 그 크기에 반비례"하는 법이죠.[김, 854; 강, 853~854] 자본은 소규모인데 수가 많을 경우 경쟁이 격렬하다는 뜻입니다. 별도의 규제가 없는 한 경쟁의 결과는 뻔합니다. "늘 다수의 소자본가가 몰락하는 것으로 끝"납니다. 이들 소자본가의 자본은 "일부는 승리자의 손으로 넘어가고(übergehen) 일부는 몰락(untergehen)"합니다.[김, 854; 강, 854]

자본주의적 생산이 발전하면 "완전히 새로운 하나의 힘"이 출현하는데요. 은행, 주식, 채권 등의 신용제도(Kreditwesen)입니다. 마르크스의 표현이 재밌습니다. "신용제도는 처음에는 축적의 겸손한 조수로 슬그머니 들어와, 사회의 표면에 흩어져 있는 크고 작은 돈들을 보이지 않는 실을 통해 개별 자본가나 연합 자본가들의 손에 끌어당겨주지만, 곧이어 경쟁의 전투에서 새로운 무서운 무기가 되며 결국에는 자본집중을 위한 거대한 사회적 메커니즘으로 전환된다."[김, 854; 강, 854] 사업하는 사람들은 돈을 '끌어 쓴다' 혹은 '당겨쓴다'라는 말을 많이 하죠. 마치 돈을 자기 쪽으로 당기는 '보이지 않는 실'이라도 있는 것처럼 말합니다(마르크스는 '보이지 않는 실' 비유를 참 좋아하는 것 같습니다). 마르크스에 따르면 신용제도가 바로 자본가가 돈을 당겨쓸 때 이용하는 '보이지 않는 실'입니다. 처음에 신용제도는 필요한 돈을 빌려주고 이자를 받는, 사업의 조력자 내지 자본가의 조수 정도였지요. 하지만 신용제도가 발전하면서 관계의 역전이 일어납니다. 자본가 개인이 소유한 자본, 그가 직접 투자한 자본보다 그에게 투자된 자본이 훨씬 더 커지니까요. 압도적으로 큰 부분이 자본가 개인의 돈이 아니라 은행이나 주식시장 등을 통해 끌어들인 돈, 다시 말해 그에게 투자된 돈입니다. 신용제도 덕분에 자본은 덩치를 매우 빨리, 매우 큰 규모로 확대할 수 있습니다.

자본주의가 발전하면 이렇게 자본의 덩치를 빨리 크게 키울 수 있는 여건도 만들어지고 그런 욕구도 커집니다. 일단 축적이 어느 정도 진행되면 사회 곳곳에 돈이 생겨납니다. 자본집중의 소재가 될 개별 자본들, 그러니까 나중에 큰 뭉치가 될 작은 뭉치들이 생겨나는 것이지요. 이런 상황에서 점점 대형 사업, 이를테면 철도나 도로, 항만 건설 같은 대형 사업의 필요성이 생겨나고 또 그것을 실현할 수 있는 과학 기술적 수단도 나타납니다.[김, 854~855; 강, 854] 필요(욕구)도 있고 기술도 있으니 생산을 위해서는 자본만 있으면 됩니다. 문제는 규모가 너무 큰 사업들은 개별 자본으로는 감당이 안 된다는 거죠. 이때 자본을 신속하게 대규모로 키우는 길이 바로 자본집중입니다. 신용제도는 그것을 가능케 하는 수단이고요. 축적과 달리 집중은 사회적 부의 증대에 의존하지 않습니다. 사회적 자본을 '양적으로 재편성'하는 일이니까요. 다수의 수중에 있던 자본들을 소수의 수중으로 옮기는 것일 뿐입니다. 집중은 "어떤 산업부문에서 거기 투자된 모든 자본이 하나의 개별 자본으로 융합될 때 최대치에 이를" 겁니다. 한 명의 개별 자본가나 하나의 자본가그룹(Kapitalistengesellschaft), 즉 하나의 회사가 자본을 독차지하고 독점적 지위를 누리는 것이지요.[김, 855; 강, 854~855] 마르크스의 말은 얼마 지나지 않아 현실이 되었습니다. 1890년 『자본』 4판을 펴내며 엥겔스는 영국과 미국에 나타난 '트러스트'(Trusts)에 대한 주석을 달았습니다. "한 사업 부문의 대기업들 모두를 실질적 독점권을 가진 하나의 대형 주식회사로 통합함으로써 벌써 이 목표를 향해 매진하고 있다"라고요.[김, 855, 각주 10; 강, 855, 각주 77b] 19세기 말에 서구 자본주의 국가들에서 이런 자본집중이 나타났지요.

1910년 『금융자본』을 펴낸 루돌프 힐퍼딩(Rudolf Hilferding)은 서문에 이렇게 썼습니다. "'현대' 자본주의를 특징짓는 것은 집중화의 진행(Konzentrationsvorgänge)이다."[16] 힐퍼딩은 마르크스가 말한 것을 잘 알고 있었고 실제로 다양한 형태의 자본집중이 나타나고 있음을 확인했습니다. 물론 그가 마르크스의 이론을 단순히 확인하기만 한 것은 아닙니다. 그는 이 경향이 "한편으로는 마르크스의 집중 이론을 확인해주지만 다른 한편으로는 마르크스의 가치이론을 붕괴시키는 것처럼 보인다"라고 했습니다.[17] 가치법칙은 자유로운 경쟁을 통해 관철되지만 트러스트나 카르텔 같은 독점적 기업결합체의 등장은 시장을 경쟁이 부재한 상황으로 몰고 가니까요. 힐퍼딩은 자본집중 내지 자본결합의 경향이 불가피한 역사적 과정이며, 자본주의가 발전할수록 모든 산업부문에서 이런 조건이 형성된다고 했습니다.[18] 한쪽 부문에서 카르텔화가 형성되면 다른 쪽에서도 그 방향으로 갈 수밖에 없다고요. 이를테면 철강 산업에 원료(철광석)를 공급하는 광산업자들이 카르텔화해 자신들의 이윤을 확보하면, 철강업자들도 여기에 대응하기 위해 카르텔을 형성할 수밖에 없습니다(수평적 결합). 아니면 아예 원료를 공급하는 광산업체와 합병하는 식으로 대응해야지요(수직적 결합). 배달앱 시장의 1위, 2위 업체가 합병함으로써 시장에 대한 독점적 지배력을 획득하는 것이 전자라면, 영화 배급사가 제작사까지 거느리는 것이 후자에 해당합니다.

힐퍼딩은 "카르텔화에는 절대적 한계가 없다"라고 했습니다.[19] 카르텔화한 산업은 이윤율이 높지만 그렇지 않은 산업은 이윤율이 떨어지며 결국 카르텔에 합병될 것이고, 궁극적으로는 산업 전체를 지배하는 '총카르텔'(Generalkartell)이 형성될 것이라고 했지요.[20] 글쎄요, 일종의 '자본의 공산주의' 내지 '공산적 자본주의'라고 할 수 있을까요. 힐퍼딩에 따르면 총카르텔이 구축되면 생산의 무정부성은 사라지고, 카르텔의 거물들 즉 대자본가들이 모여 생산과 분배를 결정하는 사회가 됩니다. 의식적으로 통제되는 자본주의가 되는 거죠. 하지만 자본주의인 한에서 계급 간 적대는 남습니다. 분배를 둘러싸고 계급투쟁이 벌어지죠. 힐퍼딩이 이 책에서 다룬 여러 주제 가운데서 나는 자본집중의 경향에 대해서만 여기서 소개했는데요. 아무래도 자본주의 발전 경로를 그가 지나치게 단순화했다는 느낌을 지울 수 없습니다. 하지만 자본집중의 경향은 현실적으로 존재하고, 총카르텔까지는 아니라도 외적 규제가 약하거나 없을 때는 언제든 독점적 기업결합체가 출현하는 것은 사실입니다.

　　여기서 이 이야기를 더 끌고 갈 생각은 없습니다. 본래 하던 이야기에서 이미 너무 많이 벗어났으니까요. 마르크스가 자본집중이라는 주제를 통해 하고자 했던 말은 이겁니다. 즉 자본은 축적을 통해 성장하지만 축적을 통해서만 성장하는 것은 아닙니다. 집중을 통해 자본은 훨씬 빠른 속도로, 훨씬 큰 규모로 성장합니다. 그런데 우리는 자본의 성장과 함께 자본의 구성, 더 좁혀 말하면 자본의 기술적 구성이 크게 변한다는 걸 알고 있습니다. 자본이 집중을 통해 훨씬 빠른 속도로, 훨씬 큰 규모로 성장한다면 그만큼 자본의 집중은 자본의 기술적 구성을 빠른 속도로, 큰 규모로 바꾸어놓는다고도 말할 수 있을 겁니다. 자본의 집중은 이 점에서 중요한 겁니다.

──── 자본의 축적에 따른 노동의 절약─임금노동자가 되지 못한 노동인구 ────
마르크스가 『자본』 제23장에서 자본의 집중을 간략하게나마 다룬 것은 그 집중이 자본의 규모를 비약적으로 키우기 때문이고, 이것이 자본의 기술적 구성을 변동시키기 때문이며, 노동자계급의 운명이 큰 영향을 받기 때문입니다. 그래서 우리는 이번 장에서 자본의 집중(그리고 그 수단으로서 신용제도) 자체에 관심을 두지 않습니다. 자본집중이 "합병(Annexion)이라는 폭력적인 방식으로 이루어지든 (…) 주식회사의 형성이라는 부드러운 방식으로 이루어지든" 아무런 상관이 없습니다. "경제적 효과는 동일"하니까요. 대규모화된 자본은 "총노동의 포괄적 조직화를 위한 출발점"이 됩니다. 개별적으로 흩어져 있던 생산과정을 "사회적으로 결합시키고 과학적으로 배치"하는 것이지요.[김, 855~856; 강, 856] 노동을 광범위하게, 효과적으로 조직한다는 것은 그만큼 노동을 절약한다는 뜻입니다. 노동에 대한 수요를 상대적으로 감소시키지요. 자본의 점진적 축적을 통해서도 이런 경향이 나타납니다. 하지만 축적은 집중에 비할 바가 아닙니다. "만약 세계가 축적을 통해 개별 자본들이 철도를 건설할 수 있을 만한 규모가 될 때까지 기다려야 했다면 세계에는 아직 철도가 건설되지 않았을 것이다."[김, 856; 강, 855] 개별 자본을 축적해서는 도달할 수 없는 규모의 자본을 집중을 통해 만들어낸 겁니다. 주식(신용제도)을 통해 사회에 흩어져 있던 자본을 하룻밤 사이에 만들어냈지요.

그러나 오해하지 말아야 합니다. 사실은 "하룻밤 사이에 용접된 자본덩어리"도 여느 자본과 똑같은 자본입니다. 집적한 것이든 집중한 것이든, 자본은 자본으로서 운동합니다. 잉여가치를 생산하고 스스로를 늘려가지요. 지금까지 축적(집적)과 집중을 구분해서 봤습니다만 원리상 그렇다는 것이고 실제로는 축적된 자본과 집중된 자본이 따로 존재하지 않습니다. 축적 운동은 계속 진행되고 있으며, 이따금 집중을 통해 그 덩치가 비약적으로 커지는 일이 생기는 것이지요. 따라서 집중은 축적의 용수철 내지 지렛대 역할을 한다고 말하는 편이 옳을 겁니다.[김, 856; 강, 856] 축적이 진행되면 추가자본은 최신의 '산업적 개량'이 반영된 생산수단, 이를테면 최신 기계를 도입하는 데 이용될 겁니다. 그만큼 생산성 향상이 일어나겠지요. 하지만 일정 시점이 지나면 예전에 축적된 자본도 생산수단을 교체해야만 합니다. 그러니 그때는 새로운 생산수단을 구입하겠지요. 자본은 나이 들지 않습니다. 예전에 축적된 자본도 새로운 생산수단을 이용하는 순간 추가자본만큼이나 젊은 심장을 가지고 운동을 합니다. 말 그대로 "머리부터 발끝까지 다시 태어나는" 겁니다.[김, 856; 강, 856] 이렇게 되면 새로 추가된 자본만이 아니라 예전 자본까지 용수철 신발을 신은 듯 생산성이 크게 높아집니다. 지난 장에서 말한 자본의 팽창 능력이 이것이지요(843쪽 참조). 노동생산성의 비약적 증대는 앞서 말한 것처럼 기술적 구성을 크게 변화시킵니다. 훨씬 더 많은 기계와 원료를 훨씬 더 적은 노동으로 처리할 수 있게 되지요. 그리고 이런 일은 "이 갱신과정을 통과하는 자본이 집중 운동에 의해 미리 대량으로 집중되어 있으면 있을수록 당연히 그만큼 더 커"질 수밖에 없지요.[김, 857; 강, 856]

그럼 노동자들은 어떻게 될까요. 이미 노동인구로 편성된 다수의 사람들은 어떻게 될까요. 새로 추가되는 자본은 '산업적 개량' 때문에 노동자를 점점 더 적게 흡수합니다. 이는 추가자본은 이전만큼의 고용 효과를 갖지 않는다는 뜻입니다. 그런데 여기에 예전의 자본까지 새로운 자본으로 갱신됩니다. 새로운 자본만이 아니라 예전의 자본도 기술적 구성이 바뀌는 것이지요. 이것은 추가자본의 경우와는 또 다른 이야기입니다. 추가자본의 경우에는 자본 크기에 비해 예전만큼 고용할 수는 없다는 뜻이지만, 예전 자본의 갱신으로 나타난 효과는 현재 고용되어 있는 노동자들까지 불필요한 존재가 된다는 뜻입니다. 전자가 추가로 고용할 사람이 많지 않다는 것이라면 후자는 지금 일하고 있는 사람이 나가야 한다는 뜻입니다. 노동인구의 상당수는 고용되지 않는 노동인구, 임금노동자가 되지 못하는 노동인구로 남습니다. 게다가 자본의 구성이 바뀌면서 공장에서는 노동자들을 계속해서 토해냅니다. 공장이 상대적 잉여가치를 생산하면서 잉여노동자 즉 상대적 과잉인구 또한 생산하는 것이지요. 노동력을 팔지 않고서는 살길이 없는 사람들인데, 그 노동력이 팔리지 않는 사람들 말입니다. 이들 고용되지 않은 노동인구, 상대적 과잉노동인구의 비참한 운명에 대해서는 다음 절에서 이야기를 이어가겠습니다.

──────── 자본구성의 변동은 부르주아지의 운명도 재촉한다 ────────
자본구성의 변화가 꼭 노동자계급의 비참한 운명만 예고하는 것은 아니라는 점을 언급해두고자 합니다. 『자본』 III권에서 마르크스는 사회 전체적으로 자본의 유기적 구성이 고도화되면, 자본의 이윤율이 경향적으로 저하한다는 법칙을 내놓습니다.[21] 몇몇 분야가 아니라 사회의 거의 모든 생산 분야에서 유기적 구성이 높아진다면 총자본의 이윤율은 떨어질 거라는 이야기입니다. 『자본』 III권에서 다룰 내용을 여기서 자세히 다룰 필요는 없겠습니다만, 지금까지 우리가 알고 있는 내용만으로도 이 법칙 자체를 이해하는 것은 어렵지 않습니다. 이윤율(p)은 투자액($C+V$) 대비 이윤량(s)으로 나타냅니다. 분모와 분자를 가변자본(V)으로 나눠보면 다음과 같이 변형시킬 수 있지요.

$$p = \frac{s}{C+V} = \frac{\dfrac{s}{V}}{\dfrac{C}{V}+1}$$

이 정식의 분모를 볼까요. 자본의 유기적 구성($\frac{C}{V}$)을 나타내는 항이 거기 들어 있습니다. 마르크스가 말한 '이윤율의 경향적 저하 법칙'의 내용 자체는 아주 단순하고 자명한 것입니다. 분자에 있는 잉여가치율(노동착취도)($\frac{s}{V}$)이 일정하다고 할 때, 분모에 있는 자본의 유기적 구성 값($\frac{C}{V}$)이 커지면 이윤율(p)은 떨어질 수밖에 없습니다. 분자가 일정할 때 분모가 커지면 분수 값이 작아지는 건 당연한 이야기지요. 문제는 현실적으로 이 법칙의 조건들이 충족되느냐 하는 건데요. 마르크스는 이러한 경향을 상쇄하는 몇 가지 요인(노동착취도 증대, 노동력 가치 이하로의 임금 인하, 불변자본 요소들의 저렴화, 상대적 과잉인구, 대외무역, 주식자본의 증가 등[22])이 있다고 했습니다. 반드시 관철되는 법칙은 아니라는 거죠.

그러나 유기적 구성의 고도화는 노동자계급의 미래만큼이나 자본가계급의 미래에 대해서도 불길한 조짐인 것은 사실입니다. 먹구름이 모여든다고 반드시 천둥이 치는 것은 아니지만 그럴 조짐이 보인다고는 할 수 있지요. 자본축적과 더불어 자본의 유기적 구성이 고도화되는 경향이 있다는 것은 자본에게 자신의 죽음을 향해 달려가는 경향이 있다는 뜻입니다. 처음에 자본은 노동인구의 형성, 노동자계급의 형성에 주력했습니다. 노동하는 빈민이야말로 자본가가 부를 캐내는 보물광산이었으니까요. 그러다가 자본은 더 많은 부를 캐내는 과정에서 '노동하지 않는 노동인구'(상대적 과잉 노동인구)를 양산합니다. 더 많은 부를 얻기 위해 광산을 더욱 파고들면서 흙더미와 함께 잉여노동자 더미를 밖으로 쏟아내는 겁니다. 자본가들은 경쟁적으로 땅을 팝니다. 자신들이 딛고 선 바닥이 무너지는 것도 모르고 말이지요.

젊은 시절 마르크스와 엥겔스는 부르주아지의 운명을 이렇게 저주했습니다. "대공업의 발전과 더불어 부르주아지가 생산하며 생산물을 전유하는 그 토대 자체가 부르주아지 발밑에서 무너져간다. 부르주아지는 무엇보다 자기 자신의 매장인을 만들어낸다."[23] 나는 지금 이 말이 떠오릅니다. 땅은 깊이 파였고 흙더미와 함께 잉여인간들, 잉여노동자들이 구덩이 바깥에 쌓여 있습니다. 그러다가 갑자기 바닥이 꺼지면서 생산을 지휘하던 부르주아지가 구덩이 안으로 굴러 떨어집니다. 구덩이 바깥에는 그를 매장할 매장인과 매장용 흙이 준비되어 있습니다. 그것을 준비한 것은 부르주아지 자신입니다. 스스로 그런 운명을 재촉한 것이지요.

자본주의 시대의 인구법칙과 잉여노동자

자본구성의 고도화가 사회 전체로는 이윤율의 경향적 저하를 가져온다고 했는데요. 그럼에도 자본가들은 왜 이런 방향으로 나아갈까요. 자본가들의 눈에는 코앞의 이익과 그것을 다투는 경쟁자들만 보이니까요. 새로운 기계의 도입으로 노동생산력이 증대하면 자본가는 경쟁자들을 물리치고 많은 이윤을 얻을 수 있습니다. 마르크스의 표현을 빌리자면 '자본의 양적 확대'를 넘어 '자본구성의 질적 변동'으로까지 나아가면 높은 이윤율이 보장됩니다.[김, 857, 각주 11; 강, 856~857, 각주

77c] 그런데 이렇게 개별 자본들이 경쟁하다 보면 전체적으로는 이윤을 더 늘리기가 쉽지 않은 상황, 곧 총자본의 수준에서는 이윤율의 경향적 저하가 나타나는 겁니다. 『자본』에는 이런 이야기가 많이 나옵니다. 개별 자본가들은 경쟁적으로 눈앞의 이익을 쫓습니다. 눈앞의 이익이 크고 선명해 보일수록 전체에 대해서는 맹목이 됩니다. 운명은 함께 엮여 있는데("잡히면 함께 죽는다") 눈앞의 이익을 두고는 서로가 경쟁자 내지 적대자가 됩니다. 자신들의 행동으로 사회가 어디로 가게 되는지는 알지도 못하고("저들은 자신이 행한 것을 알지 못하나이다") 애초에 관심도 없지요("뒷일은 몰라!"). 전체에 대해서는 누구도 볼 수 없고 누구도 책임지려 하지 않습니다. 자본주의의 법칙, 자본주의의 운명은 이런 맹목과 무책임 속에서 관철됩니다.

─────── 마르크스가 말하는 자본주의 시대의 '인구론' ───────

이제 본격적으로 자본구성의 고도화에 따른 잉여노동자(Surplusarbeiter)의 생산에 대해 살펴보겠습니다. 앞서 말한 것처럼 자본주의 특유의 생산방식과 노동생산력의 발전은 자본 구성을 높입니다. 자본축적 규모가 커질수록 자본구성도 높아지지요. 사실은 축적의 진행(사회적 부의 증대, 총자본의 성장) 속도보다 자본구성(기술적 구성)의 변화 속도가 더 빠릅니다. 그사이 기술변혁이 일어나기 때문이지요. 노동생산력이 높아지면 동일 자본 대비 사용 노동량이 상대적으로 줄어듭니다. 그래서 추가자본의 경우 기존 자본에 비해 가변자본의 크기가 상대적으로 작습니다. 게다가 어느 시점을 지나면 기존 자본도 생산수단을 갱신하기 때문에 추가자본처럼 기술변혁의 효과를 누립니다. 그럼 자본의 구성은 더 높아지지요.[김, 857~858; 강, 857]

총자본의 규모가 커질수록 가변자본(가변성분)이 차지하는 상대적 비중은 줄어듭니다. 그것도 총자본의 증가 속도보다 훨씬 빠른 속도로 감소하지요. 이 경우 어떤 시각적 기만이 생겨납니다. 가변자본의 상대적 크기 감소가 노동인구의 절대적 증가로 '보이는'(scheinen) 것이지요. 사실은 자본이 상대적으로 과잉인 노동인구를 만들어내고 있는데, 겉보기에는 노동인구 자체가 너무 늘어서(노동자가 노동자를 너무 많이 낳아서) 자본이 그 속도를 따라잡을 수 없는 것처럼 보입니다.[김, 858; 강, 858] 물론 지금 이 이야기는 사회 전반적으로 큰 틀에서 일어나는 변화이고요. 각각의 시기 내지 국면에 따라 상황은 달라질 수 있습니다. 앞서도 말했지만 실제 역사에서는 자본축적이 구성의 큰 변화 없이 진행되는 때도 있고, 구성에 큰 변화가 생겨나는 때도 있으니까요. 자본구성이 크게 변한 후 그 구성이 일정 기간 안정적으로 유지될 때도 있고요. 자본주의적 생산에서는 호황과 불황의 주기가 나타나는데요, 자본구성에도 이런 주기성이 나타날 수 있습니다. 동일한 시기에도 산업부문에 따라 상황은 얼마든지 달라질 수 있습니다. 어떤 부문에서는 자본구성이 불변인 채로 축적이 진행되지만 또 어떤 부문에서는 자본구성의 급격한 변동이 일어날 수 있습니다. 전자의 경우라면 자본축적과 더불어 노동력에 대한 수요도 증대할 겁니다. 그러나 후자의 경우라면 추가노동력을 흡수하지 못하는 것은 물론이고 기존의 노동력도 방출할 가능성이 높지요.[김, 858~859; 강, 858]

또 다른 경우도 있습니다. 해당 부문의 자본규모 자체가 크게 팽창하면서 기술적 변동에도 불구하고 가변자본의 절대적 규모가 꽤 커지는 경우가 있을 수 있지요. 이 경우 불변자본에 대한 가변자본의 상대적 비중은 줄었지만 절대적 크기가 커져 추가 고용이 이루어질 수 있습니다. 짧은 시기에 큰 변동이 일어난 경우에는 노동력을 많이 흡수했다가 다시 그 이상으로 뱉어낼 수도 있고, 한 부문에서 노동력을 흡수한 것 이상으로 다른 부문에서 방출할 수도 있습니다.[김, 859; 강, 858] 그런데 이렇게 필요 노동력을 흡수하고 불필요한 노동력을 내뱉기 위해서는 하나의 전제가 필요합니다. 저수지의 물처럼 노동인구가 충분히 고여 있어야 합니다. 그래야 빨아들이고 내뱉는 일이 원만하게 이루어질 수 있습니다. 이는 인구 대다수가 언제든 노동 가능한 집단 즉 노동인구로 편성되어 있어야 한다는 뜻입니다. 노동인구가 취업인구(임금노동자) 규모보다 훨씬 커야 한다는 뜻이기도 하지요. 이처럼 노동인구가 취업인구보다 많은 상황을 상대적 과잉인구(과잉 노동인구)라고 부릅니다.

자본주의는 이 같은 노동인구의 과잉 상태를 필요로 하며 자본축적과 함께 이런 상황이 만들어집니다. 자본주의는 자본의 기술적 구성을 고도화하는 쪽으로 발전하는데 이것이 상대적 과잉인구의 규모를 키웁니다. 한편으로는 구성이 급격히 고도화되면서 취업 상태에 있던 노동자를 축출하는 방식으로(노골적 추방), 다른 한편으로는 추가노동력(신규 취업자)을 흡수하는 통로를 줄이는 방식으로(은밀한 추방) 그렇게 합니다.[김, 859; 강, 858] 자본의 규모가 커지면 커질수록, 자본관계가 확장되고 거기에 포섭되는 사람들이 많아지면 많아질수록, 그리고 노동생산력이 발전하면 할수록, 자본이 빨아들였다 내뱉었다 하는 인간재료의 규모는 커집니다. 처음에는 드물게 어떤 시기 어떤 산업부문에서만 일어난 일들이, 점차 전체 산업부문에서 상시적으로 일어납니다. 게다가 자본구성의 고도화와 함께 이런 인구가 더 많아집니다. 노동인구 중 임금노동자보다 잉여노동자가 더 빨리 늘어나는 것이지요. 일자리가 늘어나는 속도보다 인구가 늘어나는 속도가 더 빠른 겁니다. 이것이 사람들의 눈에 인구 증가 속도가 먹을 것의 증가 속도보다 빨라 보이는 이유입니다.

그러나 이것은 그렇게 '보이는' 것입니다. 이 '과잉인구' 현상은 절대적인 게 아니라 상대적인 것입니다. 상대적 과잉인구라는 것이지요. 그리고 이 현상을 낳은 것은 생물학적 출산이 아니라 산업적 출산입니다. 맬서스의 생각처럼 가난한 사람들이 아이를 너무 많이 낳았기 때문이 아니라는 겁니다. 사실 가난한 노동자들은 노동력의 '과잉/과소' 공급을 결정할 수 있는 존재가 아닙니다. 단지 자본의 축적 상황에 따라 노동자들이 적어 보이기도 하고 많아 보이기도 하는 것이지요. 전반적으로 보면 자본의 축적과 더불어 점점 노동자들이 불필요한 존재, 잉여의 존재, 상대적 과잉인 존재로 나타나는 경향이 있습니다.[김, 860; 강, 859] 바로 이것이 마르크스가 주장하는 자본주의 시대의 인구론입니다.

이 책을 시작하면서 나는 마르크스의 정치경제학 비판에서 '역사성'을 특별히 강조한 바 있습니다. 그의 역사유물론은 사회를 지배하는 법칙을 드러냅니다. 그런데 이 법칙은 철저히 역사적인 것입니다. 마르크스는 『자본』 제2독일어판 후기에서 러시아 경제학자 카우프만의 논평을 인용했었죠. 자신의 방법을 아주 정확하게 묘사했다면서요. 여기서 카우프만은 말했습니다. 마르크스는 현재와 과거에 모두 통용되는 경제생활의 일반법칙을 부인한다고, 그런 시대를 관통하는 '추상적 법칙'은 존재하지 않는다고, 각각의 역사적 시기는 자기 자신의 법칙을 가지고 있다고. 나는 카우프만이 이 논평을 쓸 때 지금 우리가 다루고 있는 부분을 떠올렸을 거라고 생각합니다. 자본주의적 인구법칙을 다룬 이곳 말입니다. 마르크스는 자본축적이 어떻게 과잉인구의 생산으로 이어지는지를 설명한 뒤 이렇게 쓰고 있습니다. "이것이 자본주의적 생산양식에 고유한(eigentümliches) 인구법칙인데, 실제로 모든 역사적으로 특수한 생산양식들은 자신의 특수하고 역사적으로만 유효한(historisch gültigen) 인구법칙을 갖고 있다. 추상적 인구법칙이란 인간이 역사적으로 간섭하지 않는 한에서 동식물에게나 존재하는 것이다."[김, 861; 강, 860] 마르크스는 여기서 아주 분명하게 주장하고 있습니다. 모든 시대에 관철되는 추상적 인구법칙이란 없으며 모든 시대, 모든 생산양식은 그 시대 그 생산양식에서 통용되는 고유의 인구법칙을 갖는다는 것, 인간과 관련해 역사와 무관한 자연(본성)법칙이 있는 것처럼 말하면 안 된다는 것, 만약 그런 게 있다면 자연에서나 찾으라는 것을 말이지요(사실은 인간과 무관한 자연도 더는 없습니다).

맬서스의 『인구론』은 '인구론'인가 '빈곤론'인가

여기서 토머스 R. 맬서스의 『인구론』을 언급하지 않을 수 없겠지요. 그는 자신의 인구론을 "모든 시대, 모든 국가를 통해서 인정할 수밖에 없는 진리"라고 했습니다.[24] 그의 주장은 간단합니다. 강력한 억제작용이 가해지지 않는 한 인구는 본성상 생존 자원의 증가 속도보다 더 빨리 증가한다는 겁니다. 이것이 엄밀한 자연법칙이라는 걸 보이고 싶었던지 구체적 수치까지 제시했습니다. "한 가지 확실하게 말할 수 있는 것은 인구 증가 경향에 어떠한 억제도 가해지지 않는다면 세계 인구는 25년마다 2배로, 기하급수적으로 늘어날 것이라는 점이다." 반면 "오늘날의 평균적인 토지 상태를 감안할 때 생존 자원은 인간이 일하기 가장 유리한 조건에서조차 산술급수적으로 증가한다."[25]

그런데 이 '진리'의 근거는 너무 빈약합니다. 논리적 근거가 없는 것은 물론이고, 법칙을 확인해줄 통계 자료도 충분하지 않습니다. 맬서스가 제시한 자료로는 인구가 25년마다 2배씩 증가한다는 것도 입증할 수 없고, 식량이 산술급수적으로 증가한다는 것도 입증할 수 없습니다. 단지 인구가 빨리 증가하고 있다는 인상을 받을 뿐이지요. 모든 시대를 관통하는, 인구에 관한 진리라기보다 자기 시대 인구 증가에 대한 인상을 진리로 포장했다고 할까요. 맬서스의 『인구론』은 학자의 추론보다는 목사의 설교처럼 들립니다. 회개하라, 곧 심판의 날이 닥친다! 해결책을 도출하는 과정도 법칙을 도출하는 과정만큼이나 단순한데요, 맬서스에 따르면 인구에 대한 예방적 억제책과 적극적 억제책이 있습니다.[26] 적극적 억제책이란 살아 있는 사람들을 사라지게 하는 겁니다. 전쟁이나 빈곤으로 인구가 줄어드는 것이지요. 물론 맬서스가 이것을 추구하지는 않습니다. 문명화된 나라라면 예방적 억제책을 추구해야 한다고 하는데요, 즉 사람들을 태어나지 않게 하는 것이지요. 결혼을 하면 아이가 생길 테니 결혼을 최대한 미루게 합니다. 성적 욕망을 부부 사이가 아닌 다른 곳에 발산하게 하거나(비도덕적 해법), 이성(理性)으로 이 욕망을 이겨내고(금욕) 가족부양의 능력이 생길 때까지 결혼을 미루는 것이지요. 바람직하고 도덕적인 해법은 물론 후자입니다.[27]

이렇게 단순한 주장을 담은 책, 그것도 근거가 매우 불충분한 책이 그토록 큰 반향을 불러일으킨 이유는 무얼까요. 맬서스는 자신의 인구론이 모든 시대를 관통하는 진리라고 했지만, 우리는 그의 인구론을 그의 시대 속에서, 시대의 산물이

자 징후로서 읽어볼 필요가 있습니다. 맬서스의 주장이 먹힌 것은 당시 대중들도 인구에 대해 비슷한 인상을 받았기 때문일 겁니다. 도처에 인구가 넘쳐난다는 느낌을 받았을 수 있습니다. 일자리를 찾아 많은 사람이 도시로 몰려들 때니까요. 그리고 이 때문에 많은 문제가 생겨났습니다. 인구 증가가 좋은 일이 아니라는 생각이 들었을 겁니다. 이는 예전 사람들이 가졌던 생각과 다릅니다. 맬서스가 말한 것처럼 과거의 정치가들은 '높은 출생률'을 부강한 국가의 지표로 간주했습니다. 잘사는 나라에서는 인구가 번성하며 인구가 번성하는 곳이 부강한 나라라고요. 그런데 맬서스는 "높은 출생률보다 더 나쁜 징조는 없"다고 말하고 있습니다.[28] 인구가 국력이 아니라, 국력을 저해하는 요인이라고 본 것이지요. 과거 정치가들의 생각이 그들만의 생각이 아니었듯 맬서스의 생각도 그만의 생각은 아니었을 겁니다. 당시 런던 시민들도 온갖 곳에서 몰려든 수많은 사람을 문젯거리로 여겼겠지요.

그런데 우리가 특히 눈여겨보아야 할 것은 맬서스가 '인구'를 '식량'과 연결짓고 있다는 사실입니다. 인구가 그냥 많은 것이 아니라 '생존수단에 비해' 많다는 거죠. 먹고살 것도 갖추지 못한 사람들이 너무 많다는 게 인구문제의 핵심입니다. 인구과잉의 문제란 사실상 빈민과잉의 문제인 것이지요. 런던이나 맨체스터 같은 대도시에는 정말로 빈민이 많았습니다. 처참한 주거 환경에도 불구하고 굴을 파고서라도 살기 위해 몰려든 사람들 말입니다. 이걸 보고 엥겔스가 말했지요. "이 세상에는 프롤레타리아들이 차고 넘친"다고(442쪽 참조). 또한 당시는 기계제 대공업이 본격화할 때입니다. 기계제로 전환하는 과정에서 많은 노동자가 일시에 쏟아져 나왔습니다. 마르크스에 따르면 노동자계급 상당수가 과잉인구화될 무렵의 일입니다. "증기 직기가 영국에서 80만 명의 직공을 거리로 내쫓았다고 할 때, 그 말은 현존하는 기계를 대체하기 위해 그만큼의 노동자가 필요하다는 말이 아니라 실제로 기계에 의해 대체되거나 쫓겨난 노동자 수가 그렇다는 뜻이다."[김, 580; 강, 578] 19세기 초 전통적인 수직기를 쓰던 영국의 직조공들은 마르크스가 "세계 역사상 이처럼 처참한 광경은 없었다"라고 썼을 만큼 비참한 모습으로 거리에 쏟아져 나왔습니다.[김, 582; 강, 580]

실제로 맬서스의 『인구론』을 읽어보면 이것이 인구 일반의 문제가 아니라 빈민의 문제라는 것을 알 수 있습니다. 책 제목이 '인구론'이 아니라 '빈곤론'이 되어야 하는 게 아닌가 하는 생각이 들 정도입니다. 이 책은 '인구론'으로서는 법칙의 도출 과정도 엉성하고 결혼을 자제하라는 해법도 그렇게 현실적으로 보이지 않지만, 그것이 '빈곤론'이라고 보면 그렇지 않습니다. 빈곤의 원인에 대한 주장으로서는 아주 논쟁적이거든요. 이것이 이 책이 당대 큰 반향을 일으킨 진짜 이유가 아닐까 싶습니다. 당시 빈곤의 문제, 특히 '구빈법'은 가장 뜨거운 주제였습니다. 19세기 초에 사람들은 전대미문의 '부'와 함께 전대미문의 '빈곤'을 목격했습니다. 부와 함께 증대하는 '빈곤'은 당시 정치경제학자들의 최대 현안이었을 뿐 아니라, '사회'에 대한 새로운 견해가 출현하게 된(그래서 '사회학'과 '사회주의'를 탄생시킨) 배경이었습니다(28~29쪽 참조).

맬서스 역시 자신의 주장이 빈곤 문제를 겨냥하고 있음을 시사했습니다. 제2판 서문(1807)에서 맬서스는 "논의 과정에서 자연스럽게 사회의 현재 상태에 이 원칙[인구론]이 미치는 효과를 검토하게 되"었고, 그 결과 자신의 주장이 "모든 나라의 하층계급에서 엿볼 수 있는 빈곤과 비참의 많은 부분을 해명하고 또 이들을 구제하려고 하는 상층계급의 노력들이 반복적으로 실패한 이유를 해명해"준다는 것을 알게 되었다고 했습니다[29](아마 실제 순서는 반대였을 겁니다. 인구론 덕분에 빈곤 문제에 대한 해결책을 얻은 것이 아니라 빈곤 문제에 대한 대답으로 인구법칙을 제시했을 겁니다). 그는 『인구론』에서 애덤 스미스의 '연구'(Inquiry; 『국부론』 즉 '국민들의 부의 본성과 원인에 대한 연구')가 대상으로 삼은 것과는 다른 대상, 서로 깊이 연관되어 있지만 훨씬 더 흥미로운 다른 대상을 연구한다고 했습니다.[30] 바로 하층계급의 행복(happiness)과 안위(comfort)의 원인에 대한 연구입니다. 스미스가 부의 원인을 밝히고자 했다면, 자신은 빈곤의 원인을 밝히는 데(그렇게 해서 빈민들을 행복하게 만드는 데) 관심이 있었다는 것이지요.

맬서스에 따르면 인구 증가는 "하층계급을 빈곤의 구렁텅이에 내몰고 생활환경 개선을 어렵게 만드는 주요 원인"입니다.[31] 노동자가 많으면 임금이 떨어지고 식량 가격이 오릅니다. 이는 동일한 식량을 얻기 위해 더 많은 노동을 해야 한다는 뜻입니다. 물론 임금이 떨어지면 지주들은 새로운 토지를 개간해서 식량 공급을 늘릴 수 있지만, 이런 식으로 생존조건이 개선되면, 인구 증가의 자연법칙 즉 인구는 생존조건 향상과 더불어, 아니 그 이상으로 증가한다는 법칙이 작동해 개선 효과를 금세 사라지게 합니다. 물론 목사인 맬서스가 생육하고 번성하라는 신의 계명을 어기려는 것은 아닙니다. 다만 그에 따르면 신은 "식량도 부족하고 비좁고 더러운 오두막살이에 군집해서 살아가는 비천한 하층계급"을 유행병의 희생자로 만들면서 인구 증가에 관해 계시했습니다. 생육하고 번성하되, 생존 자원의 증가에 맞춰 인구를 늘려야 한다고요. 인구 증가의 적절한 조절과 지도가 필요하다는 거죠. 그것은 "자녀를 양육할 수 있을 때까지는 결혼을 하지 않"는 것입니다.[32]

그런데 이러한 조절과 지도는 상류계급에 해당하는 이야기가 아닙니다. 부양 능력도 없으면서 자식을 낳는 빈민들의 문제지요. 재밌는 것은 맬서스가 상류계급은 인구문제를 걱정할 필요가 없다면서 그 이유를 부양 능력에서 찾고 있지 않다는 점입니다. 그에 따르면 "상류계급은 교육 및 신분과 결부된 자존심과 독립심으로 인해 결혼에 대한 예방적 억제를 스스로 실천할 수" 있습니다.[33] 상류계급은 지적이고, 이성적이고, 독립심이 강해서 무턱대고 자식을 낳아 그 경제적 부담으로 지위가 하락하고 사회에 의존해 살아가야 하는 행동을 하지 않는다는 것이지요. 결국 관건은 무지하고 비이성적이며 의존적인 빈민들이 그 행동을 고치는 겁니다. 맬서스는 "노동계급의 분별력과 통찰력을 신장시키는 것이야말로 문제 해결에 접근하려는 모든 계획이 갖춰야 할 기본원리"라고 했습니다.[34] 『인구론』이 누구를 겨냥해서 쓰인 것인지 분명히 한 셈이지요. 이 책은 상층계급에게는 필요가 없습니다(물론 상층계급이 가장 좋아하겠지만요). 이 책은 하층계급에게 빈곤의 원인과 해법을 가르치는 책입니다. 하층계급이 빈곤한 이유는 무엇인가. 부양 능력도 안 되면서 아이를 너무 많이 낳은 것이죠. 하층계급은 신이 유행병과 굶주림을 통해 여러 번 계시했음에도 그 메시지를 알아듣지 못하는 사람들입니다. 인구법칙에 대한 빈민들의 무지와 무분별, 부도덕이 빈곤의 원인인 셈이지요. 맬서스는 『인구론』을 하층계급의 행복과 안위에 대한 연구라고 했는데요. 그렇다면 어떻게 하층계급을 행복하게 만들 수 있는가. 그의 답변은 이런 겁니다. "인구원리가 하층계급의 삶에 지대한 영향을 미친다는 사실, 그리고 그들의 행복과 불행은 그들 자신의 행동에 의해 결정된다는 사실을 반복적으로 강조하고 교육해야 한다."[35]

──────── 마르크스의 특별한 주석─너무나 반혁명적인 맬서스에 관하여 ────────
마르크스가 맬서스에게 얼마나 분노했을지 상상이 갑니다. 그는 맬서스를 비난하는 아주 긴 주석을 달았습니다. 『자본』에서 가장 긴 주석이 아닐까 싶은데요. 이 주석에서 마르크스는 『인구론』을 가리켜 "이 소책자가 불러일으킨 대단한 열풍은 오로지 당파적 이해(Parteiinteressen)에서 나온 것"이라고 했습니다.[김, 842, 각주 6: 강, 842, 각주 75] 『인구론』이 당시 영국에서 거둔 성공의 비밀은 과학성이 아니라 당파성에 있다는 뜻입니다. 실제로 『인구론』을 그 시대 속에서 읽으면 맬서스를 내몬 충동, 맬서스로 하여금 이 책을 쓰게 만든 충동을 읽어낼 수 있습니다. 이 책의 초판은 1798년에 출간되었습니다. 프랑스혁명이 일어나고 얼마 지나지 않았을 때죠. 마르크스에 따르면 당시 영국에는 프랑스혁명의 열렬한 지지자들이 있었습니다. 지배계급은 프랑스혁명의 여파가 영국까지 전달되는 것을 우려했습니다. 마르크스에 따르면 '인구법칙'은 프랑스에서 18세기부터 발전했고, 혁명 즈음에는 당시 확산되던 진보주의 이념, 이를테면 "콩도르세(Marquis de Condorcet)의 학설에 대한 해독제로서 효능"을 크게 인정받았습니다. 영국의 과두정부 역시 이 학설을 "인간 진보에 대한 모든 열망을 박멸하는 방책"으로 환영했다고 합니다.[김, 842, 각주 6: 강, 842, 각주 75]

『인구론』은 이런 분위기에서 나온 책입니다. 초판을 익명으로 출간했는데요. 출간되자마자 격렬한 논쟁의 대상이 되었습니다. 매우 당파적인 책이었으니까요. 오랜 연구 성과를 담은 학술서라기보다 사회적 긴장감이 높던 시기에 소위 불온 세력들에게 싸움을 걸기 위해 쓴 논쟁서였다고 할 수 있습니다. 맬서스는 표지에 자신이 겨냥하는 적들의 이름을 거명했습니다. 부제에 "고드윈, 콩도르세 그리고 그 밖의 몇몇 저자들의 생각에 대한 논평"이라는 말을 넣었지요. 나중에 여러 차례 개정판을 냈는데요. 표지에서는 이름을 뺐지만 본문에는 비판 대상을 추가했습니다. 이를테면 『인간의 권리』를 쓴 토머스 페인(Thomas Paine)이나 협동조합 실험으로 주목받던 로버트 오언 같은 사람이 추가되었죠. 이들은 모두 빈곤에 대한 국가와 사회의 책임을 환기하고 빈민에 대한 사회부조를 주장했던 사람들입니다.

맬서스의 비판을 읽다 보면 그가 비판한 사람들보다 그의 정체를 더 잘 알게 됩니다. 이를테면 그는 콩도르세를 개인이 아니라 하나의 당파로, 즉 "혁명 초기 프랑스 지식인들의 일반적 사고방식"으로 받아들입니다. 콩도르세를 비판하는 것이 그 개인에 대한 비판이 아니라 프랑스혁명을 추동한 이념에 대한 비판임을 내비친 것이지요.[36] 콩도르세는 "노동력 외에는 생계를 해결할 아무런 수단도 없는" 다수의 사람들이 사회의 생계수단을 생산하고 있는데 이들이 극심한 궁핍에 시달리고 있음을 지적했습니다. 사회를 떠받치는 것은 이들 가난한 생산자들이기에 이들을 돕기 위한 사회적 기금을 만들자고 했지요. 그런데 맬서스는 이 말을 콩도르세도 결국 사회 유지를 위해 '노동력 외에는 생계를 해결할 아무런 수단도 없는 인구'가 필요하다는 걸 인정한 셈이라고 우깁니다. 노동자들이 노동함으로써 사회가 유지된다는 것은 노동자들이 노동력을 계속 판매한다는 뜻이고, 이는 이들이 계속해서 그래야만 하는 상황에 놓여 있다는 뜻이라고요. 맬서스에 따르면 그런데도 콩도르세는 기금을 만들어 이들의 가난을 없애려고 합니다. 빈곤의 사회적 효용을 제거하는 거죠. 빈곤이 없어지면 과연 사회가 좋아지는가. "태어나는 아이들이 빈곤의 공포에서 해방된다면 인구는 엄청나게 빠른 속도로 증가할 것이 틀림없다."[37] 그러면 어떻게 될까. 맬서스의 인구론에 비춰보면 사회 전체가 암울한 상황에 빠지겠지요.

맬서스는 윌리엄 고드윈(William Godwin)에 대해서도 마찬가지 비판을 가했습니다. 고드윈은 프랑스혁명을 지지했던 영국의 철학자인데요. 『프랑켄슈타인』의 저자 메리 셸리의 아버지이기도 합니다. 혁명 직후인 1793년에 고드윈은 『정치적 정의』An Enquiry Concerning Political Justice를 썼습니다. 프랑스혁명을 비판했던 에드먼드 버크의 『프랑스혁명에 대한 고찰』Reflections on the Revolution in France을 비판한 책입니다. 맬서스는 이 책의 "커다란 오류는 문명사회에 만연한 죄악과 빈곤의 책임을 인간 사회의 인위적 제도에다 돌리고 있는 점"이라고 말합니다. 빈곤을 사회의 책임으로 보는 게 문제라는 거죠. 그에 따르면 사회제도에 오류가 있을 수는 있지만 이는 "자연의 법칙과 인간의 욕정에서 생기는 뿌리 깊은 해악과 비교해보면 경미하고 피상적인 원인에 불과"합니다. 즉 빈곤은 자연법칙인 인구법칙, 그리고 이 법칙을 모르고, 혹은 알면서도 욕망을 억제하지 못해 아이들을 낳은 사람들이 치르는 업보입니다. 콩도르세에 대한 비판과 마찬가지인데요. 설령 이상적인 사회제도가 만들어진다 해도 그것은 순식간에 무너질 겁니다. 이상적인 사회란 인구 증식에 좋은 사회니까요.[38]

이쯤 되면 우리는 그의 인구법칙이 어떻게 활용되었는지를 잘 알 수 있습니다. 실제로 맬서스는 『인구론』 집필의 의도가 진보주의자, 평등주의자 들에 대한 비판에 있었음을 밝히기도 했습니다. 개정판을 낼 때 그는 "새 개정판에는 윌리스(Wallace), 콩도르세, 고드윈 등 평등 제도에 관한 논의 부분을 빼는 것이 낫겠다는 충고를 들었다"라고 합니다. 그때 그는 확고하게 밝혔습니다. 평등주의를 다룬 "이 부분 때문에 이 책의 중심 주제를 연구하게 되었다"라고요. 따라서 이 부분에 대한 애착(partiality)이 있고, 그것이 아니더라도 "인구 원리에 근거한 평등주의 체계들에 대한 답변은 어딘가에 꼭 넣어야 한다고" 했지요.[39] 평등주의에 대한 맬서스의 비판은 두 가지로 압축됩니다. 첫째, 평등제도는 인간으로 하여금 생산활동에 나서도록 만드는 자극원(빈곤)을 없앰으로써 나태한 본성 속에 살게 합니다. 둘째, 아무리 좋은 사회라 해도 인구 증가를 막을 수는 없습니다. 인구는 생존 자원의 한계 이상으로 증가하는데 평등주의는 이러한 증가(특히 빈민들의 경우)를 부추깁니다.[40]

맬서스가 보기에 평등주의자들은 빈민들에 대한 연민을 보일 뿐 실제로는 "문제 위에 검은 베일을 뒤집어씌워 빈곤의 참된 원인을 은폐"합니다. 그에 따르면 빈곤의 참된 원인은 자연법칙인 인구법칙과 부양 능력이 없음에도 아이를 계속 낳는 빈민들에게 있음에도, 평등주의자들은 그 원인이 정부나 상류계급에 있다고 호도하고 선동합니다. 맬서스가 보기에 필요한 것은 노동자와 빈민에 대한 훈계입니다. 빈곤의 원인이 그들 자신에게 있다는 것, 사회나 정부가 도울 수 있는 일이 아니라는 것, 능력도 없이 아이들을 낳는 것은 사회에 부담을 지우는 일이며 그 자신도 가난 속에 빠뜨리는 일이라는 것, 신은 자연법칙을 통해 이성 있는 인간들에게 충분히 계시했으며(굶주림이나 질병을 통한 죽음), 신의 훈계를 따르기만 하면 얼마든지 피할 수 있는 질병을 노동자들이 스스로 초래하고 있다는 것 등을 일깨워야 한다는 겁니다.[41] 맬서스는 노동자, 빈민이야말로 문제 해결의 주체인 것처럼 말합니다. 생활을 개선하려면 당신들이 가진 유일한 상품인 노동력의 가격을 올리라고, 그런데 노동력 공급의 주체는 당신들 아니냐고, 당신들이 노동력 공급을 줄이면 가격이 오를 텐데 왜 그것을 실행하지 않느냐고요. 그는 노동자들에게 자신들이 가진 힘을 깨닫게 해주어야 한다고 했는데요. "그들 자신이 (…) 공급의 주체이기 때문에 오직 그들만이 이를 실행할 수 있는 힘을 가졌다는 것을 가르쳐주지 않으면 안 된다"라고요.[42] 그러나 이것은 '힘'의 환기가 아닙니다. '책임'의 추궁이지요. 즉 노동자들에게 상황을 타개할 힘이 있다고 말하고 싶은 게 아니라 빈곤의 책임이 노동자들 스스로에게 있다고 말하고 싶은 것이지요.

마지막 장에서 맬서스는 완전히 발가벗습니다. 맬서스가 어떤 인간인지, 『인구론』이 어떤 책인지, 그가 무엇을 두려워하고 있는지 모두 드러납니다. 그는 이렇게 말합니다. "[『인구론』에서 주장하는] 이런 진실이 대중적으로 더욱 널리 이해되기에 이른다면, 하층계급은 더 평화적이고 안정적인 계층이 될 것이며, 흉작 시에도 폭동과 소요를 일으킬 가능성이 줄어들고, 혁명으로 노동임금과 생활자원을 통제하는 것이 불가능하다는 것을 알고 있기 때문에 선동적인 출판물에 미혹되는 일도 적어질 것이다. 설사 그와 같은 진리가 빈민들의 결혼에 대한 태도에 아무런 뚜렷한 변화를 가져오지 않는다 하더라도, 단지 진리를 아는 것만으로도 정치적 관점에서 그들의 행위에 유효한 효과를 미칠 것이 분명하다. 그리고 그런 효과 중 가장 중요한 것은, 체제를 뒤엎으려는 불온한 움직임의 위협을 받지 않고도 중상류계급이 점진적인 정치 개혁을 추진할 수 있는 힘을 얻게 된다는 사실이다. 이 혁명적인 움직임에 대한 두려움은 현재 유럽의 여러 나라가 오래전 그 실현 가능성을 입증한 자유의 가치에 가장 큰 위협이 되는 요소라 할 것이다."[43] 맬서스는 빈민들의 공격 방향을 정부가 아닌 빈민들 스스로를 향하도록 만들고 있습니다. 빈민들에게 순응과 절제를 가르치자고, 그게 어렵다면 최소한 자책이라도 가르치자는 것이지요. 설령 결혼에 대한 빈민들의 태도를 바꾸지 못할지라도, 즉 빈민들이 아이를 낳는 것은 막지 못할지라도 그들이 혁명에 나서는 것은 막을 수 있다… 이것이 『인구론』의 진정한 목적입니다.

마르크스의 긴 주석이 폭로하는 것도 이것입니다. 맬서스의 책이 얼마나 당파적 이익에 철저하게 복무하는지 말입니다. 맬서스 같은 프로테스탄트 목사들이 개입하면서 정치경제학은 과학이 아니라 신앙처럼 되고 말았습니다. 학설이 설교가 되었다고 할까요. 빈곤 문제에 대한 해법이란 게 빈민들에게 청교도적 금욕주의를 교육하는 것입니다. 마르크스에 따르면 오랫동안 신성한 성직자들에게는 경제 문제, 돈 문제를 다루는 것이 금기시되었습니다. 그래서 "18세기 중엽까지도 저명한 경제학자였던 터커(Tucker) 목사는 자신이 맘몬(Mammon)을 다룬 것[돈 문제를 다룬 것]에 대해 변명"했을 정도입니다.[김, 842, 각주 6; 강, 842, 각주 75] 정치경제학은 오랫동안 목사들의 영역이 아니었습니다. 마르크스에 따르면 본래 정치경제학은 "홉스, 로크, 흄과 같은 철학자, 그리고 토머스 모어, 템플(Temple), 설리(Sully), 더빗(de Witt), 노스, 로, 반더린트, 칸티용(Cantillon), 프랭클린(Franklin) 같은 사업가나 정치가에 의해 연구되었으며, 이론적으로 큰 성과를 거둔 것은 페티나 바번(Barbon), 맨더빌, 케네처럼 주로 의사들"입니다. 그런데 '인구법칙'을 매개로 '인간의 생육과 번성'에 대해 떠드는 목사들이 들어온 것이지요. 인구법칙과 더불어 정치경제학에서 목사들의 시대가 열린 겁니다. 월리스, 타운센드, 맬서스, 차머스(Chalmers) 등이 모두 목사입니다. 마르크스는 이들 목사들이 '생육하고 번성하라'하는 신의 계명을 지키도록 하는 게 자신들의 사명이라고 주장하면서 "음탕하다 싶을 정도로 인구 증가에 기여"했으면서도 가난한 노동자들에게는 욕망을 억제하라며 "'인구법칙'을 설교했다"라고 조롱했습니다(그나마 맬서스는 독신으로 살면서 스스로 모범을 보였습니다).[김, 842, 각주 6; 강, 842, 각주 75]

이들 목사들은 정치경제학자들에 대한 설교자이자 심판자로 행세했습니다. 인구를 부의 토대로 간주한 윌리엄 페티는 목사들의 공공연한 적이었고 애덤 스미스는 무신론자인 흄을 칭송했다는 이유로 심판의 대상이 되었습니다. 스미스는 '비생산적 노동자'의 범주에 성직자 즉 목사도 포함했는데 이 또한 문제가 되었습니다. 목사 차머스는 스미스가 "프로테스탄트 목사를 염두에 두고 악의적으로 '비생산적 노동자'라는 범주를 고안한 게 아닌가" 하는 의혹을 제기했답니다. "주님의 포도밭에서 축복된 노동을 하는" 목사들을 두고 말이지요.[김, 842, 각주 6; 강,

842, 각주 75] 애초 마르크스의 이 주석은 "스미스의 제자들 중 18세기에 의미 있는 일을 한 유일한 사람"으로 이든에 대해 말하다가 단 것인데요. 사람들이 만약 스미스의 제자로 맬서스를 떠올린다면 이런 사실을 지적해주고 싶다며 이야기한 것입니다. 맬서스가 얼마나 당파적 이해에 충실한 인물인지, 그리고 맬서스와 같은 프로테스탄트 목사들이 인구법칙을 매개로 정치경제학에 대해 발언하기 시작하면서 정치경제학이 얼마나 망가졌는지(스미스를 발전시키기는커녕 스미스로부터 얼마나 퇴보했는지)를 보여준 겁니다.

마르크스에 따르면 정치경제학자 페티는 '목사들의 꼴사나운 짓'을 예감한 듯 "현재의 성직이 흡수할 수 있는 숫자 이상의 목사들을 길러내서는 안 된다"라고 했습니다. 성직을 잡지 못한 목사들이 생계를 얻기 위해 온갖 사악한 설교를 해 댈 테니까요.[김, 842, 각주 6; 강, 842, 각주 75] 생계수단 이상으로 목사를 늘려서는 안 된다는 것, '목사인구 법칙'이라고 해야 할까요. 마르크스가 맬서스에게 하고 싶은 말이었을 겁니다. 세상을 암울하게 만드는 것은 목사들의 증가라고요.

───── '잉여노동자' 곧 과잉 노동인구는 꼭 필요한 '산업예비군'
다시 본문으로 돌아가볼까요. 마르크스는 자본주의적 생산양식에 고유한 과잉인구 현상, 자본축적과 더불어 나타나는 과잉인구 현상이 존재한다고 했습니다. 사실 맬서스도 과잉인구를 "근대 산업의 필요조건(Notwendigkeit)"으로 인식했습니다.[김, 864; 강, 862~863] 그는 『인구론』에서는 노동자들에게 결혼에 신중하라고 하더니, 그 뒤에 쓴 『정치경제학 원리』(1820)에서는 너무 많은 노동자가 결혼을 자제하면 공업과 상업을 위주로 하는 나라에는 해롭다고 했습니다.[김, 864; 강, 863] 아이를 낳고 길러서 노동자로 공급하려면 16~18년은 걸리는데, 이걸로는 산업에서 발생한 당장의 수요를 충족할 수가 없으니까요. 애초에 한 세대 전의 출산계획으로 한 세대 후의 노동력 수요에 대응한다는 건 말이 안 됩니다(『인구론』에서 맬서스는 빈곤의 책임을 노동자의 출산에 떠넘기면서, 출산을 통제해 노동가격을 높이라고 했는데요. 이것이 얼마나 황당한 조언이었는지가 여기서 잘 드러납니다). 어떤 상품도 이런 식으로 수요를 맞출 수는 없습니다. 그러니 천하의 맬서스도 자본주의 생산에는 언제든 공급 가능한 잉여노동자들, 과잉 노동인구가 필요하다는 걸 인정할 수밖에 없었지요.

마르크스는 이들 잉여노동자 인구(Surplusarbeiterpopulation)를 '산업예비군' (industrielle Reservearmee)이라고 부릅니다.[김, 861; 강, 860] 취업 상태의 임금노동

자를 정규군으로, 잉여노동자들을 예비군으로 나눈 것이지요. 마르크스는 자본주의 생산형태가 군대와 유사하다는 생각을 많이 한 것 같습니다(산업예비군이라는 말도 그렇고, 아마도 이런 비유를 쓴 것은 군사 문제에 해박했던 엥겔스의 영향일 겁니다). 이전에도 군대 비유를 종종 썼습니다. 공장을 병영에 비유했고, 생산을 지휘하는 자본가를 장군, 중간관리자들을 장교와 하사관, 노동자를 병사에 비유한 바도 있습니다(522쪽과 616~617쪽 참조). 언뜻 보면 잉여노동자는 말 그대로 잉여의 존재로 보입니다. 필요가 없어 공장에서 축출된 노동자들이거나 공장에서 흡수할 수 없어 취업을 못한 노동자들이지요. 그런데 이들은 자본주의적 축적의 '필연적 산물'일 뿐 아니라 축적을 위한 '지렛대'이기도 합니다. 자본주의적 생산양식에서는 존재할 수밖에 없는 사람들이자 자본주의적 생산양식이 "실존하기 위한 조건"이기도 하다는 것이지요.[김, 861; 강, 860] 이들이 없으면 자본주의가 효과적으로 굴러갈 수 없습니다.

이 점에서 잉여노동자들은 참으로 독특한 지위를 갖고 있습니다. 한편으로는 필요가 없어서 공장에서 추방되거나 거부된 존재들이고 다른 한편으로는 자본주의적 생산에 꼭 필요한 존재들입니다(이들이 어떤 기능을 수행하는지는 곧이어 볼 겁니다). 이와 관련해 마르크스가 인용한 옥스퍼드대의 정치경제학자 허먼 메리베일(Herman Merivale)의 글이 아주 인상적입니다.[김, 863~864; 강, 862] 특히 노동이민에 반대하는 대목이 흥미롭습니다. 그는 공황기에 발생한 잉여노동자들 곧 과잉노동인구가 나라 밖으로 떠나면 경기가 회복되었을 때 노동력 기근이 생겨날 거라고 했습니다. 그래서 노동이민에 반대했지요. 요컨대 그는 노동자들을 공장 밖으로는 몰아내되 나라 밖으로 몰아내면 안 된다고 한 겁니다. 그렇다면 잉여노동자들은 어디에 있어야 할까요. 해고자나 미취업자들의 자리는 어디일까요. 내부도 아니고 외부도 아닌 곳, 바로 주변이지요. 추방은 했지만 언제든 다시 붙들 수 있는 곳 말입니다. 잉여노동자들 즉 산업예비군은 거기 주둔해야 합니다. 공장 주변에서 공장만 바라보고 있어야지요. 언제든 손쉽게 가져다 쓸 수 있도록 말입니다.

개별 자본가들은 이들을 책임지지 않습니다. 개별 자본에 대해 이들은 외부의 존재들입니다. 임금관계 바깥에 있습니다. 하지만 총자본에 대해서는 그렇지 않습니다. 개별 자본과의 관계(임금관계)에 대해서는 외부에 있지만 총자본과의 관계(자본관계)에는 속박되어 있지요. 이들은 자본과의 관계를 맺지 않고서는 살 수 없는 조건(노동력을 팔아야만 살 수 있는 조건)에 처해 있습니다. 그래서 보이지 않는 끈에 묶여 있기라도 한 듯 공장에서 멀리 떠나지 못합니다. 자본가들 근처를 맴돌며 자기 노동력을 판매할 수 있기를 학수고대하지요. 마르크스는 재밌는 표현을 썼습니다. "이 산업예비군은 마치 자본이 자기 비용을 들여 키워내기라도 한 것처럼 자본에 절대적으로 매여 있다."[김, 861; 강, 860] '마치 …처럼'(als ob)이란 실제로 그런 건 아니라는 뜻이죠. 자기가 돈 내서 키운 것도 아닌데 자기 것으로 생각하고 자기 것처럼 쓴다는 말입니다. 자본가들로서는 아무런 수고를 들이지 않았는데도 이미 다 손질된 재료가 문 앞에 배달되어 있는 것과 같습니다(현대 자본주의에서는 총자본의 입장에서 국가가 이들을 관리하지요. 1157쪽 참조). 노동인구가 언제나 과잉상태로 존재하기 때문에 인구 증가를 기다릴 필요가 없습니다. "자본의 변동하는 가치증식 욕구를 위하여 과잉인구는 실제 인구 증가의 제약에 구애받지 않고 언제든지 착취할 수 있는 인간재료를 준비해둔다."[김, 861; 강, 860]

─────── 자본축적에 이바지하는 산업예비군의 세 가지 '조절' 기능 ───────
산업예비군은 자본축적을 위해 어떤 기능을 수행할까요. 첫째, 방금 말한 것처럼 노동력의 수급 상황을 효과적으로 조절하는 장치가 됩니다. 기본적으로 자본축적이 진행되면 추가노동력이 필요합니다. 여기에 자본의 '팽창력'(Expansionskraft)를 고려해야 합니다. 노동생산력이 커지면 자본은 용수철 신발을 신은 듯 규모가 커집니다. 성능 좋은 기계나 효과적인 운송수단 등의 기술적 조건이 더해지면 '탄력성'(Elastizität)이 배가되지요. 여기에 신용제도까지 뒷받침되면 하룻밤에도 엄청난 크기의 자본이 몰려들 수 있습니다. 새로운 시장이 열리면서 기존 산업도 커질 수 있고, 아예 새로운 산업이 생겨날 수도 있지요. 어떻든 이윤이 생겨난다 싶으면 자본은 '미친 듯이' 몰려듭니다. 이 경우 기존 산업에 종사하는 노동력을 빼 올 것이 아니라면 추가노동력이 대규모로 신속히 투입되어야 합니다. 이때 산업예비군은 노동력의 저수지 역할을 합니다.[김, 862; 강, 860]

저수지는 공급 기능만 하는 게 아니죠. 물이 쏟아져 나올 때 담아두는 기능도 합니다. 자본주의 초기에는 이런 일이 드뭅니다만 자본관계가 어느 정도 일반화되고 대규모 자본축적이 이루어지면 노동력이 대규모로 방출되는 일도 곧잘 일어납니다. 빨아들인 양이 많으면 뱉어내는 양도 많을 수밖에 없지요. 생산규모가 돌발적으로 커진다는 건 돌발적으로 줄어들 수도 있다는 뜻입니다. 하룻밤 새 몰리는 돈은 하룻밤 새 빠져나갈 수도 있습니다. 이런 게 탄력성입니다. 따라서 자본축적이 효과적으로 이루어지려면 노동력의 공급도 탄력적이고 유연해져야 합니다. 언제든 해고 가능하고 언제든 채용 가능한 상태가 되어야 하죠. 인구 증가와 상관없이 언제든 노동력을 공급받을 수 있어야 하고, 필요 없는 노동력은 간단히 떨쳐낼 수 있는 장치가 필요합니다.[김, 862; 강, 861] 자본주의 산업의 주기성을 고려하면 이런 장치는 더욱 중요합니다. 자본주의가 어느 정도 발전하면 산업의 순환이 나타납니다. 대략 10년 주기로 '활황-호황-과잉생산-공황-침체' 등을 반복하지요. 물론 이 주기는 불변이 아닙니다. 마르크스에 따르면 주기는 "가변적이고 갈수록 단축"되는 경향이 있습니다.[김, 863, 편집자 주; 강, 861~862, 편집자 주]. 활황과 공황이 반복되는 이런 순환과정은 노동력을 보충해주기도 하고 흡수해주기도 하는 안정적 완충장치를 요구하지요.[김, 862; 강, 861] 이 완충장치가 산업예비군인 겁니다.

둘째, 산업예비군은 정규군의 노동강도를 조절하는 장치로 기능합니다. 산업예비군은 상대적으로 인구의 자연적 증가에 매이지 않는 노동력 공급을 가능케 한다고 했는데요. 우리는 이 노동력 공급을 암묵적으로 고용의 증대로 간주해왔습니다. 가변자본이 늘어나는 만큼 취업자 수가 늘어난다고 본 것이지요. 하지만 엄밀히 말해 자본가가 원하는 것은 노동량을 추가하는 것이지 노동자를 추가하는 게 아닙니다. 만약 노동자를 더 고용하지 않고도 노동을 얻을 수 있다면 그 길을 택하겠지요. 이미 고용된 노동자로부터 더 많은 노동량을 뽑아낼 수 있다면 그것이 더 이득입니다. 노동수단이나 공간, 부대시설 등에서 비용을 아낄 수 있으니까요. 적은 노동자로 동일한 노동량을, 혹은 동일한 규모의 노동자로 더 많은 노동을 뽑아낼 수 있다는 것은 "외연적이거나 내포적인 착취를 증대"시킨다는 이야기입니다.[김, 866; 강, 864] 노동시간을 늘리거나 노동강도를 높이는 것이지요. 취업 노동자에 대한 착취가 늘어난다는 것은 그만큼 고용이 줄어든다는 뜻입니다. 산업예비군이 더 늘어나겠지요. 하지만 이렇게 늘어난 산업예비군은 정규군을 더 압박하는 환경이 됩니다. '너 말고도 일할 사람 많아!' 한편으로 산업예비군이 정규군 자리를 꿰차기 위해 분투하고 있다는 걸 알고, 다른 한편으로는 산업예비군의 삶이 얼마나 끔찍한지를 알기 때문에 정규군 노동자들은 과로할 수밖에 없습니다. 그리고 자본가의 온갖 부당한 지시도 감내할 수밖에 없지요.[김, 866~867; 강, 865]

"노동자계급 중 한 부분을 과로하게 함으로써 다른 한 부분에게 '강요된 태만'이라는 형벌을 내리고 그 반대로도 하는 것[한 부분에 강요된 태만의 형벌을 내림으로써 다른 한 부분을 과로하게 하는 것]은 개별 자본가의 치부수단이자 (…) 산업예비군의 생산을 촉진한다."[김, 867; 강, 865] 한쪽은 일감이 없어 굶어 죽게 만들고 다른 한쪽은 일이 넘쳐 과로로 죽게 만듭니다. 지금 여기가 자본주의사회라는 걸 잊는다면, 이건 틀림없이 미친 짓입니다. 그러니 그 '미친 짓'을 관두고 모두가 일을 나누어 실업과 과로를 함께 줄여야겠죠. 그런데 이 '미친 짓'이 자본가의 이윤을 위해서는 매우 합리적인 선택입니다. 당시에도 고통을 줄이기 위해 일을 나누자는 요구가 나왔습니다. 마르크스는 1863년 면방직 노동자들이 펴낸 소책자를 주석에서 길게 인용하는데요. 당시는 미국의 남북전쟁 여파로 영국이 면화 기근에 빠져들 때입니다. 많은 면방직공이 해고되어 길거리로 쏟아져 나올 때지요. 노동자들은 노동시간 단축을 요구했습니다. 일부는 일감이 없이 자선에 의존해 연명하고 일부는 과로에 시달리고 있으니 일을 나누자는 거죠. 노동자들은 "적어도 지금 상태가 지속하는 동안만이라도" 그렇게 하자고 간절하게 요구합니다.[김, 867, 각주 17; 강, 865, 각주 83] 하지만 자본가들의 생각은 다릅니다. 위기일수록 노동자들을 더 쥐어짜지요. 말 그대로 위기니까요. 일감이 줄어들면 그만큼 이윤도 줄어듭니다. 이걸 만회하려면 착취도를 높이는 수밖에 없습니다. 일감이 줄었다고 노동시간을 줄이지는 않습니다. 오히려 고용을 줄이지요. 그리고 남은 노동자들을 최대한 돌립니다. 그래서 불황이 닥쳤을 때 노동자는 더 힘듭니다. 실업과 과로가 동시에 나타나지요. 한쪽은 굶주림 때문에, 다른 한쪽은 과로로 고통받습니다.

셋째, 산업예비군은 임금조절장치로 기능합니다. 앞서 맬서스는 노동력의 공급이 노동인구의 자연증가를 통해 이루어진다고 생각했는데요. 인구가 늘어나면 노동력 공급이 늘어 노동가격이 떨어지고 인구가 줄어들면 노동가격이 오를 거라고요. 하지만 임금의 '일반적'(allgemein) 운동은 "노동자 인구의 절대 수의 변동에 의해서가 아니라 노동자계급이 정규군과 예비군으로 분할되는 비율에 따라 정해"집니다(여기서 '일반적'이라 한 것은 총자본과 총노동의 관계를 염두에 두고 한 말입니다. 개별 산업부문에서 임금의 국지적 변동은 이것과는 다릅니다). 과잉 노동인구가 얼마나 되는가에 따라, 즉 과잉 노동인구가 산업체에 얼마나 흡수되고 또 유리되는가에 따라 정해진다는 말입니다.[김, 868; 강, 866] 산업예비군(구직자)이 늘어나면 임금은 떨어질 것이고 반대의 경우엔 임금이 오르겠지요. 따라서 산업예비군의 팽창과 수축을 보면 임금의 일반적 변동이 보입니다. 전반적으로 호황일 때는 자본의 팽창에 따라 노동력이 상대적으로 부족하고(산업예비군의 축소), 불황일 때는 자본의 수축에 따라 노동력의 공급이 과잉으로 나타납니다(산업예비군의 확대). 물론 이 주도권은 자본에 있습니다. 자본의 팽창과 수축에 달려 있지요.

그런데 정치경제학자들의 '아름다운 법칙'에서는 이것이 거꾸로 나타납니다. 인구수의 절대적 변동에 맞춰 자본이 운동하는 것처럼 보이지요. 이들의 설명은 이렇습니다. 자본축적으로 임금이 오르면 노동자 수가 늘어납니다. 그러다가 노동자가 넘치는 때, 즉 자본이 상대적으로 부족한 때가 닥치지요. 그러면 임금은 하락할 수밖에 없습니다. 이로 인해 노동자 수도 감소하지요. 그렇게 계속 감소하다 보면 다시 수요보다 공급이 작아지는 때가 오겠지요. 자본이 과잉으로 나타나는 때 말입니다. 그러면 다시 임금이 오릅니다. 이런 식으로 계속 반복되는 거죠. 또 다른 버전도 있습니다. 임금이 떨어지고 노동자에 대한 착취가 강화되면 자본축적이 가속화됩니다. 자본은 늘어나지만 노동자 수는 줄어들겠지요. 그러다가 노동자의 공급이 너무 부족해지면 임금이 인상될 수밖에 없는 시기가 옵니다.[김, 868~869; 강, 866~867] 이것은 노동자 인구의 증감이 임금을 어떻게 변동시키는지에 대한 흔히 접할 수 있는 설명입니다. 마르크스는 조롱하듯 말합니다. "발전된 자본주의적 생산을 위한 이 얼마나 아름다운 운동인가!"[김, 869; 강, 867] 임금수준과 노동인구가 알아서 자동조절을 하는 시스템이니까요. 그러나 앞서 말한 것처럼 임금이 올랐다고(노동에 대한 수요가 늘었다고) 갑자기 노동자들이 많은 아이를 낳고 이들을 속성으로 키워 바로 납품하는 일은 일어날 수 없습니다. 그 사이에 아마 여러 번의 경기 부침이 있을 겁니다. "산업전쟁이 일어나고 전투가 벌어져서 승패가 결정되는 기간이 여러 번 경과해야 할" 겁니다.[김, 869; 강, 867]

　　누구보다 자본가가 이런 방식을 허용하지 않습니다. 자연 인구를 늘리는 방식으로 노동력을 확보할 생각을 하는 자본가는 아무도 없을 겁니다. 마르크스는 1849년과 1859년 사이 영국 농업을 예로 들었는데요.[김, 869; 강, 867] 이 기간에 월트셔 같은 지역에서는 농업노동자들의 임금이 올랐습니다. 7실링에서 9실링 정도로요. 당시 자본가들은 임금이 28퍼센트 넘게 올랐다고 흥분했습니다. 마르크스에 따르면 사실 당시 임금 상승은 상당 부분 명목임금의 상승이었습니다(실질구매력이 이만큼 오른 게 아니라는 말입니다). 그리고 상승률이 높은 것은 애초의 임금수준이 워낙 낮았기 때문입니다. 똑같은 2실링이 올라도 20실링에서 22실링으로 올랐다면 인상률은 10퍼센트입니다. 상승률이 뚝 떨어지는 거죠. 그건 그렇고 이렇게라도 임금이 조금 오른 것은 그럴 만한 사정이 있었기 때문입니다. 이 시기에 영국은 여러 곳에서 전쟁을 했습니다. 크리미아 전쟁(1853~1856), 중국 침략 전쟁(1856~1858, 1858~1860), 페르시아 침략전쟁(1856~1857), 인도 세포이 병사 반란 진압(1857~1859) 등등.[김, 869, 편집자 주; 강, 1040, 편집자주 150] 여기에 철도, 광산, 공장 등지의 노동수요도 매우 컸습니다. 농촌 노동력의 유출 요인이 많았다는 말입니다.

농업자본가들은 어떻게 대응했을까요. 임금이 올랐으니 노동자들이 아이들을 많이 낳을 것이고 그러면 다시 노동자들의 수가 증가하고 임금이 떨어질 것이라면서, 인구의 증가를 마냥 기다리고 있었을까요. 그럴 리가 없지요. 농업자본가들은 당장에 높은 임금을 낮추면서 노동력 부족을 해소할 수단을 찾았습니다. 바로 기계를 도입하는 겁니다.[김, 870; 강, 868] 농업이 기계화되자 문제가 단번에 해결되었지요. 농업노동자들은 자연적으로는 전혀 증가하지 않았음에도, 아니 오히려 순유출이 있었음에도 넘쳐났습니다. 사람은 사람을 낳지 않았지만 기계가 사람을 낳았으니까요. 물론 임금이 오르면 노동자들이 모여들고 임금이 낮으면 노동자들이 떠날 겁니다. 하지만 이것은 노동자들의 자연증가와는 다른 문제입니다. 마르크스는 경제학자들의 '아름다운 법칙'은 "임금의 일반적 운동을 규제하는 법칙", 다시 말해 "총노동력과 총자본 사이의 관계를 규제하는 법칙"과 "노동자인구를 개별 생산영역에 분배하는 법칙"을 혼동하고 있다고 지적합니다.[김, 870; 강, 868] 한 사회 노동인구 전체와 자본 전체의 규모, 말하자면 노동력의 총공급과 총수요는 임금 운동의 일반적 규제 원칙이 될 겁니다.

그러나 경제학자들은 노동자들이 자본 투자 상황에 따라 어떤 영역, 어떤 부문으로 몰려들고 떠나는 '특수한' 운동을 '일반적' 운동과 혼동하고 있습니다. 호경기에 어떤 분야의 이윤율이 높아지면 자본이 몰릴 겁니다. 자본이 늘어난 만큼 노동수요가 커지므로 임금이 오르겠지요. 노동자들이 몰려들 겁니다. 하지만 노동력이 포화 상태에 이르면 임금이 떨어질 것이고 어느 수준 이하가 되면 노동자들이 떠나겠지요. 이것은 노동인구의 절대적 증감과는 관계가 없습니다. 자본의 투자에 따라 노동인구의 배분이 바뀌는 것뿐입니다.[김, 870; 강, 868] 모든 시대는 자기 시대의 인구법칙을 갖는다고 했는데요. 이것이 바로 자본주의 시대의 인구법칙입니다. 인구의 운동은 자본의 운동에 결부되어 있습니다. 자본주의 시대의 과잉인구는 일자리에 비해 많은 인구, 즉 노동인구의 상대적 과잉으로 나타납니다. 고용되지 못한 채 먹을 것을 구하러 다니는 빈민의 형상을 하고 있지요. 이러한 인구 현상을 낳은 것은 노동자의 번식력이 아니라 자본의 번식력입니다. 자본축적이 가속화되고 이와 함께 자본구성이 변화하면서 대규모 잉여노동자들이 생겨난 것이지요. 그리고 이렇게 생겨난 잉여노동자들은 자본주의에서 산업예비군을 형성함으로써 자본축적을 돕는 매우 중요한 장치가 됩니다. 노동력의 수급을 조절하고, 노동강도와 임금수준을 조절하는 아주 효과적인 장치이지요. 이것이 자본주의에서 상대적 과잉인구 현상이 나타나는 이유이고 이들 과잉인구가 기능하는 방식입니다.

자본의 왕국

산업예비군을 자본축적을 위한 조절장치라고 했는데요. 본문을 읽어보면 마르크스가 산업예비군을 축적장치, 착취장치로서만이 아니라 지배장치, 통제장치로도 보고 있음을 알 수 있습니다. 노동자들의 임금만 낮추는 게 아니라 목소리까지 낮추게 한다는 거죠. 마르크스의 표현을 그대로 옮기자면, 불황기에는 "압박을 가하고", 호황기에는 "권리 요구에 재갈을 물립니다".[김, 870~871; 강, 868]

자본 왕국의 지배 법칙은 '방치를 통한 포획'

권리, 계약, 법(법칙)만 보는 경제학자들('아름다운 법칙'의 신봉자들)은 노동자들이 상품으로서 사용되는 노동과정에서는 물론이고 법적으로 대등한 주체로 간주되는 노동력 거래 과정에서도 제대로 목소리를 내지 못한다는 걸 모릅니다. 강력한 노동조합이 없는 경우에는 더욱 그렇지요. 노동일이 늘어나고 노동강도가 높아지고 임금 삭감이 이뤄져도(특히 불황기에), 또 부당한 업무지시를 내려도 이에 맞서 자신의 권리를 강하게 주장하기가 어렵습니다.

왜 그럴까요. 자본가와 노동자의 계약이 어떤 배경에서 이루어지는지를 생각해야 합니다. 둘은 노동력의 판매자와 구매자로서 법적으로는, 권리상으로는 대등합니다. 하지만 이것은 이익이 걸려 있는 자와 생존이 걸려 있는 자의 거래입니다. 자본주의에서 노동자란 노동력을 파는 것 외에는 살길이 따로 없는 사람들입니다. 임금노동자는 노동력 판매에 겨우 성공한 사람들이지요. 그런데 이들 주변에는 노동력을 판매하지 못한 혹은 불완전한 형태로만 판매한 사람들이 있습니다. 실업자와 미취업자로 이루어진 노동력의 거대한 저수지가 해자처럼 이들을 둘러싸고 있지요. 수문만 열면 됩니다. 언제든 추가노동력을 들여올 수 있고 언제든 잉여노동력을 빼낼 수 있습니다. 노동자들은 이런 상황에서 계약을 맺고 노동을 합니다. 노동력 판매 외에는 살길이 없다는, 노동자들의 생존조건을 환기시키는 산업예비군에 둘러싸인 채 말입니다.

마르크스의 문장을 볼까요. "상대적 과잉인구는 노동의 수요공급법칙이 작동하는 배경이다. 그것은 이 법칙의 작동 범위를 자본의 착취욕(Exploitationsgier)과 지배욕(Herrschsucht)에 절대적으로 부합하는 한계 안으로 밀어 넣는다."[김, 871;

강, 868] 산업예비군은 노동의 수요공급을 조절하는 장치인 동시에 수요공급의 법칙이 자본의 통제를 벗어나지 못하도록 만드는 장치, 그래서 자본의 착취욕만이 아니라 지배욕에도 부합하는 장치라는 겁니다. 나는 방금 산업예비군이 해자처럼 테두리를 형성하고 있다고 말했는데요. 그렇다면 현역노동자군은 그렇다 치고 산업예비군들은 왜 탈영을 하지 않는 걸까요. 정규군도 아니니 사실 탈영이라 할 것도 없는데 말이지요. 어차피 내쳐진 존재들이니 그냥 떠나면 될 것 같은데 왜 떠나지 않고 공장 주변에서 힘겨운 삶을 살아갈까요. 매우 역설적이지만, 이들이 매달리는 이유는 내쳐졌기 때문입니다.

앞서 자본축적과 더불어 노동자들의 축출 내지 추방이 일어난다고 했는데요. 나는 이 추방이 자본관계가 일반화된 뒤에 이루어졌다는 점을 강조했습니다. 즉 대다수 사람이 자본관계 안에서만 생존할 수 있는 역사적 상황이 만들어진 뒤에 기술적 구성의 변화와 함께 추방이 일어났다고요. 그러니 추방되어도 자본관계를 떠나 살 수는 없습니다. '내부에서 가장 바깥'으로 밀려날 수는 있어도 외부로 나갈 수는 없고, 내부로 들어갈 수는 없다 해도 '외부에서 가장 안쪽'으로 매달리게 되지요. 이처럼 내부와 외부가 맞닿은 곳, 내부와 외부가 뒤섞인 곳이 '주변'입니다. 산업예비군은 이곳에 있는 사람들입니다. 주변화된 노동자들이라 할 수 있지요. 한편으로 이들은 분명 자본관계에 속하는 사람들입니다. 자본축적의 영향을 가장 강하게 받는 사람들이지요. 불황이나 공황이 닥칠 경우 정규군 노동자보다 훨씬 큰 타격을 입습니다. 그러나 다른 한편으로 이들은 자본관계 바깥에 있습니다. 개별적으로 어떤 자본가와도 고용관계를 맺고 있지 않습니다. 그래서 자본관계 안에 있을 때 제공받을 수 있는 삶의 안전망이 없지요. 자본관계를 떠나서는 살 수 없는 삶인데 자본관계를 통해 아무런 보장도 받지 못하는 삶인 것이지요.

자본축적과 더불어 노동자들의 추방이 일어나고 이들이 산업예비군을 형성한다고 했는데요. 이 추방은 공장 바깥으로 내모는 일이기는 합니다만 자본관계 바깥으로 몰아내는 것은 아닙니다. 자본관계 주변에 방치해둔다는 표현이 더 적절할 겁니다. 참고로 '방치하다'라는 뜻의 'abandon'에 포함된 'ban'은 로망스어(Romance languages)에서는 어원적으로 '배제하다'라는 의미와 함께 '마음대로 해도 좋다', '처분에 맡기다'라는 의미를 갖는다고 합니다.[44] '방치'가 관계 바깥에 두는(그래서 관계와 무관한) 것이 아니라 '배제하는 형태로 포함하는' 것, 마음대로 처분할 수 있는 형태로 관계 안에 두는 것이라 할 수 있습니다. 마르크스가 산업예비군 즉 잉여노동자들의 처지를 묘사한 말 그대로입니다. "마음대로 처분할 수 있는 인간재료"(disponibles Menschenmaterial).[김, 862; 강, 861] 아무런 보호 장치 없이 삶을 파괴할 온갖 위험에 노출된 채로 불안정하고 위태로운 삶을 살아가야 하는 사람들이죠. 그런데 이런 상황이 이들 잉여노동자들로 하여금 자본관계에 더욱 밀착하게 만듭니다. 조르조 아감벤의 표현을 쓰자면 "삶을 방치함으로써 (…) 삶을 붙든다"라고 할까요.[45] 자본의 추방(방치)이 아이러니하게도 잉여노동자들을 붙잡는 효과를 냅니다. 주변으로 내몰린 사람들은 살기 위해 필사적이 될 수밖에 없습니다. 내치는데도 매달리고 내치기 때문에도 매달립니다.[46] 주변이란 이처럼 밀어내는 힘과, 그 힘에 반작용하듯 달라붙는 힘이 균형을 이룬 곳입니다.

실은 자본관계 내부에 있는(자본가와 고용관계를 맺은) 임금노동자에게도 불안이 있습니다. 그 불안은 잉여노동자의 얼굴을 하고 있지요. 임금노동자는 언제든 잉여노동자가 될 수 있는 가능성 속에서 임금노동자입니다. 이 가능성이 임금노동자의 힘을 약화합니다. 고용관계는 법률상으로는 노동력의 판매자와 구매자 사이의 대등한 계약입니다만 실제로는 '갑을 관계'죠. 임금노동자들이 자본가에 대해 '을'의 위치에 설 수밖에 없는 이유는 그 곁에 '병'이 있기 때문입니다. 임금노동자들은 언제든 계약 바깥의 존재 '병'이 될 가능성을 품고 있기에 자본가와 대등한 '갑'이 될 수 없습니다. 이 점에서 우리는 임금노동자들이 잉여노동자들에게 보이는 다양한 방식의 거리두기 행동을 이해할 수 있습니다(비정규직이나 일용직 노동자들에 대한 차별대우를 당연시하는 일상적 행동부터, 불황이나 공황의 순간에 이들에 대한 정리해고를 먼저 요구하는 행동까지 다양합니다). 일종의 반(反)동일시 전략이지요. 이런 행동의 근저에는 잉여노동자들처럼 되는 것에 대한 두려움(그리고 이들처럼 되지 않은 것에 대한 안도감)이 있을 겁니다. 그러나 이런 식의 거리두기로는 악몽을 떨쳐낼 수 없습니다. '을'이라는 지위도 전혀 개선될 수 없고요.

사실 '을'이 '병'이 될 수 있다는 것이 꼭 '을'에게 부정적인 것만은 아닙니다. 잉여노동자들이 임금노동자들을 위협하는 자본가의 무기로만 기능하라는 법은 없지요. 만약 임금노동자들이 잉여노동자들(비정규직 노동자, 실업자, 미취업자)과 연대할 수 있다면, 다시 말해 자기 안에 있는 '그들일 수 있음'의 가능성을 적극적으로 받아들인다면 악몽은 선몽이 될 수도 있습니다. 노동자들이 연대해서 잉여노동자들 삶의 불안정성과 위태로움을 줄일 방법을 찾는다면 그것은 임금노동자들의 일자리 상실에 대한 두려움을 줄이는 방법이기도 할 겁니다. 더 나아가 임금노동자들이 여물을 대가로 매번 노동을 착취당하는 역축 같은 자신들의 운명이, 굶주린 채로 공장 주변을 서성이는 잉여노동자들의 운명과 동일한 말뚝에 매여 있음을 깨닫는다면, 둘은 함께 해방을 꿈꾸는 동지가 될 수도 있겠지요. 물론 이것은 아주 어렵고 드문 길입니다. 모든 고귀한 것이 다 그렇듯 말입니다.[47]

운동장은 기울어져 있고 주사위는 위조되었다

기계제 대공업에 관한 장에서 우리는 기계가 잉여노동자들을 양산한다는 사실을 부인하는 학자들을 만난 적이 있습니다. 소위 '보상 이론'을 주장했던 사람들인데요(627쪽 참조). 이들은 생산과정을 기계제로 재편하는 과정에서 이런 일이 일어나기는 하지만 일시적이고 과도적인 것이라고 했습니다. 한편으로는 노동자들을 축출하지만 다른 한편으로는 고용을 창출한다고 부르짖었지요. 그때 마르크스는 이들 주장이 얼마나 엉터리인지를 충분히 보여주었습니다. 그런데 마르크스는 이제 이들의 주장이 얼마나 파렴치한지를 보여줄 때가 되었다고 말합니다.[김, 871; 강, 869] 자본구성의 변화가 어떻게 잉여노동자들의 축적을 낳는지, 그리고 자본이 이들을 자본축적에 어떻게 활용하는지를 이제 잘 알게 되었으니까요.

'보상 이론'의 주창자들은 노동자를 축출하고 그 돈으로 기계를 사면, 기계가 생산물 형태로 추가자본을 풀려나게 해준다고 했는데요. 생산성 증가로 늘어난 생산물, 즉 생산물 증가분이 추가자본 역할을 한다는 거죠. 생산성이 증대하면 생산물의 단가가 떨어진다는 걸 생각하지 않는 황당한 주장입니다. 게다가 자본이 풀려난다니요. 노동자를 고용하는 데 사용하던 돈으로 기계를 샀으니 그 돈은 새로 산 기계에 그대로 묶여 있겠지요. 자본의 구성만 바뀐 겁니다. 가변자본의 일부를 불변자본으로 옮겨놓은 데 불과하죠. 추가 투자 없이 가변자본만 줄였다면 고용도 그만큼 줄어들 수밖에 없습니다. 기계를 들여오면서 내보낸 노동자들을 다시 받아들일 수 없는 것은 물론이고 고용 규모가 줄어든 만큼 매년 신규 충원하던 규모도 줄어들 수밖에 없습니다. 마르크스의 표현을 쓰자면, 축출된 노동자도 시장으로 풀려나지만(공장에서 축출되지만) "보충 병력도 풀려나고", "규칙적으로 흡수되던 추가 병력마저 풀려나게" 됩니다.[김, 871; 강, 869] 마르크스는 '보상 이론'의 주창자들이 쓴 '묶는다'(binden), '풀려난다'(freisetzen)라는 표현을 희롱하듯 반복하는데요.[김, 871; 강, 869] '풀려난다'라는 것은 말 그대로 '자유로운 상태에 놓이는'(frei-setzen) 것입니다. 자본이 이런 말을 쓴다면 그것은 투자의 자유를 의미합니다. 새로운 곳에 투자할 여력이 생긴 것이죠. 하지만 노동자가 '풀려난다'라는 것은 노동력을 판매하기 위해 다시 시장에 나왔다는 뜻입니다. 다시 곤궁하고 위태로운 상황에 빠진 것이죠. 특별한 능력과 자격을 갖춘 노동자가 아니라면 이것을 해방이라고, 직업 선택의 자유가 찾아왔다고 말할 수는 없을 겁니다. 이것을 '자유'라고 불러야 한다면, 노동력이라는 상품의 역사적 출현과 관련해 말한 '이중의 자유' 중 두 번째 자유, 즉 '상실'로서의 자유라고 할 수 있습니다.

물론 호황기나 활황기가 되면 여기저기서 자본이 몰려들 것이고 그만큼 노동에 대한 수요도 늘어날 겁니다. 하지만 일단 자본구성이 고도화된 뒤에는 자본이 몰려도 고용 유발 효과가 떨어집니다. 투자가 늘어도 고용이 그만큼 늘지 않지요. 이를테면 자본구성의 변화로 가변자본의 상대적 비중이 10배 줄어들면 전체 투자를 10배 늘려야 이전과 동일한 고용을 창출할 수 있습니다. 달리 말하면 자본이 10배 늘어나야 고용이 2배 늘어나는 겁니다. 투자가 정말로 크게 늘어나지 않는한 기계화 과정에서 축출된 노동자들을 흡수하기는 어렵지요. 이는 호황기에도 잉여노동자 생산이 좀처럼 저지되지 않는다는 뜻입니다.[김, 871; 강, 869] 자본이 축적되면 노동에 대한 수요가 늘어나지만 이 과정에서 잉여노동자도 함께 생산되기 때문에(고용관계에서 풀려나는 노동자 수가 늘어나기 때문에) 노동의 공급도 함께 늘어납니다. 자본이 노동에 대한 수요자라는 것은 특별한 이야기가 아닙니다. 마르크스가 강조하는 것은 자본이 노동에 대한 공급자이기도 하다는 사실이지요. 노동자만이 아니라 자본도 노동을 공급하고 있다고요(자본은 잉여노동자를 공급합니다). 자본의 축적 규모에 비해 노동에 대한 수요가 작은 것은 자본 자신이 공급한 노동 때문입니다.

게다가 자본은 나머지 노동수요에 대해서도 고용을 통하지 않는 다른 해법을 찾습니다. 더 많은 노동이 꼭 더 많은 노동자를 의미하는 것은 아니니까요. 고용을 늘리지 않고도 노동량을 더 얻을 수 있다면(이를테면 노동강도의 강화) 그것이 자본에 더 유리합니다. 실제로 산업예비군 축적은 정규군 노동자들로 하여금 더 많은 노동을 짜내도록 압박을 가합니다. 마르크스가 "노동에 대한 수요는 자본의 증대와 같은 것이 아니고, 노동의 공급은 노동자계급의 증대와 같은 것이 아니"라고 말한 것은 이런 이유입니다.[김, 872; 강, 869] 다시 한번 '자본을 위한 최선의 세팅'이라는 말을 떠올리지 않을 수 없습니다. 자본축적은 잉여노동자들을 생산하고 이렇게 생산된 잉여노동자들이 다시 자본축적을 돕습니다. 지난 장에서 마르크스는 잉여가치를 추가자본으로 전환하는 데 필요한 추가노동력이 알아서 공급된다며 이렇게 말한 바 있습니다. "자본주의적 생산 메커니즘은 그것을 위해 이미 마음을 써"두었다고요(817쪽 참조). 자본주의 생산 메커니즘 자체가 알아서 자본가에 유리하게 돌아간다는 뜻이죠. 여기서도 마르크스는 똑같은 말을 합니다. 자본이 증가한 만큼 노동수요가 커지지 않도록 "자본주의 생산 메커니즘은 마음을 써둔다"라고요.[김, 871; 강, 869] 생산 메커니즘 자체가 노동자 공급을 늘려놓아 자본가는 노동을 쉽고 저렴하게 구할 수 있습니다.

이것은 완전히 기울어진 운동장입니다. 자본가와 노동자는 대등한 주체로서 만나는 게 아닙니다. 자본이 노동의 수요와 공급 양쪽에 다 관여하니까요. 지난 장에서 마르크스는 자본가가 노동력에 대한 정당한 구매자(지불자)가 아님을 보여주었습니다. 전체 계급의 관점에서 보면 구매자인 자본가가 지불한 돈은 판매자인 노동자가 생산해서 건넨 것이라고요. 구매자가 판매자의 돈으로 판매자의 상품을 샀으니 거래라고 할 수 없지요. 비슷한 이야기를 노동의 수요와 공급에 대해서도 할 수 있습니다. 자본가와 노동자의 만남은 노동의 수요자와 공급자의 만남이 아닙니다. 자본은 노동에 대한 수요를 늘리는 동시에 공급도 늘리니까요. 자본가와 노동자의 자유롭고 평등하며 서로에게 이익이 되는 거래란 허구입니다. 대등한 두 사람이 주사위를 던지는데 왜 노동자에게는 자꾸 불리한 눈만 나오는가. "주사위들은 위조되었다"(Les dés sont pipés).[김, 872; 강, 869] 이게 마르크스의 답변입니다. 수요와 공급의 법칙은 위조된 주사위를 던져서 나온 것입니다. 바꾸어 말하면 기울어진 운동장에서 굴린 결과물이죠. 이것은 주사위를 공정하게 한 번씩 던진다고 해결될 문제가 아닙니다.

─────────── '자본'이라는 전제군주

물리적 시공간이 중력에 의해 휘어지듯 부(가치)의 공간도 권력에 의해 휘어집니다. 공간이 휘어지면 직선운동도 곡선운동이 되지요. 빛의 경로가 휘는 것처럼 말입니다. 노동의 수요공급법칙에 대해서도 비슷한 이야기를 할 수 있습니다. 이 법칙은 그 자체로는 자명합니다. 노동의 수요와 공급에 따라 노동의 가격이 결정되겠지요. 부의 공간이 휘어 있지 않다면 균형점은 수요자인 자본가와 공급자인 노동자의 이익이 공평하게 나뉘는 곳에 위치할 겁니다. 그러나 자본주의에서는 그럴 수 없습니다. 자본가계급의 이익이 보장되는 곳에서 그 위치가 결정되지요. 불공정하다고요? 그렇지 않습니다. 법칙(법) 앞에서 두 계급은 평등합니다. 위치는 법칙에 따라 결정됩니다. 법칙이 결정하는 지점은 자본가계급의 이익이 보장되는 그곳입니다. 문제는 어디에 있을까요. 법칙은 노동의 수요량과 공급량만 고려할 뿐, 수요와 공급이 어떻게 이루어지는지 말해주지 않습니다. 노동의 수요자인 자본은 노동의 수급을 조절하는 아주 효과적인 장치(산업예비군)를 가지고 있어 공급에도 관여한다는 사실을 말해주지 않지요(더 근본적으로는 계급 간 권력의 비대칭성이 존재한다는 사실을 말해주지 않지요). 그러다 보니 법칙의 실현이 이익의 실현이 됩니다. 수요공급법칙이 자본의 이익 실현 법칙이 되는 거죠.

그래서 마르크스는 말합니다. "이런 토대 위에서 노동의 수요공급법칙 운동은 자본의 전제정(Despotie)을 완성한다."[김, 872; 강, 870] 정치적 법률이 주권자의 이해를 반영하는 것처럼 경제적 법칙은 자본의 이해를 반영합니다. 주권자가 법률을 통해 통치하듯 자본은 법칙을 통해 증식합니다. 이렇게 말해도 좋겠습니다. 자본주의에서는 자본이 주권자입니다. 자본주의는 자본을 위해 세팅된 나라, 자본축적에 최적화된 나라, 자본이 전제군주로서 통치하는 나라라고 할 수 있습니다. 마르크스는 이전에도 여러 차례 자본이나 자본가를 전제군주처럼 묘사한 바 있습니다. 이를테면 노동과정을 분석할 때 마르크스는 자본가가 노동자를 처벌하는 '독자적 형법'을 갖고 있다고 했습니다(351쪽). 공장은 자본가가 자신의 법으로 다스리는 곳, 즉 '그의 왕국'이라는 것이지요. 노동일에 관한 장에서는 한 공장주가 쓴 '우리'라는 표현을 과거 군주들이 자신을 지칭할 때 쓰던 표현에 비유했고요(420쪽). 노동자들을 조직하고 지휘하는 자본가의 권한은 '전제적'이며 여기에서는 '전제정치'(Despotismus)가 작동한다고 했습니다(617쪽). 또 기계제 대공장을 분석할 때는 기계의 도입으로 여성과 아동까지 노동인구에 편입되면서 "자본의 전제정에 대항하던 매뉴팩처 남성 노동자들의 저항을 분쇄"할 수 있었다고 했습니다.[김, 544; 강, 544] 앤드루 유어의 표현을 빌려 공장을 군주와 신하들로 이루어진 궁정으로 묘사하기도 했고요(612쪽).

이 이야기는 대체로 생산영역 즉 공장에 한정된 이야기였습니다. 하지만 지금 말하는 자본의 전제정은 사회 전체에 대한 것입니다. 공장의 체제를 지칭하는 말에서 사회의 체제를 지칭하는 말로 확장된 것이지요. 이 확장은 상당한 의미가 있습니다. 나는 앞서 1장에서 자본주의 정치경제학을 '국가통치술이 된 가정관리술'이라고 했는데요(24쪽). 지금 말하는 자본의 전제정은 이것과 통하는 면이 있습니다. 전제군주(Despot)는 고대 그리스어 '데스포티코스'(despotikos)에서 온 말인데요. 데스포티코스는 '노예의 주인'을 가리킵니다. 노예는 '오이코스'라고 하는 '가정'에 속합니다. 가정은 살림 공동체인데요. 노예 말고도 여성, 가축 등이 속해 있지요. 가정을 다스리는 사람, 살림살이의 책임자를 '오이코노미코스'(oikonomikos) 즉 '가장'이라고 부릅니다. 데스포티코스나 오이코노미코스는 크게 보아 모두 오이코스에 속한다고 하겠습니다. 이와 대비되는 영역이 '폴리스'입니다. 정치가 이루어지는 곳이지요. 오이코스가 생존과 번식, 생계, 자연의 영역이라면 폴리스는 언어와 행위, 자유의 영역입니다. 이 폴리스의 세계를 다스리는 사람을 '폴리티코스'(politikos) 즉 '정치가'라고 부릅니다.

아리스토텔레스는 『정치학』에서 폴리티코스를 데스포티코스와 혼동하는 사람들을 비판했는데요. 그에 따르면 이들은 오이코스와 폴리스의 차이를 알지 못하는 사람들입니다.[48] 둘은 '아르케'(archē) 즉 통치원리가 완전히 다릅니다. 폴리티코스는 자유민들을 통치하는 사람들이고, 데스포티코스는 노예들을 통치하는 사람입니다.[49] 그렇다면 전제정이란 무엇인가. 그것은 가정에서, 그것도 노예를 다룰 때나 쓰는 방식을 나라의 통치에 사용하는 정치체제입니다. 가장이 가정에서 독재 권력을 행사하듯, 더 좁혀 말하면 주인이 노예를 다루듯 사람들을 통치하는 겁니다. 공장에서의 통치는 확실히 이런 면을 갖고 있습니다. 이전에 나는 노동과정에서 노동자의 비인격화가 일어난다는 점을 여러 차례 강조했습니다. 노동과정에서 노동자가 행하는 노동은 자본가가 구매한 상품의 소비과정이라고요. 그래서 노동자는 권리를 가진 온전한 인격체로 취급되지 않는다고 했습니다. 상품화 속에는 인격의 상실 내지 박탈이 들어 있다고 했지요. 고대 노예제사회에서 주인이 노예를 바라보는 방식이 그랬습니다. 노예는 인격체가 아닙니다. 자본주의에서는 그나마 원리상으로는 노동자 자체가 아니라 그의 능력 즉 노동력만 상품으로 간주됩니다만, 노예제사회에서는 원리상 인간 자체가 상품입니다. 즉 인간의 인격이 부인되는 거죠. 전제정이란 사람을 사람으로 보지 않고, 자신이 마음대로 부릴 수 있는 짐승 내지 사물로 보는 체제라고 할 수 있습니다. 자신의 이익을 위해 마음대로 처분할 수 있는 존재 말입니다.

젊은 시절 마르크스는 "전제정치에 들어 있는 유일한 사고는 인간멸시이고, 탈인간화된(entmenschte) 인간이며, (…) 전제군주는 인간을 언제나 무가치한(ent-würdigt) 존재로 바라본다"라고 했습니다. 전제군주에게 인간들 즉 백성이란 "그의 눈앞에서 그를 위해서 비천한 삶의 진흙탕에서 뒹굴고 마치 개구리들처럼 항상 거기서 튀어나오는" 존재들이라고요.[50] 전제정의 원리가 인간의 탈인간화(동물화, 사물화)에 있다고 본 겁니다. 『자본』을 쓸 때도 전제정에 대한 생각이 크게 바뀌지는 않았을 겁니다. 그는 이런 전제정의 원리가 구현된 것이 자본주의 공장이고 이것이 다시 자본주의사회 전체로 확장되었다고 본 것 같습니다. 물론 자본의 전제정에서 군주는 특정 개인이 아닙니다. 굳이 인격적 형태로 말해야 한다면 총자본의 인격적 표현인 총자본가 정도가 되겠지요. 이 전제군주에게는 아첨하는 신하들이 있습니다. 바로 정치경제학자들입니다. 마르크스의 말을 옮기면 이렇습니다. 노동자들이 전제정의 비밀을 깨닫는 순간, 즉 자신들이 더 많은 부를 생산하고 자신들의 생산력이 더 증대할수록 자본의 가치증식수단으로서의 기능은 취약해진다는 것(점점 더 취업이 어려워진다는 것)을 깨닫는 순간, 그리고 노동자들 사이의 경쟁의 강도가 상대적 과잉인구의 압력에 달려 있다는 것을 깨닫고는 노동조합 등의 조직을 통해 취업자와 실업자의 연대를 모색하는 순간, 그래서 자본주의적 생산의 법칙이 자신의 계급에 초래하는 파멸적 결과를 분쇄하거나 약화하려고 하는 순간, "자본과 그의 아첨꾼인 정치경제학자들은 '영원한' 그리고 이른바 '신성한' 수요공급의 법칙을 침해했다고 고함을 지"릅니다.[김, 872; 강, 870] 노동자들이 노동시장을 교란한다는 거죠.

마르크스가 정치경제학자들을 가리키면서 쓴 '아첨꾼'(Sykophant)이라는 표현은 고대 그리스어 '시코판테스'(sykophantēs)에서 온 것인데요. 고대 그리스에서는 이익을 얻을 요량으로 부당한 고발을 일삼는 사람을 그렇게 불렀습니다. 의미가 조금씩 변해 이제는 권력자에게 아첨하고 밀고하면서 이득을 챙기는 존재들을 가리키게 되었지요. 각종 미디어를 통해 노동자들의 단체행동이 시장 질서를 교란한다고 비난하는 정치경제학자들의 행태에 잘 맞는 표현입니다. 노동자들의 연대가 노동의 수요공급법칙을 교란한다고 했는데요. 학문적으로는 '법칙의 교란'이지만 정치적으로는 '법률의 위반'이라고 할 수 있습니다. 서구에서 노동자의 단결은 오랫동안 범죄로 처벌받았습니다. 마르크스에 따르면 "노동자들의 단결은 14세기부터 단결금지법이 폐지된 1825년까지 중범죄"였습니다.[김, 1012; 강, 993] 노동자의 단결권에 대한 인정이 이렇게 늦어진 것은 그만큼 자본의 이익에 미치는 영향이 컸다는 뜻이지요.

자본가들은 노동자들에게 법과 질서를 강조합니다. 작업장에서는 규율을, 시장에서는 법칙을, 사회에서는 법률을 강조하지요. 하지만 언제나 그런 것은 아닙니다. 법(칙)의 준수에는 전제가 있습니다. 주권자인 자본의 이익을 침해해서는 안 된다는 것이지요. 법이란 주권자의 말입니다. 만약 현행법이 주권자를 제약한다면 주권자는 언제든 그 법을 폐지할 겁니다. 주권자에게는 입법의 권리가 있으니까요. 주권자는 모두가 복종할 법을 만들지만 그 자신은 법에 구속되지 않는 존재입니다.[51] 공황이 닥치면 시장의 신성한 법칙에 맡겨두지 않습니다. 정부가 공적 자금을 투입해서 채무도 탕감해주고 중앙은행이 적극적으로 통화량 조절에도 나서지요. 이때는 자본가도, 정치경제학자도 시장의 자율에 맡겨두라는 말을 절대로 하지 않습니다. 노동의 수요공급법칙과 관련해서도 자본은 언제든 강제수단을 동원하는데요. 마르크스는 자본주의적 생산양식이 자리 잡지 못한 식민지에서 이런 일이 일어난다고 말합니다. 자본은 "식민지들에서 불리한 여건으로 말미암아 산업예비군의 창출과 자본가계급에 대한 노동자계급의 절대적 예속이 방해받을 때는 곧바로 (…) '신성한' 수요공급의 법칙에 반기를 들고 강제수단을 통해 그 법칙에 개입하기도" 한다는 겁니다.[김, 872; 강, 870](마르크스의 이 말은 에드워드 G. 웨이크필드의 '체계적 식민화'에 대한 이야기를 염두에 둔 것인데요. 우리는 이 책의 마지막 장에서 그 내용을 살펴볼 겁니다).

마르크스는 1848년 혁명 당시에도 이와 비슷한 걸 목격했습니다. 혁명 당시 부르주아들은 법과 질서를 외쳤습니다. 혁명 이후 계급투쟁의 과정에서 권력을 장악한 프랑스의 지배 분파 이름이 '질서파'였을 정도입니다. 이들은 1850년 3월 10일 의회 보궐선거에서, 이미 불씨까지 다 꺼졌다고 생각한 사회주의 후보가 승리하자 아예 보통선거권 자체를 없애버렸습니다. 그때 질서파는 이렇게 말했습니다. "우리를 질식시키는 합법성의 쇠고리를 끊어버려야 한다." 자신들이 권력을 장악하는 통로였던 보통선거를 혁명 이후 그렇게 간단히 없애버린 겁니다. 자신들의 집권을 정당화해준 법률이 자신들의 지배에 손상을 입히는 순간 폐지해버린 것이지요. 헌법은 체제의 근간이지만 체제를 수호하기 위해서는 헌법을 어겨야 한다는 논리였습니다. "더 이상 부르주아지 지배를 뜻하지 않게 되는 순간 헌법에 무슨 의미가 있느냐"라고요. 마르크스는 여기서 '부르주아 독재'를 보았습니다.[52] 법을 중지시키는 권력을 본 것이지요. 그리고 이 권력이 사실은 법이 작동할 때도 법의 효력을 떠받치고 있음을 깨달은 겁니다. 법을 벗어나서가 아니라 법을 통해서 작동하는 법 너머의 권력이라 할까요. 앞서 언급한 '자본의 전제정' 내지 주권자로서 자본은 이 '부르주아 독재'의 경제적 판본이라 할 수 있습니다. 말하자면 '자본의 전제정'은 '자본독재'의 다른 이름이라고 하겠습니다. 자본주의란 자본주권, 자본독재가 관철되는 곳입니다[물론 '전제정'과 '독재'라는 말의 위상은 조금 다릅니다. 마르크스에게 '전제정'은 여지없는 비판의 대상이지만, '프롤레타리아트 독재'라는 말에서 보듯 '독재'는 때로는 투쟁의 전략으로서, 때로는 과도적 지배형태(거버넌스)로서 긍정하는 대목이 있습니다].

───── 자본권력 아래서 잉여노동자는 어떤 형태로 존재하는가 ─────
절대적 권력은 절대적 무력(無力)과 호응합니다. 무엇이든 할 수 있는 군주의 힘은 아무것도 할 수 없는 신민의 무력과 호응하지요. 나는 개인적으로 주권의 비밀을 주권자에게서 찾기보다 신민에게서 찾습니다. 절대적 권력자는 어디선가 권력을 발견했거나 누군가에게 그 권력을 선사받은 사람이 아닙니다. 그의 권력은 신민이 된 사람들에게 일어난 어떤 사태, 이들을 무기력하게 만든 어떤 사태의 출현과 관련이 있습니다.

아무것도 할 수 없는 상태로 사람들이 내던져질 때 이들에게 무엇이든 할 수 있는 권력자가 출현합니다. 마르크스가 앞서 사용한 표현을 다시 쓰자면 사람들이 '마음대로 처분할 수 있는 인간재료'로 전락할 때, 이들을 마음대로 다루는 권력자의 출현이 가능해지지요. 마르크스는 이 표현을 상대적 과잉인구에 대해 썼지만, 근본적으로는 노동자들 일반이 자본주의에서 지닐 수밖에 없는 성격이고, 노동자들(상품으로서 노동력)의 탄생 배경이라 할 수 있습니다(자본주권의 탄생과 노동력의 탄생이 어떻게 맞물리는지에 대해서는 12장에서 다루겠습니다). 따라서 잉여노동자들에 대한 마르크스의 언급을 임금노동자들과는 다른 존재들에 대한 언급으로 받아들이면 안 됩니다. 주변, 경계, 테두리를 따라가면 사물의 윤곽선을 얻을 수 있습니다. 잉여노동자들은 노동자들이 어떤 존재인지를 알게 해주지요. 잉여노동자들은 자본관계의 주변에 존재하는 노동자들이지만 어떤 점에서는 자본관계 내부에 있는 노동자들보다 노동자에 대해 더 잘 말해줍니다. 잉여노동자들의 존재 양태는 노동자 일반이 역사적 발생기에 보여준 것이기도 하고, 현재 끊임없이 양산되는 것이기도 하며, 자본주의가 존속하는 한, 다수의 노동자들이 미래에 처하게 될 자리이기도 합니다. 이번 장에서 다루는 『자본』 제23장의 내용 대부분이 잉여노동자들에 관한 것인데요. 제23장의 첫 문장이 '노동자계급의 운명'이었다는 사실을 잊지 말아야 합니다.

자본주의에서 잉여노동자들은 어떤 형태로 존재하는가. 산업 순환의 국면에 따라, 다시 말해 공황이나 불황인가, 아니면 호황인가에 따라 많이 달라질 겁니다. 마르크스에 따르면 이런 국면상의 전환을 고려하지 않는다면 잉여노동자들은 크게 세 형태를 취한다고 볼 수 있는데요. 유동적(flüssige) 형태, 잠재적(latente) 형태, 정체적(stockende) 형태가 그것입니다.[김, 873; 강, 871]

먼저 유동적 형태로 존재하는 잉여노동자들을 볼까요. 이들은 고용 상태가 불안정하거나 실업 상태에 있는 노동자들(비정규직 내지 실업자들)입니다. 임금노동자이거나 임금노동자였지만 그 지위가 매우 유동적인 사람들이라고 할 수 있지요. 지금도 그런 측면이 있지만 당시에는 청소년과 여성 노동자에게서 이런 형태가 많이 나타났습니다. 마르크스는 오랫동안 일할 수 없는 업종에 어린 노동자들과 여성 노동자들이 대거 고용되는 점을 지적했습니다. 그리고 생산과정의 전환과정에서 뒤처진 중년의 노동자들도 이 대열에 합류하고 있다는 점을 언급했고요.[김, 873~874; 강, 871~872]

다음으로 잠재적 형태의 잉여노동자들이 있는데요. 이들은 아직 노동자라고는 할 수 없는 사람들입니다. 언제든 노동자로 전환될 수 있는 사람들, 잠재적 노동자들이라고 할 수 있지요. 대표적 예가 농민입니다. 마르크스의 말처럼 자본축적이 진행되고 농업에까지 자본주의적 생산이 자리를 잡으면 기술적 구성이 높아질 테니 농민들이 잉여노동자화되는 면이 있겠습니다만 사실은 자본주의 발전을 위한 농촌의 피폐화가 먼저입니다. 공장에 풍부한 노동력을 공급하고 노동력의 가치를 떨어뜨리기 위해 국가가 농촌의 피폐화를 방조하거나 심지어 유도하는 정책(이를테면 인위적 저곡가 정책)을 펴는 겁니다. 그러면 더는 농촌에서 살 수 없게 된 사람들이 대거 도시로, 공장으로 이동해 과잉 노동인구를 형성하는 거죠. 이런 상황에서 농업의 기계화가 나타나면 노동인구의 배출이 가속화됩니다.

세 번째는 정체적 형태의 잉여노동자들인데요. 방금 말한, 농촌에서 도시로 떠나온 사람들이 여기 속하는 경우가 많습니다. 그저 맨 몸뚱이로 상경한 사람들 말입니다. 이들은 숙련된 기술을 필요로 하지 않는 작업장, 임금도 낮고 고용도 불안정하고 무엇보다 작업환경이 생명을 위협하는 곳들로 몰려듭니다. 기계제 대공장에 중간제품을 납품하는 가내수공업이나 매뉴팩처 작업장들이지요. 마르크스는 '도살장'으로 불리던 런던의 인쇄소나 봉제공장 같은 곳을 예로 들었는데요. 한국의 경우에도 1960~1970년대에 농촌을 떠나온 많은 사람이 가발공장, 봉제공장 등으로 몰려들었습니다. 지금도 많은 개발도상국에서 그렇고요. 이들은 농촌에서 충원되기도 하지만 기계제로 산업이 재편하면서 몰락한 영세업체에서도 충원됩니다. 일감이 많을 때 잠시 고용되었다가 없을 때는 바로 계약이 해지되는 사람들입니다. 이들은 단순노동을 수행하는 노동자들이라 이런 삶의 형태에서 벗어나는 게 사실상 불가능합니다. 마르크스가 '정체'라는 표현을 쓴 것은 이 때문이지요. 한번 여기에 갇히면 노동자 자신도 그렇고 자식들도 그렇고 좀처럼 벗어나기가 어렵습니다. 자본의 처분에 가장 취약한 대상이기도 하지요. 마르크스는 이들을 "개별적으로 허약해서 몰이사냥 대상이 되는 동물류"를 연상시킨다고 했습니다.[김, 876; 강, 874] 자본주의는 이렇게 쉽게 잡아먹을 수 있는 짐승들을 크게 늘리고 있다고요.

한편 이런 세 형태 말고도 한 가지 형태가 더 있습니다. 이 세 형태는 어떻든 노동인구에 속합니다. 크게 보아 노동자계급이라 할 수 있지요. 그런데 여기에서도 탈락하는 사람들이 있습니다. 마르크스가 "상대적 과잉인구의 가장 밑바닥에 있는 침전물(Niederschlag)"이라고 부르는 사람들이지요.[김, 877; 강, 874] 일부 노동능력을 갖춘 사람도 있지만 대부분은 구호 대상에 속합니다. 1820~1830년대 영국에서 대대적 '구빈법' 개혁이 있었는데요. 이전에 빈곤층에게 제공하던 원조를 구빈원 입소자로 한정하는 조치들이 취해졌습니다. 그런데 19세기 구빈원은 이전 시대의 구빈원과 다릅니다. 더는 노동자를 길러내는 장치가 아닙니다. 노동자가 그 지위를 잃었을 때 어떻게 되는지를 일깨워주는, 다시 말해 공장노동자를 위협하는 아주 비참한 공간이었습니다. 정말로 당장 죽게 생긴 사람 아니고는 결코 들어가고 싶어하지 않는 공간이었지요. 지그문트 바우만에 따르면 "구빈원 담벼락 안에서 흘러나오는 소식이 끔찍할수록 공장노동자들의 예속은 자유처럼 느껴지고 그 비참함은 일말의 행운과 축복처럼 여겨졌"습니다.[53]

그런데 이들도 자본관계와 무관하지 않습니다. 자본의 축적에 기여하지는 못하지만(오히려 관리 비용이 든다는 점에서 축적에 일정한 손실을 입히지요), 자본의 축적과정에서 상대적 과잉인구와 함께 생산되는 사람들입니다. 마르크스는 이들을 "현역노동자군의 상이군인 수용소이자 산업예비군의 바닥무게(tote Gewicht)"라고 했는데요.[김, 877; 강, 874] 산업예비군에서 노동자로 활용할 수 있는 사람들을 제외하고 난 무게라는 뜻입니다. 산업예비군이 생산되면 이들의 바닥층을 이루는 사람들도 함께 생겨납니다. 비유하자면 면사공장에서 생겨나는 낙면 같은 존재입니다. 생산과정에서 생산될 수밖에 없는, 그러나 생산에 다시 투입할 수는 없는 부산물이죠. 생산조건에 속해 있어 없앨 수 없는, 그러나 자본에는 무가치한 인간생산물입니다. 마르크스가 그토록 미워했던 제러미 벤담은 빈곤층을 '쓰레기'로 불렀다는데, 그 적나라한 표현을 그대로 가져와 쓴다면 자본축적 과정에서 생겨난 '인간쓰레기'라고도 할 수 있겠네요.[54] 마르크스에 따르면, 이들 빈민은 불가피한 낙면처럼 "공비(空費, faux frais) 처리"가 됩니다. 가급적 처리 비용도 내지 않으려 하지요. 비용을 빈민들 "자신이나 노동자계급, 하층 중간계급에게 전가"합니다.[김, 877; 강, 875] 19세기 이야기만도 아니지요. 구호 대상 빈민들을 사회의 짐짝 내지 세금을 축내는 기생충처럼 공격하는 것은 오늘날에도 흔히 볼 수 있는 풍경입니다.

마르크스는 지금까지의 이야기에 대해 이렇게 말합니다. "이것이 바로 자본

주의적 축적의 절대적이고 일반적인 법칙이다."(문장 전체에 강조 표시를 했습니다)
[김, 878; 강, 875] 자본주의가 발전하면 '사회적 부'도 커지고 '기능 중인 자본'도
커집니다. 자본축적이 가속화되고 이에 따라 프롤레타리아트의 절대적 크기가 커
지면 그와 함께 산업예비군 규모도 커집니다. 자본축적에 가속을 붙이는 원인이
자본의 자유로운 처분에 내맡겨진 노동력까지 키워주는 겁니다. 그리고 산업예비
군이 늘어나면 그 밑바닥을 이루는 빈민들도 늘어납니다. 바로 이것이 자본주의
적 축적의 '절대적이고 일반적인 법칙'이라는 겁니다. 물론 마르크스는 이 법칙의
"실현과정은 다양한 요인에 의해 변형"될 것이라고 했습니다. 점쟁이처럼 미래에
이런 일이 일어날 거라고 예언하는 게 아닙니다. 이 경향은 변형될 수도 있고 저지
될 수도 있지요. 그렇다면 왜 절대적이고 일반적인 법칙이라 부르는가. 데이비드
하비에 따르면 마르크스의 "일반법칙은 자유로운 시장과 자유주의적 이상이 만일
실행된다면 우리를 어디로 데려갈 것인지를 명확히 보여"줍니다.[55] 자본주의에
는 이런 경향이 절대적으로, 그리고 일반적으로 내재해 있다는 뜻이지요.

자본에 결박된 노동자계급의 운명

상대적 과잉인구의 존재 형태에 대한 언급을 마친 뒤 마르크스는 그동안 살펴본
노동자들의 비참한 운명을 한 단락으로 요약하고 있는데요(이 단락은 분량이 거의
한 페이지에 달하는 제법 긴 내용입니다). 자본이 노동자들에게 저지른 범죄를 규탄하
는 연설문 같기도 하고, 심판의 법정에서 자본을 고발하는 기소문의 요약본 같기
도 합니다.[김, 878~879; 강, 876~877]

마르크스는 격정적인 문체로 분노를 표출합니다. "우리는 보았다"(Wir sahen)
로 시작하는 단락인데요. 우리는 무엇을 보았는가. 우리는 노동의 사회적 생산력
이 개별 노동자들의 희생을 통해 발전한다는 것을 보았습니다. 생산력을 높이는
모든 수단이 생산자인 노동자들을 지배하고 착취하는 수단으로도 이용된다는 것
을 보았지요. 우리는 노동생산력을 높이는 과정에서 노동자가 '부분인간'이 되고
'기계부품'(Anhängsel der Maschine)이 된다는 것을 보았습니다. 이 과정에서 노동
자의 노동은 껍데기 노동, 즉 내용은 사라지고 고통만 가득한 노동이 되었고, 정신
적이고 지적인 측면이 기계 속으로 들어감으로써 노동자의 정신은 노동과정에서
소외될 수밖에 없었습니다. 한마디로 우리는 생산력을 높이는 과정에서 노동자의
정신과 신체가 어떻게 '불구화'(verstümmeln)되는지를 보았습니다. 또한 우리는 보
았습니다. 노동생산력을 높이는 온갖 방법과 수단이 노동조건을 악화하고, 무엇보

다 노동과정에서 자본의 '비열하고 가증스러운 전제정'에 노동자들을 굴복시킨다는 것을 보았습니다. 그뿐 아니라 그것들이 노동자들의 소중한 삶의 시간을 노동시간으로 전환시키고, 그들의 아내와 아이들까지 자본이라는 '저거노트 수레바퀴'(Juggernaut-Rad) 밑으로 던져 넣는다는 것을 보았습니다.

그리고 우리는 보았습니다. 자본축적이란 이 모든 일의 영원한 반복이라는 것 말입니다. 또 잉여가치를 생산하는 모든 방법, 노동자들을 큰 고통 속으로 몰아넣은 그 모든 방법이 축적의 방법이라는 것도 보았습니다. 축적 방법의 발전은 축적의 규모를 키우고, 축적의 규모가 커지면 축적 방법이 더욱 발전합니다. 자본축적과 더불어 자본가계급과 노동자계급의 격차가 커진다는 것도 보았습니다. 설령 절대적 차원에서는 임금이 오른다 해도 상대적 차원에서는 그렇지 않다는 것을 알게 되었지요. 또 우리는 보았습니다. 자본축적과 함께 잉여노동자들 즉 산업예비군 또한 늘어난다는 것을 말입니다. 자본은 이들 산업예비군을 언제나 자본축적의 규모와 활력에 맞게 유지합니다. 이것은 하나의 법칙으로 작동합니다. 이 법칙은 "헤파이스토스의 쐐기가 프로메테우스를 바위에 결박한 것보다 더 단단히 노동자를 자본에 결박합"니다.[김, 879; 강, 876]

결국 우리는 알게 되었습니다. 자본주의가 존속하는 한 노동자는 이 운명에서 도무지 벗어날 수가 없습니다. 노동자는 자본이 박아놓은 말뚝에 꼼짝없이 매여 있는 역축입니다.

부의 축적과 빈곤의 축적

중요한 것은 이 모든 비참이 자본의 축적과 함께 일어난다는 사실입니다. 사회의 부가 줄어들면서 생긴 일이 아니라 사회의 부가 늘어나면서 생긴 일이라는 것이지요. 정치경제학 공부에 나선 청년 마르크스와 엥겔스가 던졌던 물음이 이것이었습니다. 왜 가치를 생산하는 자가 가난한가. 그것도 더 많은 가치를 생산할수록 왜 그는 더 가난해지는가. 왜 가장 큰 부를 소유한 영국에 가난한 국민이 가장 많은가. 어떻게 부의 증대가 동시에 빈곤의 증대를 의미할 수 있는가.

이제 우리는 그럴 수밖에 없다는 것, 이것은 자본주의적 생산의 절대적이고 일반적인 법칙이라는 것, 이 경향을 제어하는 노력이 없는 한 반드시 나타날 수밖에 없는 경향이라는 것을 압니다. 마르크스는 말합니다. "이 법칙은 필연적으로 자본축적에 따른 빈곤의 축적을 낳는다. 그러므로 한쪽 극에서의 부의 축적은 동시에 반대편 극, 즉 자신의 생산물을 자본으로 생산하는 계급 편에서의 빈곤, 고통스러운 노동, 노예 상태, 무지, 포악, 도덕적 타락의 축적이 된다."[김, 879; 강, 876~877] 마르크스가 부의 양극화만 지적하는 게 아님을 알 수 있습니다. 노동자 계급은 빈곤과 과로에 시달리면서 이로 인한 정신적·심리적·지적·도덕적 병리 현상을 겪습니다. 자본주의적 부의 생산은 빈곤만 생산하는 게 아니라 정신적 질병을 생산하고, 무지를 생산하고, 폭력을 생산하고, 범죄를 생산한다는 거죠.

앞서도 말했지만 이러한 비참은 생산물의 분배가 잘못되어 생긴 문제가 아닙니다. 이것은 노동력의 상품화로부터 시작해 자본주의적 생산의 조건 속에 들어 있는 것입니다. 자본주의적 생산이 가능하기 위해서는, 자본축적이 가능하기 위해서는 이런 비참이 필요합니다. 마르크스는 이 점을 부르주아 정치경제학자들이 모르지 않았다고 말합니다. 이를테면 '18세기의 위대한 경제학 저술가' 오르테스(Giammaria Ortes)는 "한 나라의 부는 그 나라의 인구에 비례하며, 한 나라의 빈곤은 그 부에 비례한다"라고 했습니다.[김, 880; 강, 877] 부와 빈곤의 관계가 반비례가 아니라 비례라는 것을 알아차린 거죠(다만 그는 이를 당대 자본주의사회에 고유한 현상이 아니라 일종의 '자연법칙'으로 잘못 생각했습니다). 그래도 마르크스에 따르면 오르테스는 이런 통찰을 '기독교적 자선'의 필요성과 연결시켰습니다. 그는 성당이나 수도원이 존재하는 이유가 여기에 있다고 보았습니다. 부가 증가할수록 빈곤도 늘어날 수밖에 없다면 성당이나 수도원이 빈민들을 도와야 한다는 거죠.[김, 881~882; 강, 878~879]

프로테스탄트교 목사였던 타운센드는 '아주 난폭한 방식으로' 부의 생산에 빈곤이 필요하다는 주장을 폈습니다. 그에 따르면 노동을 강제함에 있어 굶주림은 법률보다 훨씬 효과적인 수단입니다. 굶주림은 노동에 대한 "평화롭고 조용하며 멈춤이 없는 압력"이며 "가장 자연스러운 동기"를 형성해줍니다.[김, 880; 강, 878] '염소'(빈민)를 더 건강하게 만들기 위해서는 '사나운 개'(빈곤)이 필요하다는 게 그의 생각이었지요. 마르크스에 따르면 "결국 만사는 노동자계급의 굶주림을 영속화하는 것에 달려 있다"라고 본 타운센드는 오르테스와는 정반대 결론에 이릅니다. 오르테스는 빈곤이 영속화될 것이므로 자선이 필요하다고 했지만, 타운센드는 빈곤의 영속화가 필요하므로 빈민들에게 공적 부조를 제공하면 안 된다고 주장했지요. 이것이 그가 구빈법에 반대하는 이유였습니다.[김, 881~882; 강, 878] 마르크스는 이외에도 슈토르히(Storch), 시스몽디, 드트라시(Destutt de Tracy) 등을 인용하고 있습니다. 모두가 사회적 부의 증대와 대중의 빈곤이 나란히 나타난다는 사실을 지적했습니다. 마르크스가 '냉혈동물 같은(fischblütige) 부르주아 이론가'

라고 부른 드트라시는 이렇게 말했습니다. "가난한 나라는 인민이 잘사는 나라이고, 부유한 나라는 인민이 대체로 가난한 나라다."[김, 883; 강, 880]

이들만이 아니라 19세기 영국의 많은 사상가가 이 같은 생각을 가졌습니다.[56] 당시 거대한 사회현상으로 등장한 빈곤을 자본주의가 낳은 비참으로 보기보다 사회 발전과 자본축적에 필요한 조건으로 보았지요. 그야말로 온갖 형태의 빈곤 효용론이 나왔습니다. 앞서 살펴본 맬서스도 그랬지만 이들 대부분은 평등주의 사상을 혐오했습니다. 평등주의자들은 정치경제학의 법칙(자연법칙)에 따라 고통받을 운명을 가진 빈민들을 구제한다면 오히려 그것이 사회 전체를 파멸로 이끌어간다고 주장했습니다.[57] 마르크스는 너무 파렴치하다고 생각했을 겁니다. 노동자계급을 비참한 운명으로 내몬 것도 모자라 빈곤의 효용을 늘어놓다니요. 이것은 16세기 말 엘리자베스 여왕이 잉글랜드를 한 바퀴 돌아본 뒤 "빈민이 도처에 널려 있다"(Pauper ubique jacet)라며 한탄했던 것과는 완전히 다릅니다. 여왕은 최소한 자신의 나라에 만연한 빈곤을 창피하게 생각했습니다. 그래서 1601년 구빈세(poor rate)를 도입했습니다. 당시 법령을 작성한 이들은 이 법을 만들어야만 하는 이유를 차마 밝힐 수가 없어(너무 부끄러웠으니까요) 전문(前文)도 부치지 않은 채 공포했다고 합니다.[김, 988~989; 강, 971~972] 그나마 염치는 있었던 거죠.

자본축적의 일반법칙이 지배하는 현실

『자본』 제23장의 마지막 절은 '자본주의적 축적의 일반법칙에 대한 예증'이라는 제목을 달고 있습니다. 앞서 말한 축적의 일반법칙을 현실에서 확인해보자는 거죠. 자본축적이 가속화될수록 상대적 과잉인구가 생산되고, 상대적 과잉인구의 생산은 노동자들의 삶을 더욱 궁핍하게 만들고 빈민들을 양산한다고 했는데요. 정말로 부의 축적을 가속화하는 원리가 빈곤의 축적 또한 가속화하는지 영국의 사례로 검증해보는 겁니다.

부의 축적이 곧 빈곤의 축적인 현실에 대한 증언

이 마지막 절은 우리말 번역본 기준으로 거의 100쪽에 가깝습니다. 이처럼 『자본』 I권에서 유독 많은 지면을 차지하는 세 개의 장이 있습니다. 하나는 노동일에 관한 장이고, 다른 하나는 기계와 대공업에 관한 장이며, 마지막은 바로 여기 '자본축적의 일반법칙'을 다루는 장입니다. 이들 장의 공통점은 「공장감독관 보고서」「공중위생 보고서」「아동노동조사위원회 보고서」 등을 많이 인용한다는 겁니다. 이 문서들에는 현장을 조사한 감독관들의 말이 담겨 있습니다. 그리고 이들의 말에는 노동자의 말이 '말 속의 말' 형태로 담겨 있습니다. 직접인용을 통한 간접인용이라고 할까요(물론 우리는 누군가의 처지를 다른 사람의 말로 들을 때 생겨나는 문제들에 대해서도 유념해야 합니다. 422~426쪽 참조). 나는 이들 세 개의 장이 갖는 의의가 여기에 있다고 봅니다. 『자본』은 기본적으로 자본의 운동을 논리적으로 펼치는 책입니다. 노동조차 자본의 한 형태인 '가변자본'으로서 다뤄지죠. 노동자는 노동력이라는 상품을 담은 용기 정도로만 취급됩니다. 인격이 없습니다. 그런데 이들 세 개의 장에서는 노동자들이 상품을 담은 그릇이 아니라 목소리를 가진 존재, 숨을 쉬고 피가 흐르고 살이 붙어 있는 존재로 등장합니다[58]. 이들은 한숨을 쉬고, 비명을 지르고, 고통을 호소합니다. 때로는 항거의 목소리를 내기도 하고요.

논리를 이해하는 것과 목소리를 듣는 것은 다릅니다. 이론적으로만 보면 제23장의 마지막 절은 그다지 중요한 곳이 아닙니다. 법칙을 확인하는 사례집에 불과하지요. 사실 이렇게 많은 지면을 할애할 필요도 없습니다. 일반적인 정치경제학 책이라면 아예 집어넣지도 않았을 겁니다. 그러나 『자본』은 다릅니다. 나는 마르크스가 이론적 법칙을 확인하는 용도로만 이 절을 썼다고 생각하지 않습니다. 그보다는 현장의 목소리를 들려주고 싶었을 겁니다. 이론을 확인하는 것만이 아니라 이론으로 담을 수 없는 어떤 것을 전하려고요. 목소리에는 이론을 넘어서는 것, 논리를 넘어서는 것이 있습니다. 어조, 음색, 강도, 빠르기가 달라지면 똑같은 내용도 완전히 다르게 들립니다. 이것을 글로 표현하려면 논리를 펼칠 때와는 다른 문체를 구사해야 합니다. 실제로 이 마지막 절이 그렇습니다. 자본의 운동을 설명할 때와는 완전히 다른 형식, 다른 스타일로 쓰여 있습니다. 마치 르포르타주(reportage)를 읽는 느낌입니다(마르크스의 『자본』에서 엥겔스의 『영국 노동자계급의 상태』를 만난 기분이 듭니다).

이 마지막 절은 대부분 증언의 형식을 취하고 있는데요. 우리가 『자본』을 자본주의가 저지른 범죄에 대한 기소문으로 읽는다면 피해자 측 진술에 해당한다고 할 수 있을 것 같습니다(엄밀히 말하면 감독관들, 조사관들의 진술이지요). 법정에서 배심원들은 판결을 내리기 전에 직접적으로든 간접적으로든 피해자의 진술을 듣습니다. 피해자의 진술에는 검사의 논변을 넘어서는 것, 검사의 논변으로는 담을 수 없는 것이 들어 있으니까요. 노동일에 관한 장을 다룰 때 나는 자본의 증식과정을 논리적으로 이해하는 것과 그 현실을 지켜보는 것은 다르며, 독자들은 텍스트를 지적으로 이해할 뿐 아니라 정서적으로도 겪어야 한다고 했습니다. 자본주의적 축적법칙에 대해서도 마찬가지입니다. 이 법칙을 지적으로 이해하는 것과 그 현실을 확인하는 것은 아주 다릅니다. 상당히 긴 분량이지만 증언을 경청하듯 모두 빠짐없이 읽었으면 좋겠습니다.

자본가들을 위한 천년왕국은 도래했다

마르크스는 자본주의적 축적의 법칙을 절대적이고 일반적인 법칙이라고 했는데요. 자본주의가 아무런 제약을 받지 않은 채 발전했을 때 반드시 나타날 수밖에 없는 경향이라는 의미에서 그렇습니다. 마르크스는 자신이 『자본』을 쓰던 시기, 더 한정해 말한다면 '1846~1866년'의 20년이 대체로 그런 시기라고 봅니다. 영국에서 자본주의가 그 어느 때보다 발전한 시기, 자본축적이 별 제약 없이 이루어진 때라 할 수 있습니다.[김, 883; 강, 880] 특히 1846년은 아주 상징적인 해입니다. 마르크스의 표현을 빌리자면 "자유무역이라는 천년왕국"이 도래한 해이지요. 공장법의 역사를 살필 때 언급했지만 이때 곡물법이 폐지되고 면화 등의 원료에 대한 수입관세가 철폐되었으며 자유무역이 입법의 원칙으로 선포되었습니다. 마르크스는 이때를 "영국 경제사의 시대적 전환점"이라 부른 바 있습니다. 자유무역을 신봉하는 정치경제학자들은 이것이 자본가들만이 아니라 노동자들에게도 큰 혜택을 줄 것이라고 떠들어댔지요. 그렇다면 그 후 20년, 과연 모두에게 천년왕국이 도래했을까요. 자본축적을 위한 이상적 조건이 만들어졌으니 이제 검증을 해볼 차례입니다.

마르크스는 먼저 인구 증가율과 부의 증가율을 살펴봅니다. 빈곤의 원인을 인구의 자연증가에서 찾았던 맬서스 등의 주장을 검토해보는 거죠. 이들은 부가 늘어나면 인구는 그보다 더 많이 늘어나고 이로 인해 사회적 빈곤이 나타날 것이라고 했는데요. 인구 자료와 세금 자료를 살펴보면 19세기 전반기 동안 인구는 절대적으로는 많이 늘었습니다. 그런데 상대적 증가율 즉 증가 속도는 계속 줄어듭니다. 반면 부의 증대 속도는 갈수록 빨라집니다. 영국 전체를 보면 1853~1864년 사이 인구는 12퍼센트가량 증대한 반면 이윤은 50퍼센트, 지대는 38퍼센트가량 증대했습니다.[김, 884~885; 강, 881~882] 게다가 자본의 집적과 집중이 함께 일어나는 것도 확인할 수 있습니다. 농업 통계를 보면 전체 농장 수는 급격히 줄어들었는데 거액의 세금을 내는 지주들은 계속 늘어났습니다. 농업만이 아닙니다. 이윤에 대한 과세 자료도 그렇고, 석탄이나 철강 생산량, 철도 길이, 수출입 자료 등에서도 자본축적 규모가 얼마나 급성장했는지를 엿볼 수 있습니다. 수출액 규모로 보자면 1847년에서 1866년까지 무려 300퍼센트 넘게 성장했습니다.[김, 885~887; 강, 882~884] 요컨대 당시 영국 호적청장의 말처럼, 인구가 크게 늘어났다고 해도 부의 증가 속도에 비할 바는 아닌 거죠.[김, 887; 강, 884]

그렇다면 부의 증가는 이 부를 생산한 노동자계급의 삶도 개선시켰을까요. 마르크스는 1843년 필(Peel) 정부에서 무역 담당 각료로 참여했고 1868년 총리가 된 유력 정치인 윌리엄 글래드스턴(William E. Gladstone)의 두 연설을 인용합니다. 하나는 1843년의 연설이고 다른 하나는 1863년의 연설입니다. 1843년 연설에서 글래드스턴은 상층계급의 부는 끊임없이 늘어나는데도 국민들(노동자계급)의 빈곤이 커지는 것에 우려를 표명합니다. 마르크스의 표현을 쓰자면, 나름 '점잔 빼는' (salbungsvoll) 연설을 한 건데요. 그로부터 20년이 지난 후 그는 어떤 말을 했을까요. 글래드스턴의 1863년 연설은 아주 인상적입니다. 그는 과거 20년을 회고하며 "거의 믿기 어려울 정도로"(almost incredible), "취해 쓰러질 정도로"(intoxicating) 부가 증대했다고 했습니다. 그러면서 이러한 부의 증가는 "전적으로 자산계급에만 한정"된 것임을 인정했습니다. 그러고는 생산력 증대로 생활용품들의 가격이 떨어질 테니 "노동인구에게도 간접적 이익"이 되었을 거라고 말합니다. 그는 지난 20년을 이렇게 정리합니다. "부자는 더 부유해졌고 가난한 사람들은 덜 가난해졌습니다. 극단적 빈곤이 줄어들었는지 여부는 말씀드리고 싶지 않습니다."[김, 888; 강, 884~885]

말하는 방식이 재밌습니다. 영국 사회가 부의 생산에서 얼마나 놀라운 성과를 거두었는지, 자산가들의 재산이 얼마나 증가했는지에 대해서는 구체적 수치를 제시했지만(과세대상 소득이 처음 10년에는 6퍼센트, 다음 10년에는 20퍼센트 증가했다고요), 노동자들의 간접적 이익은 수치로 제시하지 않았지요. 좋아지지 않았겠느냐고 막연히 추측만 하고 있습니다. 그리고 극빈층에 대해서는 아예 언급을 피합니다. 마르크스의 말처럼 완전히 '용두사미'(Antiklimax)지요.[김, 889; 강, 885] 마르크스는 글래드스턴의 말을 이렇게 풀어씁니다. 자산가들이 '믿기 어려울 정도로', '취해 쓰러질 정도로' 재산이 늘어났는데도 노동자계급이 '덜 가난해진' 것에 불과하다면, 노동자계급은 "상대적으로는 종전과 마찬가지로 여전히 가난한 것"입니다. 절대적 가난은 감소했는지 몰라도 상대적 가난은 더 증대했다는 거죠(마르크스에 따르면 이 시기 몇몇 생필품의 가격은 오히려 많이 올랐습니다). 계급 간 양극화는 더욱 심해졌다고 할 수 있지요(마르크스가 자본축적과 더불어 노동자계급, 특히 임금노동자들이 더 가난해졌다고 말하는 것은 상대적 빈곤의 증대에 방점이 찍혀 있다고 할 수 있습니다). 절대적 빈곤층은 어떤가. 임금관계 바깥에 있는 구호 빈민들은 어떤가. 글래드스턴은 '극단적 빈곤'이 감소했다는 말을 감히 하지 못합니다. 이는 그것이 줄어들지 않았고 오히려 늘어났을 수 있음을 시사합니다.

요컨대 천년왕국이 도래한 것은 맞습니다. 다만 그것은 자본가들의 천년왕국이었던 거죠. 노동자들은 아무리 좋게 봐준다 해도 상대적으로 더 가난해졌고 극빈층은 전혀 줄지 않았습니다. 이런 상황을 글래드스턴이 모르지는 않았습니다. 그는 1년 후 다른 연설에서 노동자계급에게 훈계하듯 말했다고 합니다. "인생이란 십중팔구 생존을 위한 투쟁(struggle for existence)일 뿐입니다."[김, 889; 강, 886] 아무런 제약 없이 자본축적이 이루어진 결과 빈곤축적이 나타났다고 말하는 대신 (정부의 책임을 은폐해버렸습니다), 갑자기 모두가 자연상태에 놓인 것처럼 말하고 있습니다. 빈곤을 적자생존의 결과인 것처럼 포장하고 있지요. 빈곤을 자연화한 겁니다.

––––––––––– 자본은 거대해졌으나 '극단의 빈곤층'은 줄지 않았다 –––––––––––
이제 부의 축적이 '믿기 어려울 정도로' 이루어지던 시기에 이 부를 생산한 노동자들은 어떤 처지에 있었는지를 구체적으로 살펴볼 차례입니다. 이 시기 공장에서 일어난 일에 대해서는 이미 노동일에 관한 장과 기계와 대공업에 관한 장에서 살펴본 바 있습니다. 거기서 우리는 노동자들이 어떤 희생을 치렀는지, 즉 노동일이 얼마나 연장되었고 노동강도가 얼마나 강화되었는지를 보았습니다. 그러나 '자본주의적 축적의 법칙'을 완전히 해명하기 위해서는, 다시 말해 부의 축적이 빈곤의 축적과 함께 이루어진다는 것을 확인하기 위해서는 "작업장 바깥에서의 노동자들 상태, 즉 그들의 식생활과 주거 조건들도" 살펴야 합니다.[김, 890; 강, 887] 자본의 천년왕국이 건설되는 사이 노동자들이 실제로 어떤 삶을 살게 되었는지를 살펴보는 거죠.

마르크스는 노동자계급을 크게 두 부류로 나누어 고찰합니다. 한쪽은 공장 등에서 일하는 산업 프롤레타리아트이고요, 다른 한쪽은 농장에서 일하는 농업 프롤레타리아트입니다. 당시에는 이들이 노동자계급의 대부분을 차지했으니까요. 그런데 이들의 처지를 살펴보기 전에 마르크스는 극빈층, 다시 말해 구호 빈민으로 살아가는 사람들의 처지를 짧게 언급합니다. 한 쪽 분량의 짧은 내용이기는 하지만 노동자계급의 운명과 관련해 이들의 존재를 언급하는 것은 매우 중요합니다.

앞서도 말한 바 있지만 이들은 임금관계 바깥에 있는 사람들입니다. 단순히 바깥에 있는 게 아니라 다시 거기 들어갈 가능성도 거의 없다고 할 수 있습니다. 하지만 이들이 임금관계 바깥에 있다고 해서 자본관계 바깥에 있다고까지 말할 수는 없습니다.

두 가지 점에서 그런데요. 일단 이들의 삶은 자본축적과 무관하지 않습니다. 무관하지 않은 정도가 아니라 어떤 점에서는 가장 민감한 영향을 받습니다. 마르크스가 첫 번째로 지적하는 것이 그겁니다. 그에 따르면 런던의 극빈자 수는 "산업 순환의 주기적 변화"를 따라갑니다.[김, 891; 강, 888] 특히 공황이 닥치면 그 수가 폭발적으로 증가하지요. 1866년 공황이 닥쳤을 때 런던에서는 극빈층이 20퍼센트 가까이 증가했습니다(한국 사회도 1997년 외환위기 당시 이런 현상을 경험한 바 있지요). 극빈층이 자본관계 바깥에 있다고 볼 수 없는 또 하나의 이유는 이들의 존재가 임금관계 속에 있는 현역노동자군에 영향을 미치기 때문입니다. 마르크스는 계급투쟁이 강하게 대두될 때 극빈자 통계가 왜곡된 형태로 활용된다는 점을 지적합니다.[김, 891; 강, 888] 비참하게 살아가는 사람들이 얼마나 많은지를 부각함으로써 노동자들의 투쟁을 이데올로기적으로 공격하기도 하고 또 노동자들에게 공포심을 심어주기도 합니다.

마르크스는 특히 후자의 측면을 강조했습니다. 앞서도 언급했지만 19세기 구빈원은 이전 시대의 구빈원과 완전히 달랐습니다. 한 세기 전만 해도 스미스는 매뉴팩처 작업장을 가리킬 때 '구빈원'(workhouse)이라는 말을 썼습니다.[김, 891, 각주 43; 강, 888, 각주 108] 그것은 글자 그대로 '노동의 집'(workhouse)이었으니까요. 그런데 19세기 구빈원은 노동능력을 완전히 상실한 사람을 수용하는 곳이었습니다. 게다가 아주 끔찍한 곳이었습니다. 마르크스는 구빈원을 '빈곤의 감옥'(Strafanstalt des Elends)이라 불렀는데요. 그는 당시 런던에서 굶어 죽은 사람들이 크게 증가한 것을 두고, 사람들이 얼마나 구빈원을 두려워하는지에 대한 방증이라고 보았습니다. 구빈원에 갇히느니 차라리 길거리에서 굶어 죽었다는 거죠.[김, 891; 강, 888] 극빈층에 대한 처우가 노동자들에게 큰 영향을 미친다는 것을 말해줍니다. 극빈층은 비록 임금관계 바깥에 있지만 이들의 증감이나 이들이 수행하는 기능은 이들이 결코 자본관계 바깥에 있지 않음을 보여준다고 하겠습니다.

───── 자본의 왕국에서 산업 프롤레타리아트는 어떻게 사는가 ─────
▶저임금노동자와 도시 빈민촌의 탄생──이제 임금노동자들을 살펴볼까요.

마르크스는 가장 낮은 임금을 받는 노동자들, 유랑노동자들, 최고 임금을 받는 노동자들의 삶을 차례로 살펴봅니다. 자본축적이 가속화되던 시기에 이들 노동자가 어떻게 살아왔는지를 눈물겹게 써내려갑니다. 이 시기 공장에서 노동자들이 어떤 희생을 치렀는지를 말할 때는 「공장감독관 보고서」와 「아동노동조사위원회 보고서」를 많이 참조했는데, 여기 노동자들의 영양 상태와 주거 환경에 대해 말하는 곳에서는 「공중위생 보고서」를 주로 참조하고 있습니다. 참고로 마르크스는 이들 보고서를 작성한 조사관들의 정직성을 많이 칭찬했습니다. 전에 마르크스가 공장감독관 레너드 호너를 가리켜 "영국의 노동자계급을 위해 불멸의 공적을 세운" 인물이라고 말한 바 있지요. 여기서도 호너와 같은 조사관이 등장합니다. 의사 에드워드 스미스(Edward Smith)나 줄리언 헌터 같은 사람들이죠.

먼저 임금노동자들 중 상황이 가장 좋지 않은 저임금노동자들의 경우부터 보겠습니다. 1860년대 초반 자료가 있는데요. 1864년에 발간된 〈공중위생 보고서〉에 따르면 이들 노동자는 의학적 관점에서 제시된 영양 상태의 최저 기준에 모두 미달했습니다. 각각의 업종에서 그나마 형편이 좋은 가족을 대상으로 한 조사인데도 그랬습니다. 당시는 면화 기근으로 면직업이 사실상 공황 상태에 있었는데요. 이때 면직업 노동자들이 섭취한 음식물은 최저 기준의 절반에도 미치지 못했습니다.[김, 892~893; 강, 889~891] 음식물 사정이 이렇다는 것은 다른 것들은 말할 것도 없다는 뜻입니다. 음식은 생존을 위해 가장 먼저 갖추어야 하는 것이니까요. 바꾸어 말하면 누군가 굶주린다는 건 생존의 막다른 곳에 몰렸다는 것, 즉 '최후의 궁핍'에 빠졌다는 뜻입니다. 먹을 게 부족한 노동자들은 어김없이 의복도, 연료도 부족했습니다. 냉난방도, 상하수도도 제대로 갖추어져 있지 않았지요. 조사 책임자였던 의사 사이먼(Simon)은 이렇게 말하고 있습니다. "여기서 말하는 빈곤이 나태가 초래한 마땅한 빈곤이 아니라는 점을 생각하면 너무 가슴이 아프다. 이 모든 사례는 일하고 있는 사람들(working populations)의 빈곤이다. 도시노동자들이 얼마 안 되는 음식을 얻기 위해 해야 하는 노동은 대부분 지나치게 장시간이다."[김, 895~896; 강, 891~892]

마르크스가 영양 상태 이상으로 공들여 기술하는 쪽은 주거 상태입니다. 자본의 축적이 가속화한 시기, 소위 자본의 고도성장기에 도시의 노동자들 주거지가 어떻게 형성되는지를 보여주었는데요. 그는 특히 도시 (재)개발과 부동산 가격의 상승이 노동자들의 주거에 어떤 영향을 미치는지를 흥미롭게 고찰하고 있습니다. 일단 저임금노동자들이 도시로 몰려드는 것은 산업화에 따른 결과입니다. "생산수단의 집중이 심화될수록 동일한 공간에서의 노동자들의 밀집 상태는 더욱 심해"집니다. 공장들이 도시에 세워지면 그 주변으로 노동자들의 주거 공간도 집중될 수밖에 없지요.[김, 896; 강, 892~893] "공업도시나 상업도시에 자본이 급속히 축적될수록 착취할 수 있는 인간재료들이 급격히 쇄도하고, 그럴수록 노동자들의 급조된 주거지들은 상황이 더 열악"해집니다.[김, 901~902; 강, 898] 노동자들은 "지하실이나 다락까지" 파고들고, 그나마 "쓸 만한 주택들은 싸구려 여인숙처럼 개조"됩니다. 집 한 채에 수십 개의 방이 생겨나는 거죠. 그리고 이들 방 한 칸에는 10명 이상이 들어가 삽니다. 마르크스는 마치 "30년전쟁 당시 민간 막사에서 병사들이 교체되듯 급속히" 거주자들이 교체된다고 했습니다.[김, 903; 강, 899]

고도성장기 한국 사회를 떠올리면 됩니다. 서울 구로에는 1980년대 초까지 '벌집'이 유행했습니다. 한 주택에 두세 평밖에 안 되는 방들이 한 층마다 수십 개씩 있었는데요. 방 하나에 수도꼭지 하나, 연탄아궁이 하나가 있었습니다. 화장실은 한 층에 공동으로 하나 정도 있었고요. 큰 비용 들이지 않고 대강 지었기 때문에 연탄가스 중독으로 사망하는 노동자들이 많았습니다. 1970년대 노동자들, 특히 구로나 가리봉의 영세 공장에서 일하는 여공들이 거주했고, 이후에는 가출 청소년이나 빈민층의 아지트가 되었으며, 최근에는 일부 주택이 남아 조선족 이주노동자들이 살고 있다고 합니다.[59] 마르크스가 기술하고 있는 당시 산업도시들의 풍경도 비슷합니다. 처음에는 그럴듯한 주택도 시간이 지나면 도저히 살 수 없는 형태로 바뀝니다. 영국의 노동자들이 오늘 머문 자리는 "내일이면 누더기를 걸친 아일랜드인이나 몰락한 잉글랜드 농업노동자들이 메뚜기 떼처럼 밀려들어"옵니다.[김, 903; 강, 899] 대부분의 방들은 햇볕도 들지 않고 환기도 되지 않습니다. 침대 하나를 세 명 이상이 함께 쓰고 그냥 바닥에서 여러 명이 겹쳐 자는 경우도 많습니다. 오물이나 하수처리도 엉망이었고요. 그런데도 이들 방은 식을 새가 없습니다. 낮에 일하는 사람과 밤에 일하는 사람이 교대로 잠을 자기 때문이지요.[김, 902; 강, 898]

노동자들의 건강은 공장에서도 무너지지만 공장 바깥 주거 공간에서도 무너질 수밖에 없습니다. 냉난방이 되지 않는 비좁고 더러운 환경에서 건강을 유지한다는 것은 불가능합니다. 그런데도 노동자들은 계속해서 몰려듭니다. 왜냐하면 '호경기'니까요. 일자리를 찾아 농촌에서도 사람들이 몰려들고, 아일랜드에서도 사람들이 몰려옵니다. 마르크스의 표현을 빌리자면 "호경기와 더불어 끊임없이 흘러 들어오는 '예비군' 즉 '상대적 과잉인구'의 물결로 홍수가 난" 겁니다.[김,

903; 강, 899] 이 점이 중요합니다. 이 모든 일이 자본의 고도성장기에 일어난 일이라는 것 말입니다. 자본축적과 도시 빈민촌의 탄생은 깊이 관련이 있습니다. 그런데 저임금노동자들은 공장만이 아니라 주거지에서도 착취를 당합니다. 집주인들은 좁은 방에 많은 노동자를 집어넣고 터무니없이 높은 집세를 받았습니다. 마치 광산에서 금이나 은을 캐내듯 집주인들은 조잡한 주택에서 돈을 캐냈습니다. 마르크스는 이 '빈곤의 광산'은 그 유명한 '포토시(Potosí)의 은 광산'보다 수익성이 높았다고 했습니다.[김, 896; 강, 893] 비용 대비 이윤을 생각하면 말이지요.

더 중요한 것은 어느 시기가 되면 도시재개발이 이루어진다는 겁니다. 소위 도시 환경 '개선'(improvements) 사업이 펼쳐지지요. 개발이 시작되면 불량 주택이 철거되고, 도로가 확장되고, 전차가 들어오고, 은행과 백화점이 들어섭니다.[김, 896; 강, 893] 이런 도시재개발은 부동산투기를 불러일으킵니다. 마르크스에 따르면 당시 런던에서는 부동산투기가 하도 성행해 거의 모든 집이 중개인을 통해 거래될 정도였다고 합니다. 토지 가격이 비정상적으로 높았습니다. 토지를 이용한 수익(지대)보다 토지 자체의 가격 폭등을 노린 거래 때문이지요. 투기꾼들은 토지 보상금을 노리고 개발 예정지를 사들이거나, 대기업 이전 같은 정보를 얻어 인근 부동산을 매입했습니다. 마르크스에 따르면 임대 계약이 끝나는 건물이 집중 매입 대상이었지요.[김, 899; 강, 895] 오늘날의 투기 유형과 별반 차이가 없습니다. 마르크스는 도시재개발과 부동산투기가 노동자들의 주거에 어떤 영향을 미치는지를 자세히 씁니다. 자본축적은 도시화를 낳고 부동산 가격을 올립니다. 집세가 오르면 가난한 노동자들은 버틸 수가 없습니다. 이들은 집세가 싼 곳을 찾아 모여듭니다. 도시 빈민촌이 형성되는 것이지요. 그러다가 재개발이 이루어지면 부동산 가격이 폭등합니다. 주거 환경은 크게 개선되는데, 정작 거기 살던 가난한 주민들은 쫓겨나지요. 가난한 노동자들은 다시 집세가 더 싼 곳, 즉 더 비좁고 더 불결한 곳으로 이주할 수밖에 없습니다.[김, 896; 강, 893]

거듭 강조하지만 이런 일은 사회적 부가 감소할 때가 아니라 '믿기 어려울 정도로' 부가 축적될 때 일어났습니다. 자본이 고도로 성장하던 시기, 자유무역이 입법의 원칙이 되고, 자본이 큰 제약 없이 축적될 수 있었던 시기에 일어난 일이지요. 곳곳에서 노동인구가 홍수처럼 몰려들고 이들이 상대적 과잉인구를 형성할 때 도시에도 빈민촌이 만들어졌습니다. 잉여노동자가 자본축적의 필연적 산물이듯 도시의 빈민촌도 자본축적의 필연적 산물이었던 것입니다.

▶유랑노동자의 노예계약──산업 프롤레타리아트의 두 번째 계층은 유랑노

동자입니다. 이들은 도시 빈민촌에 거주하는 저임금노동자(대부분은 잉여노동자)와 달리 일거리를 따라 여기저기 이동하는 사람들입니다. 주로 건설 현장이나 광산에서 일하는 노동자들이지요. 도시 저임금노동자들이 대개 자본의 '예비군'을 이룬다면 이들은 자본의 '경보병'(輕步兵)에 해당합니다.[김, 905; 강, 901] 이들의 거주 환경은 어떠했는가. 이들의 숙소는 이동하는 군대의 임시 막사와 같습니다. 한 조사관의 표현을 빌리면 노동자들은 여기서 "주거라기보다는 야영을 하는 것처럼" 보입니다.[김, 909; 강, 904]

이들의 식사와 잠자리는 건설업자나 탄광업자(혹은 이들과 깊이 연관된 사람)들이 독점 공급하기 때문에 가격이 매우 높습니다. 식사와 잠자리만이 아니지요. 고용주들은 생활용품을 '현물급여' 형태로 지급했습니다. 난방용 석탄은 물론이고 물까지 임금에서 제외하는 식입니다. 그들의 노동에서만 이윤을 뽑아내는 게 아니라 생활에서도 이윤을 뽑아내는 구조이지요. 그런데 여기에 저항하기가 쉽지 않습니다. 고용과 주거가 맞물려 있으니까요. 해고되면 주택에 머물 수 없고, 주택을 거부하면 해고되기 쉽지요. 삶이 통째로 예속되어 있는 겁니다. 그래서 한 조사관은 이들 노동자들이 계약에 '묶여 있는'(bound) 시간을 '예속'(bondage)의 시간이라고 불렀습니다. 그러면서 이 두 단어(bound, bondage)가 모두 농노제에서 유래한 것임을 환기시킵니다. 농노의 삶이 영주에게 완전히 예속되어 있듯 유랑노동자의 삶도 고용주들에게 완전히 예속되어 있다는 뜻이지요.[김, 909; 강, 905]

오늘날 이들 유랑노동자의 삶과 가장 비슷한 형태를 이주노동자들한테서 찾아볼 수 있습니다. 19세기 유랑노동자들의 주택을 임시 막사와 같다고 했는데 2013년 국가인권위원회 조사에 따르면, 우리나라 농축산업에 종사하는 이주노동자들의 72퍼센트가 컨테이너나 패널, 비닐하우스 등에 거주했습니다.[60] 이것이 큰 사회문제로 부각되자 2019년 근로기준법 시행령에 기숙사 관련 조항이 신설되었는데요(근로기준법 시행령, 55~58조). 내용은 이렇습니다. 침실 하나는 15인 이하만 들어갈 수 있는 구조여야 하고, 화장실과 세면 시설, 그리고 채광과 환기, 냉난방, 화재 관련 시설 등이 갖춰져야 합니다. 침실과 욕실 등에는 잠금장치가 설치되어야 하고요. 남성과 여성이 한방을 쓰지 않도록 하고, 작업시간을 달리하는(낮교대/밤교대) 노동자들도 한 침실을 쓰지 않도록 했습니다. 또 사업주는 소음이나 진동, 자연재해가 우려되는 장소, 오물이나 폐기물 오염의 우려가 큰 곳에 기숙사를 지어서는 안 됩니다. 이런 조항이 신설되었다는 것은 최근까지 이주노동자들이 어떤 주거 환경에서 지냈고 또 어떤 일들이 있었는지를 짐작하게 하지요. 그런데 이런 법률적 최소 기준마저 현장에서는 지켜지지 않습니다. 사건, 사고, 재해 등을 통해 이주노동자들의 거주지가 모습을 드러낼 때가 있는데요. 상당히 많은 이주노동자들이 여전히 비닐하우스와 컨테이너에 거주하고 있다는 게 밝혀졌습니다.[61]

이주노동자들의 저임금·장시간 노동은 악명이 높습니다. 최근 이주노동자에 대한 한 실태조사(2020)에 따르면[62] 이주노동자들의 평균노동시간은 하루 평균 9.6시간이고 16시간을 노동한 사례도 다수 발견되었습니다. 임금도 매우 낮았는데, 실제 노동시간과 휴일을 계산해 산출했을 때 조사 대상 이주노동자들 중 56.2퍼센트가 법정 최저임금을 받지 못했습니다. 그런데 이들 노동자의 85.8퍼센트는 사업주가 제공하는 숙소에서 거주했습니다. 고용과 주거가 하나로 묶여 있는 셈이지요. 어떻게 이런 착취가 가능한가. 핵심 요인은 고용허가제라는 제도에 있습니다. 2004년부터 시행된 이 제도는 이주노동자의 사업장 이동을 엄격히 제한하지요. 3년간 3회, 재고용한다면 이론상으로는 5회까지 가능합니다만 사업주의 동의가 있어야 합니다. 달리 말하면 사업주의 허락 없이는 사업장 이동도, 재계약도 불가능하지요. 영주에 예속된 농노들과 다를 바가 없습니다. 이주노동자들이 이 제도를 '현대판 노예제'라고 부르는 데는 그만한 이유가 있는 셈입니다.[63]

▶ '노동귀족'이라는 고임금노동자의 위태로운 삶──끝으로 '노동자계급의 귀족'이라 불리는 고임금노동자들은 어떨까요.[김, 911; 강, 907] 이들은 상대적으로 쾌적한 환경에서 살며 얼마간 저축도 할 수 있는 노동자입니다. 그러나 마르크스는 이들 노동귀족조차 얼마나 위태로운 삶을 사는지, 그 운명이 자본축적 상황에 얼마나 예속되어 있는지를 보여줍니다.

마르크스가 『자본』을 집필하던 시기인 1866년에 금융공황이 닥쳤습니다. 한 대형 은행이 파산했고 그 뒤를 따라 여러 금융 투자회사들이 도산했습니다. 그런데 자본주의에서는 금융과 실물이 연계되어 있기에 한쪽에서 시작된 공황은 다른 쪽에도 문제를 야기합니다. 당시 이 공황으로 가장 큰 영향을 받은 곳은 조선업이었습니다. 조선 회사들은 호황기에 이미 과잉생산을 한 상태였는데도 자금 조달을 과신하며 사업을 지나치게 확장했습니다. 그러다 금융공황(신용공황)을 맞아 무너지게 되었지요.[김, 911~912; 강, 907] 당시 조선 회사 노동자들은 다른 업종 노동자들보다 고용도 안정적이었고 임금도 높은 편이었습니다. 그러나 조선업이 불황에 빠지자 이들의 삶은 바닥으로 추락했습니다. 실직자들이 대규모로 쏟아져 나왔습니다. 한 잡지 기사에 따르면 이들은 수개월 전만 해도 숙련노동자에게 지급되는 최고임금을 받았지만, 얼마 지나지 않아 저축한 돈도 모두 쓰고, 집 안 물건도 모두 저당 잡힌 뒤, 결국에는 구호 빈민으로 전락했습니다.[김, 912~915; 강, 907~910] 노동귀족은 위기가 닥치자 '믿기지 않을 정도로' 짧은 시간에 거지로 전락했습니다. '귀족'이라는 말이 얼마나 부풀려진 것인지 알 수 있지요. 소위 '노동귀족'이란 임금노동자들 중에 처지가 '조금' 나은 사람들에 불과했던 거죠.

이 시기에 자본가들이 퍼뜨린 말 중에 '노동귀족'만큼 부풀려진 말, 사실은 거짓이라고 해야 할 말이 있는데요. 바로 '노동자의 낙원'(Paradies des Arbeiters)입니다. 영국 자본가들이 벨기에를 그렇게 불렀는데요. 벨기에서는 노동조합이나 공장법의 개입이 없어서 '노동의 자유'와 '노동자의 행복'이 보장된다는 겁니다.[김, 915~916; 강, 910~911] 시장에(사실은 자본의 처분에) 전적으로 맡겨져 있기에 오히려 노동자들이 더 나은 삶을 누린다는 것인데, 과연 그럴까요. 마르크스는 벨기에 중앙통계위원회 위원이었던 에두아르 A. 뒤크페티오(Édouard Antoine Ducpétiaux)의 저서 『벨기에 노동자계급의 가계부』Budgets économiques des classes ouvrières en Belgique(1855)를 인용해서 반박합니다. 흥미롭게도 뒤크페티오는 벨기에의 감옥과 자선시설 총감독을 역임한 사람이기도 했습니다. 그가 계산한 벨기에 표준노동자 가족의 수입으로는 선원이나 병사는 물론이고 감옥에 수감된 재소자만큼의 식사도 할 수 없었습니다.[김, 917; 강, 912] 그에 따르면 노동자들 대다수는 재소자보다도 가난하게 살아갑니다. 극도의 내핍(耐乏) 생활을 하는 것이지요.

결국 당시 벨기에에 있던 '노동의 자유'는 '자본의 자유'였던 것이고, '노동자의 행복'은 '자본가의 행복'이었던 셈이지요. 빈센트 반 고흐(Vincent Van Gogh)가 그린 벨기에 탄광 노동자들의 그림을 보면 당시 '노동자들의 낙원'이 어떤 풍경이었는지 짐작할 수 있을 겁니다. 마르크스는 '노동자들의 낙원'을 '자본가들의 낙원'으로 고쳐 부르며 이렇게 말합니다. "이 '자본가들의 낙원'에서는 생활필수품의 가격이 조금만 변동하더라도 사망자 수와 범죄 건수에 변동이 일어난다. (…) 45만의 노동자 가구 가운데 20만 가구 이상이 빈민 명부에 올라 있다!"[김, 918; 강, 913]

────── 자본주의가 농업과 농민을 장악하면 무슨 일이 벌어지는가 ──────
▶영국 농업 프롤레타리아트의 실태──자본축적과 더불어 노동자들이 절대적으로 혹은 상대적으로 더 궁핍해진다는 것은 농업노동자의 경우에도 확인됩니다. 마르크스에 따르면 "자본주의적 생산과 축적의 적대적 성격이 영국의 농업(목축업을 포함해서)에서의 진보와 영국 농업노동자의 퇴보보다 더 잔인하게 실증되는

곳은 없"습니다.[김, 919; 강, 913]

　18세기 후반이면 자본주의가 온실 속 식물처럼 쑥쑥 자라날 때인데요. 이 시기 농업 및 경제 분야의 저술가 아서 영(Arthur Young)에 따르면 "큰 차지농업가는 거의 젠틀맨의 수준까지 올라갔는데 가난한 노동자는 거의 밑바닥까지 떨어"졌습니다. 농업노동자의 "실질임금이 1737년과 1777년 사이에 4분의 1, 즉 25퍼센트나 하락했다"라고 합니다.[김, 919~920; 강, 914] 그런데 '거의 밑바닥'이라고 했던 농업노동자의 처지는, 마르크스에 따르면 "그 이후로는 다시 도달하지 못할 이상(Ideal)이 되었"습니다.[김, 920; 강, 914~915] 18세기 말과 19세기 사이 구빈법의 운용 현황을 보면 이 점을 확인할 수 있습니다. 구빈법에 따라 각 지역 교구는 최저생계비 밑으로 떨어진 임금을 보전해주었는데요. 이 액수가 크게 늘어납니다. 이를테면 마르크스가 인용한 노샘프턴셔 주의 경우 임금 보전액이 1795년에는 임금의 4분의 1 이하였는데, 1814년에는 절반을 넘습니다. 이는 실질임금이 그만큼 하락했다는 뜻이며, 농업노동자들이 임금노동자이면서 동시에 구호 빈민이 되었다는 뜻이기도 합니다. 마르크스는 농업노동자의 처지를 생산도구인 역축에 비유하면서 이렇게 말합니다. "차지농업가가 사육하는 모든 동물 가운데 '말하는 도구'(instrumentum vocale)인 노동자는 이때부터 가장 학대받고 가장 나쁜 먹이를 먹으며, 가장 잔인하게 다루어지는 동물이 되었다."[김, 921; 강, 916]

　영국 농업에 특히 큰 충격을 준 것은 곡물법 폐지(1846)였습니다. 수입 곡물을 높은 관세로 규제하던 곡물법이 폐지되자 농업 생산방식이 크게 바뀌었습니다. 생산이 기계화되었고, 화학 처리를 거쳐 생산된 광물성 비료가 사용되었고, 대규모 배수시설이 만들어졌고, 집약적 경작이 나타났습니다. 가축 사육 방식도 크게 달라졌고요. 축사 내에서 동물을 사육하고 사료 작물을 인공적으로 재배하기 시작했지요. 농업의 기계화와 새로운 농업 기술의 도입으로 경지면적도 늘어나고 생산량도 크게 늘어났습니다.[김, 923; 강, 917] 그렇다면 농업노동자들은 어떻게 되었을까요. 공장에서 일어난 일은 농장에서도 똑같이 일어났습니다. 농업의 총 취업 노동자 수는 줄었습니다. 생산량은 늘어났지만 고용은 줄어든 거죠. 농업에서 자본축적 규모는 크게 증가했지만 농업인구는 상대적으로도 그렇고 절대적으로도 크게 줄어들었습니다.[김, 925; 강, 919] 당시 곡물법 폐지를 부르짖던 속류 경제학자들은 자유무역이 결국에는 농업노동자들의 삶을 개선할 것이라고 했습니다. 도시들이 성장하고 있고 자유무역으로 해외시장이 열려 농산물 판매 시장이 커질 테니 농촌이 더 살기 좋아진다는 거죠. 오늘날에도 자유무역 협정을 체결할 때 흔히 나오는 주장입니다. 그런데 현실은 어땠을까요. 소수의 농업자본가들은 분명 축적의 기회를 맞이했습니다. 그러나 농업노동자들은 그렇지 못했습니다. 마르크스는 이렇게 조롱합니다. 이들 경제학자들의 말처럼 농업노동자들은 "행복에 도취할 수밖에 없는 상태"에 빠졌다고요.[김, 925~926; 강, 919]

마르크스는 농업노동자들의 실태를 상세히 적고 있습니다. 그가 '획기적인 보고서'(epochemachenden Bericht)라고 칭찬한 줄리언 헌터의 보고서를 포함해, 당시 간행된 〈공중위생 보고서〉에서 여러 부분을 인용하고 있지요. 상당히 많은 쪽수를 거의 인용으로만 채우고 있습니다. 그냥 증언록이라 불러도 좋을 정도입니다. 어떤 인용 단락은 우리말 번역본 기준으로 거의 일곱 쪽에 이릅니다. 보고서를 통째로 옮겨놓은 느낌이죠.[김, 931~937; 강, 924~929] 농업노동자들의 영양 상태가 얼마나 열악한지(앞서 벨기에의 경우도 그랬지만 잉글랜드 농업노동자들도 재소자들보다 영양 상태가 나빴습니다), 또 이들이 거주하는 주택들의 상태가 얼마나 처참한지를 증언하는 내용입니다. 특히 눈에 띄는 것은 지주들이 농업노동자들의 주택을 땅에서 몰아낸 일입니다. 19세기 전반기에 잉글랜드 농촌 곳곳에서 나타난 현상인데요. 직접적으로는 구빈법과 관계있습니다. 교구 안에 거주하는 주민들의 숫자에 따라 구빈세가 달라졌거든요. 다시 말해 지주들은 자기 땅 안에 거주하는 주민이 많을수록 더 많은 세금(구빈세)을 내야 했지요. 이 주민들 다수는 아마도 농업노동자와 그 가족이었을 겁니다. 따라서 지주들로서는 교구 안에 거주하는 농업노동자의 숫자를 줄이는 것이 이익입니다. 대토지 소유자들은 적극적으로 자신들의 사유재산권을 행사했습니다. 사유재산권의 핵심은 처분권입니다. "자기 재산을 마음대로 처분할 수 있는 권리"(right to do as they will with their own) 말입니다.[김, 932~933; 강, 925] 여기에는 자기 자산에 타인이 손을 댈 수 없게 하는 것, 자기 소유지에서 타인을 몰아내는 것이 포함되어 있습니다. 한마디로 타인에 대한 '추방'(eviction)의 권리라 할 수 있지요. 지주들은 이 권리를 자기 땅에서 일하는 농업노동자들에게 행사했습니다. 농업노동자들을 '이방인'으로 다룬 것이지요.[김, 933; 강, 925]

과거 영주가 농노에게 이익을 뽑아냈듯, 아니 그 이상으로 이익을 뽑아냈지만, 영주와 달리 농업노동자들을 자기 주민으로는 생각하지 않았던 것이지요. 농업자본가가 된 지주들은 땅에서 거주하지는 못하게 하면서 노동만 뽑아 쓰는, '추방'과 '착취'를 병행하는 전략을 썼습니다. 지주들은 자기 땅 안에 있는 주택들을 모두 파괴하고 경작지로 바꾸어버렸습니다. 보고서에 따르면 1851년과 1861년 사이 무려 821개나 되는 교구 혹은 도시에서 농업노동자들의 가옥 파괴가 나타났는데요. 그야말로 전국적 현상이었다고 할 수 있지요.[김, 933; 강, 926] 그렇다면 농업노동자들은 어디서 살았을까요. 지주가 울타리를 둘러버린 소위 '폐쇄촌'(close village)에서 쫓겨난 뒤 '개방촌'(open village)의 오두막집에 살았습니다. 그게 아니면 인근 소도시의 열악한 주택에 세를 내고 들어갔습니다. 개방촌에는 이들을 노린 건축업자들이 기다리고 있었지요. 건축업자들은 대충 지은 열악한 주택들에 이들을 채워 넣고 돈을 벌었습니다. 마르크스는 앞서 구빈원을 '빈곤의 감옥'이라고 불렀는데요. 이 개방촌은 이렇게 부릅니다. "잉글랜드 농업 프롤레타리아트의 '유배지'(Strafkolonien)"라고요.[김, 935, 각주 101 ; 강, 927, 각주 165]

원래 농민들은 자신들의 일터에 집이 있었습니다. 그러나 개방촌은 일터에서 보통 3~4마일 정도 떨어져 있었습니다. 게다가 주택들이 밀집해 있었고 작은 침실에 여러 명을 밀어 넣는 구조였습니다. 창문도 없고, 웅덩이 외에는 물도 공급되지 않고, 마당도 없었습니다. 이렇게 비좁고 불결한 주택에서는 전염병이 퍼질 수밖에 없습니다. 얼마나 기이한 일입니까. 농촌은 땅이 넓고 공기가 맑습니다. 그런데 농민들 사이에서는 전염병이 만연합니다.[김, 936; 강, 928] 마르크스는 바로 여기서 자본주의를 봅니다. 자본주의적 생산이 농업을 장악했을 때 얼마나 기이한 일이 일어나는가를 보는 거죠. 마르크스는 이런 일이 소위 '순수 농업 지역'만이 아니라 잉글랜드 전역에서 일어난다는 것을 보여주기 위해 자료를 다시 인용하는데요(줄리언 헌터가 잉글랜드 전체 주를 조사한 자료입니다), 잉글랜드의 12개 주에서 농업노동자들이 어떤 주택에서 살고 있는지를 길게 서술합니다.[김, 938~946; 강, 930~937] 모두가 대동소이한 내용인데도, 왜 이렇게 12개 주 각각의 내용을 일일이 발췌했을까요. 여기서 일어난 일이 저기서도 일어난다는 것을 여실히 보여주기 위해서일 겁니다. 독자들로서는 사실상 동일한 내용을 12번 반복해서 봅니다. 그렇게 해서 하나의 경향, 하나의 법칙, 하나의 일반적이고 절대적인 축적의 법칙을 깨닫는 것이지요.

▶ 농촌의 상대적 과잉인구―――자본축적이 진행될수록 농업에서도 과잉 노동인구가 발생합니다. 차지농장들이 집중되고, 경작지들이 목초지화되며, 기계가 도입되고, 경작지 안의 주택들이 파괴되고 사람들이 추방되면서 농촌에서도 '과잉인구' 현상이 나타납니다. 생산에 필요한 농업노동자의 수가 줄어든 데다 거주 지역과 생계수단이 부족해지면서 상대적으로 농촌의 인구가 많아 보이는 겁니다. 소위 개방촌 같은 마을이나 농촌 인근 도시에는 '인간 밀집' 현상이 나타납니다. 일자리도 없고 주택도 없는 사람들이 너무 많은 거죠. 전체적으로 농업노동자 수가 많이

줄었는데도 여전히 너무 많아 보이고, 마치 그것 때문에 농촌에서 구호 빈민의 수가 자꾸 늘어나는 것 같습니다. 그런데 이러한 과잉인구 현상은 인구의 자연증가 탓이 아닙니다. 농업에서 일어난 자본축적의 결과, 더 좁혀서 말하면 농업의 기계화와 농토에서의 주민 추방의 결과였지요.[김, 946; 강, 937~938]

농촌에서 나타나는 과잉인구 현상은 곧바로 도시 빈민촌과 연결됩니다. 극빈 상태에 이른 주민들이 계속해서 도시로 이주하니까요. 마르크스는 농촌에서 과잉인구 현상을 야기한 원인이 '도시로의 부단한 이주'의 원인이기도 하다고 말하고 있습니다.[김, 946; 강, 937] 마르크스의 이 언급은 최근 전 지구적으로 나타나는 도시의 슬럼화와 관련해 시사하는 바가 많습니다. 우리는 『자본』에서 도시 빈민촌 형성의 두 가지 원리를 볼 수 있는데요. 하나는 산업화가 도시화를 낳는다는 겁니다. 산업화에 필요한 노동력을 농촌에서 끌어당기는 것이지요. 이에 대해서는 이미 앞에서 충분히 살펴보았습니다. 또 하나는 농촌에서 인구를 밀어내는 겁니다. 농촌에서 잉여인구가 만들어지는 거죠. 전자가 도시가 인구를 끌어당기는 원리라면 후자는 농촌이 인구를 밀어내는 원리입니다. 자본축적은 양쪽 모두에 영향을 미칩니다. 마르크스주의의 고전적 도식은 전자를 조금 더 강조하는 편이지요.

반면에 마이크 데이비스(Mike Davis)에 따르면 최근 전 지구적 규모로 나타나고 있는 도시의 슬럼화에서는 후자가 더 중요합니다. 20세기 후반 들어 무서운 속도로 도시화가 진행되고 있습니다. 세계 역사상 처음으로 농촌 인구보다 도시 인구가 많아지고 인구 800만 명을 넘는 거대도시(megacity), 심지어 인구 2000만 명을 넘는 초거대도시(hypercity)까지 나오고 있습니다.[64] 특히 개발도상국들에서 도시화가 급속히 일어나고 있는데요. 데이비스에 따르면 현재 "도시가 사람들을 '끌어당기는' 힘은 채무와 경기 침체로 인해 현저히 약화"되었습니다(채무 위기에 빠진 기업들이 구조조정을 약속하고 자금 지원을 받기 때문에 그 결과로 대량 해고가 일어나지요). 그런데도 도시화가 진행되는 이유는 무엇일까요. 그것은 "시골에서 사람들을 '밀어내는' 힘"이 강하게 작동하기 때문입니다. 이 '밀어내는' 힘의 정체는 지역마다 조금씩 다릅니다만 20세기 후반 개발도상국이 채무 위기를 맞으면서 농업에 대한 정부의 지원이 끊기고 전면적 시장 개방이 이루어진 탓이 큽니다.[65]

그런데 도시에 당기는 힘이 있을 때와 없을 때의 도시화 양상은 전혀 다릅니다. 도시가 일자리를 제공할 수 없는데도, 아무런 자산도 기술도 없는 사람들이 몰려들면 어떤 일이 벌어질까요. 유엔헤비타트(UN-HABITAT)에서 2003년에 펴낸 보고서 『슬럼의 도전』은 이렇게 결론 내리고 있습니다. "도시는 더 이상 성장과 번영의 중심이 아니라 미숙련, 무방비, 저임금의 비공식 서비스업 및 장사에 종사하는 잉여인간의 처리장이 되었다."[66] 과거 도시주의자들은 미래 도시를 "유리와 강철로 이루어진 도시"로 상상했지만, 데이비스에 따르면 미래 도시는 슬럼화된 도시, "손으로 찍어낸 벽돌, 지푸라기, 재활용 플라스틱, 시멘트 덩어리, 나뭇조각 등으로 지어진 도시"일 가능성이 높습니다.[67]

다시 19세기 잉글랜드로 돌아가볼까요. 마르크스는 농업이 자본주의적으로 재편되면서 농촌에도 '상대적 과잉인구' 문제가 생겨난다고 했는데요. 흥미로운 사실은 노동인구의 상대적 과잉에도 불구하고 일손부족 현상이 나타난다는 점입니다. "농업노동자가 경작을 위한 평상시 수요로 보면 언제나 과잉 상태인데, 예외적이거나 일시적인 수요에 대해서는 언제나 과소 상태"라는 거죠. 농작물의 특성상 파종기나 수확기에는 노동수요가 급증하기도 하고, 지역에 따라서는 주변 도시나 철도 건설 현장, 탄광 등으로 노동인구가 빠져나가기도 하니까요. 그래서 공문서에는 "동일한 시기 동일한 지역에서 노동부족과 노동과잉이라는 모순된 하소연"이 나온 것이 기록되어 있습니다.[김, 947~948; 강, 938~939] 잉글랜드의 동부 지역에서 이런 모순 상황을 타개하는 수단으로 등장한 것이 소위 '작업단'입니다. 농촌의 성인 여성들과 청소년들, 어린아이들(6~13세)로 구성된 인력 조직이죠(오늘날로 치면 '농업인력회사'쯤 될까요). '갱'이라는 이름에서 알 수 있는 것처럼 맨 위에 '보스'(gang-master)가 있습니다. 대개의 경우 그는 "기업가 정신과 수완을 가진" "불량배"입니다. 차지농업가와 도급계약을 맺고 일을 맡습니다.[김, 949; 강, 940]

이들 작업단은 공장에서 여성 노동자들과 청소년 노동자들이 수행하는 노동과 비슷한 것을 농장에서 수행합니다. 풀을 뽑고 비료를 뿌리고 돌멩이를 치우는 등 그다지 숙련을 필요로 하지 않는 일들이지요. 도급 형식으로 일감을 따 오기 때문에 '보스'에게는 노동을 최단 시간에 최대한 많이 짜내는 것이 이익입니다. 노동자들 가족으로서는 워낙 먹고살기 힘든 처지에 몰려 있기에, 게다가 안정적 일자리를 구하는 것이 불가능하기에(노동인구가 상대적 과잉 상태니까요), 저임금의 고강도 노동이지만 그나마 일감을 일정 기간 제공해주는 '작업단'에 들어갈 수밖에 없습니다.[김, 949~950; 강, 940~941] 이 작업단은 공업에서 산업예비군이 수행하는 것과 비슷한 역할을 합니다. 노동수요가 급증할 때 생겨날 수 있는 임금 인상을 막습니다. 그뿐 아니라 워낙 저임금이기 때문에 농업노동의 가격을 전반적으로 떨어뜨리는 역할을 합니다.[김, 948; 강, 939] 작업단 덕분에 차지농업가 즉 농업자본가로서는 노동자들의 수를 정상 수준보다 적게 유지할 수 있습니다. 더 낮은 임금으로 더 많은 노동을 뽑아낼 수 있는 추가 일손이 항시 대기 중이니까요. 이 때문에 성인 남성 노동자들은 더욱 과잉 상태가 됩니다. 작업단은 한편으로 농업노동인구의 상대적 과잉 때문에 생겨났지만(농업노동자들이 실업 상태이므로 먹고살려면 여성들과 아이들까지 일하러 나가야 했으니까요), 다른 한편으로 농업노동인구의 상대적 과잉을 만들어낸 셈이지요.[김, 952; 강, 942~943]

마르크스가 묘사하는 작업단의 풍경은 참 씁쓸합니다. 작업단의 '보스'를 일부 지방에서는 '몰이꾼'(the driver)이라 부르는데요. 가축 떼를 몰아가듯 매일 5~6마일 떨어진 농장으로 수십 명의 노동자들을 몰아가기 때문입니다(이 '몰이꾼'들은 긴 막대기까지 사용했다고 합니다). 마르크스는 이 작업단의 보스가 어린아이들을 몰고 가는 모습을 '하멜른의 피리 부는 사나이'(Rattenfänger von Hameln)에 비유하고 있습니다. 아이들은 불량배 보스를 따라 그렇게 과로의 현장으로 끌려갑니다. 또한 불량배 보스를 따라 도덕적으로 타락하게 됩니다. 술과 섹스, 아편에 노출되지요.[김, 950~951; 강, 941~942] 어떻게 과로와 타락이 함께하느냐고 묻는 것은 우스꽝스럽습니다. 과로를 낳는 원리가 타락을 낳으니까요. 마르크스의 표현을 빌리자면 지주의 "잡초 없는 논밭"은 "불결한 인간잡초"(작업단) 덕분에 가능합니다.[김, 952; 강, 943] 어떻게 노동인구가 과잉인 곳에서 노동력이 모자란다며 작업단을 만드느냐고 묻는 것은 우스꽝스럽습니다. 노동인구의 과잉이 작업단이 생겨난 배경이니까요. 어떻게 '믿기 어려울 정도로' 부가 축적되는 사회에서 빈민들이 넘쳐나느냐고 묻는 것은 우스꽝스럽습니다. 부를 축적하는 원리가 빈민을 축적하는 원리니까요. 사실 두 극은 하나입니다. 막대자석을 두고 N극이 이렇게 강한데 어떻게 S극도 이렇게 강할 수 있느냐고 물으면 이상하겠지요. 이것이 자본주의입니다. 이것이 자본축적의 일반적 법칙입니다.

참고로 농촌의 '작업단'에 대한 '아동노동조사위원회'의 보고가 나오자 평소 지주계급에 비판적이었던 자유주의 계열의 언론들은 어떻게 '고상한 신사 숙녀와 국교회 목사들'이 자기 눈앞에서 벌어진 일들을 묵인하고 있었느냐고 공격했습니다. 반면 지주계급의 이해를 대변하는 신문들은 "자식들을 그런 노예 상태로 팔아넘긴" 농민들의 타락에 초점을 맞추었지요. 기계와 대공업에 관한 장에서도 자기 아이들을 내다 파는 '노예상인'이 된 부모들 이야기를 했었습니다. 노동자 부모들이 아이들을 파는 '노예상인'이 되었다고요. 그때 마르크스는 이렇게 말했습니다. 부모들이 타락한 것은 자본주의가 먼저 그들을 과로와 빈곤으로 내몰았기 때문이라고, 다시 말해 아이들을 판매하고 학대하고 파괴하는 사람들은 과로와 빈곤 속에서 자신의 정신과 신체가 먼저 파괴된 그 사람들이라고(『자본의 꿈 기계의 꿈』, 67쪽). 여기서도 작업단에 아이를 판 것을 비난하는 '고상한 사람들'을 향해 마르크스는 이렇게 받아칩니다. "'고상한 사람들'이 농업노동자를 몰락시킨 저주스러운 상황에서라면 설사 농부들이 자기 아이들을 잡아먹었다고 해도 그리 놀라운 일이 아닐 것이다. 정말로 놀라운 것은 이들 농부들이 대부분 그대로 간직하고 있는 건전한 품성이다."[김, 952, 각주 116; 강, 943, 각주 180]

자본의 죄와 자본가계급의 운명

자본주의적 축적의 일반법칙을 예증하는 마지막 사례는 아일랜드입니다. 두 가지 이유에서 아일랜드의 사례는 중요한데요. 먼저 아일랜드는 1846~1866년 기간의 자본축적 법칙, 특히 자본주의적 인구법칙을 그 어떤 사례보다 더 선명하게 보여줄 수 있다는 점에서 중요합니다. 당시 아일랜드는 대기근 등으로 말미암아 인구가 30퍼센트 이상 줄어들었습니다. 그런데도 상대적 과잉인구 현상이 나타났습니다. 또한 아일랜드는 식민주의와 자본주의가 교차하는 사례라는 점에서 중요합니다. 아일랜드는 1801년 영국(그레이트브리튼 아일랜드 연합왕국)에 공식적으로 합병되었습니다. 아일랜드의 산업구조는 잉글랜드와의 관계 속에서 만들어졌습니다. 아일랜드는 잉글랜드에 곡물과 양모, 고기 등을 공급하는 농업 지역이 되었습니다. 아일랜드인들은 아일랜드에서는 잉글랜드인 지주의 땅에서 일했고, 잉글랜드에서는 잉글랜드 자본가의 공장에서 일했습니다. 이들은 잉글랜드 자본관계의 일부가 되었지만 잉글랜드 노동자계급이 맺는 것과는 다른 관계를 맺었습니다. 이 때문에 이들의 투쟁은 식민지 내지 주변부 민족의 해방 투쟁이 어떻게 자본주의 핵심 국가의 계급투쟁과 연관되는지를 생각할 기회를 제공합니다.

─────── 아일랜드에서 더 악화된 형태로 반복된 자본축적의 법칙 ───────
먼저 아일랜드에서 자본축적 법칙이 어떻게 관철되었는지 그것부터 살펴볼까요. 마르크스는 아일랜드의 인구와 생산물 통계를 제시하는데요. 아일랜드의 인구는 1841년에 822만 명 남짓이었습니다. 그런데 1851년에는 662만 명, 1861년에는 585만 명으로 크게 줄어들었습니다. 1846년 이후 지속된 흉년이 직접적 이유였습니다. 이로 인해 대기근이 발생했지요. 수많은 사람이 굶어 죽거나 이민을 떠났습니다.[김, 954; 강, 944] 대규모 인구 감소와 함께 생산량 감소가 나타났는데요. 1860~1865년 자료를 보면 곡물류, 채소류, 가축 등 거의 모든 영역에서 생산량이 감소했음을 확인할 수 있습니다.[김, 954~957; 강, 945~946] 그렇다면 자본축적은 어떻게 되었을까요. "아일랜드의 대지주, 대차지농업가, 산업자본가의 지갑" 말입니다.[김, 958; 강, 947] 소득세 자료를 살펴보면 1853~1864년 아일랜드 산업자본가(전문직 포함) 등의 소득 증가율은 연평균 0.93퍼센트인데요. 같은 기간 영국 전체(잉글랜드, 웨일스, 스코틀랜드, 아일랜드)의 평균이 4.58퍼센트이니 그에 비해 확실히 낮습니다. 그래도 이 기간에 아일랜드 인구와 생산물의 양이 크게 줄어든 점을 고려하면 소득이 늘어났다는 것 자체가 의외이기는 합니다.

마르크스는 만약 이런 식의 인구 유출이 "발전된 자본주의 생산국이자 공업국인 잉글랜드에서 일어났다면 치명적 타격을 입어 망했을 것"이라고 했습니다. 그런데 아일랜드는 독자적인 나라가 아니라 단지 해협으로 분리된 잉글랜드의 한 지역이 되었습니다. 이전에 마르크스는 기계제 생산과 더불어 '국제분업' 구조가 나타난다고 언급했는데요. 지구의 한 부분은 공업 생산 위주 지역이 되고 다른 한 부분은 농업 생산 위주 지역이 된다고요(637~638쪽). 산업이 국제적 차원에서 위계적으로 구조화되는 것이지요. 이것이 본국과 식민지의 관계에서는 더욱 강하게 나타납니다. 마르크스에 따르면 아일랜드는 "잉글랜드의 일개 농업 지대에 불과할 뿐 아니라 잉글랜드에 곡물, 양모, 가축 그리고 산업과 군대에 신병을 공급하는 지역"으로 전락했습니다.[김, 959; 강, 948] 따라서 공업이 발전하지 않았고 산업자본가가 중심을 차지하는 나라도 아닙니다. 중요한 지배계급은 지주들, 그것도 잉글랜드인 부재지주들이지요.

그럼 지주들의 수익은 어떻게 되었을까요. 인구가 줄었고, 곡물생산이 줄었으며, 사육하는 가축의 수도 크게 줄었습니다. 그런데 놀랍게도 이 시기 지대와 차지농업가의 이윤은 계속 증대했습니다(이윤의 경우 지대보다는 증가 폭이 작았습니다만). 인구와 생산물의 절대적 감소에도 불구하고 자본축적은 진행된 것이지요.[김, 959; 강, 949] 어떻게 이런 일이 가능했을까요. 먼저 작은 농장들이 큰 농장에 합병되면서 집중의 효과가 났습니다. 그리고 경작지들이 목초지로 전환되면서 총생산물에서 잉여생산물의 비중이 커졌습니다. 생산성이 증대한 겁니다. 게다가 이 시기 잉글랜드의 육류와 양모의 시장가격이 지속적으로 상승했습니다. 농사짓는 것보다 소와 양을 키우는 것이 이득인 구조가 만들어진 거죠.[김, 960; 강, 949]

앞서 말한 것처럼 아일랜드의 공업이나 상업에서는 총자본이 크게 늘지 않았습니다. 축적이 서서히 진행되었다고 할 수 있습니다. 그러나 주의할 필요가 있습니다. 인구의 감소 상황을 고려하면 총자본은 상대적으로는 상당한 속도로 늘었다고 말할 수도 있으니까요. 게다가 총자본과 개별 자본의 축적은 다릅니다. 집중의 효과가 있으니까요. 영세 자본가들이 몰락하고 대자본가 중심으로 축적이 일어날 수 있습니다. 마르크스에 따르면 아일랜드에서 개별 자본의 축적은 상당히 빠르게 진행되었습니다.[김, 960; 강, 949] 한편으로는 인구가 줄어들었고 다른 한편으로는 자본이 늘어났습니다. "1846년의 아일랜드 기근 때문에 100만 명 이상의 사람이 죽었는데"도, "이 나라의 부는 아무런 손상도 입지 않"았습니다. 게다가 아일랜드를 떠난 가난한 이주자들은 머나먼 타국에서 아일랜드에 남아 있는 사람들에게 송금까지 했습니다. 인구 유출이 "매우 수익성 좋은 부문의 하나"가 되었지요.[김, 961; 강, 950] 마치 '맬서스의 법칙', '정통파 경제학의 도그마'가 입증이라도 된 것처럼 보입니다. 빈곤은 인구의 절대적 과잉에서 생겨난 것이고, 빈곤에서 벗어나려면 인구를 줄여야 한다는 주장 말입니다.[김, 960; 강, 949]

과연 아일랜드는 인구의 절대적 감소, 그것도 빈민의 절대적 감소 덕분에 부를 축적한 걸까요. 그렇지 않습니다. 마르크스에 따르면 아일랜드에서는 그렇게 많은 사람이 굶어 죽고 또 이민을 갔음에도 여전히 상대적 과잉인구 현상이 나타났습니다.[김, 961; 강, 951] 어디서나 일거리와 주거지를 찾는 사람들이 넘쳐났지요. 대기근이 시작된 1846년과 비교할 때 상대적 과잉인구의 규모가 전혀 줄어들지 않았습니다. 인구의 절대적 감소에도 불구하고 이 감소분을 만회하는, 심지어 그것을 상회하는 인구가 '산업적으로' 생산되고 있었기 때문입니다. 먼저 농업부문에서 하나의 혁명이 일어났습니다. 경작지가 대거 목초지로 전환되었지요.[김, 962; 강, 951] 인구 감소로 농업노동자들이 모자랐기 때문이 아닙니다. 목초지로의 전환이 더 많은 수익을 내기 때문이죠. 자본주의적 농업이 본격화되었기에 전환이 더 빠른 속도로, 더 큰 규모로 이루어졌을 겁니다. 이 전환은 농업노동자의 부족에서 생기지 않았지만, 농업노동자의 과잉을 낳기는 했습니다. 목축은 경작만큼 많은 노동자를 필요로 하지 않았으니까요. 게다가 자본주의적 농업이 본격화되면 경쟁이 치열해집니다. 그리고 경쟁에서 밀린 중소 차지농업가들은 새로운 노동인구로 편입되지요. 이런 상황을 더 악화시킨 것은 경작의 기계화입니다. 기존 경작지들에서도 기계화로 인해 잉여노동자들이 배출되었습니다.

이렇게 양산된 상대적 과잉인구는 다시 더 많은 과잉인구를 낳는 원인이 됩니다. 앞서 살펴본 바 있는 산업예비군 효과 때문입니다. 현역노동자군은 산업예비군의 존재 때문에 더 긴 시간의 노동, 더 높은 강도의 노동을 견뎌냅니다. 한마디로 더 많은 노동을 투입하는 겁니다. 그러면 자본가로서는 그만큼 고용을 줄일 수 있겠지요. 게다가 농업에는 또 다른 요인이 있습니다. 지주에게 땅을 빌려 경작하는 소작이라는 제도가 있지요. 지주로서는 소작 농민들에게 경작을 맡기는 것이 유리한 경우가 많았습니다. 경작에 필요한 많은 비용을 농민에게 떠넘기고 더 많은 잉여생산물을 취할 수가 있었으니까요. 소작 농민들이나 소차지인들은 자기 밭보다 지주의 밭에서 더 열심히 일했습니다. 다음에도 땅을 빌리려면 그럴 수밖에 없었지요.[김, 967; 강, 955] 농촌에서의 주택 철거가 인구의 상대적 과잉 상황을 더욱 악화했습니다. 앞에서 우리는 잉글랜드의 농촌 곳곳에서 농민들의 주택이 철거되는 것을 확인했는데요. 이 일은 아일랜드에서도 일어났습니다. 그것도 많은 사람이 굶어 죽은 대기근의 시기에 말입니다. 먹을 게 없고 머무를 곳을 잃어버린 많은 농업노동자들은, 마르크스의 표현을 그대로 옮기면, "다락방, 움막, 지하실, 그리고 최악의 지역 한 귀퉁이에 쓰레기처럼 내던져"졌습니다.[김, 965; 강, 954] 잉글랜드의 극빈층 사람들에 대해 '인간쓰레기'라는 표현이 사용되었다고 했는데요. 아일랜드인들이 바로 그랬습니다. 영국에서 살아가는(혹은 죽어가는) 극빈층 중의 극빈층은 아일랜드인이었습니다. 농촌과 농업에서 일어난 이 모든 상황이 자본축적과 함께 잉여노동자의 축적을 낳았습니다.

아일랜드의 공업은 이들 잉여노동자를 흡수할 수 있는 상황이 아니었습니다. 식민지적(혹은 주변부적) 산업구조는 아일랜드에서 공업의 발전을 어렵게 했습니다. '아마포 제조업'이 아일랜드에서 '유일한' 대공업이었는데요. 1860년대 들어 이 산업의 규모는 커졌지만 작업과정의 특성상 성인 남성 노동자들을 많이 필요로 하지 않았습니다. 그나마 농촌의 잉여노동력을 흡수한 곳은 농촌에 산재한 셔츠공장들이었는데요. 대부분이 저임금과 과로를 특징으로 하는 영세 가내공장들이었습니다.[김, 962; 강, 951] 잉글랜드에서 일어난 일은 아일랜드에서 훨씬 악화된 형태로 반복되었습니다. 상대적 과잉인구 현상들, 즉 일자리나 주거지에 비해 사람이 너무 많아 보이는 현상이 인구가 크게 감소한 아일랜드에서도 나타난 겁니다. 차이가 있다면 '공업국'인 잉글랜드에서는 잉여노동자들이 일거리를 찾아 주로 공장 주변을 기웃거리는 '산업예비군'으로 나타나지만 '농업국'인 아일랜드에서는 주로 농장 주변을 기웃거리는 '농업예비군'으로 나타난다는 것뿐입니다.[김, 967; 강, 955~956]

인구가 늘어나던 잉글랜드가 아니라 인구가 감소, 그것도 무려 30퍼센트 이상 감소한 아일랜드에서 상대적 과잉인구 현상이 나타났다는 것은 중요합니다. 이는 인구를 줄여야 부가 늘어난다는 맬서스의 인구법칙이 아니라, 자본축적이 상대적 과잉인구를 낳는다고 하는, 마르크스가 말한 '자본주의 인구법칙'을 확인해줍니다. 자본주의에서는 부의 축적이 빈곤의 축적을 낳고 잉여노동자, 잉여인간의 축적을 낳는다는 것 말입니다. 마르크스가 왜 그렇게 맬서스의 인구론에 분개했는가를 다시 확인하게 되는데요. 맬서스가 자연법칙으로 내세운 인구와 빈곤의 관계는 자본주의와 식민주의의 문제를 은폐합니다. 맬서스는 인구가 '본래', '자연적으로' 식량에 비해 빠른 속도로 늘어나는 경향이 있고, 이런 인구 증가가 빈곤의 원인이라고 했습니다. 그런데 인구가 크게 줄어든 아일랜드는 왜 가난하며, 왜 과잉인구 현상이 나타났을까요. 맬서스의 추종자들은 동어반복에 불과한 답변을 합니다. 인구가 많으면 빈곤한데, 빈곤하다는 것은 인구가 여전히 많다는 뜻이라고요. 즉 아일랜드의 빈곤을 해결하려면 아일랜드인을 더 줄여야 한다는 겁니다.

마르크스가 그 '인간다움'을 조롱한 신사 더퍼린 경(Lord Dufferin)이 그런 제안을 내놓았습니다. 마르크스에 따르면 그는 "아일랜드 주민의 수가 감소함에 따라 아일랜드의 지대액이 늘어간다"라는 사실에 주목합니다. 지주와 자본가의 지대 및 이윤의 증가가 인민의 빈곤 증대와 어떤 관계가 있는지에 대해서는 관심이 없었습니다. 그에게는 단지 인구가 줄어들면서 부(사실은 자신과 같은 지주들의 부)가 늘어났다는 사실만이 중요했습니다. 인구가 줄어들면 지대가 늘어나기에 지주에게 이익이고, 지주에게 이익이면 그 지주에게 속해 있는 토지나 인민에게도 이익이라는 식으로 추론했지요(오늘날에도 경제신문들에 흔히 나오는 이야기입니다. 기업이 잘되면 거기 딸려 있는 노동자들 그리고 더 나아가 온 국민이 잘살게 된다고 하는 주장 말입니다).[김, 969~970; 강, 958] 더퍼린은 "완전한 행복을 누리려면 아일랜드는 최소한 100만 명의 3분의 1" 즉 30만~40만 명을 더 "방출해야 한다"라고 주장했습니다. 마르크스는 그가 농장의 집중을 고려하지 않았다며 그의 취지를 살려 계산을 고쳐주는데요. 작은 농장들이 큰 농장으로 흡수되면 상대적 과잉인구는 더 늘어나므로 이 점을 고려해야 한다는 것이지요. 이것을 계산에 포함하면 더퍼린이 말한 '완전한 행복'을 위해서는 200만 명 정도의 추가 방출이 필요합니다. 당시 아일랜드 인구가 350만 명이었으니 전체 인구의 60퍼센트 가까이를 몰아내야 한다는 것이지요.[김, 971; 강, 959~960]

그런데 이처럼 아일랜드인의 행복에 대해 조언하는 더퍼린은 사실 아일랜드에 넓은 땅을 지닌 잉글랜드인 대지주였습니다. 그는 부재지주로서 식민지 아일랜드에서 막대한 이윤을 취하고 있던 사람입니다. 정말 분노할 만한 일이지요. 그와 같은 사람들이 부를 축적하는 과정에서 아일랜드의 상대적 과잉인구가 나타났는데, 아일랜드의 가난을 인구 탓으로, 그것도 빈민이 너무 많은 탓으로 돌리고 있으니까요. 그러면서 그는 아일랜드가 부유해지려면 빈민들을 몰아내고 소와 양을 키워야 한다고, 빈민들의 나라를 '목양의 나라'(grazing country)로 만들어야 한다고 말한 겁니다.[김, 972, 각주 139; 강, 960, 각주 188b]

혁명의 지렛대

아일랜드의 사례는 계급투쟁과 관련해서도 중요하다고 했는데요. 마르크스는 자본축적의 일반법칙을 예증하겠다며 영국의 공업 프롤레타리아트와 농업 프롤레타리아트의 사례를 제시한 후 아일랜드 사례를 제시했습니다. 한 민족을 공업 프롤레타리아트나 농업 프롤레타리아트처럼 프롤레타리아트의 한 유형으로서 별도로 다루고 있는 겁니다. 우리는 이런 구성을 엥겔스의 『영국 노동자계급의 상태』에서 찾아볼 수 있습니다. 일찍이 엥겔스는 영국의 산업 프롤레타리아트와 나란히 '아일랜드 이주민'을 다루었습니다. 영국 노동자계급의 참상을 열거하면서 "사다리 맨 아래 계단",[68] "모든 대도시의 가장 열악한 구역"에는 "아일랜드인들이 살고 있"다고 했습니다. 그리고 아일랜드에서 공급되는 '대규모 산업예비군'이 없었다면 잉글랜드의 산업은 빠르게 확장할 수 없었을 것이라고 했지요.[69] 여러 산업에 퍼져 있는 아일랜드인들을 왜 별도로 묶어야 할까요. 이들의 투쟁은 어떤 의미를 가질까요. 이들의 투쟁은 영국의 노동자계급이 자본가계급과 벌이는 투쟁과는 다를 수밖에 없습니다. 아일랜드인들에게 지주와 자본가계급은 타민족인 영국인(이를테면 더퍼린)의 얼굴을 하고 있으니까요. 아일랜드인들에게는 계급투쟁이 민족해방 투쟁으로 혹은 민족해방 투쟁이 계급투쟁으로 나타날 수밖에 없습니다.

아일랜드와 영국의 관계는 어떤 면에서 인도와 영국, 중국과 영국의 관계이기도 합니다. 실제로 「영국의 인도 지배」(1853)에서 마르크스는 인도를 "동양의 아일랜드"라고 말한 바 있습니다. 이 글에서 마르크스는 인도를 침략한 영국의 잔학성을 비난하면서도 인도의 낡은 질서를 파괴하고 근대사회의 물질적 기초를 놓은 영국의 역사적 과업을 인정한 바 있습니다. 물론 영국의 지배가 인도인들에게 자유와 해방을 가져다주리라고 생각한 것은 아닙니다. 그는 인도의 해방을 위한 두 가지 길이 있다고 했는데요. 하나는 스스로 강해져 영국의 멍에를 벗어던지는 것이고, 다른 하나는 영국에서 산업 프롤레타리아트가 권력을 장악하는 것입니다.

당시 마르크스는 전자(탈식민주의 혁명)보다는 후자(노동자계급의 혁명)의 가능성을 높게 봤습니다(1119~1120쪽 참조). 영국 노동자계급을 인도의 해방자로 생각한 것이지요. 그래도 이 글을 쓰던 1850년대에는 서구 중심적이고 노동자계급 중심적인 혁명관이 이전보다는 많이 옅어진 편입니다. 1840년대에는 이런 생각이 훨씬 강했습니다. 이를테면 1847년 폴란드 문제에 대한 연설에서 마르크스는 민족들의 착취 문제가 해결되려면 프롤레타리아트계급이 승리해야 한다고 했습니다. 특히 가장 선진적인 자본주의 국가인 영국에서의 계급투쟁이 결정적이라고 했지요. "폴란드는 폴란드에서가 아니라 영국에서 해방될 수 있습니다."[70] 이것이 그의 말이었습니다. 폴란드만 그렇다고 생각하지는 않았을 겁니다. 인도도, 아일랜드도 모두 그렇다고 생각했겠지요.

이 점에서 『자본』 제23장의 마지막 단락은 큰 의미가 있습니다. 마르크스의 생각에 큰 변화가 있음을 보여주거든요. 아일랜드의 빈곤을 해결하기 위해 더 많은 아일랜드인들을 추방해야 한다는 더퍼린의 견해를 소개한 뒤 마르크스는 이렇게 말합니다. "이 세상 모든 좋은 일이 그렇듯 수익성 좋은 이 방법에도 폐해가 있다. 아일랜드에서 지대가 축적되는 것에 맞추어 아메리카에서는 아일랜드인들이 축적된다. 양과 소에 의해 쫓겨난 아일랜드인들이 대양의 저편에서 페니언(Fenian)이 되어 일어서고 있다. 그리고 늙은 바다의 여왕(Seekönigin)에 맞서 젊은 거대한 공화국(Riesenrepublik)이 점점 위협적인 존재로 떠오른다."[김, 971~972; 강, 960] 대단한 역설이죠. 더 많은 부를 축적하기 위해서는 더 많은 추방이 필요한데 그 추방이 부의 축적을 위협하는 존재들을 양산합니다. 영생을 위한 길이 죽음을 재촉하는 길이기도 합니다. 여기서 특히 눈길을 끄는 것은 '늙은 바다의 여왕' 즉 영국을 무너뜨릴 존재가 나라를 잃은 식민지인들, 아일랜드를 떠난(아일랜드에서 추방된) 이민자들이라는 점입니다. 이것은 마르크스의 과거 생각과는 반대입니다. 영국 노동자계급이 여왕을 무너뜨림으로써 아일랜드가 해방되는 게 아니라, 아일랜드인들의 독립투쟁이 영국 여왕을 무너뜨릴 것이라고 말하는 셈이니까요. 영국 노동자계급이 식민지 아일랜드인들을 구원하는 게 아니라, 식민지 아일랜드인들이 영국 노동자계급을 구원한다는 겁니다.

이것은 결코 과도한 해석이 아닙니다. 『자본』을 출간하고 얼마 지나지 않았을 때인 1869년 마르크스는 엥겔스에게 이런 편지를 보냈습니다. "나는 오랫동안 영국 노동자계급이 우위를 차지함으로써 아일랜드 체제를 전복시키는 것이 가능하리라 믿었네. 『뉴욕 트리뷴』에서 항상 이런 관점을 취했지. 더 깊은 연구를 통해 이제 나는 그 반대라는 것을 확신하게 되었네. 영국 노동자계급은 아일랜드를 [연합에서] 제거하기 전에는 아무것도 이룰 수 없을 것이네. 지렛대는 아일랜드에 갖다 대어야 하네. 아일랜드 문제가 사회운동에 그토록 중요한 이유가 여기에 있네."[71] 마르크스는 대체로 1850년대까지도 이어지던 생각, 즉 '혁명의 지렛대가 놓일 곳은 영국'이라는 견해를 바꾼 겁니다. 이런 변화는 한편으로 비서구사회, 비자본주의사회의 전통적 공동체에 대한 견해가 바뀌어가던 중에 나타난 겁니다. 자본주의 주변부 사회에 대한 마르크스의 생각을 추적한 케빈 앤더슨(Kevin Anderson)에 따르면, "1840년대와 1850년대 사이, 인도와 러시아에 대한 마르크스의 관점은 비교적 무비판적인 근대주의로부터 사회 내부에서 형성된 해방의 잠재성을 고려하는 관점으로" 바뀌어갑니다."[72] 그리고 그의 생각은 계속해서 변화해, 말년에는 새로운 사회형태에 대한 영감을 이런 공동체에서 발견할 정도가 되었습니다. 새로운 사회형태란 "태곳적 사회형태"를 "고차적 형태로 재탄생시키는" 것이라고까지 했지요. 1882년에 쓴 『공산주의자 선언』 러시아어판 서문에서는 "러시아혁명이 서구 프롤레타리아트혁명의 신호"가 될 수 있다는 말도 했습니다(1121쪽 참조) 서구의 혁명이 러시아를 구원하는 게 아니라 러시아혁명이 서구 혁명의 시작이 될 수 있다는 거죠. 이는 아일랜드의 경우에서 얻은 깨달음을 재확인한 것이라고 할 수 있습니다. 세계혁명의 지렛대를 중심이 아니라 주변에 둔 거죠.

그러나 마르크스의 생각이 점진적으로만 변한 것은 아닙니다. 생각의 변화에는 급격한 변곡점이 있기 마련입니다. 나는 마르크스가 『자본』을 집필하던 이 시기, 무엇보다 아일랜드 문제에 관심을 가진 이 시기가 매우 중요한 변곡점이라고 생각합니다.[73] 특히 여기에는 페니언단을 중심으로 한 아일랜드인들의 투쟁이 중요한 계기를 제공했다고 봅니다. 페니언단은 아메리카에 이주한 아일랜드인들을 기반으로 탄생한 독립운동 단체입니다. 이들은 아메리카에서는 물론이고 잉글랜드와 아일랜드에서도 활발한 투쟁을 벌였습니다. 마르크스가 이끌던 국제노동자협회(제1인터내셔널)는 1860년대 중반부터 페니언 단원들과 관계를 맺었습니다. 마르크스는 수감 중인 페니언 단원 석방 운동에도 적극 나섰습니다. 엥겔스에게 보낸 편지에서 그는 "가능한 모든 수단을 동원해서 영국 노동자들이 페니언주의에 찬성하는 시위를 하도록 노력"했다고 썼습니다.[74]

──────── 페니언주의는 무엇이 다른가 ────────

마르크스는 페니언단의 투쟁이 과거 아일랜드인들의 투쟁과는 다르다고 생각했습니다.『자본』을 출간한 해인 1867년 그는 런던의 독일노동자교육협회(Workers Educational Association)에서 많은 노동자를 모아놓고 아일랜드 문제에 대한 강연을 했는데요. 이 강연의 첫 마디가 '페니언주의는 무엇이 다른가'였습니다.[75]

첫째, 페니언주의는 과거와는 완전히 다른 사회경제적 조건에서 출현했습니다. 영국이 아일랜드를 지배하고 착취한 지는 아주 오래되었습니다. 19세기 영국인들은 아일랜드인들의 격렬한 독립투쟁에 무척 당혹스러워했는데요. 과거에 비하면 훨씬 온건한 통치를 한다고 생각했기 때문입니다. 그런데 마르크스는 이것이 영국인들의 무지를 보여준다고 말합니다. 엘리자베스나 크롬웰(Oliver Cromwell)이 야만적으로 아일랜드인들을 몰아낸 것과 양과 소를 키우기 위해 아일랜드인들을 몰아내는 것의 차이, 다시 말해 과거의 추방과 자본주의적 추방의 차이를 알지 못한다는 것이지요. 한마디로 1846년 이후 아일랜드에서 일어난 사회경제적 변화를 전혀 알지 못하고 있다는 뜻입니다.[76] 마르크스는 강연에서 "1846년 이후의 억압은 형식적으로는 덜 야만적이었다 하더라도 결과적으로는 더 파괴적이었다"라고, 그래서 "잉글랜드가 자발적으로 아일랜드를 해방하거나 아일랜드가 생사를 걸고 투쟁하는 것 외에는 대안이 남아 있지 않"은 상황이 되었다고 했습니다.[77]

둘째, 과거 아일랜드의 저항운동은 귀족이나 중간계급, 가톨릭 성직자들이 이끌었습니다. 그러나 마르크스에 따르면 페니언주의는 인민대중, 그것도 하층의 인민대중에 뿌리를 박고 있습니다.[78] 이 점은 페니언주의가 민족운동의 성격과 함께 계급운동의 성격을 갖는다는 걸 보여줍니다. 독립투쟁의 주체가 프롤레타리아트의 형상을 하고 있다는 것이지요.

마르크스는 이 두 가지 요인이 아일랜드 독립투쟁을 과거와는 다른 것으로 만들었다고 보았습니다. 단순히 억압 민족에 대한 피억압 민족의 항거가 아니라 자본주의적 착취와 추방에 맞서는 프롤레타리아트의 투쟁이라는 것이지요. 이것이 마르크스가 민족주의 운동인 페니언주의에서 '사회주의' 냄새를 맡은 이유입니다.[79] 마르크스는 아일랜드의 독립은 영국 노동자계급 자신을 위해서도 꼭 필요한 일이라고 주장했습니다. 그에 따르면 아일랜드는 영국의 지주계급과 자본가계급의 보루라 할 수 있습니다. 영국 지주계급은 아일랜드의 지주제도에 의존하고 있었고, 아일랜드에서 생산된 양모와 고기, 잉여노동자 들은 영국 자본가의 잉여가치 생산에 크게 기여했습니다. 또한 영국인 노동자들과 아일랜드인 노동자들의 분열이 영국 자본가계급의 통치를 돕습니다. 이 모든 상황은 아일랜드인들이 식민지적 예속 상태에 있는 한 영국의 노동자계급도 자본가에 대한 예속을 떨쳐낼 수 없음을 보여줍니다. 마르크스는 1870년에 쓴 한 편지에서 이렇게 말했습니다. "[인터내셔널의 과제는] 영국 노동자계급의 의식을 일깨워, 아일랜드의 민족해방은 추상적 정의나 인도주의적 감정의 문제가 아니라 그들 자신의 사회적 해방을 위한 첫 번째 조건이라는 것을 깨닫게 하는 겁니다."[80]

나는 마르크스가 아일랜드 문제를 통해 보여준 이런 사고의 전환을 더 일반화하고 싶습니다. 이것은 영국 노동자계급과 아일랜드인들에게만 해당하는 이야기가 아닙니다. 이번 11장에서 우리는 노동자계급의 운명을 다루었는데요. 마르크스가 말한 이 운명의 주인공들은 산업예비군, 잉여노동자, 식민지인입니다. 모두가 자본관계의 내부가 아니라 주변에 있는 존재들이지요. 자본관계에 귀속되어 있지만 내부에 존재하지는 않는 사람들입니다. 마르크스가 노동자계급의 운명을 이들에게서 확인하는 것은 조만간 노동자계급 다수의 운명이 이들처럼 될 것이라는 생각 때문일 수도 있지만, 그보다는 이들이야말로 자본주의에서 노동자계급의 운명이 어떤지를 가장 선명하게 보여주는 존재이기 때문일 겁니다. 즉 미래에 대한 예측이라기보다 현재에 대한 규정으로서 이들이 중요하다는 것이지요.

우리는 어떤 것을 규정하거나 정의할 때 중심 내지 내부에 주목하는데요. 실제로 규정이 선명한 곳은 중심이 아니라 경계, 한계, 주변입니다. 이것은 언젠가도 말한 것처럼 '규정' 내지 '정의'를 뜻하는 라틴어 'definitio'가 'finis' 즉 경계를 정하는 일, 한계를 긋는 일이라는 것과도 통합니다. 국경을 통해 영토가 정의되는 것과 같은 이치지요. 주권의 규정이 가장 강한 곳은 수도가 아니라 국경입니다. 마찬가지로 노동자계급에 대한 자본의 주권이 가장 선명하게 드러나는 곳도 노동자계급의 경계, 한계에 있는 사람들이라 할 수 있습니다. 자본관계의 중심에 있는 노동자들이 아니라 그 관계 주변에 있는 노동자들 말입니다. 나는 영국 노동자계급이 아일랜드의 해방을 자기 해방의 '첫 번째 조건'으로 받아들여야 한다는 마르크스의 말을 중심노동자들이 주변노동자들의 해방을 자기 해방의 '첫 번째 조건'으로 받아들여야 한다는 말로 바꾸고 싶습니다. 과거에는 거대 노동조합으로 조직된 중심노동자들, 거대 사업장의 정규직 노동자의 처지가 개선되어야 낙수효과처럼 노동조합을 갖지 못한 영세업체의 노동자나 비정규직 노동자, 실업자의 처지도 개선될 수 있다는 주장이 많았습니다. 그러나 이들 주변노동자들, 잉여노동자들의 처지가 개선될 수 없는 한에서, 그리고 이들이 계속해서 자본축적을 가속화하는 원천이 될 뿐 아니라 노동자계급을 통제하는 효과적 장치로 기능하는 한에서 중심노동자 곧 정규직 노동자의 처지도 근본적으로 나아질 수 없습니다.

이는 엥겔스가 『영국 노동자계급의 상태』를 출간한 지 반세기가 지난 뒤 새로운 서문을 붙이면서까지 말하고자 했던 바이기도 합니다. 그는 기성(旣成) 노동조합들이 "임금체계를 완전히 확정된 최종 사실로, 그리고 기껏해야 조합원들의 이익을 위해서만 변경할 수 있는 사실로 여긴다"라고 비판했습니다.[81] 자본주의적 예속에서 벗어날 생각이 없고 다만 조금 더 높은 임금을 받기 위해서만, 그리고 자기 조합원들의 이익을 위해서만 행동한다는 거죠. 엥겔스는 이들이 아니라 런던의 변두리인 '이스트엔드'(East End)의 노동자들, 이 '궁핍의 거대한 소굴'에 사는 미숙련노동자들, 잉여노동자들에 주목했습니다. 그리고 여기서 시작된 운동이 기성의 노동조합을 각성시키고 노동운동을 이끌어가길 기대했습니다. 물론 자본관계의 주변에는 노동자들만 존재하는 게 아닙니다. 자본의 '이스트엔드', 자본의 국경에는 추방된 채로 붙들려 있는(배제된 형태로 포함되어 있는) 더 많은 존재가 있습니다. 주부들이 있고, 원주민들이 있고, 동물들이 있고, 자연생태계가 있습니다. 가치체계 바깥으로 밀려난, 그러나 가치증식에 동원되고, 가치를 인정받지 못한 채로 착취당하는 존재들입니다. 아일랜드인들과는 또 다른 형상의 프롤레타리아트라고 할 수 있지요. 우리가 혁명의 지렛대를 어디까지 밀어 넣을 수 있는가, 이것에 따라 혁명을 통해 세계를 어디까지 이동시킬 수 있을지가 결정될 겁니다.

자본의 죄명은 '혈육 살해'

나는 『자본』 전체를 자본의 범죄에 대한 추적이자 그 범죄에 관한 기소문처럼 읽고자 했습니다. 이제 최종 죄명을 밝혀야 할 때가 되었습니다. 마르크스가 제23장 맨 끝에 인용한 로마 시인 호라티우스(Horatius Flaccus)의 시구가 아주 적절한 것 같습니다. "가혹한 운명이 로마인들을 괴롭히도다, 혈육 살해의 죄악이 벌어졌으니."[김, 973; 강, 960] 자본주의에서는 인간이 인간을 착취하고, 인간이 인간을 죽이고, 인간이 인간을 먹습니다. 그야말로 혈육 살해의 죄, 동족 살해의 죄, 식인의 죄라고 할 수 있지요. 마르크스가 인용한 호라티우스의 시구는 「비방시」epode VII에 나오는 것인데요.[82] 여기서 호라티우스는 로마가 스스로 멸망의 길로 미친 듯 뛰어가고 있다고 말합니다. 늑대나 사자들도 다른 종이 아니라면 공격하지 않는데 로마인들은 도무지 칼을 놓지 못합니다. 사람을 죽이는 전쟁을 계속하고 있다는 것이지요. 그런데 정복자인 로마인들은 스스로의 운명에 쫓기는 신세입니다. 로마인들은 저주받았습니다. 호라티우스에 따르면 로마의 저주받은 운명은 건국할 때부터 시작되었습니다. 무구한 레무스(Remus)의 피가 대지를 적신 후 로마는 혈육을 살해한 그 저주받은 운명에서 벗어나지 못하게 되었다는 것이지요.

　호라티우스가 말한 로마인들의 저주받은 운명은 마르크스가 말한 '늙은 바다의 여왕'의 운명과 닮았습니다. 이 늙은 바다의 여왕은 '영국'이기도 하지만 '자본'(전제군주 자본)이라 해도 좋을 겁니다. 정복자인 늙은 여왕은 힘을 얻기 위해 많은 사람을 피 흘리게 했지만 그럴수록 젊은 공화국의 출현을 예감하며 악몽에 시달립니다. 자본가계급은 이 저주받은 운명을 선고받았습니다. 칼을 든 채 스스로 죽음을 향해 달려가는 운명을 벗어날 수 없지요. 이렇게 해서 『자본』 I권의 '자본의 생산'에 관한 이야기가 끝났습니다. 자본이 어떤 식으로 증식하고 축적하는지, 자본이 노동자를 어떻게 착취했는지에 대한 이야기가 모두 끝났습니다. 시작은 노동자계급의 운명에 대한 비탄이었지만 끝은 자본가계급의 운명에 대한 저주입니다. 이제 이 책의 마지막 장이 남았습니다. 자본이 무구한 레무스를 살해한 이야기, 자본의 왕국이 생겨날 때 일어난 범죄에 대한 이야기가 우리를 기다립니다.

수백수천의 상품이 있어도 노동력이라는 상품 하나가 없으면 자본주의도 없습니다. 노동력 없이는 가치증식이 불가능하고, 가치증식이 불가능하다는 건 자본이 불가능하다는 뜻이니까요. 이제 12장에서는 자본주의가 어떻게 출현했는지를 다루는데요, 이야기의 시작은 당연히 임금노동자의 탄생입니다. 마르크스가 들려주는 옛이야기는 그야말로 잔혹동화입니다. 농민들(생산자)이 땅(생산수단)을 빼앗긴 채로 쏟아져 나오는 과정도 그렇고, 이들이 임금노동자로 전환되는 과정도 그렇습니다. 임금노동자는 비유컨대 인간무리를 짓이겨 반죽하고, 틀에 넣어 모양을 만든 뒤, 불에 구워내는 식으로 생겨났습니다. 비유이긴 하지만 실제와의 간극이 크지 않습니다. 당시 국가는 임금노동자를 만들기 위해 실제로 채찍과 불을 사용했습니다. 채찍질을 하고, 불에 달군 쇠로 낙인을 찍고, 그래도 안 되면 처형해버렸습니다. 노동하지 않고 빈둥대는 자들을 국가반역죄로 다스렸지요. 너무나 끔찍한 일이 많았던 터라 마르크스는 이 일들이 "피와 불의 문자들로 인류의 연대기에 기록"되어 있다고 했습니다.

마르크스는 당시 생산수단을 잃고서 쏟아져 나온 사람들을 아주 독특한 이름으로 부릅니다. 바로 '포겔프라이 프롤레타리아'(vogelfreie Proletarier)인데요. 근대적 프롤레타리아의 선행적(혹은 원형적) 형상이라 할 수 있습니다. '포겔프라이'(vogelfrei)는 글자 그대로 '새처럼(vogel) 자유롭다(frei)'라는 뜻입니다. 땅에 묶여 있지 않은 존재, 자유롭게 이동할 수 있는 존재를 가리키지요. 그런데 언제부턴가 이 말에는 다른 의미가 달라붙었습니다. 사람을 처형한 후 새들의 먹이로 내던지는 경우가 있었는데, 이때 '새(vogel)에게 내던져졌다(freigegeben)'라는 표현에서 포겔프라이의 새로운 의미가 생겨났습니다. 공동체에서 '추방되어 아무런 보호도 받을 수 없는' 존재, 자신이 머무는 곳에서 '아무런 권리도 갖지 못한' 존재, 그래서 '무차별적 폭력에 노출된' 존재를 지칭할 때 이 말을 썼습니다. 오늘날의 이주노동자, 특히 미등록 이주노동자에게 딱 맞는 표현이라 할 수 있습니다. 법적 보호를 받을 수 없기에 손쉬운 착취의 대상이 되는 사람들 말입니다. 근대 프롤레타리아의 선행적(혹은 원형적) 형상이 미등록 이주노동자를 닮았다는 것은 의미심장합니다. 프롤레타리아의 탈영토적 기원을 말해주는 것처럼 보이기 때문입니다. 영토란 법적인 땅, 주권의 지배가 이루어지는 땅인데요. 프롤레타리아는 애초 영토에서 쫓겨난 자들, 영토 바깥에서 온 자들, 영토 안에서 영토 바깥(법 바깥)을 살아가는 자들이 아니었을까요.

이 12장은 포겔프라이 프롤레타리아들의 비참을 주로 다룹니다. 폭력에 무방비로 노출된 존재, 자본의 먹잇감으로 내던져진 존재로 프롤레타리아를 묘사하고 있지요. 임금노동자의 탄생이라는 관점에서 기술했기 때문에 그런 면이 많이 부각되었습니다. 그렇다고 해서 '포겔프라이'라는 말에 부정적 함의만 있다고 생각해서는 안 됩니다. 오히려 이 말의 적극적이고 긍정적인 함의를 읽어내는 것이 중요합니다. 그래서 여기에 몇 마디 적어두고자 합니다.

포겔프라이 프롤레타리아들이 봉건적 관계의 해체로 인해 그나마 보장받던 권리를 잃은 건 사실입니다. 그렇다고 해서 이들이 봉건적 관계로 돌아가야 했다고 말할 수는 없습니다. 봉건적 관계란 봉건적 속박이기도 하니까요. 관계가 해체되었다는 것은 이 속박에서 벗어났다는 뜻입니다. 신분제로부터의 해방, 그 의미를 낮잡아서는 안 됩니다.

또한 포겔프라이 프롤레타리아들을 지나치게 무력하고 비참한 존재로 그리는 건 오해를 불러일으킬 수 있습니다. 이들의 임금노동자로의 전환을 불가피한 것, 심지어 필연적인 것으로 비치게 할 수 있지요. 사실 이 전환은 불가피한 것도, 필연적인 것도 아니었습니다. 봉건적 농노의 처지를 벗어난 것과 자본주의적 임금노동자가 되는 것 사이에는 큰 간극이 있습니다. 전자에서 후자로 이행해야 할 아무런 내적 필연성도 없지요. 그래서 외적 폭력이 필요했던 겁니다. 게다가 폭력이 그토록 잔인했던 것은 포겔프라이 프롤레타리아들이 그만큼 고분고분하지 않았다는 방증입니다. 실제로 땅에서 쫓겨난 농민들은 고분고분하지도 않았고 무력하지도 않았습니다. 우리는 이 시대가 농민전쟁의 시대였다는 걸 잊으면 안 됩니다. 농민들은 해방 사회를 꿈꾸며 압제자들과 전쟁을 벌였습니다. 비전과 강령도 무척 선진적이었습니다. 엥겔스가 현대 공산주의 분파들보다 더 풍부한 무기고를 갖추었다고 평가할 정도였지요.

포겔프라이 프롤레타리아는 한편으로는 자유로운 자, 해방된 자이고, 다른 한편으로는 추방된 자, 보호받지 못한 자, 권리 없는 자입니다. 중요한 것은 이것이 한 존재의 형상이라는 겁니다. 나는 마르크스가 떠올린 혁명적 주체의 형상, 말하자면 혁명적 프롤레타리아의 형상이 이것이라고 생각합니다. 혁명적 프롤레타리아는 단순히 자유로운 자가 아닙니다. 단순히 자유로운 자는 사회변혁의 주체가 될 수 없습니다. 변혁의 필요성도 느끼지 못하겠지요. 그렇다고 추방된 자, 권리를 상실한 자, 박탈당한 자가 곧바로 변혁의 주체가 되는 것도 아닙니다. 변혁에 나서기는커녕 생존을 위해 적응하려고 애쓰겠지요. 자유에 대한 열망보다 자유에 대한 두려움이 더 클 겁니다. 결국 해방은 '새의 먹이로 던져진 존재'가 '새처럼 자유로운 존재'가 될 수 있는가에 달렸습니다.

이것이 어떻게 가능할까요. 귀화, 회복, 보상 같은 것으로는 어렵습니다. 적어도 마르크스는 그렇게 보지 않았습니다. 생존을 위협할 정도로 압제의 사슬이 조여드는 상황에서는 그런 방어적 투쟁도 필요합니다만, 어떻든 그런 식으로는 예속에서 벗어날 수 없습니다. 적어도 내가 이해한 마르크스는 반대의 길을 주장했습니다. 추방된 자는 더 멀리 떠나야 합니다. 추방한 곳으로의 귀국이나 추방된 곳에서의 귀화에 대한 욕망을 끊어낼 때까지 떠나야 합니다. 상실한 자는 한 번 더 상실해야 합니다. 상실감까지 상실할 정도가 되어야 합니다. 상실을 상실하는 것, 결핍을 결핍하게 하는 것이 중요합니다. 상실을 상실하는 것은 상실이 없던 상태로 돌아가는 것이 아닙니다. 상실한 것을 적극적으로 내다 버리는 것입니다. 첫 번째 상실은 수난이고 슬픔이지만 두 번째 상실은 행동이고 웃음입니다.

이 정신이 가장 잘 구현된 글이 마르크스와 엥겔스가 쓴 『공산주의자 선언』입니다. 이들에 따르면 프롤레타리아는 사유재산이 없고 가족이 없으며 국가가 없습니다. 그런데 프롤레타리아는 이것들을 달라고 말하지 않습니다. 프롤레타리아는 이것들에 아무런 매력을 느끼지 못합니다. 이것이 혁명입니다. 혁명이란 더 많은 사유재산, 더 친밀한 가족, 더 강력한 국가를 원하는 것이 아니라 이런 것들로 이루어진 삶과는 다른 삶, 다른 세상을 원하는 것입니다.

마르크스와 엥겔스는 『공산주의자 선언』에서 "프롤레타리아들이 혁명 속에서 잃을 것은 족쇄뿐"이며, "이들에게는 획득해야 할 세계가 있다"라고 썼습니다. 나는 이 문구를 볼 때마다 족쇄를 떨치고 자유롭게 비상하는 새 한 마리가 떠오릅니다. 사실 전통적인 마르크스주의자들은 이런 이미지를 좋아하지 않았습니다. 이들은 '새처럼 자유롭게 떠나는' 사람들보다 '공장에서 머물며 단련된' 사람들을 혁명의 주체로 생각했지요.[1]

그러나 나는 포겔프라이 프롤레타리아라는 말을 통해 혁명의 주체를 다시 생각해보고 싶습니다. 프리드리히 니체는 안주하지 않고 타협하지 않고 구속되지도 않는 자들, 기꺼이 추방된 자의 길을 걷는 자들에게 '포겔프라이'라는 말을 선사했습니다. 그리고 이런 자유정신의 소유자들을 '포겔프라이 왕자'라고 불렀습니다.[2] 마이클 하트와 안토니오 네그리는 〈모던 타임스〉의 찰리 채플린이 보여준 '가난하면서도 새처럼 자유로운 웃음'에서 '포겔프라이'를 찾았습니다. 이 웃음이야말로 진정 '예언적인 것'이라고 했지요.[3] 프롤레타리아혁명은 정말로 이 체제와 단호히 결별하고자 하는 가난한 자들의 자유정신과 환한 웃음에 달려 있지 않을까요.

수치스러운 기원

기원을 신성시하는 것은 왕국들의 오래된 책략입니다. 기원을 꾸미는 것이 현재를 꾸미는 일임을 알기 때문이지요. 왕국이 기원에서 유래했다기보다 기원이 왕국에서 유래했다고 말하는 편이 옳을 겁니다. 왕국의 기원은 대개 왕국의 발명품입니다. 우리는 흔히 현재가 미래를 만들어간다고 합니다. 그러나 현재는 과거도 만들어갑니다. 그래서 혁명가들, 비판가들은 미래를 걸고 싸우는 것만큼이나 과거를 걸고도 싸워야 합니다. 이렇게 말할 수도 있겠습니다. 과거로 돌아가는 것이 다른 미래로 나아가는 길이기도 하다고요. 현재의 '신성한 기원'을 '실제 역사'로 대체하는 것, '신성한 기원'이 은폐한 '수치스러운 기원'(pudenda origo)[4]을 폭로하는 것이야말로 다른 미래로 가는 출발점일 수 있습니다.

자본의 유치한 '창세기'

이제 우리는 『자본』 I권의 마지막 장들(독일어판은 제7편의 제24~25장 영어판은 제8편의 제26~33장)을 다룰 텐데, 지금까지 살펴본 내용과 비교하자면 일종의 '프리퀄'(prequel)이라 할 수 있습니다. 지난 11장까지 우리가 보았던 이야기와는 사뭇 분위기가 다릅니다. 11장까지는 자본주의적 생산양식을 전제하고 내용을 펼친 것인데, 이번 12장은 그 전제가 어떻게 형성되었는지를 다룹니다. 자본주의적 생산양식의 '전사'(前史, Vorgeschichte)라 할 수 있지요. 생각해보면 『자본』에서 '자본' 개념을 처음 정식화했을 때도 이미 일정액의 돈이 주어져 있었습니다. 자본이란 '잉여가치를 낳는 가치'라고 했는데요. 잉여가치가 존재하기 위해서는 그것을 낳는 가치가 주어져 있어야 합니다. 개별 자본이 아니라 총자본의 관점에서 보아도 그렇습니다. 자본주의적 생산양식이 시작되려면 일정 규모 이상으로 축적된 자본(일정 규모 이상의 가치량)이 존재해야 합니다.

이 '시작하는 자본'이 없다면 자본의 순환 운동은 시작될 수 없습니다. 순환 운동을 한다 해도 공회전밖에 안 되겠지요. 여기서 벗어나려면 자본의 순환 이전에 존재하는 '시초축적'(ursprüngliche Akkumulation)을 상정해야 합니다. [김, 977;

강, 961] 애덤 스미스도 비슷한 이야기를 한 바 있습니다.[5] 분업 사회에서 사람들은 교환을 통해 살아갑니다. 교환을 통해 생활수단도 얻고 원료와 도구도 얻습니다. 그런데 교환을 하려면 우선 자신의 생산물을 만들어야 합니다. 그러니까 처음한 번은 교환 없이도 생활하고 생산할 수 있을 만큼의 자원을 비축하고 있어야 합니다. '선행적 축적'(previous accumulation)이 있어야 한다는 거죠.[김, 977; 강, 961] 자본주의적 생산양식의 출현을 위해서도 선행적 축적이 필요합니다. 이 규모가 클수록 자본가는 더 많은 노동자를 고용할 수 있고 작업도 세분화할 수 있습니다. 자본주의적 생산양식의 최초 생산형태라 할 수 있는 매뉴팩처만 해도, 과거의 길드와는 비교할 수 없을 정도의 선행적 축적을 필요로 합니다(505쪽).

이런 축적은 어떻게 생겨났는가. 이것이 이번 12장의 주제입니다. 처음의 자본, 처음의 자본가는 어떻게 생겨났을까요. 앞서 4장에서 마르크스는 자본과 잉여가치의 관계를 아버지와 자식의 관계에 비유한 바 있습니다. 아버지는 어떻게 아버지가 되었는가. 자식을 낳음으로써 한 남자는 아버지가 됩니다. 자식의 탄생이 곧 아버지의 탄생이라고요. 그런데 이 사실을 확인하기 위해 우리가 태초의 아버지로 돌아갈 필요는 없다고 했습니다(249쪽). 어느 시대든 자식의 탄생이 곧 아버지의 탄생임을 확인할 수 있으니까요. 굳이 카인을 낳은 아담까지 거슬러 올라갈 필요는 없습니다.

그러나 처음의 자본도 나중의 자본들처럼 그렇게 태어났을까요. 나중의 자본들은 자본이 낳은 자본입니다. 그러나 처음의 자본은 논리상 그럴 수 없습니다. 아버지와 아들의 비유를 써서 말해볼까요. 아담이 아버지가 될 수 있었던 것은 카인을 낳았기 때문입니다. 이 점에서는 카인과 다르지 않습니다. 카인도 에녹을 낳음으로써 아버지가 되었지요. 하지만 아담에게는 배꼽이 없습니다. 카인과 달리 태에서 나온 사람 즉 태어난 사람이 아니죠. 아들로 태어나 아버지가 된 사람 즉 재생산된 인간이 아니라는 말입니다. 처음의 자본도 그렇습니다. 처음의 자본은 자본이 낳은 잉여가치(자식)가 다시 자본(아버지)으로 전환된 것이 아닙니다. 재생산된 자본이 아니지요.

그렇다면 처음의 자본은 어떻게 생겨났는가. 마르크스는 정치경제학자들이 '시초축적'을 설명하는 방식은 신학에서 '원죄'를 설명하는 방식과 비슷하다고 말합니다. "아담이 사과를 따먹었다"라는 식의 옛날이야기를 꺼내는 거죠.[김, 977; 강, 961] "옛날 옛적에 한편에는 부지런하고 총명하며 무엇보다 근검절약하는 엘리트가 살았고, 다른 한편에는 게으르고 자신의 모든 것을, 아니 그 이상을 써버리는 룸펜이 살았다."[김, 977; 강, 962] 한쪽은 열심히 일하고 근검절약하여 부자가 되었는데, 다른 한쪽은 게으르고 낭비벽이 심해 결국 내다 팔 것이라고는 자신의 '가죽'밖에 없는 가난뱅이가 되었다는 이야기. 전자가 자본가의 선조이고 후자가 노동자의 선조라는 겁니다. 꼭 「개미와 베짱이」라는 우화 같습니다.

그런데 이런 우화로 자본가와 노동자의 탄생을 설명할 수 있을까요. 조금만 생각해보면 이것이 얼마나 황당한 이야기인지 알 수 있습니다. 한번 개미였던 사람은 '이제 더는 일하지 않아도 계속 늘어나는 부'를 가진 대대손손 베짱이가 되고, 한번 베짱이였던 사람은 '매일 뼈 빠지게 일해도 헤어날 수 없는 빈곤'의 늪에 빠진 개미가 되니까요. 대대손손 베짱이인 사람들의 선조가 개미였다는 말을 믿어야 할까요. 대대손손 개미인 사람들이 빈곤과 산재에 시달리는 이유가 그 선조가 베짱이였기 때문이라는 말을 믿어야 할까요. 이런 게 자본가와 노동자가 세상에 출현한 이야기라고요?

자본의 창세기에 따르면 자본가 아담의 태초 행동으로 인류의 극소수는 아무런 일을 하지 않아도 부자이고 대다수는 아무리 일해도 가난한 운명에 빠져든 셈인데요. 사과(선악과)를 한 입 베어 문 일로 전 인류를 죄지은 운명으로 몰아넣은 아담에 필적하는 이야기라 할 수 있습니다. 물론 '신학의 원죄설'과 '경제학의 원죄설' 사이에는 차이가 있습니다. 사과를 베어 먹은 아담은 그 일로 "이마에 땀을 흘려야만 먹을 것을 얻을 수 있는 저주"를 받았지만 자본가 아담은 태초의 행동으로 "조금도 일할 필요가 없는" 축복을 얻었으니까요.[김, 978; 강, 962] 참으로 유치하기 짝이 없는 이야기죠. 하지만 '소유권 문제' 즉 사유재산 문제가 쟁점으로 떠오르면 부르주아들은 이런 이야기를 정설이라도 되는 듯 떠들어댑니다.[김, 978; 강, 962] 사실은 요즘도 그렇지요. 많은 부자가 실제로 자신이 재산을 어떻게 모았는지는 금세 잊어버립니다. 그러고는 한결같이 말하죠. '내가 얼마나 피땀 흘려 모은 재산인데'라고요.

사실 '노동'은 근대 부르주아들이 사유재산을 정당화하는 핵심 기제였습니다. 초기 부르주아 사상가들은 신체에 대한 완전한 소유권(인신의 자유)에서 시작해, 이 신체를 움직여 얻은 노동생산물에 대한 완전한 소유권을 주장했습니다. 정치경제학자들도 다르지 않습니다. 최초의 자본가는 아마도 스미스가 상정한 원시인 사냥꾼들 중 한 사람이었을 것이라고 생각하지요. 열심히 일해서 많은 사슴을 잡고 그것을 해리와 교환하는 식으로 재화를 축적한 사람이었을 거라고요. 근면한 노동, 정의로운 교환, 근검절약 등이 합쳐져 자본이 생겨났다는 겁니다. 자본가 일반이 스스로를 그렇게 생각하는 경향이 있습니다. 처음 돈은 자신이 열심히 일하고 양심껏 거래를 해서 모은 재산이라고요. 마르크스가 비꼬며 말하듯, "매번 '금년'만은 예외"이지만요.[김, 978; 강, 962] 그렇다면 실제 역사는 어떠했을까요. '온화한 정치경제학'이 들려주는 '목가적인 이야기'와는 다릅니다. 재벌 기업의 기념관에 적힌 창업주의 가슴 뭉클한 이야기와는 분위기가 딴판이죠. 곧 살펴보겠지만, "실제 역사에서는 정복과 압제, 살인강도, 요컨대 폭력이 큰 역할"을 했습니다.[김, 978; 강, 962] 이 이야기에서 만날 빨간색은 장밋빛이 아닙니다. 그것은 핏빛입니다.

───── 어떤 번역어를 택할 것인가─'원시적 축적', '본원적 축적', '시초축적'
이제 곧 실제 역사로 들어갈 텐데요. 용어 번역에 대해 잠시 언급하고자 합니다. 『자본』제24장(영어판은 제8편)의 제목이 '소위 시초축적'인데요. 여기서 '시초축적'이라고 옮긴 독일어는 'usprüngliche Akkumulation'입니다. 이 말을 어떤 사람들은 '원시적 축적'으로 옮기고, 또 어떤 사람들은 '본원적 축적', 또 어떤 사람들은 '시초축적'이라고 옮깁니다.

먼저 '원시적 축적'이라는 말부터 보겠습니다. 이 말은 'primitive accumulation'이라는 영어 번역에서 가져온 게 아닌가 싶습니다.[6] 영어권에서는 오랫동안 이 말을 써왔습니다. 영어권에서만 그런 것은 아닙니다. 『자본』의 프랑스어판 초판에도 동일한 용어가 사용되었습니다.[7] (참고로 1983년 새로 번역된 프랑스어에서는 'primitive' 대신 'initial'이라는 용어를 썼습니다. '처음', '시작'이라는 뜻을 강화한 것이지요). 내 생각에 '원시적 축적'은 좋은 번역어가 아닙니다. '원시적'이라는 용어에는 발전론적이고 목적론적인 시각이 깔려 있습니다. '소위 시초축적' 시기에 일어난 일들을, '완성된 자본주의' 시점에서 본 것이지요. 말하자면 '미발달한 자본주의', '미개한 자본주의'로 보는 것입니다. 여기에는 두 가지 문제가 있는데요. 첫째, 이 시기의 역사를 나중의 역사로 귀속할 우려가 있습니다. 이때의 일들을 오늘날의 자본주의에 이르기 '위해' 일어난 일들로 간주하는 것이지요. 곧이어 보겠습니다만, 마르크스는 이런 목적론적 역사관을 거부하며,[8] '자본 형성의 역사'와 '자본 현재의 역사'를 철저히 구분합니다. 둘째, '원시적'이라는 표현은 마치 이 시기의 일들이 오늘날 더는 일어나지 않는 것처럼 생각하게 합니다. 처음 자본관계를 만들어낸 '폭력'이 이전과는 다른 형태로 오늘날에도 재생산된다는 사실을 인식하지 못하게 하지요.

이 점에서는 '본원적 축적'이라는 번역어가 '원시적 축적'보다 낫습니다. 마르크스가 사용한 독일어 'Ursprung'은 기원, 원천, 유래, 발생, 시작 등을 의미하는 단어인데요. 여기에는 '미개하다'라는 뜻이 없습니다. 그리고 '본원'(本源)이라는 말에는 '원천'이나 '토대'의 의미가 담겨 있기에 마르크스가 다루는 축적 형태를 오늘날과 무관한 일로 보지 않게 해주는 장점도 있습니다. 이를테면 중국의 학자 원톄쥔(溫鐵軍)은 중국 같은 사회주의 국가도 공업화 단계에서 자본의 시초축적이 일어났다고 말합니다(그는 '원시적 축적'이라는 용어를 씁니다).[9] 중국 현대사에서 가장 좌편향이 심했다는 1950년대가 기묘하게도 정부가 시초축적을 위해 가장 노력한 시대였다는 겁니다. 물론 이것은 중국에만 해당하는 이야기가 아닙니다. 원톄쥔은 과거 소련이나 동유럽의 사회주의 국가들에서도 국가가 주도하는 자본의 시초축적이 있었고 이를 통해 산업자본의 토대가 구축되었다고 주장합니다(다만 그에 따르면 이들 국가는 중국과 달리 관료주의적 상부구조와 교조적 이데올로기 때문에 금융자본 단계로 진입하는 데 실패했습니다).[10]

데이비드 하비는 이런 유형의 축적이 오늘날 서구 국가들에서 일어나고 있다고 말하기도 합니다. 그는 신자유주의 시대의 자본축적을 '탈취에 의한 축적'(accumulation by dispossession)이라 부르는데요. 자본축적이 부의 생산을 통해서가 아니라 부의 폭력적 탈취를 통해 이루어지고 있다는 뜻에서 한 말입니다. 그는 "마르크스가 자본주의 등장기에 '원시적'(primitive) 혹은 '본원적'(original)이라고 한 축적 관행"이 여전히 "지속하고 번성한다"라고 주장합니다.[11] 토지로부터 대규모 농민축출, 공유재산 및 국유재산의 사유화(민영화), 종속적 지위에 있는 국가들로부터의 자원 약탈, 신용제도를 활용한 부의 탈취 등이 곳곳에서 일어나고 있다는 겁니다. 탈취의 범위도 과거보다 오늘날에 더 넓습니다. 공유재산의 사유화만 놓고 보아도, 과거에는 이것이 주로 토지와 관련되었다면(공유지의 사유화) 이제는 물·원격통신·교통 등의 공공사업, 사회주택·교육·보건의료 등의 사회복지, 대학·연구실·감옥 등의 공공기관, 그리고 지적재산, 심지어 전쟁(전쟁기업)까지 그야말로 온갖 영역에서 이루어지고 있으니까요.[12] 이런 점을 고려하면 앞서 말한 것처럼 '본원적 축적'이 '원시적 축적'보다 좋은 용어입니다.

그런데 '본원'이라는 말을 쓸 때는 주의할 점이 있습니다. 이 말에는 '기원'이라는 뜻도 담겨 있는데요. 목적론자들이 기원에 부여하는 이미지 때문에 오해가 생겨날 수 있습니다. 목적론자들은 기원을 '씨앗'으로 간주하는 경향이 있습니다. 씨앗에 열매가 예정되어 있는 것처럼 시초축적기의 일들에는 현재의 자본주의 체제가 예정되어 있다고 보는 거죠. 앞서 짧게 말한 것처럼 이것은 마르크스가 이 시기를 바라보는 시각과 맞지 않습니다. 이 시기에 일어난 일들로 자본주의가 출현할 수 있었던 것은 맞습니다. 그러나 이 일들이 자본주의를 예정하고 있었다고 말할 수는 없습니다. 이런 목적론적 해석을 차단하기 위해서 나는 '시초축적'이라는 말을 선호합니다('처음축적'이라고 해도 좋겠습니다). 영어나 프랑스어로 말하자면, '기원'보다는 '시작'의 의미가 담긴 'initial accumulation' 정도의 단어가 좋다고 봅니다.

앞서 나는 '원시적 축적'이라는 번역어가 시초축적기의 폭력이 이전과는 다른 형태로 오늘날에도 재생산된다는 사실을 인식하지 못하게 한다고 비판했는데요. 하지만 하비가 말한 '탈취에 의한 축적'이 마르크스가 여기서 말하고 싶어하는 '시초축적'이라고 보지는 않습니다. 하비가 말한 '탈취에 의한 축적'은 내용이나 형태상으로는 마르크스가 말한 시초축적과 같습니다. 그리고 오늘날에도 이런 폭력적 축적이 일어나는 게 사실입니다. 그러나 이것은 마르크스가 시초축적을 말한 취지와는 다릅니다.[13] 마르크스는 시초축적을 통해 자본주의적 생산양식의 토대가 갖추어지기 이전과 이후가 다르다는 것을 보여주려 했습니다. 자본관계의 생산과 재생산은 다르다는 것을 보여주고 싶어했지요. 처음의 생산이 불법적 폭력을 통해 이루어졌다면 재생산은 시스템을 통해 합법적으로(그리고 자동적으로) 이루어집니다. 노동자가 노동력을 팔아야만 살 수 있는 비참한 상황이 인위적 폭력을 통해서가 아니라 시스템의 작동으로 보장되는 겁니다. 이렇게 말할 수 있을지도 모르겠습니다. 마르크스는 시초축적기의 폭력이 자본주의 생산양식의 토대가 갖추어진 뒤에는 시스템 안에 '기입'되어 새로운 형태로 '재생산'되고 있음을 말하고 싶어한다고요.

마르크스가 '시초축적'이라는 말을 쓴 것은 이런 맥락입니다. 그리고 이것이 『자본』 I권 제24장의 독특한 제목과도 부합한다고 봅니다. 제24장의 제목을 보면 마르크스가 '시초축적'이라는 말 앞에 '소위'(sogenannte)라는 수식어를 붙이고 있습니다. 앞으로 소개할 내용이 '사람들이 말하는' 바로 그런 의미의 '시초축적'이라는 것이지요. 사람들은 이렇게 물을 수 있을 겁니다. '도대체 자본주의는 처음에 어떻게 시작된 거지?' 나는 마르크스가 이런 물음에 답하기 위해 제24장을 썼다고 생각합니다. 자본(자본주의)의 '역사적 등장'에 대해 말하려고요. 그래서 제24장에는 시초축적과 관련된 사건의 시간을 한정하는 언급, 이를테면 "1470년경부터 1500년대 초의 수십 년 동안"; "15세기 말부터 18세기까지" 같은 언급이 자주 나옵니다. 이런 이유로 나는 최소한 이 책의 범위에서는 '처음의' 축적이라는 의미에서 (시간적 의미를 담은) '시초축적'이라는 용어를 쓰는 게 낫다고 봅니다.

형성의 역사와 현재의 역사는 다르다

처음의 자본, 처음의 자본가는 어떻게 생겨났는가. 유치한 이야기는 집어치우고 진지하게 이야기를 해봅시다. 우리는 노동력이라는 특별한 상품이 없다면 자본이 불가능하다는 것을 압니다. 화폐와 상품이 저절로 자본이 될 수는 없습니다. 화폐와 상품이 자본으로 변신하려면 화폐와 상품(생활수단과 생산수단)을 소유한 자산가가 노동력 판매자를 만나야 합니다. 다시 말해 노동력이 상품으로 시장에 나와야지요.

그런데 이를 위해서는 두 가지 조건이 필요하다고 했습니다. 하나는 노동자의 신분해방입니다. 즉 노동자가 자기 노동력을 시장에서 자유롭게 거래할 수 있는 존재가 되어야 합니다. 다른 하나는 노동자의 빈곤입니다. 즉 노동자가 생활수단과 생산수단을 상실해, 노동력을 팔지 않고서는 살길이 없어야지요. 요컨대 생활수단과 생산수단을 잃은 노동자들이 그것을 쥐고 있는 자본가에게 몸뚱이를 팔아야 하는 상황이 만들어져야 자본이라는 것이 가능합니다. 이 전제가 충족되고, "자본주의적 생산이 일단 자신의 발로 서게 되면", 자본주의는 이 전제를 유지할 뿐 아니라 "지속적으로 확대재생산"합니다.[김, 979; 강, 963] 여기서 마르크스는 두 가지를 구분합니다. 바로 '전사'(Vorgeschichte, prehistory)와 '역사'(Geschichte, history)입니다. 자본주의의 전제가 만들어지는 것, 자본주의 생산양식의 토대가 형성되는 것과, 그 전제가 충족된 후, 그러니까 생산양식의 토대가 구축된 후를 구분하는 거죠. 우리가 지금 다루는 시초축적은 자본주의의 '역사'가 아니라 '전사'에 해당합니다.[김, 979; 강, 963]

『정치경제학 비판 요강』에서는 이 둘을 각각 '현재의(kontemporären) 역사'와 '형성(Bildung)의 역사'로 불렀습니다.[14] 다음과 같은 지질학적 비유를 쓰기도 했지요. "지구가 유동의 불바다와 증기 바다에서 현재의 형태로 이행한 과정들이 완성된 지구로서의 그것의 생활 저편에 놓여 있듯이 (…) 자본의 생성을 표현하는 조건들은 자본을 전제하는 생산양식의 영역에 속하지 않고, 자본 생성의 역사적 전(前) 단계들로서 그것의 이면에 놓여 있다."[15] 목적론적이고 연속적인 역사주의의 관점에 선 사람들은 전사와 역사를 구분하지 않습니다. 이들은 전사를 역사의 일부, 기껏해야 현재를 향한 인류 역사의 여정에 출현한 굴곡 내지 급경사 정도로 취급하지요. 그러나 마르크스는 그렇게 하지 않습니다. 고대, 중세, 자본주의로 이어지는 길은 연속적이지 않습니다. 고대에 중세가 예비되어 있고 중세에 자본주의가 예비되어 있는 게 아니라는 말입니다. 비유하자면 역사적 지층들 사이에는 까만 층이 하나씩 들어 있습니다. 용암과 증기의 시간, 해체의 시간이 개입되어 있지요. 과거의 지층들에는 역사만이 아니라 전사도 함께 들어 있다고 할 수 있습니다.

이 점에서 마르크스의 다음 문장은 아주 중요해요. 잘 해석해야 합니다. "자본주의사회의 경제적 구조는 봉건사회의 경제적 구조에서 생겨났다. 후자의 해체가 전자의 요소들을 해방시켰던 것이다."[김, 979; 강, 963] 자본주의는 봉건사회에서 '생겨났다'(hervorgegangen)라고 말합니다. 그런데 순서가 중요합니다. 마르크스는 자본주의적 요소가 봉건사회를 해체했다고 말하지 않고, 봉건사회의 '해체'(Auflösung)가 자본주의적 요소를 '해방시켰다'(freigesetzt)라고 했습니다. 말하자면 화폐 및 상품의 축적과 자유로운 노동자들의 출현이 봉건주의를 해체했다고 하지 않고, 봉건주의 해체가 이런 요소들의 출현을 가능케 했다고 한 거죠. 이 순서를 바꾸면 목적론이 됩니다. 다음 단락을 보면 마르크스의 생각이 어떤 것인지 잘 알 수 있습니다. 마르크스는 "직접적 생산자 즉 노동자"는 "토지에 묶이고 다른 사람의 농노가 되거나 다른 사람에게 예속되는 것"이 '끝난 후에'(nachdem), 그러니까 자신을 노예나 농노로 만든 체제가 해체된 후에 비로소 "자신의 인격을 자유롭게 팔아치울 수" 있다고 했습니다.[김, 979; 강, 963] 길드에 속한 도제와 직인들의 경우도 마찬가지입니다. "자유로운 노동력의 판매자가 되기 위해서는 [먼저] 길드들(Zünfte)의 지배, 즉 도제와 직인들에 대한 규칙들 그리고 [노동력의 자유로운 판매를] 막는 노동 규정들에서 풀려나야" 합니다.[김, 979~980; 강, 963]

이런 일이 가능하려면 자본가들이 봉건 영주들을 물리치고 길드의 수공업자들을 물리쳐야 합니다. 그러나 마르크스에 따르면 이것은 자본가들이 만들어낸 일이 아닙니다. 그들은 이 사건들을 기획하지도 않습니다. 다만 일어난 사건들을 이용했을 뿐입니다. "산업의 기사들(Ritter)은 자신들이 전혀 관여하지 않은 사건들을 이용함으로써 칼을 찬 기사들을 몰아낼 수 있었다."[김, 980; 강, 964] 즉 '칼을 찬 기사'인 낡은 세력을 몰락하게 한 사건들 자체는 '산업의 기사'인 자본가가 만들어낸 게 아니라는 뜻입니다. 이제부터 이 일들이 어떤 식으로 일어났는지 그리고 자본가들이 이 일들을 어떻게 이용했는지를 살펴보겠습니다. 무엇보다 자본의 탄생에 필요 불가결한 상품인 노동력이 어떻게 출현했는지를 보겠습니다. 부르주아 역사가들은 노동자들이 농노적 예속이나 길드적 예속에서 벗어나 자유롭게 자기 노동력을 판매할 수 있게 되었다는 점만 강조하는데요. 마르크스는 이 자유의 이면, 즉 어떻게 해서 다수의 사람이 노동력 판매 외에는 살길이 없는 상황에 처하게 되는지를 보여주겠다고 말합니다. 그리고 이 일이 얼마나 끔찍했는지, 즉 우리가 지금부터 읽어나갈 이야기가 얼마나 참혹한 것인지를 이렇게 예고하고 있습니다. "이러한 수탈의 역사는 피와 불의 문자들로 인류의 연대기에 기록되어 있다." [김, 980; 강, 964]

노동자의 탄생 ①──공유지 약탈과 인간 청소

이제 우리는 임금노동자와 자본가가 탄생하는 시점으로 갑니다. 그런데 마르크스에 따르면 자본의 창세기는 아주 오래된 게 아닙니다. "자본주의적 생산의 처음 출발은 지중해 연안의 몇몇 도시에서 14~15세기에 산발적으로 나타났지만, 자본주의 시대가 본격적으로 시작된 것은 16세기 이후"입니다. 이때 여러 사건이 있었습니다만, "시초축적의 역사에서 역사적으로 획기적인(epochemachend) 사건은 (…) 대량의 인간대중이 갑자기 폭력적으로 생존수단을 잃고 포겔프라이 프롤레타리아로서 노동시장에 내던져진 것"입니다.[김, 981; 강, 964~965]

포겔프라이─새처럼 자유롭게

마르크스가 이 사건, 즉 대다수 인구의 '프롤레타리아화'를, 자본주의를 가능케 한 결정적 사건으로 본 것은 충분히 납득할 수 있습니다. 세상에서 수많은 상품이 거래된다 해도 만약 노동력이라는 상품 하나가 없다면 자본은 불가능하니까요. 그런데 마르크스가 프롤레타리아를 꾸미는 말로 쓴 단어에 눈길이 갑니다. 바로 '포겔프라이'(vogelfrei)인데요. 마르크스는 시초축적을 다루면서 이 단어를 여러 차례 사용합니다. '포겔프라이'와 '프롤레타리아'가 한 단어처럼 붙어 다닙니다. '프롤레타리아'라는 말은 이전에도 몇 차례 등장했지만 '포겔프라이'라는 말과 함께 쓰이지는 않았습니다. 그러니까 '포겔프라이 프롤레타리아'는 시초축적기의 프롤레타리아, 이렇게 말해도 좋다면, 자본주의 프롤레타리아의 선행적(혹은 원형적) 형태라고 볼 수 있습니다. 참고로 『자본』의 우리말 번역본에서는 '포겔프라이'를 "무일푼의 자유롭고 의지할 곳 없는"[김, 981] 혹은 "보호받을 길 없는"[강, 965] 등으로 옮겼습니다. 뜻을 최대한 풀어서 쓴 거죠. 하지만 이렇게 하면 이 말이 하나의 개념처럼 와 닿지 않습니다. 그래서 나는 '포겔프라이 프롤레타리아'를 일단 원어 그대로 쓰고자 합니다.

본래 '포겔프라이'라는 말은 새(Vogel)처럼 자유롭다(frei)는 뜻입니다. 어디에도 묶여 있지 않다는 뜻이지요. 그렇지만 시초축적기에 즈음하여 '아무런 법적 보호도 받을 수 없는', '아무런 권리도 없는'이라는 부정적 의미가 생겨났습니다. 사람을 처형한 후 '새들의 먹이로 내던지는'(den Vögeln zum Fraß freigegeben) 경우가 있었는데요. 이 표현에서 포겔프라이의 새로운 의미가 덧붙여진 것 같습니다.[16] 그래서 공동체로부터 아무런 보호도 받을 수 없는 존재, 법적 권리가 없어 무차별 폭력에 노출된 존재를 가리킬 때도 이 말을 썼습니다. 마르크스도 주석에서 이 단어가 법적 권리와 연관된 것임을 내비치고 있습니다.[김, 981, 각주 1; 강, 965, 각주 189] 농노제는 지중해 연안 이탈리아 도시들에서 가장 먼저 철폐되었는데요. 이때 해방된 농노들은 "토지에 대한 어떠한 시효권(Recht der Verjährung)도 보장받지 못한" 상태였습니다. 농노 해방이 권리 보장 없이 이루어진 것이지요. 봉건제 아래에서 농민은 공납과 부역의 의무를 지는 경우에 한해 자신들의 보유지(tenure)에 대한 관습적 권리를 가졌는데요. 이 권리는 법적 보호도 받았고 세습도 가능했습니다. 그런데 봉건제 해체와 더불어 이런 권리가 사라졌습니다. '포겔프라이'는 이처럼 해방이 상실로 나타난 것 혹은 상실의 형태로 해방이 이루어진 것을 표현하기 위한 단어입니다. 마르크스는 이전에 노동력이라는 상품이 출현하기 위한 전제조건으로서 '이중의 자유'에 대해 말한 바 있는데요(283~285쪽). '포겔프라이'라는 말에서 우리는 이 말의 의미를 다시 확인하는 셈입니다.

'포겔프라이'는 예속에서 벗어난 존재(새처럼 자유롭게 나는 존재)와 보호받지 못하는 존재(새 먹이로 내던져진 존재) 모두를 의미합니다. 속박에서 벗어난 인간은 발가벗겨진 인간이기도 합니다. 인격을 부인당한 노예나 농노의 처지에서 벗어났으니 이제 온전한 인격을 가진 인간이 출현해야 할 것 같은데, 실상은 그렇지 않습니다. 오히려 아무런 권리도 없이, 아무런 보장도 없이 오로지 인간이라는 사실 하나만 남은 인간이 등장하지요. 이때의 인간이 가장 위험한 처지의 인간입니다. 인간으로서의 생존이 가장 위태로운 순간이지요. 이는 시대적 조건은 완전히 다르지만, 한나 아렌트가 20세기 초 '국가 없는 사람들'(the stateless)한테서 본 것과 비슷한 면이 있습니다.

아렌트는 근대적 인권 개념에 담긴 역설을 지적했는데요. 근대적 인권 개념에 따르면, 인간은 국가의 법질서와 상관없이 천부적 권리로서 인권을 갖습니다. 인권은 양도할 수 없는 자연권입니다. 그런데 현실은 그렇지 않습니다. 어떤 인간이 단지 인간으로만 살고 있다면, 다시 말해 어떤 국가나 공동체의 일원이 아닌 그야 말로 '그냥' 인간으로서만 살고 있다면, 그는 인간으로 살아가기가 어렵습니다. 인간이 인간답게 살기 위해서는 국가나 공동체가 보장한 권리들을 필요로 하기 때문입니다. 따라서 우리가 인권을 가장 선명하게 포착할 수 있을 것 같은 상황이 실제로는 아무런 인권도 찾아볼 수 없는 상황이 되는 겁니다. "인권의 상실에 함축된 역설은, 한 사람이 일반적인 인간이 되는 순간 (…) 그런 상실이 일어난다는 것이다."[17] 인간으로서 본질적 자질이나 존엄을 갖고 있음에도 '인간의 권리'(Rights of Man)를 완전히 상실하는 거죠.[18]

--------------- 인간대중에서 인간재료로 ---------------

마르크스에 따르면 역사가 바뀌는 사건의 중심에 '포겔프라이 프롤레타리아'가 있는 셈인데요. 무슨 일이 일어난 건지 문장을 다시 뜯어볼까요. "시초축적의 역사에서 역사적으로 획기적인 사건은 (…) 대량의 인간대중이 갑자기 폭력적으로 생존수단을 잃고 포겔프라이 프롤레타리아로서 노동시장에 내던져진 것이다." 두 단어가 '포겔프라이 프롤레타리아'를 사이에 두고 포진해 있습니다. 바로 '인간대중'과 '노동시장'입니다. '인간대중'이라고 옮긴 말은 'Menschenmassen'인데요. 'Masse'는 인간에 국한해서 쓰는 말이 아닙니다. 동물에도 쓸 수 있고 사물에도 쓸 수 있지요. '무리'를 질적 구분 없이 '양'으로만 지칭할 때 이 말을 붙입니다. 원래는 밀가루반죽 같은 것을 부르는 말이었다는데요. 무언가로 주조되기 전의 무정형의 덩어리를 가리킵니다.[19] 그러니까 '인간대중'이란 무엇이 될지 모르는 인간 덩어리 내지 인간반죽인 겁니다.

마르크스는 『자본』 제23장에서도 '인간대중'이라는 표현을 두 번 썼습니다. [김, 862, 962; 강, 860, 951] 두 곳 모두 산업예비군에 대해 말하는 부분입니다. 그는 산업예비군을 저수지의 물처럼 그립니다. 자본가는 도관과 밸브를 통해 언제든 필요한 영역에 필요한 만큼 많은 사람을 동원할 수 있지요. 그런데 제23장의 '인간 대중'이라는 말 곁에는 '인간재료'라는 말이 놓여 있습니다. 그리고 '인간재료'에는 '항상 이용할 수 있도록 준비된'이라는 수식어가 붙어 있지요.[김, 862; 강, 860] 산업예비군은 자본관계 내부에 들어가지 않은 존재라는 점에서 '아직' 어디서 어떤 일을 할지 모르는 존재이지만, 그럼에도 자본주의적 생산양식이 확고하게 자리한 곳에서 운명은 '이미' 정해져 있다고 할 수 있습니다. 제23장의 '인간대중'이 '인간재료'와 나란히 있는 것은 그 때문일 겁니다. '대중'이라는 말에는 어떤 미결정성이 들어 있지만 '재료'가 되면, 설령 아직 사용되고 있지 않다 하더라도 음식의 재료처럼 그 운명이 정해져 있다고 볼 수 있으니까요. 제23장의 '인간대중'은 사실상 '인간재료'입니다.

제24장의 '인간대중'은 다릅니다. 아직 자본주의적 생산양식의 토대가 구축된 때가 아닙니다. 봉건제 해체와 더불어 출현한 '인간대중'의 운명은 아직 결정되어 있지 않습니다. 신분제에서 풀려난 다수의 인간이 모두 노동자가 되어야 하는 것은 아닙니다. 신분해방 자체에는 노동력 판매라는 뜻이 담겨 있지 않습니다. 땅의 속박, 영주에 대한 예속에서 풀려난 사람이 노동시장을 향해, 자본가에 대한 예속을 향해 걸어가야 할 내적 이유는 없습니다. 이 점이 중요합니다. 내적 이유가 없다는 것 말입니다. 나는 마르크스가 앞서의 문장에서 언급한 인간의 두 상태를 구분해야 한다고 생각합니다. 인간대중인 상태와 노동시장에 던져진 상태, 즉 '대중으로서의 인간'과 '상품으로서의 인간(노동력 판매자)' 말입니다. 이것을 두 가지 사건이라 해도 좋습니다. 많은 사람이 땅에서 쫓겨나 인간대중으로서 쏟아져 나온 사건과, 이 인간대중이 노동시장으로 내몰린 사건은 다른 사건입니다.

방금 말한 것처럼 전자가 후자로 이어져야 할 내적 이유가 없습니다. 따라서 모든 것이 따로 해명되어야 합니다. 어떻게 인간대중이 생겨났는지, 이 인간대중이 어떻게 노동시장으로 옮겨졌는지, 그리고 나중에는 이 일이 어떻게 자동으로 재생산되는지 말이지요. 세 번째 사항, 즉 시스템에 의한 노동력의 재생산은 지난 10장과 11장에서 다루었습니다. 이번 12장에서 다룰 것은 앞의 두 가지입니다. 후각이 예민한 독자라면 시초축적기에 '인간대중'과 '노동시장' 사이에 내적 인과관계가 성립하지 않는다는 말에서 벌써 폭력의 냄새를 맡을 수도 있을 겁니다. 내적 인과관계가 없다는 것은 외적 강제 내지 폭력이 개입한다는 암시이니까요. 노동시장으로 가는 길이 자연스러운 물길 같은 게 아니라면 분명 노동시장으로 인간대중을 밀어내는 강제 펌프와 다른 곳으로 새나가지 못하도록 만든 강철 도관이 있었겠지요. 이제 그것들을 볼 차례입니다.

중세의 장원에는 울타리가 없었다

마르크스에 따르면 "자본주의적 생산양식의 기초를 만들어낸 변혁의 서막은 1470년경부터 1500년대 초의 수십 년 동안" 일어났습니다.[김, 984; 강, 967] 앞서 말한 것처럼 대량의 인간대중이 노동시장에 내던져진 일이 일어난 것인데요. 이 사건의 배경에는 '농민들로부터의 토지 수탈'이 있습니다. 다수의 농민이 토지를 잃고 '포겔프라이 프롤레타리아'로 전락한 거죠. 나라마다 시기와 양상은 다르지만 곳곳에서 이런 일이 일어났습니다. 마르크스는 영국의 사례를 분석합니다. 그에 따르면 영국의 사례는 이 일이 어떻게 일어났는지를 보여주는 '고전적 형태'(klassische Form)입니다.[김, 981; 강, 965] 이 시기에 일어난 일을 상징하는 이름이 있는데요. '인클로저'(enclosure)입니다. '인클로저'란 '울타리를 두른다'라는 뜻인데요. 울타리 하나 두르는 것이 무슨 큰일일까 싶지만 그렇지 않습니다. 이 울타리는 중세 농촌의 사회형태가 해체되었다는 징표이기 때문입니다.

영국을 포함해 중세 서구의 경작지들에는 애초 울타리가 없었습니다. 경작지들은 기본적으로 '개방경지'(open-field)였습니다. 그럴 만한 이유가 있습니다. 중세의 장원(manor)은 영주의 직영지와 농민들의 보유지로 구성되었는데요. 농민들은 영주에게 공납과 부역의 의무를 지는 대가로 경작지를 배분받습니다. 농민들은 보유지의 소출 일부를 세금으로 내야 하고 영주의 직영지에서 농사짓는 부역도 떠맡아야 합니다. 영주의 직영지와 농민의 보유지는 구획되어 가지런히 배열되어 있기 때문에 울타리로 경계를 표시할 필요가 없습니다. 또 윤작을 하기 때문에 해마다 경작지가 바뀌는 문제도 있습니다. 집단 방목장 등 공동으로 혹은 집단으로 땅을 이용해야 할 때도 있고요. 이런 상황에서 울타리는 그저 방해만 되겠지요. 그런데 갑자기 울타리가 둘러진 겁니다. 배타적 사유재산권을 행사하겠다는 뜻이지요. 이는 영주직영지와 농민보유지를 골격으로 하는 중세 농촌의 시스템이 더는 작동하지 않는다는 걸 의미합니다.[20] 이것이 얼마나 충격적인 일인지, 다시 말해 영주가 영지에 울타리를 두르고 개인 자산가처럼 행동하는 것이 얼마나 충격적인 일인지 알려면 중세의 장원제를 이해할 필요가 있습니다.

영주가 장원 전체의 소유주인 것은 맞습니다. 모든 경작지는 직간접적으로 영주의 것입니다. 하지만 이 소유권은 근대의 사적 소유권은 물론이고 고대 로마의 사적 소유권과도 다릅니다. 마르크 블로크(Marc Bloch)에 따르면 중세의 토지소유권은 '다단계'로 맞물려 있습니다.[21] 농민은 영주로부터 분배받은 토지에 대해 보유권을 갖는데요. 공납과 부역의 의무를 지는 대가로 받은 것입니다. 그런데 영주는 그 땅을 더 상위의 영주, 이를테면 제후에게 군사적 봉사와 기타 의무를 이행하는 조건으로 받습니다. 그리고 제후는 왕에게 마찬가지 방식으로 그 땅에 대한 권리를 인정받습니다. 이처럼 중세의 토지소유권은 누군가에게 배타적으로 귀속되지 않고 하위 권리와 상위 권리들이 맞물리는 형태로 이루어졌습니다. 그리고 이 권리들은 각각의 층위에서 일정한 효력을 갖기 때문에 중간의 누군가가 제멋대로 처분할 수 없습니다. 근대적 소유권의 관점에서 본다면 "아무도 토지소유자가 아니"라고 말할 수도 있지요.[22]

따라서 영주는 영지를 소유한 사람이지만 그것을 사유재산으로 소유한 사람이라고는 볼 수 없습니다. 그는 땅을 소유한 자산가라기보다 땅에 대한 통치자라고 할 수 있습니다. 영지에서 경제적 수익을 얻지만 동시에 그 땅에 부속된 인간들을 통치하는 사람입니다. 장원제는 경제적 시스템이기만 한 것이 아니라 통치 시스템이기도 한 것이지요.[23] 영주의 소유권은 이런 맥락에서 이해해야 합니다. 예전 왕들은 '짐의 땅', '짐의 백성'이라는 말을 했는데요. 이는 왕이 땅과 백성을 사유재산으로 소유했다는 뜻이 아닙니다. 오히려 반대지요. 모든 것이 왕에게 속한다는 것은 기본적으로 사유재산제를 인정하지 않는다는 뜻입니다. 영지의 소유에도 비슷한 면이 있습니다. 영주는 오늘날의 토지 임대업자와는 다릅니다. 물론 농민들은 보유지에서 나온 소출의 일부를 땅의 주인인 영주에게 지불해야 합니다. 내용으로는 오늘날 임대료를 내는 것과 다를 바 없습니다. 하지만 형태가 다릅니다. 영주는 그것을 세금으로 받습니다. 공납과 부역의 형태로 징수하지요. 세금만 징수하는 게 아니고 재판도 합니다. 통치자니까요. 따라서 영주와 농민의 관계를 임대인과 임차인의 사적 관계로 이해해서는 안 됩니다. 장원의 소유관계는 단순한 소유권을 넘어 '기본적 사회형태'라 할 수 있지요.[24]

영주의 소유권이 근대적 의미의 사유재산권과 다르다고 했는데요. 마찬가지로 땅에 대한 소유권을 갖지 못한 농민들 역시 근대적 의미의 무산자는 아닙니다. 영주가 땅에 대해 전적인 처분권을 갖지 않았다는 것은 농민들에게도 일정한 권리가 있었다는 뜻입니다. 영주는 농민들의 토지보유권을 존중해야 했습니다. 일단 현실적 이유에서 그랬습니다. 영주가 넓은 직영지를 경영하려면 노동력이 필요합니다. 달리 말하면 부역에 동원할 농민이 많아야 합니다. 농민보유지는 영주가 부역에 종사할 농민들을 확보하기 위한 조건입니다. 농노처럼 아예 인신 자체가 특정 영주에게 혈통적으로 예속되기도 하지만 영주를 선택할 수 있는(자신이 보호를 의탁할 영주를 선택할 수 있는) 자유농민들도 있었는데요. 영주가 이들 농민을 자기 세력 안에 두려면 이들 땅의 보유권을 인정해야 합니다. 그리고 중세에는 '관습'의 힘이 상당히 강했습니다. "성문화되었든 안 되었든 간에 장원의 관습은 예속민들뿐만 아니라 영주에게도 완전한 구속력이 있는 것으로" 간주되었습니다. 제아무리 영주라 해도 관습을 무시하고 농민들의 땅을 빼앗을 수는 없었습니다.[25]

14세기 말 영국 장원 농민의 3분의 2가량은 '등본보유지'(copyhold)를 보유하고 있었다고 합니다.[26] 등본보유지는 농민이 장원재판소의 토지대장에 올린 보유지로 재판소의 허락하에 상속하고 매매할 수 있는 땅입니다. 공납과 부역의 부담이 상대적으로 컸습니다. 장원재판소에서 허락을 받기 때문에 영주의 입김이 작용할 여지도 컸지요. 하지만 관습적으로 삼대의 세습이 보장되었고 보유권 매매도 이루어졌습니다. 일부 등본보유지에 대해서는 영주들이 보유 조건을 마음대로 정했지만 상당수 등본보유지는 소작료와 양도세가 정해져 있었고 보유권이 법적 보호를 받았습니다.[27] 그리고 '자유보유지'(freehold)의 경우에는 농민들의 권한이 훨씬 컸습니다. 영주에 대해 공납과 부역의 의무를 지고 있었지만 부담이 상대적으로 덜했고 세습과 매매가 자유로웠습니다. 이런 자유보유지에 대해서는 영주도 함부로 개입할 수 없었습니다. 보유권 보장이 장원재판소가 아닌 국왕재판소를 통해 이루어졌으니까요. 마르크스가 인용한 자료에 따르면 14세기 말 잉글랜드에서는 16만 명 이상이 이런 '자유보유지'를 가졌습니다. 가족들 수까지 고려하면 전체 인구의 무려 7분의 1에 해당합니다.[김, 982, 각주 1; 강, 965, 각주 190]

　　마르크스가 14세기 말과 15세기에 잉글랜드 농민 대다수가 "비록 봉건적 외관 아래 소유권이 은폐되어 있었지만 (…) 자영농민이었다"라고 말한 것은 이런 맥락입니다.[김, 982; 강, 965] 봉건제 아래서 소유권은 형식적으로 영주에게 있지만 경작지에 대한 실질적 권한을 농민들이 행사했다는 이야기입니다. 그런데 15세기 말에서 16세기 초에 갑자기 영주들이 울타리를 두르고 농민들을 몰아냈습니다. 영지를 사유재산으로 선포한 거죠. "토지에 대해 자신과 똑같은 봉건적 권리를 갖고 있던 농민을 토지에서 폭력적으로 내쫓고 농민의 공유지를 강탈"해버렸습니다.[김, 984; 강, 967] 봉건제적 관점에서는 도저히 있을 수 없는 일이 일어난 겁니다.

─────── 인간을 잡아먹는 양이 나타났다 ───────

인클로저가 봉건제 해체를 상징한다는 것은 이런 의미입니다. 봉건영주가 개인 자산가로 돌변했고, 농민들은 아무런 권리도 없는 무산자로 땅에서 추방되었습니다. 중세의 봉건질서가 무너졌다고 할 수 있습니다. 이 일은 어떻게 일어났는가. 마르크스에 따르면 왕이 절대권력을 추구하면서(절대주의 군주) 봉건가신단(封建家臣團)을 해체한 것이 하나의 원인입니다. 봉건가신단의 해체는 왕과 제후, 영주, 농노로 이루어진 봉건질서의 해체를 의미하니까요. 그러나 이것만이 "해체의 유일한 원인은 아"닙니다. 힘이 센 봉건영주들이 왕권에 저항하면서 자기 땅에 대한

배타적 권력을 행사하기 시작한 것도 중요한 이유였습니다.[김, 984; 강, 967]

그렇다면 왜 영주들이 돌변했는가. 마르크스는 봉건귀족 자체의 구성이 바뀌었음을 지적합니다. "옛 봉건귀족은 대규모 봉건전쟁으로 몰락해버렸고, 새로운 귀족이 돈이 모든 권력들 중의 권력이 된 시대의 자식이 되었다."[김, 984; 강, 967] 영국의 경우 '백년전쟁'과 '장미전쟁'으로 귀족들이 큰 타격을 받았습니다. 특히 장미전쟁의 영향이 컸습니다. 왕위를 차지하기 위한 이 전쟁에는 영국의 50여 개 큰 가문이 참여했는데요. 1455년에서 1485년까지 30년간의 전쟁으로 다수 귀족이 피살되고 가문들이 몰락했습니다. 게다가 남은 귀족들마저 경제적 변화, 특히 물가상승에 대처하지를 못했습니다. 소작료는 관습적으로 고정되어 있었는데 물가가 많이 올라 경제적 타격을 입었지요.

상인 부르주아들이 이 빈틈을 파고들었습니다. 돈의 힘을 이용해 신분을 끌어 올렸고 땅을 사들였지요.[28] 16세기 문헌들에는 상인들의 토지 구입을 우려하거나 비난하는 목소리가 많이 나온다고 합니다.[29] 그런 일이 그만큼 많았다는 이야기 죠. 상인들이 땅을 샀다는 것은 단순히 그들이 봉건귀족이나 영주의 자리를 채웠다는 뜻이 아닙니다. 땅의 의미 자체가 달라지는 거죠. 땅은 더 이상 영주와 농민의 공동체가 아닙니다. 땅은 상품의 생산수단이 되었고, 무엇보다 사유재산이 되었지요. 이 변화는 부르주아지 쪽에서만 일어나지 않았습니다. 부르주아지가 귀족으로 변신하는 만큼 귀족 역시 부르주아지로 변신했지요. 귀족 역시 상업적 부르주아지의 행태를 보입니다. 경작지에서 상업 작물을 재배하고 양모를 팔기 위해 경작지를 목초지로 바꾼 겁니다. 그래서 어느 때부턴가 "부르주아지와 귀족 사이에 구분선을 긋는 것 자체가 어렵"게 되었습니다. 영국의 경우 토지의 상업적 전환에 직접적 동기를 부여한 것은 "플랑드르 지역의 양모 매뉴팩처의 번성과 그에 따른 양모 가격의 상승"이었습니다. '새로운 귀족들'은 돈을 벌기 위해 너도나도 경작지를 목초지로 전환했습니다. 거침이 없었죠. 마르크스가 인용한 당시의 저자는 이들의 태도를 이렇게 표현하고 있습니다. "우리의 대약탈자들이 꺼릴 게 무엇이 있겠는가!"(What care our great incroachers!)[김, 984; 강, 967]

변화의 속도와 규모가 너무 컸습니다. 마르크스의 표현을 빌리자면 "어떤 과도기도 없"었습니다.[김, 985; 강, 968] 15세기와 16세기 사이의 격변을 보여주기 위해 마르크스는 두 저작을 대비시키는데요. 하나는 1470년경에 집필한 존 포테스큐(John Fortescue)의 『영국법에 대한 찬미』*De laudibus legum Angliae*이고 다른 한 저작은 1516년에 출간된 토머스 모어의 『유토피아』입니다. 이 두 저작은 불과 반세기 만에 영국 농촌의 풍경이 얼마나 바뀌었는지를 보여줍니다. 존 포테스큐는 헨리 6세 지지자였는데요. 장미전쟁 중에 헨리 6세가 폐위되자 왕족들과 함께 프랑스로 망명했습니다. 이때 쓴 책이 『영국법에 대한 찬미』입니다. 그는 프랑스에서 농민들의 비참한 모습을 보았습니다. 당시 프랑스 농민들은 모직물은 고사하고 베로 만든 옷도 제대로 입지 못했고 여성들은 맨발로 다녔으며, 전체적으로 극심한 영양실조 상태에 있었습니다.[30] 영국 농민들의 처지는 이보다 나았습니다. 영국 농민들은 상대적으로 넓은 땅을 경작하고 있었던 겁니다. 마르크스는 당시 영국의 봉건체제는 '인민의 부'(Volksreichtum)는 허용했지만 '자본의 부'(Kapital-reichtum)는 아직 허락하지 않았다고 했습니다.[김, 983; 강, 966] '자본의 부', 스미스의 용어로 말하자면 '국민의 부'(Wealth of the Nation)를 허락하지 않았기에[김, 985; 강, 968] 인민의 풍요, 인민의 부가 가능했다는 거죠.

그런데 불과 반세기 후 토머스 모어가 『유토피아』에서 그린 영국은 완전히 다릅니다. 거기에서는 민란과 도둑질이 끊이질 않습니다. 모어는 책의 화자인 라파엘의 입을 빌려 영국 농촌이 이렇게 변모한 이유 중 하나로 '인클로저'를 꼽습니다. "양들은 언제나 온순하게 적게 먹는 동물이었습니다. 그런데 이제는 양들이 너무나도 욕심 많고 난폭해져서 사람들까지 잡아먹는다고 들었습니다. 양들은 논과 집, 마을까지 황폐화해버립니다. 아주 부드럽고 비싼 양모를 얻을 수 있는 곳이라면 어디서든지, 대귀족과 하급귀족, 심지어는 성무를 맡아야 하는 성직자들까지 옛날에 조상들이 받던 지대에 만족하지 않게 되었습니다. 그들은 이 사회에 아무런 좋은 일도 하지 않고 나태와 사치 속에서 사는 것만으로도 부족하다는 듯이 이제는 더 적극적인 악행을 저지릅니다. 모든 땅을 자유롭게 경작하도록 내버려두지 않고 목축을 위해 울타리를 쳐서 막습니다."[31]

급작스레 쏟아져 나온 빈민들에 영국 의회는 무척 당황했습니다. 마르크스에 따르면 당시 의회는 '자본의 형성' 즉 '국민의 부'를 지상의 과제로 인식하는 그런 문명 수준에 이르지 않았으니까요.[김, 985; 강, 968] 이때까지는 귀족도, 의회도 농민들을 '포겔프라이 프롤레타리아'로 만드는 것이 자본주의의 토대 구축을 위해 필요한 일이라고 생각하지 못했습니다. 단지 양을 키워야 돈이 된다는 생각만 했던 겁니다. 토지에서 추방된 농민들이 도시로 가서 노동자가 되는지 마는지 '난, 몰라!'입니다. 국왕과 의회도 마찬가지입니다. 인클로저를 가속화하면 빈민들이 양산되고, 이들이 '자본' 형성에 필요한 노동력을 제공하리라는 생각을 하지 않았습니다. 오히려 어떻게든 사태를 진정시키려 했지요. 당시 왕인 헨리 7세(재위 1485~1509)는 일정 규모 이상의 토지에서 농민들의 가옥을 파괴하는 것을 금지했습니다. 또 헨리 8세(재위 1509~1547)는 파괴된 농장을 재건하라고 명령했으며 경작지와 목초지의 비율을 법률로 규정했습니다.[김, 986; 강, 969] 그 이후의 왕들도 마찬가지였습니다. 농민들이 거주할 주택과 최소 경작지를 보장하는 입법들을 했습니다. 마르크스에 따르면 "18세기 전반에 이르러서도 농촌 노동자의 오두막집에 1~2에이커의 부속지가 없는 경우에는 고발"되었습니다.[김, 987; 강, 970]

철학자 프랜시스 베이컨(Francis Bacon)은 『헨리 7세 통치사』(1622)에서 인클로저의 폐해를 나열한 후 "당시의 왕과 의회가 경탄할 만큼 현명하게 이런 폐해에 대응"했다고 평가했습니다.[김, 985; 강, 968, 재인용] 그러나 헨리 7세의 현명한 조치들은 물론이고 그 이후 "150년간 계속된 입법들도 모두" 인클로저를 저지하는데 실패했습니다.[김, 986; 강, 969] 왜일까요. 마르크스는 베이컨의 또 다른 책에서 그 비밀을 찾을 수 있다고 말합니다. 『수상록』(1625)에서 베이컨은 자신이 헨리 7세의 조치들을 현명하다고 평가한 이유를 밝혔는데요. 헨리 7세는 농가에 일정 비율의 토지를 갖게 함으로써 농민들이 "예속 상태에 빠지지 않게" 했으며, 무엇보다 "피고용자(hirelings)가 아니라 소유자로서 쟁기를 손에 쥘 수 있게" 했습니다.[김, 986; 강, 969~970] 그런데 이런 조치가 자본주의 성립에 필수적인 일들을 가로막습니다. 자본주의가 출현하려면 그 전제로서 "인민대중(Volksmasse)의 예속 상태와 피고용자로의 전환, 노동수단의 자본으로의 전환"이 꼭 필요한데, 헨리 7세는 이를 가로막은 셈입니다.[김, 987; 강, 970]

헨리 7세 때부터 150년 동안 인클로저를 막고자 했던 입법들은 왜 실패했는가. 베이컨은 『수상록』에서 이 법들에 대해 '시대에 뒤떨어진 낡은' 법들이라고 표현했는데요. 이 말 그대로입니다. 일단 자본주의로의 이행이 본격화된 뒤부터는 이런 법이 힘을 발휘할 수 없었습니다. 열차가 달리기 시작하면 반대로 걷는다고 해서 돌아갈 수 있는 게 아니지요. 오히려 블로크의 말처럼 "이런 법률의 제정이 거듭되었다는 사실 자체가 이 법률이 제대로 지켜지지 않았음을 입증한다"라고 보는 게 맞을 겁니다.[32] 16세기를 경과하면서 대세는 결정되었습니다. 16세기 말 나라를 순시한 엘리자베스 여왕이 말했듯 "빈민이 도처에 널려" 있게 되었습니다.[김, 988; 강, 971] 땅을 잃은 빈민들이 도처에서 출몰했던 거죠. 여왕으로서는 자신이 다스리는 나라에 빈민들이 넘쳐난다는 사실을 인정하기 힘들었을 겁니다. 통치의 실패를 보여주는 것이니까요. 하지만 상황이 너무나 심각했기에 결국 공식적으로 인정할 수밖에 없었습니다. 여왕 재위 43년이 되던 1601년 '구빈법'이 제정되었습니다. 다만 법을 제정하게 된 이유를 차마 밝힐 수가 없어서 '전문(前文)을 달지 않은 채' 공포했다고 합니다.[김, 988~989; 강, 971~972]

　　그러나 인클로저를 큰 문제라고 느끼던 이 시대는 오래가지 않았습니다. 16세기 말 엘리자베스 여왕은 빈민이 양산된 현실을 치욕으로 받아들였고, 그 시대의 철학자 베이컨은 인클로저로 농민들이 궁핍에 빠졌고 이것이 결국 재정과 군사적 위기까지 초래할 것이라 경고했습니다.[김, 986, 각주 5; 강, 970, 각주 193a] 하지만 17세기 말 농학자 존 호턴(John Houghton)은 인클로저가 "에스파냐 국왕의 포토시 광산보다 더 큰 수익을 우리에게 가져다줄 것"이라고 했습니다. 그리고 이로부터 한 세기 후 마르크스가 그토록 경멸했던 철학자 제러미 벤담은 인클로저화된 농촌 풍경을 "진보와 행복의 가장 확실한 표시" 가운데 하나라고 했습니다.[33]

―――― 종교개혁 후 인민들은 더 가난해졌다 ――――

농민추방은 교회 소유의 땅에서도 일어났습니다. 16세기는 종교개혁이 일어난 때이기도 합니다. 마르크스에 따르면 "당시 가톨릭교회는 영국 토지의 대부분을 차지하고 있던 봉건 소유주"였습니다. 종교개혁으로 수도원이 해산되고 많은 토지가 몰수되었습니다. 돈벌이에 혈안이 된 귀족과 부르주아지에게는 놓칠 수 없는 기회였지요. 이런 땅의 대부분은 "왕의 탐욕적인 신하들에게 하사"되거나 "투기적인 차지농업가나 도시 부르주아들에게 헐값에 팔렸"습니다. 그리고 이들 새 지주들은 곧바로 인클로저를 단행했지요.[김, 988; 강, 971] 그런데 교회 토지의 수탈에는 특별한 의미가 있습니다. "교회 재산은 전통적 토지소유 관계의 종교적 보루"였습니다. 교회 토지가 몰수되고 매각되었다는 것은 이 보루가 무너졌다는 뜻입니다. 사람들에게 전통적인 토지소유 관계가 "더 이상 유지될 수 없"다는 메시지를 던진 것이지요.[김, 990; 강, 973]

　　사실 종교개혁에는 복잡한 면이 있습니다. 마르크스는 종교개혁이 교회 토지의 몰수를 낳았고 이것이 농민추방으로 이어졌다고, 즉 종교개혁이 프롤레타리아트의 양산으로 이어졌다고 했는데요. 반대 방향도 고려할 필요가 있습니다. 토지에서 추방되어 프롤레타리아화된 대중들이 종교개혁의 기반이 되었다고도 할 수 있지요. 실제로 16세기 종교개혁은 농민반란과 궤를 함께했습니다. 참고로 엥겔스는 『독일 농민 전쟁』에서 중세를 무너뜨린 투쟁들을 '신학적 다툼'의 관점에서만 보는 것을 강하게 비판했습니다. 설령 봉기를 일으킨 세력이 '종교적 구호'를 내걸었다 하더라도 그것을 구교와 신교의 갈등으로만 이해해서는 안 된다는 것이지요.[34] 교회가 중세 질서를 상징하는 한에서, 중세 질서에 대한 저항은 교회에 대한 공격으로 나타날 수밖에 없습니다. 물질적 이해관계에 따른 계급투쟁도 종교적 성격을 띤다는 거죠. 우리는 이 시기 종교개혁이 농민전쟁과 맞물려 있었다는 점을 잊어서는 안 됩니다.

엥겔스는 종교개혁 당시 '보수적인 가톨릭 진영'에 맞선 두 세력을 언급했는데요. 한쪽은 '부르주아적이고 개량적인 당파'입니다. 도시 부르주아들과 하급 귀족들, 교회 재산을 노리던 일부 제후들로 이루어져 있었지요. 다른 한쪽은 '혁명적 당파'로 주로 농민들과 평민들로 이루어져 있었습니다. 종교개혁 초기에는 이들이 잘 구분되지 않았습니다. 모두가 마르틴 루터를 중심으로 뭉쳐 있었지요. 하지만 농민전쟁이 확산되자 양상이 변했습니다. 전자는 루터를 중심으로 결집했지만 후자는 토마스 뮌처(Thomas Münzer) 등 새로운 인물들 주변에 모여들었지요. 엥겔스는 루터가 처음 깃발을 들었을 때부터 두 세력은 봉기에 대해 다른 이미지를 그리고 있었다고 말합니다. 농민들과 평민들이 "모든 압제자에게 앙갚음을 할 수 있는 날이 왔다고 믿었"던 것에 반해 부르주아지와 일부 귀족은 "성직자들의 권력과 로마에 대한 종속, 가톨릭의 위계제 등을 타파할 생각만을, 그리고 교회 재산을 몰수하여 치부할 생각만을 품고 있었"다는 겁니다.[35]

종교개혁은 왜 빈민의 양산으로 귀결되었는가. 종교개혁 이후 농민들은 왜 '포겔프라이 프롤레타리아트'가 되었는가. 어떤 필연적 이유가 있어서가 아닙니다. 단지 전쟁에서 패배했기 때문이죠. 엥겔스는 농민들과 평민들이 주축이 된 뮌처파의 철학과 강령이 "공산주의에 닿아 있었다"라고 평가했는데요. "현대 공산주의 분파들 가운데 단 하나도 16세기의 '뮌처파'보다 더 내용 풍부한 무기고를 갖추고 있지 못했다"라고까지 이들을 추켜올렸습니다.[36] 엥겔스의 평가를 받아들인다면 우리는 자본주의가 출현하기도 전에, 부르주아지와 프롤레타리아트가 종교개혁과 농민전쟁의 형태로, 각자 선취한(예감한) 자본주의와 공산주의를 걸고 일전을 벌였다고 말할 수도 있겠습니다. 결과는 부르주아지의 승리였습니다. 결국 종교개혁은 '인민의 부'가 아니라 '인민들의 가난'을 낳았습니다.[김, 990, 각주 10; 강, 973, 각주 198] 그런데 상업화된 신흥귀족과 부르주아들은 자신들의 부가 인민들의 가난 때문에 줄어들지 않을까 걱정했습니다. 한마디로 구빈세를 내고 싶지 않았습니다. 그래서 구빈세를 회피하기 위한 온갖 책략을 구사했습니다.

마르크스는 엘리자베스 여왕이 '구빈세'를 도입했을 때 개신교도들이 보인 반응을 주석에 소개했는데요. 영국 남부 지방의 지주들과 차지농업가들이 아주

'기발한' 제안을 합니다. 빈민에 대한 관리 비용을 줄일 뿐 아니라 잘하면 수익까지 올릴 수 있는 모델인데요. 일단 빈민들을 수용할 감옥을 만들고 여기에 구호 대상 빈민들을 가둡니다. 수감을 거부하면 구호 대상에서 제외해버리기로 합니다. 그런 다음 일손이 필요한 사람들에게 이들을 임대합니다. 오늘날로 치면 일종의 인력회사라고 할 수 있죠. 사망 사고 같은 게 생겨도 교구는 책임지지 않습니다. 그건 사용자 책임이니까요.[김, 989, 각주 9; 강, 972, 각주 197] 이렇게 하면 교구는 구빈 비용을 아낄 수 있고, 책임을 지지 않아도 되며, 잘하면 수익까지 낼 수 있습니다. 돈벌이를 위한 참 세심하고 꼼꼼한 '정신'이 아닐 수 없습니다. 교회의 땅을 차지해 돈을 벌고, 그 땅에서 쫓겨난 빈민들을 활용해 또 돈을 벌고 말이지요. 마르크스는 여기서 "프로테스탄트 '정신'(Geist)"이 어떤 것인지를 볼 수 있다고 말하고 있지요.[김, 989, 각주 9; 강, 972, 각주 197]

국유지와 공유지의 약탈

또 하나의 중요한 땅이 있는데요. 국유지(Staatsdomänen)와 공유지(공유재산)(Gemeindeeigentum)입니다. 봉건적 소유관계 해체에 따른 토지의 사유재산화는 국유지와 공유지에서도 나타났습니다.

국유지 약탈이 본격화된 것은 17세기 말 이후입니다. '명예혁명'(1688) 이후 "그때까지 조심스럽게 자행되던 국유지 약탈이 대규모로 자행"되었습니다. 마르크스에 따르면 "이처럼 사기치고 횡령한 국가재산(Staatsgut)은 교회에서 약탈한 땅—공화주의 혁명 기간에 (이 땅을) 상실하지만 않았다면—과 함께 오늘날 영국 과두제 지배자들이 가진 땅의 기초"가 되었습니다.[김, 991~992; 강, 974] 국가는 이 시기 자본의 성장에 결정적 역할을 했습니다. 한편으로는 자본의 형성과 성장에 국가권력이 이용되었지요. 나중에 자세히 살펴볼 겁니다만 식민지 개척, 국채 등의 신용제도, 조세제도, 보호무역제도 등을 통해 국가는 자본을 속성으로 길러주는 '온실' 역할을 했습니다. 다른 한편, 지금 보는 것처럼 국가재산을 사유재산으로 전환하는 통로가 되어주었습니다.

앞서 나는 예전의 왕들이 땅과 백성을 소유한다고 했을 때 그것을 사유재산으로 소유한 것이 아니라고 했습니다. 왕은 그 땅의 공적 통치자이고 관리자인 것이지 사적 자산가가 아니라고 했지요. 왕의 소유, 국가의 소유는 근대적 의미의 사적 소유를 막는 원리였습니다. 그런데 시초축적기의 국유지 매각에서는 그렇지 않습니다. 왕이 나라의 공적 관리자가 아니라 사적 자산가처럼 행동하면서 국가재산을 헐값에 팔아치웠고 이것이 거대한 사유재산의 형성을 도왔습니다. 국가재산이 아니었다면 이 정도 규모의 재산을 개인이 쉽게 얻을 수는 없었을 겁니다. 시초축적과 관련해서 보자면 국유는 사유의 부정이 아니라 기반이 되었습니다.[37] 정리하자면 시초축적기 자산가들은 국가권력을 활용해서도 부를 쌓았지만(뒤에 자세히 다루겠습니다), 국가재산을 차지함으로써도 부를 쌓았습니다. 사실 이것은 자본주의 시초축적기에만 일어난 일이 아닙니다. 20세기 말 사회주의 국가들이 자본주의로 전환될 때도 그랬고(국영기업들의 불하), 오늘날 자본주의 국가들에서도 여전히 일어나는 일입니다(공기업 민영화). 한국 재벌들도 대부분 이런 식으로 시초축적을 했죠.

다음으로 검토할 토지는 공유지입니다. 공유지 약탈에는 국유지 약탈과는 또 다른 의미가 있습니다. 공유지는 공동체의 재산입니다. 국가재산도, 개인재산(사유)도 아닌 공통 재산(common wealth)이라 할 수 있지요. 그렇다고 두 사람 이상이 소유권 등기에 이름을 올린 재산이라는 뜻은 아닙니다. 지금 말하는 공유지는 근대적 의미의 '소유' 개념과 맞지 않는 재산입니다. 근대적 의미에서 소유한다는 것은 소유권자가 '전적 처분권'을 갖는 것입니다. 이는 타인에 대해 '배타적으로' (exclusive) 권리를 행사한다는 뜻입니다. 이 배제권(right of exclusion)을 한 사람이 행사하느냐 두 사람 이상이 공동으로 행사하느냐는 중요하지 않습니다. 타자를 배제할 울타리를 둘렀느냐가 중요하지요. 그런데 공유는 이런 울타리의 권리를 인정하지 않는 겁니다. 공유란 타자의 이용을 배제하는 땅이 아니라 타자와 함께 이용하는 땅입니다. 여담입니다만, 1970년대 호주에서 흥미로운 토지소유권 소송이 있었습니다. 호주 원주민들이 자신들의 거주지에 정부가 광산촌을 건설하려 하자 소유권 확인 소송을 제기했는데요. 판사는 원주민들의 소유권을 인정하지 않았습니다. "타자들을 배제하는 권리가 불분명하다"라는 게 이유였습니다. 원주민들이 그 땅에서 타인들의 이용을 완전히 배제하지 못했다는 거죠. 그러면서 이렇게 덧붙였습니다. "그들은 땅을 소유했다기보다 땅에 속했던 자들이다."[38] 원주민들의 토지소유권을 부인하기 위한 참으로 교묘한 판결이었습니다(만약 이 권리를 인정했다면 이 땅을 침략해 자기 것으로 만든 백인들은 어마어마한 비용을 지불해야 했을 겁니다). 하지만 다시 생각해보면 이 판결문에는 땅의 소유와 관련된, 근대사회와는 다른 시각이 드러나 있습니다. 원주민들은 땅을 사적으로 소유하고 거래할 수 있는 물품으로 보지 않았다는 것이지요. 땅이란 거기 소속된 모든 존재, 인간은 물론이고 모든 동식물이 함께 누리는 공동의 기반, 공동의 부였다고 할 수 있습니다.

물론 시초축적기의 공유지는 자연공동체나 씨족공동체의 소유와는 다른 것입니다. 이런 공동체들에서는 공동체가 토지의 유일한 소유자이고 개별자는 무소유자입니다.[39] 그런데 시초축적기 약탈 대상이 된 공유지는 "봉건제의 외피를 쓰고 존속해온 고대 게르만 제도의 하나"입니다.[김, 992; 강, 975] 고대 게르만족은 개별 가문이나 부족의 연맹체였습니다. 개별자들이 저마다 땅을 가지고 있었습니다. 공유지는 이런 개별적 소유의 보완물이었습니다. 연맹체에 속한 가문이나 부족이 공동으로 이용하는 사냥터, 방목지, 벌목터 같은 곳이었지요. 연맹체 안에서는 누구도 소유권을 주장하지 않는 땅입니다. 적대관계에 있는 타 종족들에 대해서만 소유권을 주장했지요.[40] 영국을 포함해 중세 서구에는 이런 전통과 관습이 남아 있었습니다. 곳곳에 공유지가 있었지요. 이런 땅도 명목상으로는 영주의 것이었습니다. 하지만 실질적으로는 그렇지 않았습니다. 영주의 재산 목록을 보여주는 '영지명세장'만 보면 임야와 같은 공유지가 전적으로 영주의 것처럼 보입니다. 하지만 당시 영주나 농민들이 임야를 실제로 영주의 재산으로 생각했을까요. 블로크에 따르면 그렇지 않습니다. "주민들이 임야에 대한 이용권, 즉 방목권과 야생식물채취권 및 나무채취권을 지니고 있었다는 것은 이론의 여지 없이 명백한 사실"이며, "이러한 주민들의 권리는 당시 법정에서도 몹시 존중되고 보호받을 만한 권리"였습니다.[41] 임야와 공유지의 이용 실태를 살펴보면 "영주에 맞서 땅에 대한 동등한 권리를 행사하는 농민들의 공동체가 존재했다는 사실"을 추정할 수 있습니다.[42] 마르크스도 주석에서 이 사실을 확인하고 있지요. 자영농민은 물론이고 영주에게 인신이 예속된 농노조차 "공유지의 공동소유자"였다는 사실을 잊어서는 안 된다고 했습니다. [김, 983, 각주 2; 강, 966, 각주 191]

　　그런데 누구도 배타적 소유권을 확보하고 있지 않다는 사실, 즉 공유지의 법적 모호함이 새로운 토지귀족들에게 매력적으로 다가왔습니다.[43] 마르크스에 따르면 15세기 말 시작해서 16세기 내내 공유지에 대한 '폭력적 약탈'이 자행되었습니다. 법적 모호함을 활용한 사적 폭력이 행사되었지요.[김, 992; 강, 975] 그래도 17세기 말까지는 공유지에 대한 농민들의 권리가 살아 있었습니다. 마르크스에 따르면 이때까지는 "농촌의 임금노동자들까지도 공유지의 공동소유주"로 남아 있었습니다. 하지만 "18세기 마지막 몇 십 년 동안 농민들의 공유지는 흔적도 없이 사라졌"습니다.[김, 990~991; 강, 973] 입법 방향이 완전히 바뀌었거든요. 15세기 말부터 150년 동안은 공유지 인클로저를 막는 법률들이 제정되었습니다. 그런데 18세기 의회는 '공유지 인클로저를 위한 법안'(Bills for Inclosures of Commons)

을 만들었습니다. 법률 자체가 공유지 강탈의 수단이 된 거죠. 마르크스는 이 법안에 대해 "지주가 인민들의 공유지를 사유재산으로 증여받기 위한 법령이자 인민수탈 법령"이라고 맹렬히 비난합니다.[김, 993; 강, 975] 이는 청년 시절 그가 『라인신문』에 쓴 논설을 떠올리게 하는데요. 1841년 라인주 의회가 '목재 절도에 관한 법'(Holzdiebstahlsgesetz)을 제정하려 했을 때 그는 긴 반대 논설을 썼습니다. 그는 땔감용 나뭇가지를 줍는 일을 절도죄로 처벌한다면 가난한 민중들은 "처벌을 볼 뿐 범죄는 보지 않을" 거라고 했습니다.[44] 죄 없이 벌을 받는다고 생각하겠지요. 게르만족의 오랜 전통에 따르자면 산에서 땔감을 구하는 것은 주민들의 당연한 권리였습니다. 그런데 갑자기 이를 처벌한다면 민중들은 자신들이 아니라 법이 잘못되었다고, 법이 타락했다고 생각할 겁니다.

──────── 정치경제학자들의 묵인, '신성한 소유권'의 위선 ────────

국유지와 공유지에 대한 약탈이 본격화된 18세기는 정치경제학의 세기이기도 했습니다. 마르크스는 프레더릭 M. 이든을 인용하는데요. 참고로 이든은 마르크스가 "스미스의 제자들 중 18세기에 의미 있는 무언가를 해낸 유일한 사람"이라고 평가했던 그 학자입니다. 이든은 한편으로는 공유지를 사유지로 만드는 입법('의회적 쿠데타')을 지지하면서 다른 한편으로는 빈민들에 대한 '손해배상'을 요구했습니다.[김, 993; 강, 975] 봉건영주의 자리를 이어받은 대지주가 공유지를 차지한 것이 옳다고 말하면서 동시에 빈민들이 부당한 수탈을 당했다고 말한 셈입니다. 이든의 혼란은 18세기 사람들의 혼란이기도 했습니다. '공유지 인클로저'에 대한 격렬한 논쟁이 여기저기서 일어났습니다. 마르크스에 따르면 18세기 사람들은 19세기 사람들의 인식, 즉 '국민적 부'(Nationalreichtum)를 위해서는 '인민의 가난'(Volksarmut)이 필요하다는 인식에 아직 이르지 못했습니다.[김, 994; 강, 976] 그래서 인클로저가 유발한 황폐한 농촌의 풍경과 인민의 가난을 고발하는 글이 많았습니다. 마르크스는 18세기 말에 출간된 몇몇 자료를 인용하는데요. 공동 경작지가 대지주 소유로 넘어가고, 수십 개의 농장이 소수 대농장에 병합되었다는 이야기, 수천 에이커의 경작지가 목초지로 바뀌었다는 이야기, 농촌 교구의 가구 수가 크게 줄어들었다는 이야기, 땅을 잃은 사람들이 도시 공장으로 몰려들어 일용 노동자로 전락했다는 이야기, 농촌에 노동자로 남은 사람들은 임금이 너무 낮아 일을 하면서도 공적 구호의 대상이 되었다는 이야기 등이 소개되어 있습니다.[김; 994~996; 강, 976~979]

한편에서는 이런 현상을 반기는 사람들도 나타났습니다. 마르크스는 존 아버스넛(John Arbuthnot)을 언급하는데요. 아버스넛에 따르면 경작지에서 농민들이 사라진 것은 매우 환영할 만한 일입니다. 이는 인구가 감소한 게 아니라 어디론가 이동했다는 뜻이니까요. 그에 따르면 인클로저는 "소농민들을, 타인을 위해 노동하지 않으면 안 되는 사람으로 변화"시킵니다. 인클로저로 쫓겨난 농민들은 결합노동을 통해 차지농장의 생산량을 증대시킬 것이고, '국민의 금광'인 매뉴팩처의 수를 늘리는 데 기여할 거라고 했죠.[김, 996~997; 강, 979] 지난 장에서도 우리는 부의 비밀이 가난에 있다는 사실을 언급한 학자들을 본 적이 있습니다(46~49쪽 참조). 모두가 이 시기의 학자들입니다. 아버스넛이 특별한 게 아닙니다. 자본주의적 생산이 자리를 잡아가면서 이런 사실을 깨닫는 사람들이 많아졌지요. 자본의 축적을 위해서는 '프롤레타리아트의 증식'이 필요하고, 이를 위해서는 더 많은 사람이 빈곤으로 내몰려야 한다는 것 말입니다. 그렇다 하더라도 당시 정치경제학자들이 공유지 약탈을 묵인하거나 그 필요성을 인정한 것은 놀랍습니다. 공유지 인클로저는 이들이 그토록 신성시하는 소유권을 유린한 일이기 때문입니다. 마르크스는 이들의 위선을 이렇게 고발합니다. "'신성한 소유권'에 대한 제아무리 파렴치한 침해도, 인격에 대한 제아무리 난폭한 폭행도, 자본주의적 생산양식의 토대를 쌓기 위해 필요한 것처럼 보이는 즉시" 정치경제학자들은 사태를 "스토아학파적인 평정심"으로 바라본다고요.[김, 997; 강, 980]

특히 마르크스는 이든에 대한 배신감을 토로하는데요. 스미스의 제자 중 거의 유일하게 평가할 만한 사람이었고 '박애주의적'(philanthropische) 인물로 보였으니까요. 이든은 '경작지'와 '목초지'의 비율이 어떻게 변화해왔는지를 일별하면서 이런 말을 했습니다. 14~15세기만 하더라도 경작지가 목초지에 비해 많게는 네 배까지 되었는데 나중에는(18세기) 목초지가 경작지보다 세 배 정도 많아졌다고, 이로써 "마침내 (…) 적절한 비율"에 이르렀다고 말이지요.[김, 997~998; 강, 980] 마르크스가 놀란 것은 이든의 어조입니다. 이든은 참 태연합니다. 아니 태연한 걸 넘어서 결과에 아주 만족스러워합니다. 박애주의자 이든은 15세기부터 18세기까지 이루어진 인민들에 대한 수탈과 강도짓, 도둑질을 모르지 않았을 텐데요. 이 모든 일들을 뒤로하고 아주 "편안한(komfortablen) 결론을 도출"하고 있습니다.[김, 997; 강, 980] 아주 '적절한 비율'이 되었다고 말입니다.

19세기가 되면 공유지는 사라집니다. 마르크스는 19세기가 되면서 "경작자와 공유지 사이의 연관에 대한 기억조차 사라졌다"라고 했습니다.[김, 998; 강, 980] 다음 이야기로 넘어가기 전에 이 '기억'(Erinnerung)의 중요성에 대해 짧게 언급하고 싶습니다.

이전에 나는 마르크스가 말한 노동력 상품화의 두 가지 조건에 하나를 덧붙인 바 있습니다. 상품으로서 노동력이 출현하려면 이중의 자유, 즉 '해방'(신분해방)과 '상실'(생산수단 상실)이 있어야 한다고 했는데요. 그때 나는 두 번째 조건인 '상실'에 대해, 사람들이 잃은 것은 생산수단만이 아니라고 했습니다. 공동체의 상실 또한 중요하다고 했지요(285쪽 참조). '포겔프라이 프롤레타리아'는 생산수단을 잃었을 뿐 아니라 자신들이 기대어 살아온 공동체마저 해체되었을 때 나타납니다. 이와 관련해 공유지에 대한 기억은 중요합니다. 공유지는 내 땅도 아니고 남의 땅도 아닙니다. 공유지는 누구도 소유하지 않는 땅입니다. 그것은 '함께' 이용하는 땅, '함께' 누리는 땅입니다. 공유지를 경작할 때 경작자는 공유지의 기반이자 공유지를 통해 표현되는 인간적 유대, 즉 공동체를 체험하고 누립니다. 말하자면 공유지는 '함께' 누리는 땅이자 '함께'를 누리는 땅이라 할 수 있습니다. 따라서 공유지는 물질적 생산수단이기만 한 것이 아닙니다. 공유지는 그 이상입니다. '경작자와 공유지 사이의 연관'이란 생산자와 생산수단이 맺는 관계만이 아니라, 생산자가 자신이 속한 공동체와 맺는 관계이기도 합니다. 그래서 공유지에 대한 기억에는 상품 내지 화폐가 매개하는 인간관계나 자본주의적 인간관계와는 다른 인간관계에 대한 기억이 담겨 있습니다. 바로 공동체(코뮌)에 대한 기억이지요.

실비아 페데리치(Silvia Federici)는 공유지의 사회적 기능을 환기한 바 있는데요. 그에 따르면 공유지는 소농과 소작인 들의 재생산에 필요한 물질적 기반이기도 했지만, "집단적 의사결정과 협업노동을 장려"하는 장이었고, 무엇보다 "농민들이 서로 연대하고 어울릴 수 있는 물질적 토대"였습니다. "농민 공동체의 축제, 놀이, 모임이 모두 공유지에서 이루어졌"습니다. 공유지는 특히 여성들에게 중요했습니다. 토지소유권에 접근하기 어려웠던 여성들은 생계를 위해 공유지를 적극 활용했습니다. 공유지에서 사회생활도 영위했습니다. 공유지는 여성들끼리 이야기를 나누며 공동체의 사건에 대한 자신들의 관점을 키웠던 곳입니다.[45] 그런데 공유지 인클로저와 함께 이 모든 것이 공격받았습니다. 공유지에 둘러진 울타리와 함께 공동체의 유대도 깨졌습니다. 페데리치에 따르면 인클로저 시기에는 집단성에 대한 공격이 많이 나타났습니다. 주로 "노동자들의 유대와 단결의 원천이었던 운동, 놀이, 춤, 맥주연회, 축제, 기타 집단 의례"가 공격의 대상이 되었다고 합니다. 이 시기는 청교도혁명의 시기이기도 한데요. 청교도들은 무질서를 막는다는 명목으로 "프롤레타리아트의 모임과 잔치놀이를 모두 금지"해버렸습니다. 토지에 대한 인클로저만 있었던 게 아닌 겁니다. 노동인구의 재생산과 관련된 모든 활동, 온갖 사회적·문화적·종교적 활동에서도 공동의 영역을 사적 영역으로 가두는 "사회적 인클로저"가 있었던 거죠.[46]

공유지 약탈은 물질적 생산수단에 대한 약탈이기도 했지만 인간관계에 대한 약탈이었다고도 할 수 있습니다. 자본의 축적과 함께 공유지에 대한 기억이 역사의 지층 아래 매장되어버렸습니다. 자본주의적 생산양식을 넘어서고자 한다면 우리는 미래를 개척하는 것만큼이나 과거를 발굴할 필요가 있습니다. 아니, 이렇게 말하는 것이 좋겠습니다. 미래를 개척하기 위해서라도 우리는 과거를 발굴해야 합니다.

────────── 땅에서 인간을 쓸어내기─스코틀랜드의 경우 ──────────

이렇게 해서 시초축적기 토지 수탈에 대한 이야기가 끝났습니다. 이 시기 토지 수탈은 자산의 축적이라는 점에서도 중요하지만, '포겔프라이 프롤레타리아트'의 양산이라는 점에서 더 중요합니다. 마르크스가 토지 수탈 이야기부터 꺼낸 것은 이것이 노동자의 출현에 결정적 영향을 미쳤기 때문입니다. 수많은 상품이 있어도 노동력이라는 특별한 상품 하나가 없다면 자본주의는 불가능합니다. 15세기 말에서 18세기 말까지 지속된 인클로저는 노동자가 될 대량의 인간대중을 만들어냈습니다. 물론 새로운 토지귀족들이 매뉴팩처에 노동자를 공급하기 위해 인클로저를 감행한 것은 아닙니다. 그들은 돈을 쫓았을 뿐입니다. 곡물보다 수익성이 높은 양모를 얻기 위해 경작지를 목초지로 바꾼 것뿐입니다. 농민추방은 그 귀결이며, 이렇게 추방된 농민들이 노동자가 된 것은 또 다른 장치들이 작동했기 때문입니다(이것은 다음 절에서 보겠습니다).

방금 말한 것처럼 마르크스가 토지 수탈에서 중요하게 본 것은 추방입니다. 땅에 양을 키웠다는 사실보다 땅에서 대규모의 인구가 추방되었다는 사실이 중요합니다. 그에게 '토지 수탈'은 '사유지 청소'(Clearing of Estates)와 같습니다.[김, 998; 강, 980] 도대체 사유지에서 무엇을 쓸어냈는가. 인간입니다. 15세기 말에서 18세기 말까지 지속된 인클로저는 한마디로 '인간 청소'였습니다. 인간 청소의 규모는 19세기에 가까워질수록 컸습니다. 사실은 19세기에도 엄청난 규모의 추방이 일어났지요. 마르크스가 '청소'라는 표현을 쓴 것도 실은 19세기의 '마지막 대규모 수탈 과정'을 지칭한 것이었습니다. '추방' 대신 '청소'라는 표현을 쓸 정도로 사람들을 완전히 쓸어냈다는 거죠. 우리는 19세기 농촌 인구의 추방을 지난 이미 살펴본 바 있습니다. 19세기의 추방은 18세기 말까지의 추방과는 다른 면이 있습니다. 농업생산성 증대로 농촌에서 상대적 과잉인구 현상이 나타난 것이 큰 이유였습니다. 구빈법도 영향을 미쳤지요. 주민의 숫자에 따라 세금을 부과했으므로 지주들은 부담을 줄이려고 농민들을 계속 몰아냈습니다. 주민들이 살 수 없도록 자기 토지 안에 있는 농가를 모조리 파괴해버렸지요(944~945쪽 참조).

그런데 마르크스는 19세기의 일이지만 18세기 말까지 벌어졌던 일의 정체를 압축해서 보여주는 사례를 하나 소개합니다. 스코틀랜드에서 일어난 일입니다. 지난 11장에서 우리는 잉글랜드에서 관철된 자본주의적 인구법칙(상대적 과잉인구의 생산)을 아일랜드의 사례를 통해 더 선명하게 볼 수 있었는데요. 시초축적기 잉글랜드에서 일어난 사유지 청소(인간 청소)가 어떤 것인지를 스코틀랜드의 사례에서 더 선명하게 확인할 수 있습니다. 스코틀랜드에서 일어난 토지 수탈은 매우 조직적이었고, 단번에 대규모로 일어났으며, 수탈된 토지의 소유형태 또한 독특했기 때문입니다.[김, 998; 강, 981] 스코틀랜드 고지대의 켈트족 게일인들은 씨족들(Clans)로 구성되어 있었고 토지소유권은 이들 씨족에게 있습니다. 명목상으로는 씨족의 우두머리인 '대인'(great man)이 소유권을 가졌지만 실제로는 씨족 전체의 땅이었지요. "영국 여왕이 전 국토의 명목상의 소유인 것과 마찬가지"입니다.[김, 998; 강, 981] 그런데 잉글랜드 정부가 고지대 씨족들 간의 내전을 진압하고 저지대에 대한 침입 또한 봉쇄했을 때 씨족의 우두머리들은 약탈의 방향을 바꾸었습니다. 내부에 대한 약탈에 나선 거죠. 스코틀랜드의 대인들은 토지에 대한 '명목적 소유권'(Titulareigentumsrecht)을 '사적 소유권'(Privateigentumsrecht)으로 바꾸었습니다. 씨족 전체의 재산을 자신의 사유재산으로 만든 거죠. 그리고 여기에 저항하는 씨족원들을 '공공연한 폭력'을 사용해 모두 추방했습니다.[김, 998; 강, 981] 앞서 봉건 제후나 영주들이 자행한 짓과 똑같지요.

가장 전형적인 예는 서덜랜드의 여공작 엘리자베스(Elizabeth)입니다. 그는 즉위하자마자 영지 전체를 목양지로 바꾸어버렸습니다. 마르크스는 그를 '경제에 숙달된 인물'(ökonomisch geschulte Person)이라고 했지요. 일찌감치 돈에 눈을 떴다는 거죠. 그는 잉글랜드 병사들을 동원해 주민 1만 5000명(3000가구)을 추방했습니다. 그렇게 해서 "까마득한 옛날부터 씨족의 땅이었던 79만 4000에이커의 토지를" 사유재산으로 만들었지요. 그러고는 이 땅에 1만 5000명의 게일인 대신 13만 1000마리의 양을 키웠습니다.[김, 1001; 강, 983] 추방한 주민들에게는 바닷가의 황폐한 땅을 가구당 2에이커씩 나누어 주었습니다. 그마저도 무상으로 준 게 아닙니다. 1에이커당 2실링 6펜스의 지대를 받았지요. 주민들을 추방한 땅에서는 양을 키워 돈을 벌고, 추방한 주민들을 황폐한 땅으로 옮겨 또 돈을 벌었습니다. 자기 씨족민들을 수탈 대상으로 삼은 겁니다. 마르크스는 수탈 대상이 된 사람들이 누구인지를 다시금 환기시키는데요. 이들은 "수세기 동안 [엘리자베스] 가문을 위해 피를 바쳐온 씨족민들" 입니다.[김, 1001; 강, 983] 지난 장에서 썼던 표현을 다시 쓰자면, '혈육 살해의 죄', '동족 살해의 죄'를 저지른 겁니다.

그런데 여기가 끝이 아닙니다. 바닷가로 내몰린 주민들은 별수 없이 어부가 되었는데요. 불행하게도 "대인의 코가 물고기 냄새를 맡"았습니다(이 '대인'은 씨족의 우두머리로, 곧 엘리자베스를 가리킵니다). 정확히 말하면 돈 냄새를 맡은 거죠. '경제에 숙달된' 엘리자베스는 '양'만이 아니라 '물고기'도 돈벌이가 된다는 걸 알아차렸습니다. 그래서 씨족민들이 물고기를 잡던 해안을 런던의 어물상에 임대했습니다. 씨족민들은 다시 추방되었지요.[김, 1001; 강, 983~984] 이야기가 하나 더 남았습니다. 경작지를 목양지로 바꾼 땅에서 새로운 일을 시작했어요. 목양지 일부를 수렵장으로 바꾼 겁니다. 잉글랜드 귀족들이 좋은 수렵지를 찾아 나서자 또 돈 냄새를 맡고는 목양지의 양들을 몰아내고 그 땅에 사슴을 들여왔습니다. 그런데 사슴은 수렵용으로 들여온 것인 탓에 초원이 아니라 숲을 필요로 했습니다. 경작지를 목초지로, 목초지를 다시 삼림으로 바꾼 거죠. 그런데 삼림은 씨족민들에게 목초지보다 더 파멸적 영향을 미쳤습니다. 삼림이 확대될수록 곡식을 구하기는 더 어려웠으니까요. 마르크스가 인용한 한 저자에 따르면 "사슴들은 갈수록 넓은 놀이터를 얻었지만 인간들은 더욱 좁은 울타리 안으로 내몰렸"습니다.[김, 1003; 강, 985]

당시 게일인들의 기근이 중요한 문제로 떠올랐는데요. 마르크스에 따르면 영국의 경제학자들은 '인구 과잉'을 기근의 원인으로 지목했습니다. 게일인들의 빈곤은 게일인들의 번식 탓이라는 거죠.[김, 1003, 각주 33; 강, 985, 각주 220] 놀랄 것도 없습니다. 지난 장에서 본 것처럼 이들은 잉글랜드는 물론이고 절대인구가 감소한 아일랜드의 경우에서도 '인구과잉'을 빈곤의 원인으로 지목했으니까요. 그때도 빈곤의 책임을 빈민들에게 돌렸지요. 당시 인구는 '상대적 과잉인구'였습니다. 생계수단에 비해 인구가 많아 보인 거죠. 19세기에는 자본축적과 더불어 나타난 자본구성의 변화가 상대적 과잉인구의 중요한 원인이었습니다. 그렇다면 시초축적기의 과잉인구 현상, 즉 빈민들이 쏟아져 나온 것은 무엇 때문일까요. 그것은 '청소'의 결과입니다. 토지에서 많은 인간을 쓸어냈기 때문이죠.

『자본』 제24장 제2절의 마지막 단락에서 마르크스는 지난 내용을 이렇게 정리하고 있습니다. "교회재산의 약탈, 국유지의 사기적 양도, 공유지(공유재산)의 횡령, 봉건적 재산과 씨족 재산의 강탈과 무자비한 테러리즘을 통한 이 재산의 근대적 사유재산으로의 전화, 이것들은 모두 시초축적의 목가적인 방법들이었다. 이것들은 자본주의적 농업을 위한 농지를 획득하고 토지를 자본에 통합시켰으며, 도시의 산업이 필요로 하는 포겔프라이 프롤레타리아트를 공급할 수 있게 해주었다."[김, 1004~1005; 강, 986~987]

노동자의 탄생 ② ── 피의 입법

토지에서 쫓겨났다고 사람들이 곧바로 공장노동자가 되는 것은 아닙니다. 토지에서 생겨난 대중의 흐름이 다른 곳으로 새어 나가지 않고 노동시장으로 흘러가도록 만드는 강력한 도관이 필요하지요. '대중'(Masse)이란 본래 '반죽' 같은 것을 지칭하는 말이었다고 했는데요. 빵이나 과자를 만들려면 반죽을 틀에 넣고 불에 구워야 합니다. 이제부터 살펴볼 『자본』 제24장 제3절(영어판은 제28장)은 그런 이야기입니다.

형벌을 통한 비노동의 범죄화
마르크스는 15세기 말부터 16세기 말까지 서구에서 '부랑자'에 대한 매우 잔인한 법률들이 제정되었다는 사실을 지적하고 있습니다. 소위 '피의 입법'(Blutgesetzgebung)이라 부르는 것인데요.[김, 1006; 강, 987] 이 '피의 입법'은 우리에게 최소한 두 가지 사실을 말해줍니다. 하나는 이 시기에 부랑자가 그만큼 많았다는 것이고, 다른 하나는 이 시기 지배자들은 일하지 않고 돌아다니는 것을 범죄로 규정했다는 것입니다. 우리는 이 시기에 사람들이 쏟아져 나온 이유를 알고 있습니다. 봉건제 해체와 폭력적 토지 수탈로 많은 농민이 토지에서 쫓겨났지요. 이들은 왜 부랑자가 될 수밖에 없었는가. 한편으로는 일할 곳이 그만큼 많지 않았기 때문입니다. 짧은 시간에 너무 많은 사람이 쫓겨났으니까요. 이제 겨우 생겨나기 시작한 매뉴팩처는 이들을 많이 흡수할 수 없었고, 다른 한편 이들 또한 매뉴팩처에서 일할 준비가 되어 있지 않았습니다. 노동인구라고는 하지만 농사를 짓는 것과 물건을 만드는 것은 전혀 다른 일입니다. "자신들의 익숙한 삶의 경로에서 갑자기 쫓겨난 사람들로서는 새로운 상태의 규율(훈육, Disziplin)에 적응할 수 없었"겠지요. 결국 많은 사람이 거지와 도적, 부랑자가 되었습니다.[김, 1006; 강, 987]

이들의 부랑은 '개인의 성향'보다는 '상황의 강제'에 기인한 것입니다. 그런데도 '피의 입법'에서는 이들이 '자유의지'(freiwillig)로 부랑을 택하기라도 한 듯이 다루었습니다. 한편으로는 일터(경작지)에서 쫓아내고 다른 한편으로는 일터가 없다는 이유로 처벌을 한 셈입니다. 마르크스의 말을 옮기면 이렇습니다. "오늘날의 노동자계급의 선조들은 부득이하게 부랑자와 빈민이 될 수밖에 없었는데 다음에는 그렇게 된 것에 대해 처벌을 받았다."[김, 1006; 강, 987] 당시의 법을 '피의 입법'이라고 부른 것은 그만큼 잔혹했기 때문입니다. 프리드리히 니체는 '인간 기억술'의 잔인함에 대해 이렇게 이야기한 적이 있습니다. "기억에 무언가를 남기기 위해서는 불로 달구어 찍어야 한다. 끊임없이 고통을 가하는 것만이 기억에 남는다." 니체는 이것이야말로 기억에 관한 가장 오래된 심리학적 명제이며, 이 때문에 "기억 만들기를 필요로 할 때 그것은 피와 고문, 희생제물 없이 진행되지 않았다"라고 했습니다.[47]

이 이야기는 시초축적기의 '피의 입법'에 아주 잘 맞습니다. 이 법에 규정된 끔찍한 폭력들, 이를테면 신체에 채찍질을 가하고 불에 달군 쇠로 문자를 새겨 넣는 일은 일종의 기억술로 보입니다. 무엇을 기억하게 하는가. '비노동=범죄'라는 정식이죠. 고통을 이용해 '비노동'과 '범죄'의 연관을 만들어내는 겁니다. 처벌이 잔혹할수록 둘의 연관은 강해집니다. 이 연관은 증명되는 게 아니라 새겨지는 겁니다. 옳고 그름을 따지기 전에 신체가 저 정식에 따라 반응하도록, 그래서 '사람은 일을 해야 한다'라는 생각이 자연스럽게 떠오르도록 하는 거죠. 노동자라는 새로운 정체성을 주입하기 위한 기초 작업이라 할 수 있습니다. 마르크스에 따르면 영국에서 '피의 입법'은 헨리 7세 때부터 나타납니다. 헨리 7세는 한편으로 인클로저를 막는 법을 제정했지만 다른 한편 부랑자에 대한 피의 입법도 제정했습니다. 헨리 8세 치하인 1530년에는 '거지면허'가 발급되었습니다. 일종의 부랑자격증이라 할 수 있습니다. 나이가 너무 많거나 몸이 성하지 않아 도저히 일을 할 수 없는 경우에 발급됩니다.

면허가 없는 부랑자는 어떻게 되었을까요. 피가 날 때까지 채찍질을 당한 뒤

거주지나 출생지로 돌아가 '노동을 하겠다'라는 맹세를 해야 합니다. 일이 없어서 떠나온 곳인데 다시 돌아가 일하겠다는 맹세를 해야 했으니, 마르크스의 말처럼 "잔혹한 아이러니"가 아닐 수 없습니다. 나중에는 추가 입법이 이루어졌는데요. 부랑죄로 처벌받은 자가 또 잡히면 채찍질에 더해 귀를 자릅니다. 세 번째로 잡히면 사형에 처했고요.[김, 1006~1007; 강, 987~988] 에드워드 6세 때인 1547년에는 노동하지 않는 누군가를 고발하면 그 사람을 노예로 삼을 수 있도록 했습니다. 만약 그 노예가 14일 동안 계속 일을 하지 않으면 종신노예가 됩니다. 그리고 노예(slave)라는 표시로 이마와 등에 'S' 자 낙인이 찍힙니다. 세 번 도망가면 '국가반역죄'(Staatsverräter)로 사형에 처합니다. 주인은 이 노예를 사유재산으로 다룰 수 있습니다. 상속·임대·판매가 모두 가능합니다. 부랑자의 경우 사흘을 빈둥거리다 발견되면 부랑자(vegabond)라는 표시를 새기는데요. '불에 달군 쇠'로 가슴에 'V' 자 낙인을 찍어 출생지로 보냅니다. 만약 이 부랑자가 출생지를 허위로 신고하면 지역 주민의 종신노예로 삼고 이를 알리는 'S' 자 낙인을 찍습니다. 부랑자의 자식들도 부모와 떨어져 남자는 24세까지, 여자는 20세까지 강제 도제 생활을 해야 하며, 도망치다 잡히면 장인의 노예가 되어야 합니다. 주인들에게는 쇠사슬과 채찍 사용이 허가됩니다.

이런 비슷한 조항들이 엘리자베스 여왕 때도, 제임스 1세 때도 나타납니다. 부랑자에게는 채찍질을 가하고 불에 달군 쇠로 낙인을 찍습니다. 세 번 이상 동일 '범죄'를 저지르면 '국가반역죄'로 처형합니다.[김, 1008~1009; 강, 989~990] 토머스 모어는 『유토피아』에서 인클로저 이후 거지가 되거나 부랑자로 떠돌고 결국에는 도둑질을 하다 처형된 사람들 이야기를 하는데요. 마르크스가 인용한 자료에 따르면 이렇게 처형당한 사람이 헨리 8세 때에만 7만 2000명에 이른답니다. 엘리자베스 여왕 시절에는 매해 300~400명이 교수형에 처해졌고요.[김, 1008, 각주 2; 강, 989, 각주 221a] 이렇게까지 부랑자를 엄하게 다스린 이유가 무얼까요. 왜 일하지 않는 게 '국가반역죄'였을까요. 이렇게까지 잔인한 폭력이 가해졌다는 것은 그만큼 임금노동자가 된다는 것이 자연스러운 일이 아니었음을 말해줍니다. 자연스럽지 않은 일일수록 큰 폭력이 필요한 법이죠. 물론 오늘날에는 많은 사람이 임금노동자의 삶을 원합니다. 그래서 취직을 하면 주변으로부터 대단한 축하를 받고 부러움을 사지요. 자연 즉 본성이 교체되었다고 할까요.

이전에 나는 방적기를 발명한 아크라이트의 말을 인용한 적이 있습니다. "시골 사람들은 하루에 열 시간 넘게 공장에 갇힌 채 기계를 쳐다볼 생각이 없었다"

기계제 대공업으로 넘어가던 시기에 나온 말인데요. 시초축적기에는 더 말할 것도 없겠지요. 매일 깨어 있는 시간의 대부분을 타인의 지시를 받으며 타인이 정한 리듬으로 일한다는 게 결코 쉽지 않았을 겁니다. 게다가 근대적 공장에서 자행된 착취는 봉건적 농장의 착취 이상이었습니다. 마르크스가 둘의 착취도(잉여가치율)를 비교한 적이 있지요. 도나우 지역의 악명 높은 법전 '레글르망 오르가니크' 아래서의 농민들에 대한 착취도(잉여가치율)보다, 19세기 '공장법' 아래서의 노동자들에 대한 착취도가 더 높았습니다(408쪽). 전자는 봉건지주의 탐욕을 실현하기 위한 법이었고, 후자는 근대 자본가의 탐욕을 제어하기 위한 법이었는데도 말이지요. 이행의 내적 이유가 없을 때 필요한 것이 폭력입니다. 다른 이유가 없으면 폭력이 이유가 됩니다. 물론 이 시기의 잔인한 형벌이 꼭 노동자의 탄생만을 겨냥하지는 않았겠지요. 이 시기는 자본주의만이 아니라 근대국가의 형성기이기도 하니까요. 근대적 노동자의 탄생만큼이나 근대적 신민의 탄생이 중요한 때였습니다. 부랑자에 관한 형벌에는 두 측면이 맞물려 있었다고 보아야 할 겁니다.

경제 외적 폭력의 필요

시초축적기가 자본주의적 생산양식의 토대를 구축하던 시기라고 한다면 이때의 폭력을 일종의 토대 폭력이라 부를 수 있지 않을까 싶습니다. 기존의 습속, 본성, 자연을 지우고 새로운 습속, 본성, 자연이 생겨날 기반을 조성한 거죠. 나중에는 새로운 것이 알아서 자라나겠지만 처음에는 기존의 것을 길들여야 합니다. "기괴하고 공포스러운(grotesk-terroristische) 법률"의 용도, 즉 토지에서 쫓겨난 사람들을 채찍질하고 불에 달군 쇠로 낙인찍으며, 고문을 가하는 폭력의 용도가 여기 있습니다. "임금노동 시스템에 필요한 규율(훈육)"은 이런 선행적 폭력 없이는 이루어지지 않습니다.[김, 1010; 강, 990] 4장에서 말한 대로, 노동력이라는 상품이 출현하기 위한 조건은 필요조건이지 충분조건이 아닙니다(283~285쪽 참조). 그래서 마르크스는 이렇게 말합니다. "한쪽에서 노동조건이 자본으로 나타나고 다른 쪽에서 자신의 노동력 외에는 팔 것이 없는 사람이 나타나는 것만으로는 아직 충분치 않다. 이런 사람들이 자발적으로 자신을 팔지 않으면 안 되는 것만으로도 아직 충분치 않다."[김, 1010; 강, 990]

자본주의적 생산양식의 토대가 확고하게 구축되면, 그래서 자본관계가 사회 전체에 일반화되면 방금 말한 조건만으로도 충분할 수 있습니다. 자본의 축적과정 자체가 자본관계, 즉 자본가계급과 노동자계급의 관계를 재생산하니까요. 노동력의 수요공급법칙이 저절로 작동하고 그에 따라 임금이 이윤을 크게 침해하지 않는 수준(혹은 노동자들이 빈곤에서 쉽게 탈출할 수 없는 수준)에서 결정되게 하지요. 채찍이나 불에 달군 쇠가 필요하지 않습니다. 강제와 폭력은 시스템 자체의 성격으로 흡수됩니다. 고함칠 필요가 없습니다. "경제적 관계의 무언의 강제"로도 충분합니다.[김, 1010; 강, 990~991] 시스템의 작동만으로도 자본가의 절대적 지배, 곧 '자본의 전제정'이 보장되지요(922쪽 참조). 물론 자본주의적 생산양식의 토대가 구축되었다고 해서 "경제 외적이고 직접적인 폭력"이 완전히 사라지는 것은 아닙니다. 하지만 이런 폭력은 "예외적으로만 사용"되지요. 시스템이 제대로 작동하지 않는 위기의 순간, 이를테면 공황의 순간에 법칙(법)을 넘어선 힘이 개입합니다(사실은 이런 순간이 자본의 주권을 확인하게 되는 때이기는 합니다. 그러나 이런 경우는 드뭅니다. 이미 말한 것처럼 '예외적'입니다. "사태가 정상적으로 진행되는 경우"에는 굳이 개입할 필요가 없습니다. 단지 "노동자를 '생산의 자연법칙'에, 즉 생산조건들 자체에서 생겨나고 그것들이 보장하고 영구화하는 자본에 대한 종속에 맡겨"놓아도 됩니다.[김, 1010; 강, 991]

그런데 시초축적기 즉 "자본주의적 생산의 역사적 발생기(창세기, Genesis)"에는 그렇지 않습니다. 사람들이 생산수단을 잃었다고 해서 곧바로 노동시장으로 나아가지 않습니다. 또한 작업장에 투입되었다고 해도 이들에 대한 임금이나 노동시간을 시장 상황, 이를테면 노동력의 수요공급법칙에 맡겨둘 수 없습니다. 법칙 자체가 아직은 작동하지 않거든요. 이때는 경제적 관계의 힘만으로 노동자들을 통제할 수 없습니다. 강력한 외적인 힘이 필요하지요. 그것이 바로 '국가폭력'(Staats-gewalt)입니다.

계급입법―임금규제법과 단결금지법

마르크스가 국가폭력을 "소위 시초축적의 본질적 계기"라고 부른 것은 이런 이유입니다.[김, 1010; 강, 991] 국가폭력이 없었다면 자본주의적 생산양식의 토대 구축은 불가능했을 테니까요. 자본의 전제정이 완성되기 전에는 임금 규제도, 노동시간 연장도, 노동자의 복종도 모두 국가의 법령을 통해 이루어졌습니다. 19세기 이후 법령과 이전 법령을 비교해보면 그 차이를 알 수 있습니다. 마르크스는 19세기 공장법의 새로움에 대해 이런 말을 한 적이 있습니다. 18세기까지의 법령들은 대체로 노동자를 강제하기 위한 것인데, 19세기 공장법은 공장주를 규제하는 법이었다고요. 그러면서 18세기까지의 법령들이 노동자를 강제한 것은 그만큼 자본가들의 힘이 충분히 크지 않았음을 보여준다고 했습니다. 노동자들을 복종시키기 위해 국가의 힘을 빌렸다는 뜻이니까요.

18세기까지 그랬다면 시초축적기에는 말할 것도 없겠지요. 마르크스에 따르면 14세기 후반, 아니 15세기까지도 노동자들의 지위는 상대적으로 높았습니다. 전체 인구 중 노동자의 숫자가 많지 않기도 했지만 전통이나 관습의 영향도 있었지요. 농촌의 '자영농장'(selbständige Bauernwirtschaft)이나 도시의 길드 조직이 이들을 보호했습니다. 마르크스에 따르면 "농촌과 도시에서 고용주(Meister)와 노동자(Arbeiter)의 사회적 지위는 서로 근접해 있었"습니다. "자본에 대한 노동의 종속도 형식적인 것에 지나지 않"았습니다.[김, 1010~1011; 강, 991] 게다가 이 시기에는 자본의 유기적 구성(생산수단의 양/노동력의 양)이 높지 않았습니다. 주로 노동에 의존하는 생산이었고, 자본구성에서 인건비 비중이 무척 높았던 시절이죠. 그러니 자본이 축적될수록 노동에 대한 수요가 커집니다. 그런데 노동력의 공급은 충분하지 않았지요.[김, 1011; 강, 991] 노동자들에게 상대적으로 유리한 국면이었다고 할 수 있습니다. 마르크스가 언급하고 있지는 않지만 14세기 후반에는 흑사병의 영향도 있었습니다. 노동력 공급이 안정적이지 않던 때에 흑사병까지 돌았기 때문에 임금이 크게 오를 수밖에 없었지요.[48]

바로 이때 서구에서 처음으로 노동자 법령이 만들어졌습니다. 마르크스가 영국에서의 임금노동에 대한 입법의 효시라고 부르는 '노동자법'(Statute of Labourers, 1349)인데요. 프랑스에서도 비슷한 내용의 칙령이 그 무렵(1350) 반포되었습니다.[김, 1011; 강, 991~992] 이 법들은 노동자들을 위한 법이 아닙니다. 노동자들에게 상대적으로 유리한 국면에서 서둘러 제정된 법이라면 취지를 짐작하는 게 어렵지 않지요. 마르크스는 자본주의에서 임금노동에 대한 입법들이 대개 그렇지 않느냐는 듯 말합니다. "임금노동에 대한 입법은 원래 노동자를 착취하는 데 목적이 있었기 때문에 그 발전이란 언제나 노동자에게 적대적"이라고요. 이 법령들은 임금 규제와 노동일 연장에 관한 내용을 담고 있습니다. 특히 노동자들이 더 많은 임금을 받지 못하도록 '법정임금률'을 정해버렸지요.[김, 1011~1012; 강, 991~992]

당시 도시노동자는 '공개시장'(open market)에서만 고용하도록 했는데요. 노동력만 그런 건 아닙니다. 이 시기 상품 매매의 기본원칙이었지요. 상품의 매매는 지정된 장소에서 당국의 감시 아래 이루어졌습니다. '공개시장'에서 거래해야 한다는 것은 누구나 거래에 참여할 수 있어야 한다는 뜻도 있지만, 무엇보다 거래가 '투명해야' 한다는 뜻을 담고 있었습니다. 물건의 생산자는 집이나 공방에서 물건을 팔아서는 안 되며 지정된 장소에서 지정된 가격에 팔아야 합니다. '자유로운 거래'(free trade)보다 '공정한 거래'(fair trade)가 중요했습니다.[49] 당국은 가격을 엄격히 감시했는데요. 역사학자 브로델에 따르면 시칠리아 같은 곳에서는 상인이 "규정된 가격보다 1그라노(grano)만 더 받아도 갤리선 노역수로 끌려"갔다고 하니 가격 규제가 얼마나 엄격했는지 알 수 있지요.[50]

노동력에 대한 공정한 가격이라는 말도 좋고 이것을 엄격히 규제했다는 말도 그 자체로는 나쁘게 들리지 않습니다. 그런데 이때가 노동자에게 매우 유리한 국면이었다는 점을 생각해야 합니다. 이때 '법정임금'을 정하고 엄격히 규제했다는 것은 임금 인상을 막으려는 의도가 있었다고 보아야 합니다. '법정임금'이 최저임금에 대한 규정이 아니라 최고임금에 대한 규정인 것도 이를 말해줍니다. "임금의 상한선만을 정했을 뿐 하한선은 정하지 않았"습니다.[김, 1012; 강, 993] 그러니 규정을 어겼다고 처벌되는 건 임금을 많이 주는 경우뿐입니다. 게다가 규정을 어긴 고용주와 노동자에 대한 처벌의 강도도 달랐습니다. 노동자에게 더 무거운 처벌이 가해졌지요(고용주에게 10일의 금고형을 내렸다면 노동자에게는 21일의 금고형을 선고했습니다).[김, 1012; 강, 992] 임금만 규제한 것이 아닙니다. 노동자들의 단결도 법으로 엄격히 금지했어요. 이를테면 "석공과 목공이 서로 단결해 결성한 모든 결사, 계약, 서약 등은 무효로 선포"되었습니다. 이때 법률에 처음 나타난 노동자의 단결 금지에 대한 규정은 노동자들에 대한 법령 속에서 수백 년이나 지속됩니다. "단결금지법이 철폐된 1825년까지 노동자의 단결은 중범죄로 취급"되었지요.[김, 1012; 강, 992~993]

16세기에도, 17세기에도, 18세기에도 법률을 통한 임금 규제와 노동자의 단결 금지는 계속되었습니다.[김, 1012~1014; 강, 993~994] "본격적인 매뉴팩처 시대가 되면" 이런 규제가 불필요할 만큼 자본주의적 생산양식의 토대가 확고해졌는데도 그랬습니다. 혹시나 해서 "옛날 무기고의 무기를 버리지 않"고 그대로 둔 것이지요. 그래서 18세기 말까지도 견직공의 임금을 치안판사가 정할 수 있었습니다. 제정된 지 100년도 넘은 법령으로 임금을 규제하기도 했지요. 예컨대 1799년 의회는 스코틀랜드 광산노동자의 임금이 엘리자베스 여왕 시대(1661, 1671)에 제정된 법령에 따라 규제된다는 점을 확인했습니다.[김, 1013~1014; 강, 993~994] 영국에서 임금 규제에 관한 법률은 1813년에 폐지되었습니다. 1349년에 처음 제정되었으니 400년도 훨씬 지나서였습니다. 달리 말하면 그만큼 일찍부터 최고임금을 규제한 것이지요. 그렇다면 최저임금은 어떨까요. 마르크스에 따르면 1796년

한 하원의원이 농업 일용노동자들을 위한 법정 최저임금을 정하자고 제안했다고 합니다. 그러나 당시 수상 윌리엄 피트(William Pitt)는 빈민들이 참혹한 상황에 처했음은 인정했지만 최저임금 입법화는 거부했습니다.[김, 1014; 강, 994] 자본가를 위한 임금 규제는 그렇게 빨랐으면서 노동자를 위한 임금 보장은 그렇게 늦었던 거죠.

노동자의 단결을 금지하는 법령들은 어떻게 되었을까요. 이 법들도 400년 넘게 이어졌는데요. 1799년과 1800년에는 노동자들의 조직 결성 자체를 금지하는 '단결금지법'이 통과되었습니다. 프랑스혁명을 지켜본 뒤라 노동자들의 조직을 더욱 엄격하게 통제했지요. 앞서 말한 것처럼 이 법은 1825년에 가서야 폐지되었습니다. 이 법을 폐지시킨 힘은 이 법이 금지한 바로 그것에서 나왔습니다. 노동자의 단결 말입니다(467~468쪽 참조). 마르크스는 "프롤레타리아트의 위협적인 태도에 굴복"한 것이라고 했는데요.[김, 1014; 강, 994~995] 노동자들이 가진 유일하면서도 가장 강력한 힘, 지배계급이 매우 일찍부터 봉인했던 힘이라고 할 수 있지요.

'노동자의 단결 금지'라는 '계급입법'(Klassengesetzgebung)의 종언이 최종 선포된 것은 이로부터 다시 50년이 지나서였습니다. 1871년이 되어서야 노동자의 단결, 즉 노동조합이 법적으로 승인되었으니까요. 결국 노동자의 결사체가 법적으로 승인된 것은 처음 금지 입법으로부터 보자면 거의 500년 만입니다.[김, 1015; 강, 995] 임금 규제에 대해서도 그렇지만 노동자의 단결에 대해서도 국가가 얼마나 자본가계급의 이익을 보호하는 데 철저했는가를 알 수 있습니다. 특히 노동조합 결성이 19세기 말에야 허용되었다는 것은 단결을 통한 노동자들의 세력화를 얼마나 두려워했는지를 보여주지요.

참고로 마르크스는 부르주아들이 노동자의 단결을 얼마나 두려워했는지를 프랑스혁명(1789) 때의 이야기로 보여주는데요. "혁명의 폭풍이 시작되자마자 프랑스 부르주아지는 노동자들이 이제 막 취득한 결사의 권리에 대한 탈취를 감행" 했습니다. 그런데 명분이 아주 황당합니다. 1791년 6월 14일 반포된 법령에 따르면 노동자들의 모든 단결은 "자유와 인권선언에 대한 위반"입니다.[김, 1015; 강, 995] 노동자들의 단결이 왜 자유에 대한 침해이고 인권에 대한 침해라는 걸까요. 오히려 자유와 인권을 지키기 위한 것으로 보이는데 말이지요. 입법을 주도했던 르 샤플리에(Le Chapelier)가 내세운 논리는 이렇습니다. 임금을 높임으로써 생필품 결핍에서 생겨나는 절대적 예속에서 벗어나는 것은 바람직하다, 그러나 "노동자가 자신들의 이익에 대해 서로 협의하고 공동 행동을 함으로써 '거의 노예와 같은 절대적 예속 상태'를 완화하는 것을 허용해서는 안 된다, 왜냐하면 노동자들의 그런 행동은 '과거 그들의 주인의 자유'를 침해하는 것이며, '과거 길드 장인의 전제정'에 대항하는 단결은 프랑스 헌법에 의해 폐지된 '길드의 재건'이기 때문이다.[김, 1016; 강, 996]

마르크스는 르 샤플리에의 문장 곳곳에 그 의미를 해설하는 문구를 삽입했습니다. '과거 그들의 주인'이라는 말 옆에는 '현재의 기업가'라는 말을 써넣었고, '과거 그들의 주인의 자유'라는 말 옆에는 '노동자를 노예 상태로 유지하는 자유'라는 말을 써넣었습니다. 그리고 '과거 길드 장인의 전제정에 대항하는 단결' 뒤에는 어떤 대답이 나올지 '한번 맞춰보라'(man rate!)라는 말을 썼습니다. '길드의 재건'이라는 답변이 너무 황당했기 때문이지요. 당시 부르주아혁명 정부는 중세 도시의 특권 조직이었던 길드를 폐지했는데요. 노동자의 단결에 대해 르 샤플리에는 헌법으로 폐지한 길드의 재건이라며 "헌법의 위반이고 인권선언에 대한 침해"라고 했습니다. 헌법 위반이라는 것은 '국가범죄'(Staatsverbrechen)라는 뜻이지요.[김, 1015, 각주 6; 강, 996, 각주 225] 노동자들의 단결이 자본가의 자유에 대한 침해이자 봉건 질서의 재건이라니 억지도 이런 억지가 없습니다. 이렇게 억지를 부릴 때는 웃어넘길 게 아니라 물어야 합니다. 왜 이렇게까지 해야 했을까 하고요. 이때 우리는 무언가를 읽어낼 수 있지요. 노동자들의 단결은 부르주아들에게 그만큼이나 위협적이었던 겁니다.

지금까지 우리는 노동자의 탄생에 대해 살펴보았습니다. 두 단계로 나누어서 고찰했는데요. 하나는 토지의 폭력적 약탈(인클로저) 과정에서 '포겔프라이 프롤레타리아'가 대규모로 창출된 것이고, 다른 하나는 '피의 규율'(피의 입법)을 통해 이들 프롤레타리아가 '임금노동자'로 전환된 것이었습니다. 이 과정은 국가폭력이라는 외적인 힘이 없었다면 결코 일어날 수 없었지요. 마르크스는 『자본』 제24장 제4절(영어판 제29장)의 도입부에서 이 점을 다시 한번 환기합니다. 이 시기에 일어난 노동착취와 자본축적은 경제학적 방식이 아니라 '경찰적 방식'(polizeilich), 다시 말해 치안(공안)의 방식으로 이룩된 것이라고요.[김, 1017; 강, 997] 말하자면 경찰학이 경제학이었다고 하겠습니다.

'노동자의 탄생'에 관한 이야기를 마쳤고요. 이제 '자본가의 탄생'을 다룰 차례입니다. 『자본』제24장의 제4절부터 제6절까지(영어판은 제29~31장)에 해당하는 이야기인데, 제4절 첫 단락에서 마르크스는 묻습니다. "도대체 자본가들은 어디서 유래한 것인가." 자본가들의 유래(Herkunft)를 어떻게 다룰 것인가. 우선, 나는 마르크스가 '자본가들의 유래'를 따로 물었다는 것에 의미를 부여하고 싶습니다. 즉 자본가의 유래와 노동자의 유래는 별개라는 거지요. 노동자와 자본가는 입자와 반입자처럼 생겨난 것이 아닙니다. 적어도 마르크스는 그렇게 설명하고 있지 않습니다. 노동자가 정립되면서 그 반정립으로 자본가가 탄생했다는 식으로 말하지 않는다는 겁니다. 곧이어 보겠지만 화폐의 흐름(화폐대중)은 노동의 흐름(인간대중)과는 다른 곳에서, 다른 방식으로 생겨났습니다. 노동자계급과 자본가계급은 한배에서 생겨난 적대적 쌍둥이가 아니라 서로 다른 배에서 생겨나 일련의 사건을 겪으며 적대적인 하나의 관계(자본관계) 속으로 말려들어간 존재라 할 수 있습니다.

다음으로, 마르크스는 자본가들의 유래 또한 단일한 것으로 보지 않습니다. 이 역시 곧이어 살펴볼 텐데요. 농업자본가, 산업자본가, 금융자본가 등은 서로 다른 사건 속에서, 서로 다른 경로로 형성됩니다. 동일한 산업자본가라 해도 유래가 다를 수 있습니다. 물론 어느 정도 시간이 흐르면 서로 합쳐지기도 하고 상호 전환되기도 합니다만 시초축적기에 자본가가 생겨나는 경로는 매우 다양합니다.

끝으로, 자본 내지 자본가의 '탄생'은 '변신'이기도 하다는 점을 이해할 필요가 있습니다. 새로운 존재의 출현은 '무'에서 '유', 즉 아무것도 없는 상태에서 무언가가 생겨난 것이 아니라, 사회적 배치의 변화로 기존의 어떤 것이 전혀 다른 것으로 변신한 것일 수 있습니다. 화폐의 흐름은 고대와 중세에도 있었고, 당연히 화폐자산의 축적도 자본주의적 생산양식이 출현하기 전에 나타났습니다. 대표적인 예가 '상인자본'과 '고리대자본'인데요. 이미 4장에서 언급한 바 있고 곧이어 다시 이야기하겠습니다만, 상업과 고리대를 통해 형성된 화폐자본은 과거에는 '자본'으로 기능하지 않았습니다. 오늘날에는 '상업'과 '금융'이 산업발전의 필수 요소지만 고대나 중세 사회에서 상업과 고리대의 발전은 그 약탈적 성격으로 인해 산업을 황폐화하고 평민을 노예로 전락시키는 경우가 많았습니다(242쪽). 그런데 지배적 생산양식이 변화하면서, 즉 사회적 배치가 바뀌면서 기존의 상인자본과 고리대자본이 전혀 다른 기능, 말하자면 명실상부한 '자본'으로 기능하게 됩니다. 대상인과 고리대금업자들이 '자본가'로 변신하는 거죠. 이처럼 시초축적에는 새로운 축적만이 아니라 기존 축적의 성격 변화, 기존 존재의 변신이라는 의미도 담겨 있다고 하겠습니다.

──────── 농업자본가의 탄생 ────────

이제 자본가의 첫 번째 유형인 농업자본가의 탄생에 대해 알아볼까요. 여러 유형 중 농업자본가를 먼저 살피는 것은 노동자의 탄생과 관련해 먼저 살펴본 농촌의 변화와 관련이 있기 때문일 겁니다. 농업자본가는 자본가인 한에서 생산수단과 노동력을 구매해 상품을 생산하는 사람입니다. 이 점에서 그는 전통적 지주와 다릅니다. 그는 지주로부터 생산수단인 토지의 이용권을 얻고 지대를 지불하지요. 이 점에서 농업자본가의 역사적 형상은 '차지농업가'(Pächter)라고 할 수 있습니다. 그렇다면 자본주의적 차지농업가는 어떻게 출현했을까요. 마르크스에 따르면 이 유형은 극적으로 출현하지 않았습니다. "차지농업가의 발생은 몇 세기에 걸쳐 완만하게 진행"되었습니다.[김, 1017; 강, 997]

영국에서 차지농업가의 최초 형태는 베일리프(bailiff)입니다.[김, 1017; 강, 997] 베일리프는 영지관리인인데요. 프랑스와 달리 영국에서는 베일리프가 하나의 계층으로 존재했습니다.[51] 봉건영주들은 이들에게 토지관리를 맡겼습니다. 그런데 14세기 후반 들어 베일리프가 차지농업가의 모습을 보이기 시작합니다. 처음에는 지위가 소작 농민들과 크게 다르지 않았지만 점차 높아져 나중에는 일정액을 투자하고 지주와 이익도 나누는 '분익농'(分益農) 즉 '메테예'(métayer)가 되었습니다. 그러나 이때까지는 '진정한' 의미의 차지농업가라 볼 수 없습니다. 신분적 예속도 있었고, 자본가에 대한 전형적 정의에도 미달했지요. 즉 이들은 "임노동자를 고용해 자신의 자본을 증식시키고 잉여생산물 가운데 일부를 화폐 또는 현물로 지주에게 지대로 지불하는 형태"에는 이르지 못했습니다.[김, 1018; 강, 997]

15세기까지는 여러 형태의 농민이 혼재했습니다. 독립적 자영농도 있었고 자기 경작지를 가진 예속농민도 있었고 농업노동자도 있었습니다. 이들은 부분적으로 차지농업가의 모습을 보이기도 했지만 자본주의에서 말하는 차지농업가와는 차이가 있었습니다. 그렇다면 무엇이 이들 불완전한 차지농업가를 본격적인 차지농업가로 변모하게 했을까요. 바로 15세기 말부터 16세기까지 거의 한 세기 동안 지속된 '농업혁명' 덕분입니다. 여기서는 '농업혁명'이라고 부르지만, 앞서 우리는 이것을 '폭력적 수탈 과정'이라 불렀지요. 토지에 울타리를 두르고 공유지를 사유지로, 경작지를 목초지로 바꾸는 일이 일어났습니다. 이때 지주한테 땅을 빌려 그 땅을 상업적으로 이용해 재산을 모은 사람들이 나타났어요. 목축은 그 자체로 큰 수익을 안겼지만 간접적으로는 비료를 제공함으로써 경작지의 생산성 향상에도 기여했습니다.[김, 1018; 강, 998] 당시 지대는 관습적으로 고정되어 있었기에 토지의 상업적 이용과 농업생산성 향상으로 생겨난 이득은 온전히 차지농업가들의 몫이 되었지요. 한때는 지대를 내는 것조차 힘겨워하던 사람들이 지대의 수십 배를 모으는 일이 흔하게 일어났습니다.[김, 1018, 각주 1; 강, 998, 각주 227]

자본주의적 차지농업가의 탄생을 도운 사정은 또 있습니다. 마르크스가 "결정적으로 중요한 계기"라고 부르는 일인데요. 바로 16세기 내내 지속된 '화폐가치의 하락'입니다.[김, 1018; 강, 998] 가치척도인 귀금속의 생산량이 크게 늘면서 (특히 신대륙으로부터 귀금속이 대규모로 유입되었습니다) 귀금속으로 표시된 상품의 가격이 몇 배씩 뛰었습니다. 물가가 얼마나 크게 올랐던지 '가격혁명'이라 불렸을 정도입니다.[52] 서구에서 물가가 이렇게 지속적으로 크게 오른 적은 없습니다. 당대는 물론이고 그다음 세기 학자들 사이에서 커다란 논쟁거리가 될 정도였습니다 (마르크스도 화폐의 기능과 관련해 이 문제를 다룬 바 있습니다. 205쪽 참조).

화폐가치가 하락하고 물가가 오르면서 농업노동자들은 큰 타격을 입었습니다. 명목적으로는 임금이 올랐지만 화폐가치가 하락한 탓에 실질임금은 낮았습니다. 지주들도 큰 타격을 입었습니다. 고정 지대를 받고 있었기 때문입니다. 노동자와 지주가 받은 타격만큼 차지농업가는 큰 이득을 보았습니다. 자신들이 지불해야하는 임금과 지대의 가치는 떨어졌고, 농업생산물의 가격은 큰 폭으로 그리고 지속적으로 올랐으니까요.[김, 1018~1019; 강, 998] 이런 일이 한 세기가량 지속되었다고 생각해보세요. "16세기 말 영국이 당시 상황에서 부유한 '차지 농업자본가'라는 하나의 계급을 갖게 되었다는 건 결코 놀라운 일이 아니"라는 마르크스의 말을 충분히 납득할 수 있을 겁니다.[김, 1019; 강, 999]

시장에 풀려나온 것들—생활수단과 생산수단의 상품화

앞서 나는 시초축적기의 사건들이 누군가의 기획 속에서 일어난 일이 아니라고 했습니다. 마르크스의 말을 다시 인용하자면 '산업의 기사들'은 자신들이 관여하지 않는 일들을 그저 이용만 했을 뿐입니다. 즉 자본가가 자본가일 수 있었던 것은 '때'에 맞게 일들이 일어났기 때문입니다. 지주들은 토지를 수탈하고 대규모 노동인구를 농촌에서 추방했습니다. 갓 생겨난 매뉴팩처들을 돌보기 위해서가 아니라 그저 돈벌이에 방해되거나 불필요한 존재들을 쫓아낸 것뿐입니다. 그런데 식물이 방출한 산소로 동물이 숨을 쉬듯 도시의 산업자본은 농촌에서 계속 방출하는 프롤레타리아들을 흡수해 생명을 얻었습니다. 마치 누군가 조율이라도 한 것처럼 사건들이 착착 맞아떨어졌습니다. 18세기 경제학자 애덤 앤더슨(Adam Anderson)이 '신의 섭리'(Vorsehung)를 떠올린 것도 무리는 아닙니다. 마르크스에 따르면 앤더슨은 『상업의 역사』*History of Commerce*에서 지난 세기들을 회고하며 "신의 섭리가 직접 개입(direkte Intervention)"한 결과라고 했습니다. 그러지 않고는 이렇게 맞아떨어질 수가 없다는 거죠.[김, 1021; 강, 1000]

이것만이 아닙니다. 자본가에게 우호적인 상황은 계속되었는데요. '농업혁명'이 프롤레타리아만 생산한 게 아니라 매뉴팩처 노동자로서 이들이 소비해야 할 생활수단 그리고 작업장에서 사용할 생산수단(원료)도 생산해냈습니다. 경작자 수는 감소했지만 경작 방법이 개량되었고 무엇보다 농장들의 합병으로 생산수단 집적과 대규모 협업이 가능해졌습니다. 농업노동자들의 노동강도도 올라갔고요. 농민은 줄어들었지만 생산량은 오히려 늘어났습니다. 이는 농촌에서 자체 소비를 하지 않는 생산물들이 그만큼 많아진다는 뜻입니다. 농민대중이 토지에서 노동시장으로 풀려나온 것처럼 곡물 등도 시장에 풀려나올 수 있게 된 겁니다.[김, 1022; 강, 1000] '시장에 풀려나온다'라고 했지만 실은 시장 자체가 형성되기 시작했다고 봐야 할 겁니다. 예전 농민들은 먹을 것을 직접 기르고 입을 것을 직접 짰습니다. 생활수단을 직접 생산하고 직접 소비했지요. 차지농장의 농업노동자도, 매뉴팩처의 공업노동자도 처음의 노동형태는 예전 농민과 다를 바 없었습니다. 예전 농민들처럼 먹을 것을 기르고 입을 것을 짰지요. 하지만 노동의 성격이 변했습니다. 이제는 '자신을 위한 노동'이 아니라 '타인을 위한 노동'입니다. 자기에게 필요한 물건을 만드는 게 아니라 타인이 원하는 물건을 타인이 원하는 방식으로 만드는 겁니다. 그 대가로 임금을 받게 되었고, 그 임금으로 자기에게 필요한 물건을 구입합니다. 이 시스템이 돌아가려면 임금으로 생활수단을 구입할 수 있는 시장이 열려야 합니다. 그런 시장이 바로 이 시기에 열린 겁니다.

생활수단만이 아닙니다. 매뉴팩처가 돌아가려면 생산수단 또한 구매할 수 있어야 합니다. 예전 농민들은 자신이 가공할 아마나 면화를 직접 재배했습니다. 하지만 이제 매뉴팩처 노동자가 가공할 아마나 면화는 자신이 재배한 것이 아닙니다. 자본가가 시장에서 구매한 것이지요. 농업혁명은 생활수단만이 아니라 생산수단, 즉 공업에 사용될 원료 또한 시장에 공급해주었습니다. 생활수단과 생산수단이 모두 상품이 된 거죠.[김, 1022; 강, 1000] 이렇게 해서 자본주의적 생산양식의 출현을 위한 결정적 걸음이 또 하나 내딛어졌습니다. 바로 시장의 형성입니다. 예전에는 농가들이 자체 생산하고 소비하거나, 분산된 소규모 독립생산자들이 해당 지역에서 생산하고 판매했던 물건들이 이제는 상품으로서 "하나의 커다란 시장"에 모여드는 겁니다.[김, 1024; 강, 1003] 한 사회의 생활과 생산에 필요한 대부분의 물건이 시장에서 판매할 목적으로 생산되며, 시장을 통해서만 그것을 구할 수 있다는 것, 그런 시장이 전국적으로 만들어지기 시작했다는 것, 이건 정말로 중요합니다. 『자본』 제1장에서 마르크스는 '단순 노동생산물'과 '상품'의 차이를 설명하는 데 심혈을 기울였는데요, 한 사회 노동생산물의 기본형태가 상품으로 변화하는 장면을 지금 시초축적에 관한 장에서 보고 있는 겁니다.

노동생산물이 상품이 된다고 해서 당장에 노동형태나 생산방식이 달라지지는 않습니다. 생산물의 모습도 그대로고요. 마르크스의 말처럼, 이를테면 아마포 섬유는 "한 올의 조직도 변한 것이 없"습니다. 그러나 상품이 되면 초감각적인 무언가가 달라붙습니다. "하나의 새로운 사회적 영혼"이 들어가지요.[김, 1022; 강, 1001] '가치' 말입니다. 이런 변화가 생산물인 아마포에서만 일어나는 건 아닙니다. 원료인 아마와 도구인 방추에서도 일어나지요. 시장에서 구매한 아마는 예전의 농민들이 밭에서 재배했던 그 아마와 똑같지만, 이제 노동자가 작업장에서 마주하는 아마는 '가치'가 담긴 상품이며, 자본가가 구매했다는 점에서 '불변자본'입니다. 아마와 방추만 그런 게 아닙니다. 노동도 그렇지요. 새로운 노동자는 과거 방식 그대로 실을 뽑고 천을 짜지만, 자본가의 구매 상품인 한 그의 노동력은 '가변자본'입니다. 그리고 가변자본인 한에서 그는 잉여노동을 수행해야 합니다. 물론 과거 농민이었을 때도 그는 필요 이상의 '특별한 노동'을 수행했을 수 있습니다. 겨우내 길쌈을 해서 아마포를 필요 이상으로 생산할 수 있지요. 대개의 경우 이것은 특별한 목적, 이를테면 왕에게 세금을 내기 위한 것입니다. 그런 게 아니라도 어떻든 그의 잉여노동은 그의 수입이 되지요. 그의 '특별한 노동'은 그의 '특별한 수입'입니다. 하지만 가변자본으로 기능하는 한에서는 다릅니다. 그의 '특별한 노동'(잉여노동)은 더는 특별하지 않고 항상적인 것이며, 그의 수입이 아니라 자본가의 '이윤'이 됩니다.[김, 1022; 강, 1001]

앞서 말한 것처럼 시장이 형성되었다고 해서 노동형태나 생산방식이 곧바로 달라지는 것은 아닙니다. 초기 매뉴팩처의 경우 생산방식 자체는 특별하지 않았습니다. 규모만 커졌지 방식은 그대로였어요. 독립 분산되어 있던 것들을 한데 모아놓은 것뿐입니다. 마르크스는 초기 매뉴팩처를 길드와 비교하며, 매뉴팩처는 길드가 좀 더 커진 것에 불과하다고 말한 바 있습니다. 마르크스는 여기서도 이 점을 다시 확인합니다. 대규모 매뉴팩처는 소규모 독립생산자들의 작업장을 합친 것에 불과하고, 대규모 차지농장은 소규모 농장의 경작지들을 합친 것에 불과하다고요. 용어가 이를 잘 보여줍니다. 프랑스에서는 대규모 매뉴팩처를 'manufactures réunies'라고 불렀는데요. 말 그대로 옮기면 '합병된 매뉴팩처'라는 뜻입니다. 대규모 농장이 '합병된 경작지'(zusammengeschlagnen Äckern)라고 불리던 것과 같지요. 즉 자본주의적 생산의 최초 형태라고 해서 무슨 대단한 혁신이 일어났던 게 아닙니다. 그저 작은 것들을 힘(사기나 횡령, 폭력)으로 합쳐 크게 만든 것뿐입니다.[김, 1023; 강, 1001~1002]

자본주의적 '국내시장'의 형성

이 시기에 시장이 형성되었다는 말이 이상하게 들릴지도 모르겠습니다. 고대 도시 아테네에도 시장이 있었고, 중세 도시에서도 길드의 생산물들이 공개시장에서 팔렸다고 했으니까요. 게다가 고대의 페니키아인들이나 중세의 한자 상인들을 보면 근대 이전에도 대외교역망이 존재했음을 알 수 있습니다. 그렇다면 시초축적기에 시장이 형성되었다는 말은 틀렸을까요. 그건 아닙니다. 마르크스가 말한 시장은 'innern Markt'입니다. 우리말로는 '국내시장' 내지 '대내시장'으로 옮길 수 있겠는데요. 여기서 말한 '국내'나 '대내'라는 말을 공간적으로만 이해하면 안 됩니다. 예전에는 해외시장만 있었는데 이제 지역에도 시장이 생겼다는 식으로 보면 안 된다는 겁니다. 고대나 중세에도 도시에 시장이 있었습니다. 그러나 마르크스가 말한 '국내시장'은 완전히 다른 시장입니다. 시장이 열린 장소가 다른 게 아니라 운영 원리나 방식이 완전히 다릅니다.

이를 이해하려면 우선 시장의 발전에 대한 통념에서 벗어나야 합니다. 흔히들 시장이 지역에서 전국으로, 전국에서 해외로 발전했다는 생각을 하는데요. 이는 사실이 아닙니다. 칼 폴라니에 따르면 차라리 거꾸로 보는 것이 사실에 가깝습니다. 그에 따르면 교역 발달사의 "진정한 출발점은 원격지교역(long-distance trade)"입니다.[53] 단순화하자면 대외적으로 발달한 교역 질서가 어떤 계기들을 통해 안쪽으로, 즉 지역까지 파고든 것이라는 말입니다(164~166쪽 참조). 그러나 한쪽 질서가 다른 쪽으로 확대되었다기보다는 양쪽을 나누던 장벽이 허물어지고 새로운 교역 질서가 만들어졌다고 보는 편이 낫지 않나 싶습니다. 중세 사회에서는 지역

교역과 대외교역이 철저히 분리된 채로 병존했습니다. 폴라니에 따르면 이 분리는 중세 도시 제도의 핵심입니다.[54] 중세 도시들은 두 가지가 섞이지 않도록 엄격히 규제했습니다. 특히 원격지교역의 질서가 지역거래, 이를테면 도시 내부의 시장에 파고들지 않도록 했습니다.

도시 내부의 시장은 '공개시장'이었고, 여기서는 '자유로운 교역'이 아니라 '공정한 교역'을 원칙으로 삼았습니다. 당국이 교역의 양과 가격을 통제했습니다. 식량은 물론이고 일반 제품에 대해서도 그랬습니다. 제품 생산은 동업조합인 길드에서 통제했지요. 원칙적으로 외부 상인들은 거래할 수 없었고 내부 생산자들의 특권이 철저히 보장되었습니다.[55] 이것은 자본주의적 상품 시장이 아닙니다. 여기서는 상품의 가치법칙이 관철될 수 없습니다. 상품의 '가치'는 해당 상품을 생산하는 데 필요한 사회적 노동량이라고 했는데요. 이 값은 당국이 아니라 상품생산자들의 자유로운 경쟁을 통해 결정되어야 합니다. 그런데 중세 도시의 시장 구조에서는 이것이 불가능합니다. 오히려 중세의 도시들은 경쟁 시장의 형성을 철저히 막았습니다. 그러므로 자본주의적 '국내시장'은 중세 도시의 지역시장이 발전한게 아닙니다. 오히려 중세 지역 시장을 떠받치던 질서가 해체되면서 생겨났지요. 이것이 어떻게 해체되었는지에 대해 마르크스는 따로 언급하고 있지 않습니다. 어떻게 거대 차지농장의 생산물이 도시의 시장에서 상품으로 자유롭게 유통될 수 있었는지, 어떻게 매뉴팩처의 생산물이 길드의 특권을 깨고 시장에서 상품으로 자유롭게 유통될 수 있었는지, 어떻게 이런 시장이 만들어질 수 있었는지 말입니다.

아마도 이것을 가능케 한 것은 국가일 겁니다. 폴라니의 말을 빌리자면 "국가의 개입이라는 기계신(deus machina)으로 설명을 돌리는 것 외에 다른 대안이 없"습니다.[56] 이 시기 일어난 다른 일들처럼 말입니다. 국가는 농촌에서 방출된 프롤레타리아들을 매뉴팩처의 노동자로 만드는 데 결정적 역할을 했다고 했는데요. 대규모 농장에서 생산한 농산물과 대규모 매뉴팩처에서 생산한 공산품이 지역적 한계를 넘어 유통되는 데도 결정적 역할을 했다고 할 수 있습니다. 국내시장(internal market)이 만들어지고 그것이 전국시장(national market)이 되는 과정은 근대 영토국가가 만들어진 후 국민국가로 변화해가는 과정과 나란히 갑니다. 근대국가의 발전 과정은 한편으로는 외부의 정복 과정이면서 다른 한편으로는 내부의 정복 과정이었습니다. 근대국가를 만든 것은 전쟁이었다고 말해도 좋을 정도로 이 시기에는 전쟁이 많았는데요. 페리 앤더슨(Perry Anderson)에 따르면 평화가 예외적이었습니다. 16세기 유럽에서 대규모 군사 작전이 없었던 것은 25년 동안이었고, 17세기에 국가 간 대규모 전쟁이 없었던 것은 7년간에 불과했습니다.[57] 그런데 전쟁을 수행하기 위해서는 영토 안의 자원을 최대한 끌어내야 합니다. 얼마나 내부 자원을 효과적으로 끌어내고 이용할 수 있느냐에 승패가 달려 있었지요. 국가는 내부 자원의 효과적 이용을 방해하는 봉건적 고립주의나 배타주의를 허물 수밖에 없었을 겁니다.[58] 당시 중상주의 이념을 표방하던 국가는 "국지교역과 대외교역의 장벽(지역의 교역과 자치도시들 간의 교역에 대한 구분)을 제거했을 뿐 아니라, 지방의 구별은 물론이고 도시와 농촌의 구별 또한 무시하는 전국시장을 위한 길을 텄"습니다.[59] 통치의 전국적 통일성이 만들어지는 것에 맞춰 시장도 확대된 거죠.

물론 전국시장은 너무 이른 이야기입니다. 시초축적기에는 마르크스가 말한 "자본주의적 생산양식이 필요로 하는 규모와 굳건함을 갖춘 국내시장"이 아직 만들어지지 않았습니다.[김, 1025; 강, 1003] 다만 그런 시장이 만들어지기 시작했다는 정도만 말할 수 있겠지요. 아직은 전국화되지 못한, 그리고 아직은 불완전한 경쟁 시장이었다고 할 수 있겠습니다. 마르크스도 이 점을 지적하고 있습니다. "이 시대에는 매뉴팩처가 국민적 생산을 아주 부분적으로만 지배"했습니다. 심지어 매뉴팩처의 생산물 자체가 도시 수공업이나 농가의 부업에 의존하고 있었습니다. 매뉴팩처에 필요한 원료의 가공을 이들이 맡고 있었지요. 공업 원료의 생산과 가공이 공업에서 해결되지 않은 것이지요. 이 시대에는 농민들이 공업노동의 일부를 감당했던 셈입니다.[김, 1025; 강, 1003~1004] 19세기 전까지는 이런 구조가 계속 남아 있었습니다(점차 약화되고는 있었지만요). 시장의 질서는 기계제 대공업이 시작되면서 크게 변했습니다. 산업자본은 기계제 대공업과 더불어 생산 전반을 완전히 장악했고 국내시장 전체를 정복할 수 있게 되었지요.[김, 1026; 강, 1004~1005]

──────── 산업자본가의 탄생 ────────

이제 '산업자본가'의 탄생을 다룰 차례인데요. 여기서 말하는 산업자본가는 농업자본가(차지농업가)와 대비되는 공업자본가입니다. 하지만 『자본』에서 마르크스는 종종 이보다 더 큰 범주의 자본가를 가리킬 때도 이 이름을 씁니다. 그는 자본을 크게 세 범주로 나누는데요. 그중 하나가 '산업자본'이고 나머지가 '상업자본'(상인자본)과 '이자 낳는 자본'(금융자본)입니다. 산업자본이란 노동력과 생산수단을 구매해 상품을 생산한 후 잉여가치를 얻는 자본입니다. 지금까지 『자본』 I권에서 다룬 자본의 기본형태라고 할 수 있지요(참고로 상업자본과 '이자 낳는 자본'에 대해서는 『자본』 III권에서 다룹니다). 이런 의미라면 산업자본에는 농업자본이 포함되며, 농업자본가도 산업자본가라고 할 수 있습니다. 그렇지만 『자본』제24장 제6절(영어판 제31장)에서는 이런 의미로 쓰고 있지 않습니다. 마르크스가 주석에서 밝히고 있는 것처럼 여기서 '산업'은 '공업'을 가리킵니다.[김, 1027, 각주 1; 강, 1005, 각주 238] 사실 지금도 '공업자본가'라는 말은 잘 쓰지 않습니다. 그냥 '산업자본가'라고 하지요. 방금 '공업자본가'라는 표현을 쓴 것은 농업자본가와 구분하기 위해서입니다. 마르크스의 경우에는 『자본』 I권에서 '공장주'(Fabrikant)라는 말을 많이 썼지요. 공장주가 여기서 말하는 산업자본가입니다.

『자본』에서 마르크스는 산업자본을 자본의 기본형태로 간주했고 19세기 대공업을 그 전형으로 보았습니다. 그가 '산업자본가의 탄생'에 다른 자본가의 탄생보다 더 많은 지면을 할애한 이유가 여기 있을 겁니다. 하지만 산업자본가의 탄생과정을 자세히 기술한 이유가 이것만은 아닙니다. 산업자본가의 탄생과 관련된 사건들을 보면 사회 전체가 급변하고 있음을 느낄 수 있습니다. 사건들이 비교적 짧은 시기에 아주 넓은 영역에 걸쳐 일어납니다. 이는 생산양식의 변동을 산업자본가의 탄생을 통해 잘 보여줄 수 있다는 뜻이지요. 물론 새로운 생산양식이 하루아침에 출현하는 것은 아닙니다. 상당히 오랜 시간이 걸리지요. 어떤 부문에서는 이미 변화가 시작되었지만 다른 부문에서는 아무런 변화도 나타나지 않을 수 있고, 어떤 시기에는 변화가 급격하지만 어떤 시기에는 완만합니다. 변화의 속도와 폭이 제각각입니다. 그런데 산업자본가의 탄생 과정에서 확인하게 되는 사회적 변화의 폭과 속도는 가히 격변이라 불러도 좋을 정도로 크고 빠릅니다. 이 점에서 산업자본가의 탄생은 자본주의적 차지농업가의 탄생이나 국내시장의 형성과는 아주 다릅니다.[김, 1027; 강, 1005] 차지농업가와 국내시장은 아주 천천히 생겨났습니다. 차지농업가는 14세기에 싹을 보인 후 수 세기에 걸쳐 성장했습니다. 국내시장도 그렇습니다. 15~16세기 농업혁명 시기에 싹이 터서 19세기 대공업 시기에 전국화되었으니까요. 그런데 산업자본가의 탄생은 그렇지 않습니다. 마치 온실 속 식물처럼 싹이 트자마자 쑥쑥 자라났습니다.

자본주의의 유년기에는 여기저기서 다양한 유형의 자본가가 많이 생겨났습니다. 농촌에 차지농업가가 있었다면 도시에는 소규모 제조업자들이 있었지요. 길드의 장인이나 독립수공업자, 심지어 임금노동자들 중에도 '소자본가'가 된 사람들이 있었습니다. 새로운 돈벌이에 남들보다 조금 일찍 눈을 뜬 사람들이지요. 하지만 이런 소자본가들의 축적, 마르크스의 표현을 빌리자면 이런 '달팽이걸음'으로는 "15세기 말 지리상의 대발견이 만들어낸 새로운 세계시장의 상업적 요구들에 대응할 수 없"었습니다.[김, 1027; 강, 1005] 이전에 마르크스는 자본집중을 가능케 한 신용제도의 중요성을 언급하며, "만약 세계가 축적을 통해 개별 자본들이 철도를 건설할 수 있을 만한 규모가 될 때까지 기다려야 했다면 세계에는 아직 철도가 건설되지 않았을 것"이라고 했는데요(895쪽 참조). 비슷한 이야기를 시초축적에 대해서도 할 수 있을 겁니다. 만약 세계시장이 자본주의 유년기의 소자본가들의 축적 규모가 커지는 것을 기다려야 했다면 본격적 의미의 세계시장은 아직도 열리지 못했을 것이라고요.

자본주의 이전에도 돈을 쌓아둔 사람이 없었던 것은 아닙니다. 앞서도 언급했지만 중세에도 대상인과 고리대금업자들이 있었습니다. 하지만 이들은 자본가로 발전하지 않았습니다. 역사적으로 보면 상업자본과 고리대자본의 발전이 자본주의적 생산양식으로의 이행, 특히 산업자본의 형성을 가로막는 경우가 더 많았습니다. 마르크스에 따르면 근대사회로 접어들수록 상업도시는 낙후되었습니다. "상업자본이 우세한 곳은 시대에 뒤떨어"졌고, "공업도시에 비해 훨씬 더 과거와 유사"했습니다.[60] 영국의 근대사에서도 "상인 신분과 상업 도시는 정치적으로 반동적이었으며, 토지귀족이나 금융귀족과 동맹하여 산업자본에 대항"했습니다.[61] 설령 상인이나 고리대금업자가 자신들의 화폐자산을 자본으로 전환시키려 해도 사회적 배치 때문에 쉽지 않았을 겁니다. "농촌에서는 봉건제도 때문에, 도시에서는 길드제도 때문에", 다시 말해 중세 사회의 폐쇄성과 배타성이 화폐와 상품의 흐름을 차단하고 있었으니까요. 특히 도시에서는 길드의 규제가 아주 심했습니다. 그래서 새로운 매뉴팩처들은 도시 바깥에, 즉 길드의 지배권이 미치지 않는 곳에 세워졌지요.[김, 1028; 강, 1006~1007] 요컨대 산업자본가는 자본주의 유년기의 소자본가들이 꾸준한 축적을 통해 도달할 수 있는 존재도 아니고, 대상인이나 고리대금업자가 그렇게 되기로 마음먹는다고 될 수 있는 존재도 아니었습니다. 산업자본가의 탄생을 가능케 한 축적은 개인 차원이 아니라 사회적 차원의 변동, 사회적 배치를 뒤흔드는 혁명적 사건들을 필요로 했습니다.

도대체 어떤 일들이 있었던 걸까요. 마르크스의 대답은 이렇습니다. "아메리카에서 금은 산지 발견, 원주민 섬멸, 노예화, 광산에 생매장, 동인도의 정복과 약탈의 개시, 아프리카 흑인 사냥의 상업화 등이 자본주의적 생산 시대의 서광을 알린다. 이러한 목가적 과정이 시초축적의 주요 계기들이다."[김, 1029; 강, 1007] 발견, 약탈, 섬멸, 사냥, 생매장, 노예화. 산업자본의 시초축적 계기로 제시된 것들 모두가 하나같이 끔찍합니다. '목가적 과정'이라는 반어적 표현 때문에 그 끔찍함이 배가되는 것 같습니다. 아름다운 음악을 배경으로 학살이 이루어지는 잔혹영화 같다고 할까요. 그런데 이것은 실제 역사입니다. 부르주아 정치경제학자들이 미화하거나 생략하는 이 끔찍한 이야기들 없이는 산업자본의 시초축적을 해명할 수 없습니다.

이 시초축적의 계기들은 "시간 순으로 에스파냐, 포르투갈, 네덜란드, 프랑스, 영국에서 고르게 나타났"습니다.[김, 1029; 강, 1007] 이 순서는 자본주의 이행 과정에서 패권을 차지한 순서입니다. 대체로 15~16세기는 에스파냐의 세기(자본을 제공한 이탈리아 도시들의 이름을 따서 '베네치아/제노바의 세기' 등으로 부르기도 합니다), 17세기는 네덜란드의 세기, 18세기 중반 이후부터는 영국의 세기였다고 할 수 있습니다. 방금 말한 시초축적의 계기들은 정도의 차이는 있지만 이들 나라 모두에서 나타났습니다. 다만 영국이 가장 체계적이었지요. 마르크스에 따르면 17세기 말 영국은 "식민시스템(Kolonialsystem), 국채시스템(Staatsschuldensystem), 근대적 조세시스템(Steuersystem), 보호무역시스템(Protektionssystem) 등을 통해" 시초축적의 "계기들을 체계적으로 통합"했습니다. 이 시스템들을 체계적으로 갖춘 나라는 당시 영국밖에 없었습니다. 그 덕분에 산업자본주의를 주도하는 나라가 되었지요.[김, 1029; 강, 1007]

이제부터 산업자본의 시초축적기에 일어난 일들을 살펴볼 텐데요. 시초축적을 도운 네 가지 시스템, 즉 식민시스템, 국채시스템, 조세시스템, 보호무역시스템 등이 어떻게 생겨나고 어떻게 기능했는지를 볼 겁니다. 그런데 그 전에 마르크스는 중요한 한 가지 사실을 환기하고 있습니다. 노동자의 탄생에서도 말한 것인데요. 산업자본가의 탄생에서도 매우 중요한 역할을 한 것이 있습니다. 바로 '폭력'(Gewalt)입니다. 특히 국가폭력이 중요한 역할을 했습니다. 마르크스에 따르면 시초축적을 도운 방법들은 "모두 국가권력(Staatsmacht)을 이용"했습니다. "봉건적 생산양식에서 자본주의적 생산양식으로 전화하는 과정을 촉진해 이행을 단축시키기 위해" 국가권력을 이용한 겁니다. 국가권력이라는 "사회의 응집되고 조직화된 폭력"이 없었다면 생산양식의 이행은 매우 늦춰졌을 것이고, 어쩌면 이 이행은 일어나지 않았을지도 모릅니다. 새로운 생산양식이 국가의 아이는 아닙니다. 그러나 국가권력이라는 산파가 없었다면 아이가 제대로 태어날 수 있었을까. 그럴 수 없었을 겁니다. 마르크스는 이렇게 말하고 있습니다. "새로운 사회를 잉태하고 있는 모든 낡은 사회에서는 폭력이 산파가 된다. 폭력은 그 자체로 하나의 경제적 힘(Potenz)이다."[김, 1029; 강, 1007]

▶식민시스템──자본의 출산을 도운 네 가지 시스템이 있는데요. 첫 번째가 식민시스템입니다. 넷 중 가장 잔인한 폭력이 동원되었지요. 서구 국가들이 시초축적기에 비서구 국가를 식민화하면서 저지른 일들은 믿기지 않을 정도로 잔인합니다.

17세기 가장 선진적인 자본주의 국가였던 네덜란드(홀란드)가 식민지에서 저지른 일을 볼까요. 마르크스는 인도네시아 자바의 부총독이었던 토머스 스탬퍼드 래플스(Thomas Stamford Raffles)의 『자바의 역사』를 인용하고 있습니다(『거인으로 일하고 난쟁이로 지불받다』, 204쪽도 참조). 이 책에는 네덜란드의 식민시스템이 어떻게 운영되었는지를 보여주는 사례들이 많은데요. 매수, 배신, 암살, 비열함으로 가득합니다.[김, 1030; 강, 1008] 그 잔학성을 보여주는 극명한 예가 '인간도둑질'(Menschendiebstahl)입니다. 자바에서 쓸 노예를 구하기 위해 네덜란드인들은 술라웨시(Sulawesi, Celebes)섬에 들러 주민들을 사냥했습니다. 인간사냥꾼들은 어린 사냥감이라고 해서 그냥 풀어주지 않았지요. 비밀 감옥을 만들고 거기서 어린 소년들을 가축처럼 길렀습니다. 좀 더 기르면 노예선에 실어 보낼 수 있는 상품이 되니까요.[김, 1030; 강, 1008] 자바의 한 지역인 바뉴왕기(Banyuwangi)의 경우 1750년 8만 명 이상이 살았다고 하는데요. 겨우 반세기 만에 8000명만이 남았습니다. 인구의 90퍼센트가 사라진 겁니다. 노예로 팔렸거나 죽은 거겠지요. 이것이 네덜란드인들이 엄청난 이윤을 챙긴 '달콤한 장사'(doux commerce)의 정체였습니다.[김, 1030; 강, 1009] 네덜란드만이 아니라 서구의 여러 나라가 세계 곳곳에서 비슷한 일을 저질렀습니다. 특히 "서인도제도처럼 수출무역만을 목적으로 설립된 플랜테이션의 경우, 그리고 멕시코나 동인도제도처럼 풍부한 부와 많은 인구를 가졌으면서 살인강도들의 손에 넘겨진 경우" 원주민들에 대한 처참한 폭력이 가해졌습니다.[김, 1031~1032; 강, 1010]

다음 세기의 주인공인 영국인들도 그랬습니다. 영국의 개신교도, 특히 청교도는 아메리카에서 원주민들을 잔인하게 학살했습니다. 자바의 네덜란드인 사냥꾼들과는 조금 달랐습니다. 영국의 청교도들은 원주민들의 땅을 자신들의 영토로 만든 뒤 법을 제정하고 학살을 합법화했지요. 말하자면 합법적 학살의 형식을 취한 겁니다. 1703년 뉴잉글랜드의 의회는 원주민 머리가죽 한 장에 40파운드스털링의 포상금을 걸었고, 1744년 매사추세츠에서는 특정 종족의 남자는 물론이고 여자와 어린아이의 머리가죽에까지 포상금을 걸었습니다. 나중에 아메리카로 간 이

주민들이 독립전쟁을 벌이자(미국독립전쟁) 본국의 영국인들은 원주민들로 하여금 청교도들에게 똑같이 복수하도록 매수하고 사주했는데요. 당시 영국의회는 '사냥개'를 풀고 '머리가죽'을 벗기는 것에 대해 "신과 자연이 선사한 수단"이라고 선언했다고 합니다.[김, 1032; 강, 1010] 직접적 인간사냥과 학살 이상으로 식민지인들을 죽음으로 내몬 것은 경제적 착취였습니다. 영국의 동인도회사는 식민지 인도에서 큰돈을 들이지 않고도 어마어마한 부를 축적했습니다. 주요 상품을 독점했으니까요. 마르크스에 따르면 "소금, 아편, 후추와 그 밖의 몇몇 상품에 대한 독점권은 결코 고갈되지 않는 부의 광산"이었습니다. 식민지를 통치하는 총독부의 힘을 빌려 계약서 단 한 장으로 "무에서 황금을 만들어"냈습니다. 연금술도 이런 연금술이 없습니다. "거대한 재산이 하룻밤 사이에 버섯처럼 돋아났"지요. "단 1실링의 투자도 없이 시초축적이 이루어진" 겁니다.[김, 1031; 강, 1009]

　　마르크스는 한 재판 기록을 참조하는데요. 동인도회사의 한 직원이 4만 파운드스털링에 팔아넘긴 어느 지역의 아편독점권이 몇 차례 양도를 거쳐 마지막 구매자에게 9년간 600만 파운드스털링을 벌게 해주었다는 이야기입니다.[김, 1031; 강, 1009] 아편독점권이란 아편을 재배하는 인도인들을 독점적으로 수탈할 권리입니다. 영국의 식민지 권력이 그 권리를 만들어냈고 영국 자본가들이 그것을 헐값에 사들여 인도인들을 수탈하고 부를 축적했던 겁니다. 그런데 이 아편은 인도인만 수탈한 게 아닙니다. 지난 장에서 언급한 것처럼 영국인들은 인도에서 재배한 아편을 중국에 팔았습니다. 식민지 정부의 수입 중 7분의 1이 중국에 대한 아편 수출에서 나왔을 만큼 규모가 컸습니다. 인도인들로 하여금 죽음의 상품인 아편을 재배하게 했고 그것을 중국인들로 하여금 소비하게 했습니다. 군대를 동원하고 군함을 동원했지요(아편전쟁). 아편을 재배하면서, 그리고 아편을 소비하면서 얼마나 많은 생명이 사라졌는지 모릅니다. 총탄을 맞고 쓰러진 사람도 많았지만 상품으로 인해 쓰러진 사람은 더 많았을 겁니다. 영국인들은 아편이 아니라 곡물로도 사람을 죽였지요. 사람은 피를 흘려서만 죽는 게 아니라 굶주림으로도 죽습니다. 마르크스에 따르면 영국인들은 1769~1770년 인도에서 쌀을 매점한 뒤 가격을 터무니없이 높였습니다. 그 결과 영국인들은 엄청난 수익을 올렸지만 인도인들은 대기근에 시달렸지요.[김, 1031; 강, 1009] 1866년에도 비슷했는데요. 그때 인도의 오리사주에서만 100만 명 이상의 인도인이 굶어 죽었다고 합니다.[김, 1031, 각주 6; 강, 1009, 각주 243]

　　어떻게 서구의 자본이 짧은 시간에 이렇게 커질 수 있었는가. 돈을 들이지 않고 부를 쌓는 방법이란 별 게 없습니다. 소소하게는 이런저런 방법이 있겠지만 크게 보면 모두가 사기나 약탈이죠. 식민시스템은 자국 안에서는 불가능한 규모의 약탈을 가능하게 했습니다. 국가폭력이 시초축적의 본질적 계기라고 했는데요. 서구의 국가폭력이 타 국민, 특히 다른 대륙의 원주민들에게 자행한 짓은 상상을 초월합니다. 자본주의를 낳은 유럽의 내적 계기는 유럽 바깥에서 일어난 일에 비하면 정말로 아무것도 아닙니다. 자본주의의 기원을 서구인들의 독특한 심성이나 윤리에서 찾는 사람이 많은데요. 이것들이 비서구사회에서 어떻게 발휘되었는가를 보면 기겁하지 않을 수 없습니다. 마르크스에 따르면 "유럽 바깥 지역에서의 약탈과 노예화, 살인강도 등을 통해 획득한 재물들은 곧바로 본국에 유입되어 자본으로 전화"되었습니다.[김, 1032; 강, 1010] 동인도회사와 같은, 국가가 뒷받침해주는 독점 무역회사들이 지렛대 역할을 해주었지요. 식민시스템은 단지 부만 늘려준 게 아닙니다. 유럽 내에서 자본축적을 도울 다른 시스템들의 발전을 촉진했습니다. 식민시스템 덕분에 유럽의 매뉴팩처들은 거대하고도 확실한 판매시장을 얻었습니다. 산업이 겨우 싹을 틔우기 시작한 시대에 식민시스템이 산업을 위한 온실이 되어준 셈이지요. 이뿐이 아닙니다. 식민시스템은 상업과 항해를 발전시켰고, 무엇보다 독점 무역회사에 자본을 투자할 수 있는 시스템 즉 신용제도의 발전을 가져왔지요.[김, 1032~1033; 강, 1010~1011]

▶국채 혹은 공채 시스템──국채란 말 그대로 국가채무입니다. 국가가 빚을 낸 것이지요. 매뉴팩처 시기 서구 여러 국가가 국채를 발행했습니다. 앞서 국내시장의 형성과정을 설명하면서도 언급했지만 당시 유럽에서는 크고 작은 전쟁이 끊이지 않았습니다. 17세기부터는 전쟁이 거의 상례화되다시피 했고 규모도 매우 커져 영국과 프랑스처럼 큰 나라들도 전비(戰費) 충당이 쉽지 않을 정도였습니다 (전면전이 없던 해에도 식민지와 해상무역망을 차지하려는 쟁투가 계속되었지요). 페리 앤더슨에 따르면 17세기 중엽 유럽 국가들이 지출한 돈 중 압도적으로 많은 부분이 전쟁 준비나 수행에 바쳐졌습니다. 그리고 이런 지출 구조는 꾸준히 이어졌습니다. 유럽이 비교적 질서 잡히고 평화롭던 프랑스혁명 직전에도 "프랑스 재무총감 네케르는 국가 지출의 3분의 2가 군대에 할당되었다고 했을" 정도입니다.[62] 전쟁에서 승리하기 위해서는 가능한 많은 돈을, 가능한 짧은 시간에, 가능한 적은 비용으로 조달해야 하는데요. 이때 고안된 자금 동원 방법이 국채입니다.[63]

군주가 돈을 조달하는 대표적인 방법은 세금입니다. 그러나 예산 개념도 분명치 않고 조세징수시스템도 제대로 갖추지 못한 19세기 이전 국가들로서는 무리입니다. 급히 돈이 필요한 경우 조세는 별 도움이 안 됩니다. 그렇다면 해결책은 하나죠. 돈을 빌리는 겁니다. 나중에 세금이 들어오면 갚기로 하고 우선 금융업자나 대상인으로부터 돈을 빌리는 겁니다. 이것이 일종의 '적자예산'인 '국채' 내지 '공채'의 원리죠. 국채는 고대에는 전혀 알려지지 않은 개념이었습니다. 국가가 국민에게 빚을 낸다는 발상을 떠올리기가 어려웠을 테지요. 중세에는 왕위 계승의 불확실성과 정부의 취약성 때문에 제도화할 수가 없었고요.[64] 이 제도의 초기 형태는 마르크스의 말처럼 제노바와 베네치아, 피렌체 등 중세 이탈리아 도시들에서 발견됩니다.[김, 1033; 강, 1011] 13세기부터 이탈리아 도시들이 상업적으로 크게 번영했는데요. 이때 원격지교역에 필요한 돈을 마련하는 금융기법(어음, 채권 등)을 개발한 금융업자와 상인 들이 나타났습니다. 이들은 유럽의 여러 도시에 회사(companies)를 설립하고 환전 및 대부 업무를 수행했습니다. 반(半)은 상업을, 반은 은행업을 수행하는 회사들이었지요.[65]

이들은 군주에게도 대부를 해주었는데요. 자신들의 거래에 군주들의 보호가 필요했기 때문이죠. 이를테면 피렌체 상인들은 13~14세기에 영국 에드워드 1세의 웨일스 정복, 에드워드 2세의 스코틀랜드 정복, 그리고 에드워드 3세가 프랑스와 치른 백년전쟁에 돈을 댔습니다(결국 에드워드 3세가 채무를 갚지 않음으로써 치명타를 입었지요). 16세기 후반에는 제노바인들이 에스파냐 국왕에 대한 대부 업무를 맡았습니다. 당시 에스파냐는 대규모 용병을 동원해 네덜란드와 전쟁을 벌였는데요('네덜란드독립전쟁' 혹은 '80년전쟁'이라고 부릅니다). 이 자금을 제노바인들이 댔습니다. 이들은 에스파냐 정부에 자금을 대부하고, 에스파냐 정부가 발행한 '아시엔토'(asiento)라는 증서를 받았는데요. 아메리카에서 에스파냐로 들어오는 은에 대한 권리를 인정한 일종의 어음(채권)이었습니다. 이들은 이 증서를 유통시켜 막대한 수익을 올렸지요. 국가에 대한 채권을 이용한 수익모델을 만들어낸 겁니다.[66]

17세기 네덜란드에서 국채 등의 신용제도는 더욱 발전했습니다. 17세기 초 암스테르담에는 증권시장이 처음 생겨났습니다. 과거 이탈리아 도시에도 주식, 채권, 선물 등의 거래가 없었던 것은 아닙니다. 하지만 암스테르담 거래소의 "거래량, 유동성, 공공성, 투기의 자유 등"은 완전히 새로운 수준이었습니다. '튤립 광기'(tulip mania)와 같은 투기 사건들, 말 그대로 "투기를 위한 투기" 사건들이 계속해서 일어났습니다.[67] 벼락부자들이 여기저기서 생겨났지요. 그런데 이 시기 거래소에서 가장 활발하게 거래되던 품목이 공채 증서나, 정부가 독점권을 인정한 동인도회사의 주식이었습니다.[68] 18세기로 접어들면 영국 런던에서 비슷한 일들이 일어납니다. 1694년에 잉글랜드은행이 만들어지고 1695년부터는 왕립거래소(Royal Exchange)가 개장합니다. 여기서는 "공채, 동인도회사 주식, 잉글랜드은행 주식" 등이 거래되었지요.[69] 국가가 지급을 보증하는 채권, 국가가 그 독점권을 인정하는 회사 및 은행의 주식들이 거래의 기본 품목이었습니다. 브로델에 따르면 "재무성 증권, 해군 공채 그리고 50여 개의 회사들(이 중에는 잉글랜드은행, 그리고 1709년 전체적으로 조직된 후 이 분야의 선두를 지킨 동인도회사도 있다)의 주식도 모두 투기의 대상"이었습니다.[70]

'자본집중'의 '강력한 지렛대'인 '신용제도'가 이 시기에 만들어질 수 있었던 것은 신용제도의 본질인 '믿음' 문제가 해결되었기 때문입니다(891쪽 참조). 국가 권력이 보증자로 나섰으니까요. 근대 국가시스템이 안정화되자 국채는 가장 믿을 만한 거래 품목이 되었습니다. 마르크스는 이를 기독교 신앙에 빗대어 이렇게 말하고 있습니다. "공적 신용(öffentliche Kredit)은 자본의 사도신경(Credo)이다. 국채의 탄생과 더불어 국채에 대한 불신은 성령에 대한 결코 용서받을 수 없는 죄악으로 간주된다."[김, 1033; 강, 1012] 사실 국채를 산 사람은 "아무것도 주지 않은 것"과 같습니다. 형식으로는 자신의 돈을 국가에 빌려주고 채권 증서를 받았지만, 이 채권 증서 자체를 현금처럼 유통시킬 수 있었기 때문에 돈은 수중에 그대로 있는 것과 같습니다. 국가에 빌려준 사람은 이 증서를 판매할 수 있었고 이 증서로 지불할 수도 있었습니다. 자산을 빌려주었다고 자산이 줄어든 게 아닙니다. 단지 자산의 형태가 바뀐 것뿐이지요. 게다가 안정적 수익률까지 보장되었으니 더할 나위 없이 좋습니다. 이 시기 국채는 그 자체로 돈일 뿐 아니라 매년 일정 비율로 자식을 낳는 돈, "생식력을 부여받은 돈"이었습니다.[김, 1033; 강, 1012] 마르크스가 "공채가 시초축적의 가장 강력한 지렛대 가운데 하나"라고 말한 것은 이런 이유입니다.[김, 1033; 강, 1012] 공채 내지 국채는 투기로 한몫을 챙긴 벼락부자들도 낳았지만, 장기적으로 자본축적의 지렛대 역할을 하는 신용시스템 구축에 결정적 역할을 했습니다. 국채 덕분에 "주식회사와 갖가지 양도성 유가증권의 거래, 주식 거래" 제도가 성립할 수 있었으니까요.[김, 1034; 강, 1012]

국채는 '근대적 은행체제(Bankokratie)' 성립에도 결정적 공헌을 했습니다. 마르크스는 "국립이라는 견장을 단 대은행들은 그 출발부터 사적 투기업자들의 회사에 지나지 않"았다고 했는데요.[김, 1034; 강, 1012] 잉글랜드은행이 그랬습니다. 잉글랜드은행은 나라 이름을 달았지만 실상은 런던 상인들이 만든 주식회사였습니다. 1688년 아우크스부르크전쟁(9년전쟁)이 발발했는데요. 이때 런던상인조합이 국왕에게 120만 파운드스털링을 8퍼센트 이자를 받기로 하고 대부해주었습니다. 그런데 앞서 말한 것처럼 이들의 자산은 수중에 그대로 있었습니다. 120만 파운드스털링짜리 채권 증서를 손에 쥐게 되었으니까요. 이들은 이것을 자본금 삼아 잉글랜드은행을 세웠습니다. 런던 상인들은 다른 특권도 얻었습니다. 잉글랜드은행은 자체 은행권을 발행하고, 상업어음을 할인하고, 대부 업무도 할 수 있는 권리를 보장받았지요. 처음에는 권리를 12년 한도로 부여받았지만 시한이 계속 연장되었고 18세기 중반부터는 사실상 영구적으로 인정받았습니다. 잉글랜드은행은 발권, 예금, 계좌이체, 대부 업무를 모두 수행했습니다. 그러자 잉글랜드은행의 은행권이 공식 화폐처럼 통용되기 시작했지요(최종적으로 '1844년 은행법'을 통해 중앙은행이 되었고 이 은행권이 국민통화가 되었습니다).[71] 국가에 빌려준 돈의 이자를 받으면서 그 증서를 기반으로 더 많은 수익을 창출한 겁니다. 잉글랜드은행은 나중에는 자신이 찍어낸 돈으로 국가에 대부를 했고, 국가의 공채에 대한 지불 업무까지 대행했습니다.[김, 1034; 강, 1012~1013]

국가와 관련된 돈의 출입이 모두 잉글랜드은행의 손아귀에 있는 겁니다. 18세기 중반부터 영국 정부는 안정적 국가 재정시스템을 바탕으로 공채를 저리의 장기대부 형태로, 더 나아가 아예 영구공채(Consol) 형태로 전환했습니다.[72] 원금 상환 기간을 따로 명시하지 않은 채 이자만 정기적으로 지불하는 겁니다. 이런 영구공채는 국가에 대한 신뢰가 확고하지 않으면 불가능합니다. 그런데 영국의 국채는 매년 수익이 확실히 보장된 안정적 자산으로 인정받았고 매우 인기 있는 금융상품이 되었습니다. 국가로서는 돈이 필요할 때마다 은행에서 가져다 쓰면 되었습니다. 언제든 빚을 질 수 있습니다. 잉글랜드은행이 채권자였고, 이 은행이 유통시킨 채권을 소유한 자산가들이 채권자였습니다. 그렇다면 국가가 진 빚은 누가 갚았을까요. 채권자들에게 안정된 수익을 제공한 사람은 누구일까요. 왕이 돈을 빌렸으니 왕이 허리띠를 졸라매 돈을 갚았을까요. 그렇지 않습니다. 국가의 채무란 사실 국민의 채무입니다. 영구공채란 영구채무인데요, 그 채무를 갚아야 하는 존재는 국민이지요.

그래서 마르크스는 윌리엄 코빗(William Cobbett)의 말을 빌려 이렇게 씁니다. "영국에서 모든 공공기관은 '왕립'(Royal)이라는 명칭을 갖고 있으나 그들의 채무는 모두 '국민의'(national) 채무(debt)다."[김, 1033, 각주 7; 강, 1011, 각주 243a] 잉글랜드은행을 가리켜 마르크스가 "국민에 대한 영원한 채권자"라고 부른 것도 같은 이유입니다.[김, 1034; 강, 1013] 잉글랜드은행만이 아니지요. 당시 국채를 소유한 모든 패거리가 국채를 통해 국민을 빚쟁이로 만들고 그로부터 안정적 수익을 올렸습니다. 국가가 국민으로부터 이자를 뜯어내 이들 자산가에게 전달한 셈입니다. 국채와 은행의 설립, 조세가 맞물린 대단한 수익모델이었다고 할 수 있지요. 지난번에 썼던 표현을 다시 쓰면 이렇습니다. "권력자는 돈을 쓰고, 백성은 돈을 갚고, 자본가는 돈을 번다"(211쪽 참조).

▶조세시스템──국채시스템은 조세시스템과 연결되어 있습니다. 국채이자는 국고수입에서 나와야 하는데 국고수입이란 주로 세금일 수밖에 없으니까요. 국채시스템이 원활히 작동하려면 조세시스템이 정비되어야 합니다. "근대적 조세시스템은 국채시스템의 필수적 보완물"이죠.[김, 1035; 강, 1013] 국채는 조세에 대한 반발을 누그러뜨릴 수 있는 방책이기도 했습니다. 전쟁을 위해서든 사치를 위해서든 돈이 필요할 때마다 세금을 걷어 갔다면 저항이 컸을 겁니다. 그러나 일단 국채를 팔아서(돈을 빌려서) 지출한 뒤 시차를 두고 조금씩 증세하면 납세자들이 곧바로 알아차리지 못합니다.[김, 1035; 강, 1014] 조세 반발을 누그러뜨릴 방법은 또 있습니다. 간접세(소비세)를 걷는 겁니다. 생활수단에 과세를 하는 거죠. 17세기 스웨덴의 한 재상의 표현을 빌리자면 소비세는 "반란을 부추기지 않는 세금"으로 군주들에게 인기가 높았다고 합니다.[73] 이 점에서도 영국 정부는 탁월했는데요. 18세기 말 영국 국민들의 세금 부담은 프랑스의 경우보다 훨씬 높았지만 반발은 크지 않았습니다. 일부 학자에 따르면 그건 소비세 같은 간접세 비중이 높았기 때문입니다.[74]

그러나 어떤 편법을 써도 증세는 불가피합니다. 근대국가들은 채무를 지는 방식으로 지출 문제를 해결해왔습니다. 이는 지출할 때마다 채무가 누적된다는 뜻입니다. 그리고 채무의 누적은 과세의 증대로 이어질 수밖에 없지요. 근대적 재정의 원리 안에 증세가 내재해 있는 겁니다. 그래서 마르크스는 이렇게 말합니다. "과중한 세금은 우연한 것이 아니라 과세의 원칙이다."[김, 1036; 강, 1014] 과중한 세금은 특히 "농민이나 수공업자들, 요컨대 소규모 중간계급의 구성원들"에게 파괴적 영향을 미칩니다. 마르크스는 시초축적기에는 이 부분에 주목해야 한다고 말합니다. 조세제도가 중간계급의 몰락을 초래했다는 것 말입니다.[김, 1036; 강, 1014] 국가는 전쟁을 벌이고 상업적 패권 경쟁을 벌였으며 식민지를 개척했습니다. 관료제를 비롯해 각종 기구와 제도도 정비했습니다. 이 모든 일에는 돈이 드는데요. 국가는 국채시스템으로 문제를 해결했습니다. 그런데 국채시스템이란 조세시스템을 통해 채무를 민중들에게 전가하는 것에 다름 아닙니다. 자본가는 국채시스템에서 큰돈을 벌었지만 중간계급은 세금 때문에 몰락했습니다. 거대 자본가가 출현한 동시에 중간계급이 몰락했고 이 때문에 프롤레타리아가 더 많이 발생했다고 할 수 있지요.

▶보호무역시스템——조세시스템은 보호무역시스템과도 연결되어 있습니다. 당시 서구 국가들은 "낡은 생산양식에서 근대적 생산양식으로의 이행을 강압적으로 단축시키기 위해" 강력한 보호무역정책을 폈습니다. 소위 '압축적 근대화' 정책이지요. 이것은 한국 같은 소위 개발도상국에서만 나타났던 게 아닙니다. 서구 국가들도 자본주의로 나아갈 때 모두 보호무역정책을 폈지요.[김, 1036; 강, 1014] 보호무역정책 중에는 세금제도가 가장 쉽고 효과적입니다. 국내시장에 들어온 외국 상품에 관세를 부과하고 해외시장으로 진출하는 국내 기업에 수출장려금을 지급하는 식이지요. 그런데 이것은 국내 자본가의 덩치를 키우기 위해 그 입에 국가재산, 즉 "국민들의 고혈을" 흘려 넣어준 것과 같습니다. 시초축적을 도운 정도가 아니라 시초축적(자본)의 일부를 직접 제공한 셈이지요. 아일랜드처럼 영국(잉글랜드)의 속국인 경우에는 국민들의 피해가 더 컸습니다. 본국 자본가를 위해 해당 산업 전체가 뿌리 뽑혔습니다. 그래서 아일랜드는 잉글랜드에 원료나 식품을 공급하는 농업국가가 되고 말았지요.[김, 1036; 강, 1015]

국가, 자본의 탄생을 도운 산파

지금까지 영국을 중심으로 이야기를 했습니다. 그러나 이것이 영국만의 이야기는 아닙니다. 영국에서 가장 체계적으로 작동하기는 했지만 자본주의로 이행하는 과정에서 서구의 여러 나라가 비슷한 일을 겪었지요.

프랑스의 '존 로 체제'가 대표적 예입니다(211~212쪽 참조). 스코틀랜드의 은행가였던 로는 채무에 시달리던 프랑스 정부에 자금을 대부해주고 은행설립권을 얻었습니다. 영국 상인들이 잉글랜드은행을 설립했던 방식과 같습니다. 은행 설립에는 별도의 돈이 필요하지 않았습니다. 국가에 대부하고 받은 채권 증서를 자본금으로 삼았으니까요. 계속 돈을 대는데도 돈이 들지 않는, 아니 오히려 큰 수익을 내는 모델을 알고 있었던 겁니다. 그는 잉글랜드은행과 마찬가지로 은행권을 발행했고 이 은행권으로 세금을 납부할 수 있게 했습니다. 나중에는 조세 징수 업무까지 독점했습니다. 마침내 잉글랜드은행처럼 그의 은행도 프랑스왕립은행이 되었지요. 로는 대외무역에 대한 독점권도 얻었는데요. 당시 프랑스 식민지였던 미국의 루이지애나 지역과의 교역을 독점하는 회사를 만들고 동인도회사도 사들였습니다. 상황이 이렇다 보니 너도나도 로 회사의 주식을 사려고 달려들었어요. 회사의 주식 가격이 폭등했습니다. 무려 36배가 올랐지요. 존 로 체제는 결국 투기 거품이 터지면서 붕괴했습니다만 당시 작동했던 자본축적 모델을 선명하게 보여줍니다. 국채 발행과 은행의 설립, 무역 독점회사, 조세, 식민지 개척 등이 유기적으로 맞물려 돌아가는 모델 말입니다.[75]

이렇듯 산업자본의 시초축적을 도운 네 가지 시스템은 서로 긴밀하게 연관되어 있으며 그 중심에 국가권력이 있음을 알 수 있습니다. 국가권력의 뒷받침이 없다면 불가능한 모델이지요. 앞서 마르크스는 봉건적 생산양식이 자본주의적 생산양식으로 전환하는 과정에서 국가권력이 이용되었으며, 새로운 사회를 잉태한 낡은 사회에서는 '폭력'이 산파 역할을 한다고 했습니다. 국가가 없었다면 봉건적 소유제를 근대적 소유제로 전환하기가 불가능했을 겁니다. 국가는 국유지를 증여하거나 불하하는 방식으로 시초축적에 기여했습니다. 국가는 임금노동자의 탄생에도 결정적 역할을 했습니다. 생산수단을 잃은 대규모 인간대중을 노동시장으로 이끌었고(피의 입법), 자본이 스스로의 힘(경제적 관계의 힘)으로 노동자들을 장악하기 전까지 노동자의 관리를 도왔습니다. 임금 규제, 노동시간 연장, 노동자의 복종 등에 직접 관여했지요. 그리고 산업자본의 시초축적을 가능케 한 시스템 설립에도 중요한 역할을 했습니다. 자본가의 탄생도, 노동자의 탄생도 국가의 도움이 없었다면 힘들었을 겁니다. 국가가 자본의 탄생을 도운 산파였다고 할 수 있습니다.

────────── 시초축적기의 폭력, 야만 위에 건설된 문명 ──────────

시초축적기에 어떤 일들이 일어났는지 살펴보았는데요. '피와 불의 문자들로 기록된' 이 끔찍한 연대기는 정치경제학자들의 서가에서는 찾아보기 어렵습니다. 자본주의로의 이행을 문명화로 받아들이는 사람들은 이 문명이 야만을 통해 건설된 것임을 말하지 않습니다. 침묵하거나 불가피한 희생으로 정당화하거나, 심지어 대단한 성취로 미화하지요. 이와 관련해 마르크스는 이든을 다시 거명합니다. 자본주의가 매뉴팩처 단계에서 기계제 대공업 단계로 넘어가는 시점에 비판적 목소리를 냈던 사람인데요. 이든은 구빈원에서 어린아이들을 데려와 공장에서 밤낮으로 혹사시키는 것에 분노했습니다. 그런데 이 대단한 박애주의적 감성을 지닌 인물은 시초축적기 농민들의 토지 수탈에 대해서는 아주 냉정했습니다. 심지어 자본주의적 농업을 위한 '필수' 과정이라며 긍정하기까지 했습니다. "경작지와 목초지 사이의 올바른 비율을 확립"하기 위해 필요했던 일이라고 보았지요. 마르크스는 이든이 태연하게 말한 일과 이든이 분노한 일의 차이가 무엇이냐고 묻습니다. 경작지와 목초지 사이의 올바른 비율을 정립하기 위해 농민들을 몰아낸 일과 "자본과 노동력 사이의 올바른 비율을 확립하기 위해" 구빈원에서 아동을 약탈하고 공장에서 어린아이들을 노예처럼 부린 것의 차이가 무엇이냐고요. 자기 시대의 착취에 대해 분노하는 사람이 시초축적기의 폭력에 대해서는 어떻게 그렇게 태연자약하느냐는 거죠.[김, 1037; 강, 1015]

영국에서 산업자본이 급성장하던 시기(이든이 구빈원 아동을 약탈해 공장에서 혹사시키는 것을 한탄하던 시기) 자본가들은 부족한 노동자를 구하기 위해 사방팔방으로 뛰어다녔습니다. 지난번에 우리는 마르크스가 한 하원의원의 연설을 인용한 것을 보았지요. 공장주들이 구빈법위원회와 거래해 교구에 있는 가난한 사람들을 사들였다고요. 구빈법위원회가 명부를 넘기면 공장주가 선택을 했습니다. 그러고 나면 "이들 인간화물은 일반화물과 마찬가지로 꼬리표를 단 채 짐마차로 송달"되었지요. 이런 '인신매매'는 지속적으로 이루어졌고 "흑인이 미국 남부의 여러 주에서 면화 재배업자에게 팔리는 것과 완전히 똑같이 (…) 맨체스터 공장주들에게 넘겨"졌습니다. 빈민 아동들이 모여 있던 구빈원이나 고아원 등도 중요한 약탈 대상이었지요. 이들 시설은 아이들을 임대 형식으로 공장주들에게 넘겼습니다(443쪽). 이번에도 마르크스는 다시 한번 이 사실을 환기합니다. 하원의원 프랜시스 호너(Francis Horner)의 연설을 인용한 것인데요. 호너에 따르면 당시 파산한 한 공장주는 공장에서 일하던 아이들을 경매에 부쳤습니다. 자기 재산의 일부라고 생각했기 때문이죠. 런던의 한 공장주와 교구 사이의 계약서에는 공장주가 건강한 아이 스무 명당 백치 한 명을 사들여야 하는 것으로 되어 있습니다. 아동노동자들의 거래가 기행이 아니라 관행이었음을 알 수 있습니다.[김, 1039, 각주 11; 강, 1017, 각주 246]

마르크스가 여기서 이 이야기를 또 꺼낸 이유는 뭘까요. 아마도 자본의 시초축적기에 볼 수 있었던 일들이 자본주의적 생산양식의 토대가 구축된 뒤에도 새로운 형태로 반복되고 있음을 말하기 위해서일 겁니다. 식민지인들을 대상으로 자행된 폭력이 자국의 빈민들을 대상으로, 또 불법 내지 무법적으로 자행된 행동이 법률과 제도의 형태로 계속 이루어지고 있다는 것이지요. 17세기 네덜란드인들이 노예를 구하기 위해 술라웨시섬에서 주민들을 사냥하고 비밀 감옥에서 어린 소년들을 길러 노예선에 팔아넘긴 일과, 산업자본주의 초기 영국 공장주들이 교구위원회로부터 농촌의 빈민들을 사들이고(인신매매) 구빈원과 고아원 관리자들이 아이들을 공장에 임대 상품으로 팔아넘긴 일이 서로 무관하지 않다는 거죠. 기계제 대공업 시대에 산업예비군(잉여노동자들)에게 자행된 폭력도 마찬가지입니다. 산업예비군이 "자본이 마음대로 처분할 수 있는 인간재료"로서 겪은 일들은 시초축적기 '포겔프라이 프롤레타리아들'이 겪은 일과 무관하지 않습니다. 자본관계에 예속되어 있고 자본의 재생산에 동원되지만 그 가치를 인정받지 못하는(자본관계 내부에 진입할 수조차 없는) 우리 시대 다양한 프롤레타리아들이 겪는 폭력도 그렇고요(874쪽 참조). 그러므로 시초축적기 폭력은 사라진 것이 아닙니다. 그 폭력은 자본주의적 생산양식의 토대가 구축된 뒤에도 살아 있습니다. 법률과 제도의 형태로 시스템 안에서 숨 쉬고 있다고 할 수 있습니다. 야만적 형태의 폭력이 문명화된 형태의 폭력으로 바뀐 것뿐이지요(시스템이 위기에 처하면 시초축적기에 등장했던 폭력과 유사한 폭력이 등장하기도 하지요).

──────── 마침내 '자본'이 태어났다, 피와 오물을 흘리며 ────────

이든처럼 박애주의적 심성을 보여준 정치경제학자들조차 시초축적기의 수탈에 대해서는 태연자약한 태도를 보였다고 했는데요. 그래도 이들은 나은 편입니다. 이때의 일을 미화하고 심지어 자랑스러워하는 사람들이 훨씬 많으니까요. 17~18세기 자본주의 발전과 더불어 서구인들은 지난 시절의 만행을, 번영의 기초를 닦은 행동으로 칭송했습니다. 마르크스에 따르면 이때 "유럽의 여론은 마지막 남은 수치심과 양심까지 내버렸"습니다.[김, 1039; 강, 1017]

　　대표적 예가 18세기의 정치경제학자 애덤 앤더슨입니다. 그는 시초축적기의 일들을 '신의 섭리'로 묘사했던 인물이지요. 『상업의 역사』에서 그는 영국이 노예무역의 권리를 확대한 과정을 무용담처럼 떠들어댔습니다. 에스파냐가 갖고 있던 아프리카와 아메리카(에스파냐령) 사이 노예무역의 권리를 영국이 위트레흐트조약(Utrecht條約, 1713) 체결 과정에서 빼앗았는데요. 앤더슨은 이를 "영국 국책의 승리"라고 했습니다.[김, 1040; 강, 1018] 그런데 앤더슨이 뿌듯해하는 일의 정체가 무엇인지 생각해봅시다. 그것은 아프리카에서 사냥한 인간을 아메리카에 팔아치우는 일입니다. 영국은 당시 아프리카와 서인도제도(영국령)를 오가며 노예무역에 열을 올리고 있었습니다. 그런데 1713년 '국책의 승리'로 30년간 해마다 4800명의 아프리카인을 에스파냐령 아메리카에 공급할 권리를 새로 얻었습니다. 더 많은 인간을 잡아다가 더 많은 곳에 팔 수 있게 된 것이지요.

　　영국의 리버풀은 '국책의 승리' 후 노예무역으로 성장한 도시입니다. 1730년

리버풀의 항구에는 15척의 노예판매선이 드나들었는데요, 1792년에는 노예판매선이 무려 132척까지 늘어났습니다. 당대의 정치경제학자 존 에이킨은 이 상황에 매우 고무되었던 것 같습니다. 그는 노예무역이 더 많은 부, 더 큰 번영만을 가져다준 게 아니라고 했습니다. 그에 따르면 노예무역은 "리버풀의 무역을 특징짓는, 그리고 리버풀의 무역을 현재의 번영으로 이끌어준, 대담한 모험정신(spirit of bold adventure)에 부합했으며, 선적과 항해에서 대규모 일자리를 창출했고, 이 나라 매뉴팩처에 대한 수요를 크게 증가시켰"습니다[참고로 독일어판에서 마르크스는 에이킨의 이 문장들을 "노예무역이 상업적 모험정신(kommerziellen Unternehmungsgeist)을 격정(Leidenschaft)으로까지 끌어올렸고 뛰어난 선원들을 육성했으며 큰돈을 벌게 해주었다"라고 옮기고 있습니다[김, 1040; 강, 1018]}. '대담한 모험정신'(상업적 모험정신)이라는 말이 눈에 들어오는데요. 공격적 투자의 정신을 지칭한 것으로 보입니다. 에이킨은 노예무역이 영국의 자본가들에게 그런 모험정신을 함양했다고 평가한 겁니다. 마르크스는 한 잡지 기사를 인용해 이 정신의 정체를 밝혀주는데요. "적당한 이윤만 보장되면 자본은 대담해진다. 10퍼센트 이윤을 보장할 수 있다면 자본을 어디서든 이용할 수 있다. 20퍼센트가 보장되면 자본의 움직임이 활발해지고, 50퍼센트가 보장되면 적극적이고 대담해진다. 100퍼센트가 보장되면 인간의 법을 모두 유린할 준비가 되어 있고, 300퍼센트가 보장되면 저지르지 못할 범죄가 없다. 설령 단두대에 오를 수 있다 해도 말이다."[김, 1042, 각주 15; 강, 1019, 각주 250]

　노예무역은 돈만 벌게 해준 게 아니라 '대담한 모험정신'을 키워주었다는 에이킨의 말이 맞는지도 모르겠습니다. 노예무역은 자본의 시초축적이었을 뿐 아니라 자본가정신의 시초축적이었다고 부를 수도 있겠지요. 돈이 된다면 어떤 끔찍한 범죄도 용감한 모험으로 간주하는 정신이 탄생했다고요. 그리고 이런 정신이 함양된 자본가라면 다음 세기에 공장에서 노동자를 노예처럼 부리는 게 이상할 것도 없겠지요. 마르크스가 리버풀의 노예무역을 이야기하고 곧바로 영국 면직공업의 아동노예제를 이야기한 것은 이런 이유가 아닐까 싶습니다. 리버풀 항구의 정신이 영국 공장으로 이어져 내려오고 있음을 보여주려는 거죠. 그는 이렇게 말합니다. "면직공업은 영국에 아동노예제를 도입했고 미국에는 종래의 가부장적 노예제를 상업적 착취 제도로 전환시키는 동기를 제공했다. 일반적으로 유럽에서는 임금노동자라고 하는 은폐된 노예제를, 신대륙에서는 노골적인 노예제를 그 발판으로 삼을 필요가 있었다."[김, 1040; 강, 1018] 시초축적기 리버풀은 사람을 상품으로 판매하고 노예로 부리게 한 사업 덕분에 번영했습니다. 그런데 사람을 상품으로 판매하고 노예로 부리는 일은 이 시기 리버풀만이 아니라 모든 자본주의사회의 항구적 기초입니다. 사람을 상품화하고 노예로 부리는 형식이 달라진 것뿐이지요. 이를테면 19세기 영국의 아동노동자는 17세기 네덜란드인들이 비밀 감옥에 가두었다가 팔아넘긴 어린 노예의 문명화된 형태입니다. 19세기 영국 면직공장에서 일하는 임금노동자는 그 공장에 납품할 면화를 따는 미국 흑인 노예의 문명화된 형태입니다. 반대로 말하면 미국의 흑인 노예는 영국 백인 노동자의 노골적 진실, 혹독한 진실, 야만적 진실인 것이지요.

마르크스는 부르주아지를 '주문을 외워 저승의 힘을 불러낸 마법사'에 비유한 적이 있는데요. 맥락과 의미는 다르지만 마르크스가 시초축적기에 일어난 일들을 나열하는 방식을 보면, 저승에서 괴물을 불러내는 흑마술(黑魔術)이 진행된 것처럼 보이기도 합니다. 농민들로부터의 토지 수탈, 피의 입법, 아메리카에서 금은 산지의 발견, 동인도의 정복과 약탈, 아프리카의 흑인 사냥과 상품화, 그리고 이 모든 계기를 묶어준 시스템들(식민시스템, 국채시스템, 조세시스템, 보호무역시스템). 한 가지 사건, 한 가지 수고가 더해질 때마다 괴성이 울리고 괴물의 형체가 조금씩 갖추어지는 것 같습니다. "그만큼 힘든 과업이었다"(Tantae molis erat). [김, 1041; 강, 1019] 마르크스는 시초축적기의 일을 정리하며 베르길리우스(Publius Vergilius Maro)의 서사시 『아이네이스』Aeneis에서 한 구절을 따왔습니다. 베르길리우스는 이렇게 말했습니다. "로마 민족을 창건한다는 것은 그만큼 힘든 과업이었다"(Tantae molis erat Romanam condere gentem). [76] 마르크스는 로마의 탄생을 다룬 이 시구를 자본의 탄생에 쓰고 있습니다. 자본이 아무 일 없이 세상에 나온 게 아니라는 뜻이겠지요. 그야말로 온갖 '끔찍한' 수고들이 더해져 『자본』의 주인공이 탄생했습니다. 우리는 이 괴물의 성체(成體)를 알고 있습니다. "한 조각의 근육, 한 가닥의 힘줄, 한 방울의 피라도 남아 있는 한" 결코 노동자를 놓아주지 않던 흡혈귀 말입니다.[김, 411; 강, 422] 이 괴물이 세상에 태어나던 순간을 마르크스는 이렇게 묘사하고 있습니다. "머리끝에서 발끝까지 모든 털구멍에서 피와 오물을 흘리면서 자본이 태어난다."[김, 1041; 강, 1019]

자본의 운명

자본이 태어나는 모습까지 보았으니 시초축적에 대한 이야기를 마쳐야 할 것 같은데요. 마르크스는 시초축적에 관한 장(제24장)에 하나의 절을 더했습니다. 이 마지막 제7절(영어판 제32장)의 제목은 '자본주의적 축적의 역사적 경향'입니다. 제목만 보면 '자본주의적 축적의 일반법칙'을 다룬 지난 11장에 더 적합해 보입니다. 언뜻 보면 내용도 그렇습니다. 짧막하게 자본주의의 역사를 개괄하면서 자본축적의 필연적 경향(법칙)을 보여주는 것 같거든요. 마르크스는 왜 이런 내용을 여기 넣을 생각을 했을까요. 『자본』 제24장은 자본주의적 축적의 일반법칙을 다루는 장도 아니고 『자본』 I권의 마지막 장도 아닙니다. 나는 그 이유를 제6절의 마지막 단락에서 찾고 싶습니다. 조금 전 우리는 "머리에서 발끝까지 모든 털구멍에서 피와 오물을 흘리며" 세상에 태어난 신생아 자본을 보았습니다. 보통이라면 새로 태어난 아이의 운명을 축복해야 할 순간이지요. 그러나 학살, 살인, 강도, 약탈을 배경으로 탄생한 괴물의 운명을 축복할 수는 없습니다. 나는 마르크스가 덧붙인 제7절을 자본의 운명에 대한 저주문이라고 생각합니다.

제6절 마지막 단락에서 마르크스는 로마의 탄생을 다룬 베르길리우스의 시구를 떠올렸는데요. 이 시구는 이전에 제23장 마지막 단락에서 인용한 호라티우스의 시구를 연상시킵니다(960쪽). 베르길리우스는 위대한 제국을 건설한 로마 민족이 처음 탄생할 때 대단한 노고가 필요했다고 했습니다. 그런데 호라티우스는 로마 민족의 운명에는 저주가 내려졌다고 했지요. 로마인들은 칼을 놓을 수 없다고, 멸망의 길임을 알면서도 정복전쟁을 멈출 수 없다고 했습니다. 그리고 이 저주가 로마의 건국 과정에서 일어난 살인에서 시작되었다고 했지요. 사람을 죽이는 것에서 시작한 나라는 사람을 죽이는 것으로 번영하지만 결국에는 그 일로 멸망에 이를 것이다. 이것이 로마의 운명이고 이것이 자본의 운명이다. 마르크스는 호라티우스처럼 말하고 싶었던 게 아닐까요. 학살과 수탈로 탄생한 자본이라는 괴물의 저주받은 운명을 예언해두는 거죠. 그래서 제7절을 다음과 같은 문장으로 시작한 것 같습니다. "자본의 시초축적, 즉 자본의 역사적 탄생은 결국 어디에 이를 것인가?" 이제 그 운명의 귀착지로 따라가보겠습니다.

───────────── 끔찍한 창세기—자본의 비극적 탄생 ─────────────

마르크스는 이렇게 이야기합니다. 자본의 탄생이 "노예나 농노를 임금노동자로 그대로 전환한 것이 아닌 한에서 (…) 그것은 직접생산자에 대한 수탈을 의미한다."[김, 1043; 강, 1020] 임금노동자는 생산수단을 갖지 못한 사람입니다. 그런데 '임금노동자'가 노예나 농노를 단순히 고쳐 부른 이름이 아니라면(노예와 농노의 직접적 전환이 아니라면), 임금노동자의 출현은 새롭게 생산수단을 잃은 사람들, 생산수단을 빼앗긴 사람들이 대거 나타났다는 뜻이지요. 그래서 마르크스는 단도직입적으로 묻고 답합니다. 자본의 역사적 탄생은 무엇을 의미하는가. 그것은 직접적 생산자에 대한 수탈을 의미할 따름이다. 자신이 직접 일을 해서 생산물을 얻었던 사람들, 그렇게 자기 재산을 모은 사람들이 생산수단을 상실하고 재산을 빼앗기면서 자본이 시작되었다는 거죠.[김, 1043; 강, 1020]

　이것은 아주 중요한 이야기입니다. 보통 우리는 자본주의가 사적 소유에 입각해 있다고 말합니다. 틀린 말은 아닙니다. 사유재산권을 보장하지 않는 자본주의란 있을 수 없습니다. 그런데 지금 마르크스는 자본주의가 사유재산에 대한 보장이 아니라 사유재산의 수탈과 함께 시작되었다고 말하고 있습니다. 게다가 이 수탈은 불로소득이나 약탈소득에 대해 이루어진 게 아닙니다. 봉건시대 군주나 귀족의 재산을 빼앗은 게 아니라 직접 노동하는 사람들의 재산을 빼앗은 거죠. 부르주아 사상가들이 사유재산권을 일종의 자연권으로, 그래서 국가도 함부로 빼앗을 수 없는 신성한 권리로 정당화했던 논리에 비춰보면 이것은 대단한 아이러니가 아닐 수 없습니다. 근대 부르주아 사상가들은 사적 소유의 원천에 노동을 두었으니까요. 신이 제공한 자연물을 인간이 제 것으로 만들 수 있는 건 노동을 했기 때문이라고 했지요. 노동이 사적 소유를 정당화하는 근거였습니다. 그런데 자본주의는 직접생산자 즉 노동하는 자의 재산을 빼앗아 노동하지 않는 자의 재산으로 만들면서 시작되었습니다.

　자본주의가 사적 소유를 원칙으로 하는 사회인 것은 분명합니다. 그러나 마르크스에 따르면 똑같이 사적 소유를 원칙으로 삼는다 해도 소유주가 직접생산자(노동하는 자)인가 아닌가에 따라 사회형태는 크게 달라집니다.[김, 1043; 강, 1020] 그런데 자본주의의 기초를 이루는 사적 소유, 자본의 증식(잉여가치 취득)을 보장하는 사적 소유는 노동하지 않는 자, 직접 생산하지 않는 자의 사적 소유라 할 수 있습니다. 사실 봉건주의적 생산양식에서도 어느 정도의 사적 소유는 존재했습니다. 자영농민들의 경우 자기 노동수단으로 일했고 노동생산물도 자기 것으로 취했습니다. 소농사회처럼 소규모 경영(Kleinbetrieb)이 이루어지는 곳에서는 직접생산자가 생산수단을 소유하는 경우가 많았습니다. 그리고 이런 소규모 경영은 마르크스에 따르면 "사회적 생산과 노동자 자신의 자유로운 개성의 발전을 위해서도 필수적인 조건"입니다.[김, 1043; 강, 1020] 노동하는 사람이 생산수단에 대한 권리를 가져야 한다는 거죠.

　그러나 봉건주의적 생산양식처럼 생산수단이 분산되어 있고 협업이나 분업의 폭이 제한되는 조건에서는 생산력이 발전하기 어렵습니다. 생산규모가 정체되어 있다고 할까요. 그러나 언제까지나 그런 것은 아닙니다. 마르크스는 프랑스 경제학자 콩스탕탱 페쾨르(Constantin Pecqueur)의 말을 빌려 이렇게 이야기합니다. 이런 생산양식을 영속화하려는 것은 "전체적으로 자잘해질 것을 명령하는 것"(décréter la médiocrité générale)이라고요.[김, 1044; 강, 1020] 그때가 언제인지 미리 알 수는 없겠지만 어느 순간 기존 생산양식을 파괴하는 물질적 힘이 생겨납니다. 봉건주의적 생산양식의 경우도 그랬습니다. 이 생산양식을 속박으로 느끼는 '새로운 세력'과 '새로운 정열'이 태동했지요.[김, 1044; 강, 1020~1021] 시초축적기의 일들이 여기에 해당합니다. 생산수단의 집적과 사회적 생산력의 발전을 가로막던 사회적 배치가 해체되고, 소유형태도 '다수에 의한 소규모 소유'에서 '소수에 의한 대규모 소유'로 바뀌었지요. 이미 이 과정은 충분히 살펴보았습니다. 그런데 제7절에서 마르크스가 특별히 강조하는 것은 소유형태입니다. 자기 노동에 기초한 사적 소유가 자본주의적 사적 소유, 즉 "다른 사람의, 하지만 형식적으로는 자유로운 노동에 대한 착취에 기초한 사적 소유"로 바뀌었다는 거죠.[김, 1045; 강, 1021]

─────── 멈출 수 없는 운명―"수탈자가 수탈당한다"───────
자본주의가 직접생산자에 대한 수탈에서 시작되었다고 했는데요. 축적이 진행되면 수탈의 규모도 확대되지요. 처음에는 직접생산자의 재산을 수탈했고, 다음에는 직접생산자를 임금노동자로 전환해 잉여가치를 수탈했습니다. 자본주의적 생산양식의 토대가 구축된 이후에는 노동력과 생산수단의 동원 범위가 더 커집니다. 노동은 점차 협력적 형태를 취하고, 생산수단의 규모가 커지면서 공통으로 이용하는 생산수단(이를테면 교통 및 통신 시설)이 늘어납니다. 한마디로 노동과 생산수단의 사회화가 나타나지요.[김, 1045; 강, 1021] 그런데 더 많은 노동과 더 많은 생산수단을 동원하려면 더 많은 자본이 필요합니다. 자본축적을 위해서는 생산력 발전이 필요하고, 생산력의 발전을 위해서는 더 큰 자본이 필요하지요. 자본의 수탈은 어느 순간 새로운 양상으로 전개됩니다. 자영노동자(자영농민)에서 임금노동자의 수탈로 가더니, 이제는 자본가들까지 수탈합니다. 큰 자본이 더욱 덩치를 키우기 위해 작은 자본들을 먹어치우는 일, 소위 '자본가에 의한 자본가의 수탈'이 일어나는 겁니다. 이것이 '자본의 집중'입니다. [김, 1045; 강, 1021]

자본은 사회적 생산력을 더욱 발전시켜가는데요. 그럴수록 생산의 사회적 성격이 커집니다. 마르크스의 말을 그대로 옮기면 이렇습니다. "노동과정의 협업적 형태, 과학의 의식적이고 기술적인 적용, 토지의 계획적 이용, 노동수단의 공동 사용, 결합된 사회적 노동의 생산수단으로 사용됨으로써 나타나는 모든 생산수단의 절약, 각국 국민들의 세계시장 그물로의 편입과 자본주의적 체제의 국제적 성격 등이 더 큰 규모로 발전해간다."[김, 1045; 강, 1022] 이 과정에서 소유의 사회적 성격이 커집니다. 자본의 집중은 '경쟁'(소수의 대자본가가 다수의 소자본가를 수탈)을 통해서도 이루어지지만, '신용'(산재한 자본의 사회적 동원)을 통해서도 이루어집니다(891~894쪽 참조). 그런데 자본을 사회적으로 동원하면 그만큼 소유에 사회적 성격이 나타나지요. 마르크스가 『자본』 III권에서 다루는 주식회사가 대표적 예입니다. 주식회사는 대자본가가 사회적으로 동원한 자본을 자기 재산처럼 쓸 수 있는 방법입니다[게다가 소유권을 상품 형태(주식)로 거래하기 때문에 투기 성격도 강합니다. 마르크스의 표현을 빌리자면 거래소에서 대개 "작은 고기들이 상어의 밥"이 됩니다[77]. 주식회사 제도는 생산의 사회화와 더불어 소유의 사회화 경향이 나타남을 보여줍니다. 다만 소유의 사회적 성격이 아직은 "자본주의적 한계 안에 붙들려 있는" 형태라고 할 수 있지요.[78]

마르크스에 따르면 자본주의는 대자본가의 수는 줄어들면서 축적의 규모는 커지는 방향으로 발전합니다. 그리고 축적 규모가 커지는 것에 비례해 "빈곤, 억압, 예속, 타락, 착취의 정도"가 증대합니다.[김, 1045; 강, 1022] 자본으로서는 그 영광이 절정에 이르는 때죠. 마치 베르길리우스 서사시의 주인공 아이네이스가 미리 본 미래 로마의 영광과 같습니다. 과연 여기가 신생아 자본이 이르게 될 운명의 귀착지일까요. 그렇지 않습니다. 자본이 걸어가게 될, 아니 미친 듯 달려가게 될 운명의 나머지 부분이 있습니다. 마르크스의 예언, 마르크스의 저주에 따르면, 자본을 세계의 정복자로 만들어준 운명이 자본을 패망으로 이끕니다. 마치 로마를 정복자로 만들어준 운명이 로마를 멸망으로 이끈 것처럼 말이지요. 자본이 규모를 키우기 위해 발전시켰던 모든 요소가 어느 시점에선 자본을 위협합니다. 자본은 생산수단을 집중시키고 사회적 생산력을 발전시켰습니다. 하지만 생산력의 무제한적 발전은 어느 순간 생산의 제한된 목적, 즉 자본의 증식이라는 목적과 충돌하기 시작합니다.[79] 사회적 생산력(사회의 지적·과학적·예술적 능력)의 발전에 자본주의가 방해물로 인식되는 거죠. 또한 생산의 사회성(생산수단의 집중 및 공유와 노동의 사회화)이 강화되는 것과 더불어 소유의 사회성도 강화된다고 했는데요. 신용시스템의 발전은 소유의 새로운 형태를 뒷받침할 수 있을 정도로 발전해가는데, 자본주의가 이 시스템을 사회적 부를 소수의 사유재산으로 만드는 방편으로만 이용하는 것이 문제로 부각됩니다.

게다가 축적의 규모가 커지면서 피수탈자의 규모가 커지는데요. 피수탈자는 양적으로만 늘어나지 않습니다. 이들은 "자본주의적 생산과정 자체의 메커니즘을 통해 훈련되고 결합되며 조직된" 존재들입니다.[김, 1045~1046; 강, 1022] 자본의 착취 메커니즘 속에서 증식하며 더욱 강력해진 존재들이지요. 역사적 복수의 규칙이랄까요. 역사에서 가해자 즉 수탈자는 자신에게 복수할 존재들을 스스로 키우고 그들이 사용할 무기까지 만들어줍니다(1139~1143쪽 참조). 어느 순간 때가 닥칩니다. '자본의 독점'(Kapitalmonopol) 아래서는 더 이상 사회적 생산이 발전하기 어렵다는 역사적 판단이 내려지는 때가 옵니다. 자본은 그때로 나아가는 것을 멈출 수 없습니다. 종말의 때로 나아가는 것을 멈추면 바로 그 순간이 종말의 때가 될 테니까요. 자본축적의 규모가 커질수록 남은 시간은 더 빠른 속도로 사라집니다. 그때가 닥치면 어떻게 될까요. 마르크스는 이렇게 말합니다. "이 시점에 자본주의적 외피는 폭파된다. 자본주의적 사적 소유의 시대는 조종(弔鐘)을 울린다. 수탈자가 수탈당한다."[김, 1046; 강, 1022]

즐거운 종말론―자본의 희극적 죽음

수탈자가 수탈을 당한다. 언뜻 참으로 무서운 저주로 들립니다. 끔찍했던 창세기가 무시무시한 종말론으로 끝나는 것 같습니다. 그런데 잘 읽어보면 제7절의 끝에서 마르크스의 목소리는 그렇게 무섭지도, 무겁지도 않습니다. 최후의 심판을 처절한 복수로 예고하는 「요한계시록」 같은 음색이 아닙니다. 오히려 웃음과 장난기, 긍정의 정신이 묻어납니다. 제7절의 끝에서 마르크스는 자본주의의 운명을 '부정의 부정'이라는 변증법적 도식으로 표현하는데요. 이것을 인류 역사의 경로를 제시하는 역사적 일반 도식으로 읽으면 안 됩니다. 이것은 역사라기보다는 원리에 관한 것입니다. 자본 성장의 원리를 운명의 형태로 표현한 것뿐입니다. 물론 이 원리는 멸망의 원리이기도 합니다. 성장하는 원리로 멸망에 이를 테니까요.

마르크스는 제2독일어판 후기에서 '자신의 방법'인 변증법에 대해 이런 말을 했습니다. 한때 독일에서 변증법이 유행했는데 그것은 변증법이 '현존하는 것'을 찬미하는 것 같았기 때문이라고. 그러나 마르크스는 변증법('변증법의 합리적 형태')은 "현존하는 것에 대한 긍정적 이해 속에 그것에 대한 부정, 그것의 필연적 몰락에 대한 이해 또한 간직"하는 것이라고 했습니다. 현존의 원리가 멸망의 원리이기도 하다는 것, 이런 역설을 읽어내는 게 변증법이라는 뜻이지요. 그는 이것이 부르주아들에게 '분노와 공포'를 안길 것이라고 했습니다.[김, 19; 강, 61] 제24장 제7절의 끝에서 나는 마르크스가 분노와 공포로 부들부들 떠는 부르주아지를 떠올리지 않았을까 생각합니다. 자본의 거침없는 축적을 설명해주던 원리에서 자본의 죽음이 도출되었으니까요.

제7절의 내용은 전체적으로 『공산주의자 선언』과 비슷합니다. 실제로 마르크스는 제7절 마지막 문장에 『공산주의자 선언』을 주석으로 달았습니다.[김, 1046, 각주 2; 강, 1023, 각주 252] 부르주아지가 생산력을 발전시켰고 노동자들의 연대를 가져와 자신들의 계급적 토대를 무너뜨리고 제 무덤을 팠다는 내용입니다. 『공산주의자 선언』의 끝에서 마르크스는 "지배계급들로 하여금 공산주의 혁명 앞에 떨게 하라"라고 했는데요.[80] 공산주의 혁명을 보고 지배계급이 떠는 건 앞서 말한 '분노와 공포' 때문일 겁니다. 한편으로는 혁명에 대한 공포로 몸을 떨겠지만 다른 한편으로는 자신들이 이 혁명의 조건을 다 만들어준 것에 대한 당혹감과 자신이 길러준 존재(사회적 생산력과 프롤레타리아트)에 대한 배신감으로 몸을 떨겠지요.

자본주의의 운명에 대한 마르크스의 요약은 다음과 같습니다. 자본주의는 직접생산자의 재산에 대한 수탈로부터 시작되었습니다(자본의 탄생). "자본주의적 취득양식(자본주의적 사적 소유)은 자기 노동에 기초한 개인적(개별적)이고 사적인 소유에 대한 첫 번째 부정"입니다. 그런데 자본주의적 생산은 필연적으로 "자기 자신에 대한 부정", 즉 자본주의적 사적 소유에 대한 부정을 낳습니다. "부정의 부정(Negation der Negation)"이지요.[김, 1046; 강, 1022] 그런데 두 번째 부정은 첫 번째 부정 이전으로 돌아가는 게 아닙니다. 자본주의는 사회적 생산(생산수단의 집중과 공유, 노동의 결합과 사회화)을 발전시켰습니다. 다만 사회적으로 창출된 부를 자본가의 사유재산으로 만든 거지요. 두 번째 부정은 이 취득 방식을 바꿉니다. 자본주의가 발전시킨 요소들을 활용함으로써 말이지요. 사회적 생산(그리고 사회적 소통)에 근거한 개인적(개별적, individuelle) 소유형태로 나아가는 겁니다.[김, 1046; 강, 1022]

『자본』 제1장에서 언급한 '자유로운 개인들의 연합'(Verein freier Menschen)을 염두에 둔 게 아닌가 싶습니다. 마르크스는 이 개인들을 '자유로운 그리고 사회화된 인간들'(frei vergesellschafteter Menschen)이라고도 불렀는데요. 고립된 자연발생적 공동체와 달리 서로 소통하고 협력하며 공유하는 가운데 개별성을 갖는(소통과 협력, 공유 속에서 개성을 만들어내는) 생산공동체를 생각한 것 같습니다(참고로 『자본』

III권에서 마르크스는 그 구체적 예로서 자본주의가 발전시킨 사회적 생산시스템과 신용시스템에 기초한 전국적 규모의 협동조합을 제시하기도 했습니다[81]).

내가 마르크스의 종말론에서 유머와 장난기가 느껴진다고 말한 것은 특히 마지막 단락 때문입니다. 마르크스는 첫 번째 부정은 두 번째 부정에 비해 "비교할 수 없을 정도로 오래 걸리고 가혹하며 힘든 과정"이었다고 했습니다. 바꾸어 말하면 두 번째 부정은 아주 간단하고 쉽다는 이야기입니다. 자본의 죽음에는 자본의 탄생에 필요했던 만큼의 일들이 필요하지 않습니다. 그런 학살, 그런 약탈, 그런 추방이 필요하지 않습니다. 첫 번째 부정 즉 자본의 탄생에서는 "소수의 약탈자가 인민대중을 수탈하는 문제"였지만, 두 번째 부정 즉 자본의 죽음에서는 "인민대중이 소수의 약탈자를 수탈하는 문제"니까요.[김, 1046; 강, 1022] 단지 자본주의가 다 차려놓은 밥상에 숟가락 하나만 얹으면 됩니다. 아니, 숟가락 하나만 빼면 됩니다. 수탈자인 자본가만 빠지면 됩니다. 두 번째 부정을 위한 모든 조건은 자본이 다 구비해놓았습니다. 그래서 두 번째 부정은 첫 번째 부정처럼 어둡고 비극적이지 않습니다. 그것은 밝고 희극적입니다. 이 부정은 긍정이라 불러도 좋습니다. 자본주의가 발전시켜온 힘에 대한 긍정, 자본주의가 발전시켜온 생산력과 연대에 대한 긍정이지요. 자본의 창세기, 자본의 탄생에는 베르길리우스의 시구가 필요했습니다. "그만큼 힘든 과업이었다." 그러나 자본의 종말, 자본의 죽음에는 이런 시구가 적절할 겁니다. "그만큼 쉬운 일도 없었다."

식민지에서 드러난 진실

드디어 『자본』 I권의 마지막 장인 제25장(영어판 제33장)에 이르렀습니다. 제목이 '근대적 식민화 이론'(Kolonisationstheorie)인데요. 제목만 보면 자본주의적 생산양식과 식민지의 관계에 대한 어떤 체계적 분석이 나오는 건가 생각할 수도 있겠습니다. 실제로 마르크스는 자본주의와 식민주의의 연관을 시사하는 언급을 많이 했으니까요. 자본가와 노동자의 관계를 로마와 그 식민지인 소아시아의 관계에 비유했고(800쪽), 자본주의적 생산의 발전(특히 기계제 대공업)과 더불어 식민지에 대한 요구가 분출할 수밖에 없음을 보였고(635~638쪽), 식민시스템이 자본의 시초축적에서 어떤 역할을 수행했는지도 보여주었지요. 또 식민지야말로 자본의 이념이 제약 없이 구현될 때 어떤 일이 벌어지는지를 증언하는 장소라고도 했습니다.[김, 1030, 각주 4; 강, 1008, 각주 241] 하지만 마지막 장에서 다루는 내용은 이런 게 아닙니다. 근대 식민주의 이론들을 분석하는 것도 아니고 식민지의 처참한 현실을 고발하는 것도 아니지요(식민지 원주민들이 아니라 식민지에 이주한 유럽인, 특히 호주와 미국에 이주한 사람들의 이야기입니다). 여기서 다루는 식민화 이론은 대단한 사상가나 학자의 것이 아닙니다. 에드워드 기번 웨이크필드(Edward Gibbon Wakefield)라는 식민주의 정치가의 '체계적 식민화'(systematic colonization) 주장을 소개하고 있습니다.

마르크스는 비꼬는 말투로 자본가의 '가슴 아픈' '멜로드라마'(Melodrama)라고 했지만[김, 1057; 강, 1033], 실상은 한편의 익살극이라 할 수 있습니다. 우리는 큰 꿈을 품고 식민지에 도착한 어느 자본가가 굴욕적 상황에 처하는 광경을 보게 될 겁니다. 그리고 이를 통해 자본주의가 얼마나 독특한 사회인지를 다시 한번 깨달을 수 있을 겁니다.『자본』I권 전체를 웃으면서 정리하게 해주는 정말 멋진 마무리라 할 수 있습니다.

식민화 이론가 웨이크필드가 들려주는 이야기

우선 마지막 장의 주인공이자 '체계적 식민화'의 주창자인 웨이크필드를 소개해야 할 것 같습니다. 자본의 진실을 폭로할 자로서 더할 나위 없는 이력을 갖고 있거든요. 그가 식민화 이론을 구상한 곳은 감옥이었습니다. 3년간 뉴게이트 감옥에 있었습니다. 부잣집 어린 소녀를 유괴해 강제로 결혼하려 했답니다.[82] 상속 재산을 노린 거였죠. 외교관 출신에, 사별한 아내의 집안에서 받은 재산 또한 제법 있었는데도 이런 범죄를 저지른 겁니다. 당시 영국은 식민지 호주로 죄수들을 이송했는데요. 감옥에 있던 웨이크필드는 이때 식민지에 관심을 갖게 되었습니다. 그러고는 '체계적 식민화'의 필요성을 담은 글을 썼습니다. 이 글이 존 스튜어트 밀을 비롯한 많은 정치경제학자의 공감을 얻은 모양입니다. 그 덕분에 출소 후 여러 식민지 개발 계획에 관여했습니다. 상속 재산을 노린 유괴범이자 사기꾼이 감옥에서 썼던 글이 식민지 발전 방안으로 큰 공감을 얻었다는 게 무척 흥미롭습니다.

그런데 마르크스가 보기에 웨이크필드의 '위대한 공적'은 식민지에 대한 새로운 사실을 발견한 데 있지 않습니다. 그의 공적은 "식민지에서 본국의 자본주의적 관계에 대한 진실을 발견"한 것에 있습니다.[김, 1049; 강, 1025] 즉 그가 식민지에서 꼭 필요하다고 말한 일들은 과거 본국에서 자본주의가 생겨나기 위해 꼭 필요로 했던 일들입니다. 웨이크필드의 이야기는 영국에서 호주로 건너온 필(Peel)이라는 자본가에서 시작합니다. 필은 5만 파운드스털링에 해당하는 생활수단과 생산수단을 가지고 3000명의 노동자 가족과 함께 호주에 왔습니다. 덜렁 자본만 들고 오지 않았다는 건 그가 "꽤나 용의주도한"(so vorsichtig) 사람임을 보여줍니다. 자본주의적 생산에는 자본만이 아니라 노동력이 필요하다는 사실을 알고 있었던 거죠. 그런데 호주에 도착했을 때 "필에게는 잠자리를 마련해주고 강에서 물을 길어다 줄 하인이 한 사람도 없었"습니다.[김, 1050; 강, 1026] 그를 사장님으로 모시는 사람이 없었던 거죠. 무엇이 문제였을까요. 혹시 그가 영국에서 미처 챙겨 오지 못한 게 있었을까요.

식민지의 땅은 넓습니다. 이주자들은 땅을 어렵지 않게 얻었습니다(원주민들에 대한 폭력은 일단 덮어두고 하는 이야기입니다). 나중에 온 이민자들도 땅을 얻기 위해 먼저 온 사람들의 땅을 빼앗을 필요가 없었습니다. 다수의 인민이 땅을 차지할 수 있었습니다. 경작자가 자기 땅을 소유하는 '인민소유'(Volkseigentum)가 이루어졌지요.[김, 1053; 강, 1029] 바로 이것이 문제였습니다. 자기 땅에서 자기 노동으로 자기 먹을 것을 생산할 수 있는데 타인의 명령을 받으며 타인을 위해 일할 사람이 있을까요. 영국에서는 모두가 자본가인 필에게 일거리를 달라고, 제발 자신을 부려달라고 몰려들었을 겁니다. 하지만 호주에서는 아무도 그를 거들떠보지 않습니다. 네 잠자리는 네가 만들고, 목이 마르면 네가 직접 물을 길어 마셔라. 이것이 필이 식민지에 도착했을 때 마주한 현실이었습니다.

자본가는 본국에서 무엇을 챙겨 오지 못했던가. 마르크스에 따르면 필의 이야기는 우리에게 중요한 사실을 일깨워줍니다. 자본이란 사물이 아니라 "사람들 사이의 사회적 관계(gesellschaftliches Verhältnis)"라는 사실입니다.[김, 1050; 강, 1026] 필은 본국에서 사물과 사람은 챙겨 왔지만 관계는 가져오지 못했습니다. 식민지에는 자본관계가 존재하지 않습니다. 그리고 자본관계가 존재할 수 없다면 자본도 존재할 수 없지요. 웨이크필드가 이것을 이론적으로 파악했던 것은 아닙니다. 그는 개념적 차원에서는 여러 번 오류를 범합니다. 사실 이 오류는 그의 것이라기보다 그를 통해 나타난 당대 정치경제학자들의 것입니다. 정치경제학자들은 자본을 '소재적인'(stofflichen) 것으로 이해합니다. 그래서 생산수단이나 생활수단을 모두 자본이라 부르지요. 실제로 자본주의사회에서는 자본이 이런 형태로 존재합니다. 하지만 필의 예에서 보듯 생산수단이나 생활수단은 그 자체로는 자본이 아닙니다. 이것들이 자본이 되려면 노동력을 이용한 가치증식과정(잉여가치 생산의 과정)에 이용되어야 합니다. 즉 "노동자의 착취수단이자 지배수단으로 사용되는 한에서만" 자본이 될 수 있지요. 그런데 웨이크필드는 당대 정치경제학자들처럼 생산수단과 생활수단에 곧바로 자본이라는 이름을 붙이고 있습니다(노동자와의 관계 없이는 자본이 존재할 수 없다는 것을 포착했음에도 말이지요).[김, 1050~1051; 강, 1026]

웨이크필드의 오류는 또 있습니다. 그는 생산자(노동자)들이 자신의 생산수단을 가지고 생계를 꾸려가는 상황, 즉 생산수단이 다수의 생산자들에게 분산된 상황을 '자본의 균등한 분할'이라 부릅니다. 이는 자본 개념을 제대로 이해하지 못한 탓도 있지만(생산수단을 곧바로 자본이라고 부른다는 점에서), 자본이 역사적인 것임을 깨닫지 못한 탓도 큽니다(자본주의 이전의 생산양식에 자본 개념을 적용한다는 점에서). 자본의 역사성에 대한 몰인식이 드러난 거죠. 물론 그만 그런 것은 아닙니다. 당대 정치경제학자들도 그랬으니까요. 이들은 아무 데나 '자본의 딱지'를 붙였습니다. 마치 아무 데나 "봉건적인 법적 딱지"를 붙이던 "봉건적 법학자들"처럼 말이지요.[김, 1051; 강, 1026~1027] 그러나 이런 오류에도 불구하고 웨이크필드는 생산수단을 다수 인민이 소유한 상황에서는 자본축적이 일어날 수 없음을 알아차렸습니다(비록 이런 상황을 '자본의 균등한 분할'이라고 잘못 부르고는 있지만요). "노동자가 자기 자신을 위해 축적할 수 있는 한, 그리고 그가 자기 생산수단의 소유자로 머물러 있는 한 자본주의적 축적과 자본주의적 생산양식은 있을 수 없다. 이를 위해 필수적인 임금노동자 계급이 결여되어 있기 때문이다."[김, 1051; 강, 1027] 웨이크필드는 이것을 알아차렸습니다. 이것이 앞서 말한 그의 "위대한 공적"이지요.

────────── 깨져버린 자본가의 망상 ──────────

그런데 웨이크필드는 자신이 식민지에서 발견한 사정이 본국에서 자본주의적 생산양식이 처음 자리를 잡을 때의 사정이기도 했다는 것은 알지 못했습니다. 유럽에서는 어떻게 임금노동자 계급이 형성되고 자본주의적 생산양식이 자리를 잡았던 걸까. 웨이크필드는 인류가 독특한 사회계약을 통해 자본축적이 가능한 상태로 이행했다고 했습니다. 마치 사회계약론자들이 사회계약을 통해 인류가 자연상태에서 국가상태로 이행했다고 말하는 것과 비슷하지요. 웨이크필드에 따르면 인류는 자본축적이 이루어지려면 스스로를 두 부류 즉 '자본의 소유자' 그룹과 '노동의 소유자' 그룹으로 나누어야 한다는 것을 깨달았습니다. 그래서 "자유의지에 근거한 합의"를 통해 이 분리를 이루어냈다는 겁니다.[김, 1051; 강, 1027] 자본축적을 태초부터("아담 시대 이래로") 인류의 '유일한 궁극의 목적'이었던 것처럼 말하는 몰역사적 인식은 논외로 하고요.[김, 1051; 강, 1027] 임금노동자의 탄생이 '자유의지에 근거한 합의'의 결과라는 말만 따져보죠. 만약 이 말이 옳다면 인류는 "'자본축적'의 영광을 위해 스스로 수탈당하기로" 한 셈입니다. 최소한 임금노동자가 된 사람들은 자유의지로 피수탈자의 운명을 택했으니, 마르크스의 표현을 빌리자면, '자기 체념적 광기(selbstentsagenden Fanatismus)의 본능'을 가진 사람들이라 할 수 있습니다.[김, 1051~1052; 강, 1027~1028]

좋습니다. 인류의 그런 이상한 본능 덕분에 유럽에서 자본주의가 생겨났다고 해봅시다. 그렇다면 식민지에서는 왜 이런 일이 일어나지 않을까요. 왜 식민지에서는 이런 본능이 발휘되지 않을까요. 왜 식민지에는 '자연발생적 식민화'가 아니라 '체계적 식민화'가 필요한 걸까요. 답은 간단합니다. 애초 "자본의 영광을 위한 노동 인류의 자기수탈충동(Selbstexpropriationstrieb) 따위는 존재하지 않"는 겁니다. 세상 어느 곳에도 그런 건 존재하지 않습니다.[김, 1052; 강, 1028] 웨이크필드도 식민지에서는 그런 걸 기대할 수 없다고 생각했습니다. 그래서 식민지에서 자본축적은 노동 인류의 거룩한 '자기수탈충동'이 아니라 '노예제도'를 통해서만 가능하다고 보았지요. 식민지에서는 원주민은 물론이고 유럽에서 온 이주자들도 임금노동자가 될 생각을 하지 않았습니다. 당연하지요. 자기 땅을 가질 수 있는데 미쳤다고 자본가에게 수탈당하러 가겠습니까. 그러니 결국 총칼을 써서 원주민들을 잡아다가 노예로 부렸던 겁니다.[김, 1052~1053; 강, 1028~1029]

웨이크필드는 식민지에서 임금노동자들이 생겨나지 않는 건 "토지와 노동자의 분리가 이루어지지 않았거나, 아주 산발적이고 제한된 범위에서만 이루어졌기 때문"이라는 점을 잘 포착했습니다. 그리고 이것이 자본을 위한 국내시장의 형성까지 저해한다는 것도 알았습니다. 그에 따르면 "스스로의 토지를 경작하는 자유로운 미국인들"은 생활수단이나 생산수단을 자기 손으로 만듭니다. 농사를 지으면서도 비누, 양초, 신발, 의복을 만들고 심지어 집까지 직접 짓습니다.[김, 1054; 강, 1029~1030] 이런 곳에서는 사업을 벌이기가 어렵습니다. 마르크스는 짐짓 자본가의 한탄을 대신하는 듯 이렇게 말합니다. "이런 괴짜들 사이에 자본가를 위한 '절욕의 영역'(Entsagungsfeld)이 어디 남아 있을 수 있겠는가?"[김, 1054; 강, 1030] 여기서 투자를 '절욕'으로 표현한 것은 시니어 같은 정치경제학자들을 조롱한 것으로 보입니다. 이들 경제학자들은 '자본'을 자본가의 절욕이라고 말했으니까요. 돈을 다른 곳에 탕진하지 않고(욕망의 억제) 상품생산에 투자했다는 거죠. 그래서 자본가의 이윤(잉여가치)을 절욕에 대한 대가로 정당화했습니다.

웨이크필드가 묘사한 미국 같은 곳에서는 '자본가의 절욕'(자본)이 투입될 곳이 없습니다. 자신들이 직접 물건을 만들거나 독립생산자들이 만든 물건을 사용하니까요. 이런 곳에서는 국내시장(전국시장)도 발전할 수 없습니다. 시장이 발전하지 않으니 상품을 공급할 대규모 생산시스템도 발전하지 않고요. 무엇보다 이런 곳에서는 임금노동자들이 생겨나지 않습니다. 자본주의적 생산양식이 자리를 잡은 유럽에서는 노동자의 공급이 저절로 이루어졌습니다. 자본주의적 생산양식은 "임금노동자를 임금노동자로 재생산할 뿐 아니라 자본축적에 비례해 임금노동자의 상대적 과잉인구를 항상 생산해"냈지요. 그 덕분에 "노동의 수요공급법칙이 바람직한 궤도에서 지켜지고, 임금 변동은 자본주의적 착취에 적합한 한계 안에 머물며, 결국 자본가에 대한 노동자의 사회적 종속이 보장"됩니다.[김, 1054; 강, 1030] 그러나 식민지에서는 이런 메커니즘이 작동하지 않습니다. 많은 노동자가 이주해 오기 때문에 노동인구의 증가는 본국과 비교도 할 수 없을 정도로 빠릅니다. 게다가 이주자들 다수가 생산에 곧바로 투입이 가능한 성인들입니다. 그런데도 노동력 공급이 원활하지 않습니다. 상대적 과잉 노동인구는커녕 기존 노동자의 재생산도 안정적이지 않습니다. 유럽에서는 오늘의 노동자가 내일의 노동자이고, 아버지가 노동자면 자식도 노동자가 되는데요. 식민지에서는 "오늘의 임금노동자가 내일에는 자영농민이나 독립수공업자"가 됩니다.[김, 1054~1055; 강, 1030~1031]

이런 상황은 자본주의 노동시장에 큰 해악을 끼칩니다. 노동력 부족을 만들어 낼 뿐 아니라 노동시장에 나온 노동자들의 콧대를 높여놓거든요. 지난 11장에서 우리는 상대적 과잉인구 즉 산업예비군의 존재가 정규군 노동자를 어떻게 압박하는지 확인했습니다. 소위 '너 말고도 일할 사람 많아' 효과를 낸다고 했지요. 그런데 식민지에서는 반대 현상이 나타납니다. 임금노동자에게 자영농민이나 독립수공업자로 변신할 기회가 많습니다. 그래서 '여기 말고도 일할 데 많아' 내지 '월급쟁이 말고도 살길은 얼마든지 있어' 효과가 나타나지요. 마르크스의 표현을 빌리자면 노동자들은 "자본가에 대한 종속관계는 물론이고 종속감정(Abhängigkeitsgefühl)마저 잃어"버리지요.[김, 1055; 강, 1031] 웨이크필드가 필의 예로 보여주었듯 자본가가 노동자를 직접 유럽에서 수송해 와도 소용없습니다. 그 노동자는 금세 "자영농민이 되"고, 경우에 따라서는 "원래 자신의 고용주였던 사람들의 경쟁 상대"가 되기도 합니다.[김, 1056; 강, 1031~1032] 이런 사회에서는 노동자들을 자본관계 안에 잡아두기가 어렵습니다.

참고로 마르크스는 이런 상황을 두고 "식민지에서는 아름다운 망상이 깨진다"(in den Kolonien reißt der schöne Wahn entzwei)라고 썼는데요.[김, 1054; 강, 1030]

인용 표시는 없지만 프리드리히 폰 실러의 시 〈종의 노래〉(Das Lied von der Glocke)에서 따온 것입니다.[83] 지난번에도 실러를 인용한 적이 있습니다. 노동자의 해외 이주를 금지해야 한다는 어느 자본가의 글을 소개할 때였는데요. 그 글을 쓴 자본가는 노동자를 자본의 부속물처럼 다루었지요. 노동자는 설령 자본이 사용하지 않는 경우(실업 상태)에도 언제든 사용이 가능하도록 자본 가까이에 있어야 한다고요. 실제로 본국에서는 정규 노동자는 물론이고 실업자까지 자본관계 안에 붙잡아 두는 것이 어렵지 않았습니다. 노동력을 팔지 않고서는 달리 살길이 없었으니 모두가 자본관계 주변을 맴돌 수밖에 없었지요. 그러나 식민지로 이주해 온 노동자들은 그렇지 않습니다. 자본관계 바깥에서 스스로 살길을 찾을 수 있었으니까요.

─────── 웨이크필드가 제안한 일석이조의 기술, '체계적 식민화'

본국에 있을 때 자본가는 만사가 잘 풀렸습니다. 마르크스가 여러 차례 말한 것처럼 자본주의적 생산 메커니즘 자체가 자본가를 배려해주고 있었으니까요. 자본가를 위한 최적의 상태가 자동으로 산출되고 유지되었습니다. 그런데 웨이크필드는 식민지에서 정반대 상황을 봅니다. "여기서는 만사가 다 글러먹었다!"[김, 1056; 강, 1032] 정치경제학자들은 노동자가 감히 고개를 쳐들고 높은 임금을 요구하는 걸 보고 경악을 금치 못했습니다. 이러한 경악은 그들이 평소 품고 있던 속생각을 드러내줍니다. 그들은 입으로는 자본가와 노동자가 노동력의 구매자와 판매자로서 대등하다고, 둘은 자유롭고 평등한 관계라고 말했지만 속으로는 노동자란 자본가에 예속된 존재라고 생각했던 거죠.[김, 1054; 강, 1030] 그래서 노동자가 자본가 앞에서 주눅 들지 않는 걸 보고 충격을 받았던 겁니다. 마르크스에 따르면 아주 온건한 자유무역론자인 몰리나리(Gustave de Molinari)조차 식민지에서는 "노동자가 산업기업가를 착취"하고 있다며 흥분했습니다.[김, 1056, 각주 16; 강, 1032, 각주 268] 본국에서 노동자의 임금이 낮았던 건 노동자의 공급이 넘쳐나서 그런 거라고 수요공급법칙 운운하던 사람들이 식민지에서 상대적으로 임금이 높아지자 자본가에 대한 착취라며 펄펄 뛰는 거죠.

식민지에서 노동자들이 종속감정조차 갖고 있지 않음을 탄식한 웨이크필드는 무심코 이런 이면의 진실을 말합니다. "영국의 농업노동자는 비참한 거지"인데 "미국의 인민대중들은 부유하고 독립적이며 모험적이고 비교적 교양까지 갖추었다"라고요.[김, 1058; 강, 1033~1034] 자본주의 본국인 영국보다 미국이 노동자들한테 더 살기 좋은 곳임을 무심코 말한 거죠. "아냐, 신경 쓸 거 없어(never mind). 국민의 부란 본래 인민의 빈곤과 같은 뜻이니까."[김, 1058; 강, 1034] 참 재 밌는 문장입니다. 마르크스의 문장인데 마치 웨이크필드가 다시 정신을 차리며 내뱉는 대사처럼 들리죠. 내가 앞에서 이번 장을 한 편의 익살극 같다고 했는데 요. 실제로 마르크스는 여러 문장을 이렇게 연극 대사처럼 쓰고 있습니다. 웨이크 필드의 혼잣말은 계속됩니다. "그럼 어떻게 해야 식민지의 반자본주의적 악성종 양을 치료할 수 있을까? 모든 토지를 한꺼번에 인민소유에서 사적 소유로 바꾸어 버리면 화근을 확실히 없앨 수는 있는데 이건 식민지 또한 없애는 일이 되지 않을 까?"[김, 1059; 강, 1034] 인민들이 소유한 토지를 빼앗는다면, 그래서 토지에 대한 인민소유가 사라진다면 유럽의 가난한 사람들이 식민지로 이주해 오지 않을 테니 까요.

그래! "이런 게 일석이조의 기술이지."[김, 1059; 강, 1034] 웨이크필드는 '의 기양양하게' 해법을 찾았다고 말합니다. 바로 '체계적 식민화'라는 것인데요. 내용 은 이렇습니다. 먼저 정부가 아직 주인이 정해지지 않은 땅에 대해 인위적으로 높 은 가격을 매깁니다. 이주자들이 임금노동자로서 오래 일해야만 겨우 모을 수 있 을 만큼 '충분히' 높은 가격이어야 합니다. 쉽게 자영농민이 될 생각을 할 수 없어 야 하죠. 그다음, 정부는 땅을 매각한 돈으로 유럽의 빈민들을 수입합니다. 노동시 장에 투입할 보충병을 끌어들이는 것이지요.[김, 1059~1060; 강, 1034~1036] 이것 은 노동자계급을 이중으로 착취하고 자본가계급에는 이중의 혜택을 주는 일입니 다. 노동자로서는 토지에 대해 인위적으로 높여놓은 가격을 지불하는 것이기에 임 금 일부를 착취당하는 셈입니다. 그리고 정부가 이 돈을 노동력의 추가 공급에 사 용하기 때문에 노동시장에서 노동자계급의 지위가 더욱 악화되지요. 자본가로서 는 높은 토지 가격 덕분에 이주자를 오랫동안 임금노동자로 붙잡아둘 수 있고(자 본의 증식과 축적), 자기 돈을 들이지 않고도 유럽에서 추가노동력을 공급받을 수 있습니다. 이렇게 되면 자본가를 알아서 배려하는 메커니즘이 유럽에서 그랬듯 식 민지에서도 서서히 작동을 시작할 겁니다. "'최선의 세계에서는 모든 것이 최선의 상태로 있다'라는 격언이 또다시 들어맞게 되겠지요.[김, 1059; 강, 1035]

따지고 보면 웨이크필드가 제안한 '체계적 식민화'는 유럽에서 쓴 시초축적 방법과 다른 것이 아닙니다. 경제 외적인 힘(국가권력)을 이용해 인위적으로 자본 주의적 환경을 조성한 것이니까요. 마르크스에 따르면 영국 정부는 여러 해 동안 웨이크필드가 제안한 방법을 실제로 식민지에 적용했습니다. 그러나 실패했습니 다. 유럽 이민자들의 흐름이 호주 같은 영국 식민지가 아니라 영국에서 독립한 미국으로 쏠렸기 때문입니다.[김, 1060; 강, 1036] 게다가 시간이 흐르면서 웨이크필드의 처방이 더는 필요하지 않았습니다. 식민지 토지를 매각한 돈으로 유럽의 빈민들을 끌어들일 필요가 없게 되었지요. 유럽에서 "자본주의적 생산의 진보"가 일어났고(상대적 과잉인구의 생산), "정권의 압박"까지 더해지면서 거대한 이민의 흐름이 생겨났으니까요.[김, 1060; 강, 1036] 특히 미국에는 "해마다 거대하고도 끊이지 않는 인간 물결"이 밀어닥쳤습니다. 이 물결이 처음에는 미국의 동부로 밀려들더니 곧이어 서부로 이동해 갔는데요. 유럽에서 밀려드는 인구가 워낙 많다 보니 그중 다수가 서부로 이동했음에도 동부에 "정체된 침전물"(과잉인구)이 생겼습니다. 19세기 중반에는 남북전쟁이 일어났는데요. 전쟁이 유럽에서 국채시스템과 조세시스템을 발전시키는 계기가 되었듯 미국에서도 남북전쟁을 통해 자본의 축적을 돕는 계기들이 만들어졌습니다. "대규모 국채, 무거운 세금, 비열하기 짝이 없는 금융귀족의 창출, 철도와 광산 등의 개발을 목적으로 하는 투기 회사들에 대한 대규모의 공유지 공여 등등, 요컨대 자본의 급속한 집중화가 나타"났지요. 말하자면 미국 자체가 자본주의사회로 급속히 이행했습니다. "이 거대한 공화국은 이제 더는 이주노동자에게 약속의 땅이 아니게 되었"지요.[김, 1061; 강, 1036]

영국의 식민지 호주도 상황이 변했습니다. 1851년 대규모 금광이 발견되면서 이민자들이 몰려왔지요. 이때부터 제한적 자치권을 얻은 호주의 주들은 이민자들을 더 끌어들이려 했지만 곧바로 내부에서 노동시장이 넘치는 상황이 생겨났습니다. 영국의 상품이 대거 유입되면서 영세한 호주의 수공업자들이 몰락한 겁니다. 이들이 노동시장으로 흘러들어왔지요. 또 하나는 영국 정부가 식민지의 미개간지를 귀족과 자본가에게 마구 팔아넘긴 것이 영향을 미쳤습니다. 이 때문에 땅을 얻을 수 없는 가난한 사람들이 노동시장으로 몰려들었어요. 이로 인해 절대적 숫자로 보면 결코 많은 인구가 아니었는데도 과잉인구 현상이 나타났습니다. 마르크스의 표현을 빌리자면 "거의 모든 우편선마다 '호주 노동시장의 공급 과잉'이라는 홍보를 가져올 정도"가 되었지요.[김, 1061; 강, 1036] 사실 놀랄 일도 아닙니다. 우리는 절대인구가 크게 감소했음에도 과잉인구 현상이 나타난 아일랜드의 사례를 이미 보았으니까요(950~955쪽).

────────────── 태초에 수탈이 있었다 ──────────────

마르크스는 『자본』 첫 장에서 자본주의가 역사적으로 얼마나 독특한 사회형태인지에 대해 이야기했습니다. 정치경제학자들은 자본주의가 인간본성에 가장 부합하는 사회형태이며 가장 자연스럽고 가장 오래 지속될 사회형태인 것처럼 말하지만 그렇지 않다고 했지요. 마르크스는 『자본』의 마지막 장에서 이 점을 다시 강조합니다. 자본주의는 자연스럽게 생겨날 수 있는 사회형태가 아니라고요. 구세계의 정치경제학(웨이크필드)은 신세계에서 자본주의의 토대를 닦기 위해서는 '체계적 식민화'가 필요하다고 했는데요. 마르크스는 이것이 또한 구세계에서 자본주의가 탄생할 수 있었던 비밀이라고 했습니다. 자본주의는 매우 인위적인, 더 정확히 말하면 매우 폭력적인 개입을 통해서만 생겨날 수 있었다는 겁니다.

『자본』을 읽은 우리는 자본의 정체가 '축적된 잉여가치'임을 압니다. 자본이란 대가 없이 취한 타인의 노동이 축적된 것입니다. 자기 노동을 통해서는 잉여가치가 생겨날 수 없습니다. 타인의 노동을 제 것으로 취할 수 있는 곳에서만 자본이 가능합니다. 마르크스가 자본주의 정치경제학이 두 가지 사적 소유를 혼동하고 있다고 비판한 것은 이런 이유입니다. 자본주의는 자기 노동에 기초한 사적 소유 사회가 아니라 "타인 노동의 착취"에 기초한 사적 소유 사회라고요.[김, 1048; 강, 1024] 자본주의가 유지되려면 타인 노동에 대한 착취가 지속될 수 있어야 합니다. 어떻게 이런 시스템이 가능해졌을까요. 핵심 원리는 노동력의 상품화에 있습니다. 노골적 노예제가 불가능한 시대에 타인의 노동을 내 것처럼 쓸 수 있는 것은 노동력이 상품화되었기 때문이지요. 그런데 과연 사람들이 자기 노동력을 상품으로 내놓는 일이 자연스럽게 일어날 수 있을까요. 제발 나에게 일을 시켜달라고, 나를 부려달라고, 나는 당신의 지시를 받으며 당신이 원하는 대로 당신이 필요로 하는 물건을 만들겠다고 나서는 사람들이 자연에서 생겨날 수 있을까요. 자기포기와 자기수탈에 대한 갈망이 인간의 본성일 수 있을까요.

정치경제학자들은 노동력의 판매는 자유롭고 평등한 계약을 통해 이루어진다고, 서로에게 이익이 되기 때문에 이루어지는 일이라고 말해왔습니다. 하지만 신세계에서 노동자들은 이 자유롭고 평등하며, 이익이 되는 거래로부터 도망쳤습니다. 땅을 가질 수 있었기 때문입니다. 자기 땅에서 자신을 위해 일하는 것이 남의 땅에서 남을 위해 일하는 것보다 더 이익이라는 것, 타인의 부림을 받는 것보다 자기 의지대로 일하는 것이 더 즐거운 일임을 알았던 겁니다. 그런 걸 알았다고 말하는 게 이상할 정도로 당연한 일이지요. 이 당연한 일이 당연하지 않게 되기까지 얼마나 많은 폭력이 행사되었던가. 마르크스가 시초축적의 역사를 통해 보여주려 했던 것이 그것입니다. 땅을 빼앗기고 공동체를 파괴당한 사람들이 겪었던 피와 불의 역사에서 자본주의라는 이상한 사회형태가 생겨난 겁니다. 노동하는 자들이 자기 노동으로 먹고살 수 없도록 생산수단을 빼앗고, 노동하는 자들이 서로 기대며 살아갈 수 없도록 공동체를 빼앗은 후에야 자본주의가 시작될 수 있었습니다. 다수의 생산자들을 궁핍과 빈곤으로 내몬 후에야 자본축적이 시작될 수 있었습니다. 자본의 창세기, 첫 문장은 이것입니다. 태초에 수탈이 있었다!

① 시32강

② 공2강 (시2강)

시간강 역3상

시3강 중3이상

schwanken .pr

I. 발날 = 구2

II. 자발이 재체 (발레드리법
                  체을 23에 재에ㅇ

III. 자2로함께 = 재이발

IV. 재배영요 도2세에

핵에 재배방식 영요

① '자본주의'라는 말
② 『자본』의 최초 번역본은 러시아에서
③ '비판'이란 무엇인가
④ 마르크스와 외투
⑤ 마르크스와 유령
⑥ 마르크스의 물신주의와 프로이트의 물신주의
⑦ 상품이라는 상형문자
⑧ 엥겔스와 가치법칙
⑨ 돈의 얼룩과 냄새
⑩ 공동체와 화폐 1: 공동체화폐
⑪ 공동체와 화폐 2: 노동시간전표와 노동화폐
⑫ 마르크스의 비유: '몸을 파는 여성'과 '가죽을 파는 동물'
⑬ 자본가, 수전노, 낭비가
⑭ 노동, 노동력, 노동능력
⑮ 헤겔과 마르크스의 로도스섬
⑯ 정신의 왕국과 자본의 왕국
⑰ 고정자본과 유동자본의 구분
⑱ 사이보그 노동자의 에일리언 되기
⑲ 『자본』과 『영국 노동자계급의 상태』
⑳ 이주노동자와 인터내셔널
㉑ 흡혈귀와 프롤레타리아트
㉒ 도시와 농촌의 분리
㉓ 마르크스의 인도론
㉔ 아그리파의 우화
㉕ 과학적 관리법과 빨간 페터
㉖ 마르크스와 다윈
㉗ 캘리포니아 농업의 기계화와 멕시코인화
㉘ 역사적 복수의 규칙
㉙ 노동력을 생산하는 노동에 대하여
㉚ '건축물' 비유와 재생산의 관점
㉛ '정직하고 머리 좋은' 맨더빌
㉜ 임금노동자는 프롤레타리아트인가

① '자본주의'라는 말

우리 시대를 '자본주의'라고 부릅니다. 그런데 이 말이 이렇게 퍼진 것은 얼마 안 되었습니다. 『자본의 시대』를 쓴 역사학자 에릭 J. 홉스봄(Eric J. Hobsbawm)은 1860년대에 이 용어가 등장한 것 같다고 했습니다. 그러면서 이때 "자본주의에 대한 가장 만만치 않은 비판자였던 카를 마르크스의 주저 『자본』이 세상에 나왔다"라는 점을 환기시켰습니다.[1] 그런데 '자본주의'라는 말 자체는 그 이전에도 있었습니다. 흔하게 쓰인 말은 아니지만 분명 다수의 용례를 볼 수 있습니다. 홉스봄도 이 점을 의식해 짧은 각주를 달아두었습니다. 프랑스 역사학자 장 뒤부아(Jean Dubois)의 연구를 인용하면서[2] '자본주의'라는 말의 용례는 1848년 이전 시기에서도 발견할 수 있으나 널리 유포되었던 것은 아니라고 했습니다.

역사학자 브로델에 따르면 '자본주의' 즉 '카피탈리즘'(capitalism)은 1842년에 간행된 사전 『프랑스어 신어휘』*Enrichissement de la langue française*에 실려 있습니다. 신어휘 사전에 실렸다는 것은 이 말이 그리 오래된 게 아님을 보여줍니다. 1857년 프루동은 자본주의라는 말을 나름대로 정의하기도 했습니다. 자본주의란 "자본이 소득의 근원이지만, 일반적으로 자신의 노동을 통해서 자본을 움직이게 만드는 사람들이 그 자본을 갖고 있지 않은 사회적·경제적 체제"라고요. 그럴듯한 정의입니다. 하지만 홉스봄의 말처럼 1860년대 이전에 이 말이 널리 쓰인 것 같지는 않습니다. 사실 1860년대 이후에도 그렇게 자주 쓰인 말은 아닙니다. 마르크스만 하더라도 '자본주의'라는 말, 즉 '카피탈리스무스'(Kapitalismus)라는 말을 거의 사용하지 않았습니다. 우리가 읽는 『자본』 I권에는 이 단어가 등장하지 않습니다. 『자본』만이 아닙니다. 마르크스가 출간한 저서들에서는 이 단어가 보이지 않습니다. 다만 1861년과 1863년 사이에 작성한 경제학 초고, 1868년 국제노동자협회(International Workingmen's Association) 총평의회의 결의안 초안 제목에 이 말이 사용되었습니다. 마르크스 사후 엥겔스가 편집 출간한 『자본』 II권에서도 이 단어를 딱 한 번만 볼 수 있는데(제1편 4장), 역시 1870년 즈음에 작성된 초고일 겁니다.

우리가 『자본』 번역본에서 보는 '자본주의적'이라는 단어는 독일어 '카피탈리스티셰'(kapitalistische)를 옮긴 것입니다. 이것은 '자본가' 즉 '카피탈리스트'

(Kapitalist)에서 파생한 말입니다. 자본주의를 의미하는 '카피탈리스무스'에서 나온 말이 아닙니다. 그렇다면 우리 시대를 지칭하는 이름으로 '자본주의'를 널리 쓰기 시작한 때는 언제일까요? 브로델에 따르면 자본주의보다 사회주의라는 개념이 먼저 생겨났다고 합니다. 사회주의가 19세기에 먼저 만들어졌고, 자본주의라는 개념은 사회주의와 대결하는 과정에서 이데올로기적 차원에서 생겨난 개념인 거죠. 그것도 20세기 초에 들어서요. 브로델은 자본주의라는 말 자체가 이렇게까지 유통되고 널리 퍼진 것은 사회주의에 맞서 이데올로기적으로 퍼뜨려졌기 때문이라고 했습니다. 1926년에야 자본주의라는 단어가 브리태니커 사전에 처음 등재되었다고 합니다.

②『자본』의 최초 번역본은 러시아에서

『자본』의 최초 번역본은 러시아어판입니다. 게르만 알렉산드로비치 로파틴(G. A. Lopatin)과 니콜라이 F. 다니엘손의 번역으로 상트페테르부르크에서 1872년에 출간되었습니다(*Kapital. Kritika politicheskoi ekonomii*, St. Petersburg: N. P. Poliakov, 1872).

▶ 바쿠닌——처음에 러시아어 번역을 의뢰받은 사람은 미하일 바쿠닌이었습니다. 마르크스와 더불어 국제노동자협회 즉 인터내셔널(First International)을 이끌던 지도자 중 한 사람이었죠. 그는『자본』을 번역하기로 하고 계약금까지 받았는데요. 계약 기간이 지나서도 번역 원고를 넘기지 않았습니다. 혁명가로서의 바쁜 일정 때문이었는지 아니면 인터내셔널 운영을 둘러싼 마르크스와의 갈등 때문이었는지는 모르겠습니다. 그러나 이 일은 의외의 사태로 이어집니다. 원고가 들어오지 않자 출판 에이전트 니콜라이 류바빈(Nikolai N. Liubavin)이 바쿠닌에게 편지를 보냈습니다. 그런데 여기에 느닷없이 세르게이 G. 네차예프(Sergey G. Nechaev)가 개입합니다. 네차예프는 테러를 서슴지 않는 젊은 혁명가였습니다. 바쿠닌의 열혈 지지자이기도 했고 친분도 깊었습니다. 그가 류바빈에게 협박 편지를 씁니다. 러시아 민족을 위해 중요한 일을 하는 바쿠닌을 방해하지 말고 계약금 따위는 잊어버리라고요. 부탁이나 제안이 아니었습니다. 요구를 따르지 않을 경우 살해할 수도 있음을 암시했으니까요. 실제로 네차예프는 자신의 혁명동지까지 살해한 악명 높은 인물이었습니다.

그런데 마르크스가 이 편지를 봤습니다. 마르크스는 바쿠닌 일파의 음모적이며 테러리스트적인 성향이 이 편지에 잘 드러나 있다고 생각한 것 같습니다. 그는 인터내셔널 헤이그 대회(1872) 대의원들에게 이 편지를 회람시켰습니다. 이 대회에서 바쿠닌은 회원 자격을 박탈당했습니다. 네차예프의 편지는 바쿠닌을 추방할 때 중요한 참고 자료 중 하나였습니다. 인터내셔널의 최대 갈등의 지점에『자본』의 번역과 관련된 에피소드 하나가 끼어들었던 겁니다. 다시『자본』의 번역에 착수한 사람은 로파틴입니다. 그는 상트페테르부르크 대학에서 물리학과 수학을 공부했는데요, 나로드주의(Narodnichestvo; 인민주의) 운동에 참여했던 혁명가입니다. 1870년 인터내셔널에 가입했고 같은 해에 런던을 방문해 마르크스를 직접 만나기도 했습니다. 그러고는『자본』I권 번역에 착수했죠. 하지만 그 역시 바쁜 활동 탓에 번역을 마무리하지는 못했고, 그 작업을 마무리한 사람이 다니엘손입니다. 다니엘손은 상트페테르부르크 대학 출신의 경제학자였고 로파틴처럼 나로드주의 운동에 헌신한 혁명가이기도 했습니다.『자본』I권(1872)만이 아니라 II권(1885)과 III권(1896)까지『자본』전체 내용을 모두 그가 옮겼습니다. 명실상부한『자본』의 러시아어판 번역자라고 할 수 있겠습니다.

▶ 다니엘손──그런데 러시아어판이『자본』의 첫 외국어 번역본이라는 사실은 좀 뜻밖입니다. 일단 영어판이나 프랑스어판이 아니라는 게 의외죠. 특히 영어판은 늦어도 너무 늦게 나왔어요. 1886년에 번역이 완료되었고 1887년에 출간되었으니 러시아어판보다 15년이나 늦게 출간된 겁니다. 우리가 잘 아는 것처럼『자본』이 집필된 곳은 영국 런던입니다. 게다가 런던은 마르크스가 1849년 이래 수십 년을 산 곳이며 독일노동자교육협회에서 정치경제학을 주제로 강의를 열었던 곳이며 무엇보다 마르크스가 지도자로 있던 인터내셔널이 창립된 곳입니다. 영어를 사용하는 수많은 동지가 있었을 텐데 왜『자본』번역이 그렇게 늦어졌는지 알기 어렵습니다.

엥겔스가 쓴 서문(1886)을 보면『자본』은 영어판이 나오기 전에 이미 영국과 미국의 잡지들에서 논쟁 대상이 되었음을 알 수 있습니다. 제3독일어판을 준비하는 과정에서 엥겔스는 마르크스가 영어판에 반영하려고 적어둔 메모를 발견했는데요. 러시아어판과 프랑스어판이 나오고 제2독일어판이 나오던 무렵에 작성한 것 같습니다. 마르크스는 러시아어판, 불어판이 나오던 참에 영어판 발간도 추진했던 겁니다. 엥겔스에 따르면 마르크스는 미국에서 영어판 발간 계획을 세웠다고 합니다. 하지만 적합한 번역자를 구할 수 없었답니다.『자본』번역이 단순히 언어 능력만 갖춘다고 되는 게 아님은 분명하니까요. 전문적 식견과 번역에 대한 열의를 가진 영어권 동지를 찾지 못했던 모양입니다. 참고로 말해두자면 프랑스어판은 러시아어판이 나온 직후 출간을 시작했는데요. 1872년부터 분책으로 출간되어

1875년에 완간되었습니다.

러시아어판이 『자본』의 최초 번역본이라는 사실은 러시아 자체의 사정을 고려할 때도 놀랍습니다. 러시아는 서유럽에 비해 산업자본주의가 그리 발전한 곳이 아니었습니다. 즉 『자본』이 다룬 현실을 체험하던 나라가 아니었다는 겁니다. 당시 러시아 혁명가들은 대부분 인민주의자, 즉 나로드니키였는데, 이들 다수가 변혁의 주체로 생각한 인민은 노동자가 아니라 농민이었습니다. 이들은 자본주의를 자신들이 체험하고 있는 현실로서가 아니라 자신들에게 닥칠 수 있는 악몽으로서, 다시 말해 자신들이 피해야만 하는 사회체제로 생각했다고 합니다.[3] 게다가 당시 러시아는 수많은 혁명가를 감옥과 시베리아, 교수대로 끌고 가던 때였습니다. 인민주의 운동이 성과를 거두지 못하자 1870년대부터는 테러리즘이 강하게 대두합니다. 차르와 고위 관료들에 대한 암살 시도가 계속해서 나타났습니다(실제로 1881년 3월 차르 알렉산드르 2세가 암살됩니다). 그러니 검열이 무척 심했을 겁니다.

러시아 당국이 나로드니키, 즉 인민주의자를 주된 적으로 보았기 때문에 이들을 격파하기 위해 1890년대까지 마르크스주의를 허용했다는 해석이 있기는 합니다. 누구보다 레닌이 그렇게 말했습니다. 1880년대와 1890년대에 소위 '합법적 마르크스주의'의 전성기가 열린 배경이 그렇다고 말입니다. "완전히 노예화된 언론과 전제에 의해 지배되는 나라에서, 정치적 불만과 항의의 가장 미약한 싹조차도 박해받는 지독한 정치적 반동의 시대에, 혁명적 마르크스주의가 갑자기 검열을 통과한 출판물로 밀고 들어간" 배경에는 혁명적인 인민주의 그룹, 이를테면 '나로드나야 볼랴'(Narodnaya Volya: 인민의 의지) 같은 그룹에 대한 비판을 "즐거워"했기 때문이었다는 겁니다.[4] 그러다 보니 아주 온건한 부르주아 민주주의자들도 마르크스주의자 행세를 할 수 있는 시기였다고 했습니다. 하지만 『자본』이 번역된 1870년대 초반에 이런 이야기를 곧바로 적용하기는 어렵습니다. 『자본』을 비롯한 마르크스 저작들을 러시아에 처음 소개한 사람들은 인민주의자들이었고, 이들 중에는 테러에 가담한 사람들도 있었으니까요. 다만 검열당국이 마르크스 저작들의 혁명적 잠재성을 과소평가했다고는 할 수 있겠지요.

어쨌든 『자본』 번역본은 검열을 통과했습니다. 당시 번역자인 다니엘손은 저자 마르크스와 몇 차례 편지를 주고받았는데요. 여기에 『자본』이 검열을 통과한 사정이 담겨 있습니다. 다니엘손은 검열위원회의 의결 개요를 마르크스에게 적어 보냈고, 마르크스가 이 내용을 프리드리히 조르게(Friedrich A. Sorge)에게 보낸 편지에서 그대로 인용하고 있습니다.[5] "비록 저자는 자기의 확신에 있어서 완전한 사회주의자이고 책 전체는 완전히 일정한 사회주의적 성격을 가지지만 서술이 전적으로 아무나 접근할 수 있는 것이라 할 수 없다는 점과 다른 면에서는 이 서술이 엄밀하게 수학적으로 과학적 증명을 보유하고 있다는 점을 고려할 때 본 위원회는 이 저서를 법원에 고발하는 것이 불가능하다고 선언한다."

1872년 『자본』 I권의 검열관이었던 스쿠라토프는 "러시아에서는 단지 소수만이 이 책을 읽을 것이며 그중에서도 극소수만이 이 책을 이해하리라고 단언할 수 있다"라고 했습니다. 1885년 『자본』 II권 검열 때도 마찬가지였습니다. 이 책은 "내용에서나 표현에서나 전문가가 아니면 이해할 수 없는 딱딱한 경제학 연구서"라고 했지요.[6] 검열관들은 마르크스의 이름을 알고 있었습니다. 하지만 『자본』은 어차피 극소수만 이해할 수 있는 책이기 때문에 별로 위험할 게 없다고 본 겁니다. 그런데 다니엘손에 따르면 『자본』은 출간된 지 얼마 지나지 않아 3000부가 팔렸습니다. 당시 독서 인구를 감안하면 놀라운 숫자입니다. 러시아에서 『자본』이 상당히 뜨거운 반응을 보일뿐더러 해석도 상당히 정확하다는 사실에 마르크스는 놀라고 기뻐했습니다. 러시아어판 출간 직후 작성한 제2독일어판 후기에 러시아에서 나온 평가를 인용할 정도니까요. 나중에 제2러시아어판을 준비하며 다니엘손에게 편지를 보냈는데,[7] 여기서도 마르크스는 러시아에서 "『자본』에 관한 상당히 활발한 논쟁이 벌어졌다"라는 소식을 듣고 있다는 말을 적었습니다.

▶레닌──검열관의 판단과 달리 『자본』은 엄청나게 팔렸습니다. 마르크스의 전기 작가 아이제이아 벌린(Isaiah Berlin)은 이렇게 말했죠. "18세기 사람들이 루소를 읽었을 때와 마찬가지로 러시아의 급진주의자들은 벅찬 가슴으로 『공산주의자 선언』을 읽고 『자본』의 연설조의 단락들을 읽었다."[8] 슬라브주의자들의 신비한 낭만적 민족주의나 혁명적 인민주의의 한계를 본 젊은이들에게 마르크스주의는 과학적이면서도 급진적인 사상으로 수용되었다는 겁니다. 이런 젊은이들 중에는 러시아 마르크스주의의 선구자인 게오르기 V. 플레하노프도 있었고 러시아 혁명의 지도자 레닌도 있었습니다. 덧붙이자면 레닌의 형 알렉산드르도 『자본』을 읽었습니다. 레닌의 누이인 안나에 따르면 알렉산드르가 여름방학을 맞아 집에 왔을 때 『자본』을 들고 왔다고 합니다. 알렉산드르가 속한 '나로드나야 볼랴' 그룹의 집행위원회는 마르크스에게 『자본』 출간을 축하하는 편지를 보낸 적도 있답니다. "러시아의 지적이고 진보적인 계급은 (…) 당신의 학술 저작의 출판을 열렬히 환영했습니다. 그들은 러시아 생활의 최상 원리들을 과학적으로 이해할 수 있게 됐습니다."[9]

차르 암살 모의 사건으로 알렉산드르가 처형된 후 레닌은 카잔 연방대학교에서 쫓겨났습니다. 그 후 가족과 함께 사마라 지역으로 이사했습니다. 거기서 『자본』을 공부한 것 같습니다. 『레닌 평전』*Lenin*을 쓴 토니 클리프(Tony Cliff)에 따르면, 1893년 작성한 논문에서 이미 레닌은 『자본』 II권에 대한 명확한 이해를 보여주었다고 합니다. 당시는 『자본』 III권이 출간되기 전이었는데, 레닌은 I권과 II권을 아주 철저히 연구했던 것 같습니다. 1899년에는 『자본』의 사유를 러시아 사회에 적용한 『러시아에서의 자본주의 발전』을 썼습니다. 레닌에게 『자본』은 "생각을 정리하기 위한 지침"이었으며, 훗날 레닌은 자신이 "마르크스와 '의논하는 법'을 배웠다"라고 말했다고 합니다.[10]

▶ 마르크스──『자본』을 비롯한 마르크스의 저작들은 러시아 혁명가들을 일깨우는 데 큰 기여를 했습니다. 그러나 『자본』에 대한 러시아 혁명가들의 반응이 마르크스를 일깨운 측면도 있습니다. 애초 마르크스는 러시아를 우호적으로 생각하지 않았습니다. 1850년대에는 '차르 치하의 러시아'에 대해 강한 혐오감을 드러내는 말도 많이 했습니다. 하지만 마르크스는 러시아의 젊은 혁명가들을 만나고 편지를 교환하며 러시아에 대한 자신의 이해가 부족했음을 느꼈습니다. 그는 러시아의 상황을 이해해야 한다고 생각했습니다. 이것은 단순히 과거의 편견을 바로잡는 문제가 아니었습니다. 마르크스를 러시아에 번역 소개한 젊은이들은 마르크스에게 역사의 이행에 대한 중요한 여러 가지 물음을 던졌습니다.

"역사유물론은 자본주의사회가 이행 중에 있는 역사적으로 특수한 형태임을 보여주었지만, 이행의 경로는 서구가 경험한 그것뿐일까요?"

"과연 러시아는 서구의 경로를 따라야 하는 걸까요?"

마르크스는 러시아의 상황을 이해하기 위해 러시아어를 배웠다고 합니다. 그가 이 젊은이들을 얼마나 높이 평가했는지, 또 이들의 질문을 얼마나 무겁게 받아들였는지 짐작하게 하는 대목입니다. 그는 뒤늦게 새로운 언어 공부에 뛰어들어 어떻든 6개월 만에 러시아의 사회적 저서와 정부 보고서 정도는 읽을 수 있었다고 합니다.[11] 러시아 혁명가들이 제기한 물음에 대한 답변은 베라 이바노브나 자술리치(V. I. Sassulitsch)에게 보낸 편지에서 찾아볼 수 있습니다.[12] 자술리치(Wera I. Sassulitsch)는 공산주의로 이행하기 위해 농촌의 전통 공동체들은 모두 해체되어야 하는지, 그래서 소유형태가 우선 자본주의적으로 재편되어야 하는 것인지 물었습니다. 이에 대해 마르크스는 흥미로운 답변을 내놓습니다. 역사적 구성체는 지질학적 지층들처럼 여러 유형으로 이루어진 계열이며, 서구사회의 역사적 경험을 곧바로 러시아의 것으로 삼을 수는 없다고 한 겁니다. 각 사회가 처한 환경과 내부 요인이 매우 다양하기에 이행 경로는 달라질 수 있다고 했죠.

마르크스는 여기서 '역사적 이행'과 관련해 철로를 뜻하는 '라우프반'(Lauf-bahn)이라는 단어를 썼습니다. 1850년에 쓴 어느 글에서 그는 "혁명은 역사의 기관차다"라고 말한 적이 있는데요,[13] 이제 그는 혁명이라는 열차가 달리는 궤도가 단선이 아니라고 말하는 겁니다. 특히 러시아에는 자본주의적 사적 소유가 발전하고 있었지만 절반 이상의 토지는 여전히 전통적 방식, '공동점유'의 형태를 취하고 있었습니다. 마르크스에 따르면 서구사회는 사적 소유 요소가 공동체적 요소를 정복했지만 후자가 전자를 정복할 수도 있는 겁니다. 심지어 그는 새로운 사회형태의 출현이 "태곳적 사회형태"(archaischen Gesellschaftstypus)를 고차적 형태로 재탄생시키는 일이라는 놀라운 언급까지 했습니다. 『공산주의자 선언』의 러시아어판 서문(1882)에서도 마르크스는 이 점을 다시 강조했습니다.[14] "토지의 원시적 공동점유의 심하게 붕괴된 형태이기는 하지만 러시아의 오브쉬치나(Obschtschina)는 공산주의적 공동점유라는 보다 높은 형태로 직접 이행할 수 있겠는가? 아니면 이와는 반대로 서구의 역사발전을 이루고 있는 동일한 해체 과정을 먼저 겪어야 하는가?" 그러고는 이렇게 대답합니다. "러시아의 혁명이 서구의 프롤레타리아혁명의 신호가 되어, 그리하여 양자가 서로를 보완한다면, 현재 러시아의 토지 공동소유는 공산주의적 발전의 출발점이 될 수 있을 것이다."

마르크스의 생각이 어떻게 변했는지는 1850년대에 작성한 인도 문제에 관한 글, 이를테면 「영국의 인도 지배」, 「영국의 인도 지배의 장래의 결과」 등과 비교해보면 알 수 있습니다. 그는 이 글들에서 인도의 "개인과 민족 전체를 몽땅 피와 진흙, 비참과 타락 속으로 이끌어"간 영국의 죄악을 규탄하면서도, 인도를 세계사에 합류시키는 영국의 행동을 "역사의 무의식적 도구"로서 긍정했습니다.[15] 서구 자본주의 역사를 세계의 보편사로 긍정했기 때문일 겁니다. 이때만 해도 마르크스는 서유럽의 소위 '선진 국가들'을 열차 맨 앞의 기관차처럼 생각했던 것 같습니다. 하지만 러시아 사회를 공부해가면서 마르크스는 역사의 이행이 단선적이지 않으며, 과거의 사회형태는 단순히 지나쳐야 할 정거장이 아니라 새로운 사회형태의 출현을 위해 더 고차적 형태로 반복될 필요가 있다는 점도 이해하게 되었습니다. 역사의 경로가 복선화되고 역사에 반복이라는 주제가 들어온 것이죠. 우리의 상상력을 자극하는 아주 흥미로운 대목이 아닐 수 없습니다. 마르크스가 역사의 이행에 대한 사유를 이렇게 바꾸어나간 데는 러시아 젊은이들과의 교류가 일정한 영향을 미쳤을 겁니다. 더 많은 이야기를 나눠볼 수도 있겠습니다만, 『자본』의 최초 번역본으로서 러시아어판 출간이 갖는 의미에 대해서는 이 정도로 마치겠습니다.

---

③ '비판'이란 무엇인가

서구에서 '비판' 내지 '비평'이라고 부르는 말, 영어로는 '크리티시즘'(criticism), 프랑스어로는 '크리티크'(critique), 독일어로는 '크리틱'(Kritik)이라고 부르는 말은 모두 그리스어 '크리노'(krino)에서 온 말입니다. '크리노'는 구별하다(differentiate), 선택하다(select), 판단하다(judge), 결정하다(decide) 등의 의미를 가진 말입니다. 라인하르트 코젤렉(R. Koselleck)은 이 말의 유래와 관련해 긴 주석을 붙였는데요,[16] 그에 따르면 그리스에서 이 말은 대체로 법정 용어였다고 합니다. 찬반, 가부, 유무죄를 구별하고 판단하는 단어였어요. 그런데 '크리노'는 '비판'이라는 말의 어원일 뿐 아니라 '위기'(crisis)라는 말의 어원이기도 합니다. 오늘날에는 구분되는 두 가지 뜻을 그리스인들은 구분하지 않고 썼다는 겁니다. 그래서 『칠십인역 성경』에서는 '크리시스'(krisis)라는 말로 '최후의 심판'을 나타냈습니다. '위기'라는 말을 '법정'을 지칭하는 말로도 썼던 겁니다.

그러나 '크리시스'라는 말로 심판이나 법정을 나타내는 관행은 언제부턴가 사라졌습니다. 남은 것은 '크리티시즘', 즉 '비판'입니다. 코젤렉에 따르면 '비판'은 18세기의 유행이었습니다. 이 시기를 '계몽주의' 시대라고도 하는데, 이때 사상가들이 이 말을 정말 많이 썼습니다. 많은 글이 '비판'이라는 제목을 달고 있었습니다. 그리고 이때의 '비판'에는 그리스에서 쓴 용법 그대로 '법정'의 의미가 담겨 있었습니다. 이마누엘 칸트는 이 시대의 끝에 있던 철학자가 아닌가 싶습니다. 그의 유명한 세 비판서, 그러니까 『순수이성비판』, 『실천이성비판』, 『판단력비판』은 모두 '비판'이라는 말을 제목에 달고 있습니다. 칸트는 여기서 '비판'이라는 말을 '법정'에 세운다는 뜻으로 사용한 것입니다.

이를테면 『순수이성비판』에서 그는 이성[사변이성] 자체를 법정에 세웠습니다. 그는 이성의 정당한 사용과 부당한 사용, 말하자면 이성의 합법적 사용(규제적 사용)과 불법적 사용(초월적 사용)을 구분하려 했습니다. 이성의 부당한 사용이란 인간 경험을 넘어선 영역, 예컨대 신의 존재를 증명하는 일 같은 데 개입하는 것이지요. 이런 영역에까지 이성을 남용하면 이율배반에 빠집니다. 그래서 그는 우리 앞에 경계를 정하려고 했습니다. 우리가 알 수 있는 영역의 한계를 분명히 한 겁니다. 이 경계를 지키지 않고 이성을 사용[남용]할 때 우리는 독단에 빠지고 오류를 범합니다. 칸트는 자신의 비판 작업을 경찰 업무에 비유했지요.[17] 말하자면 폴리스라인을 치고 그 선을 넘지 않도록 감시하는 겁니다. 이성을 통해 신의 존재를 증명하려고 하는 식의 독단적 형이상학을 차단하려고 했습니다. 과학에 대한 신학이나 도덕의 부당한 개입도 막았습니다.

참고로 여기에는 니체의 흥미로운 문제 제기가 있습니다. 과연 칸트는 신학과 도덕으로부터 과학을 지켰던 것인가 아니면 과학으로부터 신학과 도덕을 지켰던 것인가. 칸트가 친 폴리스라인은 어떤 것을 지키는 선이었을까. 당시 수세적인 쪽은 과학이 아니라 도덕과 신학이었습니다. 그래서 니체가 보기에 칸트는 신학과 도덕으로부터 과학을 지킨 사람이 아니라 과학으로부터 신학과 도덕을 지킨 신앙심 깊은 사람이었습니다. 이야기가 잠시 옆으로 샜습니다만, 근대 철학에서 '비판'의 한 가지 의미는 경찰과 관련이 있습니다. 엄격하게 경계선을 긋고 규제하는 겁니다. 그 경계선을 벗어난 것을 지적하고 바로잡는 것, 즉 '교정'(correction)이 비판의 한 가지 의미입니다. 이는 법정, 경찰, 교도소 등 교정기관과도 잘 연결되는 이미지입니다. 남용을 규제하고 위반을 처벌하는 것 말입니다.

그런데 우리는 근대 철학자, 특히 19세기 사상가들로부터 '비판'의 또 다른 의미를 찾아볼 수 있습니다. 흥미롭게도 이 역시 부분적으로는 칸트한테서 확인할 수 있습니다. 확실히 그에게는 이전 세기의 정점이면서 다음 세기의 시작인 측면이 있는 것 같습니다. 「계몽이란 무엇인가에 대한 답변」Beantwortung der Frage: Was ist Aufklärung?에서 칸트는 이성의 두 가지 사용을 구분했는데요. 하나는 '기계의 부품'처럼 효율적으로 움직이는 '이성의 사적 사용'이고요, 다른 하나는 '학자'처럼 감히 용기를 내서 이성적 공중—그는 책을 읽는 사람들이라고 했는데요—에게 자기 생각을 말하는 '이성의 공적 사용'입니다. 칸트는 계몽의 구호를 "감히 알려고 하라"(Sapere aude)라고 했는데요, 이때 그는 우리에게 '감히 따질 것'을 요구합니다. 이것은 경계를 준수하라는 것과는 뉘앙스가 많이 다른 말입니다. 『학부들의 논쟁』Streit der Fakultäten에서도 그는 철학부의 정신을 '이성의 공적 사용'과 같은 것으로 봅니다. 여기서 그가 말한 철학부의 정신은 비판이성 외에는 어떤 권위도 인정하지 않는 것입니다. 말하자면 비판이성 자체는 어떤 외적 제약, 이를테면 당국의 권위 같은 것을 인정하지 않는 겁니다. 여기서 칸트는 우리에게 주어진 제약이나 한계에 대해 따져 물으라고 부추기는 것 같습니다.

푸코가 잘 지적했듯이[18] 칸트의 『순수이성비판』 같은 곳에서 비판은 우리가 넘지 말아야 할 한계를 지적하는 것이었습니다. 그러나 계몽에 대한 그의 생각에는 '위반의 형태를 취하는 실천적 비판'의 모습도 들어 있습니다. 이런 면모를 조금 더 밀고 간다면, 우리는 비판을 무언가를 제약하는 부정적인 것이 아니라 무언가를 시도하고 실험하는 적극적인 것으로도 이해할 수 있습니다. 요컨대 나는 두 가지 '비판'을 구분해야 한다고 봅니다. 하나는 남용, 위반, 자의에 대한 교정으로서의 비판입니다. 다른 하나는 척도나 경계에 대해 따지고 문제 삼고 실험하는 것으로서의 비판입니다. 전자가 진리와 오류, 옳음과 그름, 진실과 허위의 구도 위에서 이루어지는 비판이라면, 후자는 그것을 판단하는 잣대가 바뀌는 것, 말하자면 사회구조 자체의 변형과 연관된 비판입니다. 후자는 역사의 이행을 의미합니다. 내가 전자를 교정으로서의 비판이라고 부르고, 후자를 이행으로서의 비판이라고 부르는 것은 이런 맥락입니다.

정치경제학에 대한 마르크스의 '비판'을 이해할 때는 이 후자의 측면이 중요하다고 봅니다. 여기서 다시 '비판'이라는 말의 어원이 눈길을 끕니다. 앞서 '비판'이라는 말은 그리스어 '크리노'에서 연원했으며, '크리노'는 '비판'이라는 말뿐 아니라 '위기'라는 말의 뿌리라고도 했습니다. '위기'를 뜻하는 '크리시스'라는 말은 18세기 공론장에서는 그다지 사용되지 않던 말입니다. 중세에도 이 말은 대체로 의료 영역에서만 사용되었어요. 의사가 어떤 판단을 내려야 하는, 건강 상태가 심각하게 변형될 수 있는 단계를 가리켰지요. 재판이나 법정을 가리키는 말이 왜 건강 상태에 대한 판단에 적용되었는지 짐작이 갑니다. 의사는 재판관처럼 판단을 해야 했을 테니까요. 하지만 여기서 '크리시스'라는 말은 한 상태로부터 다른 상태로의 이행이라는 의미도 담기게 됩니다.

코젤렉은 18세기에 거의 사용되지 않던 '크리시스'라는 말이 19세기에 주요 개념으로 부각되는 것에 주목했습니다. 18세기 사상가들과 19세기 사상가들 사이에는 중요한 차이가 있습니다. 코젤렉에 따르면 18세기 사상가들의 비판은 이원론에 입각해 있었습니다. 진리와 오류, 옳음과 그름, 진실과 허위 같은 구분이 있었고 그들은 진리 편에서 오류를 비판했고 도덕 편에서 부도덕을 비판했습니다. 칸트에게서는 잣대 자체를 문제 삼는 비판 관념도 엿볼 수 있다고 앞서 나는 말했습니다만, 이 경우에도 그에게 역사적 '이행'이 적극적으로 사고되지는 않았습니다. 그런데 19세기 사상가들의 비판은 다릅니다. 코젤렉은 루소의 '혁명' 개념의 새로움에서 이것을 보았습니다.[19] 루소에게 혁명은 계몽주의 시대의 혁명처럼 부도덕한 거짓 권력, 즉 전제주의에 대한 반대만을 의미하는 게 아니었습니다. 그는 '혁명'을 국가에 대한 사회의 승리라는 식으로 단순화하지 않았습니다. 혁명이 일어난다면 국가도 사회도 모두 변할 거라고 봤죠. 이런 생각의 핵심에 놓인 개념이 '위기'였습니다. 혁명은 부정한 것을 정화하는 것이 아니라 국가와 사회의 이행을 의미하게 됩니다. 다른 상태로의 이행이라는 의미에서 '위기'라는 말이 중요성을 획득하는 거죠. 19세기 사상가들은 '위기' 개념을 통해 자기 시대를 역사적 이행 속에서 볼 수 있게 됩니다. 달리 말하면 '위기'가 시대 속에 상존합니다.

　마르크스 역시 마찬가지입니다. 마르크스는 사회를 "끊임없이 변화하는 유기체"로 봅니다. 사회를 바라볼 때 시간성과 역사성이 중요한 의미를 갖습니다. 그리고 그 핵심에 '위기'가 있습니다. 마르크스의 자본주의 비판에서 빠지지 않는 말이 '위기'입니다. '위기' 즉 '크리시스'라는 말을 경제학에서는 '공황'이라고 옮깁니다. 마르크스가 볼 때 자본주의사회에는 '공황' 가능성이 상존합니다. '공황'은 자본주의가 잘못되었을 때 출현하는 게 아닙니다. '공황'은 자본주의 원리 안에 내재합니다. 즉 자본주의가 유지되는 한 '공황'은 피할 수 없습니다. 그리고 자본주의가 발전할수록 '공황' 즉 '위기'의 규모와 강도도 커집니다.

　이것이 마르크스의 '비판'입니다. 마르크스에게 '비판'이란 자본주의에 닥칠 '위기'를 지적하는 것이지만 그 '위기'가 이미 자본주의 원리 안에 내재해 있음을 지적하는 것이기도 합니다. 그리고 이것은 자본주의를 역사적 이행 속에서, 다시 말해 "하나의 과도적인 역사적 발전단계"로 바라본다는 뜻입니다.

────────── ④ 마르크스와 외투 ──────────

『자본』을 탈고하자 마르크스는 엥겔스에게 곧바로 편지를 보냅니다. 엥겔스가 이 소식을 얼마나 간절히 기다리는지 알고 있었으니까요. "책이 완성되었다고 말할 수 있을 때까지는 자네한테 편지를 쓰지 않겠다고 결심했는데, 이제야 비로소 소식을 전할 수 있게 되었네."[20] 정말 기뻤을 겁니다. 그런데 마르크스에게는 편지를 써야 하는 사정이 하나 더 있었습니다. 전당포에 맡긴 외투[코트]를 찾는 것, 그러니까 『자본』 원고를 들고 함부르크의 출판업자를 찾아가려면 외투가 필요했습니다. 자신이 떠나 있는 동안 가족들의 생활비도 문제였고요. 엥겔스는 편지를 받자마자 곧바로 돈을 보냈습니다.

　우리가 앞서 본문에서 확인했듯, 『자본』 제1장에서 '외투'는 그 소재인 '아마포'와 더불어 상품의 대명사 같은 존재인데요. 정작 『자본』을 집필하는 동안 마르크스의 외투는 자주 전당포에 맡겨져 있었습니다. 그래서 상품의 예를 들어야 할 때마다 마르크스가 외투를 떠올렸는지도 모르겠습니다. 1830년대 글래스고 지역

전당포에 맡긴 물건들 중 가장 많은 것이 외투였다는 걸 보면,[21] 19세기 외투의 교환가치는 꽤 높았던 모양입니다. 웬만한 부자가 아닌 한 여러 벌 갖고 있었던 것 같지도 않고요. 외투가 없어 원고를 들고 출판사에 갈 수 없다는 말에서 우리는 마르크스의 가난한 살림살이를 엿볼 수 있습니다. 가족이나 친척, 친구의 유산을 받아 사정이 잠시 나아질 때도 있었지만 보통은 가난했습니다. 런던으로 이주해 온 지 얼마 지나지 않은 1850년대에는 특히 그랬지요. 마르크스의 외투는 음식이나 생필품이 필요할 때마다 전당포로 갔습니다(아내 예니가 가져온 접시도 그랬고 집안 가구들도 그랬지요).

그런데 마르크스가 외투가 없어 나갈 수 없다고 한 건 쌀쌀한 날씨 때문만은 아니었습니다. 마르크스는 런던으로 이주한 후 런던박물관 열람실 이용권을 얻었는데요. 이때도 엥겔스에게 비슷한 편지를 보냅니다. 외투를 전당포에 맡겨 나갈 수가 없다고. 스털리브래스(Peter Stallybrass)에 따르면,[22] 런던박물관 열람실은 이용권이 있다고 아무나 들어갈 수 있는 곳이 아니었습니다. 외투가 없는 사람, 그러니까 누추해 보이는 사람은 들어가기 쉽지 않았다는 거죠. 얼마나 사실에 부합하는 이야기인지 모르겠지만, 외투가 없을 때 마르크스는 『뉴욕 데일리 트리뷴』New York Daily Tribune 같은 신문에 글을 쓰거나 엥겔스에게 도움을 청했습니다. 그렇게 돈이 생기면 외투를 찾아와 도서관 열람실에 갔답니다. 도서관 열람실만이 아니었습니다. 종이가 떨어져 집필을 할 수 없을 때도 있었죠. 외투가 집에 있었다면 전당포로 갔을 테고, 외투가 전당포에 있었다면 집필을 잠시 멈춰야 했을 겁니다. 외투는 『자본』을 퇴고하고 출판사로 갈 때도 필요했지만 『자본』 집필을 위한 연구에도 필요했던 셈이죠. 『자본』에서 마르크스가 외투를 그토록 자주 언급한 것은 자기 처지에 대한 소소한 분풀이였는지도 모르겠습니다.

그렇지만 외투를 상품의 예로 든 것이 전당포를 오가야 했던 처지 때문만은 아니었을 겁니다. 어쩌면 외투는 마르크스가 상품의 가치에 대해 가진 이미지와 통했던 것은 아닐까요. '가치'를 상품의 물리적 신체를 감싸는 외투 같은 걸로 생각했던 것은 아닐까요. 물론 감각적인 눈에는 보이지 않는 외투지만요. 이런 추측을 그럴듯하게 만드는 것은 『루이 보나파르트의 브뤼메르 18일』의 몇몇 구절입니다. 이 텍스트에서 외투는 매우 중요한 상징입니다. 외투는 그것을 입고 있는 이를 다른 존재로 '보이게' 합니다. 외면을 흉내 내는 거죠. 이 글의 주인공 루이 보나파르트는 삼촌인 나폴레옹의 이름과 문구, 의상을 빌려 옵니다. 삼촌 '처럼' 보이고 싶었던 거죠. 그는 대통령 선거에 당선된 직후부터 황제의 꿈을 꿉니다. 이를 마르크스는 이렇게 묘사했습니다. "대의원들은 창밖으로 도망갔고 황제의 외투가 보나파르트의 어깨 위에 걸쳐졌다. 이러다가 마침내 날이 밝으면 유령들은 뿔뿔이 흩어지고 파리는 자신이 또 한 번의 위험을 모면했다는 것을 (…) 전해 듣고 놀란 가슴을 쓸어내린다."[23] 마침내 황제 등극에 성공했을 때도 마르크스는 외투 이야기를 꺼냅니다. "그는 트리어의 성의(聖衣) 숭배를 파리의 나폴레옹의 황제 외투에 대한 숭배로 재현하였다."[24]

조카를 삼촌으로 보이게 한 것, 일종의 착시인데요. 물론 마르크스는 이것이 삼촌을 희극적으로 반복한 것이라며 조롱합니다. 그런데 어떻든 황제의 외투를 입힌다는 것은 누군가를 왕으로 만드는 일입니다. 이는 『자본』 제1장에서 마르크스가 상대적 가치형태와 등가형태를 언급할 때 쓴 비유를 떠올려줍니다. 어떤 사람이 왕인 이유는 상대방에게 그가 왕으로 보이기 때문이라고 했던 부분 말입니다. 외투는 누군가를 어떤 존재로 보이게 합니다. 노동생산물이 상품이 되는 데는 이런 착시―물론 객관적이고 사회적인 착시입니다만―가 필요합니다. 그런데 이런 유령적 외투가 꼭 교환가치만을 가리킨다고 할 수 있을까요. 마르크스가 외투 없이 외출할 수 없었던 것, 런던박물관 열람실에 들어갈 수 없었던 데는 사회문화적 요인도 있었습니다. 신분이나 계급을 나타내는 거죠. 굳이 말하자면 넓은 의미의 사용가치라고 할 수 있는데요. 사용가치라는 게 '외투의 보온성'처럼 꼭 물리적 속성만을 가리키지는 않습니다.

상품에는 이데올로기적·사회문화적 가치도 있고 무엇보다 기억과 관련된 정서적 가치들이 있습니다.[25] 찰스 디킨스(Charles J. Dickens)는 어린 시절 아버지가 파산했을 때 파산절차가 진행되던 일을 떠올린 적이 있습니다. 파산절차에 들어가면 집에 있는 물건들의 가치가 책정되는데요. 어린 디킨스가 보기에는 모자와 재킷, 바지 등 별로 값나가는 게 없었습니다. 그런데 그때 자기 호주머니 안에서 할아버지의 시계가 돌아가고 있다는 걸 느끼고는 무척 고통스러웠다고 합니다. 단지 비싼 물건이어서가 아니겠죠. 시계는 할아버지에 대한 기억, 할아버지와의 감정적 유대를 품고 있는 물건입니다. 아마 전당포에서 물건을 평가할 때 이런 건 고려하지 않겠지요. 가난한 사람들은 전당포 앞에서 주저하며, 가격을 책정할 때도 무척 억울해하고 슬퍼합니다. 그 값만 받을 수는 없다는 거죠. 이게 어떤 외투인데, 이게 어떤 반지인데, 이게 어떤 접시인데 (…) 가난한 사람들은 물건을 넘기며 그 물건에 대한 추억도 넘긴다고 생각했을 겁니다.

"어제 외투를 전당포에 맡기면서, 글에 필요한 종이를 사기 위해 그렇게 해야 했던 리버풀의 시절로 돌아갔다네."[26] 1852년 마르크스가 엥겔스에게 보낸 편지의 한 구절입니다. 스털리브래스는 이 구절을 인용하며, "마르크스에게 (…) '단지' 사물인 것은 없다"라고 했습니다. 사물들은 생계를 떠받칠 뿐 아니라 자아를 떠받치는 것이기도 하니까요.[27] 앞서 나는 마르크스가 '자유로운 개인들의 연합'에 대해 말하며 사물들의 '투명성'을 너무 강조하고 있다고 지적했습니다. 가치(교환가치)의 유령을 제거한다고 사물들이 옷을 벗고 참모습을 드러내는 건 아닙니다. 사용가치에도 교환가치 못지않은 유령적 성격이 있으니까요. 사용가치에는 물리적 효용 외에도 사회문화적 가치가 있고 추억과 기억이 있으며 이런 것들과 연결된 정서적 가치가 있습니다. 이런 것들은 제거할 수 없으며 또 제거하는 것이 바람직하다고 말할 수도 없습니다.

<hr />

⑤ 마르크스와 유령

한 상품의 가치는 다른 상품의 신체를 빌려 목소리를 냅니다. 다른 상품의 성대를 빌려서요. 이것이 교환가치입니다. 마르크스는 구두약에서 외투의 목소리를 듣습니다. 외투의 가치는 구두약의 몸을 빌려서만 자기 존재를 드러낼 수 있는 겁니다. 확실히 마르크스의 눈은 특별한 것 같습니다. 마치 무당처럼, 유령을 보았으니까요. 그런데 마르크스가 상품의 가치를 유령에 비유한 것이 우연은 아닙니다. 다른 저서들에서도 그는 유령 이야기를 몇 차례 했습니다.[28]

먼저 마르크스는 『독일 이데올로기』에서 당대 독일의 비판가들, 청년헤겔파를 비롯해 포이어바흐까지, 현실적 사회관계가 아니라 정신이나 관념만 물고 늘어지는 이들을 비판할 때 유령 이야기를 했습니다. 이들은 이데올로기를 비판했습니다만, 마르크스는 이데올로기라는 게 "정신적인 비판, '자기의식'으로의 해소, '요괴', '유령', '망상' 등으로의 전화를 통해서"는 극복될 수 없다고 했습니다[특히 그는 슈티르너(Max Stirner)를 겨냥했습니다]. 마르크스가 보기에 당대의 비판가들은 이데올로기라는 '환상적 보편성'(이데올로기는 항상 보편적 관념인 것처럼 우리에게 나타나지요)에 맞서 또 다른 환상 즉 '유령'을 제시하는 것에 불과합니다. 현실을 변혁하는 실천 없이 관념적으로만 떠든다는 이야기지요. 여기서 '유령'이란 신체 없이 떠다니는 빈 문구(文句) 같은 것입니다.

유령의 이미지를 꽤나 긍정적으로 사용한 텍스트도 있습니다. 『공산주의자 선언』의 유명한 도입부가 그렇습니다. "하나의 유령이 유럽을 배회하고 있다―공산주의라는 유령이. 옛 유럽의 모든 세력들이 이 유령의 성스러운 사냥을 위하여

동맹하였다. 교황과 차르, 메테르니히와 기조, 프랑스 급진파와 독일 경찰들이."[29] 이 도입부에는 시간의 흥미로운 어긋남이 있습니다. 마르크스가 보기에 공산주의자들은 아직 하나의 세력이 되지 못했습니다. 말하자면 공산주의자는 미래 세력의 이름입니다. 그런데 당대의 지배자들은 저항 세력에게 '공산주의'라는 낙인을 마구 붙였습니다. 여기서 아이러니가 생기는데요, 공산주의는 한편으로는 '아직' 실체가 없습니다. 그런데 다른 한편으로는 소문으로서, 유령으로서, 딱지로서 '이미' 하나의 세력을 형성한 셈입니다. 이런 상황에서 마르크스는 '우리'들에게 공산주의자라는 '소문', '유령'에 대해 그 몸뚱이가 될 것을 촉구합니다. 유령에 몸을 내어주라는 겁니다. '너희가 두려워하는 공산주의자들이 바로 우리'라고 자임하는 것이지요. 하지만 단순한 자임이 아닙니다. 그것은 미래시제를 현재시제로 당기는 일이기도 합니다. 미래에 출현할 공산주의를 현재적 생성으로, 즉 이후 '도래할 것'을 지금 적극적으로 '맞이하는 것'입니다. 그러므로 『공산주의자 선언』은 사람들에게 공산주의자가 될 것, 즉 생성에 대한 촉구이기도 하지요. 공산주의자에 대한 자임이면서 촉구이고 약속이고 맹세인 것이죠.

마르크스는 『루이 보나파르트의 브뤼메르 18일』에서도 유령 이야기를 꺼냈습니다. 이 책은 1848년 혁명 이후 1852년 다시 황제의 나라로 돌아갈 때까지의 프랑스 정세를 정리한 것인데요. 정세에 대한 기술이라고 했지만 곧바로 무대에 올려도 좋을 만큼 희곡적인 구성을 취하고 있습니다. 실제로 마르크스는 이 글 곳곳에서 연출, 무대, 막, 상연이라는 표현을 쓰고 각 정파의 움직임을 배우들의 연기처럼 묘사합니다. 셰익스피어를 무척 사랑했던 마르크스인지라 이런 구성이 어떤 점에서는 이상할 것도 없죠. 이 글에는 역사에 대한 두 개의 유명한 문장이 나옵니다. 하나는 역사의 두 가지 반복에 대한 것입니다. "헤겔은 어디에선가, 모든 거대한 세계사적 사건들과 인물들은 말하자면 두 번 나타난다고 지적하고 있다. [다만] 그는 다음과 같이 덧붙이는 것을 잊었다: 한 번은 비극으로, 다른 한 번은 희극으로."[30] 다른 하나는 인간행위와 역사의 관계에 대한 것인데요. "인간은 자신의 역사를 만든다. 그러나 자기 마음대로, 즉 자신이 선택한 상황하에서 만드는 것이 아니라 이미 존재하는, 주어진, 물려받은 상황에서 만든다."[31]

사실 이 두 문장은 서로 이어지는 하나의 내용입니다. 그리고 여기에 유령이 등장합니다. 마르크스는 인간이 만들어가는 역사가 두 가지 반복과 관련이 있다고 봅니다. 많은 사람이 두 번째 문장, 즉 인간이 역사를 만드는 것은 '주어진 상황 속에서'라는 말을 역사유물론의 일반적 정식, 즉 인간의 행위는 역사적으로 주어진 토대 위에서 이루어진다는 뜻으로만 읽습니다. 하지만 텍스트의 문맥을 따라 읽으면 이야기가 조금 다릅니다. 마르크스가 해당 문장 뒤에 곧바로 인간에게 주어진 것이 '죽은 세대들의 전통'이라 말하고 있으니까요. 그 전통이 '꿈속의 악령(Alp)'처럼 '살아 있는 세대'의 머릿속에 출몰한다고 말합니다. 그러니까 그가 여기서 말한 '주어진 것'이란 과거로부터 주어진 관념입니다. 그래서 마르크스는 인간은 '과거의 유령'(Geister der Vergangenheit)과 더불어 "자신과 사물을 변혁하고 지금껏 존재한 적이 없는 무언가를 만드는 데 몰두"한다고 말합니다.

변혁을 열망하는 현재의 세대는 과거의 유령들을 불러오고 그 이름과 구호와 의상을 빌립니다. 그런 식으로 종교개혁가 루터는 사도 바울을 빌려 왔습니다. 그리고 프랑스대혁명 당시 혁명가들은 로마의 공화정을 반복하려 했지요. 이런 반복은 '혁명적 정신'(Geist der Revolution)의 반복입니다. 과거를 반복하지만 과거를 재현하는 것은 아닙니다. 과거 혁명가의 정신을 반복함으로써 '세계사의 새로운 장면을 연출'하는 겁니다. 이것이 두 가지 반복 중 '비극적 반복'입니다. 사건을 일으키는 반복이지요.

그런데 그저 이름과 의상, 외양만 빌려 온 반복도 있습니다. 마르크스가 보기에 나폴레옹의 조카 보나파르트가 그랬습니다. 그는 삼촌의 외적 이미지만 빌렸습니다. 이름을 비슷하게 짓고 옷과 행동을 닮게 만들었습니다. 그는 새로운 세계를 만들기보다 삼촌을 흉내 내 지금의 권력을 잡으려고 한 것이죠. 과거를 흉내 내면서 오히려 과거로 퇴행합니다. 이것이 바로 역사의 '희극적 반복'입니다. 이렇게 보면 마르크스는 '유령'과 더불어 수행하는 '혁명'에 기대를 건 것처럼 보입니다. 그런데 이 글에서 그는 그쪽으로 가지 않습니다. 새로운 역사를 만들고자 하는 이들은 '과거의 유령'과 더불어 나아간다고 했지만, 그는 실제로 새로운 역사를 낳는 경우에는 '유령'이라는 말을 쓰지 않으려고 했습니다. 그래서 그는 비극적 반복에는 특별히 '혁명의 정신'이라는 말을 붙여 '희극적 반복의 유령' 즉 단순히 '죽은 자들의 유령'을 배회케 하는 경우와는 구분하려 했습니다.

한발 더 나아가 마르크스는 '19세기의 사회혁명' 즉 프롤레타리아트의 혁명은 이런 비극적 반복과도 달라야 한다고 본 것 같습니다. 그래서 19세기 사회혁명은 더는 "과거로부터 그 시(詩)를 얻을 수 없고 오직 미래로부터만 얻을 수 있다"라고 했습니다.[32] "과거에 대한 모든 미신을 떨쳐버려야만 스스로 시작할 수 있다"라고 말입니다. 죽은 자들에 대한 회상이 혁명에 들어오지 않도록, 따라서 "죽은 자들로 하여금 그 시신을 묻게 해야 한다"라고도 했습니다. 새로운 혁명과 유령 사이에 분명한 선을 그은 겁니다. 『자본』에서도 이런 태도를 확인할 수 있습니다. 그는 상품의 핵심에 '유령'이 있음을 간파합니다. 하지만 그 '유령'과 더불어 혁명을 수행하고자 하지는 않습니다. 오히려 새로운 혁명은 그 '유령'을 몰아내는 데 있다고 봅니다. 상품사회 극복과 유령 몰아내기가 나란히 가는 겁니다.

───── ⑥ 마르크스의 물신주의와 프로이트의 물신주의 ─────

마르크스가 말한 상품 물신주의는 물신주의에 대한 통념과 많이 다르다고 했는데요. 서구에서 이 말이 등장한 것은 18세기 중엽이라고 합니다. 본문에서 언급했듯, 보통 샤를 드 브로스의 책 『물신숭배에 관하여』를 기점으로 삼습니다. 드 브로스는 16~17세기 포르투갈 상인들이 서아프리카 해안 원주민들과 소통하면서 쓴 피진어(pidgin)에서 페티소(fetisso)라는 단어를 가져왔습니다. 이 단어는 포르투갈어 페티코(fetico)에서 연원한 것인데, 드 브로스는 이 말이 '마법에 걸린' 내지 '주술에 걸린' 등의 뜻을 지닌 단어 'fatum, fari, fanum' 등의 말에서 유래했다고 보고 그런 의미로 썼습니다. '페티코'의 어원을 드 브로스가 잘못 알았다고 지적한 학자도 있습니다만(이 말은 원래 '만들다'라는 뜻도 지닌 'facticius'에서 유래한 것이고, 아우구스티누스 등이 '우상'에 대해 '인위적인 신'이라고 말할 때 쓰는 단어라는 것이지요),[33] 어떻든 특정한 물건을 신처럼 숭배하는 아프리카 원주민의 원시성을 지칭하는 데 쓴 말입니다.

그런데 마르크스 자신도 초기에는 이런 의미에 가깝게 물신주의라는 말을 사용했습니다. 1842년 그는 『라인신문』에 「목재도둑에 관한 법률 논쟁」이라는 글을 썼는데요. 라인주 의회가 일반적 이해를 대변하지 않고 목재에 집착하는 라인주 숲 소유자들의 이해만을 대변한다고 비판했습니다. 그러면서 "쿠바의 원주민들이 금을 에스파냐 사람들의 물신으로 간주"했듯이 "쿠바의 원주민들이 라인 주의회에 앉아 있다면 그들은 나무를 라인주 사람들의 물신이라고 생각"했을 것이라고 했습니다.[34] 이 글에서 마르크스는 물신이라는 말로 특정한 사물에 집착하는 어떤 미개함을 비난하고 있습니다. 그러나 드 브로스(그리고 헤겔)와는 다른 점이 있지요. 그는 이 말을 원주민이 아니라 근대 유럽인, 즉 에스파냐인들과 독일인들에게 썼습니다.

마르크스가 1844년에 쓴 『헤겔 법철학 비판』 서설에도 '물신숭배자'(Fetischdiener)라는 말이 나오는데요. 역시 독일인들을 겨냥한 겁니다. 독일인은 추상적 사유만 놓고 보자면 현대의 다른 국민, 이를테면 영국인이나 프랑스인과 동시대인, 즉 현대인인 것처럼 보입니다. 하지만 현실은 그렇지 않았습니다. 독일인은 머리로 극복한 단계조차 현실에서는 도달하지 못합니다. 독일에서는 논쟁이 천상을 둘러싸고만 일어나지 지상으로 내려오질 않습니다. 마르크스는 이런 상황을 물신숭배에 빗댔습니다. "사람들은 독일을 기독교라는 질병을 앓고 있는 물신숭배자에 비유할 수 있게 될 것이다."[35] 일종의 '이념 물신주의'라고 해도 좋을까요. 여기서도 마르크스는 원주민이 아니라 독일인과 기독교를 겨냥했습니다. 「목재도둑에 관한 법률 논쟁」과 다른 점은 여기서 물신은 물건이 아니라 이념 내지 종교라는 것이죠. 『자본』에서 이뤄지는 상품 물신주의 비판은 이런 초기 비판과 다릅니다. 물신주의가 원시인들의 문제가 아니라 현대 유럽인들의 문제라는 점 그리고 금과 기독교를 물신으로 보고 있다는 점은 비슷합니다만, 『자본』에서는 물신주의를 특정 사물에 대한 집착이라거나 불합리한 미신이라는 식으로 보지 않았습니다. 마르크스가 『자본』에서 말한 물신주의는 현대 부르주아사회와 자본주의 생산양식에 고유한, 상품 일반에 내재한 사회적이고 객관적인 것입니다. 특정 상품이 아니라 상품 일반의 문제이며, 불합리한 미신이 아니라 합리적 형태의 신앙(이신론)입니다.

물신주의에 대한 마르크스의 생각은 프로이트와 비교해볼 만합니다. 프로이트는 「물신주의」Fetischismus(1927)에서 물신이란 '남근의 대체물'이라고 했습니다.[36] 단순한 대체물은 아니고, "남자아이가 그 존재를 믿었던 여성의 남근 혹은 어머니의 남근의 대체물"입니다. 물신주의에 빠진 사람, 소위 절편음란증 환자가 애착을 보이는 물신은 어린 시절 자신이 어머니의 남근이라고 믿었던 물건이라는 겁니다. 중요한 것은 남자아이가 이런 대체물을 갖게 된 이유입니다. 프로이트에 따르면 남자아이는 여성에게 남근이 존재한다는 믿음을 쉽게 포기하지 않으려는 심리가 있습니다. '부인'(Verleugnung)이라는 심리적 기제가 작동하는데요. 남자아이는 한편으로 여성에게 남근이 없다는 걸 지각합니다. 하지만 그것을 지각하는 순간 자신의 남근이 사라질 수 있다는 공포와 불안에 시달립니다. 그래서 반대로 여성에게도 남근이 있다고 생각하려 합니다. 여성에게도 남근이 있지만 자신이 알던 남근과는 다른 남근이 있다는 거죠. 그러고는 어떤 물건을 여성의 남근으로 간주합니다. 여성의 남근 없음을 지각하면서 생겨난 거세 불안을 여성의 남근이 없다는 사실을 부인함으로써 극복하려는 거죠. 이것이 프로이트가 말하는 물신주의(소위 '절편음란증')가 생겨나는 심리적 메커니즘입니다.

여기서 물신이 되는 물건은 외양적으로는 남근을 전혀 닮지 않았습니다. 물신은 여성에게 남근이 없음을 목격하는 저마다의 경험에 따라 달라집니다. 프로이트는 이를 외상성 기억상실증과 연관 짓는데요. 부재의 현실을 목격했던 기억은 사라지고 그 직전에 보았던 물건을 기억해 물신으로 삼습니다. 어떤 인간은 모피를, 어떤 인간은 스타킹을 물신으로 삼는 식이지요. 프로이트가 말한 물신주의는 어찌 보면 지독한 남성중심주의(그리고 덧붙이자면 이성애중심주의)의 산물입니다. 물신의 정립을 통해 남성은 거세 공포를 이겨냈다는 승리감을 느낍니다. 또한 여성에 대한 우월감을 느낍니다. 여성에게 남근이 있다고는 하지만 어떻든 남근의 정상적 원형은 남성의 생식기이므로, 여성의 남근은 남성의 것에 비해 열등한 것일 수밖에 없으니까요. 남성이 자신의 남근 상실에 대한 두려움을 남근 부재자인 여성에게 열등한 남근을 부여하는 방식으로 극복하는 것입니다.

마르크스의 물신주의와 프로이트의 물신주의는 서로 닮은 점도 있고 다른 점도 있습니다. 프로이트 역시 물신주의를 미개한 종족의 미신적 행위라고 생각하지 않았습니다. 그는 인간에게, 특히 남성에게 보편적인 것으로 간주했습니다. 하지만 마르크스의 상품 물신주의와 달리 프로이트가 말한 물신주의는 역사적인 것이 아닙니다. 프로이트의 물신주의에는 역사성이 없습니다. 또한 마르크스의 상품 물신주의는 모든 상품의 문제입니다만 프로이트에게는 개인적 경험에 따라 특수한 사물이 물신이 됩니다(어떤 사물도 물신이 될 수는 있지만 개인적 경험에 따라 특정화됩니다). 몇 가지 차이점을 더 찾을 수도 있을 텐데요. 그런데 나는 이런 차이에도 불구하고 프로이트의 몇 가지 생각을 마르크스의 분석과 겹쳐보면 어떨까 합니다. 절편음란증 환자가 애착을 보이는 물신은 상품과 비슷한 대목이 있는데, 이것은 한편으로는 남근이 아닙니다만 다른 한편으로는 남근입니다. 이를테면 모피를 물신화하는 절편음란증 환자는 모피를 보면서 또한 남근을 보는 겁니다. 모피를 만지면서 초감각적 남근 또한 만지는 겁니다. 이것은 상품의 '가치'와 닮은 점이 있습니다.

반대로 접근해볼 수도 있습니다. 물신이 되는 사물은 역설적이게도 남근 부재를 나타내는 기호일 수 있으니까요. 남근 대체물이 필요했던 이유는 남근이 없기 때문입니다. 모피를 통해 환자는 안도감과 승리감, 우월감을 느낄 수 있지만 근본적 불안은 여전히 남습니다. 대체물은 남근 부재를 덮어줌과 동시에 환기하니까요. 그래서 그는 더 많은 모피를 모으거나 다른 물신을 찾으려 할지도 모릅니다. 남근 상실의 불안, 더 나아가 애초 남근이란 없는 것이거나 아무것도 아닐지 모른다는 불안이 계속해서 자신을 괴롭히기에, 그는 더 많은 축적으로 그것을 극복하려 들지 모릅니다. 만약 우리가 '남근'을 '자본'으로, '자본가'를 거세 불안에 시달리는 '남성'으로 본다면 어떨까요? 남성과 여성의 관계를 자본가와 노동자의 관계로 읽는다면 어떨까요? 자본의 운동이란 사실은 자신의 무가치와 무의미를 '부인'하는 운동이 아닐까. 이를 위해 자본주의는 노동능력을 근본적으로 열등한 것으로 만드는 체제가 아닐까. 자본가는 그런 식으로 잉여가치를 축적하고 자신의 독재를 구축해가는 것 아닐까. 자본가는 남근 상실의 불안 때문에 필사적으로 더 많이 착취하고 더 많이 축적하는 것은 아닐까. 이런 생각을 잠시 해보았습니다.

─────── ⑦ 상품이라는 상형문자 ───────

마르크스에 따르면 '가치'는 직접 나타나지 못합니다. 한 상품의 가치는 다른 상품의 몸을 빌려 나타납니다. 이 점에서 상품은 가치에 대한 '기호'일 수 있습니다. 의학적으로 말하면 증상이라 해도 좋을 거고요. 증상으로 병을 읽어내듯 우리는 상품을 통해 가치를 읽어내야 합니다. 일종의 해석학이 작동하는 겁니다. 마르크스는 이와 관련해 아주 흥미로운 비유를 썼습니다. "가치는 자기의 이마에 자신이 무엇인지(was er ist)를 써 붙이고 있지 않다. 가치는 오히려 각각의 노동생산물을 사회적 상형문자(gesellschaftliche Hieroglyphe)로 전환시킨다. 나중에 사람들은 상형문자의 의미를 해독해(entziffern) 자신들의 사회적 생산물의 비밀을 알아내려 한다. 왜냐하면 사용대상을 가치로 규정하는 것은 꼭 언어와 마찬가지로 사회적 산물이기 때문이다."[김, 96; 강, 137]

　일단 여기서 마르크스가 '상품'을 '상형문자'에 비유한 것에 주목할 필요가 있습니다. 흥미롭게도 이런 비유를 니체는 '도덕'에 대해 썼습니다. "도덕 계보학자에게 어떤 색은 푸른색보다 백배나 더 중요할 수 있다는 것은 명백하다. 즉 그것은 말하자면 회색인데, 문서로 기록된 것, 실제로 확증할 수 있는 사실, 실제로 있었던 것이다. 간단히 말하면, 오랫동안 판독하기 어려웠던 인간의 도덕적 과거사의 상형문자 전체다!"[37] 계보학자의 작업이란 상형문자의 해독과 같습니다. 니체에게 도덕이란 정동(정서, Affekte)을 나타내는 '기호언어'(Zeichensprache)였으니까요.[38] 우리에게 도덕이라는 기호가 주어져 있고 우리는 그 기호를 해석해 우리를 지배하는 충동과 의지 등 정동들을 읽어내야 합니다. 프로이트도 똑같은 비유를 썼습니다. 그는 '꿈'을 상형문자에 비유했습니다.[39] 꿈은 직접 드러날 수 없는 우리의 억압된 충동이 나타난 기호이자 증상입니다. 프로이트의 표현을 따르자면 우리의 '꿈-작업'은 '꿈-사고'를 나타내는데요. 우리의 억압된 충동은 "고대의 상형문자로 글을 쓰는 사람"입니다. '꿈의 해석'이란 이 상형문자를 해석해 그의 '꿈-사고'를 읽어내는 것이지요.

이렇게 마르크스와 니체와 프로이트가 모두 상형문자라는 비유를 썼습니다만, 상형문자를 통해 읽어내고자 하는 바의 성격은 조금 다릅니다. 니체와 프로이트에게 그것이 '정동적인 것'이라면 마르크스에게는 '사회적인 것'이니까요. 하지만 이런 차이에도 불구하고 상품과 도덕과 꿈을 기호로서 해석해야 한다는 태도는 같습니다. 우리 앞에 있는 것은 기호이고 증상이지 그 자체로 자명한 사실이 아니라는 생각을 한 겁니다. 상품, 도덕, 꿈은 우리에게 나타난 바, 현상하는 바일 따름입니다. 그런데 상품생산자도, 도덕 행위자도, 꿈꾸는 사람도 그 의미를 바로 알지 못합니다. 상품 생산자는 자신이 생산한 물건의 가치를 그것과 교환되는 물건을 통해서만 인식합니다. 두 물건의 교환이, 둘이 마주할 때조차 사회적인 것의 표현이라는 것을 인식하지 못하는 것이죠. 그것도 단순히 물건들 사이의 관계가 아니라, 그것을 생산한 사람들 사이의 사회적 관계라는 것을 알지 못합니다. 마르크스의 말대로 다만 알지 못한 채 행하는 거죠. 우리는 우리에게 나타난 증상을 알지 못합니다. '상품'은 우리가 앓고 있는 증상입니다. 마르크스의 비판은 우리가 앓고 있는 이 증상에 대한 해석이라고 할 수 있겠습니다.

───────── ⑧ 엥겔스와 가치법칙 ─────────

마르크스가 화폐형태의 발생을 설명하면서 보여준 가치형태의 전개과정은 논리적인 것이지 역사적인 것은 아니라고 했습니다. 하지만 이것을 역사적 발전 순서로 보고 싶어하는 사람들이 있었습니다. 누구라고 할 것 없이 엥겔스에게 이런 욕구가 있었던 것 같습니다. 『자본』의 출판 전 원고를 읽고 나서 엥겔스는 마르크스에게 "여기에서 변증법적으로 획득된 것을 더 광범위하게 역사적으로 증명"해보라고 제안합니다.[40] 마르크스는 이 제안을 받아들이지 않았습니다. '자본주의'라는 특수한 역사적 형태를 분석한 뒤 다시 종합한 것이니, 가치형태의 전개과정은 이미 자본주의 생산양식을 전제하기 때문입니다.

생산양식과 사회형태의 역사성에 대한 강조는 아무리 해도 지나치지 않을 겁니다. 상품, 가치, 추상노동 등의 개념은 그에 부합하는 사실들의 역사적 출현을 전제합니다. 그러니 『자본』 제1장의 논의도 당연히 자본주의라는 역사적 생산양식을 전제합니다. 이 점을 마르크스는 일찍부터 강조했습니다. 『정치경제학 비판 요강』을 집필했던 1858년 그는 엥겔스에게, 자신이 저술할 여섯 권의 책 중 I권

'자본에 대하여'를 개략적으로 소개했는데요. 첫 부분을 '가치'에 대한 논의로 시작하면서, 가치란 "부르주아적 부의 가장 추상적 형태"라고 했습니다. 그러면서 "추상이라 하더라도, 이 추상은 다름 아니라 사회의 특정한 경제적 발전을 기초로 해야만 이루어질 수 있었던 역사적 추상"이라고 했습니다.[41] '역사적 추상'이라는 말이 눈에 띄지요? 본문에서 말한 추상노동의 역사성과 같은 맥락입니다. 그런데 엥겔스는 가치의 생산과 결정에 대한 마르크스의 논의를 자본주의 너머까지 적용하고자 했습니다. 그는 '가치법칙'(Wertgesetz)이라는 표현을 많이 썼는데요. 자연과학 법칙처럼 보편적이고 초역사적인 것으로 만들고 싶은 열망이 보입니다. 그런데 '가치법칙'이라는 말은 정작 『자본』 제1장에는 한 번도 출현하지 않습니다. 『자본』 III권까지 통틀어도 극히 드물게 사용된 단어입니다. 그런데 엥겔스는 '가치법칙'이라는 말을 '전면에서' 제기했습니다. 『자본』 III권을 펴내면서 「가치법칙과 이윤율」Wertgesetz und Profitrate이라는 논문을 부록으로 덧붙였어요.

흥미로운 것은 엥겔스 역시 가치에 관한 논의가 역사적으로 특수한 생산양식에 속한다는 것을 알고 있었다는 점입니다. 그는 논문에서 베르너 좀바르트를 아주 우호적으로 평가했는데요.[42] 좀바르트는 『사회입법기록』 Archiv für soziale Gesetzgebung이라는 잡지에 마르크스 사유의 체계를 개관했습니다. 엥겔스는 이 글에 대해 "매우 우수하다. 독일의 대학교수가 마르크스 저작에서 마르크스가 실제로 무엇을 말하였는가를 대체로 파악할 수 있게 된 것은 (…) 처음 있는 일"이라고 했으니까요. 좀바르트는 이 글에서 마르크스의 '가치법칙'의 역사성을 강조합니다. "이 가치법칙의 전반적 내용은 상품의 가치란…노동생산성이 자기의 규정적 작용을 실현하는 특수한 역사적 형태라는 점에 있다"라고요. 이에 대해 엥겔스는 좀바르트의 지적이 "잘못된 것은 아니"라고 말합니다. 대체로 잘 파악했다는 것이죠. 하지만 가치법칙의 역사성에 대한 지적이 "가치법칙이 사회의 경제발전 단계에 대해 가지는 의의 전부를 포괄하는 것은 결코 아니"라고 했습니다.[43] 소위 가치법칙을 자본주의라는 역사적으로 특수한 생산양식에 한정하면 그 의의를 충분히 보여주지 못한다는 거죠. 엥겔스는 가치법칙의 의의가 자본주의를 넘어설 수 있다는 뉘앙스를 풍깁니다.

마르크스가 『자본』 III권에서 '가치법칙'이라는 말을 쓴 부분이 있는데요. 여기서 마르크스는 "상품들이 가치대로 또는 거의 가치대로 교환되는 것은, 상품들이 생산가격에 따라 교환되는 것—이를 위해서는 일정한 정도의 자본주의적 발전이 필요하다—보다는 훨씬 낮은 발전단계에 대응하고 있다"[44] 라고 밝힙니다. 낮은 발전단계에서는 가치와 가격의 괴리 현상이 적다는 말인데, 이 부분을 인용하면서 엥겔스는 한 부족이 다른 부족과 교환할 때 그리고 중세 농민들이 수공업자가 만든 물건의 가치를 계산할 때 물건을 제조하는 데 필요한 노동시간을 대체로 정확히 알고 있었다고 주장합니다. 『자본』 I권 제1편에서 서술한 '노동시간에 의한 가치결정'이 자본주의 이전의 생산양식에서도 어느 정도 관철되었다는 이야기죠. 그러면서 아주 과감한 주장을 폅니다. "마르크스의 가치법칙은—생산물을 상품으로 전환시키는—교환의 시초로부터 15세기에 이르기까지 그 기간에 걸쳐 일반적인 경제적 타당성을 지니고 있다. 그런데 상품교환은 기록된 역사 이전부터 시작하며 이집트에서는 적어도 기원전 3500년까지, 바빌론에서는 기원전 4000년 또는 6000년까지 소급하기 때문에 가치법칙은 5000~7000년 동안 지배한 것이다."[45]

엥겔스는 『자본』 제1장의 논의를 무려 5000~7000년까지 확장한 겁니다. 인간이 물건을 만들고 교환한 모든 시대로 확장한 셈인데요. '역사적 추상'이라는 마르크스의 말이 무색할 정도입니다. 생산물의 교환이라는 장면에만 한정한 것이며 다른 많은 나머지, 무엇보다 시장의 자유로운 교환과 상충하는 과거 공동체들의 다양한 규칙을 전혀 고려하지 않았습니다. 그러나 과거 공동체들, 특히나 '원시 공동체들'에서는 생산자 개인이 물건의 가치를 측정하고 교환하지 않았으며, 교환의 목적도 꼭 경제적인 데 한정되지 않았습니다. 부족들 사이의 친교나 유대를 위한 것도 많았으니까요. 교환가치의 척도가 생산시간이었을 것이라는 주장도 19세기적 관념을 역으로 투사했다는 느낌을 줍니다. 신분적 가치, 주술적 가치 등도 큰 역할을 했을 테니까요.[46] 상품가치에 관한 마르크스의 논의를 역사적으로 조금 더 확장해보는 방법이 아주 없지는 않습니다. 역사상 국소적으로 나타난 자본주의를 생각해볼 수 있겠습니다(아주 조심스러운 이야기이지만요). 자본주의의 어떤 요소, 어떤 면모가 부분적으로 나타날 수 있다는 의미에서요. 『자본』의 본문 첫 문장이 "자본주의적 생산양식이 지배하는 사회의 부는"인데, 여기서 '지배하는'이라는 말에 주목해보는 거죠. 그렇다면 '자본주의적 생산양식이 존재하기는 하지만 지배하지는 않는' 사회라는 말도 논리적으로는 가능하니까요.

마르크스는 상품교환이 공동체 내부가 아니라 공동체의 바깥, 공동체들의 경계에서 생겨난다고 했습니다. 물건의 상업적 교환이 공동체 안에서 자리 잡지는 못하지만 공동체들 사이에선 나타난다는 겁니다. 국소적으로 공동체 외부에서 상품교환 관계가 만들어지는 거죠. 하지만 상품교환이 이렇게 국소적으로 공동체 바깥에서 일어난다 하더라도, 이를 두고 자본주의에서처럼 '가치'결정이 이루어진 다고 말하는 것은 너무 나간 이야기입니다. 자본주의사회에서 볼 수 있는 어떤 면 모가 국소적으로 확인될 뿐이거든요. 사실 나는 마르크스의 사유를 '역사를 관통 하는 법칙'으로 만들고자 한 엥겔스의 열망이 마르크스의 사유를 빛나게 하기보 다 오히려 퇴색하게 만드는 것은 아닌가 생각합니다.

⑨ 돈의 얼룩과 냄새

돈은 냄새를 없애고 얼룩을 지운다고 했습니다. 어디서 왔는지 알 수 없게 한다고 요. 돈만 봐서는 아마포를 팔고 받은 것인지 위스키를 팔고 받은 것인지 알 수 없 습니다. 절도나 강도짓을 통해 얻은 것인지도 말해주지 않습니다. 금융사기로 모 은 돈이든 콩나물을 팔아 모은 돈이든, 빳빳한 돈이든 구겨진 돈이든, 돈은 모두 같습니다. 경제적 관점으로는 그렇습니다. 하지만 인간은 사물과 행동에 온갖 의 미를 부여하는 존재이고 돈에 대해서도 예외가 아닌 듯합니다. 돈은 아무런 얼룩 이나 냄새도 없고 오직 양적으로만 차이가 날 뿐 어떤 질적 차이도 없는 것 같은데 일상적 관행을 보면 꼭 그렇지만도 않습니다.

돈은 문화를 바꾸는 독립변수이기도 하지만 문화의 지배를 받는 종속변수이 기도 합니다. 문화적 관점에서 보면, 사람들이 돈의 출처와 용도에 상당히 신경 쓴 다는 걸 알 수 있습니다. 비비아나 즐라이저(Viviana A. Zelizer)의 말처럼 현대사회 에서도 화폐는 다양한 질을 갖고 있는 것 같습니다. 본문에서 나는 '돈 자체가 세 탁'이라고 했지만, 사실 '돈세탁'이라는 말이 있는 걸 보면 우리는 여전히 돈에 얼 룩이 묻어 있다고 생각함에 틀림없습니다.[47] 돈세탁이란 부정한 돈의 출처에 대 한 당국의 추적을 모면하기 위한 기술적 조치들을 이르는 말입니다. 하지만 사람 들은 꼭 범죄가 아니더라도 돈의 출처를 의식하는 행동을 합니다. 출처에 따라 용 도나 씀씀이를 달리하죠. 유산으로 받은 돈, 임금으로 받은 돈, 복권 당첨으로 받 은 돈, 은행에서 훔친 돈, 친구에게 빌린 돈. 어떻게 번 돈인가에 어떻게 쓸 것인가 가 영향을 받습니다.

임금의 경우에는 대체로 가계의 기본 운영 경비로 많이 쓰고, 부업으로 번 돈 은 외식 등 비일상적 지출에 쓰는 경향이 있습니다. 임금이라도 보너스라면 또 용 도가 달라집니다. 오슬로 매춘부들의 지출에 대한 한 연구에 따르면, 매춘부들은 국가가 지급하는 복지수당은 집세 지불 등에 쓰는 반면, 화대로 받은 돈은 약물이 나 의복 혹은 충동적 소비에 쓰는 경우가 많았다고 합니다.[48] 출처에 대한 기억이 돈에 덧씌워져 있는 것이죠. 돈의 용도가 독특한 행동을 낳기도 합니다. 우리나라 은행들은 설이 다가오면 신권을 잔뜩 준비해둡니다. 사람들이 세뱃돈으로 신권을 원하니까요. 구겨진 돈이든 빳빳한 돈이든 경제적 가치로 따지자면 아무런 차이도 없지만 사람들은 이런 행동을 합니다.

돈은 누구나 좋아할 것 같지만 맥락에 따라서는 매우 부적절한 것이 될 때도 있습니다. 문제를 '돈으로 해결하려 들 때' 오히려 해결이 안 되는 경우도 있고, 돈을 주는 것이 예의에 어긋나는 때도 있습니다. 돈은 대체로 윗사람이 아랫사람에게 주는 것이 일반적입니다. 세뱃돈 같은 것이 그렇죠. 수업료도 학생이 선생에게 직접 돈을 내밀면 어색합니다. 뭐, 요즘은 명절에 부모님께 용돈을 드리는 관행이 널리 퍼져 있고 학원비를 아이가 선생님에게 직접 주는 경우도 있다지만요. 용도에 따라서는 거스름돈을 요구하는 것이 문제가 될 때도 있지요. 결혼식 축의금이나 장례식 부의금을 내면서 수표를 내고 일부를 거슬러 받는 것은 어색합니다.

돈 자체는 무색무취한 것일 수 있습니다. 그러나 우리 삶은 의미로 가득 차 있고 우리는 우리의 행동과 우리가 마주하는 사물에 끊임없이 의미를 부여합니다. 돈은 무엇을 할 수 있고 무슨 의미를 갖는가. 우리에게 돈은 어떤 것인가. 그것은 돈의 양을 둘러싼 정치적·경제적 투쟁만큼이나 돈의 의미를 둘러싼 문화적·해석학적 투쟁에 달려 있습니다.

---

⑩ 공동체와 화폐 1: 공동체화폐

마르크스는 화폐가 공동체들의 바깥에서 생겨났다고 했는데, 화폐가 전제하는 인간관계가 공동체적 인간관계와 맞지 않기 때문입니다. 그런데 공동체화폐(community money)나 지역통화(local currency) 운동이라는 것도 있습니다. 흥미로운 점은 이 운동들 중 상당수가 화폐를 통해 공동체적 인간관계의 회복 내지 생성을 목표로 한다는 사실입니다. 1983년 마이클 린턴(Michael Linton)이 캐나다의 코목스밸리(Comox Valley)에서 지역 기반의 재화 교역 시스템[레츠(LETS; Local Exchange Trade System)라고 합니다]을 만들고 지역화폐를 발행한 이래 세계적으로 수천수만 개의 공동체화폐가 시도되고 있습니다. 원리나 방식은 저마다 조금씩 다릅니다. 하지만 대체로 공동체가 자체 제작한 신문이나 웹페이지에 각자 제공 가능하거나 필요로 하는 서비스나 재화를 올리고 공동체화폐를 매개로 거래하는 방식입니다.

공동체화폐를 지역경제 활성화의 보조 수단으로 활용하는 경우도 있습니다만 공동체의 삶을 비자본주의적으로 전화하는 데도 많이 씁니다. 후자의 경우 화폐가 자본주의적 방식으로 기능하지 못하도록 몇 가지 장치를 마련해둡니다. 공동체화폐는 보통 계정 형태로 운영되는데 계정에 돈이 쌓여도 이자가 발생하지 않습니다. 오히려 시간이 흐를수록 가치가 떨어지도록 설계하기도 하지요. 아예 회원들에게 음(-)의 무한계정을 제공하는 곳도 있습니다. 그러면 화폐의 축적이 의미가 없어지죠. 누군가가 화폐를 아무리 많이 축적했다 해도 그것이 타인에 대한 강제력으로 작용할 수 없으니까요. 모두가 무한계정을 가졌다면 어떤 경우에도 자신의 계정에서 계속 지불할 수 있잖아요. 물론 이렇게 되면 이론적으로는 화폐의 가치가 없는 것이나 마찬가지입니다. 화폐의 무한유통은 극단적 인플레이션 상태와 같을 테니까요. 하지만 그것은 자본주의적 상품거래를 염두에 둘 때의 이야기입니다. 만약 제 잇속만 차리느라 사람들이 음의 계정을 한없이 키운다면 공동체화폐만 붕괴되는 게 아니고 공동체 자체가 이미 붕괴된 것이겠죠. 음의 값이 커진다는 것은 자신이 공동체 성원들에게 베푸는 것보다 가져가는 것이 더 많았다는 뜻이니, 어느 수준을 넘어서면 당사자에 대한 사람들의 신뢰에 문제가 생길 겁니다. 그래서 그와는 거래를 하지 않으려 할 겁니다. 중앙은행 화폐는 국가가 강제통용을 시킬 수 있지만 공동체화폐에서는 그럴 수 없습니다.

국내에도 공동체화폐를 만들어보고자 시도한 사람들이 있는데요. 1999년 설립된 '한밭레츠'의 '두루'가 많이 알려져 있습니다. 이곳 홈페이지(http://www.tjlets.or.kr)를 참조하면 공동체화폐가 운영되는 대강의 방식을 이해할 수 있습니다. 공동체 성원들 사이에서 다양한 형태의 물품과 노동(벽지 바르기나 물건 배달하기, 피아노 교습 등)이 거래되는 것을 볼 수 있습니다. 공동체화폐는 지역경제 활성화에도 도움이 되고 거래가 지역 안에서 이루어지므로 운송과 관련된 에너지 소비가 적어 생태적으로도 유익하다고 합니다. 하지만 솔직히 경제적·생태적 성과가 어느 정도인지는 모르겠습니다. 다만 내가 읽은 자료들에서 한결같이 이야기하는 것은 공동체 성원들 사이의 인간관계가 강화된다는 점입니다. 신문이나 웹페이지를 통한 거래 정보가 사실상 공동체의 소식에 해당합니다.

공동체화폐를 주고받는 것은 단순히 재화의 가치를 지불하는 것을 넘어, 함께한다는 의식을 강화해줍니다. 공동체의 물화된 형태를 보는 것이죠. 마르크스는 화폐에 대해 공동체를 파괴한 공동체라고 했지만, 공동체화폐는 화폐를 통해 공동체를 확인하고 소통시킨다고 할까요. 그리고 공동체화폐의 발행과 유통을 통해 얻은 수익을 공동체를 위해 다양하게 활용할 수 있고요(가난한 사람에 대한 생계 지원이나 공동 행사를 위한 경비 마련 등), 회계 보고를 겸해 공동체 잔치를 벌이는 경우도 많습니다. 실제로 화폐명칭에도 이런 공동체 정신을 담는 경우가 있습니다. 이를테면 공동체화폐 실험이 꽤 성공적으로 진행된 미국의 '이타카'(Ithaca)에서는 1991년에 'IOU'(I Owe You)라는 화폐를 썼는데[나중에 '아워스'(HOURS)로 바뀌었습니다], 화폐를 사용할 때마다 공동체 성원들의 '상호의존'(interdependence)을 환기하도록 고안된 이름이죠.

내가 최근 접한 공동체화폐 중 인상적이었던 것은 경기도 용인의 작은 공동체 문탁네트워크(moontaknet.com)에서 발행한 '복'이었습니다. 나는 이곳에서 2016년에 『자본』 강의를 했습니다. 이곳은 처음에 공부를 함께하며 일상생활도 나누는 작은 모임으로 시작했지만 지금은 세미나와 강좌 등 공부 프로그램은 물론이고 '품앗이' 활동을 통해 비누와 화장품, 빵과 과자와 커피, 반찬 등을 만들고, 목공소를 통해 가구를 제작하고 수선합니다. 이런 활동을 따라 공동체화폐인 '복'이 유통되지요. '복'은 화폐이지만 경제적 가치보다 윤리적 의미가 강해 보입니다. '복'이라는 이름이 벌써 그렇습니다. 복을 발행하고 유통하는 것이 '복을 짓는다', '복을 준다', '복을 받는다'라는 말로 표현됩니다. 앞서 말한 이타카의 'IOU'처럼 화폐의 이름이 공동체윤리를 환기하는 역할을 합니다. 상품거래의 전제였던 인간관계, 즉 '서로가 서로에 대해 타인'인 관계와는 다른 관계, 서로에게 복이 되고, 서로에게 선물이 되는 그런 관계를 지향하는 거죠. 경제를 윤리 아래 둔다고 할까요. 공동체에서 이루어지는 활동과 물건의 순환을 경제적 가치의 창출보다는 우정과 환대라는 윤리적 가치의 창출과 순환으로 보는 것이죠.

그러다 보니 재화에 대한 가치평가가 자본주의 시장과는 다릅니다. 생산된 물품의 가치평가는 대체로 생산자들에 의해 이뤄집니다. 특이한 것은 품앗이나 목공소 일이나 그 물품은 '복'으로 거래가 가능하지만 주방에서 음식을 만드는 일에는 '복'이 지불되지 않습니다. 가치가 없어서가 아닙니다. 이상하게 들리겠지만, 가치가 너무 높기 때문입니다. 모두가 먹을 것을 마련하는 일은 대가 없이 '그냥' 해야 하는 겁니다. 그리고 그 일은 어떤 것으로도 평가할 수 없는, 한 사람이 다른 사람에게 줄 수 있는 최고의 선물이라고 생각합니다. 일반 화폐는 물론이고 공동체화폐조차 침입해 들어갈 수 없는 영역이 있는 것이죠. 그런데 '복'을 쓸 수 없는 바로 이 영역이, 이 공동체가 일반 화폐가 아닌 '복'을 쓰는 근본 이유를 제공합니다. 활동과 활동의 산물을 상품화하지 않겠다는 정신이 거기 담긴 것이니까요. 예전에 내가 속했던 '연구공간 수유너머'에서도 그랬습니다. 누구나 수십 명분의 밥을 짓는 일이 육체적으로 힘들다는 것을 알고 있었습니다. 그리고 밥 짓기를 조직하는 주방매니저의 일이 공동체의 다른 어떤 매니저의 일보다 힘들다는 것도 알고 있었고요. 그런데도 밥 짓는 일에는 어떤 보상도 없었으며, 주방매니저가 받는 활동비도 다른 매니저들보다 대체로 적었습니다. 두 가지 이유였는데요. 하나는 방금 말한 것처럼 이 일에 대한 가치평가가 이루어지는 것을 막기 위해서였고, 다른 하나는 이런 일, 다시 말해 다른 구성원들에게 먹을 것을 내놓는 일은 무심한 듯 '그냥' 하는 것이어야 한다는 생각이 있었기 때문입니다.

문탁네트워크의 '복' 이야기를 정리하자면, 여기서는 한편으로 복을 통해 공동체의 물품과 활동을 순환시키고 공동체성을 환기하지만, 다른 한편으로는 공동체의 활동과 생산물이 상품화되지 않도록 제어장치를 두려 했던 겁니다. 물론 이런 실험이 쉽지는 않습니다. 우리가 필요로 하는 활동이나 물건들 상당수는 여전히 시장을 통해 공급되고 있으며, 이런 공동체들도 자본주의 생산양식 바깥에 따로 떨어져 있는 것은 아니니까요. 공동체의 활동과 생산물은 삶의 일부분, 어찌 보면 아주 작은 부분만을 해결해줍니다. 그래도 이 작은 부분을 무시할 수 없습니다. 적어도 그 작은 부분만큼은 우리가 비자본주의적 삶을 살고 있는 것이며, 이 크기는 사람마다 공동체마다 가변적입니다. 그리고 이 크기만큼 우리 삶의 모습은 크게 달라집니다.

---

⑪ 공동체와 화폐 2: 노동시간전표와 노동화폐

과연 우리는 화폐를 통해 공동체를 비자본주의적으로 변화시킬 수 있을까요? 그런데 이것은 화폐에 달린 문제가 아닙니다. 마르크스는 『자본』 I권 제2장의 각주에서 프루동의 화폐폐지론을 비판하면서 "가톨릭을 존속하면서 교황을 폐지"하려는 것이라고 했습니다.[김, 114, 각주 4; 강, 153, 각주 40] 우리는 좋은 화폐를 만들면 비자본주의사회가 가능하다고 믿는 사람에게, 마르크스의 말을 살짝 바꾸어 답해줄 수 있을 겁니다. 교황만으로 가톨릭을 바꾸려 한다고요. 물론 좋은 교황이 가톨릭을 어느 정도 좋게 만들 수는 있을 겁니다. 하지만 교황으로 가톨릭을 넘어설 수는 없지요.

화폐가 무엇일 수 있는가는 화폐 자체보다 그것을 사용하는 공동체가 어떤 것이냐에 달렸습니다(사회적 차원에서 말하자면 '생산양식' 내지 '편제'에 달렸다고 할 수 있을 겁니다). 그래서 어떤 곳에서는 '복'도 '화폐'가 될 수 있지만, 어떤 곳에서는 '화폐'도 '복' 즉 '선물'이 될 수 있습니다. 이것이 마르크스가 프루동과 오언의 화폐에서 발견한 차이입니다. 마르크스는 프루동주의자들이 떠올린, 화폐를 대신

하는 '노동시간전표'에 대해서는 여전히 화폐라고 했지만, 오언의 '노동화폐'(Ar-beitsgeld)는 화폐의 이름을 가졌지만 '화폐'가 아니라고 했지요.[김, 123, 각주 1; 강, 161, 각주 50]

'노동시간전표'란 상품에 포함된 노동시간을 직접 표현하는 것인데요. 상품의 가치가 그 상품을 생산하는 데 필요한 노동시간이라면, 금 같은 상품으로 간접적으로 나타낼 게 아니라 노동시간으로 직접 표현하면 되지 않겠느냐는 순진한 발상에서 나온 겁니다. 가치를 그대로 나타내는 화폐를 꿈꾼 것이죠. 하지만 상품의 가치는 '사회적' 필요노동시간이지 개인적 노동시간이 아닙니다. 그리고 사회적으로 결정된 상품의 가치(개인은 그것을 미리 알 수 없습니다)는 다른 상품과의 교환을 통해서만 확인할 수 있습니다. 상품의 가격은 화폐상품, 이를테면 금과 교환되는 비율이죠. 그런데 '노동시간전표'를 쓰자고 말하는 사람들은 '금' 대신 노동시간을 기록한 종이를 쓰자는 겁니다. 이는 가격을 또 다른 가격으로 바꾸는 것일 뿐 가격으로 가치를 대치하는 것이 아닙니다. '노동시간전표'를 주장하는 사람들은 상품 가격을 'X노동시간'이라고만 쓰면 가치와 가격의 괴리가 사라진다고 믿었습니다. 마르크스는 이 '환상'을 강하게 비판했습니다.[49] 과연 가격을 '2만 원'이라고 쓴 것을 '5시간'이라고 쓰면 가치와 가격의 괴리가 사라지고 화폐는 가치의 충실한 대변자가 될까요? 그렇게 하면 부르주아적 생산의 폐해도 사라지고 공황도 사라질까요?

가치형태론을 이해하는 사람이라면 이게 얼마나 엉터리 구상인지 알 수 있을 겁니다. '노동시간전표'는 금화 내지 다른 지폐와 다를 바 없습니다. 단지 상품의 가치를 금이라는 사물과의 교환비율로 나타내던 것을 '노동시간전표'라는 것과의 교환비율로 나타내게 되겠지요. 그럼 사정은 똑같습니다. 상품의 수요와 공급에 어떤 문제가 생기면 가치변화 없이도 가격표시를 바꿔야 하고, 그럼 금보다 더 끔찍한 문제가 생깁니다. 가치의 실제적 척도인 노동시간과 가격표시의 이름이 같아지면서 가치를 제대로 반영하지 않는데도 가치를 반영했다는 착각만 강화하니까요. 본문에서 우리는 가치의 변화가 없는데도 가격이 변하는 경우를 이야기한 바 있습니다. 이런 경우 노동시간으로 가격표시를 하면, 똑같은 사회적 필요노동시간이 대상화된 경우에도(즉 가치가 동일한 경우에도) 서로 다른 노동시간으로 표시를 하게 될 겁니다.

그래서 마르크스는 노동시간전표에 대해 "지금의 화폐가 수행하는 서비스는 하지 못하면서 그것의 모든 속성을 가지고 등장할 것"이라고 했지요.[50] 화폐를 대체하기는커녕 화폐의 속성은 다 갖고 있으면서 그나마 화폐가 수행하던 기능조차 제대로 수행하지 못한다는 거죠. 그렇다면 문제는 어디에 있었던 걸까요? 상품거래는 그대로 두고 화폐를 없애려 한 데 있지요. 상품을 거래하면서 진정한 가치대로 교환되는 거래를 꿈꾼 것입니다. 그러나 자본주의적 상품거래를 상정하는 한 가치형태로서 화폐의 출현은 불가피합니다. 화폐를 노동시간전표로 바꾼다고 해서 그것이 화폐가 안 되는 것이 아닙니다. 이것이, 마르크스에 따르면 "화폐의 퇴화와 상품의 승천을 사회주의의 핵심으로 설교했던 (…) 프루동 씨와 그 학파"의 엉터리 주장입니다.[51]

오언의 '노동화폐'는 무엇이 달랐던 걸까요. 오언은 '전국공평노동교환소' (National Equitable Labor Exchange)를 런던과 버밍엄과 스코틀랜드에 개설했습니다. 일종의 바자(bazar)인데요, 그는 여기서 협동조합의 생산물을 교환할 수 있게 했습니다. 이때 노동화폐를 사용하게 했지요. 마르크스는 이 노동화폐를 극장입장권 (Theatermarke) 같은 것이라고 했습니다.[김, 123, 각주 1; 강, 161, 각주 50] 일종의 권리증명서인 겁니다. 노동에 얼마만큼 참여했다는 증명서와 다를 바 없는데요. 노동시간전표와의 결정적 차이가 뭘까요. 오언이 이야기하는 협동조합의 생산물은 상품이 아닙니다. 본문에서 '자유로운 개인들의 연합'에 대해 언급했던 것을 기억할 겁니다. 여기서는 총노동과 개별노동의 관계가 직접적이라고 했습니다. 전체 노동시간은 개별 노동시간의 산술적 합이라고요. 시장을 통해 가치가 규정되는 게 아닙니다. 개인들은 해당 노동량을 입증하는 증명서를 갖고 소비수단 저장소에 갑니다. 증명서를 제시하고 그만큼의 노동생산물을 가져오면 됩니다. 마르크스는 오언의 '노동화폐'도 이런 것이었다고 생각한 듯합니다. 그렇다면 '노동화폐'는 화폐라는 이름을 가졌지만 실제로는 화폐가 아닌 거죠. 공동의 생산활동에 참여했다는 증명서이고 생산물 중 소비용으로 책정된 부분에 대한 청구권이죠. 물론 이런 증명서에도 문제는 있습니다. '생산에 참여한 노동량'이라는 것을 정확히 측정하기도 불가능하고(노동의 강도나 질적 측면까지 담아내지는 못할 테니까요), 무엇보다 공동체 구성원의 삶을 노동 중심으로만 평가할 우려가 있지요. 그래서 마르크스도 거기에는 아직 낡은 사회의 태반이 붙어 있다고 했지요.

'노동시간전표'와 '노동화폐'에 대한 이야기는 공동체화폐에 대한 고민에 시사하는 바가 있습니다. 공동체의 생산양식과 소통양식을 먼저 살펴야 합니다. 그러고 나서 필요한 수단을 고안하는 게 낫습니다. 그것의 이름이 '화폐'인지 아닌지는 부차적입니다. 아무리 화폐가 아니라고 우겨도 화폐인 경우가 있고, 화폐라는 이름을 내세워도 화폐가 아닐 수 있습니다. 화폐만 보고 있으면 우리는 화폐에 대해 실상은 아무것도 보지 못할 수 있습니다.

───── ⑫ 마르크스의 비유: '몸을 파는 여성'과 '가죽을 파는 동물' ─────
마르크스가 '노동력을 판 노동자'의 처지를 묘사하며 비유로 동원한 존재들이 있습니다. 본문에서 다룬 '몸을 파는 여성'과 '가죽을 팔았으므로 무두질만을 기다리는 사람'(사실은 가죽 때문에 도살장으로 끌려가는 동물)이 그렇습니다. 노동자의 '노동력' 판매를 여성이 '몸'을 판 것, 동물이 '가죽'을 판 것에 비유한 겁니다. 노동자가 노동력을 팔고 작업장에 들어가는 것은 '몸을 판 여성'처럼 자신의 생체에 대한 사용권을 넘긴 것이고, 상품을 생산하며 생명력을 소진하는 것은 가죽을 생산하기 위해 도살장에 끌려가는 소와 같다는 겁니다. 자본주의에서 노동자의 처지와 노동의 성격을 생각하면 무척이나 와 닿는 비유가 아닐 수 없습니다. 실제로 노동력의 판매와 성의 판매·가죽의 판매는 어느 선으로 딱 자를 만큼 그 경계가 선명하지 않기도 합니다. 하지만 여성의 자리에서, 더 나아가 동물의 자리에서 생각한다면 이 비유는 무언가 불편한 감정을 일으킵니다.

일단은 주체에게 해당 상품이 의미하는 바가 매우 다릅니다. 노동력을 판매한다는 것은 '몸을 파는 것'과 같다고 할 수 있습니다만, 일반적 노동의 경우 엄밀히 말하면 몸에 직접 개입한다기보다 '의지'에 개입하는 것입니다. 노동자의 의지를 자본가의 의지에 종속시키는 거죠. 이는 성노동처럼 내 몸을 마음대로 만지고 다룰 수 있게 하는 것과는 매우 다릅니다. '가죽을 판 동물'도 마찬가지입니다. 노동자가 상품을 생산하며 생명력을 소진하는 것은 사실입니다. 그리고 수많은 산업재해가 보여주듯 노동이 죽음 곁에 있는 것도 사실이고요. 그렇다 하더라도 공장노동자와 도살장 소 사이에는 무시할 수 없는 거리가 있습니다. 가죽이나 고기는 소를 죽이고 몸을 곧바로 취한 것입니다. 동물의 경우에는 몸을 판다는 것이 실제입니다. 그 죽음도 흘린 피도 상징이 아니라 실제입니다. 그러므로 똑같이 몸을 팔아 상품을 내놓는다 해도, 성이 여성에게 갖는 의미 그리고 가죽이 소에게 갖는 의미는, 일반 상품이 노동자와 맺는 관계와 같을 수 없습니다.

다음으로, 이들은 생산에서 지위가 크게 다릅니다. 물론 일반 노동자도 표면적으로는 자본가와 동등하고 자유의사에 따라 취업을 하더라도 구조적으로는 비대칭적 폭력 상황에 처해 있습니다. 계약에 생존이 걸린 사람과 이익이 걸린 사람 사이의 동등한 계약이란 결코 동등한 것이 될 수 없죠. '몸을 파는 여성'의 경우도 그렇습니다. 표면적으로만 보면 이때 여성은 자유의사로 몸을 팝니다. 마르크스가 각주에서 언급한 중세시대에도 그랬습니다.[52] 도덕적으로는 비난을 퍼부었지만 중세 도시에서 "매춘은 여느 직업과 다름없는 직업"이었다는 평가도 있습니다.[53]

그렇다고 '노동력을 판 노동자'와 '몸을 파는 여성'이 같을까요? 마르크스가 서양 중세를 이야기했으니 그때 상황에서 이야기를 해보죠. 서구 중세 도시에서 노동 계층이나 농촌 출신 여성이 가질 수 있는 직업이 대표적으로 둘 있었는데 하나가 '매춘'이고 다른 하나가 '하녀'였습니다. '하녀'가 얼마나 많았던지 중세의 신분질서에 대해 쓴 저자들은 "도시노동에서 여성의 역할에 대해 설명할 때 하녀를 별도의 하위 계층으로 구분할 필요"를 느꼈을 정도랍니다.[54] 하지만 가난한 여성들이 매춘과 하녀를 직업으로 택할 수밖에 없었던 것은 이들이 노동시장에서 배제되었기 때문입니다. 성노동과 가사노동은 다른 직업을 구할 수 없었기에 얻은 직업, 다시 말해 노동시장에서 배제되었기에 선택했던 노동이었습니다. 배제된 채로 포함된 노동, 평가절하된 채로만 인정될 수 있는 노동이었던 것이죠. 이들은 상품생산자의 지위를 제대로 차지하지 못했습니다. 이들의 활동 역시 제대로 된 노동으로 평가받지 못했어요.

서구 중세 도시의 이야기라고 했습니다만, 이런 사태는 인클로저 시기에 본격화되었습니다. 노동자에 대한 자본가의 패권이 수립되는 과정이, 여성에 대한 남성의 패권이 수립되는 과정과 함께 일어난 겁니다. 가부장제 역사가 자본주의 역사와 같은 것은 아닙니다만, 최소한 둘이 교차하는 곳에서 남성패권의 자본주의적 형태가 만들어졌다고 할 수는 있을 겁니다. 마르크스는 자본주의의 역사적 형성과 관련해 노동자에 대한 자본가의 패권이 만들어지는 과정에 대해서는 많은 이야기를 했습니다만, 유감스럽게도 여성에 대한 남성의 패권이 만들어지는 과정에 대해서는 별로 이야기한 바가 없습니다.

한 걸음 나아가면, 동물에 대해서는 더더욱 그렇습니다. 동물은 '생산자의 위치' 자체를 차지할 수 없습니다. 주변적 위치도 차지하지 못하지요. 형식적으로 평등한 계약조차 동물에게는 해당하지 않습니다. 계약의 주체가 될 수 없으니까요. 동물들은 생산자가 아니라 생산수단입니다. 동물은 일을 해도 일을 하는 게 아닙니다. 노동자가 하는 일에 동원된 도구일 뿐이죠. 사실은 자연 일반이 그렇습니다. 자연에서 일어난 일들, 자연의 작용들 자체는 '가치'가 없습니다. 자연은 '가치'를 생산하지 않습니다. '가치' 생산에 이용될 뿐이지요. 따라서 가치론에 입각한다면 자연은 착취를 당하는 것도 아닙니다. 노동자가 착취를 당했다고 할 때의 그런 의미(잉여가치)로 자연은 착취를 당했다는 표현은 쓸 수 없습니다. 착취에 대해 굳이 말한다면 경제적 '가치' 개념 자체가 자연에 대한 폭력이자 착취라고 해야 할지도 모르지요. 따라서 『자본』을 읽으면서 이런 이야기를 하기가 쉽지는 않습니다. 그렇다고 논의의 단서조차 없는 것은 아닙니다. 우리는 자본주의 생산양식에 내포된 자연에 대한 폭력과 자연의 황폐화에 대한 이야기를 해볼 수 있습니다(물론 이때도 인간주의를 완전히 넘어설 수는 없습니다).

끝으로 하나 첨언하자면, 젊은 시절 마르크스는 정치경제학(국민경제학)을 공부하면서 이 학문에 독특한 인간학이 들어 있음을 깨닫습니다. 정치경제학자들의 눈에는 상품을 생산하는 노동자(상품이 되는 한에서의 노동자)만 인간이었습니다. "국민경제학은 노동하지 않을 때의 노동자는 인간으로 간주하지 않으며, 그런 식의 간주는 형사법정, 의사들, 종교, 통계표, 정치, 거지 단속 경찰에게 맡겨버린다."[55] 노동하지 않는 존재들, 노동자가 아닌 존재들은 "의사, 재판관, 무덤 파는 사람, 거지 단속 순경 등의 눈에만" 보일 뿐이고 정치경제학자의 눈에는 보이지 않는다고 했지요. 그래서 이런 존재들을 그는 "국민경제학 영역 바깥의 유령들"(Gespenster außerhalb ihres Reichs)이라고 불렀습니다.[56] 그런데 우리가 정치경제학을 비판한다면 우리는 이 유령들을 마냥 바깥에만 둘 수 없을 겁니다. 노동하지 않는 인간, 노동자로 인정받지 못하는 인간, 그 활동이 노동으로 평가받지 못하는 인간, (더 나아가 '인간'이라는 말까지 우리가 넘어설 수 있다면) 그런 '존재들'에 대해 우리는 사고해야 할 겁니다. 그리고 그때는 '착취된 가치'만큼이나 '가치의 착취', 즉 '가치' 개념의 착취적 성격에 대해서도 이야기해야 할 겁니다.

---

⑬ 자본가, 수전노, 낭비가

마르크스는 '자본가'를 '경제적 범주의 인격화'로서만 다루겠다고 했습니다. 다시 말해 '자본가'란 '자본'의 인격적 구현이라 할 수 있습니다. 이 점에서 자본의 탄생이란 자본가의 탄생이라고 해도 좋을 겁니다. 자본가라는 독특한 인간형이 역사적으로 출현했다고 말이지요. 본문에서 본 것처럼 마르크스는 새로운 인간형으로서 자본가를 수전노와 대비했습니다. 끊임없이 부를 늘리려 한다는 점에서는 둘이 다르지 않지만 그 방법은 완전히 반대라고요. 부를 축적하기 위해 수전노는 화폐를 유통에서 끌어내지만 자본가는 유통에 투입하지요. 종교적 구원관에 비춰보면 전자는 세계에서 빠져나오는 것을, 후자는 세계에 뛰어드는 것을 구원이라고 본 것이죠.

자본가는 돈을 쓰는 것이 돈을 버는 것이라는 역설을 이해합니다. 그런데 돈을 쓴다는 점에서 우리는 또 다른 인물형과 자본가를 대비해볼 수 있습니다. 바로 낭비가입니다. '돈을 모으는 것'과 '돈을 쓰는 것'에서 자본가는 수전노만큼이나 낭비가와도 다릅니다. 자본가의 축적이 수전노의 축장이 아니듯 자본가의 투자는 낭비가의 낭비가 아닙니다. 자본가가 쓴 돈은 돌아오지만 낭비가의 돈은 돌아오지 않습니다. 낭비가는 마치 돈에 무심한 사람인 듯 돈을 내버리는 식으로 돈을 씁니다. 마르크스는 수전노에 대해 '정신 나간' 자본가라고 했는데요. 낭비가에 대해서도 마찬가지 말을 할 수 있을 것 같습니다. 그런데 왜 이들은 이런 행동을 할까요. 돈을 쓰지 않고 모으는 것(수전노)이나 돈을 모으지 않고 써버리는 것(낭비가)에 어떤 매력이 있는 걸까요.

게오르크 지멜은 수전노와 낭비가에 대해 흥미로운 분석을 내놓았습니다.[57] 그에 따르면 수전노의 심리는 대단한 인물을 멀리서 사랑하는 것과 같습니다. 그 사람을 보는 것만으로 행복감을 느끼는 거죠. 실제로 사귀지 않았는데도 행복합니다. 화폐에 대한 수전노의 태도가 그렇습니다. 그는 화폐를 사랑하지만 실제로 사용하지는 않습니다. 그런데 화폐를 사용하지 않는데도 행복감을 느낍니다. 화폐를 소유하고 있다는 사실 자체를 즐기죠. 향유할 수 없고 오직 바라볼 수만 있는 대상에 대한 광적인 사랑. 수전노의 사랑이 그렇습니다. 슬라보이 지제크(Slavoj Žižek)는 인간욕망의 미스터리를 생각해보고자 한다면 수전노의 태도에 초점을 맞추라고 했지요. "그 미스터리란 과잉이 결여와 일치하고, 힘이 무기력과 일치하며, 대상을 탐욕스레 축적하는 일이 그것을 금지된/만질 수 없는 사물로 격상시켜 향유할 수는 없고 오직 바라볼 수만 있도록 만드는 일과 일치한다는 사실이다."[58] 반면 낭비가는 '화폐의 사용'에서 쾌감을 느낍니다. 그는 화폐를 마구 사용합니다. 중요한 점은 그 사용이 무의미해야 한다는 겁니다. 무의미한 것에 돈을 쓸수록 쾌감이 커집니다. 낭비가가 물건을 사는 즉시 그 물건에 무관심해지는 이유가 여기에 있습니다. 화폐를 무의미하게 쓴다는 것은 자신에게 아무런 사용가치도 없는 물건을 샀다는 뜻이니까요.

그런데 지멜은 수전노와 낭비가는 매우 상반된 유형이면서도 닮았다고 했습니다. 둘 모두 상품을 소비하는 것, 즉 상품의 사용가치에는 관심이 없다는 거죠. 둘은 모두 화폐에만 관심을 갖습니다. 한쪽은 화폐를 사용하지 않은 채 보관하는 것에서 쾌감을 느끼고, 다른 한쪽은 화폐를 무의미하게 쓰는 것에서 쾌감을 느낍니다. 자본가는 이들만큼이나 화폐[가치]를 사랑하지만 바로 그렇기 때문에 상품에 관심이 많습니다. 특히 노동력이라는 상품의 사용가치에 관심이 많지요. 노동력을 어떻게 사용하느냐에 따라 벌어들일 수 있는 화폐가 달라지니까요. 노동력과 관련해서 보자면 자본가는 수전노와 낭비가를 합쳐놓은 것 같기도 합니다. 노동력의 가치를 지불할 때는 수전노처럼 굴면서 노동력을 사용할 때는 낭비가처럼 써대니까요.

애초 자본가란 수전노와 낭비가의 기묘한 결합인지도 모르겠습니다. 더 많이 갖고 싶다면 아낌없이 써야 한다. 심지어 돈을 빌려서라도. 지제크의 말처럼 자본가의 태도에서는 『로미오와 줄리엣』의 발코니 장면에 나오는 사랑의 공식('더 많이 줄수록 더 많이 갖게 된다')을 발견할 수 있습니다. 매우 도착적인 방식이기는 하지만요.[59] 이것은 자본주의의 마케팅 전략과도 통합니다. 절약에 호소하면서 소비를 조장하는 거죠. 그래서 자본주의에서는 이런 이상한 얘기가 가능합니다. "여보, 나 오늘 200달러나 벌고 들어왔다! 재킷을 하나 사려고 나갔는데, 글쎄 세 벌을 사면 200달러를 할인해주지 뭐야. 그래서 세 벌을 사버렸어."[60] 시가를 무척이나 사랑했던 마르크스도 비슷한 농담을 한 적이 있습니다. "담배를 많이 피울수록 더 많이 절약할 수 있다"라는 담배 상점의 문구를 보고 친구들에게 말했죠. 시가 한 상자당 1실링 6펜스를 벌었으니 나중에는 이렇게 번 돈으로 살아갈 수도 있을 거라고요(79쪽 참조).

──────── ⑭ 노동, 노동력, 노동능력 ────────

마르크스가 잉여가치를 해명할 때 결정적 역할을 한 것은 노동과 노동력의 구분입니다. '자본' 개념으로 나아가는 관문이 이것으로 열렸습니다. 노동과 노동력을 구분함으로써 그는 잉여가치 문제를 해결할 단서를 얻었고, 잉여가치가 잉여노동에 있음을 드러내면서 잉여가치와 착취를 연결할 수 있었습니다. 더 나아가 '자본' 개념이 착취 사회에서만 가능한 범주라는 것도 알게 되었고요. 노동과 노동력의 구분은 또한 자본의 착취의 비밀을 밝히려면 어디를 분석해야 하는지 알게 해주었습니다. 바로 생산현장이죠. 노동력을 사용하는 과정에서 가치의 보존과 증식이 이루어진다는 것이 드러났으니까요.[61] 그런데 마르크스가 노동과 노동력을 구분한 것은 시기적으로 상당히 늦게 일어난 일입니다. 1844년부터 정치경제학을 공부했고 그때부터 '정치경제학 비판'이라는 말을 입에 달고 살았지만 그가 '자본' 개념을 명확히 이해한 것은 1860년대 들어서였던 것 같습니다. 본문에서 말했듯 '자본' 개념을 해명하려면 '잉여가치'를 해명해야 하는데 그 관건인 '노동'과 '노동력'의 구분이 1850년대까지는 확실치 않았거든요.

1849년 『신라인신문』에 게재한 논설들을 보면 이때 마르크스는 노동자가 제공하는 상품의 이름을 '노동력'이 아니라 '노동'이라 부르고 있습니다. 1891년 엥겔스가 이 논설들을 모아 『임금노동과 자본』*Lohnarbeit und Kapital*으로 출간했는데요. 이 책 서문에서 이런 이야기를 했습니다. 마르크스의 정치경제학 비판은 1850년대 말, 특정한 때를 말하자면 『정치경제학 비판을 위하여』 출간 즈음(1859)에야 완결되었다고요. 그래서 그 이전에 나온 글들에는 몇 가지 점에서 "빗나가 보이고", 심지어 "부당한 것으로 보이는" 표현과 문장도 있다고요.[62] 그렇다고 함부로 고칠 수는 없었습니다. 저자의 '정신적 발전'을 보려는 사람이 있다면, 초기 입장도 나름의 의미를 가질 테니까요. 그런데 엥겔스는 이것이 일반 독자를 겨냥하는 보통의 책을 낼 때나 해당하는 이야기라고 말합니다. 이런 경우라면 그역시 "단 한 단어도 고칠 생각을 꿈에도 하지 않았을 것"이라고 했지요. 하지만 이책은 노동자들에게 읽히기 위해 선전용으로 묶어낸 것입니다. 다시 말합니다. 노동자들에게 읽히기 위해서! 그렇다면 1849년의 부적절한 표현을 그대로 둘 수 없었습니다. 엥겔스는 마르크스도 그랬으리라 확신합니다. 마르크스는 "노동자들에게 최선의 것을 내놓지 않는 것은 범죄"라고 생각했던 사람이니까요. 엥겔스는자신이 고친 것은 "딱 한 가지 점과만 관련"된다고 했습니다. 바로 '노동'과 '노동력'의 구분이죠. 그러면서 "정치경제학 전체의 가장 중요한 점 중 하나가 여기서문제 되고 있음을 노동자들이 알도록" 해야 한다고 썼습니다.

마르크스가 노동과 노동력을 구분한 것은 1850년대 말부터입니다. 사실 이때도 구분이 조금 불안정합니다. 1857~1858년에 쓴 『정치경제학 비판 요강』을 보면, 자본가가 지불해서 얻는 상품은 노동자의 능력(Vermögen)이며, 일종의 잠재성(Moglichkeit) 내지 재능(Fahigkeit)이라고 했습니다.[63] 하지만 다른 어떤 곳에서는 상품의 이름을 '노동'이라 부르기도 합니다.[64] '노동력의 교환가치'라고 불러야 할 곳에서 '노동의 교환가치'라는 표현도 쓰고요.[65] "노동자가 자본과 교환하는 것은 그의 노동 자체(교환에서는 노동에 대한 처분능력)이다. 그는 노동을 양도한다"라는 문장도 있습니다.[66] 노동능력, 노동에 대한 처분능력을 넘긴다는 점을 인식하면서도 관행대로 노동을 양도한다는 식으로 말하기도 한 겁니다. 이에 비해'1861~1863년의 초고들'에서는 구분이 안정적입니다(『잉여가치 학설사』도 이 시기의 원고죠). 그런데 이 초고들과 『자본』(1867)을 비교해보면 용어상의 차이가 있습니다. 이 초고들에서는 대부분 '노동능력'(Arbeitsvermögen)이라는 용어를 쓰는데요. 『자본』 I권에서는 '노동능력'이라는 말이 제4장(영어판은 제6장)을 제외하고는 분업과 매뉴팩처에 관한 장(제12장, 영어판은 제14장)에 딱 한 번 나올 뿐입니다. 그 외에는 모두 '노동력'(Arbeitskraft)이라는 말을 쓰고 있습니다.

왜 마르크스는 '노동능력'이라는 용어를 '노동력'으로 바꾸었을까요. '능력' (Vermögen)과 '힘'(Kraft)은 어떤 차이가 있을까요. '능력'이라는 말은 잠재성을 가진 힘을 의미합니다. 독일어 'mögen'에 잠재성이라는 뜻이 담겨 있습니다[참고로 니체가 물리학자들이 쓰는 단어 'Kraft'(force)와 구분해 애용했던 'Macht'도 'mögen'에서 유래한 말입니다]. 그리스어 '뒤나미스'(dynamis)나 라틴어 '포텐차'(potentia)와 통하지요. '힘'(Kraft)에는 이런 잠재성이 없습니다. 특정한 방향으로 행사되는 일정한 양의 힘이지요. 그렇다면 마르크스는 왜 용어를 바꾸었을까요. 내 생각은 이렇습니다. 『자본』은 기본적으로 자본주의 생산양식을 전제하면서 '자본'의 운동을 기술하는 책입니다. 자본의 시각에서 문제를 바라보지요. 그래서 노동력의 가치를 가리킬 때 '가변자본'(variables Kapital)이라는 말을 쓰죠. 노동력을 자본의 한 형태로 보는 겁니다. 우리는 앞서 본문에서, 상품유통을 '자본의 유통'이라는 시각에서 보면 화폐도 상품도 자본의 한 형태일 뿐임을 확인한 바 있습니다. 가치증식과정에서 자본이 취하는 이런저런 형태에 불과하다는 거죠. 상품생산을 '자본의 생산과정'이라는 시각에서 볼 때도 비슷한 이야기를 할 수 있습니다. 원료와 기계, 노동력은 모두 가치증식과정에서 자본이 취하는 이런저런 형태에 불과하죠. 노동력을 가변자본이라고 부르는 것은 노동력을 자본의 증식운동에서 기능적 역할을 수행하는, 자본의 한 형태로 본다는 방증입니다.

나는 이런 서술방식이 '노동능력'을 '노동력'으로 바꾼 이유이기도 하다고 봅니다. 넓은 의미에서 노동은 인간의 생산활동 일반입니다. 자본주의 생산양식을 전제하지 않을 때도 인간은 노동을 통해 무언가를 만들어냅니다. 이런 생산능력은 인간능력의 일종으로서 큰 잠재성을 갖지요. 인간은 지금까지 온갖 물건을 만들어왔고 앞으로도 그럴 겁니다. 자본주의와 상관없이 말이지요. 이 점에서 노동능력이란 온갖 사물—정신적인 것을 포함해—을 생산하는 인간의 신체적·정신적 능력입니다. 그런데 자본주의 생산양식을 전제하면 노동능력의 사용가치는 '가치증식'으로 인해 생산성이 제한됩니다. 인간활동의 생산성은 가치증식에 얼마나 기여했는가에 달려 있게 되는 것이지요. 물론 자본주의 생산양식에서도 온갖 상품들이 생산됩니다. 그에 따라 인간이 발휘해야 하는 능력도 다양하고요. 하지만 여기에는 근본적 제약이 있습니다. 어떤 능력이든 돈이 되는 쪽으로 발휘되어야 합니다. 노동력을 생산활동에 투입하기 이전, 그러니까 상품으로서 시장에 판매될 때부터 이런 제약이 가해집니다. 본문 2장에서 내가 '상품 됨의 폭력'이라 부른 것이 이것입니다. 상품이란 '가치를 가진 사물'이기 이전에 '가치를 인정받은 사물'이라고요. 상품이 된다는 것은 주어진 가치체계에 순응할 것을 전제합니다. 노동력도 예외가 아닙니다. 노동력이 상품으로 판매되려면 자본주의 생산양식에서 그 유용성을 인정받아야 합니다. 주권자인 자본의 승인을 받아야 하는 거죠. '노동력'이란 자본주의 생산양식에서 유용성을 인정받은 인간의 행위능력, 다시 말해 가치증식에 기여하는 인간의 생산능력이라 할 수 있습니다.

『자본』에서 '노동능력'이라는 말이 사용된 곳들도 이런 점에서 의미가 있습니다. 앞서 말한 것처럼 '노동능력'은 제4장 제3절(영어판은 제6장)에서 몇 차례 사용되었고, 제12장(영어판은 제14장)에서 한 차례 사용되었는데요. 제4장 제3절은 '화폐소유자'가 '자본가'로 변신하는 장면입니다. 화폐소유자가 자본가가 되기 위해 꼭 발견해야만 하는 '특별한 상품'이 노동능력이었습니다. 이 장면은 논리 전개상 아직 자본가가 아닌 화폐소유자로서 노동력이라는 상품을 발견하는 곳입니다. 이때 화폐소유자가 발견하는 상품을 "노동능력 또는 노동력"이라 부른 겁니다. 두 단어가 생산양식의 논리적 이행과정에서 잠시 함께 머문 것처럼 보입니다 {제4장 제3절의 다른 곳은 로시(Rossi)의 '싸구려 감상주의'를 비판하는 대목인데요.[김, 228~229; 강, 258] 여기서는 로시가 '노동능력'이라는 용어를 썼기에 비판에서도 그 용어를 그대로 인용한 것뿐입니다}. 제12장에서는 '노동능력'이 한 차례 사용되었는데, 매뉴팩처에서의 분업을 다루는 곳입니다. 매뉴팩처에서 노동자들은 각자의 재능에 맞게 매우 특화된 기능을 한 가지씩 수행합니다. 한 가지 기능에 평생 매달리는 거죠. 이렇게 해서 전문 노동자, 숙련 노동자가 나타납니다.

마르크스는 매뉴팩처에서 숙련공과 미숙련공의 업무상 차별(그리고 임금 차별)이 생기는 맥락을 설명하면서 '노동능력'이라는 말을 썼습니다. "인간의 전반적 노동능력의 희생을 대가로 일면화된 전문성을 달인의 경지(Virtuosität)로까지 발전시키는 때, 모든 발전의 결핍 또한 하나의 전문성으로 간주된다."[김, 477; 강, 482~483] 특정 기능에 대한 전문성과 숙련이 중요해지는 만큼 전문성이 없고 숙련되지 않은 사람에게도 특화된 영역—마르크스는 조롱하듯 '하나의 전문성'이라고 말했지요—이 생긴다는 것인데, 주요한 일은 전문가 내지 숙련공이 맡고 나머지 보조적인 일은 그것만 전담하는 사람들이 수행하는 식입니다. 예전 봉제공장들은 '시다 모집' 같은 말을 상시적으로 바깥벽에 붙였는데요. 보조적인 일만 하는 사람을 따로 모집했던 거죠.

여기서 마르크스는 숙련공이 도달한 '달인의 경지'가 '인간의 전반적 노동능력의 희생'을 대가로 한 것이라고 했습니다. 즉 다면적인 잠재능력 중 특정 재능한 가지가 과도하게 발전한 것이죠. 이 역시 앞서 내가 말한 '노동능력'의 용법에 잘 부합합니다. 자본주의에서 숙련 내지 전문성이라는 이름으로 발전하는 것은 노동자의 잠재능력이 아니라 자본의 가치증식에 기여하는 정도, 즉 생산성인 것이죠. 나는 이것이 마르크스가 『자본』에서 '노동능력'을 '노동력'으로 바꾼 이유라고 생각합니다.

─────────── ⑮ 헤겔과 마르크스의 로도스섬 ───────────

마르크스의 글을 읽다 보면 종종 헤겔의 표현을 만납니다. 『자본』에서도 그렇습니다. 뭐 이상할 것도 없지요. 마르크스 스스로 "헤겔의 특유한 표현방식을 흉내 냈다"라고 했으니까요.[김, 19; 강, 61] 하지만 나는 마르크스가 헤겔을 흉내 낸 곳에서 둘의 차이를 더 선명하게 느낍니다. 마르크스가 헤겔의 표현을 가져다 쓴 곳, 그래서 둘이 무척 가까워 보이는 곳에서 오히려 둘이 얼마나 멀리 떨어져 있는지를 실감한다고 할까요. "여기가 로도스섬이다. 여기서 한번 뛰어보라"라는 문장도 그렇습니다. 본래 이 문장은 『이솝우화』에서 따온 건데요. 어떤 '허풍쟁이'가 예전에 로도스섬에 있을 때 자신이 매우 높이 뛸 수 있었다고 말했습니다. 그러자 상대방이 지금 이 자리에서 그걸 입증해보라고 합니다. 한마디로 '뻥'치지 말라는 거죠.

헤겔은 『법철학』 서문에서 이 문구를 인용했습니다.[67] 이 책은 헤겔의 국가론이라 할 수 있는데요. 그는 이 책의 목적이 "국가를 그 자체로 이성적인 것으로 파악하려고 서술"하는 데 있다고 했습니다. '국가는 어떠해야 한다'라고 말하려는 게 아니라 현존하는 '국가를 어떻게 인식할 것인가'에 방점을 두었다는 겁니다. 그에 따르면 "현실적인 것이 곧 이성적인 것"입니다. 중요한 것은 현실 속에서 이성적인 것을 이해하는 것이죠. 이 점에서 그는 현실을 비판하고 당대를 넘어설 수 있다고 생각하는 사람들을 강하게 비판했습니다. 『이솝우화』의 문구는 이런 맥락에서 인용된 것입니다. 헤겔에 따르면 "모든 개인은 자기 시대의 아들"입니다. 어떤 철학도 이 점에서 예외일 수 없습니다. "철학도 사상으로 파악된 그의 시대일 수밖에 없다. 이 점에서 그 어떤 철학이든 그것이 현존하는 세계를 뛰어넘어 존재할 수 있다는 듯 생각한다면 이는 곧 개인이 자기의 시대를 뛰어넘은 채 바로 그 로도

스섬을 뛰어넘겠다는 것이나 다름없는 아둔한 생각이다."

그러므로 "여기가 로도스섬이다. 여기서 한번 뛰어보라"라는 말은 시대를 뛰어넘으려는 자들의 허풍과 어리석음, 망상에 대한 비판입니다. 그들은 모두 로도스섬의 허풍쟁이와 다를 바 없습니다. "제멋대로 상상해낸 취약한 기반" 위에 공상의 세계를 쌓은 사람들이죠. 진정한 기쁨은 시대를 넘어서려는 열망이 아니라 시대에 대한 참된 인식에서 온다. 이것이 헤겔의 생각입니다. 그래서 그는 앞서의 문구를 살짝 바꾸어 새로운 문장을 썼습니다. "여기 장미가 있다. 여기서 춤춰라." 이 장미는 기쁨의 상징입니다. 철학자가 자기 시대에서 이념을 인식했을 때 느끼는 기쁨이죠. 현상태가 필연적인 것임을 이해했을 때, 달리 말하면 현실적인 것 속에서 이성적인 것을 읽어냈을 때 얻을 수 있는 기쁨입니다. 철학자는 이때 시대를 통해 드러난 '이성의 간지'(List der Vernunft)를 깨닫습니다. "이성적 통찰과 현실이 화해"하는 순간이라 할 수 있죠. 철학자의 내적 자유와 시대의 필연이 진실로 화해하는 기쁨의 순간입니다.

마르크스는 어떨까요. 그는 시대와 철학자의 화해를 기뻐했을까요. 이 불화의 사상가로서는 도저히 그럴 수 없었을 겁니다. 그런데도 저 문구를 인용했습니다. "여기가 로도스섬이다. 여기서 한번 뛰어보라." 시대를 넘어서려는 자들의 허풍과 망상, 어리석음을 지적하기 위해서요? 그렇지 않습니다. 그에게 로도스섬은 우리의 인식과 실천이 진정으로 돌파하고 도약해야 할 지점입니다. 『자본』에서도 그렇습니다. 마르크스는 인식이 전진하기 위해 풀어야만 하는 난제를 로도스라는 이름으로 제시했습니다. 자본은 유통에서 생겨나야 하는 동시에 유통에서 생겨나면 안 된다. 등가교환이라는 상품유통의 기본법칙을 지키되 유통이 끝나면 잉여가치가 생겨야 한다. 로도스는 우리 인식이 엄격한 추론을 통해 도달한 난제이지 결코 허풍이나 거짓, 망상, 어리석음이 아닙니다. 로도스 앞에 선 것은 마르크스이고 우리 자신입니다. 우리는 여기를 돌파해야 합니다. 우리는 여기서 뛰어야 합니다. 우리는 우리 자신의 능력을 입증해야 합니다.

『루이 보나파르트의 브뤼메르 18일』에서는 마르크스와 헤겔의 차이가 더 선명합니다.[68] 마르크스는 여기서도 로도스섬의 문구를 인용합니다. 아니, 헤겔을 인용했다고 해야겠네요. 헤겔이 만든 문장까지 함께 인용했으니까요. "여기가 로도스섬이다. 여기서 뛰어라. / 여기 장미가 있다. 여기서 춤춰라." 똑같은 문장입니다. 그런데 여기서 마르크스는 시대와 사상에 대해 헤겔과는 완전히 다른 인식을 보여줍니다. 이 글은 1848년 2월혁명 이후의 프랑스 정세에 대한 분석입니다.

1848년에서 1852년까지 혁명 세력들은 계속해서 뒷걸음쳤습니다. 사회 자체가 뒷걸음쳤다고 해야 할지도 모르겠습니다. 1848년 2월혁명으로 입헌군주제가 타도되고 부르주아 공화정이 세워졌습니다. 부르주아지는 프롤레타리아트의 6월 봉기를 진압하고 12월에 대통령을 뽑아 공화정을 완성하려 했습니다. 그런데 12월 대통령 선거에서 금융귀족과 농민의 지원을 받은 보나파르트가 당선되면서 순수 공화파가 몰락합니다. 그다음에는 대권을 차지한 보나파르트파와 의회를 장악한 질서파(정통왕조파와 금융귀족파)의 대립이 시작되었고, 결국 1851년 12월에 보나파르트가 군대를 보내 의사당을 점령하는 것으로 권력다툼이 끝납니다. 그리고 다시 1년 뒤 보나파르트는 국민투표를 실시해 공화정을 끝내고 황제로 등극하지요. 정세가 마치 역사의 시간을 거꾸로 돌리는 것처럼 전개되었습니다.

마르크스는 이 퇴보의 시간을 혁명이 스스로를 단련하기 위해 필요로 했던 시간이라고 생각합니다. 마르크스가 쓴 표현은 아니지만 '혁명의 간지'라는 말을 쓸 수 있을지도 모르겠습니다. 헤겔의 '이성의 간지'라는 말과 대비해서요. 실제로 마르크스는 이 글에서 혁명을 인격화하며 그것이 어떤 지혜를 발휘하는 것처럼 쓰고 있습니다. 그는 역사[정세]의 퇴보 속에서도 이루어지는 혁명의 전진[단련]을 말하고 싶어합니다(『프랑스에서의 계급투쟁』에서도 비슷한 말을 했습니다. 혁명은 "강력한 반혁명을 산출함으로써, 적을 산출함으로써 전진의 길을 개척해나갔다"라고요).[69] 부르주아 혁명에서는 이 점을 생각할 수 없습니다. 혁명의 성공과 역사의 발전이 나란히 갔으니까요. "부르주아혁명들, 18세기의 혁명들은 승리에 승리를 거듭하며 맹렬히 돌진"합니다. 그 성공이 얼마나 찬란한 빛을 내는지, "황홀경이 그날그날의 정신"이죠. 빛나는 현재는 사람의 눈을 홀립니다. 그러나 그 수명은 길지 않습니다. 마르크스는 숙취만 길다고 했지요. 사회를 갱신할 힘은 없고 술기운만 남았다는 겁니다. 헤겔의 철학자는 뒤늦게 현실에서 '이성의 간지'를 깨닫고 기뻐할지 모르지만, 어쩌면 그것은 남아 있는 술기운에 취한 것, 일종의 숙취인지도 모르겠습니다.

프롤레타리아혁명은 이와 반대입니다. 프롤레타리아혁명은 현실에서 패배했으니까요. 헤겔이라면 그거 보라며 혁명 세력의 허풍과 망상, 어리석음을 질타했겠지만 마르크스는 달랐습니다. 마르크스가 볼 때 혁명의 패배는 혁명의 전진입니다. "프롤레타리아혁명들, 즉 19세기 혁명들은 항상 자기 자신을 비판하고, 진행 도중에 끊임없이 걸음을 멈추며, 완수된 것처럼 보이는 것으로 되돌아와서 다시 새로이 시작"합니다. 가다 멈추고 돌아오기를 반복합니다. 그러고는 이전에 자신이 시도한 것이 얼마나 불완전하고 허약한 것이었는지를 깨닫습니다. 혁명의 불완전함과 허약함, 빈약함을 드러내는 것이 혁명이 전진하는 길이죠.

마르크스는 "혁명들은 언제나, 자신들의 목적이 너무 거대하다는 것에 놀라 거듭 뒤로 물러난다"라고 말합니다. 자신이 넘어야 할 시대의 장벽이 너무 높은 겁니다. 하지만 이 뒷걸음질은 도망이 아닙니다. 우리는 그것이 멀리 뛰고 높이 뛰기 위한 '도움닫기'라는 것을 깨닫습니다. 마침내 충분한 거리가 확보되었다고 생각할 때, 다시 말해 더는 혁명이 퇴보하지 않을 상황이 창출되었을 때 우리의 물러섬은 끝나고 이런 외침이 들려옵니다. "여기가 로도스섬이다. 여기서 뛰어라. / 여기 장미가 있다. 여기서 춤춰라!" 헤겔이 조롱했던 지점이 마르크스가 도약하는 지점입니다. 헤겔이 자기 시대의 높은 담을 가리키며 순응을 가르칠 때, 마르크스는 자기 시대의 높은 담을 바라보며 도움닫기의 거리를 쟀습니다. 헤겔이 시대와 화해하는 기쁨에 장미를 물고 춤을 췄다면, 마르크스는 시대를 극복하는 날 장미를 물고 춤을 추겠다고 했습니다. 문구는 같습니다. 사상은 다릅니다.

---

⑯ 정신의 왕국과 자본의 왕국

마르크스는 노동자가 새로운 사용가치를 생산하는 과정을 마법처럼 묘사했는데요. 노동의 불길이 죽은 사물에 새로운 영혼을 불어넣고 그것을 환생시키는 것처럼 말입니다.[김, 244; 강, 272~273] 심지어 "단지 손을 한 번 대는 것만으로" 생산수단에 영혼이 들어가 살아난다고 했지요.[김, 267; 강, 292~293] 그런데 여기서 '영혼을 불어넣는다'라고 옮긴 단어가 특이합니다. 'begeisten'인데요. 오늘날 사전에는 잘 나오지 않는 단어입니다. 중세에는 종종 쓰였지만 근대 이후에는 사실상 사라졌습니다. 그 대신 'begeistern'이라는 단어가 일반화되었지요. 처음에는 이 단어에도 '영혼을 불어넣다'라거나 '소생시키다'라는 뜻이 있었다고 합니다. 그러나 18세기 이후부터는 주로 '열정(Leidenschaft)에 휩싸이다', '열기(Hochstimmung)를 띠다'라는 뜻으로 통용되었습니다.[70]

그렇다면 19세기 후반에 『자본』을 쓴 마르크스는 이 단어를 어디서 본 걸까요. 유력한 후보는 헤겔의 『정신현상학』입니다. 메럴드 웨스트팔(Merold Westphal)에 따르면 'begeisten'은 헤겔이 주조해낸 단어입니다.[71] 웨스트팔은 헤겔이 'begeisten'에 'begeistern'의 의미도 담았다고 했습니다만, 『정신현상학』에서 헤겔은 대체로 'begeistern'(Begeisterung)과 'begeisten'(Begeistung)을 구분해서 씁니다. 전자는 주로 열정에 휩싸인 상태를 지칭하는데요. 헤겔은 몰아의 경지(Ekstase)에 이를 때 진리가 찾아온다고 생각하는 사람들을 비판하며 이 단어를 썼습니다. 진리란 필연성에 대한 냉정한 인식에서 오는 것이지 '열정'(Begeisterung)으로 얻을 수 있는 게 아니라고요.[72] 학문적 노고를 통해 절대적 앎에 이르는 정신적 활동이 'begeisten'이라면, 열정에 휩싸여 정신이 혼미해진 상태가 'Begeisterung'이라 할 수 있습니다.

그렇다고 'begeisten'이 『정신현상학』에서 아주 많이 쓰인 동사는 아닙니다. 그러나 이 단어는 내 생각에 『정신현상학』에서 헤겔이 말하고자 하는 '정신의 운동'을 아주 잘 표현하는 단어입니다. 헤겔은 "진리란 '실체'로서만이 아니라 '주체'로서도 파악되고 표현되어야 한다"라고 했습니다.[73] 진리란 '전체'(das Ganze)의 운동을 따라 기술하는 것인데요. 말하자면 전체의 운동이 앎의 형식으로 표현되어야 합니다. 그런데 헤겔에 따르면 과거 철학자들은 실체를 하나의 표상으로만 대했습니다. 그래서 실체란 '이런 것이다, 혹은 저런 것이다' 하는 식으로 속성을 서술하는 데 그쳤습니다. 그리고 그 서술의 참과 거짓만을 따졌지요. 이는 실체를 죽은 것으로 대하는 태도입니다. 마치 씨앗을 보고 열매가 아니라고 말하는 식이지요. 물론 씨앗은 열매가 아닙니다. 당장에는 그 말이 참입니다. 하지만 이것은 씨앗을 죽은 것으로 간주할 때만 참이지요. 이런 사유로는 씨앗에서 나무가 자라고 거기서 열매가 열리는 것을 말할 수 없습니다. '전체'가 생명처럼, 그러니까 '살아 있는 실체'(lebendige Substanz)로서 움직인다면 진리 역시 이런 운동을 표현하는 형태로 서술되어야 할 겁니다.

실체를 주체로서도 파악하고 표현해야 한다는 것은 '전체'의 운동이 철학자의 사유를 통해 그대로 표현되어야 한다는 뜻입니다. 그런데 전체란 철학자와 떨어져 있는 대상이 아니지요. 철학자 또한 전체에 포함되니까요. 그러므로 인간정신이 절대적 앎을 향해 나아가는 과정(학문의 발달 과정)은 전체가 주체로서 자신을 인간정신을 통해 전개해가는 과정이라 할 수 있습니다.[74] 정신의 전개과정이 살아 있는 실체로서 전체의 전개과정인 셈입니다. 흥미로운 점은 마르크스가 '살아 있는 노동'에 대해 쓴 표현들이 헤겔이 '정신의 운동'에 대해 쓴 표현들이라는 사실입니다. 헤겔은 만물의 운동에서 파악된 통일성을 "생명의 단순한 본질이며 세계의 영혼이고 만물에 스며 있는 피"라고 했습니다.[75] 정신의 운동이 절대적 앎을 향해 나아가면서 철학자에게는 이 만물의 통일된 운동, 만물에 깃든 혼이 파악되기 시작합니다. 인간 학문의 발전 과정이란 헤겔의 표현을 빌리면 "정신이 현실적 역사로서 수행해온 노동"이라 할 수 있습니다.[76] 철학자는 자기 시대를 넘어설 수 없습니다.[77] 철학자의 사유 자체가 정신의 역사적 운동이기 때문이지요. 정신이 아직 펼치지 않은 것을 철학자가 미리 알 수는 없습니다.

'begeisten'은 정신의 이런 활동을 표현하는 단어입니다. 헤겔은 이 단어를 통해 철학자의 사유가 실상은 '정신'(Geist)의 운동임을 보여주려 했던 것 같습니다. 'begeisten'을 'be-Geist-en'으로 분해해보면, 사유의 원천으로서 '정신'(Geist)의 운동이 잘 보이지요.[78] 만약 『자본』에 쓰인 'begeisten'이라는 단어의 출처가 헤겔이 맞는다면 마르크스는 제1편에서처럼 여기서도 헤겔을 '흉내 내고' 있는 셈입니다. '정신의 노동'을 '노동자의 노동'으로 바꾼 것이죠. 사물을 살아나게 하는 것, 사물에 피를 주고, 사물에 영혼(가치)을 부여하는 것은 관념적 '정신'이 아니라 현실의 '노동자'입니다. 사물에 담긴 '영혼'은 노동자의 노동이 대상화된 것이고 사물에 스며 있는 '피'는 노동자의 생명입니다. 마르크스는 학문의 방법과 관련해 헤겔이 환상에 빠졌다고 비판한 바 있습니다. 현실적인 것을 총괄해 사유를 얻어놓고 마치 그 사유가 현실을 낳은 것처럼 말한다고요.[79] 그런데 이런 환상은 우리가 '자본'에 대해 갖는 환상이기도 합니다. 마르크스는 자본이란 '스스로 증식하는 가치'라고 했는데요. '스스로 증식하는 가치'라는 말은 'verwertung'입니다. 자본을 '스스로 증식하는 가치'라고 정의하고서 'verwertung'이라는 단어를 보면, 'ver-Wert-ung'이 '가치'(Wert)의 자기동일적 운동으로 보입니다. 가치의 증식이 자본의 노동, 가치 자체의 노동처럼 보이는 것이지요. 자본가는 정말로 돈이 돈을 낳는다고 생각할 겁니다.

헤겔의 '정신의 왕국'에서는 정신이 세계의 영혼이고 만물에 흐르는 피였는데요. 자본의 왕국에서는 자본(가치)이 그런 행세를 합니다. 자본주의에서는 가치가 상품의 영혼이고 피입니다. '정신'이 자기동일적 운동을 펼쳐가듯 '가치'(자본)도 자기동일적 운동을 펼쳐갑니다. 자본이 투자되고 가치가 부여되면 죽은 사물, 죽은 마을도 살아납니다. 반대로 자본(가치)이 빠져나가면 사물은 무가치해지고 마을은 활기를 잃어버립니다. 그러니 자본주의에서는 만물의 운동이 자본의 운동으로 보입니다. 실상은 사람들이 물건을 만들고 마을을 만드는데도 자본주의를 살아가는 우리 눈에는 그렇게 보이지가 않습니다. 일하는 사람들은 사람이 아니고 상품입니다. 인력시장에서 사 온 인력, 즉 노동력이 움직이는 겁니다. 노동력이란 자본의 한 부분인 가변자본이죠. 말하자면 자본이 상품을 만들고 자본이 마을을 살립니다. 환상이고 착시입니다. 인간의 재능이 발휘되는 과정을 자본의 힘이 발휘되는 과정으로 보고 있으니까요. 하지만 이것은 개인적 착시가 아니라 집단적 착시이고, 주관적 착시가 아니라 객관적 착시입니다. 자본의 왕국에 사는 한 신민들은 자신들이 왕을 먹여살리면서도 왕의 은혜로 살아간다는 생각을 떨쳐버릴 수 없습니다.

---

⑰ 고정자본과 유동자본의 구분

상품생산과정에서 노동자는 생산수단의 가치를 생산물로 이전하는데요. 앞서 본문에서 이미 살펴보았듯 생산수단에 따라 가치의 이전 양상이 다릅니다. 어떤 것들은 형태를 유지하면서 생산물로 가치만 넘기는 데 반해 어떤 것들은 가치이전 과정에서 형태 자체가 사라지거나 변형되지요. 이 문제를 다루면서 마르크스는 당시 정치경제학자들의 '고정자본'과 '유동자본' 개념을 비판적으로 검토했습니다. 이 중에서도 리카도에 대한 비판은 참고해둘 만합니다. 마르크스가 평소 말하지 않던 무언가가 있어서가 아닙니다. 그 반대입니다. 마르크스가 평소 말하는 바가 리카도에 대한 비판에서 더 선명하게 드러나지요.

'고정자본'과 '유동자본'의 구분에 대해 리카도는 '소멸 속도'를 기준으로 삼았습니다. 그에 따르면 "자본은 그것이 급속히 소모되어 빈번히 재생산될 필요가 있는가 아니면 천천히 소비되는 것인가에 따라 유동자본 또는 고정자본의 항목으로 분류"됩니다.[80] 소재가 얼마나 내구적인가로 분류한 것이죠. 하지만 그는 이 '내구성'이 상대적인 것임을 깨달았습니다. 그래서 『정치경제학 및 과세의 원리』 제2판을 낼 때는 둘의 "경계선이 엄밀하게 그어질 수 없다"라는 주석을 달았습니다.[81] 마르크스는 이 구절을 읽고는 어이가 없었던 모양입니다. 그는 리카도한테는 내구성이 큰 커피 주전자가 고정자본이고 커피는 유동자본일 거라고 조롱했습니다. 그런데 마르크스가 정말로 비판했던 것은 경계선의 불분명함이 아니었습니다. 리카도의 근본 문제는 '가치'와 '자본'이라는 '인간들 사이의 사회적 관계'를 사물들의 물리적(자연적) 속성으로 돌린 데 있습니다.

리카도는 경제학자입니다. 그런 그가 자본을 구분하는 기준을 사물의 물리적 속성에서 구하다니요. 마르크스는 리카도를 '조야한 유물론자'이자 '조야한 관념론자'라고 부릅니다. 물리적 속성을 기준으로 삼았다는 점에서는 유물론자인데, 사회적 관계인 자본을 사물의 속성으로 돌렸다는 점에서는 '물신주의'에 빠진 관념론자라는 거죠.[82] 그럼 마르크스는 고정자본과 유동자본을 어떻게 구분했을까요. 그는 사물의 속성이 아니라 자본(가치)의 '사용형태'에 따라 구분해야 한다고 주장합니다(이에 대해서 그는 『정치경제학 비판 요강』의 노트 6권과 『자본』 II권 제8장에서 상세히 다룹니다). 본문에서도 간략히 이 내용을 살폈는데요. 조금 더 세분해 정리하면 다음과 같습니다.

첫째, 고정자본은 사용가치로서는 유통되지 않고 가치로서만 유통에 들어갑니다.[83] 기계를 생각하면 이해하기가 쉽습니다. 사용가치로서 즉 소재로서 기계는 그 자리에 그대로 있습니다. 그러면서 일정 기간 동안 자신의 가치를 생산물에 조금씩 이전하지요. 반면에 유동자본, 이를테면 면사의 원료인 면화는 소재로서도 생산물 속에 들어갑니다. 고정자본과 달리 유동자본은 사용가치를 넘기면서 가치를 넘깁니다. 면화 속에 대상화된 가치는 면화의 사용가치와 나란히 면사 속으로 옮겨 갑니다(이 점에서 윤활유 같은 보조자재들은 조금 미묘합니다. 원료처럼 생산물 속으로 들어가서 유통되는 것은 아니니까요. 생산물에는 가치만 넘깁니다. 이 점에서는 기계와 같지요. 그래서 어떤 학자들은 보조자재를 고정자본의 범주에 넣기도 하는데요. 마르크스는 그렇게 보지 않았습니다. 소모되는 과정에서 기계처럼 형태를 유지하지 못하기도 하고, 더 중요한 것은 여기 투자된 자본이 기계에 투자된 자본처럼 묶여 있는 게 아니거든요. 따라서 고정자본으로 볼 수는 없다는 것이지요).[84] 하지만 이것은 사물 자체에 달린 문제가 아닙니다. 아무리 내구성이 큰 철판이라도 얼마든지 유동자본일 수 있습니다. 이를테면 조선업에서 철판은 유동자본입니다. 설령 기계라 해도 그렇습니다. 기계는 그것을 생산수단으로 사용하는 자본가에게는 고정자본이지만 기계 제조업자에게는 그렇지 않습니다. 기계 제조업자에게는 고정자본이 아니라 생산물이죠. 건물도 마찬가지입니다. 건축업자나 인테리어업자에게 건물은 자동차 제조업자의 경우와 다르겠죠. 즉 고정자본이 된다는 것은 사물 자체에 내재된 성격이 아니라 자본가가 그것을 어떻게 사용하느냐, 그것이 자본과 관련해 어떤 기능을 수행하느냐에 달렸습니다.

둘째, 고정자본은 '생산과정에서 사용가치로 소멸되는 한에서만' 가치로서 유통에 들어갑니다. 생산과정에서 얼마나 사용되느냐가 유통과정에 얼마나 가치를 넘기느냐를 규정한다는 겁니다. 당연히 그렇겠지요. 방추는 소모되는 만큼 면사로 자신의 가치를 이전합니다. 그런데 자본가에게는 이 속도가 중요합니다. 자본가는 100억으로 10억을 벌면 다시 110억으로 만들어 투자하는 사람입니다. 만약 잉여가치를 낳는 비율이 일정하다면, 자본의 회전이 빠를수록, 즉 돈을 회수해서 재투자하는 기간이 짧을수록 자본이 더 빨리 증식할 겁니다. 그런데 고정자본은 묶인 돈입니다. 유동자본에 비해 회수 속도가 느리죠. 이 때문에 유동자본과 고정자본의 비율이 어떻게 되느냐, 또 고정자본의 가치를 얼마나 빨리 이전시키느냐에 따라 자본의 축적 규모가 달라집니다.[85]

셋째, 통신이나 교통 시설 같은 경우는 조금 다릅니다. 이를테면 인터넷이나 철도처럼 어떤 경우에는 생산수단으로 기능하지만, 어떤 경우에는 고정자본 형태 그대로 판매되는 경우가 있습니다. 이용요금의 형태로 일반상품처럼 판매되는 것이죠.[86] 철도는 자본가에게는 상품을 이동시키는 생산수단이지만 여행객들에게는 여행을 위한 소비수단입니다. 어떻게 기능하느냐에 따라 생산수단이기도 하고 소비수단이기도 한 겁니다. 생산수단인 경우에도 일반 기계와는 다르지요. 기계는 특정 자본가의 생산영역에서 생산수단으로 기능하지만 철도 등은 여러 자본가의 생산영역을 연결하는 혈관 같은 역할을 합니다. 자본들이 공동으로 사용하는 생산수단이죠. 투자 규모가 워낙 크기 때문에 이런 형태의 고정자본이 존재하려면 대자본이 전제되어야 합니다. 해당 사회의 자본축적이 상당 수준에 이르렀다는 뜻이죠. 19세기 초 영국에서는 철도, 도로, 운하 등을 사기업이 건설했답니다. 그러나 자본주의 발전이 상대적으로 뒤처진 나라들에서는 이런 일을 감당할 정도의 사적 자본이 존재하지 않았습니다. 그래서 주로 국가가 건설과 관리를 떠맡았죠. 국가의 재정을 투입해 자본가들에게 공용 생산수단을 저렴하게 공급한 겁니다. 그러다가 자본 축적이 어느 정도 진행되면 공기업 매각 형태로 사업 전체를 사기업에 넘깁니다.

─────────── ⑱ 사이보그 노동자의 에일리언 되기 ───────────

본문에서 우리는 노동과정에서 노동자가 겪는 두 가지 소외를 이야기했습니다. 하나는 생산물로부터의 소외였고 다른 하나는 생산활동 자체로부터의 소외였습니다. 노동자는 생산자임에도 그 생산물을 가질 수 없었고요(자본주의 노동과정은 노동자의 생산활동이라기보다 자본가가 자신이 구매한 상품인 노동력을 소비하는 과정이니까요), 노동자는 자신의 정신과 신체를 움직이면서도, 일하고 있는 자신을 타인으로, 이방인으로 느낍니다(생산활동이 자본가의 통제에 따라 이루어지니까요). 그렇다면 노동의 소외를 극복한다는 것은 어떤 의미일까요. 우선 생각할 수 있는 것은 인간을 되찾는 인간주의적 길입니다. 우리가 잃어버렸다고 믿는 진정한 우리 자신을 회복하는 것이지요. 소외되지 않은 본연의 인간, 의식적이고 자유로운 인간을 되찾는 겁니다. 마르크스는 이것을 '유적 존재'로서 인간이라고 불렀습니다.[87] 그는 이 용어를 포이어바흐한테서 가져왔지요. 하지만 곧바로 포이어바흐의 개념에 문제가 있음을 깨닫습니다. 마르크스는 「포이어바흐에 관하여」를 썼고 여기서 '유적 존재', '인간의 본질' 같은 개념을 강하게 비판합니다.

포이어바흐가 그런 개념을 떠올린 것은 인간을 고립된 개체로 추상적으로만 파악했기 때문이죠. 마르크스는 인간의 본질이라는 게 있다면 그것은 고립된 개체에 내재한 무엇이 아니라 현실적인 '사회적 관계들의 앙상블'이며, 이 사회적 관계들은 역사적인 것이라고 했습니다.[88] 달리 말하면 인간의 본질은 역사적이고 사회적인 관계에 따라 달라집니다. 인간의 불변하는 본성 같은 것은 없습니다. '본래적 인간' 따위는 없다는 말입니다.[89] 따라서 본래적 인간을 되찾는 식으로 소외를 극복할 수는 없습니다. 역사유물론자로서 마르크스는 이 길을 지지하지 않을 겁니다. 그럼 다른 길이 있을까요. 마르크스가 직접 언급한 것은 아니지만 마르크스가 허용하는 다른 길이 있다고 생각합니다. 그것은 어떤 점에서 이방인 되기를 가속화하는 것입니다. 본래적 인간을 찾는 것이 아니라 새로운 인간이 되는 길이지요. 어쩌면 인간조차 넘어서야 할지도 모르겠습니다.

마르크스에게 이런 생각을 가능케 하는 단초들이 있습니다. 심지어 포이어바흐의 인간주의에 많은 영향을 받았던 때에도 그런 것들이 있습니다. 이를테면 그는 인간을 유적 존재로 볼 수 있는 근거 중 하나를 신체적·정신적 변용 능력에서 찾습니다. 그에 따르면 인간신체의 변용 범위는 다른 동물에 비해 큽니다.[90] 인간은 식물, 동물, 광물, 공기, 빛 등 다양한 비유기적 신체와 물질대사를 할 수 있습니다. 인간의 정신도 그렇습니다. 신체의 광범위한 물질대사에 입각해 인간정신은 과학을 발전시키고 예술을 향유합니다. 소외된 인간이란 이런 변용 능력이 극도로 제한된 존재입니다. 가난한 노동자의 경우에는 변용이 오직 생존 문제에 국한됩니다. 신체적·정신적 감각들이 단순화됩니다. "굶주린 인간에게는 음식의 인간적 형태는 존재하지 않고 오직 음식으로서의 추상적 현존만이 존재할 뿐이다."[91] 빵을 단지 '먹을 것'으로만 보는 것이죠. 손이나 코, 혀가 아니라 위장으로만 먹습니다. 이것은 자본가도 마찬가지입니다. "광물 상인은 단지 광물의 상업적 가치만을 볼 뿐이며 광물의 아름다움이나 그 특유의 본성은 보지 않"습니다.[92] 사물과 일면적 관계만을 맺는 겁니다.

인간만이 다면적 변용 능력을 지닌 유적 존재라는 식의 인간중심주의만 걷어낸다면(인간이 변용할 수 없는 환경이나 사물에 대해 탁월한 변용 능력을 보이는 생물들이 많습니다), 신체와 정신의 변용 능력 확대는 소외의 극복과 관련해 중요한 의미를 가질 수 있습니다. 인간은 신체의 재구성을 통해 다른 변용 능력을 가질 수 있고 결과적으로 다른 존재가 될 수도 있다는 말이니까요. 이와 관련해 노동자와 노동수단에 관한 마르크스의 언급은 흥미롭습니다. 본문에서 본 것처럼 마르크스는 노동수단을 노동자의 신체와 결합한 새로운 신체기관으로 간주했습니다. 그는 노동수단과 결합함으로써 노동자의 신체가 재구성된다고 생각합니다. 노동자를 잠재적 사이보그로 본 셈이죠. 사이보그(cyborg)는 '사이버네틱스'(cyb/ernetics)와 '유기체'(org/anism)라는 두 단어를 각각 잘라낸 뒤 그 조각을 결합해 만든 말입니다.[93] 그 단어 자체가 사이보그의 신체와 같습니다. 그런데 사이보그란 단지 신체들을 연결하기만 한 게 아니라 하나의 통합된 회로를 구축합니다. 회로가 구축되었다는 것은 신체들의 작용에 따른 재귀적 영향이 나타난다는 뜻입니다. 그리고 이 재귀적 영향은 신체와 정신의 전체적 변형을 수반합니다. "신체가 사이버네틱스 회로에 통합되었을 때 회로를 수정하면 의식도 반드시 수정"될 수밖에 없습니다.[94]

오늘날 노동자의 사이보그화 경향은 더 내밀해지고 더 거대해지는 것 같습니다. 한편으로는 노동자가 기계장치를 신체 안으로 끌어들이거나 신체에 부착해서 관절처럼 사용합니다(생체칩이나 로봇수트 등). 다른 한편으로는 노동자 자신이 거대한 기계장치의 관절처럼 변해가고 있습니다(마르크스는 노동자가 기계체계의 '의식적 관절'이 되어간다고 했습니다[95]). 더는 노동자와 노동수단을 나누는 게 의미 없어 보일 정도죠. 물론 자본주의에서 노동자와 노동수단의 결합방식을 정하는 것은 자본가입니다. 그리고 자본가의 관심은 이윤 창출이죠. 그는 노동생산성에 도움이 되는 방식으로만 사이보그 노동자의 변용 능력을 향상시킵니다. 사이보그화의 방향을 일정하게 통제하는 것이죠. 그렇다고 해도 대개는 사이보그 노동자의 변용 능력을 확대하는 방향으로 갈 수밖에 없습니다. 노동자의 능력과 노동생산성은 긴밀히 맞물려 있으니까요.

문제는 사이보그 노동자의 신체, 즉 '인간-기계'의 재귀적 회로가 인간의식에 의해 완전히 통제될 수 없다는 겁니다. 마르크스는 노동을 통해 인간이 자신의 본성도 생산한다고 했는데요. 사이보그 노동자는 사이보그 노동자의 본성을 생산할 겁니다. 그런데 이 과정은 인간의식으로 통제할 수 있는 게 아닙니다. 신체가 의식에 붙들려 있는 만큼이나 의식 또한 신체에 붙들려 있으니까요. 재귀적 회로를 통해 신체에서 나타난 이질적 움직임들이 얼마든지 새로운 의식을 낳을 수 있습니다. 통제되지 않는 사건, 다시 말해 반란이 의식 너머에서 시작될 수 있다는 뜻입니다. 어떤 점에서 사이보그 노동자는 인간 소외의 극대화된 형태입니다. 전통적 노동자의 경우에는 노동수단과의 결합이 외면적입니다. 신체가 연장되는 형태죠. 그래서 노동자가 신체와 정신의 유기체적 통일성을 어느 정도 유지할 수 있습니다. 타인의 명령을 따를 때조차 신체와 정신의 인간적 경계를 유지할 수 있습니다. 하지만 사이보그 노동자의 신체는 정의상 이질적 신체들의 결합물입니다. 내 몸은 내 몸만이 아니고 내 정신은 내 정신만이 아닙니다.

그런데 이 소외된 인간, 이 에일리언이 인간적 귀환을 통해 소외를 극복하려 하지 않고, 인간으로부터의 떠남을 통해 소외를 극복하려고 한다면 어떻게 될까요. 상실을 해소할 방법을, 상실한 '그것'을 되찾는 데서 찾지 않고 '그것'이 있다는 신화를 거부하는 데서 찾는 거죠. 인간으로 돌아가는 꿈이 아니라 인간이 아니기를 꿈꾼다면, 다시 말해 꿈의 인간적 성격을 버린다면 어떻게 될까요. 기계와의 결합을 통해 적극적 이방인 되기, 적극적 에일리언 되기에 나선다면 말입니다. 자본가는 노동자가 문제를 일으킬 때마다 기계를 떠올렸습니다. 우리는 기계와 더불어 무엇을 할 수 있는가. 그런데 자본가가 아니라 노동자가 그 질문을 던진다면 무슨 일이 일어날까요. 혹시 압니까. 자본이 유토피아를 꿈꾸는 곳에 자본의 끔찍한 디스토피아가 감추어져 있을지.

──────── ⑲ 『자본』과 『영국 노동자계급의 상태』 ────────

1866년 2월 10일 마르크스는 엥겔스에게 편지를 썼습니다. "내 책이 출간되는 즉시 자네 책 제2판도 반드시 함께 세상에 나와야 하네."[96] 여기서 말한 '내 책'은 당연히 『자본』이고요. '자네 책'은 1845년에 초판이 나온 『영국 노동자계급의 상태』를 가리킵니다. 두 책을 함께 내자고 한 것은 우정을 기념하기 위해서가 아닙니다. 출간된 지 20년이 넘은 책의 '제2판'을 '반드시' 세상에 내보내라고 한 것은 마르크스가 이 책의 중요성을 새삼 깨달았기 때문일 겁니다.

▶ 반드시 함께 나와야 할 책──당시 마르크스는 『자본』 집필에 열중하고 있었습니다. 국제노동자협회 관련 일로 바빴지만 오랫동안 자신의 운명을 짓눌러온 그 '지긋지긋한'(verdammte) 책을 완성하지 않으면 안 되겠다는 결심을 했던 것 같습니다. "작업을 밀어붙이기 위해 최소한 14일간 [런던을] 떠나 있을 것이라고 '인터내셔널' 소위원회에" 거짓말을 했을 정도니까요.[97] 1865년 마르크스는 정말로 최선을 다했던 것 같습니다. 편지를 보면 더운 여름날에도 '문을 열어둔 채' 밤낮을 가리지 않고 썼습니다. 그 때문에 오른팔에 류머티즘이 왔고 어깨는 통증 때문에 조금도 들어 올릴 수 없는 지경이 되었지요.[98] 그렇게 해서 연말에 원고를 완성했습니다.[99] 물론 이 '완성'이 출판사에 넘길 원고를 끝냈다는 뜻은 아닙니다. 마르크스의 표현을 빌리자면 『자본』은 처음부터 끝까지가 하나의 '예술적 전체'

(artistisches Ganzes)를 이룹니다.[100] 그가 『자본』을 완성했다는 것은 '가치' 개념에서 시작해 논리적 발생 경로를 따라 '가격', '이윤', '이자', '지대' 등의 현상들까지, 그러니까 시작부터 끝까지 거칠게나마 다 써보았다는 뜻일 겁니다. 1866년 1월 중순께 요한 필리프 베커(Johann Philipp Becker)에게 보낸 편지를 보면 전체 분량이 1200쪽 정도 되었던 것 같습니다.[101]

　　1866년 새해 첫날부터 마르크스는 이 원고 뭉치를 본격적으로 다듬습니다. 그는 엥겔스에게 이렇게 썼습니다. "1월 1일부터 원고를 옮겨 적고 문체를 다듬는 일을 시작했네. 일은 아주 잘 진척되었네. 오랜 산고를 거쳐 나온 아기를 깨끗하게 핥아주는 일은 당연히 즐거운 일이니까."[102] 이때 그는 노동일에 관한 장에 역사적 자료를 많이 넣었습니다. "원래 계획에는 없던 일"이었는데요. 약해진 두뇌 때문에(체력 소진 탓이겠지요) 이론 부분의 작업을 진척하기 어려워 역사 부분 보강에 나섰다고 합니다.[103] 그러면서 엥겔스가 20년 전에 수행한 작업의 중요성을 새삼 깨달은 것 같습니다. 마르크스는 이렇게 적었습니다. "지금 내가 [노동일에 관한 장에] '삽입한 것'은 자네 책에 대한 1865년까지의 [스케치하듯 한] 보충이고, 미래에 대한 자네의 생각과 [실제로 나타난] 현실 사이의 차이에 대한 완전한 정당화네."[104] 자신이 『자본』에 새로 넣은 내용은 엥겔스가 1845년까지 쓴 것을 1865년까지 연장한 것뿐이라는 말입니다.

　　실제로 마르크스는 『자본』에서 엥겔스의 책을 언급하는 주석을 달았습니다. 1845년까지의 분석은 엥겔스의 『영국 노동자계급의 상태』를 참조하라고요. 그러면서 "엥겔스가 자본주의 생산양식의 정신을 얼마나 깊이 파악했는지"는 1845년 이후 나온 보고서들이 보여주고 있으며 "그가 얼마나 놀라울 만큼 실태를 꼼꼼하게 묘사했는지"는 "18~20년 뒤에 출간된 '아동노동조사위원회'의 공식 보고서와 얼핏 비교해봐도 금방 알 수 있다"라고 했습니다. 공장법이 적용되지 않은 산업부문들에서는 "엥겔스가 기술했던 상태가 별다른 충격 없이 변화되지 않은 채로 남아 있다"라고도 했습니다.[김, 320, 각주 15; 강, 341, 각주 48] 다시 편지로 돌아가면, 마르크스는 엥겔스의 의지를 북돋우며 말했습니다. 개정판을 내기 위해 새로 읽어야 할 자료는 거의 없을 것이라고요. 1845년 이후의 상황을 기술하는 데는 「공장감독관 보고서」Factory Reports, 「아동노동조사위원회 보고서」Childrens Employment Commission Reports, 「공중위생 보고서」Board of Health Reports 정도만 읽으면 되고(나머지 자료는 '학문적으로 써먹을 수 없는' '쓰레기들'이니까요), "종기로 고통받지 않는" 엥겔스라면 3개월의 시간으로도 충분할 거라고요.[105]

마르크스는 왜 『영국 노동자계급의 상태』를 『자본』과 함께 출간해야 한다고 했을까요. 단지 엥겔스의 책이 1845년 이전까지 노동자계급의 상태에 대한 가장 세밀하고 정확한 기록이었기 때문일까요. 아니면 엥겔스가 20년 전에 말한 미래가 거의 그대로 실현되었기 때문일까요. 물론 마르크스에게는 출간된 지 너무 오래되어 독자들의 시야에서 사라진 이 훌륭한 책을 알리고 싶은 마음도 있었을 겁니다. 하지만 나는 마르크스가 『영국 노동자계급의 상태』를 『자본』과 '반드시' (notwendig) '함께'(동시에, zugleich) 출간해야 한다고 말한 데는 다른 이유가 있다고 봅니다. 『영국 노동자계급의 상태』는 그 자체로 훌륭한 책이지만 마르크스는 이 책과 『자본』의 특별한 관계를 말하고 싶었던 것 같습니다. 즉 '내 책 나오는 김에 자네 책도 다시 나왔으면 좋겠어'가 아니라, '내 책과 자네 책은 한 쌍이야'라고 말하는 것처럼 보인다는 거죠.

마르크스의 『자본』은 기본적으로 자본의 운동, 자본의 논리를 밝히는 책입니다. 노동력조차 자본의 한 형태(가변자본)로 다룹니다. 자본의 동일성이 지배하고 있다고 할까요. 그런데 노동일을 다루는 제8장은 다릅니다. 두 가지 점에서 그런데요. 하나는 자본의 논리를 대변하는 자본가의 논변에 대한 노동자의 항변이 나옵니다. 로고스 대 로고스의 충돌입니다. 또 하나는 논리로 환원되지 않는 음성, 다시 말해 로고스와는 다른 차원인 포네가 등장한다는 겁니다(이 음성적 요소의 중요성에 대해서는 본문에서 다루었습니다). 나는 『자본』 원고를 다듬던 마르크스가 엥겔스 책의 중요성을 이런 측면에서 다시 인식했던 게 아닐까 생각합니다(실제로 제8장은 『영국 노동자계급의 상태』를 무척 닮았습니다. 인용하는 자료들도 그렇고 인용하는 방식도 그렇고요). 마르크스가 엥겔스 책의 중요성을 인식했다고 했지만 엄밀히 하자면 자본의 논리와는 다른 노동자의 논리, 더 나아가 논리로 환원될 수 없는 (노동자의) 음성의 중요성을 인식하지 않았을까 싶습니다. 자본주의를 이해하려면 자본의 논리만 가지고는 안 된다는 것. '노동일'의 역사를 정리하면서 마르크스는 이 점을 크게 느꼈을 겁니다. 실제 노동일의 역사는 두 계급이 벌여온 '내전'의 역사에 다름 아니까요. 그 점에서 보면 『자본』과 『영국 노동자계급의 상태』는 자본주의를 이해하기 위해 '반드시' '함께' 필요한 책입니다. 한 쌍의 '정치경제학 비판'이라고 불러도 좋겠지요.

▶정치경제학 비판의 '다른 경로'——저자들만큼이나 저서들의 우정도 대단하지요? 사실 『영국 노동자계급의 상태』는 두 사람의 우정이 막 점화되었을 때 나온 책입니다. 둘은 파리에서 처음 만났지요. 1844년 마르크스는 헤겔의 『법철학』

을 비판하는 과정에서 시민사회의 중요성을 인식했고, "시민사회의 해부학은 정치경제학에서 찾아야 한다는 결론에 도달"했습니다. 그때 '다른 경로'로 똑같은 결론에 이른 엥겔스를 만났다고 합니다.[106] 엥겔스의 글 「국민경제학 비판 개요」(1844)를 읽고 이미 감명을 받은 터였지요(나중에 그는 이 글을 "정치경제학 범주들에 대한 비판을 위한 천재적 스케치"라고 불렀습니다.[107]) 그때 엥겔스는 『영국 노동자계급의 상태』를 준비하고 있었습니다.

엥겔스는 새로 사귄 친구에게 정치경제학 비판에 이른 자신의 '경로'를 보여주고 싶었던 것 같습니다. 그는 『영국 노동자계급의 상태』를 완성한 후 마르크스를 그 책의 현실로 안내했습니다. 영국으로 데려가 6주 정도 시간을 보냈는데요. 런던에는 짧게 머물렀고 대부분은 맨체스터에서 지냈습니다. 마르크스는 틈나는 대로 맨체스터의 체담 도서관(Chetham's Library)에 들러 정치경제학자들의 책을 읽었습니다. 그리고 엥겔스가 묘사했던 노동자들의 거주지를 직접 보았습니다. 그 전에는 이런 경험이 없었습니다. 파리에서도 말은 들었지요. 하지만 실제로 노동자 빈민굴을 본 것은 그때가 처음이었습니다. 자본주의가 생산하는 가난의 정체를 직접 목격한 거죠. 또 엥겔스의 소개로 프롤레타리아 운동가들을 만났습니다. 주로 의인동맹(League of Just) 회원들이었는데요. 이들은 2년 후 '공산주의자동맹'을 만듭니다. 1848년 마르크스와 엥겔스는 이 단체의 이념을 선포하는 글을 썼는데요. 그게 바로 『공산주의자 선언』이죠.

『영국 노동자계급의 상태』는 엥겔스가 마르크스의 손을 잡고 알려주고자 했던 프롤레타리아트의 현실, 마르크스에게 소개해주고 싶었던 운동가들, 마르크스와 함께 일구고 싶었던 혁명운동을 상징합니다(이것은 맨체스터의 노동자 메리가 연인인 엥겔스의 손을 잡고 했던 일이기도 하지요). 마르크스에게 엥겔스가 있었다는 것, 마르크스가 정치경제학 공부를 막 시작할 때 엥겔스의 『영국 노동자계급의 상태』가 있었다는 것은 정말로 큰 축복입니다.

▶ "내가 중요하게 여기는 것"——참고로 마르크스의 바람은 아주 늦게 이루어졌습니다. 그가 죽은 뒤였죠. 『영국 노동자계급의 상태』는 1887년 미국에서, 그리고 1892년 영국에서 재출간되었습니다. 그러나 마르크스가 말한 1845년 이후의 상황에 대한 보강은 이루어지지 못했습니다. 엥겔스에게는 체력도 시간도 없었으니까요. 그는 생의 마지막 에너지 대부분을 『자본』 III권 편집에 쏟아부었습니다. 이 작업을 마무리한 바로 다음해에 숨을 거두었지요. 물론 이 일만 한 것은 아닙니다. 틈틈이 『자본』 I권의 해외 번역본들도 감수해야 했고요. 국제 사회주의운

동과 노동운동도 챙겨야 했습니다(『자본』 III권에 붙인 서문을 보면 그의 분투를 짐작할 수 있습니다[108]).

이런 와중에 『영국 노동자계급의 상태』의 내용을 보강하기는 불가능했을 겁니다. 그렇다고 반세기 가까이 지난 책을 그대로 내는 것도 내키지는 않았을 테고요. 그는 1885년 런던의 어느 신문에 게재했던 원고를 서문에 붙였습니다. 여기에 1845년 이후의 상황을 언급한 부분이 있었으니까요. 그런데 서문에 붙인 이 짧은 원고가 다시금 『영국 노동자계급의 상태』의 정신이 어떤 것인지를 보여줍니다. 1845년 이후 노동자계급의 상태는 어떠한가. 엥겔스는 노동자계급 가운데 처지가 나아진 두 부류가 있다고 했습니다.[109] 하나는 '대공장 노동자들'(the factory hands)이고, 다른 하나는 '거대 노동조합들'(the great trade unions)입니다. 대공장 노동자들은 노동일을 규제하는 의회의 법령 덕분에 신체적·정신적 힘을 회복했습니다. 그리고 '성인 남성 노동자들'이 주축인 노동조합은 여성들과 아이들, 기계들과의 경쟁에서 자신의 권익을 지켰습니다. 엥겔스는 이들을 혹독하게 비판합니다. "이들은 노동자계급 사이에서 귀족층을 형성하고 있다. 이들은 비교적 안락한 위치를 확보하는 데 성공했고 이것을 변경 불가능한 결과로 여기고 있다. (…) 자본가계급 일반에게도 상대하기 아주 편한 사람들이 되었다."[110]

그러나 이들을 제외한 노동자들 대부분은 처지가 별로 달라진 게 없습니다. 엥겔스에 따르면 '이스트엔드'는 여전합니다. '이스트엔드'는 19세기 런던의 빈민들이 모여 살던 곳으로, 일자리가 사라지면 굶주림이 지배하고 일자리가 생기면 신체와 정신의 타락이 나타났지요. 특권층 노동자들은 더는 여기에 살지 않습니다. 그런데 엥겔스는 이곳을 눈여겨봅니다. "영국에서 사회주의가 실제로 이루어낸 전반적 진보보다 내가 훨씬 더 중요하게 여기는 것은, 런던의 이스트엔드가 부활한다는 사실이다."[111] 그는 이 굶주림과 타락의 땅에서 움트는 싹을 소위 '응접실' 사회주의, '체면 차리는' 사회주의보다 훨씬 중시했습니다. 그는 여기 사는 '미숙련 노동자들'이 새로운 조합을 만드는 걸 보고 너무 기뻤습니다. 그는 이들 새로운 조합은 구식 조합과 "성격이 본질적으로 다르다"라고 했습니다. 구식 조합은 기존의 임금체계를 받아들이고 기껏해야 조합원들의 이익을 위해 나서지만, 새로운 조합은 "임금체계의 영원성에 대한 믿음이 흔들리던 때에 창립"되었으며, 무엇보다도 체통이나 지키려 드는 식의 사고를 하지 않는다고요. "과거에도 저질렀고 현재도 저지르고 있으며 미래에도 저지를 모든 잘못에도 불구하고 런던 이스트엔드의 소생은 이 세기말의 가장 위대하고 가장 유익한 사실 가운데 하나이며, 나는 그것을 생전에 보게 되어 기쁘고 자랑스럽다."[112] 엥겔스는 1892년 1월에 쓴 글을 이렇게 마무리했습니다. 그가 보고 기뻐한 것, 그것이 그를 말해줍니다. 이것이 엥겔스이고 이것이 『영국 노동자계급의 상태』입니다.

─────── ⑳ 이주노동자와 인터내셔널 ───────

1863년 런던에서 국제박람회가 열리고 있을 때 프랑스 노동자들이 대거 런던을 찾았습니다. 겉으로 내건 목적은 산업 시찰이었으나 실제로는 영국 노동조합 대표들과 만나기로 사전 약속이 되어 있었습니다.[113] 영국의 노동조합 대표들은 그해에 일어난 폴란드 봉기(1월 봉기, powstanie styczniowe)를 지지하고 폴란드 민주주의자들을 지원할 방안을 함께 모색하자고 했지요. 당시 폴란드는 러시아의 지배 아래 있었는데요. 서유럽 정부들은 러시아의 폭력적 진압에 대해 침묵하고 있었습니다. 노동자들이 이 일에 국제적 연대의 뜻을 내비쳤다는 것은 무척 의미 있는 일이었지요. 사실 영국 노동조합 대표들에게는 또 다른 목적이 있었습니다. 『자본』 본문에 이런 구절이 있었지요. "런던의 노동시장은 제빵업에서 죽기를 각오한 독일인과 기타 지원자들로 여전히 넘쳐나고 있다."[김, 360; 강, 378] 당시 영국으로 이주노동자들이 몰려오고 있었던 겁니다. 산업화가 빨랐던 만큼 상대적으로 일자리도 많고 임금수준도 높았으니까요. 영국 노동자들한테 이들 이주노동자들이 반가울 리 없습니다. 공장주들이 임금을 낮추고 파업을 깨는 데 이들을 활용했으니까요. 그래서 프랑스 노동조합 대표들과 이주노동자 유입을 막기 위한 대책을 논의하고 싶었던 겁니다. 이 회합에서 양국의 대표자들은 국제 노동자 단체 창설에 합의했습니다. 그리고 다음해 9월 런던에서 창립총회를 열기로 했지요.

마르크스는 처음에는 이 회합에 관심을 두지 않았습니다. 『자본』 집필에 열중할 때였으니까요. 그런데 1864년 9월 프랑스 망명객 빅토르 르 뤼베즈(Victor Le Lubez)가 찾아와 독일 대표로서 이 모임에 참석해달라고 부탁합니다. 마르크스는 저간의 사정을 나중에 엥겔스에게 상세히 적어 보냈는데요.[114] 이 편지에 따르면 그는 자신과 오랫동안 함께 운동해온 재단사 요한 게오르크 에카리우스(Johann Georg Eccarius)를 대표로 추천했습니다. 그리고 자신은 일반 청중석에 서서 행사를 지켜보았습니다. 마르크스가 회합에 참석하기로 한 것은 좀 의외의 결정입니다. 1848년 이후 그는 사실상 서재로 물러나 있었으니까요. 정세 읽기를 멈춘 적은 없지만 혁명 조직에 관여하거나 어떤 운동에 직접 나서는 일은 없었습니다. 나름의 결심이 있었던 거죠. 그는 엥겔스에게 이렇게 썼습니다. "나는 런던과 파리에서 정말로 '중요한'(영향력 있는, Mächte) 인물들이 온다는 것을 알고 있었네. 그래서 이런 종류의 초대는 어떤 것이든 거절한다는 내 오랜 원칙을 포기하기로 했네."[115] 여기서 말한 '중요한 인물들'은 명망가들을 말하는 게 아닙니다. 마르크스가 보기에 이 회합을 조직한 사람들은 무언가를 해낼 수 있는 실질적 '힘'을 가진 사람들입니다. 그동안의 활약상도 그럭저럭 괜찮았던 사람들이고요. 그는 엥겔스에게 보낸 편지에 주요 참석자들의 직책을 상세히 적었습니다. 프랑스 대표단을 이끌고 온 앙리 톨랭(Henri Tolain)은 지난 선거에 나선 '진짜 노동자 후보'였고 그 일행도 괜찮은 사람들이었습니다. 영국 대표단의 조지 오저(G. Odger)와 크리머(W. R. Cremer) 역시 주요 노동조합의 대표이고 북아메리카에서 열린 노동조합들의 대규모 회합을 조직했던 사람들이고요. 마르크스는 오랫동안 묻어둔 1848년 선언의 꿈이 되살아나는 걸 느꼈을지도 모르겠습니다. "만국의 프롤레타리아트여 단결하라!" 그 구호가 이제야 몸뚱이를 가질 수 있겠다고요.

1864년의 창립총회는 큰 성공을 거두었습니다. 영국과 프랑스, 독일의 노동운동가들은 물론이고, 이탈리아와 아일랜드, 폴란드의 민족주의 운동가들이 대거 참여했습니다(중심 국가들의 계급해방 문제와 주변부 국가들의 민족해방 문제가 미묘하게 맞물린 구성이지요). 창립총회에서는 '국제노동자협회' 설립을 의결하고 각국 단체들과 연락할 중앙위원회를 런던에 두기로 결정했습니다. 강령과 임시 규약을 만들 소위원회도 구성했는데요. 몸이 좋지 않았던 마르크스는 그 자리에 참석하지 못했다고 합니다. 그런데 강령을 작성할 때 이탈리아 운동가들의 입김이 강하게 반영된 것 같습니다[마르크스는 주세페 마치니(Giuseppe Mazzini)의 졸작(Machwerk)임이 명백하다고 했지요]. 노동 문제가 부차적인 것이 되고 민족 문제가 많이 들어갔다는 뜻입니다. 몇 차례 회의를 거치며 수정된 최종 판본이 만들어졌습니다. 마르크스는 그 내용을 전해 듣고 크게 실망했습니다. '전율할 정도로'(schauderhaft) 형편없다고 했지요. 문장들은 상투적이고 미숙했고, '유럽 노동자계급의 중앙정부' 같은 현실성이라고는 전혀 없는 목표가 들어 있었습니다.

결국 타협을 싫어하는 마르크스의 기질이 발동했지요. 1847~1848년 '공산주의자동맹'의 결성과정과 아주 흡사합니다. 1847년 런던과 브뤼셀의 의인동맹 회원들이 공산주의자동맹을 만들었는데요. 6월 런던에서 창립대회를 열고 강령의 초안을 작성했습니다. 여기서 "소유 공유제를 가능한 빨리 도입해 인류를 해방하는 것을 목표로 한다"라는 내용의 강령이 채택되었지요. 그런데 이 자리에 참석하지 않았던 마르크스가 이 강령의 모호함을 강하게 비판합니다. 그리고 2차 대회에 참석해 많은 것을 뒤집어버렸지요. 2차 대회에서는 "동맹의 목표는 부르주아지 타도, 프롤레타리아트 지배, 계급적대에 기초한 낡은 부르주아사회 철폐, 계급과 사적 소유가 없는 새로운 사회 건설"이라는 강령이 채택됩니다. 도대체 무슨 일이 있었던가. 정확히 알려진 것은 없지만 토론이 무려 열흘간이나 진행되었습니다. 그러고는 마르크스의 주장을 만장일치로 채택했고 동맹의 이념을 알리는 선언문 작성의 전권을 그에게 부여했지요.[116] (이것이 앞서도 언급한 것처럼 바로 『공산주의자 선언』입니다).

1863~1864년 인터내셔널 결성과정에서도 비슷한 일이 일어났습니다. 소위 위원회에 참석하지 않았던 마르크스는, 그 자신의 표현을 빌리자면, "부드럽게 항의"했고 강령에 대한 논쟁을 계속 이어갔습니다. 그리고 친구인 에카리우스를 통해 강령과 규약을 더 다듬어야 한다고 주장했습니다. 결국 영국의 크리머, 이탈리아의 폰타나(Fontana), 프랑스의 르 뤼베즈가 마르크스의 집에 찾아왔지요. 강령과 규약을 함께 다듬기로 했습니다. 마르크스는 당시 자신의 태도를 엥겔스에게 이렇게 전했습니다. "나는 확고하게 결심했네. 가능한 한 단 한 줄도 남아 있지 않게 하겠다고."[117] 이런 태도로 임했으니 수정 작업이 쉬웠을 리 없지요. 새벽까지 이어진 토론에 모두가 지쳤습니다. 위원들은 결국 마르크스에게 초안 작성의 권리를 넘기고 추후 다시 만나기로 했습니다. 그러고는 마르크스가 내놓은 규약을 큰 이견 없이, 단 두 개의 문구만 첨가한 채로 채택했습니다. 마르크스는 규약의 전문(preamble)도 완전히 새로 썼습니다. '노동자계급에게 드리는 담화(addresss)'도 썼습니다. 참석자들의 마음속 생각을 바꾸기 위해서였죠("이미 선택된 감정들"을 "편집하기 위해서"). 마르크스의 글은 총회에서 만장일치로 채택되었습니다. 이렇게 해서 1848년의 『공산주의자 선언』에 필적하는 1864년의 「국제노동자협회 발기문」(이하 「발기문」)이 탄생했습니다.[118]

마르크스가 1864년의 인터내셔널을 1848년 혁명정신의 부활로 이해한다는 것은 「발기문」의 첫 문장부터 알 수 있습니다. 그는 1848년을 기점으로 글을 시작합니다. '1848~1864' 공업과 상업은 유례를 찾아보기 힘들 정도로 진보했고 유산계급의 부도 놀랄 만큼 증대했지만 노동자들의 처지는 전혀 나아지지 않았다고 했습니다(그는 우리가 앞서 본문에서 『자본』 제8장 '노동일' 장을 통해 읽은 자료들을 많이 인용했습니다). 또 1848년의 패배 이후 노동자계급 조직들은 파괴되었고 대륙의 노동자운동은 몰락했으며 이것이 영국 노동자들이 얻어낸 개혁 조치들의 퇴보를 불러왔다고 했습니다(이에 대해서도 우리는 앞서 본문에서 '공장법'의 역사와 함께 살펴본 바 있습니다). 그럼에도 마르크스는 두 가지 '밝은' 일이 있었다고 했는데요. 하나는 '10시간 노동제'가 관철된 것이고, 다른 하나는 '자본의 정치경제학'에 대한 '노동의 정치경제학'의 '위대한 승리'가 있었다는 것인데요. 사실 후자는 전자와 관련되죠. 유어나 시니어 같은 학자들은 '10시간 노동제'가 채택되면 영국의 공업이 몰락할 것이라 했고 영국의 공업을 위해서는 아동노동 사용이 불가피하다고 했지요. 노동자들은 공장법 개정을 통해 이들의 정치경제학이 틀렸음을 보여주었습니다. 논리적 반박이 아니라 힘을 통한 반박이었지요.

마르크스는 이것을 '원칙(principle)의 승리'라고 불렀습니다. 아주 중요한 말입니다. 이것은 자본가의 과학과 노동자의 과학 중 어느 쪽 예측이 맞았느냐의 문제가 아닙니다. 한마디로 어느 쪽이 더 과학적인가 하는 문제가 아니라는 겁니다. 과학 이전에 경제를 바라보는 시각의 문제죠. 원칙 말입니다. 경제를 '수요·공급의 맹목적 지배 아래 둘 것인가' 아니면 '사회적 통찰과 예견에 입각한 사회적 통제 아래 둘 것인가'. 공장법을 둘러싼 노동자계급의 투쟁은 자본가의 탐욕을 사회적으로 통제해야 한다는 원칙이 승리했음을 보여줍니다. 마르크스는 「발기문」에서 '노동의 정치경제학'의 더 위대한 승리가 있다고 했어요. 공장법을 통한 규제는 소극적 승리이고, 더 적극적인 승리가 있습니다. 바로 오언 등이 주도했던 협동조합의 실험입니다. 그는 협동조합, 특히 생산 분야에서 이뤄진 협동조합 실험에 주목했습니다. '협동조합 공장'에 대해 마르크스는, 자본가가 통제하는 생산이 아니라 노동자들의 자발적 협력에 기초한 생산에 대한 '위대한 실험'이라고 했습니다. 자발성에 기초한 노동자들의 연합 노동과 현대 과학기술이 조화를 이룬다면 큰 성과를 낼 수 있을 것이라고 기대했지요.

그런데 「발기문」에서 내가 정말로 주목하고 싶은 것은 '국제적 연대'의 의미입니다. 마르크스는 마지막 쪽을 『공산주의자 선언』의 정신을 환기하는 데 할애하고 있습니다(이 선언을 직접 언급하지는 않지만, 똑같이 "만국의 프롤레타리아트여 단결하라"로 마무리하지요). 그는 노동자계급의 해방이라는 '위대한 과업'은 '민족적 편견'에서 나오는 대외 정책에 반대할 때 가능하다고 했습니다. 그러면서 미국 남북전쟁에서 노예제도에 반대했던 영국 노동자들의 투쟁을 칭송했습니다. 당시 영국 정부는 면화산업의 이해관계 때문에 남부를 지원하려고 했는데요. 여기에 영국의 노동자들이 저항했다는 겁니다. 이것은 표면적으로는 민족적 이해를 넘어서 투쟁한 영국 노동자들을 칭송한 것이지만 사실은 영국 노동자들에게 그런 태도를 촉구하기 위해 한 말입니다. 국제노동자협회의 창설 배경을 생각하면 마르크스의 담화에 담긴 뜻을 짐작할 수 있지요. 처음에 회합을 제안했던 영국 노동조합 대표들은 자신들의 이익을 지키기 위해 국경을 강화하려 했으니까요. 이주노동자들을 단속하기 위한 노동조합의 국제적 결탁을 추진한 거죠.

마르크스는 자신이 칭송한 덕목이 정작 영국 노동운동에는 부족하다는 생각을 인터내셔널 창립 이전부터 갖고 있었습니다. 특히 영국 노동운동이 아일랜드의 독립운동을 외면하는 것을 큰 문제로 여겼습니다. 영국 노동자들은 아일랜드 식민화가 제공하는 물질적 혜택 때문에 아일랜드인들의 독립투쟁을 외면했습니다. 적어도 아일랜드 문제와 관련해서는 지주나 자본가계급과 암묵적으로 결탁했던 거죠. 이 문제와 관련해 마르크스는 영국 노동운동의 태도를 여러 차례 비판했습니다. 심지어 바젤에서 열린 인터내셔널 4차 대회에서는 아일랜드 해방 결의안을 통과시켜야 한다고 촉구하기도 했지요. 정운영의 평가에 따르면, 마르크스의 이런 노력은 "당시 그가 처한 여러 상황을 감안할 때 무척 용기 있는 결단이었지만 동시에 상당히 위험한 처사"였습니다. "마르크스의 태도는 자본주의 발전과 식민지 수탈에 편승해 상황의 급진적 변화를 원치 않았던 노동조합의 지도자들에게 커다란 불안과 불만을 심어주었기 때문"입니다. 실제로 이 때문에 "인터내셔널 총평의회와 영국 노동조합의 관계는 급속히 냉각"됩니다. 정운영은 마르크스가 깨달은 바가 많았을 거라고 덧붙였지요. "혁명을 배우지 않으려는 사람에게 혁명을 가르치는 일이 얼마나 어려운지 절실히 깨달았"을 거라고요.[119]

마르크스가 만들고 싶었던 인터내셔널은 국가적 이해를 대표하는 노동조합들의 모임이 아니었습니다. 그는 오히려 국가적 이해, 민족적 이해를 극복하는 노동자들의 연대를 꿈꾸었지요. 1848년 『공산주의자 선언』의 정신 그대로입니다. "만국의 프롤레타리아트여 단결하라"라고 했을 때, '만국'은 오늘날 국제연합 같은 모델이 아닙니다. 국가와 민족을 대표하는 자들의 모임이 아니라 국가와 민족의 극복 내지 해체를 통한 국제적 연대라고 할 수 있지요. 이 점에서 그는 인터내셔널의 제안자들, 즉 이주자 단속을 위해 국경을 강화하려고 했던 사람들과 생각이 완전히 달랐습니다. 그는 인터내셔널을 통해 국경을 넘어서려 했습니다. 영국의 노동조합이 프랑스 노동조합과 더불어 불법 이주자 단속에 나서는 것이 아니라 영국의 노동조합이 이주자들과 더불어 해방운동에 나서기를 바랐던 겁니다(참고로 『자본』의 구성에서도 우리는 이 점을 확인할 수 있는데요. 마르크스는 산업부문별로 영국 노동자들의 실태를 조사하면서 아일랜드인들의 경우를 별도 부문으로 고찰합니다. 마치 식민화된 아일랜드 민족 전체가 영국에 대해 프롤레타리아트인 것처럼 말이지요).

끝으로 쓸쓸한 사실 하나를 추가하고 인터내셔널 결성에 대한 이야기를 마치겠습니다. 마르크스는 엥겔스에게 대회 참석자들이 '열정적으로'(mit großem Enthusiasmus) 자신의 제안에 화답했다고 했는데요. 처음의 제안자들이 진심으로 마르크스의 생각에 공감하고 과거의 태도를 반성했던 것은 아니었나 봅니다. 정운영은 이렇게 적고 있습니다. "국경을 강화하려는 의도로 제안된 회의가 국경을 극복하려는 인터내셔널의 결성으로 낙착된 것은 대단한 역설이지만 그 역설의 후유증은 만만치 않았다. 인터내셔널 창설을 발의한 장본인들의 가슴 한구석에 숨어 있던 이 의도가 결국 그들로 하여금 인터내셔널을 배반하게 만들었기 때문이다. 프랑스 대표였던 톨랭은 파리 코뮌 당시 베르사유 정부에 가담해 계급의 이익을 저버린 변절의 족적을 보였으며, 영국 대표 오저 또한 마르크스의 「프랑스 시민전쟁」을 인터내셔널의 공식 입장으로 채택하려는 총평의회의 결의에 서명을 거부함으로써 노동운동의 국제적 연대를 거부하는 수치스러운 기록을 남겼다."[120]

㉑ 흡혈귀와 프롤레타리아트

마르크스는 자본을 흡혈귀에 비유했습니다. 자본이 자본이기 위해서는, 다시 말해 가치증식을 이루기 위해서는 살아 있는 노동을 빨아들여야 합니다. 그런데 '살아 있는 노동'이란 노동자의 생명력에 다름 아니지요. 성경에서 "피는 생명"이라 했으니(「신명기」 12:23), 결국 자본은 노동자의 피를 빠는 겁니다. 게다가 자본의 정체는 과거의 노동, 죽은 노동입니다. 죽은 것이 산 자의 피를 빨아 생명을 얻고 다시 더 많은 피를 빠는 괴물이 된 것이지요. 마르크스로서는 흡혈귀만큼 좋은 비유를 찾기 어려웠을 겁니다.

본래 흡혈귀는 동유럽 슬라브인들의 신앙에서 유래했다고 합니다. 18세기 무렵 서유럽에 전래되었다고 하는데요. 흡혈귀에 관한 정보들을 모은 앙투안 오귀스탱 칼메(Antoine Augustin Calmet)의 『천사와 악령, 정령의 현현 그리고 헝가리, 보헤미아, 모라비아, 실레시아 지역의 귀신과 흡혈귀에 대한 연구』(1746)가 이때 출간되었습니다. 칼메의 연구를 바탕으로 18세기 말부터 19세기 말까지 괴테, 호프만, 톨스토이, 발자크, 스토커 등 많은 작가들이 흡혈귀를 소재로 작품을 썼습니다.[121] 서유럽에서 자본주의가 비약적으로 발전하던 시기에 흡혈귀 문학도 번성한 겁니다. 본문에서 본 것처럼 마르크스는 동유럽 슬라브 지역(도나우 지역)의 대지주 보야르와 영국의 공장주를 비교했는데요. 이걸 보면 마르크스도 흡혈귀의 유래를 알고 있었던 것 같습니다. 자본가를 흡혈귀라고 부르는 장에서, 자본가의 잉여노동에 대한 갈망의 정도를 보여주기 위해 그 많은 지역 중 슬라브 지역을 택한 걸 우연이라 보기는 어렵지요.

흡혈귀 문학을 대표하는 작품인 브램 스토커의 『드라큘라』는 『자본』이 출간되고 30여 년 뒤에 나왔는데요.[122] 주인공 드라큘라 백작은 마르크스가 본문에서 묘사하는 흡혈귀의 전형적 특징들을 갖고 있습니다. 그는 이미 죽었지만 살아 있는 사람의 피를 통해 새로운 생명을 얻습니다. 죽은 뒤 불사귀(不死鬼)로 되살아난 겁니다. 그뿐 아니라 그는 자신의 제물이 된 사람을 자신과 똑같은 존재로 만듭니다. 그런 식으로 '증식'하는 거죠. 이 작품 속 드라큘라와 관련된 세부 사항 몇 가지도 『자본』을 연상시킵니다. 먼저 드라큘라는 앞서 말한 것처럼 슬라브 지역의 '보야르'였습니다. 농노들의 피를 빨던 사람이죠. 그런데 그는 살아 있는 피가 넘쳐나는, 그래서 '피에 대한 욕망을 마음껏 충족'할 수 있는 런던으로 이주합니다(산업의 중심지, 일자리를 찾아 사람들이 몰려드는 대도시로 말입니다). 그가 구사하는 화법도 인상적입니다. 그는 마르크스가 본문에서 언급한 'pluralis majestatis'를 쓰는데요. 마치 군주가 자신을 지칭할 때처럼, 자신의 가문에 대해 말할 때 항상 '우리'라는 복수형을 씁니다(마르크스는 자본가도 이런 어법을 쓴다고 했지요).

드라큘라는 살아 있는 피를 무척이나 갈망하지만, 신중하고 치밀하다는 점에서 단순한 탐욕가가 아닙니다. 이 점에서도 그는 『자본』의 합리적 자본가와 닮았습니다. 그는 런던의 물류 배송 시스템을 연구한 뒤 자신의 신체를 원하는 곳으로 옮겨놓는데요. "모든 일을 치밀하게 계산하고 체계적이고 정확하게 처리"합니다. "자기의 의도를 실행에 옮기는 과정에서 우연히 생겨날 수도 있는 모든 장애요인에 대해 대비책을 마련"하지요.[123] 스토커의 작품 속에서 희생자는 주로 여성과 아동입니다. 특히 작품 초반부터 아이들의 피가 중요하게 부각됩니다. 드라큘라는 자신의 저택에 있는 세 흡혈귀들에게 밤마다 아이들을 잡아다 주지요. 그가 런던에서 만들어낸 흡혈귀도 주로 아이들의 피를 빱니다. 이는 우리가 본문에서 읽은 증언의 주인공들, 즉 공장에서 밤까지 혹사당하던 아이들을 떠올리게 하지요. 마르크스는 「국제노동자협회 발기문」에서 아이들의 피를 빠는 흡혈귀 이야기를 했는데요. 영국 공업 발전을 위해 아동노동이 필요하다는 유어와 시니어 등 정치경제학자들을 향해 이렇게 말했습니다. "[이들은] 공업이라는 것은 흡혈귀처럼 사람의 피, 그것도 어린이의 피를 빨아먹어야 한다는 것을 예언해왔고 또 마음껏 증명해왔습니다. 그 옛날에 아동 살해는 몰록(Moloch) 종교의 신비한 의식이었습니다만[고대 종교인 몰록교에서는 어린아이를 불속에 던져 넣어 제사를 지내는 의식이 있었습니다], 그것은 특별히 엄숙한 경우에만 실행된 것으로서 아마 1년에 한 번 정도 있었을 뿐 아니라, 몰록이 특별히 가난한 사람의 자식들만 좋아했던 것도 아니었습니다."[124]

　　문학비평가 프랑코 모레티는 마르크스의 논의에 착안해, 하지만 아주 다른 각도에서 흡혈귀와 자본주의를 연결 지었는데요. 그는 『프랑켄슈타인』, 『드라큘라』 등 19세기 공포문학이 자본주의에서 수행한 기능을 문제 삼았습니다. 보통의 문학 작품에서 작가는 '공포'를 메타포로 제시합니다. 그런데 공포문학에서는 메타포가 더는 메타포가 아닙니다. 사람들이 현실에 대해 느끼는 다양한 공포들(이를테면 정치적·사회적·경제적·심리적 공포들)을 메타포가 아닌 실제 캐릭터로 만들어 돌아다니게 합니다.[125] 공포가 독립된 실체처럼 돌아다니면 통제를 벗어날 수도 있겠다는 불안이 생겨나죠. 프랑켄슈타인이 자신의 괴물을 통제할 수 없었듯이 말입니다. 이 경우 독자들의 공포는 배가됩니다. 그리고 이 공포는 사람들로 하여금 부당한 사회체제를 받아들이게 합니다. 자신들의 안전을 위해 억압적 조치들을 기꺼이 수용하는 겁니다. 작품의 공포가 크면 클수록 교화 효과도 크지요.[126]

　　모레티에 따르면 『드라큘라』는 공포문학의 이런 논리를 극단적으로 발전시킨 작품입니다. 이야기의 진행시간은 항상 현재이며 이야기 순서의 인과성도 없습니다. 독자가 작품과 거리를 둘 수 없도록 만든 겁니다. 독자들은 작품 속 인물들이 느끼는 공포를 함께 느낍니다. 모레티는 이 작품이 "사회를 거대한 주식회사로 제시"하고 있다고 말합니다. 이 작품에서는 사회의 유대를 깨는 사람, 독자적으로 생각하는 존재를 축출해야 할 위험으로 간주합니다. 통제되지 않는 존재, 질서를 파괴하는 존재를 물리쳐야 한다는 메시지를 던지는 것이죠. 그런 점에서 『드라큘라』는 "통합된 사회, '유기적' 자본주의에 대한 욕망을 반영하고 촉구"하는 작품이라고 모레티는 말합니다[127](그는 단지 흡혈귀가 아니라 작품 자체를 자본주의 체제와 연결 짓습니다). 실제로 작품 속에서 드라큘라는 이방인, 남의 나라, 남의 도시에 들어와 마음대로 증식하고, 신성한 가족과 종교, 사회질서를 파괴하는 존재로 그려집니다(참고로 드라큘라는 런던에서 자신이 이방인으로 비치지 않도록, 다시 말해 '어, 외국인이잖아!'라는 말을 듣지 않으려고 표준 영어를 열심히 공부합니다.[128] 드라큘라에 물린 여성은 자신이 스스로를 망치고 남편과 가족을 망치며 사회를 위험에 빠뜨리는 존재라고 간주합니다. 퇴마사는 성체로 그녀의 이마에 죄악과 오염을 뜻하는 화상자국, 일종의 주홍글씨를 남기고요. 이 경우 흡혈귀는 『자본』에서 그려진 것과는 완전히 다른 존재가 됩니다. 흡혈귀는 자본가가 아니라 자본주의 체제를 위협하는 존재죠. 흡혈귀를 몰아낸 사람들은 체제의 수호자들이 되는 거고요.

마르크스는 1847년 공장법이 1848년 혁명 당시 어떤 공격을 받았는지에 대해 썼는데요. 지배계급의 온갖 분파가 모두 뭉쳐 "재산, 종교, 가족, 사회를 구출하자는 공동의 구호"를 외쳤다고 했습니다.[김, 387; 강, 401] 그들은 혁명적 프롤레타리아들을 재산 약탈자, 신을 믿지 않는 자, 부인을 공유하고 가족을 폐지하려는 자, 조국과 민족을 모르는 자 등으로 공격했지요(지금도 그렇습니다). 마르크스와 엥겔스는 『공산주의자 선언』의 상당히 많은 지면을 할애해 이 비난들에 대해 반박해야만 했습니다. 그만큼 가족, 종교, 민족 등을 동원한 이데올로기적 공격의 효과가 컸던 겁니다. 마르크스는 이때를 언급하며 "노동자계급은 도처에서 법률의 보호 밖으로 밀려나고 추방당했으며 '용의자법'(loi des suspects)의 탄압"을 받았다고 썼습니다.[김, 387; 강, 401] '용의자법'은 1848년 혁명 이후 프랑스에서 제정된 법인데 정부에 적의를 품은 것으로 '의심되기만' 하면 누구든지 프랑스 바깥으로 추방할 수 있도록 했지요. 용의자만 되어도, 그러니까 '의심되기만 해도', 귀신을 쫓아내듯 사람을 나라 바깥으로 추방하는 겁니다.

흡혈귀를 19세기 자본주의 질서를 깨뜨리는 존재, 무엇보다 부르주아적 인간관계의 근간을 이루는 가족과 종교, 민족의 질서를 파괴하는 존재로 본다면 어떨까요. 그렇다면 그의 형상은 자본가보다는 혁명적 프롤레타리아트에 가깝습니다. 『드라큘라』에서는 흡혈귀의 괴물스러움이 '관능성'으로 나타나는데요. 흡혈귀에게 물리면 청순하고 정숙한 여성이 음탕하고 관능적인 여성으로 돌변합니다(작품 여러 곳에서 작가는 이 점을 유독 강조하고 있습니다). 사실은 흡혈귀가 무는 장면부터가 음탕합니다. 흡혈귀들은 붉은 입술로 상대방의 하얀 목덜미를 깨물지요. 따라서 흡혈귀에 대한 공포는 적극적이고 과도한 섹슈얼리티에 대한 공포이며 특히 그런 섹슈얼리티를 가진 여성에 대한 공포라고 할 수 있습니다. 음탕한 여성, 관능적인 여성, 남성(남편)의 통제를 벗어나며 심지어 남성을 통제하려 드는 여성, 남성을 얼어붙게 만드는 여성, 비유컨대 메두사에 대한 공포인 셈입니다(작품에서도 흡혈귀가 된 여성을 실제로 '메두사'에 비유합니다.[129]) 방금 흡혈귀가 부르주아적 인간관계의 근간을 파괴한다고 했는데요. 두 가지 점에서 특히 그렇습니다.[130] 첫째, 흡혈귀의 섹슈얼리티는 이성애에 국한되지 않습니다. 성별은 물론이고 인종도, 종교도, 민족도 문제 삼지 않지요. 누구에게든 애정적 인간관계(에로틱한 깨물기)를 시도합니다. 둘째, 흡혈귀의 생산은 가족을 통해 이루어지지 않습니다. 가족을 통한 재생산 질서를 무너뜨리는 거죠. 새로운 흡혈귀는 가족과 상관없이 '깨물기'를 통해 생산됩니다. 게다가 번식의 속도가 무척 빠릅니다. 낳을 필요가 없습니다. 그저 깨물면 변환이 일어납니다. 감염 같은 것이지요.

마이클 하트와 안토니오 네그리는 이런 흡혈귀의 형상에서 자신들이 '다중'(multitude)이라 부르는, 우리 시대 프롤레타리아트의 형상을 발견했습니다. "우리 시대의 흡혈귀들은 그 이전과는 다른 것으로 드러난다. 흡혈귀들은 여전히 아웃사이더들이지만, 그들의 괴물스러움은 다른 사람들로 하여금 우리 모두가 괴물들— 고학력의 부랑자들, 성적 이상자들, 마약중독자들, 병리적 가족의 생존자들 등등 —임을 인정하도록 도와준다. 그리고 더욱 중요한 것은, 괴물들이 새롭고 대안적인 정서 네트워크들과 사회적 조직을 형성하기 시작한다는 점이다. 흡혈귀, 그 괴물스러운 삶과 그 만족을 모르는 욕망은 낡은 사회 해체의 징후가 되었을 뿐만 아니라 새로운 사회 형성의 징후가 되었다."[131] 그러고 보니 자기증식이 꼭 자본만의 특징은 아닙니다. '프롤레타리아트'도 본래 '증식하는 자'라는 뜻입니다. '프롤레타리아트'는 라틴어 '프롤레스'(proles)와 '프롤레타리우스'(proletarius)에서 연원했는데요. '프롤레스'는 '자손'이라는 뜻입니다. 그리고 '프롤레타리우스'는 로마에서 자식을 낳는 것 말고는 나라에 기여하는 바가 없는 자들을 지칭하는 말이었습니다. 비천한 자들, 이름이 없는 자들, 가진 것도 없고 배운 것도 없는 자들, 단지 번식할 뿐인 자들을 가리켰지요. 자크 랑시에르(Jacques Rancière)에 따르면, 이들은 로마에서 "셈해지지 않는 자들, 계급질서에 속하지 않는 자들"이었습니다. 그런데 바로 그렇기 때문에 역설적으로 "이 질서의 잠재적 소멸(마르크스가 말했던 모든 계급의 소멸인 계급)"을 의미하는 존재가 될 수 있습니다.[132]

우리는 꽤나 멋진 혁명가로서 새로운 흡혈귀의 형상에 도달한 것 같습니다. 성별, 종교, 인종, 민족 등 온갖 경계를 가로지르는 에로틱한 연대를 통해 무한히 증식하는 존재. 그렇게 해서 영원한 생명을 얻는 존재. 이것이 우리 시대 프롤레타리아트의 형상, 우리 시대 새로운 흡혈귀의 형상입니다.

㉒ 도시와 농촌의 분리

본문에서 살펴보았듯 마르크스는 '도시와 농촌의 분리'를 "모든 발전한 분업 그리고 상품교환을 통해 매개되는 분업의 토대"라 했고, "사회의 경제사 전체를 이 둘의 대립 운동으로 요약"할 수 있다고 했습니다. 매우 흥미로운 언급이기는 하지만 『자본』에서는 이와 관련된 논의를 더 이상 찾아볼 수 없습니다. 도시와 농촌의 관계에 대한 별도의 논문을 쓴 적도 없고요. 그렇다고 즉흥적으로 꺼낸 이야기는 아닙니다. 마르크스는 도시와 농촌의 분리가 갖는 중요성을 오래전부터 강조했고 몇 군데에서는 도시와 농촌의 대립으로 서구의 경제사를 설명하려는 모습도 보여주었습니다. 이를테면 『자본』을 쓰기 20여 년 전에 쓴 『독일 이데올로기』(1845)에서 그는 "물질적 노동과 정신적 노동의 가장 커다란 분할은 도시와 농촌의 분리이다"라고 했습니다.[133] 『철학의 빈곤』(1847)에서는 이런 말도 했지요. "독일에서는 최초의 중요한 분업, 즉 도시와 농촌의 분리가 이루어지는 데 꼬박 3세기가 걸렸다. 도시의 농촌에 대한 관계가 변경되는 정도로 전체 사회도 변경된다."[134] 조금 더 뒤에 쓴 『정치경제학 비판 요강』에서도 그는 도시와 농촌이 맺는 관계에 따라 '자본주의적 생산에 선행하는 형태들'(사회구성체들)을 구분했습니다.[135]

아쉽게도, 이들 책에서도 도시와 농촌의 관계를 길게 언급한 것은 아닙니다. 그나마 조금 길게 언급한 것이 『독일 이데올로기』와 『정치경제학 비판 요강』이지만, 관련 내용을 언급한 것이 몇 쪽 되지 않습니다. 여기서는 두 텍스트를 중심으로 마르크스가 왜 도시와 농촌의 분리를 중요하다고 생각했는지 그리고 도시와 농촌의 대립으로 경제사를 어떻게 쓸 수 있다는 것인지를 개략적으로나마 정리해둘까 합니다.

먼저, 도시와 농촌의 분리는 어떤 의미를 갖는가. 마르크스는 이를 두고 가장 큰 규모로 이루어진 정신노동과 육체노동의 분할이라고 했습니다. 그리고 둘의 대립은 인류가 야만(Barbarei)에서 문명(Zivilisation)으로, 부족(Stammwesen)에서 국가(Staat)로, 지역(Lokalität)에서 전국(국민, Nation)으로 나아가는 것과 동시에 시작되었고, 오늘날까지 문명의 전 역사를 통해 나타나고 있다고 했습니다(마르크스는 당시 '곡물법'을 둘러싼 자본가계급과 지주계급의 갈등을 도시와 농촌의 역사적 대립이 나타난 것이라고 보았습니다).[136] 마르크스는 특히 도시의 등장을 국가와 자본의 탄생을 가능케 한 기원적 사건처럼 보는데요. 우선 국가와 관련해 이렇게 말합니다. "도시와 함께 곧바로 행정, 경찰, 조세 등등의 필요성이 주어지는바, 요컨대 공동의 제도 및 그와 함께 정치 일반의 필요성이 주어진다."[137] 이것은 그가 '자본주의적 생산에 선행하는 형태들' 중 하나인 게르만 형태의 공동체에 국가가 존재하지 않았다고 말한 이유와도 통합니다. 고대 로마적 형태와 달리 게르만적 형태에서 "공동체는 도시로 실존하지 않았기 때문에 (…) 국가, 국가체제로서 실존하지 않"았다는 겁니다.[138]

또한 도시는 사람과 생산도구, 자본·욕구·소비 등이 집중된 곳입니다. 고립과 개별화를 특징으로 하는 농촌과는 반대지요. 그래서 도시는 자본이 등장하는 기반이 됩니다. "도시와 농촌의 분리는 또한 자본과 토지소유의 분리로서, 즉 오직 노동과 교환 속에서만 자신의 토대를 갖는, 토지소유로부터 독립된 자본의 존재 및 발전의 출발점(Anfang)으로 파악될 수 있다."[139] 물론 우리는 국가와 자본이 근대적 범주라는 것을 알고 있습니다. 이를테면 고대 로마의 도시를 근대 자본주의 국가와 동일시하는 것은 대단한 시대착오일 겁니다. 사회형태의 역사성을 그토록 강조하는 마르크스가 이 점을 모를 리 없습니다. 내 생각에 마르크스는 다만 국가와 자본이라는, 우리 시대의 범주가 탄생할 수 있게 해준 인류학적·역사적 사건으로서 도시의 탄생을 말하는 것 같습니다. 도시의 출현이 곧바로 국가와 자본의 탄생은 아니지만 나중에 국가와 자본의 탄생을 가능케 한 사건이었다는 겁니다[나중에 국가나 자본이 될 수 있는 일부 요소들이 '원(原)국가', '원(原)자본'의 형태로 생겨났다고 할까요].

다음으로, 도시와 농촌의 대립 운동으로 서구의 경제사를 요약할 수 있다는 것은 무슨 말인가. 마르크스는 『정치경제학 비판을 위하여』의 서문에서 경제적 사회구성체들의 발전 순서를 '아시아적·고대적·봉건적, 그리고 현대 부르주아적 생산양식들'로 나열한 적이 있는데요.[140] 『정치경제학 비판 요강』에서는 이들 사회구성체 각각에서 농촌과 도시의 대립이 어떻게 나타나는지를 간략히 설명한 바 있습니다.[141] 마르크스에 따르면 '아시아적 형태'는 아직 도시와 농촌이 분리되지 않은 사회입니다. 도시가 없는 것은 아니지만 단순히 군주가 머무는 곳, 경제적 구조물 위에 얹힌 상부구조일 뿐입니다. 고대 로마에서 볼 수 있는 '고대적 형태'는 도시 중심의 사회입니다. 농촌을 영토로 삼았지만 삶은 도시에 집중되어 있었지요. 도시의 시민들만 토지를 가질 수 있었고 또 토지를 가진 자가 시민일 수 있었습니다. 전형적인 도시의 삶이지만 그 기반은 토지소유와 농업에 두고 있는 형태였어요. 이와 달리 게르만 형태는 농촌에서 출발했습니다. 혈통, 언어, 역사 등에 따라 공동체를 유지하기는 하지만 국가를 이루지는 않습니다. 토지소유자들, 가족들, 가문들 사이의 회합이나 동맹 같은 것이 있을 뿐이지요. 마르크스는 이 게르만 형태가 중세 봉건사회에서 주로 볼 수 있는 사회형태라고 생각했습니다.

그러나 이것은 대체로 농촌에 해당하는 이야기고요. 서구 중세의 도시는 또 조금 달랐습니다. 마르크스는 근대에 들어 농촌의 도시화가 나타났다고 했는데요. 이에 대해서는 조금 부연이 필요할 것 같습니다. 중세에서 근대로 넘어오는 과정에서 나타난 농촌과 도시의 대립에 관해서는 『독일이데올로기』에 언급한 것이 조금 있습니다.[142] 마르크스에 따르면 서양의 중세도시들은 고대도시를 전승한 게 아닙니다. 중세의 도시들을 만든 것은 농촌에서 온 농노들입니다. 신분이 해방된 농노들이지요. 주로 수공업에 종사했습니다. 여기에 도망 농노들이 더해지면서 도시가 커졌습니다. 농촌에서 영주들의 박해를 피해 도망쳐 온 농노들이 도시로 계속해서 몰려왔습니다. 당연히 도시와 농촌은 긴장 관계에 있었습니다. 도시는 한편으로 농촌의 위협에 대응하기 위해 무장했고, 다른 한편으로는 도망 농노들을 자신들의 이익에 맞게 조직했습니다. 중세도시들에도 자본이 생겨났습니다. 하지만 이 자본은 크게 성장할 수 없었습니다. 상업 유통망이 충분히 발전하지 않은 탓도 있지만, 기본적으로 길드를 관장하는 규약 자체가 이런 성장을 가로막고 있었지요(이를테면 길드마다 장인이 거느릴 수 있는 직인 수가 엄격히 정해져 있었습니다). 그래서 도시의 자본은 장인에서 도제로, 아버지에서 아들로 이어지는 신분적 자본형태를 벗어나지 못했습니다.

그러다 교류(교통)가 확장되고 도시들 사이에서 교류가 일어나면서, 생산과 유통이 한 도시를 넘어서게 되었습니다. 마르크스는 어떤 지역에서 한번 획득된 생산력이 사라질지 더 발전할지를 결정하는 것은 "전적으로 교류의 확장에 달렸다"라고 했는데요.[143] 교류가 세계적으로 확장되고 이로 인해 점차 대규모 생산이 요청되면서 중세도시의 길드 체제와는 다른 생산형태가 나타납니다. 이것이 바로 자본주의적 생산형태의 하나인 매뉴팩처인데요. 매뉴팩처는 한편으로 일정 규모 이상의 자본의 축적을 전제하지만 다른 한편으로는 노동력의 집중을 필요로 합니다. 그래서 매뉴팩처들은 길드의 규약에서 자유롭고 어느 정도의 노동력이 모여 있는 농촌에서 시작되는 경우가 많았습니다. 농민들 역시 매뉴팩처를 새로운 도피처로 삼았습니다(도시의 길드는 자신들을 배제하거나 열악한 조건에서 일하게 했으니까요). 최초의 매뉴팩처가 도시 길드의 업종이 아니라 농민들이 농사를 짓는 틈틈이 부업으로 해오던 방적과 직조에서 시작되었다는 것은 의미심장하지요.[144] 물론 매뉴팩처가 세워진 지역은 금세 가장 번창한 도시가 되었습니다. 마르크스가 근대의 역사(시작)를 '농촌의 도시화'라고 표현한 것은 이런 맥락이었을 겁니다.[145]

이상으로 마르크스가 '도시와 농촌의 분리'를 왜 중요하게 생각했는지 그리고 '도시와 농촌의 대립'으로 경제사를 요약한다는 것이 어떤 것인지를 간략히 정리해보았습니다. 마르크스 자신이 어떤 생각을 어떻게 더 발전시키려 했는지는 모르겠습니다. 다만 자본주의의 발전과 더불어 도시와 농촌이 어떻게 변화했고 또 둘의 관계가 어떻게 되었는지는 지금도 중요한 주제임에 틀림없습니다.

마르크스는 자본주의 이전의 사회형태들에서 사회적 분업과 작업장 분업이 어떤 관계를 맺는지 설명하기 위해 인도의 작은 공동체들을 예로 들었습니다. 이들 공동체에서는 사회적 분업이 발달했습니다. 그러나 상품교환을 매개로 한 분업이 아닌 신분질서에 입각한 분업이었어요. 작업장 분업은 사회적 분업과 달리 거의 발달하지 않았고요. 마르크스에 따르면 이들 공동체는 '자족적 생산의 총체'를 이루고 있어 왕조 교체 같은 정치적 폭풍이 지나가도 변함없이 유지됩니다. 우연히 붕괴된다 해도 같은 장소에 같은 형태의 공동체가 또 생겨납니다. 마르크스는 이를 '아시아 사회의 불변성의 비밀을 푸는 열쇠'라고 했는데요. 본문에서는 분업 문제만을 다루었으므로 이에 대해 그 이상은 이야기하지 않았습니다. 그런데 우리는 마르크스의 언급에서 그가 아시아 사회를 매우 특수한 사회형태로, 특히 역사성이 부재한 사회로 본다는 것을 알 수 있습니다.

▶영국의 인도 지배──사실 마르크스는 1850년대 중반 인도에 관한 몇 편의 짧은 글을 썼습니다.『뉴욕 데일리 트리뷴』에 기고한 기사들인데요. 이 신문의 편집인인 찰스 다나(Charles Dana)가 마르크스에게 런던 통신원이 되어줄 것을 제안했습니다. 다나는 1848년 혁명 기간에 마르크스를 만난 적이 있습니다. 그는 당시 『신라인신문』을 만들어 활동하던 마르크스를 눈여겨보았던 것 같습니다. 마르크스는 다나의 제안을 기꺼이 받아들였고("명령조로 가해진 생업의 필요 때문".에요[146]), 8년 동안 여러 편의 글을 기고했습니다. 인도에 관한 짧은 글, 이를테면 「영국의 인도 지배」(1853),「영국의 인도 지배의 장래의 결과」(1853),「인도의 봉기」The Indian Revolt(1857) 등도 여기 기고한 글들이지요. 마르크스가 '영국의 인도 지배' 문제를 생각했다는 건 아주 흥미롭습니다. 왜냐하면 영국과 인도의 만남은 서구와 비서구, 자본주의와 비자본주의의 만남이기 때문입니다. 조금 거칠게 말하자면, 인도에 관한 글을 쓰기 전까지 마르크스가 인류의 역사로 생각했던 것은 사실 서구의 역사였습니다. 그가 언급한 민족적 '차이'는 유럽 내의 특수성에 불과했지요. 정치학의 프랑스, 경제학의 영국, 철학의 독일 하는 식으로 말입니다.[147] 역사적 비동시성에 대해 말할 때도 프랑스와 독일의 역사적 시차를 언급하는 수준이었습니다(프랑스가 1789년에 수행한 정치적 혁명을 프로이센에서는 반세기나 뒤진 1848년에 시도하고 있다는 식으로요[148]). 그러나 영국과 인도 사이의 차이는 이런 수준에서 이야기할 수 있는 게 아닙니다. 인도 사회의 성격은 유럽 문화의 보편성을 전제한 채로 말하는 민족적 특수성과는 완전히 다르며, 인도는 서구와 동일한 궤도의 역사

를 걸어오지 않았습니다.

　마르크스는 서구에서 가장 발전한 자본주의 국가인 영국의 인도 침략과 지배를 어떻게 보았을까요. 그는 과거 인도를 정복했던 그 어떤 세력과도 영국은 달랐다고 했습니다. 과거 인도의 정복자들은 정치적 권좌를 차지했을 뿐입니다. 누구도 인도 사회의 기본 단위인 촌락(Dorf)을 건드리지는 못했습니다. 본문에서 말한 '자족적 생산의 총체'로서의 공동체를 아무도 바꾸지 못했지요. "지금까지의 인도의 정치적 양태가 아무리 변화무쌍한 것이었다 하더라도 그 사회적 조건은 먼 옛날로부터 19세기 첫 몇 십 년에 이르기까지 변화하지 않은 채로 존속했다."[149] 앞서 말한 '아시아 사회의 불변성'을 가리키는 건데요. 사실상 영국의 지배와 더불어 인도 사회에 변화, 달리 말하면 역사성이 시작된 것처럼 말하고 있습니다. 그 전까지 인도는 역사 없는 나라였다는 거죠[150](어떻게 마르크스가 수천 년의 인도 역사를 이렇게 단순화했는지, 그가 접한 인도에 관한 자료의 성격에 대해서는 조금 뒤에 이야기하겠습니다). 영국은 과거 어떤 정복자도 건드리지 못했던 인도 사회의 기본 골격을 무너뜨렸습니다. 마르크스는 이 과정을 마치 눈앞에서 보는 듯 쓰고 있습니다. "수많은 근면하고 가부장제적인 무해한 사회조직이 해체되고 각 구성단위로 분해되어 고통의 바다에 던져지는 광경 그리고 그 개개의 성원들이 자신들의 고대 문명 형태와 자신들의 전래의 생활수단을 동시에 상실하는 광경을 지켜보는 것은 인간의 감정을 애절하게 한다."[151] 세상에 별다른 해를 끼치지도 않고 살던 사람들이 그 공동체의 몰락과 더불어 고통의 바다에 던져지는 광경. 마르크스는 분명히 영국의 침략을 잔인한 폭력으로 그려내고 있습니다.

　그런데 놀랍게도 마르크스는 곧바로 영국의 만행을 용인하는 것처럼 보이는 말을 합니다. "무해한 것처럼 보이는 이 목가적 촌락공동체가 언제나 동양 전제정치의 견고한 기초를 이루어왔다는 것, 이 촌락공동체가 인간정신을 있을 수 있는 가장 좁은 틀에 제한하였고, 인간정신을 미신의 온순한 도구로, 전통적 관습의 노예로 만듦으로써 그 웅대함과 역사적 정력을 앗아버렸다는 것을 잊어서는 안 된다."[152] 마치 오래 병든 사람에 대한 가혹한 치료를 목격하는 것처럼, 마르크스는 비명 지르는 사람의 고통에 가슴을 쥐어짜면서도 머리로는 그 필요성을 인정하는 듯 말하고 있습니다. 물론 그는 글의 곳곳에서 영국의 인도 침략을 규탄합니다. 영국이 인도에 들어간 것은 문명이나 자유, 해방 등과는 아무런 상관도 없다고, 오직 "천하기 그지없는 이익"에 대한 열망이 있었을 뿐이라고.[153] 그러나 그는 영국의 침략 동기와 상관없이 그것이 수행하는 무의식적인 역사적 역할이 있다고 봅니다.

"문제는 아시아의 사회상태의 근본적 혁명 없이 인류가 그 사명을 다할 수 있겠는 가 하는 것이다. 영국이 저지른 죄가 아무리 크다 하더라도 그러한 혁명을 일으킴 으로써 영국은 역사의 무의식적 도구 노릇을 하였던 것이다."[154]

인류의 사명이니 역사의 무의식적 도구니 하는 말은 혁명과 세계사에 대한 마르크스의 '당시' 생각을 보여줍니다. 그는 '인류'라는 말을 썼는데요. 인도인, 아시아인을 그 상태 그대로 두고는 인류가 사명을 완수할 수 없다고 했습니다. 인도인(아시아인)을 '뒤처진 인류' 혹은 '인류에서 이탈한 존재'와 같이 보고 있습니다. 인도인(아시아인)을 인류에 합류시키고, 인도(아시아)의 역사(역사 없는 역사)를 세계사에 합류시켜야 한다는 거죠. 그러나 여기서 '인류'는 사실상 '서구인들'이고, '세계사'는 서구의 역사, 그것도 자본주의에 도달한 서구의 역사입니다. 서구 자본주의의 역사를 세계의 보편사로 인정하고 있는 거죠(천하의 마르크스도 유럽 중심주의에서 벗어나지 못했다고 하니 좀 충격적일지도 모르겠습니다). 마르크스의 사고 근저에는 인도를 서구화하는 것이 문명화하는 것이라는 생각이 깔려 있습니다. "영국은 인도에서 이중의 사명을 수행해야 했다: 파괴의 사명과 재생의 사명—낡은 아시아 사회를 파괴하는 것과 서구적 사회의 물질적 기초를 아시아에 구축하는 것."[155] 인도 사회의 아시아적 골격을 파괴하고 서구사회를 심어야 한다는 건데요. 한마디로 인도를 자본주의화해야 한다는 거지요. 실제로 영국은 인도에 전신을 깔고 철도와 도로를 놓고 항구들을 연결합니다. 그리고 공장을 만듭니다. 영국이 이런 일을 한 것은 면화 등의 원료를 값싸게 가져가기 위함이었지만 마르크스는 이것이 결국 인도 사회의 근대화를 위한 '물질적 기초'를 구축하는 일이 되리라고 보았습니다. 교통망 건설은 고립된 채 자족적이었던 촌락공동체를 해체할 것이고 생산과 교류의 새로운 욕구를 불러일으킬 것이다, 그리고 일단 생산에서 기계가 사용되기 시작하면 기계를 만드는 일도 시작될 것이다…, 마르크스는 인도가 이런 식으로 자본주의화될 것이라고 봤지요.

그렇다고 해서 그가 이런 것이 인도인들에게 자유와 해방을 가져다주리라 생각하지는 않았습니다. 다만 영국은 부르주아지 일반이 프롤레타리아트혁명을 위해서 하는 일을 인도인들을 위해서 하는 것뿐입니다. 바로 "새로운 세계의 물질적 토대를 창조"하는 일이지요.[156] 영국은 인도를 서구와 동시대로 만드는 일을 하는 겁니다. 인도인을 서구인처럼 만드는 거죠. 여기까지 보면 인도 문제와의 마주침이 마르크스 사유에 어떤 변화를 준 것 같지 않습니다. 이를테면 『공산주의자 선언』에서 보여준 혁명과 세계사에 대한 견해를 인도 사회에 덮어씌운 것처럼 보입니다. 분명히 서구와는 다른 차이를 인도에서 보았으나 그 차이를 '인도를 서구화'하는 방식으로 없애버리고 있습니다. 인도를 영국처럼, 아시아를 서구처럼 만든 뒤, 자신이 갖고 있던 보편적 세계사, 보편적 혁명의 구도를 적용하고 있는 겁니다.

▶마르크스의 오리엔탈리즘?──마르크스는 오리엔탈리즘에 빠져 있었던가. 지금까지 이야기한 바로는 부인하기 어려울 것 같습니다. 심지어 「영국의 인도 지배」라는 글의 도입부는 오리엔탈리즘의 전형이라 볼 수 있을 정도입니다. 그는 인도를 자연환경으로 보면 "아시아적 규모의 이탈리아"이고, 사회적으로 보면 "동양의 아일랜드"라고 말합니다. 그러고는 당시 서구인들이 '인도' 하면 떠올리는 어떤 환상을 반복합니다. 소위 '관능의 세계와 고난의 세계'가 기묘하게 결합되어 있는 나라라는 거죠. 이 나라를 지배하는 힌두교는 "육욕적 환희의 종교이면서 동시에 고행적 금욕의 종교"라고 말합니다.[157]

『오리엔탈리즘』*Orientalism*의 저자 에드워드 사이드(Edward W. Said)는 마르크스 역시 당시의 오리엔탈리즘에서 벗어나지 못했다고 썼습니다. 당시에는 책을 통해 동양에 대한 지식을 축적한 '서재파' 오리엔탈리스트들과 현지 체험 경력을 가진 오리엔탈리스트들이 막대한 정보를 쏟아내고 있었는데요. "이런 두 종류의 경험은 하나가 되어 엄청난 도서관을 구축했고" 이 도서관에 대해서는 "마르크스조차 반항할 수가 없었고 비켜 지나갈 수도 없었다"라는 겁니다.[158] 실제로 인도에 대한 마르크스의 지식은 대부분 도서관에서 나왔을 겁니다. 그는 「영국의 인도 지배」에서, 『자본』에서도 인용한 바 있는 토머스 스탬퍼드 래플스의 『자바의 역사』를 인용하고 있는데요. 래플스는 자바의 부총독이었습니다. 래플스는 책에서 1812년 영국 하원에 보고된 내용을 인용했는데요. 마르크스는 이것을 다시 인용하고 있습니다. 이처럼 마르크스가 본 인도란 식민주의자들의 눈으로 기록한 인도인 겁니다.

그런데 사이드는 재밌는 말을 합니다. 인도에 대한 언급을 보면 마르크스가 동양 사회의 급격한 변동 과정에서 동양인들이 겪어야 하는 고통을 느끼고 있다는 거죠. 사이드는 마르크스가 "비록 지극히 약간이었다고 할지라도 불쌍한 아시아와 일체화되었다는 사실"에 주목합니다. 하지만 마르크스는 자신에게 일어난 '무언가'를 금세 포기해버립니다. 사이드에 따르면 '준열한 검열관'을 만났기 때문입니다.[159] 고통받는 개인들을 바라볼 때는 감정적 동일시를 했지만 머릿속에 '동양', '아시아'라는 집단표상이 떠오르는 순간 감정적 동일시가 중단된 거죠. 저들은 아시아인이라는 생각이 드는 순간 아시아에 대해 유럽인이 가진 이미지, 이를테면 전제군주가 통치하고 도무지 변화가 일어나지 않는 사회라는 이미지가 떠오른 겁니다. 그러고는 어떤 희생을 감수하더라도 아시아를 구원해야 한다는 생각이 따라 나옵니다. 사이드는 마르크스가 낭만주의적이고 메시아적인 동양관을 가지고 있었다고 했습니다.[160] 마르크스 역시 오리엔탈리즘에서 벗어나지 못했다는 사이드의 판결은 정당해 보입니다. 정상참작의 여지가 없는 것은 아니지만 오리엔탈리즘에 물들었다는 결론을 바꿀 정도는 아닙니다. 그런데 나는 조금 다른 곳에 주목하고 싶습니다. 사이드는 '검열관'에 주목했지만 나는 검열관 앞에 잠깐 떠올랐던 '무언가'에 주목하고 싶습니다. 정신분석학적으로 말하자면 '억압된 것'이라고 말해도 좋겠습니다("억압된 것은 돌아온다"라는 말을 염두에 두면서요).

과연 인도는 마르크스에게 아무런 영향도 미치지 못했을까요. 조금 이른 시기의 마르크스로 잠시 돌아가볼까 합니다. 앞서 읽은 인도론에서는 영국이 구축한 교통체계가 전통적 질서를 모두 파괴할 것처럼 말했는데요. 10년 전 『독일 이데올로기』에서는 이것이 간단한 과정은 아니라는 식으로 말하고 있습니다.[161] 한 사회 안에서도 변화된 생산력에 적합한 새로운 교통형태가 자리 잡는 데는 시간이 많이 걸립니다. 다양한 전통적 요소들이 완전히 제압되지 않은 채로 살아남기 때문입니다. 한 사회의 교통형태를 지반이 전혀 다른 사회로 옮길 때는 더 말할 것도 없겠지요. 북미처럼 전통적인 것의 저항 없이 서구의 교통형태를 그대로 이식할 수 있는 경우가 아니라면 말입니다. 지반이 전혀 다른 한 사회에 다른 사회의 편제를 덮어씌울 수 있는가. 인도 사회의 기본 골격은 파괴되겠지만 그 요소들까지 사라질까요. 간단치 않을 겁니다. 설령 영국이 인도를 성공적으로 서구화한 경우라도 거기에는 '합체할 수는 있지만 용해할 수는 없는'[162] 요소들이 남을 겁니다. 과연 이 요소들이 인도 사회의 전환 과정에서 아무런 역할도 하지 않을까요. 저 깊은 곳에 그대로 매장된 채로 머물러 있을까요.

마르크스는 자본주의 이후 인도의 미래에 대해 두 가지 가능성을 언급했습니다. 하나는 "인도인 자신이 충분히 강해져서 영국의 멍에를 완전히 벗어던지게 되는" 것입니다. 영국에서 받은 것을 영국을 향한 무기로 활용하는 겁니다. 다른 하나는 "대영제국 자체에서 산업 프롤레타리아트가 현재의 지배계급을 밀어내고 그 자리에 앉는 것"입니다.[163] 둘 모두 혁명이지만 그 결이 좀 다릅니다. 전자는 식민지에서 일어나는 탈식민주의 혁명이고 후자는 식민주의 국가에서 일어나는 탈자본주의 혁명이라고 할 수 있겠지요. 전자의 혁명에서는 식민지 인도인 모두가 해방의 주체인 반면 후자의 혁명에 대해서는 영국의 프롤레타리아트가 혁명의 주체이지요(영국에서 일어난 혁명이 인도를 구원하는 형식입니다). 인도가 영국화되었다고 해도 인도의 미래를 결정짓는 혁명의 양상이나 주체는 다를 수 있는 겁니다. 마르크스는 분명히 서구 자본주의사회에서와는 다른 혁명의 주체를 본 셈입니다. 그러나 세계혁명과 관련해 마르크스는 탈식민주의 투쟁의 비중을 크게 생각하지 않았습니다. 즉 '인도인이 강해져서 영국의 멍에를 벗어던지는' 일의 가능성, 그리고 그것이 자본주의 세계질서를 바꿀 가능성을 높게 보지 않았지요. 그는 미래 혁명은 아무래도 "가장 선진적인 각국 인민의 공동관리" 형태로 이루어질 때 부르주아 시대와는 다른 세계질서가 가능하다고 보았습니다. 인도가 아니라 영국 등 서구에서 혁명이 일어나야 한다는 겁니다.[164]

▶ 인도의 귀환──인도론을 쓰고 3~4년이 지난 후 마르크스는 흥미로운 글을 썼습니다. 「자본주의적 생산에 선행하는 형태들」이라는 글인데요. 『정치경제학 비판 요강』에 수록되어 있지요.[165] 이 글에서 마르크스는 '아시아적 형태'를 자본주의에 선행하는 중요한 사회형태들 중 하나로 언급합니다. 이 글이 흥미로운 것은 마르크스가 나열한 사회형태들 사이의 이행이 그리 필연적으로 보이지 않기 때문입니다. 그는 아시아적 형태를 가장 먼저 거론했는데요. 아시아적 형태에는 역사적 이행의 계기라는 것 자체가 존재하지 않습니다. 그다음에 나오는 고대 로마적 형태로 이행할 이유가 없지요. 사실은 로마적 형태도 그렇습니다. 로마적 형태는 아시아적 형태와 달리 매우 역동적인 체제이기는 하지만 그 몰락이 게르만적 형태로 이어질 이유가 없습니다. 실제로 게르만적 형태가 로마적 형태가 있던 곳에서 생겨난 것도 아니고요. 이것들은 시간의 순서를 이루지도 않습니다. 아시아적 형태, 로마적 형태, 게르만적 형태는 동시적으로 다른 지역에 얼마든지 존재할 수 있는 형태들입니다.

마르크스가 『독일 이데올로기』나 『공산주의자 선언』 같은 이전 책들에서 고대 로마적 형태, 중세 게르만적 형태, 근대 자본주의적 형태를 역사발전의 도식처럼 제시하고, 심지어 이 글을 쓴 이후 펴낸 『정치경제학 비판을 위하여』의 서문에서도 '아시아적, 고대적, 봉건적, 그리고 현대 부르주아적 생산양식들'을 '진보하는(progressive) 단계들'로서 제시한 것은 사실입니다.[166] 하지만 서구의 역사에서 지배적 사회형태 내지 생산양식의 순서가 그렇다 하더라도, 최소한 「자본주의적 생산에 선행하는 형태들」을 통해 보건대 이것이 필연적 경로일 수는 없습니다.[167] 특히 이 글에서 '아시아적 형태'의 지위는 특별합니다. 마르크스는 이 글에서 '아시아적 형태'의 다양한 변형을 소개하는데요. 인도 공동체와 같은 부류로 동유럽의 슬라브족 공동체, 북유럽의 켈트족 공동체, 남미의 페루 공동체 등을 들고 있습니다.[168] 즉 아시아적 형태는 아시아에만 있는 게 아닙니다. 세계 곳곳에 있지요. 심지어 마르크스가 『정치경제학 비판을 위하여』서문에서 제시한 바에 따르면 아시아적 형태는 서구의 사회구성체 역사에서도 맨 앞에 놓여 있습니다. 그렇다면 '아시아적 형태'는 아시아에 관한 이야기라고 볼 수 없습니다. 좀 과감하게 말한다면 아시아적 형태는 서구에서 역사적 이행이 시작되기 전에 존재했거나[일종의 선(先)역사 내지 원(原)역사로서 말이지요], 서구적 경로 바깥에서 계속 존재해온 사회형태입니다. 과연 이 형태는 태고의 시절에 묻혀 있기만 할까요. 영국의 지배 아래 들어간 인도의 공동체들은 완전히 사라진 걸까요. 1882년 마르크스는 인도의 공동체들과 같은 부류에 있던 슬라브족 공동체에 대한 물음과 대면합니다. 러시아 마르크스주의자인 베라 자술리치가 마르크스에게 물었습니다. 러시아는 공산주의에 이르기 위해 서구 자본주의 길을 가야 하는지, 그리고 러시아 농촌의 전통 공동체들은 모두 해체되어야 하는지. 나는 자술리치의 물음이 '인도의 귀환'이라고 생각합니다.

마르크스는 이렇게 말했습니다. 역사적 구성체는 지질학적 지층들처럼 여러 유형으로 이루어진 계열이며, 서구사회의 경험을 러시아의 것으로 삼을 수는 없다고요(그렇게 본다면 『정치경제학 비판을 위하여』의 서문에 나온 발전 순서는 하나의 계열일 뿐입니다). 각 사회가 처한 환경과 내부 요인들에 따라 역사의 이행 경로는 달라질 수 있다고요. 그뿐만이 아닙니다. 마르크스는 도래할 새로운 사회형태에 대해 "태곳적 사회형태"를 "고차적 형태로 재탄생시키는" 일이라고 했습니다(957쪽). 도래할 사회가 태고의 고차적 재탄생이라니요. 정말 놀라운 말이 아닐 수 없습니다. 나는 이 '태곳적 사회형태'는 그가 말한 '아시아적 형태' 즉 서구의 역사 이전이나 서구의 역사 바깥에 두었던 그 공동체들과 무관치 않다고 봅니다. 1850년대 마르크스는 혁명을 위해 인도에는 영국이 필요하다고 했지만, 1880년대의 마르크스는 영국에 인도가 필요하다고 말할지도 모르겠습니다. 1882년에 쓴 『공산주의자 선언』의 러시아어판 서문에서는 "러시아의 혁명이 서구의 프롤레타리아혁명의 신호가 되어, 그리하여 양자가 서로를 보완한다면, 현재 러시아의 토지 공동소유는 공산주의적 발전의 출발점이 될 수 있을 것"이라고 썼으니까요.[169]

앞서 본문에서 보았듯, 마르크스는 매뉴팩처가 특수하고 일면적인 능력만 발전시 킴으로써 노동자를 '불구화'한다고 비판했는데요. 인간이 특수 기관으로 전락했 다는 점에서 "메네니우스 아그리파(Menenius Agrippa)의 우화가 현실이 되"었다고 했습니다.[김, 489; 강, 495] 여기서 말한 '아그리파의 우화'란 아그리파가 분노한 로마 평민들 앞에서 들려준 이야기입니다. 기원전 494년 로마의 귀족과 평민이 충돌했을 때의 일입니다. 티투스 리비우스(Titus Livius)의 『로마사』 *Ab Urbe Condita* 에 자세히 소개되어 있는데요. 리비우스에 따르면 당시 로마에는 두 가지 위협 이 존재했습니다. 하나는 빈번한 외적의 침입이었고 다른 하나는 내부의 평민 반 란 조짐이었지요.[170] 당시 로마의 평민들은 지독한 채무에 시달리고 있었습니다. 사실 이 두 문제는 긴밀히 연관되는 것이었습니다. 마르크스도 『자본』 III권에서 이 문제를 언급하는데요.[171] 로마 귀족들은 평민들에게 군복무를 강제했는데 과 도한 군역을 감당하느라 정작 일을 할 수가 없어 평민들은 가난해졌습니다. 이때 귀족들은 전쟁에서 얻은 전리품(특히 화폐로 사용된 금속인 구리)을 평민들에게 대부 했습니다. 높은 이자를 받고 말이지요. 이 때문에 많은 평민이 채무노예 상태에 빠 졌습니다.

　　로마는 외부의 적은 물리쳤지만 내부에서 전복될 위험에 처했지요. 지도자들 은 평민들을 전쟁에 내보내며 채무 탕감을 약속했지만 좀처럼 지켜지지 않았습니 다. 통치 계급인 귀족이 고리대로 큰 이익을 보고 있었으니까요. 평민들의 분위기 가 심상치 않게 흘러가자 원로원은 전쟁이 끝났는데도 군대를 해산하지 않았습니 다. 평민들을 계속해서 군대에 잡아두려는 생각이었지요. 그런데 병사들이 집단으 로 탈영했습니다. 그러고는 '성스러운 산'으로 올라가버렸지요. 로마는 대혼란에 빠졌습니다.[172] 모든 일이 멈추었지요. 외적이 쳐들어오기라도 한다면 속수무책 인 겁니다. 게다가 도시 안에 남은 평민들은 원로원의 보복을 두려워했고, 원로원 은 평민들의 반란을 두려워했습니다. 이때 원로원에서 사태 해결을 위해 보낸 사 람이 아그리파입니다. 아그리파는 평민 병사들을 설득하려고 '성스러운 산'에 올 라갔습니다. 그는 훌륭한 웅변가이기도 했지만 무엇보다 평민 출신이었습니다. 그 래서 병사들이 좋아했지요.

　　탈영병들을 찾아간 아그리파는 이런 이야기를 합니다. "오래전 인간의 몸에 있는 여러 기관은 지금처럼 단합을 하지 못하고 서로 불화했습니다. 그것들은 저 마다 다른 생각을 했고 다른 언어로 그것을 표현했습니다. 다른 기관들은 위장에다 모든 영양분을 제공해야 하는 수고와 노력을 괘씸하게 생각했습니다. 이처럼 도와주는 기관들에 둘러싸인 위장은 아무런 하는 일도 없이 가져다주는 맛좋은 것들만 즐긴다고 보았습니다. 그래서 불만인 기관들은 서로 짜고서 이렇게 하기로 했습니다. 손은 입에게 음식을 가져다주지 않는다. 입은 그 안에 들어오려는 것을 받아들이지 않는다. 이빨은 아무것도 받아들이지 않고 그래서 씹지 않는다. 그러나 슬픈 일입니다! 그들이 화를 내며 위장을 굶겨 죽이려 했기 때문에, 그들 자신과 온몸이 시들시들해지더니 결국 다 죽고 말았습니다. 이렇게 볼 때 위장도 적지 않은 일을 하는 게 분명합니다. 위장이 음식을 받아들이는 것은 사실입니다. 그렇지만 혈관을 통하여 신체의 다른 부분들에 골고루 영양분을 나누어 줍니다. 위장이 소화과정을 통하여 영양분을 날라주는 피를 만들어낸 거지요. 그리고 이 피에 우리의 생명과 건강이 달려 있습니다."[173] 리비우스에 따르면 아그리파의 이 이야기가 너무나 그럴듯해서 병사들의 분노가 많이 누그러졌다고 합니다.[174] 우화를 통해 아그리파는 신체의 '사지'(四肢)에 해당하는 평민이 귀족을 먹여 살리는 것 같지만 '위장'(胃腸)에 해당하는 귀족이 없다면 평민도 살 수 없음을 말한 것이지요. 어떤 점에서는 위장이야말로 사지를 먹여 살리고 있다고 한 셈입니다. 사실 우리는 이 우화의 자본가적 판본을 많이 들어왔습니다. 노동자들이 일해서 자본가를 먹여 살리는 것 같지만 실상은 자본가가 노동자들을 먹여 살리는 것이라고요.

흥미롭게도 마르크스는 『자본』 집필에 열중할 때 행한 어떤 강연에서도 아그리파의 우화를 언급한 적이 있습니다. 1865년 6월 20일과 27일 국제노동자협회(인터내셔널)에서 행한 연설인데요(이 연설문은 1898년 「가치, 가격, 이윤」Value, price and profit으로 출판되었습니다. 이 연설문의 독일어 번역본은 「임금, 가격, 이윤」Lohn, Preis und Profit입니다). 영국의 사회주의자 존 웨스턴의 주장을 반박하기 위해 작성한 것입니다. 웨스턴은 임금 인상과 노동조합 활동이 노동자의 처지를 개선하는 데 도움이 되지 않는다는 주장을 폈습니다. 그는 전체 임금총액은 정해져 있어 일정 수의 사람들이 일정량을 먹을 수 있는 수프와 같다고 했습니다(그는 주장의 근거를 밝히지는 않았습니다. 한 사회의 임금총액이 정해져 있다고 보는 사고의 문제점에 대해서는 본문 10장 참조). 그릇의 크기가 정해져 있다면 더 큰 숟가락으로 푼다고 해서 더 많이 먹는 것은 아니라는 거죠. 어차피 정해진 양을 나누어 먹는 것이니까요. 마르크스는 아그리파의 우화가 떠오른다고 했습니다.[175] 아그리파는 귀족의 배가 사지에 해당하는 평민을 먹여 살린다고 했지만, 마르크스는 아그리파가 "어떤 사람의 배를 채움으로써 다른 사람의 사지를 양육할 수 있다는 것을 논증할 수는 없었다"라고 했습니다. 실제로 로마의 부를 먹어치우는 귀족의 위장이 귀족의 사지가 아닌 평민의 사지에 양분을 보낸다는 걸 보여주지는 못했다는 거죠.

이는 19세기 유럽 자본가의 위장에도 해당하는 이야기입니다. 노동자들이 생산한 잉여가치가 그들의 위장으로 들어간 뒤 노동자들에게 되돌아오는 것은 아니니까요. 자본가들이 노동자들을 먹여 살린다고 생각하는 것은 임금을 지급하기 때문인데요. 웨스턴의 비유를 쓰자면 노동력의 가치총액이 담긴 그릇을 내미는 거죠. 노동자들이 이 그릇에 담긴 수프를 먹고 살아가는 것은 맞습니다. 그러나 중요한 것은 이 그릇에 담긴 수프는 노동자들이 생산한 전체 가치의 일부에 지나지 않는다는 사실입니다. 자본주의에서 노동자들이 받는 수프의 양은 언제나 자신들이 생산한 수프의 양보다 적습니다. 그 차이가 자본가들의 배로 들어가는 양입니다. 여기에 웨스턴의 문제가 있습니다. 그는 숟가락을 키운다고 해서 먹을 수 있는 양이 늘어나는 것은 아니라고 했습니다. 이는 노동자들이 받은 그릇에서 수프를 푼다고 생각하기 때문입니다. 그러나 전체 그릇 즉 노동의 전체 생산물에서 노동자들이 자기 몫을 왜 그것밖에 챙길 수 없었는가 하면 자본가의 숟가락에 비해 노동자들의 숟가락이 작기 때문이지요.[176] 이것은 힘의 문제, 권력의 문제입니다.

결국 아그리파의 우화가 성립하려면 귀족의 위장이 평민의 위장이기도 해야 합니다. 평민은 사지를 움직이지만 위장이 비어 있고, 귀족은 사지를 그냥 놀리면서도 위장을 채운다면, 그것은 기식자가 계속 기식하기 위해 공생의 환상을 퍼뜨리는 것과 같지요. 마르크스는 아그리파의 우화를 언급한 『자본』의 본문에 이런 주석을 달았습니다. "산호의 경우에는 각 개체가 실제로 전체 덩어리의 위장을 이루고 있다. 그것은 로마의 귀족들처럼 영양분을 가져가는 것이 아니라 그것을 전체 덩어리에 공급한다."[김, 490, 각주 41; 강, 495, 각주 64] 한 몸이 되어 산다는 것은 이런 겁니다. 모두가 능력껏 일하고 그 성과물을 모두와 나누는 것이지요. 산호는 이웃을 내 몸처럼 삽니다. 아니죠. 산호는 이웃을 내 몸으로 살아갑니다. 아그리파의 우화가 성립하려면 이 정도는 되어야죠.

──────── ㉕ 과학적 관리법과 빨간 페터 ────────

매니지먼트(management). '경영'이나 '관리'로 옮기는 말입니다. '손'을 뜻하는 라틴어 '마누스'(manus)에서 온 말이지요. '매뉴팩처'도 그렇습니다. '매뉴팩처'는 '손으로(manus) 만들었다(factus)'라는 뜻입니다. 그런데 '매니지먼트'의 유래는 좀 특별합니다. '매니지'(manage)(경영하다, 관리하다)라는 말은 16세기에 처음 등장했는데요. 당시에는 '말의 조련'을 의미했습니다. 이탈리아어 '마네지아레' (maneggiare)가 그 시작입니다. 그리고 이 뜻은 프랑스어 '마네주'(manège)에 지금도 살아 있습니다. 현대 노동과정을 분석한 해리 브레이버맨(H. Braverman)은 이 단어가 자본주의사회에서 '경영' 내지 '관리'라는 말로 쓰이는 것이 의미심장하다고 봅니다. "고삐, 재갈, 박차, 당근과 채찍을 이용하여 태어날 때부터 말에게 자기의 의지를 강요하는 기수처럼 자본가는 관리를 통해 통제하려고 노력한다. 그리고 관리의 이론가들이 암시적으로나 명시적으로 인정하듯이 통제는 모든 관리제도에서 가장 중심적인 개념이다."[177] 그래서 자본주의 기업에서 '관리되지 않는다'라는 말은 '통제되지 않는다'라는 말과 같습니다.

그런데 본문에서 우리는 매뉴팩처 생산의 토대가 수공업 즉 인간의 손이기에 어떤 한계를 가질 수밖에 없다고 했습니다. 아무리 재갈을 물리고 고삐를 잡아당기고 박차를 가해도 넘어설 수 없는 지점이 있습니다. 때로는 당근을 주고 때로는 채찍을 가해도 노동은 기본적으로 노동자의 몫입니다. 노동자에게 맡길 수밖에 없는 영역이라는 겁니다. 일을 분할하고 순서를 짜고 일의 양과 속도를 정할 때도 노동자 특히 숙련공의 경험을 기준으로 삼을 수밖에 없습니다. 그러나 이런 식으로 해서는 노동과정을 완전히 장악할 수가 없지요. 그래서 자본가들은 생산 메커니즘을 점차 인간들의 체계에서 기계들의 체계로, 즉 기계 시스템으로 바꾸어나갑니다. 노동생산력의 증대 방법을 노동수단의 혁신에서 찾은 거지요. 그렇다고 작업방식의 혁신이 중단된 것은 아닙니다. 노동자들의 작업방식을 근본적으로 고치려는 시도가 20세기 초에 이루어지는데요. 그 대표적 예가 프레더릭 테일러의 '과학적 관리법'입니다.

20세기 초, 그러니까 기계제 대공업이 지배적 생산형태가 되고 한참이 지난 뒤 미국의 대공장에서 시도된 작업방식을 매뉴팩처 시대(16~18세기)와 연결 짓는 것이 시대착오로 보일 수도 있겠습니다. 하지만 작업방식의 합리화에 대한 테일러의 실험은 사실 매뉴팩처 시대 자본가들의 이상과 멀지 않습니다. 실제로 테일러가 제시한 방법은 기계 기술의 발전과는 별로 상관이 없습니다. 브레이버맨도 이 점을 지적한 바 있는데요. 논리적으로만 따지면 테일러주의는 노동조직과 관리방법에 대한 이야기이지 기술 발전과는 무관하다는 거죠.[178] 테일러가 혁신을 시도한 작업들도 대부분 마르크스가 매뉴팩처 시대 작업형태의 예로 든 것들입니다. 이를테면 우리가 앞서 본문에서 이미 보았듯 벽돌을 나르고 쌓는 일이나 삽질 같은 것입니다. 본문에서 우리는 매뉴팩처 시대 작업방식으로는 노동에 대한 노동자들의 권력을 완전히 박탈하기가 어렵다고 했는데요. 테일러는 그렇게 생각하지 않았던 것 같습니다. 그는 작업방식을 혁신할 여지가 있다고 보았습니다. 그의 발상에서 놀라운 점은 노동을 노동자의 경험과 분리해서 이해하려고 한 겁니다.

전통적 이해에 따르면 노동자의 노동력에는 일에 관한 지식이 포함되어 있습니다. 이를테면 매뉴팩처에서는 처음에 독립수공업자를 고용했습니다. 해당 제품을 만들 줄 아는 사람들이죠. 숙련노동자들도 그런 사람들입니다. 한 노동자는 다른 노동자에게, 한 세대 노동자는 다음 세대 노동자에게 그 지식과 기술을 전수합니다. 이것은 노동자가 노동자에게 전하는 것으로 자본가가 개입할 여지가 별로 없습니다. 다만 자본가는 그런 능력을 가진 사람을 고용할 뿐이지요. 그런데 테일러는 노동하는 법을 노동자의 경험에서 떼어내 과학적 분석의 대상으로 삼았습니다. 어떻게 작업하는 것이 좋은지를 과학적으로 연구해보겠다는 겁니다. 일에 대한 노동자의 지식과 경험을 무화하는 거죠. 이로써 경영자(자본가)가 일 자체에 개입할 여지가 생겼습니다. 사실은 여지 정도가 아닙니다. 노동자는 경영자가 제시한 방식대로만 일을 해야 하지요. 경영자는 노동자가 자신이 지시한 순서와 방식대로 일을 했는지[이 경우 '일'은 경영자가 노동자에게 부여한 '과업'(task)이 되지요]를 체크합니다.[179]

테일러가 실험한 '삽질'을 볼까요. 베들레헴 철강회사에서 테일러는 용광로에 사용할 석탄가루를 운반하는 일을 분석했는데요. 그는 한 삽에 어느 정도의 무게를 올릴 때 노동자가 가장 많은 일을 할 수 있는지를 조사했습니다. 2킬로그램, 5킬로그램, 7킬로그램 (…) 18킬로그램까지. 결론은 한 삽에 10킬로그램 정도를 올리고 삽질할 때 노동생산력이 가장 높았습니다. 그는 한 삽에 10킬로그램의 석탄가루를 올리도록 노동자들을 훈련시켰습니다. 삽도 여기에 맞게 개량했고요(매뉴팩처 시대 그 종류가 500가지나 되던 망치를 떠올리게 하지요). 매뉴팩처 시대와 차이가 있다면, 이것이 노동자의 숙련이 아니라 경영자의 분석을 통해 얻은 지식이라는 겁니다. 예전에는 노동자들의 경험에서 나온 방법과 속도에 따라 전체 공정을 계획했다면, 이제는 경영자가 표준화한 작업방식으로 모든 노동자가 일을 해야 합니다. '벽돌쌓기'도 비슷한 예입니다. 이것은 테일러의 동료 연구원 프랭크 길브레스(Frank B. Gilbreth)가 수행한 연구인데요. 길브레스는 벽돌공의 동작을 연구한 뒤 속도를 늦추거나 피로감을 높이는 불필요한 동작을 모두 제거했습니다. 아울러 벽돌더미를 쌓을 위치와 반죽통 같은 도구들의 효과적 위치를 연구했지요. 그는 벽돌공이 벽돌 하나를 쌓을 때 보여준 18개의 동작을 5개로 줄였습니다.

테일러는 길브레스의 연구를 높이 평가하면서 여기에 과학적 관리법의 핵심 요소 네 가지가 모두 들어 있다고 했습니다.[180] 첫째, 해당 작업의 과학을 노동자가 아닌 경영자가 개발합니다. 노동자의 동작에 엄격한 규칙을 적용하고 도구와 작업의 조건을 표준화하는 것은 모두 경영자의 몫입니다. 둘째, 노동자를 신중하게 선발해 최고 수준이 될 때까지 훈련시킵니다. 여기에 적합하지 않거나 따르지 않는 노동자들은 제외합니다. 셋째, 경영자는 노동자가 과업을 얼마나 잘 수행했는지를 개별적으로 평가해 포상합니다. 넷째, 노동을 노동자에게 전적으로 맡기지 않고 경영자가 작업방법, 도구, 속도, 협력 등에 대해 책임을 나누어 집니다(책임을 나누어서 진다고 했지만 실상은 노동자 곁에서 해당 작업을 감독할 관리 인력을 따로 뽑아 책임지고 관리하게 해야 한다는 뜻입니다). 요컨대 노동에 관한 지식을 노동자가 아니라 경영자의 소관 사항으로 옮기고(노동에 대해 노동자를 탈지식화하는 겁니다), 노동의 방식과 순서에 대한 구상과 실행을 철저히 분리하며, 노동과정의 단계마다 미리 제시된 계획에 잘 부합하는지 체크하고 통제하는 겁니다. 이게 과연 '과학'일까요. 적어도 확실한 것은 '과학적 관리'에서 말하는 과학은, 브레이버만이 지적한 것처럼, 인간능력에 대한 정보를 얻기 위해 노력했던 생리학자나 심리학자의 과학과는 다릅니다. 테일러가 과학을 통해 '최선'의 작업방식을 찾았다고 했을 때 이것이 노동자에게도 최선이었는지는 말할 수 없습니다. 10킬로그램의 석탄가루를 삽에 올렸을 때 노동자들이 가장 오랫동안 쉬지 않고 일할 수 있다는 사실이 노동자들에게도 '최선'일까요. 단계마다 과업을 제시하고 그것을 체크하는 것이 자본가에게 좋다는 건 알겠습니다. 하지만 노동자에게도 '최선'일까요.

테일러가 '과학적 관리법'이 노동자에게도 이롭다고 말한 이유 중 한 가지는 '높은 임금'에 있습니다. 노동생산력이 증대하므로 임금이 올라간다는 겁니다. 베들레헴 철강회사는 과학적 관리법 도입으로 그중 '삽질' 작업의 경우 노동생산력이 300퍼센트 넘게 증가했습니다. 하지만 임금은 단지 60퍼센트 늘어났지요. 다른 공장보다 60퍼센트나 높은 임금을 받았으니 그걸 보상이라고 말할 수도 있지만 왜 300퍼센트가 아니라 60퍼센트인가에 대해서는 아무런 '과학적' 답변이 없습니다. 아니, 테일러는 여기에도 과학이 있다고 말합니다. "오랫동안 면밀한 관찰과 일련의 실험을 수행한 결과, 노동자가 평소와 다른 노력의 대가로 통상적인 임금보다 60퍼센트 오른 임금을 받을 때는 임금 상승에 따라 노동자들은 더욱 검소해질 뿐만 아니라 여러 면에서 개선된 모습을 보였다. (…) 이와 반대로 단순하게 임금만 60퍼센트 이상 인상되면 노동자들은 대부분 착실하게 일하지 않고 게

을러지고 사치를 부리고 돈을 펑펑 쓰게 된다. 다시 말해 실험을 통해서 대다수의 노동자들에게 갑자기 돈이 많아지는 것은 그리 좋지 않다는 것을 알게 되었다."[181] 왜 임금을 더 높이지 않는가. 과학을 통해 밝힌 바로는 임금을 너무 많이 올려주면 노동자들은 일을 열심히 하지 않는다는 겁니다. 이것이 테일러의 과학입니다. '과학'이라고 했지만 실제로는 노동자에 대한 '통제술'이지요. 어떻게 해야 일을 가장 많이 하고 가장 말을 잘 듣는가. 테일러가 '과학적 관리'라고 부른 것은 노동에 대한 자본 권력의 극대화 방법이었던 겁니다.

테일러의 글을 읽다 보면 그가 주로 육체노동을 분석하고 있을 뿐 아니라 노동 자체를 육체화한다는 것을 알 수 있습니다. 노동을 육체적인 것으로 만든다는 것은 노동자로부터 지적·정신적 요소를 박탈한다는 뜻입니다. 전체 작업 계획은 물론이고 부분작업의 개별 동작까지 노동자들은 모두 경영자의 지시를 따라야 합니다. 노동자란 기계처럼 그저 실행하는 존재에 불과합니다. 앞서 본문에서 마르크스는 매뉴팩처의 경우 결합노동력으로서 '전체노동자'가 하나의 기계라고 보았는데요. 테일러주의의 경우에는 전체노동자만이 아니라 개별 노동자들도 기계처럼 만듭니다. 노동자들의 기계화를 시도하는 거지요(어쩌면 이것이 테일러주의의 한계이자 무능력이었는지도 모르겠습니다. 테일러주의에서는 노동자의 창의성 즉 노동자의 정신적 능력에 대한 활용을 처음부터 포기했으니까요). 이 점 때문에 당대의 이탈리아 마르크스주의자인 안토니오 그람시는 테일러주의를 일종의 '냉소주의'로 읽었습니다. 미국 사회가 새로운 유형의 인간, 새로운 유형의 노동자를 만들어내려 하지만 테일러주의를 통해 생산되는 노동자란 지성, 상상력, 창의력 등이 사라진 신체적이고 기계적인 존재니까요. 그람시의 표현을 빌리자면 이것은 '휴머니즘'(인간주의)에 대한 공격입니다.[182]

노동과정에 대한 테일러식 접근은 어떤 결과를 낳을 것인가. 그람시는 과거 지적 작업에 속했던 일들이 그런 면모를 잃어가는 과정을 살펴보면 테일러주의의 미래에 대해서도 뭔가 유용한 것을 발견할 수도 있겠다고 말합니다.[183] 그가 든 예는 문헌 복제 직업의 변천사인데요. 근대적 인쇄술이 발전하기 전에는 필경사가 이 일을 맡았고, 수동식 인쇄기 시절에는 식자공이 있었습니다. 현대사회에는 속기사와 타이피스트가 있고요(지금은 문서를 스캔하고 자동인식으로 복제하는 프로그램도 있지요). 이들 직업의 작업형태를 보면 노동자가 점차 문헌의 내용(지적 측면)을 생각하지 않는 쪽으로 발전해온 것을 알 수 있습니다. 또 그렇게 될수록 생산성이 높아졌고요. 이를테면 중세의 필경사는 자신이 복제하는 문헌의 글자나 구문을 바꾸는 경우도 있었고, 자신이 이해할 수 없는 부분을 통째로 빼는 경우도 많았다고 합니다. 글을 베끼는 도중에 자기 생각을 주석 형태로 삽입해 넣기도 하고요. 그는 상당한 지식을 소유한 사람일 수는 있지만 문헌 복제라는 기준만 놓고 보면 '형편없는 필경사'였던 거죠. 그람시는 이것이 '생각하는 시간'과 '작업의 속도' 사이의 관계를 말해준다고 봅니다. "중세에 필기술의 속도가 느렸다는 점은 이러한 약점들에 대해 여러 가지 설명을 해준다. 즉 그는 쓰는 과정에서 생각할 시간이 너무 많았고 결국 '기계화'는 더욱 어려웠던 것이다."[184] 수동식 인쇄기를 쓰던 시절 식자공들은 눈과 손을 끊임없이 움직여야 했기에 중세의 필경사들처럼 생각할 시간을 갖기 어려웠을 겁니다. 속기사나 타이피스트는 말할 것도 없지요. 생각을 하면 실수를 하게 되고 작업속도도 느려집니다. 최대한 생각을 배제하고 몸만 기계적으로 움직이는 것이 생산력을 높이는 데는 효과적입니다. 테일러는 '인간'보다 '훈련된 고릴라'가 더 나을 거라고 했지요.[185] 여기서 '훈련된 고릴라'가 상징하는 것은 기계입니다.

그런데 그람시는 '인간의 기계화'가 '정신의 죽음'을 의미할 것 같지는 않다고 말합니다.[186] 신체가 어떤 동작을 자동으로 수행하는 수준이 된다고 정신이 사라지는 건 아니라는 의미지요. 오히려 정신은 그 동작에 매이지 않고 자유를 찾아갑니다. 마치 처음에 걸음마를 배울 때는 정신이 온통 거기에 매이지만 걸음에 익숙해지면 더는 거기 신경을 쓰지 않는 것과 같지요. 그 정도가 아닙니다. 우리는 걸으면서 다른 생각을 합니다. 산책하며 평소 고민거리를 떠올리기도 하고 아주 창조적인 생각을 하기도 합니다. 그람시는 테일러가 꿈꾼 "훈련된 원숭이란 단지 말에 지나지 않는다"라고 지적합니다. 사실은 당시 미국 자본가들도 그런 우려를 갖고 있었다고요. "'재수 없게도' 노동자는 여전히 인간이다." 테일러는 노동자로부터 지적 능력을 박탈하고 인간을 제거하고자 했으나 노동자는 여전히 사유하고 있으며 '재수 없게도' 여전히 인간으로 남는다는 거죠. 게다가 자본가들이 자신들을 "훈련된 원숭이"로 만들고자 한다는 사실까지 깨달으면, 노동자들은 "순응적인 생각과는 아주 거리가 먼 여러 생각들에 잠기게 될 것"이라고 했습니다.[187]

일찍이 프란츠 카프카의 단편 「학술원에 드리는 보고」Ein Bericht für eine Akademie(1917)의 주인공 '빨간 페터'가 보여주었지요. 페터는 최고로 훈련된 원숭이였습니다. 그러나 회초리와 먹이, 반복된 훈련이 필사적으로 출구를 찾는 그의 정신을 앗아가지는 못했습니다. 오히려 그의 정신은 더 발전했고 더 영악해졌습니다. 그는 인간 매니저를 자신의 집사로 만드는 법까지 터득했지요. 아마도 노동자에게 "훈련된 원숭이"를 기대하는 테일러주의 자본가는 저 일하는 원숭이가 혹시 '빨간 페터'는 아닐까 하는 불안에서 영원히 벗어나지 못할 겁니다. 실제로 원숭이들 중에는 언제나 '빨간 페터'가 있기 마련이니까요. 아니, 원숭이들은 '재수 없게도' 모두가 어느 정도는 '빨간 페터'니까요.

㉖ 마르크스와 다윈

『자본』을 읽다 보면 생물학자 찰스 다윈에 대한 언급을 만납니다. 마르크스와 다윈은 동시대인이었고 사는 곳도 그리 멀지 않았습니다.[188] 다윈의 『종의 기원』이 출간되자 마르크스와 동료들도 이 책을 읽었습니다. 두말 할 것 없이 아주 강한 인상을 받았지요. 한 전기 작가에 따르면 "마르크스와 친구들은 수개월 동안 다윈과 과학의 혁명적 힘에 대해 이야기했다"라고 합니다.[189]

▶ 두 사람──마르크스가 다윈의 『종의 기원』을 얼마나 높이 평가했는지는 엥겔스에게 보낸 편지에서 잘 드러납니다. "영국식으로 투박하게 전개되고는 있지만 이 책은 자연사의 영역에서 우리의 관점에 토대를 제공해주었네."[190] 그 한 해 뒤에는 페르디난트 라살레(Ferdinand Lassalle)에게 편지를 보내 "다윈의 책은 매우 의미가 있으며 내가 볼 때는 역사적 계급투쟁의 자연과학적 기초로 보인다"라고도 했습니다.[191] 마르크스는 자연의 영역에서 다윈이 발견한 많은 사실들이 그 자신이 사회와 역사에서 발견한 사실들과 통한다고 생각했던 것 같습니다. 마르크스의 장례식에서 엥겔스가 한 말은 이런 둘의 관계를 압축해서 보여줍니다. 엥겔스는 사람들에게 말했습니다. "다윈이 생물의 발전법칙을 발견한 것처럼, 마르크스는 인류 역사의 발전법칙을 발견했습니다."[192]

두 사람은 생전에 짧은 서신을 직접 주고받은 적도 있습니다. 1873년 가을에 마르크스는 다윈에게 『자본』 I권을 증정했는데요. 그 안에 '카를 마르크스가 존경하는 찰스 다윈 씨에게'라는 짧은 헌사를 적었습니다. 곧바로 다윈의 답장을 받았지요. "영광스럽게도 자본에 대한 선생의 훌륭한 저서를 보내주셔서 감사합니다. 내가 정치경제학이라는 심오하고 중요한 주제에 대해 좀 더 이해력을 갖춤으로써 그 책을 받을 만한 자격을 제대로 갖추었다면 좋았을 것이라는 마음이 간절합니다. 우리의 연구는 매우 다르지만, 우리 둘 다 지식의 확대를 진지하게 바라고 있으며, 또 이것이 결국 인류의 행복 증진에 기여할 것이라고 믿습니다."[193] 여담입니다만, 다윈에 대한 마르크스의 우호적 평가를 배경으로 어떤 잘못된 정보가 사실인 양 퍼져나갔는데요. 마르크스가 『자본』을 다윈에게 헌정하려 했다는 것이지요. 마르크스의 문서고에서 발견된 다윈의 또 다른 편지가 결정적 역할을 했습니다. 이 편지를 보면 다윈은 어떤 제안을 담은 편지와 함께 무언가를 전달받았습니다. 그는 그 편지에서 '동봉된 것'에 대해 감사를 표하면서도 제안에 대해서는 정중히 거절했습니다. "내 글에 대한 선생의 언급을 어떤 형태로 발표하든 나의 동의는 필요하지 않"지만, "그 부분 또는 그 권이 나에게 헌정되지 않기를 바라며", "나에게 영광을 베풀어주시려는 의도에는 감사하지만, 그렇게 되면 내가 전혀 알지도 못하는 출간물 전체를 내가 어느 정도 승인했다는 뜻이 되기 때문에 거절할 수밖에 없습니다."[194]

다윈이 편지를 보낸 날짜가 1880년 10월 13일이니 마르크스 생전에 쓴 것이지요. 그리고 마르크스의 문서고에서 나왔기 때문에 사람들은 마르크스를 이 편지의 수신인으로 간주했습니다. 그래서 다윈에게 보내졌던 편지에 "동봉된 것"을 『자본』 원고라고 믿었고, "헌정되지 않기를 바란다"라는 말을 근거로 마르크스가 『자본』을 애초 다윈에게 헌정하려 했으나 거절당한 것이라고 했습니다[참고로 이 편지가 일으킨 소동에 대해서는 프랜시스 윈(Francis Wheen)이 쓴 『마르크스 평전』에 자세히 소개되어 있습니다[195]]. 윈에 따르면 저명한 역사학자이자 마르크스 평전을 쓴 아이제이아 벌린이 이런 주장을 내놓았는데요. 벌린은 『자본』의 제1독일어판이 애초 다윈에게 헌정될 것이었는데 다윈이 정중하게 사양했다고 주장했습니다. 그러나 이 편지는 1880년 10월의 것이고, 『자본』 초판은 1867년에 나왔으며 이미 친구인 빌헬름 볼프에게 헌정되었습니다. 누구에게 헌정한다는 문구까지 새기고 1867년에 출간된 책의 원고를 1880년에 보내 헌정하겠다고 말한다는 건 있을 수 없는 이야기지요. 이 때문에 벌린의 제자이자 역시 마르크스 평전을 집필한 데이비드 맥렐런(David McLellan)은 마르크스가 『자본』 I권이 아니라 II권을 헌정하려 한 것 같다고 했습니다. 그러나 마르크스가 1880년에 『자본』 II권 원고를 다윈에게 보냈다는 것도 있을 수 없는 일입니다. 마르크스는 생전에 그 원고를 완성하지도 못했으니까요. 『자본』 II권 원고는 엥겔스의 편집을 거쳐 마르크스가 죽고 두 해 뒤(1884)에야 세상에 나왔습니다.

그럼 마르크스는 다윈에게 무엇을 보냈고 무슨 제안을 했던 걸까요. 사실 이 편지는 마르크스의 문서고에서 발견되기는 했지만 마르크스에게 온 것이 아닙니다. 정황상 마르크스의 셋째 사위인 에드워드 B. 에이블링(Edward B. Aveling)에게 보낸 것이 거의 틀림없습니다. 그 무렵 에이블링은 학생들에게 진화론을 쉽게 설명하는 『학생들의 다윈』The Student's Darwin(1881)이라는 책을 펴냈는데요. 여기에 다윈의 글을 인용하는 것에 대한 허락을 구하고, 이 책을 다윈에게 헌정하고 싶었던 모양입니다(이 책은 '국제 과학과 자유사상 문고'라는 총서의 제2권이었는데요. 책임 편집자가 유명한 무신론자였습니다. 다윈으로서는 이 총서에 자기 이름을 넣기가 부담스러웠을 겁니다). 에이블링은 실제로 1873년에 자신이 다윈과 서신 교환을 했다는 기록도 남겼지요. 아내와 함께 마르크스의 원고들을 정리하던 중 문제의 편지가 이 원고 더미에 함께 들어갔나 봅니다. 그러니까 다윈이 거절한 제안의 당사자는 마르크스가 아니라 에이블링이었고, 다윈이 헌정받기를 거절한 책도 『자본』이 아니라 『학생들의 다윈』이었던 셈이지요.

그건 그렇고, 다윈은 마르크스가 보낸 『자본』을 읽었을까요. 윈에 따르면 다윈의 서가에 있는 『자본』을 보면 전체 822쪽 중 앞부분 105쪽까지만 읽은 듯한 흔적이 있답니다.[196] 아마도 읽다가 중단한 것이겠지요. 마르크스가 조금 어렵다고 경고했던 가치형태에 관한 절들에서 그도 포기하고 만 걸까요. 그에게는 『자본』이 너무 어려웠거나 재미가 없었던 모양입니다.

▶자연의 역사와 인간의 역사── 앞서 말한 것처럼 마르크스는 다윈을 읽고 "자연사의 영역에서 우리의 관점에 토대를 제공해준다"라고 썼습니다. 실제로 마르크스는 다윈이 자연의 역사에 적용한 방법이 사회와 역사에도 적용될 수 있는 것처럼 말했습니다. 『자본』에서도 이런 뉘앙스의 문장들을 찾아볼 수 있습니다. 먼저 눈에 띄는 것은 마르크스가 사회구성체의 역사를 자연의 역사에 견준 부분입니다. 그는 『자본』의 초판 서문에서 이렇게 말합니다. "나는 다른 누구보다도 경제적 사회구성체의 발전을 하나의 자연사적 과정으로 파악하고 있다."[김, 6; 강, 47] 그는 실제로 사회형태나 생산양식을 '생산유기체'라고도 불렀습니다(제1장에서 비자본주의적 생산양식을 언급할 때도 그랬고, 제13장에서 '기계제 대공업'을 그렇게 부르기도 했습니다[김, 521; 강, 523~524]). 그가 자신의 방법을 정확히 묘사했다며 인용한 카우프만에 따르면, 마르크스는 '사회적 유기체들'을 '식물이나 동물 같은 유기체를 구분할 때처럼' 구분합니다. 카우프만은 마르크스의 방법을 설명하면서 "경제생활은 생물학에서 말하는 진화의 역사와 비슷한 현상을 우리에게 보여준다"라고 했습니다.[김, 18; 강, 59]

또한 마르크스는 노동수단을 통해 과거의 경제적 사회구성체를 이해하는 것을 생물학자가 멸종된 동물의 유골구조를 살펴보는 일에 비유하기도 했습니다.[김, 240; 강, 268~269] '무엇을' 만들었는가가 아니라 '무엇으로' 만들었는가, 즉 어떤 노동수단을 썼는가에 따라 각 경제 시대를 구분해볼 수 있다는 거죠. 생물학자가 동물의 유골구조를 보고는 그 동물의 신체조직을 추론해내는 것처럼 마르크스는 노동수단을 통해 노동력의 발전수준은 물론이고 그 시대의 사회적 관계도 어느 정도 알아낼 수 있다고 말합니다. 그뿐 아니라 마르크스는 사회구성체(사회적 편제)가 바뀌면 동일한 요소가 전혀 다른 기능을 수행하게 된다는 점을 강조했는데요. 이 역시 유기체의 전체 구조에 변화가 오면 각 기관이 수행하는 기능이 달라진다는 생물학자들의 생각과 통합니다. 똑같은 기관, 이를테면 똑같은 앞다리라고 해도 새의 날개와 사람의 손, 고래의 지느러미는 전혀 다른 기능을 수행하지요. 마찬가지로 사회구성체가 달라지면 동일한 사물도 전혀 다른 법칙의 지배를 받고 전혀 다른 기능을 수행합니다.

그렇지만 여기까지입니다. 마르크스가 다윈의 방법에 깊은 인상을 받은 것은 사실이지만, 그는 인간의 역사와 자연의 역사를 혼동하면 안 된다는 점 또한 분명히 했습니다. 자연은 환율이나 은행가를 낳지 않은 것처럼[197] 자본가와 노동자도 낳지 않았습니다. 자본가와 노동자의 관계는 "자연사적 관계도 아니며 또한 역사상의 모든 시대에 공통된 사회적 관계도 아니"라고 했지요. 자연이나 본성으로부터 도출할 수 있는 게 아니라는 말입니다. 사실은 『자본』에서 다룬 모든 주제가 다 그렇지요. 노동생산물이 상품이 되는 것, 화폐가 자본이 되는 것, 노동력이 상품으로 나타난 것 등등은 특정한 역사적 조건(이를테면 노동대중의 신분해방과 생산수단의 박탈 등)을 필요로 합니다. 역사적으로 산출된 이런 조건들을 알지 못한 채 인간의 자연적 본성에 기대어 어떤 주장을 편다면, 아무리 과학적 외관을 하고 있다 해도 신비한 형이상학이나 황당한 이데올로기가 될 뿐이지요.

▶역사유물론자의 독해법──이와 관련해 『자본』 제13장 '기계와 대공업'에는 흥미로운 주석이 하나 달려 있습니다. 마르크스의 역사유물론이 일반적 진화론과 어떻게 다른지를 잘 보여주는 주석이지요.[198] [김, 505, 각주 4; 강, 508, 각주 89] 논의 주제는 기술의 역사입니다. 우리는 인간 기술의 역사를 다윈처럼 다룰 수 있을까요. 마르크스는 동물과 식물들이 생존 도구인 기관들을 어떻게 형성해왔는지를 다루었다는 점에서 다윈의 작업을 "자연에서의 기술의 역사"(Geschichte der natürlichen Technologie)로 볼 수 있다고 말합니다. 그런데 다윈이 동물과 식물을 다루듯 누군가 '사회적 인간'이 형성해온 생산기관들의 역사를 다룬다면, 그리고 각 시대에 고유한 생산의 사회적 조직화(마르크스가 '생산유기체'라고 불렀던 것)를 가능케 했던 물질적 토대의 역사를 다룬다면 어떻게 될까요. 그는 자연에서 기술의 역사를 쓰듯 인간기술의 역사를 쓸 수 있을까요.

마르크스는 자연의 역사와 사회의 역사를 동일시하는 것을 비판합니다. 이 점에서 그는 17~18세기 이탈리아 철학자인 잠바티스타 비코(Giambattista Vico)의 생각에 동의하는데요. 비코는 『새로운 학문』*La Scienza Nuova*(1725)의 저자입니다. 그는 인간의 역사와 자연의 역사를 나누고, 학문의 목표를 신이 만든 자연이 아니라 인간이 만든 세계, 인간이 만든 현실에 대한 이해에 두었습니다. 인간은 인간이 만든 것에 대해 더 잘 알 수 있다고 했지요. 마르크스는 왜 비코의 생각, 즉 인간의 역사와 자연의 역사를 구분해야 한다는 데 동의했을까요. 나는 다음과 같은 이유가 아닐까 생각합니다.

첫째, 앞서도 말한 것처럼 인간의 역사를 자연의 역사와 혼동하면 현재의 생산방식이나 사회적 관계, 정신적 표상 등을 자연스러운 것, 본성에서 기인하는 것으로 간주할 수 있습니다. 게다가 진화론을 사회발전론에 결합시키면 현재의 사회형태를 역사상 가장 발전한 형태로 간주할 우려도 있지요. 더욱이 현재의 사회적 문제들 역시 자연 내지 본성에서 파생한 불가피한 문제들처럼 보이게 합니다. 대표적 예가 다윈에게도 적지 않은 영향을 미친 맬서스의 '인구론'이지요. 맬서스는 빈곤의 원인을 '과잉인구' 탓으로 돌렸습니다. 가난을 생물학적 출산, 특히 가난한 사람들의 출산 탓으로 돌린 셈입니다. 자본주의에서 부의 생산이 어떻게 빈곤의 생산, 잉여인구(과잉노동인구)의 생산과 맞물리는지를 이해하지 못한 것이지요. 마르크스가 자본주의적 생산양식이나 사회형태에 대해 결코 자연사적인 것이 아니며 모든 시대에 공통된 것도 아니라는 점, 다시 말해 그것은 본성적인 것도, 필연적인 것도, 영원한 것도 아니라는 사실을 부각한 이유가 여기에 있습니다.

둘째, 마르크스는 비코의 말에서, 인간의 역사는 '인간이 만든 것'이라는 점에 주목합니다. 인간이 처한 현실 내지 환경을 '인간이 만든 것'이라는 관점에서 보는 것이지요. 이 점에서 '인간'과 '역사'의 관계는 다윈이 바라본 '개체'와 '환경'의 관계와 다릅니다. 다윈이 자연에서 주목한 것은 '적응'이지만 마르크스가 역사에서 주목한 것은 '생산'입니다. 인간 역시 자신이 선택하지 않은 역사적 환경에 내던져져 있는 것은 사실입니다. 그의 삶은 그에게 주어진 전제 위에서 이루어집니다. 그러나 이 '주어진 전제'는 '본래적인' 것이 아니라 인간에 의해 '역사적으로' 산출된 것입니다. 말하자면 인간은 자신이 역사적으로 산출한 환경 속에 내던져져 있는 겁니다. 역사유물론의 시작을 알리는 중요한 저서인 『독일 이데올로기』에서 마르크스는 이 점을 무척이나 강조했습니다. 그는 "개인들이 무엇인가는 그들의 생산, 즉 그들이 무엇을 생산하는가뿐 아니라 어떻게 생산하는가와 일치한다"라고 했습니다.[199] 달리 말하면 인간은 역사적 생산행위 속에서 자기 자신 또한 생산한다고 할 수 있지요.

마르크스가 포이어바흐와 결별한 이유도 여기에 있습니다. 마르크스는 눈앞에 있는 사물을 관찰하고 그에 대해 어떤 감각을 갖기 전에 그 사물이 특정한 역사적 사회형태에서 주어진 것이며 이 사물에 대한 감각 역시 인간이 실천적으로(능동적으로) 그리고 역사적으로 형성해온 것이라는 점을 이해시키려 했지요. "심지어 가장 단순한 '감각적 확실성'의 대상들조차 오직 사회적 발전을 통하여, 산업과 상업적 교류를 통하여 그에게 주어져 있다. 거의 모든 과일나무가 그런 것처럼 벚나무는 알다시피 겨우 몇 세기 전에야 비로소 상업을 통하여 우리들의 지역에 심어진 것으로, 어떤 특정한 시대의 어떤 특정한 사회의 이런 행동을 통해서야 비로소 포이어바흐의 '감각적 확실성'에 주어졌다."[200] 눈앞에 벚나무가 있습니다. 그것에 대해 우리는 감각합니다. 그러나 이 나무에 대한 감각은 영원한 것도, 본래적인 것도 아닙니다. 서유럽에서 그것은 그리 오래된 것도 아닙니다. 이 나무는 해외에서 수입된 상품이었으니까요. 이것을 이해하는 것이 역사유물론입니다. 우리 눈앞의 대상도, 그 대상에 대한 감각도 역사적으로 형성되어온 것임을 이해해야 한다는 겁니다. 사물의 의미와 기능을 역사적으로 산출된 사회적 편제 속에서 이해해야 하지요.

주석에서 마르크스는 "기술학(Technologie)은 자연에 대한 인간의 능동적(적극적, aktive) 관계[인간이 자연을 다루는 방식], 인간 자신의 삶의 직접적 생산과정을 드러내고, 그와 함께 인간 삶의 사회적 관계와 이로부터 생겨나는 정신적 표상들 또한 드러낸다"라고 썼습니다.[김, 505, 각주 4; 강, 508, 각주 89] 역사유물론이 어떤 것인지를 잘 보여주는 문장입니다. 각 시대의 기술, 이를테면 어떤 노동수단을 어떻게 생산했는지를 통해 역사유물론자는 그 시대 인간들이 자연을 대하는 방식, 자신들의 삶을 생산하는 과정, 그들 사이의 사회적 관계, 그들의 인식이나 믿음을 읽어냅니다. 역사적으로 만들어진 이런 편제, 이런 배치를 이해할 때만 우리는 그 편제를 이루는 각각의 요소, 각각의 기관이 어떤 기능을 수행하고 어떤 의미를 갖는지 알 수 있습니다. 이어서 마르크스는 이렇게 덧붙입니다. "사실 분석을 통해 종교적 환상의 현세적 핵심을 발견하는 것은 그 반대 방향, 즉 매번 현실의 삶의 관계들로부터 그것의 종교적 형태들을 설명해내는 것보다 훨씬 쉽다. [그런데] 이 후자의 방법만이 유물론적 방법이며 과학적 방법이다."[김, 505, 각주 4; 강, 508, 각주 89] 종교적(내세적) 환상은 현세적 인간의 본성의 산물(혹은 본성이 뒤집힌 소외의 산물)이라고 선언하는 것은 역사유물론이 아닙니다. 역사유물론자는 각각의 시대, 각각의 사회의 편제 속에서, 왜 그런 종교적 형태들이 생겨났는지, 그것들은 어떻게 기능하는지를 설명해야 합니다. 그래서 자료들도 많이 모아야 하고 그것들을 세심하게 읽어내야 합니다. 이런 역사적 편제에 대한 세심한 이해 없이 인간본성이 어떻다는 둥 종교의 본성이 어떻다는 둥 이야기를 늘어놓는다면 그건 한낱 이데올로기에 지나지 않습니다.

마르크스는 자연과학자들이 사회와 역사에 대해 함부로 발언할 때, 혹은 자연과학적 연구 성과에서 몇 가지 단편적 사실들을 들고 와서 사회와 역사를 함부로 규정할 때 그런 면을 느꼈던 것 같습니다. 그는 이렇게 말했으니까요. "역사적 과정을 배제하는 추상적·자연과학적 유물론의 결함은 그 대변인들이 자신들의 전문 영역을 벗어나자마자 보여주는 추상적이고 이데올로기적인 견해에서 분명히 드러난다."[김, 505, 각주 4; 강, 508, 각주 89] 이 또한 여담입니다만, 마르크스는 엥겔스에게 보낸 편지에서 다윈의 연구에 대해 흥미로운 이야기를 하나 했습니다. "다윈이 짐승과 식물에서 분업과 경쟁, 새로운 시장 개척, '발명들', 맬서스적 '생존투쟁' 등으로 이루어진 영국 사회를 어떻게 재발견하는지 주목할 필요가 있네. 그것은 홉스의 '만인의 만인에 대한 투쟁'이고, 시민사회(부르주아사회)를 '정신적 동물왕국'(geistiges Tierreich)으로 그렸던 헤겔의 『정신현상학』을 떠올리게 하네. 다만 다윈의 경우에는 동물왕국을 시민사회(부르주아사회)로 그리고 있다고 할 수 있지."[201] 우리는 지금까지 자연의 역사를 인간의 역사에 곧바로 적용할 수 있는지에 대해 이야기했지만, 마르크스는 다윈의 연구에서 반대 방향의 냄새를 맡았습니다. 다윈은 자연을 보았다고 믿었지만 그가 본 것은 자연 자체라기보다는 당대의 영국에 가깝다는 거죠. 자연과학자가 자연을 어떻게 바라보느냐 역시 역사적으로 만들어진 사회적 편제에서 자유롭지 않은 겁니다.

──────── ㉗ 캘리포니아 농업의 기계화와 멕시코인화

마르크스는 생산물 가치의 인하와 관련해 기계 도입의 문턱을 제시했는데요. 자본가는 기계의 가치와 기계가 대체하는 노동력의 가치를 비교합니다. 그런데 실제로 자본가가 지불하는 것은 노동력의 '가치'가 아니라 '가격', 즉 임금입니다. 『자본』에서 자주 하는 가정은 아닙니다만, 만약 노동력의 가격을 노동력의 가치보다 낮게 지급하는 것이 가능하다면 계산이 달라질 수 있습니다. 저임금노동자를 고용하는 것이 기계를 사용하는 것보다 더 매력적일 수 있지요. 본문 8장에서 언급한 캘

리포니아 농업의 사례가 그랬습니다. 저임금 멕시코 노동자들이 유입되면서 캘리포니아 농업의 기계화가 저지된 측면이 있다고 했지요. 그래서 인류학자 후안 V. 팔레름(Juan V. Palerm)은 1940년대부터 1990년대까지 캘리포니아 농업은 '기계화'(mechanization)보다는 '멕시코인화'(Mexicanization)가 되었다고 주장했습니다. 그에 따르면 1960년대 초 토마토 수확 기계가 등장해서 큰 주목을 받았으나 기계화는 별로 진척되지 않았고 대부분의 작물은 여전히 멕시코 이주노동자들에 의해 수확되었습니다. 1970년대에는 건강에 대한 관심이 일면서 신선한 과일과 채소의 수요가 크게 늘었습니다. 그래서 캘리포니아 농업에 더 많은 자본이 투자되었고 더 많은 경작지가 개발되었습니다. 그러나 기계보다는 저임금노동력에 대한 수요가 더 늘어났습니다. 1980년대에서 1990년대까지도 이런 경향에는 변화가 없었습니다(농업 현대화가 이루어지고 정부의 이민정책이 변했음에도 이 경향은 바뀌지 않았습니다[202]). 작물의 특성상 기계화가 쉽지 않다고는 하지만 굳이 기계화를 할 필요도 없었기 때문입니다. 수확철에만 쓸 수 있는 저임금노동력을 어렵지 않게 구했으니까요.[203]

이들 이주노동자들이 어떤 처지에 있을지는 미루어 짐작할 수 있습니다. 임금이 낮은 것은 물론이고 고용도 매우 불안정합니다. 기계화가 되지 않은 만큼 육체노동의 비중이 높겠지요. 작업 자체가 몹시 고됩니다. 본문에서 마르크스가 기계제 대공업 시대 매뉴팩처나 가내공업 노동자들의 처지를 묘사할 때 썼던 문장들을 많은 부분 그대로 가져다 쓸 수 있을 정도지요. 여기에 더해 이들의 신분은 법적으로 매우 취약합니다. 상당수가 불법체류자로 불리는 미등록 이주자들이지요. 언제든 추방될 위험 속에 있는 겁니다. 그런데 캘리포니아 농업의 사례를 잘 살펴보면, '기계화' 대신 나타난 '멕시코인화'가 값싼 임금 때문만이 아니라는 걸 알 수 있습니다. 카를로스 E. 마르틴(Carlos E. Martín)에 따르면 캘리포니아 농업의 멕시코인화에는 산업에서의 인종적 편견이 작동하고 있습니다. 그는 19세기 말부터 현재에 이르기까지 캘리포니아 농업이 노동집약적 구조를 계속 유지하는 데는 특정한 인종 그룹이 이런 일에 최적화되어 있다는 믿음이 일정한 영향을 미쳤다고 주장합니다.[204]

마틴에 따르면 19세기 말~20세기 초부터 미국의 백인 농장주들은 힘든 농업노동에서 대개 빠져나옵니다. 농장주들은 이제 더는 농부가 아닌 것이지요. 1860년대에는 중국인들이 유입되었습니다. 캘리포니아 농업노동자의 80퍼센트 가까이가 중국인이었답니다. 1870~1890년대에는 일본에서 온 이민자들이 중국인 노동자들의 자리를 대체했습니다. 이민정책이 바뀌면서 1920년대부터는 멕시코와 필리핀에서 온 이민자들이 다시 그 자리를 메웠고요. 1930년대 대공황 이후 반이민 정서가 팽배했을 때는 미국 중부의 건조지대에 사는 가난한 백인들이 잠시 그 자리를 메웠습니다[이 백인들은 유색인들과 구분되기는 했지만 기본적으로 '가난한 백인 쓰레기들'(poor white trash)로 불렸다고 합니다]. 그리고 전후 부흥기에 노동력이 부족해지자 다시 멕시코인들을 대거 받아들였습니다.[205] 그러는 동안 농장노동은 힘들고 더러운 일이며 이 일을 하는 사람들은 그런 일을 하게끔 태어난 인종이라는 편견이 고착되었습니다. 마틴은 농장주나 정책 담당자들의 말을 인용하는데요. 이들은 농장노동은 임금에 상관없이 신체적으로나 정신적으로나 그 일에 적합한 인종들의 몫이며 백인들에게는 부적합한 직업이라는 편견을 드러냅니다. "지속적인 노동력 부족을 호소하면서도 농장주들은 농장노동의 인종주의적 구성을 확립했으며, 자신들이 가진 계급적이고 인종주의적인 관념을 확언했다."[206] 즉 값싼 인력을 쉽게 구할 수 있다는 것 외에도 이런 노동을 할 사람들은 따로 있다는 생각이 캘리포니아 농업의 멕시코인화에 영향을 미친 겁니다.

앞서 팔레름의 연구를 소개하면서 1960년대 토마토 농장에 수확 기계가 도입되었다는 이야기를 했는데요. 사실 1960년대 초에 농장 노동자들의 파업이 있었습니다. 1964년에는 멕시코 노동자들을 수용하는 공식 통로였던 '브라케로 프로그램'(Bracero Program)이 종료되었고, 그러자 캘리포니아에 있는 거의 모든 토마토 농장(99.5퍼센트)에서 수확 기계를 도입했습니다. 파업 진압과 제도적 틀의 변경이 기계화를 촉진한 것이지요(우리가 본문에서 본 19세기 영국에서 이루어진 기계화의 맥락과 크게 다르지 않습니다). 그러나 이후에도 토마토 농장에서 저임금노동자에 대한 수요는 여전히 강했습니다.[207] 값싼 노동력 이용을 포기하고 싶지 않았던 겁니다. 토마토를 수확할 때는 기계를 써도 파종할 때는 이들 노동력을 썼습니다. 그래서 토마토 생산과정에 부분적으로 기계가 도입되기는 했지만 기계화는 좀처럼 확산되지 않았습니다. 그나마 토마토 농장 쪽이 이 정도인 것이고요. 다른 농장에서는 기계화가 거의 이루어지지 않았습니다. 그럼 다른 농장들의 노동수단은 무엇일까요. '엘 코르티토'(el cortito)라고 부르는, 손잡이가 매우 짧은 농기구입니다. 호미처럼 생겼습니다. 노동자들은 계속해서 허리를 구부려야 합니다. 허리에 큰 무리가 가겠지요. 하지만 일할 때마다 노동자들이 허리를 구부려야 하니 농장주가 노동을 감시할 때는 편리했지요. '엘 코르티토'의 문제가 제기될 때마다 농장주들은 이 도구가 밭일에 편리하며, 이들 인종 노동자들은 이미 이 도구에 적합한 신체

틀을 가졌다고 주장했습니다. 이것은 농장노동에 적합한 인종이 따로 있다는 생각으로 이어집니다.[208] 농장주들은 노동수단에 큰 투자를 하지 않고 값싼 노동력을 쉽게 쓰고 버리는 식으로 농장을 운영했습니다. 그러고는 자신들의 행위를 인종주의적 편견에 기대어 정당화했지요.

캘리포니아 농업의 사례를 길게 인용했습니다만 이것은 당연히 캘리포니아 농업에만 해당하는 이야기가 아닙니다. 산업의 기계화 정도나 방향은 해당 사회를 지배하는 인종, 젠더 등과 관련된 차별적 관념들의 영향을 강하게 받습니다. 그리고 다음에는 해당 기계의 사용이 그런 차별적 관념들을 강화하지요. 본문에서 언급한 '재봉틀'에 대해서도 나는 마찬가지 의심을 가지고 있습니다. 재봉틀은 재봉노동이 남성보다 여성에게 적합한 것이라는 편견과 젊은 여성들의 값싼 노동력을 이용하고자 하는 자본가의 열망이 결합하면서 도입된 기계로 보입니다. 그러고 나면 이제 여성이 재봉틀에 최적화된 신체를 타고난 것처럼 보이지요. 물론 자본주의와 인종주의, 남성중심주의의 역사를 동일시할 수는 없습니다. 어떤 차별적 관념들은 자본주의보다 더 긴 역사를 가지고 있을 수도 있습니다. 마르크스는 '고급노동'과 '단순노동'의 구분에 대해 "전통적 관습으로만 존재하는 여러 차별"이 개입할 수 있음을 경고한 바 있는데요.[김, 264, 각주 19; 강, 290, 각주 18] 대표적인 예가 여성들의 노동에 대한 평가절하일 겁니다. 여성에 대한 전통적 차별이 자본주의적 형태로 재탄생한 것이라 할 수 있지요(353쪽). 이처럼 자본주의사회가 되면 다양한 차별적 관념들이 자본주의적 형태를 취하게 됩니다. 고용과 임금, 노동환경상의 차별이 나타나지요. 자본가들은 이런 차별을 '이용'합니다. 캘리포니아 농업의 사례는 기계화 또한 이 점에서 예외가 아니라는 사실을 보여주고 있을 따름입니다.

㉘ 역사적 복수의 규칙

마르크스는 기계제 생산이 노동인구의 확장을 가져왔고 이것이 노동자 가정의 파괴로 이어졌다는 점을 보여주려 했습니다. 그가 중요한 지표로 내세운 것이 유아사망률입니다. 입에 풀칠이라도 하려면 가족구성원 모두가 일하러 나가야 했기 때문에 유아들이 적절한 돌봄을 받을 수가 없었다는 것이지요. 그런데 마르크스가 나열한 유아들의 사망 원인 중에 '아편중독'이 눈에 띕니다. 아편은 당시 공장 지대는 물론이고 농촌에도 만연했다고 합니다. 그가 인용한 「공중위생 보고서」에 따르면 아편은 "약국에서 가장 잘 팔리는 상품"이었습니다. 성인 노동자는 물론이고 어린아이, 심지어 유아까지도 아편을 먹었다고 합니다. 마르크스는 이를 "영국에 대한 인도와 중국의 복수"라고 썼습니다.[김, 539, 각주 51; 강, 540, 각주 133] "영국에 대한 인도와 중국의 복수"라는 건 '아편전쟁'을 염두에 두고 한 말입니다. 이때 영국이 중국에 판매한 아편은 인도에서 재배된 것입니다. 인도 식민지 정부의 수입(輸入) 중 7분의 1이 중국에 대한 아편 수출(輸出)로 얻어질 정도로 그 규모가 컸습니다.[209] 영국에 의해 산업이 초토화된 인도가 아편 재배로 재정을 충당했던 거죠. 영국 자본가들은 인도를 황폐화시키고 그 황폐화된 땅에서 재배한 죽음의 상품을 들고 중국으로 쳐들어갔습니다. 아편전쟁은 돈이 된다면 무슨 짓도 불사하는 자본의 생리가 드러난 전쟁입니다.

이 전쟁을 보면 마르크스가 산업자본가의 역사적 탄생을 다루면서 인용한 토머스 J. 더닝(Thomas J. Dunning)의 다음과 같은 언급에 수긍이 갑니다. "상당한 이윤만 있다면 자본은 과감해진다. 10퍼센트의 이윤이 보장되면 자본은 장소를 가리지 않고 투자된다. 20퍼센트라면 자본은 활기를 띠며, 50퍼센트라면 대담무쌍해지고, 100퍼센트라면 인간의 법을 모두 유린할 준비가 되어 있으며, 300퍼센트라면 단두대의 위험을 무릅쓰고라도 범하지 않을 범죄가 없다."[김, 1042, 각주 15; 강, 1019, 각주 250] 자본가는 내세에서 받을 천벌의 형량을 늘릴지언정 현세에서 이윤을 늘릴 기회를 포기하지 않지요. "영국에 대한 인도와 중국의 복수"라는 표현은 죽음의 상품인 아편이 영국 사회에도 퍼져가는 것을 가리킨 것인데요. 가난한 노동자들과 그들의 아이들이 일차적 희생양이었으므로 마르크스로서도 그리 내키는 언급은 아니었을 겁니다. 그런데 나는 "인도와 중국의 복수"라는 표현에서 마르크스의 글에 종종 등장하는 복수의 규칙 같은 걸 떠올렸습니다. 내 생각에 마르크스에게는 역사적 복수의 두 가지 규칙이 있습니다.

첫 번째 규칙은 가해자가 자신에게 복수할 존재들을 스스로 키우고 그들이 쓸 무기까지 만들어준다는 겁니다.[210] 자신이 자신의 단죄자를 키운 꼴이지요. 일종의 배반이라고 할 수 있습니다. 전형적 예가 1857년에 일어난 인도의 세포이 병사들의 반란입니다. 세포이 병사들은 영국 동인도회사가 고용한 용병들입니다. 마르크스는 이 반란에 대해 몇 편의 기사를 『뉴욕 데일리 트리뷴』에 기고했는데요. 「인도의 봉기」라는 기사에서 그는 이렇게 썼습니다. "인류 역사에는 응보(retribution)라고 할 만한 것이 있다. 그리고 이 응보의 무기는 피해자가 아니라 가해자가 주조한다는 것이 역사적 응보의 규칙이다."[211] 세포이 병사들은 영국인들에게, 산도밍고의 흑인 노예들이 프랑스인들에게 그랬던 것처럼,[212] 잔인하게 복수했습니다. 마르크스의 표현을 옮기면 "실로 소름 끼치고 끔찍하며 필설로 담을 수조차 없는 행위들"이었지요. 물론 이것은 영국 신문들을 통해 전달된 것임을 감안해야 합니다. 마르크스도 이 점을 지적하고 있습니다. "영국군의 잔혹한 행위에 대해서는 진저리쳐지는 세세한 행위들을 생략하고 아주 간략히 무용담으로 서술하는 데 반해, 원주민의 잔악행위는 비록 그 자체가 공포스러운 것이기는 하나 더욱 고의적으로 과장되어 이야기된다는 사실"을 생각해야 한다고요.²¹³ 게다가 마르크스에 따르면 세포이 병사들의 행위는 넓게는 유럽인들이 역사 속에서 숱하게 저질러온 것이고, 좁게는 영국이 인도에 저질러온 일들의 재현일 뿐입니다. 아편전쟁에서 영국이 저지른 일은 더 끔찍했습니다. 마르크스에 따르면 영국 장교들 자신이 기록해놓은 자료만 봐도 '단순한 재미로', '단지 방탕한 스포츠로서' 사람을 죽이고 여성을 폭행하고 마을을 불태우는 만행을 저질렀으니까요.²¹⁴ 다시 역사적 복수의 규칙으로 돌아가면, 세포이 병사들의 반란은 마르크스가 생각하는 역사적 복수의 규칙을 확인해줍니다. 역사는 가해자가 미처 생각하지 못한 존재로 하여금 복수하게 합니다. 가해자가 자신을 강화하기 위해 만든 존재의 배반을 통해 단죄가 이루어지는 겁니다. 마르크스에 따르면 "프랑스 왕정에 최초의 타격을 가한 것은 농민이 아닌 귀족"이었고, 인도의 봉기는 "영국인들이 고문하고 능욕하고 껍질까지 벗겨낸 인도의 농부들이 아니라, 영국인들이 입을 것과 먹을 것을 제공해주고 귀여워하며 살찌우고 애지중지했던 세포이 병사들"한테서 시작되었으니까요.²¹⁵

역사적 복수의 두 번째 규칙은 반작용 혹은 되먹임입니다. 가해자의 악행은 그 전에는 자신과 무관했던 존재를, 양극과 음극처럼 자신과 긴밀히 연관되면서도 상반된 것으로 만드는데요. 일단 이 구조가 만들어지면 이번에는 반대편 극에서 일어나는 일이 그의 운명을 규정할 수 있습니다. 극단에 있는 존재들의 운명이 긴밀하게 얽히는 구조라고 할 수 있지요. 마르크스는 "극과 극은 서로 통한다"(extremes meet)라는 속담처럼 '양극 접촉'(contact of extremes) 같은 게 있다고 말합니다.²¹⁶ 가해자는 자신도 모르는 사이에 저주의 사슬에 들어갑니다. 그의 운명이 자신이 짓밟았던 자의 운명에 의존하는 일이 생기는 것이지요. 지배의 강화가 의존을 심화하는 역설적 구조가 만들어집니다. 이 점에서 마르크스는 중국 혁명이 유럽 혁명의 원인이 될 수도 있다고 보았습니다. 영국은 중국의 문을 열고 아편과 면제품을 밀어 넣었습니다. 인도에서 가져온 아편은 중국인들의 정신과 신체를 망가뜨렸고 관리들을 타락시켰습니다. 영국의 면제품들은 인도에서 그랬던 것처럼 중국의 방적공과 직포공의 삶을 무너뜨렸습니다. 전통적 산업이 타격을 입었고 공동체도 붕괴되었습니다. 아편전쟁 패배로 물어내야 했던 전쟁배상금, 아편 무역으로 인한 귀금속 유출, 전통 제조업의 붕괴, 공공행정의 타락으로 중국 인민들은 봉기를 일으킬 수밖에 없었습니다. 참고로 마르크스는 아편전쟁 이후 중국에 혁명의 기운이 감돌고 있으며 사유재산 폐지를 주장하는 개인들이 나타나고 사회주의에 대한 이야기까지 나온다는 소식을 접하고는 이런 상상을 하기도 했습니다. "우리 유럽 반동의 무리들이 아시아로 도망쳐야만 할 때가 닥쳐와서 그들이 마침내 만리장성에 간신히 도착해 원조반동(Urreaktion), 원조보수주의(Urkonservatismus)의 성채로 통하는 문 앞에 섰을 때, 문 위에 이런 표제가 보이지 않는다고 누가 장담하겠는가: 중화공화국. 자유, 평등, 박애."[217]

인도에서 세포이 병사들의 반란이 일어났을 때 중국에서는 태평천국운동이 일어났습니다[마르크스는 『자본』 제1장에서 이 일을 언급한 바 있습니다. 물신주의에 빠진 유럽과 인민들이 각성한 중국을 대비했지요(124쪽 참조)]. 마르크스가 보기에 중국 인민들의 봉기는 언제든 유럽 인민의 봉기와 연결될 수 있었습니다. 영국과 유럽의 산업적 팽창이 그런 구조를 만들어냈으니까요. "영국이 중국의 혁명을 불러일으켜놓은 지금, 문제는 이 혁명이 조만간 영국에, 그리고 영국을 거쳐 유럽에 어떤 반작용을 가할 것인가 하는 것이다. 이 문제에 답하는 것은 어렵지 않다."[218] 당시에도 이런 영향이 확인되었습니다. 중국의 위기는 시장을 위축시켰고 이로 인해 영국의 면제품과 모제품의 수출이 크게 줄었습니다. 그 대신 영국의 주요 수입품인 차 가격은 폭등했습니다. 이런 상황이 서유럽 지역의 흉작과 맞물렸지요. 차와 곡물 가격이 전반적 물가폭등을 주도했습니다. 영국에서는 농산물 가격이 20~50퍼센트까지 올랐고, 대륙에서는 호밀의 경우 100퍼센트나 올랐습니다.[219] 마르크스의 표현을 빌리자면, 결국 서유럽은 "질서"를 잡겠다며 중국에 군대를 보냈고 중국으로부터는 "무질서"가 계속해서 유럽으로 날아들었습니다. 마르크스는 기대를 잔뜩 담아 전망했습니다. 중국의 혁명이 영국의 "산업체계라는 화약고"에 불을 던질 것이고, 이것이 대륙의 정치혁명으로 이어질 것이라고.[220] 물론 이 기대는 실현되지 않았습니다. 1850년대 중반 유럽에 큰 공황이 닥치기는 했지만요. 그래도 운명의 사슬이 엮였다는 증거로는 충분합니다.

『자본』 제13장, '기계와 대공업'에서도 역사적 복수의 두 가지 규칙을 확인할 수 있습니다. 자본주의에 대한 역사의 단죄는 누구에 의해 어떤 식으로 이루어질 것인가. 기계제 대공업은 두 가지 단초를 보여주었습니다. 하나는 자본주의가 자본증식을 위해 더욱 발전시키는 기계와 기계노동자들이고, 다른 하나는 상품의 생산과 판매의 지구적 확장입니다. 자본주의가 성장하면서 '지배계급의 악행에 복수할' 거대한 배반과 되먹임의 구조가 만들어지고 있는 겁니다. 그러고 보면『자본』은 복수와 단죄에 대한 예언서 같기도 합니다. 역사적 복수를 예고하고 다짐하는 목소리가 텍스트 곳곳에 깔려 있습니다. 자본의 운명에 드리운 저주를 계속해서 환기하지요. 인간의 피를 빨고 인간을 잡아먹은 식인의 죄, 동포를 쫓아내고 살해한 "동포살해의 죄"[김, 973; 강, 960]가 악몽처럼 자본을 계속 괴롭힐 것이라고. 심판의 날이 언제일지는 모릅니다. 그러나 그날은 언제나 가까이 있습니다.

──────── ㉙ 노동력을 생산하는 노동에 대하여 ────────
마르크스는『잉여가치 학설사』에서 '생산적 노동'에 대한 스미스의 두 가지 규정을 검토했는데요. 여기서 미묘한 물음 하나가 제기되었습니다. 노동력을 생산하는 노동은 생산적 노동인가. 스미스는 생산적 노동 항목에 이 노동을 포함시키지 않았습니다. 마르크스는 이것을 '자의적'(willkürlich) 결정이라고 비판하면서도 스미스의 판단 자체에 대해서는 수긍하듯 말했습니다. 스미스가 "그에게 속삭이는 어떤 올바른 본능"을 따랐다고요. 본능이 이렇게 속삭였을 거라고 했어요. "거기[생산적 노동의 항목]에 이 노동을 포함시킨다면 이것도 저것도 생산적 노동이라 부르는 부당한 주장에 대해 문을 열어주게 된다"라고.[221] '노동력을 생산하는 노동'을 생산적 노동의 규정 바깥에 두는 것이 안전하다는 건데요. 마치 문밖에 감당할 수 없는 괴물이라도 사는 듯 문을 단단히 닫아거는 모습입니다.

▶어떤 본능의 속삭임과 스미스의 착각──애초 이 물음이 제기된 맥락은 이렇습니다. 앞서 본문 9장에서 본 것처럼 마르크스는 스미스의 생산적 노동에 대한 두 번째 규정을 문제 삼았는데요. 스미스는 '상품에 실현되는 노동' 즉 '상품을 생산하는 노동'을 생산적 노동이라고 불렀습니다. 그리고 한 걸음 더 나아가, 모든 상품이 아니라 일정한 내구력을 지닌 상품을 생산하는 노동을 생산적 노동이라고 했지요. 노동을 실현하자마자 해당 상품이 사라져버리는 노동 즉 서비스노동을 제외한 것입니다. 생산물을 가지고 다음 생산과정에 사용할 노동력을 구매하려면 해당 생산물이 가치를 품은 채 일정 시간을 버텨줘야 한다는 뜻에서 한 말입니다. 서비스 상품은 봉사가 끝나자마자 사라지므로 가치를 보관할 수 없고 이 점에서 비생산적이라고 했지요. 물론 이것은 잘못 생각한 겁니다. 생산물에 노동(가치)이 담기는 것은 그 생산물의 소재와는 관련이 없습니다. 비물질적인 상품, 이를테면 운

전과 같은 서비스 상품에도 노동이 담길 수 있습니다. 그것은 사라지지 않고 등가인 화폐형태로 전환되어 자본가의 수중에 들어가지요.

마르크스는 '노동의 물질화(Materialisieren)'에 대해 스미스가 착각을 하고 있다고 했습니다.[222] 노동(가치)이 상품에 물질화(혹은 대상화)된다는 것은 그것이 직접 나타나지 못하고 상품을 통해 나타난다는 뜻입니다. 가치는 『자본』 제1장에서 보았듯 사회적 관계인데, 그것이 상품이라는 하나의 사물(Ding)로 나타나는 거죠. 해당 사물에 가치가, 마치 영혼이 담겨 있는 것처럼 나타나지요. 이때의 사물이 만질 수 있는 물건인지 아닌지는 상관이 없습니다. 노동(가치)이 상품에 '물질화'(혹은 대상화)된다고 할 때, 이것은 마르크스의 표현을 쓰자면 '물체적 실재'(körperlichen Realität)에 대한 이야기가 아니라 '사회적 실존방식'(soziale Existenzweise)에 대한 이야기입니다. 가치가 상품형태로(사회적 관계가 하나의 사물로) 실존한다는 뜻이지, 어떤 만질 수 있는 물건이 된다는 뜻은 아닙니다. 상품은 물건의 형태로만 있는 게 아닙니다. 서비스 상품도 있지요. 당연히 이런 서비스 상품에도 노동이 담겨 있습니다.

모든 상품은 그것이 어떤 형태든 노동(가치)이 담긴 생산물입니다. 상품으로 판매된다는 것은 이미 거기에 노동이 담겨 있다는 뜻이지요. 여기서 분명해지는 게 있습니다. 만약 노동이 상품으로 판매된다면 상품으로서 그 노동은 노동자가 일을 행하는 순간의 노동, 즉 '살아 있는 노동'일 수 없다는 거죠. 그것은 노동을 행하기 전에 과거 노동을 담은 채로 나와 있어야 합니다. 따라서 상품으로서의 노동은 '살아 있는 노동'이 아니라 그것을 발휘할 수 있는 능력, 즉 '노동력'일 수밖에 없습니다[마르크스는 『잉여가치 학설사』에서 이를 두고 '노동능력'(Arbeitsvermögen)이라는 말을 썼지요].[223] 이 상품(노동력)을 특수한 사용가치 때문에 소비자들이 구매했는가 아니면 가치증식을 위해 자본가가 구매했는가는 상관이 없습니다. 노동자들이 판매한 상품은 '노동력'입니다.

스미스의 두 번째 규정에 따르면 '상품을 생산하는 노동'이 생산적 노동입니다. 스미스는 물건 형태의 상품을 생산하는 노동에 대해서는 아무런 망설임 없이 생산적 노동이라고 했습니다. 그런데 노동력을 생산하는 노동에 대해서는 그렇게 하지 않았습니다. 노동력도 상품인 한에서는 과거의 노동이 대상화되어 있습니다. 노동력이라는 상품을 생산하고 육성하고 유지하며 재생산한 노동이 있지요. 상품을 생산했으니 이 노동에 대해서도 마땅히 생산적 노동이라고 해야 합니다. 그런데 스미스는 물러섰습니다. 앞서 말한 것처럼 그의 어떤 '올바른 본능'이 만류했거든요. 이것을 넣으면 온갖 노동이 다 생산적 노동의 범주에 들어온다고.

▶재생산노동의 무가치화——스미스는 생산적 노동에 대한 자신의 규정에 부합함에도 불구하고 '노동력을 생산하는 노동'을 제외했습니다. 그렇다면 마르크스는 어떨까요. 그는 '노동력을 생산하는 노동'을 어떻게 보았을까요. '올바른 본능'이라는 표현을 쓴 걸 보면 일단은 그도 스미스의 판단에 수긍했다고 볼 수 있는데요. 좀 미묘한 구석이 있기는 합니다. 우리는 똑같은 표현을 이미 본문에서 접한 바 있습니다. "부르주아 경제학자들이 잉여가치의 원천에 관한 뜨거운 쟁점을 너무 깊숙이 파고들어가는 것은 대단히 위험한 일임을 알아차리는 올바른 본능을 갖고 있었다"라고 했지요.[김, 698; 강, 709] 여기서 '올바르다'라는 것은 '진리에 맞다'가 아니라 '이해관계에 충실하다'라는 뜻입니다. 계급적 이해 때문에 진리를 향해 더 나아가지 못하는 부르주아 경제학자들을 조롱한 겁니다. 잉여가치의 원천으로 이어진 문이 열렸다면 계급투쟁이라는 괴물이 들어왔을 테니까요.

스미스에 대해서도 비슷합니다. 마르크스는 그를 비판하는 와중에 "올바른 본능"이라는 표현을 썼습니다. 마르크스가 잘못된 규정이라고 비판한 스미스의 두 번째 규정을 해설하면서 나온 표현이지요. 상품을 생산하는 노동을 생산적 노동이라고 보았다면, 상품인 노동력을 생산한 노동도 생산적 노동으로 보아야 하는 게 아닌가. 마르크스는 스미스가 이론적으로 일관되지 못했음을 드러냈습니다. '본능'의 속삭임을 따랐다고 한 것은 스미스의 판단이 이론적인 것이 아님을 지적한 겁니다. 그럼에도 어떻든 '올바른' 본능이라고 했지요. 노동력을 생산하는 노동에 문을 열어주었다면 위험했을 텐데 판단을 잘했다는 뜻입니다. 여기서 풍기는 뉘앙스는 앞서 부르주아 경제학자들을 비판할 때와는 조금 다릅니다. 마르크스 역시 위험성에 대한 감각을 공유한다는 인상을 주니까요. 한편으로는 스미스의 일관성 없음을 질타하고 있지만 다른 한편으로는 마르크스 역시 판단 자체에는 동의하는 것으로 보입니다.

마르크스가 노동력을 생산(재생산)하는 노동에 대해 문을 닫아걸고 있다는 것은 단지 뉘앙스에서만 느껴지는 게 아닙니다. 이 점은 『자본』에서 노동력의 가치를 계산할 때 더 잘 드러납니다. 그는 노동력의 가치를 일반적 상품의 경우와는 다른 방식으로 계산했습니다. 일반적 상품의 경우에는 해당 상품을 생산하는 데 필요한 사회적 노동량으로 가치를 구합니다. 해당 상품에 대상화된 노동량을 계산하는 거죠. 그런데 노동력은 다릅니다. 노동력을 생산하는 노동이 아니라, 노동자가 필요로 하는 생활수단들의 가치 합계로 계산했습니다. 노동력을 생산(재생산)하는 작업장(이를테면 가정)에서 투여된 사회적 노동량이 아니라, 노동력 생산(재생산)에 필요한 상품들의 가치, 즉 일반적 상품들을 생산하는 작업장(이를테면 공장)에서 투여된 사회적 노동량으로 구한 겁니다(두 가지 노동을 구분하기 위해 이제부터는 공장에서 일반적 상품을 생산하는 노동을 '생산노동', 가정에서 노동력을 재생산하는 노동을 '재생산노동'이라 부르겠습니다).

　　노동력의 가치를 계산할 때 왜 이런 전환이 필요했을까요. 계산상의 편의 때문일 수 있지만 더 깊은 이유가 있어 보입니다. 이런 식으로 계산을 하면 무언가가 보이지 않게 됩니다. 바로 재생산노동입니다. 노동력의 가치를 일반 상품들(생활수단들)의 가치로 대체하고, 노동력이 생산되는 작업장을 일반 상품을 생산하는 작업장으로 대체하면, 우리는 생활수단을 가지고 노동력을 생산한 재생산노동을 떠올리기가 매우 어렵습니다. 언뜻 보면 노동력의 가치를 생활수단들의 가치로 단순히 대체한 것으로 보이지만 실상은 재생산노동을 계산에서 뺀 것이지요(288쪽). 일반 상품이라면 이렇게 생각하지 않을 겁니다. 생산수단을 모아둔다고 곧바로 생산물이 생겨나지는 않으니까요. 면화나 방추가 저절로 면사가 되지는 않습니다. 면사라는 새로운 사용가치를 얻으려면 면화와 방추에 방적공의 노동이 더해져야 합니다. 재생산영역에서도 마찬가지입니다. 생산영역에서 생산노동이 더해지듯 재생산영역에서도 재생산노동이 더해져야 합니다. 쌀은 밥이 아니니까요. 노동력 재생산에 필요한 생활수단의 사용가치는 쌀이 아니라 밥입니다. 그리고 쌀이 밥이 되려면 누군가의 노동이 다시 더해져야 합니다. 그런데 마르크스는 밥을 짓는 그 재생산노동을 노동력 재생산 계산에 포함하지 않고 단지 쌀값만 더하고 있습니다.

　　마찬가지로 마르크스는 노동력의 가치를 계산할 때 아이들의 출산과 양육비가 포함된다고도 했는데요. 그의 계산법은 분유와 기저귀 등의 가치를 더해 출산과 양육비를 산출하는 식입니다. 그러나 요람을 펴놓는다고 아이가 태어나는 게 아니고, 분유를 가져다놓는다고 아이가 크는 게 아닙니다. 아이를 낳고 먹이고 입히고 교육하는 노동이 추가로 투입되어야 하죠. 그런데 생활수단들의 가치만 더하면 이런 노동이 계산에서 빠져나갑니다. 이런 재생산노동을, 가치를 창출하는 노동으로 인정하지 않는 거죠. 비록 꼭 필요하고 소중한 노동이기는 하지만 경제적으로는 '무가치한 노동'으로 간주한 겁니다.

　　▶재생산노동이 그저 '집안일'이 되어버리는 계산법——소중하지만 무가치한 노동. 생산에 관여하는 자연의 작용이 그렇습니다. 햇볕은 모두에게 소중하지만 무가치합니다. 아무도 그 대가를 지불하지 않지요. 무상으로 제공된 것입니다.

황태를 파는 상인은 덕장에서 황태가 겨울바람에 얼고 햇볕에 녹기를 여러 번 반복하며 훌륭한 맛을 갖게 되었다고 자랑합니다. 그러나 바람과 햇볕은 사용가치를 높일 뿐 가치를 늘리지는 못합니다(햇볕이 들고 바람이 부는 곳을 찾아 황태를 넣어둔 노동자의 생산성을 높이는 역할을 할 뿐이지요). 황태 생산자는 자연의 노고에 대해 한 푼도 값을 치르지 않습니다. 노동력의 가치에 대한 마르크스의 계산법은 재생산노동을 이런 자연의 작용처럼 간주하는 겁니다.

마르크스는 노동력을 생산하는 노동을 생산적 노동으로 간주하면 온갖 노동이 전부 생산적 노동의 범주 안으로 들어가게 될 것이라고 했는데요. 밥을 짓고 옷을 입히고 사랑을 나누고 자식을 낳는 일 등을 상품을 생산하는 노동으로 간주하면 또 다른 문제가 생겨날 것이라는 이야기지요. 무엇보다 인간을 낳고 돌보는 일(인간의 생산과 재생산)이 상품의 생산과 동일시될 겁니다. 개념적으로 보면 물론, 노동자와 노동력은 전혀 다릅니다. 노동자는 자신의 노동력을 파는 것이지 자기 자신을 파는 것이 아닙니다. 노동자 자신이 상품이 된다면 그는 노동자가 아니라 노예겠지요. 자본주의는 상품을 생산하고 판매하는 사회이지 인간을 생산하고 판매하는 사회가 아닙니다. 그런데 문제는 인간인 노동자를 낳고 양육하고 돌보는 것과 상품인 노동력을 생산하고 재생산하는 것이 현실적으로 구분되지 않는다는 점입니다. 사람을 키워내는 일과 그의 능력을 키워내는 일이 별개일 수 없지요. 애초 주체와 능력을 분리한다는 것 자체가 개념적인 것입니다. 노동력의 상품화는 이것을 전제하고 있지만, 실제로는 노동자가 자기 능력을 분리해서 물건처럼 구매자에게 넘기는 게 아닙니다. 단지 일정시간 동안 주체성(인격)을 포기하고 타인의 명령에 복종하며 능력을 발휘하는 것이지요(마르크스의 말처럼, 시간이 한정되지 않았다면 사실 노예와 다를 바 없습니다).

노동자와 노동력이 별개일 수 없다는 것은, 마르크스가 노동력의 지출을 노동자의 '생명력 지출'이라 부른다는 점에서도 드러납니다. 노동력 지출은 생명력의 지출이고, 노동력 재생산은 생명력의 재생산입니다. 그러니 생명을 낳고 기르고 관리하는 일과 노동력을 생산하고 기르고 발전시키는 일을 칼로 두부 자르듯 나눌 수 없는 것이지요. 아마도 마르크스는 재생산노동을 생산적 노동으로 간주하면 이런 골치 아픈 문제를 고려하지 않을 수 없게 된다고 보았을 겁니다. 일반적 상품이라면 상품을 생산하는 노동과 그렇지 않은 활동을 구분할 수 있지만 노동력의 경우에는 그렇지가 않을 테니까요. 출산·양육·섹스·식사·놀이 등 인간의 신체와 정신의 형성에 관계하는 모든 활동을 노동력이라는 상품을 생산하는 활동으로 보아야 한다면 과연 어디까지, 얼마나 인정할 수 있을까…. 간단한 문제가 아니지요. 그래서 마르크스는 이런 활동들을 모두 가치의 생산영역 바깥으로 밀어낸 것 같습니다. 밥 먹고 옷 입고 섹스하고 아이를 낳고 기르는 일을 자연의 영역, 본성의 영역에 두는 거죠. 햇볕이 비치고 바람이 불듯이 또 동물이 새끼를 낳고 먹을 것을 구하듯 자연에 따라, 어떤 본성에 따라 무상으로 행해지는 활동들로 처리한 겁니다. 우리 삶에 필수적이고 노동력의 사용가치를 늘려주기는 하지만 교환가치(가치)는 조금도 늘리지 못하는, 비가치적 활동, 조금 강하게 말하자면 무가치한 활동으로 보아버리는 겁니다. 해당 노동력을 생산하는 데 필요한 재화들의 가치는 계산하지만 여기에 필요한 노동은 무가치한 것, 무상으로 제공된 것으로 간주한 셈이지요. 재생산노동을 '가치화'(valorize)하는 대신 '자연화'(naturalize)한 겁니다.

그러나 이렇게 재생산노동을 '자연화'(혹은 '본성화')하면 재생산영역 자체를 비역사적인 것으로 만들 수 있습니다. 재생산이 역사적으로 특수한 사회형태인 자본주의에서 이루어지고 있다는 사실을 망각하게 된다는 이야기죠. 인간의 생산과 노동력의 생산을 구분하기 어렵다는 것은 인간의 생산이 자본주의와 무관하게 이루어질 수 없다는 뜻이기도 합니다. 자본주의에서 노동력 생산이 중요하다면(노동력은 자본주의를 가능케 하는 핵심 상품이지요), 바로 그런 이유로 자본주의에서는 인간의 생산도 무척 중요합니다. 마르크스는 고대에서는 생산의 목적이 인간(공동체성원의 생산)에 있는 반면 근대에서는 인간의 목적이 생산에, 특히 부의 생산에 있다고 했는데요.[224] 실제로는 근대 자본주의에서도 인간의 생산은 무척 중요한 문제입니다. 노동력의 생산이 인간의 생산과 결코 별개 문제가 아니니까요. 현재 한국 사회가 이 점을 분명하게 보여주고 있습니다. 출생률 저하는 생물학자 이상으로 경제학자가 관심을 갖는 주제입니다. 출생률 저하는 노동인구(생산인구)의 감소를 의미하니까요. 양육도 그렇습니다. 어떤 신체, 어떤 정신을 가진 아이를 키울 것인가, 학교에서 무엇을 가르칠 것인가는 자본주의 산업구조와 무관하지 않습니다. 아이를 잘 키워냈다고 해서 자본가들이 부모의 육아노동에 대해 지불하는 것은 아니지만 그것을 끊임없이 요구하기는 합니다.

레오폴디나 포르투나티(Leopoldina Fortunati)는 자연화된 재생산노동을 비자본주의적인 것이나 전 자본주의적인 것으로 간주하는 것을 강하게 비판했습니다.[225] 재생산영역을 자연의 영역에 둔다 해도 그것은 자본주의 바깥에 있는 것이 아니라 자본이 요구하는 자연이고 자본이 요구하는 형태로 생산되는 자연이기 때문입니다. 노동력을 생산하는 노동으로서 재생산노동은 자본주의를 가능케 하는 노동입니다. 자본주의 바깥, 가치생산(잉여가치생산)의 바깥에 있는 노동이 아니라 그것을 떠받치고 있는 노동이지요. 게다가 재생산노동을 자연화하는 것은 그것을 지불하지 않는 노동, 즉 불불노동으로 만드는 것입니다. 만약 생활수단의 가치들만이 아니라 재생산노동까지 포함한다면 노동력의 가치는 훨씬 더 올라갈 겁니다. 그만큼 잉여가치가 줄어들 수밖에 없지요. 달리 말하면 자본으로서는 재생산노동을 자연화함으로써 더 많은 잉여가치를 얻습니다. 이 점에서 노동력의 가치에 대한 마르크스의 계산법은 자본의 이해관계와 통하는 면이 있습니다. 재생산노동을 비생산적 노동으로 간주하고 자본과 맺는 관계를 차단해버림으로써 재생산노동을 소위 '집안일'로 만들어버렸습니다. 자본은 재생산노동이 잉여가치에 기여하는 만큼 재생산노동을 착취하는 셈인데, 그것이 '집안일'이 되어버리면 자본가와 재생산노동자의 문제가 아니라 집안일에 무관심한 남편(남성 공장노동자)과 가사노동에 시달리는 아내(여성 가사노동자)의 문제처럼 보입니다.

포르투나티의 지적처럼 재생산노동의 자연화는 부르주아 이데올로기에 정확히 부합합니다. "부르주아 이데올로기에 따르면 여성은 엄밀한 의미에서는 노동하지 않으며, 해방되었든 안 되었든 오히려 아내와 어머니로서 사명을 갖고 있다. 자유로운 남성 노동자에게 여성은 가정주부이거나 매춘부이다. 즉 여성들은 '사랑'을 위한 것이든 아니든 사적 서비스를 제공한다. 자본을 위해서, 여성들은 간접적으로 임금을 받는 가사노동자 혹은 성노동자가 되기 위해서 사회적 노동의 '자연적' 힘이어야 한다."[226]

▶문밖의 유령들──1970년대 초에 레오폴디나 포르투나티, 마리아로사 달라 코스타(Mariarosa Dalla Costa), 셀마 제임스(Selma James) 등 이탈리아 페미니스트들이 이 문제를 강하게 제기했습니다. 이들은 마르크스가 일반적인 상품생산의 형태 이외의 가치생산노동을 인식하지 못했으며, 자본축적 과정에서 여성들의 불불노동인 재생산노동의 중요성을 알아보지 못했다고 지적했습니다.[227] 이들은 '가사노동에 대한 임금 지급'(Wages for Housework) 운동을 전개했는데요. 단순히 주부들에게도 얼마간의 임금을 지급해달라는 차원의 요구가 아니었습니다. 엄밀히 하자면 이 운동은 '가사노동에 반대하는 임금투쟁'(wages against housework)이라고 할 수 있습니다. 실비아 페데리치는 이 운동의 취지를 이렇게 설명했습니다. "가사노동에 대한 임금 지급을 요구하는 것은 우리에게 임금을 지불하기만 한다면 이 일을 계속하겠다는 뜻이 아니다. 정확히 말해 그 반대다. 우리가 가사노동에 대한 임금을 원한다고 말하는 것은 그 노동을 하는 것을 거부하는 첫 걸음이다. 왜냐하

면 임금에 대한 요구가 우리가 하고 있는 노동을 가시화할 것이고, 이는 그것에 맞서 투쟁할 때 가장 불가결한 조건이기 때문이다. (…) 우리가 가사노동에 대한 임금을 원한다고 말하는 것은 (…) 자본이 우리의 요리, 미소, 섹스로부터 돈을 벌어왔고 또 벌고 있음을 드러내는 것이다."[228]

가사노동에 대한 임금 지급 투쟁이 일차적으로 겨냥했던 것은 '재생산노동의 자연화'였습니다. 가사노동을 노동이 아닌 본성적 활동, 자연적 활동으로 보는 것에 반대한 겁니다. 가사노동을 자연화하고 나면 다음에는 그 자연(본성)이 여성의 것이라고 말합니다. 여성이 그런 노동에 적합한 정신과 신체를 타고난 것처럼 말입니다. 한마디로 집안일은 여성의 일이라는 거죠.[229] 가사노동에 대한 임금 지급 투쟁은 가사노동이 엄연한 노동이며, 여성의 본성도 아니고, 당연히 여성의 일도 될 수 없다는 점을 드러내는 투쟁입니다. 즉 가사노동을 수행하고 있으니 임금을 달라는 투쟁이 아니라, 가사노동을 수행하지 않겠다는 선언에 가깝지요. 여성에게 자본주의사회가 할당한 역할을 거부하는 투쟁이라 할 수 있습니다. 이 투쟁은 확실히 생산영역 노동자들의 임금투쟁과는 다릅니다. 착취의 성격도 다르고요. 여기서는 자본가가 생산노동자에게 노동력의 가치에 합당한 지불을 했는지가 문제가 아닙니다. 더 나아가면 잉여가치의 직접적 원천이 노동력의 가치와 노동력을 사용함으로써 얻어낸 가치의 차이에 있다는 것, 즉 자본증식의 비밀이 상품생산에 참여한 노동자의 잉여노동에 있다는 것도 문제가 아닙니다. 이 투쟁이 부각하는 것은 '가치화/자연화' 자체입니다. 가치 이상으로 부려먹은 노동의 문제가 아니라 가치로 인정받지 못하는 노동의 문제이지요. 이 투쟁은 우리로 하여금 '착취된 가치'가 아니라 '가치의 착취' 즉 '가치화' 자체의 착취에 대해 생각하게 합니다 (1080쪽 참조).

자본주의적 생산양식에서 이루어지는 착취는 공장노동자에게만 일어나는 게 아닙니다. 마르크스는 '잉여가치율'을 '착취도'라고 불렀는데요. 자본주의사회에는 착취를 당하고 있음에도 '착취도' 계산에서는 빠져나간 존재들이 많습니다. 상품(가치)을 생산하면서 그것을 부인당하는 재생산노동자들이 그렇고요(그래도 재생산노동자의 경우에는 생산노동자의 임금이 가족임금의 성격을 갖는 한에서 필요노동의 일부를 지급받는다고 볼 수도 있습니다. 그리고 계산에서는 빠졌지만 원리상으로는 노동력이 상품인 한 재생산노동도 상품을 생산하는 노동임을 부인할 수 없지요). 조금 더 나아가면 인간적 개념인 '가치' 자체에 들어올 수 없는 동물들의 노동이 있고, 여기서 더 나아가면 자본주의적 생산에 무차별로 동원되면서 망가지는 지구 생태계가 있습니다. 물론 이런 착취들은 정치경제학(가치론)에서는 계산할 수 없는 것들입니다. 가치론 바깥에 있지요(재생산노동은 반쯤 걸쳐 있고 나머지는 아예 바깥으로 밀려나 있습니다). 그렇다고 가치생산과 무관한 것은 아닙니다. 자본주의적으로 착취당하면서 자본주의적으로 계산되지 않을 뿐입니다. 따라서 이런 존재들이 착취에 저항한다면(당연히 저항할 수밖에 없지요) 그것은 설령 생태계에서 일어난 일이라 해도 명백히 반자본주의적 성격을 갖습니다.

왜 마르크스는 『자본』에서 이들의 노동, 이들의 투쟁을 다루지 않았을까요. 물론 『자본』에는 이들이 몸 없는 유령처럼, 산업노동자들의 희생에 대해 말할 때 비유로서 등장합니다(560쪽). 또 자본주의적 생산에 동원되면서 생태계(토지) 역시 노동자만큼이나 파괴당한다는 점이 지적되어 있습니다(657쪽). 그러나 정치경제학의 논리를 따라가며 그것을 내파시키고 전복시키는 서술방식 때문인지 마르크스는 『자본』에서 이들을 '정치경제학 영역 바깥의 유령들'처럼 다루고 있습니다. 정치경제학 바깥의 유령들. 원래 이 표현은 마르크스 자신이 정치경제학자들을 비판하면서 한 말입니다. 정치경제학자들이 노동하지 않는 존재들을 경제학 바깥으로 밀어내고 유령처럼 다룬다고요(1080쪽 참조). 그런데 이번에는 마르크스 자신이 그렇게 다루고 있는 것 같습니다. 재생산노동이 들어오지 못하도록 생산적 노동의 문을 닫아건 스미스의 본능에 공감을 표하면서 말이지요.

마르크스는 왜 재생산노동의 중요성을 인식하지 못했는가. 페데리치는 이것이 마르크스만이 아니라 당대 학자들 모두에게 나타난 문제라고 말합니다. 그리고 이는 당시 영국 노동자계급의 상태와 관련이 있을 거라고 했습니다.[230] 19세기 후반까지 영국 노동자계급의 노동일은 너무 길었습니다. 노동일의 무제한적 확장으로 재생산노동 시간이 너무 짧았지요. 재생산노동이 제대로 이루어질 수 없었습니다. 잠자는 시간조차 모자랐으니까요. 노동자계급은 사실상 자신의 노동력을 제대로 재생산하지 못했습니다. 평균수명이 20대였다고 하니까요. 하지만 마르크스에게는 다른 학자들과 달리 또 다른 이유, 어쩌면 더 중요한 이유가 있었던 것 같아 보입니다. 페데리치는 마르크스의 경우에는 혁명에 대한 사고가 더 큰 영향을 미친 것 같다고 말합니다.[231] 해방이 생산력의 발전과 더불어 올 수 있다고 보았다는 거지요. 해방의 주체는 당연히 산업노동자들이고요. 이는 『자본』에서 읽어낼 수 있는 마르크스의 정신이기도 합니다. 마르크스는 자본주의의 성장과 더불어 성장하고 더욱 강력해지는 것을 자본주의 전복의 무기로 삼습니다. 자본주의가 발전시키는 생산력(기계)과 프롤레타리아트(산업노동자들)가 그런 존재들이지요.

그러나 반체제운동은 공장 안에서만 일어나지 않습니다. 자본주의에선 가치화(가치증식)만큼이나 비가치화가 일어나고, 노동자를 착취하는 것만큼이나, 어쩌면 그 이상으로 비노동자들을 착취합니다. 산업노동자가 아닌 프롤레타리아트도 착취당하고 있으며 또한 착취에 저항하며 싸우고 있습니다. 여성, 빈민, 원주민이 그렇고 프롤레타리아트 개념을 만약 인간 너머까지 적용할 수 있다면, 동물이 그렇고 자연 생태계가 그렇습니다. 우리가 이미 본 것처럼 마르크스는 리카도 학파가 잉여가치 원천으로 나아가지 않은 것이 거기 거대한 위험이 있음을 알아차린 "올바른 본능" 때문이라고 비꼬아 말했습니다. 스미스가 노동력을 생산하는 노동을 생산적 노동에 포함하지 않은 것도 "올바른 본능" 때문이라고 했고요. 둘 모두 계급적 본능에 따라 이론적 일관성을 잃더라도 현실적 이해관계를 수호하는 길을 택했습니다. 마르크스는 어떨까요. 그는 혹시 이론적 이해관계 때문에 현실의 억압받는 자들, 그리고 그 억압에 맞서 싸우는 자들에게 문을 열어주지 못했던 것은 아닐까요. 혹은 어떤 남성주의적 본능, 인간주의적 본능이 그에게 속삭였던 것은 아닐까요. 문을 열면 감당하기 힘든 투쟁이 벌어진다고…. 이런 생각을 떠올리니 왠지 『자본』 바깥에서 문을 두드려대는 유령들의 소리가 들리는 것만 같습니다.

㉚ '건축물' 비유와 재생산의 관점

프리드리히 니체는 2000여 년 전부터 철학자들은 끊임없이 건축물을 세워왔다고 했습니다.[232] 마치 '가장 확고한 토대들'(sichersten Grunde)이라도 되는 양, 그러나 낡은 신념들을 기반으로 삼아서 말입니다. 건축물을 무너뜨리는 가장 확실한 방법은 토대를 공격하는 겁니다. 토대를 건드리면 건축물 전체가 무너집니다. 니체는 자신이 한 일이 그렇다고 했습니다. 철학적 건축물들의 토대를 뚫었다고요. 이 점에서 그의 비판은 '건축물의 해체', 자크 데리다의 용어를 쓰자면 '탈구축'(탈건축, déconstrution)인 셈입니다.[233]

▶ '자본주의'라는 건축물──니체의 말이 옳다면 "플라톤 이후 유럽의 모든 철학적 건축가들의 작업"[234]은 토대 위에 건축물을 올리는 것, 다시 말해 '토대/상부구조' 형식을 취하고 있다고 할 수 있습니다. 무엇을 토대로 삼느냐, 토대 위에 상부구조를 어떻게 쌓아 올리느냐만 다를 뿐 사유의 건축물을 세웠다는 점에서는 같습니다. 서구 철학사에 '건축에의 의지'가 작동하고 있는 겁니다.[235] 참고로 왜 '플라톤 이후'인지 의문이 들 수 있는데요. 가라타니 고진에 따르면 고대 그리스의 사상가들은 크게 두 부류로 나뉩니다. 한편에는 세계를 살아 있는 유기체처

럼 보는 사람들, 세계를 '생성'으로서 사유하는 사람들이 있고, 다른 한편에는 세계를 미리 계획된 작품으로 보는 사람들, 조물주의 제작물('건축가로서의 신')로 보는 사람들이 있지요. 가라타니에 따르면 플라톤은 후자의 관점에 섰습니다. '건축'의 관점에서 '생성'의 사유에 맞섰던 거죠. 그런데 이런 사람들은 소수파였습니다(나중에는 주류가 되지만요). 그리스 사상의 본류라기보다 이방의 사유였지요.[236] 가라타니는 아마도 이집트에서 들어왔을 거라고 말합니다. "이집트는 영혼의 불멸, 일신교, 계획적으로 통제된 국가라는 개념들이 비롯된 곳"이니까요.[237] 사실은 니체 역시 그렇게 추측했습니다. 그는 플라톤 철학과 "아시아와 이집트에서의 거대한 건축양식" 사이에 모종의 관련이 있음을 시사했지요(본문 7장에서 본 것처럼, 마르크스도 플라톤의 국가를 "이집트적 카스트제도의 아테네적 이상화"라고 부른 바 있습니다).[238]

우리는 마르크스한테서도 이런 건축물을 발견할 수 있습니다. 『정치경제학 비판을 위하여』 서문에서 그는 오랜 연구 끝에 도달한 결론을 '토대/상부구조'라는 건축물로 표현했습니다.[239] 여기서 토대에 해당하는 것은 경제적 구조입니다. 생산력과 생산관계로 이루어져 있지요. 이 토대 위에 상부구조가 얹힙니다. 법적·정치적·종교적·예술적·철학적(이데올로기적) 영역이 여기에 해당합니다. 이 비유는 사회의 기본 성격이 어디에 달려 있는지를 단번에 보여줍니다. 토대가 흔들리면 그 위에 아무리 그럴싸한 상부구조를 쌓아 올려도 의미가 없습니다. 마르크스는 비유를 통해 경제적 구조의 중요성 내지 규정력을 쉽게 보여줄 수 있었습니다. "물질적 생활의 생산양식이 사회적·정치적·정신적 생활과정 일체를 조건 짓는다"[240]라는 말을 이미지화할 수 있었지요. '건축물' 비유는 사회를 정태적으로 분석할 때만이 아니라 역사적 변동을 설명할 때도 위력을 발휘합니다. 사람들이 지닌 의식이나 법률·정치·종교·예술이 아니라 경제적 구조가 역사적 변동의 근본 원인이라는 것을 이미지화하지요. 상부구조의 변화는 (일정한 자율성이 허용된다 하더라도 기본적으로는) 토대에서 일어난 변화를 반영할 뿐입니다. 경제적 토대에서 일어난 변화가 지진이 전달되듯 상부구조의 변혁을 낳습니다.

마르크스는 '건축물' 비유를 통해 유물론자가 어떻게 사회를 분석하고 역사적 변동을 이해하는지를 보여주었습니다. 이 점에서 건축물은 좋은 비유라 할 수 있지요. 하지만 비유는 어떤 사실을 납득시키는 데는 도움이 되지만 또 다른 점을 생각하는 데는 방해가 되기도 합니다. '토대/상부구조' 비유도 그렇습니다. 이 비유를 통해서는 '상부구조'의 영역, 이를테면 법률·정치·종교·예술·이데올로기 등이 자본주의적 생산양식과 관련해 어떤 역할을 수행하는지 알기 어렵습니다. 토대로부터 일정한 '상대적 자율성'을 갖는다거나 토대에 대한 일정한 '반작용'을 가한다는 식의 소극적 언급을 할 수 있을 뿐이지요.[241] 무엇보다 사회를, 생성하고 발전하며 소멸하는 것으로서 고찰할 때 건축물은 좋은 비유가 아닙니다. 플라톤이 생성의 사유에 맞서 건축의 사유를 내세웠다고 했는데요. 확실히 건축물은 생성이나 운동을 사고할 때는 적합한 이미지가 아닙니다. 사실 마르크스가 사회의 이미지로 더 많이 활용한 것은 유기체였습니다. 본문에서 말한 것처럼 마르크스는 사회를 다양한 기관들로 이루어진 유기체로 묘사하곤 했습니다. 사회를 이런 식으로 보면 건축물로 볼 때와는 다른 점을 고려하게 되지요. 유기체는 생산과 소비 활동을 지속함으로써만 살아남을 수 있습니다. 가만히 있을 때조차 끊임없는 대사 작용이 일어나지요.

사회구성체를 이루는 요소들 사이의 위계를 보여주는 데는 '토대/상부구조' 비유가 탁월합니다. 어떤 요소가 지배적 영향력을 행사하는지 한눈에 보여주니까요. 그런데 유기체 관점에서 보면 설령 요소들 사이의 위계를 인정한다 하더라도 중요한 것은 '요소'가 아니라 '관계'입니다. 생명은 특정 요소가 아니라 요소들 사이의 관계에 달려 있음을 깨닫게 되지요. 설령 생명의 최종심급이 심장에 달려 있다는 말이 옳더라도 우리는 뇌와 폐, 위장의 기능을 무시할 수 없습니다. 이들의 관계가 깨지면 결국에는 심장도 멎을 수밖에 없습니다. 물론 유기체 비유에도 한계가 있습니다. 목적론이 개입할 수 있지요. 부분인 구성 요소들을 전체 유기체의 생명 유지라는 관점에서만 이해하는 겁니다. 손은 먹을 것을 붙잡기 위해 존재하고 입은 그것을 씹기 위해 존재한다는 식으로 말이지요. 마치 그런 기능을 위해 그 기관이 탄생한 것처럼 생각하게 되지요(눈이 있어서 보는 게 아니고, 보기 위해서 눈이 탄생했다는 식으로요). 사회구성체의 요소들을 이런 식으로 신체의 기관처럼 파악하면 이 요소들이 지닌 탈기관화(탈조직화)의 잠재력을 읽어내기가 어렵습니다(이 점에서 장애인들은 놀라운 실험자들입니다. 이들은 신체의 기관에 대한 통상적 이미지에 도전합니다. 이들은 신체기관이 무엇까지 될 수 있는지, 다시 말해 기관을 어디까지 탈기관화할 수 있는지를 실험합니다. 입으로 펜을 쥐고, 손으로 글자를 읽습니다). 이런 사고방식에 빠지면 편제 내지 배치의 미묘한 변화만으로 동일한 사물이 다른 기능을 수행할 수도 있고 동일한 기능이 갑자기 전체 신체의 해체를 야기할 수 있다는 걸 알기 어렵지요.

▶재생산의 관점에서 본 자본주의 그리고 국가──그러나 비유를 쓸 때의 한

계를 염두에 둔다면, 사회를 여러 기관으로 이루어진 복합적 신체처럼 생각하는 것에는 큰 유용성이 있습니다. 사회의 '재생산' 문제를 생각할 때도 그렇습니다. '건축물' 비유에서는 경제적 토대가 무너질 때 사회가 붕괴합니다. 그런데 '신체' 비유에서는 재생산에 실패할 때 사회가 죽음에 이르지요. 사람들이 살아가는 데 필요한 재화들이 더 이상 생산되지 않는다면, 다시 말해 생산과정의 갱신이 이루어지지 않는다면, 사회는 그 형태와 상관없이 죽음에 이릅니다. 본문 10장에서 보았듯 마르크스는 "재생산의 관점에서 본다면"이라는 말을 반복했습니다. 재생산의 관점을 도입하면 사회의 구성 요소들이 재생산을 위해 어떤 기능을 수행하고, 각각의 기능이 서로 어떻게 맞물려 있는지를 해명할 수 있습니다. 알튀세르는 마르크스가 재생산의 관점을 도입한 것의 의의를 이렇게 말했습니다.[242] 건축물 비유로는 구성 요소들을 나열하고 묘사했을 뿐이지만, 즉 아무런 '개념적 대답'(réponse conceptuelle)도 제공하지 않은 채 그냥 요소들만 보여주었을 뿐이지만, 재생산 관점을 도입함으로써 드디어 이 요소들에 대한 해명이 이루어질 수 있게 되었다고요.

사회구성체가 재생산이 되려면 무엇이 필요할까요. 생산이 반복되려면 생산수단이 계속 제공되어야 합니다. 생산수단의 재생산이 필요하지요. 이에 대해서는 이미 본문에서 길게 말했으므로 더 언급하지 않겠습니다. 다만 이런 재생산은 개별 자본가 수준에서는 사고될 수 없다는 점만을 다시 확인해둡니다. 방직업자가 재생산에 성공하려면 면화와 방추가 필요한데요. 그는 그것들을 직접 생산하지 않습니다. 방직업자의 재생산조건은 면화 재배업자와 방추 제조업자에게 달려 있지요. 사회 전체의 재생산을 위해 어떤 생산물을 얼마만큼 생산해야 하는지를 개별 자본가가 알 수는 없습니다. 마르크스가 사회적 총자본과 총자본가를 말하는 것은 이런 이유입니다. 마르크스는 이것들을 조절해주는 전체 생산 메커니즘이 있는 것처럼 말합니다(추가노동력의 공급과 관련해 그는 "자본주의 생산 메커니즘은 그것을 위해 이미 마음을 써"두었다고 했는데요, 이런 표현이 그런 느낌을 줍니다[김, 793; 강, 797]). 우리 신체에서 항상성을 유지하는 메커니즘이 작동하는 것처럼 말입니다. 물론 마르크스가 이 메커니즘의 성공이 보장되어 있다고 본 것은 아닙니다. 오히려 부문별 불일치 때문에 크고 작은 공황이 생겨날 수 있다고 보았지요.

그래서 현실적으로는 이런저런 불일치의 문제를 조절할 기구 내지 장치가 있어야 합니다. 국가 말입니다. 국가는 다양한 산업정책을 통해 생산수단의 재생산에 큰 문제가 생기지 않도록 관리하고, 생산수단과 소비수단의 비율에도 신경을 씁니다. 사실 관리자로서 국가의 역할이 더욱 요구되는 곳은 노동력 쪽입니다. 노동력은 생산력의 원천입니다. 기계 자체도 물론 생산성을 높이는 데 크게 기여합니다만 기계의 도입으로 생산성이 높아지는 것은 노동자들로 하여금 더 많은 능력, 더 고급의 능력을 발휘하게 하기 때문입니다. 이를테면 컴퓨터의 등장으로 오늘날 노동자는 19세기 노동자들이 상상하지도 못할 지적·예술적 능력을 발휘하지요(참고로 마르크스는 '고급 노동'의 경우 '더 많은 노동'을 수행한 것과 같다고 말한 바 있습니다). 마르크스가 생산성 증대를 '노동생산력의 증대'라고 부르는 이유가 여기 있습니다. 노동력의 재생산은 자본 재생산에 필수불가결합니다. 마르크스가 쓴 편지의 문구를 빌리자면, "노동이 중지되면 어떤 나라도 1년은커녕 몇 주도 안 돼 쓰러질 수밖에 없다는 건 아이들도 아는" 사실입니다.[243]

그렇다면 노동력의 재생산은 어떻게 이루어지는가. 마르크스는 본문에서 임금이 지급되면 노동력의 재생산이 이루어진다고 했습니다. 임금은 노동자들의 "근육과 뼈, 두뇌를 재생산"하고, 노동자의 자식들 즉 미래 노동자들의 근육과 뼈, 두뇌도 생산합니다. 게다가 임금은 노동자들의 빈곤도 재생산합니다. 자본주의에서 임금수준은 노동자로 하여금 다시 노동력을 팔아야만 하는 상황에 놓이게 하지요. 즉 노동력을 팔아야만 하는 상황을 재생산합니다. 마르크스는 자본가가 임금만 지급하면 나머지 일은 저절로 이루어지는 것처럼 말했습니다. 노동자는 '본능'에 따라 자신을 돌보고 자식을 키울 거라고요. 그리고 별수 없이 또 노동력을 팔러 나올 거라고요. 자본가가 신경 쓰지 않아도 노동력이 알아서 재생산되고 알아서 공급된다는 겁니다. 과연 그럴까요. 노동력의 재생산이 생물학적 능력, 말하자면 건강의 재생산을 의미하는 것이라면 그럴지도 모르지요. 하지만 자본가가 필요로 하는 노동력은 건강 이상의 능력입니다. 상당한 교육과 훈련을 필요로 하는(보통 우리가 자격증으로 증명하는) 자질들을 갖추어야 하지요. 생물학적 능력만으로는 충분하지 않습니다. 읽고 쓰고 셈할 줄 아는 것은 물론이고 더 고차적인 자질, 이를테면 문학적·과학적·예술적 소양을 갖추어야 합니다. 어떤 자질은 생산현장에서 당장에 필요한 것이고, 어떤 자질은 잠재적으로 필요한 것이며(상품을 창안하거나 개량할 때 혹은 상품의 생산방식을 바꿀 때), 어떤 자질은 생산노동자에게, 어떤 자질은 중간관리자에게, 또 어떤 자질은 경영자에게 필요합니다.

중세의 장인은 작업장에서 도제들을 직접 가르쳤습니다. 일을 시키면서 일을 가르쳤지요. 그러나 자본주의에서는 그렇지 않습니다. 직무와 직접 관련된 몇 가지 기술은 생산 현장에서 훈련시키지만, 대부분의 자질들은 생산 현장 바깥에서,

이를테면 학교나 학원, 직업훈련소 등 다른 기관에서 이루어집니다.[244] 개별 자본가의 직접적 영향력이 미치지 않는 곳들이지요. 국가의 개입이 필요한 영역입니다. 교육만이 아닙니다. 노동력의 공급과 관련해서는 실업자나 구직자들, 소위 '산업예비군'이라 불리는 사람들에 대한 관리도 중요합니다. 산업예비군은 자본주의에서는 일정 규모 이상으로 존재할 수밖에 없는 사람들입니다. 이들은 자본의 재생산에서 중요한 역할을 수행합니다. 이들이 노동력의 저수지를 이루는 덕분에 수요 변동에 따라 노동력의 탄력적 공급이 가능하니까요. 이미 취업한 노동자들에게 저임금과 고강도 노동을 강요할 수 있는 배경도 되고요. 그런데 이들은 기업 바깥에 존재하기 때문에 자본가의 직접적 관리를 받지 않습니다. 임금을 통해 이들 노동력의 재생산이 담보되지 않지요. "자본가들이 필요로 하지만 그들 스스로는 직접적 보장을 제공할 수 없는 노동력의 스톡"이라 할 수 있습니다.[245] 이들은 실업수당이나 근로장려금, 고용보험 등 다양한 사회제도를 통해 관리됩니다. 역시 국가의 관리가 필요한 영역입니다.

'토대/상부구조' 비유에서는 국가의 이런 기능을 적극적으로 사고하기 어렵습니다. 경제적 토대에 의해 규정되는 상부구조라는 식으로 평가절하 될 수 있지요. 그러나 재생산의 관점에서 보면 국가의 외적 개입은 자본 재생산의 내적 조건입니다. 노동력 관리자로서 국가가 제 기능을 발휘하지 못한다면 토대에 해당한다고 하는 물질적 생산이 이루어질 수 없으니까요. 사실 『자본』 I권에도 국가가 노동력 관리자로 나서는 장면이 몇 번 나옵니다. 대표적인 곳이 노동일에 관한 장입니다. 마르크스는 대공업이 본격화하기 전, 즉 자본관계가 사회 전체를 장악하기 전, 국가가 노동력 공급에 큰 역할을 했다고 했습니다. "경제적 관계의 힘만으로는 잉여노동을 충분히 흡수할 수 없어 국가권력의 도움을 받"았다고요. 국가는 법령을 통해 노동하지 않는 자들을 혹독하게 처벌했고 노동자들의 노동일도 강제로 늘렸습니다. 일종의 노동 수용소인 구빈원을 통해 노동윤리를 내면화하도록 만들기도 했습니다.

그렇다면 기계제 대공업 이후에는 노동력 관리를 하지 않았을까요. 그렇지 않습니다. 마르크스가 공장법을 다루면서 보여준 것처럼 국가는 다양한 법령과 제도로 '자본의 정신'이 관철되도록 돕습니다(물론 국가의 개입 양상과 범위는 계급투쟁과 정세에 따라 달라진다는 점에도 유의해야 합니다). 다만 『자본』은 자본의 운동을 통해 자본의 재생산을 해명하려 하기 때문에 노동력의 재생산도 가변자본의 운동 안에서만, 즉 임금과 관련해서만 다루지요. 그러나 앞서 말한 것처럼 국가의 외적 개입은 노동력 재생산의 내적 조건이라 불러도 좋을 만큼 필수적입니다. 오늘날에도 우리는 노동일의 길이, 노동력의 제공 형태, 고용의 유연성, 실업자 및 구직자의 관리, 미래 노동력의 육성 등에서 국가가 얼마나 자주, 얼마나 깊숙이 개입하는지, 매일 쏟아져 나오는 경제 관련 뉴스만 살펴봐도 확인할 수 있습니다.

▶이데올로기와 복종의 재생산——이 점에서 알튀세르의 지적은 중요합니다. 노동력의 재생산은 "물질적 조건들을 보장하는 것"만으로는 불충분합니다.[246] 기술과 지식에 대한 교육이 필요합니다. 그런데 알튀세르가 더욱 강조하는 것이 있습니다. 그것은 복종입니다. "노동력의 재생산은 그 자격의 재생산만이 아니라 기존 질서의 규칙들에 대한 복종의 재생산"을 필요로 합니다.[247] 노동자는 기술과 지식만이 아니라 복종을 배워야 합니다(사실은 자본가도 그렇습니다. 자본가도 자본가이기 위해서는 자본주의의 질서를 존중하고 지배 이데올로기에 먼저 젖어 있어야 하지요). 노동일에 관한 장을 다룰 때 구빈원을 이야기하며 나는 상품을 생산하는 것만큼이나 노동자의 생산이 중요하다고 말했지요. 자본주의는 상품의 생산양식이지만 또한 주체성의 생산양식이라고요. 노동수용소였던 구빈원은 노동자를 만들어내는 일종의 주체성 생산의 장치였습니다. 자본주의 초창기에는 노동자 생산에 관여한 폭력적인 장치가 많았습니다. 소위 '피와 불의 입법'이 많이 있었지요. 지금도 여전히 억압적인 국가장치(경찰, 군대, 감옥 등등)는 상당한 정도로 주체성의 생산에 관여합니다. 모든 성인 남성이 원칙적으로 군대를 다녀와야 하는 한국 사회에서는 특히 그렇지요. 그러나 주체성의 생산과 관련해 억압적 방법을 쓰는 데는 한계가 있습니다. 외적 복종을 강제할 수는 있지만 내적 복종까지 끌어내기는 어렵지요. 게다가 폭력적인 만큼 강한 반발을 불러일으킬 수 있습니다.

그런데 이와는 다른 장치들이 있습니다. 알튀세르가 '억압적 국가장치'와 구분해 '이데올로기적 국가장치'라고 부르는 것들인데요. 교육(학교), 종교(교회), 가족, 미디어, 문화 등에서 작동하는 장치입니다. 폭력보다는 주로 이데올로기를 통해 기능하는 장치이지요(물론 알튀세르는 경찰이나 군대 같은 억압적 장치에도 이데올로기가 작동하며, 학교나 교회에도 폭력이 사용된다는 점을 인정합니다. 다만 주요 수단이 무엇인가로 둘을 나눈 겁니다[248]). 이 중에서도 학교가 특히 중요합니다. 학교는 지식과 기술을 교육할 뿐 아니라 지배 이데올로기를 주입하는 역할을 합니다(물론 교육 현장이 아무런 갈등도 없이 지배 이데올로기를 일방적으로 주입하는 장이라고 말할 수는 없습니다. 이것은 이데올로기적 국가장치라는 견지에서 하는 말입니다). "다른 어떤 이데올로기적 국가장치도 [학교처럼] 자본주의 사회구성체의 어린이들 전체를 일주일

에 5, 6일 그리고 매일 8시간씩, 여러 해 동안 의무적 청중으로 만들 수는 없"습니다.[249]

학교 외에도 이데올로기 장치는 온갖 곳에서 온갖 방식으로 작동합니다. 노동자들은 다양한 이데올로기 장치(학교, 교회, 가족, 조합, 미디어 등)에 둘러싸인 채로 일상을 살아갑니다. 그 안에서 일하고 배우고 사람을 만나고 휴식을 취합니다. 이렇게 살아가다 보면 어느덧 '돈이 돈을 낳는다'라는 말이 하나도 이상하지 않고 (자본이 이윤이나 이자를 낳았다는 말이 자연스럽지요), 사물과 행동의 상품성을 생각하게 되고, 노동력을 상품으로 거래하는 것도 자연스럽고, 빈곤이 착취의 결과라기보다 자기 선택과 능력의 결과라는 사고도 자연스럽게 받아들입니다. 물컵에 넣은 막대가 꺾여 보이는 것처럼 왜곡된 현상이지만 개인적 착각이나 공상으로 볼 수는 없습니다. 몇 차례 언급했듯 이것은 사회적 관계 속에서 나오는, 더욱이 다양한 사회적 장치와 제도 속에 살면서 형성된, 집단적이고 객관적인 가상이지요. 무의식적으로 렌즈가 장착된다고 할까요. 사물들이 특정한 형태로 보입니다. 그리고 그에 따라 개인들의 의식도 특정한 형태로 만들어지고요. 이렇게 의식까지 사로잡혔을 때 노동자는 완전한 '자본의 부속물'이 될 수 있습니다. '자본의 노동자'로 재생산되는 것이지요(자본가 역시 이런 이데올로기 속에서 자본가로서 재생산되고요). 물론 마르크스가 여기까지 이야기했던 것은 아닙니다. 알튀세르가 재생산의 관점에 입각해 마르크스의 이야기를 더욱 밀고 간 것이지요. 어쨌든 재생산의 관점을 끌어들임으로써 자본의 재생산, 특히 노동력의 재생산과 관련된 국가의 역할, 이데올로기의 기능을 생각할 수 있게 된 겁니다.

▶저항의 재생산 혹은 주체 재생산의 위기──이런 조건에서 우리가 저항을 사고할 수 있을까요. 재생산의 관점에서 보면 자본주의의 위기는 토대의 붕괴보다는 재생산의 실패에서 온다고 할 수 있는데요(굳이 따지자면 재생산의 실패가 토대의 붕괴를 낳습니다). 자본주의의 위기는 생산수단의 재생산과도 관련되지만 당연히 노동력의 재생산과도 관련됩니다. 그리고 노동력의 재생산에는 기술과 지식을 갖춘 노동력을 충분히 양성해내는 문제만이 아니라 복종의 재생산, 즉 자본주의 노동자로서 주체성을 재생산하는 문제가 포함됩니다. 그런데 방금 소개한 알튀세르의 이데올로기론에서는 노동자의 저항이나 이탈을 사고하기가 어렵습니다. 이데올로기를 통해 노동자가 노동자로 재생산되는 것이라면, 노동자가 노동자인 채로 이데올로기에 저항한다는 것은 생각하기 어렵지요.

진태원에 따르면 알튀세르가 택할 수 있는 길은 두 가지입니다.[250] 하나는 부르주아 이데올로기와는 다른 프롤레타리아 이데올로기를 상정하는 겁니다. 저항 이데올로기를 상정함으로써 지배 이데올로기를 상대화하는 것이지요. 부르주아 계급의 이데올로기에 젖어 있는 노동자들에게 프롤레타리아 계급의 이데올로기를 주입함으로써 저항의 주체로 만들 수 있다는 생각이지요. 두 계급의 투쟁을 두 이데올로기의 투쟁으로 사고하는 겁니다(내 생각에 이 길은 기본적으로 '토대/상부구조' 모델에 입각하고 있습니다. 토대의 계급적 규정이 그대로 상부구조의 이데올로기에 반영된 거죠). 또 하나는 부르주아와 프롤레타리아의 존재론적 상이성 내지 불균등성을 강조하는 겁니다. 재생산의 관점을 취할 때, 나는 개인적으로 이 두 번째 길이 훨씬 더 흥미롭습니다. 두 계급은 자본주의를 함께 구성하고 있지만 상이한 형성과정, 상이한 역사를 갖고 있습니다. 자본주의에서 두 계급은 함께 재생산되지만 애초 생산은 달랐다는 이야기지요. 생산과 재생산을 구분해야 한다는 겁니다.

이를테면 근대 초기 영국에서는 인클로저를 통해 프롤레타리아들이 대규모로 생겨났습니다. 마르크스에 따르면 "대량의 인간이 갑자기 폭력적으로 자신의 생존수단에서 분리되어 보호받을 길 없는 프롤레타리아로서 노동시장에 내던져진 사건"이 일어났습니다[김, 981; 강, 964~965]. 그러나 이 사건은 애초 노동력의 생산을 위해 기획된 것이 아닙니다. 단지 양모 값이 오르자 더 많은 양을 키우기 위해서 혹은 그냥 넓은 사냥터가 필요해서 농민들을 쫓아냈던 것뿐입니다. 중요한 것은 "이 과정의 결과가, 이 결과를 가능하게 했지만 이 결과에 대해 전적으로 낯선 한 과정 속에 기입되었다"라는 사실입니다.[251] 자본주의적 생산을 위해 준비된 것이 아니었지만 사건의 결과가 새로 생겨나고 있던 체계의 재생산 메커니즘 속에 기입되면서 이 체계의 일부로서 계속 재생산이 이루어지게 되었다는 거죠. 여기서 '기입'(inscription)이라는 말에 눈길이 갑니다. 자본주의 사회구성체의 요소들이 원래 자본주의적으로 탄생한 것이 아니라 자본주의적 질서 속에 편제되었다는 뜻입니다. 나는 마르크스의 '인도론'에 대해서도 비슷한 이야기를 한 적이 있습니다. 영국은 인도 사회를 자본주의적으로 재편했지만, 이 과정이 아무리 성공적으로 이루어진다고 할지라도 "거기에는 '합체할 수는 있지만 용해할 수는 없는' 요소들이 남"는다고 말입니다. 식민주의가 작동하는 곳에서는 언제나 이 문제가 나타납니다. 합체되기는 하지만 용해되지는 않는 요소들, 도저히 동화시킬 수 없는 어떤 이질성이 남습니다. 그리고 이 이질성이 체계를 위협하는 불안의 원천이 됩니다.

인도에 적용된 이야기는 노동자계급에도 일정 부분 적용될 수 있습니다(실제로 마르크스는 노동자계급을 식민지인들처럼 묘사했습니다. 자본가계급과 노동자계급의 교환을 로마와 식민지였던 소아시아의 관계로 설명하곤 했지요). 비록 자본주의적 생산과정에 편제되어 가변자본으로 기능하고 있지만 노동자계급에게는 어떤 이질성, 합체되었지만 용해되지 않는 어떤 요소들이 들어 있습니다(이것은 기계에도 해당하는 이야기입니다. 마르크스는 기계 자체와 기계의 자본주의적 사용을 구분했지요. 기계가 자본주의에서 고정자본으로 사용된다고 해서, 기계가 고정자본으로서 발명된 것은 아니니까요. 마르크스는 노동력을 빨아들이는 수단으로 편제된 기계 안에 '블랑키보다 더 위험한 혁명가'가 숨어 있다는 생각을 했습니다).

이런 이질적 요소들은 노동자계급이 자본주의적 생산을 위한 기관들(가변자본)로 기능할 때조차 탈기화화의 잠재성, 다시 말해 비자본주의 내지 탈자본주의적 기능을 수행할 잠재성을 갖고 있습니다. 재생산의 관점에서 보면 이런 잠재성은 사라지지 않고 재생산됩니다. 자본의 확대재생산과 더불어 확대재생산 된다고 할 수 있지요. 어떤 경우에는 재생산의 과정에서 작은 충격, 작은 일탈, 작은 이동으로 예측할 수 없는 큰 사건이 벌어질 수도 있습니다. 마치 유전자의 복제과정에서 염색체의 일부분이 접히거나 잘리거나 뒤집히는 것만으로도 전체 신체의 변형이 초래될 수 있는 것처럼 말입니다. '건축물' 비유를 쓴다면 사회구성체의 역사적 이행은 토대의 균열(생산력과 생산관계의 불일치)로 인한 기존 질서의 붕괴와 새로운 질서의 건축으로 설명할 수 있을 겁니다. 하지만 재생산 중인 '신체'의 비유에서 이행은 붕괴보다는 변신의 형태가 되지 않을까 싶습니다. 역사적 이행을 위한 별도의 메커니즘은 필요 없습니다. 생명체의 변이가 생명체의 재생산과정에서 일어나듯 새로운 사회로의 이행은 얼마든지 자본의 재생산과정을 통해 이루어질 수 있으니까요.

──────── ㉛ '정직하고 머리 좋은' 맨더빌 ────────

부의 축적을 위해서는 빈곤의 축적이 필요하다는 것. 마르크스는 이 사실을 솔직하게 인정한 18세기 작가 중의 한 사람으로 버나드 맨더빌을 꼽았습니다. 맨더빌은 당대에 대단한 악명을 떨친 책 『꿀벌의 우화』(1714)의 저자입니다. 사람들이 그의 이름 '맨더빌'(Mandeville)을 '맨-데빌'(Man-devil) 즉 '인간악마'라고 바꿔 읽고 도덕 질서를 어지럽힌다며 고발까지 했다고 하니 당시 분위기를 짐작할 수 있을 겁니다.[252] 이 책은 아주 짧은 우화입니다. 부제가 '개인의 악덕, 사회의 이익'인데요. 부제가 말하는 것처럼 개인의 악덕이 사회를 발전시킨다는 생각을 담고 있습니다. 이런 생각을 벌과 벌집으로 표현한 것인데요. 벌과 벌집은 각각 개인과 사회를 나타냅니다. 내용을 간략히 소개하면 다음과 같습니다.[253]

세상 어디엔가 대단히 풍요로운 벌집이 있었습니다. 먹고 입을 것이 많았지요. 벌집이 이처럼 풍요로웠던 것은 유덕한 벌들이 살았기 때문이 아닙니다. 탐욕과 사치, 시샘, 오만 등 온갖 악덕을 가진 벌들이 살았지요. 모두가 더 갖지 못해 안달했습니다. 하지만 그런 악덕들로 인해 벌들은 사업을 키우고 시장을 돌게 하고 일자리를 창출했습니다. 그래서 벌집 구석구석을 보면 악으로 가득한데 전체를 보면 낙원이었습니다. 그런데 어느 날 벌 한 마리가 신에게 기도를 합니다. 모두가 정직하게 살게 해달라고. 신이 그 소원을 들어주었습니다. 갑자기 모든 벌이 거짓말을 할 수 없게 되었지요. 모두가 정직하고 검소한 삶을 살기 시작했습니다. 그렇지만 거짓말을 못하니 상인들이 사라졌고 검소한 삶을 사니 산업들이 무너졌습니다. 욕망을 버린 벌들은 나중에 벌집까지 버리고 나무 구멍에서 살아갔습니다.

당시 출간된 우화집들은 끝부분에 작가가 교훈의 말을 남기는데요. 맨더빌은 이렇게 적었습니다. "세상의 편리함을 누리며 전쟁에서 이름을 떨치고 풍족하게 사는 것이 커다란 악덕 없이도 된다는 것은 머릿속에나 들어 있는 헛된 꿈나라 이야기일 뿐이다."[254] 머리말에도 비슷한 이야기를 적었습니다. "황금시대에나 있을 법한 미덕과 순수함으로는, 부지런하고 부유하고 힘센 나라에서 누릴 수 있는 편하고 훌륭한 삶을 얻기를 바랄 수 없다"라고요.[255] 맨더빌은 많은 사상가가 '사람은 어떠해야 하는지'만을 가르칠 뿐 '사람이 참으로 어떤지'는 신경 쓰지 않는다고 비판했습니다. 사람의 본성을 그대로 보지 않고 도덕적으로 훈계만 하려 든다는 거죠. 그는 인간의 본성을 악덕이라고 비난하는 대신 그것을 잘 조직해야 부유한 사회가 될 수 있다고 했습니다. 개인의 악덕을 사회에 유익하게 조직하는 것을 '지혜로운 정치'라고 했지요.[256]

사실 맨더빌이 떠올린 개인과 사회는 초역사적인 것이 아니라 그가 살던 시대, 즉 자본주의에 잘 맞습니다. 벌집은 자본주의사회 그대로입니다. 자연의 벌집과는 완전히 다르지요. 집단적 생산체제가 아닙니다. 맨더빌의 벌집에서는 일부 벌이 다른 벌들을 고용해 물건을 만들고, 그 물건을 시장에 내다 팔아 이윤을 챙깁니다. 모두가 사적 이익(interest)에 혈안이 되어 있습니다. 벌집은 자본주의사회이고, 벌들은 자본주의적 인간입니다. 실제로 어떤 학자들은 이 작품을 인간과 사회에 대한 새로운 관념(자본주의적 관념)이 출현한 증거로 제시합니다. 이를테면 마르셀 모스는 "이윤과 개인이라는 관념이 널리 퍼지고 [사회의] 원리 수준까지 올라간 것은 합리주의와 상업주의가 승리했을 때"라며 『꿀벌의 우화』를 기점으로 잡았습니다. 모스에 따르면 이전 시대에는 '사적 이익'이라는 개념이 거의 존재하지 않았고(고대 그리스나 로마, 아랍 세계의 언어로 이 말을 번역하는 것은 너무 어려운 일입니다), 만약 누군가 이것을 주장했다면 큰 비난을 받았을 겁니다. 그런데 『꿀벌의 우화』는 '사적 이익'에 대한 도덕적 정당화가 이루어지기 시작했음을 보여줍니다.[257]

루이 뒤몽(Louis Dumont)도 맨더빌의 작품을 중요하게 평가하는데요. 그에 따르면 경제학이 탄생하려면 두 가지 조건이 갖추어져야 합니다. 하나는 경제가 정치로부터 독립하는 것이고, 다른 하나는 경제 활동에 대한 도덕적 정당화가 이루어지는 것입니다. 전자를 보여준 것은 존 로크의 『통치론』Two Treatises of Government(1690)입니다. 로크는 사유재산권을 자연권으로 규정하고 정부의 중요 임무는 사유재산 보호에 있다고 했습니다. 그리고 후자를 보여준 것이 맨더빌의 『꿀벌의 우화』입니다. 이 작품은 앞서 말한 것처럼 사적 이익을 추구하는 행위를 도덕적으로 정당화했습니다.[258] 애덤 스미스의 생각 즉 "우리가 식사할 수 있는 것은 정육점 주인, 양조장 주인, 빵집 주인의 자비가 아니라 자신들의 이익에 대한 그들의 관심 덕분"[259]이라는 생각으로 나아가는 길을 열어주었지요. 여기까지 보면 맨더빌은 틀림없이 자본가계급의 대변자입니다. 자본가계급의 이해를 도덕적으로 정당화한 이데올로그라고 할 수 있지요. 다만 내용이 당시 자본가계급이나 성직자들이 공개적으로 주장하기에는 너무 노골적이었다고 할 수 있습니다. 그는 당시 사람들이 공공연한 비밀을 솔직하게 인정하지 않는다고 생각했습니다. "나는 이 비밀을 까발리는 것을 좋아할 사람이 거의 없음을 안다."[260]

그런데 주장이 '너무 노골적'이라는 점에서 맨더빌을 다르게 볼 여지도 있습니다. 자본가계급의 대변자가 아니라 폭로자일 수 있다는 거죠. 그에 따르면 탐욕과 사치, 시샘, 오만, 허풍은 부자들의 도덕입니다. 모두가 사치하면 어떻게 되느냐고 걱정하는 사람들을 안심시키듯 그는 이렇게 말했습니다. 사치는 부자들의 세계에만 허용되는 것이고, 생산과 전쟁에 종사할 이들은 어차피 "가장 천하고 가난하며 죽어라고 일만 하는 사람들"이라고요.[261] 사치할 틈도 없고 그렇게 만들어도 안 된다고 했지요. 그는 대중들에게 자본가계급의 속마음을 폭로하려는 듯 아주 노골적으로 말합니다. 특히 노동자의 임금과 교육에 대해 그랬습니다. 먼저, 임금은 최저 수준으로 지급해야 합니다. 굶어 죽지 않을 정도면 됩니다. 그래야 부자들이 부를 더 늘릴 수 있습니다. 절대 저축을 가능케 하면 안 됩니다. 마구간의 말을 필요 이상으로 먹이는 것은 쓸데없는 짓입니다.[262] 교육도 그렇습니다. 가능하다면 최소한의 교육만 받게 해야 합니다. 일할 때 말귀를 알아들을 수 있으면 그만입니다. 교육을 많이 시키면 임금 올려달라고 목소리만 키울 겁니다. 오히려 학교를 보내지 않고 무지한 채로 두면 여러모로 부려먹기 좋습니다. 무지하면 고생을 고생으로 느끼지 않습니다. 먹을 것과 입을 것이 형편없어도, 임금이 매우 낮아도 만족하고, 다만 굶어 죽지 않기 위해 열심히 일한다고요. 그러니 부를 늘리는 데는 노동자들을 무지하게 만드는 것이 좋습니다.[263]

맨더빌은 범죄율을 낮추기 위해 빈민 아이들을 학교에 보내자는 소위 '자선학교' 설립 운동에 반대했는데요. 그 이유가 재밌습니다. 그에 따르면 범죄는 무지한 자가 아니라 많이 아는 자들이 저지릅니다. 그는 1720년대 영국 사회를 들끓게 했던 금융 투기 사건(남해회사 사건)을 예로 들었습니다. "나쁜 짓을 저지른 것은 읽지도 쓰지도 못하는 가난하고 무지한 깡패가 아니라, 재산으로 보나 교육으로 보나 훌륭한 사람들로서 대개 셈을 아주 잘하고 좋은 평판에 호사스럽게 사는 사람들이었다."[264] 이쯤 되면 이 사람이 소위 지능적 안티가 아닌가 하는 생각이 듭니다. 자본가계급을 옹호하는 것인지 자본가들이 축적한 부의 정체를 까발리는 것인지 헷갈립니다. 자본가들은 노동자들을 배고픔과 목마름, 헐벗음, 무지로 내몰아 돈을 벌었고, 그들 스스로는 온갖 악덕으로 무장한 영악한 범죄 집단이라고 말하는 셈이니까요. 혹시 이것이 맨더빌의 진짜 의도였을까요. 그건 알 수 없습니다.

사실 경제학적 측면에서 보면 맨더빌의 주장은 허술하고 일관성도 떨어집니다. 그는 투자, 생산, 소비 등에 대한 체계적 지식을 갖고 있지 않았고, 그가 제시한 준칙들은 전혀 보편적이지 않았으니까요. 모두가 부유해지는 길이라기보다는 부자(자본가계급)가 부유해지는 길이라고 할 수 있을 겁니다. 국민의 부에 대한 연구라고 볼 수 없지요. 『꿀벌의 우화』를 『국부론』처럼 생각하기는 힘듭니다. 나는 그가 정신병을 연구하는 의사였다는 점에 주목할 필요가 있다고 생각합니다. 당시 영국에는 '도덕개혁협회'(Society for Reformation of Manners)라는 단체가 있었는데요.[265] 미풍양속을 해치는 자들을 고발하는 일종의 도덕적 공안 단체였습니다. 나는 맨더빌의 주적이 이런 단체가 아니었을까 생각합니다. 다시 말해 평등주의자보다는 도덕주의자와 싸우고 있었다고 봅니다. 당시 도덕주의자들은 교회를 중심으로 막강한 권력을 행사하고 있었습니다.

『꿀벌의 우화』가 출간되었을 때 영국의 상황을 생각해볼 필요가 있습니다. 당시는 사회 전체적으로 부에 대한 충동이 불타오르고 '돈을 가진 자들'(moneyed men)이 패권을 차지했을 때입니다. 새로운 부자들에게는 정직과 검소, 근면을 가르치는 청교도적 금욕주의가 매우 불편했을 겁니다. 마르크스는 이 시대 사람들의 정신적 병리 상태를 『파우스트』의 구절을 통해 묘사한 바 있습니다. "아! 그의 가슴에는 서로 헤어지고 싶어하는 두 개의 영혼이 살고 있구나!"(834쪽 참조) 현실적으로는 큰돈을 벌고 싶고, 그렇게 번 돈을 과시하며 살고 싶은데, 도덕은 그것을 허용하지 않았습니다. 욕망과 도덕이 충돌하고 현실과 설교 내용이 어긋나는 위선적 상황, 신경증적 상황이 나타났다고 할 수 있지요. 정신병을 연구했던 맨더빌은 근대 경제학이 아니라 심리학의 선구자였는지도 모르겠습니다. 부르주아계급의 속마음을 속 시원하게 털어놓음으로써 그들의 정신적 병리상태를 해소해주고 싶었을 수 있지요.

맨더빌이 부르주아계급의 치부욕을 정당화한 이데올로그였는지, 부르주아계급의 위선에 대한 고발자였는지, 도덕적 억압에서 생겨난 부르주아계급의 신경증을 치료하려던 의사였는지는 확실치 않습니다. 마르크스는 어떻게 생각했을까요. 그는 이렇게 말했습니다. "정직하고 머리 좋은 맨더빌."

㉜ 임금노동자는 프롤레타리아트인가

앞서 본문 11장에서는 상대적으로 '프롤레타리아트'라는 말이 자주 등장했습니다.[266] 노동자나 노동자계급이라는 말이 쓰일 법한 자리에 프롤레타리아트를 쓴 경우가 많았지요. 전반적으로는 노동자나 노동자계급이라는 말을 많이 쓰지만 프롤레타리아트라는 말도 무시할 수 없는 빈도로 사용되고 있는데, 그렇다면 이 말들은 서로 어떤 관계에 있을까요. 우리는 이 말들을 서로 바꿔 써도 좋을까요.

▶프롤레타리아트는 직업인가──프롤레타리아트라는 말과 관련된 흥미로운 일화가 있습니다. 1832년 혁명가 오귀스트 블랑키에 대한 재판 중에 일어난 일이라고 하는데요. 직업을 묻는 검사에게 블랑키는 '프롤레타리아'라고 답했다고 합니다. 검사가 "그것은 직업이 아니"라고 반박하자 그는 이렇게 맞섰답니다. "프롤레타리아는 정치적 권리를 박탈당한 우리 인민 대다수의 직업이다." 이 일화를 소개한 자크 랑시에르는 치안(police)의 관점에서는 검사의 말이 옳다고 했습니다. 치안이란 지위와 기능에 따라 사람들을 배분하는 것입니다. 치안의 관점에서 사람들은 모두 어딘가에 소속돼 있어야 하고 그에 맞는 역할을 수행해야 합니다. 대표적인 것이 직업입니다. 그런데 프롤레타리아는 직업 항목에 해당하는 말이 아닙니다. 블랑키도 흔히 말하는 노동자가 아니고요. 그러니 검사가 화를 낼 만합니다.

그런데 랑시에르는 '치안'이 아니라 '정치'(la politique)의 관점에서는 블랑키의 말이 옳다고 했습니다. 그에 따르면 정치란 치안의 관점에 따른 배분을 문제 삼고 비판하고 거부하는 행동이기 때문이죠. 블랑키는 '프롤레타리아'라고 대답함으로써 자신을 특정 집단, 이를테면 "사회학적으로 지정할 수 있는 한 집단"에 귀속시키는 것을 거부했습니다.[267]

프롤레타리아트는 직업인가. 임금노동자란 달리 말하면 취업 노동자이기 때문에, 이것은 프롤레타리아트를 임금노동자와 동일시할 수 있는지에 대한 물음이라고 할 수 있습니다. 과연 프롤레타리아 숫자는 취업 노동자 숫자와 같은가. 랑시에르는 그렇지 않다고 봅니다. 그에 따르면 프롤레타리아트는 '분류되지 않은 자들', '계산되지 않는 자들'입니다. "셈-바깥을 가리키는 이름", "바깥으로 내쫓긴 자(outcast)"들의 이름이지요.[268] 프롤레타리아트는 인종, 지역, 국적, 성별, 직업 등 사회학적으로 분류할 수 있는 집단의 이름이 아니므로 특정한 정체성을 갖지도 않습니다. 굳이 프롤레타리아트의 정체성에 대해 말해야 한다면 역설적 표현을 쓸 수밖에 없습니다. '정체성 없음'을 정체성으로 갖는 존재, '고유성 없음'을 고유성으로 가진 존재(un propre impropre)라고요. 랑시에르에 따르면 프롤레타리아트가 된다는 것은 정체성을 얻는 과정이 아니라 정체성을 잃는 과정(탈정체화의 과정)입니다. 마르크스가 말한 '모든 계급의 소멸인 계급'이라는 점에서 탈계급화의 과정이라고도 할 수 있고요.[269]

우리가 읽은 『자본』에서는 '프롤레타리아'나 '프롤레타리아트'라는 말을 자주 볼 수 없습니다(참고로 구성원들을 경험적 차원에서 개별적으로 지칭할 때는 대체로 '프롤레타리아'를, 사변적 차원에서 집합적으로 지칭할 때는 '프롤레타리아트'를 씁니다). 그 대신 '노동자'나 '노동자계급'이라는 말을 주로 사용하지요. 그런데 『자본』 제23장에서는 '프롤레타리아트'라는 말이 제법 여러 차례 등장합니다. 마르크스도 여기서 프롤레타리아트라는 말을 쓴 것에 대해 해명할 필요를 느꼈던 것 같습니다. 따로 주석을 달아 '경제학'에서 프롤레타리아트는 임금노동자를 의미한다고 밝혔지요(다만 그는 임금노동자 앞에 "자본증식 욕구에 도움이 되지 않으면 당장 거리에 내쫓기는"이라는 수식어, 즉 임금노동자의 불안정한 처지를 언급하는 수식어를 붙였습니다).[김, 838, 각주 1; 강, 839, 각주 70] 그러나 여전히 의문이 남습니다. 프롤레타리아트가 임금노동자를 의미한다면 그냥 노동자 내지 노동자계급이라고 쓰면 되지 왜 굳이 여기서 프롤레타리아트라는 용어를 썼느냐는 겁니다.

나는 앞서 본문 11장에서 노동자계급, 특히 임금노동자와 프롤레타리아트를 동일시할 수 있는가에 대해 짧게 언급했습니다. 만약 임금노동자와 프롤레타리아트를 동일시한다면 자본관계의 '주변'에 있는 많은 존재가 빠져나갈 거라고 했지요(참고로 나는 자본관계 '내부'에 있지 않지만 '외부'에 있다고도 말할 수 없는 존재들을 말하기 위해 '주변'이라는 말을 썼습니다). 우선 산업예비군(불완전고용자, 실업자, 미취업자 등)이 그렇습니다. 이들은 취업 상태에 있지 않지만 자본관계 바깥에 있다고는 말할 수 없는 사람들입니다. 마르크스는 이들이 자본축적에 매우 중요한 기능을 수행한다고 했습니다. 노동력 수급을 조절하는 장치이기도 하고, 현역노동자군(임금노동자들)의 노동 강도와 임금수준을 자본가에게 유리하게 만드는 환경이 되기도 합니다. 그 운명이 자본축적에 예속되어 있는 것은 물론이고요. 자본관계의 '주변'에는 산업예비군보다 더 멀리 있는 존재들도 있습니다. 넓은 의미에서는 자본관계에 포함된다고 할 수 있지만 임금관계(취업)에서는 배제된 존재들이지요. 자본의 축적(재생산)에 필수적인 노동력 재생산을 담당하는 주부들이 그렇고, 한발 더 나아가면 자본축적에 동원되는 자연생태계가 그렇습니다. 이들의 활동은 본성적인 것, 자연적인 것이라는 이유로 가치를 인정받지 못합니다(자본주의에서는 이들의 활동을 '가치화'하는 대신 '자연화'하지요). 하지만 이들 없이는 자본축적이 불가능하다는 점, 그리고 이들의 운명은 자본축적 상황에 좌우된다는 점에서 자본관계 바깥에 있다고 말할 수 없는 존재들입니다.

마르크스는 "자본의 축적은 프롤레타리아트의 증식"이라고 했는데(자본주의가 사회의 지배적 생산양식이 되어가는 단계에서, 자본의 성장에 따라 자본관계에 편입되는 노동인구가 증가하는 것을 그렇게 지칭했지요), 나는 자본축적과 더불어 증식하는 프롤레타리아트 안에 자본관계 주변에 있는 존재들 또한 포함되어야 한다고 생각합니다. 자본축적은 이들을 필요로 하고 축적과정에서 이들을 계속 생산할 수밖에 없으니까요(이렇게만 말하면 프롤레타리아트가 임금노동자를 포함하는 더 포괄적인 범주로 보입니다만 범주의 크기가 문제인 것은 아닙니다. 그 이유는 조금 뒤에 이야기하겠습니다).

▶ 마르크스의 용법──'프롤레타리아트'는 라틴어 '프롤레타리우스'(proletarius)에서 온 말로, 로마의 가장 낮은 계급에 속한 사람들을 가리켰는데요. 루소는 『사회계약론』에서 이들을 간략히 다룬 바 있습니다.[270] 『사회계약론』은 마르크스가 읽은 문헌들 중 프롤레타리아를 계급으로서 언급한 최초의 것이라고 할 수 있습니다. 하지만 이것은 고대 로마의 이야기로, 근대적 계급으로서 프롤레타리아트에 대한 것이 아닙니다. 근대적 계급으로서 프롤레타리아트에 대한 언급은 1830년대에 등장했습니다(블랑키의 일화도 이때 나왔지요). 마르크스보다 한 세

대 앞선 작가들, 이를테면 클로드 생시몽(Claude H. Saint-Simon)이나 모제스 헤스(Moses Hess)가 이 말을 썼습니다. 특히 헤스는 프롤레타리아트를 가난하고 고통받으며 노동하는, 그러면서도 모든 것을 무너뜨릴 수 있는 계급으로 묘사했습니다.[271]

마르크스는 이 말을 언제 처음 접했을까요. 1843~1844년 파리에 체류했을 때인 것 같습니다. 1843년까지의 글에서 마르크스는 고통받는 사람들, 가난한 사람들을 자주 언급했지만 프롤레타리아트라는 말을 쓰지는 않았습니다. 그런데 1844년에 쓴 『헤겔 법철학 비판』 서설에 이 말이 등장합니다. 마르크스는 당시 프랑스의 정치적 문헌들과 파리의 운동 조직들(특히 독일 이주노동자 조직)에서 이 말을 접했던 것으로 보입니다.[272] 마르크스는 처음에 프롤레타리아트를 철학적 관점, 특히 소외 이론의 관점에서 바라보았던 것 같습니다. 『헤겔 법철학 비판』 서설에서 그는 "프롤레타리아트의 지양 없이 철학은 자기를 현실화할 수 없다"라고 했습니다.[273] 프롤레타리아트의 해방을 철학적 진리의 현실화로 이해한 것이지요. 그는 여기서 프롤레타리아트를 '계급이 아닌 계급', '계급이면서 또한 계급을 해체하는 계급'으로 그렸습니다. "시민사회의 계급이 아닌 시민사회의 계급"이라는 역설적인 표현을 썼지요.[274] 1년 뒤에 쓴 『신성가족』Die heilige Familie(1845)에서도 비슷합니다. 프롤레타리아트를 '사적 소유'에 대립하면서 동시에 '사적 소유'를 해체하는 계급이라고 했습니다.[275]

『독일 이데올로기』에서 프롤레타리아트의 양면성은 더욱 두드러집니다. 마르크스와 엥겔스는 여기서 프롤레타리아트를 한편 계급으로, 다른 한편 비계급(혁명적 대중)으로 표현합니다. "더 이상 사회 속의 한 계급으로 간주되지 않고 하나의 계급으로 인정받지 못하는 계급, 따라서 자기 스스로 이미 현 사회 내부의 모든 계급, 국적 등등의 해소의 표현인 그러한 계급"이라고 했습니다.[276] 프롤레타리아트는 스스로를 비계급으로 전화할 때, 다시 말해 계급으로서 자신을 해체할 때 혁명적이 됩니다. 프롤레타리아트가 자신의 개념에 합치하는 때는 계급이기를 그만둘 때입니다. 이는 '계급투쟁'이 '계급들 간의 투쟁'이라기보다는 '계급'과 '비계급'의 투쟁임을 시사합니다. 보편적 계급인 부르주아지와 비계급(혁명적 대중)인 프롤레타리아트의 투쟁이라는 거죠.[277]

『공산주의자 선언』(1848)에서 마르크스와 엥겔스는 노동자계급을 프롤레타리아트의 실체로 지목합니다. '프롤레타리아'와 '현대 노동자', '프롤레타리아트'와 '현대 노동자계급'이라는 말을 동격으로 쓰고 있지요.[278] 이 점을 더 분명히 한 것은 엥겔스입니다. 엥겔스는『공산주의의 원칙들』(1847)이라는 문답식 책에서 '프롤레타리아트란 무엇인가' 묻고 이렇게 답합니다. "오직 자신의 노동의 판매에 의해서만 자신의 생계를 유지하는 계급", "한마디로 19세기 노동계급"이라고요. 그에 따르면 "빈민들과 노동하는 계급들은 언제나 존재"했지만, 프롤레타리아트는 이들과 다릅니다. 프롤레타리아트는 노동력의 판매에 생계가 달려 있고, 계급의 삶과 죽음, 행복과 불행이 산업의 순환에 달려 있다는 점에서 자본주의에 고유한 계급입니다.[279] 가난하거나 노동을 한다고 그저 프롤레타리아트인 것이 아니라 자본주의적 조건에서 노동할 때 그렇다는 거죠.

그렇다면 마르크스는 프롤레타리아와 노동자를 동일한 말이라고 생각했던 걸까요. 한편으로는 그런 것 같습니다. 프롤레타리아트란 자본주의에서의 노동자계급(19세기 노동계급)을 가리킨다고 분명히 밝혔으니까요. 하지만 엥겔스가『공산주의의 원칙들』에서 '프롤레타리아트'를 '19세기 노동계급'이라고 말한 이유를 따져볼 필요가 있습니다. 그는 노동력을 판매하지 않고서는 살아갈 수 없고 그 운명이 자본축적 상황에 종속되어 있다는 점에서 그렇게 불렀습니다. 이 내용은『공산주의자 선언』에서 프롤레타리아트와 노동자계급을 동격으로 표시한 곳에서도 반복됩니다. '프롤레타리아트 즉 현대 노동자계급'은 일자리를 얻은 동안에만 살아갈 수 있고, 그 운명이 산업과 시장의 변동에 내맡겨져 있다고요.[280] 그런데 앞서 말한 것처럼 이런 운명은 임금노동자에만 해당하는 게 아닙니다. 미취업 상태이거나 실업 상태인 산업예비군도 그렇고, 취업에서 배제된 존재들도 노동력을 판매하지 않고서는 살기 힘든 조건에 처해 있으며, 그 운명이 자본축적 상황에 따라 크게 달라집니다.

내가 특별히 강조하고 싶은 것은『공산주의자 선언』에서 마르크스와 엥겔스가 프롤레타리아와 노동자를 동격으로 놓을 때의 맥락입니다. 마르크스와 엥겔스는 '프롤레타리아트 즉 현대 노동자계급'이라는 동격의 표현을 부르주아지를 멸망시킬 '무기를 쓸 사람'으로서 이들을 묘사하면서 썼습니다. 자본과 함께 출현하고 자본이 성장함에 따라 성장하지만 자본의 몰락을 가져올 존재라는 점을 부각하는 중이었습니다. 이 점에서『공산주의자 선언』에서 프롤레타리아트와 동격으로 간주된 노동자계급은 이후 출간된 정치경제학 비판 저작들에서의 노동자계급과 다릅니다.『정치경제학 비판 요강』(1857~1858),『정치경제학 비판을 위하여』(1859),『잉여가치 학설사』(1862~1863),『임금, 가격, 이윤』(1865) 등의 저작에는 프롤레타리아트라는 말이 거의 등장하지 않습니다. 노동자나 노동자계급이라는 말을 사용하지요. 그런데 이들 저작에 등장하는 노동자계급은 『공산주의자 선언』에서와 달리 능동적 존재가 아닙니다. 주인공은 '자본'입니다. 노동자계급은 자본이 펼치는 이야기의 일부이며, 자본의 증식을 위한 기능적 존재에 지나지 않습니다. 『자본』에서도 대체로 그렇습니다. 마르크스는 노동자(노동력)를 자본의 한 형태인 '가변자본'으로 다룹니다. 자본의 축적에 기여하고 계급질서에 예속된 존재로 그리지요.

　과연 이 저작들에서 프롤레타리아트라는 말이 사라진 게 우연일까요. 이 저작들에 등장하는 노동자 내지 노동자계급이라는 말을 프롤레타리아트라는 말로 바꿔 써도 좋을까요. 『공산주의자 선언』에서 그랬듯 둘을 동격으로 놓을 수 있을까요. 물론 이렇게 생각해볼 수도 있습니다. 1840년대까지 마르크스는 프롤레타리아트라는 말을 썼지만 어떤 이유에서인지 이 말을 폐기했다고요. 정치경제학 비판 저작들에 등장하지 않는 것은 이 저작들의 성격 때문이 아니라 프롤레타리아트 개념 자체의 문제 때문이라고요. 그러나 이 추론은 설득력이 없습니다. 마르크스는 프롤레타리아트 개념을 이후에도 빈번히는 아니지만 꾸준히 사용하고 있으니까요. 무엇보다 우리가 읽은 『자본』에서 이 말을 사용하고 있습니다(제23장과 제24장에서는 제법 자주 등장합니다). 『자본』 이후에도 간간이 쓰고 있고요. 그렇다면 우리가 물어야 할 것은 이 말의 용법입니다. 자주 사용하지 않지만, 아니 오히려 자주 사용하지 않기에 우리는 마르크스가 이 말을 어떤 경우에 쓰는지 생각해볼 필요가 있습니다.

　▶『자본』에 등장하는 프롤레타리아트——『자본』 제1판(1867)을 기준으로 할 때 '프롤레타리아트'라는 말이 사용된 곳은 세 곳입니다.[281] 먼저 빌헬름 볼프에 대한 헌사에 등장하고("나의 잊을 수 없는 벗, 프롤레타리아트의 용감하고 성실하며 고결한 선봉 투사"). 제23장의 마지막 두 절과 소위 시초축적에 관한 장(제24장)에 등장합니다(제2판에서는 조금 더 나옵니다). 그런데 이곳들에는 공통점이 있습니다. '프롤레타리아트'라는 말은 노동자들 삶의 불안정성을 이야기하는 곳에서 등장합니다. 발리바르에 따르면 프롤레타리아트는 삼중의 의미에서 노동자계급의 '과도적' 성격(불안정하고 이행적인 성격)을 함축하는 용어처럼 보입니다.[282] 첫째, 프롤레타리아트는 노동자들의 불안정한 사회적 실존, 특히 주변화된 사회적 실존을 나타낼 때 쓰입니다. 둘째, 프롤레타리아트는 영속적 폭력에 노출된 노동자들의 상태를 나타낼 때 쓰입니다. 자본주의가 형성되던 시기 다수 인구가 노동자로 재편될 때 가해진 폭력(신체적으로 직접 가해진 폭력)을 언급하면서, 그리고 자본주의적 생산

의 토대가 확고하게 구축된 이후 자본구성의 고도화와 함께 나타난 폭력(생산 메커니즘에 따른 폭력)을 언급하는 곳에서 프롤레타리아트라는 말이 등장합니다. 셋째, 프롤레타리아트는 노동자들의 상태가 체제의 이행, 즉 자본주의적 축적이 그 물질적 조건을 예비하고 있는 이행을 나타낼 때 등장합니다.

『자본』의 제2판에서 프롤레타리아트라는 말이 추가된 곳도 인상적입니다.[283] 바로 제2판 후기(1873)인데요. 여기서 마르크스는 1848년 혁명 이후 강력해진 프롤레타리아트의 요구가 부르주아 경제학을 파산시켰다고 했습니다. 이 내용은 14세기부터 1825년까지 노동자의 단결을 금지해온 법령이 프롤레타리아트의 힘에 위협을 느껴 폐지되었다고 말한 부분(제24장)과 호응합니다.[김, 1014; 강, 994~995]『공산주의자 선언』에서 그런 것처럼 노동자계급이 어떤 주도적 힘을 행사할 때, 다시 말해 노동자계급이 능동적으로 개입하면서 자본의 운동을 저지하거나 파탄 낼 때 거기서 프롤레타리아트라는 말을 쓰고 있습니다. 요컨대 마르크스는 프롤레타리아트라는 말을 일관성 있게 사용하고 있습니다. 노동자들의 불안정한 삶, 폭력에 노출된 삶을 지칭할 때, 그리고 자본주의 체제를 해체하고 새로운 체제로의 이행을 가능케 하는 존재라는 측면을 부각할 때 이 말을 썼습니다. 반면 노동과정(가치증식과정)이나 임금을 다룰 때는 이 말을 쓰지 않았습니다. 노동자가 단지 노동자이기만 한 곳, 노동자가 그저 가변자본으로 기능할 뿐인 곳에서는 노동자계급을 프롤레타리아트라고 부르지 않았습니다.

임금노동자는 프롤레타리아트인가. 그 답은 임금노동자들이 자본관계에서 벗어날 수 있는 잠재력을 얼마나 품고 있는가에 달려 있습니다(이런 점에서 우리는 마르크스가 '정당한 임금을 달라'라는 임금노동자들의 요구를 보수적이라고 말한 이유를 생각해볼 필요가 있습니다). 나는 앞서 노동자계급은 자본주의적 생산을 위한 기관으로 기능할 때조차 탈기관화의 잠재성, 탈자본주의적 기능을 수행할 잠재성을 갖고 있다고 했는데요. 자본을 생산하는 노동자들이 자본의 기능(function)이 아니라 기능-부전(malfunction)을 일으킬 수 있는 존재로 나타날 때, 더 나아가 자본관계를 해체할 수 있는 잠재성을 내비칠 때 우리는 이들을 프롤레타리아트라고 부를 수 있습니다.

1   F. Nietzsche, *Jenseits von Gut und Böse*, #65
    (김정현 옮김, 『선악의 저편·도덕의 계보』, 책세상, 2002, 107쪽).

2   '부끄러움'이라는 감정이 갖는 중요성에 대해서는 우카이 사토시(鵜飼哲)의
    논문 「어떤 감응의 미래―'부끄러움'의 역사성을 둘러싸고」를 참조(신지영
    옮김, 『주권의 너머에서』, 그린비, 2010, 1부 2장). 이 논문의 끝부분에서 우카이는
    '부끄러움을 부끄러워하는 것'과 '부끄러움을 수줍어하는 것'을 비교하고
    있다.

3   F. Braudel, *Civilisation materielle, economie et capitalisme*, 1979
    (주경철 옮김, 『물질문명과 자본주의』, II-1, 까치, 1996, 328~329쪽).

4   이어지는 설명 '화폐, 부, 가치, 자본의 개념 분화 과정'에 대해서는 고병권,
    『화폐, 마법의 사중주』, 그린비, 2005, 제5장을 참고.

5   A. Smith, *An Inquiry into the Nature and Causes of the Wealth of Nations*, 1776
    (김수행 옮김, 『국부론』, 상권, 동아출판사, 1996, 34쪽).

6   D. Ricardo, *On The Principles of Political Economy and Taxation*, 1817
    (정윤형 옮김, 『정치경제학 및 과세의 원리』, 비봉출판사, 1991, 353쪽).

7   A. Einstein, *Why Socialism?*, 1949
    (윤소영 옮김, 「서론: 경제학과 사회주의」, 『마르크스의 경제학 비판』, 공감, 2001,
    19쪽).

8   K. Marx, *Zur Kritik der Politischen Ökonomie*, 1859
    (김호균 옮김, 「서문」, 『정치경제학 비판을 위하여』, 중원문화, 1989, 6쪽).

9   마르크스는 출판업자 카를 레스케(K. W. Leske)와 1845년 2월 1일에
    출판계약을 맺었다(MEW 27, 669쪽, 주석 365에 계약서 내용이 실려 있다).

10 K. Marx, "맨체스터에 있는 엥겔스에게"(1851년 3월 31일 편지), *MEW 27*,
    228쪽.

11 J.-J. Rousseau, Discours sur l'économie politique, Une édition électronique
    réalisée de l'article publié dans le tome V de l'Encyclopédie de
    1955[1755](Cette édition électronique a été réalisée par Jean-Marie Tremblay), p. 6.

12 F. Quesnay, *Tableau économique*, 1758(김재훈 옮김, 『경제표』, 지만지, 2010).

13 K. Marx, *Theorien über den Mehrwert, MEW 26_1*, 319쪽
    (편집부 옮김, 『잉여가치 학설사』 1, 도서출판 아침, 1991, 382~383쪽).

14 T. Hobbes, *Leviathan, or The Matter, Forme and Power of a Common-Wealth Ecclesiastical and Civil*, 1651
    (한승조 옮김, 『리바이어던』, 삼성출판사, 1995, 316 ~317쪽).

15 T. Hobbes, 같은 책, 153쪽.

16 A. Smith
    (김수행 옮김, 『국부론』, 동아출판사, 1996, 407쪽).

17 H. Arendt, *The Human Condition*, 1958
    (이진우 옮김, 『인간의 조건』, 한길사, 2017, 100~101쪽).

18 H. Arendt, 같은 책, 99쪽.

19 M. Foucault, *Securite, territoire, population*, 2004
    (오트르망 옮김, 『안전, 영토, 인구』, 난장, 2011, 124~125쪽).

20 스미스의 『국부론』은 "제 국민들의 부의 본성과 원인에 대한 조사"(*An Inquiry into the Nature and Causes of the Wealth of Nations*)가 부제다. 그가 부를 '국민'의 단위에서 말하고 있다는 점에 주목할 필요가 있다.

21 K. Polanyi, *The Great Transformation*, 1944
    (박현수 옮김, 『거대한 변환』, 민음사, 1996, 130쪽).

22 F. Braudel
    (주경철 옮김, 『물질문명과 자본주의』, II-2, 까치, 1996, 652쪽).
    19세기 사회학에서 상정한 '사회' 개념은 개인을 넘어선 전체를 사고하려는 의지의 표현이다. 브로델이 쓴 표현을 글자 그대로 옮기면, 사회는 '집합들의 집합'(ensemble des ensembles)이다.

23 K. Polanyi, 『거대한 변환』, 131쪽.

24 R. Owen, *A New View of Society*, 1813
    (이문창 옮김, 『사회에 관한 새 견해/산업자의 정치적 교리문답/산업적 협동사회적 새 세계』, 형설출판사, 1982).

25 K. Marx, *Okonomisch-philosophische Manuskripte aus dem Jahre 1844*, 1844
    (최인호 옮김, 『1844년의 경제학 철학 초고』, 박종철출판사, 1991, 226쪽).

26 F. Engels, *Umrisse zu einer Kritik der Nationalökonomie*, 1844
(「국민경제학 비판 개요」, 최인호 옮김, 『1844년의 경제학 철학 초고』, 박종철출판사,
1991, 369~370쪽).

27 E. Balibar, *Éonomie politique(critique de l')*, Dictionnaire Critique du Marxisme
(directeurs de la publication Georges Labica et Gérard Bensussan), PUF, p. 371
(윤소영 옮김, 『알튀세르와 마르크스주의의 전화』, 이론, 1993, 19쪽).

28 F. Nietzsche, *Jenseits Gut und Böse*, #1, #24
(김정현 옮김, 『선악의 저편/ 도덕의 계보』, 책세상, 2002, 15쪽, 107쪽)

29 Marx an Ruge(Kreuznach, im September, 1843), Briefe aus den "Deutsch-
Französischen Jahrbüchern", *MEW* 1, 344쪽
(전태국 외 옮김, 『마르크스의 초기 저작: 비판과 언론』, 1996, 열음사, 328쪽).

30 K. Marx, *Grundrisse der Kritik der Politischen Ökonomie*, 1857~1858
(김호균 옮김, 『정치경제학 비판 요강』, II, 백의, 2001, 82쪽).

31 K. Marx, *Über die differenz der domokritischen und epikureishen
Naturphilosophie*, 1841
(고병권 옮김, 『데모크리토스와 에피쿠로스 자연철학의 차이』, 2001, 그린비, 32쪽).

32 F. Engels, "베를린의 콘라트 슈미트에게"(1890년 8월 5일 편지), *MEW* 37,
436쪽

33 K. Marx, "파리의 파벨 바슬리예비치 안넨코프에게"(1846년 12월 28일 편지),
MEW 27, 457쪽.

34 K. Marx, *Misère de la philosophie. Réponse a la philosophie de la misère de M.
Proudhon*, 1847
(강민철·김진영 옮김, 『철학의 빈곤』, 아침, 1989, 109쪽).
제2장의 제목이 '정치경제학의 형이상학'이다. 참고로 마르크스의 원본은
프랑스어판이고, 마르크스 사후인 1885년에 독일어판(*Das Elend der
Philosophie*)이 출간되었다.

35 K. Marx, *Lohnarbeit und Kapital*, 1849
(최인호 옮김, 『임금노동과 자본』, 『칼 맑스 프리드리히 엥겔스 저작 선집』, 1,
박종철출판사, 1993, 555쪽).

36 K. Marx, 『정치경제학 비판 요강』, 61쪽.

37 「1848년에서 1850년까지의 프랑스에서의 계급투쟁」과「루이 보나빠르뜨의 브뤼메르 18일」을 참조

(최인호 옮김,『칼 맑스 프리드리히 엥겔스 저작 선집』, 2, 박종철출판사, 2008에 모두 수록).

38 L. Althusser, *Lénine et la philosophie,* 1968

(이진수 옮김,「철학: 혁명의 무기」,『레닌과 철학』, 백의, 1991, 20쪽).

39 F. Engels, "베를린의 콘라트 슈미트에게"(1890년 8월 5일 편지), *MEW* 37, 437쪽.

40 V. I. Lenin, 김승일 옮김,『자본론』, 범우사, 2014, 20쪽.

41 K. Marx, "졸링엔의 카를 클링스에게"(1864년 10월 4일 편지), *MEW* 31, 418쪽.

42 K. Marx,『정치경제학 비판 요강』, 78쪽.

43 V. I. Lenin, *Что делать?,* 1902

(최호정 옮김,『무엇을 할 것인가』, 박종철출판사, 1999, 30쪽).

44 L. Althusser, *Lénine et la Philosophie,* 1968

(진태원 옮김,「레닌과 철학」,『레닌과 미래의 혁명』, 그린비, 2008, 321쪽).

45 J. Derrida, *Positions, Minuit,* 1972

(박성창 옮김, "장 루이 우드빈에게"(1971년 7월 15일 편지),『입장들』, 솔출판사, 1992, 129쪽).

46 L. Althusser, 앞의 책, 322쪽.

47 K. Marx, *Das Kapital: Kritik der politischen Öonomie,* 1894

(F. Engels,「제1독일어판 서문」(1885), 김수행 옮김,『자본론』, II , 비봉출판사, 2015, 21~23쪽).

48 L. Althusser, "Du *Capital* à la philosophie de Marx", *Lire le Capital,* Maspero, 1968, p. 18.

49 L. Althusser, 같은 책, p. 9.

50 L. Althusser, 같은 책, p. 10.

51 V. I. Lenin, tr. by C. Dutt, *Conspectus of Hegel's Book The Science of Logic,* Collected Works, Vol. 38. Progress Publishers, 1976, p. 180

(홍영두 옮김,『철학노트』, 논장, 1989).

52 G. Lukacs, *Geschichte und Klassenbewußtsein,* 1923
    (박정호·조만영 옮김, 『역사와 계급의식』, 거름, 1993, 56쪽).

53 R. Rosdolsky, *The Making of Marx's Capital,* 1992
    (양희석 옮김, 『마르크스의 자본론의 형성』, I, 백의, 2003, 6쪽).

54 K. Marx, "맨체스터의 엥겔스에게"(1858년 1월 16일 편지), *MEW* 29, 260쪽.

55 J. Bidet, *Que faire du Capital?,* 1985
    (박창렬·김석진 옮김, 『『자본』의 경제학 철학 이데올로기』, 새날, 1995, 197쪽).

56 L. Althusser, *Pour Marx,* 1965(이종영 옮김, 「모순과 중층결정(연구를 위한 노트)」,
    『마르크스를 위하여』, 1997, 백의, 102, 105, 121쪽).

57 B. Brecht, *Die Dreigroschenoper,* 1928
    (이은희 옮김, 『서푼짜리 오페라』, 열린책들, 2012, 131쪽).

58 F. Moretti, *Signs Taken for Wonders,* 1983
    (조형준 옮김, 『공포의 변증법』, 새물결, 2014, 177쪽).

59 K. Marx, "Randglossen zu Adolph Wagners 'Lehrbuch der politischen
    Ökonomie'"(1879~1880년 사이에 작성되었을 것으로 추정되는 노트), *MEW* 19,
    359쪽.

1   K. Marx, *Grundrisse der Kritik der politischen Ökonomie* "Einleitung", 1857
（최인호 옮김,『정치경제학 비판 요강』「서설」,『칼 맑스 프리드리히 엥겔스 저작
선집』, 2, 박종철출판사, 2008, 461쪽).

2   K. Marx, "Lohn, Preis und Profit", 1865（김호균 옮김,「임금, 가격 및 이윤」,
『경제학노트』, 이론과실천, 1987, 229쪽).

3   K. Marx, *Grundrisse der Kritik der politischen Ökonomie,* 1857
（김호균 옮김,『정치경제학 비판 요강』, III, 백의, 2000, 189쪽).

4   K. Marx, 김호균 옮김,『정치경제학 비판 요강』, I, 백의, 2000, 213쪽.

5   A. Smith, *An Inquiry into the Nature and Causes of the Wealth of Nations,* 1776
（김수행 옮김,『국부론』, 상권, 동아출판사, 1996, 39쪽).

6   D. Ricardo, *On The Principles of Political Economy and Taxation,* 1817
（정윤형 옮김,『정치경제학 및 과세의 원리』, 비봉출판사, 1991）.

7   G. Agamben, *Stanze: la parola e il fantasma nella cultura occidentale,* 1977
（윤병언 옮김,『행간』, 자음과모음, 2015, 93쪽).

8   W. Benjamin, *Gesammelte Schriften: Band V: Das PassagenWerk,* V-1, Suhrkamp,
1991
（조형준 옮김,『아케이드 프로젝트』, 1, 새물결, 2005, 120쪽, 재인용）.

9   Quentin Lewis, "Shopping with Karl: Commodity Fetishism and the
Materiality of Marx's London", *Archaeologies: Journal of the World
Archaeological Congress,* 2010.

10 Quentin Lewis, 같은 논문, p. 159.

11 F. Wheen, *Karl Marx,* 1999
（정영목 옮김,『마르크스 평전』, 푸른숲, 2002, 404~405쪽).

12 A. Smith, 김수행 옮김,『국부론』, 상권, 동아출판사, 1996, 34쪽.

13 Aristoteles, *Politica,* B.C. 4C
（천병희 옮김,『정치학』, 숲, 2009, 42쪽).

14 가라타니 고진,『マルクスその可能性の中心』, 1978
（김경원 옮김,『마르크스 그 가능성의 중심』, 이산, 1999, 23쪽).

15   Aristoteles, *Ethica Nicomachea*
    (이창우·김재홍·강상진 옮김,『니코마코스윤리학』, 이제이북스, 2006, 179쪽).

16   A. Smith, 김수행 옮김,『국부론』, 상권, 동아출판사, 1996, 54~55쪽.

17   D. Ricardo, 정윤형 옮김,『정치경제학 및 과세의 원리』, 비봉출판사, 1991,
    75~76쪽.

18   A. Tocqueville, *L'Ancien Regime et la Revolution,* 1859
    (이용재 옮김,『앙시앵레짐과 프랑스혁명』, 박영률출판사, 2006, 8장과 9장 참조).

19   F. Nietzsche, *Jenseits von Gut und Böse,* #202, #253, 1886
    (김정현 옮김,『선악의 저편/도덕의 계보』, 책세상, 2002, 161쪽, 258쪽).

20   K. Marx, *Zur Kritik der Politischen Ökonomie,* 1859
    (김호균 옮김,『정치경제학 비판을 위하여』, 중원문화, 2017, 22쪽).

21   Aristoteles, 앞의 책, 179~180쪽.

22   D. Harvey, *A Companion to Marx's Capital,* 2010
    (강신준 옮김,『데이비드 하비의 맑스『자본』강의』, 창비, 2014, 65쪽).

23   K. Marx, "맨체스터의 엥겔스에게"(1867년 6월 3일 편지), *MEW* 31, 301쪽.
    『자본』출간과 관련된 마르크스와 엥겔스의 편지들 모음은 다음 책을 참고.
    Karl Marx·Friedrich Engels, Über *"Das Kapital": Briefwechsel,* ausgewählt und
    eingeleitet vom Hannes Skambraks, 1985
    (김호균 옮김,『자본론에 관한 서한집』, 중원문화, 2012).

24   F. Engels, "런던의 마르크스에게"(1867년 6월 16일 편지). *MEW* 31, 303쪽.

25   K. Marx, "맨체스터의 엥겔스에게"(1867년 6월 22일 편지). *MEW* 31, 306쪽.

26   W. Benjamin, Gesammelte Schriften: Band V: Das PassagenWerk, V-1,
    Suhrkamp, 1991, p. 1228
    (조형준 옮김,『아케이드 프로젝트』, 1, 새물결, 2005, 121쪽).
    본문에 인용한 번역문은 독일어판을 바탕으로 수정한 것이다.

27   W. Benjamin, *Gesammelte Schriften: Band V: Das PassagenWerk,* V-1, Suhrkamp,
    1991, p. 267[G 16, 6]
    (조형준 옮김,『아케이드 프로젝트』, 1, 새물결, 2005, 521쪽).

28   W. Benjamin, 앞의 책, 같은 쪽.

29   Jean-Luc Nancy, *Noli me Tangere,* 2003
    (이만형·정과리 옮김,『나를 만지지 마라』, 문학과지성사, 2015, 43쪽).

30 K. Marx, "맨체스터의 엥겔스에게"(1867년 6월 22일 편지).

31 T. Hobbes, *Leviathan, or The Matter, Forme and Power of a Common-Wealth Ecclesiastical and Civil,* 1651
(한승조 옮김, 『군주론/리바이어던』, 삼성출판사, 1995, 263쪽).

32 이진경, 『자본을 넘어선 자본』, 그린비, 2004, 78쪽.

33 R. Girard, *La Violence et le Sacre,* 1972
(김진식·박무호 옮김, 『폭력과 성스러움』, 민음사, 2002, 388쪽).

34 같은 책, 409쪽

35 D. Harvey, 앞의 책, 78쪽.

36 P. Osborne, *How to Read Marx,* 2005
(고병권·조원광 옮김, 『How to Read 마르크스』, 웅진지식하우스, 2007, 30~31쪽).

37 G. W. F. Hegel, *Die Vernunft in der Geschichte,* 1822~1831
(임석진 옮김, 『역사 속의 이성』, 지식산업사, 1994, 295~297쪽).

38 같은 책, 309~310쪽.

39 J. Derrida, "Marx and Sons"
(진태원·한형식 옮김, 「마르크스와 아들들」, 『마르크스주의와 해체』, 도서출판 길, 2009, 180쪽).

40 E. Balibar, *La philosophie de Marx,* 1993
(윤소영 옮김, 『마르크스의 철학 마르크스의 정치』, 문화과학사, 1995, 92쪽).

41 K. Marx, *Kritik des Gothaer Programms,* 1875
(이수흔 옮김, 「고타강령 초안 비판」, 『칼 맑스 프리드리히 엥겔스 저작 선집』, 4, 박종철출판사, 1995, 375~377쪽).

42 같은 책, 375쪽.

43 같은 책, 377쪽.

44 A. Merrifield, *Magical Marxism,* 2011
(김채원 옮김, 『마술적 마르크스주의』, 책읽는수요일, 2013).

45 K. Marx, 최인호 옮김, 『정치경제학 비판 요강』「서설」, 『칼 맑스 프리드리히 엥겔스 저작 선집』, 2, 박종철출판사, 2008, 467쪽.

1 배덕민, 「45년 만의 운수좋은 날」, 『내가 시설에 있을 이유는 그 어디에도 없습니다』(탈시설을 위한 시설생활인 증언대회 자료집), 사회복지시설 비리 척결과 탈시설 권리 쟁취를 위한 공동행동단, 2008, 59쪽.

2 Nickie Roberts, *Whores in History: Prostitution in Western Society,* London: HarperCollins Publishers, 1992(김지혜 옮김, 『역사 속의 매춘부들』, 책세상, 2004, 130쪽).

3 F. Nietzsche, "Fünf Vorreden zu fünf ungeschriebenen Büchern", 1872 (이진우 옮김, 「씌어지지 않는 다섯 권의 책에 대한 다섯 개의 머리말」, 『유고(1870~1873)』, 책세상, 2001, 311쪽).

4 A. Smith, *An Inquiry into the Nature and Causes of the Wealth of Nations,* 1776 (김수행 옮김, 『국부론』, 상권, 동아출판사, 1996, 21쪽).

5 같은 책, 53쪽.

6 K. Polanyi, "Our Obsolet Market Mentality", *Commentary,* Vol. 3. Feb., 1947 (홍기빈 옮김, 「낡은 것이 된 우리의 시장적 사고방식」, 『전 세계적 자본주의인가 지역적 계획경제인가 외』, 책세상, 2002, 33쪽).

7 F. Tönnies, *Gemeinschaft und Gesellschaft,* 1887 (곽노완·황기우 옮김, 『공동사회와 이익사회』, 라움, 2017, 251쪽, 255쪽 그리고 260~261쪽).

8 같은 책, 80쪽.

9 같은 책, 89쪽.

10 C. B. Macpherson, *The Political Theory of Possessive Individualism,* 1962 (이유동 옮김, 『소유적 개인주의의 정치이론』, 인간사랑, 1991, 49쪽).

11 T. Hobbes, *Leviathan, or The Matter, Forme and Power of a Common-Wealth Ecclesiastical and Civil,* 1651 (한승조 옮김, 『군주론/리바이어던』, 삼성출판사, 1995, 205쪽).

12 A. Smith, 앞의 책, 29쪽.

13 K. Polanyi, 앞의 책, 34쪽.

14 K. Marx, *Grundrisse der Kritik der politischen Ökonomie,* 1857 (김호균 옮김, 『정치경제학 비판 요강』, I, 백의, 2000, 137쪽).

15 K. Marx, *Zur Kritik der Politischen Ökonomie,* 1859
     (김호균 옮김, 『정치경제학 비판을 위하여』, 중원문화, 1989, 202쪽).

16 M. Douglas, "Raffia Cloth Distribution in the Lele Economy", *Journal of the International African Institute,* Vol. 28, No. 2(Apr., 1958), pp. 109~122.

17 J. Le Goff, *La bourse et la vie,* Hachette, 1986
     (김정희 옮김, 『돈과 구원』, 이학사, 1998, 25쪽).

18 K. Polanyi, "Aristotle Discovers The Economy", ed. By K. Polanyi, C. M. Arensberg and H. W. Pearson, *Trade and Market in the Early Empires,* 1956
     (이종욱 옮김, 『초기제국에 있어서의 교역과 시장』, 민음사, 1994, 110쪽).

19 같은 책, 같은 쪽.

20 K. Marx, 『정치경제학 비판 요강』, I, 215쪽.

21 G. Simmel, *Philosophie des Geldes,* 1900
     (안준섭·장영배·조희연 옮김, 『돈의 철학』, 한길사, 1983, 284~292쪽).

22 K. Marx, 『정치경제학 비판을 위하여』, 39쪽.

23 김성경, 「탈북자가 경험하는 북중 경계지역과 이동경로」, 『탈북의 경험과 영화 표상』, 문화과학사, 2013, 88쪽.

24 K. Marx, 『정치경제학 비판 요강』, I, 219쪽.

25 K. Polanyi, *The Great Transformation,* 1944
     (박현수 옮김, 『거대한 변환』, 민음사, 1996, 85쪽);
     F. Braudel, *Civilisation matérielle, économie et capitalism,* tome III
     (주경철 옮김, 『물질문명과 자본주의』, III-1, 까치, 2001, 137쪽).

26 K. Marx, 『정치경제학 비판 요강』, I, 219쪽.

27 J. Law, *Money And Trade Considered With A Proposal For Supplying The Nation With Money,* 1705, ed. by A. E. *Murphy, Monetary Theory: 1601~1758,* Vol. V, Routledge, 1990, p. 55.

28 K. Marx, 『정치경제학 비판 요강』, I, 219쪽.

29 M. Douglas, *The Lele of The Kasai,* Mary Douglas Collected Works, Vol. 1, Routledge, 2003, pp. 61~67.

30 K. Marx·F. Engels, *Manifest der Kommunistischen Partei,* 1848
     (최인호 옮김, 『공산주의당 선언』, 『칼 맑스 프리드리히 엥겔스 저작 선집』, 1, 박종철출판사, 1993, 404쪽).

31 K. Karatani, *Architecture as Metaphor: Language, Number, Money,* The MIT
Press, 1995
(김재희 옮김,『은유로서의 건축』, 한나래, 1999, 222쪽).

32 F. Engels, "런던의 마르크스에게"(1867년 6월 26일 편지), *MEW* 31, 310쪽.

33 K. Marx, "맨체스터의 엥겔스에게"(1867년 6월 27일 편지), *MEW* 31, 312
~313쪽.

34 안현효,『현대 정치경제학의 재구성을 위하여』, 새날, 1996, 76~84쪽.

35 A. Nelson, *Marx's Concept of Money: The God of Commodities,* Routledge,
1999.

36 K. Marx,『정치경제학 비판을 위하여』, 53쪽.

37 M. Weber, *Wirtschaft und Gesellschaft,* 1921
(박성환 옮김,『경제와 사회』, 1권, 문학과지성사, 1997, 214쪽).

38 M. Weber, *Wirtschaftsgeschichte,* 1923
(조기준 옮김,『사회경제사』, 삼성출판사, 1991, 253~255쪽).

39 같은 책, 253쪽.

40 같은 책, 255쪽.

41 K. Polanyi,『초기 제국에 있어서의 교역과 시장』, 341쪽.

42 K. Polanyi, *The Livelihood of Man,* 1977
(박현수 옮김,『사람의 살림살이』, 풀빛, 1998, 213쪽).

43 K. Polanyi,『초기 제국에 있어서의 교역과 시장』, 332쪽.

44 K. Polanyi,『사람의 살림살이』, 227쪽.

45 K. Marx,『정치경제학 비판 요강』, I, 178쪽.

46 그레그 로플린의 블로그(oklo.org)에서 행성의 가격 추산 공식을 볼 수
있으며, 내용 소개와 로플린에 대한 인터뷰는 이 글(https://
boingboing.net/2011/02/03/cosmic-commodities-h.html)을 참고.

47 G. Simmel,『돈의 철학』, 448쪽.

48 이재모, "화폐단위 '원'의 유래",『부산일보』(2010. 2. 6).
http://news20.busan.com/controller/newsController.jsp?news
Id=20100205000231

49 정운영,『노동가치이론연구』, 까치, 1993, 45쪽.

50 K. Marx, *Das Kapital: Kritik der politischen Öconomie,* 1894
    (김수행 옮김,『자본론』, III-상, 비봉출판사, 2015, 43쪽).

51 같은 책, 192~196쪽.

52 F. Engels, 김수행 옮김,「『자본』III권에 붙인 서문」,『자본론』, III-상,
    비봉출판사, 2015, 21쪽;
    F. Engels, "Wertgesetz und Profitrate", 1894
    (김수행 옮김,「가치법칙과 이윤율」,『자본론』, III-하, 비봉출판사, 2015, 1127쪽).

53 F. Engels,「가치법칙과 이윤율」, 같은 책, 1127쪽에서 재인용.

54 같은 글, 같은 책, 1128~1129쪽.

55 정운영, 앞의 책, 48~49쪽.

56 G. Simmel, 앞의 책, 482쪽.

57 M. Serres, *Le Parasite,* 1980
    (김웅권 옮김,『기식자』, 동문선, 2002, 223쪽).

58 같은 책, 230~231쪽.

59 D. Hume, *Political Discourses,* 1752
    (ed. by A. E. Murphy, *Monetary Theory: 1601~1758,* Vol. VI, Routledge, 1997, p. 66).

60 같은 책(1997), pp. 68~69

61 P. Vilar, *Or et monnaie dans l'histoire 1450~1920,* 1974
    (김현일 옮김,『금과 화폐의 역사 1450~1920』, 까치, 2000, 110~111쪽).

62 같은 책, 208쪽.

63 같은 책, 99쪽.

64 D. Hume, 앞의 책, 69쪽.

65 같은 책, 70쪽.

66 K. Bieda, "Copernicus as an economist", *The Economic Record,* Vol. 49(125),
    1973, p. 95. 그리고 M. Friedman, *Money Mischief,* 1992
    (김병주 옮김,『돈의 이야기』, 고려원, 1992, 53쪽, 68쪽).

67 K. Marx, "브라이튼의 엥겔스에게"(1877년 3월 7일 편지), *MEW* 34, 39쪽.

68 J. Williams et al., *Money: A History,* British Museum Press, 1997
    (이인철 옮김,『돈의 세계사』, 까치, 1998, 173쪽).

69 P. Vilar, 앞의 책, 254쪽.

70 C. P. Kindleberger, *A Financial History of Western Europe*, Oxford University Press, 1993, p. 77.

71 K. Marx, 『자본론』, III-상, 515쪽

72 I. Wallerstein, *The Modern World-system*, II, 1980
    (나종일 외 옮김, 『근대세계체제』, II, 까치, 1999, 429~430쪽).

73 K. Marx, 『정치경제학 비판 요강』, I, 192쪽.

74 같은 책, 213쪽.

75 D. Harvey, *A Companion to Marx's Capital*, 2010
    (강신준 옮김, 『데이비드 하비의 맑스 '자본' 강의』, 창비, 2014, 110쪽).

76 K. Marx, 『정치경제학 비판을 위하여』, 117쪽.

77 J. M. Keynes, *The General Theory of Employment, Interest and Money*, 1936
    (조순 옮김, 『고용, 이자 및 화폐의 일반이론』, 비봉출판사, 1997, 164~168쪽).

78 K. Marx, *Ökonomisch-philosophische Manuskripte aus dem Jahre 1844*
    (최인호 옮김, 『1844년의 경제학 철학 초고』, 박종철출판사, 1991, 339쪽).

79 K. Marx, 『정치경제학 비판 요강』, I, 212쪽.

80 F. Braudel, *Civilisation Matérielle, Économie et Capitalism*, Tome I, 1979
    (주경철 옮김, 『물질문명과 자본주의: 일상생활의 구조』, I-2, 까치, 1995, 639쪽에서 재인용).

81 M.-T. Boyer-Xambeu, G. Deleplace & L. Gillard, tr. by A. Azodi, *Private Monney & Public Currencies: The 16th Century Challenge*, M. E. Sharpe, 1994, pp. 92~93.

82 G. W. F. Hegel, *Grundlinien der Philosophie des Rechts*, 1820
    (임석진 옮김, 『법철학』, 지식산업사, 1996, 468쪽).

83 D. Ricardo, *On The Principles of Political Economy And Taxation*, 1817
    (정윤형 옮김, 『정치경제학 및 과세의 원리』, 비봉출판사, 1991, 438쪽).

84 R. S. Sayers, "Ricardo's Views on Monetary Questions", *Papers in English Monetary History*, Oxford University Press, 1953, p. 80.

85 K. Marx, 『자본론』, III-상, 571~572쪽.

1   K. Marx, *Lohnarbeit und Kapital,* 1849
    (최인호 옮김,『임금노동과 자본』,『칼 맑스 프리드리히 엥겔스 저작 선집』, 1,
    박종철출판사, 1993, 555쪽).

2   G. Deleuze & F. Guattari, *Mille Plateaux: Capitalisme et schizophrénie 2,* 1980
    (김재인 옮김,『천 개의 고원』, 새물결, 2001, 760~761쪽).

3   K. Marx, 앞의 책, 같은 쪽.

4   K. Marx, *Grundrisse der Kritik der politischen Ökonomie,* 1857
    (김호균 옮김,『정치경제학 비판 요강』, I, 백의, 2000, 248쪽).

5   K. Marx, 같은 책, 250쪽.

6   "베네치아가 그에 뒤이은 모든 자본주의 국가들의 원형이었다면, 제노바의
    상인 은행가 디아스포라는 뒤이은 모든 세계적 규모의 비영토적 자본주의
    축적체계의 원형이었다." G. Arrighi, *The Long Twentieth Century: Money,
    Power, and the Origins of Our Times,* 1994
    (백승욱 옮김,『장기 20세기: 화폐, 권력, 그리고 우리 시대의 기원』, 그린비, 2008,
    159쪽).

7   F. Braudel, *Civilisation matérielle, économie et capitalism,* Tome II. Les Jeux de
    l'Échange, 1986
    (주경철 옮김,『물질문명과 자본주의』, II-1, 까치, 1996, 458쪽).

8   F. Braudel, 같은 책, 59쪽과 458쪽.

9   K. Marx,『정치경제학 비판 요강』, I, 215쪽.

10 K. Marx, 같은 책, 216쪽.

11 I. Wallerstein, *The Modern World-System I: Capitalist Agriculture and the
    Origins of the European World-Economy in the Sixteenth Century,* 1974
    (나종일 외 옮김,『근대세계체제 I: 자본주의적 농업과 16세기 유럽 세계경제의 기원』,
    까치, 2001, 68쪽).

12 I. Wallerstein, 같은 책, 116~120쪽.

13 K. Marx, 김수행 옮김,『자본론』, III-상, 비봉출판사, 2018, 413쪽(각주 46).

14 K. Marx, 같은 책, 414쪽.

15 K. Marx, 같은 책, 419쪽.

16 K. Marx, 김수행 옮김, 『자본론』, III-하, 비봉출판사, 2018, 763쪽.

17 F. Braudel, *Civilisation matérielle, économie et capitalism,* Tome II. Les Jeux de l'Échange, 1986

(주경철 옮김, 『물질문명과 자본주의』, II-1, 까치, 332쪽).

18 F. Braudel, 같은 책, 같은 쪽.

19 F. Braudel, 같은 책, 334쪽.

20 P. Vilar, *Or et monnaie dans l'Histoire: 1450~1920,* 1974

(김현일 옮김, 『금과 화폐의 역사 1450~1920』, 까치, 2000, 261쪽).

21 W. Sombart, *Luxus und Kapitalismus,* 1913

(이상률 옮김, 『사치와 자본주의』, 문예출판사, 1997, 17~19쪽).

22 고병권, 『화폐, 마법의 사중주』, 그린비, 2005, 97쪽과 142쪽 참조.

23 I. Wallerstein, 앞의 책, 245쪽과 246쪽.

24 K. Marx, 김호균 옮김, 『정치경제학 비판 요강』, I, 백의, 2000, 215쪽.

25 K. Marx, *Manifest der Kommunistischen Partei,* 1848

(최인호 옮김, 『공산주의당 선언』, 『칼 맑스 프리드리히 엥겔스 저작 선집』, 1,
박종철출판사, 1993, 402~403쪽).

26 K. Marx, *Ökonomisch-philosophische Manuskripte aus dem Jahre 1844*

(최인호 옮김, 『1844년의 경제학 철학 초고』, 박종철출판사, 1991, 286~287쪽).

27 K. Marx, 같은 책, 286쪽.

28 Lucretius, *De rerum natura*

(강대진 옮김, 『사물의 본성에 대하여』, 아카넷, 2011, 91쪽, 137~138쪽).
참고로 마르크스는 '에피쿠로스 철학'에 대해 작성한 네 번째 노트와 여섯
번째 노트에 루크레티우스의 시를 옮겨 적었다. 이 노트들은 1839년에
작성되었다.

K. Marx, *Über die Differenz der demokritischen und epikureischen
Naturphilosophie,* 1841

(고병권 옮김, 『데모크리토스와 에피쿠로스 자연철학의 차이』, 그린비, 2001의 부록
참조).

29 K. Marx, 『정치경제학 비판 요강』, I, 207쪽.

30 K. Marx, 『정치경제학 비판 요강』, I, 252쪽.

31 F. Engels, 「『자본』II권에 붙인 서문」, 1885
(K. Marx, 김수행 옮김, 『자본론』II, 비봉출판사, 2016, 22~23쪽).

32 사사키 마사노리(佐々木正憲), 「잉여가치」[마토바 아키히로(的場昭弘) 등, 오석철·이신철 옮김, 『맑스사전』新マルクス學事典, 도서출판b, 2011, 367쪽].

33 사사키 마사노리, 같은 책, 같은 쪽.

34 사사키 마사노리, 같은 책, 같은 쪽.

35 Jean-Pierre Lefebvre, "Survaleur(ou Plus-value)", dirigé par Georges Lavica et Gérard Bensussan, *Dictionnaire Critique du Marxisme*, PUF, 1982, p. 1113.

36 사사키 마사노리, 앞의 책, 같은 쪽.

37 K. Marx, 『정치경제학 비판 요강』, I, 323쪽.

38 K. Marx, 『자본론』, III-상, 501쪽.

39 K. Marx, 같은 책, 같은 쪽.

40 Aristoteles, *Politika*, B.C. 4C
(천병희 옮김, 『정치학』, 숲, 2009, 40~41쪽).

41 Aristoteles, 같은 책, 44~46쪽.

42 Aristoteles, 같은 책, 49쪽.

43 J. Le Goff, *La bourse et la vie*, 1986
(김정희 옮김, 『돈과 구원』, 이학사, 1998, 55쪽에서 재인용).

44 이상의 언급은 모두 J. Le Goff, 같은 책, 39~41쪽에서 재인용한 것이다.

45 J. Le Goff, 같은 책, 53~54쪽.

46 J. Bidet, *Que faire du Capital?*, 1985
(박창렬·김석진 옮김, 『『자본』의 경제학 철학 이데올로기』, 새날, 1995, 232쪽).

47 J. Bidet, 같은 책, 233~234쪽.

48 K. Marx, 『자본론』, III-상, 52쪽도 참조.

49 K. Marx, 『자본론』, III-상, 418쪽.

50 고병권, 『화폐, 마법의 사중주』, 그린비, 2005, 100~101쪽.

51 A. Smith, *An Inquiry into the Nature and Causes of the Wealth of Nations*, 1776
(김수행 옮김, 『국부론』, 상권, 동아출판사, 1996, 40쪽).

52 A. Smith, 같은 책, 42쪽.

53 D. Ricardo, *On The Principles of Political Economy And Taxation*, 1817
(정윤형 옮김, 『정치경제학 및 과세의 원리』, 비봉출판사, 1991, 76쪽).

54 D. Ricardo, 같은 책, 75쪽.

55 D. Ricardo, 같은 책, 106쪽.

56 K. Marx, *Lohn, Preis und Profit*, 1865
(김호균 옮김, 「임금, 가격 및 이윤」, 『경제학노트』, 이론과실천, 1989, 230쪽).
참고로 이 글은 마르크스가 국제노동자협회[인터내셔널]에서 1865년 6월에
발표한 영어 원고로, 본래 제목은 '가치, 가격, 이윤'(Value, Price and
Profit)이었다.

57 K. Marx, 같은 책, 234쪽.

58 T. Hobbes, *Leviathan, or The Matter, Forme and Power of a CommonWealth
Ecclesiastical and Civil*, 1651
(한승조 옮김, 『군주론/리바이어던』, 삼성출판사, 1995, 205쪽).

59 F. Braudel, 앞의 책, 59쪽.

60 고용노동부 근로기준정책과, 〈임금체불현황〉(2017년 말 기준).
http://www.moel.go.kr/info/publict/publictDataView.do?bbs_s
eq=20180300376

61 F. Nietzsche, "Von den Gelehrten", *Also Sprach Zarathustra*, 1885
(정동호 옮김, 『차라투스트라는 이렇게 말했다』, 책세상, 2000, 208쪽).

62 F. Nietzsche, "Zarathustra's Vorrede", #4, *Also Sprach Zarathustra*, 1885
(정동호 옮김, 『차라투스트라는 이렇게 말했다』, 책세상, 2000, 22쪽, 번역은 수정).

63 F. Engels, 「『자본』 II 권에 붙인 서문」, 1884
(김수행 옮김, 『자본론』, II 권, 비봉출판사, 2016, 17~18쪽에서 재인용).

64 A. Smith, 『국부론』, 54쪽.

65 A. Smith, 같은 책, 72쪽.

66 K. Marx, *Theorien über den Mehrwert*, 1861~1863
(편집부 옮김, 『잉여가치 학설사』 1, 아침, 1991, 95쪽).

67 A. Smith, 『국부론』, 55쪽.

68 D. Ricardo, 『정치경제학 및 과세의 원리』, 162쪽.

69 K. Marx, 『잉여가치 학설사』 1, 96쪽.

70 D. Ricardo, 앞의 책, 179~180쪽.

71　D. Ricardo, 같은 책, 203쪽.

72　K. Marx, "Ricardos Theorie über den Mehrwert", 1861~1863, *MEW* 26_2, 408쪽.

73　K. Marx, 『잉여가치 학설사』 1, 95~96쪽.

74　Lynn Hunt, *Inventing Human Rights*, 2007
　　(전진성 옮김, 『인권의 발명』, 돌베개, 2009, 130쪽).

75　K. Marx, "Zur Judenfrage", 1843
　　(전태국 외 옮김, 「유태인 문제에 대하여」, 『마르크스의 초기 저작 : 비판과 언론』, 열음사, 1996).

76　K. Marx, 같은 책, 355쪽.

77　'폭력을 예감'한다는 표현은 도미야마 이치로(富山一郎), 송석원·손지연 ·김우자 옮김, 『폭력의 예감』, 그린비, 2009의 제목에서 따온 것이다.

1 F. Nietzsche, *Zur Genealogie der Moral*, Vorrede #8
   (김정현 옮김, 『선악의 저편/도덕의 계보』, 책세상, 2002, 348쪽).

2 탈레스 외 지음, *The Fragments of Presocratic Philosophers,* 2005
   (김인곤 외 옮김, 『소크라테스 이전 철학자들의 단편 선집』, 아카넷, 2005, 667쪽).

3 H. Braverman, *Labor and Monopoly Capital,* 1974
   (이한주·강남훈 옮김, 『노동과 독점자본』, 까치, 1991, 52쪽).

4 C. Fourier, *The Utopian Vision of Charles Fourier: Selected Texts on Work, Love,
   and Passionate Attraction,* Translated, Edited and with an Introduction by
   Jonathan Beecheb and Bichabb Bienven, Beacon Press, 1971, pp. 144~145.
   참고로 해리 브레이버만은 이 구절을 인간노동의 합목적성에 대한
   마르크스의 설명에 주석으로 달았다. 다만 그는 푸리에의 다른 책에서 이
   구절을 인용했다(H. Braverman, 앞의 책, 48쪽).

5 K. Marx, *Ökonomisch-philosophische Manuskripte aus dem Jahre 1844,* 1844
   (최인호 옮김, 『1844년의 경제학 철학 초고』, 박종철출판사, 1991, 275쪽).

6 K. Marx, 『1844년의 경제학 철학 초고』, 273쪽.

7 B. Spinoza, *Tractatus Theologico-Politicus,* 1670
   (최형익 옮김, 『신학정치론/정치학논고』, 비르투, 2011, 11~12쪽).

8 P. Osborne, *How to Read Marx,* 2005
   (고병권·조원광 옮김, 『How to Read 마르크스』, 웅진지식하우스, 2007, 81쪽).

9 J. Locke, *Two Treatises of Government,* 1690
   (강정인·문지영 옮김, 『통치론』, 까치, 1996, 34~35쪽).

10 이 글에서 마르크스는 자본주의에서 나타나는 노동의 소외를 다음 네 가지로
   제시했다. ①노동생산물로부터의 소외, ②생산행위 자체로부터의 소외,
   ③유적 본질의 소외, ④인간에 의한 인간의 소외
   (K. Marx, 『1844년의 경제학 철학 초고』, 268~277쪽).

11 K. Marx, 같은 책, 270쪽.

12 K. Marx, 같은 책, 268쪽.

13 K. Marx, 같은 책, 269쪽.

14 K. Marx, 같은 책, 271쪽.

15 K. Marx, 같은 책, 같은 쪽.

16 K. Marx, 같은 책, 272쪽.

17 K. Marx & F. Engels, *Die deutsche Ideologie*, 1845
(최인호 옮김,『독일 이데올로기』,『칼 맑스 프리드리히 엥겔스 저작 선집』, 1,
박종철출판사, 1993, 222쪽).

18 K. Marx & F. Engels, 같은 책, 201~203쪽.

19 K. Marx, *Das Kapital: Kritik der politischen Öconomie*, 1894
(김수행 옮김,『자본론』, III-상, 비봉출판사, 2015, 104쪽).

20 M. Weber, *Die protestantische Ethik und der Geist des Kapitalismus*, 1905
(tr. by T. Parsons, The Protestant Ethic and the Spirit of Capitalism, George Allen &
Unwin, 1978, p. 48).

21 Voltaire, *Candide ou L'Optimisme*, 1759
(이병애 옮김,『미크로메가스·캉디드 혹은 낙관주의』, 문학동네, 2013, 207쪽).

22 Mary Gabriel, *Love and Capital*, 2011
(천태화 옮김,『사랑과 자본』, 모요사, 2015, 337쪽).

23 Mary Gabriel, 같은 책, 같은 쪽.

24 B. Spinoza, *Ethica*, III, Praefatio
(강영계 옮김,『에티카』, 서광사, 1990, 129쪽).

25 참고로『정치경제학 비판 요강』에서 마르크스는 기계제 대공업이 더
발달하면 노동자가 생산과정의 주행위자가 아니라(기계가 주행위자다)
생산과정을 관리하는 존재가 된다고 말한다. 그런데 노동과정에서 이런
변화가 일어나면 가치형성과정에서도 상응하는 변화가 일어날 수밖에 없다.
노동가치설 자체가 문제 될 수 있는 것이다. 이에 대해서는 생각해볼 문제로
남겨두겠다
[K. Marx, *Grundrisse der Kritik der politischen Ökonomie*, 1857
(김호균 옮김,『정치경제학 비판 요강』, II, 백의, 2000, 380~381쪽)].

26 F. Nietzsche, "Schopenhauer als Erzieher", #7, *Unzeitgemäße Betrachtungen*,
III, 1874
(이진우 옮김,「교육자로서의 쇼펜하우어」,『비극의 탄생·반시대적 고찰』, 책세상,
2005, 474쪽).

27 K. Marx, *Über die Differenz der demokritischen und epikureischen Naturphilosophie*, 1841
(고병권 옮김,『데모크리토스와 에피쿠로스 자연철학의 차이』, 그린비, 2001, 18쪽).

28 마르크스의 플루타르코스 비판과 루크레티우스 지지는 박사학위 논문을 위해 작성한 노트들 곳곳에서 잘 드러난다. 두 사람의 상반된 이미지에 대해서는 K. Marx, 같은 책, 270쪽 참조.

29 Lucretius, *De Rerum Natura*
(강대진 옮김,『사물의 본성에 관하여』, 아카넷, 2013, 37쪽).

30 Lucretius, 같은 책, 38쪽.

31 Lucretius, 같은 책, 38~39쪽.

32 A. Smith, *An Inquiry into the Nature and Causes of the Wealth of Nations*, 1776
(김수행 옮김,『국부론』, 상권, 동아출판사, 1996, 37쪽).

33 K. Marx, 김호균 옮김,『정치경제학 비판 요강』, II, 백의, 2000, 266~267쪽.

34 "어떤 경우에도 신과 같은 존재가 고려의 대상이 되어서는 안 되며, 신은 짐스러운 의무에서 벗어나서 완전히 행복한 존재가 되어야 한다"
(Epicurus, 오유석 옮김,『쾌락』, 문학과지성사, 1998, 98~99쪽).
그리고 "신들의 본성은 자체로 최고의 평화 속에, 우리의 일들로부터 나뉘어 멀리 떠나 불멸의 세월을 즐기는 것이어야 하기 때문입니다"
(Lucretius, 앞의 책, 28쪽).

35 Mary Gabriel, 앞의 책, 430쪽.

36 F. Engels, "런던의 마르크스에게"(1869년 11월 29일 편지), *MEW* 32, 215쪽(Mary Gabriel, 같은 책, 524쪽).

37 Mary Gabriel, 같은 책, 535~536쪽.

38 Aristoteles, *Politika*, B.C. 4C
(천병희 옮김,『정치학』, 숲, 2009, 25~26쪽).

39 『한겨레신문』(2018. 6. 28) 기사 참조
(http://www.hani.co.kr/arti/economy/marketing/850917.html).

40 K. Marx, *Theorien über den Mehrwert*, I, *MEW* 26_1, pp. 259~264
(편집부 옮김,『잉여가치 학설사』1, 아침, 1991, 318~324쪽).

41 K. Marx, *Theorien über den Mehrwert*, I, *MEW* 26_1, p. 359
(편집부 옮김,『잉여가치 학설사』1, 아침, 1991, 430쪽).

여기서 시니어는 상인과 수공업자 들이 절제와 절약에 의해서만 부를 늘릴 수 있다고 주장한 존 그레이(John Gray)의 글을 정리할 때 동일한 주장을 편 사람으로 그 이름만 언급된다. 또 *Theorien über den Mehrwert*, III, *MEW* 26_3, pp. 24~25에서도 자본가의 절제가 자본가의 이윤의 원천이라는 시니어의 주장이 짧게 인용된다.

42 K. Marx, 『정치경제학 비판 요강』, I, 275쪽과 310쪽.
그리고 *Theorien über den Mehrwert*, I, *MEW* 26_1, pp. 259~264
(편집부 옮김, 『잉여가치 학설사』 1, 아침, 1991, 318~324쪽).

43 K. Marx, 『정치경제학 비판 요강』, III, 113~114쪽.
그리고 *Theorien über den Mehrwert*, III, *MEW* 26_3, p. 496과
Lohn, Preis und Profit
(김호균 옮김, 「임금, 가격 및 이윤」, 『경제학노트』, 이론과실천, 1987, 206쪽).

44 K. Marx, 『정치경제학 비판 요강』, III, 114쪽.

1 전태일기념관건립위원회 엮음, 『어느 청년 노동자의 삶과 죽음: 전태일 평전』, 돌베개, 1983, 86쪽.

2 Rosalind C. Morris, "Dialect and Dialectic in 'The Working Day' of Marx's Capital", *boundary* 2, 1 February 2016, Duke University Press, 2016, p. 229.

3 P. Osborne, *How to Read Karl Marx*, 1996
(고병권·조원광 옮김, 『How to Read 마르크스』, 웅진지식하우스, 2007, 152쪽).

4 W. Benjamin, *Das Passagen Werk, 1927~1940*［N 1a, 8］
(조형준 옮김, 『아케이드 프로젝트』, 새물결, 2005, 1050쪽).

5 W. Benjamin, 같은 책［N 2a, 3］(같은 책, 1054쪽).
그리고 W. Benjamin, *Über den Begriff der Geschichte*, 1940, #13~18
(최성만 옮김, 『역사의 개념에 대하여/폭력비판을 위하여/초현실주의 외』, 길, 2008, 344~349쪽).

6 I. Kant, *Kritik der reinen Vernunft*, 1781
(백종현 옮김, 『순수이성비판』, II, 아카넷, 2008, 636쪽).

7 I. Kant, 같은 책, 637쪽.

8 I. Kant, 같은 책, 674쪽.

9 B. Russell, *In Praise of Idleness*, 1935
(송은경 옮김, 『게으름에 대한 찬양』, 사회평론, 1998, 33쪽).

10 F. Engels, *Die Lage der arbeitenden Klasse in England*, 1845
(이재만 옮김, 『영국 노동계급의 상황』, 라티오, 2014, 232~233쪽).

11 http://news.khan.co.kr/kh_news/khan_art_view.html?artid=201512231222 411&code=940702

12 http://www.ohmynews.com/NWS_Web/View/at_pg.aspx?CNTN_CD=A000 1990954&CMPT_CD=P0001

13 희정, 『노동자, 쓰러지다』, 오월의봄, 2014, 211쪽.

14 정락인, "현대판 노예제에 내몰린 고교 실습생들", 『시사저널』, 1468호(2017. 12). http://www.sisapress.com/news/articleView.html?idxno=172591

15 희정, 『노동자, 쓰러지다』, 255쪽.

16 희정, 같은 책, 242쪽.

17 희정, 같은 책, 253쪽.

18 고용노동부, 〈산업재해 현황〉(2018년 9월 6일 입력 자료)
    http://www.index.go.kr/potal/main/EachDtlPageDetail.do?idx_cd=1514

19 Rosalind C. Morris, 위의 논문, p. 229.

20 K. Marx, *Capital,* Volume I, tr. by Ben Fowkes, Penguin Books, 1990, pp. 369
    ~370.

21 Rosalind C. Morris, 위의 논문, p. 231.

22 F. Engels, 『영국 노동계급의 상황』, 160쪽.

23 F. Engels, 같은 책, 161쪽

24 F. Engels, 같은 책, 162쪽

25 F. Engels, 같은 책, 174쪽.

26 Rosalind C. Morris, 위의 논문, 222쪽.

27 Gayatri C. Spivak, "Can the Subaltern Speak?", *Can the Subaltern Speak?:*
    Reflections on the History of an Idea, ed. Rosalind C. Morris, Columbia
    University Press, 2010
    (태혜숙 옮김, 『서발턴은 말할 수 있는가?』, 그린비, 2016).

28 Rosalind C. Morris, 위의 논문, p. 230.

29 Gayatri C. Spivak, 앞의 책, 380쪽.

30 K. Marx, *Ökonomisch-philosophische Manuskripte aus dem Jahre 1844,* 1844
    (최인호 옮김, 『1844년의 경제학 철학 초고』, 박종철출판사, 1991, 283쪽).

31 Platon, 박종현 역주, 『플라톤의 네 대화편: 에우티프론/소크라테스의 변론/
    크리톤/파이돈』, 서광사, 2003, 100쪽.

32 희정, 『노동자, 쓰러지다』, 220~221쪽.

33 희정, 같은 책, 255쪽.

34 William Shakespeare, *Hamlet,* 1603
    (최종철 옮김, 『햄릿』(제1막 제2장), 민음사, 2012, 27쪽).

35 F. Engels, 『영국 노동계급의 상황』, 63쪽.

36 F. Engels, 같은 책, 85쪽 그리고 97쪽.

37 F. Engels, 같은 책, 123쪽.

38 F. Engels, 같은 책, 200쪽.

39 Sidney Pollard, *The Genesis of Modern Management: A Study of the International Revolution in Great Britain,* Cambridge, 1965
    [H. Braverman, *Labor and Monopoly Capital,* 1974
    (이한주·강남훈 옮김,『노동과 독점자본』, 까치, 1991, 65쪽에서 재인용)].

40 K. Polanyi, *The Great Transformation,* 1957
    (박현수 옮김,『거대한 변환』, 민음사, 1996, 114쪽).

41 P. Lafarge, *Le droit à la paresse,* 1883
    (조형준 옮김,『게으를 수 있는 권리』, 새물결, 1997, 68쪽).

42 Zygmunt Bauman, *Work, Consumerism and the New Poor,* 2004
    (이수영 옮김,『새로운 빈곤』, 천지인, 2010, 15쪽).

43 Max Weber, *Die protestantische Ethik und der Geist des Kapitalismus,* 1905, tr. by T. Parsons, *The Protestant Ethic and the Spirit of Capitalism,* George Allen & Unwin, 1978, p. 60.

44 Max Weber, 같은 책, pp. 71~72.

45 Zygmunt Bauman, 앞의 책, 17쪽, 재인용.

46 Zygmunt Bauman, 같은 책, 22쪽, 재인용.

47 M. Foucault, *Histoire de la folie à l'âge classique,* 1961
    (이규현 옮김,『광기의 역사』, 나남출판사, 2004, 127쪽).

48 M. Foucault, 같은 책, 128쪽.

49 M. Foucault, 같은 책, 126쪽.

50 M. Foucault, 같은 책, 153쪽.

51 1833년 구빈법이 개정되었다. 신구빈법은 구구빈법에 남아 있는 빈민에 대한 일말의 동정과 부양의 의무 또한 없애버렸다. 엥겔스는 신구빈법은 "본질적으로 빈민은 범죄자이고, 구빈원은 감옥이고, 입소자는 법의 테두리 바깥, 인류의 테두리 바깥에 있는 역겹고 혐오스러운 대상으로 공표"하고 있다고 했다. 빈민을 인간 바깥의 '잉여'존재로 만들었다는 것이다
    (F. Engels,『영국 노동계급의 상황』, 348쪽).

52 K. Marx, *Der achtzehnte Brumaire des Louis Bonaparte,* 1851
    (최인호 옮김,『루이 보나파르트의 브뤼메르 18일』,『칼 맑스 프리드리히 엥겔스 저작선집』, 2, 박종철출판사, 1992, 291쪽).

53 K. Marx, 같은 책, 같은 쪽.

54 F. Nietzsche, *Jenseits von Gut und Böse,* #6, 1886
(김정현 옮김,『선악의 저편/도덕의 계보』, 책세상, 2002, 21쪽).

55 F. Engels,『영국 노동계급의 상황』, 228쪽.

56 F. Nietzsche, *Nachgelassene Fragmente Anfang 1880 bis Frühjahr 1881,* 1[79]
(최성환 옮김,『유고(1880년 초~1881년 봄)』, 니체 전집 11, 책세상, 2009, 28쪽).

57 F. Nietzsche, *Morgenröthe,* 1881, #174
(박찬국 옮김,『아침놀』, 책세상, 2004, 191~192쪽).

58 F. Engels, "Die englische Zehnstundenbill", *MEW* 7, p. 233
(이 글은 1850년 3월『신라인신문 정치경제 평론』*Neue Rheinische Zeitung Politisch-ökonomische Revue*에 영어로 처음 게재되었다. 영어판은 "The English Ten Hours's Bill",
Marx and Engels Collected Works, Volume 10, p. 280).

59 F. Engels,『영국 노동계급의 상황』, 142~143쪽.

60 F. Engels, 같은 책, 122쪽.

61 B. Spinoza, *Ethica,* I, Appendix
(강영계 옮김,『에티카』, 서광사, 1990, 60쪽).

1   T. Hobbes, *Leviathan*, 1651
    (한승조 옮김,『군주론/리바이어던』, 삼성출판사, 1995, 153쪽).

2   J. J. Rousseau, *Du contrat social*, 1762
    (최현 옮김,『인간불평등기원론/사회계약론』, 집문당, 1993, 196쪽).

3   고병권,『민주주의란 무엇인가』, 그린비, 2011, 58~68쪽.

4   T. Hobbes, 앞의 책, 153쪽(번역은 수정).

5   T. Hobbes, 같은 책, 263쪽.

6   한국어판에서 '특별 잉여가치'라고 옮긴 'Extramehrwert'를
    프랑스어판에서는 'survaleur supplémentaire', 영어판에서는 'extra suplus-
    value'라고 옮기고 있다. 프랑스어판은 *Le Capital*. Livre Premier, ouvrage
    publié sous la responsabilité de Pierre Lefebre, Quadrige/PUF, 1993, p. 357.
    영어판은 *Capital*, Volume I, tr. by Ben Fowkes[1976], Penguin Classics, 1990,
    p. 434.

7   K. Marx, *Das Kapital: Kritik der politischen Ökonomie*, 1894
    (김수행 옮김,『자본론』, III-상, 비봉출판사, 2015, 43쪽).

8   K. Marx, 같은 책, 42쪽.

9   K. Marx, 같은 책, 57쪽.

10 D. Harvey, *A Companion to Marx's Capital*, 2010
    (강신준 옮김,『데이비드 하비의 맑스《자본》강의』, 창비, 2014, 314~315쪽).

11 D. Harvey, 같은 책, 313쪽.

12 K. Marx, *Capital*, Volume I, tr. by Ben Fowkes, Penguin Books, 1990, p. 445.

13 K. Marx, *Ökonomisch-philosophische Manuskripte aus dem Jahre 1844*, 1844
    (최인호 옮김,『1844년의 경제학 철학 초고』, 박종철출판사, 1991, 272쪽).

14 K. Marx, 같은 책, 272~273쪽.

15 K. Marx, 같은 책, 304~305쪽.

16 K. Marx, 같은 책, 275쪽.

17 K. Marx, 같은 책, 356쪽.

18 K. Marx, 같은 책, 356쪽.

19 K. Marx, 같은 책, 359쪽.

20 K. Marx, *Zur Kritik der Hegelschen Rechtphilosophie,* 1844
    (강유원 옮김, 『헤겔 법철학 비판』, 이론과실천, 2011, 78쪽).

21 K. Marx, 같은 책, 81~82쪽.

22 K. Marx, *Ad Feurbach,* 1845
    (최인호 옮김, 『포이에르바하에 관한 테제들』, 『칼 맑스 프리드리히 엥겔스 저작 선집』,
    1, 박종철출판사, 1993, 185~189쪽).

23 http://www.hyunchuk.co.kr/news/4652

24 K. Marx, *The Civil War in France,* 1871
    (안효상 옮김, 『프랑스에서의 내전』, 『칼 맑스 프리드리히 엥겔스 저작 선집』, 4,
    박종철출판사, 1997, 69쪽).

25 F. Braudel, *Civilisation matérielle, économie et capitalisme,* XVe-XVIIIe siècle,
    Tome 2, 1967
    (주경철 옮김, 『물질문명과 자본주의』, II-2, 까치, 1996, 615쪽).

26 F. Braudel, 같은 책, 616쪽.

27 M. Hardt & A. Negri, *Commonwealth,* 2009
    (정남영·윤영광 옮김, 『공통체』, 사월의책, 2014, 234~241쪽).

28 K. Marx, *Das Kapital,* III, 1894
    (김수행 옮김, 『자본론』, III-상, 비봉출판사, 2015, 450쪽).

29 "CEO-직원 연봉 격차 갈수록 너무하네"
    (『매경이코노미』, 제1958호, 2018. 5. 16).

30 "고액보수에 칼 빼든 디즈니 상속녀…"
    (이투데이, 2019. 4. 25,
    http://www.etoday.co.kr/news/section/newsview.php?idxno=1749235).

31 참고로 마르크스는 주석을 달아 농민경제나 독립수공업이 봉건적
    생산양식만이 아니라 고대 로마와 같은 고전적 공동체의 경제적 기초이기도
    했고, 봉건적 생산양식이 붕괴한 자본주의에서도 영세한 형태로 존속한다는
    점을 말해두었다.[김, 455, 각주 21; 강, 464, 각주 24]

32 https://www.dictionary.com/browse/mechanism

33 A. Smith, *The Wealth of Nations,* 1776
    [김수행 옮김, 『국부론』, 동아출판사, 1996, 13쪽(번역은 일부 수정)].

34 A. Smith, 같은 책, 14쪽.

35 A. Smith, 같은 책, 13쪽(번역은 일부 수정).

36 A. Smith, 같은 책, 21쪽.

37 A. Smith, 같은 책, 같은 쪽.

38 A. Smith, 같은 책, 22쪽

39 A. Smith, 같은 책, 21쪽.

40 K. Marx, *Das Elend der Philosophie*, 1847

    (강민철·김진영 옮김, 『철학의 빈곤』, 아침, 1989, 132쪽).

41 마르크스는 사회적 분업과 작업장 분업의 관계가 자본주의적 사회형태에서
    어떻게 달라졌는지를 언급하면서 『철학의 빈곤』(1847)을 많이 인용한다.
    『자본』 제12장 제5절의 주요 논지는 『철학의 빈곤』 제2장 제2절('분업과
    기계')에서 말한 것과 기본적으로 같다.

42 사실 이들은 노동시장에서 배제된 존재들이고, 심지어는 경제학적 '가치'
    개념 바깥으로 밀려나 있는 존재들이다. 일종의 '경제학 영역 바깥의
    유령들'인 셈이다. 가치를 착취당하기 이전에 가치라는 개념 자체의 폭력에
    시달리는 존재들이다. 그런데 마르크스는 노동자의 처지를 설명할 때 이들을
    자주 끌어들인다. 노동자들이 겪는 착취와 폭력을 노동자의 '장애화',
    '동물화'로 묘사한다. 이런 묘사는 장애인과 비인간 동물이 이미 끔찍한
    상태에 처해 있기 때문에 가능한 것이다. 그렇다면 노동자들이 자본주의에서
    겪는 폭력은 장애인이나 비인간 동물이 체제의 경계 내지 바깥에서 겪는
    폭력이 체제 안으로 그림자를 드리운 것이라고도 할 수 있지 않을까.

43 G. Franco, "Ramazzini and worker's health", *The Lancet,* Vol. 354, September
    4, 1999, p. 858.

44 G. Franco, 같은 논문, 같은 쪽.

45 G. Franco, 같은 논문, 같은 쪽.

46 Platon, *Politeia,* II, 369b~372a, c. 380 BC

    (박종현 역주, 『국가·政體』, 서광사, 2006, 146~153쪽).

47 Xenophon, *Cyropaedia,* c. 370 BC

    (이동수 옮김, 『키루스의 교육』, 한길사, 2005, 359~360쪽).

48 Platon, *Politeia,* 372d(앞의 책, 155쪽).

49 F. Taylor, *The Principles of Scientific Management*

    (박영호 옮김, 『과학적 관리법』, 21세기북스, 2010, 52쪽).

50 K. Marx, "Die Juni revolution", 1848

(최인호 옮김, 「6월혁명」, 『칼 맑스 프리드리히 엥겔스 저작 선집』, 1, 박종철출판사, 1993, 465쪽).

51 E. Balibar, "Spinoza, l'Anti-Orwell", 1985

(진태원 옮김, 「스피노자, 반오웰: 대중의 공포」, 『스피노자와 정치』, 이제이북스, 2005, 201쪽).

52 A. Gramsci, *Quaderni del carcere,* 1929~1935

(이상훈 옮김, 『그람씨의 옥중수고 I』, 거름, 1992, 337쪽).

1   W. Benjamin, *Über einige Motive bei Baudelaire*, 1939
    (김영옥·황현산 옮김, 『보들레르의 작품에 나타난 제2제정기의 파리/보들레르의 몇
    가지 모티프에 관하여 외』, 도서출판 길, 2015, 240쪽).

2   W. Benjamin, 같은 책, 같은 쪽, 각주 93.

3   K. Marx, *Grundrisse der Kritik der Politischen Ökonomie*, 1857~1858
    (김호균 옮김, 『정치경제학 비판 요강』, II, 백의출판사, 2000, 374쪽).

4   "추석 '물량폭탄' 내 목숨을 배달하나요… 집배원 올 12명 사망"(『동아일보』,
    2019. 9. 14, http://www.donga.com/news/article/all /20190914/97402142/1).

5   K. Marx, "Speech at anniversary of the *People's Paper*", 1856
    (김태호 옮김, 「1856년 4월 14일 런던 『인민신문』 창간 기념 축하회에서의 연설」, 『칼
    맑스 프리드리히 엥겔스 저작 선집』, 2, 박종철출판사, 2008, 430쪽).

6   G. Deleuze & F. Guattari, "Bilan-programme pour machine désirantes",
    L'Anti-Oedipe(Nouvelle Édition Augmentée), Minuit, 1972/1973
    (김재인 옮김, 『안티 오이디푸스』, 민음사, 2014, 632쪽).

7   G. Deleuze & F. Guattari, 같은 책, 같은 쪽.

8   G. Deleuze & F. Guattari, 같은 책, 632쪽과 635쪽.

9   M. Weber, *Politik als Beruf*, 1919
    (이상률 옮김, 『직업으로서의 학문/직업으로서의 정치』, 문예출판사, 1995, 105쪽).

10 M. Weber, *Wirtschaftsgeschichte*, 1923
    (조기준 옮김, 『사회경제사』, 삼성출판사, 1991, 307쪽. 번역은 일부 수정).

11 G. Deleuze & F. Guattari, 앞의 책, 634~635쪽.

12 G. Deleuze & F. Guattari, 같은 책, 635쪽.

13 K. Marx & F. Engels, *Manifest der Kommunistischen Partei*, 1848
    (최인호 옮김, 『공산주의당 선언』, 『칼 맑스 프리드리히 엥겔스 저작 선집』, 1,
    박종철출판사, 1993, 405쪽).

14 D. Ricardo, *On the Principles of Political Economy and Taxation*, 1817
    (정윤형 옮김, 『정치경제학 및 과세의 원리』, 비봉출판사, 1991, 367쪽).

15 D. Ricardo, 같은 책, 366쪽.

16 Juan Vicente Palerm, *Farm Labor Needs and Farm Workers in California, 1970 to 1989,* California Agricultural Studies 91~92, Employment Development Department, State of California, 1991, p. 109.

17 Aristoteles, *Politika*
(천병희 옮김, 『정치학』, 숲, 2009, 25~26쪽).

18 K. Marx, *Grundrisse der Kritik der Politischen Ökonomie,* 1857~1858, 앞의 책, 380쪽.

19 K. Marx, 같은 책, 369쪽.

20 L. Mumford, *Interpretations and Forecasts: 1922~1972,* 1973
(김진욱 옮김, 『개성과 역사』, 종로서적, 1983, 17쪽).

21 A. Ure, *The Philosophy of Manufactures,* Charles Knight, 1835, p. 18.

22 A. Ure, 같은 책, p. 19.

23 A. Ure, 같은 책, p. 20.

24 W. Benjamin, "Über einige Motive bei Baudelaire", 1939
(김영옥·황현산 옮김, 『보들레르의 작품에 나타난 제2제정기의 파리/보들레르의 몇 가지 모티프에 관하여 외』, 도서출판 길, 2015, 219쪽).

25 F. Engels, *Die Lage der arbeitenden Klasse in England,* 1845
(이재만 옮김, 『영국 노동자계급의 상황』, 라티오, 2014, 231쪽, 각주).

26 은유, 『알지 못하는 아이의 죽음』, 돌베개, 2019.

27 A. Ure, 앞의 책, p. 15(유어 책의 원문에 맞게 번역 일부 수정).

28 F. Engels, 앞의 책, 241쪽.

29 F. Engels, 같은 책, 237쪽.

30 F. Engels, 같은 책, 242쪽.

31 F. Engels, 같은 책, 233쪽.

32 F. Engels, 같은 책, 239~241쪽(번역은 수정).

33 "The declaration of the framework knitters, 1 Jan. 1812" in A. Aspinall & E. Anthony Smith, eds., *English Historical Documents, XI, 1783~1832,* Oxford University Press, 1959, p. 531
(https://www.marxists.org/history/england/combination-laws/ned-ludd-1812.htm, 2019. 10. 30. 최종 접속).

34 "30th July 1819: The trial of Adam Wagstaff at Nottingham Summer Assizes for sending a threatening letter in the name of 'Genrall Ludd'"(http://ludditebi centenary.blogspot.com, 2019. 10. 30. 최종 접속).

35 K. Marx & F. Engels, *Manifest der Kommunistischen Partei,* 1848
(최인호 옮김,『공산주의당 선언』,『칼 맑스 프리드리히 엥겔스 저작 선집』, 1, 박종철출판사, 1993, 399쪽).

36 I. Wallerstein, *The Modern World-System III: The Second Era of Great Expansion of the Capitalist World-Economy, 1730-1840s,* 1988
(김인중 외 옮김,『근대세계체제 III: 자본주의 세계경제의 거대한 팽창의 두 번째 시대 1730~1840년대』, 까치글방, 1999, 42~45쪽).

37 A. Ure, 앞의 책, p. 369.

38 A. Ure, 같은 책, p. 367.

39 A. Ure, 같은 책, p. 370.

40 "ILO 가사노동협약",『한겨레신문』, 2011년 6월 17일
(http://www.hani.co.kr/arti/international/international_general/483227.html, 2019. 10. 30. 최종 접속).

41 한국고용정보원 통계자료(http://statistics.keis.or.kr/user/extra/stats/ statscharts2/statsstickline2_4/jsp/Page.do?siteMenuIdx=3141&gbnCd=B0201|B020 3&rangeType=YYYYMM&varTypeCd1=T0029&removeVarCd1=total|y&intervalL= 500&intervalR=20&decimalPlace=2&percent=B0203, 2019. 10. 30. 최종 접속).

42 K. Marx, "Revolution in China and in Europe", *New York Daily Tribune,* June 14, 1853
(김태호 옮김,「중국 혁명과 유럽 혁명」,『칼 맑스 프리드리히 엥겔스 저작 선집』, 2, 박종철출판사, 2008, 403쪽).

43 S. Freud, "Jenseits des Lustprinzips", 1920
(박찬부 옮김,「쾌락 원칙을 넘어서」, 윤희기·박찬부 옮김,『정신분석학의 근본개념』, 열린책들, 2003).

44 전태일기념관건립위원회 엮음,『어느 청년 노동자의 삶과 죽음: 전태일 평전』, 돌베개, 1983, 110쪽.

45 전태일기념관건립위원회 엮음, 같은 책, 111~113쪽.

46 박노해,『노동의 새벽: 박노해 시집, 30주년 개정판』, 느린걸음, 2014.

47 A. Smith, *The Wealth of Nations,* 1776

  (김수행 옮김,『국부론』, 동아출판사, 1996, 22쪽).

48 A. Smith, 같은 책, 434쪽.

49 A. Smith, 같은 책, 같은 쪽.

50 A. Smith, *The Theory of Moral Sentiments,* 1759

  (박세일·민경국 옮김,『도덕감정론』, 비봉출판사, 1996, 331쪽).

51 현대 기술이 어떻게 인간과 자연을 '닦달하도록' 운명 지어졌는지에 대해서는
  M. Heidegger, *Die Technik und die Kehre,* 1962

  (이기상 옮김,『기술과 전향』, 서광사, 1993) 참조.

52 R. Owen, *A New View of Society,* 1813

  (이문창 옮김,『사회에 관한 새 견해/산업자의 정치적 교리문답/산업적·협동사회적 새
  세계』, 형설출판사, 1982).

53 R. Owen, 같은 책, 93쪽.

54 R. Descartes, *Principia Philosophiae,* 1644

  (원석영 옮김,『철학의 원리』, 아카넷, 2002, 444쪽).

55 K. Marx, *Grundrisse der Kritik der Politischen Ökonomie,* 1857~1858

  (김호균 옮김,『정치경제학 비판 요강』, II, 백의출판사, 2000, 374쪽).

56 K. Marx, 같은 책, 376쪽.

57 K. Marx, 같은 책, 380쪽.

58 K. Marx, 같은 책, 381쪽.

59 K. Marx, 같은 책, 384쪽.

60 K. Marx, 같은 책, 388쪽.

61 K. Marx, 같은 책, 같은 쪽.

62 K. Marx, 같은 책, 389쪽.

63 K. Marx, "Speech at anniversary of the *People's Paper*", 1856

  (김태호 옮김,「1856년 4월 14일 런던『인민신문』창간 기념 축하회에서의 연설」,『칼
  맑스 프리드리히 엥겔스 저작 선집』, 2, 박종철출판사, 2008, 430~432쪽).

64 K. Marx, 같은 글, 431쪽.

65 K. Marx, 같은 글, 431~432쪽.

66 W. Shakespeare, *Hamlet,* 1609

  [최종철 옮김,『햄릿』(제1막 제5장), 민음사, 2012, 51쪽. 번역은 수정].

67 K. Marx, *Der achtzehnte Brumaire des Louis Bonaparte*, 1852
(최인호 옮김, 『루이 보나파르트의 브뤼메르 18일』, 『칼 맑스 프리드리히 엥겔스 저작
선집』, 2, 박종철출판사, 2008, 380쪽).

68 K. Marx, "Speech at anniversary of the *People's Paper*", 1856(앞의 책, 432쪽).

1 K. Marx & F. Engels, *Die deutsche Ideologie,* 1845
   (최인호 옮김,『독일 이데올로기』,『칼 맑스 프리드리히 엥겔스 저작 선집』, 1,
   박종철출판사, 1993, 193~194쪽).

2 K. Marx, *Zur Kritik der Hegel'schen Rechtsphilosophie: Einleitung,* 1844
   (최인호 옮김,『헤겔 법철학 비판을 위하여』서설,『칼 맑스 프리드리히 엥겔스 저작
   선집』, 1, 박종철출판사, 1993, 3~4쪽).

3 K. Marx, *Grundrisse der Kritik der politischen Ökonomie* "Einleitung", 1857
   (김호균 옮김,「서설」,『정치경제학 비판 요강』 I, 백의출판사, 2000, 77쪽).

4 K. Marx, "맨체스터에 있는 엥겔스에게"(1865년 7월 31일 편지), *MEW* 31,
   132쪽.

5 A. Smith, *An Inquiry into the Nature and Causes of the Wealth of Nations,* 1776
   (김수행 옮김,『국부론』, 동아출판사, 1996, 317쪽).

6 A. Smith, 같은 책, 같은 쪽.

7 A. Smith, 같은 책, 같은 쪽.

8 A. Smith, 같은 책, 318쪽.

9 A. Smith, 같은 책, 317쪽.

10 A. Smith, 같은 책, 318쪽.

11 A. Smith, 같은 책, 319쪽.

12 K. Marx, *Theorien über den Mehrwert,* 1862~1863
   (편집부 옮김,『잉여가치 학설사』 I, 아침, 1991, 170쪽).

13 A. Smith, 앞의 책, 317쪽.

14 K. Marx,『잉여가치 학설사』 I, 175쪽.

15 K. Marx, 같은 책, 176쪽.

16 A. Smith, 앞의 책, 317~318쪽.

17 K. Marx,『잉여가치 학설사』 I, 171~172쪽.

18 Ray Monk, *Ludwig Wittgenstein–The Duty of Genius,* 1990
   (남기창 옮김,『루트비히 비트겐슈타인 1: 천재의 의무』, 문화과학사, 2001, 26쪽).

19 K. Marx,『잉여가치 학설사』 I, 179쪽.

20 홀거 하이데(H. Heide), "[세계의 창] 사립학교에서 이윤 뽑기?", 『한겨레신문』, 2018년 11월 21일 (http://herstory.hani.co.kr/arti/opinion/column/323303.html#sitemap, 2019. 12. 30. 최종 접속).

21 K. Marx, 『잉여가치 학설사』 I, 171쪽.

22 K. Marx, 『잉여가치 학설사』 I, 171쪽.

23 고병권, 『민주주의란 무엇인가』, 그린비, 2011, 62쪽.

24 T. Hobbes, *Leviathan or The Matter, Forme and Power of a Common-Wealth Ecclesiasticall and Civil,* 1651 (한승조 옮김, 『군주론/리바이어던』, 삼성출판사, 1995, 260쪽).

25 K. Marx, *Das Kapital: Kritik der politischen Ökonomie,* 1867 (김수행 옮김, 『자본』, III-하, 비봉출판사, 2015, 952~953쪽).

26 Marshall Sahlins, "La première société d'abondance", *Les Temps Modernes,* No 268, Oct, 1968 (박충환 옮김, 『석기시대 경제학』, 한울아카데미, 2014, 45쪽).

27 Marshall Sahlins, 같은 책, 49쪽과 55쪽.

28 P. Clastres, *Recherches d'anthropologie politique,* 1980 (변지현·이종영 옮김, 『폭력의 고고학: 정치인류학 연구』, 도서출판 울력, 2002, 177쪽).

29 P. Clastres, *La Société contre l'État,* 1974 (홍성흡 옮김, 『국가에 대항하는 사회』, 이학사, 2005, 제11장).

30 P. Clastres, 『국가에 대항하는 사회』, 237쪽.

31 P. Clastres, 같은 책, 같은 쪽.

32 M. Heidegger, *Die Technik und die Kehre,* 1962 (이기상 옮김, 『기술과 전향』, 서광사, 1993, 41쪽)

33 M. Heidegger, 같은 책, 같은 쪽.

34 M. Foucault, *Les mots et les choses,* 1966 (이광래 옮김, 『말과 사물』, 민음사, 1995, 303쪽).

35 M. Foucault, 같은 책, 304쪽.

36 M. Foucault, 같은 책, 305쪽(번역은 수정).

37 R. Descartes, *Discours de la méthode,* 1637
    (이현복 옮김,『방법서설』, 문예출판사, 2001, 216쪽).

38 R. Descartes, 같은 책, 220쪽.

39 G. Deleuze, *Spinoza-Philosophie Pratique,* 1981
    (박기순 옮김,『스피노자의 철학』, 민음사, 2001, 168쪽).

40 정운영,『노동가치이론연구』, 까치, 1993, 100쪽에서 재인용.

41 정운영, 같은 책, 같은 쪽.

42 R. S. Sayers, "Ricardo's Views on Monetary Questions", Papers in *English Monetary History,* Oxford University Press, 1953, p. 94에서 재인용.
    그리고 고병권,『화폐, 마법의 사중주』, 그린비, 2005, 273~274쪽도 참조.

43 B. Russell, *In Praise of Idleness,* 1935
    (송은경 옮김,『게으름에 대한 찬양』, 사회평론, 1998, 27쪽).

44 D. Harvey, *A Companion to Marx's Capital,* 2010
    (강신준 옮김,『데이비드 하비의 맑스《자본》강의』, 창비, 2014, 432~433쪽).

45 D. Harvey, 같은 책, 433쪽.

46 K. Marx, *Zur Kritik der Hegelschen Rechtsphilosophie: Einleitung,* 1844
    (최인호 옮김,『헤겔 법철학 비판을 위하여』서설,『칼 맑스 프리드리히 엥겔스 저작선집』, 1, 박종철출판사, 1993, 3~4쪽).

47 강신준,「임금에 대한 마르크스 경제학과 부르주아 경제학의 차이점」
    [Maurice Dobb, Wages, 1928
    (강신준 옮김,『임금에 대하여』, 도서출판 길, 2019, 10~11쪽)].

48 K. Marx, *Das Kapital: Kritik der politischen Ökonomie,* 1894
    (김수행 옮김,『자본론』III-상, 비봉출판사, 2015, 408쪽).

49 "알바생들 2019년 고민 상담 1위 '주휴수당', 알바천국 발표", 2020. 1. 10.
    (http://www.alba.co.kr/story/brand/MediaReportView.asp?idx=3422&page=1, 2020. 2. 12. 최종 접속).

50 "'주휴수당' 달라고 하자 '그런 게 있어요?'",『한겨레신문』, 2011. 9. 6.
    (http://www.hani.co.kr/arti/society/labor/495008.html, 2020. 2. 12. 최종 접속).

51 "韓노동시간 OECD 2위… 獨보다 녁 달 더 일하고 임금은 70%", 연합뉴스, 2017. 8. 16.
    (https://www.yna.co.kr/view/AKR20170815071000002, 2020. 2. 12. 최종 접속).

52 박정훈, "플랫폼의 신종 노무관리", 『경향신문』, 2020. 2. 5.
(http://news.khan.co.kr/kh_news/khan_art_view.html?artid=202002052053005&co
de=990100, 2020. 2. 13. 최종 접속).

53 K. Marx, 「바스티아와 케리」, 『정치경제학 비판 요강』 I, 34쪽.

54 K. Marx, 같은 책, 같은 쪽.

55 K. Marx, 같은 책, 46쪽.

56 K. Marx, 같은 책, 429쪽(독일어판 편집자 주).

57 F. Engels, "런던에 있는 마르크스에게"(1856년 11월 17일 편지), *MEW* 29, 86쪽

58 K. Marx, "맨체스터에 있는 엥겔스에게"(1857년 12월 8일 편지), *MEW* 29,
225쪽.

59 K. Marx, 앞의 책, 15쪽(독일어판 편집자 서문).

1   K. Marx, "트리어의 아버지에게"(1837년 11월 10일), *MEW* 42, pp. 3~11.

2   K. Marx, 같은 편지, p. 4.

3   Mary Gabriel, *Love and Capital,* 2011
    (천태화 옮김, 『사랑과 자본』, 모요사, 2015, 337쪽)

4   실러에 대한 마르크스의 여러 언급에 대해서는 Siegbert Prawer, "What did
    Karl Marx Think of Schiller?", *German Life and Letters,* Volume 29, Issue 1,
    October, 1975를 참조.

5   K. Marx, "맨체스터의 엥겔스에게"(1870년 7월 20일 편지), *MEW* 33, 6쪽.

6   F. Schiller, *Kabale und Liebe,* 1784
    (이원양 옮김, 『간계와 사랑』, 지만지드라마, 2019, 107쪽).

7   F. Schiller, "Die Bürgschaft", 1798
    (https://www.friedrich-schiller-archiv.de/inhaltsangaben/schiller-die-buergschaft-
    inhaltsangabe-interpretation-und-quelle, 김원익 옮김, 「인질」,
    http://blog.naver.com/PostView.nhn?blogId=apollonkim&logNo=221034199396,
    2020. 5. 20. 최종 접속).

8   Platon, *Epistolai,* VII
    (강철웅·김주일·이정호 옮김, 「일곱 번째 편지」, 『편지들』, 이제이북스, 2009,
    83~127쪽).

9   http://blog.naver.com/PostView.nhn?blogId=apollonkim&log
    No=221034199396(2020. 5. 20. 최종 접속).

10 F. Nietzsche, *Die fröhliche Wissenschaft,* 1882, #341
    (안성찬·홍사현 옮김, 『즐거운 학문』, 책세상, 2005, 315쪽).

11 K. Marx, 『정치경제학 비판 요강』, II, 13쪽.

12 K. Marx, 같은 책, 같은 쪽.

13 K. Marx, *Das Kapital,* 1885
    (김수행 옮김, 『자본론』, II, 비봉출판사, 2015, 489쪽).

14 K. Marx, 같은 책, 492쪽.

15 K. Marx, 같은 책, 490쪽.

16 K. Marx, 같은 책, 502쪽.

17 E. Balibar, "De la reproduction"

　　（L. Althusser, E. Balibar, *Lire le Capital*, II, Maspero, 1968, p. 165）.

18 K. Marx, *Grundrisse der Kritik der politischen Ökonomie* "Einleitung", 1857

　　（최인호 옮김, 「『정치경제학 비판을 위한 기본 개요』의 서설」, 『칼 맑스 프리드리히
　　엥겔스 저작 선집』, 제2권, 2008, 460쪽）.

19 A. Gramsci, *Quaderni del carcere*, 1929~1935

　　（이상훈 옮김, 『그람시의 옥중수고 I』, 거름, 1992, 328쪽）.

20 A. Gramsci, 같은 책, 330쪽.

21 K. Marx·F. Engels, *Manifest der Kommunistischen Partei*, 1848

　　（최인호 옮김, 『공산주의당 선언』, 『칼 맑스 프리드리히 엥겔스 저작 선집』, 1,
　　박종철출판사, 1993, 433쪽）.

22 John Locke, *Two Treatises of Government: The Second Treatise of Government-
　　An Essay Concerning the True Original, Extent, and End of Civil-Government*,
　　1689

　　（강정인·문지영 옮김, 『통치론』, 도서출판 까치, 1996, 34쪽）.

23 John Locke, 같은 책, 35~36쪽.

24 John Locke, 같은 책, 49쪽.

25 N. Elias, *Die höfische Gesellschaft*, 1969

　　（박여성 옮김, 『궁정사회』, 한길사, 2003, 155쪽）.

26 N. Elias, 같은 책, 같은 쪽.

27 N. Elias, 같은 책, 154쪽.

28 M. Mauss, *Essai sur le don*, 1925

　　（이상률 옮김, 『증여론』, 한길사, 2002）

29 F. Engels, "Die Polendebatte in Frankfurt", 1948 (*Neue Rheinische Zeitung*, Nr. 91,
　　1. September, 1848), *MEW* 5, pp. 350~352.

30 F. Schiller, "Die Bürgschaft", 1798

　　（김원익 옮김, 「인질」,
　　http://blog.naver.com/PostView.nhn?blogId=apollonkim&logNo=221034199396,
　　2020. 5. 20 검색）

31 K. Polanyi, *The Great Transformation*, 1944

　　（박현수 옮김, 『거대한 변환』, 민음사, 1996, 130쪽）

32 K. Polanyi, 같은 책, 124쪽.

33 K. Polanyi, 같은 책, 125쪽.

34 K. Marx, 『정치경제학 비판 요강』, II, 327쪽.

35 K. Marx, "Value, Price and Profit", 1865

　　(김호균 옮김, 「임금, 가격 및 이윤」, 『경제학노트』, 이론과실천, 1987, 202쪽).

36 K. Marx, 같은 책, 254~255쪽.

37 K. Marx, 같은 책, 246쪽.

38 K. Marx, 같은 책, 257쪽.

39 K. Marx, 같은 책, 같은 쪽(번역은 수정).

40 K. Marx, 같은 책, 258쪽.

1 C. Schmitt, *Politische Theologie*, 1922
  (김항 옮김, 『정치신학』, 그린비, 2010, 18쪽).

2 G. Agamben, *Homo sacer: Il potere sovrano e la nuda vita,* 1995, tr. by Daniel
  Heller-Roazen, *Homo Sacer: Sovereign Power and Bare Life,* Stanford University
  Press, 1998, p. 15.

3 K. Marx, *Das Kapital: Kritik der politischen Ökonomie,* 1894
  (김수행 옮김, 『자본론』, III-상, 비봉출판사, 2015, 181쪽).

4 정운영, 『노동가치이론연구』, 까치, 1993, 250쪽. 정운영은 마르크스의 경우
  투하된 자본이 1회 생산에 모두 소진된다는 전제하에 자본의 가치구성을
  말하고 있는데, 실제로는 주어진 생산기간 동안의 자본 회전율을 고려해야
  한다며 정식을 조금 수정했다. 즉 그는 가치구성의 1회 소진되는 생산수단의
  가치(c) 대신 주어진 생산기간에 필요한 생산수단의 가치 전체(C)를 써서,
  'c/v'를 'C/v'로 제시했다. 그러나 여기서는 논의 맥락상 굳이 이런 구분을 할
  필요가 없기에 'c/v'로 표시한다.

5 정운영, 같은 책, 251쪽.

6 정운영, 같은 책, 256쪽.

7 정운영, 같은 책, 같은 쪽.

8 K. Marx, 『자본론』, III-상, 192~193쪽.

9 G. Arrighi, *The Long Twentieth Century: Money, Power, and the Origins of Our
  Times,* 1994
  (백승욱 옮김, 『장기 20세기: 화폐, 권력, 그리고 우리 시대의 기원』, 그린비, 2008,
  183쪽).

10 B. Mandeville, *The Fable of the Bees,* 1714
  (최윤재 옮김, 『꿀벌의 우화』, 문예출판사, 2010, 200쪽).

11 B. Mandeville, 같은 책, 207쪽.

12 스미스는 고용주가 우세한 이유에 대해 이렇게 말한다. 고용주는 수적으로
  적어 단결이 쉽고, 무엇보다 법률이 고용주에게 유리하다(법률은 고용주의
  단결은 금지하지 않으면서 노동자들의 단결은 금지한다). 특히 당시 노동가격
  인하를 위해 고용주가 단결하는 걸 금지하는 법률은 하나도 없지만

노동가격을 인상시키기 위한 단결을 반대하는 법률은 많다. 쟁의가 벌어지면 고용주들이 훨씬 오래 견딜 수 있다. 그러나 노동자들의 경우에는 1년은커녕 일주일을 버틸 수 있는 사람도 많지 않다.

A. Smith, *An Inquiry into the Nature and Causes of the Wealth of Nations*, 1776 (김수행 옮김, 『국부론』, 동아출판사, 1996, 73쪽).

13 A. Smith, 같은 책, 99쪽(번역은 수정).

14 A. Smith, 같은 책, 같은 쪽.

15 A. Smith, 같은 책, 같은 쪽.

16 R. Hilferding, *Das Finanzkapital*, 1910 (김수행·김진엽 옮김, 『금융자본』, 도서출판 새날, 1997, 15쪽. 번역은 수정).

17 R. Hilferding, 같은 책, 326쪽.

18 R. Hilferding, 같은 책, 327~329쪽.

19 R. Hilferding, 같은 책, 334~335쪽.

20 R. Hilferding, 같은 책, 335쪽.

21 K. Marx, 『자본론』, II-상, 비봉출판사, 2015, 264쪽.

22 K. Marx, 같은 책, 289~300쪽.

23 K. Marx & F. Engels, *Manifest der Kommunistischen Partei*, 1848 (최인호 옮김, 『공산주의당 선언』, 『칼 맑스 프리드리히 엥겔스 저작 선집』, 1 박종철출판사, 1993, 412쪽).

24 Thomas R. Malthus, *An Essay on the Principle of Population*, 1826 (6th ed.)(이서행 옮김, 『인구론』, 동서문화사, 2018, 298쪽).

25 Thomas R. Malthus, 같은 책, 20~21쪽.

26 Thomas R. Malthus, 같은 책, 23~24쪽.

27 Thomas R. Malthus, 같은 책, 299쪽.

28 Thomas R. Malthus, 같은 책, 233쪽.

29 Thomas R. Malthus, "Preface to the Second Edition"(1807), *An Essay on the Principle of Population*, 1826(6th ed.), https://oll.libertyfund.org/titles/malthus-an-essay-on-the-principle-of-population-vol-1-1826-6th-ed

30 Thomas R. Malthus, *An Essay on the Principle of Population*, 1798 (Electronic Scholarly Publishing Project, 1998, p. 96).

31 Thomas R. Malthus, *An Essay on the Principle of Population*, 1826(6th ed.)
    (이서행 옮김, 『인구론』, 동서문화사, 2018, 25쪽).

32 Thomas R. Malthus, 같은 책, 449쪽과 455쪽.

33 Thomas R. Malthus, 같은 책, 502쪽.

34 Thomas R. Malthus, 같은 책, 532쪽.

35 Thomas R. Malthus, 같은 책, 503쪽.

36 Thomas R. Malthus, 같은 책, 312~313쪽.

37 Thomas R. Malthus, 같은 책, 305~306쪽.

38 Thomas R. Malthus, 같은 책, 315~319쪽.

39 Thomas R. Malthus, 같은 책, 326쪽(번역은 수정).

40 Thomas R. Malthus, 같은 책, 328쪽.

41 Thomas R. Malthus, 같은 책, 465~466쪽.

42 Thomas R. Malthus, 같은 책, 468쪽.

43 Thomas R. Malthus, 같은 책, 549쪽.

44 Giorgio Agamben, *Homo Sacer*, trans. Daniel Heller-Roazen, Stanford
    University Press, 1998, p. 29.

45 Giorgio Agamben, 같은 책, 같은 쪽.

46 고병권, 〈불안시대의 삶과 정치〉, 『추방과 탈주』, 그린비, 2009, 57쪽.

47 B. Spinoza, *Ethica*, 1677
    (강영계 옮김, 『에티카』, 서광사, 1990, 321쪽).

48 아리스토텔레스, 천병희 옮김, 『정치학』, 숲, 2009, 15~16쪽.

49 아리스토텔레스, 같은 책, 35쪽.

50 K. Marx, Briefe aus den "Deutsch-Französischen Jahrbüchern", 1843, *MEW* 1,
    p. 340
    (전태국 옮김, 『마르크스의 초기 저작: 비판과 언론』, 열음사, 1996, 322쪽, 번역은 일부
    수정).

51 J. Bodin, *Les Six Livres de la République*, 1576
    (임승휘 옮김, 『국가론』, 책세상, 2005, 55쪽);
    C. Schmitt, *Politische Theologie*, 1922
    (김항 옮김, 『정치신학』, 그린비, 2010, 20쪽);
    고병권, 『민주주의란 무엇인가』, 그린비, 2011, 50쪽.

52 K. Marx, *"Die Klassenkämpfe in Frankreich 1848 bis 1850"*, 1850, *MEW* 7, p. 93
(최인호 옮김, 「프랑스에서의 계급투쟁」, 『칼 맑스 프리드리히 엥겔스 저작 선집』, 2,
박종철출판사, 2008, 98쪽).

53 Z. Bauman, *Work, Consumerism and the New Poor,* 1998
(이수영 옮김, 『새로운 빈곤』, 천지인, 2010, 29쪽).

54 Z. Bauman, 같은 책, 28쪽 그리고 208쪽.

55 D. Harvey, *A Companion to Marx's Capital,* 2010
(강신준 옮김, 『데이비드 하비의 맑스《자본》강의』, 창비, 2014, 513쪽).

56 K. Polanyi, *The Great Transformation,* 1944
(박현수 옮김, 『거대한 변환』, 민음사, 1996, 142~151쪽).

57 K. Polanyi, 같은 책, 151쪽.

58 E. Balibar, "Le proétariat insaisissable", *La crainte des masses,* 1997
(최원-서관모 옮김, 〈붙잡을 수 없는 프롤레타리아트〉, 『대중들의 공포』, 도서출판b,
2007, 272쪽, 각주 3).

59 김경민, "구로공단 '벌집'의 추억"(김경민의 도시 이야기 27),
https://m.pressian.com/m/pages/articles/112992#0DKW
(2020. 9. 22. 최종 접속).

60 매일노동뉴스, "이주노동자 비닐하우스 숙소 장려하는 노동부
행정지침"(2017. 4. 6),
http://www.labortoday.co.kr/news/articleView.html?idxno=143650
(2020. 9. 22. 최종 접속).

61 "'비닐하우스 규제'에도… 이천저수지 붕괴 이주민 상당수 이주노동자",
『한국일보』(2020. 8. 11),
https://www.hankookilbo.com/News/Read/A20200810093
00005915?did=DA (2020. 9. 23. 최종 접속).

62 김사강(2020), 「2020 고용허가제 이주노동자 노동조건 실태조사 결과」,
『고용허가제 이주노동자 노동조건 실태조사 결과 발표 및 토론회 자료집』.

63 "고용허가제 16년… '이주노동자 필요한 한국, 제도는 노예제'",
〈뉴스민〉(2020. 8. 16),
http://www.newsmin.co.kr/news/51287/ (2020. 9. 23. 최종 접속).

64 M. Davis, *Planet of Slums*, 2005
    (김정아 옮김, 『슬럼, 지구를 뒤덮다』, 돌베개, 2007, 15~17쪽).

65 M. Davis, 같은 책, 31쪽, 223쪽.

66 UN-HABITAT, *The Challenge of Slums: Global Report on Human Settlements*,
    2003 (M. Davis, 같은 책, 224쪽, 재인용).

67 M. Davis, 앞의 책, 33쪽.

68 F. Engels, *Die Lage der arbeitenden Klasse in England*, 1845
    (이재만 옮김, 『영국 노동계급의 상황』, 라티오, 2014, 118쪽).

69 F. Engels, 같은 책, 136쪽.

70 K. Marx, "Reden für Polen", 1847
    (김태호 옮김, 「폴란드에 대한 연설들」, 『칼 맑스 프리드리히 엥겔스 저작 선집』, 1,
    박종철출판사, 1993, 340~341쪽).

71 K. Marx, "맨체스터의 엥겔스에게"(1869년 12월 10일), *MEW* 32, pp. 414~415.

72 K. Anderson, *Marx at Margins*, 2010
    (정구현·정성진 옮김, 『마르크스의 주변부 연구』, 한울아카데미, 2020, 256쪽).

73 케빈 앤더슨은 『자본』이 출간된 1867년을 아일랜드에 대한 마르크스의
    견해에서 '결정적인 해'(crucial year)라고 부르는데(K. Anderson, 같은 책,
    255쪽), 나는 아일랜드 문제를 넘어 세계혁명을 바라보는 시각의 전환에서 이
    시기가 매우 중요한 변곡점을 이룬다고 생각한다.

74 K. Marx, "맨체스터의 엥겔스에게"(1867년 11월 2일), *MEW* 31, p. 376.

75 K. Marx, "Entwurf eines Vortrages zur irischen Frage", 1867, *MEW* 16,
    p. 445.

76 K. Marx, "맨체스터의 엥겔스에게"(1867년 11월 30일), *MEW* 31, p. 399.

77 K. Marx, "Entwurf eines Vortrages zur irischen Frage", 1867, *MEW* 16,
    pp. 445~446.

78 K. Marx, 같은 글, p. 445.

79 K. Marx, "맨체스터의 엥겔스에게"(1867년 11월 30일), *MEW* 31, p. 399.

80 K. Marx, "뉴욕의 지그프리트 마이어(Sigfrid Meyer)와 아우구스트 포크트
    (August Vogt)에게"(1870년 4월 9일), *MEW* 32, p. 669.

81 F. Engels, "Preface to the English Edition", 1892
    (이재만 옮김, 「1892년 영국판 서문」, 『영국 노동계급의 상황』, 라티오, 2014, 39쪽).

82 이 시의 라틴어 원문과 영어 대역본은 다음 웹 문서를 참조. https://
www.dorthonion.com/drmcm/west_to_dante/Readings/horace.html

1 M. Hardt & A. Negri, *Empire,* 2000
(윤수종 옮김, 『제국』, 이학사, 2001, 218쪽).

2 F. Nietzsche, "Lieder des Prinzen Vogelfrei", *Die fröhliche Wissenschaft,* 1887
(안성찬·홍사현 옮김, 「부록: 포겔프라이 왕자의 노래」, 『즐거운 학문』, 니체전집 12,
책세상, 2005, 397쪽).
그리고 F. Nietzsche, *Nachgelassene Fragmente Herbst 1884 bis Herbst 1885*
(김정현 옮김, 『유고(1884년 가을~1885년 가을)』, 니체전집 18, 책세상, 2004,
498쪽).

3 M. Hardt & A. Negri, 앞의 책, 219쪽.

4 F. Nietzsche, *Morgenröthe,* #102, 1881
(박찬국 옮김, 『아침놀』, 2004, 111쪽).

5 A. Smith, *The Wealth of Nations,* 1776
(김수행 옮김, 『국부론』, 동아출판사, 1996, 263~264쪽).

6 K. Marx, *Capital,* Volume I, tr. by Ben Fowkes, Penguin Books, 1990, p. 871.

7 K. Marx, *Le capital,* tr. de M. J. Roy, Maurice Lachâtre, 1872~1875, p. 314.

8 W. Bonefeld, "Primitive Accumulation and Capitalist Accumulation: Notes on
Social Constitution and Expropriation", *Science & Society,* Vol. 75, No. 3, July
2011, pp. 385~386.

9 溫鐵軍, 김진공 옮김, 『백년의 급진』, 돌베개, 2015, 70~72쪽.

10 溫鐵軍, 같은 책, 110~111쪽.

11 D. Harvey, *A Brief History of Neoliberalism,* 2005
(최병두 옮김, 『신자유주의: 간략한 역사』, 한울아카데미, 2007, 194쪽, 번역은 일부
수정).

12 D. Harvey, 같은 책, 195쪽.

13 이에 대해서는 베르너 보네펠트(W. Bonefeld)의 위 논문 참조.

14 K. Marx, *Grundrisse der Kritik der Politischen Ökonomie,* 1857~1858
(김호균 옮김, 『정치경제학 비판 요강』, II, 백의출판사, 374쪽).

15 K. Marx, 같은 책, 83쪽.

16   다음의 웹 사전 참고.
     https://www.duden.de/rechtschreibung/vogelfrei
     https://en.wikipedia.org/wiki/Vogelfrei

17   H. Arendt, *The Origins of Totalitarianism*, 1951
     (이진우·박미애 옮김, 『전체주의의 기원 1』, 한길사, 2006, 541쪽).

18   H. Arendt, 같은 책, 534쪽. 번역의 오류는 바로잡음.

19   R. Williams, "Masses", *Keywords: A Vocabulary of Culture and Society,* 1976
     (김정한 옮김, 『대중과 폭력』, 이후, 1998, 부록).

20   M. Bloch, *Seigneurie française et manoir anglais*, 2nd edition, Librairie Amand
     Colin, Paris, 1967
     (이기영 옮김, 『서양의 장원제』, 한길사, 2020, 215~216쪽).

21   M. Bloch, 같은 책, 102쪽.

22   M. Bloch, 같은 책, 103쪽.

23   M. Bloch, 같은 책, 48~49쪽.

24   M. Bloch, 같은 책, 50쪽.

25   M. Bloch, 같은 책, 70쪽.

26   M. Bloch, 같은 책, 46쪽, 각주 17.

27   M. Bloch, 같은 책, 207쪽.

28   M. Bloch, 같은 책, 209~210쪽.

29   M. Bloch, 같은 책, 210~211쪽.

30   M. Bloch, 같은 책, 175쪽.

31   T. More, *Utopia,* 1516
     (주경철 옮김, 『유토피아』, 을유문화사, 2012, 27쪽).

32   M. Bloch, 앞의 책, 219쪽.

33   M. Bloch, 같은 책, 214쪽.

34   F. Engels, *Der deutsche Bauernkrieg,* 1870[1850]
     (이관형 옮김, 『독일 농민 전쟁』, 『칼 맑스 프리드리히 엥겔스 저작 선집』, 2,
     박종철출판사, 2008, 143쪽).

35   F. Engels, 앞의 책, 149쪽.

36   F. Engels, 같은 책, 156쪽.

37   고병권, 「코뮌주의와 소유」, 『코뮌주의 선언』, 교양인, 2008, 128~129쪽.

38 H. Verran, "Re-imagining land ownership in Australia", *Postcolonial Studies*,
    Vol. 1, No. 2, 1998, p. 241.
    그리고 고병권의 위의 글도 참조.

39 K. Marx, *Grundrisse der Kritik der politischen Ökonomie*, 1857~1858
    (김호균 옮김,『정치경제학 비판 요강』, II, 백의, 2000, 99쪽).

40 K. Marx, 같은 책, 107쪽.

41 M. Bloch, 앞의 책, 68쪽.

42 M. Bloch, 같은 책, 69쪽.

43 M. Bloch, 같은 책, 216쪽.

44 K. Marx, "Debatten über das Holzdiebstahlsgesetz", 1842
    (전태국 외 옮김,「제6차 라인주 의회 의사록: 도벌법에 관한 논쟁」,『마르크스의 초기
    저작: 비판과 언론』, 열음사, 1996, 193쪽).

45 S. Federici, *Caliban and the Witch: Women, The Body, and Primitive
    Accumulation*, 2004
    (황성원·김민철 옮김,『캘리번과 마녀』, 갈무리, 2011, 114~115쪽).

46 S. Federici, 같은 책, 134~135쪽.

47 F. Nietzsche, "'Schuld', 'schlechtes Gewissen' und Verwandtes", #3, *Zur
    Genealogie der Moral*, 1887
    (김정현 옮김,『선악의 저편/도덕의 계보』, 책세상, 2002, 400쪽. 번역은 수정).

48 M. Bloch, 앞의 책, 202쪽.

49 James G. Carrier, *Gifts and Commodities: Exchange and Western Capitalism since
    1700*, Routledge, 1995, p. 64.
    그리고 고병권,『화폐, 마법의 사중주』, 그린비, 2005, 54~55쪽도 참조.

50 F. Braudel, *Civilisation matérielle, Économie et Capitalisme XVe-XVIIIe siècle*,
    Tome 2, 1979
    (주경철 옮김,『물질문명과 자본주의』, II-1, 도서출판 까치, 1996, 25쪽).

51 M. Bloch, 앞의 책, 196쪽.

52 가격혁명의 시작과 전파 양상에 대해서는 다음 책을 참조. P. Vilar, *Or et
    Monnaie dans L'Histoire 1450~1920*, 1969
    (김현일 옮김,『금과 화폐의 역사 1450~1920』, 까치글방, 2000).

53 K. Polanyi, *The Great Transformation*, 1944
(박현수 옮김,『거대한 변환』, 민음사, 1996, 80쪽).

54 K. Polanyi, 같은 책, 86쪽.

55 K. Polanyi, 같은 책, 86~87쪽.

56 K. Polanyi, 같은 책, 86쪽.

57 P. Anderson, *Lineages of the Absolute State*, 1974
(김현일 외 옮김,『절대주의 국가의 역사』, 소나무, 1993, 31쪽).

58 고병권,『화폐, 마법의 사중주』, 그린비, 2005, 106쪽.

59 K. Polanyi, 앞의 책, 88쪽.

60 K. Marx, *Das Kapital: Kritik der politischen Ökonomie*, 1894
(김수행 옮김,『자본론』, III-상, 비봉출판사, 2015, 412쪽).

61 K. Marx, 같은 책, 413쪽, 각주 46.

62 P. Anderson, 앞의 책, 31쪽.

63 국가의 재정지출과 금융제도의 발전에 대해서는 고병권,『화폐, 마법의
사중주』, 그린비, 2005, 제3장 참조.

64 I. Wallerstein, *The Modern World-System I: Capitalist Agriculture and the
Origins of the European World-Economy in the Sixteenth Century*, 1974
(나종일 외 옮김,『근대세계체제 I: 자본주의적 농업과 16세기 유럽 세계경제의 기원』,
까치, 2001, 212~213쪽).

65 고병권, 앞의 책, 60~64쪽.
그리고 F. Braudel, *Civilisation matérielle, Économie et Capitalisme XVe-XVIIIe
siècle*, Tome 2, 1979
(주경철 옮김,『물질문명과 자본주의』, II-2, 도서출판 까치, 1996, 553쪽).

66 고병권, 같은 책, 82~84쪽.
그리고 F. Braudel, 같은 책, 554~555쪽.

67 F. Braudel, *Civilisation matérielle, Économie et Capitalisme XVe-XVIIIe siècle*,
Tome 2, 1979
(주경철 옮김,『물질문명과 자본주의』, II-1, 도서출판 까치, 1996, 132쪽).

68 F. Braudel, 같은 책, 131쪽.

69 F. Braudel, 같은 책, 141쪽.

70 F. Braudel, 같은 책, 145쪽.

71 고병권, 앞의 책, 96~99쪽.

72 고병권, 같은 책, 145~146쪽.

73 N. Ferguson, *Cash Nexus: Money and Power in the Modern World, 1700 ~2000,* 2001
(류후규 옮김,『현금의 지배』, 김영사, 2002, 68쪽).

74 I. Wallerstein, *The Modern World-System, III: The Second Great Expansion of the Capitalist World-Economy, 1730~1840's,* 1988
(김인중 외 옮김,『근대세계체제 III: 자본주의 세계경제의 거대한 팽창의 두 번째 시대 1730~1840년대』, 까치, 1999, 37~39쪽).
그리고 고병권, 앞의 책, 148쪽.

75 고병권, 앞의 책, 142쪽.

76 Publius Vergilius Maro, *Aeneis,* Book I, line 33
(천병희 옮김,『아이네이스』, 숲, 2007, 23쪽).

77 K. Marx,『자본론』, III-상, 비봉출판사, 2015, 568쪽.

78 K. Marx, 같은 책, 같은 쪽.

79 K. Marx, 같은 책, 312~313쪽.

80 K. Marx & F. Engels, *Manifest der Kommunistischen Partei,* 1848
(최인호 옮김,『공산주의당 선언』,『칼 맑스 프리드리히 엥겔스 저작 선집』, 1,
박종철출판사, 1993, 433쪽).

81 K. Marx,『자본론』, III-상, 568쪽.

82 D. Harvey, *A Companion to Marx's Capital,* 2010
(강신준 옮김,『데이비드 하비의 맑스 '자본' 강의』, 창비, 2014, 537쪽. 해당 내용에
오역이 있음).

83 F. Schiller, *Das Lied von der Glocke,* 101행
(원문은
https://www.friedrich-schiller-archiv.de/inhaltsangaben/das-lied-von-der-glocke-zusammenfassung-friedrich-schiller/#glockeeinordnung 참조).

1   E. J. Hobsbawm, *The Age of Capital 1848~1875*, 1975
    (정도영 옮김, 『자본의 시대』, 한길사, 1983, 15쪽).

2   홉스봄이 인용한 뒤부아의 연구는 J. Dubois, *Le Vocabulaire politique et social en France de 1869 à 1872*(Paris, 1963)이다.

3   Tony Cliff, *Lenin Vol. 1: Building the Party*, 1975
    (최일봉 옮김, 『레닌 평전』 1, 책갈피, 2010, 30쪽).

4   V. I. Lenin, 최호정 옮김, 『무엇을 할 것인가』, 박종철출판사, 1999, 19쪽.

5   K. Marx, "호보켄의 조르게에게"(1872년 6월 21일 편지), *MEW* 33, 492쪽.

6   토니 클리프, 앞의 책, 54쪽.

7   K. Marx, "페테르부르크에 있는 다니엘손에게"(1878년 11월 15일 편지), *MEW* 34, 359쪽.

8   Isaiah Berlin, *Karl Marx: His Life & Enviornment*, 2001
    (안규남 옮김, 『카를 마르크스, 그의 생애와 시대』, 미다스북스, 2002, 460쪽).

9   토니 클리프, 앞의 책, 29~30쪽.

10 같은 책, 20쪽.

11 Isaiah Berlin, 앞의 책, 462~463쪽.

12 K. Marx, "*Brief an V. I. Sassulitsch*"(Erster/Zweitter/Dritter Entwurf), *MEW* 19, Dietz Verlag; Berlin, 1987.

13 K. Marx, 최인호 옮김, 「프랑스에서의 계급투쟁」(1850), 『칼 맑스 프리드리히 엥겔스 저작 선집』, 2, 박종철출판사, 2008, 88쪽.

14 K. Marx, 최인호 옮김, 「『공산주의당 선언』 러시아어 제2판 서문」(1882), 『칼 맑스 프리드리히 엥겔스 저작 선집』, 1, 박종철출판사, 1993, 372쪽.

15 K. Marx, 김태호 옮김, 「영국의 인도 지배」(1853), 『칼 맑스 프리드리히 엥겔스 저작 선집』, 2, 박종철출판사, 2008, 425~426쪽.

16 Reinhart Koselleck, *Critique and Crisis: Enlightenment and the Pathogenesis of Modern Society*, Berg Publishers Limited, Oxford/New York/Hamburg, 1988, pp. 103~104.

17 I. Kant, *Kritik der reinen Vernuft*, 1781
    (백종현 옮김, 『순수이성비판』, 1권, 아카넷, 2008, 188쪽).

18 M. Foucault, "Qu'est-ce que les Lumières?" in Daniel Defert, François Ewald, ed., *Dits et Ecrits*, Vol IV, Gallimard, 1994, p. 574.

19 Reinhart Koselleck, 앞의 책, pp. 159~160.

20 K. Marx, "맨체스터의 엥겔스에게"(1867년 4월 2일 편지), *MEW* 31, 281쪽.

21 P. Stallybrass, "Marx's Coat", ed. by P. Spyer, *Border Fetishisms: Material Objects in Unstable Spaces*, Routeledge, 1998, p. 202.

22 P. Stallybrass, 같은 논문, p. 187.

23 K. Marx, *Der 18te Brumaire des Louis Napoleon*, 1852
    (최인호 옮김,「루이 보나파르트의 브뤼메르 18일」,『칼 맑스 프리드리히 엥겔스 저작 선집』, 2, 박종철출판사, 2008, 371쪽).

24 K. Marx, 같은 책, 393쪽.

25 P. Stallybrass, 같은 논문, 196쪽.

26 K. Marx, "맨체스터의 엥겔스에게"(1852년 10월 27일 편지), *MEW* 28, 167쪽.

27 P. Stallybrass, 위의 논문, 203쪽.

28 J. Derrida, *Spectres de Marx*, 1993
    (진태원 옮김,『마르크스의 유령들』, 이제이북스, 2007).

29 K. Marx·F. Engels, *Manifest der Kommunistischen Partei*, 1848
    (최인호 옮김,「공산주의당 선언」,『칼 맑스 프리드리히 엥겔스 저작 선집』, 1,
    박종철출판사, 1993, 399쪽).

30 K. Marx, *Der 18te Brumaire des Louis Napoleon*, 1852
    (최인호 옮김,「루이 보나파르트의 브뤼메르 18일」,『칼 맑스 프리드리히 엥겔스 저작 선집』, 2, 박종철출판사, 2008, 287쪽).

31 같은 책, 같은 쪽.

32 같은 책, 290쪽.

33 G. Agamben, 윤병언 옮김,『행간』, 자음과모음, 2015, 84쪽.

34 Marx an Ruge(Kreuznach, im September, 1843), Briefe aus den "Deutsch-Franzosischen Jahrbuchern", *MEW* 1, 344쪽
    (전태국 외 옮김,『마르크스의 초기 저작: 비판과 언론』, 1996, 열음사, 242~243쪽).

35 K. Marx, "Zur Kritik der Hegeischen Rechtsphilosophie. Einleitung", 1844
    (최인호 옮김,「헤겔법철학의 비판을 위하여」,『칼 맑스 프리드리히 엥겔스 저작 선집』, 1, 박종철출판사, 1993, 11쪽).

36   S. Freud, *Fetischismus*, 1927
      (김정일 옮김, 「절편음란증」, 『성욕에 관한 세 편의 에세이』, 프로이트 전집 7, 열린책들, 2003).

37   F. Nietzsche, *Zur Geneologie der Moral, Vorrede #7*
      (김정현 옮김, 『선악의 저편/도덕의 계보』, 책세상, 2002, 346쪽)

38   F. Nietzsche, *Jenseits von Gut und Böse, #187*
      (김정현 옮김, 『선악의 저편/도덕의 계보』, 책세상, 2002, 140쪽)

39   S. Freud, *Die Traumdeutung*, 1899
      (김인순 옮김, 『꿈의 해석』, 열린책들, 2009, 335쪽, 404쪽).

40   F. Engels, "런던의 마르크스에게"(1867년 6월 16일 편지).

41   K. Marx, "맨체스터의 엥겔스에게"(1858년 4월 2일 편지).

42   F. Engels, "Wertgesetz und Profitrate", 1894
      (김수행 옮김, 「가치법칙과 이윤율」, 『자본론』, IIII-하, 비봉출판사, 2015, 1130~1131쪽).

43   같은 논문, 1131쪽.

44   K. Marx, 김수행 옮김, 『자본론』, III-상, 비봉출판사, 2015, 255 ~256쪽.

45   F. Engels, 위의 논문, 1137쪽.

46   고병권, 『화폐, 마법의 사중주』, 그린비, 2005. 제4장의 논의 참고.

47   V. A. Zelizer, *The Social Meaning of Money*, Basic Books, 1994, p. 3.

48   같은 책, 같은 쪽.

49   K. Marx, 『정치경제학 비판 요강』, I, 115쪽.

50   같은 책, 117쪽.

51   K. Marx, 『정치경제학 비판을 위하여』, 77쪽.

52   Nickie Roberts, 앞의 책, 374쪽.

53   Shulamith Shahar, *The Fourth Estate: A History of Women in the Middle Ages*, 2003
      (최애리 옮김, 『제4신분, 중세 여성의 역사』, 나남, 2010, 372쪽).

54   같은 책, 369쪽.

55   K. Marx, 『1844년의 경제학 철학 초고』, 228쪽.

56   같은 책, 283쪽.

57 G. Simmel, *Philosophie des Geldes,* 1900

　　(안준섭·장영배·조희연 옮김,『돈의 철학』, 한길사, 1983, 306~323쪽).

58 S. Žižek, *Did Somebody Say Totalitarianism?,* 2001

　　(한보희 옮김,『전체주의가 어쨌다구?』, 새물결, 2008, 70~71쪽).

59 S. Žižek, 같은 책, 72쪽.

60 S. Žižek, 같은 책, 73쪽.

61 Gérard Bensussan, "Force de travail", dirigé par Georges Lavica et Gérard Bensussan, *Dictionnaire Critique du Marxisme,* PUF, 1982, pp. 473~474.

62 F. Engels, (『임금노동과 자본』*Lohnarbeit und Kapital* 독일어판에 붙인)「서설」, 1891 (최인호 옮김,『칼 맑스 프리드리히 엥겔스 저작 선집』, 1, 박종철출판사, 1993, 536쪽). 참고로『임금노동과 자본』은 마르크스가 1847년 브뤼셀노동자협회에서 강연한 내용을 바탕으로 한 것으로 1849년『신라인신문』에 공식 연재되었고 1891년 독일어판이 정식 출간되었다.

63 K. Marx,『정치경제학 비판 요강』, I, 266쪽.

64 K. Marx, 같은 책, 277쪽 [번역본에서는 '노동'(Arbeit)을 '노동력'으로 잘못 옮겼다].

65 K. Marx, 같은 책, 312쪽.

66 K. Marx, 같은 책, 330쪽.

67 G. W. F. Hegel, *Grundlinien der Philosophie des Rechts,* 1820

　　(임석진 옮김,『법철학』, 지식산업사, 1996, 34~35쪽).

68 K. Marx, *Der 18te Brumaire des Louis Napoleon,* 1852

　　(최인호 옮김,『루이 보나파르트의 브뤼메르 18일』,『칼 맑스 프리드리히 엥겔스 저작 선집』, 2, 박종철출판사, 2008, 291쪽).

69 K. Marx, *Die Klassenkäpfe in Frankreich 1848 bis 1850,* 1850

　　(최인호 옮김,『프랑스에서의 계급투쟁』,『칼 맑스 프리드리히 엥겔스 저작 선집』, 2, 박종철출판사, 2008, 5쪽).

70 https://www.dwds.de/wb/begeisten

71 Merold Westphal, *History and Truth in Hegel's Phenomenology,* Indiana University Press, 1979, p. 64.

72 G. W. F. Hegel, *Phänomenologie des Geistes,* 1807

　　(임석진 옮김,『정신현상학』, I, 한길사, 2005, 41쪽과 66쪽, 86쪽).

73 G. W. F. Hegel, 같은 책, 51쪽.

74 알렉상드르 코제브는 헤겔 철학의 새로움을 "진리란 '실체'로서만이 아니라
    '주체'로서도 파악되고 표현되어야 한다"라는 문장에서 찾았는데 그는 이
    말의 의미가, 철학자는 주어진 '존재', 말의 대상인 '실체'만이 아니라, 말하고
    철학하는 '주체'까지도 다루어야 한다는 것이라고 했다. "철학은 오로지
    자연철학만이 아니라 인간학이기도 해야 한다"라는 뜻이다. 그리고 헤겔이
    말한 '전체', 즉 총체성은 '인간적 현실'을 포함한다는 것이다
    [Alexandre Kojève, *Introduction to the Reading of Hegel: Lectures on the Phenomenology of
    Spirit,* 1980(설헌영 옮김,『역사와 현실의 변증법』, 도서출판 한벗, 1981, 298쪽 그리고
    301~302쪽)].

75 G. W. F. Hegel, 앞의 책, 199~200쪽.

76 G. W. F. Hegel, 같은 책, 353~354쪽.

77 G. W. F. Hegel, *Grundlinien der Philosophie des Rechts,* 1820
    (임석진 옮김,『법철학』, 지식산업사, 1996, 34~35쪽).

78 Merold Westphal, 앞의 책, 같은 쪽

79 K. Marx,「정치경제학 비판 요강 서설」,『정치경제학 비판 요강』, I, 백의,
    2000, 71쪽.

80 D. Ricardo, *On The Principles of Political Economy And Taxation,* 1817
    (정윤형 옮김,『정치경제학 및 과세의 원리』, 비봉출판사, 1991, 93쪽).

81 D. Ricardo, 같은 책, 같은 쪽.

82 K. Marx,『정치경제학 비판 요강』, II, 362쪽.

83 K. Marx, 같은 책, 353쪽
    그리고 K. Marx, 김수행 옮김,『자본론』, II, 비봉출판사, 2015, 201쪽.

84 K. Marx,『자본론』, II, 201쪽.

85 K. Marx,『정치경제학 비판 요강』, II, 355~358쪽
    그리고『자본론』 II, 202쪽.

86 K. Marx,『정치경제학 비판 요강』, II, 405쪽.

87 K. Marx,『1844년의 경제학 철학 초고』, 272~275쪽.

88 K. Marx, "Theses on Feuerbach", 1845
    (최인호 옮김,「포이에르바하에 관한 테제」,『칼 맑스 프리드리히 엥겔스 저작 선집』, 1,
    박종철출판사, 186~189쪽).

89 K. Marx & F. Engels, *Die deutsche Ideologie*, 1845

(최인호 옮김, 『독일 이데올로기』, 『칼 맑스 프리드리히 엥겔스 저작 선집』, 1,

박종철출판사, 1993, 222쪽).

90 K. Marx, 『1844년의 경제학 철학 초고』, 273쪽.

91 K. Marx, 같은 책, 304~305쪽.

92 K. Marx, 같은 책, 305쪽.

93 N. Katherine Hayles, *How We Became Posthuman: Virtual Bodies in Cybernetics,*

Literature, and Informatics, 1999

(허진 옮김, 『우리는 어떻게 포스트휴먼이 되었는가』, 플래닛, 2013, 214쪽).

94 N. Katherine Hayles, 같은 책, 213쪽.

95 K. Marx, 『정치경제학 비판 요강』, II, 369쪽.

96 K. Marx, "맨체스터의 엥겔스에게"(1866년 2월 10일 편지), *MEW* 31, 174쪽.

97 K. Marx, "맨체스터의 엥겔스에게"(1865년 7월 31일 편지), *MEW* 31, 131쪽.

98 K. Marx, "맨체스터의 엥겔스에게"(1865년 8월 5일 편지), *MEW* 31, 136쪽.

99 K. Marx, "맨체스터의 엥겔스에게"(1866년 2월 13일 편지), *MEW* 31, 178쪽.

100 K. Marx, "맨체스터의 엥겔스에게"(1865년 7월 31일 편지), *MEW* 31, 132쪽.

101 K. Marx, "제네바의 요한 필리프 베커에게"(1866년 1월 13일 즈음의 편지),

MEW 31, 492쪽.

102 K. Marx, "맨체스터의 엥겔스에게"(1866년 2월 13일 편지), *MEW* 31, 179쪽.

103 K. Marx, "맨체스터의 엥겔스에게"(1866년 2월 10일 편지), *MEW* 31, 174쪽.

104 K. Marx, 같은 편지, 같은 책, 같은 쪽.

105 K. Marx, 같은 편지, 같은 책, 174~175쪽.

106 K. Marx, *Zur Kritik der Politischen Ökonomie* "Vorwort", 1857

(최인호 옮김, 『정치경제학 비판을 위하여』 서문, 『카를 마르크스 프리드리히 엥겔스

저작선집』, 제2권, 2008, 477쪽).

107 K. Marx, 같은 책, 479쪽.

108 F. Engels, 김수행 옮김, 「『자본』 III권에 붙인 서문」, 『자본론』, III-상,

비봉출판사, 2015, 3~4쪽.

109 F. Enges, 『영국 노동계급의 상황』, 34~35쪽.

110 F. Engels, 같은 책, 35쪽.

111 F. Engels, 같은 책, 38쪽.

112 F. Engels, 같은 책, 39쪽.

113 Isaiah Berlin, *Karl Marx: His Life & Enviornment*, 1978
(안규남 옮김, 『칼 마르크스: 그의 생애와 시대』, 미다스북스, 2002, 376쪽).

114 K. Marx, "맨체스터의 엥겔스에게"(1864년 11월 4일 편지), *MEW* 31, 10~16쪽.

115 K. Mrax, 같은 편지, 같은 책, 13쪽.

116 Francis Wheen, *Karl Marx*, 1999
(정영목 옮김, 『마르크스 평전』, 푸른숲, 2002, 166~167쪽).

117 K. Marx, "맨체스터의 엥겔스에게"(1864년 11월 4일 편지), *MEW* 31, 15쪽.

118 K. Marx, "Address and Provisional Rules of the Working Men's International Association", 1864
(김태호 옮김, 「국제노동자협회 발기문/국제노동자협회 임시규약」, 『칼 맑스 프리드리히 엥겔스 저작 선집』, 3, 박종철출판사, 2009, 3~17쪽).

119 정운영, 「제1인터내셔널에서 마르크스의 투쟁」, 『이론』, 3호, 까치, 1992, 19쪽.

120 정운영, 같은 책, 11쪽.

121 이세욱, 「환상 문학, 흡혈귀, 그리고 『드라큘라』」
[Bram Stoker, *Dracula*, 1897(이세욱 옮김, 『드라큘라』, 열린책들, 2009, 643~644쪽)].

122 Bram Stoker, *Dracula*, 1897
(이세욱 옮김, 『드라큘라』, 열린책들, 2009).

123 Bram Stoker, 같은 책, 392~393쪽.

124 K. Marx, "Address and Provisional Rules of the Working Men's International Association", 1864
(김태호 옮김, 「국제노동자협회 발기문/국제노동자협회 임시규약」, 『칼 맑스 프리드리히 엥겔스 저작 선집』, 3, 박종철출판사, 2009, 10쪽).

125 F. Moretti, *Signs Taken for Wonders*, 1983
(조형준 옮김, 『공포의 변증법』, 새물결, 2014, 58쪽).

126 F. Moretti, 같은 책, 62쪽.

127 F. Moretti, 같은 책, 같은 쪽.

128 Bram Stoker, 앞의 책, 42쪽.

129 Bram Stoker, 같은 책, 369쪽.

130 M. Hardt and A. Negri, *Multitude*, 2004

　　(조정환·정남영·서창현 옮김, 『다중』, 세종서적, 2008, 239쪽).

131 M. Hardt and A. Negri, 같은 책, 같은 쪽.

132 J. Rancière, *Aux bords du politique*, 1990

　　(양창렬 옮김, 『정치적인 것의 가장자리에서』, 길, 2013, 119쪽).

133 K. Marx & F. Engels, *Die deutsche Ideologie*, 1845

　　(최인호 옮김, 『독일 이데올로기』, 『칼 맑스 프리드리히 엥겔스 저작 선집』, 1,
　　박종철출판사, 1993, 232쪽).

134 K. Marx, *Das Elend der Philosophie*, 1847

　　(강민철·김진영 옮김, 『철학의 빈곤』, 아침, 1989, 132쪽).

135 K. Marx, *Grundrisse der Kritik der Politischen Ökonomie*, 1858

　　(김호균 옮김, 『정치경제학 비판 요강』, II, 백의출판사, 2000, 106쪽).

136 K. Marx, 『독일 이데올로기』, 232쪽.

137 K. Marx, 같은 책, 같은 쪽.

138 K. Marx, 『정치경제학 비판 요강』, II, 107쪽.

139 K. Marx, 『독일 이데올로기』, 232쪽.

140 K. Marx, *Zur Kritik der Politischen Ökonomie*, 1859

　　(김호균 옮김, 「서문」, 『정치경제학 비판을 위하여』, 중원문화, 1989, 8쪽).

141 K. Marx, 『정치경제학 비판 요강』, 106쪽.

142 K. Marx, 『독일 이데올로기』, 232~233쪽.

143 K. Marx, 『독일 이데올로기』, 235쪽.

144 K. Marx, 같은 책, 236쪽.

145 K. Marx, 『정치경제학 비판 요강』, II, 106쪽.

146 K. Marx, *Zur Kritik der Politischen Ökonomie*, 1859

　　(김호균 옮김, 「서문」, 『정치경제학 비판을 위하여』, 중원문화, 1989, 9쪽).

147 "영국의 프롤레타리아트가 유럽 프롤레타리아트의 국민경제학자이고,
　　프랑스의 프롤레타리아트가 유럽 프롤레타리아트의 정치가이듯이, 독일의
　　프롤레타리아트는 유럽 프롤레타리아트의 이론가임을 인정해야만 한다."

　　K. Marx, "Kritische Randglossen zu dem Artikel 〈Der König von Preußen
　　und die Sozialreform. Von einem Preußen〉 (『Vorwärts!』 Nr. 60)", 1844

[김태호 옮김, 「기사 〈프로이센 왕과 사회개혁. 한 프로이센인이〉(『전진』 제60호)에
대한 평주들」, 『칼 맑스 프리드리히 엥겔스 저작 선집』, 1, 박종철출판사, 1993, 17쪽].

148 K. Marx, "Die Bourgeoisie und die Kontrerevolution", 1848
(최인호 옮김, 「부르주아지와 반혁명」 『칼 맑스 프리드리히 엥겔스 저작 선집』, 1,
박종철출판사, 1993, 488~489쪽).

149 K. Marx, "The British Rule in India", 1853
(김태호 옮김, 「영국의 인도 지배」, 『칼 맑스 프리드리히 엥겔스 저작 선집』, 2,
박종철출판사, 2008, 414쪽).

150 K. Marx, "The Future Results of British Rule in India", 1853
(김태호 옮김, 「영국의 인도 지배의 장래의 결과」, 『칼 맑스 프리드리히 엥겔스 저작
선집』, 2, 박종철출판사, 2008, 419쪽).

151 K. Marx, 「영국의 인도 지배」, 같은 책, 416쪽.

152 K. Marx, 같은 글, 같은 쪽.

153 K. Marx, 같은 글, 417쪽.

154 K. Marx, 같은 글, 같은 쪽.

155 K. Marx, 「영국의 인도 지배의 장래의 결과」, 같은 책, 420쪽.

156 K. Marx, 같은 글, 같은 책, 425쪽.

157 K. Marx, 「영국의 인도 지배」, 같은 책, 411~412쪽.

158 E. S. Said, *Orientalism,* 1978
(박홍규 옮김, 『오리엔탈리즘』, 교보문고, 2003, 283쪽).

159 E. W. Said, 같은 책, 280쪽.

160 E. W. Said, 같은 책, 278쪽.

161 K. Marx & F. Engels, *Die deutsche Ideologie,* 1845
(최인호 옮김, 『독일 이데올로기』, 『칼 맑스 프리드리히 엥겔스 저작 선집』, 1,
박종철출판사, 1993, 252~253쪽).

162 이 표현은 스피노자의 '개체성' 개념에 대한 발리바르의 해석에서 따온
것이다. 여기서 발리바르는 한 개체가 다른 개체와 합체해서 어떻게 새로운
개체를 구성하는지에 대한 스피노자의 생각을 '교통'의 관점에서 설명하고
있다
[E. Balibar, *"Spinoza, l'Anti-Orwell"*, 1985(진태원 옮김, 「스피노자, 반오웰: 대중의
공포」, 『스피노자와 정치』, 이제이북스, 2005, 190쪽)].

163 K. Marx, 「영국의 인도 지배의 장래의 결과」, 앞의 책, 424쪽.

164 K. Marx, 같은 글, 같은 책, 426쪽.

165 K. Marx, *Grundrisse der Kritik der Politischen Ökonomie*, 1858
(김호균 옮김, 『정치경제학 비판 요강』, II, 백의출판사, 2000, 97~145쪽).

166 K. Marx, *Zur Kritik der Politischen Ökonomie*, 1859
(김호균 옮김, 「서문」, 『정치경제학 비판을 위하여』, 중원문화, 1989, 8쪽).

167 E. Hobsbawm, 성낙선 옮김, 「『자본주의적 생산에 선행하는 제 형태』에 대한
해제」, 『자본주의적 생산에 선행하는 제 형태』, 신지평, 1993, 119쪽.

168 K. Marx, 『정치경제학 비판 요강』, II, 100쪽.

169 K. Marx & F. Engels, "Vorrede zur zweiten russischen Ausgabe des 'Manifests
der Kommunistischen Partei'", 1882
(최인호 옮김, 「1882년 러시아어 제2판 서문」, 『공산주의당 선언』, 『칼 맑스
프리드리히 엥겔스 저작 선집』, 1, 박종철출판사, 1993, 372쪽).

170 Titus Livius Patavinus, *Ab Urbe Condita*
(이종인 옮김, 『리비우스 로마사 I』, 현대지성, 2018, 156쪽).

171 K. Marx, 김수행 옮김, 『자본론』, III-하, 비봉출판사, 2015, 768쪽.

172 Titus Livius Patavinus, 앞의 책, 172쪽.

173 Titus Livius Patavinus, 같은 책, 173쪽.

174 Titus Livius Patavinus, 같은 책, 173쪽.

175 K. Marx, "Lohn, Preis und Profit"
(김호균 옮김, 「임금, 가격 및 이윤」, 『경제학노트』, 1987, 이론과실천, 202쪽).

176 K. Marx, 같은 책, 같은 쪽.

177 H. Braverman, *Labor and Monopoly Capital*, 1974
(이한주·강남훈 옮김, 『노동과 독점자본: 20세기에서의 노동의 쇠퇴』, 까치, 1991,
67쪽).

178 H. Braverman, 같은 책, 81쪽.

179 F. Taylor, *The Principles of Scientific Management*
(박영호 옮김, 『과학적 관리법』, 21세기북스, 2010, 52~53쪽).

180 F. Taylor, 같은 책, 99~100쪽.

181 F. Taylor, 같은 책, 88~89쪽.

182 A. Gramsci, 『그람씨의 옥중수고 I』, 329쪽.

183 A. Gramsci, 같은 책, 335쪽.

184 A. Gramsci, 같은 책, 336쪽.

185 F. Taylor, 앞의 책, 55쪽.

186 A. Gramsci, 『그람씨의 옥중수고 I』, 336쪽.

187 A. Gramsci, 같은 책, 337쪽.

188 F. Wheen, *Karl Marx*, 1999

　　(정영목 옮김, 『마르크스 평전』, 푸른숲, 2002, 498쪽).

189 M. Gabriel, *Love and Capital*, 2011

　　(천태화 옮김, 모요사, 397쪽).

190 K. Marx, "맨체스터에 있는 엥겔스에게"(1860년 12월 19일 편지), *MEW* 30,
　　131쪽.

191 K. Marx, "베를린에 있는 페르디난트 라살레에게"(1861년 1월 16일 편지),
　　MEW 30, 578쪽.

192 M. Gabriel, 앞의 책, 707쪽에서 재인용.

193 F. Wheen, 앞의 책, 498쪽에서 재인용.

194 F. Wheen, 같은 책, 500쪽에서 재인용.

195 F. Wheen, 같은 책, 500~504쪽.

196 F. Wheen, 같은 책, 504~505쪽.

197 K. Marx, *Grundrisse der Kritik der Politischen Ökonomie*, 1857~1858

　　(김호균 옮김, 『정치경제학 비판 요강』, Ⅰ, 백의, 2000, 219쪽).

198 데이비드 하비는 『자본』에 대한 해설서에서 이 주석을 마르크스의 방법론을
　　이해할 수 있는 '중요한 각주'라며 많은 지면을 할애해서 별도로 다루고 있다.
　　D. Harvey, *A Companion to Marx's Capital*, 2010

　　(강신준 옮김, 《데이비드 하비의 맑스 『자본』 강의》, 창비, 2014, 348-367쪽).

199 K. Marx & F. Engels, *Die deutsche Ideologie*, 1845

　　(최인호 옮김, 『독일 이데올로기』, 『칼 맑스 프리드리히 엥겔스 저작 선집』, 1,
　　박종철출판사, 1993, 197쪽).

200 K. Marx, 같은 책, 205쪽.

201 K. Marx, "맨체스터에 있는 엥겔스에게"(1862년 6월 18일 편지), *MEW* 30,
　　249쪽.

202 J. V. Palerm, "A Season in the Life of a Migrant Farm Worker in California", *The Western Journal of Medicine,* 157(3), 1992, p. 365.

203 J. V. Palerm, 같은 논문, p. 364.

204 C. E. Martín, "Mechanization and 'Mexicanization': Racializing California's Agricultural Technology", *Science as Culture,* Vol. 10(3), 2001, p. 304.

205 C. E. Martín, 같은 논문, pp. 305~307.

206 C. E. Martín, 같은 논문, p. 309.

207 C. E. Martín, 같은 논문, p. 313.

208 C. E. Martín, 같은 논문, p. 318.

209 K. Marx, "Revolution in China and in Europe", *New York Daily Tribune,* June 14, 1853
(김태호 옮김, 「중국 혁명과 유럽 혁명」, 『칼 맑스 프리드리히 엥겔스 저작 선집』, 2, 박종철출판사, 2008, 408~409쪽).

210 "부르주아지는 자신에게 죽음을 가져올 무기들을 벼려낸 것만이 아니다; 그들은 이 무기들을 쓸 사람들도 만들어냈다─현대 노동자들, 프롤레타리아들을."
K. Marx & F. Engels, *Manifest der Kommunistische Partei,* 1848
(최인호 옮김, 『공산주의당 선언』, 『칼 맑스 프리드리히 엥겔스 저작 선집』, 1, 박종철출판사, 1993, 406쪽).

211 K. Marx, "The Indian Revolt", *New York Daily Tribune,* Sept. 4, 1857
(김태호 옮김, 「인도의 봉기」, 『칼 맑스 프리드리히 엥겔스 저작 선집』, 2, 박종철출판사, 2008, 438쪽).

212 산도밍고인들(아이티인들)의 프랑스에 대한 복수에 대해서는 C. L. R. James, *The Black Jacobins,* 1938(우태성 옮김, 『블랙자코뱅』, 필맥, 2007) 참조.
마르크스는 「인도의 봉기」에서 세포이 병사들의 반란을 다루며 스쳐가듯 산도밍고인들의 복수를 언급하고 있다. K. Marx, "The Indian Revolt"(앞의 책, 441쪽).

213 K. Marx, 「인도의 봉기」, 앞의 책, 440~441쪽.

214 K. Marx, 같은 글, 439쪽.

215 K. Marx, 같은 글, 438~439쪽.

216 K. Marx, 「중국 혁명과 유럽 혁명」, 앞의 책, 402쪽.

217 K. Marx & F. Engels, "Revue(Januar/Februar 1850)", *Neue Rheinische Zeitung Politisch-ökonomie Revue,* 1850(*MEW* 7), 222쪽.

218 K. Marx, 같은 글, 같은 책, 404~405쪽.

219 K. Marx, 같은 글, 같은 책, 407쪽.

220 K. Marx, 같은 글, 같은 책, 408쪽.

221 K. Marx, 『잉여가치 학설사』 I, 186쪽(*MEW* 26_1, 141쪽).

222 K. Marx, 같은 책, 같은 쪽.

223 K. Marx, 같은 책, 같은 쪽.

224 K. Marx, *Grundrisse der Kritik der politischen Ökonomie* "Einleitung", 1857~1858(김호균 옮김, 『정치경제학 비판 요강』 II, 백의, 2000, 109쪽과 112쪽).

225 Leopoldina Fortunati, *L'arcano della riproduzione: Casalinghe, prostitute, operai e capitale,* 1981
(윤수종 옮김, 『재생산의 비밀』, 박종철출판사, 1997, 23~24쪽).

226 Leopoldina Fortunati, 같은 책, 45쪽.

227 Silvia Federici, "The Reproduction of Labor Power in the Global Economy and the Unfinished Feminist Revolution"(2008), *Revolution at Point Zero: Housework, Reproduction, And Feminist Struggle,* PM Press, 2012, p. 92.

228 Silvia Federici, "Wages against Housework"(1975), *Revolution at Point Zero: Housework, Reproduction, And Feminist Struggle,* PM Press, 2012, p. 19.

229 Silvia Federici, 같은 글, 같은 책, pp. 16~17.

230 Silvia Federici, "The Reproduction of Labor Power in the Global Economy and the Unfinished Feminist Revolution"(2008), *Revolution at Point Zero: Housework, Reproduction, And Feminist Struggle,* PM Press, 2012, p. 94.

231 Silvia Federici, 같은 글, 같은 책, p. 95.

232 F. Nietzsche, "Vorrede", *Morgenröthe,* 1881
(박찬국 옮김, 「서문」, 『아침놀』, 책세상, 2004, 10~11쪽).

233 "오늘날 건축의 용어들은 철학적이고 이론적인 논의에서는 어디서나 볼 수 있다. 따라서 플라톤으로부터 발전되어온 형이상학을 무너뜨리는 운동에 우리가 해체론이라는 이름을 붙이는 것도 우연이 아니다."
K. Karatani, *Architecture as Metaphor: Language, Number, Money,* 1983
(김재희 옮김, 『은유로서의 건축: 언어, 수, 화폐』, 도서출판 한나래, 1999, 65쪽).

234 F. Nietzsche, 같은 책, 12쪽.

235 K. Karatani, 앞의 책, 65쪽.

236 K. Karatani, 같은 책, 66~68쪽.

237 K. Karatani, 같은 책, 68쪽.

238 F. Nietzsche, "Vorrede", *Jenseits von Gut und Böse*, 1886
(김정현 옮김, 「서문」, 『선악의 저편/도덕의 계보』, 책세상, 2002, 10쪽).
참고로 가라타니는 '철학적 건축가들'에 대한 니체의 비판이 갖는 의의를
인정하지만 그대로 수용하는 것은 아니다. 가라타니는 "이성을 해체할 수
있는 것은 오직 이성 자신뿐"이라며, 니체의 비판은 이성에 대한 불신에
기초한다는 점에서 낭만주의로 넘어갈 수밖에 없다고 비판한다
(K. Karatani, 같은 책, 70쪽).

239 K. Marx, "Vorwort", *Zur Kritik der politischen Ökonomie*, 1859
(김호균 옮김, 「서문」, 『정치경제학 비판을 위하여』, 중원문화, 1989, 6~8쪽).

240 K. Marx, 같은 책, 7쪽.

241 L. Althusser, "Idéologie et Appareils Idéologiques d'État", 1970
(김동수 옮김, 「이데올로기와 이데올로기적 국가장치」, 『아미엥에서의 주장』, 솔, 1992,
82쪽).

242 L. Althusser, 같은 책, 83쪽.

243 K. Marx, "하노버의 루드비히 쿠겔만에게"(1868년 7월 11일 편지), *MEW* 32,
p. 552.

244 L. Althusser, 앞의 책, 79쪽.

245 Suzanne de Brunhoff, *The State, Capital and Economic Policy*, 1978
(신현준 옮김, 『국가와 자본』, 새길, 1992, 21쪽).

246 L. Althusser, 앞의 책, 79쪽.

247 L. Althusser, 같은 책, 80쪽.

248 L. Althusser, 같은 책, 91쪽.

249 L. Althusser, 같은 책, 101쪽.

250 진태원, 「과잉결정, 이데올로기, 마주침: 알튀세르와 변증법의 문제」,
『알튀세르 효과』, 그린비, 2011, 96~100쪽.

251 L. Althusser, "Le courant souterrain du matérialisme de la rencontre", 1982
(서관모·백승욱 편역, 「마주침의 유물론이라는 은밀한 흐름」, 『철학과 맑스주의』, 새길,

1996, 86~87쪽).

그리고 진태원, 같은 글, 105쪽.

252 최윤재, 「해제-맨더빌의 삶과 생각」
[B. Mandeville, *The Fable of the Bees,* 1713(최윤재 옮김, 『꿀벌의 우화』, 문예출판사, 2010, 12쪽)].

253 B. Mandeville, 같은 책, 102~119쪽.

254 B. Mandeville, 같은 책, 119쪽.

255 B. Mandeville, 같은 책, 89쪽.

256 B. Mandeville, 같은 책, 125쪽.

257 M. Mauss, *Essai sur le don,* 1924
(이상률 옮김, 『증여론』, 한길사, 2002, 270쪽).

258 L. Dumont, *From Mandeville to Marx: The Genesis and Triumph of Economic Ideology,* University of Chicago Press, 1977, p. 36.

259 A. Smith, *The Wealth of Nations,* 1776
(김수행 옮김, 『국부론』, 동아출판사, 1996, 22쪽).

260 B. Mandeville, 앞의 책, 206쪽.

261 B. Mandeville, 같은 책, 151쪽.

262 B. Mandeville, 같은 책, 172쪽, 204~205쪽.

263 B. Mandeville, 같은 책, 199쪽, 202쪽, 207쪽.

264 B. Mandeville, 같은 책, 195~196쪽.

265 최윤재, 「해제-맨더빌의 삶과 생각」(B. Mandeville, 앞의 책, 28쪽).

266 '프롤레타리아트'라는 말의 의미와 마르크스가 이 말을 사용한 맥락, 오늘날 이 단어가 갖는 의미 등에 대해서는 다음 글을 참조. 고병권, 「우리 시대 프롤레타리아트에 대한 물음」, 『맑스주의와 정치』, 문화과학사, 2009.

267 J. Ranicière, *Aux bords du politique,* 1990
(양창렬 옮김, 『정치적인 것의 가장자리에서』, 도서출판 길, 2008, 140쪽).

268 J. Ranicière, 같은 책, 같은 쪽.

269 J. Ranicière, 같은 책, 138쪽 그리고 140~141쪽.

270 J. -J. Rousseau, *Du contrat social,* 1762
(최현 옮김, 『인간불평등기원론/사회계약론』, 집문당, 1993, 298쪽).

271 G. Labica, "Prolétariat", dans G. Labica & G. Bensussan, dir., *Dictionnaire critique du Marxisme,* deuxième édition, PUF, 1985, pp. 923~924.

272 P. Osborne, *How to Read Marx,* 2005
(고병권·조원광 옮김, 『How to Read 마르크스』, 웅진지식하우스, 2007, 107쪽).

273 K. Marx, "Zur Kritik der Hegelschen Rechtsphilosophie. Einleitung", 1844
(최인호 옮김, 『헤겔 법철학 비판을 위하여』 서설, 『칼 맑스 프리드리히 엥겔스 저작 선집』, 1, 박종철출판사, 1993, 15쪽).

274 K. Marx, 같은 글, 같은 책, 14쪽.

275 K. Marx & F. Engels, *Die heilige Familie,* 1845
(최인호 옮김, 『신성가족』, 『칼 맑스 프리드리히 엥겔스 저작 선집』, 1. 박종철출판사, 1993, 102~103쪽).

276 K. Marx & F. Engels, *Die deutsche Ideologie,* 1845
(최인호 옮김, 『독일 이데올로기』, 『칼 맑스 프리드리히 엥겔스 저작 선집』, 1, 박종철출판사, 1993, 219~220쪽).

277 E. Balibar, "La relève de l'idéalisme", *La crainte des masses,* 1997
(최원·서관모 옮김, 「관념론의 교대군」, 『대중들의 공포』, 도서출판b, 2007, 224~225쪽).

278 K. Marx & F. Engels, *Manifest der Kommunistischen Partei,* 1848
(최인호 옮김, 『공산주의당 선언』, 『칼 맑스 프리드리히 엥겔스 저작 선집』, 1, 박종철출판사, 1993, 406쪽).

279 F. Engels, *Grundsätze des Kommunismus,* 1847
(최인호 옮김, 『공산주의의 원칙들』, 『칼 맑스 프리드리히 엥겔스 저작 선집』, 1, 박종철출판사, 1993, 321쪽).

280 K. Marx & F. Engels, 『공산주의당 선언』, 앞의 책, 406쪽.

281 E. Balibar, "Le prolétariat insaisissable", *La crainte des masses,* 1997
(최원·서관모 옮김, 「붙잡을 수 없는 프롤레타리아트」, 『대중들의 공포』, 도서출판b, 2007, 270~273쪽).

282 E. Balibar, 같은 글, 같은 책, 273~274쪽.

283 E. Balibar, 같은 글, 같은 책, 274~275쪽.

찾아보기

주제어

ㄱ

가격혁명 206, 207, 213, 241, 1007

가격형태론 187

가내노예 632, 633

가변자본 154, 186, 316, 354, 362~369, 372, 374~376, 400, 423, 471~475,
　　　　 493, 518, 527, 629, 630, 634, 635, 684, 692, 713, 722, 736,
　　　　 737~739, 742, 744, 795~798, 825, 826, 847, 850, 851, 865, 869,
　　　　 870, 871, 874, 886, 887, 896, 898, 899, 912, 919, 920, 933, 1009,
　　　　 1084, 1091, 1099, 1157, 1161, 1170, 1171

가사노동에 대한 임금 1149, 1150

가정관리술 24, 26, 27, 94, 261, 565

　　집단적―― 26

가치대상성 117, 126

가치생산물 294, 365~368, 371, 375, 376, 473, 490, 499, 682, 718, 720, 722,
　　　　 724, 727, 738~740, 745, 748, 767, 844

가치영혼 107

가치증식과정 106, 193, 308, 316, 320, 331~333, 335, 337~339, 349, 350,
　　　　 352, 353, 355, 357, 361, 379, 383, 434, 505, 508, 681, 682,
　　　　 782, 1038, 1084, 1171

가치형성과정 193, 332, 349, 350, 354, 355, 361~364

가치형성노동 106, 356

가치형태론 100, 118, 170, 172~174, 187, 188, 232, 1076

감독노동 371, 522, 523, 528, 529, 763

강화된 노동 500~503, 604, 723, 724, 767, 769

개방촌 946

거지면허 997

거지수프 839

경쟁의 강제법칙 446, 487, 488, 496, 541

계급독재 44

계급혁명 44, 740

고급노동 352~354, 501, 545, 604, 606, 767, 768

고리대자본 242, 271, 272, 1005, 1014

고정자본 234, 360, 361, 572, 669, 670, 845, 846

고한제도 764

곡물법 44, 456, 457, 487, 729, 730, 934. 944, 1112

골드스미스 노트 210

곳프리 강장제 598

공동체화폐 1072~1074, 1077

공동출자제도 523

공리주의 163, 298, 300, 597, 849

공산주의사회 138, 139

공산주의자동맹 1100, 1103

공업 프롤레타리아트 955

공장법 380, 382, 386, 409, 411, 414, 421, 447, 455, 456, 458, 459, 462, 463,
      467, 473, 592, 597, 598, 603, 650~653, 656~661, 663, 665, 666, 668,
      934, 999, 1098, 1104

   ──확대법 653, 659

   1833년── 409, 454, 455, 457

   1844년── 456, 458, 459, 463, 465, 468, 615, 645

   1847년── 456, 457, 464, 1110, 1157

   1848년── 384

   1840년대── 333

   1850년── 459

   19세기── 447, 455, 466, 1000

공장조사위원회(1833년) 386

공황 22, 60, 173, 201, 202, 227, 362, 457, 639, 640, 771, 772, 784, 791, 792,

814, 816, 910, 912, 917, 918, 924, 926, 937, 938, 1000, 1058, 1076, 1155

화폐—— 174, 226, 542

상업—— 202, 226

산업—— 202, 226

1825년—— 640

1930년대 대—— 1138

1850년대—— 1142

1866년 (금융)—— 937, 942

과학적 관리법 567, 1127

광산법(1842) 653

광산감독법(1860) 653

광산특별위원회 653

구빈원 391, 443, 451~454, 568, 601, 801, 811, 812, 871, 928, 937, 946, 1024, 1025, 1157, 1158

구빈법 28, 452, 903, 928, 931, 944, 945, 984, 994, 1025

——위원회 443

구빈세 451, 932, 945, 986

구체제 449

국가 없는 사람들 976

국가학 27

국가통치술 24, 94, 922

국내시장 238, 1010, 1011~1013, 1023. 1039, 1040

국민경제학 22, 25, 26, 29, 30, 327, 1080

국민소득 73, 366

국민행복지수 73

국유지 987, 988, 990, 996, 1024

국제노동기구 418, 633

국제노동자협회(제1인터내셔널) 461, 957, 1048, 1049, 1097, 1103, 1105, 1123

국제분업 구조 637, 951

국제암연구소 436

굴뚝청소기 598

그레샴의 법칙 206

기계괴물 585, 586

기계노동자 610, 611, 613~616, 663, 672, 809, 1143

기계신 1011

기능자본가 528

기술학교 666

길드 151, 417, 506, 519, 530, 532, 533, 540, 545, 555, 557, 622, 623, 696,
872, 968, 974, 1001, 1004, 1010, 1011, 1014, 1114
——에 관한 법률 557
——제도 243, 1014
——체제 557, 1114

ㄴ

나로드나야 볼랴 그룹 1052

나로드니키 1049

나로드주의 1050

남북전쟁 359, 377, 500, 810, 913, 1043, 1105

남해회사 244, 245
——사건 245, 1164

네덜란드독립전쟁(80년전쟁) 1019

네덜란드의 세기 1015

노동가치설 75, 87, 88, 97, 98, 105, 156, 826

노동귀족 942, 943

노동기금 795~797, 850~852, 854, 855

노동노예 634

노동력의 가치 154, 278, 279, 281~283, 287~290, 294, 296, 334, 335, 339,
344~346, 348, 350, 352, 353, 362, 364~369, 374, 375, 378,
379, 381, 382, 387, 394, 396, 397, 441, 470~472. 481~499,
502, 509, 510, 527, 566, 567, 586, 590, 591, 595, 626, 643,
680, 682, 684~686, 691~697, 701, 708, 709, 712~732,

　　　　　736~739, 742~748, 750~759, 761, 766, 768, 773, 781, 790,
　　　　　791, 794, 795, 799, 815, 820~822, 826, 838, 843, 852, 853,
　　　　　867, 868, 886, 1084, 1124, 1136, 1145~1147, 1149, 1150
노동시간전표　1076, 1077
노동일 단축　455, 461, 462, 503, 726, 727, 733, 735, 836
노동의 사회적 생산력　504, 512, 513, 587, 698, 887, 888, 929
노동의 수요공급법칙　916, 917, 921, 922, 924, 925, 1040
노동의 이중성　88, 97, 106, 336, 338, 355
노동화폐　1075~1077
노모스　23, 48, 49, 59, 403
노미스마　96
노예무역　440, 441, 631, 1026, 1026
노예상인　596, 597, 646, 666, 949
농민전쟁　965, 986, 1107
농업 프롤레타리아트　836, 936, 943, 946, 955
농업예비군　953
농업자본가　70, 915, 945, 949, 1005~1007, 1013
농업혁명　238, 239, 1006, 1008, 1013

─────────────── ㄷ·ㄹ ───────────────

단결금지법　468, 924, 1002
단순가격　185, 187
단순가치형태(단순한 가치형태)　100, 105, 107~109, 112, 113, 115, 116, 120,
　　　　　　　　　　　　　　　　121, 155, 159
단순노동　39, 96, 352~353, 501, 502, 545, 561, 593, 604, 927, 1139
단순재생산　53, 330, 787, 789~792, 797~799, 814~816, 821, 823, 837, 882
단순한 가치형성과정　350
단순한 평균적 노동　93
단순협업　511, 529, 531, 532, 536, 539, 541, 559, 583
담배제조업노조　79
대기근(아일랜드)　950~953

대상적 가상 132

대상화된 노동 317, 336, 373, 745, 746, 1145

데스포티코스 922, 923

도덕개혁협회 1164

도베 702

도시 프롤레타리아트 836

독일노동자교육협회 958, 1050

동인도회사 640, 1017~1020, 1023, 1140

두 개의 국민 28

두루 1073

등본보유지 980, 981

딩가족 162, 165, 550

라우프반 1054

라피아 162, 167, 168, 176, 177, 550

랜디드맨 244

러다이트 622, 623

런던박물관 22, 78, 1059, 1060

레글르망 오르가니크 408, 409, 999

레스 푸블리카 25

레츠(LETS) 1072

렐레족 162, 165, 167, 177, 550

로치데일 협동조합(로치데일 공정 개척자 조합) 524, 525

──────────── ㅁ·ㅂ ────────────

마그나 카르타 468

마르크스주의 14, 15, 34, 55, 61, 140, 185, 187, 947, 1051

　　　──자 39, 56, 966, 1121, 1128

마르크스엥겔스레닌연구소 772

만국박람회 77, 78, 103, 129

매뉴팩처 분업 548, 549, 554, 555, 557~561, 563~566, 568

맹목적 평균법칙 188

머니드맨 244

멕시코인화 593, 1137, 1138

멘셴아파라트 579

명목임금(화폐임금) 755, 767, 768, 914

명예혁명 987

목재 절도에 관한 법 990

몰록 621, 1108, 1109

미국독립전쟁 1017

밀집부대 577, 579, 580, 616

반자코뱅주의 622

백년전쟁 982, 1019

베들레헴 철강회사 1126, 1127

베일리프 1006

보상 이론 627~630, 919

보편신분 43, 44, 422

복잡노동 352, 353, 501, 545, 604, 606, 767

본원가치 362

본원적 축적 505, 888, 970, 971

부르주아 경제학 31, 32, 40, 44, 84, 85, 102, 109, 132, 383, 384, 422, 627,
646, 671, 679, 708, 738, 740~742, 753, 777, 794, 796, 797,
822, 823, 825, 827, 833, 835, 838, 851, 1145, 1171

부르주아 공화파 44, 568, 1088

부르주아 독재 44, 45, 568, 925

부르주아적 생산양식 39, 141, 664, 1076, 1113, 1120

부르주아혁명 458, 1004, 1088

부분기계 577, 578, 582, 584, 587, 593, 609~612, 616, 662, 682, 695

부분노동자 480, 511, 536~545, 553, 557~560, 566, 569, 577, 578, 587, 593,
595, 610, 613, 682, 695

부분인간 331, 480, 537, 559, 578, 595, 929

불량 빵 사건 305, 306, 416, 417, 524, 656, 678, 760

불량식품 제조 방지를 위한 법률 416

불변자본 186, 316, 354, 362~365, 367~369, 375, 376, 378, 400, 434,
　　　　　472~474, 477, 493, 508, 518, 574, 589, 602, 630, 634, 635, 669,
　　　　　713, 722, 738, 739, 744, 798, 825, 826, 835, 841, 842, 844, 847,
　　　　　865, 869~871, 886, 887, 897, 899, 919, 1009
불불노동 374, 737, 741, 745, 750, 759~762, 799, 818, 819, 878, 882, 1149
브라케로 프로그램 1138
빵 벌채자 700, 701

───────────────── ㅅ ─────────────────

사고야자나무 700, 701
48노동시간 418
사회계약론 26, 157, 693, 1038, 1167
사회적 상형문자 1067
사회적 필요노동 127, 204, 369
　　──시간 188, 195, 281, 333, 337, 350, 541, 767, 1076
　　──량 291, 491
산업 프롤레타리아트 442, 936, 938, 941, 955, 1119
산업예비군 599, 607, 651, 874, 909~913, 915~918, 922, 925, 928~930, 948,
　　　　　952, 955, 959, 977, 1026, 1040, 1157, 1167, 1169
산업자본 238, 242, 272, 1008, 1012~1015, 1024, 1025
　　──가 44, 238, 242, 259, 272, 653, 730, 836, 951, 971, 1005, 1012,
　　　　　1013, 1015, 1140
　　──주의 242, 441, 443, 453, 1026, 1051
상대적 과잉인구(과잉 노동인구) 885, 896, 897, 899, 900, 915, 924, 926, 928,
　　　　　929, 932, 940, 946, 948, 950, 952, 953~955,
　　　　　995, 996, 1040, 1043
　　──현상 70, 953, 954, 994
상대적 잉여가치 307, 352, 476, 484, 486~489, 495~500, 502~504, 508~510,
　　　　　531, 545, 551, 558, 565, 566, 574, 586, 596, 603, 606, 631,
　　　　　636, 679, 691, 692, 694~697, 708, 712, 723, 724, 733, 829,
　　　　　838, 843, 844, 885, 891, 896

상인자본 242, 259, 271, 272, 1005, 1012

　──가 259, 1005

상품 물신주의 127, 129~132, 135, 137, 140, 141, 191, 883, 1064~1066

상품보호자 149

상품어 108, 117

상품화폐론 174

새로운 학교(새로운 연구소) 662

샌더슨 사 437, 438

생계경제 701, 704

생산구성체 286

생산물의 가치 87, 169, 282, 293, 294, 334, 350, 356, 357, 362, 363, 365, 366,
　　　　　　　376, 378~380, 473, 480, 490, 492, 493, 508, 587, 588, 590,
　　　　　　　591, 686, 722, 724, 737, 738, 742, 745, 767, 790, 791, 793,
　　　　　　　794, 815, 821, 826

생산유기체 130, 238, 530, 640, 644, 793, 1132, 1133

서비스노동 686, 687, 1143

선행적 축적 968

성과급제 378, 754, 762~766

세계보건기구(WHO) 436

세계시장 237, 246, 551, 552, 639, 767, 770, 1014, 1032

세계화폐 215, 216, 227, 228, 250, 251, 287

소유자본가 528

소키에타스 26, 525

스핀햄랜드법 840

시간급제 754, 755, 760, 762~766

시초축적 59, 154, 238, 239, 249, 270, 448, 452, 505, 888, 967, 968, 970~973,
　　　　　975~978, 987~989, 993, 994, 996, 997, 999~1001, 1005~1007,
　　　　　1009, 1010, 1012, 1014~1018, 1020, 1022~1029, 1031, 1036, 1043,
　　　　　1045, 1170

식민시스템 1015, 1016, 1018, 1028, 1036

식민주의 168, 556, 625, 636, 950, 954, 1035, 1036, 1120, 1160

──자 1118

신용화폐론 174, 175, 178, 210~212, 221, 222

십자군 원정 151

○

아넘랜드 702

아동노동조사위원회 425, 949, 1098

아르바이터 239

아시냐 166

아시아적 생산양식 39

아시아적 형태 1113, 1120, 1121

아시엔토 1019

아우크스부르크전쟁(9년전쟁) 1020

아워스 1074

IOU 1074

아일랜드 이주민 955

아일랜드 해방 결의안 1106

아편전쟁 638, 1017, 1140~1142

9시간 노동일 400

암스테르담은행 209, 210

에르멘 & 엥겔스 377

에스파냐의 세기 1015

에코노미 폴리티크 24

엘 코르티토 1138

엘레아학파 416

8시간 노동제 384, 461, 469

역사유물론 39, 142, 529, 576, 900, 1053, 1062, 1133, 1135, 1136

──자 39, 250, 283, 329, 572, 576, 864, 865, 1095, 1133, 1135, 1136

연소설 51

10시간 노동제 455, 456~459, 465, 605, 1105

15시간 노동일 468

12시간 노동일 411, 453, 604, 723, 757

영구공채 1021

영국의 세기 1015

영토국가 24, 114, 121

영혼이주 359

오리엔탈리즘 556, 1118, 1119

52노동시간 418

오이코노미코스 922~923, 923

오이코스 23~26, 81, 82, 922, 923

오텐카 48

외부신체 315

욕구의 우연적 이중일치 133, 198

용의자법 1110

원시공동체 156, 163, 701, 702

원자론 37, 250, 311

위트레흐트조약 1026

유기적 매뉴팩처 534, 535, 538, 541, 549

유동성 함정 218

유동자본 360, 361, 845, 851, 1092, 1093

유령적 대상성 85, 107, 131

유물론적 역사관 39

유엔헤비타트 948

유적 존재 329, 513~517, 1094, 1095

은행학파 228

의인동맹 1100, 1103

2월혁명 1088

24시간 노동일 434, 436

이윤율 294, 366, 367, 375, 376, 380, 387, 434, 474, 475, 492~494, 508~510,
710, 722, 738, 848, 880, 893, 896~898, 915, 1069

이자 낳는 자본 58, 124, 259, 260, 272, 494, 1012

이종적 매뉴팩처 534, 535, 537, 538, 549

인간-기계 577, 1096

인간대중 975~978, 993, 1005, 1024

인간재료 594, 601, 615, 647, 778, 856, 869, 870, 884, 899, 911, 918, 926,
　　　　　939, 977, 978, 1026

인간중심주의 311, 1095

인간화물 443, 871~872, 1025

인도 세포이 병사 반란 914, 1140~1142

인민소유 1037, 1042

인민주권(국민주권) 480

인민헌장 운동 455

인조인간 24, 25, 315, 480~482, 539

인클로저 624, 979, 981~985, 989~993, 1079, 1160
　　　공유지—— 985, 989~992
　　　공유지——를 위한 법안 989
　　　사회적—— 993

인터내셔널 헤이그 대회 1049

인플레이션 208, 1073

잉글랜드은행 209~211, 244, 1020, 1021, 1023

잉여가치율 49, 368, 369, 374~377, 382, 387, 395, 404, 407~409, 471~473,
　　　　　483, 488, 490, 491, 493, 494, 499, 507, 606, 677, 697, 710, 714,
　　　　　722, 723, 730, 736~738, 742, 749, 764, 771, 794, 798, 815, 838,
　　　　　882, 896, 999, 1150

잉여노동시간 369, 373, 385, 394~396, 403~405, 412, 483, 485, 486,
　　　　　495~498, 503, 545, 670, 714, 718, 723, 726, 729, 732, 750,
　　　　　752, 761, 762

─────────────── ㅈ · ㅊ ───────────────

자본가계급 47, 271, 385, 404, 440, 455, 457, 458, 461, 499, 501, 696, 697,
　　　　　717, 736, 785, 794, 795, 801, 805, 806, 808, 809, 811~813,
　　　　　817, 820, 827, 850, 853, 855, 863, 880, 882, 897, 921, 925, 930,
　　　　　950, 955, 958, 959, 961, 999, 1003, 1005, 1042, 1106, 1112,

　　　　　　　　　1161~1164
자본관계　124, 260, 596, 599, 622, 666, 702, 707, 739, 780, 813, 814, 869,
　　　　　873, 874~877, 882, 884, 885, 910, 911, 917, 918, 926, 928, 937,
　　　　　950, 959, 960, 970, 972, 977, 999, 1005, 1026, 1037, 1041, 1057,
　　　　　1067, 1171
자본구성의 고도화　871, 883, 884, 891, 896~899, 920, 1171
자본독재　13, 925
자본의 유기적 구성　186, 866~871, 873, 886, 887, 896, 897, 1001
자본의 근대적 생활사　237, 243, 248, 551
자본의 일반 정식　82, 263~265, 275, 276, 293, 470
자본의 자기증식도　738
자본의 자기증식운동　400, 558
자본의 집적　651, 889, 890, 893, 934, 1008, 1031
자본의 집중(자본집중)　651, 890, 891~895, 934, 1020, 1032
자본주의 세계체계　238
자본주의 인구법칙　900, 915, 950, 954, 994
자본주의적 생산의 내적 법칙　446, 488, 489, 607
자본집중　890~892, 894
자연학　37
자유로운 개인들의 연합　136~141, 735, 1034, 1061, 1077
자유보유지　981
작업단　599, 948~950
장미전쟁　982, 983
전국경제인연합　384
전국공평노동교환소　1077
전체노동자　480, 512, 513, 537, 539, 542, 544, 545, 559, 577, 578, 585, 595,
　　　　　610~613, 642, 682, 695, 794, 795, 870, 1128
전형문제　187
정치산술학　94
제3신분　43
제네바 대회　461

종교개혁 985, 986, 1063

주야교대제 435

중국 침략 전쟁 914

중상주의자 18, 259, 709

중앙생활보장위원회 290

지역통화 운동 1072

집단신체 27

차액지대 696, 705, 730

착취도 49, 374, 375, 377, 387, 404, 409, 471~473, 486, 596, 722, 728, 738,
768, 838, 841~844, 847, 850, 877, 913, 999, 1150

노동—— 882, 896, 897

1789년 혁명 44, 422, 568

1844년 은행법 227, 228, 1021

1848년 혁명 22, 44, 45, 124, 301, 422, 457~459, 568, 740, 830, 832, 925,
1062, 1104, 1110, 1115, 1171

청교도혁명 993

청교도주의 807

청년헤겔파 55, 676, 677, 1061

체계적 식민화 925, 1036, 1039, 1042~1044

총카르텔 893, 894

최저임금 290, 840, 942, 1002, 1003

——위원회 290

추상노동 89~98, 106, 110, 111, 113, 116, 129, 135, 154, 179, 182, 184, 232,
279, 282, 300, 336~338, 349, 355, 356, 423, 745, 751, 820, 849,
1068, 1069

추상적·자연과학적 유물론 576, 1136

축장화폐 216~221, 250, 251, 255, 256, 263, 287

———————————————— ㅋ·ㅌ ————————————————

카스트제도 540, 565, 1153

카피탈 17, 20

카피탈리스트 243, 872, 1048

카피탈리스무스 1048, 1049

카피탈리즘 1048

칼뱅이슴 257

캠우드 162, 176, 177

코뮌 122, 164, 168, 245, 246, 347, 525, 526, 992

　　파리—— 525

콤파니아 26, 525, 526

크리미아 전쟁 914

클리나멘 37

키레네학파 37

키퍼 운트 비페차이트 209

탈식민주의 혁명 956, 1119

태평천국운동 1142

테리온 160, 161

테일러주의 806, 1125, 1128, 1130

토리당 457

통화학파 881

튤립 광기 1019

트러스트 893

트로이전쟁 73

특별 잉여가치 491~500, 502, 509, 586, 596, 604, 631, 635, 658, 723, 724, 885, 891

ㅍ·ㅎ

파리박람회 78

판타스마고리아 103, 128, 129, 131

페니언 956, 957

　　——단 957

　　——주의 957, 958

페르시아 침략전쟁 914

페쿨리움 877, 879

펨게리히트 673

평균노동 354, 500, 505, 528

　　──자 338, 506, 507

　　──시간 195, 702, 758, 942

　　──강도 767

평균적 인간 93, 94, 106, 300, 337

폐쇄촌 946

포겔프라이 프롤레타리아 964~967, 975~977, 979, 983, 986, 992, 993, 996,
　　　　　　　　　　　　　1004, 1026

포드주의 806

폴란드 봉기(1월 봉기) 1102

폴리스 23~26, 922, 923

폴리티코스 923

표준노동일 59, 333, 399, 402, 410, 414, 418~420, 434, 436, 438, 440, 447,
　　　　　　　448, 454~461, 468, 603, 605, 725, 732, 755, 758, 761, 943

프랑스 교회법 450

프랑스 인권선언 299, 392

프랑스혁명 93, 95, 166, 622, 676, 824, 904~906, 1013, 1018, 1063

프랑스왕립은행 166, 211, 244, 1023

프로이센·프랑스전쟁 227

프로테스탄티즘 256, 257

프롤레타리아(트)혁명 458, 459, 957, 967, 1054, 1088, 1121, 1137

프롤레타리우스 1111, 1167

플로지스톤 가설 51, 52

피의 입법 238, 239, 452, 996, 997, 1004, 1024

필요노동시간 188, 195, 281, 333, 337, 350, 369, 394~396, 405, 483, 484,
　　　　　　　486, 488, 495~498, 541, 545, 670, 699~701, 716~718, 723,
　　　　　　　726, 729, 733, 741, 750, 752, 761, 767, 789, 1076

한국고용정보원 631

한자 상인 166, 1010

현물조세 225
화폐 물신 170, 172
　　——주의 58, 275
화폐공동체 164
화폐조세 203, 224, 225, 1074
화폐상품 170, 173, 174, 175, 178~186, 188, 191, 206, 215, 241, 246, 744,
　　　　1076
화폐소유자 233, 247, 269, 274, 277, 283, 284, 286, 297, 298, 301, 307, 746,
　　　　801, 855, 1085
화폐수량설 204, 208, 228
화폐자본 226, 1005
　　——가 528
화폐자산가 233, 235, 243, 245, 246, 248, 272, 322, 517, 529
화폐증식술 82, 261, 565
화폐축장자 220, 223, 252, 816, 828
화폐형태 99, 100, 102, 110, 118~121, 159, 166, 170, 175, 218, 224, 287, 406,
　　　　790, 794~796, 1068, 1144
환류 현상 251, 780

인명

───────── ㄱ·ㄴ·ㄷ ─────────

가라타니 고진 84, 1152
가르니에, 제르맹 561
간스, 에두아르드 128
갈리아니, 페르디난도 268
가타리, 피에르-펠릭스 578~580, 582
고갱, 폴 78
고드윈, 윌리엄 906
고프, 자크 르 163
고흐, 빈센트 반 943

괴테, 요한 볼프강 폰 349, 776, 1107

그람시, 안토니오 53, 569, 806, 807, 1128, 1129

그랑빌, 장 I. I. G. 150

글래드스턴, 윌리엄 935, 936

길브레스, 프랭크 1126, 1127

낭시, 장-뤽 104

네그리, 안토니오 526, 966, 1111

네차예프, 세르게이 G. 1049, 1050

노스, 더들리 214, 908

놀런, 크리스토퍼 860

니체, 프리드리히 16, 31, 35, 95, 107, 153, 232, 292, 308, 462, 464, 465, 780,
966, 997, 1056, 1067, 1068, 1084, 1152, 1153

다나, 찰스 1115

다니엘손, 니콜라이 F. 710, 1049~1052

다윈, 찰스 540, 1130~1134, 1136

　　──주의 579

단테, 알리기에리 191, 418, 650, 776

더글러스, 메리 162

더닝, 토머스 J. 1140

더빗, 얀 908

더퍼린 경 954~956

데리다, 자크 49, 1152

데모크리토스 37, 311

드트라시, 데스튀트 931, 932

데이비스, 마이크 947, 948

뒤르켐, 에밀 29

뒤몽, 루이 1163

뒤부아, 장 1048

뒤크페티오, 에두아르 A. 943

들뢰즈, 질 578~580, 712

디즈니, 애비게일 528

디즈레일리, 벤저민 28

디킨스, J. 찰스 342, 1060

─────────────── ㄹ·ㅁ ───────────────

라마치니, 베르나르디노 562

라부아지에, 앙투안 L. 52, 295

라살레, 페르디난트 1130

라샤트르, 모리스 드 46

랑시에르, 자크 1111, 1165, 1166

래플스, 토머스 스탬퍼드 1016, 1118

러셀, 버트런드 411, 735

레닌, 블라디미르 47, 48, 53, 55, 1051~1053

레이, 만 578

레비, 프리모 390

로, 존 166, 211, 908

　　　──체제 211, 1023, 1024

　　　──사건 245

로플린, 그레그 180, 181

로리아, 아킬레 186, 187

로셔, 빌헬름 371~373, 387, 438

로스돌스키, 로만 56~58

로아, 조세프 53

로크, 존 325, 819, 908, 1163

루소, 장-자크 23, 24, 27, 243, 480, 1052, 1057, 1167

루이 14세 209, 225

루카치, 죄르지 55, 56

루크레티우스 250, 371~373

루터, 마르틴 857, 986, 1063

룩셈부르크, 로자 53

류바빈, 니콜라이 1049

르 뤼베즈, 빅토르 1102, 1104

리비우스, 티투스 1122, 1123

리슐리외 공작 824

리카도, 데이비드 18, 51, 87, 88, 97, 125, 134, 228, 232, 267, 278~282,
　　　　　　　293~295, 286, 385, 588, 589, 606, 677, 707, 708, 721, 722,
　　　　　　　730~732, 737, 748, 754, 770, 825, 845, 1092

　　──경제학 677

　　──학파 474, 475, 630, 737, 738, 1152

　　──의 지대론 730

　　──주의 834, 835

리히노프스키, 펠릭스 폰 830, 831

린턴, 마이클 1072

마네, 에두아르 78

마르틴, 카를로스 E. 1137

맥릴런, 데이비드 1131

맥컬럭 498, 608, 609, 846, 850

맥퍼슨, 크로퍼드 B. 157

맨더빌, 버나드 875, 876, 908, 1161, 1162~1165

맬서스, 토머스 R. 28, 70, 636, 730~732, 833, 834, 836, 850, 900~909, 913,
　　　　　　　932, 934, 954

　　──의 인구론 906, 954, 1134

　　──의 (인구)법칙 952, 954

멈퍼드, 루이스 611

메리베일, 허먼 910

메리필드, 앤디 140

모레티, 프랑코 63, 1109

모리스, 로절린드 424, 425

모스, 마르셀 824, 1163

모어, 토머스 623, 707, 908, 982, 983, 998

몰리나리, 귀스타브 드 1041

몽테스키외, 샤를 루이 드 세콩다 204

뮌처, 토마스 986

———파   986

미드, 에드워드 P.   621

미야자키 하야오   585

밀, 제임스   326, 627

밀, 존 스튜어트   32, 450, 523, 573, 627, 677, 680, 708, 827, 1036

———— ㅂ · ㅅ ————

바그너, 아돌프   63

바번, 니콜라스   205

바스티아, 클로드-프레데리크   32, 608, 609, 768, 771, 772

바우만, 지그문트   450, 928

바쿠닌, 미하일   57, 1049, 1050

박노해   648, 649

반더린트, 제이콥   205

발리바르, 에티엔   30, 792, 1163, 1164. 1170

버크, 에드먼드   506, 840, 906

벌린, 아이제이아   1052, 1131

베냐민, 발터   103, 129, 401, 572, 613

베르길리우스   1028, 1029, 1032, 1035

베버, 막스   177, 344, 345, 449, 450, 579

베이컨, 프랜시스   984, 985

베커, 요한 필리프   1098

벤담, 제러미   297, 298, 300, 301, 306, 466, 597, 849, 855, 856, 985

벨러스, 존   875

보나벤투라, 성   262

보나파르트, 루이   453, 1059, 1060, 1063, 1088

보댕, 장   205, 206

보들레르, 샤를 피에르   78

볼테르   346

볼프, 빌헬름   45, 46, 1131, 1170

브레히트, 베르톨트   62, 861

브로델, 페르낭   17, 239, 243, 525, 526, 1002, 1020, 1048, 1049

브로스, 샤를 드   128, 1064

블랑키, 루이 오귀스트   535, 536, 572, 575, 671, 1161, 1165~1167

블로크, 마르크   979, 984, 989

비데, 자크   57, 58, 263

비코, 잠바티스타   1134

빌라, 피에르   244

사사키 마사노리   254, 255

사이드, 에드워드   1118, 1119

살린스, 마셜   701, 702

생시몽, 클로드 앙리   29, 1168

　　──주의   836

세, 장-바티스트   200, 202, 588, 630

세르, 미셸   198

셰익스피어, 윌리엄   102, 142, 143, 219, 223, 349, 776, 840, 1062

셸레, 칼 빌헬름   51, 52

셸리, 메리   585, 906

소크라테스   427, 563, 564

슈미트, 카를   860

슈미트, 콘라트   46

슈토르히   931

슈티르너, 막스   1061

스미스, 애덤   18, 25, 28, 33, 44, 51, 73~75, 81, 82, 87, 88, 97, 125, 134, 155,
　　　　　　156, 158, 166, 177, 222, 232, 266, 278~295, 298, 373, 385, 420,
　　　　　　421, 425, 543, 546, 547, 548, 552, 553, 555, 558, 560, 561, 563,
　　　　　　564, 565, 588, 612, 640, 655, 656, 683~689, 705, 709, 748, 749,
　　　　　　754, 793, 794, 823, 825~827, 873, 875, 876, 880, 903, 908, 909,
　　　　　　937, 938, 968, 969, 990, 991, 1143~1145, 1151, 1152, 1163

　　──의 가치 개념   373

스미스, 에드워드   938

스털리브래스, 피터   1059, 1061

스탈린, 이오시프 비사리오노비치 39, 53

스토커, 브램 407, 1107, 1108

스튜어트, 제임스 313, 523

스피노자, 바뤼흐 263, 324, 474, 475, 712

스피박, 가야트리 C. 426

시니어, 나소 W. 344, 371~373, 378, 380~387

　　──의 절욕설 371, 373

시스몽디, 장 샤를 레오나르 255, 746, 931

실러, 프리드리히 폰 776~780, 834, 857

───────────────── ㅇ·ㅈ ─────────────────

아감벤, 조르조 860, 918

아그리파, 메네니우스 1122~1124

아렌트, 한나 25, 26, 976

아르키메데스 576, 577

아리스토텔레스 38, 39, 51, 81, 82, 87, 96, 97, 232, 260~262, 271, 337, 549,
　　　　　　　565, 607~609, 776, 923

아버스넛, 존 991

아이거, 밥 528

아인슈타인, 알베르트 20, 100

아퀴나스, 토마스 262

아크라이트, 리처드 569, 616, 666, 998

안넨코프, 파벨 40

안티파트로스 608

알렉산드르 2세 1051

알튀세르, 루이 45, 49, 52, 53, 61, 1155, 1158~1160

애슐리 경 601

앤더슨, 애덤 1008, 1026

앤더슨, 케빈 957

앤더슨, 페리 1011

에르멘, A. 피터 377

에스허르, 마우리츠 코르넬리스   749

에이블링, 에드워드 B   1131

에이킨, 존   832, 834, 1027

에카리우스, 요한 게오르크   1102, 1104

에피쿠로스   37, 55, 371~373

엘리자베스 1세   448, 452, 932, 958, 984~986, 998, 1002

엘리자베스(서덜랜드의 여공작)   994, 995

엥겔스, 프리드리히   22, 30, 39, 46, 50~52, 57, 80, 100, 101, 105, 171, 186,
187, 208, 254, 285, 295, 377, 378, 412, 425, 442, 443,
463, 465, 467, 536, 614, 619~621, 652, 683, 772, 776,
809, 810, 820, 830, 844, 893, 897, 902, 910, 930, 933,
955, 957, 960, 965, 966, 986, 1048, 1050, 1058, 1059,
1068~1071, 1083, 1097~1104, 1107, 1110, 1130, 1131,
1168, 1169

영, 아서   944

오르테스, 잠마리아   931

오비디우스, 푸블리우스 나소   776

오스본, 피터   325

오언, 로버트   29, 662, 663, 668, 762, 836, 1075, 1077, 1105

——주의   762, 836

와트, 제임스   581, 583

원톄쥔   971

월러스틴, 이매뉴얼   211, 245, 625, 637

웨스턴, 존   851, 852, 1123, 1124

웨스트팔, 메럴드   1089

웨이크필드, 에드워드 기번   925, 1036~1044

위화   304

윈, 프랜시스   1131

유어, 앤드루   383, 387, 438, 498, 567, 569, 609, 610, 612, 616, 619, 620, 626,
627, 922, 1105, 1108

이든, 프레더릭 M.   875, 909, 990, 991, 1024~1026

이소크라테스 563

이진경 116

자술리치, 베라 이바노브나 1053, 1121

전태일 397, 648, 650

정운영 187, 723, 868, 1106, 1107

제임스, 셀마 1149

조르게, 프리드리히 A. 1051

좀바르트, 베르너 244, 1069

즐라이저, 비비아나 1071

지라르, 르네 119

지멜, 게오르크 164, 183, 189, 1081

지제크, 슬라보이 1081, 1082

진태원 1159

ㅋ · ㅌ

카르, 루아르 드 417

카우츠키, 카를 772

카우프만, 일라리온 I. 40~42, 54, 900, 1132

카프카, 프란츠 233, 1129

칸트, 이마누엘 403, 809, 1055~1057

칸티용 908

칼메, 앙투안 오귀스탱 1107

커닝엄, 잭 448, 449, 451~453, 568, 569, 839

케네, 프랑수아 24, 25, 497, 826, 908

케리, 헨리 C. 740, 768~772

케언스, 존 엘리엇 522

케이, 제프리 723

케인스, 존 메이너드 217

코빗, 윌리엄 1021

코스타, 마리아로사 달라 1149

콘, 제임스 79

콩도르세, 마르키 드   905, 906
콩디야크, 에티엔 보노 드   266
쿠르베, 귀스타브   78
크롬웰, 올리버   958
크세노폰   563, 564
크루그먼, 폴   384
클라스트르, 피에르   702, 704
클리프, 토니   1053
클링스, 카를   47
타운센드, 조지프   28, 908, 931
타키투스, 푸블리우스 코르넬리우스   776
테일러, 프레더릭 W.   567, 1125~1129
　　　──주의   807, 1125, 1127, 1128, 1130
텐, 이폴리트 A.   78
토렌스, 로버트 R.   269
토크빌, 알렉시스 드   95
톨랭, 앙리   1103, 1107
톰프슨, 벤저민   839
퇴니에스, 페르디난트 J.   156
투크, 토머스   228
투키디데스   372, 563
트로츠키, 레온   53

────────── ㅍ·ㅎ ──────────

팔레름, 후안 V.   1137, 1138
페데리치, 실비아   992, 1149, 1151
페런드, 윌리엄   443, 809
페인, 토머스   905
페쾨르, 콩스탕탱   1031
페티, 윌리엄   88, 89, 94, 657, 841, 909
포테스큐, 존   983

포르투나티, 레오폴디나   1148, 1149

포셋, 헨리   851

포슬스웨이트, 말라키   448

포이어바흐, 루트비히   55, 61, 515~517, 1061, 1094, 1095, 1135

포터, 에드먼드   777, 809~812

폴라니, 칼   29, 156, 158, 163, 177, 178, 448, 840, 1010, 1011

폴라드, 시드니   443

푸리에, 샤를   29, 312, 618

　　──주의   836

푸코, 미셸   27, 705, 1056

풀라턴, 존   228

프라일리그라트, 헤르만 페르디난트   57

프랭클린, 벤저민   271, 344, 345, 411, 434, 450

프로이트, 지크문트   640, 1065~1068

프로타고라스   416

프루동, 피에르 J.   40, 115, 116, 167, 1048, 1077

　　──식 정치경제학   50

　　──의 화폐폐지론   1075

　　──주의자   1076

프리드먼, 밀턴   208

프리스틀리, 조지프   51, 52, 295

플라톤   35, 36, 89, 115, 563~565, 779, 1152~1154

　　──의 이데아론   35

　　──철학   1153

플레하노프, 게오르기 V.   53, 1052

플루타르코스   371, 372

피셔, 어빙   203, 204

피토 경   400

피트, 윌리엄   1003

필든, 존   601

하비, 데이비드   100, 122, 215, 216, 499, 500, 736, 929, 971, 972

하이데거, 마르틴 704

하트, 마이클 526, 966, 1111

헌터, 헨리 줄리언 599, 938, 945, 946

헤겔, 게오르크 빌헬름 프리드리히 55~62, 128, 161, 191, 216, 225, 260, 262,
263, 455, 475, 516, 671, 676, 677, 1062,
1064, 1086, 1087~1091, 1100, 1136

　　　──법철학 22

　　　──변증법 61, 62

　　　──철학 676, 677

　　　──식 방법 58

　　　──적 마르크스주의자들 56

　　　──적 지양 263

　　　청년──파 676, 1061

헤스, 모제스 1168

헨리 6세 983

호너, 레너드 386, 387, 411, 412, 457, 605, 938

호너, 프랜시스 1025

호라티우스 960, 961, 1029

호메로스 563

호턴, 존 985

홉스, 토머스 114, 115, 118, 158, 160, 161, 191, 286, 435, 480~482, 512, 693,
908, 1136

홉스봄, 에릭 J. 1048

흄, 데이비드 205, 207, 208, 228, 908

　　　──의 화폐수량설 208

희정 436

힐퍼딩, 루돌프 893, 894

저서와 작품

「가치, 가격, 이윤」 1123

「가치법칙과 이윤율」 1069

『간계와 사랑』 777

『거대한 변환』 29

『게르마니아』 776

『경제표』 24, 25

『경제학 철학 초고』 22, 55, 247, 313, 315, 327, 329, 513, 514, 516, 803

「계몽이란 무엇인가에 대한 답변」 1056

「고타강령 비판」 138

〈공각기동대〉 360

『공산주의자 선언』 60, 168, 246, 586, 622, 664, 809, 957, 966, 1034, 1052,
　　　　　　　　　　1054, 1061, 1062, 1100, 1104~1106, 1110, 1117, 1120,
　　　　　　　　　　1121, 1168~1171

『공산주의의 원칙들』 1169

「공장감독관 보고서」 932, 938, 945

『공장법에 대한 편지』 380, 386, 456

「공중위생 보고서」 932~933, 938, 1139

『국가』 563

『국가론』 205

『국민경제학 기초』 371, 372

『국민경제학 비판 개요』 30

『국부론』 25, 75, 87, 155, 449, 546, 561, 655, 684, 705, 903, 1164

「국제노동자협회 발기문」 1104, 1105, 1108

〈그리는 손〉 749

『꿀벌의 우화』 875, 1161, 1163~1165

『네덜란드 상업신문』 243

『노동자, 쓰러지다』 436

『논리학』 55~61, 161, 216, 263, 475, 671, 827

「누가복음」 314

『뉴욕 데일리 트리뷴』 1059, 1115, 1140

『뉴욕 트리뷴』 956

『데모크리토스와 에피쿠로스 자연철학의 차이』 37

『도덕감정론』 75, 655

『독일 농민 전쟁』 985

『독일 이데올로기』 41, 55, 329, 1061, 1112, 1113, 1119, 1120, 1134, 1168

『드라큘라』 407, 1108~1110

『라인신문』 1064

『레닌 평전』 1053

『로마사』 1122

「로마서」 259

『로미오와 줄리엣』 1082

『루이 보나파르트의 브뤼메르 18일』 458, 672, 1059, 1062, 1087

『리바이어던』 25, 114, 160, 122, 435, 512~513

『마르크스 평전』 1131

『마르크스의 자본론의 형성』 56

「마태복음」 257, 314

〈모던 타임스〉 966

「목재도둑에 관한 법률 논쟁」 1064, 1065

『무엇을 할 것인가』 48

『무역과 상업 사전』 448

『무역과 상업에 관한 에세이』 448, 568, 839

〈무용수-위험〉 578

『물신숭배에 관하여』 128, 1064

「물신주의」 1065

〈바람계곡의 나우시카〉 585

「바스티아와 케리」 772

〈반지의 제왕〉 256

『방법서설』 706

『백과사전』 23

『법의 정신』 204

『법철학』 516, 1086, 1099

『베니스의 상인』 223, 465

『벨기에 노동자계급의 가계부』 943

『변신』 233

『부시리스』 563

「비방시」 960

『빈민의 상태』 875

『사물의 본성에 관하여』 372

『사치와 자본주의』 244

『사회경제사』 579

『사회계약론』 1167

『사회에 대한 새로운 견해』 29, 662

『산업경제학 강의』 535

『산업대학 설립 제안』 875

「산업재해 보고서」 617

『상업과 정부』 266

『상업의 역사』 1008, 1026

『새로운 학문』 1132

『성체의 위조에 대하여』 417

『수사학』 776

『수상록』 984

『숙련공의 질병에 관하여』 562

『순수이성비판』 1055, 1056

『스콜피온과 펠릭스』 776

『스펙테이터』 523, 524

『슬럼의 도전』 947

『시니어에게 보내는 편지』 386

『신곡』 191, 225, 776

『신라인신문』 45, 830, 1083, 1115

「신명기」 163, 1107

『신성가족』 1168

『실천이성비판』 1055

「아동노동조사위원회 보고서」 415, 644, 933, 938

『아이네이스』 1028

『아케이드 프로젝트』 401

『에티카』 712

『역사철학 강의』 128

『영국 노동자계급의 상태』 412, 619, 620, 933, 955, 960, 1097~1102

『영국법에 대한 찬미』 982, 983

「영국의 인도 지배」 1054, 1115, 1118

「영국의 인도 지배의 장래의 결과」 1054, 1115

『오디세이』 563

『오리엔탈리즘』 1118

「요한계시록」 114, 160, 161, 1033

「요한복음」 104

「욥기」 114, 161

『울라넴』 776

『유토피아』 623, 982, 983, 998

『이것이 인간인가』 390

『이솝우화』 1086

「인간과 시민의 권리 선언」 392

『인간의 권리』 905

「인도의 봉기」 1115, 1140

『인민신문』 671

『인생사의 소소한 재난들』 150

「인질」 778, 834

『임금, 가격, 이윤』 1169

『임금노동과 자본』 1083

『잉여가치 학설사』 385, 683, 689, 1083, 1143, 1144, 1169

『자바의 역사』 1016, 1118

『「자본」을 읽자』 52

『자본』 II권 51, 360, 743, 784~786, 789~791, 848, 1048, 1052, 1053, 1092, 1131

『자본』 III권 58, 60, 124, 174, 185, 210, 227, 228, 242, 260, 271, 330, 365, 366, 475, 489, 492, 494, 508, 528, 696, 743, 744, 754, 760, 784,

849, 869, 891, 896, 1012, 1032, 1035, 1053, 1069, 1100, 1101, 1122

『자본』4판   536, 893

『자본』서문   71, 384, 620

『자본』제2독일어판   31, 40, 43, 54~56, 71, 132, 138, 238, 300, 383, 740, 770, 900, 1033, 1050, 1052

『자본』초판   43, 104, 372, 1131

『자본』프랑스어판   46, 53, 132, 491, 652, 738, 820, 970, 1050

「『자본』에서 마르크스의 철학으로」   52

『자본의 시대』   1048

「자본주의적 생산에 선행하는 형태들」   1120

『정치가』   89

『정치경제학 개론』   371, 836

『정치경제학 및 과세의 원리』   75, 1092

『정치경제학 비판 요강』   39, 41, 56~58, 60, 71, 76, 164, 215, 216, 236, 250, 262, 373, 385, 610, 669, 671, 772, 973, 1069, 1083, 1092, 1112, 1113, 1120, 1169

　　──「서설」   69, 142

『정치경제학 비판을 위하여』   21, 71, 164, 215, 1169

　　──서문   39, 54, 1113, 1120, 1121, 1153

『정치경제학 원리』   909

『정치산술학』   94

『정치학』   923

『정치학과 국민경제학 비판』   22

「제망매가」   157

『제조업의 철학』   620

〈종의 노래〉   1041

〈증기왕〉   621

『증여론』   824

『직업으로서의 정치』   579

『차라투스트라는 이렇게 말했다』   232

「창세기」 447

『천사와 악령, 정령의 현현 그리고 헝가리, 보헤미아, 모라비아, 실레시아 지역의 귀신과 흡혈귀에 대한 연구』 1107

『철학의 빈곤』 40, 1112

『캉디드 혹은 낙관주의』 346

〈클린룸 이야기〉 618

『키루스의 교육』 563, 564

『타임스』 777, 809~812

〈터미네이터〉 577

『통치론』 1163

『트리스티아』 776

『파우스트』 349, 515, 776, 833, 1165

『판단력비판』 1055

『펠로폰네소스 전쟁사』 563

「포이어바흐에 관하여」 55, 516, 1094

「프랑스 시민전쟁」 1107

『프랑스어 신어휘』 1048

『프랑스에서의 계급투쟁』 1088

『프랑스혁명에 대한 고찰』 906

『프랑켄슈타인』 585, 906

『학부들의 논쟁』 1056

『학생들의 다윈』 1131

「학술원에 드리는 보고」 1129

『허삼관 매혈기』 304

『헛소동』 143, 840

『헤겔 법철학 비판』 55, 516, 1064, 1168

『헨리 4세』 102, 103

『헨리 7세 통치사』 984

『화폐만능론』 208

작가, 노들장애학궁리소 회원. '읽기'에 대한 열정을 가진 사람들의 모임 '읽기의집'에서 일명 '고집사'로 살림하며 지내고 있다. 주로 국가, 자본, 인간의 한계에 대해 공부하고 있다.

　대학에서 화학을 전공했고, 대학원에 들어가서는 사회학을 공부했다. 1991년 마르크스의 『자본』을 처음 읽었고, 그 후 여러 번 다시 읽었으며, 다양한 공부 모임에서 『자본』 읽기 강의를 진행한 바 있다. 2016년 어느 공부 모임에서 열두 번에 걸쳐 이뤄진 『자본』 강의가 이 책의 뿌리가 되었다.

　니체에 대한 깊은 애정과 이해를 담은 『니체, 천개의 눈 천개의 길』, 『니체의 위험한 책, 차라투스트라는 이렇게 말했다』, 『언더그라운드 니체』, 『다이너마이트 니체』, 현장에서 사람들을 만나며 삶과 철학의 관계를 고민한 『고추장, 책으로 세상을 말하다』, 『"살아가겠다"』, 『철학자와 하녀』, 『묵묵』, 대의제와 민주주의, 정치참여의 문제를 비판적으로 성찰한 『민주주의란 무엇인가』, 『점거, 새로운 거번먼트』 등 다양한 책을 썼다.

고병권의 『자본』 강의

지은이   고병권
2022년 7월 20일 초판 1쇄 발행

책임편집 남미은
기획·편집 선완규·김창한
마케팅   신해원
디자인   심우진 simwujin@gmail.com
활자   「Sandoll 정체」 730, 730i, 630
펴낸곳   천년의상상
등록   2012년 2월 14일 제2020-000078호
전화   (031) 8004-0272
이메일   imagine1000@naver.com
블로그   blog.naver.com/imagine1000

"본문에 〈시다의 꿈〉 전문 인용을 허락해준 박노해 시인과 느린걸음 출판사에
특별한 감사를 전합니다."

ISBN 979-11-90413-42-8 93100

잘못 만들어진 책은 구입처에서 바꾸어드립니다.